proclient-it consulting GmbH
Nymphenburger Str. 21c
80335 München
Mobil: 0179 39 58 136
Tel: 089 / 12 77 96 38
email: admin@proclient-it.de

D1697347

NORBERT DENNE

Theorie und Praxis

DGD-Edition

© Copyright 2000 DGD mbH

DGD-Dienstleistungsgesellschaft für Datenverarbeitung mbH
Im Weingarten 47

D-65201 Wiesbaden Frauenstein
Tel. 0611 / 942730
Fax 0611 / 42 89 43
Email dgd-wi@t-online.de

6. Auflage März 2000

Soweit nicht ausdrücklich von der DGD schriftlich zugestanden, verpflichtet eine Verwertung, Weitergabe, Vervielfältigung oder ein Nachdruck - auch auszugsweise - dieser Unterlage oder ihres Inhalts zu Schadenersatz (BGB, UWG, LitUrhG).

Vorwort

Nachdem dieses Fachbuch erstmals im Jahre 1988 als erstes umfassendes deutschsprachiges Fachbuch zum Themenbereich DB2 aufgelegt wurde, können wir nun die sechste Auflage des inzwischen bewährten Fachbuchs präsentieren.

Wie immer wurde auch diese Auflage komplett überarbeitet und erheblich verbessert. Alleine die Umstellung aufgrund der neuen Rechtschreibung führte zu einer Inflation von Buchstaben (der Boss hasst Stress und bucht eine Schifffahrt zur Kaffeeernte auf den Hawaiiinseln trotz Katarr) und diversen Seitenumbrüchen.

DB2 wurde 1983 eingeführt, inzwischen steht unter OS/390 die Universal Database Version 6 (UDB) zur Verfügung, die auch Basis für diese Auflage ist.
Die Unterschiede dieser Version 6 im Vergleich zur Version 5 sind mit einem Balken am Seitenrand gekennzeichnet worden (siehe Beispiel).
Die Version 6 wird in den Unternehmen aufgrund des bedeutsamen Jahreswechsels nur sehr zögernd eingeführt - die meisten Unternehmen planen die Installation und Nutzung im Laufe des Jahres 2000.
Die Änderungen der Version 6 sind gewaltig und sollten in den Unternehmen Anreize für methodische Grundlagen-Diskussionen und -Forschungen geben.

Das Ziel dieses Fachbuches ist die systematische Darstellung der internen Zusammenhänge von DB2 UDB for OS/390 und ihrer Auswirkungen auf das Systemdesign.
Es wurde versucht, die in diversen Publikationen dokumentierten Detail-Themen sowie vielfältige und langjährige praktische Erfahrungswerte in einem Werk zusammenzuführen.
Das Fachbuch ist nicht für die klassischen Endbenutzer bestimmt.

Zum Aufbau dieses Fachbuches:
Die einzelnen Kapitel sind grundsätzlich als geschlossene Einheiten zu betrachten, die einen gesamten Themenbereich umfassen.
Daraus ergeben sich zwangsläufig im Einzelfall Wiederholungen.

Mein Dank gilt wieder allen Mitarbeitern unserer kleinen DV-Unternehmensberatung für ihre aktive und praktische Unterstützung bei der Erstellung dieses Fachbuchs.

Mein besonderer Dank gilt zum wiederholten Male meinem redaktionellen Mitarbeiter-Team für die absolut professionelle und effiziente Unterstützung:

- unserem ehemaligen Mitarbeiter Lothar Schwamb aus Undenheim, der aufgrund seiner nahezu permanenten Verfügbarkeit fast den Jahrtausendwechsel verpasste,

- unserem inzwischen ebenfalls langjährigen Mitarbeiter Ulrich Mayer aus Neuried, der uns gegen Ende noch mit seinem I-Kuh absolut verblüfft hat.

Weiterhin möchte ich ein ganz herzliches Dankeschön all denen zukommen lassen, die uns Hinweise auf Fehler oder Verbesserungen zukommen ließen.

Wie immer danke ich natürlich auch meiner Familie für ihr beharrliches Verständnis für einen - auch über die Weihnachtsfeiertage - kaum ansprechbaren Zeitgenossen.
Natürlich danke ich auch den Familien meiner beiden Mitarbeiter für das nahezu grenzenlose Verständnis, allen voran der Familie Schwamb, die endlich einmal Zeit und Gelegenheit fand, ihre Verwandtschaft näher kennen zu lernen.

Aber der Erfolg liegt nun auf dem Tisch - mit den Worten meiner Tochter, ein 'geiler Henkel'.

Wiesbaden-Frauenstein, den 1.3.2000   Norbert Denne

DB2 - Theorie und Praxis
Trademarks / Geschützte Namen

In diesem Buch werden viele geschützte Namen (zumeist von IBM ™) verwandt, wie:

- ACF/VTAM ™
- AIX ™
- C/370 ™
- CICS/ESA ™
- COBOL/370 ™
- DB2 ™
- DB2 Universal Database ™
- DFSMShsm ™
- Distributed Relational Database Architecture ™
- ESA/390 ™
- Hiperspace ™
- IMS ™
- Language Environment ™
- MVS/ESA ™
- Net.Data ™
- OS/400 ™
- Parallel Sysplex ™
- RACF ™
- SAA ™
- System/370 ™
- System/390 ™
- VisualAge ™
- VM/ESA ™
- VTAM ™

- AD/Cycle ™
- AS/400 ™
- CICS ™
- CICS/MVS ™
- DataPropagator ™
- DB2 Connect ™
- DFSMS ™
- DFSORT ™
- DRDA ™
- ES/9000 ™
- IBM ™
- IMS/ESA ™
- MQSeries ™
- MVS/SP ™
- OS/2 ™
- OS/390 ™
- QMF ™
- RAMAC ™
- SQL/DS ™
- S/370 ™
- S/390 ™
- VisualGen ™
- VSE/ESA ™
- 3090 ™

Andere geschützte Namen sind:

- Java ™ und alle darauf basierende Namen   von Sun Microsystems, Inc.
- Microsoft ™, Windows ™ Windows/NT ™   von Microsoft Corporation
- UNIX ™   von X/Open Company Limited

Themen-Überblick

1	**Relationales Modell**	**1**
1.1	Allgemeine Entwicklungsgeschichte	1
1.2.	Terminologie	28
1.3	Anforderungen an ein relationales DBMS	41
1.4	Standardisierung von Datenbank-Methoden und Techniken	60
2	**DB2-System-Aufbau**	**68**
2.1	DB2-System-Komponenten und Zusatz-Produkte	68
2.2	Betriebssystem-Komponenten	71
2.3	Allied Agents: Ankoppelbare Trägersysteme	78
2.4	Verteilung und gemeinsame Nutzung der Daten	81
2.5	DB2-Daten-Objekt-Typen	95
2.6	Stored Procedures, User-defined Functions und Trigger	121
3	**Voraussetzungen für eine DB2-Einführung**	**135**
3.1	Allgemeine Voraussetzungen	135
3.2	Abgrenzung Produktionssystem -Testsystem	149
3.3	Datenbank-Hierarchie	151
3.4	Informations-Aktualität	152
3.5	Was ist neu im DB2?	153
3.6	Migration ins DB2	155
4	**DB2-Sprachschnittstellen**	**157**
4.1	Benutzergruppen und deren Anforderungen	157
4.2	DB2-Sprachschnittstellen für die Benutzergruppen	158
4.3	DB2I: Masken der interaktiven DB2-Oberfläche	179
5	**SQL-DDL-Data Definition Language**	**205**
5.1	Dynamische DB2-Objektverwaltung	205
5.2	Anlegen DB2-Objekte: CREATE	207
5.3	Ändern DB2-Objekte: ALTER und RENAME	215
5.4	Löschen DB2-Objekte: DROP	219
6	**SQL-DML-Data Manipulation Language**	**224**
6.1	SQL-DML-Anwendungsformen	224
6.2	SELECT - Datenabfragen	225
6.3	INSERT - Dateneinfügung	276
6.4	UPDATE - Datenveränderung	279
6.5	DELETE - Datenlöschung	281
7	**SQL-DCL-Data Control Language**	**283**
7.1	DB2-Zugriffsschutzkonzept	283
7.2	GRANT - Erteilen DB2-Privilegien	307
7.3	REVOKE - Aufheben DB2-Privilegien	313
7.4	VIEW - Inhaltsbezogener Datenschutz	317
8	**DB2-Katalog**	**320**
8.1	Aufbau und Inhalte	320
8.2	Katalog-Abfragen	324
8.3	Katalog-Veränderungen	336
9	**Unabhängigkeit zwischen Daten und Funktionen**	**337**
9.1	Abgrenzung logischer und physischer Aspekte	337
9.2	Unterstützung der Unabhängigkeit durch DB2	341
9.3	Vorteile und Grenzen des DB2-View-Konzepts	352
9.4	Nutzung von Stored Procedures, User-defined Functions und Triggern	357
9.5	Auswirkungen auf das Anwendungs-Design	362

DB2 - Theorie und Praxis
Themen-Überblick

10 Datenentwurf unter DB2 — 379
- 10.1 Rolle des ANSI-SPARC-3-Schemata-Ansatzes — 379
- 10.2 Vorgehens-Modell — 381
- 10.3 Logisches Design — 392
- 10.4 Physisches Design — 428

11 DB2-Datenspeicherung intern und extern — 481
- 11.1 Übersicht der Speicherungsformen — 481
- 11.2 Space-Management — 483
- 11.3 Datenpool- und Bufferpool-Konzept — 516
- 11.4 VSAM-Datasets — 529
- 11.5 DB2-Utilities für die Unterstützung der Datenspeicherung — 532

12 DB2-Datensicherheitseinrichtungen — 534
- 12.1 DB2-Sicherheitsinstrumentarium — 534
- 12.2 Transaktionsabwicklung — 536
- 12.3 LUW-, UOW- und UOR-Konzept — 540
- 12.4 Probleme und Lösungswege der Konkurrenzverarbeitung — 546
- 12.5 DB2-Sperrverfahren — 554
- 12.6 Logging-Einrichtungen — 585
- 12.7 DB2-Utilities für die Datensicherheitsunterstützung — 595
- 12.8 AUDIT TRACE — 602
- 12.9 Problembereiche der Datensicherheitseinrichtungen — 603

13 Anwendungsprogrammierung unter DB2 — 605
- 13.1 Einsatzspektrum von DB2 — 605
- 13.2 Programmentwicklung unter DB2 — 623
- 13.3 SQL-Spracheinsatz in Anwendungsprogrammen — 649
- 13.4 Besondere Programmier-Techniken unter DB2 — 695
- 13.5 CAF - Call Attachment Facility — 743
- 13.6 RRSAF - Recoverable Resource Manager Services Attachment Facility — 746
- 13.7 Dynamic SQL — 748
- 13.8 Programmier-Empfehlungen — 763

14 SQL-Performance — 766
- 14.1 Grundlagen der SQL-Performance — 766
- 14.2 Zugriffspfadanalyse des DB2-Optimizers — 779
- 14.3 DB2-Zugriffspfade auf die Daten — 795
- 14.4 Zusammenfassung der relevanten Performance-Komponenten — 850

A1 - Anhang - DB2-Basis-Sprachelemente — A1-862

A2 - Anhang - Definition der wichtigsten DB2-Sprachelemente — A2-973

A3 - Anhang - Definition der DB2-Katalog-Tabellen — A3-1391

A4 - Anhang - Definition der CDB - Communications Database — A4-1435

A5 - Anhang - Definition allgemeiner Strukturen — A5-1439

A6 - Anhang - DB2-Warnungen und Fehlermeldungen — A6-1490

A7 - Anhang - Installations-System-Parameter — A7-1518

A8 - Anhang - Literaturverzeichnis — A8-1522

Index - Stichwortverzeichnis — I-1523

Inhaltsverzeichnis

1	**Relationales Modell**		**1**
1.1	Allgemeine Entwicklungsgeschichte		1
	1.1.1	Entwicklung innerhalb IBM	1
	1.1.2	Entwicklung außerhalb IBM	1
	1.1.3	Produkt-Kompatibilität	2
		1.1.3.1 Kompatibilität zwischen den IBM-DB2-Produkten	2
		1.1.3.2 Kompatibilität zwischen Fremdhersteller-Produkten und DB2-Produkten	2
	1.1.4	Entwicklungsgeschichte von DB2-MVS bzw. DB2 for OS/390	3
		1.1.4.1 Grober Überblick	3
		1.1.4.2 Die wesentlichen Funktionen der Release-Entwicklungen	4
		1.1.4.2.1 Version 2 - Release 1	4
		1.1.4.2.2 Version 2 - Release 2	4
		1.1.4.2.3 Version 2 - Release 3	5
		1.1.4.2.4 Version 3	7
		1.1.4.2.5 Version 4	9
		1.1.4.2.6 Version 5 - DB2 for OS/390	12
		1.1.4.2.7 Version 6 - DB2 Universal Database (UDB) for OS/390	17
		1.1.4.2.8 ... und was kommt nach Version 6?	22
	1.1.5	Entwicklungsgeschichte von Produkten auf Nicht-OS/390-Plattformen	23
		1.1.5.1 Grober Überblick	23
		1.1.5.2 Die wesentlichen Release-Entwicklungen für UNIX, Windows und OS/2	24
		1.1.5.2.1 Version 5.1	24
		1.1.5.2.2 Version 5.2	25
		1.1.5.2.3 Version 6.1	26
1.2.	**Terminologie**		**28**
	1.2.1	Informationsablage in Tabellenform	28
		1.2.1.1 Tabelle (Table, Relation)	28
		1.2.1.2 Spalte (Attribut)	28
		1.2.1.3 Zeile (Tupel)	29
		1.2.1.4 Datenwert (Value)	29
		1.2.1.5 Primary-Key (PK)	30
		1.2.1.6 Foreign-Key (FK)	30
		1.2.1.7 Index	33
		1.2.1.8 Daten-Repräsentation und -Ablage	34
	1.2.2	Informationsbeziehungen	34
	1.2.3	Relationale Sprachschnittstelle	35
		1.2.3.1 SQL	38
		1.2.3.2 QUEL	39
		1.2.3.3 QBE	39
	1.2.4	Terminologievergleich konventionelle Systeme - RDBMS	40
	1.2.5	Schwächen des Relationen-Modells	40
1.3	**Anforderungen an ein relationales DBMS**		**41**
	1.3.1	Codd'sches Anforderungsprofil - RM/V2	41
	1.3.2	Problembereiche konventioneller DBMS-Typen	53
		1.3.2.1 Strukturierte DBMS	53
		1.3.2.2 Lineare DBMS	54
		1.3.2.3 Komplexe DBMS (OODBMS)	56
		1.3.2.4 Fazit	59
1.4	**Standardisierung von Datenbank-Methoden und Techniken**		**60**
	1.4.1	Standardisierungs-Organisationen	60
	1.4.2	Wichtige allgemeine Standards	60
		1.4.2.1 Datenbank-Standards	61
		1.4.2.1.1 ANSI/SPARC 3-Schemata-Modell	62
		1.4.2.1.2 SQL-Standards	63
	1.4.3	Die Auswirkungen der bisherigen Standardisierungsmaßnahmen	67
2	**DB2-System-Aufbau**		**68**
2.1	**DB2-System-Komponenten und Zusatz-Produkte**		**68**
	2.1.1	DB2-System-Komponenten	68
	2.1.2	DB2-Zusatz-Produkte von IBM	68
		2.1.2.1 MVS- bzw. OS/390-Plattform	68
		2.1.2.2 Workstation-Plattform	69

DB2 - Theorie und Praxis
Inhaltsverzeichnis

	2.1.3	Sonstige Tools von IBM	69
	2.1.4	Sonstige Tools diverser Software-Hersteller	69
		2.1.4.1 Entwicklungswerkzeuge für die PAEs	69
		2.1.4.2 Verwaltungswerkzeuge für die DBADMs	70
2.2	**Betriebssystem-Komponenten**		**71**
	2.2.1	OS/390-System-Schichten	71
	2.2.2	DB2-Subsystem (Lokation oder Server)	72
	2.2.3	DB2-Adressraum-Konzept	74
		2.2.3.1 OS/390-System-Features	75
		2.2.3.2 Trägersysteme (Allied Agents)	75
		2.2.3.3 DB2-System-Adressräume	75
		2.2.3.3.1 System-Dienste (System services)	75
		2.2.3.3.2 Datenbank-Dienste (Database services)	76
		2.2.3.3.3 Internal Resource-Lock-Manager (IRLM)	76
		2.2.3.3.4 Distributed Data Facilities (DDF)	76
		2.2.3.4 Adressräume für Stored Procedures und/oder User-defined Functions	77
2.3	**Allied Agents: Ankoppelbare Trägersysteme**		**78**
	2.3.1	Attach-Facility, Connection und Thread	78
	2.3.2	Zugriff auf DB2-Ressourcen aus Anwendungen heraus	78
		2.3.2.1 Schnittstellen zu den Trägersystem-Typen	78
		2.3.2.1.1 TSO-Schnittstelle (DSNELI)	78
		2.3.2.1.2 CICS-Schnittstelle (DSNCLI)	79
		2.3.2.1.3 IMS-Schnittstelle (DFSLI000)	79
		2.3.2.1.4 Batch-Schnittstelle mit CAF (DSNALI)	79
		2.3.2.1.5 Recoverable Resource Manager-Schnittstelle (DSNRLI)	80
		2.3.2.2 Dateiverarbeitungsmöglichkeiten der Trägersystem-Typen	80
2.4	**Verteilung und gemeinsame Nutzung der Daten**		**81**
	2.4.1	Verteilung der DB2-Daten (distributed data)	81
		2.4.1.1 Die Client-Server-Architektur (C/S)	82
		2.4.1.2 DRDA - Distributed Relational Database Architecture	83
		2.4.1.2.1 Vor Version 6: Systemgesteuerter Zugriff	86
		2.4.1.2.2 Vor Version 6: Anwendungsgesteuerter Zugriff	87
		2.4.1.2.3 Ab Version 6: DB2-Privat-Protokoll-Zugriff und DRDA-Zugriff	88
		2.4.1.3 Technologische Grenzen der Verteilung von Daten	89
	2.4.2	Gemeinsame Nutzung der DB2-Daten (shared data)	90
		2.4.2.1 DB2 Data Sharing (DS)	91
		2.4.2.1.1 Argumente für Data Sharing	91
		2.4.2.1.2 Data Sharing im OS/390-Sysplex	92
	2.4.3	DPROP - Data Propagator (IMS-DB2, DB2-IMS)	93
2.5	**DB2-Daten-Objekt-Typen**		**95**
	2.5.1	Meta-Objekt-Typen für die Speicherung von Daten	95
		2.5.1.1 Domain-Konzept und Daten-Typen	96
		2.5.1.1.1 Grundsätzliche Überlegungen und Ausgangssituation	96
		2.5.1.1.2 Builtin Daten-Typen	96
		2.5.1.1.3 Benutzerdefinierte Daten-Typen (UDT = User-defined Data-Types)	97
		2.5.1.1.4 LOB = Large Object	97
		2.5.1.1.5 Vergleichbarkeit und Konvertierbarkeit der Daten-Typen	98
		2.5.1.2 UDT - User-defined Distinct Data-Types	99
		2.5.1.2.1 Definition der Daten-Typen	99
		2.5.1.2.2 Automatisch generierte Cast-Funktionen	100
		2.5.1.2.3 Nutzungsmöglichkeit der Distinct Data-Types	100
		2.5.1.2.4 User-defined LOB-Data Types	100
		2.5.1.3 Benutzerorientierte DB2-Objekt-Typen	101
		2.5.1.3.1 Tabelle/Table (Base Table)	101
		2.5.1.3.2 Temporäre Tabelle/Table (Global Temporary Table)	105
		2.5.1.3.3 DB2-View (Virtual Table)	106
		2.5.1.3.4 Synonym	108
		2.5.1.3.5 Alias	109
		2.5.1.4 Systemorientierte DB2-Objekt-Typen	110
		2.5.1.4.1 Index	110
		2.5.1.4.2 Tablespace	113
		2.5.1.4.3 Indexspace	114
		2.5.1.4.4 DB2-Database	114
		2.5.1.4.5 Storage Group	115
		2.5.1.4.6 LOB-Objekte: Auxiliary Table, Auxiliary Index, LOB-Tablespace	116
	2.5.2	DB2-System-Ressourcen	118
		2.5.2.1 DB2-Directory - Database DSNDB01	118

		2.5.2.2	DB2-Katalog- Database DSNDB06	119
		2.5.2.3	Workfiles - Database DSNDB07	119
		2.5.2.4	Datenspeicherung von System- und Benutzerdaten	120
		2.5.2.5	Utility-Arbeitsdateien	120
		2.5.2.6	Log-Dateien	120
		2.5.2.7	Bootstrap-Dateien	120
		2.5.2.8	DB2-Bibliotheken	120
2.6	**Stored Procedures, User-defined Functions und Trigger**			**121**
	2.6.1	Grober Überblick der Einsatzbedingungen		121
	2.6.2	Identifikation von Stored Procedures, Functions und Triggern		122
		2.6.2.1	SQL-Pfad, Schema, Specific Name und External Name	122
		2.6.2.2	Function Overloading und Function Resolution	122
	2.6.3	Der Einsatz von Stored Procedures		123
		2.6.3.1	DB2 Stored Procedures und SQL Procedures	123
		2.6.3.2	System-Konzept von DB2 Stored Procedures	124
			2.6.3.2.1 Aufruf einer remote Stored Procedure und Ablauf	125
			2.6.3.2.2 Übergabe von Query Result Sets	127
		2.6.3.3	Stored Procedures Builder	128
		2.6.3.4	Vorteile und Nachteile von Stored Procedures	128
	2.6.4	Der Einsatz von benutzerdefinierten Funktionen (User-defined Functions)		129
		2.6.4.1	Überblick der Funktions-Typen	129
		2.6.4.2	Sourced Function	130
		2.6.4.3	External Scalar Function	130
		2.6.4.4	External Table Function	130
	2.6.5	Der Einsatz von Triggern		131
		2.6.5.1	Überblick der Trigger-Typen	131
		2.6.5.2	Before Trigger	132
		2.6.5.3	After Trigger	133
			2.6.5.3.1 Cascading Effekte bei After Trigger	134

3 Voraussetzungen für eine DB2-Einführung — 135

3.1	**Allgemeine Voraussetzungen**			**135**
	3.1.1	Personelle Voraussetzungen		136
		3.1.1.1	Objekt- (OA) bzw. Daten-Administration (DA)	136
		3.1.1.2	Datenbank-Administration (DBA)	136
	3.1.2	Organisatorische Voraussetzungen		137
		3.1.2.1	Auswirkung auf die Anwendungs-Entwicklung	137
	3.1.3	Technische Voraussetzungen für DB2 Version 6 for OS/390		139
		3.1.3.1	Hardware	139
		3.1.3.2	Betriebssystem-Software	140
		3.1.3.3	Betriebssystemnahe Standard-Software	140
		3.1.3.4	Programmiersprachen	140
		3.1.3.5	TP-Monitore und Query-Manager	141
		3.1.3.6	Anwendungsentwicklungs-Tools	141
		3.1.3.7	Funktionsspezifische Abhängigkeiten	141
	3.1.4	Weitere Voraussetzungen für DB2		142
		3.1.4.1	Integritätssicherung	143
		3.1.4.2	Namenskonventionen	144
			3.1.4.2.1 Lokale DB2-Objekte	145
			3.1.4.2.2 Verteilte DB2-Objekte (remote)	146
			3.1.4.2.3 Sprechende Objektnamen versus nichtsprechende Namen	147
3.2	**Abgrenzung Produktionssystem -Testsystem**			**149**
3.3	**Datenbank-Hierarchie**			**151**
3.4	**Informations-Aktualität**			**152**
3.5	**Was ist neu im DB2?**			**153**
3.6	**Migration ins DB2**			**155**

4 DB2-Sprachschnittstellen — 157

4.1	**Benutzergruppen und deren Anforderungen**		**157**
4.2	**DB2-Sprachschnittstellen für die Benutzergruppen**		**158**
	4.2.1	Übersicht der TSO-DSN-Commands	160
	4.2.2	Übersicht der SQL-Statements	161
	4.2.3	DB2-Befehle/DB2-Commands	169
	4.2.4	DB2-Hilfsprogramme/DB2-Utilities	172
	4.2.5	Standalone Utilities/Service Aids	174
	4.2.6	IMS-Commands	175

DB2 - Theorie und Praxis
Inhaltsverzeichnis

	4.2.7	CICS-Commands		176
	4.2.8	OS/390-IRLM-Commands		177
	4.2.9	TSO-CLISTs		178
4.3	**DB2I: Masken der interaktiven DB2-Oberfläche**			**179**
	4.3.1	Einstiegs-Menü (Primary Option Menu)		179
	4.3.2	D - DB2I-Defaults		180
		4.3.2.1	Cobol-Defaults	180
	4.3.3	1 - SPUFI: SQL Processor Using File Input		181
		4.3.3.1	SPUFI-Steuerungsmaske	181
		4.3.3.2	SPUFI-Defaults	183
		4.3.3.3	SPUFI-Edit-Maske	184
		4.3.3.4	SPUFI-Browse-Maske	185
	4.3.4	2 - DCLGEN: Declarations Generator		186
		4.3.4.1	Eingabemaske	186
		4.3.4.2	Beispiel einer generierten Ausgabe	188
	4.3.5	3 - Program Preparation		189
		4.3.5.1	Steuerungsmaske	189
		4.3.5.2	Program Preparation 'Compile, Link and Run Panel'	190
		4.3.5.3	Include des Attachment-Facilities von SYSLIB	191
		4.3.5.4	Beispiel einer generierten Umwandlungs-Prozedur	191
	4.3.6	4 - Precompile		192
	4.3.7	5 - BIND / REBIND / FREE		193
		4.3.7.1	BIND PACKAGE	193
			4.3.7.1.1 Steuerungsmaske	193
			4.3.7.1.2 Default Panel BIND PACKAGE	194
			4.3.7.1.4 Connection Names Panel	195
			4.3.7.1.3 System Connection Type Panel	195
		4.3.7.2	BIND PLAN	196
			4.3.7.2.1 Steuerungsmaske	196
			4.3.7.2.2 Default Panel BIND PLAN	197
			4.3.7.2.3 Package List Panel	198
		4.3.7.3	REBIND PACKAGE	198
		4.3.7.4	REBIND PLAN	198
		4.3.7.5	REBIND TRIGGER PACKAGE	198
			4.3.7.5.1 Steuerungsmaske	198
		4.3.8.2	JCL-Beispiel eines Batch-Ausführungs-Jobs	199
	4.3.8	6 - Run		199
		4.3.8.1	Anstoß über Panel	199
	4.3.9	7 - DB2-Commands		200
	4.3.10	8 - DB2-Utilities		201
		4.3.10.1	Steuerungsmaske	201
		4.3.10.2	Panel für Dataset Names	202
		4.3.10.3	Beispiel für generierte Utility-Macros	203
		4.3.10.4	Beispiel eines LOAD-Eingabebestandes	203
		4.3.10.5	Beispiel von LOAD-Utility-Steuerkarten	203
		4.3.10.6	Beispiel des generierten LOAD-Utility-Jobs	204
5	**SQL-DDL-Data Definition Language**			**205**
5.1	**Dynamische DB2-Objektverwaltung**			**205**
5.2	**Anlegen DB2-Objekte: CREATE**			**207**
	5.2.1	Beispiele CREATE		210
		5.2.1.1	Systemorientierte Daten-Objekte	210
		5.2.1.2	Benutzerorientierte Daten-Objekte	211
		5.2.1.3	Funktionsorientierte Objekte	213
5.3	**Ändern DB2-Objekte: ALTER und RENAME**			**215**
	5.3.1	Beispiele ALTER		217
		5.3.1.1	Systemorientierte Daten-Objekte	217
		5.3.1.2	Benutzerorientierte Daten-Objekte	218
		5.3.1.3	Funktionsorientierte Objekte	218
	5.3.2	Beispiel RENAME		218
5.4	**Löschen DB2-Objekte: DROP**			**219**
	5.4.1	Beispiele DROP		222
		5.4.1.1	Systemorientierte Daten-Objekte	222
		5.4.1.2	Benutzerorientierte Daten-Objekte	223
		5.4.1.3	Funktionsorientierte Objekte	223

6 SQL-DML-Data Manipulation Language ... 224
6.1 SQL-DML-Anwendungsformen ... 224
6.2 SELECT - Datenabfragen ... 225
6.2.1 SELECT-Typen ... 225
6.2.2 Syntax des SELECT-Statements ... 227
6.2.2.1 Grundformat des SELECT-Statements ... 227
6.2.2.2 Die logische Abarbeitungsfolge der SELECT-Parameter ... 228
6.2.2.3 SELECT-Klausel ... 229
6.2.2.3.1 Bereitstellung von Daten aus einer einzelnen Tabelle ... 229
6.2.2.3.2 Bereitstellung von Daten aus mehreren Tabellen (Join) ... 229
6.2.2.3.3 Verdichtung der Result Table (DISTINCT) ... 229
6.2.2.4 FROM-Klausel ... 230
6.2.2.4.1 Bereitstellung von Daten aus Basis-Tabellen bzw. Views ... 230
6.2.2.4.2 Inner und Outer Join ... 230
6.2.2.4.3 Subselect (Nested Table Expression) ... 230
6.2.2.5 WHERE-Klausel ... 231
6.2.2.5.1 Einfache Vergleichsoperatoren ... 231
6.2.2.5.2 Subquery ... 231
6.2.2.6 ORDER BY-Klausel ... 232
6.2.2.7 GROUP BY-Klausel ... 232
6.2.3 Tabelleninhalte der Beispieltabellen aus Abbildung 1-2 ... 233
6.2.4 Einfache SELECT-Abfragebeispiele aus einer Tabelle ... 234
6.2.4.1 Einfache Spaltenauswahl (PROJECT) ... 234
6.2.4.2 Konstante und arithmetisch errechnete Werte ... 234
6.2.4.3 Vergabe von Namen für Spalten der Result Table ... 235
6.2.4.4 Auswahl bestimmter Zeilen mit WHERE ... 235
6.2.4.5 Variable Auswahl bestimmter Zeilen mit WHERE und CASE ... 236
6.2.5 Boolsche Verknüpfungen und Prädikate ... 237
6.2.5.1 AND-Verknüpfung ... 237
6.2.5.2 OR-Verknüpfung ... 237
6.2.5.3 NOT-Verknüpfung ... 238
6.2.5.4 BETWEEN-Prädikat ... 238
6.2.5.5 IN-Prädikat ... 239
6.2.5.6 LIKE-Prädikat ... 239
6.2.5.7 NULL-Prädikat ... 241
6.2.5.8 Mix von Prädikaten und Klammerung ... 241
6.2.6 Sortierung - ORDER BY ... 242
6.2.6.1 Auf- und absteigende Sortierung ... 242
6.2.6.2 Sortierung von abgeleiteten Spalten ... 243
6.2.7 Funktion (Builtin-Function) ... 244
6.2.7.1 Column Function ... 244
6.2.7.2 Scalar Function ... 245
6.2.7.2.1 Konvertierungs-Funktion ... 245
6.2.7.2.2 DateTime-Funktion ... 246
6.2.7.2.3 Sonstige Funktion ... 248
6.2.7.3 Verschachtelung von Column Function und Scalar Function ... 249
6.2.8 Gruppierung/ GROUP BY ... 250
6.2.8.1 HAVING ... 252
6.2.9 UNION und UNION ALL ... 253
6.2.10 Selektion aus mehreren Tabellen - JOIN ... 255
6.2.10.1 Kartesisches Produkt ... 255
6.2.10.2 Equi-Join ... 256
6.2.10.3 Join einer Tabelle mit sich selbst ... 257
6.2.10.4 Inner Join und Outer Join ... 258
6.2.10.4.1 Übersicht der Ergebnis-Typen ... 258
6.2.10.4.2 Inner Join ... 260
6.2.10.4.3 Left Outer Join ... 260
6.2.10.4.4 Right Outer Join ... 261
6.2.10.4.5 Full Outer Join ... 262
6.2.10.4.6 Subselect als Nested Table Expression ... 263
6.2.10.4.7 Verschachtelte Mehrstufen-Joins mit Subselect ... 265
6.2.10.4.8 Die Wirkung der ON-Klausel ... 266
6.2.11 Subquery (Sub-Query) ... 268
6.2.11.1 Allgemeine Syntax ... 268
6.2.11.2 Non-correlated Subquery ... 270
6.2.11.2.1 Subquery direkt nach einem Vergleichsoperator ... 270
6.2.11.2.2 Subquery nach IN ... 271

			6.2.11.2.3	Subquery nach EXISTS	272
			6.2.11.2.4	Subquery nach ANY bzw. SOME und ALL	273
		6.2.11.3	Correlated Subquery		274
			6.2.11.3.1	Verarbeitungsunterschiede zu non-correlated	274
			6.2.11.3.2	Subquery direkt nach einem Vergleichsoperator	275
			6.2.11.3.3	Subquery nach EXISTS	275
	6.3	**INSERT - Dateneinfügung**			**276**
		6.3.1	Beispiele für SQL-Dateneinfügungen		277
			6.3.1.1	INSERT einer einzelnen Zeile	277
			6.3.1.2	INSERT mehrerer Zeilen (Massen-Insert)	278
	6.4	**UPDATE - Datenveränderung**			**279**
		6.4.1	Beispiele für SQL-Datenveränderungen		280
	6.5	**DELETE - Datenlöschung**			**281**
		6.5.1	Beispiele für SQL-Datenlöschungen		282
7	**SQL-DCL-Data Control Language**				**283**
	7.1	**DB2-Zugriffsschutzkonzept**			**283**
		7.1.1	Überblick		283
			7.1.1.1	Vorüberlegungen	283
			7.1.1.2	Welche Ressourcen können von DB2 geschützt werden?	284
			7.1.1.3	Konsequenzen bei einer vollständigen Auslagerung auf einen ESM	285
			7.1.1.4	Aufteilung der Sicherheitsfunktionen zwischen DB2 und einem ESM	286
		7.1.2	Autorisierungs-Konzept		287
			7.1.2.1	Übergabe der Autorisierungs-Identifikatoren	287
			7.1.2.2	Primär-, Sekundär- und Current-Autorisierungs-Id	288
			7.1.2.3	Zeitpunkt der Autorisierungsprüfung	289
				7.1.2.3.1 Autorisierungsprüfung zur Bind-Zeit	289
				7.1.2.3.2 Autorisierungsprüfung zur Ausführungs-Zeit	290
				7.1.2.3.3 Autorisierungsprüfung zum Zeitpunkt der Definition einer Package	291
				7.1.2.3.4 Autorisierungsprüfung zum Zeitpunkt der Ausführung einer Package	291
		7.1.3	Privilegien-Konzept		292
			7.1.3.1	Privilegien-Struktur	292
			7.1.3.2	Eigentümer (Owner) und Ersteller (Creator) eines Objektes	293
			7.1.3.3	Explizite Privilegien	294
				7.1.3.3.1 Grant-Typen und Privilegienbereiche	295
				7.1.3.3.2 Zuordnung der Einzel-Privilegien zu DB2-Ressource-Typen	296
			7.1.3.4	Implizite Privilegien	297
				7.1.3.4.1 Owner eines Objekts	297
				7.1.3.4.2 Administrations-Gruppen	299
		7.1.4	Welche Privilegien werden wann benötigt?		302
			7.1.4.1	Erforderliche Privilegien zur Verwaltung der DB2-Objekte	302
			7.1.4.2	Die erforderlichen Privilegien eines Anwendungsentwicklers	304
			7.1.4.3	Zusammenspiel von Autorisierungs-Id-Typen und Privilegien	305
				7.1.4.3.1 Ausführung von Dynamic SQL-Statements	305
				7.1.4.3.2 Plan- und Package-Aktivitäten	306
	7.2	**GRANT - Erteilen DB2-Privilegien**			**307**
		7.2.1	Privilegien-Kategorien		307
		7.2.2	Hierarchisches GRANT-Konzept		308
		7.2.3	Beispiele GRANT		310
	7.3	**REVOKE - Aufheben DB2-Privilegien**			**313**
		7.3.1	Beispiele REVOKE		316
	7.4	**VIEW - Inhaltsbezogener Datenschutz**			**317**
		7.4.1	Besonderheiten bei der Anwendung in Programmen		318
8	**DB2-Katalog**				**320**
	8.1	**Aufbau und Inhalte**			**320**
		8.1.1	Zuordnung der Objekte zu Katalog-Tabellen		322
		8.1.2	Referenzielle Beziehungen der wichtigsten Katalog-Tabellen		323
	8.2	**Katalog-Abfragen**			**324**
		8.2.1	Katalog-Abfragen der Katalogbeschreibungen		324
		8.2.2	Objekt-Abfragen für Anwendungs-Entwickler		325
		8.2.3	Abfragen zur Überwachung der optimalen Speicherorganisation		327
			8.2.3.1	Katalogspalten-Inhalte und kritische Werte	327
			8.2.3.2	Katalog-Queries	330
		8.2.4	Katalog-Queries über referenzielle Beziehungen		333
		8.2.5	Katalog-Queries zur Unterstützung und Kontrolle des Datenschutzes		335
	8.3	**Katalog-Veränderungen**			**336**

DB2 - Theorie und Praxis
Inhaltsverzeichnis

9 Unabhängigkeit zwischen Daten und Funktionen — 337
- 9.1 Abgrenzung logischer und physischer Aspekte — 337
- 9.2 Unterstützung der Unabhängigkeit durch DB2 — 341
  - 9.2.1 Katalog-Konzept — 341
  - 9.2.2 Unabhängigkeit zwischen Programmen und Daten — 342
    - 9.2.2.1 Verlagerung von Programmlogik in den DB2-Katalog — 344
    - 9.2.2.2 Abhängigkeit von DB2-Katalogstrukturen und SQL-Spracheinsatz — 345
    - 9.2.2.3 Konzepte zur Erreichung einer möglichst hohen Anwendungsportabilität — 348
      - 9.2.2.3.1 Normungs-Effekt durch den SQL-Spracheinsatz — 348
      - 9.2.2.3.2 Open Database Connectivity (ODBC) und der CLI-Spracheinsatz — 348
      - 9.2.2.3.3 Einsatz von Standard-Routinen — 349
    - 9.2.2.4 Abweichungen von der Katalog-Dynamik — 350
- 9.3 Vorteile und Grenzen des DB2-View-Konzepts — 352
  - 9.3.1 Vorteile des DB2-View-Konzepts — 352
  - 9.3.2 Nachteile und Grenzen des View-Konzepts — 355
- 9.4 Nutzung von Stored Procedures, User-defined Functions und Triggern — 357
  - 9.4.1 Integritätsbewahrung als Aufgabenstellung für die Datenbank — 357
    - 9.4.1.1 Komponenten einer "aktiven Datenbank" — 358
    - 9.4.1.2 Argumente für und wider eine "aktive Datenbank" — 359
  - 9.4.2 Nutzung von Stored Procedures — 360
    - 9.4.2.1 Daten-Bereitstellung und Manipulation in einer 'Black Box' — 360
    - 9.4.2.2 Vorteile einer Stored Procedure gegenüber einem Unterprogramm — 361
- 9.5 Auswirkungen auf das Anwendungs-Design — 362
  - 9.5.1 Sicht des Anwendungs-Programmes auf die Daten — 362
  - 9.5.2 Auswirkung der Daten-Modellierung auf die Programm-Sicht — 363
    - 9.5.2.1 Sicht auf unnormalisierte Daten — 364
    - 9.5.2.2 Sicht auf Daten in der ersten Normalform (1 NF) — 365
    - 9.5.2.3 Sicht auf Daten in höheren Normalformen (2 NF, 3NF,..) — 366
  - 9.5.3 Separierung der Daten-Beschaffung und -Manipulation — 367
    - 9.5.3.1 Varianten beim Einsatz von Unterprogrammen und Stored Procedures — 369
    - 9.5.3.2 Verlagerung sämtlicher datennaher Dienste in den DB2-Bereich — 370
    - 9.5.3.3 Objektorientierte Verwaltung der Daten — 371
      - 9.5.3.3.1 Daten-Verwaltung immer über eine zuständige Funktion — 372
  - 9.5.4 Konsequenzen eines Client-Server-Konzeptes (CS) — 373
    - 9.5.4.1 Zentralisierung versus Dezentralisierung — 373
      - 9.5.4.1.1 CS sollte in den Köpfen des Managements beginnen ... — 373
      - 9.5.4.1.2 CS benötigt klare Konzepte — 374
      - 9.5.4.1.3 Argumente für eine dezentrale Organisationsform (Verteilung) — 375
      - 9.5.4.1.4 Argumente für eine zentrale Organisationsform — 375
      - 9.5.4.1.5 Fazit — 375
    - 9.5.4.2 Varianten der CS-Verarbeitung — 376
    - 9.5.4.3 Verteilungsaspekte — 377
      - 9.5.4.3.1 Lokale Zuordnung der Ressourcen — 377
      - 9.5.4.3.2 Verfügbarkeit der Ressourcen — 377
    - 9.5.4.4 Konsequenzen einer Verteilung — 378

10 Datenentwurf unter DB2 — 379
- 10.1 Rolle des ANSI-SPARC-3-Schemata-Ansatzes — 379
- 10.2 Vorgehens-Modell — 381
  - 10.2.1 Entwicklungsgeschichte der relevanten Daten-Modelle — 383
  - 10.2.2 ERM - Entity-Relationship-Modell — 384
  - 10.2.3 Relationen-Modell (RM) — 386
  - 10.2.4 Gemeinsamkeiten von ERM und RM — 388
- 10.3 Logisches Design — 392
  - 10.3.1 Normalisierung — 393
    - 10.3.1.1 Unnormalisierte Daten — 394
    - 10.3.1.2 1NF - Atomic Attribute ohne Wiederhol-Elemente — 396
    - 10.3.1.3 2NF - Volle funktionale Abhängigkeit zu allen PK-Bestandteilen — 398
    - 10.3.1.4 3NF - Keine transitiven Abhängigkeiten der Nicht-PK-Attribute — 400
      - 10.3.1.4.1 Kritische Analyse der erreichten 3NF - Struktur-Qualität — 401
    - 10.3.1.5 BCNF - Volle Abhängigkeit zum Candidate Key — 402
    - 10.3.1.6 4NF - Keine paarweisen mehrwertigen Abhängigkeiten — 403
    - 10.3.1.7 5NF - Ultimative Normal Form - Project-Join-Normalform (PJ/NF) — 406
    - 10.3.1.8 Abschlussüberlegungen zur Normalisierung — 409
  - 10.3.2 Dokumentation der Daten-Design-Ergebnisse — 410
    - 10.3.2.1 Bubbles/Blasendiagramme — 410

	10.3.2.2	Relationale Notation	411
	10.3.2.3	Dependency Diagram	412
	10.3.2.4	Netzwerk Diagramm	413
	10.3.2.5	Objektorientiertes State Transition Diagram	414
	10.3.2.6	DB2-Unterstützungstools	415
10.3.3		Festlegung der referenziellen Verarbeitungs-Regeln	416
	10.3.3.1	Darstellung der referenziellen Verarbeitungs-Maßnahmen (RI)	418
10.3.4		Festlegung der Geschäfts-Regeln (Business-Rules)	420
	10.3.4.1	Übersicht der Prüf-Regeln für die Business-Rules	421
	10.3.4.2	Festlegung der logischen Trigger für die Business Rules	422
10.3.5		Übersicht der kompletten Integritäts-Regeln und -Maßnahmen	423
10.3.6		Checkliste für das logische Daten-Design	425
	10.3.6.1	Fachliches Daten-Modell	425
	10.3.6.2	Konzeptionelles Daten-Modell	426

10.4 Physisches Design — 428

10.4.1		Ableiten der physischen Benutzerobjekte aus logischen Relationen	429
	10.4.1.1	Zielsetzungen eines physischen Daten-Modells	429
	10.4.1.2	Kandidaten für die physische Implementierung	430
10.4.2		Bewertung der Auswirkungen logisch definierter Zugriffspfade	430
	10.4.2.1	Aufwand bei der Datenbeschaffung	432
	10.4.2.2	Individuelle Performance-Relevanz	435
	10.4.2.3	Auswirkungen der Sperr-Maßnahmen	436
10.4.3		De-Normalisierungs-Maßnahmen	437
	10.4.3.1	Daten-Zusammenführung	437
	10.4.3.2	Trennung der Daten (Verteilung)	439
	10.4.3.3	Bilden zusätzlicher Redundanzen	440
	10.4.3.4	Konsequenzen der De-Normalisierung	442
10.4.4		Indizes	443
	10.4.4.1	Vor- und Nachteile von Indizes	444
10.4.5		Unterstützung der referenziellen Integrität (RI) durch DB2	446
	10.4.5.1	Terminologie und Einrichtung unter DB2	446
	10.4.5.2	Definierbare Strukturen	448
	10.4.5.2.1	Zulässige Einzel-Struktur-Beziehungen	448
	10.4.5.2.2	Logische referenzielle Struktur	450
	10.4.5.2.3	Physische referenzielle Struktur (Tablespace-Set)	456
	10.4.5.3	Gesamt-Überblick über die DB2-RI-Unterstützung	458
	10.4.5.4	Anforderungen an PK und FK	460
	10.4.5.4.1	DB2-Primary-Key (PK) und Parent Key	460
	10.4.5.4.2	DB2-Foreign-Key (FK)	461
	10.4.5.5	Verwaltung der RI-Definitionen im Katalog	462
	10.4.5.5.1	Katalog-Informationen für RI	462
	10.4.5.5.2	RI-DDL-Beispiele	463
	10.4.5.6	Argumente für und wider den Einsatz von DB2-RI	465
10.4.6		Unterstützung der Business Rules mit Funktionen und Triggern	466
	10.4.6.1	De-Normalisierungs-Auswirkungen	466
	10.4.6.2	Zuordnung der Regeln und Maßnahmen zu den physischen Strukturen	466
	10.4.6.3	Funktionale Konsequenzen bei Nicht-Nutzung von DB2-RI	468
	10.4.6.4	Funktionale Konsequenzen bei Struktur-De-Normalisierungen	469
10.4.7		Festlegung der sonstigen DB2-Objekte mit ihren Ausprägungen	471
	10.4.7.1	Zuordnung Tabelle zu Tablespace	471
	10.4.7.1.1	Zuordnung wichtiger Speicher-Charakteristiken	474
	10.4.7.1.2	Sperrniveau und Lock-Maßnahmen	476
	10.4.7.2	Einsatz von DB2-Views	477
	10.4.7.3	Einsatz von DB2-Synonymen und DB2-Alias	477
	10.4.7.4	Zuordnung Tablespace und Indexspace zur Database	477
10.4.8		Festlegung der sonstigen physischen Ressourcen	478
10.4.9		DB2-Unterstützungstools	478
10.4.10		Checkliste für das physische DB2-Design	479

11 DB2-Datenspeicherung intern und extern — 481

11.1 Übersicht der Speicherungsformen — 481
11.2 Space-Management — 483

11.2.1		Verwaltung und Adressierung der Daten innerhalb des Page Sets	483
11.2.2		Page Sets	486
	11.2.2.1	Linear Page Sets	486
	11.2.2.2	Partitioned Page Sets	487
	11.2.2.3	LOB-Page Sets	488

11.2.3		Page Typen des File Page Sets	489
	11.2.3.1	Header Page	490
	11.2.3.2	Space Map Pages	491
	11.2.3.3	Daten Pages	493
		11.2.3.3.1 Adressierung der Daten-Zeilen	495
		11.2.3.3.2 Insert-Strategie innerhalb der Daten-Pages	496
		11.2.3.3.3 Update-Strategie bei variablen Zeilen	497
		11.2.3.3.4 Delete-Strategie innerhalb der Pages	497
		11.2.3.3.5 Freespace-Verwaltung der Pages	498
		11.2.3.3.6 Plattenplatz-Bedarfs-Ermittlung	500
	11.2.3.4	Kompression der Daten (ESA Compression)	503
11.2.4		Page Typen des Index Page Sets	505
	11.2.4.1	Header Page	505
	11.2.4.2	Space Map Pages	505
	11.2.4.3	Index Pages	506
		11.2.4.3.1 Non-Leaf Pages	507
		11.2.4.3.2 Leaf Pages	508
		11.2.4.3.3 Adressierung der Index Pages und der Daten Pages	509
		11.2.4.3.4 Insert-Strategie innerhalb der Pages	511
		11.2.4.3.5 Update-Strategie innerhalb der Pages	511
		11.2.4.3.6 Delete-Strategie innerhalb der Pages	511
		11.2.4.3.7 Freespace-Verwaltung der Pages	512
		11.2.4.3.8 Plattenplatz-Bedarfs-Ermittlung	513

11.3 Datenpool- und Bufferpool-Konzept — 516
- 11.3.1 Group Bufferpools (GBP) — 519
- 11.3.2 Virtuelles Bufferkonzept — 520
  - 11.3.2.1 Lese-Anforderungen — 521
  - 11.3.2.2 Schreib-Anforderungen — 523
  - 11.3.2.3 Bufferpool-Thresholds — 524
  - 11.3.2.4 Mögliche Strategien der Bufferpool-Einrichtung — 525
- 11.3.3 Parallel-Verarbeitung — 527

11.4 VSAM-Datasets — 529
- 11.4.1 Nutzung von DFSMS (Storage Management Subsystem) — 531

11.5 DB2-Utilities für die Unterstützung der Datenspeicherung — 532

12 DB2-Datensicherheitseinrichtungen — 534
12.1 DB2-Sicherheitsinstrumentarium — 534
12.2 Transaktionsabwicklung — 536
12.3 LUW-, UOW- und UOR-Konzept — 540
- 12.3.1 2-Phasen-Commit (Two-Phase-Commit) — 544

12.4 Probleme und Lösungswege der Konkurrenzverarbeitung — 546
- 12.4.1 Verlorener Update — 547
- 12.4.2 Zugriff zu Daten, deren UOW noch nicht abgeschlossen ist — 548
- 12.4.3 Wiederholtes Einlesen von Daten innerhalb einer UOW — 549
- 12.4.4 Lösungswege zum Abbau der Konkurrenz-Problematiken — 550
- 12.4.5 Deadlock — 552
  - 12.4.5.1 Vermeidung von Deadlocks — 553

12.5 DB2-Sperrverfahren — 554
- 12.5.1 Überblick — 554
- 12.5.2 Transaction Lock — 555
  - 12.5.2.1 Lock-Charakteristiken — 555
    - 12.5.2.1.1 Lock-Objekt — 557
    - 12.5.2.1.2 Lock-Niveau — 558
    - 12.5.2.1.3 Lock-Dauer — 562
    - 12.5.2.1.4 Isolation-Level — 563
    - 12.5.2.1.5 Lock-Modus — 566
  - 12.5.2.2 LOCK-Besonderheiten bei LOB-Daten — 570
  - 12.5.2.3 Implizite Lock-Auswirkungen auf die DB2-Systemressourcen — 571
- 12.5.3 Drain Lock — 572
  - 12.5.3.1 Drains und Claims — 572
  - 12.5.3.2 Utility-Kompatibilitäten — 573
- 12.5.4 IRLM - Internal Resource Lock Manager — 574
  - 12.5.4.1 Deadlock/Timeout-Behandlung der Anwendungen — 574
- 12.5.5 Die Konsistenzbewahrung bei Data Sharing (DS) — 575
  - 12.5.5.1 Lock-Typen bei Data Sharing — 575
  - 12.5.5.2 Zusammenspiel zwischen IRLM und Coupling Facility — 577

	12.5.6	Konsequenzen für die Anwendungsentwicklung	578
		12.5.6.1 Zusammenspiel von Isolation-Level, Lock-Modus und -Dauer	578
		12.5.6.2 Verhinderung eines Parallel-Updates	579
		12.5.6.2.1 Einsatz des Cursor-Konzeptes	579
		12.5.6.2.2 Cursor-Konzept oder SELECT WITH RR bzw. RS?	580
		12.5.6.3 Parallelverarbeitung von Online- und Batch-Anwendungen	581
	12.5.7	Zusammenfassung der DB2-Lock-Mechanismen	582
		12.5.7.1 Welche relevanten Parameter steuern die Lock-Mechanismen?	582
		12.5.7.2 Checkliste für den Einsatz der DB2-Lock-Mechanismen	583
12.6	**Logging-Einrichtungen**		**585**
	12.6.1	Steuerungsfunktionen für die Logging-Abwicklung	587
		12.6.1.1 Logging-Philosophie	587
		12.6.1.2 Logging-Hierarchie	588
	12.6.2	Führen und Ausschreiben von LOG-Informationen	590
	12.6.3	Konsistenzsicherung innerhalb des DB2-Subsystems (REDO, UNDO)	591
		12.6.3.1 Manuelle, nicht durch DB2 überwachte Konsistenz-Maßnahmen	593
	12.6.4	Konsistenzsicherung mit Allied Agents	593
	12.6.5	Konsistenzsicherung bei DB2 Data Sharing (DS)	594
12.7	**DB2-Utilities für die Datensicherheitsunterstützung**		**595**
	12.7.1	Zurücksetzen auf konsistenten, aktuellen synchronisierbaren Zeitpunkt	596
	12.7.2	Zurücksetzen auf früheren, nicht mehr synchronisierbaren Zeitpunkt	599
	12.7.3	Zurücksetzen von Katalogtabellen	599
	12.7.4	Pending Status	600
12.8	**AUDIT TRACE**		**602**
12.9	**Problembereiche der Datensicherheitseinrichtungen**		**603**

13 Anwendungsprogrammierung unter DB2   605

13.1	**Einsatzspektrum von DB2**		**605**
	13.1.1	Die verschiedenen Programm-Typen	606
		13.1.1.1 Abgrenzung Dialog-, Online-, Batch- und Client/Server-Verarbeitung	606
		13.1.1.1.1 Was versteht man unter Batch-Verarbeitung?	607
		13.1.1.1.2 Brauchen wir noch die Batch-Verarbeitung?	608
		13.1.1.1.3 Abgrenzung der Online- und Batch-Charakteristiken	610
		13.1.1.1.4 Client/Server-Charakteristiken	611
	13.1.2	Wahl des geeigneten Trägersystems	612
		13.1.2.1 Dialog-Verarbeitung	612
		13.1.2.1.1 Foreground-Verarbeitung	612
		13.1.2.1.2 Background-Verarbeitung	613
		13.1.2.2 Batch-Verarbeitung	614
	13.1.3	Die verschiedenen Betriebsformen	615
		13.1.3.1 Normale Betriebszeiten	615
		13.1.3.2 Erweiterte Betriebszeiten (erweiterte Verfügbarkeit)	615
		13.1.3.3 24-Stunden-Betrieb (permanente Verfügbarkeit)	616
		13.1.3.3.1 Zielsetzungen eines Multi-User-Betriebs	617
		13.1.3.3.2 Ein Wort zur 'Permanenz'	617
	13.1.4	Programm-Design-Überlegungen	618
		13.1.4.1 Programmübergreifende Maßnahmen	618
		13.1.4.2 Der Einsatz von SQL: Möglichkeiten und Restriktionen	620
13.2	**Programmentwicklung unter DB2**		**623**
	13.2.1	Unterstützte Programmiersprachen	623
		13.2.1.1 EXEC-SQL-Sprachschnittstelle	623
		13.2.1.2 CLI-Sprachschnittstelle (Call Level Interface)	623
		13.2.1.3 Java-Sprachschnittstellen (JDBC und SQLJ)	624
	13.2.2	Erforderliche Entwicklungsschritte	625
		13.2.2.1 DB2I: DCLGEN-Generierung	626
		13.2.2.2 DB2-Precompiler	627
		13.2.2.2.1 Aufgaben des Precompilers	627
		13.2.2.2.2 Precompiler-Optionen	628
		13.2.2.2.3 Standard-SQL	631
		13.2.2.2.4 Modifikationen der Programm-Source durch den Precompiler	633
		13.2.2.3 BIND-Prozess	634
		13.2.2.3.1 Aufgaben des BIND-Prozesses	634
		13.2.2.3.2 Die verschiedenen BIND- und REBIND-Typen	635
		13.2.2.3.3 Abgrenzung DBRM, Package und Plan	637
		13.2.2.3.4 Die Verwaltung der Packages (BIND, REBIND, DROP, FREE)	638
		13.2.2.3.5 Die Zuordnung einer Package aus einem Programm heraus	640

DB2 - Theorie und Praxis
Inhaltsverzeichnis

		13.2.2.3.6 Die Verwaltung der Pläne (BIND, REBIND, FREE)	641
		13.2.2.3.7 Die Zuordnung eines Plans zu einem Programm	643
		13.2.2.3.8 Dynamische Plan-Zuordnung im CICS	644
	13.2.2.4	Linkage Editor	645
		13.2.2.4.1 Aktivieren der Attach-Facility-Schnittstellen	645
13.2.3	Beispiel- und Hilfs-Programme: DSNTIAD, DSNTEP2 und DSNTIAUL		646
	13.2.3.1	Übersicht	646
	13.2.3.2	DSNTIAUL-Beispiel	647
	13.2.3.3	DSNTEP2-Beispiel	648
13.3	**SQL-Spracheinsatz in Anwendungsprogrammen**		**649**
13.3.1	Übersicht der Sprachschnittstellen		649
	13.3.1.1	Interactive SQL, Embedded SQL, CLI, Static SQL und Dynamic SQL	649
	13.3.1.2	SQL-Statements und ihre Programm-Nutzung	650
	13.3.1.3	EXEC-Level-Interface: Embedded SQL	651
	13.3.1.4	Behandlung von Datenmengen	652
	13.3.1.5	CLI: Call-Level-Interface	653
	13.3.1.6	Java-Schnittstellen	655
		13.3.1.6.1 JDBC - Java Database Connectivity	656
		13.3.1.6.2 SQLJ - SQL for Java	658
13.3.2	Grundstruktur eines DB2-Programmes im EXEC-Level		660
	13.3.2.1	Relevante Komponenten	660
	13.3.2.2	Basis-Codier-Regeln für SQL-Statements	661
		13.3.2.2.1 Allgemeine Regeln	661
		13.3.2.2.2 Assembler-Besonderheiten	662
		13.3.2.2.3 C-Besonderheiten	662
		13.3.2.2.4 COBOL-Besonderheiten	663
		13.3.2.2.5 PL/I-Besonderheiten	665
	13.3.2.3	Definition der SQLCA (SQL Communication Area)	666
	13.3.2.4	Tabellen- und View-Deklarationen	666
	13.3.2.5	Host-Variablen und NULL-Indikatoren	667
		13.3.2.5.1 Typen: Host-Variablen und Host-Strukturen	667
		13.3.2.5.2 Einlesen von NULL-Markierungen	669
		13.3.2.5.3 Setzen von NULL-Markierungen	671
		13.3.2.5.4 Einsatzspektrum von Host-Variablen und Indikatoren	672
	13.3.2.6	Unterstützte Datentypen	673
		13.3.2.6.1 Konvertierungsregeln zwischen DB2-Spalten und Host-Variablen	674
	13.3.2.7	Fehlerbehandlung	676
		13.3.2.7.1 Überblick	676
		13.3.2.7.2 Returncode-Analyse	676
		13.3.2.7.3 Auszug einiger relevanter SQLCODEs und SQLSTATEs	678
		13.3.2.7.4 WHENEVER	679
		13.3.2.7.5 DSNTIAR, DSNTIAC	679
		13.3.2.7.6 Behandlung schwerer Fehler	680
13.3.3	Cursor-Konzept		681
	13.3.3.1	Übersicht der Sprachmittel	681
	13.3.3.2	Detaillierte Darstellung des Cursor-Befehlsspektrums	684
		13.3.3.2.1 Deklaration des Cursors: DECLARE CURSOR	684
		13.3.3.2.2 Eröffnen des Cursors: OPEN	686
		13.3.3.2.3 Bereitstellen einzelner Zeilen der Result Table: FETCH	686
		13.3.3.2.4 Positioned Update und Delete: WHERE CURRENT OF	687
		13.3.3.2.5 Schließen des Cursors: CLOSE	687
	13.3.3.3	Mengenverarbeitung auf Realtime-Daten: das ewige Rätsel	688
	13.3.3.4	Ist die Result Table des Cursors read-only oder updateable?	690
	13.3.3.5	Wird die Result Table materialisiert?	691
	13.3.3.6	Einfluss des UOW-Konzepts auf die Cursor-Verarbeitung	693
13.4	**Besondere Programmier-Techniken unter DB2**		**695**
13.4.1	Effiziente Bereitstellung einer Result Table		695
	13.4.1.1	Relevante WHERE- und ORDER BY-Komponenten	696
	13.4.1.2	Aufsetzen auf einen Composite Key	697
	13.4.1.3	Regeln für das Aufsetzen	698
13.4.2	Online-Anwendungen		699
	13.4.2.1	Online-Parallel-Update	699
	13.4.2.2	Online-Browsing/Blättern	702
13.4.3	Batch- und Multi-User-Anwendungen		703
	13.4.3.1	Langlaufende oder ressourceintensive Anwendungen	703
	13.4.3.2	Konsequenzen eines COMMIT-Einsatzes	704
	13.4.3.3	Wann wird eine UOW beendet?	705
	13.4.3.4	Wirkungen beim Abschluss einer UOR	706

DB2 - Theorie und Praxis
Inhaltsverzeichnis

		13.4.3.5 Unterstützung von Rollback und Restart der Batch-Programme	707
		13.4.3.6 Empfehlungen zum Design von Batch-Langläufern	708
	13.4.4	Anwendungen in verteilten Datenbankumgebungen	709
		13.4.4.1 Zugriffstypen und Protokolle	709
		13.4.4.1.1 DB2-Privat-Protokoll-Zugriff und DRDA-Zugriff	709
		13.4.4.1.2 2-Phasen-Commit in einer verteilten Datenbank-Umgebung	710
		13.4.4.1.3 Syntax-Anforderungen unterschiedlicher Systeme	710
		13.4.4.2 Programmvorbereitungen, Pläne und Packages	711
		13.4.4.3 SQL-Statement-Einsatz in Programmen	712
		13.4.4.4 Vorteile und Beschränkungen der Nutzung von dreiteiligen Objektnamen	714
		13.4.4.5 Behandlung von LOBs bei remote Zugriffen	714
		13.4.4.6 Performance- und Integritäts-Aspekte	715
	13.4.5	Behandlung von LOB-Werten	717
		13.4.5.1 Grundsätzliche Verarbeitungsmöglichkeiten	717
		13.4.5.2 LOB-Daten-Typen und ihre Host-Variablen-Repräsentation	718
		13.4.5.3 LOB-Locator-Daten-Typen und ihre Host-Variablen-Repräsentation	719
		13.4.5.4 LOB-Materialisierung	720
		13.4.5.5 LOB-Referenzierung mittels LOB-Locator	720
	13.4.6	Entwicklung und Einsatz von Stored Procedures	722
		13.4.6.1 Verbesserungen der Version 6	722
		13.4.6.2 Aufruf-Varianten einer Stored Procedure	722
		13.4.6.3 Parameter der Stored Procedure	723
		13.4.6.4 Codier-Beispiele: Aufruf und Parameterübergabe	725
	13.4.7	Entwicklung und Einsatz von User-defined External Functions	727
		13.4.7.1 Überblick der Nutzungsmöglichkeiten	727
		13.4.7.2 Aufruf-Varianten einer externen Funktion	727
		13.4.7.3 Programmtechnische Besonderheiten	728
		13.4.7.3.1 Scratchpad-Bereich	728
		13.4.7.3.2 Parallellauf-Besonderheiten	728
		13.4.7.4 Parameter der User-defined Functions	729
		13.4.7.5 Codier-Beispiele: Aufruf und Parameterübergabe	730
		13.4.7.5.1 External Scalar Function	730
		13.4.7.5.2 External Table Function	732
	13.4.8	Entwicklung und Einsatz von Triggern	735
		13.4.8.1 Programmtechnische Besonderheiten	735
		13.4.8.2 Trigger-Beispiele	735
		13.4.8.3 Codier-Beispiele: Aufruf mit Übergabe einer Transition-Table	737
	13.4.9	Technische Einsatzbedingungen von externen Routinen	738
		13.4.9.1 Charakteristiken von externen Routinen	738
		13.4.9.2 Zulässige und unzulässige Funktionen	738
		13.4.9.3 Behandlung von Spezial-Registern	739
		13.4.9.4 Haupt- oder Unterprogramm	739
		13.4.9.5 Entwicklungs-Komponenten	740
		13.4.9.6 Programm- und Adressraum-Konzept	741
		13.4.9.6.1 Parametrisierung für WLM-established Adressräume	741
		13.4.9.7 Zuordnung von Plan und Packages	742
13.5	**CAF - Call Attachment Facility**		**743**
	13.5.1	Vorteile der CAF-Nutzung	743
	13.5.2	Entwicklung eines CAF-Programms	743
	13.5.3	Nutzbare Funktionen	744
		13.5.3.1 Implizite Connection	745
		13.5.3.2 Explizite Connection	745
		13.5.3.3 Generelle Ausprägungen einer CAF-Connection	745
13.6	**RRSAF - Recoverable Resource Manager Services Attachment Facility**		**746**
	13.6.1	Vorteile der RRSAF-Nutzung	746
	13.6.2	Entwicklung eines RRSAF-Programms	746
	13.6.3	Nutzbare Funktionen	747
		13.6.3.1 Abschluss einer UOW	747
13.7	**Dynamic SQL**		**748**
	13.7.1	Abgrenzung zu Static SQL	748
	13.7.2	Verhalten von Dynamic SQL-Statements (Statement Behavior)	749
	13.7.3	Funktionsspektrum von Dynamic SQL	750
		13.7.3.1 Manipulationen und Informationsanforderungen	750
		13.7.3.2 Parameter Markers (?)	751
		13.7.3.3 SQLDA - SQL Descriptor Area	752
	13.7.4	Manipulationen (Non-SELECT)	753
		13.7.4.1 Feste Parameter	753

		13.7.4.2	Variable Parameter	755
	13.7.5	Informations-Anforderungen (SELECT)		756
		13.7.5.1	Feste Parameter: Fixed-List-SELECT	756
		13.7.5.2	Variable Parameter: Varying-List-SELECT	756
	13.7.6	Statement Caching (KEEPDYNAMIC (YES))		760
	13.7.7	Resource Limit Facility (RLF) - DB2 Governor		761
	13.7.8	Vor- und Nachteile von Dynamic SQL		762
13.8	**Programmier-Empfehlungen**			**763**

14 SQL-Performance — 766

14.1 Grundlagen der SQL-Performance — 766
- 14.1.1 Einleitung, Ansätze der Optimierung — 766
  - 14.1.1.1 Leistungsbeeinflussende Faktoren — 766
  - 14.1.1.2 Optimierungs-Möglichkeiten und -Maßnahmen — 767
- 14.1.2 Komponten der Datenbeschaffung — 769
  - 14.1.2.1 Aufgabenteilung von RDS, DM und BM — 769
  - 14.1.2.2 Bufferpool-Hit Ratio und MUPA — 771
- 14.1.3 DB2-Tools zur Unterstützung von Performance-Maßnahmen — 772
  - 14.1.3.1 Übersicht — 772
  - 14.1.3.2 Statistikdaten des Katalogs — 773
- 14.1.4 Die relevanten Zeiten einer Statement-Abwicklung — 774
  - 14.1.4.1 DB2-Accounting-Zeiten — 774
- 14.1.5 Parallel-Verarbeitung — 776
  - 14.1.5.1 Parallel-Verarbeitungs-Typen — 776
  - 14.1.5.2 Query-Typ: CPU bound oder I/O bound — 776
  - 14.1.5.3 Effekte der Parallel-Verarbeitung — 776
  - 14.1.5.4 Voraussetzungen für die Parallel-Verarbeitung — 777
  - 14.1.5.5 Restriktionen bei der Nutzung der Parallel-Verarbeitung — 778

14.2 Zugriffspfadanalyse des DB2-Optimizers — 779
- 14.2.1 Aufgaben des Optimizers — 779
- 14.2.2 Parsing — 780
- 14.2.3 Optimization — 781
  - 14.2.3.1 Prädikate — 781
    - 14.2.3.1.1 Bedingte Verarbeitungsanweisungen (Prädikate) — 781
    - 14.2.3.1.2 Prädikat-Kategorien — 781
  - 14.2.3.2 Filterung — 782
    - 14.2.3.2.1 Inhaltliche Verteilung von Datenwerten — 783
    - 14.2.3.2.2 Filter-Faktor (FF) — 783
  - 14.2.3.3 STAGE1, STAGE2 und INDEXABLE — 787
    - 14.2.3.3.1 Indexable Prädikate — 789
    - 14.2.3.3.2 Komplexe Prädikatvorgaben — 790
    - 14.2.3.3.3 Reihenfolge der Prädikat-Bewertung — 791
  - 14.2.3.4 Aufwands-Kalkulation der SQL-Anforderung — 792
    - 14.2.3.4.1 Prozess-Kostenschätzung — 792
    - 14.2.3.4.2 Auswahl des Zugriffspfades — 792
    - 14.2.3.4.3 IO-Kostenermittlung — 793
    - 14.2.3.4.4 Timeron — 794

14.3 DB2-Zugriffspfade auf die Daten — 795
- 14.3.1 Analysemöglichkeit der Zugriffspfade — 795
  - 14.3.1.1 Rahmenbedingungen — 795
  - 14.3.1.2 EXPLAIN und PLAN_TABLE — 796
    - 14.3.1.2.1 Einsatz von Host-Variablen beim EXPLAIN — 797
    - 14.3.1.2.2 Beeinflussung der Optimizer-Entscheidungen durch OPTHINT — 797
  - 14.3.1.3 EXPLAIN und DSN_STATEMNT_TABLE — 798
- 14.3.2 I/O-Zugriffs-Typ — 799
  - 14.3.2.1 Sequential Prefetch — 800
  - 14.3.2.2 List Prefetch — 801
- 14.3.3 Einfache Zugriffspfade — 803
  - 14.3.3.1 Tablespace Scan (File Page Set Scan) — 805
  - 14.3.3.2 Index-Zugriffe — 806
    - 14.3.3.2.1 Matching Index Scan — 806
    - 14.3.3.2.2 Non-Matching Index Scan — 807
    - 14.3.3.2.3 Equal Unique Index Access — 808
    - 14.3.3.2.4 IN-List Index Scan — 809
    - 14.3.3.2.5 One-Fetch Access — 810
    - 14.3.3.2.6 Index-Only Access — 811
    - 14.3.3.2.7 Multiple Index Access — 812
  - 14.3.3.3 Direkter Zeilen-Zugriff über die ROWID — 813

DB2 - Theorie und Praxis
Inhaltsverzeichnis

	14.3.4	Komplexe Zugriffspfade		814
		14.3.4.1 Join		815
		14.3.4.1.1 Composite Table und New Table, Outer Table und Inner Table		815
		14.3.4.1.2 Ausweis von Joins in der PLAN_TABLE		816
		14.3.4.1.3 Nested Loop Join		818
		14.3.4.1.4 Merge Scan Join		821
		14.3.4.1.5 Hybrid Join		823
		14.3.4.2 UNION		825
		14.3.4.3 Nested Table Expression		826
		14.3.4.4 Einige Worte zu Outer Joins		827
		14.3.4.5 Subquery		829
		14.3.4.5.1 Non-correlated Subquery		830
		14.3.4.5.2 Correlated Subquery		832
		14.3.4.6 Sortierung		834
		14.3.4.7 Parallelverarbeitung		835
		14.3.4.8 Materialisierung		836
	14.3.5	Beeinflussung der Zugriffspfadentscheidungen		837
		14.3.5.1 Statement-Modifikationen durch den Optimizer		837
		14.3.5.2 Vorgabe von Zugriffspfad-Empfehlungen für den Optimizer (OPTHINT)		839
		14.3.5.3 Möglichkeiten für Anwendungsentwickler		842
		14.3.5.3.1 Veränderung von Objekt-Strukturen		842
		14.3.5.3.2 Manipulation der Statistiken		845
		14.3.5.3.3 Umschreiben von SQL-Statements		846
		14.3.5.3.4 OPTIMIZE FOR n ROWS		848
		14.3.5.3.5 Die Wirkungen von Host-Variablen beim BIND		849
14.4	**Zusammenfassung der relevanten Performance-Komponenten**			**850**
	14.4.1	DB2-interne Automatismen		851
		14.4.1.1 Zugriffspfad-Effizienz		851
		14.4.1.2 Mögliche Zugriffspfade		852
	14.4.2	Systemgenerierungs- und Installations-Optionen		853
	14.4.3	Objekt-Definitionen		855
	14.4.4	Anwendungs-Design und -Programmierung		857
		14.4.4.1 SQL-Query-Empfehlungen		859
		14.4.4.2 Was tun bei langlaufenden Statements?		860

DB2 - Theorie und Praxis
Inhaltsverzeichnis

A1 - Anhang - DB2-Basis-Sprachelemente — A1-862
Grobe Inhalts-Beschreibung — A1-862
- Bedeutung und Aussagen des Syntax-Diagramms — A1-863
Grund-Definitionen der Sprachmittel — A1-864
- Zulässige Zeichen und Strings — A1-864
- Identifikatoren — A1-865
- Namenskonventionen der Objekt-Typen — A1-866
- Qualifizierung von unqualifizierten Objekt-Namen — A1-868
    - Alias, Table, View und Index — A1-868
- Qualifizierung von Daten-Typen, Funktionen, Stored Procedures und Triggern — A1-868
- Schemas und SQL-Pfad — A1-869
- Reservierte Worte im SQL — A1-870
- Daten-Typen und Daten-Typ-Gruppen — A1-871
    - Builtin Daten-Typen — A1-872
        - Zeichenketten/Strings — A1-873
            - Character Strings — A1-873
            - Graphic Strings — A1-873
            - Binary Strings — A1-873
        - Numerische Daten — A1-874
            - Binärzahlen — A1-874
            - Dezimalzahlen — A1-874
            - Gleitkommazahlen — A1-874
        - ROWID — A1-874
        - DateTime — A1-875
    - Distinct Daten-Typen — A1-876
- Konstante — A1-877
    - Character Strings — A1-877
    - Graphic Strings — A1-877
    - Numeric — A1-877
- Hierarchische Umwandlung von Daten-Typen (Promotion) — A1-878
- Format-Änderung zwischen unterschiedlichen Daten-Typen (Casting) — A1-879
    - Unterstützte Format-Änderungen von Distinct Daten-Typen — A1-879
    - Unterstützte Format-Änderungen von Builtin Daten-Typen — A1-880
- Daten-Zuweisungen und -Vergleiche — A1-881
    - String Zuweisungen — A1-882
        - Speicher-Zuweisungen — A1-882
        - Ergebnis-Zuweisungen — A1-882
    - ROWID-Zuweisungen — A1-882
    - Numerische Zuweisung — A1-883
    - Zuweisungen von Distinct Daten-Typen — A1-884
        - Zuweisungen von Werten zu Host-Variablen — A1-884
        - Zuweisungen von Werten zu sonstigen Empfangsfeldern — A1-884
    - Numerischer Vergleich — A1-885
    - String-Vergleich — A1-885
    - DateTime-Vergleich — A1-885
    - ROWID-Vergleich — A1-885
    - Vergleich von Distinct Daten-Typen — A1-886
    - Regeln für Ergebnis-Daten-Typen (Kompatibilitäts-Regeln) — A1-888
- Spezial-Register — A1-889
    - CURRENT DATE — A1-889
    - CURRENT_DATE — A1-889
    - CURRENT DEGREE — A1-889
    - CURRENT LC_CTYPE — A1-890
    - CURRENT_LC_CTYPE — A1-890
    - CURRENT LOCALE LC_CTYPE — A1-890
    - CURRENT OPTIMIZATION HINT — A1-890
    - CURRENT PACKAGESET — A1-891
    - CURRENT PATH — A1-891
    - CURRENT_PATH — A1-891
    - CURRENT FUNCTION PATH — A1-891
    - CURRENT PRECISION — A1-892
    - CURRENT RULES — A1-892
    - CURRENT SERVER — A1-893
    - CURRENT SQLID — A1-893
    - CURRENT TIME — A1-894
    - CURRENT_TIME — A1-894
    - CURRENT_TIMESTAMP — A1-894
    - USER — A1-895

DB2 - Theorie und Praxis
Inhaltsverzeichnis

Host-Variablen und Host-Strukturen	A1-896
Host-Variablen für die Verarbeitung von LOBs	A1-897
Host- und Indikator-Strukturen	A1-898
Basis-Sprach-Elemente	**A1-899**
Expression / Ausdruck	A1-900
Operator	A1-902
Expression mit arithmetischen Operanden	A1-902
Expression mit DateTime-Operanden (Duration)	A1-903
DateTime-Arithmetik	A1-904
Case Expression	A1-905
CAST-Spezifikation	A1-907
Predicate / Prädikat	A1-910
Basis-Prädikat	A1-910
Quantifiziertes Prädikat	A1-911
BETWEEN Prädikat	A1-912
NULL Prädikat	A1-913
LIKE Prädikat	A1-914
EXISTS Prädikat	A1-915
IN Prädikat	A1-916
Search Condition / Such-Bedingung	A1-917
AND, OR, NOT und Klammern, eine unendliche Geschichte	A1-918
Function / Funktion	A1-919
Funktions-Typen	A1-919
Funktions-Auflösung (Function-Resolution)	A1-921
Bestmögliche Übereinstimmung der Argumente (best fit)	A1-921
Builtin Functions	A1-922
Column Function	A1-923
AVG	A1-923
COUNT	A1-924
COUNT_BIG	A1-925
MAX	A1-925
MIN	A1-926
STDDEV	A1-927
SUM	A1-928
VARIANCE oder VAR	A1-929
Scalar Function	A1-930
ABS oder ABSVAL - absoluter Wert aus numerischem Wert	A1-930
ACOS - Arkus-Cosinus aus numerischem Wert	A1-930
ASIN - Arkus-Sinus aus numerischem Wert	A1-931
ATAN - Arkus-Tangens aus numerischem Wert	A1-931
ATANH - Hyperbolischer Arkus-Tangens aus numerischem Wert	A1-931
ATAN2 - Arkus-Tangens aus x- und y-Koordinaten	A1-932
BLOB - Konvertieren Binary Large Object aus String oder ROWID	A1-932
CEIL oder CEILING - Aufgerundeter Ganzzahlenwert aus einer Nummer	A1-932
CHAR - Konvertieren Character aus Character	A1-933
CHAR - Konvertieren Character aus DateTime	A1-933
CHAR - Konvertieren Character aus Decimal	A1-934
CHAR - Konvertieren Character aus Floating Point	A1-935
CHAR - Konvertieren Character aus Integer	A1-935
CHAR - Konvertieren Character aus ROWID	A1-936
CLOB - Konvertieren Character Large Object aus String oder ROWID	A1-936
COALESCE - Zurückgabe des ersten Wertes ungleich NULL	A1-937
CONCAT - Verkettung von zwei Strings	A1-938
COS - Cosinus aus numerischem Wert	A1-938
COSH - Hyperbolischer Cosinus aus numerischem Wert	A1-938
DATE - Konvertieren Datum aus Character-Wert, Date oder Timestamp	A1-939
DAY - Tag aus Datum oder Date Duration extrahieren	A1-939
DAYOFMONTH - Tag aus Datum extrahieren	A1-939
DAYOFWEEK - Relativen Wochentag aus Datum extrahieren	A1-940
DAYOFYEAR - Relativen Jahrestag aus Datum extrahieren	A1-940
DAYS - Relativen Tag bezogen auf den 01.01.0001 extrahieren	A1-941
DBCLOB - Konvertieren Double Byte Character Large Object aus String	A1-941
DECIMAL oder DEC - Konvertieren Dezimalwert aus Zahl im String	A1-942
DEGREES - Konvertieren Grad aus einem Radiant-Ausdruck	A1-942
DIGITS - Konvertieren Character aus Dezimalwert oder Binärwert	A1-943
DOUBLE oder DOUBLE_PRECISION - Konvertieren Gleitkommazahl aus Wert	A1-943
EXP - Exponentialfunktion aus Argument extrahieren	A1-944
FLOAT - Konvertieren Gleitkommazahl aus Wert	A1-944
FLOOR - Abgerundeter Ganzzahlenwert aus einer Nummer	A1-944
GRAPHIC - Konvertieren Graphic String aus einem String	A1-945
HEX - Hexadezimale Repräsentation eines Arguments	A1-945
HOUR - Stunden aus Datum oder Date Duration extrahieren	A1-946
IFNULL - Zurückgabe des ersten Wertes ungleich NULL	A1-946

INSERT - Austausch von String-Teilen	A1-946
INTEGER oder INT - Konvertieren Binärwert aus Zahl	A1-947
JULIAN_DAY- Relativen Tag des julian. Datums aus Datum extrahieren	A1-947
LCASE oder LOWER - Konvertieren String in Kleinschrift	A1-947
LEFT - Linken Teil-String aus String extrahieren	A1-948
LENGTH - Länge eines Arguments ermitteln	A1-948
LN oder LOG - Zurückgabe des natürlichen Logarithmus	A1-948
LOCATE - Start-Position eines Suchstrings in String ermitteln	A1-949
LOG oder LN - Zurückgabe des natürlichen Logarithmus	A1-949
LOG10 - Zurückgabe des Zehner-Logarithmus eines Arguments	A1-950
LTRIM - Entfernen linksbündige Blanks im String	A1-950
MICROSECOND - Mikrosekunden aus Timestamp extrahieren	A1-950
MIDNIGHT_SECONDS - Relative Sekunden seit Mitternacht extrahieren	A1-951
MINUTE - Minuten aus Zeit extrahieren	A1-951
MOD - Rest einer Division von zwei Argumenten ermitteln	A1-952
MONTH - Monat aus Datum extrahieren	A1-952
NULLIF - NULL erzeugen, wenn zwei Argumente gleich sind	A1-953
POSSTR - Start-Position eines Suchstrings in String ermitteln	A1-953
POWER - Potenz eines Argumentes ermitteln	A1-954
QUARTER - Jahres-Quartal aus Datum extrahieren	A1-954
RADIANS - Konvertieren Radiant aus einem Grad-Ausdruck	A1-955
RAISE_ERROR - Rückgabe eines Fehlercodes mit einem SQLSTATE	A1-955
RAND - Zufallszahl aus einem Argument bereitstellen	A1-956
REAL - Konvertieren Gleitkommazahl aus Wert	A1-956
REPEAT - Wiederholen String n-mal	A1-957
REPLACE - Teilstring in String ersetzen oder löschen	A1-957
RIGHT - Rechten Teil-String aus String extrahieren	A1-958
ROUND - Rundung eines Wertes	A1-958
ROWID - Konvertieren ROWID aus String	A1-959
RTRIM - Entfernen rechtsbündige Blanks im String	A1-959
SECOND - Sekunden aus Zeit oder Timestamp extrahieren	A1-960
SIGN - Indikator des Vorzeichens eines Argumentes extrahieren	A1-960
SIN - Sinus aus numerischem Wert	A1-960
SINH - Hyperbolischer Sinus aus numerischem Wert	A1-961
SMALLINT - Konvertieren Binärwert aus Zahl im String	A1-961
SPACE - Blank-String erzeugen	A1-961
SQRT - Quadratwurzel eines Argumentes ermitteln	A1-962
STRIP - Entfernen Zeichen links- bzw. rechtsbündig im String	A1-962
SUBSTR - Teilstring aus einem String herauslösen	A1-963
TAN - Tangens aus numerischem Wert	A1-963
TANH - Hyperbolischer Tangens aus numerischem Wert	A1-963
TIME - Konvertieren Zeit aus Character-Wert, Zeit oder Timestamp	A1-964
TIMESTAMP - Konvertieren Timestamp aus diversen Argumenten	A1-964
TRANSLATE - Übersetzen eines oder mehrerer Zeichen	A1-965
TRUNCATE oder TRUNC - Abschneiden eines Wertes	A1-966
UCASE oder UPPER - Konvertieren String in Großschrift	A1-966
VALUE - Zurückgabe des ersten Wertes ungleich NULL	A1-966
VARCHAR - Konvertieren variable Character aus Character	A1-967
VARCHAR - Konvertieren variable Character aus DateTime	A1-967
VARCHAR - Konvertieren variable Character aus Decimal	A1-967
VARCHAR - Konvertieren variable Character aus Floating Point	A1-967
VARCHAR - Konvertieren variable Character aus Integer	A1-968
VARCHAR - Konvertieren variable Character aus ROWID	A1-968
VARGRAPHIC - Konvertieren variablen Graphic String aus einem String	A1-968
WEEK - Woche des Jahres extrahieren	A1-969
YEAR - Jahr aus Datum extrahieren	A1-969
DB2-Limite	A1-970

A2 - Anhang - Definition der wichtigsten DB2-Sprachelemente — A2-973

Grobe Inhalts-Beschreibung	A2-973
Utility-Kompatibilitäts-Matrix	A2-974
ALLOCATE CURSOR	A2-975
-ALTER BUFFERPOOL	A2-976
ALTER DATABASE	A2-980
ALTER FUNCTION	A2-981
-ALTER GROUPBUFFERPOOL	A2-987
ALTER INDEX	A2-989
ALTER PROCEDURE	A2-993
ALTER STOGROUP	A2-997
ALTER TABLE	A2-998
ALTER TABLESPACE	A2-1003
-ALTER UTILITY	A2-1007
-ARCHIVE LOG	A2-1009
ASSOCIATE LOCATORS	A2-1011

DB2 - Theorie und Praxis
Inhaltsverzeichnis

BEGIN DECLARE SECTION	A2-1013
BIND PACKAGE	A2-1014
BIND PLAN	A2-1022
CALL	A2-1029
-CANCEL THREAD	A2-1032
/CHANGE	A2-1033
CHECK DATA	A2-1034
CHECK INDEX	A2-1038
CHECK LOB	A2-1040
CLOSE	A2-1042
COMMENT ON	A2-1044
COMMIT	A2-1046
CONNECT Übersicht	A2-1047
CONNECT Typ 1	A2-1049
CONNECT Typ 2	A2-1051
COPY	A2-1057
CREATE ALIAS	A2-1062
CREATE AUXILIARY TABLE	A2-1063
CREATE DATABASE	A2-1064
CREATE DISTINCT TYPE	A2-1066
CREATE FUNCTION Übersicht	A2-1069
CREATE FUNCTION (External Scalar)	A2-1070
CREATE FUNCTION (External Table)	A2-1080
CREATE FUNCTION (Sourced)	A2-1090
CREATE GLOBAL TEMPORARY TABLE	A2-1095
CREATE INDEX	A2-1098
CREATE PROCEDURE	A2-1105
CREATE SCHEMA	A2-1112
CREATE STOGROUP	A2-1113
CREATE SYNONYM	A2-1114
CREATE TABLE	A2-1115
CREATE TABLESPACE	A2-1126
CREATE TRIGGER	A2-1135
CREATE VIEW	A2-1141
DCLGEN	A2-1144
DECLARE CURSOR	A2-1147
DECLARE STATEMENT	A2-1150
DECLARE TABLE	A2-1151
DELETE	A2-1152
DESCRIBE	A2-1154
DESCRIBE CURSOR	A2-1156
DESCRIBE INPUT	A2-1158
DESCRIBE PROCEDURE	A2-1159
/DISPLAY	A2-1161
-DISPLAY ARCHIVE	A2-1162
-DISPLAY BUFFERPOOL	A2-1163
-DISPLAY DATABASE	A2-1169
-DISPLAY FUNCTION SPECIFIC	A2-1176
-DISPLAY GROUP	A2-1177
-DISPLAY GROUPBUFFERPOOL	A2-1178
-DISPLAY LOCATION	A2-1180
DISPLAY LOG	A2-1182
-DISPLAY PROCEDURE	A2-1183
-DISPLAY RLIMIT	A2-1184
-DISPLAY THREAD	A2-1185
-DISPLAY TRACE	A2-1190
-DISPLAY UTILITY	A2-1193
DROP	A2-1194
DSNC	A2-1198
DSNC DISCONNECT	A2-1199
DSNC DISPLAY	A2-1200
DSNC MODIFY	A2-1202

DB2 - Theorie und Praxis
Inhaltsverzeichnis

DSNC STOP	A2-1203
DSNC STRT	A2-1204
DSN1COMP	A2-1205
DSN1COPY	A2-1207
DSN1PRNT	A2-1211
END DECLARE SECTION	A2-1213
EXECUTE	A2-1214
EXECUTE IMMEDIATE	A2-1215
EXPLAIN	A2-1216
FETCH	A2-1218
FREE LOCATOR	A2-1219
FREE PACKAGE	A2-1220
FREE PLAN	A2-1222
GRANT COLLECTION PRIVILEGES	A2-1223
GRANT DATABASE PRIVILEGES	A2-1224
GRANT DISTINCT TYPE PRIVILEGES	A2-1226
GRANT FUNCTION/PROCEDURE PRIVILEGES	A2-1227
GRANT PACKAGE PRIVILEGES	A2-1228
GRANT PLAN PRIVILEGES	A2-1229
GRANT SCHEMA PRIVILEGES	A2-1230
GRANT SYSTEM PRIVILEGES	A2-1231
GRANT TABLE/VIEW PRIVILEGES	A2-1233
GRANT USE PRIVILEGES	A2-1235
HOLD LOCATOR	A2-1236
INCLUDE	A2-1237
INSERT	A2-1238
LABEL ON	A2-1241
LOAD	A2-1243
LOCK TABLE	A2-1256
MERGECOPY	A2-1257
MODIFY	A2-1259
-MODIFY TRACE	A2-1261
OPEN	A2-1262
PREPARE	A2-1264
QUIESCE	A2-1266
REBIND PACKAGE	A2-1268
REBIND PLAN	A2-1270
REBIND TRIGGER PACKAGE	A2-1272
REBUILD INDEX	A2-1273
RECOVER	A2-1276
-RECOVER BSDS	A2-1281
-RECOVER INDOUBT	A2-1282
-RECOVER POSTPONED	A2-1284
RELEASE	A2-1285
RENAME	A2-1286
REORG INDEX	A2-1287
REORG TABLESPACE	A2-1292
REPORT	A2-1306
-RESET GENERICLU	A2-1309
-RESET INDOUBT	A2-1310
REVOKE COLLECTION PRIVILEGES	A2-1311
REVOKE DATABASE PRIVILEGES	A2-1312
REVOKE DISTINCT TYPE PRIVILEGES	A2-1313
REVOKE FUNCTION/PROCEDURE PRIVILEGES	A2-1314
REVOKE PACKAGE PRIVILEGES	A2-1315
REVOKE PLAN PRIVILEGES	A2-1316
REVOKE SCHEMA PRIVILEGES	A2-1317
REVOKE SYSTEM PRIVILEGES	A2-1318
REVOKE TABLE/VIEW PRIVILEGES	A2-1319
REVOKE USE PRIVILEGES	A2-1320
ROLLBACK	A2-1321
RUN	A2-1322

RUNSTATS - Übersicht	A2-1323
RUNSTATS INDEX	A2-1329
RUNSTATS TABLESPACE	A2-1330
SELECT (Full-Select)	A2-1332
SELECT (Select-Statement)	A2-1333
SELECT (Sub-Select)	A2-1339
SELECT (SELECT INTO)	A2-1344
SET	A2-1345
-SET ARCHIVE	A2-1347
SET CONNECTION	A2-1348
SET CURRENT DEGREE	A2-1349
SET CURRENT LOCALE LC_CTYPE	A2-1350
SET CURRENT OPTIMIZATION HINT	A2-1351
SET CURRENT PACKAGESET	A2-1352
SET CURRENT PATH	A2-1353
SET CURRENT PRECISION	A2-1354
SET CURRENT RULES	A2-1355
SET CURRENT SQLID	A2-1356
SET LOG	A2-1357
SIGNAL SQLSTATE	A2-1358
/SSR	A2-1359
/START	A2-1360
-START DATABASE	A2-1361
-START DB2	A2-1363
-START DDF	A2-1364
-START FUNCTION SPECIFIC	A2-1365
-START PROCEDURE	A2-1366
-START RLIMIT	A2-1367
-START TRACE	A2-1368
/STOP	A2-1372
-STOP DATABASE	A2-1373
-STOP DB2	A2-1375
-STOP DDF	A2-1376
-STOP FUNCTION SPECIFIC	A2-1377
-STOP PROCEDURE	A2-1378
-STOP RLIMIT	A2-1379
-STOP TRACE	A2-1380
STOSPACE	A2-1383
-TERM UTILITY	A2-1384
UPDATE	A2-1385
VALUES	A2-1388
VALUES INTO	A2-1389
WHENEVER	A2-1390

A3 - Anhang - Definition der DB2-Katalog-Tabellen — A3-1391

Gesamt-Überblick — A3-1391
Die referenziellen Beziehungen der Katalog-Tabellen — A3-1392

PK-FK-Beziehungen zwischen Parent- und Dependent Table	A3-1394
Übersicht der Katalog-Tablespaces und Indizes	A3-1395
Verarbeitungsmöglichkeiten für Katalog-Objekte	A3-1398
Zulässige SQL-Statements	A3-1398
Reorganisations-Möglichkeiten	A3-1398

Katalog-Strukturen — A3-1399

Einleitung	A3-1399
SYSIBM.SYSAUXRELS	A3-1399
SYSIBM.SYSCHECKDEP	A3-1399
SYSIBM.SYSCHECKS	A3-1399
SYSIBM.SYSCOLAUTH	A3-1400
SYSIBM.SYSCOLDIST	A3-1400
SYSIBM.SYSCOLDISTSTATS	A3-1401
SYSIBM.SYSCOLSTATS	A3-1401
SYSIBM.SYSCOLUMNS	A3-1402

SYSIBM.SYSCONSTDEP	A3-1404
SYSIBM.SYSCOPY	A3-1404
SYSIBM.SYSDATABASE	A3-1405
SYSIBM.SYSDATATYPES	A3-1406
SYSIBM.SYSDBAUTH	A3-1406
SYSIBM.SYSDBRM	A3-1407
SYSIBM.SYSDUMMY1	A3-1408
SYSIBM.SYSFOREIGNKEYS	A3-1408
SYSIBM.SYSINDEXES	A3-1408
SYSIBM.SYSINDEXPART	A3-1410
SYSIBM.SYSINDEXSTATS	A3-1411
SYSIBM.SYSKEYS	A3-1411
SYSIBM.SYSLOBSTATS	A3-1411
SYSIBM.SYSPACKAGE	A3-1412
SYSIBM.SYSPACKAUTH	A3-1414
SYSIBM.SYSPACKDEP	A3-1414
SYSIBM.SYSPACKLIST	A3-1415
SYSIBM.SYSPACKSTMT	A3-1415
SYSIBM.SYSPARMS	A3-1416
SYSIBM.SYSPKSYSTEM	A3-1417
SYSIBM.SYSPLAN	A3-1417
SYSIBM.SYSPLANAUTH	A3-1419
SYSIBM.SYSPLANDEP	A3-1419
SYSIBM.SYSPLSYSTEM	A3-1419
SYSIBM.SYSPROCEDURES	A3-1420
SYSIBM.SYSRELS	A3-1420
SYSIBM.SYSRESAUTH	A3-1421
SYSIBM.SYSROUTINEAUTH	A3-1422
SYSIBM.SYSROUTINES	A3-1422
SYSIBM.SYSSCHEMAAUTH	A3-1424
SYSIBM.SYSSTOGROUP	A3-1425
SYSIBM.SYSSTRINGS	A3-1426
SYSIBM.SYSSYNONYMS	A3-1426
SYSIBM.SYSTABAUTH	A3-1427
SYSIBM.SYSTABLPART	A3-1428
SYSIBM.SYSTABLES	A3-1429
SYSIBM.SYSTABLESPACE	A3-1431
SYSIBM.SYSTABSTATS	A3-1432
SYSIBM.SYSTRIGGERS	A3-1432
SYSIBM.SYSUSERAUTH	A3-1433
SYSIBM.SYSVIEWDEP	A3-1434
SYSIBM.SYSVIEWS	A3-1434
SYSIBM.SYSVOLUMES	A3-1434

A4 - Anhang - Definition der CDB - Communications Database — A4-1435
Gesamt-Überblick und referenzielle Beziehungen — A4-1435
CDB-Tabellen-Strukturen — A4-1436

SYSIBM.IPNAMES	A4-1436
SYSIBM.LOCATIONS	A4-1436
SYSIBM.LULIST	A4-1436
SYSIBM.LUMODES	A4-1437
SYSIBM.LUNAMES	A4-1437
SYSIBM.MODESELECT	A4-1438
SYSIBM.USERNAMES	A4-1438

A5 - Anhang - Definition allgemeiner Strukturen — A5-1439
Definitions-Strukturen — A5-1440

SQLCA - SQL Communication Area	A5-1440
SQLDA - SQL Descriptor Area	A5-1443
Aufgabenstellung der SQLDA	A5-1443
Welche SQL-Statements nutzen die SQLDA?	A5-1443
Struktur der SQLDA	A5-1444

DB2 - Theorie und Praxis
Inhaltsverzeichnis

SQLDA-Header	A5-1445
SQLVAR-Basis-Entry	A5-1446
SQLVAR-Extended Entry	A5-1447
SQLTYPE und SQLLEN	A5-1448
Sprachspezifische Strukturen für die SQLDA	A5-1449
Parameter-Struktur: Stored Procedures	A5-1451
Parameter-Struktur: User-defined Functions	A5-1454
Tabellen-Strukturen	**A5-1458**
PLAN_TABLE	A5-1458
DSN_STATEMNT_TABLE	A5-1464
DSN_FUNCTION_TABLE	A5-1466
RLF - Resource Limit Specification Table	A5-1468
Exception Table für das CHECK-Utility	A5-1470
Mapping Table für das REORG Utility	A5-1471
ART - Application Registration Table (DDCS)	A5-1472
ORT - Object Registration Table (DDCS)	A5-1473
CAF-Funktionen	**A5-1474**
CALL DSNALI - CONNECT	A5-1474
CALL DSNALI - OPEN	A5-1475
CALL DSNALI - TRANSLATE	A5-1476
CALL DSNALI - CLOSE	A5-1477
CALL DSNALI - DISCONNECT	A5-1478
CAF-Returncodes und Reason-Codes	A5-1479
RRSAF-Funktionen	**A5-1480**
CALL DSNRLI - IDENTIFY	A5-1480
CALL DSNRLI - SWITCH TO	A5-1481
CALL DSNRLI - SIGNON	A5-1482
CALL DSNRLI - AUTH SIGNON	A5-1483
CALL DSNRLI - CONTEXT SIGNON	A5-1484
CALL DSNRLI - CREATE THREAD	A5-1485
CALL DSNRLI - TERMINATE THREAD	A5-1486
CALL DSNRLI - TERMINATE IDENTIFY	A5-1487
CALL DSNRLI - TRANSLATE	A5-1488
RRSAF-Returncodes und Reason-Codes	A5-1489

A6 - Anhang - DB2-Warnungen und Fehlermeldungen   A6-1490

SQLCODE und SQLSTATE	**A6-1490**
SQLCODE-Inhalte	A6-1491
SQLSTATE-Klassen	A6-1511
SQLSTATE	**A6-1511**
SQLSTATE-Inhalte (Zuordnung zu SQLCODEs)	A6-1512
DB2-Messages	**A6-1514**
DB2-Message-Aufbau	A6-1514
DB2-Subkomponenten	A6-1515
Message-Typ	A6-1516
Message Severity Codes	A6-1516
DB2-Abend Reason Codes (DB2 Codes)	A6-1516
Ressource-Typ	A6-1517

A7 - Anhang - Installations-System-Parameter   A7-1518
Installations-Panels   A7-1518

A8 - Anhang - Literaturverzeichnis   A8-1522

Index - Stichwortverzeichnis   I-1523

1 Relationales Modell
1.1 Allgemeine Entwicklungsgeschichte
1.1.1 Entwicklung innerhalb IBM

Der von *E.F. Codd* (IBM - Entwicklungslabors San Jose) in den Jahren 1969 - 1970 veröffentlichte relationale Ansatz wurde zunächst innerhalb der IBM nur zögernd aufgenommen.
Die ersten Veröffentlichungen umrissen die Minimalanforderungen an ein relationales System. Dies waren im Wesentlichen:

- alle Daten werden ausschließlich als *Feldinhalte in Tabellen* dargestellt,
- es existieren *keine dem Benutzer sichtbaren Verbindungen* zwischen den Tabellen,
- es muss eine *Sprachschnittstelle zumindest mit dem relationalen Verarbeitungsspektrum* zur Verfügung gestellt werden.

Im Jahre 1974 wurde die relationale Sprachschnittstelle *'Structured Query Language' (SQL)* veröffentlicht (häufig *SEQUEL* ausgesprochen; SQL basiert auf SEQUEL, Entwickler: Chamberlin).
Auf der Basis von SQL wurde IBM-intern der erste Prototyp eines relationalen Modelles, genannt *System R*, über einen Zeitraum von 5 Jahren entwickelt (1975 - 1979).

Die Erfahrungen dieses Prototyps flossen in das erste, für kommerzielle Nutzung angekündigte relationale Datenbanksystem der IBM, *SQL/DS* für DOS/VSE ein.
SQL/DS wurde für DOS/VSE im Jahre 1981, SQL/DS für VM im Jahre 1983 angekündigt.
Parallel zu diesen Aktivitäten wurde ein eigenständiges relationales Datenbanksystem für den OS/390-Bereich (früher: MVS) entwickelt:

    DB2 (Database 2) wurde ebenfalls im Jahre 1983 angekündigt und wird nach einigen Namensveränderungen (DB2/MVS, DB2 for MVS/ESA, DB2 for OS/390) derzeit **DB2-Universal Database (UDB) Server for OS/390** benannt.

Inzwischen existieren weitere DB2-Produkte innerhalb der "DB2-Familie" für die unterschiedlichen System-Plattformen, wie:

- DB2 for VSE and VM (SQL/DS)   VM bzw. VSE,
- DB2 Universal Database for AS/400   AS/400,
- DB2 Universal Database   DB2 Universal Database Version 6.1 für OS/2 und AIX, Windows und weitere Plattformen (früher DB2/2 bzw. DB2/6000 genannt).

Gemeinsam ist allen relationalen Datenbanksystemen ***(RDBMS)*** die SQL-Sprachschnittstelle.

1.1.2 Entwicklung außerhalb IBM

Außerhalb der IBM-Labors liefen nach der Vorstellung der relationalen Sprachschnittstelle SQL im Jahre 1974 fieberhafte Bemühungen, ebenfalls relationale Datenbanksysteme zu entwickeln.

In den nächsten Jahren wurden weitere Datenbanksystem-Produkte vorgestellt, die für den deutschen Markt zeitweise relevant waren bzw. noch sind, wie:

- im Jahre 1979 *ORACLE*   des gleichnamigen Unternehmens,
- im Jahre 1981 *INGRES*   von Relational Technology,
- im Jahre 1985 *SUPRA*   von Cincom Systems.
- im Jahre 1987 *NonStop SQL*   von Tandem.

Inzwischen existiert eine große Palette relationaler Produkte, wie:

- *Entire SQL/DB*   von Software AG,
- *Informix*   von Informix Software GmbH,
- *SQLBase*   von Gupta GmbH,
- *Sybase*   von Sybase GmbH.

1 Relationales Modell
1.1 Entwicklungsgeschichte

1.1.3 Produkt-Kompatibilität

IBM hat mit seinen Produkten in der Vergangenheit einen häufig qualitativ umstrittenen, faktisch aber belegbaren Industriestandard geschaffen.
Hard- und Software-Hersteller haben sich an diesen Gegebenheiten auszurichten und realisieren Produkte mit einheitlichen Schnittstellen bis hin zur vollständigen Kompatibilität (Austauschbarkeit).

1.1.3.1 Kompatibilität zwischen den IBM-DB2-Produkten

Auf allen relevanten IBM-Plattformen existieren inzwischen DB2-Produkte.
Wie steht es mit der Kompatibilität dieser Produkte untereinander?

Nachdem in der Vergangenheit den von IBM publizierten Architektur-Zielsetzungen einer offenen und integrierbaren Plattformlandschaft nicht nachgekommen wurde, lassen sich in letzter Zeit zunehmend Integrations-Bemühungen innerhalb der DB2-Familie erkennen.
Aber jede Plattform hat mit ihrer jeweiligen Produkt-Version (bezogen auf einen bestimmten Zeitpunkt) - im Vergleich zu einer anderen Plattform - immer wieder ein unterschiedliches Funktionsspektrum.
Insbesondere unterscheiden sich zwischen den einzelnen DB2-Produkten:

- die internen Verwaltungs-Objekt-Typen mit ihren Strukturen,
- die Mittel und Funktionen der Systemverwaltung und -betreuung,
- die SQL-Sprachmittel und ihre Return-Codes.

Mit der DB2 Universal Database (DB2 UDB) versucht IBM, eine Vereinheitlichung ihrer Produkte zu erreichen. Aber der Weg bis dorthin ist noch sehr lang, da nun mit der Universal Database (UDB) zwar ein gemeinsamer Name für die verschiedenen Plattformen, nicht aber eine Funktionsvereinheitlichung gegeben ist (die Begriffsverwirrung hat sich z.T. noch gesteigert).

Da nun verschiedene UDB-Typen existieren, die sich in diversen Funktionsbereichen nicht unwesentlich voneinander unterscheiden, wird im nachfolgenden Kapitel eine grobe Funktionsübersicht der UDB für die Plattform OS/390 sowie für die Plattformen UNIX, Windows und OS/2 grob dargestellt.
Es sei darauf hingewiesen, dass die in diesem Buch behandelte DB2 UDB Version 6 for OS/390 erhebliche Funktionseinschränkungen im Vergleich zu der UDB für UNIX, Windows und OS/2 aufweist.

Die dort aufgeführten Funktionalitäten können jedoch als Maßstab für Weiterentwicklungen im Bereich der UDB für das Betriebssystem OS/390 gesehen werden.

Im Zuge der kontinuierlich wiederkehrenden Bemühungen, den Informationsbedürfnissen des Managements mit marktgerechten Produkten begegnen zu können, wird neben der UDB in nächster Zeit das Produkt **IBM DB2 OLAP Server** ein weiteres komplexes Marktsegment im Bereich Data Warehouse abdecken. Dieses steht auch für die OS/390-Plattform zur Verfügung.

1.1.3.2 Kompatibilität zwischen Fremdhersteller-Produkten und DB2-Produkten

Während ORACLE über die SQL-Schnittstelle sofort die Kompatibilität mit den IBM-Produkten anstrebte, wurde INGRES zunächst auf der Basis einer anderen relationalen Sprachschnittstelle *(QUEL = Query Language* - Entwickler Stonebraker) realisiert.
Inzwischen wird jedoch zusätzlich zu QUEL auch SQL von INGRES unterstützt. Die Kompatibilität zu DB2 wird angestrebt.

Grundsätzlich muss festgehalten werden, dass diese Konkurrenzprodukte ihre Marktposition neben der Einsatzfähigkeit auf Mikro- und Miniprozessoren insbesondere im Hinblick auf die innovativen Systemkomponenten, Entwicklungs- und Endbenutzertools gefestigt haben.

Die angestrebte Kompatibilität zu DB2 wird von den Benutzern immer restriktiv zu handhaben sein; zumindest ist die Kompatibilität einseitig ausgerichtet:
So kann z.B. ein ORACLE-System zwar darauf ausgelegt werden, DB2-Objekt-Definitionen zu verstehen, aber DB2 wird vermutlich nie ein ORACLE-System verstehen wollen.

1.1.4 Entwicklungsgeschichte von DB2-MVS bzw. DB2 for OS/390
1.1.4.1 Grober Überblick

Jahr	Version, Release	Wesentliche Komponenten
1983	1.1	**Vertriebsfreigabe** DB2.
1985	1.2	**Performance-Release** mit erheblichen Durchsatz-Verbesserungen. Komplette Restrukturierung des DB2-Katalogs.
1987	1.3	Erhebliche **SQL-Spracherweiterungen** durch Unterstützung der Datentypen: DATE, TIME und TIMESTAMP mit entsprechenden Scalar Functions. Performance-Verbesserungen.
1988	2.1	Unterstützung der **referenziellen Integrität (RI)**. Einführung des segmented Tablespace. Autorisierungs-Konzept unterstützt RACF-Gruppen. Audit-Trace mit Protokollierungsmöglichkeit von Sicherheits-Verletzungen und Daten-Manipulationen. Resource Limit Facility (RLF) bzw. Governor kontrolliert CPU-Verbrauch für dynamische SQL-Queries. Performance-Verbesserungen.
1990	2.2	Unterstützung der **distributed databases** (verteilte Datenbanken) und eines eingeschränkten systemgesteuerten Zugriffskonzeptes (fälschlicherweise Distributed Unit of Work-Konzept - DUW - genannt). Performance-Verbesserungen (z.B. Multiple Index Access).
1992	2.3	Erhebliche Verbesserung bei der Verwaltung von DB2-Programmen durch **Packages** und **Collections**. Bei verteilten Datenbanken Unterstützung eines eingeschränkten anwendungsgesteuerten Zugriffskonzeptes (fälschlicherweise Remote Unit of Work-Konzept - RUW - genannt). Performance-Verbesserungen (z.B. verzögertes Close von Datasets, Index-Lookaside). Erweiterte Limite (z.B. 750 Table-Spalten statt 300).
1994	3	Unterstützung des **DUW**-Konzeptes der **DRDA**-Architektur mit **Multi-Site-Update** bei verteilten Datenbanken. Erweiterung der Bufferpools (50 x 4-K und 10 x 32 K), Unterstützung von Hiperpools. Partitioned Tablespaces können bei Query-Anforderungen mit Parallel-I/O-Verarbeitung durchsucht werden (nur Single-Tasking). Partition-Unabhängigkeit durch Partition-Sperr-Niveau.
1995	4	**DB2 Data Sharing**, d.h. Zugriff auf ein DB2-Subsystem aus mehreren gekoppelten OS/390-Systemen heraus. Neuer **Index-Typ 2** vermeidet Locks. Erhebliche Veränderung der LOCK-Behandlung in SQL-Statements; UR-Isolation (Uncommitted Read), auch dirty read genannt. Verbesserte SQL-Sprachunterstützung: Outer Join, AS, temporäre Tables. Unterstützung von Stored Procedures. Performance-Verbesserungen, z.B. durch Parallel-Verarbeitung (Multi-Tasking).
1997	5	**DB2 for OS/390**. Unterstützung der Query-Parallelverarbeitung im OS/390-Sysplex d.h. Verteilung der Verarbeitung auf mehrere DB2-Member innerhalb einer DB2-Gruppe. Unterstützung von Large Tablespaces mit bis zu **1 Terabyte**. Reorganisation bei gleichzeitiger Parallelverarbeitung mit Veränderungsmöglichkeiten (**Online-Reorg**).
1999	6	**DB2 UDB for OS/390**. Objekt-relationale Features (Large Objects; Trigger; UDF = User defined functions; UDT = User defined datatypes), Relational Extenders (Text, Image, Video,..). Unterstützung von Large Tablespaces mit bis zu **16 Terabytes**. Bufferpool-Haltung im Dataspace, DDL für Stored Procedures, Beeinflussungsmöglichkeit des Optimization Prozesses.

1.1.4.2 Die wesentlichen Funktionen der Release-Entwicklungen
1.1.4.2.1 Version 2 - Release 1

Referenzielle Integrität,
mit der Beziehungen zwischen Tabellen (referential constraints) automatisch verwaltet werden können. Einige Utilities wurden angepasst, ein neues Utility entwickelt (QUIESCE).

Diverse Performance-Verbesserungen
z.B. bei segmented Tablespaces, Optimizer-Verbesserungen.

Autorisierungs-Konzept
erlaubt die flexible Identifikation der Objekte. Es kann unterschieden werden zwischen Ersteller und Eigentümer eines Objektes. Der Benutzer kann neben seinem Primär-Autorisierungs-Id auch einen oder mehrere Sekundär-Autorisierungs-Ids führen (auch eine Gruppen-Zuordnung ist möglich). Das DB2-Autorisierungs-Konzept kann mit RACF oder einem anderen externen Security Manager (ESM), wie z.B. ACF2 oder TOP SECRET verknüpft werden.

DL/I-Batch-Support
erlaubt IMS-Batch-Programmen den Zugriff auf DB2-Daten.

Audit Trace
erlaubt die Protokollierung von Sicherheitsverletzungen und die Aufzeichnung von Zugriffen auf ausgewählte DB2-Tabellen (Zielgruppe: Revision).

Resource Limit Facility (RLF)
oder auch **governor** genannt, kontrolliert den Ressourcenverbrauch für dynamische SQL-Queries (Abbruch bei Zeitüberschreitung).

Veränderung von Speicher-Attributen
wird bei Tablespaces und Indexspaces dynamisch unterstützt (vorher war nur ein DROP und re-create der Objekte möglich).

1.1.4.2.2 Version 2 - Release 2

Distributed databases und **Distributed Data Facilities (DDF)**
unterstützt die Verteilung von DB2-Ressourcen innerhalb eines VTAM-Netzwerkes auf unterschiedliche DB2-Subsysteme (Lokationen). Die Kommunikations-Informationen werden in neuen Katalogtabellen geführt, die unter dem Begriff **'communications databases (CDB)'** zusammengefasst werden.
Der Zugriff auf die entsprechenden Lokationen wird über einen **dreiteiligen Namen** identifiziert:
    Lokations-Name.Autorisierungs-Id.Objektname
Über das neue DB2-Objekt **ALIAS** können Objektzuordnungen flexibel getroffen werden.
Für die unterschiedlichen Anwendungs-Typen gilt:
- **TSO oder CAF-Anwendungen**   können innerhalb einer UOW (durch COMMIT begrenzt) Daten einer Lokation ändern (lokal oder remote) und Daten beliebiger Lokationen lesen.
- **CICS- oder IMS-Anwendungen**   können Daten der lokalen Lokation ändern und Daten beliebiger Remote-Lokationen lesen.

Performance-Verbesserungen

    Folgende Verbesserungen sind relevant:
- **Multiple Index Access**
  DB2 kann bei SQL-Queries mit Mehrfach-Prädikaten mehrere eingerichtete Indizes nutzen. DB2 liest zunächst die Indizes und erzeugt eine Liste der ausgewählten Kandidaten, die vor dem Datenzugriff sortiert und zusammengemischt werden können.

- RUNSTATS führt **zusätzliche statistische Informationen** in der SYSFIELDS-Katalog-Tabelle über die Häufigkeit von Spalten-Inhalten.
  Damit kann DB2 den Index mit dem geringsten Zugriffsaufwand auswählen.

- Effizientere Ausführung von:
  - **Sub-Queries**
  - **Merge Scan Join**

1 Relationales Modell
1.1 Entwicklungsgeschichte

1.1.4.2.3 Version 2 - Release 3

Erweiterte Unterstützung der Anwendungs-Entwicklung

- **Einführung von Packages**
  Damit können verschiedene bisherige Probleme abgebaut werden:
  - Für ein Programm können mehrere DB2-Ausführungsversionen gehalten werden; bei der Ausführung kann DB2 die jeweilige Version dynamisch und automatisch suchen.
  - Einem Plan müssen die DBRMs nicht mehr physisch eingebunden werden, sondern ein Plan kann über einen Verweis auf Packages referenzieren. Dadurch braucht bei Änderung einer Package nicht mehr der auf diese Package referenzierende Plan gebunden zu werden, das Binden der aktualisierten Package genügt.
  - Packages können mittels BIND lokal oder remote für einen anwendungsgesteuerten Zugriff im Rahmen einer verteilten Datenbankhaltung gebunden werden.

  Die Package wird unter einem 4-teiligen Package-Namen geführt und innerhalb einer Lokation einer Collection zugeordnet:

  LOCATION.COLLECTION.PACKAGE-ID.VERSION

  Die Einschränkung der Suche einer Package innerhalb einer bestimmten Collection ist möglich:
  SET CURRENT PACKAGESET = :host-variable

- **Cursor WITH-HOLD-Option**
  Beim COMMIT wird die Positionierung der Result-Table gehalten, d.h es braucht kein nachfolgender Open des Cursors mit ggf. aufwendiger Bereitstellung der Result Table stattfinden (gilt nicht bei 'normalem' Transaktionsende im CICS oder IMS).

- **Extended Call Attach Facility**
  Zugriff auf DB2 über OS/390-Batch-Programme.
  Unterstützung der Sprachen:
  PL1, FORTRAN, COBOL, COBOL II, C.

Erweiterte systemtechnische Unterstützungen

- **IMS-DB2-Data Propagator (DPROP)**
  erlaubt ein Nachführen von IMS-Datenveränderungen auf DB2 (über das Data Capture Exit im IMS/ESA 3.1). Folgende Update-Typen sind unterstützt:

  - **Synchronous Update**
    Automatisierte Konsistenz-Haltung ohne Nutzung von User-Routinen.
    Die IMS- und DB2-Ressourcen müssen gespiegelt sein. Transaktionen müssen warten, bis die Synchronisation abgeschlossen ist.

  - **Asynchronous Update**
    Eine benutzer-definierte Schnittstelle schreibt Daten in einen separaten Bestand. Von dort erfolgt asynchron das Einspielen in die DB2-Welt durch DPROP.
    Die Konsistenz ist erst nach dem Einspielen der Daten gegeben.
    Eine Transaktion wartet nicht auf die Synchronisation der Daten.

- **Shared read only databases**
  Lesender Zugriff auf Objekte in einer shared-DASD-Umgebung aus verschiedenen DB2-Subsystemen heraus. Ein System hält den Eigentümer-Status.

- **DDCS - Data Definition Control Support**
  Einschränkung der Nutzung von dynamischen SQL-DDL- und DCL-Statements:
  - ART: Application Registration Table   -   für Pläne und Packages
  - ORT: Object Registration Table   -   für Objekt-Typen (z.B. Tables).

1 Relationales Modell
1.1 Entwicklungsgeschichte

- **Performance-Verbesserungen**
  - der Sort ist effizienter,
  - Verbesserungen beim Join,
  - während der Ausführung kann ein automatisches Umschalten von direkter Verarbeitung auf sequential prefetch erfolgen,
  - Index-Lookaside prüft zunächst einmal im Buffer, ob angeforderte Index-Pages verfügbar sind,
  - 'Optimize for n rows' beim "DECLARE CURSOR" reduziert den Einsatz von sequential prefetches,
  - Verzögertes Schließen von Datasets (deferred close).

- **Verbessertes Database Management**
  - für bestimmte Konstellationen schnelleres REORG-Utility durch externe Vorsortierung der Daten,
  - konkurrierender RECOVERY von Indizes reduziert Sperrdauer insgesamt,
  - flexibleres RUNSTATS-Utility.

- **Erweiterungen im Bereich 'distributed data processing'**
  - Es können Remote-Objekte angelegt werden.
  - Remote BIND PACKAGE erlaubt für Remote-Lokationen die Ausführung von Anwendungen mit vorbereiteten Packages (Static Bind).
  - Anwendungen können auf DB2 und SQL/DS-Daten zugreifen.
  - Zwei verschiedene Konzepte werden unterstützt (die Terminologie steht allerdings im Widerspruch zur DRDA-Architektur der Version 3):
    - **DUW** -**Distributed Unit of Work (ab 2.2)** - eigentlich systemgesteuerter Zugriff nach DRDA: Zugriff auf Objekte über einen 3-teiligen Namen (ALIAS-Einsatz ist sinnvoll).
    - **RUW** -**Remote Unit of Work (ab 2.3)** - eigentlich anwendungsgesteuerter Zugriff nach DRDA: Herstellen einer expliziten oder impliziten Connection auf einen anderen Server. Der Zugriff auf die Objekte erfolgt mit dem lokalen Namen.

- **Erweiterte DB2-Limite**

	V 2.2	V 2.3
Anzahl konkurrierender Nutzer	220	2.000
Anzahl Spalten pro Table	300	750
Anzahl Key-Spalten/ Index	16	64
Anzahl offener Datasets	3.273	10.000
Anzahl max. Dezimal-Stellen	15	31

- **Sonstige Verbesserungen**
  - Daten-Kompression ist unterstützt, eine Beispiel-Routine wird mitgeliefert.
  - DB2-Catalog-Visibility bietet Zugriff auf Katalog-Daten ohne SQL-Sprachmittel
  - CICS-Interface im CEDF zeigt Statements und Bereiche vor und nach der Ausführung an.

1.1.4.2.4 Version 3

Erweiterte Unterstützung der Anwendungs-Entwicklung

- **Erweiterungen im Bereich 'distributed data processing' mit Unterstützung der Distributed Relational Database Architecture (DRDA)**
    - Volle Unterstützung der DRDA-Distributed Unit of Work (DUW bzw. DUOW) für die Kommunikation mit Systemen, die das DRDA-Protokoll unterstützen:
        - **Multi-Site Update** und
        - 2-Phasen-Commit.

    Die Begriffe RUW und DUW wurden der DRDA-Terminologie angepasst.
    Künftige Unterscheidung in:
    - **Systemgesteuerter Zugriff** (dynamisch),
    - **Anwendungsgesteuerter Zugriff** (statisch).
    Für die anwendungsgesteuerten Zugriffe existieren mit gleicher Syntax zwei unterschiedlich wirkende CONNECT-Statement-Typen:
    - Typ 1: Verbindung zu einem Zeitpunkt nur zu einer Lokation möglich.
    - Typ 2: Verbindung zu einem Zeitpunkt zu mehreren Lokationen möglich (aber immer nur eine einzige kann aktuell sein, die anderen 'ruhen').

- Unterstützung verschiedener zusätzlicher Produkte (nur als Client):
    - DB2/6000 (AIX/6000),
    - DB2/2 (OS/2).

- Mit der neuen Version ist auch **PROLOG** als Programmiersprache unterstützt.

Erweiterte systemtechnische Unterstützungen

- **Erweiterte Nutzung der ESA-Architektur**
    - **Bereitstellung zusätzlicher Bufferpools**
        Insgesamt 60 Bufferpools anstelle der bisherigen vier Bufferpools:
        - BP0 - BP49   4-K-Bufferpools,
        - BP32K, BP32K1 - BP32K9   32-K-Bufferpools.

    - **Hiperpool-Nutzung**
        Erweiterung des 1,6 GB-Bufferpools um 8 GB (4 x 2 GB) expanded Storage, sofern entsprechende Hardware- und Betriebssystem-Voraussetzungen gegeben sind.

    - **Dynamische Erweiterung des Bufferpools**
        Neue DISPLAY BUFFERPOOL- und ALTER BUFFERPOOL-Kommandos.

- **Erhöhung des Limits für anschließbare Systeme:**
    - 10.000 Connections können definiert und
    - max. 2.000 Connections können zu einem Zeitpunkt aktiv sein.

- **Parallel-Nutzung von partitioned Tablespaces und partitioned Indexspaces**
    Sperre beschränkt sich bei Nutzung auf eine einzelne Partition
    Erhöhte Parallelität durch gleichzeitige Nutzung unabhängiger Partitions.
    Utilities sperren mit neuem 'Drain'- und 'Claim'-Konzept.

    - **START/STOP DATABASE kann auf Partition bezogen werden**
        Kontrolle der Objekte auf Partition-Ebene.

    - **Queries können parallele IO-Aktivitäten erzeugen**
        Erhöhte Parallelität durch gleichzeitige Nutzung unabhängiger Partitions.
        Neues Spezial-Register: CURRENT DEGREE, kann bei dynamischem SQL verändert werden oder wird durch BIND-Option DEGREE angepasst (Default = 1).

1 Relationales Modell
1.1 Entwicklungsgeschichte

- **Erweiterte Datenhaltungs-Funktionen**
  - **Unterstützung von optischen Speicherinheiten**
    Speziell geeignet für weniger häufig benötigte Massendaten.

  - **Data Compression**
    Hardware- und Betriebssystem-Unterstützung der Kompression von Daten.
    Für die Daten wird ein Dictionary mit den Daten innerhalb des Page Sets geführt.
    Für CREATE und ALTER TABLESPACE existiert neue COMPRESS-Klausel.
    Mit dem nächsten LOAD oder REORG wird das Dictionary erzeugt.
    Neues Utility: DSN1COMP für die Kalkulation des Einsparungseffektes.

- **IMS-DB2-Data Propagator (DPROP) Release 2**
  erlaubt ein Nachführen von DB2-Datenveränderungen auf IMS.
  DB2 kann als Primär-System geführt werden.

- **Performance-Verbesserungen**
  Die wesentlichen Performance-Verbesserungen der Version 3 ergeben sich aus den bereits behandelten Aspekten heraus:

  - **Hiperpools und Bufferpools**
    Nutzung der OS/390/ESA Hiperpools und der Hardware Hiperspaces.

  - **Daten-Komprimierung und De-Komprimierung**
    Nutzung der Hardware- und Betriebssystem-Software-Komprimierungsfunktionen.

  - **Parallele I/O-Abwicklung**
    Nutzung von Multi-Prozessoren.

  - **Partition-Unabhängigkeit**
    Reduzierung des Sperr-Niveaus mit der Möglichkeit, parallele Verarbeitung auf den einzelnen Partitions eines Partitioned Tablespaces vorzunehmen.
    Dadurch wird im Vergleich zu serialisierten Abläufen zwar die Rechnerzeit erhöht, aber die Gesamt-Verweildauer reduziert.

- **Erweiterungen der Sprachschnittstellen (Zusammenfassung)**
  Die wenigen wesentlichen Erweiterungen der Version 3 umfassen:

  - **Erweiterungen von DB2-Commands und Utilities**
    - -DISPLAY BUFFERPOOL und -ALTER BUFFERPOOL.
    - DEGREE als neuer BIND-Parameter   (Default = 1).
    - DSN1COMP-Utility.

  - **Erweiterungen der SQL-DDL-Sprachmittel**
    - Zusätzliche Bufferpool-Namen in den Bufferpool-Klauseln.
    - COMPRESS-Option beim CREATE TABLESPACE und ALTER TABLESPACE.
    - DEFER-Option beim CREATE INDEX.

  - **Erweiterungen der SQL-DCL-Sprachmittel**
    - Vergabe von Privilegien für die Bufferpool-Nutzung.

  - **Erweiterungen der SQL-DML-Sprachmittel**
    - SET CONNECTION und RELEASE.
    - SET CURRENT DEGREE   (Default = 1).
    - CURRENT DEGREE als neues Spezial-Register.

1.1.4.2.5   Version 4

Erweiterte Unterstützung der Anwendungs-Entwicklung

- **SQL-DDL-Erweiterungen**

    - **Check-Klauseln zum Prüfen von Dateninhalts-Bedingungen**
      Ein **Check-Constraint** kann beim Anlegen einer Table bzw. für bestehende Tabellen eingerichtet werden.

      Die Regeln der Check-Konstrukte werden beim Einfügen von Zeilen (mittels LOAD oder SQL INSERT) oder bei der Änderung einzelner Spaltenwerte geprüft.
      Bei Fehler wird die Manipulation abgewiesen.

      Wird ein Konstrukt auf eine existierende Tabelle gelegt, entscheidet der Inhalt eines neuen Spezialregisters **'CURRENT RULES'** über die Verfahrensweise.

      Wenn ein Objekt einen 'Check Pending Status' aufweist, sind keine Manipulationen zulässig. In diesem Fall sollte das CHECK Utility eingesetzt werden und fehlerhafte Daten in eine Exception Table kopiert und aus der Basistabelle gelöscht werden.

      Die Definitionen eines Check-Constraints werden in neuen Katalog-Tabellen geführt:
      - SYSIBM.SYSCHECKS
      - SYSIBM.SYSCHECKDEP.

    - **User defined defaults**
      Tabellenspalten können mit einem von NULL abweichenden Default-Wert versehen werden (Konstante, USER-Spezialregister, SQLID).

    - **Schnell-Definitionsmöglichkeit für PK, Unique und FK.**
      Einfachere Syntaxunterstützung.

- **SQL-DML-Erweiterungen**

    - **Unterstützung von Inner und Outer-Joins**
      DB2 unterstützt die verschiedenen Join-Mengen:
      - Inner Join
      - Full Outer Join
      - Left Outer Join und Right Outer Join.

    - **Unterstützung von Nested Table Expressions**
      Eine Tabelle kann dynamisch über die FROM-Klausel in Form einer temporären Tabelle gebildet werden.

    - **Vergabe von Namen für Result Table-Spalten (AS)**
      Spalten der Result Table können mit Namen versehen werden. Damit können folgende Ziele erreicht werden:
      - Benennung einer aus einer Funktion gebildeten Spalte,
      - Durch eindeutige Benennung einer Spalte kann beim CREATE VIEW auf eine Spaltenliste verzichtet werden.
      - Beim ORDER BY kann auf die benannten Spalten referenziert werden.
      - Innerhalb eines UNIONS kann eine bestimmte Spalte in verschiedenen SELECT-Statements mit demselben Namen versehen werden.

    - **ISOLATION-Level kann mit einem SELECT-Statement vorgegeben werden**
      Unterstützung von RR und UR.

- **Unterstützung von Stored Procedures**
  Eine Stored Procedure ist ein im Bereich von DB2 vorbereitetes und ausführbares Benutzer-Programm.
  Mit der Einsatzmöglichkeit von Stored Procedures können erhebliche Verbesserungen im Bereich der verteilten Datenanforderungen erzielt werden. Daneben unterstützen aber auch Stored Procedures methodische Ansätze der Auslagerung von Daten-Navigations- und Beschaffungsfunktionen aus dem eigentlichen Problemcode (Objektorientierung).

  Der Aufruf einer Stored Procedure erfolgt über "EXEC SQL **CALL**".

- **DCLGEN-Erweiterungen**
  - Generierung von NULL-Indikatoren (INDVAR (YES)).
  - Unterstützung eines definierbaren Präfix vor den Spalten-Namen (COLSUFFIX (YES)).
  - Dezimal-Variablen in C werden unterstützt.

- **RI-Restriktionen wurden abgebaut:**
  - Innerhalb einer Cursor-Verarbeitung kann jetzt der PK-Inhalt verändert werden.
  - Eine selbst-referenzierende Tabellenzeile kann innerhalb einer Cursor-Verarbeitung gelöscht werden.

Systemtechnische Erweiterungen und Verbesserungen

- **DB2 Data Sharing (DS)**
  - Zugriff auf ein DB2-System aus mehreren OS/390-Systemen (OS/390-SYSPLEX). Es können nun Anwendungen aus mehreren DB2-Subsystemen auf gemeinsame Daten zugreifen und sie auch modifizieren.

  - Solche Subsysteme müssen einer **DB2 Data Sharing Group** zugeordnet werden. Jedes DB2 Subsystem, das einer solchen Gruppe angehört, ist ein Member dieser Gruppe. Alle Member benutzen denselben DB2-Katalog und dasselbe Directory.

- **Unterstützung der Parallelrechner-Architektur**
  - Unterstützung der CPU-Parallelverarbeitung für Queries unter bestimmten Bedingungen Multi-Tasking).

- **Index-Management Typ 2**
  - **Struktur-Besonderheiten**
    - Es existieren keine Subpages mehr.
    - Bei einem non-partitioned Index werden logische Partitionen unterstützt.
    - Die Index-Keys werden verkürzt gespeichert (Suffix Truncation).
    - Die RID-Listen werden aufsteigend sortiert. Pro Key können mehr als 256 RIDs verwaltet werden.

  - **Verarbeitungs-Besonderheiten**
    - Es werden keine Page-Sperren mehr im Index etabliert:
      - Es wird nur noch der Index-Key aufgrund der Daten-Referenz gesperrt.
      - Struktur-Modifikationen (bei Splits) haben keine Sperrauswirkungen auf Konkurrenz-Anwendungen.
    - Löschungen im Index werden effizienter vorgenommen.
    - Verbesserungen beim sequenziellen Insert (Massen-Insert).
      Einfügungen mit einer fortlaufenden Nr. werden ohne Split eingefügt.

1 Relationales Modell
1.1 Entwicklungsgeschichte

- **Reduzierung des Sperrniveaus**
  - Unterstützung des Row-Levels.
  - Unterstützung des Uncommited Read (UR - auch dirty-read genannt).

- **Sonstige Verbesserungen**
  Folgende Verbesserungen und Erweiterungen sind noch erwähnenswert:

  - **Katalog-Reorganisation und -Performance**
    - Reorganisation des Katalogs bzw. des Directories ist jetzt möglich.
    - Es stehen neue Katalog-Indizes zur Verfügung.
    - Es können individuelle Indizes auf den Katalog-Tabellen eingerichtet werden.
    - Es können Freespace-Parameter verändert werden.

  - **Utility-Erweiterungen und Verbesserungen**
    - Performance-Verbesserungen für COPY (bis zu 10 mal schneller).
    - COPY kann mit der DFSMS Concurrent Copy-Funktion aktiviert werden, wobei Infos in die SYIBM.SYSCOPY gestellt werden. Diese Kopien können mit RECOVERY genutzt werden.
    - RECOVER INDEX kann mit Beginn jeder Phase 'restarted' werden.

  - **DB2-Command-Erweiterungen und Verbesserungen**
    - Anpassung der Commands an neue Funktionalitäten, wie z.B. -DISPLAY DATABASE zeigt Informationen über die logische Partition an.
    - Anzeigen und Verwaltungsmöglichkeiten von Threads wurden verbessert. Threads können mit Prioritäten ausgestattet werden (OS/390 Workload Manager).

  - **Erweiterter Command Prefix (multi character)**
    - Anstelle des bisherigen 1-stelligen SRC (Subsystem Recognition Character) kann ein 1- bis 8-stelliger Präfix generiert werden (z.B. -DB2T1).

  - **Neues CICS-DB2-Attach Facility und RCT-Struktur**
    - Attachment Facility läuft 'above the line'.
    - Bessere Performance und mehr Funktionalität.

  - **Änderungen im Autorisierungs-Konzept**
    - Dynamic SQL kann alternativ auf Plan- bzw. Package-Eigentümer-Rechte geprüft werden (BIND DYNAMICRULES RUN oder BIND).

  - **Syntaxänderung für FREE und REBIND**
    - erlaubt eine Einbeziehung aller Objekte innerhalb einer Collection bzw. eine bestimmte Package in allen Collections.

  - **Table-Definition 'WITH RESTRICT ON DROP'**
    - verhindert unbeabsichtigtes Löschen, solange dieser Schalter aktiv ist.

  - **SECQTY-Default**
    - Der bisherige Default-Werte (3 Pages) wurde verändert:
      SECQTY = 10 % von PRIQTY oder 3 Pages; der größere Wert wird genommen.

  - Unterstützung von bis zu **25.000 Distributed Connections**
    (2.000 können gleichzeitig aktiv sein).
    Diese Werte beziehen sich jeweils auf ein DB2-Subsystem.

1 Relationales Modell
1.1 Entwicklungsgeschichte

1.1.4.2.6 Version 5 - DB2 for OS/390

Grundsätzliche technologische Verbesserungen und Erweiterungen:

- **Query-Parallelverarbeitung durch S/390 Parallel Sysplex**
  In einer Data Sharing Group kann eine Query auf verschiedene Rechner eines Sysplex aufgeteilt werden.

- **Unterstützung von Tablespaces bis 1 Terabyte (Large Tablespace bzw. Large Table)**
  Ein partitioned Tablespace kann in bis zu 254 Partitions jeweils max. 4 GB Daten führen.
  Voraussetzung: CREATE LARGE TABLESPACE   (wird auch implizit angenommen, wenn NUMPARTS > 64).
  CREATE TYPE 2 INDEX
  Nutzen: Die Daten einer großen Tabelle lassen sich auf mehr Partitions verteilen.
  Sämtliche Utilities und Benutzerschnittstellen wurden auf die neuen Partitiongrößen angepasst.
  Teilweise werden Partition-Ranges unterstützt.
  Folgewirkungen: Zu beachten sind folgende Aspekte:
  - CLOSE (YES) reduziert die Anzahl der Datasets auf das Notwendige,
  - diverse abhängige Parameter sind anzupassen, wie Buffer, Anzahl offener Datasets (DSMAX), Workfiles usw.
  - Der RID im Index vergrößert sich von 4 Bytes auf 5 Bytes. Effekt auf Index-Space und evtl. auch Stufen,
  - Die Exception Table für das CHECK-Utility benötigt eine 5-Byte-RID-Spalte.

- **TCP/IP-Unterstützung**
  In früheren Releases war kein Direktanschluss von Clients über TCP/IP möglich. Es musste das Software-Produkt AnyNet sowohl beim Client als auch beim Server installiert sein.

- **Unterstützung objektorientierter Sprachen (C++ und COBOL3)**
  - C++ ist als vollwertige Sprache integriert (CPP).
  - COBOL for MVS & VM (COBOL3) ist ebenfalls unterstützt (IBMCOB).
  - Unterstützung von Java (ab 10/97).

- **Unterstützung des ODBC-CALL-Level Interfaces (CLI)**
  Call-Schnittstelle unterstützt die Nutzungsmöglichkeit z.B. von C und C++.

- **OS/390-Attachment (DSNRLI)**
  Mit dem neuen DB2 OS/390-Attachment Facility (RRSAF = Recoverable Resource Manager Services Attachment Facility) ist ein 2-Phasen-Commit unterstützt für die Kontrolle und Synchronisation system-weiter Ressourcen innerhalb eines Sysplexes, wie:
  - DB2-Tabellen, IMS-Datenbanken, MQS-Messages, VSAM-Files

- **Online-Reorg**
  Voraussetzung: CREATE TABLE mapping table
  Beispiel-Syntax: REORG xxx SHRLEVEL CHANGE MAPPINGTABLE tablename
  Durchführung: Die Daten werden entladen und in einen Schattenbestand geladen. In diesen Phasen haben Anwendungen unbeschränkten Lese- und Schreibzugriff auf die Originaldaten.
  Veränderungen werden über das Logfile an den Schattenbestand weitergeleitet.
  Bei Abschluss des REORGs werden die Bestände umbenannt und der frühere Schattenbestand wird zum Originalbestand. In dieser Zeit besteht keine Zugriffsmöglichkeit.
  Folgewirkungen: Zu beachten sind folgende Aspekte:
  - Es muss eine Mapping Tabelle definiert werden, die sich nicht im zu reorganisierenden Tablespace befinden darf.
  - Bei User defined Dataset müssen Schatten-Datasets für den komplettten Tablespace, die zu reorganisierende Partition oder den zu reorganisierenden Index gebildet werden:
    Format: `Katalogname.DSNDBx.dbname.spacename.I0mmm.Annn`   Original-Datasets
    `Katalogname.DSNDBx.dbname.spacename.S0mmm.Annn`   Schatten-Datasets

1 Relationales Modell
1.1 Entwicklungsgeschichte

Erweiterte Unterstützung der Anwendungs-Entwicklung (Unterstützung des SQL-92-Entry Levels):

- **SQL-DML-Erweiterungen**

  - **CASE-Expressions**
    Mit CASE können variable Werte vorgegeben oder empfangen (ersetzt) werden.
    ```
    Beispiel: SELECT    SEMCODE, TITEL,
                       CASE
                           WHEN  DAUER <=  1.5 THEN      'Management-Semtyp'
                           WHEN  DAUER >=  5   THEN      'Prof-Semtyp'
                           ELSE                          'ADM-Semtyp'
                       END
              FROM  SEMTYP
    ```

  - **Scalar Function NULLIF**
    NULLIF gibt einen NULL-Wert zurück, wenn Wert 1 und Wert 2 identisch sind, ansonsten wird der erste Wert zurückgegeben.
    Beispiele: NULLIF (BETRAG1, BETRAG2)
                  NULLIF (NETTO + MWST, BRUTTO)

  - **Scalar Function STRIP**
    STRIP entfernt in einem String rechtsbündig, linksbündig oder an beiden Seiten ein definiertes Zeichen (z.B. Blank) und erzeugt damit ggf. einen kürzeren String.
    Beispiele: STRIP (SPALTE1)   entfernt beiderseits Blanks
                  STRIP (GEHALTCHAR,L,'0')   entfernt führende Nullen.

- **SQL-DDL-Erweiterungen**
  - Views können mit erweiterten Check-Options definiert werden (WITH LOCAL .., WITH CASCADED..).
  - Foreign Keys können alternativ auf einen Unique Key (Parent Key) referenzieren.
  - REFERENCES-Privileg lässt sich auf einzelne Spalten reduzieren.
  - NO ACTION DELETE-Rule verhält sich grundsätzlich wie RESTRICT, wirkt aber erst am Ende der Statementausführung.
  - RENAME von Tabellen ist unterstützt (aber kein Owner-Wechsel).
  - LARGE TABLESPACE
  - PIECESIZE für Non-Partitioned Indizes (bei Partitioned Tablespaces).
  - LOCKPART-Klausel für Partitioned Tablespaces.

- **Alle Programme einer Anwendung können eine temporäre Table benutzen.**

  Voraussetzung: Es muss pro Anwendung (bzw. pro Anwendungsgruppe mit identischen Strukturanforderungen) eine Tabelle mit einem neuen CREATE-Statement definiert werden:
  CREATE GLOBAL TEMPORARY TABLE

  Durchführung: Die Tabelle ist wie eine Basistabelle ansprechbar, steht aber nur den Programmen einer Anwendung zur Verfügung.
  Wird ein COMMIT abgesetzt und es existiert kein offener Cursor auf die temporäre Tabelle, erfolgt implizit ein DELETE FROM temptable.
  Bei einem ROLLBACK und einem Abschluss der Connection erfolgt implizit ein DELETE FROM temptable.

  Restriktionen: Nicht unterstützt sind:
  - Generelle Aspekte:
    - Lock und Logging für die Daten,
    - Datenhaltung über die Grenzen der Applikation hinweg,
    - Statistiken für die Daten,
  - DDL-Objekte und Sprachmittel:
    - Unique-, Referential Integrity- und Check-Konstrukte,
    - Spalten-Defaults außer NULL-Werte,
    - Indizes,
  - DML-Spracheinsatz:
    - UPDATE,
    - DELETE einzelner Zeilen,
    - LOCK TABLE.

1 Relationales Modell
1.1 Entwicklungsgeschichte

Erweiterte Unterstützung von Stored Procedures

- **Stored Procedures können eine Result Table übergeben.**

Voraussetzung:	CURSOR WITH RETURN	DECLARE C1 CURSOR FOR .... WITH RETURN
	In SYSPROCEDURES:	Definition RESULT_SETS > 0
	Datenbasis:	Daten aus einer Basis-Tabelle oder Temporären Tabelle.

  Durchführung: Aufruf von einem Client außerhalb von OS/390:
  - Tools, wie VisualBasic, PowerBuilder, VisualAge usw. benutzen häufig Standard-Sprach-Schnittstellen von Open Database Connectivity (ODBC) bzw. X/Open und können Result Tables verarbeiten.

  Aufruf aus einer OS/390-Anwendung:
  1. Definition einer Result Set Locator Variablen (neuer Host-Variablentyp) für jedes Ergebnis-Set, das von einer Stored Procedure übergeben werden wird.
  2. Aufruf der Stored Procedure.
  3. Auf Bedarf DESCRIBE PROCEDURE zur Ermittlung der Result Sets und der verbundenen Cursor, die tatsächlich von der Stored Procedure übergeben wurden.
     Beispiel:
     > EXEC SQL DESCRIBE PROCEDURE STPC1 INTO :SQLDA1
  4. Mit ASSOCIATE LOCATORS jedem Result Set eine Locator Variable zuordnen lassen.
     Beispiel:
     > EXEC SQL ASSOCIATE RESULT SET LOCATORS (:lv1, :lv2)
     > WITH PROCEDURE STPC1
  5. Mit ALLOCATE CURSOR jedem Result Set einen Cursor zuordnen lassen.
     Der ALLOCATE CURSOR impliziert einen OPEN CURSOR.
     Der Cursor bleibt bis zum CLOSE oder wenn nicht WITH HOLD in der Stored Procedure definiert wurde, bis zum COMMIT verfügbar.
     Beispiel:
     > EXEC SQL ALLOCATE C1 CURSOR FOR RESULT SET :lv1
  6. Bei Bedarf DESCRIBE CURSOR zur Ermittlung der Struktur des Result Sets.
     Beispiel:
     > EXEC SQL DESCRIBE CURSOR C1 INTO :SQLDA2
  7. Bereitstellen der einzelnen Zeilen des Result Sets mittels FETCH.

- **Stored Procedures können in verschiedenen Adressräumen aktiviert werden**
  Anstelle der Bereitstellung eines SPAS durch DB2 können verschiedene durch den OS/390-Workload Manager (WLM) kontrollierte Adressräume genutzt werden. Diese werden als RRSAF-Adressräume angelegt.

Erweiterte Unterstützung für DRDA-Anwendungen

- **Verbesserte Block-Fetch-Verarbeitung**
  Spezielle Vorteile bei großem Datenübertragungsvolumen.

- **OPTIMIZE FOR n ROWS wirkt bei DRDA**
  Spezielle Vorteile bei geringen Datenforderungen.

- **Unterstützung von ASCII-Codes bei DB2-Tabellen**
  Spezielle Vorteile bei Sortieranforderungen oder Vergleichen im ASCII-Modus.

- **Reduzierung des Nachrichtenflusses:**

  - Dynamische SQL-Anweisungen werden verdichtet:
    früher: 1. PREPARE/DESCRIBE   jetzt: 1. PREPARE/DESCRIBE/OPEN
             2. OPEN
  Anstelle zweier VTAM-Nachrichten wird jetzt ein SEND mit RECEIVE abgesetzt.

1 Relationales Modell
1.1 Entwicklungsgeschichte

Performance-Verbesserungen:

- **Query-Parallelverarbeitung durch S/390 Parallel Sysplex**
  In einer Data Sharing Group kann eine Query auf verschiedene Rechner eines Sysplex aufgeteilt werden.

- **Dynamic SQL wird durch Speicherung der präparierten Statements effizienter (Caching)**
  Voraussetzung: Generierungsparameter:
  - DSNTIP4:   CACHE DYNAMIC SQL YES.
  - DSNTIPE: MAX KEPT DYN STMTS (5000)   entspricht 9 MB Speicherbedarf.
  BIND-Option: KEEPDYNAMIC (YES)   RELEASE (DEALLOCATE)

  Durchführung: Präparierte Statements werden im EDM-Pool auch über einen COMMIT hinaus gehalten.
  Die Verweil- und Nutzungsdauer beschränkt sich auf die Lebensdauer einer Anwendung bzw. bis zu einem Rollback.
  Wird ein Statement längere Zeit nicht genutzt, kann es aufgrund der Generierungslimite aus dem Cache entfernt werden.
  Unterstützt sind: SELECT, DELETE, INSERT, UPDATE.
  Der Cache ist allen Anwendungen eines DB2-Subsystems verfügbar (nicht für andere Member einer DB2-Group).

  Restriktionen: Nicht unterstützt sind:
  - remote Statements, die mit systemgesteuertem Zugriff weitergeleitet werden,
  - Statements, bei denen beim BIND REOPT (VARS) vorgegeben wurde,
  - Statements, bei denen nach dem COMMIT ein expliziter PREPARE ausgesprochen wird,
  - Statements, deren Inhalte und Längen sich verändern,
  - Statements, bei denen Veränderungen in Spezialregistern auftreten:
    CURRENTDATA, DYNAMICRULES, ISOLATION, QUALIFIER, SQLRULES.

- **Neuer ISOLATION Level Read Stability (RS) und KEEP UPDATE LOCKS**
  Voraussetzung: SELECT-Option: WITH RS KEEP UPDATE LOCKS
  Durchführung: Einrichtung einer Sperre beim Lesen von Daten. Folgende Aspekte sind relevant:
  - RR (Repeatable Read):   S-Lock oder ggf. U-Lock (generierungsabhängig) auf allen Ressourcen, die zum SELECT angefordert wurden.
  - RS (Read Stability):   S-Lock oder ggf. U-Lock (generierungsabhängig) auf allen Ressourcen, die in eine Interimstabelle ausgefiltert wurden (nicht zwingend in die Result Table).
  - KEEP UPDATE LOCKS   Etablieren eines X-Locks, abhängig von der Objektauswahl des Isolation-Levels.

  Folgewirkung: Kritisch, wenn eine größere Ressourcemenge über eine längere Zeit hinweg gesperrt wird.

- **Verbesserung der Optimierung von Host-Variablen durch Reoptimierung bei der Ausführung**
  Voraussetzung: BIND-Option: REOPT (VARS)
  Durchführung: Bei Host-Variablen innerhalb eines Statements wird während der Ausführung der Zugriffspfad ermittelt. Ermittelt wird der Zugriffspfad bei:
  - Non-Cursor-Statements: mit jeder Ausführung,
  - Cursor-Statements: mit dem OPEN.

  Folgewirkungen: Folgende Aspekte wirken:
  - es entsteht ein zusätzlicher Overhead bei der Ausführung,
  - kein Effekt, wenn Default-Filter dieselbe Wirkung ergeben,
  - bei Non-Cursor-Statements Vorsicht bei Nutzung innerhalb eines Loops.

Es existieren folgende Utility-Verbesserungen und -Erweiterungen:

- **LOAD und REORG mit Inline-Copy**
  Paralleles Erzeugen einer Full Image Copy beim Laden bzw. Reorganisieren von Daten durch die neue COPYDDN-Option.
    Effekte:
      - Kein zusätzlicher Scan-Aufwand für das wiederholte Einlesen von Pages.
      - Schnellere Verfügbarkeit bei LOAD LOG NO.

- **RUNSTATS-Laufzeitreduzierung**
  Für nicht-indizierte Tabellenspalten können Statistikwerte schneller ermittelt werden, wenn nur ein Teil der Daten durchsucht wird und daraus die Statistikwerte abgeleitet werden.
  Der zu durchsuchende prozentuale Anteil kann in der neuen SAMPLE-Option vorgegeben werden.

- **COPY-Laufzeitreduzierung**
  In Abhängigkeit vom Prozentsatz veränderter Pages kann ein Full- oder Incremental-Copy-Lauf zweckmäßiger sein.
  Über die CHANGELIMIT-Option kann ein Prozentsatz vorgegeben werden, ab dem eine Full Copy gezogen wird.
  Die Anzahl veränderter Pages wird protokolliert.

- **Performance-Verbesserungen**

  - **LOAD-Utility:**
    - COPYDDN-Option (siehe vorab)
    - SORTKEYS-Option vermeidet Datenauslagerungen auf temporäre Workfiles.
    - Verarbeitungszeit großer Datenmengen wurde reduziert.

  - **REORG-Utility:**
    - COPYDDN-Option (siehe vorab)
    - SORTKEYS-Option vermeidet Datenauslagerungen auf temporäre Workfiles.

  - **COPY-Utility:**
    - CHANGELIMIT-Option (siehe vorab).

  - **RECOVER-Utility:**
    - Verarbeitungszeit großer Datenmengen wurde reduziert.

  - **RUNSTATS-Utility:**
    - SAMPLE-Option (siehe vorab).

  - **Neues Stand alone Utility für die Vorformatierung von Log Datasets**
    Performance-Verbesserung beim Schreiben eines Log-Datasets.

  - **Schnellerer Datentransfer durch BSAM-Striping**
    Performance-Verbesserung durch Nutzung der DFSMS-Unterstützung für Extended Sequential Datasets. BSAM Striping führt zu besseren Übertragungsraten zwischen DASD und dem Speicher.

1.1.4.2.7 Version 6 - DB2 Universal Database (UDB) for OS/390

Grundsätzliche technologische Verbesserungen und Erweiterungen:

- **Unterstützung von VSAM-E/A mit Speicherungsvermögen von bis zu 16 TB**
  DB2 unterstützt in Verbindung mit SMS-managed Datasets den Extended Addressability Modus für VSAM LDS-Dateien. Dadurch können Datasets bis zu 64 GB Speicherkapazität aufnehmen.

  Ein partitioned Tablespace kann in bis zu 254 Partitions jeweils max. **64** GB Daten führen. Daraus ergibt sich eine max. Speicherungsmöglichkeit von **16 TB**.

- **Unterstützung von 8 KB- und 16 KB-Pages**
  Für Bufferpools werden neben den bisherigen 4 KB- und 32 KB-Pages auch 8 KB und 16 KB unterstützt.
  Diese können nur Tablespaces und keinen Indexspaces (nur 4 KB) zugeordnet werden.

- Bufferpools können im Data Space gehalten werden.

- Gespeicherte Daten in einem Partitioned Tablespace können bei Bedarf umorganisiert werden. Mit ALTER INDEX können die neuen Key-Höchstwerte vorgegeben werden.
  Danach müssen die Daten reorganisiert werden.

- **DRDA-Unterstützung der 3-teiligen Objektnamen**
  Mit der neuen BIND-Option DBPROTOCOL (DRDA) kann eine implizite Connection von DB2 auf ein remote System vorgenommen werden.
  Die bisherige systemgesteuerte Connection mit der Dynamic SQL-Ausführung kann durch Bereitstellung entsprechender Packages an allen relevanten Servern umgangen werden.

- **Verbesserte Java-Unterstützung**
  Java wird mit zwei Sprachschnittstellen unterstützt:
  - JDBC   APIs mit 16 Klassen
  - SQLJ   Static SQL kann in Java-Programmen genutzt werden. Java kann kompiliert werden und nutzt dann vorbereitete Packages.

- **Verbesserung bei der Maintenance von Stored Procedures**
  Neue SQL-DDL-Sprachmittel für Stored Procedures:
  - CREATE PROCEDURE
  - ALTER PROCEDURE
  - DROP PROCEDURE
  Neues Owner-Konzept (Stored-Procedure-Owner).
  Speicherung nicht mehr in der SYSPROCEDURES-, sondern in der SYSROUTINES-Katalogtabelle.
  Neues Konzept der Parameter-Übergabe.
  Nesting von Stored Procedures und Funktionen ist unterstützt.

- **Verbesserungen für DRDA-Anwendungen:**

  - **OPTIMIZE FOR n ROWS beeinflusst bei DRDA die Bereitstellung größerer Datenmengen**
    Bei hohen Datenvolumen kann Parallel-Beschaffung aktiviert werden.

  - Unterstützung von bis zu **150.000 Distributed Connections** innerhalb eines DB2-Subsystems (weiterhin können 2.000 gleichzeitig aktiv sein).
    In einem OS/390-Sysplex und einer DB2-Group können max. 4.800.000 Connections angekoppelt werden.

Erweiterte Unterstützung der Anwendungs-Entwicklung:

- **Large Objects**
  Mit der Möglichkeit der Speicherung von Large Objects (LOBs) wird die bisherige Speicherkapazität der variablen Spaltenformate mit bis zu 32 KB drastisch erweitert. Mit den Large Objects wird die Speicherung von Datenobjekten bis zu einer Größe von 2 GB -1 Bytes (2^{31} - 1 Bytes) unterstützt.

  Es werden drei Daten-Typen unterstützt:

  - **Binary Large Object (BLOBs)**
    Anwendungsbereich: Bild, Sprache und Mixed Data.

  - **Character Large Object (CLOBs)**
    Anwendungsbereich: Text-Dokumente im SBCS-Modus oder Mixed Data.

  - **Double-byte Character Large Object (DBCLOBs)**
    Anwendungsbereich: Daten im DBCS-Modus (z.B. japanische Schriftzeichen).

- **UDT - User-defined Distinct Types**
  Mit User-defined Distinct Datatypes können individuelle Datentypen eingerichtet werden. Diese Datentypen unterliegen einem strengen Abgrenzungskonzept (strong typing), d.h. nur die explizit definierten und dem Datentyp zugeordneten Funktionen, Vergleichs- und Zuordnungs-Operatoren werden unterstützt.

- **UDF - User-defined Functions**
  Eine User-defined Function ist eine Erweiterung der SQL-Sprache. Es können funktionale Elemente bis hin zu einem Anwendungsprogramm eingebunden werden. Der Vorteil gegenüber einem konventionellen Programm liegt in der Einsatzmöglichkeit und vollen Integration innerhalb der SQL-Sprachmittel.

  Es werden folgende Typen unterschieden:

  - **Sourced User-defined Function**
    Basiert auf existierenden Builtin-Funktionen (entweder System- oder User-defined).

  - **External User-defined Function**
    Benötigt ein Anwendungsprogramm. Hier werden wiederum zwei Typen unterschieden:

    - **User-defined Scalar Function**
      In Folge jedes Aufrufs wird exakt ein einzelner Ergebniswert zurückgegeben.

    - **User-defined Table Function**
      Innerhalb der FROM-Klausel eines SELECTs wird als Folge jedes Aufrufs eine Zeile einer Tabelle zurückgegeben.

- **Trigger**
  Mit der Unterstützung von Triggern steht eine ereignisabhängige Verarbeitungsunterstützung zur Verfügung. Trigger können Prüf-Konstrukte unterstützen, aber auch aktive Verarbeitungsprozesse auslösen.
  Mit der Definition von Triggern wird Anwendungslogik in den Bereich des DBMS übertragen.

1 Relationales Modell
1.1 Entwicklungsgeschichte

Folgende **Performance-Verbesserungen sind relevant:**

- **Neue Möglichkeiten der Analyse und Beeinflussung der Statement-Performance**

    - Neue Tabelle **DSN_STATEMNT_TABLE** zeigt den geschätzten **CPU-Aufwand**.

    - **Vorgabe von Optimization-Hinweise an DB2**
      Über die PLAN_TABLE (Spalte OPTHINT) kann eine 'Zugriffspfad-Version' in die PLAN_TABLE für ein bestimmtes Statement eingestellt werden.
      Dann kann das neue Spezialregister mit der gewünschten 'eingefrorenen' Version, die für einen nachfolgenden BIND wieder gewünscht wird, beschickt werden:

        SET CURRENT OPTIMIZATION HINT = 'VERSION1'

      Ein nachfolgender BIND desselben Statements (über die QUERYNO) sollte dann den alten Zugriffspfad nutzen. Bei Erfolg wird dies in der Spalte HINT_USED in der PLAN_TABLE dokumentiert.
      Da sich Statement-Nr. speziell in Programmen häufig ändern können, kann mit dem neuen Statement SET QUERYNO = 4711 eine statische Referenz gelegt werden.

- **Mit dem RLF-Instrumentarium können Ausführungen von Statements verhindert werden, wenn bestimmte Aufwandsschätzungen vorliegen (predictive governing).**
  Beispiel: Wenn ein Statement in Kategorie B eingestuft wird: SQLCODE -495 und PREPARE mit Ausführung wird abgewiesen.

- **Unterstützung von Query-Parallelverarbeitung für Non-Partitioned Tablespaces**
  Query-Parallelverarbeitung wird bei Multiple Index Scan und List-Prefetch auf einen Non-Partitioned Tablespace nutzbar.

- **Verbesserung von Join-Prozessen**
    - Schnellere **Outer Joins** durch Beeinflussung der Verarbeitungsreihenfolge und Berücksichtigung von WHERE-Bedingungen.
      Ungünstige Statements werden umgeneriert, z.B. kann aus einem FULL OUTER JOIN ein LEFT OUTER JOIN generiert werden (falls möglich).
    - CHAR und VARCHAR-Spalten können in STAGE 1 verarbeitet werden, auch mit unterschiedlichen Längen.
    - STAR-Join (Kartesischer Join) wurde von max. 5 auf 6 Dimensionen erweitert.

1 Relationales Modell
1.1 Entwicklungsgeschichte

Es existieren folgende Utility-Verbesserungen und -Erweiterungen:

Das **CHECK DATA**-Utility kann zur Konsistenzprüfung von LOB-Spalten und ihren korrespondierenden Auxiliary Table-Einträgen eingesetzt werden.

Das neue **CHECK LOB**-Utility kann zur Prüfung von strukturellen Defekten von LOB-Tablespacedaten eingesetzt werden.

Das **COPY**-Utility weist einige Verbesserungen auf:
- für Indizes können Image Copies erzeugt werden (beim CREATE INDEX bzw. mit ALTER INDEX muss COPY YES definiert werden),
- es kann eine Liste von Objekten vorgegeben und parallel ausgeführt werden.

Das **LOAD**-Utility weist einige Verbesserungen auf:
- RUNSTATS-Statistiken können Inline erzeugt werden (STATISTICS),
- mit REUSE definierte Datasets werden logisch zurückgesetzt (anstelle Delete und Re-Define),
- die neuen Datentypen für LOBs und ROWID werden unterstützt.

Das **QUIESCE**-Utility kann auf einen ganzes Tablespaceset bezogen werden. Automatisch wird ein QUIESCE-Punkt für alle betroffenen referenziell verknüpften Objekte gezogen (z.B. auch für LOB-Tablespaces).

Mit dem neuen Utility **REBUILD INDEX** (Nachfolger von RECOVER INDEX) mit derselben Verarbeitungsweise (Entladen der Key-Felder aus den Daten) können:
- RUNSTATS-Statistiken Inline erzeugt werden (STATISTICS),
- mit REUSE definierte Datasets logisch zurückgesetzt (anstelle Delete und Re-Define) werden,
- Indizes parallel aufgebaut werden.

Das Utility **RECOVER** kann Tablespaces, Indexspaces und Indizes mittels vorher erzeugter Image Copies zurücksetzen (bei Indizes siehe Ausführungen unter COPY-Utility). Weiterhin können:
- mit REUSE definierte Datasets logisch zurückgesetzt (anstelle Delete und Re-Define) werden,
- alle Objekte parallel aufgebaut werden.

Das Utility **REORG** unterstützt folgende neue Funktionalität:
- RUNSTATS-Statistiken können Inline erzeugt werden (STATISTICS),
- mit REUSE definierte Datasets werden logisch zurückgesetzt (anstelle Delete und Re-Define),
- der REORG-Lauf kann aufgrund definierter statistischer Streuungsergebnisse erfolgen, wie z.B.
  *(FAROFPOSF + NEAROFFPSF) * 100 / CARDF= vorgabewert,*
- mit der DISCARD-Option können größere Datenbereiche ausselektiert und durch ein nachfolgendes Laden eliminiert werden (anstelle eines Massen-Deletes),
- UNLOAD EXTERNAL erzeugt LOAD-fähige Daten und Utility-JCL für die DB2-Familie.

Das Utility **REPAIR** kann kann eingesetzt werden für:
- die Korrektur von Index-Entries,
- Korrektur und Löschen eines LOBs,
- Aussetzen der neuen Status in Verbindung mit LOBs (AUXW, ACHKP) und Indizes (ICOPY).

Das Utility **REPORT** kann kann eingesetzt werden für:
- die Darstellung der Beziehungen von Indizes,
- die Darstellung der Archiv-Log-Datasets.

Mit dem neuen STATISTICS-Schlüsselwort kann bei bestimmten Utilities **RUNSTATS** Inline aktiviert werden.

1 Relationales Modell
1.1 Entwicklungsgeschichte

Folgende sonstige Verbesserungen sind relevant:

- **Direkt-Zugriff auf den ROWID**
  Der neue ROWID (19 Bytes intern) kann als direktes Zugriffskriterium verwendet werden.
  Probleme:
  > Er muss zunächst mit SELECT beschafft werden und kann dann beim UPDATE oder DELETE mitgegeben werden.

  Voraussetzung zur Nutzung:
  > Die Position der Zeile muss unverändert sein. Ein REORG verändert den Inhalt des ROWIDs.

  In der PLAN_TABLE existiert eine neue Spalte (PRIMARY_ACCESSTYPE), in der DB2 die Absichtserklärung, diesen ROWID zu nutzen, einträgt.
  Konkret erfolgt dann der direkte Zugriff nur, sofern dies möglich ist. Ansonsten wird ein anderer Zugriffspfad verwendet (steht kein Index zur Verfügung, ein Tablespace Scan).

- **Anzahl der Tabellen in einem SQL-Statement wird erhöht**
  Anstelle von bisher 15 Tabellen können max. 225 verwendet werden (nicht bei einem View oder bei einer Subquery)

- **Viele neue Funktionen**
  - **Spezialregister**
    CURRENT OPTIMIZATION HINT   CURRENT PATH

  - **Column Functions**
    COUNT_BIG   STDDEV   VAR/VARIANCE

  - **Scalar Functions**
ABS/ABSVAL	BLOB	CEIL/CEILING	CLOB
CONCAT	DAYOFMONTH	DAYOFWEEK	DAYOFYEAR
DBCLOB	DOUBLE/DOUBLE_PRECISION		FLOOR
GRAPHIC	IFNULL	INSERT	JULIAN_DAY
LCASE/LOWER	LEFT	LOCATE	LTRIM
MIDNIGHT_SECONDS	MOD	POSSTR	POWER
QUARTER	RAISE_ERROR	REAL	REPEAT
REPLACE	RIGHT	ROUND	ROWID
RTRIM	SIGN	SMALLINT	SPACE
SQRT	TRANSLATE	TRUNCATE	UCASE/UPPER
VARCHAR	WEEK		

  - **Neue SQL-Statements**
ALTER FUNCTION	ALTER PROCEDURE
CREATE AUXILIARY TABLE	CREATE DISTINCT TYPE
CREATE FUNCTION	CREATE PROCEDURE
CREATE TRIGGER	DESCRIBE INPUT
DESCRIBE PROCEDURE	FREE LOCATOR
HOLD LOCATOR	SET assignment
SET CURRENT OPTIMIZATION HINT	SET CURRENT PATH
SET QUERYNO	SIGNAL SQLSTATE
VALUES	VALUES INTO

  - **Viele veränderte SQL-Statements**
    ALTER DATABASE, ...

  - **Neue BIND-Optionen**
    DBPROTOCOL (DRDA,PRIVATE)   OPTHINT (tip)
    PATH (schema-name)

1 Relationales Modell
1.1 Entwicklungsgeschichte

1.1.4.2.8 ... und was kommt nach Version 6?

Generell sind die bereits vorhandenen Features der UDB für UNIX, Windows und OS/2 Kandidaten für die Übernahme in die OS/390-Umgebung.
Weiterhin sind folgende Erweiterungen erkennbar:

Erweiterte Unterstützung der Anwendungs-Entwicklung

- **Objektorientierte Features**
    - Structured Types (komplexe Datentypen)
    - Column Types
    - Row Types
    - Table Hierarchien
    - View Hierarchien

- **Sonstige SQL-Erweiterungen**
    - Scrollable Cursors
    - Recursive SQL

- **Erweiterung der Benutzerfreundlichkeit**
    - Online Objekt-Änderungen
    - Visual Builders und Class Libraries

Verbesserung der Utilities
- **Erhöhung der Effizienz und Verfügbarkeit**
    - COPY für ganze Databases
    - RECOVERY von multiple Tablespaces
    - Online LOAD

- **Erhöhung der Benutzerfreundlichkeit**
    - COPY/RECOVERY von referential sets
    - COPY/RECOVERY von tables in einem segmented Tablespace
    - REORG mit Möglichkeit der Löschung von Sätzen
    - Input-Exits für LOAD

- **Neue Utilities**
    - CHANGE ACCUM
    - Fast UNLOAD
    - UNDROP
    - Plan/Package-Management
    - Log Compression
    - BIND-Avoidance

Performance-Verbesserungen

- **Query Enhancements, Prediction, Self-Tuning**
- **Abbau bisheriger Begrenzungen**
    - 16 Terabytes, 10000 Datasets, ...

Erhöhung der Verfügbarkeit

- Erhöhte Parallelität der Utilities
- Verbesserung von Release Migration und Coexistence

Verbesserung des System-Managements

- Work Load Manager Delay Monitoring
- Group Attach for IMS and CICS

1 Relationales Modell
1.1 Entwicklungsgeschichte

1.1.5 Entwicklungsgeschichte von Produkten auf Nicht-OS/390-Plattformen
1.1.5.1 Grober Überblick

Jahr	Version, Release	Wesentliche Komponenten
1981	1	Vertriebsfreigabe **SQL/DS** für **DOS/VSE**.
1983	1	Vertriebsfreigabe **SQL/DS** für **VM**.
1987	1	Vertriebsfreigabe **OS/2 Database Manager**.
1988	1	Vertriebsfreigabe **SQL/400** für **AS/400**.
1993	1	Vertriebsfreigabe **DB2/2** für **OS/2** und **AIX**.
1995	2.1	**DB2 Common Server** für **OS/2, Windows NT, AIX, HP-UX, SUN Solaris, SINIX**.
1996	2.2	Unterstützung von Stored Procedures, Java (JDBC)
1997	5.1	Vertriebsfreigabe **DB2 Universal Database (UDB)** für **UNIX, Windows** und **OS/2**. DB2-**Produkt-Typen**: Personal Edition (PE), Workgroup Edition (WE), Enterprise Edition (EE), Enterprise Extended Edition (EEE) Workgroup Database analog Enterprise Unterstützung von **Parallelverarbeitung**, **Universal Data** mit Large Objects (LOBs), User Defined Types (UDTs) und LOB Locators, **Business Logic** mit User Defined Functions (UDFs), Recursive SQL, Common Table Expressions, Outer Join, **Business Rules** mit Referential Integrity (RI), Check Constraints, Defaults, Triggers, **DB2 Extenders** für Text, Image, Audio, Video, **OLAP-Techniken** (Online Analytic Processing), Star-Schema-Unterstützung für Data Warehouse, Drill-Down-Techniken: ROLLUP und CUBE, **Kostenbasierender Optimizer**, Unterstützung von **verteilten Datenbanken, Netzwerken und Internet** mit der Produkt-Komponente **CONNECT**, benutzerfreundliche Administration durch **Command Center, Control Center** und **Smart Guides**
1998	5.2	**Produkt-Pakete** von UDB V5.2 - grundsätzlich analog V5.1, aber alle Produkt-Pakete unterstützen nun **SCO UnixWare 7** und **Windows 98**, alle Plattformen unterstützen die DB2 **Extenders**, **Objektorientierte Spracherweiterungen** mit Unterstützung von Super- und Subtyp-Hierarchien mit **Typed Tables** und **Typed Views (Reference Types)**, Unterstützung eines neuen Datentyps **DATALINK**, mit dessen Hilfe externe Objekte als datenbankinterne Objekte behandelt werden (Konsistenzbewahrung, Wiederherstellbarkeit, Zugriffmöglichkeit), Unterstützung von **Java** mittels **JDBC**- und **SQLJ**-Zugriffen auf DB2 (Nutzungsmöglichkeit von **Embedded Static SQL**), Unterstützung von **Perl** mittels **Perl DBI** (für die UNIX-Plattformen), Erweiterungen für **Data-Warehouse**-Anforderungen (**OLAP**= Online Analytic processing) durch automatisches Anlegen und Verwaltung von Summen-Tabellen (**Summary Tables**), Unterstützung des **Euro-Symbols**, Unterstützung des **Microsoft Transaction Servers (MTS)**, **Two-Phase-Commit** für **Windows/NT** und **TCP/IP**, **Web-Anwendungsentwicklung** mit Net Data unterstützt Web-Macros (WWW-Macros). Es wird ein Web-Control Center angeboten (Java-Version des Kontrollzentrums).
1999	6.1	**Produkt-Pakete** von UDB V6.1: grundsätzlich analog V5.2, aber zusätzlich: DB2 Everywhere, Satellite Edition (SE), Sonstige Unterstützungs-Produkte: **Data Links Manager, Query Patroller,** Unterstützung der **Linux-Plattform, Java Stored Procedure Builder,** Updateable und **rückwärts rollbare Cursor** (für Anwendungen, die ADO-, OLE DB- und ODBC-Schnittstellen benutzen, **Declaration Generator** generiert Host Variablen in C/C++, Java, COBOL und FORTRAN, diverse neue Statistik-Funktionen, wie RANK, COVARIANCE, CORRELATION, universeller Zugriff mit **UNICODE** 16-Bit Code-Schema, Unterstützung von **UCS-2** (Universal Multiple-Octet Coded Character Set) und **UTF-8** (UCS Transformation Format in 8-Bit Text), Zugriff auf heterogene **OLE DB**-Daten, Unterstützung von MIDI-Dateitypen (digitalisierte Musik), Unterstützung von Standard-Zugriffsmethoden auf **Metadaten** eines Repositories mit dem Light Directory Access Protocol (**LDAP**), aufgrund vorgegebener SQL-Statements erfolgen Index-Empfehlungen durch den **Index Wizard**/Smart Guide, **Control Center** unterstützt **DB2 UDB for OS/390**
1999	4.4	Vertriebsfreigabe **DB2 Universal Database (UDB)** für **AS/400**.

1 Relationales Modell
1.1 Entwicklungsgeschichte

1.1.5.2 Die wesentlichen Release-Entwicklungen für UNIX, Windows und OS/2
1.1.5.2.1 Version 5.1

Mit der Version 5 vereinte die DB2 Universal Database die Funktionalitäten der früheren DB2 Parallel Edition und des DB2 Common Servers und bot darüber hinaus erhebliche Funktionserweiterungen.

Es folgt eine kurze Zusammenfassung der UDB-Komponenten und Funktionen der Version 5.1:

- Produkt-Pakete von UDB V5.1:
  - DB2 Universal Database **Personal Edition (PE)** — Single User DB2
    - Unterstützte Plattformen: OS/2, Windows 95, Windows NT
  - DB2 Universal Database **Workgroup Edition (WE)** — Workgroup Database für Server mit Parallel-Verarbeitungsfunktionen
    - Paket mit Tools wie: Lotus Approach, Net.Data, Replication Tools, Java Pro, Netscape Browser
    - Unterstützte Plattformen: OS/2, Windows NT
  - DB2 Universal Database **Enterprise Edition (EE)** — Workgroup Database analog Workgroup Edition plus DB2 Connect
    - Unterstützte Plattformen: OS/2, Windows NT, AIX, HP-UX, SUN Solaris
  - DB2 Universal Database **Enterprise Extended Edition (EEE)** — Workgroup Database analog Enterprise Edition mit Unterstützung von Large SMPs und Multi-Node-MPP-Clusters
    - Unterstützte Plattformen: Windows NT, AIX, SUN Solaris

- Unterstützung von **Parallelverarbeitung**
  - Parallel Query, Parallel Transaction, Parallel Index Create, Parallel Load, Parallel Backup und Restore, Parallel Reorg, Parallel I/O, Parallel Insert, Update und Delete (nur EEE)

- **Hohe Verfügbarkeit** durch Takeover-Techniken
  - High Availability Cluster, Phoenix, Microsoft Wolfpack

- **Universal Data**
  - Large Objects (LOBs), User Defined Types (UDTs) und LOB Locators

- **Business Logic**
  - User Defined Functions (UDFs), Recursive SQL, Common Table Expressions, Outer Join

- **Business Rules**
  - Referential Integrity (RI), Check Constraints, Defaults, Triggers

- **DB2 Extenders**
  - Text, Image, Audio, Video

- **OLAP-Techniken** (Online Analytic Processing)
  - Star-Schema-Unterstützung für Data Warehouse, Drill-Down-Techniken: ROLLUP und CUBE

- **Kostenbasierender Optimizer**
  - Starburst
  - Query Re-Write
  - Dynamic Bitmap Index ANDing und Star Join
  - Sequential Prefetch und List Prefetch
  - Large Block Reads
  - Asynchronous Writes

- Unterstützung von **verteilten Datenbanken, Netzwerken und Internet** mit der Produkt-Komponente **CONNECT**
  - DRDA mit 2-Phase Commit
  - Datajoiner
  - Java, JDBC
  - Web Browser

- Benutzerfreundliche Administration durch **Command Center**, **Control Center** und **Smart Guides**

1 Relationales Modell
1.1 Entwicklungsgeschichte

1.1.5.2.2 Version 5.2

Wichtige UDB-Funktionen der Version 5.2 für UNIX, Windows und OS/2 sind:

- **Produkt-Pakete** von UDB V5.2 - grundsätzlich analog V5.1, aber alle Produkt-Pakete unterstützen nun **SCO UnixWare 7** und **Windows 98**.
  - Alle Plattformen unterstützen die DB2 **Extenders**

- **Objektorientierte Spracherweiterungen**
  - Unterstützung von Super- und Subtyp-Hierarchien mit **Typed Tables** und **Typed Views (Reference Types)**

- Unterstützung eines neuen Datentyps **DATALINK**, mit dessen Hilfe externe Objekte als datenbankinterne Objekte behandelt werden (Konsistenzbewahrung, Wiederherstellbarkeit, Zugriffmöglichkeit)
  - Verweise können mit dem Kommando RECONCILE geprüft werden
  - LOAD und RESTORE unterstützen diesen Datentyp
  - Windows 3.1 unterstützt dieses Format nicht.

- **Erweiterte API-Unterstützung**
  - Unterstützung von **Java** mittels **JDBC**- und **SQLJ**-Zugriffen auf DB2. SQLJ bietet die Möglichkeit **Embedded Static SQL** zu nutzen
  - Unterstützung von **Perl** mittels **Perl DBI** (für die UNIX-Plattformen)

- Erweiterungen für **Data-Warehouse**-Anforderungen (**OLAP**= Online Analytic processing)
  - Automatisches Anlegen und Verwaltung von Summen-Tabellen (**Summary Tables**)
  - Unterstützung von **replizierten Tabellen**
  - Erweiterte Statistikfunktionen, Ranking, Rownumber, Multidimensionale Cubes, Rolling OLAP-Functions

- Erweiterungen für **Anwendungsentwickler**
  - Eine Sperre kann nun auf Tabellenebene eingerichtet werden
  - Neues Spezialregister **CURRENT SCHEMA** (entspricht dem Spezialregister CURRENT SQLID von DB2 für OS/390)
  - Begrenzung der Result Table Menge mit **FETCH FIRST n ROWS ONLY**

- Unterstützung des **Euro-Symbols**

- **Diverse Sprach- und Funktionserweiterungen**
  - VARCHAR ist bis zu 4000 Bytes unterstützt
  - BIGINT-Datentyp unterstützt 64-Bit-Ganzzahlen (-9223372036854775808 bis +9223372036854775807)
  - FREESPACE-Parameter PCTFREE bzw. INDEXFREESPACE unterstützen das Clustering-Speicherprinzip

- **Erweiterungen der Speicher-Kapazitäten**
  - 8 KB-Pages sind neben den 4 KB-Pages unterstützt
  - Mit 8 KB-Pages können im Vergleich zu 4 KB-Pages größere Kapazitäten genutzt werden:

Restriktion	4 KB-Pages	8 KB-Pages
Speichervolumen	64 GB	128 GB
Zeilenlänge	4.005 Bytes	8.101 Bytes
Anzahl Spalten	500	1.012

- Unterstützung des **Microsoft Transaction Servers (MTS)**
  - Unterstützung von verteilten Transaktionen von MTS.

- **Kommunikations-Verbesserungen**
  - Unterstützung von **bidirektionalen CCSID**s
  - **Two-Phase-Commit** für **Windows/NT** und **TCP/IP**
  - **Web-Anwendungsentwicklung** mit Net Data unterstützt Web-Macros (WWW-Macros). Es wird ein Web-Control Center angeboten (Java-Version des Kontrollzentrums).

- **Performance-Verbesserungen**
  - Abfragen können Daten ausschließlich aus dem Index beziehen
  - Index-Daten können Gruppen zugeordnet werden
  - Bei Joins können Korrelations-Variablen definiert werden

1 Relationales Modell
1.1 Entwicklungsgeschichte

1.1.5.2.3 Version 6.1

Wichtige UDB-Komponenten und Funktionen der Version 6.1 für UNIX, Windows und OS/2 sind:

- **Produkt-Pakete** von UDB V6.1:
  - **Datenbank-Produkte:**
    - **DB2 Everywhere** — Für Personal Digital Assistants (PDA)
      - Unterstützte Plattformen: Windows CE, Palm OS
    - **Satellite Edition (SE)** — Für mobile Systeme (e-business)
      - Unterstützte Plattformen: Windows 95/98, Windows NT
    - **Personal Edition (PE)** — Single User DB2
      - Unterstützte Plattformen: OS/2, Windows 95/98, Windows NT, Linux
    - **Workgroup Edition (WE)** — Workgroup Database für Server mit Parallel-Verarbeitungsfunktionen
      - Unterstützte Plattformen: OS/2, Windows NT, Linux
    - **Enterprise Edition (EE)** — Workgroup Database analog Workgroup Edition plus DB2 Connect
      - Unterstützte Plattformen: OS/2, Windows NT, AIX, HP-UX, SUN Solaris, Linux, Sequent
    - **Enterprise Extended Edition (EEE)** — Workgroup Database analog Enterprise Edition mit Unterstützung von Large SMPs und Multi-Node-MPP-Clusters
      - Unterstützte Plattformen: Windows NT, AIX, SUN Solaris, Sequent

  - **Host-Anbindung** mit **DB2 Connect:**
    - **Mobile Connect** — Remote-Anbindung an DB2
      - Unterstützte Plattformen: analog DB2 Everywhere
    - **Connect Personal Edition** — Anbindung an DB2 im lokalen Netzwerk
      - Unterstützte Plattformen: analog DB2 Personal Edition
    - **Connect Enterprise Edition** — Anbindung an DB2 im verteilten Netzwerk
      - Unterstützte Plattformen: analog DB2 Enterprise Edition und Extended Enterprise Edition

  - **Client-Unterstützung:**
    - **Client Application Enablers** — Kostengünstiges Produkt für die Client-Workstation-Anbindung an DB2
      - Unterstützte Plattformen: OS/2, Windows 3.1, Windows 95/98, Windows NT, Mac, AIX, HP-UX, SUN Solaris, SCO, Linux

  - **Entwicklungs-Produkte zur Entwicklung von DB2-Anwendungen:**
    - **Personal Developer Edition** — Kostenfreies Produktpaket für die Anwendungsentwicklung inkl.:
      - Objekt-relationales DBMS (Personal Edition)
      - Replikations-Tool (DataPropagator Relational)
      - Multimedia-Unterstützung (DB2-Extenders)
      - Administrations-Tools - DB2 Control Center
      - Host-Verbindungs-Tool Connect Personal Edition
      - Software Entwicklungs Kit (APIs, Stored Procedure Builder,..)
      - Unterstützte Plattformen: OS/2, Windows 95/98, Windows NT, Linux

    - **Universal Developer Edition** — Produktpaket für die professionelle Anwendungsentwicklung auf allen Plattformen, inkl.:
      - Objekt-relationales DBMS (Personal, Workgroup und Enterprise Editions)
      - Replikations-Tool (DataPropagator Relational)
      - Multimedia-Unterstützung (DB2-Extenders)
      - Administrations-Tools - DB2 Control Center
      - Host-Verbindungs-Tool Connect Personal und Enterprise Editions
      - Client-Paket für alle unterstützten Plattformen
      - Net.Data, ein Tool-Paket und Common Gateway Interface (CGI) für Web-Anwendungsentwicklungen
      - WebSphere Application Server, Standard Edition
      - Software Entwicklungs Kit (APIs, Stored Procedure Builder,..)
      - VisualAge für Java Professional
      - Unterstützte Plattformen: OS/2, Windows 3.1, Windows 95/98, Windows NT, Mac, AIX, HP-UX, SUN Solaris, SCO, Linux, Sequent

1 Relationales Modell
1.1 Entwicklungsgeschichte

- **Sonstige Unterstützungs-Produkte:**
  - **Data Links Manager**   Unterstützt das Management von externen Dateien außerhalb von DB2 mittels DB2-Commands und über das Control Center.
    Unterstützte Plattformen: Windows NT, AIX

  - **Query Patroller**   Query-Management-Tool, das die Ausführung von Queries überwacht, steuert und dynamisch den Workload über verschiedene Knoten beeinflusst.
    Unterstützte Plattformen: Windows NT, AIX, Solaris

- Unterstützung der **Linux-Plattform**

- Erweiterungen für **Anwendungsentwickler**
  - **Java Stored Procedure Builder**
  - Updateable und **rückwärts rollbare Cursor** (für Anwendungen, die ADO-, OLE DB- und ODBC-Schnittstellen benutzen
  - **Declarations Generator** generiert Host Variablen in C/C++, Java, COBOL und FORTRAN
  - Diverse neue Statistik-Funktionen, wie RANK, COVARIANCE, CORRELATION

- **Diverse Sprach- und Funktionserweiterungen**
  - VARCHAR ist bis zu 16 KB bzw. 32 KB unterstützt
  - Online-Index-Reorganisation
  - Table- und Index-Plattenplatzbedarfs-Estimator
  - Bi-directionale Indizes
  - TERMINATE und RESTART für LOAD
  - LOAD mit Incremental Index

- **Erweiterungen von Speicher-Kapazitäten**
  - Neue Page-Größen: 16 KB und 32 KB
  - Erweiterung bestehender Kapazitäten:

Restriktion	bisher	neu
Länge SQL-Statement-Text	32 KB	64 KB
Max. Tablespace-Größe	128 GB	512 GB
Max. Index-Key-Länge	255 Bytes	1.024 Bytes
Table-, View-, Column-, Aliasnamen	18 Stellen	255 Stellen

- **Kommunikations-Verbesserungen**
  - Unterstützung von **mobilen Clients (Satellite Edition)**
  - Universeller Zugriff mit **UNICODE** 16-Bit Code-Schema
  - Unterstützung von **UCS-2** (Universal Multiple-Octet Coded Character Set) und **UTF-8** (UCS Transformation Format in 8-Bit Text)
  - Zugriff auf heterogene **OLE DB**-Daten
  - Unterstützung von MIDI-Dateitypen (digitalisierte Musik)
  - Unterstützung von Standard-Zugriffsmethoden auf **Meta-Daten** eines Repositories mit dem Light Directory Access Protocol (**LDAP**)

- **Performance-Verbesserungen**
  - High-Performance-Recherche von großen Text-Dokumenten
  - Neue GUI für Performance-Monitoring
  - Aufgrund vorgegebener SQL-Statements erfolgen Index-Empfehlungen durch den **Index Wizard**/Smart Guide
  - Bessere Performance bei Star-Joins

- **Control Center** unterstützt **DB2 UDB for OS/390**

1.2. Terminologie
1.2.1 Informationsablage in Tabellenform
1.2.1.1 Tabelle (Table, Relation)

Ein relationales Datenbank-Management-System (RDBMS) kommuniziert mit seinen Systembenutzern über zweidimensionale Tabellendarstellungen.

Die folgende Abbildung zeigt eine **Tabelle** bzw. eine **Relation** mit dem Namen SEMTYP (Relation = logisches Objekt, Tabelle = reale Datenhaltungsebene = physisches Objekt).
Diese Tabelle enthält Informationen über Seminartypen eines Ausbildungsinstitutes.

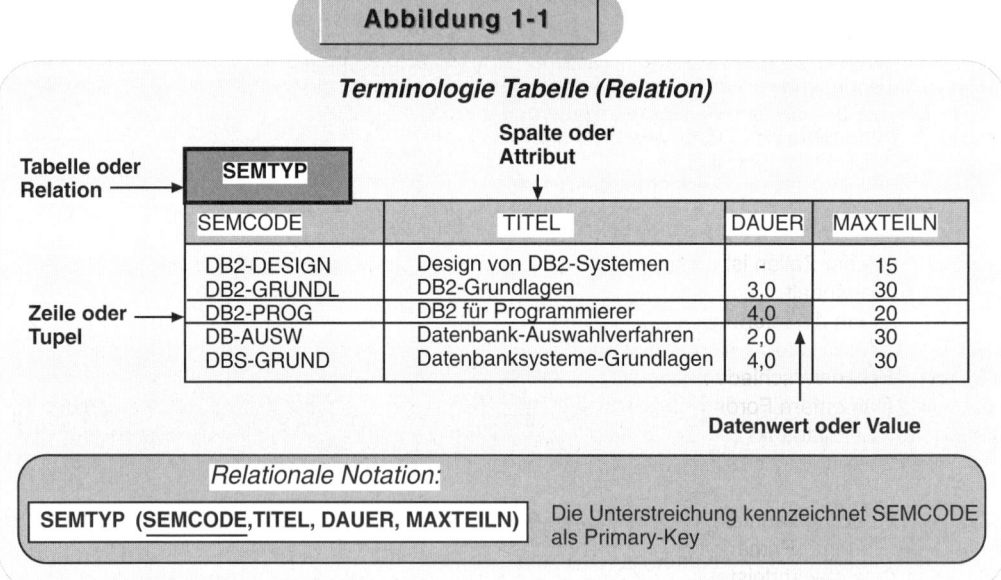

Abbildung 1-1

1.2.1.2 Spalte (Attribut)

Die Tabelle besteht aus den **Spalten** (oder **Attributen**) :

- SEMCODE   Eindeutiger Seminarcode,
- TITEL   Titel, Bezeichnung des Seminares,
- DAUER   Seminardauer, Anzahl Tage,
- MAXTEILN   Max. Anzahl Teilnehmer.

Jede Spalte hat eindeutige, festzulegende Charakteristiken, z.B. ist der Seminarcode ein 15-Byte großes Alpha-Feld und führt den symbolischen Namen SEMCODE.
Das relationale Modell kennt eine Kennzeichnung für nicht bekannte Werte (**'NULL-Wert'** oder auch **'Missing Value'**).
Es ist Aufgabe des RDBMS, diese Werte unterschiedlich zu Nullen oder Blanks zu behandeln.
Ein solcher NULL-Wert wird bei der Formulierung von Auswahlbedingungen besonders behandelt. NULL-Werte lassen sich nicht mit den normalen arithmetischen oder logischen Operatoren abfragen (NULL ist nie gleich, größer, kleiner usw. als ein Vergleichswert).
Beispiel:
    Abfrage der SEMTYP-Daten aus der vorherigen Abbildung.
    Werden die Daten der Seminartypen angefordert, deren DAUER kleiner als 5 Tage ist, bleibt der Seminartyp DB2-DESIGN unberücksichtigt. Nur eine Abfrage auf 'IS NULL' weist diesen Seminartyp aus.

Die Möglichkeit des Auftretens eines solchen NULL-Wertes muss als Charakteristik des Attributes hinterlegt werden.
Im DB2 wird eine Spalte standardmäßig mit 'NULL-Wert' geführt, sofern beim Anlegen der Tabelle dieser Spalte keine andere Charakteristik (NOT NULL bzw. NOT NULL WITH DEFAULT) zugewiesen wird.

Die Reihenfolge der Spalten ist beliebig, aber für alle Zeilen gleich. Es dürfen keine gleichen Attribut-Namen innerhalb einer Tabelle existieren.

Die Identifikation der Spalten wird über die symbolischen Namen durchgeführt.

1.2.1.3 Zeile (Tupel)

Eine **Zeile (oder Tupel)** besteht aus der eindeutigen Kombination von Spalteninhalten, z.B. ist aus der Tabelle in Abbildung 1-1:

| DB2-DESIGN | Design von DB2-Systemen | - | 15 |

eine Zeile.

Die Reihenfolge der Zeilen ist unwesentlich, da ein relationales System immer die Gesamtmenge einer Tabelle behandelt.
Der Benutzer kann die Informationen in beliebiger Folge dynamisch bei der Ausführung anfordern.

Alle Zeilen müssen verschieden sein.
Dies ist eine elementare Forderung des Relationen-Modelles, da durch inhaltliche Auswahl jeder Datenwert am Schnittpunkt von Spalte und Zeile eindeutig adressierbar sein muss, d.h. es muss ein eindeutiger **Primary-Key** bestimmt werden (der sich aus mehreren Spalten zusammensetzen kann).

Aus dieser Forderung kann abgeleitet werden, dass bei möglichen Zeilen-Redundanzen ein künstlicher Ordnungsbegriff (Primär-Schlüssel oder Primary Key) geschaffen werden muss, der die Eindeutigkeit einer Zeile gewährleistet und damit die **Integrität** (Forderung nach korrekter Abbildung bezüglich der realen Umwelt) der Daten unterstützt.

Die Zeile ist die kleinste Einheit für Einfügungen und Löschungen von Daten.

1.2.1.4 Datenwert (Value)

Am Schnittpunkt von Spalte und Zeile wird der Datenwert adressiert. Dort muss ein Wert auf kleinster Informationsebene (**atomic**) abgestellt sein. Wiederholgruppen bzw. Periodenfelder (z.B. 12 Umsätze mit Unterfeldern) sind unzulässig.

In Abbildung 1-1 enthält die DAUER des SEMCODEs DB2-DESIGN einen 'NULL-Wert', d.h. das Seminar ist eingeplant, die Seminardauer steht jedoch noch nicht fest.

Für bestimmte Anforderungstypen ist die Atomisierung von Daten wenig geeignet, wie z.B. für Texte und Grafiken. Trotzdem gibt es Entwicklungen, die solche komplexen Daten behandeln können, wie z.B. **BLOB**s (Binary Large Objects), für die auch Such- und Bearbeitungsfunktionen angeboten werden (wird ab der Version 6 von DB2 auch im OS/390-Bereich unterstützt).

1.2.1.5 Primary-Key (PK)

Der Primary-Key spielt im relationalen Modell eine wichtige Rolle zur Wahrung der Integrität (**Entity Integrity**, siehe auch Kapitel 10).

Ein PK ist zur eindeutigen Identifikation einer Tabellen-Zeile erforderlich. In keiner der PK-Spalten dürfen 'NULL-Werte' auftreten.
Der Primary-Key kann aus einer oder mehreren Spalten bestehen. Die Key-Spalten können wahlweise zusammengeführt werden, die Spaltenpositionen sind hierbei völlig unbedeutend.

In Abbildung 1-2 ist z.B. für die Tabelle SEMTYP der Primary-Key SEMCODE und für die Tabelle SEMINAR der Primary-Key SEMNR zugeordnet.
Der Primary Key der Tabelle SEMPREIS ist die DAUER, die wiederum als Foreign Key in der Tabelle SEMTYP geführt wird.
Die Tabelle SEMPREIS führt keine Daten unter zeitlicher Historie, die Spalte GILTAB enthält das Datum der letzten Preis-Änderung.

Sollen Werte einer bestimmten Tabellenzeile manipuliert werden, muss die eindeutige Adressierung der Tabellenzeile über den Primary-Key erfolgen.

Im DB2 kann der PK beim Anlegen der Tabelle definiert werden. Die Eindeutigkeit der PK-Inhalte wird durch die Definition eines Index mit der Option **Unique** erreicht.
Wird ein PK definiert, ist auch die Definition eines solchen Index zwingend (**Primary Index = PI**).
Vorher gilt die Tabelle als 'incomplete' und es können keine Daten eingestellt werden und auch keine referenziellen Beziehungen (aufgrund eines korrespondierenden Foreign Keys) definiert werden.
Wird auf die Definition eines PK verzichtet, ist die Integritäts-Überwachung gefährdet, da ein eingerichteter Unique Index jederzeit wieder gelöscht werden kann.

Der PK kann sich unter DB2 aus 1 bis 64 Spalten der Tabelle mit bis zu 255 Bytes zusammensetzen (DB2-Index-Restriktion).

Hinweis:
> Ab DB2 Version 5 unterstützt DB2 auch anstelle eines Primary Keys einen Unique Key, der **Parent Key** genannt wird und von einem Foreign Key (siehe nachfolgende Ausführungen) referenziert werden kann.

1.2.1.6 Foreign-Key (FK)

Beziehungen werden im Relationen-Modell über Daten-Werte repräsentiert.

Eine oder mehrere Tabellen-Spalten können auf den PK (ab DB2 Version 5 auch auf den Parent Key) einer anderen Tabelle oder der gleichen Tabelle verweisen (bei rekursiven Beziehungen). Die Beziehung wird als **referenzielle Beziehung (referential constraint)** bezeichnet, die referenzierenden Spalten als **Foreign-Key (FK)**. Der Begriff 'constraint' weist auf die zwingende Integritätsbewahrung der Beziehungen hin.

Eine solche Beziehung ist aktiv, wenn alle Komponenten des FKs Inhalte ungleich 'NULL-Wert' aufweisen.

Das Foreign-Key-Konzept spielt im relationalen Modell eine wichtige Rolle zur Wahrung der sogenannten **referenziellen Integrität (Referential Integrity = RI)**.
Die referenzielle Integrität ist zur ordnungsgemäßen Erhaltung der strukturellen Beziehungen zwischen Informationseinheiten relevant.
Zeilen-Manipulationen innerhalb der einzelnen Tabellen können Einfluss auf die jeweils andere Tabelle erbringen.

1 Relationales Modell
1.2 Terminologie

In der nachfolgenden Abbildung ist die Beziehung mehrerer Tabellen dargestellt. Die Tabellen stehen untereinander über die FK-PK-Beziehungen in Verbindung.

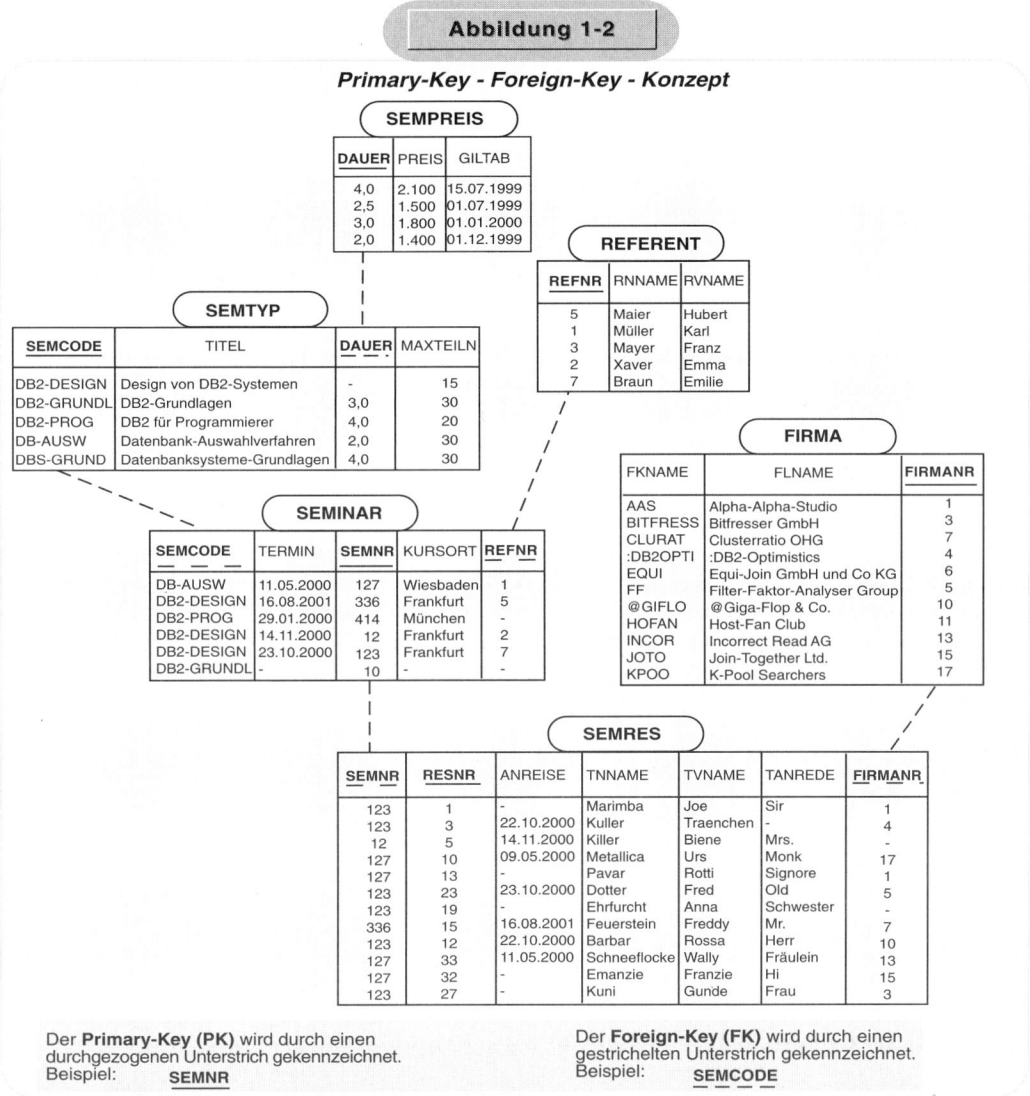

Abbildung 1-2

In dem gezeigten Beispiel sind Abhängigkeitsverhältnisse (Über- und Unterordnungen) der verschiedenen Tabellen erkennbar:

Tabelle	Übergeordnet	Untergeordnet
SEMPREIS	-	SEMTYP
SEMTYP	SEMPREIS	SEMINAR
REFERENT	-	SEMINAR
SEMINAR	REFERENT, SEMTYP	SEMRES
FIRMA	-	SEMRES
SEMRES	SEMINAR, FIRMA	-

Untergeordnete Tabellen sind von der Existenz übergeordneter Tabelleninhalte abhängig.
So muss z.B. beim *Einfügen* einer neuen Zeile in der SEMINAR-Tabelle die Existenz eines gültigen SEMCODEs in der SEMTYP-Tabelle und einer gültigen REFNR in der REFERENT-Tabelle überprüft werden, sofern die REFNR in der SEMINAR-Tabelle keinen 'NULL-Wert' aufweist.

1 Relationales Modell
1.2 Terminologie

Andererseits muss bei *Löschung* einer Zeile innerhalb der SEMTYP- oder REFERENT-Tabelle geprüft werden, ob abhängige Zeilen innerhalb der SEMINAR-Tabelle (dependent rows) betroffen sind. Wenn ja, ist die jeweilige Verarbeitungsart festzulegen:

- das zugehörige Seminar muss ebenfalls gelöscht werden oder
- der FK wird auf 'NULL-Wert' gesetzt (sofern möglich) oder
- die Löschung wird nicht akzeptiert, solange noch abhängige Einträge vorhanden sind.

Einfügungen können z.B. in der REFERENT-Tabelle ohne Rücksicht auf die SEMINAR-Tabelle vorgenommen werden. So ist beispielsweise innerhalb der REFERENT-Tabelle ein Referent mit der REFNR = 3 eingetragen ohne korrespondierenden Eintrag innerhalb der SEMINAR-Tabelle. Dies ist auch sinnvoll, damit neue Referenten eingestellt werden können, auch wenn sie zunächst noch keinen konkreten Seminaren zugeordnet sind.

Die erforderlichen Festlegungen zur Wahrung der Integrität müssen in jedem Einzelfall (für jedes Beziehungs-Konstrukt) getroffen werden.
Es ist zu beachten, dass innerhalb des relationalen Modelles durch das FK-Konzept Schlüssel-Redundanzen (Redundanz = mehrfaches Vorhandensein identischer Daten) geführt werden müssen.
Daneben kann es aus Performancegründen sinnvoll sein, sonstige Datenredundanzen aufzubauen.

Das FK-Konzept mit der referenziellen Integritätssicherung wird von DB2 unterstützt, muss aber nicht zwingend genutzt werden.
Wird die referenzielle Integritäts-Beziehung zwischen Tabellen installiert, prüft DB2 alle Manipulationen auf Einhaltung der referenziellen Verarbeitungsbedingungen.
Vorteil dieses Verfahrens:
Es werden sowohl die Manipulationen aus individuellen Anwendungsprogrammen als auch interaktive Benutzer-Manipulationen mittels Standard-Software-Produkten gemeinsam und zentral überwacht.

Bei der Selektion von Daten wird von DB2 aber keine Benutzer-Unterstützung für referenziell zusammengehörende Tabellen angeboten.
Der Benutzer muss die Referenz-Bedingungen der Keys formulieren.
Beispiel:
Wenn die Daten der SEMINAR- und der REFERENT-Tabellen aus der Abbildung 1-2 zusammengeführt werden sollen, muss formuliert werden:

> Selektiere alle Daten aus den Tabellen SEMINAR und REFERENT, bei denen die REFNR der SEMINAR-Daten gleich der REFNR der REFERENT-Daten ist.

1 Relationales Modell
1.2 Terminologie

1.2.1.7 Index

Ein Index hat die Aufgabe, einen oder mehrere physische Zugriffspfade zu den Basisdaten zu hinterlegen. Der Index ist ein Extrakt der Basisdaten und enthält neben den ausgewählten Feldinhalten die Verweisadresse zu den physischen Daten (materialisierter Zugriffspfad).

Beispiel: Die SEMTYP-Tabelle aus Abbildung 1-2 enthält einen Primary-Key, der als Index geführt wird und über den symbolischen Namen SEMCODE zu den real gespeicherten Daten führt. Zusätzlich wäre ein Index auf die Spalte TITEL denkbar. Dieser Index würde einen Alternativweg über die alphabetische Sortierfolge des Seminartitels zu den Daten ermöglichen:

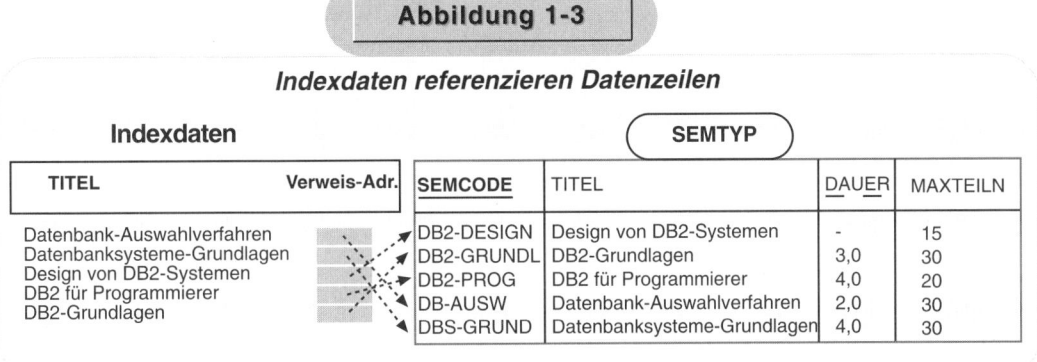

Abbildung 1-3

Indexdaten referenzieren Datenzeilen

Die Motivation zum Anlegen eines Index ist je nach Datenträgersystem unterschiedlich.
Für alle Systeme gilt jedoch:

Bei *Abfragen* fördert ein Index den Verarbeitungsdurchsatz durch Reduzierung physischer Zugriffe, bei *Datenveränderungen* wirkt sich der Index immer dann belastend aus, wenn durch eine Veränderung auch ein Index betroffen ist. Das System muss in diesem Fall den Index unter den neuen Ordnungsbegriffen hinzufügen und den alten Eintrag löschen (ein Update ist nicht unterstützt, da der Index eine logisch sequenzielle Zugriffsfolge bildet).
Mit der Anzahl der Indizes steigt der System-Verwaltungsaufwand und die erforderliche Plattenkapazität an.

Bei den **index-sequenziell** orientierten Dateiablagesystemen (z.B. dem veralteten ISAM oder VSAM KSDS) sichert der Primär-Index die sequenziell fortlaufende Verarbeitung der Basisdaten über den Feldinhalt des Primary-Keys. Alternativ- oder Sekundär-Indizes können bei Bedarf eingerichtet werden und begünstigen das Zugriffsverhalten zu bestimmten Basisdaten über Alternativwege.
Bei diesen Speicherorganisationen werden die Indizes pro Datei oder Datenbank definiert und müssen innerhalb der Anwendungsprogramme berücksichtigt werden.

Bei den **inverted File-Datenbanksystemen** wurden die zunehmend durch die Online-Verarbeitung wachsenden Anforderungen an vielfältige Zugriffswege zu den Basisdaten durch einen speziell optimierten Index realisiert. Dieser befriedigt Anforderungen - soweit möglich - ausschließlich über die Indexdaten ohne Zugriff auf die Basisdaten. Im Gegensatz zum relationalen Modell kennt das Anwendungsprogramm häufig die Namen der Zugriffspfade.

Bei den **relationalen Datenbanksystemen** wirkt der Index nur auf physischer Ebene ohne Auswirkung auf Anwendungsprogramme. Das RDBMS entscheidet eigenständig über die Nutzung der vorhandenen Indizes zum Ausführungszeitpunkt einer Aufgabenstellung.

1.2.1.8 Daten-Repräsentation und -Ablage

Die Darstellung auf externer Ebene (Benutzersicht, oder auch **VIEW**) erfolgt ausschließlich in der in Abbildung 1- 1 gezeigten zweidimensionalen Tabellenform. Werden vom Benutzer aus bestehenden Tabellen Informationen oder interne Berechnungsergebnisse angefordert, erfolgt die Bereitstellung der Ergebnisse ebenfalls wieder in Tabellenform (Result Table).

Wichtig an dieser Stelle ist der Hinweis, dass die geforderte RDBMS-Daten-Repräsentation auf Tabellenebene ausschließlich die Sprach-Schnittstelle (bei DB2 SQL) betrifft. Auf dieser Schnittstelle aufbauend können natürlich Tools (z.B. Grafik) angeboten werden, die dem Benutzer andere Daten-Repräsentationen vorspiegeln.

Auch Anwendungsprogramme erhalten eine solche Result Table bereitgestellt. Die Daten müssen allerdings in den jeweiligen sprachspezifischen internen Formaten (z.B. gepackt) aufbereitet werden. Für die Datentypen DATE, TIME und TIMESTAMP existieren keine adäquaten sprachspezifischen Typen. Sie werden daher in Character-Format aufbereitet übergeben (z.B. Datum: 15.08.2001), sofern sie nicht durch spezielle SQL-Funktionen anders angefordert werden.

Die DB2-interne Datenablage wird in Form von Bit-Strings (Ketten) vorgenommen. So entspricht im DB2 jede Tabellen-Zeile einem physischen Datensatz, der mit anderen Sätzen in Pages (Blöcke, Puffer) zusammengefasst wird. Natürlich werden diese DB2-internen Daten auf externen Datenträgern gespeichert (VSAM).

Wir können also zwei grundsätzliche Blickwinkel der Datenbehandlung erkennen:

- **Aus der Sicht des 3-Schemata-Modells von ANSI-SPARC (siehe Kapitel 1.4)**
  - **Externes Schema** - Logische Benutzersicht (VIEW).
  - **Konzeptionelles Schema** - Logische Unternehmens-Informations-Zusammenhänge.
  - **Internes Schema** - Physische Datensicht.

- **Aus der Sicht von DB2**
  - **Logische Ebene der Benutzer** - Logische Benutzersicht auf die Daten und ihre Beziehungen (im Tabellenformat).
  - **Logische Ebene der Entwickler** - Logische Sicht der Daten- und Datenbank-Administration auf die Daten-Strukturen (Meta-Daten).
  - **Physische Ebene** - Physische interne Datenablage und deren relevante Objekte, durchsatzbeeinflussende Techniken.

1.2.2 Informationsbeziehungen

Als wesentliches Charakteristikum eines RDBMS erfolgt die Verarbeitung der Daten aus Benutzersicht nach rein inhaltsbezogenen Kriterien. Der Benutzer adressiert seine erforderlichen Daten durch Angabe von Namen und Spalteninhalten.
Das System muss dem Benutzer unabhängig von der jeweils gewählten physischen Datenablage alle Informationen adressierbar halten, d.h. es existieren aus Benutzersicht keine Navigationswege (Pointer, Adressleiste, Links) durch die Datenstrukturen.

Diese Anforderung wurde speziell im Hinblick auf die Problembereiche der konventionellen DBMS, die hierarchische oder Netzwerk-Strukturen unterstützen, aufgenommen.
Konzeptionelle Datenmodelle können nämlich aus Performance- und Handhabbarkeitsgründen nicht vollständig in die strukturierten DBMS übergeleitet werden. In der Praxis hat es sich als äußerst schwierig herausgestellt, optimale Teilstrukturen für möglichst alle Anwendungsbereiche auf physischer Ebene abzubilden.

1 Relationales Modell
1.2 Terminologie

Im Relationen-Modell wird das konzeptionelle Datenmodell im Idealfall vollständig in die physische Ebene übernommen - allerdings werden auch hier komplexe und zeitaufwendige Vorüberlegungen stattfinden müssen und pragmatische Kompromisse gefunden werden. Zudem wird eine sehr viel weitergehende Unterstützung des RDBMS als sie derzeit von DB2 angeboten wird, unumgänglich sein.

Es existieren im Relationen-Modell keinerlei Vorschriften über die physische, interne Datenablage. Somit kann ein relationales Datenbanksystem aus Performancegründen auch Adresswege unterstützen, die unabhängig von ihrer Existenz oder Nicht-Existenz dem Anwender weiterhin jeden beliebigen Zugriffspfad gewährleisten.

<u>Derzeit kann keines der verbreiteten DBMS ohne Indizes einen vertretbaren Durchsatz liefern!</u>

DB2 ist hierbei keine Ausnahme und bietet ebenfalls auf physischer Ebene Indizes an.

Bei einer Benutzeranforderung stellt das RDBMS alle Informationen zur Verfügung, die vom Benutzer aufgrund der symbolischen Auswahlparameter der relationalen Sprachschnittstelle angesprochen und vom RDBMS ausgewählt wurden.
Der Benutzer erhält damit in einem relationalen System nur die für die jeweilige Aufgabe erforderlichen Spalten und Zeilen in der angeforderten Reihenfolge. Bei konventionellen Dateiablagesystemen oder DBMS erhält der Benutzer einen physischen Satz übergeben, der anschließend positionsweise (feldweise) zu interpretieren ist.

Die Bereitstellung der DB2-Informationen erfolgt auf logischer Ebene. Das Anwendungsprogramm kommuniziert mit DB2 ausschließlich über symbolische Spalten-Namen.

Dies schließt jedoch nicht aus (und ist auch von keinem System auszuschließen), dass Anwendungsprogramme die Daten nach konventioneller Methodik behandeln. So können z.B. variable Spalten mit mehreren K-Byte definiert werden und inhaltlich auf String-Ebene von Anwendungsprogrammen interpretiert werden. Anwendungsbeispiele hierfür finden wir u.a. bei der Zwischenspeicherung von Dialogprogrammen sowie in den grafischen Anwendungsbereichen.

1.2.3   Relationale Sprachschnittstelle

Relationale Sprachen sind sogenannte 'nicht-prozedurale'-Sprachen, bei denen in vereinfachter Form die Aufgabenstellung, nicht aber die Form der Verarbeitung vorgegeben wird.

Es wird also definiert, **was** getan werden soll, **nicht** aber **wie** es getan werden soll.

Es ist Aufgabe eines relationalen Systems, den optimalen Verarbeitungsweg zu finden.

Relationale Sprachen basieren auf mathematischen Regeln, die ein Aufteilen und Verteilen einzelner Unterfunktionen einer Anforderung zulassen. Damit bieten sich hervorragende Möglichkeiten zur Optimierung von Anforderungen zum jeweiligen Ausführungs-Zeitpunkt an.

Relationale Sprachen gelten in ihrem Aufbau als einfach und sollen die Bedürfnisse aller Benutzergruppen im Unternehmen wie Endbenutzer, Professionelle Anwendungsentwickler (PAE) und der diversen Administrationsgruppen, wie z.B. Datenbank-Administratoren (DBA) abdecken.
Für ein RDBMS muss eine Sprachschnittstelle zumindest mit dem relationalen Verarbeitungsspektrum zur Verfügung stehen.

1 Relationales Modell
1.2 Terminologie

Zum relationalen Verarbeitungsspektrum gehören:

- **'Set-Verarbeitung'** der Informationen, d.h. für eine Anforderung werden alle Informationen der angeforderten Informationsgruppe zur Verfügung gestellt, bei denen die Auswahlbedingungen erfüllt sind.
  Es werden Datenmengen geliefert, die aus 0 , 1 oder n Zeilen bestehen können.
  Diese Verarbeitungsform wird als **'Multiple-Records-at-a-time**-Verarbeitung' bezeichnet (im Gegensatz zur konventionellen **'One-Record-at-a-time**-Verarbeitungsweise').

- die Mächtigkeit der **relationalen Basis-Manipulationen** (siehe folgende Abbildung):
  - SELECT   - Selektieren von Informationen zeilenweise.
  - PROJECT   - Selektieren von Informationen spaltenweise.
  - JOIN   - Unbeschränktes Selektieren von Informationen zeilen- und spaltenweise in beliebiger Form aus allen Tabellen.

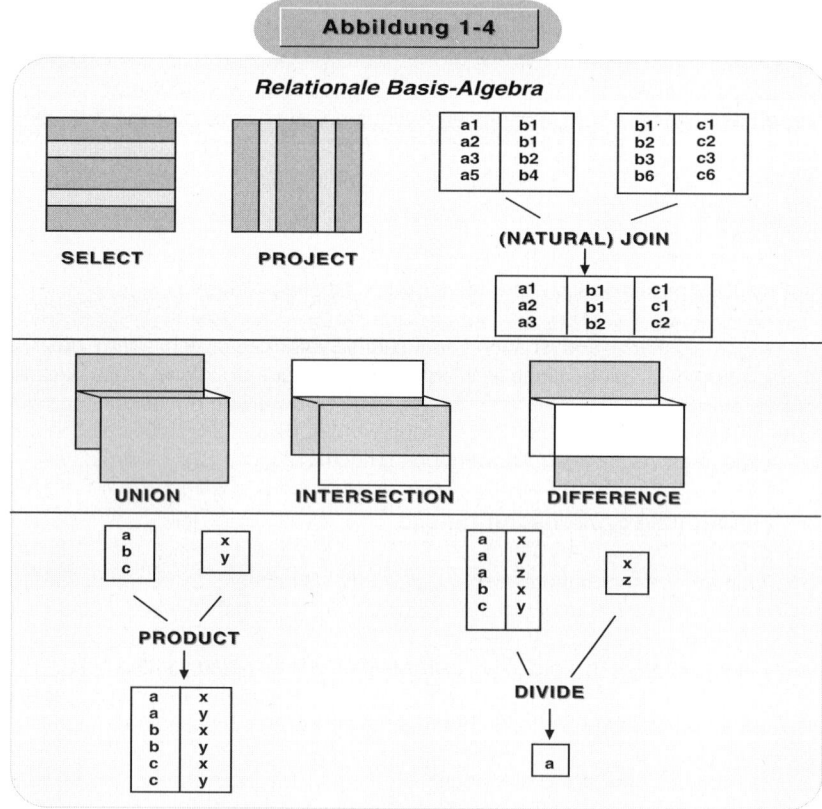

Abbildung 1-4

- die Unterstützung der **relationalen Basis-Operatoren** (siehe vorhergehende Abbildung):
  - UNION   - Zusammenfassung von gleichartigen Spalten verschiedener Tabellen.
  - DIFFERENCE   - Verarbeitung abweichender Kriterien.
  - INTERSECTION - Verarbeitung der übereinstimmenden Kriterien.
  - DIVIDE   - Relationales Trennen von Tabellenspalten.
  - PRODUCT   - Relationales Zusammenführen von Tabellenspalten.

- die Verarbeitungsmöglichkeit ohne erforderliche Iteration und Rekursion (Vermeidung von Loops).
  Diese Anforderung wird von Codd als Basis für die Einsatzmöglichkeit einer Sprache im Endbenutzerbereich bezeichnet.

1 Relationales Modell
1.2 Terminologie

Die relationale Sprachschnittstelle wird durch unterschiedliche syntaktische Lösungsansätze erfüllt. So sind wichtige relationale Sprachen:

- Structured Query Language SEQUEL, darauf basierend **SQL** (inzwischen standardisiert),
- Query Language **QUEL**,
- Query by Example **QBE**.

Die Daten-Manipulation der existierenden Verarbeitungstypen wird von allen drei Sprachen in unterschiedlicher Syntax unterstützt.
Während bei SQL und QUEL eine verbale Befehlsfolge vorliegt, wird QBE als grafische, matrixorientierte Sprache eingesetzt.
Auch die relationalen Daten-Manipulationen werden über die klassischen vier Manipulationstypen, allerdings unter Mengen-Aspekten, vorgenommen:

- Anzeige,
- Änderung,
- Hinzufügung und
- Löschung.

Die folgende Abbildung zeigt eine Übersicht der Datenmanipulationsbefehle einzelner relationaler Sprachen:

Abbildung 1-5

Übersicht der Datenmanipulationsbefehle von SQL, QUEL und QBE

Manipulationstyp	SQL	QUEL	QBE
Anzeige	SELECT	RETRIEVE	P.
Änderung	UPDATE	REPLACE	U.
Hinzufügung	INSERT	APPEND	I.
Löschung	DELETE	DELETE	D.

1 Relationales Modell
1.2 Terminologie

1.2.3.1 SQL

SQL bietet eine mächtige Befehlsoberfläche für diverse Benutzergruppen und Anwendungsbereiche des Unternehmens. SQL wird hauptsächlich im kommerziellen Informationsverarbeitungsbereich eingesetzt.

SQL ist seit dem Jahre 1986 international genormt (ANSI und ISO). Nationale Normungen folgten (z.B. auch DIN).

DB2-SQL ist der de-facto-Industrie-Standard und weicht in einigen Bereichen vom ISO-Standard ab. IBM hat die Unterstützung des Standards zugesagt, wobei sich ähnlich wie die relationalen Anforderungen auch die Standard-Festlegungen permanent weiterentwickeln.
Standard-SQL wird vom DB2-Precompiler grundsätzlich unterstützt, aber der exakte ISO-Standard wird auch mit dem neuesten DB2-OS/390-Release nicht vollständig abgedeckt (allerdings existieren unter DB2 auch Erweiterungen zum Standard).

Alle wesentlichen relationalen Produkte verfügen inzwischen über eine SQL-Schnittstelle. Zumindest im Bereich der verteilten Datenbanken ist SQL aufgrund der Standardisierung anerkannt.

SQL wird inzwischen in allen wesentlichen relationalen DBMS eingesetzt.

SQL wird auch im DB2-Tool *QMF (Query-Management Facility)*, einem Endbenutzerwerkzeug für Abfrage- und Berichtsanforderungen wahlweise neben QBE angeboten. Wird dort QBE gewählt, erfolgt intern die Umsetzung in das SQL-Format als einzige Kommunikationsschnittstelle von DB2. Außerdem wird SQL inzwischen auch als alternative Schnittstelle von nicht RDBMS-Systemen angeboten (z.B. ADASQL im ADABAS).

Es ist zu beachten, dass die einzelnen Sprach-Schnittstellen zum Teil erhebliche Abweichungen aufweisen (auch die IBM-Produkte untereinander).

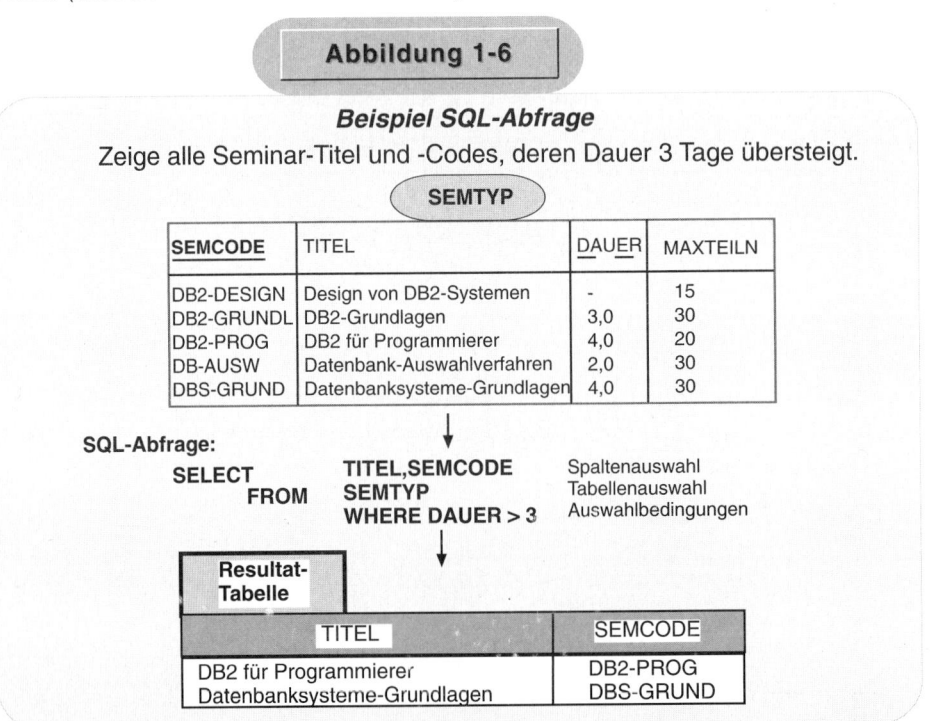

Abbildung 1-6

1.2.3.2 QUEL

QUEL bietet eine mächtige Befehlsoberfläche für diverse Benutzergruppen und Anwendungsbereiche des Unternehmens. QUEL wird hauptsächlich im technisch/wissenschaftlichen Informationsverarbeitungsbereich eingesetzt.
QUEL ist im Produkt INGRES als Basissprache integriert. Daneben wird in INGRES die Sprache SQL unterstützt.

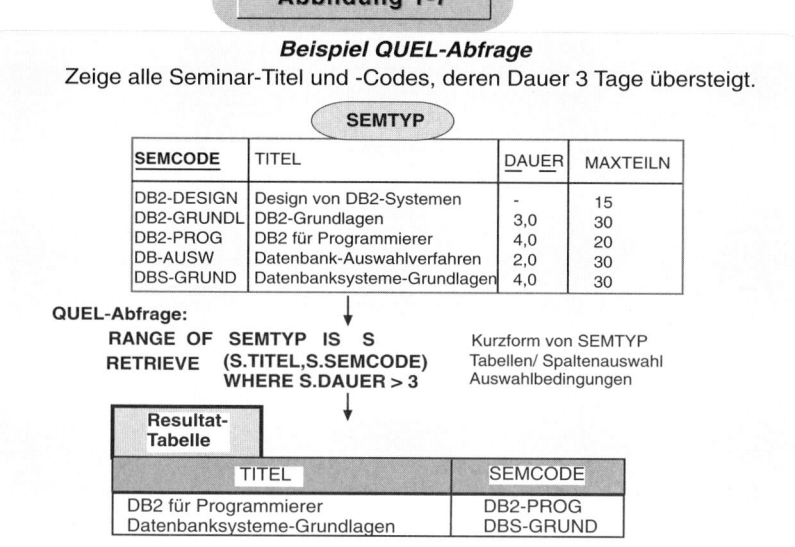

1.2.3.3 QBE

QBE wurde zunächst als eigenständiges relationales Datenbanksystem bei IBM entwickelt und ist heute Bestandteil des Query Management Facilities (QMF) unter DB2.
QBE bietet eine grafische, matrixorientierte Sprachschnittstelle, die alle Datenmanipulationen innerhalb existierender Tabellen unterstützt.
Wie bereits erwähnt, werden QBE-Anweisungen in SQL-Befehle umgesetzt.

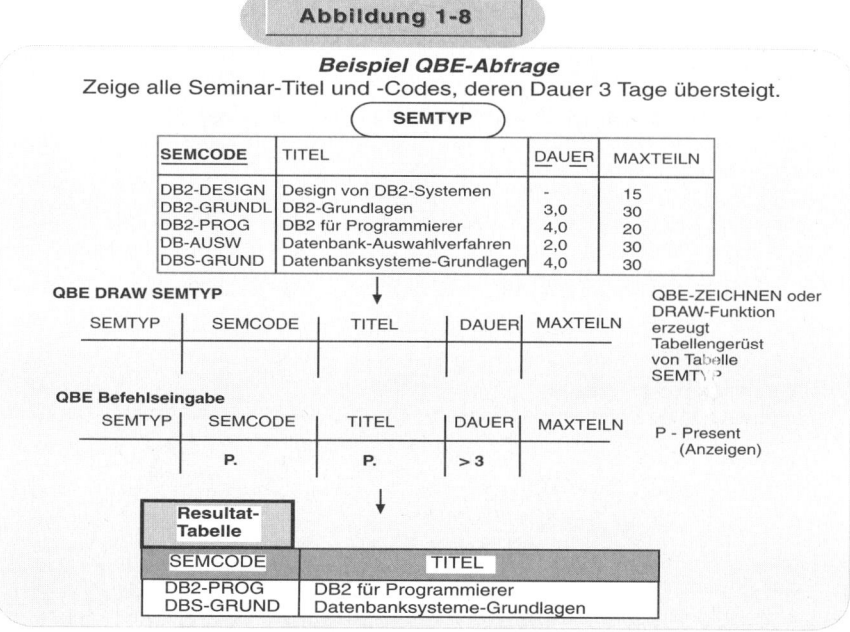

1.2.4 Terminologievergleich konventionelle Systeme - RDBMS

Ein Vergleich der Terminologie der logischen Informationseinheiten zeigt zunächst wenig Unterschiede eines RDBMS zu konventionellen Datenablage-Systemen auf:

Abbildung 1-9

Terminologie konventionelle Datenablagesysteme - relationales DB2 - Datenbank-Managementsystem

Informationseinheit	Konventionelle Systeme	Relationales System DB2
Elementar-Informationseinheit	Feld	Spalte (Attribut)
Gruppierung von Feldern	Satz, Segment	Zeile (Row, Tupel)
Gruppierung von Sätzen	Datei	Tabelle (Relation)
Gruppierung von Dateien	Datenbank, Bereich	Datenbank (Database)
Gruppierung von Datenbanken	Datenbank-System	DB2-Subsystem

Die Stärken des Relationen-Modells zeigen sich aber bei einer näheren Betrachtung - insbesondere in den Bereichen:

- Korrekter und einfacher Modellierungs-Ansatz.
- Mengenorientierte Verfahren zur Bereitstellung und Manipulation von Daten.
- Zentrale Koordination und Kontrolle von Integritätsmaßnahmen mit Hilfe eines Katalogs.
- Offenheit und Flexibilität der Strukturen.

Details zum Relationen-Modell werden im nachfolgenden Kapitel behandelt.

1.2.5 Schwächen des Relationen-Modells

Eine der Schwächen des bisher behandelten relationalen Ansatzes ist die einfache Datenstruktur-Darstellung, die mit real existierenden komplexen Objekten bzw. mit komplexen Datensichten im Konflikt steht.

Verknüpfte komplexe Objekte lassen sich zwar durch PK-FK-Beziehungen darstellen, aber:

- durch das Atomisierungs-Prinzip (siehe auch Normalisierungs-Regeln im Kapitel 10) wird die Zergliederung komplexer Objekte in viele einzelne Relationen gefordert,
- es fehlen die durch ein Datenbanksystem standardisierbaren funktionalen Unterstützungen bei der Bereitstellung und Manipulation von komplexen Objekten.

Daraus leiten sich in der Praxis auch erhebliche Performance-Probleme ab, da i.d.R. die Objekt-Teilelemente an verschiedenen Stellen der Datenbank gespeichert sind. Die atomisierten Teilmengen lassen sich dann nur mit hohen Aufwendungen zu komplexen Objektsichten zusammenstellen.

Mit diesen Zusatzanforderungen befassen sich derzeit u.a.:

- **objektorientierte Ansätze**,
- **mehrdimensionale** Methoden und Techniken, wie z.B. **OLAP** (Online Analytic Processing).

1 Relationales Modell
1.3 Anforderungen an ein relationales DBMS

1.3 Anforderungen an ein relationales DBMS

Im Jahre 1985 veröffentlichte Codd ein relationales Anforderungsprofil für RDBMS. In der Ausarbeitung, die wiederholt veröffentlicht wurde, werden Regeln u.a. für die Strukturablage und die Datenmanipulation definiert und gängige DBMS auf ihren Erfüllungsgrad hin abgeglichen.
Dort wurde ein quantitativer Kriterienabgleich ohne qualitative Gewichtung durchgeführt. Das Ergebnis nach dieser sicherlich mit Vorbehalt einzuschätzenden Methodik zeigte Mitte der 80-er Jahre einige Leistungsunterschiede der RDBMS.
Im Jahre 1990 wurde von Codd die Version 2 des Relationalen Modells publiziert (RM/V2).

1.3.1 Codd'sches Anforderungsprofil - RM/V2

Das Codd'sche Anforderungsprofil der Version 2 wird im folgenden in seiner gesamten Ausprägung aufgenommen, da es als theoretische Rahmenbedingung für alle RDBMS gilt.
RM/V2 besteht aus folgenden Komponenten:

- **Struktur-orientierte und daten-orientierte Regeln**
    - RS1 - **Informations-Regel**
        Alle Informationen in einem RDBMS werden ausschließlich auf logischem Level in Form von Tabellenwerten repräsentiert.
    - RS2 - **Unabhängigkeit von Positionierungs-Konzepten**
        Anwender kennen keine Objekt-Lokalisierung, Zeilen- und Spalten-Positionierungen.
    - RS3 - **Keine doppelten Zeilen**
        Basis-Table, View oder abgeleitete Tabelle dürfen keine doppelten Zeilen haben.
    - RS4 - **Informations-Portabilität**
        Verteilungs-Unabhängigkeit; die Lokalisierung der Daten ist für den Benutzer unbedeutend.
    - RS5 - **3-Schema-Architektur**
        Ein relationales System besteht aus 3 Ebenen:
        - Externe Ebene   View
        - Konzeptionelle Ebene   Basis-Table
        - Interne Ebene   Speicher-Repräsentationen.
    - RS6 - **Deklaration von Domains als erweiterte Daten-Typen**
        Unterstützung von gemeinsamen Wertebereichen (Domains) außerhalb einer Table.
    - RS7 - **Spalten-Definitionen**
        Definition der Domain-Zuordnung und sonstiger Werte-Bereiche und Prüf-Regeln pro Spalte einer Table.
    - RS8 - **Primary Key für jede Base-Table**
        Jede Basis-Table muss einen eindeutigen PK haben und der Wert jederzeit bekannt sein.
    - RS9 - **Primary Key für bestimmte Views**
        Alle änderbaren Views müssen einen eindeutigen PK haben, der sich aus den Basis-Tables ableitet.
    - RS10 - **Foreign Key**
        Unterstützung von Foreign Keys.
    - RS11 - **Zusammengesetzte Domains**
        Einzelne Domains müssen auch als Gruppe ansprechbar sein (z.B. Adresse mit den einzelnen Komponenten Ort, Straße usw.).
    - RS12 - **Zusammengesetzte Spalten**
        Unterstützung von zusammengesetzten Spalten für vereinfachte und sichere Handhabung durch den Benutzer (statt Spalten-Namen Gruppen-Name).
    - RS13 - **Marker für Missing Information**
        Unterstützung von 2 Typen:
        - A-Marker (applicable), wenn ein Wert nicht vorliegt (NULL-Wert),
        - I-Marker (in-applicable), wenn ein Wert in einer bestimmten Konstellation nicht vorgegeben werden darf.
    - RS14 - **Vermeidung der universellen Relation**
        Die Zusammenführung aller Relationen zu einer gemeinsamen und universellen Relation (Stanford University) soll nicht unterstützt werden.

1 Relationales Modell
1.3 Anforderungen an ein relationales DBMS

- **Domains als erweiterte Daten-Typen**
  - RT1 - Unterstützung beim **Vergleich von Werten aus gleicher Domain**.
  - RT2 - Unterstützung **erweiterter Daten-Typen**, wie z.B. aktuelles Datum.
  - RT3 - Unterstützung **benutzer-definierter Daten-Typen**, z.B. Texte.
  - RT4 - Unterstützung der **Datums-Anforderungen**, z.B. mit Funktionen.
  - RT5 - Unterstützung der **Zeit-Anforderungen**, möglichst bis auf Mikrosekunde.
  - RT6 - Unterstützung von **Timestamps** (Kopplung von Datum und Zeit).
  - RT7 - Unterstützung von **Zeitzonen-Konvertierungen**, z.B. GMT.
  - RT8 - Unterstützung **numerischer Formate** (nicht negativ), z.B. Lfd. Seminar-Nr.
  - RT9 - Unterstützung von **Wert-Feldern**.

- **Basis-Operatoren**
  - RB1 - **Kartesisches Produkt** muss nicht zwingend als Ergebnis unterstützt werden.
  - RB2 - **Project** mit Selektion von Spalten.
  - RB3 - **Theta select** mit Selektion von Zeilen mit ' = '.   (Theta ~ Operator '=', '≠' usw.)
  - RB4 - **Theta select** mit Selektion von Zeilen mit ' ≠ '.
  - RB5 - **Theta select** mit Selektion von Zeilen mit ' < '.
  - RB6 - **Theta select** mit Selektion von Zeilen mit ' <= '.
  - RB7 - **Theta select** mit Selektion von Zeilen mit ' > '.
  - RB8 - **Theta select** mit Selektion von Zeilen mit ' >= '.
  - RB9 - **Theta select** mit Selektion von Zeilen mit ' G< '.   G = Greatest
  - RB10 - **Theta select** mit Selektion von Zeilen mit ' G>= '.
  - RB11 - **Theta select** mit Selektion von Zeilen mit ' L> '.   L = Least
  - RB12 - **Theta select** mit Selektion von Zeilen mit 'L<='.
  - RB13 - **Boole'sche Erweiterung von Theta select**
  - RB14 - RB23 **Theta Join** mit Operatoren wie Theta select.
  - RB24 - **Boole'sche Erweiterung von Theta Join**
  - RB25 - **Natural Join** (Verbund mehrerer Tabellen und Spalten. Wenn mit ' = ', dann Equi-Join, ansonsten Natural Join).
  - RB26 - **Union** (Verknüpfung gleichartiger Spalten mehrerer Tabellen).
  - RB27 - **Intersection** (Verknüpfung mehrerer Tabellen, die UNION-kompatibel sind. Verarbeitung übereinstimmender Auswahl-Bedingungen).
  - RB28 - **Difference** (Verknüpfung mehrerer Tabellen, die UNION-kompatibel sind. Verarbeitung nicht übereinstimmender Auswahl-Bedingungen).
  - RB29 - **Relationale Division** (Trennung der Daten, bei denen alle Bedingungen zutreffen).
  - RB30 - **Relation assignment** zur Sicherung von Zwischen-Ergebnissen durch den Benutzer. Diese müssen später in Operationen wiederverwendet werden können.
  - RB31 - **Insert Operator** zum Einfügen von Zeilen.
  - RB32 - **Update Operator** zur Änderung von existierenden Zeilen.
  - RB33 - **Primary Key mit Cascading Update der Foreign Keys**. Wenn auch PK-Update nicht erwünscht ist, muss trotzdem Unterstützung geleistet werden.
  - RB34 - **Primary Key mit Cascading Markierung der Foreign Keys** (analog RB33, aber die Foreign Keys werden auf NULL-Wert gesetzt).
  - RB35 - **Delete Operator** zur Löschung existierender Zeilen.
  - RB36 - **Delete Operator mit Cascading Delete** (wenn PK gelöscht wird).
  - RB37 - **Delete Operator mit Cascading Markierung** (analog RB33, aber die Foreign Keys werden auf NULL-Wert gesetzt).

- **Erweiterte Operatoren**
  - RZ1 - **Aufteilung einer Relation** (Zeilen werden inhaltlich verteilt = Frame, Partition).
  - RZ2 - **Erweiterung der Tabellen-Beschreibung** durch Hinzufügung aller Spalten einer anderen Table (mögliche Probleme bei doppelten Spalten-Namen).
  - RZ3 - RZ12 **Semi Theta-Join** mit Operatoren wie Theta select.
  - RZ13 - **Left Outer Equi-Join** mit Selektion der Daten aus der Outer Table, die nicht den Bedingungen der Inner Table entsprechen.
  - RZ14 - **Right Outer Equi-Join** mit Selektion der Daten aus der Inner Table, die nicht den Bedingungen der Outer Table entsprechen.
  - RZ15 - **Symmetric Outer Equi-Join** mit Selektion aller Daten, die nicht den Bedingungen des Joins entsprechen (Ergebnis RZ13 UNION Ergebnis RZ14).
  - RZ16 - **Left Outer Natural-Join** (jetzt geht die Post ab; bitte besorgen Sie sich bei Interesse das im Anhang aufgeführte Buch von Codd)!

1 Relationales Modell
1.3 Anforderungen an ein relationales DBMS

- RZ17 - **Right Outer Natural-Join**
- RZ18 - **Symmetric Outer Natural-Join**
- RZ19 - **Outer Union** mit Selektion der Zeilen, die nach einer Erweiterung zweier Tables (siehe RZ2) jeweils der gegenseiten Spalten, mit ihren PKs und Nicht-NULL-Werten identisch sind.
- RZ20 - **Outer Set Difference.**
- RZ21 - **Outer Set Intersection.**
- RZ22 - RZ25 **Inner T-Joins** (Joins mit LESS THAN OR EQUAL TO, GREATER THEN, GREATER THAN OR EQUAL TO).
- RZ26- RZ37 **Outer T-Joins**
- RZ38 - **User defined Select** mit benutzerspezifischer Definition von Funktionen.
- RZ39 - **User defined Join**
- RZ40 - **Rekursiver Join**, z.B. für Stücklisten-Auflösung (BOM = Bill of material).
- RZ41 - **Semi-Insert**
- RZ42 - **Semi-Update**
- RZ43 - RZ44 **Semi-archive und semi-delete**

- **Unterstützung expliziter Namen für:**
  - RN1 - Domain- und Datentypen
  - RN2 - Relationen und Funktionen
  - RN3 - Spalten
  - RN4 - RN11 Freie Benutzer-Namen für Result Tables
  - RN12 - Archivierte Relationen, z.B. Daten-Versionen
  - RN13 - Integritäts-Konstrukte
  - RN14 - Result Table bei Speicherung eines Zwischen-Ergebnisses

- **Commands für den Datenbank-Administrator (DBA)**
  - RE1 - RE2 Find und List der Domain-Wertebereiche
  - RE3 - RE6 CREATE, RENAME, ALTER und DROP DOMAIN
  - RE7 - RE9 CREATE, RENAME und DROP BASE-TABLE
  - RE10 - RE13 APPEND, RENAME, ALTER und DROP COLUMN
  - RE14 - RE16 CREATE INDEX, CREATE domainbased INDEX und DROP INDEX
  - RE17 - **CREATE SNAPSHOT** (Anlegen einer eingefrorenen Kopie einer Basis-Table).
  - RE18 - **LOAD** einer Base-Table.
  - RE19 - **EXTRACT** (Entladen einer Basis-Table oder abgeleiteten Table).
  - RE20 - **CONTROL DUPLICATE** (Erzeugen einer Table, die nur noch eindeutige Werte enthält).
  - RE21 - RE22 **ARCHIVE und REACTIVATE** (Archivieren und Rückführen einer Base-Table).

- **Bedingungen, Ausdrücke (Qualifier)**
  - RQ1 - **MAYBE_A Qualifier** (Markierung Missing und verfügbar = applicable).
  - RQ2 - **MAYBE_I Qualifier** (Markierung Missing und nicht verfügbar = in-applicable).
  - RQ3 - **MAYBE Qualifier** (Markierung A oder I, entspricht im DB2 'IS NULL').
  - RQ4 - RQ5 **Temporäres Ersetzen eines Missing Values** (entspricht im DB2 der VALUE-Funktion).
  - RQ6 - **Temporäres Ersetzen einer leeren Relation.**
  - RQ7 - **ORDER BY** für Sortierung.
  - RQ8 - **ONCE (ONLY)** bei eindeutiger Existenz einer Bedingung.
  - RQ9 - **Domain Check override** (nur für besonders autorisierte Benutzer; verhindert domainbezogene Prüfungen für eine Query).
  - RQ10 - **EXCLUDE Siblings** (Verhinderung von cascading Effekten für bestimmte Query, wie z.B. Typen RB33 ff).
  - RQ11 - **Appended DEGREE OF DUPLICATION** mit Bereitstellung einer zusätzlichen Spalte beim UNION, in der die Anzahl doppelter und eliminierter Zeilen ausgewiesen wird.
  - RQ12 - **SAVE** für Zwischenspeicherung einer Result Table.
  - RQ13 - **VALUE** fügt eine Spalte in eine Base Table oder abgeleitete Table ein.

1 Relationales Modell
1.3 Anforderungen an ein relationales DBMS

- **Indikatoren (vom System verwaltete Schalter)**
  - RJ1 - RJ3   Leere Result Table bzw. keine Zeilen betroffen bei Operation
  - RJ4 - RJ7   Diverse Indikatoren (Argument-Fehler, Domain-Werte falsch, Fehler bei Objekt-Verwaltung)
  - RJ8 - RJ9   Doppelte Zeile oder doppelter PK.
  - RJ10 - RJ11 ORDER BY-fehlerhafte Spalte, Fehler bei Katalog-Verwaltung.
  - RJ13 - RJ15 View-Indikator bei Manipulation über non-updateable Result Table (Insert, Update, Delete).

- **Query und Manipulation**
  - RM1 - **Garantierte Zugriffs-Regel**
    Jeder Datenwert (atomic) muss garantiert zugriffsfähig sein durch logische Vorgabe von Base-Table-Name, Spalte und PK-Inhalte.
  - RM2 - **Parsable Relational Data Sublanguage**
    Zumindest eine relationale Sprach-Schnittstelle muss vom RDBMS unterstützt werden. Anforderungen:
    - Vorgabe der Statements in Form von lesbaren Charakter-Strings,
    - jede Manipulation muss sich auf Relationen beziehen.
  - RM3 - **Mächtigkeit der relationalen Sprache**
    Unterstützung von:
    - Informations-Bereitstellung (Datenbank-Beschreibung, Inhalte und Log),
    - View-Definition,
    - Insert, Update, Delete,
    - Unterstützung von Missing Information, unabhängig vom Daten-Typ,
    - Unterstützung von Integritäts-Konstrukten und Privilegien.
    - Bei Bedarf verteilte Datenbanken mit Verteilungs-Unabhängigkeit.
  - RM4 - **Insert, Update und Delete auf hohem Level**
    Nicht nur das Selektieren, sondern auch die Datenmodifikation einer Tabelle muss mit einem einzigen Operanden möglich sein. Das RDBMS findet die optimalen Zugriffspfade zu den Daten (Multiple-Records-at-a-time).
  - RM5 - **Abfragen und Manipulationen müssen operational vollständig sein**
    Vollständige Unterstützung der mathematisch fundierten Mengen-Operationen.
  - RM6 - **Transaktions-Block**
    BEGIN und COMMIT identifizieren Anfang und korrektes Ende eines Blocks von Manipulationen, ROLLBACK setzt fehlerhafte, inkonsistente Manipulationen zurück.
  - RM7 - **Blocks zur Verwaltung des Katalogs**
    Abgrenzung eines Blocks von Katalog-Verwaltungs-Aktivitäten durch END CAT.
  - RM8 - **Dynamischer, auf dem relationalen Modell basierender Katalog**
    Der Katalog ist dynamisch und aktiv. Alle Verarbeitungsprozesse werden Realtime vollzogen und sind sofort wirksam.
  - RM9 - **Dreifacher Modus des Sprach-Einsatzes**
    Die gleiche Sprachschnittstelle kann auf 3 Arten genutzt werden:
    - interaktiv am Terminal,
    - innerhalb von Anwendungs-Programmen,
    - zur Definition von RI-Aktionen.
  - RM10 - **Vier Ergebnis-Typen von Vergleichs-Operationen**
    Folgende Zustände müssen unterstützt werden:
    - Wahr,
    - Falsch,
    - Unbekannt und verfügbar (A-Marker),
    - Unbekannt und nicht verfügbar (I-Marker).
  - RM11 - **Manipulation von Missing Values**
    Systematische und einheitliche Behandlung nicht bekannter Zustände (MAYBE).
  - RM12 - **Arithmetische Operatoren bei Missing Values**
    Missing Values dürfen bei arithmetischen Operationen nicht bearbeitet werden, wirken aber auf das Ergebnis.
    So sind z.B (x = Wert, A = applicable , I = inapplicable):
    $x + x = 2x$, $A + A = A$, $A + I = I$, $x + A = A$, $x + I = I$.
  - RM13 - **Concatenation, Effekt auf Missing Values**
    Missing Values können nicht mit anderen Werten verknüpft werden.

1 Relationales Modell
1.3 Anforderungen an ein relationales DBMS

- **RM14** - **Domain-Konstrukte und DOMAIN CHECK OVERRIDE**
  Normalerweise werden nur Werte unterschiedlicher Spalten verglichen, wenn sie aus der gleichen Domain stammen. Autorisierte Benutzer sollten dies ignorieren können.
- **RM15** - **Daten-Typen müssen bei Vergleich kompatibel sein**
- **RM16** - **Verbot von Sortier-Folgen**
  Eine bestimmte Speicher-Sortierfolge der Daten in Base-Tables oder abgeleiteten Tables ist nicht unterstützt.
- **RM17** - **Schnittstelle zu Single-record-at-a-time Programmier-Sprachen**
  Unterstützung von mengenorientierten Result Tables, z.B. für Programmiersprachen COBOL und PL/1.
- **RM18** - **Umfassende Daten-Untersprache**
  Es können verschiedene Benutzeroberflächen angeboten werden; es muss zumindest eine Sprache verfügbar sein für:
  - Datendefinition,
  - View-Definition,
  - Datenmanipulation (interaktiv und durch Programme),
  - Integritätsbedingungen,
  - Autorisierungsfestlegungen,
  - Transaktions-Synchronisation.
- **RM19 - RM20 Library Checkout und Library Return**
  Versions-Unterstützung durch DBMS für autorisierte Benutzer (Kopieren und Zurückspeichern).

- **Integritäts-Konstrukte**
  - **RI1** - **D-Typ oder Domain-Integrity**
    Wertebereiche und Integritäts-Regeln einer Domain.
  - **RI2** - **C-Typ oder Column-Integrity**
    Wertebereiche und Integritäts-Regeln einer Spalte.
  - **RI3** - **E-Typ oder Entity-Integrity**
    Primary Key muss für jede Table definiert sein. Alle Spalten müssen bekannt und eindeutig sein.
  - **RI4** - **R-Typ oder Referential-Integrity**
    Beziehungs-Regeln verbundener Tables (PK - FK und referential constraint).
  - **RI5** - **U-Typ oder User-defined-Integrity**
    Benutzerspezifische Integritäts-Regeln.
  - **RI6** - **Zeitpunkt des Tests der Integritäts-Bedingungen für R-Typ und U-Typ**
    - Typ TC - Sofort nach Statement-Ausführung.
    - Typ TT - Am Ende der Transaktion bzw. bei COMMIT.
  - **RI7** - **Ergebnis eines Integritäts-Tests für Typen R und U**
    Ergebnis bei Verstoß gegen Integritäts-Regel muss definierbar sein.
  - **RI8** - **Prüfung der Integritäts-Konstrukte im Katalog**
    Sämtliche Konstrukte müssen bei Typ TC vor Ausführung eines Statements, bei Typ TT bei COMMIT im Katalog dynamisch abgefragt und dann geprüft werden.
  - **RI9** - **Speicherung der Konstrukte für Typen R und U im Katalog**
    Speicherung von Prüf-Regeln und Ergebnissen.
  - **RI10** - **Aktivierung des Tests von Konstrukten**
    Wie in RI8 beschrieben, prüft das System implizit. Keine Anwendung kann Prüfungen umgehen.
  - **RI11** - **Verstösse gegen Integritäts-Konstrukte der Typen D, C und E**
    Verstösse sind immer fehlerhaft und müssen mit Fehlermeldung zurückgewiesen werden.
  - **RI12** - **Benutzerspezifisches Verbot von Missing Values**
    Ausser bei PK-Spalten kann jede Spalte mit den beiden Missing Value-Typen definiert werden oder aber Missing Values verboten werden. Die entsprechenden Festlegungen sind vom DBMS zu prüfen.
  - **RI13** - **Benutzerspezifisches Verbot doppelter Werte**
    Einzelne Spalten oder Spalten-Gruppen können eindeutig definiert werden.
  - **RI14** - **Ungültige Zeilen**
    Zeilen, die nur aus Missing Values bestehen, dürfen in keine Table eingestellt werden.

1 Relationales Modell
1.3 Anforderungen an ein relationales DBMS

- **RI15** - **Audit Log**
  Sämtliche Manipulationen müssen protokolliert werden.
- **RI16** - **Non subversion - Kein Unterlaufen der Schnittstellen zulässig**
  Datenzugriffe und Manipulationen dürfen ausschliesslich über die offiziellen Sprachschnittstellen (multiple-record-at-a-time) abgewickelt werden. Die im Katalog hinterlegten Informationen dürfen nicht umgangen werden.
- **RI17** - **Anlegen und Löschen von Integritäts-Konstrukten**
  CREATE und DROP CONSTRAINT muss unterstützt sein für alle Typen.
- **RI18** - **Prüfung neuer Integritäts-Konstrukte**
  Bei Neuaufnahme von Konstrukten oder Änderung bestehender Konstrukte muss das DBMS alle erforderlichen Integritäts-Prüfungen sofort durchführen.
  Bei Verstoß muss innerhalb eines Verwaltungs-Blocks die Möglichkeit gegeben sein, die Änderung zu widerrufen.
- **RI19** - **Einfügung einer Typ-C-Definition mit Verbot von Missing Values**
  Bei nachträglicher Änderung einer Spalten-Charakteristik mit Verbot von Missing Values und bestehenden Daten-Inhalten, wird ein Kennzeichen gesetzt, das neue Einfügungen von Missing Values verhindert.
- **RI 20** - **Eingeschränkte Integritäts-Prüfung**
  Die Prüfungen erstrecken sich nur auf die Verarbeitungs-Teile einer Anwendung. Zusätzlich muss eine Prüfungs-Möglichkeit ganzer Datenbank-Bereiche angeboten werden.
- **RI21** - **Jedes Integritäts-Konstrukt muss als Command ausführbar sein**
  Anstelle intern interpretierbarer Regelwerke sollte das RI-Konstrukt mit den Mitteln der relationalen Sprache unterstützt werden. Die Integritäts-Prüfungen können dann schrittweise ausgeführt werden.
- **RI22** - **On-the-fly, End of Command und End of Transaction Techniken**
  Integritäts-Prüfungen und -Maßnahmen können folgendermaßen unterstützt werden:
  - On the fly   Direkt mit Ausführung eines Statements (z.B. im DB2),
  - End of command   Am Ende eines Statements,
  - End of Transaction   Am Ende einer logischen Arbeitseinheit.
- **RI23** - **Informationen eines benutzerdefinierten Integritäts-Konstrukts (Typ U)**
  Ein benutzerbezogenes Integritäts-Konstrukt besteht aus 4 Komponenten:
  - Zeitpunkt-Festlegung TC oder TT (siehe RI6),
  - Aktionen von Terminal-Benutzern, Anwendungs-Programme oder zeitgesteuerte Ereignisse (Trigger),
  - Bedingungen, die zu prüfen sind,
  - Name einer Prozedur, die bei Fehler die Steuerung erhält.
- **RI24** - **Trigger basierend auf Aktionen von Programmen oder Terminal-Bedienern**
  Test einer Bedingung, wenn:
  - von definierter Table Daten gelesen, eingefügt oder gelöscht werden oder
  - der Wert einer definierten Spalte verändert wird.
- **RI25** - **Trigger basierend auf Datum und Uhrzeit**
  Test einer Bedingung, wenn:
  - bestimmter Zeitpunkt erreicht ist oder
  - wenn ein bestimmtes Zeit-Intervall überschritten ist.
- **RI26** - **Einfügungen von Missing Values**
  Fehlen Daten einer Spalte, muss das DBMS die Einfügung abweisen, wenn:
  - keine Default-Werte einzusetzen sind oder
  - die Spalte weder mit A-Marker noch mit I-Marker definiert ist.
- **RI27** - **Änderungen von Missing Values**
  Daten-Änderungen muss das DBMS abweisen,
  - wenn keine Werte vorgegeben werden, aber keine Missing Value-Marker definiert sind.
  - wenn Werte vorgegeben werden, aber ein I-Marker definiert ist.
- **RI28** - **Funktionale Abhängigkeiten**
  Ein DBMS unterstellt, dass alle Spalten einer Base Table, die nicht Bestandteil des PK sind, funktional abhängig sind vom PK (= 2. Normalform).
- **RI29** - **Mehrwertige Abhängigkeiten**
  Solche Abhängigkeiten sind möglichst aufzulösen (= 4. Normalform).
- **RI30** - **Join Abhängigkeiten**
  Solche Abhängigkeiten sind möglichst aufzulösen (= 3. oder 5. Normalform).

1 Relationales Modell
1.3 Anforderungen an ein relationales DBMS

- RI31 - **Inclusion Abhängigkeiten**
  Subset von Werten ist abhängig von Hauptset, z.B. FK ist inclusion-abhängig vom PK, da:
  - existenzabhängig,
  - der Wertebereich von der PK-Domain vererbt wird.
- RI32 - TI34 **Integritäts-Maßnahmen durch das DBMS**
  Folgende Maßnahmen sind anzubieten:
  - Abweisung einer Anforderung (Statement oder Transaktion),
  - Cascading Effekte,
  - einsetzen von Missing Values, wenn erlaubt.

- **Katalog**
  - RC1 - **Dynamischer Online-Katalog**
    Die Beschreibung der Daten in einem RDBMS wird in gleicher Form wie die Daten selbst behandelt (auch mit gleicher Sprachschnittstelle).
    Die Verwaltung erfolgt interaktiv und aktuell.
  - RC2 - **Konkurrenz-Verarbeitung**
    Ein RDBMS verfügt über ausgefeilte Techniken zur Unterstützung paralleler Lese- und Manipulations-Anforderungen auf Katalog und Daten.
  - RC3 - RC10 **Beschreibung von Objekten (Meta-Daten)**
    Der Katalog enthält die Beschreibung von Domains, Base Tables, Spalten-Gruppen (composite columns), Views, Integritäts-Konstrukten, benutzer-definierten Funktionen, Autorisierungs-Daten, Datenbank-Statistiken.
  - RC11 - **Datenbank-Statistiken im Online-Katalog**
    Der Katalog enthält Statistik-Daten für den Optimizer (zumindest Anzahl von Datenzeilen und Werte-Ausprägungen aller Spalten).

- **Views**
  - RV1 - **View-Definition (what they are)**
    Views sind virtuelle Tables, die lediglich aufgrund ihrer Namen und Definitionen repräsentiert werden.
    Die View-Definition wird im Katalog gespeichert. Views können basieren auf:
    - Base Tables
    - Views
    - einer Kombination aus beiden.
  - RV2 - **View-Definition (what they are not)**
    Views enthalten keine iterativen Loops (non-prozedural). Ein View kennt keine Speicher-Charakteristiken, Zugriffs-Pfade oder Zugriffs-Methoden.
  - RV3 - **View-Definition - Verweildauer und Nutzungs-Möglichkeit**
    Views werden mit relationalen Sprachmitteln verwaltet und bis zum expliziten Löschen im Katalog gespeichert.
    Auf einen View kann uneingeschränkt mit den relationalen Sprachmitteln zugegriffen werden.
  - RV4 - **Zugriff auf Views**
    Es darf kein Unterschied beim Zugriff auf Daten einer Base Table oder über View für den Benutzer sichtbar werden.
  - RV5 - **Manipulation über Views**
    Es darf kein Unterschied bei der Manipulation von Daten einer Base Table oder über View für den Benutzer sichtbar werden, außer:
    - der View ist nicht updateable wegen Verstoß gegen Prüfregeln oder durch Operationen, die anschließend die Konsistenz nicht mehr gewährleisten,
    - der View enthält keine Primary Keys und Manipulation fordert PK.
  - RV6 - **View-Update**
    Alle theoretisch veränderbaren VIEW's müssen vom RDBMS unterstützt werden (näheres siehe VIEW-Konzept).
  - RV7 - **View-Spalten-Namen**
    Die View-Spalten müssen unabhängig von den Base Tables mit eigenen Namen versehen werden können.
  - RV8 - **View-Spalten mit zugrundeliegenden Domains**
    Sämtliche Charakteristiken und Wertebereiche eines Views werden zum Zeitpunkt der View-Definition im Katalog hinterlegt.

1 Relationales Modell
1.3 Anforderungen an ein relationales DBMS

- **Autorisierung**
  - RA1 - Alle Privilegien müssen explizit vergeben werden (GRANT).
  - RA2 - GRANT für Objekte und Zeiten mit der gesamten Mächtigkeit der relationalen Sprache
  - RA3 - Einschränkung der Spalten-Auswahl bei Anzeigen
  - RA4 - Einschränkung der Spalten-Auswahl bei Änderungen
  - RA5 - Unterstützung 4-Augen-Prinzip bei kritischen Anwendungen
  - RA6 - Verzögertes Löschen von Objekten und Archivierung vor Löschung
  - RA7 - Spezielle Autorisierung von Datenbank-Verwaltungs-Aktivitäten
  - RA8 - Autorisierung für die Manipulation von Base-Tables und über Views
  - RA9 - Autorisierung für bestimmte Qualifier (z.B. ORDER BY)
  - RA10 - Vergabe der Privilegien für einzelnen Benutzer oder Privilegien-Gruppe
  - RA11 - Spezielle Autorisierung für die Vergabe von Privilegien
  - RA12 - Berücksichtigung von cascading Effekten beim Löschen von Privilegien
  - RA13 - Einschränkung der Autorisierung auf bestimmte Zeiträume
  - RA14 - Einschränkung des Ressource-Verbrauchs eines Benutzers
  - RA15 - Einschränkung der Nutzung von bestimmten Terminals aus
  - RA16 - Protokollierung aller Privilegien im Katalog.

- **Funktionen**
  - RF1 - Built-in Aggregations-Funktionen
    Mindestunterstützung von COUNT, SUM, AVERAGE, MAXIMUM, MINIMUM.
  - RF2 - Anzeige der eliminierten Zeilen in Statistik-Funktionen
    Doppelte Zeilen, die vor Ausgabe der Result Table gelöscht werden, werden protokolliert. Siehe RQ11.
  - RF3 - Built-in Scalar-Funktionen
    Unterstützung von z.B. Addition, Subtraktion, Division, Substring usw.
  - RF4 - Benutzerdefinierte Funktionen
    Unterstützung benutzerdefinierter Funktionen und Speicherung im Katalog.
  - RF5 - Inverse-Funktionen
    Verbindung von Funktionen zu ihrem inverse-Pendant werden im Katalog protokolliert (die Umkehr von Funktionen ist speziell für Rollback-Prozesse wichtig).
  - RF6 - Benutzerdefinierte Funktionen müssen kompilierbar sein
    Compilierungs-Möglichkeit vor Speicherung im Katalog erforderlich.
  - RF7 - Benutzerdefinierte Funktionen mit Zugriff auf Datenbasis
    Benutzerdefinierte Funktionen müssen zum Ausführungszeitpunkt auf die Datenbasis zugreifen können.
  - RF8 - Nicht-Generierung von Marked Values durch Funktionen
    Ein Zugriff auf nicht-markierte Werte darf nicht zum Ergebnis 'marked' führen, auch wenn die Result Table leer ist (dann ist der Zustand undefiniert, aber nicht NULL).
  - RF9 - Zuordnung von Funktionen zu Domains und Spalten
    Eine Funktion gilt als erweiterter Datentyp und ist Bestandteil einer Domain.
  - RF10 - Zuordnung von Argumenten zu Domains und Spalten
    Argumente für Funktionen sind als erweiterte Datentypen bzw. Domains definierbar.

- **Schutz der Investitionen**
  - RP1 - Physische Datenunabhängigkeit
    Anwendungen bleiben unverändert, wenn interne Speicherrepräsentationen oder Zugriffswege verändert werden.
  - RP2 - Logische Datenunabhängigkeit
    Anwendungen bleiben unverändert, wenn Tabellenrepräsentationen verändert werden (z.B. Aufteilen oder Zusammenlegen von Tabellen).
  - RP3 - Integritätsunabhängigkeit
    Anwendungen bleiben unverändert, wenn Integritätsbedingungen verändert werden. Die Integritätsbedingungen müssen außerhalb der Programme im Katalog hinterlegbar sein.
  - RP4 - Verteilungsunabhängigkeit
    Anwendungen bleiben unverändert, wenn die Datenablage verteilt vorgenommen wird oder aber die Daten zusammengeführt werden.
    Die Verteilungsregeln müssen außerhalb der Programme im Katalog hinterlegbar sein.

1 Relationales Modell
1.3 Anforderungen an ein relationales DBMS

- RP5 - **Verteilte Datenbanken: De-Komposition und Re-Komposition**
  Die relationalen Sprachmittel können aufgeteilt und an verschiedenen Servern ausgeführt werden.

- **Prinzipien des Datenbank-Designs**
  - RD1 - **Einhaltung der fundamentalen Regeln der Mathematik**
    Einhaltung des gesamten RM-Regelwerks.
  - RD2 - **Systeminterne Daten-Repräsentation und Zugriffe**
    Die physische Speicherung der Daten und die Zugriffs-Methoden sind für den Benutzer nicht transparent ('under the cover').
    Bestimmte Administratoren verwalten als Spezialisten das System.
  - RD3 - **Scharfe Separierung der logischen und physischen Aspekte**
    Scharfe Abgrenzung von:
      - performance-orientierten Einrichtungen (z.B. Indizes),
      - semantischen und logischen Einrichtungen (z.B. Eindeutigkeit von Werten).
  - RD4 - **Konkurrenz-Unabhängigkeit**
    Ressource-Sperren sind ausschließlich durch das DBMS und nicht durch Benutzer oder Anwendungs-Programme vorzunehmen.
  - RD5 - **Schutz gegen nicht-autorisierte Langzeit-Sperren**
    Der DBA kann Zeit-Limits für bestimmte Terminals, Benutzer oder Anwendungs-Programme vorgeben. Bei Überschreitung wird die Transaktion abgebrochen.
  - RD6 - **Eindeutigkeit und Klarheit im DBMS-Design**
    Alle Einrichtungen müssen klar und logisch schlüssig sein, gerade auch dann, wenn verschiedene Einrichtungen zusammenwirken.
  - RD7 - **Domain-basierter Index**
    Logisch definierbarer Index zur Unterstützung der Performance, nicht zwingend auf einer einzigen Base Table basierend (Multi-Table Index).
  - RD8 - **Datenbank-Statistik**
    Statische Speicher-Belegungs-Daten für den Optimizer werden im Katalog geführt. Die Aktualität wird nicht permanent mit allen Manipulationen, sondern nur periodisch hergestellt.
  - RD9 - **Abfrage-Möglichkeit der Datenbank-Statistik-Daten**
    Mit der relationalen Sprach-Schnittstelle müssen die Statistik-Daten abfragbar sein.
  - RD10 - **Dynamische Änderungs-Möglichkeit von Speicher-Charakteristiken**
    Möglichkeit der Veränderung von Speicher-Charakteristiken und Zugriffs-Methoden ohne Auswirkung auf die Anwendungen. Anwendungen, die statische Speicher-Charakteristiken fest eingebunden haben, müssen automatisch gebunden werden.
  - RD11 - **Automatisierter Schutz bei Datenbank-Fehlern**
    Fehlerhafte Transaktionen dürfen keinen inkonsistenten Zustand hinterlassen.
  - RD12 - **Automatischer Recovery im Fehlerfalle**
    Vollautomatischer Recovery bei Fehler ohne Benutzer-Eingriffs-Möglichkeit.
  - RD13 - **Automatische Ausführung von relationalen Commands**
    Jede Operation wird unabhängig von den zugrundeliegenden Daten-Mengen vollkommen und automatisch abgewickelt.
  - RD14 - **Automatische Archivierung**
    Automatische Archivierung bei Überschreitung eines definierten Zeitpunkts (oder Zeitscheibe).
  - RD15 - **Vermeidung des Kartesischen Produkts**
    Das DBMS vermeidet die Aufbereitung eines internen kartesischen Produkts und stellt niemals ein solches Produkt in der Result Table zur Verfügung (Ausnahme Selektion ohne WHERE-Bedingung, dann Warnung).
  - RD16 - **Unterstützung von Verschlüsselung und Entschlüsselung der Daten**

- **Prinzipien des Designs einer relationalen Sprache**
  - RL1 - **Daten-Untersprache für alle Benutzergruppen**
    Programmierer, Administratoren und Endbenutzer verwenden eine gemeinsame Sprache. Es werden keine Commands unterstützt für Loop, Pointer-Manipulation und GOTOs.
  - RL2 - **Kompilierung und Re-Kompilierung**
    Separate Kompilierung der Daten-Untersprache von der Programmier-Sprache. Automatische Re-Kompilierung, wenn physische Charakteristiken nach Kompilierung verändert werden (z.B. löschen Index).

1 Relationales Modell
1.3 Anforderungen an ein relationales DBMS

- RL3 - **Freier Mix von Programmier-Sprach-Elementen und der Daten-Untersprache**
  Im Programm können die Sprach-Elemente frei eingesetzt werden.
- RL4 - **Daten-Untersprache ist grundsätzlich dynamisch ausführbar**
  Wahlfreier Einsatz der Sprach-Mittel interaktiv oder in Progammen. Vorgabe eines lesbaren Character-Strings.
- RL5 - **Source-Sprache und ausführbare Sprache**
  Source für Benutzer, klare ausführbare Sprache.
- RL6 - **Einfache und leicht lesbare Sprachmittel**
- RL7 - **Expliziter BEGIN und END eines Transaktions- oder Katalog-Blocks**
- RL8 - **Klare, einfache und redundanzfreie Sprach-Elemente**
- RL9 - **Annäherung der Sprache an 'relational calculus' anstelle 'relational algebra'**
- RL10 - **Set orientierte Operatoren und Vergleiche**
- RL11 - **Unterstützung von Query-Nesting**
- RL12 - **Für jede Anforderung muss vom DBMS der effizienteste Zugriffspfad ermittelt werden.**
- RL13 - **Globale Optimierung**
  Prüfung aller Zugriffs-Varianten unter Beachtung der Ressource-Anforderungen und evtl. gesperrter Ressourcen.
- RL14 - **Für mehrere logische Anforderungs-Varianten muss immer der gleiche Zugriffspfad ermittelt werden**
- RL15 - **Konstante Daten, Variable und Funktions-Ergebnisse sind beliebig in der Sprache einsetzbar und gegenseitig austauschbar**
- RL16 - **Unterstützung von zeitgesteuerten Bedingungen**
- RL17 - **Jeder Operator kann beliebig eingesetzt werden zur Erzeugung eines Zwischen-Ergebnisses oder der endgültigen Result Table.**

- **Management von verteilten Datenbanken (distributed databases)**
  - RX1 - **Multi-Site-Aktion mit einem einzigen Command.**
    Abfragen oder Manipulationen eines einzelnen Commands können von verschiedenen Servern abgewickelt werden.
  - RX2 - **Lokale Autonomie**
    Jedes DBMS ist für seine Datenbasis eigenverantwortlich. Bei Fehler eines Systems innerhalb eines Netzwerks ist jeder andere Server noch arbeitsfähig.
  - RX3 - **Globale Datenbank und globaler Katalog**
    Umfassende Informationen über alle Ressourcen des gesamten Netzwerks. Ermöglicht die globale Sicht auf die Daten, als ob sie in einer gemeinsamen physischen Datenbank gespeichert und organisiert wären.
  - RX4 - **Kopien des globalen Katalogs**
    Mehrere oder alle Server des Netzwerkes sollten eine Kopie des globalen Katalogs führen (bessere Ausfallsicherheit und Performance).
  - RX5 - **Synonym für jede Relation in jedem lokalen Katalog**
    Zur Unterstützung der ständigen Verfügbarkeit sollte jeder lokale Katalog ein Synonym aufnehmen, das eine Referenz zum globalen Katalog führt.
  - RX6 - **Eindeutiger Name für jede Site**
    Jeder Server in einem Netzwerk muss einen eindeutigen Namen führen.
  - RX7 - **Namenskonventionen in einer verteilten Datenbank**
    Jedes Objekt (Domain, Base Relation, View, Integritäts-Konstrukt oder Funktion) soll bei Anlage einen 5-teiligen Namen erhalten:
    - Name oder Identifikation des Benutzers, der Objekt angelegt hat,
    - Name des Objekts auf dem lokalen Server,
    - Name des Servers, an dem Objekt erzeugt wurde (Birth Site),
    - Formel oder Command, mit dem lokales Objekt in die globale Database transformiert werden kann,
    - die inverse Formel oder Command (für Zurücksetzen im Fehlerfall).
  - RX8 - **Reversibility und Redistribution**
    Jedes Objekt muss global verfügbar sein und verfügt über inverse Funktionen mit dem relationalen Operatoren-Spektrum zum Zurücksetzen nicht ordnungsgemäßer Verarbeitungs-Prozesse.
  - RX9 - **De-Komposition von Spalten für verteilte Daten**
    Eine Relation kann spaltenbezogen auf verschiedene Sites verteilt werden (Project). Der PK muss in jeder Projektion definiert sein.

1 Relationales Modell
1.3 Anforderungen an ein relationales DBMS

- RX10 - **De-Komposition von Zeilen für verteilte Daten**
  Eine Relation kann inhaltlich auf verschiedene Sites verteilt werden (Select). Die Verteilung auf verschiedene Sites wird über Wertebereiche definiert.
- RX11 - **Generelle Transformation für verteilte Daten**
  Die gesamte Mächtigkeit der relationalen Sprache muss auch für verteilte Datenbanken verfügbar sein (Project, Select, Join, Union, Intersection usw).
- RX12 - **Replicas und Snapshots**
  Das DBMS muss alle redundanten Kopien automatisiert aktualisieren. Die Anzahl der Kopien darf dem Benutzer nicht bekannt sein.
  Das DBMS unterstützt auch die Erzeugung von Schnappschüssen (Kopie mit eingefrorenem Stand eines bestimmten Zeitpunkts), die automatisch periodisch aktualisiert werden können.
- RX13 - **Integritäts-Konstrukte, die sich auf Objekte mehrerer Sites beziehen**
  Das DBMS muss sowohl Referential Integrity als auch User-defined Integrity im gesamten Netzwerk unterstützen. Der Benutzer kennt den Umfang der Beziehungen und die Lokalisierung der Objekte nicht.
- RX14 - **Views, die sich auf Objekte mehrerer Sites beziehen**
  Das DBMS muss Views auf Objekte im gesamten Netzwerk unterstützen.
- RX15 - **Privilegien, die sich auf Objekte mehrerer Sites beziehen**
  Das DBMS muss Privilegien auf Objekte im gesamten Netzwerk unterstützen.
- RX16 - **Namenskonvention in einem verteilten Katalog**
  Eine Relation hat einen globalen Namen mit dem Verweis auf den Server, an dem das Objekt entstanden ist und wo es aktuell zu finden ist.
- RX17 - **Übertragen von Objekten zwischen Sites**
  Speziell autorisierte Benutzer können Relationen mit MOVE übertragen. Dabei müssen auch die globalen Namenskonventionen beachtet werden.
- RX18 - **Übertragen von Zeilen einer Relation zwischen Sites**
  Automatische Übertragung von Daten von einer Site auf eine andere, wenn bei einer Manipulation Wertebereiche angesprochen oder verändert werden, die an verschiedenen Servern residieren.
- RX19 - **Löschen einer Relation an einer Site**
  Speziell autorisierte Benutzer können Relationen löschen. Dabei sind automatisch zu aktualisieren:
    - der lokale Katalog,
    - alle Kopien des globalen Katalogs,
    - der Katalog, in dem das Objekt erstmals angelegt wurde (Birth-site-Katalog).
- RX20 - **Anlegen einer neuen Relation an einer Site**
  Speziell autorisierte Benutzer können Relationen anlegen. Dabei sind automatisch zu aktualisieren:
    - der lokale Katalog (Birth-site-Katalog),
    - alle Kopien des globalen Katalogs.
- RX21 - **Aufgeben einer alten Site und evtl. aller Daten**
  Speziell autorisierte Benutzer können Sites aus dem Netzwerk löschen.
- RX22 - **Anlegen einer neuen Site**
  Speziell autorisierte Benutzer können Sites in das Netzwerk aufnehmen.
- RX23 - **Katalog-Verwaltung**
  Speziell autorisierte Benutzer können die Objekte des Katalogs verwalten.
- RX24 - **Minimaler Standard für Statistiken**
  Das DBMS muss zumindest einfache Statistiken für jede Relation und jede unterschiedliche Spalte im Netzwerk führen.
- RX25 - **Minimaler Standard für den Optimizer**
  Das DBMS muss einen effizienten Optimizer führen, der folgende Aspekte prüft:
    - Prozessor-Zeit,
    - I/O-Zeit und
    - Übertragungs-Zeit.
- RX26 - **Performance-Unabhängigkeit in verteilten Datenbanken**
  Die Performance eines verteilten Systems ist in hohem Maße unabhängig von der Vorgabe einer Anforderung an einen bestimmten Server.
- RX27 - **Konkurrenz-Unabhängigkeit in verteilten Datenbanken**
  Konkurrierende Anwendungen in einem verteilten System sind unabhängig von den systeminternen Sperr- und Sicherungs-Maßnahmen.

1 Relationales Modell
1.3 Anforderungen an ein relationales DBMS

- **RX28** - **Recovery an mehreren Sites**
  Im Fehlerfalle müssen anwendungsunabhängig Maßnahmen zum Zurücksetzen konsistenter Zustände, auch Server-übergreifend, ergriffen werden.
- **RX29** - **Sperren in verteilten Datenbanken**
  Das DBMS entdeckt Deadlocks im Netzwerk und beendet eine der betroffenen Anwendungen.

Codd hat inzwischen die Grundlagen für ein neues Modell gelegt, nämlich **Online Analytic Processing (OLAP)**, mit dem mehrdimensionale Perspektiven eröffnet werden.

Die wichtigsten Funktionen von OLAP sind:

- **Speicherung der Daten in multidimensionalen Strukturen** mit hoher Effizienz.

- **Datenbereitstellung in multidimensionalen Views** mit folgenden Möglichkeiten:
  - **Abbildung** von **Strukturen** (Hierarchien oder sonstige Strukturen)
  - **Scoping** (relevanter Daten-Ausschnitt), **Slice and Dice** (Ausschnitt eines multidimensionalen Bereichs).
  - **Drill-Down bzw. Drill-Up** (Wechsel des Daten-Levels mit entsprechender Detaillierung bzw. Aggregation)
  - **Rotation** (Wechsel der Dimensionierungs-Basis)

- **Komplexe Kalkulationen.**

- **Zeitkonforme Datenbehandlung.**

1 Relationales Modell
1.3 Anforderungen an ein relationales DBMS

1.3.2 Problembereiche konventioneller DBMS-Typen

Die heutigen DBMS lassen sich grundsätzlich gruppieren in:

- **strukturierte DBMS**
  - *hierarchisch-strukturierte DBMS*
  - *netzwerk-strukturierte DBMS (CODASYL)*

- **lineare DBMS**
  - *tabellen- bzw. relational-orientierte DBMS, Inverted File-DBMS*
  - *relationale DBMS (RDBMS)*

- **komplexe DBMS**
  - *objektorientierte DBMS (OODBMS).*

1.3.2.1 Strukturierte DBMS

Die strukturierten DBMS (klassische DBMS) werden gekennzeichnet durch die Ablage von Daten und der Beziehungen bestimmter Daten untereinander. Diese Beziehungen werden gemeinsam mit den Daten in Form von Adressleisten (Pointer) abgelegt und müssen, durch Navigationsnotwendigkeiten bedingt oder zumindest aus Performancegründen, bei der Abarbeitung durch Programme mit berücksichtigt werden.

In der folgenden Abbildung werden die Ablagestrukturen von VSAM, IMS und einem CODASYL-System grob dargestellt.

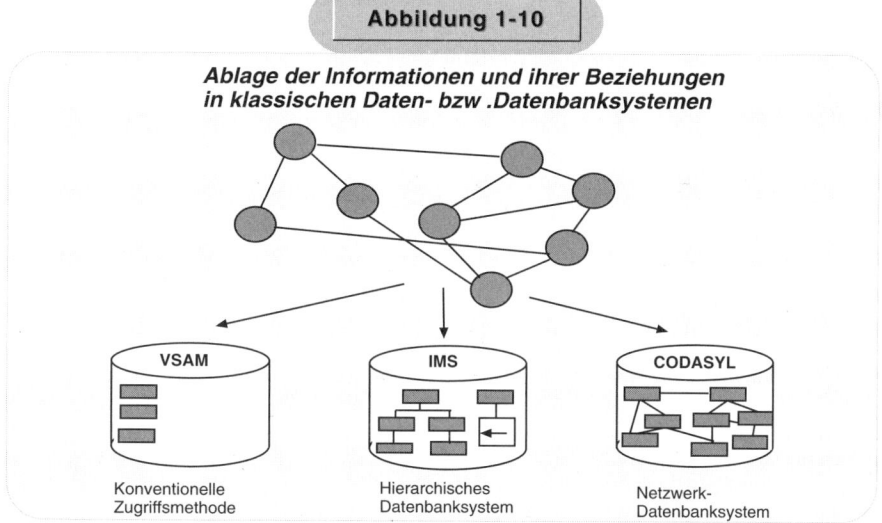

Abbildung 1-10

Ablage der Informationen und ihrer Beziehungen in klassischen Daten- bzw. Datenbanksystemen

Die Pointer müssen bei Veränderungen vom Datenbanksystem automatisch angepasst werden. Dies führt natürlich zu einem erheblichen System-Overhead bei komplexen Strukturen.
Die Strukturablage muss in der Praxis immer verfahrensabhängig vorgenommen werden und ist damit statisch auf bestimmte Verfahren optimal ausgerichtet. Andere, z.B. neu hinzukommende Verfahren sind weniger optimal einsetzbar bzw. nicht auf die vorhandenen Strukturen anwendbar.

Zwischen den abgelegten Daten und ihren Beziehungen untereinander und den Verarbeitungsprogrammen besteht eine enge Abhängigkeit. Die abgelegten Strukturen wirken bis in den Programmcode. Der Programmierer muss sich, durch Performance-Anforderungen bedingt, durch die Strukturen navigieren.

1 Relationales Modell
1.3 Anforderungen an ein relationales DBMS

Damit ist eine enge Kopplung der logischen und physischen Aspekte gegeben, die bei Struktur-Veränderungen zu erheblichen Auswirkungen führt.

In VSAM werden die Daten linear (flach ohne Strukturen) abgelegt.

IMS unterstützt hauptsächlich die Ablage von Daten in hierarchischen Strukturen; Netzwerkstrukturen können im IMS nur über aufwendige logische Verknüpfungen dargestellt werden. Dies geschieht durch Verweis-Segmente mit Pointern zu anderen IMS-Datenbanken.

Während IMS als 'Mehr-Datenbanksystem' die Ablage der Unternehmens-Informationen in diversen Datenbanken vornimmt, unterstützen die CODASYL-Datenbanken als 'Ein-Datenbanksysteme' in einer gemeinsamen Datenbank die gesamte Unternehmens-Daten-Struktur (in der Praxis werden, wie bereits erwähnt, Einschränkungen bei dieser Ablage vorzunehmen sein).

1.3.2.2 Lineare DBMS

In den 80-er Jahren sind verstärkt die Diskussionen um die relationalen Fähigkeiten einzelner Datenbanksysteme geführt worden.
Auf der einen Seite waren ab Ende der 70-er Jahre RDBMS nach dem Relationen-Modell verfügbar. Zu diesen gehören im wesentlichen:

- DB2, INGRES, ORACLE, SQL/DS, SUPRA.

Andererseits existieren aber auch die linearen Datenbanksysteme der ersten Generation seit Ende der 60-er Jahre. Zu diesen gehören u.a.:

- ADABAS, DATACOM, SESAM.

Diese Gruppe, die auch als tabellen- bzw. relational-orientierte Systeme oder als Inverted-File-Systeme bezeichnet werden, genügten zwar nicht voll den theoretischen Anprüchen des Relationen-Modelles (zumindest nach Codd 1986), hat sich in der Praxis aber aufgrund ihrer technischen Ansätze bewährt.

Inzwischen ist bereits der Trend erkennbar, die Grenzen der relationalen Systeme als Maßstab für eine neue Technologie zu sehen, die auf einer Objekt-Orientierung basiert und komplexe Objekte verwaltet.

Aber auch die neuen Forderungen des RM/V2 zeigen durch Einbeziehung funktionaler Aspekte ähnliche Zielsetzungen.

Die linearen, nicht voll auf das Relationenmodell ausgerichteten Systeme, versuchen die von den strukturierten Modellen her bekannten Problembereiche insofern abzubauen, als sie grundsätzlich die Daten ohne ihre zugehörigen Beziehungen abstellen. Eine Ausnahme hiervon ist die Fähigkeit der Wiederholgruppenablage. Mit dieser Technik lassen sich zweistufige Hierarchien abbilden.
Aufgrund des praktisch relevanten Auftretens von Wiederhol-Strukturen laufen auch im relationalen Bereich Versuche mit dieser Ablageform.
Bekannt geworden sind die Ablage-Versuche der Daten in der **NF²** (Non-First-Normal-Form) oder auch **'Nested Relations'**.

1 Relationales Modell
1.3 Anforderungen an ein relationales DBMS

Die folgende Abbildung zeigt die Informationsablage und ihre Beziehungen in linearen Datenbanksystemen.

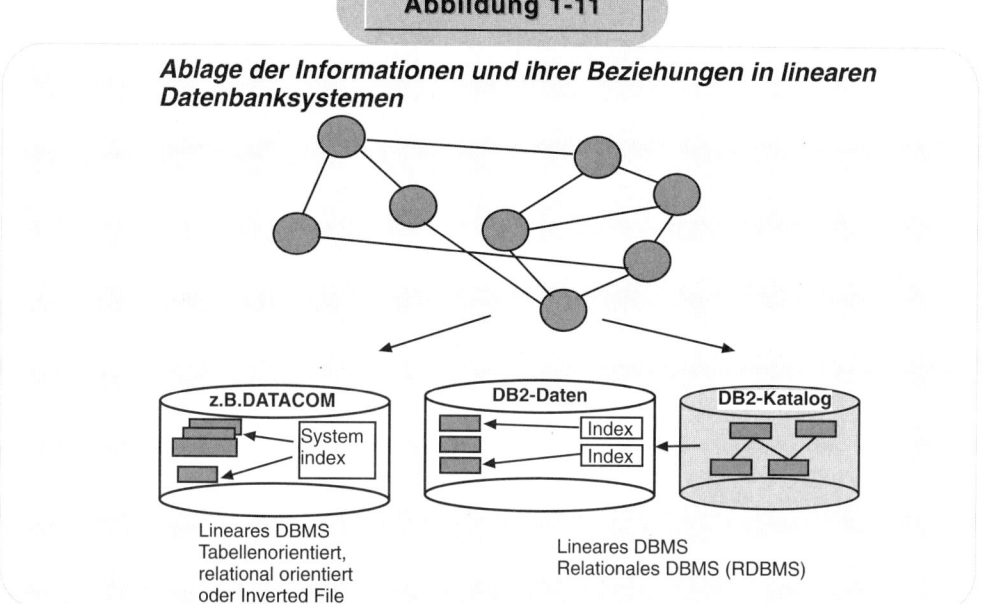

Abbildung 1-11

Ablage der Informationen und ihrer Beziehungen in linearen Datenbanksystemen

Die nach dem Relationen-Modell ausgerichteten RDBMS werden gekennzeichnet durch die beziehungsfreie Ablage von Daten. Die Beziehungen der Daten untereinander werden durch die Dateninhalte repräsentiert und lassen sich dadurch dynamisch herstellen.
Struktur-Abhängigkeiten werden im Katalog hinterlegt und außerhalb der Daten geführt.
Die Beziehungen können jederzeit erweitert oder abgebaut werden. Sämtliche Beziehungs-Typen werden unterstützt (Hierarchien, Netzwerke, Rekursive Beziehungen).
Der Katalog wird bei Manipulationen dynamisch interpretiert.
Wenn beispielsweise in die SEMTYP-Tabelle der Abbildung 1-2 eine neue Zeile eingefügt wird, prüft DB2 im Katalog, ob die SEMTYP-Tabelle eine Verbindung zu anderen Tabellen aufweist. Wenn festgestellt wird, dass die SEMPREIS-Tabelle übergeordnet ist, muss eine vorgegebene DAUER dort gefunden werden.

Häufig wird der Fehler begangen, die praktische Realisierung eines relational-orientierten Systems mit den theoretischen Anforderungen des Relationen-Modells zu vergleichen, dafür aber bestimmte fehlende Fähigkeiten eines RDBMS zu ignorieren.
Ein Beispiel dazu ist die Anforderung des Relationen-Modells, Datenwerte 'atomic' abzustellen.
Diese Anforderung wird von den relational-orientierten Systemen zumeist durch die Ablagefähigkeit von multiplen Feldern (z.B. Datum) bzw. Feld-Wiederholgruppen (z.B. 12 Monats-Umsätze mit Datum, Textziffer, Betrag) verletzt.
Diese Möglichkeit fehlt den relationalen Systemen, der Benutzer kann sich aber durch Einsatz bestimmter Namenskonventionen darüber hinwegsetzen.
So kann kein relationales System erkennen, dass DATUM1, TEXT1, BETRAG1 und DATUM2, TEXT2, BETRAG2 als Feld-Wiederholgruppe abgestellt wurden. Es ist aber in diesem Fall zu beachten, dass solche Entscheidungen zum Abbau von Sprachunterstützungen und zur Gefährdung der Integrität führen können, die dann durch Programmlogik gelöst werden muss.
Durch entsprechende Disziplin der Entwickler kann man mit allen Datenablagesystemen (nicht nur DBMS) diese Anforderung erfüllen.
Andererseits treten gerade solche Ablageformen von Wiederholgruppen in der Praxis häufig auf, die gerade bei der Datenbereitstellung ganzer Feldgruppen zu erheblichen Aufwendungen führen.

1 Relationales Modell
1.3 Anforderungen an ein relationales DBMS

Generell gilt für alle Datenbanktypen (strukturierte und lineare DBMS):

Wenn ein DBMS die im Unternehmen vorhandenen komplexen Strukturen nicht oder nicht vollständig unterstützen kann oder soll, müssen die Struktur-Abhängigkeiten durch Anwendungsprogramme funktional gesichert werden.

Es muss in jedem Einzelfall geprüft werden, inwieweit Maßnahmen durch das Datenbanksystem oder von Anwendungsprogrammen zu ergreifen sind.
So ist beispielsweise die Tatsache, dass DB2 referenzielle Integritäts-Maßnahmen unterstützt, noch nicht der Beweis dafür, dass diese Einrichtungen wirklich voll im DB2 installiert werden.

Die Anwender der relationalen Systeme erfahren derzeit praktisch die gleichen Problemzonen, die bereits die Netzwerk-Anwender machen mussten:

- aus Performance-Gründen lassen sich zumeist nicht alle vorhandenen Informations-Beziehungen auch wirklich im System hinterlegen,

- die Verwaltung komplexer Netzwerke erfordert einen hohen Aufwand und spezifische Sicherungs-Maßnahmen.

Daher ist zu erkennen, dass jahrelang die fehlenden Struktur-Ablagemöglichkeiten von DB2 bemängelt wurden; nachdem diese aber verfügbar sind, fehlen den Unternehmen häufig die logischen Daten-Modellierungs-Grundlagen zur Einrichtung eines wirkungsvollen Netzwerkes. Natürlich schrecken vielfach die Datenbank-Administratoren auch vor dem automatisch ablaufenden Performance-Aufwand der permanenten Prüf-Mechanismen zurück.

1.3.2.3 Komplexe DBMS (OODBMS)

Inzwischen verlagert sich der Entwicklungs-Trend in Richtung 'objektorientierte Datenbanken' (OODBMS), bei denen komplexe Objekte behandelt werden.
Vertreter dieser Gruppe sind z.B:

- GEMSTONE,
- OBJECTSTORE,
- VERSANT,
- G-Base, V-Base.

Die Definition von 'Objekt-Orientierung' ist nur eingeschränkt vorzunehmen, da es zu diesem Themenbereich viele individuelle Interpretationen gibt.
Im Bereich der OO-Methodik gibt es erste Standardisierungsbemühungen:

- **OMG**   **Object Management Group**
  Vereinigung von Herstellern, wie DEC, HP, IBM, die einen Standardrahmen definiert haben:
  Corba   -   **Common Object Request Broker Architecture**
  ORB   -   **Object Request Broker** (Schnittstellen-Definition und Realisierung).

- **ODMG**   **Object Database Management Group**
  Untergruppierung der OMG, die einen Standard im DBMS-Bereich aufstellen will (z.B. DDL, DML).

Einer der bisher wichtigsten Versuche, die OO-Anforderungen zu definieren, stellt das Regelwerk der im Jahre 1989 in Kyoto, Japan veranstalteten 'Conference on Deductive and Object-Oriented Databases' dar.

Als wesentliche Anforderungen scheinen relevant:

- **Repräsentation komplexer Objekte**
  Zu komplexen Objekten zusammengesetzte einfache Objekte mit der Möglichkeit der Manipulation von:
  - einzelnen Objekten,
  - komplexen Objekten.

- **Konzept von Klassen oder Typen**
  Zusammenfassung gleichartiger Objekte zu Klassen/Typen. Möglichkeit der benutzer-individuellen Definition solcher Klassen/Typen.
  Unterstützung von Hierarchien mit Vererbung von Daten und Funktionen.

- **Bewahrung der Objekt-Identität**
  Existenz-Abhängigkeit unabhängig von den zugewiesenen Werten.
  Ein Objekt bleibt unabhängig von seinen zeitlich wechselnden Werten immer eindeutig im Gesamt-System adressierbar. Seine Identität ist nicht wiederverwendbar.
  Damit werden Konzepte unterstützt, die den Objekt-Status bzw. Lebenszyklus (Life Cycle) abbilden können.

- **Message-Anstoß**
  Ein Objekt existiert in seinem aktuellen Status. Es wartet auf einen externen Anstoß (in Form einer Nachricht = Message), aus dem eine Zustandsänderung abgeleitet wird.

Während relationale Systeme derzeit praktisch nur die Informationen über die Existenz von Beziehungen führen, vereinen die objektorientierten Systeme auch das Wissen über die Art der Beziehungen mit einer Kopplung von Daten und Funktionen:

- eine **Methode** verknüpft Daten und Prozesse.

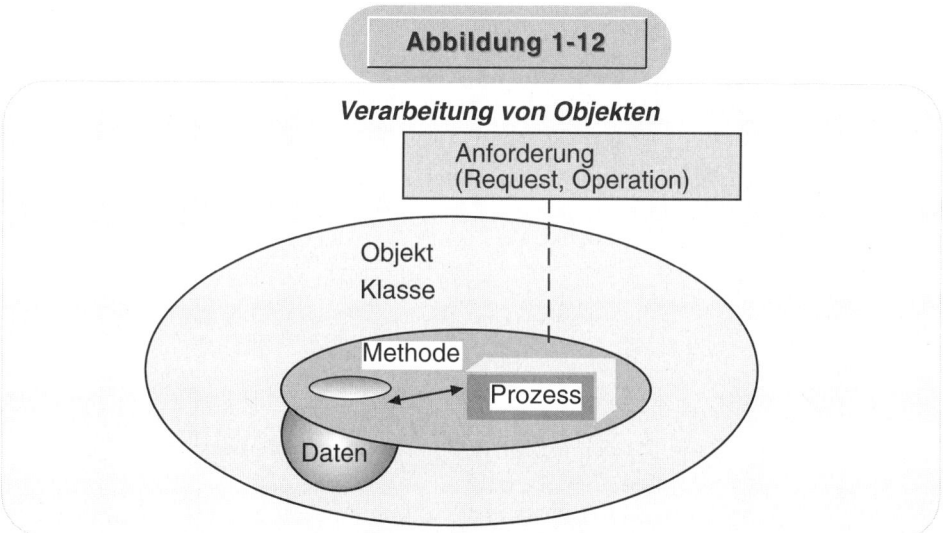

Abbildung 1-12

Verarbeitung von Objekten

Solche Systeme sind damit in der Lage, aus diversen Einzel-Daten-Elementen und funktionalen Ausprägungen zusammengesetzte globale Sichtweisen zu unterstützen (nicht nur zweidimensional, sondern auch mehrdimensional).

Kritiker dieses Ansatzes (z.B. auch Codd) argumentieren, dass ein objektorientierter Ansatz sämtliche Anforderungen kennen muss und fertige Schnittstellen zur Verarbeitung der Objekte anbieten muss. Dagegen unterstützt das Relationen-Modell sowohl die individuelle Verarbeitungsmöglichkeit auf Objektteile als auch die aggregierte Zusammenfassung in Form eines globalen Objektbezugs (allerdings immer nur in einer zweidimensionalen Darstellung).

1 Relationales Modell
1.3 Anforderungen an ein relationales DBMS

Noch einige wichtige Begriffe aus dem objektorientierten Ansatz:

Kapselung (Encapsulation) darunter versteht man das Verstecken (information hiding) der Implementierungs-Details eines Objektes vor der Benutzersicht. Der Benutzer kann nur über fest definierte Methoden über ein Objekt verfügen.

Polymorphismus darunter versteht man die objektorientierte unterschiedliche Operationsabwicklung einer bestimmten Anforderung (z.B. Neuanlage eines Objektes wird objektspezifisch ausgerichtet).
Dabei können auch Vererbungs-Mechanismen wirken (z.B. bei Einstellung eines Managers wirken Sonderregeln, bei Einstellung eines Pförtners werden Default-Maßnahmen ergriffen).

Vererbung (Inheritance) hierarchische Vererbung von Daten und/oder Methoden. Spezialfall: Mehrfach-Vererbung von unterschiedlichen Super-Typen/Super-Klassen.

Nachricht (Message) auf technischer Ebene kommunizieren Objekt-Operationen über Messages und erwarten i.d.R. eine Antwort (Request).

Binary Large Object (BLOB) Repräsentation komplexer Objekte und deren Methoden (z.B. Bild, Sprache, Multimedia usw.).

ADT (Abstrakter Daten-Typ) enthält die globale Definition der Datenstruktur, möglicher Inhalte und Verarbeitungsmöglichkeiten allgemeiner Objekte.
Es existiert eine allgemeine Schnittstelle (public), die interne Verarbeitungsmethodik bleibt gekapselt (privat).

UDT (User Defined Daten-Typ) enthält die individuelle Definition der Datenstruktur, möglicher Inhalte und Verarbeitungsmöglichkeiten privater Objekte.

Und hier noch einmal die Gegenüberstellung der Terminologie (die OO-Gemeinde möge verzeihen, dass die beiden Modell-Typen vergleichbar scheinen):

Abbildung 1-13

Gegenüberstellung der objektorientierten - und relationalen Terminologie

OO-Terminologie	Relationale Terminologie	Erläuterung
Objekt-Typ, Klasse	Entity-Typ (Domain)	Gruppe, Klasse von Objekten mit gleichartigen Eigenschaften. Lt. Chris Date entspricht eine Klasse einer Domain und nicht etwa einem Entity-Typ.
Objekt	Entity	Real existierendes, einzelnes Objekt (Gegenstand der realen Welt). Bei OO wird unter Objekt aber neben der Datenhaltung auch die Einbeziehung der Methoden verstanden.
Sub-Objekt, Sub-Klasse	Sub-Entity (Sub-Type)	Teilgruppe bzw. Untergruppe mit von anderen Gruppen abweichenden Eigenschaften.
UDT, ADT	Domain	Globale mögliche Inhalte, Eigenschaften und Operationen eines Attributs oder einer Attribut-Gruppe (bis zum Objekt-Typ).
Attribut, Variable	Attribut	Einzelne mögliche Eigenschaft eines Objektes.
Property	Property	Sämtliche inhaltlich auftretenden Eigenschaften eines Objektes
Methode, Prozedur	Funktion	Bestimmte funktionale Bearbeitung eines bestimmten Objektes.
Operation, Request	Funktions-Aufruf	Anforderung einer funktionalen Bearbeitung (Methoden-Aufruf).

1 Relationales Modell
1.3 Anforderungen an ein relationales DBMS

1.3.2.4 Fazit

Das Relationen-Modell bietet die Basis für ein umfassendes und relativ einfaches Regelwerk für die Behandlung strukturierbarer Daten sowohl aus der Sicht der Meta-Daten als auch hinsichtlich der Gewährleistung der Daten-Konsistenz bei Manipulationen unter Mengen-Aspekten.
Zwischen theoretischer Definition und technologischer Realisierung klafft aber eine große Lücke.
Wird beispielsweise das View-Konzept, wie von Codd gefordert unterstützt, lassen sich damit komplexe Objekte darstellen und hierarchisch gliedern (mit Vererbungs-Logik).
Siehe hierzu auch die Ausführungen zu Standard-SQL.

Die Objekt-Orientierung ergibt sich aus einem erweiterten Entity Relationship Modell-Ansatz, nämlich dem EERM, in dem komplexe Hierarchien, Aggregation usw. behandelt werden.
Objektorientierten Datenbank-Systemen fehlt derzeit eine standardisierte Grundlage und noch sehr viel praktische Bewährung.
Insbesondere scheint mir die im RM definierte Grundlage der Manipulation von Daten auf elementarer Ebene auch als Basis für objektorientierte Ansätze bedeutend.
Übrigens ist eine Relation eine Untermenge eines komplexen Objektes.
Es ist zu erwarten, dass relationale Systeme und objekt-orientierte Systeme parallel weiterentwickelt werden (und der Philosophie-Streit in naher Zukunft nicht enden wird).

Dies gilt auch für die sonstigen linearen Datenbank-Systeme, die sich vom Leistungs-Profil her an die modernen Entwicklungs-Trends angelehnt haben.
In letzter Zeit ist aber das Leistungs-Volumen eines Datenbank-Systems nicht mehr so bedeutend, die strategische Ausrichtung ist sehr viel relevanter (ist deshalb auch DB2 so weit verbreitet?)

Welche Strategie ist den Unternehmen heute zu empfehlen?

- Langfristig werden strukturierte Datenbanken ihre Bedeutung verlieren.
- Die Zukunft gehört der komplexen Darstellung und Ablage von Informationen.

Insgesamt ist es heute aber weiterhin wichtig, zunächst einmal die praktischen Erkenntnisse des Relationen-Modells (RM), des Entity-Relationship-Modells (ERM) mit seinen Erweiterungen (EERM) und der Strukturierten Programmierung pragmatisch einzuordnen und umzusetzen.
Insbesondere müssen sich semantische Konzepte in die Köpfe der Entwickler und Anwender festsetzen und wir müssen die 'Objekte der realen Welt' begreifen und sie in die Modellwelt der DV abbildungsmäßig umsetzen.
Doch:
Welchem Unternehmen ist es wirklich bisher gelungen, die Realität korrekt in seinen logischen Daten- und Funktions-Modellen abzubilden?

Die OO-Entwicklungen können nicht losgelöst von den bisherigen Erfahrungen und Problembereichen betrachtet werden.

Wenn Objektorientierung als erstzunehmende Methodologie behandelt werden will, gelten die folgenden **strategischen Idealvorstellungen**:

- Abbildungsmöglichkeit des Business Modells.
- Integration eines Repositories mit Versions-Unterstützung.
- Unterstützung diverser verbreiteter Methoden, Tools und Techniken.
- Leichte Integration in die bestehenden Software-Entwicklungsverfahren.
- Einbeziehung der bestehenden Software-Produktionsergebnisse.
- Unterstützung von Entwicklungsteams in allen realistischen Größen.
- Umfassende Möglichkeit der Konsistenzprüfungen von Modellergebnissen.
- Generierung von ausführbarem Code aus symbolischen Modellen.
- Wirkungsvolle Unterstützung bei der Entwicklung wiederverwendbarer Komponenten.
- Erfüllung hoher Wirtschaftlichkeits- und Effizienzanforderungen.

1.4 Standardisierung von Datenbank-Methoden und Techniken

Die Standardisierung von DV-Methoden und -Techniken hat eine sehr lange Tradition.
Inzwischen gab es eine Fülle von Standardisierungmaßnahmen.
Speziell im Bereich der Datenbanken und der Programmierschnittstellen (API = Application Programming Interfaces) existieren eine Fülle von Standards, die allerdings häufig von bestimmten Methoden und daraus ableitbaren Techniken geprägt sind.
So existieren Standards für:

- allgemeine Datenbank-Anforderungen (Ziele sind u.a.: Flexibilität und Integritätsbewahrung),
- offene Datenbank-Strukturen (Ziele: Hersteller- und Plattformunabhängigkeit),
- objektorientierte Datenbank-Strukturen (Ziele: objektorientierte Datenhaltung und -Bereitstellung).

Standards werden teilweise von staatlichen Institutionen (z.B. ANSI, ISO, DIN) mit einer bestimmten (allerdings stark eingeschränkten) juristischen Verbindlichkeit definiert und teilweise von einzelnen Herstellern oder Herstellervereinigungen de facto im Markt realisiert.

1.4.1 Standardisierungs-Organisationen

Es existieren verschiedene Standardisierungs-Kategorien und -Konsortien.

- **Standardisierungs-Gremien/Konsortien** (Auszug)
    - Formelle Standard-Organisationen
        - ANSI   American National Standards Institute.
        - DIN   Deutsches Institut für Normung.
        - ISO   International Standards Organization.

    - Organisationen zur Unterstützung der formellen Standardisierung
        - CODASYL   Conference on Data Systems Languages.
        - IEEE   Institute of Electrical and Electronics Engineers.

    - Industrie-Standardisierungsgremien (de facto Standards)
        - NIST   National Institute of Standards and Technologie
        - OMG   Object Management Group.
            - ODMG   Object Database Management Group (Untergruppe von OMG).
        - OSF   Open Software Foundation.
        - X/OPEN   X/OPEN Company Ltd.

1.4.2 Wichtige allgemeine Standards

- **Wichtige Standards** (Auszug)
    - **Architekturen, offene Strukturen**
        - OSF/1 von OSF   UNIX-OS, konform mit POSIX- und X/OPEN Common-API-Standards.
        - UNIX von USL   UNIX von Unix System Laboratories.
        - OSI-Referenz-Modelle Layer-Konzept mit ISO-Normung.
        - POSIX   Portable Operating System Interface.
        - TCP/IP   Transmission Control Protocol/Internet Protocol.
        - FIPS   Federal Information Processing Standards.

    - **Portabilität von Anwendungen in distributed Systems (Middleware)**
        - DCE von OSF   Distributed Computing Environment.
        - CAE von X/OPEN   Common Applications Environment.
        - CORBA von OMG   Object Request Broker der Object Management Group.
        - Open Blueprint von IBM Objektorientiertes Planungs- und Strategiepapier.
        - XDCS von X/OPEN   Distributed Computing Services.

    - **Entwicklungs-Frameworks** (auf der Basis existierender Standards)
        - AES von OSF   Application Environment Specification.
        - DME von X/OPEN   Distributed Management Environment.
        - UML von OMG   Unified Modeling Language.

1 Relationales Modell
1.4 Standardisierungsbemühungen

- **Standard-Kategorien** (Auszug)
  - **De Jure Standards**
    - OSI-Standards
    - POSIX
    - X25

  - **De Facto Standards**
    - OSF-Motif
    - Postscript
    - MS-DOS
    - Windows.

1.4.2.1   Datenbank-Standards

Folgende relevante Datenbank-Standards existieren derzeit:

- **Allgemeine Datenbank-Standards/ Open Databases**
  - ANSI/SPARC: CODASYL 3-Schemata-Modell ab 1972
  - ISO-Refererence Model ab 1981

- **IRDS - Information Resource Dictionary Systems Standards**
  - Standards für die Behandlung von Metadaten:
    - ANSI   X3.138   Information Resource Dictionary System
            X3.185   IRDS Services Interface
            X3.195   IRDS Export/Import File Format
    - ISO   IEC 10027 IRDS Framework
            IEC 8800   IRDS Services Interface
            IEC 10728 IRDS Services Interface.

- **Relationale Standards**
  - SQL-Standards (Structured Query Language) von 1987, 1989 und 1992:
    - ANSI   X3.135
    - ISO   9075
    - FIPS   127

- **Objektorientierte Standards**
  - ODMG-2 - Object Database Standard der Object Database Management Group:
    - ODL   Object Definition Language auf Basis der OMG Interface Definition Language (IDL)
    - OQL   Object Query Language auf Basis der SQL-Standards von 1992 (SELECT-Ausschnitte)
    - Language Bindings für C++ und Smalltalk, Java.

- **Verteilte Datenbanken**
  - RDA - Remote Database Access
    - ISO   9579   RDA - Remote Database Access
    - IBM   DRDA   Distributed Relational Database Architecture (Protokoll)

- **Open Databases**
  - CLI   SAG   SQL Access Group mit CALL Level Interface
  - Microsoft ODBC   Open Database Connectivity, basierend auf SAG CLI
  - Borland   ODAPI   Open Database Application Programming Interface
               IDAPI   Integrated Database Application Programming Interface

1.4.2.1.1 ANSI/SPARC 3-Schemata-Modell

Parallel zu den Entwicklungsaktivitäten der RDBMS-Hersteller versuchte das amerikanische Standardisierungsinstitut *(ANSI)* im Jahre 1975 durch Veröffentlichung einer Studie der Architektur von Datenbank-Management-Systemen einen standardisierten Rahmen aufzuerlegen.

Das vorgelegte Konzept des Standard Planning and Requirements Committee *(SPARC)*, einem Unterausschuss von ANSI - vergleichbar mit dem deutschen DIN-Ausschuss-, sieht die Existenz von *3 Schemata* vor. Die beschreibenden Daten (Metadaten) dieser Ebenen werden in einem Data Dictionary (DD) bereitgehalten.
Folgende Ebenen wurden definiert:

- **externes Schema**   mit der Sicht der System-Benutzer,
- **konzeptionelles Schema**   mit der Unternehmenssicht der Informationszusammenhänge und
- **internes Schema**   mit den internen Ablage- und Zugriffsregeln.

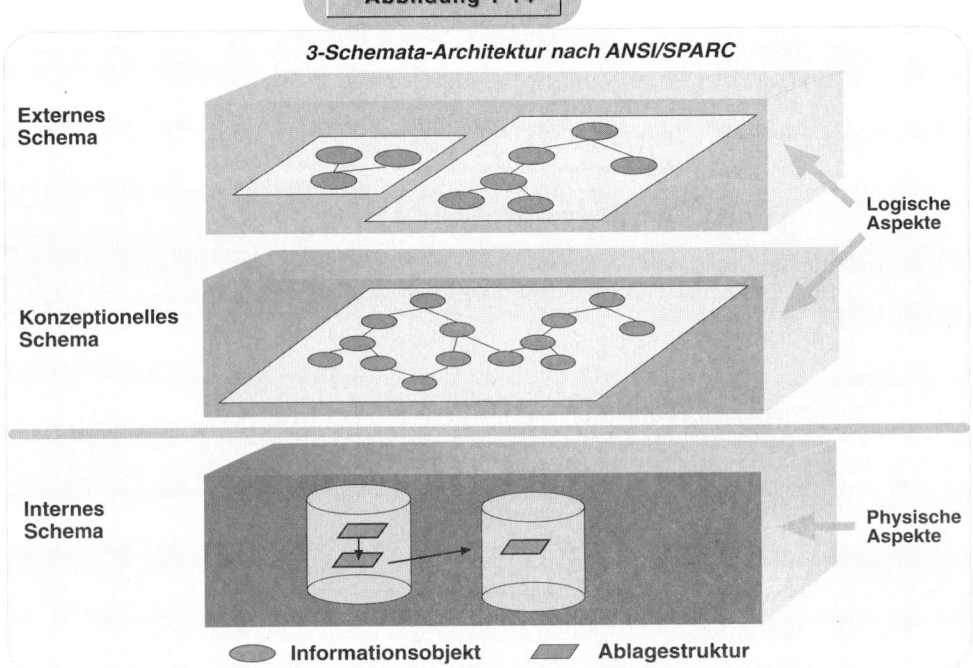

Abbildung 1-14: 3-Schemata-Architektur nach ANSI/SPARC

Diese 3-Schemata-Architektur nimmt eine hervorragende Bedeutung ein, da durch strikte Abgrenzung der Ebenen eine hohe *Portabilität* der Anwendungen und eine *Abgrenzung der logischen und physischen Anwendungsaspekte* erreichbar sind.

Dieses 3-Schemata-Modell wurde zunächst nur von den Netzwerk-Datenbank-Herstellern, deren Produkte auch CODASYL-Datenbanksysteme genannt werden, eingehalten.
Das Codd'sche relationale Modell kannte dagegen zunächst nur die Existenz von zwei Ebenen:

- **logische Ebene**   mit der Sicht der System-Benutzer
- **physische Ebene**   mit der Sicht der System-Hersteller und System-Spezialisten.

Es hat sich aber gezeigt, dass die empfohlenen 3-Ebenen sowohl für die Hersteller von Datenbank-Systemen als auch für die Entwickler von DV-Anwendungs-Systemen einen hohen Nutzen erbringen. Außerdem ist eine Aufteilung der logischen Aspekte hinsichtlich der Meta-Daten und der Benutzer-Sichten erforderlich. So wurde von Codd im Relationen Modell (Version 2) wie selbstverständlich ein 3-Ebenen-Modell definiert.

1 Relationales Modell
1.4 Standardisierungsbemühungen

1.4.2.1.2 SQL-Standards

SQL ist seit dem Jahre 1986 international genormt (ANSI und ISO).

Folgende Entwicklungen sind relevant (es ist zu beachten, dass DB2 zum Teil reduzierte Funktionalitäten und syntaktische Abweichungen aufweist):

- **1986 ISO-Standardisierung (SQL86)**   ANSI X3.135-1986, ISO 9075:1987
  Grundsätzliche Festlegung der Sprach-Mittel.

- **1989 Erweiterungen hinsichtlich der Daten-Integrität (SQL89)**   ANSI X3.135-1989, ISO 9075:1989
  Grundsätzliche RI-Unterstützung, DEFAULT - und CHECK-Klausel.

- **1992 Generelle Sprach-Erweiterungen (SQL2)**   ANSI X3.135-1992, ISO 9075:1992
  Erhebliche Sprach-Erweiterungen in 3 Stufen:
  - Entry-Level,
  - Intermediate Level,
  - Full Level.

- **Derzeit noch in Entwicklung: Geplante Erweiterungen (SQL3)**
  Abstrakte Daten-Typen, Generalisierte Tables, Trigger und Assertions, verschachtelte Objekte, Objektorientierung. SQL-Standards existieren in verschiedensten Ausprägungen.

Es folgt eine Auflistung relevanter verabschiedeter Standards:

- **ANSI X3.135**
  - X3.135-1986   ANSI SQL-86 entspricht ISO SQL-87
  - X3.135-1989   ANSI SQL-89 entspricht ISO SQL-89
  - X3.135-1992   ANSI SQL-92 entspricht ISO SQL-92 (auch als SQL2 bezeichnet)
  - X3.135.10-1998   SQL Teil 10: Object Language Binding (SQL/OLB); entspricht einer SQL3-Untermenge

- **ISO 9075**
  - 9075:1987   ISO SQL-87 entspricht ANSI SQL-86
  - 9075:1989   ISO SQL-89 entspricht ANSI SQL-89
  - 9075:1992   ISO SQL-92 entspricht ANSI SQL-92 (auch als SQL2 bezeichnet)
  - 9075-3-1995   SQL Teil 3: SQL CALL Level Interface (SQL/CLI); entspricht einer SQL3-Untermenge
  - 9075-4-1996   SQL Teil 4: Persistent Stored Modules (SQL/PSM); entspricht einer SQL3-Untermenge

- **FIPS 127**
  - 127-0   entspricht ANSI SQL-86 bzw. ISO SQL-87
  - 127-1   entspricht ANSI SQL-89 bzw. ISO SQL-89 (aber ohne Integritäts-Erweiterungen)
  - 127-2   entspricht einem Interims-Level zwischen ANSI SQL-92 bzw. ISO SQL-92

- **FIPS 193**
  - 193   entspricht SQL3 und dem dort vereinbarten Standard-Level.

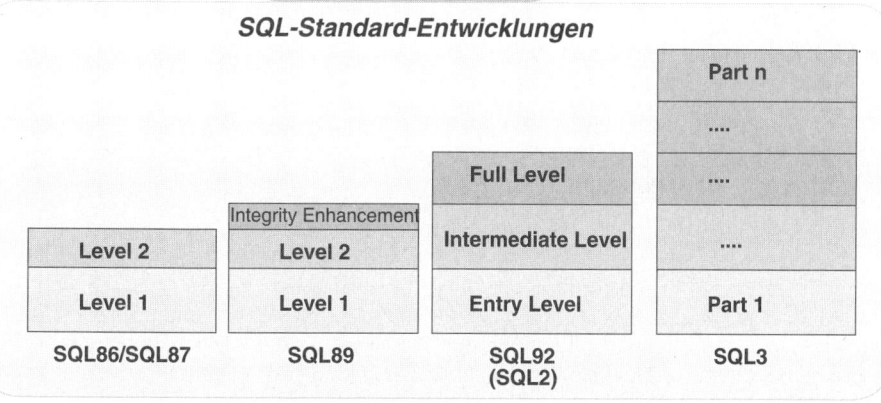

Abbildung 1-15

SQL-Standard-Entwicklungen

1 Relationales Modell
1.4 Standardisierungsbemühungen

Die verschiedenen SQL-Standards verfügen über folgende Level:

SQL 86 / SQL 87	Level 1, Level 2	
SQL 89	Level 1, Level 2, Integritäts-Erweiterungen	
SQL 92 (SQL2)	Entry Level, Intermediate Level, Full Level.	
SQL3	Die Entwicklung dieses komplexen Standards ist noch nicht abgeschlossen:	
	Part 1: Framework	Framework for SQL (Definition des Standards)
	Part 2: Foundation	Database Language SQL (Sprach-Konzepte)
	Part 3: SQL/CLI	Call Level Interface
	Part 4: SQL/PSM	Persistent Stored Modules (Stored Procedures)
	Part 5: SQL/Bindings	Host Language Bindings
	Part 6: SQL/Transaction	XA Specialization (verteilte Transaktions-Verarbeitung)
	Part 7: SQL/Temporal	Temporal SQL
	Part 9: SQL/MED	Management of External Data (Extended Objects)
	Part 10: SQL/OLB	Object Language Binding (entspricht SQLJ)

Es folgen einige Detail-Darstellungen wesentlicher SQL-Standard-Entwicklungen:

- **SQL89**
  - DEFAULT-Klausel zur Vorgabe von Default-Werten:
    ```
    CREATE TABLE MITARBEITER
        ( .......
        LEDIG    CHAR    (1)    DEFAULT ('J') .....
    ```

  - CHECK-Klausel zur Prüfung von Werten:
    ```
    CREATE TABLE MITARBEITER
        ( .......
        GEHALT DEC       (9,2)   CHECK GEHALT >= 1000 AND GEHALT <= 10000,
        EINDAT DATE,
        AUSDAT DATE              CHECK AUSDAT > EINDAT  .....
    ```

  - Basis-RI-Unterstützung.

- **SQL92 bzw. SQL2**
  - **Entry-Level**
    - Unterstützung reservierter Worte
      ```
      SELECT   "DATE", "CORRESPONDING"
         FROM  "COUNT"
      ```

    - Spalten-Name frei wählbar
      ```
      SELECT    SEMCODE       AS SEMINAR_CODE,
                AVG (DAUER)   AS DDAUER
         FROM   SEMTYP
      ORDER BY  DDAUER, SEMINAR_CODE
      ```

    - SQLSTATE - Unterstützung eines einheitlichen Status-Code (Return Code).

  - **Intermediate Level**
    - Unterstützung von DATE, TIME, TIMESTAMP (inkl. Funktionen).
      Diverse Sprach-Erweiterungen: Outer Join, Natural Join, Union Join, Intersect und Except, Concatenation, Substring, Coalesce und Nullif.
      Diverse Konvertierungs-Funktionen. Erweiterte View-Unterstützung.

    - Unterstützung von Domains
      ```
      CREATE   DOMAIN DGEHALT IS DEC (9,2) NOT NULL
                      DEFAULT (0)
                      CHECK VALUE >= 1000 AND VALUE <= 10000 ;

      CREATE   TABLE MITARBEITER
               ( .......
               GEHALT        DGEHALT
      ```

1 Relationales Modell
1.4 Standardisierungsbemühungen

- CASE-Verarbeitung
  ```
  CASE (LEDIG)
      WHEN    ('J') THEN   'Einsam, aber glücklich'
      ELSE                 'Verheiratet'
  END CASE
  ```

- Dynamisches SQL.

- **Full Level.**
  - Volle Unterstützung der DateTime-Formate mit Zeitzonen-Behandlung.

  - Vorwärts- und Rückwärts-Rollen des Cursors
    ```
    FETCH   NEXT
    FETCH   PRIOR
    FETCH   RELATIVE + 3
    FETCH   ABSOLUTE + 7
    FETCH   LAST
    ```

  - Spalten-Gruppen-Verarbeitung
    ```
    WHERE        (T1.COL1, T1.COL2)  >   (T2.COL1, T2.COL2)
    entspricht   T1.COL1             >   T2.COL1  OR
                 (T1.COL1            =   T2.COL1  AND
                 T1.COL2             >   T2.COL2)
    ```

  - Temporäre Result Tables können in der FROM-Klausel angefordert werden.

  - Sub-Query in CHECK-Klausel (z.B. wichtig bei Zeitraum-Konzepten)
    ```
    CREATE   TABLE MITARBEITER
             (PNR         SMALLINT,
              GILTAB      DATE,
              GILTBIS     DATE,
              ABT_NR      SMALLINT,
                 CHECK    (EXISTS  SELECT *   FROM ABTEILUNG
                                   WHERE   MITARBEITER.ABT_NR = ABTEILUNG.ABT_NR
                                   AND     MITARBEITER.GILTAB >= ABTEILUNG.GILTAB
                                   AND     MITARBEITER.GILTBIS <= ABTEILUNG.GILTBIS)
             ......).
    ```

  - Assertion (einfache standalone CHECK-Klausel)
    ```
    CREATE   ASSERTION ZUORDNUNG_ABTEILUNG
             (PNR         SMALLINT PRIMARY KEY,
                 CHECK    (EXISTS  SELECT *   FROM ABTEILUNG
                                   WHERE   MITARBEITER.ABT_NR = ABTEILUNG.ABT_NR
                                   AND     MITARBEITER.GILTAB >= ABTEILUNG.GILTAB
                                   AND     MITARBEITER.GILTBIS <= ABTEILUNG.GILTBIS))
    ```

  - UPPER und LOWER-Funktionen
    ```
    WHERE  UPPER (RVNAME) =    'HUGO'
    findet                     'HUGO' , 'Hugo' , 'hugo'  'hUgO'  usw.
    ```

  - Explizites Aussetzen von RI-Konstrukten
    ```
    SET CONSTRAINTS OFF    Temporäres Aussetzen.
    SET CONSTRAINTS ON     Temporäres Aktivieren (automatisch mit COMMIT).
    ```

  - Selbst referenzierender Update, Delete auf gleiche Table.

1 Relationales Modell
1.4 Standardisierungsbemühungen

- **SQL3 (grober Auszug)**

    - Unterstützung von generalisierten Objekt-Hierarchien (Super- und Sub-Tabellen) mit Vererbung von Attributen von der Super auf die Sub-Tabelle und Änderungsmöglichkeit genereller Attributinhalte auf Sub-Tabellen-Ebene.

        - Benutzerdefinierte Daten-Typen mit komplexen Strukturen und der Möglichkeit, über Funktionen diese Daten-Typen zu kapseln.

        - Benutzerdefinierte Funktionen. Damit besteht die Möglichkeit, in einem SQL-Statement programmierte Funktionen zu aktivieren, die auch lokale Variablen nutzen können.

        - Neue Join-Typen:
            - JOIN USING PRIMARY KEY
              Tabellen mit gleichem Primärschlüssel (wichtig für generalisierte Objekt-Hierarchien) werden über ihre PKs verknüpft.
            - JOIN USING FOREIGN KEY
              Tabellen mit korrespondierenden PK-FK-Schlüsseln werden verknüpft (im SQL-Statement brauchen die einzelnen Schlüsselbestandteile nicht mehr vorgegeben zu werden).

        - Unterstützung von rekursiven Beziehungen (Stücklistenauflösungen) durch RECURSIVE UNION.

        - Erweiterung der Unterstützung von referenziellen Regeln und Maßnahmen:
          Bei Manipulation des FKs können Aktionen auf den PK definiert werden. So kann z.B. vereinbart werden, dass zu einem Seminartyp zumindest ein Seminar gehören muss. Wird das letzte bzw. einzige Seminar gelöscht, wird auch der Seminartyp gelöscht:
          CREATE TABLE SEMINAR ....
              FOREIGN KEY (SEMCODE) REFERENCES PENDANT SEMTYP

        - Unterstützung von partiellen Rollback-Maßnahmen innerhalb einer UOR
          Innerhalb einer UOR können Sicherungspunkte (Savepoints) definiert werden, die ein Teilzurückrollen von Veränderungen innerhalb der UOR unterstützen:
          ROLLBACK TO savepoint.

        - Unterstützung von Trigger.
          Mit einem Trigger können Zustandsveränderungen von Daten (Ereignis) mit Aktionen verbunden werden.
          Mögliche Ereignisse sind:
            - INSERT und DELETE einer Zeile,
            - UPDATE einer Spalte.
          Der Zeitpunkt des Aktionsanstoßes kann beeinflusst werden (BEFORE, AFTER).
          Es kann definiert werden, ob die Aktion einmalig oder mit jeder betroffenen Zustandsveränderung durchgeführt wird (FOR EACH ROW).

1.4.3 Die Auswirkungen der bisherigen Standardisierungsmaßnahmen

Die Prinzipien relationaler und objektorientierter Methoden und Prinzipien wachsen zunehmend zusammen.
So finden sich im Rahmen der Standardisierungsbemühungen von SQL3 Funktionalitäten zur Bereitstellung und Manipulation von komplexen Objekten.

Die folgende Abbildung zeigt einen Ausschnitt als Beispiel solcher Lösungsansätze:

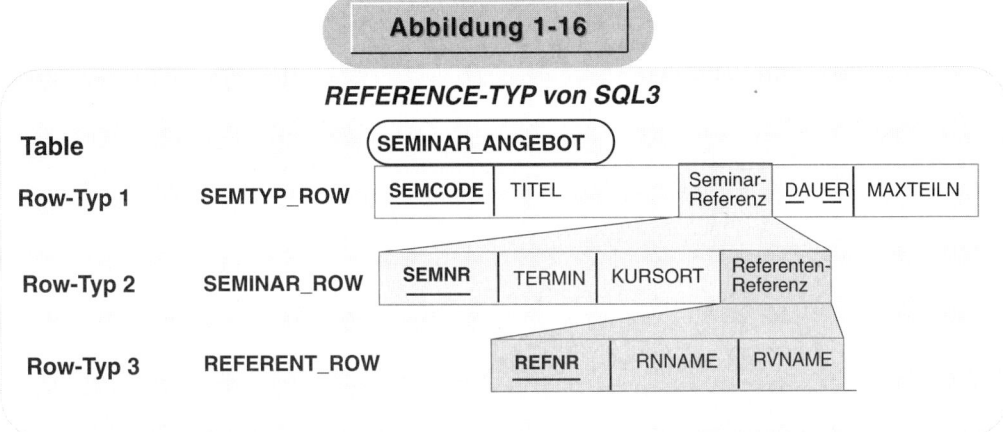

Abbildung 1-16

In diesem Fall wird einer Tabelle ein Set von verschiedenen Row-Typen zugeordnet.

Die relevante Syntax wäre dann z.B. zur Definition dieser verschachtelten Objekte:

```
CREATE ROW TYPE REFERENT _ROW (
        REFNR           INT,
        RNNAME          CHAR    (35),
        RVNAME          CHAR    (35) );

CREATE ROW TYPE SEMINAR _ROW (
        SEMNR           INT,
        TERMIN          DATE,
        KURSORT         CHAR    (50),
        REFERENT        REFERENT_ROW);

CREATE ROW TYPE SEMTYP_ROW (
        SEMCODE         CHAR    (15),
        TITEL           CHAR    (100),
        SEMINAR         SEMINAR_ROW,
        DAUER           ....    );

CREATE TABLE TYPE SEMINAR_ANGEBOT
        OF              SEMTYP_ROW
        PRIMARY KEY     SEMCODE;
```

2 DB2-System-Aufbau
2.1 DB2-System-Komponenten und Zusatz-Produkte
2.1.1 DB2-System-Komponenten

DB2 UDB for OS/390 besteht aus folgenden integrierten Systemkomponenten:

- **DB2**   relationales Datenbank-Basisprodukt.
- **SQL**   relationale Sprachschnittstelle.
- **DB2I**   interaktive Entwicklungs- und Ausführungsumgebung.
- **Integrierte Tools:**
  - **UDB Control Center**   Workstation-basierende Verwaltung der System-Komponenten
  - **UDB Installer**   Workstation-basierende Installation von DB2
  - **Stored Procedures Builder**   Entwicklungsumgebung für Stored Procedures mit eigenen Stored Procedure Sprachmitteln
  - **Visual Explain**   Workstation-basierende grafische Analyse der Optimizer-Zugriffspfadentscheidungen
  - **Visual Estimator**   Workstation-basierende Simulation der System-Kapazitäten und der definierbaren Workload-Aufwendungen
- **Extenders**   Speicherungs- und Zugriffsfunktionen für komplexe Objekte:
  - Text
  - Bild
  - Video und Audio.
- **Net.Data for OS/390**   Entwicklungs-Toolkit für die Web-Anwendungsentwicklung mit:
  - Unterstützung von HTML
  - Bereitstellung eines Common Gateway Interfaces (CGI).
- Schnittstellen für:
  - **TSO**-Dialogmanager,
  - **IMS**-TP-Monitor (IMS/ESA Version 6)
  - **CICS**-TP-Monitor (CICS/ESA Version 4; CICS Transaction Server for OS/390 Release 1)
  - **OS/390-Batch**anwendungen.
- Sprachschnittstellen für Programmiersprachen:
  - **Ada, APL2, Assembler, Basic, C, C++, Cobol, Fortran, Java, PL/I, PROLOG, REXX** und **SMALLTALK**
- Schnittstellen für Entwicklungstools:
  - **Application System (AS), VisualAge** (COBOL und PL/I)

2.1.2 DB2-Zusatz-Produkte von IBM
2.1.2.1 MVS- bzw. OS/390-Plattform

IBM bietet eine Fülle von Zusatzprodukten innerhalb des DB2-OS/390-Umfeldes an, wie:

- Query Management Facility (**QMF**) für Abfragen und Berichte (auch unter Windows verfügbar).

- **DB2 Buffer Pool Tool** für die Steuerung und Kontrolle der DB2-Bufferpools.

- **DB2 Administration Tool** für die Steuerung und Verwaltung von Katalog-Aktiväten.

- DB2 Performance Monitor (**DB2PM**) für die Ausführungs-Überwachung und das System-Tuning.

- Database Propagator (**DPROP**) für die Synchronisation zwischen IMS-Datenbank- und DB2-Tabellen-Veränderungen (nur IMS-TM) und **Data/Refresher** für die Unterstützung von Redundanzen (Replikate).

2.1.2.2 Workstation-Plattform

IBM bietet inzwischen auch für DB2 unter OS/390 Workstation-basierte Tools an. Dazu gehören die vorab unter "DB2-System-Komponenten - Integrierte Tools" ausgewiesenen Produkte und z.B.:

- **DataHub**-Plattform unter OS/2, mit der eine heterogene Client-Server-Umgebung verwaltet werden kann.

- DB2 Performance Monitor (**DB2PM**) für Ausführungs-Überwachung und System-Tuning unter OS/2 oder Windows. Ein Internet-Anschluss ist unterstützt.

2.1.3 Sonstige Tools von IBM

Über die SQL-Schnittstelle (und ausschließlich über diese, soweit sie nicht systeminterne Aufgaben abdecken) bietet DB2 Anschlussmöglichkeiten für diverse Software-Tools.
So kommunizieren eine Reihe von IBM-Produkten mit DB2.
Dies sind z.B. aus dem Angebot der IBM:

- Entwicklungswerkzeuge für professionelle Anwendungsentwicklung

    - Anwendungs-Generatoren:
        - Client/Server Programmier-Tool **VisualAge**

- Endbenutzerwerkzeuge
    - Query Management Facility (**QMF**) - bereits unter Zusatzprodukte aufgeführt
    - Application System (**AS**).

2.1.4 Sonstige Tools diverser Software-Hersteller

Eine Vielzahl von Software-Herstellern wird die SQL-Schnittstelle bei bestehenden und künftigen Software-Produkten berücksichtigen.

2.1.4.1 Entwicklungswerkzeuge für die PAEs

Einige Beispiele von Software-Produkten für die Unterstützung der professionellen Anwendungs-entwicklung (PAE):

- **Unterstützung bei der Editierung von SQL-Queries:**
    - **CA-ProEdit**   - von Computer Associates (CA)
    - **File-AID for DB2**   - von Compuware
    - **RC/QUERY**   - von Computer Associates (früher: Platinum)
    - **SQL EASE**   - von Computer Associates (früher: Platinum)

- **Unterstützung bei der Fehleranalyse**
    - **Abend AID for DB2**   - von Compuware
    - **XPEDITER for DB2**   - von Compuware

- **Unterstützung bei der Performance-Analyse von SQL-Queries:**
    - **CA-ProOptimize**   - von Computer Associates
    - **DB®/EXPLAIN for DB2**   - von Candle
    - **DB/IQ**   - von INSOFT
    - **File-AID for DB2**   - von Compuware
    - **PATROL®SQL-Explorer™**   - von BMC
    - **PLAN ANALYZER**   - von Computer Associates (früher: Platinum)

2.1.4.2 Verwaltungswerkzeuge für die DBADMs

Einige Beispiele von Software-Produkten für die Unterstützung der Datenbank-Administratoren (DBADMs):

- Unterstützung bei der Verwaltung des DB2-Kataloges:
  - ALTER® for DB2 — von BMC
  - Catalog Facility — von Computer Associates (früher: Platinum)
  - CATALOG MANAGER for DB2 — von BMC
  - DB-Delivery — von Computer Associates (früher: LEGENT)
  - DB®/WORKBENCH for DB2 — von Candle
  - Main View — von BMC (früher: Boole & Babbage)
  - PATROL — von BMC

- Unterstützung bei der Produktionsübernahme von Objekten
  - CHANGE MANAGER — von BMC
  - DB/IQ-MA — von INSOFT
  - DB®/QUICKCOMPARE for DB2 — von Candle
  - DB®/QUICKCHANGE for DB2 — von Candle
  - ENDEVOR — von Computer Associates (früher: LEGENT)
  - SBtoolkit™ — von SOFTWORKS

- Unterstützung bei Datensicherheitsaspekten (COPY, RECOVERY)
  - CDB/SuperCopy — von CDB Software Inc.
  - COPY PLUS for DB2 — von BMC
  - DB®/SMU for DB2 — von Candle
  - RECOVER PLUS for DB2 — von BMC
  - RECOVERY MANAGER for DB2 — von BMC

- Unterstützung beim Laden von Daten (LOAD)
  - CDB/SuperRestore — von CDB Software Inc.
  - CDB/SuperUnload — von CDB Software Inc.
  - CDB/SuperLoad — von CDB Software Inc.
  - DataMove — von BMC
  - LOADPLUS for DB2 — von BMC
  - UNLOAD PLUS® for DB2 — von BMC

- Unterstützung zur optimalen Datenspeicherung
  - CDB/SuperReorg — von CDB Software Inc.
  - CONCURRENT REORG — von BMC
  - DASD MANAGER PLUS for DB2 — von BMC
  - DB®/DASD for DB2 — von Candle
  - DB®/SMU for DB2 — von Candle
  - REORG PLUS for DB2 — von BMC

- Komprimierungs-Tools
  - DATA PACKER for DB2 — von BMC
  - DATACOMPRESSOR — von Computer Associates (früher: Platinum)

- Performance-Tools
  - ACTIVITY MONITOR for DB2 — von BMC
  - InTune — von BMC (früher: Boole & Babbage)
  - Insight for DB2 — von Computer Associates (früher: LEGENT)
  - OMEGAMON II® for DB2 — von Candle
  - PATROL — von BMC.

2.2 Betriebssystem-Komponenten
2.2.1 OS/390-System-Schichten

DB2 wird als **OS/390-Subsystem** installiert.
Das OS/390-System basiert auf einem Schichten-Konzept, das eine klare Aufgabenverteilung vorsieht:
Folgende Schichten sind relevant:

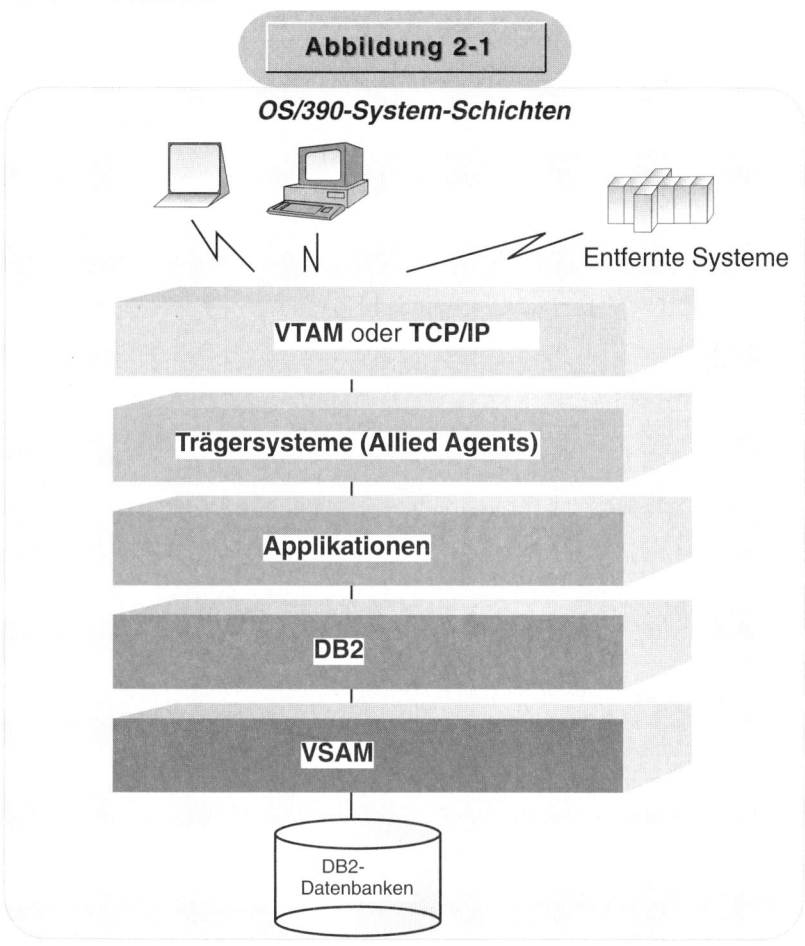

Abbildung 2-1: OS/390-System-Schichten

- **VTAM** übernimmt die physische Kommunikation mit Terminals und anderen DV-Systemen auf der Basis logischer SNA-Protokolle.
- **TCP/IP** Transmission Control Protocol/Internet Protocol - Alternative zu VTAM.

- **Trägersysteme (Allied Agents)** steuern die Anwendungen (Applikationen):
  - TP-Monitore für die Abwicklung von Online-Transaktionen,
  - Dialog-Manager für die Abwicklung von Timesharing-Aufgaben,
  - Batch für die Abwicklung von Massenhintergrundarbeiten.

- **Applikationen** übernehmen die individuellen Programm-Aufgaben.

- **DB2** übernimmt die relationale Datenbankverwaltung.

- **VSAM** übernimmt die physische Verwaltung der Plattendaten.

2.2.2 DB2-Subsystem (Lokation oder Server)

DB2 führt seine Ressourcen in einem DB2-Subsystem, auch als Lokation bzw. Server bezeichnet. Ein DB2-System wird in der Rolle einer OS/390-Komponente als **Subsystem** bezeichnet. Steht ein DB2-System als Knoten innerhalb eines Netzwerk-Verbundes mit anderen Knoten in Verbindung, spricht man von **Lokation** bzw. **Server**.

In einem OS/390-System können eine oder mehrere Subsysteme (Lokationen) eingerichtet werden.

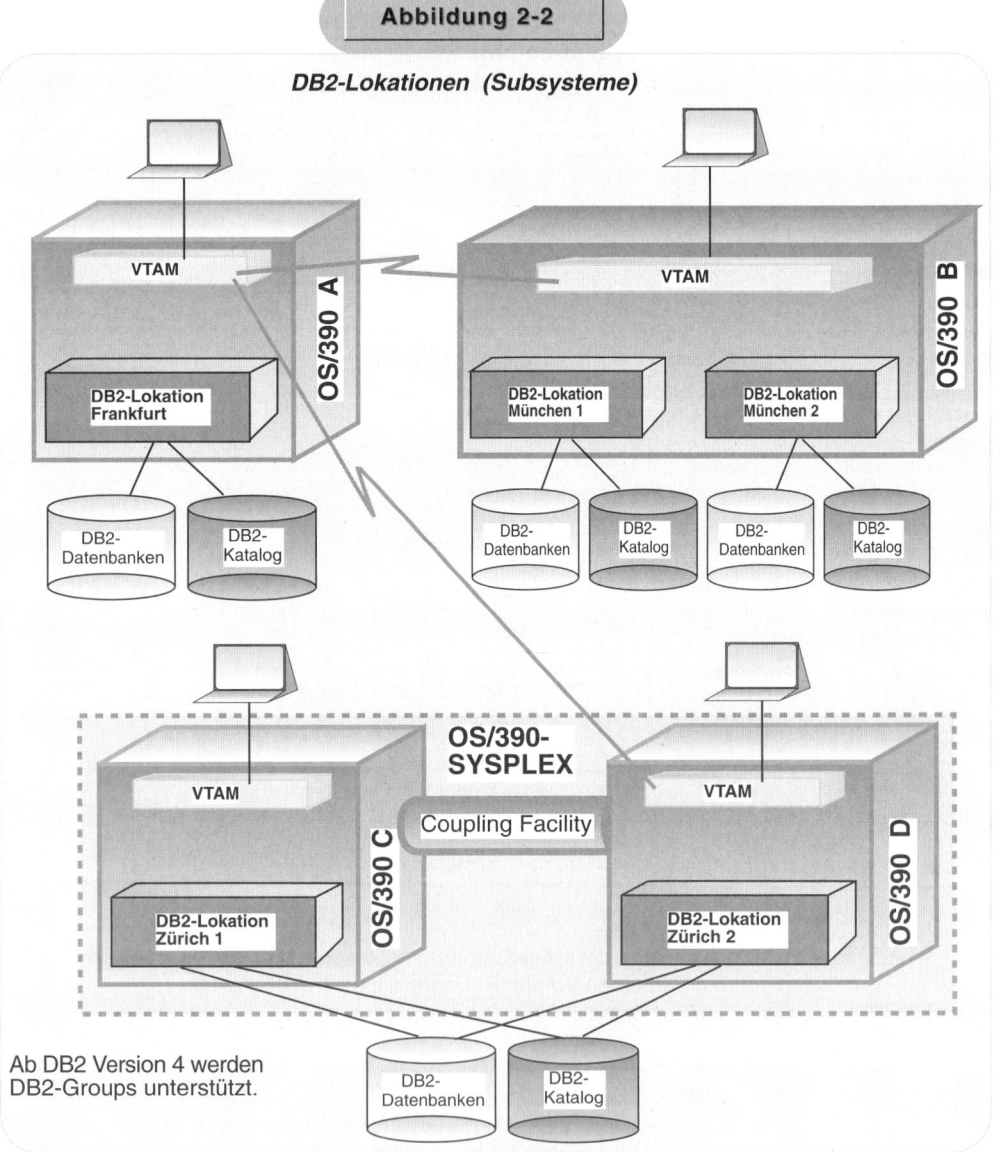

Abbildung 2-2

Innerhalb einer Lokation speichert DB2 seine lokalen Ressourcen im **DB2-Katalog**. Verschiedene Lokationen können miteinander in Verbindung treten.
So können beispielsweise SQL-Statements in der Lokation Frankfurt ablaufen und Datenanforderungen (**Requests**) an die Lokation München (**remote System**) stellen.

2 DB2-System-Aufbau
2.2 Betriebssystem-Komponenten

Grundsätzlich können DB2-Daten in drei unterschiedlichen Systemformen auftreten:

- **Zentrale Datenhaltung aller DB2-Daten in einem einzigen DB2-Subsystem**
  In diesem Fall gibt es keine Verbindung eines DB2-Systems zu anderen DB2-Systemen.

- **Verteilung der Daten innerhalb eines Netzwerks (distributed databases)**
  Ein oder mehrere DB2-Lokationen (nicht nur OS/390) können miteinander verbunden werden.
  In Zukunft sollen - bezugnehmend auf DRDA - verstärkt auch andere RDBMS in die Verarbeitungsmöglichkeit eingebunden werden.
  VTAM übernimmt im OS/390-Bereich die Kommunikation zwischen den Lokationen und übermittelt die entsprechenden Nachrichten an die beteiligten Systeme.
  Jede DB2-Lokation hat ihre lokale Autonomie. Im lokalen Katalog werden alle lokalen Ressourcen geführt und das lokale System übernimmt die Verantwortung für die Integrität der lokalen Daten.

  Jede Lokation hat ihren eindeutigen Lokations-Namen (bis zu 16 Stellen).

- **Gemeinsame Nutzung von DB2-Daten aus unterschiedlichen OS/390-Systemen (data sharing)**
  Es wird eine DB2 Data Sharing Group definiert, deren Gruppenmitglieder (Member) Zugriff auf dieselben Daten haben (inkl. Katalog und Directory).
  Data Sharing benötigt einen OS/390-Sysplex, d.h. eine Gruppe von Zentralprozessoren wird von einer Gruppe von OS/390-Systemen innerhalb einer Verarbeitungseinheit genutzt.
  In diesem Fall werden die Kommunikationsanforderungen zwischen den OS/390-Systemen (und DB2-Subsystemen) vom OS/390 Coupling Facility gesteuert.

Natürlich kann die Verteilung und gemeinsame Nutzung von DB2-Daten auch kombiniert werden. So zeigt die Abbildung 2-2 grob auf, dass die gemeinsam genutzten Daten in Zürich auch von Frankfurt aus im Zugriff stehen können. Diese Kommunikation wird dann netzwerkintern von VTAM übernommen, während innerhalb des OS/390-Sysplexes in Zürich das OS/390 Coupling Facility wirkt.

Details zu den einzelnen Systemformen folgen im Verlauf dieses Kapitels.

2.2.3 DB2-Adressraum-Konzept

Innerhalb eines OS/390-Systems belegt DB2 für ein Subsystem mehrere Adressräume, die miteinander kommunizieren und Anforderungen von sonstigen Systemen annehmen.

Anforderungen können von TP-Monitoren, Dialogmanager oder OS/390-Batch-Programmen gestellt werden (Trägersysteme bzw. Allied Agents).

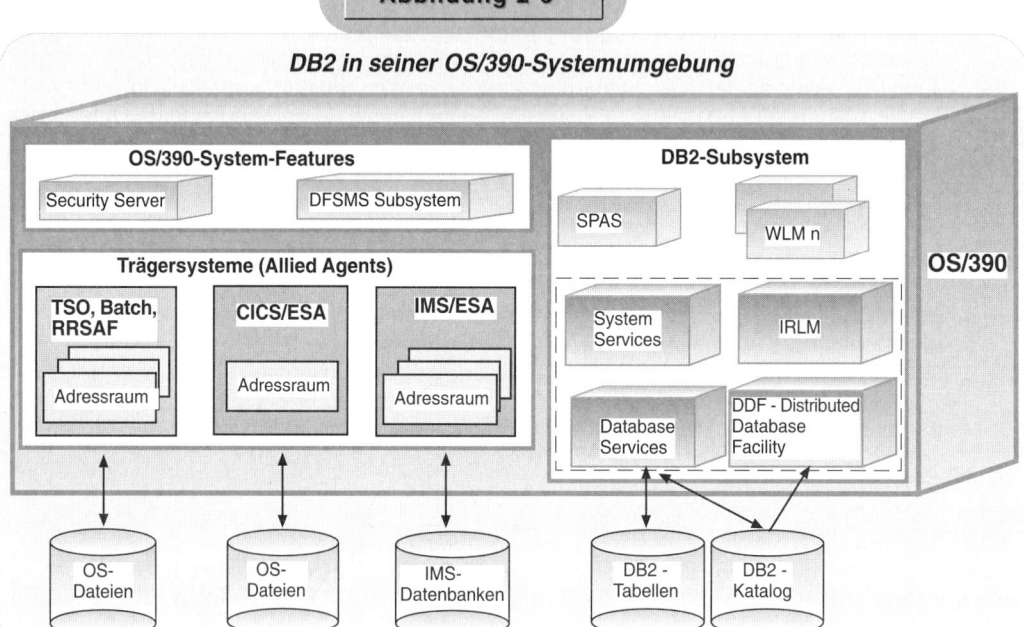

Abbildung 2-3

DB2 in seiner OS/390-Systemumgebung

Die Adressraumstrukturen der einzelnen Trägersysteme unterscheiden sich je nach Typ.

Ein DB2-Subsystem besteht aus folgenden Adressräumen:

- **System-Dienste (System services)**
  Kommunikation mit anderen Adressräumen außerhalb des DB2-Systems und innerhalb des DB2-Systems.

- **Datenbank-Dienste (Database services)**
  Direkte Benutzeranforderungen für Datenmanipulationen. In diesem Funktionsbereich werden die SQL-Befehlsaufrufe abgewickelt.

- **Internal Resource-Lock-Manager (IRLM)**
  Ressource-Sperre (ENQ-Verfahren) für Erkennung von Konkurrenz-Konflikten.

- **Distributed Data Facility (DDF)**
  Kommunikation mit anderen Systemen (Lokationen) bei verteilten Datenbanken.

Bei Nutzung von Stored Procedures und/oder von benutzerdefinierten Funktionen sind weitere Adressräume aktiviert:

- ggf. ein **Stored Procedure Address Space (SPAS)**
- ggf. ein oder mehrere vom **Workload Manager etablierte Address Spaces (WLM-established)**

2 DB2-System-Aufbau
2.2 Betriebssystem-Komponenten

2.2.3.1 OS/390-System-Features

Ein DB2-System kann System-Funktionen von OS/390-Standard-Funktionen nutzen. Wichtig in diesem Zusammenhang sind die Komponenten:

- **Security Server (früher RACF)**   Unterstützung von DB2 bei der Kontrolle von Zugriffsrechten. Alternativ kann auch ein Produkt eines Fremdsoftware-Herstellers genutzt werden.

- **DFSMS (Storage Management Subsystem)**   Unterstützung von DB2 bei der Kontrolle von physischen Datasets. Für bestimmte Funktionen ist DFSMS zwingend erforderlich (z.B. für Tablespaces und Indexspaces mit DSSIZE > 4 GB).

2.2.3.2 Trägersysteme (Allied Agents)

DB2-Anforderungen werden von Trägersystemen angestoßen. Folgende Typen sind unterstützt.

- **TSO**
  - Foreground
  - Background
- **Batch (Call Attachment Facility = CAF)**
  - OS/390 (CALL DSNALI)
  - IMS-Batch
- **Batch (Recoverable Resource Manager Services Attachment Facility = RRSAF)**
  - OS/390 (CALL DSNRLI)
- **CICS**
  - Online-Transaktionsverarbeitung
- **IMS-TM**
  - Online-Transaktionsverarbeitung (Message Processing Programs = MPP),
  - Online-Fast Path (FP),
  - Asynchrone, batchorientierte Transaktionen (Batch Message Programs = BMP).

In jedem Adressraum muss sich eine Schnittstelle zu DB2 befinden. Diese wird als **Attach-Facility** bzw. **Attachment-Facility** bezeichnet.
Jedes Trägersystem benötigt eine spezielle Schnittstelle.

Ein Anwendungsprogramm kann DB2-Anforderungen (SQL-Statements) nur mittelbar über ein Trägersystem abwickeln.
Jedes DB2-Anwendungsprogramm muss mit dem trägersystemspezifischen Attach Facility verbunden werden (durch LINKAGE EDITOR). Ein DB2-Anwendungsprogramm benötigt für jede Trägersystemumgebung eine eigene ausführbare Version, da zumindest Unterschiede im Attach Facility bestehen.

2.2.3.3 DB2-System-Adressräume
2.2.3.3.1 System-Dienste (System services)

Die System-Dienste führen die Kommunikation mit anderen Adressräumen außerhalb des DB2-Systems durch, wie:

- Kommunikation mit den Trägersystemen (Allied Agents)
- DB2-Start und -Abschluss (Startup, Shutdown)
- Prüfpunktschreibung und Synchronisation (Checkpoint, Commit, Abort)
- Wiederanlaufeinrichtungen und Wiederherstelleinrichtungen (Recovery).

Außerdem sind sie innerhalb des DB2-Systems für Dienstleistungs-Funktionen verantwortlich:

- virtuelles Speichermanagement
- Trace, Statistiken, Accounting
- Logging, Lock-Mechanismen im Zusammenspiel mit IRLM
- DB2-Kommandounterstützung (DB2-Commands)
- Systemmeldungen.

2 DB2-System-Aufbau
2.2 Betriebssystem-Komponenten

2.2.3.3.2 Datenbank-Dienste (Database services)

Die Datenbank-Dienste nehmen die SQL-Anforderungen auf und erzeugen eine Result-Table bzw. führen Manipulationen auf den Basistabellen durch.
Folgende Management-Module sind relevant:

- Relational Database Services (RDS),
- Data Manager (DM),
- Buffer Manager (BM),
- VSAM-Media-Manager.

2.2.3.3.3 Internal Resource-Lock-Manager (IRLM)

DB2 arbeitet mit der aus dem IMS bekannten Komponente IRLM zusammen, die im Laufe der DB2-Versionen folgende Namensgebungen fand:
- IMS-Resource-Lock-Manager,
- Intersystem Resource Lock-Manager,
- Internal Resource Lock Manager (das ist der letzte Stand).

Die Aufgaben von IRLM umfassen die **Sperre** (**Isolation**) der Daten (bzw. DB2-Ressourcen), deren Konsistenzschutz für eine bestimmte Anwendung relevant ist und die während einer bestimmten Zeiteinheit von anderen Anwendungen nicht angesprochen oder verändert werden dürfen.

IRLM unterbricht die Verarbeitung von Tasks (**suspend**), wenn Konflikte vorhanden sind und aktiviert Tasks nach Ablauf einer Sperre.
IRLM hat eine eigene Zeitverwaltung und erkennt **Deadlock**-Situationen.
Außerdem trifft IRLM bei langen und nicht identifizierbaren Wartezeiten **Timeout**-Abbruchmaßnahmen.
IRLM befindet sich in einem separaten OS/390-Adressraum und kann sowohl isoliert mit DB2 arbeiten als auch gemeinsam (shared) von IMS und DB2 genutzt werden.

2.2.3.3.4 Distributed Data Facilities (DDF)

Die Verteilung von Daten auf verschiedene Datenbank-Systeme wird von DB2 durch DDF unterstützt. Über DDF können andere DB2-Lokationen (auch Server genannt) und SQL/DS-Server angebunden werden. Die Kommunikationsmöglichkeiten beziehen sich auf sämtliche DB2-Plattformen.
Der Anschluss weiterer RDBMS ist im Rahmen der **DRDA** (Distributed Relational Database Architecture) möglich.
DDF übernimmt die Steuerung der Kommunikation mit anderen Systemen bei verteilten Datenbanken.
Die Kommunikation wird von VTAM bzw. TCP/IP abgewickelt. Die Informationen über das DB2-Netzwerk werden innerhalb des Katalogs verwaltet. Die davon betroffenen Tabellen werden auch als Communications Databases (**CDB**) bezeichnet. Die Inhalte der CDB sind in Anlage 4 dokumentiert.

Ist DDF installiert, werden Nachrichten für andere Lokationen aufbereitet, wenn:

- die CDB die gültigen DB2-Lokationen führt und
- eine Anforderung (Request) auf eine gültige Lokation gestellt wird.

DDF übernimmt Nachrichten aus anderen Lokationen, wenn:

- die CDB die gültigen DB2-Lokationen führt und
- eine Anforderung (Request) von einer gültigen Lokation gestellt wird, die geforderten Ressourcen im lokalen System bekannt sind und die entsprechenden Privilegien für die Verarbeitung der Daten existieren.

Bei der Daten-Übertragung werden Daten-Umschlüsselungen vorgenommen, sofern entsprechende Gernerierungs-Parameter gesetzt und Werte in die Katalog-Tabelle SYSSTRINGS eingestellt sind.

2 DB2-System-Aufbau
2.2 Betriebssystem-Komponenten

2.2.3.4 Adressräume für Stored Procedures und/oder User-defined Functions

Stored Procedures werden einem isolierten Adressraum zugeordnet. Entweder werden sie einer solchen SPAS (DB2-established) zugeordnet, die mit den CAF-Schnittstellen realisiert ist oder sie werden einem oder mehreren vom Workload Manager initiierten Adressräumen zugewiesen (WLM-established).
Die relevanten Unterschiede der beiden Adressraum-Typen sind:

DB2-SPAS	WLM-verwaltet
Es existiert nur ein Adressraum. Fehler in einer Stored Procedure können sich auf andere Stored Procedures auswirken. Praktisch können max. 10 Parallel-TCBs aktiviert werden.	Es können mehrere Adressräume eingerichtet werden. Einzelne Stored Procedures können von anderen Stored Procedures isoliert werden.
Die Priorität wird nach dem First-in/First-out-Prinzip abgewickelt. Stored Procedures werden aufgrund der Priorität des SPAS-Adressraums abgewickelt.	Prioritäten können definiert werden. Stored Procedures erben die Priorität des DB2-Threads, der den Aufruf (SQL CALL) tätigt.
Die Parametrisierung des Adressraums wirkt auf alle Stored Procedures.	Stored Procedure-Gruppen können individuell parametrisiert werden.
16 MB-Speicher-Restriktionen der Sprachcompiler können problematisch werden.	16 MB-Speicher-Restriktionen der Sprachcompiler können umgangen werden.
DB2-Connections sind nur mittels CAF möglich.	DB2-Connections sind mittels RRSAF möglich.
Eine Stored Procedure muss als Hauptprogramm laufen. Konsequenz: bei Rücksprung werden alle offenen Cursor geschlossen.	Eine Stored Procedure kann als Hauptprogramm oder als Unterprogramm laufen.
Ein Zugriff auf nicht-relationale Daten liegt in der Verantwortung der Stored Procedure.	Ein Zugriff auf nicht-relationale Daten kann bei RRSAF-Connections mit 2-Phase-Unterstützung in die UOW einbezogen werden (sofern es sich um von RRS unterstützte recoverable Ressourcen handelt).
Zugriffsschutz-Prüfungen werden mit der Autorisierung des Stored Procedure Adressraums abgewickelt.	Zugriffsschutz-Prüfungen können individuell geregelt werden.

Abbildung 2-4

Adressraum-Konzept für Stored Procedures

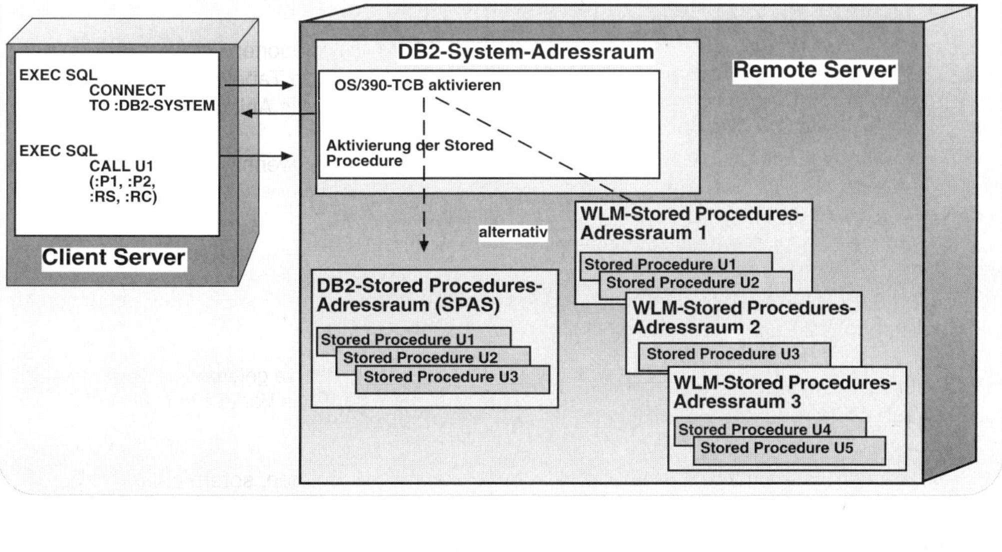

2.3 Allied Agents: Ankoppelbare Trägersysteme
2.3.1 Attach-Facility, Connection und Thread

DB2 bietet Schnittstellen für die Kopplung von Anwendungsprogrammen über die entsprechenden Trägersysteme mit einer DB2-Lokation.
Diese Schnittstellen werden als **Attach-Facilities** bezeichnet.

Zwischen den TP-Monitoren sowie RRSAF und DB2 erfolgt eine Koordination ihrer Wiederanlauf- und Datensicherheitseinrichtungen (Logging, Restart, Recovery).

Die Verbindung der Adressräume untereinander erfolgt grundsätzlich über vom Systemprogrammierer zu definierende Verbindungen.
Dabei sind folgende Begriffe relevant:

- **Connection**
  Eine Connection wird zwischen einem Trägersystem und der DB2-Lokation aufgebaut.
  Batch-Programme bauen diese Verbindung zusammen mit dem Thread dynamisch auf.
  Bei TP-Monitoren kann der Aufbau der Connection zur DB2-Lokation nach dem Hochfahren der Systeme entweder manuell durch DB2-Commands oder automatisch angestoßen werden (CICS-Command DSNC über die PLT-Table, IMS-SSM).
  Im übertragenen Sinne kann die Connection analog einer Autobahn-Verbindung zwischen zwei Städten angesehen werden.

- **Thread**
  Ein Thread (Pfad) wird während der Ausführung eines Anwendungsprogrammes dynamisch aufgebaut.
  Ein Thread wird als OS/390-Task geführt und enthält die erforderlichen Schnittstellen-Informationen für die DB2-Datenanforderungen.
  So enthält der Thread u.a. Angaben über:
  - den Benutzer (Autorisierungs-Id),
  - den Application Plan (Ausführungsberechtigung eines Programmes und Zugriffspfade der SQL-Statements),
  - Prioritäten des Threads.
  Ein Thread kann entweder beim Aktivieren des Anwendungsprogrammes oder erst mit dem ersten SQL-Statement aufgebaut werden.
  Nach dem Programmdurchlauf werden Threads grundsätzlich wieder freigegeben.
  Aus Performancegründen können aber Threads auch permanent existieren und nach einer Nutzung wiederverwendet werden.
  Im übertragenen Sinne steuern Threads den Verkehrsfluss und können angesehen werden als:
  - vordefinierte maximale Fahrspuren auf der Autobahn,
  - Transportmittel bei der Kommunikation.

2.3.2 Zugriff auf DB2-Ressourcen aus Anwendungen heraus
2.3.2.1 Schnittstellen zu den Trägersystem-Typen
2.3.2.1.1 TSO-Schnittstelle (DSNELI)

Das TSO-Attachment-Facility erlaubt den TSO-Nutzern, sowohl im Foreground (Terminal-Dialog) als auch im Background (TSO-Job) die DB2-Ressourcen zu nutzen.
Alternativ kann eine TSO-Anwendung auch über die Batch-Schnittstelle (CAF) an DB2 angekoppelt werden.
Unter TSO wird DB2I, eine interaktive Schnittstelle von DB2, angeboten, mit der die DB2-Ressourcen verarbeitet werden können.
Bei der Ausführung von DB2-Anforderungen wird jedem TSO-Adressraum eine eigene Connection zu einem bestimmten DB2-Subsystem und ein Thread zugeordnet.

Die REXX-Unterstützung steht ausschließlich unter TSO zur Verfügung. REXX-Programme werden interpretativ ausgeführt und ihre SQL-Statements werden dynamisch ausgeführt.

2.3.2.1.2 CICS-Schnittstelle (DSNCLI)

Das CICS-Attachment-Facility kommuniziert zwischen CICS-Subsystemen und den DB2-Ressourcen eines DB2-Subsystems.
Dieses Facility unterstützt CICS-Online-Transaktionen.
Jeder CICS-Adressraum hat über die Resource-Control-Table (RCT) eine Connection zu einem bestimmten DB2-System.
Jede CICS-Task braucht zur Kommunikation mit DB2 einen eigenen Thread. Die steuernden Informationen eines Threads werden aus der RCT entnommen.

CICS-batch-orientierte Programme (IMS-Shared Resources im OS/390) haben ebenfalls Zugriffsmöglichkeit auf DB2-Ressourcen. Diese laufen als DL/I-Batch-Programme in einem eigenen Adressraum, werden aber mit der CICS-Region zusammengekoppelt und CICS übernimmt die Steuerung (über die Mirror Task).

Normalerweise erfolgt die Kopplung zwischen CICS und DB2 durch Operator-Anstoß (Starten und Stoppen DB2-Subsystem und Verbindung auf/abbauen); optional können die Systeme auch automatisch gekoppelt werden (durch Eintragung des CICS-Commands DSNC als Transaktions-Code in der PLT-Table des CICS-Systems).

2.3.2.1.3 IMS-Schnittstelle (DFSLI000)

Das IMS-Attachment-Facility kommuniziert zwischen IMS-TM-Subsystemen und den DB2-Ressourcen eines DB2-Subsystems.
Dieses Facility unterstützt Programme der folgenden Adressräume:

- Online-Transaktionen - Message Processing Program (**MPP**)
- Asynchrone, batchorientierte Transaktionen (Batch Message Programs = **BMP**)
- Online-Transaktionen Fast Path (**FP**)
- IMS-Batch-Programme.

Grundsätzlich erfolgt die Kopplung bei IMS-TM zwischen der IMS-Control-Region und DB2. Jede Message-Region kann aber auch mit anderen DB2-Systemen verbunden werden (Programme werden fest mit dem jeweiligen Attach-Facility zusammengelinkt; die System-Steuerung erfolgt über die SSM-IMS-Parameter-Lib).
Unter IMS-TM wird ein Nachführen von IMS-DB-Änderungen in DB2-Tabellen oder umgekehrt durch **DPROP** unterstützt.

Normalerweise erfolgt die Kopplung zwischen IMS und DB2 aufgrund der Systemgenerierungsparameter ohne Operator-Anstoß.

2.3.2.1.4 Batch-Schnittstelle mit CAF (DSNALI)

Über das Call Attachment Facility (**CAF**) können Batch-Programme mit DB2 kommunizieren. Dabei können implizite oder explizite Verbindungen aufgebaut werden.
Implizite Verbindungen werden automatisch geregelt, während explizite Verbindungen durch bestimmte Befehle (CALL DSNALI) einen dynamischen Verbindungsauf- oder -abbau zu DB2 ermöglichen. Die explizite Anwendungsform beinhaltet eine erhebliche Integritätsproblematik, da die Synchronisation der DB2-Ressourcen und sonstiger genutzter Ressourcen vom Benutzer beeinflusst werden kann.

2.3.2.1.5 Recoverable Resource Manager-Schnittstelle (DSNRLI)

Über das Recoverable Resource Manager Services Attachment Facility (**RRSAF**) können Batch-oder TSO-Programme mit DB2 kommunizieren. Dabei können nur explizite Verbindungen aufgebaut werden.
Die Verbindungen müssen durch bestimmte Befehle (CALL DSNRLI bzw. RRS-Funktionen) kontrolliert werden. Es sind auch parallele Threads aktivierbar.
Diese Schnittstelle nutzen auch automatisch Stored Procedures, die einem oder mehreren von WLM verwalteten Adressräumen zugeordnet werden.

Durch Nutzung der OS/390 Resource Recovery Services (OS/390 RRS) wird von OS/390 die Synchronisation sämtlicher recoverable Ressourcen mittels 2-Phasen-Commit-Verfahren - analog der TP-Monitor-Fähigkeiten - unterstützt. Dabei nutzt RRS den OS/390-System Logger.
Recoverable Ressourcen sind:

- DL/I-Datenbanken,
- DB2-Tabellen,
- MQSeries-Messages,
- VSAM-Datasets, sofern diese als recoverable definiert sind.

2.3.2.2 Dateiverarbeitungsmöglichkeiten der Trägersystem-Typen

Die folgende Grafik zeigt die unterstützten Trägersysteme und die Dateiverarbeitungsmöglichkeiten der Anwendungen:

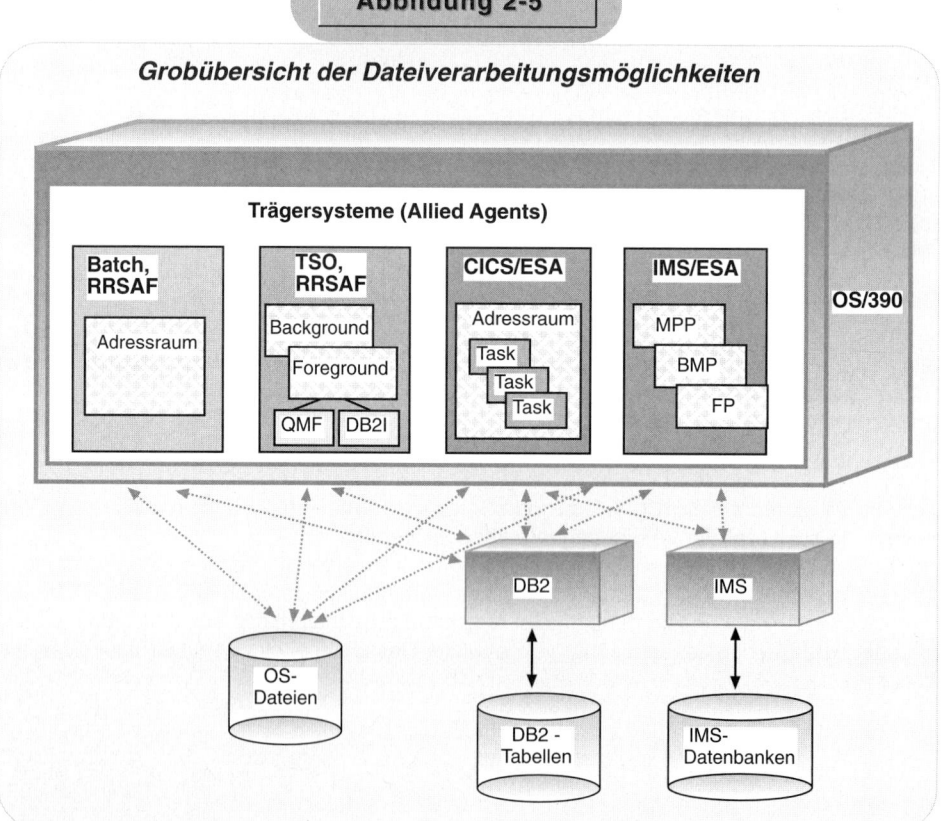

Abbildung 2-5

2.4 Verteilung und gemeinsame Nutzung der Daten
2.4.1 Verteilung der DB2-Daten (distributed data)

Produktive Daten können unter verschiedenen Aspekten im DB2-Umfeld gehalten werden:

- **Alle Daten werden unter DB2 in einer einzigen Lokation (bzw. in einer DB2-Group) gehalten.**
  In diesem Fall wird kein DDF benötigt.

- **Alle Daten werden in verschiedenen Lokationen unter DB2 (bzw. einem anderen RDBMS) gehalten.**
  Für die gemeinsame Nutzung der Daten wird DDF benötigt.

- **Für die Datenhaltung werden verschiedene Trägersysteme und DB2 eingesetzt.**
  Für die gemeinsame Nutzung der Daten außerhalb von DB2 müssen Funktionen der Trägersysteme genutzt werden, wie z.B. CICS Intersystem Communication Facilities (ISC).
  Damit ist technisch am Beispiel von CICS folgende Nutzungs-Möglichkeit gegeben (siehe hierzu auch Abbildung 2-4):
  - Nutzung der vom Trägersystem unterstützten Datenhaltungs-Systeme (z.B. VSAM KSDS).
  - Nutzung von IMS-Datenbanken durch Kopplung eines IMS-Systems an CICS.
  - Nutzung von DB2-Datenbanken mit folgender Einschränkung:
    Manipulationen an einem remote Server können von einer CICS oder IMS-Anwendung nur vorgenommen werden, wenn das remote System das 2-Phasen-Commit-Verfahren unterstützt (z.B. DB2/MVS ab Version 3).

2.4.1.1 Die Client-Server-Architektur (C/S)

Im Laufe der Release-Entwicklungen haben sich permanent die technischen Möglichkeiten der Verteilung von Daten weiterentwickelt.
Die Maximalmöglichkeiten können nur genutzt werden, wenn neben den technischen Netzwerk-Komponenten auch die entsprechenden Versionen und Release-Stände der einzelnen Produkte zur Verfügung stehen.
Mit der DRDA-Architektur wurde eine strategische Orientierung definiert, an die sich erst die letzten aktuellen Software-Releases anlehnen (DRDA wird im gleichen Kapitel dargestellt).

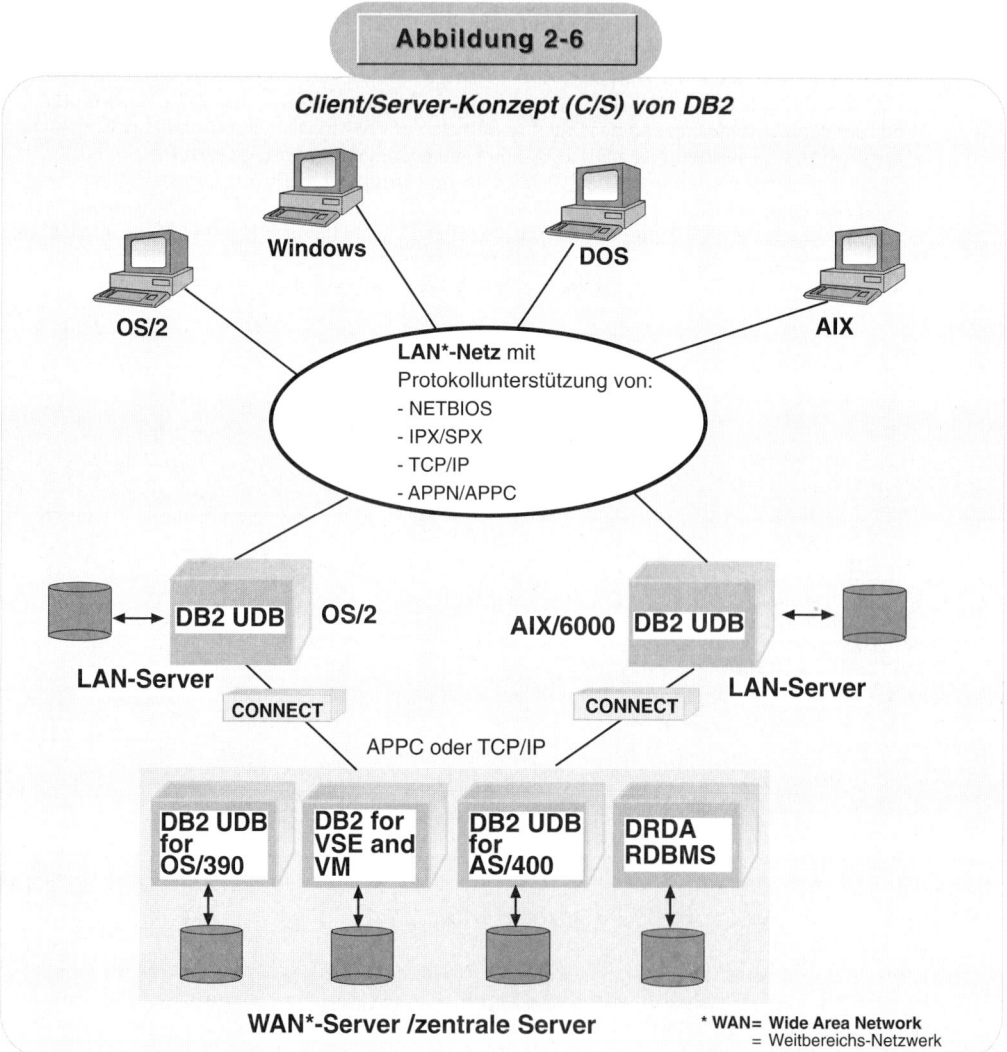

Abbildung 2-6

Innerhalb der DRDA-Client-Server Architektur werden sämtliche DB2-Plattformen und alle die DRDA-Protokolle nutzenden RDBMS-Systeme unterstützt.
Für die Kommunikation benötigen die einzelnen Plattformen zusätzliche Software-Komponenten.
So übernimmt z.B. für die unteren Plattformen das Produkt CONNECT die Aufgaben, die beim DB2 for OS/390 von VTAM übernommen werden.
Aber auch mit TCP/IP wird eine DRDA-Kommunikation unter Einbeziehung der 2-Phasen-Commit-Anforderungen gewährleistet.

2.4.1.2 DRDA - Distributed Relational Database Architecture

Die **DRDA** (Distributed Relational Database Architecture) definiert die Funktionalität eines RDBMS hinsichtlich der Verteilung von Daten auf verschiedene Lokationen:

- **Zugriff auf die verteilten Daten**
  Kontrolle und Transaktions-Abwicklungs-Komponenten müssen in allen beteiligten Systemen verfügbar sein.

- **Lokations-Transparenz**
  Das DBMS, nicht die einzelnen Programme sollen den Ort der physischen Daten-Speicherung kennen.
  Für den Benutzer müssen die Zugriffe so aussehen, als seien die Daten lokal gespeichert.

- **Koordinierte Integritäts-Kontrolle**
  Kontrolle und Integritäts-Garantie müssen in allen beteiligten Systemen erbracht werden.

- **Autonomie jeder Lokation**
  Klare Verantwortlichkeit für die lokale Datenhaltung liegt bei jeder Lokation.
  Es existiert keine Hierarchie, sondern jeder Partner ist gleichberechtigt im Gesamt-Systemverbund.
  Auf Lokations-Ebene sollten aus Sicherheits- und Verfügbarkeitsgründen separiert werden:
    - lokale Funktions-Abwicklung
    - zentrale Funktions-Abwicklung bei verteilten Anforderungen.

Es folgt die Zusammenfassung wesentlicher Begriffe aus der Terminologie von DRDA:

- **Datenanforderung (Request)**
  Eine Datenanforderung entspricht einem einzelnen SQL-Statement.

- **Verarbeitungseinheit (UOW = Unit of Work)**
  Eine Verarbeitungseinheit kann aus einer oder mehreren Datenanforderungen bestehen.

- **Server (remote Server)**
  Das DBMS, an dem eine Datenanforderung ausgeführt wird (Ort der Datenhaltung).

- **Lokales DBMS (lokaler Server, Client, Application Server)**
  Das DBMS, an dem eine Anwendung gestartet wird.

- **Remote DBMS**
  Das DBMS, an das eine Datenanforderung bei verteilten Daten weitergeleitet wird (remote server).

Das Verarbeitungs-Spektrum der Requests innerhalb einer UOW ist natürlich wichtig. Es sind verschiedene Leistungs-Profile zu erkennen, z.B. ist ein einfacher SELECT auf eine Lokation einfacher zu behandeln wie ein SELECT auf mehrere Lokationen.

Deshalb wurde im DRDA-Konzept (entspricht den SAA-Festlegungen) ein Stufen-Konzept definiert, das schrittweise realisiert werden soll
DB2 unterstützt derzeit zwei Verfahren zur Anforderung verteilter Daten:

- **RUW Remote Unit of Work.**   ab DB2/MVS Version 2.3
- **DUW Distributed Unit of Work** ab DB2/MVS Version 3

Es ist zu beachten, dass eine Anwendung nur dann die Qualität von DUW in Anspruch nehmen kann, wenn sämtliche beteiligten Systeme (RDBMS-Server) das 2-Phasen-Commit-Verfahren innerhalb des DRDA-Protokolls unterstützen.

2 DB2-System-Aufbau
2.4 Verteilung und gemeinsame Nutzung der Daten

Die folgende Abbildung zeigt die vier definierten Stufen:

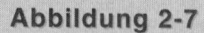

1. Remote Request

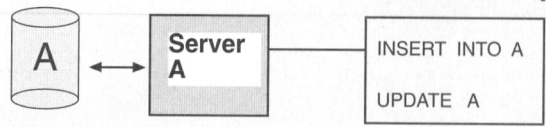

In einer Verarbeitungseinheit kann nur auf 1 Lokation Bezug genommen werden.
Es wird keine Transaktionsverarbeitung (kein LUW-Konzept) unterstützt.
Jedes Statement wird separat abgewickelt und sofort vollzogen (impliziter COMMIT am Server).

2. Remote Unit of Work (RUW)

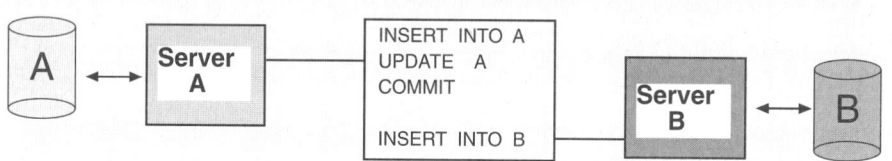

In einer Verarbeitungseinheit können mehrere Statements auf einem Server abgewickelt werden.
Es wird eine logische Einheit (Unit of Work) unterstützt, z.B. ROLLBACK ist innerhalb der LUW
möglich. Zugriffe auf Daten mehrerer Server müssen in eigenen LUWs abgewickelt werden.

3. Distributed Unit-of-Work (DUW)

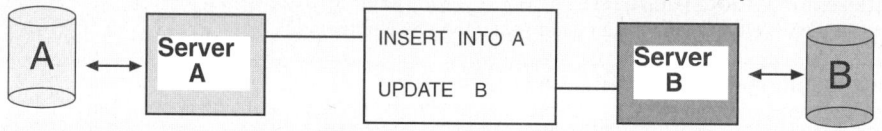

In einer Verarbeitungseinheit kann auf mehrere Lokationen Bezug genommen werden. Jeder Request
(SQL-Statement) kann sich nur auf 1 Lokation beziehen.
Die Unterstützung des 2-Phasen-Commit-Verfahrens ist erforderlich.

4. Distributed Request

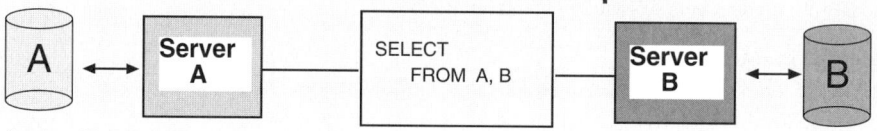

In einer Verarbeitungseinheit und in jedem Request (SQL-Statement) kann auf mehrere Lokationen
Bezug genommen werden.
Die Unterstützung des 2-Phasen-Commit-Verfahrens und der globalen Query-Analyse ist zwingend

Die generellen und gemeinsamen Verarbeitungs-Möglichkeiten und Restriktionen bei verteilten
Datenbanken umfassen im derzeitigen DB2-Release:

- Es können mehrere Datenanforderungen (SQL-Statements) auftreten.

- Jede Datenanforderung (SQL-Statement) kann nur Ressourcen einer einzigen Lokation
  ansprechen (z.B. ist ein Join auf zwei Tabellen nur für eine Lokation unterstützt)

- Daten an verschiedenen Lokationen können nur dann innerhalb einer UOW verändert
  werden, wenn die beteiligten Systeme das DRDA-Protokoll und einen 2-Phasen-Commit
  unterstützen (z.B. DB2/MVS ab Version 3, DB2/2 ab Version 2).

2 DB2-System-Aufbau
2.4 Verteilung und gemeinsame Nutzung der Daten

DB2 unterstützte bis Version 5 zwei Zugriffsformen auf die verteilten Daten:

- **Systemgesteuerter Zugriff**   ab DB2/MVS Version 2.3 (früher als DUW bezeichnet)
- **Anwendungsgesteuerter Zugriff** ab DB2/MVS Version 3   (früher als RUW bezeichnet).

Ab Version 6 werden folgende zwei Zugriffsformen auf die verteilten Daten unterstützt:

- **DB2-Privat-Protokoll-Zugriff**   Früher als Systemgesteuerter Zugriff bezeichnet, ist aber ab Version 6 nicht mehr von der Programmierart, sondern nur noch vom Bind-Parameter DBPROTOCOL (PRIVATE) abhängig.
- **DRDA-Zugriff**   Früher als Anwendungsgesteuerter Zugriff bezeichnet, ist aber ab Version 6 nicht mehr von der Programmierart, sondern nur noch vom Bind-Parameter DBPROTOCOL (DRDA) abhängig.

Die Unterschiede der Verfahrensweisen werden nachfolgend grob und im Kapitel 13 detailliert erläutert.

Im DB2 unterstützt **DDF** (Distributed Data Facility) die Verteilung der Daten auf verschiedene Lokationen.
Für die Verteilung der Daten ist ein entsprechendes Netzwerk Voraussetzung.
Sämtliche Ressourcen müssen in der jeweiligen DB2-Lokation definiert werden. Jeder DB2-Katalog kennt nur seine lokalen Ressourcen.

DDF bezieht das Wissen über die beteiligten Systeme aus den CDB (Communications Databases) und kommuniziert mit VTAM bzw. TCP/IP, die wiederum die Anforderungen zwischen den Lokationen abwickeln.
DDF benötigt kein Wissen über die einzelnen angeforderten Objekte an remote Servern, sondern es genügt lediglich die Information über die Existenz und Autorisierung für eine bestimmte Lokation innerhalb des Netzwerkes (siehe hierzu auch die folgende Abbildung).

DDF bereitet die Grundlagen für die Kommunikation mit anderen DB2-Lokationen auf und empfängt Nachrichten von anderen Lokationen.
Dabei werden einheitliche Nachrichten-Austausch-Formate verwandt und unterschiedliche Formate über ein CCSID (Coded Character Set Identifier) konvertiert. Die Transformations-Regeln sind in der Katalog-Tabelle SYSSTRINGS definiert.

2 DB2-System-Aufbau
2.4 Verteilung und gemeinsame Nutzung der Daten

2.4.1.2.1 Vor Version 6: Systemgesteuerter Zugriff

Vor der Version 6 wurde zwischen systemgesteuertem und anwendungsgesteuertem Zugriff unterschieden. Inzwischen gibt es die Varianten: DB2-Privat-Protokoll-Zugriff und DRDA-Zugriff (siehe spätere Ausführungen). Ein systemgesteuerter Zugriff weist folgende Merkmale auf:

- DB2 erkennt remote Anforderungen über die Objekt-Namen.
- Eine Verbindung ist nur zwischen DB2-Systemen möglich.
- Es wird nur SQL-DML unterstützt.
- Alle Anforderungen werden dynamisch (Dynamic SQL PREPARE) auf dem remote System ausgeführt, es können keine remote Packages eingesetzt werden.
- Zugriff auf die verteilten Daten:
  Datenanforderungen beziehen sich über den Lokationsnamen auf die jeweiligen Ressourcen.
  Dabei können folgende Möglichkeiten genutzt werden:
  - Direkte Vergabe eines dreiteiligen Namens:
    SELECT MAX (PREIS)   FROM   MUENCHEN.PROD.SEMPREIS;
  - Indirektes Ansprechen einer verteilten Tabelle über einen Aliasnamen:
    SELECT MAX (PREIS)   FROM   SEMPREIS;
  Vorher muss im lokalen System (z.B. FRANKFURT) definiert sein:
    CREATE ALIAS SEMPREIS FOR MUENCHEN.PROD.SEMPREIS.
  Dieses Verfahren wird speziell für Anwendungsprogramme empfohlen (sofern der systemgesteuerte Zugriff hinsichtlich der Performance vertretbar ist).

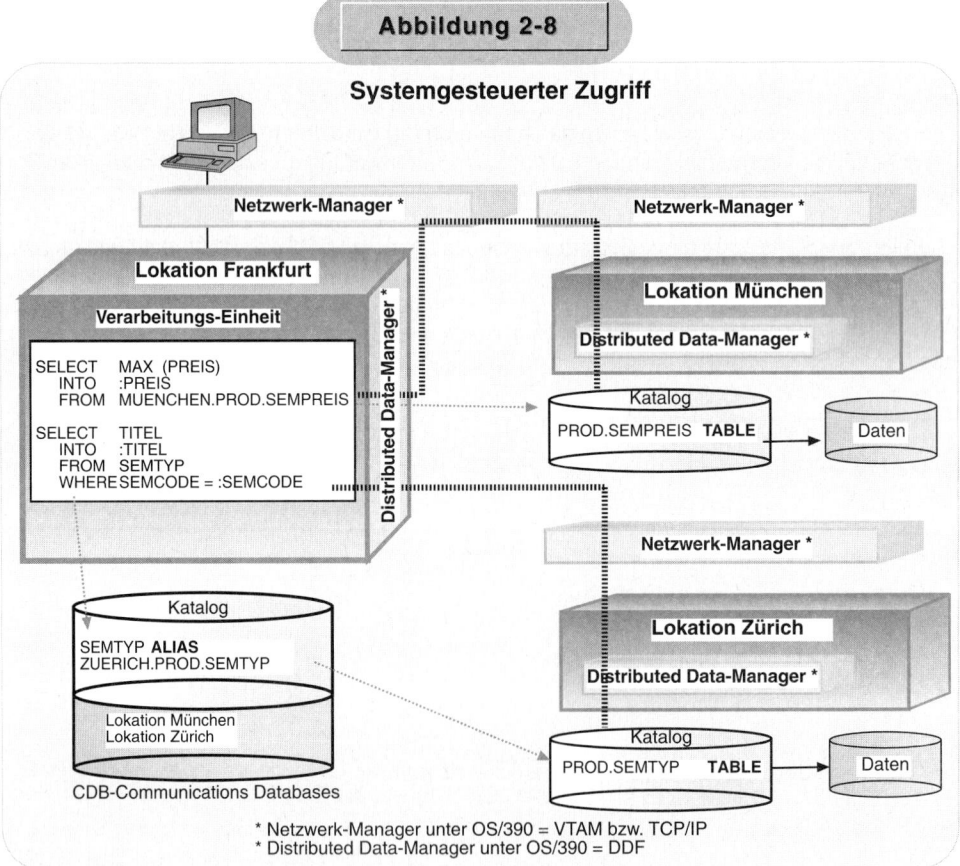

Abbildung 2-8 Systemgesteuerter Zugriff

* Netzwerk-Manager unter OS/390 = VTAM bzw. TCP/IP
* Distributed Data-Manager unter OS/390 = DDF

Hinweis:
Die Unterstützung von remote Manipulationen innerhalb einer UOW auf verschiedenen Servern ist nur bei DUW gegeben (siehe Erläuterungen vorab in diesem Kapitel).

2 DB2-System-Aufbau
2.4 Verteilung und gemeinsame Nutzung der Daten

2.4.1.2.2 Vor Version 6: Anwendungsgesteuerter Zugriff

Vor der Version 6 wurde zwischen systemgesteuertem und anwendungsgesteuertem Zugriff unterschieden. Inzwischen gibt es die Varianten: DB2-Privat-Protokoll-Zugriff und DRDA-Zugriff (siehe spätere Ausführungen). Ein anwendungsgesteuerter Zugriff weist folgende Merkmale auf:

- Die Anwendung stellt mittels CONNECT eine explizite Verbindung zu beliebigem Server her oder nutzt die Möglichkeit der impliziten Connection über die BIND-Option CURRENTSERVER des Plans.
- Es sind Verbindungen nicht nur zwischen DB2-Systemen, sondern zwischen allen RDBMS-Systemen möglich, die das DRDA-Protokoll unterstützen.
- Das gesamte SQL-Sprach-Spektrum ist unterstützt (DDL, DCL und DML).
- Anforderungen werden auf dem remote Server vorgebunden. Dort wird eine Package bereitgehalten. Die statisch in der Package enthaltenen SQL-Statements werden auch statisch auf dem remote System ausgeführt.
- Zugriff auf die verteilten Daten:
  Datenanforderungen werden explizit mit CONNECT bzw. SET CONNECTION oder implizit über die BIND-Option CURRENTSERVER des Plans einem bestimmten Server zugewiesen.

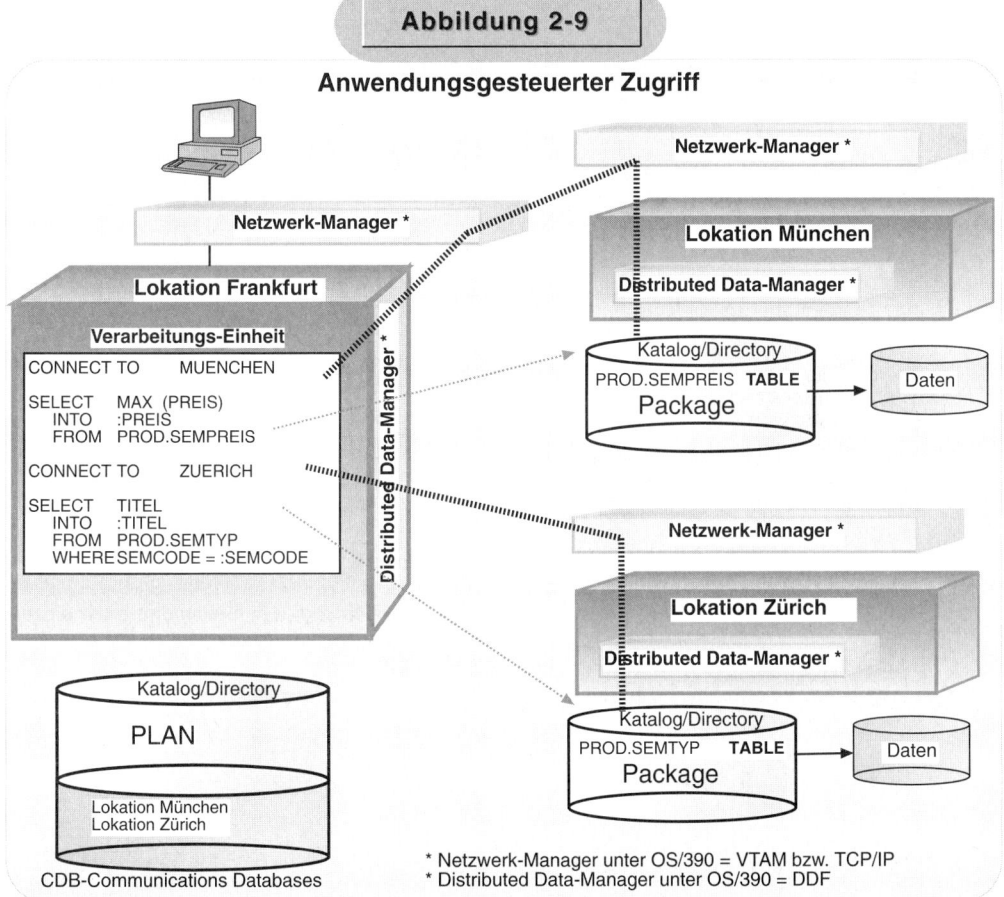

Abbildung 2-9
Anwendungsgesteuerter Zugriff

In den Beispielen vorab wird aus der Lokation Frankfurt eine Anforderung nach München und danach nach Zürich gestellt.
Zuerst wird der maximale Preis aus der SEMPREIS-Tabelle in München ermittelt.
Die Anforderung wird beim systemgesteuerten Zugriff aufgrund der Objekt-Namenskonventionen automatisch nach München geleitet und dort ausgeführt. Beim anwendungsgesteuerten Zugriff muss die Anwendung explizit (oder implizit) einen CONNECT absetzen. Der Name der Lokation kann in

Form einer Konstanten oder einer Programmvariablen (Host-Variable) übergeben werden.
Das Ergebnis wird nach Frankfurt zurückübertragen. Die Anwendung erhält die Daten exakt in der gleichen Weise in Form einer Result-Table übergeben, als ob sich die Daten in Frankfurt befinden würden.

Im Gegensatz zum systemgesteuerten Zugriff werden beim anwendungsgesteuerten Zugriff die remote Zugriffe innerhalb von Packages vorgebunden bereitgehalten.
Dabei führt jede Lokation die entsprechende Package mit den lokationsbezogenen SQL-Statements. An dem Anwendungs-Server (application server) wird der Plan benötigt, der auf die remote Packages referenzieren muss.

Grobe Gegenüberstellung der beiden Zugriffs-Verfahren:

Tabellen-Anforderung	Systemgesteuerter Zugriff	Anwendungsgesteuerter Zugriff
MAX (SEMPREIS) aus München = remote Server	qualifizierter Name - explizit oder - über Alias	spezifische Connection vorher expliziter CONNECT oder über Plan (in München ist Package vorbereitet).

Die beiden Varianten können innerhalb einer Anwendung auch gemischt werden, d.h. es können CONNECT-Statements auf eine bestimmte Lokation gerichtet werden und danach ein systemgesteuerter Zugriff über dreiteilige Objektnamen (bzw. ALIAS) erfolgen.
Dabei sind aber einige Besonderheiten zu beachten. Details hierzu siehe im Anhang 2 unter der Beschreibung des CONNECT-Statements sowie im Kapitel 13.

2.4.1.2.3 Ab Version 6: DB2-Privat-Protokoll-Zugriff und DRDA-Zugriff

Ab der Version 6 werden die vorher systemgesteuerter und anwendungsgesteuerter Zugriff genannten Verfahren gemeinsam technisch behandelt.
Für beide Verfahren kann nun eine remote Package bereitgestellt werden. Sowohl der Zugriff über Alias bzw. über einen dreiteiligen Namen als auch eine explizit über CONNECT ausgelöste Verbindung kann statisch ausgeführt werden.

Die Entscheidung hinsichtlich des zu nutzenden internen Kommunikations-Protokolls wird gesteuert über den Bind-Parameter DBPROTOCOL:

    DBPROTOCOL (<u>DRDA</u>) DRDA-Zugriff, bei dem an allen remote Servern die entsprechenden Packages präpariert sein müssen.
    DBPROTOCOL (PRIVATE) DB2-Privat-Protokoll-Zugriff, bei dem keine Packages präpariert sein müssen. Vor der Ausführung eines Statements muss dieses dynamisch implizit präpariert werden.

Der DRDA-Zugriff sollte genutzt werden. Das DB2-Privat-Protokoll wird in Zukunft nicht mehr unterstützt.

2.4.1.3 Technologische Grenzen der Verteilung von Daten

Eine Verteilung von Daten muss sorgsam geplant werden. Dabei ist die Ausbildung der technischen Mitarbeiter in dieser komplexen Materie erforderlich. Verteilungs-Regeln müssen festgelegt werden und die technische Infrastruktur geplant und eingerichtet werden.

Der Verteilung von Daten sind heute noch sehr enge technologische Grenzen gesetzt. Folgende Aspekte können genannt werden:

- **Einrichtung der technologischen Infrastruktur:**
    - Hardware und Leitungswege fordern eine hohe Kapazität,
    - Betriebssysteme, Datenbanksoftware und Netzwerk-Software.

  Es ist insbesondere zu beachten, dass für eine Kommunikation heute nur Systeme in Frage kommen, die aus Gründen der Ausfall-Sicherheit redundant geführt werden müssen.
  Daraus wiederum leiten sich Anforderungen hinsichtlich der Notwendigkeit gemeinsam zu nutzender Ressourcen (shareable) ab, damit im Notfall auf ein Ausweich-System umgeschaltet werden kann.

- **Betrieb des Netzwerkes**
  Alle Anforderungen werden über ein VTAM- bzw. TCP/IP-Netzwerk abgewickelt. Dies erfordert hohe CPU-Aufwendungen und leistungsfähige Leitungen.

- **Kommunikation zwischen den Lokationen**
  Bei der Kommunikation treten einige wichtige Faktoren auf:
    - Es bestehen einige wesentliche Restriktionen im Spracheinsatz:
        - Innerhalb eines Statements kann nur eine Lokation angesprochen werden (hohe Abhängigkeit des Anwendungsprogramms zur physischen Tabellenzuordnung).
        - DB2-RI wirkt nur innerhalb einer Lokation.
    - Der Optimizer müßte die Fähigkeit eines Expertensystems und das Wissen aller im Netzwerk auftretenden Datenbedingungen haben (ein globaler Katalog und ein globaler Optimizer sind erforderlich), um die Anforderungen effizient auf die einzelnen Systeme zu verteilen.
    Im DB2 existiert kein lokations-übergreifendes Wissen (noch keine Unterstützung des DRDA-distributed Requests).
    - Beim systemgesteuerten Zugriff kennen Remote-Systeme keine vorbereiteten Datenanforderungen in Form von Packages. Jede Anforderung wird dynamisch interpretiert.
    - Beim anwendungsgesteuerten Zugriff kennen die Anwendungs-Programme grundsätzlich die Lokalisierung der Daten (es sei denn man beschränkt sich auf eine Connection, dann ist aber die Verteilungs-Flexibilität stark eingeschränkt).
    Da sich wiederum sämtliche Ressourcen eines Statements in derselben Lokation befinden müssen, muss ggf. ein Join in mehrere einzelne SQL-Zugriffe umgeschrieben werden, wobei vor jedem Statement die entsprechende Connection zugeordnet werden muss.

2.4.2 Gemeinsame Nutzung der DB2-Daten (shared data)

Produktive Daten können von verschiedenen DB2-Subsystemen gemeinsam genutzt werden. Dazu sind technische Voraussetzungen erforderlich, wie z.B. Shared DASD.

Es existieren folgende Varianten:

- **Shared read only data**   **Die Unterstützung dieser Funktion wurde mit der Version 6 eingestellt!**
  Die Objekte einer DB2-Database innerhalb eines Subsystems können von anderen DB2-Subsystemen ausschließlich lesend genutzt werden.
  Ein System gilt als Eigentümersystem (owner), die anderen Systeme können lesend auf die Daten zugreifen (reader), solange der owner keine Manipulationen vornimmt.

- **DB2-Data Sharing (erst ab Version 4)**
  Verschiedene Subsysteme werden einer DB2 Data Sharing Group zugeordnet. Jedes zugeordnete Mitglied (Member) kann auf gruppengemeinsame Daten zugreifen und diese auch manipulieren.

Abbildung 2-10

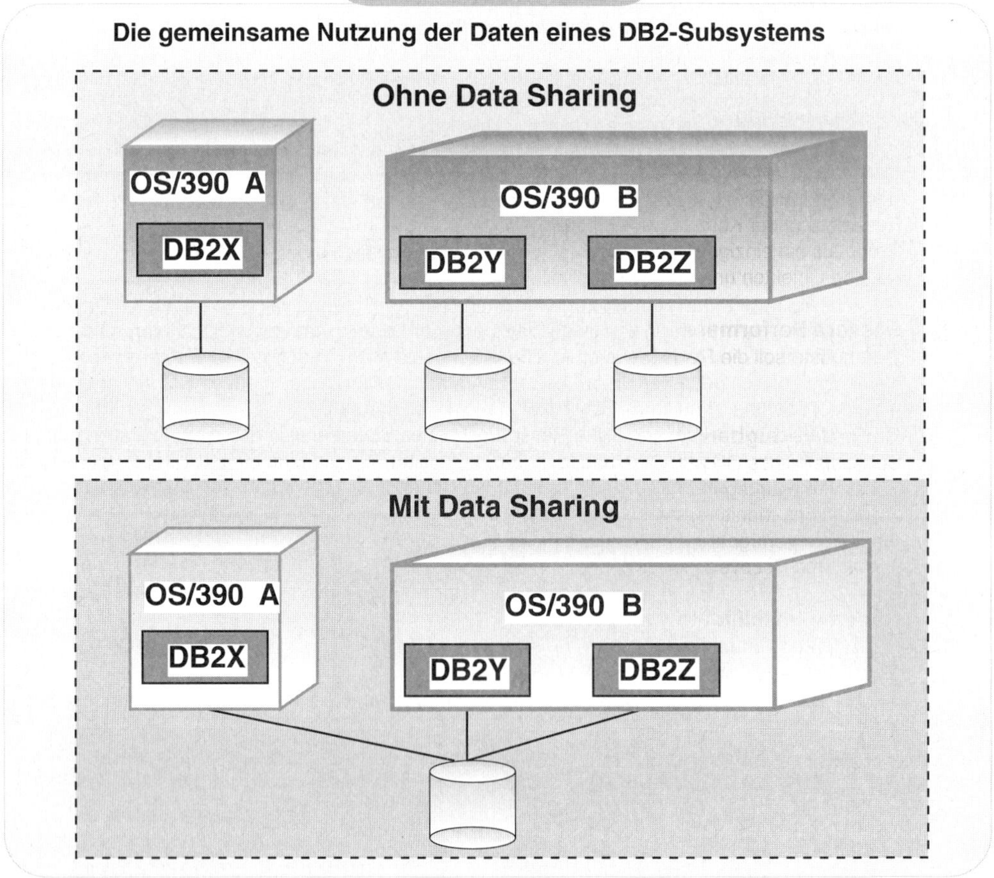

Die gemeinsame Nutzung der Daten eines DB2-Subsystems

2.4.2.1 DB2 Data Sharing (DS)

Mit dem **DB2 Data Sharing** werden erhebliche System-Restriktionen der bisherigen Releases abgebaut.
Es können nun Anwendungen aus mehreren DB2 Subsystemen auf gemeinsame Daten zugreifen und sie auch modifizieren.

Solche Subsysteme müssen einer **DB2 Data Sharing Group** (DB2plex) zugeordnet werden. Jedes DB2 Subsystem, das einer solchen Gruppe angehört, ist ein Member dieser Gruppe.
Alle Member benutzen denselben DB2-Katalog und dasselbe DB2-Directory.
Die maximale Anzahl der Member wird durch Beschränkungen der Hardware-Konfiguration bestimmt. Die theoretischen Systemrestriktionen erlauben bis zu 32 DB2-Subsysteme, die einem oder bis zu 32 OS/390-Systemen zugeordnet werden können.

Es wird unterschieden in:

- **Data Sharing Environment**
  Es wurde eine Gruppe mit zumindest einem Member definiert.

- **Non-Data Sharing Environment**
  Es wurde keine Gruppe definiert (analog der bisherigen Nutzung).

2.4.2.1.1 Argumente für Data Sharing

Argumente für Data Sharing sind:

- **Unterstützung einer zentralen Datenbasis aus mehreren Subsystemen heraus**
  Bessere Möglichkeit der Gewährleistung von Daten-Integrität und -Konsistenz.
  Reduzierung der Komplexität und der Wartungsaufwendungen, da sich den Benutzern eine DB2-Group als ein einziges System darstellt (im Vergleich zu mehreren DB2-Subsystemen mit eigenen Katalog-Objekten und physischen Datasets).

- **Bessere Performance durch Parallel-Rechner Nutzung**
  Zunehmend soll die Rechner-Leistung auf mehr und kleinere (preiswertere) Rechner verteilt werden.

- **Höhere Verfügbarkeit**
  Bei Ausfall eines OS/390-Systems oder DB2-Subsystems kann auf dieselben Daten über andere Subsysteme zugegriffen werden.
  Transaktions-Monitore werden vom Ausfall informiert und können entsprechend die Anforderungen auf verfügbare Systeme verteilen (Workload Management).
  Restart und Recovery ausgefallener Systeme kann über OS/390 automatisiert werden.

- **Höhere Flexibilität und Transparenz**
  Die Aufnahme neuer Member in einer Data Sharing Group ist unproblematischer als die Einrichtung eines neuen Non-Data Sharing Subsystems.
  Je nach Lastverteilung können Member in eine Gruppe aufgenommen und wieder entnommen werden.

2 DB2-System-Aufbau
2.4 Verteilung und gemeinsame Nutzung der Daten

2.4.2.1.2 Data Sharing im OS/390-Sysplex

Data Sharing benötigt einen **OS/390-Sysplex.** Ein OS/390-Sysplex ist eine Gruppe von Zentral-Prozessor-Komplexen (CPCs), die von OS/390 gesteuert werden und als eine gemeinsame Verarbeitungseinheit definiert sind.

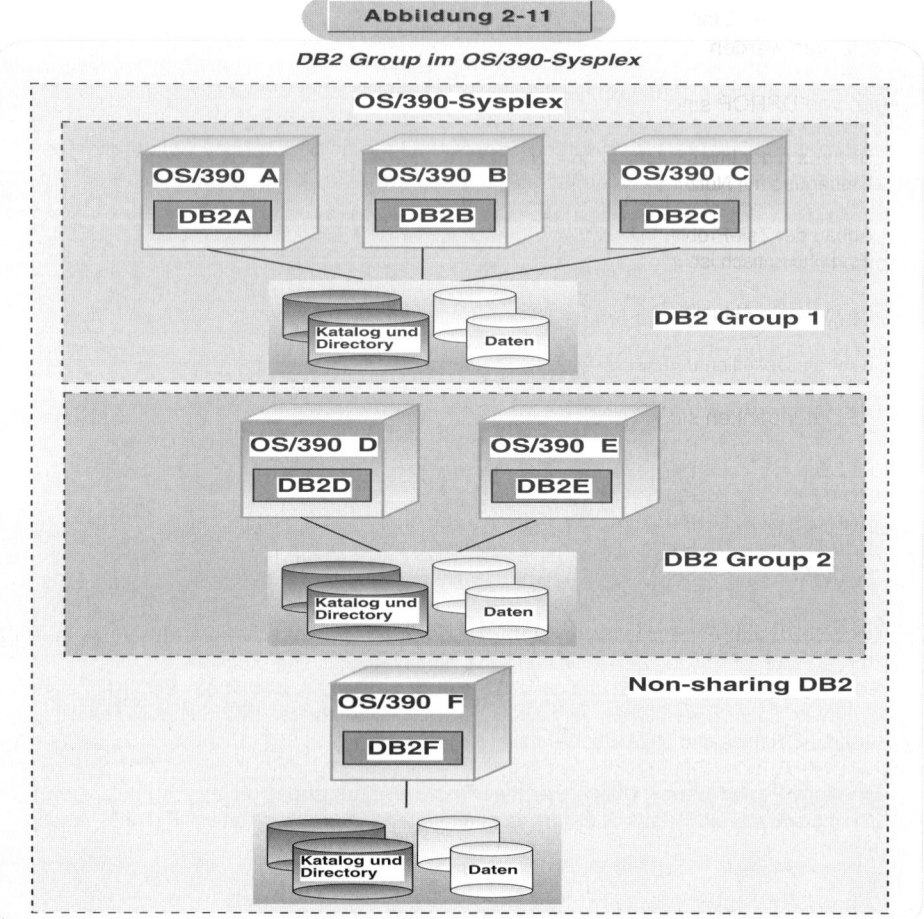

Abbildung 2-11
DB2 Group im OS/390-Sysplex

Folgende Anforderungen gelten für DB2 Data Sharing:

- **Hardware**
  - Central processor complexes (CPCs), die mit dem Coupling Facility ausgestattet sind.
  - Zumindest ein Coupling Facility (CF) und die Kanaleinrichtungen.
  - Zumindest ein Sysplex Timer, über den die Zeit synchronisiert wird.
  - Shared DASD.
  - Bei Einsatz von Log-Archiv-Bändern pro DB2-Subsystem eine Bandeinheit, die bei einem Recovery von allen nutzbaren Subsystemen adressierbar ist.

- **Software**
  - MVS/ESA V5 R1 oder später (abhängig von DB2-Versionsstand).
  - Bei Group Bufferpool-Duplexing: CFLEVEL= 5 und OS/390 ab Rel 3 mit APAR oder später.
  - RACF V2 R1 oder ein anderer External Security Manager, der Sysplex unterstützt.

- **Speicher-Anforderung**
  - Erhöhter Bedarf für Bibliotheken, aber die Programm Bibliothek kann innerhalb der Group 'geshared' werden.
  - Zusatzplatzbedarf innerhalb des Group Bufferpools.
  - Zusatzplatzbedarf für die Shared Communication Area (SCA) für die DB2-Intercommunication (IBM-Empfehlung z.B. für 'small site' 8 MB, für 'extra large site' 48 MB).

2.4.3 DPROP - Data Propagator (IMS-DB2, DB2-IMS)

DPROP ist eine IMS-TM-Zusatzfunktion, mit der Daten zwischen IMS und DB2 synchronisiert werden können.
DPROP erfordert zumindest den Release-Stand IMS/ESA 3.1 mit dem Data Capture-Exit.
Übrigens können mit der Einrichtung grundsätzlich auch andere DBMS, wie IDMS, ADABAS usw. ans IMS angeschlossen werden.

Zielsetzungen von DPROP sind:

- Sicherung der Investitionen unter IMS und Beibehaltung der bestehenden Anwendungs-Umgebung mit Nutzungs-Möglichkeit von DB2 bzw. IMS in neuen Anwendungen.

- Abbau der Zeit-Problematik bei 24-Stunden-Betrieb, bei dem die Erstellung einer Kopie für Batch-Bereiche kritisch ist.

- Permanente Aktualität der Dateninhalte beider Datenbank-Systeme.

- Zentrale Definition und standardisierte Behandlung der Synchronisations-Aktivitäten.

Folgende IMS-Datenbanken sind anschließbar:

- DEDB   Data Entry Databases (Fast Path),
- HDAM   Hierarchical Direct Access Method,
- HIDAM   Hierarchical Indexed Direct Access Method,
- HISAM   Hierarchical Indexed Sequential Access Method,
- SHISAM   Simple Hierarchical Indexed Sequential Access Method.

Mit dieser Einrichtung können EXIT-Definitionen in der IMS-DBD (Database Definition Block) vorgenommen werden, die DPROP automatisch und ohne Kenntnis der Anwendungs-Programme aktivieren.

Innerhalb der IMS-DBD werden die IMS-Objekte (Database, Segment, Feld) und die gespiegelten DB2-Objekte (DB2-Tabelle, DB2-Spalte) definiert.

Es lassen sich verschiedene Verwaltungs-Typen einrichten, die im DPROP-Verzeichnis geführt werden:

- **Unabhängige Objekte**
  Spiegelung einer Root-only-Datenbank mit einer DB2-Tabelle.
  Hier korrespondiert jedes IMS-Segment zu einer Zeile innerhalb einer DB2-Tabelle.
  Der IMS-Segment Key entspricht dem DB2-Primary Key.

- **Hierarchisch abhängige Objekte (1 : n)**
  Spiegelung eines IMS-Satzes mit DB2-Tabellen.
  Hier korrespondiert jedes IMS-Segment zu einer DB2-Tabelle.
  Der IMS-concatenated Key entspricht dem jeweiligen DB2-Primary Key.

- **Individuelle Struktur-Abbildungen und Transformationen**
  Mit Hilfe einer individuellen Benutzer-Routine kann eine beliebige Transformation unterstützt werden.

Es existieren zwei DPROP-Releases:

1. **IMS ist das Primärsystem**
   Manipulationen werden von IMS an DB2 weitergeleitet.

2. **DB2 ist das Primärsystem**
   Manipulationen werden von DB2 an IMS weitergeleitet.

2 DB2-System-Aufbau
2.4 Verteilung und gemeinsame Nutzung der Daten

DPROP besteht aus eine Reihe von Komponenten, wie z.B:

- Definition der beteiligten Ressourcen.

- Extrahieren von IMS-Daten und Laden ins DB2-System.
  Hier wird DXT (Data Extract) mit einem Data Capture Exit eingesetzt, damit DXT direkt seine Informationen aus dem DPROP-Verzeichnis beziehen kann.

- Propagate-Aktivierung und automatisierte Synchronisation der Bestände durch einen User-Exit im IMS, wobei die auszuführenden Aktivitäten ermittelt und im DB2 eine entsprechende Verarbeitungs-Funktion für die betroffenen DB2-Tabellen angestoßen wird.
  Bei Fehler werden Manipulationen zurückgesetzt.
  Mit dem Release 2 von DPROP werden die Manipulationen von DB2 ans IMS weitergeleitet.

- Prüfen der Konsistenz der Bestände mittels Check Consistency Utility.

Es können zwei Synchronisations-Typen gewählt werden:

A Synchronous Propagation
Dabei werden in einer einzigen UOW (Unit of Work) sämtliche Manipulationen abgewickelt und die Anwendung wartet auf den Vollzug.

B Asynchronous Propagation
Dabei werden die IMS-Veränderungen in einer UOW und die DB2-Veränderungen in einer anderen UOW abgewickelt. Für die Online-Anwendung entstehen keine Wartezeiten. Die DB2-Daten können später in einer neuen UOW abgearbeitet werden.
Bei Release 2 entsprechend umgekehrt.

Abbildung 2-12

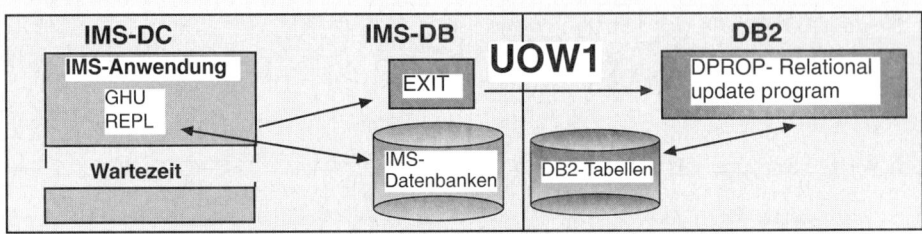

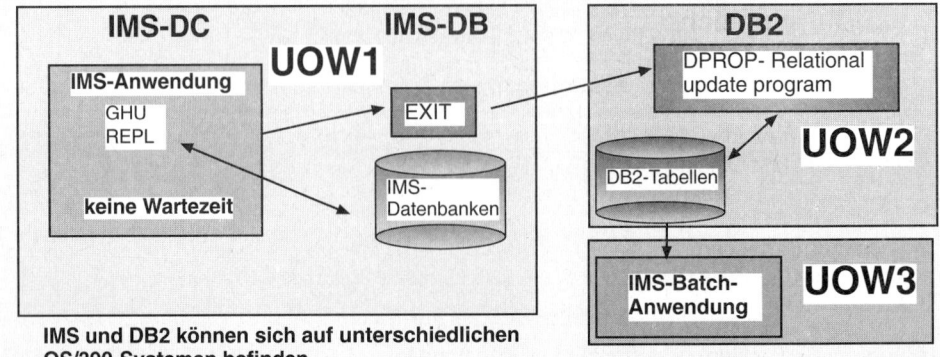

2.5 DB2-Daten-Objekt-Typen
2.5.1 Meta-Objekt-Typen für die Speicherung von Daten

DB2 verwaltet seine Daten mit den DB2-Objekt-Typen:

- **Tabelle/Table (Base-Table, Temporary Table** und **Auxiliary Table)**
- **View**
- **Synonym**
- **Alias**
- **Index** und **Auxiliary Index**
- **Tablespace** (inkl. **Large Tablespace** und **LOB-Tablespace**), **Indexspace**
- **DB2-Datenbank/Database**
- **Storage Group.**

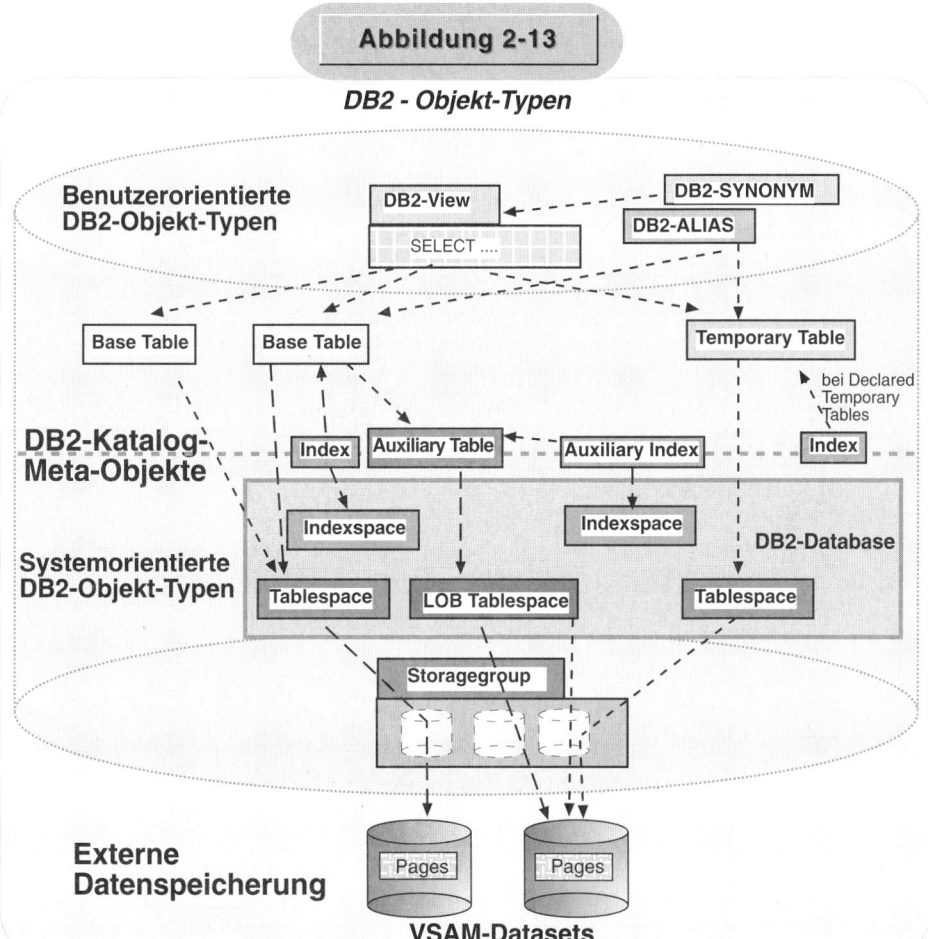

Abbildung 2-13

DB2 bietet eine Reihe von Objekt-Typen an, mit denen die Meta-Daten (beschreibende Daten über die Daten selbst) der DB2-Objekte im DB2-Katalog geführt werden können.
Die DB2-Objekt-Typen lassen sich untergliedern in:

- **Benutzerorientierte Objekt-Typen**, die in SQL-DML-Statements angesprochen werden können,
- **Systemorientierte Objekt-Typen**, die für die Datenspeicherung erforderlich sind.

Bevor aber diese Objekt-Typen näher analysiert werden, zunächst einige methodisch relevanten Vorüberlegungen, wie Domain- und Struktur-Anforderungen von DB2 unterstützt werden.

2.5.1.1 Domain-Konzept und Daten-Typen
2.5.1.1.1 Grundsätzliche Überlegungen und Ausgangssituation

Eines der fundamentalen Konzepte des Relationen-Modells ist das Domain-Konzept.
Dieses fordert die korrekte semantische Behandlung von Daten-Werten. Dies gilt sowohl für die inhaltlichen Auftretens- als auch die funktionalen Bearbeitungsmöglichkeiten und damit der statusbezogenen Zustandsveränderungen.

DB2 unterstützt derzeit das Domain-Konzept noch nicht, bietet aber eine Reihe von technischen Komponenten, die eine dort definierte Zielsetzung unterstützen. Dies sind im wesentlichen:

- **Check-Konstrukte**, mit denen die inhaltliche Belegung einer Spalte geprüft werden kann,

- **Benutzerdefinierte Daten-Typen (UDT = User-defined Data-Types)**, mit denen eine strikte Abgrenzung von anderen Daten-Typen (Strong Typing) erreicht werden kann,

- **Benutzerdefinierte Funktionen (UDF = User-defined Functions)**, mit denen eine spezielle funktionale Behandlung und auch Abgrenzung von anderen Daten-Typen erreicht werden kann.

In der Vergangenheit hat DB2 ausschließlich strukturierbare Daten unterstützt.
Diese unterliegen den Struktur-Anforderungen des Relationen-Modells, nämlich den Normalisierung-Regeln (siehe hierzu Kapitel 10).
Neben den strukturierbaren Daten werden von DB2 ab der Version 6 auch komplexe Daten unterstützt, die als große Objekte (**Large Objects**) bezeichnet werden.
Beispiele solcher Objekt-Typen sind Text-Dokumente, Sprache, Bilder, Video. Diese werden von DB2 mit Erweiterungs-Einrichtungen unterstützt und werden als objektrelationale Extenders bezeichnet.

Diese Objekt-Typen lassen einen großen Spielraum hinsichtlich ihrer Nutzung zu. Die Anforderungen müssen im Detail analysiert und entsprechende funktionale Lösungen gefunden werden.

2.5.1.1.2 Builtin Daten-Typen

Die Builtin-Daten-Typen stellen die Basis für die von DB2 unterstützten internen Daten-Typen dar und werden standardmäßig von IBM angeboten. Details hierzu siehe in der Anlage 1 unter "Daten-Typen und Daten-Typ-Gruppen".
Vor der Version 6 existierten nur diese Daten-Typen.
Beispiele sind:

- CHAR
- INTEGER
- DECIMAL
- DATE.

Mit diesen Daten-Typen können folgende Ziele erreicht werden:

- **Trennung** von numerischen Daten, Character-Daten, DateTime-Daten und sonstigen generellen Daten-Typen,
- Darstellung von **bestimmten Charakteristiken**, wie Vorkommastellen und Nachkommastellen.

Damit existiert eine grundsätzliche Zuordnungsmöglichkeit von bestimmten allgemeinen Daten-Typen. Eine weitergehende Trennung ist durch benutzerdefinierte Daten-Typen möglich. Siehe nachfolgende Ausführungen.

2.5.1.1.3 Benutzerdefinierte Daten-Typen (UDT = User-defined Data-Types)

Mit den benutzerdefinierten Daten-Typen wird ab der Version 6 von DB2 die Möglichkeit unterstützt, individuelle und von anderen Daten-Typen streng abgegrenzte Daten-Typen (**Strong Typing**) zu definieren und entsprechend funktional zu nutzen. Diese werden bezeichnet als:

- **UDT** - **User-defined Data-Types** bzw. **User-defined Distinct-Types** oder
- **DT** - **Distinct-Types** bzw. **Distinct Data-Types**.

Details hierzu siehe in der Anlage 1 unter "Distinct Daten-Typen".

In der Realität existieren natürlich diverse Anforderungen, wie:

- **Basis-Distinct-Typen** (diese werden i.d.R. in die Tabellenstrukturen aufgenommen):
    - Währungs-Daten-Typen, wie US $ und Euro €,
    - Flächen-, Entfernungs- und Raummaßeinheiten, wie m^2, km oder m^3,
    - spezielle Maßeinheiten, wie Konfektionsgrößen, Schuhgrößen o.ä.
    - diverse Daten-Typen, die besonderen Geschäftsregeln unterliegen, wie Gehalt, Versicherungsbetrag usw.

- **Ableitbare Distinct-Typen** (diese werden i.d.R. über Funktionen abzuleiten sein und nur bei Bedarf in Strukturen aufgenommen - in Form von akzeptierten Redundanzen):
    - zeitlich veränderbare Zustände, wie Lebensalter, Dienstalter, Beschäftigungsdauer o.ä.,
    - ableitbare zusammengesetzte Werte, wie z.B. postalische Anschrift,
    - sonstige ableitbare Werte, wie z.B. Seminar-Endtermin, Seminarplätze (angeboten, gebucht, frei).

Eine besondere Rolle nehmen Distinct Daten-Typen ein, wenn sie zusammengesetzte Werte enthalten oder auf LOB Daten-Typen basieren.
Im Wiederspruch zur relationalen Theorie und der Normalisierungsregeln werden sie häufig mit solchen Large Objects für die Definition unterschiedlichster Strukturanforderungen eingesetzt (z.B. Brief, Video-Clip, Vertrag o.ä.).

Generell sollte man sich bei Nutzung solcher Daten-Typen der zentralen Bedeutung im Sinne einer ganzheitlichen Methodik bewusst sein, da solche Distinct Daten-Typen eine wichtige Aufgabe innerhalb des Domain-Konzeptes einnehmen.

2.5.1.1.4 LOB = Large Object

Large Objects speichern nicht strukturierbare Daten oder nicht strukturierte Daten (für die man sich z.B. den Normalisierungs- und Strukturierungsaufwand sparen möchte).
Aber auch hier gilt die alte Regel:

> **Wer Daten qualifiziert nutzen möchte, muss entweder vor oder nach der Speicherung einen bestimmten Aufwand betreiben.**

Large Objects können komplexe Objekte mit einzelnen Wertegrößen bis zu 2 GB - 1 Byte aufnehmen. Für solche Volumen existieren natürlich erhebliche Restriktionen im konventionellen technischen Systemumfeld und den konventionellen Tools (z.B. Programmiersprachen).

Daher gelten für solche Large Objects eine Fülle von Besonderheiten hinsichtlich:

- der **Speicherungsorganisation** mit speziellen Objekt-Typen (Auxiliary Table, Auxiliary Index, LOB-Tablespace),
- der **DB2-systeminternen Behandlung** (Übertragungsaufwand, Logging-Aktivitäen, Lock-Mechanismen,..),
- der **Nutzungsmöglichkeit** (ein COBOL-Programm hat extreme Mühe, einen Video-Film abzuspielen),
- der **programmtechnischen Behandlung** (LOB-Werte oder LOB-Locator),
- der **funktionalen Abgrenzung** zu anderen Daten-Typen (es existieren diverse semantisch unterschiedliche LOB-Typen).

2.5.1.1.5 Vergleichbarkeit und Konvertierbarkeit der Daten-Typen

Die für die DB2 Builtin-Datentypen geltenden Kompatibilitätsbedingungen werden nicht automatisch bei benutzerdefinierte Datentypen angewandt.
So sind beispielsweise sämtliche numerischen Datentypen, wie SMALLINT, INTEGER, DECIMAL und FLOAT kompatibel zueinander. Dies gilt aber nicht für einen benutzerdefinierten Datentyp wie z.B. EURO, der auf dem DECIMAL-Format basiert. Ein solcher Datentyp kann nur mit demselben Datentyp verglichen bzw. entsprechend zugewiesen werden.

Daten-Typen lassen sich einer hierarchischen Rangfolge zuordnen, in der eine Inhalts-Umwandlung automatisch vorgenommen werden kann. So wird beispielsweise ein Dezimal-Wert in einen Gleitkomma-Wert, nicht aber umgekehrt umgewandelt (siehe hierzu im Anhang 1 unter "Promotion"). Eine solche automatische Umwandlungsmöglichkeit ist erforderlich in folgenden Fällen:

- bei der **Suche nach einer Funktion** (siehe auch unter "Funktions-Suche" bzw. "Function Resolution"),
- bei der **Änderung von Daten-Typen** (siehe auch unter CAST bzw. "Casting"),
- bei der **Umwandlung von Distinct Typen in Builtin Daten-Typen** (siehe auch unter "Zuweisung von Distinct Daten-Typen").

Damit eine effiziente Handhabung gewährleistet ist, können solche Datentypen mit einer **Casting Function** bzw. Cast-Funktion konvertiert werden.
Wird ein User-defined Distinct-Datatype definiert, erzeugt DB2 automatisch folgende Funktionen, die Konvertierungen erlauben (in beide Richtungen):

- eine Cast-Funktion zur Konvertierung zwischen dem Distinct Type und seinem Source Type,
- eine Cast-Funktion zur Konvertierung zwischen dem Source Type und seinem Distinct Type,
- in bestimmten Fällen weitere Konvertierungsfunktionen,
- die funktionale Unterstützung des Distinct Types hinsichtlich der Vergleichs-Operatoren.

Beispiel:
Wenn ein Distinct Typ **LEBENSALTER** auf der Basis eines SMALLINT Datentyps definiert wird, werden automatisch folgende Funktionen erzeugt:

LEBENSALTER (SMALLINT)
SMALLINT (LEBENSALTER)

Bei bestimmten Source Datentypen werden weitere Casting Funktionen auf den Distinct Type generiert:

- INTEGER (distinct-type)   wenn der Source Typ   SMALLINT ist
- DOUBLE (distinct-type)   wenn der Source Typ   REAL ist
- VARCHAR (distinct-type)   wenn der Source Typ   CHAR ist
- VARGRAPHIC (distinct-type) wenn der Source Typ   GRAPHIC ist

Für alle Datentypen (außer für LOB-Datentypen oder für variable Spalten, die länger als 255 Bytes sind) müssen die Vergleichsoperatoren generiert werden (Parameter WITH COMPARISONS). Siehe hierzu die folgenden Ausführungen.

2.5.1.2 UDT - User-defined Distinct Data-Types
2.5.1.2.1 Definition der Daten-Typen

Eine der Anwendungsmöglichkeiten von Distinct Types besteht im Bereich der Währungsunterscheidungen. So kann beispielsweise ein eigenständiger Daten-Typ EURO eingeführt werden, der dann eine strikte Abgrenzung zu anderen Währungen, wie US-$ erfahren soll.

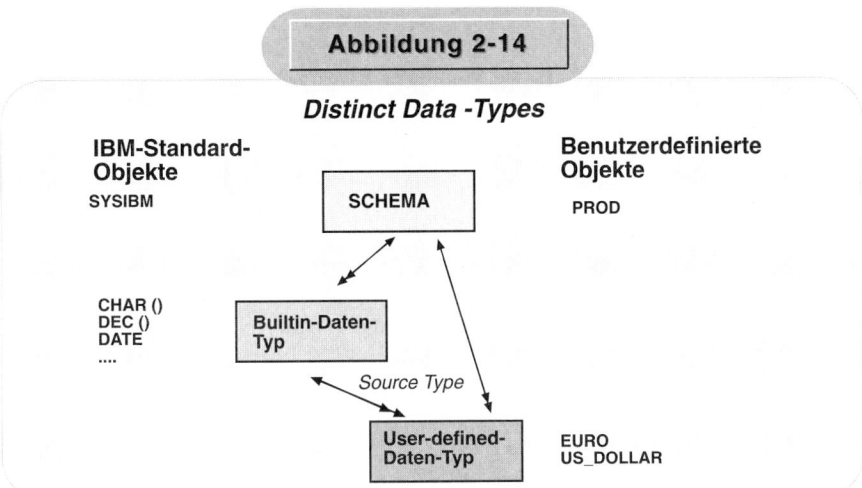

Abbildung 2-14

Beispiel der erforderlichen Definitionen:

Voraussetzungen: Es muss die Berechtigung existieren, unter dem jeweiligen Schema neue Daten-Typen anzulegen (CREATEIN-Privileg für das Schema). Der benutzerdefinierte Daten-Typ darf noch nicht in diesem Schema existieren.

SQL-Syntax (das Spezialregister CURRENT SQLID enthält den Wert PROD; das Schema ist PROD):
```
CREATE DISTINCT TYPE EURO        AS DECIMAL ( 31 , 2 ) WITH COMPARISONS ;
CREATE DISTINCT TYPE US_DOLLAR   AS DECIMAL ( 31 , 2 ) WITH COMPARISONS ;
```

Aufgrund des Parameters WITH COMPARISONS werden folgende Vergleichsoperatoren generiert:

BETWEEN	NOT BETWEEN	IN	NOT IN
NULL	NOT NULL		
=	¬ =	< >	
<	¬ <		
>	¬ >	< =	> =

Sonstige Vergleichsoperatoren müßten mittels benutzerdefinierten Funktionen explizit definiert werden.

Solange die nachfolgende Funktion nicht definiert ist, können Euro-Werte oder US_DOLLAR-Werte nicht addiert werden, da der Operator "+" nicht automatisch generiert wird. Natürlich ist kontextabhängig zu prüfen, ob der Distinct Daten-Typ überhaupt eine solche Funktion benötigt.
Folgende Funktion ist für eine Additions-Unterstützung zweier Felder vom Daten-Typ EURO erforderlich:

```
CREATE  FUNCTION PROD."+" ( EURO , EURO ) RETURNS  EURO
        SOURCE SYSIBM."+" (DECIMAL ( ) ,  DECIMAL ( )) ;
```

Damit ist eine Additions-Unterstützung erreicht (PREIS ist mit DECIMAL definiert), wie z.B.:

```
SELECT  EURO ( PREIS ) + EURO ( PREIS )       FROM SEMPREIS ;
SELECT  "+" ( EURO ( PREIS ) , EURO ( PREIS ) )   FROM SEMPREIS ;
```

2.5.1.2.2 Automatisch generierte Cast-Funktionen

Damit eine Basis-Konvertierung der Distinct Types möglich ist, werden mit einem erfolgreichen CREATE eines Distinct Types automatisch und implizit Cast-Funktionen erzeugt, die eine Konvertierung vom Distinct-Typ zum Basis-Source-Typ und umgekehrt ermöglichen.
In unserem Beispiel werden damit generiert:

```
CREATE FUNCTION  EURO                  Funktions-Name EURO unter dem aktuellen Schema
         ( DECIMAL (31 , 2 ))          Daten-Typ des Eingabe-Argumentes
         RETURNS      EURO             Daten-Typ des Ausgabe-Argumentes

CREATE FUNCTION  DECIMAL               Funktions-Name DECIMAL unter dem aktuellen Schema
         ( EURO )                      Daten-Typ des Eingabe-Argumentes
         RETURNS      DECIMAL (31 , 2 ) Daten-Typ des Ausgabe-Argumentes
```

Es ist zu beachten, dass unterschiedliche Daten-Typen nur über solche Cast-Funktionen konvertiert bzw. verglichen werden können.
So kann ein Daten-Typ EURO nicht direkt mit einem Euro-Betrag verglichen werden, der in einem DECIMAL-Format geführt wird. Dieser Wert ist dann mit EURO (dezimal-wert) anzufordern.

Eine solche Funktion liefert natürlich nur dann korrekte Ergebnisse, wenn die zugrundeliegende Datenbasis semantisch identisch ist. Soll beispielsweise ein Euro-Wert in US_DOLLAR umgerechnet werden, muss eine explizite Funktion erstellt werden, die den Kursunterschied berechnet.

2.5.1.2.3 Nutzungsmöglichkeit der Distinct Data-Types

Distinct Types können grundsätzlich an allen Stellen genutzt werden, an denen auch Builtin-Daten-Typen möglich sind.
Beispiele:

```
CREATE TABLE  SEMPREIS              Nutzung beim Anlegen einer Tabelle.
       ( DAUER         DECIMAL ( 5 , 1 ) ,
         PREIS         EURO ,
         .......       )
                                    Nutzung im Rahmen von Funktionen.
CREATE FUNCTION  SUM ( EURO ) RETURNS EURO
         SOURCE       SYSIBM.SUM  ( DECIMAL () )
```

Natürlich gibt es an einigen Stellen Einschränkungen in der Nutzung von Distinct Typen, wie z.B. innerhalb von Anwendungs-Programmen bei Host-Variablen. Diese werden entsprechend der Source Typen behandelt, d.h. EURO wird einer Host-Variablen zugewiesen, die dem DECIMAL-Daten-Typ entspricht.

2.5.1.2.4 User-defined LOB-Data Types

Wie bereits ausgeführt, können diverse komplexe Objekte über unterschiedliche Distinct Typen differenziert werden.
Beispiel für die Definition eines Personal-Ausweises (für ein Mafia-Anwendungssystem):

```
CREATE  DISTINCT TYPE  P_AUSWEIS_TEXT     AS  CLOB ( 10 M );
CREATE  DISTINCT TYPE  P_AUSWEIS_BILD     AS  BLOB ( 500 K );
```

Die folgende stark verkürzt dargestellte Funktion sucht alle Schnurrbartträger und gibt deren Identifikationsdaten zurück:

```
CREATE  FUNCTION SCHNURRBART (P_AUSWEIS_BILD)
        RETURNS CHAR (50) ;
```

Natürlich können bei einem strukturierbaren Objekt, wie einer Fax-Mitteilung mit entsprechenden Funktionen Informationen über Fax-Datum, Empfänger, Absender, Zweck der Nachricht u.ä. bereitgestellt werden.

2.5.1.3 Benutzerorientierte DB2-Objekt-Typen
2.5.1.3.1 Tabelle/Table (Base Table)

Zum Aufbau einer relationalen Tabelle wurden im Kapitel 1.2 bereits grundsätzliche Aussagen getroffen.

Eine Tabelle wird auch als Basis-Tabelle (**Base Table**) bezeichnet, da sie reale Daten repräsentiert (im Gegensatz zum View).

Das Anlegen einer DB2-Tabelle erfolgt durch den SQL-Befehl

    CREATE   TABLE   tabellen-name.

Der Tabellenname wird im DB2 mit einem Prefix geführt. Dabei wird der Autorisierungs-Id (Benutzer-Identifizierung) des Erstellers einer Tabelle automatisch vor den Tabellennamen gesetzt, sofern kein Prefix beim Anlegen mitgeliefert wird.
Hierdurch wird das DB2-interne Autorisierungsverfahren unterstützt, das nur speziell privilegierten Benutzern den Zugriff auf die DB2-Objekte ermöglicht.
Der Tabellenname innerhalb eines DB2-Subsystems (DB2-Lokation) muss eindeutig sein, er kann bis zu 18 Zeichen lang sein.
Der aus Prefix und Objektname zusammengesetzte Name darf als Tabelle, View, Synonym oder Alias im lokalen System nur einmal existieren.

Die Tabellen-Spaltennamen, die ebenfalls bis zu 18 Stellen lang sein können, müssen eindeutig innerhalb der Tabelle sein. Sie sollten nach dem Domain-Konzept (siehe Kapitel 10) einheitlich innerhalb des Unternehmens zugeordnet werden. Bei der Verknüpfung zweier Tabellen mit gleichen Spaltennamen muss zur eindeutigen Identifizierung vor den jeweiligen Spaltennamen der Tabellenname vorgesetzt und mit Punkt abgegrenzt werden.

Beispiel (zugrundeliegende Tabellen siehe Abbildung 1-2):

    SELECT   TITEL,PREIS
    FROM   SEMTYP,SEMPREIS
    WHERE   **SEMTYP.DAUER = SEMPREIS.DAUER;**

Aus Vereinfachungsgründen kann auch mit sogenannten Korrelations-Namen gearbeitet werden:

    SELECT   TITEL,PREIS
    FROM   SEMTYP **A** , SEMPREIS **B**
    WHERE   **A**.DAUER   = **B**.DAUER;

Für jede Tabelle muss zur Gewährleistung der relationalen Integritätsanforderungen ein **Primary-Key** (PK) aus den Tabellenspalten bestimmt werden. DB2 unterstützt das Primary-Key-Konzept, sofern gewünscht.
Ab der Version 5 kann anstelle eines Primary Keys auch ein **Parent Key** definiert werden, der die PK-Anforderungen erfüllen muss:
- die Eindeutigkeit (Uniqueness) muss gewährleistet werden,
- alle Komponenten (bei zusammengesetzten Spalten) müssen mit NOT NULL definiert werden.

Im folgenden steht PK stellvertretend für Primary Key bzw. Parent Key.

Die Eindeutigkeit einer Tabellenzeile wird durch Bildung eines '**Primary-Index**' bzw. '**Parent Index**', der nie gelöscht werden darf, sichergestellt.
Neben dem PK können auch andere Spalten oder Spalten-Kombinationen, die eindeutig gehalten werden sollen, mit der Charakteristik 'unique' versehen werden. Dann wird ebenfalls ein Unique Index von DB2 gefordert (der allerdings ohne Konsequenzen wieder gelöscht werden kann).

DB2 unterstützt referenzielle Beziehungen zwischen Tabellen. Dabei wird eine referenzielle Beziehung immer zwischen zwei Tabellen beschrieben. Bei dieser zweiseitigen Beziehung übernimmt eine Tabelle eine übergeordnete Rolle **(parent table)**, die andere Tabelle eine untergeordnete Rolle **(dependent table).**

Die folgende Grafik zeigt zwei Tabellen aus der Abbildung 1-2 in ihrem Beziehungs-Verhältnis auf:

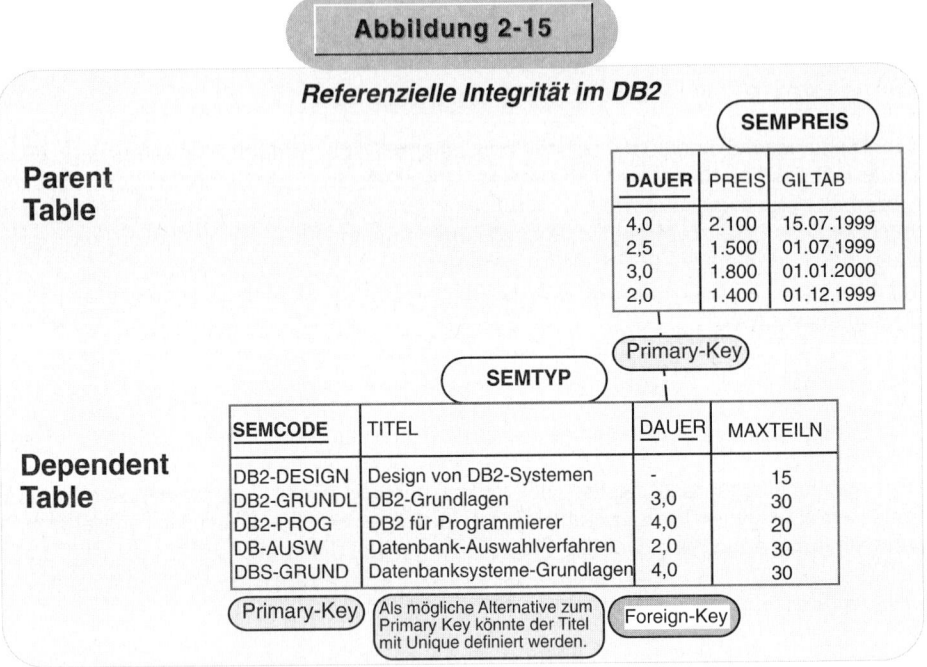

Abbildung 2-15

Referenzielle Integrität im DB2

Für die beiden Tabellen müssen folgende relevante Definitionen abgegeben werden, wenn DB2 die referenziellen Manipulationen überwachen soll.
In unserem folgenden Beispiel werden ausschließlich Primary Keys verwendet. Ab Version 5 könnte auch anstelle des Primary Keys ein anderer Unique Key als Parent Key definiert werden (z.B. TITEL). Auf diesen könnte dann aus einer Dependent Table mittels Foreign Key referenziert werden.

```
CREATE TABLE       SEMPREIS
                   (DAUER           DEC (3,1)  NOT NULL,
                   ........
                   PRIMARY KEY  (DAUER));

CREATE UNIQUE      INDEX           IXSEMPREIS        ON      SEMPREIS (DAUER) ;

CREATE TABLE       SEMTYP
                   (SEMCODE         CHAR (15) NOT NULL,
                   ......
                   DAUER            DEC (3,1),
                   ......
                   PRIMARY KEY (SEMCODE),
                   FOREIGN KEY (DAUER)
                   REFERENCES       SEMPREIS
                   ON DELETE        RESTRICT ) ;

CREATE UNIQUE      INDEX           IXSEMTYP          ON      SEMTYP (SEMCODE) ;
```

Die Definition der referenziellen Beziehung wird von DB2 im Katalog hinterlegt.

2 DB2-System-Aufbau
2.5 DB2-Daten-Objekt-Typen

Es stehen vier Verarbeitungs-Alternativen (**RI-Rules**) zur Verfügung:

- **RESTRICT**   Es wird keine Löschung in der Parent Table akzeptiert, solange noch referenzierende FKs (dependent rows) vorhanden sind. DB2 prüft die Existenz <u>vor</u> der Manipulations-Ausführung.
  Hier in unserem Beispiel wurde diese Regel definiert, da das Löschen einer SEMPREIS-Eintragung verhindert werden soll, solange noch Abhängigkeiten in der SEMTYP-Tabelle bestehen.

- **NO ACTION**   Analog RESTRICT. DB2 prüft die Existenz <u>nach</u> der Manipulations-Ausführung. Diese Option führt nur bei selbst referenzierenden Tabellen zu einer von RESTRICT abweichenden Behandlung.

- **CASCADE**   Bei einer Löschung einer Zeile in der Parent Table werden alle Zeilen, die den referenzierenden FK tragen, gelöscht.

- **SET NULL**   Bei einer Löschung einer Zeile in der Parent Table werden alle referenzierenden FKs auf 'NULL-Wert' gesetzt (sofern möglich).

Bei Manipulationen von Tabellenzeilen der miteinander verbundenen Tabellen wirken von nun an DB2-Automatismen, die nicht aussetzbar oder weiter beeinflussbar sind - es sei denn, die RI-Definitionen werden nachträglich geändert oder gelöscht.
Folgende Verarbeitungsregeln wirken implizit bzw. wurden durch die Definitionen explizit vorgegeben:

- **Manipulationen der SEMPREIS-Tabelle**

  - INSERT Zeile   ohne Auswirkung auf die SEMTYP-Tabelle.
  - UPDATE PK   nur zulässig, wenn der alte PK-Zustand nicht mehr in der SEMTYP-Tabelle existiert (die zu verändernde Dauer).
  - UPDATE sonstige Daten   ohne Auswirkung auf die SEMTYP-Tabelle.
  - DELETE Zeile   nur möglich, wenn keine korrespondierende Dauer in der SEMTYP-Tabelle existiert.

- **Manipulationen der SEMTYP-Tabelle**

  - INSERT Zeile mit DAUER   Dauer muss in der SEMPREIS-Tabelle existieren.
  - INSERT Zeile ohne DAUER   ohne Auswirkung auf die SEMPREIS-Tabelle.
  - UPDATE FK (¬ = NULL)   Dauer muss in der SEMPREIS-Tabelle existieren.
  - UPDATE sonstige Daten   ohne Auswirkung auf die SEMPREIS-Tabelle.
  - DELETE Zeile   ohne Auswirkung auf die SEMPREIS-Tabelle.

  Hinweis: der UPDATE eines PK wird aus methodischen und organisatorischen Gründen nicht empfohlen. DB2 unterstützt aber diese Möglichkeit.

Die definierten Zweier-Beziehungen können zu komplexen Netzwerken zusammenwachsen, da beispielsweise die untergeordnete SEMTYP-Tabelle in anderen Beziehungen wiederum übergeordnet sein kann.
DB2 erlaubt bis auf wenige Restriktionen die Definition komplexer Strukturen.

DB2 unterstützt ab der Version 4 auch die Definition von Prüfregeln (**Check-Constraint**), die beim Anlegen einer Tabelle bzw. auch nachträglich für existierende Tabellen eingerichtet werden können.

Beispiel (Details zur Syntax und zu Restriktionen siehe im Anhang 2 unter CREATE TABLE):

```
CREATE TABLE      SEMPREIS
                  (PREIS DEC (7,2)
                  CHECK              (PREIS BETWEEN 1000 AND 9000),
                  GILTAB             DATE,
                  ........
                  CONSTRAINT PREISGUELT  CHECK (GILTAB > '01.01.1999')
                  ........
```

2 DB2-System-Aufbau
2.5 DB2-Daten-Objekt-Typen

Es sind einige Restriktionen zu beachten. So sind z.B. keine Zugriffe auf andere Tabellen unterstützt oder kein Abgleich mit einem DB2-Spezialregisterwert (z.B. GILTAB > CURRENT DATE).

Die Regeln der Check-Konstrukte werden beim Einfügen von Zeilen (mittels LOAD oder SQL INSERT) oder bei der Änderung einzelner Spaltenwerte geprüft.
Das Ergebnis kann wahr, falsch oder unbekannt sein (wenn NULL-Werte auftreten). Bei Fehler wird die Manipulation abgewiesen.

Wird ein Konstrukt auf eine existierende Tabelle gelegt, entscheidet der Inhalt des Spezialregisters **'CURRENT RULES'** über die Verfahrensweise (sofortiges oder verzögertes Prüfen der **Check Integrity**). Wird nach DB2-Rules verfahren, wird ein 'Check Pending Status' gesetzt, ansonsten erfolgt bei STD-Rules sofort eine Prüfung und das Konstrukt wird nur angenommen, wenn keine Verstöße vorliegen.

Ab der Version 6 werden folgende Erweiterungen unterstützt, die beim Aufbau einer Tabelle genutzt werden können:

- **Daten-Typen**   Neue Daten-Typen
  - **User-defined Data-Types**   Möglichkeit der Definition eigener Daten-Typen, die streng von anderen Daten-Typen getrennt werden.
    Beispiel: Euro. Siehe auch Ausführungen vorab.

  - **LOB-Data-Types**   Möglichkeit der Definition von Daten-Typen für die Speicherung von Large Objects (LOBs).
    Folgende Daten-Typen werden unterstützt:
    - BLOB   für Bit-Daten, z.B. Bilder, Video.
    - CLOB   für Character-Daten, z.B. Briefe, Text-Dokumente.
    - DBLOB für Double-Byte-Daten, z.B. Dokumente mit chinesischen Schriftzeichen.

    Beispiel: E-Mail. Siehe auch Ausführungen vorab.

  - **ROWID-Data-Type**   Daten-Typ zur eindeutigen Identifikation einer Zeile, durch DB2 verwaltet (für LOBs erforderlich, sonst kaum nutzbar).

- **Trigger**   Für eine Tabelle definierbare Funktionalitäten, die bei Manipulationen automatisiert aktiviert werden, mit den Zielsetzungen:
    - Gewährleistung der Integritätsanforderungen,
    - Durchführung von Folge-Manipulationen in anderen Tabellen.

2.5.1.3.2 Temporäre Tabelle/Table (Global Temporary Table)

Zur Nutzung von temporären Tabellen innerhalb einer Unit of Work (UOW) können im DB2 Globale Temporäre Tabellen definiert werden. Global bezieht sich hierbei auf alle Programmkomponenten einer UOW. Details siehe unter CREATE GLOBAL TEMPORARY TABLE im Anhang 2.

Folgende wesentliche Besonderheiten existieren hierbei:

- jede Unit of Work erhält eine eigene Version der temporären Tabelle zur Verfügung gestellt,
- es steht nur ein eingeschränktes Funktionsspektrum zur Verfügung,
- es werden keine Sperren und keine Log-Aktivitäten ergriffen,
- die Datenausprägungen werden erst mit der ersten Anforderung (INSERT) in einer UOW konkret auf den DB2-Workfiles angelegt (siehe auch Ausführungen unter Kapitel 2.5.2) und
- sie werden automatisch am Ende der UOW freigegeben (Ausnahme bei CURSOR WITH HOLD).

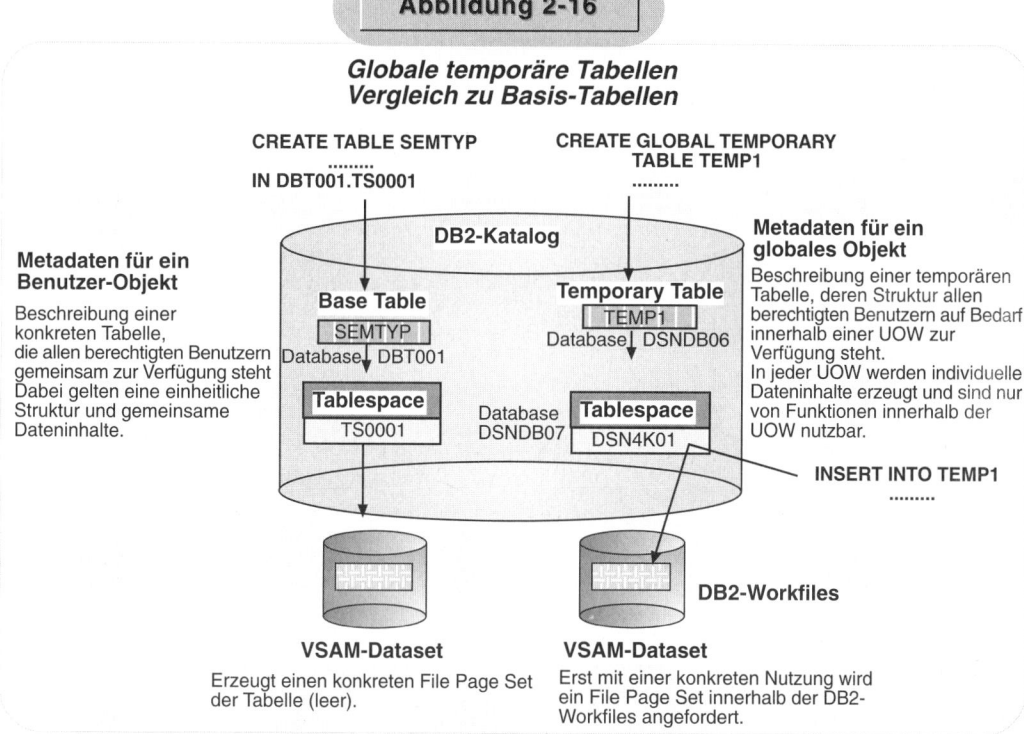

Abbildung 2-16

2.5.1.3.3 DB2-View (Virtual Table)

Ein DB2-View beschreibt eine logische Datensicht zu real hinterlegten Tabellendaten.
Der DB2-View ist eine namentlich benannte Result Table und besteht aus einem SELECT-Statement, das im DB2-Katalog hinterlegt wird.

Der View wird auch als virtuelle Tabelle bezeichnet, da keine physischen View-Daten existieren, sondern bei der Ausführung eines View-adressierenden SQL-Befehls die Daten aus den entsprechenden Basistabellen dynamisch erzeugt werden.

Er wird unter einem bis zu 18-stelligen View-Namen innerhalb des DB2-Kataloges mit seinen Einzelinformationen definiert und bei einem View-Zugriff interpretiert.

Das View-Konzept bietet einen hervorragenden Ansatz in der Abgrenzung der logischen und physischen Aspekte. Es bietet Vorteile in den Bereichen

- **Unabhängigkeit** zwischen Daten und Anwendungen,
- **benutzerfreundliche Handhabung** komplexer Verarbeitungsnamen und Befehlsfolgen, da SQL-Komplexität 'versteckt' werden kann,
- wirksames **Zugriffsschutzkonzept** auf Feldinhaltsebene.

Im DB2 existieren allerdings eine Fülle von View-Beschränkungen, die in Folgekapiteln detaillierter behandelt werden.
Das Anlegen eines DB2-Views erfolgt durch den SQL-Befehl

```
CREATE      VIEW    viewname
            AS      SELECT ...... FROM  Basistabelle(n), View(s)
```

Beim Anlegen des Views wird ein SQL-SELECT-Befehl definiert, der die Suchbedingungen zu den Basisdaten formuliert.
Damit beschreibt der View die Struktur und die Inhalte einer Result-Table.

Es folgt ein einfaches Beispiel eines Views, basierend auf der bekannten SEMTYP-Tabelle:

```
CREATE VIEW          SEM_SACHB_111
       AS SELECT     TITEL, SEMCODE
       FROM          SEMTYP
       WHERE         DAUER < 4
       AND           SEMCODE LIKE 'D%'
WITH CHECK OPTION;
```

In diesem Beispiel soll einem berechtigten Benutzer, z.B. Sachbearbeiter 111, ein View zur Verfügung gestellt werden, der die Spalten TITEL und SEMCODE aus der SEMTYP-Tabelle dann zur Verfügung stellt, wenn die Seminardauer kleiner als 4 Tage ist und der Seminarcode mit dem Buchstaben 'D' beginnt.

Die Informationsbereitstellung erfolgt anschließend durch einen SQL- Befehl, z.B. :

```
SELECT    TITEL
   FROM   SEM_SACHB_111;
```

oder aber, wenn alle Spalten des Views (in diesem Falle TITEL, SEMCODE) selektiert werden sollen:

```
SELECT    *                       (* = Abkürzung für alle Spalten)
   FROM   SEM_SACHB_111;
```

Beim Abarbeiten kann in jedem SQL-Manipulations-Befehl alternativ ein Tabellenname oder Viewname (bzw. Synonym oder Alias) angesprochen werden. Aufgrund des eindeutig zu hinterlegenden Ressource-Namens erkennt DB2 automatisch die internen Verarbeitungserfordernisse.

2 DB2-System-Aufbau
2.5 DB2-Daten-Objekt-Typen

Es können auch weitere Parameter beim Selektieren der VIEW-Daten vorgegeben werden, die von DB2 mit den Kataloginformationen des Views zusammengemischt werden (z.B. ORDER BY TITEL). Wenn die entsprechenden internen DB2-Berechtigungen existieren, kann ein Benutzer mit dem SQL-Befehlsvorrat die Basisdaten bestimmter Views auch verändern. So könnte z.B. der Titel eines Seminares 'DB2-Grundlagen' in 'DB2-Grundwissen' abgeändert werden durch:

```
UPDATE    SEM_SACHB_111
SET       TITEL    =    'DB2-Grundwissen'
WHERE     SEMCODE  =    'DB2-GRUNDL';
```

Durch die **WITH CHECK OPTION** wird eine Zugriffsschutzfunktion des DB2 aktiviert. Die Benutzung des Views ist nur zulässig bei Einhaltung aller Bedingungen, die beim Anlegen des Views im Select-Statement definiert wurden. So darf über unseren Beispiel-View weder die Dauer auf einen Wert größer oder gleich 4 gesetzt, noch ein Seminarcode außerhalb der Schlüsselbegrenzung in der ersten Stelle (gleich D) verändert werden.

Ein View kann auf Basistabellen und/oder auf andere Views zeigen. Das folgende Beispiel zeigt einen Ausschnitt der vielfältigen Einsatz-Möglichkeiten (wenn auch nicht unbedingt zu empfehlen):

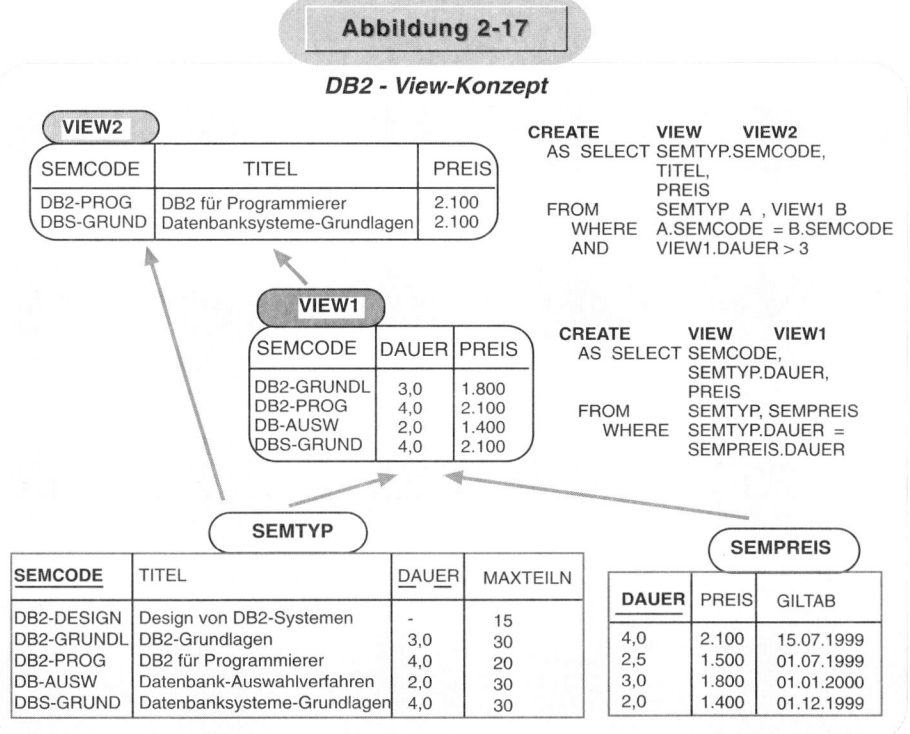

Abbildung 2-17

DB2 - View-Konzept

In diesem Beispiel definiert VIEW1 einen Join auf die Basistabellen SEMTYP und SEMPREIS. VIEW2 definiert einen Join auf die Basistabelle SEMTYP und den View VIEW1. Diese Variante ist zwar technisch möglich, praktisch aber weniger empfehlenswert, da die Transparenz leidet.

Werden Daten über einen View selektiert, werden die Klauseln der SELECT-Statements aller beteiligten Views mit dem vorgegebenen SQL-Statement zusammengemischt (Merge View). Bei komplexen Anforderungen kann es zu Materialisierungen (materialized View) kommen, d.h. DB2 muss zunächst intern die Result-Table einzelner Views bilden, die dann stufenweise zu einer endgültigen Result Table führen. In unserem Fall ist keine Materialisierung erforderlich.
Es ist zu beachten, dass eine Result-Table, die aus mehreren Tabellen besteht (Join) nicht updateable ist (nur lesende Zugriffe sind auf einen solchen View erlaubt).

2.5.1.3.4 Synonym

Ein Synonym definiert einen Alternativnamen für eine Tabelle, einen View oder einen Alias im lokalen DB2-System.
Der Name des Synonyms ist einteilig (ohne Autorisierungs-Id).
Der Name des referenzierten DB2-Objektes muss zweiteilig sein und setzt sich zusammen aus Autorisierungs-Id und Objekt-Name.
Das referenzierte Objekt muss im lokalen DB2-System existieren.
Das Anlegen eines Synonyms erfolgt durch den SQL-Befehl

```
CREATE      SYNONYM    synonym-name
FOR         autorisierungs-id. tabellen-name/view-name/alias-name
```

Der Synonymname innerhalb eines DB2-Subsystems (DB2-Lokation) muss eindeutig sein, er kann bis zu 18 Zeichen lang sein.
Das Synonym wird im DB2 mit einem Prefix geführt. Dabei wird der Autorisierungs-Id (Benutzer-Identifizierung) des Erstellers des Synonyms automatisch vor den Synonym-Namen gesetzt.
Der aus Prefix und Objektname zusammengesetzte Name darf als Tabelle, View, Synonym oder Alias im lokalen System nur einmal existieren.

Beispiel:

```
CREATE    SYNONYM    SEMINARDATEN
FOR       PROD.SEMTYP;                    PROD=Allgemeiner Autorisierungs-Id.
```

Anschließend kann auf die SEMTYP-Tabelle referenziert werden mit:

```
SELECT    TITEL, DAUER
FROM      SEMINARDATEN;
```

Mit Hilfe des Synonyms können folgende Vorteile erzielt werden:

- Über sprechende Namen kann auf nicht-sprechende Objektnamen referenziert werden.
  So können beispielsweise DB2-Tabellen mit lfd. Objekt-Nr. vergeben werden.
  Die Benutzer können über sprechende Namen mit den Objekten arbeiten.
  Alternativ kann hierfür auch ein View eingesetzt werden.

- In Anwendungsprogrammen erfolgt eine Objekt-Referenz ohne Autorisierungs-Id.
  Mit Hilfe eines Synonyms wird auf allgemein verfügbare Objekte referenziert (DB2-Lösung für den Verweis auf ein explizites Objekt unter allgemeinem Namen, wie im IMS z.B. mit DD-Statements möglich).
  Beispiel:
  Im Anwendungsprogramm wird der Befehl abgesetzt:
  ```
  SELECT    TITEL, DAUER
  FROM      SEMTYP
  WHERE     SEMCODE = 'DB2-DESIGN';
  ```
  Durch ein Synonym kann nun wahlweise auf ein individuelles oder allgemeines Objekt Bezug genommen werden:
  ```
  CREATE    SYNONYM    SEMTYP    FOR    U00350.SEMTYP;    oder
  CREATE    SYNONYM    SEMTYP    FOR    TEST.SEMTYP;
  ```

Achtung:
Es ist zu beachten, dass ein Synonym nicht mit einem Prefix angesprochen werden darf.
Nur der Eigentümer eines Synonyms kann das Synonym verwenden, d.h. der aktuelle Benutzer (Current SQLID) und der Eigentümer (owner) des Synonyms müssen identisch sein (im Gegensatz zum Alias).

2.5.1.3.5 Alias

Ein Alias definiert einen Alternativnamen für eine Tabelle oder einen View im lokalen oder in einem remote DB2-System.
Der Name des Alias kann zweiteilig oder dreiteilig sein. Ist er dreiteilig, muss der Lokations-Name auf das lokale System zeigen.

Der Name des referenzierten DB2-Objektes kann zweiteilig oder dreiteilig sein und setzt sich zusammen aus Lokations-Name, Autorisierungs-Id und Objekt-Name.
Das referenzierte Objekt kann lokal oder remote sein. Es muss nicht existieren.

Das Anlegen eines Alias erfolgt durch den SQL-Befehl

    CREATE ALIAS   alias-name
           FOR   lokations-name.autorisierungs-id.tabellen-name/view-name.

Der Aliasname innerhalb eines DB2-Subsystems (DB2-Lokation) muss eindeutig sein, er kann bis zu 18 Zeichen lang sein.
Der aus Prefix und Objektname zusammengesetzte Name darf als Tabelle, View, Synonym oder Alias im lokalen System nur einmal existieren.

Alias und Synonym können auch gemeinsam genutzt werden.

Beispiel:

    CREATE ALIAS   PROD.SEMTYP
           FOR   DB2FRANKFURT.PROD.SEMTYP;   PROD=Allgemeiner Autorisierungs-Id.
                                                                                   in der Lokation Frankfurt.

    CREATE SYNONYM   SEMTYP
           FOR   PROD.SEMTYP;

Anschließend kann auf die SEMTYP-Tabelle referenziert werden mit:

    SELECT   TITEL, DAUER
      FROM   **SEMTYP;**

Mit Hilfe des Alias können die gleichen Vorteile wie beim Synonym erzielt werden. Er unterstützt insbesondere Objektzuordnungen in remote Systemen.
Durch die Definition innerhalb des Kataloges brauchen die Anwendungen die lokale Zuordnung der Objekte nicht zu kennen.

Insbesondere beim anwendungsgesteuerten Zugriff auf verteilte Datenbanken ist der Alias sehr wichtig, da auf einem Server (lokal oder remote) Packages vorgebunden werden. Dabei müssen sämtliche innerhalb einer Package (entspricht einem Anwendungs-Modul) verwendeten DB2-Objektnamen auf dem Server bekannt sein, auf dem der BIND PACKAGE behandelt wird, sonst erzeugt der BIND-Prozess einen Fehler.

Im Gegensatz zum Synonym sind folgende Aspekte relevant:

- Nicht jeder Systembenutzer kann einen Alias anlegen. Dafür wird ein System-Administrations-Privileg benötigt.

- Ein Alias kann auch mit einem zwei- oder dreiteiligen Objekt-Namen angesprochen werden. Damit ist es auch möglich, einen 'Fremd-Alias' zu benutzen.
Für die Benutzung eines Alias existieren keine besonderen Privilegien. Für die vom Alias referenzierten Objekte braucht der Benutzer natürlich die entsprechenden Verarbeitungsrechte.

2.5.1.4 Systemorientierte DB2-Objekt-Typen
2.5.1.4.1 Index

Der DB2-Index wirkt ausschließlich auf physischer Ebene. Bei der Formulierung einer Datenanforderung wird keinerlei Bezug auf einen evtl. vorhandenen Index genommen. DB2 prüft bei der individuellen Datenanforderung mittels seines internen Zugriffs-Optimizers, ob für die jeweilige Anforderung die Indexnutzung sinnvoll ist oder nicht.

Allerdings wurde im DB2 eine Realisierung betrieben, die den Index teilweise benutzer- und teilweise systemorientiert zuordnet:

Zuordnung	Argumente
Benutzerorientiert	Namenskonvention (18-stellig), Eigentümerschaft (Autorisierungs-Id), Gewährleistung der Entity-Integrity (als Unique Primary Index) - bei der Einrichtung eines PK ist die Einrichtung zwingend gefordert.
Systemorientiert	Letztlich entscheidet der Index nur über den internen Suchaufwand (und Verwaltungsaufwand). Auch die Entity Integrity könnte mit einem Durchsuchen aller Daten sichergestellt werden.

Die Existenz des Index wird im Katalog hinterlegt und der Basistabelle zugeordnet.

Das Anlegen eines DB2-Index erfolgt durch den SQL-Befehl

    CREATE   **INDEX**   indexname.

Beim Anlegen des Index kann der **DEFER**-Parameter vorgegeben werden, mit dem der Aufbau verzögert werden kann (DEFER YES). Achtung: Dann sind aber keine Manipulationen auf der Tabelle mehr unterstützt!
Sind bei DEFER NO beim Anlegen des Index bereits Daten in der Tabelle gespeichert, wird der Index sofort aufgebaut, ansonsten mit dem Einstellen der Daten. Dabei werden die Tabellendaten der zu indizierenden Spalten redundant im Index geführt. Zusätzlich zu dem Datenstring wird eine Verweisadresse zu den Daten-Pages der Tabellendaten im Index verwaltet.

Die Index-Definition steht in engem Zusammenhang mit der Tablespace-Definition (siehe im gleichen Kapitel).
Der Index wird verwaltungstechnisch automatisch einem **Indexspace** zugeordnet (der Indexspace wird automatisch von DB2 verwaltet).

Ab der DB2-Version 4 existierten zwei Index-Typen mit unterschiedlichen Speichercharakteristiken und Sperrverfahren (Details hierzu siehe im Kapitel 11).
Im Vergleich zum Index Typ 1 (der einzige Index-Typ vor der Version 4) ist der Index Typ 2 (der einzige Index-Typ ab der Version 6) besonders effizient im Hinblick auf die Speicherungs- und Verwaltungstechnik sowie der Reduzierung des Sperrniveaus.

Werden in einer Basis-Tabelle LOB-Spalten definiert, müssen weitere Objekte aufgebaut werden. Dazu gehört auch der Objekt-Typ **Auxiliary Index**. Bei diesem dürfen keine Spalten explizit benannt werden. Solange ein solcher Index nicht angelegt ist, kann die Basis-Tabelle nicht bearbeitet werden, da sie als 'incomplete' im DB2 behandelt wird.
Details zu den LOB-Objekten siehe nachfolgend unter "LOB-Objekte".

Es existiert grundsätzlich keine Beschränkung in der Anzahl der Indizes pro Tabelle (außer internen Speichermöglichkeiten).

Der Index kann aus 1 bis 64 Tabellenspalten bestehen.

Folgende Begrenzungen für die Gesamtlänge eines Indexes existieren:

- Maximal 255 minus n Bytes.
  n = Anzahl Spalten mit möglichen 'NULL-Werten'. Für solche wird 1 Byte als Kennzeichen reserviert.

Der Index wird intern als B-Tree Index geführt. Die Verkettungsinformationen des Index zu den Daten werden in Pages von 4 K verwaltet. Reicht eine Page zur Aufnahme der erforderlichen Informationen nicht mehr aus, erfolgt ein Aufteilen (Split) der Page und die Abspeicherung der Informationen in Form eines mehrstufigen Index. Die oberste Stufe des Index wird als Root-Page, die Pages der untersten Stufe, die direkt auf die Daten verweisen, werden als Leaf-Pages bezeichnet.

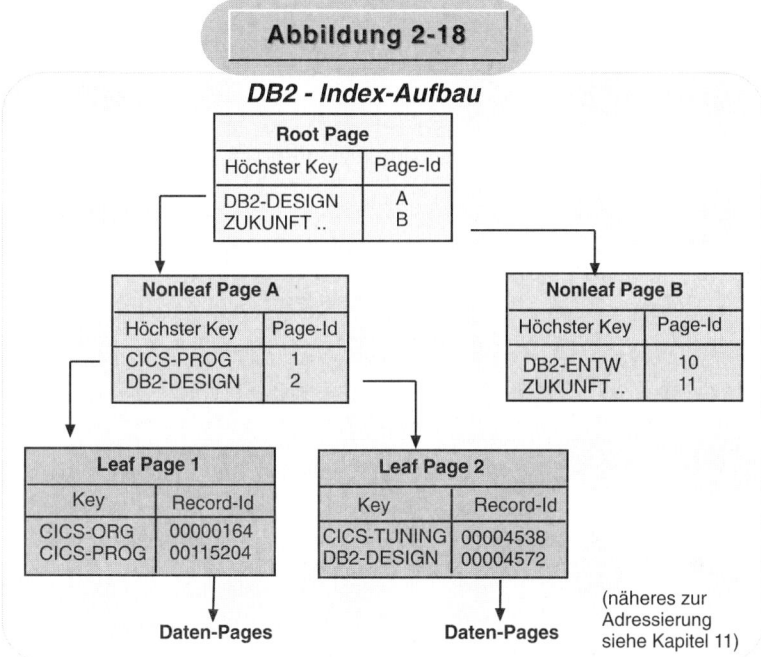

Abbildung 2-18

DB2 - Index-Aufbau

Der Index kann **UNIQUE** oder **NONUNIQUE** angelegt werden. Bei UNIQUE wird von DB2 beim Einstellen von Informationen in existierende Tabellen überprüft und sichergestellt, dass keine inhaltlich identische Spaltenkombination bereits existiert.

In DB2 ist die UNIQUE-Angabe des Index erforderlich für die Gewährleistung der Entity-Integrity. Wenn für eine Tabelle ein Primary-Key definiert wurde, muss ein Unique-Index aufgebaut werden. Solange ein solcher **Primary-Index (PI)** nicht angelegt ist, kann die Tabelle nicht bearbeitet werden, da sie als 'incomplete' im DB2 behandelt wird.
Wenn für eine Tabelle Unique-Spalten definiert wurden, muss ebenfalls für jedes Unique-Constraint ein Unique-Index aufgebaut werden. Solange ein solcher Unique-Index nicht angelegt ist, kann die Tabelle nicht bearbeitet werden, da sie als 'incomplete' im DB2 behandelt wird. Im Gegensatz zum Primary-Index kann allerdings ein normaler Unique-Index anschließend ohne Konsequenzen auf den Tabellen-Status wieder gelöscht werden.
Ein Unique-Index besteht aus dem Datenstring und einer Verweisadresse, ein Non-Unique-Index besteht aus dem Datenstring mit entsprechend vielen Verweisadressen.

Der Index kann aufsteigend oder absteigend **(ASC,DESC)** verwaltet werden. Dies kann für jede einzelne Spalte bestimmt werden.
Die Reihenfolge der Spalten bei einem zusammengesetzten (composite) Index und die Sortier-Optionen wirken stark auf die Performance hinsichtlich der Zugriffs-Effizienz.

Durch die **Cluster**-Option beim Anlegen des Index kann auf die physische Reihenfolge der Datenablage Einfluss genommen werden. Dies ist sinnvoll, wenn die Datenabarbeitung nach gleichen Sortierkriterien häufig erfolgen muss, z.B. wenn eine Table überwiegend für sequenzielle Batch-Verarbeitungsprozesse bereitgehalten wird. Pro Tabelle kann nur ein Clustering-Index angelegt werden.
Es ist zu beachten, dass die zu ladenden Daten vom Benutzer vorsortiert sein müssen. DB2 garantiert ansonsten keine physisch geordnete Ablage der Daten (im Index werden die Daten aber immer in der geforderten Form sortiert verwaltet).
Auch nachträgliche Daten-Einfügungen können von DB2 nur dann korrekt eingeordnet werden, wenn genügend Freespace nahe bei der vom clustering Index bestimmten Reihenfolge gegeben ist.
Benötigt der Benutzer die Daten der Result-Table in sortierter Form, muss er immer mit ORDER BY arbeiten.
Liegt ein nutzbarer Index vor, kann DB2 evtl. auf einen ansonsten erforderlichen Sort verzichten.

Wird eine Tabelle indiziert, die als partitioned (durch Zuweisung zu einem partitioned Tablespace) gekennzeichnet ist, wird automatisch ein **partitioned Index** erzeugt. Dieser muss als Cluster-Index vorgegeben werden, damit er die Daten physisch auf den einzelnen Partitions über die Dateninhalte streuen kann.

Ein partitioned Index eines partitioned Tablespaces ist so organisiert, dass pro Partition eine eigene Index-B-Tree-Struktur eingerichtet wird, die nur aus den Index-Einträgen der entsprechenden Partition besteht. Dadurch ist eine Separierung der Daten und Index-Einträge bezogen auf die Key-Definitionen des partitioned Index gegeben.
Wird auf einem partitioned Tablespace ein zweiter oder weiterer Index eingerichtet (non-partitioned Index), wird dieser global eingerichtet. Index-Einträge dieses Index zeigen gestreut auf die Daten des kompletten partitioned Tablespace. Mit dem Index Typ 2 wird eine logische Partition innerhalb eines solchen Index unterstützt, bei dem die Index-Einträge einer Partition separiert werden. Dadurch ist eine Parallel-Verarbeitung einzelner Partitions dieses Partitioned Tablespaces möglich.

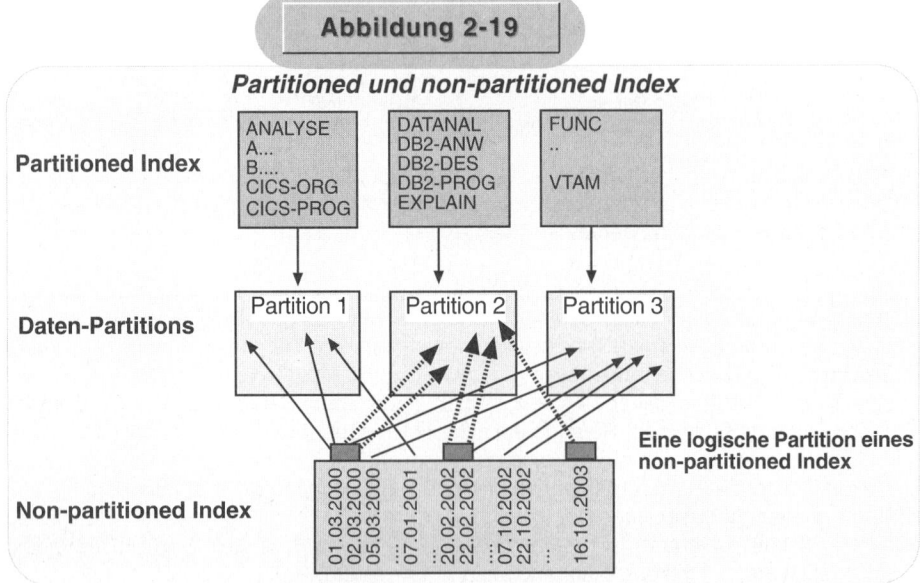

Abbildung 2-19
Partitioned und non-partitioned Index

2.5.1.4.2 Tablespace

Tablespace (und Indexspace) sind verwaltungstechnische DB2-Einheiten für die

- **Beschreibung** der **physischen Speicher-Charakteristiken**,
- **physische Zuordnung** der Daten zu ihren externen Speichern,
- **Reorganisation** von Daten (performancegünstige Speicherung),
- **Recovery**-Maßnahmen (Wiederherstellung zerstörter Zustände).

Ein Tablespace wird in **Pages** (Seiten) aufgeteilt. Die Zuordnung der Pages wird intern zu **Bufferpools** vorgenommen. Für Tablespaces existieren 4 KB, 8 KB, 16 KB und 32 KB große Bufferpools.

Das Anlegen eines DB2-Tablespaces erfolgt durch den SQL-Befehl

    CREATE   TABLESPACE   tablespace-name.

Mit dem **COMPRESS**-Parameter kann die Komprimierung der Daten angesteuert werden. In diesem Fall kann insbesondere bei entsprechender Hardware-Unterstützung eine effiziente Komprimierung erreicht werden. DB2 speichert mit den Daten ein Verzeichnis (Directory) über die Transformationsregeln.

Folgende Speicherungsformate werden unterstützt (Details siehe im Kapitel 11):

- **Simple Tablespace**
  Ein simple Tablespace beschreibt die physische Datenbasis für eine oder mehrere Tabellen.
  Sollen Daten von mehreren Tabellen zugeordnet werden, empfiehlt sich der Einsatz des segmented Tablespaces.
  Die Daten eines simple Tablespaces werden in einer VSAM-Datei (LDS) gespeichert und können bis zu 64 GB Datenvolumen umfassen.

- **Segmented Tablespace**
  Ein segmented Tablespace beschreibt die physische Datenbasis für eine oder mehrere Tabellen.
  Wichtige Argumente für das Zusammenführen der Daten mehrerer Tabellen sind:
  - Die Daten gehören logisch zusammen und müssen gemeinsam konsistent gehalten werden.
  - Durch die Zusammenlegung von Daten können mehrere Tabellen in einem VSAM-Dataset gehalten werden. Dies reduziert physischen Aufwand beim Eröffnen des Datasets und reduziert virtuellen Speicherbedarf.
  - Die einzelnen Tabellen verfügen über ein relativ geringes Datenvolumen.

  Die Daten eines segmented Tablespaces werden in einer VSAM-Datei (LDS)
  gespeichert und können bis zu 64 GB Datenvolumen umfassen.

- **Partitioned Tablespace**
  Ein Partitioned Tablespace beschreibt die physische Datenbasis für eine Tabelle, deren Daten auf mehrere physische Bereiche (Partitions) und idealerweise unterschiedliche physische Einheiten aufgeteilt werden sollen.
  Diese physische Separierung wird häufig aus Reorganisations-, Recovery- und Performancegründen genutzt.
  Es existieren zwei Typen von Partitioned Tablespaces mit folgenden Speicherungsmöglichkeiten:
  - **Non-Large** Tablespace   1 bis 64 Partitions mit jeweils einem Speichervolumen zwischen 1 GB und 4 GB.
                                  Gesamtvolumen: max. 64 GB.
  - **Large** Tablespace   1 bis 254 Partitions mit jeweils einem max. Speichervolumen von 4 GB bzw. 64 GB.
                                  Gesamtvolumen: max. 1 TB (= 1000 GB) bzw. max. 16 TB (= 16000 GB).

  Die Daten jeder Partition werden in einer separaten VSAM-LDS-Datei gespeichert.

- **LOB-Tablespace**
  Ein LOB-Tablespace beschreibt die physische Datenbasis für eine Tabelle, die LOB-Spalten enthält.
  Die Daten eines LOB-Tablespaces werden in einer oder mehreren (bis zu 254) VSAM-Dateien (LDS) gespeichert und können bis zu 1 TB bzw. 16 TB Datenvolumen (EA-enabled) umfassen.

Als Faustformel gilt:

    Entweder sollen Tabellendaten einem segmented oder einem partitioned Tablespace zugeordnet werden.

2.5.1.4.3 Indexspace

Indexspace (und Tablespace) sind verwaltungstechnische DB2-Einheiten für die

- **physische Zuordnung** der Daten zu ihren externen Speichern,
- **Reorganisation** von Daten (performancegünstige Speicherung),
- **Recovery**-Maßnahmen (Wiederherstellung zerstörter Zustände).

Ein Indexspace wird in **Pages** (Seiten) aufgeteilt. Die Zuordnung der Pages wird intern zu **Bufferpools** vorgenommen. Für Indexspaces existieren im Gegensatz zu Tablespaces nur 4 KB große Pools.

Für einen Indexspace können in Abhängigkeit von den zugeordneten Daten und deren Tablespace-Definition folgende Speicherungsvolumen erreicht werden:

- **Non-Partitioned Tablespace** Speichervolumen bis zu 2 GB.

- **Partitioned Tablespace**
    - **Non-Large** Tablespace 1 bis 64 Partitions mit jeweils einem max. Speichervolumen von 2 GB. Gesamtvolumen: max. 64 GB.
    - **Large** Tablespace 1 bis 254 Partitions mit jeweils einem max. Speichervolumen von 4 GB bzw. 64 GB (EA-enabled). Gesamtvolumen: max. 1 TB bzw. 16 TB.

Die Daten jeder Index-Partition werden in einer separaten VSAM-LDS-Datei gespeichert.
Mit dem **PIECESIZE**-Parameter beim CREATE/ALTER INDEX kann ein non-partitioned Index auf mehr als einen Dataset verteilt werden (Ziele: Performanceverbesserung, höherer Parallelverarbeitungsgrad).

Ein **Indexspace** wird automatisch von DB2 angelegt. Es existiert kein SQL-Befehl für die explizite Indexspace-Anlage. Ein Indexspace enthält nur eine Index-Zuordnung.
Wird ein **CLUSTER**-Index für einen partitioned Tablespace definiert, wird automatisch ein partitioned Index erzeugt. Die physische Aufteilung der Informationen in einem partitioned Tablespace erfolgt unter logischen Schlüsselaspekten (Keyranges) durch einen Index (**PART-Klausel**). Dieser Index muss als Cluster-Index definiert werden, da die physische Reihenfolge der Daten bestimmten Einheiten zugeordnet werden muss.

Zu beachten ist, dass ab Version 5 bei Large Tablespaces die höchsten Schlüsselwerte der letzten Partition nicht überschritten werden dürfen, ansonsten wird ein Fehler erzeugt und ein Insert abgewiesen.

2.5.1.4.4 DB2-Database

Eine Database fasst Tablespaces und Indexspaces unter organisatorischen Aspekten zusammen. Eine Database wird zum Beispiel die Informationen sachgebiets- bzw. bereichsweise zusammenfassen. Eine Database kann mit Hilfe von DB2-Kommandos komplett gestartet und damit verfügbar gemacht werden oder komplett gestoppt werden.
Der Begriff Database ist sehr irreführend, besser wäre z.B. 'Spacegroup'.

Die Database ist die Einheit für:

- die verwaltungstechnische Gruppierung physischer DB2-Objekte für den Datenbank-Administrator.
- das Starten und Stoppen von DB2-Objekten. Damit sind indirekt alle Anwendungen betroffen, die mit diesen Ressourcen arbeiten wollen.
- Zugriffsschutz-Aspekte, da bestimmte DB2-Privilegien auf Database-Ebene ausgesprochen werden können.
- DB2-interne Objekt-Zuordnungen und Sperrmechanismen. Bei der Anlage einer neuen Tabelle wird beispielsweise die gesamte Database exklusiv für den jeweiligen Benutzer gesperrt.

Das Anlegen einer DB2-Database erfolgt durch den SQL-Befehl

    CREATE   DATABASE database-name.

Es empfiehlt sich, aufgrund der oben dargestellten Sperrmechanismen Benutzern, die häufig DB2-Objekte im DB2-Katalog anlegen, ändern oder löschen, eine eigene Database einzurichten. Betroffen sind z.B. Anwendungs-Entwickler und Endbenutzer mit individuellen oder dispositiven Daten-Anforderungen.

Die System-Daten des DB2-Systems sind ebenfalls Databases zugeordnet:

- DSNDB01   DB2-Directory
- DSNDB04   Default Database
- DSNDB06   DB2-Katalog und CDB - Communications databases
- DSNDB07   Workfiles
- DSNRGFDB   DDCS - Data definition Control Support.

2.5.1.4.5 Storage Group

Eine Storage Group fasst physische Einheiten zusammen. Eine Storage Group darf nur Einheiten des gleichen Typs umfassen.
Die unter einer Storage Group definierten Tablespaces und Indexspaces werden auf VSAM-LDS-Dateien abgelegt und können mit den VSAM-Hilfsmitteln (z.B. AMS-REPRO, IMPORT, EXPORT) verarbeitet werden.

Das Anlegen einer DB2-Storage Group erfolgt durch den SQL-Befehl

    CREATE   **STOGROUP**   storagegroup-name.

Wird beim Anlegen eines Tablespaces auf eine Storage Group Bezug genommen, verwaltet DB2 automatisch mit Hilfe der VSAM-IDCAMS-Mittel die VSAM-Cluster.

Alternativ zur Nutzung von DB2 Storage Groups bestehen folgende Möglichkeiten:

- **Manuelle Einrichtung und Verwaltung der Datasets (user defined datasets)**
  In diesem Falle wird beim Anlegen eines Tablespaces anstelle der Storage Group auf einen VSAM-Katalog verwiesen, der bereits unter bestimmten Namenskonventionen (siehe Kapitel 11) angelegte Dateien beinhalten muss.
  In diesem Fall werden vorbereitete LDS-Dateien genutzt.

- **Nutzung von DFSMS (SMS - Storage Management Subsystem)**
  Unter DB2 sind bei Einsatz von SMS nur sehr wenige Schnittstellen definiert. Im wesentlichen wird formell eine Storage Group im DB2 definiert, die eine Volume (*)-Zuordnung hat, d.h. die Zuordnung der Devices SMS überläßt.

2.5.1.4.6 LOB-Objekte: Auxiliary Table, Auxiliary Index, LOB-Tablespace

Werden innerhalb einer Basis-Tabelle eine oder mehrere LOB-Spalten definiert, müssen Auxiliary Tables definiert werden. Auf diese Auxiliary Table kann mit SQL-Manipulations-Befehlen nicht direkt zugegriffen werden.
Das Anlegen einer Auxiliary Table erfolgt durch den SQL-Befehl

> CREATE AUXILIARY TABLE   tabellen-name.

Ein solches Statement darf nicht explizit vorgegeben werden, wenn der Inhalt des Spezialregisters **'CURRENT RULES'** = STD ist. In diesem Fall werden die LOB-Objekte automatisch angelegt. Details hierzu siehe unter CREATE TABLE.

Die Konventionen des Tabellennamens entsprechen den Ausführungen unter Basis-Tabelle.

Die folgende Abbildung zeigt die erforderlichen Objekt-Typen für LOB-Spalten:

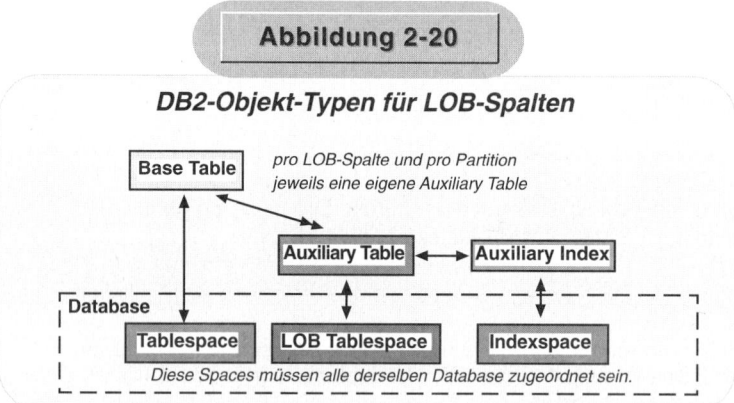

Abbildung 2-20

Es müssen folgende Objekte für die Speicherung von Large Objects bereitgestellt werden:

- Ist der Base Tablespace <u>nicht</u> als Partitioned Tablespace definiert, muss pro LOB-Spalte der Basis-Tabelle jeweils eine Auxiliary Table bereitgestellt werden.

- Ist der Base Tablespace als Partitioned Tablespace definiert, muss pro LOB-Spalte der Basis-Tabelle und pro Partition des Tablespaces jeweils eine Auxiliary Table bereitgestellt werden.

- Für jede Auxiliary Table müssen definiert werden:
  - ein LOB-Tablespace
  - ein Auxiliary Index, der wiederum automatisch einen Indexspace aufbaut.

In der Basis Tabelle muss bei Vorgabe zumindest einer LOB-Spalte exakt eine ROWID-Spalte definiert werden, die von DB2 bei der Einfügung einer Zeile automatisch mit einem eindeutigen Zeilen-Identifikationswert versehen wird. Pro Tabelle darf nur max. eine ROWID-Spalte auftreten.
Mit diesem ROWID erfolgt die Referenzierung der LOB-Werte zu den jeweiligen Objektwerten der Basis-Tabelle. Wird für eine existierende Tabelle nachträglich die erste LOB-Spalte eingefügt, müssen zwei ALTER-Statements vorgegeben werden und mit dem ersten ALTER muss zunächst die ROWID-Spalte (dann der Auxiliary Index) und erst dann die LOB-Spalte eingefügt werden.

Die LOB-Objekte enthalten folgende Informationen:

> Base Table   Hier werden alle Nicht-LOB-Spalten-Charakteristiken beschrieben. Die Base Table beschreibt die Struktur der physischen Daten-Zeile. LOB-Werte werden aus der Base Table ausgelagert. Daher werden LOB-Spalten hier nur mit einer Verweis-Information geführt.

2 DB2-System-Aufbau
2.5 DB2-Daten-Objekt-Typen

Auxiliary Table Hier wird jeweils die Charakteristik einer LOB-Spalte beschrieben. Außerdem wird die Referenz auf die Base Table mittels ROWID definiert.
Pro LOB-Spalte und pro Partition muss jeweils eine eigene Auxiliary Table definiert werden.

Auxiliary Index Für jede Auxiliary Table wird exakt ein Unique Index definiert, der automatisch die ROWID enthält.
Durch den Bezug zu einer Auxiliary Table ist er automatisch ein Auxiliary Index.

LOB-Tablespace Hier werden die physischen Charakteristiken für die Speicherung sämtlicher Werte einer LOB-Spalte beschrieben.
Pro LOB-Spalte und pro Partition muss jeweils eine eigene Auxiliary Table definiert werden.

Die folgende Abbildung zeigt die LOB-Objekt-Abhängigkeiten auf (auf die Darstellung der CREATE INDEX-Statements - auch des Primary Indexes - für die Basis-Tabelle wurde verzichtet).

Abbildung 2-21

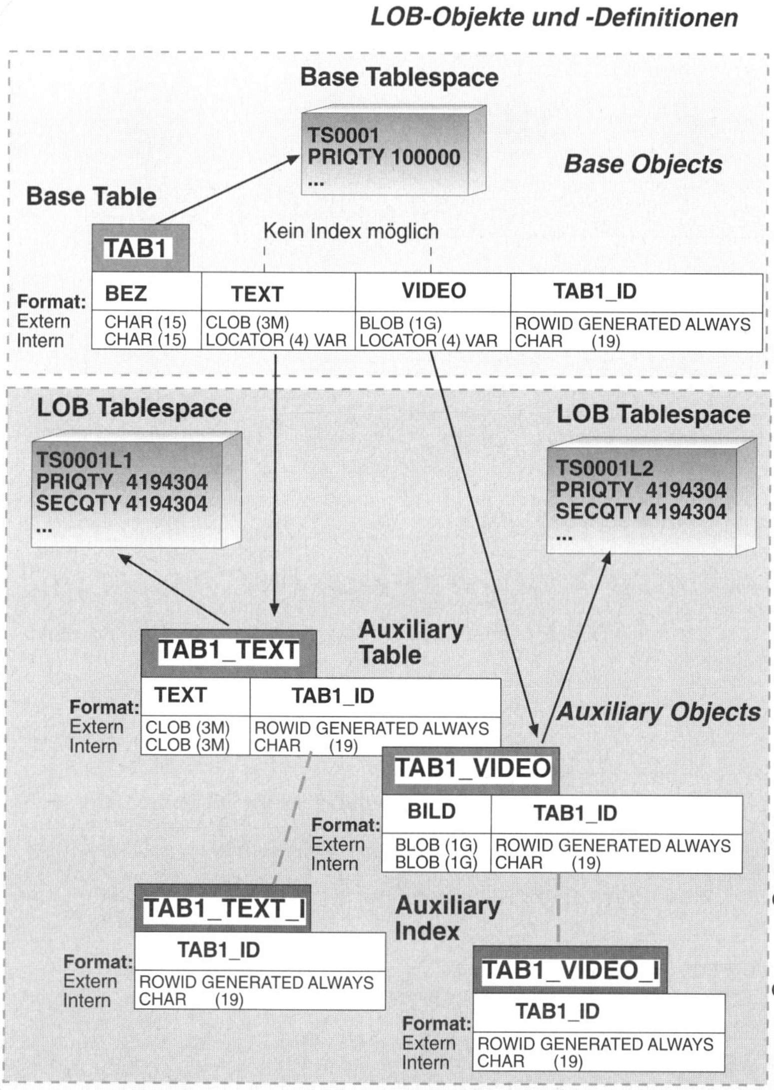

LOB-Objekte und -Definitionen

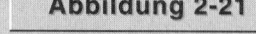

2 DB2-System-Aufbau
2.5 DB2-Daten-Objekt-Typen

2.5.2 DB2-System-Ressourcen

DB2 benötigt eine Vielzahl von Systemressourcen, die auf unterschiedlichen Dateisystemen hinterlegt sind, nämlich:
- VSAM **LDS** (Linear data set)
- VSAM **KSDS** (Key sequenced data set)
- SAM bzw. BSAM (Sequential data set)
- PDS (Partitioned data set).

Die DB2-Ressourcen bestehen aus einer Vielzahl von Komponenten:

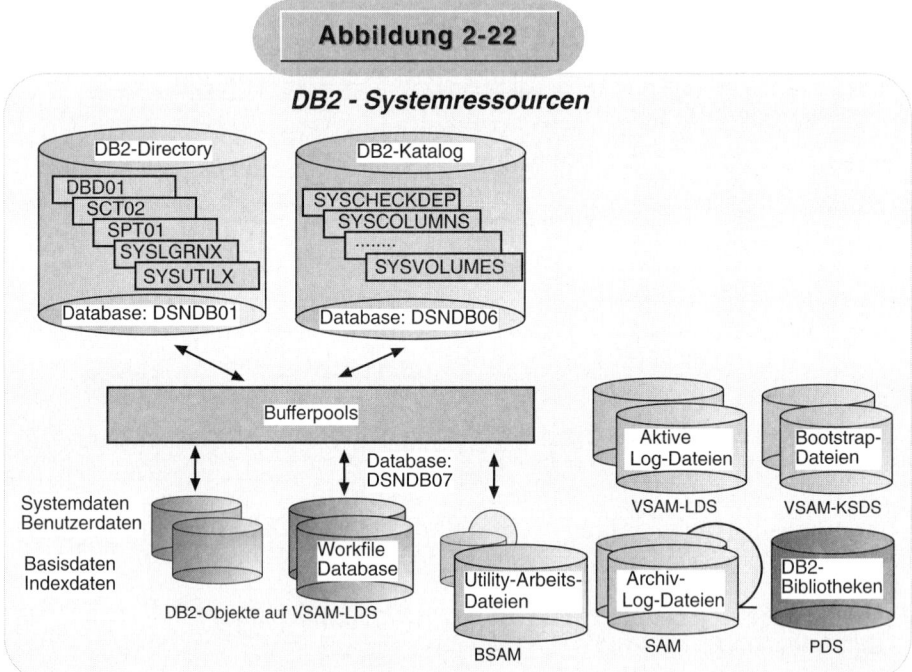

Abbildung 2-22: DB2 - Systemressourcen

2.5.2.1 DB2-Directory - Database DSNDB01

Das DB2-Directory enthält Basis-Informationen für DB2, die während des Start-Prozesses und während der Verarbeitung genutzt werden. Obwohl die Ablage der Informationen im Directory den Katalog- bzw. Benutzertabellen entspricht, kann das Directory mit SQL nicht bearbeitet werden. Die Informationen haben rein internen Charakter.

Folgende Informationsgruppen werden in eigenen Tablespaces geführt:

- **DBD01 - Data base descriptor directory (DBD)**
  Für jede DB2-Datenbank (database) existiert ein korrespondierender DBD (Definition der Tablespaces, Tabellen, Table Check Constraints, RI-Constraints und Indizes). Die DBDs werden automatisch beim Anlegen einer Benutzer-DB2-Datenbank (CREATE DATABASE) eingerichtet. Werden in der DBD gespeicherte Objekte verändert, erfolgt eine exklusive Sperre der DBD.
  Gelöschte Objekte werden nicht automatisch in der DBD gelöscht. Hier ist ggf. der Einsatz des MODIFY-Utilities erforderlich.

- **SCT02 - Skeleton cursor table (SKCT)**
  Interne Repräsentation der Plan-Informationen als Skeleton Cursor Table (CT).
  Eine CT-Tabelle wird durch BIND PLAN erzeugt.

- **SPT01 - Skeleton package table**
  Interne Repräsentation der Package-Informationen als Skeleton Package Table (PT).

Eine PT-Tabelle wird durch BIND PACKAGE erzeugt.

- **SYSLGRNX - Log range directory**
  Bei jedem Tablespace OPEN und UPDATE wird ein Log-Satz in diese Tabelle geschrieben, bei CLOSE Tablespace erfolgt der UPDATE des Directory-Eintrages.
  Der Eintrag enthält die relativen Log-Byte-Adressen (RBAs) der OPEN/CLOSE-Informationen.
  Die Tabelle wird zum beschleunigten Tablespace-Recovery durch begrenzte Log-Zugriffe genutzt.

- **SYSUTILX - System Utilities (SYSUTIL)**
  Log-Informationen für System-Utilities. Solange ein Utility läuft, stehen Status-Information über das Utility in der Tabelle und können nach einem Abbruch für einen Restart genutzt werden.

2.5.2.2 DB2-Katalog- Database DSNDB06

Der DB2-Katalog enthält Informationen über DB2-Objekte (Meta-Daten = Daten über Daten). Im Gegensatz dazu enthält der OS/390-ICF-Katalog Informationen über VSAM-Dateien inkl. der von DB2 genutzten VSAM-Ressourcen.
Der DB2-Katalog besteht ebenfalls aus den vorab genannten DB2-Objekt-Typen. Die Kataloginformationen werden in diversen Tabellen geführt, die in Tablespaces und in einer Database zusammengefasst werden. Details hierzu siehe im Anhang 3.
Die Daten werden auf diversen VSAM-Dateien gespeichert. Informationen aus dem Katalog können mit SQL selektiert werden.

So können beispielsweise von dem DB2-Benutzer mit dem Autorisierungs-Id 'U00350' erstellte Tabellen- und Viewnamen (sortiert nach Ressourcename und Typ) über folgende SQL-Abfrage angefordert werden:

```
SELECT          NAME, TYPE
   FROM         SYSIBM.SYSTABLES
   WHERE        CREATEDBY = 'U00350'
ORDER BY NAME,TYPE
```

Für Teilsichten aus dem Katalog können Views erstellt werden. Die Regeln zur Bearbeitung der Kataloginformationen entsprechen den normalen SQL-Formalismen.

Eine direkte (explizite) Veränderung der Kataloginhalte ist für bestimmte Tabellen und Spalten (i.d.R. Statistikfelder) möglich. Grundsätzlich wird durch SQL-Objektverwaltungsbefehle (z.B. CREATE TABLE) der Katalog implizit verändert.

2.5.2.3 Workfiles - Database DSNDB07

DB2 benötigt für interne Daten-Bereitstellungsmaßnahmen Zwischenspeicher, die intern und auf externen Einheiten bereitgestellt werden müssen. Externe Datasets dienen als Überlaufspeicher der internen Workbereiche (Auslagerung von Bufferinhalten).

Die Zwischenspeicher werden automatisch bei der Anforderung von Daten über bestimmte SQL-Optionen genutzt. So werden beispielsweise bei einem Sort ohne Index-Nutzungsmöglichkeit (ORDER BY) oder bei bestimmten JOINs intern Zwischenergebnisse erzeugt.
Außerdem werden für diverse SQL-Subselects (z.B. IN, ALL, ANY) interne Zwischentabellen erzeugt und temporäre Ergebnismengen zusammengemischt.

Globale Temporäre Tabellen werden durch INSERT-Aktivitäten innerhalb der Workfiles angelegt.

Für die Zwischenspeicher werden zunächst festgenerierte Tablespace-Namen von DB2 genutzt. Es steht eine Database mit jeweils 4 K und 32 K-Tablespaces standardmäßig zur Verfügung. Da alle DB2-Nutzer konkurrierend um diese Ressourcen kämpfen, ist eine Erweiterung der Standardressourcen i.d.R. erforderlich.

2.5.2.4 Datenspeicherung von System- und Benutzerdaten

Hier werden sowohl die Inhalte der Systemdaten (Directory und Katalog-Tabellen) als auch die Benutzerdaten geführt. Beiden Daten-Typen werden Tablespaces und Indexspaces zugeordnet und innerhalb von Pages abgelegt.
DB2 führt eine Default-Database mit dem Namen DSNDB04, die allen Benutzern verfügbar gehalten wird (PUBLIC). Neu angelegte Benutzertabellen werden automatisch, wenn nichts anderes bestimmt wird, dieser Database zugeordnet.
Der System-Administrator kann die Nutzungsmöglichkeiten der DB2-Ressourcen individuell durch die DB2-Sicherheitseinrichtungen erweitern bzw. einschränken.

2.5.2.5 Utility-Arbeitsdateien

Diese Dateigruppe enthält Arbeitsbereiche für DB2-Utilities, die für diverse Zwecke, z.B. Entladen von Tabellen für die Reorganisation des Tablespace usw. erforderlich sind.
Es existieren permanente und temporäre Utility-Arbeitsdateien.

2.5.2.6 Log-Dateien

DB2 verfügt über ein eigenes internes Logging-Verfahren zur Unterstützung der Datensicherheitsanforderungen.
Die Log-Dateien sind integraler Bestandteil der Sicherheitsmechanismen, da sie die Aufzeichnung der Datenveränderungen übernehmen. DB2 unterstützt bei Bedarf das **DUAL-LOGGING**, bei dem parallel zwei Log-Dateien beschrieben werden und bei Systemfehler automatisch auf die fehlerfreie Version zurückgegriffen werden kann.
DB2 kennt zwei Log-Ebenen:

- **Aktive Log-Dateien**
  Es werden 2 bis 31 Dateien (bei dual-logging 4 - 62) unterstützt.
  Jede Datenveränderung sowie Synchronisationspunkte (COMMIT, ABORT, CHECKPOINT) werden ausgeschrieben. Die Informationen werden auf VSAM-Dateien geschrieben und können bei Bedarf normal von VSAM-Utilities oder individuellen Programmen verarbeitet werden.
  DB2 schreibt die Log-Informationen in physisch feste 4-K-VSAM-Records (entspricht VSAM-CI), die logisch jedoch variabel durch Satzarten aufgeteilt sind.

- **Archiv-Log-Dateien**
  Die Archiv-Log-Dateien lagern die aktiven Log-Informationen auf sequenzielle Datenträger aus. DB2 führt die Auslagerung automatisch durch, wenn die aktive Logdatei keinen freien Platz zur Aufnahme von Log-Informationen mehr aufweist.
  Es können bis zu 1000 Dateien (2000 bei dual-logging) definiert werden.

2.5.2.7 Bootstrap-Dateien

Die Bootstrap-Dateien enthalten ein Verzeichnis und den Status der aktiven und Archiv-Log-Dateien. DB2 sichert zum Terminierungszeitpunkt (Normal oder Abnormal) Informationen für den späteren Restart auf die Bootstrap-Datei.
Die Informationen werden auf einer VSAM-KSDS-Datei abgestellt. Aus Sicherheitsgründen arbeitet DB2 automatisch mit einer Dual-Organisation und schaltet im Fehlerfalle automatisch um.

2.5.2.8 DB2-Bibliotheken

Die DB2-Installation und die Ausführungsunterstützung erfordern eine Reihe von Systembibliotheken für:
- Ausführbare DB2-Programme,
- DBRM-Bibliotheken,
- DB2-Makros für Installation und Attach-Facilities,
- Symbolische Beispiel-Programme und DB2-Beispiel-Ressourcen,
- TSO-CLIST-Befehle für DB2I und DB2-Utilities,
- Sonstige Dateien für ISPF-Help und Panels.

2.6 Stored Procedures, User-defined Functions und Trigger
2.6.1 Grober Überblick der Einsatzbedingungen

Eine **DB2 Stored Procedure** ist ein außerhalb von DB2 mit einer von DB2 unterstützten Programmiersprache vorbereitetes und im Bereich von DB2 ausführbares Benutzer-Programm. Das Programm wird in der 'Nähe' der Daten, d.h. in derselben Lokation zur Ausführung gebracht.

Eine **User-defined Function (UDF)** ist eine von DB2 unterstützte Operation, die einen oder mehrere Eingabe-Argumente benötigt und einen oder mehrere Ausgabe-Parameter zurückgibt. Eine External Function aktiviert ein Benutzer-Programm, eine Sourced Function basiert auf einer vorhandenen Funktion. Eine solche Funktion wird innerhalb von SQL-Statements aktiviert.

Ein **Trigger** besteht aus definierten Regeln und bedingten SQL-Anweisungen, die bei der Manipulation einer DB2-Table (Triggering Table) ausgeführt werden. Tritt die definierte Bedingung bei der Triggering Table auf, wird ein solcher Trigger automatisch aktiviert.

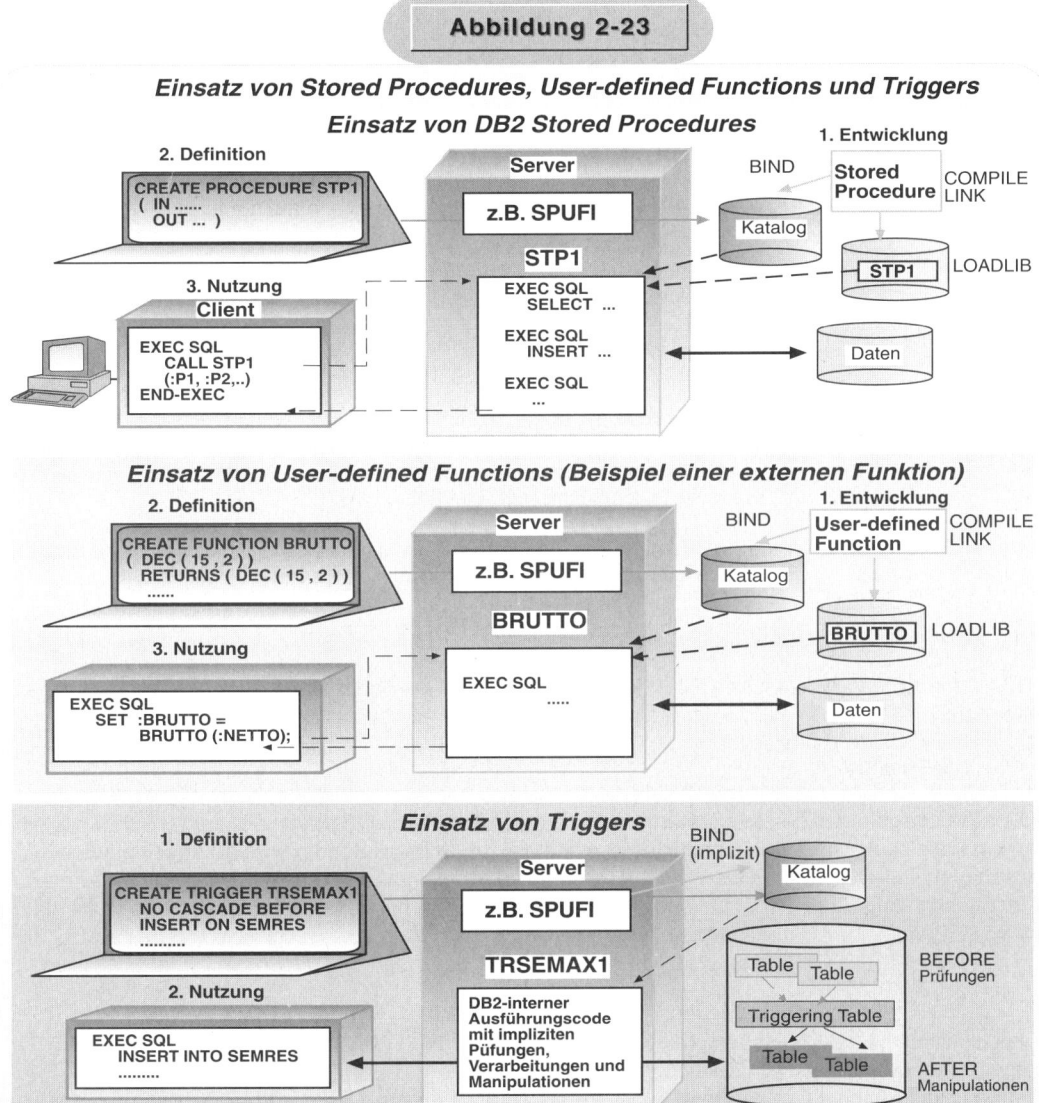

Abbildung 2-23

2.6.2 Identifikation von Stored Procedures, Functions und Triggern
2.6.2.1 SQL-Pfad, Schema, Specific Name und External Name

Jede funktionale Komponente muss in einem System eindeutig identifizierbar sein.
Nachfolgend wird der generalisierte Begriff "Routine" verwendet, wenn eine Aussage auf Stored Procedures, Functions oder Trigger gleichermaßen wirkt.
Zunächst werden sämtliche Routinen bei der Installation einem **Schema** zugeordnet.

Die Identifikation einer Routine wird mehrschichtig geregelt (siehe hierzu auch die Ausführungen im Anhang 1 unter "Qualifizierung von Daten-Typen, Funktionen, Stored Procedures und Trigger").
Folgende Begriffe sind hierbei relevant:

- **Schema**
  Das Schema definiert einen Systembereich unter einem eindeutigen Namen.
  Für IBM sind folgende Schema-Namen reserviert:
  - SYSIBM, SYSFUN, SYSPROC.
  Beispiele für benutzerspezifische Schema-Namen sind:
  - PROD, SPAR, S00001.

- **SQL-Pfad**
  Der SQL-Pfad wird in einem Spezialregister (CURRENT_PATH) geführt.
  Er besteht aus einem oder mehreren Schema-Namen und steuert die Suchprozesse bei einem Aufruf einer Routine.
  Die Schemas werden in der Reihenfolge der im SQL-Pfad hinterlegten Namen durchsucht.

- **Function Signature**
  Eine Funktion wird mit folgenden Identifikations-Elementen im System geführt:
  - Schema-Name   z.B. PROD
  - Funktions-Name   z.B. BRUTTO
  - Anzahl Argumente   z.B. 1
  - Daten-Typen der Argumente z.B. DEC Längen und Genauigkeiten werden ignoriert!

  Bei Funktionsaufruf wird die Funktion aufgrund der Funktions Signatur in Abhängigkeit von den Inhalten des SQL-Pfads gesucht.

- **Specific Name**
  Der Specific Name ist ein eindeutiger Name einer Stored Procedure bzw. einer Funktion in einem bestimmten Schema. Dieser Name wird als Candidate Key alternativ zum Funktionsnamen genutzt, der aus diversen Komponenten gebildet wird (siehe vorab Function Signature).

- **External Name**
  Der External Name ist ein eindeutiger Name eines Lademoduls für eine Stored Procedure bzw. eine externe Funktion in einem OS/390-System.

2.6.2.2 Function Overloading und Function Resolution

DB2 unterstützt das Konzept des **Function Overloadings**. Das bedeutet, es können viele Funktionen unter demselben Namen existieren. Sie müssen dann aber unterscheidbar sein über:
- den Schema-Namen oder
- die Parameter.

So existiert beispielsweise eine System-Funktion unter dem Namen SUM im Schema SYSIBM. Zusätzlich kann eine solche Funktion mit demselben Namen SUM im Schema PROD angelegt werden. Diese kann eine völlig andere Verarbeitung vornehmen und ein abweichendes Ergebnis produzieren. Aber auch in demselben Schema können mehrere Funktionen mit demselben Namen geführt werden. So sind z.B. im selben Schema möglich:
   PROD.SUM (DEC (15 , 2))
   PROD.SUM (EURO).

Natürlich sind im SYSIBM-Schema fast alle Funktionen mehrfach vorhanden (SUM muss z.B. alle numerischen Daten-Typen unterstützen).
Die Funktions-Suche aufgrund dieses Konzept nennt sich **Function Resolution** (Details siehe im Anhang 1). Eine Ergebnis-Analyse kann mit der DSN_FUNCTION_TABLE erfolgen (siehe Anhang 5).

2.6.3 Der Einsatz von Stored Procedures
2.6.3.1 DB2 Stored Procedures und SQL Procedures

Eine **DB2 Stored Procedure** ist ein außerhalb von DB2 mit einer von DB2 unterstützten Programmiersprache vorbereitetes und im Bereich von DB2 ausführbares Benutzer-Programm. Eine der wesentlichen Zielsetzungen liegt im Bereich der Performance, z.B. durch Reduzierung der Kommunikationsaufwendungen in einem Netzwerk.

Eine **SQL Procedure** ist hingegen ein nach dem SQL-Standard mit einer eigenen prozeduralen Sprache entwickeltes Programm, das im Katalog gespeichert wird.
Diese SQL-Spracherweiterung wird **SQL/PSM** genannt (PSM = Persistent Stored Procedures).
Eine solche Prozedur ist idealerweise hersteller- und plattformneutral.

Eine SQL Procedure unterstützt folgende Sprachmittel:

- **CREATE PROCEDURE Statement mit:** *Definition der Prozedur*
  - Parameterdefinitionen für die Typen:
    - IN
    - OUT
    - INOUT
  - Sonstige Prozedurdefinitionen

- **Procedure-Body mit:** *Ausführungsanweisungen*
  - einem einzelnen einfachen Statement
  - einem zusammengesetzten (compound) Statement, das mit BEGIN und END umrahmt wird.

Beispiel einer SQL Procedure:

```
CREATE      PROCEDURE  PREISHOCH
            (IN  INDAUER  DEC (5 , 1) ,  IN ERHTYP  SMALLINT )
            PARAMETER STYLE GENERAL WITH NULLS
   BEGIN
         DECLARE     NEU_PREIS    DEC ( 11 , 2 );
         DECLARE     MAX_PREIS    CONDITION ;
         SET NEU_PREIS =
                ( SELECT PREIS FROM SEMPREIS
                         WHERE DAUER = INDAUER );
         IF      ERHTYP = 1 THEN
                 SET NEU_PREIS = NEU_PREIS * 1.10 ;
         ELSEIF  ERHTYP = 2 THEN
                 SET NEU_PREIS = NEU_PREIS * 1.20 ;
         ENDIF;
         IF NEU_PREIS  > 10000 THEN
              SIGNAL  MAX_PREIS;
         ELSE
              UPDATE  SEMPREIS SET PREIS = NEU_PREIS
                      WHERE DAUER = INDAUER );
         ENDIF;
   END;
```

Jede der Stored Procedures wird zunächst außerhalb von DB2 mit einer von DB2 unterstützten Programmiersprache (bzw. mittels SQL/PSM) vorbereitet. Eine solche Prozedur wird technisch ähnlich wie ein normales Anwendungsprogramm behandelt (sie benötigt eine Package).
Das Programm wird aber nicht von einem der Trägersysteme sondern direkt von DB2 zur Ausführung gebracht. Damit eine plattform- und sprachunabhängige Ausführung möglich ist, werden im Katalog die zu übergebenden Argumente, die zurückzugebenden Parameter sowie die technischen Ausführungs-Parameter definiert.
DB2 konvertiert auf Bedarf die zugrundeliegenden Kommunikationsdaten.
Eine Stored Procedure wird mit SQL CALL aufgerufen. Sie kann neben programmierten Anweisungen bestimmte SQL-Statements ausführen und ein Ergebnis in folgenden Formen bereitstellen:
- ein oder mehrere Einzel-Werte,
- eine Wertegruppe in Form einer Struktur,
- eine beliebige Zeilenmenge mit einem Result Set.

2 DB2-System-Aufbau
2.6 Stored Procedures, User-defined Functions und Trigger

2.6.3.2 System-Konzept von DB2 Stored Procedures

Bei einer DB2 Stored Procedure werden - im Gegensatz zu einer SQL Stored Procedure - die Inhalte der Prozedur nicht im Katalog gespeichert, es werden lediglich Argument- bzw. Parameter-Definitionen und Ausführungs-Bedingungen geführt.
Vor der Version 6 mussten diese Parameter-Informationen explizit mit SQL-Manipulations-Statements (INSERT, UPDATE, DELETE) verwaltet werden. Ab der Version 6 stehen eigene SQL-DDL-Statements (CREATE PROCEDURE, ALTER PROCEDURE) zur Verfügung.

Mit DB2 Stored Procedures kann speziell in einer Client-Server-Umgebung eine effizientere Bereitstellung von Datenmengen erfolgen, die ansonsten mit mehreren einzelnen SQL-Statements angefordert werden müßten. Aber es existieren daneben noch eine ganze Reihe definierbarer Vor- und Nachteile (siehe spätere Aufzählung).

Die Zuordnung einer Stored Procedure zu einem Adressraum kann folgendermaßen erfolgen:

- Zusammenführung aller Stored Procedures in einem gemeinsamen Stored Procedure Address Space (**SPAS**), der automatisch beim DB2-Start aktiviert wird. Dieser wird als Allied Adress Space betrieben und stellt die Verbindung zu DB2 über die CAF-Schnittstelle her.

- Aufteilung der Stored Procedures in verschiedene, vom OS/390-Workload Manager gesteuerte und verwaltete Address Spaces (**WLM**). Diese werden als Allied Adress Space betrieben und stellen die Verbindung zu DB2 über die RRSAF-Schnittstelle her.

Abbildung 2-24

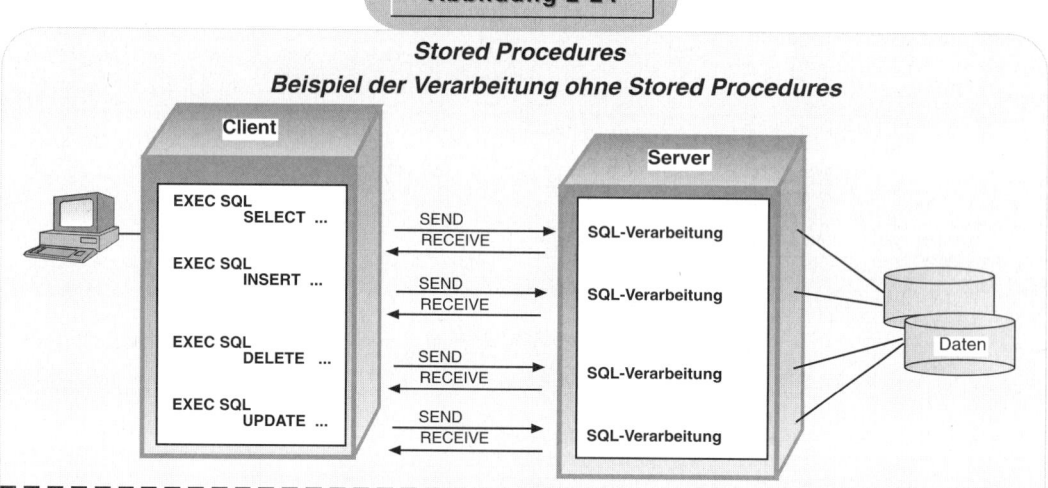

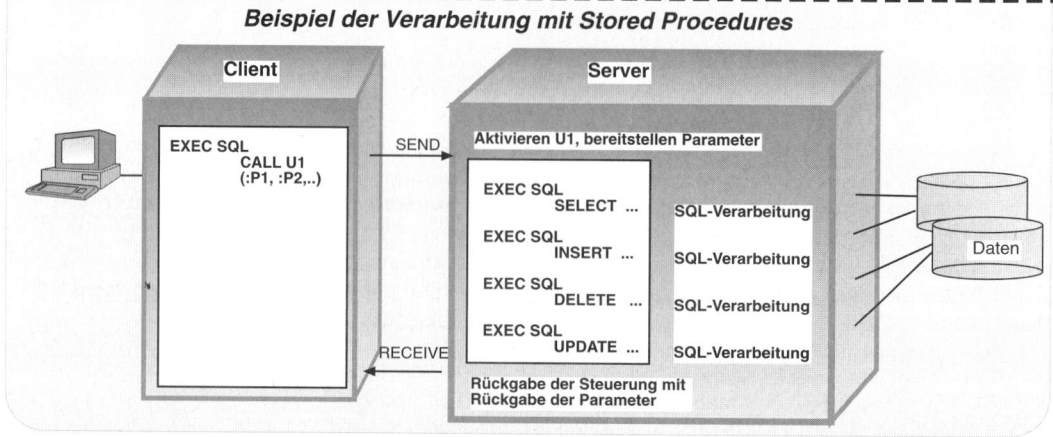

2.6.3.2.1 Aufruf einer remote Stored Procedure und Ablauf

Stored Procedures werden im Adressraum-Verbund von DB2 ausgeführt.
Der Aufruf einer remote Stored Procedure kann erfolgen durch:

- expliziten Aufbau der Verbindung mit dem SQL-Statement CONNECT TO remote-system oder
- durch Vorgabe eines dreiteiligen Prozedurnamens: CALL lokation.schema.prozedurname.

Die folgende Abbildung zeigt den Ablauf eines Aufrufs einer Stored Procedure und die beteiligten Komponenten (weitere Details siehe Kapitel Kapitel 9.4 und Kapitel 13.4).
Die einzelnen Ablaufschritte sind durchnumeriert und werden anschließend detailliert dargestellt.

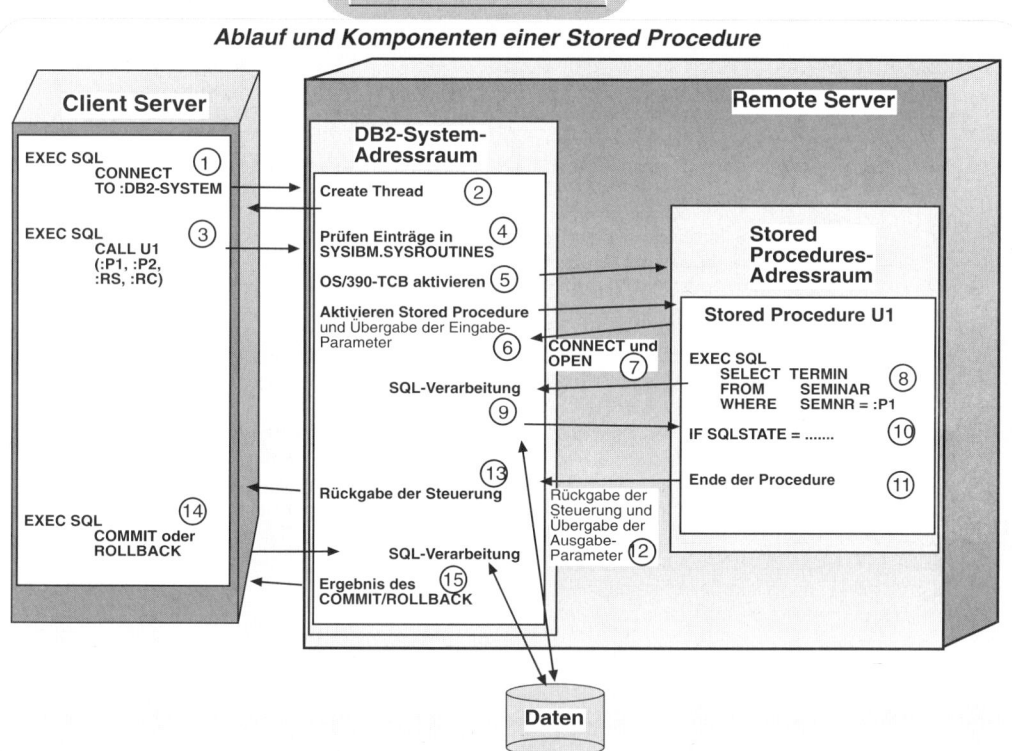

Abbildung 2-25

Ablauf und Komponenten einer Stored Procedure

Folgender Ablauf und beteiligte Komponenten sind relevant:

1. Aufbau der Verbindung zu DB2 durch den Client (CONNECT).

2. DB2 baut einen Thread auf (distributed Thread).

3. Der Client setzt einen CALL zum Aufruf der Stored Procedure U1 ab. Dabei werden Ein- und Ausgabe-Parameter übergeben:
    - P1   SEMNR für die Stored Procedure (Eingabe-Parameter),
    - P2   andere Variable (Ein- oder Ausgabeparameter),
    - RS   Return-Schlüssel, der den Verarbeitungsstand und ggf. das zuletzt korrekt oder fehlerhaft ausgeführte Statement identifiziert (Ausgabe-Parameter),
    - RC   Return-Code, hier z.B. der SQLSTATE-Inhalt (Ausgabe-Parameter).

4. DB2 prüft in der Katalog-Tabelle SYSIBM.SYSROUTINES, ob Zeilen für die aufgerufene Prozedur vorhanden sind. Sämtliche Daten von U1 werden eingelesen und zwischengespeichert.
    DB2 prüft die Ausführungsberechtigung für die Stored Procedure.

2 DB2-System-Aufbau
2.6 Stored Procedures, User-defined Functions und Trigger

5. DB2 wählt einen OS/390-TCB aus und übergibt Informationen an die Stored Procedure, die in einem separaten Adressraum abläuft.

6. Die Stored Procedure wird aktiviert und erhält die Parameter-Adressen übergeben.

7. Die Stored Procedure läuft unter der Steuerung von CAF oder RRSAF ab und setzt implizit einen CONNECT zu den DB2-System Services ab.

8. Die Stored Procedure setzt SQL-Statements ab.

9. DB2 verarbeitet die SQL-Anforderungen und gibt SQL-Return-Codes und ggf. Daten zurück.

10. Die Stored Procedure prüft die Ausführung der SQL-Statements.

11. Die Stored Procedure wird beendet. Zuvor muss dafür gesorgt werden, dass die Ausgabe-Parameter für das rufende Programm entsprechend gefüllt sind.

12. Rückgabe der Steuerung durch die Prozedur an DB2.
    Die weitere Verarbeitung ist abhängig vom Parameter COMMIT_ON_RETURN in der Katalog-Tabelle SYSROUTINES:
    - Yes Die Unit of Recovery wird beendet und sämtliche Änderungen vollzogen; alle Ressourcen werden freigegeben (außer Cursor, die mit WITH HOLD und WITH RETURN definiert sind).
    - No   Die Unit of Recovery wird nicht beendet. Es werden aber alle Workfiles freigegeben (außer Cursor, die mit WITH RETURN definiert sind).
           Das Client-Programm ist verantwortlich für die Konsistenzbehandlung.
           DB2 führt folgende weiteren Maßnahmen durch:
           - Sämtliche präparierten SQL-Statements der Prozedur werden eliminiert.
           - Der Speicherbereich für die Prozedur-Variablen wird freigegeben.

13. DB2 aktiviert das aufrufende und wartende Programm und übergibt die Parameter.
    Das Programm kann erneut eine Stored Procedure aufrufen oder SQL-Statements direkt absetzen.

    Wurde ein oder mehrere Query Result Sets übergeben, kann das aufrufende Programm die Ergebnismengen, die von der Stored Procedure bereitgestellt wurden, lesend anfordern.

14. Die Client-Anwendung setzt (ggf. in Abhängigkeit von den von der Prozedur gelieferten Parametern) einen COMMIT oder ROLLBACK ab (bei Einsatz unter den TP-Monitoren entsprechend einen CICS-SYNCPOINT, SYNCPOINT ROLLBACK oder IMS-CHECKPOINT bzw. ROLLBACK).
    Die Client-Anwendung koordiniert sämtliche SQL-Statements der UOW innerhalb des aufrufenden und aller aufgerufenen Programme - inkl. sämtlicher Stored Procedures.

15. DB2 gibt das Ergebnis des COMMITs oder ROLLBACKs an das aufrufende Programm zurück.

2.6.3.2.2 Übergabe von Query Result Sets

Unter folgenden Bedingungen kann eine Stored Procedure ein Query Result Set zurückgeben:

- Der Client unterstützt das DRDA-Protokoll für Query Result Sets.
- Die Spalte RESULT_SETS in der Katalog-Tabelle SYSROUTINES muss einen Wert größer als 0 enthalten.

Die Stored Procedure muss folgende Bedingungen erfüllen:

- Es muss zumindest ein Cursor **(pro Query Result Set)** mit WITH RETURN definiert werden.
  a) DECLARE C1 CURSOR ..... **WITH RETURN**. Der Cursor muss bei Verlassen der Stored Procedure offen sein.
  b) DECLARE C1 CURSOR ..... **WITH HOLD** und Parameter COMMIT_ON_RETURN in der Katalog-Tabelle SYSROUTINES = Y. In diesem Fall bleibt der Cursor über das Ende der Stored Procedure hinweg erhalten (sofern er noch offen ist). Allerdings führt der automatische COMMIT zu einer neuen UOR.
- Die Daten eines solchen Cursors werden - unabhängig von der Cursor-Definition - als read-only für den Client bereitgestellt.
- Der Client erhält nur noch die restlichen Daten, die noch nicht von der Stored Procedure mittels FETCH angefordert wurden. Wenn alle Daten bereitgestellt werden sollen, darf nach dem OPEN kein FETCH in der Stored Procedure ausgesprochen werden.

Daten können aus folgenden Quellen stammen:

- aus Basis-Tabellen oder temporären Tabellen des lokalen DB2-Systems (auf dem die Stored Procedure aktiv ist),
- aus Basis-Tabellen oder temporären Tabellen eines remote DB2-Systems.

Damit können dann auch Daten außerhalb des DB2-Systems (z.B. aus IMS-Datenbanken) in einem DB2 Query Result Set übergeben werden. In diesem Fall müßte die Stored Procedure die IMS-Segmente einlesen, die Daten mit INSERT in eine Global Temporary Table einstellen und danach mit einem OPEN CURSOR das Query Result Set bereitstellen.
So können auch IMS-Daten im Netzwerk in Form von relationalen Strukturen präsentiert werden.
Wird die Stored Procedure in einem RRSAF-Adressraum betrieben, kann OS/390 die Konsistenz von OS/390-recoverable Ressourcen mit den DB2-Ressourcen synchronisieren.
Werden variable Query Result Sets zurückgegeben, müssen zusätzlich weitere SQL-Statements eingesetzt werden. Siehe hierzu im Anhang 2 unter:

- DESCRIBE CURSOR
- DESCRIBE PROCEDURE.

Abbildung 2-26

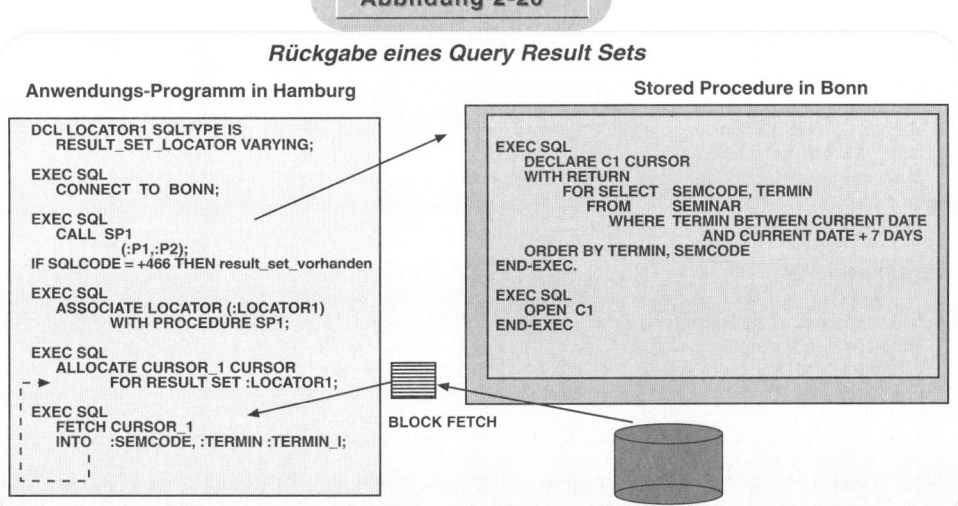

Rückgabe eines Query Result Sets

2.6.3.3 Stored Procedures Builder

Nachdem zunächst unter DB2 keine eigene Prozedursprache für Stored Procedures existierte, wird nun ein **Stored Procedures Builder** für die Entwicklung von SQL Procedures angeboten.
Damit können solche Prozeduren auf einer Workstation (unter Windows) entwickelt werden und an alle Server-Plattformen der DB2-Familie übertragen werden.
Die Entwicklungsaktivitäten werden mit einfach zu bedienenden Tools (Smart Guides) unterstützt:

- für die Stored Procedure-Entwicklung
- für SQL-Statements,
- für die Ausführungs-Aufwandsschätzung.

Danach kann eine solche Stored Procedure auf andere Plattformen übertragen (installiert) werden.
Eine installierte Stored Procedure kann dann testweise ausgeführt werden.
Installierte Stored Procedures können zwischen Servern kopiert werden.

Für die Einrichtung einer SQL Procedure unter DB2 für OS/390 können folgende Varianten genutzt werden:

- Aufruf des OS/390 Procedure Processors **DSNTPSMP**.
  Dieser generiert Steps für DB2-Precompile, C-Compile, Linkage Editor, Procedure Definition und Bind.
  Voraussetzung ist REXX for DB2 for OS/390.

- Entwicklung individueller Steps für DB2-Precompile, C-Compile, Linkage Editor, Procedure Definition (über SPUFI oder DSNTEP2) und Bind.

2.6.3.4 Vorteile und Nachteile von Stored Procedures

Mit der Einsatzmöglichkeit von Stored Procedures können erhebliche Verbesserungen im Bereich der verteilten Datenanforderungen erzielt werden. Daneben unterstützen sie aber auch methodische Ansätze der Auslagerung von Daten-Navigations- und Beschaffungsfunktionen aus dem eigentlichen Problemcode.
Zusammenfassend die relevanten Vor- und Nachteile von Stored Procedures:

- **Vorteile**
    - Kapselung der SQL-Verarbeitung außerhalb der Anwendungsprogramme und ihres Adressraums. Schutz kritischer Programmteile, da der Adressraum der Prozedur außerhalb der Anwendung liegt. Damit ist er von Anwendungsfehlern isoliert.
    - Unabhängigkeit zwischen Problemverarbeitung und Datenhaltung.
    - Methoden zur Objekt-Orientierung sind besser realisierbar.
    - Vereinfachung der Problemverarbeitung (Verlagerung ins DB2-Umfeld).
    - Bessere Performance durch reduzierten Nachrichtenaustausch im Netzwerk.
      Damit werden High-Performance-OLTP-Anforderungen erfüllt.
    - Zugriffs-Schnittstelle kann in diversen Programmiersprachen entwickelt werden. Die Programmiersprache des aufrufenden Programms kann von der Programmiersprache der Stored Procedure abweichen.
    - Bessere Möglichkeit der Gewährleistung der Integritäts-Zielsetzungen durch zentrale Bereitstellung netzwerkweit zu nutzender Funktionen und Sichten.
    - Plattformübergreifende Aufrufmöglichkeit und Transformation der Parameter.

- **Nachteile**
    - In der Idealvorstellung ist die konsequente Einhaltung der Entwicklungsvorschriften eines Unternehmensmodells erforderlich! Individuelle und isolierte Entwicklungen scheinen undenkbar!
    - Es muss vor der Realisierung mehr Planungsaufwand betrieben werden.
    - Die Abgrenzung zwischen der Zuständigkeit von Entwickler und Datenbank-Administration wird in diesem Bereich fließend.
    - Durch die Kapselung und Objektorientierung entsteht für den Anwendungsentwickler eine Black Box. Sämtliche Objektsichten und Funktionen müssen 'vorgedacht' sein.
    - Die Stored Procedure muss explizit aufgerufen werden, z.B. im Gegensatz zu einer DOMAIN oder einem Trigger.

2.6.4 Der Einsatz von benutzerdefinierten Funktionen (User-defined Functions)
2.6.4.1 Überblick der Funktions-Typen

Eine **User-defined Function (UDF)** ist eine von DB2 unterstützte Operation, die einen oder mehrere Eingabe-Argumente benötigt und einen oder mehrere Ausgabe-Parameter zurückgibt.
Dieser Funktions-Typ wird mit dem SQL-Statement CREATE FUNCTION definiert und kann anschließend innerhalb von SQL-Statements aktiviert werden.

User-defined Functions lassen sich folgendermaßen aufgliedern (siehe Details hierzu im Anhang 1 unter "Funktions-Typen"):

- **Sourced Function** Dieser Funktions-Typ basiert auf einer vorhandenen Funktion. Es kann eine von IBM ausgelieferte Funktion sein (Builtin-Funktion) oder eine vorab definierte User-defined Function.

- **External Function** Dieser Funktions-Typ basiert auf einem Programm, das als externes Lademodul bereitgestellt wird.
  In diesem Fall können Informationen nicht nur aus DB2-Ressourcen, sondern aus beliebigen Objekten verarbeitet werden. Beispielsweise können IMS-Datenbank-Daten in Form einer DB2-Tabellenzeile bereitgestellt werden und dann mit DB2-Tabellenwerten zusammengeführt werden (z.B. mittels JOIN).
  - **External Scalar Function** Es wird exakt ein Wert zurückgegeben. Dieser Wert kann dann innerhalb eines SQL-Statements an allen Stellen eingesetzt werden, an denen Expressions vorgegeben werden können.
  - **External Table Function** Es wird eine ganze Ergebniszeile zurückgegeben. Die Funktion kann nur in der FROM-Klausel eines SQL-Statements eingesetzt werden. Die Ergebniszeilen können dann behandelt werden, als würden sie aus einer DB2-Tabelle stammen.

Die nachfolgende Abbildung zeigt die Definitionen und Nutzungsbeispiele einer Sourced Function, einer External Scalar Function und einer External Table Function auf.

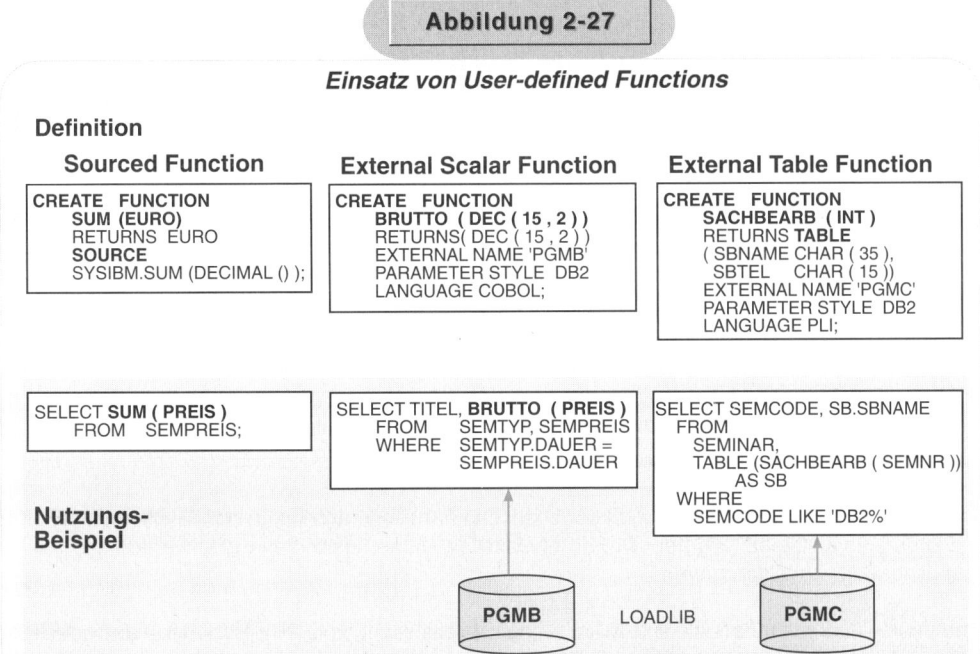

Abbildung 2-27

Einsatz von User-defined Functions

2.6.4.2 Sourced Function

Eine **Sourced Function** basiert auf einer vorhandenen Funktion (Source Function). Es kann eine von IBM ausgelieferte Funktion sein (Builtin-Funktion) oder eine vorab definierte User-defined Function.
Folgende Typen sind unterstützt (siehe auch Details im Anhang 1):

- **Column Function**   Beispiele: AVG , SUM
- **Scalar Function**   Beispiele: SUBSTR, STRIP
- **Operator**   Beispiele: + - / *

Solche Typen sind besonders zweckmäßig bei der Nutzung von Standard-Funktionen für User-defined Data-Types, da diese aufgrund eines "Strong Typings" nur eine eingeschränkte Grund-Funktionalität erhalten.

Wird ein Operator definiert, ist zu beachten, dass der Funktionsname in Hochkomma vorgegeben wird.

Beispiel:
```
          CREATE    FUNCTION PROD."-" (PROD.EURO , PROD.EURO ) RETURNS PROD.EURO
                    SOURCE SYSIBM."-" ( DECIMAL () , DECIMAL () ) ;
```

Aktiviert werden kann die Funktion mit den beiden Varianten:
```
          SELECT    EURO ( PREIS1 ) - EURO ( PREIS2 )       FROM TAB1 ;
          SELECT    "-" (EURO (PREIS1) , EURO (PREIS2) )    FROM TAB1;
```

Die Verarbeitung eines solchen Funktions-Typs wird folgendermaßen vorgenommen:

1. Die Argumente der Sourced Function werden in die Parameter-Typen der Source Function umgesetzt.
2. Aufruf der Source Function.
3. Die Ergebnisse der Source Function werden in die Ergebnis-Typen der Sourced Function umgesetzt.

2.6.4.3 External Scalar Function

Eine **External Scalar Function** basiert auf einem Programm, das als externes Lademodul bereitgestellt wird.
Es wird exakt ein Wert zurückgegeben. Dieser Wert kann dann innerhalb eines SQL-Statements an allen Stellen eingesetzt werden, an denen Expressions vorgegeben werden können.

Solche Typen sind besonders zweckmäßig bei der Nutzung von generalisierten unternehmensweiten Standard-Funktionen. So lassen sich grundsätzlich sämtliche ableitbaren Ergebnisse funktionaler Verarbeitungen, die mit einem Ergebniswert auskommen, mit diesem Funktions-Typ realisieren (z.B. BRUTTO-Beträge aufgrund eines Netto-Betrags und ggf. einer Gültigkeitszeit).

Besonders günstige Effekte treten auf, wenn solche Funktionen für die Filterung von Daten eingesetzt werden können, die ansonsten evtl. an ein aufrufendes Programm (ggf. über ein Netzwerk an einen Client) zu übertragen wären und erst dort vor Ort geprüft werden könnten.

2.6.4.4 External Table Function

Eine **External Table Function** basiert auf einem Programm, das als externes Lademodul bereitgestellt wird.
Es wird eine ganze Ergebniszeile zurückgegeben. Die Funktion kann nur in der FROM-Klausel eines SQL-Statements eingesetzt werden. Die Ergebniszeilen können dann behandelt werden, als würden sie aus einer DB2-Tabelle stammen.

Solche Typen sind besonders zweckmäßig bei der Bereitstellung von DB2-Strukturen aus sonstigen externen Informationsbeständen. Diese Daten können dann innerhalb eines SQL-Statements wie DB2-interne Daten behandelt werden.

2.6.5 Der Einsatz von Triggern
2.6.5.1 Überblick der Trigger-Typen

Ein **Trigger** bezieht sich auf eine DB2-Table (Triggering Table) und wird bei einer der definierten Manipulationstypen automatisch aktiviert. Es existieren **Before-Trigger**, mit denen Prüfungen vorgenommen werden können und Werte für die Manipulation ermittelt werden können und **After-Trigger**, die wiederum weitere Manipulationen auf beliebigen Tabellen auslösen können.

Es existieren folgende Trigger-Typen (Details siehe unter CREATE TRIGGER im Anhang 2):

- nach dem **Ereignis-Typ** der Triggering Table:
  - INSERT, UPDATE, DELETE

- nach der **Aktivierungszeit** des Triggers:
  - BEFORE oder AFTER

- nach der **Häufigkeit der Funktionsauslösung** des Triggers:
  - FOR EACH ROW oder FOR EACH STATEMENT.

Ein **Before-Trigger** kann Prüfungen vornehmen und vor der Manipulation Werte aus DB2-Tabellen oder über Funktionen ermitteln und für die Manipulation bereitstellen.
Ein **After-Trigger** kann wiederum weitere Manipulationen auf beliebigen Tabellen auslösen. Für diese Tabellen können dann natürlich auch Trigger definiert sein, die dann wieder eine ganze Auslösungskette hervorrufen können.

Damit gehören die Trigger in eine Kategorie von objektorientierten aktiven Funktionen, mit denen die semantische Integrität der Daten und ihrer Abhängigkeiten untereinander in die Datenbank verlagert werden kann. Man bezeichnet solche Einrichtungen als '**aktive Daten**'. Diese kontrollieren selbständig ihre Qualität und ihren Status, steuern dynamisch und kontextabhängig die eigenen Statusveränderungen und die Auswirkungen auf abhängige Objekte.

Ein Trigger wird mit dem SQL-Statement CREATE TRIGGER definiert, ist anschließend aktiv und wartet auf die definierten Ereignisse.

Folgende Besonderheiten sind zu beachten - es bestehen **Integritäts-Probleme**:

- Werden für eine Tabelle mehrere Trigger definiert, gelten folgende Regeln:
  - BEFORE-Trigger werden vor den AFTER-Triggern aktiviert,
  - innerhalb eines Trigger-Typs werden die Trigger in der Folge ihrer zeitlichen Definition aktiviert,
  - vor der Aktivierung eines AFTER-Triggers werden zunächst alle Constraints geprüft und dort definierte Aktionen ausgeführt.

- Ein Trigger wird nur bei einem expliziten oder impliziten INSERT, UPDATE oder DELETE aktiviert. Es erfolgt keine Aktivierung beim Einsatz von Utilities. Wird ein Trigger definiert, wenn bereits Daten in der Tabelle existieren, erfolgen keine Trigger-Aktionen auf diese Daten. Damit können Trigger z.B. nur eingeschränkt für einen Einsatz im Bereich von Referential Integrity eingesetzt werden. Aber auch bei der Prüfung von Business-Rules sind damit Einschränkungen gegeben, wenn Daten z.B. über das LOAD-Utility eingestellt werden.

- Vorsicht bei einer Mengen-Verarbeitung in einem Programm, bei dem mit materialisierten Result Tables gearbeitet wird. Die Wirkungen der Trigger-Aktivitäten bleiben dann ggf. dem Programm verborgen. Dies ist ein generelles Problem der Multi-User-Anwendungen und wird im Kapitel 13 detaillierter behandelt.

- Besondere Vorsicht ist geboten, wenn Spalten als NULL-fähig definiert sind. Achtung, bei Vorgabe von WHEN-Bedingungen auf bestimmte Inhalte, gelten die Regeln der NULL-Wert-Behandlung. Bei NULL wird ggf. der Trigger niemals aktiviert.
  Empfehlung: solche Spalten mit NOT NULL WITH DEFAULT definieren.

- Ein AFTER-Trigger kann cascadierende Wirkungen haben, d.h. es werden weitere Trigger auf weiteren Ebenen aktiviert. Zur Vermeidung von Loops werden max. 16 Stufen unterstützt.

2.6.5.2 Before-Trigger

Ein **Before-Trigger** kann zur Prüfung der Einhaltung von Integritätsbedingungen genutzt werden. Außerdem kann er Informationen beschaffen, die zur Aktualisierung der zu verändernden Werte genutzt werden können. Er hat keine Möglichkeit der Manipulation, deshalb verfügt er auch nicht über Cascading Effekte.
In der Beispiel-Abbildung prüft der Trigger die Einhaltung der maximalen Teilnehmer-Zahl. Bei Überschreitung wird ein SQLCODE und SQLSTATE erzeugt, der zur Abweisung des Inserts führt.

Abbildung 2-28

Before-Trigger

```
INSERT   INTO SEMRES
    (VALUES ..................);
```

SEMRES

SEMNR	RESNR	ANREISE	TNNAME	TVNAME	TANREDE	FIRMANR
123	1	-	Marimba	Joe	Sir	1
123	3	22.10.2000	Kuller	Traenchen	-	4
12	5	14.11.2000	Killer	Biene	Mrs.	-
127	10	09.05.2000	Metallica	Urs	Monk	17
127	13	-	Pavar	Rotti	Signore	1
123	23	23.10.2000	Dotter	Fred	Old	5
123	19	-	Ehrfurcht	Anna	Schwester	-
336	15	16.08.2001	Feuerstein	Freddy	Mr.	7
123	12	22.10.2000	Barbar	Rossa	Herr	10
127	33	11.05.2000	Schneeflocke	Wally	Fräulein	13
127	32	-	Emanzie	Franzie	Hi	15
123	27	-	Kuni	Gunde	Frau	3

```
CREATE    TRIGGER    SEMRESI1
     NO CASCADE BEFORE    INSERT ON SEMRES
REFERENCING NEW AS ZUGANG
FOR EACH ROW
MODE DB2SQL
WHEN
( ( SELECT ANZ_RES FROM SEMINAR
         WHERE SEMINAR.SEMNR = ZUGANG.SEMNR )
    =  SELECT MAXTEILN  FROM SEMTYP
         WHERE   SEMTYP.SEMCODE = SEMINAR.SEMCODE ) )
BEGIN ATOMIC
         SIGNAL SQLSTATE '70103'
         ('SEMRES: zu viele Reservierungen');
END;
```

Hinweis:
In diesem Beispiel wird mit einer de-normalisierten Struktur gearbeitet:
Spalte ANZ_RES in der Tabelle SEMINAR ist redundant.

SEMINAR

SEMCODE	TERMIN	SEMNR	KURSORT	REFNR	ANZ_RES
DB-AUSW	11.05.2000	127	Wiesbaden	1	4
DB2-DESIGN	16.08.2001	336	Frankfurt	5	1
DB2-PROG	29.01.2000	414	München	-	0
DB2-DESIGN	14.11.2000	12	Frankfurt	2	1
DB2-DESIGN	23.10.2000	123	Frankfurt	7	6
DB2-GRUNDL	-	10	-	-	0

SEMTYP

SEMCODE	TITEL	DAUER	MAXTEILN
DB2-DESIGN	Design von DB2-Systemen	-	15
DB2-GRUNDL	DB2-Grundlagen	3,0	30
DB2-PROG	DB2 für Programmierer	4,0	20
DB-AUSW	Datenbank-Auswahlverfahren	2,0	30
DBS-GRUND	Datenbanksysteme-Grundlagen	4,0	30

2.6.5.3 After-Trigger

Ein **After-Trigger** kann zur Manipulation von anderen Tabellen herangezogen werden.

In der Beispiel-Abbildung aktualisiert der jeweilige Trigger die redundante Spalte mit der konkreten Teilnehmer-Zahl in der Seminar-Tabelle. Wenn eine Umbuchung von einem Seminar auf ein anderes Seminar möglich wäre, müßte auch noch ein Update-Trigger definiert werden, der dann beide Manipulationen vornehmen müßte (ALT-SEMINAR - 1, NEU-SEMINAR + 1).

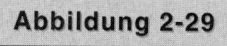

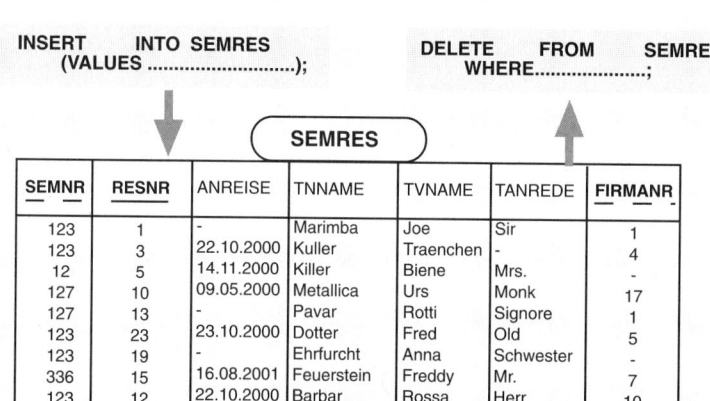

2.6.5.3.1 Cascading Effekte bei After Trigger

Da ein After Trigger zur Manipulation von anderen Tabellen herangezogen werden kann, folgen daraus u.U. Cascading Effekte.
Werden im Zuge einer Manipulation mehrere Trigger aktiviert, können diese zum selben Level oder zu unterschiedlichen Leveln gehören.
Trigger gehören dann zu unterschiedlichen Leveln, wenn ein Trigger von einem anderen Trigger gestartet wird und vor dessen Ende seine Arbeit abschließt (Trigger A aktiviert über eine Manipulation indirekt Trigger B, und der gibt die Steuerung zurück, solange A noch aktiv ist).
Grundsätzlich gilt:

- Werden mehrere Trigger aktiviert, weil explizite oder implizite Manipulationen von SQL-Statements außerhalb eines Triggers vorgenommen werden, dann befinden sich die Trigger auf demselben Level.
  Ein Beispiel hierzu:
    Eine Zeile in der Parent Table P wird gelöscht. Der Table ist der Delete-Trigger TR1 zugeordnet.
    Parent Table P steht mit der Dependent Table D in referenzieller Beziehung (RI-CASCADE). Dieser Der Table ist der Delete-Trigger TR2 zugeordnet.
    Das Löschen einer Zeile in der Parent Table P löst den Trigger TR1 aus.
    Das durch RI begründete Löschen von Zeilen in der Dependent Table D löst den Trigger TR2 aus.
    Die beiden Trigger TR1 und TR2 befinden sich auf demselben Level, da TR2 nicht aufgrund eines SQL-Statements innerhalb des Trigger TR1 aktiviert wurde.

- Enthält ein Trigger einen SQL-Manipulations-Befehl, der wiederum aufgrund dieser Manipulation einen Trigger aktiviert, dann befinden sich die beiden Trigger auf unterschiedlichen Leveln.

Die folgende Abbildung zeigt die Verarbeitungs-Reihenfolge, wenn Objekte mittels Referenzieller Konstrukte (RI) miteinander verknüpft sind:

Abbildung 2-30

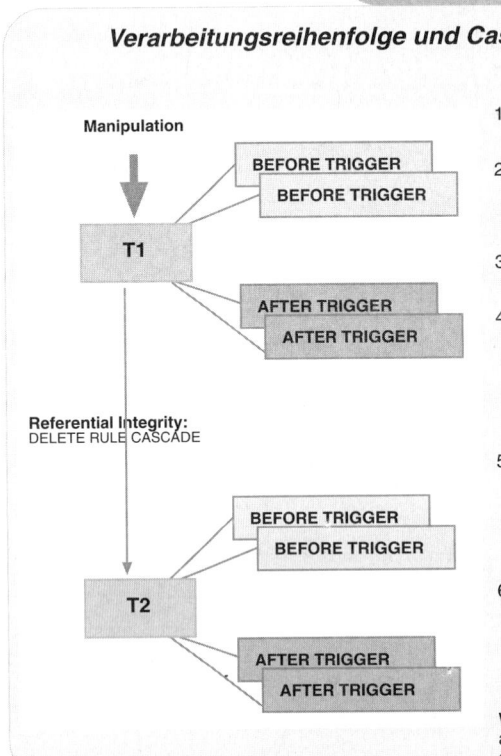

Verarbeitungsreihenfolge und Cascading Effekte von After Trigger

ROLLBACK

1. Manipulationswirkung umfaßt die Zeilen der Result-Table des SQL-Statements für Tabelle T1.
2. Für jede Zeile des Result Sets von T1: Aktivierung der Before Trigger von T1 in der definierten zeitlichen Reihenfolge.
   Bei Fehler ROLLBACK
3. Durchführung der Manipulationen in T1.
   Bei Fehler ROLLBACK
4. Durchführung aller Check-Maßnahmen in T1. Aktivierung der RI-Maßnahme (hier in T2) bei:
   - ON DELETE CASCADE oder
   - ON DELETE SET NULL.
   Vor jeder Manipulation Aktivierung der Before Trigger der Dependent Rows in T2.
   Bei Fehler ROLLBACK
5. Für jede Zeile des Result Sets von T1 (bei Row Trigger) oder einmal pro Statement (bei Statement Trigger):
   Aktivierung der After Trigger von T1 in der definierten zeitlichen Reihenfolge.
   Bei Fehler ROLLBACK
6. Für jede Zeile der Dependent Tables von T1 (bei Row Trigger) oder einmal pro Statement (bei Statement Trigger):
   Aktivierung der After Trigger von Tx (hier T2) in der definierten zeitlichen Reihenfolge.
   Bei Fehler ROLLBACK

Wenn einer der After Trigger wiederum Manipulationen aktiviert, werden die oben dargestellten Schritte für jede einzelne Operation wiederholt (bis zu 16 Leveln).

3 Voraussetzungen für eine DB2-Einführung
3.1 Allgemeine Voraussetzungen

Eine Datenbank ist *die integrierte Speicherung unterschiedlicher Daten mit einer programmunabhängigen Verwaltung und vielfältigen Verarbeitungsmöglichkeiten.*

Die Datenbank bietet damit die Basis zur Abwicklung der betrieblichen Informationsverarbeitungsprozesse unter einheitlichen und standardisierbaren Entwicklungsumgebungen.

DB2 als relationales Datenbanksystem fördert eine Reihe von Erwartungen im Hinblick auf die den konventionellen Systemen anhaftenden Mängeln.
So erwarten die DB2-Anwender besondere Vorteile in den Bereichen:

- Unabhängigkeit von Daten und Funktionen,
- erhöhte Flexibilität bei der Informationsgewinnung und bei Strukturänderungen,
- erhöhte Entwicklungs-Effizienz (Produktivitätssteigerung),
- hohe Benutzerfreundlichkeit,
- Sicherung der Investitionen durch ein zukunftsträchtiges Konzept.

Natürlich fließen auch eine Reihe der von den konventionellen Datenbanksystemen bekannten Vorteile in das Anforderungsprofil von DB2 ein, wie:

- Datenschutz und -sicherheit,
- Verfügbarkeit,
- Wirtschaftlichkeit der Transaktionsabwicklung (Durchsatz),
- Funktionalität (standardisierte Funktionen).

DB2 bietet durch sein Katalog-Konzept in einer offenen Systemarchitektur eine technisch variable Basis zur Einbettung allgemeiner Standardisierungsaspekte sowie individueller Bedürfnisse.
Wenn auch bestimmte Flexibilitäts- und Benutzerfreundlichkeitsaspekte von DB2 erwartet werden, bedarf es natürlich bei Einsatz eines DB2-Datenbanksystems bestimmter Vorüberlegungen, die grundsätzlich von herkömmlichen Datenbanksystemen abgeleitet werden können.
Insbesondere ist das Zusammenspiel zwischen den Netzwerk- und Betriebssystem-Komponenten, den Trägersystemen und dem DB2-Datenbanksystem wichtig.

Daneben ist noch zu untersuchen, inwieweit der relationale Ansatz bzw. eine davon abweichende DB2-Realisierung bestimmte zusätzliche Maßnahmen erforderlich macht.

Zu den allgemeinen Voraussetzungen bei der Einführung eines Datenbanksystems gehören:

- **Personelle Voraussetzungen**
    - Einrichtung von Zuständigkeiten für Administrations-Funktionen,
    - Qualifizierung der Mitarbeiter durch geeignete Ausbildungsmaßnahmen.

- **Organisatorische Voraussetzungen**
    - Festlegung der Vorgehensmethodik bei der Einführung,
    - Festlegung der Entwurfsmethodik und Dokumentationsrichtlinien:
        - Definition der Zuständigkeiten
        - Auswahl von Tools
    - Definition und Festlegung von verbindlichen Standards, wie:
        - Informationskonzept operational und dispositiv
        - Entwicklungs- und Namenskonventionen
        - Sicherheitskonzept:
            - Integritätsgewährleistung, Konsistenzbehandlung
            - Wiederanlaufverfahren
            - Datenschutz
        - Einheitliche Schnittstellen
        - Standardroutinen.

3 Voraussetzungen für eine DB2-Einführung
3.1 Allgemeine Voraussetzungen

3.1.1 Personelle Voraussetzungen

Die Einrichtung von Zuständigkeiten ist eng verflochten mit den organisatorischen Voraussetzungen. So wird der Funktionsbereich der Daten- (DA) bzw. Datenbankadministration (DBA) eine hervorragende Bedeutung einnehmen (sofern nicht bereits im Unternehmen etabliert).
Je mehr die technischen Möglichkeiten zunehmen, das Konzept der '**aktiven Daten**' zu verfolgen, desto stärker nehmen die Anforderungen zu, die Administration von Objekten in Form einer Objekt-Administration (OA) zu koordinieren. Dabei verschmelzen zunehmend die historischen Abgrenzungen zwischen Administration und Anwendungsentwicklung.

3.1.1.1 Objekt- (OA) bzw. Daten-Administration (DA)

Die Objekt- und Daten-Administration ist verantwortlich für den Objekt-Modellierungsbereich innerhalb des Unternehmens mit folgenden wesentlichen Aufgabenbereichen:

- Erarbeitung einer Architektur für die objektorientierten Vorgehensweisen und Ergebnistypen.
- Betreuung der Daten-Architektur des Unternehmens mit den relevanten strategischen Informations-Objekten (Festlegung von Kern-Entitäten, Klassifizierungs-Schemata usw.),
- Erarbeitung eines detaillierten unternehmensspezifischen Vorgehens-Modells für die externe, konzeptionelle und physische Objekt-Modellierung (auf physischer Ebene ist die DBA-Zuständigkeit gegeben, zwischen OA bzw. DA und DBA sollte aber eine sehr enge Abstimmung betrieben werden),
- Festlegung von Standards und Konventionen für die logische Modellierung,
- Einrichtung und Betreuung eines Repositories,
- Beratung der Projekt-Teams hinsichtlich der Objekt-Modellierung und der Behandlung der Schnittstellen,
- Durchführung von Reviews und Qualitätssicherungs-Maßnahmen,
- Durchführung von Ausbildungs-Maßnahmen über Objekt-Modellierung,
- Festlegung des logischen Zugriffsschutz-Konzeptes.

3.1.1.2 Datenbank-Administration (DBA)

Die Datenbank-Administration ist verantwortlich für die Einrichtung und Betreuung der physischen Ressourcen eines Datenbank-Systems innerhalb des Unternehmens mit folgenden wesentlichen Aufgabenbereichen:

- Festlegung von Standards und Konventionen für die physische Implementierung,
- Einrichtung und Betreuung der Datenbank-Ressourcen,
- Implementierung des physischen Daten-Modells unter Berücksichtigung der Integritäts-Anforderungen:
    - Einrichtung und Betreuung der Lock-Mechanismen,
    - Einrichtung und Betreuung des Autorisierungs-Konzeptes,
    - Einrichtung und Betreuung des physischen Integritäts-Konzeptes,
- Beratung der Projekt-Teams hinsichtlich der physischen Daten-Haltung,
- Durchführung von Reviews und Qualitätssicherungs-Maßnahmen,
- Durchführung von Ausbildungs-Maßnahmen der technischen Implementierung,
- Festlegung der Datenbank-Hierarchien und der Verteilung von Daten,
- Copy- und Extrakt-Management für Daten,
- Kontrolle der Datenbank-Ressourcen und Aktivitäten.

3 Voraussetzungen für eine DB2-Einführung
3.1 Allgemeine Voraussetzungen

3.1.2 Organisatorische Voraussetzungen

Die Vorgehensmethodik bei der DB2-Einführung wird bestimmt sein von den individuellen Realisierungs-Anforderungen der Unternehmen.
Auf jeden Fall ist vor der DB2-Einführungsphase die Durchführung einer Planungsphase in Form eines eigenständigen Projektes empfehlenswert. Dazu gehört die Erstellung eines Pflichtenheftes, in dem die Benennung der Zielsetzung und die beteiligten Mitarbeiter definiert sind. Ziel dieses Planungsprozesses sollte die Erstellung eines Phasenplanes zur DB2-Einführung sein mit der Festlegung der wichtigsten organisatorischen sowie technischen Voraussetzungen und den einzusetzenden Werkzeugen.
Folgende Bereiche sollten frühzeitig geplant werden:

- **Installationsvoraussetzungen**
  Festlegungen hinsichtlich des DB2-Systemkonzeptes und der Systemparameter für Test und Produktion.

- **DB2-Objekt-Einsatz und Konventionen**
  Festlegungen hinsichtlich des Einsatzes der DB2-Objekte, der Namenskonventionen und der Nutzung der DB2-Objekte.
  Entscheidungsfindung hinsichtlich der Lokalisierung von Objekten.

- **Objekt-Eigentümer, Benutzer und Privilegien**
  Festlegungen der Objekt-Eigentümer (Bestandsverantwortlichkeit), der Systembenutzer, des Autorisierungs-Konzeptes und der Festlegung hinsichtlich des Einsatzumfanges der DB2-Sicherheitseinrichtungen.

- **Entwicklungs- und Testumgebung**
  Festlegungen hinsichtlich der Nutzung der DB2-Ressourcen in der Entwicklungsumgebung, des Einsatzes zusätzlicher Tools und der Anbindung von Tools (wird im folgenden noch präzisiert).

- **Träger-Systeme**
  Festlegungen hinsichtlich des Einsatzes von TP-Monitoren und sonstigen Trägersystemen mit Festlegung der Maßnahmen zur Integritätssicherung und zur Unterstützung von Wiederanlauf-Maßnahmen.
  Festlegungen des Austausches von Informationen über Systeme hinweg.

- **Standard-Produkte**
  Festlegungen der Anforderungen und Auswahl geeigneter Standard-Produkte.

- **Konsistenz-Behandlung der Daten (auch über DBMS-Grenzen hinweg)**
  Festlegungen der Sperr-Verfahren und Sicherheits-Maßnahmen.

3.1.2.1 Auswirkung auf die Anwendungs-Entwicklung

Überlegungen hinsichtlich der Einflussnahme von DB2 müssen dann angestellt werden, wenn moderne Erkenntnisse der System-Entwicklung und die Fähigkeiten von DB2 in hohem Maße genutzt werden sollen.
Zunächst ist es wichtig, die strategische Positionierung von DB2 und der generellen künftigen Informations-Verarbeitung im Management zu präzisieren.
Es sollten klare strategische Zielsetzungen formuliert sein.
   Beispiel:
      Wir wollen künftig weitestgehend internationale Standards einhalten.
   Konsequenzen daraus:
      - Bei Einsatz von Cobol sind die Standard-Festlegungen einzuhalten,
      - Standard-SQL wird genutzt (soweit möglich und im DB2 unterstützt),
      - Zeit-Darstellungen müssen international vorgenommen werden, Ausrichtungen auf eine gemeinsame Zeitzone usw.

3 Voraussetzungen für eine DB2-Einführung
3.1 Allgemeine Voraussetzungen

Folgende Entwicklungsbereiche sind mittelbar oder unmittelbar durch die DB2-Einführung mehr oder weniger stark betroffen:

- **Planung und Konzeption der DV-Systeme**
  - **Unternehmens-Modell** mit den Komponenten:
    - Vorgehens-Modell
    - Objekt- bzw. Daten-Modellierung
    - View-Modellierung
    - Funktions-Modellierung
    - Prozess-Modellierung.

  - **Einsatz von Standards im Meta-Datenbereich**
    - Methoden, wie z.B. Daten-Modellierung nach ERM oder Objekt-Modellierung nach Booch,
    - Techniken, wie z.B. Repository oder sonstige CASE- bzw. OO-Tools.

  - **Einsatz von Standard-Funktionen im Entwicklungs- und Ausführungsbereich**
    - Methoden, wie z.B. Standard-Dialogabläufe und -Oberflächen
    - Techniken, wie z.B. Standard-Rahmen-Programme, Generatoren, Stored Procedures
    - Modul und im DB2 zu integrierende Funktionen, wie z.B. Zinsermittlung, speziell wenn Daten-Anforderungen aus der DB2-Umgebung existieren oder solche Anforderungen aus Fremdsystemen zu beschaffen sind.

  - **Einsatz von Standard-Sichten (Views) und -Funktionen im Entwicklungs- und Ausführungsbereich (Objektorientierung)**
  Entscheidungsfindung hinsichtlich der Bereitstellung generalisierter oder individueller:
    - DB2-Views,
    - Unterprogramme,
    - Stored Procedures,
    - User-defined Data-Types,
    - User-defined Functions,
    - Trigger.

  - **Entwicklung von Individual-Software nach einheitlichen Regeln**
    - Beschaffung und Änderung der Daten
    - Einsatz der DB2-Mittel und Fähigkeiten (gemäß der obigen objektorientieren Ziele)
    - Konsistenz-Sicherung innerhalb der Programme
    - Namenskonventionen festlegen.

  - **Festlegung der funktionalen Zuständigkeiten**
    - System-Administration   (SYSADM)
    - Security-Administration   (SECADM)
    - Objekt-Administration   (OA)
    - Daten-Administration   (DA)
    - Datenbank-Administration (DBA oder DBADM).

- **Realisierung und Test der DV-Systeme**
  - Festlegung des Umfangs und Einrichtung der Test-Objekte
  - Privilegien
  - Umwandlungs-Prozeduren
  - Abwicklung der Tests (auch Performance)
  - Qualitätssicherung.

- **Überleitung in die Produktion**
  - Überleitungs-Prozeduren
  - Abgleich der Zugriffspfade
  - Erkennen der Produktions-Auswirkungen.

- **Produktions-Ausführung**
  - Überwachung
  - Sicherheits-Maßnahmen (z.B. auch Utility-Einsatz).

3 Voraussetzungen für eine DB2-Einführung
3.1 Allgemeine Voraussetzungen

3.1.3 Technische Voraussetzungen für DB2 Version 6 for OS/390
3.1.3.1 Hardware

Folgende Mindestanforderungen sind für die Installation zu erfüllen:

- **Prozessoren**
  Eingesetzte Prozessoren müssen entsprechende Hardware-Voraussetzungen - insbesondere genügend Realspeicher - aufweisen.
  Folgende Prozessor-Typen sind grundsätzlich geeignet:
  - alle Modelle der S/390 Parallel Enterprise Server oder S/390 Parallel Transaction Servers (IBM 9672),
  - alle Modelle der ES/9000-Prozessor Einheit (9021, 9121, 9221)
  - PC Server S/390 oder RS/6000 mit S/390 Server-on-Board
  - S/390 Multiprise 2000.

- **Realspeicher**
  Es bestehen die folgenden groben Minimal-Anforderungen an den Realspeicher:

- Bufferpools	8 MB
- EDM-Pool	7 MB
- Sort-Pool	1 MB
- RID-Pool	2 MB
- Programmcode	3 MB
- Working Storage	7 MB
- Dataset Kontrollblöcke	2 MB
- Lock-Bereiche	5 MB
Gesamtbedarf ca.	**35 MB**

- **Virtueller Speicher**
  Es bestehen die folgenden groben Minimal-Anforderungen an den virtuellen Speicher:

- Bufferpools	8 MB
- EDM-Pool	14 MB
- Sort-Pool	1 MB
- RID-Pool	4 MB
- Programmcode	5 MB
- Working Storage	6 MB
- Dataset Kontrollblöcke	5 MB
- Lock-Bereiche	2 MB
Gesamtbedarf ca.	**45 MB**

  Es ist zu beachten, dass bei Einsatz großer Datenmengen mit intensiver Nutzung solche Minimalanforderungen um einen nicht unerheblichen Faktor konkret erhöht werden müssen (z.B. EDM-Pool ab 16 MB und Bufferpools ab 40 MB aufwärts).
  Alleine die Entscheidung z.B. von einem LOCKSIZE PAGE auf eine LOCKSIZE ROW kann erhebliche zusätzliche Lock-Speicheranforderungen erbringen.

- **Externer Plattenspeicher**
  Der erforderliche Platzbedarf für die externe Speicherung von Daten ist stark abhängig von firmenspezifischen Charakteristiken.
  Für die Installation eines DB2-Systems sind mindestens ca. 500 MB Daten erforderlich.
  Sehr grobe Faustformel für den Benutzerdaten-Bedarf: Nettodatenvolumen * Faktor 2.
  Stark abhängig von dem Transaktions- und Änderungsvolumen sind die Anforderungen für Log-Speicher.

Je nach Ausstattungswunsch sind weitere Voraussetzungen zu schaffen:

- **Sysplex**
  Bei gewünschter Nutzung von DB2 Data Sharing ist ein OS/390-Sysplex erforderlich. Dabei muss ein Coupling Facility (CF) eingerichtet werden. Das Coupling Facility kann hardwaremäßig oder softwaremäßig eingerichtet werden.
  Auf jeden Fall ist zusätzlicher Realspeicher einzuplanen (z.B. für die Group Bufferpools).

Bestimmte Produkte fordern eine Workstation-Infrastruktur:
- **DB2 Estimator**   OS/2 Warp Version 3 oder Windows NT Version 4 oder Windows 95 bzw. 3.1
- **DB2 Installer**   OS/2 Warp Version 3 oder Windows NT Version 4
- **DB2 Visual Explain**   OS/2 Warp Version 3 oder Windows NT Version 4

3 Voraussetzungen für eine DB2-Einführung
3.1 Allgemeine Voraussetzungen

3.1.3.2 Betriebssystem-Software

Folgende Mindestanforderungen sind für die Installation zu erfüllen:

- **Betriebssystem**
  - OS/390 Version 1 Release 3 oder später optional mit dem DFSORT-Feature

Es werden folgende IBM-Datenbank-Produkte mit DRDA-Zugriffen unterstützt:

- **DB2 Universal Database Version 5** mit DB2 Connect
- **IBM Operating System/400® (OS/400®)** Version 4 Release 1 **mit DB2 for AS/400®**
- **IBM DB2 Server for VM and VSE Version 5**
- **DB2 DataJoiner Version 2 Release 1**

3.1.3.3 Betriebssystemnahe Standard-Software

Folgende Standardsoftware-Produkte bieten operationale Unterstützung für DB2 Version 6 for OS/390:

- **ESM - Externer Security Manager**
  - OS/390 Version 1 Release 3 Security Server optional für RACF (Resource Access Control Facility)
- **Speicher Manager**
  - OS/390 Version 1 Release 3 System Services optional für DFSMS (Storage Management Subsystem)
- **Performance-Kontrolle**
  - DB2PM (IBM Database 2 Performance Monitor) Version 6
  - Performance Reporter for MVS Version 1 Release 2
- **Data Replication Manager**
  - DPROP (Data Propagator) Relational Apply for MVS Version 5 Release 1
  - DPROP (Data Propagator) Relational Capture for MVS Version 5 Release 1
  - DPROP (Data Propagator) Non-Relational MVS/ESA Version 2
  - IBM DataRefresher Version 1.

3.1.3.4 Programmiersprachen

Folgende Programmiersprachen können genutzt werden:

-	**Ada**	IBM ADA/370 Version 1 Release 3 und IBM ADA Runtime Library 370 Version 1 Release 3 mit dem SQL MP Feature for DB2.
-	**APL2®**	APL2 Version 2 Release 2 und APL2 Application Environment Version 2 Release 2
-	**Assembler**	IBM High Level Assembler Version 1 Release 2.
-	**BASIC**	IBM/BASIC MVS Version 1 Release 2.
-	**C**	IBM/AD/Cycle® C/370 Compiler Version 1 Release 2 und IBM C/370 Library Version 2 Release 2.
-	**C++**	OS/390 Version 1 Release 3 Application Enabler optional Feature für C/C++.
-	**COBOL**	IBM COBOL for MVS & VM Version 1 Release 2 oder IBM COBOL for OS/390 Version 2 Release 1 oder VS COBOL II Compiler and Library Version 1 Release 4.
-	**FORTRAN**	VS FORTRAN Compiler, Library and Interactive Debugger Version 2 Release 6.
-	**JAVA**	Java for OS/390
-	**PL/I**	IBM PL/I for MVS & VM Version 1 Release 1 Modification 1 oder OS/PL/I Compiler, Library and Interactive Test Facility Version 2 Release 3.
-	**PROLOG**	IBM SAA AD/CYCLE PROLOG/MVS Version 1.
-	**REXX**	IBM REXX.
-	**SMALLTALK**	IBM VisualAge Smalltalk Version 4 Release 5.

3.1.3.5 TP-Monitore und Query-Manager

Folgende TP-Monitore können installiert werden:

- **IMS**-TM   Information Management System/ESA (IMS/ESA) Version 6
- **CICS**   CICS Transaction Server for OS/390 Release 1 oder
                CICS/ESA Version 4 .

Folgende Query-Manager-Versionen können mit DB2 Version 6 for OS/390 installiert werden:

- **QMF**   Query Management Facility (QMF) Version 6
                QMF for Windows
                QMF High Performance Option

3.1.3.6 Anwendungsentwicklungs-Tools

Folgende Anwendungsentwicklungs-Tools können an DB2 Version 6 for OS/390 angeschlossen werden:

- **AS**   Application System Version 3
- **VisualAge** IBM VisualAge® Generator Version 3
                IBM VisualAge COBOL Version 2
                IBM VisualAge PL/I Version 2

3.1.3.7 Funktionsspezifische Abhängigkeiten

Die folgenden funktionsspezifischen Abhängigkeiten sind relevant:

- **UDF - User-defined Functions**
  - IBM Language Environment for MVS & VM
    - Mapping Macros und Macros für die Generierung von Prolog und Epilog

- **Builtin Functions**
  - Language Environment Builtin-Functions (z.B, UPPER) benötigen OS/390 Version 2 Release 4 Application Enablement Base Element mit APARs.

- **Tablespaces größer als 1 TB**
  - Hardware-Ausstattung
    - 3990 Model 3 oder 6 Controller mit extended Support oder
    - 9340 DASD Array.
  - VSAM Extended Addressability Linear Data Sets in OS/390 Version 2 Release 7

- **Group Bufferpool Duplexing**
  - Minimaler Coupling Facility Architektur-Level von CFLEVEL=5.
  - OS/390 Version 2 Release 6 oder
    OS/390 Version 1 Release 3, 4 oder oder 5 mit APAR.

- **ODBC (Open Database Connectivity)**
  - Für die Ausführung der ODBC-Komponenten im Anwendungs-Adressraum:
    OS/390 Version 1 Release 3 Application Enablement optional Feature für C/C++.
  - Anwendungen sind unterstützt unter:
    - IBM C/C++ for MVS/ESA Version 3 Release 2 oder
    - IBM SAA AD/Cycle C/370 Version 1 Release 2.

- **Net.Data für Web-Anschlüsse**
  - Net.Data for OS/390 benötigt
    OS/390 Version 1 Release 3 Application Enablement optional Feature für DFSORT.
  - HTTP Web Server, wie
    - IBM Internet Connection Secure Server for OS/390 Version 2 Release 2 oder
    - Domino Go Webserver Version 6 Release 6 Modification 1 for OS/390
  - IBM Language Environment for MVS & VM Version 1 Release 5 oder später.

- **JDBC (Java Database Connectivity)**
  - Java for OS/390

3 Voraussetzungen für eine DB2-Einführung
3.1 Allgemeine Voraussetzungen

3.1.4 Weitere Voraussetzungen für DB2

Neben diesen allgemeinen Voraussetzungen sind eine Reihe von Überlegungen anzustellen, die im Hinblick auf den relationalen Ansatz bzw. die davon abweichende DB2-Realisierung relevant sind. So werden zunächst die im relationalen Modell aufgezeigten Ansätze mit ihren Problembereichen angerissen.
Der relationale Ansatz ist so zu interpretieren, dass ein RDBMS als '**Single-DBMS**' konzipiert werden muss. Daraus folgt, dass alle Unternehmens-Ressourcen unter einer zentralen logischen Datenbank-Verwaltung stehen.

Ein **Single-DB-Konzept** erbringt in der Praxis eine Reihe von Auswirkungen:

- Alle Ressourcen stehen in einer Realtime-Umgebung im **Multi-User-Betrieb** konkurrierend zur Verfügung. Daraus folgen:
  - **Performance-Auswirkungen und Probleme** sind unvermeidlich.
  - Wirkungsvolle **Integritäts-** und **Konsistenzsicherungs-Maßnahmen** sind zu ergreifen.
  - Ausgefeilte **Zugriffsschutz-Verfahren** sind erforderlich.
  - Alle Unternehmens-**Benutzergruppen** mit unterschiedlichen Anforderungen und Kenntnisständen sind beteiligt.
  - Eindeutige **Namenskonventionen** zur systeminternen Objektverwaltung und benutzerfreundlichen Objektadressierung sind zwingend.
  - Eine Abgrenzung von Produktionsaktivitäten zu Entwicklungsaktivitäten **(Versionskonzept)** ist zu erreichen.
  - Eine Unterstützung bei der **Verteilung** von Informationen zur redundanzfreien Datenablage bzw. automatisierte Redundanzaktualität muss angeboten werden.

- Die Ablage aller Unternehmens-Informationsstrukturen mit ihren Beziehungen fordert eine komplexe Struktur-Definitionsmöglichkeit. Kann oder soll ein DBMS dies nicht in der geforderten Form voll unterstützen, müssen Programme die Struktur durch Logik verwalten.

- Informationen als Unternehmens-Ressourcen können ab einer bestimmten Unternehmensgröße nur noch mit Hilfe eines Data-Dictionary-Systems verwaltet werden.

Die DB2-Realisierung zeigt die Erfüllung wesentlicher fundamentaler relationaler Anforderungen, zum Teil aber auch nicht erfüllte Aspekte. Diese lassen sich vereinzelt aus dem Codd'schen Kriterienabgleich ableiten, andere sind dort nicht exakt definiert bzw. individuell interpretierbar.

Im DB2 wird ein Single-DB-Konzept praktisch unterlaufen durch eine Reihe von Restriktionen, wie z.B:

- Test- und Produktionsobjekte und -Funktionen müssen aus vielfältigen Gründen separiert und isoliert werden.

- Die Einrichtung und Nutzung eines DB2-Subsystems bzw. einer Lokation ist von Hardware- und Betriebssystembedingungen abhängig:
  - Vor der DB2 Version 4 konnte ein DB2-Subsystem nicht von verschiedenen OS/390-Systemen angesprochen werden (nur indirekt über Trägersysteme).
  - Auch ab der Version 4 können DB2-Subsysteme nur dann gekoppelt werden (Data Sharing), wenn die Hardware-Einrichtungen auf lokaler Ebene dies unterstützen.
  - Datenhaltende Netzwerkknoten benötigen eigene Datenbank-Lokationen.

- Die Einrichtung und Nutzung mehrerer DB2-Subsysteme bzw. Lokationen kann organisatorisch gewünscht sein.
  Beispiele:
  - Trennung (Isolation) von Daten, wie z.B. Produktion/Test oder operationale Daten/Statistikdaten.
  - Verteilung und Zuordnung der Daten an die Stelle, die organisatorisch zuständig ist.

  Erst mit einer Unterstützung von verteilten Datenbanken gemäß der DRDA-Stufe "Distributed Request" (siehe vorab im Kapitel 2) stellen sich verteilte Lokationen logisch als eine gemeinsame Datenbank dar.

3.1.4.1 Integritätssicherung

Generell ist zu entscheiden, wie die Integritätsanforderungen unter DB2 realisiert werden. Einerseits unterstützt DB2 nicht alle relationalen Integritätsanforderungen, andererseits ist auch bei vorhandenen Funktionen die Nutzungsmöglichkeit zu beurteilen.

Eine Reihe von Benutzeraktivitäten ist in diesem Bereich zwingend:

- **Entity Integrity**
  Der Anwender muss zunächst den korrekten Primary-Key bestimmen. Dieser muss unter DB2 zusammen mit einem Unique Index definiert werden (alle PK-Spalten müssen 'NOT NULL' sein).
  Alle Manipulationen, die auf einzelne zeilenbezogene Werte ausgerichtet sind, müssen über diesen PK erfolgen. Dies liegt in der Verantwortung der Benutzer.
  Alle Sichten (Benutzer, Programm) müssen den PK enthalten, da nur über ihn die restlichen Informationen eindeutig identifiziert werden können (so müssen auch Masken und Listen die PKs enthalten).

- **Referential Integrity**
  Die referenziellen Beziehungen müssen korrekt auf logischer Basis ermittelt werden.
  Wird ein von der logischen Basis abweichendes physisches Daten-Modell erarbeitet, sind die Beziehungen entsprechend zu korrigieren.
  Dann muss geprüft werden, ob sich DB2 für die Definition der Beziehungen eignet.
  Werden die Daten beispielsweise unter Zeitraum geführt, ist eine DB2-Unterstützung nicht direkt möglich.
  Selbst wenn DB2 grundsätzlich geeignet wäre, kann ggf. im Einzelfall der Einsatz als nicht sinnvoll erkannt werden.
  Dabei ist jedoch immer zu beachten, dass die referenzielle Integrität in diesem Falle entweder durch Anwendungs-Programme zu gewährleisten ist oder aber auf die referenzielle Integritäts-Prüfung verzichtet wird (**Integritäts-Probleme!**).
  Bei der Gewährleistung der Integritäts-Anforderungen durch Anwendungs-Programme sind zu beachten:
  - die geplanten Erweiterungen des SQL-Standards,
  - die mangelnde Flexibilität und Wartungsfreundlichkeit der Programme,
  - die funktionsorientierte Lösung, die nicht zwingend auf alle System-Benutzer wirkt.

- **User Integrity**
  DB2 unterstützt zunehmend mehr automatisierte Maßnahmen in diesem Bereich.
  Folgende Aktivitäten werden automatisch von DB2 ergriffen, allerdings erst sehr spät, nämlich zum Zeitpunkt der Daten-Verwaltung:
  - Prüfung auf gültiges Format (numerisch oder Character),
  - Prüfung gültiger Datums-Inhalte,
  - Prüfung gültiger Tageszeit-Inhalte,
  - Prüfung auf mögliche oder nicht mögliche NULL-Werte,
  - Prüfung auf gültige Werte entsprechend der Table-Check-Bedingungen (check constraint).

  Ab der Version 6 können sehr mächtige integritätsunterstützende Maßnahmen ergriffen werden. Dazu zählen insbesondere (siehe auch Ausführungen im Kapitel 2):

  - **UDT   User-defined Data-Types**
  - **UDF   User-defined Functions**
  - **Trigger**

  Zur Unterstützung von benutzerbezogenen Integritäts-Anforderungen kann natürlich auch die Einrichtung der referenziellen Integritätsprüfung genutzt werden. Damit lassen sich inhaltsbezogene Abhängigkeiten automatisiert prüfen (z.B. Prüfung auf gültigen Inhalt eines Nationalitäten-Schlüssels).

Generell gilt:
   Alle nicht von DB2 unterstützten Maßnahmen müssen in Anwendungsprogrammen gelöst werden.

3.1.4.2 Namenskonventionen

DB2 als Multi-User-System ist in der Lage, sämtliche Ressourcen in einer gemeinsamen Datenbank zu halten, kann aber auch dedizierte Ressourcen einzelner Eigentümer führen.
Daraus resultieren einige Anforderungen an Namenskonventionen unter gesamtheitlichen Aspekten. Alle Objekte innerhalb des DB2-Systems müssen mit eindeutigem Namen geführt werden. Die Objektnutzung durch DB2-Benutzer wird über den Autorisierungs-Id geregelt, der von DB2 als Ressource-Prefix dem Objekt bei der Neuanlage zugeordnet (owner) und bei der Abarbeitung überprüft wird.

Der Autorisierungs-Id wird nicht nur den Datenobjekten zugeordnet, sondern auch bei der funktionalen Ausführung eines SQL-Befehls von DB2 mit einbezogen. Das bedeutet, dass ein SQL-Befehl ebenfalls einen Autorisierungs-Id erhält, mit dem die Funktions-Berechtigung geprüft wird.
DB2 übernimmt den Autorisierungs-Id vom jeweiligen Trägersystem (z.B. TSO oder CICS). Daher greifen die DB2-Namenskonventionen auch in bestehende Namensstrukturen der Unternehmen über.

Die folgende Grafik zeigt die möglichen Autorisierungs-Konstellationen, die von den Trägersystemen an das DB2-System weitergeleitet werden:

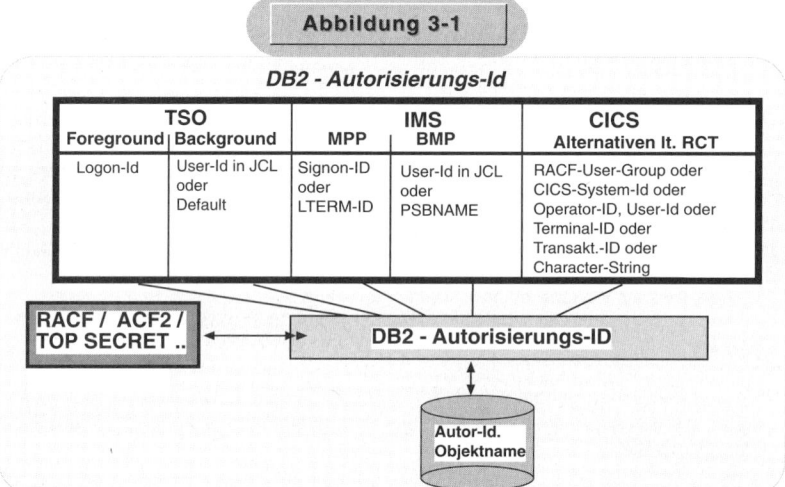

Abbildung 3-1

Ein externer Security Manager (ESM), wie RACF kann mit einem User-Exit angeschlossen werden. Damit sind auch die RACF-User-Groups in das DB2-Autorisierungs-Konzept integrierbar.

Da es derzeit nicht möglich ist, ein existierendes Objekt einem anderen Autorisierungs-Id (owner) zuzuordnen, ist es empfehlenswert, die Objekte unter fachlichen Benutzergruppen-Ids und nicht unter dem Id einer natürlichen Person zu halten.

Beispiel des Autorisierungs-Konzeptes:

Legt ein Mitarbeiter mit dem Autorisierungs-Id 'GANS' eine Tabelle mit dem Namen SEMTYP an, wird DB2-intern die Tabelle unter dem Namen GANS.SEMTYP geführt. Verarbeitungsberechtigt für diese Tabelle ist nur GANS und sonstige privilegierte Benutzer.

Greift GANS auf diese Tabelle zu, setzt DB2 wiederum automatisch den Autorisierungs-Id ein und findet das entsprechende Objekt. Versucht ein Mitarbeiter mit dem Namen HUHN auf die Tabelle zuzugreifen, muss dieser den Prefix mitliefern, ansonsten würde DB2 die Tabelle HUHN.SEMTYP aufsuchen. Bei entsprechender Berechtigung kann der Mitarbeiter HUHN auch auf die Tabelle GANS.SEMTYP zugreifen, muss dann allerdings diesen vollen Namen vorgeben (qualifizierter Name).

Wenn beide Tabellen vorhanden sind, kann nun ein Integritäts-Problem (speziell bei Änderungsberechtigung) auftreten, z.B. wenn die Qualifizierung in Einzelfällen vergessen wird.

3.1.4.2.1 Lokale DB2-Objekte

Aufgrund der DB2- Namenskonventionen (siehe Anhang 1) ergibt sich ein hierarchisches Namenskonzept, das in seinen für die Benutzerobjekte relevanten Teilen in den folgenden Abbildungen aufgeführt ist. Neben diesen datenhaltenden Objekten existiert eine weitere Namens-Hierarchie für allgemeine Daten-Typen und Funktionen, die ab der Version 6 unter dem Schema angehängt sind:

- UDT User-defined Data-Types
- UDF User-defined Functions
- Stored Procedures
- Trigger.

Die folgende Abbildung zeigt zunächst einen Ausschnitt der Namenskonventionen von Daten-Objekten innerhalb eines DB2-Subsystems auf:

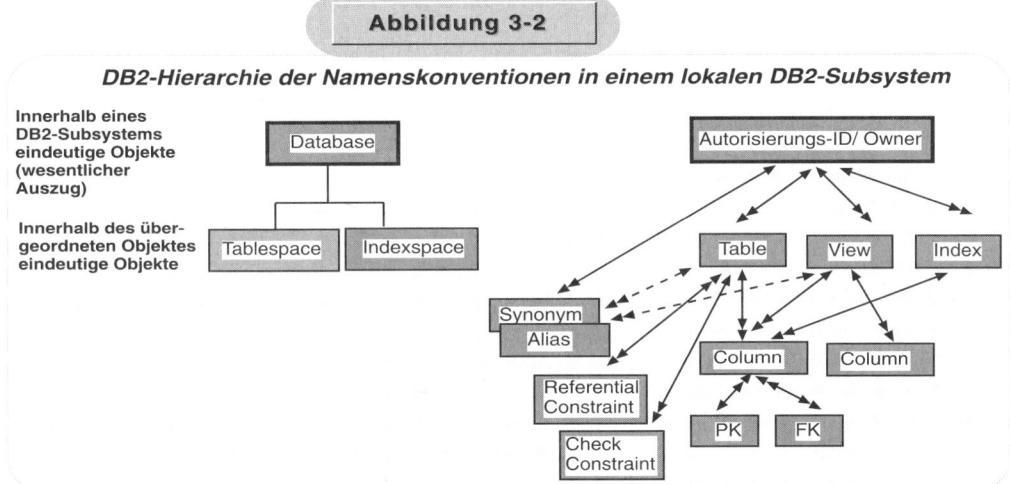

Abbildung 3-2: DB2-Hierarchie der Namenskonventionen in einem lokalen DB2-Subsystem

Es ist zu beachten, dass unterhalb eines Autorisierungs-Ids ein Objektname für die Objekt-Typen Table, View, Index, Synonym, Alias eindeutig sein muss und nur von einem Objekt-Typ belegt sein kann.

Eine wichtige Rolle spielt das Autorisierungs-Id-Konzept bei der DB2-Einführung, da die Benutzerobjekte ausschließlich am Autorisierungs-Id aufgehängt sind.
Dies ist zwar für endbenutzerorientierte Datenbanken ein hilfreiches Verfahren, für die operationalen Datenbestände aber nicht optimal einsetzbar.
Grundsätzlich muss bei der gewählten Strategie zwischen Test und Produktion unterschieden werden. Folgende Möglichkeiten werden im DB2 unterstützt:

- einzelne Benutzer erhalten individuelle DB2-Objekte,
- aus funktionalen Gründen gebildete Benutzergruppen erhalten gemeinsame DB2-Objekte (shareable Ressourcen),
- alle zentralen Produktionsobjekte werden unter einem einheitlichen Autorisierungs-Id (z.B. 'PROD'), alle gemeinsamen Entwicklungsobjekte unter einem anderen Autorisierungs-Id (z.B. 'TEST') geführt.

DB2 unterstützt Benutzergruppen im Zusammenspiel mit RACF. Damit wird die Objekthandhabung innerhalb von DB2 erleichtert.
Beide Systeme müssen aber eigenständig verwaltet werden. Scheidet z.B. ein Mitarbeiter aus dem Unternehmen aus, müssen in beiden Systemen Verwaltungs-Aktivitäten ergriffen werden. Dabei muss beachtet werden, dass DB2 keine Möglichkeit bietet, einen Eigentümer (=Autorisierungs-Id) eines Objektes zu ändern (Ausnahme Plan und Package).
In einem solchen Fall müssen ggf. die Objekte des bisherigen Mitarbeiters gelöscht und unter anderem Autorisierungs-Id wieder aufgebaut werden (cascading Effekte sind zu beachten).

3.1.4.2.2 Verteilte DB2-Objekte (remote)

Bei verteilten Datenbanken wird eine erweiterte Hierarchie benutzt, bei der oberhalb des Autorisierungs-Ids der jeweilige Lokations-Name mitgeführt wird.
Der Lokations-Name wird physisch nicht bei den Objekten hinterlegt. Er kann vorgegeben werden, wenn ein Zugriff aus einer Lokation auf Tabellen oder Views einer anderen Lokation erfolgen soll (wahlweise kann er auch auf die lokale Lokation zeigen).

Dabei kann ein dreiteiliger Name vorgegeben werden, der sich zusammensetzt aus:

- Lokations-Name,
- Autorisierungs-Id innerhalb der gewünschten Lokation,
- Tabellen- bzw. View-Name innerhalb der gewünschten Lokation.

Alternativ kann auch ein Alias verwandt werden, der auf einen dreiteiligen Namen zeigt.

Die folgende Abbildung zeigt Namenskonventionen in einem System mit verteilten Datenbanken auf:

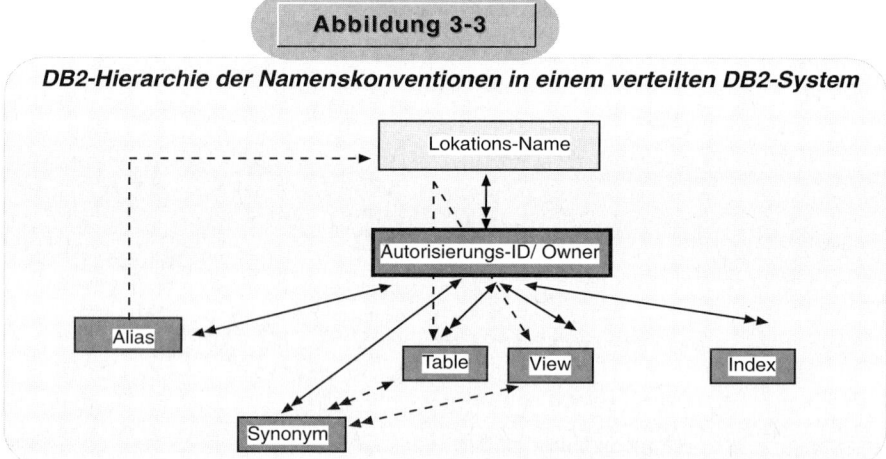

Abbildung 3-3
DB2-Hierarchie der Namenskonventionen in einem verteilten DB2-System

Ein Alias kann zur Referenzierung verteilter Objekte benutzt werden. Der Alias wird unter einem bestimmten Autorisierungs-Id geführt (owner) und zeigt auf ein Objekt (Table oder View) mittels dreiteiligem Namen (Lokations-Name und Autorisierungs-Id).

3.1.4.2.3 Sprechende Objektnamen versus nichtsprechende Namen

Neben den von DB2 vorgegebenen Namenskonventionen sind unternehmensinterne Restriktionen sowie die Nutzungsbereiche relevant.

Objektnamen können alternativ vergeben werden:

- sprechend   mit einem sprechenden Bezug auf die Dateninhalte
- nicht-sprechend   ohne jegliche Bezugnahme auf die Dateninhalte.

Die folgende Abbildung zeigt das Beispiel einer Namenskonvention der DB2-Objekte mit sprechenden Namen, die einen Objektbezug ableiten.

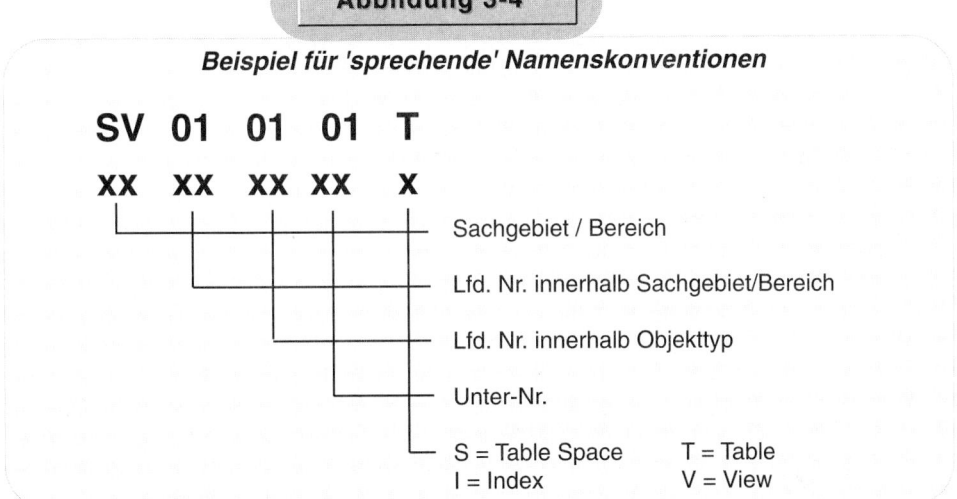

Abbildung 3-4

Beispiel für 'sprechende' Namenskonventionen

Solche sprechenden Namen erbringen eine Reihe organisatorisch bekannter Problemzonen. Sie beinhalten zumindest eine gewisse Statik, die im flexiblen Umfeld von DB2 unerwünscht sein kann.

Sollte sich ein Unternehmen für ein einziges DB2-Subsystem entscheiden, müßte eine Kennzeichnung für Produktion bzw. Test und evtl. eine Versions/Level-Nr. mit in die Namenskonventionen aufgenommen werden.

Außerdem ist zu berücksichtigen, dass die Struktur eines Objektes häufig zeitneutral definiert wird, die Daten aber verschiedenen zeitlichen Zuständen (z.B. Zeitpunkte, Status, Lebenszyklen) unterliegen.
Auch solche Fälle müssen über Namenskonventionen berücksichtigt werden, wenn diese Zustände nicht durch entsprechende Strukturerweiterungen (z.B. Gültigkeitszeitraum) aus den Daten zu gewinnen sind. In diesem Fall werden die Daten über den maximal gewünschten Zeitraum gehalten.

Eine Alternative zu sprechenden Schlüsseln ist die fortlaufende Numerierung der DB2-Objekte ohne Objektzuordnung für interne Zwecke. Dabei ist für jeden Objekt-Typ ein eigenständiger Nummernkreis sinnvoll. Bei diesem Verfahren ist eine Namens-Unabhängigkeit der Objekte untereinander gegeben, was sich bei späteren Veränderungen von Objekt-Zuordnungen als positiv erweisen könnte. Nachteil dieses Verfahrens ist die schwierigere Handhabbarkeit und erhöhte Fehleranfälligkeit bei der Objektverwaltung.

Wird ein solcher interner Objektname gewählt, können mit den DB2-Mitteln der Synonym-Vergabe aussagefähige Namen für die Benutzer-Objekte Tabelle oder View definiert werden.

3 Voraussetzungen für eine DB2-Einführung
3.1 Allgemeine Voraussetzungen

Zu beachten sind auch einige Konsequenzen von DB2-Maßnahmen, wie z.B.

- Wird beim Anlegen einer Table kein expliziter Tablespace vorgegeben, wird automatisch ein Tablespace erzeugt.

- Ein Indexspace kann nicht explizit angelegt werden. Er wird automatisch durch DB2 beim Anlegen eines Index erzeugt.

In beiden Fällen (Table und Index) kann ein Langname bis zu 18 Stellen vorgegeben werden. Für die systeminternen Objekte Tablespace und Indexspace sind aber nur Kurznamen bis 8 Stellen zulässig. Wird ein längerer Name vorgegeben, schneidet das System Stellen ab und ermittelt einen eindeutigen Namen, der auf keinen Fall mehr sprechend ist (z.B. SEMTYP_TEST wird zu SEMT0A8C).

Weitere Aspekte sind dann zu beachten, wenn DB2-Namen auch in die OS/390-Umgebung hineinwirken, wie z.B. beim Generieren einer Tabellen- oder View-Struktur aus dem DB2-Katalog. Das Ergebnis wird als PDS-Member abgestellt. Diese Namen sind bis zu 8 Stellen lang (wie finde ich als Entwickler die Struktur der Tabelle SEMTYP_TEST wieder?).

Soll RI umfassend installiert werden, müssen die Constraint-Namen zentral geplant werden, da sie eindeutig in einem gesamten Daten-Modell sein sollten.
Im DB2 werden Fehler bei der RI-Verarbeitung über diesen Namen gemeldet. Die beteiligten Tabellen werden nicht gezeigt.

3.2 Abgrenzung Produktionssystem -Testsystem

Es wurden vorab bereits einige Überlegungen bezüglich der Abgrenzung von Produktions- und Testsystemen geführt. DB2 basiert auf einem isolierten Lokations-Konzept mit jeweils lokaler Autonomie, das nur eingeschränkte Kommunikations-Funktionen zwischen unterschiedlichen Lokationen aufweist.
Eine vollständig integrierte Betrachtung der Ressourcen (global shared databases) würde ein gemeinsames logisch übergreifendes Katalogkonzept erfordern.

Derzeit können zwei grundsätzlich unterschiedliche Lösungswege erkannt werden:

- **Abwicklung in einer integrierten DB2-Lokation**

  - **Vorteile des Verfahrens:**
    - Alle DB2-Objekte stehen unter zentraler Objektverwaltung.

  - **Nachteile des Verfahrens:**
    - Aufgrund eines fehlenden DB2-Versionskonzeptes des Kataloges ist die Separierung der Produktions- und Testobjekte über Namenskonventionen erforderlich.
      Diese Namenskonventionen müssen auch von den Anwendungen berücksichtigt werden.
      So wird ein DB2-Objekt mit dem Namen SEMTYP, unabhängig davon ob es eine Tabelle, ein View oder ein Synonym ist, immer auf eine bestimmte Datenversion, nämlich Test oder Produktion verweisen müssen.
      In diesem Fall lassen sich verschiedene Collections nutzen, mit denen eine Abgrenzung möglich wäre. Aber auch hier muss das Programm die ensprechende Collection aktivieren.
    - Abhängigkeit zu einem System. Bei Ausfall z.B. der Testumgebung sind Auswirkungen auf die Verfügbarkeit der Produktionsumgebung unvermeidbar.
    - Durch erhöhte Konkurrenzbedingungen entstehen Performanceprobleme, speziell im Katalogbereich.

- **Abwicklung in separaten DB2-Lokationen**

  - **Vorteile des Verfahrens:**
    - Höhere Verfügbarkeit des Produktions-Systems.
    - Durch reduzierte Konkurrenzbedingungen ergeben sich geringere Performanceprobleme (äußerst wichtig im Zusammenhang mit Katalog-Aktivitäten).
    - Produktions- und Testobjekte können unter gleichen Namen geführt werden.
      Dies sichert eine höhere Unabhängigkeit der Anwendungen von ihren benötigten DB2-Ressource-Namen.

  - **Nachteile des Verfahrens:**
    - die Kommunikation und Synchronisation der beiden System-Umgebungen müssen von den Unternehmen gesichert werden.
      Dabei ist folgende Problematik relevant:
      - Jeder Benutzer hat einen eigenen Autorisierungs-Id. Welche Objekte sind aktuell? Objekt-Definitionen müssen evtl. zusammengemischt werden.
      - Welche Produktions-Jobs (JCL) müssen geändert bzw. ergänzt werden?
      - Welche Anwendungs-Programme sind zu übernehmen? Welche Pläne sind zu binden?
      - Welche Zugriffs-Strategie bestimmt der Optimizer im jeweiligen System?

Die Fragestellungen zeigen auf, dass der DB2-Katalog mit seinem vorhandenen Informationsspektrum nicht ausreicht, über Lokationen hinweg die Synchronisation zu gewährleisten.

Als Mittel zur Kommunikationsunterstützung zwischen DB2-Lokationen könnte ein unabhängiges Data-Dictionary-System (bzw. Repository) dienen.

3 Voraussetzungen für eine DB2-Einführung
3.2 Abgrenzung Produktionssystem - Testsystem

Problematisch für die Datenbank-Administration ist daher:

- Die Übersicht über die in Anspruch genommenen System-Ressourcen bei paralleler Objektverwaltung.

- Die Feststellung der zu übertragenden oder zu verändernden Objekte bei Produktions-Übernahmen.

- Die Gewährleistung der korrekten Sicherheits-Maßnahmen für alle aktuell definierten Objekte.
  Es müssen COPY- und RECOVERY-Prozesse für den Notfall vorbereitet sein.

- Die Zuordnung von Endbenutzer-Entwicklungsaktivitäten.
  Werden sie zur Produktions-Lokation zugeordnet, sind die Problemzonen gegeben, die vorab unter der integrierten DB2-Lokation aufgeführt sind.
  Werden sie in die Test-Lokation eingeordnet, ergibt sich die Problematik der Abgrenzung von Produktions- und Testdaten-Objekten innerhalb einer Lokation.

- Die regelmäßige Kontrolle der genutzten Ressourcen.

Unabhängig von der technischen Lösung ist die Übernahme abgeschlossener Projekte aus Test in die Produktion immer problematisch.
In diesem Fall müssen nämlich sämtliche Funktionen, Strukturen und ggf. Datenzustände in die Produktion im Rahmen einer logischen Arbeitseinheit (UOW = unit of work) übernommen werden.
Wenn einer der Arbeitsschritte nicht korrekt vollzogen werden kann, muss ggf. ein Zurücksetzen von Teilaktivitäten vorgenommen werden, damit der vorherige Zustand wieder erreicht werden kann.
In einigen großen Unternehmen hat es sich bewährt, neben Test- und Produktionssystemen auch ein Übernahmesystem einzurichten, in dem die produktionsreifen Systemkomponenten kurz vor der endgültigen Übernahme in die Produktion unter Produktionsbedingungen übernommen und getestet werden (Systemtest).

3.3 Datenbank-Hierarchie

Die Einordnung der Informationsobjekte innerhalb eines Informations-Strukturmodells ist wichtig. So sollten im frühen Planungsstadium schon Entscheidungen getroffen werden über die lokale und organisatorische Datenhaltung.

Zunächst ist zu entscheiden, ob die Verteilungs-Möglichkeit von Daten (DDF) genutzt werden soll. Daten können unter DB2 gehalten werden:

- innerhalb einer bestimmten Lokation,
- isoliert in verschiedenen Lokationen,
- integriert über DDF in verschiedenen Lokationen.

In einem hierarchischen Konzept der Datenbank-Nutzung können unterschieden werden:

- **Public Shared Databases**
  Informationen mit zentralem Charakter, die grundsätzlich allen Mitarbeitern zur Verfügung stehen (auch mit individuellen Verarbeitungserfordernissen).

- **Non-Public Shared Databases**
  Informationen mit dezentralem Charakter, die grundsätzlich nur bestimmten Mitarbeitern bzw. Mitarbeitergruppen zur Verfügung stehen (auch mit individuellen Verarbeitungserfordernissen).

- **Non-Public Non-Shared Databases**
  Informationen mit isoliertem Charakter, die grundsätzlich nur bestimmten Mitarbeitern mit ihrem vollen Verarbeitungsumfang zur Verfügung stehen.

Die reale Datenhaltung kann bei diesen Verfahren zentral, dezentral oder isoliert vorgenommen werden.

DB2 bietet mit seinem Realisierungskonzept inkl. seiner Zugriffschutz-Mechanismen die Möglichkeit, all diese Verarbeitungs-Anforderungen zu unterstützen.
Auch eine Trennung von Daten in unterschiedliche Lokationen kann sinnvoll sein. So kann beispielsweise den Endbenutzern für interaktive Nutzung mittels dispositiver Endbenutzer-Systeme eine eigene DB2-Lokation eingerichtet werden.

Wird nun innerhalb eines Unternehmens eine Informations-Verteilung auf separate Systeme durchgeführt, müssen wiederum die Synchronisations-Maßnahmen zur Gewährleistung der Informations-Integrität vom jeweiligen Unternehmen mit eigenen Realisierungen gelöst werden.
Ein Hauptproblem hierbei ist die Erfordernis, bei einer Verteilung bzw. funktionalen Zuordnung von Informationen aus Performancegründen mit Redundanzen arbeiten zu müssen. Diese sind im Hinblick auf die Integritäts-Gewährleistung besonders zu beachten, wenn Änderungen der Basisdaten auch innerhalb der Redundanzen zur Wirkung kommen müssen.

Dies kann durch folgende standardisierte Maßnahmen erreicht werden:

- innerhalb einer DB2-Lokation können auf die Basis-Tabellen **Trigger** definiert werden,
- über DB2-Lokationsgrenzen hinweg kann das Zusatz-Produkt von IBM **Data/Refresher** genutzt werden,
- bei einer Sysnchronisation zwischen IMS und DB2 kann das Zusatz-Produkt **Database Propagator** eingesetzt werden.

3.4 Informations-Aktualität

Die Gewährleistung der Informations-Qualität wird zunehmend beeinflusst durch die Fähigkeit, den Informationen einen zeitlichen Bezug für ihre Gültigkeitsabgrenzung mitzugeben.
So ist es in modernen Informationssystemen unerläßlich, neben den zeitaktuellen Informationen auch die Historie sowie bereits bekannte Zukunftsdaten aufzunehmen. Dazu ist es erforderlich, jeder relevanten Information den Bezug zur Gültigkeit mitzugeben. Damit wird die Fähigkeit eröffnet, stichtagsbezogen einen korrekten Informationsstand zu erzeugen.

Diese Fähigkeit wird zunehmend die Informationsanforderungen der nächsten Jahre bestimmen, da die dispositiven Informations-Bereiche sowohl stichtagsbezogene historische Daten in Form eines Schnappschusses als auch bereits bekannte Zukunftsinformationen für Planungs- und Prognose-Aktivitäten benötigen.
Für diesen Bereich der Datenverteilung werden mächtige Tools benötigt, die aufgrund vorhandener Katalogbeschreibungen die Lokalisierung der Daten unter dem entsprechenden zeitlichen Aspekt vornehmen und die verteilten Daten beschreiben können.

DB2 hat diese Anforderungen in seinem Katalog-Konzept derzeit nicht berücksichtigt. In einer DB2-Lokation werden lediglich Objekte auf Namensebene verwaltet. Die inhaltliche Ausprägung ist Aufgabe der System-Benutzer.
Dazu zählen auch die Zeitraumüberlegungen. Lösbar sind sie im DB2 derzeit nur:

- über eigene DB2-Objekte mit entsprechenden eindeutigen Ressourcenamen oder
- über das zusätzliche Führen von Zeitraum-Informationen mit der Notwendigkeit, Standards für diese Verarbeitungsform selbst zu entwickeln.

Ein Problem innerhalb der DB2-Realisierungsansätze ist diese fehlende Fähigkeit insofern, als sowohl Katalog-Informationen als auch Benutzer-Informationen lediglich mit dem aktuellen Status bereitgehalten werden.

Sobald ein Vorgang konsistent abgeschlossen ist (Commit), werden die Veränderungen vollzogen und sind sofort für alle Systemnutzer wirksam. Die vorher gültigen Zustände sind nicht mehr erkennbar.

Das führt nun zu diversen Problembereichen, die von den Systemnutzern individuell abgefangen werden müssen, z.B.:

- Irrtümliche Löschungen, z.B. von DB2-Objekten, sind mit normalen DB2-Mitteln nicht mehr rekonstruierbar.

- Strukturänderungen müssen in allen betroffenen Anwendungen zeitgleich vollzogen werden.

- Für Protokollierungs-Erfordernisse der Datenveränderungen gibt es keine standardisierte Unterstützung.

3.5 Was ist neu im DB2?

Einige wesentliche veränderten Aspekte für die Anwendungs-Entwicklung sind zu beachten, wie z.B:

- **Multi-User Betrieb aus allen Trägersystemen heraus**
  Was bisher nur in Verbindung mit Online-Systemen galt, gilt für DB2 grundsätzlich uneingeschränkt für alle Anwendungen aus allen unterstützten Trägersystemen (sofern nicht durch bestimmte Maßnahmen der Parallelbetrieb verhindert wird), wie z.B.:
  - sämtliche Ressourcen stehen allen Teilhabern zur Verfügung,
  - eine Isolation großer Ressource-Bereiche (z.B. für eine klassische Batch-Verarbeitung) ist nicht systemkonform, d.h. Anwendungen müssen spezielle Multi-User-Eigenschaften aufweisen,
  - die Verarbeitung großer Datenbereiche sollte aus Integritäts- und Verfügbarkeitsgründen auf kleine Einheiten aufgeteilt werden (Einsatz von Checkpoints, Syncpoints, Commits),
  - längerlaufende Anwendungen müssen wiederanlauffähig sein.

- **Multiple-record-at-a-time, Konsistenz und Aktualität von Datenmengen**
  Ein SQL-Zugriff bezieht sich grundsätzlich auf Datenmengen.
  Da das Betriebssystem unterbrechungsgetrieben ist und inzwischen auch Parallelverarbeitung unterstützt, ist die von einem SQL-Statement betroffene gesamte Datenmenge undefiniert. Dies ist dadurch begründet, dass die Verarbeitung eines SQL-Statements nicht zu einem Zeitpunkt, sondern in einem Zeitraum vorgenommen wird.
  Die Daten werden intern aufgrund der physischen Zugriffspfade und der physischen Datenkonstellationen geprüft und verarbeitet. Die Konsistenz einer einzelnen Zeile kann automatisch vom System gewährleistet werden. Wenn aber Datenmengen betroffen sind, können sie unterschiedliche Aktualitätszustände haben. So werden z. B. bei einem Join oder einer Subquery die einzelnen erforderlichen internen Verarbeitungsschritte zu unterschiedlichen Zeitpunkten abgewickelt - mit der dann vorliegenden Datenaktualität.
  Das bedeutet, dass während einer SQL-Statement-Verarbeitung viele Zeitpunkte erkennbar sind, die wiederum zusammengefasst werden können (TS = Timestamp):
  - TS1   Start der Verarbeitung,
  - TS2 - TSX durchsuchen einzelner Datenzeilen und -werte,
  - TSX - TSY ggf. Veränderung einzelner Werte,
  - TSZ   Ende der Verarbeitung.
  Die Frage ist nun, ob die Anwendung aktuelle Daten benötigt (TS1 - TSZ - je nach interner Verarbeitung und paralleler Änderungen durch andere Anwendungen) oder einen bestimmten eingefrorenen Zustand zu einem bestimmten Zeitpunkt. Im zweiten Falle müßten spezielle Sperrverfahren ergriffen werden, wobei nur eine Sperre vor TS1 und andauernd bis nach TSZ zu einem konsistenten Datenzustand führen würde.

- **Normalisierung der Datenstrukturen**
  Die Normalisierung der Datenstrukturen ist eine der wichtigsten Voraussetzungen der DB2-Nutzung. Leider ist in vielen Unternehmen die Bedeutung einer qualitativ weitgehenden Normalisierung nicht erkannt (ist oft ein Management-Problem).
  Übrigens steht vor der Normalisierung erst einmal das Verständnis für die Daten, bezogen auf real existierende und für das Unternehmen relevante Objekte und ihre Beziehungen untereinander.
  Und vor der De-Normalisierung wiederum steht die Normalisierung.
  Näheres siehe Kapitel 10.
  Nicht normalisierte Daten gefährden die Integrität, reduzieren das SQL-Leistungsvermögen und erhöhen die anwendungsbezogenen funktionalen Aufwendungen!

- **Struktur-Sicht**
  Die Sicht auf die Daten ist für den Benutzer in Tabellenform.
  Es gibt keine Datenbank-Sicht und keine Sicht auf ganze Segmente oder Sätze. Jede einzelne Spalte und die Inhalte sind zugriffsfähig. Es sollten nur die erforderlichen Spalten und entsprechenden Inhalte, die der Funktions-Abschnitt benötigt, angefordert werden.
  SQL unterstützt grundsätzlich eine mengenorientierte Manipulation der Daten.
  Der Zugriff auf einen bestimmten PK ist aus der Sicht von DB2 ein Ausnahmefall.

3 Voraussetzungen für eine DB2-Einführung
3.5 Was ist neu im DB2?

- **Result Table**
  Sämtliche Manipulationen erfolgen über die semantische Anforderung der SQL-Sprachmittel über eine logische Result Table. Das System geht immer von einer Datenmenge aus, die mittels WHERE-Bedingungen eingeschränkt werden kann.
  Der Programm-Designer sollte sich zunächst die Result Table definieren und seine Funktionen hinsichtlich der Mächtigkeit von DB2 darauf ausrichten.

- **Hinterlegung von Integritätsregeln und -maßnahmen im Katalog**
  Im Relationen-Modell und auch im SQL-Standard sind eine Fülle von Integritätsregeln und -maßnahmen definiert, bei denen unabhängig von Anforderungstyp oder Trägersystem die Integritätsbewahrung zentral durch das DBMS sichergestellt wird. Zunehmend wird auch im DB2 der Ausbau dieser Aspekte vorgenommen (Referential Constraints, Check Constraints, User-defined Data-Types, User-defined Functions, Trigger).
  Der Programm-Designer sollte davon ausgehen, dass solche Prüfungen in Zukunft verstärkt vom DBMS funktional gelöst werden (Domains, erweiterte Checks, Structure Types usw.).
  Bei Client-/ Server-Architekturen stellt sich die Frage, an welcher Stelle dieser Funktionsbereich abläuft (Plausibilitäts- und Abhängigkeits-Prüfungen auf der Workstation oder durch das lokale oder zentrale DBMS?).

- **Index**
  Sämtliche logisch definierbaren Anforderungen erbringen eine Result-Table unabhängig von verfügbaren Zugriffspfaden auf die Daten. Aber ohne Index liefert das System bei größeren Datenmengen und entsprechenden Daten-Anforderungen keine vertretbaren Durchsatz-Zeiten.
  Speziell ein Clustered Index, bei dem die Daten in gleicher Sequenz wie der Index organisiert sind, bringt bei bestimmten Anforderungs-Typen hervorragende Ergebnisse.

- **Plan und Packages**
  Jedes Anwendungsprogramm benötigt einen Plan, in dem sämtliche im Verlauf des Programmes anfallenden SQL-Statements mit ihren vom Optimizer ermittelten Zugriffspfaden geführt werden.
  Der Benutzer hat grundsätzlich keinen Einfluss auf den Zugriffspfad (Ausnahme: ab Version 6 kann bei entsprechenden Voraussetzungen eine Empfehlung ausgesprochen werden - siehe unter OPTHINT).
  Ein Application Plan kann aus Packages bzw. DBRMs bestehen.

- **Optimizer**
  Der Optimizer prüft jedes SQL-Statement auf mögliche Zugriffspfad-Varianten und entscheidet sich für den optimalen Weg zu den Daten (z.B. Tablespace Scan oder Index-Nutzung oder Sort).
  Der Entwickler muss ggf. verschiedene SQL-Varianten ausprobieren und hat derzeit eine hohe Verantwortlichkeit hinsichtlich der Effizienz der SQL-Statements.
  Aufgrund der ständigen Release-Verbesserungen kann auch einmal die nachträgliche Überarbeitung bestehender Statements sinnvoll oder notwendig werden.

 DB2 liegt in dem Trend:

Verlagerung von Entwicklungs-Manpower in die Maschine

(aber nur wenn bestimmte Voraussetzungen geschaffen sind und wenn die Entwickler die neuen Vorgehensweisen verstehen, akzeptieren und anwenden!)

3.6 Migration ins DB2

Für die Unternehmen, die bereits vor Version 6 DB2 im Einsatz hatten, kann die Migration nur von der vorherigen DB2 Version 5 erfolgen. In diesem Fall sind die Ausführungen dieses Kapitels eher langweilig (bitte weiterblättern!).

Wie aber schafft man den Übergang ins DB2 von konventionellen Systemen aus?

Viele große Unternehmen stehen heute vor der Problematik, dass sie hohe Investitionen im konventionellen Datenbank-Bereich getätigt haben und nicht ohne weiteres auf die relationale DB2-Technologie vollständig umstellen können.
Zum einen sind die strategischen Zukunfts-Aussichten konventioneller Systeme wie IMS-DB nicht allzu rosig, andererseits fordern mehrere unterschiedliche Datenbank-Systeme im Unternehmen spezielle DV-Entwicklungs-Spezialisten.

Da es sich bei DB2 um eine grundsätzlich andere und neue Terminologie und Technologie handelt, ist zunächst die Sammlung von Erfahrungs-Werten 'Schritt für Schritt' sinnvoll.
Speziell die Komplexität des Systems wirkt am Anfang 'erschlagend' und fordert eine qualifizierte Ausbildung der Mitarbeiter.

Ein sinnvoller Einstieg ist:

- **ein kleines Pilot-Projekt mit Gewinnung von Erfahrungs-Werten**
  Hier wird zunächst ein kleines Pilot-Projekt, möglichst abgrenzbar und relativ isoliert von anderen Anwendungen, aufgesetzt (mit nutzbarem Ergebnis).
  Dabei können die Mitarbeiter Erfahrung gewinnen und anschließend die Unternehmens-Standards und -Konventionen festlegen.

    Vorteile: - Überschaubares Projekt,
                - Zeit für Entwicklung von Konventionen.

    Nachteile: - Zeit und Kosten für Pilot-Projekt.

Folgende grundsätzlichen Migrations-Strategien sind erkennbar:

- **Alle neuen Anwendungen werden mit DB2 realisiert**
  Diese strategische Entscheidung führt zur Entwicklung aller neuen Anwendungen unter DB2. Die bestehenden Verfahren bleiben erhalten und werden weiter in der bisherigen Umgebung gewartet.
  Bei dieser Alternative müssen Voraussetzungen geschaffen werden (siehe vorab in diesem Kapitel).

    Vorteile: - Umbruch in der Entwicklungs-Methodik und -Technologie möglich.
                - Es werden keine veralteten Strukturen und Funktionen übernommen.

    Nachteile: - Mitarbeiter werden in 2 Lager aufgespalten (die 'Modellierer' und die 'Bit-Fummler'):
                  - parallele Ausbildungs-Aufwendungen,
                  - unterschiedliche Motivations-Schübe und Bezahlung?
                - Mehrfache Software-Kosten, bei mehreren Datenbanken.
                - Integritäts-Probleme durch unterschiedliche Technologien (und auch Methoden).

3 Voraussetzungen für eine DB2-Einführung
3.6 Migration ins DB2

- **DB2 ist das einzige strategische DBMS - alle Anwendungen werden portiert**
  Diese strategische Entscheidung wirft die Frage nach Migrations- und Portierungs-Hilfen auf. Auch bei dieser Alternative müssen Voraussetzungen geschaffen werden (siehe vorab in diesem Kapitel), die noch erweitert werden hinsichtlich der Migration und Portierungs-Problematik.

  Vorteile:
  - Mitarbeiter arbeiten in einheitlicher Technologie-Umgebung.
  - Reduzierte Software-Kosten.

  Nachteile:
  - Umbruch in der Entwicklungs-Methodik und -Technologie kaum möglich, da die Fehler der Vergangenheit ins neue System portiert werden.
  - Wenn nicht bereits früher nach den Regelwerken der Normalisierung und Strukturierten Programmierung gearbeitet wurde, werden qualitativ minderwertige Strukturen und Funktionen übernommen.
  - Integritäts-Probleme trotz einheitlicher Technologie kaum vermeidbar, da Gesamt-Zusammenhänge in der Regel nicht bekannt sind.

Migrations- und Portabilitäts-Hilfen aus den unterschiedlichsten Umgebungen werden inzwischen vielfach angeboten. Einige Software-Unternehmen haben sich darauf spezialisiert.

So existieren z.B. VSAM-Migrations-Tools und VSAM-Transparency-Produkte (von IBM vertrieben):

- **VSAM-Migration**   erzeugt aus Programmen mit VSAM-Befehlen Programme mit SQL-Statements. Mit DXT können die Daten extrahiert werden.

- **VSAM-Transparency** leitet VSAM-Aufrufe dynamisch über einen Exit ans DB2 weiter. Dort werden die VSAM-Aufrufe dynamisch als SQL-Statements ausgeführt.

Bei all diesen Hilfen ist zu beachten, dass aus unnormalisierten Strukturen keine normalisierten Strukturen generiert und aus Spaghetti-Programmen keine sauberen und wartungsfreundlichen Programm-Strukturen gezaubert werden können.

4 DB2-Sprachschnittstellen
4.1 Benutzergruppen und deren Anforderungen

Die direkte Nutzung der DBMS-Funktionen wird zunehmend von unterschiedlichen Benutzer-Ebenen des Unternehmens gefordert.

So können folgende Haupt-Benutzergruppen mit ihren funktionalen Anforderungen abgegrenzt werden:

- **Systembediener/Operatoren**
    - Aktivieren und Deaktivieren der Systemressourcen, Überwachung des laufenden Betriebs, Durchführung fest geplanter Aktivitäten.

- **System-Administratoren/Systemprogrammierung**
    - Einrichtung/Generierung des DB2-Systems (Lokationen) unter Berücksichtigung der Systemumgebung, Optimierung der Systemressource-Parameter, Wartung und Generierungstest, Durchführung von Releasewechseln.

- **Datenbank-Administratoren (DBA)**
    - Koordination und Verwaltung von DB2-Objekten, Regelung und Einrichtung der Zugriffsschutzverfahren, Unterstützung beim physischen Design, Implementierung des physischen Designs, Überwachung des laufenden Betriebs, Koordination und Überwachung von Recovery-Restart-Maßnahmen, Produktionsübernahme von Anwendungen und Daten, Test der Funktionsbereiche.

- **Professionelle Anwendungsentwicklung (PAE)**
    - Unterstützung beim logischen Designprozess, Anwendungsentwicklung und Test, Daten-Extrahierung/Copy-Management für Endbenutzeranforderungen.

- **Endbenutzer**
    - **nicht programmierend**
        - Ausführung von vorgefertigten Anwendungsprogrammen/Prozeduren ohne direkte, eigenständige Nutzung von Systemressourcen.

    - **programmierend**
        - Direkte und eigenständige Nutzung von Systemressourcen, evtl. Verwaltung von DB2-Individual-Objekten, individuelle Anwendungsentwicklung und Test.

4.2 DB2-Sprachschnittstellen für die Benutzergruppen

Die wichtigste Sprachschnittstelle für die direkten Nutzer der DB2-Daten ist natürlich die **SQL-Sprachschnittstelle** (siehe Anhang 2).
Daneben existieren aber auch DB2-Schnittstellen zu:

- dem **Betriebssystem OS/390**,
- dem **Dialogmanager TSO** mit seiner **ISPF**-Entwicklungsumgebung,
- den **TP-Monitoren CICS** und **IMS**.

Auch die Aktivierung der **DB2-Utilities** wird nicht direkt über die SQL-Sprache, sondern über eine eigene Sprachschnittstelle abgewickelt.

Alle diese Sprachschnittstellen werden in einer gleichen syntaktischen Oberfläche unterstützt. So besteht die Syntax aus:

- Einem **Befehlscode**, z.B. -DISPLAY THREAD für Anzeige DB2-Verbindungen.
  Der Bindestrich '-' ist der Command Prefix - vor der Version 4 SRC = Subsystem-Recognition-Character genannt, der durch den Systemprogrammierer bis zu achtstellig generiert werden kann und zur Unterscheidung von OS/390-Systemen dient.

- Einer Auswahl von **Parametern**, z.B. TYPE.

- Einer Auswahl von **Optionen**, z.B. (ACTIVE).

Beispiel:

Mit dem DB2-Befehl : -DISPLAY THREAD (*) TYPE (ACTIVE) werden alle aktiven DB2-Verbindungen aufgezeigt.

Grundsätzlich lassen sich alle DB2-Sprachmittel interaktiv (z.B. DB2I) einsetzen und werden im Multi-User-Betrieb unter Konkurrenzbedingungen sofort zur Ausführung gebracht. Die Ausführung kann erfolgen:

- unter den TP-Monitoren CICS oder IMS,
- unter dem Dialogmanager TSO mit:
  - Foreground-Abwicklung oder
  - Batch-Abwicklung unter dem Terminal Monitor Program (TMP),
- als Standard-OS/390-Batch-Job,
- als IMS-Batch-Job.

Unabhängig davon, aus welcher Umgebung DB2-Dienste angefordert werden, fasst DB2 die Anforderungen auf DB2-Lokations-Ebene im Multi-User-Betrieb zusammen und koordiniert die Abwicklung unter Berücksichtigung der Konsistenz-Anforderungen.
Dadurch konkurrieren alle DB2-Anforderungen um die DB2-Ressourcen. Dies führt zu entsprechenden Durchsatzauswirkungen, da z.B. asynchron durchführbare Batch-Abwicklungen während der Online-Zeit mit den Online-Transaktionen konkurrieren und Ressource-Überschneidungen in der Regel nicht vollständig zu verhindern sind.

4 DB2-Sprachschnittstellen
4.2 DB2-Sprachschnittstellen für die Benutzergruppen

Die DB2-Sprachschnittstellen lassen sich in folgende Kategorien einordnen (x) = Festlegung mit SQL-DCL-Privilegien möglich:

Sprachschnittstelle	Mögliche Benutzer				
	Operator	Sys-Prog	DBA	PAE	End-benutzer
TSO-DSN-Befehle/Commands Vorbereitung und Durchführung von Programmtests aus der direkten TSO-Umgebung ohne DB2I-Nutzung. Die Befehle sind auch unter der SQL-DB2I-Umgebung ausführbar.			x	x	
SQL-Befehle/Statements Befehle für DBA, PAE und Endbenutzer:					
• **DCL - Data Control Language** zur Vergabe und Aufhebung von DB2-Privilegien.			x	(x)	(x)
• **DDL - Data Definition Language** zur Verwaltung (Anlegen, Veränderung, Löschung) von DB2-Objekten.			x	(x)	(x)
• **DML - Data Manipulation Language** - zur Verwaltung (Information/Selektion, Einfügung, Veränderung, Löschung) von DB2-Daten. - zur Unterstützung des Transaktionskonzeptes und der Anwendungsentwicklung.			x	x	x
DB2-Befehle/Commands Starten, Beenden und Überwachung DB2-Subsysteme.	x		x	x	(x)
DB2-Hilfsprogramme/Utilities Utilities zur Abwicklung von Sicherungs- und Wiederanlauffunktionen, Reorganisation der physischen Datenablage und Behebung von Fehlersituationen.	x		x	x	x
Stand alone Utilities/Service Aids OS/390-Stand-alone-Utilities, die nicht unter der Kontrolle von DB2 laufen. **Gefahr von Integritätsverletzungen!**		x	x		
IMS/VS-Commands Aufbau, Abbau und Überwachung von DB2-Verbindungen zu IMS, Aufrufmöglichkeit von DB2-Befehlen.	x	x	x		
CICS/OS/VS-Commands Aufbau, Abbau und Überwachung von DB2-Verbindungen zu CICS. Aufrufmöglichkeit von DB2-Befehlen.	x	x	x		
OS/390-Commands Aufbau, Abbau und Überwachung von DB2-Verbindungen zu IRLM.	x	x	x		
TSO-CLISTs Vorbereitete CLIST-Prozeduren zur Ausführungsvorbereitung von Programmen, Generierung von JCL für die DB2-Utility-Ausführung.	x	x	x	x	

4 DB2-Sprachschnittstellen
4.2 DB2-Sprachschnittstellen für die Benutzergruppen

4.2.1 Übersicht der TSO-DSN-Commands

Die TSO-DSN-Commands dienen der Vorbereitung und Durchführung von Programmtests aus der direkten TSO-Umgebung ohne DB2I-Nutzung. Die Befehle sind auch unter der ISPF-DB2I-Umgebung ausführbar. Sie lassen sich sowohl im Foreground als auch im Background ausführen.

Bei Einsatz von DB2 Data Sharing kann sich die Wirkungsweise der Commands auf unterschiedliche Systeme beziehen (einzelnes Member oder gesamte Gruppe):

- Feste Zuordnung   ist für bestimmte Commands implizit definiert:
  - Member   Wirkung bezieht sich nur auf das aktuelle DB2-System.
  - Group   Wirkung bezieht sich auf alle DB2-Member einer Sharing-Gruppe.

- Variable Zuordnung   kann bei bestimmten Commands variabel definiert werden (SCOPE):
  - Member   Wirkung bezieht sich nur auf das aktuelle DB2-System.
  - Group   Wirkung bezieht sich auf alle DB2-Member einer Sharing-Gruppe.

TSO-DSN-Command	Funktion	Hinweis	Wirkungsbereich bei Data Sharing Fest/Variabel	(SCOPE)
BIND PACKAGE	Anlegen Package.	Neue Package, neue Version einer Package oder Ersatz einer existierenden Package-Version.	F	GROUP
BIND PLAN	Anlegen Plan.	Neuer Plan oder Ersatz eines existierenden Plans. Der Plan enthält DBRMs und/oder einen Verweis auf Packages (innerhalb einer Lokation und Collection).	F	GROUP
DB2-Commands	DB2-Befehle.	Lt. separater Tabelle. In diesem Fall ist der Command Prefix '-' vorzugeben.		
DCLGEN	Declaration-Generator. Generiert Deklarationen für Tabellen und Views.	Produziert ein SQL-'DECLARE TABLE'-Statement und eine COBOL, PL/1 oder C-Daten-Deklarations-Struktur.	F	GROUP
DSN	Aufruf TSO Command-Processor.	Aufruf von DSN-Commands.	F	MEMBER
END	Beendet DSN-Session.	Return zum TSO; nicht unter DB2I einsetzbar.	F	MEMBER
FREE PACKAGE	Löschen Package.	Wenn Package nicht mehr benötigt wird.	F	GROUP
FREE PLAN	Löschen Plan.	Wenn Plan nicht mehr benötigt wird.	F	GROUP
REBIND PACKAGE	Erneutes Binden einer Package.	Bei Änderungen der DB2-Ressourcen oder gewünschten Zugriffspfad-Veränderungen. Bei SQL-Änderungen wird BIND (REPLACE) verwendet.	F	GROUP
REBIND PLAN	Erneutes Binden eines Plans.	Bei Änderungen der DB2-Ressourcen oder Autorisierungen ohne SQL-Änderungen. Bei SQL-Änderungen wird BIND (REPLACE) verwendet.	F	GROUP
REBIND TRIGGER PACKAGE	Erneutes Binden einer Trigger Package.	Bei Änderungen der DB2-Ressourcen oder gewünschten Zugriffspfad-Veränderungen.	F	GROUP
RUN	Ausführung eines Anwendungsprogrammes.	Programm kann SQL-Statements beinhalten.	F	MEMBER
SPUFI	Aufruf 'SQL-Processor-Using File Input'.	Ausführung von SQL-Statements.	F	MEMBER
*	Kommentar.	Möglichkeit der Dokumentation und Beschreibung von Prozeduren.		

4 DB2-Sprachschnittstellen
4.2 DB2-Sprachschnittstellen für die Benutzergruppen

4.2.2 Übersicht der SQL-Statements

Die SQL-Sprachschnittstelle steht allen Datenbankbenutzern zur Verfügung.

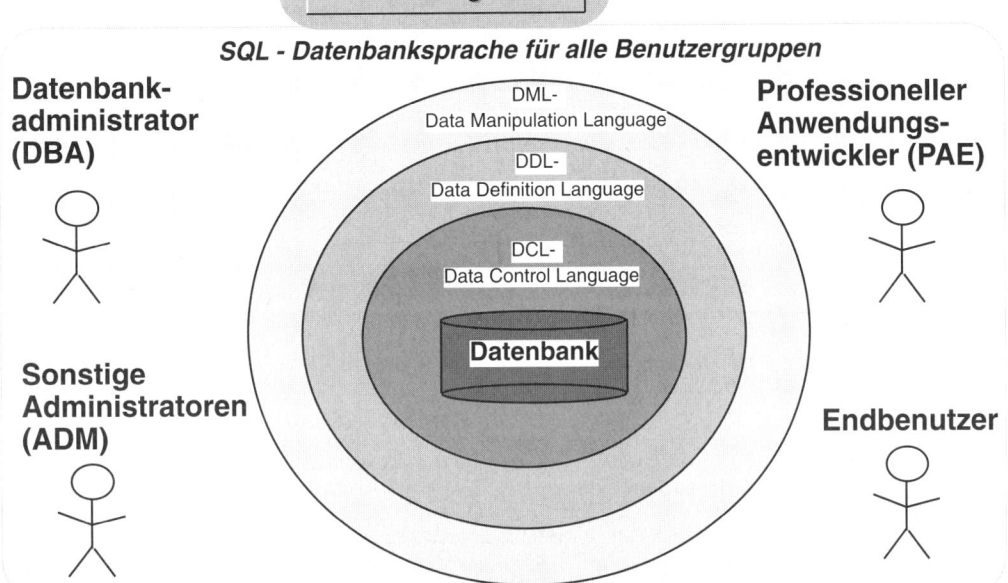

Abbildung 4-1

Die SQL-Befehle lassen sich untergliedern in eigenständige Sprach-Schichten, die sich um die Datenbasis herumlegen:

- **DCL - Data Control Language**
  Sprache zur Kontrolle der DB2-Ressourcen. Über die Autorisierungs-Identifikation prüft DB2 die Berechtigung zur Ausführung bestimmter Funktionen und den Datenzugriff.

GRANT	- Vergabe von DB2-Privilegien.
REVOKE	- Aufhebung von DB2-Privilegien.

- **DDL - Data Definition Language**
  Sprache zur Verwaltung von DB2-Objekten (STOGROUP, DATABASE, TABLESPACE, TABLE, INDEX, VIEW, SYNONYM, ALIAS)

CREATE	- Anlegen neuer DB2-Objekte.
ALTER	- Änderung existierender DB2-Objekte.
DROP	- Löschung existierender DB2-Objekte.
COMMENT ON	- Kurzbeschreibung von Tabellen/Views, Spalten.
LABEL ON	- Alternativ-Anzeigenamen Tabellen/Views, Spalten.
RENAME	- Namensänderung einer existierenden Tabelle.

- **DML - Data Manipulation Language**

  - *Sprache zur Verwaltung von DB2-Daten*

SELECT	- Informationsgewinnung durch Selektion, Projektion und Join.
INSERT	- Einfügung von Zeilen in eine Basistabelle (auch über updateable View möglich).
UPDATE	- Veränderung bestimmter Spalten und Zeilen in einer Basistabelle (auch über updateable View möglich).
DELETE	- Löschung von Zeilen in einer Basistabelle (auch über updateable View möglich).

4 DB2-Sprachschnittstellen
4.2 DB2-Sprachschnittstellen für die Benutzergruppen

- *Sprache zur Unterstützung des Transaktionskonzeptes und der Anwendungsentwicklung*
  SQL bietet eine Reihe von Funktionen an für die:

  - Synchronisation der Transaktionsabwicklung:
    - Unter TSO mit den Befehlen **COMMIT** und **ROLLBACK**.
    - Die TP-Monitore CICS und IMS synchronisieren über interne Commit-Verfahren.

  - Unterstützung der Anwendungsentwicklung:

    - Aufruf von Stored Procedures aus Programmen heraus bzw. Aufruf von Funktionen aus Trigger:
      - **CALL, VALUES**
      Übergabe von Query Result Sets aus Stored Procedures an ein aufrufendes Anwendungsprogramm:
      - **DESCRIBE PROCEDURE, ASSOCIATE LOCATORS, ALLOCATE CURSOR, DESCRIBE CURSOR**

    - Möglichkeit der Einbettung von static SQL-Statements = embedded SQL in Anwendungsprogrammen:
      - **SELECT, INSERT, UPDATE, DELETE**

    - Bereitstellung von Datenmengen oder Etablierung von Sperren über das Cursor-Konzept:
      - **DECLARE CURSOR, OPEN, FETCH, CLOSE, UPDATE** und **DELETE WHERE CURRENT OF**

    - Bereitstellung von Werten ohne Tabellenzugriff:
      - **SET, VALUES INTO**

    - Möglichkeit der Nutzung von dynamic SQL-Statements in Anwendungsprogrammen:
      - **DECLARE STATEMENT, PREPARE, DESCRIBE, DESCRIBE INPUT, EXECUTE, EXECUTE IMMEDIATE**
      Die Programmiersprache C bzw. C++ kann auch das Call Level Interface (CLI) nutzen und darüber alle SQL-Statements abwickeln.

    - Vorübersetzer/Precompiler-Funktionen:
      - zur Satzstrukturgenerierung und Kopiermöglichkeit symbolischer Codierungen:
        - **DECLARE TABLE, INCLUDE**
      - Deklarations-Bereichs-Abgrenzungen:
        - **BEGIN DECLARE SECTION, END DECLARE SECTION**
      - SQL-RETURN-CODE-Abfrage-Unterstützung:
        - **WHENEVER**

    - Einflussnahme auf DB2-Ressource-Lock-Mechanismen
      - **LOCK TABLE, SELECT ... WITH ...**

    - Information über den DB2-internen Datenzugriffspfad
      - **EXPLAIN**

    - Verteilung von Daten
      - **CONNECT, SET CONNECTION, RELEASE**

    - Signalisierung einer Fehlerbedingungen in einem Trigger
      - **SIGNAL SQLSTATE**

    - Behandlung von LOB-Locators
      - **HOLD LOCATOR, FREE LOCATOR**

    - Spezial-Register-Dienste:
      - **SET CURRENT DEGREE, SET CURRENT LOCALE LC_CTYPE, SET CURRENT OPTIMIZATION HINT, SET CURRENT PACKAGESET, SET CURRENT PATH, SET CURRENT PRECISION, SET CURRENT RULES, SET CURRENT SQLID**

Folgende Einsatzmöglichkeiten für SQL-Befehle existieren für **Anwendungsprogramme**:

- **Embedded SQL**   Einbettung der SQL-Statements in die Programme mit "EXEC SQL".
  Eingebettet werden können:
  - **Static SQL**   Statische Statements mit festem Aufbau und bekannter Result Table-Struktur (bei SELECT-Anforderungen).
  - **Dynamic SQL**   Dynamische Statements mit variablem Aufbau und nicht bekannter Result Table-Struktur (bei SELECT-Anforderungen).

- **Call-Schnittstelle**   Aufruf der SQL-Statement-Funktionalitäten mittels CALL (nur für C und C++).
  Es handelt sich hierbei immer um:
  - **Dynamic SQL**   Konsequenz: Ein Dynamic Bind ist erforderlich (siehe Kapitel 13).

4 DB2-Sprachschnittstellen
4.2 DB2-Sprachschnittstellen für die Benutzergruppen

Die meisten SQL-Befehle können **interaktiv** unter Verwendung der DB2I-Schnittstelle SPUFI ausgeführt werden (**Interactive SQL**).
Die folgende Übersicht zeigt die von DB2 unterstützten SQL-Statements mit einer Zuordnung zu den Sprachtypen DCL, DDL und DML sowie einer Kennzeichnung, sofern ein SQL-Statement nicht interaktiv, sondern ausschließlich innerhalb von Anwendungsprogrammen einsetzbar ist.

SQL-Statement	Funktion	Zuordnung: DCL*	DDL*	DML	Ausführung durch: **	ausschließliche Verwendung in Anwendungs-Programmen
ALLOCATE CURSOR	Zuordnung eines Cursors zu einem Query Result Set.			x	Anwendungs-Server	x
ALTER DATABASE	Änderung DATABASE-Definition.		x		Aktueller Server	
ALTER FUNCTION	Änderung FUNCTION-Definition.		x		Aktueller Server	
ALTER INDEX	Änderung INDEX-Definition.		x		Aktueller Server	
ALTER PROCEDURE	Änderung PROCEDURE-Definition.		x		Aktueller Server	
ALTER STOGROUP	Änderung STORAGE GROUP-Definition.		x		Aktueller Server	
ALTER TABLE	Änderung TABELLEN-Definition.		x		Aktueller Server	
ALTER TABLESPACE	Änderung TABLESPACE-Definition.		x		Aktueller Server	
ASSOCIATE LOCATORS	Zuordnung eines Query Result Sets zu einem Result Set Locator.			x	Anwendungs-Server	x
BEGIN DECLARE SECTION	Markiert den Beginn eines Deklarations-Bereiches (z.B. bei Standard-SQL).			x	Precompiler	x
CALL	Aufruf einer Stored Procedure aus einem Anwendungsprogramm heraus.			x	Aktueller Server	x
CLOSE	Abschluss Cursor-Verarbeitung nach zeilenweisem Bereitstellen einer Ergebnismenge. Siehe auch OPEN, FETCH.			x	Aktueller Server	x
COMMENT ON	Änderung oder Hinzufügung eines Beschreibungstextes für Tabelle, View oder Spalte.		x		Aktueller Server	
COMMIT	REDO-Abschluss einer 'Unit of Work' mit Durchführung der entsprechenden Datenbankveränderungen (nur TSO-Programme, Batch und interaktiv).			x	Aktueller Server	
CONNECT (Typ 1 oder 2)	Aufbau einer Verbindung (Connection) zu einem Server.			x	Anwendungs-Server	x
CREATE ALIAS	Neu-Anlage Alias.		x		Aktueller Server	
CREATE AUXILIARY TABLE	Neu-Anlage AUXILIARY TABLE.		x		Aktueller Server	
CREATE DATABASE	Neu-Anlage DB2-DATABASE.		x		Aktueller Server	
CREATE DISTINCT TYPE	Neu-Anlage DISTINCT TYPE.		x		Aktueller Server	
CREATE FUNCTION	Neu-Anlage FUNCTION.		x		Aktueller Server	
CREATE GLOBAL TEMPORARY TABLE	Neu-Anlage TEMPORÄRE TABELLE.		x		Aktueller Server	
CREATE INDEX	Neu-Anlage INDEX.		x		Aktueller Server	

4 DB2-Sprachschnittstellen
4.2 DB2-Sprachschnittstellen für die Benutzergruppen

SQL-Statement	Funktion	Zuordnung: DCL* DDL* DML	Ausführung durch: **	ausschließliche Verwendung in Anwendungs-Programmen
CREATE PROCEDURE	Neu-Anlage PROCEDURE.	x	Aktueller Server	
CREATE STOGROUP	Neu-Anlage STORAGE GROUP.	x	Aktueller Server	
CREATE SYNONYM	Neu-Anlage SYNONYM.	x	Aktueller Server	
CREATE TABLE	Neu-Anlage TABELLE.	x	Aktueller Server	
CREATE TABLESPACE	Neu-Anlage TABLESPACE.	x	Aktueller Server	
CREATE TRIGGER	Neu-Anlage TRIGGER.	x	Aktueller Server	
CREATE VIEW	Neu-Anlage VIEW.	x	Aktueller Server	
DECLARE CURSOR	Definition CURSOR für zeilenweises Bereitstellen einer Ergebnismenge. Definition eines SQL-SELECT-Statements, das bei OPEN ausgeführt wird. Siehe auch FETCH, CLOSE.	x	Precompiler	x
DECLARE STATEMENT	Definition eines Dynamic SQL-Statement-Namens, spätere Aufbereitung mit PREPARE.	x	Precompiler	x
DECLARE TABLE	Versorgt Precompiler mit Definitionsstruktur von Tabellen oder Views zur Prüfung und Dokumentation der SQL-Statements. Mit DCLGEN (DSN-Command bzw. DB2I) wird automatisch DECLARE TABLE generiert.	x	Precompiler	x
DELETE	Löschen einer oder mehrerer Zeilen aus einer Tabelle bzw. updateable View durch Auswahl.	x	Aktueller Server	
	Löschen einer durch Cursor positionierten Zeile (positioned Delete).	x	Aktueller Server	x
DESCRIBE	Liefert Beschreibungen der Result Table oder der Spalten-Liste mit Parameter-Marker eines PREPARED-Statements in die SQL-Descriptor Area (SQLDA).	x	Aktueller Server	x
DESCRIBE CURSOR	Liefert Beschreibungen der Result Table eines Query Result Sets.	x	Anwendungs-Server	x
DESCRIBE INPUT	Liefert Beschreibungen der Parameter Markers in die SQLDA.	x	Aktueller Server	x
DESCRIBE PROCEDURE	Liefert Beschreibungen der tatsächlich von einer Stored Procedure übergebenen Query Result Sets.	x	Anwendungs-Server	x
DROP	Löschung DB2-Objekt und entfernen aus Katalog. Abhängige Objekte werden automatisch mit gelöscht.	x	Aktueller Server	
END DECLARE SECTION	Markiert Ende eines Deklarations-Bereiches (z.B. bei Standard-SQL).	x	Precompiler	x
EXECUTE	Ausführung eines mit PREPARE aufbereiteten SQL-Dynamic-Statements.	x	Aktueller Server	x

4 DB2-Sprachschnittstellen
4.2 DB2-Sprachschnittstellen für die Benutzergruppen

SQL-Statement	Funktion	Zuordnung: DCL*	Zuordnung: DDL*	Zuordnung: DML	Ausführung durch: **	ausschließliche Verwendung in Anwendungs-Programmen
EXECUTE IMMEDIATE	Ausführung eines ohne Modifikationen sofort ausführbaren SQL-Dynamic-Statements.			x	Aktueller Server	x
EXPLAIN	Information über den von DB2 gewählten Zugriffspfad, benutzte Indizes, Reihenfolge der Tabellenzugriffe und JOINs, JOIN-Methode, auszuführende SORTs und die LOCK-Strategie.			x	Aktueller Server	
FETCH	Positionierung des Cursors auf nächste Zeile der Result-Table und Zuordnung der Werte in Host-Variablen. Siehe auch OPEN, CLOSE.			x	Aktueller Server	x
FREE LOCATOR	Freigabe der Beziehung zwischen einem LOB-Wert und einem Locator.			x	Aktueller Server	x
GRANT	Vergabe von Privilegien zur Funktionsabwicklung spezifischer DB2-Ressourcen an Benutzer, Benutzergruppen oder PUBLIC = allgemein verfügbar.	x			Aktueller Server	
GRANT (COLLECTION PRIVILEGES)	Privilegien-Vergabe zum Anlegen von Packages in Collection.	x			Aktueller Server	
GRANT (DATABASE PRIVILEGES)	Privilegien-Vergabe DB2-Databases.	x			Aktueller Server	
GRANT (DISTINCT TYPES PRIVILEGES)	Privilegien-Vergabe zur Nutzung von Distinct Types im Schema.	x			Aktueller Server	
GRANT (FUNCTION oder PROCEDURE PRIVILEGES)	Privilegien-Vergabe zur Nutzung von Functions oder Stored Prodecures im Schema.	x			Aktueller Server	
GRANT (PACKAGE PRIVILEGES)	Privilegien-Vergabe für BIND, EXECUTE oder COPY Package.	x			Aktueller Server	
GRANT (PLAN PRIVILEGES)	Privilegien-Vergabe für BIND oder EXECUTE Application Plan.	x			Aktueller Server	
GRANT (SCHEMA PRIVILEGES)	Privilegien-Vergabe zum Anlegen von Distinct Types, Functions oder Stored Prodecures im Schema.	x			Aktueller Server	
GRANT (SYSTEM PRIVILEGES)	Privilegien-Vergabe DB2-Subsystem.	x			Aktueller Server	
GRANT (TABLE/VIEW PRIVILEGES)	Privilegien-Vergabe TABLE/VIEW.	x			Aktueller Server	
GRANT (USE PRIVILEGES)	Privilegien-Vergabe zur Benutzung physischer Ressourcen.	x			Aktueller Server	
HOLD LOCATOR	Festschreiben der Beziehung zwischen einem LOB-Wert und einem Locator über das Ende der UOW hinweg.			x	Aktueller Server	x
INCLUDE	Einfügen Source-Code in Anwendungsprogramm-Code (SQLCA, SQLDA oder beliebiges Member).			x	Precompiler	x

4 DB2-Sprachschnittstellen
4.2 DB2-Sprachschnittstellen für die Benutzergruppen

SQL-Statement	Funktion	Zuordnung: DCL*	DDL*	DML	Ausführung durch: **	ausschließliche Verwendung in Anwendungs-Programmen
INSERT	Einfügen einer oder mehrerer Zeilen in eine Tabelle oder updateable VIEW.			x	Aktueller Server	
LABEL ON	Alternativ-Anzeige-Name für Tabelle, View, Alias und Spalte.		x		Aktueller Server	
LOCK TABLE	Sperre von Table bzw. Tablespace. 2 Ausprägungen sind möglich: SHARE - Parallel Read only erlaubt. EXCLUSIVE - keine Parallelverarbeitung erlaubt.			x	Aktueller Server	
OPEN	Eröffnung eines Cursors, d.h. Ausführung des bei DECLARE CURSOR definierten SQL-Statements. Ergebnis steht in Result-Table und kann mit FETCH angefordert werden. Siehe auch CLOSE.			x	Aktueller Server	x
PREPARE	Vorbereitung eines Dynamic-SQL-Statements für die Ausführung (EXECUTE). Aus einem Character-String des SQL-Statements wird die ausführbare Form generiert.			x	Aktueller Server bzw. in Abhängigkeit vom zu präparierenden Statement: Anwendungs-Server	x
RELEASE	Connections werden in den Freigabe-Status (released) gesetzt.			x	Anwendungs-Server	x
RENAME	Namensänderung einer bestehenden TABELLE.		x		Aktueller Server	
REVOKE	Aufheben Autorisierungsprivilegien. Alle abhängigen GRANTs werden aufgelöst.	x			Aktueller Server	
REVOKE (COLLECTION PRIVILEGES)	Privilegien-Aufhebung Package in Collection.	x			Aktueller Server	
REVOKE (DATABASE PRIVILEGES)	Privilegien-Aufhebung DB2-Databases.	x			Aktueller Server	
REVOKE (DISTINCT TYPE PRIVILEGES)	Privilegien-Aufhebung Distinct Types.	x			Aktueller Server	
REVOKE (FUNCTION oder PROCEDURE PRIVILEGES)	Privilegien-Aufhebung Functions bzw. Stored Procedures.	x			Aktueller Server	
REVOKE (PACKAGE PRIVILEGES)	Privilegien-Aufhebung Packages.	x			Aktueller Server	
REVOKE (PLAN PRIVILEGES)	Privilegien-Aufhebung Application-Plan.	x			Aktueller Server	
REVOKE (SCHEMA PRIVILEGES)	Privilegien-Aufhebung Schema.	x			Aktueller Server	
REVOKE (SYSTEM PRIVILEGES)	Privilegien-Aufhebung DB2-Subsystem.	x			Aktueller Server	
REVOKE (TABLE/VIEW PRIVILEGES)	Privilegien-Aufhebung Table/View.	x			Aktueller Server	
REVOKE (USE PRIVILEGES)	Privilegien-Aufhebung zur Benutzung physischer Ressourcen.	x			Aktueller Server	

4 DB2-Sprachschnittstellen
4.2 DB2-Sprachschnittstellen für die Benutzergruppen

SQL-Statement	Funktion	Zuordnung: DCL* DDL* DML	Ausführung durch: **	ausschließliche Verwendung in Anwendungs-Programmen
ROLLBACK	UNDO-Abschluss einer 'Unit of Work' mit Zurücksetzen der entsprechenden Datenbankveränderungen (nur TSO-, Batch-Programme und SPUFI).	x	Aktueller Server	
SELECT	Definiert die Auswahlbedingungen für die Erzeugung einer Result-Table. Formen:			
	- FULL-SELECT	x		
	- SELECT-Statement	x		
	- SUB-SELECT	x		
	- SELECT INTO (embedded SELECT).	x	Aktueller Server	x
SET	Zuweisung von Werten in eine oder mehrere Host-Variablen. Werden Spezial-Registers einer Host-Variablen zugeordnet, gelten folgende Regeln:	x	Aktueller Server	x
	= CURRENT DATE	x	Aktueller Server	x
	= CURRENT DEGREE	x	Aktueller Server	x
	= CURRENT PACKAGESET	x	Anwendungs-Server	x
	= CURRENT PATH	x	Aktueller Server	x
	= CURRENT OPTIMIZATION HINT	x	Aktueller Server	x
	= CURRENT RULES	x	Aktueller Server	x
	= CURRENT SERVER	x	Anwendungs-Server	x
	= CURRENT SQLID	x	Aktueller Server	x
	= CURRENT TIME	x	Aktueller Server	x
	= CURRENT TIMESTAMP	x	Aktueller Server	x
	= CURRENT TIMEZONE	x	Aktueller Server	x
SET CONNECTION	Wechsel der aktiven Connection (nur bei Standard-SQL).	x	Anwendungs-Server	x
SET CURRENT DEGREE	Weist dem CURRENT DEGREE-Spezial-Register einen Wert zu.	x	Aktueller Server	
SET CURRENT LC_CTYPE	Weist dem CURRENT LC_CTYPE-Spezial-Register einen Wert zu.	x	Aktueller Server	
SET CURRENT OPTIMIZATION HINT	Weist dem CURRENT OPTIMIZATION HINT-Spezial-Register einen Wert zu.	x	Aktueller Server	
SET CURRENT PACKAGESET	Weist dem CURRENT PACKAGESET-Spezial-Register einen Wert zu.	x	Anwendungs-Server	x
SET CURRENT PATH	Weist dem CURRENT PATH-Spezial-Register einen Wert zu.	x	Aktueller Server	
SET CURRENT PRECISION	Weist dem CURRENT PRECISION-Spezial-Register einen Wert zu.	x	Aktueller Server	
SET CURRENT RULES	Weist dem CURRENT RULES-Spezial-Register einen Wert zu.	x	Aktueller Server	
SET CURRENT SQLID *	Veränderung des Inhaltes des aktuellen Autorisierungs-Ids auf den Primär- oder Sekundär-Autorisierungs-Id.	x	Aktueller Server	
SIGNAL SQLSTATE	Signalisieren Fehlersituation (nur in einer Triggered Aktion eines Triggers vorgebbar).	x	Aktueller Server	x

4 DB2-Sprachschnittstellen
4.2 DB2-Sprachschnittstellen für die Benutzergruppen

SQL-Statement	Funktion	Zuordnung: DCL* DDL* DML	Ausführung durch: **	ausschließliche Verwendung in Anwendungs-Programmen
UPDATE	Veränderung der Werte einer oder mehrerer Zeilen in <u>einer</u> Tabelle bzw. updateable VIEW.	x	Aktueller Server	
	Änderung einer durch Cursor positionierten Zeile (positioned Update).	x	Aktueller Server	x
VALUES	Aufruf einer Funktion (nur in einer Triggered Aktion eines Triggers vorgebbar).	x	Aktueller Server	x
VALUES INTO	Zuweisung von Werten in eine oder mehrere Host-Variablen.	x	Aktueller Server	x
WHENEVER	SQL-Return-Code-Abhandlung genereller Bedingungen: - NOT FOUND - SQLERROR oder - SQLWARNING.	x	Precompiler	x

* Bei Vorgabe des BIND-Parameters DYNAMICRULES (BIND) können nicht vorgegeben werden:
- ALTER, CREATE und DROP
- GRANT und REVOKE
- SET CURRENT SQLID.

** Ausführung durch Precompiler heißt, dass das Statement nur durch den Precompiler verarbeitet wird und später bei der Programmabwicklung nicht mehr ausgeführt wird.

4 DB2-Sprachschnittstellen
4.2 DB2-Sprachschnittstellen für die Benutzergruppen

4.2.3 DB2-Befehle/DB2-Commands

Die DB2-Commands dienen zum Starten, Überwachen, Synchronisieren und Beenden eines DB2-Subsystems.
Die DB2-Commands werden in der ersten Stelle gekennzeichnet durch einen Command Prefix (Subsystem-Erkennung / Subsystem-recognition (SR)).
Ab der Version 4 kann dieser Prefix auf bis zu 8 Stellen ausgedehnt werden (Generierungs-Option). Default-SR ist der Bindestrich (-). Mehrere DB2-Subsysteme erfordern jeweils eigene SRs. Die Kommunikation wird dann aufgrund des Command-Prefix vom OS/390 dem jeweiligen DB2-Subsystem zugewiesen.
Wird ein Command als DSN-Subcommand eingesetzt, muss der Bindestrich verwendet werden.

Das Starten eines DB2-Subsystems kann mit dem DB2-Befehl -START nur über die OS/390-Systemkonsole vorgegeben werden. Die anderen DB2-Befehle können eingegeben werden über:

- eine OS/390-Konsole,
- den DSN-Command processor,
- die interaktive TSO-Schnittstelle DB2I,
- ein CICS-Terminal,
- ein IMS-Terminal,
- ein Anwendungsprogramm innerhalb der unterstützten Trägersysteme.

Bei Einsatz von DB2 Data Sharing kann sich die Wirkungsweise der Commands auf unterschiedliche Systeme beziehen (einzelnes Member oder gesamte Gruppe):

- Feste Zuordnung ist für bestimmte Commands implizit definiert:
  - Member Wirkung bezieht sich nur auf das aktuelle DB2-System.
  - Group Wirkung bezieht sich auf alle DB2-Member einer Sharing-Gruppe.
- Variable Zuordnung kann bei bestimmten Commands variabel definiert werden (SCOPE):
  - Member Wirkung bezieht sich nur auf das aktuelle DB2-System.
  - Group Wirkung bezieht sich auf alle DB2-Member einer Sharing-Gruppe.

Die folgende Tabelle zeigt die Übersicht der verfügbaren DB2-Commands:

DB2-Command	Funktion	Hinweis	Wirkungsbereich bei Data Sharing Fest/Variabel	(SCOPE)
-ALTER BUFFERPOOL	Änderung Bufferpool-Attribute.	Änderung der Parameter für aktive und inaktive Bufferpools.	F	MEMBER
-ALTER GROUPBUFFERPOOL	Änderung Bufferpool-Attribute einer Data Sharing Group.	Nur bei DB2 Data Sharing.	F	GROUP
-ALTER UTILITY	Änderung von Attributen eines gerade aktiven REORG-Utilities.	Änderung der Parameter für eine REORG-Ausführung mit SHRLEVEL: REFERENCE oder CHANGE.	F	MEMBER
-ARCHIVE LOG	Log-Dataset-Kontrolle.	Schließen aktives Log und öffnen nächstes Log.	V	
-CANCEL THREAD	Abbrechen DDF-Verbindung.	Verteilte Verarbeitungs-Session abbrechen.	F	MEMBER
-DISPLAY ARCHIVE	Anzeige Archiv-Log-Status.	Anzeige der Parameter für Eingabe-Archiv-Log-Dateien.	F	MEMBER
-DISPLAY BUFFERPOOL	Anzeige Bufferpool-Attribute.	Anzeige der Parameter für aktive und inaktive Bufferpools.	F	MEMBER
-DISPLAY DATABASE	Anzeige Status DB2-Databases und Lock-Informationen.	ACTIVE nur belegte Table oder Index-Spaces. RESTRICT eingeschränkte Nutzbarkeit.	F	GROUP

4 DB2-Sprachschnittstellen
4.2 DB2-Sprachschnittstellen für die Benutzergruppen

DB2-Command	Funktion	Hinweis	Wirkungsbereich bei Data Sharing Fest/Variabel	(SCOPE)
-DISPLAY FUNCTION SPECIFIC	Anzeige Statistiken über User-defined Functions.	Identifikation über den alternativen spezifischen Funktionsnamen.	F	MEMBER
-DISPLAY GROUP	Anzeige Status aller DB2-Group-Member.	Nur bei DB2 Data Sharing.	F	GROUP
-DISPLAY GROUPBUFFERPOOL	Anzeige Status DB2-Group-Bufferpools.	Nur bei DB2 Data Sharing.	F	GROUP
-DISPLAY LOCATION	Anzeige Status von Threads.	Verbindungen zwischen einem lokalen und remote Systemen.	F	MEMBER
-DISPLAY LOG	Anzeige LOG-Infos.	Log-Informationen und der Status der Offload Task werden angezeigt.	F	MEMBER
-DISPLAY PROCEDURE	Anzeige Status von Stored Procedures.	Zeigt nur Stored Procedures an, die bereits aktiviert wurden.	F	MEMBER
-DISPLAY RLIMIT	Anzeige Status des Resource Limit Facility (Governor).	Anzeige Identifikation der benutzten RLF-Specification Table.	F	MEMBER
-DISPLAY THREAD	Anzeige DB2-Verbindungen (Connections).	Typen: ACTIVE, INACTIVE oder INDOUBT.	F	MEMBER
-DISPLAY TRACE	Anzeige DB2-aktive Traces.	GLOBAL, PERFORMANCE, ACCOUNTING, MONITOR, STATISTIKEN.	F	MEMBER
-DISPLAY UTILITY	Anzeige Status DB2-Utilities.	Active, Stopped oder Terminated.	V	
-MODIFY TRACE	Änderung der Trace-Events. (IFCIDs).	Aktivierung oder Stoppen Trace-Status (z.B. für Audit-Log).	F	MEMBER
-RECOVER BSDS	Kopieren Bootstrap Data Set nach Fehler und erneutes Aktivieren Dual Modus.	IBM-Operation- und Recovery-Guide-Maßnahmenkatalog **unbedingt beachten.**	F	MEMBER
-RECOVER INDOUBT	Beendet 'hängenden' Thread, der zwischen 1. und 2. Commit-Phase nicht ordnungsgemäß von dem Trägersystem (CICS, IMS) abgeschlossen werden konnte.	Manuelles Beenden eines Threads durch COMMIT oder ABORT. Achtung: **Konsistenz-Probleme!**	F	MEMBER
-RECOVER POSTPONED	Vervollständigung von nicht abgeschlossenen Rollback-Aktivitäten.	Betrifft die bei einem vorherigen Restart nicht abgeschlossenen Units of Recovery.	F	MEMBER
-RESET GENERICLU	Löschen VTAM-Informationen im Coupling Facility.	Nur bei DB2 Data Sharing.	F	MEMBER
-RESET INDOUBT	Löschen von indoubt-Threads.	Löschen von Threads, die durch -DISPLAY THREAD angezeigt werden.	F	MEMBER
-SET ARCHIVE	Modifizieren Archiv-Log-Status.	Änderung der Parameter für Eingabe-Archiv-Log-Dateien.	F	MEMBER
-SET LOG	Modifizieren Checkpoint-Frequenz.	Änderung des LOGLOAD-Wertes.	F	MEMBER
-START DATABASE	DB2 Database verfügbar machen.	Üblicherweise nach -STOP. ACCESS-Typen: RW - Read-Write RO - Read-Only UT - Utility-Exclusivität FORCE - Zugriffsmöglichkeit nach vorherigem Fehler. **Achtung: Inkonsistenzen sind möglich.**	F	GROUP

4 DB2-Sprachschnittstellen
4.2 DB2-Sprachschnittstellen für die Benutzergruppen

DB2-Command	Funktion	Hinweis	Wirkungsbereich bei Data Sharing Fest/Variabel	(SCOPE)
-START DB2	Start des DB2-Subsystems.	Identifikation des Subsystems durch den Command Prefix. Im Beispiel -START DB2 ist der Command Prefix = '-' (kann bis zu 8-stellig sein). Bei unterschiedlichen Subsystemen ist ein unterschiedlicher Command Prefix erforderlich.	F	MEMBER
-START DDF	Start des Distributed Data Facilities.	Aufbau der Verbindungen zwischen einem lokalen und verteilten DB2-Systemen aufgrund der CDB-Definitionen.	F	MEMBER
-START FUNCTION SPECIFIC	Aktivieren einer Function.	Aktivieren einer gestoppten User-defined Function.	F	MEMBER
-START PROCEDURE	Aktivieren einer Stored Procedure.	Aktivieren einer gestoppten Prozedur oder Einsatz einer neuen Version.	F	MEMBER
-START RLIMIT	Starten Resource Limit Facility (Governor).	Aktivieren bestimmte RLF-Tabelle.	F	MEMBER
-START TRACE	Starten DB2 Trace-Aktivitäten.	Global oder Lokal (bestimmte Plan-Namen).	F	MEMBER
-STOP DATABASE	Stoppen DB2 Database.	Schließen der Datasets. Anwendungen können keine Database-Objekte mehr nutzen.	F	GROUP
-STOP DB2	Stoppen DB2-Subsystem.	DB2-Mode = QUIESCE oder FORCE.	F	MEMBER
-STOP DDF	Stoppen Distributed Data Facility.	Abbau der Verbindungen zwischen verteilten Systemen.	F	MEMBER
-STOP FUNCTION SPECIFIC	Stoppen einer Function.	Deaktivieren einer User-defined Function mit Verhinderung der Aufrufmöglichkeit aus SQL-Statements.	F	MEMBER
-STOP PROCEDURE	Stoppen einer Stored Procedure.	Deaktivieren einer Prozedur verhindert die Aufrufmöglichkeit aus Anwendungsprogrammen mittels SQL CALL.	F	MEMBER
-STOP RLIMIT	Stoppen Resource Limit Facility.	Aufheben des Zeitlimits für dynamische SQL-Statements.	F	MEMBER
-STOP TRACE	Stoppen DB2-Trace.	Beenden der Protokollierung von System-Aktivitäten (auch Stoppen Audit-Log).	F	MEMBER
-TERM UTILITY	Beenden Ausführung eines DB2-Utilities.	Abschluss nach nächstem COMMIT-Punkt.	F	MEMBER

4 DB2-Sprachschnittstellen
4.2 DB2-Sprachschnittstellen für die Benutzergruppen

4.2.4 DB2-Hilfsprogramme/DB2-Utilities

Die DB2-Utilities unterstützen die Abwicklung von Sicherungs- und Wiederanlauffunktionen, Reorganisation der physischen Datenspeicherung und Behebung von Fehlersituationen.
Die DB2-Utilities werden als Standard-OS/390-Batch-Jobs ausgeführt. Sie laufen nicht unter dem TSO-Terminal-Monitor-Programm (TMP).

Die Verbindung zum jeweiligen DB2-Subsystem wird über JCL-Parameter definiert. Die Utilities werden anschließend im DB2-Subsystem im Multi-User-Betrieb konkurrierend zu sonstigen DB2-Anforderungen abgewickelt. Sie benötigen zur Ausführung den Katalog mit seinen Daten und sperren während ihrer Laufzeit die erforderlichen DB2-Ressourcen.
Nachdem ein DB2-Utility angelaufen ist, kann es mit den interaktiven Mitteln der DB2-Commands überwacht und abgebrochen werden.

DB2-Utility	Funktion	Hinweis
CHECK DATA	Prüfung auf Verletzung definierter Konstrukte (RI oder Table Check) in einem oder mehreren Tablespaces. Reset "Check-Pending-Status".	Verstöße werden protokolliert und auf Wunsch werden alle fehlerhaften Zeilen in 'Exception'-Tables kopiert und in den Basistabellen gelöscht. Nach Korrektur können sie aus den 'Exception'-Tables wieder in die Basistabellen zurückgeführt werden.
CHECK INDEX	Prüfung der Konsistenz zwischen Daten und Indizes.	Warnung bei Inkonsistenz.
CHECK LOB	Prüfung der Konsistenz zwischen LOB-Tablespaces und LOB-Werten.	Verstöße werden protokolliert.
COPY	Copy eines Tablespaces oder eines Datasets inerhalb des Tablespaces.	Full Image Copy oder Incremental Image Copy für Veränderungen seit letzter Nutzung des COPY-Utilities.
DIAGNOSE	Fehler-Analyse.	Für Kommunikation mit IBM-Support.
LOAD	Laden von Daten in eine oder mehrere Tabellen eines Tablespaces.	Sequenziell unformatierte Daten oder formatierte Daten. (abhängig vom Parameter FORMAT): UNLOAD - aus REORG-UNLOAD-(ONLY) SQL/DS - aus SQL/DS UNLOAD.
MERGECOPY	Zusammenmischen einzelner Incremental-Image-Copy-Dateien und evtl. einer Full-Image-Copy-Datei zu einer neuen Full- oder Incremental Image-Copy-Datei.	Abhängig vom Parameter NEWCOPY: NO nur Incremental Copies YES Zusammenmischen mit alter Full-Image-Copy.
MODIFY	Löscht nicht mehr benötigte Zeilen aus SYSCOPY-Katalog-Tabelle und abhängige Zeilen aus SYSLGRNG-Directory-Tabelle.	Wenn ein Tablespace aufgrund dieser Löschung nicht mehr wiederherstellbar ist, wird er in den "Copy Pending Status" gesetzt.
QUIESCE	Etabliert einen gemeinsamen Synchronisations-Punkt.	Aktuelle Log-RBA wird für konsistenzabhängige Tabellen während eines Ruhepunktes weggeschrieben.
REBUILD INDEX	Wiederherstellung eines oder mehrere Indizes bzw. einer Index-Partition.	Die Indizes wird nicht aus einem Sicherungsbestand und den Logdateien abgeleitet, sondern aus der Datenbasis gewonnen.

4 DB2-Sprachschnittstellen
4.2 DB2-Sprachschnittstellen für die Benutzergruppen

DB2-Utility	Funktion	Hinweis
RECOVER	Rekonstruierung eines Datenzustands auf den aktuellen Stand oder einen früheren Stand.	Wiederherstellung von zerstörten Daten oder Zurücksetzen auf einen früheren Datenzustand.
INDEX INDEXSPACE	Wiederherstellung eines oder mehrere Indizes bzw. einer Index-Partition.	Wiederherstellung unter Zuhilfenahme von Sicherungsbeständen (aus COPY, MERGECOPY) und Logdateien. Der Index muss mit COPY YES definiert sein.
TABLESPACE	Wiederherstellung eines kompletten Tablespaces, einer Partition (oder eines Datasets) oder einer Page.	Wiederherstellung unter Zuhilfenahme von Sicherungsbeständen (aus COPY, MERGECOPY) und Logdateien.
REORG	Reorganisation von Tablespaces und Indizes.	Rekonstruktion zur Optimierung der Speicherung für effizientere Zugriffe. Aktuelle Space- und Freespace-Parameter werden berücksichtigt. Mit REORG UNLOAD ONLY werden die Daten nur entladen (für das LOAD-Utility) und nicht mehr zurückgestellt.
INDEX	Reorganisation eines bestimmten Index bzw. einer Index-Partition.	Der Index wird entladen und unter Berücksichtigung physischer Parameter optimiert neu aufgebaut.
TABLESPACE	Reorganisation eines kompletten Tablespaces oder einer Partition sowie sämtlicher betroffener Indizes.	Steht ein Cluster Index zur Verfügung, werden die Daten gemäß der Index-Folge reorganisiert.
REPAIR	Reparatur von Tablespaces oder Indizes direkt oder Löschung von Pending Status.	Manueller Korrektureingriff! **Vorsicht ist dringend geboten, Konsistenz-Problem!** Hier eine Funktionsauswahl: LOCATE Identifizierung Tablespace, Page, RID oder KEY. VERIFY Prüfen Inhalt auf OFFSET. REPLACE Ersetzen Inhalt auf OFFSET. DELETE Zeilen löschen.
REPORT	Ausgabe Beziehungen innerhalb Tablespace-Set sowie der aktuellen und historischen LOG-Komponenten.	Anzeige Infos aus SYSCOPY-Katalog-Tabelle, Log-Bereiche aus SYSLGRNG-Directory-Tabelle und BSDS. Zeigt RI-verbundene Tabellen und Tablespaces.
RUNSTATS	Überprüfung Tablespaces und Indizes im Hinblick auf Belegung und Nutzung.	Ausgabe statistischer Infos in den DB2-Katalog. Basis für Optimizer-Zugriffspfad-Ermittlung bei BIND oder dynamischem SQL-Statement.
STOSPACE	Update DB2-Katalog mit Infos über Storage Groups.	Nur wenn mit STOGROUPs gearbeitet wird.

4 DB2-Sprachschnittstellen
4.2 DB2-Sprachschnittstellen für die Benutzergruppen

4.2.5 Standalone Utilities/Service Aids

Neben den DB2-Utilities existieren weitere OS/390-Stand-alone-Batch-Utilities ohne direkte Verbindung zu einem DB2-Subsystem. Aufgabe dieser Utility-Gruppe ist die Verwaltung der Aktiv- und Archiv-Log-Dateien innerhalb der Bootstrap-Datei (BSDS). Außerdem können mit diesen Utilities DB2-Restart-Kontroll-Informationen verändert werden. Diese Funktion überschreibt die DB2-Automatismen und kann zu Integritätsverlusten der Daten führen.

Das Kopieren von VSAM-Datasets läuft bei Einsatz der Stand alone Utilities ebenfalls außerhalb der DB2-Kontrolle. Daher können z.B. keine referenziellen Beziehungen von DB2 überwacht werden (**Konsistenz-Problem**).

Stand alone Utility Service Aid	Funktion / Hinweis
DSNJLOGF	**Preformat Active Log** Vorformatierung der aktiven Log-Datei.
DSNJU003	**CHANGE LOG INVENTORY** Hinzufügungen und Löschungen von aktiven und Archiv-Log-Dateien innerhalb der BSDS-Datei. Möglichkeit der manuellen Überschreibung von DB2-Restart-Kontrollparametern.
DSNJU004	**PRINT LOG MAP** Auflistung der Log-Dateien und ihrer relativen-Byte-Adress-Zuordnung (RBA) sowie Status der DB2-Restart-Parameter aus der BSDS-Datei.
DSN1CHKR	Ausgabe von Beziehungs-Fehlern zwischen DB2-Directory und Katalog.
DSN1COMP	Kalkulation und Ausdruck des Einsparungseffektes der DB2-Kompressionsverfahren.
DSN1COPY	Kopieren von VSAM-Datasets in und aus DB2-Subsystem.
DSN1LOGP	Ausdruck Log-File aufgrund Selektionskriterien.
DSN1PRNT	Ausdruck von VSAM-Datasets.
DSN1SDMP	Ausdruck von Dumps bei Auftreten von Trace-Bedingungen.

4 DB2-Sprachschnittstellen
4.2 DB2-Sprachschnittstellen für die Benutzergruppen

4.2.6 IMS-Commands

Die IMS-Commands dienen zum Aufbau, Abbau und zur Überwachung von DB2-Subsystem-Verbindungen zu IMS. Die Befehle müssen von einem IMS-Terminal abgegeben werden. Mit dem /SSR-Befehl wird eine Schnittstelle zur Aufrufmöglichkeit von DB2-Befehlen angeboten.

Der /START-Befehl baut die Verbindung (Connection) zwischen IMS und einem DB2-Subsystem auf. Damit werden die Ressourcen des entsprechenden Subsystems grundsätzlich für IMS-Anwendungen verfügbar.
Mit dem /STOP-Befehl wird diese Verbindung wieder abgebaut.
Die Verbindung wird über das SSM (Subsystem-Member) der IMSVS.PROCLIB gesteuert.
Der Member-Name muss in den ersten 4 Stellen den IMS-Id aus dem IMSCTRL-Makro enthalten.
Das Member hat einen festen Aufbau und enthält den DB2-Subsystem-Namen sowie den Namen der RTT (Resource Translation Table).

Anwendungsprogramme mit statischen SQL-Statements benötigen zur Ausführung einen Application Plan. Der Plan-Name muss in Verbindung mit den IMS-Transaktionen gebracht werden. Grundsätzlich erfolgt die Zuordnung des DB2-Plan-Namens mit dem IMS-Anwendungsprogramm-Namen.
Abweichungen von diesem Konzept müssen in der RTT vorgegeben werden.
Diese RTT wird mit dem DSNMAPN-Makro assembliert und auf die Bibliothek gelinkt, aus der das IMS-Attach-Facility geladen wird.

Bei Einsatz von DB2 Data Sharing kann sich die Wirkungsweise der Commands auf unterschiedliche Systeme beziehen (einzelnes Member oder gesamte Gruppe):

- Feste Zuordnung   ist für bestimmte Commands implizit definiert:
  - Member   Wirkung bezieht sich nur auf das aktuelle DB2-System.
  - Group   Wirkung bezieht sich auf alle DB2-Member einer Sharing-Gruppe.

- Variable Zuordnung   kann bei bestimmten Commands variabel definiert werden (SCOPE):
  - Member   Wirkung bezieht sich nur auf das aktuelle DB2-System.
  - Group   Wirkung bezieht sich auf alle DB2-Member einer Sharing-Gruppe.

IMS-Command	Funktion	Hinweis	Wirkungsbereich bei Data Sharing Fest/Variabel	(SCOPE)
/CHANGE	Löscht 'hängende' (Indoubt) Recovery-Units (durch /DISPLAY angezeigt).	Manuelles Abbrechen eines COMMIT-Vorganges, der nicht automatisch von den Systemen behandelt werden kann.	F	MEMBER
/DISPLAY	Zeigt den Status der Verbindung (Connection) zwischen IMS und den spezifizierten DB2 Subsystemen oder zeigt ausstehende Recovery-Units.	System Status: Connected, not connected, Connect in progress, Stopped, Stop in Progress Thread Status: Connected, active.	F	MEMBER
/SSR	Möglichkeit zur Abgabe von DB2-Commands.	Siehe DB2-Commands.	F	MEMBER
/START	Verbindung IMS mit DB2-Subsystem aufbauen.	DB2-Ressourcen werden für IMS-Programme verfügbar.	F	MEMBER
/STOP	Beenden Verbindung mit DB2-Subsystem.	Verhinderung der Ressource-Nutzung des Subsystems durch Anwendungsprogramme.	F	MEMBER
/TRACE	Steuerung und Kontrolle der IMS-Trace Einrichtungen.	Start, Stop und Definition der IMS-Monitoraktivitäten.	F	MEMBER

4.2.7 CICS-Commands

Die CICS-Commands dienen zum Aufbau, Abbau und zur Überwachung von DB2-Subsystem-Verbindungen zu CICS. Die Befehle müssen von einem CICS-Terminal abgegeben werden. Mit der DSNC-Transaktion wird eine Schnittstelle zur Aufrufmöglichkeit von DB2-Befehlen angeboten.

Die DSNC STRT-Transaktion baut die Verbindung (Connection) zwischen CICS und einem DB2-Subsystem über die Resource-Control-Table (RCT) auf. Damit werden die Ressourcen des entsprechenden Subsystems grundsätzlich für CICS-Anwendungen verfügbar. Der Abbau dieser Verbindung erfolgt über die Transaktion DSNC STOP.

Anwendungsprogramme mit statischen SQL-Statements benötigen zur Ausführung einen Plan. Dieser Plan-Name muss in Verbindung mit den CICS-Transaktionen gebracht werden. Für jede CICS-Transaktion bzw. für Transaktionsgruppen muss ein Eintrag in der CICS-Resource-Control-Table (RCT) vorgenommen werden. Grundsätzlich erfolgt die Zuordnung des DB2-Plan-Namens mit dem CICS-Transaktionsnamen. Abweichungen von diesem Konzept müssen in der RCT vorgegeben werden.
Mit Hilfe eines User-Exits kann auch dynamisch auf die Auswahl des Plan-Namens eingewirkt werden, besser und flexibler ist allerdings die Nutzung von Packages und Collections.

Bei Einsatz von DB2 Data Sharing kann sich die Wirkungsweise der Commands auf unterschiedliche Systeme beziehen (einzelnes Member oder gesamte Gruppe):

- Feste Zuordnung ist für bestimmte Commands implizit definiert:
  - Member   Wirkung bezieht sich nur auf das aktuelle DB2-System.
  - Group   Wirkung bezieht sich auf alle DB2-Member einer Sharing-Gruppe.

- Variable Zuordnung kann bei bestimmten Commands variabel definiert werden (SCOPE):
  - Member   Wirkung bezieht sich nur auf das aktuelle DB2-System.
  - Group   Wirkung bezieht sich auf alle DB2-Member einer Sharing-Gruppe.

CICS-Command	Funktion	Hinweis		Wirkungsbereich bei Data Sharing Fest/Variabel (SCOPE)	
DSNC	CICS-Transaktion mit der Möglichkeit zur Abgabe von DB2 Commands.	Siehe DB2 Commands.		F	MEMBER
DSNC DISCONNECT	Aufheben Thread für Plan-Name.	Betrifft aktive Transaktionen des Plans.		F	MEMBER
DSNC DISPLAY	Informationen der CICS und DB2 gemeinsamen Ressourcen.	TRANSACTION bzw. PLAN- Infos aus RCT. STATISTICS - Infos aus RCT.		F	MEMBER
DSNC MODIFY	Veränderung von Parametern in der RCT.	ERRDEST oder Maximum Aktive Threads pro Transaktion.		F	MEMBER
DSNC STOP	Beenden CICS-Attachment-. Facility	QUIESCE FORCE	nach Abschluss lfd. Tasks. sofortiger Abschluss (kann zu Indoubt-Situationen führen = **Konsistenz-Probleme**).	F	MEMBER
DSNC STRT	Starten CICS-Attachment-Facility.	Definition der RCT mit Suffix. Default vor DB2 V.4 = DSNCRCT0. Default ab DB2 V.4 = DSN2CT00.		F	MEMBER

4 DB2-Sprachschnittstellen
4.2 DB2-Sprachschnittstellen für die Benutzergruppen

4.2.8 OS/390-IRLM-Commands

Die OS/390-Commands, die über OS/390-Konsole vorgegeben werden müssen, dienen dem Aufbau, Abbau und der Überwachung von DB2-Verbindungen zu IRLM.

Bei Einsatz von DB2 Data Sharing kann sich die Wirkungsweise der Commands auf unterschiedliche Systeme beziehen (einzelnes Member oder gesamte Gruppe):

- Feste Zuordnung ist für bestimmte Commands implizit definiert:
  - Member Wirkung bezieht sich nur auf das aktuelle DB2-System.
  - Group Wirkung bezieht sich auf alle DB2-Member einer Sharing-Gruppe.

- Variable Zuordnung kann bei bestimmten Commands variabel definiert werden (SCOPE):
  - Member Wirkung bezieht sich nur auf das aktuelle DB2-System.
  - Group Wirkung bezieht sich auf alle DB2-Member einer Sharing-Gruppe.

OS/390-Command	Funktion	Wirkungsbereich bei Data Sharing Fest/Variabel (SCOPE)	
MODIFY irlmproc, ABEND	Abnormaler Abbruch der IRLM-Verbindung.	F	MEMBER
MODIFY irlmproc, DIAG,DELAY	Initiierung eines Diagnostik-Dumps des IRLM-Systems.	F	MEMBER
MODIFY irlmproc, PURGE	Freigabe von IRLM-Sperren aufgrund von DB2-, IRLM- oder sonstigen Systemfehlern. **Achtung: Konsistenz-Probleme**.	F	MEMBER
MODIFY irlmproc, STATUS	Anzeige IRLM-Status.	F	MEMBER
START irlmproc	Start IRLM-Subsystem.	F	MEMBER
STOP irlmproc	Normales Beenden IRLM-Subsystem.	F	MEMBER
TRACE CT	Starten, stoppen und modizieren IRLM-Trace-Aktivitäten.	F	MEMBER

4 DB2-Sprachschnittstellen
4.2 DB2-Sprachschnittstellen für die Benutzergruppen

4.2.9 TSO-CLISTs

Im DB2-Lieferumfang enthalten sind vorbereitete CLIST-Prozeduren zur Ausführungsvorbereitung von Programmen sowie zur Generierung von JCL für DB2-Utility-Ausführung.

Bei Einsatz von DB2 Data Sharing kann sich die Wirkungsweise der Commands auf unterschiedliche Systeme beziehen (einzelnes Member oder gesamte Gruppe):

- Feste Zuordnung   ist für bestimmte Commands implizit definiert:
    - Member   Wirkung bezieht sich nur auf das aktuelle DB2-System.
    - Group   Wirkung bezieht sich auf alle DB2-Member einer Sharing-Gruppe.

- Variable Zuordnung kann bei bestimmten Commands variabel definiert werden (SCOPE):
    - Member   Wirkung bezieht sich nur auf das aktuelle DB2-System.
    - Group   Wirkung bezieht sich auf alle DB2-Member einer Sharing-Gruppe.

CLIST-Name	Funktion	Wirkungsbereich bei Data Sharing Fest/Variabel (SCOPE)	
DSNH	Vorbereitung eines Programmes für die Ausführung: - PL/1 - Makro-Verarbeitung - Vorkompilierung/Precompile - CICS-Vorübersetzung/Translation - DB2-Bind-Ausführung - Umwandlung und Link Ausführung von TSO-Foreground oder TSO-Batch-Programmen.	F	MEMBER
DSNU	Generierung von JCL zur Ausführung von DB2-Utilities. Diese CLIST kann auch über DB2I aufgerufen werden.		

4.3 DB2I: Masken der interaktiven DB2-Oberfläche
4.3.1 Einstiegs-Menü (Primary Option Menu)

Das Einstiegs-Menü zeigt die von DB2I unterstützten Funktionen auf:

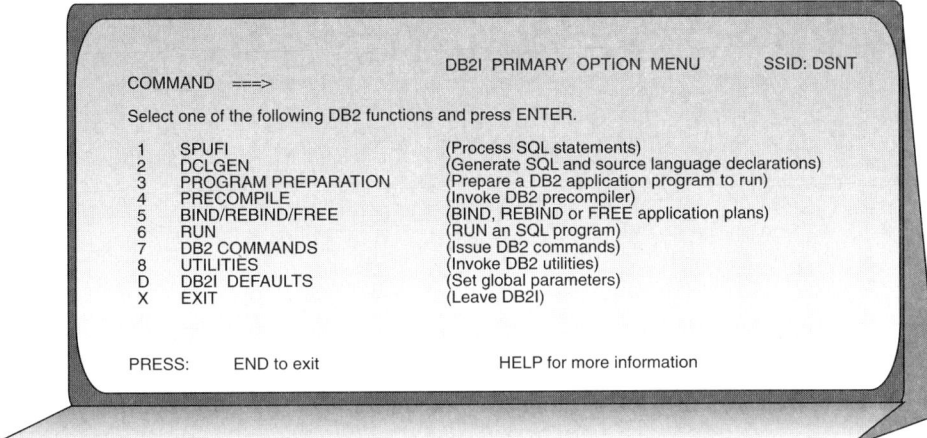

```
                              DB2I PRIMARY OPTION MENU      SSID: DSNT
        COMMAND  ===>
        Select one of the following DB2 functions and press ENTER.

            1   SPUFI                (Process SQL statements)
            2   DCLGEN               (Generate SQL and source language declarations)
            3   PROGRAM PREPARATION  (Prepare a DB2 application program to run)
            4   PRECOMPILE           (Invoke DB2 precompiler)
            5   BIND/REBIND/FREE     (BIND, REBIND or FREE application plans)
            6   RUN                  (RUN an SQL program)
            7   DB2 COMMANDS         (Issue DB2 commands)
            8   UTILITIES            (Invoke DB2 utilities)
            D   DB2I DEFAULTS        (Set global parameters)
            X   EXIT                 (Leave DB2I)


        PRESS:    END to exit               HELP for more information
```

Mit diesem Menü können folgende Funktionen aktiviert werden:

1	SPUFI	Ausführung von SQL-Statements (DCL, DDL, DML). Es können ein oder mehrere Statements vorgegeben werden.
2	DCLGEN	Generierung sprachspezifischer Deklarationsstrukturen für Tables und Views.
3	PROGRAM PREPARATION	Vorbereitende Maßnahmen eines DB2-Programmes vor Ausführung und auf Wunsch auch Ausführung (die Funktionen 4 bis 6 sind hier eingeschlossen).
4	PRECOMPILE	Aktivierung des DB2-Precompilers.
5	BIND/REBIND/FREE	Aktivierung von BIND-, REBIND- oder FREE-Aktivitäten für Packages und Plans.
6	RUN	Ausführung eines Programmes unter TSO oder im Batch.
7	DB2 COMMANDS	Absetzen DB2 Commands.
8	UTILITIES	Aktivieren von DB2 Utilities.
D	DB2I DEFAULTS	Setzen globaler DB2I-Default-Parameter.

Achtung:

Beim Aufruf von DB2I wird sofort eine Connection zu dem DB2-System aufgebaut, das in der DB2I-Default-Maske (siehe dort) definiert ist und oben in der Kopfzeile hinter SSID angezeigt wird.
Kann die Verbindung nicht aufgebaut werden (falscher Systemname, fehlende Privilegien des Benutzers o.ä.), erfolgt eine Fehlermeldung. In diesem Fall korrekten Namen einsetzen.

4.3.2 D - DB2I-Defaults

Mit dieser Maske werden die DB2I-Default-Parameter gesetzt.
Achtung: Eingaben werden durch 'END' nicht gesichert (ENTER sichert).

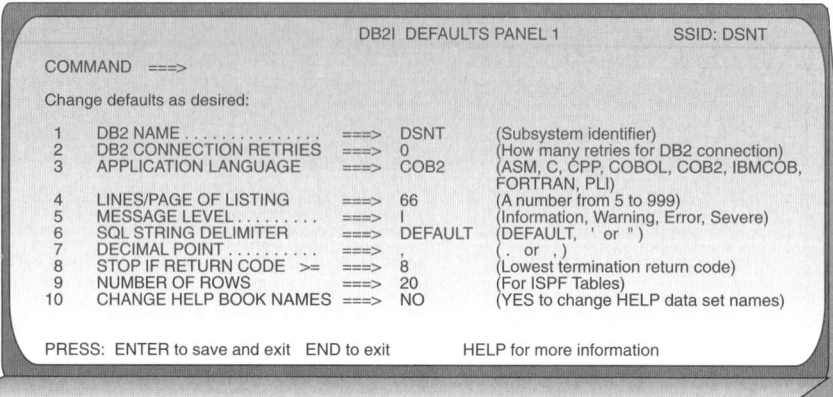

Die einzelnen Parameter haben folgende Bedeutung:

1	DB2 NAME	Name des DB2-Subsystems, zu dem die Verbindung aktiviert werden soll (kann in einzelnen Masken überschrieben werden)
2	DB2 CONNECTION RETRIES	Anzahl Connection-Versuche, falls eine Verbindung zu DB2 nicht sofort möglich ist.
3	APPLICATION LANGUAGE	Programmiersprache. Bei Cobol wird das COBOL-Default Panel angezeigt.
4	LINES/PAGE OF LISTING	Anzahl Ausgabezeilen pro Seite des Ausgabemediums.
5	MESSAGE LEVEL	Niedrigster Nachrichten- und Fehler-Level, der beim Bind zurückgemeldet wird.
6	SQL STRING DELIMITER	Begrenzungszeichen von SQL-Statements in Cobol-Programmen.
7	DECIMAL POINT	Kennzeichen, ob Nachkommastellen bei Dezimalzahlen in Anwendungsprogrammen durch ein Komma oder einen Punkt eingeleitet werden.
8	STOP IF RETURN CODE	Niedrigster Return-Code mit dem die Weiterverarbeitung nachfolgender Kompilierungs-Steps verhindert wird (Default: 8)
9	NUMBER OF ROWS	Anzahl Eingabezeilen für die Editierung der SQL-Statements im Edit-Einstiegsbild.
10	CHANGE HELP BOOK NAMES	Modifikationsmöglichkeit des Default-Bookmanager-Buchs für Online-Help.

4.3.2.1 Cobol-Defaults

Diese Maske wird bei Cobol-Programmen nach der DB2I-Default-Maske angezeigt.

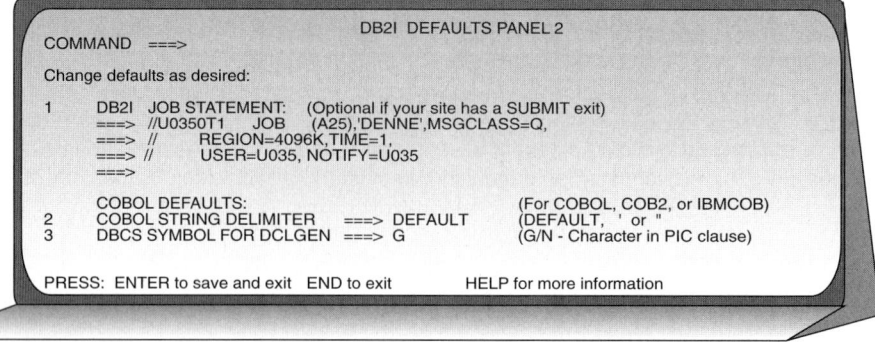

Die einzelnen Parameter haben folgende Bedeutung:

1	DB2I JOB STATEMENT	Modifikationsmöglichkeit des Default-JCL-Statements (z.B. für die Generierung von DB2-Utilities).
2	COBOL STRING DELIMITER	Begrenzungszeichen von Strings in Cobol-Programmen.
3	DBCS SYMBOL FOR DCLGEN	Picture-Klausel für Grafikstrings in Cobol-Programmen (Default: G).

4 DB2-Sprachschnittstellen
4.3 DB2I: Masken der interaktiven DB2-Oberfläche

4.3.3   1 - SPUFI: SQL Processor Using File Input
4.3.3.1   SPUFI-Steuerungsmaske

Mit dieser Maske kann die SPUFI-Verarbeitung gesteuert werden.

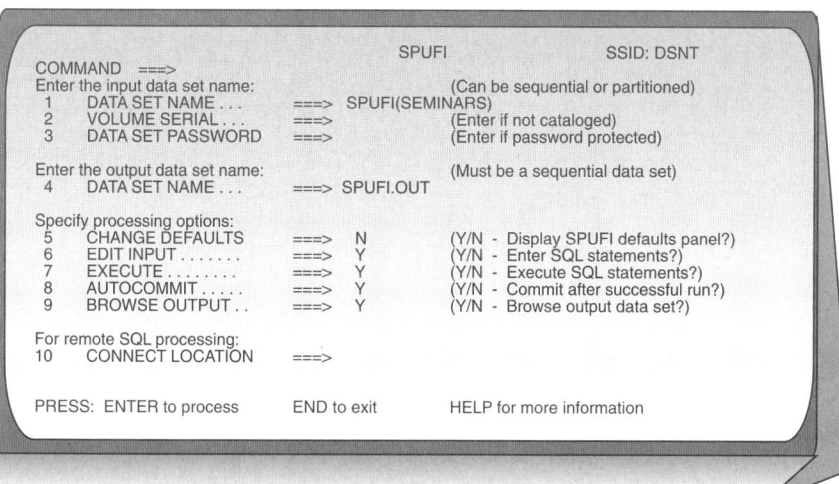

Die einzelnen Parameter haben folgende Bedeutung:

Parameter der Eingabedatei:
- 1 DATA SET NAME — Name des Input-Datasets, in dem die SQL-Statements vorgegeben werden.
  Bei partitioned Datasets entsprechenden Member-Namen einsetzen.
  Achtung: Ggf. muss je nach TSO-Defaults der Dataset-Name in Hochkomma ".." eingeschlossen werden.
  Der Dataset muss vor der SPUFI-Ausführung allokiert sein.
  Geforderte DCB-Charakteristiken:
  - Organisation: Sequenziell oder partitioned dataset (PDS)
  - RECFM: F oder FB
  - LRECL   79 oder 80.

  Wird bei einem partitioned Dataset kein Member-Name vorgegeben, wird eine Memberliste angezeigt. Danach ist der Membername manuell in dieser Maske einzusetzen.
- 2 VOLUME SERIAL — Volume-Nr. bei nicht katalogisiertem Eingabe-Dataset.
- 3 DATA SET PASSWORD — Passwort-Vorgabe bei Passwort-geschütztem Dataset.

Parameter der Ausgabedatei:
- 4 DATA SET NAME — Name des Output-Datasets, in dem die SQL-Ausführung dokumentiert wird.
  Es muss ein sequenzieller Dataset vorgegeben werden. Existiert der Dataset, werden bei einer erfolgreichen Ausführung sämtliche Inhalte überschrieben.
  Der Dataset muss vor der SPUFI-Ausführung nicht allokiert sein, er wird dann aufgrund der SPUFI-Default-Parameter automatisch allokiert (und katalogisiert).
  In diesem Fall muss der Benutzer zur Anlage von Datasets auf den entsprechenden Devices berechtigt sein.
  Geforderte DCB-Charakteristiken:
  - Organisation: Sequenziell
  - RECFM: F, FB, FBA, VB oder VBA
  - LRECL   80 bis 32.768 Bytes.

4 DB2-Sprachschnittstellen
4.3 DB2I: Masken der interaktiven DB2-Oberfläche

Verarbeitungs-Optionen: Steht hier ein "Y(ES)", wird die entsprechende Funktion aktiviert, bei " * " oder "N(O)" wird die Funktion nicht aktiviert. Nach Abschluss einer Funktion wird automatisch die abgewickelte Funktion mit " * " gekennzeichnet.

5 CHANGE DEFAULTS
Soll die SPUFI Default Maske angezeigt werden?
Empfehlung: Nach einmaliger Einstellung auf "NO" setzen.

6 EDIT INPUT
Sollen SQL Statements mit der EDIT-Maske editiert werden?
Ist ein ausgewählter Membername nicht existent, wird automatisch ein neues Member eröffnet.
Soll ein vorhandenes Member mit seinen Inhalten ohne Editierung ausgeführt werden, kann hier " * " oder "N" vorgeben werden. Aber **Achtung**:
In diesem Fall muss man ganz sicher sein, welche Inhalte das Member wirklich hat!

Wichtig:
In der Eingabedatei können nur SQL-Statements und keine sonstigen Sprachmittel (keine DB2-Commands oder DB2-Utilities) vorgegeben werden. Dafür stehen unter DB2I andere Funktionen zur Verfügung (siehe DB2I-Einstiegs-Menü).

7 EXECUTE
Sollen die SQL Statements der Eingabedatei dynamisch ausgeführt werden?

8 AUTOCOMMIT
Soll nach der Ausführung der SQL-Statements automatisch ein Abschluss der Verarbeitung mittels Commit erfolgen, d.h. Änderungen werden permanent und für alle Systembenutzer verfügbar?
Bei "N" wird der Benutzer mit einer eigenen Maske zur Entscheidung aufgefordert.
Einige Besonderheiten:

YES Sämtliche vorgegebenen Statements werden im Dialogschritt abgewickelt und dann wird die UOR automatisch beendet (SPUFI setzt einen COMMIT ab).
Bei dieser Steuerung werden automatisch alle Veränderungen vollzogen.
In einem Fehlerfalle werden sämtliche bis dahin abgewickelte Veränderungen wieder zurückgerollt.

NO Alle vorgegebenen Statements werden im Dialogschritt abgewickelt, aber die UOR bleibt bestehen.
Bei dieser Steuerung können vor endgültigem Vollzug sämtliche Veränderungen überprüft werden. In einem Fehlerfalle können auf Wunsch die bis dahin ordnungsgemäß abgewickelten Veränderungen vollzogen werden.
Achtung: mit dieser Steuerung vorsichtig umgehen und möglichst schnell die ausstehende Entscheidung treffen, da ansonsten Sperren aktiv bleiben und veränderte Daten nicht parallel uneingeschränkt nutzbar sind.

9 BROWSE OUTPUT
Sollen die in der Ausgabedatei aufbereiteten Ausführungsergebnisse angezeigt werden?
Sind alle Funktionen deaktiviert, kann der Inhalt der Ausgabedatei jederzeit ohne erneute Ausführung angezeigt werden (solange die Datei existiert).
Achtung:
Das Datenvolumen und die Zeilenausdehnung werden von SPUFI-Default-Parametern gesteuert.

Bei remote SQL-Verarbeitung:
10 CONNECT LOCATION
Name der Lokation, auf der die Inhalte der Eingabedatei ausgeführt werden sollen.

Folgendes ist zu beachten:

- SPUFI setzt automatisch einen CONNECT des Typs 1 ab und versucht den Verbindungsaufbau zu der entsprechend vorgegebenen Lokation.
Wenn der CONNECT nicht erfolgreich ist, wird das Ergebnis in der Ausgabedatei gezeigt.

- SPUFI arbeitet mit einer lokal gebundenen Package.
Nur bei einem erfolgreichem CONNECT können die Statements der Eingabe-Datei verarbeitet werden. Die vorgegebenen Statements werden dynamisch prepariert und ausgeführt.

- Ein explizites CONNECT-Statement darf in der Eingabedatei nicht vorgegeben werden, da dieses nicht dynamisch prepariert werden kann (eine Übersicht der vorgebbaren Statements siehe im Anhang 2 unter EXECUTE IMMEDIATE).

4 DB2-Sprachschnittstellen
4.3 DB2I: Masken der interaktiven DB2-Oberfläche

4.3.3.2 SPUFI-Defaults

Mit dieser Maske werden die SPUFI-Default-Parameter gesetzt.
Achtung: Eingaben werden durch 'END' nicht gesichert (ENTER sichert).

```
                       CURRENT SPUFI DEFAULTS            SSID: DSNT
     COMMAND   ===>
     Enter the following to control your SPUFI session:
        1    SQL TERMINATOR      ===>  ;          (SQL Statement Terminator)
        2    ISOLATION LEVEL     ===>  CS         (RR=Repeatable Read, CS=Cursor Stability)
        3    MAX SELECT LINES    ===>  250        (Maximum number of lines to be
                                                   returned from a SELECT)

     Output data set characteristics:
        4    RECORD LENGTH ...   ===>  4092       (LRECL=Logical record length)
        5    BLOCK SIZE .......  ===>  4096       (Size of one block)
        6    RECORD FORMAT ..    ===>  VB         (RECFM=F, FB, FBA, V, VB or VBA)
        7    DEVICE TYPE ......  ===>  SYSDA      (Must be DASD unit name)

     Output format characteristics:
        8    MAX NUMERIC FIELD   ===>  33         (Maximum width for numeric fields)
        9    MAX CHAR FIELD  ... ===>  80         (Maximum width for character fields)
       10    COLUMN HEADING .    ===>  NAMES      (NAMES, LABELS, ANY or BOTH)


     PRESS: ENTER to process      END to exit       HELP for more information
```

Die einzelnen Parameter haben folgende Bedeutung:

Kontroll-Parameter der SPUFI Session:

1 SQL TERMINATOR		Abschlusskennzeichen der SQL-Statements. Default = Semikolon (;). Dieses Kennzeichen ist notwendig, wenn z.B. Trigger mit SQL-Statements definiert werden und dort das Semikolon (;) verwendet wird.
		Beispiel: SQL TERMINATOR = #
		    CREATE TRIGGER ......
		        BEGIN ATOMIC
		            SELECT ..... ; Ist der Default-Terminator ';' aktiv, wird das CREATE TRIGGER-Statement an der Stelle als beendet betrachtet und es erfolgt eine Fehlermeldung.
		        END
		    #
		Es darf nur ein Kennzeichen ausgewählt werden, das ansonsten nicht im vorgegebenen Text an anderer Stelle vorkommt.
		Nicht vorgebbar als SQL Terminator sind folgende Zeichen:
		Blank oder Komma , oder Klammern (bzw.) oder Hochkommata ' bzw. " oder Unterstrich _

2 ISOLATION LEVEL		Isolation Level der SPUFI-Ausführung: RR=Repeatable Read (Default) CS=Cursor Stability. **Empfehlung:** Grundsätzlich auf CS setzen.
3 MAX SELECT LINES		Anzahl Zeilen, die durch SPUFI in der Ausgabedatei bei einem SELECT aufbereitet werden. **Wichtig:** Wenn Sie einmal in der Result Table Zeilen vermissen sollten, könnte die Erhöhung dieses Parameters evtl. hilfreich sein. Übrigens wird der DB2-interne Aufwand zum Bereitstellen der Result Table von diesem Parameter nicht beeinflusst.

Charakteristiken des Ausgabe-Datasets, sofern er von DB2 automatisch allokiert werden soll

4 RECORD LENGTH	LRECL=Logische Satzlänge. Default: 4092 Bytes. Mögliche Vorgaben: 80 bis 32.768 Bytes.
5 BLOCK SIZE	Größe eines Blocks. Bei FB und FBA muss ein Mehrfaches der Satzlänge vorgeben werden. Bei VB und VBA müssen zum Mehrfachen noch 4 Bytes hinzuaddiert werden.
6 RECORD FORMAT	Satzformat (RECFM = F, FB, FBA, V, VB oder VBA).
7 DEVICE TYPE	Einheitentyp (DASD Unit Name). Default: SYSDA.

4 DB2-Sprachschnittstellen
4.3 DB2I: Masken der interaktiven DB2-Oberfläche

Characteristiken des Ausgabe-Formats (Aufbereitungsgrenzen in der SPUFI-Ausgabedatei):
- 8 MAX NUMERIC FIELD   Maximale Größe eines numerischen Feldes, Default: 20.
- 9 MAX CHAR FIELD   Maximale Größe eines Character-Feldes, Default: 80.
- 10 COLUMN HEADING   Überschriften:
  - NAMES - die Spaltennamen werden eingesetzt (Default).
  - LABELS - Spalten-Label werden eingesetzt, Blank wenn kein Label definiert ist.
  - ANY   - vorhandene Spalten-Label werden eingesetzt, ansonsten werden die Spaltennamen angezeigt.
  - BOTH   - es werden zwei Überschriftenzeilen erzeugt mit Spalten-Label und Spaltennamen.

4.3.3.3 SPUFI-Edit-Maske

Mit dieser Maske werden die SQL-Statements editiert (Beispiel ist aus der Abbildung im vorderen Buchumschlag abgeleitet).
Mit 'END' werden die Daten automatisch gesichert.

```
EDIT ---- SPUFI(SEMINARS) - 01.01 ---------------- COLUMNS 001 080
COMMAND ===>                                              SCROLL ===>
CSR
******** ************************************ TOP OF DATA *************************************
000001      SELECT          SEMCODE, KURSORT, REFNR
000002        FROM          SEMINAR
000003       WHERE          SEMCODE LIKE 'DB2%'
000004          ;
000005 - -  SELECT          *
000006 - -    FROM          SEMTYP
000007 - -   WHERE          SEMCODE LIKE 'DB2%'
000008 - -      ;
******** ****************************** BOTTOM OF DATA ***********************************
```

Mit dieser Maske können die SQL-Statements mittels der normalen ISPF-Commands editiert werden.
Besonderheiten:

- Es können mehrere SQL-Statements vorgegeben werden. Sie sind durch ein SQL-Abschlusskennzeichen (der Default SQL Terminator ist ein Semikolon " ; ") abzugrenzen.
  In einer Zeile darf nur max. ein Statement vorgegeben werden.
  Ein Abschlusskennzeichen darf nicht alleine stehen (ist nur als Abschluss eines vorhergehenden Statements zulässig).

- Ein einzelnes Statement kann auf verschiedene Zeilen verteilt werden.

- Kommentare können mit " - -" gekennzeichnet werden. Der Rest der Zeile wird dann nicht ausgeführt.
  Damit können innerhalb eines Members einzelne Statements aktiviert und deaktiviert werden.
  Im obigen Beispiel werden die Zeilen 5 bis 8 als Kommentare aufgefasst.

- Ein SQL-Statement muss auf den Stellen 1 bis 72 vorgegeben werden. Es empfiehlt sich, mit einem Statement erst ab Stelle 3 zu beginnen, damit nachträglich Kommentarzeichen eingefügt werden können.
  Die Stellen 73 und folgende werden als Numerierungszeichen aufgefasst und bei der Ausführung ignoriert.

4.3.3.4 SPUFI-Browse-Maske

Mit dieser Maske wird die SQL-Statement-Ausführung dokumentiert.

```
BROWSE---- SPUFI.OUT -------------------------------- COLUMNS 001 080
COMMAND ===>                                                SCROLL ===>
CSR
---------+---------+---------+---------+---------+---------+---------+
000001        SELECT      SEMCODE, KURSORT, REFNR
000002        FROM        SEMINAR
000003        WHERE       SEMCODE LIKE 'DB2%'
000004        ;
---------+---------+---------+---------+---------+---------+---------+
SEMCODE     KURSORT  REFNR
---------+---------+---------+---------+---------+---------+---------+
DB2-DESIGN  Frankfurt   5
DB2-PROG    München     -
DB2-DESIGN  Frankfurt   2
DB2-DESIGN  Frankfurt   7
DB2-GRUNDL  -           -
DSNE610I    NUMBER OF ROWS DISPLAYED IS 5.
DSNE616I    STATEMENT EXECUTION WAS SUCCESSFUL, SQLCODE IS 100.
---------+---------+---------+---------+---------+---------+---------+
000005 --     SELECT      *
000006 --     FROM        SEMTYP
000007 --     WHERE       SEMCODE LIKE 'DB2%'
000008 --     ;
---------+---------+---------+---------+---------+---------+---------+
DSNE617I    COMMIT  PERFORMED, SQLCODE  IS 0.
DSNE601I    SQL-STATEMENTS ASSUMED TO BE BETWEEN COLUMNS 1 AND 72.
---------+---------+---------+---------+---------+---------+---------+
DSNE620I    NUMBER OF SQL STATEMENTS PROCESSED IS 1.
DSNE621I    NUMBER OF INPUT RECORDS READ  IS 8.
```

Die Daten dieser Maske sind vor Überschreibung geschützt.

Es werden folgende Bestandteile dokumentiert:

- die ausgeführten SQL-Statements, aus der Eingabedatei kopiert,
- das Ergebnis der ausgeführten SQL-Statements:
  - bei einer Query die aufbereitete Result Table,
  - bei einer Manipulation die Informationen über die Wirkung aus der SQLCA (betroffene Zeilen),
- die Ausführungs-Ergebnismeldungen (SQLCODE, SQLSTATE, Meldungen),
- am Ende des Datasets Ausführungs-Statistiken (eingelesene Zeilen, ausgegebene Zeilen usw.).

Besonderheiten:

- Bei einem SELECT-Statement (SQL-Query) zeigt der SQLCODE 100 eine erfolgreiche Ausführung an. In diesem Fall sind sämtliche Datenzeilen aus der Result Table in die Ausgabedatei aufbereitet worden. Diese Meldung stammt vom SPUFI. Dort wird der SELECT mit einer Cursor-Verarbeitung abgewickelt, in der dieser Return Code produziert wird.

- Jedes SQL-Statement erzeugt seinen eigenen Return-Code.
  Wichtig:
  Wenn AUTOCOMMIT YES gesetzt ist und ein Fehler auftritt, wird automatisch von SPUFI ein ROLLBACK aktiviert.
  In diesem Fall werden sämtliche Manipulationen der letzten logischen Einheit (UOW bzw. UOR) zurückgerollt, d.h. auch solche Statements, für die ein ordnungsgemäßer Return Code und eine erfolgreiche Ausführung dokumentiert wurden.
  Soll eine einzelne Manipulation permanent festgeschrieben werden, kann ein explizit vorgegebenes COMMIT Statement zum Abschluss von Teilarbeiten verwendet werden.

- Wenn in der SPUFI-Steuerungs-Maske AUTOCOMMIT aktiviert wurde, wird automatisch ein COMMIT ausgeführt. Dieser liefert einen eigenen Return Code (in unserem Beispiel 0).

4 DB2-Sprachschnittstellen
4.3 DB2I: Masken der interaktiven DB2-Oberfläche

4.3.4 2 - DCLGEN: Declarations Generator
4.3.4.1 Eingabemaske

Mit dieser Maske werden die DCLGEN-Parameter gesetzt.
Unterstützt werden die Sprachen C, PL/I und COBOL. Die jeweilige Sprache wird aus den DB2-Default-Parametern entnommen.
Die generierte Struktur kann anschließend mit SQL INCLUDE dem Precompiler zur Prüfung zur Verfügung gestellt werden.

Die generierte Ausgabe kann überschrieben werden. Dies ist aber nicht sinnvoll, da mit der nächsten DCLGEN-Generierung die Überschreibung wieder verloren geht.
Spalten, die mit NOT NULL WITH DEFAULT definiert sind, werden von DCLGEN als NOT NULL generiert.

```
DSNEDP01                        DCLGEN                     SSID: DSNT
COMMAND   ===>
        Enter table name for which declarations are required:
        1    SOURCE TABLE NAME    ===> VW0001
        2    TABLE OWNER          ===>                                (Optional)
        3    AT LOCATION          ===>           (Location of table,  Optional)

        Enter destination data set:         (Can be sequential or partitioned)
        4    DATA SET NAME ....   ===> 'INCLLIB (VW0001)'
        5    DATA SET PASSWORD    ===>           (If password protected)

        Enter options as desired:
        6    ACTION ..........    ===> REPLACE   (ADD new or REPLACE old declaration)
        7    COLUMN LABEL .....   ===> NO        (Enter YES for column label)
        8    STRUCTURE NAME ..    ===>                                (Optional)
        9    FIELD NAME PREFIX.   ===>                                (Optional)
        10   DELIMIT DBCS. ...    ===>           (Enter YES to delimit DBCS identifiers)
        11   COLUMN SUFFIX ...    ===>           (Enter YES to to append column name)
        12   INDICATOR VARS ...   ===> YES       (Enter YES for indicator variables)

        PRESS: ENTER to process      END to exit       HELP for more information
```

Die einzelnen Parameter haben folgende Bedeutung:

Spezifikation des Table- bzw. View-Namens:

Achtung:
Bei der Generierung wird der Objekt-Name mit dem hier vorgegebenen Prefix versehen. Bei einer qualifizierten Objektnamensvorgabe wird auch der Prefix mit generiert. Wenn dann in einem Anwendungsprogramm auf die Ressource ohne Prefix zugegriffen wird, kann der Precompiler das Objekt nicht identifizieren und erzeugt eine Warnung.

1 SOURCE TABLE NAME Table-Name bzw. View-Name, für den die Deklarationsstruktur generiert werden soll. Es kann auch ein Alias eingesetzt werden.
Wenn ein Objektname Spezialzeichen enthält, muss der Name in Hochkommas gesetzt werden. Ein Unterstreichungszeichen " _ " gilt nicht als Spezialzeichen. Bei Cobol-Programmen wird es in einen Bindestrich " - " umgesetzt.

2 TABLE OWNER Tabellen-Eigentümer (owner). Qualifikation des Table- bzw. View-Namens (Autorisierungs-Id).
Default: TSO LOGON-ID.
Bei einem remote Objekt muss der Owner vorgegeben werden.

3 AT LOCATION Lokation(bei einem remote Objekt). In diesem Fall muss der Source Table Namen qualifiziert vorgegeben werden.

Definition des Ausgabe-Datasets:

4 DATA SET NAME Dieser Dataset (sequenziell oder partitioned) muss existieren. Wird der Name nicht in Apostrophen eingeschlossen, wird ein Prefix hinzugefügt (abhängig vom TSO-Profil): userid.programmiersprache.vorgegebener-name.

5 DATA SET PASSWORD Passwort bei entsprechend geschütztem Dataset.

4 DB2-Sprachschnittstellen
4.3 DB2I: Masken der interaktiven DB2-Oberfläche

Vorgabe der DCLGEN-Optionen:

6 ACTION — Verwaltungsaktion des Ausgabe-Datasets:
ADD   -   hinzufügen neues Member,
REPLACE-   den Inhalt eines bestehenden Members ersetzen oder Neuanlage eines noch nicht existierenden Members.
Default = ADD.

7 COLUMN LABEL — Kennzeichen, ob in die generierte Ausgabestruktur zur Dokumentation die Alternativnamen (LABEL) eingefügt werden sollen.
Bei YES werden diese als Kommentare spaltenweise eingefügt.

8 STRUCTURE NAME — Struktur-Name, sofern nicht der Defaultname gewünscht wird.
Default-Name = DCLxxxx   xxxx= Table- oder Viewname.

9 FIELD NAME PREFIX — Die Vorgabe wird als genereller Prefix für alle Felder der Struktur eingesetzt.
Es existieren zwei Nutzungs-Varianten (abhängig von COLUMN SUFFIX):
- Bei COLUMN SUFFIX = NO (Default)
  Der Prefix wird mit einer automatisch hochgezählten Nummer ergänzt, z.B. FELD wird erweitert mit FELD1, FELD2 usw.
- Bei COLUMN SUFFIX = YES
  Der Prefix wird mit dem Spaltennamen ergänzt, z.B. FELD wird erweitert mit FELDSEMCODE, FELDTERMIN usw.

Default: Kein Prefix, d.h. die DB2-Spaltennamen werden ohne Prefix generiert.

10 DELIMIT DBCS — Kennzeichen, ob DBCS-Table- und Spaltennamen mit DBCS-Abgrenzer versehen werden (YES, NO; Default = NO).

11 COLUMN SUFFIX — Kennzeichen, ob die Spaltennamen als Suffix hinter den Feldnamen-Prefix (siehe FIELD NAME PREFIX) gesetzt werden sollen (YES, NO; Default = NO).
Wenn YES und es wurde kein Feldnamen-Prefix vorgegeben, wird die Vorgabe ignoriert und es erfolgt eine Warnung.

12 INDICATOR VARS — Kennzeichen, ob automatisch eine NULL-Indikatorenstruktur für die generierten Host-Variablen generiert werden soll.
Bei YES wird der Indikatorenstrukturname gebildet aus dem Prefix "I" und dem jeweiligen Objektnamen.
Sprachabhängig werden generiert (n = Anzahl der Spalten):
C: short   int   Iobjektname [n];
COBOL: 01   Iobjektname PIC S9(4) USAGE COMP OCCURS n TIMES.
PL/I: DCL   Iobjektname (n) BIN FIXED (15);

4 DB2-Sprachschnittstellen
4.3 DB2I: Masken der interaktiven DB2-Oberfläche

4.3.4.2 Beispiel einer generierten Ausgabe

Beispiel einer generierten Ausgabe mit NULL-Indikatoren-Struktur (COBOL):

```
EDIT - - -   INCLLIB (VW0001)        - 01.00 - - - - - - - - - - - - - - - -
- - COLUMNS  001  080
COMMAND   ===>                                             SCROLL   ===>  CSR
**********  ********************* TOP OF DATA ********************************
000001      ******************************************************************
000002      *   DCLGEN TABLE (VW0001)                                        *
000003      *          LIBRARY (INCLLIB (VW0001))                            *
000004      *          ACTION (REPLACE)                                      *
000005      *          STRUCTURE (DCLVW0001)                                 *
000006      *          APOST                                                 *
000007      *   . . . IS THE DCLGEN COMMAND THAT MADE THE FOLLOWING STATEMENTS *
000008      ******************************************************************
000009           EXEC SQL DECLARE VW0001 TABLE
000010           (     SEMCODE             CHAR (15)         NOT NULL,
000011                 TERMIN              DATE ,
000012                 KURSORT             CHAR (30),
000013                 TITEL               CHAR (60),
000014                 SEMNR               SMALLINT   NOT NULL
000015           )   END-EXEC.
000016      ******************************************************************
000017      *   COBOL  DECLARATION FOR TABLE VW0001                          *
000018      ******************************************************************
000019      01  DCLVW0001.
000020          10   SEMCODE           PIC  X(15).
000021          10   TERMIN            PIC  X(10).
000022          10   KURSORT           PIC  X(30).
000023          10   TITEL             PIC  X(60).
000024          10   SEMNR             PIC  S9(4) USAGE COMP.
000025      01  IVW0001.
000026          10   INDSTRUC    PIC S9(4) USAGE COMP OCCURS 5 TIMES.
000027      ******************************************************************
000028      *   THE NUMBER OF COLUMNS DESCRIBED BY THIS DECLARATION IS 5     *
000029      ******************************************************************
*********  ********************** BOTTOM OF DATA *****************************
```

Beispiel einer generierten Ausgabe mit NULL-Indikatoren-Struktur (PL/I):

```
EDIT - - -   INCLLIB (VW0001)        - 01.00 - - - - - - - - - - - - - - - -
- - COLUMNS  001  080
COMMAND   ===>                                             SCROLL   ===>  CSR
**********  ********************* TOP OF DATA ********************************
000001      /*****************************************************************
000002      *   DCLGEN TABLE (VW0001)                                        *
000003      *          LIBRARY (INCLLIB (VW0001))                            *
000004      *          ACTION (REPLACE)                                      *
000005      *          STRUCTURE (DCLVW0001)                                 *
000006      *          APOST                                                 *
000007      *   . . . IS THE DCLGEN COMMAND THAT MADE THE FOLLOWING STATEMENTS *
000008      *****************************************************************/
000009           EXEC SQL DECLARE VW0001 TABLE
000010           (     SEMCODE             CHAR (15)         NOT NULL,
000011                 TERMIN              DATE ,
000012                 KURSORT             CHAR (30),
000013                 TITEL               CHAR (60),
000014                 SEMNR               SMALLINT   NOT NULL
000015           );
000016      /*****************************************************************
000017      *   PLI   DECLARATION FOR TABLE VW0001                           *
000018      *****************************************************************/
000019      DCL 1 DCLVW0001.
000020           5   SEMCODE             CHAR (15),
000021           5   TERMIN              CHAR (10),
000022           5   KURSORT             CHAR (30),
000023           5   TITEL               CHAR (60),
000024           5   SEMNR               BIN FIXED (15);
000025      DCL   IVW0001 (5)  BIN FIXED (15);
000026      /*****************************************************************
000027      *   THE NUMBER OF COLUMNS DESCRIBED BY THIS DECLARATION IS 5     *
000028      *****************************************************************/
*********  ********************** BOTTOM OF DATA *****************************
```

4 DB2-Sprachschnittstellen
4.3 DB2I: Masken der interaktiven DB2-Oberfläche

4.3.5 3 - Program Preparation
4.3.5.1 Steuerungsmaske

Mit dieser Maske werden die Umwandlungs- und ggf. Ausführungs-Parameter gesetzt.

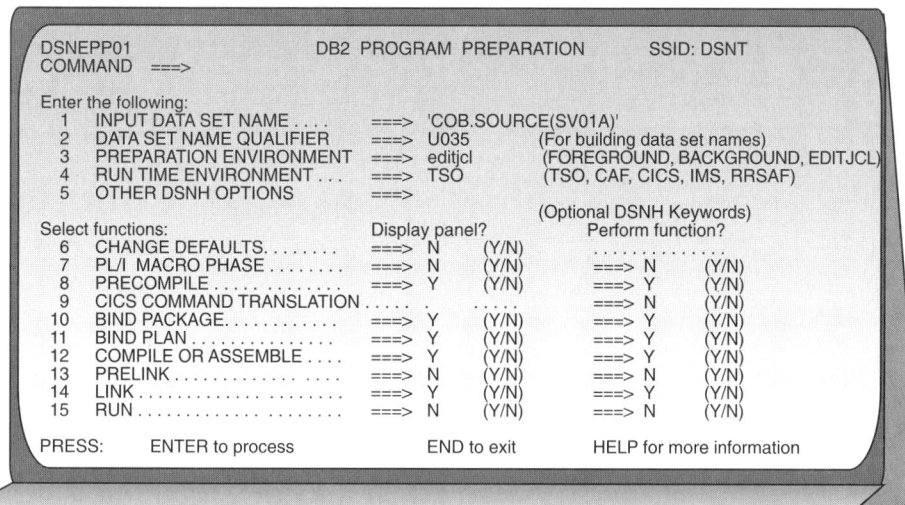

Die einzelnen Parameter haben folgende Bedeutung:

1 INPUT DATA SET NAME	Name der Eingabedatei, die das Source-Programm enthält. Die Eingabedatei kann sequenziell oder partitioned (PDS) sein.
2 DATA SET NAME QUALIFIER	Prefix für temporäre Arbeitsdateien des generierten Umwandlungs-Jobs.
3 PREPARATION ENVIRONMENT	Ausführungs-Ebene Foreground oder Background. Bei EDITJCL wird zunächst nur der Umwandlungs-Job generiert. Dieser kann ggf. modifiziert und zur Ausführung gebracht werden (SUBMIT).
4 RUN TIME ENVIRONMENT	Ausführungs-Trägersystem (TSO, CAF, CICS, IMS, RRSAF). TSO wird auch für 'normale' Batch-Programme eingesetzt.
5 OTHER DSNH OPTIONS	Weitere Parameter für die CLIST DSNH.
Funktions-Auswahl:	Mit der Funktionsauswahl werden zwei Optionstypen definiert: - Anzeige eines zusätzlichen Bildschirms (Display panel) mit der Möglichkeit der Vorgabe bzw. Modifikation weiterer Parameter. Diese Masken entsprechen z.T. den DB2I-Funktionen 4 bis 6. - Auswahl der zu generierenden Steps für Umwandlung und ggf. Ausführung. Mit 'Y' werden Masken bzw. die Step-Generierung aktiviert.
6 CHANGE DEFAULTS	Anzeige der DB2I-Default-Maske.
7 PL/I MACRO PHASE	Anzeige des 'Program Prepare, Compile, Link and Run'-Panels. Generierung eines Steps für den PL/I-Macro-Prozessor.
8 PRECOMPILE	Anzeige des 'DB2-Precompile'-Panels (DB2I-Funktion 4). Generierung eines Steps für den DB2-Precompiler.
9 CICS COMMAND TRANSLATION	Generierung eines Steps für den CICS-Translator (nur für CICS-Programme).
10 BIND PACKAGE	Anzeige des 'BIND PACKAGE'-Panels (DB2I-Funktion 5). Generierung eines Steps für den BIND PACKAGE.
11 BIND PLAN	Anzeige des 'BIND PLAN'-Panels (DB2I-Funktion 5). Generierung eines Steps für den BIND PLAN.
12 COMPILE OR ASSEMBLE	Anzeige des 'Program Prepare, Compile, Link and Run'-Panels. Generierung eines Steps für die Compilierung bzw. Assemblierung.
13 PRELINK	Aktivierung des C-Prelink-Utilities für die Erreichung der Reentrant-Fähigkeit der Programme (nur für C-, C++- und COBOL for MVS & VM-Programme).
14 LINK	Anzeige des 'Program Prepare, Compile, Link and Run'-Panels. Generierung eines Steps für den Linkage-Editor.
15 RUN	Anzeige des 'RUN'-Panels (DB2I-Funktion 6). Generierung eines Steps für den Ausführungslauf eines TSO-Programms. CICS-und IMS-Programme können nicht in dieser Umgebung ausgeführt werden.

4.3.5.2 Program Preparation 'Compile, Link and Run Panel'

Mit dieser Maske werden die Parameter für Umwandlungs- und ggf. Linkage Editor-Steps gesetzt.

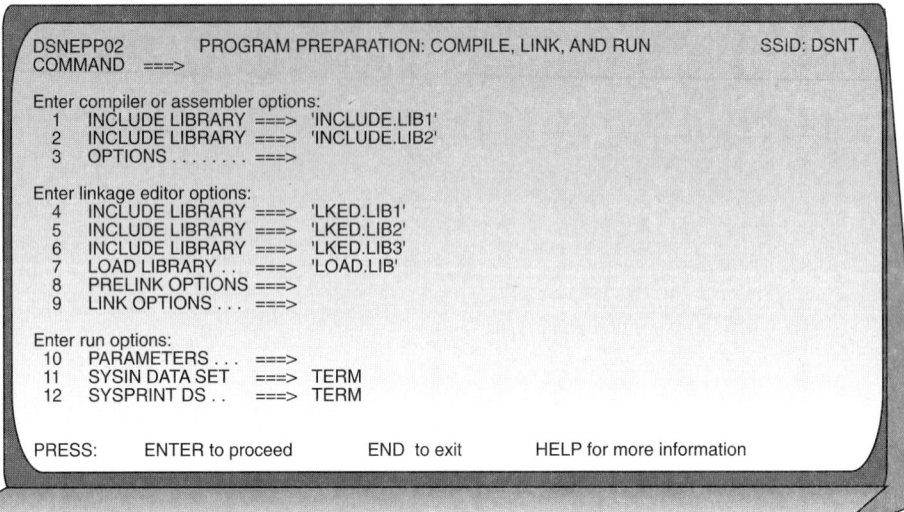

Die einzelnen Parameter haben folgende Bedeutung:

Compiler oder Assembler-Optionen:
  1 INCLUDE LIBRARY   Name der ersten Include-Bibliothek.
  2 INCLUDE LIBRARY   Name der zweiten Include-Bibliothek.
  3 OPTIONS   Optionen für Compilierung bzw. Assemblierung.

Linkage Editor-Optionen:
  4 INCLUDE LIBRARY   Name der ersten Include-Bibliothek.
  5 INCLUDE LIBRARY   Name der zweiten Include-Bibliothek.
  6 INCLUDE LIBRARY   Name der dritten Include-Bibliothek.
  7 LOAD LIBRARY   Name der Lade-Bibliothek, auf der das fehlerfreie und ausführbare Programm
                                   ausgegeben wird.
  8 PRELINK OPTIONS   Prelink-Optionen (nur für C-Programme).
  9 LINK OPTIONS   Optionen für den Linkage Editor.

Ausführungs-Optionen (nur für TSO-Ausführung):
 10 PARAMETERS   Eingabe-Parameter, die an das ausführende Programm übergeben werden.
                                   Da hierüber auch Runtime-Processor-Parameter übergebbar sind, müssen diese von
                                   Programm-Parametern durch ' / ' abgegrenzt werden.
                                   COBOL-Programme: runtime-parameter / P1, P2,....
                                   PL/I-Programme: P1, P2, ... / runtime-parameter
 11 SYSIN DATA SET   Name der SYSIN-Datei.
 12 SYSPRINT DS   Name der SYSPRINT-Datei.

4 DB2-Sprachschnittstellen
4.3 DB2I: Masken der interaktiven DB2-Oberfläche

4.3.5.3 Include des Attachment-Facilities von SYSLIB

Es folgt eine Aufstellung sämtlicher möglicher INCLUDE-Anweisungen für die verfügbaren Attach-Facilities. In einem Compile- und Link-Lauf ist natürlich eine konkrete Auswahl zu treffen.

```
//LKED.SYSIN      DD     *

   INCLUDE   SYSLIB (DSNELI)        TSO, Batch + CAF
                                    (außer FORTRAN)

   INCLUDE SYSLIB (DSNHFT)          TSO, Batch + CAF-Fortran

   INCLUDE SYSLIB (DFSLI000)        IMS
   ENTRY    (CBLTDLI)               COBOL-PGM
   ENTRY    (PLICALLA)              PL1-PGM
   ENTRY    (Pgmname)               Assembler-PGM

   INCLUDE SYSLIB (DSNCLI)          CICS

/*
```

4.3.5.4 Beispiel einer generierten Umwandlungs-Prozedur

```
EDIT ---- U035.U035.CNTL ------------------------------------- COLUMNS 001 080
COMMAND ===>                                                   SCROLL ===> PAGE
******** ******************************TOP OF DATA *****************************************
000001      //U035T1   JOB  (A25),'DENNE',MSGCLASS=Q,
000002      //            REGION=4096K,TIME=1,
000003      //            USER=U035, NOTIFY=U035
000004      //TMP                EXEC PGM=IKJEFT01, DYNAMNBR=20
000005      //SYSTSPRT DD SYSOUT=*, DCB=BLKSIZE=2420
000006      //SYSTSIN       DD *
000007       PROFILE         PREFIX (U035)
000008       ALLOC           DD (SYSPROC) DSN ('DSN310M0.DSNTEMP') SHR
000009       %DSNH BIND(YES) ACQUIRE(USE) ACTION(REPLACE) -
000010         EXPLAIN(YES) -
000011         CICSXLAT(NO) -
000012         COMPILE(YES) -
000013         CLIB (' ' 'INCLUDE-LIB1' ' ') -
000014         C2LIB (' ' 'INCLUDE-LIB2' ' ') -
000015         DECIMAL (COMMA) DELIMIT(APOST) FLAG(I) -
000016         HOST (APPL-LANG) ISOLATION(CS) -
000017         INPUT (' ' 'SOURCE.-LIB(SV01A) ' ' ') -
000018         LINECOUNT(66) LINK(YES) -
000019         LLIB (' ' 'LKED-LIB1' ' ') -
000020         L2LIB (' ' 'LKED-LIB2' ' ') -
000021         L3LIB (' ' 'LKED-LIB3' ' ') -
000022         LOAD (' ' 'LOAD-LIB' ' ') -
000023           MACRO (NO) -
000024         OUTNAME (U035) -
000025         PLAN (SV01A) PRECOMP (YES) -
000026         PLIB (' ' 'INCLUDE-LIB' ' ') -
000027         PRINT (U035) RCTERM (5) -
000028         RELEASE (COMMIT) RETAIN (YES) -
000029         RUN (NO) RUNIN (TERM) -
000030         RUNOUT (TERM) SOURCE (YES) -
000031         SYSTEM (DSNT) SQLDELIM (APOST) -
000032         VALIDATE (BIND) -
000033         XREF (YES)
000034       /* THIS LINE NEEDED TO END THE DSNH INPUT */
******** ******************************BOTTOM OF DATA **************************************
```

4.3.6   4 - Precompile

Mit dieser Maske werden die DB2-Precompile-Parameter gesetzt.

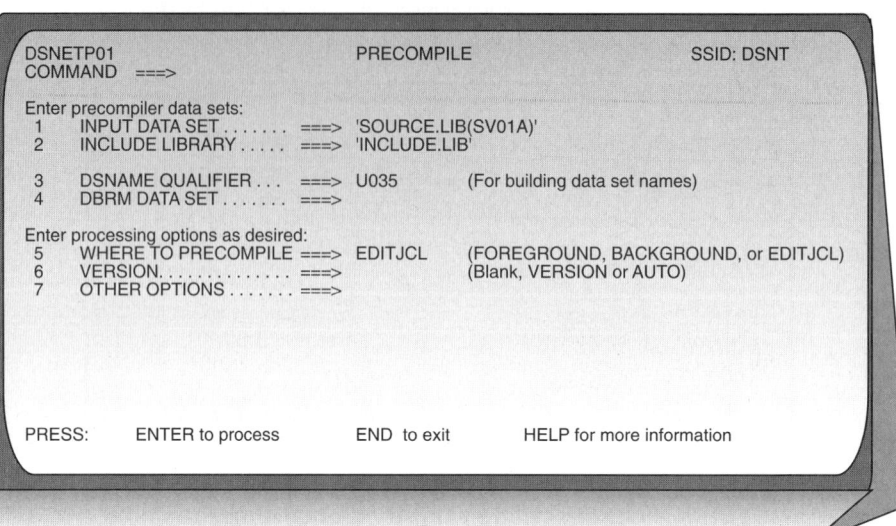

Die einzelnen Parameter haben folgende Bedeutung:

Precompiler-Datasets:
1	INPUT DATA SET	Name der Eingabedatei, die das Source-Programm enthält. Die Eingabedatei kann sequenziell oder partitioned (PDS) sein.
2	INCLUDE LIBRARY	Name der Include-Bibliothek, in der einzufügende Member für den Precompiler zu finden sind (z.B. DCLGEN-Ausgaben).
3	DSNAME QUALIFIER	Prefix für temporäre Arbeitsdateien des generierten Umwandlungs-Jobs.
4	DBRM DATA SET	Name des Datasets, auf den die DBRM-Ausgabe des Precompilers gestellt werden soll. Default = Verketteter Name: DSNAME QUALIFIER.DBRM

Sonstige Precompilierungs-Optionen:
5	WHERE TO PRECOMPILE	Ausführungs-Ebene für den Precompile-Lauf: Foreground oder Background. Bei EDITJCL wird zunächst nur der Precompile-Job generiert. Dieser kann ggf. modifiziert und zur Ausführung gebracht werden (SUBMIT).
6	VERSION	Identifikation der Package (bzw. des DBRMs). Siehe Precompiler-Option VERSION im Kapitel 13.
7	OTHER OPTIONS	Sonstige Optionen des DB2-Precompilers. Siehe Precompiler-Optionen im Kapitel 13.

4.3.7 5 - BIND / REBIND / FREE
4.3.7.1 BIND PACKAGE
4.3.7.1.1 Steuerungsmaske

Mit dieser Maske werden die BIND PACKAGE-Parameter gesetzt.

```
DSNEBP07                         BIND PACKAGE                    SSID: DSNT
COMMAND ===>
   Specify output location and collection names:
     1 LOCATION NAME . . . . . . . . . . . .                      (Defaults to local)
     2 COLLECTION-ID . . . . . . . . . . . . . . .  ===>  C0200   (Required)
   Specify package source (DBRM or COPY):
     3  DBRM:              COPY:                ===>  DBRM        (Specify DBRM or COPY)
     4 MEMBER       or COLLECTION-ID            ===>
     5 PASSWORD     or PACKAGE-ID . .           ===>
     6 LIBRARY      or VERSION . . . . .        ===>  U035.DBRM
                                                                  (Blank, or COPY version-id)
     7 . . . . . . . . --  OPTIONS . . . . .    ===>  COMPOSITE   (COMPOSITE or COMMAND)
   Enter options as desired:
     8 CHANGE CURRENT DEFAULTS?                 ===>  NO          (NO or YES)
     9 ENABLE/DISABLE CONNECTIONS?              ===>  NO          (NO or YES)
    10 OWNER OF PACKAGE (AUTHID) .              ===>              (Leave blank for primary ID)
    11 QUALIFIER . . . . . . . . . . . . . . . . .  ===>          (Leave blank for owner)
    12 ACTION ON PACKAGE . . . . . . . . .      ===>  REPLACE     (ADD or REPLACE)
    13 INCLUDE PATH? . . . . . . . . . . . . . .   ===>  NO       (NO OR YES)
    14 REPLACE VERSION . . . . . . . . . . .    ===>
                                                        (Replacement version-id)

   PRESS: ENTER to process           END  to save and exit       HELP for more information
```

Die einzelnen Parameter haben folgende Bedeutung:

Spezifikation von Ausgabe-Lokation and Collection-Name:
- 1 LOCATION NAME   Zielsystem, auf dem die Package gebunden werden soll.
                            Default = lokales System.
- 2 COLLECTION-ID   Name der Collection, in die die Package eingebunden wird.

Spezifikation der Package-Herkunft (DBRM oder COPY):
- 3 DBRM: Package-Herkunft:
                            DBRM   aufgrund eines Precompilierungsergebnisses gebildetes DBRM wird gebunden.
                            COPY   eine vorhandene und gebundene Package wird kopiert.
- 4 MEMBER   Herkunft der BIND-Eingabe:
                            Vorgabe des DBRM-Members (bei DBRM) oder des Collection-Namens (bei COPY).
- 5 PASSWORD oder   Vorgabe eines Passworts bei entsprechend geschützter Datei und DBRM.
  PACKAGE-ID   Identifikation der zu kopierenden Package bei COPY.
- 6 LIBRARY oder   Bibliotheks-Name für das DBRM (bei DBRM).
  VERSION   Version der zu kopierenden Package bei COPY.
- 7 OPTIONS   Zu verwendende Bind-Optionen bei COPY:
                            COMPOSITE   Zusammenmischen der Optionen aus der bestehenden Package mit den im BIND vorgegebenen Optionen (Default). Die BIND-Optionen haben Vorrang.
                            COMMAND   Die Optionen werden zunächst aus den im BIND vorgegebenen Optionen verwendet. Dann wirken Defaults des Systems, von dem die Package kopiert wird.

Eingabe bzw. Änderung gewünschter Optionen:
- 8 CHANGE CURRENT DEFAULTS?   Sollen die bisherigen Default-Optionen für BIND PACKAGE verändert werden? Bei YES wird das Default-Panel angezeigt.
- 9 ENABLE/DISABLE CONNECTIONS?   Soll die Package nur für bestimmte Trägersysteme oder Systeme zugelassen werden? Bei YES wird das System-Connection-Typ-Panel angezeigt.
- 10 OWNER OF PACKAGE (AUTHID)   Vorgabe eines Autorisierungs-Ids, wenn nicht der Primär-Autorisierungs-Id des Benutzers, der den BIND aktiviert, verwendet werden soll.
- 11 QUALIFIER   Vorgabe eines Autorisierungs-Ids, der zur Qualifizierung für Tables, Views, Indizes und Aliase herangezogen wird.
                                      Default = Eigentümer der Package (owner).
                                      Siehe auch unter BIND-Option QUALIFIER.
- 12 ACTION ON PACKAGE   Verwaltungsaktion für die Package:
                                      ADD   - hinzufügen neue Package,
                                      REPLACE   - bestehende Package ersetzen oder Neuanlage einer noch nicht existierenden Package. Default = REPLACE.
- 13 INCLUDE PATH?   Sollen SQL-Pfad-Namen für die Suche nach unqualifiziert vorgegebenen Distinct Types, User-defined Functions oder Prozeduren hinzugefügt werden?
- 14 REPLACE VERSION   Kennzeichen, ob eine bestehende Package-Version ersetzt oder eine neue Version hinzugefügt werden soll.

4 DB2-Sprachschnittstellen
4.3 DB2I: Masken der interaktiven DB2-Oberfläche

4.3.7.1.2 Default Panel BIND PACKAGE

Mit dieser Maske werden die Default-Werte für BIND PACKAGE gesetzt.

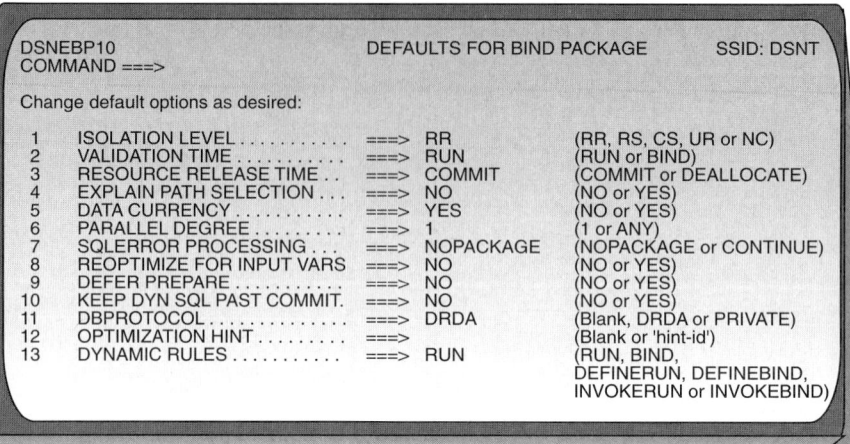

Die einzelnen Parameter haben folgende Bedeutung:

Änderung der gewünschten Default-Option (Details siehe im Anhang 2 unter BIND PACKAGE):

1	ISOLATION LEVEL	Isolation-Level (RR, RS, CS, UR oder NC). BIND-Option ISOLATION.
2	VALIDATION TIME	Zeitpunkt der Prüfung (RUN oder BIND). BIND-Option VALIDATE.
3	RESOURCE RELEASE TIME	Freigabezeit gesperrter Ressourcen (COMMIT oder DEALLOCATE). BIND-Option RELEASE.
4	EXPLAIN PATH SELECTION	Soll EXPLAIN mit diesem Bind durchgeführt werden (NO oder YES)? BIND-Option EXPLAIN.
5	DATA CURRENCY	Aktualität für 'ambiguous cursor' (NO oder YES). BIND-Option CURRENTDATA.
6	PARALLEL DEGREE	Soll Parallelverarbeitung für diese Package genutzt werden (1 oder ANY)? BIND-Option DEGREE.
7	SQLERROR PROCESSING	Soll eine Package trotz Fehler erzeugt werden (NOPACKAGE oder CONTINUE)? BIND-Option SQLERROR.
8	REOPTIMIZE FOR INPUT VARS	Soll für Statements, die Eingabe-Host-Variable, Parameter Markers oder Spezialregister enthalten, der Zugriffspfad beim BIND einmalig oder bei jeder Ausführung erneut ermittelt werden? BIND-Option REOPT (VARS).
9	DEFER PREPARE	Soll der PREPARE von Dynamic SQL-Statements solange verzögert werden, bis eine erste Nutzungsanforderung eintritt (OPEN, DESCRIBE, EXECUTE).
10	KEEP DYN SQL PAST COMMIT	Sollen Dynamic SQL-Statements auch nach einem COMMIT weiterhin verfügbar bleiben. Wenn YES braucht das Anwendungsprogramm keinen erneuten PREPARE mehr abzusetzen. BIND-Option KEEPDYNAMIC (YES).
11	DBPROTOCOL	Soll DB2 das DRDA-Protokoll oder das DB2-Privat-Protokoll benutzen, wenn SQL-Statements dreiteilige Objektnamen für einen remote Zugriff einsetzen?
12	OPTIMIZATION HINT	Sollen Hinweise für den Optimizer genutzt werden? Voraussetzungen bei einer Nutzung: - Installations-Parameter OPTIMIZATION HINTS muss mit YES definiert sein, - in der PLAN_TABLE muss die Spalte OPTHINT mit entsprechenden Werten aktualisiert sein.
13	DYNAMIC RULES	BIND-Option DYNAMICRULES. Sollen Run-Time oder Bind-Time-Regeln für dynamisches SQL beachtet werden (RUN oder BIND)? Wird die Package unter einer User-defined Function oder einer Stored Procedure aktiviert, regeln die Parameter INVOKEBIND, INVOKERUN, DEFINEBIND und DEFINERUN die erforderlichen Privilegien zur Ausführung von dynamischen SQL-Statements in der Package.

4.3.7.1.3 System Connection Type Panel

Mit dieser Maske werden die Systemeinsatzwerte für BIND PACKAGE gesetzt.

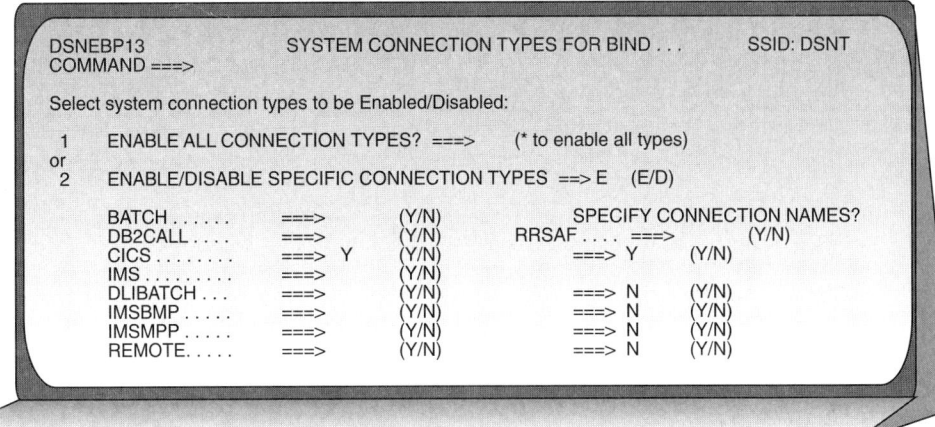

Die einzelnen Parameter entsprechen den BIND-Package-Optionen ENABLE und DISABLE. Details siehe im Anhang 2 unter BIND PACKAGE.

4.3.7.1.4 Connection Names Panel

Mit dieser Maske werden die Systemnamen eingesetzt, wenn spezielle Systemverbindungen definiert wurden (siehe oben CICS).

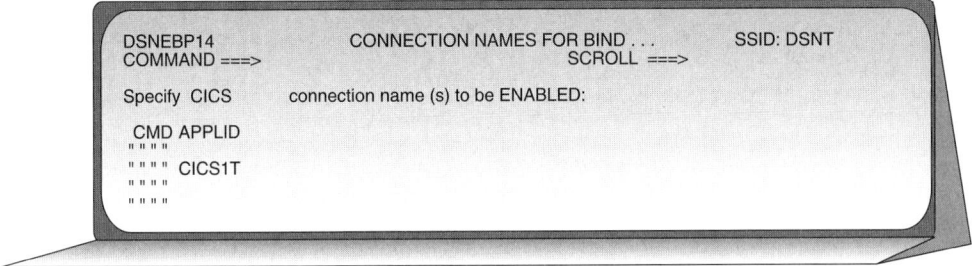

4.3.7.2 BIND PLAN
4.3.7.2.1 Steuerungsmaske

Mit dieser Maske werden die BIND PLAN-Parameter gesetzt.

```
DSNEBP02                              BIND PLAN              SSID: DSNT
COMMAND ===>
   Enter DBRM data set name (s) :
      1     MEMBER.........  ===>  SV01A
      2     PASSWORD......   ===>
      3     LIBRARY........  ===>  U035.DBRM
      4     ADDITIONAL DBRMS?.........  ===>  NO       (YES to list more DBRMs)

   Enter options as desired:
      5     PLAN NAME..................  ===>  SV01A   (Required to create a plan)
      6     CHANGE CURRENT DEFAULTS?     ===>  NO      (NO or YES)
      7     ENABLE/DISABLE CONNECTIONS?  ===>  NO      (NO or YES)
      8     INCLUDE PACKAGE LIST?.......  ===>  NO     (NO or YES)
      9     OWNER OF PLAN (AUTHID)......  ===>         (Leave blank for your primary ID)
     10     QUALIFIER..................  ===>          (For tables, views, and aliases)
     11     CACHESIZE..................  ===>  0       (Blank, or value 256-4096)
     12     ACTION ON PLAN.............  ===>  REPLACE (REPLACE or ADD)
     13     RETAIN EXECUTION AUTHORITY   ===>  NO      (YES to retain user list)
     14     CURRENT SERVER.............  ===>                  (Location name)
     15     INCLUDE PATH?..............  ===>  NO      (NO OR YES)

   PRESS:      ENTER to process        END to save and exit    HELP for more information
```

Die einzelnen Parameter haben folgende Bedeutung:

Spezifikation des bzw. der in den Plan einzubeziehenden DBRMs (alternativ kann eine Package-Liste vorgegeben werden):
1 MEMBER	Vorgabe des DBRM-Membernamens.
2 PASSWORD	Vorgabe eines Passworts bei entsprechend geschützter Datei.
3 LIBRARY	Bibliotheks-Name des DBRMs.
4 ADDITIONAL DBRMS?	Bei YES können mehrere DBRMs definiert werden.

Eingabe bzw. Änderung gewünschter Optionen:
5 PLAN NAME	Name des Plans (Muss-Vorgabe).
6 CHANGE CURRENT DEFAULTS?	Sollen die bisherigen Default-Optionen für BIND PLAN verändert werden? Bei YES wird das Default-Panel angezeigt.
7 ENABLE/DISABLE CONNECTIONS?	Soll der Plan nur für bestimmte Trägersysteme oder Systeme zugelassen werden? Bei YES wird das System-Connection-Typ-Panel angezeigt. (Beispiel siehe unter Packages vorab).
8 INCLUDE PACKAGE LIST?	Soll eine Package-Liste vorgegeben werden? Bei YES wird das Package-List-Panel angezeigt.
9 OWNER OF PLAN (AUTHID)	Vorgabe eines Autorisierungs-Ids, wenn nicht der Primär-Autorisierungs-Id des Benutzers, der den BIND aktiviert, verwendet werden soll.
10 QUALIFIER	Vorgabe eines Autorisierungs-Ids, der zur Qualifizierung für Tables, Views, Indizes und Aliase herangezogen wird. Default = Eigentümer des Plans (owner). Siehe auch unter BIND-Option QUALIFIER.
11 CACHESIZE	Größe des Buffers für Autorisierungs-Ids (Blank, oder Wert von 256-4096). Siehe auch unter BIND-Option CACHESIZE.
12 ACTION ON PLAN	Verwaltungsaktion für den Plan: ADD - hinzufügen neuen Plan, REPLACE - bestehenden Plan ersetzen oder Neuanlage eines noch nicht existierenden Plans. Default = REPLACE.
13 RETAIN EXECUTION AUTHORITY	Sollen bestehende Plan-EXECUTE-Autorisierungen gehalten werden, wenn ein existierender Plan ersetzt wird? Siehe auch unter BIND-Option ACTION (REPLACE) RETAIN.
14 CURRENT SERVER	Soll bei der Ausführung automatisch ein CONNECT zu einem Server ausgeführt werden? Siehe auch unter BIND-Option CURRENTSERVER.
15 INCLUDE PATH?	Sollen SQL-Pfad-Namen für die Suche nach unqualifiziert vorgegebenen Distinct Types, User-defined Functions oder Prozeduren hinzugefügt werden?

4.3.7.2.2 Default Panel BIND PLAN

Mit dieser Maske werden die Default-Werte für BIND PLAN gesetzt.

```
DSNEBP10                    DEFAULTS FOR BIND PLAN      SSID: DSNT
COMMAND ===>_

Change default options as desired:

   1    ISOLATION LEVEL............  ===> RR          (RR, RS, CS oder UR)
   2    VALIDATION TIME............  ===> RUN         (RUN or BIND)
   3    RESOURCE RELEASE TIME....    ===> COMMIT      (COMMIT or DEALLOCATE)
   4    EXPLAIN PATH SELECTION.....  ===> NO          (NO or YES)
   5    DATA CURRENCY..............  ===> NO          (NO or YES)
   6    PARALLEL DEGREE............  ===> 1           (1 or ANY)
   7    RESOURCE ACQUISITION TIME .  ===> USE         (USE or ALLOCATE)
   8    REOPTIMIZE FOR INPUT VARS    ===> NO          (NO or YES)
   9    DEFER PREPARE              . ===> NO          (NO or YES)
  10    KEEP DYN SQL PAST COMMIT     ===> NO          (NO or YES)
  11    DBPROTOCOL.................  ===>             (Blank, DRDA or PRIVATE)
  12    OPTIMIZATION HINT..........  ===>             (Blank or 'hint-id')
  13    DYNAMIC RULES..............  ===> RUN         (RUN, BIND,
  14    SQLRULES...................  ===> DB2         (DB2 or STD)
  15    DISCONNECT.................  ===> EXPLICIT    (EXPLICIT, AUTOMATIC
```

Die einzelnen Parameter haben folgende Bedeutung:

Änderung der gewünschten Default-Option (Details siehe im Anhang 2 unter BIND PLAN):

1	ISOLATION LEVEL	Isolation-Level (RR, RS, CS oder UR). BIND-Option ISOLATION.
2	VALIDATION TIME	Zeitpunkt der Prüfung (RUN oder BIND). BIND-Option VALIDATE.
3	RESOURCE RELEASE TIME	Freigabezeit gesperrter Ressourcen (COMMIT oder DEALLOCATE). BIND-Option RELEASE.
4	EXPLAIN PATH SELECTION	Soll EXPLAIN mit diesem Bind durchgeführt werden (NO oder YES)? BIND-Option EXPLAIN.
5	DATA CURRENCY	Aktualität für 'ambiguous cursor' (NO oder YES). BIND-Option CURRENTDATA.
6	PARALLEL DEGREE	Soll Parallelverarbeitung für diese Package genutzt werden (1 oder ANY)? BIND-Option DEGREE.
7	RESOURCE ACQUISITION TIME	Zeitpunkt der Einrichtung von Ressource-Sperren (USE oder ALLOCATE). BIND-Option ACQUIRE.
8	REOPTIMIZE FOR INPUT VARS	Soll für Statements, die Eingabe-Host-Variable, Parameter Markers oder Spezialregister enthalten, der Zugriffspfad beim BIND einmalig oder bei jeder Ausführung erneut ermittelt werden? BIND-Option REOPT (VARS).
9	DEFER PREPARE	Soll der PREPARE von Dynamic SQL-Statements solange verzögert werden, bis eine erste Nutzungsanforderung eintritt (OPEN, DESCRIBE, EXECUTE).
10	KEEP DYN SQL PAST COMMIT	Sollen Dynamic SQL-Statements auch nach einem COMMIT weiterhin verfügbar bleiben. Wenn YES braucht das Anwendungsprogramm keinen erneuten PREPARE mehr abzusetzen. BIND-Option KEEPDYNAMIC (YES).
11	DBPROTOCOL	Soll DB2 das DRDA-Protokoll oder das DB2-Privat-Protokoll benutzen, wenn SQL-Statements dreiteilige Objektnamen für einen remote Zugriff einsetzen?
12	OPTIMIZATION HINT	Sollen Hinweise für den Optimizer genutzt werden? Voraussetzungen bei einer Nutzung: - Installations-Parameter OPTIMIZATION HINTS muss mit YES definiert sein, - in der PLAN_TABLE muss die Spalte OPTHINT mit entsprechenden Werten aktualisiert sein.
13	DYNAMIC RULES	Sollen Run-Time oder Bind-Time-Regeln für dynamisches SQL beachtet werden (RUN oder BIND)? BIND-Option DYNAMICRULES.
14	SQLRULES	CONNECT-Regeln bei remote Zugriffen (DB2 oder STD). BIND-Option SQLRULES.
15	DISCONNECT	Behandlung von released Connections bei remote Zugriffen (EXPLICIT, AUTOMATIC oder CONDITIONAL). BIND-Option DISCONNECT.

4.3.7.2.3 Package List Panel

Mit dieser Maske wird die Zuordnung der Packages zu einem Plan getroffen (Eingabeerfordernisse siehe BIND-Option PKLIST).

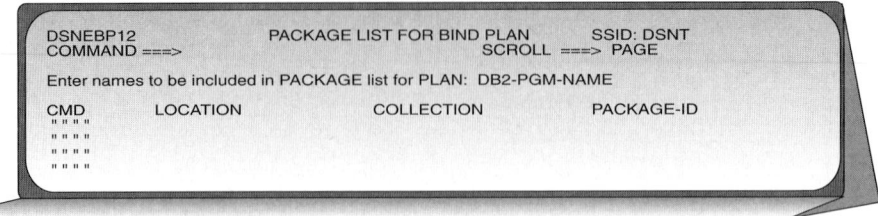

4.3.7.3 REBIND PACKAGE

Das Panel ist ein Subset des BIND PACKAGE Panels. Parameter-Beschreibung siehe dort.

4.3.7.4 REBIND PLAN

Das Panel ist ein Subset des BIND PLAN Panels. Parameter-Beschreibung siehe dort.

4.3.7.5 REBIND TRIGGER PACKAGE
4.3.7.5.1 Steuerungsmaske

Beim CREATE eines Triggers wird automatisch ein BIND einer Trigger Package vorgenommen. Es existiert daher keine eigene Maske für diese Funktion.
Eine Trigger Package kann aber mit REBIND TRIGGER PACKAGE erneut den Entscheidungen des Optimizers zugeführt werden.

```
                        REBIND TRIGGER PACKAGE            SSID: DSNT
    COMMAND ===>

    1      Rebind all trigger packages       ===>    (* to rebind all packages)
    or
           Enter trigger package name(s) to be rebound:
    2          LOCATION NAME . . . . . . . . . . . . . . ===>   (Defaults to local)
    3          COLLECTION-ID (SCHEMA-NAME) . ===>            (Required)
    4          PACKAGE-ID (TRIGGER-NAME) . . . . ===>        (Required)

    Enter options as desired:
    5          ISOLATION LEVEL . . . . . . . . . . . . . ===> SAME    (SAME, RR, RS, CS, UR or NC)
    6          RESOURCE RELEASE TIME . . . . . . ===> SAME    (SAME, COMMIT or DEALLOCATE)
    7          EXPLAIN PATH SELECTION . . . . . . ===> SAME    (SAME, NO or YES)
    8          DATA CURRENCY . . . . . . . . . . . . . ===> SAME    (SAME, NO or YES)

    PRESS:     ENTER to process       END to save and exit  HELP for more information
```

Die einzelnen Parameter haben folgende Bedeutung:

Spezifikation des bzw. der in den Plan einzubeziehenden DBRMs (alternativ kann eine Package-Liste vorgegeben werden):
1 Rebind all trigger packages   Bei Vorgabe von * werden alle Trigger gebunden, für die der REBIND-Prozess die BIND-Privilegien hat.
2 LOCATION-NAME   Name der Lokation. Default ist das lokale System.
3 COLLECTION-ID   Name des Schemas. Muss-Vorgabe bei einzelnen Packages.
4 PACKAGE-ID   Name des Triggers. Muss-Vorgabe bei einzelnen Packages.
5 ISOLATION LEVEL   Isolation-Level (RR, RS, CS, UR oder NC). BIND-Option ISOLATION.
6 RESOURCE RELEASE TIME   Freigabezeit gesperrter Ressourcen (COMMIT oder DEALLOCATE). BIND-Option RELEASE.
7 EXPLAIN PATH SELECTION   Soll EXPLAIN mit diesem Bind durchgeführt werden (NO oder YES)? BIND-Option EXPLAIN.
8 DATA CURRENCY   Aktualität für 'ambiguous cursor' (NO oder YES). BIND-Option CURRENTDATA.

4.3.8   6 - Run
4.3.8.1   Anstoß über Panel

Mit dieser Maske wird die TSO-Ausführung eines Programms angestoßen oder JCL generiert.

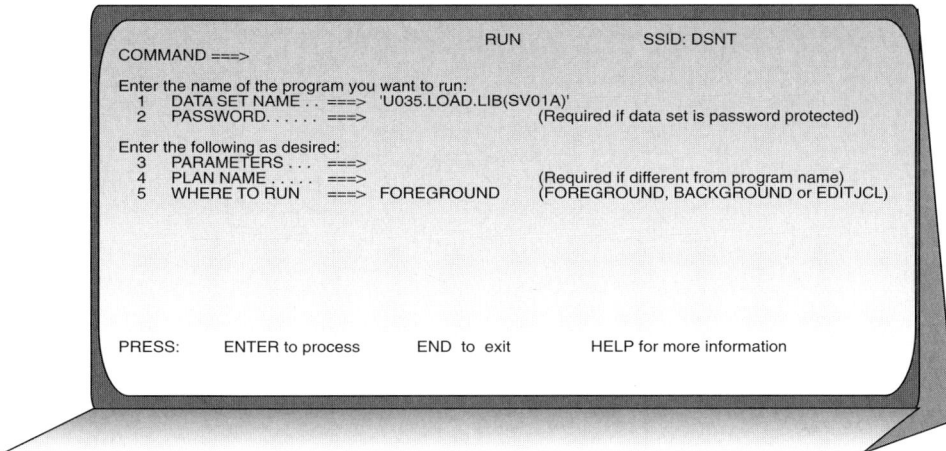

Die einzelnen Parameter haben folgende Bedeutung:

Vorgabe des Programmnamens des auszuführenden Programmes:
  1 DATA SET NAME   Vorgabe des Namens der Loadlib und der Membername des Programmes.
  2 PASSWORD   Vorgabe eines Passworts bei entsprechend geschützter Datei.

Vorgabe weiterer Optionen, falls erforderlich:
  3 PARAMETERS   Eingabe-Parameter, die an das ausführende Programm übergeben werden.
                                  Da hierüber auch Runtime-Processor-Parameter übergebbar sind, müssen diese von
                                  Programm-Parametern durch ' / ' abgegrenzt werden.
                                  COBOL-Programme: runtime-parameter / P1, P2,....
                                  PL/I-Programme: P1, P2, ... / runtime-parameter
  4 PLAN NAME   Vorgabe des Plan-Namens, sofern dieser vom Programmnamen abweicht.
  5 WHERE TO RUN   Ausführungs-Ebene Foreground oder Background.
                                  Bei EDITJCL wird zunächst nur der Ausführungs-Job generiert. Dieser kann ggf.
                                  modifiziert und zur Ausführung gebracht werden (SUBMIT).

4.3.8.2   JCL-Beispiel eines Batch-Ausführungs-Jobs

```
EDIT - - - - U035.SOURCE (SQLBATCH) - - - - - - - - - - - - - - - - - - - - - - - - COLUMNS 001 080
COMMAND ===>    SUB                                                   SCROLL ===> CSR
******************************TOP OF DATA *********************************************
000001     //U035T     JOB    (ABC),'DENNE',MSGCLASS=Q,
000002     //   REGION=4096K,TIME=1, NOTIFY=U035, USER=U035
000003     //STEP1      EXEC  PGM=IKJEFT01, DYNAMNBR=20
000004     //STEPLIB    DD    DISP=SHR, DSN=SYST.DB2.DSNLOAD
000005     //SYSTSPRT   DD    SYSOUT=*
000006     //SYSUDUMP   DD    SYSOUT=*
000007     //SYSTSIN    DD    *
000008       DSN   SYSTEM (DSNT)
000009       RUN   PROGRAM (SV01A)           PLAN (SV01A)        -
000010             LIB (U035.LOAD.LIB )
000011       END
000012     //SYSIN      DD *
000013
************************************ BOTTOM OF DATA ***********************************
```

4 DB2-Sprachschnittstellen
4.3 DB2I: Masken der interaktiven DB2-Oberfläche

4.3.9 7 - DB2-Commands

Mit dieser Maske wird ein DB2-Command abgesetzt.

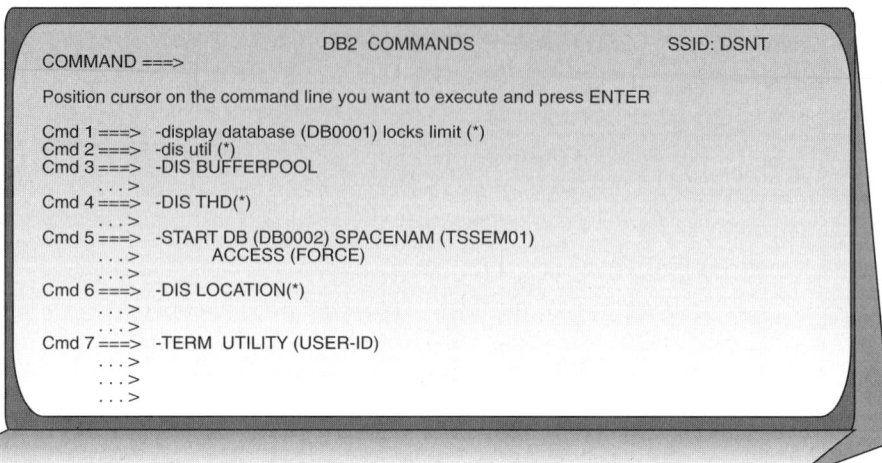

Auf dieser Maske können bis zu 7 Commands vorbereitet und gesichert werden.
Es kann nur ein einzelner Command vorgegeben werden, der positioniert werden muss und sich auf max. 4 Eingabezeilen verteilen kann.
Kommentare sind nicht zulässig.
Natürlich benötigt der Benutzer die entsprechenden Privilegien. Details siehe im Anhang 2 unter den jeweiligen DB2-Commands. Eine Übersicht der DB2-Commands befindet sich vorab im Kapitel 4.2.

Die folgende Maske zeigt beispielhaft die Ausgabe eines -DISPLAY-Commands:

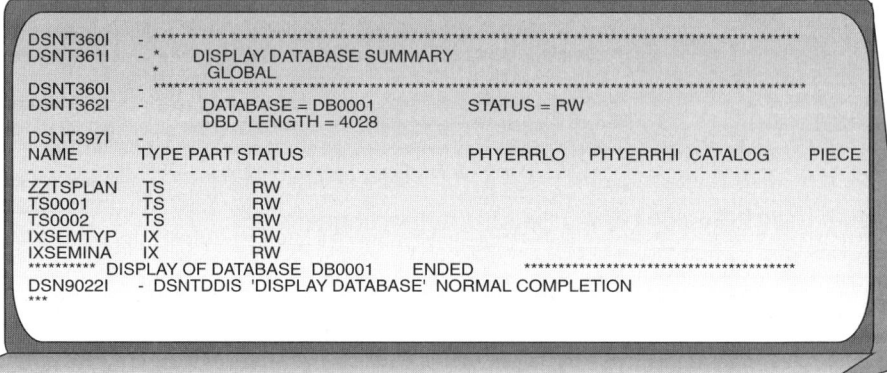

4 DB2-Sprachschnittstellen
4.3 DB2I: Masken der interaktiven DB2-Oberfläche

4.3.10   8 - DB2-Utilities
4.3.10.1 Steuerungsmaske

Mit dieser Maske wird die Ausführung von DB2-Utilities gesteuert, angestoßen oder JCL generiert.

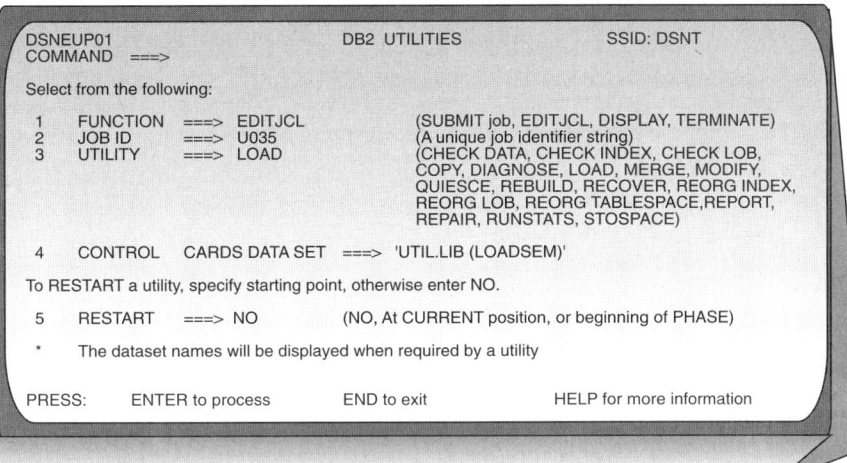

Die einzelnen Parameter haben folgende Bedeutung:

Funktions-Auswahl:

1 FUNCTION		Vorgabe der Funktion:	
		SUBMIT	Generierung eines Utility-Jobs und direkte Ausführung.
		EDITJCL	Generierung eines Utility-Jobs. Möglichkeit der Modifikation durch den Benutzer und anschließender Übergabe zur Ausführung (TSO SUBMIT).
		DISPLAY	Absetzen DB2-COMMAND -DISPLAY UTILITY. Damit kann der Utility-Status des JOB IDs angezeigt werden.
		TERMINATE	Absetzen DB2-COMMAND -TERMINATE UTILITY. Damit kann ein abnormal beendetes Utility des JOB IDs aus der Directory-Tabelle SYSUTIL gelöscht werden (z.B. damit ein neuer Versuch gestartet werden kann).
2 JOB ID		Eindeutiger Utility Job-Identifikator. Solange dieser Identifikator in der Directory-Tabelle SYSUTIL eingetragen ist, kann kein neuer Job mit demselben Id gestartet werden. Ausnahme:	
		Wenn ein Utility nach einem Abbruch mit RESTART PHASE wiederaufgesetzt wird.	
3 UTILITY		Auswahl des entsprechenden Utility-Typs (Details siehe im Anhang 2).	
4 CONTROL		Name des Datasets, der die Utility-Steueranweisungen enthält (hier LOAD DATA ...). Wird der Name nicht in Hochkomma eingeschlossen, wird der LOGON-ID vor den eingegebenen Namen gestellt. Default-Name = UTIL.	

Vorgabe bei einem RESTART eines vorher abgebrochenen Utility-Laufes:
5 RESTART		Restart-Position:	
		NO	kein Restart.
		CURRENT	auf der letzten verarbeiteten Position.
		PHASE	zu Beginn der letzten ordnungsgemäß verarbeiteten Phase.

* Bei bestimmten Utilities wird automatisch ein Panel zur Vorgabe weiterer Dataset-Namen angeboten (Beispiel folgt).

4.3.10.2 Panel für Dataset Names

Mit dieser Maske werden bei bestimmten Utilities die Namen geforderter Datasets vorgegeben.

```
DSNEUP02                    DATA SET NAMES               SSID: DSNT
COMMAND    ===>

         Enter data set name for LOAD or REORG TABLESPACE:
      1  RECDSN           ==>  LOAD.SEMINAR

         Enter data set name for
         LOAD or REORG TABLESPACE:
      2  DISCDSN  ==>

         Enter output data sets for local/current site for COPY or MERGECOPY,
              LOAD, or REORG:
      3  COPYDSN          ==>
      4  COPYDSN2         ==>

         Enter output data sets for recovery site for COPY, LOAD, or REORG:
      5  RCPYDSN1         ==>
      6  RCPYDSN2         ==>

         Enter output data sets for REORG:
      7  PUNCHDSN         ==>

      PRESS:      ENTER to process        END to exit       HELP for more information
```

Die einzelnen Parameter haben folgende Bedeutung:

Dataset-Namen für LOAD oder REORG TABLESPACE:
1 RECDSN   Name des Datasets:
            LOAD   Name der Datei, die die zu ladenden Eingabedaten enthält.
                    LOAD-Parameter: INDDN   Default-DD-Name: SYSREC
            REORG   Name der Datei, die die entladenen Daten aufnehmen soll.
                    REORG-Parameter: UNLDDN   Default-DD-Name: SYSREC

Dataset-Namen für LOAD oder REORG TABLESPACE:
2 DISCDSN   Name der Datei, die fehlerhafte Daten aufnehmen soll.
                    LOAD-Parameter: DISCARDDN   Default-DD-Name: SYSDISC

Ausgabe-Dataset-Namen der Primär- und Backup-Kopie im lokalen System für COPY, LOAD, REORG oder MERGECOPY:
3 COPYDSN   Name der Datei, die die zu sichernden bzw. gesicherten Daten enthält.
                    COPY-Parameter: COPYDDN   Default-DD-Name: SYSCOPY
                    MERGECOPY-Parameter: COPYDDN   Default-DD-Name: SYSCOPY
4 COPYDSN2 Name der Datei, die die zu sichernden bzw. gesicherten Daten enthält.
                    COPY-Parameter: COPYDDN   Default-DD-Name: SYSCOPY2
                    MERGECOPY-Parameter: COPYDDN   Default-DD-Name: SYSCOPY2

Ausgabe-Dataset-Namen der Primär- und Backup-Kopie im Recovery-System für COPY, LOAD, REORG:
5 RCPYDSN1 Name der Datei, die die zu sichernden Daten enthält.
                    COPY-Parameter: RECOVERYDDN   Default-DD-Name: SYSRCPY1
6 RCPYDSN2 Name der Datei, die die zu sichernden Daten enthält.
                    COPY-Parameter: RECOVERYDDN   Default-DD-Name: SYSRCPY2.

Dataset-Name für REORG TABLESPACE, sofern dort mit den Parametern REORG UNLOAD EXTERNAL oder REORG DISCARD gearbeitet wird:
7 PUNCHDSN Name der Datei, die generierte Steuerkarten für das LOAD-Utility aufnehmen soll.
                    REORG-Parameter: PUNCHDDN   Default-DD-Name: SYSPUNCH

4.3.10.3 Beispiel für generierte Utility-Macros

```
>>DSNU  EXEC:
>>     LOAD UTILITY REQUESTED WITH
>>        CONTROL=NONE, EDIT=SPF, COPYDSN=**NOT REQUIRED**,
>>        INDSN=UTIL.LIB (LOADSEM), RECDSN=LOAD.SEMINAR, RESTART=NO,
>>        SYSTEM=DSNT, SUBMIT=NO, UID=U035,
>>        UNIT=3390, VOLUME= "OMITTED", DB2I=YES,
>>        DISCDSN="OMITTED".
>> THE RESULTING JCL WILL BE WRITTEN TO USER-ID.DSNULOA.CNTL
>>SPF EDITING FACILITY INVOKED TO EDIT
>>           'U035.DSNULOA.CNTL'
>>     WHEN  *** APPEAR, PLEASE PRESS ENTER
>>     TO    TERMINATE SPF:
>>           PRESS  PF3       - RETURN TO CLIST WITH CHANGES
>>           PRESS PF4        - RETURN TO CLIST WITH CHANGES THEN
>>                              RETURN TO MAIN MENU
>>           ENTER CANCEL     - RETURN TO CLIST WITH NO CHANGES
***
```

4.3.10.4 Beispiel eines LOAD-Eingabebestandes

```
EDIT ---- LOAD.SEMINAR - 01.01 -------------------------- COLUMNS 001 080
COMMAND ===>                                              SCROLL ===> CSR
******** **************** TOP OF DATA ******************************
000001   DB2-DESIGN         001  Frankfurt        14.03.1999  14.00.00  130000
000002   DUMP               003  Köln             ?           ?         ?
000003   DUMP               004  Essen            17.03.2000  09.00.00  150000
000004   DB2-PROG           007  ?                08.06.1999  13.00.00  ?
000005   DB2-PROG           002  Mainz            01.02.2000  08.15.00  200000
000006   CICS-DES           011  Bonn             23.05.2000  10.30.00  170000
000007   DB2-PAE            009  Trier            14.09.2000  ?         180000
000008   CICS-PROG          010  Mainz            28.02.2000  11.11.11  170000
******** ***************************** BOTTOM OF DATA ***********************************
```

4.3.10.5 Beispiel von LOAD-Utility-Steuerkarten

```
EDIT ---- UTIL.LIB (LOADSEM) - 01.01 ------------------- COLUMNS 001 080
COMMAND ===>                                             SCROLL ===> CSR
******** **************** TOP OF DATA ******************************
000001   LOAD DATA
000002        INTO TABLE  SEMINAR_TEST
000003        (SEMCODE    POSITION (001:015) CHAR,
000004         SEMNR      POSITION (017:019) DECIMAL EXTERNAL,
000005         KURSORT    POSITION (021:040) CHAR              NULLIF (20) = '?',
000006         TERMIN     POSITION (042:051) DATE EXTERNAL     NULLIF (41) = '?',
000007         BEGINN_UHR POSITION (053:060) TIME EXTERNAL     NULLIF (52) = '?',
000008         PREIS      POSITION (062:068) DECIMAL EXTERNAL  NULLIF (61) = '?' )
******** ***************************** BOTTOM OF DATA ***********************************
```

4.3.10.6 Beispiel des generierten LOAD-Utility-Jobs

```
EDIT ---- U035.DSNULOA.CNTL ----------------------------------- COLUMNS 001 080
COMMAND ===> SUB                                                SCROLL ===> PAGE
**********  ******************************* TOP OF DATA ********************************
000001      //U035T    JOB  (ABC),'DENNE',MSGCLASS=Q,
000002      //    REGION=4096K,TIME=1,
000003      //       NOTIFY=U035, USER=U035
000004      //UTIL EXEC DSNUPROC, SYSTEM=DSNT, UID= 'U035 ', UTPROC=' '
000005      //*
000006      //***********************************************************************
000007      //*
000008      //*     GENERATING JCL FOR THE LOAD UTILITY
000009      //*     DATE: 10/08/99           TIME: 10:17:23
000010      //*
000011      //***********************************************************************
000012      //*
000013      //DSNUPROC.SORTWK01 DD  DSN=U035.SORTWK01 ,
000014      //      DISP= (MOD, DELETE, CATLG) ,
000015      //      SPACE= (4000, (150, 300) , , , ROUND) ,
000016      //      UNIT= 3390
000017      //DSNUPROC.SORTWK02 DD  DSN=U035.SORTWK02 ,
000018      //      DISP= (MOD, DELETE, CATLG) ,
000019      //      SPACE= (4000, (150, 300) , , , ROUND) ,
000020      //      UNIT= 3390
000021      //DSNUPROC.SORTWK03 DD  DSN=U035.SORTWK03 ,
000022      //      DISP= (MOD, DELETE, CATLG) ,
000023      //      SPACE= (4000, (150, 300) , , , ROUND) ,
000024      //      UNIT= 3390
000025      //DSNUPROC.SORTWK04 DD  DSN=U035.SORTWK04 ,
000026      //      DISP= (MOD, DELETE, CATLG) ,
000027      //      SPACE= (4000, (150, 300) , , , ROUND) ,
000028      //      UNIT= 3390
000029      //DSNUPROC.SYSREC DD  DSN=LOAD.SEMINAR ,
000030      //      DISP= OLD
000031      //DSNUPROC.SYSUT1 DD  DSN=U035.SYSUT1 ,
000032      //      DISP= (MOD, DELETE, CATLG) ,
000033      //      SPACE= (4000, (150, 300) , , , ROUND) ,
000034      //      UNIT= 3390
000035      //DSNUPROC.SORTOUT DD  DSN=U035.SORTOUT ,
000036      //      DISP= (MOD, DELETE, CATLG) ,
000037      //      SPACE= (4000, (150, 300) , , , ROUND) ,
000038      //      UNIT= 3390
000039      //DSNUPROC.SYSIN      DD  *
000040        LOAD DATA
000041            INTO TABLE  SEMINAR_TEST
000042        (SEMCODE       POSITION (001:015) CHAR,
000043         SEMNR         POSITION (017:019) DECIMAL EXTERNAL,
000044         KURSORT       POSITION (021:040) CHAR           NULLIF (20) = '?',
000045         TERMIN        POSITION (042:051) DATE EXTERNAL  NULLIF (41) = '?',
000046         BEGINN_UHR    POSITION (053:060) TIME EXTERNAL  NULLIF (52) = '?',
000047         PREIS         POSITION (062:068) DECIMAL EXTERNAL  NULLIF (61) = '?' )
000048      //
**********  ******************************* BOTTOM OF DATA ******************************
```

5 SQL-DDL-Data Definition Language
5.1 Dynamische DB2-Objektverwaltung

Ein modernes Datenbanksystem sollte durch dynamische Einrichtungen einen möglichst unterbrechungsfreien Betrieb (24-Stunden) unterstützen.
Existieren solche Mittel nicht, müssen bei einer Ressource-Veränderung:

- das DBMS gestoppt werden,
- evtl. Daten entladen werden (z.B. bei Strukturänderungen),
- die DBMS-Komponenten definiert und generiert werden (nach vorherigem Test),
- das DBMS gestartet,
- evtl. Daten wieder geladen werden (z.B. bei Strukturänderungen).

DB2 unterstützt alle DB-Sprachschnittstellen im Multi-User-Konzept, d.h. grundsätzlich werden alle DB-Anforderungen parallel konkurrierend abgewickelt. DB2 gewährleistet durch interne Maßnahmen (LOCK-Mechanismen) die Konsistenz einzelner Arbeitsaufträge durch ein Transaktionskonzept (logische Arbeitseinheit = Unit of Work - UOW).

So können grundsätzlich ohne Unterbrechung des laufenden Betriebes:

- über SQL-DML die Unternehmensdaten selektiert oder manipuliert werden.
- über SQL-DDL die DB2-Objekte als logische Verwaltungseinheiten (Meta-Daten) angelegt, geändert oder gelöscht werden.
- über SQL-DCL die Verarbeitungs- und Zugriffsschutzprivilegien verwaltet werden.
- Verbindungen zu TP-Monitoren auf- und abgebaut werden.
- über Utilities oder Anwendungsprogramme Daten entladen, geladen, reorganisiert oder im Extremfall repariert werden.

Natürlich werden bei Anwendung der genannten Möglichkeiten Sperr-Maßnahmen ergriffen, die eine parallele Verarbeitungsmöglichkeit für einen bestimmten Zeitraum ausschließen (Isolation).

Als zentrale Steuerungsdatenbank dient das DB2-Directory mit internen physischen Verkettungsinformationen sowie der DB2-Katalog.
Die Metadaten des DB2-Kataloges dokumentieren den jeweils aktuellen DB2-Ressourcezustand.
Der Katalog und das Directory werden von DB2 aktiv genutzt, da alle Anforderungen zum Ausführungszeitpunkt mit den Kataloginformationen verglichen werden und aufgrund der Directory- bzw. Katalog-Informationen Ausführungserfordernisse wie z.B. der optimale Zugriffsweg zu den benötigten Daten ermittelt werden.

Der System-Administrator kann die Einrichtung DDCS (Data Definition Control Support) generieren, mit der die dynamische Verwaltung von DB2-Objekten kontrolliert werden kann. Dabei können in einer ORT-Table (Object Registration) die Objekte und in der ART-Table (Application Registration) die Packages oder Pläne definiert werden, für die Kontroll-Mechanismen eingerichtet werden (siehe hierzu auch die Tabellen-Beschreibungen im Anhang 5).

Im Hinblick auf die permanenten Anpassungs-Aktivitäten zur Erfüllung des SQL-Standards unterstützt das System einen Schema-Generator (Siehe Anhang 2 CREATE SCHEMA), mit dem eine Folge von DDL- und DCL-Statements innerhalb einer UOW in den Katalog eingespielt werden kann. Es wird aber kein Objekt 'Schema' im Katalog unterstützt.

Die DB2-Benutzer können den Katalog als Cross-Reference aller bekannten Ressourcen und ihrer abgelegten Verbindungen abfragen.

Die DB2-Objekte basieren auf einem hierarchischen Konzept. So kann eine Table nur angelegt werden, wenn eine Database existiert und die Table dieser Database zugeordnet werden kann.

5 SQL-DDL-Data Definition Language
5.1 Dynamische DB2-Objektverwaltung

Die folgende Abbildung zeigt die hierarchische Struktur der DB2-Objekte, die natürlich nicht nur bei der Anlage der Objekte relevant ist, sondern auch bei Löschungen Folgewirkungen erzeugt.
Zudem sind Auswirkungen auf interne Sperrmechanismen erkennbar, da DB2 seine Objekte mit den zugehörigen Beziehungen im Katalog und im Directory aktuell darstellt und entsprechend verwalten muss (siehe auch die Grafiken am Anfang von Anhang 3).

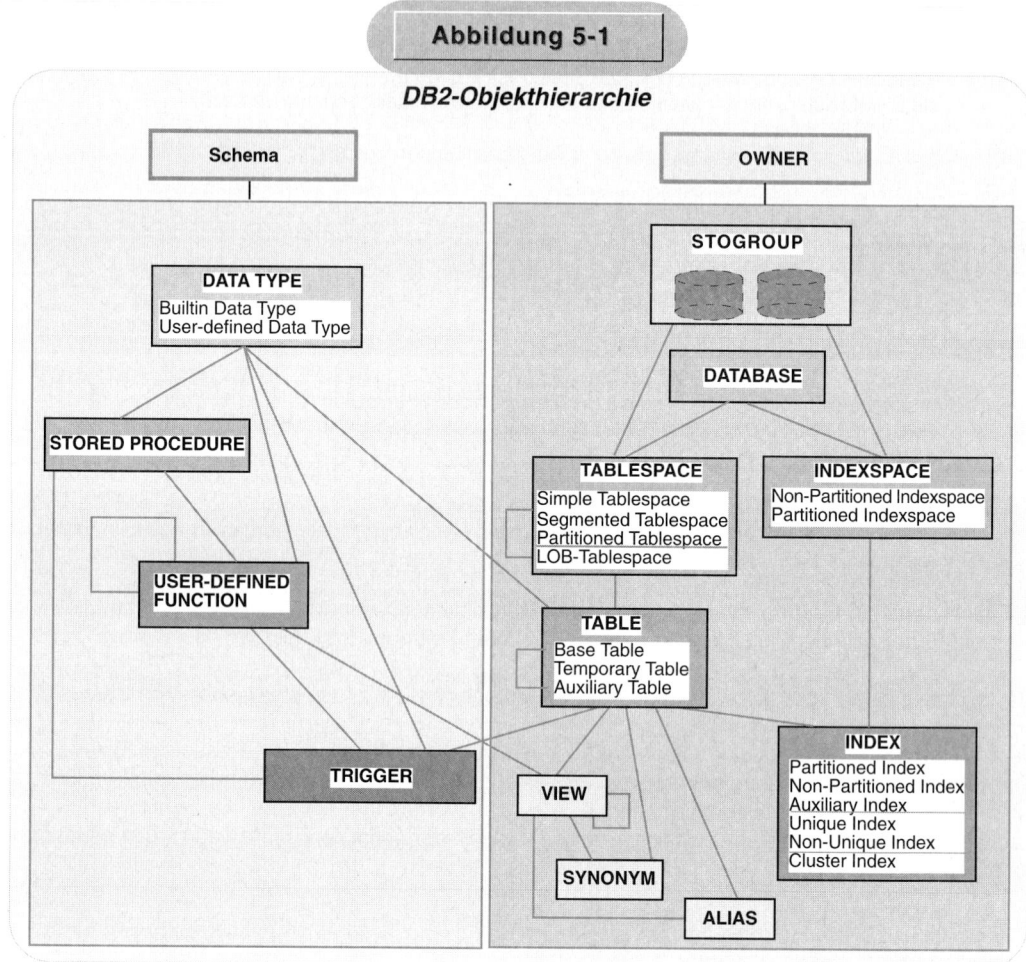

Abbildung 5-1
DB2-Objekthierarchie

Da Katalog und Directory die zentrale Informations- und Verwaltungsbasis des DB2-Systems darstellen, sind permanente dynamische Katalog-Veränderungen im Hinblick auf den zu erwartenden System-Durchsatz problematisch. So konnten einige Unternehmen nach Auslieferung des ersten DB2-Releases die Verwaltung der DB2-Objekte nur zu bestimmten, geplanten Tageszeiten durchführen. Zunehmend wurden mit den bisher getätigten DB2-Releaseerweiterungen und -Verbesserungen erhebliche Reduzierungen der Sperrmaßnahmen erreicht, die zu einer erhöhten Parallel-Nutzungsmöglichkeit des Katalogs führten.

5.2 Anlegen DB2-Objekte: CREATE

Wie vorab dargestellt, müssen die DB2-Objekte in eine Objekthierarchie eingeordnet werden. Dies erfolgt beim Anlegen der einzelnen abhängigen Objekte durch explizite Definition der Beziehungen oder implizite Zuordnung durch DB2.

DB2 bietet bestimmte Default-Objektzuordnungen an:

- Owner bzw. Schema = CURRENT SQLID bei dynamischen SQL-Statements bzw. bei statischen SQL-Statements der Qualifier des BIND-Prozesses bzw. der Owner von Plan oder Package.
- Storage Group = SYSDEFLT
- Bufferpool = BP0
- Database = DSNDB04

Die folgende Abbildung zeigt die Default-Zuordnung bei der Anlage (**CREATE**) der jeweiligen Objekte. Die Defaulteintragungen werden von DB2 automatisch vorgenommen, wenn die entsprechenden Parameter beim Anlegen der Objekte nicht explizit vorgegeben sind.

Abbildung 5-2

Defaultzuordnungen der DB2-Objekte

CREATE DB2-Objekt:	Storage Group	Database	Tablespace	Bufferpool	Sonstige
Storage Group					
Database	SYSDEFLT			BP0	
Tablespace	aus Database	DSNDB04		aus Database	
Table		DSNDB04	Tablename*	aus Database	Referential constraint aus erstem FK-Namen* Check constraint aus erstem Spalten-Namen**

* Wenn der Tabellen-Name bzw. Referential Constraint-Name bis zu 8 Stellen lang ist und noch nicht im lokalen System existiert, wird der entsprechende Name übernommen, ansonsten nur die ersten vier Stellen und der Rest eindeutig numeriert.

** Wird kein Check-Constraint-Name vorgegeben wird, vergibt DB2 einen eindeutigten Namen innerhalb der Table, abgeleitet aus dem Namen der ersten definierten Spalte innerhalb des Konstruktes.

So wird beim Anlegen der Database die Storage Group SYSDEFLT angenommen, wenn der Objekt-Ersteller die Option STOGROUP ignoriert. Außerdem wird bei fehlender Option der Bufferpool BP0 eingesetzt.
Beim Anlegen des Tablespaces wird die Storage Group und die Bufferpool-Zuordnung aus der Database entnommen. Wird keine Database definiert, erfolgt die Zuordnung zur Default-Database DSNDB04.

Die Objekthierarchie sowie die Default-Zuordnungen führen zu Auswirkungen in den Verwaltungsaktivitäten. So muss zunächst die Hierarchie beachtet werden. Die vom System zugeordneten Defaults werden in der Praxis natürlich zu unbefriedigenden Ergebnissen führen, da eine gezielte Streuung der DB2-Objekte über diverse Storage Groups und Databases verwaltungstechnisch und aus Durchsatzgründen sinnvoll ist.

Sollte das Privileg der DB2-Objekterstellung an diverse Stellen eines Unternehmens übertragen werden, so sind strenge Namenskonventionen unerlässlich.

5 SQL-DDL-Data Definition Language
5.2 Anlegen DB2-Objekte: CREATE

Darf ein Benutzer beispielsweise Tables anlegen, so muss er, wenn nicht die Default-Database DSNDB04 von DB2 ausgewählt werden soll, zumindest eine existierende Database explizit angeben. Die folgende Abbildung zeigt die Verwaltungsauswirkungen bei der SQL-DDL-Objektverwaltung, die anschließend erörtert werden:

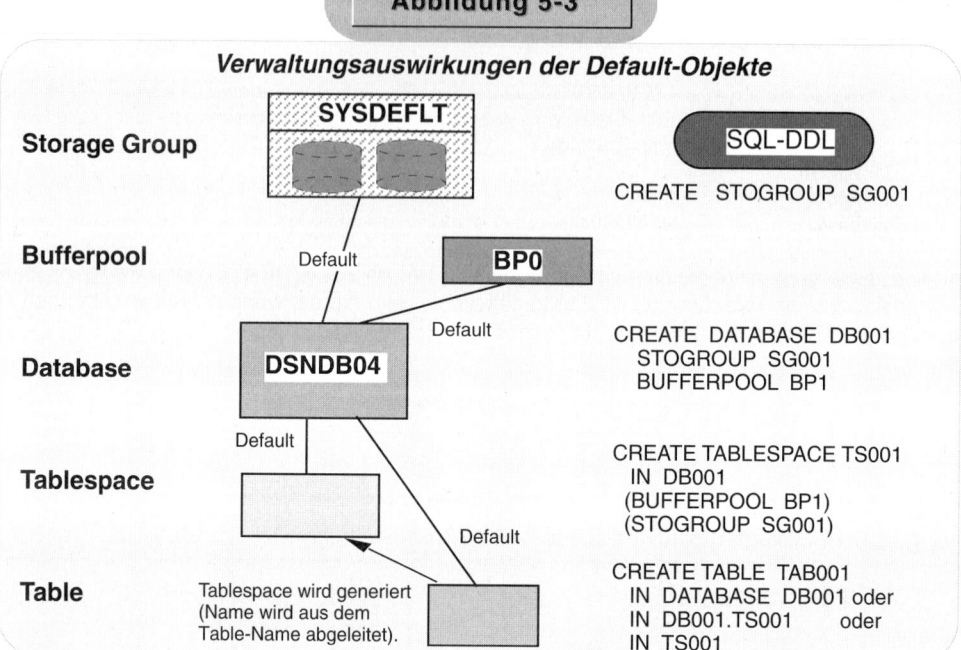

Abbildung 5-3

Die Verwaltung der DB2-Objekte aus der obigen Abbildung unterliegt folgenden Kriterien:

- **Storage Group** Es wird eine Storage Group mit dem Namen SG001 angelegt (darf im DB2-Subsystem noch nicht existieren).

- **Database** Es wird eine Database mit dem Namen DB001 angelegt (darf im DB2-Subsystem noch nicht existieren). Die Angaben Storage Group SG001 und Bufferpool BP1 sind erforderlich, wenn die Defaults SYSDEFLT bzw. BP0 nicht wirken sollen.

- **Tablespace** Es wird ein Tablespace mit dem Namen TS001 angelegt (darf in der Database noch nicht existieren). Die Angabe zur Database IN DB001 ist erforderlich, wenn DSNDB04 als Default-Database nicht zur Wirkung kommen soll.
Eine Storage Group und Bufferpool-Angabe ist nur erforderlich, wenn von den Database-Defaults der DB001 abgewichen werden soll. In unserem Beispiel würden als Defaults aus der Database-Beschreibung eingesetzt:
Storage Group SG001, Bufferpool BP1.

- **Table** Es wird eine Table mit dem Namen TAB001 angelegt (darf zusammen mit dem Prefix des Erstellers im DB2-Subsystem noch nicht existieren).
Die Angabe IN DATABASE DB001 ist erforderlich, wenn DSNDB04 als Default-Database nicht zur Wirkung kommen soll. In diesem Falle wird von DB2 automatisch ein Tablespace in der Database DB001 unter dem Table-Namen angelegt. Alternativ kann auch ein Tablespace-Name direkt oder verkettet mit einem Database-Namen angegeben werden.
Wird nur der Tablespace-Name vorgegeben, erfolgt automatisch die Zuordnung zur Database DSNDB04 (Beispiel IN TS001). Der Tablespace TS001 in der Database DB001 aus unserem Beispiel muss vor der Anlage der Table explizit angelegt sein.
Auf der Table-Ebene erfolgt kein Bezug mehr zu Storage Group oder Bufferpool.

5 SQL-DDL-Data Definition Language
5.2 Anlegen DB2-Objekte: CREATE

Die DB2-Objekte werden durch unterschiedliche SQL-Statements des Befehlstyps CREATE angelegt. Grundsätzlich lassen sich die DB2-Objekte gruppieren in:

- **Objekte des logischen DB-Designs**

    - **Datenbeschreibende Objekt-Typen**
        - DISTINCT DATA TYPE, TABLE, VIEW, SYNONYM, ALIAS.

    - **Funktionale Objekt-Typen**
        werden hier als Objekte des physischen Designs betrachtet, da es diverse Implementierungsmöglichkeiten gibt.

- **Objekte des physischen DB-Designs**

    - **System-Bereiche**
        - SCHEMA, OWNER.

    - **Datenbeschreibende Objekt-Typen**
        - GLOBAL TEMPORARY TABLE, AUXILIARY TABLE.
        - STOGROUP, DATABASE, TABLESPACE, LOB-TABLESPACE, INDEX, AUXILIARY INDEX.

    - **Systemtechnische Daten-Zuordnungseinheiten**
        - BUFFERPOOL, PARTITION.
        Diese werden bei der Definition der DB2-Objekte mit zugeordnet.

    - **Funktionale Objekt-Typen**
        - STORED PROCEDURE, USER-DEFINED FUNCTION, TRIGGER.

Die DB2-Objektnamen müssen, wie in Kapitel 3 dargestellt, eindeutig sein:

- **innerhalb des DB2-Subsystems**
    - Schema, Owner, Plan, Collection, Storage Group, Database

- **innerhalb ihrer Objekthierarchie**
    - Tablespace und Indexspace innerhalb der Database,
    - Spalten/Columns innerhalb der Table,
    - Package innerhalb einer Collection,
    - DBRM-Version innerhalb einer Package.

- **innerhalb des Autorisierungs-Ids (Owners)**
    - Table (auch Temporary Table), View, Synonym, Index, Alias.

- **innerhalb des Schemas**
    - Distinct Data-Type, User-defined Function (unter Berücksichtigung eindeutiger Parameter), Stored Procedure, Trigger.

Es folgen nun einige Beispiele für den Einsatz des SQL-Statements 'CREATE' in der erforderlichen Reihenfolge der hierarchischen Objekt-Verwaltung.

5 SQL-DDL-Data Definition Language
5.2 Anlegen DB2-Objekte: CREATE

5.2.1 Beispiele CREATE
5.2.1.1 Systemorientierte Daten-Objekte

Definitionen und weitere Beispiele siehe Anhang A2

STORAGE GROUP

```
CREATE STOGROUP    SEMSG01              Name der Storage Group = SEMSG01.
       VOLUMES     (PRIV01,PRIV08)      Plattendevices.
       VCAT        VSAMCAT              VSAM-Katalog.
```

DATABASE

```
CREATE DATABASE    SEMDB01     Name der Database = SEMDB01
       STOGROUP    SEMSG01     Name der Storage Group als Database-Default.
       BUFFERPOOL  BP1         Bufferpool BP1 als Database-Default für Daten.
       INDEXBP     BP3         Bufferpool BP3 als Database-Default für Indizes.
```

SEGMENTED TABLESPACE

```
CREATE TABLESPACE    SEMTS01     Name des Tablespaces = SEMTS01
   IN  SEMDB01                   Zuordnung der Database. Es werden damit die Database-
                                 Defaults aktiviert:
                                 STOGROUP = SEMSG01
                                 BUFFERPOOL = BP1 (= 4 KB).
   USING STOGROUP    SEMSG01     Alternativ-Parameter STOGROUP oder VCAT für user defined
                                 Datasets.
         PRIQTY      20          Eine Primäranforderung von 20 KB führt bei den 4 K-Pages
                                 (BP1 nimmt 4-K-Pages auf) zu folgender Page-Anforderung:
                                 20 / 4 = 5 Pages, mindestens Default = 3 Pages
                                 (1 Page ≈ 1 VSAM-CI).
   SEGSIZE   4                   Segmentgröße (Anzahl Pages = 4), in der Daten einer Tabelle
                                 geführt werden.
```

PARTITIONED TABLESPACE

```
CREATE TABLESPACE    SEMTS02           Name des Tablespaces = SEMTS02

   IN SEMDB02                          Zuordnung der Database. Es werden damit die entsprechen-
                                       den Database-Defaults aktiviert.

   USING STOGROUP    SEMSG02           Grundsätzliche Storage Group für alle Partitions.
         PRIQTY      20                Grundsätzliche Primäranforderung für alle Partitions.
         NUMPARTS    3                 Anzahl Partitions = 3.
         COMPRESS    YES               Alle Daten werden komprimiert gespeichert.

   ( PART  3  USING                    Für PARTITION 1 und 2 gelten Defaultwerte, für die
                                       PARTITION 3 werden einige Ausnahmen definiert:
         STOGROUP SEMSG08              Storage Group SEMSG08,
         PRIQTY   50                   Primärspace 50 KB,
         PCTFREE  20 )                 Freespace von 20 %.
```

Zur Definition eines Partitioned Tablespace gehört die Definition eines Partitioned Index. Ein Beispiel folgt später.

LOB-TABLESPACE

```
CREATE TABLESPACE    SEMTSL1     Name des Tablespaces = SEMTSL1
   IN  SEMDB01                   Zuordnung der Database. Es werden damit die entsprechen-
                                 den Database-Defaults aktiviert.
   USING VCAT DB2T1              Alternativ-Parameter STOGROUP oder VCAT für user defined
                                 Datasets.
   LOCKSIZE      LOB             Sperrniveau: LOB
   BUFFERPOOL    BP32K5          Bufferpool-Zuordnung für die Page-Größe 32 KB.
   LOG           NO              Bei Manipulationen erfolgt kein Logging.
```

5 SQL-DDL-Data Definition Language
5.2 Anlegen DB2-Objekte: CREATE

INDEX — Siehe Beispiel partitioned Tablespace.
Hinweis: Ein Index kann erst dann angelegt werden, wenn die zugehörige Table im Katalog definiert ist.

CREATE UNIQUE INDEX SEMTYP_I01	Name des Index = Owner.SEMTYP_I01.
ON SEMTYP (SEMCODE)	Zu indizierende Spalte in Table SEMTYP.
USING STOGROUP SEMSG10	Physische Trennung von Index und Daten (die Daten sind SEMSG02 und SEMSG08 zugeordnet).
CLUSTER	Die physische Speicherung wird an der aufsteigend indizierten SEMCODE-Spalte ausgerichtet.
(PART 1 VALUES ('C999999999'),	PARTITION 1- Höchster Key.
PART 2 VALUES ('G999999999'),	PARTITION 2- Höchster Key.
PART 3 VALUES ('9999999999'))	PARTITION 3- Höchster Key.

AUXILIARY INDEX — Definition eines Auxiliary Index für eine LOB -Spalte einer Auxiliary Table (CURRENT RULES = "DB2")
Hinweis: Ein Index kann erst dann angelegt werden, wenn die zugehörige Table im Katalog definiert ist (in diesem Fall die Auxiliary Table).

CREATE UNIQUE INDEX REFERENT_FOTO_IX	Index-Name Owner.REFERENT_FOTO_IX.
ON REFERENT_FOTO_AUX	Zuordnung zur Auxiliary Table REFERENT_FOTO_AUX (ohne Spalten-Referenz).
USING VCAT DB21 ;	Verweis auf den Dataset.

5.2.1.2 Benutzerorientierte Daten-Objekte

USER-DEFINED DATA-TYPE (DISTINCT TYPE)

CREATE DISTINCT TYPE	Definition eines User-defined Distinct Data-Types
PROD.SEMINARDAUER	im Schema PROD mit dem Namen SEMINARDAUER
AS DECIMAL (3 , 1)	basierend auf dem Source-Builtin-Daten-Typ DECIMAL. Achtung, wenn bei Generierung 'DECIMAL POINT IS COMMA (',') vorgegeben ist, muss bei SPUFI nach dem Komma ein Blank gesetzt werden, z.B. DECIMAL (3, 1).
WITH COMPARISONS	Die generellen Vergleichs-Operatoren sollen generiert werden.

TABLE
Beispieltabelle siehe Abbildung 1-2.

CREATE TABLE SEMTYP		Name der Table = Owner.SEMTYP
(SEMCODE	CHAR (15)	Spaltendefinition.
	NOT NULL ,	Pflicht bei einem Parent-Key-Bestandteil.
DAUER	SEMINARDAUER ,	Bezug auf den oben angelegten Distinct Type. Dauer ist NULL-fähig.
MAXTEILN	SMALLINT NOT NULL ,	
TITEL	VARCHAR (60) ,	Hinweis: Ein variabler String sollte grundsätzlich nicht mehr verwendet werden. Alternative: Kompression bei der Definition des Tablespaces aktivieren. Wenn denn schon eine variable Spalte definiert wird, sollte sie nach hinten gesetzt werden.
PRIMARY KEY	(SEMCODE) ,	Primärkey. Die Anlage eines Primär-Index ist zwingend.
FOREIGN KEY	(DAUER)	Foreign-Key
REFERENCES	SEMPREIS	Referenzielle Beziehung zur Parent Table.
	ON DELETE RESTRICT ,	Die Löschung einer Dauer in SEMPREIS wird nur akzeptiert, wenn keine referenzierenden Zeilen in SEMTYP vorhanden sind (dependent rows).
CONSTRAINT C0001		Definition eines Check-Constraints mit Namen C0001
CHECK		Prüfbedingung: Der Wert von MAXTEILN muss
(MAXTEILN BETWEEN 5 AND 95))		zwischen 5 und 95 liegen (5 = MindestMAXTEILNzahl).
IN SEMDB02.SEMTS02		Database- und Tablespace-Zuordnung.

TABLE mit einer LOB-Spalte

```
CREATE TABLE    REFERENT_FOTO
(   REFNR       SMALLINT    NOT NULL,
    GILTAB      DATE        NOT NULL,
    ROWID       ROWID
                GENERATED ALWAYS,

    REF_FOTO    BLOB (200K),
PRIMARY KEY     (REFNR) )

IN      SEMDB01.SEMTS09 ;
```

Name der Table = Owner.REFERENT_FOTO.
Lfd-Nr. als PK und FK zur Table REFERENT.
Gültigkeitsdatum des Fotos.
Für jede Tabelle mit zumindest einer LOB-Spalte muss eine ROWID-Spalte definiert werden, deren eindeutiger Inhalt von DB2 automatisch vergeben wird.
Foto des Referenten als LOB-Spalte mit max. 200 KB.
Der Primär-Key fordert einen Primary Index, ansonsten ist die Tabellenbeschreibung 'incomplete'.
Zuordnung zur Database SEMDB01 und dem dort vorhandenen Tablespace SEMTS09.

AUXILIARY TABLE für die LOB-Spalte der REFERENT_FOTO-Tabelle (CURRENT RULES = "DB2")

```
CREATE TABLE    REFERENT_FOTO_AUX
IN              SEMDB01.SEMTL09

STORES          REFERENT_FOTO
COLUMN          REF_FOTO ;
```

Name der Auxiliary Table = Owner.REFERENT_FOTO_AUX.
Zuordnung zur Database SEMDB01 und dem dort vorhandenen LOB-Tablespace SEMTL09.
Zuordnung zur Table REFERENT_FOTO.
Zuordnung zur Spalte REF_FOTO.

GLOBAL TEMPORARY TABLE

Hier sind nur eingeschränkte Parameter vorgebbar.

```
CREATE GLOBAL TEMPORARY TABLE SEMTEMP
(   SEMCODE     CHAR  (15)   NOT NULL,
    TITEL       CHAR  (60)   NOT NULL,
    TERMIN      DATE         NOT NULL,
    REFERENT    CHAR  (60)   )
```

Name der Table = Owner.SEMTEMP
Spaltendefinitionen.

VIEW

Beispieltabellen siehe Abbildung 1-2.

```
CREATE  VIEW        SEMTYP_PREIS
        AS SELECT   SEMCODE,
                    GILTAB,
                    PREIS
        FROM        SEMTYP, SEMPREIS
        WHERE       SEMTYP.DAUER =
                    SEMPREIS.DAUER
        AND YEAR (GILTAB) >= 2000
```

Name View = Owner.SEMTYP_PREIS
Selektions-Spalten = Definition Result-Table.

JOIN aus Tabellen.
Equi-JOIN-Bedingung.

Weitere Auswahlbedingung.

Dieser View kann ausgeführt werden mit dem Befehl:

```
SELECT * FROM SEMTYP_PREIS
```

Da zwei Tabellen miteinander verknüpft werden (Join), ist dieser View nicht updateable und damit nur read-only verarbeitbar.

SYNONYM

```
CREATE SYNONYM SP
    FOR GANS.SEMTYP_PREIS
```

Name des Synonyms = Owner.SP
Referenzierter View, der im lokalen System existieren muss.

Diese Synonym-Definition kann verwendet werden mit dem Befehl:

```
SELECT * FROM    SP
```

ALIAS

```
CREATE ALIAS    SEMTYP
    FOR FRANKFURT.PROD.SEMTYP
```

Name des Alias = Owner.SEMTYP
Referenzierte Tabelle oder View im Remote-System Frankfurt. Das Objekt muss zum Zeitpunkt der Alias-Definition nicht existieren.

5 SQL-DDL-Data Definition Language
5.2 Anlegen DB2-Objekte: CREATE

COMMENT ON   Anlegen bzw. Änderung eines Kommentars.

    COMMENT ON TABLE SEMTYP   Name Table = Owner.SEMTYP
        IS   'DIE TABELLE SEMTYP BEINHALTET DIE GEPLANTEN SEMINARTYPEN.
                  ES DARF KEIN SEMINAR EROEFFNET WERDEN OHNE ZUGEHOERIGEN
                  SEMINARTYP.'

LABEL ON   Anlegen bzw. Änderung eines Alternativnamens.

    LABEL ON SEMTYP   Name der Table = Owner.SEMTYP für die Namenseingabe
                                          mehrerer Spalten.
        (SEMCODE   IS 'PLAN-SEMINARCODE',
         TITEL   IS 'SEMINARTITEL MAX. 60 STELLEN')

5.2.1.3 Funktionsorientierte Objekte

USER-DEFINED FUNCTION (External Scalar)   Rückgabe eines Ergebniswertes.

CREATE FUNCTION SEMINAR_ENDE	Funktions-Name SEMINAR_ENDE im aktuellen System unter dem aktuellen Schema
(DATE , CHAR (60) , DEC (9 , 2))	Daten-Typen der Eingabe-Argumente: TERMIN, KURSORT, DAUER
RETURNS (DATE)	Daten-Typ des Ergebnisses.
SPECIFIC SVPR0023	Eindeutiger spezifischer Name (alternativer Funktions-Name)
EXTERNAL NAME 'SVPR0023'	Eindeutiger externer Name (OS/390-Lademodulname)
LANGUAGE PLI	Programmiersprache: PL/I
PARAMETER STYLE DB2	Einzig mögliche Parameter-Struktur-Variante
DETERMINISTIC	Das Ergebnis ist bei jedem Aufruf identisch
FENCED	Die Funktion wird außerhalb des DB2-Adressraums aktiviert
NO SQL	Es werden keine Ausführungs-SQL-Statements in der Funktion eingesetzt
NO EXTERNAL ACTION	Die Funktion führt keine Ressource-Modifikationen außerhalb von DB2 durch
STAY RESIDENT YES	Das Lademodul bleibt nach Ausführung im Speicher

USER-DEFINED FUNCTION (External Table)   Rückgabe einer Ergebniszeile mit Werten.

CREATE FUNCTION SACHB_ZUSTAENDIG	Funktions-Name SACHB_ZUSTAENDIG im aktuellen System unter dem aktuellen Schema
(CHAR (20) , CHAR (20) , INT)	Daten-Typen der Eingabe-Argumente: Objekt-Kategorie, Objekt-Klasse, Primary-Key.
RETURNS TABLE	Das Ergebnis ist eine Tabelle Der Inhalt der Eingabe wird in
(SBNNAME CHAR (35) ,	Daten-Typen des Ergebnisses: Nachname
SBVNAME CHAR (35) ,	Vorname
SBTELEFV CHAR (15) ,	Telefon-Vorwahl
SBTELEFD CHAR (15) ,	Dienst-Telefon
SBFUNK CHAR (1))	Sachbearbeiter-Funktion.
EXTERNAL NAME 'SVPR0134'	Eindeutiger externer Name
LANGUAGE PLI	Programmiersprache: PL/I
PARAMETER STYLE DB2	Einzig mögliche Parameter-Struktur-Variante
DETERMINISTIC	Das Ergebnis ist bei jedem Aufruf identisch
FENCED	Die Funktion wird außerhalb des DB2-Adressraums aktiviert
READS SQL DATA	Es werden lesende SQL-Statements in der Funktion eingesetzt
NO EXTERNAL ACTION	Die Funktion führt keine Ressource-Modifikationen außerhalb von DB2 durch
FINAL CALL	Die Funktion muss mehrmals aufgerufen werden. Am Ende erfolgt ein Abschluss-Aufruf (Default für diesen Funktions-Typ).
DISALLOW PARALLEL	Parallelilität ist für diesen Funktions-Typ generell nicht unterstützt.
STAY RESIDENT YES	Das Lademodul bleibt nach Ausführung im Speicher
CARDINALITY 3	Optimizer-Information, es werden durchschnittlich drei Ergebniszeilen erwartet.

5 SQL-DDL-Data Definition Language
5.2 Anlegen DB2-Objekte: CREATE

USER-DEFINED FUNCTION (Sourced)   Rückgabe eines Ergebniswertes.

CREATE FUNCTION SUM		Funktions-Name SUM im aktuellen System unter dem aktuellen Schema
(EURO)		Daten-Typ des Eingabe-Argumentes
RETURNS	EURO	Daten-Typ des Ausgabe-Argumentes
SOURCE	SYSIBM.SUM	Basis = Builtin-Funktion SUM von IBM
(DECIMAL ())		Eingabe-Daten-Typ der Builtin-Funktion (Teil des Funktions-Namens; muss bei einer Builtin-Funktion vorgegeben werden).

STORED PROCEDURE   Aufruf einer Routine mit EXEC SQL CALL.

CREATE PROCEDURE SEMINAR_SEMNR			Prozedur-Name SEMINAR_SEMNR im aktuellen System unter dem aktuellen Schema
(IN	SEMINARNR	INT	Eingabe-Argument mit Format: Seminar-Nr.
OUT	TERMIN	DATE ,	Ausgabe-Argumente mit Formaten: Termin,
OUT	REFNAME	CHAR (50),	Referenten-Vorname und Nachname,
OUT	SEMCODE	CHAR (15),	Seminarcode,
OUT	RETCODE	INT	Return-Code.
		)	
LANGUAGE COBOL			Programmiersprache: COBOL
PARAMETER STYLE GENERAL			Nur die definierten Parameter werden ausgetauscht
READS SQL DATA			Es werden lesende SQL-Statements in der Prozedur eingesetzt

TRIGGER (Before Trigger)   Trigger für Prüfung der Business-Rules

CREATE TRIGGER SEMINAR.TRSEPRE1	Trigger für das Überwachen von Preiserhöhungen. Eine Preiserhöhung muss mindestens um 10 % über dem alten Preis liegen. Trigger-Name: TRSEPRE1 im Schema SEMINAR.
NO CASCADE BEFORE	Aktivierungs-Zeit des Triggers: <u>Vor</u> dem Auftreten eines ..
UPDATE	.. UPDATEs ....
OF PREIS ON SEMPREIS	.. der Spalte PREIS der Tabelle SEMPREIS (Triggering Table).
REFERENCING	Der Korrelations-Name ....
OLD AS ALT	... für den Zustand vorher (OLD) ist ALT.
NEW AS NEU	... für den Zustand nachher (NEW) ist NEU.
FOR EACH ROW	Die Häufigkeit der Funktionsauslösung = bei jeder Zeile, d.h. ein Row-Trigger, der bei jedem Zeilen-Update aktiviert wird.
MODE DB2SQL	Einziger derzeit unterstützter Modus.
WHEN	Trigger-Condition (unter welchen Bedingungen).
((ALT.PREIS * 1.20) >= NEU.PREIS)	Wenn der ALT-PREIS * 1.20 größer gleich NEU.PREIS ist,....
BEGIN ATOMIC	.. dann wird ein SQLCODE -438 mit SQLSTATE 70101 erzeugt.
SIGNAL SQLSTATE '70101'	
('SEMPREIS: Zu geringe Preiserhöhung') ;	
END ;	

TRIGGER (After Trigger)   Trigger mit Manipulations-Aktion.
Das Beispiel basiert auf der Aufnahme einer redundanten Spalte 'ANZRES_RED' für das Zählen der Anzahl der seminarbezogenen Reservierungen in der SEMINAR-Tabelle.

CREATE TRIGGER TRSERED2	Trigger für das Hochzählen von Seminaranmeldungen (SEMRES) in der redundanten Spalte ANZRES_RED der Tabelle SEMINAR. Trigger-Name: TRSERED2 im aktuellen Schema.
AFTER	Aktivierungs-Zeit des Triggers: Nach der Manipulation ..
INSERT	.. des Ereignistyps INSERT ....
ON SEMRES	... in der Table SEMRES (Name der Triggering Table).
REFERENCING	Der Korrelations-Name ....
NEW AS ZUGANG	... für den Zustand nachher (NEW) ist ZUGANG.
FOR EACH ROW	Die Häufigkeit der Funktionsauslösung = bei jeder Zeile, d.h. ein Row-Trigger, der bei jedem Zeilen-Insert aktiviert wird.
MODE DB2SQL	Einziger derzeit unterstützter Modus.
BEGIN ATOMIC	Beginn des Trigger-Bodys mit der Aktions-Definition:
UPDATE SEMINAR	Trigger-Maßnahme: UPDATE Tabelle SEMINAR..
SET ANZRES_RED = ANZRES_RED + 1	... erhöhen Zähler ANZRES_RED um 1
WHERE SEMNR = ZUGANG.SEMNR ;	... für die entsprechende SEMNR in SEMINAR.
END ;	

5.3 Ändern DB2-Objekte: ALTER und RENAME

Moderne Datenbanksysteme zeichnen sich aus durch hohe Flexibilität bei nachträglichen Veränderungsanforderungen von:

- **Logischen DBMS-Ressourcen**
  - Änderung von externen Benutzersichten zu den Daten.
  - Änderungen in der konzeptionellen Informationsstruktur des Unternehmens.

- **Physischen DBMS-Ressourcen**
  - Änderung der physischen, internen Datenobjekte.
  - Änderung der Funktions-Objekte.

Eine wichtige Rolle spielt die Unterstützungsmöglichkeit eines DBMS für den Anwendungs-Entwickler im DesignProzess.
Wird im frühen Entwurfsstadium Unterstützung geleistet, bedarf es äußerst flexibler Tools, mit denen die Dynamisierungs-Erfordernisse des Entwicklungsprozesses gefördert werden. Dabei übernimmt das Data-Dictionary bzw. der Katalog des DBMS eine aktive Rolle im DesignProzess.

DB2 bietet grundsätzlich die Möglichkeit, mit Hilfe des SQL-Statements '**ALTER**', die mit CREATE angelegten und mit einer Reihe von Parametern ausgestatteten DB2-Objekte nachträglich dynamisch zu ändern.

Die Veränderungsmöglichkeiten sind jedoch stark eingeschränkt. Im wesentlichen werden physische Parameter-Änderungen unterstützt, logische Objekt-Veränderungen sind zumeist nicht mit ALTER möglich.
So können beispielsweise derzeit keine Views verändert werden.
Die DB2-Objekte müssen daher im DesignProzess vorab mit allen Ausprägungen festgelegt werden und können dann physisch im Katalog aufgenommen werden.

Es werden derzeit im DB2 folgende Objekte durch ein entsprechendes **ALTER**-Statement unterstützt:

- **STOGROUP** zur Neuzuordnung bzw. Entnahme von Volumes.
- **DATABASE** mit allen relevanten Parametern.
- **TABLESPACE** mit Änderung physischer Speichercharakteristiken und des Lockniveaus. Der Tablespace-Typ kann nicht verändert werden.
- **INDEX** mit Änderung physischer Speichercharakteristiken (die Zuordnung von Index-Spalten kann nicht verändert werden). Ab Version 6 können auch die Keyranges der Partitions verändert werden.
- **TABLE** ohne Änderungsmöglichkeit bestehender Spalten.
  Es können aber z.B. folgende Änderungen vorgenommen werden:
    - Einfügung neuer Spalten (an das Ende der Struktur). Dies hat keine Wirkung auf bestehende Views.
    - Primary Keys und Foreign Keys (referenzielle Konstrukte). Diese können angelegt und gelöscht werden.
    - Prüfbedingungen (Check Konstrukte und Prüfprozeduren). Diese können angelegt und gelöscht werden.
    - Ab Version 6 können variable Spaltenlängen erhöht werden.
- **FUNCTION** mit der Änderungsmöglichkeit der technischen Ausführungs-Parameter.
- **PROCEDURE** mit der Änderungsmöglichkeit der technischen Ausführungs-Parameter.

Mit dem **RENAME**-Statement unterstützt DB2 die Änderung eines **Table**-Namens. Der Eigentümer einer Tabelle ist aber nicht änderbar.

Die DDL-Änderungsmöglichkeiten von DB2 bleiben generell ohne Auswirkungen auf die physisch gespeicherten Daten.
So kann beispielsweise die Bufferpool-Größe eines Tablespaces, die auf die physische Page-Ablage wirkt, nachträglich nicht von 4 K auf 32 K geändert werden.
Auch die Veränderung der Zuordnung einer Table zu einem anderen Tablespace oder einer anderen Database ist nicht direkt möglich.

5 SQL-DDL-Data Definition Language
5.3 Ändern DB2-Objekte: ALTER und RENAME

Wird mit ALTER eine neue Table-Spalte hinzugefügt, kann diese aufgrund der bereits existierenden Datenzustände nicht mit 'NOT NULL' angelegt werden. Zulässig ist jedoch 'NOT NULL WITH DEFAULT'. Hierbei werden von DB2 beim SELECT einer Zeile, für die noch kein Spaltenwert vorgegeben ist, folgende Default-Werte zugeordnet:

0	- für numerische Daten,
Blank	- für Character-Daten mit fester Länge,
String mit Länge 0	- für variable Daten,
01.01.0001	- für Datentyp DATE,
00.00.00	- für Datentyp TIME,
0001.01.01.00.00.00.000000	- für Datentyp TIMESTAMP.

Beim Einfügen einer neuen Zeile werden ebenfalls Default-Werte berücksichtigt. Näheres hierzu siehe unter Kapitel 6.3 - Insert.

Es existieren derzeit **keine** Veränderungsmöglichkeiten für folgende DB2- Objekte:

- **ALIAS, SYNONYM,**
- **VIEW,**
- **DISTINCT TYPE**
- **TRIGGER.**

Beim View ist zu beachten, dass neu hinzugefügte Felder durch ALTER TABLE bei keinem View, der auf diese Basistabelle zeigt, berücksichtigt werden; auch dann nicht, wenn der VIEW mit:

    AS SELECT * FROM Basistabelle

angelegt wurde.

Werden erforderliche Funktionen nicht unterstützt, sind unternehmensintern bestimmte Maßnahmen vorzusehen, die zum Teil sehr aufwendig sind und eine entsprechende Organisationsumgebung erfordern.

So kann z.B. die Änderung der Feldlänge (einer nicht variablen Spalte) innerhalb einer Table nicht direkt durchgeführt werden. Es ist erforderlich,

- eine neue Table anzulegen mit allen Ausprägungen,
- die bestehenden Dateninhalte der alten Table zu übernehmen,
- die alte Table zu löschen,
- evtl. Auswirkungen auf bestehende Anwendungsprozeduren bzw. Anwendungsprogramme zu überprüfen und entsprechende Anpassungen durchzuführen.

DB2 bietet zwar dynamische Objektverwaltungs-Möglichkeiten an, aber durch mögliche diverse Objektverknüpfungen sind eine Reihe von Folgeauswirkungen zwingend, die vom Entwickler berücksichtigt werden müssen. Auf die Auswirkungen beim Löschen eines Objektes wird im Folgekapitel noch näher eingegangen.

Die Schwächen bei der Unterstützung von Objektveränderungen haben diverse unabhängige Hersteller veranlasst, speziell diesen Bereich durch Standardsoftware-Produkte zu unterstützen, die eine logische Benutzeroberfläche bieten und die entsprechenden DB2-Maßnahmen automatisiert abwickeln (siehe auch Kapitel 2.1.4).
Im folgenden werden die ALTER-SQL-Statements für die Änderung der DB2-Objekte in der Folge der Objekt-Hierarchie dargestellt.

5 SQL-DDL-Data Definition Language
5.3 Ändern DB2-Objekte: ALTER und RENAME

5.3.1 Beispiele ALTER
5.3.1.1 Systemorientierte Daten-Objekte

Basis: siehe Beispiele **CREATE**. Weitere Beispiele siehe im Anhang 2 unter den entsprechenden Statements.

STORAGE GROUP

ALTER STOGROUP SEMSG01	Name der Storage Group = SEMSG01.
REMOVE VOLUMES (PRIV08)	Herausnehmen Plattendevice PRIV08.
ADD VOLUMES (PRIV09,PRIV18)	Hinzufügen Plattendevices PRIV09 und PRIV18.

DATABASE

ALTER DATABASE SEMDB01	Name der Database = SEMDB01.
BUFFERPOOL BP2	Neuer Default-Bufferpool BP2 für die Database.

SIMPLE oder SEGMENTED TABLESPACE

ALTER TABLESPACE SEMDB01.SEMTS01	Name des Tablespaces = SEMTS01 in Database SEMDB01.
BUFFERPOOL BP2	Änderung der Zuordnung des Bufferpools.
PCTFREE 10	Änderung des Freespaces pro Page in % und des
PRIQTY 500	Primär-Platzbedarfs in KB. Wird beim nächsten Load bzw. Reorg berücksichtigt.

PARTITIONED TABLESPACE

ALTER TABLESPACE SEMDB02.SEMTS02	Name des Tablespace = SEMTS02 in Database SEMDB02.
LOCKPART YES	Selective Partition-Locking (SPL) ist möglich.
PART 3	PARTITION 3: erhält eine Freiplatz-Änderung:
PCTFREE 40	Änderung des Freespaces für PARTITION 3 pro Page in %. Wird beim nächsten Load bzw. Reorg berücksichtigt.

LOB-TABLESPACE

ALTER TABLESPACE SEMDB01.SEMTSL1	Name des Tablespaces = SEMTSL1 in Database SEMDB01.
BUFFERPOOL BP32K4	Bufferpool-Zuordnung für die Page-Größe 32 KB.
LOG YES	Bei Manipulationen erfolgt das Logging.

INDEX

ALTER INDEX SEMTYP_I01	Name des Index = Autor-ID.SEMTYP_I01
BUFFERPOOL BP2	Änderung der Bufferpool-Zuordnung.
PART 3	PARTITION 3.
PCTFREE 5	Änderung des Freespaces für den Index-Bereich der PARTITION 3 pro Page in %. Wird beim nächsten Load bzw. Reorg berücksichtigt.

5.3.1.2 Benutzerorientierte Daten-Objekte

TABLE

ALTER TABLE	SEMTYP	Name der Table = Autor-ID.SEMTYP
ADD	SEITEN_UNTERLAGEN	Neue Spalte wird hinten angefügt.
	SMALLINT	Binärzahl 2 Bytes.
	NOT NULL WITH DEFAULT	NULL nicht erlaubt, vorhandene Daten (vor Änderung) werden von DB2 mit dem Defaultwert 0 interpretiert.
ALTER TABLE	SEMTYP	Name der Table = Autor-ID.SEMTYP
DROP	CONSTRAINT C0001;	Löschung eines bestehenden Check Konstruktes.
ALTER TABLE	SEMTYP	Name der Table = Autor-ID.SEMTYP
ADD	FOREIGN KEY (DAUER)	Neuaufnahme eines nicht bestehenden referenziellen
	REFERENCES SEMPREIS_NEU	Konstruktes.
	ON DELETE SET NULL;	

VIEW   Nicht unterstützt.

SYNONYM   Nicht unterstützt.

ALIAS   Nicht unterstützt.

COMMENT ON   Beispiel siehe unter CREATE.

LABEL ON   Beispiel siehe unter CREATE.

5.3.1.3 Funktionsorientierte Objekte

USER-DEFINED FUNCTION   Für alle Funktions-Typen.

ALTER FUNCTION PROD.SEMINAR_ENDE	Funktions-Name SEMINAR_ENDE im aktuellen System unter dem Schema PROD.
(DATE , CHAR (60) , DEC (9 , 2))	Eingabe-Parameter der Funktion. Dienen zur Identifikation der Funktion.
RETURNS NULL ON NULL INPUT	Kein Funktions-Aufruf, wenn einer der Parameter NULL ist.

STORED PROCEDURE

ALTER	PROCEDURE	
	PROD.SEMINAR_SEMNR	Änderung Schema PROD Prozedur SEMINAR_SEMNR
	WLM ENVIRONMENT WLMPROD2	Zuordnung zur WLM-Ausführungsumgebung WLMPROD2

5.3.2 Beispiel RENAME

TABLE

RENAME TABLE	SEMTYP	Name der Ursprungs-Table = Autor-ID.SEMTYP
TO	SEMTYP_AKT	Name der Ziel-Table = Autor-ID.SEMTYP_AKT.
		Ein Tabellen-Eigentümer darf nicht verändert werden.

5.4 Löschen DB2-Objekte: DROP

DB2 bietet mit dem SQL-Statement '**DROP**' die Möglichkeit, DB2-Objekte dynamisch zu löschen.

Die hierarchische Gliederung der DB2-Objekte führt zu Verwaltungsabhängigkeiten, die sowohl beim Anlegen (CREATE) der Objekte als auch beim Löschen (DROP) berücksichtigt werden müssen. DB2 verwaltet in seinem Katalog alle relevanten Objekt-Beziehungen.
Beim Anlegen (CREATE) eines DB2-Objektes werden alle Beziehungen dokumentiert, beim Löschen (DROP) eines DB2-Objektes werden entweder alle abhängigen und verbundenen Objekte gelöscht oder das Löschen wird verhindert, solange noch Beziehungen auf das zu löschende Objekt bestehen.

Dabei übernimmt die Table als direkte Benutzer-Ressource eine zentrale Rolle. Views, Synonyme, Aliase, Indizes, referenzielle Beziehungen, Plans, Packages und durch GRANT ausgesprochene Privilegien werden mit der Table verknüpft. Wird die Table gelöscht, werden automatisch im DB2-Katalog auch alle verknüpften Objekte gelöscht (Ausnahmen: ein betroffener Plan bzw. eine Package wird als ungültig markiert und ein Alias bleibt erhalten).
Zusätzlich entstehen noch einige ungewünschte Effekte, wie z.B. das Löschen der Statistik-Informationen innerhalb der Katalogtabellen, das Löschen von Zeilen in der SYSCOPY-Tabelle, die zu den mit COPY erzeugten Sicherungs-Beständen referenzieren.

Die folgende Abbildung zeigt die spezifischen Abhängigkeiten der Benutzerobjekte auf logischer Ebene. Die Verknüpfungen einiger Objekte zur Table1 wird beispielhaft dargestellt.

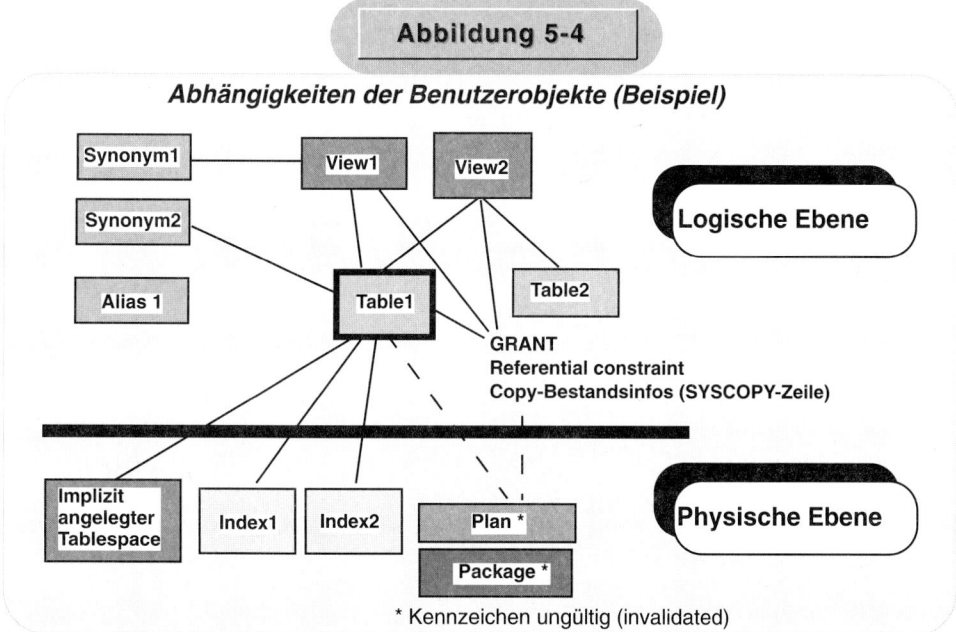

Abbildung 5-4

Abhängigkeiten der Benutzerobjekte (Beispiel)

* Kennzeichen ungültig (invalidated)

Wird die in der vorherigen Abbildung gezeigte Table1 gelöscht, werden von DB2 automatisch implizit mit gelöscht:

- Synonym 2,
- Index 1 und 2,
- View 1 mit Synonym 1 und
- View 2.

Sollte beim Anlegen der Table auch implizit ein Tablespace durch DB2 angelegt worden sein, wird auch dieser gelöscht.

5 SQL-DDL-Data Definition Language
5.4 Löschen DB2-Objekte: DROP

Alle referenziellen Beziehungen (referential constraints) werden ebenfalls abgebaut.
Alle Informationen über Sicherungs-Kopien werden gelöscht (SYSCOPY-Zeilen).
Alle GRANT-Privilegien, die auf einem der gelöschten Objekte basieren, werden mit REVOKE zurückgenommen.
Alle Pläne und Packages, die Verweise auf eines der gelöschten Objekte haben, werden als ungültig markiert (invalidated).

Verfügt die Tabelle über LOB-Spalten, werden implizit mit gelöscht:

- sämtliche Auxiliary Tables,
- sämtliche Auxiliary Indizes.

Die Löschungen werden intern aufgrund des hierarchischen Aufbaus der Objekte automatisch von DB2 gemäß der referenziellen Integritätsregeln (siehe auch Referential Integrity im Kapitel 10) unterstützt.
Dabei werden folgende Varianten unterstützt:

- **CASCADE**   Wird ein Objekt gelöscht, wird auch das verbundenen abhängige Objekt mit gelöscht.
    Da in einem Netzwerk komplexe hierarchische Pfade mit einer Kette verschiedener Objekte oder Objekt-Typen möglich sind, kann das zur Löschung ganzer Objektbereiche führen (z.B. das Löschen einer Database führt zum Löschen aller Tablespaces, Indexspaces, Tables, Indizes usw.).

- **RESTRICT**   Ein Objekt kann nur dann gelöscht werden, wenn keine abhängigen Objekte existieren.

- **Keine Wirkung**   Das Löschen eines Objektes führt trotz Existenz abhängiger Objekte zu keiner Wirkung (derzeit nur beim ALIAS möglich).

- **Besondere Maßnahmen**
    - **Objekt wird als ungültig gekennzeichnet**
        Das Löschen eines Objektes führt zur Markierung abhängiger Objekte als ungültig. Diese Methode wird bei Plänen und Packages genutzt (Status Invalid).
        In diesem Fall wird bei einer erneuten Ausführungsanforderung des Plans bzw. der Package ein automatischer Rebind durchgeführt.
    - **Objekt wird als nicht operativ gekennzeichnet**
        Das Löschen eines Objektes führt zur Markierung abhängiger Objekte als nicht operativ.
        Diese Methode wird bei Plänen und Packages genutzt (Status Not Operative).
        In diesem Fall kann ohne expliziten Rebind keine erneute Ausführung des Plans bzw. der Package vorgenommen werden.

Es existieren eine Reihe von Besonderheiten, wie:

- Beim Löschen eines **Indexes** wird auch automatisch der **Indexspace** mit gelöscht.
- Das Löschen einer Tabelle mit Zuordnung zu einem **implizit angelegten Tablespace** führt zum automatischen Löschen des Tablespaces.
- Ein **Distinct-Typ** kann solange nicht gelöscht werden, solange noch Funktionen oder Stored Procedures diesen Typ nutzen (Ausnahme: wenn nur noch automatisch generierte Cast-Funktionen diesen Typ nutzen).
- Eine **Auxiliary Table** kann nur explizit gelöscht werden, solange noch keine Daten eingestellt sind. Wurden bereits Daten eingestellt, kann sie nur implizit über das Löschen der Base Table gelöscht werden.
- Ein **Auxiliary Index** kann nur explizit gelöscht werden, solange noch keine Daten eingestellt sind. Wurden bereits Daten eingestellt, kann er nur implizit über das Löschen der Base Table gelöscht werden.
- Solange ein Objekt **in Benutzung** (gesperrt) ist, kann es nicht gelöscht werden.
- Solange das Resource Limit Facility (**RLF**) aktiv ist und Objekte überwacht, können diese nicht gelöscht werden.

5 SQL-DDL-Data Definition Language
5.4 Löschen DB2-Objekte: DROP

Die folgende Abbildung zeigt den Zusammenhang aller DB2-Objekte auf.
Wird eine Database gelöscht, werden automatisch alle darunterliegenden Objekte, die aufgrund des aktuellen Katalog-Status als zugeordnet identifiziert werden, mit gelöscht.
Dies gilt aber nur, solange innerhalb der Database keine Tabelle mit WITH RESTRICT ON DROP definiert wurde.
Liegt ein solcher Status vor, läßt sich weder die Database noch der zugeordnete Tablespace löschen, bis der RESTRICT-Status mit ALTER widerrufen wird (ALTER TABLE ... DROP RESTRICT ON DROP).

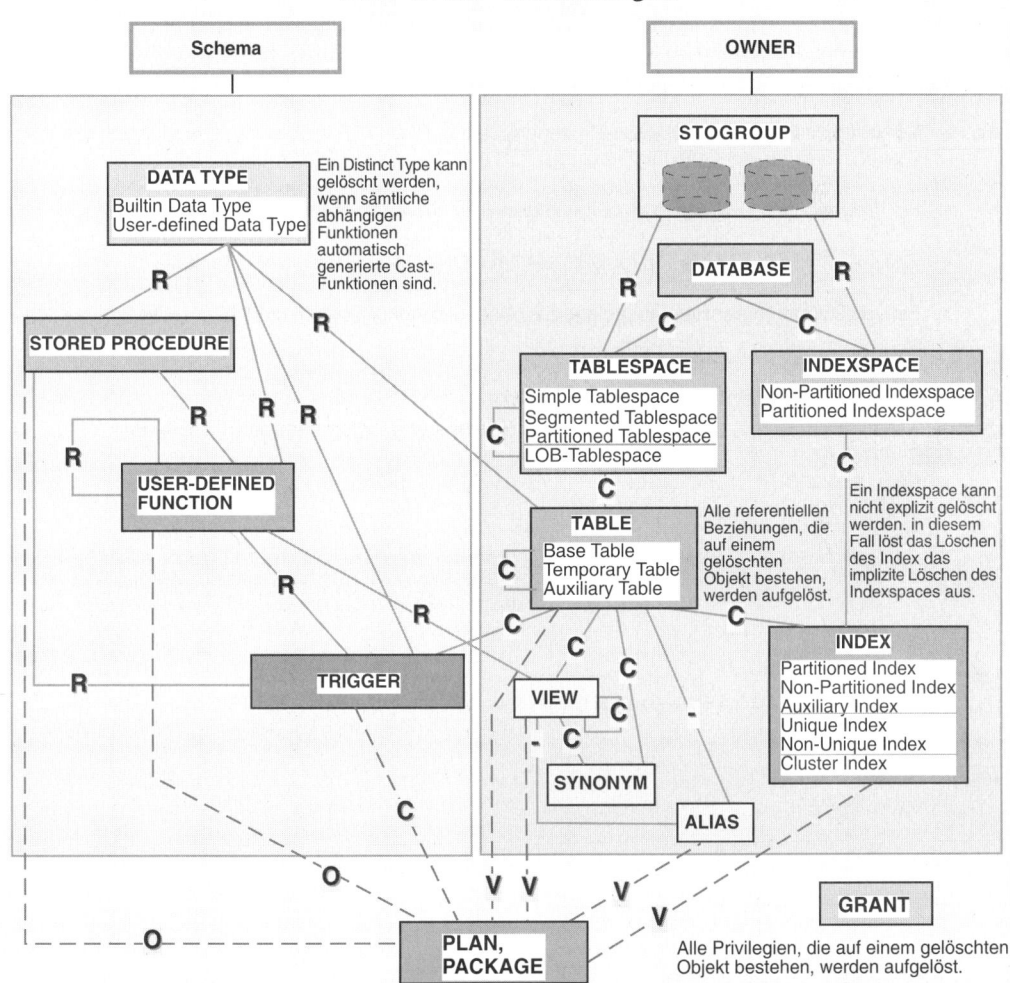

Abbildung 5-5

DDL - DROP - Auswirkungen

Legende

- **C** Das abhängige Objekt wird ebenfalls gelöscht.
- **R** Das Objekt kann solange nicht gelöscht werden, solange ein abhängiges Objekt existiert.
- **-** Das Löschen des Objektes hat keine Wirkung auf das untergeordnete Objekt.
- **V** Plan bzw. Package werden als ungültig markiert (Spalte VALID im Katalog = 'N').
- **O** Plan bzw. Package werden als nicht ausführbar markiert (Spalte OPERATIVE im Katalog = 'N').

Übergeordnete Objekte sind grafisch über den untergeordneten Objekten angeordnet.

5 SQL-DDL-Data Definition Language
5.4 Löschen DB2-Objekte: DROP

Es ist zu beachten, dass z.B. innerhalb einer Tabelle Löschungen von referenziellen Konstrukten oder Check Konstrukten mit dem ALTER-Statement unterstützt sind (das gleiche gilt auch für den Neuaufbau nicht existierender Konstrukte).
Solche Strukturveränderungen werden nicht als Objektzugang oder -abgang im DB2 behandelt.
Die Löschung von Check Konstrukten wird auch nicht als Cascade-Wirkung in den Abbildungen dargestellt, da es sich um ein tabelleninterne Veränderung handelt - ohne Auswirkung auf andere Objekte (im Gegensatz zu referenziellen Konstrukten).

Innerhalb der Unternehmen wird sehr sorgfältig zu prüfen sein, wer solche Lösch-Privilegien ausüben darf. DB2 bietet ein komplexes Instrumentarium über seine SQL-DCL-Statements an, die in den folgenden Kapiteln näher behandelt werden.

Wird ein Objekt gelöscht, so werden alle zugehörigen Aktivitäten von DB2 dynamisch und aktuell ausgeführt. Nach Durchführung der Löschungs-Aktivitäten ist innerhalb von DB2 kein Bezug mehr zu ehemals existierenden Objekten zu finden.
Daher sind organisatorische Maßnahmen zu ergreifen, die eine Versionsführung ermöglichen, wie z.B.:

- Vorhalten von diversen SQL-DDL-Prozeduren unter TSO-ISPF mit Berücksichtigung von Namenskonventionen zur Versionsunterstützung.

- Ein innerhalb des DB2-Systems aufgebautes individuelles Data-Dictionary-System.

- Spezielle Tools (z.B. ALTER® for DB2, CATALOGMANAGER usw. siehe Kapitel 2.1).

- Ein von DB2 abgegrenztes (ausgelagertes) Data-Dictionary-System (z.B.ROCHADE von R & O).

5.4.1 Beispiele DROP
5.4.1.1 Systemorientierte Daten-Objekte
Basis: siehe Beispiele unter CREATE.

STORAGE GROUP
    DROP   STOGROUP   SEMSG01   Löschen der Storage Group: SEMSG01

DATABASE
    DROP   DATABASE   SEMDB01   Löschen der Database SEMDB01 mit allen abhängigen Objekten. Wenn eine Tabelle innerhalb der Database mit WITH RESTRICT ON DROP aktiviert ist, wird diese Löschung abgewiesen.

TABLESPACE
    DROP   TABLESPACE SEMDB01.SEMTS01   Löschen des Tablespaces SEMTS01 in der Database SEMDB01. Siehe auch Hinweise unter DROP DATABASE.

INDEX
    DROP   INDEX   SEMTYP_I01   Löschen des Index: Owner.SEMTYP_I01

5 SQL-DDL-Data Definition Language
5.4 Löschen DB2-Objekte: DROP

5.4.1.2 Benutzerorientierte Daten-Objekte

DISTINCT TYPE
```
    DROP    DISTINCT TYPE   TEST.EURO
                            RESTRICT ;
```
Löschen des Distinct Data Types EURO im Schema TEST.
Die Löschung wird nur akzeptiert, wenn keine Referenzen auf dieses Objekt aktiv sind.

TABLE
```
    DROP    TABLE           SEMTYP
```
Löschen der Table: Owner.SEMTYP

COMMENT ON
```
    COMMENT ON TABLE        SEMTYP
                            IS ' '
```
Name der Table: Owner.SEMTYP
Löschen des vorherigen Eintrages.

LABEL ON
```
    LABEL   ON      SEMTYP
            (SEMCODE    IS   ' '
             TITEL      IS   ' ')
```
Name der Table: Owner.SEMTYP für die Eingabe mehrerer Spalten. Hier: Löschen vorherige Einträge.

VIEW
```
    DROP    VIEW            SEMTYP_PREIS
```
Löschen des Views: Owner.SEMTYP_PREIS

ALIAS
```
    DROP    ALIAS           SEMTYP
```
Löschen des Alias: Owner.SEMTYP

SYNONYM
```
    DROP    SYNONYM         SP
```
Löschen des Synonyms: Owner.SP

5.4.1.3 Funktionsorientierte Objekte

FUNCTION
```
    DROP    FUNCTION
            TEST.SEMINAR_ENDE
            (DATE , CHAR (60) , DEC (9,2))
            RESTRICT ;
```
Löschen der User-defined Function mit Namen SEMINAR_ENDE im Schema TEST mit Identifikation über diese Parameter.
Die Löschung wird nur akzeptiert, wenn keine Referenzen auf dieses Objekt aktiv sind.

```
    DROP    SPECIFIC FUNCTION
            TEST.SVPR0023
            RESTRICT ;
```
Löschen der User-defined Function mit dem spezifischen Namen SVPR0023 im Schema TEST.
Die Löschung wird nur akzeptiert, wenn keine Referenzen auf dieses Objekt aktiv sind.

STORED PROCEDURE
```
    DROP    PROCEDURE
            TEST.SEMINAR_SEMNR
            RESTRICT ;
```
Löschen der Stored Procedure mit Namen SEMINAR_SEMNR im Schema TEST.
Die Löschung wird nur akzeptiert, wenn keine Referenzen auf dieses Objekt aktiv sind.

TRIGGER
```
    DROP    TRIGGER
            TEST.TRSEPRE1
            RESTRICT ;
```
Löschen des Triggers mit Namen TRSEPRE1 im Schema TEST.
Die Löschung wird nur akzeptiert, wenn keine Referenzen auf dieses Objekt aktiv sind.

PACKAGE auf lokalem Server
```
    DROP PACKAGE        SEMINAR.S0000015
            VERSION (VERSION_2000-01)
```
Name der Collection: SEMINAR, der Package: S0000015, der Version: VERSION_2000-01.

6 SQL-DML-Data Manipulation Language
6.1 SQL-DML-Anwendungsformen

Die SQL-Manipulationsfunktionen unterstützen folgende Schnittstellen:

- **die dynamische interaktive Befehlsabgabe direkt am Terminal (DB2I -Interactive Interface).**
  Folgende Datenabfrage aus der SEMTYP-Tabelle, kann interaktiv vorgegeben werden (Interactive SQL):

  ```
  SELECT      TITEL, SEMCODE
       FROM       SEMTYP
           WHERE      DAUER > 3
  ```

- **die Einbettung von SQL-Statements in Anwendungsprogramme (Embedded SQL).**
  Für alle wesentlichen Programmiersprachen stehen Precompiler und Attach-Facilities als Schnittstellen zur Verfügung.
  Es wird je nach Funktionsnutzung unterschieden in Static SQL und Dynamic SQL.
  Das obige Beispiel kann grundsätzlich auch in ein Anwendungsprogramm eingebettet werden (Beispiel in PL/1):

  ```
  EXEC SQL
      SELECT      TITEL, SEMCODE
          INTO        :TITEL, :SEMCODE    Empfangsfelder, durch ':' als Host-Variable identifiziert.
          FROM        SEMTYP
              WHERE   DAUER > 3 ;
  ```

  Das Beispiel zeigt, dass der Grundaufbau des Statements für beide Verfahrensarten identisch ist. Die Anweisung EXEC SQL dient einem sprachspezifischen Precompiler zur Identifizierung eines SQL-Statements. Dieses wird als Kommentar gekennzeichnet und eine Call-Schnittstelle zu dem jeweiligen sprachenspezifischen Attachment-Facility eingefügt.

  Problem bei dieser eingebetteten Verarbeitungsform ist die mangelnde Unterstützung der dynamischen Mengenverarbeitung durch einige Programmiersprachen. Das führt dazu, dass DB2 das obige Beispiel generell nur dann fehlerfrei ausführt, solange als Ergebnis exakt eine Datenzeile bereitgestellt wird. Besteht das Ergebnis aus einer Datenmenge, wird ein Fehler erzeugt und keine Zeile bereitgestellt (diese Bedingung würde in unserem Beispiel auftreten).
  Zur Behandlung von Datenmengen wird ein sogenanntes 'Cursor-Konzept' unterstützt, bei dem durch eine SELECT-Anweisung eine Result-Table erzeugt wird, die zeilenweise positioniert bearbeitet werden kann.

- **der Aufruf von SQL-Funktionen in C- bzw. C++-Anwendungsprogrammen über die Call-Schnittstelle (CLI) durch Nutzung der ODBC-Schnittstelle (Open Database Connectivity).**

- **der Aufruf von SQL-Funktionen in REXX-Prozeduren über die dynamische REXX-Schnittstelle (mit "EXECSQL" oder CALL SQLEXEC).**

- **der Aufruf von SQL-Funktionen in Java-Anwendungsprogrammen alternativ über die dynamische JavaSoft Java Database Connectivity (JDBC)-Schnittstelle oder die statische SQLJ-Schnittstelle.**

In Kapitel 4.2.2 ist die Übersicht der SQL-Statements dargestellt und es wurde die Einordnung zu ihren Sprachgruppen DDL, DCL und DML vorgenommen.

Aus dieser Übersicht ist zu erkennen, dass SQL die vier Grund-Manipulationstypen unterstützt:

- **SELECT** - Bereitstellung von Daten zur Anzeige bzw. Weiterverarbeitung.
- **INSERT** - Einfügung von Daten.
- **UPDATE** - Veränderung von Daten.
- **DELETE** - Löschung von Daten.

Daneben existieren eine Reihe von SQL-Statements, die speziell für die Einbettung in Anwendungsprogramme vorgesehen sind. Diese werden im Kapitel 13 näher dargestellt.

Im folgenden werden die vier Grund-Manipulationstypen behandelt, die sowohl interaktiv genutzt als auch - mit Einschränkungen - innerhalb von Anwendungsprogrammen eingebettet werden können.

6.2 SELECT - Datenabfragen
6.2.1 SELECT-Typen

Das SQL-SELECT-Statement dient zum Selektieren von Tabellen-Informationen aus einer oder mehreren Tabellen.

Mit dem SELECT-Statement werden die drei relationalen Basis-Operationen SELECT, PROJECT und JOIN unterstützt. Das SELECT-Statement kann eine oder mehrere Basistabellen, einen oder mehrere Views bzw. Kombinationen aus beiden adressieren.

Grobes Format:

SELECT	Zu selektierende Spaltennamen.
FROM	Welche Tabellen enthalten die Daten bzw. welche Views zeigen auf die Daten (max. 15 Tabellen innerhalb eines SELECTs inkl. evtl. Subqueries).
(Nested Table Expression)	Verschachtelte weitere SELECTs mit höchster Ausführungspriorität zur Bildung temporärer Tabellen - auch Inline Views genannt. Die temporären Tabellen wirken nur statement-intern.
WHERE	Suchbedingungen für die Auswahl der Daten.
(Subquery)	Verschachtelte weitere SELECTs zur Unterstützung der Suchbedingungen.
GROUP BY	Gruppierung bestimmter Spalten.
HAVING	Suchbedingungen für gruppierte Spalten.
ORDER BY	Sortierung bestimmter Spalten (der endgültigen Result Table).

Als Ergebnis wird dynamisch eine Ergebnis-Tabelle/Result Table erzeugt, die sich dem Benutzer in der bekannten zwei-dimensionalen Darstellungsform präsentiert. Die Result Table kann als Basis für weitere Bearbeitungsprozesse verwendet werden (z.B. Einfügen der Result Table-Daten in eine andere Tabelle). Die Result Table beinhaltet eine Ergebnismenge (Datenset), bestehend aus 0, 1 oder n Sätzen (Zeilen).
Werden keine Daten aufgrund der Auswahlbedingungen selektiert, ist die Result Table leer.

Die Result Table übernimmt grundsätzlich die Ausprägungen der Basistabellen-Definitionen, aus denen die Daten selektiert werden. In die Result Table können aufgrund der SELECT-Formulierung auch eingestellt werden:

- Dynamisch ermittelte Felder:
    - virtuelle Felder, z.B. durch Summierung der Spalten A + B oder
    - abgeleitete (derived) Felder, z.B. durch Ausführung einer Funktion.
- Konstante Felder als Literale.

DB2 erzeugt die Ergebnistabellen aufgrund interner Verarbeitungsregeln, die zum Aufbau und Abmischen diverser Zwischentabellen führen können.

So wird beispielsweise beim Zusammenführen zweier Tabellen (Join) ohne Vorgabe von Auswahl-Bedingungen (Join-Bedingungen) das sogenannte 'Kartesische Produkt' gebildet. Die Result Table beinhaltet die relationale Multiplikation der beiden Tabellen, d.h. jede Zeile der ersten Tabelle wird mit jeder Zeile der zweiten Tabelle verknüpft. Bei 100 Zeilen in beiden Tabellen wird somit eine Result Table mit 10.000 Zeilen aufgebaut.

Das SELECT-Statement existiert in vier Grundformen:

- **Embedded SELECT**	für die Einbettung in Anwendungsprogramme.
- **SELECT-Statement**	für die Ausführung unter DB2I-SPUFI und mittels des Cursor-Konzeptes in Anwendungsprogrammen mit folgenden Unterformen:
- **Full SELECT**	Vereinigung mehrerer Result Tables zu einer gemeinsamen Result Table.
- **Subselect**	mit Beschreibung der Result Table und der Datenherkunft und der Möglichkeit, mittels **Subquery** dynamische Auswahlbedingungen zu definieren.

Die folgende Abbildung zeigt diese vier Grundformen mit ihren möglichen Verbindungen zu anderen SQL-Statements. So kann ein SUBSELECT sowohl als Untermenge eines FULL-SELECTs als auch beim CREATE VIEW und mit dem INSERT eingesetzt werden.

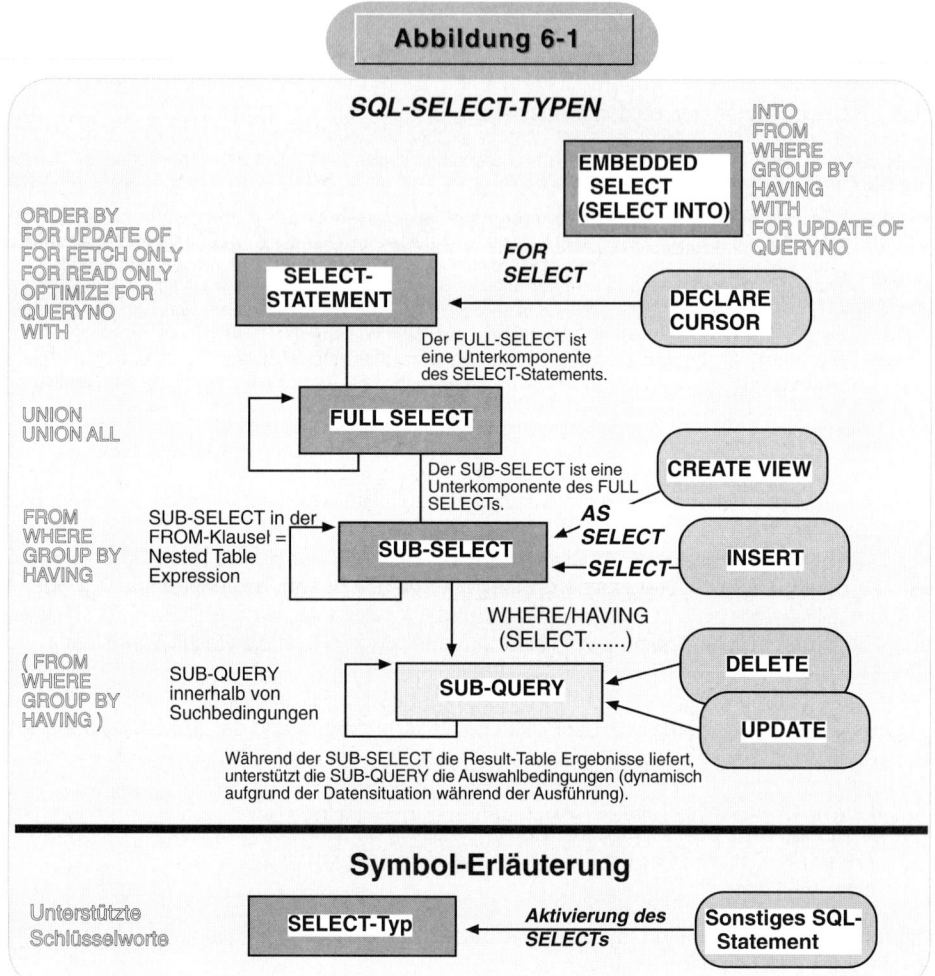

Abbildung 6-1

Aus der Abbildung gehen auch die jeweils für die einzelne Grundform möglichen Schlüsselworte hervor.

Das FOR UPDATE OF-Schlüsselwort und das FOR FETCH ONLY-Schlüsselwort des SELECT-Statements ist nur in Verbindung mit einem DECLARE CURSOR-Statement relevant. Sie können auch zur Syntax-Überprüfung am Terminal vorgegeben werden. Die Optionen haben dann aber keine Bedeutung.

Der SUBSELECT (auch Sub-Select) kann innerhalb von Suchbedingungen mehrfach verschachtelt aufgerufen werden. Ein SUBSELECT in der FROM-Klausel wird als Nested Table Expression bezeichnet.
Ein SUBSELECT in der WHERE- oder HAVING-Klausel wird als untergeordnete SUBQUERY (auch Subquery) bezeichnet. Die SUBQUERY hat die Aufgabe, die Ergebnismenge der Result Table durch zusätzliche WHERE-Bedingungen einzugrenzen.
Die Subquery kann auch mit sonstigen SQL-Statements genutzt werden (UPDATE, DELETE).

6 SQL-DML-Data Manipulation Language
6.2 SELECT-Datenabfragen

Im folgenden werden die SELECT-Statement-Formen dargestellt.
Zunächst folgt eine Reihe von Beispielen des SELECT-Einsatzes. Natürlich kann nur ein kleiner Ausschnitt der vielfältigen Anwendungsmöglichkeiten dargestellt werden. Eine bestimmte Anforderung kann häufig in der SQL-Syntax mit mehreren Lösungswegen realisiert werden.

Die Mächtigkeit der SQL-Sprache kann sinnvoll nur mittels interaktiver und individueller Versuche erkannt werden; es kann nicht Aufgabe dieses Fachbuches sein, solche praktischen Tests zu ersetzen.

Die Beispiele sind im wesentlichen aus der Abbildung im vorderen Buchumschlag abgeleitet. Es wurde versucht, mit diesen kleinen Beispieltabellen auszukommen, was im Einzelfall zu Aufgabenstellungen führen konnte, die in der Praxis nicht sehr sinnvoll sind. Einerseits wird damit angedeutet, dass es zwar sehr wichtig ist, sich mit der SQL-Sprache intensiv auseinanderzusetzen und sie möglichst sicher zu beherrschen, andererseits aber der wirkungsvolle und sinnvolle Einsatz eine bestimmte Benutzerqualifikation erfordert.

In der Praxis zeigt sich, dass das Einsatzspektrum je nach Aufgabenstellung stark differiert. Während im operationalen Online-Bereich häufig einfache, möglichst direkte Manipulationstypen auftreten, werden komplexere SQL-Strukturen in dispositiven oder informationsorientierten Bereichen gefordert.

Bei den folgenden Beispielen ist zu berücksichtigen, dass zumeist ohne ORDER BY gearbeitet wurde. Daher ist die Datenreihenfolge der Result Table grundsätzlich zufällig.

6.2.2 Syntax des SELECT-Statements
6.2.2.1 Grundformat des SELECT-Statements

Die exakte Syntax ist aus den Syntax-Diagrammen des Anhangs 2 zu entnehmen.
Diese Diagramme werden allerdings ab einem bestimmten Komplexitätsgrad recht unübersichtlich. Daher folgen noch einmal einige Erläuterungen an dieser Stelle.

SELECT	Die SELECT-Klausel definiert die Struktur der endgültigen Result Table: - zu selektierende Spaltennamen, - zu ermittelnde arithmetische Ergebnisse oder - einzusetzende konstante Werte. Die Spalten können mit der AS-Klausel innerhalb eines SELECTs mit Namen versehen werden.
FROM	Die FROM-Klausel definiert die Basis-Tabellen oder Views, aus denen die Datenbasis stammt. Es können max. 15 Tabellen (ab Version 6: 225 Tabellen, aber weiterhin in jeder FROM-Klausel max. 15) innerhalb eines SELECTs inkl. evtl. Subqueries angesprochen werden. Folgende Formen können genutzt werden: - direkte Benennung von Tabellen- und/oder View-Namen, - Aufruf eines Subselects zur Bildung einer temporären Result Table (**nested table expression**). - Spezifizierung besonderer Join-Bedingungen (**joined table**).
WHERE **(Subquery)**	Suchbedingungen für die Auswahl der Daten. Verschachtelte weitere SELECTs zur Unterstützung der Suchbedingungen.
GROUP BY **HAVING**	Gruppierung nach bestimmten Spalten. Suchbedingungen für Gruppen-Spalten.
ORDER BY	Sortierung nach bestimmten Spalten.

6.2.2.2 Die logische Abarbeitungsfolge der SELECT-Parameter

DB2 arbeitet die einzelnen Parameter in einer bestimmten logischen Reihenfolge ab. Daraus ergeben sich dann auch Syntax-Konsequenzen. Diese logische Reihenfolge stellt sich wie folgt dar:

1. **FROM** — Adressierung der Basis-Tabellen oder Views, aus denen die Datenbasis stammt.

   (Nested Table Expression) — Ein hier vorgegebener Aufruf eines Subselects zur Bildung einer temporären Result Table wird vorrangig behandelt; die Reihenfolge des Aufrufs kann ab Version 6 durch den Parameter TABLE gesteuert werden. Siehe auch Hinweise unter SELECT (Sub-Select) FROM table-spec im Anhang 2.
   Wichtig:
   Eine Join-Verarbeitung mittels JOIN-Parameter (INNER JOIN oder OUTER JOIN) ist Teil der FROM-Verarbeitung.
   Der ON-Vergleichs-Parameter wird zu diesem Zeitpunkt interpretiert. Eine ebenfalls vorgegebene WHERE-Bedingung wirkt erst auf das temporäre Ergebnis der Join-Verarbeitung!
   Ab der Version 6 gelten einige Performance-Verbesserungen beim Join. Siehe Details im Kapitel 14.

2. **WHERE** — Prüfung der Suchbedingungen für die Auswahl der Daten.
   (Subquery) — Abwicklung evtl. vorgegebener weiterer verschachtelter SELECTs zur Unterstützung der Suchbedingungen.

3. **GROUP BY** — Gruppierung nach bestimmten Spalten.
   HAVING — Suchbedingungen für Gruppen-Spalten.

4. **SELECT** — Aufbau der Struktur und der Inhalte von Interimstabellen und der endgültigen Result Table.

5. **ORDER BY** — Sortierung der endgültigen Result Table nach bestimmten Spalten.

Beispielsweise entsteht dadurch folgende Syntax-Konsequenz:

Wird in der SELECT-Klausel eine Spalte mit AS benannt (z.B. PREIS / 1.15 AS NETTO) kann dieser Name (hier NETTO) nicht in einer WHERE- oder GROUP BY-Klausel benutzt werden.
So ist z.B. die Vorgabe von: "WHERE NETTO > 1500" nicht korrekt - es sei denn, die SELECT-Klausel stammt aus einer Nested Table Expression und die WHERE-Klausel befindet sich auf einem äußeren Level außerhalb der Nested Table Expression.

Nicht gültig ist daher folgendes Beispiel:

```
SELECT      SEMPREIS.* , PREIS / 1.15   AS NETTO
  FROM      SEMPREIS
    WHERE   NETTO  > 1500
```

Gültig wäre:

```
SELECT      SEMPREIS.* , PREIS / 1.15   AS NETTO
  FROM      SEMPREIS
    WHERE   PREIS / 1.15  > 1500
ORDER BY NETTO
```

Gültige SQL-Query-Alternative ab Version 4:

```
SELECT        *
  FROM
           ( SELECT    SEMPREIS.* , PREIS / 1.15   AS NETTO
               FROM        SEMPREIS )   AS TEMP
    WHERE   NETTO > 1500
ORDER BY NETTO
```

6.2.2.3 SELECT-Klausel

Mit der SELECT-Klausel wird die Struktur der endgültigen Result Table definiert.
Beispiele (Grundlage: Abbildung im vorderen Buchumschlag; weitere detaillierte Beispiele folgen im gleichen Kapitel):

6.2.2.3.1 Bereitstellung von Daten aus einer einzelnen Tabelle

SELECT FROM	* SEMINAR	Aus dem Katalog werden sämtliche zum Zeitpunkt der Statement-Preparierung aktuellen Spalten herangezogen.
SELECT FROM	TERMIN, SEMCODE SEMINAR	Auswahl einzelner Spalten aus einer Tabelle.
SELECT FROM	TERMIN AS BEGINN_TERMIN, SEMCODE AS SEMINARCODE SEMINAR	Auswahl einzelner Spalten aus einer Tabelle mit Umbenennung der Spaltennamen.
SELECT FROM	TERMIN + 6 MONTHS AS TERMIN SEMINAR	Arithmetische Berechnung mit Benennung der Ergebnisspalte.

6.2.2.3.2 Bereitstellung von Daten aus mehreren Tabellen (Join)

Achtung: die folgenden Beispiele sollen nur die grundsätzliche Syntax darstellen. Aufgrund fehlender WHERE-Bedingungen ist das Ergebnis nicht korrekt (kartesisches Produkt).

SELECT FROM	SEMTYP.*, SEMINAR.* SEMINAR, SEMTYP	Aus dem Katalog werden sämtliche zum Zeitpunkt der Statement-Preparierung aktuellen Spalten beider Tabellen herangezogen.
SELECT FROM	TITEL, TERMIN SEMINAR, SEMTYP	Auswahl einzelner Spalten aus zwei Tabellen.
SELECT FROM	TERMIN AS BEGINN_TERMIN, S.SEMCODE AS SEMINARCODE, T.SEMCODE AS SEMTYPCODE SEMINAR S , SEMTYP T	Auswahl einzelner Spalten aus einer Tabelle mit Umbenennung der Spaltennamen unter Referenz auf die Korrelationsnamen (z.B. T für SEMTYP). Auswahl der Tabellen und Zuordnung der Korrelationsnamen.
SELECT FROM	TERMIN AS BEGINN_TERMIN, T.* SEMINAR S , SEMTYP T	Auswahl einzelner Spalten aus einer Tabelle und Auswahl sämtlicher Spalten einer anderen Tabelle unter Referenz auf den Korrelationsnamen (z.B. T für SEMTYP). Auswahl der Tabellen und Zuordnung der Korrelationsnamen.

6.2.2.3.3 Verdichtung der Result Table (DISTINCT)

SELECT FROM	DISTINCT SEMCODE SEMINAR	Auwahl einer Spalte aus einer Tabelle und Verdichtung der Result Table durch Eliminierung doppelter Werte.

6.2.2.4 FROM-Klausel

Mit der FROM-Klausel wird die Herkunft der Daten definiert.
Beispiele (Grundlage: Abbildung im vorderen Buchumschlag; weitere detaillierte Beispiele folgen im gleichen Kapitel):

6.2.2.4.1 Bereitstellung von Daten aus Basis-Tabellen bzw. Views

Achtung: die folgenden Beispiele sollen nur die grundsätzliche Syntax darstellen. Aufgrund fehlender WHERE-Bedingungen ist das Ergebnis z.T. nicht korrekt (kartesisches Produkt).

```
SELECT    TERMIN, SEMCODE
  FROM    SEMINAR
```
Auswahl einzelner Spalten aus dem Objekt SEMINAR (Tabelle, View, Synonym oder Alias), das unter dem aktuellen Autorisierungs-Id verfügbar ist.

```
SELECT    TERMIN AS BEGINN_TERMIN,
          S.SEMCODE AS SEMINARCODE,
          T.SEMCODE AS SEMTYPCODE
  FROM    SEMINAR     AS S,
          SEMTYP      AS T
```
Auswahl einzelner Spalten aus Objekten mit Umbenennung der Spaltennamen unter Referenz auf die Korrelationsnamen (z.B. T für SEMTYP). Auswahl der Tabellen und Zuordnung der Korrelationsnamen (auf AS kann hier verzichtet werden).

```
SELECT    *
  FROM    VW001
```
Auswahl aller Spalten aus dem Objekt VW001 (Tabelle, View, Synonym oder Alias).

```
SELECT    TERMIN, SEMCODE
  FROM    PROD.SEMINAR
```
Auswahl einzelner Spalten aus dem Objekt SEMINAR (Tabelle, View oder Alias), das dem Eigentümer PROD gehört und in der aktuellen Lokation verfügbar ist.

```
SELECT    TERMIN, SEMCODE
  FROM    SYS328.PROD.SEMINAR
```
Auswahl einzelner Spalten aus dem Objekt SEMINAR (Tabelle, View oder Alias), das dem Eigentümer PROD gehört und in der Lokation SYS328 verfügbar ist.

6.2.2.4.2 Inner und Outer Join

Details siehe Beispiele in diesem Kapitel.

```
SELECT    S.REFNR, TERMIN
  FROM    SEMINAR  S , REFERENT R
  WHERE   S.REFNR = R.REFNR
```
Inner Join, d.h. es werden nur die Spalten und übereinstimmenden Dateninhalte aus beiden Tabellen bereitgestellt. Dies gilt nur bei Übereinstimmung zwischen der REFNR in beiden Tabellen. NULL-Werte im Seminar werden ignoriert.

```
SELECT    S.REFNR, TERMIN
  FROM    SEMINAR AS S
  JOIN    REFERENT AS R
    ON    S.REFNR = R.REFNR
```
Inner Join (Alternative zum vorherigen Statement).

```
SELECT    S.REFNR, TERMIN
  FROM    SEMINAR AS S
          RIGHT OUTER JOIN REFERENT AS R
    ON    S.REFNR = R.REFNR
```
Right outer Join, d.h. es werden alle geforderten Spalten und Dateninhalte aus der Referenten-Tabelle bereitgestellt, auch wenn für einen Referenten in der Seminar-Tabelle keine Referenten-Zuordnung getroffen wurde.

6.2.2.4.3 Subselect (Nested Table Expression)

```
SELECT    HOECHSTENR
  FROM    (SELECT MAX (SEMNR) + 1
              AS HOECHSTENR
              FROM SEMINAR ) AS TEMP
```
Die FROM-Klausel kann einen Subselect enthalten (die dargestellte Aufgabenstellung läßt sich natürlich auch anders lösen).

```
SELECT    TERMIN, SEMCODE,
          REFNR, RNNAME
  FROM    (SELECT SEMCODE,
              REFNR ,
              TERMIN
              FROM     SEMINAR
              WHERE    SEMCODE LIKE 'DB2%')
              AS  TEMPSEM
          LEFT OUTER JOIN REFERENT
    ON    REFNR = TEMPSEM.REFNR;
```
Kombination von Outer Join und Nested Table Expression

Details siehe Beispiele in diesem Kapitel.

6.2.2.5 WHERE-Klausel

Mit der WHERE-Klausel werden die Auswahlbedingungen der Daten definiert.
Beispiele (Grundlage: Abbildung im vorderen Buchumschlag; weitere detaillierte Beispiele folgen im gleichen Kapitel):

6.2.2.5.1 Einfache Vergleichsoperatoren

```
SELECT      KURSORT, SEMCODE      Auswahl der Seminardaten, die an einem bestimmten Tag
FROM        SEMINAR                beginnen.
  WHERE     TERMIN   = '17.06.2001'
```

Die folgenden Beispiele zeigen in vereinfachter Form Varianten der WHERE-Bedingungen auf:

```
WHERE   TERMIN       =     '17.06.2001'   Alle, bei denen der Termin gleich der Vorgabe ist.
WHERE   NOT TERMIN   <>    '17.06.2001'   Alternative zum Beispiel vorab.

WHERE   TERMIN       <>    '17.06.2001'   Alle, bei denen der Termin nicht gleich der Vorgabe ist.
WHERE   NOT TERMIN   =     '17.06.2001'   Alternative zum Beispiel vorab.

WHERE   TERMIN       <     '17.06.2001'   Alle, bei denen der Termin kleiner als die Vorgabe ist.
WHERE   NOT TERMIN   >=    '17.06.2001'   Alternative zum Beispiel vorab.

WHERE   TERMIN       <=    '17.06.2001'   Alle, bei denen der Termin kleiner oder gleich der Vorgabe ist.
WHERE   NOT TERMIN   >     '17.06.2001'   Alternative zum Beispiel vorab.

WHERE   TERMIN       >     '17.06.2001'   Alle, bei denen der Termin größer als die Vorgabe ist.
WHERE   NOT TERMIN   <=    '17.06.2001'   Alternative zum Beispiel vorab.

WHERE   TERMIN       >=    '17.06.2001'   Alle, bei denen der Termin größer oder gleich der Vorgabe ist.
WHERE   NOT TERMIN   <     '17.06.2001'   Alternative zum Beispiel vorab.

WHERE   TERMIN       IS    NULL           Alle, bei denen der Termin einen NULL-Wert hat.
WHERE   NOT TERMIN   IS    NOT NULL       Alternative zum Beispiel vorab (niemals nie nicht zu empfehlen).

WHERE   TERMIN       IS    NOT NULL       Alle, bei denen der Termin keinen NULL-Wert hat.
WHERE   NOT TERMIN   IS    NULL           Alternative zum Beispiel vorab.

WHERE   SEMCODE      LIKE  'DB2%'         Alle, bei denen ein String oder Teilstring gleich der Vorgabe ist.

WHERE   TERMIN   BETWEEN '01.01.2001'     Alle, bei denen der Datenwert zwischen zwei Werten liegt.
                 AND     '31.12.2001'

WHERE   REFNR IN (5, 2, 19)               Alle, bei denen der Datenwert gleich der Vorgabe-Wert-Auswahl
                                          ist.

WHERE   TERMIN       >     '01.01.2000'   Alle, bei denen beide Bedingungen zutreffen.
  AND   REFNR =              5

WHERE   TERMIN       >     '01.01.2001'   Alle, bei denen zumindest eine der Bedingung zutrifft.
   OR   REFNR =              5
```

6.2.2.5.2 Subquery

```
SELECT      SEMCODE, TITEL                Auswahl der Seminarcodes und der Seminartitel von Seminaren,
FROM        SEMTYP                         die am Kursort Wiesbaden abgewickelt werden.
  WHERE SEMCODE IN
    (SELECT SEMCODE
     FROM SEMINAR
       WHERE  KURSORT = 'Wiesbaden')
                                          Details siehe Beispiele in diesem Kapitel.
```

6.2.2.6 ORDER BY-Klausel

Mit der ORDER BY-Klausel werden die Sortierkriterien der Result Table definiert.
Beispiele (Grundlage: Abbildung im vorderen Buchumschlag; weitere detaillierte Beispiele folgen im gleichen Kapitel):

```
SELECT      KURSORT, SEMCODE
   FROM     SEMINAR
      WHERE TERMIN    = '17.06.2001'
   ORDER BY KURSORT
```
Auswahl der Seminardaten, die an einem bestimmten Tag beginnen.

Aufsteigende Sortierfolge nach Kursort.

```
SELECT      KURSORT, SEMCODE
   FROM     SEMINAR
      WHERE TERMIN    = '17.06.2001'
   ORDER BY KURSORT DESC, SEMCODE
```
Auswahl der Seminardaten, die an einem bestimmten Tag beginnen.

Absteigende Sortierfolge nach Kursort, aufsteigend nach Seminarcode.

6.2.2.7 GROUP BY-Klausel

Mit der GROUP BY-Klausel werden die Gruppenwechselkriterien der Result Table definiert.
Beispiele (Grundlage: Abbildung im vorderen Buchumschlag; weitere detaillierte Beispiele folgen im gleichen Kapitel):

```
SELECT      KURSORT, SEMCODE
   FROM     SEMINAR
      WHERE TERMIN    = '17.06.2001'
   GROUP BY KURSORT, SEMCODE
```
Auswahl der Seminardaten, die an einem bestimmten Tag beginnen.

Gruppierung nach Kursort und innerhalb des Kursortes nach Seminarcode.

```
SELECT      KURSORT, SEMCODE
   FROM     SEMINAR
      WHERE TERMIN    = '17.06.2001'
   GROUP BY KURSORT, SEMCODE
      HAVING COUNT (*) > 1
```
Auswahl der Seminardaten, die an einem bestimmten Tag beginnen.

Gruppierung nach Kursort und innerhalb des Kursortes nach Seminarcode, aber Auswahl nur dann, wenn mehr als ein Element dieser Gruppe auftritt.

6.2.3 Tabelleninhalte der Beispieltabellen aus Abbildung 1-2

```
SELECT      *              Dieses Statement liefert eine Tabelle aller Seminarpreise.
  FROM      SEMPREIS       Anzeige aller Spalten in der im Katalog definierten Spalten-Reihenfolge.
```

Result Table:

DAUER	PREIS	GILTAB
4,0	2100	15.07.1999
2,5	1500	01.07.1999
3,0	1800	01.01.2000
2,0	1400	01.12.1999

```
SELECT      *              Dieses Statement liefert eine Tabelle aller Referenten.
  FROM      REFERENT       Anzeige aller Spalten in der im Katalog definierten Spalten-Reihenfolge.
```

Result Table:

REFNR	RNNAME	RVNAME
5	Maier	Hubert
1	Müller	Karl
3	Mayer	Franz
2	Xaver	Emma
7	Braun	Emilie

```
SELECT      *              Dieses Statement liefert eine Tabelle aller Seminartypen.
  FROM      SEMTYP         Anzeige aller Spalten in der im Katalog definierten Spalten-Reihenfolge.
```

Result Table:

SEMCODE	TITEL	DAUER	MAXTEILN
DB2-DESIGN	Design von DB2-Systemen	-	15
DB2-GRUNDL	DB2-Grundlagen	3,0	30
DB2-PROG	DB2 für Programmierer	4,0	20
DB-AUSW	Datenbank-Auswahlverfahren	2,0	30
DBS-GRUND	Datenbanksysteme-Grundlagen	4,0	30

```
SELECT      *              Dieses Statement liefert eine Tabelle aller Seminare.
  FROM      SEMINAR        Anzeige aller Spalten in der im Katalog definierten Spalten-Reihenfolge.
```

Result Table:

SEMCODE	TERMIN	SEMNR	KURSORT	REFNR
DB-AUSW	11.05.2000	127	Wiesbaden	1
DB2-DESIGN	16.08.2001	336	Frankfurt	5
DB2-PROG	29.01.2000	414	München	-
DB2-DESIGN	14.11.2000	12	Frankfurt	2
DB2-DESIGN	23.10.2000	123	Frankfurt	7
DB2-GRUNDL	-	10	-	-

```
SELECT      *              Dieses Statement liefert eine Tabelle aller Seminar-Reservierungen.
  FROM      SEMRES         Anzeige aller Spalten in der im Katalog definierten Spalten-Reihenfolge.
```

Result Table:

SEMNR	RESNR	ANREISE	TNNAME	TVNAME	TANREDE	FIRMANR
123	1	-	Marimba	Joe	Sir	1
123	3	22.10.2000	Kuller	Traenchen	-	4
12	5	14.11.2000	Killer	Biene	Mrs.	-
127	10	09.05.2000	Metallica	Urs	Monk	17
127	13	-	Pavar	Rotti	Signore	1
123	23	23.10.2000	Dotter	Fred	Old	5
123	19	-	Ehrfurcht	Anna	Schwester	-
336	15	16.08.2001	Feuerstein	Freddy	Mr.	7
123	12	22.10.2000	Barbar	Rossa	Herr	10
127	33	11.05.2000	Schneeflocke	Wally	Fräulein	13
127	32	-	Emanzie	Franzie	Hi	15
123	27	-	Kuni	Gunde	Frau	3

6 SQL-DML-Data Manipulation Language
6.2 SELECT-Datenabfragen

6.2.4 Einfache SELECT-Abfragebeispiele aus einer Tabelle
6.2.4.1 Einfache Spaltenauswahl (PROJECT)

Aufgabe:
Auswahl einzelner Spalten und deren Inhalte (komplett) aus der SEMTYP-Tabelle:

SQL-Query:
```
SELECT    TITEL , SEMCODE          Auswahl Spalten (Projektion)
  FROM    SEMTYP                   aus SEMTYP-Tabelle.
```

Es werden alle Zeilen aus der SEMTYP-Tabelle selektiert, da keine weiteren Suchbedingungen vorgegeben sind.

Result Table:

TITEL	SEMCODE
Design von DB2-Systemen	DB2-DESIGN
DB2-Grundlagen	DB2-GRUNDL
DB2 für Programmierer	DB2-PROG
Datenbank-Auswahlverfahren	DB-AUSW
Datenbanksysteme-Grundlagen	DBS-GRUND

6.2.4.2 Konstante und arithmetisch errechnete Werte

Aufgabe:
Einstellen einer Konstante in die Result Table und ermitteln des Seminarpreises pro Tag.

SQL-Query:
```
SELECT    GILTAB , DAUER , 'Preis pro Tag = ' , PREIS / DAUER
  FROM    SEMPREIS
```

Dieses Statement liefert eine Tabelle mit 4 Spalten; die errechneten Werte haben keinen Spaltennamen.

Result Table:

GILTAB	DAUER		
15.07.1999	4,0	Preis pro Tag =	525
01.07.1999	2,5	Preis pro Tag =	600
01.01.2000	3,0	Preis pro Tag =	600
01.12.1999	2,0	Preis pro Tag =	700

Aufgabe:
Wie hoch ist der Nettopreis eines 4-Tage-Seminartyps (im SEMPREIS sind Bruttopreise inkl. 16 % Mehrwertsteuer eingetragen) und was kostet der Seminartyp in Schweizer Franken (Kurs 1,2) unter Berücksichtigung der kaufmännischen Rundung (Nettopreis auf Pfennige, volle Schweizer Franken). Der Preis in Schweizer Franken wird als Nettopreis ohne Mehrwertsteuer berechnet.
Hinweis: Die Rundung ergibt nur einen Sinn, wenn eine Reduzierung der entsprechenden Nachkommastellen vorgenommen wird (z.B. durch die DECIMAL-Funktion).
Besser: ab Version 6 die ROUND-Funktion verwenden (siehe Anhang 1).

SQL-Query:
```
SELECT    PREIS / 1,16  + 0,005 ,  PREIS / 1,16 * 1,2 + 0,5
  FROM    SEMPREIS
 WHERE    DAUER = 4
```

Result Table:

1810,349827586206896	2172,913793103448275

6.2.4.3 Vergabe von Namen für Spalten der Result Table

Aufgabe:
Vergabe von Namen für solche Spalten, die von DB2 keinen Namen erhalten (siehe Beispiele vorab).

SQL-Query:
```
SELECT    GILTAB , DAUER , 'Preis pro Tag = ' ,
          PREIS / DAUER    AS       PREIS_TAG
FROM      SEMPREIS
```

Die benannten Spalten der Result Table können im SQL-Statement verwendet werden.
Beispiele folgen z.B. unter WHERE oder ORDER BY.

Result Table:

GILTAB	DAUER		PREIS_TAG
15.07.1999	4,0	Preis pro Tag =	525
01.07.1999	2,5	Preis pro Tag =	600
01.01.2000	3,0	Preis pro Tag =	600
01.12.1999	2,0	Preis pro Tag =	700

6.2.4.4 Auswahl bestimmter Zeilen mit WHERE

Aufgabe:
Auswahl aller Spalten der Seminartypen, die 4 Tage dauern.

SQL-Query:
```
SELECT     *
FROM       SEMTYP
   WHERE   DAUER = 4
```

Hinweis: SELECT * gewinnt die Struktur der Result Table beim Präparieren des Statements aus dem aktuellen Katalogzustand. Beim Einsatz in Programmen (SELECT INTO) sollte eine konkrete Spaltenauswahl betrieben werden.

Result Table:

SEMCODE	TITEL	DAUER	MAXTEILN
DB2-PROG	DB2 für Programmierer	4,0	20
DBS-GRUND	Datenbanksysteme-Grundlagen	4,0	30

Aufgabe:
Auswahl aller Seminare, die nach einem bestimmten Datum stattfinden.

SQL-Query:
```
SELECT    SEMCODE, TERMIN, SEMNR
FROM      SEMINAR
  WHERE   TERMIN > '01.07.2000'
```

Hinweis: Die Result Table sollte immer den PK enthalten, damit eine qualifizierte Ergebniskontrolle möglich ist.

Result Table:

SEMCODE	TERMIN	SEMNR
DB2-DESIGN	16.08.2001	336
DB2-DESIGN	14.11.2000	12
DB2-DESIGN	23.10.2000	123

Natürlich können solche WHERE-Bedingung in wesentlich komplexeren Konstellationen vorgegeben werden.
Weitere Beispiele folgen.

6 SQL-DML-Data Manipulation Language
6.2 SELECT-Datenabfragen

Aufgabe:
Auswahl aller Netto-Preise, die größer als 1.500 DM (bzw. EURO) sind (im SEMPREIS sind Bruttopreise inkl. 16 % Mehrwertsteuer eingetragen).

SQL-Query:
```
SELECT      SEMPREIS.* , PREIS / 1.16  AS NETTO
FROM        SEMPREIS
   WHERE    PREIS / 1.16  > 1500
```

SQL-Query-Alternative:
```
SELECT      *
FROM
            ( SELECT   SEMPREIS.* , PREIS / 1.16  AS NETTO
              FROM     SEMPREIS )  AS TEMP
   WHERE    NETTO > 1500
```

In diesem Fall werden alle Spalten der Tabelle SEMPREIS selektiert und eine neue Spalte NETTO, die auch Bestandteil der WHERE-Bedingung ist.

Result Table:

DAUER	PREIS	GILTAB	NETTO
4,0	2100	15.07.1999	1810,344
3,0	1800	01.01.2000	1551,724

6.2.4.5 Variable Auswahl bestimmter Zeilen mit WHERE und CASE

Aufgabe:
Auswahl DAUER und PREIS, sofern die kalkulatorische Tagesrendite > = 400 ist.
Ausgewählt werden sollen alle kalkulatorischen Erlöse unter folgender Annahme:
- Bei Seminartypen mit einer geringeren Dauer als 3 Tage werden täglich Kosten von DM 300 subtrahiert,
- Bei Seminartypen mit einer exakten Dauer von 3 Tagen werden täglich Kosten von DM 200 subtrahiert,
- Bei Seminartypen mit einer größeren Dauer als 3 Tage werden täglich Kosten von DM 100 subtrahiert.

SQL-Query:
```
SELECT      DAUER, PREIS, (PREIS / DAUER) AS  TAGESERLOES
         ,  CASE
                     WHEN    DAUER <    3 THEN    (PREIS / DAUER) - 300
                     WHEN    DAUER =    3 THEN    (PREIS / DAUER) - 200
                     ELSE                         (PREIS / DAUER) - 100
            END     AS TAGESRENDITE
FROM        SEMPREIS
   WHERE (  CASE
                     WHEN    DAUER <    3 THEN    (PREIS / DAUER) - 300
                     WHEN    DAUER =    3 THEN    (PREIS / DAUER) - 200
                     ELSE                         (PREIS / DAUER) - 100
            END )             >=   400
```

Result Table:

DAUER	PREIS	TAGESERLOES	TAGESRENDITE
4,0	2100	525,000	425,000
3,0	1800	600,000	400,000
2,0	1400	700,000	400,000

6.2.5 Boolsche Verknüpfungen und Prädikate
6.2.5.1 AND-Verknüpfung

Aufgabe:
Auswahl von Seminartypen, die gleich oder länger als 4 Tage dauern und deren maximale Teilnehmerzahl größer als 25 ist.

SQL-Query:
```
SELECT    TITEL, SEMCODE
  FROM    SEMTYP
 WHERE    DAUER >= 4
   AND    MAXTEILN > 25
```

Result Table:

TITEL	SEMCODE
Datenbanksysteme-Grundlagen	DBS-GRUND

Aufgabe:
Auswahl der Seminartitel, bei denen die DAUER zwischen 3 und 4 Tage liegt und deren SEMCODE weder 'DB-AUSW' noch 'DB2-GRUNDL' ist.

SQL-Query:
```
SELECT    TITEL
  FROM    SEMTYP
 WHERE    ( DAUER >= 3 AND DAUER <= 4 )
   AND    ( SEMCODE <> 'DB-AUSW' AND SEMCODE <> 'DB2-GRUNDL' )
```

Result Table:

TITEL
DB2 für Programmierer
Datenbanksysteme-Grundlagen

6.2.5.2 OR-Verknüpfung

Aufgabe:
Auswahl von Seminartypen, die gleich oder länger als 4 Tage dauern oder deren maximale Teilnehmerzahl größer als 25 ist.

SQL-Query:
```
SELECT    TITEL, SEMCODE
  FROM    SEMTYP
 WHERE    DAUER >= 4
    OR    MAXTEILN > 25
```

Result Table:

TITEL	SEMCODE
DB2-Grundlagen	DB2-GRUNDL
DB2 für Programmierer	DB2-PROG
Datenbank-Auswahlverfahren	DB-AUSW
Datenbanksysteme-Grundlagen	DBS-GRUND

6 SQL-DML-Data Manipulation Language
6.2 SELECT-Datenabfragen

Aufgabe:
Auswahl der Referenten, die 'Mayer' oder 'Maier' heißen.

SQL-Query:
```
SELECT        *
   FROM       REFERENT
      WHERE   RNNAME    =    'Mayer'
         OR   RNNAME    =    'Maier'
```

Result Table:

REFNR	RNNAME	RVNAME
5	Maier	Hubert
3	Mayer	Franz

6.2.5.3   NOT-Verknüpfung

Aufgabe:
Auswahl von Seminartypen, die gleich oder länger als 4 Tage dauern und deren SEMCODE nicht gleich (¬ =) 'DB2-PROG' ist.

SQL-Query:
```
SELECT          TITEL, SEMCODE
   FROM         SEMTYP
      WHERE     DAUER >= 4
      AND NOT   SEMCODE = 'DB2-PROG'
```

Result Table:

TITEL	SEMCODE
Datenbanksysteme-Grundlagen	DBS-GRUND

6.2.5.4   BETWEEN-Prädikat

Aufgabe:
Auswahl von Seminartypen, die zwischen 2 und 4 Tage dauern (inklusiv der Grenzwerte).

SQL-Query:
```
SELECT       TITEL, SEMCODE
   FROM      SEMTYP
      WHERE  DAUER  BETWEEN 2 AND 4
```

In unserem Beispiel werden außer DB2-DESIGN (NULL-Wert) alle Seminartypen aufbereitet.

Result Table:

TITEL	SEMCODE
DB2-Grundlagen	DB2-GRUNDL
DB2 für Programmierer	DB2-PROG
Datenbank-Auswahlverfahren	DB-AUSW
Datenbanksysteme-Grundlagen	DBS-GRUND

6 SQL-DML-Data Manipulation Language
6.2 SELECT-Datenabfragen

6.2.5.5 IN-Prädikat

Aufgabe:
Auswahl der Seminartypen, bei denen die Dauer 0,5 oder 1 oder 3 Tage ist.

SQL-Query:
```
SELECT     TITEL, SEMCODE
FROM       SEMTYP
WHERE      DAUER IN (0,5 , 1 , 3 )
```

Result Table:

TITEL	SEMCODE
DB2-Grundlagen	DB2-GRUNDL

6.2.5.6 LIKE-Prädikat

Aufgabe:
Auswahl von Seminartypen, deren SEMCODE mit 'DB2' beginnt oder deren Titel 'DB2' enthält.

SQL-Query:
```
SELECT     TITEL, SEMCODE
FROM       SEMTYP
WHERE      SEMCODE    LIKE   'DB2%'
OR         TITEL      LIKE   '%DB2%'
```

Es wird geprüft, ob der SEMCODE mit 'DB2' beginnt (der Rest des Feldes bleibt ungeprüft) oder der Titel irgendwo innerhalb seines Feldinhaltes 'DB2' enthält.

Result Table:

TITEL	SEMCODE
Design von DB2-Systemen	DB2-DESIGN
DB2-Grundlagen	DB2-GRUNDL
DB2 für Programmierer	DB2-PROG

Aufgabe:
Auswahl von Seminaren, bei denen im Kursort ein Umlaut vorhanden ist.

SQL-Query:
```
SELECT     *
FROM       SEMINAR
WHERE      KURSORT    LIKE   '%Ü%'
OR         KURSORT    LIKE   '%ü%'
OR         KURSORT    LIKE   '%Ä%'
OR         KURSORT    LIKE   '%ä%'
OR         KURSORT    LIKE   '%Ö%'
OR         KURSORT    LIKE   '%ö%'
```

Result Table:

SEMCODE	TERMIN	SEMNR	KURSORT	REFNR
DB2-PROG	29.01.2000	414	München	-

6 SQL-DML-Data Manipulation Language
6.2 SELECT-Datenabfragen

Aufgabe:
Auswahl der Referenten, die 'Mayer' oder 'Maier' heißen (oder auch Maler oder Mager oder ...).

SQL-Query:
```
SELECT      *
   FROM     REFERENT
      WHERE RNNAME    LIKE   'Ma_er              '
```

Bei Spalten mit fester Länge muss der komplette Name mit Blanks aufgefüllt werden (hier insgesamt 35 Stellen).
Wird mit den LIKE-Platzhaltern (_ oder %) gearbeitet, würden - bei Vorhandensein entsprechender Daten - auch z.B. 'Mayerlein' und 'Maierling' mit ausgewählt (entsprechend der nächsten Aufgabenstellung).

Result Table:

REFNR	RNNAME	RVNAME
5	Maier	Hubert
3	Mayer	Franz

Aufgabe:
Auswahl der Referenten, deren Nachname mit 'Mayer' oder 'Maier' beginnt (bzw. Ma.er).

SQL-Query:
```
SELECT      *
   FROM     REFERENT
      WHERE RNNAME    LIKE   'Ma_er%'
```

In unserem Beispiel ergibt sich keine Veränderung zum vorherigen Beispiel.
Dieses Beispiel stellt eine Variante mit variablem Platzhalter dar.

Aufgabe:
Auswahl der Seminartypen, deren Titel mit 'r' endet.

SQL-Query:
```
SELECT      SEMCODE, TITEL, DAUER
   FROM     SEMTYP
      WHERE TITEL    LIKE   '%r'
```

Die Abfrage funktioniert in dieser Form nur bei Spalten mit variabler Länge, da bei einer festen Spaltenlänge die variable Endposition der unterschiedlich langen Namen nicht mit LIKE-Mitteln bestimmt werden kann (eine Abfrage '%r' würde auf der letzten Stelle ein 'r' suchen und '%r%' würde jedes 'r' an jeder Position akzeptieren).

Result Table:

SEMCODE	TITEL	DAUER
DB2-PROG	DB2 für Programmierer	4,0

Ab Version 6 können folgende Varianten genutzt werden:

```
SELECT      SEMCODE, TITEL, DAUER
   FROM     SEMTYP
      WHERE STRIP ( TITEL )  LIKE   '%r'         -- bei fester Länge

SELECT      SEMCODE, TITEL, DAUER
   FROM     SEMTYP
      WHERE RIGHT ( STRIP ( TITEL ) , 1 ) =  'r'    -- bei fester und variabler Länge
```

6.2.5.7 NULL-Prädikat

Aufgabe:
Auswahl der Seminartypen, bei denen keine Dauer zugeordnet ist (NULL-Wert).

SQL-Query:
```
SELECT     TITEL, SEMCODE
  FROM     SEMTYP
   WHERE   DAUER IS NULL
```

Dieses Statement liefert nur die Zeilen, die einen NULL-Wert in Spalte DAUER aufweisen.
NULL kann nicht mit arithmetischen Operatoren eingesetzt werden (= NULL ist unzulässig).

Result Table:

TITEL	SEMCODE
Design von DB2-Systemen	DB2-DESIGN

Aufgabe:
Auswahl der Seminartypen, bei denen eine Dauer zugeordnet ist (kein NULL-Wert).

SQL-Query:
```
SELECT     TITEL, SEMCODE
  FROM     SEMTYP
   WHERE   DAUER IS NOT NULL
```

Result Table:

TITEL	SEMCODE
DB2-Grundlagen	DB2-GRUNDL
DB2 für Programmierer	DB2-PROG
Datenbank-Auswahlverfahren	DB-AUSW
Datenbanksysteme-Grundlagen	DBS-GRUND

6.2.5.8 Mix von Prädikaten und Klammerung

Aufgabe:
Auswahl von Seminartypen, die zwischen 2,5 und 4 Tage dauern oder bei denen keine Dauer zugeordnet ist (NULL-Wert) und deren SEMCODE mit 'DB2' beginnt oder deren Titel 'DB2' enthält.

SQL-Query:
```
SELECT     TITEL, SEMCODE
  FROM     SEMTYP
   WHERE   (DAUER BETWEEN 2,5 AND 4
      OR   DAUER IS NULL)
      AND ( SEMCODE LIKE 'DB2%' OR TITEL LIKE '%DB2%' )
```

Result Table:

TITEL	SEMCODE
Design von DB2-Systemen	DB2-DESIGN
DB2-Grundlagen	DB2-GRUNDL
DB2 für Programmierer	DB2-PROG

Aufgabe:
Auswahl der Referenten, deren Vorname = 'Hubert' und deren Nachname 'Maier' bzw. 'Mayer' ist.

SQL-Query:
```
SELECT       *
FROM         REFERENT
WHERE        RVNAME = 'Hubert'
AND          (RNNAME = 'Maier'
OR           RNNAME = 'Mayer')
```

Result Table:

REFNR	RNNAME	RVNAME
5	Maier	Hubert

Aufgabe:
Auswahl der Referenten, deren Vorname = 'Hubert' und deren Nachname 'Maier' oder bei denen ohne Berücksichtigung des Vornamens der Nachname 'Mayer' ist.
Die Klammern innerhalb der SQL-Query können auch weggelassen werden (siehe hierzu Anhang 1 - AND, OR, NOT und Klammern).

SQL-Query:
```
SELECT       *
FROM         REFERENT
WHERE        (RVNAME = 'Hubert'
AND          RNNAME = 'Maier')
OR           RNNAME = 'Mayer'
```

Result Table:

REFNR	RNNAME	RVNAME
5	Maier	Hubert
3	Mayer	Franz

6.2.6 Sortierung - ORDER BY
6.2.6.1 Auf- und absteigende Sortierung

Aufgabe:
Anzeige aller Seminartypen mit absteigender Sortierung nach DAUER.

SQL-Query:
```
SELECT       TITEL, DAUER
FROM         SEMTYP
ORDER BY     DAUER DESC
```

Die Zeilenreihenfolge wird durch das ORDER BY-Schlüsselwort definiert. In diesem Falle wird die Result Table absteigend nach DAUER sortiert. In der ORDER BY-Anweisung muss eine Spalte aus der Result-Table definiert werden. So kann in unserem Beispiel die Sortierung z.B. nicht nach SEMCODE erfolgen.
In unserem Beispiel wird der NULL-Wert als erste Zeile der Result Table gezeigt, d.h. als höchster Wert. DB2 behandelt den auf interner Ebene mitgeführten NULL-Indikator als Feldinhalt und sortiert ihn mit:
- NULL-Werte werden mit X' FF' geführt,
- vorhandene Werte enthalten im NULL-Indikator X'00'.

Result Table:

TITEL	DAUER
Design von DB2-Systemen	-
DB2 für Programmierer	4,0
Datenbanksysteme-Grundlagen	4,0
DB2-Grundlagen	3,0
Datenbank-Auswahlverfahren	2,0

6 SQL-DML-Data Manipulation Language
6.2 SELECT-Datenabfragen

Aufgabe:
Anzeige aller Seminare, absteigend nach Kursort und innerhalb des Kursortes nach Termin aufsteigend.

SQL-Query:
```
SELECT       *
    FROM     SEMINAR
        ORDER BY   KURSORT DESC , TERMIN
```

Result Table:

SEMCODE	TERMIN	SEMNR	KURSORT	REFNR
DB2-GRUNDL	-	10	-	
DB-AUSW	11.05.2000	127	Wiesbaden	1
DB2-PROG	29.01.2000	414	München	-
DB2-DESIGN	23.10.2000	123	Frankfurt	7
DB2-DESIGN	14.11.2000	12	Frankfurt	2
DB2-DESIGN	16.08.2001	336	Frankfurt	5

6.2.6.2 Sortierung von abgeleiteten Spalten

Aufgabe:
Auswahl aller Netto-Preise, die größer als DM 1.500 sind (in SEMPREIS sind Bruttopreise inkl. 16 % Mehrwertsteuer eingetragen).

SQL-Query:
```
SELECT       SEMPREIS. * , PREIS / 1.16
    FROM     SEMPREIS
        WHERE PREIS / 1.16 > 1500
ORDER BY  4
```

Bei einer nicht benannten Spalte der Result Table kann beim ORDER BY auf eine feste Spalten-Nummer referenziert werden. In diesem Fall muss der Benutzer aber die Anzahl und die aktuellen Spaltenpositionen der SEMPREIS-Tabelle kennen.

Result Table:

DAUER	PREIS	GILTAB	
3,0	1800	01.01.2000	1551,724
4,0	2100	15.07.1999	1810,344

Ab der Version 4 kann alternativ die nachfolgend dargestellte Lösung genutzt werden.

SQL-Query:
```
SELECT       SEMPREIS. * , PREIS / 1.16  AS NETTO
    FROM     SEMPREIS
        WHERE PREIS / 1.16 > 1500
ORDER BY NETTO
```

Result Table:

DAUER	PREIS	GILTAB	NETTO
3,0	1800	01.01.2000	1551,724
4,0	2100	15.07.1999	1810,344

6.2.7 Funktion (Builtin-Function)
6.2.7.1 Column Function

Details zu Column Functions und Beispiele zu den einzelnen Funktionen siehe im Anhang 1.

Aufgabe:
Ermitteln diverser Werte aus der SEMPREIS-Tabelle.

SQL-Query:
```
SELECT    AVG (PREIS) AS DURCHSCHNITT,     Durchschnittspreis.
          MAX (PREIS) AS MAX_PREIS,        Höchstpreis.
          MIN (PREIS) AS MIN_PREIS,        Niedrigster Preis.
          SUM (PREIS) AS SUMME             Summe aller Preise.
   FROM   SEMPREIS                         SEMPREIS-Tabelle.
   WHERE  DAUER BETWEEN 2,5 AND 4          Auswahlbedingung Zeilen (Selektion).
```

Die Funktionen ermitteln einen Wert, der ausgegeben oder als Zwischenwert innerhalb des Statements als Vergleichsbegriff übergeben werden kann. Mit Ausnahme der Funktion COUNT werden alle NULL-Werte ignoriert. Die einzelnen Funktionen sind:

AVG	Ermittlung des Durchschnittswertes einer Spalte. Es sind nur numerische Werte zulässig.
MAX	Ermittlung des Höchstwertes einer Spalte.
MIN	Ermittlung des Minimalwertes einer Spalte.
SUM	Ermittlung der Summe einer Spalte. Es sind nur numerische Werte zulässig.

In unserem Beispiel wird folgende Result Table erzeugt:

Result Table:

DURCHSCHNITT	MAX_PREIS	MIN_PREIS	SUMME
1800,0000	2100,00	1500,00	5400,00

Aufgabe:
Ermitteln diverser Werte aus der SEMRES-Tabelle.

SQL-Query:
```
SELECT    COUNT (*)                  AS ANZAHL_RESERV,      Anzahl Reservierungen.
          COUNT (DISTINCT SEMNR)     AS RESERV_UNTERSCH     Anzahl unterschiedlicher
                                                            Seminare.
          COUNT (*) / COUNT (DISTINCT SEMNR)                Durchschnittliche Anzahl
                                     AS DURCH_PRO_SEMINAR   Reservierungen pro Seminar.
   FROM   SEMRES                                            SEMRES-Tabelle.
```

Die einzelnen Funktionen sind:

COUNT	Anzahl Zeilen in Tabelle, die entweder
(*)	- die Suchbedingung erfüllen (hier ist keine vorgegeben, d.h. die Summe bezieht sich auf alle Zeilen) oder
(DISTINCT SEMNR)	- die Suchbedingung erfüllen und unterschiedliche Werte in einer bestimmten Spalte aufweisen.

In unserem Beispiel wird folgende Result Table erzeugt:

Result Table:

ANZAHL_RESERV	RESERV_UNTERSCH	DURCH_PRO_SEMINAR
12	4	3

6 SQL-DML-Data Manipulation Language
6.2 SELECT-Datenabfragen

Aufgabe:
Ermitteln der unterschiedlichen maximalen Teilnehmer sämtlicher Seminartypen.

SQL-Query:
```
SELECT    COUNT (DISTINCT  MAXTEILN) AS UNTERSCH_MAXTEILN
FROM      SEMTYP
```

Result Table:

UNTERSCH_MAXTEILN
3

Aufgabe:
Ermitteln der Durchschnittsdauer und der durchschnittlichen maximalen Teilnehmerzahl aller Seminartypen.

SQL-Query:
```
SELECT    AVG (DAUER)        AS DURCH_DAUER ,
          AVG (MAXTEILN)     AS DURCH_MAXTEILN,
FROM      SEMTYP
```

In diesem Fall werden NULL-Werte ignoriert (Z.B. DAUER: 3,0 + 4,0 + 2,0 + 4,0 = 13,0 dividiert durch 4 = 3,25).

Result Table:

DURCH_DAUER	DURCH_MAXTEILN
3,25	25,00

6.2.7.2 Scalar Function
6.2.7.2.1 Konvertierungs-Funktion

Details zu Scalar Functions und Beispiele zu den einzelnen Funktionen siehe im Anhang 1. Konvertierungen werden ab Version 6 insbesondere durch die Cast-Spezifikation unterstützt. Siehe hierzu auch im Anhang 1 unter "Unterstützte Format-Änderungen von Builtin-Daten-Typen" und unter "CAST-Spezifikation".

Diese Funktionsgruppe bietet Konvertierungs-Möglichkeiten vorrangig für die Anwendungs-Programmierung. Details hierzu siehe auch im Anhang 1.

Aufgabe:
Konvertierung bestimmter Spaltenwerte.

SQL-Query:
```
SELECT    DECIMAL (MAXTEILN, 5, 2),      -- Binär -> Dezimal
          FLOAT (DAUER),                 -- Dezimal -> Gleitkomma
          INTEGER (DAUER)                -- Dezimal -> Binär
FROM      SEMTYP
WHERE     SEMCODE = 'DB-AUSW'
```

Result Table:

30,00	0,2000E+01 *	2

* bzw. 2,000E+00

Aufgabe:
Konvertierung bestimmter Spaltenwerte.

SQL-Query:
```
SELECT      HEX (TERMIN)
  FROM      SEMINAR
 WHERE      SEMNR = 12
```

Result Table:

20001114

Aufgabe:
Aufbereitung einer für einen Endbenutzer lesbaren Result Table.

SQL-Query:
```
SELECT      'Das Seminar ' CONCAT  SEMCODE  CONCAT  ' mit dem Titel: ' CONCAT
            SUBSTR (TITEL, 1, 20)    CONCAT       ' ... dauert '    CONCAT
            SUBSTR ( DIGITS (DAUER), 1, 2)  CONCAT    ',' CONCAT
            SUBSTR ( DIGITS (DAUER), 3, 1)  CONCAT    ' Tage'
  FROM      SEMTYP
 WHERE      SEMCODE = 'DB2-GRUNDL'
```

Result Table:

Das Seminar DB2-GRUNDL   mit dem Titel: DB2-Grundlagen   ... dauert 03,0 Tage

6.2.7.2.2 DateTime-Funktion

Die DateTime-Funktionen unterstützen die entsprechenden Datentypen. Sie können speziell in Verbindung mit arithmetischen Operationen eingesetzt werden.

Aufgabe:
Konvertierung eines Datums-Feldes.

SQL-Query:
```
SELECT      CHAR  (GILTAB, ISO),
            CHAR  (GILTAB, USA),
            CHAR  (GILTAB, EUR)
  FROM      SEMPREIS
 WHERE      DAUER = 2
```

Result Table:

1999-12-01	12/01/1999	01.12.1999

6 SQL-DML-Data Manipulation Language
6.2 SELECT-Datenabfragen

Aufgabe:
Ermittlung der einzelnen Datumsbestandteile von TERMIN für Seminare, die im ersten Halbjahr stattfinden.

SQL-Query:
```
SELECT      DAY (TERMIN)       AS  TAG,
            MONTH (TERMIN)     AS  MONAT,
            YEAR (TERMIN)      AS  JAHR
  FROM      SEMINAR
  WHERE     MONTH (TERMIN)  BETWEEN 1 AND 6
```

Result Table:

TAG	MONAT	JAHR
11	5	2000
29	1	2000

Aufgabe:
Ermittlung der Differenztage von TERMIN, bezogen auf den 01.01.0001. Dies gilt nur für Seminare, die später als im Jahr 2000 beginnen.

SQL-Query:
```
SELECT      DAYS (TERMIN)
  FROM      SEMINAR
  WHERE     YEAR (TERMIN) > 2000
```

Result Table:

730713

Aufgabe:
Ermittlung des Seminarende-Datums (nähere Erläuterungen zum Join folgen).

SQL-Query:
```
SELECT      TERMIN, DAUER,
            TERMIN + DAUER DAYS   AS ENDEDATUM
  FROM      SEMTYP, SEMINAR
  WHERE     SEMTYP.SEMCODE = SEMINAR.SEMCODE
```

Die hier eingesetzte DAYS-Option unterscheidet sich von dem vorherigen Beispiel, in dem eine DateTime-Funktion genutzt wird.
An dieser Stelle wird DAYS als 'Labeled Duration' eingesetzt, mit der die Datums-Arithmetik unterstützt wird. Näheres dazu siehe im Anhang 1.

Hinweis:
1. DB2 unterstützt nur eingeschränkt ein Kalendarium mit Sonntagen, nicht aber mit regionalen Feiertagen.
2. Bei unserem Beispiel wird davon ausgegangen, dass die Seminare jeweils mittags beginnen und auch mittags enden. Ansonsten müßte ggf. selektiert werden:
   (TERMIN + DAUER DAYS - 1) AS ENDEDATUM

Result Table:

TERMIN	DAUER	ENDEDATUM
11.05.2000	2,0	13.05.2000
16.08.2001	-	-
23.10.2000	-	-
14.11.2000	-	-
-	3,0	-
29.01.2000	4,0	02.02.2000

Aufgabe:
Wie lange dauert es noch, bis ein Seminar in Wiesbaden stattfindet?

SQL-Query:
```
SELECT      SEMCODE, SEMNR,
            TERMIN - CURRENT DATE                   AS JJMMTT,
            DAYS (TERMIN) - DAYS (CURRENT DATE)     AS TAGE
FROM        SEMINAR
   WHERE    KURSORT = 'Wiesbaden'
```

Annahme: aktuelles Datum = 05.12.1999.
Geliefert werden in der Spalte JJMMTT 5 Monate und 6 Tage.

Hinweis:
Wenn das aktuelle Datum (current date) später als der Seminartermin liegt, werden natürlich negative Ergebnisse erzeugt.

Result Table:

SEMCODE	SEMNR	JJMMTT	TAGE
DB-AUSW	127	506	158

6.2.7.2.3   Sonstige Funktion

Aufgabe:
Anzeige des Titels aller Seminartypen und der Länge des Titels (in Bytes).
Hinweis: Eine unterschiedliche Länge wird nur bei variablen Spalten gezeigt.

SQL-Query:
```
SELECT      TITEL, LENGTH (TITEL)
FROM        SEMTYP
```

Result Table:

TITEL	
Design von DB2-Systemen	23
DB2-Grundlagen	14
DB2 für Programmierer	21
Datenbank-Auswahlverfahren	26
Datenbanksysteme-Grundlagen	27

Aufgabe:
Ersetzen eines NULL-Wertes durch einen Default-Wert (hier 999).

SQL-Query:
```
SELECT      TITEL, VALUE (DAUER , 999)
FROM        SEMTYP
```

Alternative SQL-Query:
```
SELECT      TITEL, COALESCE (DAUER , 999)
FROM        SEMTYP
```

Result Table:

TITEL	
Design von DB2-Systemen	999,0
DB2-Grundlagen	3,0
DB2 für Programmierer	4,0
Datenbank-Auswahlverfahren	2,0
Datenbanksysteme-Grundlagen	4,0

---

6 SQL-DML-Data Manipulation Language
6.2 SELECT-Datenabfragen

Aufgabe:
Ersetzen eines NULL-Wertes durch einen Default-Wert (hier ein Text für ein numerisches Feld).

SQL-Query:
```
SELECT     SEMCODE, SEMNR, VALUE (DIGITS (REFNR), 'Keine Zuordnung')
  FROM     SEMINAR
 WHERE     SEMCODE LIKE 'DB2%'
```

Result Table:

SEMCODE	SEMNR	
DB2-DESIGN	336	00005
DB2-DESIGN	12	00002
DB2-DESIGN	123	00007
DB2-GRUNDL	10	Keine Zuordnung
DB2-PROG	414	Keine Zuordnung

6.2.7.3 Verschachtelung von Column Function und Scalar Function

Aufgabe:
Anzeige von Tag und Monat der DB2-Seminare.

SQL-Query: Verschachtelung einer Scalar Function innerhalb einer anderen Scalar Function.
```
SELECT     SUBSTR (CHAR (TERMIN, EUR), 1 , 5)
  FROM     SEMINAR
 WHERE     SEMCODE LIKE 'DB2%'
```

Result Table:

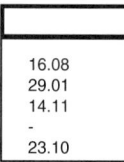

```
16.08
29.01
14.11
-
23.10
```

Aufgabe:
Ermitteln des höchsten Seminar-Durchführungsjahres.

SQL-Query:
```
SELECT     YEAR ( MAX (TERMIN) )
  FROM     SEMINAR
```

Verschachtelung einer Column Function innerhalb einer Scalar Function.

Result Table:

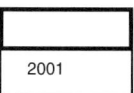

```
2001
```

6.2.8 Gruppierung/ GROUP BY

Die Builtin-Funktionen liefern grundsätzlich einen Wert für die Weiterverarbeitung bzw. Ablage in der Result Table. In Verbindung mit einem GROUP BY-Schlüsselwort werden von DB2 intern alle zu gruppierenden Spalten mit redundanten Daten zusammengefasst und die Builtin-Funktion auf die Gruppeninhalte angewandt (alle SELECT-Spalten ohne Builtin-Funktionen müssen im GROUP BY definiert sein).

Aufgabe:
Ermittlung der Anzahl der durchschnittlichen Maximal-Teilnehmer pro Seminardauer.

SQL-Query:
```
SELECT      DAUER, AVG (MAXTEILN)  AS DURCH_TEILN
   FROM     SEMTYP
GROUP BY    DAUER
```

Die Spalte DAUER wird aus der SEMTYP-Tabelle selektiert und gruppiert (intern wird die DISTINCT-Option durchgeführt). Es erfolgt keine Sortierung. Dies ist nur in Verbindung mit ORDER BY aktivierbar.
Nach der Gruppierung wird die AVG-Funktion für jeden Gruppeninhalt ausgeführt und der Result Table zugewiesen.

Result Table:

DAUER	DURCH_TEILN
2,0	30
3,0	30
4,0	25
-	15

Aufgabe:
Ermittlung der Seminaranmeldungen pro Seminar-Nr.

SQL-Query:
```
SELECT      SEMNR , COUNT (*)  AS ANMELDUNGEN
   FROM     SEMRES
GROUP BY    SEMNR
```

Result Table:

SEMNR	ANMELDUNGEN
12	1
123	6
127	4
336	1

6 SQL-DML-Data Manipulation Language
6.2 SELECT-Datenabfragen

Aufgabe:
Ermittlung der Anzahl Seminardurchführungen und des niedrigsten Seminar-Termins pro Kursort. Die Auswahl soll sich auf DB2-Seminare beschränken (SEMCODE mit DB2 beginnend) und nach Termin aufsteigend sortiert sein.

SQL-Query:
```
SELECT      KURSORT, COUNT (*) , MIN (TERMIN) AS TERMIN
  FROM      SEMINAR
  WHERE     SEMCODE LIKE 'DB2%'
GROUP  BY   KURSORT
ORDER  BY   TERMIN
```

Mit der WHERE-Option können auch Spalten einbezogen werden, die nicht in der Result-Table enthalten sind.

Result Table:

KURSORT		TERMIN
München	1	29.01.2000
Frankfurt	3	23.10.2000
-	1	-

Aufgabe:
Anzeige der Seminar-Durchführungen pro Jahr mit horizontaler Darstellung. Die Auswahl beschränkt sich auf:
- das laufende Jahr (hier JAHR_LFD genannt),
- das nächste Jahr (hier JAHR_NAE genannt),
- das übernächste Jahr (hier JAHR_UEB genannt).

SQL-Query:
```
SELECT SEMCODE,
       SUM (1 * VALUE ( 0 / (YEAR (TERMIN) - (YEAR (CURRENT DATE) + 0)) , 1 )) AS JAHR_LFD,
       SUM (1 * VALUE ( 0 / (YEAR (TERMIN) - (YEAR (CURRENT DATE) + 1)) , 1 )) AS JAHR_NAE,
       SUM (1 * VALUE ( 0 / (YEAR (TERMIN) - (YEAR (CURRENT DATE) + 2)) , 1 )) AS JAHR_UEB
  FROM     SEMINAR
  WHERE    YEAR (TERMIN) BETWEEN YEAR (CURRENT DATE) AND YEAR (CURRENT DATE) + 2
GROUP BY SEMCODE
```

Annahme: aktuelles Datum = 05.12.1999.

Result Table:

SEMCODE	JAHR_LFD	JAHR_NAE	JAHR_UEB
DB-AUSW	0	1	0
DB2-DESIGN	0	2	1
DB2-PROG	0	1	0

Alternative SQL-Query:
```
SELECT SEMCODE,
       SUM ( COALESCE ( 0 * NULLIF (YEAR (TERMIN) , YEAR (CURRENT DATE) + 0 ) , 1 ) )
                                                                   AS JAHR_LFD,
       SUM ( COALESCE ( 0 * NULLIF (YEAR (TERMIN) , YEAR (CURRENT DATE) + 1 ) , 1 ) )
                                                                   AS JAHR_NAE,
       SUM ( COALESCE ( 0 * NULLIF (YEAR (TERMIN) , YEAR (CURRENT DATE) + 2 ) , 1 ) )
                                                                   AS JAHR_UEB
  FROM     SEMINAR
  WHERE    YEAR (TERMIN) BETWEEN YEAR (CURRENT DATE) AND YEAR (CURRENT DATE) + 2
GROUP BY SEMCODE
```

Weitere Beispiele siehe unter Outer Join.

6.2.8.1 HAVING

Aufgabe:
Man kann nun eine zusätzliche Option beim GROUP BY nutzen, damit z.B. nur solche Werte in die Result Table eingestellt werden, die besondere Bedingungen erfüllen. So könnte es in obigem Beispiel sinnvoll sein, nur solche Seminare auszuweisen, für die mehr als eine Durchführung existiert.

SQL-Query:
```
SELECT      KURSORT, COUNT (*) , MIN (TERMIN)
  FROM      SEMINAR
 WHERE      SEMCODE LIKE 'DB2%'
GROUP BY    KURSORT
   HAVING   COUNT (*) > 1
ORDER BY KURSORT
```

Mit der Having-Option können Selektionsbedingungen analog des WHERE-Schlüsselwortes definiert werden. Im Gegensatz zur WHERE-Bedingung wirkt die HAVING-Option auf die Gruppierungswerte und kann diese aufgrund bestimmter Inhalte von der Weiterverarbeitung ausschließen. HAVING darf nur in Verbindung mit einem GROUP BY-Schlüsselwort benutzt werden.
In unserem Beispiel wird die Gruppe innerhalb der Spalte KURSORT nur weiterverarbeitet, wenn mehr als ein Seminar innerhalb der Gruppe vorhanden ist.

Result Table:

KURSORT		
Frankfurt	3	23.10.2000

Aufgabe:
Anzeige der Seminare, für die im Jahr 2000 mindestens 2 Durchführungen geplant sind mit der Anzahl unterschiedlicher Kursorte.

SQL-Query:
```
SELECT      SEMCODE , COUNT (*) AS ANZAHL , COUNT (DISTINCT (KURSORT )) AS KURSORTE
  FROM      SEMINAR
 WHERE      YEAR (TERMIN) = 2000
GROUP BY    SEMCODE
    HAVING COUNT (*) >= 2
```

Result Table:

SEMCODE	ANZAHL	KURSORTE
DB2-DESIGN	2	1

Aufgabe:
Anzeige der Dauer und der durchschnittlichen Maximal-Teilnehmerzahl der Seminar-Typen, bei denen pro Dauer eine unterschiedliche Maximal-Teilnehmerzahl vorhanden ist.

SQL-Query:
```
SELECT      DAUER, AVG (MAXTEILN)
  FROM      SEMTYP
GROUP BY    DAUER
    HAVING COUNT (DISTINCT (MAXTEILN)) > 1
```

Es werden nur solche Seminartypen gezeigt, bei denen zumindest zwei Zeilen mit Teilnehmerwerten auftreten.

Result Table:

DAUER	
4,0	25

6 SQL-DML-Data Manipulation Language
6.2 SELECT-Datenabfragen

6.2.9 UNION und UNION ALL

Mit UNION können zwei oder mehr SELECT-Statements zu einer gemeinsamen Result Table kombiniert werden. Das System bildet mit Hilfe temporärer Result Table(s) die endgültige Result Table. Die von den einzelnen Statements definierten Result Tables müssen in ihrer Struktur untereinander kompatibel sein. In unserem Beispiel wird die UNION-Funktionalität grob dargestellt. Das Ergebnis kann auch einfacher mit SELECT DISTINCT und einer OR-Bedingung erzeugt werden.

Aufgabe:
Ermittlung der Seminarcodes, die in Wiesbaden stattfinden oder später als 1999 stattfinden.

SQL-Query:
```
SELECT      SEMCODE
   FROM     SEMINAR
      WHERE KURSORT = 'Wiesbaden'
UNION
SELECT      SEMCODE
   FROM     SEMINAR
      WHERE YEAR (TERMIN) > 1999
ORDER BY 1
```

Die beiden temporären Result Tables werden zunächst eigenständig gebildet und dann werden sie verdichtet (UNION impliziert DISTINCT). Siehe hierzu auch das nächste Beispiel.

Result Table:

SEMCODE
DB-AUSW
DB2-DESIGN
DB2-PROG

Aufgabe:
Analog vorherigem Beispiel, aber ohne Verdichtung der Ergebnisse.

SQL-Query:
```
SELECT      SEMCODE
   FROM     SEMINAR
      WHERE KURSORT = 'Wiesbaden'
UNION ALL
SELECT      SEMCODE
   FROM     SEMINAR
      WHERE YEAR (TERMIN) > 1999
ORDER BY SEMCODE
```

Mit UNION ALL wird die DISTINCT-Funktion ausgesetzt. DB-AUSW wird zweimal gezeigt, da es in jedem SELECT ausgewählt wird.

Result Table:

SEMCODE
DB-AUSW
DB-AUSW
DB2-DESIGN
DB2-DESIGN
DB2-DESIGN
DB2-PROG

6 SQL-DML-Data Manipulation Language
6.2 SELECT-Datenabfragen

Mit UNION können natürlich auch Daten unterschiedlicher Tabellen verbunden werden.
So finden sich Anwendungsbeispiele in folgenden Bereichen:
- Daten werden auf unterschiedliche Tabellen verteilt (z.B. Historie und Aktualität wird getrennt),
- gleichartige Daten aus unterschiedlichen Tabellen sollen zusammengeführt werden (z.B. aus Katalogtabellen - siehe folgendes Beispiel),
- vor der DB2-Version 4 für die Behandlung des Outer Joins - Beispiele siehe dort.

Aufgabe:
Ermittlung der Tabellen- und Database-Privilegien, die der Benutzer weitergegeben hat (siehe hierzu auch Kapitel 7).

SQL-Query:
```
    SELECT      'Berechtigter = ' , GRANTEE , 'Tabelle/View  : ', TTNAME
      FROM      SYSIBM.SYSTABAUTH
       WHERE    GRANTOR = USER
    UNION
    SELECT      'Berechtigter = ' , GRANTEE , 'Datenbank    : ', NAME
      FROM      SYSIBM.SYSDBAUTH
       WHERE    GRANTOR = USER
    ORDER BY 2
```

Das Statement läßt sich natürlich beliebig erweitern auf weitere Autorisierungs-Tabellen.

Result Table: (beispielhafter Ausschnitt):

Berechtigter =	U0002	Tabelle/View :	SEMINAR
Berechtigter =	U0002	Datenbank :	SEMDB01
Berechtigter =	U0011	Tabelle/View :	SEMINAR
Berechtigter =	U0017	Tabelle/View :	SEMINAR

6 SQL-DML-Data Manipulation Language
6.2 SELECT-Datenabfragen

6.2.10 Selektion aus mehreren Tabellen - JOIN
6.2.10.1 Kartesisches Produkt

Das SQL-Statement SELECT unterstützt nicht nur die Projektion von Spalten sowie die Selektion von Zeilen aus einer Tabelle, sondern es können auch die Daten unterschiedlicher Tabellen zusammengeführt werden (JOIN). Dazu ist es erforderlich, in der FROM-Option alle Tabellen zu definieren, aus denen Daten gewonnen werden sollen. DB2 wird bei der Ausführung jede einzelne Tabelle zunächst gesondert adressieren und aufgrund der Projektion sowie der Suchbedingungen eine entsprechende Auswahl durchführen. Die selektierten Zeilen der Tabellen werden in separaten Zwischentabellen (Interne Result Tables) bereitgestellt. Nachdem alle Tabellen zwischengespeichert sind, werden die Zwischentabellen aufgrund vorgegebener oder nicht vorgegebener WHERE-Bedingungen (JOIN-Bedingung) abgemischt und das Ergebnis in der Result Table bereitgestellt.

Bei unseren bestehenden Tabellenbeispielen aus der Abbildung im vorderen Buchumschlag wäre es z.B. sinnvoll, die Seminare mit den ausgelagerten Preisen zu verbinden.

Aufgabe:
Aus unseren bestehenden Tabellenbeispielen sollen die Seminare mit den ausgelagerten Preisen verbunden werden.

SQL-Query:
```
SELECT      SEMCODE , TITEL , PREIS
FROM        SEMTYP, SEMPREIS
ORDER BY PREIS
```

Mit dieser Anweisung wird aus der SEMTYP-Tabelle zunächst eine Zwischentabelle 1 erzeugt, die aufgrund fehlender Auswahlbedingungen (es wurde keine WHERE-Option vorgegeben) alle Zeilen der SEMTYP-Tabelle enthält. Danach wird eine Zwischentabelle 2 ebenfalls mit allen Sätzen aus der SEMPREIS-Tabelle aufbereitet. Nun erfolgt das Zusammenmischen der beiden Zwischentabellen.
Da keine Verbindung beider Tabellen aufgrund einer Join-Bedingung (WHERE) definiert wurde, wird jeder Satz der Zwischentabelle 1 mit jedem Satz der Zwischentabelle 2 verknüpft und in die Result Table gestellt (kartesisches Produkt).

Result Table:

SEMCODE	TITEL	PREIS
DB2-DESIGN	Design von DB2-Systemen	1400
DB2-GRUNDL	DB2-Grundlagen	1400
DB2-PROG	DB2 für Programmierer	1400
DB-AUSW	Datenbank-Auswahlverfahren	1400
DBS-GRUND	Datenbanksysteme-Grundlagen	1400
DB2-DESIGN	Design von DB2-Systemen	1800
DB2-GRUNDL	DB2-Grundlagen	1800
DB2-PROG	DB2 für Programmierer	1800
DB-AUSW	Datenbank-Auswahlverfahren	1800
usw.	usw.	
DB2-PROG	DB2 für Programmierer	2100
DB-AUSW	Datenbank-Auswahlverfahren	2100
DBS-GRUND	Datenbanksysteme-Grundlagen	2100

Dieses Ergebnis führt nun zu nicht aussagefähigen bzw. nicht korrekten Informationsdarstellungen.
Die informationsrelevanten Verbindungen der beiden Tabellen ergeben sich aus den referenziellen, über Foreign-Key dargestellten Beziehungen. Bei jeder gewünschten Abfrage muss diese Beziehung immer wieder vorgegeben werden. Dies wird durch den sogenannten Equi-Join ('=') geschehen, bei dem die Beziehung mit der Bedingung 'TAB1.FELD = TAB2.FELD' hergestellt wird. Der Equi-Join ist das in der Praxis am häufigsten anzutreffende Join-Format, es können aber auch Tabellen mit anderen Operatoren (>, < usw.) verknüpft werden.

6.2.10.2 Equi-Join

Aufgabe:
Aus unseren bestehenden Tabellenbeispielen der Abbildung aus dem vorderen Buchumschlag sollen die Seminare mit den ausgelagerten Preisen verbunden werden.

SQL-Query:
```
SELECT      SEMCODE , PREIS , TITEL
FROM        SEMTYP, SEMPREIS
  WHERE     SEMTYP.DAUER = SEMPREIS.DAUER
```

Dieses Ergebnis führt nun zu einem weiteren Problem der Informationsdarstellung.
Durch die Equi-Join-Auswahl werden nur die Informationen zusammengestellt, bei denen die Join-Auswahlspalten identische Inhalte aufweisen. Informationen, die nur in einer Tabelle enthalten sind, werden unterdrückt, obwohl sie möglicherweise für das Ergebnis wichtig sind. So sind bei einem Equi-Join zwei Mengentypen im Hinblick auf die Join-Bedingung zu erkennen:

- übereinstimmende Informationen (**Inner Join**)
- nicht übereinstimmende Informationen (**Outer Join**).

In unserem Beispiel wird das Seminar DB2-DESIGN mit dem NULL-Wert im Feld DAUER unterdrückt.

DB2 unterstützt ab der Version 4 die Behandlung von Outer Joins; vorher musste der Benutzer durch eine Verkettung von SELECTs diese Anforderung beschreiben (UNION).
Details hierzu folgen im gleichen Kapitel.

Result Table:

SEMCODE	PREIS	TITEL
DB2-GRUNDL	1800	DB2-Grundlagen
DB2-PROG	2100	DB2 für Programmierer
DB-AUSW	1400	Datenbank-Auswahlverfahren
DBS-GRUND	2100	Datenbanksysteme-Grundlagen

Aufgabe:
Anzeige der Referenten, die Seminare halten.

SQL-Query:
```
SELECT      DISTINCT REFERENT.REFNR, RNNAME
FROM        SEMINAR, REFERENT
  WHERE     SEMINAR.REFNR = REFERENT.REFNR
ORDER BY REFERENT.REFNR
```

Alternativ kann das Ergebnis auch durch eine Subquery gewonnen werden. Beispiele siehe später.

Result Table:

REFNR	RNNAME
1	Müller
2	Xaver
5	Maier
7	Braun

6.2.10.3 Join einer Tabelle mit sich selbst

Aufgabe:
Zeige die Seminare, deren Seminartyp mehrfach durchgeführt wird und die von unterschiedlichen Referenten gehalten werden.

SQL-Query:
```
SELECT     DISTINCT  A.SEMCODE , A.REFNR
FROM       SEMINAR  A, SEMINAR   B
WHERE      A.SEMCODE = B.SEMCODE
AND        A.REFNR < > B.REFNR
ORDER BY   A.SEMCODE, A.REFNR
```

In diesem Fall wird die Seminar-Tabelle innerhalb eines Joins zweimal angesprochen und durch die Korrelationsnamen A und B differenziert.
DB2 behandelt die Zusammenführung genauso, als würde es sich bei A und B um unterschiedliche Tabellen handeln.
Beim SELECT müssen die Spaltennamen mit diesem Korrelationsnamen qualifiziert vorgegeben werden, da ansonsten aufgrund des Joins keine eindeutige Spaltenpositionierung erkennbar wäre.

Result Table:

SEMCODE	REFNR
DB2-DESIGN	2
DB2-DESIGN	5
DB2-DESIGN	7

6.2.10.4 Inner Join und Outer Join
6.2.10.4.1 Übersicht der Ergebnis-Typen

Der Join liefert Daten aus mehreren Tabellen. Daher kann eine Zeile einer Result Table auch die Daten mehrerer Tabellen enthalten. Jede Spalte kann immer nur die Daten aus einer Tabelle enthalten.

Bei einem Join können mehrere Ergebnis-Typen auftreten.
Am Beispiel der folgenden Abbildung ist der Equi-Join auf die REFERENTEN-NR der beiden Tabellen SEMINAR und REFERENT dargestellt:

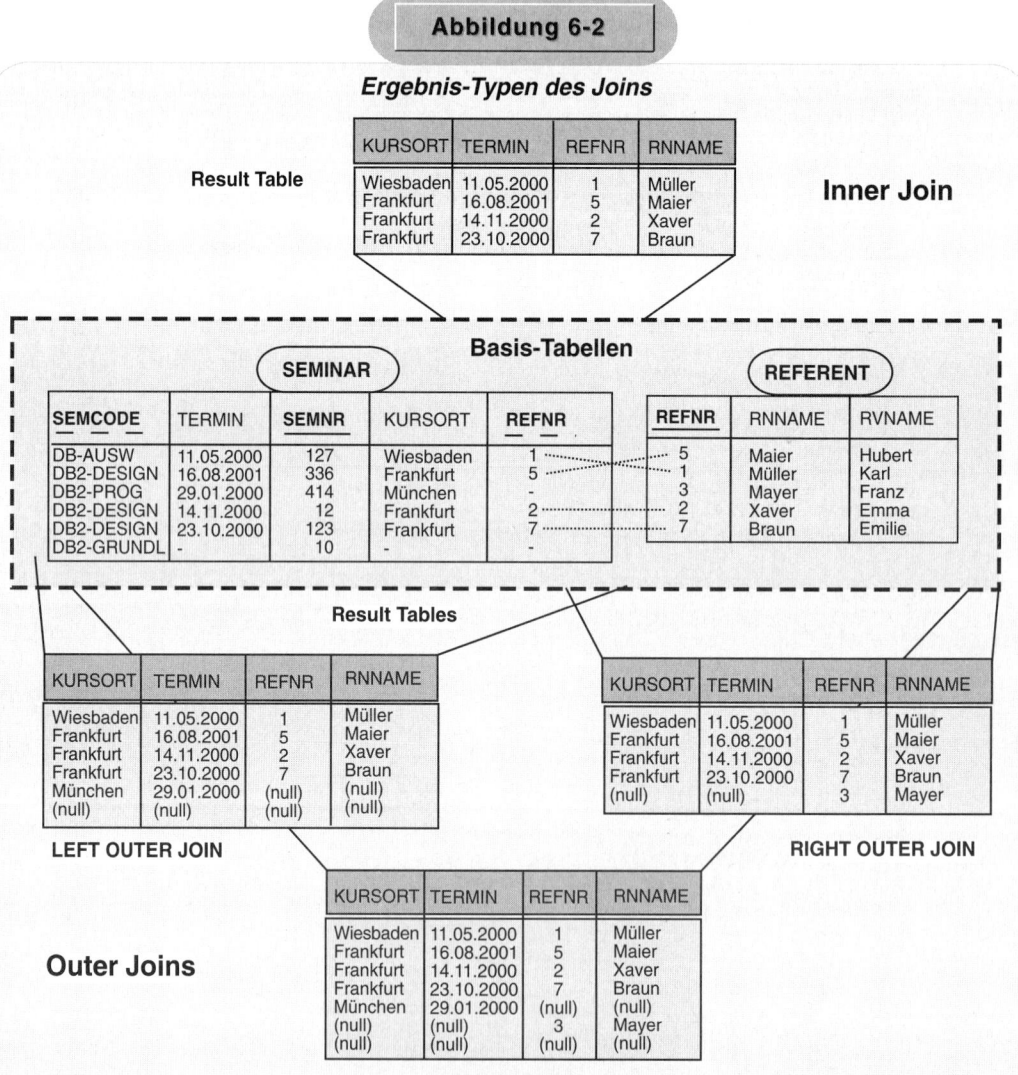

Abbildung 6-2

6 SQL-DML-Data Manipulation Language
6.2 SELECT-Datenabfragen

Es werden folgende Ergebnis-Typen unterschieden:

- **Inner Join**
  Hierbei werden die übereinstimmenden Daten der Join-Prädikate (FK = PK) zusammengeführt. Vor der DB2-Version 4 war nur diese Form implizit unterstützt.

- **Outer Join**
  Hierbei werden neben den übereinstimmenden Daten der Join-Prädikate auch nicht übereinstimmende Daten zusammengeführt. Ab der DB2-Version 4 werden Outer Joins explizit unterstützt. Alternativ kann die vor der Version 4 einzige Möglichkeit der Zusammenführung mittels UNION vorgenommen werden. Daher werden im folgenden die beiden Varianten dargestellt.
  Innerhalb des Outer Joins werden unterschieden:

  - **Full Outer Join**
    Zusammenführung aller Informationen zweier Tabellen:
    - exakt übereinstimmende Bedingungen (FK = PK),
    - sonstige Zeilen der Dependent Table (FK IS NULL oder FK ist mit falschem Wert gefüllt),
    - sonstige Zeilen der Parent Table (PK hat keine Dependent Rows).

  - **Left Outer Join**
    Zusammenführung aller exakt übereinstimmenden Bedingungen (FK = PK) zweier Tabellen sowie der nicht korrespondierenden Daten einer anderen Tabelle.
    Es werden sämtliche Daten der Tabelle aufbereitet, die durch Syntax-Positionierung als 'links' definiert wird (in unserer Abbildung wird dies bei der SEMINAR-Tabelle angenommen).

  - **Right Outer Join**
    Zusammenführung aller exakt übereinstimmenden Bedingungen (FK = PK) zweier Tabellen sowie der nicht korrespondierenden Daten einer anderen Tabelle.
    Es werden sämtliche Daten der Tabelle aufbereitet, die durch Syntax-Positionierung als 'rechts' definiert wird (in unserer Abbildung wird dies bei der REFERENT-Tabelle angenommen).

  Die verschiedenen Varianten fordern bestimmte Aufbereitungs-Regeln, da z.B. Vorsorge dafür getroffen werden muss, wie ein NULL-Wert der Join-Spalte zu behandeln ist. Hier ist die VALUE- bzw. die COALESCE-Funktion sinnvoll nutzbar.

Natürlich können nicht nur zwei Tabellen mit diesen Ergebnis-Typen zusammengeführt werden, sondern auch mehr als zwei Tabellen sind unterstützt. Diese werden aber dann 'Zug um Zug' zusammengeführt.
Es wird eine Join-Bedingung syntaktisch unterstützt, die mit dem Schlüsselwort **ON** eingeleitet wird. Folgende Besonderheiten gelten für die Join-Bedingung:

- Die ON-Klausel definiert die Bedingungen, unter denen übereinstimmende Werte gebildet werden; sie führt keine Filterung wie die WHERE-Bedingung durch!
  Sie kategorisiert lediglich die Zeilen in zwei Typen: übereinstimmend oder nicht übereinstimmend. Die ON-Klausel vergleicht zwei Spalten mit ihren Werten bzw. die Werte, die mittels der Funktion VALUE bzw. COALESCE erzeugt werden.

- Mehrere Bedingungen können mit AND und OR verknüpft werden, NOT ist unzulässig.

- Bei einem Full Outer Join kann nur der Equal-Operator ('=') verwendet werden, bei Left und Right Outer Join können diverse Kombinationen zum Einsatz kommen.

Innerhalb dieser Join-Verarbeitung kann auch eine temporäre Tabelle (virtuelle Tabelle) gebildet werden (Nested Table Expression). Beispiele folgen.

Hinweis:
Wenn neben den Equi-Join-Bedingungen weitere Auswahlkriterien mit WHERE vorgegeben werden, wirkten diese vor der Version 6 erst nach der FROM-Verarbeitung.
In solchen Fällen und wenn mehr als zwei Tabellen mit JOIN verknüpft wurden, war i.d.R. der Einsatz einer Nested Table Expression sinnvoll bzw. notwendig (ab Version 6 nur noch seltener). Siehe hierzu auch die logische Abarbeitungsreihenfolge der SELECT-Parameter vorab in diesem Kapitel und das nachfolgende Beispiel unter "Subselect als Nested Table Expression"!

6.2.10.4.2 Inner Join

Aufgabe:
Zeige die korrespondierenden Daten aus der SEMINAR- und REFERENT-Tabelle,

SQL-Query (ab Version 4):
```
SELECT      KURSORT, TERMIN, S.REFNR, RNNAME
FROM        SEMINAR S INNER JOIN REFERENT R
     ON     S.REFNR = R.REFNR
```

SQL-Query Alternative:
```
SELECT      KURSORT, TERMIN, S.REFNR, RNNAME
FROM        SEMINAR S, REFERENT R
   WHERE    S.REFNR = R.REFNR
```

Es werden nur die übereinstimmenden Daten zusammengeführt.

Result Table:

KURSORT	TERMIN	REFNR	RNNAME
Wiesbaden	11.05.2000	1	Müller
Frankfurt	16.08.2001	5	Maier
Frankfurt	14.11.2000	2	Xaver
Frankfurt	23.10.2000	7	Braun

6.2.10.4.3 Left Outer Join

Aufgabe:
Zeige die korrespondierenden Daten aus der SEMINAR- und REFERENT-Tabelle sowie alle Seminare, die keine Referenten-Zuordnung haben.

SQL-Query (ab Version 4):
```
SELECT      KURSORT, TERMIN, S.REFNR,
            COALESCE (RNNAME, 'unbekannt') AS RNNAME
FROM        SEMINAR S LEFT OUTER JOIN REFERENT R
     ON     S.REFNR = R.REFNR
```

Neben den übereinstimmenden Werten werden folgende Zeilen in die Result Table eingefügt:
- von der Tabelle, die vor dem LEFT steht (hier SEMINAR) und deren Zeilen nicht übereinstimmen mit Zeilen, die in der Tabelle enthalten sind, die nach dem LEFT (hier REFERENT) aufgeführt ist.

SQL-Query Alternative:
```
SELECT      KURSORT, TERMIN, S.REFNR, RNNAME
FROM        SEMINAR S, REFERENT R
   WHERE    S.REFNR = R.REFNR
UNION
SELECT      KURSORT, TERMIN, S.REFNR, 'unbekannt'
FROM        SEMINAR S
   WHERE    S.REFNR IS NULL
```

Bei dieser Alternative haben die Result-Table-Spalten keine Namen (mittels AS können Namen vergeben werden).
Im Gegensatz zum LEFT OUTER JOIN werden bei der letzten Alternative keine fehlerhaften Referenten-Nr. ohne Referenz in der Referenten-Tabelle verarbeitet. Dies wäre mit einem weiteren UNION-Konstrukt möglich.

Result Table:

KURSORT	TERMIN	REFNR	RNNAME
Wiesbaden	11.05.2000	1	Müller
Frankfurt	16.08.2001	5	Maier
Frankfurt	14.11.2000	2	Xaver
Frankfurt	23.10.2000	7	Braun
München	29.01.2000	-	unbekannt
-	-	-	unbekannt

6.2.10.4.4 Right Outer Join

Aufgabe:
Zeige die korrespondierenden Daten aus der SEMINAR- und REFERENT-Tabelle sowie alle Referenten, die keine Seminar-Zuordnung haben.

SQL-Query (ab Version 4):
```
SELECT      COALESCE (KURSORT, 'unbekannt')  AS KURSORT,
            COALESCE (CHAR (TERMIN, EUR) , 'unbekannt')  AS TERMIN,
            R.REFNR,
            RNNAME
FROM        SEMINAR  S  RIGHT  OUTER  JOIN  REFERENT  R
      ON    S.REFNR  =  R.REFNR
```

Neben den übereinstimmenden Werten werden folgende Zeilen in die Result Table eingefügt:
- von der Tabelle, die nach dem RIGHT steht (hier REFERENT) <u>und</u> deren Zeilen <u>nicht übereinstimmen</u> mit Zeilen, die in der Tabelle enthalten sind, die vor dem RIGHT (hier SEMINAR) aufgeführt ist.

SQL-Query Alternative:
```
SELECT      KURSORT, CHAR (TERMIN, EUR), S.REFNR, RNNAME
FROM        SEMINAR  S, REFERENT  R
   WHERE    S.REFNR  =  R.REFNR

UNION

SELECT      'unbekannt' , 'unbekannt', R.REFNR, RNNAME
FROM        REFERENT  R
   WHERE    NOT EXISTS
            (SELECT *
               FROM  SEMINAR
               WHERE  R.REFNR  =  REFNR )
```

Die vorab dargestellte Form enthält eine Subquery, die nachfolgend näher erläutert wird.
Der TERMIN wird mit der CHAR-Funktion aufbereitet, damit ein Text (hier 'unbekannt') im zweiten SELECT-Statement zugeordnet werden kann; ansonsten stimmen die Formate nicht überein.

Result Table:

KURSORT	TERMIN	REFNR	RNNAME
Wiesbaden	11.05.2000	1	Müller
Frankfurt	16.08.2001	5	Maier
Frankfurt	14.11.2000	2	Xaver
Frankfurt	23.10.2000	7	Braun
unbekannt	unbekannt	3	Mayer

6.2.10.4.5 Full Outer Join

Aufgabe:
Zeige die korrespondierenden und die nicht korrespondierenden Daten aus der SEMINAR- und REFERENT-Tabelle.

SQL-Query (ab Version 4):
```
SELECT      COALESCE (KURSORT, 'unbekannt')  AS KURSORT,
            COALESCE (CHAR (TERMIN, EUR) , 'unbekannt')  AS TERMIN,
            COALESCE (S.REFNR, R.REFNR)  AS REFNR,
            COALESCE (RNNAME, 'unbekannt')  AS RNNAME
FROM        SEMINAR  S  FULL OUTER JOIN  REFERENT  R
     ON     S.REFNR = R.REFNR
```

Es werden folgende Zeilen in die Result Table eingefügt:
- alle korrespondierenden und nicht korrespondierenden Zeilen.

Bei einem Full Outer Join kann nur der Equal-Operator ('=') verwendet werden.

SQL-Query Alternative:
```
SELECT      KURSORT, CHAR (TERMIN, EUR), S.REFNR, RNNAME
FROM        SEMINAR  S, REFERENT  R
   WHERE    S.REFNR = R.REFNR

UNION

SELECT      KURSORT, CHAR (TERMIN, EUR), S.REFNR, 'unbekannt'
FROM        SEMINAR  S
   WHERE    S.REFNR IS NULL

UNION

SELECT      'unbekannt' , 'unbekannt', R.REFNR, RNNAME
FROM        REFERENT  R
   WHERE    NOT EXISTS
         (SELECT *
          FROM   SEMINAR
          WHERE  R.REFNR = REFNR )
```

Die vorab dargestellte Form enthält eine Subquery, die nachfolgend näher erläutert wird.
Der TERMIN wird mit der CHAR-Funktion aufbereitet, damit ein Text (hier 'unbekannt') im dritten SELECT-Statement zugeordnet werden kann, ansonsten stimmen die Formate nicht überein.

Result Table:

KURSORT	TERMIN	REFNR	RNNAME
Wiesbaden	11.05.2000	1	Müller
Frankfurt	16.08.2001	5	Maier
Frankfurt	14.11.2000	2	Xaver
Frankfurt	23.10.2000	7	Braun
München	29.01.2000	-	unbekannt
unbekannt	unbekannt	3	Mayer
unbekannt	unbekannt	-	unbekannt

6.2.10.4.6 Subselect als Nested Table Expression

Aufgabe:
Zeige eine bestimmte Auswahl aus der Seminartabelle.

SQL-Query (ab Version 4):
```
SELECT      ORT.SEMNR,
            ORT.TERMIN
    FROM
        (SELECT   SEMNR, TERMIN
         FROM     SEMINAR
         WHERE    KURSORT = 'Wiesbaden')  AS  ORT
```

Dies ist ein einfaches Beispiel einer Nested Table Expression. Es wird mit dem Korrelationsnamen 'ORT' gearbeitet.

SQL-Query Alternative:
```
SELECT      SEMNR ,
            TERMIN
    FROM    SEMINAR
    WHERE   KURSORT = 'Wiesbaden'
```

Result Table:

SEMNR	TERMIN
127	11.05.2000

Aufgabe:
Zeige bestimmte korrespondierende Daten aus der SEMINAR- und SEMTYP-Tabelle, die von dem Referenten mit der Nummer 1 gehalten werden (auch wenn dieser in der REFERENT-Tabelle nicht definiert ist).

SQL-Query (Subselect in Verbindung mit einem Left Outer Join):
```
SELECT      KURSORT, TERMIN, SEMTEMP.REFNR,
            COALESCE (RNNAME, 'unbekannt')  AS RNNAME
    FROM
        (SELECT     TERMIN, KURSORT, REFNR
         FROM       SEMINAR
         WHERE      REFNR = 1 ) AS SEMTEMP
    LEFT OUTER JOIN  REFERENT
         ON    SEMTEMP.REFNR = REFERENT.REFNR
```

Result Table:

KURSORT	TERMIN	REFNR	RNNAME
Wiesbaden	11.05.2000	1	Müller

6 SQL-DML-Data Manipulation Language
6.2 SELECT-Datenabfragen

Aufgabe:
Es soll nun noch einmal der vorab behandelte FULL OUTER JOIN mit einer zusätzlichen WHERE-Bedingung dargestellt werden, die zunächst einmal (aufgrund der Dateninhalte unserer Tabellen) wirkungslos erscheint, aber aufgrund der Abarbeitungsreihenfolge doch zu einem anderen Ergebnis führt.

SQL-Query (ab Version 4):   entspricht dem vorherigen Beispiel eines FULL OUTER JOINs

```
SELECT      COALESCE (KURSORT, 'unbekannt')  AS KURSORT,
            COALESCE (CHAR (TERMIN, EUR) , 'unbekannt')  AS TERMIN,
            COALESCE (S.REFNR, R.REFNR)  AS REFNR,
            COALESCE (RNNAME, 'unbekannt')  AS RNNAME
FROM        SEMINAR  S FULL OUTER JOIN  REFERENT R
     ON     S.REFNR = R.REFNR
WHERE       S.REFNR < 10
```

Zunächst wird der FULL OUTER JOIN ausgeführt und eine Interimstabelle materialisiert.
Dort sind sämtliche Werte gespeichert, die für die Result Table des Full Outer Joins erforderlich sind inklusive der beiden REFNR aus SEMINAR und REFERENT, die erst später beim SELECT durch die COALESCE-Funktion wahlweise in die endgültige Result Table aufbereitet werden.

Auf die temporäre Tabelle wird dann die WHERE-Bedingung angewandt.
Enthält entweder S.REFNR oder R.REFNR einen NULL-Wert, gilt die AND-Verknüpfungs-Bedingung "kleiner 10" als nicht erfüllt.
Die Folge daraus ist, dass die NULL-Werte wieder eliminiert werden und die Result Table exakt einem INNER JOIN entspricht.

Result Table:

KURSORT	TERMIN	REFNR	RNNAME
Wiesbaden	11.05.2000	1	Müller
Frankfurt	16.08.2001	5	Maier
Frankfurt	14.11.2000	2	Xaver
Frankfurt	23.10.2000	7	Braun

Angepasste SQL-Query (ab Version 4):
```
SELECT      COALESCE (KURSORT, 'unbekannt')  AS KURSORT,
            COALESCE (CHAR(TERMIN, EUR), 'unbekannt')  AS TERMIN,
            COALESCE (S.REFNR, R.REFNR)  AS REFNR,
            COALESCE (RNNAME, 'unbekannt')  AS RNNAME
FROM
            (SELECT    KURSORT, REFNR , TERMIN
               FROM    SEMINAR
               WHERE REFNR < 10
                  OR   REFNR IS NULL)  AS S
            FULL OUTER JOIN       REFERENT AS R
     ON     S.REFNR = R.REFNR
```

Result Table:

KURSORT	TERMIN	REFNR	RNNAME
Wiesbaden	11.05.2000	1	Müller
Frankfurt	16.08.2001	5	Maier
Frankfurt	14.11.2000	2	Xaver
Frankfurt	23.10.2000	7	Braun
München	29.01.2000	-	unbekannt
unbekannt	unbekannt	3	Mayer
unbekannt	unbekannt	-	unbekannt

Dasselbe Ergebnis läßt sich ab der Version 6 mit dem ersten Beispiel effizient erzielen, da der Optimizer diverse Generierungs-Maßnahmen vornimmt.
Eine Variante zum ersten Beispiel ist die Erweiterung der ON-Klausel ohne Nested Table Expression:
```
ON    S.REFNR = R.REFNR
AND   S.REFNR < 10
```

6.2.10.4.7 Verschachtelte Mehrstufen-Joins mit Subselect

Aufgabe:
Zeige für alle existierenden Seminartypen alle zugeordneten Seminare (mit oder ohne Referentenzuordnung).

SQL-Query (ab Version 4):
```
SELECT          TITEL,
                KURSORT,
                TERMIN,
                COALESCE (TEMP.REFNR , 999)  AS REFNR,
                RNNAME
FROM            SEMTYP  T  LEFT JOIN
      (SELECT   COALESCE (S.REFNR , R.REFNR) AS REFNR,
                TERMIN,
                KURSORT,
                RNNAME,
                SEMCODE
       FROM     SEMINAR  S  FULL OUTER JOIN  REFERENT  R
         ON     S.REFNR = R.REFNR)  AS TEMP
    ON          T.SEMCODE = TEMP.SEMCODE
```

Result Table:

TITEL	KURSORT	TERMIN	REFNR	RNNAME
Datenbank-Auswahlverfahren	Wiesbaden	11.05.2000	1	Müller
Design von DB2-Systemen	Frankfurt	16.08.2001	5	Maier
Design von DB2-Systemen	Frankfurt	14.11.2000	2	Xaver
Design von DB2-Systemen	Frankfurt	23.10.2000	7	Braun
DB2 für Programmierer	München	29.01.2000	999	-
DB2-Grundlagen	-	-	999	-
Datenbanksysteme Grundlagen	-	-	999	-

Zum Verständnis der DB2-Vorgehensweise einige Erläuterungen:

- Zunächst wird die TEMP-Tabelle gebildet (durch den FULL OUTER JOIN auf SEMINAR und REFERENT).
  Diese setzt sich zusammen aus folgenden Spalten und Zeilen:

TEMP-Table:

REFNR	TERMIN	KURSORT	RNNAME	SEMCODE
1	11.05.2000	Wiesbaden	Müller	DB-AUSW
5	16.08.2001	Frankfurt	Maier	DB2-DESIGN
2	14.11.2000	Frankfurt	Xaver	DB2-DESIGN
7	23.10.2000	Frankfurt	Braun	DB2-DESIGN
-	29.01.2000	München	-	DB2-PROG
3	-	-	Mayer	-

- Dann wird die SEMTYP-Tabelle mittels LEFT OUTER JOIN mit der TEMP-Tabelle verknüpft. Dadurch werden die in der TEMP-Tabelle geführten SEMCODEs mit NULL-Wert nicht berücksichtigt. Unser Referent Nr. 3 aus der TEMP-Tabelle wird daher eliminiert.

Hinweis:
In unserem Beispiel würde beim Bilden der TEMP-Tabelle ein SEMINAR LEFT OUTER JOIN REFERENT genügen!

6.2.10.4.8 Die Wirkung der ON-Klausel

Da die Wirkung der ON-Klausel oft nicht hinreichend bekannt ist, hier die Zusammenfassung der Bedingungen und einige Beispiele:

> Die ON-Klausel definiert die Bedingungen, unter denen übereinstimmende Werte gebildet werden; sie führt <u>keine Filterung wie die WHERE-Bedingung durch</u>!
> Sie **kategorisiert** lediglich die Zeilen in zwei Typen: **übereinstimmend** oder **nicht** übereinstimmend.
> Die ON-Klausel vergleicht zwei Spalten mit ihren Werten bzw. die Werte, die mittels der Funktion VALUE bzw. COALESCE erzeugt werden.

Aufgabe (Beispiel des RIGHT Outer Joins vorab):
Zeige die korrespondierenden Daten aus der SEMINAR- und REFERENT-Tabelle sowie alle Referenten, die keine Seminar-Zuordnung haben.

SQL-Query:
```
SELECT      COALESCE (KURSORT, 'unbekannt')   AS KURSORT,
            COALESCE (CHAR (TERMIN, EUR) , 'unbekannt') AS TERMIN,
            R.REFNR,
            RNNAME
FROM        SEMINAR  S  RIGHT  OUTER  JOIN  REFERENT  R
       ON   S.REFNR = R.REFNR
```

Neben den übereinstimmenden Werten werden folgende Zeilen in die Result Table eingefügt:
- von der Tabelle, die nach dem RIGHT steht (hier REFERENT) <u>und</u> deren Zeilen <u>nicht übereinstimmen</u> mit Zeilen, die in der Tabelle enthalten sind, die vor dem RIGHT (hier SEMINAR) aufgeführt ist.

Result Table:

KURSORT	TERMIN	REFNR	RNNAME
Wiesbaden	11.05.2000	1	Müller
Frankfurt	16.08.2001	5	Maier
Frankfurt	14.11.2000	2	Xaver
Frankfurt	23.10.2000	7	Braun
unbekannt	unbekannt	3	Mayer

Aufgabe:
Es wird nun die Wirkung der ON-Klausel aufgezeigt. Das vorab beschriebene Right-Outer-Join-Statement wird in der ON-Klausel um die Bedingung "Referenten-Name mit Ma beginnend" erweitert. In der Result Table wird nur das Seminar des Referenten Maier mit Daten gezeigt.

```
SELECT       COALESCE (KURSORT, 'unbekannt')   AS KURSORT,
             COALESCE (CHAR (TERMIN, EUR) , 'unbekannt') AS TERMIN,
             R.REFNR,
             RNNAME
FROM         SEMINAR  S  RIGHT  OUTER  JOIN  REFERENT  R
       ON    S.REFNR = R.REFNR
       AND   RNNAME LIKE 'Ma%'
```

Result Table:

KURSORT	TERMIN	REFNR	RNNAME
Frankfurt	16.08.2001	5	Maier
unbekannt	unbekannt	1	Müller
unbekannt	unbekannt	2	Xaver
unbekannt	unbekannt	7	Braun
unbekannt	unbekannt	3	Mayer

6 SQL-DML-Data Manipulation Language
6.2 SELECT-Datenabfragen

Aufgabe (das RIGHT Outer Join-Beispiel wird als LEFT Outer Join definiert):
Zeige die korrespondierenden Daten aus der SEMINAR- und REFERENT-Tabelle sowie alle Seminare, die keine Referenten-Zuordnung haben (aus Gründen der besseren Vergleichbarkeit wurden die Statements komplett übernommen - lediglich das Schlüsselwort RIGHT wurde in LEFT geändert).

SQL-Query:
```
SELECT      COALESCE (KURSORT, 'unbekannt')   AS KURSORT,
            COALESCE (CHAR (TERMIN, EUR) , 'unbekannt') AS TERMIN,
            R.REFNR,
            RNNAME
FROM        SEMINAR  S LEFT OUTER JOIN  REFERENT R
      ON    S.REFNR  =  R.REFNR
```

Neben den übereinstimmenden Werten werden folgende Zeilen in die Result Table eingefügt:
- von der Tabelle, die vor dem LEFT steht (hier SEMINAR) und deren Zeilen nicht übereinstimmen mit Zeilen, die in der Tabelle enthalten sind, die nach dem LEFT (hier REFERENT) aufgeführt ist.

Result Table:

KURSORT	TERMIN	REFNR	RNNAME
Wiesbaden	11.05.2000	1	Müller
Frankfurt	16.08.2001	5	Maier
Frankfurt	14.11.2000	2	Xaver
Frankfurt	23.10.2000	7	Braun
München	29.01.2000	-	-
unbekannt	unbekannt	-	-

Aufgabe:
Es wird nun die Wirkung der ON-Klausel aufgezeigt. Das vorab beschriebene Left-Outer-Join-Statement wird in der ON-Klausel um die Bedingung "Referenten-Name mit Ma beginnend" erweitert. In der Result Table werden alle Seminardaten gezeigt, wobei aus der Referenten-Tabelle nur Werte des Referenten Maier geliefert werden.

```
SELECT      COALESCE (KURSORT, 'unbekannt')   AS KURSORT,
            COALESCE (CHAR (TERMIN, EUR) , 'unbekannt') AS TERMIN,
            R.REFNR,
            RNNAME
FROM        SEMINAR  S LEFT OUTER JOIN  REFERENT R
      ON    S.REFNR  =  R.REFNR
      AND   RNNAME LIKE 'Ma%'
```

Result Table:

KURSORT	TERMIN	REFNR	RNNAME
Wiesbaden	11.05.2000	-	-
Frankfurt	16.08.2001	5	Maier
Frankfurt	14.11.2000	-	-
Frankfurt	23.10.2000	-	-
München	29.01.2000	-	-
unbekannt	unbekannt	-	-

6.2.11 Subquery (Sub-Query)
6.2.11.1 Allgemeine Syntax

SQL bietet die Möglichkeit, neben bestimmten statischen Auswahlbedingungen auch dynamische, erst während der Ausführungszeit ermittelbare Werte zu bilden, die dann in die Query eingesetzt werden.
Diese Verfahren werden in Form von Subqueries aktiviert.

Die Subquery hat folgenden Grundaufbau:

a	SELECT	Zu selektierende Spaltennamen.
	FROM	Welche Tabellen enthalten die Daten bzw. welche Views zeigen auf die Daten (max. 15 Tabellen innerhalb eines SELECTs inkl. evtl. Subqueries).
	WHERE	Suchbedingungen für die Auswahl der Daten.
b	(SELECT	Zu selektierender Spaltenname (i.d.R. nur einer möglich).
	FROM	Welche Tabelle enthält die Daten:
	WHERE	Subquery-Suchbedingungen.
c	(SELECT	Zu selektierender Spaltenname (i.d.R. nur einer möglich).
	FROM	Welche Tabelle enthält die Daten.
	WHERE	Subquery-Suchbedingungen.
	))	
	GROUP BY	Gruppierung bestimmter Spalten.
	HAVING	Suchbedingungen für gruppierte Spalten.
b	(SELECT	Zu selektierender Spaltenname (i.d.R. nur einer möglich).
	FROM	Welche Tabelle enthält die Daten:
	WHERE	Subquery-Suchbedingungen.
c	(SELECT	Zu selektierender Spaltenname (i.d.R. nur einer möglich).
	FROM	Welche Tabelle enthält die Daten.
	WHERE	Subquery-Suchbedingungen.
	))	
	ORDER BY	Sortierung bestimmter Spalten.

Zu diesem Grobaufbau noch einige Erläuterungen:

Eine Subquery kann nach WHERE oder nach HAVING eingesetzt werden.

a, **b** und **c** sind keine Befehlsbestandteile, sondern dienen der Erläuterung der einzelnen Subquery-Stufen. Eine Subquery kann grundsätzlich beliebig tief verschachtelt definiert werden.

a   Die Haupt-Query wird im Verhältnis zu **b** als 'Outer Query' definiert.

b   Diese Query wird im Verhältnis zu **c** als 'Outer Query' definiert,
    b ist im Verhältnis zu **a** eine 'Inner Query'.

c   Diese Query ist im Verhältnis zu **b** eine 'Inner Query'.

Eine non-correlated Inner Query wird immer zuerst ausgeführt. Sind mehrere Stufen vorgegeben, immer zuerst die unterste Stufe. Es darf nur eine Spalte in der temporären Result Table der Inner Query geliefert werden.

6 SQL-DML-Data Manipulation Language
6.2 SELECT-Datenabfragen

Das Ergebnis in einer solchen temporären Result-Table kann sein:

- ein Spaltenwert
- eine Spalte mit einem Set von Zeilen
- eine Builtin-Funktion
- ein arithmetischer Wert
- ein Status 'wahr' oder 'falsch'.

Die Inhalte der temporären Result Table werden mit allen zu selektierenden Zeilen der Outer Query verglichen bzw. bei Direktwert direkt hinter einen Vergleichsoperanden eingesetzt. Beim Abgleich wird wiederum pro Zeile eine Bedingung erzeugt, die 'wahr', 'falsch' oder 'unbekannt' sein kann. 'Unbekannt' wird in Verbindung mit 'NULL-Werten' gesetzt. Aufgrund dieser Bedingung wird die endgültige Result Table erzeugt.

Die folgende Abbildung zeigt die vier möglichen Subquery-Einsatzformen, für die anschließend auch Beispiele aufgenommen sind.

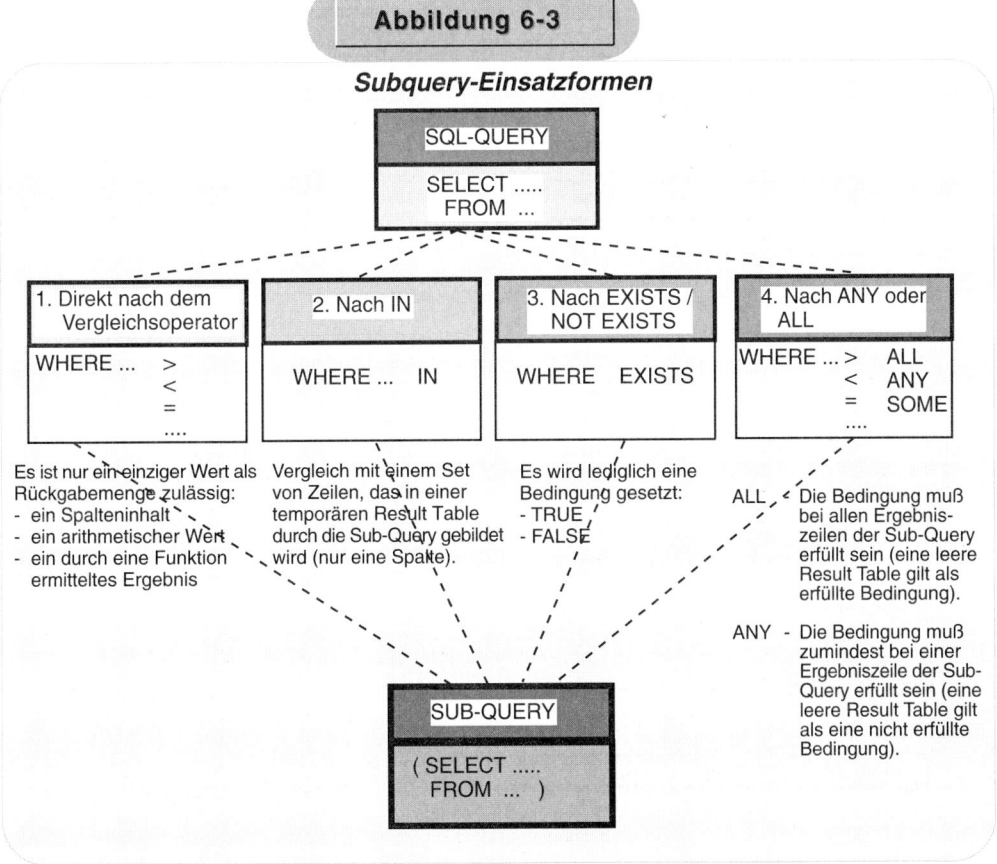

Abbildung 6-3

Subquery-Einsatzformen

6.2.11.2 Non-correlated Subquery
6.2.11.2.1 Subquery direkt nach einem Vergleichsoperator

Aufgabe:
Anzeige der Titel von DB2-Seminar-Typen, die eine längere Dauer haben als der Durchschnitt aller Seminar-Typen.

SQL-Query:
```
SELECT      TITEL , DAUER
  FROM      SEMTYP
  WHERE     SEMCODE LIKE 'DB2%'
    AND     DAUER >
            ( SELECT AVG (DAUER) FROM SEMTYP)
```

Die DB2-interne Verarbeitung läuft in folgenden Schritten ab:
1. Ausführung der Inner Query und Ermittlung des Durchschnittes der Dauer = 3,25.
   Hierbei werden Zeilen ignoriert, die einen NULL-Wert in der Spalte Dauer haben.
2. Einsetzen des ermittelten Durchschnittswertes in die Outer Query:
   SELECT TITEL, DAUER
     FROM SEMTYP
     WHERE SEMCODE LIKE 'DB2%'
       AND DAUER > 3,25
3. Ausführung der Outer Query:

Result Table:

TITEL	DAUER
DB2 für Programmierer	4,0

Aufgabe:
Anzeige der Seminare, die eine längere Dauer haben als der Durchschnitt der Dauer aller definierten Preis-Typen.

SQL-Query:
```
SELECT      S.SEMCODE, TERMIN, TITEL
  FROM      SEMINAR S , SEMTYP T
  WHERE     S.SEMCODE = T.SEMCODE
    AND     DAUER >
            ( SELECT AVG (DAUER) FROM SEMPREIS)
```

Die DB2-interne Verarbeitung läuft in folgenden Schritten ab:
1. Ausführung der Inner Query und Ermittlung des Durchschnittes der Dauer = 2,875.
2. Einsetzen des ermittelten Durchschnittswertes in die Outer Query (wie oben).
3. Ausführung der Outer Query:

Result Table:

SEMCODE	TERMIN	TITEL
DB2-PROG	29.01.2000	DB2 für Programmierer
DB2-GRUNDL	-	DB2-Grundlagen

6.2.11.2.2 Subquery nach IN

IN wird verwendet, wenn eine Result Table nur Informationen enthalten soll, die den Bedingungen zumindest einer Ergebniszeile aus der Inner Query entsprechen (entspricht = ANY).

Aufgabe:
Anzeige bestimmter Seminardaten, bei denen weniger als 21 Teilnehmer zulässig sind.

SQL-Query:
```
SELECT      S.SEMCODE , KURSORT, DAUER
FROM        SEMINAR S , SEMTYP T
WHERE       S.SEMCODE = T.SEMCODE
GROUP BY    S.SEMCODE, KURSORT , DAUER
HAVING      S.SEMCODE IN
              ( SELECT SEMCODE FROM SEMTYP
                WHERE MAXTEILN <= 20)
```

Die DB2-interne Verarbeitung läuft in folgenden Schritten ab:
1. Ausführung der Inner Query und bereitstellen Ergebnis in temporärer Result Table 1.
2. Ausführung der Outer Query und bereitstellen Ergebnis in temporärer Result Table 2.
3. Jede Zeile der temporären Result Table 2 wird mit allen Zeilen der temporären Result Table 1 verglichen. Bedingung ist erfüllt, wenn mindestens ein übereinstimmender Wert gefunden wird.
   Beim ersten gefundenen Wert wird die Suche abgebrochen und mit der nächsten Zeile aus Result Table 2 fortgefahren.

Result Table:

SEMCODE	KURSORT	DAUER
DB2-DESIGN	Frankfurt	-
DB2-PROG	München	4,0

Aufgabe:
Anzeige der Referenten, die im Folgejahr Seminare halten, in denen mehr als 20 Teilnehmer zulässig sind. Annahme: CURRENT DATE = 05.12.1999.

SQL-Query:
```
SELECT        RNNAME
FROM          REFERENT
WHERE         REFNR IN
  ( SELECT    REFNR   FROM SEMINAR
    WHERE     YEAR (TERMIN) = YEAR (CURRENT DATE ) + 1
    AND       SEMCODE IN
              (SELECT    SEMCODE FROM SEMTYP
               WHERE     MAXTEILN > 20))
```

Result Table:

RNNAME
Müller

6.2.11.2.3 Subquery nach EXISTS

EXISTS wird verwendet, wenn eine Result Table nur Informationen enthalten soll, die dem Vorhandensein bzw. Nichtvorhandensein von Ergebniszeilen aus der Inner Query entsprechen.
Die EXISTS-Option erzeugt keine Daten, sondern nur die Bedingungen 'wahr' oder 'falsch'. Die Basis zur Ergebniserzeugung ist jedoch eine komplette Zeile (SELECT *), wobei allerdings eine beliebige Spaltenauswahl betrieben werden kann.
Eine solche Subquery wird i.d.R. sinnvoll nur innerhalb einer Correlated Subquery eingesetzt. Beispiele hierzu folgen.

Aufgabe:
Anzeige aller Referenten, deren Name mit 'M' beginnt, sofern in der Seminar-Tabelle ein Seminar mit einem nicht zugeordneten Referenten existiert (das Beispiel ist zwar 'an den Haaren herbeigezogen' - aber immerhin - es läuft).

SQL-Query:
```
SELECT      RNNAME
FROM        REFERENT
WHERE       RNNAME LIKE 'M%'
AND         EXISTS
            ( SELECT * FROM SEMINAR
                WHERE REFNR IS NULL)
```

Die DB2-interne Verarbeitung läuft in folgenden Schritten ab:
1. Ausführung der Inner Query und bereitstellen Ergebnis in temporärer Result Table 1. Setzen Bedingung auf 'wahr', wenn Zeilen vorhanden sind, ansonsten 'falsch'.
2. Ausführung der Outer Query, wenn Ergebnis 'wahr' ist, d.h. alle Zeilen werden unter den definierten Bedingungen ausgewählt.

Result Table:

RNNAME
Maier
Müller
Mayer

Aufgabe:
Wie vorab, aber Prüfung auf Nicht-Existenz.

SQL-Query:
```
SELECT      RNNAME
FROM        REFERENT
WHERE       RNNAME LIKE 'M%'
AND         NOT EXISTS
            ( SELECT KURSORT, TERMIN FROM SEMINAR
                WHERE REFNR IS NULL)
```

Hinweis: Beim SELECT können beliebige oder alle Spalten (*) herangezogen werden. Es wird lediglich ein Zustand zurückgemeldet.

Result Table:

RNNAME

6.2.11.2.4 Subquery nach ANY bzw. SOME und ALL

ANY wird verwendet, wenn eine Result Table nur Informationen enthalten soll, die den Bedingungen zumindest einer Ergebniszeile aus der Inner Query entsprechen.

Aufgabe:
Anzeige von Seminaren, deren Preis kleiner als 2.000 DM ist.

SQL-Query:
```
SELECT      S.SEMCODE, TERMIN
  FROM      SEMTYP T , SEMINAR S
  WHERE     T.SEMCODE = S.SEMCODE
    AND     DAUER = ANY
            ( SELECT DAUER FROM SEMPREIS
                WHERE PREIS < 2000)
```

Die DB2-interne Verarbeitung läuft in folgenden Schritten ab:
1. Ausführung der Inner Query und bereitstellen der Dauer-Daten, deren Preis < 2000 ist in der temporären Result Table 1.
2. Ausführung der Outer Query und bereitstellen Ergebnis in der temporären Result Table 2.
3. Jede Zeile der temporären Result Table 2 wird mit allen Zeilen der temporären Result Table 1 verglichen (entspricht IN-Prädikat). Bedingung ist erfüllt, wenn mindestens ein übereinstimmender Wert gefunden wird. Beim ersten gefundenen Wert wird die Suche abgebrochen und mit der nächsten Zeile aus Result Table 2 fortgefahren.

Result Table:

SEMCODE	TERMIN
DB-AUSW	11.05.2000
DB2-GRUNDL	-

ALL wird verwendet, wenn eine Result Table nur Informationen enthalten soll, die den Bedingungen aller Ergebniszeilen aus der Inner Query entsprechen.

SQL-Query:
```
SELECT      S.SEMCODE, TERMIN
  FROM      SEMTYP T , SEMINAR S
  WHERE     T.SEMCODE = S.SEMCODE
    AND     DAUER > ALL
            ( SELECT DAUER FROM SEMPREIS
                WHERE PREIS < 2000)
```

Result Table:

SEMCODE	TERMIN
DB2-PROG	29.01.2000

6.2.11.3 Correlated Subquery
6.2.11.3.1 Verarbeitungsunterschiede zu non-correlated

Eine Subquery (Inner Query) kann einmalig vor Ausführung einer Outer Query ein Ergebnis erzeugen, das auf alle Ergebnis-Zeilen der Outer Query wirkt.
In Erweiterung zu diesem Verfahren besteht die Möglichkeit, mit Hilfe der Correlated Subquery die Ausführung der Inner Query nicht einmalig, sondern bei der Bearbeitung jeder Outer Query-Zeile zu aktivieren.
DB2 erkennt automatisch eine Correlated Subquery, wenn die Grundlage für den Vergleich innerhalb der Inner Query dynamisch erst beim Abarbeiten der einzelnen Zeilen der Outer Query ermittelt werden kann.
Zur Referenzierung wird mit Korrelations-Namen gearbeitet, damit der Bezug einer bestimmten Spalte und ihres Inhalts innerhalb der Outer Query zu der Abfrage der Inner Query gegeben ist.

Die Correlated Subquery hat folgenden Grundaufbau:

a   SELECT
         FROM   tablename korrelations-name
         WHERE bzw. HAVING

b   (SELECT
             FROM
             WHERE   spaltenname ... korrelations-name.spaltenname)

Zu diesem Grobaufbau noch einige Erläuterungen:

a und **b** sind keine Befehlsbestandteile, sondern dienen der Erläuterung der Correlated Subquery.
Eine Correlated Subquery kann analog der normalen Subquery beliebig tief verschachtelt definiert werden.

a   Die Haupt-Query wird im Verhältnis zu **b** als 'Outer Query' definiert.
        Es wird ein Korrelationsname definiert. Auf ihn kann innerhalb der Inner Query Bezug genommen werden.

b   Diese Query ist im Verhältnis zu **a** eine 'Inner Query'.
        Auf den in **a** definierten Korrelationsnamen kann Bezug genommen werden.

Die DB2-interne Abarbeitung unterscheidet sich von der normalen Subquery dadurch, dass zunächst ein Satz aus der Outer Table mit seinen Variablen ermittelt wird, dann der Vergleich mit den Werten der Inner Table vorgenommen wird.
Die Verarbeitung wiederholt sich für alle selektierten Zeilen der Outer Table.

Abbildung 6-4

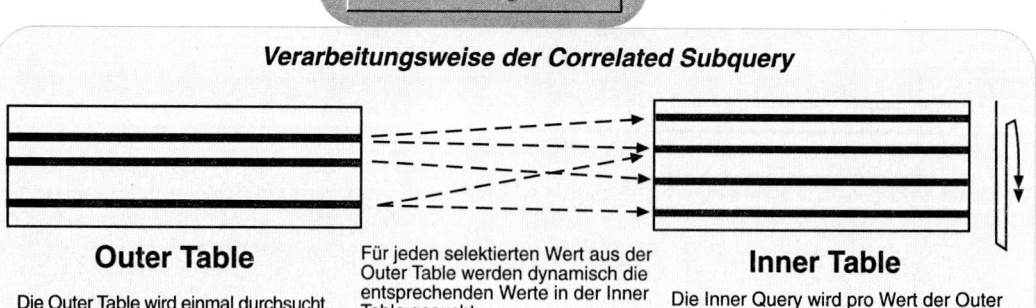

Verarbeitungsweise der Correlated Subquery

Outer Table — Die Outer Table wird einmal durchsucht.

Für jeden selektierten Wert aus der Outer Table werden dynamisch die entsprechenden Werte in der Inner Table gesucht.

Inner Table — Die Inner Query wird pro Wert der Outer Table auf die Inner Table ausgeführt, d. h. die Inner Table wird pro Outer-Table-Wert durchsucht.

6 SQL-DML-Data Manipulation Language
6.2 SELECT-Datenabfragen

6.2.11.3.2 Subquery direkt nach einem Vergleichsoperator

Aufgabe:
Anzeige der Titel, die mehr Teilnehmer haben als der Durchschnitt der Seminar-Typen mit gleicher Dauer.

SQL-Query:
```
SELECT      TITEL , DAUER
FROM        SEMTYP T
WHERE       MAXTEILN >
            ( SELECT AVG (MAXTEILN) FROM SEMTYP
              WHERE DAUER = T.DAUER)
```

Die DB2-interne Verarbeitung läuft in folgenden Schritten ab:
1. Ausführung der Outer Query und bereitstellen Ergebnis in temporärer Result Table 1.
2. Übergabe der Variablen T.DAUER aus der ersten Zeile von Result Table 1 und Ausführung der Inner Query. Bereitstellen Ergebnis in temporärer Result Table 2.
3. Setzen Bedingung aufgrund Result Table 2 und entscheiden, ob Zeile aus Result Table 1 zur Verarbeitung herangezogen wird.
4. Wiederholen Schritt 2 und 3 für alle Zeilen aus Result Table 1. In unserem Beispiel wird der Durchschnitt für jede DAUER ermittelt.

Result Table:

TITEL	DAUER
Datenbanksysteme-Grundlagen	4,0

6.2.11.3.3 Subquery nach EXISTS

Aufgabe:
Anzeige der Referenten, die kein Seminar halten.

SQL-Query:
```
SELECT       RNNAME
FROM         REFERENT R
WHERE NOT EXISTS
             ( SELECT * FROM SEMINAR
               WHERE REFNR = R.REFNR)
```

Result Table:

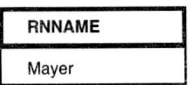

RNNAME
Mayer

6.3 INSERT - Dateneinfügung

Das SQL-Statement 'INSERT' dient zum Einfügen von Zeilen in <u>eine</u> Tabelle.

Es existieren zwei grundsätzlich unterschiedliche Formate:

- **Direkte Dateneingabe <u>einer Zeile</u> als Parameter im INSERT-Befehl:**

INSERT	INTO	Name Tabelle (nur <u>eine</u> möglich) oder View-Name, der auf <u>eine</u> Tabelle zeigt.
	(Liste Spalten-Namen)	Spaltennamen, damit keine Abhängigkeit zu der Spaltenreihenfolge im Katalog besteht bzw. wenn eine Untermenge der Katalogspalten betroffen ist.
VALUES	(Liste Zugangs-Werte)	Werte in der Reihenfolge der Spalten.

- **Hinzufügen nach Daten-Selektion aus existierenden Tables (auch <u>mehrere</u> Zeilen):**

INSERT INTO	Name der Tabelle (nur <u>eine</u> möglich) oder View-Name, der auf <u>eine</u> Tabelle zeigt.
(Liste Spalten-Namen)	Spaltennamen, damit keine Abhängigkeit zu der Spaltenreihenfolge im Katalog besteht bzw. wenn eine Untermenge der Katalogspalten betroffen ist.
SELECT	Zu selektierende Spaltennamen.
FROM	Welche Tabellen enthalten die Daten bzw. welche Views zeigen auf die Daten (max. 15 Tabellen in der FROM-Klausel)
WHERE	Suchbedingungen für die Daten-Auswahl.
(Subquery)	Verschachtelte weitere SELECTs zur Unterstützung der Suchbedingungen.

Das INSERT-Statement kann interaktiv über DB2-SPUFI abgegeben oder in ein Anwendungsprogramm eingebettet werden (embedded SQL).

Die Einfügung von Informationen kann nur über symbolische Spaltennamen bzw. in der im Katalog hinterlegten Reihenfolge erfolgen. Es kann kein Zeilen-String eingefügt werden.
Die kleinste Einfügungs-Einheit ist die Zeile einer Tabelle. Es existiert keine Möglichkeit, Daten über mehrere Tabellen hinweg (Join) hinzuzufügen.
Aus Benutzersicht können Daten in eine real existierende Tabelle direkt oder über einen View eingefügt werden.

Da der View einer virtuellen Datensicht ohne eigene reale Datenablage entspricht, kann DB2 den View nur als Wegweiser zu real existierenden Tabellendaten benutzen und die Einfügungen innerhalb dieser vollziehen.
Voraussetzung für einen View-Einsatz ist natürlich, dass der View lediglich auf einer Tabelle basiert. Ein Join-Insert auf mehrere Tabellen ist auch über einen View unzulässig.

DB2 führt beim Einfügen der Daten eine Prüfung auf ordnungsgemäße Formate, ggf. gültige Inhalte (sofern diese unter DB2 definiert sind) und die Einhaltung von NULL-Wert-Definitionen durch. Außerdem werden sonstige Kataloginformationen herangezogen.

Es müssen sämtliche Spaltenwerte eingefügt werden, die mit NOT NULL definiert werden, ansonsten wirken Default-Maßnahmen:

- **NULL-fähige Spalten, die nicht mit DEFAULT definiert sind**
  Es wird ein NULL-Wert gesetzt.

6 SQL-DML-Data Manipulation Language
6.3 INSERT-Dateneinfügung

- **Spalten, die mit 'NOT NULL WITH DEFAULT' definiert sind**
  DB2 fügt automatisch folgende Werte ein:
0	- Für numerische Daten.
Blank	- Für Character-Daten mit fester Länge.
String mit Länge 0	- Für variable Daten.
CURRENT DATE	- Für DATE-Typen.
CURRENT TIME	- Für TIME-Typen.
CURRENT TIMESTAMP	- Für TIMESTAMP-Typen.

- **Spalten, die mit explizitem DEFAULT definiert sind**
  In Abhängigkeit von der Definition werden folgende Werte eingefügt:
constant	- Ein konstanter Wert, entsprechend dem Datentyp.
USER	- Der aktuelle Wert aus dem User-Spezialregister.
CURRENT SQLID	- Der aktuelle SQLID (current SQLID).
NULL	- Ein NULL-Wert.

Unter bestimmten Bedingungen können Daten nicht eingefügt werden, siehe hierzu die Statement-Beschreibung in Anhang 2.

Im folgenden werden einige Beispiele für das INSERT-Statement aufgeführt.

6.3.1 Beispiele für SQL-Dateneinfügungen
6.3.1.1 INSERT einer einzelnen Zeile

Beispieltabellen siehe Abbildung im vorderen Buchumschlag.

```
INSERT INTO  SEMTYP ( DAUER , SEMCODE , TITEL, MAXTEILN )
    VALUES     ( 3 , 'DB2-QMF' , 'DB2-QMF für Endbenutzer' , 20)
```

Dieses Statement fügt eine neue Zeile in die Tabelle SEMTYP ein.
Es müssen grundsätzlich als VALUE-Parameter alle Spalten vorgegeben werden, die oben in der Spaltenliste aufgeführt sind. Die Reihenfolge der Wertzuweisung wird positionsgerecht durchgeführt, d.h. die erste Spalte erhält den ersten Wert usw.
Stehen beim Einfügen bestimmte Werte nicht fest und NULL ist für diese Spalten erlaubt, kann folgendes Format eingesetzt werden:

```
INSERT INTO  SEMTYP
    VALUES     ('DB2-PROBL', '' , NULL, NULL )
```

Dieses Statement fügt eine neue Zeile in die Tabelle SEMTYP ein. Es wurde keine Spaltenliste vorgegeben, d.h. DB2 entnimmt die aktuelle Spaltenliste aus der Katalogbeschreibung der Tabelle. Der Benutzer muss die Reihenfolge und die Anzahl der Spalten exakt kennen.
Der TITEL wird auf einen Character-String mit der Länge Null gesetzt.
Die DAUER und die MAXTEILN werden auf NULL-Wert gesetzt. Voraussetzung ist, dass die Katalogbeschreibung dies zuläßt, d.h. diese Spalten dürfen nicht mit 'NOT NULL' definiert sein.

6.3.1.2 INSERT mehrerer Zeilen (Massen-Insert)

Beispieltabellen siehe Abbildung im vorderen Buchumschlag.

Mit Hilfe einer Subquery kann das Einfügen mehrerer Zeilen durchgeführt werden. Die Subquery selektiert aus bestehenden Tabellen (die Zieltabelle des INSERTS ist ausgeschlossen) Daten, die in die Zieltabelle eingestellt werden. Die durch die Subquery ermittelte Result Table kann aus 0, 1 oder n Sätzen bestehen. Bei 0 Sätzen wird der SQLCODE auf +100 (SQLSTATE 02000) gesetzt.

Wir wollen nun in unserem Beispiel die Tabellen SEMTYP und SEMPREIS in einer neuen Tabelle SEMTYP_PREIS zusammenführen, die mit CREATE TABLE und den wesentlichen Spalten der beiden Tabellen angelegt wurde.

```
INSERT  INTO  SEMTYP_PREIS
              ( SEMCODE, DAUER , MAXTEILN, GILTAB , PREIS , TITEL )
     SELECT   SEMCODE, P.DAUER, MAXTEILN, GILTAB , PREIS, TITEL
     FROM     SEMTYP T FULL OUTER JOIN SEMPREIS P
     ON       T.DAUER = P.DAUER
```

Dieser SELECT führt einen FULL Outer Join der beiden Tabellen durch. Dieses Verfahren wird angewandt, damit auch die NULL-Werte der Spalte DAUER aus der SEMTYP-Tabelle sowie Preise ohne SEMTYP-Bezug berücksichtigt werden.

Fehlende sowie weitere Daten können nun in die neue SEMTYP_PREIS-Tabelle mit dem INSERT- bzw. UPDATE-Befehl eingestellt werden. Die Tabellen SEMTYP und SEMPREIS können, wenn sie nicht mehr benötigt werden, mit DROP TABLE gelöscht werden.
Erfolgt dies nicht, sind künftig die Redundanzen der Tabellendaten zu berücksichtigen und bei Änderung innerhalb einer Tabelle die Pflege der betroffenen redundanten Daten in der anderen Tabelle durchzuführen. Dies liegt im Verantwortungsbereich des Benutzers. DB2 bietet keine automatisierte Redundanzunterstützung.

TABLE SEMTYP_PREIS:

SEMCODE	DAUER	GILTAB	PREIS	TITEL
DB2-GRUNDL	3,0	01.01.2000	1800	DB2-Grundlagen
DB2-PROG	4,0	15.07.1999	2100	DB2 für Programmierer
DB-AUSW	2,0	01.12.1999	1400	Datenbank-Auswahlverfahren
DBS-GRUND	4,0	15.07.1999	2100	Datenbanksysteme-Grundlagen
DB2-DESIGN	-	-	-	Design von DB2-Systemen
-	2,5	01.07.1999	1500	-

Und noch ein komplexes Beispiel mit einer Subquery, mit der nur Daten in eine Test-Seminar-Tabelle eingefügt werden, die in Wiesbaden stattfinden und deren Preis größer als 2.000 DM ist.

```
INSERT  INTO  SEMINAR_TEST
     SELECT   *
     FROM     SEMINAR
     WHERE    KURSORT = 'Wiesbaden'
     AND      SEMCODE IN
              (SELECT SEMCODE FROM SEMTYP WHERE DAUER IN
                   (SELECT DAUER FROM SEMPREIS WHERE PREIS > 2000) )
```

Enthält eine Tabelle eine ROWID-Spalte, kann die Klausel: OVERRIDING USER VALUES vorgegeben werden. In diesem Fall wird bei einem Massen-Insert die ROWID der einzufügenden Zeilen von DB2 in die Empfangs-Tabelle vorgegeben und nicht von der Sende-Tabelle übernommen.
Details siehe im Anhang 2 unter INSERT.

6.4 UPDATE - Datenveränderung

Das SQL-Statement 'UPDATE' dient zur Datenänderung von Zeilen und Spalten in einer Tabelle.

Es existieren zwei unterschiedliche Formate:

- **Searched Update = Vorgabe von Änderungswerten und Suchbedingungen für die Änderung von Datensets (0, 1 oder n Zeilen)**
  Diese Form kann sowohl interaktiv über DB2I-SPUFI eingesetzt als auch im Anwendungsprogramm eingebettet werden (embedded SQL):

UPDATE	Name der zu ändernden Tabelle (nur eine möglich) oder View-Name, der auf eine zu ändernde Tabelle zeigt.
SET	Spaltennamen und neue Feldinhalte.
WHERE	Suchbedingungen für die Auswahl der Daten zur Änderung von Zeilen.
(Subquery)	Verschachtelte weitere SELECTS zur Unterstützung der Suchbedingungen.

- **Positioned Update = Vorgabe von Änderungswerten ohne Suchbedingungen für die positionsbezogene Änderung einer einzelnen Zeile mittels Cursor-Konzept**
  Diese Form kann nur im Anwendungsprogramm über das Cursor-Konzept eingebettet werden. Diese Form wird näher in Kapitel 13 beschrieben.

UPDATE	Name der zu ändernden Tabelle (nur eine möglich) oder View-Name, der auf eine zu ändernde Tabelle zeigt.
SET	Spaltennamen und neue Feldinhalte.
WHERE CURRENT OF CURSOR	Aktuelle Cursor-Position

Die Veränderung von Informationen kann nur über symbolische Spaltennamen erfolgen. Es kann kein Zeilen-String verändert werden.
Die kleinste Änderungs-Einheit ist die Zeile einer Tabelle mit einer Spalte. Es existiert keine Möglichkeit, Daten über mehrere Tabellen hinweg (Join) zu verändern.
Aus Benutzersicht können Daten in einer real existierenden Tabelle direkt oder über einen View verändert werden.
DB2 unterstützt bei der Datenmanipulation generell nur solche Views, die lediglich auf einer Tabelle basieren. Ein Join-Update auf mehrere Tabellen über einen View ist ebenfalls unzulässig.

DB2 führt beim Verändern der Daten eine Prüfung auf ordnungsgemäße Formate, ggf. gültige Inhalte (sofern diese unter DB2 definiert sind) und die Einhaltung von NULL-Wert-Definitionen durch.
Außerdem werden sonstige Kataloginformationen herangezogen.

Unter bestimmten Bedingungen können Daten nicht verändert werden, siehe hierzu die Statement-Beschreibung in Anhang 2.

Im folgenden werden einige Beispiele für das UPDATE-Statement aufgeführt.

6.4.1 Beispiele für SQL-Datenveränderungen

UPDATE eines Sets   Beispieltabellen siehe Abbildung im vorderen Buchumschlag.

```
UPDATE  SEMTYP
   SET       DAUER = DAUER + 0,5 ,
             TITEL = NULL
   WHERE     SEMCODE = 'DBS-GRUND'
```

Dieses Statement verändert die Dauer und den Titel des Seminartyps DBS-GRUND.
Ohne die WHERE-Bedingung würde DB2 alle Zeilen der SEMTYP-Tabelle ändern.
So kann eine generelle Erhöhung der Seminardauer um einen halben Tag mit dem nachfolgenden Befehl durchgeführt werden.

```
UPDATE  SEMTYP
   SET       DAUER = DAUER + 0,5
```

Mit Hilfe einer Subquery kann die Veränderung abhängig gemacht werden von bestimmten Bedingungen in anderen Tabellen. So soll z.B. nur dann eine Erhöhung der Seminardauer in der SEMTYP-Tabelle durchgeführt werden, wenn der Seminarpreis kleiner als 2.000 DM ist. Erreicht wird dies durch das folgende Beispiel:

```
UPDATE  SEMTYP  T
   SET       DAUER = DAUER + 0,5
   WHERE     EXISTS
             ( SELECT * FROM SEMPREIS
                    WHERE T.DAUER = SEMPREIS.DAUER
                    AND PREIS < 2000 )
```

UPDATE einer Zeile aufgrund der Cursor-Position

```
EXEC SQL
   UPDATE    SEMTYP
      SET       DAUER = :DAUER
      WHERE     CURRENT OF C1
```

Detaillierte Beispiele für einen programm-eingebetteten UPDATE werden im Kapitel 13 aufgezeigt.

6.5 DELETE - Datenlöschung

Das SQL-Statement 'DELETE' dient zur Datenlöschung von Zeilen in _einer_ Tabelle.

Es existieren zwei unterschiedliche Formate:

- **Searched Delete = Vorgabe von Suchbedingungen für Löschung von Datensets (0, 1 oder n Zeilen)**
  Diese Form kann sowohl interaktiv über DB2I-SPUFI eingesetzt als auch im Anwendungsprogramm eingebettet werden (embedded SQL):

DELETE FROM		Name der Tabelle (nur _eine_ möglich) oder View- Name, der auf _eine_ Tabelle zeigt.
	WHERE	Suchbedingungen für die Auswahl der Daten zum Löschen von Zeilen.
	(Subquery)	Verschachtelte weitere SELECTS zur Unterstützung der Suchbedingungen.

- **Positioned Delete = Positionsbezogenes Löschen einer einzelnen Zeile in Verbindung mit dem Cursor-Konzept**
  Diese Form kann nur im Anwendungsprogramm über das Cursor-Konzept eingebettet werden. Diese Form wird näher in Kapitel 13 beschrieben.

DELETE	FROM		Name der Tabelle (nur _eine_ möglich) oder View-Name, der auf _eine_ Tabelle zeigt.
	WHERE	CURRENT OF CURSOR	Aktuelle Cursor-Position.

Es existiert keine Möglichkeit, Daten über mehrere Tabellen hinweg (Join) zu löschen.
Aus Benutzersicht können Daten in einer real existierenden Tabelle direkt oder über einen View gelöscht werden.
DB2 unterstützt bei der Datenmanipulation generell nur solche Views, die lediglich auf einer Tabelle basieren. Ein View muss updateable sein. Ein Join-Löschen auf mehrere Tabellen ist unzulässig.

Für die Tabelle definierte Prüfregeln oder Prozeduren haben beim Löschen keine Auswirkungen.
Von DB2 werden referenzielle Integritätsprüfungen vorgenommen, soweit sie im Katalog hinterlegt sind.

Im folgenden werden einige Beispiele für das DELETE-Statement aufgeführt.

6.5.1 Beispiele für SQL-Datenlöschungen

Löschung eines Sets   Beispieltabellen siehe Abbildung im vorderen Buchumschlag.

```
DELETE FROM SEMTYP
    WHERE   SEMCODE = 'DBS-GRUND'
```

Dieses Statement löscht das Seminar DBS-GRUND aus der SEMTYP-Tabelle.
Ohne die WHERE-Bedingung würde DB2 alle Zeilen der SEMTYP-Tabelle löschen (Massen-Delete).

```
DELETE    FROM   SEMTYP
```

Dieses Statement löscht alle Seminartypen aus der SEMTYP-Tabelle. Es ist zu beachten, dass die Tabelle weiterhin existiert, lediglich keine Zeilen mehr beinhaltet.
Da für diese Tabelle weiterhin Beschreibungen im Katalog hinterlegt sind, können z.B. wieder neue Daten mit INSERT eingestellt werden.
Das gesamte Löschen von Tabellendaten ist nur für kleine Tabellen bzw. für Tabellen in einem segmented Tablespace sinnvoll, da DB2-intern ein hoher Aufwand betrieben werden muss (Sperren und Protokollieren der Löschungen).
Bei großen Tabellen kann alternativ z.B. ein LOAD mit REPLACE ohne Eingabedaten sehr schnell zum gleichen Effekt führen (Achtung aber bei RI-Konstrukten!).

Mit Hilfe einer Subquery kann die Löschung abhängig gemacht werden von bestimmten Bedingungen in anderen Tabellen. So soll z.B. nur dann eine Löschung der Seminartypen durchgeführt werden, wenn der Seminarpreis kleiner als 2.000 DM ist.
Erreicht wird dies durch das folgende Beispiel:

```
DELETE FROM SEMTYP  T
    WHERE   EXISTS
            ( SELECT  *  FROM  SEMPREIS
                WHERE T.DAUER = SEMPREIS.DAUER
                    AND PREIS < 2000 )
```

DELETE einer Zeile aufgrund der Cursor-Position

```
EXEC SQL
    DELETE  FROM SEMTYP
        WHERE   CURRENT OF C1
```

Detaillierte Beispiele für einen programm-eingebetteten DELETE werden im Kapitel 13 aufgezeigt.

7 SQL-DCL-Data Control Language
7.1 DB2-Zugriffsschutzkonzept
7.1.1 Überblick
7.1.1.1 Vorüberlegungen

Die Zugriffsschutzanforderungen an ein modernes Datenbanksystem umfassen Massnahmen zur Sicherung von:

- **Funktions-Abwicklungsprozessen**
  - Aufruf von Transaktionen, Programmen, Prozeduren, Datenbank-Funktionen.

- **Daten-Zugriffen**
  - Sicherung von Datengruppen, Daten, Dateninhalten vor:
    - lesendem Datenzugriff,
    - Daten-Manipulation (Hinzufügung, Änderung, Löschung).

DB2 ist eingebettet in Trägersysteme, die bestimmte Zugriffs-Schutzmaßnahmen unterstützen:

- OS/390 und VSAM kennen Passwort-Verfahren,
- RACF, CICS und IMS verfügen über eigene Ressource-Schutz-Mechanismen,
- von remote Plattformen kann ein verschlüsseltes DCE-Ticket genutzt werden (DCE = Distributed Computing Environment).

Ressource-Anforderungen können gestellt werden:

- aus der lokalen Umgebung
- von remote Anwendungen aus.

Die Gewährleistung der Sicherheits-Anforderungen kann von folgenden Komponenten übernommen werden:

- **DB2-internes Autorisierungskonzept**
  DB2 kann - in einem bestimmten und später näher dargestellten Umfang - die lokalen DB2-Objekte schützen.
  Da DB2 aber keine externen Objekte, wie z.B. Datasets gegen Anforderungen außerhalb von DB2-Anwendungen schützen kann, muss eine Zusatzkomponente angeschlossen werden. Außerdem ist DB2 als Server-System konzipiert und kennt daher den Auftraggeber bzw. den Benutzer außerhalb von DB2 nicht.
  Diese Aufgaben werden von einem externen Security Manager (**ESM**) übernommen.

- **Anschluss eines externen Security-Managers, wie RACF oder ACF2, der in Zusammenarbeit mit DB2 die Sicherungsanforderungen gewährleistet**
  In diesem Fall wird eine Aufgabenteilung vorgenommen. Der externe Security Manager ist zuständig für:
  - den Schutz der OS/390-Datasets und -Bibliotheken,
  - den Schutz der Connection zwischen Subsystemen (z.B. IMS-PRODA mit DB2-PRODC),
  - Übergabe der Benutzer-Identifikation an DB2:
    - Primär-Autorisierungs-Id (z.B. TSO-LOGON-Id, IMS-Terminal-Id),
    - Sekundär-Autorisierungs-Id (z.B. RACF-Gruppe).

- **Anschluss eines externen Security-Managers, der sämtliche Sicherungsanforderungen gewährleistet und das DB2-Sicherheitsverfahren ablöst**
  In diesem Fall übernimmt der externe Security Manager sämtliche Sicherungsaufgaben.
  Es sind eine Reihe von Konsequenzen zu beachten, die nachfolgend detailliert werden.

7 SQL-DCL-Data Control Language
7.1 DB2-Zugriffsschutzkonzept

7.1.1.2 Welche Ressourcen können von DB2 geschützt werden?

Im DB2-Umfeld sind folgende Sicherheits-Einrichtungen vorhanden:

- **Schutz der DB2-Funktionen und Daten**

    - GRANT-Privilegien für <u>Funktionen</u>:
        - Nutzung von SQL-Statements, DB2- und sonstigen Commands, DB2-Utilities,
        - Definitionsmöglichkeit von Stored Procedures, Funktionen und Trigger.
        - Ausführung von Programmen oder Routinen durch EXECUTE Plan-Privilegien.
        - Möglichkeit der Aktivierung von Plänen und Packages in einer bestimmten Trägersystem-Umgebung und Ausschluss bestimmter Trägersysteme mit ENABLE und DISABLE beim BIND.
        - Einrichtung von Administrations-Gruppen mit Verwaltungs-Privilegien von Meta-Daten.

    - GRANT-Privilegien-Vergabe für <u>Daten</u>:
        - Definitions- und Nutzungsmöglichkeit von Daten-Typen.
        - Zugriffserlaubnis für alle DB2-Daten:
            - System-Daten (Katalog und Directory),
            - Benutzer-Daten bis auf Tabellen/View-Ebene bzw. Spalten-Ebene (nur Update),

    - Konzepte zur Unterstützung der Sicherheitseinrichtungen:
        - Eigentümer-Konzept (<u>Owner</u> bzw. <u>Schema</u>) mit umfassenden impliziten Privilegien, die vom Eigentümer weitergegeben werden können.
        - <u>View</u>-Konzept für Spalten-Projektion und Zeilen-Selektion.

- **Zusammenwirken mit Funktionen außerhalb des DB2-Systems**

    - Anschluss von externen Security Managern (z.B. RACF, ACF2, TOP SECRET):
        - Übernahme der Autorisierungs-Ids von einem externen Security Manager
        - Verlagerung von Kontrollen für externe Ressourcen auf einen externen Security Manager:
            - OS/390-Objekte (Datasets, OS/390-Threads,..)
            - Zugriffsschutz von OS/390-Objekten, die aus Stored Procedures oder Funktionen angesprochen werden (RRSAF).
    - Unterstützung von Funktionen externer Manager, wie:
        - RACF PassTickets zur Vermeidung von Password-Übertragungen im Netz,
        - DCE-Anmeldedaten (Distributed Computing Environment).
    - Detaillierte Fehleranalyse für externe Manager bei Sicherheitsfehlern
    - Sonstige Funktionen, wie z.B.:
        - Chiffrierung der Daten
            - Nutzung von ICSF (Integrated Cryptographic Service Facility).
            - Unterstützung von User-Exits (EDITPROC).
        - Protokollierung von Veränderungen (Auditing)
            - Trace-Funktion, die beim Anlegen von Tables definiert werden kann (AUDIT-Parameter) und alle Manipulationen und Zugriffe protokolliert.
        - Kontrolle der DDL-Statements für 'geschlossene Anwendungen'
            - DDCS (Data Definition Control Support) schränkt dynamische DDL-Statements von Programmen ein, die z.B. selbst Meta-Strukturen erzeugen.
            Mit dieser Einrichtung können Anwendungen (ART-Table) und Objekte (ORT-Table) eingerichtet werden, in denen die entsprechenden Privilegien definiert werden.

DB2 bietet für seine Funktionsabwicklungsmöglichkeiten und Ressourcen ein eigenes und unabhängiges Zugriffsschutz-Verfahren. Der vom Trägersystem übernommene Autorisierungs-Id wird Funktions- und Ressource-Anforderungen hinzugefügt und damit die Berechtigung überprüft.

Der System-Administrator kann zum Zeitpunkt der DB2-Installation über das Installations-Protection-Panel (Parameter USE PROTECTION) die Entscheidung treffen, ob überhaupt ein Sicherungsverfahren genutzt wird oder nicht. Diese Entscheidung kann auch durch Modifikation des DB2-Initialisierungs-Parameter-Moduls (DSNZPARM) nachträglich verändert werden. Dies ist natürlich nicht ohne Probleme möglich.

Wird das DB2-Zugriffsschutzkonzept genutzt, unterstützt DB2 im Zusammenspiel mit OS/390-Trägersystemen ein eigenes Verfahren zur Sicherung von DB2-Funktionen und DB2-Daten. Nur in diesem Falle werden auch die SQL-Statements GRANT und REVOKE zur Vergabe von DB2-Privilegien unterstützt bzw. vorhandene Katalog-Eintragungen zur Autorisierungs-Prüfung herangezogen.

Bei remote Anforderungen wird in Abhängigkeit von Eintragungen der CDB-Tabelle USERNAMES der eintreffende Autorisierungs-Id des remote Systems umgesetzt, da z.B. Autorisierungs-Id 'U00350' in Frankfurt der Personal-Leiter, in München der Pförtner sein könnte.

7.1.1.3 Konsequenzen bei einer vollständigen Auslagerung auf einen ESM

DB2 bietet einen zentralen Exit-Punkt an (**ACEE** = Access Control Authorization Exit), mit dem die kompletten Sicherheitsaufgaben an ein eigenes Sicherheitssystem bzw. einen externen Security Manager (ESM) verlagert werden können.
Lade-Modulname, Entry und CSECT-Name dieser Routine müssen **DSNX@XAC** sein.

DB2 übergibt dieser Routine die Steuerung unter folgenden Bedingungen:

1. DB2-Startup-Zeitpunkt.
2. Eine Ressource-Prüfung ist erforderlich.
3. DB2-Shutdown-Zeitpunkt.

DB2 übergibt dieser Routine die Steuerung nicht, wenn:

- DB2-Security bei der Installation inaktiviert wurde (Parameter USE PROTECTION = NO),
- die Privilegien aufgrund einer früheren Prüfung intern gespeichert sind (Caching),
- der Benutzer besitzt Installations-SYSADM- oder Installations-SYSOPR-Privilegien.

Die permanent eingerichtete Default Exit Routine gibt die Steuerung an die DB2-Autorisierung weiter. Diese Routine muss bei Bedarf ersetzt werden.

Die Nutzung einer eigenen Sicherheitsroutine führt zu erheblichen Konsequenzen, die bedacht werden müssen:

- **Es entsteht eine Abhängigkeit zwischen DB2-Releases und der Sicherheitsroutine**

    Es soll schon Fälle gegeben haben, in denen Unternehmen ein neues DB2-Release (oder auch CICS-Release) nicht einführen konnten, weil der externe Security Manager die geforderte Funktionalität nicht unterstützte.

- **Die DB2-Funktionen GRANT und REVOKE sind wirkungslos**

    Die Privilegienvergabe erfolgt außerhalb von DB2 und wird grundsätzlich auch nicht mehr im DB2-Katalog dokumentiert. Dies fördert eine Black-Box-Philosphie.
    Da DB2 auch implizite GRANT-Aktivitäten ergreift, werden aber trotzdem in den Katalogtabellen Zugriffsschutz-Informationen geführt, was zu einer nur noch schwer durchschaubaren Privilegien-Konstellation führt.
    In der Praxis erweist sich die Auslagerung auch oft als hinderlich, da die Privilegienverwaltung häufig institutionalisiert wird und auf die Vergabe eines Privilegs manchmal stunden- oder tagelang gewartet werden muss (das hat natürlich mit dem eigentlichen Konzept nichts zu tun - ist aber leider Praxis).

- **Bestimmte DB2-Automatismen werden außer Kraft gesetzt, wie:**

    - Das Löschen eines Privilegs, das von einem Plan oder einer Package benötigt wird, führt unter DB2-Kontrolle automatisch zu einem ungültigen Plan (invalidated).
    - Das Löschen eines SELECT-Privilegs führt unter DB2 automatisch zu einem Löschen von Views, die auf diesem SELECT-Privileg basieren.
    - Im Speicher befindliche Statements bleiben von Privilegienveränderungen unbeeinflusst.
      Hier kann mit GRANT und REVOKE zum Wiederauffrischen des Speichers gearbeitet werden.

Die folgenden Ausführungen sind nur dann übertragbar, wenn die Sicherheitsroutine die DB2-Unterstützung in vollem Umfange abdeckt.

7 SQL-DCL-Data Control Language
7.1 DB2-Zugriffsschutzkonzept

7.1.1.4 Aufteilung der Sicherheitsfunktionen zwischen DB2 und einem ESM

Alle OS/390-Ressourcen wie Datasets und Bibliotheken sowie TP-Monitor-Ressourcen wie Transaktionen und Terminals werden vom DB2-Zugriffsschutzkonzept nicht berücksichtigt.
Sie werden von RACF oder einem anderen externen Security Manager bzw. von den jeweiligen Trägersystemen kontrolliert.
DB2 ist ein OS/390-Subsystem, das eine Benutzer-Identifikation von einem Trägersystem erwartet. Dieser **Autorisierungs-Id** kann von TSO, CICS, IMS oder einem ESM zur Verfügung gestellt werden (innerhalb des Connection Threads der OS/390-Subsysteme).

Über einen User Exit werden übergeben:

- **Primär**-Autorisierungs-Id (entspricht i.d.R. einer Benutzer-Identifikation),
- **Sekundär**-Autorisierungs-Ids (entsprechen Gruppen-Zuordnungen eines Benutzers),
- **CURRENT SQLID** = aktueller Autorisierungs-Id (wird i.d.R. aus dem Primär-Autorisierungs-Id abgeleitet).

Bei Funktions- bzw. Ressource-Anforderungen wird geprüft, ob der Primär-Autorisierungs-Id oder ggf. einer der anderen Autorisierungs-Ids über die geforderten Privilegien verfügen. Es existieren:

- **Explizite** Privilegien. Diese werden immer mit GRANT vergeben.
- **Implizite** Privilegien. Diese leiten sich implizit aufgrund vorher erteilter expliziter Privilegien ab.

Privilegien lassen sich im DB2 zuordnen:

- einer **einzelnen Ressource**,
- einer **Ressource-Gruppe**,
- einer **Funktions-Gruppe**.

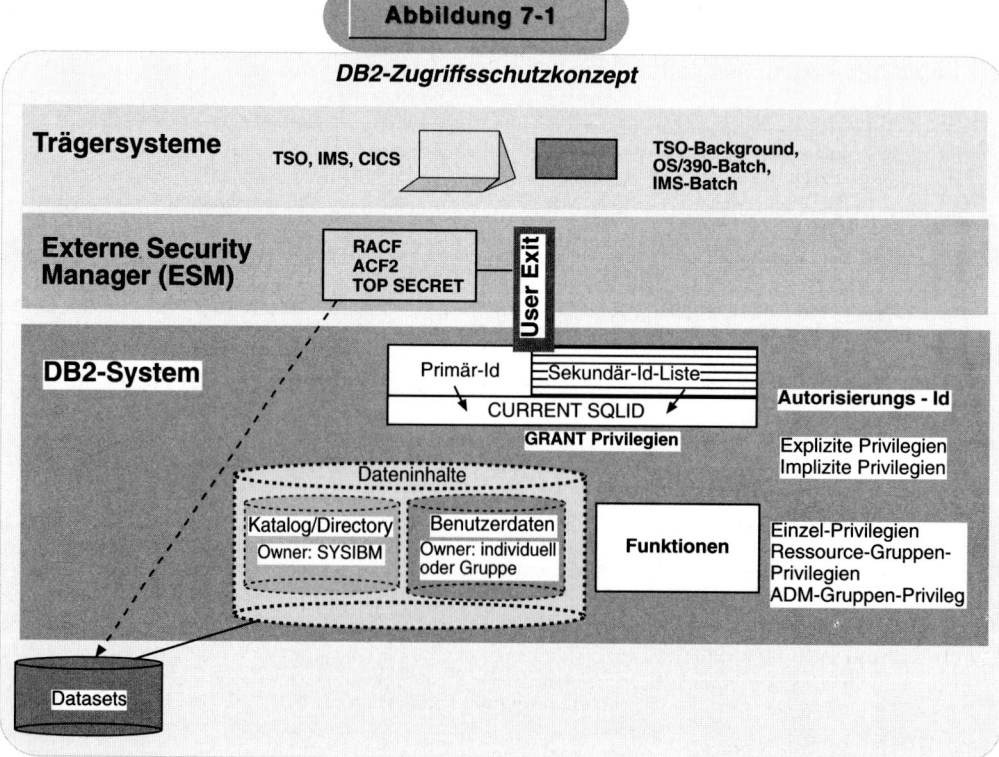

Abbildung 7-1

7.1.2 Autorisierungs-Konzept

Über den Autorisierungs-Id können Benutzer des Systems mit DB2-Privilegien versehen werden. Im Kapitel 3 wurden einige Überlegungen bezüglich der Namenskonventionen, die sehr frühzeitig geplant und festgelegt werden müssen, angestellt. So gilt es gerade in Abstimmung mit vorhandenen LOGON/SIGNON-Verfahren der Trägersysteme und den DB2-Schutz-Anforderungen einen ausgefeilten Schutz-Mechanismus aufzustellen.
Es müssen Entscheidungen darüber getroffen werden, ob:

- die Privilegien-Vergabe zentral oder verteilt (dediziert) erfolgen soll,
- die Autorisierungs-Ids einzelnen Benutzern oder Benutzer-Gruppen zugeordnet werden sollen,
- der Objektschutz bis auf Dateninhaltsebene mit den DB2-Mitteln betrieben werden soll.

Über den Autorisierungs-Id identifiziert DB2 seine Datenbankbenutzer.
DB2 übernimmt den Autorisierungs-Id vom jeweiligen Trägersystem ohne weitere Prüfungen und steuert darüber die Ablage der Benutzerobjekte. In Kapitel 3 wird die wichtige Bedeutung des Autorisierungs-Ids im Hinblick auf die Zuordnung des Eigentümers (Owners) dargestellt.

DB2 benutzt diesen Autorisierungs-Id sowohl für auszuführende Funktionen als auch für Daten-Objekte. So wird grundsätzlich bei der Ausführung eines SQL-Statements überprüft, ob der Benutzer die Verarbeitungsberechtigung für das SQL-Statement und die Daten besitzt.

DB2 ist ein kompilierendes und kein interpretatives System, d.h. alle SQL-Anforderungen werden vor Ausführung auf Syntax und vorhandene Privilegien überprüft. Für die Ausführung von Anwendungsprogrammen ist ein Application Plan erforderlich, der durch BIND (Static Bind) erstellt wird.
Die interaktiven SQL-Statements (in TSO-DB2I-SPUFI oder QMF abgesetzt) werden automatisch im Wege des Dynamic Binds von DB2 überprüft.

7.1.2.1 Übergabe der Autorisierungs-Identifikatoren

Folgende Primär-Autorisierungs-Ids werden defaultmäßig von den Trägersystemen übergeben:

- **IMS**
  - IMS Message Driven Region
    - wenn sich der Benutzer angemeldet hat: User Signon-Id
    - wenn sich der Benutzer nicht angemeldet hat: LTERM-Name
    - wenn weder Signon-Id noch LTERM verfügbar sind: PSB-Name
  - IMS Batch-Region
    - wenn im Job der USER-Parameter vorgeben wurde   User-Id aus dem USER-Parameter
    - wenn der USER-Parameter nicht vorgeben wurde   PSB-Name

- **CICS**
  - Ableitung aufgrund der Definitionen in der **RCT** (Resource Control Table):
    - AUTH=SIGNID   VTAM-Application-Name
    - AUTH=(string)   Konstanter Character-String
    - AUTH=GROUP   RACF-Group-Name (nicht bei non-terminal task vor CICS V4)
    - AUTH=USERID   CICS-User-Id
    - AUTH=USER   Operator-Id
    - AUTH=TERM   Terminal-Id
    - AUTH=TXID   Transaction-Id

- **TSO Foreground**   TSO Logon-Id

- **BATCH**
  - CAF oder TSO Background
    - wenn im Job der USER-Parameter vorgeben wurde   User-Id aus dem USER-Parameter
    - wenn der USER-Parameter nicht vorgeben wurde   Default-Autorisierungs-Id aus Installation (UNKNOWN AUTHID)
  - RRSAF
    - wenn ein Autorisierungs-Id übergeben wurde   Übergebener Autorisierungs-Id
    - wenn ein Autorisierungs-Id nicht übergeben wurde   Autorisierungs-Id, der mit dem Adressraum verknüpft ist

- **Remote-Anforderung**   Übergebener Autorisierungs-Id

7.1.2.2 Primär-, Sekundär- und Current-Autorisierungs-Id

Ein Benutzer wird - wie gerade ausgeführt - über das jeweils mit DB2 verbundene Trägersystem identifiziert.
Die Identifikation kann über einen personenbezogenen oder funktionsbezogenen Zugriffs-Id erfolgen.

Im Zusammenspiel mit einem externen Security Manager, wie z.B. RACF, können Benutzergruppen zwischen RACF und DB2 synchronisiert werden. Dazu ist die Installation eines RACF-User-Exits erforderlich, der an DB2 die RACF-Benutzer weiterleitet.
Dabei wird bei der ersten Kommunikations-Aufnahme der Primär-Autorisierungs-Id als aktueller Autorisierungs-Id (CURRENT SQLID) übergeben.
Beispielsweise kann sich der Benutzer im TSO mit seinem normalen Anmelde-Namen (TSO-Logon-Id) anmelden. Diesem Logon-Id können eine oder mehrere Benutzergruppen (bis zu 245) zugeordnet werden, die als Sekundär-Autorisierungs-Id geführt werden.
Beispiel:
Der Benutzer meldet sich im TSO an mit dem Logon-ID 'U00350'.
Im RACF wurden dem U00350 zwei Benutzergruppen zugeordnet: PERS und FIBU.

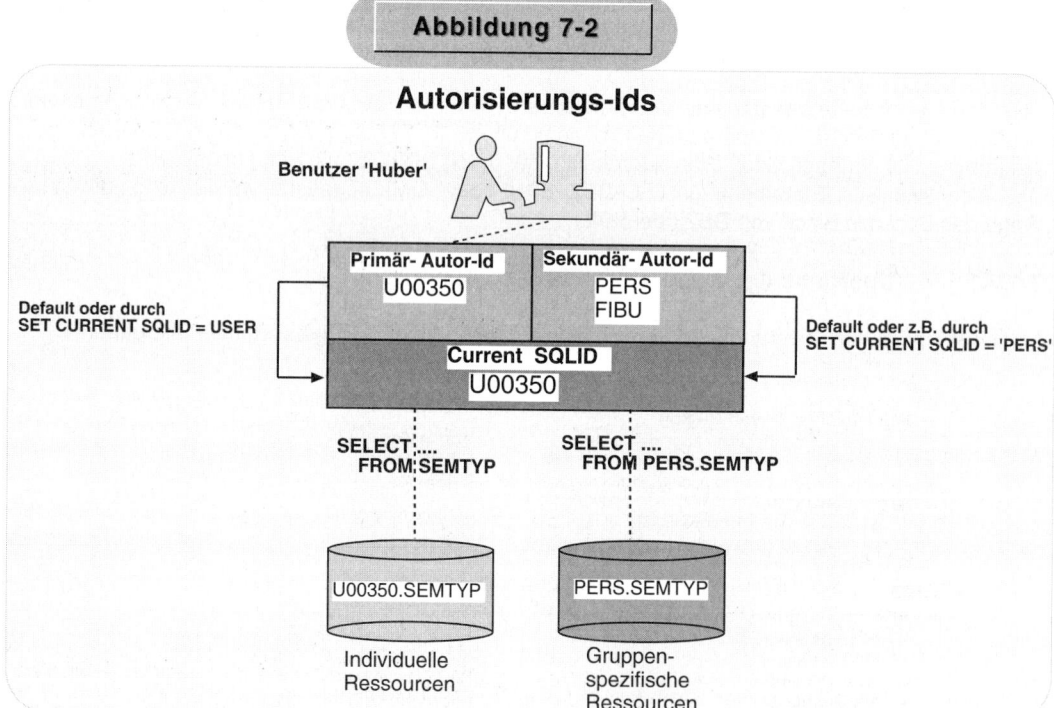

Abbildung 7-2

Der Benutzer kann nun, sofern entsprechende Privilegien vorliegen, einen Zugriff auf Ressourcen vornehmen. In unserem Beispiel wird ein SELECT auf SEMTYP ohne Qualifizierung des Objekt-Eigentümers als U00350.SEMTYP interpretiert.
Der Benutzer kann auch Objekte verarbeiten, bei denen die zugeordneten Gruppen (hier PERS und FIBU) als Eigentümer vermerkt sind.
Entweder kann dabei der Qualifizierer mitgegeben werden oder mit SET CURRENT SQLID kann sich der Benutzer auf einen der Benutzergruppen-Ids anmelden. In diesem Fall wird der entsprechende Id als Current SQLID geführt und bei Zugriff auf Gruppen-Objekte braucht keine Qualifizierung vorgenommen zu werden.

7 SQL-DCL-Data Control Language
7.1 DB2-Zugriffsschutzkonzept

7.1.2.3 Zeitpunkt der Autorisierungsprüfung

Jeder DB2-Benutzer, der Daten oder Funktionen im DB2 anfordert, benötigt entsprechende Privilegien. Diese können zu unterschiedlichen Zeitpunkten geprüft werden. DB2 kennt zwei Autorisierungs-Überprüfungs-Zeitpunkte, und zwar zur Bind- bzw. zur Ausführungszeit.

7.1.2.3.1 Autorisierungsprüfung zur Bind-Zeit

Hierbei werden alle Prüfungen auf Verarbeitungsberechtigung von Funktionen und Daten zum Bind-Zeitpunkt vorgenommen.
Es ist zu unterscheiden zwischen Static und Dynamic SQL-Statements:

- **Statische SQL-Statements**
  Bei statischen SQL-Statements wird durch den BIND- bzw. (REBIND-Prozess) eine Package bzw. ein Plan erzeugt.
  Beim BIND-Prozess kann entschieden werden, in welcher Weise die Autorisierungsprüfung zu erfolgen hat:

    - **BIND bzw. REBIND-Option: VALIDATE (BIND)**
      Sämtliche Prüfungen - auch Autorisierungsprüfungen - erfolgen zum Bind-Zeitpunkt.
      Hierbei ist zu beachten, dass der Eigentümer des Plans oder der Package, der eine spezielle Bind-Berechtigung benötigt, auch die Verarbeitungs-Berechtigung aller Daten aufweisen muss. Der Endbenutzer des Anwendungsprogrammes und Plans benötigt zur Ausführung eine EXECUTE-Berechtigung des Plans und <u>keine Datenverarbeitungs-Berechtigung</u> mehr. Konkret bedeutet dies, dass bei der Ausführung keinerlei Prüfungen mehr erfolgen, welche Daten auch immer im Anwendungs-Programm verarbeitet werden.
      VALIDATE BIND optimiert die Ausführungszeit, da die gesamten Prüfungen einmalig abgewickelt werden und bei der Ausführung nur noch das generelle Ausführungsrecht und keine Einzelprivilegien mehr geprüft werden.

    - **AUTOMATIC REBIND durch DB2**
      Siehe unter Prüfungen zur Ausführungszeit.

- **Dynamic SQL-Statements**
  Bei Dynamic SQL-Statements kann die Statement-Analyse erst zur Ausführungszeit vorgenommen werden, da das Statement vorher nicht bekannt ist.
  Die Ausführung von Dynamic Statements unterliegt Besonderheiten, die im Kapitel 13.7 erläutert werden. Auch sie werden innerhalb einer Package bzw. eines Plans aktiviert.
  Beim BIND- bzw. (REBIND-Prozess) wird ebenfalls eine Package bzw. ein Plan erzeugt.
  Beim BIND-Prozess kann entschieden werden, in welcher Weise die Autorisierungsprüfung zu erfolgen hat:

    - **BIND bzw. REBIND-Option: DYNAMICRULES (BIND)**
      Die BIND-Berechtigung wird zum Bind-Zeitpunkt geprüft, die Autorisierungsprüfungen für die Ausführung der SQL-Statements und die DB2-Objekt-Nutzung erfolgen zum Ausführungszeitpunkt - aber unter Berücksichtigung des Plan-Eigentümers, nicht des Plan-Ausführenden (Bind-Time-Rules).
      In diesem Fall muss der Eigentümer des Plans oder der Package, der eine spezielle Bind-Berechtigung benötigt, auch die Verarbeitungs-Berechtigung aller Daten aufweisen.
      Diese Option behandelt Dynamic SQL-Statements analog der obigen Beschreibung von statischen SQL-Statements.
      DYNAMICRULES ist erst ab der Version 4 unterstützt, vorher war nur die Verarbeitung unterstützt, die unter DYNAMICRULES (RUN) beschrieben ist (Run-Time-Rules).

Die Prüfung zur Bind-Zeit (bzw. die generelle Behandlung statischer SQL-Statements) kann als Verstoß gegen Datenschutzregeln betrachtet werden, da die Bind-Privilegien für Produktions-Packages und -Pläne i.d.R. technischen DV-MitarbeiterInnen bzw. einer globalen Gruppe zugeordnet sind. Die eigentlichen Benutzer bei der späteren Ausführung benötigen keine detaillierten Ressource-Privilegien mehr.
Zur Behebung dieser Problematik können durch programmtechnisch unterstützte Konzepte DB2-Views und Collections miteinander verknüpft werden und bei der Programmausführung dynamisch (SET CURRENT PACKAGESET) aktiviert werden. Beispiele hierzu finden sich im Kapitel 7.4.

7.1.2.3.2 Autorisierungsprüfung zur Ausführungs-Zeit

Hierbei werden alle Prüfungen auf Verarbeitungsberechtigung von Funktionen und Daten zum Ausführungs-Zeitpunkt vorgenommen.
Es ist zu unterscheiden zwischen Static- und Dynamic-SQL-Statements:

- **Static SQL-Statements**

    Bei statischen SQL-Statements wird durch den BIND- bzw. (REBIND-Prozess) eine Package bzw. ein Plan erzeugt. Zur Bind-Zeit werden immer alle Prüfungen durchgeführt.
    Bei einem Fehler während des BIND werden die Package bzw. der Plan mit Fehler-Kennzeichen erstellt und bei der ersten Anforderung werden alle Prüfungen erneut vollzogen.

    Beim BIND-Prozess kann entschieden werden, in welcher Weise die Autorisierungsprüfung zu erfolgen hat:

    - **BIND bzw. REBIND-Option: VALIDATE (RUN)**

        Sämtliche Prüfungen erfolgen zunächst zum Bind-Zeitpunkt.
        Treten Fehler auf (z.B. nicht existierende Objekte oder nicht vorhandenes Privileg), wird eine Package bzw. ein Plan als nicht verwendbar gekennzeichnet bzw. eine Erstellung abgewiesen.
        Wird die Package oder der Plan mit einem Fehler-Kennzeichen angelegt, erfolgt zum Ausführungs-Zeitpunkt die erneute Durchführung sämtlicher Prüfungen.
        Auch hierbei ist zu beachten, dass der Eigentümer des Plans oder der Package, der eine spezielle Bind-Berechtigung benötigt, auch die Verarbeitungs-Berechtigung aller Daten aufweisen muss. Der Endbenutzer des Anwendungsprogrammes und Application Plans benötigt zur Ausführung eine EXECUTE-Berechtigung des Plans und keine Datenverarbeitungs-Berechtigung mehr. Konkret bedeutet dies, dass bei der Ausführung keinerlei Prüfungen mehr erfolgen, welche Daten auch immer im Anwendungs-Programm verarbeitet werden.

    - **AUTOMATIC REBIND durch DB2**

        Werden bestimmte DB2-Objekte gelöscht bzw. Autorisierungen verändert, werden alle betroffenen Pläne und Packages von DB2 automatisch als ungültig gekennzeichnet (invalidated).
        Wird ein solcher Plan und die Packages über die Ausführung eines Programmes angefordert, erfolgt von DB2 automatisch ein BIND-Prozess mit Prüfungs-Abwicklung der aktuell existierenden Ressourcen.
        Hierbei wird der Eigentümer des jeweiligen Objektes, der den letzten BIND durchgeführt hat (Package - bzw. Plan-Owner), zur Prüfung der Privilegien herangezogen.

- **Dynamic SQL-Statements (Dynamic Bind)**

    Interaktive SQL-Statements (Dynamic SQL) über Bildschirm bzw. dynamische SQL-Statements in Anwendungsprogrammen werden beim Dynamic Bind zum Ausführungszeitpunkt der Statements von DB2 überprüft.
    Bei dynamischen SQL-Statements kann die Statement-Analyse erst zur Ausführungszeit vorgenommen werden, da das Statement vorher nicht bekannt ist.
    Die Ausführung dynamischer Statements unterliegt Besonderheiten, die im Kapitel 13.7 erläutert werden. Auch sie werden innerhalb einer Package bzw. eines Plans aktiviert.
    Beim BIND- bzw. (REBIND-Prozess) wird ebenfalls eine Package bzw. ein Plan erzeugt.
    Beim BIND-Prozess kann entschieden werden, in welcher Weise die Autorisierungsprüfung zu erfolgen hat:

    - **BIND bzw. REBIND-Option: DYNAMICRULES (RUN)**

        Die Autorisierungsprüfungen erfolgen zum Ausführungs-Zeitpunkt (Run-Time-Rules).
        Dabei wird der Autorisierungs-Id des Benutzers, der diese aktuelle Ausführung aktiviert hat, zur Prüfung herangezogen. Dieser muss sämtliche Verarbeitungsprivilegien besitzen (Funktionen und Daten).
        DYNAMICRULES ist erst ab der Version 4 unterstützt, vorher war lediglich implizit die hier beschriebene Verarbeitung unterstützt.

Die Prüfungs-Philosophie von statischen SQL-Statements kann - wie vorab ausgeführt - ebenfalls als Verstoß gegen Datenschutzregeln betrachtet werden.

7 SQL-DCL-Data Control Language
7.1 DB2-Zugriffsschutzkonzept

7.1.2.3.3 Autorisierungsprüfung zum Zeitpunkt der Definition einer Package

Bei der Definition einer Package müssen folgende Privilegien vorliegen:

- Privileg zum **Anlegen der Package in der Collection** bzw.
- Privileg zum **Anlegen der Routine im Schema**.
- Privilegien zur **Nutzung sämtlicher in der Package benutzten Daten-Typen und Routinen**.

Werden in einer Package Dynamic-SQL-Statements genutzt, ist die Behandlung dieser Statements abhängig davon, ob die Package als eigenständiges Programm genutzt wird oder von einer anderen Routine aufgerufen wird:

- **Eigenständiges Programm**

    - BIND bzw. REBIND-Option: DYNAMICRULES (BIND) oder (DEFINEBIND)
      Die Prüfungen erfolgen analog der Autorisierungsprüfungen zur Bind-Zeit (Bind-Behavior).
      Siehe Beschreibung DYNAMICRULES (BIND) vorab.

    - BIND bzw. REBIND-Option: DYNAMICRULES (RUN) oder (DEFINERUN)
      Die Prüfungen erfolgen analog der Autorisierungsprüfungen zur Ausführungs-Zeit (Run-Behavior).
      Siehe Beschreibung DYNAMICRULES (RUN) vorab.

- **Aufgerufenes Programm**

    - BIND bzw. REBIND-Option: DYNAMICRULES (DEFINEBIND) oder (DEFINERUN)
      Der Eigentümer der Package muss sämtliche Privilegien für die Ausführung der dynamischen SQL-Statements aufweisen (Define-Behavior).
      Bei unqualifiziert vorgegebenen Objekt-Namen wird der Eigentümer der Package als Default Qualifier genutzt.

7.1.2.3.4 Autorisierungsprüfung zum Zeitpunkt der Ausführung einer Package

Bei der Ausführung einer Package müssen folgende Privilegien vorliegen:

- Privileg zur **Ausführung der Package (EXECUTE)**.
- Privileg zur **Ausführung sämtlicher von der Package aufgerufenen Routinen (EXECUTE)**.

Werden in einer Package Dynamic-SQL-Statements genutzt, ist die Behandlung dieser Statements abhängig davon, ob die Package als eigenständiges Programm genutzt wird oder von einer anderen Routine aufgerufen wird:

- **Eigenständiges Programm**

    - BIND bzw. REBIND-Option: DYNAMICRULES (BIND) oder (INVOKEBIND)
      Die Prüfungen erfolgen analog der Autorisierungsprüfungen zur Bind-Zeit (Bind-Behavior).
      Siehe Beschreibung DYNAMICRULES (BIND) vorab.

    - BIND bzw. REBIND-Option: DYNAMICRULES (RUN) oder (INVOKERUN)
      Die Prüfungen erfolgen analog der Autorisierungsprüfungen zur Ausführungs-Zeit (Run-Behavior).
      Siehe Beschreibung DYNAMICRULES (RUN) vorab.

- **Aufgerufenes Programm**

    - BIND bzw. REBIND-Option: DYNAMICRULES (INVOKEBIND) oder (INVOKERUN)
      Der Package-Aufrufende muss sämtliche Privilegien für die Ausführung der dynamischen SQL-Statements aufweisen (Invoke-Behavior).
      Bei unqualifiziert vorgegebenen Objekt-Namen wird der Aufrufende der Package als Default Qualifier genutzt.

7 SQL-DCL-Data Control Language
7.1 DB2-Zugriffsschutzkonzept

7.1.3 Privilegien-Konzept

Mit dem GRANT-Statement können explizite Privilegien vergeben werden. Implizite Privilegien leiten sich aus expliziten Privilegien ab oder entstehen bei der Anlage eines neuen Objektes. Solche impliziten Rechte lassen sich explizit nicht widerrufen. Sie erlöschen entweder bei dem Widerruf expliziter Privilegien mittels REVOKE oder wenn ein Objekt gelöscht wird.

7.1.3.1 Privilegien-Struktur

Im DB2 können Benutzer-Privilegien dynamisch mit dem SQL-Statement '**GRANT**' vergeben werden. Mit dem SQL-Statement '**REVOKE**' können diese vergebenen Privilegien widerrufen werden.

Sämtliche definierten Zugriffsschutzprivilegien werden auf Subsystem-Ebene geführt, d.h. wenn in einem Unternehmen zwei DB2-Subsysteme z.B. für Produktion und Test existieren, müssen Zugriffsschutz-Maßnahmen in beiden Systemen ergriffen werden.
Dies gilt natürlich nicht für eine DB2 Sharing Group, da dort mehrere Systeme gemeinsame Ressourcen inkl. eines gemeinsamen Kataloges nutzen.

DB2 verwaltet Informationen der Privilegien-Vergabe in seinem Katalog.
Grundsätzlich sind alle DB2-Ressourcen vor Zugriff geschützt (sofern das DB2-Sicherheitssystem generiert ist), d.h. die Verarbeitung von DB2-Ressourcen setzt bestimmte Privilegien voraus.
Zum Installationszeitpunkt müssen die Privilegien schrittweise zugeordnet und können später dynamisch im laufenden System angepasst werden.

DB2 kennt **explizit** vergebene Privilegien (durch GRANT) sowie **implizite** Privilegien, die z.B. durch das Anlegen eines Objektes (CREATE) automatisch entstehen und während der Lebenszeit des Objektes nie mehr dem 'Owner' weggenommen werden können.

Ein berechtigter Benutzer, der Privilegien vergibt, wird als **GRANTOR** und der Privilegien-Empfänger wird als **GRANTEE** bezeichnet. Ein GRANTEE kann, sofern er dafür berechtigt ist, wiederum als GRANTOR auftreten.

Die folgende Abbildung zeigt die grundsätzliche Privilegien-Struktur und die relevanten Komponenten auf. Diese werden im folgenden detailliert behandelt.

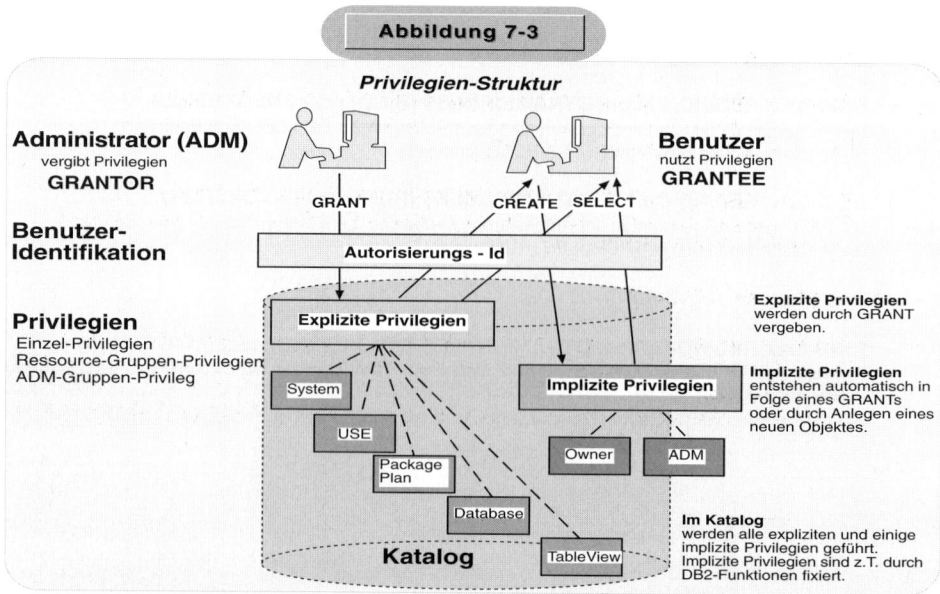

Abbildung 7-3

7.1.3.2 Eigentümer (Owner) und Ersteller (Creator) eines Objektes

Liegen entsprechende Privilegien vor, kann ein Benutzer auch Objekte im DB2-System anlegen.
Beispiel:
Der Benutzer meldet sich im TSO an mit dem Logon-ID 'U00350'.
Im RACF wurden dem U00350 zwei Benutzergruppen zugeordnet: PERS und FIBU.

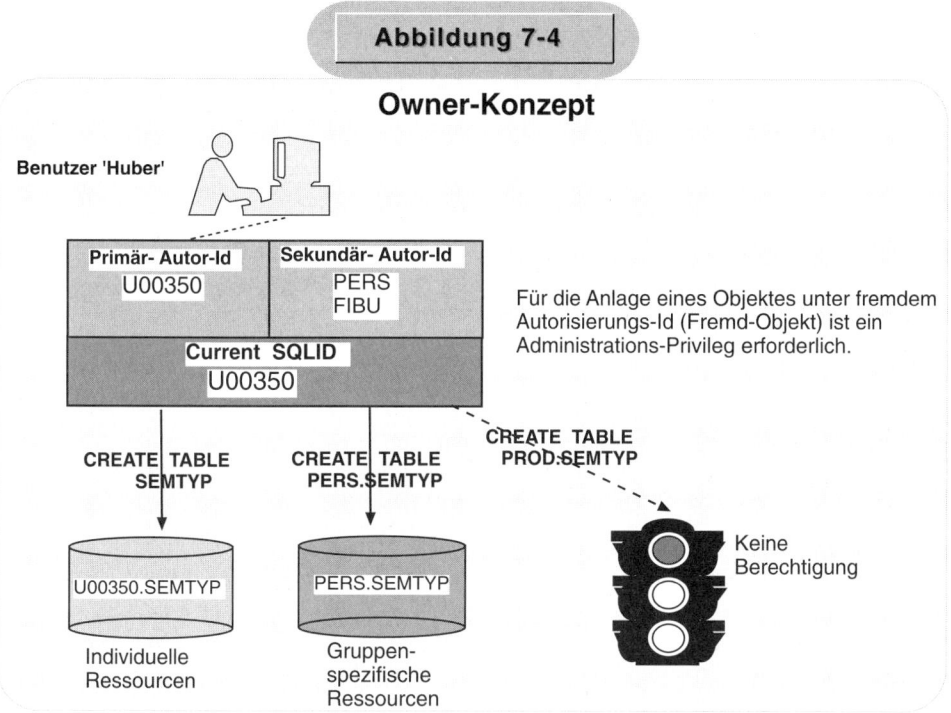

Abbildung 7-4

Der Benutzer kann nun, sofern entsprechende Privilegien vorliegen (z.B. CREATETAB), eine neue Tabelle anlegen:

       CREATE TABLE   SEMTYP

DB2 legt diese Tabelle unter dem Autorisierungs-Id 'U00350' an. Damit ist U00350 der Eigentümer (Owner) der Table (in der Katalog-Tabelle SYSTABLES irreführend als CREATOR geführt).
Zusätzlich wird der Ersteller (Creator) der Table vermerkt, der in unserem Beispiel mit dem Owner identisch ist (in der Katalog-Tabelle SYSTABLES als CREATEDBY geführt).
Der Ersteller hat keine Privilegien für dieses Objekt - nur der Eigentümer verfügt über eine Reihe impliziter Privilegien.

Anschließend kann der Benutzer auf einen der zugeordneten Sekundär-Autorisierungs-Id's umschalten und erneut eine Table anlegen:

       SET CURRENT SQLID = 'PERS'   Alternativ:

       CREATE TABLE   SEMTYP   CREATE TABLE PERS.SEMTYP

DB2 legt diese Tabelle unter dem Autorisierungs-Id 'PERS' an. Damit ist PERS der Eigentümer (Owner) der Table und alle der Gruppe PERS zugeordneten Benutzer (über Sekundär-Id) können das Objekt mit den impliziten Privilegien des Eigentümers benutzen.
Zusätzlich wird der Ersteller (CREATEDBY) der Table vermerkt, der in unserem Beispiel U00350 ist.

7.1.3.3 Explizite Privilegien

Das SQL-Statement 'GRANT' kann genutzt werden, einzelnen Benutzern, Benutzergruppen oder gar einem gesamten Bereich (z.B. PROD) aufgrund des Autorisierungs-Ids bestimmte Funktionen explizit zuzuordnen.

Mit GRANT können DB2-Objekte und Daten bis auf Spaltenebene (nur für UPDATE, nicht für SELECT unterstützt) geschützt werden. So kann für einen Benutzer die Verarbeitungs-Berechtigung für eine bestimmte Tabelle (oder View) bzw. einzelne Spalten innerhalb der Tabelle (oder View) ausgesprochen werden. Auf dieser Ebene enden die Schutzmechanismen des GRANT-Statements.

Da der Schutz auf **Daten-Inhaltsebene** eine hohe Bedeutung einnimmt, kann neben dem GRANT-Statement auch das **View-Konzept** aus Zugriffsschutzgründen für die inhaltsbezogene individuelle Datenbereitstellung eingesetzt werden. Allerdings bestehen gerade im Hinblick auf praktische Einsatz-Fähigkeit des View-Konzeptes einige Restriktionen.

Mit dem GRANT-Statement können Privilegien vergeben werden für:

- Einzelne Ressourcen bzw. Funktionen   z.B. GRANT SELECT ON TABLE SEMTYP
- Ressource- bzw. Funktions-Gruppen   z.B. GRANT CREATETAB ON DATABASE DB0001
- Administrationsgruppen   z.B. GRANT DBADM ON DATABASE DB0001

Das GRANT-Statement ist einsetzbar für:

- **Generelle Funktionen**
  - **SYSTEM-Privilegien**
    Funktionen für System-Administratoren und System-Operatoren zur Steuerung und Überwachung der DB2-Lokation und seiner Connection Threads zu den Trägersystemen.

- **Ressource-spezifische Funktionen**
  Ressource-spezifische GRANT-Statements können nur für existierende DB2-Objekte abgegeben werden.

  - **Schema-Privilegien**
    Berechtigung zum Anlegen (CREATEIN), Ändern (ALTERIN) und Löschen (DROPIN) von Distinct Types, Stored Procedures, User-defined Functions und Trigger innerhalb eines Schemas oder aller Schemas.

  - **Distinct Type-Privilegien**
    Berechtigung zur Nutzung eines Distinct Types.

  - **Routine-Privilegien**
    Berechtigung zur Ausführung von Stored Procedures und User-defined Functions.

  - **USE-Privilegien**
    Berechtigung bei CREATE von Tables, Indizes und Tablespaces zur Benutzung bestimmter Storage-Groups, Bufferpools, Tablespaces.

  - **DATABASE-Privilegien**
    Funktionen für Datenbank-Administration zur Verwaltung von DB2-Objekten und Durchführung bestimmter Utilities und Kommandos.

  - **TABLE-Privilegien**
    Berechtigung zur Verarbeitung von Daten (Selektion, Änderung, Löschung, Einfügung) in bestimmten Tabellen oder Views, Veränderung der Tabellenstruktur und Neuanlage von Indizes.

  - **PLAN- und PACKAGE- sowie COLLECTION-Privilegien**
    Berechtigung zum Binden bzw. zur Ausführung von Plänen bzw. von Packages.

Wünscht ein Unternehmen für bestimmte Ressourcen keine GRANT/REVOKE-Privilegien-Vergabe und Kontrolle durch DB2, können die entsprechenden DB2-Funktionen und Ressourcen mit PUBLIC versehen werden, d.h. sie stehen allgemein und uneingeschränkt zur Verfügung.
PUBLIC AT ALL LOCATIONS = Alle Benutzer im gesamten Netzwerk.

7 SQL-DCL-Data Control Language
7.1 DB2-Zugriffsschutzkonzept

7.1.3.3.1 Grant-Typen und Privilegienbereiche

Die folgende Abbildung zeigt die DB2-Privilegiengruppen, wobei für jede dargestellte Gruppe ein eigenes GRANT-Statement verfügbar ist, wie z.B. GRANT DATABASE PRIVILEGES und die diesem Statement zugeordneten Parameter = Einzel-Privilegien.

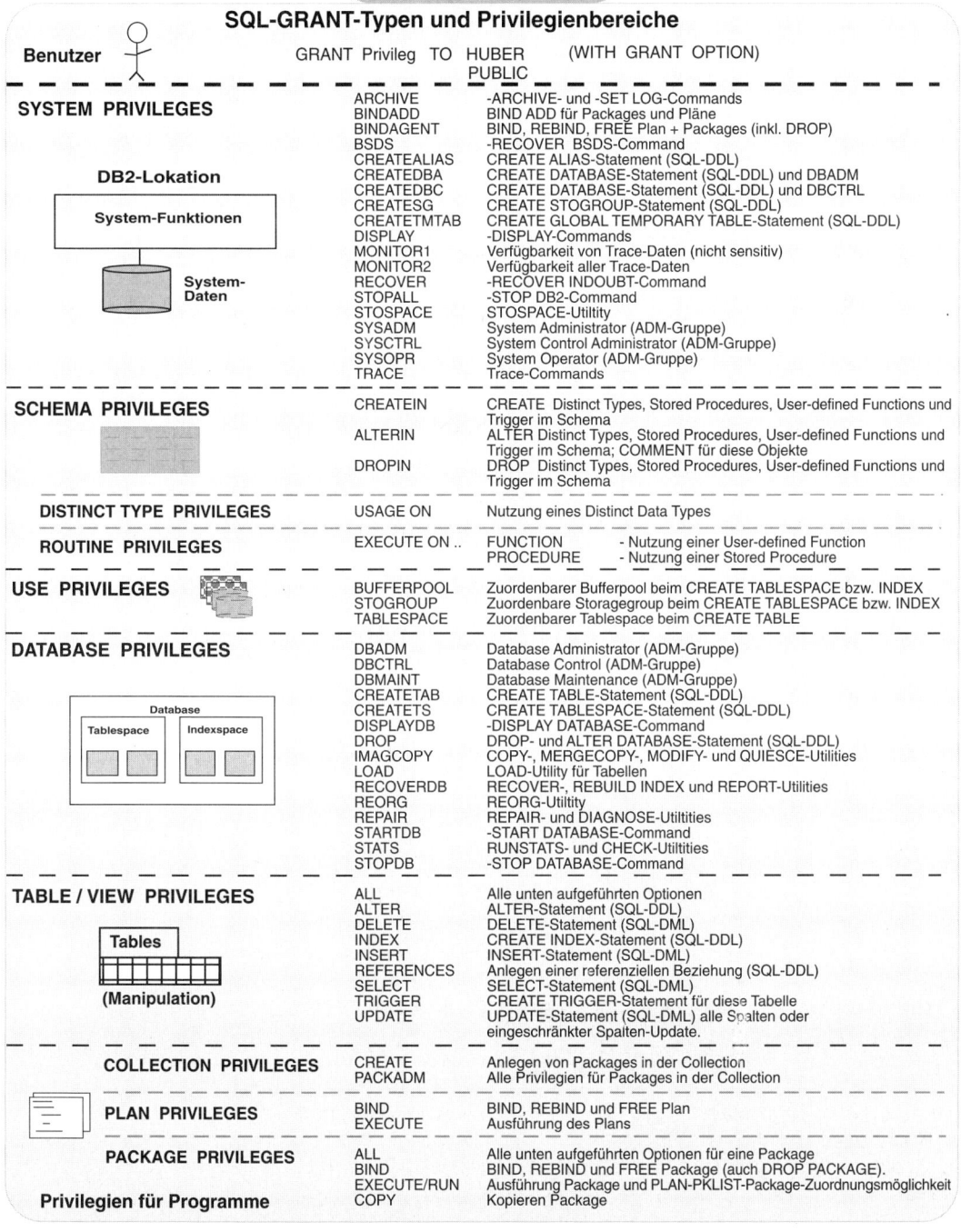

Abbildung 7-5

7.1.3.3.2   Zuordnung der Einzel-Privilegien zu DB2-Ressource-Typen

Die folgende Abbildung zeigt die Zuordnung der mit GRANT vergebbaren Einzel-Privilegien zu den DB2-Ressource-Typen auf:

Abbildung 7-6

DB2-Privilegien auf Ressource-Ebene

DB2-Ressource	GRANT-Funktion	Kurzbeschreibung Privileg
ALIAS	CREATEALIAS	CREATE Alias für distributed databases.
BUFFERPOOL	USE BUFFERPOOL	Zuordnungsmöglichkeit bestimmter Bufferpools.
COLLECTION	CREATE IN, PACKADM	Package Collection-Verwaltung.
COMMANDS	BSDS, DISPLAY, MONITOR1, MONITOR2, STOPALL, TRACE	Systemsteuerungs-Funktionen.
DATABASE	CREATEDBA CREATEDBC DROP STARTDB, STOPDB DISPLAYDB	Database-Verwaltung und DBADM. Database-Verwaltung und DBCTRL. Änderung und Löschung Database. DB2-Commands: Starten/Stoppen. DB2-Commands: Status Databases.
DISTINCT TYPE	USAGE ON	Nutzung von Distinct Data-Types.
FUNCTION	EXECUTE ON	Siehe unter ROUTINE.
INDEX	INDEX	INDEX-Verwaltung.
PLAN	BIND BINDADD BINDAGENT EXECUTE	Verwalten Plan (BIND,REBIND,FREE). Anlegen neuen Plan. Verwaltungsgehilfe eines Plan-Owners. Ausführungsberechtigung Plan.
PACKAGE	BIND, COPY, BINDAGENT EXECUTE (RUN) BINDADD, CREATE IN	Package-Verwaltung Ausführung Package, Zuordn.PKLIST Plan. Verwaltungsgehilfe eines Package-Owners. Anlegen neue Package
ROUTINE	EXECUTE ON	Nutzung von Routinen (Stored Procedures und User-defined Functions).
SCHEMA	CREATEIN ALTERIN DROPIN	CREATE Data-Types, Routinen und Trigger. ALTER Daten-Typen, Routinen und Trigger. DROP Daten-Typen, Routinen und Trigger.
STOGROUP	CREATESG USE STOGROUP	Storage-Group-Verwaltung. Zuordnungsmöglichkeit bestimmter Storage-Groups.
STORED PROCEDURE	EXECUTE ON	Siehe unter ROUTINE.
SYNONYM		Es existiert keine Funktion.
TABLE	CREATETAB CREATETMTAB ALL ALTER DELETE INSERT REFERENCE SELECT TRIGGER UPDATE	CREATE neue Tabelle. CREATE neue Temporäre Tabelle. Alle nachfolgenden Funktionen: Ändern Tabellendefinition. Löschen Datenzeilen. Einfügen Datenzeilen. Anlegen referenzieller Beziehungen. Selektieren Daten. CREATE TRIGGER für diese Tabelle. Verändern Zeilen bzw. bestimmte Spalten.
TABLESPACE	CREATETS USE TABLESPACE	Tablespace-Verwaltung. Zuordnungsmöglichkeit bestimmter Tablespaces.
THREADS	DISPLAY, RECOVER	Systemsteuerung und Kontrolle der Verbindung zwischen DB2 und Trägersystemen.
UTILITIES	IMAGCOPY, LOAD, REORG, RECOVERDB, REPAIR, RUNSTATS, STOSPACE	Ausführungsberechtigung für Utilities.
VIEW		Für Anlegen eines Views existiert keine explizite Funktion. Verarbeitung eines Views analog Table

7.1.3.4 Implizite Privilegien

Auch ohne die explizite Zuordnung durch GRANT-Funktionen können bestimmte DB2-Funktionen implizit genutzt werden. Implizite Privilegien werden grundsätzlich durch das Anlegen eines Objekts (CREATE) dem Benutzer zugeordnet, unter dessen Autorisierungs-Id das Objekt angelegt wird (OWNER bzw. SCHEMA). Außerdem kann die Benutzergruppe, die über bestimmte Administrations-Privilegien verfügt (z.B. SYSADM oder DBADM), implizite Privilegien nutzen.
Damit existieren eine ganze Reihe impliziter Privilegien für den:

- **OWNER eines Objekts oder**
- **das Mitglied einer Administrations-Gruppe.**

Implizite Privilegien werden von DB2 automatisch zugeordnet. Sie können mit REVOKE nicht entzogen werden!

7.1.3.4.1 Owner eines Objekts

Der Eigentümer eines Objektes benötigt für das Anlegen eines Objektes die entsprechenden Privilegien. Wenn das Objekt angelegt ist, hat er während der Lebenszeit dieses Objektes alle impliziten Objekt-Privilegien. Die Eigentümerschaft kann nach Anlegen eines Objektes nicht mehr verändert werden (Ausnahme: Package oder Plan können bei BIND mit neuem Eigentümer versehen werden). Ein Wechsel kann nur durch Löschen und Wiederanlegen des Objektes erfolgen.
Übersicht der impliziten Rechte des Eigentümers eines DB2-Objektes:

Objekt-Typ	Implizite Rechte
ALIAS	DROP ALIAS
DATABASE	DBADM-Privileg, wenn Database mittels CREATEDBA-Privileg angelegt wurde. DBCTRL-Privileg, wenn Database mittels CREATEDBC-Privileg angelegt wurde.
DISTINCT TYPE	Benutzung des Distinct Types, DROP DISTINCT TYPE.
FUNCTION	Ausführung einer User-defined Function, ALTER FUNCTION, DROP FUNCTION, -START FUNCTION, -STOP FUNCTION und -DISPLAY FUNCTION.
INDEX	ALTER und DROP INDEX.
PACKAGE	BIND, REBIND, FREE, COPY, EXECUTE, DROP PACKAGE.
PLAN	BIND, REBIND, FREE und EXECUTE PLAN.
STORAGEGROUP	ALTER und DROP STOGROUP. Bezugnahme in USING-Klausel des CREATE-INDEX-Statements bzw des CREATE TABLESPACE-Statements.
STORED PROCEDURE	Ausführung einer Stored Procedure, ALTER PROCEDURE, DROP PROCEDURE, -START PROCEDURE, -STOP PROCEDURE und -DISPLAY PROCEDURE.
SYNONYM	Benutzung des Synonyms, DROP SYNONYM
TABLE	ALTER oder DROP TABLE. ALTER und DROP alle Indizes, die auf der Tabelle basieren. CREATE INDEX oder VIEW auf Tabelle. CREATE TRIGGER auf Tabelle. LOCK TABLE, COMMENT TABLE, LABEL TABLE. SELECT, INSERT, UPDATE, DELETE aller Zeilen und Spalten. LOAD-Utility-Einsatz. Für alle Tabellen des Tablespaces muss Berechtigung bestehen.
TABLESPACE	ALTER und DROP TABLESPACE. Bezugnahme in IN-Klausel des CREATE-TABLE-Statements.
VIEW	DROP VIEW, COMMENT VIEW, LABEL VIEW. Select aller Daten der Result Table. Manipulationen, wenn der View updateable ist, sofern die entsprechenden Privilegien auf den Basis-Tabellen existieren.

Der Eigentümer eines Objektes hat zudem das implizite Recht, sämtliche ihm implizit zustehenden Rechte explizit mittels GRANT-Statement weiterzugeben.

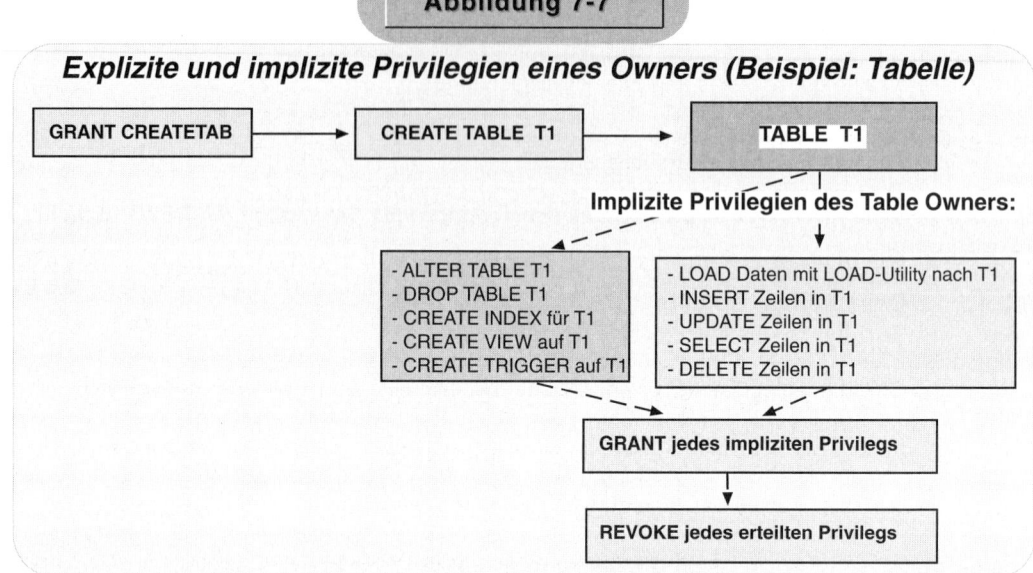

Abbildung 7-7: Explizite und implizite Privilegien eines Owners (Beispiel: Tabelle)

Es existieren eine Reihe von Besonderheiten, wie z.B:

Ein Benutzer mit SELECT-Autorisierung für eine bestimmte Tabelle kann beispielsweise einen View anlegen. Obwohl der Benutzer als View-Owner die impliziten Objekt-Privilegien besitzt, kann er über diesen View keine Daten verändern, wenn er diese Privilegien auf Basis-Tabellen-Ebene nicht besitzt. Der Table-Owner kann den View nicht direkt löschen (außer SYSADM-Privileg).
Er kann aber die cascading Effekte ausnutzen:

- Löscht er die Tabelle, wird automatisch der darauf referenzierte View gelöscht.
- Nimmt er mit REVOKE das SELECT-Privileg wieder zurück, wird automatisch der darauf basierende View gelöscht.

Der Eigentümer eines Tablespaces kann diesen auch wieder löschen. Hierbei ist jedoch zu berücksichtigen, dass innerhalb eines Tablespaces Objekte unterschiedlicher Benutzer existieren können. Da das Löschen der Objekte, wie in Kapitel 5.4 beschrieben, unter hierarchischen Aspekten durchgeführt wird, werden in diesem Falle alle Tabellen des Tablespaces mit gelöscht.
Der Eigentümer des Tablespaces braucht keine besonderen Rechte zum Löschen aller Objekte.

Mit dem Anlegen weiterer Objekte aufgrund dieser impliziten Privilegien ergeben sich natürlich wiederum weitere implizite Privilegien an dem neuen Objekt.

7 SQL-DCL-Data Control Language
7.1 DB2-Zugriffsschutzkonzept

7.1.3.4.2 Administrations-Gruppen

DB2 kennt eine Reihe von Administrationsgruppen. Einem Benutzer oder einer Benutzergruppe kann explizit ein Administrations-Privileg ausgesprochen werden.
Beispiel:

```
GRANT SYSADM        TO  DBGROUP1
```

Wird ein solches explizites Privileg ausgesprochen, dann werden folgende implizite Privilegien-Kategorien aktiviert:

- **Einzel-Privilegien, die explizit mittels GRANT vergebbar sind**
  Ein SYSADM - wie in unserem Beispiel - verfügt nach dem GRANT über sämtliche, mittels aller GRANT-Typen vergebbaren Privilegien.
  Einzelne Privilegien können anschließend nicht mit REVOKE widerrufen werden.

  Die folgende Abbildung zeigt die Gruppierung der Funktionen zu Administrations-Gruppen mit hierarchischem Aufbau.
  Der Gruppe DBMAINT z.B. sind die Einzelfunktionen CREATETAB, CREATETS usw. zugeordnet.
  Die Gruppe DBCTRL verfügt über die Einzel-Privilegien DROP, LOAD usw., implizit aber auch über die Privilegien der untergeordneten Gruppe DBMAINT.
  So impliziert die Gruppe SYSADM alle restlichen untergeordneten Funktionsgruppen.
  Eine zugeordnete Funktionsgruppe beinhaltet implizit alle Einzel-Funktionen hierarchisch unterhalb dieser Gruppe.
  Die Funktionen CREATEDBA und CREATEDBC sind mit einer speziellen Wirkungsweise ausgestattet. Sie implizieren automatisch die Funktionsgruppen DBADM bzw. DBCTRL.

- **Sonstige Privilegien, die automatisch von DB2-Funktionen unterstützt werden**
  Für die einzelnen Administrations-Gruppen sind folgende sonstige implizite Rechte relevant (Auszug):

  - **Installations-SYSADM,** auch **Super-Administrator** genannt
    System-Administrator für die Installation des Systems:
    - der Autorisierungs-ID ist nicht im Katalog gespeichert. Der Katalog muss daher für Autorisierungs-Prüfungen nicht verfügbar sein,
    - Kein anderer Benutzer kann die Installations-SYSADM-Berechtigung aufheben (mit REVOKE),
    - Recover-Berechtigung für kritische Subsystem-Tablespaces und Indizes,
    - Dynamic SQL-Statements werden nicht durch den Governor kontrolliert.
    - Starten des CATMAINT-Utilities.

  - **Installations-SYSOPR**
    Operator für die Installation des Systems:
    - der Autorisierungs-ID ist nicht im Katalog gespeichert. Der Katalog muss daher für Autorisierungs-Prüfungen nicht verfügbar sein,
    - kein anderer Benutzer kann die Installations-SYSOPR-Berechtigung aufheben (mit REVOKE),
    - Utility-Berechtigung für kritische Subsystem-Table-Spaces und Indizes,
    - Dynamic SQL wird durch den Governor nicht abgebrochen,
    - Absetzen -START DATABASE für Recovery von Objekten mit "LPL-Recovery Pending Status" .
    - Ansonsten Rechte analog SYSOPR - keine Fremd-Dateninhalte im Zugriff.

  - **SYSADM - System-Administrator**
    System-Administrator für die Verwaltung und Kontrolle des Systems inkl. aller Benutzerdaten und einer Auswahl von Systemdaten:
    - Zugriff auf Systemtabellen ist ohne GRANT möglich,
    - Alle DB2-Objekte (außer System-Datatabases) können manipuliert und gelöscht werden (Strukturen und Inhalte):
    - DBADM-Privileg auf alle Databases,
    - Benutzung aller Views,
    - Anlegen und löschen von Fremd-Views und Fremd-Synonymen,
    - CURRENT SQLID bzw. Owner kann beim Anlegen von Objekten auf einen beliebigen Wert gesetzt werden,
    - Owner kann beim BIND oder REBIND auf einen beliebigen Wert gesetzt werden.

Abbildung 7-8

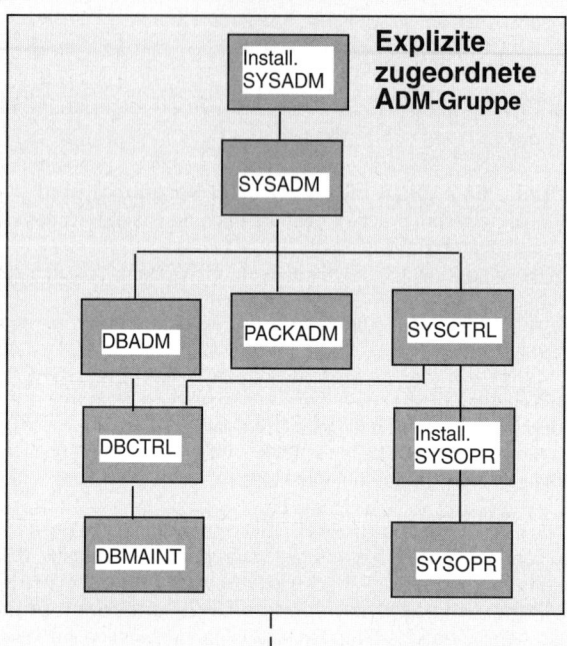
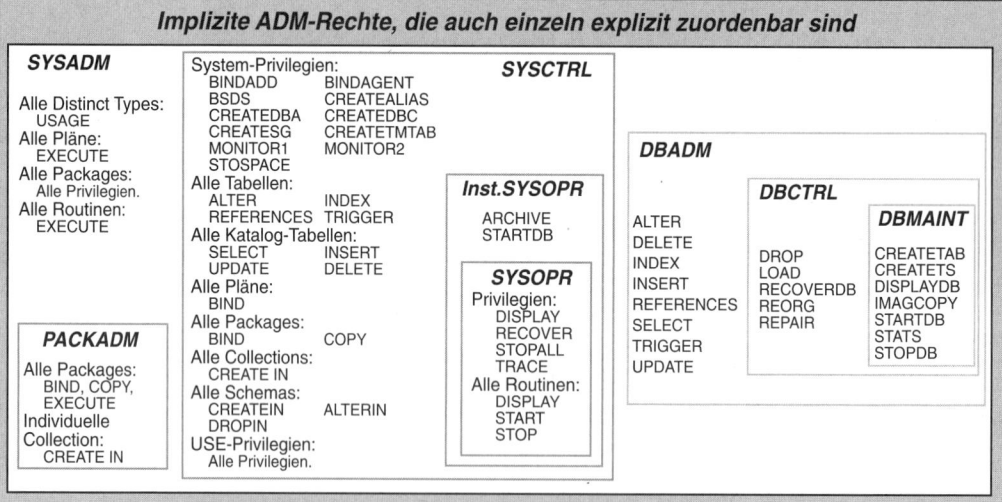

7 SQL-DCL-Data Control Language
7.1 DB2-Zugriffsschutzkonzept

- **SYSCTRL - System-Control**
  System-Administrator für die Verwaltung und Kontrolle des Systems mit nahezu kompletter Kontrolle über DB2-Objekte einer Lokation, aber kein Fremd-Datenzugriff ohne explizite Privilegien:
    - DBCTRL-Privileg auf alle Databases,
    - Anlegen von Views auf Katalog-Tabellen unter fremdem Eigentümer,
    - Anlegen von Tabellen unter fremdem Eigentümer in allen Databases, Anlage von Fremd-Aliasen.

- **PACKADM - Package Administrator**
  Package-Administrator für die Verwaltung und Kontrolle sämtlicher Packages:
    - Kann Packages in allen Collections erzeugen und verfügt über alle Rechte aller Packages in allen Collections.

- **BINDAGENT (zählt lt. IBM zwar nicht zur Gruppe der Administratoren, gehört aber eigentlich dort rein)**
  Geheimnisvolle Agentenfunktion:
    - Erhält dieses Privileg von einem GRANTOR und kann die bestehenden und künftigen Packages und Pläne dieses Grantors mit folgenden Funktionen verwalten:
        - BIND, REBIND, FREE, DROP, COPY   für alle Packages in allen Collections,
        - BIND, REBIND, FREE   für alle Pläne.

- **DBADM - Database-Administrator für bestimmte Database**
  Datenbank-Administrator einer bestimmten DB2-Database mit voller Kompetenz:
    - Totale Verwaltungs-Möglichkeit und Zugriff/Modifikation aller Daten innerhalb der Database.
    - Alle Objekte innerhalb der Database können verändert und gelöscht werden (aber keine Fremd-Views, die auf Tables innerhalb der Database referenzieren).

- **DBCTRL - Database Control**
  Datenbank-Administrator einer bestimmten DB2-Database mit eingeschränkter Kompetenz:
    - analog DBADM - aber kein Datenzugriff, außer Ausführung von Utilities, die Daten verändern können.
    - Anlegen von Tabellen unter fremdem Eigentümer in der Database.
    Privilegien für eine solche Tabelle können nur weitergegeben werden, wenn DBCTRL seine Privilegien mit der WITH GRANT OPTION erhalten hat.

- **DBMAINT - DB-Maintenance**
  Datenbank-Objekt-Administrator einer bestimmten DB2-Database mit eingeschränkter Kompetenz:
    - Anlegen aller Objekte in der Database.

- **SYSOPR - System Operator**
  System-Operator für die System-Bedienung:
    - kein Datenzugriff, nur DB2-Commands.

7.1.4 Welche Privilegien werden wann benötigt?

Explizite Privilegien und deren impliziten Auswirkungen führen zu komplexen Wechselwirkungen und erschweren das Verständnis für die erforderlichen Privilegien.
Hierbei sind natürlich auch die Ressource-Verwaltungsfähigkeiten von DB2 zu beachten. Da z.B. kein ALTER VIEW existiert, kann auch keine entsprechende GRANT-Funktion angeboten werden.

7.1.4.1 Erforderliche Privilegien zur Verwaltung der DB2-Objekte

Die folgende Abbildung zeigt auf, welche Privilegien erforderlich sind zum Anlegen (CREATE), Ändern (ALTER) bzw. Löschen (DROP) der einzelnen DB2-Ressource-Typen.

Es existieren einige Besonderheiten, wie z.B. das Privileg zum Löschen eines Synonyms.
Grundsätzlich hat nur der Eigentümer eines Synonyms das Recht der Löschung. Wie bereits vorab ausgeführt, kann nur der SYSADM Fremd-Synonyme löschen.
Dies kann nur über folgenden Umweg erfolgen:
Der SYSADM setzt seinen CURRENT SQLID auf den Namen des Autorisierungs-Ids, dessen Synonym gelöscht werden soll.
Anschließend kann der SYSADM in der Rolle des Eigentümers das Synonym löschen.

Eine Besonderheit gilt auch für Pläne und Packages.
Das Einfügen eines neuen Plans ist ein System-Privileg, während das anschließende
Binden und Ausführen Plan-Privilegien erfordert.
Der Plan-Eigner kann aus dem Autorisierungs-Id abgeleitet werden oder explizit vorgegeben werden (Owner). Er erhält automatisch sowohl BIND- als auch EXECUTE-Berechtigung des Planes.
Probleme treten in der Praxis häufig auf bei Plänen, die von mehreren Entwicklern betreut werden.
Viele Unternehmen generieren nach dem Anlegen eines Planes die Privilegien BIND und EXECUTE TO PUBLIC.
Diese Vorgehensweise ist nur für individuelle Pläne möglich. Eine pauschale Behandlung aller Pläne mit der Option PUBLIC ist nicht unterstützt.

Aber Vorsicht!
Zu beachten ist, dass jeder BIND-Berechtigte eines Plans (bei PUBLIC dann jeder DB2-Benutzer) auch z.B. einen FREE PLAN (*) absetzen kann. In einem Unternehmen fielen diesem Kommando auf einen Schlag sämtliche Online-Pläne zum Opfer und es war keine Online-Transaktion mehr verfügbar!

Alternativ kann aber auch das Autorisierungs-Gruppen-Verfahren (Sekundär-Id) eingesetzt werden.
Der Owner erhält dann den Gruppen-Namen und alle Entwickler, die dieser Gruppe zugeordnet sind, können mit dem Plan arbeiten.
Dies gilt auch für den Einsatz von Packages.

7 SQL-DCL-Data Control Language
7.1 DB2-Zugriffsschutzkonzept

Abbildung 7-9

DB2-Objektverwaltungsprivilegien

Mit welchen Privilegien darf ein Benutzer DB2-Objektverwaltung durchführen?

DB2-Ressource	Anlegen	Änderung	Löschung
ALIAS	CREATEALIAS- Privileg oder SYSADM/SYSCTRL-Privileg.	Nicht möglich	Eigentümer des Alias oder SYSADM/SYSCTRL-Privileg.
DATABASE	CREATEDBA oder CREATEDBC-Privileg oder SYSADM/SYSCTRL-Privileg.	DROP-Privileg bzw. SYSADM/SYSCTRL- Privileg oder DBADM- oder DBCTRL-Privileg für diese Database.	DROP-Privileg bzw. SYSADM/SYSCTRL- oder DBADM- oder DBCTRL-Privileg für diese Database.
DISTINCT TYPE	CREATEIN für das Schema oder SYSADM/SYSCTRL-Privileg.	Nicht möglich	Eigentümer des Daten-Typs oder DROPIN für das Schema oder SYSADM/SYSCTRL-Privileg.
FUNCTION	CREATEIN für das Schema oder SYSADM/SYSCTRL-Privileg.	Eigentümer der Funktion oder ALTERIN für das Schema oder SYSADM/SYSCTRL-Privileg.	Eigentümer der Funktion oder DROPIN für das Schema oder SYSADM/SYSCTRL-Privileg.
INDEX	INDEX-Privileg auf Table, Eigentümer Table, DBADM der Database oder SYSADM/SYSCTRL-Privileg.	Eigentümer des Index oder der Tabelle bzw. SYSADM/SYSCTRL- oder DBADM-Privileg für diese Database.	Eigentümer des Index oder der Table bzw. SYSADM/SYSCTRL-Privileg oder DBADM-Privileg für diese Database.
PACKAGE	Jeder mit BINDADD oder CREATE IN- Berechtigung für diese Collection oder SYSADM/SYSCTRL-Privileg.	Eigentümer der Package oder BINDAGENT bzw. BIND der Package oder PACKADM für die Collection oder SYSADM/SYSCTRL- Privileg. Bei kopieren COPY-Privileg.	Eigentümer der Package, BINDAGENT bzw. SYSADM/SYSCTRL-Privileg. Löschen mit DROP und FREE.
PLAN	Jeder mit BINDADD-Privileg oder SYSADM/ SYSCTRL-Privileg	Eigentümer des Plans, BIND-Privileg BINDAGENT für Plan bzw. SYSADM/SYSCTRL-Privileg (wenn PKLIST, dann EXECUTE-Privileg für Package).	Eigentümer des Plans, BIND-Privileg bzw. SYSADM-Privileg. Löschen nicht durch DROP, sondern durch FREE.
STOGROUP	CREATESG-Privileg oder SYSADM/SYSCTRL-Privileg.	Eigentümer der Storage-Group bzw. SYSADM/SYSCTRL-Privileg	Eigentümer der Storage-Group bzw. SYSADM/SYSCTRL-Privileg
STORED PROCEDURE (ab Version 6)	CREATEIN für das Schema oder SYSADM/SYSCTRL-Privileg.	Eigentümer der Prozedur oder ALTERIN für das Schema oder SYSADM/SYSCTRL-Privileg.	Eigentümer der Prozedur oder DROPIN für das Schema oder SYSADM/SYSCTRL-Privileg.
SYNONYM	Keine (jeder DB2-Benutzer).	Nicht möglich	Eigentümer des Synonyms (auch SYSADM mit CURRENT SQLID = Eigentümer)
TABLE	CREATETAB- bzw. CREATETMTAB-Privileg, DBADM-, DBCTRL-, DBMAINT-Privileg für die Database oder SYSADM/SYSCTRL-Privileg.	Eigentümer der Table, ALTER-Privileg bzw. SYSADM/SYSCTRL- oder DBADM-Privileg für diese Database.	Eigentümer der Table, bzw. SYSADM/SYSCTRL-Privileg oder DBADM-Privileg für diese Database
TABLESPACE	CREATETS-Privileg, DBADM-, DBCTRL-, DBMAINT-Privileg für die Database oder SYSADM/SYSCTRL-Privileg.	Eigentümer des Tablespaces bzw. SYSADM/SYSCTRL-Privileg oder DBADM-Privileg für diese Database.	Eigentümer des Tablespaces bzw. SYSADM/SYSCTRL-Privileg oder DBADM-Privileg für diese Database
TRIGGER	TRIGGER- oder ALTER-Privileg für die Table oder DBADM-Privileg für die Database und CREATEIN für das Schema oder SYSADM/SYSCTRL-Privileg.	Nicht möglich	Eigentümer des Triggers oder DROPIN für das Schema oder SYSADM/SYSCTRL-Privileg.
VIEW	SELECT-Privileg auf Tabellen/Views oder Eigentümer der Table oder DBADM- für Database oder SYSADM/SYSCTRL-Privileg.	Nicht möglich	Eigentümer des Views oder SYSADM-Privileg

7.1.4.2 Die erforderlichen Privilegien eines Anwendungsentwicklers

Ein 'normaler' Anwendungs-Entwickler benötigt folgende Privilegien (SYSADM und SYSCTRL bzw. DBADM und DBCTRL, DBMAINT werden als nicht zugeordnet unterstellt):

Aktivität	SQL-Statement	Erforderliches Privileg	Funktionsbeschreibung
Anlegen Test-Tabellen	CREATE TABLE	CREATETAB CREATETS USE TABLESPACE	Anlegen Table in einer Database, Anlegen Tablespace in einer Database alternativ bei Zuordnung einer Table zu einem vorab angelegten Tablespace.
Anlegen View	CREATE VIEW	SELECT bzw. Owner des Objekts	für alle Tables oder Views, auf denen der neue View basiert.
Generieren Tabellen- oder View-**Struktur** als Programm-Struktur	DCLGEN	SELECT bzw. Owner des Objekts	für die Table oder den View, für die Generierung vorgenommen wird.
Test SQL-Statements	SELECT UPDATE INSERT DELETE	SELECT, ALL o. Owner UPDATE, ALL o. Owner INSERT, ALL o. Owner DELETE, ALL o. Owner	für die Table oder den View. für die Table oder den View. für die Table oder den View. für die Table oder den View.
Nutzung von	Daten-Typen Funktionen Stored Procedures	USAGE ON EXECUTE ON FUNCTION EXECUTE ON PROCEDURE	für den entsprechende Daten-Typ. für die entsprechende Routine. für die entsprechende Routine.
Binden einer Package - Neu-Anlage	BIND PACKAGE ADD	BINDADD und (CREATE IN bzw. PACKADM)	Zufügen neue Package in eine bestimmte Collection.
	bei Anlegen einer neuen Version einer existierenden Package bei Kopieren Package	BINDADD (BIND) SELECT, UPDATE, INSERT, DELETE COPY bzw. BINDAGENT	Das BIND-Privileg genügt nur, wenn bei der DB2-Installation definiert wurde: BIND NEW PACKAGE (BIND). Verarbeitungs-Berechtigung für alle Manipulationen innerhalb der Package.
- Änderung	BIND PACKAGE REPLACE oder REBIND PACKAGE bei Kopieren Package	BIND für Package bzw. PACKADM bzw. der Owner der Package. SELECT, UPDATE, INSERT, DELETE COPY bzw. BINDAGENT	Änderung einer existierenden Package. Verarbeitungs-Berechtigung für alle Manipulationen innerhalb der Package.
- Löschung	FREE PACKAGE oder DROP PACKAGE	Owner der Package bzw. BINDAGENT	Löschung einer existierenden Package.
Binden eines Plans - Neu-Anlage	BIND PLAN ADD PKLIST (Packages)	BINDADD EXECUTE SELECT, UPDATE, INSERT, DELETE	Zufügen eines neuen Plans. Zuordnungs-Recht für die Packages Verarbeitungs-Berechtigung für alle Manipulationen innerhalb des Plans.
- Änderung	BIND PLAN REPLACE oder REBIND PLAN PKLIST (Packages)	BIND für Plan bzw. BINDAGENT bzw. Owner des Plans. EXECUTE SELECT, UPDATE, INSERT, DELETE	Änderung eines existierenden Plans. Zuordnungs-Recht für die Packages Verarbeitungs-Berechtigung für alle Manipulationen innerhalb des Plans.
- Löschung	FREE PLAN	Owner des Plans bzw. BIND für den Plan bzw. BINDAGENT	Löschung eines existierenden Plans.
Ausführung Plan	RUN bzw. Transaktion	EXECUTE PLAN bzw. Owner des Plans.	Ausführungsberechtigung für den Plan inkl. aller darin befindlichen statischen SQL-Statements und ggf. auch dynami- schen SQL-Statements.

7.1.4.3 Zusammenspiel von Autorisierungs-Id-Typen und Privilegien

Die Rolle von Current-SQLID, Primär-Id und Sekundär-Ids bei einer Funktionsabwicklung ist sehr komplex. Sie unterscheiden sich hinsichtlich diverser Funktionsgruppen.

7.1.4.3.1 Ausführung von Dynamic SQL-Statements

Details zu der Ausführung von dynamischen SQL-Statements siehe im Kapitel 13.7 und im Anhang 2 unter BIND PACKAGE DYNAMICRULES-Parameter.

Aktion	Autorisierungs-Id	Erforderliche Privilegien der Autorisierungs-Ids
CREATE mit <u>unqualifiziertem</u> Objekt-Namen	Current SQLID	muss über alle erforderlichen Privilegien verfügen.
CREATE mit <u>qualifiziertem</u> Objekt-Namen	Primär-Id oder einer der Sekundär-Ids *	Der Qualifier muss über alle erforderlichen Privilegien verfügen. * Folgende Besonderheiten gelten: - Wenn der Current SQLID zumindest ein DBCTRL-Privileg hat, kann ein beliebiger Qualifier für eine Table oder einen Index vorgegeben werden. - Wenn der Current SQLID SYSADM- oder SYSCTRL-Privileg hat, kann auch ein beliebiger Qualifier für einen View oder einen Alias vorgegeben werden.
GRANT	Current SQLID	muss über alle erforderlichen Privilegien verfügen.
REVOKE	Current SQLID	muss das Privileg mit GRANT vergeben haben oder das SYSADM- bzw. SYSCTRL-Privileg haben.
Sonstige SQL-Statements	je nach **Statement Behavior**	Der Autorisierungs-Id muss über alle erforderlichen Privilegien verfügen. Er ist abhängig von den Statement-Regeln:
	Plan- bzw. Package-Owner	bei Bind-Behavior.
	Current SQLID und ggf. alle Sekundär-Ids	bei Run-Behavior. Ist der Primär-Autorisierungs-Id des Prozesses identisch mit dem CURRENT SQLID, werden auch die Sekundär-Ids auf gültige Privilegien untersucht. Dies entspricht der Kombination aller zugeordneten Ids mit ihren Privilegien (Composite Privilegien). Damit kann z.B. ein SELECT-Statement, das einen Join auf Tabellen unterschiedlicher Eigentümer absetzt, abgewickelt werden, sofern die entsprechenden Privilegien vorliegen.
	Owner der Routine	bei Define-Behavior.
	Aufrufender Autorisierungs-Id und ggf. alle Sekundär-Ids	bei Invoke-Behavior. Ist der Aufrufende der Primär-Autorisierungs-Id des Prozesses oder identisch mit dem CURRENT SQLID, werden auch die Sekundär-Ids auf gültige Privilegien untersucht.

Wie man sich unschwer vorstellen kann, ist ein Chaos vorprogrammiert, wenn kein klares Konzept für Schemas und Autorisierungs-Ids im Unternehmen vorliegt. Zur Vereinfachung der Handhabung des Privilegien-Konzeptes sei dringend geraten, bei Einsatz von Dynamic SQL-Statements in Programmen und Routinen nur mit Define-Behavior zu arbeiten!

7.1.4.3.2 Plan- und Package-Aktivitäten

Aktion	Autorisierungs-Id	Erforderliche Privilegien der Autorisierungs-Ids
EXECUTE	Primär-Id oder einer der Sekundär-Ids	muss über die entsprechenden Privilegien verfügen: EXECUTE oder Owner oder SYSADM.
BIND generell erforderlich	Plan- oder Package-Owner	muss über die entsprechenden Privilegien verfügen, die zur Ausführung der SQL-Statements im Plan bzw. in der Package erforderlich sind (explizite Rechte, Owner oder entsprechende ADM-Privilegien)
BIND neuen Plan mit Default-Owner oder mit dem Primär-Id	Primär-Id	muss über die entsprechenden Privilegien verfügen: BINDADD oder SYSCTRL bzw. SYSADM.
BIND neue Package mit Default-Owner oder mit dem Primär-Id **neue Version**	Primär-Id	muss über die entsprechenden Privilegien verfügen: BINDADD und CREATE IN für die Collection oder SYSCTRL bzw. SYSADM. evtl. genügt BIND-Privileg (generierungsabhängig).
BIND REPLACE oder REBIND Package oder Plan mit Default-Owner oder mit dem Primär-Id	Primär-Id oder einer der Sekundär-Ids	muss über die entsprechenden Privilegien verfügen: BIND für Package bzw. Plan oder Owner oder BINDAGENT vom Plan- oder Package-Owner oder PACKADM für die Collection (nur bei einer Package) oder SYSCTRL bzw. SYSADM.
FREE oder DROP Package	Primär-Id oder einer der Sekundär-Ids	muss über die entsprechenden Privilegien verfügen: Owner oder BINDAGENT vom Package-Owner oder PACKADM für die Collection oder SYSCTRL bzw. SYSADM.
COPY Package	Primär-Id oder einer der Sekundär-Ids	muss über die entsprechenden Privilegien verfügen: Owner oder COPY für die Package oder BINDAGENT vom Package-Owner oder PACKADM für die Collection oder SYSCTRL bzw. SYSADM.
FREE Plan	Primär-Id oder einer der Sekundär-Ids	muss über die entsprechenden Privilegien verfügen: Owner oder BIND für den Plan oder BINDAGENT vom Plan-Owner oder SYSCTRL bzw. SYSADM.
PKLIST (..) Vorgabe einer Package im Plan	Plan Owner	muss über die entsprechenden Privilegien verfügen: Owner oder EXECUTE für die Package oder PACKADM für die Collection oder SYSADM.
Neuen OWNER benennen (einen anderen als den Primär-Id)	Plan Owner	muss über die entsprechenden Privilegien verfügen: Neuer Owner ist einer der Sekundär-Ids oder BINDAGENT vom neuen Owner oder SYSCTRL bzw. SYSADM.

7.2 GRANT - Erteilen DB2-Privilegien
7.2.1 Privilegien-Kategorien

Die DB2-Objekte werden durch unterschiedliche GRANT-Funktionen geschützt.

Es existieren drei grundsätzlich unterschiedliche Privilegien-Kategorien:

- **GRANT-Einzel-Privilegien**
  Die einzelnen GRANT-Funktionen können individuell DB2-Benutzern zugeordnet werden.
  Voraussetzung für diese Gruppe: Das Objekt muss existieren.
  Beispiel:

  ```
  GRANT SELECT ON TABLE SEMTYP TO USER1
  ```

  Mit diesem GRANT-Statement wird dem Benutzer USER1 explizit die Berechtigung erteilt, SELECT-Statements auf die Table SEMTYP abzusetzen.
  Implizit hat er nun das Recht, Views auf die leseberechtigte Tabelle anzulegen.

- **GRANT-Ressource-Gruppen-Privilegien**
  Für bestimmte Ressource-Typen bestehen GRANT-Gruppen-Privilegien. Bei dieser Gruppe braucht ein Objekt nicht zu existieren, da die gesamte Gruppe privilegiert wird.
  Beispiel:

  ```
  GRANT CREATETAB ON DATABASE SEMDB01 TO USER1
  ```

  Mit diesem GRANT-Statement wird dem Benutzer USER1 explizit die Berechtigung erteilt, Tables in der Database SEMDB01 anzulegen.
  Implizit hat er bei angelegten Tabellen alle Eigentümer-Rechte.

- **Gruppierung von GRANT-Privilegien für Administratoren**
  Bestimmte GRANT-Funktionen sind aus Handhabungsgründen zusammengefasst worden. So kann mit einem GRANT-Statement eine Gruppe von Einzelfunktionen zusammengefasst DB2-Benutzern zugeordnet werden.
  Beispiel:

  ```
  GRANT SYSADM TO DB2ADM1
  ```

  Mit diesem GRANT-Statement wird dem Benutzer DB2ADM1 explizit die SYSADM-Berechtigung erteilt. Damit wird das implizite Privileg mitgegeben, alle DB2-Funktionen zu nutzen.

7 SQL-DCL-Data Control Language
7.2 GRANT - Erteilen DB2-Privilegien

7.2.2 Hierarchisches GRANT-Konzept

Die DB2-GRANT-Funktionen unterliegen einem hierarchischen Konzept.
Zum Zeitpunkt der DB2-Installation existieren lediglich implizite Privilegien für den Installations-SYSADM-Benutzer.
Dieser muss nun die erforderlichen Berechtigungen für die Objektverwaltung weitergeben.
Die folgende Abbildung zeigt ein Beispiel einer dedizierten Datenschutz-Verwaltung.

Abbildung 7-10

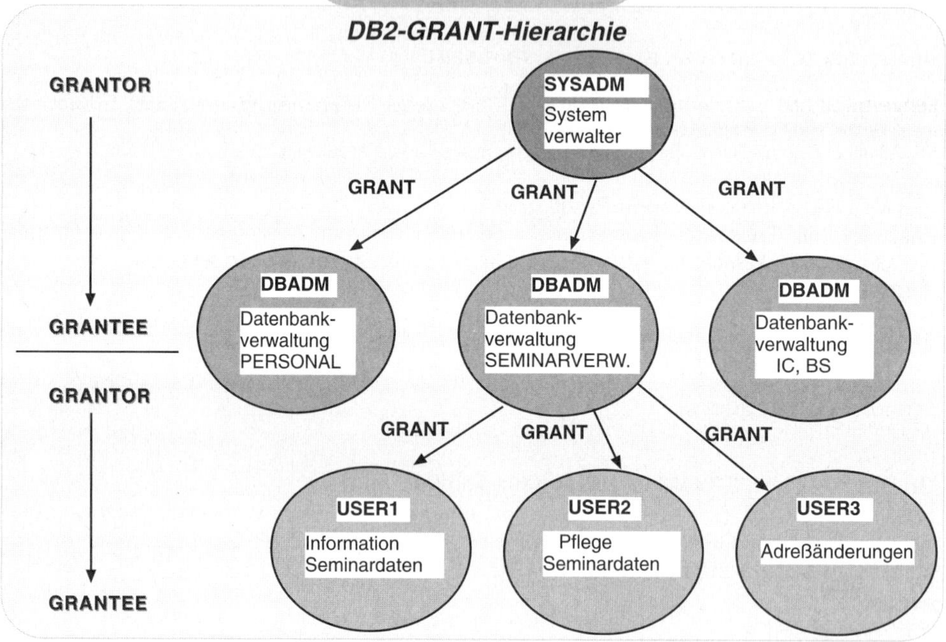

DB2-GRANT-Hierarchie

- GRANTOR: SYSADM (Systemverwalter)
- GRANT → DBADM (Datenbankverwaltung PERSONAL), DBADM (Datenbankverwaltung SEMINARVERW.), DBADM (Datenbankverwaltung IC, BS)
- GRANTEE / GRANTOR
- GRANT → USER1 (Information Seminardaten), USER2 (Pflege Seminardaten), USER3 (Adreßänderungen)
- GRANTEE

Der System-Administrator SYSADM vergibt mit GRANT die Datenbank-Administrations-Funktion an Sachgebiets-DBAs. Diese Privilegien werden dynamisch zugeordnet und im DB2-Katalog vermerkt. In diversen Autorisierungs-Tabellen wird derjenige, der die Privilegien weitergibt als **GRANTOR**, der Privilegien-Empfänger als **GRANTEE** eingetragen.
Wird ein Privileg PUBLIC vergeben, wird PUBLIC als GRANTEE eingetragen. Bei Privilegien, die innerhalb eines gesamten Netzwerkes bei verteilten Databases wirken, wird PUBLIC* vermerkt.

Der GRANTEE kann dann explizit vergebene Privilegien weitergeben, wenn er das Privileg vom GRANTOR mit der GRANT-Option 'WITH GRANT OPTION' erhalten hat.

In unserem Beispiel hat der Datenbankverwalter der Seminarverwaltung die 'WITH GRANT OPTION' erhalten und vergibt an einzelne Benutzer weitere Privilegien.
Der Datenbankverwalter SEMINARVERW vergibt individuelle Einzelprivilegien für bestimmte DB2-Ressourcen an USER1, USER 2 und USER3.
Denkbar wäre die Vergabe von:

> **GRANT SELECT ON TABLE SEMTYP, SEMPREIS TO USER1**
>
> > Damit erhält USER1 die Berechtigung, alle Spalten und Zeilen der Tabellen SEMTYP und SEMPREIS zu sehen. Da keine 'WITH GRANT OPTION' erteilt wurde, kann USER1 diese Privilegien nicht weitergeben. Er hat aber durch die explizite Vergabe dieser Privilegien das implizite Privileg, Views auf diese Tabellen anzulegen und zu nutzen.

7 SQL-DCL-Data Control Language
7.2 GRANT - Erteilen DB2-Privilegien

GRANT ALL ON TABLE SEMTYP, SEMPREIS TO USER2   WITH GRANT OPTION

Damit erhält USER2 die Berechtigung, alle Spalten und Zeilen der Tabellen SEMTYP und SEMPREIS zu sehen und zu verändern.
Da die 'WITH GRANT OPTION' erteilt wurde, kann USER2 diese Privilegien weitergeben. Weiterhin hat er durch die explizite Vergabe dieser Privilegien das implizite Privileg, Views auf diese Tabellen anzulegen und zu nutzen. Über die Views können auch Basistabellen modifiziert werden.

GRANT UPDATE (STRASSE, PLZ, ORT) ON TABLE ADRESSE TO USER3

Damit erhält USER3 die Berechtigung, die Spalten STRASSE, PLZ und ORT der Tabelle ADRESSE zu modifizieren. Da keine 'WITH GRANT OPTION' erteilt wurde, kann USER3 diese Privilegien nicht weitergeben. Er darf keine Daten selektieren, auch nicht die Spalten, für die er Änderungsberechtigung hat. Daher darf er auch keinen View definieren.

Durch den hierarchischen Aufbau ergibt sich ähnlich wie bei der Verwaltung der DB2-Objekte auch bei der Privilegienvergabe ein 'Cascading-Effekt'. Das Zurücknehmen eines GRANT mit REVOKE führt zur Rücknahme aller vom GRANT abhängigen expliziten Privilegien.
Würde der SYSADM dem SEMINARVERW-DBADM die Privilegien nach einiger Zeit durch den Befehl:

REVOKE DBADM FROM DBADMS01   (Autorisierungs-Id für SEMINARVERW-DBADM)

wieder zurücknehmen, würde DB2 automatisch USER1, USER2 und USER3 die expliziten Privilegien mit REVOKE entziehen. Außerdem werden bestimmte unmittelbar abhängige Ressourcen (z.B. von den USERN angelegte Views, die aufgrund einer SELECT-Berechtigung entstanden sind) gelöscht.

Im folgenden werden einige Besonderheiten des GRANTs zusammengefasst:

- Bei Einzel-Privilegien kann nur ein existierendes Objekt mit GRANT angesprochen werden.

- Es können nur explizite Privilegien mit GRANT vergeben werden.

- Die Vorgabe eines GRANT-Statements erfordert eine explizite oder implizite GRANT-Autorisierung.

- Mit der Option 'WITH GRANT OPTION' kann der GRANTEE alle oder einen Teil der Privilegien als GRANTOR an andere Benutzer weitergeben.

- Mit der Option PUBLIC kann der GRANTOR eine DB2-Ressource allgemein verfügbar definieren.

- Für CREATE VIEW existiert keine GRANT-Möglichkeit. Durch SELECT-Privileg der Basis-Tabelle ist dies impliziert.

- Eine bestimmte Ressource kann von <u>einem</u> Benutzer (GRANTOR) an einen anderen Benutzer (GRANTEE) nicht mehrfach mit GRANT zugeordnet werden.

- Eine bestimmte Ressource kann von <u>mehreren</u> Benutzern (GRANTOR) an einen anderen Benutzer (GRANTEE) mehrfach mit GRANT zugeordnet werden. Jede einzelne GRANT-Funktion wird in den Katalogtabellen separat mit Zeitstempel abgelegt. Durch REVOKE wird jeweils nur der adäquate Eintrag gelöscht, die verbleibenden Privilegien berechtigen weiterhin zur Nutzung der entsprechenden Funktionen bzw. Ressourcen.

7.2.3 Beispiele GRANT

Grundformat

GRANT	Verfügbare Funktions- und Ressourceliste.
TO ....., ...	Autorisierungs-Id-Liste.
PUBLIC	Allgemein verfügbare Funktion bzw. Ressource.
WITH GRANT OPTION	Möglichkeit der GRANT-Vergabe für GRANTEE (bei der Kombination PUBLIC und WITH GRANT-Option wird eine Warnung erzeugt, da dies unzulässig ist).

Die Beispiele zeigen den GRANT-Einsatz aufgrund funktionaler Aspekte auf:

DB2-Systemgenerierung

Zur DB2-Systemgenerierung sind keine besonderen Privilegien erforderlich.
Bei der Installation wird ein SYSADM-Autorisierungs-Id definiert (in unserem Beispiel sei dieser SYSADM01), der über alle Privilegien verfügt und anschließend alle weiteren Privilegien zuordnen muss.

Datenbank-Administrator

Name	Funktion	GRANTOR	GRANTEE
Biermann	Überwachung und Betreuung der DB2-Ressourcen. Anlegen diverser Databases und DB2-Objekte. Durchführung von Utilities.	SYSADM01	DBADM01
GRANT TO	CREATEDBA DBADM01 WITH GRANT OPTION		Berechtigung zum Anlegen beliebiger Databases. CREATEDBA impliziert die DBADM-Funktionsgruppe für die Objektverwaltung innerhalb der angelegten Databases (Manipulation von Fremd-Objekt-Daten). Privilegien-Empfänger mit der Möglichkeit, bestimmte GRANT-Privilegien weiterzugeben. Für Fremdobjekte kann DBADM01 keine GRANTs erteilen.

Sicherheits-Administrator

Name	Funktion	GRANTOR	GRANTEE
Tresori	Überwachung und Betreuung der DB2-Ressourcen aus Datensicherheitsaspekten. Vergabe und Rücknahme der Privilegien.	SYSADM01	SECADM01
GRANT TO	SYSADM SECADM01		Berechtigung zur totalen Objektverwaltung. Privilegien-Empfänger automatisch WITH GRANT OPTION bei SYSADM.

Information-Center-Administrator

Name	Funktion	GRANTOR	GRANTEE
Schwetzer	Überwachung und Betreuung der dispositiven Endbenutzeranwendungen und Ressourcen.	SYSADM01	INFADM01

```
GRANT    DBADM
ON       DATABASE  INFDB01
TO       INFADM01
WITH     GRANT OPTION
```
Berechtigung zur Verwaltung der Ressourcen, innerhalb der Database INFDB01.
Privilegien-Empfänger, mit der Möglichkeit, bestimmte GRANT-Privilegien weiterzugeben (bei einem DBADM auch für Fremdobjekte innerhalb der Database INFDB01).

Bei diesem Verfahren wird dem INFADM01 lediglich die DBADM-Funktionsgruppe zugeordnet. Damit kann INFADM01:

- Innerhalb der Database eigene Objekte anlegen.
- Innerhalb der Database Fremd-Objekte unter anderem Autorisierungs-Id anlegen. In diesem Fall kann er auch für die neu angelegten Fremd-Objekte Privilegien weitergeben.
- Alle Daten innerhalb der Database sehen und verändern.
- Seine verfügbaren Privilegien anderen Benutzern weitergeben (z.B. bestimmten Benutzern die CREATETAB-Berechtigung zum Anlegen von Tables erteilen).

Sachgebiets-Administrator

Name	Funktion	GRANTOR	GRANTEE
Durchblick	Überwachung und Betreuung der Seminarverwaltungsobjekte.	SYSADM01	SEMADM01

```
GRANT    DBADM
ON       DATABASE SEMDB01
TO       SEMADM01
WITH     GRANT OPTION
```
Berechtigung zur Verwaltung der Ressourcen, innerhalb der Database SEMDB01.
Privilegien-Empfänger, mit der Möglichkeit, bestimmte GRANT-Privilegien weiterzugeben. Für Fremdobjekte kann SEMADM01 in der eigenen Database SEMDB01 GRANTs erteilen.

Endbenutzer

Name	Funktion	GRANTOR	GRANTEE
Redlich	Verwaltung Seminare	SEMADM01	SEMSB001
Tunichtgut	Verwaltung Seminare	SEMADM01	SEMSB002

```
GRANT    ALL
ON       TABLE SEMTYP, SEMPREIS
TO       SEMSB001, SEMSB002
```
Berechtigung zur Information und Verwaltung aller Tabellendaten, innerhalb der Tables SEMTYP und SEMPREIS. Privilegien-Empfänger.

Name	Funktion	GRANTOR	GRANTEE
Emsig	Verwaltung Seminardauer.	SEMADM01	SEMSB010

```
GRANT    UPDATE (DAUER)
ON       TABLE SEMTYP
TO       SEMSB010
```
Berechtigung zur Änderung der Spalte DAUER, innerhalb der Table SEMTYP. Privilegien-Empfänger.

7 SQL-DCL-Data Control Language
7.2 GRANT - Erteilen DB2-Privilegien

Name	Funktion	GRANTOR	GRANTEE
alle	Information Seminartypen.	SEMADM01	PUBLIC

```
GRANT   SELECT           Berechtigung zur Information der Daten,
ON      TABLE SEMTYP     aus Table SEMTYP.
TO      PUBLIC           Privilegien-Empfänger = alle.
```

Name	Funktion	GRANTOR	GRANTEE
Emsig	Ausführung des Plans SV000001.	SEMADM01	SEMSB010

```
GRANT   EXECUTE          Berechtigung zur Ausführung,
ON      PLAN  SV000001   des existierenden Plans SV000001.
TO      SEMSB010         Privilegien-Empfänger.
```

Anwendungsentwickler

Name	Funktion	GRANTOR	GRANTEE
Logik	Hinzufügen neue Pläne. Einrichten Test-Tabellen.	SYSADM01	PAE00001

```
GRANT   BINDADD                    Berechtigung zur Plan- und Package Neuanlage (CREATE
                                   IN-Privileg zusätzlich erforderlich für Packages).
TO      PAE00001                   Privilegien-Empfänger.

GRANT   CREATE  IN  COLLECTION *   Berechtigung Anlage einer Package und Zuordnung zu
                                   beliebiger Collection.
TO      PAE00001                   Privilegien-Empfänger.

GRANT   CREATETS, CREATETAB        Berechtigung zur Anlage von Tablespaces und Tables
ON      DATABASE SEMDB01           innerhalb der Database SEMDB01.
TO      PAE00001                   Privilegien-Empfänger.
```

Name	Funktion	GRANTOR	GRANTEE
Loop	Änderung bestehende Pläne, Testen von Test-Tabellen.	SYSADM01	PAE00002

```
GRANT   BIND                       Berechtigung zum BIND, REBIND und FREE existierender
                                   Pläne.
ON      PLAN    SV000001,          Liste der Pläne. Jede Berechtigung muss einzeln ausge-
                SV000002,          sprochen werden.
                SV000003,
                SV000005
TO      PAE00002                   Privilegien-Empfänger.

GRANT   BIND                       Berechtigung zum BIND und REBIND aller existierenden
                                   Packages (FREE nicht erlaubt) der
ON      PACKAGE  SEMINAR.*         Collection SEMINAR.
TO      PAE00002                   Privilegien-Empfänger.

GRANT   ALL                        Berechtigung zur Information und Verwaltung aller Tabellen-
                                   daten.
ON      TABLE   TEST.SEMTYP,       Liste der Tables oder Views. Jede Berechtigung muss
                TEST.SEMPREIS,     einzeln ausgesprochen werden.
                TEST.SEMINAR,
                TEST.SEMTYP_PREIS
TO      PAE00002                   Privilegien-Empfänger.
```

7.3 REVOKE - Aufheben DB2-Privilegien

REVOKE hebt die mit GRANT ausgesprochenen expliziten Privilegien wieder auf. Implizite Privilegien können nicht widerrufen werden.

Es kann grundsätzlich nur der GRANTOR einen REVOKE durchführen. Eine Ausnahme sind Benutzer mit SYSADM-Privilegien, diese können auch von anderen Benutzern ausgesprochene Privilegien zurücknehmen.

Der REVOKE kann explizit vorgegeben werden, wenn ein entsprechender GRANT vorher explizit durchgeführt wurde.
DB2 kann aber auch implizit ohne Außenanstoß REVOKE-Aktivitäten ergreifen. Dies geschieht dann, wenn ein impliziter GRANT intern beim CREATE eines Objektes aufgebaut wurde und dieses Objekt gelöscht wird.

Wurde mit GRANT eine Administrations-Funktions-Gruppenberechtigung erteilt (z.B. DBMAINT), so können mit REVOKE keine Einzelfunktionen daraus aufgehoben werden
(z.B. CREATETAB-Privileg). Mit REVOKE muss die komplette Funktionsgruppe zurückgenommen werden.

Beim GRANT-Privilegienbereich TABLE PRIVILEGES können mit ALL bzw. ALL PRIVILEGES ausgesprochene Tabellenprivilegien auch einzeln mit REVOKE selektiert werden.

DB2 verwaltet folgende Haupt-Informationen in diversen Autorisierungstabellen seines Kataloges:

- Autorisierungs-Id des GRANTORs (Privilegiengeber).
- Autorisierungs-Id des GRANTEEs (Privilegienempfänger).
- Datum und Uhrzeit der Privilegienvergabe.
- Objektname.
- GRANT-Funktion.

Mit Hilfe der Zeiteintragung verwaltet DB2 einen REVOKE-Aufruf. DB2 geht von der Philosophie aus, dass bei einem REVOKE das System in einen Zustand gebracht werden muss, als sei der adäquate GRANT niemals abgegeben worden (dies gilt jedoch nur für explizite Privilegien. In der Zwischenzeit angelegte Objekte bleiben bestehen und der Eigentümer verfügt weiterhin über die entsprechenden impliziten Privilegien).

Grundsätzlich verwaltet DB2 jeden einzelnen GRANT-Aufruf separat im Katalog. Wird einem Benutzer von einem anderen Benutzer mehrfach das gleiche Privileg übergeben, erfolgt die Ausgabe einer Warnung. Wird nun einer der abgegebenen GRANTs mit REVOKE zurückgenommen, löscht DB2 alle GRANTs mit gleichem GRANTOR und Funktionsbereich (mehrfache Einträge können nur vor der Version 3 entstanden sein).
Wird dagegen einem Benutzer von mehreren anderen Benutzern mehrfach das gleiche Privileg übergeben, wird bei einem REVOKE nur der adäquate GRANT-Eintrag gelöscht. Die von anderen GRANTORs übergebenen Privilegien bleiben bestehen.

Da die GRANT-Privilegien mit der 'WITH GRANT OPTION' weitergegeben werden können, ergibt sich ein hierarchischer Privilegienaufbau, der natürlich auch Auswirkungen auf die REVOKE-Behandlung haben muss. Die folgende Abbildung zeigt drei Benutzer:

- den Datenbankadministrator DBADM01,
- einen Seminarsachbearbeiter SEMSB001,
- einen weiteren Seminarsachbearbeiter SEMSB002.

7 SQL-DCL-Data Control Language
7.3 REVOKE - Aufheben DB2-Privilegien

Folgendes Beispiel liegt der Abbildung zugrunde:

1. DBADM01 vergibt zum Zeitpunkt T1 das Privileg P1 an SEMSB001 'WITH GRANT OPTION'.
2. SEMSB001 vergibt zum Zeitpunkt T2 das Privileg P2 an SEMSB002.
3. DBADM01 widerruft zum Zeitpunkt T3 das Privileg P1 von SEMSB001.

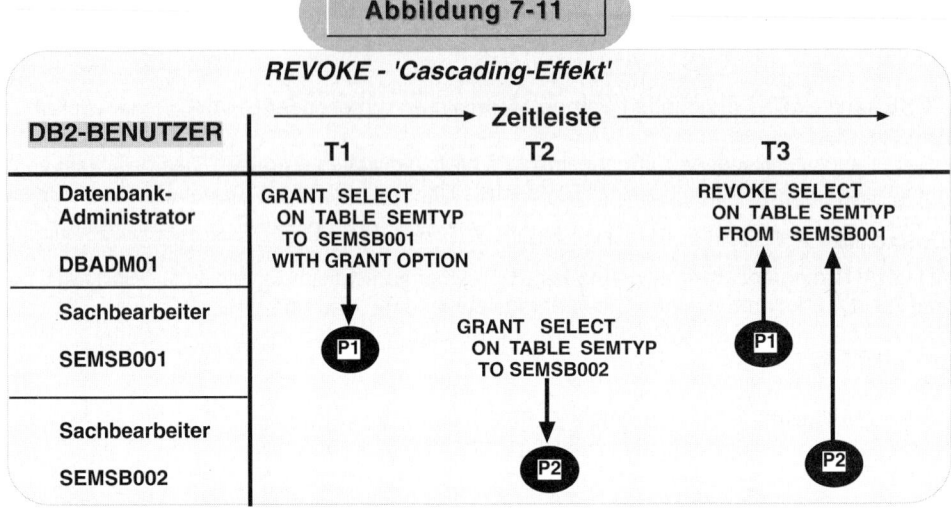

Abbildung 7-11

Wenn nun ein Zustand hergestellt werden muss, in dem das Privileg P1 als niemals existierend unterstellt wird, kann Privileg P2 ebenfalls nicht existieren, da die Berechtigung zur Privilegweitergabe mit P1 übergeben wurde.

DB2 löst nun in einem 'Cascading Effekt' alle unmittelbar und mittelbar von einem REVOKE betroffenen Privilegien auf. Daher wird in unserem Beispiel sowohl das Privileg P1 als auch das Privileg P2 aus dem Katalog entfernt.
Sollte einer der Benutzer aufgrund der SELECT-Berechtigung einen View angelegt haben, wird auch dieser View mit gelöscht, da er abhängig vom Privileg P1 bzw. P2 ist.

Wie verhält sich DB2 nun bei überlappend ausgesprochenen Privilegien im REVOKE-Falle?

Generell gilt hier, dass DB2 den Zeitstempel unter Berücksichtigung aller vorliegenden Privilegien für die Auflösung der Privilegien heranzieht.
So zeigt die folgende Abbildung ein etwas komplexeres Beispiel mit fünf Benutzern:

- den Datenbankadministrator DBADM01,
- einen weiteren Datenbankadministrator DBADM02,
- einen Seminarsachbearbeiter SEMSB001,
- einen weiteren Seminarsachbearbeiter SEMSB002,
- einen weiteren Seminarsachbearbeiter SEMSB003.

Folgendes Beispiel liegt der Abbildung zugrunde:

1. DBADM01 vergibt zum Zeitpunkt T1 das Privileg P1 an SEMSB001 'WITH GRANT OPTION'.
2. SEMSB001 vergibt zum Zeitpunkt T2 das Privileg P2 an SEMSB002.
3. DBADM02 vergibt zum Zeitpunkt T3 das Privileg P3 an SEMSB001 'WITH GRANT OPTION'.
   Dieses Privileg entspricht dem Privileg P1 (aber der GRANTOR unterscheidet sich).
4. SEMSB001 vergibt zum Zeitpunkt T4 das Privileg P4 an SEMSB003.
5. DBADM01 widerruft zum Zeitpunkt T5 das Privileg P1 von SEMSB001.

7 SQL-DCL-Data Control Language
7.3 REVOKE - Aufheben DB2-Privilegien

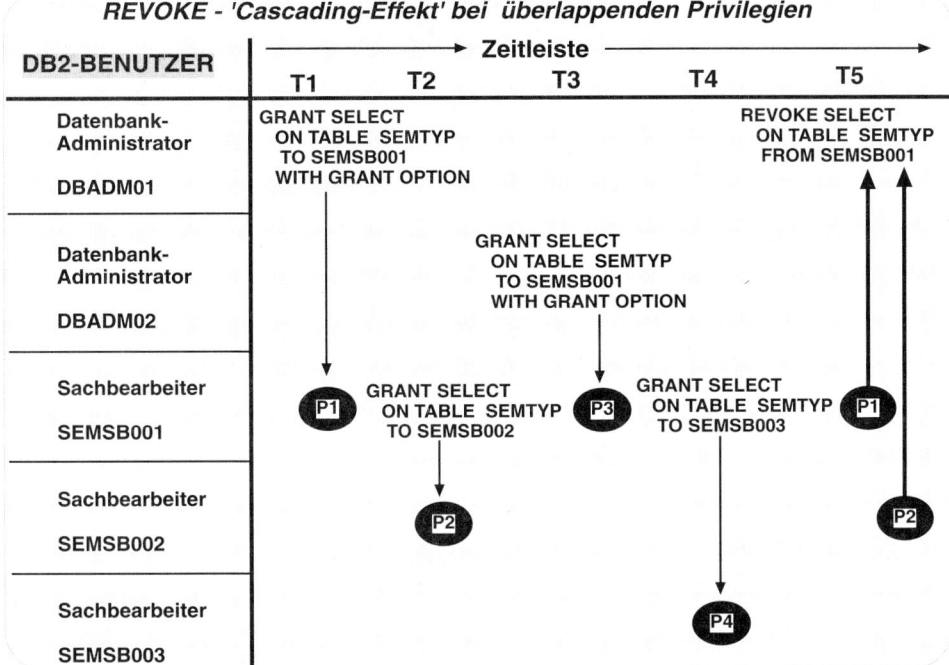

Abbildung 7-12: REVOKE - 'Cascading-Effekt' bei überlappenden Privilegien

DB2 erkennt, dass neben dem Privileg P1 auch das Privileg P2 zu löschen ist, da eine direkte Abhängigkeit gegeben ist.

Im folgenden werden einige Besonderheiten des REVOKEs zusammengefasst:

- Ein explizites REVOKE kann nur auf ein vorheriges GRANT abgesetzt werden.

- DB2 führt ein implizites REVOKE durch, wenn abhängige Objekte gelöscht werden.

- Ein REVOKE kann nur durch den GRANTOR oder einen Benutzer mit SYSADM-Berechtigung aufgerufen werden.

- Mit GRANT definierte Funktionsgruppen für Administratoren können mit REVOKE nur komplett, nicht aber in Einzelfunktionen aufgelöst werden.

- Mit GRANT definierte Tabellenprivilegien mit der ALL-Option können mit REVOKE einzeln aufgelöst werden.

- Der 'Cascading Effekt' führt beim REVOKE zur Auflösung aller abhängigen GRANTs.

- Mit REVOKE werden alle korrespondierenden Privilegien des GRANTEEs freigegeben. Die gleiche Ressourceberechtigung eines anderen GRANTORs bleibt erhalten.

- Wurde mit GRANT UPDATE (column-name) ON TABLE eine spaltenbezogene Änderungsberechtigung erteilt, darf bei REVOKE nur generell die UPDATE-Berechtigung aufgehoben werden. Die Spaltenliste ist beim REVOKE unzulässig.

- DB2 kennzeichnet einen durch REVOKE betroffenen Plan oder eine Package als ungültig (ein Automatic Rebind ist vor der nächsten Ausführung erforderlich).

7 SQL-DCL-Data Control Language
7.3 REVOKE - Aufheben DB2-Privilegien

7.3.1 Beispiele REVOKE

Grundformat

REVOKE	Verfügbare Funktions- und Ressource-Liste (durch einen vorherigen GRANT vergeben).
FROM	Autorisierungs-Id-Liste.
PUBLIC	Allgemein verfügbare Funktion bzw. Ressource.
BY	GRANTOR-Autorisierungs-Id-Liste (nur für einen SYSADM oder SYSCTRL verfügbar).

Die folgenden Beispiele basieren auf den Beispielen des vorab dargestellten GRANT-Kapitels:

Rücknahme Privileg von Endbenutzer

Ausgesprochenes GRANT-PRIVILEG durch SEMADM01:

```
GRANT  ALL                              Berechtigung zur Information und Verwaltung aller Tabellendaten,
   ON  TABLE SEMTYP, SEMPREIS           innerhalb der Tables SEMTYP und SEMPREIS.
   TO    SEMSB001, SEMSB002             Privilegien-Empfänger.
```

Rücknahme des INSERT-Privilegs für Table SEMTYP von Sachbearbeiter SEMSB002 durch SEMADM01 oder SYSADM01:

```
REVOKE INSERT                           INSERT-Berechtigung,
   ON    TABLE SEMTYP                   für Table SEMTYP.
   FROM  SEMSB002                       Privilegien-Abgebender (GRANTEE).
   (BY     SEMADM01)                    GRANTOR des ursprünglichen GRANTs (von SYSADM01 vorgegeben).
```

Nach dem REVOKE verfügt SEMSB002 außer dem INSERT-Privileg weiterhin über alle sonstigen Table-Privilegien.

Rücknahme Privileg von Sachgebiets-Administrator

Ausgesprochenes GRANT-PRIVILEG von SYSADM01:

```
GRANT  DBADM                            Berechtigung zur Verwaltung der Ressourcen,
   ON    DATABASE SEMDB01               innerhalb der Database SEMDB01.
   TO    SEMADM01                       Privilegien-Empfänger.
   WITH  GRANT OPTION                   mit der Möglichkeit, bestimmte GRANT-Privilegien weiterzugeben.
                                        Für Fremdobjekte kann SEMADM01 keine GRANTs erteilen.
```

Inzwischen hat SEMADM01 folgende weitere Privilegien erteilt:

- Endbenutzer SEMSB001:   ALL ON TABLE SEMTYP, SEMPREIS.
- Endbenutzer SEMSB002:   ALL ON TABLE SEMTYP, SEMPREIS.
- Endbenutzer SEMSB010:   UPDATE (DAUER) ON TABLE SEMTYP,
                             EXECUTE ON PLAN SV000001.
- Alle Endbenutzer: SELECT ON TABLE SEMTYP TO PUBLIC.

Rücknahme des GRANT-Privileges von SEMADM01 durch SYSADM01:

```
REVOKE   DBADM                          Berechtigung zur Verwaltung der Ressourcen,
   ON    DATABASE SEMDB01               innerhalb der Database SEMDB01.
   FROM  SEMADM01                       Privilegien-Abgebender (GRANTEE).
```

Durch den REVOKE werden alle von SEMADM01 weitergegebenen Privilegien zurückgenommen.
Es besteht keine allgemeine Zugriffsberechtigung auf die Table SEMTYP mehr.
Außerdem verfügen die Sachbearbeiter SEMSB001 und SEMSB002 über keine der oben aufgeführten Verarbeitungsberechtigungen mehr.
Sollten sie Views aufgrund der SELECT-Privilegien angelegt haben, werden diese gelöscht.
Natürlich bleiben sonstige Objekte bestehen, die von SEMADM01 angelegt wurden. Der Ersteller behält darauf weiterhin die impliziten Rechte, auch nach Widerruf der expliziten Privilegien.

7.4 VIEW - Inhaltsbezogener Datenschutz

Die Datensicherungs-Möglichkeiten des GRANT-Konzeptes enden auf Spaltenebene einer Table. Sollen Spalten-Inhalte einer Zugriffsschutzbeschränkung unterworfen werden, kann das View-Konzept eingesetzt werden. Hierbei wird ein View angelegt, der die Spalten und Zeilen beschreibt, die ein Benutzer sehen bzw. verarbeiten darf:

```
CREATE  VIEW     VIEW1       AS
    SELECT       TITEL, SEMCODE          Zu selektierende Spalten
    FROM         SEMTYP                  der Table SEMTYP
    WHERE        DAUER < 4               aber nur bei DAUER kleiner 4 Tage und
    AND          SEMCODE LIKE 'D%'       SEMCODE beginnend mit 'D'.

    WITH    CHECK  OPTION                Bei Manipulationen werden Dateninhalte geprüft.
```

Zum Anlegen eines Views ist kein besonderes Privileg erforderlich. Es muss lediglich das SELECT-Privileg für die entsprechenden Basistabellen vorliegen. Ohne Manipulationsberechtigung wird der View intern als 'Read only' gekennzeichnet; es dürfen über diesen View keine Daten verändert werden.

Sind jedoch Manipulationen aufgrund vergebener GRANT-Privilegien möglich, kann auch über den View eine Veränderung der Basistabelle durchgeführt werden. Hierbei ist zu berücksichtigen, dass über einen View nur eine einzige Basistabelle modifiziert werden darf. Daneben existieren noch eine Reihe weiterer Beschränkungen, auf die später noch detaillierter eingegangen wird.

Nach dem Anlegen des Views können mit GRANT Berechtigungen zur VIEW-Nutzung ausgesprochen werden. So wäre folgende Zuordnung möglich:

```
GRANT   SELECT                  Nur Datenselektion
    ON      VIEW1                auf VIEW1
    TO      SEMSB001             für Sachbearbeiter SEMSB001.

GRANT   SELECT, UPDATE          Datenselektion und UPDATE
    ON      VIEW1                über VIEW1
    TO      SEMSB002             für Sachbearbeiter SEMSB002.
```

Sachbearbeiter SEMSB001 hat keine Manipulationsberechtigung, während Sachbearbeiter SEMSB002 die aufgrund der View-Definition zu selektierenden Daten sehen und mit dem UPDATE-Statement verändern kann.
Es sind keine INSERTs und DELETEs zulässig.

Wenn auch das Einfügen von Daten erlaubt wird, ist darauf zu achten, dass die Spalten, die nicht innerhalb des Views definiert sind, NULL-Werte zulassen.
Es wird beispielsweise folgendes GRANT-Statement abgegeben:

```
GRANT   ALL                     Alle Table-Privilegien
    ON      VIEW1                über VIEW1
    TO      SEMSB003             für Sachbearbeiter SEMSB003.
```

In diesem Falle darf die innerhalb der SEMTYP-Tabelle vorhandene, nicht aber im View definierte Spalte DAUER nicht mit 'NOT NULL' definiert sein (NOT NULL WITH DEFAULT ist zulässig).

Mit der Option 'WITH CHECK OPTION' wird beim Anlegen des Views (CREATE VIEW) sichergestellt, dass nur solche Dateninhalte von DB2 akzeptiert werden, die den SELECT-Bedingungen des Views entsprechen.
Damit können über den VIEW1 generell keine Seminare eingestellt oder verändert werden:

- deren Seminarcode nicht mit dem Buchstaben 'D' beginnen oder
- deren Dauer >= 4 Tage ist.

7.4.1 Besonderheiten bei der Anwendung in Programmen

Soll das View-Konzept in Anwendungs-Programmen eingesetzt werden, wirken enge Restriktionen (die meisten Einschränkungen sind auch bei direktem Zugriff auf die Basis-Tabellen gegeben, da der Programm-Ausführende grundsätzlich keine Verarbeitungs-Berechtigung für die einzelnen Objekte hat, sondern nur das EXECUTE-Privileg des Plans).

In unserem Beispiel vorab, der Anlage des VIEW1, sollen die SEMCODES mit 'D%' selektiert werden. Was ist aber, wenn für die Benutzer unterschiedliche Wertebereiche herangezogen werden sollen (z.B. für Benutzer SEMSB001 alle Seminare, die mit 'A' bis 'D' beginnen, für SEMSB002 den Rest)?

Zunächst ist wichtig, dass in einem View keine Variablen (Host-Variablen) zulässig sind, sondern nur Konstante definiert werden können. Variablen können später beim SELECT mit eingesetzt werden und werden dann mit den View-Kriterien zusammengemischt.
Es müßten also 2 Views angelegt werden, z.B:

View 1:
```
CREATE VIEW   VIEW1_SEMSB001
   AS    SELECT  .....
         FROM         SEMTYP
         WHERE        DAUER < 4
         AND          SEMCODE > = 'A'
         AND          SEMCODE <  'E'
```

View 2:
```
CREATE VIEW   VIEW1_SEMSB002
   AS    SELECT  .....
         FROM         SEMTYP
         WHERE        DAUER < 4
         AND          SEMCODE > = 'E'
```

Wie kann nun aus dem Programm heraus auf diese Views referenziert werden?

Zunächst einmal ist es wichtig, dass dem Programm der korrekte jeweilige Benutzer unter einer zentralen und eindeutigen Benutzer-Identifikation zur Verfügung steht.
Liefert das Trägersystem den korrekten Autorisierungs-Id (und nicht z.B. eine Konstante 'PROD' oder die logische Terminal-Nr.), kann mit DB2-Mitteln der aktive Benutzer dynamisch ermittelt werden:

    SET :BENUTZER = USER   Primär-Autorisierungs-Id.

Bei allen statischen Verfahren, bei denen bereits im Programm die festen Objekt-Namen definiert werden müssen, sind Auswirkungen auf die Programm-Logik und teilweise Mängel im Zugriffsschutz-Konzept unvermeidbar.

Es gibt eine Reihe von Realisierungs-Möglichkeiten dieser Anforderung unter DB2:

1. Das Programm verzweigt in Abhängigkeit von dem Benutzer-Id auf eines der beiden SQL-Statements (die natürlich auch im Rahmen des Cursor-Konzeptes auftreten können):

   ```
   IF Benutzer = 'SEMSB001' THEN
         SELECT  *  FROM VIEW1_SEMSB001
   ELSE
         SELECT  *  FROM VIEW1_SEMSB002
   ```

   Konsequenz: Pro Datenschutz-Anforderung und Benutzer ein separater View und die entsprechende komplexe und statische Programm-Logik.

7 SQL-DCL-Data Control Language
7.4 View - Inhaltsbezogener Datenschutz

2. Es wird ein einziges Zugriffs-Modul entwickelt und für jeden Benutzer als Package innerhalb einer Collection gebunden, die den Namen des Benutzers trägt (z.B. Collection SEMSB001). In diese Collection können alle Views des Benutzers eingebunden werden.
   Die Views werden angelegt unter einheitlichem Objekt-Namen (VIEW1) und unterschiedlichen Ownern (z.B. SEMSB001).
   Bei der Ausführung muss das CURRENT PACKAGESET-Spezial-Register auf den Wert des aktuellen Benutzers gesetzt werden, damit die Suche auf eine spezifische Collection begrenzt wird.

   SET CURRENT PACKAGESET = USER

   SELECT * FROM VIEW1   Package-Owner muss der Benutzer-Id sein oder die Package muss mit einem dem Benutzer-Id entsprechenden Qualifier gebunden worden sein.

   Konsequenz: Pro Datenschutz-Anforderung und Benutzer jeweils ein View, aber nur <u>ein</u> Programm. Dieses Programm wird über jeweils eine Package mit einem View verknüpft.

3. Dynamisches SQL, bei dem der View-Name während der Ausführung gebildet wird und ein dynamischer Bind erfolgt (hier die PL/1-Lösung):

   EXECUTE IMMEDIATE 'SELECT * FROM ' II BENUTZER II '.VIEW1'

   Konsequenz: Pro Durchlauf dieses Statements ist ein aufwendiger dynamischer BIND erforderlich (Problem auch: Katalog-Sperren).

4. Der View wird wieder generalisiert angelegt (siehe VIEW1 vorab) und die SEMCODE-Bedingung wird nicht mit aufgenommen (nur noch WHERE DAUER < 4).
   Im Programm kann jetzt in Abhängigkeit vom Benutzer und mittels externer Speicherung der variablen Zugriffsschutz-Wertebereiche der View mit einer entsprechenden SELECT-Anforderung zusammengemischt werden:

   SELECT * FROM VIEW1   Bei der Ausführung werden dann alle Seminare
   WHERE SEMCODE >= :VON   berücksichtigt, deren Dauer < 4 Tage ist und
   AND SEMCODE <= :BIS   deren Seminar-Code im Wertebereich liegt.

   Natürlich können die variablen Werte aus den Zugriffsschutz-Tabellen auch direkt in einem SELECT-Statement angesprochen werden (mittels Join oder Subquery).

   Konsequenz: Eigenes Datenschutz-Konzept erforderlich, bei dem die Mächtigkeit der SQL-Sprache nicht realisierbar ist.
   Verlagerung des Zugriffsschutz-Konzeptes in die Programme.

8 DB2-Katalog
8.1 Aufbau und Inhalte

DB2 hat die Aufgabe als Datenbanksystem, die Unternehmens-Daten zu führen und die Verwaltung effizient zu unterstützen.
Die Daten des Unternehmens erfordern wiederum Beschreibungsdaten (dies sind Daten über die Daten, sogenannte **Meta-Daten**).

Die Meta-Daten lassen sich in einem **Data Dictionary (DD)** abbilden. Es existieren eine Reihe von Systemen auf dem Markt, die den Anspruch eines DD erheben und

- aktiv oder passiv die Ausführungsprozesse unterstützen,
- isoliert oder integriert mit einem Datenbanksystem lauffähig sind.

Aus Unternehmenssicht erfüllen jedoch nur wenige DD-Systeme voll die geforderten Ansprüche. Nur wenn die gesamten Meta-Daten eines Unternehmens in ihrer gesamten Komplexität abbildbar sind:

- mit all den Entity-Typen und Beschreibungskomponenten,
- mit ihren Beziehungen zueinander,
- mit diversen Daten-Objekten und -Typen,
- unter Zeitraum- und Versionsaspekten und
- unter lokalen Zuordnungsaspekten (wo stehen welche Informationen wem zur Verfügung)

und in die gesamten Entwicklungs- und Produktionsausführungen aktiv einzubinden sind, erfüllt ein System diese Anforderungen.
Diese Systeme, die sowohl die Datenbasis als auch die Beschreibung der Funktionen aufnehmen, werden als **Repository** bezeichnet.

Zumeist werden die in einem Datenbanksystem integrierten 'Dictionary'-Systeme nur die Objekte verwalten, die im eigentlichen Aufgabenbereich des Datenbanksystems liegen. Ist dies gegeben, liegt kein Data Dictionary-System, sondern ein **Katalog** vor, in dem die Systemressourcen für den Benutzer offen und verwaltbar sind.

Eine spezielle Organisationsform, nämlich das **Directory** schließlich, ist zumeist nur für interne Zwecke einsetzbar und enthält interne Informationen mit physischen Verweis-Adressen.

DB2 verfügt sowohl über einen Katalog als auch über ein internes Directory.
Während der Katalog die Daten-Beschreibungen und DB2-Objekte logisch aufnimmt und auch dem Benutzer die SQL-Abfragen dieser Daten ermöglicht, ist das Directory eine physische Einrichtung, die keine Benutzerschnittstelle aufweist.
Den Anspruch eines Data Dictionary-Konzeptes erfüllt DB2 mit seinem Katalog-Funktionsspektrum nicht. Lediglich DB2-Objekte werden dort verwaltet.
Diese Lücke sollte ursprünglich das inzwischen gescheiterte IBM-Repository schließen.

Der Katalog mit seiner dynamischen Verwaltungsunterstützung nimmt im DB2-Subsystem eine hervorragende Bedeutung ein. So können im Multi-User-Betrieb ohne Unterbrechung des laufenden Betriebes Ressourcen dynamisch angelegt, verändert und gelöscht werden.

Der DB2-Katalog enthält Daten über die von DB2 zu verwaltenden Datenobjekte (Meta-Daten des DB2-Subsystems):

- Beschreibungen für alle DB2-Objekte, die durch die SQL-DDL-Sprachmittel verwaltet werden.
- Autorisierungs-Privilegien, die durch die SQL-DCL-Sprachmittel verwaltet werden.
- Pläne und Packages, die durch die BIND-Prozesse verwaltet werden.
- Systeminformationen für DB2-Utilities, die von diesen verwaltet werden.

8 DB2-Katalog
8.1 Aufbau und Inhalte

Über SQL-DDL und -DCL werden implizit Katalog-Manipulationen aktiviert.
SQL-DML ist die generelle Daten-Sprachschnittstelle zwischen DB2 und seinen Benutzern.
Der Benutzer formuliert mit SQL, was er vom System wünscht, nicht aber wo die einzelnen Informationen zu finden sind (zumindest ist das der theoretische Anspruch).
DB2 muss nun Informationsquellen bereithalten, die zur Interpretation und Prüfung der einzelnen Statements herangezogen werden können.
Bei jedem SQL-Aufruf (DCL, DDL und DML) werden die Katalog-Informationen zur Ausführungsunterstützung herangezogen.
Die folgende Abbildung zeigt, welche Fragen u.a. bei der Ausführung der Statement-Gruppen abzuklären sind.

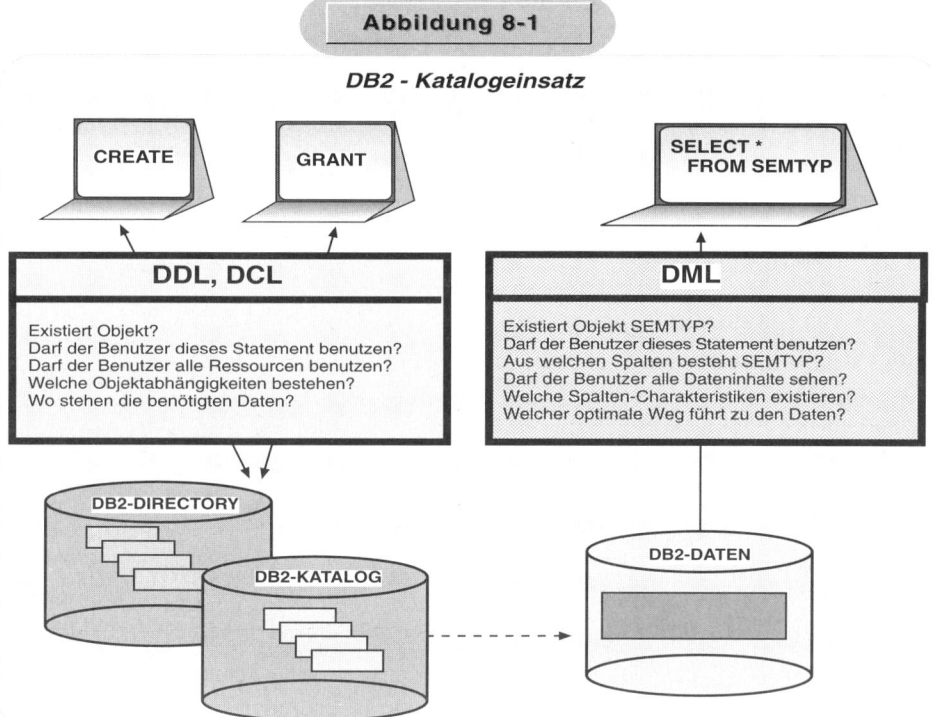

Abbildung 8-1

Während DB2 seine wesentlichen Objektdefinitionen im Katalog verwaltet, wird das Directory als interne physische Verweisdatei zur schnellen Objektzugriffsunterstützung eingesetzt. Die interne Struktur des Directories kann von DB2-Benutzern nicht verarbeitet werden. Dagegen können die Kataloginformationen in der bekannten zweidimensionalen Tabellenform von allen berechtigten Benutzern abgefragt werden.
Im Laufe des Kapitels folgen hierzu einige Beispiele.

Die Ablage der Informationen für die DB2-Objekttypen erfolgt in diversen Katalogtabellen.
Diese Tabellen werden wiederum, wie die Benutzertabellen auch, in Tablespaces und in einer Database (DSNDB06) zusammengefasst.
Details hiehe hierzu siehe im Anhang 3. Er enthält eine Übersicht der Katalog-Tabellen nach Ressource-Typen gruppiert, die einzelnen Katalog-Tabellen mit ihren kompletten Spalten-Beschreibungen sowie die Zuordnung der Katalog-Tables zu den entsprechenden Tablespaces.

Die Zuordnung zu Tablespaces ist für den DBA sehr wichtig, da der Tablespace die größtmögliche Verwaltungseinheit im Hinblick auf Reorganisations- und Recoverymaßnahmen darstellt. Im Recovery-Falle müssen hierarchische Abhängigkeiten von Directory- und Katalog-Tablespaces beachtet werden.

8 DB2-Katalog
8.1 Aufbau und Inhalte

Im Katalog werden sowohl Benutzer- als auch Systemressourcen gemeinsam verwaltet. So existiert beispielsweise eine Tabelle mit dem Namen SYSCOLUMNS, die eine Beschreibung aller definierten Tabellenspalten enthält. Jede Zeile der Tabelle SYSCOLUMNS enthält eine Spaltenbeschreibung einer Tabelle bzw. eines Views.

8.1.1 Zuordnung der Objekte zu Katalog-Tabellen

Der Katalog ist die Schnittstelle zwischen dem DB2-Benutzer und dem Datenbank-System.
Alle flexiblen Parameter werden über diese Schnittstelle vorgegeben.
Somit spiegelt der Katalog auch die DB2-Leistungsfähigkeit und den SQL-DDL-Sprachumfang wider.
Jedes DB2-Objekt verfügt über ein eigenes SQL-DDL-Sprachspektrum. Beim Anlegen eines Objektes sind innerhalb des Katalogs häufig mehrere Tabellen betroffen.
Die Wirkung auf die entsprechenden Tabellen ist von dem gewählten Funktionsspektrum abhängig.
So werden beispielsweise beim Anlegen einer Tabelle nur dann Einträge in den Tabellen SYSFOREIGNKEYS und SYSRELS erzeugt, wenn ein referenzielles Konstrukt für diese Tabelle definiert wird.
Die folgende Übersicht zeigt die Wirkung innerhalb des Kataloges, bezogen auf die relevanten DB2-Objekt-Typen:

DB2-Objekt	Betroffene Katalog-Tabellen (SYSIBM.) Privilegien sind nicht berücksichtigt.
Alias	SYSTABLES
Database	SYSDATABASE
Distinct Data-Type	SYSDATATYPES
Function	SYSROUTINES, SYSPARMS, SYSCONSTDEP
Index	SYSINDEXES, SYSINDEXPART, SYSKEYS
Package	SYSPACKAGE, SYSPACKDEP, SYSPACKLIST, SYSPACKSTMT, SYSPKSYSTEM
Plan	SYSPLAN, SYSPLANDEP, SYSDBRM, SYSSTMT, SYSPLSYSTEM, SYSPACKLIST
Synonym	SYSSYNONYMS
Storagegroup	SYSSTOGROUP, SYSVOLUMES
Stored Procedure	SYSROUTINES, SYSPARMS, SYSCONSTDEP
Table	SYSTABLES, SYSCOLUMNS, SYSCHECKS. SYSCHECKDEP, SYSFIELDS, SYSFOREIGNKEYS, SYSRELS, SYSTABLESPACE (Spalte NTABLES)
Tablespace	SYSTABLESPACE, SYSTABLEPART
Trigger	SYSTRIGGERS, SYSPACKAGE, SYSPACKDEP, SYSPACKSTMT
View	SYSTABLES, SYSCOLUMNS, SYSVIEWS, SYSVIEWDEP

8 DB2-Katalog
8.1 Aufbau und Inhalte

8.1.2 Referenzielle Beziehungen der wichtigsten Katalog-Tabellen

Die Katalog-Tabellen stehen untereinander in Beziehungen.
Eine detaillierte Übersicht dieses referenziellen Beziehungs-Netzwerkes ist auf den ersten Seiten des Anhangs 3 aufgenommen.

Da die PK-FK-Beziehungen leider nicht mit gleichen Spalten-Namen im Katalog definiert sind, ergeben sich immer wieder Probleme beim korrekten Herausfiltern von Informationen (zumindest wenn keine Tools zur Abfrage verwendet werden).

Die folgende Übersicht ist ein Extrakt aus der Gesamtübersicht des Anhangs 3:

Parent Table	PK-Spaltennamen	Dependent Table	FK-Spaltennamen
SYSTABLES	CREATOR; NAME	SYSCOLUMNS	TBCREATOR; TBNAME
SYSCOLUMNS	TBCREATOR; TBNAME; NAME	SYSFOREIGNKEYS	CREATOR; TBNAME; COLNAME

SYSTABLES ist eine übergeordnete Tabelle zur SYSCOLUMNS-Tabelle. Die FK-Spaltennamen von SYSCOLUMNS (TBCREATOR und TBNAME) referenzieren den PK der SYSTABLES-Tabelle (CREATOR und NAME).

SYSCOLUMNS wiederum ist eine übergeordnete Tabelle zur SYSFOREIGNKEYS-Tabelle.

Mit Hilfe dieser tabellarischen Übersicht lassen sich nun die SQL-Abfragebedingungen für die korrekte Abwicklung von Joins ablesen.
Detaillierte Abfrage-Beispiele hierzu folgen im nächsten Kapitel.

Beispiel: Abfrage aus SYSTABLES und SYSCOLUMNS

```
    SELECT      A.spalten-namen, B.spalten-namen
      FROM      SYSIBM.SYSTABLES       A ,
                SYSIBM.SYSCOLUMNS      B
     WHERE      A.CREATOR   = B.TBCREATOR
       AND      A.NAME      = B.TBNAME
```

Beispiel: Abfrage aus SYSTABLES und SYSCOLUMNS und SYSFOREIGNKEYS

```
    SELECT      A.spalten-namen, B.spalten-namen, C.spalten-namen
      FROM      SYSIBM.SYSTABLES       A ,
                SYSIBM.SYSCOLUMNS      B ,
                SYSIBM.SYSFOREIGNKEYS  C
     WHERE      A.CREATOR   = B.TBCREATOR
       AND      A.NAME      = B.TBNAME
       AND      B.TBCREATOR = C.CREATOR
       AND      B.TBNAME    = C.TBNAME
       AND      B.NAME      = C.COLNAME
```

8.2 Katalog-Abfragen

Die vorab definierten DB2-Katalog-Tabellen unterscheiden sich im Aufbau nicht von den Benutzertabellen. Auch sie werden zweidimensional zur Verfügung gestellt und können mit SQL-Statements bearbeitet werden.

Da der Katalog zur Verarbeitungssteuerung der DB2-Systemroutinen herangezogen wird, sind spezielle Zugriffsschutzmaßnahmen und Verarbeitungsbeschränkungen zwingend erforderlich.
So kann der Katalog mit der Beschreibung der Objekt-Typen, die über SQL-DDL bzw. SQL-DCL verwaltet werden, grundsätzlich nur mit SELECT-Abfragen bearbeitet werden. Im Bereich der Optimizer-Statistiken existieren aber Statistiktabellen bzw. Statistikfelder, die mit SQL-DML-Mitteln verwaltbar sind.
Im Laufe der Release-Weiterentwicklungen entwickelten sich immer mehr Katalog-Objekte, die mit normalen SQL-DML-Mitteln verwaltet werden können bzw. deren Dateninhalte mit dem Load-Utility geladen werden können (z.B. CDB-Tabellen).
Ab der Version 4 können Benutzer-Indizes auf die Katalog-Tabellen definiert werden.

Zur Abfragemöglichkeit der jeweiligen Katalogtabellen bzw. Views auf diese, ist eine GRANT SELECT-Berechtigung erforderlich.
Beispiel:

```
GRANT  SELECT
   ON  TABLE  SYSIBM.SYSCOLUMNS
   TO  PAE00001
```

In diesem Beispiel wird dem Anwendungsentwickler mit dem Autorisierungs-Id PAE00001 die Berechtigung erteilt, die Katalogtabelle SYSCOLUMNS mit Spalteninformationen lesend zu verarbeiten.
Katalog-Abfragen können gestellt werden über SPUFI mit SQL-Mitteln oder über diverse Produkte, die über individuelle Benutzeroberflächen indirekt SQL unterstützen.

8.2.1 Katalog-Abfragen der Katalogbeschreibungen

Die im Anhang 3 definierten Katalogtabellen wurden manuell aufgelistet. Es wäre natürlich sinnvoll, diese mit ihren Spalten, Spaltenformaten und Spaltenbeschreibungen aus dem Katalog direkt auszudrucken, da sich der Katalog ja selbst dokumentiert.
Die Tabelle SYSCOLUMNS enthält eine Zeile für jede Tabellenspalte, auch der Katalogtabellen.
Zum Ausdrucken z.B. der Tabelle SYSCOLAUTH mit den geforderten Informationen wäre folgendes Statement einsetzbar:

```
SELECT     NAME, COLTYPE, LENGTH, REMARKS, COLNO
  FROM     SYSIBM.SYSCOLUMNS
  WHERE    TBNAME = 'SYSCOLAUTH'
  ORDER BY COLNO
```

Das Resultat entspricht allerdings nicht unseren Erwartungen, da die Systemtabellen nicht mit Kommentaren versehen sind (und wenn Kommentare vorhanden wären, dann vermutlich nur in englisch). Daher werden wir bei dieser Abfrage lediglich die Namen, Typen, Längen und Nummern der Spalten angezeigt bekommen.

Natürlich lassen sich auch Spalten-Informationen für die Tabelle SYSCOLUMNS selbst aus der gleichen Tabelle SYSCOLUMNS selektieren.

8.2.2 Objekt-Abfragen für Anwendungs-Entwickler

Benutzer mit dem SYSADM-Privileg haben die uneingeschränkte Selektionsmöglichkeit aller Katalogtabellen-Informationen.
Zur Protokollierung der aktuellen Benutzer-Objekte wäre folgendes SQL-Statement beispielhaft:

```
SELECT     NAME, CREATOR, TYPE, CARDF
FROM       SYSIBM.SYSTABLES
ORDER BY   TYPE, CREATOR, NAME
```

In diesem Beispiel werden alle Tables, Views und Aliase mit den Informationen aufgelistet:

- Objekt-Name,
- Autorisierungs-Id des Eigentümers der Table, des Views bzw. des Alias.
- Typ T = Table, V = View, A = Alias.
- Anzahl der Zeilen innerhalb einer Table, sofern das RUNSTATS-Utility gelaufen ist.

Die Daten werden aus der Katalogtabelle SYSTABLES selektiert. Es muss der Autorisierungs-Id (CREATOR) = SYSIBM vorgegeben werden, da ansonsten von DB2 bei unqualifizierter Namensangabe der Autorisierungs-Id des jeweiligen Benutzers eingesetzt wird.

Noch zwei andere Beispiele (relevanter Ausschnitt):

```
SELECT    COUNT ( * )              -- Anzahl der Objekte, die vom Benutzer 'PAE0001'
FROM      SYSIBM.SYSTABLES         -- angelegt wurden
WHERE     CREATEDBY = 'PAE0001'

SELECT    COUNT ( * )              -- Anzahl der Objekte, für die der Benutzer 'PAE0001'
FROM      SYSIBM.SYSTABLES         -- als Eigentümer geführt wird.
WHERE     CREATOR = 'PAE0001'
```

Die Kataloginformationen lassen sich natürlich auch in den Systementwicklungs-Prozess einbinden. So kann z.B. der Aufbau einer existierenden Tabelle erfragt werden durch :

```
SELECT    NAME, COLTYPE, LENGTH, SCALE, NULLS, DEFAULT
FROM      SYSIBM.SYSCOLUMNS
WHERE     TBNAME = 'SEMTYP'
AND       TBCREATOR = 'PROD'
```

In diesem Beispiel wird eine Result-Table erzeugt, die aus folgenden Informationen besteht:

- Namen der Spalten.
- Formate der Spalten.
- Längen der Spalten.
- Nachkommastellen bei Dezimalwerten.
- Kennzeichen ob NULL-Werte zulässig sind oder nicht.
- Kennzeichen ob Spalten Default-Werte annehmen können oder nicht.

Der System-Administrator kann die Kataloginformationen benutzerbezogen über Views bereitstellen.

Es folgt ein generelles Anwendungsbeispiel, bei dem der Table- bzw. Viewname, der Objekttyp und die Anzahl der statistischen Tabellenzeilen angezeigt wird, wobei variabel über die Option USER der ausführende Benutzer von DB2 ermittelt wird:

```
CREATE VIEW MY.TABLES AS
   SELECT    NAME, TYPE, CARDF
   FROM      SYSIBM.SYSTABLES
   WHERE     CREATOR = USER
   AND       TYPE = 'T'
   OR        TYPE = 'V'
```

In unserem Beispiel wird der View mit dem generellen Owner 'MY' angelegt. Es ist sinnvoll, einen generellen Autorisierungs-Id vorzugeben und diesen allgemein verfügbar zu machen:

```
GRANT SELECT ON MY.TABLES TO PUBLIC
```

Anschließend kann jeder DB2-Benutzer seine Tabellen- und View-Beschreibungen aus dem Katalog selektieren:

```
SELECT * FROM MY.TABLES
```

Eine andere Alternative zu dem gezeigten Beispiel wäre die Anlage des Views unter dem jeweiligen Benutzer-Autorisierungs-Id.
Dieses Verfahren ist jedoch viel aufwendiger, da für jeden Benutzer ein View angelegt werden müßte. Zudem ist zu beachten, dass dies erhebliche funktionale Redundanzen erbringt.

Es folgen einige Queries zur Unterstützung der Anwendungs-Entwicklung:

```
--     Übersicht aller Tabellen und Indizes einer bestimmten Database (bei vorhandenem Index)
SELECT         T.TSNAME      AS TSNAME
       ,       T.CREATOR     AS TCREATOR
       ,       T.NAME        AS NAME
       ,       I.CREATOR     AS ICREATOR
       ,       I.NAME        AS INAME
       ,       I.UNIQUERULE  AS UNIQUERULE
   FROM        SYSIBM.SYSTABLES   T ,
               SYSIBM.SYSINDEXES  I
   WHERE       T.CREATOR  =  I.TBCREATOR
       AND     T.NAME     =  I.TBNAME
       AND     T.DBNAME   =  'SEMDB01'
   ORDER BY    TSNAME, TCREATOR, NAME , ICREATOR, INAME
;

--     Tabellen-Name, Anzahl Zeilen, Tablespace-Namen einer bestimmten Database
SELECT         NAME, CARDF, TSNAME
   FROM        SYSIBM.SYSTABLES
     WHERE     DBNAME    =  'SEMDB01'
;

--     Welche Tabellen, Views und Indizes benutzt eine bestimmte Package-Gruppe
--     DNAME = Package-Name    BNAME = Objekt-Name
SELECT         DISTINCT DNAME, BNAME, BTYPE
   FROM        SYSIBM.SYSPACKDEP
     WHERE     DNAME LIKE  'SE%'
       AND     BTYPE IN ('T' , 'V', 'I')
;

--     Welche Packages sind betroffen, wenn bestimmte DB2-Objekte gelöscht oder neu angelegt wurden?
--     Bringt Informationen über betroffene Packages für einen REBIND.
--     Hinweis: Die Abfrage muss natürlich vor dem Löschen der Objekte laufen!
SELECT         DNAME
   FROM        SYSIBM.SYSPACKDEP
     WHERE     BCREATOR = 'PROD'
       AND     BNAME = 'SEMTYP'
       AND     BTYPE = 'T'           -- Objekt-Typ:    T = Table     V = View    I = Index
;                                    --               A = Alias     S = Synonym R = Tablespace

--     Alle Daten der SEMTYP-Indizes
SELECT         *
   FROM        SYSIBM.SYSINDEXES
     WHERE     TBNAME    = 'SEMTYP'
       AND     TBCREATOR = USER
```

8.2.3 Abfragen zur Überwachung der optimalen Speicherorganisation
8.2.3.1 Katalogspalten-Inhalte und kritische Werte

Im DB2-Katalog wird eine Reihe von Informationen geführt, die Auskunft über die optimale Speicherbelegung geben.

Die Katalogspalten können häufig nicht direkt für Auswertungen herangezogen werden. So müssen für bestimmte Aussagen Katalogspalten miteinander verknüpft werden. In vielen Fällen bedarf es auch einiger Hintergrund-Informationen, z.B. der Festlegung von Grenzwerten.

Innerhalb des DB2-Kataloges existieren Statistiktabellen und Statistikfelder, die von den Utilities RUNSTATS bzw. STOSPACE verwaltet werden. Diese Statistikfelder sind im Anhang 3 der Katalog-Tabellen besonders gekennzeichnet. Außerdem ist in der Beschreibung des RUNSTATS-Utilities im Anhang 2 eine Übersicht der Statistik-Felder enthalten, wobei auch die Spalten aufgeführt sind, die ausschließlich für die Ressource-Kontrolle des DBAs relevant sind.

Die Statistikfelder stehen zur Verfügung:
- dem DB2-Optimizer bei der Zugriffspfad-Ermittlung (**Zugriffspfad-Statistikdaten**),
- dem Datenbankadministrator (DBA) für die Ressource-Kontrolle (**Speicher-Belegungsdaten**).

Die Statistikfelder des DB2-Kataloges enthalten zumeist die Werte '0' oder '-1' solange kein RUNSTATS- bzw. STOSPACE-Utility gelaufen ist.
Stellt der DB2-Optimizer diese Werte fest, wirken Default-Werte.

Es folgen einige Abfrage-Beispiele:

Tablespaces bzw. Indizes, für die kein RUNSTATS gelaufen ist

```
SELECT      NAME, CREATOR
FROM        SYSIBM.SYSTABLESPACE
WHERE       NACTIVE = -1

SELECT      NAME, CREATOR
FROM        SYSIBM.SYSINDEXES
WHERE       FIRSTKEYCARDF = -1
```

Indizes, für die noch nie (Statistik-Datum = 01.01.0001) oder seit mindestens einem Monat kein RUNSTATS gelaufen ist

```
SELECT      NAME, CREATOR
FROM        SYSIBM.SYSINDEXES
WHERE       DATE (STATSTIME) < CURRENT DATE - 30 DAYS
```

Es ist zu beachten, dass nach Lade- bzw. Reorganisations-Aktivitäten eines Tablespaces bzw. einer Partition die Statistikfelder nicht dem tatsächlichen Zustand der Daten entsprechen müssen.
Jeder folgende Bind-Prozess (Dynamic oder Static) verwendet dann die vorhandenen Statistikwerte (evtl. auch Default-Werte) bei seiner Zugriffspfad-Ermittlung.
Daher ist durch organisatorische Maßnahmen sicherzustellen, dass die Katalogtabellen die geforderten Zustände aufweisen.
Im einzelnen ist jedoch zu bedenken, dass ein RUNSTATS-Lauf bei großem Datenvolumen erhebliche Laufzeiten kosten und dabei ggf. Werte ermitteln kann, die statistisch keine unterschiedlichen Aussagen - z.B. hinsichtlich der Streuung der Wertebereiche - erbringen.

8 DB2-Katalog
8.2 Katalog-Abfragen

Es folgt eine Übersicht der relevanten Katalog-Spalten, die auf die optimale Speicherorganisation wirken. Dargestellt werden u.a. ihre Bedeutung und wie die Dateninhalte entstehen.
SQL-Beispiele dazu folgen anschließend.

Spalte	Katalog-Table	Bedeutung	Interpretation	Herkunft der Daten
BPOOL	SYSTABLESPACE	Bufferpool-Größe	32K = Page-Größe.	CREATE TABLESPACE
CARDF *	SYSTABLES SYSINDEXPART SYSTABLEPART SYSTABSTATS	Anzahl Zeilen		RUNSTATS
CLOSERULE	SYSTABLEPART SYSINDEXPART	Dataset-Close	Evtl. kritisch: Y = YES.	CREATE/ALTER TABLESPACE/INDEX
CLUSTERED	SYSINDEXES	Cluster-Zustand (siehe auch CLUSTERRATIO).	N = No (bei einem Clustering-Index) ist kritisch.	RUNSTATS
CLUSTERING	SYSINDEXES	Clustering-Index		CREATE INDEX
CLUSTERRATIOF**	SYSINDEXES SYSINDEXSTATS	Prozentsatz der Zeilen, die im Verhältnis zur logischen Index-Sequenz in clustered Folge sind.	Optimal > 94. 95% (Default-Wert, wenn CLUSTERED=YES) Kritischer Wert: < 80% (kein sequential Prefetch mehr)	RUNSTATS
FARINDREF	SYSTABLEPART	Anzahl entfernter und nicht optimal liegender Zeilen (durch Zeilenverlängerung). Wichtig bei compressed Daten!	Optimal 0. Evtl. kritisch > 5 % der Datenzeilen.	RUNSTATS
FAROFFPOSF*	SYSINDEXPART	Anzahl entfernter und nicht optimal liegender Zeilen im Verhältnis zum Index (nur relevant bei einem clustered Index)	Optimal 0. Evtl. kritisch > 5 % der Datenzeilen.	RUNSTATS
INDEXTYPE	SYSINDEXES	Index-Typ.	Optimal = 2.	
ISOLATION	SYSPLAN SYSPACKAGE SYSPACKSTMT SYSSTMT	Sperre von Daten.	Optimal: S (CS). Kritisch: R (RR). Evtl. Kritisch: T (RS). Problematisch: U (UR)	BIND PLAN oder PACKAGE oder durch SQL-DML.
LEAFDIST	SYSINDEXPART	Durchschnittliche Anzahl existierender physischer Pages zwischen logisch aufeinanderfolgenden Leaf Pages (Lücken). Formel: 100 * (Lücken / Leaf Pages) Beispiel: 10 physische Leaf-Pages. Die zweite Leaf-Page wird gesplittet (hinter die 10.). Lücken = von der 2. zur 11. = 9 und von der 11. zur 3. zurück = 8. Gesamt-Lücken = 9 + 8 = 17 LEAFDIST = 100 * (17 / 11) = 154	Optimal 0. Evtl. kritisch > 200.	RUNSTATS

8 DB2-Katalog
8.2 Katalog-Abfragen

Spalte	Katalog-Table	Bedeutung	Interpretation	Herkunft der Daten
LOCKRULE	SYSTABLESPACE	Sperre von Daten.	Hohes Sperrniveau: S = Tablespace, T = Table. Niedriges Niveau: A oder P = Page, R = Row.	CREATE/ALTER TABLESPACE
MAXROWS	SYSTABLESPACE	Maximale Zeilen pro Page.	Default: 255	CREATE/ALTER TABLESPACE
NACTIVEF**	SYSTABLESPACE	Anzahl belegter Pages, d.h. formatierter Pages.		RUNSTATS
NEARINDREF	SYSTABLEPART	Anzahl naher, aber nicht optimal liegender Zeilen (durch Zeilenverlängerung). Wichtig bei compressed Daten!	Optimal 0. Evtl. kritisch ab: (NEAR + FAR) > 15%.	RUNSTATS
NEAROFFPOSF *	SYSINDEXPART	Anzahl naher, aber nicht optimal liegender liegender Zeilen im Verhältnis zum clustered Index.	Optimal 0. Evtl. kritisch ab: (NEAR + FAR) > 15%.	RUNSTATS
NLEVELS	SYSINDEXES SYSINDEXSTATS	Anzahl Index-Level.	Optimal bis 3.	RUNSTATS
ORGRATIO	SYSLOBSTATS	Organisationszustand des LOB-Tablespaces.	Optimal = 1.	RUNSTATS
PAGESAVE	SYSTABLEPART	Kalkulierter Prozentsatz der Platzeinsparung bei komprimierten Daten.		RUNSTATS
PERCDROP	SYSTABLEPART	Prozentsatz der Speicherbelegung gelöschter Tabellen.	Optimal 0. Evtl. kritisch > 10 %.	
PERCACTIVE	SYSTABLEPART	Prozentsatz der Speicherbelegung aktiver Tabellen.	Optimal 100. Evtl. kritisch < 70%.	
SPACE	SYSSTOGROUP SYSINDEXES SYSINDEXPART SYSTABLESPACE SYSTABLEPART	Zugeordneter Plattenplatz.		STOSPACE

Legende:
spaltennameF * Vor Version 5 gilt nur spaltenname
spaltennameF ** Vor Version 6 gilt nur spaltenname

8 DB2-Katalog
8.2 Katalog-Abfragen

8.2.3.2 Katalog-Queries

Es folgen einige Beispiele für Katalog-Abfragen, die Reorganisations-Aspekte berücksichtigen. Die Grundlagen zum Verständnis dieser Abfragen enthält Kapitel 11.

Mehr als 5 % Zeilen 'Out of clustering Sequence'

```
SELECT      NAME, CREATOR, TBNAME    -- NAME = Index-Name, TBNAME = Tabellen-Name.
  FROM      SYSIBM.SYSINDEXES
    WHERE   CLUSTERING = 'Y'
      AND   CLUSTERRATIOF < 0,95
```

Das RUNSTATS-Utility berechnet für die gewünschten Indizes den Prozentsatz der Cluster-Rate. Ist ein Clustering Index mit weniger als 95 % in einem Clustered Zustand, werden auch alle nach dem RUNSTATS-Lauf gebundenen Pläne nicht mit den Zugriffs-Pfad-Vorteilen versehen.
Mit dem folgenden Statement können die Packages herausgefiltert werden, die mit solchen non-clustered Indizes arbeiten (allerdings kann nur unter Berücksichtigung des RUNSTATS und BIND-Zeitpunktes exakt entschieden werden, ob die entsprechenden Informationen zum BIND-Zeitpunkt wirksam waren oder nicht).

```
SELECT      DNAME,                    -- Package-Name
            DBNAME,                   -- Datenbank-Name
            BNAME,                    -- Index-Name
            TBNAME                    -- Tabellen-Name
  FROM      SYSIBM.SYSPACKDEP ,
            SYSIBM.SYSINDEXES
    WHERE   BQUALIFIER = CREATOR
      AND   BNAME = NAME
      AND   BTYPE = 'I'
      AND   CLUSTERING = 'Y'
      AND   CLUSTERRATIOF < 0,95
```

Anzeige des genauen Prozentsatzes der Zeilen, die 'Out of clustering Sequence' sind

```
SELECT      IXNAME,                   -- Index-Name
            NEAROFFPOSF,              -- Anzahl Zeilen, die innerhalb von 32 Pages 'near' bezüglich der
                                      -- clustering sequence gespeichert sind.
            FAROFFPOSF ,              -- Anzahl Zeilen, die außerhalb von 32 Pages 'far' bezüglich der
                                      -- clustering sequence gespeichert sind.
                                      -- NEAROFFPOSF+FAROFFPOSF * 100 / Anzahl der Gesamt-
                                      -- zeilen = Prozentsatz außerhalb der logisch sequenziellen Folge.
            CARDF ,                   -- Anzahl Zeilen.
            (NEAROFFPOSF + FAROFFPOSF)
                 * 100/CARDF,         -- Prozentsatz relativ zum Datenvolumen.
            PCTFREE,                  -- Prozentualer Freiplatz.
            FREEPAGE                  -- Freiplatz nach jeder n-ten Page.
  FROM      SYSIBM.SYSINDEXPART
    WHERE   CARDF > 0
```

Hinweis: CARDF, NEAROFFPOSF und FAROFFPOSF hießen bis zur Version 4 CARD, NEAROFFPOS und FAROFFPOS.

Anzeige von Overflow-Records (Verschiebung aufgrund variabler Längenänderung)

```
SELECT      TSNAME,                   -- Tablespace-Name
            NEARINDREF,               -- Anzahl Zeilen, die innerhalb von 32 Pages 'near' verschoben
                                      -- wurden (durch Längenerweiterung).
            FARINDREF,                -- Anzahl Zeilen, die außerhalb von 32 Pages 'far' verschoben
                                      -- wurden (durch Längenerweiterung).
            CARDF ,                   -- Anzahl Zeilen.
            (NEARINDREF + FARINDREF)
                 * 100/CARDF          -- Prozentsatz relativ zum Datenvolumen.
            PCTFREE,                  -- Prozentualer Freiplatz.
            FREEPAGE                  -- Freiplatz nach jeder n-ten Page.
  FROM      SYSIBM.SYSTABLEPART
    WHERE   CARDF > 0
      AND   (NEARINDREF > 0  OR  FARINDREF > 0)
```

Anzeige der Indizes, bei denen die Leaf Pages gestreut gespeichert sind

```
SELECT      IXCREATOR,              -- Owner
            IXNAME,                 -- Index-Name
            PARTITION,              -- Partition-Nr; 0 bei einem non-partitioned Index
            LEAFDIST                -- Verhältnis physisch/logischer Index-Pages.
                                    -- Durchschnittliche Anzahl von Pages zwischen den Leaf Pages
                                         (multipliziert mit 100). Je größer der Wert ist, desto größer ist die
                                    -- DASD-Suchzeit für einen Non-matching Index-Scan.
                                    -- Wenn die durchschnittliche Anzahl von Pages größer als 2 ist,
   FROM     SYSIBM.SYSINDEXPART     -- sollte reorganisiert werden.
   WHERE    LEAFDIST > 200
ORDER BY 1, 2, 3
```

Anzahl Index-Level von großen Indizes mit mehr als 3 Level

```
SELECT      NAME,               -- Index-Name
            INDEXSPACE ,        -- Indexspace-Name
            NLEVELS             -- Anzahl der Index-Stufen (Level)
   FROM     SYSIBM.SYSINDEXES
   WHERE    NLEVELS > 3
```

Allocated Space

```
SELECT      NAME,                       -- Storagegroup-Name
            SPACE,                      -- Allocated Space in KB (nur wenn STOGROUP verwendet wurde
                                        -- und keine user-defined Datasets).
            STATSTIME,                  -- Timestamp letzter Statistiklauf
            VOLID                       -- Volume-Id
   FROM     SYSIBM.SYSSTOGROUP   G,
            SYSIBM.SYSVOLUMES    V
   WHERE    G.NAME = V.SGNAME
```

Benutzter Space

```
SELECT      NAME,                       -- Tablespace-Name
            SPACE,                      -- Allocated Space in KB (nur wenn STOGROUP verwendet wurde
                                        -- und keine user-defined Datasets).
            NACTIVEF,                   -- Anzahl der benutzten Pages. Benutzte Pages sind formatierte
                                        -- Pages (auch logisch gelöschte). Nur direkt nach einem REORG
                                        -- kann die echte Belegung ermittelt werden.
            (NACTIVEF * PGSIZE * 100 /
                  SPACE)                -- Prozentsatz in Abhängigkeit von der Page-Größe.
   FROM     SYSIBM.SYSTABLESPACE
   WHERE    SPACE > 0
```

Als Ergebnis wird für jeden Tablespace die Ausnutzung gezeigt. Sollte sie kleiner als 80 % sein und es werden nur geringe Veränderungen erwartet, ist eine Reorganisation nach einer Space-Korrektur sinnvoll.

Anzeige aller Tablespaces, in denen eine geringe aktive Nutzung besteht

```
SELECT      DBNAME,             -- Datenbank-Name
            TSNAME,             -- Tablespace-Name
            PARTITION,          -- Partition-Nr; 0 bei non-partitioned
            CARDF,              -- Anzahl Datenzeilen
            PERCACTIVE,         -- Prozentsatz aktive Tabellen
            PERCDROP            -- Prozentsatz gelöschte Tabellen
   FROM     SYSIBM.SYSTABLEPART
   WHERE    (PERCDROP > 10)
      OR    (PERCACTIVE < 70)
ORDER BY 1, 2, 3
```

Anzeige aller Tablespaces, in denen durch Zeilenverlängerungen viele Zeilen ungünstig positioniert sind

```
SELECT          DBNAME,                 -- Datenbank-Name
                TSNAME,                 -- Tablespace-Name
                PARTITION,              -- Partition-Nr; 0 bei non-partitioned
                CARDF,                  -- Anzahl Datenzeilen
                FARINDREF,              -- Entfernte Verlagerung
                NEARINDREF              -- Nahe Verlagerung
     FROM       SYSIBM.SYSTABLEPART
          WHERE CARDF > 0
          AND   ((FARINDREF / CARDF > 0.10)
          OR    ((FARINDREF + NEARINDREF) / CARDF > 0.15))
ORDER BY 1, 2, 3
```

Anzeige aller Tablespaces, bei denen die clustered Folge nicht optimal ist

```
SELECT          TB.DBNAME,              -- Datenbank-Name
                TB.TSNAME,              -- Tablespace-Name
                IP.PARTITION,           -- Partition-Nr; 0 bei non-partitioned
                IP.CARDF,               -- Anzahl Datenzeilen
                IP.FAROFFPOSF,          -- Entfernte Positionierung
                IP.NEAROFFPOSF          -- Nahe Positionierung
     FROM       SYSIBM.SYSINDEXPART  IP,
                SYSIBM.SYSINDEXES    IX,
                SYSIBM.SYSTABLES     TB
          WHERE IP.IXCREATOR = IX.CREATOR
          AND   IP.IXNAME = IX.NAME
          AND   IX.TBCREATOR = TB.CREATOR
          AND   IX.TBNAME = TB.NAME
          AND   IX.CLUSTERING = 'Y'
          AND   IP.CARDF > 0
          AND   ((IP.FAROFFPOSF / IP.CARDF > 0.10)
          OR    ((IP.FAROFFPOSF + IP.NEAROFFPOSF) / IP.CARDF > 0.15))
ORDER BY 1, 2, 3
```

Welche meiner Tabellen wird von keiner Package angesprochen

```
SELECT          A.NAME                  -- Tabellenname
     FROM       SYSIBM.SYSTABLES  A
          WHERE A.CREATOR   = USER
          AND   NOT EXISTS
                (SELECT          *
                     FROM        SYSIBM.SYSPACKDEP  B
                          WHERE  A.CREATOR  = B.BQUALIFIER
                          AND    A.NAME  = B.BNAME
                          AND    B.BTYPE = 'T')
```

Welche meiner Indizes wird von keiner Package angesprochen

```
SELECT          A.NAME                  -- Indexname
     FROM       SYSIBM.SYSINDEXES  A
          WHERE A.CREATOR   = USER
          AND   NOT EXISTS
                (SELECT          *
                     FROM        SYSIBM.SYSPACKDEP  B
                          WHERE  A.CREATOR  = B.BQUALIFIER
                          AND    A.NAME  = B.BNAME
                          AND    B.BTYPE = 'I')
```

8.2.4 Katalog-Queries über referenzielle Beziehungen

Es folgen weitere Beispiele aus dem Bereich der referenziellen Integritäts-Sicherung:

Welche Primary-Key-Spalten hat die Tabelle SEMINAR?

```
SELECT      NAME,                           -- PK-Spalten-Name
            KEYSEQ                          -- Key-Folge, wenn > 0, dann ist die Spalte PK-Key-
                                            -- Bestandteil.
      FROM     SYSIBM.SYSCOLUMNS
      WHERE    TBCREATOR = USER
      AND      TBNAME = 'SEMINAR'
      AND      KEYSEQ > 0
ORDER BY KEYSEQ
```

Welcher Index ist der Primary-Index?

```
SELECT      NAME,                           -- Index-Name
            DBNAME ,                        -- Database-Name
            INDEXSPACE                      -- Indexspace-Name
      FROM     SYSIBM.SYSINDEXES
      WHERE    TBCREATOR = USER
      AND      TBNAME = 'SEMINAR'
      AND      UNIQUERULE = 'P'             -- P = Primary-Index.
```

In welchen Beziehungen ist SEMINAR die Dependent Table?

```
SELECT      A.TBNAME,                       -- Dependent-Table-Name
            A.RELNAME,                      -- Referential-constraint-Name
            B.COLNAME,                      -- Name des Foreign-Keys
            B.COLSEQ,                       -- Relative Spaltenposition des Foreign-Keys
            A.REFTBNAME,                    -- Parent-Table-Name
            A.DELETERULE                    -- Löschregel Parent-Table: Cascade, Restrict,
                                            --    No Action, Set NULL
      FROM     SYSIBM.SYSRELS  A,
               SYSIBM.SYSFOREIGNKEYS  B
      WHERE    A.CREATOR = USER
      AND      B.CREATOR = USER
      AND      A.TBNAME = 'SEMINAR'         -- Dependent-Table-Name
      AND      B.TBNAME = 'SEMINAR'         -- Dependent-Table-Name
      AND      A.RELNAME = B.RELNAME        -- Referential-constraint-Name
ORDER BY A.RELNAME, B.COLSEQ
```

Welche Tabellen sind noch ohne Primary-Index-Definition?

```
SELECT      T.CREATOR,                      -- Table-Owner
            T.NAME                          -- Table-Name
      FROM     SYSIBM.SYSTABLES  T
      WHERE    T.TYPE = 'T'                 -- T = Typ Table
      AND      NOT EXISTS
               (SELECT  *
                FROM      SYSIBM.SYSINDEXES  I
                 WHERE        I.TBNAME = T.NAME
                    AND       I.TBCREATOR = T.CREATOR
                    AND       I.UNIQUERULE IN ( 'P' , 'R')  -- P = Primary Index, R = Parent Index
```

Einfachere Variante mit gleichem Effekt (funktioniert natürlich nur dann, wenn für Tabellen der PK definiert wurde):

```
SELECT      CREATOR,                        -- Table-Owner
            NAME                            -- Table-Name
      FROM     SYSIBM.SYSTABLES
      WHERE    STATUS= 'I'                  -- I = Incomplete, weil:
      AND      TABLESTATUS = 'P'            -- der Primary Index fehlt.
```

In welchen Beziehungen ist SEMINAR die Parent Table?

```
SELECT      A.TBNAME,                           -- Dependent-Table-Name
            A.RELNAME                           -- Referential-constraint-Name
FROM        SYSIBM.SYSRELS  A,
            SYSIBM.SYSFOREIGNKEYS  B
    WHERE   A.REFTBCREATOR = USER               -- Eigentümer der Parent-Table
    AND     A.REFTBNAME = 'SEMINAR'             -- Parent-Table-Name
    AND     A.REFTBCREATOR = B.CREATOR          -- Eigentümer der Parent-Table
    AND     A.REFTBNAME = B.TBNAME              -- Name der Parent-Table
    AND     A.RELNAME = B.RELNAME               -- Referential-constraint-Name
ORDER  BY  A.RELNAME
```

Zeige alle FK-Bestandteile der Tabellen, bei denen die SEMTYP-Tabelle Parent ist

```
SELECT      A.RELNAME                           -- Referential-constraint-Name
            A.CREATOR,                          -- Eigentümer der Dependent-Table
            A.TBNAME,                           -- Dependent-Table-Name
            B.COLNAME,                          -- Name des Foreign-Keys
            B.COLNO                             -- Position des Foreign-Keys
FROM        SYSIBM.SYSRELS  A,
            SYSIBM.SYSFOREIGNKEYS  B
    WHERE   A.REFTBNAME = 'SEMTYP'              -- Parent-Table-Name
    AND     A.REFTBCREATOR = USER               -- Eigentümer der Parent-Table
    AND     A.REFTBCREATOR = B.CREATOR          -- Eigentümer der Parent-Table
    AND     A.REFTBNAME = B.TBNAME              -- Name der Parent-Table
    AND     A.RELNAME = B.RELNAME               -- Referential-constraint-Name
ORDER  BY  A.RELNAME, B.COLNO
```

8.2.5 Katalog-Queries zur Unterstützung und Kontrolle des Datenschutzes

Der Katalog sowie alle sonstigen DB2-Ressourcen unterliegen, sofern beim Installationsprozess gewünscht, den DB2-Zugriffsschutzmechanismen.
Die Privilegien werden explizit mit dem GRANT-Statement erteilt. Daneben existieren noch implizite, durch DB2 automatisch ausgelöste Privilegien.
Alle Privilegien-Informationen werden im Katalog verwaltet und sind natürlich ebenfalls abfragbar.
So kann z.B. geprüft werden, wer im Unternehmen DBADM-Privilegien hat:

```
SELECT      DISTINCT GRANTEE
  FROM      SYSIBM.SYSDBAUTH
  WHERE     DBADMAUTH <> ' '
```

Im folgenden Beispiel werden alle Table-Privilegien des Benutzers aufgelistet:

```
SELECT      *
  FROM      SYSIBM.SYSTABAUTH
  WHERE     GRANTEE = USER
```

Im folgenden Beispiel sollen alle Benutzer angezeigt werden, die die SEMTYP-Tabelle verändern dürfen (alle Spalten):

```
SELECT      DISTINCT GRANTEE
  FROM      SYSIBM.SYSTABAUTH
  WHERE     TTNAME = 'SEMTYP'
  AND       TCREATOR = 'PROD'
  AND       GRANTEETYPE = ' '
  AND       UPDATEAUTH <> ' '
  AND       UPDATECOLS = ' '
```

8.3 Katalog-Veränderungen

Wie bereits ausgeführt, ist die Möglichkeit der Katalogveränderung nur eingeschränkt durch die DB2-Benutzer möglich.

Grundsätzlich verwaltet DB2 den Katalog implizit über:

- **Die SQL-DDL-Statements der Objektverwaltung**
  - CREATE, ALTER, DROP, RENAME
  - COMMENT ON, LABEL ON.

- **Die SQL-DCL-Statements der Privilegienvergabe**
  - GRANT, REVOKE.

- **Diverse interne Prozesse (BIND, Utilities).**

Die Verwaltung der Benutzerobjekte wird durch die Benutzer angestoßen, während die Verwaltung der Katalogtabellen durch Systemgenerierungsprozesse DB2-intern abgewickelt werden kann.

Nur für bestimmte Katalogtabellen ist es zulässig, mit SQL-Statements Werte zu verändern.
Dies ist möglich für:

- INSERT, UPDATE, DELETE von Tabellenwerten der **Communications Databases** (CDB).

- UPDATE von **Statistik**feldern bestimmter Katalogtabellen, die aus Anhang 3 ersichtlich sind.
  INSERT, UPDATE, DELETE von **Statistiktabellen**, die aus Anhang 3 ersichtlich sind.
  Diese werden teilweise vom Optimizer als Grundlage für die Wahl des günstigsten Zugriffspfades verwendet.

- INSERT, UPDATE, DELETE von Katalogtabellen, die nicht mit DDL- oder DCL-Mitteln automatisch verwaltet werden, wie:
  - SYSPROCEDURES   für **Stored Procedures** (nur vor der Version 6).
  - SYSSTRINGS   für **Konvertierungsregeln**.

Ab der Version 4 können neben den von IBM gelieferten Katalog-Indizes beliebige Benutzer-Indizes auf die Katalog-Tabellen definiert werden.

DB2 verwaltet automatisch bestimmte Katalogtabellen mit all ihren Abhängigkeiten. Die Auswirkungen innerhalb des Kataloges bei Verwaltung von DB2-Objekten sind vorab in diesem Kapitel dargestellt worden.
Insbesondere soll hier noch einmal der Verweis auf den Anhang 3 gegeben werden.

9 Unabhängigkeit zwischen Daten und Funktionen
9.1 Abgrenzung logischer und physischer Aspekte

Die Abgrenzung von physischen und logischen Aspekten bei der Systementwicklung nimmt einen hohen Stellenwert ein.

Demgegenüber führt eine enge Verzahnung zu gegenseitigen Abhängigkeiten.
Die Folge daraus sind häufige und umfangreiche Systemanpassungen mit erheblichem Investitionsaufwand. So wird der erfahrene Systemanalytiker bemüht sein, in seinen Design-Prozessen auf logischer Ebene möglichst detaillierte Ergebnisse zu erarbeiten, zunächst ohne Berücksichtigung der physischen Medien.

Daher ist für eine Dialoganwendung beispielsweise eine Vorgehensweise nach folgendem Phasenmodell sinnvoll:

- **Logisches Design:**

    - **Daten**
        - Analyse der erforderlichen Datensichten/Views.
        - Daten-Modellierung:
            - Externes Daten-Modell
            - Konzeptionelles Daten-Modell
            - Internes Daten-Modell.

    - **Funktionen**
        - Analyse der erforderlichen Funktionen/Geschäftsvorfälle.
        - Einordnung der Funktionen zu Anwendungen mit der Berücksichtigung der Konsistenzbedingungen innerhalb einer Anwendung.
        - Entwicklung eines Dialogdesigns mit einer benutzerfreundlichen Oberfläche (Maskenaufbau und Verarbeitungs- bzw. Steuerungsmöglichkeiten).

- **Physisches Design:**

    - **Daten**
        - Umsetzung auf DBMS-spezifische Darstellungs- und Speicherungsformen.

    - **Funktionen**
        - Programmdesign unter Berücksichtigung der spezifischen Restriktionen von:
            - Hardware (z.B. 3270-Terminal),
            - Systemsoftware (OS/390),
            - TP-Monitoren (IMS-DC, CICS) und
            - Datenbanksystemen (hier DB2).
        - Codierung.

Natürlich können diese Phasen unter verschiedensten Vorgehensverfahren wie Top Down, Bottom-Up oder in der Praxis bewährter Mischverfahren einschließlich des Prototyping-Ansatzes realisiert werden. Wichtig ist die Abgrenzung von logischem und physischem Design unabhängig davon, unter welchen Trägersystemen und Programmiersprachen die Anwendung zur Ausführung kommt.

Es ist zu beachten, dass auf der logischen Ebene die detaillierten <u>fachbezogenen</u> Benutzeranforderungen in ein Unternehmenskonzept eingebettet werden müssen.
Auf der Benutzeroberfläche sind damit bestimmte fachliche Anforderungen umzusetzen; die technische Abwicklung kann in einer beliebigen Hardware- und Softwareumgebung erfolgen. Für den Sachbearbeiter soll die Wahl der physischen Verarbeitungswege keine Auswirkungen zeigen.

9 Unabhängigkeit zwischen Daten und Funktionen
9.1 Abgrenzung logischer und physischer Aspekte

Die folgende Abbildung zeigt die Komponenten der logischen und physischen Ebene grob auf. Es folgen einige kurze Erläuterungen zu dieser Abbildung:

- **Funktionsstruktur**
  Die Aufgabenstellung eines Unternehmens wird durch den Aufgabenverteilungsplan (Strukturdiagramm, Organigramm, usw.) fundamentiert.
  Eine Stelle, die von Mitarbeitern besetzt wird, ist die kleinste definierte Ebene innerhalb einer Organisationsstruktur. Die Aufgaben einer Stelle sind in einer Stellenbeschreibung geregelt.

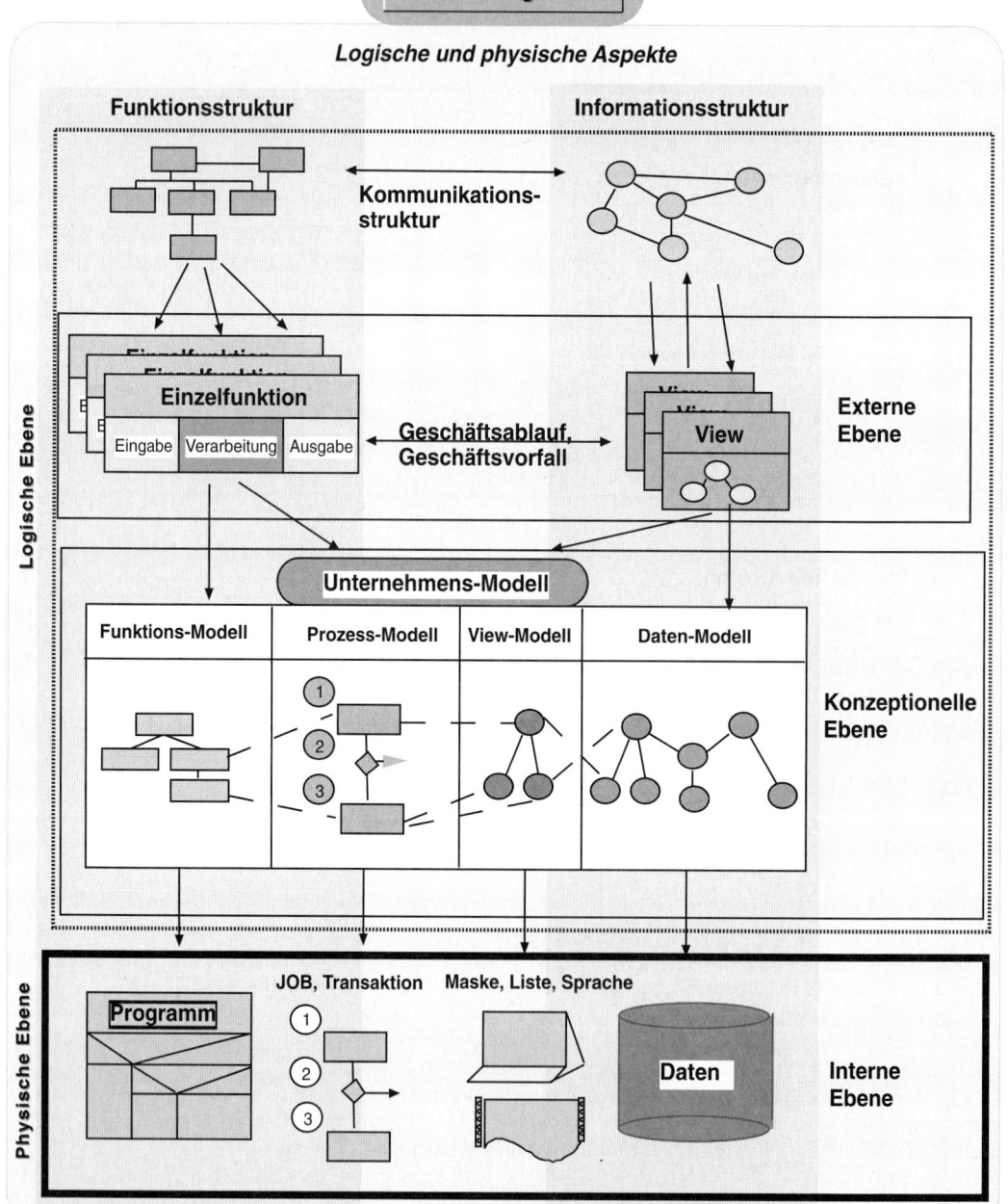

Abbildung 9-1

9 Unabhängigkeit zwischen Daten und Funktionen
9.1 Abgrenzung logischer und physischer Aspekte

- **Informationsstruktur**
  Für die Aufgabenerfüllung eines Unternehmens sind Informationen erforderlich. Es besteht eine enge Wechselwirkung zwischen Funktions- und Informationsstruktur. Veränderungen auf einer Seite können zu erheblichen Veränderungen auf der anderen Seite führen.

- **Kommunikationsstruktur**
  Die Kommunikationsstruktur regelt die Kommunikationsbeziehungen der einzelnen Funktionsträger (Stellen) eines Unternehmens zu anderen Stellen des Unternehmens bzw. außerhalb des Unternehmens.

- **Externe Ebene**
  Ebene der Benutzer-Anforderungen mit:

    - **View oder Datensicht (Benutzersicht)**
      Für die Aufgabenabwicklung einzelner Funktionen benötigt der Sachbearbeiter Daten in einer bestimmten Zusammensetzung. Es ist völlig unbedeutend, wie diese Daten gespeichert werden.
      Zwischen den Einzelfunktionen und den Views besteht natürlich eine enge Wechselwirkung.

    - **Einzelfunktionen (Vorgang, Vorfall, Geschäftsvorfall usw.)**
      Die Aufgaben einer Stelle lassen sich in Geschäftsvorfälle gliedern, die aus einem oder mehreren Arbeitsschritten bestehen können.
      Hierbei müssen die zur Verarbeitung erforderlichen Ein- und Ausgabedaten berücksichtigt werden.
      Damit ergibt sich auch eine enge funktionale Abhängigkeit zwischen Daten und Arbeitsfunktionen.

- **Konzeptionelle Ebene: Unternehmens-Modell**
  Die konzeptionelle Ebene beschreibt die konstruktiven Elemente des DV-Entwicklers auf logischer Ebene ohne Berücksichtigung der physischen Systeme.
  Das Unternehmens-Modell repräsentiert die unternehmensrelevanten Informationsobjekte in vereinfachter und abstrahierter Form. Es dokumentiert die im Unternehmen benötigten Daten und ihre Verwendung. Man unterscheidet in:

    - **Daten-Modell**
      mit der Darstellung der Daten und ihrer Beziehungen untereinander und der Festlegung der Integritätsregeln.

    - **Funktions-Modell**
      mit der Darstellung der Funktionen und ihrer Beziehungen untereinander.

    - **View-Modell**
      mit der Darstellung der funktionsbezogenen Sichten zu den Daten.
      Das View-Modell verbindet dynamisch die statischen Daten und Funktionen der jeweiligen Modelle.

    - **Prozess-Modell**
      mit der Darstellung der ereignisgesteuerten Abläufe, ihrer Daten, Sichten und Funktionen unter Wahrung der Integritätsanforderungen (logische Arbeitseinheit).

- **Interne Ebene**
  Die interne Ebene definiert die physischen Objekte eines DV-Systems:

    - **Daten**
      Darstellung der internen Datenablage und Speicherorganisation.
      Festlegung der physischen Zugriffspfade sowie der erforderlichen Verarbeitungsregeln.

    - **Programme**
      Die Programme koordinieren die funktionalen Anforderungen mit den Datenanforderungen und erzeugen die erforderlichen Datensichten auf der Basis des View-Modells.

    - **Masken, Listen, Sprachverarbeitung**
      Die Eingabe- und Ergebnisschnittstellen unter Berücksichtigung der technischen Restriktionen.

    - **Jobs, Transaktionen**
      Die Zusammenführung der Ressourcen zu ablauftechnischen Einheiten.

9 Unabhängigkeit zwischen Daten und Funktionen
9.1 Abgrenzung logischer und physischer Aspekte

In der Grafik ist eine dicke Trennlinie zwischen den logischen und den physischen Aspekten gezogen. Gelingt es nicht, diese Abgrenzung der Ebenen strikt einzuhalten, werden Änderungen auf logischer Ebene (z.B. veränderte oder neue Aufgabenprofile) stark bis in die physische Ebene mit den dort bestehenden Anwendungen wirken. Dabei sind in der Regel sowohl die Programme als auch die abgelegten Daten betroffen.

Es ist also eine wichtige Aufgabenstellung, unabhängig von dem gewählten Trägersystem zur Programmentwicklung und -abwicklung ein organisatorisches Vorgehensmodell zu entwickeln, das die Unabhängigkeit der Ebenen sichern hilft.
Dabei wird das jeweilige Betriebssystem oder Standardsoftware-Produkt nur den technischen Rahmen für die Einbettung der organisatorischen Anforderungen bieten. Es ist Aufgabe der Unternehmen, solche Systeme lediglich als Werkzeuge zur Problemlösung zu verstehen.

So existieren in einigen Unternehmen auch unter konventionellen Entwicklungs- und Datenspeicherungsbedingungen Modelle, die eine hohe Unabhängigkeit der Ebenen gewährleisten.

Als Beispiele hierfür können genannt werden:

- Standard-Entwicklungstools.
- Organisatorische Standardverfahren (z.B. einheitliche Dialogsteuerung, zentraler Feldkatalog, zentrales Schlüsselverzeichnis).
- Standardprogramme (z.B. zentrale Moduln für Dialogsteuerung, Bildschirmverarbeitung, Fehlerbehandlung, Dateiverarbeitung).
- Verlagerung von Funktionen aus Programmen in Tabellenorganisationen (z.B. Tarifwerke, Steuerungstabellen, Berechnungen).

Mit Hilfe solcher organisatorischer Maßnahmen haben einige Unternehmen in der Vergangenheit hervorragende Erfahrungen gesammelt.
Auch unter Einsatz moderner Techniken wie DB2 werden solche organisatorischen Verfahren den Grundstock für beherrschbare Systeme der nächsten Jahre bilden.

9.2 Unterstützung der Unabhängigkeit durch DB2

Im DB2 kann man die 3-Ebenen des ANSI-SPARC-Ansatzes wiederfinden.

- **Externe Ebene (logische Aspekte)**
  Definition von DB2-Views mit Zugriff auf eine oder mehrere Basis-Tabellen und Manipulation einer Basis-Tabelle. Der View definiert eine Result Table, die grundsätzlich unabhängig von den Basis-Tabellen definiert wird (in der Theorie).
  Praktisch bestehen beim View-Einsatz erhebliche Restriktionen.

- **Konzeptionelle Ebene (logische Aspekte)**
  Definition von DB2-Tables mit den entsprechenden Spalten-Charakteristiken.
  Hier werden die Basis-Daten des Unternehmens mit dem Gesamt-Informations-Angebot definiert.
  Definition der Integritäts-Regeln (z.B. Entity Integrity, Check Integrity, Referential Integrity). Der Bereich der User Integrity wird nur unvollständig im DB2 abgedeckt (z.B. durch VALIDPROC oder Check Constraints mit erheblichen Restriktionen, z.B. nur Prüfungen innerhalb einer Zeile).
  Definition der Zugriffs-Schutz-Mechanismen.

- **Interne Ebene (physische Aspekte)**
  Physische Speichersicht der Daten und ihrer Beziehungen in Block- bzw. Page-Format innerhalb der Datasets. Die Zugriffsmöglichkeit auf jeden Spalteninhalt wird aufgrund des relationalen Anspruchs gewährleistet.
  Ein Index wird grundsätzlich nur aus Performancegründen (Ausnahme Primary Index und Unique Constraint Index) außerhalb des Benutzereinflusses vom DB2-System genutzt (oder auch nicht).

9.2.1 Katalog-Konzept

Eine der wichtigsten DBMS-Einrichtungen der Verfahrensunabhängigkeit ist die Auslagerung der Beschreibungen über die Daten (Meta-Daten) aus den Anwendungsprogrammen in ein Katalog-System.
Daher gewährleistet das DB2-Katalog-Konzept in Verbindung mit den SQL-Sprachmitteln eine Grundform der Unabhängigkeit zwischen logischer und physischer Ebene.
Eine große Schwäche des DB2-Kataloges ist die fehlende Versionsunterstützung. Der Katalog kennt nur einen aktuellen Zustand.
Da die DB2-Objekte dynamisch verändert werden können, ergeben sich Problemzonen für einige Anwendungsbereiche. So wird gerade ein Anwendungsprogramm nur mit einem bestimmten Strukturzustand seine Verarbeitungsprozesse ordnungsgemäß abwickeln können. Strukturveränderungen müssen sorgfältig im Hinblick auf betroffene Packages und Pläne überwacht und die entsprechenden Programme evtl. angepasst werden.

Da DB2 keine direkten Strukturveränderungen einer Table (lediglich Hinzufügungen neuer Spalten) unterstützt, muss in einem solchen Falle die Table gelöscht und neu aufgebaut werden. Beim Löschen der Table wird u.a. ein betroffener Plan als ungültig gekennzeichnet (invalidated). DB2 führt einen Automatic Rebind durch, der - sofern dann die Table unter gleichem Namen wieder verfügbar ist - die neuen Spaltenstrukturen und Formate berücksichtigt. Ob das Programm diese neuen Bedingungen ordnungsgemäß verarbeiten kann, muss in jedem Einzelfall entschieden werden.
DB2 bietet eine Reihe von Maßnahmen an, z.B.:

- Konvertierung unterschiedlicher numerischer Formate.
- Auffüllen mit Blanks - sofern die Host-Character-Variable kürzer als die DB2-Table-Spalte ist.
- Abschneiden des rechten Teils - sofern die Host-Character-Variable länger als die DB2-Table-Spalte ist.

Auch hier muss in jedem Einzelfalle entschieden werden, ob für das Programm diese Automatismen ordnungsgemäß sind (dies sollten nur Ausnahmefälle bei Überleitungs- und Umsetz-Prozessen sein).
Die Konvertierungsmaßnahmen von DB2 sind sprachspezifisch zu sehen. Der Programmierer muss die Konvertierungsregeln durch entsprechende Definition der Variablen sorgfältig unterstützen.

9 Unabhängigkeit zwischen Daten und Funktionen
9.2 Unterstützung der Unabhängigkeit durch DB2

9.2.2 Unabhängigkeit zwischen Programmen und Daten

Ein Hauptproblem besteht beim Einsatz aller konventionellen Datenspeicherungs- und Datenbanksysteme in der Abhängigkeit der Programme zu den gespeicherten Daten. Zumeist werden die Datensichten, die Datenspeicherorganisation und die Zugriffswege fest innerhalb der Programme zu verankern sein. Speziell unter Performance-Bedingungen ist es erforderlich, exakt die Daten-Position innerhalb eines Anwendungsprogramms zu kennen und kontrolliert zu nutzen. Daraus ergeben sich starke Wechselbeziehungen zwischen Programmen und Datenspeicherung. So werden unter konventionellen Dateisystemen und Datenbanken Strukturänderungen erhebliche Änderungsauswirkungen innerhalb der Programme erbringen.

Eine der wichtigsten Zielsetzungen der Unternehmen ist daher die Erreichung der Unabhängigkeit von:

- Daten zu den existierenden Programmen.
- Programmen zu den abgelegten Daten, Datenstrukturen und Zugriffspfaden.

Diese Unabhängigkeit ist eines der häufigst genannten Motive zur Einführung eines Datenbanksystems. In der Vergangenheit haben jedoch gerade die Nutzer des hierarchischen IMS-Systems erkennen müssen, dass die erstrebte Zielsetzung bei weitem nicht erreicht wurde.

Diese Unabhängigkeit war auch eine der Zielsetzungen des 3-Schemata-Modells von ANSI-SPARC, das der Abbildung 9-1 zugrunde liegt.
Die externe Ebene beschreibt die erforderlichen Daten für die Abwicklung eines Geschäftsvorfalls, die konzeptionelle Ebene findet die logischen und die interne Ebene die physischen Wege zu den Daten.

In diesem Modellansatz wirkt die konzeptionelle Ebene als Puffer, der Änderungen in beide Richtungen abfängt.
Ändert sich die Datenanforderung einer externen Ebene (Views), ergeben sich keine Auswirkungen auf die interne Ebene (solange die erforderlichen Daten innerhalb des Unternehmens bereits vorhanden sind).
Ändern sich die physischen Ablagekriterien, ergeben sich ebenfalls keine Auswirkungen auf die externe Ebene.

Kommen neue Anforderungen hinzu, müssen natürlich alle Ebenen angepasst werden. Dies darf aber zu keinen Auswirkungen auf existierende Anwendungen führen.

Im Idealfalle ruft nun der Benutzer entweder am Bildschirm direkt oder implizit über ein Programm die kompletten Daten unter einem bestimmten Namen ab (View-Name).
Aufgrund der Einschaltung einer konzeptionellen und internen Ebene findet das System die Zugriffswege und stellt die Daten bereit.
Dieses Verfhren wird leider von den konventionellen Systemen nicht oder nur sehr eingeschränkt unterstützt.
So existiert zwar beispielsweise im IMS über den Program Status Block (PSB) das Prinzip des Views, aber die tatsächlichen Unterstützungsmaßnahmen des Systems zur Sicherung der Unabhängigkeit sind nicht sehr weitreichend, da:

- das Programm für die Datenbeschaffung selbst verantwortlich ist und die Daten im 'One-Record-at-a-time-Modus' bzw. im hierarchischen Pfad (Path-Call) von IMS anfordern muss,
- die programminterne Kenntnis des IMS-Strukturaufbaus und der jeweiligen Positionierung aus Performance-Gründen zwingend erforderlich ist,
- dem Anwendungsprogramm ein String (Kette von Zeichen) eines gesamten Segments oder aus Segmentteilen übergeben wird.
  Das Anwendungsprogramm muss sich seine feldbezogene Benutzersicht selbst definieren.

9 Unabhängigkeit zwischen Daten und Funktionen
9.2 Unterstützung der Unabhängigkeit durch DB2

Aus diesen Gründen heraus sind natürlich die Argumente der relationalen Datenbankhersteller, die Unabhängigkeit vom Systemkonzept her zu gewährleisten, bei den DV-Anwendern sehr positiv aufgenommen worden.

Die folgende Abbildung zeigt beispielhaft die generellen Daten-Verarbeitungsbefehle und die groben Unterschiede zwischen IMS- und DB2-Programmen auf.

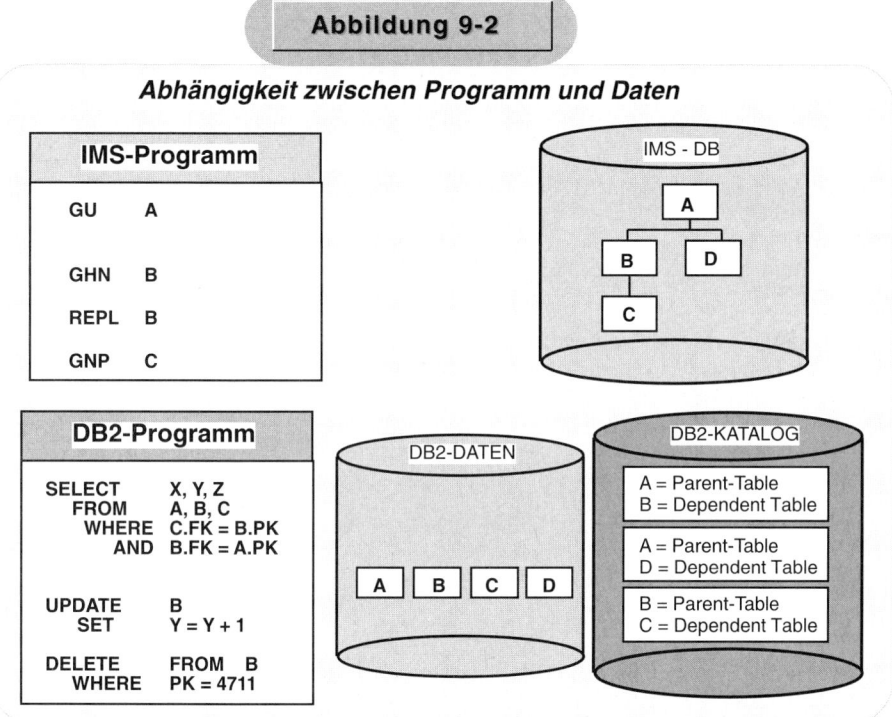

Abbildung 9-2

Abhängigkeit zwischen Programm und Daten

Während die IMS-Datenstruktur und deren Verarbeitung (Navigation) eng in die Programmlogik eingeflochten sind, werden die DB2-Anforderungen im Idealfalle eine Result-Table anfordern, die aus beliebigen Tabellendaten bestehen kann.
Manipulationen werden von DB2 direkt aufgrund der definierten referenziellen Regeln im Katalog geprüft; im IMS wirken statische Struktur-Regeln mit Pointern, die zusammen mit den Daten geführt werden.
Erkennbar ist aber auch am DB2-Beispiel, dass ein Programm ein intensives Wissen über die vorhandenen DB2-Tabellen und deren Datenangebot repräsentieren muss.

Ist das wirklich die Unabhängigkeit, die Codd meinte?

Die höchstmögliche Unabhängigkeit eines Anwendungsprogrammes von der physischen Datensicht kann nur durch einen konsequenten Einsatz des View-Konzeptes erreicht werden.
Im Idealfalle kennt ein Anwendungsprogramm (bzw. eine logische Arbeitseinheit) nur die eigenen Datensichten (Anwendungs-View). Aufbau und Inhalte sowie die physische Lokalisierung der real existierenden Datenquellen bleiben dem Anwendungsprogramm verborgen.
Von dieser Idealvorstellung sind wir noch weit entfernt. Nähere Ausführungen folgen im gleichen Kapitel unter dem View-Konzept.

DB2 bietet die SQL-Sprachschnittstelle mit hoher Mächtigkeit an. Dem einzelnen Programmierer ist es überlassen, einen optimalen Spracheinsatz zu erreichen. Hier gibt es einen eklatanten Widerspruch zwischen Theorie und Praxis, da DB2 mit seinem SQL noch einige relevante Schwachstellen aufweist.

9 Unabhängigkeit zwischen Daten und Funktionen
9.2 Unterstützung der Unabhängigkeit durch DB2

So verfügt der Optimizer noch nicht über das erforderliche Expertenwissen. Die Konsequenz daraus ist, dass der Anwendungs-Entwickler sein Expertenwissen (inkl. des Wissens um die physische Lokalisierung der Daten) hinsichtlich der optimalen SQL-Nutzung einsetzen muss.

In den Unternehmen wurde die Erfahrung gemacht, dass ein IMS-Programmierer ohne entsprechende Ausbildung die SQL-Sprache genauso einsetzt, wie er es von IMS her gewohnt ist.
Er ersetzt die IMS-Aufrufe lediglich durch SQL-Statements und erreicht damit wieder eine hohe Abhängigkeit der Programme von den erforderlichen Daten.

9.2.2.1 Verlagerung von Programmlogik in den DB2-Katalog

Gemäß dem Relationen-Modell ist der Katalog die zentrale Basis für die Aufnahme sämtlicher Metadaten. Dies sind insbesondere:

- Definition von streng abgegrenzten User-defined **Distinct Data Types**, die dann wiederum in Struktur-Definitionen und in Funktions-Parametern genutzt werden können (Annäherung an das Domain-Konzept).

- **Struktur-Definitionen** (Table-und Spalten-Beschreibungen).

- Einrichtung von **Alias** und **Synonym**, mit dem ein Programm ohne Kenntnis der Objekt-Lokation bzw. des Objekt-Eigentümers ein bestimmtes Objekt adressieren kann.

- **Beziehungen** zwischen Tabellen (Referential Constraint) und die referenziellen Verarbeitungsregeln.

- Definitionen von **Plausibilitätsprüfungen**:
  - Spaltentypen und Gewährleistung der Einhaltung der korrekten Formate (z.B. DATE),
  - Eindeutigkeit (Uniqueness) der Inhalte einer Spalte,
  - Prüfung auf gültige Inhalte der Spalten einer Zeile:
    - Definition einer benutzerbezogenen Prozedur auf Tabellenebene (VALIDPROC),
    - Definition von Check Constraints auf Tabellenebene.

- Definitionen von **Triggern**, mit denen die Einhaltung von Business-Rules automatisch mit einer Manipulation gewährleistet werden kann. Mit Triggern können auch Redundanzen automatisch kontrolliert werden.

- Einrichtung von **DB2-Views**, mit denen eine von der physischen Tabellendefinition unabhängige Sicht erzielt werden kann (Definition einer Result Table unter einem bestimmten Namen im Katalog):
  - Vergabe von abweichenden Spaltennamen für die Result Table des Views,
  - Bereitstellung der Datenauswahl, für die Verarbeitungsberechtigung besteht,
  - Auslagerung des komplexen SQL-Statements, das die Result Table des Views bereitstellt, aus den Anwendungsprogrammen.
  - Zusammenführung von Daten aus mehreren Tabellen zu einer gemeinsamen Result Table.

- Einrichtung von **Stored Procedures**, mit denen ein Anwendungsunterprogramm im DB2-Katalog definiert werden kann:
  - Nutzungsmöglichkeit aus allen verbundenen Trägersystemen und Datenbanksystemen heraus,
  - Auslagerung von SQL-Statements aus den Anwendungsprogrammen.

- Entwicklung und generelle Nutzung von User-defined **Functions**.

- Im Katalog geführte und aus den Programmen ausgelagerte Informationen, mit denen automatisch ein effizienter Zugriffspfad auf die Daten unterstützt werden kann:
  - Einrichtungsmöglichkeit von **Indizes**,
  - Führung von **Statistikdaten**, die über Datenaufkommen und Streuung Aussagen ermöglichen.

In diesem Bereich sind in nächster Zukunft weitere Verbesserungen und Weiterentwicklungen zu erwarten.

Die Unternehmen sind gut beraten, sich durch ein entsprechendes Design der Anwendungen (siehe auch weitere Ausführungen in diesem Kapitel) auf künftige zunehmende Verlagerungsmöglichkeiten von Programmcode in die Beschreibungen des Katalogs vorzubereiten!

9.2.2.2 Abhängigkeit von DB2-Katalogstrukturen und SQL-Spracheinsatz

Die SQL-Sprache in Verbindung mit den DB2-Kataloginformationen fördert grundsätzlich die angestrebte Unabhängigkeit.

So wurde in Abbildung 8-1 innerhalb des Katalog-Kapitels aufgezeigt, dass bei der Ausführung eines SQL-DML-Statements von DB2 eine Reihe von Aktivitäten ablaufen.

Zum Beispiel wird das Statement:

    SELECT * FROM SEMTYP

von DB2 zu analysieren sein. Neben der formalen Syntaxprüfung werden bei der Ausführung aufgrund der aktuellen Katalog-Beschreibungen die Charakteristiken des DB2-Objekts SEMTYP geprüft und alle Table-Daten bei ordnungsgemäßer Anforderung spaltenbezogen in einer Result Table bereitgestellt.

Diese einfache Anforderung birgt nun einige Design-Problemzonen in sich, die wir im folgenden näher untersuchen wollen.

Zunächst einmal wird die Anforderung aufgrund des aktuellen Katalogstatus durchgeführt, der natürlich vom Vortages- oder Vorstunden- oder Vorminuten- oder Vorsekunden- oder, oder ... abweichen kann.

Dies mag bei einer interaktiven Anforderung zu zwar überraschenden, aber akzeptierbaren Ergebnissen führen (unterschiedliche Konsistenz-Punkte während des Sammelns der Daten bei Query-Durchführung oder Strukturänderung z.B. durch Einfügung, Änderung oder Löschung von Spalten und Präsentation unterschiedlicher Ergebnisse an verschiedenen Tagen).
Bei einer Einbettung in ein Programm müssen jedoch einige Überlegungen angestellt werden. Immer dann, wenn ein Programm Daten von DB2 anfordert oder Daten an DB2 gibt, sind Schnittstellen und Abhängigkeiten zu beachten.
Die Frage ist zuerst einmal, wie kommen bei lesenden Zugriffen die Daten der Result Table eigentlich in das Programm?

Dafür gibt es im DB2-System drei Möglichkeiten:

- Mit dem <u>Embedded Select</u> (SELECT INTO), bei dem nur eine Ergebniszeile auftreten darf,
- Mit dem <u>Cursor-Konzept</u>, das Daten-Mengen bereitstellen kann. Im Kapitel 13 wird die Auswirkung auf die Programmstruktur dargestellt, die sich stark vom Embedded Select unterscheidet.
- Für C- bzw. C++-Programme über die <u>CLI-Sprachschnittstelle</u> mit den Funktionen: SQLFetch() bzw. SQLExtendedFetch().
  Damit können einzelne Zeilen oder Daten-Mengen bereitgestellt werden.

In allen Fällen ist die Handhabung der Werte-Übergabe grundsätzlich identisch:

- die Werte der einzelnen Result Table-Spalten müssen in den Variablen des Programmes (Host-Variablen) bereitgestellt werden.
  Dies übernehmen sprachen- und trägersystemabhängig die Attach-Facilities.

Das Programm kann seine Variablen entweder einzeln oder als Struktur übergeben.
In beiden Fällen muss eine Übereinstimmung gegeben sein zwischen der Anzahl der Spalten der Result Table und der Anzahl der Variablen.
Außerdem müssen die Formate kompatibel (nicht zwingend identisch) sein.

Das Attach-Facility kennt bei der Ausführung nur noch die Adressen der Variablen und das Format und führt die entsprechende Aufbereitung durch. Welche Katalog-Spalten der Result Table hinter den Variablen stehen, ist nicht mehr bekannt.

9 Unabhängigkeit zwischen Daten und Funktionen
9.2 Unterstützung der Unabhängigkeit durch DB2

Beispiel, siehe auch die folgende Abbildung dazu:

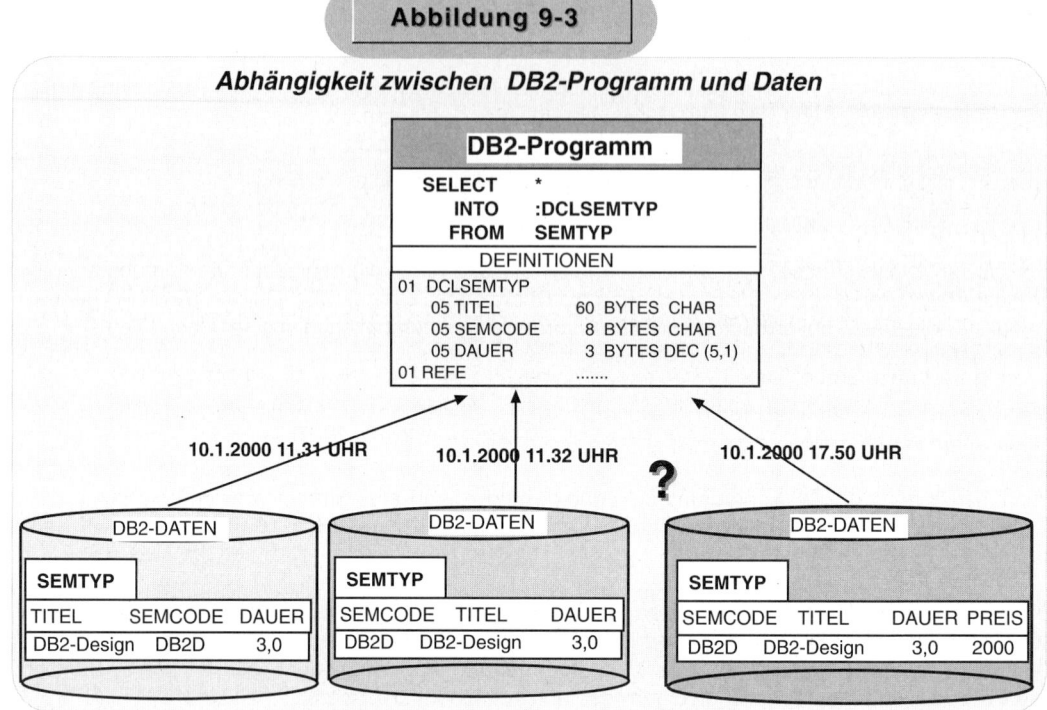

Abbildung 9-3

Abhängigkeit zwischen DB2-Programm und Daten

Wenn eine Zuweisung von Daten aus dem DB2 in die Host-Variablen mit dem Befehl

	SELECT	*	INTO :DCLSEMTYP	FROM SEMTYP
entspricht	SELECT	*	INTO :TITEL, :SEMCODE, :DAUER	FROM SEMTYP

durchgeführt wird, erfolgt folgende Verarbeitung:

- 9 Uhr   Korrekte Zuweisung. In die Struktur DCLSEMTYP werden die Variablen positionsgerecht 1 : 1 zugeordnet, die gelieferten Inhalte entsprechen den DB2-Daten.

- 14 Uhr   Inzwischen wurde eine Struktur-Änderung vollzogen.
            Der Plan wurde als ungültig gekennzeichnet (invalidated). Wenn das Programm danach aktiviert wird, erfolgt ein Automatic Rebind, bei dem die neue Struktur aufbereitet wird.
            In den Programm-Variablen wird nach dem SELECT folgender Zustand bereitgestellt:
            TITEL   =   DB2D
            SEMCODE   =   DB2-Desi   (abgeschnittener Titel)
            DAUER   =   3,0.
            DB2 meldet folgende Status:
            In SQLCA Warnungs-Schalter (SQLWARN1) bzw. SQLSTATE-Warnung und falls ein NULL-Indikator mit Spalte SEMCODE mitgegeben wurde, dort die tatsächliche Länge 8.

- 18 Uhr   Inzwischen wurde die Struktur erweitert.
            Der Plan bleibt gültig und wird auch nicht gekennzeichnet. Wenn das Programm aktiviert wird, stimmt die Anzahl der Parameter zwischen der Result Table und den Programm-Variablen nicht überein.
            Der SELECT stellt den gleichen Zustand wie um 14 Uhr bereit.
            DB2 meldet zusätzlich folgende Status:
            In SQLCA Warnungs-Schalter (SQLWARN3) bzw. SQLSTATE-Warnung.

9 Unabhängigkeit zwischen Daten und Funktionen
9.2 Unterstützung der Unabhängigkeit durch DB2

Wären bei der Strukturänderung Character- und numerische Spalten vertauscht worden, würde dies zu einem Programm-Fehler führen, der von DB2 nicht mehr behandelt wird.

Eine wesentliche Erkenntnis aus den Beispielen ist nun, dass solche Abhängigkeiten durch ein entsprechendes Programm-Design abgebaut werden müssen. Es gilt daher die Empfehlung:

*In einem Anwendungsprogramm sollte unbedingt auf die SELECT * - Anweisung verzichtet werden, wenn direkt auf Basistabellen zugegriffen wird. Lediglich beim Einsatz eines Views ist eine Ausnahme erlaubt, sofern der View nach individuellen Kriterien definiert ist.*
Die Anforderung sollte sich immer auf die benötigten Spalten und Inhalte beziehen.

An dieser Stelle wird erkennbar, dass zumindest unter Einsatz der heutigen konventionellen Programmiersprachen eine totale Unabhängigkeit zwischen Programmen und Daten nicht erreichbar ist.
DB2 bietet zwar dynamische Mittel, Objektzustände und Strukturen im lfd. System zu verändern, die Programmiersprachen fordern aber grundsätzlich eine feste Deklaration der Variablen, ihrer Größe und Formate (es gibt zwar die Möglichkeit, mit Dynamic SQL zu arbeiten und dynamisch feldweise Speicherplatz anzufordern; aus Performancegründen müssen diese Anwendungsformen jedoch sehr restriktiv eingesetzt werden. Außerdem wird die Codierung erheblich komplexer).
So wird generell eine Programmänderung erforderlich sein, wenn sich das Format von Variablen ändert.
Mit Hilfe des Kataloges kann nun abgefragt werden, welche Pläne und Packages oder Views von einer Strukturänderung einer Table betroffen sind. Für die Pläne und Packages lassen sich auch die Texte der SQL-Statements aus den Tables SYSSTMT und SYSPACKSTMT anzeigen.

Im DB2-System können physische Datenzuordnungen bzw. Objekt-Definitionen zu Einschränkungen in der Verarbeitungsfähigkeit einzelner Spalten führen.

So kann durch das Vorhandensein eines Unique Index die Einfügung von existierenden Spalteninhalten verhindert werden. Wird dieser Index gelöscht, besteht diese DB2-Unterstützung nicht mehr. DB2 gewährleistet diesen Schutz auf Dauer nur bei einem Parent Index.

9 Unabhängigkeit zwischen Daten und Funktionen
9.2 Unterstützung der Unabhängigkeit durch DB2

9.2.2.3 Konzepte zur Erreichung einer möglichst hohen Anwendungsportabilität
9.2.2.3.1 Normungs-Effekt durch den SQL-Spracheinsatz

Der innerhalb des DB2-Systems eingesetzte Sprachvorrat kann als Industrie-Standard bezeichnet werden.
Eine davon abweichende Version wurde von ANSI-SPARC und ISO als genormte SQL-Sprache verabschiedet (siehe auch im Kapitel 1 die Ausführungen zum Standard SQL).

IBM hat zugesagt, diesen Standard voll zu unterstützen und ermöglicht mit einigen Precompiler-Optionen die Syntaxprüfung auf Standard-SQL. Es existieren aber diverse Detail-Unterschiede im Einsatz der Statements und in der Interpretation der Return Codes.
Inzwischen ist ein Standard-Fehlercode, nämlich SQLSTATE verfügbar. Anstelle des bisherigen SQLCODEs sollte dieser einheitliche Fehlercode genutzt werden, der übrigens mit der DB2 Version 4 noch einmal komplett überarbeitet und verändert wurde.

Die Portabilität, die nur bei gleicher Verarbeitung aller vorkommenden Statements in unterschiedlichen Systemen gegeben ist, wird jedoch erkennbar in den nächsten Jahren nur schwer realisierbar sein. Beispielsweise ist die Basis eines relationalen Systems, nämlich der Katalog mit seinen Objekten nicht in der Normung enthalten und bei allen marktgängigen Systemen unterschiedlich.
So sind auch der Katalog-Aufbau und die entsprechenden SQL-DDL-Statements sogar für die IBM-Produkte DB2/6000, DB2/2 bzw. DB2/UDB und DB2 for OS/390 unterschiedlich. Dies wird ebenfalls durch eine Precompiler-Option SQL (ALL) berücksichtigt, damit z.B. aus einem DB2-System auch Befehle anderer Systeme durchgeschleust werden können.

Zur Vermeidung einer Verflechtung der Programm-Statements mit dem Datenbanksystem gilt die generelle Empfehlung, in normalen Anwendungsprogrammen keine DDL-Statements zuzulassen. In Standard-Routinen können DDL-Anforderungen zentral abgewickelt werden.

9.2.2.3.2 Open Database Connectivity (ODBC) und der CLI-Spracheinsatz

Ab der DB2 Version 5 wird für C- und C++-Programme die CLI-Sprachschnittstelle (Call Level Interface) unterstützt.
Dieser Industriestandard (von Microsoft) definiert eine portable Sprachschnittstelle im Rahmen der Open Database Connectivity (**ODBC**), die inzwischen auch von Standardisierungsgremien berücksichtigt wurde:

- X/Open Call Level Interface Gemeinsamer Standard der X/Open Company und der SQL Access Group (SAG),
- ISO CLI DIS ISO: Call Level Interface Draft International Standard,

DB2 CLI ist eine Realisierung auf der Basis von ODBC (Version 2) und X/Open Call Level Interface.

Mit CLI können dynamische SQL-Statements in Form von Funktionsaufrufen abgesetzt werden. Dabei wirkt eine weitgehende Plattform-Portabilität.

Aber - wie immer - steckt auch hier der Teufel im Detail:

- Durch das dynamische SQL-Ausführungskonzept entsteht ein höherer Performance-Aufwand als bei einem statischen SQL-Verfahren.
- DB2 CLI unterstützt nicht alle Funktionsanforderungen der jeweiligen Standard-Vorgaben.
- Die Unterstützung beschränkt sich auf C- und C++-Programme.
- Die Unterstützung bezieht sich nur auf DML-Funktionen. DDL-Funktionen unterscheiden sich produktabhängig aufgrund der Systemstrukturen.
  Davon sind auch DML-Funktionen betroffen, die sich z.B. auf Katalog-Objekte beziehen.
- Der theoretisch standardisierte Return Code SQLSTATE ist produktabhängig unterschiedlich zu interpretieren.

9.2.2.3.3 Einsatz von Standard-Routinen

In der Vergangenheit hat sich bei einigen Unternehmen das Verfahren bewährt, durch Einsatz von Standard-Modulen die Datenbeschaffung zentral für alle Geschäftsvorfälle durchzuführen.

Kann auch unter DB2 eine solche Routine ohne Probleme eingesetzt werden?

Eine logische angeforderte Result Table schafft eine wichtige Grundlage für eine Standardisierungs-Möglichkeit.
Unter DB2 und unter Berücksichtigung eines modernen Anwendungs-Designs ergeben sich aber neue Überlegungen und Restriktionen:

- Jede Anwendung hat ihre individuelle Sicht auf die Daten und erzeugt damit eine individuelle Result Table bzw. führt Manipulationen über eine individuelle Result Table durch.
  Standard-Beschaffungen können allenfalls für Teilsichten gelten (z.B. Kundenanschrift innerhalb diverser Anwendungen).
  Sollen hier mehrere Zugriffe vorgenommen werden oder besorgt sich die Anwendung mit einem mächtigen SQL-Statement alle erforderlichen Informationen?
  Dies kann nur im Einzelfalle beantwortet werden.

- Jede Anwendung braucht einen individuell zugeschnittenen Zugriffspfad auf die Daten unter Berücksichtigung der im SQL gebotenen Suchbedingungen.
  Dabei werden die Auswahlbedingungen fest im SQL-Statement verdrahtet.

  Wie soll eine Standard-Routine funktional ausgestattet sein?
  - Entweder kann das Funktionsspektrum von SQL nur restriktiv genutzt werden oder aber bei Einsatz des kompletten Funktions-Angebotes muss die Schnittstelle wesentliche Leistungsmerkmale von SQL aufweisen. Beispiele:
    - Ist es möglich, nur die Postleitzahl eines Kunden, nicht aber die gesamte Adresse bei Bedarf zu erhalten?
    - Wie reagiert eine Standardroutine z.B. auf die Anforderung eines Joins aus 5 Tabellen mit einer spezifischen Spaltenauswahl und ORDER BY bestimmter Spalten?
  - In der Praxis hat sich gezeigt, dass solche Standardroutinen - gerade auch im Hinblick auf eine erforderliche Zugriffseffizienz - eine Vielzahl von Parametern benötigen.
    Konsequenzen daraus:
    - es verlagert sich eine Fülle von Steuerungsproblematik in die Standardroutine und in die Anwendungsprogramme,
    - nur 'vorgedachte' Anforderungen sind abgedeckt (bei Manipulationen evtl. sinnvoll),
    - die Standardroutinen werden im Laufe der Zeit immer komplexer und wartungsproblematisch.

  Natürlich wäre auch eine Routine denkbar, die alle Anforderungen dynamisch an DB2 weiterleitet (Dynamic SQL). Hier gibt es aber folgende Einschränkungen:
  - Dynamic SQL ist i.d.R. performance-aufwendig und kann daher nicht für solche wichtigen und häufig angesprochenen Routinen verwendet werden,
  - Welche wirkliche Funktion hat dann die Schnittstelle noch, wenn sie alle Anforderungen unverändert an DB2 weiterleitet? - Muss sie allerdings selbst die dynamischen Statements erzeugen, braucht sie fast die Fähigkeit eines Expertensystems.

Daher kann folgendes Resumee ausgesprochen werden:

Ein zentraler Einsatz von Standardroutinen unter DB2 ist nahezu ausgeschlossen.
SQL heißt der Standard!
Unter DB2 verlagert sich die Beschaffungslogik in die individuellen Anwendungsprogramme.
Das heißt nicht, dass man bei der Manipulation der Daten nicht einen **objektorientierten Ansatz** anstreben sollte. In diesem Zusammenhang ist das so zu verstehen, dass genau eine Anwendung für die **Manipulation** eines Objektes verantwortlich ist und bei Mehrfachnutzung wiederverwendet wird.
Lesende Anforderungen werden entweder individuell gelöst oder **nutzen** für die Bereitstellung komplexer Objekte vorhandene Funktionen (ist nur dann sinnvoll, wenn Daten und Funktionen komplett benötigt werden).

Nur durch organisatorische Maßnahmen und technische Hilfsmittel kann ein Unternehmen eine weitgehende Abgrenzung der logischen und physischen Aspekte erreichen (siehe auch Kapitel 9.5).

9.2.2.4 Abweichungen von der Katalog-Dynamik

Aus Performancegründen existieren einige Ausnahmen von der dynamischen Verarbeitungsphilosophie des Katalogs durch statische Festlegungen, wie z.B.:

- BIND-Verfahren für Pläne und Packages. Spezielle Probleme sind hier:
  - Auflösung der SELECT *-Anweisung,
  - Auflösung der INSERT-Anweisung ohne Spaltenauswahl,
  - Abhängigkeit bei Einsatz des Cursor-Konzeptes zwischen DECLARE CURSOR, OPEN und FETCH,
  - Nicht-Berücksichtigung nachträglicher relevanter Katalog-Veränderungen.
- SELECT *-Statement-Auflösung beim CREATE VIEW.

Für den Bereich der Anwendungsprogramme wurde ein statisches BIND-Verfahren geschaffen, bei dem die SQL-Verarbeitungsprozesse in der Package oder im Plan festgehalten werden. Dies erspart bei der permanenten Ausführung des Programmes, das diesen Plan benötigt, die entsprechenden Prüf- und Verarbeitungszyklen.
Bei diesem BIND werden natürlich auch die zum BIND-Zeitpunkt aktuellen Ressource-Informationen festgeschrieben.

Wird eine Ressource-Veränderung innerhalb des Programmes benötigt, muss das Programm entsprechend im Datenbereitstellungs- und Verarbeitungsbereich angepasst werden. Zusätzlich muss ein BIND-Vorgang aktiviert werden.

Benötigt das Programm diese Veränderungen nicht, bleiben die BIND-Informationen bis zum nächsten BIND-Prozess gültig. Dann allerdings könnten nicht gewünschte Ergebnisse auftreten (DB2 führt z.B. beim Löschen eines Index einen Automatic Rebind durch), wenn innerhalb des Programms folgende Statements genutzt werden:

- SELECT *
- INSERT mit direkter Wertvorgabe ohne die Vorgabe der entsprechenden Spaltennamen:
  INSERT INTO SEMTYP VALUES (....)
  anstelle von: INSERT INTO SEMTYP (TITEL, SEMCODE, DAUER) VALUES (..)

Bei beiden Verfahren wird eine hohe Abhängigkeit von der Anzahl und Reihenfolge der Spalten erzeugt. Daher gilt in Erweiterung der SELECT- Empfehlung für INSERTs:

In einem Anwendungsprogramm sollte bei einem INSERT immer eine Spaltenliste mit vorgegeben werden. Damit können die einzufügenden Spaltenwerte mit den Spaltennamen in Beziehung gebracht werden. Ansonsten könnte bei einer veränderten Tabellenstruktur die Position der Spalte nicht mehr übereinstimmen.
Natürlich müssen gerade INSERT-Programme intensiv auf Auswirkungen bei Tabellenstrukturänderungen überprüft werden, da ansonsten nicht übergebene Spaltenwerte auf NULL-Wert bzw. auf System-Default gesetzt werden.

Eine weitere statische Anwendungsform entsteht bei Einsatz des Cursor-Konzepts. Hier ist unbedingt darauf zu achten, dass die Result-Table des Cursors im Aufbau und in der Struktur identisch ist mit den Ergebnisfeldern des FETCH-Befehls.
Da bei FETCH keine Spaltenauswahl mehr durchgeführt werden kann, sondern nur noch mit 'FETCH Cursor INTO' Daten übertragen werden, kann es zu Konflikten bei nachträglichen Änderungen der Cursor-Result Table kommen.
Daher hier die Empfehlung:

Die Strukturen eines Anwendungsprogramms (Anwendungs-View) sollten mit DCLGEN oder einem adäquaten Tool automatisch generiert werden.
Die Anforderungen eines Anwendungsprogramms sollten generell nur über DB2-Views ausgesprochen werden oder - besser mittels generierter Statements, die mit Meta-Daten unterstützt werden und bei Veränderungen automatisch angepasst werden können.

9 Unabhängigkeit zwischen Daten und Funktionen
9.2 Unterstützung der Unabhängigkeit durch DB2

Auch bei Einsatz des DB2-View-Konzepts wirkt ein statisches Verfahren. So werden die beim Anlegen eines Views (CREATE VIEW) durch das Select-Statement definierten Ressourcen zum Zeitpunkt der View-Erstellung im Katalog hinterlegt.
Damit können sofort nach Anlegen des Views die einzelnen zugeordneten Spalten im Katalog abgefragt werden.

Das Statement:

```
CREATE VIEW VIEW1 AS SELECT * FROM SEMTYP
```

führt zur Zuordnung der zum Zeitpunkt des CREATEs aufgefundenen Spalten aus der SEMTYP-Table.
Das heißt, in unserem Beispiel werden dem View die Spalten SEMCODE, TITEL, DAUER und MAXTEILN aus der SEMTYP-Tabelle zugeordnet. Wenn später in die Table SEMTYP neue Spalten hinzugefügt werden, bleiben diese außerhalb des Views. Da kein ALTER VIEW existiert, muss bei Bedarf der View gelöscht und wieder angelegt werden.

Daher auch hier die Empfehlung:

Bei der Definition eines Views sollte auf die SELECT * - Anweisung verzichtet werden. Die individuelle Anforderung sollte sich immer auf die benötigten Spalten und Inhalte beziehen. Dabei können logische Spaltennamen definiert werden.
Dies entspricht grundsätzlich der View-Philosophie (und ist natürlich mit einem erhöhten Verwaltungsaufwand verbunden).
Bei Einsatz eines individuellen Views darf mit SELECT * FROM VIEW1 gearbeitet werden, bei Einsatz genereller Views muss die jeweilige Spaltenauswahl getroffen werden.

Anmerkung:
Auf einen generellen View werden von mehr als einer Anwendungsfunktion SQL-Statements abgesetzt.

9.3 Vorteile und Grenzen des DB2-View-Konzepts
9.3.1 Vorteile des DB2-View-Konzepts

Folgende Gründe sprechen für den Einsatz des DB2-View-Konzepts:

- Einfachere Handhabung komplexer Datenmanipulationen.
- Zugriffsschutz auf Spalteninhaltsebene.
- Logische und physische Unabhängigkeit der Anwendungen von den gespeicherten Daten (bzw. den definierten Tabellenstrukturen).

Die folgende Abbildung zeigt den Einsatz des Views zur Vereinfachung der Handhabbarkeit sowie zur Unterstützung des dateninhaltsbezogenen Zugriffsschutzes.

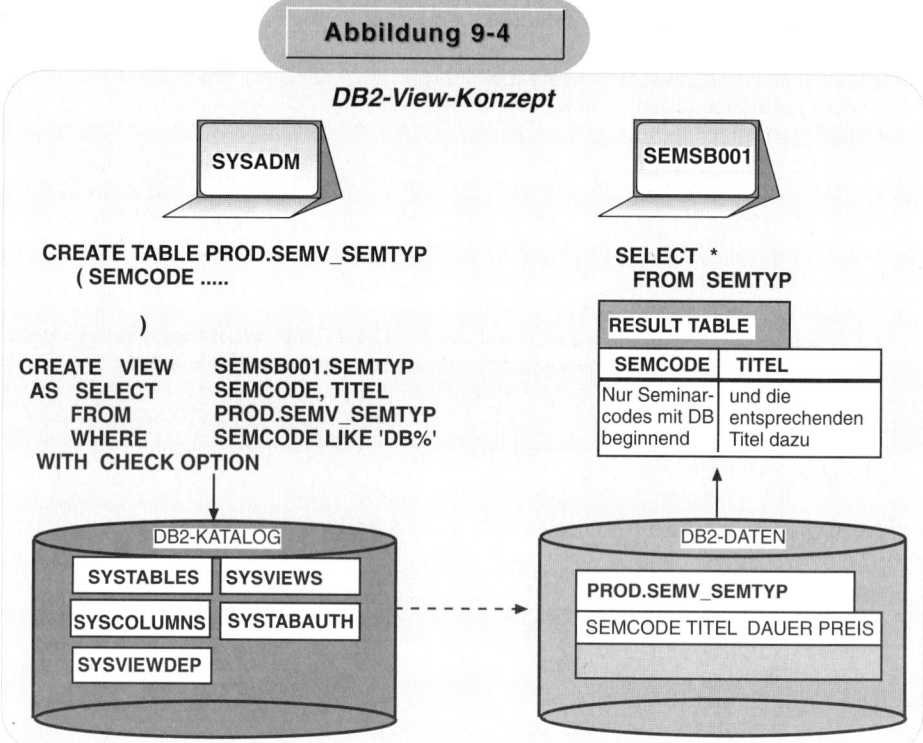

Abbildung 9-4

Der SYSADM legt den View für den Sachbearbeiter mit dem Autorisierungs-Id SEMSB001 an. Dabei definiert er mit der SELECT-Anweisung die Bedingungen, die zu der Result Table führen, mit der der View anschließend genutzt werden kann.
Durch die Angabe WHERE SEMCODE LIKE 'DB%' werden nur die Seminare mit einem SEMCODE beginnend mit 'DB' selektiert und in die Result Table eingestellt.

Mit dieser Result Table kann der Sachbearbeiter weiterarbeiten.
Hat er die entsprechenden Privilegien, kann er auch über diesen View Daten verändern. Dabei werden natürlich nur die innerhalb der Result Table stehenden Daten zur Veränderung angeboten.
Durch die WITH CHECK OPTION beim Anlegen des Views wird von DB2 verhindert, dass der Benutzer den SEMCODE so modifiziert, dass die ersten beiden Stellen nicht mehr dem Inhalt 'DB' entsprechen.

Der DBA kann auch einen View auf einen oder mehrere andere Views definieren. Er kann auch Views und reale Tables mischen (was i.d.R. nicht sinnvoll ist, da die Übersichtlichkeit stark leidet).

9 Unabhängigkeit zwischen Daten und Funktionen
9.3 Vorteile und Grenzen des View-Konzeptes

Das View-Konzept ist das wichtigste und elementarste Konzept zur Wahrung der Unabhängigkeit zwischen Anwendungen und Daten.

Erkennbar sind zwei unterschiedliche View-Formen:

- **Individueller View** für eine bestimmte Funktions-Anforderung.
  Hier kann der View ausschließlich mit den funktionsabhängigen Spalten und Zeilen bereitgestellt werden. Verschachtelte Views sind kaum sinnvoll.

- **Generalisierter View** für einen bestimmten Funktions-Bereich.
  Hier wird der View in der Regel gesamtheitliche Sichten bereitstellen, die im Einzelfall das Anforderungs-Profil übersteigen können und evtl. zu höheren Aufwendungen im System führen (siehe auch materialized View). Bei diesem Konzept sind verschachtelte Views möglich.
  Problem:
  Wenn z.B. ein View als Join über 5 Tabellen definiert ist und der Benutzer benötigt eine Spalte aus einer Tabelle. Er kann den View nutzen und erhält auch sein gefordertes Ergebnis (ggf. unter DISTINCT-Einsatz), aber die Effizienz des Statements ist relativ katastrophal!
  In der Praxis anzutreffende Alternative (Basis-View):
  Für jede Basistabelle wird ein generalisierter View spiegelbildlich angelegt (1 : 1). Dieser wird auch als Basis-View bezeichnet. Damit kann eine generelle Nutzung von DB2-Views erreicht werden.
  Mit diesem Basis-View werden sämtliche Manipulationen betrieben und der View kann für lesende Zugriffe effizient eingesetzt werden, da eine gezielte Spalten- und Dateninhaltsauswahl sowie auch Joins mit anderen Views unterstützt sind.
  Aber: Dieser Basis-View muss mit jeder Veränderung der Basis-Tabelle mit verändert werden oder es wird unterschieden zwischen:
  - dem Basis-Manipulations-View (immer der aktuellen Version der Basis-Tabelle entsprechend),
  - versionsspezifischen Lese-Views, die eine höhere Stabilität aufweisen können, da bestehende Verfahren z.B. den View 'SEMTYP_V02' nutzen, neue Verfahren mit den veränderten Strukturanforderungen den View 'SEMTYP_V03' einsetzen.

Der Benutzer fordert seine Daten über einen View-Namen an. DB2 sucht sich den Weg zu den Daten automatisch aufgrund der gespeicherten Kataloginformationen.
Hierbei sind auch Joins auf mehrere Tabellen möglich.
Einschränkend gilt für einen solchen 'Join-View', dass über ihn keine Datenmanipulationen durchgeführt werden können (Read-only).

Die folgende Abbildung zeigt den Verfahrensweg auf, bei dem das View-Konzept die Unabhängigkeit der Benutzeranforderung trotz Aufteilung der ursprünglichen Basistabelle in zwei Tabellen gewährleistet.
Hierbei muss der DBA mit den Möglichkeiten der SQL-Sprache eine zwingende Verarbeitungs-Folge durchführen. Diese einzelnen Verfahrensschritte können als komplexer Geschäftsvorfall bezeichnet werden, der einen Konsistenzbereich über viele Dialogschritte hinweg berücksichtigen muss (eine logische Unit of Work). Wir werden im Kapitel 12 noch näher auf diese Problemzonen und die DB2-Hilfsmittel zur Konsistenzgewährleistung eingehen.
Wichtig ist jedoch an dieser Stelle die Feststellung, dass der DBA erst dann den Zugriff zu den neuen Tables zulassen darf, wenn alle seine Verarbeitungsschritte vollständig und ordnungsgemäß ausgeführt worden sind.

In unserem Beispiel teilt der DBA die Daten der bestehenden Table SEMTYP auf zwei Tabellen, nämlich SEMTYP_NEU und SEMPREIS auf.
Aus Gründen interner Namenskonventionen sind alle Produktionstabellen mit dem Autorisierungs-Id 'PROD' angelegt.
Weiterhin ist vor dem eigentlichen Table-Namen noch eine Sachgebiets-Identifikation, in unserem Beispiel SEMV vorhanden.

Aufgrund der View-Deklaration kann der Sachbearbeiter weiterhin den bestehenden View nutzen. Er kann allerdings, wie bereits erläutert, keine Datenveränderungen über diesen View abwickeln.

9 Unabhängigkeit zwischen Daten und Funktionen
9.3 Vorteile und Grenzen des View-Konzeptes

In der Praxis existieren häufig Namenskonventionen, die das beschriebene Verfahren nicht ermöglichen, da z.B. ein View immer mit 'V' beginnen muss und eine Tabelle mit 'T'.
In diesem Fall kann z.B. der vorab beschriebene Basis-View eingesetzt werden, damit bei Strukturänderungen weiterhin mit demselben Objektnamen gearbeitet werden kann.

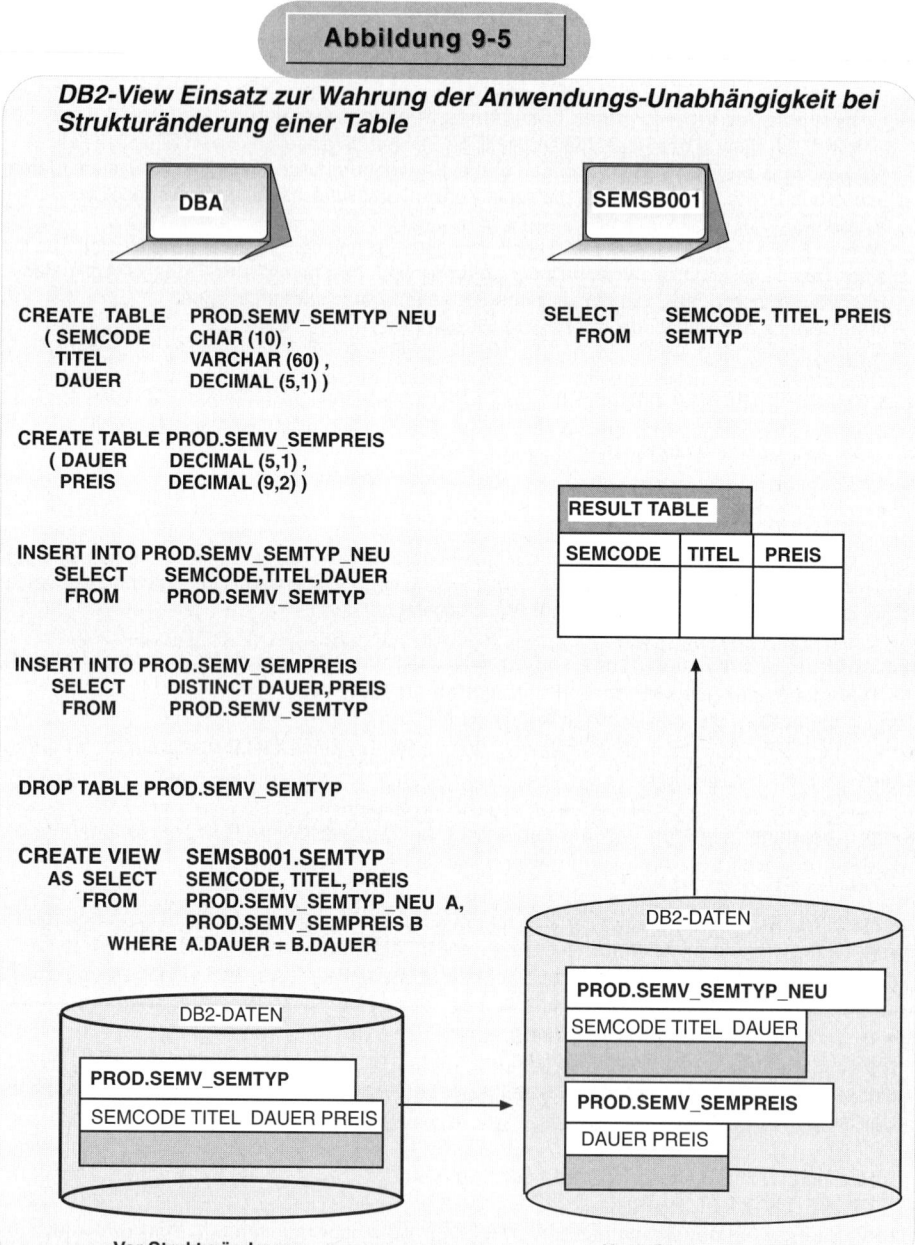

Abbildung 9-5: DB2-View Einsatz zur Wahrung der Anwendungs-Unabhängigkeit bei Strukturänderung einer Table

9.3.2 Nachteile und Grenzen des View-Konzepts

Bei einer totalen Unterstützung des View-Konzepts wäre die Unabhängigkeit der Anwendungen von den Daten weitgehend sichergestellt. Es existieren jedoch unter DB2 eine Fülle von Beschränkungen, die den View-Einsatz nur sehr eingeschränkt erlauben.
Grundsätzlich ergeben sich bei einer theoretischen Betrachtung der möglichen Views folgende View-Typen:

- **Theoretisch änderbare/updateable Views**
  - Direkt als updateable erkennbare Views (Zeilen- und Spalten-Subset einer Table).
  - Nur mit bestimmtem Aufwand erkennbare Views, die aber derzeit keine DB2-Systemunterstützung erhalten.

- **Theoretisch nicht änderbare/updateable Views.**

Es gibt also eine Gruppe von Views, die updateable ist und von DB2 auch unterstützt wird. Dies ist eine sehr einfache Verarbeitungsmenge von Zeilen und Spalten einer einzigen Basistabelle.
Für die andere Gruppe der theoretisch updateablen Views müßten bestimmte Aufwendungen von DB2 betrieben werden.
Es existieren derzeit folgende Restriktionen der View-Nutzung:

- **Unzulässige Schlüsselworte im SELECT-Statement des CREATE VIEW:**
  - UNION.
  - ORDER BY.
  - Es sind keine Host-Variable zulässig (nur Konstanten).
  - FOR UPDATE OF.

- **Views können nur auf Objekte des lokalen Servers bezogen werden**

- **Read-Only-Views können nicht manipuliert werden** (siehe Anhang 2 CREATE VIEW).

- **Eine Spalte kann nicht verändert werden, wenn:**
  - Column-Functions wie MIN, MAX, AVG, SUM eingesetzt werden.
    Dadurch entstehen innerhalb der Result Table sogenannte '**derived fields**'.
  - Arithmetische Berechnungen oder Scalar Functions bei der Ausführung des SELECT-Statements ausgeführt werden. Dadurch entstehen innerhalb der Result Table sogenannte '**virtual fields**' (z.B. Summe A + B).
  - Konstante Werte in die Result Table eingestellt werden oder mehrere Spalten auf die gleiche Spalte einer Table zeigen.

- **Bei INSERT von Daten über einen View:**
  - müssen alle Spalten definiert sein, die 'NOT NULL-Werte' fordern,
  - dürfen keine Spalten enthalten sein, die 'derived fields' bzw. 'virtual fields' als Konstanten enthalten.

Eine weitere Einschränkung des DB2-Views ist die Tatsache, dass in einem View nur ein einziges SQL-Statement abgestellt werden kann.
Durch die genannten Restriktionen ist das DB2-View-Konzept nur beschränkt einsetzbar.

Zudem entsteht in komplexen Systemen ein sehr hoher manueller Änderungsaufwand der View-Verwaltung, da DB2 überhaupt keine Unterstützung durch automatisierte Funktionen bereithält:

- Es existiert kein ALTER VIEW. Bei Änderung ist ein DROP und neuer CREATE erforderlich. Die Definitionen der Objektverwaltung müssen außerhalb des Kataloges (z.B. unter TSO-ISPF) gehalten werden oder es muss ein entsprechendes Tool eingesetzt werden.
- Bei Erweiterung einer Table erhält ein VIEW AS SELECT * nicht automatisch die neuen Infos (dies ist auch grundsätzlich erwünscht; wird die neue Spalte aber benötigt, muss der View wieder gelöscht und neu angelegt werden).
- Beim DROP TABLE werden alle abhängigen Views automatisch gelöscht.
- Beim DROP VIEW werden alle Views gelöscht, die auf den zu löschenden View referenzieren.

Es ist zu beachten, dass spätestens bei der Berücksichtigung von Performance-Aspekten dem Entwickler die Wirkungen eines View-Aufrufs in allen Details bekannt sein müssen!

9 Unabhängigkeit zwischen Daten und Funktionen
9.3 Vorteile und Grenzen des View-Konzeptes

Die folgende Abbildung zeigt das Beispiel eines nicht updateablen Views, der von DB2 natürlich nicht unterstützt werden kann.
Grund: Die Eindeutigkeit der Werte ist wegen der fehlenden PKs nicht gegeben.

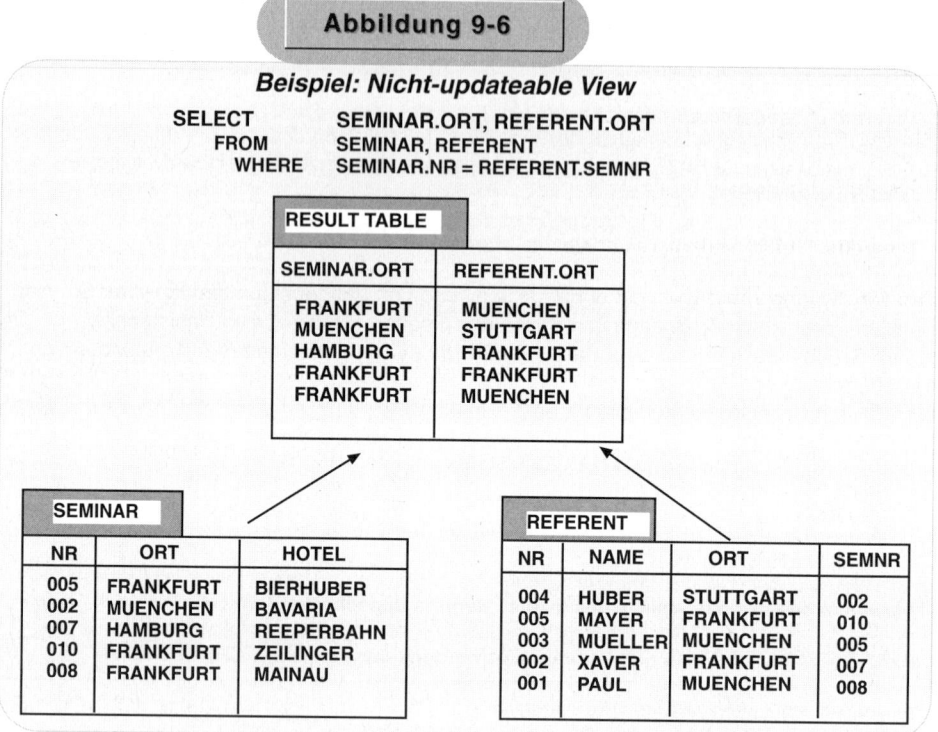

Abbildung 9-6

Die Result Table zeigt Informationen aus zwei Tabellen, die vom Benutzer aufgrund fehlender eindeutiger Primärschlüssel nicht mehr gezielt adressiert werden können.
In der Result Table befinden sich redundante Daten (FRANKFURT MUENCHEN). Wenn nun der Benutzer eine dieser Zeilen (nehmen wir an, die letzte Zeile) ändern wollte in FRANKFURT KOELN würde dies:

- in der Result Table nicht durchführbar sein, da der Benutzer nur mengenorientierte Befehle absetzen kann und nicht die Zeile 5 zu adressieren vermag (zudem weiß der Benutzer gar nicht, welche Basisdaten er eigentlich ändern möchte),

- in den Basistabellen nicht änderbar sein, weil die Primärschlüssel nicht aus der Result Table abgeleitet werden können.

Sollte DB2 die Primärschlüssel intern halten, wäre trotzdem eine direkte Veränderung in den Basistabellen nicht durchführbar, da dann die Integrität verletzt werden könnte.
Dies wird besonders deutlich, wenn in der Result Table zwei Zeilen mit dem gleichen Inhalt auftreten würden (wie in unserem Beispiel FRANKFURT MUENCHEN).

Aus diesen Gründen können diese nicht updateablen Views lediglich zur Information genutzt werden. Die Änderung der Basistabellen kann nur über die entsprechenden Primärschlüssel erfolgen, wobei natürlich auch hier wieder Integritätsbeziehungen beachtet werden müssen.
Für alle Benutzer ist die folgende Regel wichtig zur Gewährleistung der erforderlichen Integrität:

Ein View, der als Grundlage für Veränderungen herangezogen wird, muss alle Primary-Key-Bestandteile der zu ändernden Basistabellen enthalten.

9 Unabhängigkeit zwischen Daten und Funktionen
9.4 Nutzung von Stored Procedures, User-defined Functions und Triggern
9.4.1 Integritätsbewahrung als Aufgabenstellung für die Datenbank

Lt. CODD ist es die Aufgabe einer relationalen Datenbank, die Integrität umfassend zu gewährleisten. Dies ist jedoch nur dann (theoretisch) erreichbar, wenn die Datenbank - d.h. hier der DB2-Katalog - das gesamte Integritätswissen aufweist (siehe hierzu auch vorab unter "Verlagerung von Programmlogik in den Katalog").
Im DB2 stehen ab der Version 6 folgende funktionale Unterstützungen zur Bewahrung der Integrität zur Verfügung, die in der DB2-Umgebung ausgeführt werden:

- **Explizit aufrufbare Routinen**

  - **Stored Procedures**
    mit sprach- und plattformunabhängiger Aufrufmöglichkeit mittels SQL-CALL. Sie werden i.d.R. 'in der Nähe der Daten' gehalten und können SQL-Statements enthalten.

  - **User-defined Functions**
    mit sprach- und plattformunabhängiger Aufrufmöglichkeit mittels SQL-DML-Statement. Sie können im Rahmen von Manipulations-Anforderungen oder durch das SET-Statement aktiviert werden.

- **Implizit mit einem Manipulationsanstoß automatisch aktivierte Routinen**

  - **Trigger**
    mit direkter Anbindung an eine Tabelle (Triggering Table). Automatischer Anstoß bei einer vordefinierten Manipulationsart. <u>Before Trigger</u> können Business-Rules prüfen und gewährleisten und <u>After Trigger</u> lösen Manipulationen in weiteren Tabellen aus.
    Aufrufmöglichkeit von Funktionen (mit VALUES) und Stored Procedures (mit CALL).

Abbildung 9-7

Funktions-Schichten zur Integritätsbewahrung

Programm A
```
EXEC SQL
    UPDATE    T1
    SET       C1 = :C1
    WHERE     PK = :PK
```

```
UPDATE    T1
SET       C1 = :C1
WHERE     PK = :PK
```

Programm B
```
EXEC SQL
    CALL SP1 (:P1,:P2)

EXEC SQL
    SET :RC = FUNK1 (:WERT1, : WERT2)
```

SQL-Manipulation

Stored Procedure

SQL-Manipulation

Trigger-Bedingungen und -Aktionen

Trigger

Table1
Table2

Function

SQL-Manipulation

Implizit ablaufende DB2-Funktionen

Explizit aufzurufende DB2-Funktionen

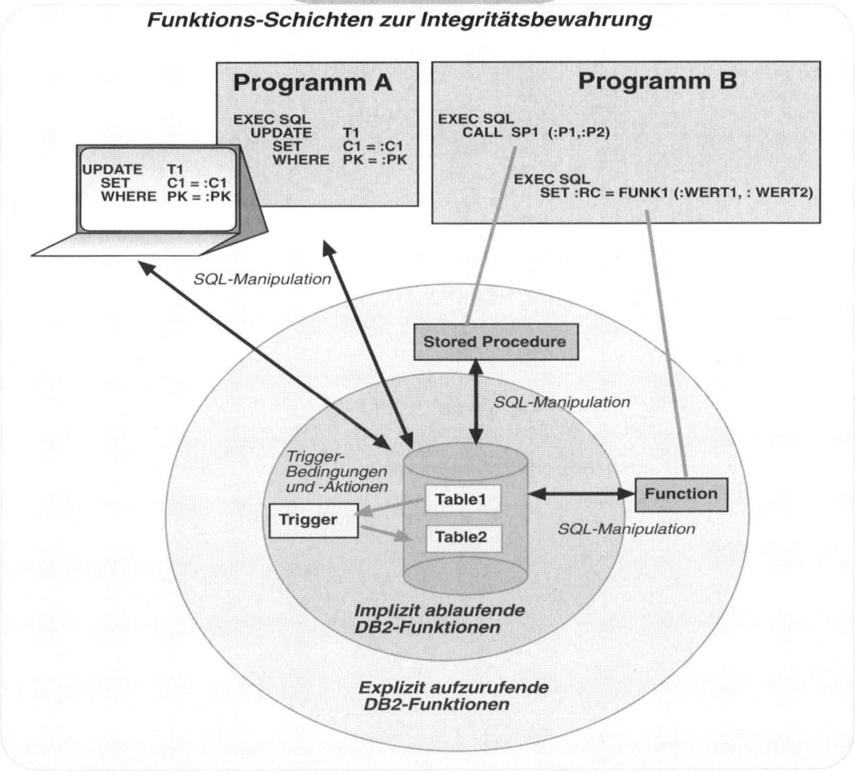

9 Unabhängigkeit zwischen Daten und Funktionen
9.4 Nutzung von Stored Procedures, User-defined Functions und Triggern

9.4.1.1 Komponenten einer "aktiven Datenbank"

Die Verlagerung der Integritätsgewährleistung ins DB2 und die Bereitstellung von auslöserorientierten und automatisch aktivierbaren Verarbeitungsroutinen bedarf eines hohen methodischen Vorbereitungsaufwandes.

Da bereits an anderen Stellen im Buch diese Thematik hinreichend behandelt wird, wollen wir es hier an dieser Stelle bei einer Zusammenfassung der Referenzen auf die Buch-Kapitel belassen:

- Grundsätzliche Überlegungen und Ausgangssituation   Kapitel 2.5.1
- Stored Procedures, User-defined Functions und Trigger   Kapitel 2.6
- Voraussetzungen für eine DB2-Einführung   Kapitel 3
- Übersicht der kompletten Integritäts-Regeln und -Maßnahmen Kapitel 10.3.4

Abbildung 9-8

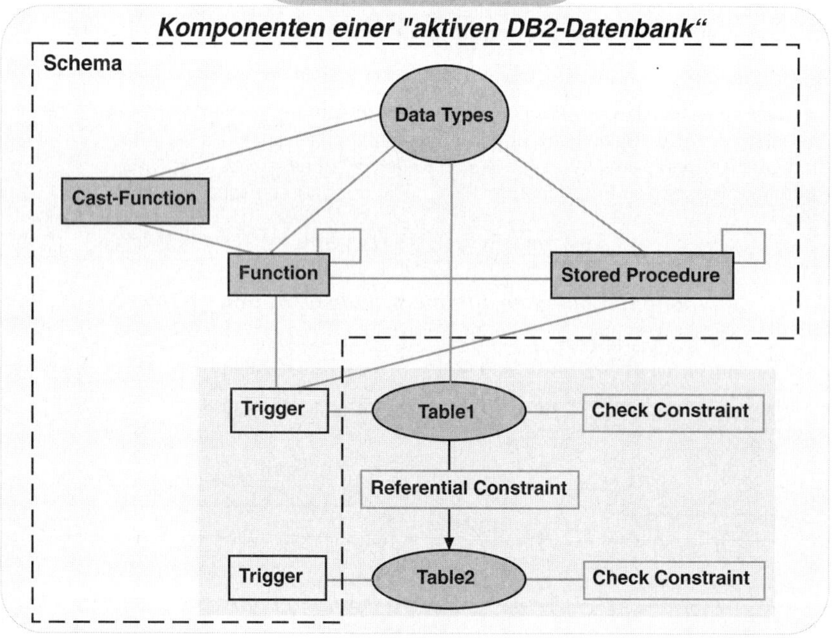

Komponenten einer "aktiven DB2-Datenbank"

[Diagramm: Schema mit Data Types, Cast-Function, Function, Stored Procedure, Trigger, Table1, Table2, Check Constraint, Referential Constraint]

Bei der Einschätzung der Nutzer-Akzeptanz und der realistischen Einsatzerwartungen solcher Komponenten ist eine äußerste Zurückhaltung der Unternehmen zu erwarten.
Immerhin gibt es derzeit nicht allzuviele Unternehmen, die sich an Check Constraints oder Referential Constraints heranwagen.
Im nächsten Kapitel erfolgt daher eine kurze Zusammenfassung der Argumente für und wider eine solche aktive Datenbank.

9.4.1.2 Argumente für und wider eine "aktive Datenbank"

Im theoretischen Anspruch ist eine aktive Datenbank mit einer Fülle von Vorteilen verbunden. Praktisch ist aber zu erkennen, dass die zunehmende Aufnahme von Integritätsregeln und Funktionalität in die Schichten der Datenbank zwar einerseits die Qualität der Daten positiv beeinflusst, andererseits aber bei unvorhersehbaren Störungen und Fehlern im Betrieb zu erheblichen Behinderungen führen kann.
Dies ist insbesondere dadurch begründet, da nicht alle Situationen - trotz intensiver Tests - vorplanbar sind und die Zwangsfolgen integrierter Maßnahmen die Bereinigung einer kritischen Situationen oftmals hemmen.
Daher sind auch entsprechende Notfall-Szenarien auszuloten, bei denen im Bedarfsfall vorhandene Beschränkungen in Teilbereichen kurzfristig widerrufbar sein müssen.

Folgende wesentliche Argumente sprechen **für** eine "aktive Datenbank":

- **Zentrale** Koordination und Gewährleistung der **Integrität**.

- **Zentrale Definition** und **Dokumentationsmöglichkeit** der **Business-Rules**.

- **Zwang zur frühzeitigen Definition** aller **Business-Rules** und der **durchzuführenden Maßnahmen** und nicht erst 'Zug um Zug' während einer Projekt-Lebensdauer.
  Dies stellt eine Herausforderung für alle Projektmitarbeiter und auch die Entscheidungsträger dar!

- **Kein Unterlaufen** der Regeln möglich (im Normalfall) - unabhängig davon, aus welcher Umgebung heraus Anforderungen gestellt werden.

- **Wiederverwendbare** und zentral universell nutzbare **Komponenten** und deren Regeln.

- Möglichkeit des Abschirmens der Regelwerke von den Nutzern eines Systems (**Abkapselung**).

- **Bessere Performance** durch implizite automatische Funktions-Aktivierung anstelle einzelner programmgesteuerter Zugriffe mit entsprechenden Kommunikationsaufwendungen zwischen Programm und Datenbank.

Folgende wesentliche Argumente sprechen **gegen** eine "aktive Datenbank":

- Der Vorbereitungs-, Implementierungs- und Test-**Aufwand** für eine **integrales System** ist (*scheinbar*) **sehr viel höher** als bei einer fallweisen Problemlösung.

- Die derzeit i.d.R. praktizierte **Abgrenzung der Funktionsbereiche** von Anwendungs-Entwicklern und Datenbank-Administratoren verhindert die Einführung und sogar schon die Diskussion über den zweckmäßigen Einsatz.
  Daher müssen zuvor **infrastrukturelle Voraussetzungen** geschaffen werden, z.B. durch Objekt-Administratoren, die fachlich und technisch für einzelne Objekte verantwortlich sind und die entsprechenden Design-Maßnahmen und die technischen Implementierungen mitgestalten und steuern.

- **Technische Voraussetzungen** müssen geschaffen werden (LE-Ausführungsumgebung).

- Es entsteht eine hohe **Abhängigkeit** zur Zuverlässigkeit und Fehlerfreiheit sämtlicher System-Komponenten.

- Einzelne Mitarbeiter erben die **Verantwortung** für Systeme mit großer **Komplexität**. Das schreckt 'normale tariflich bezahlte' Mitarbeiter extrem ab!
  Hinweis:
  Die Komplexität ist auch heute schon vorhanden, verteilt sich aber auf die Köpfe vieler Mitarbeiter!

9.4.2 Nutzung von Stored Procedures
9.4.2.1 Daten-Bereitstellung und Manipulation in einer 'Black Box'

Eine Stored Procedure ist ein - in einer der von DB2 unterstützten Programmiersprachen - kompiliertes Anwendungsprogramm, das an einer lokalen oder remote Lokation bereitgestellt wird.
Die Stored Procedure kann SQL-Statements beinhalten.

Analog eines Unterprogramms kann in der Stored Procedure Anwendungslogik aus dem aufrufenden Programm (Client Programm) ausgelagert werden.
Die grundsätzlichen Konzepte, Vor- und Nachteile von Stored Procedures sind bereits im Kapitel 2 behandelt worden.
An dieser Stelle sollen noch einmal die besonderen Aspekte einer methodischen Integration bei der Entwicklung von DV-Verfahren dargestellt werden. Dabei werden die speziellen Restriktionen aus diesem Betrachtungswinkel noch einmal erörtert.
Weitere Ausführungen siehe im Kapitel 9.5 und im Kapitel 13.

Für die Ausführungsmöglichkeit einer Stored Procedure muss eine Language Environment-Runtime-Umgebung zur Verfügung stehen.

Beim Aufruf einer Stored Procedure können Parameter übergeben werden.
Diese mussten vor der Version 6 vorab in der Katalog-Tabelle SYSPROCEDURES mit SQL-DML-Mitteln (INSERT, UPDATE) definiert werden.
Ab der Version 6 ist dafür das CREATE PROCEDURE-Statement zu nutzen.
Insbesondere ist zu regeln, ob die Host-Variablen mit NULL-Werten übergeben werden oder nicht.

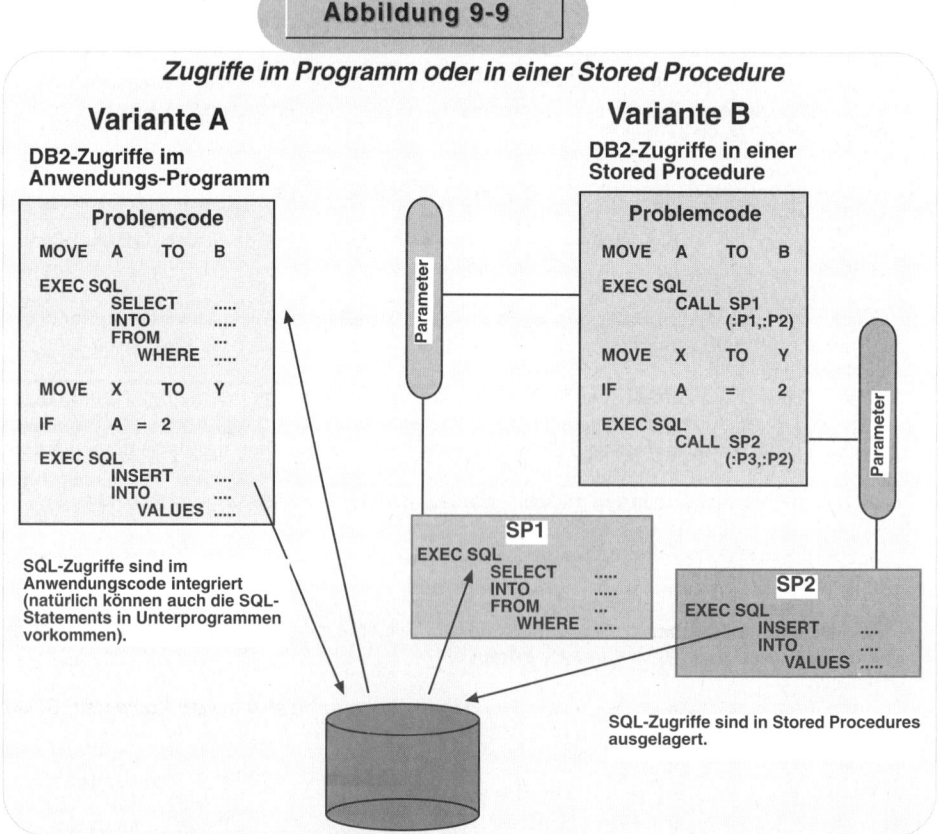

Abbildung 9-9

9 Unabhängigkeit zwischen Daten und Funktionen
9.4 Nutzung von Stored Procedures, User-defined Functions und Triggern

Grundsätzlich lassen sich mit dem Konzept der Stored Procedures auch Zielsetzungen der Objektorientierung umsetzen. So lassen sich Verarbeitungsprozesse kapseln und aus dem Anwendungsprogramm auslagern. Allerdings muss dafür gesorgt werden, dass bereitgestellte Stored Procedures auch wirklich genutzt werden (durch einen expliziten EXEC SQL CALL).

Folgende grundsätzlichen Ausführungs-Alternativen stehen zur Verfügung (sämtliche Konstellationen - auch in Verbindung mit Unterprogrammen - werden noch einmal in Kapitel 9.5 dargestellt):

a) DB2-Zugriffe finden im aufrufenden Programm und in einer Stored Procedure statt.
b) DB2-Zugriffe finden ausschließlich in einer Stored Procedure statt.
c) DB2-Zugriffe werden von einer Stored Procedure gesteuert. Die Stored Procedure ruft weitere Unterprogramme mit einem sprachspezifischen CALL auf.
d) DB2-Zugriffe finden in mehreren Stored Procedures statt. Das aufrufende Programm muss bei Bedarf mehrere Stored Procedures aufrufen.
e) Eine Stored Procedure ruft andere Stored Procedures mit SQL CALL oder innerhalb von SQL-Statements User-defined Functions auf. Dies ist bis zu einer Schachtelungstiefe von 16 Stufen unterstützt.

9.4.2.2 Vorteile einer Stored Procedure gegenüber einem Unterprogramm

Die Vorteile einer Stored Procedure gegenüber einem Unterprogramm lassen sich wie folgt zusammenfassen:

- Die Stored Procedure kann von allen Trägersystemen aus aktiviert werden.

- Die Stored Procedure kann in einer vom aufrufenden Programm abweichenden Sprache ohne besondere Programmierkonventionen entwickelt werden.

- Eine Stored Procedure kann auf dem lokalen Server oder einem remote Server bereitgehalten und von Programmen lokal oder remote aufgerufen werden.

- Anwendungsprogrammfehler sind von der Stored Procedure isoliert.

- Der Aufruf erfolgt über SQL-Sprachmittel (EXEC SQL CALL). Der Programmierer braucht keine Konventionen der Kommunikationspartner zu kennen (z.B. APPC).

- Auch bei einem remote Aufruf einer Stored Procedure wird diese in die UOR des Client Programms einbezogen, d.h. es wird eine 2-Phasen-Commit-Unterstützung angeboten (unter der Voraussetzung, dass die beteiligten DBMS dies unterstützen und die Prozedur nicht mit COMMIT_ON_RETURN definiert ist).
  COMMIT und ROLLBACK wirken auf sämtliche Komponenten innerhalb der UOR.

- Eine auf einer Lokation entwickelte Stored Procedure läßt sich innerhalb eines DBMS-Verbundes auf jede Lokation kopieren, dort binden und aktivieren.

- Die auszutauschenden Parameter werden entsprechend der Sprach- oder Plattform-Regeln des jeweiligen Server-DBMS automatisch transformiert.

- Eine Stored Procedure kann reentrant programmiert werden. In diesem Fall wird bei Mehrfachaufrufen nur eine einzige Programmversion genutzt.
  Die Programmvariablen werden von DB2 automatisch jeder Ausführungseinheit bei jedem CALL separat neu zugeordnet.

- In Abhängigkeit einzelner Ausprägungen (über das SCHEMA) können unterschiedliche Versionsstände der Module ausgeführt werden.

- Eine Stored Procedure kann von einem Trigger aufgerufen werden.

9.5 Auswirkungen auf das Anwendungs-Design
9.5.1 Sicht des Anwendungs-Programmes auf die Daten

Ein Anwendungsprogramm sollte so konzipiert werden, dass die einzelnen Datensichten getrennt behandelt werden.
Das Programm hat - vereinfacht ausgedrückt - die ausschließliche Aufgabe, Daten aus dem internen Datenbankformat in ein externes Format, nämlich Bildschirm oder Liste (und künftig auch Sprache) und umgekehrt zu transferieren (Zwischenausgaben in internem Format sind natürlich auch möglich).

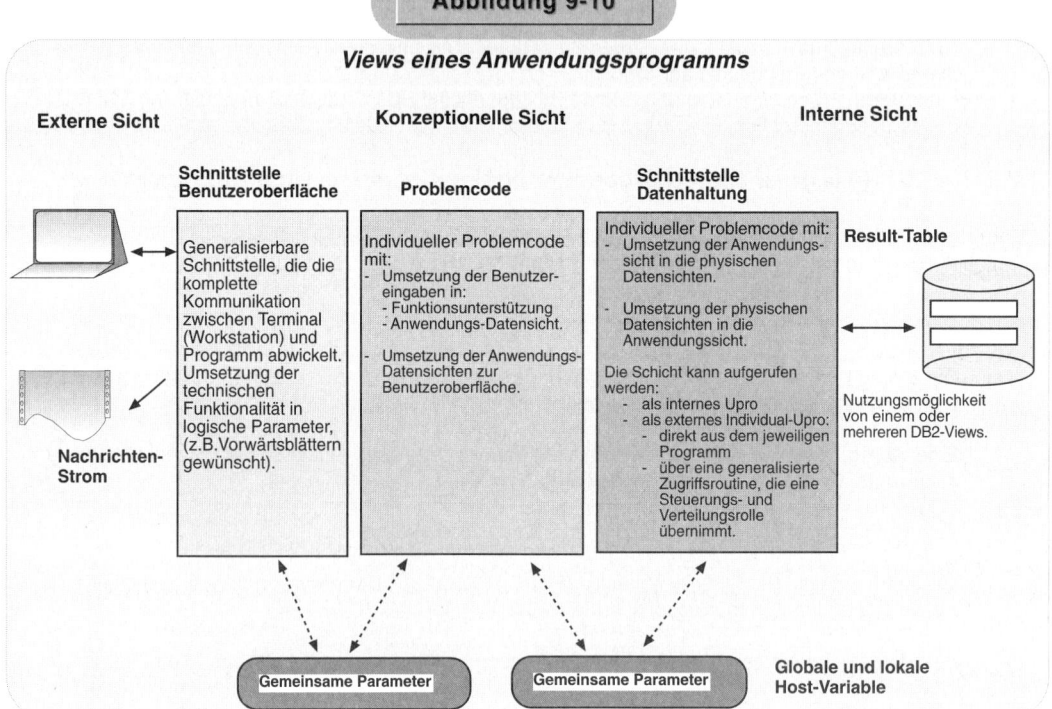

Abbildung 9-10

Die Abbildung zeigt die relevanten Sichten eines Anwendungsprogramms:
Dabei sind zu unterscheiden:

- **Externe Sicht**
  Sicht des Endbenutzers zu seinen Daten. Es ist zu beachten, dass hier aufgrund der verfügbaren Technologie vielfältige Restriktionen wirken (z.B. Bildschirm- und Drucker-Beschränkungen).

- **Konzeptionelle Sicht**
  Die logische Sicht des Anwendungs-Programms zu seinen Daten und den erforderlichen Variablen zur Transformation der Daten aus den Repräsentationsformen der internen Ebene in die externe Ebene und umgekehrt.

- **Interne Sicht**
  Die physische Sicht zu den Datenspeicherungsformen des Datenbanksystems.

9.5.2 Auswirkung der Daten-Modellierung auf die Programm-Sicht

Interessant ist auch die Fragestellung, wie das Anwendungsprogramm seine Daten sehen will.
Die Datenstrukturen selbst befinden sich gemäß der Normalisierungs-Regeln alternativ in folgenden Zuständen (siehe näheres unter Kapitel 10):

- unnormalisiert,
- erste Normalform (1NF),
- zweite Normalform (2NF), dritte Normalform (3NF) oder weitere NF.

Die Daten stehen dann unnormalisiert oder in erster Normalform zur Verfügung, wenn:

- keine Daten-Modellierung betrieben wurde, z.B. weil bestehende VSAM- oder IMS-Bestände unverändert übernommen wurden,
- nach einer Normalisierung eine De-Normalisierung stattfand, z.B. wegen Performance-Überlegungen aufgrund der bekannten Sichten auf die Daten.

Ein Problem besteht darin, dass De-Normalisierungs-Entscheidungen erst dann sinnvoll getroffen werden können, wenn die Verfahren bekannt sind, die mit den Datenstrukturen arbeiten sollen. Das führt zu Konflikten mit dem logischen Daten-Modell, bei dem einzelne Verfahrens-Anforderungen hinsichtlich ihrer Zugriffs-Pfade unberücksichtigt bleiben.

Das bedeutet, dass bereits installierte DB2-Tabellen nachträglich aufgrund neuer Zugriffs-Aspekte neugeordnet werden können.
Hat ein Anwendungsprogramm einen starken Bezug zu dieser physischen Tabellen-Hinterlegung, muss mit hohem Änderungsaufwand gerechnet werden.
Außerdem ist die ursprünglich vorhandene Effizienz unter Umständen in Frage gestellt.
Aus diesen Überlegungen heraus können folgende Aussagen getroffen werden:

Solange DB2 das View-Konzept nicht vollständig nach den Bedürfnissen der Anwendungs-Entwickler unterstützt, muss das Anwendungsprogramm häufig (speziell bei Manipulationen) die physische Struktur der DB2-Tabellen kennen.
Es wird immer wieder Änderungen der internen Tabellen-Strukturen geben, da in erkennbar nächster Zeit eine 1:1-Umsetzung des logischen Daten-Modells in die Physik nicht erreichbar ist.

Ein Anwendungsprogramm sollte seine konzeptionelle Datensicht grundsätzlich nach dem logischen, nicht nach dem physischen Daten-Modell ausrichten.

Aber ein Anwendungsprogramm kann seine Daten in unterschiedlichen Zustandsformen benötigen, wobei es Abweichungen zwischen der Programmsicht und den definierten Daten-Strukturen geben kann.
Diese Betrachtung ist grundsätzlich unabhängig von dem Verarbeitungstyp und gilt sowohl für die Einzelfallverarbeitung als auch für die Mengenverarbeitung.

Wenn die Daten des logischen Daten-Modells vom physischen Daten-Modell abweichen, braucht das Programm eine eigene Verarbeitungslogik. Weicht die Programmsicht von der physischen Ablageform ab, muss eine Transformation der Daten erfolgen.
Zur Erhaltung einer höchstmöglichen Unabhängigkeit ist damit eine Auslagerung aus dem Programmcode zwingend.

9 Unabhängigkeit zwischen Daten und Funktionen
9.5 Auswirkungen auf das Anwendungs-Design

9.5.2.1 Sicht auf unnormalisierte Daten

Unnormalisierte Daten führen Wiederholgruppen, die aufwendig beschafft werden müssen und Integritätsprobleme bzw. Anomalien bei Manipulationen erbringen.
In unserem Beispiel wurde die SEMTYP- und SEMINAR-Tabelle zu einer gemeinsamen Tabelle SEMINAR_ANGEBOT zusammengelegt (siehe folgende Abbildung).

Wichtige Probleme hierbei sind:

- Die Anzahl der Wiederhol-Elemente ist statisch:
    - jedes Element muss im SQL-Statement formuliert werden,
    - was ist, wenn ein sechstes Seminar pro Seminartyp anfällt?
- Wie sollen die einzelnen Seminare eingestellt werden (Sortierfolge)?
  Was ist, wenn ein Seminar zu löschen ist und nachfolgende Termine vorhanden sind?
- Wie kann ein neuer Seminartyp aufgenommen werden ohne Seminar?
- Wie kann das Löschen eines Seminartyps verhindert werden, wenn das letzte Seminar gelöscht wird?

In unserem Beispiel müssen im SQL-Statement die einzelnen Termine und Orte einzeln angefordert werden.

Die Wiederholgruppe der Datenstrukturen müssen in Einklang stehen zur Sicht des Anwendungsprogramms. In unserem Beispiel liegt eine Integritätsverletzung vor, da das Programm nur die ersten drei Termine und Orte anfordert, in der Tabellenstruktur aber fünf Wiederholungen vorgesehen sind.

SQL unterstützt die dargestellte horizontale Darstellungsform grundsätzlich nicht, wenn sich die Daten in normalisiertem Zustand befinden. In Ausnahmefällen, wie z.B. durch arithmetische oder sonstige Funktionen können abgeleitete Felder in die Result Table eingestellt werden, die horizontal nebeneinander gestellt werden.

Abbildung 9-11

Logische Sicht auf unnormalisierte Datenstrukturen

Unnormalisierte Datenstruktur Tabelle: **SEMINAR_ANGEBOT**

| SEMCODE | TITEL | TERMIN1 | KURSORT1 | REFERENT1 | TERMIN2 | KURSORT2 | REFERENT2 | TERMIN3 usw. bis 5 |

Entsprechende Struktur aus dem Daten-Modell abgeleitet
SEMINAR_ANGEBOT enthält die zusammengelegten SEMTYP- und SEMINAR-Tabellen und ihre Daten mit Wiederhol-Elementen. Pro Seminartyp können max. 5 Seminare geführt werden.

SQL-Statement im Anwendungsprogramm

```
SELECT    SEMCODE, TITEL,
          TERMIN1, KURSORT1,
          TERMIN2, KURSORT2,
          TERMIN3, KURSORT3
FROM      SEMINAR_ANGEBOT
WHERE     SEMCODE LIKE 'DB2%'
```

Unnormalisierte Daten-Sicht (Result Table)

SEMCODE	TITEL	TERMIN1	KURSORT1	TERMIN2	KURSORT2	TERMIN3	KURSORT3
DB2-PROG	DB2 für Programmierer	29.01.2000	München				
DB2-DESIGN	Design von DB2-Systemen	23.10.2000	Frankfurt	14.11.2000	Frankfurt	16.08.2001	Frankfurt

9.5.2.2 Sicht auf Daten in der ersten Normalform (1 NF)

Daten in erster Normalform führen den Informationsgehalt von unnormalisierten Strukturen, weisen aber keine Wiederholgruppen auf. Dafür sind sie gekennzeichnet durch Redundanzen.

Das Anwendungsprogramm kann seine Daten aus Tabellen anfordern, die sich in Erster Normalform (1NF) oder in höheren Normalformen (2NF oder 3NF) befinden.
Die Datenbeschaffung ist in 1NF einfacher, wenn alle Daten aus einer Tabelle erhältlich sind, da kein Join formuliert und ausgeführt werden muss.
Grundsätzlich produziert jeder Join eine Result Table in erster Normalform (eine Ausnahme besteht dann, wenn eine Relation auf mehrere Tabellen vertikal aufgeteilt wurde).

Die Result-Table in 1NF weist Redundanzen auf. Die Informationen aus hierarchischen Datenstrukturen werden linear zusammengeführt.
Bei Einfügungen, Änderungen und Löschungen müssen die Normalformen der logischen und physischen Datenstrukturen berücksichtigt werden.

Abbildung 9-12

Logische Sicht auf Datenstrukturen in erster Normalform (1NF)

Normalisierte Datenstruktur Tabelle: SEMINAR_ANGEBOT

SEMCODE	TITEL	TERMIN	KURSORT	REFERENT

Alternativ: Normalisierte Datenstrukturen in 3NF

SEMTYP

SEMCODE	TITEL

SEMINAR

SEMCODE	TERMIN	KURSORT	REFERENT

Entsprechende Struktur aus dem Daten-Modell abgeleitet
SEMINAR_ANGEBOT enthält die zusammengelegten SEMTYP- und SEMINAR-Tabellen und ihre Daten ohne Wiederhol-Elemente.
Pro Seminartyp können beliebig viele Seminare geführt werden. Dafür reicht ein PK auf SEMCODE nicht mehr aus.

SQL-Statement im Anwendungsprogramm

```
SELECT     SEMCODE, TITEL,
           TERMIN, KURSORT
FROM       SEMINAR_ANGEBOT
WHERE      SEMCODE LIKE 'DB2%'
```

SQL-Statement im Anwendungsprogramm

```
SELECT     SEMTYP.SEMCODE,
           TITEL, TERMIN, KURSORT
FROM       SEMTYP, SEMINAR
WHERE      SEMTYP.SEMCODE =
           SEMINAR.SEMCODE
AND        SEMCODE LIKE 'DB2%'
```

Normalisierte Daten-Sicht in 1NF (Result Table)

SEMCODE	TITEL	TERMIN	KURSORT
DB2-PROG	DB2 für Programmierer	29.01.2000	München
DB2-DESIGN	Design von DB2-Systemen	23.10.2000	Frankfurt
DB2-DESIGN	Design von DB2-Systemen	14.11.2000	Frankfurt
DB2-DESIGN	Design von DB2-Systemen	16.08.2001	Frankfurt

9 Unabhängigkeit zwischen Daten und Funktionen
9.5 Auswirkungen auf das Anwendungs-Design

9.5.2.3 Sicht auf Daten in höheren Normalformen (2 NF, 3NF,..)

Daten in höheren Normalformen führen den Informationsgehalt für jede Informations-Gruppe separat.

Die Datensicht in z.B. 3NF fordert einzelne Zugriffe auf die Daten. Das Programm benötigt eine Gruppenwechsel-Logik zum Zusammenführen der Informationen analog eines Joins.

Die Result-Table in 3NF weist keine Redundanzen auf.

Bei Einfügungen, Änderungen und Löschungen müssen die Daten analog der logischen und physischen Datenstrukturen behandelt werden.

Abbildung 9-13

Logische Sicht auf Datenstrukturen in höheren Normalformen (2NF, 3NF,..)

Normalisierte Datenstrukturen in 3NF

SEMTYP

| SEMCODE | TITEL |

SEMINAR

| SEMCODE | TERMIN | KURSORT | REFERENT |

Entsprechende Struktur aus dem Daten-Modell abgeleitet
Jede Tabelle entspricht einer Relation des logischen Daten-Modells.

SQL-Statement im Anwendungsprogramm

```
SELECT    SEMCODE, TITEL
FROM      SEMTYP
WHERE     SEMCODE LIKE 'DB2%'
```

SQL-Statement im Anwendungsprogramm

```
SELECT    SEMCODE,
          TERMIN, KURSORT
FROM      SEMINAR
WHERE     SEMCODE LIKE 'DB2%'
```

Normalisierte Daten-Sicht in 3NF (Result Table)

SEMCODE	TITEL
DB2-PROG	DB2 für Programmierer
DB2-DESIGN	Design von DB2-Systemen

Normalisierte Daten-Sicht in 3NF (Result Table)

SEMCODE	TERMIN	KURSORT
DB2-PROG	29.01.2000	München
DB2-DESIGN	23.10.2000	Frankfurt
DB2-DESIGN	14.11.2000	Frankfurt
DB2-DESIGN	16.08.2001	Frankfurt

9.5.3 Separierung der Daten-Beschaffung und -Manipulation

Nach den SAA-Empfehlungen der IBM sollte ein Anwendungsprogramm von den technischen Medien unabhängig sein durch eine Trennung der Funktionsschichten, wie auch die Abbildung 9-10 zeigt.

Im konkreten DB2-Fall bedeutet dies hinsichtlich der Datenbank-Schnittstelle, dass ein Anwendungsprogramm nur die logische Result-Table kennen soll (unabhängig von der technischen Tabellensicht).

Dies ist nur möglich, wenn nach einer der zwei grundsätzlich sinnvollen Vorgehensweisen verfahren wird:

- **DB2 liefert komplett die Daten über Views,**
- **Das Anwendungsprogramm ruft Routinen auf, die eine Daten-Verwaltung vornehmen.**

Zu den beiden Alternativen kann folgendes angeführt werden:

- **DB2 liefert komplett die Daten über Views.**
  Der konsequente Einsatz des DB2-View-Konzepts fordert erhebliche Restriktionen.
  Ein Anwendungsprogramm benötigt einen Daten-Beschaffungs-View (Read-View) und zumindest einen Daten-Manipulations-View (Write-View), sofern Manipulationen durchgeführt werden.
  Dies ist einerseits erforderlich, da über einen View nur eine Basistabelle verändert werden kann, andererseits aber auch sinnvoll, da die Lese-Sicht eines Programms von der Schreib-Sicht abgegrenzt werden kann.
  Der Read-View kann Daten aus bis zu 15 Tabellen zusammenführen, wobei die Mächtigkeit der SQL-Sprache weitgehend genutzt werden kann (einige Restriktionen sind jedoch sehr lästig, wie z.B. UNION wird nicht in der View-Deklaration unterstützt).

- **Das Anwendungsprogramm ruft Routinen auf, die eine Daten-Verwaltung vornehmen.**
  Eine separate Routine stellt die Daten in der gewünschten Form zur Verfügung.
  Da eine zentrale Routine (die eine generelle Datenschnittstelle darstellt), wie vorab ausgeführt, nicht sinnvoll unter DB2 entwickelt werden kann, muss das Anwendungsprogramm individuell die Beschaffung tätigen.
  Damit wird die Routine Teil des Anwendungsprogramms.

Daraus resultieren Überlegungen hinsichtlich der Datenbehandlung. In der folgenden Abbildung werden zwei Formen dargestellt:

  A   das Anwendungsprogramm verarbeitet die Daten an den jeweils benötigten Stellen.
      Diese Vorgehensweise hat Vor- und Nachteile:
      + die Daten-Anforderungen sind direkt im Coding ersichtlich,
      - die Daten-Anforderungen sind stark in den Code infiltriert. Es entsteht eine hohe Abhängigkeit zwischen Programmcode und Datenspeicherung.
        Eine spätere Überarbeitung der SQL-Statements z.B. aus Performancegründen ist schwierig bis ausgeschlossen, da die logischen Auswirkungen nur schwer erkennbar sind.
      - die Wiederverwendbarkeit von Programmcode nimmt mit der Komplexität ab.

  B   das Anwendungsprogramm hat eine logische Sicht zu den Daten und ruft an bestimmten Stellen Daten-Beschaffungs- und -Manipulations-Routinen auf.
      Auch diese Vorgehensweise hat Vor- und Nachteile, die sich weitgehend gegensätzlich zur Alternative A verhalten:
      + klare Trennung zwischen Anwendungslogik und physischen Verwaltungen fördert die Unabhängigkeit der Ebenen,
      + saubere Strukturierung der Programm-Modulen mit den bekannten Vorteilen, wie z.B. wartungsfreundliche Modulen,
      + bessere Wiederverwendbarkeit,
      - höherer Aufwand bei der Programm-Entwicklung durch Schnittstellen.

9 Unabhängigkeit zwischen Daten und Funktionen
9.5 Auswirkungen auf das Anwendungs-Design

Wie vorab ausgeführt, kann natürlich eine ausgelagerte Funktionalität von mehreren Komponenten übernommen werden:

- User-defined Functions,
- Stored Procedures,
- Trigger.

Abbildung 9-14
Datenbeschaffung und Daten-Manipulation

A Datenbeschaffung und Manipulation an den Stellen, an denen Daten-Anforderungen anfallen

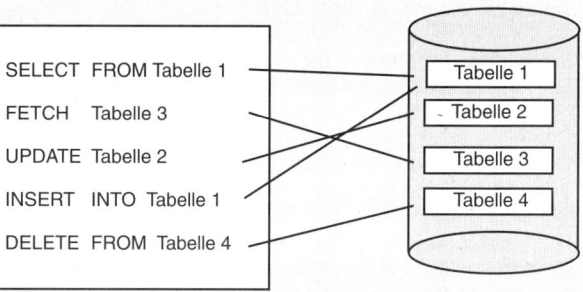

B Datenbeschaffung und Manipulation an bestimmten Stellen (z.B. Programm-Anfang und -Ende)

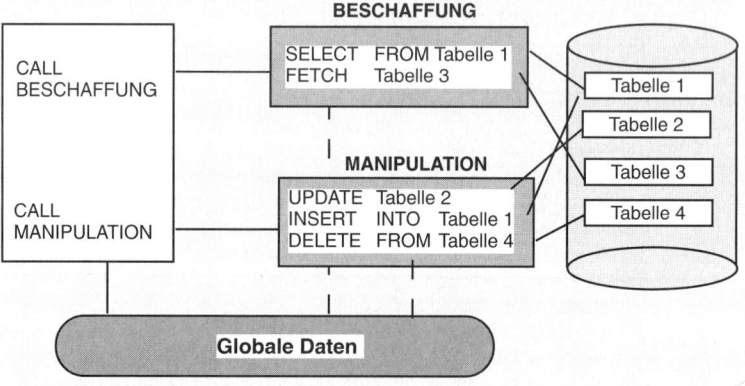

9.5.3.1 Varianten beim Einsatz von Unterprogrammen und Stored Procedures

Die folgende Abbildung zeigt Grundvarianten der DB2-Verarbeitungszuständigkeit auf. Natürlich sind weitere Mischformen denkbar:

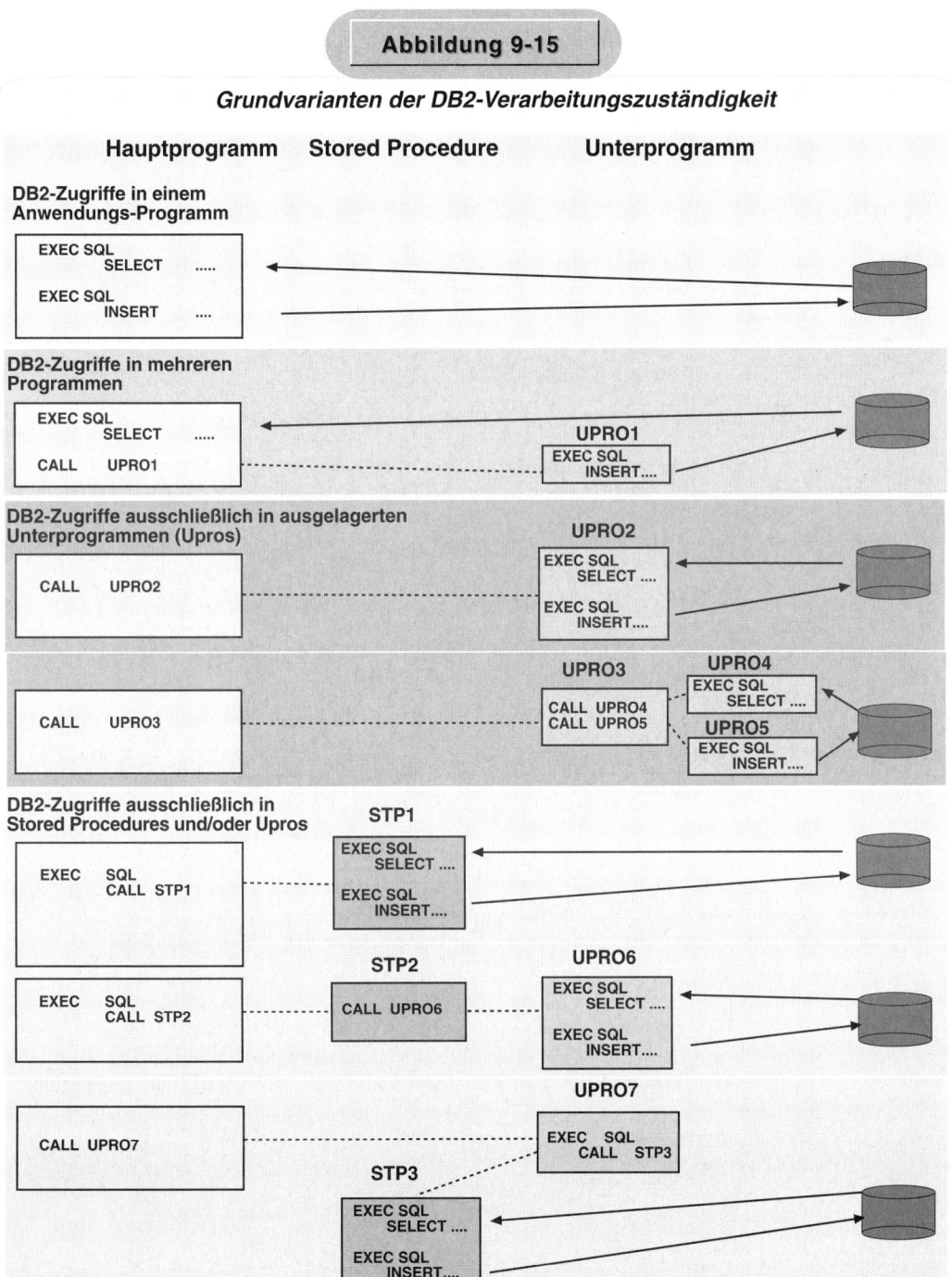

Abbildung 9-15: Grundvarianten der DB2-Verarbeitungszuständigkeit

9.5.3.2 Verlagerung sämtlicher datennaher Dienste in den DB2-Bereich

Die folgende Abbildung zeigt eine mögliche Ablaufsteuerung an, bei der sämtliche datennahen Dienste in den Bereich der Datenbank verlagert sind.

Es werden die grundsätzlichen Aufrufmöglichkeiten dargestellt. Folgende Varianten sind möglich:

- ein Programm ruft eine oder mehrere Stored Procedures und/oder User-defined Functions auf,
- eine Stored Procedure ruft eine oder mehrere Stored Procedures und/oder User-defined Functions auf,
- eine User-defined Function ruft eine oder mehrere Stored Procedures und/oder User-defined Functions auf,
- ein Trigger ruft eine oder mehrere Stored Procedures und/oder User-defined Functions auf.

Abbildung 9-16

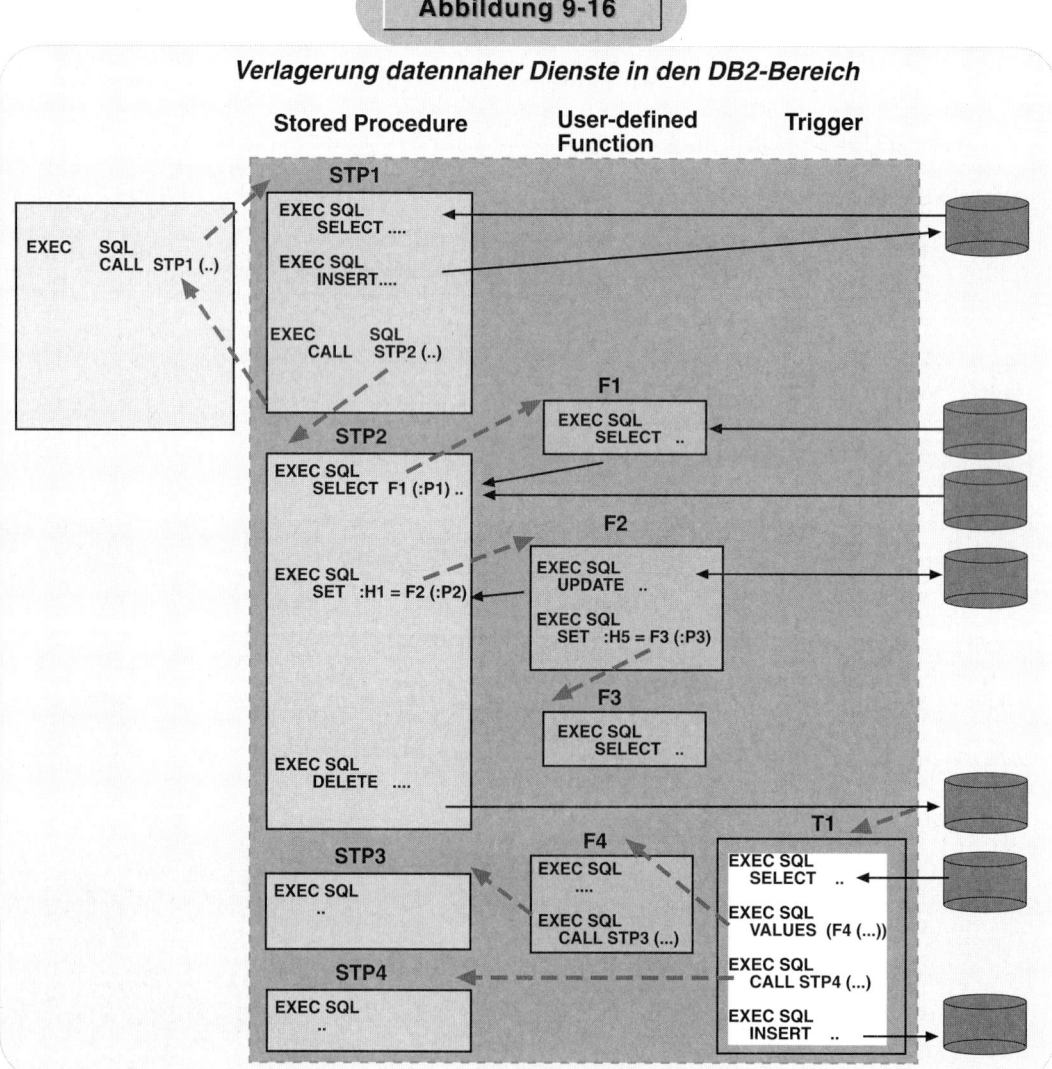

Verlagerung datennaher Dienste in den DB2-Bereich

9.5.3.3 Objektorientierte Verwaltung der Daten

Die folgende Abbildung zeigt objektorientierte Verwaltungsschichten auf (Details zu den hier verwendeten Begriffen sind im Kapitel 10 dargestellt):

- Das externe, **benutzerorientierte Objekt** (Entity) ist der Gegenstand realen Handelns und Begreifens.
  Mit den Mitteln des Entity Relationship Models läßt sich ein solches Objekt darstellen.
  Dieses externe Objekt ist die Ausgangsbasis für die konzeptionellen Zergliederungen und Verfeinerungen.

- Auf der konzeptionellen Ebene wird ein Objekt (Relation) nach den Vorschriften des Relationen-Modells unter Beachtung der Normalisierungs- und Integritätsregeln zergliedert (atomisiert).
  Solange es keine besseren Vorschriften gibt, muss ein Objekt zumindest diese konzeptionellen Anforderungen erfüllen - sonst ist die Integrität nicht zu gewährleisten!

- Aus der konzeptionellen Ebene werden die physischen Objekte abgeleitet (in unserem Fall DB2-Tabellen).
  Theoretischer Anspruch:
  Jede DB2-Tabelle muss eine Referenz auf eine Relation haben.

Sämtliche Funktionen lassen sich je nach Ebene aus den Datenobjekten ableiten. Je weiter man in die internen Schichten kommt, desto mehr Zusatzfunktionen und Detailfunktionen entstehen.
So muss jede definierte Integritätsregel - sofern sie nicht vom DBMS automatisch geleistet wird - von Anwendungsprogrammen abgedeckt werden. Auch muss jede Art von Redundanz (Kopien, ableitbare Daten) automatisch verwaltet werden (DB2 unterstützt derzeit keine automatisierte Redundanzverwaltung - außer in den Indizes).

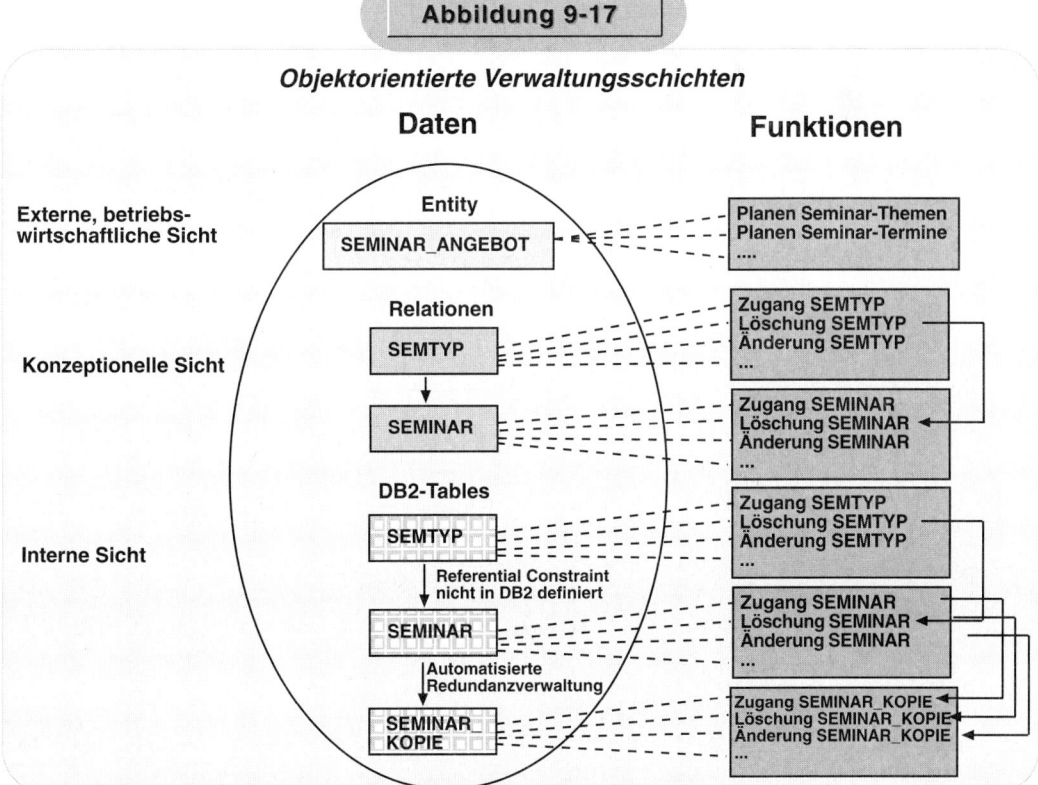

Abbildung 9-17

9.5.3.3.1 Daten-Verwaltung immer über eine zuständige Funktion

Zur Gewährleistung der Daten-Integrität ist es zwingend erforderlich, sämtliche Manipulationen - bezogen auf eine Relation - in einer Programmfunktion zu realisieren. Diese Programmfunktion ist natürlich wiederverwendbar, d.h. von beliebigen Programmen aufrufbar zu gestalten.

Dabei gelten folgende Grundsätze:

- Das aufrufende Programm (Client Programm) übernimmt die Gewährleistung der Integrität innerhalb der logischen Arbeitseinheit (UOW).
  Ein solches Programm kann ein oder mehrere Verwaltungs-Funktionen aufrufen.

- Das aufgerufene Programm (Unterprogramm oder Stored Procedure) muss die Integrität einer Relation und der verknüpften Relationen gewährleisten.
  Dabei sind sämtliche aus den Relationen ableitbaren DB2-Tabellen automatisch hinsichtlich ihrer Integritätsanforderungen zu verwalten!

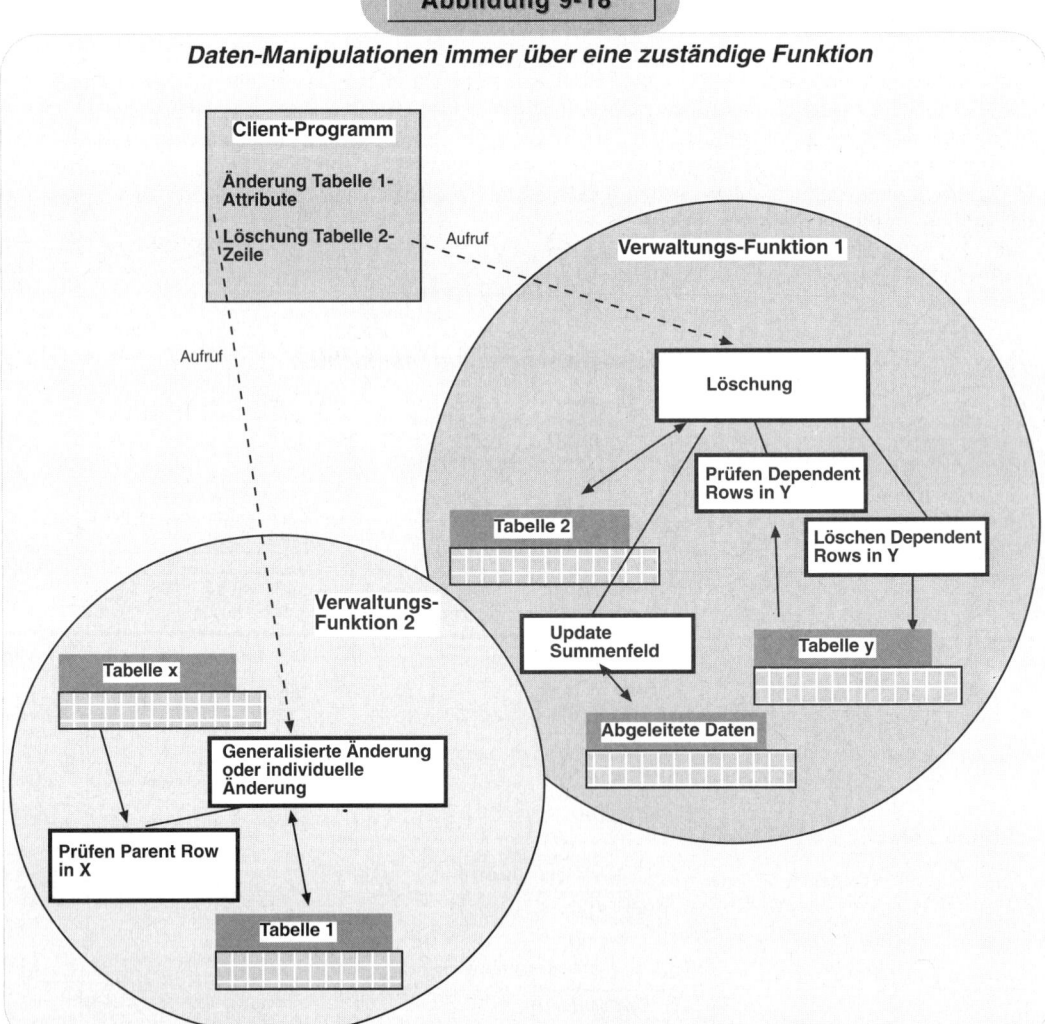

Abbildung 9-18

Daten-Manipulationen immer über eine zuständige Funktion

9.5.4 Konsequenzen eines Client-Server-Konzeptes (CS)
9.5.4.1 Zentralisierung versus Dezentralisierung
9.5.4.1.1 CS sollte in den Köpfen des Managements beginnen ...

Historisch betrachtet, gab es schon immer Bewegungen, die eine Zentralisierung, andere Bewegungen, die eine Dezentralisierung förderten.
Beide Denkweisen haben natürlich ihre Vor- und Nachteile - ideal wie immer - der pragmatische Kompromiss.

CS beginnt im Umdenken beim Management.

Zunächst sollten im Unternehmen strategische Zieldefinitionen abgegeben werden, wie:

- kurz- mittel- und langfristige Unternehmensziele,
- angestrebte Marktstellung,
- die Rolle der MitarbeiterInnen,
- das Produkt-Angebot und die Produkt-Perspektiven,
- die Konditionsgestaltung,
- Service-Konzept.

Relevante Struktur-Veränderungsansätze im Unternehmen sind:

- Stärkung des **Service**-Gedankens, bezogen auf alle Mitarbeiter. Jeder muss akzeptieren, dass er Dienstleistungserfüller für andere im Unternehmen ist, aber auch die Dienste anderer benötigt und in Anspruch nehmen kann.

- Abbau von komplexen Hierarchie-Strukturen durch Reduzierung der Stufen mit dem Ziel, **kurze und schnelle Entscheidungswege** zu erlangen.
  Damit verbunden ist eine klare Regelung fachlicher Rechte und Pflichten.

- Förderung des **Kostenbewußtseins** aller Mitarbeiter durch transparente Ertrags- und Kostenstrukturen und Motivation zur Ertragssteigerung oder Kostenreduzierung durch Beteiligungskonzepte.

- **Steigerung der Produkt-Qualität** durch qualitätsfördernde Strukturen.

- **Klare Definition des Produktangebots** - ggf. mit Erweiterung oder sinnvoller Reduzierung u. U. mit Zukauf von Fremdprodukten.

- **Optimaler Einsatz sämtlicher Produktionsfaktoren.**

Die Verlagerung von zentralen Komponenten darf nicht ausschließlich technisch gesehen werden!
Eine fundierte und effiziente Dezentralisierung erfordert die Einbindung in ein gesamtheitliches Denken und entsprechende infrastrukturelle Maßnahmen.

Wenn das Management bestimmten Unternehmensbereichen eine völlige Selbständigkeit hinsichtlich ihrer strategischen Festlegungen und Entscheidungskompetenzen einräumt, ist dieser Unternehmensbereich im Sinne unserer Definitionen ein eigenständiges Unternehmen!
In diesem Fall gibt es auch keine übergreifenden Partner, Kunden, Produkte, Konditionen usw.

9.5.4.1.2 CS benötigt klare Konzepte

Liegen die Unternehmensstrategien vor, können methodische und technische Konzepte erarbeitet werden.

Das konzeptionelle Modell der Daten, Views, Funktionen und Prozesse sollte auf globalen und zunächst verteilungsneutralen Unternehmensanforderungen basieren.

Danach kann ein Umsetzungs-Modell erarbeitet werden, das verteilungsabhängig ist.

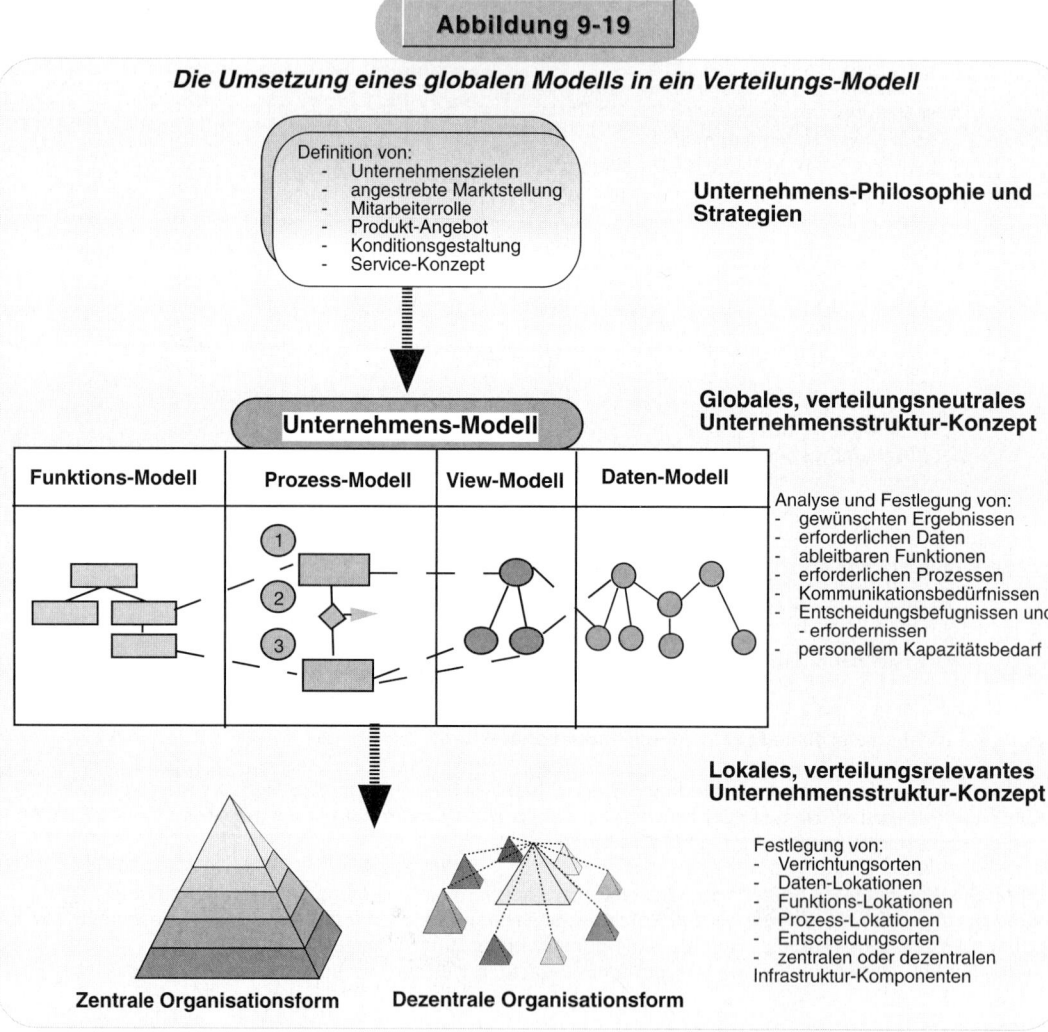

Abbildung 9-19: Die Umsetzung eines globalen Modells in ein Verteilungs-Modell

9.5.4.1.3 Argumente für eine dezentrale Organisationsform (Verteilung)

Argumente für eine dezentrale Organisationsform (Verteilung) können sein:

- Schaffung einer größeren Kundennähe (Verlagerung der Produktion an den Ort, an dem die Produkte vollständig oder überwiegend benötigt werden).

- Straffung der Entscheidungswege und Abwicklungsprozesse.

- Delegation von Verantwortungen und Kompetenzen.
  Aufbau eines Unternehmerdenkens bei den Mitarbeitern, mit klar definierter Produktzuständigkeit.

- Erhöhung der Informationsqualität und -transparenz durch klare Zuordnungsregeln.

- Direkte Informationsverarbeitung und Beschaffung (höhere Effizienz durch schnellere Verfügbarkeit).

9.5.4.1.4 Argumente für eine zentrale Organisationsform

Argumente für eine zentrale Organisationsform können sein:

- Verhinderung von Doppel- und Mehrfachaufwendungen und -arbeiten.

- Einheitliche Darstellung des Unternehmens nach außen.
  Einheitliche Behandlung gleichartiger Aufgabenstellung --> erhöhte Mitarbeiter-Flexibilität und bessere Einsatzmöglichkeit.

- Vorgabe zentraler Rahmenbedingungen (z.B. Produktspektrum und Konditionsrahmen).

- Zentrale Beschaffung von Diensten kann effizienter und kostengünstiger sein.

- Es existieren allgemein zu nutzende Daten und Funktionen (z.B. Partner).

9.5.4.1.5 Fazit

Wenn ein Unternehmen ohne eine methodisch fundierte Vorgehensweise eine CS-Technologie einführt, sind wieder die bekannten Probleme zu erwarten:

- Vielfältige Redundanzen werden aufgebaut und müssen anschließend unter hohem Kosteneinsatz kontrolliert werden:
    - Hardware,
    - Software:
        - Systemsoftware,
        - Anwendungssoftware,
    - Daten:
        - Metadaten,
        - Benutzerdaten.

- Bestimmte zentrale Konzepte sind unvermeidlich, wie z.B.:
    - Sicherungs- und Sicherheitskonzepte,
    - Bewahrung der Integrität und Datenkonsistenz.

9 Unabhängigkeit zwischen Daten und Funktionen
9.5 Auswirkungen auf das Anwendungs-Design

9.5.4.2 Varianten der CS-Verarbeitung

Bei der zunehmend sich verbreitenden Client-Server-Verarbeitung sind folgende relevante Grundvarianten erkennbar:

1. Der Client hat weder Anwendungen noch Daten und greift auf Server-Ressourcen zu.
   --> zentrale Daten- und Funktions-Architektur; Austausch von Nachrichtenströmen.

2. Der Client verfügt über einen Teil der Anwendungen (z.B. GUI), Zugriff auf Server-Ressourcen.
   --> zentrale Daten- und verteilte Funktions-Architektur; Austausch von strukturierten Variablen.

3. Der Client verfügt über alle Anwendungen und greift auf Server-Daten zu.
   --> zentrale Daten- und lokale Funktions-Architektur; Datenanforderung wird von Anwendung gestellt und Daten werden als Ergebnis zurückgeliefert.

4. Der Client verfügt über alle Anwendungen und einen Teil der Daten, greift aber auf bestimmte Server-Daten zu.
   --> dezentrale Daten- und lokale Funktions-Architektur; Datenanforderung wird von Anwendung gestellt und Daten werden als Ergebnis zurückgeliefert.

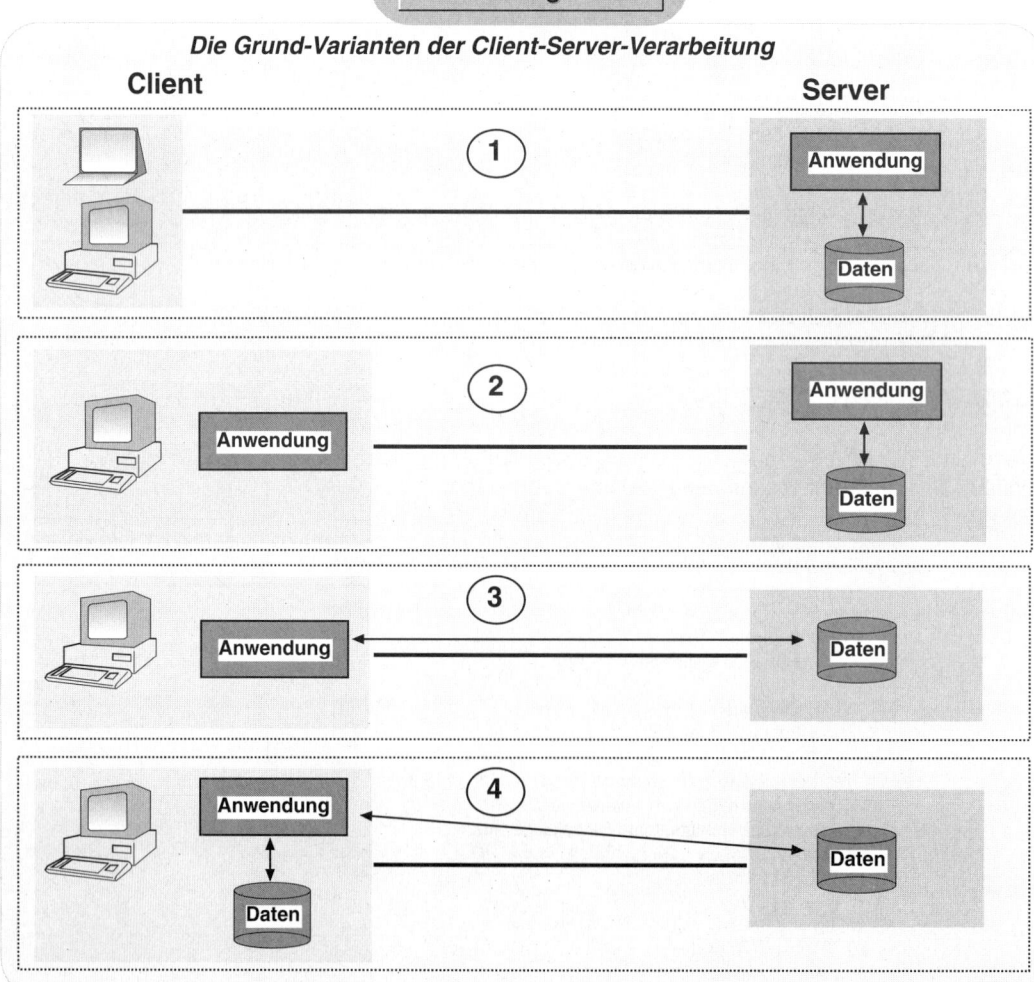

Abbildung 9-20

Die Grund-Varianten der Client-Server-Verarbeitung

9.5.4.3 Verteilungsaspekte

Vor der physischen Verteilung von Ressourcen (DV oder auch nicht-DV) steht - wie vorab ausgeführt - eine globale logische Analyse der Anforderungen und das darauf basierende Detail-Design der einzelnen Modell-Komponenten eines Unternehmens-Modells.

Die Verteilung selbst erfolgt aufgrund folgender relevanter Kriterien:

- **Topologische Aspekte**
  - geografische Situation,
  - organisatorische Strukturanforderungen.

- **Politische oder gesetzliche Aspekte**
  - Datenhaltungsvorschriften z.B. Verbot eines grenzüberschreitenden Personendatenaustauschs.

- **Technische Aspekte**
  - Datenfernverarbeitungsnetz,
  - technische Infrastruktur,
  - Leistungsfähigkeit der Komponenten.

9.5.4.3.1 Lokale Zuordnung der Ressourcen

Bei der Zuordnung der Ressourcen zu einem Standort sind ebenfalls die jeweiligen Ausführungsorte (Nutzungsorte) vorzusehen:

- **Zentrale Bereitstellung und Nutzung**
  In diesem Fall müssen die Anforderungen zu den Funktionen und Daten geschickt werden.
  Die Ergebnisse werden an den Anforderungsort geliefert.

- **Dezentrale (lokale) Bereitstellung und zentrale Nutzung**
  In diesem Fall können die lokalen Anforderungen lokal bedient werden, zentrale Anforderungen müssen zu den lokalen Funktionen und Daten geschickt werden.
  Die Ergebnisse werden an den jeweiligen Anforderungsort geliefert.

- **Dezentrale (lokale) Bereitstellung und lokale Nutzung**
  In diesem Fall werden alle Anforderungen lokal bedient.
  Sämtliche Funktionen und Daten müssen lokal bereitgehalten werden.
  Die Ergebnisse werden an den jeweiligen Anforderungsort geliefert.

9.5.4.3.2 Verfügbarkeit der Ressourcen

Hinsichtlich der Verfügbarkeit können unterschieden werden:

- **Daten**
  Diese können den Charakter haben:
  - Public — allgemein verfügbar (Multi-User).
  - Non-Public — eingeschränkte Nutzung (Single-User oder Multi-User).
  - Zentral — allgemeiner zentraler Standort (Nutzungsmöglichkeit allgemein oder eingeschränkt).
  - Lokal — dezentraler Standort (Nutzungsmöglichkeit allgemein oder eingeschränkt).
  - Privat — individueller Standort (Nutzungsmöglichkeit nur individuell).

- **Anwendungen (Funktionen)**
  Diese können den Charakter haben:
  - Public — allgemein verfügbar (Multi-User).
  - Non-Public — eingeschränkte Nutzung (Single-User oder Multi-User).
  - Zentral — allgemeiner zentraler Standort und zentrale Ausführungsmöglichkeit.
  - Lokal — dezentraler Standort und dezentrale Ausführungsmöglichkeit innerhalb eines LAN-Netzes.
  - Privat — individueller Standort und individuelle Ausführungsmöglichkeit.

9 Unabhängigkeit zwischen Daten und Funktionen
9.5 Auswirkungen auf das Anwendungs-Design

9.5.4.4 Konsequenzen einer Verteilung

Wenn über eine Verteilung von Funktionen und oder Daten entschieden wird, sind insbesondere folgende Konsequenzen zu bedenken:

- Wenn es ein logisches gemeinsames Daten-Modell gibt (z.B. PARTNER kann ein KUNDE sein und muss dann ein KONTO haben), ist eine Verteilung nicht unproblematisch.
  Fragen:
  - Wo soll die Zuordnung der einzelnen Basis-Objekte erfolgen?
    Beispiel:
    - PARTNER   ist in d.R. ein zentrales Objekt (unternehmensweit für alle relevant, da dahinter eine natürliche oder juristische Person steht).
    - KUNDE   ist in d.R. ein zentrales Objekt (unternehmensweit für alle relevant, da ein Kunde - als 'Rolle' von PARTNER - mehrere Konten haben kann).
    - KONTO   kann als dezentrales Objekt gesehen werden (lokale Verwaltungszuständigkeit - aber trotzdem von unternehmensweitem Interesse).
  - Wo soll die Zuordnung der Beziehungs-Objekte erfolgen?
    Jedes Objekt hat Beziehungen (zum gleichen oder zu anderen Objekten).
    Folgende Beziehungs-Konstellationen treten auf:
    - Beziehungen zwischen zentralen Objekten,
    - Beziehungen zwischen lokalen Objekten,
    - Beziehungen zwischen zentralen und lokalen Objekten.
  - Wie kann die Integrität der Basisobjekte, der referenziellen Beziehungen und sonstiger Integritäts-Beziehungen lokationsübergreifend gewährleistet werden?

- Die Datenhaltung in verteilten Datenbanken fordert aufgrund des derzeitigen Technologiestandes eine hohe Abhängigkeit der Anwendungen zur Datenlokation.

- Bei einer Verteilung stellt sich immer das Problem der Ausfallsicherheit. Bekannterweise ist jedes Netz so gut wie seine schwächste Komponente. Ohne extreme Investitionen in redundante Hardware und Software ist eine hohe Ausfallsicherheit nicht erreichbar.

- Da eine Verteilung ohne den Aufbau von Redundanzen praktisch nicht lösbar ist, stellen sich folgende Fragen:
  - Wie kann die Redundanz so verwaltet werden, dass keine Konsistenzprobleme auftreten?
    Eine Änderung auf verschiedenen Lokationen ist nicht in derselben Millisekunde möglich.
    Daher ist eine Zeitverzögerung einzukalkulieren.
    Innerhalb dieser Zeitverzögerung sind aber die redundanten Daten nicht mehr korrekt.
    Wie erfährt eine Anwendung, die aus Performancegründen auf die redundanten Daten zugreift, dass in demselben Augenblick die originäre Datenbasis anders aussieht?
    Allenfalls die Basisdaten können jederzeit konsistent gehalten werden!

  - Bei Ausfall einer Lokation, die redundante Daten führt, sind zu gewährleisten:
    - Zugriffsalternative auf eine andere Lokation, die dieselben redundanten Daten führt,
    - die anstehenden Änderungen der ausgefallenen Lokation müssen gesammelt werden und zeitgerecht bei Verfügbarkeit vor einer allgemeinen Nutzungsmöglichkeit eingespielt werden.

- Wer ist für die Gewährleistung der Daten-Integrität verantwortlich: Anwendungen oder das Datenbanksystem?
  Zunehmend verlagern sich Prüfprozesse in das Datenbanksystem (Referenzielle Konstrukte, Check-Regeln, Trigger).
  Ist die Anwendung von der Datenhaltung entfernt, können die Prüfungen nicht lokal angefordert werden. Zu beachten ist, dass die Prüfung durch ein Datenbanksystem sehr spät erfolgt.
  So prüft DB2 erst, wenn eine Datenmanipulation gefordert wird. Client-Anwendungen wollen aber bereits auf jede Benutzereingabe reagieren.

10 Datenentwurf unter DB2
10.1 Rolle des ANSI-SPARC-3-Schemata-Ansatzes

Basis für den systemanalytischen Design-Prozess ist das 3-Schemata-Modell von ANSI/SPARC, das im Kapitel 1 kurz vorgestellt wurde.
Praktisch läßt sich auch im DB2-Ansatz ein 3-Ebenen Schema erkennen.

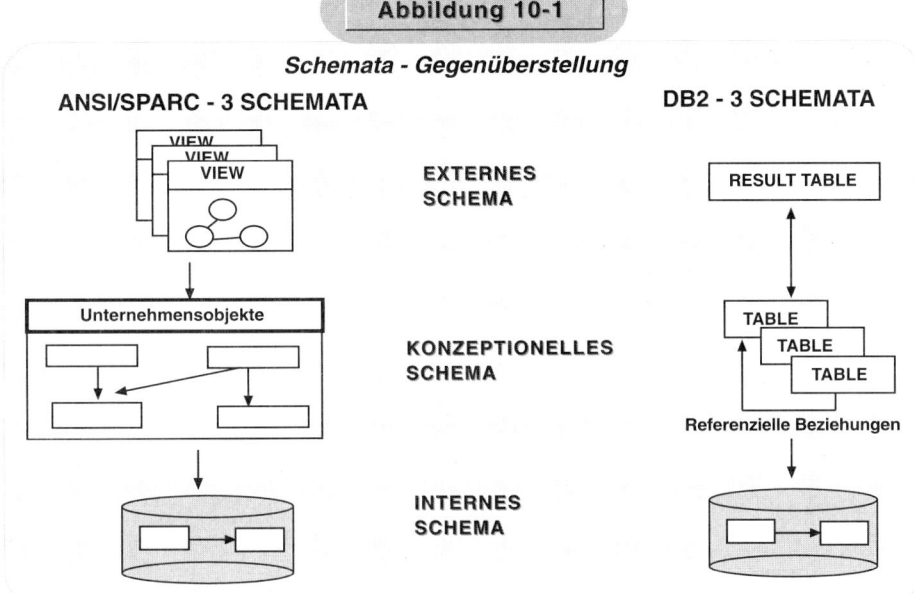

Abbildung 10-1

Folgende Aspekte wirken:

- **Externe Ebene**
  Auf der externen Ebene ist die **Result Table** als Ergebnis jeder SQL-Statement-Ausführung zu definieren. Grundsätzlich unterstützt DB2 mit seinem **View**-Konzept die externe Ebene. Das View-Konzept kann allerdings derzeit aufgrund diverser Restriktionen nur sehr eingeschränkt eingesetzt werden.
  In diesen Bereich kann auch noch die Synonym- bzw. Aliasvergabe als Alternativ-Name für ein Benutzer-Objekt eingeordnet werden; dies jedoch ohne Verarbeitungsrelevanz.
  Die Table als Ressource kann sicherlich nicht mehr der externen Ebene zugeordnet werden. Auch wenn bestimmte Benutzer ihre eigenen Ressourcen verwalten können, ist die Table als konzeptionelle Unternehmenseinheit zu sehen.

- **Konzeptionelle Ebene**
  Die Informationsobjekte des Unternehmens (**Entity**) werden im Relationenmodell logisch als Relationen und physisch als **Tables** definiert. DB2 kennt unterschiedliche Tables. An dieser Stelle sind die Basis-Tabellen oder Base Tables relevant.
  Die Verwaltung der Tables und ihrer Beziehungen ist im Sinne einer gesamtheitlichen Unternehmensaufgabe dieser Ebene zuzuordnen.
  Die logischen Beziehungen zwischen Entitäten (**Relationship**) werden als referenzielle Beziehungen (referential constraints) definiert. Daneben werden auch weitere Integritätsregeln und -maßnahmen (Check-Rules und Trigger) sowie Datenschutz- und sonstige Regeln aufgenommen.

- **Interne Ebene**
  Alle System-Ressourcen wie Tablespace, Indexspace, Index, Database, Storage Group sowie Bufferpool, Partition, Subpage.
  Dieser Ebene sind auch Globale Temporäre Tabellen sowie die für LOB-Spalten erforderlichen Auxiliary Tables zuzuordnen, da deren Einsatz ausschließlich aufgrund technischer Restriktionen sinnvoll ist.
  Außerdem gehören die externen Datenträger (VSAM-Datasets) zu dieser Ebene.

10 Datenentwurf unter DB2
10.1 Rolle des ANSI-SPARC-3-Schemata-Ansatzes

Es erfordert eine hohe Disziplin in den Unternehmen, durch entsprechende Anweisungen und organisatorische Verfahren die drei Schemata auch unter DB2 zur Wirkung kommen zu lassen.
Voraussetzung ist allerdings zunächst einmal die Erkenntnis über die hervorragende Bedeutung dieses 3-Schemata-Ansatzes - bis in das obere Management hinein.
Die folgende Abbildung zeigt die einzelnen Bestandteile der 3-Schemata innerhalb des DB2-Systems nach dieser Theorie auf.
Auch hier ist wiederum erkennbar, dass auf externer und interner Ebene nach dieser Darstellungsform sauber abgegrenzte Schemata wirken (wenn die volle Unterstützung des View-Konzepts von DB2 angeboten wird, bei dem physische Tabellenänderungen nicht zu View-Änderungserfordernissen führen).

Der Bereich des konzeptionellen Schemas ist jedoch eine organisatorische und technische Problemzone, da er subsystemübergreifend geplant und umgesetzt werden muss.
So können Domains, Attribute nach einem zentralen Feldkonzept, die Bestimmung von Primary-Keys, Beziehungen über Foreign-Keys, Integritäts-Sicherungsmaßnahmen und Zugriffsschutzüberlegungen nur innerhalb eines zentralen Unternehmens-Konzepts eingebunden werden.
Auch die künftig sicherlich bedeutender werdende Verteilung der Daten wird hohe Anforderungen an diesen Bereich stellen.
Hinweis:
Das dargestellte Domain-Konzept ist von DB2 derzeit nur eingeschränkt unterstützt.

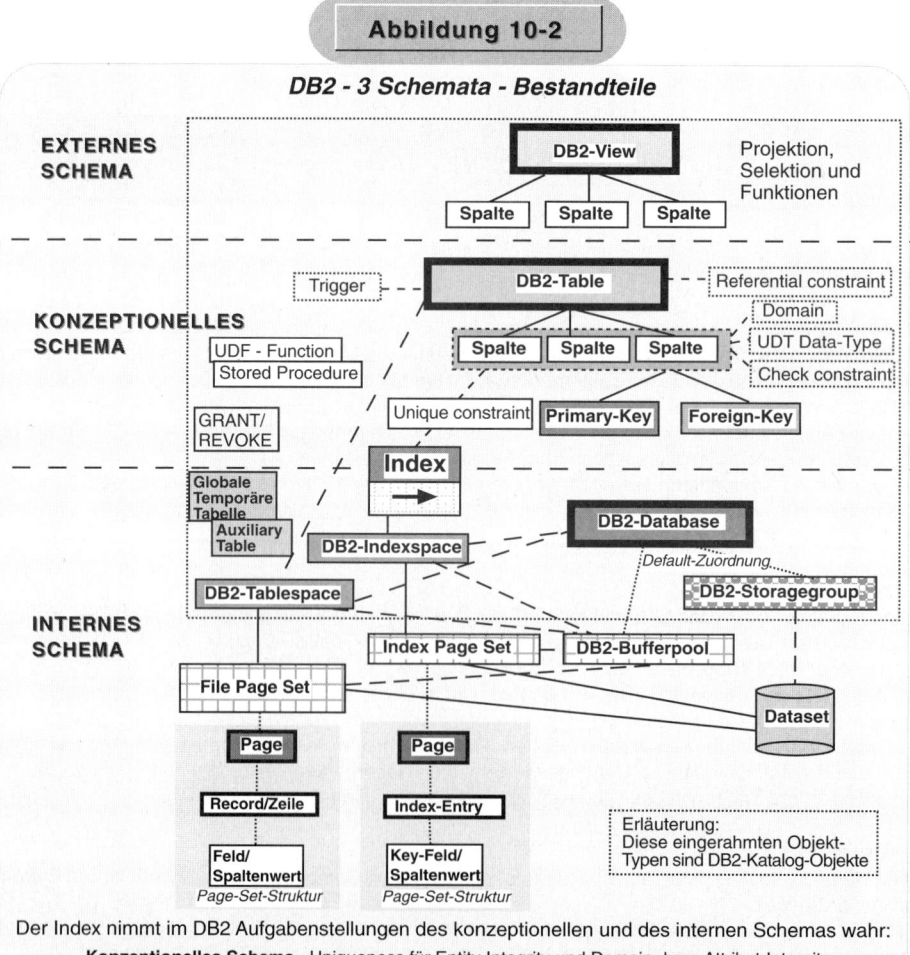

Abbildung 10-2

10.2 Vorgehens-Modell

Die grundsätzliche Vorgehensweise beim System-Entwurf kann unterschieden werden in:

- **Funktionsorientierte Vorgehensweise**
  Hier wird der Funktionsbedarf vorrangig ermittelt und daraus werden die Datenanforderungen abgeleitet.

- **Datenorientierte Vorgehensweise**
  Hier wird der Datenbedarf vorrangig ermittelt und daraus die Funktionsanforderungen abgeleitet.

- **Objektorientierte Vorgehensweise**
  Hier werden im Rahmen einer Objektorientierung sowohl Daten als auch deren abhängige Funktionen (Methoden) miteinander verschmolzen. Eine Grund-Idee dabei ist, dass sich Objekte aufgrund bestimmter Ereignisse innerhalb ihres Lebenszyklus (Lyfe-Cycle) in verschiedenen Zustandsformen befinden. Mit Hilfe von Klassen-Konzepten werden Objekt-Generalisierungen und -Spezialisierungen definiert und gesteuert.

In jüngerer Zeit hat sich die Erkenntnis durchgesetzt, dass durch die bisher häufig anzutreffenden Funktionsorientierungen erhebliche Probleme hinsichtlich der Kontrolle unserer Unternehmens-Ressourcen entstanden sind, weil diverse Redundanzen aufgebaut wurden, die unkontrollierbar oder zumindest nur sehr aufwendig zu kontrollieren sind.
Daher werden dem daten- bzw. objektorientierten Ansatz eine hohe Bedeutung beigemessen.
Das nachfolgende Vorgehens-Konzept beschreibt die Minimalanforderungen an einen DB2-spezifische Datenentwurf anhand der datenorientierten Vorgehensweise.

Die Daten-Modellierung kann nach unterschiedlichen Vorgehens-Modellen erfolgen. Die Grundlagen dafür sind in jedem Unternehmen individuell festzulegen. Dabei erfolgt die Orientierung an den gängigen Daten-Modell-Typen.

Die Funktionen des DB2-Datenentwurfes sollen in diesem Kapitel in Anlehnung an die in der folgenden Abbildung dargestellten Funktionen erläutert werden.

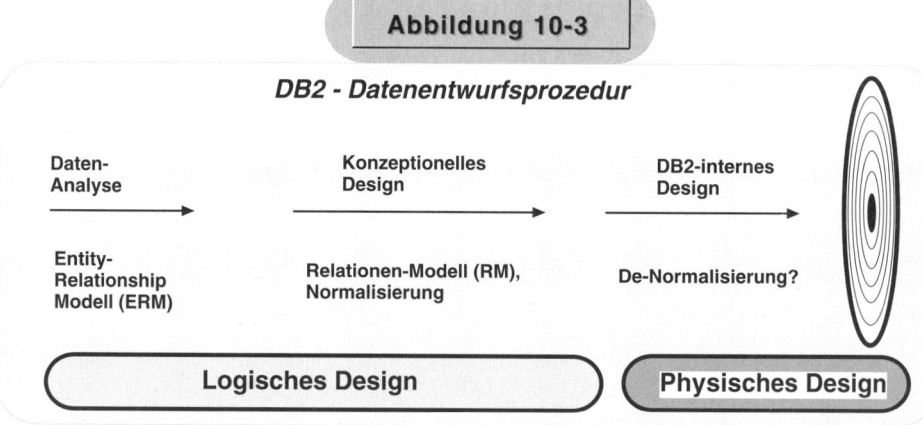

Abbildung 10-3
DB2 - Datenentwurfsprozedur

Dabei werden zunächst die relevanten Daten des Unternehmens analysiert. Grundsätzlich bieten sich die beiden Daten-Modell-Typen des Entity-Relationship-Modells (ERM) und des Relationen-Modells (RM) dafür an.
Während das ERM-Modell sich ausschließlich auf logischer Ebene bewegt, umfasst das Relationen-Modell logische und konzeptionelle Aspekte.

Dagegen bietet das ERM-Modell auf logischer Ebene umfassendere Analyse-Techniken an.
Die Daten-Analyse kann nach dem Top-Down- oder Bottom-Up-Prinzip vorgenommen werden.

Während das Top-Down-Prinzip geeignet ist für die Formulierung der strategischen Unternehmens-Informationen und der analytischen Umsetzung in Form von Entitäten und Attributen auf logischer Ebene, ist das Bottom-Up-Prinzip geeignet für die Zusammenführung der Benutzer-Views zu erforderlichen Datenstrukturen.
Hier stehen sich oftmals 'Soll' und 'Ist' der Unternehmens-Anforderungen konträr gegenüber.
In der Praxis bewährt sich in allen Bereichen immer wieder die Mischform dieser Prinzipien, wobei sinnvollerweise der Projektausschnitt zunächst im Top-Down-Ansatz definiert werden sollte.
Beim nachträglichen Sammeln der Informationen kann sinnvoll nach beiden Prinzipien verfahren werden.

Die Normalisierung besteht aus einem Regelwerk, das die Struktur-Festigkeit unterstützt, allerdings keine inhaltlichen Qualitäten gewährleisten kann.

Das konzeptionelle Daten-Design konsolidiert die analytischen Erkenntnisse innerhalb eines unternehmensweiten Dokumentations- und Regelwerks und verknüpft verschiedene sachgebietsorientierte bzw. projektorientierte Daten-Modelle zu einem konzeptionellen Daten-Modell.

Zum Abschluss wird das DB2-interne Design vorgenommen. Hier ist zu unterscheiden in:

- **Benutzer-Objekte,**
  die direkt aus dem logischen Daten-Modell abgeleitet werden können (Entität -> Relation -> Tabelle) und direkt auf die Benutzer-Ebene reflektieren, da die Zugriffe auf diese Ressource-Gruppe erfolgen müssen.

- **DB2-interne Objekte,**
  die direkt auf die Speicherung der Daten wirken und aus Performancegründen permanent verändert werden können - ohne Einfluss auf die Benutzeroberfläche.

Die Analyse und Dokumentation der Daten fordert eine technologische Unterstützung in Form von:

- **Data Dictionary-System (DD)**
  mit der zentralen Haltung der Beschreibungen der Daten innerhalb der einzelnen Daten-Modell-Ebenen. Diese Daten werden als Meta-Daten bezeichnet, worunter die Beschreibungen über die Unternehmens-Daten zu verstehen sind.

- **Repository-System**
  mit der zentralen Haltung der Beschreibungen von Daten und Funktionen innerhalb der einzelnen Modell-Ebenen.

- **Design-Tools**
  zur aktiven - auch grafischen - Unterstützung der Daten-Modellierung in allen Phasen.

Wichtig ist die frühzeitige Festlegung der Design-Phasen mit Einzelaktivitäten und Ergebnissen.

Ein Daten-Modell besteht nicht nur aus Grafiken, sondern umfasst ein komplettes Beschreibungswerk der Informationen und ihrer funktionalen Auswirkungen.

10.2.1 Entwicklungsgeschichte der relevanten Daten-Modelle

Schon zu Beginn der elektronischen Datenverarbeitung begannen theoretische Überlegungen, wie die Daten in einem DV-System zu behandeln sind.
Diese theroretischen Grundlagen wurden zunächst nur bei den Herstellern der Hardware und Betriebssystem-Software behandelt.

Schon in den 60-er Jahren gab es erste Abgrenzungen zwischen der logischen Betrachtung und der physischen Speicherung der Daten.
So entstanden 'hierarchische Daten-Modelle' und 'netzwerkorientierte Daten-Modelle' (ab 1971 auch CODASYL genannt).
Zu Beginn der 70-er Jahre wurde eine revolutionäre Entwicklung mit der vollständigen Separierung der logischen und physischen Ebenen durch das Relationen-Modell eingeleitet.
Danach folgten immer mehr Grundlagen-Arbeiten, die als 'semantische Daten-Modelle' bezeichnet werden.

Solche Modelle bemühen sich um die Interpretation der inhaltlichen Festlegungen und Regeln der Daten und ihrer Beziehungen untereinander.
Daraus wiederum leiten sich funktionale Abhängigkeiten ab, die bei den 'objektorientierten Daten-Modellen' berücksichtigt wurden.

Abbildung 10-4

Entwicklungsgeschichte der relevanten Daten-Modelle

Zeit	Modell-Typ	Wichtige Autoren	Bedeutung
1962	Physische Modelle		Sequenzielle Satz- und Blockbildung. Direkte Satzspeicherung. Indizierung.
1963	Netzwerk-Modell	Charles Bachman	Integrated Data Systems (IDS).
1965	Hierarchisches Modell	IBM INTEL	IMS-Datenbank. System 2000.
1970	Relationales Modell (RM)	Codd	Vollständige logische und physische Separierung.
1971 - 1978	CODASYL-Modell	John Cullinane B.F. Goodrich	Genormtes Netzwerk-Modell. Verbreitete Datenbank-Familie, z.B.: - IDMS, DMS, IDS.
1976	Semantisches Daten-Modell: Entity-Relationship-Model (ERM)	Wedekind, Ortner, Chen	Grafische Darstellung der Informations-Objekte und ihrer Beziehungen untereinander.
ab 1979	Semantisches Daten-Modell: Erweiterungen RM --> RM/T Erweiterungen ERM --> EERM.	Codd, Date, Chen, Smith and Smith, Scheuermann, Elmasri.	Erweiterung um Entity-Klassifizierungen und Beziehungs-Typen mit abhängigem Regelwerk.
ab 1988	Objektorientiertes Daten-Modell - OOSE - OSA + OSD - OBA + OBD - OMT - OODLE	Coard/Yourdon James Martin/ James Odell J. Rumbaugh Shlaer/Mellor	Komplexe Objekte mit Kopplung von Daten und Funktionen: - Objectoriented software engineering - Object structure analysis + -design - Object behavior analysis + -design - Object modeling technique - Objectoriented design of lifecycles/events

10.2.2 ERM - Entity-Relationship-Modell

Dieses Modell versucht die reale Welt des Unternehmens in ihren aufbau- und ablauforganisatorischen Zusammenhängen - nicht nur der vom DV-Einsatz direkt betroffenen Gebiete - modellhaft abzubilden.

Dabei werden die Begriffe des Unternehmens, die als Informationsträger eindeutig identifizierbar sind, zu Einheiten, die als **Informationsobjekt** oder **Entity** bezeichnet werden, zusammengefasst.
Bedingung ist, dass die Charakterisierung eines Entity hinreichend möglich ist und mindestens eine Ausprägung (Identifikator oder Primary-Key) die restlichen Ausprägungen des Entity unterscheidbar macht.

Ein Entity kann beschreiben:

- **Individuum** (Mitarbeiter, Firma, Vertreter, Bezirksleiter usw.).
- **Reales Objekt** (Gebäude, Raum, Telefon, Produkt, Auto usw.).
- **Abstraktes Objekt** (Seminartyp, Seminarpreise, Farbe usw.).
- **Ereignis** (Monatsabrechnung, Fakturierung, Seminar usw.).

Ein Entity kann wie folgt definiert werden:

- Nimmt Informationen auf, die für das Unternehmen relevant sind.
- Korrespondiert zu Menschen, Sachen, Orten, Organisationen, Konzepten, Ereignissen der realen Welt.
- Enthält ein oder mehrere eindeutige identifizierende Attribute (Primär-Schlüssel).
- Kann neben den identifizierenden Attributen weitere Attribute enthalten. Diese müssen nicht eindeutig sein.
- Enthält normalerweise mehrere inhaltliche Vorkommen des Typs. Das Modell zeigt aber nur einen verallgemeinerten Typ.
- Führt einen Entity-Namen im Singular und wird grafisch als Rechteck oder als Bubble dargestellt.

Die Entities stehen untereinander in Beziehung. Diese Beziehung wird als **Relationship** bezeichnet. Eine Relationship assoziiert wechselseitig zwei oder mehr Entities. Die Beziehung zwischen jeweils zwei Entities kann sein:

- 1 : 1,   1 : n,   n : 1   und   m : n.

So stehen beispielsweise die Tabellen SEMPREIS und SEMTYP der Abbildung im vorderen Buchumschlag in einer 1 : n-Beziehung.

Eine Relationship kann wie folgt definiert werden:

- Repräsentiert unternehmensrelevante Beziehungen zwischen Entities.
- Zeigt logische Zugriffswege der Entities untereinander auf.
- Verbindet grundsätzlich zwei Entities miteinander (bei rekursiven Beziehungen steht ein Entity mit sich selbst in Beziehung).
- Wird im Diagramm als dünne Verbindungslinie zwischen Entities mit Einfach- oder Doppelpfeil dargestellt.

Einem Entity werden **Attribute** zugeordnet. Diese Zuordnung entspricht der Ablage von Tatsachen **(Property, Fact)** und dient der Charakterisierung, Klassifizierung oder Identifizierung des Entity. Das Attribut soll atomic, d.h. nicht weiter auflösbar sein (kein zusammengesetzter Wert).

Beispiele für Attribute sind:
- Name, Gewicht, Preis, Farbe.
- Seminartitel, Seminardauer.

Ein Attribut besitzt wiederum Beziehungseigenschaften zu dem Identifikator des Entity.
Diese Beziehungen können 1 : 1 oder auch zunächst n : 1 sein.

Es wird innerhalb der Unternehmen im einzelnen abzuklären sein, ob z.B. Farbe ein Entity oder ein Attribut ist.
So ist beispielsweise die Farbe rot eines Autos als Attribut vorstellbar, die Farbmischung rot aber bei einem Teppichboden als Entity mit bestimmten Charakterisierungen sinnvoll.

Ein Attribut mit seinen Format- und Wert-Ausprägungen kann einer **DOMAIN** zugeordnet werden.
Speziell im Hinblick auf die in unterschiedlichen Tabellen mehrfach auftretenden gleichen Attribute genießt das Domain-Konzept eine hervorragende Bedeutung zur Gewährleistung der Integrität.
In der theoretischen Idealvorstellung wird die Domain im Sinne eines zentralen Feldkonzepts einmal definiert und bei Attributvorkommen darauf referenziert.
Das Domain-Konzept bedarf natürlich neben des organisatorisch relevanten Aspekts auch einer technischen Unterstützung durch das Datenbank- oder Data-Dictionary-System.
DB2 unterstützt derzeit das Domain-Konzept in sehr eingeschränkter Weise.

Die frühen Ausarbeitungen des ERM-Modells wurden durch eine Vielzahl von nachträglichen Veröffentlichungen ergänzt.
So waren die definierten Diagramm-Typen und Objekt-Klassen für die Kommunikation mit den Endbenutzern zwar gut geeignet, die Anforderungen der professionellen Anwendungs-Entwicklung konnten aber nicht hinreichend unterstützt werden.
Es fehlten wichtige Festlegungen zur Beschreibung von Integritäts-Regeln und Struktur-Abhängigkeiten bei komplexen Informations-Zusammenhängen.

So entstand ein Mix von Verfahrens-Vorschlägen und Dokumentations-Erweiterungen, die unter dem Begriff des Extended Entity Relationship Model (EERM) zusammengefasst werden können.

Speziell wurden hier folgende wesentlichen Erweiterungen der Beziehungen zwischen Entities behandelt:

- **Beziehungs-Grad**
    - Pflicht- oder Muss-Verbindung.
    - Kann-Verbindung.

- **Objekt-Klassen**
    - Subset Hierarchie, bei der Über- und Unterordnungen definiert werden.
    - Generalisierte Hierarchien, bei dem allgemeine Informationen auf untergeordnete Entities vererbt werden und dort Spezialisierungen gehalten werden.
    - Aggregationen, bei denen unterschiedliche Objekte zu einem neuen Objekt zusammenführt werden (z.B. Waschmaschine besteht aus diversen Baugruppen und Teilen).

10.2.3 Relationen-Modell (RM)

Das Relationen-Modell (RM) basiert auf mengentheoretischen, mathematischen Grundlagen.
Eine Relation oder auch Tabelle wird als Teilmenge des gesamten Informationsbedürfnisses eines Unternehmens verstanden.
Informationstechnisch entspricht eine Relation des Relationen-Modells einer Entität des Entity-Relationship-Modells - allerdings unter Berücksichtigung mathematischer Regelwerke.
Eine Tabelle repräsentiert die Datenhaltungsebene.
Primary-Key und Foreign-Key übernehmen im RM die Rolle der Relationship des ERM.

Dadurch ist das Key-Konzept im Relationenmodell von elementarer Bedeutung.

Es werden folgende Key-Typen klassifiziert:

- **Candidate Key** Möglicher Identifikator im Design-Prozess. Der Identifikator kann sich aus einer oder mehreren Spalten zusammensetzen.
- **Primary Key**   Aus den Candidate-Keys ausgewählter Primärschlüssel mit eindeutiger Identifikation einer Relation (z.B. SEMCODE identifiziert Seminartypen).
- **Foreign Key**   Fremdschlüssel definiert Beziehung zum Primärschlüssel einer anderen Relation (bei Rekursivität zur selben Relation).

Die optimale Primary-Key-Ermittlung ist eine wesentliche Aufgabe des Designprozesses. Dabei ist insbesondere die Frage der Nutzung relevant. Muss der Fachbereich den Schlüssel kennen oder wirkt er nur intern?

Ein Primary-Key kann aus einer oder mehreren Spalten zusammengesetzt werden. Er kann symbolisch vom Benutzer adressierbar sein (sprechender Schlüssel); er kann aber auch als maschineller, künstlicher Schlüssel fern jedes realen Bezugs definiert werden.

DB2 unterstützt das Key-Konzept in Verbindung mit referenziellen Beziehungen.

Ein Primary Key muss folgende Merkmale aufweisen:

- sämtliche Primary-Key-Spalten müssen mit NOT NULL oder NOT NULL WITH DEFAULT definiert werden,
- ein UNIQUE INDEX (Primary Index) muss angelegt werden.

Bei der Auswahl des optimalen Primary-Keys ist zu berücksichtigen, dass dieser auch für die Darstellung der Beziehungen auf Foreign-Keys wirkt.
Aus diesem Grund kann es sinnvoll sein, den für den Benutzer relevanten externen PK in einen internen PK umzusetzen (erfordert aber permanente Umschlüsselungen).

Die frühzeitige Bestimmung der Foreign-Key-Verbindungen steht im Widerspruch zum ERM-Datenmodellierungs-Ansatz. Dort werden die Beziehungen der Daten als eigene Einheit ausgelagert und beschrieben.
Natürlich kann im Relationenmodell insofern ein Kompromiss beschritten werden, als der Designer generell jede Relationship als eigenes Entity definieren kann.

Nach dem Relationen-Modell übernehmen die Keys eine wichtige Rolle bei der Gewährleistung der Integritäts-Bedingungen:

- der Primary-Key gewährleistet mit seiner Eindeutigkeit die **Entity-Integrity**.
- der Foreign-Key gewährleistet mit seiner Referenz die **Referential-Integrity**.

Die folgende Abbildung zeigt einen Überblick über die Rolle des Primary- und Foreign-Keys im Relationen-Modell.

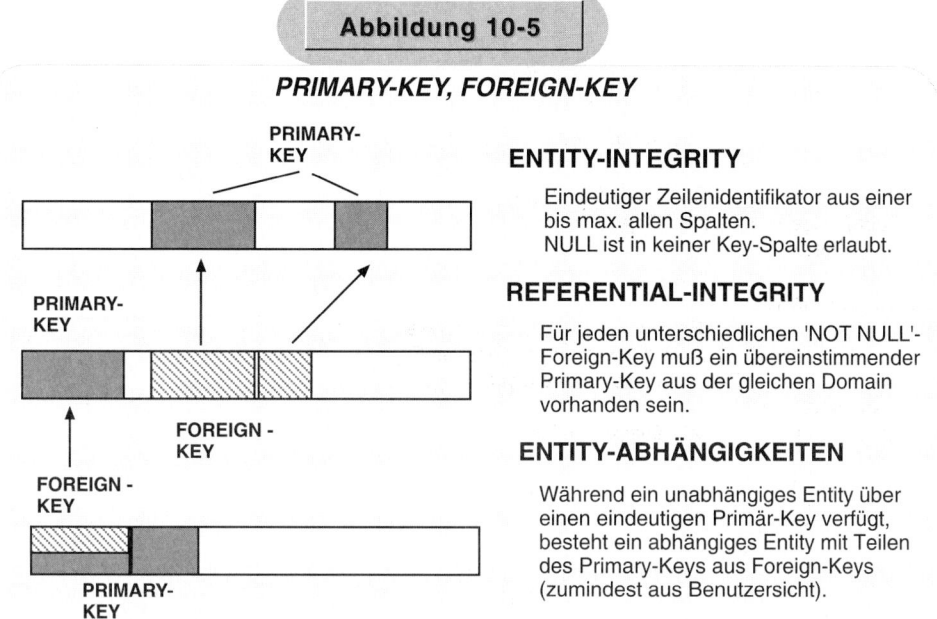

Abbildung 10-5

PRIMARY-KEY, FOREIGN-KEY

ENTITY-INTEGRITY

Eindeutiger Zeilenidentifikator aus einer bis max. allen Spalten.
NULL ist in keiner Key-Spalte erlaubt.

REFERENTIAL-INTEGRITY

Für jeden unterschiedlichen 'NOT NULL'-Foreign-Key muß ein übereinstimmender Primary-Key aus der gleichen Domain vorhanden sein.

ENTITY-ABHÄNGIGKEITEN

Während ein unabhängiges Entity über einen eindeutigen Primär-Key verfügt, besteht ein abhängiges Entity mit Teilen des Primary-Keys aus Foreign-Keys (zumindest aus Benutzersicht).

Es hat sich bewährt, beim Design darauf zu achten, dass möglichst wenige Spalten in den Primary-Key einbezogen werden. Setzt sich ein Primary-Key aus diversen Spalten zusammen (**Composite Key**), entstehen folgende Nachteile:

- Bei jeder gezielten, eindeutigen Daten-Anforderung muss der komplette Primary-Key vorgegeben werden.
- Bei Mengen-Anforderungen ist besondere Vorsicht geboten; speziell beim Restart bzw. beim Aufsetzen ist immer die verbleibende Restmenge zu adressieren.
- Durch die Datenbeziehungen entstehen Beziehungen zwischen dem *kompletten* Primary-Key und Foreign-Keys. Der jeweilige Foreign-Key muss natürlich dann die kompletten Bestandteile des übereinstimmenden Primary-Keys aufweisen, obwohl lediglich eine Referenz gefordert ist.
- Bei Aufbau eines neuen Satzes müssen alle Primary-Key-Bestandteile bekannt sein. NULL-Werte sind unzulässig. NOT NULL WITH DEFAULT ist nur bei einem TIMESTAMP zulässig. Es ist darauf zu achten, dass DB2 mehrere identische Timestamps vergeben kann. Dies ist in den jeweiligen Anwendungen zu berücksichtigen.

Eine Möglichkeit zur Reduzierung der Key-Spalten ist ein zentrales Primary-Key-Verfahren, bei dem einem logischen Primär-Ordnungsbegriff eine eindeutige unternehmensweite interne lfd. Nummer hinzugefügt wird. Eine Alternative hierzu stellt die Nutzung des TIMESTAMPs dar.
Dieser interne Key-Bestandteil ist als eindeutige Satz- bzw. Zeilennummer nicht änderbar. Er muss auch bei entsprechendem Systemdesign und durch Programmunterstützung nicht nach außen für die Benutzer sichtbar werden (dies funktioniert aber nur, wenn für den Benutzer ein eindeutiger Candidate Key zur Verfügung steht).

Die Beziehungen im Relationen-Modell werden nur über Primary-Key und Foreign-Key-Verbindungen hergestellt.
Es fehlen natürlich zur eindeutigen Beurteilung von Informations-Zusammenhängen und den daraus abzuleitenden funktionalen Prozessen eine Reihe von Zusatzinformationen.

Daher hat sich auch das Relationen-Modell inzwischen mit einem erweiterten Ansatz, dem RM/T-Modell, mit den unterschiedlichen Beziehungs-Typen auseinandergesetzt.
Dabei sind insbesondere die Fragen untersucht worden:

- welche Entity- bzw. Beziehungs-Typen existieren?
- wo muss der Foreign Key positioniert werden und kann er NULL-fähig sein?
- welche Integritäts-Regeln sind für die einzelnen Typen zu definieren?

Folgende Entity-Typen sind dort festgelegt worden:

- **Kernel ('what the DBMS is all about')**
  Unabhängige Informations-Objekte, die nicht existenzabhängig von anderen sind, wie z.B. SEMTYP, REFERENT.

- **Characteristic**
  Beschreibung anderer Entities mit Existenzabhängigkeit von diesen.
  Sie definiert eine hierarchische Beziehung zwischen Entities und erbt den Primary-Key der übergeordneten Entity. Jede Characteristic ist eine eigene Entity, die Zusatzbeschreibungen der übergeordneten Ebene führt.
  Aufgrund der Existenz-Abhängigkeit leiten sich entsprechende Integritäts-Festlegungen ab.

- **Association**
  Beschreibt eine M : N-Beziehung zwischen Entities und wird als eigene Entity geführt, mit der Möglichkeit, diese Beziehung mit Attributen zu versehen.
  Eine M : N-Beziehung zwischen Relationen wird in zwei 1: n-Beziehungen aufgelöst.
  Die neu entstehende Relation besteht häufig ausschließlich aus Primary-Key-Bestandteilen und ist jeweils von ihren übergeordneten Relationen voll existenzabhängig.
  Beispiel:
  SEMTYP und REFERENT stehen in einer M : N-Beziehung, da ein Referent mehrere Seminartypen halten kann und ein Seminartyp von mehreren Referenten gehalten werden kann.
  Die Auflösung dieser komplexen Beziehung führt zu einer neuen Entity mit dem Namen SEMREF.

Folgender Beziehungs-Typ ist im RM/T definiert:

- **Designation**
  Repräsentiert 1 : N-Beziehung zwischen Entities (eine 1 : 1-Beziehung ist eine Spezialform der 1: N-Beziehung).
  Eine Designation kann Kernels, Characteristics und Associations verknüpfen.
  Es müssen die Über- und Unterordnungen festgelegt und die Beziehung als Kann- oder Muss-Verbindung analysiert werden. Daraus kann abgeleitet werden, ob der Foreign-Key NULL-fähig ist oder nicht.

10.2.4 Gemeinsamkeiten von ERM und RM

Entity-Relationship-Modell und Relationen-Modell haben sich inzwischen auf logischer Ebene stark angenähert.
Die folgende Abbildung zeigt noch einmal die einzelnen RM/T-Objekt-Typen auf, vergleicht sie mit den ERM-Struktur-Typen und erläutert auch die Konsequenzen auf die Behandlung des FK innerhalb der referenziellen Beziehung.

Einige Probleme bei der Umsetzung sind jedoch zu beachten:

- M : N-Beziehungen müssen aufgelöst werden (siehe ASSOCIATION),
- Generalisierte Hierarchien (Super-Subtyp-Beziehungen) sind nicht unterstützt und müssen z.T. durch Anwendungslogik behandelt werden (z.B. ein Seminartyp darf entweder ein Management-oder ein Entwickler-Typ sein).
- Informationen über den Beziehungs-Typ (Muss/Kann) ist nur noch indirekt aus der NULL-Fähigkeit des FK abzuleiten,
- Beziehungs-Mengen sind nicht mehr erkennbar,
  Die Beziehung wird durch einen einseitig gerichteten Pfeil grafisch dargestellt (die DB2-Notation in den IBM-Manuals führt den Beziehungspfeil vom PK zum FK).

10 Datenentwurf unter DB2
10.2 Vorgehens-Modell

Abbildung 10-6

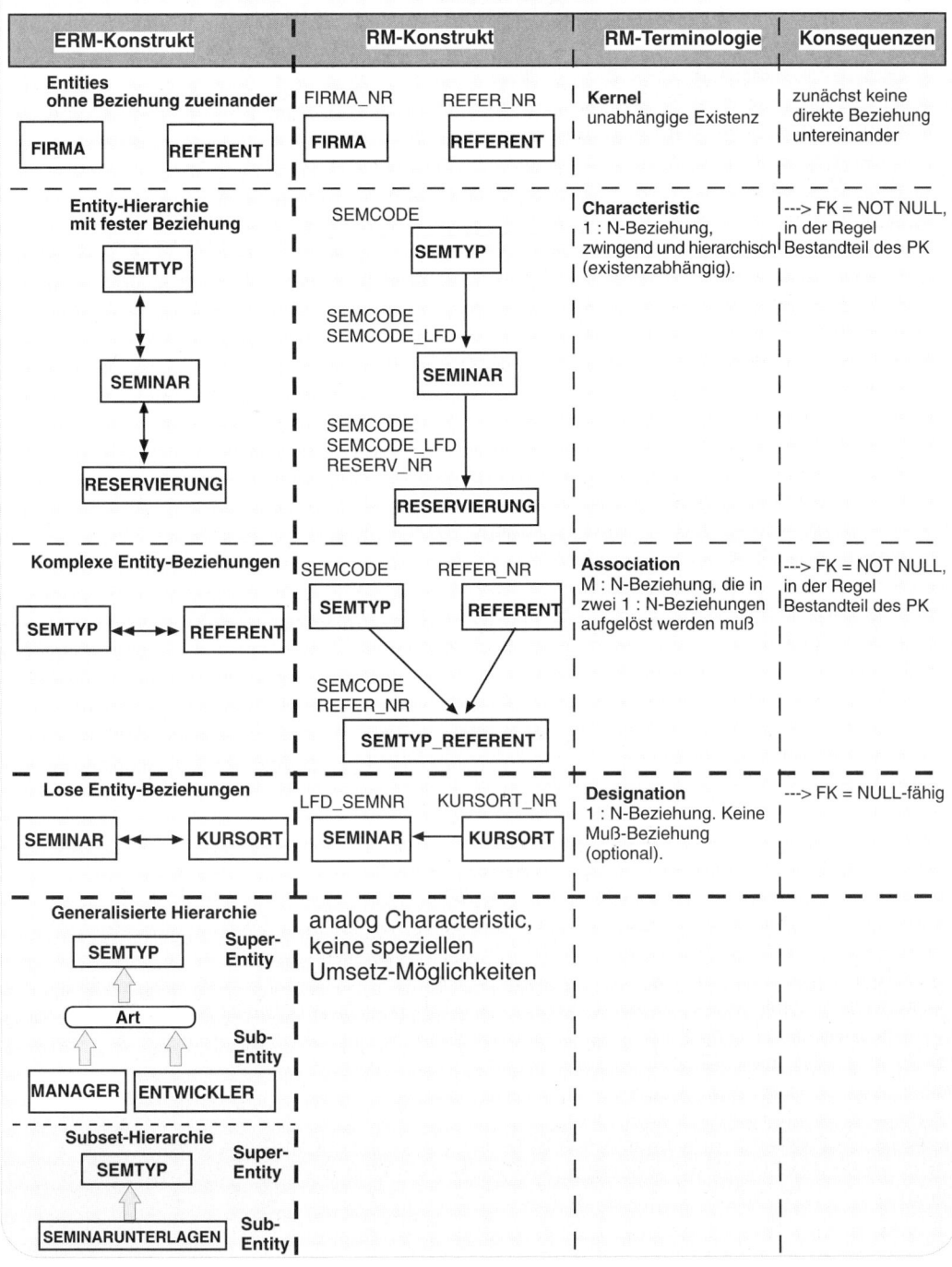

Umsetzung der ERM-Konstrukte ins RM/T

10 Datenentwurf unter DB2
10.2 Vorgehens-Modell

Die folgende Abbildung vergleicht die Terminologie zwischen den einzelnen Modellen:

Abbildung 10-7

Zusammenfassung der Terminologie

Entity-Relationship-Modell (ERM) und Erweitertes Relationen-Modell (RM/T)	Bedeutung	Basis-Relationen-Modell
ENTITY - KERNEL - ASSOCIATION - DESIGNATION - CHARACTERISTIC	Informationsobjekt, eindeutig identifizierbar: - unabhängige Existenz - M : N-Relationship - 1 : N-Relationship - existenzabhängig.	RELATION, TABLE
IDENTIFIKATOR	Eindeutiger Zugriffsschlüssel	PRIMARY KEY
RELATIONSHIP	Beziehung zwischen Entities	FOREIGN KEY
PROPERTY, FACT	Beschreibende Fakten	TUPEL, ZEILE
ATTRIBUT	Charakterisierung, Klassifizierung und evtl. Identifizierung eines Entity	ATTRIBUT, SPALTE
DOMAIN	Gemeinsamer Wertebereich	DOMAIN

Während die Haupt-Terminologie weitgehend angepasst wurde, bestehen doch noch erhebliche Unterschiede in folgenden Bereichen:

- Das Relationen-Modell ist ein logisches Modell, das durch die relationalen Datenbanksysteme auch eine physische Grundlage mit einer weiten Verbreitung gefunden hat (allerdings besteht eine Kluft zwischen logischem Modell und der technischen Realisierung).
Demgegenüber existieren relativ heterogene technische Lösungen für die logischen Anforderungen des ERM.

- Das Relationen-Modell kennt nur einfache Zweier-Beziehungen, während ERM komplexe Konstrukte unterstützt. Eine 3-er-Beziehung läßt sich durch zwei 2-er-Beziehungen nicht korrekt darstellen. Komplexe Objekte müssen aufgrund der Normalisierungs-Regeln (siehe nächstes Kapitel) in ihre einzelnen Bestandteile zergliedert werden.
Diese Zergliederung komplexer Informations-Zusammenhänge ist zunächst sehr sinnvoll. Anschließend muss es aber möglich sein, komplexe Objekte wieder zusammenzustellen.
Dies ist eine große Schwäche des Relationen-Modells, da solche Objekte im Relationen-Modell nur indirekt unterstützt sind und eine komplexe Objektsicht nur mit unterstützender Programmlogik aufgebaut werden kann.

10 Datenentwurf unter DB2
10.2 Vorgehens-Modell

Die folgende Grafik zeigt die Umsetzung der ERM bzw. der RM/T-Objekte in das Basis-Relationen-Modell:

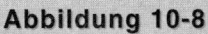

Umsetzung ERM-Modell bzw. RM/T-Modell in das Basis-Relationenmodell

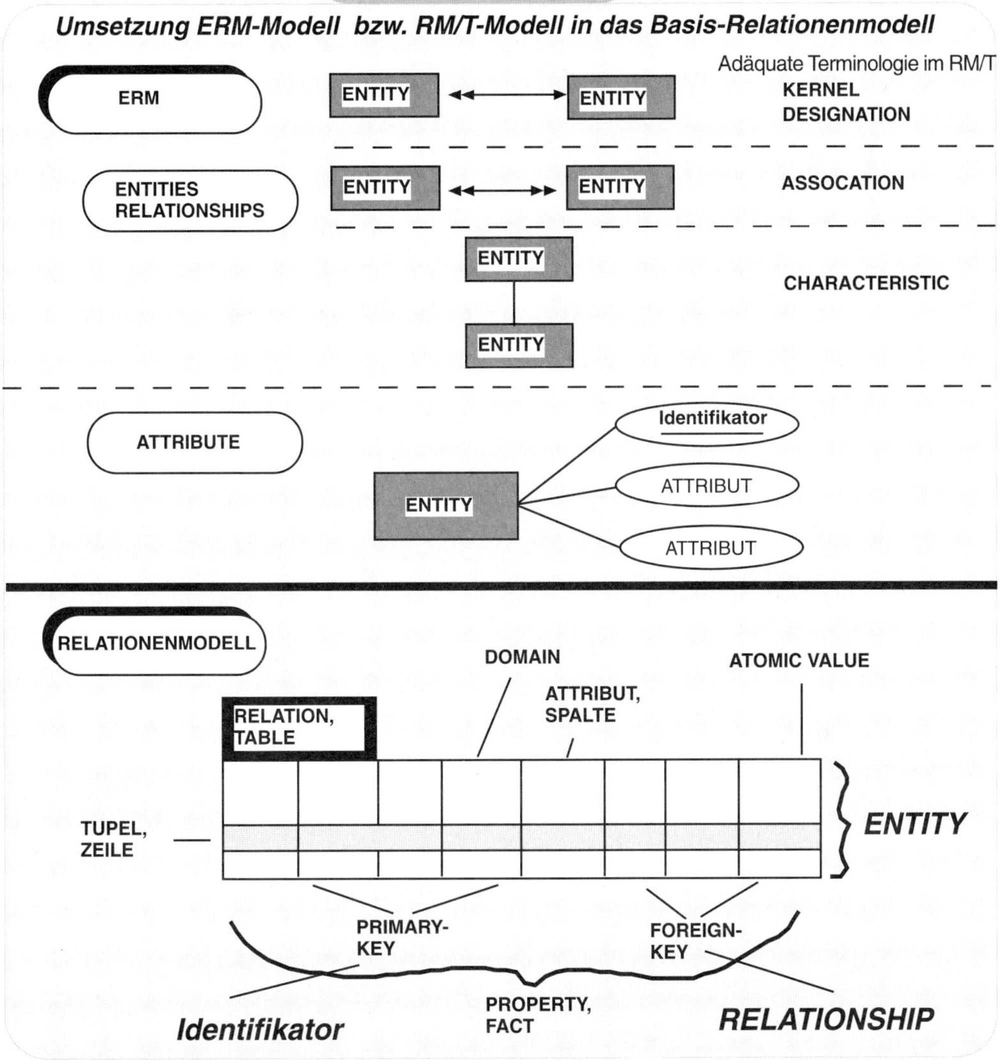

10.3 Logisches Design

Das logische DB2-Design wird in mehreren Phasen vollzogen. Keine Phase kann in einem Durchlauf vollständig abgeschlossen werden. Daten-Modellierung ist als iterativer Prozess zu verstehen. Sie beinhaltet folgende Aufgaben (die Reihenfolge der Schritte muss individuell festgelegt werden):

- **Externes Daten-Modell (das Daten-Modell des Fachbereichs)**
  Bei diesem Modell werden die betriebswirtschaftlichen Begriffe des Fachbereichs übernommen.

  Folgende Aktivitäten werden gemeinsam mit dem Fachbereich erarbeitet:
  - Bestimmung des Daten-Modell-Ausschnitts aus dem Gesamt-Unternehmens-Modell,
  - Analyse der erforderlichen Entities und Festlegung der Aufgaben,
  - Zuordnung relevanter Attribute zu den Entities,
  - Analyse der Beziehungen zwischen den Entities und Attributen mit Festlegung der Geschäfts-Regeln,
  - Festlegung der Identifikatoren,
  - Ergänzung der restlichen Attribute.

- **Konzeptionelles Daten-Modell (das Daten-Modell der professionellen Entwickler)**
  Bei diesem Modell werden die konstruktiven Detaillierungen der professionellen Entwickler erarbeitet
  Es wird nach konzeptionellen Standards und Festlegungen verfahren.
  Eine Rückkopplung auf die externe Ebene ist häufig sinnvoll, da erst im Detaillierungs-Prozess bestimmte Tatbestände erkannt werden können, die auch für den Fachbereich relevant sind.
  Die Entities der fachlichen Ebene stellen die Basis für die Relationen des Relationen-Modells dar.

  Folgende Aktivitäten werden konzeptionell von den DV-Entwicklern durchgeführt:
  - Anwendung von Modellierungs-Regeln unter Beachtung der Normalisierungs-Vorschriften:
    - Auflösung komplexer Struktur-Beziehungen,
    - Eliminierung von Redundanzen,
    - Zusammenführung gemeinsamer Charakteristiken.

  - Bestimmung unternehmensweiter Domains.

  - Festlegung der Integritätsregeln und -Maßnahmen.

  - Festlegung der Funktionen, die sich aus dem Datenmodell ergeben:
    - Funktionen zur Bildung ableitbarer Daten,
    - Integritäts-Funktionen (soweit sie nicht standardmäßig abgedeckt sind bzw. im Einzelfall nicht abgedeckt werden sollen):
      - Prüffunktionen zur Gewährleistung korrekter Dateninhalte,
      - Referenzielle Funktionen,
    - Sonstige Verarbeitungsauswirkungen (z.B. wenn ausgelagerte Domain-Werte vom Fachbereich verwaltet werden sollen).

  - Festlegung der Benutzersichten (Views) auf die logischen Datenstrukturen:
    - Definition logischer Zugriffspfade,
    - Definition von Informations-Hierarchien,
    - Festlegung von Zugriffsschutz-Aspekten.

  - Integration des Daten-Modells in bestehende Daten-Modelle.

Es folgen nähere Ausführungen der Aufgaben:

- **Normalisierung** und
- Festlegung der **referenziellen Verarbeitungs-Regeln.**

10.3.1 Normalisierung

Die Normalisierung ist ein wichtiges Element des Datenbank-Design-Prozesses. Es ist eine relationale Anforderung, die Daten normalisiert abzulegen. Dies ist die elementare Grundlage zur Gewährleistung der erforderlichen Datenintegrität.
Kein System kann natürlich prüfen, ob die Daten wirklich normalisiert abgelegt sind. Die volle Verantwortung hierfür liegt beim Datenbank-Designer.

Die Daten in unnormalisierter Form werden nach bestimmten Regeln funktional geordnet. Es entstehen dabei normalisierte Daten in bestimmten Normalformen.

Es werden inzwischen folgende Normalformen unterschieden:

- 1. Normalform (**1NF**) von Codd im Jahre 1970 veröffentlicht.
  Die erste Normalform genügt den Grundanforderungen des Relationen-Modells.
- 2. Normalform (**2NF**) von Codd im Jahre 1971 veröffentlicht.
- 3. Normalform (**3NF**) von Codd im Jahre 1971 veröffentlicht.
- Revidierte 3. Normalform (**BCNF**) von Boyce und Codd im Jahre 1974 veröffentlicht.
- 4. Normalform (**4NF**) von Fagin im Jahre 1977 veröffentlicht.
- 5. Normalform (**5NF**) von Fagin im Jahre 1979 veröffentlicht.

Die Komplexität der Normalisierungsformen steigt mit jeder Stufe erheblich an. In der Praxis hat sich die 3NF bewährt.
Auch ohne Kenntnis der theoretischen Normalisierungsregeln erreichen erfahrene Praktiker in einzelnen Bereichen die Bedingungen der 3NF.
Ein Beispiel hierfür sind die in vielen Anwendungsorganisationen auffindbaren ausgelagerten Schlüssel- bzw. Tabellendateien.

Die Zielsetzungen der Normalisierungsprozesse sind:

- Realitätsgetreue Abbildung der Daten mit ihren funktionalen Zusammengehörigkeiten.
- Erhaltung stabiler Datenstrukturen weitgehend frei von Außenwirkungen.
- Verfahrensunabhängigkeit durch Separierung der logischen und physischen Ebene.
- Erhaltung und Absicherung der Integrität.
- Eliminierung von Redundanzen.
- Eliminierung von Anomalien bei INSERT, UPDATE und DELETE aufgrund der Datenbeziehungen.

Es ist zu beachten, dass die Normalisierungs-Regeln nur auf strukturelle Datenbeziehungen wirken, nicht auf die inhaltliche Qualität der Entities und ihrer Relationships.

In Kapitel 9.5 sind einige Ausführungen zur Normalisierung in Verbindung mit den Sichten eines Anwendungsprogramms enthalten.
Die folgenden Kapitel zeigen den Normalisierungs-Prozess anhand unserer bekannten Beispiele der Abbildung im vorderen Buchumschlag auf. Wichtig ist, dass die dargestellten Beispiele auf keinen Fall als ein Leitfaden für das Vorgehen beim Normalisierungsprozess verstanden werden dürfen, sondern lediglich bestimmte Zustände aufzeigen.
Die Normalisierung sollte nicht als eigenständig durchzuführender Prozess gesehen werden, sondern sie ist eingebunden in ein gesamtheitliches Design-Vorgehensmodell.

Die Beispiel-Relationen sind mit wenigen Daten gefüllt, die bei einigen Erläuterungen nicht zu schlüssigen Darstellungen führen. Der Leser möge sich im einzelnen Bedarfsfalle die Relationen mit Daten beispielhaft fortschreiben.

10 Datenentwurf unter DB2
10.3 Logisches Design

Sämtliche relevanten Daten wurden zunächst einer einzigen Relation 'SEMINAR-ANGEBOT' zugeordnet. Die dargestellten Datenwerte entsprechen grundsätzlich unseren Beispiel-Tabellen. Ausnahme: Für den SEMCODE 'DB2-DESIGN' wird eine gültige Dauer angenommen.
Obwohl bei der Anwendung der Normalisierungsregeln keine spezifischen Dateninhalte wirken, ist es sinnvoll, die einzelnen Maßnahmen anhand einiger realitätsnaher Beispiele zu diskutieren.

10.3.1.1 Unnormalisierte Daten

Unnormalisierte Daten sind gekennzeichnet durch Wiederholgruppen (Attribute mit mehreren Elementen) und/oder Attribute mit mehrfachen Feldinhalten (Multiple Felder).

Solche Daten sind schwierig zu handhaben. Die Adressierung einzelner Spalten und Spalteninhalte ist häufig nur durch spezifische Logik möglich.
In unserem Beispiel (siehe nächste Abbildung) wurden alle relevanten Daten zu einer gemeinsamen Entity-Struktur zusammengeführt.

Abbildung 10-9

Unnormalisierte Datenstrukturen

SEMINAR-ANGEBOT
Unnormalisierte Strukturdarstellung mit Wiederhol-Elementen
(hier: max. 3 Seminare)

SEMCODE	TITEL		Seminar 1					Seminar 2					Seminar 3				PREIS	MAXTEILN
		TERMIN	KURSORT	DAUER	RNNAME	RVNAME	TERMIN	KURSORT	DAUER	RNNAME	RVNAME	TERMIN	KURSORT	DAUER	RNNAME	RVNAME		
DB2-DESIGN	Design von DB2-Systemen	16.08.2001	Frankfurt	5,0	Maier	Hubert	14.11.2000	Frankfurt	5,0	Xaver	Emma	23.10.2000	Frankfurt	5,0	Braun	Emilie	2.500	15
DB2-GRUNDL	DB2-Grundlagen	-		3,0			-					-					1.800	30
DB2-PROG	DB2 für Programmierer	29.01.2000	München	4,0			-					-					2.100	20
DB-AUSW	Datenbank-Auswahlverf.	11.05.2000	Wiesbaden	2,0	Müller	Karl	-					-					1.400	30
DBS-GRUND	Datenbanksysteme-Grundl	-		4,0			-					-					2.100	30

Primary Key

Unnormalisierte Datenstrukturen weisen eine Fülle von Problemen auf:

- **Das Haupt-Problem besteht darin, dass in *einer* Struktur verschiedene Objekte zusammengefasst sind und damit die Zustandsveränderungen der einzelnen Objekte die gesamte Struktur - und damit unterschiedliche Objekte betreffen.
Dieses Problem wird mit Hilfe der Normalisierungs-Regeln abgebaut!**

- Die Wiederhol-Elemente müssen anhand ihrer maximalen Anzahl pro Struktur-Ausprägung definiert werden. Solche Festlegungen werden durch die Realität oft irgendwann 'überholt', d.h. sie müssen angepasst werden.
Die Strukturen können alternativ geführt werden:
   - mit einer festen Anzahl von Wiederhol-Elementen innerhalb einer statischen Struktur oder
   - durch Aufnahme eines Element-Zählers in einer variablen Struktur und programmtechnische Behandlung der Belegung von Wiederhol-Elementen.

- Die Zuordnung einzelner Attribute zu den Wiederhol-Elementen bzw. zum allgemeinen Teil unterliegt fachlichen Kriterien, die sich innerhalb eines Projekt-Lebenszyklus verändern können:
   - ist in unserem Beispiel der PREIS eher vom Seminartyp abhängig und damit als allgemeine Information einzustufen oder eher vom individuellen Seminar und müßte dann in die Wiederholgruppen integriert werden?

- Eine feste Anzahl von Wiederhol-Elementen kann zu einem höheren Ressourceverbrauch (z.B. Plattenplatzbedarf) führen (sofern keine Komprimierung genutzt wird).

- Die Wiederhol-Elemente sind inhaltlich zu verwalten. So muss in unserem Beispiel festgelegt werden, unter welchen Kriterien die 'Schubladen' 1 - 3 verwaltet werden:
   - Was ist z.B., wenn ein Seminar 2 gelöscht wird. Rückt dann Seminar 3 auf oder .....?
   - Gibt es Sortierkriterien für die Einfügung?

- Es sind Sonder-Regeln für einzelne Attribute erforderlich. Wenn z.B. bei der Modellierung festgelegt wurde, dass ein gültiges Seminar einen Termin aufweisen muss, kommt es zu Konflikten, wenn eine objektbezogene Informationsgruppe nicht belegbar ist.
In unserem Beispiel gibt es SEMCODEs und TITEL, für die noch kein konkreter Seminartermin geplant ist. Es müßte ein NULL-Gruppen-Schalter unterstützt werden.

10 Datenentwurf unter DB2
10.3 Logisches Design

- Es entstehen Anomalien bei der Verarbeitung, wie z.B.:
  - Wie können Objekt-Informationen eingestellt werden, wenn noch keine Seminarplanung erfolgte? Wie kann z.B. ein Referent dargestellt werden, der noch keine konkrete Seminarzuordnung hat (in unserem Beispiel: Franz Mayer - siehe Beispiel-Tabellen in dem vorderen Buchumschlag: Tabelle REFERENT)?
  - Wie kann verhindert werden, dass Informationen über einen Referenten gelöscht werden, wenn dessen letztes Seminar gelöscht wird?

Speziell das Relationen-Modell erlaubt keine Wiederholgruppen. In der Praxis finden sich allerdings solche Strukturen sehr häufig (z.B. 12 Monatsumsätze eines Unternehmens).

Würde unsere unnormalisierte Relationen-Struktur als DB2-Tabellen übernommen, müßten die Spalten jeder Wiederholgruppe beispielsweise durchnumeriert werden (TERMIN1, KURSORT1, DAUER1, ...,TERMIN2 usw.). In diesem Fall ist die SQL-Unterstützung sehr stark eingeschränkt.
Werden unnormalisierte Datenstrukturen als DB2-Tabellen aufgenommen, sind massive Folgeprobleme erkennbar:

- Die Attribute verschiedener Wiederhol-Elemente, die zu derselben Domain gehören (wie z.B. TERMIN1 und TERMIN2) stellen sich für DB2 als separate Spalten ohne Gemeinsamkeiten dar. Probleme hierbei sind z.B.:

  - SELECT TERMIN1, TERMIN2, TERMIN3 ......   Komplexe SQL-Behandlung und in der Result Table entstehen unabhängige Spalten.

  - SELECT MIN (TERMIN1), ??   Funktionen beziehen sich auf eine einzelne Spalte. Wie kann der kleinste Seminartermin ermittelt werden? In welcher Spalte ist er enthalten?

  - WHERE TERMIN1 > CURRENT DATE   Wie kann die Zugriffs-Effizienz hergestellt werden. Ein Index auf TERMIN1, ein zweiter auf TERMIN2, ..?

  - Wie kann Referential Integrity z.B. von einem Seminar auf ein anderes Objekt gelegt werden (oder auf ein einzelnes Seminar von einer Dependent Table aus?

  - Wie sehen die Manipulations-Statements aus, die Informationen in einzelne Wiederhol-Elemente einstellen, ändern und löschen?
    Grundsätzlich müssen die Verwaltungsmechanismen im Programm gelöst werden und mittels mächtiger SQL Statements muss die gesamte Struktur in einer Manipulation angesprochen werden.

- Die SQL-Funktionalität wird - wie vorab dargestellt - stark eingeschränkt.

- Es verlagert sich ein hoher Teil der Zugriffs- und Verarbeitungslogik auf Anwendungsprogramme.

- Die statische Anzahl von Wiederhol-Elementen kann 'platzen'.
  In diesem Fall müßten alle vorab dargestellten Zugriffs-Funktionen entsprechend angepasst werden.

Die gleiche grundsätzliche Problematik ergibt sich, wenn anstelle der dargestellten Strukturauflösung die Daten in großen Containern (z.B. BLOBs = Binary Large Object) 'versteckt' werden.

Solche Probleme motivieren zur Bildung normalisierter Datenstrukturen.

10.3.1.2 1NF - Atomic Attribute ohne Wiederhol-Elemente

Eine in 1NF stehende Relation ist als flache Struktur organisiert und enthält keine Attribute mit mehreren Elementen (nur einfache - keine zusammengesetzten Werte).

Definition von Codd:
A relational R is in 1NF if and only if all underlying domains contain atomic values only

- **Lösungs-Alternativen**
  Es existieren zwei Alternativen zur Erreichung der 1NF:
  A Beibehaltung der unnormalisierten Struktur, aber Erweiterung des PKs um diejenigen Elemente, die Wiederholungsgruppen identifizieren (dieses Beispiel zeigt die nächste Abbildung - ist aber in der Praxis i.d.R. nicht empfehlenswert, da der PK keinen weiteren Normalformen genügt).
  B Auflösung der unnormalisierten Struktur in weitere Relationen, wobei für jede Wiederholgruppe jeweils eine eigene Relation mit entsprechendem PK gebildet wird.

- **Charakteristiken der Alternative A**
  - Die Relationen unnormalisiert und in 1NF weisen den gleichen Informationsgehalt auf.
  - In 1NF ist die Anzahl der Elemente pro Zeile gleich; bei unnormalisierter Relation variabel ---> 1 NF ist leichter zu handhaben.
  - Beide Formen sind durch hohe Daten-Redundanz gekennzeichnet und beinhalten damit die gleichen Problemzonen.

- **Anomalien**
  - Insert-Anomalie
    Es kann kein Seminar eingefügt werden ohne Termin und Referenten-Zuordnung.
  - Update-Anomalie
    Redundanzen (z.B. TITEL) führen zu Zusatzaufwendungen.
    Die Daten eines Referenten (RNNAME und RVNAME) sind nicht eindeutig identifizierbar.
  - Delete-Anomalie
    Wenn das letzte Seminar eines bestimmten Typs gelöscht wird, gehen Informationen über den Seminartyp verloren und wenn das letzte Seminar eines bestimmten Referenten gelöscht wird, gehen Informationen über den Referenten verloren.

Abbildung 10-10

Unnormalisierte Datenstrukturen --> 1NF (Variante A)

SEMINAR-ANGEBOT — Unnormalisierte Strukturdarstellung mit Wiederhol-Elementen (hier: max. 3 Seminare)

SEMCODE	TITEL	Seminar 1					Seminar 2					Seminar 3					PREIS	MAXTEILN
		TERMIN	KURSORT	DAUER	RNNAME	RVNAME	TERMIN	KURSORT	DAUER	RNNAME	RVNAME	TERMIN	KURSORT	DAUER	RNNAME	RVNAME		
DB2-DESIGN	Design von DB2-Systemen	16.08.2001	Frankfurt	5,0	Maier	Hubert	14.11.2000	Frankfurt	5,0	Xaver	Emma	23.10.2000	Frankfurt	5,0	Braun	Emilie	2.500	15
DB2-GRUNDL	DB2-Grundlagen	-	-	3,0	-	-	-	-	-	-	-	-	-	-	-	-	1.800	30
DB2-PROG	DB2 für Programmierer	29.01.2000	München	4,0	-	-	-	-	-	-	-	-	-	-	-	-	2.100	20
DB-AUSW	Datenbank-Auswahlverf.	11.05.2000	Wiesbaden	2,0	Müller	Karl	-	-	-	-	-	-	-	-	-	-	1.400	30
DBS-GRUND	Datenbanksysteme-Grundl.	-	-	4,0	-	-	-	-	-	-	-	-	-	-	-	-	2.100	30

SEMINAR-ANGEBOT — Strukturdarstellung einer 1NF-Struktur (Variante A)

SEMCODE	TITEL	TERMIN	KURSORT	DAUER	RNNAME	RVNAME	PREIS	MAXTEILN
DB2-DESIGN	Design von DB2-Systemen	16.08.2001	Frankfurt	5,0	Maier	Hubert	2.500	15
DB2-DESIGN	Design von DB2-Systemen	14.11.2000	Frankfurt	5,0	Xaver	Emma	2.500	15
DB2-DESIGN	Design von DB2-Systemen	23.10.2000	Frankfurt	5,0	Braun	Emilie	2.500	15
DB2-GRUNDL	DB2-Grundlagen	-	-	3,0	-	-	1.800	30
DB2-PROG	DB2 für Programmierer	29.01.2000	München	4,0	-	-	2.100	20
DB-AUSW	Datenbank-Auswahlverf.	11.05.2000	Wiesbaden	2,0	Müller	Karl	1.400	30
DBS-GRUND	Datenbanksysteme-Grundl.	-	-	4,0	-	-	2.100	30

Primary Key

10.3 Logisches Design

Der Primary-Key kann nun nicht mehr alleine aus dem SEMCODE bestehen, da er dann nicht mehr eindeutig wäre. Daher wird zusätzlich der TERMIN eines Seminars hinzugenommen.
Da aber am gleichen Tag zwei Seminare des gleichen Typs beginnen können, muss der Primary-Key erweitert werden. Es wird zusätzlich der Nachname des Referenten hinzugenommen.
Da auch dies nicht zwingend ausreicht, wird der PK noch um den Vornamen ergänzt.
Es sei nun eine organisatorische Festlegung, dass an einem Tag und Ort nicht mehrere Seminare beginnen dürfen, die von demselben Referenten gehalten werden.
Wenn es möglich ist, dass an demselben Tag ein Referent zwei Halbtages-Seminare mit demselben SEMCODE halten kann, müßte der Key erneut erweitert werden - hier durch Hinzunahme einer neuen Spalte: BEGINN_UHRZEIT.
Im Extremfall sind sämtliche Spalten in den Primary Key aufzunehmen.
An dieser Stelle wird außerdem deutlich, dass Nachname und Vorname des Referenten nicht zur Identifikation eines Referenten ausreichen. Dieses Problem wird später noch etwas detaillierter behandelt.

Nun wollen wir uns noch einmal mit der Alternative B befassen, bei der die Wiederhol-Elemente in einer eigenen Relation ausgelagert werden.
Folgende offene Punkte sind noch mit dem Fachbereich zu klären:
- wo sollen DAUER und PREIS geführt werden?
  - im SEMTYP   als allgemeine seminarübergreifende 'Vererbungsdaten'.
  - im SEMINAR   als individuelle seminarspezifische Ausprägung (wurde in unserem Beispiel gewählt).
  - in beiden Objekten   eine Kombination der beiden Möglichkeiten.

Abbildung 10-11

Unnormalisierte Datenstrukturen --> 1NF (Variante B)

SEMINAR-ANGEBOT

Unnormalisierte Strukturdarstellung mit Wiederhol-Elementen
(hier: max. 3 Seminare)

SEMCODE	TITEL	Seminar 1					Seminar 2					Seminar 3					PREIS	MAXTEILN
		TERMIN	KURSORT	DAUER	RNNAME	RVNAME	TERMIN	KURSORT	DAUER	RNNAME	RVNAME	TERMIN	KURSORT	DAUER	RNNAME	RVNAME		
DB2-DESIGN	Design von DB2-Systemen	16.08.2001	Frankfurt	5,0	Maier	Hubert	14.11.2000	Frankfurt	5,0	Xaver	Emma	23.10.2000	Frankfurt	5,0	Braun	Emilie	2.500	15
DB2-GRUNDL	DB2-Grundlagen	-	-	3,0	-	-	-	-	-	-	-	-	-	-	-	-	1.800	30
DB2-PROG	DB2 für Programmierer	29.01.2000	München	4,0	-	-	-	-	-	-	-	-	-	-	-	-	2.100	20
DB-AUSW	Datenbank-Auswahlverf.	11.05.2000	Wiesbaden	2,0	Müller	Karl	-	-	-	-	-	-	-	-	-	-	1.400	30
DBS-GRUND	Datenbanksysteme-Grundl.	-	-	4,0	-	-	-	-	-	-	-	-	-	-	-	-	2.100	30

Strukturdarstellung mehrerer 1NF-Strukturen (Variante B)

SEMTYP

SEMCODE	TITEL	MAXTEILN
DB2-DESIGN	Design von DB2-Systemen	15
DB2-GRUNDL	DB2-Grundlagen	30
DB2-PROG	DB2 für Programmierer	20
DB-AUSW	Datenbank-Auswahlverf.	30
DBS-GRUND	Datenbanksysteme-Grundl.	30

SEMINAR

SEMCODE	TERMIN	KURSORT	DAUER	RNNAME	RVNAME	PREIS
DB2-DESIGN	16.08.2001	Frankfurt	5,0	Maier	Hubert	2.500
DB2-DESIGN	14.11.2000	Frankfurt	5,0	Xaver	Emma	2.500
DB2-DESIGN	23.10.2000	Frankfurt	5,0	Braun	Emilie	2.500
DB2-PROG	29.01.2000	München	4,0	-	-	2.100
DB-AUSW	11.05.2000	Wiesbaden	2,0	Müller	Karl	1.400

Primary Key
Foreign Key

Bei dieser Variante sind einige der vorab dargestellten Probleme abgebaut worden, wie z.B. Redundanzen im SEMTYP-Bereich.
Andere Probleme blieben aber erhalten. Daher existieren hier noch einige Integritätsprobleme.
Dies ist die Motivation zur Bildung von normalisierten Datenstrukturen in der 2NF.

10.3.1.3 2NF - Volle funktionale Abhängigkeit zu allen PK-Bestandteilen

Eine in 2NF stehende Relation ist dadurch gekennzeichnet, dass zusätzlich zu den Anforderungen der 1NF jedes nicht dem Primary-Key angehörende Attribut funktional voll abhängig ist vom gesamten Primary-Key, nicht aber von einzelnen Schlüsselteilen.

Definition von Codd:
> A relational R is in 2NF if it is in 1NF and every non-key attribute is fully dependent on the primary key
> --> Any relation in 1NF and not in 2NF must have a composite key!

- **Charakteristiken**
  - Die in 1NF enthaltenen Problembereiche werden abgebaut:
    - Composite Key (deutet möglicherweise auf verschiedene reale Objekte hin).
      Problem weiterhin:
      Ein Composite Key in 1NF-Strukturen identifiziert häufig ein Informationsobjekt nicht mehr korrekt: Wie wird ein Seminar identifiziert? Spielt wirklich der Referent eine Rolle?

  - Die volle funktionale Abhängigkeit wird hergestellt:
    - Die Zuordnung der Preise wird noch einmal in Frage gestellt:
      - Wenn im SEMTYP keine Preise geführt werden, woher bezieht dann ein erstes SEMINAR seinen Preis?
      - Muss das Ausbildungsinstitut nicht bereits bei der Planung von Seminar-Themen auch eine Preis-Kalkulation vornehmen - noch bevor eine konkrete Seminardurchführung planbar ist?
      - Entscheidung in unserem Beispiel (Festlegung):
        Preise sind nicht abhängig vom einzelnen Seminar, sondern beziehen sich auf einen bestimmten Seminar-Typ.
    - Der Referenten-Vorname ist nicht abhängig vom Seminar.
      Zwei Referenten können den gleichen Namen haben. Es fehlt der Identifikator (Suche nach weiteren Unterscheidungskriterien, wie z.B. Geburtsdatum).
      Konsequenz: Das Objekt REFERENT mit einem geeigneten Primary Key ist aufzubauen.

- **Anomalien**

  - Insert-Anomalie
    Es kann kein neuer Kursort eingefügt werden ohne Seminar.

  - Update-Anomalie
    Wenn noch transitive Abhängigkeiten bestehen (z.B. sei der PREIS funktional abhängig von der DAUER). Siehe hierzu auch die 3NF-Ausführungen.

  - Delete-Anomalie
    Wenn das letzte Seminar eines bestimmten Kursorts gelöscht wird, gehen Informationen über den Kursort verloren.

In unserem Beispiel werden folgende Entscheidungen im Rahmen der 2NF-Regeln getroffen:

- Der zusammengesetzte SEMINAR-PK soll abgebaut werden.
  Bei dem bisherigen PK der 1NF-Struktur ist kaum zu beurteilen, ob der KURSORT funktional abhängig ist von dem Composite Key.
  Es wird daher eine LFD-Nr. eingeführt, die allerdings aus der Sicht des Fachbereiches ggf. keine Identifikations-Kriterien erfüllt. Daher können die bisherigen, das Seminar identifizierende Spalten (SEMCODE, TERMIN, Referenten-Infos) als Candidate Key angesehen werden. Die Bestandteile des Candidate Keys sind häufig bei einer Objekt-Neuanlage Muss-Attribute.

- Es wird eine eigene Relation REFERENT gebildet, da die Zuordnung von Nachname und Vorname zu einem Seminar funktionale Abhängigkeits-Probleme zur Folge hat.
  Zur Gewährleistung der Integrität muss sichergestellt werden, dass z.B. bei Einfügungen und Namensänderungen (z.B. durch Heirat) die korrekten Namensbestandteile an allen auftretenden Stellen vorliegen. Daher werden die Referentendaten in eine eigene Relation REFERENT mit einem eigenen Primary-Key ausgelagert. In die Beispieldaten wurde ein derzeit nicht zugeordneter Referent aufgenommen. Die neue Relation REFERENT würde spätestens nach den 3NF-Regeln entstehen.

- Die Spalten DAUER und PREIS werden - wie oben ausgeführt - dem SEMTYP zugeordnet.

10 Datenentwurf unter DB2
10.3 Logisches Design

Abbildung 10-12

1NF-Datenstrukturen --> 2NF

Strukturdarstellung mehrerer 1NF-Strukturen (Variante B)

SEMTYP

SEMCODE	TITEL	MAXTEILN
DB2-DESIGN	Design von DB2-Systemen	15
DB2-GRUNDL	DB2-Grundlagen	30
DB2-PROG	DB2 für Programmierer	20
DB-AUSW	Datenbank-Auswahlverf.	30
DBS-GRUND	Datenbanksysteme-Grundl.	30

SEMINAR

SEMCODE	TERMIN	KURSORT	DAUER	RNNAME	RVNAME	PREIS
DB2-DESIGN	16.08.2001	Frankfurt	5,0	Maier	Hubert	2.500
DB2-DESIGN	14.11.2000	Frankfurt	5,0	Xaver	Emma	2.500
DB2-DESIGN	23.10.2000	Frankfurt	5,0	Braun	Emilie	2.500
DB2-PROG	29.01.2000	München	4,0	-	-	2.100
DB-AUSW	11.05.2000	Wiesbaden	2,0	Müller	Karl	1.400

Strukturdarstellung 2NF-Strukturen

SEMTYP

SEMCODE	TITEL	MAXTEILN	DAUER	PREIS
DB2-DESIGN	Design von DB2-Systemen	15	5,0	2.500
DB2-GRUNDL	DB2-Grundlagen	30	3,0	1.800
DB2-PROG	DB2 für Programmierer	20	4,0	2.100
DB-AUSW	Datenbank-Auswahlverf.	30	2,0	1.400
DBS-GRUND	Datenbanksysteme-Grundl.	30	4,0	2.100

REFERENT

REFNR	RNNAME	RVNAME
5	Maier	Hubert
2	Xaver	Emma
7	Braun	Emilie
3	Mayer	Franz
1	Müller	Karl

SEMINAR

SEMNR	SEMCODE	TERMIN	KURSORT	REFNR
336	DB2-DESIGN	16.08.2001	Frankfurt	5
12	DB2-DESIGN	14.11.2000	Frankfurt	2
123	DB2-DESIGN	23.10.2000	Frankfurt	7
414	DB2-PROG	29.01.2000	München	-
127	DB-AUSW	11.05.2000	Wiesbaden	1

Primary Key

Foreign Key

Unterschieden werden 'funktionale Abhängigkeit' und 'volle funktionale Abhängigkeit':

Eine **funktionale Abhängigkeit** ist dann gegeben, wenn eine 1 : 1-Beziehung zwischen jedem Attribut und dem Primary-Key besteht.
Beispiel:
TITEL --> SEMCODE

Eine **volle funktionale Abhängigkeit** ist dann gegeben, wenn ein Attribut vom gesamten Primary-Key, nicht aber nur von einzelnen Key-Bestandteilen abhängig ist (ist nur relevant bei einem zusammengesetzten Schlüssel = composite key). Die 2NF hat diese volle funktionale Abhängigkeit als Ziel!

10.3.1.4 3NF - Keine transitiven Abhängigkeiten der Nicht-PK-Attribute

Eine in 3NF stehende Relation ist dadurch gekennzeichnet, dass zusätzlich zu den Anforderungen der 2NF keine funktionalen Abhängigkeiten zwischen nicht dem Primary-Key angehörenden Attributen vorliegen. Es sind keine transitiven Abhängigkeiten zulässig.

Definition (Original von Codd):
> A relational R is in 3NF if it is in 2NF and every non-key attribute is non transitively dependent on the primary key

- Anomalien
  - Existieren dann, wenn inhaltliche Abhängigkeiten verschiedener Relationen bestehen, z. B. wenn bestimmte Seminare nur an bestimmten Orten abgehalten werden können oder bestimmte Seminartypen eine maximale Platzanzahl fordern.

Die 3NF adressiert Abhängigkeiten zwischen Nicht-Schlüssel-Attributen untereinander.
In unserem Beispiel sei der PREIS funktional abhängig von der DAUER (Festlegung).
Dies ist ein konstruiertes Beispiel, das keine Preisgestaltungs-Flexibilität erlaubt und daher in der Praxis wenig sinnvoll ist.

Die folgende Abbildung zeigt noch einmal den Übergang von der 2NF zur 3NF. Die resultierende 3NF-Struktur entspricht unserer Vorgabe, d.h. unseren Beispiel-Tabellen (gemäß Abbildung im vorderen Buchumschlag).
Die neu entstandene Relation SEMPREIS wurde um die Spalte GILTAB erweitert.

An dieser Stelle soll eine kritische Analyse des erreichten qualitativen Zustands vorgenommen werden. Häufig werden in der Praxis ähnliche Struktur-Entscheidungen getroffen, die sich aber als sehr problematisch erweisen können.

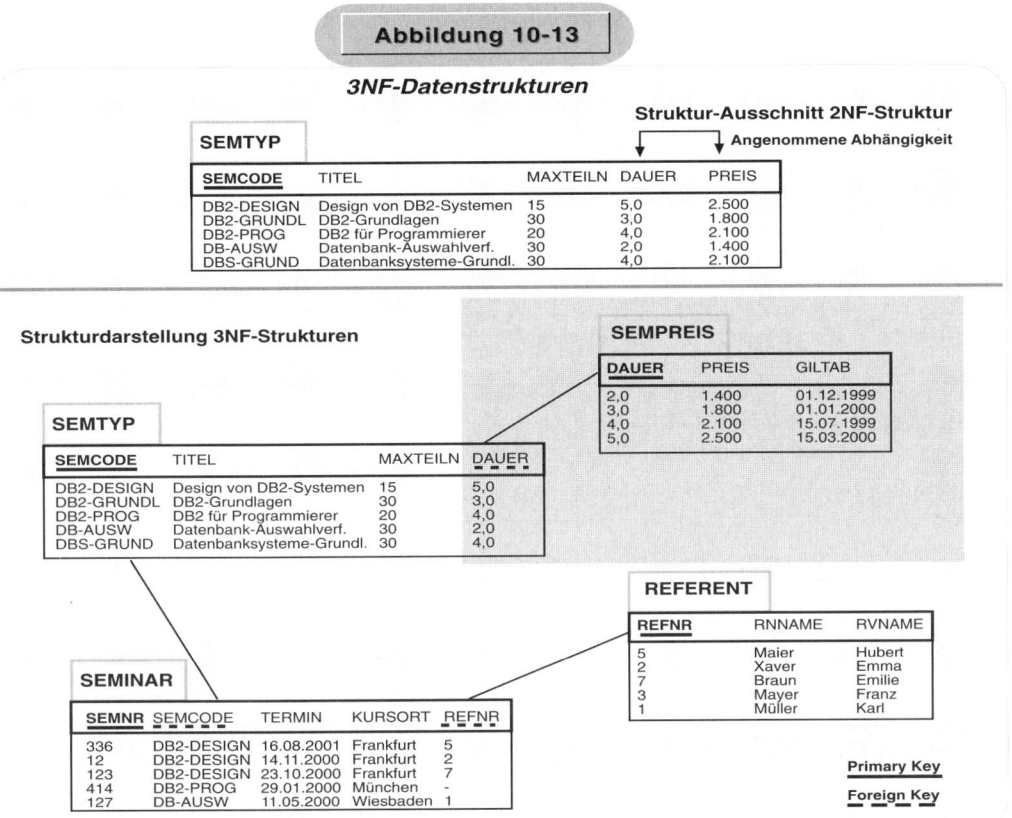

Abbildung 10-13

10.3.1.4.1 Kritische Analyse der erreichten 3NF - Struktur-Qualität

In unser Beispiel wurden bewusst einige Problemzonen eingebaut - wesentliche Zielsetzung war eine einfache Struktur-Abbildung. In der Praxis sind unbedingt folgende Kriterien beim Design zu beachten:

- Das Verhalten der Objekte in ihrem Lebenszyklus ist zu untersuchen. Beispiele:
  - Die Aufnahme eines GILTAB-Datums für die Speicherung der Preise ist nicht ausreichend:
    - da GILTAB nicht im PK geführt wird, kann nur die letzte Preisänderung dokumentiert werden,
    - ein neuer Preis kann erst dann vorgegeben werden, wenn er tatsächlich wirksam wird (und gilt dann mit seinem neuen Zustand auch für alle Seminare - auch wenn sie bereits zu einem anderen Preis abgewickelt wurden).

  - Die Vererbungs-Systematik ist mangelhaft gelöst:
    - wenn sich einmal ein Preis ändert oder die Dauer eines SEMTYPs, lassen sich die zum Ausführungszeitpunkt gültigen Seminar-Daten nicht mehr ableiten.
      Konsequenz: sämtliche vererbbaren und historisch relevanten Daten müssen auf den unteren Ebenen in die Strukturen aufgenommen werden (Trennung von Soll-Daten und Ist-Zuständen).
      Es handelt sich hierbei um keine Redundanz!
      Alternative: Sämtliche Daten mit zeitlicher Änderbarkeit müssen einen zeitlichen Wirksamkeitsbezug aufnehmen.

- Die Modellierung der Objekte gemäß der Realität muss anhand relevanter Beispiele geprüft werden:
  - Der Kursort läßt sich sicher nicht so pauschal behandeln. In der Praxis müßte das gesamte Adressierungs-Thema gelöst werden, d.h. Adressen, Objektbezeichner (z.B. Hotel- und Raumname), Belegungszeiten usw. wären erforderlich.
    Die maximale Teilnehmerzahl, die im SEMTYP geführt wird, ist auch vom Kursort (Raum) abhängig.
  - Als Seminar-Termin reicht ein Datum nicht aus. Sinnvoll wären ein Beginn- und Endedatum sowie die korrespondierenden Zeiten.

- Die Nutzung von künstlichen Schlüsseln ist konzeptionell sinnvoll, kann aber oftmals den Benutzern nicht zugemutet werden. Die Unterstützung eines Candidate Keys ist i.d.R. sinnvoll (siehe auch die nachfolgenden BCNF-Ausführungen).

10.3.1.5 BCNF - Volle Abhängigkeit zum Candidate Key

Eine in BCNF (3NF) stehende Relation ist dadurch gekennzeichnet, dass zusätzlich zu den bisherigen Anforderungen der 3NF jedes Attribut nicht nur vom gesamten Primary-Key abhängig ist, sondern auch noch voll funktional abhängig vom evtl. gesamten alternativen Primary-Key.

> **Revised Definition (Boyce/Codd Normalform BCNF):**
> Let an attribute be called a DETERMINANT if at least one other attribute is fully functionally dependent on it. Then:
> A normalised relation R is in 3NF if every determinant is a candidate key.

Diese Regel ist eine Erweiterung der 2NF und 3NF. Dabei werden die Abhängigkeiten der Attribute zum gewählten Primary-Key und zu evtl. alternativen Primary-Key-Kandidaten betrachtet, die die Rolle als Primary-Key ebenfalls übernehmen könnten.
Die bestehende Struktur wird zunächst unter den Bedingungen der BCNF mit Einbeziehung der Candidate Keys geprüft. Falls sie nicht der BCNF genügt, liegen i.d.R. fachliche Fehler bei der Attributzuordnung vor. In diesem Fall ist das Design zu überarbeiten und erneut zu prüfen.

Beispiel:

- Die SEMINAR-Relation könnte außer dem gewählten Primary-Key als alternativen Candidate-Key SEMCODE, TERMIN und REFNR haben.
  Auch dann wäre die Zuordnung des Kursortes zu diesem Candidate-Key eindeutig und in Ordnung.

Die BCNF bietet die Möglichkeit, bei Verwendung eines maschinell vergebenen Primary-Keys den fachlichen Primary Key in das Regelwerk der Normalisierung einzubeziehen.
Das ist besonders wichtig, da in der Regel bei Kunst-Schlüsseln die Einhaltung der Normalisierungs-Regeln nur schwer zu kontrollieren ist!

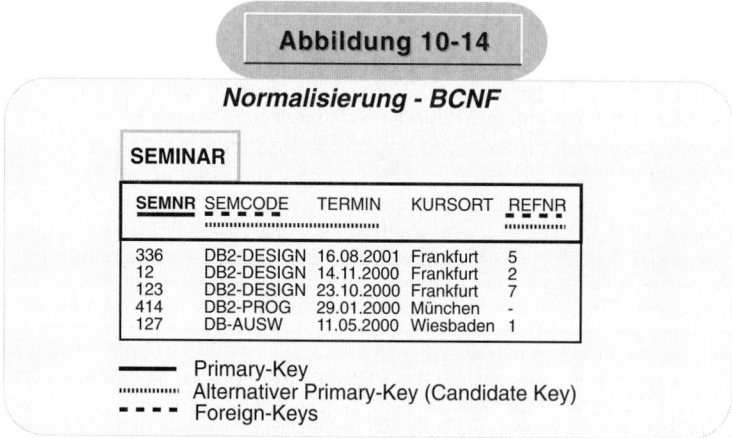

Abbildung 10-14

Normalisierung - BCNF

10 Datenentwurf unter DB2
10.3 Logisches Design

10.3.1.6   4NF - Keine paarweisen mehrwertigen Abhängigkeiten

Eine in 4NF stehende Relation ist dadurch gekennzeichnet, dass zusätzlich zu den Anforderungen der 3NF keine paarweisen mehrwertigen Abhängigkeiten zwischen Attributen bestehen.

Definition von Fagin:
> A normalised relational R is in 4NF if and only if whenever there exists a multivalued dependency in R, say of attribute B on Attribute A, all Attributes of R are also functionally dependent on A.

- **Charakteristiken**
  - Wenn eine Relation mehrere :N-Beziehungen zu anderen Relationen aufweist, können diese Beziehungen in einer separaten Relation zusammengeführt werden (siehe Abbildung zur 4NF).

  - Notation dieser Relation:
    R (FK1, FK2, FK3)
    Die Beziehungsverhältnisse sind:
      FK1 ----->> FK2
      FK1 ----->> FK3   FK2 und FK3 haben keine direkten Beziehungen.

  - Es entstehen '**mehrwertige Abhängigkeiten**', d.h. für jede Ausprägung einer Beziehung (z.B. FK2) muss eine Ausprägung der anderen Beziehung (z.B. FK3) aufgebaut werden.

- **Anomalien**
  - Aus der 4NF läßt sich häufig nicht mehr die korrekte 3NF erzeugen   -->   Siehe 5NF.
  - Verwaltungs-Probleme:
    - Aufgrund der Redundanzen.
    - Was ist bei nachträglichen Erweiterungen, wenn für eine Beziehung neue Konstellationen erzeugt werden?

In der folgenden Abbildung wird diese Problematik dargestellt.

Für ein sinnvolles Beispiel ist es notwendig, unsere bisherigen Strukturen etwas zu erweitern (siehe logischer Modellausschnitt). In unserem logischen Modellausschnitt sollen Beziehungen nicht als eigene Objekte benannt und dafür Strukturen entwickelt werden. Es werden dort lediglich die Beziehungsverhältnisse grob dargestellt (in Textform).
Durch die komplexen M : N-Beziehungsverhältnisse können die Beziehungen nicht innerhalb der vorhandenen Relationen als Foreign Keys aufgenommen werden. Es müßten Wiederholstrukturen entwickelt werden, die gegen die 1NF verstoßen.

In der 3NF-Struktur wurden folgende Veränderungen vorgenommen:

- SACHMITTEL   definiert die möglichen Sachmittel für Seminardurchführungen.

- SEMTYP_SACHMITTEL_REFERENT   nimmt die Beziehungen und Mengenangabe auf:
                                     - M : N   zwischen SEMTYP und SACHMITTEL
                                     - M : N   zwischen SEMTYP und REFERENT.
                                     Wichtig: die beiden Beziehungen sind unabhängig voneinander!

Hinweis:
Die gewählten Namen für die Relationen lassen sich aufgrund von DB2-Restriktionen bei Table-Namen (max. 18-stellig) nicht direkt ins DB2 übernehmen.

Die aus der Zusammenführung mehrerer Beziehungen resultierenden Probleme sind aus der Abbildung der 4NF ersichtlich::

- Es ist ein Composite PK der Relation SEMTYP_SACHMITTEL_REFERENT erforderlich. Daraus leiten sich Schlüssel-Redundanzen ab.

- Da zwei unterschiedliche Mengen-Beziehungen (die wiederum untereinander keine Beziehung haben) in einer Relation zusammengefasst wurden, entstehen entsprechende Redundanzen. Jede mögliche Konstellation muss abgebildet werden oder es müssen funktionale Besonderheiten definiert werden (z.B. Referenten-Wiederholungen führen zu keinen Sachmittel-Wiederholungen).

Die 4NF-Struktur beseitigt diese Probleme durch Auslagerung der komplexen Beziehungen in separate Relationen. Aus diesen kann durch JOIN wieder die 3NF-Struktur dynamisch erzeugt werden.

- **SEMTYP_SACHMITTEL**   Die einem Seminartyp zugeordneten Sachmittel mit Mengen.
- **SEMTYP_REFERENT**   Die einem Seminartyp zugeordneten Referenten.

Empfehlung: **Unterschiedliche 1: N-Beziehungen bzw. M: N-Beziehungen immer in eigenen Relationen abbilden, sofern dies nicht gegen die 5NF-Regeln verstößt!**

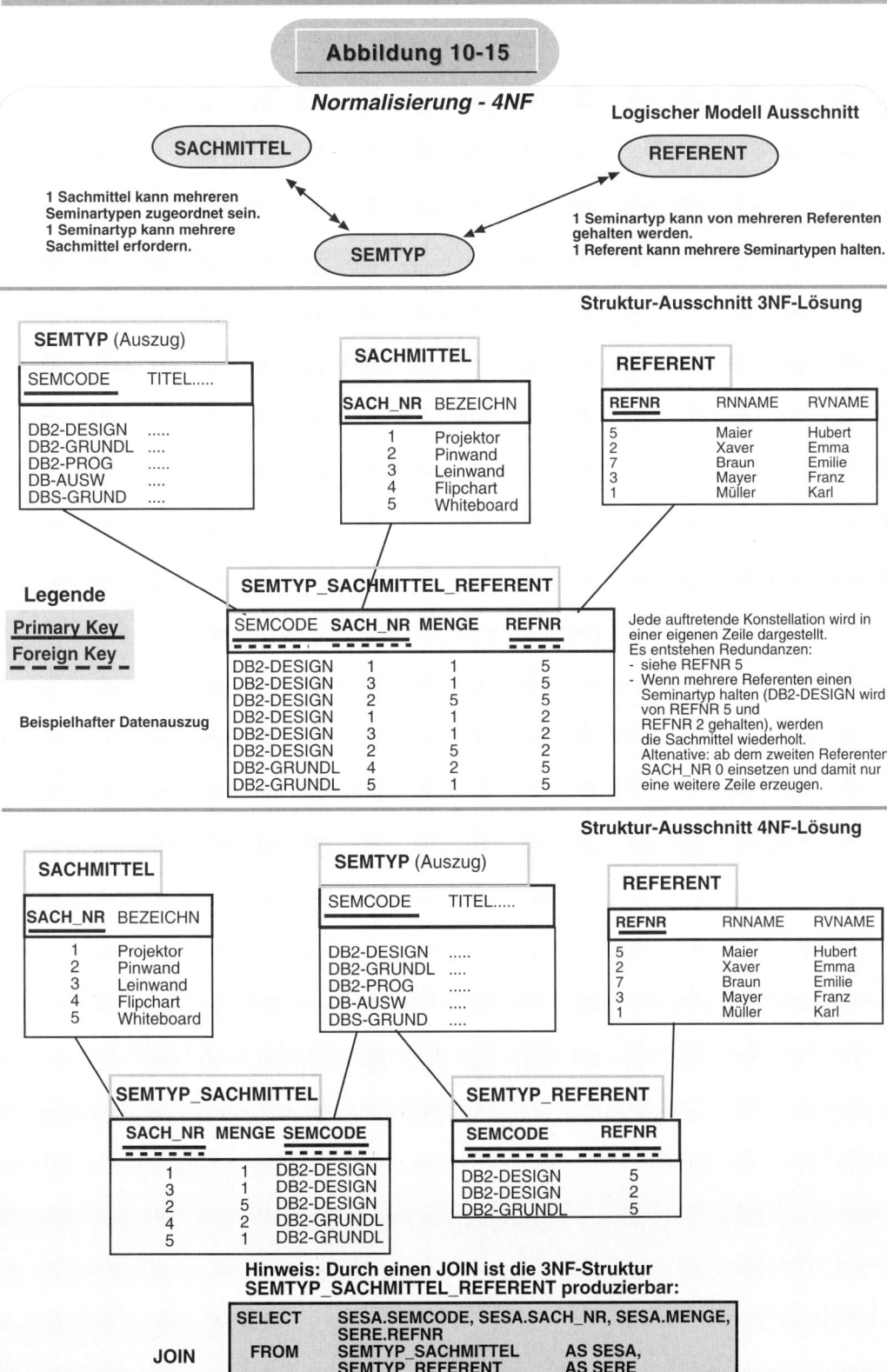

10.3.1.7 5NF - Ultimative Normal Form - Project-Join-Normalform (PJ/NF)

Eine in 5NF stehende Relation ist dadurch gekennzeichnet, dass ihre Existenz erforderlich ist zur Zusammenführung von Daten (Join) der 4NF ohne Informationsverlust.

Definition von Fagin:
R is in 5NF if and only if (iff) every join dependency in R is a consequence of keys of R.

- **Charakteristiken**
  - Die 5NF prüft die korrekte Informationsbereitstellung.

Bei solchen weiteren Normalisierungsüberlegungen werden oft Grundsätze der Modellierung vernachlässigt.

Deshalb ist es wichtig, sich immer wieder die logischen Modellierungs-Grundlagen vor Augen zu führen.
Die Beurteilung und korrekte Zuordnung der einzelnen Relationen und ihrer Beziehungen spielt dabei eine wichtige Rolle.
In unserer folgenden Abbildung wird die 4NF-Ausgangssituation erweitert. Die mehrwertigen Beziehungen haben nun doch untereinander wiederum Beziehungen (SACHMITTEL und REFERENT).

So wird jetzt angenommen, dass ein Referent spezifische Sachmittel beansprucht.
Wir nehmen in unserem Beispiel an, dass die referentenspezifischen Sachmittel generell für alle Seminartypen genutzt werden. In der Praxis würde man eine solche Entscheidung vermutlich wiederum in Abhängigkeit von bestimmten Seminartypen treffen.
Dies hätte wiederum Auswirkungen auf das logische Modell.

Die folgende Abbildung zeigt zunächst eine 3NF-Lösung auf, die der 4NF-Lösung strukturell entspricht, aber es werden andere Dateninhalte dargestellt (Referent Nr. 2).

Die 4NF-Struktur wurde unverändert übernommen.
Damit sind die Struktur-Veränderungen des logischen Modells im Relationen-Modell nicht berücksichtigt worden.

Die 5NF-Strukturen erfüllen diese Bedingungen.
Es wurde folgende Relation neu aufgenommen:

- **SACHMITTEL_REFERENT**   nimmt die Beziehungen und Mengenangabe auf:
  - M : N   zwischen SACHMITTEL und REFERENT.

Folgende inhaltlichen Folgewirkungen hinsichtlich der existierenden Strukturen sind zu beachten:

- **SEMTYP_SACHMITTEL**   enthält nur noch die Default-Zuordnungen und keine referentenspezifischen Zuordungen.

Nun kann wieder mit einem komplexen Join die 3NF-Relation SEMTYP_SACHMITTEL_REFERENT erzeugt werden.

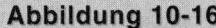

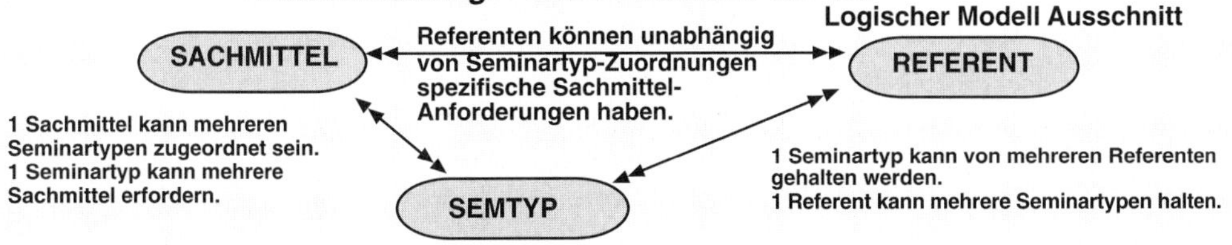

Die folgende Abbildung zeigt die korrekte 5NF-Lösung auf:

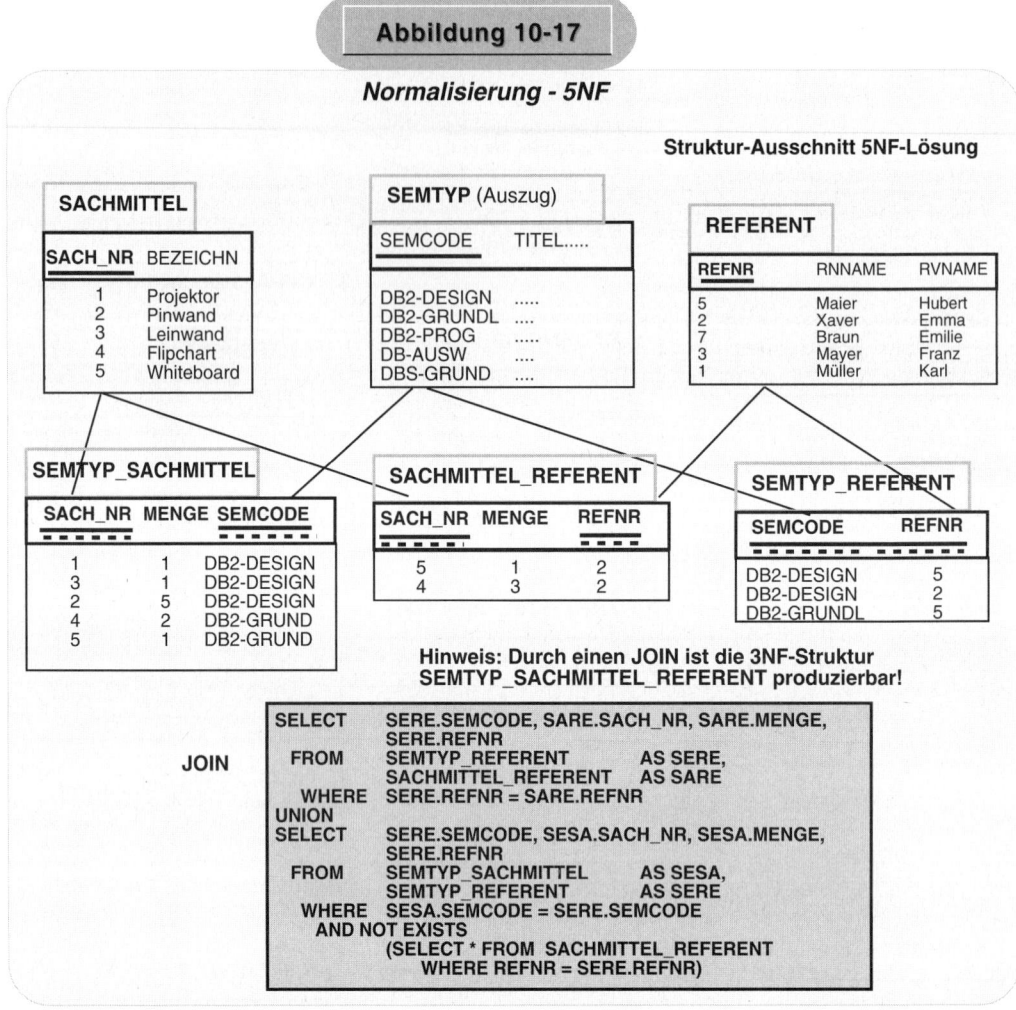

Abbildung 10-17

Normalisierung - 5NF

An diesem Beispiel wird deutlich, dass die korrekte Analyse der fachlichen Anforderungen die Basis für logische Modellierungsszenarien darstellt. Daraus leiten sich Konsequenzen für das Daten-Modell, aber auch für alle anderen Modelle ab (Funktions-Modell, View-Modell, Prozess-Modell).

So wären z.B. folgende Aspekte in unserem Beispiel detailliert fachlich zu eruieren:

- Kann ein Referent für ein spezifisches Seminar Sachmittel fordern?
    - Sind solche Sachmittel zusätzlich zu den über den Seminartyp definierten einzusetzen oder ersetzen sie diese?

- Kann jedes Sachmittel an jedem Kursort eingesetzt werden?
  Welche Voraussetzungen benötigen die einzelnen Sachmittel?

Jetzt reichts aber, das ist doch alles nicht mehr normal, oder ?

10.3.1.8 Abschlussüberlegungen zur Normalisierung

Die Normalisierung ist zum festen Bestandteil der Datenmodellierungsverfahren in den Unternehmen geworden.

Der Normalisierungsprozess ist natürlich zeitaufwendig, liefert aber die Basis stabiler Datenstrukturen. Wenn auch die 1NF den Anforderungen der relationalen Theorie entspricht und häufig die Empfehlung ausgesprochen wird, schnell zu normalisieren, sollte eine solche Vorgehensweise sehr sorgfältig bedacht werden.

Die Daten in 1NF sind nicht sinnvoll verwaltbar. Die Nachteile sind bereits vorab erläutert worden.
Auch Relationen in 2NF sind zum Teil schwierig verwaltbar.
Daher sollte die Normalisierung innerhalb des logischen Design-Prozesses zumindest bis zur 3NF durchgeführt werden.
Die Normalisierung erbringt Vorteile für jede Datenablageform; sie ist nicht an das Relationenmodell gebunden.

Natürlich werden wir im Bereich des physischen Designs Überlegungen anstellen, ob die normalisierten Strukturen in gleicher Form physisch übernommen werden oder ob bestimmte De-Normalisierungs-Prozesse eingeleitet werden sollen oder müssen.

Einen großen Einfluss auf den Normalisierungsablauf haben die Key-Festlegungen. Wenn in unserem Beispiel ein Seminar nicht mit dem zusammengesetzten Primary-Key

    SEMCODE, DATUM, KURSORT und evtl. REFNR ,

sondern durch eine eindeutige Seminar-Identifikation wie z.B. LFD_SEMINAR_NR adressiert werden würde, hätte dies natürlich erhebliche Auswirkungen auf den Normalisierungsprozess, da sich die Normalisierungsregeln stark am Primary-Key orientieren.
Dies wird besonder dann deutlich, wenn schon frühzeitig im Design-Prozess fachliche Schlüssel durch Kunst-Schlüssel ersetzt werden.
Hier kann die BCNF noch einmal die getroffenen Struktur-Entscheidungen überprüfen helfen.

10.3.2 Dokumentation der Daten-Design-Ergebnisse

Eine der wesentlichsten Aufgaben des konzeptionellen Daten-Designs umfasst die Festlegung der relevanten Daten-Objekte, deren referenzielle Beziehungen und die ableitbaren Verarbeitungs-Regeln.
Diese Arbeitsschritte des konzeptionellen Designs müssen natürlich entsprechend dokumentiert werden.
Dafür stehen grafische Möglichkeiten und Textbeschreibungen zur Auswahl.
Da DB2 keine maschinellen Hilfestellungen für die Designaktivitäten anbietet, müssen manuelle oder sonstige Hilfsmittel genutzt werden.

Die folgenden Beispiele sind als Erweiterung unserer Beispiel-Tabellen aus Abbildung im vorderen Buchumschlag zu verstehen, die auch für die Normalisierungs-Beispiele herangezogen wurden.

10.3.2.1 Bubbles/Blasendiagramme

Bubbles haben den Vorteil, dass sie jederzeit ohne besondere Hilfsmittel eingesetzt werden können und einen hohen visuellen Dokumentations-Charakter besitzen.
Besonders das Darstellen der Beziehungen (einfach, mehrfach) unterstützt den Designprozess.
Die Bubbles können sowohl für die Darstellung einzelner Entities mit ihren Primary-Key- und Attribut-Beziehungen als auch für die Darstellung komplexer Entity-Relationship-Netzwerke genutzt werden.

Abbildung 10-18

Dokumentationsformen des konzeptionellen Designs: Bubbles

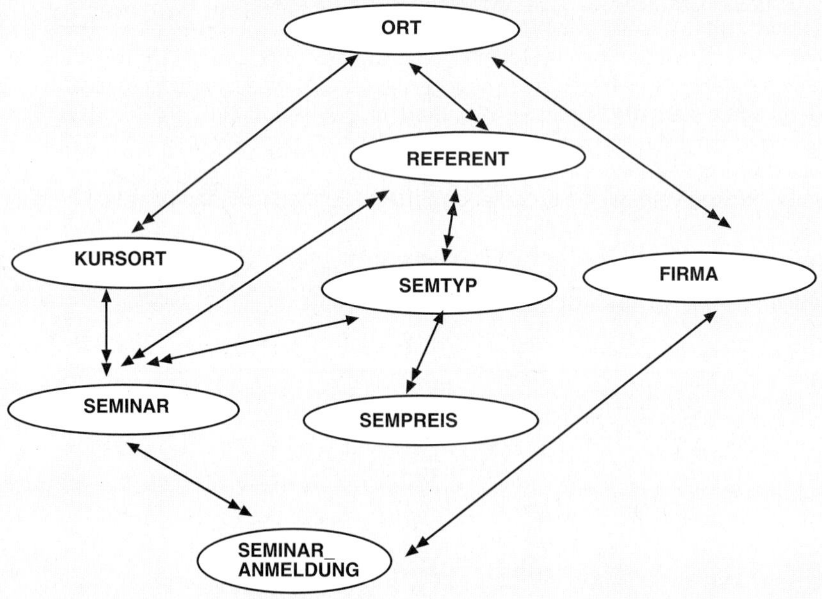

10.3.2.2 Relationale Notation

Die relationale Notation, erfasst die Relations- und Attribut-Namen, sowie die Festlegungen des Primary-Key und die Foreign-Key-Beziehungen zwischen den Relationen.
Problem hierbei:
Es sind zwar die Beziehungen in einem hierarchischen Verbund sehr gut darstellbar, bei komplexen Netzwerkdarstellungen geht jedoch die Übersichtlichkeit verloren.

Abbildung 10-19

Dokumentationsformen des konzeptionellen Designs: Relationale Notation

SEMTYP   (SEMCODE, TITEL, DAUER, MAXTEILN)

SEMPREIS   (DAUER, GILTAB, PREIS)

SEMINAR   (SEMNR, SEMCODE, TERMIN, KURSORT, REFNR)

REFERENT   (RNNAME, RVNAME, REFNR)

Legende
――――― Primary-Key
― ― ― ― Foreign-Key

10.3.2.3 Dependency Diagram

Das Dependency Diagram stellt die Objekte, deren PKs und FKs und die Abhängigkeiten zwischen den einzelnen Objekten dar.
In unserem Beispiel werden die PK-FK-Beziehungen der Relationen dokumentiert.
Aus Übersichtlichkeitsgründen kann man sich auf die Darstellung der Schlüssel alleine beschränken. Ein Nachteil dieser Methode ist die fehlende hierarchische Darstellung, aus der sich die Objekt-Abhängigkeiten ergeben.

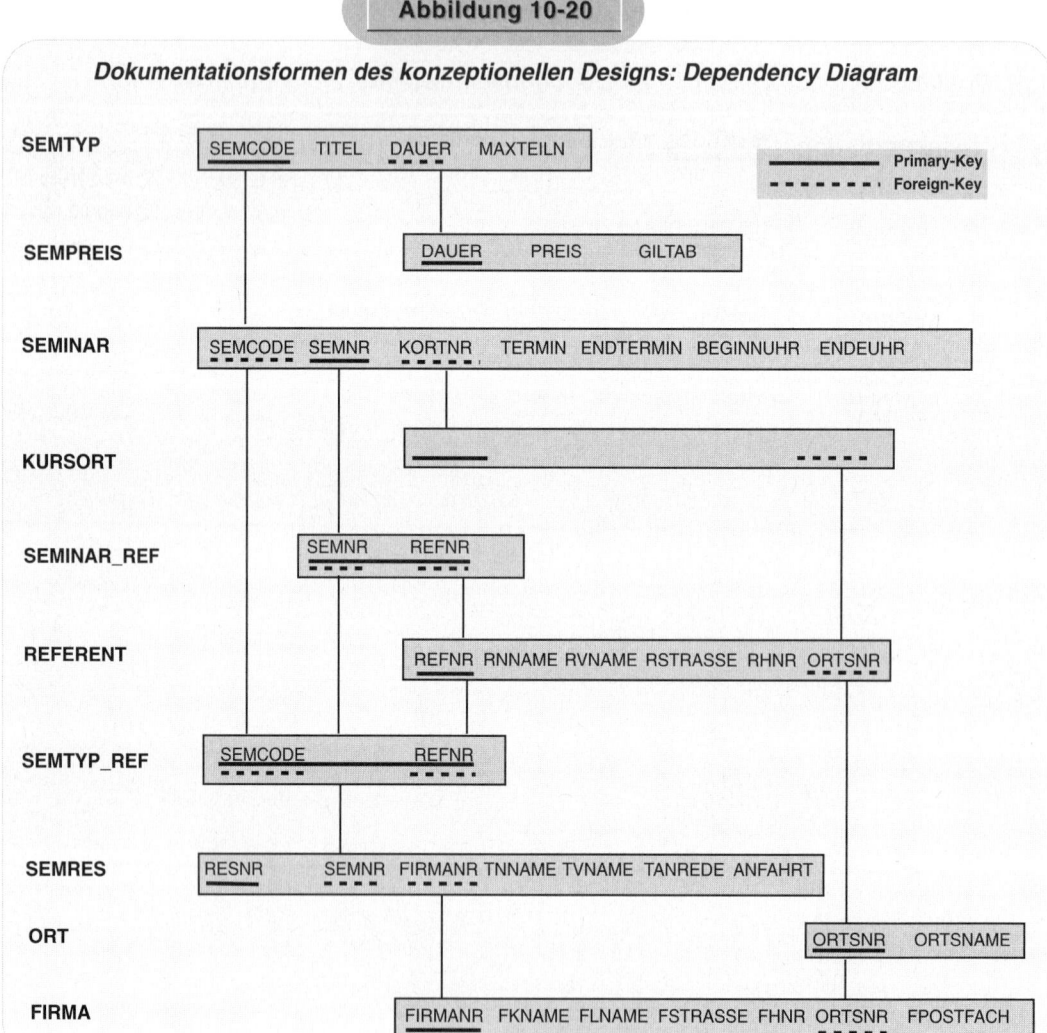

Abbildung 10-20: Dokumentationsformen des konzeptionellen Designs: Dependency Diagram

10.3.2.4 Netzwerk Diagramm

Das Netzwerk Diagramm stellt die Objekte, deren PKs und die Abhängigkeiten zwischen den einzelnen Objekten dar.
In unserem Beispiel werden lediglich die PKs definiert. Die FKs leiten sich automatisch aus den dargestellten Beziehungen der Relationen ab, wenn die Objekte visuell mit ihren Über- und Unterordnungen dargestellt werden.
Ein Vorteil dieser Methode ist die hierarchische Darstellungsmöglichkeit der abhängigen Objekte.
Allerdings geht bei komplexen Netzwerken leicht die Übersichtlichkeit verloren. Deshalb bieten sich solche Darstellungen auch speziell für kleinere Ausschnitte an.

Abbildung 10-21

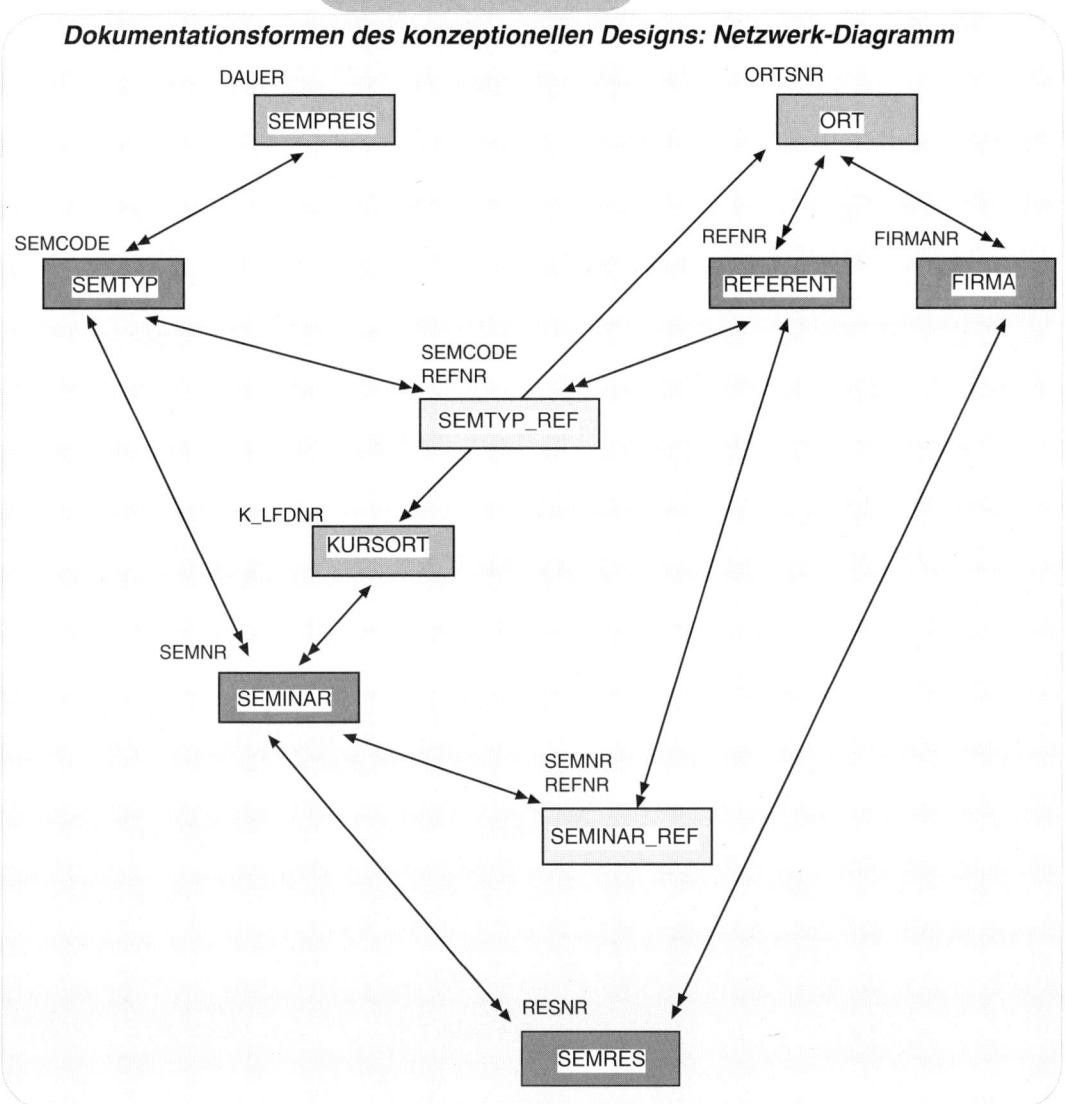

Dokumentationsformen des konzeptionellen Designs: Netzwerk-Diagramm

10.3.2.5 Objektorientiertes State Transition Diagramm

Objektorientierte Methoden analysieren insbesondere den ereignisbezogenen Status von Objekten. Allerdings ist eine Umsetzung in die DB2-Realitäten nicht einfach.
Hier ein Beispiel.

Abbildung 10-22

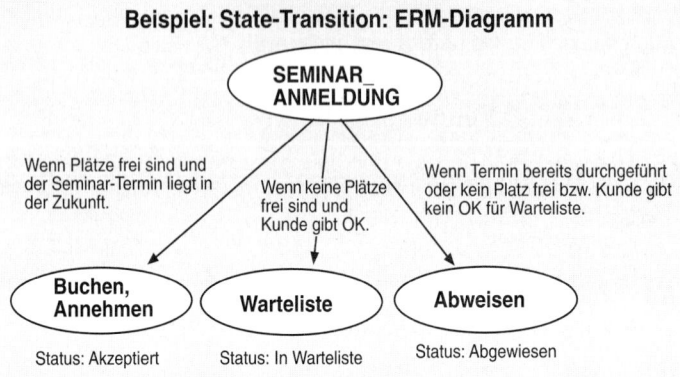

Beispiel: State-Transition: ERM-Diagramm

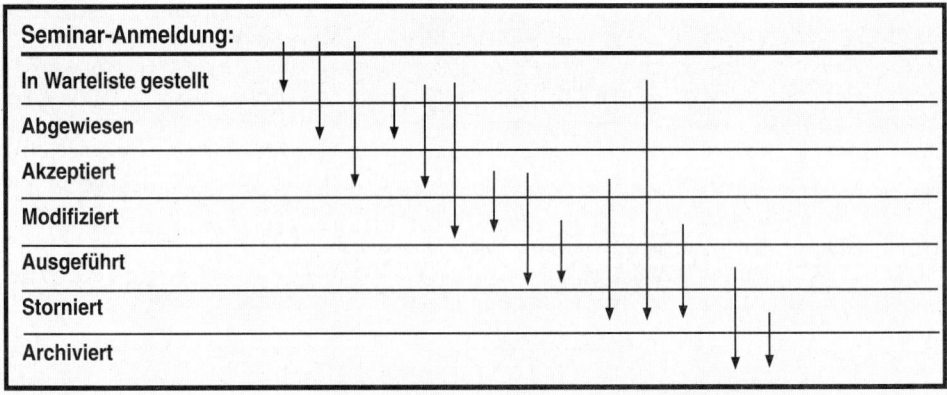

Beispiel: Objekt-Lifecycle

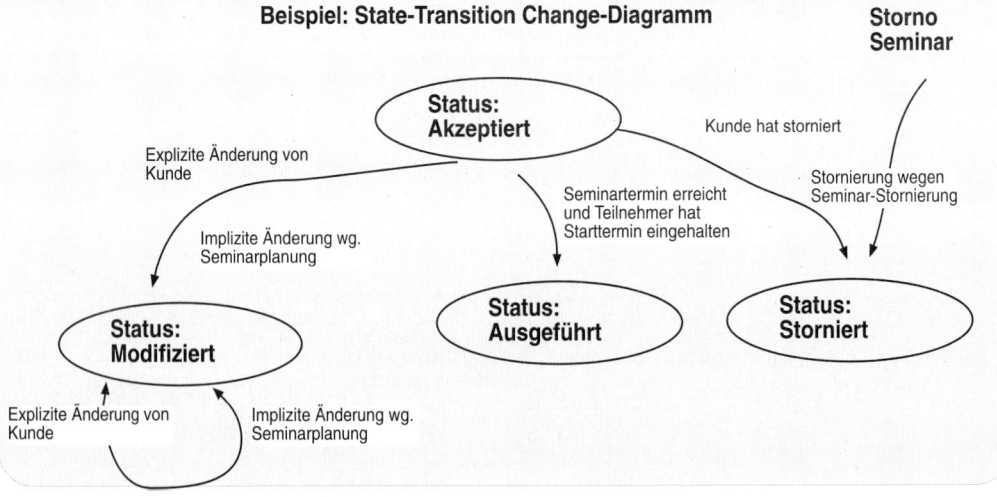

Beispiel: State-Transition Change-Diagramm

10.3.2.6 DB2-Unterstützungstools

DB2 bietet dem Datenbankdesigner nur sehr eingeschränkte Hilfsmittel beim Designprozess an.

Auf dem Markt existieren diverse Design-Tools, die temporäre und dynamische Designprozesse unterstützen (Beispiele sind Erwin und Rational Rose).
DB2 erwartet die Vorgabe seiner Objekte in einer festen und komplett definierten Form.
So ist es nicht möglich, eine Table als Entity zunächst einmal nur mit dem Namen und ohne Attribute anzulegen.

DB2 kennt seine Ressourcen nur in einem 'aktuellen Zustand'. Eine Versionsführung kann sinnvoll nur in einem Vorsystem außerhalb des Katalogs erfolgen.

DB2 unterstützt zwar eine dynamische Objekt-Verwaltung, aufgrund der in vorherigen Kapiteln aufgezeigten beschränkten Änderungs-Möglichkeiten von Objekten (siehe ALTER) wird gegebenenfalls ein zusätzliches Objekt-Verwaltungs-Tool benötigt.

Die Mittel der späteren Strukturänderungen sind nur sehr eingeschränkt und statisch zu bewerten. Es können lediglich neue Spalten in eine existierende Table hinzugefügt werden, Änderungen und Löschungen sowie beispielsweise Format-Änderungen sind nicht unterstützt.

Daher ist es erforderlich, sämtliche Designmaßnahmen bis zur physischen Implementierbarkeit außerhalb von DB2 durchzuführen.

Die Ressource-Festlegungen von DB2 sind der internen physischen Ebene zuzuordnen und werden im Kapitel 10.4 behandelt.

10.3.3 Festlegung der referenziellen Verarbeitungs-Regeln

Die Relationen stehen miteinander in bestimmten logischen Abhängigkeiten mit einem entsprechenden Einfluss auf die Integritätsregeln.
Diese Integritätsregeln lassen sich den Verarbeitungstypen zuordnen. So wird in jedem Einzelfalle zu untersuchen sein, welche Integritätsbedingungen bei Insert, Update und Delete der Daten voneinander abhängiger Relationen wirken.

Im gegenseitigen Beziehungsverhältnis der Relationen ergeben sich grundsätzlich Über- bzw. Unterordnungen.

Die folgende Abbildung zeigt das Beispiel einer Über- und Unterordnung in Form der unabhängigen SEMTYP-Relation und der abhängigen SEMINAR-Relation.

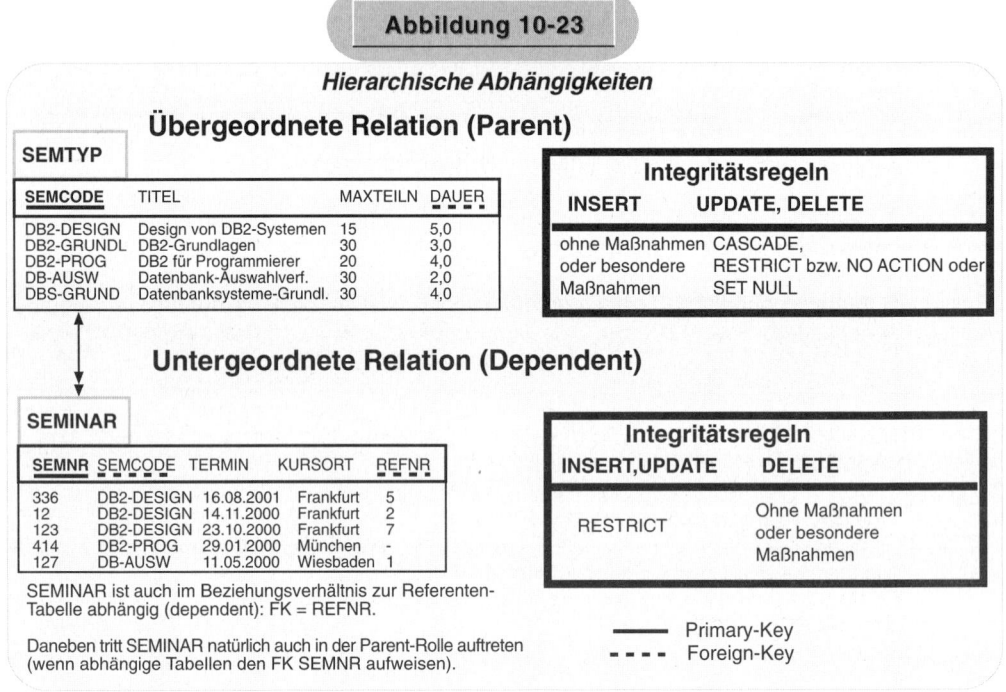

Abbildung 10-23

Eine Beziehung ist nur dann aktiv, wenn eine Beziehung durch einen Foreign-Key mit einem Wert ungleich NULL explizit aufgebaut wurde.

Es lassen sich folgende Integritätsregeln für Insert, Update und Delete abhängiger Relationen unterscheiden (Manipulationen sind relevant, wenn sie auf KEY-Bestandteile wirken):

- **Übergeordnete Relationen (Primary-Key-Manipulationen)**

    - **CASCADE (Update und Delete)**
        Bei *Update* von Primary-Key-Spalten müssen alle abhängigen Elemente ebenfalls mit verändert werden (ein UPDATE von Primary-KEY-Spalten ist organisatorisch unerwünscht).
        Bei *Delete* einer Zeile (und damit eines Primary-Key-Wertes) müssen alle abhängigen Elemente ebenfalls gelöscht werden.
        Beispiel: Wenn ein SEMCODE der SEMTYP-Relation geändert oder gelöscht wird, müssen alle abhängigen Elemente der SEMINAR-Relation ebenfalls in ihrem SEMCODE geändert bzw. die gesamten Zeilen gelöscht werden.

- **RESTRICT (Update und Delete)**
  Ein *Update* von Primary-Key-Spalten ist nur erlaubt, wenn keine abhängigen Elemente existieren (ein UPDATE von Primary-KEY-Spalten ist organisatorisch unerwünscht).
  Ein *Delete* einer Zeile (und damit eines Primary-Key-Wertes) ist nur erlaubt, wenn keine abhängigen Elemente existieren.
  Die Prüfungen auf Existenz der Dependent Rows erfolgt während der Update- bzw. Delete-Maßnahmen der Parent Table. Siehe auch NO ACTION.
  Beispiel: Ein SEMCODE der SEMTYP-Relation darf nur dann geändert oder gelöscht werden, wenn kein identischer SEMCODE in der SEMINAR-Relation existiert.

- **NO ACTION (Update und Delete)**
  Analog RESTRICT. Aber die Prüfungen auf Existenz der Dependent Rows erfolgt erst im Anschluss an sämtliche Updates bzw. Deletes der Parent Rows in der Parent Table.
  Diese Funktion wirkt nur bei selbst referenzierenden Objekten.

- **SET NULL (Update und Delete)**
  Beim *Update* oder *Delete* einer Zeile (und damit eines Primary-Key-Wertes) werden die entsprechenden Foreign-Keys der abhängigen Elemente auf 'NULL' gesetzt (sofern zulässig).
  Beispiel: Wenn in unserem Beispiel der SEMINAR-Relation der SEMCODE als Foreign-Key Bestandteil des Primary-Keys wäre, könnten dort keine NULL-Werte eingesetzt werden.

- **Ohne Maßnahme (nur Insert)**
  Ein *Insert* einer Zeile (und damit eines Primary-Key-Wertes) bleibt ohne Auswirkung auf abhängige Elemente.
  Beispiel: Ein SEMTYP kann jederzeit ohne Auswirkung auf SEMINAR angelegt werden.

- **Besondere Maßnahme (Spezialbedingungen für alle Manipulationen)**
  Bei einer Manipulation der Parent-Zeile werden abhängige Zeilen mit dem korrespondierenden FK beeinflusst.
  Beispiel: Bei Insert eines neuen SEMTYPs wird auch gleich ein SEMINAR eingestellt.

- **Untergeordnete Relationen (Foreign-Key-Manipulationen)**
  - **CASCADE (nicht erlaubt)**

  - **RESTRICT (Insert und Update)**
    Ein *Insert* einer Zeile (und damit eines Foreign-Key-Wertes) ist nur erlaubt, wenn das übergeordnete Element existiert oder aber NULL-Wert ist erlaubt.
    Ein *Update* von Foreign-Key-Spalten ist nur erlaubt, wenn das übergeordnete Element existiert oder aber NULL-Wert ist erlaubt.
    Beispiel: Ein SEMCODE darf innerhalb der SEMINAR-Relation nur dann aufgenommen oder geändert werden, wenn ein identischer SEMCODE in der SEMTYP-Relation existiert.
    Bei Vorgabe eines NULL-Wertes erfolgt keine Prüfung.

  - **SET NULL (nicht erlaubt)**

  - **Ohne Maßnahme (nur Delete)**
    Ein *Delete* einer Zeile (und damit eines Foreign-Key-Wertes) bleibt ohne Auswirkung auf übergeordnete Elemente.
    Beispiel: Ein SEMCODE darf innerhalb der SEMINAR-Relation jederzeit ohne Auswirkung auf die SEMTYP-Relation gelöscht werden.

  - **Besondere Maßnahme (Spezialbedingungen für alle Manipulationen)**
    Bei einer Manipulation der Dependent-Zeile werden übergeordnete Zeilen mit dem korrespondierenden PK beeinflusst.
    Beispiel: Wenn der letzte SEMCODE eines Seminartyps innerhalb der SEMINAR-Relation gelöscht wird, wird auch die korrespondierende Zeile in der SEMTYP-Relation gelöscht. Dies wäre in unserem Beispiel sicher nicht sinnvoll, da die SEMTYP-Relationen-Informationen auch zur Planung und Disposition ohne reale Seminarzuordnung relevant sind.

10.3.3.1 Darstellung der referenziellen Verarbeitungs-Maßnahmen (RI)

Die Darstellung der hierarchischen Abhängigkeiten kann in grafischer Form oder mit Hilfe von Matrizen getätigt werden.
Die folgende Abbildung zeigt unseren bekannten Modell-Ausschnitt mit der Definition der getroffenen referenziellen Maßnahmen.

Dabei wird nur das Löschen des übergeordneten Objekts mit einer referenziellen Maßnahme dargestellt. Das Ändern eines PKs lassen wir in unserem Modell nicht zu. In diesem Fall müssten spezielle Maßnahmen ergriffen werden; i.d.R. handelt es sich dann um ein neues Objekt.
Sämtliche anderen Manipulations-Maßnahmen sind implizit definiert. So muss beispielsweise der FK eines untergeordneten Objektes immer bei einem vorgegebenen Wert auf einen existierenden PK verweisen.

Die Maßnahme SET NULL kann natürlich nur bei NULL-fähigen Spalten definiert werden. Beispielsweise wird das Löschen einer Firma zugelassen, in allen korrespondierenden abhängigen Zeilen wird dann die Beziehung durch Setzen des NULL-Wertes deaktiviert.

Die Beziehungen müssen in einem ganzen hierarchischen Pfad gesehen werden, wenn die Maßnahme CASCADE genutzt wird. Im Beispiel kann ein SEMTYP nur dann gelöscht werden, wenn sämtliche evtl. vorhandenen abhängigen Seminare keine Seminar-Anmeldungen aufweisen (zwischen SEMINAR und SEMRES ist RESTRICT definiert).

Abbildung 10-24

Relationales Netzwerk-Diagramm mit referenziellen Maßnahmen

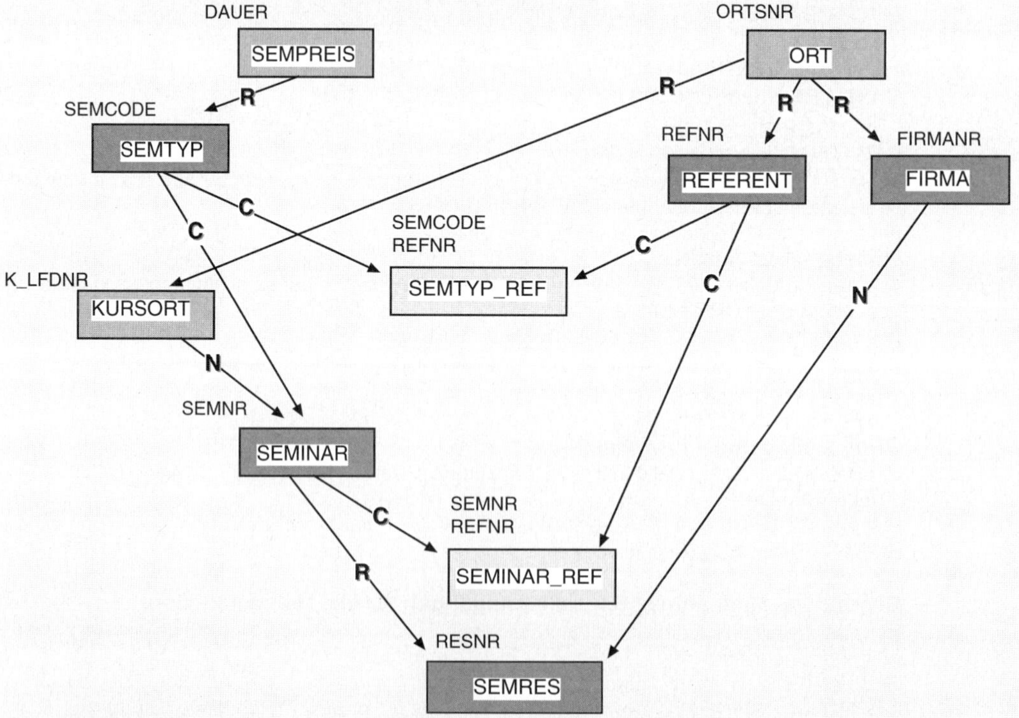

Hinweise:
- Die Pfeile zeigen von den übergeordneten zu den untergeordneten Objekten.
- Die referenziellen Maßnahmen gelten für den DELETE des übergeordneten Objekts.
- Ein UPDATE eines PKs wird nicht zugelassen!

Legende:
C CASCADE
N SET NULL
R RESTRICT

10 Datenentwurf unter DB2
10.3 Logisches Design

Die vorhergehende Abbildung zeigt zum Beispiel folgende Auswirkungen beim Löschen eines Seminar-Typs auf, der keine Seminare mit Seminar-Anmeldungen aufweist:

- Löschen aller abhängigen Zeilen in SEMTYP_REF
- Löschen aller abhängigen Zeilen in SEMINAR
- Löschen aller abhängigen Zeilen in SEMINAR_REF.

Sollten bei einem Seminar Anmeldungen festgestellt werden, werden die gesamten impliziten Löschungen aller abhängigen Objekte zurückgerollt und die Löschung des Seminar-Typs mit einer Fehlermeldung abgewiesen.

Die hierarchische Darstellung ist sehr hilfreich, da:

- die hierarchischen Über- und Unterordnungen dokumentiert sind,
- die Konsequenzen hierarchischer Pfade transparent sind (Cascading-Effekte treten nur 'nach unten' auf),
- die Reihenfolge bei der Einstellung der Daten - auch beim Erstladen - durch die Objekt-Hierarchie ableitbar ist,
- auf die Darstellung von FKs verzichtet werden kann, da die Darstellung von PKs und die hierarchische Beziehung die FKs implizit definieren.

Alternativ kann auch ein Ebenen-Konzept dargestellt werden, bei dem sich auf höchster Ebene 1 die Relationen befinden, die keine FKs aufweisen:

Abbildung 10-25

Hierarchische Ebenen-Darstellung mit referenziellen Maßnahmen

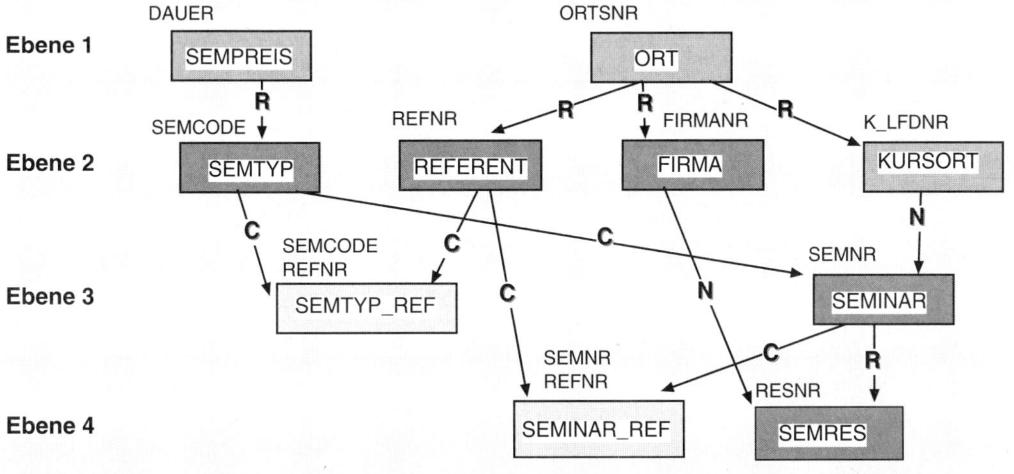

Hinweise:
- Die Pfeile zeigen von den übergeordneten zu den untergeordneten Objekten.
- Die referenziellen Maßnahmen gelten für den DELETE des übergeordneten Objekts.
- Ein UPDATE eines PKs wird nicht zugelassen!

Legende:
C CASCADE
N SET NULL
R RESTRICT

Natürlich ist zu beachten, dass die referenziellen Maßnahmen nur nach einer Manipulation mit Wirkung auf PKs bzw. FKs wirken.
Zuvor steht natürlich die Frage, ob überhaupt eine Manipulation angenommen werden kann. Dies ist aufgrund vorhandener Objektzustände - insbesondere auch verbundener Objekte - zu überprüfen.
Diese Thematik und die damit verbundene Qualitätsgewährleistung wird im folgenden behandelt.

10.3.4 Festlegung der Geschäfts-Regeln (Business-Rules)

Vor der Definition der referenziellen Maßnahmen sollte die Festlegung sämtlicher Regelwerke vorgenommen werden, die zur Gewährleistung der Geschäfts-Regeln (Business Rules) im weitesten Sinne notwendig sind.
Das Kapitel ist bewusst hinter der Festlegung der RI-Maßnahmen positioniert, weil hiermit noch einmal die gesamte Integritäts-Problematik bewusst gemacht werden soll.
Die Festlegung einzelner RI-Maßnahmen ist nur aus der Bewertung des Gesamtzusammenhangs möglich.

Die Gewährleistung der Business Rules sollte von der Datenbank-Sprachschnittstelle in Form von **Triggern** unterstützt werden. Solche Trigger identifizieren System- oder Benutzerverarbeitungsroutinen, die bei bestimmten Ereignissen aktiviert werden.
Es wird zwischen Before- und After-Trigger unterschieden, die vor oder nach einem Ereignis aufgerufen werden.
Ab der Version 6 unterstützt DB2 diese Trigger. Details folgen im Kapitel 10.4.

Natürlich existieren neben dieser Trigger-Philosophie auch anwendungsbezogene, auf Dateninhalte ausgerichtete Integritätsanforderungen. Diese Benutzerintegritäten werden auch als **Assertions** bezeichnet. So sind beispielsweise folgende Prüfungen denkbar und sinnvoll:

- Feldinhalt muss größer 0 sein.
- Feldinhalt darf bestimmte Wertebereiche nicht über- oder unterschreiten.
- Feldinhalt muss in Abhängigkeit zu anderen Feldinhalten stehen.
- Feldinhalt wird dynamisch aufgrund sonstiger Abhängigkeiten bestimmt.

Die Assertions eignen sich natürlich insbesondere als Domain-Bestandteil. DB2 unterstützt solche Forderungen durch **Check Constraints** bzw. durch **Trigger**.

Die folgende Übersicht fasst auszugsweise die relevanten Manipulationswirkungen und erkennbare Regeln und Probleme zusammen.
Die Konsequenzen der dargestellten Probleme führen z.T. zu Restrukturierungsmaßnahmen des logischen Modells.
Insbesondere ist eine enge Verzahnung zwischen den Datenstrukturen und den Funktionen mit den jeweiligen Sichten auf die Daten erkennbar.
Aus solchen fachlichen Regeln lassen sich später technische Maßnahmen ableiten, wie z.B. der Einsatz von User-defined Functions und Triggern.
Dies wird dann später im Kapitel 10.4 behandelt.

Aus der folgenden Übersicht können dann die logischen funktionalen Regeln abgeleitet werden. Dies betrifft:

- die logischen referenziellen Beziehungen,
- die logischen Funktionen (z.B. zur Ableitung von Informationen für Views),
- die logischen Trigger.

Es wird bewusst zwischen logischen und physischen funktionalen Regeln unterschieden, da die Implementierungs-Details noch festzulegen sind (und ggf. noch De-Normalisierungs-Maßnahmen anstehen).

10.3.4.1 Übersicht der Prüf-Regeln für die Business-Rules

Relation	Spalte	INSERT Prüfungen	UPDATE Prüfungen	DELETE (nur nach Archivierung möglich) Prüfungen
SEMPREIS	DAUER	Range: (0,5 - 5,0).	Nicht zulässig.	Nur wenn keine Seminartypen zugeordnet sind.
	PREIS [*1]	muss zwischen den Preisen der nächst kleineren und der nächst größeren Dauer liegen.	Analog INSERT. Eine Preiserhöhung darf nicht größer als 20 Prozent sein.	
	GILTAB [*1]	Muss > CURRENT DATE + 1 MONTH sein	Analog INSERT	
SEMTYP	SEMCODE [*2]	Muss-Eingabe. Alphanumerische Zeichen, nur Großbuchstaben oder Sonderzeichen '-' und '_'.	Nicht zulässig, dies würde einem neuen Seminartyp entsprechen.	Es dürfen keine aktuellen Seminare existieren (nur historische Durchführungen älter als 2 Jahre sind zulässig).
	TITEL	Muss-Eingabe. Unique.	Analog INSERT	
	DAUER [*3]	Wenn Wert NOT NULL, RESTRICT zu SEMPREIS.	Eine Änderung der Dauer ist nicht zulässig, wenn noch durchzuführende Seminare mit dieser Dauer existieren.	
	MAXTEILN	Range: (5 - 50).	Erhöhung der MAXTEILN - im Rahmen der bei INSERT definierten Range OK. Reduzierung der MAXTEILN nur soweit aktuelle oder geplante Seminartermine keine größeren Reservierungszahlen aufweisen.	
SEMINAR	SEMNR	Ltd. maschinell vergebene Nr.	Nicht zulässig.	Nur Seminare ohne Reservierungen.
	SEMCODE	Muss-Eingabe. RESTRICT zu SEMTYP.	Nicht zulässig.	
	TERMIN	Gültiger Termin > CURRENT DATE + 1 MONTH.	Nur für zukünftige Seminare. ANREISE in SEMRES muss gleich TERMIN sein oder 1 Tag vor Termin liegen.	
	KURSORT	Alphanumerische Zeichen.	Nur für zukünftige Seminare, sofern noch keine Reservierungen vorliegen.	
	REFNR	Wenn Wert NOT NULL, RESTRICT zu REFERENT.	Nur für zukünftige Seminare. 10 Tage vor Durchführung muss spätestens ein Referent zugeordnet sein, sonst muss das Seminar abgesagt werden.	

Zusammenfassung der Design-Probleme, die dringend behoben werden müssen (Erläuterungen der Spalten-Anmerkungen "n")			
Relation	Spalte	Problem	Erforderliche Maßnahme
SEMPREIS	PREIS [*1]	Bei einer Preisänderung können für vorhandene Seminare die korrekten Preise nicht mehr ermittelt werden. Historische Durchführungen werden verfälscht.	Das Datum muss entweder als PK-Bestandteil geführt werden (dies führt zu entsprechenden FK-Konsequenzen) oder die relevanten Attribute (hier Preis) müssen in die entsprechenden untergeordneten Objekte übernommen werden.
	GILTAB [*1]	Es gelten für alle Seminar mit derselben DAUER immer dieselben Preise, unabhängig von ihrer Durchführungszeit.	
SEMTYP	SEMCODE [*2]	Verstoß gegen Atomic-Prinzipien. Der SEMCODE besteht aus mehreren eigenständigen Komponenten.	Aufteilung in z.B. THEMENGEBIET (DB2) und THEMA (PROG).
	DAUER [*3]	Änderungen verfälschen die Datenzustände unter Status- und Zeitaspekten. Problematik analog SEMPREIS Spalte: PREIS [*1]	

10 Datenentwurf unter DB2
10.3 Logisches Design

10.3.4.2 Festlegung der logischen Trigger für die Business-Rules

Die nachfolgende Abbildung zeigt die referenziellen Regeln und eine Auswahl definierbarer Trigger auf. Aufgrund der hohen Komplexität und damit verbundener mangelnder Transparenz ist eine Matrix vorzuziehen. Ein Beispiel dafür wird im Kapitel 10.4 aufgezeigt.

Die Trigger zeigen die Beziehung zur Triggering Table, die beteiligten Tabellen mit Informationsflüssen und das Aktivierungs-Ereignis auf. Der Trigger TSE3 wird nicht durch eine Manipulation, sondern durch ein zeitliches Ereignis aktiviert (nicht durch DB2 unterstützt) und prüft, ob 10 Tage vor Durchführung Kursort und Referent festgelegt sind und ob genügend Reservierungen vorliegen, ansonsten muss das Seminar abgesagt werden.

Es ist auffällig, dass nur Before-Trigger definiert sind. Die Verwendung von After-Triggern verlangt auf logischer Ebene ein spezifisches Design mit Darstellung der Objekt-Lebenszyklen und ihrer Abhängigkeiten. So könnten z.B. beim Einstellen einer Seminar-Reservierung Seminarbestätigungen und ggf. bereits Rechnungen angestoßen werden.
Auf physischer Ebene werden wir After-Trigger einsetzen, da dann durch De-Normalisierung Redundanzen durch Trigger automatisch kontrolliert werden können.

Abbildung 10-26

Relationales Netzwerk-Diagramm mit Integritäts-Maßnahmen (Beispiel-Auszug)

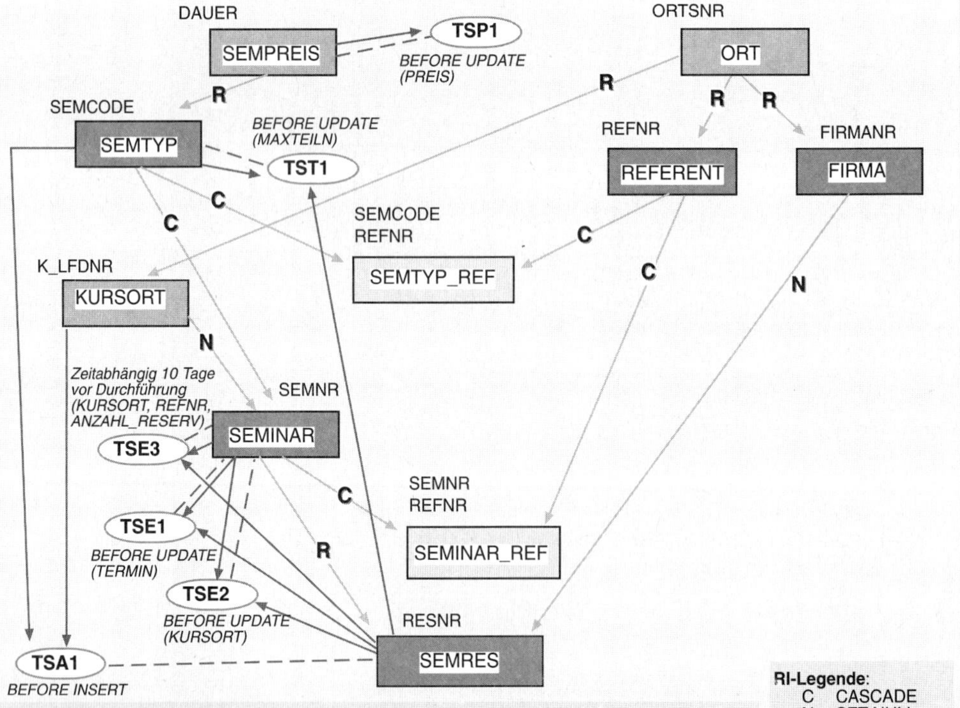

RI-Legende:
- C CASCADE
- N SET NULL
- R RESTRICT

Trigger-Legende:
Aktivierungs-Bedingungen
- TSEn Trigger
- SELECT aus Table x
- Tx Triggering Table

Hinweise für RI:
- Die hellen Pfeile zeigen von den übergeordneten zu den untergeordneten Objekten.
- Die referenziellen Maßnahmen gelten für den DELETE des übergeordneten Objekts.
- Ein UPDATE eines PKs wird nicht zugelassen!

Hinweise für Trigger:
- Die Namenskonventionen beginnen mit T, dann ein zweistelliger Objekt-Kürzel, dann eine lfd. Nr. innerhalb des Objekts.
- Die gestrichelten Linie zeigen die Beziehungen zwischen dem Trigger und der Triggering Table.
- Die dunklen Pfeile zeigen den Informationsweg (bei Before Trigger nur SELECTs).

10 Datenentwurf unter DB2
10.3 Logisches Design

10.3.5 Übersicht der kompletten Integritäts-Regeln und -Maßnahmen

Die Integritäts-Komponenten des Relationen Modells bestehen aus:

- **Regeln** und
- **Maßnahmen.**

Die Integritäts-Regeln (die Typisierung entstammt dem Relationen Modell) können wie folgt klassifiziert werden:

- **D-Type: Domain-Integrity**
  Allgemeingültiges und generelles Regelwerk, das zur Gewährleistung inhaltlicher Wertebereiche häufig auch als Relation ausgelagert wird und damit in den Bereich Referential Integrity fällt.
  Domain-Prüfungen umfassen gültige Formate und Inhalte.
  Hier im Beispiel: generelle Prüfung eines Datums auf Gültigkeit (DB2 unterstützt dies heute beim Format DATE, aber erst beim Vollzug der Manipulation).

- **C-Type: Column-Integrity**
  Spezielles, rollenbezogenes Regelwerk in Erweiterung der Domain-Integrity bzw. anstelle einer solchen (z.B. REFNR als PK NOT-NULL, als FK NULL-fähig) für die Spalte einer Relation.
  Hier im Beispiel: Der Seminar-Beginn muss bei einem Neuzugang mindestens 4 Wochen nach CURRENT DATE liegen.
  Diese Funktionalität lässt sich z.T. mit den DB2 Check Constraints lösen.

- **Cross-Column-Integrity (Komponente von U-Type)**
  Abhängigkeiten von Spalten-Inhalten innerhalb einer Relation/Entität.
  Diese Funktionalität lässt sich z.T. mit den DB2 Check Constraints lösen.

- **E-Type: Entity-Integrity**
  Eindeutigkeit des PK wird im DB2 nur durch Einrichtung eines Unique Index gewährleistet.
  Bei Composite PK muss Key in Anwendungs-Programm derzeit aufgrund fehlender Attribut-Gruppen aufwendig logisch behandelt werden (z.B. auch Aufsetz-Problematik bei Restart).
  Die NOT-NULL-Gewährleistung ist Aufgabe der Column-Integrity.
  Es ist die Minimality Property gefordert. Sie ist dann gegeben, wenn bei Composite Keys die Wegname einer beliebigen Spalte zum Verlust der Eindeutigkeit führen würde (keine überladenen PKs).

- **R-Type: Referential-Integrity**
  Existenz-Prüfung eines FK auf vorhandenen PK (Anforderung des Relationen-Modells).
  Auch nutzbar für Domain- und Column-Inhalte (allgemeine Relationen).
  Erweiterte Forderung:
  Prüfung auf gültigen und nicht alleine existierenden PK, z.B. zur Unterstützung eines Zeitraum-Konzeptes.

- **Cross-Entity-Integrity (Komponente von U-Type)**
  Spezialfall der Cross-Column-Integrity mit der Beschaffung der erforderlichen Daten aus verschiedenen Relationen.

Die Integritäts-Maßnahmen können wie folgt klassifiziert werden:

- **R-Type: Referential-Integrity**
  Im Relationalen Modell definiertes Regelwerk, bei dem speziell die PK und FK-Konstrukte hinsichtlich ihrer Integritäts-Anforderungen verwaltet werden (z.B. CASCADE bei Löschen einer Parent Row).

- **U-Type: Semantic-Integrity**
  Weitergehendes Regelwerk, bei dem aufgrund einer inhaltlichen Manipulation ein Anstoß für weitere Manipulationen getätigt wird.

10 Datenentwurf unter DB2
10.3 Logisches Design

Vor einer Manipulation müssen Pre-Conditions erfüllt sein. Dies sind diverse Business-Rules. Kommt es zur Manipulation, sind ereignisabhängige Folgeaktivitäten (Post-Conditions) möglich. Diese können kaskadierende Wirkungen haben, da sie Folge-Manipulationen anstoßen können, die wiederum Pre-Conditions erfüllen müssen, bevor es zur Manipulation kommt. Und nun kann ein never-ending Zyklus beginnen..............

Abbildung 10-27

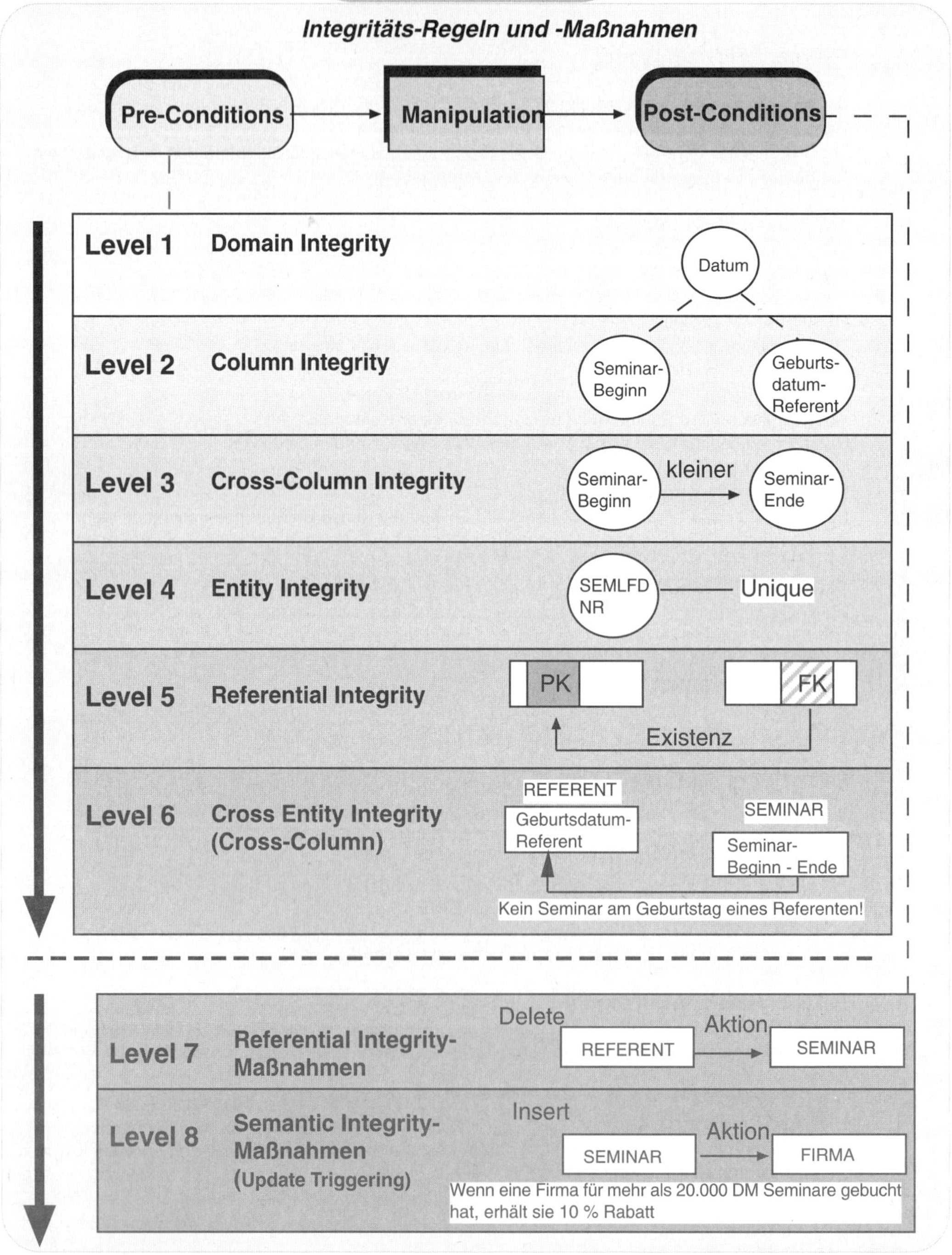

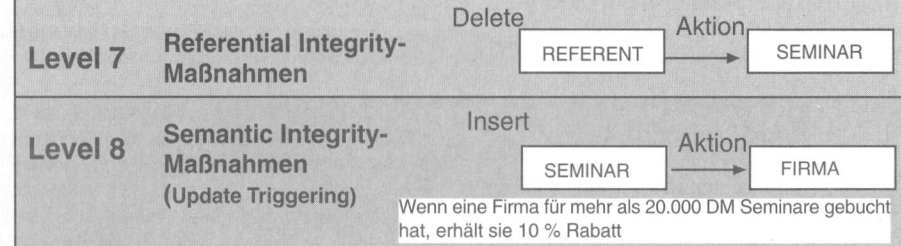

10 Datenentwurf unter DB2
10.3 Logisches Design

10.3.6 Checkliste für das logische Daten-Design

Das logische Design sollte dringend unterschieden werden in folgende Ergebnis-Typen:

- Grobes Fach-Daten-Modell (z.B. nach den Modellierungs-Regeln des ERM).
- Konzeptionelles Detail-Daten-Modell (z.B. nach den Modellierungs-Regeln des RM).

Der Designprozess ist iterativ vorzunehmen, d.h. die Phasen werden vom Groben zum Feinen mehrfach wiederholend durchlaufen.

Die Dokumentation aller Phasenschritte ist zwingend.

10.3.6.1 Fachliches Daten-Modell

Das Fach-Daten-Modell wird objektorientiert in der Terminologie des Fachbereiches erstellt.
Die Darstellung läßt sich mit den Mitteln des ERM vornehmen.
Folgende Phasen sind relevant:

1. **Relevante Entities bestimmen und entsprechende Namen zuordnen**
   Festlegung der betriebswirtschaftlich relevanten Objekte im Rahmen der Unternehmensziele.
   Anlehnung an Gegenstände der realen Welt (Objektsicht).
   Wichtig ist die frühzeitige Namenszuordnung, die über alle Designphasen möglichst beibehalten werden soll. Dabei ist der Fachbereich mit seiner Terminologie voll einzubeziehen.

2. **Grobe Beziehungen zwischen den relevanten Entities definieren**
   Festlegung der Beziehungen und Beziehungs-Typen in Abstimmung mit den Geschäfts-Regeln des Fachbereichs.
   Festlegung der fachlichen Mengengerüste.
   Hinweis:
   M : N-Beziehungen sind zulässig, sollten aber ggf. im Detail hinterfragt werden. Daraus lassen sich evtl. verschiedene Rollen erkennen. Weiterhin sind Objekt-Lebenszyklus (Status) relevant.
   Hier sollten auch grobe Verarbeitungs-Regeln und Zuständigkeiten für die Daten-Manipulation beschrieben werden.

3. **Identifikator der Entities bestimmen**
   Den fachlichen Identifikator festlegen. Ein Kunstschlüssel (lfd. Nr.) alleine ist nicht praktikabel.
   Der fachliche Identifikator stellt den fachlichen Zugriffspfad auf die Daten eines Objektes dar.
   Frage:
   Wie würde der Fachbereich das Objekt ohne EDV-Einsatz identifizieren?
   Sämtliche identifizierenden Attribute müssen bei Zugang eines Objektes bekannt sein.

4. **Attribute (atomic, d.h. nicht weiter aufteilbar) mit eindeutigen Namen zuordnen.**
   Die Attribute müssen atomic sein. Auch für die Attribute sollten frühzeitig Namen zugeordnet werden.
   Prüfen, ob es im Unternehmen bereits Synonyme (verschiedene Namen für die gleiche Sache) oder Homonyme (gleiche Namen für unterschiedliche Sachen) gibt.
   Die Darstellung kann z.B. mit Bubbles erfolgen. Auch die Beziehungen sollten mit entsprechendem Hinweis auf das Beziehungs-Verhältnis (einfach oder mehrfach) zwischen Identifikator und Attribut aufgenommen werden.

5. **Grobe Domain-Bestimmung**
   Attribut-Charakteristiken mit inhaltlicher Wertausprägungs-Festlegung bestimmen.
   Hier werden festgelegt:
   - Daten-Typ und Format,
   - mögliche inhaltliche Wertebereiche,
   - Definition der exakten Verwendung,
   - Muss- oder Kann-Vorgabewerte.

6. **Definition der fachlichen Benutzersichten (Views)**
   Abstimmung der fachlichen Benutzersichten mit dem Daten-Modell. Ergänzung fehlender Attribute.
   Trennen zwischen Basisattributen und ableitbaren Attributen. Bestimmung der Grundfunktionalität für ableitbare Attribute.
   Verwaltungszuständigkeiten für Benutzersichten und ggf. Attribute festlegen.

10.3.6.2 Konzeptionelles Daten-Modell

Das konzeptionelle Daten-Modell wird nach den mathematisch fundierten Anforderungen des Relationen-Modells erstellt.
Die Darstellung läßt sich mit den Mitteln des RM vornehmen.
Dieses Phasenkonzept betrachtet die Normalisierung als integralen Bestandteil des Daten-Design-Prozesses. Es zeigt sich in der Praxis, dass durch ein solches oder ähnliches Vorgehensmodell bereits vor Schritt 5 Relationen entstehen, die bis zur 3NF vorliegen.
Folgende Phasen sind relevant:

1. **Relationen ableiten**
   Ableiten der Relationen aus den fachlichen Entities.
   Hierbei sind ggf. Unternehmens-Klassifizierungs-Schemata zu beachten (z.B. KUNDE ist eine Rolle von PARTNER, SEMTYP ist ein PRODUKT usw.).

2. **Primary-Key der Relationen bestimmen**
   Möglichst wenige Spalten in Primary-Key einbeziehen, evtl. interne eindeutige Identifikation wählen. In diesem Fall muss der vorher bestimmte fachliche Identifikator als Candidate Key betrachtet werden. Er ist auch Kandidat für Alternativ-Zugriffspfade auf die Daten.
   Keine der identifizierenden Spalten darf einen NULL-Wert aufweisen.

3. **Spalten (atomic, d.h. nicht weiter aufteilbar) mit eindeutigen Namen zuordnen.**
   Wenn Spalten mehrfach zum Primary-Key in Beziehung stehen, Relation in weitere Relationen aufteilen
   Die Attribute müssen atomic sein.
   Im Idealfalle liegt ein unternehmenseinheitliches zentrales Feldkonzept (Domain) zugrunde.
   Die Attribute müssen ihren Primary-Keys zugeordnet werden. Hierbei wirken bereits implizit die Normalisierungsregeln.
   Einfache Beziehungen sind zunächst unkritisch, die mehrfachen Beziehungen sind durch Bildung neuer Relationen abzubauen. Auch hier wirken bereits Elemente des Normalisierungsprozesses.

4. **Beziehungen zwischen den relevanten Relationen detaillieren (FKs zuordnen)**
   Festlegung der Beziehungen und Beziehungs-Typen in Abstimmung mit den Geschäfts-Regeln des Fachbereichs.
   Auswahl der Foreign-Key-Attribute - ggf. durch Aufnahme weiterer Spalten (Vererbung des korrespondierenden PKs). Evtl. Korrektur der vorherigen Primary-Key-Entscheidung aufgrund der detaillierten Beziehungs-Verhältnisse.
   Beispiele erarbeiten mit konkreten Daten-Inhalten. Daraus leiten sich evtl. neue Erkenntnisse hinsichtlich des Struktur-Aufbaus ab.

5. **Normalisierungsregeln anwenden mit Bildung neuer Relationen**
   In der Praxis bis 3NF sinnvoll. Bei konsequenter Durchführung dieser Designphasen sind Normalisierungsregeln auf bisherige Relationen zur Überprüfung anwendbar. Eine Reihe von Relationen werden bereits in 3NF stehen.
   Achtung bei höhergehenden Normalformen. Immer prüfen, ob die jeweils nächstniedrigere Ebene wieder erreichbar ist - ohne die Gewinnung von nicht existierenden Dateninhalten.
   Häufig ist konkret durch eine weitere Normalisierung keine Qualitätsverbesserung erreichbar.
   So verhindert z.B. eine zusätzliche Relation, die SEMCODE, TERMIN_VON, TERMIN_BIS und REFNR als PK enthält, keine überschneidenden Termine.

6. **Domain-Bestimmung und Zuordnung der Spalten**
   Domain-Definition und Attribut-Zuordnung mit inhaltlicher Wertausprägungs-Festlegung.
   Hier werden definiert:
   - Daten-Typ und Format,
   - mögliche inhaltliche Wertebereiche,
   - Definition der exakten Verwendung,
   - NULL-Fähigkeit.

Entscheidungsfindung, wie die Domain-Regeln geprüft werden sollen:
- Ggf. können Prüfregeln in Datenstrukturen ausgelagert werden (Schlüsseltabelle), die dann wiederum unter RI einbezogen wird (evtl erhält der Fachbereich Verwaltungsoberflächen).
- Verlagerung von Prüfregeln in den Katalog (z.B. Check Constraint, das von der DBADM-Gruppe verwaltet werden muss).
Nachträgliche Änderungen sind hier relativ problematisch, daher grundsätzlich nur für statische und dauerhafte Prüfungen geeignet (Auslagerung der Prüflogik aus dem Programm).
Auch dann ggf. geeignet, wenn ein bestimmter Dateninhalt programmsteuernd von vielen Teilhabern des Systems genutzt wird.

7. **Definition der Integritätsregeln und -Maßnahmen für Insert, Update und Delete übergeordneter bzw. untergeordneter Relationen**
   Detaillierte Festlegung sämtlicher Beziehungen zwischen:
   - Attributen innerhalb einer Relation,
   - Attributen verschiedener Relationen.
   Dokumentation der detaillierten Integritätsregeln mit Entscheidungen, ob und wie eine automatisierte Unterstützung erfolgen soll.
   Hier ist speziell die Dynamik der Manipulations-Prozesse mit der Betrachtung der Daten-Zustände vorher und nachher wichtig.

8. **Definition der konzeptionellen Sichten (Views)**
   Ableitung der konzeptionellen Sichten:
   - <u>Anwendungssicht</u> auf Basis der logischen Benutzersichten:
     - die direkt erforderlichen Basisdaten,
     - die Daten zur Gewährleistung der Integritätsanforderungen,
   - <u>Funktionssichten:</u>
     - für die Funktionen, die Daten-Ableitungen vornehmen,
     - für sonstige konzeptionelle Funktionen und Prozesse.
   Ergänzung fehlender Attribute. Aufzeigen der logischen Beziehungen der statischen Relationen für dynamische View-Anforderungen.
   Daraus leiten sich logische Zugriffspfade zu den Daten ab. Zusammen mit einem Mengengerüst liefern sie wichtige Aussagen für das spätere physische Design.
   Die Benutzersichten fordern in der Regel hierarchische Ausschnitte aus der Netzwerk-Struktur des Daten-Modells.

9. **Konsolidierung des Daten-Modells**
   Zusammenfassung der Informationen zur Erlangung der Redundanzfreiheit:
   - Attribute mit gleichem Primary-Key werden in die gleiche Entität eingeordnet (ggf. Ausnahmen bei Hierarchien),
   - Attribute mit gleicher Domain werden eliminiert (sofern sie nicht in unterschiedlichen Rollen benötigt werden),
   - Beziehungen mit gleichen Regeln werden eliminiert,
   - Gesamtes Modell wird nach Korrekturen überarbeitet,
   - Integration mit existierenden Daten-Modellen.

10.4 Physisches Design

Das physische Design hat die Aufgabe, die Daten so abzulegen, dass sie schnell, wirtschaftlich und sicher verarbeitet werden können.
Der DBA muss die im logischen Designprozess erarbeiteten Strukturen mit den DB2-Mitteln der Objektverwaltung physisch ablegen.
Er wird den lfd. Betrieb sorgsam überwachen und evtl. Korrekturen des physischen Designs vornehmen.
Das physische Design beinhaltet folgende Aufgaben:

- **Ableiten der physischen Benutzerobjekte aus den Relationen**
  Festlegung der erforderlichen DB2-Tabellen und DB2-Views aufgrund des konzeptionellen Daten-Modells.

- **Bewertung der Auswirkungen logisch definierter Zugriffspfade**
  Analyse der logischen Zugriffspfade aufgrund der Benutzer-Sichten des konzeptionellen Daten-Modells.

- **Aus den Zugriffspfad-Konsequenzen ableitbare Struktur-Veränderungen (De-Normalisierung)**
  Umstrukturierungen aufgrund von Performance- oder sonstigen funktionaler Anforderungen.
  Folgende Grundformen existieren, die sich natürlich auch praktisch mischen lassen:

  - **Zusammenführung verbundener Strukturen**
    Zusammenführung zusammengehörender Strukturen und ihrer Daten.

  - **Aufteilung einer Struktur (Trennung bzw. Verteilung)**
    Aufteilung einer Struktur und ihrer Daten.
    Unter diesen Bereich fällt auch die redundanzfreie Verteilung von Daten auf verschiedene Lokationen.

  - **Aufnahme von Redundanzen**
    Aufnahme von Redundanzen, die durch funktionale Anwendungen automatisch kontrolliert werden.

- **Definition von Indizes**
  Einrichtung performance-beeinflussender Alternativwege zu den Daten.

- **Festlegung der technischen Maßnahmen zur Gewährleistung der Integrität**
  Festlegung der Zuständigkeit für Integritäts-Sicherungs-Maßnahmen (Programme oder DB2).
  Definition der DB2-Optionen:
  - **Attribut Integrität**:
    - User-defined Data-Types (UDT),
    - Check Constraints,
    - Unique Constraints,
    - Feldprozeduren.
  - **Automatische Gewährleistung definierter Geschäfts-Regeln**:
    - User-defined Functions (UDF),
    - Trigger,
    - Referential Integrity (RI).

- **Festlegung der sonstigen DB2-Objekte mit ihren Ausprägungen**
  Es müssen folgende Festlegungen getroffen werden:
  - Zuordnung der Benutzer-Objekte zu DB2-Objekten,
  - Einsatz und Wirkungsweise sonstiger physischer DB2-Objekte.

- **Festlegung der sonstigen physischen Objekte**
  Die physischen Objekte aller beteiligten System-Komponenten müssen festgelegt werden:
  - Ressourcen der TP-Monitore,
  - Bestimmung der Programm-Kandidaten,
  - Festlegung der DB2-Lokation.

10 Datenentwurf unter DB2
10.4 Physisches Design

10.4.1 Ableiten der physischen Benutzerobjekte aus logischen Relationen

Die bisherigen Design-Aktivitäten wurden auf der logischen Ebene unabhängig von dem zur Realisierung einzusetzenden physischen Trägersystem dargestellt.
Natürlich zieht sich die relationale Terminologie wie ein roter Faden durch die gesamten Darstellungen; eine Ablage der logischen Datenstrukturen in ein RDBMS ist aber nicht zwingend.

Während bei der Umsetzung der logischen Datenstrukturen in ihre physischen Ablagemöglichkeiten bei den herkömmlichen Datenablage- bzw. Datenbanksystemen erhebliche Aufwendungen betrieben werden müssen, können diese Daten in einer relationalen Datenbankumgebung grundsätzlich unverändert übernommen werden (zumindest theoretisch).

Die durch Design- bzw. Normalisierungsprozesse in kleinste funktional zusammengehörende Relationen aufgesplitteten Daten erbringen jedoch bei den jeweiligen Datenanforderungen der Benutzersichten erhebliche zusätzliche Verarbeitungserfordernisse.
So kann die Erzielung einer annehmbaren Performance die Motivation zur Rückbildung der normalisierten Datenstrukturen (De-Normalisierung) sein.

10.4.1.1 Zielsetzungen eines physischen Daten-Modells

Bei der Ableitung der logischen Relationen, ihrer Attribute, Beziehungen und Integritäts-Anforderungen ist zunächst davon auszugehen, dass das logische Modell die 'Idealform' des Daten-Modells beschreibt. Diese wurde zunächst bewusst ohne Beeinflussung durch physische Aspekte ermittelt.

Bei den Überlegungen hinsichtlich der effizienten Datenablage unter DB2 gelten folgende wesentliche **Zielsetzungen** an ein physisches Daten-Modell:

- **Optimale Speicherung der Daten auf externen Datenträgern**
  - Geringstmögliches Daten-Volumen.
  - Physische Verteilung auf unterschiedliche Datenträger.
  - Zusammenführung logisch zusammengehörender Daten.

- **Optimaler Zugriff auf die Daten**
  - **Schneller lesender Zugriff**
    - evtl. unter Nutzung redundanter Daten,
    - gesamter Block zusammengehöriger Daten,
    - Aufbau alternativer physischer Zugriffspfade.
  - **Schnelle Manipulation der Daten**
    - gesamter Block zusammengehöriger Daten,
    - möglichst keine redundanten Daten.

- **Durchsatz-Optimierung zur Gewährleistung eines hohen Parallel-Betriebs**
  - Niedriges Sperr-Niveau, aber so hoch wie nötig,
  - Kurze Sperr-Zeit, aber so lange wie nötig.

Bei der physischen Umsetzung können unterschiedliche Namenskonventionen hinsichtlich der logischen Ebene wirken (z.B. kann die Relation SEMTYP als DB2-Tabelle TSV00023 und das Attribut SEMCODE als Spalte F046587 geführt werden).

10.4.1.2 Kandidaten für die physische Implementierung

Solange die logischen Zugriffspfade hinsichtlich ihrer Auswirkungen auf die Zielsetzungen des physischen Daten-Modells noch nicht untersucht wurden, gelten folgende **Faustregeln für die Ableitung der DB2-Objekte**:

- Jede logische Relation ist Kandidat für eine DB2-Tabelle.

- Jedes Attribut ist Kandidat für eine Tabellenspalte.
  Die logisch definierten Ausprägungen wirken auf die Daten-Typ-Festlegungen.
  Unique-Festlegungen sind Kandidaten für Indizes.

- Wertebereiche (Domain, Column-Integrity) sind evtl. Kandidaten für Check-Constraints und User-defined Data-Types.

- Jeder Identifikator bzw. Primary Key (PK) ist Kandidat für einen DB2-PK.
  Damit ist er auch automatisch Kandidat für einen Primary Index (PI).

- Jede referenzielle Beziehung ist Kandidat für einen FK und ein referential constraint.

- Jeder Foreign Key (FK) ist Kandidat für einen Index.

- Definierte Geschäfts-Regeln sind evtl. Kandidaten für User-defined Functions und Trigger.

10.4.2 Bewertung der Auswirkungen logisch definierter Zugriffspfade

Die im konzeptionellen Daten-Modell definierten logischen Zugriffspfade müssen hinsichtlich ihrer Auswirkung bewertet werden.
Die wesentlichen logischen Beziehungen zwischen Tabellen sind durch die referenziellen Beziehungen erkennbar. Diese Beziehungen werden jeweils durch den Primary-Key und die entsprechenden Foreign-Keys kontrolliert.

In der folgenden Abbildung sind die Beziehungen zwischen drei Tabellen dargestellt. Die referenziellen Beziehungen zeigen die natürlichen Verbindungen, die auch bei Abfragen häufig benötigt werden.
Es ist ein Vorteil des Relationen-Modells, dass logische Zugriffe auf jeder Tabelle aufgesetzt werden können und die erforderlichen Zusatzdaten zusammengehörender Tabellen zusammengeführt werden können (Join).

Abbildung 10-28

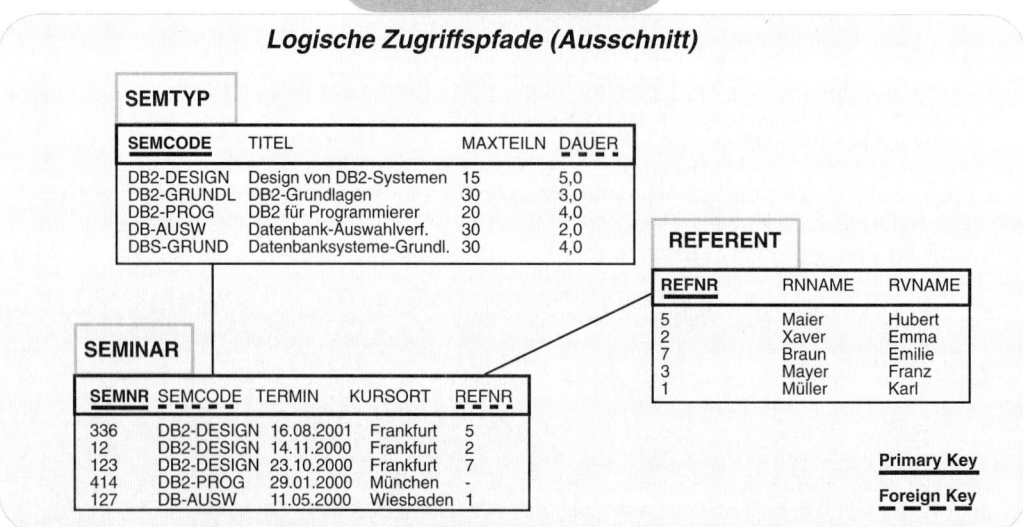

10 Datenentwurf unter DB2
10.4 Physisches Design

Zwar können im DB2 auch Daten zusammengeführt werden, die nicht über referenzielle Beziehungen formuliert sind, dieses ergibt aber in der Regel keinen Sinn (Beispiel: Zeige alle Seminartypen, deren Titel identisch ist mit dem Kursort eines Seminars).
Das ist übrigens ein Verstoß gegen das relationale Regelwerk, da nur Daten einer gemeinsamen Domain miteinander verknüpfbar sind.

Auch ohne Kenntnis einzelner Views ist aus den natürlichen Beziehungen zu erkennen, dass sich diverse Join-Anforderungen formulieren lassen. Daraus leiten sich individuelle hierarchische Ausschnitte aus dem netzwerkorientierten Daten-Modell ab.

Die folgende Abbildung zeigt einige Beispiele für hierarchische Benutzersichten.

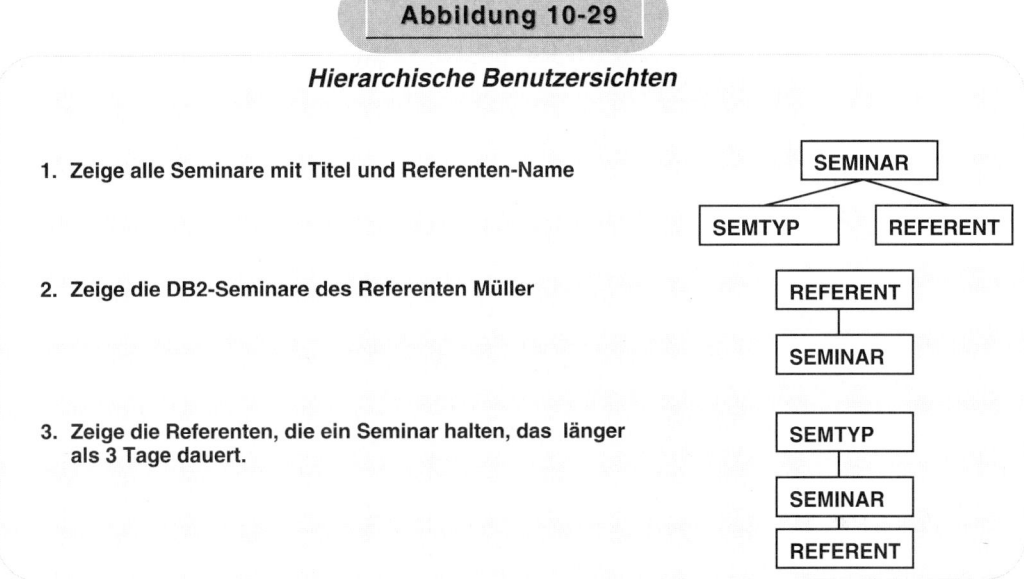

Abbildung 10-29

Hierarchische Benutzersichten

1. Zeige alle Seminare mit Titel und Referenten-Name
2. Zeige die DB2-Seminare des Referenten Müller
3. Zeige die Referenten, die ein Seminar halten, das länger als 3 Tage dauert.

Viele Entwickler ignorieren diese Sichtweise auf die Daten, da ja mit SQL einfach nur noch formuliert wird, welche Daten benötigt werden. Über die Zugriffsstrategie entscheidet dann der Optimizer.
Aber folgende Argumente sind zu beachten:

- Mit dem Benutzer muss die Benutzersicht abgestimmt werden. Hier ist insbesondere die Rolle der einzelnen Relationen/Tabellen relevant, wenn ein Join ausgesprochen wird, da die Outer Join Frage zu lösen ist:
    - Welche Datenkonstellationen sollen in der obigen Benutzersicht 1 dargestellt werden:
        - nur die Daten der Seminare, für die ein Referent zugeordnet ist?
        - die Daten aller Seminare - unabhängig davon, ob ein Referent zugeordnet ist?
- Auf technischer Ebene wird ein bestimmter Zugriffspfad des Optimizers erwartet. Was ist, wenn dieser von der Erwartungshaltung abweicht?
    Frage an dieser Stelle:
    - Woher soll ein Entwickler wissen, dass ein bestimmter Pfad nicht optimal ist, wenn er gar keine Erwartungshaltung hat, d.h. seinen Idealzugriffspfad nicht kennt?

Die einzelnen real auftretenden Benutzersichten müssen bewertet werden hinsichtlich:

- **ihres Aufwands bei der Datenbeschaffung,**
- **der individuellen Performance-Relevanz,**
- **der individuellen Sperr-Auswirkungen,**
- **der Auswirkungen auf das gesamte System mit all seinen Teilhabern.**

10.4.2.1 Aufwand bei der Datenbeschaffung

Grundsätzlich ist zu unterscheiden in:

- **Sequenziell** orientierte Datenbeschaffung (Tablespace-Scan bzw. Page Set Scan).
  Diese kann im DB2 durch das 'Sequential Prefetch'- bzw. das 'List Prefetch'-Verfahren unterstützt werden, bei dem bis zu 32 Pages (je nach verfügbarem Buffer) mit einem physischen Beschaffungsbefehl (SIO= Start Input-Output) eingelesen werden können.

- **Direkte** Datenbeschaffung (Index-Zugriff).
  Diese kann nur durch Indizes unterstützt werden. Steht kein für DB2 nutzbarer Index zur Verfügung, wird die sequenziell orientierte Datenbeschaffung gewählt.

Besonders wichtig ist die Festlegung des Mengengerüsts bei der Bewertung der Zugriffsanforderungen einer Benutzersicht.
Dabei ist zunächst ein generelles Mengengerüst für die Datenstrukturen zu ermitteln (die Beispiele sind aus der folgenden Abbildung abgeleitet):

- Pro Relation bzw. DB2-Tabelle (z.B. SEMTYP):
  - Gesamtzeilen (z.B. 200),
  - Anzahl Bytes einer Zeile (z.B. 86).

- Pro Beziehung (z.B. SEMTYP zu SEMINAR):
  - Mindest-Ausprägungs-Menge (z.B. 0),
  - Durchschnittliche Ausprägungs-Menge (z.B. 10),
  - Maximale-Ausprägungs-Menge (z.B. 30).

Abbildung 10-30

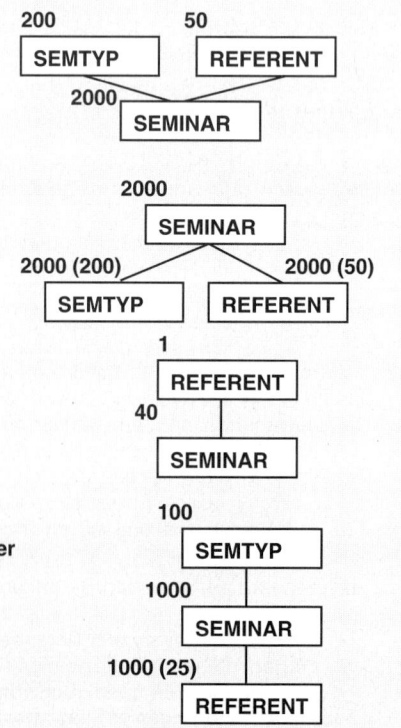

Bedeutung des Mengengerüsts

10 Datenentwurf unter DB2
10.4 Physisches Design

Anschließend müssen die einzelnen Benutzersichten analysiert werden. Zu der vorherigen Abbildung müssen in diesem Zusammenhang noch folgende Erläuterungen abgegeben werden:

- zu 1. Es werden alle Seminare eingelesen (2000 Zeilen).
  Ob für den Zugriff auf SEMTYP 2000 oder 200 Zugriffe (oder gar wesentlich mehr Zugriffe) erforderlich sind, hängt von der internen Zugriffs-Strategie ab. Zu jedem SEMINAR muss ein zugehöriger SEMTYP gefunden werden. Das kann geschehen durch:
  - Direktes Lesen SEMTYP über Index bei jedem SEMINAR (2000),
  - Nutzung von clustering Indizes und Zugriff auf SEMTYP, wenn ein Wechsel des SEMCODEs (200) eintritt,
  - Komplettes Durchsuchen der SEMTYP-Tabelle ohne Index für jeden SEMINAR-Satz (2000 x 200 = 400000).

- zu den anderen Beispielen gelten die obigen Ausführungen analog.

Wie man sieht, können die Zugriffspfade bei einem relationalen Datenbank-System nur beurteilt werden, wenn die vom Datenbank-System gewählte Zugriffs-Strategie auch nach außen tritt.
Mit dem EXPLAIN-Statement kann diese Zugriffs-Strategie analysiert werden.
Dieses Statement ist im Anhang 2 näher erläutert. Außerdem finden sich im Kapitel 14 Ausführungen zur anwendungsbezogenen Performance.

Speziell die Art der Datenbeschaffung spielt unter DB2 eine herausragende Rolle. Grundsätzlich ist die Datenbeschaffung aus unterschiedlichen Tabellen möglich über:

- Join, d.h. DB2 führt die erforderlichen Daten zusammen. In diesem Falle liegt ein komplexer Zugriffspfad vor, der als Nested Loop Join oder Merge Scan Join ausgeführt wird (siehe auch Kapitel 14). Eine Kalkulation des Zugriffspfades ist nur grob möglich.

- Separate SELECT-Befehle auf die einzelnen Tabellen. Hier ist der Beschaffungs-Aufwand zunächst einfacher zu kalkulieren. Auch die Performance-Auswirkungen können im Einzelfall besser sein.
  Je komplexer aber die DB2-Datenbeschaffung ist, desto effizienter kann sie sich im Vergleich zu einer programmierten Lösung darstellen, bei der einzelne Datenzeilen angefordert werden und Verknüpfungen mit Programmlogik vorgenommen werden.

Die DB2-Zugriffspfade und ihre Konsequenzen können nur mit sehr hohem Aufwand im Detail bestimmt und bewertet werden.

Am Beispiel der folgenden Abbildung soll die Problematik dargestellt werden:

Ein komplexes SQL-Statement mit einem Join über 3 Tabellen kann von DB2 auf unterschiedlichste Weise ausgeführt werden.
Dabei spielen für DB2 die vorhandenen Datenmengen und die inhaltlichen Ausprägungen indizierter Spalten eine wichtige Rolle.
Der DB2-Optimizer verwendet bei seiner Entscheidung zugunsten eines bestimmten Zugriffspfads entweder DB2-Statistik-Daten aus dem Katalog (Voraussetzung RUNSTATS-Utility ist gelaufen) oder benutzt Default-Werte.

Im Beispiel ist dargestellt, dass DB2 ohne Berücksichtigung evtl. Indizes zumindest 4 Grund- Alternativen zur Auswahl hat. Bei Eignung vorhandener Indizes potenzieren sich die Möglichkeiten.
Die Ausführung des komplexen Statements kann DB2-intern nur mit einem komplexen Zugriffspfad, nämlich einem Join vorgenommen werden, wobei auch hier verschiedene Varianten verfügbar sind.
Für den Entwickler sind die Auswirkungen der DB2-Entscheidungen schwer vorauszusehen bzw. auch nachzuvollziehen.
Selbst die originären Daten-Mengen der verfügbaren Tabellen stellen für den Entwickler bei einer evtl. Grob-Kalkulation des zu erwartenden Aufwands keine Hilfestellung dar, da vorhandene Indizes mit ihren Eignungen mit untersucht werden müßten.
Außerdem müßten auch die konkreten inhaltlichen Anforderungs-Varianten mit einbezogen werden.
Eine grobe Analyse des von DB2 gewählten Zugriffspfads kann mit dem EXPLAIN-Statement angefordert werden. Die Ergebnisse stehen in der PLAN_TABLE zur Verfügung.

10 Datenentwurf unter DB2
10.4 Physisches Design

Besser und effizienter ist eine Zeitmessung verschiedener Statement-Varianten mit Hilfe speziell eingerichtete Test-Tabellen.
Bei diesen Messungen können Entscheidungs-Grundlagen getroffen werden über:

- das detaillierte effiziente SQL-Statement (optimale Variante),
- die Vorgehensweise bei der Daten-Manipulation:
    - komplexe Statements (Join oder Subquery)
    - mehrere einfache SQL-Statements mit entsprechendem Programm-Code.

Wichtig ist:
Werden aufgrund der Performance-Aspekte DB2-Möglichkeiten nicht genutzt, sollten Maßnahmen ergriffen werden, damit später die getroffenen Entscheidungen wieder revidiert werden können.

Als Faustformel können für den Aufwand der Datenbeschaffung folgende Werte kalkuliert werden:

- Direkt-Zugriffe 10 - 15 Millisekunden pro Page (entspricht in der Regel einer Zeile),
- Sequenzielle Zugriffe mit Sequential Prefetch 1 Millisekunde pro Page.

Abbildung 10-31

Benutzersicht und logischer Zugriffspfad

```
SELECT   SEMINAR.SEMCODE, DATUM, ORT,
         TITEL, RNNAME
FROM     SEMTYP, SEMINAR, REFERENT
WHERE    SEMTYP.SEMCODE = SEMINAR.SEMCODE
AND      SEMINAR.REFNR = REFERENT.REFNR
```

Zugriffspfad-Alternativen für DB2
(ohne Berücksichtigung von Indizes)

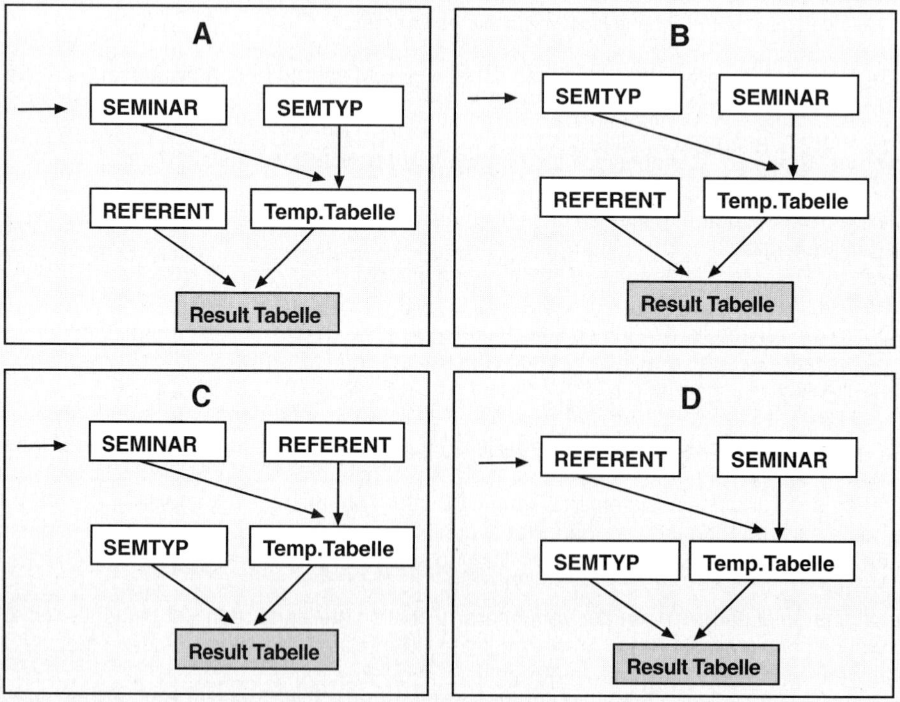

10.4.2.2 Individuelle Performance-Relevanz

Es ist sinnvoll, die Benutzersichten zu klassifizieren. Diese Klassifizierung ist natürlich mit den Rahmenbedingungen unternehmensindividuell zu regeln:

1 - Unkritisch
Niedrige Performance-Anforderungen und geringe Anforderungen an die Verfügbarkeit.
Beispiel:
- Transaktionsaufkommen von weniger als 10 Transaktionen/Sekunde und ein Ausfall der Anwendung um mehr als 24 Stunden ist unproblematisch.

Für diese Gruppe gilt:
- Jede Relation wird eine DB2-Tabelle.
- Jeder logische Prozess wird ein Programm-Kandidat.

2 - Kritisch
Mittlere Performance-Anforderungen und mittlere Anforderungen an die Verfügbarkeit.
Beispiel:
- Transaktionsaufkommen zwischen 10 und 30 Transaktionen/Sekunde und ein Ausfall der Anwendung zwischen 3 und 24 Stunden ist relativ unproblematisch.

Für diese Gruppe gilt:
- Häufig benötigte Join-Daten werden zusammengeführt
- Trennung häufig benötigter Daten von weniger häufig benötigten Daten:
  - Vertikale Trennung durch Struktur-Aufteilung.
  - Horizontale Trennung durch inhaltliche Aufteilung:
    - Funktionale Trennung (Management-Seminare, Programmier-Seminare),
    - Schlüssel-Bereiche (A - D, E - M, Rest),
    - Datum (Aktuelle Daten, Historie),
    - Betriebsorganisation (Zentrale, Filiale).
- Zwang zu funktionaler Standardisierung. Bildung kleiner Funktions-Bausteine.
- Zentrale Steuerungs-Dateien sind erforderlich, z.B.:
  - Dialogzwischenspeicher,
  - Ressource-Sperreinträge (logische Enqueue-Einträge),
  - Zentrale Nummernvergabe,
  - Protokollierung usw.
- Durchführung permanenter Systemüberwachungs- und Tuning-Maßnahmen.

3 - Sehr kritisch
Hohe Performance-Anforderungen und hohe Anforderungen an die Verfügbarkeit.
Beispiel:
- Transaktionsaufkommen von mehr als 30 Transaktionen/Sekunde und ein Ausfall der Anwendung von weniger als 3 Stunden ist problematisch.

Für diese Gruppe gelten die gleichen Kriterien wie für die Gruppe 2, aber es werden noch strengere Maßstäbe angewandt (z.B. eine noch ausgeprägtere Verteilung).

10.4.2.3 Auswirkungen der Sperr-Maßnahmen

Die Sperr-Maßnahmen von DB2 schützen lediglich physische Ressourcen (Tablespace, Table und Page bzw. Row). Detaillierte Informationen hierzu sind im Kapitel 12 enthalten.

Die DB2-Sperr-Verfahren erbringen einige Problem-Felder:

- Die Sperren wirken nur innerhalb einer bestimmten Zeiteinheit, die von der Konsistenzbetrachtung einer Vorgangs-Abwicklung abweichen kann.

- Die Lese-Integrität kann nur durch bestimmte Maßnahmen erreicht werden (z.B. Anwendung des Cursor-Konzepts, Repeatable Read in der Package oder im Plan definiert oder explizit durch ein bestimmtes Statement vorgegeben).
  Alternativ können logische Sperr-Maßnahmen außerhalb von DB2 vorgenommen werden.

- Benötigt eine Anwendung eine gesperrte Ressource, wird sie in eine Wartebedingung versetzt.
  Der Benutzer erfährt erst von diesem Zustand, wenn eine Zeitüberschreitung (TIMEOUT) oder ein DEADLOCK eintritt. Als Folge wird eine UOW abgebrochen (Abend).

- Das DB2-Sperrniveau ist i.d.R. höher als von der Anwendung gefordert (Page, Row). Die Daten werden innerhalb einer Page bzw. Row gesperrt.

- Parallele Online- und Batch-Prozesse geraten in Ressource-Konflikte, wenn sie gemeinsame Tabellen bearbeiten, auch wenn die logische Datenanforderung abweicht (z.B. Änderung unterschiedlicher Spaltenwerte).
  Der Einsatz des COMMIT-Statements führt zu Restart-Problematik und Konsistenz-Problemen hinsichtlich der Aktualität des Gesamt-Datenbestands.

Aus den genannten Gründen kann es sinnvoll sein, einige organisatorische Maßnahmen zu ergreifen, die eine Konkurrenz-Verarbeitung besser gewährleisten.

So ist es sinnvoll, eine Verarbeitungs-Hierarchie von Objekten zu definieren. Damit können DEADLOCKS eingeschränkt (allerdings nicht vollständig vermieden) werden.

Außerdem kann die Einrichtung einer logischen Lock- bzw. Enqueue-Verwaltung außerhalb und unabhängig von DB2 sinnvoll sein.
Damit lassen sich Ressource-Konflikte frühzeitig erkennen und es kann eine Information zum Benutzer gegeben werden - ohne weitere Belastung des gesamten Systems.
Aber auch hier gilt die Einschränkung, dass aufgrund des physisch orientierten Sperrniveaus von DB2 Konflikte nur dann ausgeschlossen werden können, wenn sich die geforderten Daten jeweils auf unterschiedlichen Pages bzw. Rows befinden.
Ggf. kann man durch entsprechendes physisches Design relevanter Tabellen dafür sorgen, dass die erforderliche Streuung eintritt.

Gerade steuernde Tabellen, die Standard-Routinen unterstützen, wie z.B. Zugriffs-Schutz-Verfahren oder Dialog-Zwischenspeicher können zu einem Engpass im System aufgrund der Sperrprobleme führen.

10.4.3 De-Normalisierungs-Maßnahmen

Aus den vorab geschilderten Gründen können Entscheidungen hinsichtlich der Daten-Zusammenführung und -Trennung sowie der Einrichtung von Redundanzen getroffen werden.

10.4.3.1 Daten-Zusammenführung

Häufig zusammen benötigte Daten unterschiedlicher Relationen können zu einer Tabelle zusammengeführt werden. Dabei existieren 1 : 1 - und 1 : N-Beziehungen:

- **Zusammenführung logisch verbundener Relationen (Designations)**
  Zusammenführung von 'lose gekoppelten' Relationen (Kann-Beziehungen).

- **Zusammenführung von Relationen-Hierarchien (Characteristics)**
  Zusammenführung von 'eng gekoppelten' Relationen (Muss-Beziehungen):
    - '**Hochziehen**' der untergeordneten Relation zur übergeordneten Relation.
    - '**Runterziehen**' der übergeordneten Relation zur untergeordneten Relation.

Diese De-Normalisierung führt die logischen Datengruppierungen aus der 3NF physisch zusammen. Eine Grundüberlegung ist natürlich, dass die funktional gruppierten Daten eine ideale Basis für ein entsprechendes Dialog-Design darstellen können. Gerade die Normalisierungsregeln verhelfen ja zur Zusammenführung konsistenter Daten und bieten damit auch die Grundlage für die Konsistenzbetrachtung von Pflege-Dialogen.
Speziell bei Informations-Dialogen bzw. im Batch-Abwicklungsbereich sind jedoch zur Datenbereitstellung normalisierter Relationen erhebliche Zugriffsaufwendungen erforderlich.

Natürlich sind die De-Normalisierungs-Maßnahmen nicht ohne Probleme durchführbar. Wir werden die gesamten Aspekte später noch einmal zusammenfassen. Generell ist dabei zu bedenken, dass dabei Objekte 'verlorengehen' und ggf. durch Funktionslogik wieder simuliert werden müssen.
Zunächst einige Überlegungen zu den einzelnen Möglichkeiten:

- **Zusammenlegen logisch nicht verbundener Informationen**
  Ein Zusammenlegen logisch nicht verbundener Informationen ist grundsätzlich nicht sinnvoll.

- **Zusammenführung logisch verbundener Relationen (Designations)**
  Zusammenführung von 'lose gekoppelten' Relationen (Kann-Beziehungen) kann unterschieden werden in:
    - **1 : 1 - Beziehungen.**
      In diesem Falle werden direkt 1 : 1 zusammengehörende Daten zusammengeführt. Da die Beziehungen optional sind, muss eine Information über eine gesamte NULL-Gruppe geführt werden, wenn das korrespondierende Objekt fehlt.
      Es eignet sich hierfür der bisherige Primary-Key, der ohnehin für eine Relation nicht mehr uneingeschränkt geführt werden kann (da ansonsten PK-Bestandteile NULL-fähig sein müßten).

    - **1 : N - Beziehungen**
      Hier werden Relationen zusammengefasst, bei denen Mehrfachelemente auftreten.
      Dies fordert einige Überlegungen, die anschließend unter der Behandlung der Hierarchien näher erläutert werden.

- **Zusammenführung von Relationen-Hierarchien (Characteristics)**
    - **'Hochziehen' der untergeordneten Relation zur übergeordneten Relation**
      Zu beachten ist, dass die untergeordnete Relation damit nicht mehr direkt existent ist (z.B. können keine Beziehungen mehr zur untergeordneten Relation gelegt werden).
        - **1 : 1- Beziehungen.**
          In diesem Falle werden der übergeordneten Relation sämtliche Informationen der untergeordneten Einheit zugeführt.

10 Datenentwurf unter DB2
10.4 Physisches Design

- **1 : N-Beziehungen (unnormalisierte Form).**
  Hier werden untergeordnete Relationen innerhalb der übergeordneten Relationen zusammengefasst. Dies führt zu Wiederholgruppen, mit der Problematik:
  - Wieviele Elemente kann es maximal geben - sind sie konstant?
  - Wie kann eine NULL-Gruppe erkannt werden (siehe oben)?
  - Welche Einfüge- und Lösch-Regeln gelten für die Elemente?
  - Was passiert mit der Seminartyp-Information, wenn das letzte Seminar gelöscht wird?
  - Wie kann auf die Daten mittels SQL zugegriffen werden?

- **'Runterziehen' der übergeordneten Relation zur untergeordneten Relation**
  Zu beachten ist, dass die übergeordnete Relation damit nicht mehr direkt existent ist (z.B. können keine Beziehungen mehr zur übergeordneten Relation gelegt werden).
  - **1 : 1-Beziehungen.**
    In diesem Falle werden pro untergeordneter Relation die Informationen der übergeordneten Relation zugeführt.

  - **1 : N-Beziehungen.**
    Dieses Verfahren entspricht der Speicherung in 1NF. Die Probleme der 1NF werden natürlich übernommen, d.h. erhebliche Redundanzen.
    Technisch ist dies ein relativ einfaches Verfahren, da lediglich die Schlüssel der Relationen zusammengefasst werden (bzw. der größte übernommen wird).
    Spezielle Probleme hierbei:
    - Wie kann ein SEMTYP ohne SEMINAR erkannt werden (NULL-Wert in Primary-Key-Bestandteil ist nicht zulässig)?
    - Was passiert, wenn das letzte Seminar eines Seminartyps gelöscht wird?
    Im Gegensatz zur Führung von Wiederholgruppen ist die 1NF von SQL voll unterstützt.

Die folgende Abbildung zeigt die Möglichkeiten der Daten-Zusammenführung.

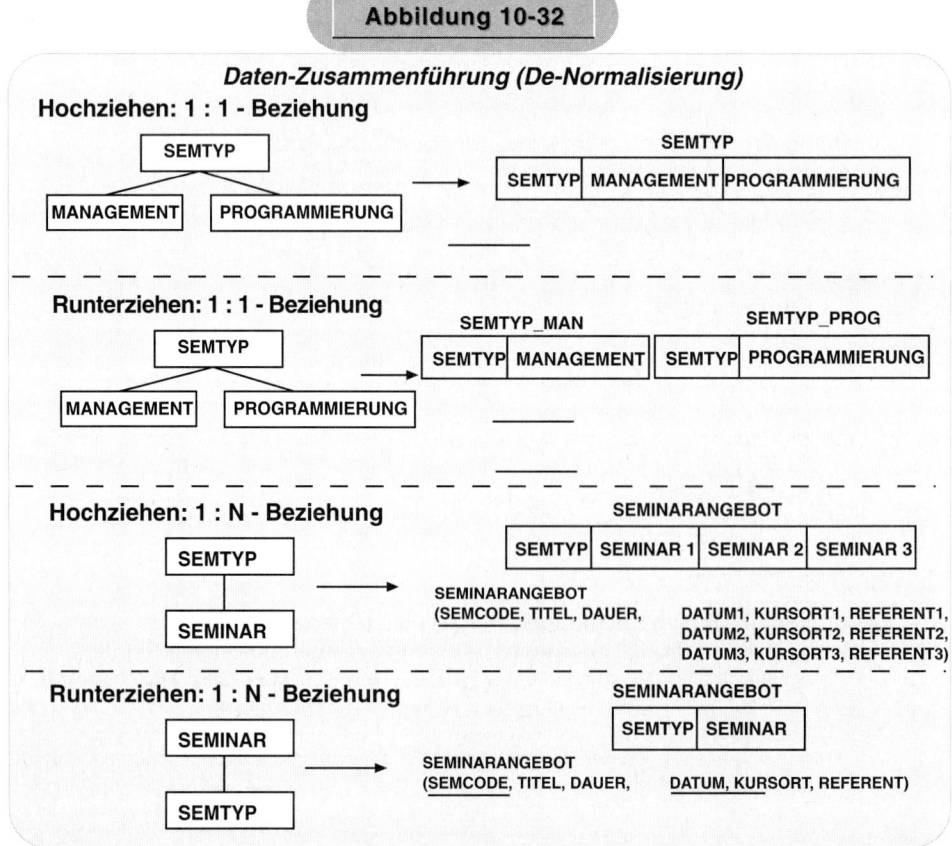

Abbildung 10-32

10 Datenentwurf unter DB2
10.4 Physisches Design

10.4.3.2 Trennung der Daten (Verteilung)

Häufig getrennt benötigte Daten einer Relationen können auf mehrere Tabellen aufgeteilt werden. Die Trennung der Daten kann folgendermaßen vorgenommen werden:

- **Innerhalb der gleichen DB2-Lokation**
  Hier sind insbesondere Performance-Aspekte relevant. Eine Trennung/Verteilung kann erfolgen:

  - **Vertikal** (Aufteilung einer Struktur)
    Bei der vertikalen Verteilung wird eine bestehende Struktur einer Relation in zwei oder mehr Tabellen aufgeteilt. Dabei muss in allen Tabellen der PK der Relation vorgesehen werden.
    Bei einer Kann-Beziehung (z.B. wenn in eine Tabelle - außer dem PK - nur NULL-fähige Spalten aufgenommen werden) entsteht das Outer Join-Problem, da nicht zwingend in beiden Tabellen korrespondierende Zeilen vorhanden sind.
    Eine vertikale Trennung kann sinnvoll sein zur Separierung häufig benötigter Daten von weniger häufig benötigten Daten. Zielsetzungen sind z.B.:
    - Möglichkeit des Parallel-Zugriffs auf physischer Device-Ebene.
    - Reduzierung der Zeilenlänge (wegen Page-Restriktion oder zur Verdichtung der Daten innerhalb der Page = Zusammenführen häufig benötigter Daten auf kleinstem Raum),

  - **Horizontal** (Bewahrung der Struktur, Aufteilung der Daten)
    Bei der vertikalen Verteilung wird eine bestehende Struktur einer Relation in zwei oder mehr Tabellen geführt. Dabei muss in allen Tabellen die Struktur der Relation komplett übernommen werden.
    Die Motive sind im wesentlichen die gleichen wie bei der vertikalen Verteilung.
    Die Verteilung kann im DB2 erfolgen:

    - Durch Einsatz <u>verschiedener Tabellen</u>, die dann von Anwendungen verwaltet werden müssen.

    - Durch Einsatz einer Tabelle und Zuordnung dieser Tabelle zu einem <u>partitioned Tablespace</u>.
      Beim partitioned Tablespace werden Daten mit Hilfe eines Clustering Index auf verschiedene Partitions verteilt. Dabei können auch unterschiedliche Devices pro Partition zugeordnet werden. DB2 unterstützt für partitioned Tablespaces effiziente Parallelverarbeitungsmöglichkeiten der einzelnen Partitions. Vorteil auch gegenüber der Strukturaufteilung auf verschiedene Tabellen:
      - Die Verteilung ist grundsätzlich anwendungstransparent (allerdings darf ein partitioned Index-Wert erst ab Version 6 verändert werden - vorher musste ein Insert und Delete einer Zeile vorgenommen werden). Bei solchen partitionübergreifenden Manipulationen entstehen aber Abhängigkeiten zu anderen Partitions - dies kann ggf. die Parallel-Nutzungsmöglichkeit einschränken (z.B. wenn eine Partition von einem Utility exklusiv beansprucht wird).
      Das Partitioned-Tablespace-Konzept von DB2 unterliegt weiteren Restriktionen. So können die Daten nicht lokationsübergreifend verteilt werden.

- **Verteilung auf mehrere DB2-Lokationen (verteilte Datenbanken)**

  Die Verteilung der Daten auf mehrere DB2-Lokationen wird besonders unter dem Aspekt der regionalen Zuständigkeit der Daten betrieben.
  Dabei werden die Daten dort gehalten, wo die Verwaltungs-Verantwortlichkeit gegeben ist.
  Bei dieser Verteilungsart müssen die Daten in unterschiedlichen Tabellen geführt werden, da ein partitioned Tablespace keine lokationsübergreifende Verteilung unterstützt.

  Mit dem Distributed Data Facility können unter DB2 die Daten systemunterstützt verteilt werden. Allerdings ist die Performance eng abhängig von der technologischen Infrastruktur.
  Insbesondere das Leitungs-Netz wird zu einem Nadelöhr.
  Performance ist derzeit häufig kein Argument für, sondern gegen die Verteilung der Daten. Die Verteilung wird langsam erst an Bedeutung gewinnen, zumal auch die Integritäts-Bedingungen noch nicht soweit erfüllt sind, dass diesem Bereich eine hohe Bedeutung beigemessen werden könnte (speziell Ausfallsicherheit und Verfügbarkeit des Netzes).

10.4.3.3 Bilden zusätzlicher Redundanzen

Aus Performance-Gründen kann es sinnvoll sein, Redundanzen aufzubauen.
Kann dies wirklich sinnvoll sein bei Einsatz eines Datenbank-Systems? Als Zielsetzung wird doch immer wieder die Redundanzfreiheit formuliert.

Die Daten-Modellierung hat die Aufgabe, die Daten auf logischer Ebene redundanzfrei zu führen. Wir haben erkannt, dass diese Redundanzfreiheit im Relationen-Modell eingeschränkt wird auf Nicht-Schlüssel-Felder.
Schlüssel-Felder (Foreign-Keys) werden redundant geführt (wobei immer wieder darüber gestritten wird, ob es sich hierbei um eine Redundanz handelt; klar ist der Fall sicher bei einem extrem ausgeprägten composite PK und der dann analog aufzubauenden FKs).
Auf physischer Ebene kann die Bildung kontrollierter Redundanzen sinnvoll sein; sie ist sogar notwendig und wird in Zukunft verstärkt zu erwarten sein.
Einfachstes Beispiel:
Ein Index führt die Daten einer Tabelle hinsichtlich der Index-Spalten redundant, damit ein effizienter Zugriffspfad in anderer Reihenfolge vorliegt.
Solche Redundanzen finden wir auch hier in diesem Buch. Zum Teil werden Aussagen an verschiedenen Stellen geführt, damit die Suche erleichtert wird. Außerdem ist der beigefügte Index im Anhang ähnlich einem DB2-Index aufgebaut. Ohne einen solchen Index müßte der Leser sequenziell das ganze Buch durchforsten, um Informationen über 'Tablespace' zu finden.
Wie kann der Begriff Redundanz überhaupt definiert werden?

Redundante Daten sind Daten, die:
- inhaltlich identisch sind (gleiche Daten) und mehrfach geführt werden oder
- Daten, die eigenständig geführt werden, obwohl sie sich aus anderen Daten funktional ableiten lassen.

    Dabei ist zu erkennen, dass eine <u>jederzeitige</u> Ableitbarkeit möglich sein muss.
    Dies stellt eine hohe und kaum erfüllbare Anforderung dar, weil sowohl Datenstrukturen (Meta-Daten), Dateninhalte und die Ableitungsfunktionen (inkl. der Systemsoftware-Releases) jederzeit das Ableitungsergebnis nachvollziehen können müssen.

Daten können dann als redundant bezeichnet werden, wenn sie sich - bezogen auf eine bestimmte Gültigkeit - auf dasselbe externe Objekt beziehen.

Eine wichtige Forderung an die Datenbank-Hersteller ist die automatisierte Redundanz-Verwaltung. Dies ist bei Indizes selbstverständlich, sollte aber auch auf Daten ausdehnbar sein.

Folgende Formen von Redundanzen können grundsätzlich unterschieden werden:

- **Exakt identische Daten werden mehrfach geführt**
    Die gleichen Daten finden sich in verschiedenen Strukturen wieder. Es kann unterschieden werden in:

    - **Spalten-Redundanz**
      Doppelte bzw. mehrfache Spalten (z.B. der TITEL von SEMTYP wird zusätzlich in SEMINAR geführt).

    - **Zeilen-Redundanz** (in aller Regel liegen hier mehrfache gleichartige Strukturen vor, wie z.B. das Führen von Sicherungs- oder Spiegel-Beständen).

    - **Abgeleitete Daten (Aggregationen)**
      Als abgeleitete Daten bezeichnet man die Daten, die mittels Funktionen aus den Basisdaten ableitbar sind (z.B. Brutto-Betrag).

Einige wichtige Formen von Redundanzen werden nun etwas näher behandelt:

- **Exakt identische Daten werden mehrfach geführt**
  Hier eine Auswahl spezifischer Ausprägungen identischer Daten:

  - **Snapshot-Tabellen**
    Als Snapshot-Tabellen bezeichnet man die Tabellen, die zu einem bestimmten Stichtag (z.B. jeden Abend) erzeugt werden.
    Häufig finden sich folgende Formen:
    - Eine aktuelle Tabelle ist dem operationalen Online-Bereich zugeordnet und dient als Grundlage für die anfallenden Manipulationen.
    - Eine Snapshot-Tabelle ist dem dispositiven Bereich zugeordnet und enthält einen historischen Stand der Daten (Vortag, Vorwoche, Vormonat usw.).
    Da die Snapshot-Tabelle nicht verändert wird (bzw. die Änderungen keine operationalen Auswirkungen zeigen), ergeben sich keine Integritäts-Probleme.

  - **Parallel-Tabellen (Spiegel-Tabellen)**
    Das Führen von Parallel-Beständen kann aus unterschiedlichen Gründen sinnvoll sein:
    - Spiegelung der Daten aus Sicherheits-Gründen, wenn die Verfügbarkeit mit höchster Priorität zu gewährleisten ist.
    - Umschalten auf verschiedene Tabellen mit gleichem Aufbau.
    Dies ist z.B. für Logging/Protokollierungs-Anforderungen sinnvoll. Soll eine permanente Verfügbarkeit (24 Stunden-Betrieb) gewährleistet werden, kann eine solche Organisationsform auch als Bewegungsdatei zum Sammeln von Erfassungsdaten sinnvoll sein.
    Täglich wird auf eine andere Tabelle umgeschaltet und dort die Daten für den lfd. Tag gesammelt. Abends (evtl. Mitternacht) erfolgt das Umschalten auf die andere Tabelle. Die nicht Online-verfügbare Tabelle kann nun mit Batch-Programmen abgearbeitet werden. Anschließend wird sie wieder formatiert zur Verfügung gestellt (z.B. mit LOAD REPLACE mit Dummy-Eingabedatei).

  - **In verschiedenen Tabellen (auch in unterschiedlichen Lokationen) werden identische Spalten geführt**
    Das Führen von identischen Daten ist eine der häufigsten De-Normalisierungs-Maßnahmen auf physischer Ebene.

  - **Abgeleitete Daten (Aggregationen)**
    Als abgeleitete Daten bezeichnet man die Daten, die mittels Funktionen aus den Basisdaten ableitbar sind.
    Es gibt unterschiedliche Meinungen darüber, ab wann solche abgeleiteten Daten im Daten-Modell geführt werden:
    - Bereits im externen und konzeptionellen Daten-Modell, da der Benutzer eine abgeleitete Information kennen muss.
    - Erst im internen Modell. Das logische Daten-Modell soll nur Basisdaten aufnehmen.

    Klar ist, dass diese Informationen nach außen dringen; Funktionen müssen entwickelt werden, die aus den Basisdaten die abgeleitete Information ermitteln.
    Zu klären ist lediglich die Frage, zu welchem Zeitpunkt die Funktionen wirken sollen:
    - dynamisch bei der Anforderung der abgeleiteten Information,
    - statisch zu bestimmten Zeitpunkten mit Abspeicherung des Ergebnisses.

    Problem der gespeicherten abgeleiteten Daten ist die Synchronisation der Redundanzen, da mit jeder Änderung einer Basis-Information die Ableitung neu zu ermitteln ist.

Redundante Daten dürfen niemals direkt durch einen Benutzer oder durch Funktionen manipuliert werden, die keine Verantwortlichkeit für die Integritätsbewahrung der zugrundeliegenden Relationen haben. Sie müssen implizit bei der Veränderung der Basisdaten innerhalb derselben UOW verändert werden!

10.4.3.4 Konsequenzen der De-Normalisierung

Die aus Performance-Gründen erforderlichen De-Normalisierungs-Maßnahmen verursachen erhebliche organisatorische Zusatzaufwendungen.
Die logisch, aufgrund bestimmter Anomalien zerlegten Daten werden wieder zusammengeführt und entsprechende Redundanzen aufgebaut.
Grundsätzlich sollte versucht werden, die logischen Strukturen weitgehend zu bewahren. Ansonsten ergeben sich folgende Konsequenzen aus einer De-Normalisierung:

- **Auswirkungen auf das logische Daten-Modell**
    - es werden neue Datenstrukturen gebildet,
    - es besteht Einfluss auf Attribut-Charakteristiken (im wesentlichen NULL-Fähigkeit),
    - die Zuordnung der Primary-Keys muss neu überdacht werden,
    - die Foreign-Key-Beziehungen müssen ebenfalls überdacht werden,
    - es ergeben sich neue Beziehungs-Verhältnisse und Integritäts-Regeln,
    - es liegen neue logische Zugriffspfade vor,
    - es ergeben sich neue Datenmengen innerhalb der einzelnen Relationen,

    kurzum - der Designprozess muss in wesentlichen Phasen neu aufgerollt werden.

    Es ist zu beachten, dass aufgrund der View-bezogenen De-Normalisierungs-Entscheidung wieder eine verfahrensorientierte Speicherung erreicht wird, die man mit DB2 eigentlich abbauen wollte. Ob die Speicherung für alle Benutzersichten optimal ist, wird die Zukunft zeigen.

- **Sonstige Auswirkungen**
    - die Redundanzen müssen durch Programm-Logik konsistent gehalten werden,
    - der externe Speicherbedarf erhöht sich und damit der generelle Beschaffungsaufwand für die Daten,
    - die SQL-Funktionen lassen sich nicht mehr uneingeschränkt nutzen
    (z.B. lassen sich Wiederholgruppenfelder nicht sortieren, indizieren und mit Funktionen bearbeiten).

Die Konsequenzen aus diesen Überlegungen lauten daher:

1. **Vor einer De-Normalisierung steht die Normalisierung**
    Nur wenn ein stabiles und den Normalisierungsregeln entsprechendes konzeptionelles Daten-Modell vorliegt, können De-Normalisierungs-Entscheidungen getroffen werden und die Konsequenzen aufgezeigt werden.
    Wichtig auch:
    - De-Normalisierungs-Entscheidungen lassen sich nur dann wieder zurückführen, wenn als Ausgangsbasis ein logisches Modell, d.h. eine Idealvorstellung existiert.

2. **Struktur-Zusammenlegungen und -Trennungen auf Tabellenebene vermeiden**
    Möglichst - wenn erforderlich - anstelle von Struktur-Zusammenlegungen und -Trennungen kontrollierte Redundanzen einbauen, die zwar zu Struktur-Erweiterungen führen, aber die Objekte und deren Beziehungen gemäß dem logischen Modell bewahren.
    Konsequenzen aus der Bildung von Redundanzen:
    - die Datenstrukturen führen zu einem erhöhten Speicherbedarf,
    - die Datensuche durch eine ganze Datengruppe wird aufwendiger,
    - die Redundanzen sind effizient für Informationsanforderungen und erhöhen die Aufwendungen bei Manipulationen der Basisdaten,
    - die Redundanzen müssen kontrolliert werden.

10.4.4 Indizes

Die DB2-Indizes können genutzt werden:

- **Zur Zugriffsreduzierung**
  DB2 durchsucht bei einer Datenanforderung grundsätzlich den gesamten Tablespace (bei einem segmented Tablespace nur die belegten Segmente, bei einem partitioned Tablespace evtl. nur die betroffenen Partitions).
  Bei größeren Tabellen ist es sinnvoll, für die erwartbaren häufigsten Zugriffspfade zu definieren, die solch aufwendigen Verarbeitungsprozesse stark reduzieren helfen.

- **Zur Unterstützung von Integritätsanforderungen**
  Zur Absicherung der Entity-Integrity ist es erforderlich, den Primary-Key als Index mit der Option UNIQUE zu definieren.
  Dieser Index wird als Primary Index bezeichnet (PI), wenn für eine Tabelle ein Primary Key definiert ist. Dann ist die Anlage eines solchen Index zwingend.
  Dies muss vor dem erstmaligen Laden der Daten geschehen.
  Zusätzlich kann ein 'Unique -Constraint' sonstiger Spalten oder Spalten-Kombinationen durch einen Unique-Index kontrolliert werden (dieser kann aber ohne Konsequenzen später wieder gelöscht werden).

- **Zur Beeinflussung der physischen Datenablage**
  Durch die CLUSTER-Option kann auf die Ablage der Daten eingewirkt werden.
  Bei einem non-partitioned Tablespace versucht DB2 die Daten nahe zusammenliegend zu speichern. Es gibt allerdings keine Garantie, dass DB2 die Daten wirklich sortiert ablegt.
  Bei einem partitioned Tablespace definiert der Index die Verteilung der Schlüsselwerte auf die einzelnen Partitions und ggf. auf externe Datenträger.

Die Indizes können zwar dynamisch auf- und abgebaut werden, dies empfiehlt sich natürlich im lfd. Betrieb aus Performancegründen nicht. Mit der DEFER-Option kann der Aufbau eines Index verzögert werden. Aber dann sind keine Manipulationen auf der Tabelle mehr möglich!

Welche Spalten sollen nun überhaupt als Index angelegt werden?

Grundsätzlich alle, die häufig bei Anforderungen genutzt werden, aber möglichst nur soviele, wie unbedingt erforderlich sind, da bei Datenveränderungen DB2 intern die Verwaltungsaktivitäten des Index (Delete unter altem Schlüssel, Insert unter neuem Schlüssel) automatisch abwickelt.

Werden nur Daten aus dem Index angefordert, dann erfolgt kein Zugriff auf die Daten-Pages.

Der Einsatz von Indizes beeinflusst nur den physischen Weg zu den hinterlegten Daten. Es sind keine Wirkungen auf die logische Ebene vorhanden.
So kann der Benutzer den Weg zu den Daten nicht über einen bestimmten Index bestimmen, sondern der DB2-Optimizer entscheidet über den optimalen Zugriffspfad.

DB2 nutzt einen B-Tree-Index, der zwecks optimalem Zugriffsverhalten 'balanciert' wird.

Ein DB2-Index kann aus bis zu 64 Spalten bestehen (Composite-Index).
Er kann aufsteigend oder absteigend sortiert sein. Die Werte des Index-Strings können eindeutig (unique) oder mehrdeutig (non-unique) sein.

Durch einen clustering Index kann ein besonderer Performance-Vorteil erzielt werden, da dann die Index-Folge mit der Datenablage in logisch sequenzieller Folge abgestimmt werden kann.

Wie bereits vorab ausgeführt, kann DB2 den Index für die Unterstützung des Zugriffspfades einsetzen bei:

- **Unique Index-Zugriff** mit Suche des direkten Schlüssels und Einlesen der entsprechenden Daten-Page,

- **Index-Scan** (Matching oder non-matching Scan), bei dem die Query-Anforderung anhand des Index-Strings zunächst im Index gesucht wird,

- **Multiple Index-Access**, bei dem mehrere Indizes durchsucht werden. Das Ergebnis (RIDs der übereinstimmenden Index-Kandidaten) wird in einer RID-Liste temporär bereitgestellt. Diese RID-Listen werden anschließend mit 'UND' bzw. 'ODER' verknüpft, das Ergebnis nach RID sortiert und die Daten-Pages mit einem 'List Prefetch' angefordert.

- **Index-Only**, der einen Datenzugriff vermeidet, sofern die Query-Anforderung aus dem Index selbst komplett befriedigt werden kann.

Es besteht ein besonderer Performance-Effekt bei der Unterstützung komplexer Queries, die Abfragen über mehrere Tabellen (Joins) beinhalten. Ein solcher Join wird in mehreren Steps ausgeführt. Hier kann ein Index die Verarbeitungszeit drastisch verkürzen.

10.4.4.1 Vor- und Nachteile von Indizes

Folgende **Vorteile** können hinsichtlich des Index-Einsatzes genannt werden:

- wird eine bestimmte Datenauswahl vorgenommen, für die vorhandene Indizes genutzt werden können, reduziert sich u.U. der Zugriffsaufwand zu den Daten erheblich,
- ein Index kann eine ansonsten erforderliche Sortierung verhindern (clustered order),
- ein Index kann die physische Datenablage beeinflussen und damit die Beschaffungs-Aufwendungen zusammengehörender Daten reduzieren.

Folgende **Nachteile** müssen berücksichtigt werden:

- Indizes erfordern zusätzlichen externen Speicherplatz.
- Jede Datenveränderung, die auf vorhandene Indizes wirkt, muss dort auch vollzogen werden. Jeder Insert und Delete einer Datenzeile führt zu den entsprechenden Index-Aktivitäten.
  Jede Änderung eines Wertes, der im Index geführt wird, muss dort (im Index) mit Delete und Insert verwaltet werden, da die Reihenfolge gewahrt bleiben muss.
- Jeder Index benötigt einen Indexspace und ein Dataset. Die Anzahl der offenen Datasets in einem DB2-Subsystem ist begrenzt (OS/390: 32.767; MVS/ESA: 10.000, ansonsten: 3.273).
- Der Aufbau von Indizes ist zeitaufwendig. Wird ein Tablespace recovered, muss auch der Index recovered werden.
- Die Maintenance von Indizes ist zeitaufwendig. So müssen bei Veränderungen und nach Reorganisationsläufen Statistik-Werte durch RUNSTATS aktualisiert und evtl. REBINDs durchgeführt werden.
- Ein clustering Index gewährleistet bei nachträglichen Datenveränderungen evtl. die aufsteigende Folge der Daten nicht mehr zwingend. Eine Reorganisation des Tablespaces kann erforderlich werden.

10.4.4.2 Empfehlungen zum Index-Einsatz

Der Einsatz von Indizes bedarf speziell für performancekritische Anwendungen einer individuellen Prüfung und Bewertung.

Folgende generelle Empfehlungen können getroffen werden:

- Jede Tabelle sollte einen eindeutigen Primary-Key aufweisen. Für den Primary-Key muss ein unique Primary Index (PI) angelegt werden, wenn die referenziellen Integritäts-Einrichtungen von DB2 genutzt werden; es sollte ein solcher Index eingerichtet werden, wenn die Eindeutigkeit von DB2 überwacht werden soll.

- Für jeden Foreign-Key sollte ein Index zur Unterstützung der Prüf- und Verarbeitungs-Prozesse hinsichtlich der referenziellen Integritäts-Sicherung angelegt werden.
  Diese logischen Beziehungen werden auch häufig in Joins benötigt.
  Bei einem RI-Konstrukt nutzt DB2 automatisch einen solchen Index, ansonsten erfolgt ein Page Set Scan.

- Tabellen-Spalten mit hoher Streuung eignen sich grundsätzlich gut für die Indizierung
  (Faustformel: Ein einzelner Index-Wert soll nicht mehr als 5 % der gesamten Tabellenzeilen referenzieren).

- Tabellen-Spalten mit häufigen Builtin-Anforderungen (wie AVG, MAX, COUNT, MIN usw.) eignen sich grundsätzlich gut für die Indizierung.

- Tabellen-Spalten mit häufigen Sort- oder Group-by-Anforderungen eignen sich grundsätzlich gut für die Indizierung. Werden größere logisch zusammenhängende Datenmengen benötigt, kann ein Clustering Index mit einem hohen Clustered-Zustand sehr effizient sein.

- Werden Tabellen-Spalten häufig in einer bestimmten Kombination benutzt, eignet sich ein Composite-Index grundsätzlich gut für die Unterstützung.
  Es ist darauf zu achten, dass die hierarchische Reihenfolge des Index-Strings einen besonderen Performance-Einfluss aufweist.

- Schlüsseltabellen sollten daraufhin geprüft werden, ob es sinnvoll ist, neben dem Schlüssel auch den Schlüsseltext im Index abzulegen (nur sinnvoll, wenn weitere Attribute im Datenbestand vorhanden sind).
  Dann werden die Daten zumeist bei häufiger Inanspruchnahme im Buffer verweilen.

- Für kleine Daten-Tabellen mit bis zu 5 Pages sollte i.d.R. kein zusätzlicher Index angelegt werden, da der Verwaltungsaufwand der Indizes höher ist als das Durchsuchen sämtlicher Daten-Pages.

- Indizes mit hoher Redundanz sollten vermieden werden (außer bei einem Clustering Index).
  Evtl. ist es sinnvoll, im Index eine zusätzliche Spalte einzufügen.
  Folgende Faustformel gilt:
  Ein non-clustering Index sollte nicht angelegt werden, wenn häufig angeforderte Index-Spalten-Kombinationen mit ihren Werten durchschnittlich mehrfach auf eine Daten-Page referenzieren.
  Dies kann mit folgender Formel geprüft werden:
   - FF - Filter-Faktor   = 1 / Anzahl unterschiedlicher Werte der Index-Spalte
   - AVG - Durchschnitt   = (Filter Faktor * Anzahl Datenzeilen) / Anzahl Pages.
  Beispiel: 10.000 Datenzeilen, 20 Wert-Ausprägungen einer bestimmten Index Spalte, 200 Daten-Pages
           AVG = (FF * NR) / NP   =   AVG = (1/20 * 10.000) / 200   =   AVG = 2,5.

  In diesem Beispiel werden für jeden Index-Wert in jeder Daten-Page durchschnittlich 2,5 Zeilen geführt.
  Bei diesem Ergebnis ist in aller Regel bei einer Suche ohne effiziente Filtermöglichkeiten über den Index ein Page Set Scan effizienter, da bei der Suche über den Index neben den Index-Pages alle Daten-Pages angefordert werden (evtl. greift DB2 sogar mehrfach auf eine bestimmte Daten-Page zu).

- Längere Tabellen-Spalten (Faustformel ab 20 Bytes) eignen sich grundsätzlich weniger für die Indizierung.

- Variable Tabellen-Spalten eignen sich grundsätzlich weniger für die Indizierung, da sie mit ihrer Maximal-Länge im Index geführt werden.

- Tabellen-Spalten mit hoher Änderungs-Frequenz eignen sich grundsätzlich weniger für die Indizierung.

- Die sinnvolle Nutzung des PIECESIZE-Parameters kann zu positiven Effekten bei Parallelverarbeitung führen.

10.4.5 Unterstützung der referenziellen Integrität (RI) durch DB2
10.4.5.1 Terminologie und Einrichtung unter DB2

DB2-Referential Integrity (RI) ist ein Konzept zur Behandlung von Beziehungen zwischen Tabellen, basierend auf der Definition von Primary-Keys bzw. Parent-Keys (PKs) und Foreign-Keys (FKs). Folgende Terminologie ist relevant:

- **Parent Table (auch referenced Table)**
  Eine Parent Table ist eine Tabelle, deren PK von einem oder mehreren FKs referenziert wird.
  - **Parent Row**
    Eine Parent Row ist eine Zeile einer Parent Table, deren PK mit zumindest einem FK-Wert in einer Dependent Row übereinstimmt.

- **Dependent Table (auch referencing Table)**
  Eine Dependent Table ist eine Tabelle, für die ein oder mehrere FKs definiert sind.
  Eine Dependent Table kann auch gleichzeitig Parent Table sein zu anderen Tabellen oder zu sich selbst (selbst referenzierend).
  - **Dependent Row**
    Eine Dependent Row ist eine Zeile einer Dependent Table, bei der zumindest ein FK einen Wert ungleich NULL aufweist.
    Da eine Tabelle Beziehungen zu mehreren Tabellen haben kann, kann eine Dependent Row zu mehreren Parent Rows in Beziehung stehen.

- **Independent Table**
  Eine Independent Table ist eine Tabelle, die weder als Parent Table noch als Dependent Table wirkt.

- **Referential constraint**
  Satz von Regeln für eine bestimmte Relationship.
  Alle nicht-NULL-Werte eines FKs in einer Dependent Table müssen mit den Werten des jeweiligen PKs in der Parent Table, die der FK referenziert, übereinstimmen.

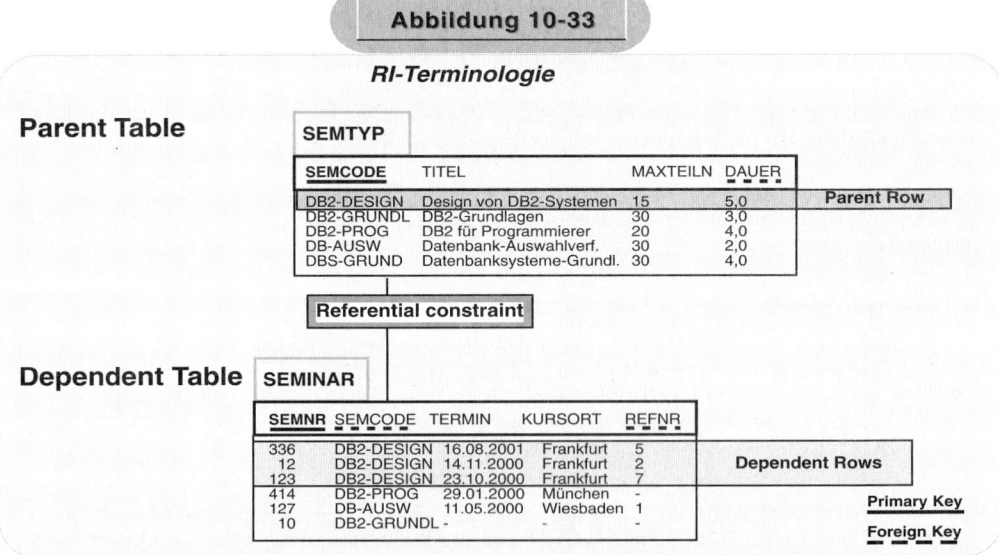

Abbildung 10-33 RI-Terminologie

Auch die systeminternen DB2-Objekte sind von der RI-Terminologie betroffen:

- **Parent Tablespace**
  Ein Parent Tablespace enthält eine Parent Table.
- **Dependent Tablespace**
  Ein Dependent Tablespace enthält eine Dependent-Table.

Es ist zu beachten, dass sich ein Tablespace in beiden Rollen befinden kann.

10 Datenentwurf unter DB2
10.4 Physisches Design

DB2 unterstützt RI in folgendem Umfang:

- **Parent Table**
  - INSERT   Der PK muss eindeutig sein, NULL-Werte sind für PK-Spalten nicht erlaubt.
  - UPDATE   Bei einem Update eines PKs dürfen unter dem alten Schlüsselinhalt keine Dependent Rows vorhanden sein; ansonsten bestehen keine Restriktion.
  - DELETE   Wahlweise werden folgende Prüfungen bzw. Verarbeitungs-Regeln für Dependent Rows unterstützt:
    - CASCADE   Alle Dependent Rows werden gelöscht.
    - SET NULL   Die FKs aller Dependent Rows werden auf NULL gesetzt, sofern zulässig.
    - RESTRICT   Eine Löschung ist nur erlaubt, wenn keine Dependent Rows mehr existieren.
    - NO ACTION   Analog RESTRICT.

- **Dependent Table**
  - INSERT   Der FK muss auf einen vorhandenen PK zeigen oder NULL sein (wenn ein Attribut NULL ist, gilt der gesamte FK als NULL).
    Der FK kann NULL sein und muss nicht eindeutig sein.
  - UPDATE   Analog Insert.
  - DELETE   Keine Restriktionen.

Die Unterstützung von DB2 kann zusammengefasst werden:

- **Keine Maßnahmen erfolgen bei:**   Insert einer Zeile in die Parent Table
  Delete einer Zeile in der Dependent Table.

- **Implizite Maßnahmen erfolgen bei:**   Update eines PKs in der Parent Table,
  Insert einer Zeile in der Dependent Table (RESTRICT),
  Update eines FKs in der Dependent Table (RESTRICT).

- **Explizite Maßnahmen sind definierbar:**   Delete der Parent Row mit Auswirkung auf Dependent Rows (CASCADE, SET NULL, RESTRICT).

Implizite Maßnahmen können vom Benutzer nicht beeinflusst werden. Sie wirken automatisch, wenn RI genutzt wird.
Explizite Maßnahmen können vom Benutzer gesteuert werden.
Damit verbleiben für den Benutzer lediglich folgende Entscheidungen:

- Soll der Primary Key oder ein Candidate Key als Parent Key eingesetzt werden?
- Soll RI in einer Zweier-Beziehung genutzt werden?
- Welche Delete-Regel wirkt beim Löschen einer Parent Row?

Mit dem RI-Instrumentarium unterstützt DB2 die wesentlichen Anforderungen eines hierarchischen Konstrukts, das immer von oben ohne Restriktionen aufgebaut werden darf und von unten ohne Restriktionen abgebaut werden darf.

Unter DB2 ist die Unterstützung referenzieller Anforderungen einfach, aber auch sehr statisch. Alle Verarbeitungs-Prozesse beziehen sich auf einen statischen Datenzustand, d.h. es wird nur auf Existenz geprüft. Logische Abfragen sind nicht unterstützt. Dies wäre denkbar, wenn anstelle des festen Regelwerks dynamische SQL-Statements im Katalog hinterlegbar wären.
DB2 RI fordert die Definition von Zweier-Beziehungen. Dabei werden festgelegt (siehe auch die Beispiele in diesem Kapitel):

- für die Parent Table:
  - der Parent Key,

- für die Dependent Table (pro Beziehung):
  - der Foreign Key,
  - die Beziehung zur Parent Table,
  - die Delete-Regel der Parent Row mit Auswirkung auf die Dependent Row.

Diese Beziehungen werden im Katalog geführt und wirken dann übergreifend in einem gesamtheitlichen Netzwerk.

10.4.5.2 Definierbare Strukturen
10.4.5.2.1 Zulässige Einzel-Struktur-Beziehungen

Die folgende Abbildung zeigt die Einzel-Strukturen, die von DB2 unterstützt werden:

Abbildung 10-34

Von DB2 unterstützte Einzel-Strukturen

1 : 1 Zwei Tabellen

A PKs aus unterschiedlichen Domains
B PKs aus gleicher Domain
Einseitige oder gegenseitige Referenz

1 : N Zwei Tabellen

A Absolute Abhängigkeit
B Bedingte Abhängigkeit

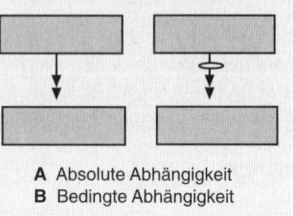

1 : 1 Selbst referenzierende Tabelle

1 : N Selbst referenzierende Tabelle

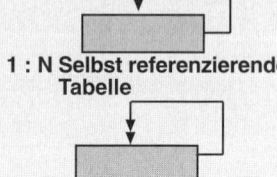

M : N Zwei Tabellen

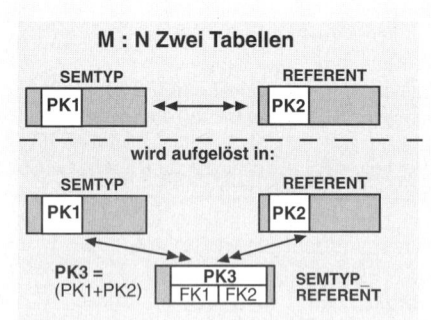

M : N Selbst referenzierende Tabelle

Ein Referent kann mehrere Stellvertreter haben.
Ein Stellvertreter kann mehrere Referenten vertreten.

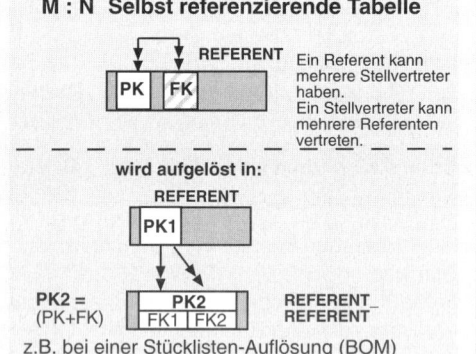

z.B. bei einer Stücklisten-Auflösung (BOM)

Die unterstützten Einzel-Struktur-Beziehungen sind:

- **1 : 1 - Beziehungen zwischen zwei Tabellen**

    - **Einseitige oder gegenseitige Referenzen** sind unterstützt.
      Dieser Beziehungs-Typ ist eine Sonderform der 1:N-Beziehung.
      Es muss die jeweilige Über- und Unterordnung bestimmt werden.
      Die untergeordnete Tabelle führt den FK.
      Bei einer Beziehung mit gegenseitiger Referenz existieren zwei Beziehungs-Verhältnisse.
      In einem ist Tabelle A Parent Table, im anderen ist Tabelle B Parent Table.
      Ein Insert ist bei einer Mussbeziehung nicht möglich, da jede Dependent Row auf eine bereits existierende Parent Row zeigen muss.
      Sinnvollerweise wird eine solche Beziehung bereits schon im konzeptionellen Modell als eigene Relation ausgelagert (ähnlich der Auflösung einer M : N-Beziehung).

    - **Selbst referenzierende Tabelle**
      Eine Tabelle, die in einer Beziehung gleichzeitig Parent und Dependent ist.
      Zum Beispiel kann in der REFERENT-Tabelle ein Stellvertreter vorgesehen werden. In diesem Fall ist die REFERENT-Tabelle gleichzeitig in einer übergeordneten und untergeordneten Rolle.
        - **Selbst-referenzierende Zeile**
          Sonderform, bei der in einer Zeile innerhalb einer selbst-referenzierenden Tabelle deren FK-Wert identisch ist mit dem PK-Wert der gleichen Zeile.

10 Datenentwurf unter DB2
10.4 Physisches Design

- **1 : N - Beziehungen zwischen zwei Tabellen**

  - **Absolute** (Muss-Beziehung) oder **bedingte Abhängigkeiten** (Kann-Beziehung) werden unterstützt.
    In diesem Fall ist die mit der Menge '1' geführte Tabelle die übergeordnete und die mengentragende Tabelle (: N) die untergeordnete Tabelle, die den FK führt.
    Bei absoluter Abhängigkeit muss der FK in all seinen Bestandteilen NOT NULL sein.
    Relationship-Entities (die aus M:N-Auflösungen entstehen), sind generell absolut abhängig.

  - **Selbst referenzierende Tabelle**
    Es besteht grundsätzlich kein Unterschied zur 1:1-Beziehung.

- **M : N - Beziehungen zwischen zwei Tabellen**
  M : N-Beziehungen müssen immer in zwei 1 : N-Beziehungen aufgelöst werden, wobei eine Beziehungs-Tabelle entsteht, deren PK sich aus den vererbten PKs der übergeordneten Tabellen zusammensetzt. Diese Zerlegung ist bereits eine Aufgabenstellung des konzeptionellen Daten-Modells.
  Es handelt sich um eine absolute Beziehung, bei der die FKs NOT NULL sein müssen; i.d.R. sind die FKs Bestandteil des PKs.

  - **Beziehung zwischen zwei unterschiedlichen Tabellen**
    Hier werden die beiden Basis-Tabellen ohne Beziehungen definiert.
    Die Beziehung wird in einer eigenen Tabelle ausgelagert.

  - **Selbst referenzierende Tabelle**
    Hier wird die Basis-Tabelle ohne Beziehungen definiert.
    Die Beziehungen werden in einer eigenen Tabelle ausgelagert.
    Beispiel:
    Ein Referent kann mehrere Stellvertreter haben. Jeder Stellvertreter kann wiederum mehrere Referenten vertreten.
    Neben dem Basisobjekt REFERENT werden in einer eigenen Beziehungs-Tabelle die Beziehungen (REFERENT_REFERENT) dargestellt:
    - FK1 entspricht dem PK des Basisobjektes, d.h. der REFNR, auf die sich eine Stellvertretung bezieht.
    - FK2 entspricht der REFNR des Stellvertreters.
         Diese Referenten-Nr. kann natürlich:
         - als FK1 mehrfach auftreten (hat mehrere Stellvertreter),
         - als FK2 mehrfach auftreten (vertritt mehrere Referenten).

    Beispiel einer Stücklisten-Auflösung (BOM = Bill of material):
    - FK1 Übergeordnetes Teil (dieses Teil enthält ein anderes Teil).
    - FK2 Untergeordnetes Teil (dieses Teil ist in einem anderen Teil enthalten).
         Diese Teile-Nr. kann natürlich:
         - als FK1 mehrfach auftreten (enthält mehrere Teile),
         - als FK2 mehrfach auftreten (ist in mehreren Teilen enthalten).

    Im physischen Modell werden zur effizienten Unterstützung der erforderlichen Zugriffspfade i.d.R. folgende Indizes eingerichtet:
    - Primary Index   auf den PK (FK1 und FK2). Damit ist eine hierarchische Sicht unterstützt.
    - Zweiter Index   auf den FK2. Damit ist eine Netzwerksicht mit Verwendungsnachweis unterstützt.
    Beispiel:

FK1		FK2	(beide FKs sind als PK definiert)
4711	enthält	1111	
4711	enthält	3333	
1111	enthält	2222	

10.4.5.2.2 Logische referenzielle Struktur

Eine **logische referenzielle Struktur** ist eine Gruppe von Tabellen und referenziellen Beziehungen, bei denen jede Tabelle entweder als Parent Table oder als Dependent Table auftritt.

Jede Tabelle in der Rolle als Parent oder Dependent <u>kann nur einer einzigen referenziellen Struktur</u> angehören.

Die referenzielle Struktur kann im DB2 nicht direkt erkannt werden, da einer solchen Struktur kein Name zugeordnet wird.

Das Konzept der referenziellen Strukturen und ihrer Verarbeitungsabhängigkeiten ist für das Verständnis der technischen RI-Realisierung wichtig.

Alle Mitglieder einer solchen referenziellen Struktur müssen immer exakt denselben Daten-Aktualitätsgrad aufweisen.

Es ist z.B. nicht möglich einzelne Mitglieder einer solchen Struktur auf einen früheren Konsistenzpunkt zurückzusetzen (entweder alle oder keiner).

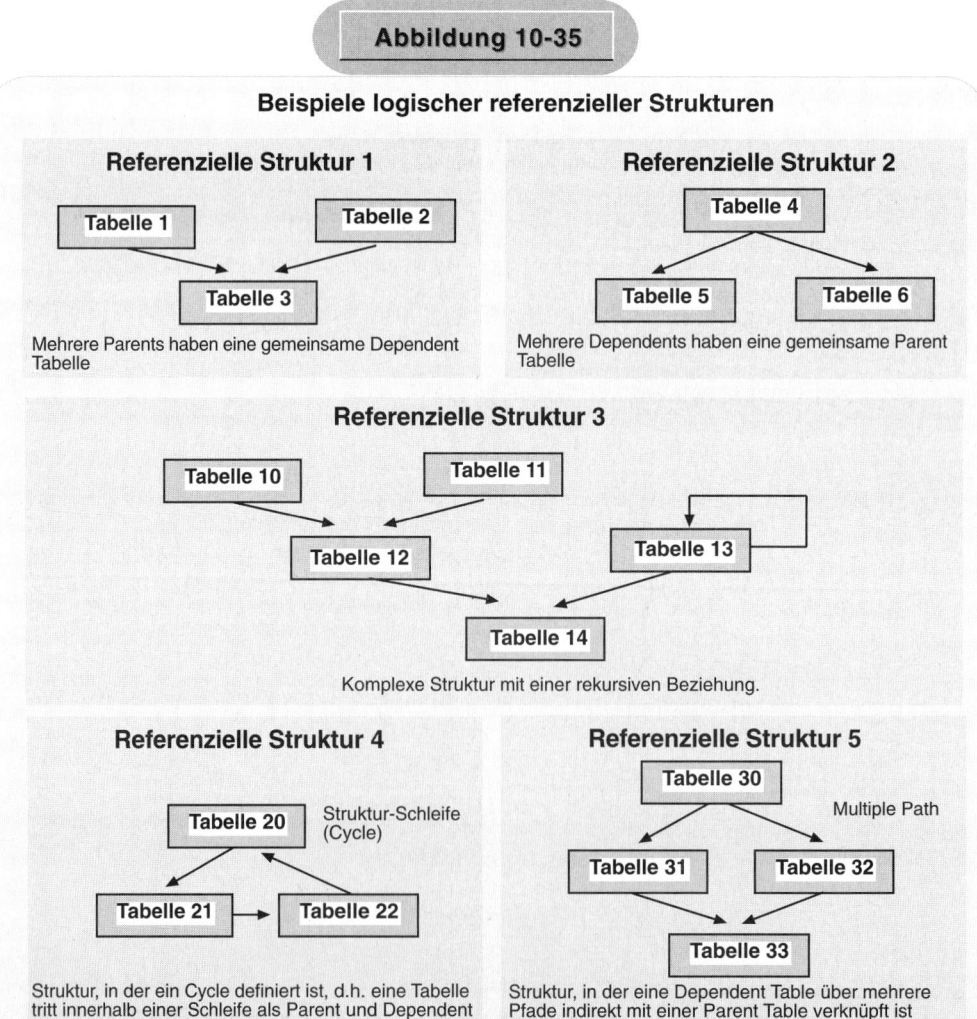

Abbildung 10-35

Beispiele logischer referenzieller Strukturen

10 Datenentwurf unter DB2
10.4 Physisches Design

Die Einzel-Beziehungen werden im DB2 automatisch einer referenziellen Struktur im Rahmen eines komplexen Netzwerks eingeordnet. Die folgende Abbildung zeigt die Erweiterung unseres Seminar-Modells, das von DB2 in dieser Form voll unterstützt wird:

> Wir sehen, dass die grafische Darstellung der referenziellen Beziehungen sehr einfach ist.
> So ist beispielsweise SEMPREIS in Beziehung zum SEMTYP die Parent Table. Da explizit nur die Delete-Regel vorgebbar ist, genügt der Hinweis 'N' zur Darstellung aller wirkenden Verarbeitungs-Regeln. In diesem Falle wird damit ausgedrückt, dass bei Löschung einer Parent Row in der SEMPREIS-Tabelle alle Dependent Rows auf NULL gesetzt werden, d.h. die Seminartypen bleiben bestehen, ihre Dauer ist dann aber unbekannt.
> Wenn ein Seminar gelöscht wird, werden alle Beziehungen zwischen Referent und Seminar (SEMINAR_REFERENT) mit gelöscht. Ein Seminar darf aber nur gelöscht werden, sofern keine MAXTEILN zugeordnet sind.

In der Praxis wird man die Cascading-Regel nur sehr sparsam nutzen, da ein automatisiertes Löschen von Daten mit Cascading-Effekt zwar sehr mächtig, aber auch gefährlich ist.
Daher wird Cascading i.d.R. nur bei absolut existenzabhängigen Tabellen eingesetzt, z.B. bei Beziehungs-Tabellen, die aus einer M : N-Auflösung entstanden sind und oft nur PK-Bestandteile führen. Ansonsten wird man häufig RESTRICT oder aber SET NULL (sofern möglich) einsetzen.

In der Abbildung sind die Beziehungen in einer tabellarischen Form zusammengefasst. Zu beachten ist insbesondere der Constraint Name, der die Beziehung eindeutig identifiziert (möglichst unternehmens-weit). Default-mäßig wird dort von DB2 der Name der ersten FK-Spalte eingesetzt und bei Bedarf gekürzt, da der Constraint Name nur 8-stellig sein darf.

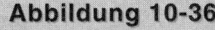

Logische referenzielle Struktur

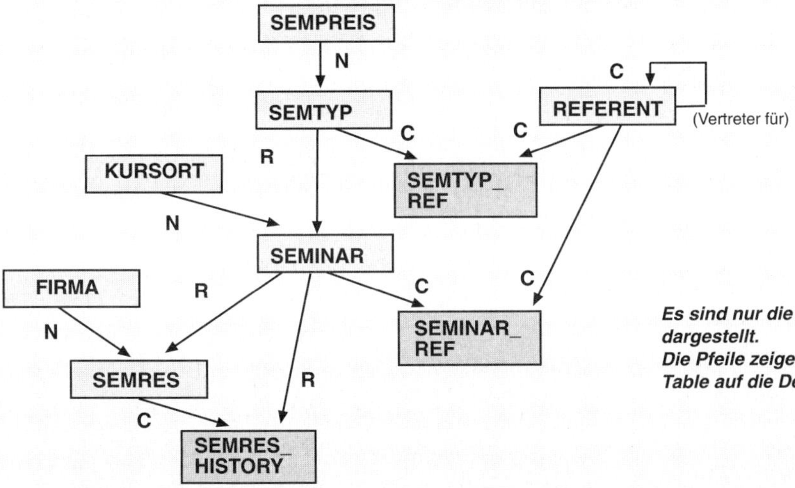

Es sind nur die Delete-Rules dargestellt.
Die Pfeile zeigen von der Parent-Table auf die Dependent Table.

Parent Table	PK in Parent Table	Dependent Table	Constraint Name
SEMPREIS	DAUER	SEMTYP	RC000001
SEMTYP	SEMCODE	SEMINAR	RC000002
		SEMTYP_REF	RC000003
REFERENT	REFNR	REFERENT	RC000004
		SEMTYP_REF	RC000005
		SEMINAR_REF	RC000006
KURSORT	KORTNR	SEMINAR	RC000007
SEMINAR	SEMNR	SEMINAR_REF	RC000008
		SEMRES	RC000009
		SEMRES_HISTORY	RC000010
FIRMA	FIRMANR	SEMRES	RC000011
SEMRES	RESNR	SEMRES_HISTORY	RC000012

Abbildung 10-36

Eine Tabelle ist '**delete-abhängig**' zu einer anderen Tabelle, wenn Löschungen dort zu Auswirkungen in der eigenen Tabelle führen.

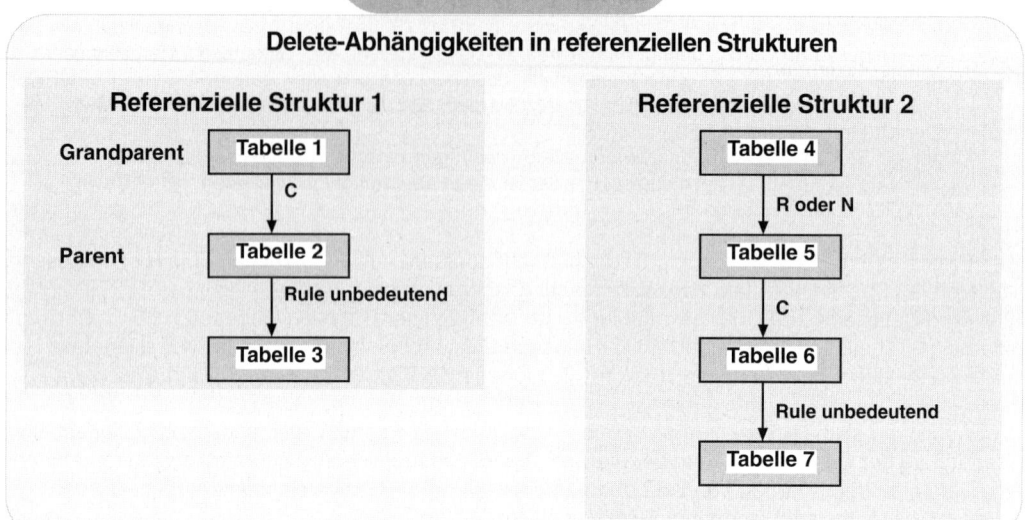

Abbildung 10-37

Delete-Abhängigkeiten in referenziellen Strukturen

Generell gelten für die einzelnen Rules folgende Feststellungen:

- **CASCADE** führt zu einer Manipulationswirkung in der korrespondierenden Dependent Table, die wiederum weitere Wirkung auf deren Dependent Tables hat.

- **SET NULL** führt zu einer begrenzten Manipulationswirkung in der korrespondierenden Dependent Table, da dort lediglich die Dependent Rows auf NULL gesetzt werden und keine weitere Wirkung auf deren Dependent Rows eintritt.

- **RESTRICT/ NO ACTION** führt zu keiner Manipulationswirkung in der korrespondierenden Dependent Table, da dort lediglich die Existenz von Dependent Rows geprüft wird.

Folgende Delete-Abhängigkeiten existieren:

1. Eine Dependent Table ist immer delete-abhängig zu ihrem Parent, unabhängig davon welche DELETE-Rule definiert ist.

2. Eine selbst-referenzierende Tabelle ist delete-abhängig zu sich selbst.

3. Eine Tabelle ist delete-abhängig zu ihren Grandparents und Great Grandparents, wenn die DELETE-Rule zwischen Parent und Grandparent und zwischen Grandparent und Great Grandparent CASCADE ist.
   Die Rule zwischen der abhängigen Tabelle und ihrem Parent ist unbedeutend.
   Im obigen Beispiel sind zwei Strukturen aufgeführt:

   - **Struktur 1**
     Die Tabelle 3 ist delete-abhängig zur Tabelle 1, da zwischen Tabelle 1 und Tabelle 2 eine DELETE-Rule CASCADE definiert ist (Tabelle 3 ist natürlich auch delete-abhängig zu Tabelle 2).

   - **Struktur 2**
     Die Tabelle 7 ist delete-abhängig zu den Tabellen 5 und 6.
     Die Tabelle 7 ist <u>nicht delete-abhängig</u> zur Tabelle 4, da zwischen Tabelle 4 und Tabelle 5 eine DELETE-Rule ungleich CASCADE (RESTRICT oder SET NULL) definiert ist.

10 Datenentwurf unter DB2
10.4 Physisches Design

Es ist relativ schwierig, die RI-Auswirkungen in komplexen Netzwerkstrukturen in ihrer Gesamtheit zu überblicken.
Bestimmte Struktur-Komplexe sind besonders schwierig zu behandeln, wie:

- **Cycles mit Delete-Abhängigkeit einer Tabelle zu sich selbst**
  Hier wirken Einschränkungen bei der Nutzung von CASCADE. Details folgen später.

- **Delete-Beziehungen einer Tabelle über mehrfache Pfade**
  Hier dürfen die Rules der verschiedenen Pfade nicht voneinander abweichen. Details folgen später.

- **Delete-Regel einer selbst-referenzierenden Tabelle**
  Die Delete-Regel einer selbst referenzierenden Tabelle muss entweder CASCADE oder ab Version 5 NO ACTION sein.

Insbesondere können bei diesen Struktur-Komplexen in Abhängigkeit von Optimizer-Zugriffspfadentscheidungen unterschiedliche Verarbeitungs-Konstellationen auftreten:

- bei der Wahl eines bestimmten Zugriffspfads werden z.B. durch die Löschung einer einzigen Zeile die kompletten Tabellendaten gelöscht,
- bei der Wahl eines anderen Zugriffspfads sind nur eine einzige oder einzelne Zeilen betroffen.

Zur Vermeidung von Verarbeitungs-Anomalien existieren daher im DB2 einige Restriktionen. Diese werden beim Anlegen von referenziellen Beziehungen geprüft, wobei nicht unterstützte Regeln abgewiesen werden.

Die folgende Abbildung zeigt die Restriktionen eines Cycles mit Delete-Abhängigkeit einer Tabelle zu sich selbst.

Abbildung 10-38

CYCLE mit Delete-Abhängigkeit einer Tabelle zu sich selbst

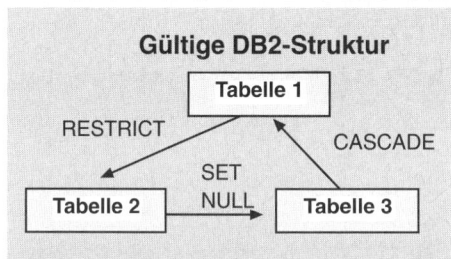
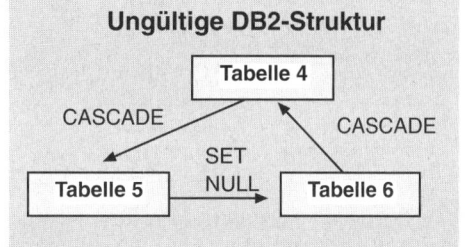

Tabelle 3 ist nicht delete-abhängig zu sich selbst aufgrund der RESTRICT-Regel zwischen Tabelle 1 und Tabelle 2.

Tabelle 6 ist delete-abhängig zu sich selbst aufgrund der CASCADE-Regel zwischen Tabelle 4 und Tabelle 5.

In einem solchen Zyklus gelten folgende Einschränkungen:
- in einem Zwei-Tabellen-Zyklus darf keine der DELETE RULES = CASCADE sein
- in einem Zyklus mit mehr als zwei Tabellen dürfen zwei oder mehr DELETE RULES nicht CASCADE sein.

10 Datenentwurf unter DB2
10.4 Physisches Design

Eine weitere große Problemzone komplexer Netzwerk-Konstrukte besteht in der Möglichkeit, mehrfache referenzielle Pfade zu einer Tabelle (bzw. von einer Tabelle aus) zu legen.

Hier kann das Problem auftreten, dass abhängig von dem jeweils gewählten Pfad eine unterschiedliche Behandlung auftritt und die Ergebnisse variieren.
Zur Vermeidung dieser Anomalien wirken auch hier Restriktionen.
Diese werden auf der folgenden Abbildung dargestellt.

Generell gilt auch hier:

Durch konsequenten und generellen Einsatz der RESTRICT-Regel können die Bedingungen sicher erfüllt werden. Allerdings verlagern sich dann Aktivitäten entweder auf den Sachbearbeiter oder in die Programm-Logik.

Abbildung 10-39

Delete-Beziehungen über mehrfache Pfade

Gültige DB2-Strukturen

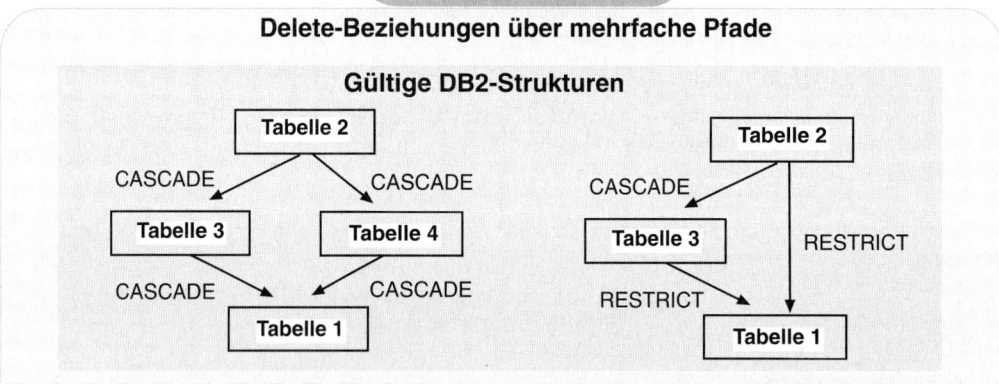

Ungültige DB2-Strukturen

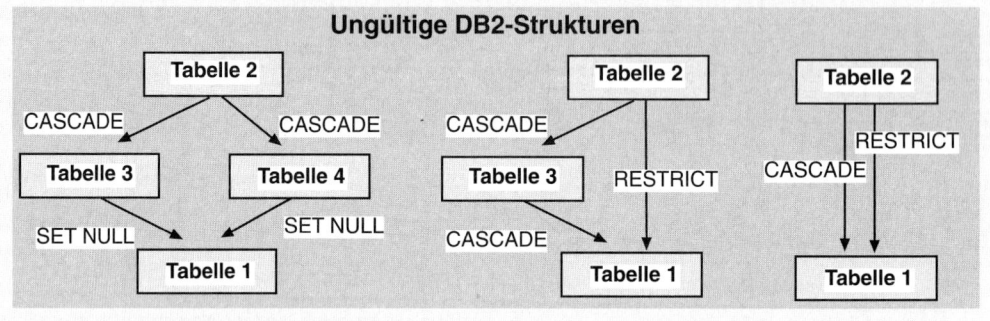

Problem: Die unterschiedlichen Pfade werden nacheinander durchlaufen. Je nach Wahl des ersten Pfades sind unterschiedliche Ergebnisse möglich.

Lösung: Wenn DELETE-Beziehungen über mehrfache Pfade existieren, gelten folgende Restriktionen:
- Alle Pfade müssen die gleiche DELETE RULE aufweisen
- Die DELETE RULE SET NULL ist nicht erlaubt

10 Datenentwurf unter DB2
10.4 Physisches Design

Wie bereits ausgeführt, ist zu beachten, dass innerhalb komplexer Strukturen bei Einsatz von CASCADE Folgewirkungen auf die untergeordneten Tabellen auftreten.
Die anderen beiden Regelwerke RESTRICT und SET NULL unterbrechen einen hierarchischen Pfad. Damit sind auch die Regelwerke der untergeordneten Ebenen dann nicht mehr relevant.

Liegen mehrfache Pfade zu einer Tabelle vor, ist SET NULL nicht zulässig. Daher ist auch hier RESTRICT die sicherste Möglichkeit, Anomalien zu verhindern.

Die folgende Abbildung zeigt Beispiele für:

- die Unterbrechung eines hierarchischen Pfades und
- das Regelwerk bei mehrfachen Pfaden.

Abbildung 10-40

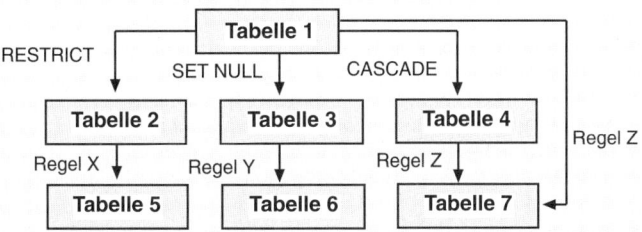

Delete-Beziehungen über mehrfache Pfade
Beispiel für gültige Strukturen

- Wenn eine Zeile in Tabelle 1 gelöscht wird, sind betroffen (delete-abhängig):
  Tabelle 2, Tabelle 3, Tabelle 4 und Tabelle 7.

- Das Löschen wirkt sich nicht auf Tabelle 5 und Tabelle 6 aus:
  - Tabelle 2 wird vom Löschen nicht verändert, daher keine Auswirkung auf Tabelle 5.
  - Wenn in der Tabelle 3 Dependent Rows auf NULL gesetzt werden, kann der FK nicht Bestandteil des PKs sein - daher keine Auswirkung auf Tabelle 6.

- Die Regeln für Regel X und Regel Y unterliegen keinen Beschränkungen.

- Da Tabelle 7 DELETE-Beziehungen über zwei Pfade aufweist, darf Regel Z nicht SET NULL sein und muß für beide Pfade identisch sein (CASCADE oder RESTRICT).

10.4.5.2.3 Physische referenzielle Struktur (Tablespace-Set)

Mit der Definition von 'referential constraints' auf DB2-Tabellen werden automatisch im DB2 auf die Tablespaces, denen die referenziell verknüpften Tabellen zugeordnet sind, '**physische referenzielle Strukturen**' eingerichtet. Diese werden als **Tablespace-Set** bezeichnet.

Ein Tablespace-Set definiert die physischen Tablespace-Beziehungen. Wie bereits ausgeführt, müssen die Daten gemeinsamer referenzieller Strukturen den gleichen Konsistenzstand aufweisen.

In unserem Beispiel bedeutet dies:

- Sämtliche Tablespaces sind untereinander verbunden.

- Wird der Tablespace 1 auf einen früheren Zustand mittels RECOVER-Utility zurückgesetzt, müssen auch alle anderen Tablespaces zurückgesetzt werden.

Die DB2-Utilities wiederum arbeiten grundsätzlich auf einer physischen Ebene. Folgen daraus sind:

- Der Tablespace ist die Einheit für Lade-, Sicherungs- und Recovery-Maßnahmen.

- Sämtliche Tablespaces eines Tablespace-Sets müssen gemeinsam behandelt werden.

- Beim Laden ist die Hierarchie zu beachten. Übergeordnete Tabellen und Tablespaces müssen vor den untergeordneten Objekten geladen werden. Alternativ kann beim Laden die referenzielle Prüfung ausgeschaltet werden (ENFORCE NO). Dann werden die Tablespaces auf 'Check Pending Status' gesetzt. Dieser Zustand wiederum sollte mit dem CHECK DATA-Utility überprüft und ausgeschaltet werden.
  Vorsicht bei der Anwendung von LOAD REPLACE bei Tablespaces mit Zuordnung mehrerer Tabellen.

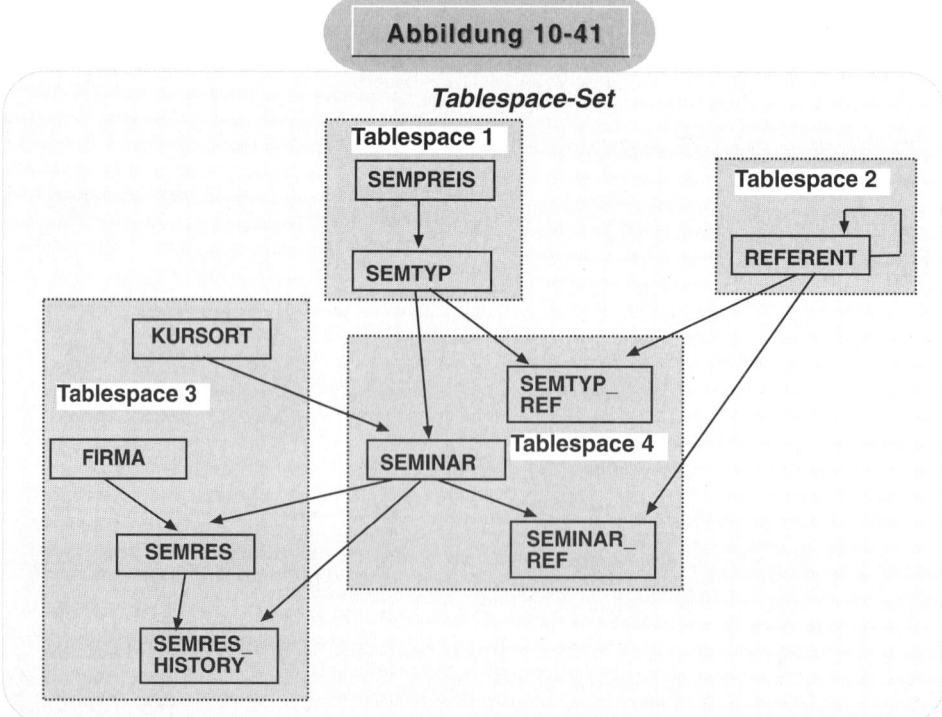

Abbildung 10-41

10 Datenentwurf unter DB2
10.4 Physisches Design

- Das COPY- und RECOVER-Konzept muss genau geplant werden. Damit ein <u>Zurücksetzen</u> aller Komponenten eines Tablespace-Sets auf einen bestimmten Zeitpunkt unterstützt werden kann, ist der Einsatz des **QUIESCE-Utilities** ggf. sinnvoll.
Dann kann mit RECOVER TORBA ein Recovery-Prozess für alle betroffenen Tablespaces aktiviert werden.
Es können derzeit max. 226 Tablespaces eines Tablespace-Sets gleichzeitig recovered werden.

  Es ist zu beachten, dass das RECOVER-Utility einen 'Check Pending Status' setzt, wenn:

  - nicht alle Tablespaces eines Tablespace Sets recovered werden,
  - nach einem Quiesce Point weitere referenzielle Beziehungen angelegt wurden,
  - der TORBA-Wert nicht aus einem Quiesce-Lauf stammt.

  Sind alle Beziehungen korrekt, löscht das RECOVER-Utility einen 'Check Pending Status'

- Das REPORT-Utility kann eingesetzt werden zur Ermittlung aller aktuellen Tablespaces und Tables eines Tablespace-Sets.

Konsequenzen dieser Ausführungen:

- **Es ist in der Praxis erforderlich, die Tablespace-Sets relativ klein zu halten**

  Daraus folgt wiederum:
  - --> **Nicht alle Beziehungen werden im DB2 installiert.
  Es müssen benutzerspezifische Maßnahmen ergriffen werden !**

  - --> **Eine logische referenzielle Struktur muss in diverse eigenständige physische Strukturen aufgeteilt werden. Im Extremfall findet sich jede Tabelle in einem eigenen Tablespace ohne RI-Verknüpfungen wieder.**

- **Keine unterschiedlichen referenziellen Strukturen im gleichen Tablespace Set installieren!**
  - --> **Wenn Objekte mittels RI verknüpft sind, sollten einem Tablespace nur Objekte derselben Struktur zugewiesen werden (sofern es überhaupt sinnvoll ist, mehrere Tabellen einem Tablespace zuzuordnen).**

10 Datenentwurf unter DB2
10.4 Physisches Design

10.4.5.3 Gesamt-Überblick über die DB2-RI-Unterstützung

Die DB2-RI-Unterstützung ist vielschichtig. Zur Unterstützung von RI wurden im DB2 an diversen Stellen Erweiterungen und Änderungen notwendig.
Bei der Planung von RI-Strukturen sind eine Fülle von Restriktionen zu beachten.
Die folgende Abbildung zeigt einen Gesamtüberblick der expliziten RI-Unterstützung:

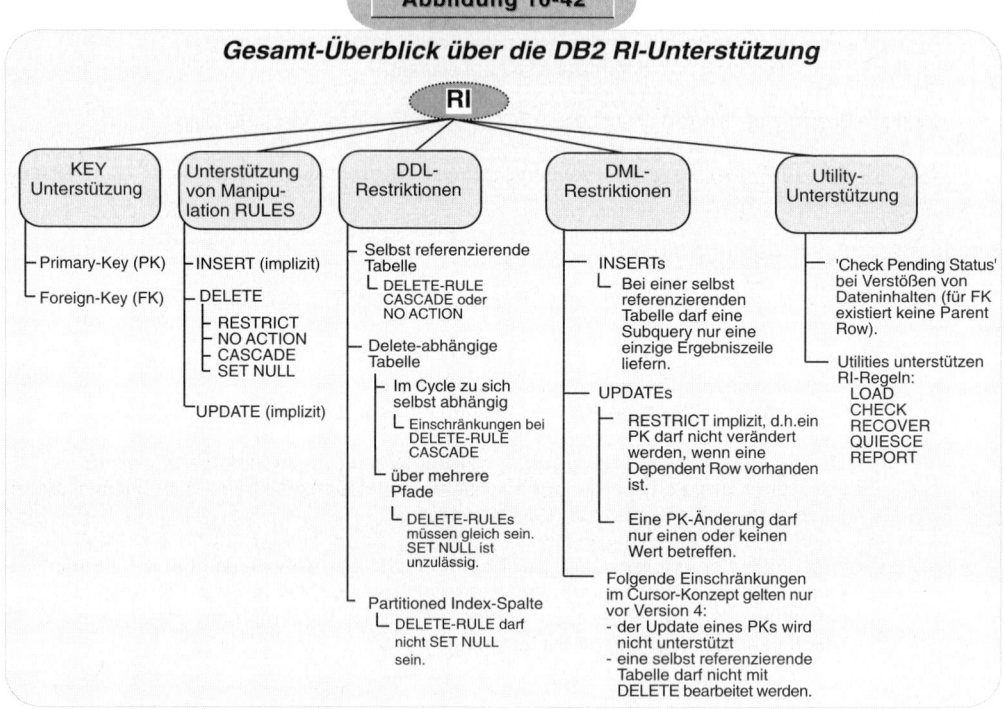

Abbildung 10-42

Zusätzliche Aspekte, die nicht als Instrumentarium aufgeführt sind:

- **Einfluss auf die Programmebene**

    - Implizite interne Verarbeitungsauswirkungen der DB2-RI-Maßnahmen:
        - Zusätzliche, dem Programm nicht zwingend bekannte Ressourcen werden einbezogen:
            - bei Einsatz von EXPLAIN werden in der PLAN_TABLE keine Hinweise auf RI-Aktivitäten gegeben.
            - in der SQLCA erhält der Programmierer keine Informationen über die indirekten RI-Manipulationsauswirkungen (es wird z.B. eine gelöschte Parent Row dokumentiert - die Löschung von 100.000 Dependent Rows erfolgt in einer 'black box') .
        - Erweiterte Lock-Auswirkungen - speziell bei Massenverarbeitungen können die UOW-Ressource-Belegungen an Systemkapazitäten stoßen (die Löschung der 100.000 Dependent Rows führt zu internen Sperren und zu Logging-Aktivitäten - bis ein COMMIT oder ROLLBACK abgesetzt wird).
        - Zusätzliche I/O-Aktivitäten.

    - Explizit zu behandelnde Maßnahmen im Programm:
        - Neue Return-Codes.
          Bei Manipulationen werden von DB2 die entsprechenden Regeln überprüft und Verstöße mit entsprechenden Returncodes gemeldet (z.B. SQLCODES 530 und 531).
          Darauf müssen die Programme reagieren.
        - Information über fehlerhafte referenzielle Konstrukte.
          Bei einem Verstoß gegen RI-Regeln wird in der SQLCA (SQLERRM) der Name des referenziellen Konstrukts (8-stellig) gemeldet, das zum Verstoß führte.
          Und was macht dann der Programmierer damit?
          Der Benutzer erwartet eine vernünftige Fehleranalyse!

10 Datenentwurf unter DB2
10.4 Physisches Design

- **Einfluss auf die Objektverwaltungsebene**

  - Implizite Auswirkungen der DB2-RI-Maßnahmen:
    - Privilegien können abgebaut werden, da ein GRANT nur für explizit angesprochene, nicht für Parent- und Dependent-Tables einer automatischen RI-Maßnahme vergeben werden muss.
    - Für den Aufbau der referenziellen Beziehungen wird ein ALTER TABLE-Privileg bzw. ein REFERENCES-Privileg benötigt.
    - Unvollständige Definitionen führen zu dem Status 'Table Incomplete'.
    - Veränderungen können Packages und Pläne als 'invalidated' kennzeichnen.
    - Werden referenzielle Komponenten oder eine der beteiligten Tabellen eines referenziellen Konstrukts gelöscht, wird die referenzielle Beziehung automatisch gelöscht.

  - Explizite Auswirkungen (wie vorab behandelt):
    - Referenzielle Strukturen müssen handhabbar sein. Praktisch müssen Teilstrukturen implementiert werden. Dabei müssen aber die Konsequenzen sorgsam bedacht werden.
    - Die Zuordnung der Tables zu Tablespaces muss die Restriktionen für physische Tablespace Sets berücksichtigen.
    - Ladevorgänge sind den Tablespace-Situationen anzupassen.
    - Copy- und Recovery-Szenario muss sorgsam geplant werden.
    - Der Einsatz des QUIESCE- und CHECK-Utilities ist zu regeln.

10.4.5.4 Anforderungen an PK und FK
10.4.5.4.1 DB2-Primary-Key (PK) und Parent Key

Ein DB2-PK hat folgende Charakteristiken:

- Er ist **optional**.
  Eine unabhängige Tabelle oder eine Dependent Table kann einen PK haben.
  Eine Tabelle kann nur einen PK haben.
  Eine Tabelle kann nur als Parent Table referenziert werden, wenn sie über einen PK und Parent-Index verfügt.

- Es gelten folgende **Restriktionen**:
  - maximal 64 Key-Spalten,
  - keine Spalte darf mehrfach vorkommen,
  - die Gesamtlänge der Key-Attribute darf 254 Bytes nicht überschreiten,
  - Long-String-Spalten sind nicht unterstützt,
  - alle Spalten müssen mit NOT NULL oder NOT NULL WITH DEFAULT definiert werden.
    NOT NULL WITH DEFAULT ist sinnvoll nur mit TIMESTAMP.

- Auf die kompletten PK-Spalten in der entsprechenden Reihenfolge muss ein Unique Index als **Parent Index** angelegt werden.
  - Der Parent Index muss exakt mit den Spalten des PKs übereinstimmen. Die Sortierfolge im Index kann spaltenweise beliebig auf- bzw. absteigend gewählt werden.
  - Als Parent Index muss der erste Unique Index angelegt werden.
  - Solange der Index nicht angelegt ist, erfolgt die Statuszuordnung 'Table Incomplete', d.h. es können weder Daten eingestellt noch eine referenzielle Beziehung aufgebaut werden.
  - Eine Tabelle kann nur einen Parent-Index haben.

- Besonderheiten bei **nachträglichen Veränderungen** der referenziellen Beziehungen:
  - Wird ein PK mit ALTER TABLE hinzugefügt:
    - muss der Parent-Index der Parent Table bereits vorher existieren.

  - Wird der PK mit ALTER TABLE gelöscht,
    - werden alle referenziellen Beziehungen (referential constraint) mit gelöscht,
    - bleibt der Parent-Index als Unique Index erhalten.

  - Wird der Parent-Index gelöscht,
    - bleiben die referenziellen Beziehungen erhalten,
    - erfolgt die Statuszuordnung 'Table Incomplete'.

Folgende Empfehlungen können ausgesprochen werden:

- Jede Tabelle sollte einen PK und damit auch einen Parent Index erhalten.

- Ein PK sollte nicht verändert werden (non-updateable). Er sollte während der gesamten Lebensdauer einer Zeile existieren.

- Der PK sollte die geringstmögliche Spaltenanzahl aufnehmen, die zur Gewährleistung der Eindeutigkeit erforderlich sind.

- Jeder View, über den Manipulationen durchgeführt werden, sollte unbedingt den PK enthalten (nur bei Insert ist dies zwingend, aber auch Einzelsatz-Manipulationen müssen über den PK durchgeführt werden).
  Bei strenger Auslegung muss ein View sämtliche PKs aller beteiligten Objekte enthalten, auch wenn der View nur Informationsanforderungen erfüllt. Dies ist begründbar, da einzelne Werte nur in Verbindung mit dem PK einen eindeutigen Bezug zu dem Objekt erhalten.

10.4.5.4.2 DB2-Foreign-Key (FK)

Ein DB2-FK hat folgende Charakteristiken:

- Ein **FK zeigt auf den PK** einer anderen oder der gleichen Tabelle.
  Ein FK darf auf keinen View zeigen.
  Die Parent Table muss sich in derselben Lokation befinden.

- Eine Tabelle kann **beliebig viele FKs** haben (0 - n).
  Eine mehrfache Referenz auf dieselbe Parent Table kann nur bei abweichenden FK-Spalten vorgenommen werden.

- Ein FK kann aus **bis zu 64 Spalten** bestehen. Sie müssen exakt in Aufbau und Positionierung dem korrespondierenden PK entsprechen.
  Abweichungen sind jedoch möglich für:
    - die Spalten-Namen,
    - NULL-Attribute,
    - Default Werte.

- **Eine FK-Spalte** kann in **mehreren FKs** auftreten.

- Ein **FK kann NULL** sein. Er gilt als NULL wenn mindestens eine der FK-Spalten einen Wert NULL aufweist.
  In diesem Fall existiert keine Beziehung zwischen den Tabellen. DB2 prüft auch nicht die Inhalte der ausgefüllten Spalten.

- Jede über FK definierte Beziehung erhält einen eindeutigen Namen (**constraint name**).
  Wird dieser Name nicht explizit vorgegeben, weist DB2 den Namen der ersten FK-Spalte zu und kürzt diesen evtl. auf 8 Bytes.

- Die Parent Table muss existieren und einen PK sowie einen **Parent-Index** haben.
  Bei selbst referenzierenden Tabellen muss erst die Tabelle mit CREATE angelegt werden.
  Danach kann mit ALTER der FK eingefügt werden.
  Die Parent Table darf keine Katalog-Tabelle sein.

- Besonderheiten bei **nachträglichen Veränderungen** der referenziellen Beziehungen:
- Wenn ein FK hinzugefügt wird, werden:
    - der Tablespace in den 'Check Pending Status' gesetzt, sofern:
        - bei einem segmented Tablespace Daten vorhanden sind,
        - bei einem non-segmented Tablespace irgendwann einmal Daten vorhanden waren.
    - referenzierende Pläne als ungültig markiert, sofern:
        - es sich um eine selbst referenzierende Tabelle handelt,
        - als Delete-Regel CASCADE oder SET NULL gewählt wurde.

- Ein FK innerhalb eines **Partitioned Index** darf nicht mit DELETE-RULE SET NULL definiert werden.

Folgende Empfehlungen können ausgesprochen werden:

- Jeder FK sollte grundsätzlich einen Index erhalten, da:
    - der FK als wichtiger Zugriffspfad für Joins und Subqueries dient,
    - die referenziellen Beziehungen kontrolliert werden müssen.
  Wenn DB2-RI genutzt wird, setzt DB2 anstelle eines Pages Set Scans automatisch einen existierenden Index ein, wenn dieser in den hierarchisch höchsten Spalten die FK-Spalten abdeckt.

10.4.5.5 Verwaltung der RI-Definitionen im Katalog
10.4.5.5.1 Katalog-Informationen für RI

Im DB2-Katalog werden die wesentlichen Informationen für RI geführt. Die einzelnen Spalten sind im Anhang A3 beschrieben.
Da dort aber die Spalten nur im Rahmen der einzelnen Katalog-Tabellen dargestellt werden, sollen die RI-Definitionen in ihrem Zusammenhang herausgelöst aufgeführt werden:

- **Parent Table**

    - **SYSCOLUMNS**
        - Spalte KEYSEQ   Spaltenposition innerhalb des PKs.
    - **SYSINDEXES**
        - Spalte UNIQUERULE   P = Primary Index. R = Non-Primary Parent Index.
    - **SYSTABLES**
        - Spalte CHECKFLAG   C = Tablespace befindet sich im 'Check Pending Status'.
        - Spalte CHECKRID   Row-Identifikation der ersten Zeile, die gegen Integritätsbedingungen verstoßen könnte.
    - **SYSRELS**
        - Spalte REFTBNAME   Name der Parent Table

- **Dependent Table**

    - **SYSRELS**
        - Spalte COLCOUNT   Anzahl Spalten des FK.
        - Spalte TBNAME   Name der Dependent Table
        - Spalte DELETERULE
            - C   CASCADE
            - R   RESTRICT
            - N   SET NULL
            - A   NO ACTION

    - **SYSFOREIGNKEYS**
        - Spalte TBNAME   Name der Dependent Table
        - Spalte COLNAME   Name der FK-Spalte
        - Spalte COLNO   Spaltenposition der FK-Spalte in Tabelle
        - Spalte COLSEQ   Relative Spaltenposition der FK-Spalte in FK.

- **Beziehung (referential constraint)**

    - **SYSRELS**
        - Spalte RELNAME   Name des referential constraint
    - **SYSFOREIGNKEYS**
        - Spalte RELNAME   Name des referential constraint

Im Kapitel 8.2 finden sich Beispiele für Katalog-Abfragen der RI-Konstrukte.

Befindet sich ein Tablespace im 'Check Pending Status', können keine SQL-Befehle ausgeführt werden.
Das Zurücksetzen des Status kann mit verschiedenen Mitteln erreicht werden. Die sicherste Möglichkeit ist die Ausführung des CHECK-Utilities mit der Option DELETE YES.

10.4.5.5.2 RI-DDL-Beispiele

Es folgen einige Beispiele für den Einsatz der DDL-Mittel zur Aktivierung der Referential-Integrity-Einrichtungen. Die Beispiele enthalten nur die RI-relevanten Optionen:

- **Anlegen neue Objekte**

    - Anlegen einer Parent Table
      ```
      CREATE TABLE  REFERENT
         ( PRIMARY KEY    (REFNR),
                 REFNR           SMALLINT   NOT NULL ,
                 RNNAME          CHAR       (35),
                 RVNAME          CHAR       (20) )
      .......
      ```

    - Anlegen des Primary Index für REFERENT
      ```
      CREATE UNIQUE INDEX  IREFERENT_PI
         ON   REFERENT (REFNR)
      .......
      ```

    - Anlegen einer Dependent Table
      ```
      CREATE TABLE  SEMINAR
         ( PRIMARY KEY  (SEMNR),
             SEMCODE         CHAR  (15)  NOT NULL,
             TERMIN          DATE,
             SEMNR           SMALLINT   NOT NULL,
             KURSORT         CHAR (60),
             REFNR           SMALLINT,
             FOREIGN  KEY   RC004711
                (REFNR) REFERENCES     REFERENT
                     ON      DELETE      SET NULL,
             FOREIGN KEY    RC004712
                (SEMCODE)  REFERENCES          SEMTYP
                     ON       DELETE      RESTRICT)
      ....
      ```

    - Anlegen des Primary Index für SEMINAR
      ```
      CREATE UNIQUE INDEX  ISEMINAR_PI
         ON   SEMINAR    (SEMNR)
      .......
      ```

    - Anlegen eines Foreign Index für die SEMTYP-Beziehung
      ```
      CREATE          INDEX  ISEMINAR_FI_SEMTYP
         ON   SEMINAR    (SEMCODE)
      .......
      ```

    - Anlegen eines Foreign Index für die REFERENT-Beziehung
      ```
      CREATE          INDEX  ISEMINAR_FI_REF
         ON   SEMINAR    (REFNR)
      .......
      ```

- **Anlegen Beziehung für bestehende Objekte**

    - Anlegen des Primary Index für REFERENT (der Index muss bestehen, bevor der PK definiert wird)
      ```
      CREATE UNIQUE INDEX  IREFERENT_PI
         ON   REFERENT (REFNR)
      .......
      ```

    - Anlegen eines PKs
      ```
      ALTER  TABLE  REFERENT
         ADD PRIMARY KEY (REFNR)
      ```

10.4 Physisches Design

- **Anlegen eines FKs**
  ```
  ALTER   TABLE   SEMINAR
      ADD   FOREIGN KEY   RC004711
            (REFNR)    REFERENCES    REFERENT
            ON         DELETE        SET NULL
  ```

- **Löschen bestehende Beziehung**

  - **Löschen FK**
    ```
    ALTER   TABLE   SEMINAR
        DROP   FOREIGN KEY       RC004711
    ```

    Es werden automatisch alle Einträge über diese Beziehung (referential constraint) gelöscht.

    Die Beziehung wird außerdem automatisch gelöscht, wenn:
    - die Parent Table gelöscht wird,
    - die Dependent Table gelöscht wird,
    - der PK der Parent Table gelöscht wird.

  - **Löschen PK**
    ```
    ALTER   TABLE   SEMINAR
        DROP   PRIMARY   KEY
    ```

    Es werden automatisch alle Einträge über diese Beziehung (referential constraint) gelöscht.

- **Besonderheiten einer selbst referenzierenden Tabelle**

  - **Anlegen der Table**
    ```
    -- (REFNRV ist die Stellvertreter-Nr.)
    CREATE TABLE   REFERENT
      ( PRIMARY  KEY    (REFNR),
        RNNAME   CHAR         (35),
        REFNR    SMALLINT     NOT NULL,
        REFNRV   SMALLINT )
      ....
    ```

  - **Anlegen des Primary Index für REFERENT**
    ```
    CREATE UNIQUE INDEX   IREFERENT_PI
        ON    REFERENT (REFNR)
        .......
    ```

  - **Anlegen des Foreign Index für den Stellvertreter**
    ```
    CREATE         INDEX   IREFERENT_FI_REF
        ON    REFERENT (REFNRV)
        .......
    ```

  - **Anlegen eines FKs**
    ```
    ALTER   TABLE   REFERENT
        ADD   FOREIGN KEY    REFERENT
              (REFNRV)   REFERENCES     REFERENT
              ON         DELETE         NO ACTION
    ```

10.4.5.6 Argumente für und wider den Einsatz von DB2-RI

Folgende Argumente können **für** den Einsatz von DB2-RI genannt werden:

- **Höhere Produktivität der Anwendungs-Entwicklung**
  wegen automatischer Unterstützung des referential constraints durch DB2.

- **Bessere Gewährleistung der Daten-Integrität und -Konsistenz**
  durch einheitliche und zentrale Unterstützung in allen Bereichen:
  - operationale Transaktionsverarbeitung und Batch,
  - dispositive Ad-hoc-Manipulationen durch Endbenutzer,
  - Utilities (z.B. LOAD).

- Zentrale **Dokumentation** im Katalog

- **Performance**,
  da SQL-Aufrufe in Anwendungsprogrammen reduziert werden.
  DB2 kann die Zugriffe besser optimieren (siehe auch unter Nachteile).

Folgende Argumente können **gegen** den Einsatz von RI genannt werden:

- **Struktur-Komplexität** mit entsprechenden Abhängigkeiten.
  Wenn alle Beziehungen eines Daten-Modells definiert werden, ist jede Tabelle Teil einer riesigen referenziellen Struktur.
  Problem-Beispiel:
  Wenn die Parent Table mit LOAD-REPLACE geladen wird, werden alle abhängigen Tabellen in den 'Check Pending Status' gesetzt.

- **Performance**
  In bestimmten Fällen ist die Performance beim DB2-RI-Einsatz ungünstiger:
  - Doppelte Prüfung
    - Wenn das Anwendungsprogramm bereits vorher die Existenz einer Parent Row geprüft hat, z.B. durch Lesen der Parent Row und einfügen der Dependent Row mit dem PK der Parent Row;
  - Wiederholte Prüfung
    Wenn mehrfach Zeilen unter der gleichen Parent Row eingefügt werden, z.B. werden häufig mandantenfähige Systeme entwickelt, bei denen die Mandanten-Nr. Bestandteil jeder Tabelle ist. Die Mandanten-Nr. ist statisch und wird z.B. einmal bei Anmeldung ins Dialogsystem zugeordnet und sollte daher nicht bei der Einfügung jeder Tabellenzeile geprüft werden.
    Ein anderes Beispiel wäre die Erfassung eines Auftrags mit 1000 Auftragspositionen.

- **Die Prüfung erfolgt sehr spät** (erst bei Manipulations-Anforderung).
  Speziell bei Online-Verfahren müssen Prüfungen direkt während der Dialogführung mit dem Benutzer vorgenommen werden. Eine Meldung nach 10 Dialogschritten, dass im ersten Dialogschritt eine fehlerhafte Eingabe oder Referenz auftrat, ist unzumutbar.

- **Die RI-Verarbeitung erfolgt in einer 'black box'**
  Eine einzige Manipulation (z.B. Löschen einer Parent Row) kann sehr intensive Ressource-Anforderungen bewirken. Durch die Dynamik des Katalogs kann je nach RI-Zustand der Aufwand für einzelne Anwendungen unkontrolliert anwachsen.

- **Mangelnde Unterstützung**
  - Statische Prüfung von exakten Schlüssel-Existenzen:
    Die RI-Einrichtungen von DB2 sind statisch und bieten keinerlei Flexibilität. DB2 prüft und verarbeitet immer die Werte mit einer bestimmten Schlüssel-Existenz.
    Wenn ein Zugriff auf Wertebereiche vorgenommen werden soll oder aber mit einer Gültigkeitsleiste gearbeitet wird, sind die Grenzen von DB2-RI erreicht (SEMTYP DB2-PROG ist gültig von 1.1.1999 bis 31.12.1999; wie kann ein SEMINAR geprüft werden, das am 15.6.1999 bzw. am 23.1.2000 stattfindet?).
  - RI-Ressourcen müssen sich in derselben Lokation befinden
    Bei verteilten Datenbanken gibt es keine DB2-RI-Unterstützung.

10.4.6 Unterstützung der Business Rules mit Funktionen und Triggern
10.4.6.1 De-Normalisierungs-Auswirkungen

Die auf logischer Ebene definierten Geschäfts-Regeln stellen einen fundamentalen Teil des semantischen Gehalts und der Qualität unserer Modelle dar. Diese Regeln und die daraus ableitbaren Maßnahmen müssen unabhängig von der jeweiligen technischen Lösung eingehalten werden.

Werden die Möglichkeiten eines Datenbank-Systems zur Abwicklung der Verarbeitungsregeln genutzt, sind im Idealfall keine zusätzlichen zu programmierenden Funktionen erforderlich.
Werden solche Möglichkeiten aber nicht genutzt, stellt sich dieser Tatbestand als eine De-Normalisierungs-Variante dar, bei der mit erweiterten oder veränderten Strukturen und zu programmierenden Zusatz-Funktionen zu rechnen ist.
Daher stellt sich natürlich die Frage, welche Konsequenzen entstehen, wenn solche im Relationen-Modell verankerten Regeln nicht von DB2 geleistet werden sollen.

Grundsätzlich gilt:

> Eine De-Normalisierungs-Entscheidung darf zu keinen Wirkungen auf der fachliche Ebene führen.

Die Gründe für eine außerhalb von DB2 liegende Realisierung liegen i.d.R. ausschließlich in Performance- oder sonstigen technischen Aspekten.

De-Normalisierungs-Entscheidungen führen automatisch zu einer Zunahme der Modell-Komplexität. Nur durch ein Schichten-Konzept (siehe auch Kapitel 9) kann die Transparenz und eine klare Abgrenzung der logisch begründeten und der physisch zusätzlich zu entwickelnden Erweiterungen erreicht werden.
Da sich solche ausschließlich technisch begründeten Entscheidungen ggf. in Zukunft verändert darstellen, ist es sinnvoll, das Design so zu gestalten, dass die getroffenen Entscheidungen später bei Bedarf wieder rückbildbar sind.

Auf den folgenden Seiten werden die Konsequenzen einer De-Normalisierungs-Maßnahme im Bereich der Business Rules dargestellt.

10.4.6.2 Zuordnung der Regeln und Maßnahmen zu den physischen Strukturen

Bevor die Entscheidung getroffen wird, ob DB2-Routinen oder Programme außerhalb von DB2 die Geschäfts-Regeln gewährleisten, wollen wir uns zunächst einmal die Konsequenzen auf die zu realisierenden Funktionen anschauen, wenn die normalisierten Strukturen ins DB2 überführt werden und sämtliche RI-Maßnahmen zusammen mit der Struktur im DB2 definiert werden.
Damit übernimmt DB2 die Gewährleistung der referenziellen Integrität und es sind keine programmierten Routinen erforderlich.

Daneben wollen wir - zur Reduzierung der Komplexität an einem Beispiel - einen Trigger genauer analysieren, der nur mit SQL-Statement-Logik folgende Geschäfts-Regel abdeckt (die Darstellung erfolgt in einer Matrix, die natürlich entsprechend erweiterbar ist):

Business-Rule	Triggering Table	Ereignis	Aktivierung	Häufigkeit	Spalte	Bedingung	Aktion
Reservierungen im Rahmen der Kapazitäten	SEMRES	INSERT	BEFORE	Pro Row	-	COUNT (*) Reservierungen eines Seminars müssen müssen kleiner sein als: - MAXTEILN (SEMTYP) - MAXPLAETZE (KURSORT)	Reservierung abweisen: 'Mehr Teilnehmer als erlaubt'

10 Datenentwurf unter DB2
10.4 Physisches Design

Der entsprechende Trigger sieht dann folgendermaßen aus:

```
CREATE TRIGGER TSA1
       NO CASCADE BEFORE  INSERT ON SEMRES
              REFERENCING  NEW AS ZUGANG
              FOR EACH ROW MODE DB2SQL
       WHEN
       ( ( SELECT    MAXTEILN FROM SEMTYP, SEMINAR
              WHERE  SEMTYP.SEMCODE    =         SEMINAR.SEMCODE
                AND  SEMINAR.SEMNR     =         ZUGANG.SEMNR)         =
         ( SELECT    COUNT (*)      FROM SEMRES
              WHERE  SEMRES.SEMNR     =         ZUGANG.SEMNR )                 OR
         ( SELECT    MAXPLAETZE FROM KURSORT, SEMINAR
              WHERE  KURSORT.KORTNR =         SEMINAR.KORTNR
                AND  SEMINAR.SEMNR     =         ZUGANG.SEMNR )         =
         ( SELECT COUNT (*)      FROM SEMRES
              WHERE  SEMRES.SEMNR     =         ZUGANG.SEMNR ) )
       SIGNAL SQLSTATE '70001' ('Mehr Teilnehmer als in MAXTEILN erlaubt')  ;
```

Idealerweise werden die Manipulations-Funktionen objektbezogen den Relationen bzw. Tabellen zugeordnet. Damit ist eine Integritätsbewahrung möglich und die Funktionalität besitzt eine hohe Transparenz.
Die folgende Abbildung zeigt den Zustand der Objekte und ihrer Funktionen auf, wenn DB2 die RI-Behandlung komplett übernimmt. Jedes Daten-Objekt verfügt über eine Grund-Manipulations-Funktionalität. Es wird der vorab definierte Trigger grafisch dargestellt (TSA1)

Abbildung 10-43

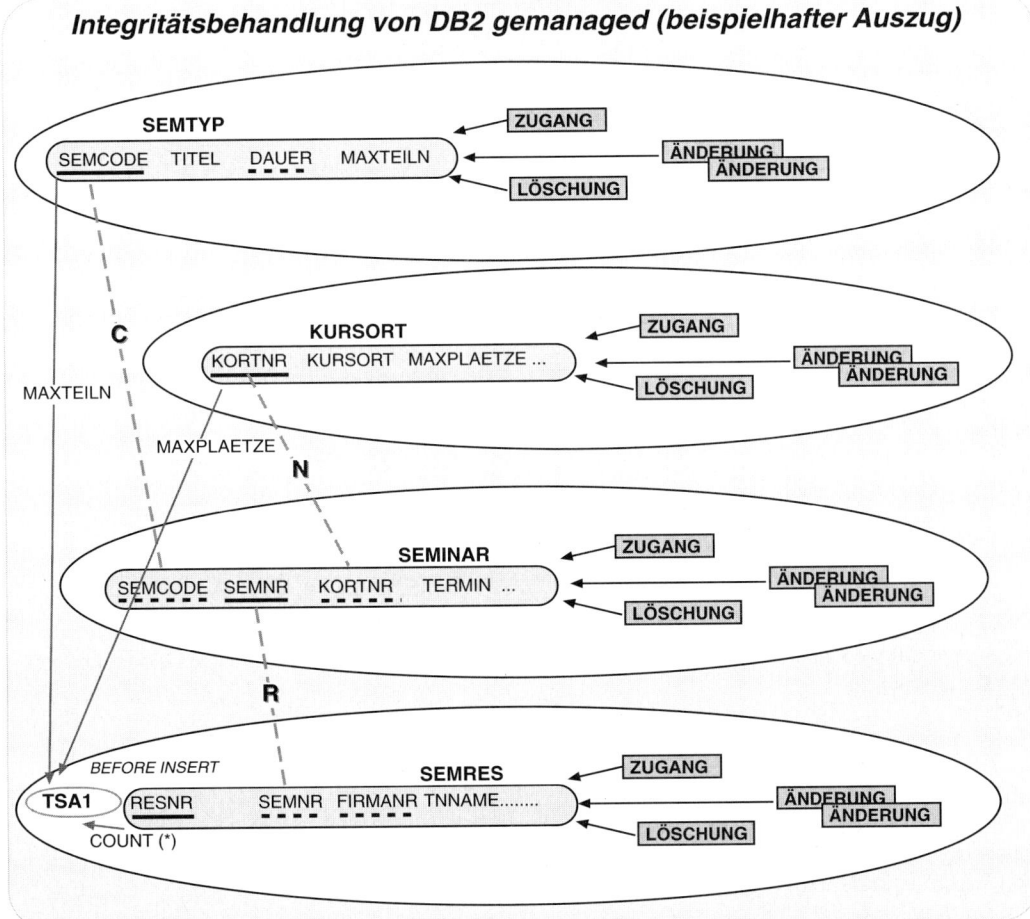

10.4.6.3 Funktionale Konsequenzen bei Nicht-Nutzung von DB2-RI

Wir wollen nun anhand der vorab dargestellten Ausgangssituation einmal die Konsequenzen betrachten, wenn DB2-RI nicht genutzt wird.

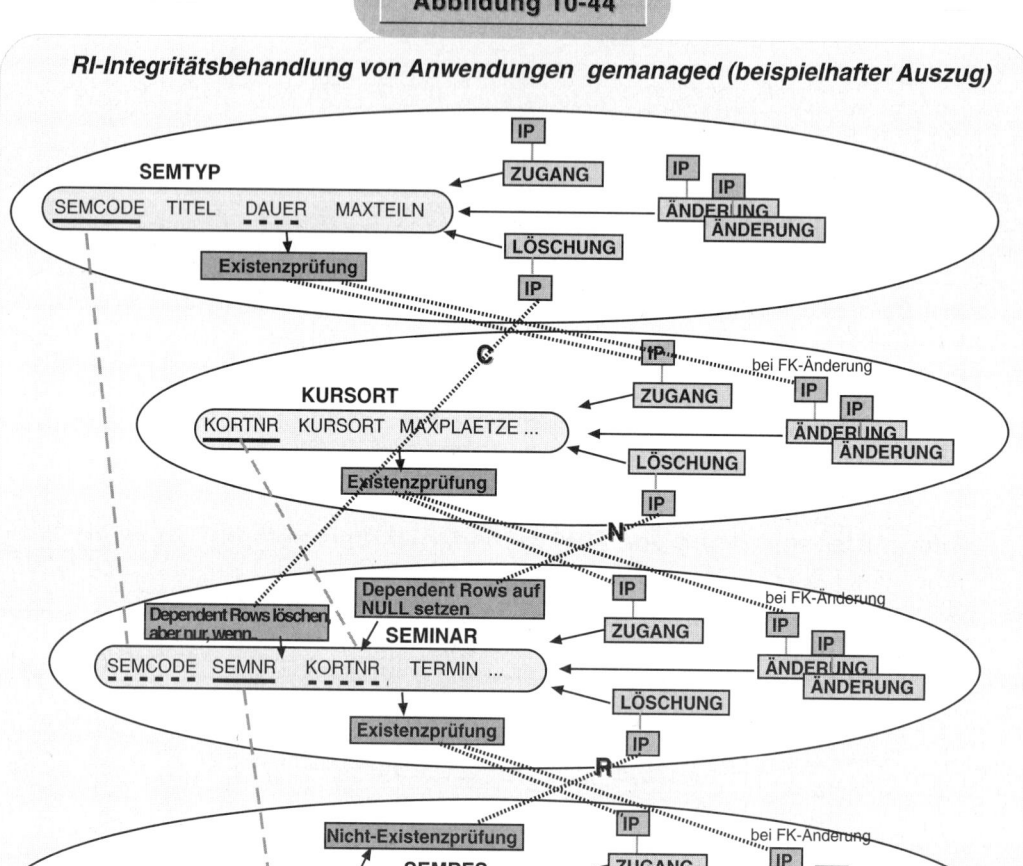

Abbildung 10-44

Wie unschwer zu erkennen ist (siehe vergleichend die vorherigen beiden Abbildungen) erhöht sich der zu programmierende funktionale Aufwand erheblich.
Das Integritätsgebilde wird zunehmend komplexer. Es sei übrigens darauf hingewiesen, dass diese Vorgehens-Methodik noch den Anspruch hat, eine Transparenz zu fördern; die Praxis sieht ungleich chaotischer aus!

An dieser Stelle sei noch einmal der Hinweis gebracht, dass es sinnvoll ist, eine außerhalb von DB2 liegende Metadatenbank zu nutzen, die sämtliche Geschäfts-Regeln enthält und aus der sich Generierungsmaßnahmen nutzen lassen.
So können sämtliche RI-Regeln in unserem Beispiel ohne allzu hohen Aufwand generiert werden, wobei sogar eine positive Wirkung auf die Performance erreichbar ist, wenn nur die wirklich erforderlichen Zugriffsanforderungen generiert werden.

10.4.6.4   Funktionale Konsequenzen bei Struktur-De-Normalisierungen

Unterstellen wir nun, dass der vorab dargestellte Trigger TSA1 zu nicht vertretbaren Aufwendungen führt, da die INSERT-Funktionalität eine hohe Priorität genießt.
Führen wir also beispielsweise zur Unterstützung exakt dieser Geschäfts-Regel De-Normalisierungen in Form von Redundanzen durch (die natürlich dann auch für andere Sichten nutzbar sind).
Wir wollen folgende Maßnahmen ergreifen:

- Die freien Seminarplätze sollen in der Tabelle SEMINAR als zusätzliche Spalte geführt werden. Damit kann dann bei der Einfügung von Seminar-Reservierungen auf die komplexen COUNT-Funktionen verzichtet werden.

Abbildung 10-45

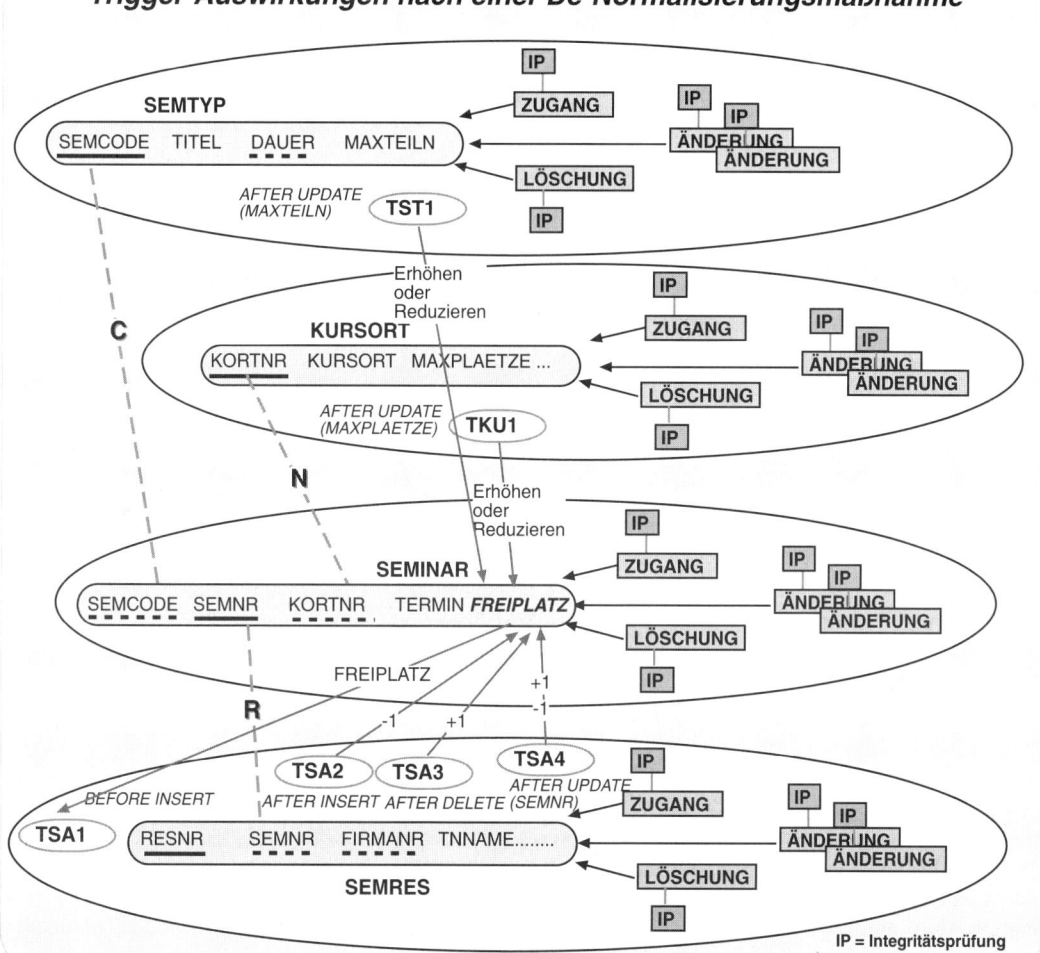

Trigger-Auswirkungen nach einer De-Normalisierungsmaßnahme

Die Konsequenzen sind erheblich. Anstelle des einen Triggers TSA1 (der übrigens mit vereinfachter Logik immer noch existiert), sind nun immerhin drei weitere Trigger (TSA2 - TSA4) für die SEMRES-Tabelle und der Trigger TST1 für die SEMTYP-Tabelle und der Trigger TKU1 für die Kursort-Tabelle erforderlich. Details siehe auf der Folgeseite.
Werden keine Trigger eingesetzt, müssen entsprechende Maßnahmen in den jeweiligen Funktionen (in der IP-Kapsel) vorgenommen werden.

Die Definitionen der Trigger nach Durchführung der Struktur-De-Normalisierungsmaßnahme sehen dann folgendermaßen aus:

```
CREATE TRIGGER TSA1
        NO CASCADE BEFORE INSERT ON SEMRES
            REFERENCING NEW AS ZUGANG
            FOR EACH ROW MODE DB2SQL
        WHEN
        ( ( SELECT     FREIPLATZ FROM SEMINAR
              WHERE SEMINAR.SEMNR    =     ZUGANG.SEMNR)   = 0 )
        SIGNAL SQLSTATE '70001' ('Mehr Teilnehmer als in MAXTEILN erlaubt') ;

CREATE TRIGGER TSA2
        AFTER INSERT ON SEMRES
            REFERENCING NEW AS ZUGANG
            FOR EACH ROW MODE DB2SQL
        UPDATE SEMINAR
            SET    FREIPLATZ    =    FREIPLATZ - 1
            WHERE SEMNR         =    ZUGANG.SEMNR ;


CREATE TRIGGER TSA3
        AFTER DELETE ON SEMRES
            REFERENCING NEW AS ZUGANG
            FOR EACH ROW MODE DB2SQL
        UPDATE SEMINAR
            SET    FREIPLATZ    =    FREIPLATZ + 1
            WHERE SEMNR         =    ZUGANG.SEMNR ;

CREATE TRIGGER TSA4
        AFTER UPDATE OF SEMNR ON SEMRES
            REFERENCING OLD AS ABGANG    NEW AS ZUGANG
            FOR EACH ROW MODE DB2SQL
    WHEN
        ( ABGANG.SEMNR     <>    ZUGANG.SEMNR )
    BEGIN ATOMIC
        UPDATE SEMINAR
            SET    FREIPLATZ    =    FREIPLATZ - 1
            WHERE SEMNR         =    ZUGANG.SEMNR ;
        UPDATE SEMINAR
            SET    FREIPLATZ    =    FREIPLATZ + 1
            WHERE SEMNR         =    ABGANG.SEMNR ;
    END #

CREATE TRIGGER TST1
        AFTER UPDATE OF MAXTEILN ON SEMTYP
            REFERENCING OLD AS ABGANG    NEW AS ZUGANG
            FOR EACH ROW MODE DB2SQL
        UPDATE SEMINAR
            SET    FREIPLATZ    =    FREIPLATZ - ABGANG.MAXTEILN + ZUGANG.MAXTEILN
            WHERE SEMCODE       =    ZUGANG.SEMCODE ;
```

Die Trigger TST1 und TKU1 sind hier nicht näher dargestellt.
Deren Aufgabenstellung ist sinnvoll nur mit Funktionen lösbar (Kombination von User-defined Functions und Triggern), da bei einer Änderung von MAXTEILN bzw. MAXPLAETZE jeweils zusätzliche andere Geschäfts-Regeln betroffen sind. So kann z.B. keine Reduzierung von Plätzen vorgenommen werden, wenn mehr Reservierungen vorhanden sind. Diese müssten storniert werden (natürlich nach einer entsprechenden Mitteilung an die betroffenen Seminar-Teilnehmer) usw.
Diese weiteren Geschäfts-Regeln und die davon abhängigen Trigger sind auch ohne De-Normalisierungs-Maßnahmen erforderlich, benötigen dann aber keine Manipulation der SEMINAR-Tabelle.

10 Datenentwurf unter DB2
10.4 Physisches Design

10.4.7 Festlegung der sonstigen DB2-Objekte mit ihren Ausprägungen

Wenn die Entscheidungen hinsichtlich der DB2-Tabellen getroffen sind, müssen die sonstigen DB2-Objekte festgelegt werden.
Folgende Überlegungen müssen angestellt werden:

- Soll die Tabelle in einem Simple, Segmented oder Partitioned Tablespace zugeordnet werden?
- Welche Indizes werden benötigt?
- In welche Database werden die Objekte zugeordnet?
- Soll mit Storage-Groups oder mit User defined VSAM-Datasets gearbeitet werden?

Zur Entscheidung hinsichtlich des sinnvollen Einsatzes der DB2-Objekte ist ein tiefgehendes Wissen über die internen Zusammenhänge der DB2-Objekte erforderlich.
Daher stehen die folgenden Ausführungen in einem engen Zusammenhang mit den Inhalten des Kapitels 11.

10.4.7.1 Zuordnung Tabelle zu Tablespace

Es existieren drei Tablespace-Typen:

- **Simple Tablespace** Inzwischen technisch überholte Form, dessen Einsatz i.d.R. nicht mehr empfohlen werden kann.
  Dem simple Tablespace können eine oder mehrere Tabellen zugeordnet werden. Sind mehrere Tabellen zugeordnet, können in einer Page Daten mehrerer Tabellen auftreten.

- **Segmented Tablespace** Der segmented Tablespace ist der 'normale' Tablespace-Typ, dem eine oder mehrere Tabellen zugeordnet werden können.
  Durch eine Segmentgröße (SEGSIZE-Parameter CREATE TABLESPACE) werden die Anzahl der Pages definiert, die zu einem Segment zusammengefasst werden.
  In einem Segment befinden sich immer nur Daten einer Tabelle.

Abbildung 10-46

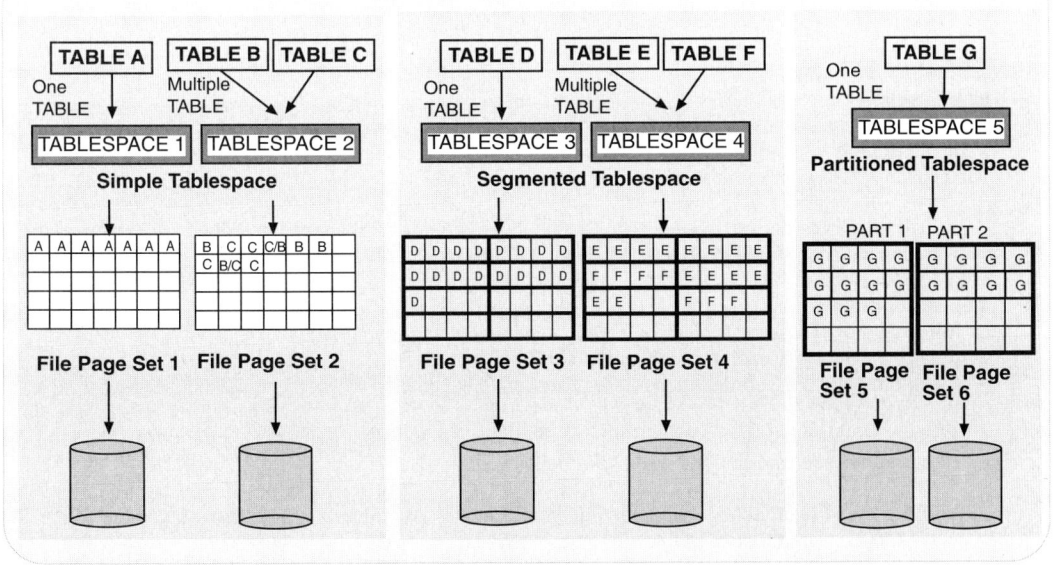

Zuordnung der Tabellen zu Tablespaces

10 Datenentwurf unter DB2
10.4 Physisches Design

- **Partitioned Tablespace** Der partitioned Tablespace ist der Tablespace-Typ, dem ein Tabelle mit größerem Datenvolumen (ab ca. 500 MB) zugeordnet werden sollte. Durch die Partition-Anzahl (NUMPARTS-Parameter beim CREATE bzw. ALTER TABLESPACE) wird die Anzahl der Partitions definiert. Der partitioned Tablespace benötigt einen Cluster Index, der die Verteilung der Daten auf die einzelnen Partitions regelt. Jede Partition kann auf eine eigene Device gelegt werden.

Im folgenden werden die Charakteristiken der Speicherungsformen zusammengefasst:

- **Simple Tablespace**
  - **eine Tabelle**
    Es werden nur die Daten einer Tabelle in einem Tablespace aufgenommen:
    + Bei kleinen, eigenständigen Tabellen bestehen Performance-Vorteile beim Durchsuchen der Daten. Dies gilt auch für Tabellen, bei denen referenzielle Beziehungen nicht aktiviert werden.

    - Konsistenzprobleme bei referenziellen Beziehungen, da der Tablespace die Einheit für Recovery- und Reorganisations-Maßnahmen darstellt (wenn DB2-RI nicht aktiv ist).

  - **mehrere Tabellen**
    Es werden Daten mehrerer Tabellen in einem Tablespace aufgenommen:
    Bis zum Release 1.3 war dies die einzige Möglichkeit, referenziell zusammengehörende Tabellen in einem Tablespace zu halten.

    + Durch ein spezielles Ladeverfahren können Tabellen so zusammengelegt werden, dass ihre zusammengehörenden Daten in einer Page geführt werden, z.B. die Tabelle AUFTRAG und AUFTRAG_POSITION werden in einer Page zusammengefasst. Dies muss allerdings durch individuelle Logik gelöst werden, oder aber der Freiplatz innerhalb einer Page nach dem Laden einer Tabelle wird anschließend von der zweiten Tabelle genutzt.

    - Erhöhte IO-Rate beim Suchen von Daten einzelner Tabellen, da die Daten innerhalb einer Page gemischt werden und DB2 bei der Suche nach den Daten einer Tabelle auch die Daten anderer Tabellen mit einlesen muss.
    Außerdem werden auch Pages mit eingelesen, die komplett Freespace aufweisen.

    - LOCK-Auswirkungen (alle Tabellen des Tablespaces bzw. innerhalb einer Page sind betroffen).

    - Es wird kein Clustering Index unterstützt.

    - Keine Freigabe der Bereiche nach einem DROP TABLE.

- **Segmented Tablespace**
  - **eine Tabelle**
    Es werden nur die Daten einer Tabelle in einem Tablespace aufgenommen. Dies kann sinnvoll sein, wenn die Vorteile von segmented Tablespace genutzt werden sollen, aber eine Tabelle nur einem Tablespace zugeordnet werden soll.

    - Konsistenzprobleme bei referenziellen Beziehungen, da der Tablespace die Einheit für Recovery- und Reorganisations-Maßnahmen darstellt (wenn DB2-RI nicht aktiv ist).

  - **mehrere Tabellen**
    Es werden Daten mehrerer Tabellen in einem Tablespace aufgenommen:
    (Vergleich zu Simple Tablespace mit mehreren Tabellen):
    + Faustformel für die Zuordnung mehrerer Tabellen: nur Tabellen mit weniger als 1000 Pages.

    + Bessere Performance beim Page Set Scan, da aufgrund von Header-Pages auf genutzte Tabellen-Pages verwiesen wird und nur diese verarbeitet werden.

    + Verbessertes Freespace-Management, da freier Platz wieder genutzt werden kann (auch der Platz von Tabellen nach einem DROP).

10 Datenentwurf unter DB2
10.4 Physisches Design

- \+ Verbesserung beim Massen-Delete von Daten, da keine Daten mehr geloggt werden, sondern nur noch Space-Map-Pages (1 Space Map Page adressiert in Abhängigkeit von der Segment-Größe zwischen 5.000 und 10.000 Daten-Pages, siehe Kapitel 11).

- \+ Verbesserung beim Insert von Daten mit vorhandenem Index, da die Suche nach Freiplatz auf benachbarte Segmente beschränkt wird.

- \+ LOCK-Niveau TABLE wird unterstützt - daher keine Auswirkung auf andere Tabellen innerhalb des Tablespaces.

- \+ REORG führt die Daten der Tables segmentweise zusammen.

- \+ Anzahl der VSAM-Datasets kann reduziert werden, da alle Tabellen eines segmented Tablespace in einem Dataset geführt werden können (natürlich von der Größe abhängig).
  Vorteile:
  - weniger Cluster-Definitionen,
  - weniger Open/Close-Aktivitäten,
  - Limit für offene Datasets wird seltener erreicht,
  - weniger Utility-Jobs.

- \+ Referenziell zusammengehörende kleinere Tabellen können in einem Tablespace geführt werden. Recovery-Maßnahmen stellen immer einen gemeinsamen Synchronisations-Punkt her.

- \- Alle Segmente müssen auf der gleichen Storage Group liegen.

- \- LOAD einer Tabelle mit REPLACE-Option löscht den gesamten Tablespace-Bereich.

- \- Bei sehr kleinen Tabellen wird evtl. Platz verschenkt, da die Ausrichtung immer auf der Segment-Größe erfolgt.

- \- Sequential Prefetch nur optimal bei 32 oder 64 Page großer SEGSIZE, da ansonsten Pages unterschiedlicher Segmente eingelesen werden können (siehe auch unter CREATE INDEX).

- **Partitioned Tablespace** (erfordert einen Clustering Index)
Bei Partitioned Tablespace kann nur eine Tabelle gehalten werden. Faustformel: ab 500 MB Volumen.

  - \+ Weniger häufig benötigte Daten können von häufig benötigten Daten physisch separiert werden (auch auf unterschiedlich schnelle Devices).

  - \+ Freespace kann für einzelne Partitions separat zugeordnet werden.

  - \+ Die Daten einzelner Partitions können parallel verarbeitet werden. Evtl. PIECESIZE einsetzen!

  - \+ LOCK-Dauer reduziert sich bei Einsatz von Utilities auf die Partition-Verarbeitungszeit.

  - \+ Benutzer arbeiten in verschiedenen Sperr-Bereichen.

  - \+ Der erforderliche Clustering Index erbringt Performance-Vorteile (z.B. Vermeidung von Sorts bei Daten-Mengen-Anforderungen).

  - \+ Durch Streuung der Daten kann ein hoher Performance-Effekt erreicht werden. Da der Index für jede Partition separat geführt wird (nur der partitioned Index), können Index-Level pro Partition kleiner als bei einem Gesamt-Index gehalten werden.

  - \+ Daten sind physisch verteilt, die Anwendungen arbeiten aber mit einer logischen Tabellensicht.

  - \- Bis zur Version 5 war kein Update der Clustering Index-Spalten unterstützt (Insert und Delete ist erforderlich). Ab der Version 6 ist dieser Nachteil entfallen.

  - \- Jede Partition benötigt zwei VSAM-Datasets (1 für Tablespace und 1 für Indexspace) - Die Anzahl der offenen Datasets ist begrenzt, jeder offene Dataset erfordert virtuellen Speicher.

  - \- Ein Partitioned Tablespace ist kein Segmented Tablespace (quasi simple). Ein Tablespace-Scan liest alle aktiven Pages des Tablespaces, sofern nicht der Page Range Scan genutzt wird.

10.4.7.1.1 Zuordnung wichtiger Speicher-Charakteristiken

Primär- und Sekundärspace (PRIQTY und SECQTY)

Entscheidet sich der Entwickler für User-defined VSAM-Datasets (VCAT), werden die Primär- und Sekundär-Speicheranforderungen direkt mit IDCAMS vorgegeben, ansonsten werden die Anforderungen beim Anlegen bzw. Ändern eines Tablespaces bzw. Index mit einer Storage Group-Zuordnung vorgegeben:

PRIQTY	Primär-Platzanforderung eines weitgehend zusammengehörenden Bereichs (bis zu 5 VSAM-Extents). Problem: optimale Bestimmung der Primär-Größe - ein zu großer Bereich verschenkt Plattenplatz und erhöht die Verwaltungs- und Suchaufwendungen, - ein zu kleiner Bereich führt zu gesplitteten Bereichen durch Sekundär-Platzanforderungen.
SECQTY	Sekundär-Platzanforderung. Wird von VSAM bis zu 255 Gesamt-Extents unterstützt. Der Sekundär-Bereich wird häufig nicht zusammenhängend bereitgestellt (u.U. über mehrere Devices verteilt). Dies führt zu einem erheblich höheren Suchaufwand bei der Datenanforderung.

Wenn die Platzanforderung (PRIQTY oder SECQTY) größer als ein Platten-Zylinder ist, formatiert DB2 zwei weitere folgende Zylinder.
Ist die Platzanforderung kleiner als ein Zylinder, werden zwei Tracks formatiert.

Speicherungsmöglichkeit von bis zu 64 GB pro Dataset anstelle von 4 GB (DSSIZE n G)

Löschen des physischen Plattenbereichs (ERASE)

Beim Löschen eines Tablespaces (DROP) können die physisch gespeicherten Daten mit Hexa-Null gelöscht werden:

ERASE		
	YES	löscht den Space auf X'00'. Zeitaufwendig - nur für hohe Sicherheits-Anforderungen.
	NO	Bei DROP wird Tablespace aus DB2 entfernt. Infos bleiben auf Space und können 'ausgedumpt' werden.

Schließen der Datei nach Verarbeitungsende (CLOSE)

Während das Eröffnen einer VSAM-Dataset von DB2 automatisch vorgenommen wird, kann über eine spezielle Option das Schließen der Datei gesteuert werden:

CLOSE NO	Beim ersten Zugriff wird der Dataset eröffnet und bleibt grundsätzlich offen, solange das definierte Limit DSMAX nicht überschritten wird (CLOSE NO äußerst relevant für häufig frequentierte Dateien). Interner Speicheraufwand 1,8 K pro Dataset.
YES	Öffnen und Schließen fordert erhöhten CPU- und I/O-Aufwand. DB2 unterstützt ein verzögertes Close, d.h. es wird gewartet bis ein Limit überschritten wird: - wenn der System-Generierungs-Parameter für max. Anzahl Datasets im OS/390 (DSMAX) überschritten wird, dann werden 3 % Dateien des Limits geschlossen, - Absolutes Maximum an offenen Datasets (OS/390: 32.767; MVS/ESA: 10.000, ansonsten MVS: 3.273).

Die Empfehlung lautet: Im Online benötigte Tabellen generell mit CLOSE NO, ausschließlich im Batch-Bereich benutzte Tabellen mit CLOSE YES definieren.

Komprimierung der Daten (COMPRESS)

Die Komprimierung der Daten kann beim CREATE bzw. ALTER TABLESPACE definiert werden.

COMPRESS YES	Die Daten werden komprimiert gespeichert. Stehen entsprechende Hardware-Einrichtungen zur Verfügung ist die Komprimierung besonders effizient, aber auch die ansonsten von DB2 unterstützte Software-Simulation erbringt schon gute Performance-Werte. Neben-Effekte sind z.B.: - In eine Page passen mehr Daten (spart I/O-Operationen) und die Datenmenge wird insgesamt auf weniger Pages verteilt. - Bei Daten-Manipulationen ist zu beachten, dass häufig Zeilenverlängerungen auftreten können, die evtl. zu Speicherproblemen führen können (wenn die Original-Page die neue Zeilenlänge nicht mehr aufnehmen kann).

10 Datenentwurf unter DB2
10.4 Physisches Design

Freespace-Definitionen (PCTFREE, FREEPAGE und MAXROWS)

Die Vorgabe der Freiplatz-Parameter hat insbesondere einen hohen Einfluss auf:

- die Lokalisierung von Einfügungen in einen bestehenden Datenbestand,
- die Zugriffseffizienz bei der Suche zusammengehöriger Datengruppen,
- die Häufigkeit von REORG-Maßnahmen.

Siehe hierzu insbesondere die Ausführungen in Kapitel 11:

FREEPAGE	Nach jeder n-ten Page wird eine Page freigelassen.
PCTFREE	Prozentualer Freiplatz innerhalb einer Page.
MAXROWS	Maximale Anzahl von Zeilen innerhalb einer Page. Rest = nicht nutzbarer Freiplatz.

Bufferpool-Zuordnung (BP...)

Die Zuordnung der Bufferpools wird zumeist zentral vorgegeben.
Folgende Bufferpool-Typen existieren:

- BP0 bis BP49 mit der Page-Größe von 4 K-Bytes,
- BP8K0 bis BP8K9 mit der Page-Größe von 8 K-Bytes,
- BP16K0 bis BP16K9 mit der Page-Größe von 16 K-Bytes,
- BP32K bis BP32K9 mit der Page-Größe von 32 K-Bytes.

Da alle Pages nur in 4 KB großen VSAM-CIs verwaltet werden, sind zur Bereitstellung einer solchen Page mehrere physische Zugriffe erforderlich.

Die Performance-Empfehlung lautet daher:
- Grundsätzlich sollten Tablespaces einem 4 KB großen Bufferpool zugeführt werden.
- Größere Bufferpools sollten dann vorgesehen werden, wenn der Nutzen zweckmäßig erscheint.
  Es ist zu beachten, dass temporäre Ergebnisse (z.B. die Result Table eines Joins) 4 K überschreiten kann.
  Dann sollten interne Bereiche verfügbar sein.

Segmentgröße bei Segmented Tablespace (SEGSIZE)

Die Segmentgröße bestimmt die Anzahl der Pages, die zu einem Segment zusammengefasst werden. Die Segmente werden beim Laden gefüllt bzw. bei Insert-Aktivitäten zugeordnet.

Die Empfehlung lautet:
- Einem segmented Tablespace sollten nur Tabellen mit ähnlich großen Datenmengen zugeordnet werden.
- Die SEGSIZE kann zwischen 4 und 64 Pages definiert werden (immer ein mehrfaches von 4).
  Sehr kleine Tabellen sollten einer kleinen SEGSIZE zugeordnet werden.
  Große Tabellen entsprechend größeren Einheiten. Eine Größe von 32 oder 64 Pages ist effizient bei Sequential-Prefetch-Prozessen, da ansonsten mit einem physischen Datenbeschaffungs-Befehl auch Pages anderer Tabellen aus Fremd-Segmenten mit angefordert werden.

Bei intensiven INSERT-Aktivitäten in einer Data Sharing Umgebung (MEMBER CLUSTER)

Sehr intensive Insert-Aktivitäten können zu Sperrproblemen der Space Map Pages (siehe Kapitel 11) führen. Bei Vorgabe dieses Parameters erhält jedes Member in einer Data Sharing Group separate Page-Bereiche zur Einfügung bereitgestellt. In diesem Fall verliert der Cluster Index seine Aufgabe bei der Einfügung von Zeilen.

Bei intensiven Manipulations-Aktivitäten (TRACKMOD NO)

Sehr intensive Manipulations-Aktivitäten können zu Sperrproblemen der Space Map Pages (siehe Kapitel 11) führen.
Bei Vorgabe dieses Parameters werden keine Änderungsmerkmale für das Erzeugen von Incremental Copies mehr gespeichert. Damit ist aber das Erstellen solcher Copy-Bestände aufwendiger.

Unterdrücken des Loggings bei LOB-Spalten (LOG NO)
(soll in Zukunft auch für andere Objekte unterstützt werden)

Sehr große Objekte oder Objekte mit hohen Manipulationsaufwendungen, die im Fehlerfalle auch ohne die spezifischen DB2-Log-Sätze recoverable sind, können von den Logging-Aktivitäten ausgeschlossen werden (natürlich ist dann von DB2 keine automatisierte Recovery-Unterstützung mehr gegeben).

10 Datenentwurf unter DB2
10.4 Physisches Design

10.4.7.1.2 Sperrniveau und Lock-Maßnahmen

Beim Starten einer Database kann durch die ACCESS-Option eine Lock-Information mitgegeben werden, mit der gesteuert werden kann:

- (RO)   nur lesender Zugriff erlaubt,
- (RW)   lesender und schreibender Zugriff erlaubt,
- (UT)   nur Utilities dürfen auf die Database zugreifen.

Bei Durchführung von Data Definition Operationen (CREATE, ALTER, DROP) sind Parallel-Aktivitäten innerhalb einer Database wegen interner Lock-Maßnahmen unmöglich.

LOCKSIZE TABLESPACE

Höchstes Lock-Niveau. Es wird der gesamte Tablespace mit allen zugeordneten Tabellen gesperrt. Dieses Sperrniveau ist nur zweckmäßig, wenn alle Anwendungen ausschließlich lesend auf die Daten zugreifen oder einer einzigen Anwendung die volle Exklusivität gesichert werden soll:
- S - Share: Nur lesende Anforderungen werden zugelassen
- X - Exclusive: Es wird keine Parallel-Anforderung zugelassen.

LOCKSIZE TABLE

Es werden innerhalb des Tablespaces nur die benötigten Tabellen gesperrt.
Sperr-Level analog Tablespace, aber nur für einen segmented Tablespace unterstützt.

LOCKSIZE PARTITION

Kann dann mit dem LOCK TABLE-Statement genutzt werden, wenn ein partitioned Tablespace mit LOCKPART definiert ist (SPL = Selective Partition Locking).

LOCKSIZE PAGE

Es werden innerhalb des Tablespaces nur die relevanten Pages gesperrt:
- S - Share: Es werden nur lesende Anforderungen bzw. Anforderungen mit Update-Intent zugelassen. Eine parallele Datenänderung ist nicht zugelassen.
- U - Update-Intent: Es liegt eine Änderungsabsicht für die Page vor und es werden nur noch lesende Parallel-Anforderungen toleriert.
- X - Exclusive: Es liegt eine Datenänderung in der Page vor und es werden keine Parallel-Anforderungen mehr zugelassen (bis COMMIT bzw. ROLLBACK).

Die Page-Level werden im Zusammenspiel mit den TABLE- bzw. TABLESPACE-Intent-Level von DB2 intern vergeben (IS, IX, SIX).

LOCKSIZE ROW

Es werden innerhalb des Tablespaes nur die relevanten Zeilen (Rows) gesperrt:
- S - Share: Es werden nur lesende Anforderungen bzw. Anforderungen mit Update-Intent zugelassen. Eine parallele Datenänderung ist nicht zugelassen.
- U - Update-Intent: Es liegt eine Änderungsabsicht für die Row vor und es werden nur noch lesende Parallel-Anforderungen toleriert.
- X - Exclusive: Es liegt eine Datenänderung in der Row vor und es werden keine Parallel-Anforderungen mehr zugelassen (bis COMMIT bzw. ROLLBACK).

Die Row-Level werden im Zusammenspiel mit den TABLE- bzw. TABLESPACE-Intent-Level von DB2 intern vergeben (IS, IX, SIX).

LOCKSIZE LOB

Bei LOB-Tablespaces erfolgt die Sperre auf der Ebene eines LOB-Wertes.

LOCKSIZE ANY

Das Lock-Niveau wird durch DB2 bestimmt.
DB2 ordnet bei 'ANY' das gleiche Lock-Niveau zu wie bei 'PAGE' (beim LOB-Tablespace 'LOB'). Wenn eine bestimmte Anzahl Locks überschritten werden, schaltet DB2 auf ein höheres Lock-Niveau um (**Lock Escalation**). Siehe auch LOCKMAX.

LOCKMAX

Wenn eine bestimmte definierte Anzahl Page- oder Row-Locks überschritten werden, schaltet DB2 auf ein höheres Lock-Niveau um (Lock Escalation).
Dadurch werden erhebliche interne Ressource-Vorteile erzielt. Das geschieht zwar zu Lasten der Konkurrenzverarbeitungs-Möglichkeit, aber bei großen Update-Volumen ist ansonsten die Gefahr von Deadlock-Situationen sehr hoch.

Die Empfehlung lautet:
Beim Anlegen eines Tablespaces sollte dann ein hohes Sperrniveau gewählt werden, wenn die Daten generell nur lesend verarbeitet werden sollen oder aber keinerlei Konkurrenz stattfinden soll.
Ansonsten sollte ein niedriges Sperrniveau gewählt werden (PAGE, ROW oder ANY), damit eine hohe Konkurrenz-Situation gewährleistet ist.
Im Bedarfsfall kann innerhalb eines Anwendungsprogramms mit dem SQL-Statement 'LOCK TABLE' gearbeitet werden. Damit kann für eine individuelle Anwendung auf ein höheres Sperrniveau (TABLESPACE beim simple Tablespace und TABLE beim segmented Tablespace; PARTITION und TABLESPACE beim partitioned Tablespace) umgeschaltet werden.

10.4.7.2 Einsatz von DB2-Views

Der Einsatz von DB2-Views ist in den Unternehmen heftig umstritten. Gerade durch die umfangreichen Restriktionen ist der View nur sehr eingeschränkt einsetzbar.
So lehnen viele Unternehmen den View-Einsatz zumindest im operationalen Bereich vollständig ab. Aus theoretischer Sicht muss aber der weitgehende Einsatz dringend empfohlen werden, sofern nicht andere Verfahren mit automatischen Generierungsmöglichkeiten genutzt werden.

Ein View belastet das System bei der Query-Ausführung nicht spürbar, sofern kein materialized View durch verschachtelte Views anfällt. Die Verwaltungs-Problematik ist aber sehr hoch, da z.B. keine Änderung eines Views unterstützt wird.

10.4.7.3 Einsatz von DB2-Synonymen und DB2-Alias

Der Einsatz von DB2-Synonymen und DB2-Alias ist dringend zu empfehlen, damit Anwendungsprogramme nicht mit dem Prefix eines Objekts arbeiten müssen.
Ein Synonym zeigt z.B. entweder auf eine Produktions- oder Testumgebung.
Allerdings muss immer mit einer spezifischen Programm-Version gearbeitet werden.
Dies ist lösbar durch:

- den Aufruf von separaten Programmversionen (Lademodulen), die in Form unterschiedlicher Package-Versionen einer Collection zugeführt werden können und von DB2 automatisch gesucht werden,
- die Zuordnung einer Package-Version zu einer bestimmten Collection, die dann im Programm gewählt wird (SET CURRENT PACKAGESET).

10.4.7.4 Zuordnung Tablespace und Indexspace zur Database

Die Database hat auf die Verarbeitung von Tabellen nur indirekte Auswirkungen.
Grundsätzlich wird die Adressierung von Benutzerdaten nur über Tabellen- oder View-Namen vorgenommen. Die Database hat nur DB2-verwaltungstechnische Bezüge.
DB2 ordnet einer Database einen DBD (Database-Descriptor) zu, der unter einer internen Objekt-Id sämtliche Ressourcen einer Database zusammenfasst. Daher wirken auch auf dieser Ebene DB2-interne Sperr-Maßnahmen.

Der DBA kann die Objekte einer Database leicht kontrollieren, da eine Database komplett mit ihren Ressourcen gestartet und gestoppt werden kann.
Indirekt können damit Anwendungen zur Verarbeitung zugelassen werden, oder aber ihre Verarbeitungs-Möglichkeit unterbunden werden.

Die DB2-interne Sperre auf Database-Niveau führt zu Problemen, wenn intensive parallele Aktivitäten möglich sind:

- DB2-Objekt-Verwaltung mit DDL (z.B. auch im QMF),
- BIND-Prozesse (dynamisch und statisch).

10.4.8 Festlegung der sonstigen physischen Ressourcen

Es folgt eine Auflistung relevanter Aktivitäten, die im Zusammenhang mit dem physischen DB2-Design relevant sind. Zum Teil sind auch funktionale Aspekte aufgenommen worden:

Definition der TP-Monitor-Ressourcen:
In Abhängigkeit vom jeweiligen TP-Monitor müssen die Umgebungen für das Zusammenspiel mit DB2 vorbereitet werden. Dazu ist es erforderlich:
- das Autorisierungs-Verfahren generell zu klären,
- die Verbindungen (Connections) zwischen den Adressräumen zu planen,
- RCT- bzw. RTT-Tabellen-Einträge zu regeln und die entsprechenden Einträge zu verwalten.

Zuordnung der Anwendung
Zuordnung der Daten und Funktionen zu einer bestimmten DB2-Lokation.

Festlegung der Konsistenz-Maßnahmen:
Festlegung der Manipulations-Regeln (siehe hierzu auch Ausführungen im Kapitel 13):
- Einzel-Manipulationen dürfen nur über den Primary-Key vorgenommen werden,
- Aufsetzen auf zusammengesetzten Key (z.B. Inclusion- oder Exclusion-Methode).

Festlegung der Sperr-Verfahren (siehe hierzu auch Ausführungen im Kapitel 12 und 13):
- DB2-Lock-Parameter z.B. für Massen-Manipulationen,
- Soll ein zentrales logisches ENQ-Verfahren außerhalb von DB2 eingesetzt werden?

Festlegung der Parallel-Update-Sicherungs-Maßnahmen:
- Mit welcher Methode sollen DB2-implizite Sperren genutzt werden:
  - Cursor-Konzept mit UPDATE-Option,
  - ISOLATION-Level auf Statement-, Package oder Plan-Ebene.

Festlegung des COMMIT-Einsatzes und Restart-Verfahrens.

Festlegung der Verarbeitungs-Regeln:
Zur Reduzierung von Deadlocks kann es sinnvoll sein, eine Zugriffs-Hierarchie und entsprechende Zugriffspfade festzulegen. Eine zentrale Fehler-Behandlung ist zu empfehlen (z.B. auch für RI-Verstöße).

10.4.9 DB2-Unterstützungstools

Während DB2 für das logische Design keine oder nur sehr beschränkte Mittel anbietet, sind die Mittel zur physischen Design-Unterstützung stärker ausgeprägt.

Die wesentliche Rolle übernimmt der DB2-Katalog, in dem die gesamten physischen Objekte verwaltet werden. Die Verwaltung erfolgt über die SQL-DDL-Statements interaktiv (SPUFI) oder durch Anwendungsprogramme.

Die Katalog-Tables enthalten die DB2-System-Relationen (nämlich die Objekt-Typen und die einzelnen Objekte mit Beschreibungen) sowie statistische Informationen, die ausschließlich der physischen Unterstützung dienen.

So kann das **RUNSTATS-Utility** zur Ermittlung von Statistikinformationen eingesetzt werden. Diese werden innerhalb bestimmter Katalogtabellen abgestellt (siehe hierzu Anhang 3).
Der DBA kann diese Informationen zur Abprüfung von Reorganisations-Erfordernissen abfragen. Außerdem werden diese Informationen automatisch beim BIND-Prozess der Pläne und Packages zur Ermittlung des optimalen Zugriffspfades herangezogen (siehe unter RUNSTATS im Anhang 2).

Das RUNSTATS-Utility sollte immer aktiviert werden, wenn:

- Eine Table mit Daten neu geladen wird.
- Ein neuer Index angelegt wird.
- Ein Tablespace reorganisiert wurde.
- Umfangreiche Inserts, Updates oder Deletes innerhalb eines Tablespaces erfolgten.

In diesen Fällen erfolgt kein automatischer REBIND-Anstoß der Pläne bzw. Packages. Der DBA muss diesen Anstoß manuell tätigen (eine periodische Überwachung durch RUNSTATS kann sinnvoll sein). Lediglich ein gelöschter Index wird erkannt und der Plan bzw. die Package als ungültig markiert (invalidated). Dann erfolgt ein Automatic Rebind durch DB2 bei der nächsten Planbenutzung.

10.4.10 Checkliste für das physische DB2-Design

Die einzelnen Punkte dieser Checkliste sind vorab in diesem Kapitel detailliert erläutert worden.
Das physische DB2-Design wird durch folgendes Phasenkonzept wirkungsvoll unterstützt:

1. **Bestimmung der DB2-Tabellen**
   Festlegung der DB2-Tabellen. Zunächst gilt:
   - Jede Relation wird eine Tabelle,
   - Jedes Attribut wird eine Spalte. Evtl. Spaltencharakteristiken können durch DB2 unterstützt werden, wie z.B. Check-Klauseln.

   Festlegung der DB2-internen Namenskonventionen für Tabellen und Spalten.

2. **Aufteilung der logischen Benutzersichten hinsichtlich ihrer Bedeutung**
   Aufteilung der Benutzersichten (unternehmens-individuell zu regeln):
   1 - **Unkritisch**, da niedrige Performance-Anforderungen und geringe Anforderungen an die Verfügbarkeit bestehen.
   2 - **Kritisch**, da mittlere Performance-Anforderungen und mittlere Anforderungen an die Verfügbarkeit bestehen.
   3 - **Sehr kritisch**, da hohe Performance-Anforderungen und hohe Anforderungen an die Verfügbarkeit bestehen.

3. **Untersuchung der relevanten Zugriffspfade für die kritischen Benutzersichten**
   Relevante Zugriffspfade können zumeist nach der 80 : 20-Regel eruiert werden.
   20 % der Views decken 80 % der Anforderungen ab. Das sind die relevanten Views.
   Besonders problematisch sind häufige und aufwendige Joins bzw. Subqueries.

4. **Ggf. Durchführung von De-Normalisierungsmaßnahmen**
   1. **Zusammenführung** häufig benötigter Daten unterschiedlicher Relationen zu einer Tabelle. Dabei sind relevant:
      - Zulässige Beziehungs-Typen:
        - 1 : 1
        - 1 : N (i.d.R. Probleme bei größeren Mengen).
      - Zulässige Zusammenlegungs-Methoden:
        - 'Hochziehen' der untergeordneten Relation zur übergeordneten Relation.
        - 'Runterziehen' der übergeordneten Relation zur untergeordneten Relation.

   2. **Trennung** häufig benötigter Daten und weniger häufig benötigter Daten einer Relationen in mehrere Tabellen. Dabei sind relevant:
      - **Vertikale Trennung** der Spalten, d.h. bestimmte Spalten der Relation werden einer Tabelle, andere Spalten einer anderen Tabelle zugeordnet.
        Hier muss der PK der Relation in allen Tabellen aufgenommen werden.
      - **Horizontale Trennung** der Zeilen nach inhaltlichen Kriterien (Partitioning), d.h. bestimmte Daten-Zeilen der Relation werden einer Tabelle, andere Zeilen einer anderen Tabelle zugeordnet.
        Hier muss die komplette Struktur der Relation in allen Tabellen übernommen werden.

   3. Bilden zusätzlicher **Redundanzen**.
      Dabei sind relevant:
      - Exakte Kopien von Spalten oder Zeilen,
        - Snapshot-Tabellen,
        - Spiegel-Tabellen (Replikate),
        - Parallel-Tabellen (z.B. für täglichen Switch bei einer Auftragserfassung),
      - Funktional abgeleitete Daten (Aggregationen).

5. **Festlegung der Details für Tabellen und Tabellen-Spalten**
   - Festlegung der Daten-Typen:
     - User-defined Data-Types einrichten
     - Attribute, die häufig miteinander verglichen werden, mit gleichem Format und gleichen Charakteristiken versehen (bessere Index-Nutzung und kein Konvertierungs-Aufwand mit evtl. Problemen),
     - Numerische Daten, wenn möglich als Integer abspeichern,
     - Long-Strings (Vorsicht: erhebliche Restriktionen, siehe unter CREATE TABLE),
     - Einsatz von LOBs.
   - Festlegung der Spalten-Reihenfolge innerhalb einer Tabelle (Felder mit fester Länge vor variabel langen Feldern). Variable Felder vermeiden. Besser Kompression nutzen.
   - Festlegung der Primary-Keys und Foreign-Keys.
   - Festlegung der Zuständigkeit für die Verwaltung referenzieller Beziehungen (DB2 oder Anwendungsprogramm). Ggf. Einrichtung des referenziellen Konstrukts mit entsprechendem Namen.
   - Festlegung der Zuständigkeit für die Gewährleistung der Integritätsregeln (DB2 oder Anwendungsprogramm). Ggf. Einrichtung von User-defined Functions und Triggern.

10 Datenentwurf unter DB2
10.4 Physisches Design

6. **Festlegung der physischen DB2-Objekte**
   Festlegung der DB2-Objekte:
   1. **Schema**   Definition von logischen Gruppen für die Eigentümerschaft (Owner) von Daten-Objekten und Routinen.

   2. **Database**   Zuordnung fachlich zusammengehöriger Objekte in einer Database.
      Sind hohe DDL-Aktivitäten zu erwarten, empfiehlt sich der Einsatz einer eigenen Database für einzelne Benutzer oder Benutzergruppen wegen der Sperrmechanismen.

   3. **Tablespace** Zuordnung der Tables zu Tablespaces. Faustformel:
      Jede Tabelle sollte einem partitioned oder aber segmented Tablespace zugeordnet werden.
      - **Partitioned**   Eine Verteilung der Daten ist sinnvoll, wenn mehr als 500 MB gefordert sind.
        Ein Partitioned Tablespace hat relevante Vorteile:
        - parallele Verarbeitungsmöglichkeiten,
        - Sperre kann auf eine Partition reduziert werden.
      - **Segmented**   Zusammenfassung logisch zusammengehöriger Tabellen.

   4. **Index**   Festlegung der erforderlichen Indizes. Bei sehr kleinen Tabellen ist ein Index evtl. wenig sinnvoll (außer dem Primary-Index).
      - **Primary**   Ein Primary Index ist erforderlich für einen Primary Key.
      - **Foreign**   Ein Foreign Index ist i.d.R. sinnvoll für jeden Foreign Key.
      - **Cluster**   Ein Clustering Index ist erforderlich für einen Partitioned Tablespace.
        Bei sonstigen Tablespaces ist er sinnvoll, wenn häufig Datengruppen in sequenzieller Folge angefordert werden. DB2 kann dann evtl. auf einen Sort verzichten und kann sowohl den Index als auch die Daten mit einem Sequential Prefetch einlesen.
      - **Composite**   Ein zusammengesetzter Index kann wirkungsvoll sein zur Abdeckung von Anforderungen diverser Spaltenkombinationen (die Reihenfolge der Spalten ist sehr wichtig).
        Achtung: wenn ein Index Scan erforderlich ist, entsteht ein hoher Such-Aufwand bei großen Tabellen.
      - **ASC, DESC**   Festlegung der Sortierfolge für jede einzelne Index-Spalte.

7. **Festlegung sonstiger Benutzer-Objekte**
   Festlegung sonstiger Benutzer-Objekte:
   1. **DB2-View**   Generelle Regel: Kein direkter Zugriff auf eine Basis-Tabelle.
      Aufteilung in Read- und Write-Views ist sinnvoll.
      Der View kann mit anderen Spalten-Namen ausgestattet werden als die Basis-Tabelle.
      Aufgrund der bestehenden DB2-Restriktionen ist eine völlige Unabhängigkeit der Anwendungen von den Daten nicht erreichbar.
   2. **Synonym** und
   3. **Alias**   Generelle Regel: Keine direkte Verwendung von zwei- oder dreiteiligen Objekt-Namen (Lokation und Autorisierungs-Id) in Programmen.

8. **Festlegung der Benutzer-Privilegien**
   Festlegung der DB2-Sicherheits-Einrichtungen:
   - Autorisierungs-Id,
   - GRANT-Privilegien,
   - Views WITH CHECK OPTION.

9. **Definition der erforderlichen Ressourcen in den beteiligten Systemen**
   1. Definition der TP-Monitor-Ressourcen.
   2. Zuordnung der Ressourcen zur DB2-Lokation (auch zu Membern einer DB2 Data Sharing Group).
   3. Festlegung der Konsistenz-Maßnahmen.
   4. Festlegung der Verarbeitungs-Regeln.

10. **Einrichten der Ressourcen und Prototyping**
    1. Definition der Objekte.
    2. Laden mit Testdaten.
    3. Veränderung der Statistikfelder der Katalog-Tabellen.
    4. Test der SQL-Statements mit EXPLAIN.
    5. Redesign aufgrund der zunehmenden Erfahrungs-Werte.

11 DB2-Datenspeicherung intern und extern
11.1 Übersicht der Speicherungsformen

Der DB2-Datenverwaltung liegt ein hierarchisches Speichersystem zugrunde. Es lassen sich folgende Speicherungsformen definieren, die in Abbildung 11-1 dargestellt sind:

- **Meta-Ebene**
  Auf dieser Ebene, die von Programmen (DB2-System- oder Benutzerprogrammen) behandelt werden, wirken zwei Datensichten:

  - **Benutzerdaten**
    Die Benutzerdaten werden gemäß der Modellierungsergebnisse im DB2-Katalog beschrieben. Dabei werden Strukturbeschreibungen und ggf. Integritätsmaßnahmen vorgegeben.
    Gelänge es, sämtliche logischen Anforderungen voll innerhalb der DB2-Objekte zu definieren, würden die Systemroutinen alle Verwaltungsaufgaben übernehmen (z.B. die Regeln und Maßnahmen von Referential Integrity).
    Solange DB2 bestimmte Maßnahmen nicht unterstützt bzw. nicht alle Maßnahmen umfassend aktivierbar sind, müssen Benutzerprogramme die Verarbeitung übernehmen (z.B. wg. Mängeln im View-Konzept oder praktischen Begrenzungen bei der Umsetzung einer logischen RI-Struktur).

  - **DB2-Systemdaten (Katalogdaten)**
    Die Logik der DB2-Systemroutinen ist eng mit dem Aufbau der DB2-Katalogdaten verflochten. Die Katalogdaten sind die Meta-Daten von DB2, d.h. die Beschreibung über die zu verwaltenden Daten.
    Die DB2-Objekte sind als logische Verwaltungseinheiten zu sehen, die von den DB2-Systemroutinen verarbeitet werden. Dabei wirken von Benutzern (bzw. DBAs) gesetzte Parameter, die sich in Form von Katalogspalten und -werten widerspiegeln, steuernd auf Systemroutinen.

- **Physische Speicherstruktur (Storage Structure)**
  Die Verwaltung der realen Daten, deren Beschreibungen im Katalog hinterlegt sind, erfolgt in **Page Sets**.
  Enthält ein Page Set Datensätze, wird er **File Page Set** genannt; enthält er Index-Einträge, wird er als **Index Page Set** bezeichnet.
  Der File Page Set ist die physische Repräsentation der Daten eines Tablespaces, der Index Page Set die physische Repräsentation der Index-Einträge eines Indexspaces.
  Der File Page Set kann die Daten von einer oder mehreren Tables speichern, der Index Page Set enthält nur die Daten eines Index.
  Im Page Set werden die Daten in Pages verwaltet und auf einer oder mehreren physischen Datasets gespeichert.
  Ein Page Set enthält:

  - Verwaltungs-Pages (Header Pages, Space Map Pages),
  - Daten- bzw. Index-Entry-Pages.

  Ein File Page Set ist je nach Typ unterschiedlich aufgebaut. Es wird unterschieden in:
  - non-segmented Page Set,
  - segmented Page Set,
  - partitioned Page Set,
  - LOB Page Set.

  Ein Index Page Set kann ab Version 6 nur noch einen Typ enthalten (Typ 2).

  Die Pages eines Page Sets werden von DB2 durchgehend von 0 bis n numeriert.
  Für den Page Set steht auf externen VSAM-Datenträgern Platz in Form von Primär- bzw. Sekundär-Bereichen zur Verfügung.
  Eine Page eines File Page Sets kann 4 KB, 8 KB, 16 KB oder 32 KB groß sein.
  Eine Page eines Index Page Sets kann nur 4 KB groß sein.

11 DB2-Datenspeicherung intern und extern
11.1 Speicherungsformen

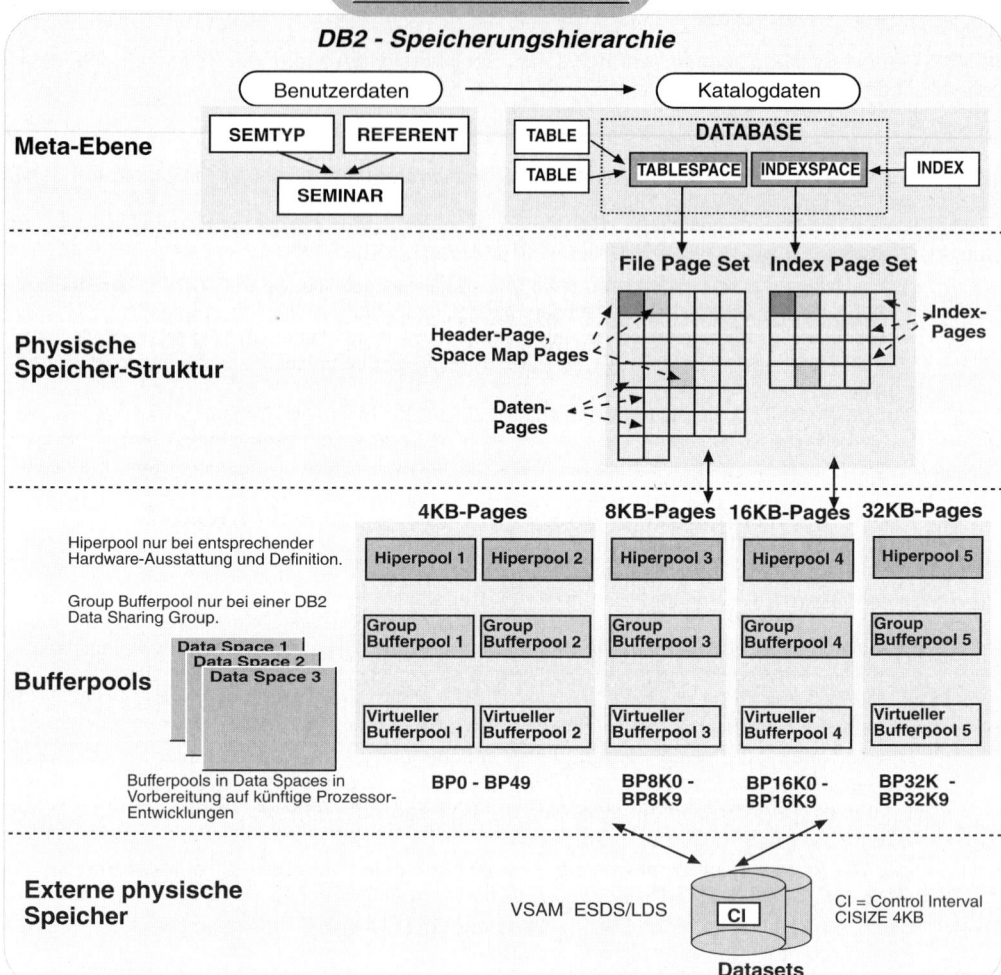

Abbildung 11-1

- **Bufferpools**
  Die aufgrund der internen physischen Verwaltungsregeln aufgebauten Pages müssen auf externe Datenträger ausgelagert werden. Dafür werden interne Zwischenspeicher, nämlich Buffer benötigt. Diese werden verwaltungstechnisch in Bufferpools zusammengefasst.
  Es existieren derzeit max. 80 Bufferpools, die bei der Tablespace- bzw. Index-Verwaltung zugeordnet werden und die Page-Größe implizit bestimmen:
  - BP0 bis BP49 mit 4 KB-Pages.
  - BP8K0 bis BP8K9 mit 8 KB-Pages.
  - BP16K0 bis BP16K9 mit 16 KB-Pages.
  - BP32K bis BP32K9 mit 32-KB-Pages.

  Es gibt pro Bufferpool bis zu vier Repräsentations-Typen:
  - Virtueller Bufferpool   der verarbeitbare Speicher im Prozessor.
  - Hiperpool   im Erweiterungs-Speicher des Prozessors für Paging-Aktivitäten.
  - Group Bufferpool   bei einer DB2 Data Sharing Group der gemeinsame Pool.
  - Bufferpool in Dataspaces   aus dem DB2-Adressraum ausgelagerte Bufferpools.

- **Externe physische Speicher**
  Die Pages werden auf externen VSAM-LDS-Dateien (Linear Datasets) abgelegt.
  Ein Page Set kann einem oder mehreren VSAM-Datasets zugeordnet werden.
  VSAM kennt eine eigene physische Verwaltungseinheit, den CI (Control Interval), der auch die Übertragungseinheit zwischen den Datenträgern und den Buffern darstellt.
  Alle Pages werden in 4 KB großen VSAM-CIs abgelegt.

11.2 Space-Management

Das DB2-Space-Management unterstützt die Ablage von Daten sowie Verfahren zum Auffinden abgelegter Daten.
Einem wirkungsvollen Space-Management kommt eine hohe Bedeutung hinsichtlich der geforderten guten Performance zu.

11.2.1 Verwaltung und Adressierung der Daten innerhalb des Page Sets

Die Verwaltung der Table-Daten erfolgt auf Page-Ebene innerhalb der Page Sets. Die folgende Abbildung zeigt den grundsätzlichen Aufbau der Page Sets.

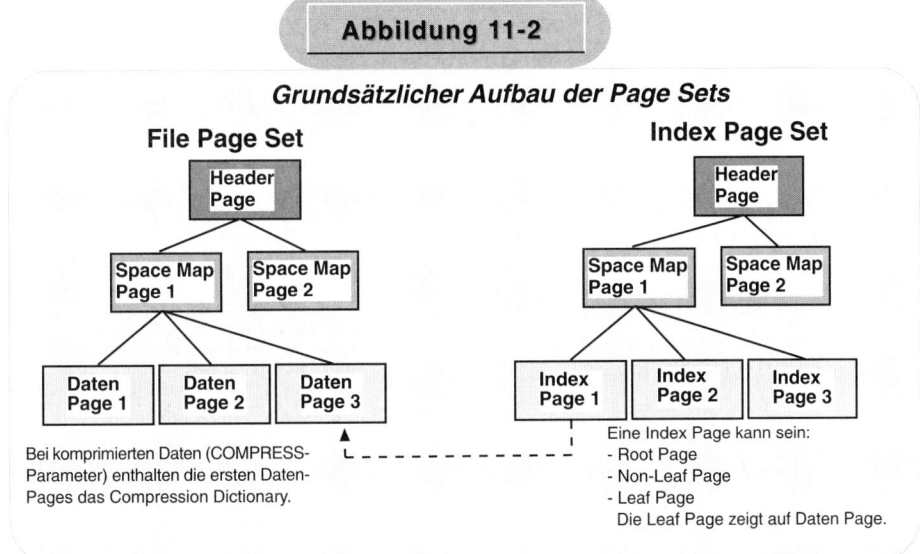

Abbildung 11-2
Grundsätzlicher Aufbau der Page Sets

Der Aufbau des File Page Sets und des Index Page Sets ist grundsätzlich identisch.
Beide führen:

- eine **Header Page** mit Kontrollinformationen des Page Sets,
- **Space Map Pages**, die Freiplatzinformationen der zugeordneten Daten- bzw. Index Pages sowie Kennzeichen von modifizierten Pages enthalten (nur bei File Page Sets und nur sofern der TRACKMOD-Parameter beim Tablespace nicht definiert ist.)

Die Daten Pages führen die Benutzerdaten (max. 255 Zeilen).
Die Index Pages führen die Inhalte der indizierten Spalten und die Referenzadresse zu den Daten.
Index Pages führen ein logisches Index-Konstrukt in Form eines B-Trees mit den Page-Typen:

- **Root** Page   Jeder Index hat eine einzige Einstiegs-Page.
- **Non-Leaf** Page   Jede Stufe zwischen der Root und der Leaf Page wird mit Non-Leaf-Pages gefüllt.
- **Leaf** Page   Die unterste Stufe des Index enthält die Leaf Pages, in denen die Referenzen auf die korrespondierenden Daten geführt werden.

11 DB2-Datenspeicherung intern und extern
11.2 Space-Management

Die folgende Abbildung zeigt die Tablespace- und Speicherstruktur-Sichten der Daten Pages:

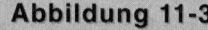

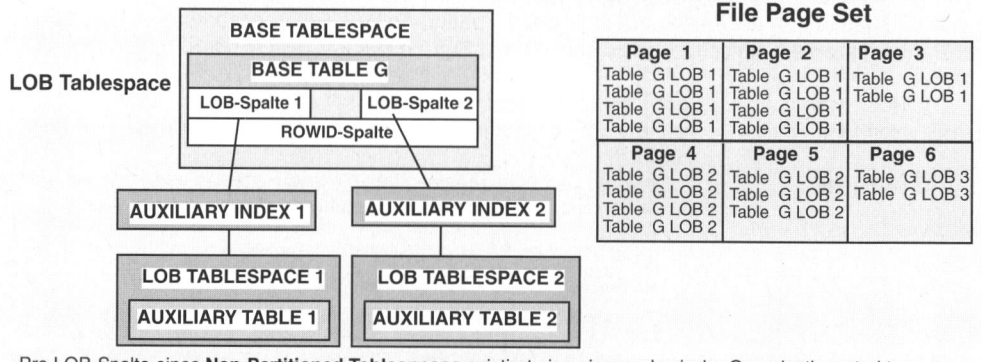

Abbildung 11-3: Tablespace- und Speicherstruktur-Sichten

11 DB2-Datenspeicherung intern und extern
11.2 Space-Management

Es folgen einige Erläuterungen zu der vorherigen Abbildung:

- **Non-segmented Tablespace (simple Tablespace)**
  Ein non-segmented Tablespace kann eine oder mehrere Tabellen beinhalten.
  Werden einem Tablespace mehrere Tabellen zugeordnet, erfolgt eine Datenablage in der Zugangsfolge. Dabei können Daten mehrerer Tabellen in einer Page gespeichert werden.

- **Segmented Tablespace**
  Ein segmented Tablespace kann eine oder mehrere Tabellen beinhalten. Der Page Set wird in Segmente aufgeteilt. Jedes Segment besteht aus 4 bis 64 Pages (muss ein Mehrfaches von 4 sein).
  In einem Segment befinden sich ausschließlich Daten einer Tabelle. Die Segmente werden in Zugangsfolge zugeordnet.
  Es können mehrere Segmente mit Daten der gleichen Tabelle hintereinander auftreten.

- **Partitioned Tablespace**
  Ein partitioned Tablespace kann nur eine Tabelle beinhalten. Der Page Set wird in Partitions aufgeteilt. Jede Partition enthält nur Daten eines Schlüsselbereichs.
  Die Aufteilung in Schlüsselbereiche erfolgt im Zusammenspiel mit dem Clustering Index, der für einen partitioned Tablespace erforderlich ist.

- **LOB Tablespace**
  Ein LOB Tablespace kann nur eine LOB-Spalte einer Tabelle (bei einem partitioned Tablespace pro Partition ein eigenener Tablespace) beinhalten. Der Page Set enthält nur Daten einer LOB-Spalte. Dabei kann sich ein einzelner Wert auf mehrere Pages aufteilen. So benötigt z.B. ein 4 MB großer LOB-Wert bei einer 4KB-Page-Größe ca. 1030 Pages, bei einer 32 KB-Page-Größe ca. 130 Pages.
  Die Beschreibung der LOB-Spalte erfolgt im Zusammenspiel mit der Auxiliary Table und dem Auxiliary Index, der aufgrund der ROWID die Beziehungen organisiert.

Die folgende Abbildung zeigt die Indexspace- und Speicherstruktur-Sichten der Index Pages:

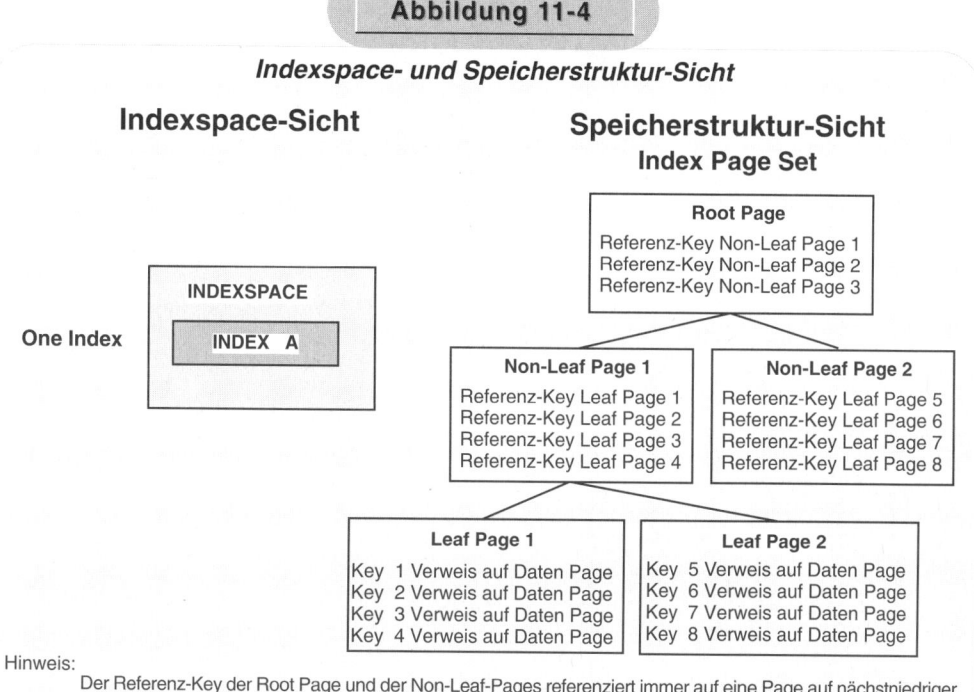

Abbildung 11-4

Indexspace- und Speicherstruktur-Sicht

Hinweis:
Der Referenz-Key der Root Page und der Non-Leaf-Pages referenziert immer auf eine Page auf nächstniedriger Ebene. Er wird verkürzt geführt (Suffix Truncation mit indirektem Verweis auf die Referenz-Page). In der Leaf Page erfolgt keine Verdichtung der Index-Keys.

11.2.2 Page Sets
11.2.2.1 Linear Page Sets

Ein Linear Page Set wird eingesetzt zur Daten-Speicherung für:

- Simple bzw. **Non-Segmented** Tablespaces,
- **Segmented** Tablespaces,
- **Indizes** (alle Indizes von Non-Partitioned Tablespaces und Non-Partitioned Indizes von Partitioned Tablespaces).

Die folgende Abbildung zeigt die Speicherungs-Aspekte der verschiedenen Typen auf:

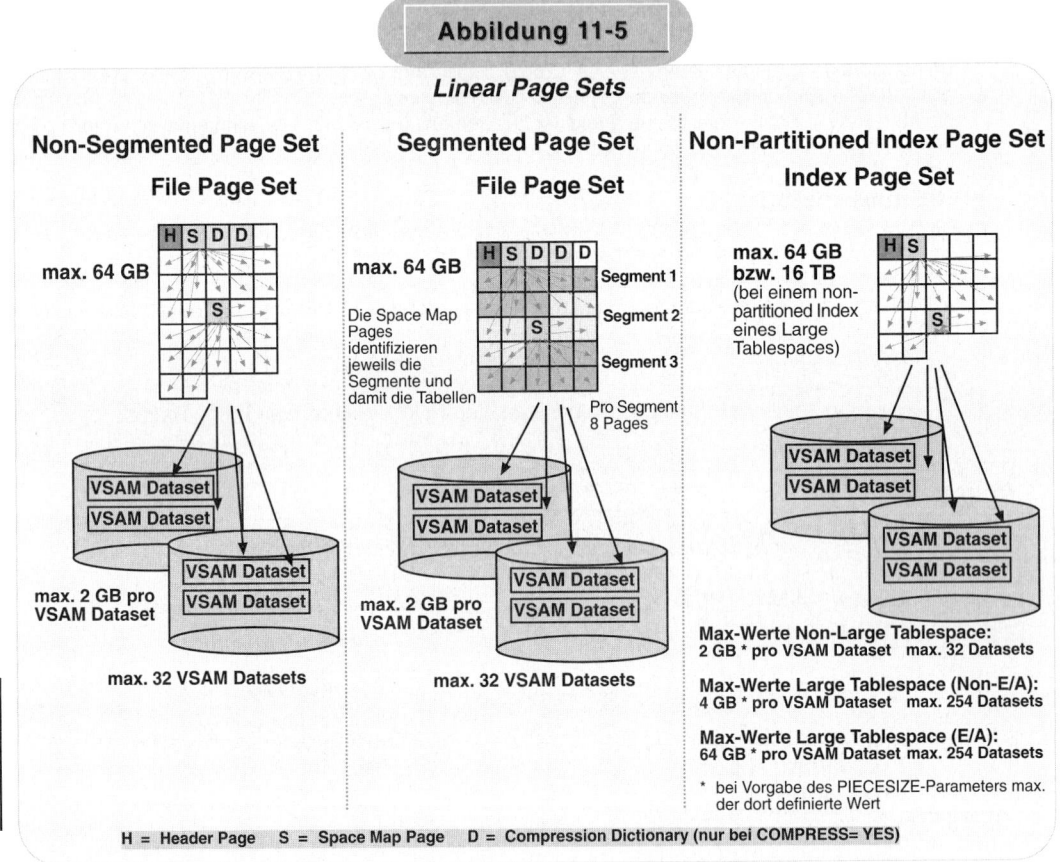

Abbildung 11-5

Hinweise zur Abbildung:
Ein Large Tablespace ist entweder mit dem Parameter LARGE oder mit dem Parameter DSSIZE mit einem Wert >= 4 GB definiert.
E/A bedeutet die Nutzung der erweiterten Adressierungstechnik (Extended Addressability).

11.2.2.2 Partitioned Page Sets

Ein Partitioned Page Set wird eingesetzt zur Daten-Speicherung für:

- **Partitioned** Tablespaces,
- **Partitioned Indizes** (nur bei Partitioned Tablespaces).

Die grundsätzliche Speicherstruktur eines Partitioned Tablespaces entspricht einem Non-Segmented Tablespace. Es werden keine Segmente geführt.

Die folgende Abbildung zeigt die Speicherungs-Aspekte dieser Typen auf:

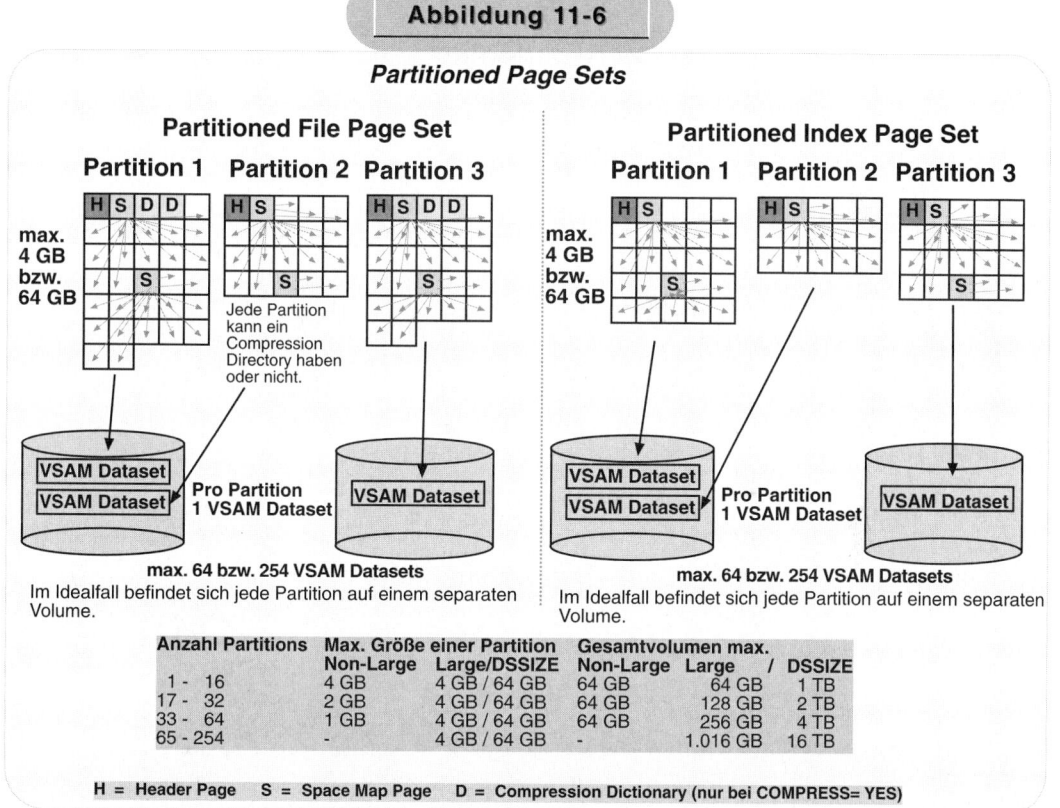

Hinweise zur Abbildung:
Die maximale Speicherungskapazität von 64 GB pro Partition ist nur mit dem Parameter DSSIZE mit einem Wert = 64 GB erreichbar.

11.2.2.3 LOB-Page Sets

Ein LOB-Page Set wird eingesetzt zur Daten-Speicherung von:

- **LOB-Spaltenwerten**.

Pro LOB-Spalte einer Basis-Tabelle muss ein eigener LOB-Tablespace angelegt werden.
Werden die Daten einer Basis-Tabelle einem partitioned Tablespace zugeordnet, muss pro Spalte und pro Partition ein eigener LOB-Tablespace angelegt werden.
Dadurch erhöht sich die Speicherkapazität beträchtlich.

Die folgende Abbildung zeigt die Speicherungs-Aspekte auf:

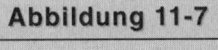

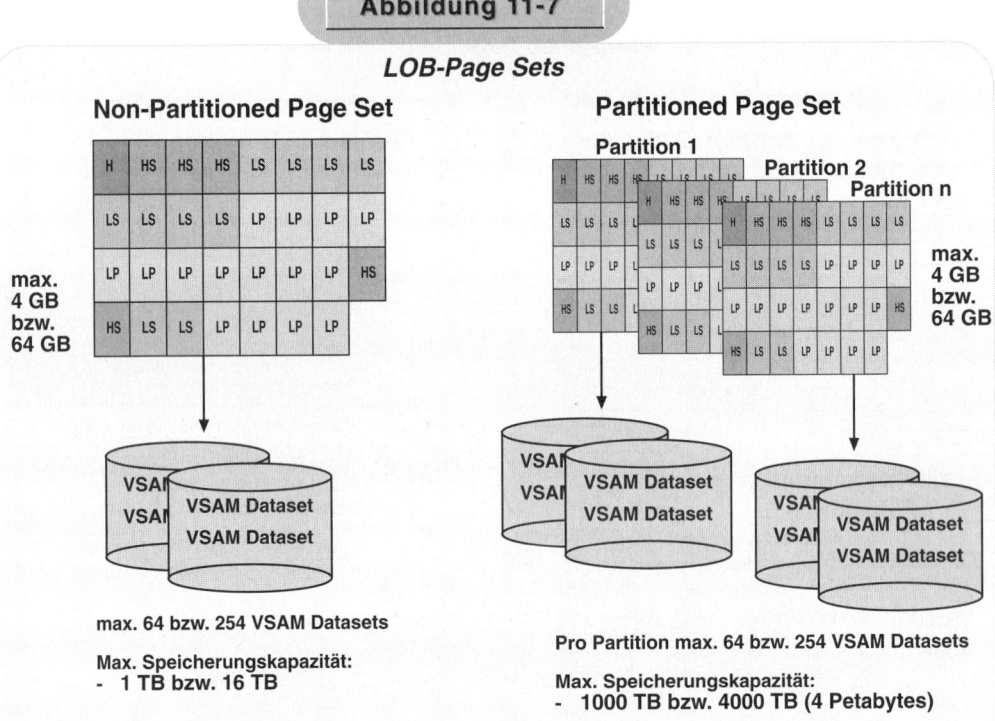

11.2.3 Page Typen des File Page Sets

Eine Tabelle wird einem Tablespace zugeordnet. Dem Tablespace steht die Speicherstruktur des File Page Sets gegenüber.
DB2 verwaltet die Tabellen-Daten zeilenweise. In einer Page können 1 bis max. 255 Zeilen aufgenommen werden. Eine Zeile muss komplett in eine Page passen.
Da auch innerhalb der Page Verwaltungsdaten geführt werden, kann eine 4 KB-Page theoretisch nur mit 4.074 Bytes genutzt werden. Tatsächlich bestehen aber einige Restriktionen, die wir später noch behandeln werden.
Bei der Anlage von Tables sollte versucht werden, die Zeilenausdehnung so zu gestalten, dass 4 KB-Pages genutzt werden können. Ggf. sind die ab Version 6 nutzbaren 8 KB- oder 16-KB-Page-Größen als Bufferpools verfügbar. Ansonsten muss eine performance-aufwendige 32 KB-Page gewählt werden (vorher prüfen, ob überhaupt Buffer und wenn ja, welche Buffergrößen dafür bereitstehen).

Die folgende Abbildung zeigt die Grob-Struktur eines File Page Sets.

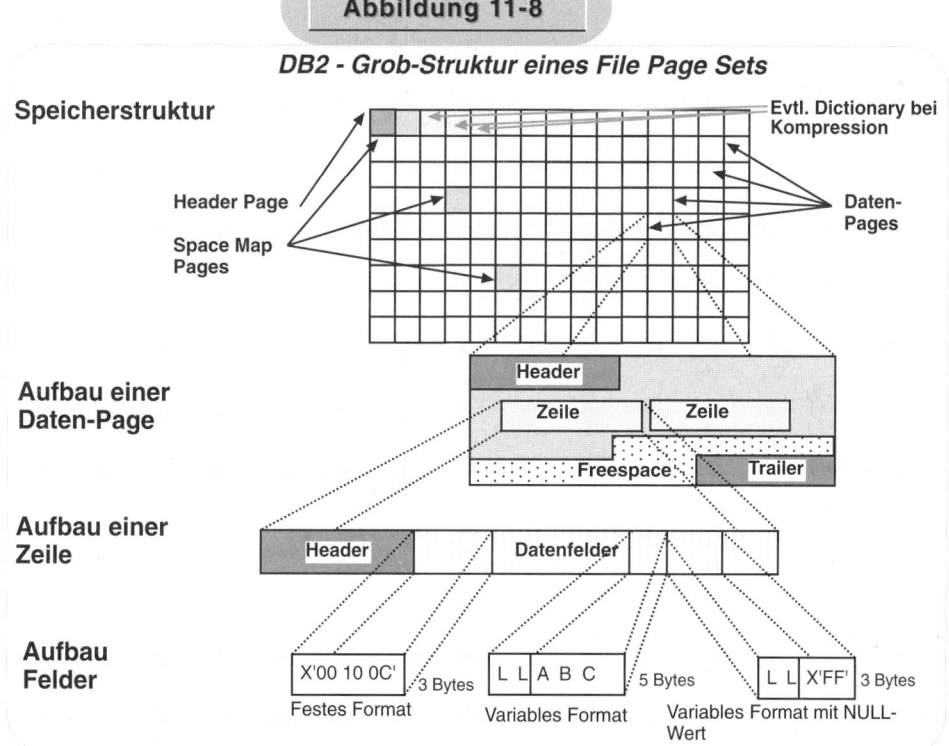

Abbildung 11-8

DB2 - Grob-Struktur eines File Page Sets

11.2.3.1 Header Page

Grundsätzlich führt jeder Page Set nur eine Header Page mit DB2-internen Verwaltungs-Informationen. Bei einem partitioned Tablespace wird jedoch pro Partition eine Header Page geführt.

Die Header Page ist jeweils die erste physische Page innerhalb des File Page Sets bzw. der Partition.

Die folgende Abbildung zeigt den Aufbau einer Header Page:

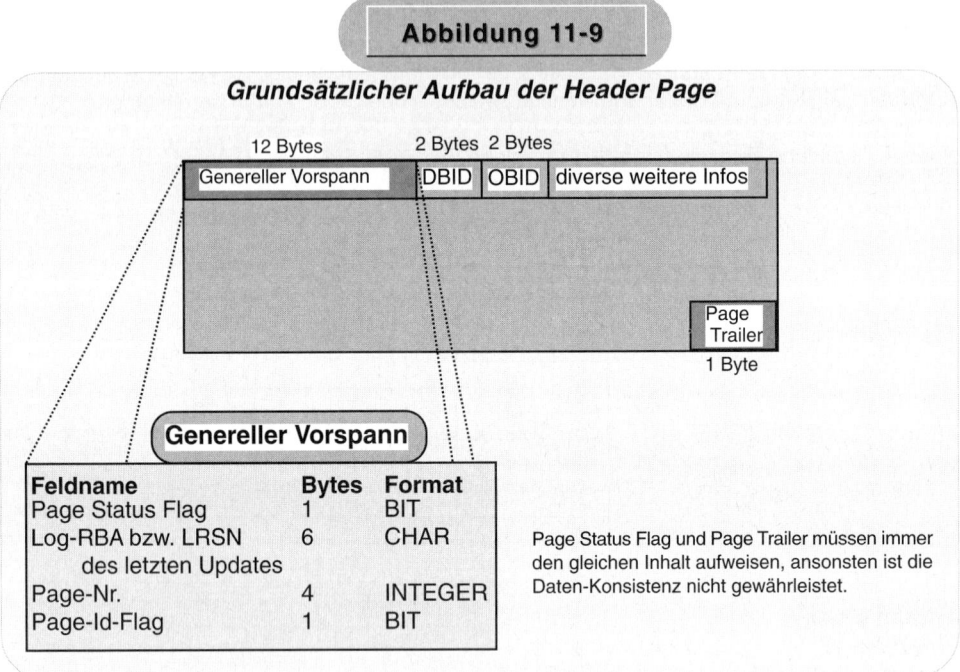

Abbildung 11-9: Grundsätzlicher Aufbau der Header Page

11 DB2-Datenspeicherung intern und extern
11.2 Space-Management

11.2.3.2 Space Map Pages

Jeder Page Set führt eine oder mehrere Space Map Pages. Diese halten Informationen hinsichtlich der verfügbaren freien Bereiche und ggf. der modifizierten Pages.

Für die File Page Sets existieren folgende Space Map-Typen:

- non-segmented Space Map (non-partitioned und partitioned Tablespace),
- segmented Space Map (segmented Tablespace),
- LOB-High-Level Space Map und LOB-Low-Level Space Map.

Die folgende Abbildung zeigt die Reihenfolge der Pages innerhalb eines File Page Sets und den verwaltbaren Page-Bereich einer Space Map Page:

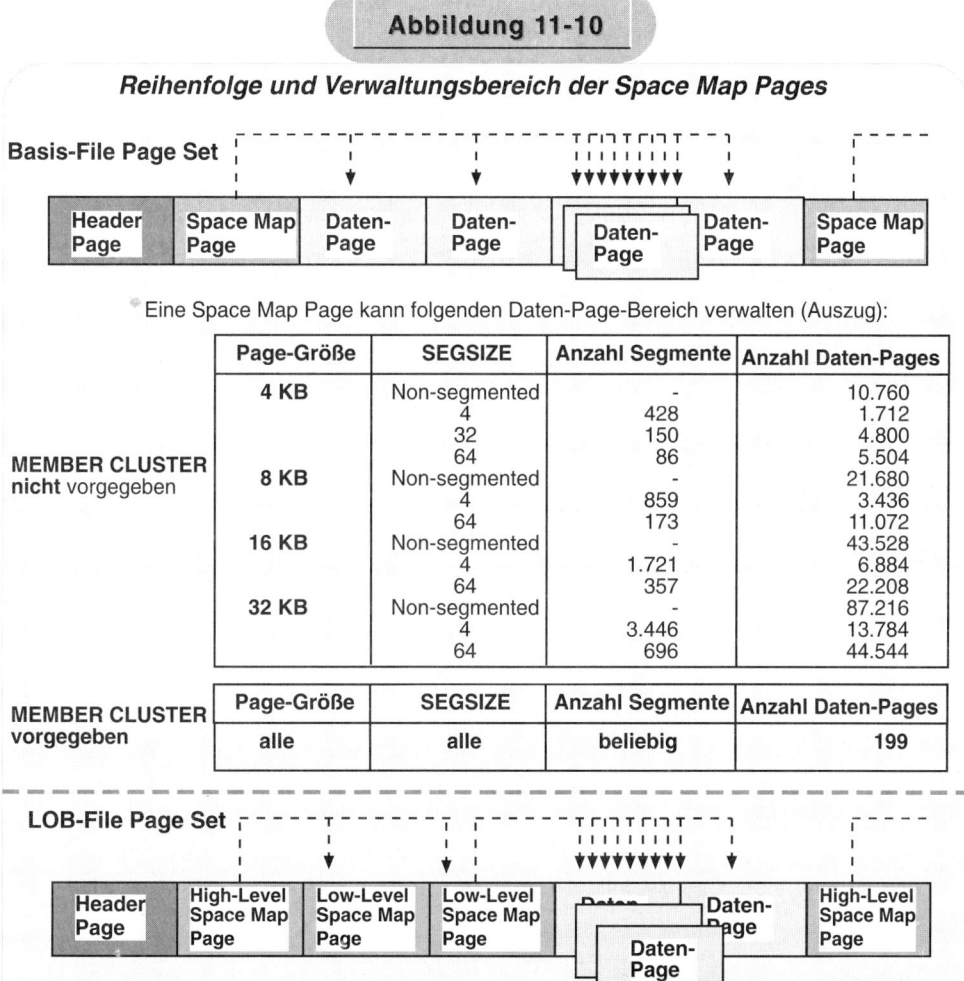

Abbildung 11-10

11 DB2-Datenspeicherung intern und extern
11.2 Space-Management

Die Aufgaben der Space Map Page sind:

- **Verwaltung des Freiplatzes innerhalb der Daten Pages**
  Die Verwaltung des Freiplatzes wird über Bit-Schalter vorgenommen. Zwei Bit-Schalter repräsentieren den Zustand einer Daten-Page (siehe Abbildung 11-11).
  Damit kann DB2 sehr effizient den Zustand der Daten-Pages bei der Suche nach einem Freiplatz eruieren. Zugriffe auf die Daten-Pages finden nur dann statt, wenn noch Platz vorhanden ist.

- **Kennzeichnung modifizierter Pages seit dem letztem Image-Copy-Lauf (nur bei Base-File Page Sets)**
  DB2 führt einen Bit-Schalter zur Identifikation veränderter Daten-Pages seit dem letzten Image-Copy-Lauf. Diese Schalter werden nur geführt, wenn TRACKMOD nicht mit NO definiert ist.
  Wenn von einer Page eine Kopie gezogen wird (Full oder incremental Image Copy) wird das Bit auf '0' gesetzt. Wird eine Veränderung innerhalb der Page durchgeführt, wird das mit der entsprechenden Page korrespondierende Bit auf '1' gesetzt. Außerdem wird innerhalb des Vorspanns der Space Map Page ein Bit gesetzt, das die Änderung einer Daten Page generell signalisiert.

Die folgende Abbildung zeigt Aufbau und Inhalte der Space Map Pages für Base-File Page Sets:
Ein segmented Tablespace fordert eine variable Space Map-Struktur, da die Anzahl der verwaltbaren Pages von der Segment-Größe (SEGSIZE) und der Page-Größe abhängt. Die entsprechenden Werte waren vorab in der Abbildung aufgeführt.

Abbildung 11-11

Aufbau und Inhalte der Space Map Pages (Base-File Page Set)

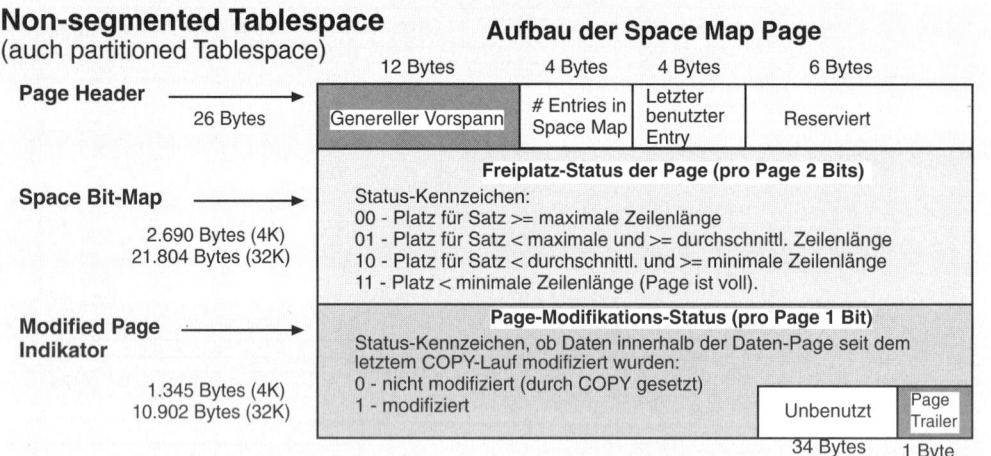

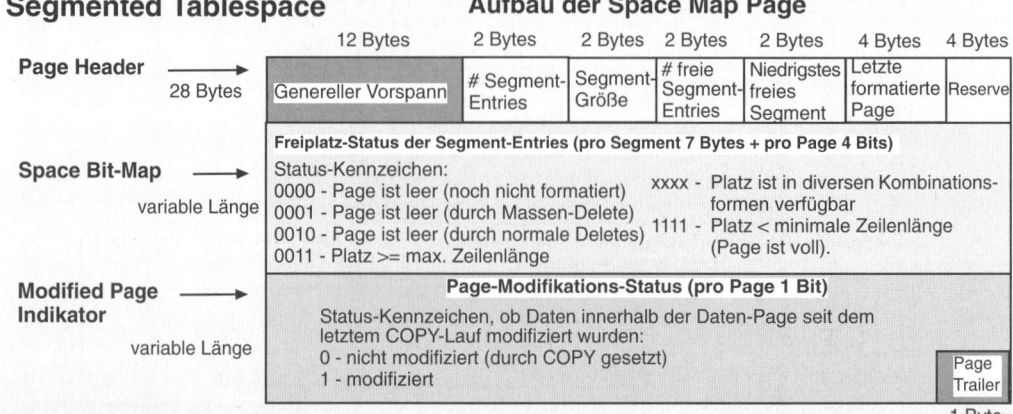

11.2.3.3 Daten Pages

Die folgende Abbildung zeigt den groben Aufbau der Daten-Page.

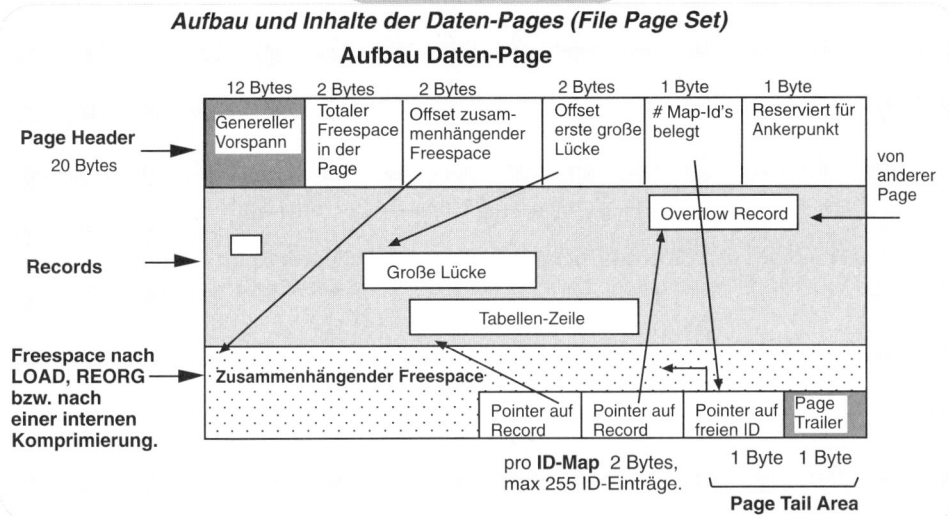

Abbildung 11-12

Aufbau und Inhalte der Daten-Pages (File Page Set)

Eine Page wird beim Anlegen des Tablespaces bzw. bei späteren Bereichs-Sekundär-Anforderungen von VSAM mit Hexa '00' formatiert.
Bei Nutzung einer Page bzw. der Initiierung eines neuen Segmentes formatiert DB2 die Page bzw. Pages mit entsprechenden Verwaltungs-Informationen (Space-Map-Page-Kennzeichnung und Header- bzw. Trailer-Informationen).

Die Page enthält:

- einen 20 Bytes großen Page Header plus 2 Bytes Page Tail Area,
- keine bis maximal 255 Tabellen-Zeilen,
- Overflow-Records (siehe später in diesem Kapitel unter 'Update einer Tabellen-Zeile mit Längenveränderung'),
- Freespace zwischen den Datenzeilen (große oder kleine Lücken) oder hinter den Datenzeilen,
- eine max. 255 x 2 Bytes große ID-Map, die pro Zeile eine 2 Bytes große Adressinformation (Verweis zur Tabellen-Zeile) enthält.

Eine Datenzeile wird mit ihren Spaltenwerten als Character-String behandelt. Zeilen oder Spalten (Felder) können mit EDITPROC bzw. FIELDPROC durch Benutzerroutinen modifiziert werden. Auch Verdichtungen, d.h. Reduzierungen der Spaltenlängen sind möglich, wirken sich aber natürlich nur bei variablem Format aus.

DB2 kennt zwei Zeilenformate:

- **Zeilen mit fester Länge**
  Tables mit ausschließlich festen Spaltenformaten werden als Byte-Strings behandelt. Die Felder werden hintereinander in ihren festen Längen abgelegt.
  Nicht genutzte Bytes werden belegt.
  Zeilen mit fester Länge können von DB2 effizienter verarbeitet werden als Zeilen mit variabler Länge, da keine Adressrechnung für die einzelnen Felder erforderlich ist.
  Wenn nachträglich in eine Table mit ALTER eine neue Spalte eingefügt wird, behandelt DB2 diese Zeile als variable Zeile, auch wenn die neue Spalte ein festes Format aufweist. Außerdem wird eine Tabelle mit EDITPROC als variabel eingestuft.

11 DB2-Datenspeicherung intern und extern
11.2 Space-Management

- **Zeilen mit variabler Länge**
  Tables, die eine oder mehrere variable Spalten enthalten oder deren Daten komprimiert gespeichert werden, werden als variable Zeilen behandelt. Für nicht komprimierte Datenzeilen gilt:
  - Die festen Felder werden in ihrer Gesamtlänge abgestellt.
  - Für die variablen Felder wird eine 2-stellige Längenangabe geführt. Diese enthält die Datenlänge des Feldes ohne die 2 Bytes Längenfeld. Zur Datenlänge zählt auch eine evtl. NULL-Wert-Identifikation.
  - Aus Performance-Gründen sollten variable Spalten nach den Spalten mit fester Länge definiert werden. Ab dem ersten variablen Feld muss DB2 die restlichen Felder dynamisch adressieren, auch wenn sie ein festes Format haben.

  Bei der Änderung von Spaltenwerten einer variablen Zeile sind folgende Aspekte zu berücksichtigen:
  - Es kann eine Zeilenverlängerung auftreten, die dazu führt, dass die Zeile nicht mehr in ihrer ursprünglichen Page Platz findet und verlagert werden muss (Overflow Record).
  - Bei Änderung eines Wertes wird der Rest der variablen Zeile auf die Log-Datei ausgeschrieben (vor der Version 3 wurde die gesamte Zeile ab dem Record Header protokolliert).

Wenn ein NULL-Wert für eine Spalte erlaubt ist, wird ein zusätzliches Indikator-Byte geführt. Inhalt x'00' zeigt, dass kein NULL-Wert vorliegt, bei x'FF' existiert ein NULL-Wert ohne Daten.

Die folgende Abbildung zeigt das DB2-interne Zeilenformat. Am Beispiel der SEMTYP-Tabelle wird sowohl ein fester als auch ein variabler Zeilenaufbau dargestellt.

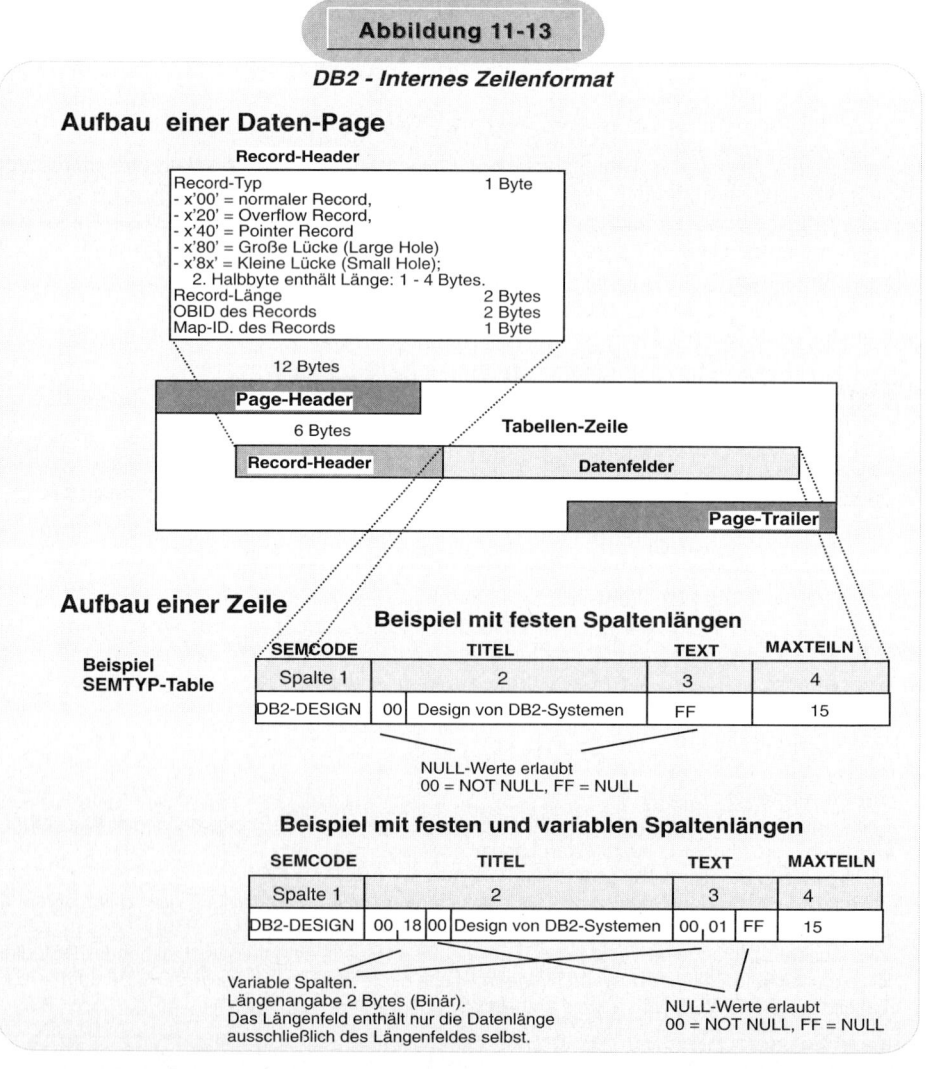

Abbildung 11-13

DB2 - Internes Zeilenformat

11 DB2-Datenspeicherung intern und extern
11.2 Space-Management

Ein 3 Bytes großes Datenfeld wird unter Berücksichtigung der unterschiedlichen möglichen DB2-Formate folgendermaßen gespeichert:

- Feste Feldlänge, NULL nicht erlaubt.	3 Bytes
- Feste Feldlänge, NULL erlaubt.	3 + 1 Byte
- Variable Feldlänge (n), NULL nicht erlaubt.	2 + n Bytes
Wenn kein Feldinhalt vorgegeben ist, wird das Längenfeld mit Inhalt x '0000' abgelegt.	
- Variable Feldlänge, NULL erlaubt.	2 + 1 + n Bytes
Wenn ein NULL-Wert vorliegt, wird das Längenfeld mit Inhalt x '0001' und der NULL-Wert-Indikator mit x 'FF' abgelegt.	

Alle numerischen Felder werden von DB2 so gespeichert, dass ein logischer Vergleich (CLC) durchgeführt werden kann, d.h. die Vorzeichen werden entsprechend verwaltet (z.B. ein INTEGER-Feld erhält das Vorzeichen im höchsten Bit, siehe unter 'numerische Daten DB2-internes Format' im Anhang 1).

11.2.3.3.1 Adressierung der Daten-Zeilen

DB2 kennt verschiedene Verfahren zur Adressierung von Daten. Die grundsätzlichen Formen sind:

- **Sequenzielle Suche** nach den geforderten Daten über den **gesamten Datenbestand**.
- **Direkte Suche** nach den geforderten Daten über einen **Index**.
- **Direkter Zugriff** auf eine Zeile über einen **ROWID**.

Wird der gesamte File Page Set sequenziell durchsucht, braucht DB2 keine besonderen Adressierungsinformationen. Wird hingegen der Zugriff über einen Index abgewickelt, muss ein besonderes Adressierungsverfahren unterstützt werden, das zu einer bestimmten Zeile führt.
DB2 adressiert seine Datenzeilen über eine Record-Identifikation (**RID**).
Diese ist bei Large Tablespaces 5 Bytes, ansonsten 4 Bytes groß und besteht aus:

- 3 bzw. 4 Bytes Page-Identifikation (Lfd. Nr. der Page innerhalb des File Page Sets),
- 1 Byte Zeilen-Identifikation (Record-Id). Dieser enthält die relative Adresse (Offset) zur 2-Bytes-ID-Map der jeweiligen Page. Innerhalb der Daten Page verwaltet DB2 generell für jede Zeile ein solches 2-Bytes-Feld (siehe auch Abbildung 11-12).
Die ID-Map enthält die Anfangs-Adresse der Zeile innerhalb der Page.

Die RID wird dem symbolischen Schlüssel innerhalb eines vorhandenen Index zugeordnet.
Der Index-Aufbau wird später in diesem Kapitel noch behandelt.

Ab der Version 6 wird eine **direkte Adressierung** ohne Indexnutzung unterstützt. Dafür ist die Definition einer **ROWID**-Spalte erforderlich.
Diese ROWID ist variabel lang mit einer internen Länge von 17 Bytes; extern ist die max. Länge 40 Bytes. Die ROWID besteht aus zwei Komponente: einem festen unveränderlichen Teil und einem durch eine Reorganisationsmaßnahme veränderlichen Teil.

Auszug einer ROWID-Spaltenbeschreibung aus der Katalog-Tabelle: SYSIBM.SYSCOLUMNS:

```
 TBNAME:  TEST2      NAME:         ROW_ID    COLTYPE: ROWID       LENGTH:        17
 LENGTH2: 40         DATATYPEID: 904
```

Ausdruck der ROWID-Inhalte vor und nach einem REORG

```
-- vor REORG
   select C1, ROW_ID, LENGTH (ROW_ID) AS LAENGE from test2 ;
+----+----+----+----+----+----+----+----+----+----+----+----+
C1   ROW_ID                                          LAENGE
+----+----+----+----+----+----+----+----+----+----+----+----+
1    007EAD1604F4DC344E6901A9098A0100000000000201       22
2    28474A9604F4D13F4E6901A9098D0100000000000202       22
-- nach REORG (im rechten Teil findet sich die physische Page-Adresse, hier: Page 2 Row 1 + 3).
1    007EAD1604F4DC344E6901A9098A010010000000000201     22
2    28474A9604F4D13F4E6901A9098D010010000000000203     22
-- Zustand nach einem weiteren REORG
1    007EAD1604F4DC344E6901A9098A010020000000000201     22
2    28474A9604F4D13F4E6901A9098D010020000000000203     22
```

11.2.3.3.2 Insert-Strategie innerhalb der Daten-Pages

Das Einfügen von Daten in einen File Page Set wird beeinflusst von der Existenz bzw. Nicht-Existenz eines Index. Da aus Integritätsgründen zumindest ein UNIQUE-Index erforderlich ist, kommen die Insert-Mechanismen ohne Index in der Praxis relativ selten zur Wirkung.
Ausnahmen sind z.B. bei sehr kleinen Datenbeständen im Read-Only-Modus oder bei Erfassungs-Tabellen.
Ab der Version 6 sind zwei Grundformen zu unterscheiden:

- Tablespace ist **mit MEMBER CLUSTER** definiert

    - **Insert -Strategie für Member einer Data Sharing Group**
    Bei diesem Verfahren wird ein definierter Cluster Index bei der Einfüge-Strategie ignoriert.
    Es wird zunächst eine Candidate Space Map Page ermittelt, die dann exklusiv für die Freiplatz-Suche für ein Member genutzt wird.
    Diese Candidate Space Map befindet sich entweder bereits im Speicher oder es wird die zuletzt benutzte Page eingelesen. Wird in der Candidate Space Map kein Freiplatz referenziert, muss eine geeignete Candidate Space Map gesucht werden. Dafür durchsucht DB2 die Kette der verbundenen Space Map Pages bis zum Ende des Page Sets. Wird keine geeignete Space Map gefunden, wird vom Anfang des Page Sets bis zur Einstiegs-Page des Suchprozesses gesucht.
    Ist kein Platz verfügbar, wird der Page Set erweitert (zusätzlicher Extent). Ist dies nicht möglich, wird ein Fehlercode erzeugt (out of space).

- Tablespace ist **ohne MEMBER CLUSTER** definiert

    - **Insert ohne Index**
    Es wird in die Page am Ende des File Page Sets eingefügt, die die letzten Daten enthält. Ist dort kein Platz mehr verfügbar, wird eine neue Page am Ende genutzt bzw. Platz angefordert (Sekundär-Allokation).

    - **Insert mit einem CLUSTER-Index**
    Speicherungsversuch in logischer und physischer Folge (NEAR), d.h. im Index werden die vorhandenen Schlüssel (der vorherige Schlüssel bzw. bei identischem Schlüssel der zuletzt eingefügte) gesucht und aufgrund der Referenz auf die Daten-Page die optimale Page-Position (Candidate Page) für die Neueinfügung ermittelt.
    Ist noch Platz in dieser Page, erfolgt evtl. eine interne Komprimierung (wenn die einzufügende Zeile nicht vollständig unterzubringen ist), d.h. die aktiven Zeilen werden zum Page-Anfang hin aufgerückt und am Ende neuer, zusammenhängender Freespace geschaffen.
    Ist kein Platz mehr in dieser Page verfügbar, wird in Abhängigkeit vom Tablespace-Typ folgende Verarbeitungslogik angewandt:
        - **bei einem non-segmented Tablespace**
            - Prüfen 16 Pages vor und nach der vorgesehenen Einfügungs-Page - sobald Platz vorhanden ist, wird die Zeile eingespeichert (NEAROFFPOS).
            - Durchsuchen des File Page Sets von vorne beginnend bis zur letzten Daten-Page - sobald Platz vorhanden ist, wird die Zeile eingestellt (FAROFFPOS).
            - Wird kein Platz gefunden, erweitern des File Page Sets durch Anforderungen von weiterem Plattenplatz (Sekundär-Allokation).

        - **bei einem segmented Tablespace**
            - Prüfen, ob Platz in dem Segment vorhanden ist, in dem die optimale Page-Position liegt.
            - Wenn dort kein Platz verfügbar ist, prüfen, ob im zuletzt angelegten Segment noch Platz verfügbar ist.
            - Wenn dort ebenfalls kein Platz verfügbar ist, wird ein neues Segment angelegt.
            Ist im File Page Set kein Platz mehr zur Einfügung eines neuen Segments, wird der File Page Set erweitert durch Anforderungen von weiterem Plattenplatz (Sekundär-Allokation).

Natürlich werden diese Prüfungen auf Freiplatz nicht durch Zugriff auf die einzelnen Daten-Pages, sondern ausschließlich durch Zugriff und Prüfung innerhalb der Space Map Pages vorgenommen.
Ist eine Page bereits durch eine andere Anwendung gesperrt (Lock), sucht DB2 eine andere freie Page.

- **Insert mit einem INDEX ohne CLUSTER-Option**
  Die Verarbeitungslogik entspricht der Behandlung eines Inserts mit CLUSTER-Index.
  Dabei wird aber zur Bestimmung der optimalen Page-Position der älteste im System angelegte Index verwendet.
  Dies kann problematisch werden, wenn durch Änderung eines bewährten Index ein DROP und Re-CREATE erforderlich ist. Damit wird automatisch ein anderer vorhandener Index als ältester Index eingestuft. In diesem Falle sollten alle Indizes neu in der entsprechend gewünschten Reihenfolge wieder aufgebaut werden (alle betroffenen Packages bzw. Pläne werden 'invalidated').
  Dies kann dann vermieden werden, wenn immer einer Table ein Cluster Index zugeordnet wird.

11.2.3.3.3   Update-Strategie bei variablen Zeilen

Wird ein Update einer variabel langen Zeile vorgenommen, versucht DB2 zunächst die Daten in dieselbe Page wieder zurückzuschreiben.
Dabei gibt es folgende Möglichkeiten:

- **Der neue Satz ist <u>genauso lang</u> wie der bisherige Satz.**
  In diesem Falle wird der Satz an die exakt gleiche Stelle zurückgeschrieben.

- **Der neue Satz ist <u>kürzer</u> als der bisherige Satz.**
  DB2 schreibt den Satz an die gleiche Stelle zurück und weist den restlichen Platz als Freespace (große oder kleine Lücke) aus. Große Lücken werden miteinander verkettet.

- **Der neue Satz ist <u>länger</u> als der bisherige Satz.**
  DB2 prüft, ob der neue Satz wieder in dieselbe Page zurückgeschrieben werden kann:
  - Ist dies grundsätzlich möglich, wird geprüft, ob ein genügend großer zusammenhängender Bereich verfügbar ist:
    - Wenn ja, wird dort der neue Satz aufgenommen und der bisherige Satz wird als Freiplatz gekennzeichnet.
    - Wenn nein, wird der bisherige Satz als Freiplatz gekennzeichnet und es erfolgt eine interne Komprimierung, bei der die aktiven Zeilen nach vorne gerückt werden und ein größerer zusammenhängender Freiplatz geschaffen wird. Dort kann dann die neue Zeile eingestellt werden.
  - Ist in derselben Page nicht der erforderliche Platz verfügbar, erfolgt die Verarbeitung wie folgt:

    - **Suche nach Freiplatz**
      Die Verarbeitungslogik bezüglich der Freiplatzsuche zur Aufnahme der verlängerten Zeile entspricht der vorab beschriebenen Insert-Strategie.

    - **Ehemaligen Speicherplatz mit dem neuem Platz verketten**
      Wenn die Page zur Aufnahme der verlängerten Zeile gefunden ist, wird:
      - Der neue Satz dort eingefügt (overflow record),
      - An die Stelle des bisherigen Satzes wird ein Pointer-Record geschrieben, der einen Verweis zum neuen Speicherplatz herstellt.
        Dabei wird die RID mit Page-Nr. und Offset analog des Indexeintrags der Leaf Page eingestellt (siehe nähere Ausführungen im gleichen Kapitel).

    - **Freespace-Kennzeichnung des alten Platzes**
      Der Pointer-Record ist 6 Bytes groß, der nachfolgende Platz wird als Freespace gekennzeichnet (in aller Regel eine große Lücke).

Diese UPDATE-Strategie erspart das aufwendige Anpassen von Index-Pages und die Verwaltung sonstiger Verkettungsinformationen.
Sollten mehrfach Längenveränderungen eines variablen Satzes durchgeführt werden, erfolgt immer wieder die oben dargestellte Verarbeitung. Bei Längenveränderungen zeigt der Pointer-Record aber immer auf den aktuellsten Overflow-Record. Bei der sequenziellen Abarbeitung im Zuge eines File Page Set Scans wird die Datenzeile natürlich nur einmal eingelesen.

11.2.3.3.4   Delete-Strategie innerhalb der Pages

Wenn eine Zeile gelöscht wird, löscht DB2 den 2-Bytes großen Pointer im Page-Trailer und kennzeichnet den Daten-Speicherplatz innerhalb der Page als Freespace (große Lücke).

11.2.3.3.5 Freespace-Verwaltung der Pages

Freespace innerhalb des File Page Sets wird natürlich von DB2 und nicht von VSAM verwaltet. Zwei Freespace-Formen existieren:

- Komplette Pages werden frei gehalten.
- Innerhalb jeder Page wird Freiplatz in einer bestimmten prozentualen Größe freigehalten.

Freespace wird definiert mit den Optionen **FREEPAGE** und **PCTFREE** des CREATE bzw. ALTER TABLESPACE-Statements.
Mit der Option FREEPAGE werden freie Pages nach einer bestimmten Anzahl von Daten-Pages vorgesehen.
Die Option PCTFREE definiert den Freiplatz innerhalb einer Page. Dabei ist zu beachten, dass eine Page in der Regel nicht vollständig genutzt werden kann.
Es verbleibt immer ein Teil nicht nutzbaren Plattenplatzes.

Der Freespace wird bei der Ausführung des LOAD- oder REORG-Utilities eingerichtet. Er steht nachfolgenden INSERT- und UPDATE-Operationen mit Satzlängen-Erweiterung zur Verfügung. Beim DELETE von Daten bzw. bei UPDATE mit Satzlängen-Verkürzung entsteht nachträglich Freespace. Nachträgliche Veränderungen des Freespaces durch ALTER TABLESPACE wirkt erst mit dem nächsten LOAD bzw. REORG-Lauf.

Wenn sich eine Platzanforderung innerhalb einer Page ergibt, benutzt DB2 den verfügbaren Page-Freespace (am Ende der Page). Reicht dieser nicht aus, versucht DB2 die aktiven Zeilen zusammenzupacken und bestehende Lücken zu schließen. Damit kann ein größerer zusammenhängender Page-Freespace geschaffen werden.
Eine Zeile muss komplett in eine Page passen; ein Split über mehrere Pages wird nicht unterstützt. Wenn die Zeile nicht mehr in die zugeordnete Page hineinpasst, wird sie in eine andere Page nach einer bestimmten Insert-Strategie eingefügt (siehe auch vorab in diesem Kapitel).

Es ist sehr wichtig, den optimalen Freespace zu bestimmen, da die Verteilung logisch zusammenliegender Daten auf verschiedene Pages zu negativen Performance-Auswirkungen führt. Andererseits bringt ein definierter Freespace nicht nur Vorteile.

Folgende Vor- und Nachteile lassen sich hinsichtlich der Freespace-Festlegungen ermitteln:

- **Vorteile eines Freespaces**
    - Schnellere Page-Lokalisierung bei Einfügungen und Längen-Erweiterungen.
    - Schnellerer Zugriff auf logisch zusammengehörende oder aufeinanderfolgende Daten.
    - Reduzierung der REORG-Erfordernisse.
    - Reduzierung gesperrter Daten (Lock).

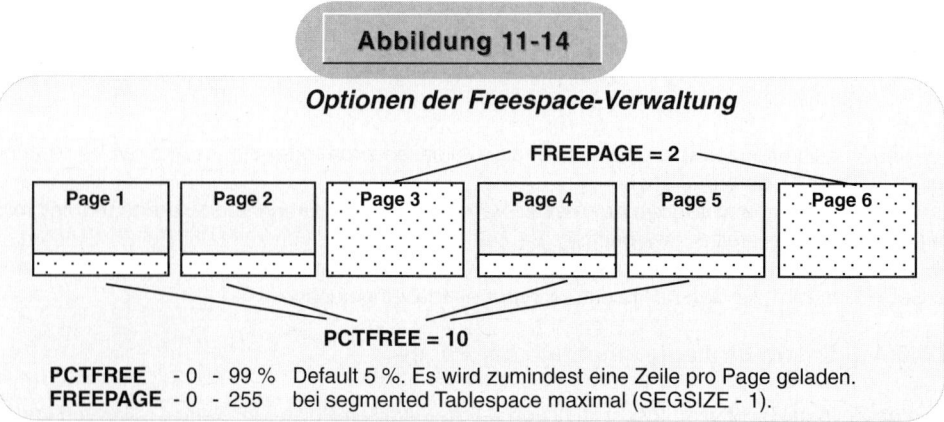

Abbildung 11-14

11 DB2-Datenspeicherung intern und extern
11.2 Space-Management

- **Nachteile eines Freespaces**
  - Erhöhter Bedarf an Plattenplatz.
  - Erhöhter Aufwand bei einer Suche durch alle Daten-Pages (weniger Informationen mit einem I/O).

Vor der Festlegung des Freespaces steht die Ermittlung des exakten Mengengerüsts der Daten mit den Veränderungs-Charakteristiken.

Folgende grundsätzlichen **Empfehlungen** können ausgesprochen werden. Die Aussagen gelten nur für den Daten-Teil. Im Zusammenspiel mit einem Index gelten Besonderheiten - siehe später in diesem Kapitel:

- Read-Only-Daten brauchen keinen Freespace.

- Existieren besondere Charakteristiken einzelner Schlüsselbereiche, sollte evtl. ein partitioned Tablespace genutzt werden, da jede Partition ihre eigenen Freespace-Definitionen kennt, z.B. bei Trennung von aktuellen Daten und Historie.

- Wenn Einfügungen immer in aufsteigender Sequenz vorgenommen werden (z.B. eine aufsteigende Auftrags-Nr. oder mit TIMESTAMP), dann werden die Daten immer am Ende der Tabelle eingefügt, d.h. es wird kein Freespace, dafür aber genügend Primär-Platz benötigt.

- FREEPAGE ist dann zwingend notwendig, wenn eine Tabelle einen clustering Index führt und in eine Page nur eine einzige Zeile passt.

- Bei einem gewählten Sperrniveau PAGE kann die Einrichtung von Freespace sinnvoll sein, um die Auswirkung von Sperren auf weniger Zeilen zu beziehen. Der Einsatz des Parameters MAXROWS ist ab Version 5 sinnvoller.

Die Festlegung eines ausreichenden Freespaces ist schwierig bei variablen Spalten und Komprimierungen, bei denen Wiederholzeichen entfernt werden.

Geplanter oder ungeplanter Freespace mindert in erheblichem Umfange die Effizienz des Datentransfers.
Eine 4-KB Page kann beispielsweise ohne Freespace-Angabe von einer Tabelle mit der festen Zeilenlänge von 100 Bytes 40 Zeilen aufnehmen.
Eine PCTFREE-Angabe von 10 % reduziert die Speicherungsmöglichkeit auf 36 Zeilen.
Die Tabelle benötigt dann bei der Space-Anforderung auch 10 % mehr Pages. Diese wirken beim Durchsuchen der Tablespace-Pages negativ auf das IO-Verhalten.

Besonders problematisch ist eine Zeilengröße knapp oberhalb der halben Page-Kapazität.
In diesem Falle ist es u.U. sinnvoll, eine Tabelle in zwei Tabellen aufzuteilen (Problem dann aber: JOIN-Aufwand, wenn die Daten wieder zusammengeführt werden müssen).

Nicht nutzbarer Freiplatz kann mit dem Parameter **MAXROWS** der SQL-Statements CREATE TABLESPACE bzw. ALTER TABLESPACE definiert werden.
Damit kann die maximale Anzahl von Zeilen pro Page eingeschränkt werden (von 255 bis auf 1).
Sowohl die Utilities LOAD und REORG als auch der SQL-INSERT beachten diesen definierten Grenzwert.
Wird hier der Wert 1 vorgegeben, entspricht dies der Einrichtung eines ROW-Lock-Levels (Parameter: LOCKSIZE ROW). In diesem Fall sollte aber der Page-Lock Level (Parameter: LOCKSIZE PAGE oder ANY) gewählt werden, damit mit diesem Verfahren bei Shared Databases (Data Sharing) die physischen P-Locks reduziert werden können.
Zu beachten ist, dass diese Lösung bei großen Datenbeständen durch die entsprechenden Page-Anforderungen (pro Zeile eine Page) i.d.R. nicht akzeptabel ist.

11 DB2-Datenspeicherung intern und extern
11.2 Space-Management

11.2.3.3.6 Plattenplatz-Bedarfs-Ermittlung

Die Ressource-Kapazitäten für die erforderlichen Objekte müssen geplant, angefordert und bereitgestellt werden.

Es müssen berücksichtigt werden:

- Der Umfang des voraussichtlich zu erwartenden maximalen Datenvolumens innerhalb bestimmter Zeiträume (z.B. 3 Monate, ein Jahr, zwei Jahre).
- Die Belegungskapazität der VSAM-Datenträger mit ihren 4 KB großen Control Intervals (CI).
- DB2-interne Verwaltungs-Informationen.
- Erforderlicher bzw. automatisch angelegter Freespace.

Da eine komplette Zeile immer in einer Page Platz finden muss und kein Überlauf (spanned Records) von DB2 unterstützt wird, ist die Größe einer Tabellenzeile wichtig für die erforderliche Plattenkapazität. Wenn z.B. 2038 Bytes große feste Zeilen in eine 4 KB-Page abgestellt werden sollen, kann nur eine einzige Zeile in einer Page aufgenommen werden. Dagegen könnte eine solche Page zwei Zeilen mit der Länge 2037 Bytes aufnehmen. Allerdings wird derzeit beim LOAD ein Default-Freespace von 5 % genutzt; damit reduziert sich diese speicheroptimale max. Länge eines Satzes auf 1.934 Bytes, wenn dieser PCTFREE-Wert nicht explizit reduziert wird.

Da DB2 versucht, seine Datenzeilen bei vorhandenem Index logisch nahe zu den angrenzenden Schlüsselwerten zu speichern, ist die Zuordnung von Freespace bei einer hohen Insert- oder Update-Häufigkeit (UPDATE mit Satzlängenveränderungen) in hohem Maße Performance-relevant.

Die folgende Abbildung zeigt das Beispiel einer Kapazitätsberechnung für eine Table mit voraussichtlich 100.000 Datenzeilen und einer durchschnittlichen Zeilenlänge von 200 Bytes.
Aufgrund der Page-Identifikationen verbleibt innerhalb einer 4 KB-Page ein für Daten grundsätzlich nutzbarer Bereich von 4.074 Bytes. Die Größe einer Datenzeile wird bestimmt durch evtl. NULL-Identifikatoren, Längenfelder bei variablen Spalten und deren voraussichtliche Längen.
In unserem Beispiel werden pro Zeile zusätzlich 16 Bytes als DB2-Systeminformationen erforderlich sein.
Teilt man nun die für Datennutzung verfügbaren 4074 Bytes durch 216 Bytes (200 + 16) für die durchschnittliche Länge einer Zeile, ergeben sich 18 Sätze Speicherkapazität pro Page.

Es wird der DB2-Default-Freespace mit 5 Prozent genutzt, der zwar in Bytes ermittelt wird (5 % von 4074 Bytes = 204 Bytes), aber aus Vereinfachungsgründen in unserem Beispiel auf Zeilenebene dargestellt wird.
Wir können unter Berücksichtigung des Freespaces 17 Datenzeilen in eine Page einstellen.
Die erforderliche Gesamtkapazität bei 100.000 Tabellenzeilen ergibt sich daraus mit 5.883 Pages und 23.532 KBytes.
Außerdem wird aus der Abbildung noch ersichtlich, dass selbst bei Ausnutzung des vorab unter Freespace ermittelten Freiplatzes ein weiterer Freespace von 186 Bytes in der Page verweilt, der nur durch entsprechend kurze Zeilen oder Zeilenverlängerungen genutzt werden kann.

Praktisch kann der Platzbedarf häufig nur sehr schwer detailliert ermittelt werden, da Unwägbarkeiten auftreten wie:

- Inhalte variabel langer Spalten (auch Auftreten von NULL-Werten).
- Komprimierungseffekt auf einer Page-Ebene.
- Füllungsgrad von nachträglich durch ALTER TABLE hinzugefügten neuen Spalten.
- Nicht nutzbarer Freespace.

Für kritische Tabellen mit häufigen Inserts bzw. Updates mit Zeilenlängenveränderung sollten allerdings die Kapazitätsberechnungen sehr sorgfältig durchgeführt werden.
Speziell der Einsatz von Freespace auf Tablespace-Ebene und innerhalb einer Page kann den geforderten Durchsatz wirkungsvoll unterstützen.

11 DB2-Datenspeicherung intern und extern
11.2 Space-Management

Abbildung 11-15

Space Management - Kapazitätsberechnung für eine Daten Page

Beispiel: Belegung von 4 K-Pages mit 100.000 Zeilen

Grob-Kapazität der Page   BYTES

4 KB Page	4.096
- Page Header	20
- Page Tail-Area	2
Verfügbar für Daten und deren Identifizierung	4.074

Durchschnittlicher Platzbedarf einer Datenzeile

10 Fixed-Länge Spalten, NOT NULL	Gesamt	100
5 Fixed-Länge Spalten, NULL erlaubt	Gesamt	30
1 Variable Spalte, NULL erlaubt	Durchschnitt	70
Benötigte Datenlänge		200

Sonstige Identifikationen der Datenzeile

Record-Header und -Trailer	8
6 NULL-Indikatoren	6
1 Variable Feldlänge	2
Benötigter Platz für Identifikationen	16

Ermittlung Gesamtplatzbedarf

4.074 Bytes : 216 Bytes = 18,861	18 Sätze / Page
Freespace 18 x 5 % = 0,9	1 Satz / Page
Anzahl Datensätze nach LOAD	17 Sätze / Page
100.000 : 17 = 5.882,35 = 5.883 Pages = 23.532 KBYTES	

Ermittlung des nicht oder nur durch variable Zeilenlänge nutzbaren Freespaces

Verfügbar in 4 KB Page	4.074
- 18 Zeilen x 216 Bytes	3.888
Verbleibender Freespace	186

Platzanforderungen werden beim CREATE bzw. ALTER TABLESPACE vorgegeben (Details siehe dort):

- **PRIQTY**
  Primär-Platzanforderung in Kilo-Bytes (KB). Als Defaultwert werden 3 Pages angenommen.
  Das System kann aber nur ganze Platten-Spuren allokieren.
  Eine 3390-Spur fasst ca 55 KB-Bytes (12 Pages pro Track).
  Diese Größe ist für kleine Testtabellen ausreichend.
  Die Gesamt-Anforderung sollte mit PRIQTY vorgenommen werden, damit die Daten nicht unkontrolliert auf verschiedene Platten-Extents verteilt werden.

- **SECQTY**
  Sekundär-Platzanforderung in Kilo-Bytes (KB). Als Defaultwert werden entweder 3 Pages angenommen oder 10 % des PRIQTY-Wertes (der größere Wert gilt).
  Die Gesamt-Anforderung sollte mit PRIQTY vorgenommen werden, damit die Daten nicht auf bis zu 254 Platten-Extents verteilt werden.

11 DB2-Datenspeicherung intern und extern
11.2 Space-Management

Die folgende Abbildung zeigt das Formelwerk für die Space-Berechnung eines File Page Sets:

Abbildung 11-16

Formeln für die Space-Berechnung: eines File Page Sets
Voraussetzungen

Bekannt sein müssen (XXX) = Bestandteil der folgenden Formeln:

- Anzahl der Zeilen (**ANZ-ZEIL**)

- Durchschnittliche Zeilen-Länge (**DUR-ZEIL**), min. 16 Bytes bei Kompression (inkl. der DB2-Verwaltungs-Infos - siehe RECLENGTH-Spalte in SYSTABLES):
  - 8 Bytes Header für Zeile
  - 1 Byte für jede Null-fähige Spalte
  - 2 Bytes für jede variabel lange Character-Spalte.

- Freiplatz-Festlegungen:
  - in Prozent (**PCTFREE**),
  - nach jeder n.ten Page (**FREEPAGE**).

- Page-Kapazität (**PAG-KAP**):
  - bei 4 K-Page (4.096 - 22 Bytes System-Infos) = 4.074 Bytes
  - bei 8 K-Page (8.192 - 22 Bytes) = 8.170 Bytes
  - bei 16 K-Page (16.384 - 22 Bytes) = 16.362 Bytes
  - bei 32K-Page (32.768 - 22 Bytes) = 32.746 Bytes.

Erläuterung der Operationen   FLOOR   Abrundung auf volle Zahl.
                                   CEILING Aufrundung auf volle Zahl.

Ermittlung der relevanten Werte

Nutzbare Page-Kapazität	FLOOR (PAG-KAP x (100 - PCTFREE) / 100)
Zeilen pro Page max. 255 Zeilen	FLOOR (Nutzbare Page-Kapazität / DUR-ZEIL)
Benutzte Pages	1 + CEILING (ANZ-ZEIL / Zeilen pro Page)
Gesamte Pages nur wenn FREEPAGE > 0	FLOOR (Benutzte Pages x (1 + FREEPAGE) / FREEPAGE)
Platzbedarf in K-Bytes Page-Größe: 4.096; 8.192; 16.384; 32.768	(Gesamte Pages x Page-Größe) / 1.024

Beispiel aus Abbildung 11-15

Nutzbare Page-Kapazität	4.074 x (100 - 5) / 100 = 3.870 Bytes
Zeilen pro Page	3.870 / 216 = 17 Zeilen
Benutzte Pages	1 + (100.000 / 17) = 5.884 Pages
Gesamte Pages	5.884 Pages (kein FREEPAGE)
Platzbedarf in K-Bytes	(5.884 x 4.096) / 1.024 = 23.536 K-Bytes.

Es ergibt sich eine kleine Abweichung zum Beispiel der Abbildung 11-15 durch die Berücksichtigung der Header-Page im Formelwerk (nicht berücksichtigt sind Space Map Pages, siehe hierzu Abbildung 11-10).

Es folgt eine kleine Zusammenfassung relevanter Aspekte für LOB-Speicheranforderungen:

- Faustformel für die Ermittlung des Platzbedarfs eines LOB-Wertes:
  Netto-Anforderung * 1,05   die Nettoanforderung ist evtl. als Durchschnittswert zu kalkulieren.

- LOB-Werte werden in mehreren Pages gespeichert, in einer Page befinden sich aber immer nur die Inhalte eines einzigen LOB-Wertes. Die optimale Page-Größe ist im Hinblick auf Beschaffungsaufwendungen und Speicherbelegung - auch dem nicht genutzten Platz - abzuwägen.
  Ein 17 KB großer Wert kann beispielsweise gespeichert werden in:
  - 5 4 KB-Pages   = 20 KB   <-- beste Lösung für dieses Beispiel.
  - 3 8 K-Pages   = 24 KB
  - 2 16 KB-Pages   = 32 KB
  - 1 32 KB-Page   = 32 KB.

11.2.3.4 Kompression der Daten (ESA Compression)

DB2 unterstützt ab der Version 3 die Funktionen von ESA Compression.
Dabei können sämtliche Daten eines Tablespaces oder die Daten einzelner Partitions komprimiert (encode) und dekomprimiert (decode) werden.
Index-Daten sind derzeit nicht unterstützt.

Daten-Kompression wird aktiviert durch den **COMPRESS**-Parameter des CREATE TABLESPACE- bzw. ALTER TABLESPACE-SQL-Statements (siehe Anhang 2).

Die Kompression kennt zwei Unterstützungsgrade:

- **Hardware-Unterstützung**, basierend auf speziellen Maschineninstruktionen (IBM Synchronous Data Compression Hardware).
  Die Hardware-Unterstützung ist im Vergleich zur Software-Emulation mit einem Faktor von ca. 3,5 effizienter bei der Komprimierung und Dekomprimierung der Daten.
  DB2 erkennt automatisch die Hardware-Unterstützung beim Start.

- **Software-Emulation**, die durch MVS/ESA ab Version 3 und DB2 innerhalb der Data Manager-Komponente (DM) unterstützt wird, wenn keine Hardware-Unterstützung vorhanden ist.
  Die Software-Emulation benötigt für eine 1.000 Byte-Zeile folgende Richtwerte an CPU-Zeit (Basis = 3090-J-Prozessor):
  - INSERT Die Komprimierung der Zeile kostet ca.   0,0011   Sekunden.
  - SELECT Die Dekomprimierung der Zeile kostet ca. 0,00019 Sekunden.
  - UPDATE Für die Komprimierung und Dekomprimierung sind die Zeiten für INSERT und SELECT zu addieren.

Den zu erzielenden Speicher-Einsparungseffekt zeigt das **DSN1COMP-Utility** (siehe Anhang 2) auf.

Wird die Komprimierung mit dem COMPRESS-Parameter aktiviert, hat sie zunächst auf die unkomprimiert gespeicherten Daten des File Page Sets keine Auswirkung.
Zur Komprimierung wird ein Umschlüsselungsverzeichnis (**Compression Dictionary**) benötigt.
Dieses wird entweder von einem nachfolgenden LOAD- oder REORG-Utility aufgebaut.

Die Verschlüsselung erfolgt nach der LZW-Methode (von Lempel, Ziv und Welch), bei der variable Strings in feste Codes umgesetzt werden. Dazu ist es erforderlich, die Daten hinsichtlich ihrer auftretenden Wertebereiche zu analysieren und die Umschlüsselungsentscheidungen - abhängig von der Häufigkeit des Auftretens einzelner Werte - in einer separaten Umschlüsselungstabelle zu definieren.

Beispiel einer solchen Umschlüsselungs-Tabelle:

```
A        1
AB       2
ABER     3
0        4
0000     5
```

DB2 führt im Dictionary die Umschlüsselungscodes als 12-Bit-Keys in Form eines B-Trees.

Beim Neuaufbau des Dictionaries gibt es Unterschiede zwischen LOAD und REORG:

- LOAD lädt zunächst die ersten Daten ohne Komprimierung und baut parallel dazu das Dictionary auf. Die folgenden Zeilen werden dann 'Zug um Zug' anhand des sich permanent erweiternden Dictionaries verschlüsselt. Nach einem bestimmten Datenvolumen wird der Aufbau des Dictionaries abgeschlossen. Die Qualität des Dictionaries hängt damit von den zuerst geladenen Daten ab (Problem z.B. wenn mehrere Tabellen mit unterschiedlichen Datenkonstellationen in den Tablespace geladen werden).

- REORG entlädt die Daten in der UNLOAD-Phase, benötigt dazu kein Dictionary und baut später beim Laden das Dictionary aus den kompletten Daten auf. Das Dictionary repräsentiert das gesamte Datenvolumen.

11 DB2-Datenspeicherung intern und extern
11.2 Space-Management

Sind die Daten bereits komprimiert gespeichert, kann beim LOAD und REORG mittels des KEEPDICTIONARY-Parameters bestimmt werden, ob ein neues Dictionary ermittelt und aufgebaut werden soll oder ob das bisherige Dictionary weiterhin als Basis gehalten werden soll.

Bei der Kompression von Daten sind folgende Effekte relevant:

- Die Komprimierung spart Plattenplatz ein. Besonders effizient ist sie, wenn viele Wiederholungen von Zeichen bzw. Zeichenketten auftreten.
  Folgeaspekte:
  - Evtl. kann damit ein Datenbestand, der ohne Komprimierung größer als vorhandene System-Restriktionen ist (z.B. 64 GB als maximale File Page Set-Größe oder die jeweilige Partition-Größe) doch dieser Ressource zugeführt werden.

- Die Datenzeile wird verkürzt (der Header wird nicht komprimiert). DB2 komprimiert nur dann eine Datenzeile, wenn das Ergebnis der Komprimierung eine Längenreduzierung erbringt.
  Folgeaspekte:
  - In eine Page passen mehr Zeilen (max. 255).
  - Effiziente I/O-Beschaffungsmaßnahmen, da mit einem I/O mehr Daten befördert werden (speziell bei sequenziellen Zugriffen, ggf. kein Effekt bei Direktzugriffen).
  - Evtl. höhere Treffer-Rate (Hit Ratio) im Bufferpool, da in jeder Page mehr Daten verfügbar sind.
  - DB2-intern weniger GETPAGE-Anforderungen vom Data Manager an den Bufferpool Manager.
  - Weniger Log-Datenvolumen bei Manipulationen.
  - Bei einem Page-Lock ist die Anzahl der betroffenen Zeilen bei einer Page-Sperre höher.

- Der CPU-Aufwand zur Komprimierung und Dekomprimierung der Daten ist höher als bei nicht komprimierten Daten. Der Optimizer bewertet daher aufgrund der Statistikspalte PCTROWCOMP den Prozentsatz der Komprimierung. Je höher dieser Wert ist, desto aufwendiger ist die Umschlüsselung.
  Ggf. entscheidet sich der Optimizer häufiger für einen Index-Pfad, bei dem es derzeit keine Umschlüsselungsaufwendungen gibt.

- Generell ist die Komprimierung wesentlich aufwendiger als die Dekomprimierung. Der Aufwand ist i.d.R. proportional abhängig von der Zeilenlänge (1.000 Bytes sind etwa doppelt so aufwendig wie 500 Bytes).

- Das für die Komprimierung erforderliche Dictionary benötigt zwischen 8 KB und 64 KB Plattenplatz. Es wird bei einer Daten-Anforderung in den DB2-Adressraum geladen (in den virtuellen Privat-Adressraum - nicht in die Bufferpools).

- Bei sehr kleinen Datenbeständen ist die Komprimierung nicht zweckmäßig, da:
  - die vorab genannten Vorteile meist nicht relevant sind,
  - evtl. das Dictionary mehr Platz braucht als die Daten selbst.

- Daten, die aufgrund einer remote Anforderung im Netzwerk übertragen werden müssen, werden vor der Übergabe an VTAM dekomprimiert.

<u>Komprimierbar</u> sind:

- alle Daten-Pages in einem Tablespace, einer Partition bzw. in allen Partitions.

<u>Nicht komprimierbar</u> sind:

- DB2-Katalog oder DB2-Directory,
- Workfiles,
- Index-Daten.

Bei großen Zeilen ist zu beachten, dass sie ggf. keine positiven Auswirkungen erbringen, wenn die Komprimierungseffekte sehr gering sind oder die Page-Grenzen erreicht werden.
Beispiel:
Jede Daten-Zeile benötigt mit oder ohne Komprimierung eine volle Page.

11.2.4 Page Typen des Index Page Sets

Die Index-Daten werden ähnlich wie die Table-Daten in verschiedenen Hierarchien verwaltet.
Der Benutzer definiert einen Index; DB2 legt automatisch einen Indexspace an.
Diesem Indexspace entspricht physisch ein Index Page Set.
Die Verwaltung der Index-Daten des Index Page Sets erfolgt analog eines File Page Sets mit Hilfe der Header und der Space Map Pages.
Die Index Pages enthalten die Index-Daten in Abhängigkeit gewählter Optionen beim Anlegen des Index.
Eine der wichtigsten Erweiterungen der DB2 Version 4 war die Einführung des Index Typs 2 mit dem Abbau einer Fülle von Verarbeitungsmängeln, mit denen sich die Entwickler über 12 Jahre konfrontiert sahen. Ab der Version 6 wird nur noch der Index Typ 2 unterstützt.

11.2.4.1 Header Page

Die Header Page des Index Page Sets entspricht vollständig der Header Page des File Page Sets (siehe unter 11.2.3.1).

11.2.4.2 Space Map Pages

Die Space Map Pages des Index Page Sets entsprechen grundsätzlich den Space Map Pages des File Page Sets (siehe unter 11.2.3.2) mit folgenden Ausnahmen:

- Es wird lediglich ein Bit für die Freiplatz-Verwaltung geführt (max. 32.638 Pages sind verwaltbar).
- Es existiert kein Page-Modifikations-Bereich.

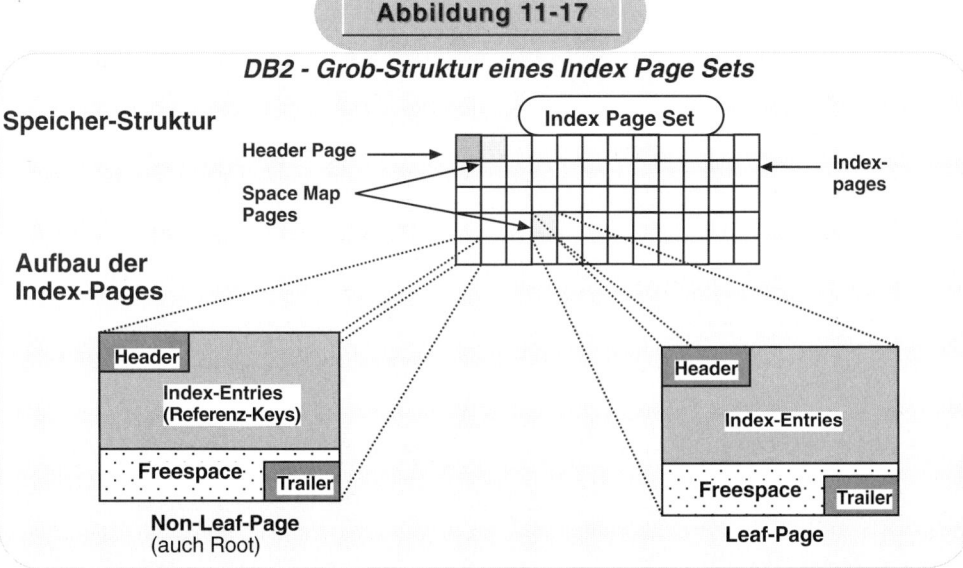

Abbildung 11-17
DB2 - Grob-Struktur eines Index Page Sets

11.2.4.3 Index Pages

Der Aufbau der Index Pages ergibt sich aus den Abbildungen.
Index Pages enthalten abhängig von ihrer Positionierung innerhalb der logischen B-Tree-Struktur (Leaf- oder Non-Leaf-Page) entsprechende Index-Daten:

- **Non-Leaf Pages (Index-Root Page und Pages zwischen Root und Leaf-Pages)**
  Non-Leaf-Pages enthalten Verweise auf die jeweils nächste untergeordnete Index Stufe (Non-Leaf oder Leaf) und den Referenz-Schlüssel-Wert der jeweils untergeordneten Page (siehe auch Abbildung 11-20).
  Außerdem wird in der Non-Leaf Page Freespace geführt (maximal 10 %).

- **Leaf Pages**
  Leaf-Pages befinden sich auf der untersten Index-Stufe. Sie korrespondieren mit den Daten Pages des File Page Sets.
  Hier werden direkt die Index-Entries geführt. Je nach Index-Typ unterscheiden sich die Index-Einträge.

Abbildung 11-18

Aufbau und Inhalte der Index Pages (Index Page Set)

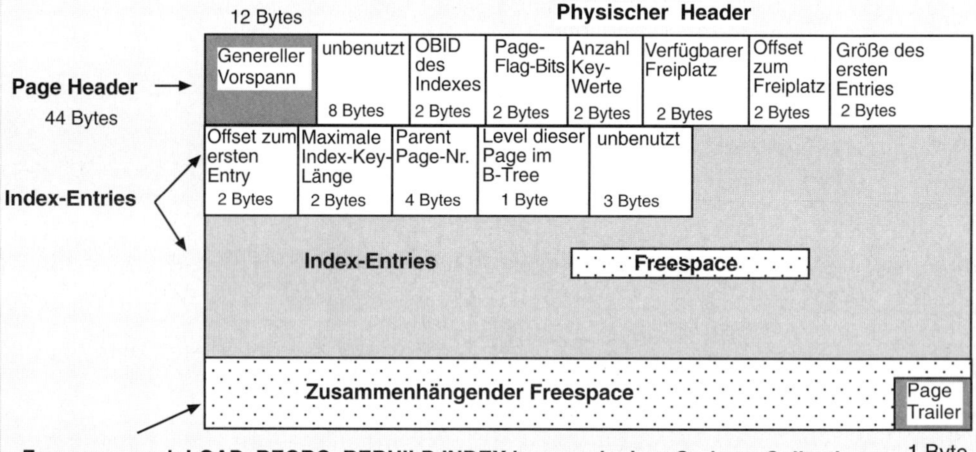

Page Header 44 Bytes	12 Bytes	Physischer Header						
	Genereller Vorspann	unbenutzt 8 Bytes	OBID des Indexes 2 Bytes	Page-Flag-Bits 2 Bytes	Anzahl Key-Werte 2 Bytes	Verfügbarer Freiplatz 2 Bytes	Offset zum Freiplatz 2 Bytes	Größe des ersten Entries 2 Bytes

Index-Entries	Offset zum ersten Entry 2 Bytes	Maximale Index-Key-Länge 2 Bytes	Parent Page-Nr. 4 Bytes	Level dieser Page im B-Tree 1 Byte	unbenutzt 3 Bytes

Index-Entries   Freespace

Zusammenhängender Freespace   Page Trailer 1 Byte

Freespace nach LOAD, REORG, REBUILD INDEX bzw. nach einer Garbage Collection
(Entfernen logisch gelöschter Entries und Aufbau zusammenhängenden Freiplatz)

Der Index-Entry-Aufbau ist auch abhängig davon, ob ein Index UNIQUE oder Non-UNIQUE zu verwalten ist.

Der Index-Key korrespondiert mit einer bis max. 64 Tabellenspalten. Er kann max. 255 Bytes groß sein.

Beim **UNIQUE**-Indizes werden die einzelnen Schlüssel mit ihren Daten-Referenzen (RIDs) gehalten.

Die RID-Ketten bei **Non-UNIQUE**-Indizes werden sortiert abgespeichert.

Neben dem 4- bzw. 5-stelligen RID (abhängig vom Tablespace-Typ) wird auch ein Flag geführt, in dem z.B. ein gelöschter Eintrag gekennzeichnet wird. Damit wird ein **Pseudo-Delete** im Index unterstützt (logisches Löschen).

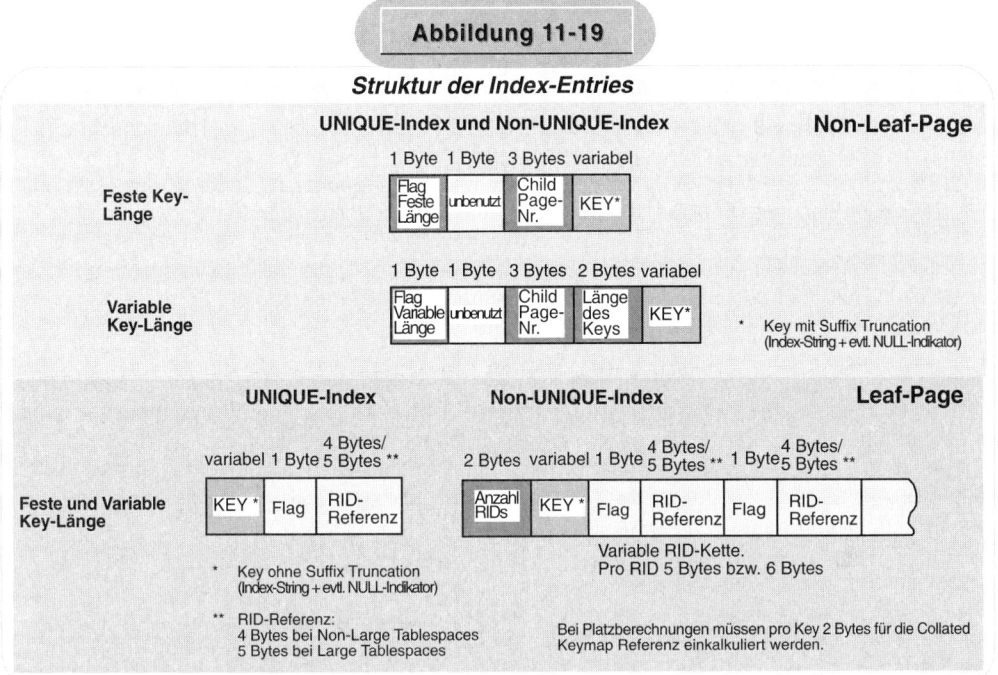

Abbildung 11-19

Struktur der Index-Entries

11.2.4.3.1 Non-Leaf Pages

Zu den Non-Leaf Pages gehören alle Pages oberhalb der Leaf Pages.

In der vorherigen Abbildung wurden die Strukturen der Index-Entries dargestellt. Auf der Non-Leaf-Ebene gibt es keine strukturellen Unterscheidungen zwischen Unique Keys und Non-Unique Keys. Es wirken aber einige inhaltlichen Besonderheiten:

- Key-Inhalte werden rechtsbündig abgeschnitten (Suffix-Truncation).
- Bei einem Non-Unique Index kann es notwendig werden, neben dem KEY-Inhalt auch zur weiteren Unterscheidung den RID mitzuführen.

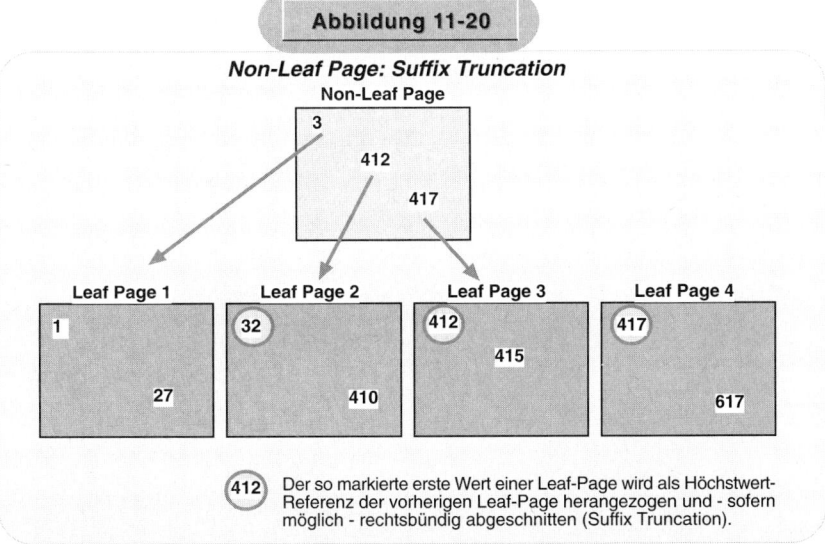

Abbildung 11-20

Non-Leaf Page: Suffix Truncation

11.2.4.3.2 Leaf Pages

Die Keys werden in Eingangsfolge gespeichert, können aber über eine spezielle Offset-Leiste sortiert durchsucht werden.
Dazu wird eine '**Collated Keymap**' innerhalb der Leaf Pages verwaltet. Diese wird dynamisch am Ende der Leaf Page begonnen und mit jedem Zugang nach innen weiter ausgebaut.
Die Inhalte werden in absteigender Sortierfolge angelegt, damit sequenzielle Ladeprozesse (z.B. mit der BUILD INDEX-Phase des LOAD-Utilities) effizient unterstützt werden können.

Mit der Collated Keymap können Index-Entries innerhalb der Index-Page beliebig verschoben werden (z.B. wenn ein physisches Löschen von gekennzeichneten Index-Entries erfolgt). Es muss dann lediglich der Verweis innerhalb der Keymap angepasst werden.

Innerhalb der Non-Unique Keys werden die RIDs aufsteigend abgespeichert. Damit wird ein **Binary Search** (auch Halbierungsmethode genannt) unterstützt. Bei diesem Verfahren wird zunächst auf die Mitte einer sortierten Kette adressiert und je nach gefundenem Wert wird dann die weitere Suche nach vorne oder hinten in der Kette vorgenommen - wieder mit Positionierung auf die Mitte (entsprechend der Hälfte der verbleibenden RIDs). Dadurch kann ein Suchprozess - auch in sehr großen Ketten - mit wenigen Schritten zum Erfolg geführt werden.

Die Formel lautet: Duplikate $\leq 2^n - 1$

Das bedeutet, dass bei 1.000.000 Duplikaten mit max. 20 Suchschritten der gesuchte Index-Entry aufgefunden ist.

Abbildung 11-21

Leaf Page-Aufbau des Indexes

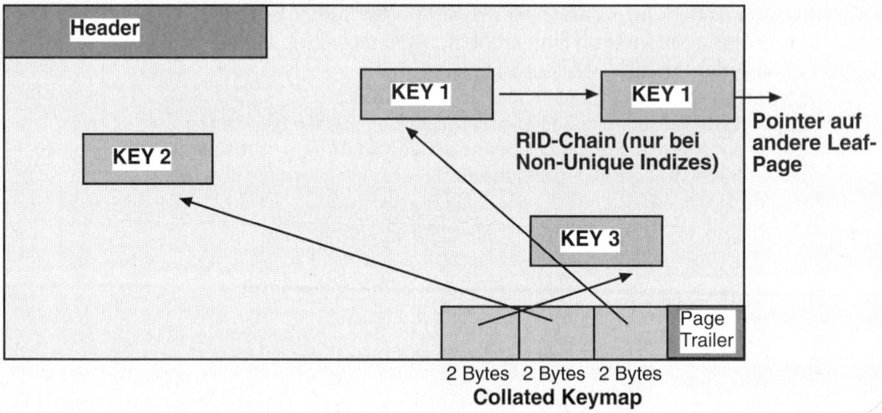

11.2.4.3.3 Adressierung der Index Pages und der Daten Pages

Die folgende Abbildung zeigt die Adressierung einer Zeile am Beispiel des Schlüssels 492.
Der Index besteht in unserem Beispiel aus drei Level:

- Die oberste Ebene, die Root Page, besteht aus einer Page und verweist auf die nächst niedrigeren Pages (Non-Leaf). Dabei werden jeweils die Referenzschlüssel geführt.

- Die Ebenen, die nicht auf die Daten-Pages zeigen, werden als Non-Leaf-Pages bezeichnet. Sie haben die Aufgabe, die jeweils nächst untere Ebene zu adressieren. Dabei werden jeweils die Referenzschlüssel geführt.

- Die unteren Pages (Leaf Pages) verweisen über die RID auf die Daten-Page und den Offset innerhalb des Page Trailers. In unserem Beispiel wird die Page Nr. 5 mit dem Offset x'68' im Index aufgefunden. Der Inhalt des Offsets verweist auf den Anfang der gesuchten Datenzeile.
Leaf Pages sind untereinander verknüpft, damit ein Index Scan auf dieser Ebene möglich ist.

Die Page-Nummer wird bei Partitioned Tablespaces und deren Indizes in ihren höchsten Stellen dazu verwendet, die Partition-Nr. zu adressieren.
Die erste Partition erhält die Nr. 0, die zweite die Nr. 1 usw.
Je nach Anzahl der Partitions muss die Zahl der Bits erweitert werden, damit die zunehmende Anzahl von Partitions dargestellt werden kann. Beispielhafter Auszug:

Anzahl Partitions	Non-Large Tablespaces		Large Tablespaces	
	Page-Size: 4 KB	Page-Size: 32 KB	Page-Size: 4 KB	Page-Size: 32 KB
1 - 16	4 Bits	7 Bits	12 Bits	15 Bits
17 - 32	5 Bits	8 Bits	12 Bits	15 Bits
33 - 64	6 Bits	9 Bits	12 Bits	15 Bits
65 - 254	-	-	12 Bits	15 Bits

Die einzelnen Index-Spalten können in aufsteigender oder absteigender Sequenz definiert werden. Intern verwaltet DB2 die Key-Inhalte ausschließlich in aufsteigender Form; die absteigenden Spalten-Inhalte werden invertiert gespeichert.

Abbildung 11-22

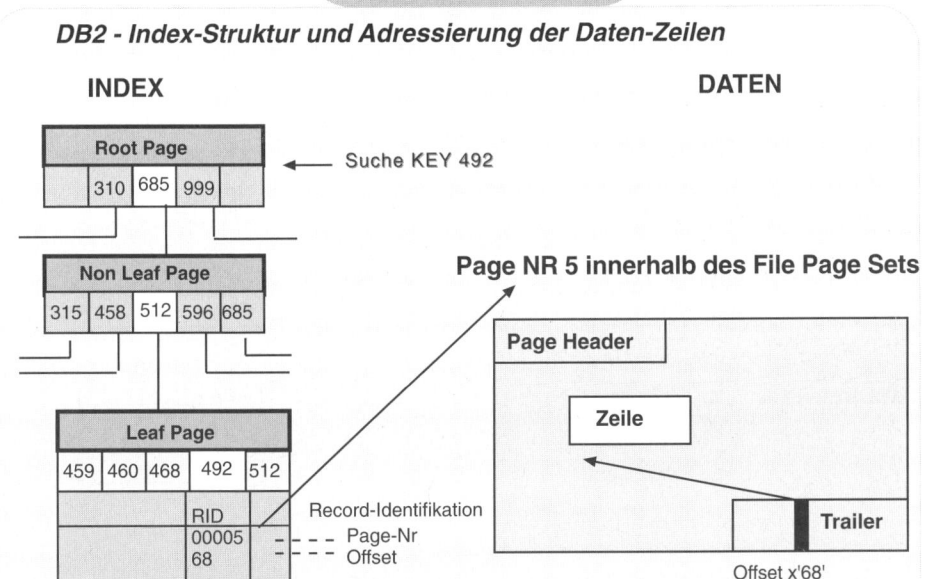

DB2 - Index-Struktur und Adressierung der Daten-Zeilen

11 DB2-Datenspeicherung intern und extern
11.2 Space-Management

Ein Index kann mit der CLUSTER-Option definiert werden. In diesem Falle müssen die Daten vor dem Laden sortiert werden. Da mit dem Laden die Indizes aufgebaut werden (mit Sortierung), befinden sich danach die Index-Daten und die korrespondierenden Daten in der gleichen Sequenz.
Vorteil: Sequenzielle Zugriffe auf größere Datengruppen können effizienter abgewickelt werden.
Das kann zu erheblichen Laufzeit-Reduzierungen führen.
Bei nachträglichen Hinzufügungen ist die Sortierfolge jedoch nicht mehr gewährleistet, da die in diesem Kapitel beschriebenen Einfügeregeln angewandt werden. Ist in der optimal positionierten Page kein freier Platz vorhanden, wird der Satz in eine andere Page gespeichert.
Das Utility RUNSTATS verwaltet Informationen hinsichtlich des clustered-Zustandes des Index. Der Optimizer entscheidet daraufhin über den effizientesten Zugriffsweg auf die Daten.

Die folgende Abbildung zeigt den Unterschied der Zustände zwischen einem clustered Index und einem non-clustered Index auf.
Eine Leaf-Page eines clustered Index adressiert zusammenhängende Daten-Pages (solange keine Einfügung außerhalb der Cluster-Reihenfolge stattfindet). Mit einem Leaf-Page-Zugriff und einem Daten-Page-Zugriff können mehrere Zeilen gelesen werden.
Im Bedarfsfall kann sowohl auf die Index-Pages als auch auf die Daten-Pages mit einem Sequential Prefetch zugegriffen werden. Dies geschieht aber nur dann, wenn die CLUSTERRATIO >= 80 % ist, d.h. wenn zumindest 80 % der Datenzeilen in der Sortierfolge des Index liegen.
Die CLUSTERRATIO beeinflusst nur Kosten für Datenzugriffe und hat keine Auswirkungen auf den Aufwand innerhalb des Indexes.

Beim non-clustered Index muss pro Index-Entry mit einem separaten Zugriff auf eine Daten-Page (pro Index-Entry ein Daten-I/O) gerechnet werden.

Abbildung 11-23

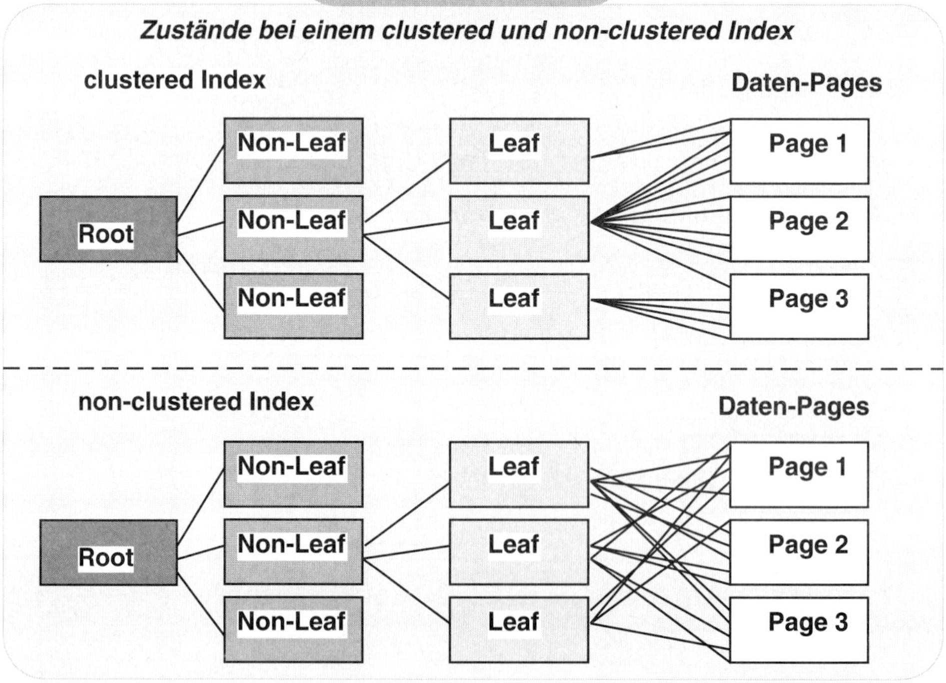

Zustände bei einem clustered und non-clustered Index

11.2.4.3.4 Insert-Strategie innerhalb der Pages

Index-Entries werden direkt nach dem Page-Header aufsteigend sortiert gespeichert. Es gibt keine Lücken zwischen den Index-Entries. Durch DELETE auftretende Lücken werden nicht sofort wieder geschlossen; die physischen Löschungen werden verzögert. Nach einer physischen Löschung wird Freespace am Ende der Page bzw. Subpage angelegt.

Wenn ein neuer Index-Entry eingefügt werden soll, wird die Einfügeposition gesucht und die rechtsstehenden Index-Entries nach rechts verschoben, sofern genügend Freespace vorhanden ist.

Ist nicht genügend freier Platz in der Page, erfolgt die Verarbeitung nach folgender Logik:

- **Root Page**
  Die bisherige Root-Page wird in zwei neue Pages gesplittet und die Inhalte jeweils zur Hälfte aufgeteilt. Dann wird die Root-Page erneut initialisiert und Verweise auf die neue Page-Ebene gebildet.

- **Non Leaf Page oder Leaf Page**
  Die bisherige Page wird in zwei neue Pages gesplittet und die Inhalte jeweils zur Hälfte aufgeteilt. Auf der nächst höheren Ebene müssen die Verweise aktualisiert werden (Struktur-Modifikation).

11.2.4.3.5 Update-Strategie innerhalb der Pages

Verwaltungs-Informationen innerhalb der Index Pages werden automatisch von DB2 aktualisiert, wie z.B. bei einem Page Split.
Auf der Leaf-Page-Ebene können die Index-Entries nicht mit einem Update verändert werden, da eine sortierte Ablage erforderlich ist.
Updates auf der Daten-Seite führen daher zu DELETE- und INSERT-Aktivitäten innerhalb der Index-Entries.

11.2.4.3.6 Delete-Strategie innerhalb der Pages

Eine Löschung wird zunächst nur logisch vorgenommen (Pseudo Deletion). Die als gelöscht markierten Index-Einträge werden zumindest bis zum Ende der UOR gehalten, damit eine evtl. ROLLBACK-Maßnahme effizienter abläuft. Über das endgültige physische Löschen entscheidet ein interner Grenzwert (Threshold) bei Überschreitung einer bestimmten Anzahl logisch gelöschter Index-Entries pro Page.
Sind alle Index-Entries einer Page gelöscht, wird die Page als gelöscht behandelt und es erfolgt das Löschen des Verweises auf der nächst höheren Ebene.

11.2.4.3.7 Freespace-Verwaltung der Pages

Der Freespace wird nach einem REORG geschlossen rechtsbündig innerhalb einer Page bzw. Subpage geführt.
Durch logisch gelöschte Index-Einträge kann nutzbarer Freiplatz mitten in einer Page entstehen.

Freespace wird definiert mit den Optionen FREEPAGE und PCTFREE des CREATE- bzw. ALTER INDEX-Statements.

Mit der Option FREEPAGE werden freie Pages nach einer bestimmten Anzahl von Index-Pages vorgesehen.
Die Option PCTFREE definiert den Freiplatz innerhalb einer Page.

Der Freespace wird bei der Ausführung des LOAD-, REBUILD INDEX- oder REORG-Utilities eingerichtet. Er steht nachfolgenden INSERT-Operationen zur Verfügung. Beim DELETE von Index-Entries entsteht nachträglich Freespace.
Nachträgliche Veränderungen des Freespaces durch ALTER INDEX wirken erst mit dem nächsten LOAD-, REBUILD- bzw. REORG-Lauf.

Es ist sehr wichtig, den optimalen Freespace zu bestimmen, da eine Verteilung der logischen Index-Sequenz (innerhalb der Baumstruktur) der Index-Daten auf verschiedene Pages zu negativen Performance-Auswirkungen führt.

Der Freespace-Bedarf muss für Daten und Index-Pages völlig eigenständig ermittelt werden (Read-Only-Daten brauchen allerdings keinerlei Freespace).

Selbst wenn die Daten-Pages keinen Freespace benötigen, da z.B. ein Bestand vollständig vorformatiert aufgebaut wurde und keine INSERT und DELETE-Aktivitäten stattfinden, ist durch den UPDATE von Werten der Daten-Spalten, die in einem Index geführt werden, Freespace für diesen Index zu definieren.

Ausreichender Freespace reduziert Index-Splits. Beim Index-Split kann auch während eines Split-Vorgangs eine Parallel-Anwendung innerhalb des Index-Baums zugreifen, solange sie nicht auf eine gerade in Änderung stehende Page trifft.

11.2.4.3.8 Plattenplatz-Bedarfs-Ermittlung

Die Kalkulation der erforderlichen Index-Pages sowie der Level erfolgt in verschiedenen Stufen:

1. **Anzahl der Leaf Pages:**
   1. Ermittlung des nutzbaren Platzanteils innerhalb einer Leaf-Page unter Berücksichtigung der definierten Freiplatz-Kriterien (zunächst nur PCTFREE).
   2. Ermittlung der in einer Leaf-Page max. speicherbaren Index-Entries unter Berücksichtigung des Index-Formats (Unique oder Non-Unique), der Index-Key-Länge (Index-Spalten plus evtl. NULL-Indikatoren) sowie DB2-interner Verwaltungsinformationen.
   3. Berechnung der erforderlichen Leaf Pages in Abhängigkeit vom Datenvolumen und der Anzahl der pro Leaf Page speicherbaren Index-Entries + Anzahl freie Pages (FREEPAGE-Parameter).

2. **Anzahl der Non-Leaf Pages:**
   1. Ermittlung des nutzbaren Platzanteils innerhalb einer Non-Leaf-Page unter Berücksichtigung des Index Typs und der definierten Freiplatz-Kriterien (zunächst nur PCTFREE).
   2. Ermittlung der in einer Non-Leaf-Page max. speicherbaren Index-Entries unter Berücksichtigung des Index-Formats (feste oder variable Key-Länge), der Index-Key-Länge (Index-Spalten plus evtl. NULL-Indikatoren) sowie DB2-interner Verwaltungsinformationen.
   3. Berechnung der erforderlichen Non-Leaf Pages in Abhängigkeit von der Anzahl zu adressierenden Leaf Pages bzw. der jeweiligen Restmenge der Non-Leaf Pages und der Anzahl der pro Non-Leaf Page speicherbaren Index-Entries + Anzahl freie Pages (FREEPAGE-Parameter).

3. **Anzahl der Index Stufen**
   Kalkulation der Index-Stufen. Es muss solange eine zusätzliche Stufe kalkuliert werden, solange die Index-Entries der zuletzt berechneten Stufe nicht aus einer einzigen Root Page heraus adressierbar sind.

4. **Ermittlung der Gesamtanzahl der Index Pages**
   Die Gesamtanzahl der Index Pages ergibt sich aus:
       Anzahl der erforderlichen Leaf Pages (siehe Schritt 1) zur Adressierung der Datenzeilen.
   + evtl. Anzahl der erforderlichen Non-Leaf-Pages der vorletzten Index-Stufe zur Adressierung der Leaf Pages (sofern mehr als zwei Stufen ermittelt wurden)
   + evtl. Anzahl der erforderlichen Non-Leaf-Pages von Zwischen-Index-Stufen zur Adressierung der Non-Leaf Pages einer tieferen Ebene von Non-Leaf Pages (sofern mehr als drei Stufen ermittelt wurden)
   + eine Root Page
   + Header- und Space Map Pages (Faustformel: bisherige Gesamt-Anzahl der Pages * 0,00015).

Die folgende Übersicht zeigt die Verwaltungsinformationen von DB2 für die verschiedenen Index-Varianten:

Index-Struktur	Page-Typ	Verwaltungs-Infos Pro Page	Platz pro Index-Entry
Unique	Non-Leaf	51 Bytes	Key + 5 (fest) bzw. 7 (variabel)
	Leaf	56 Bytes	Key + 7 (Non-Large) bzw. 8 (Large)
Non-Unique	Non-Leaf	51 Bytes	Key + 5 (fest) bzw. 7 (variabel)
	Leaf	56 Bytes	4 + Key + (Entries pro Key * 5 bzw. 6)

11 DB2-Datenspeicherung intern und extern
11.2 Space-Management

Beispiel:

Grundlage:
- Unique Index
- 10 Bytes Index-Spalten-Länge (inkl. evtl 1 Byte NULL-Indikator)
- 10.000.000 Daten-Zeilen.

Nutzbarer Page-Anteil:

Leaf-Page

	4.096	Bytes
-	56	Bytes Page Header (**Leaf Page**)
	4.040	Bytes
-	404	Bytes Freespace (10 % von 4.040 Bytes)
	3.636	**Bytes verfügbar**

Non-Leaf-Page

	4.096	Bytes
-	51	Bytes Page Header (**Non-Leaf Page**)
	4.045	Bytes
-	405	Bytes Freespace (10 % von 4.045 Bytes)
	3.640	**Bytes verfügbar**

Index-Page-Kalkulation

Page-Typ	Nutzbar in Page	Index-String	Formel	Max. Entries pro Page	Anzahl Pages
Leaf	3.636	10 + 7	3.636 / 17	213	46.949
Non-Leaf A	3.640	10 + 5	3.640 / 15	242	194
Root				242	1
Gesamtsumme der Pages auf 3 Index-Levels *					**47.144**

* nicht berücksichtigt sind die Effekte der Suffix-Truncation.

Erläuterung zur Berechnung der Index-Level (siehe Beispiel 3):
- 46.949   Leaf Pages müssen von 194 Non-Leaf Pages adressiert werden (46.949 / 242).
- 194   Non-Leaf Pages können von 1 Root Page adressiert werden (194 / 242).

Dieses Berechnungsbeispiel geht von einem UNIQUE Index aus.
Bei Non-Unique-Indizes wird bei mehrfachem Auftreten eines Wertes nicht der redundante Index-String wiederholt, sondern hinter dem Index-String folgen die RIDs. Daraus resultiert auch ein geringeres Datenvolumen, das ermittelt werden kann durch Veranschlagung eines statistischen Mittelwertes der zu erwartenden Redundanzen. Daraus kann dann die durchschnittliche Index-Entry-Länge berechnet werden.

Einen hohen Einfluss auf die erforderliche Kapazität haben somit:

- die Länge des Index-Entries (Index-String + Verwaltungsdaten),
- die Möglichkeit der Schlüsselverdichtung (Suffix Truncation),
- das zu adressierende Datenvolumen (Zeilen).

Die im vorigen Beispiel ermittelten Indizes verfügen alle über 3 Stufen.
Als Faustformel gilt: Indizes mit mehr als 3 Levels sollten möglichst vermieden werden.
Möglichkeiten hierzu sind:

- Aufteilen des Index-Strings auf mehrere Indizes (sofern logisch möglich).
- Reduzierung des zu adressierenden Datenvolumens für einen Indexspace durch Aufteilen der Daten (partitioned Tablespace).
  Dies wäre ohnehin bei dem Datenvolumen von 10.000.000 Zeilen i.d.R. sinnvoll.

11 DB2-Datenspeicherung intern und extern
11.2 Space-Management

Die folgende Abbildung zeigt das Formelwerk für die Space-Berechnung der Pages eines Index Page Sets :

Abbildung 11-24

Formeln für Space-Berechnung: Index Page Set
Voraussetzungen

Bekannt sein müssen (XXX) = Bestandteil der folgenden Formeln:

- Anzahl der Daten-Zeilen bzw. Index-Entries aus Leaf Pages oder Non-Leaf Pages (**ANZ-ZEIL**)

- Gesamt-Länge des Index-Entries = aller Key-Spalten (**K-LÄNGE**) inkl. Null-Indikator (variable Spalten mit max. Länge (inkl. 1 Byte für jede Null-fähige Spalte)

- Durchschnittliche Anzahl von doppelten Werten (**ANZ-DOPP**) bei non-unique Keys

- Verwaltungs-Informationen eines Index-Entries (**VERW-ENTRY**):
  - Unique Index:
    - Leaf Page: 7 Bytes (Non-Large Tablespace); 8 Bytes (Large Tablespace)
    - Non-Leaf Page: 5 Bytes (Feste Key-Länge); 7 Bytes (Variable Key-Länge)
  - Non-Unique Index:
    - Leaf Page: 4 Bytes + (ANZ-DOPP * 5 Bytes bei Non-Large Tablespace; 6 Bytes bei Large Tablespace)
    - Non-Leaf Page: 5 Bytes (Feste Key-Länge); 7 Bytes (Variable Key-Länge)

- Freiplatz-Festlegungen:
  - in Prozent pro Page - bei einer Non-Leaf Page max. 10 % (**PCTFREE**),
  - nach jeder n.ten Page eine volle Page (**FREEPAGE**). Dieser Wert ist in der folgenden Formel nicht berücksichtigt. Die Pages müssen anschließend addiert werden, wenn die Gesamtzahl der Pages feststeht.

- Nutzbare Page-Kapazität (**PAG-KAP**):
  - abhängig vom Page-Typ:
    - Leaf Page (4.096 - 56 Bytes Verw.-Infos) = 4.040 Bytes
    - Non-Leaf Page (4.096 - 51 Bytes Verw.-Infos) = 4.045 Bytes

Erläuterung der Operationen **FLOOR** Abrundung auf die volle Zahl (ignorieren Nachkommastellen).
CEILING Aufrundung auf die nächste volle Zahl.

Ermittlung der relevanten Werte

Nutzbare Page-Kapazität	FLOOR (PAG-KAP x (100 - PCTFREE) / 100)
Zeilen pro Page	FLOOR ((Nutzbare-Page-Kapazität - (SUBPAGE x SUB-HEAD)) / (K-LÄNGE + VERW-ENTRY))
Erforderliche Index-Pages	CEILING (ANZ-ZEIL / Zeilen pro Page)

Beispiel des 10.000.000 Zeilen Unique Index 10 Bytes Index-String

Nutzbare Page-Kapazität	4.040 x (100 - 10) / 100	=	3.636 Bytes
Zeilen pro Page (Leaf)	3.636 / 17	=	213 Index-Zeilen
Benutzte Leaf-Pages	10.000.000 / 213	=	46.949 Pages
Zeilen pro Page (Non-Leaf) *	3.636 / (10 + 5) 3.636 / 15	= =	242 Index-Zeilen
Benutzte Non-Leaf-Pages	46.949 Leaf Pages / 242	=	194 Pages
Root Page	194 Non-Leaf Pages / 242	=	1 Page

* der Suffix-Truncation-Effekt wird hier nicht berücksichtigt. Es werden 10 % Freespace einkalkuliert.

Wie vorab ausgeführt, müssen zu den ermittelten Werten noch FREEPAGES sowie Header- und Space-Map-Pages addiert werden.

11.3 Datenpool- und Bufferpool-Konzept

DB2 verfügt über ein Konzept unterschiedlicher Datenpools:

- **Bufferpools**
  Für die Bereitstellung und Bearbeitung von Daten und Indexdaten werden die Space Pages von DASD in Bufferpools eingelesen und nach Manipulation von dort wieder auf DASD weggeschrieben.
  Es existieren verschiedene Bufferpool-Typen:

  - **Virtuelle Bufferpools (VP) im DB2-Database Services Adressraum**
    Die virtuellen Bufferpools im DB2-Adressraum stellen die Daten- und Index-Pages zur internen Verarbeitung bereit. Diese werden Primary Virtual Pools genannt.
    Es können derzeit max. 1,6 GB virtuelle Bufferpools zugeordnet werden.
    Es existieren Bufferpools für:
    - 4-KB große Pages   (max. 50 Bufferpools von BP0 bis BP49) und
    - 8-KB große Pages   (max. 10 Bufferpools von BP8K0 bis BP8K9),
    - 16-KB große Pages   (max. 10 Bufferpools von BP16K0 bis BP16K9),
    - 32-KB große Pages   (max. 10 Bufferpools von BP32K, BP32K1 bis BP32K9).

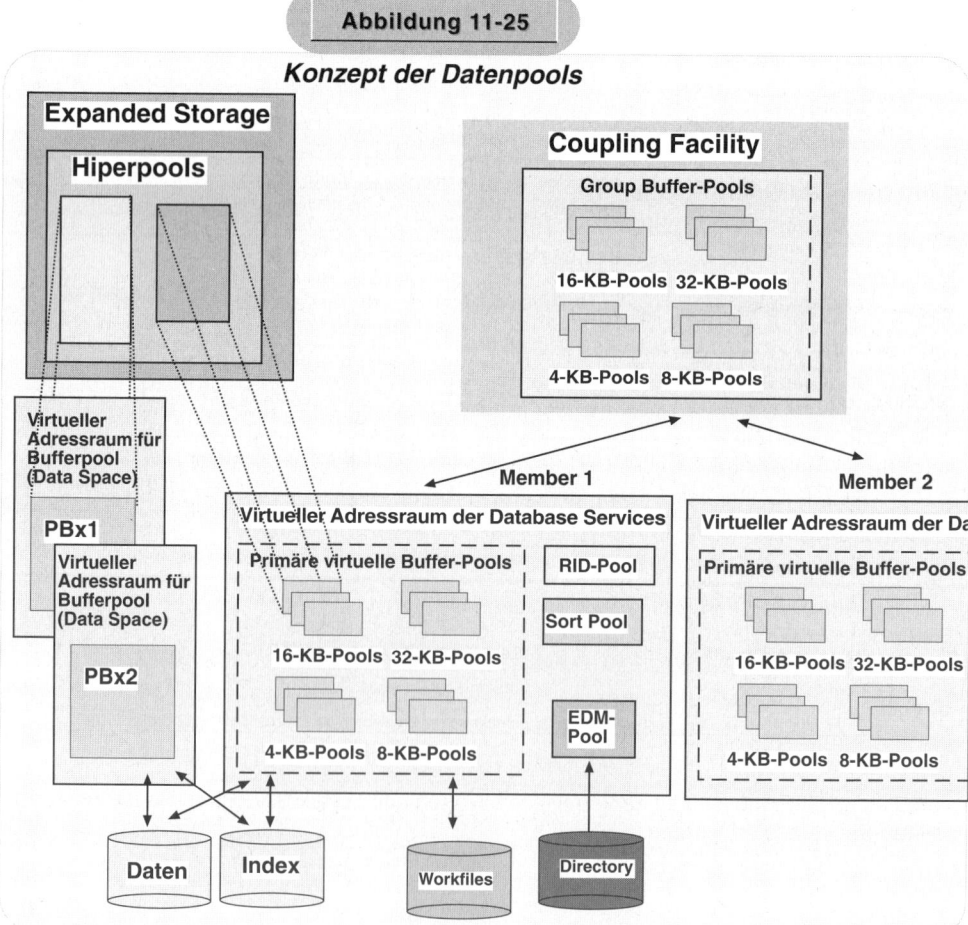

Abbildung 11-25
Konzept der Datenpools

11 DB2-Datenspeicherung intern und extern
11.3 Datenpool- und Bufferpool-Konzept

- **Virtuelle Bufferpools, die in einem oder mehreren Data Spaces gehalten werden**
  Die virtuellen Bufferpools können auch außerhalb des DB2-Adressraums in Data Spaces gehalten werden. Dies eröffnet in Zukunft bei erweiterten Realspeicher-Angeboten die Möglichkeit, große Datenbereich im Speicher resident halten zu können.
  In einem Data Space kann nur ein Bufferpool geführt werden; ein Bufferpool kann sich über mehrere Data Spaces erstrecken.
  Es können dieselben Bufferpool-Typen genutzt werden, die auch innerhalb des DB2-Adressraums gehalten werden können. Im Gegensatz zum Hiperpool werden sämtliche I/O-Aktivitäten in diesem Adressraumtyp unterstützt. Außerdem ist das Auslagern der Daten in externe Paging Datasets oder in Hiperpools möglich.
  Ein Dataspace kann bis zu 2 GB groß sein.
  Die maximale Anzahl von Dataspace-Bufferbereichen ist 8 Millionen.
  Damit können theoretisch max. zwischen 32 GB (bei 4KB-Bufferpools) und 256 GB (bei 32 KB-Bufferpools) virtuelle Bufferpools zugeordnet werden.

- **Hiperpools im Erweiterungsspeicher (sekundäre Speicherebene)**
  Neben dem virtuellen Bufferpool kann pro Bufferpool in einer 1 : 1 Korrelation ein Hiperpool zugeordnet werden. Für diesen Hiperpool muss entsprechender Expanded Storage installiert sein.
  Ein Hiperpool kann größer als der korrespondierende virtuelle Pool sein.
  Der Hiperpool steht nicht zur direkten Verarbeitung zur Verfügung, da seine Inhalte nicht auf Byte-Ebene adressierbar sind (nur auf Page-Ebene). Er wird als Hochgeschwindigkeits-Page-Zwischenspeicher genutzt.
  Der Hiperpool wird defaultmäßig mit 0 generiert, max. können 8 GB neben den 1,6 GB des virtuellen Bufferpools zugeordnet werden.
  Über einen Parameter (CASTOUT) kann definiert werden, ob der Hiperpool DB2 alleine vorbehalten bleibt, oder ob OS/390 einzelne Pages aus dem Hiperpool bei Bedarf 'stehlen' darf.
  Empfehlung: CASTOUT (YES), damit der Erweiterungsspeicher von allen Teilhabern nutzbar ist.

- **Group Bufferpools (GBP)**
  In einer Data Sharing Group müssen Group Bufferpools eingerichtet werden.
  Die Group Bufferpools stehen allen Membern des Sysplex zur Verfügung.
  Sie halten Daten von allgemeinem Interesse (data of inter-DB2 R/W interest).
  Es existiert ein Group Bufferpool für alle Bufferpools des gleichen Namens von allen Membern. Ein Group Bufferpool kann in verschiedenen Coupling Facilities geführt werden.
  Es wird ein Group Bufferpool Duplexing unterstützt, bei dem eine primäre und ein sekundäre Struktur parallel in zwei unterschiedlichen Coupling Facilities gehalten werden.

- **RID-Pool**
  Der Record Identifier Pool nimmt Index-RID-Listen auf, die gebildet werden durch:
    - einen Index Access, bei dem ein List Prefetch genutzt wird,
    - einen Multiple Index Access,
    - einen Hybrid Join.
  Im RID-Pool findet auch die Sortierung der RID-Listen statt.
  Der RID-Pool wird bei einem Multiple Index Access bei Bedarf 'above the line' in 16-KB-Blöcken angefordert. Es werden max. 50 % des gesamten Bufferpools bis zu einer Obergrenze von 1000 MB angefordert.
  Die Default Größe des RID-Pools ist 4 MB.
  Der RID-Pool kann auch vollständig deaktiviert werden.

- **Sort Pool**
  Bei Sortier-Anforderungen werden Daten in zwei Pool-Typen verarbeitet:
    - Sort Pool für feste Strukturen, die den Sort steuern und
    - Bufferpools, in denen die zu sortierenden Daten, sowie Zwischen- und Endergebnisse gehalten werden. Auf Bedarf werden Sort-Daten auf Workfiles ausgelagert.

11 DB2-Datenspeicherung intern und extern
11.3 Datenpool- und Bufferpool-Konzept

- **EDM-Pool**
  Der Environment Descriptor Manager Pool nimmt Informationen aus dem DB2-Directory zur performancegünstigen Steuerung der Anforderungen während der Ausführungsphase auf.
  Ab der Version 6 können die Skeleton Tables in den Data Space ausgelagert werden (Installations-parameter: CACHE DYNAMIC SQL YES mit DATASPACE-Size).
  Weiterhin können ab Version 6 große DBD-Definitionen in 32 KB-Blöcken strukturiert werden.
  In den EDM-Pool werden eingestellt:
  - **SKCT** (Skeleton Cursor Tables) für die am häufigsten frequentierten Anwendungen (Pläne),
  - **SKPT** (Skeleton Package Tables) für die am häufigsten frequentierten Anwendungen (Packages),
  - die in Benutzung stehenden **CT**s (Cursor Tables) und **PT**s (Package Tables),
  - die in Benutzung stehenden **DBD**s (Database Descriptoren),
  - die **Autorisierungs-Cache**-Blöcke (Autorisierungs-Ids eines Plans) - außer den Plänen, die mit dem BIND-Parameter CACHESIZE (0) erzeugt wurden.
  - Source-Daten von **Dynamic SQL-Statements**, sofern bei der System-Installation der Parameter CACHE DYNAMIC SQL mit YES generiert wurde.

- **Workfiles**
  Auf Workfiles werden alle relevanten Zwischenergebnisse gehalten. Es existieren die beiden Typen:
  - **LWF Logical Workfiles**   diese werden im Speicher gehalten,
  - **PWF Physical Workfiles** diese werden extern ausgelagert.

  Workfiles enthalten diverse Datenstruktur-Typen, wie:
  - **Sort-Daten**   zu sortierende Daten
  - **Interims-Tables**   Zwischenergebnisse von Materialisierungen, z.B. bei einem JOIN.
  - **Globale Temporäre Tables** Vordefinierte temporäre Tabellen für eine gemeinsame Nutzung innerhalb einer UOW.
  - **Sparse Indizes**   Index-Keys, die zwischengespeichert werden und mit einer Range von zusammenhängenden Rows anstelle einzelner RIDs aufgebaut werden.
                                Ein solcher Index wird z.B. bei einer IN-Subquery bei großen Datenvolumen aufgebaut.

11.3.1 Group Bufferpools (GBP)

Data Sharing wird über die OS/390-Funktion **Coupling Facility** abgewickelt.
Coupling Facility ist eine logische Partition, in der das 'coupling facility control program' läuft und in dem Hochgeschwindigkeitsspeicher (im DB2-Falle die **Group Bufferpools**) verwaltet werden.
In dieser Partition werden auch die Intercommunications-Anforderungen und die **Locks** innerhalb des Sysplex gesteuert und verwaltet. Damit wird auch die Konsistenz der Daten im Shared Betrieb gewährleistet.
In der Shared Communication Area (**SCA**) werden Datenbank-Informationen für alle angeschlossenen Member der Gruppe geführt.
Die Group Bufferpools stehen allen Membern des Sysplex zur Verfügung.
Sie halten Daten von allgemeinem Interesse (data of inter-DB2 R/W interest).
Es existiert ein Group Bufferpool für alle Bufferpools des gleichen Namens von allen Membern. Ein Bufferpool kann in verschiedenen Coupling Facilities geführt werden.
Das Coupling Facility hat keine direkte Verbindung zu den externen Devices. Hier werden nur virtuelle Bufferbereiche korrespondierend zu den Bufferpools der Group Member geführt.
Deshalb muss das Ausschreiben modifizierter Pages über die DB2-Subsystem-Adressräume vorgenommen werden.
Max. Anzahl der verwaltbaren Bufferpools:
    Lokal bis zu 80 virtuelle Bufferpools und bis zu 80 korrespondierende Group Bufferpools.

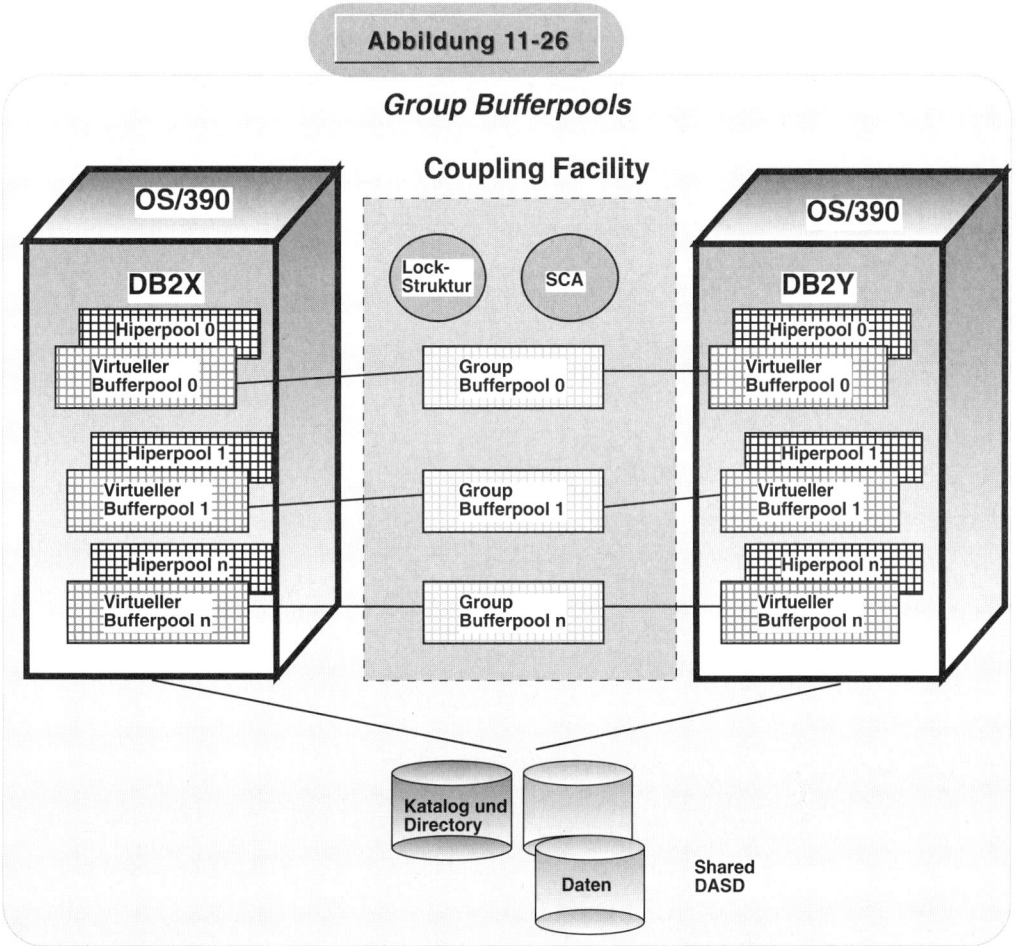

Abbildung 11-26

11.3.2 Virtuelles Bufferkonzept

Mit einem wirkungsvollen Bufferkonzept versucht DB2, soweit wie möglich auf externe Dateizugriffe zu verzichten. Die Buffer enthalten die Pages, die von VSAM als CI verwaltet und übertragen werden. In den Bufferpools werden aufgrund der Systemgenerierung eine bestimmte Anzahl von Buffern (ein Buffer entspricht einer Page) zugeordnet.
Es existieren Bufferpools für 4 KB, 8 KB, 16 KB und 32 KB-große Pages.

Als Default-Generierungsparameter werden unter OS/390 2000 Buffer des Bufferpools BP0 (= 8 MB) und 24 Buffer des Bufferpools BP32K (= 768 KB) angelegt.
Empfohlen werden bei einer ausgeprägten Nutzung von DB2 zwischen 20.000 bis 50.000 Buffer (entspricht 80 MB bis 200 MB). Dabei können evtl. Teile auf Hiperpool ausgelagert werden.

Die Bufferzuordnung der Tablespace-Pages bzw. Index-Pages wird durch Definition beim CREATE bzw. ALTER TABLESPACE sowie beim CREATE bzw. ALTER INDEX vorgenommen.
DB2 nutzt die Bufferpools für die Aufnahme der Daten- sowie DB2-internen Verwaltungs-Pages (Header und Space Map Pages). Die Index-Pages werden ebenso wie Daten-Pages behandelt. Innerhalb der Buffer sind Bereiche vorgesehen, die von den internen Space-Management-Routinen sowie den Lock-Management-Routinen genutzt werden.

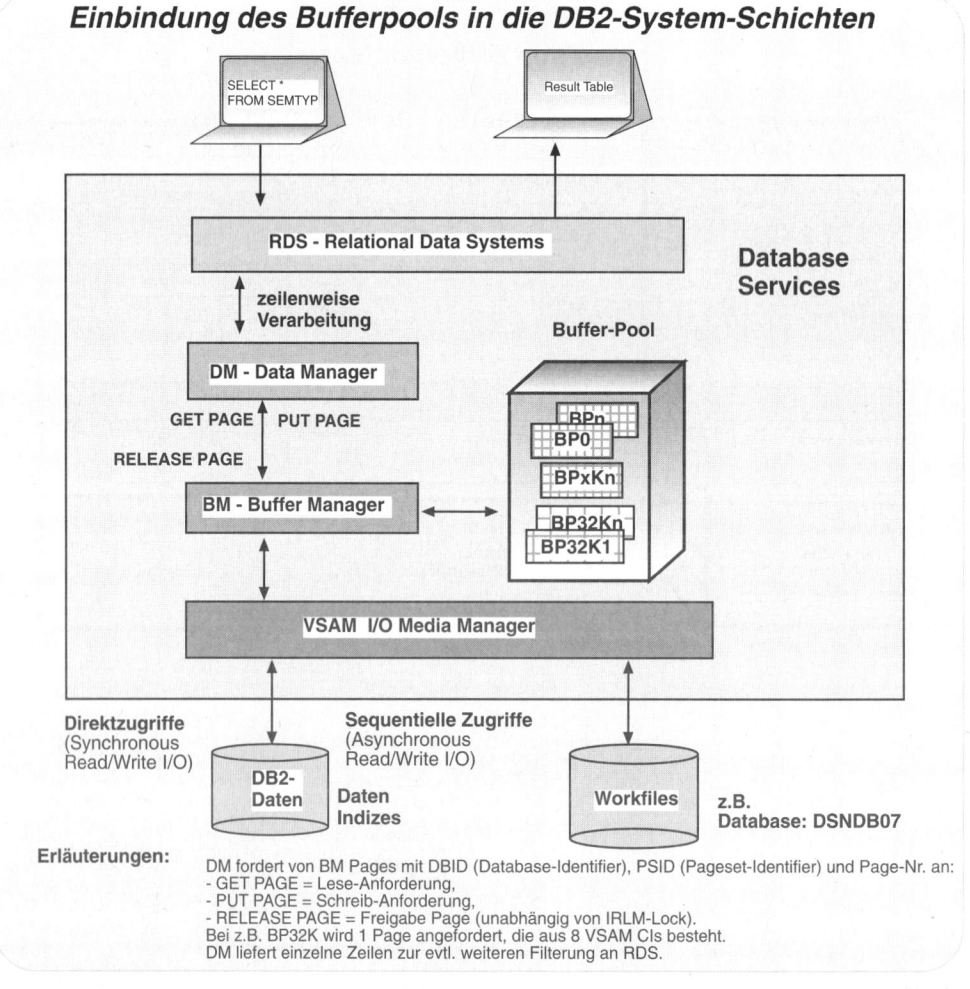

Abbildung 11-27: Einbindung des Bufferpools in die DB2-System-Schichten

11 DB2-Datenspeicherung intern und extern
11.3 Datenpool- und Bufferpool-Konzept

11.3.2.1 Lese-Anforderungen

Wird eine Datenanforderung gestellt, so werden die Buffer eines Bufferpools daraufhin durchsucht, ob die gewünschte Page bereits im Speicher vorhanden ist. Wenn ja, kann ein externer Dateizugriff unterbleiben.
Ist die gewünschte Page nicht vorhanden, muss sie eingelagert werden.
Die Einlagerung kann natürlich nur dann erfolgreich durchgeführt werden, wenn Buffer vorhanden sind, die momentan nicht von anderen Anwendungen genutzt werden.
Ist jedoch ein Buffer verfügbar (und das sollte immer gegeben sein), erfolgt die Einlagerung defaultmäßig nach der Least-Recently-Used-Technik (**LRU**). Bei Bedarf kann die Methodik auf First-in, first-out (**FIFO**) geändert werden (mit dem ALTER BUFFERPOOL-Command).
Nach der LRU-Technik sucht sich DB2 den in der Vergangenheit am wenigsten benötigten Buffer heraus.
Je nach Anforderung kann DB2 die Daten nach unterschiedlichen Verfahren von den externen Datenträgern anfordern:

- **Normaler Read**
  Werden einzelne oder wenige zusammenhängende Daten benötigt, arbeitet DB2 mit dem normalen Read, bei dem eine einzelne Page angefordert wird.
  Die Anforderungen werden synchron innerhalb der jeweiligen Anwendung vorgenommen.
  Die Anwendung muss bei jedem I/O warten, bis die Daten im Buffer verfügbar sind.

- **Sequential Prefetch**
  Werden viele zusammenhängende Daten benötigt, arbeitet DB2 mit dem Sequential-Prefetch-Verfahren. Dabei werden mit jedem I/O mehrere Pages angefordert.
  Sequential Prefetch kann für einen File Page Set Scan oder auch für einen Matching- oder Non-Matching Index Scan eingesetzt werden.
  Die Anzahl der Pages ist abhängig von der verfügbaren Buffer-Kapazität:

Buffer-Pool-Typ	Definierte Größe	Pages pro I/O
4 KB	< = 223 Buffer	8
	224 - 999 Buffer	16
	> = 1000 Buffer	32
8 KB	< = 112 Buffer	4
	113 - 499 Buffer	8
	> = 500 Buffer	16
16 KB	< = 56 Buffer	2
	57 - 249 Buffer	4
	> = 250 Buffer	8
32 KB	< = 16 Buffer	0 (kein sequential Prefetch unterstützt)
	17 - 99 Buffer	2
	> = 100 Buffer	4

Utilities können bis zu 64 Pages auf einmal einlesen.
Sequential Prefetch von Tabellen aus segmented Tablespaces liest auch Fremd-Segmente ein.
Daher ist aus diesem Aspekt eine Segmentgröße von 32 bzw. 64 Pages effizient.
DB2 entscheidet sich für einen Sequential Prefetch, wenn folgende Bedingungen vorliegen:
- **Index-Leaf Pages**
  Wenn mehr als 8 Pages einzulesen sind, wird zum Bind-Zeitpunkt die Prefetch-Entscheidung getroffen.
  In diesem Fall wird in der PLAN_TABLE ein Index-Scan ausgewiesen und gleichzeitig ein sequential Prefetch.
- **Daten-Pages** eines File Page Sets:
  - im Rahmen eines 'Tablespace Scans' (besser: File Page Set Scan),
  - bei einem clustered Index auf die zugehörigen Daten-Pages (nur wenn die CLUSTERRATIO >= 80 % ist).

Über den Einsatz von sequential Prefetch kann entschieden werden:

- zur Bind-Zeit
- zur Ausführungszeit (**sequential detection**).

Sequential Detection tritt ein, wenn von den zuletzt angeforderten 8 Pages mehr als 4 Pages

11 DB2-Datenspeicherung intern und extern
11.3 Datenpool- und Bufferpool-Konzept

sequenziell hintereinander liegen.
In diesem Falle kann die Entscheidung nicht in der PLAN_TABLE erkannt werden.
Ansonsten wird durch EXPLAIN in der PLAN_TABLE der Prefetch ausgewiesen (PREFETCH = 'S').

- **List Prefetch (List Sequential Prefetch)**
  Mit dieser Funktion werden Daten-Pages über einen oder mehrere Index-Pfade effizient verarbeitet.
  Dabei werden zunächst die Index-Daten über die üblichen Index-Suchpfade eingelesen und die entsprechenden Auswahl-Bedingungen überprüft.
  Fällt ein Index-Eintrag in die Auswahl, wird lediglich die geforderte RID zwischengespeichert.
  Sind alle RIDs aus dem Index ausgefiltert, erfolgt ein Sort nach RID.
  Dann erfolgt, sofern genügend RIDs vorhanden sind, ein Sequential Prefetch-Verfahren auf die Daten-Pages.

  Dabei können auch Lücken innerhalb der Daten-Pages auftreten. Wesentliche Aspekte des List Prefetches sind:

  - Ein einziger I/O für ein ganzes Paket von Pages.
  - Nicht benötigte Pages werden übersprungen.
  - Eine Daten-Page wird nur einmal eingelesen.
  - Die Platten-Suchzeit wird minimiert.

  List Prefetch wird beispielsweise bei einem non-clustered Index angewandt, während ein clustered Index direkt mit Sequential Prefetch bearbeitet werden kann (PREFETCH = S).

  Zu beachten ist, dass die Sortierung nach RID die Sortierfolge eines ORDER BY i.d.R. nicht erfüllt. Deshalb muss in einem solchen Fall mit einem Sort nach Datenauswahl gerechnet werden (die Sortierung erfolgt aufgrund der endgültigen Result Table-Daten).

  Der List Prefetch wird unter folgenden Bedingungen gewählt:

  - Bei Nutzung eines einzelnen Index:
    - bei einem Index mit einer CLUSTERRATIO < 80 %,
    - bei einem Index mit hoher CLUSTERRATIO, wenn die Anzahl der erwarteten Daten-Pages größer ist, als effizient mit Direktzugriff auswählbar und kleiner als mit sequential Prefetch.
  - Bei Nutzung eines Multiple Index Access.
  - Einlesen der Daten einer Inner Table innerhalb eines Hybrid Joins.

  Die Entscheidung hinsichtlich des Einsatzes von List Prefetch wird grundsätzlich beim BIND getroffen. Dies kann durch EXPLAIN in der PLAN_TABLE erkannt werden
  (PREFETCH = 'L'). DB2 kann aber während der Ausführung dynamisch auf den weiteren Einsatz verzichten, (z.B. wenn verfügbarer Bufferbereich erschöpft ist oder weniger als 32 RIDs herausgefiltert werden).

Die beiden sequenziellen Lese-Methoden werden asynchron abgewickelt. Durch das asynchrone Einlesen von Pages werden DB2-interne Wartezeiten reduziert.
Für die beide Lese-Typen existieren innerhalb des Buffer-Pools eigene logische Bereiche (siehe die folgende Abbildung), damit hier keine Behinderungen auftreten. Ansonsten könnten die sequenziellen Verfahren den Bufferpool monopolisieren.

Im Bufferpool bedeuten:

- **Available Pages**: verfügbare, von Anwendungen nicht mehr benötigte Buffer (= **stealable Pages**).
- **In-Use-Pages**: Page ist gerade in Benutzung durch Anwendung (eine Lese-Anforderung mittels GETPAGE wurde gestellt).
- **Updated Pages**: veränderte Pages, die aber noch nicht auf externe Speicher weggeschrieben sind (WRITE PENDING FLAG = ein).

11.3.2.2 Schreib-Anforderungen

Wird ein Buffer von einer Anwendung benötigt, erfolgt die Sperr-Kennzeichnung dieses Buffers (LOCK). Änderungen innerhalb eines Buffers werden zunächst nur intern vorgenommen. Auch nach Abschluss einer Verarbeitung (COMMIT oder ROLLBACK) bleiben die Buffer mit Daten-Pages vorerst im Speicher und werden nicht auf die externen Datenträger weggeschrieben. Das Ausschreiben der veränderten Buffer erfolgt derzeit unter Performanceaspekten:

- wenn ein Limit für die verfügbaren Buffer-Pages überschritten wird,
- wenn ein System-Checkpoint geschrieben wird mit Informationen zum Wiederaufsetzen des DB2-Systems nach einem unvorhergesehenen Abbruch,
- wenn ein DB2-interner Eckwert überschritten wird (Threshold Value).

Mit einem einzigen I/O werden mehrere Pages ausgeschrieben:

- bis zu 32 Pages der Größe 4-KB,
- bis zu 16 Pages der Größe 8-KB,
- bis zu 8 Pages der Größe 16-KB,
- bis zu 4 Pages der Größe 32-KB.

Natürlich müssen diese verzögerten Ausschreibungs-Prozesse in enger Abstimmung mit den Sicherungs- und Wiederanlaufverfahren von DB2 erfolgen.

Daher werden die veränderten Bufferinhalte bei einem Verarbeitungsabschluss in jedem Falle auf die externe Log-Datei ausgeschrieben. Lediglich die Daten- bzw. Index-Pages können verzögert gehalten werden.

Im Falle eines Wiederanlaufs nach Systemabbruch müssen dann natürlich die DB2-Recovery-Maßnahmen komplett ordnungsgemäß ausgeführt werden, die dann auch den Status einzelner Pages aufgrund der Log-Informationen erkennen können:

- bereits auf die externe Datei weggeschrieben oder
- nur in internem Buffer verändert mit der Erfordernis des nachträglichen Wegschreibens auf die Datei.

Abbildung 11-28

DB2-Bufferpool-Konzept und Thresholds

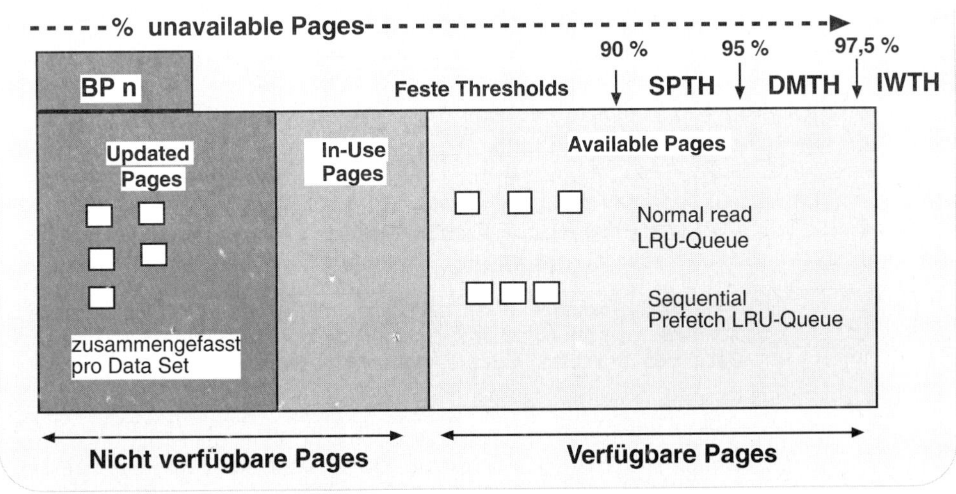

- - - - - % unavailable Pages - ▶

90 %   95 %   97,5 %

BP n   Feste Thresholds   ↓ SPTH   ↓ DMTH   ↓ IWTH

Updated Pages	In-Use Pages	Available Pages
☐ ☐ ☐ ☐ ☐ zusammengefasst pro Data Set		☐ ☐ ☐ Normal read LRU-Queue ☐ ☐ ☐ Sequential Prefetch LRU-Queue

◀— **Nicht verfügbare Pages** —▶ ◀— **Verfügbare Pages** —▶

11 DB2-Datenspeicherung intern und extern
11.3 Datenpool- und Bufferpool-Konzept

11.3.2.3 Bufferpool-Thresholds

Die Bufferpool-Thresholds beeinflussen den Durchsatz eines Systems erheblich, da ab einer bestimmten Bufferpool-Belegung automatisch Maßnahmen ergriffen werden, bzw. bestimmte Fähigkeiten nicht mehr gegeben sind.
Es existieren feste Limite und variabel durch das ALTER BUFFERPOOL-Kommando änderbare Limite:

- **Feste Thresholds**

    SPTH - **Sequential Prefetch Threshold** - stoppt das Vorladen von Pages
    - wenn 90 % der Buffer-Pages nicht verfügbar sind.

    DMTH - **Data Manager Threshold** - Freigabe aller Buffer, soweit möglich:
    - wenn 95% nicht verfügbar sind
        ---> GETPAGE und RELEASE Pages werden von PAGE-Level auf ROW-Level umgeschaltet.
        ---> Hoher interner CPU-Aufwand durch zeilenweises Sperren. Wenn alle Zeilen einer Page benötigt werden, mehrfache GETPAGEs.
        ---> Utilities setzen COMMIT ab.

    IWTH - **Immediate Write Threshold** - jeder Update einer Zeile wird sofort synchron ausgeschrieben.
    - wenn 97,5% nicht verfügbar sind
        ---> signifikante Auswirkung auf I/O und CPU.

- **Variable Thresholds**

    VPSEQT - **Virtual Bufferpool Sequential Steal Threshold** - Anteil der Sequential Prefetch Pages des virtuellen Bufferpools.
    - Default: 80 % sämtlicher virtuellen Buffer-Pages.
        ---> Wert = 0 - Sequential Prefetch ist ausgeschaltet.
        ---> Wert = 100 - Sequential Prefetch monopolisiert den Bufferpool.

    HPSEQT - **Hiperpool Sequential Steal Threshold** - Anteil der Sequential Prefetch Pages des Hiperpools.
    - Default: 80 % sämtlicher Hiperpool-Buffer-Pages.
        ---> Behandlung analog VPSEQT.

    VPPSEQT - **Virtual Buffer Pool Parallel Sequential Steal Threshold** - Anteil der parallelen I/O-Operationen (prozentualer Anteil von VPSEQT).
    - Default: 50 % der sequential Prefetch Pages.
        ---> Wert = 0 - Parallel Processing ist ausgeschaltet.
        ---> Wert = 100 - Parallel Processing monopolisiert den Bufferpool-Anteil.

    VPXPSEQT - **Virtual Buffer Pool Assisting Parallel Sequential Steal Threshold** - Anteil der parallelen I/O-Operationen, die von anderen Membern in der Group gefordert werden und für die assistierende Leistungen bereitgestellt werden (als prozent. Anteil von VPPSEQT).
    - Default: 0 % von VPPSEQT.
        ---> Wert = 0 - Parallel Assisting Processing ist ausgeschaltet.
        ---> Wert = 100 - Parallel Assisting Processing kann den vollen VPPSEQT-Bufferpool-Anteil nutzen.

    DWQT - **Deferred Write Threshold** - Max. zulässiger Prozentsatz belegter Pages, ab dem ein sofortiges asynchrones Ausschreiben erfolgt (bis zu 128 Pages pro Dataset).
    - Default: 50 % 'in use' Pages (0 - 90 % vorgebbar).

    VDWQT - **Vertical Deferred Write Threshold** - Max. zulässiger Prozentsatz belegter Pages pro Dataset, ab dem ein sofortiges asynchrones Ausschreiben erfolgt.
    Die Vorgabe der Werte kann prozentual oder als feste Anzahl von Pages erfolgen.
    - Default: 10 % 'in use' Pages (0 - 90 % vorgebbar).
    - Der Threshold wird durch einige DB2-Utilities überschrieben, die einen Grenzwert von 64 Pages pro Dataset benutzen.

11.3.2.4 Mögliche Strategien der Bufferpool-Einrichtung

Es sind verschiedene Strategien bei der Bufferpool-Einrichtung möglich. Jede Alternative verfügt über Vor- und Nachteile.
Während der ersten DB2-Versionen wurde von IBM in der Regel die generelle Nutzung des BP0 empfohlen. Inzwischen sind aber die bisherigen Beschränkungen der DMTH-Thresholds entfallen und bei Erreichen dieses Limits werden andere Bufferpools nicht mehr beeinflusst.
Daher haben auch viele große Anwender eine Aufteilung der Bufferpool-Zuordnungen vorgenommen. DB2 stellt ja auch inzwischen eine große Anzahl Bufferpools zur Auswahl bereit:

Folgende grundlegenden Strategien bei der Bufferpool-Einrichtung sind denkbar:

1. **Generelle Nutzung eines Bufferpools**
   --> Insgesamt meist empfehlenswert für kleinere DB2-Benutzer, wenn DB2 nur einen Bufferpool verarbeiten muss (Faustformel: bis zu 10.000 Buffer = bis zu 40 MB).
   - -> Weniger interner Aufwand zur Verwaltung.
   - -> Bessere Auslastung bei Anforderungs-Verschiebungen.

2. **Alle Systemdaten in einen Bufferpool, alle Benutzerdaten in einen anderen Bufferpool**
   --> Systemdaten und Benutzerdaten behindern sich nicht gegenseitig (stehlen sich gegenseitig keine Pages).

3. **Alle Tablespaces in einen Bufferpool, alle Indizes in einen anderen Bufferpool**
   --> Reduzierung von I/Os, Daten und Indizes behindern sich nicht gegenseitig (stehlen sich gegenseitig keine Pages).

4. **Grundsätzliche Zuordnung der Tablespaces und Indexspaces in einen Bufferpool, performancekritische Tablespaces und Indexspaces in einen anderen Bufferpool**
   --> Vorteil: Kein 'Stehlen' von Buffer-Pages zwischen Mitgliedern der beiden Gruppen.
   --> Probleme:
   - Aufteilung des verfügbaren Speichers reduziert den verfügbaren Speicher für performancekritische Anwendungen.
     --> evtl. höhere I/O-Rate.
   - Im Laufe der Zeit ergeben sich immer mehr kritische und besonders zu behandelnde Anwendungen.

5. **Weitgehende Separierung der verschiedenen Daten-Kategorien** (Beispiel siehe folgende Abbildung)
   --> Vorteile: analog 4.
   --> Probleme: analog 4.

Ein zusätzlicher 32 KB-Bufferpool ist für Joins bzw. Sort-Maßnahmen auf jeden Fall einzurichten.

11 DB2-Datenspeicherung intern und extern
11.3 Datenpool- und Bufferpool-Konzept

Abbildung 11-29

DB2-Bufferpool-Zuordnungsalternativen

1. **Generelle Nutzung eines Bufferpools**

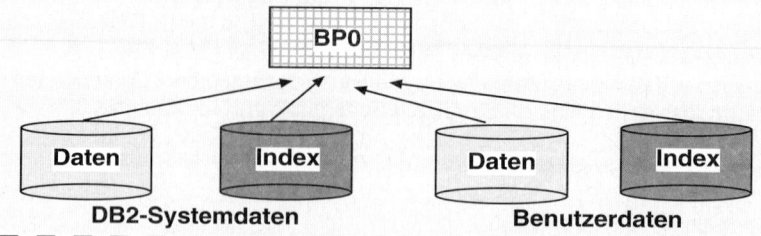

2.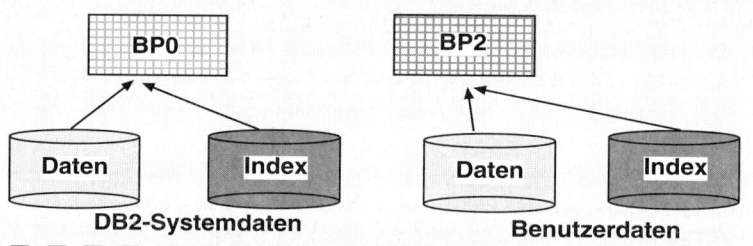

3. **Alle Tablespaces in einen Bufferpool, alle Indizes in einen anderen Bufferpool**

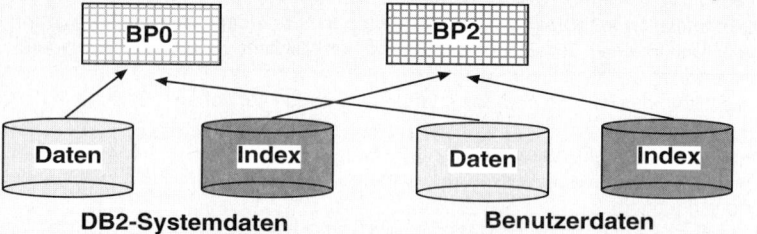

4. **Grundsätzliche Zuordnung der Tablespaces und Indexspaces in einen Bufferpool, performancekritische Tablespaces und Indexspaces in anderen Bufferpool**

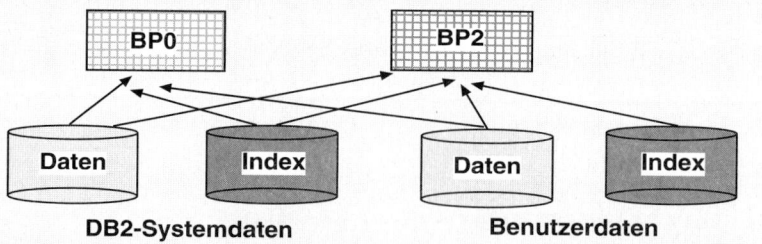

5. **Separierung nach Daten-Kategorien**

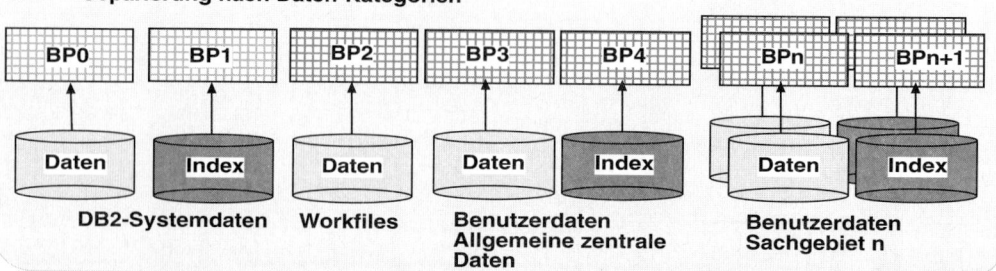

11.3.3 Parallel-Verarbeitung

Parallel-Verarbeitung von SQL-Anforderungen kann mit verschiedenen Techniken unterstützt werden. Im DB2 wurden releaseabhängig Techniken erweitert, die speziell in Verbindung mit Partitioned Tablespaces wirken:

- **Technik 1 - Sequenzielle Verarbeitung**
  Bei der sequenziellen Verarbeitung können die einzelnen Partitions nur nacheinander eingelesen werden. Es entstehen CPU-Wartezeiten.

- **Technik 2 - Parallele I/O-Verarbeitung (Single Tasking)**
  Mit der DB2-Version 3 wurde die Parallel-I/O-Verarbeitung eingeführt. Für eine Query kann der Grad der Parallelität bestimmt werden (DEGREE).
  Die einzelnen Partitions können parallel angefordert werden (sofern sie auf unterschiedlichen Volumes liegen).

- **Technik 3 - Parallele Rechner (CPU) und I/O-Verarbeitung (Multi-Tasking)**
  Mit der DB2-Version 4 wurde die Parallel-Verarbeitung eingeführt. Für eine Query kann der Grad der Parallelität bestimmt werden (DEGREE).
  Die einzelnen Partitions können parallel angefordert und auch verarbeitet werden.

- **Technik 4 - Parallele Rechner (CPU) und I/O-Verarbeitung (Multi-Tasking) im Sysplex (nur bei Data Sharing)**
  Mit der DB2-Version 5 wurde die Parallel-Verarbeitung im Sysplex eingeführt. Für eine Query kann die Arbeit innerhalb der DB2 Group auf angeschlossene Member verteilt werden. Diese assistieren dann innerhalb einer Parallel-Verarbeitung.
  Folgende weitere Unterstützungen sind relevant:
  - der Sub-SELECT eines INSERT-Statements ist parallel ausführbar,
  - durch den PIECESIZE-Parameter ist ein Non-Partitioned Index unterstützt.

Parallel-Verarbeitung kann genutzt werden für:

- statische und dynamische Queries,
- lokale und remote Zugriffe,
- für Einzel-Tabellen-Zugriffe und Joins,
- Zugriffe über Indizes, Tablespace Scan oder List Prefetch,
- Partitioned Tablespaces
- Non-Partitioned Tablespaces (ab Version 6) und
- Sort-Operationen.

Details siehe im Kapitel 14 unter Parallelverarbeitung.

11 DB2-Datenspeicherung intern und extern
11.3 Datenpool- und Bufferpool-Konzept

Abbildung 11-30

DB2-Parallelverarbeitungstechniken

Technik 1: Sequenzielle Verarbeitung

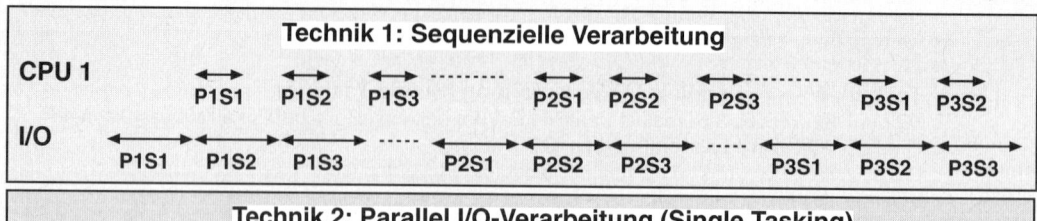

Technik 2: Parallel I/O-Verarbeitung (Single Tasking)

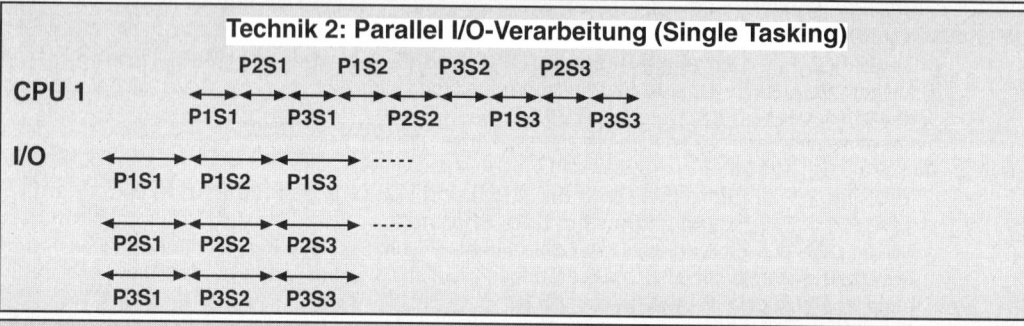

Technik 3: Parallel-Verarbeitung (Multi-Tasking)

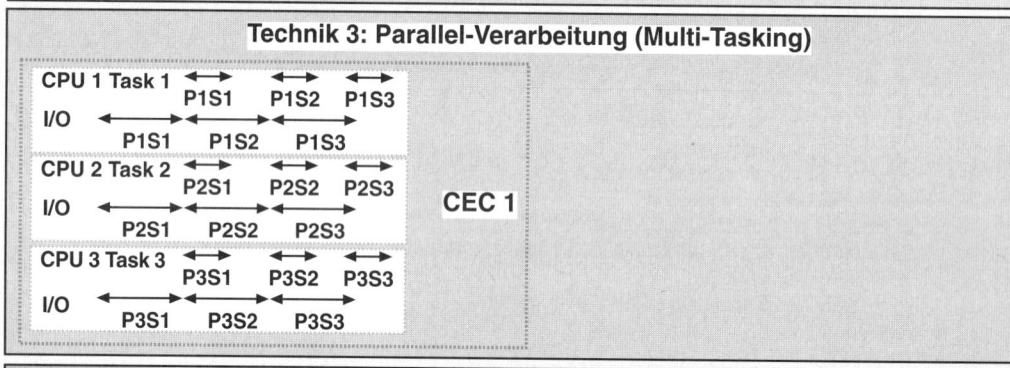

Technik 4: Parallel-Verarbeitung (Multi-Tasking) im Sysplex

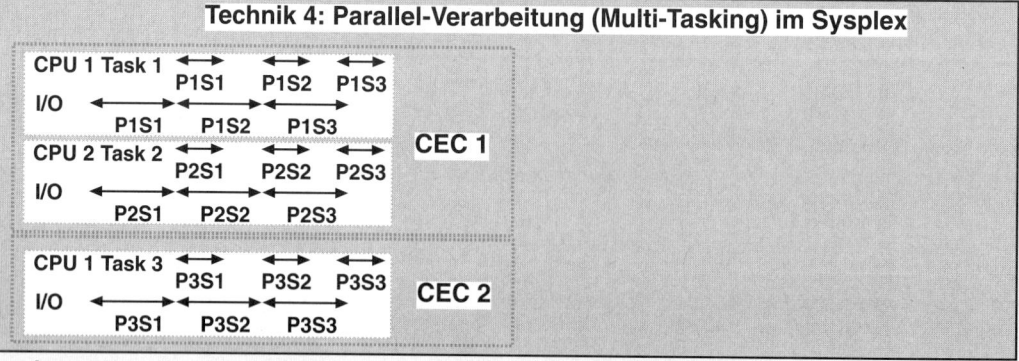

Legende: Pn Partition n   CEC Central Electronic Complex
          Sn Set n (Page-Gruppe) CPU Central Processor Unit

11.4 VSAM-Datasets

Die Ablage der DB2-Objekt-Daten erfolgt auf VSAM-LDS-Dateien.
Diese können entweder von DB2 automatisch oder aber manuell angelegt und gelöscht werden.

Die Automatismen von DB2 werden genutzt, wenn mit **Storage Groups** gearbeitet wird. In diesem Falle:

- definiert DB2 automatisch mit Hilfe der VSAM-Access-Method-Service (AMS)-Funktionen die erforderlichen VSAM-Datasets,
- löscht DB2 die Datasets automatisch, wenn ein Tablespace gelöscht wird,
- ordnet DB2 automatisch ein neues Dataset zu, wenn aufgrund einer bestimmten Byte-Anzahl das Limit für ein einzelnes Dataset erreicht wird.

Diese Automatismen können umgangen werden, wenn eigene VSAM-Datasets definiert werden (**user defined Datasets**). Gründe dazu können sein:

- Die Möglichkeit, auf bestimmte Optionen und physische Zuordnungen (z.B. Zylinderbegrenzungen) Einfluss ausüben zu können,
- Datasets für eine definierte Zeit vor einem unbeabsichtigtem Löschen zu schützen,
- Massenspeicher-Einrichtungen (MSS) zu nutzen.

Allerdings erhöht sich der manuelle Verwaltungsaufwand entsprechend.

DB2 speichert auf physischer Ebene die Daten eines Tablespaces mit einer oder mehreren Tables und die Daten eines Indexspaces mit einem Index.
DB2 benutzt zur Ablage dieser Daten die VSAM-Organisation mit ihrem VSAM-Katalog.

Generell sollte der Plattenbedarf exakt ermittelt und mit der PRIQTY-Option so vorgegeben werden, dass alle Platzanforderungen mit der Primäranforderung erfüllt sind und keine Sekundär-Platzanforderungen mehr erforderlich werden.
Durch solche Sekundäranforderungen können die Daten eines Datasets unkontrolliert auseinandergerissen werden, was sich ungünstig auf das Zugriffsverhalten auswirken kann.
Die Speicheranforderungen der VSAM-Dateien werden in Abhängigkeit von der Tablespace- bzw. Indexspace-Art vorgenommen:

- **Simple oder segmented Tablespace bzw. Indexspace**
  Ein simple oder segmented Tablespace enthält eine oder mehrere Tables. Die Größe ist limitiert mit 32 VSAM-Dateien mit jeweils bis zu 2 Gigabytes (GB), d.h. gesamt bis zu 64 GB Plattenbereichen.

  Die Daten des non-partitioned Indexspaces eines partitioned Tablespaces kann ab der Version 5 durch den PIECESIZE-Parameter auf mehrere Datasets (max. 64 GB bei einem Large Tablespace) verteilt werden.

  Die automatischen Speicheranforderungen werden nach folgender Logik abgewickelt:
  - Zunächst wird von DB2 ein Dataset in der Größe der Primär-Platzzuordnung des PRIQTY-Parameters (CREATE TABLESPACE und INDEX) angefordert.
  - Auf Bedarf werden Sekundär-Platzzuordnungen des SECQTY-Parameters (CREATE TABLESPACE und INDEX) bis zu 254 mal oder bis 2 GB erreicht sind, angefordert.
  - Wenn das 2 GB-Limit erreicht ist, ordnet DB2 einen neuen Dataset bis zum Maximum von 32 Datasets zu.

11 DB2-Datenspeicherung intern und extern
11.4 VSAM-Datasets

- **Partitioned Tablespace bzw. partitioned Index-Partition**
  Ein partitioned Tablespace enthält eine partitioned Table.
  Diese wird aufgeteilt:
    - bei Non-Large-Tablespaces in max. 64 Partitions mit einer maximalen Gesamtgröße von 64 GB,
    - bei Large-Tablespaces in max. 254 Partitions mit einer maximalen Gesamtgröße von 16 TB.
  Jede Partition wird in einer VSAM-Datei abgestellt und alle Partitions haben die gleichen Größenlimits in Abhängigkeit von der Anzahl der Partitions:
    - Non-Large Tablespaces:
        - 1 - 16 Partitions maximal 4 GB,
        - 17 - 32 Partitions maximal 2 GB,
        - 33 - 64 Partitions maximal 1 GB.
    - Large Tablespaces:
        - 1 - 254 Partitions maximal 4 GB pro Partition, bei DSSIZE > 4 GB max. 64 GB pro Partition.

  Die automatischen Speicheranforderungen werden nach folgender Logik abgewickelt:
    - Zunächst wird von DB2 pro Partition ein Dataset in der Größe der Primär-Platzzuordnung des PRIQTY-Parameters (CREATE TABLESPACE und INDEX) angefordert.
    - Auf Bedarf werden Sekundär-Platzanforderungen des SECQTY-Parameters (CREATE TABLESPACE und INDEX) bis zu 254 mal oder bis das Limit der Partition erreicht ist, angefordert.

Wenn die VSAM-Datasets manuell verwaltet werden sollen, müssen strenge Namenskonventionen und bestimmte VSAM-Optionen eingehalten werden.
Diese hierarchischen Namenskonventionen werden vom System direkt benutzt. So findet sich beispielsweise in der Katalog- oder Directory-Umgebung keine logische Beziehung zwischen Tablespace und Dataset. Diese ist fest über die Namenskonventionen verdrahtet.

Die Namenskonventionen eines Datasets sind:

vsamcat.DSNDBx.dbname.spacename.I0001.Annn

vsamcat		VSAM-Katalogname oder -Alias
	DSNDBC	für Cluster,
	DSNDBD	für Daten-Komponente.
	dbname	DB2-Database-Name.
	spacename	Name des Tablespaces oder Indexspaces.
	I0001	Konstante für 'normale' Benutzerdaten. Version 1
	J0001 *	Konstante für 'normale' Benutzerdaten. Version 2
	S0001	Konstante für Schatten-Datasets (REORG).
	T0001	Konstante für temporäre Schattendaten (diese werden automatisch von REORG angelegt und existieren nur während der Switch-Phase des REORG-Utilities).
	Annn	A001 für 1.Dataset bzw. Partition A002 für 2. .....
	J0001 *	Diese Variante war zum Zeitpunkt der Bucherstellung in Vorbereitung. Damit kann beim Online-Reorg auf das zeitintensive Umswitchen verzichtet werden. Im Katalog wird eine Information über den zu verwendenden Präfix geführt.

Eine LDS-Datei muss definiert werden mit den VSAM-Optionen:

- LINEAR,
- SHAREOPTIONS (3 3).

Einige VSAM-Optionen können definiert werden, werden aber von DB2 ignoriert:

SPANNED, SPEED, BUFFERSPACE, WRITECHECK, EXCEPTIONEXIT.

Die Datasets werden mit einer speziellen Formatierungs-Technik geführt. Daher sind keine normalen VSAM-Record-Zugriffe auf sie möglich. Methoden, die VSAM-CI-Verarbeitung unterstützen (z.B. IMPORT, PRINT, REPRO, EXPORT), können jedoch verwendet werden.

11 DB2-Datenspeicherung intern und extern
11.4 VSAM-Datasets

11.4.1 Nutzung von DFSMS (Storage Management Subsystem)

Unter DB2 sind bei Einsatz von SMS nur sehr wenige Schnittstellen definiert. Im wesentlichen wird formell eine Storage Group im DB2 definiert, die eine Volume (*)-Zuordnung hat, d.h. die Zuordnung der Devices SMS überläßt.

Wird kein SMS genutzt und DB2 übernimmt automatisch die Device-Zuordnungen (über Storage Groups), werden die Datasets einfach auf die nächste verfügbare Volume zugeordnet, ohne spezifische Charakteristiken der Daten zu berücksichtigen.

Unter SMS kann eine automatisierte Verwaltung durch Profile qualifiziert werden:

- Daten-Klasse   spezifiziert die physischen Charakteristiken des Datasets.
- Speicher-Klasse   Volume-Auswahl-Kriterien (Performance- und Verfügbarkeit).
- Management-Klasse   Kriterien für Auslagerung, Einlagerung, Gültigkeit und Backup-Charakteristiken.
- Speicher-Gruppe   DASD-Pool-Zuordnung, durch SMS verwaltet.

Folgende Vor- und Nachteile können bei Einsatz von SMS aufgeführt werden:

- **Vorteile**
    - Wenn die Parametrisierung in Ordnung ist, braucht der Administrator anschließend der Plattenverwaltung viel weniger Zeit zu widmen.
    - Automatisierte Freistellung von Plattenplatz, der längere Zeit nicht angesprochen wurde.
    - Schnittstellen zwischen SMS und DFP (DFDSS).
    - RACF kann aufgrund des User-Profils Default-Klassen zuordnen.

- **Nachteile**
    - Zeitaufwendige Einführung. Zunächst muss eine Strategie erarbeitet werden und in ein Konzept umgesetzt werden. Dieses kann im allgemeinen nur stufenweise eingeführt werden.
    Die Umsetzungsergebnisse sind detailliert zu kontrollieren.
    Wenn Daten ausgelagert wurden (DFSMShsm), kann die Einlagerung einige Minuten dauern. Daher ist DFSMShsm in der Regel kein Mittel für die Produktionsumgebung.
    - Backup-Kopien, die außerhalb von DB2 gezogen werden, können auch nur 'unter der Gürtellinie' wieder eingestellt werden (nur für read-only-Daten geeignet).
    Ab der Version 4 können solche Kopien für DB2-Recovery-Prozesse benutzt werden, da DB2 dann DFSMS-Kopien unterstützt.

Wenn eine DSSIZE > 4 GB genutzt werden soll und damit die erweiterte Adressierung (E/A-enabled), müssen die Datasets von SMS gemanaged werden!

11.5 DB2-Utilities für die Unterstützung der Datenspeicherung

Im DB2-Leistungsumfang befinden sich einige Utilities, die im Rahmen der physischen Datenablage Unterstützung leisten (siehe Details zu den Utilities im Anhang 2):

- **LOAD-Utility**
  Das Load-Utility bietet alternativ zum SQL-INSERT-Statement die Möglichkeit, Daten in einen Tablespace bzw. eine Partition einzustellen.
  Im Vergleich zum INSERT lädt das Utility größere Datenmengen wesentlich effizienter.
  Es können Daten in sequenziellem Format eingelesen werden, die:
    - aus einem vorherigen UNLOAD-Schritt des REORG-Utilities stammen,
    - aus SQL/DS bzw. DB2 mit UNLOAD entladen wurden,
    - aus SAM, VSAM-Dateien bzw. IMS-Datenbanken mit dem Zusatzprodukt Data Extract (DXT) entladen wurden,
    - von einem Programm entsprechend den Load-Bedingungen aufbereitet wurden, z.B. mit DSNTIAUL.

  Es ist zu beachten, dass LOAD keine Daten, sondern nur Indizes sortiert. Bei einem Clustering Index müssen die Daten vorsortiert werden.
  Ab der Version 6 können beim Laden Inline-Statistiken erzeugt werden.

- **REORG-Utility**
  Das REORG-Utility kann eingesetzt werden für die Reorganisation der Daten auf einen physisch optimierten Zustand. Reorganisiert werden können:
    Tablespace, Index oder eine Partition eines partitioned Tablespaces bzw. eines partitioned Indexspaces.

  Wann sollte reorganisiert werden?
  Faustformeln:
    - FAROFFPOSF / CARDF ist größer als 10 %.
    - CLUSTERRATIO eines clustered Index ist kleiner als 90 %.
    - (NEARINDREF + FARINDREF) / CARD ist größer als 10 %.
    - PERCDROP ist größer als 10 %.
    - Der Dataset hat mehr als einen Extent.
    - Mit ALTER wurde eine Tabelle um zumindestens eine Spalte erweitert und durch diese Maßnahme wurde ein bisheriges festes Satzformat in ein variables Format verändert.
      In diesem Fall sollte dringend ein MODIFY-Lauf aktiviert werden (siehe auch hierzu die Ausführungen später).

  Das REORG-Utility führt folgende Aktivitäten durch:
    - Reorganisation von Tabellenzeilen in clustering sequence (nur bei einem clustering Index; in Abhängigkeit von der Parametervorgabe mit oder ohne Sort).
    - Zurücksetzen des Freespaces auf die definierten Werte (evtl. auch zwischenzeitlich geändert).
    - Reorganisation der Index Pages in die physische Sequenz.

  Das Entladen (UNLOAD) kann separat und einzeln ausgeführt werden.
  Mit der UNLOAD-Option werden die Daten für das LOAD-Utility aufbereitet.
  Mit dem REORG kann gleichzeitig eine Full Image Copy (Inline Copy) erzeugt werden. Eine solche ist erforderlich, da ansonsten aufgrund der veränderten Page-Inhalte eine vorherige Image Copy nicht mehr verwendet werden kann und der Log-Bestand mit hohem Aufwand bei einer Recovery-Maßnahme herangezogen werden muss.

  Ab der Version 5 kann ein Online-Reorg duchgeführt werden, bei dem eine hohe Parallelität - auch mit Veränderungsmöglichkeit - gegeben ist.
  Ab der Version 6 können beim REORG Inline-Statistiken erzeugt werden.

- **DSN1COMP-Utility**

  Das DSN1COMP-Utility kann eingesetzt werden zur Ermittlung der Plattenplatzeinsparung bei der Komprimierung eines Datenbestandes.

11 DB2-Datenspeicherung intern und extern
11.5 DB2-Utilities für die Unterstützung der Datenspeicherung

- **MODIFY-Utility**

    Das MODIFY-Utility löscht Image-Copy-Informationen aus der SYSLGRNX-Tabelle des DB2-Directories sowie aus der SYSCOPY-Tabelle des DB2-Katalogs.
    Dabei werden auch andere Löschungen bzw. Modifikationen systemtechnischer Statusdaten vorgenommen.
    Das MODIFY-Utility unterstützt die Speicherungs-Effizienz mit folgenden Funktionen:
    - Gelöschte Tabellen aus der DBD des DB2-Directories entfernen. Szenario:
        - DROP TABLE und COMMIT
        - REORG-Utility aktivieren mit Inline-Copy
        - MODIFY mit DELETE-Parameter.
    - Umsetzen eines variablen Satzformats in ein festes Satzformat nach einer Tabellenstruktur-Erweiterung durch ALTER TABLE ADD column. Szenario:
        - REORG-Utility aktivieren mit Inline-Copy
        - MODIFY mit DELETE-Parameter (wirkt nur, wenn auch wirklich SYSCOPY-Zeilen zu löschen sind).

- **RUNSTATS-Utility**

    Das RUNSTATS-Utility durchsucht einen kompletten Tablespace oder Indizes zur Ermittlung statistischer Informationen über:
    - Space-Nutzung und -Organisation,
    - inhaltliche Ausprägungen von Spalten (cardinality).

    Diese Statistik-Informationen werden im Katalog hinterlegt und teilweise vom Optimizer genutzt.

- **STOSPACE-Utility**

    Das STOSPACE-Utility ermittelt den zugeordneten Plattenplatz für jeden Tablespace und Indexspace, der über Storage Group angelegt wurde, und speichert die Informationen im Katalog.

12 DB2-Datensicherheitseinrichtungen
12.1 DB2-Sicherheitsinstrumentarium

DB2 unterstützt den **Multi-User-Betrieb**, d.h. viele DB2-Anwender können konkurrierend und zunehmend parallel die DB2-Ressourcen nutzen.

Dabei können Situationen auftreten, die die **Konsistenz** eines Datenbestands gefährden. Die Konsistenz ist dann gegeben, wenn logisch zusammengehörende Daten den gleichen Aktualitätsgrad aufweisen.
Zur Vermeidung diverser, noch im Detail zu erörternden Problematiken, muss DB2 eine Reihe von Maßnahmen zur Gewährleistung der Daten-Konsistenz anbieten.

Wenn innerhalb einer bestimmten Zeiteinheit parallele Verarbeitungsprozesse auftreten, sind folgende DB2-Maßnahmen von hoher Bedeutung:

- Sperre der in Verarbeitung befindlichen Ressourcen (**LOCK bzw. LATCH**) - teilweise mit Hilfe des Lock-Managers IRLM und

- Protokollierung aller Ressource-Veränderungen (**LOGGING**) mit Rekonstruktionsmöglichkeit ordnungsgemäßer Datenzustände im Abbruchfalle (ROLLBACK).

Die folgende Abbildung zeigt die Parallel-Verarbeitungsmöglichkeiten unter DB2.

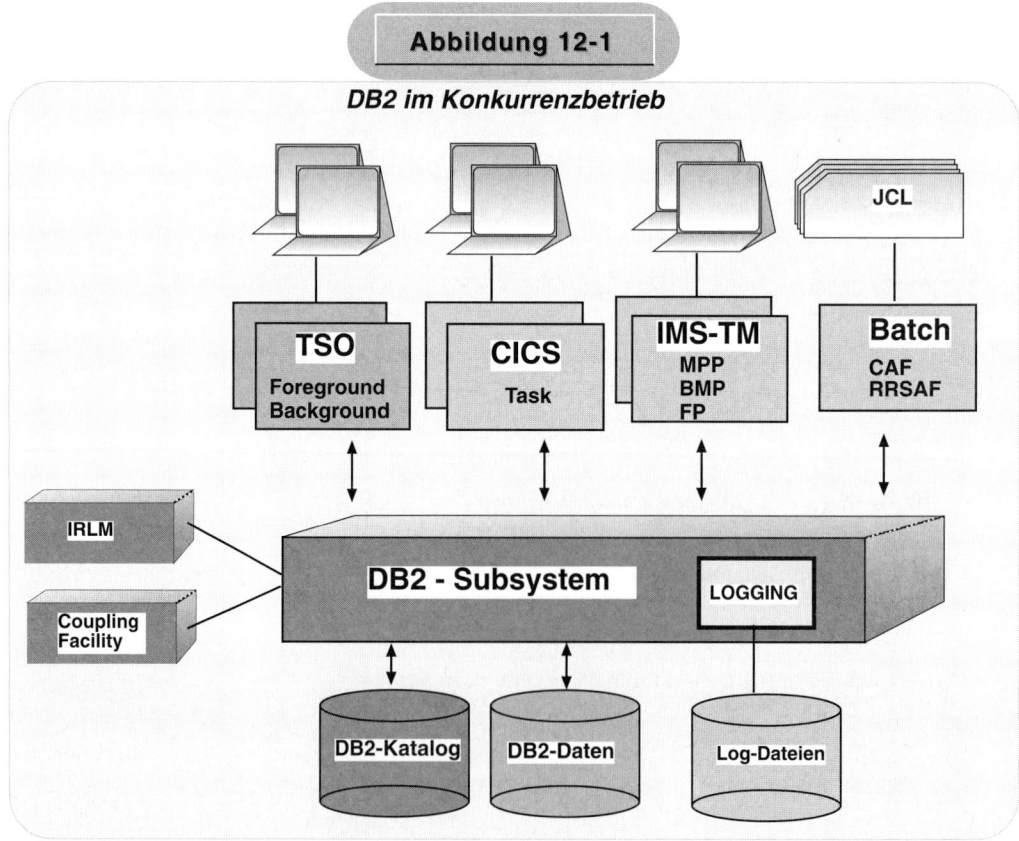

Abbildung 12-1
DB2 im Konkurrenzbetrieb

12 DB2-Datensicherheitseinrichtungen
12.1 DB2-Sicherheitsinstrumentarium

Die Abwicklung parallel konkurrierender Anforderungen kann aus den Trägersystemen TSO, IMS bzw. CICS oder aus dem OS/390-Batchbereich mittels CAF (Call Attachment Facility) bzw. RRSAF (Recoverable Resource Manager Services Attachment Facility) erfolgen.
Innerhalb jedes Trägersystems können wiederum Parallelanforderungen anfallen. Daher können auch bei Anforderungen aus einem einzigen Trägersystem innerhalb von DB2 Parallel-Abwicklungsprozesse auftreten.

Die DB2-Sicherheitsmaßnahmen können aufgegliedert werden in Abhängigkeit von der Nutzungsmöglichkeit der Datenbasis:

- **bei Non-Shared Databases**   Vollständige Autonomie einer Lokation.
  Die Ressourcen werden innerhalb einer Lokation kontrolliert; remote Anforderungen können von anderen Lokationen an die datenhaltende Lokation gestellt werden.
  Daher müssen alle Maßnahmen zur Gewährleistung der Datensicherheit ausschließlich innerhalb der DB2-Lokation ergriffen werden.

- **bei DB2 Data Sharing (DS)**   Eine Lokation ist ein Member einer DB2-Group.
  Die DB2-Gruppe ist zuständig für die Konsistenz der Daten.
  Die Ressourcen können von allen Membern der DB2-Group modifiziert werden; remote Anforderungen können von anderen Lokationen an ein Member der DB2-Group gestellt werden.
  Daher müssen alle Maßnahmen zur Gewährleistung der Datensicherheit auf Gruppenebene ergriffen werden. Dies wird von einer OS/390-Komponente gewährleistet: dem Coupling Facility.

DB2 muss aus Gründen der Anwendungssicherheit eng mit den jeweiligen Trägersystemen zusammenarbeiten. So müssen beispielsweise die Protokollierungsmaßnahmen der TP-Monitore im Hinblick auf die Konsistenzerfordernisse einer Transaktionsabwicklung mit den Datenbank-Manipulationen von DB2 synchronisiert werden.

DB2 bietet neben seinen Zugriffsschutzkomponenten ein ausgefeiltes Instrumentarium zur Unterstützung der Datensicherheitsanforderungen an und schützt damit die Daten vor folgenden Fehlern:

- **Fehlern des Betriebssystems und der Systemsoftware**
  Bei Systemfehler werden beim nächsten DB2-Restart automatisch die Daten auf einen konsistenten Zustand gebracht.
  Sind die TP-Monitore CICS und/oder IMS bzw. die OS/390 Transaction Management and Recoverable Resource Manager Services (OS/390 RRS) mit angeschlossen, wird der Restart gemeinsam koordiniert, damit alle Daten aller beteiligten Systeme konsistent bleiben.

- **Fehlern der Platten-Hardware**
  Bei Hardware-Fehlern können die DB2-Logging-Einrichtungen genutzt werden. Mit Hilfe von Utilities und Sicherungsbeständen können Daten auf einen früheren Zustand zurückgesetzt und mit Hilfe des Log-Bestandes dann auf den aktuellen Zustand geführt werden.
  Mit Hilfe systemunterstützter Dual-Log-Dateien (zwei gleiche Dateien - auch Spiegel-Dateien genannt - werden parallel aktualisiert) und durch ein hierarchisches LOG-Konzept versucht DB2 im Fehlerfalle automatisch die Situation zu beheben.

- **Fehlern der Anwendungsprogramme bzw. von interaktiven Verarbeitungsprozessen**
  Die gesamten Daten-Manipulationen eines logischen Verarbeitungsabschnitts werden von DB2 separiert (Isolation) und erst bei einem komplett ordnungsgemäßem Verlauf der letzten logischen Verarbeitungseinheit (UOW = unit of work) werden die Veränderungen weggeschrieben (COMMIT). Endet eine solche Verarbeitungseinheit fehlerhaft (ROLLBACK), werden die Manipulationen nicht ausgeführt (intern können bestimmte abweichende Verarbeitungsfolgen auftreten, für den Benutzer zeigt sich die Wirkung jedoch in der aufgezeigten Weise).

12.2 Transaktionsabwicklung

Die Transaktion ist eine Arbeitseinheit, die aus Konsistenzsicht nicht weiter aufteilbar ist (atomic).
Eine Manipulations-Transaktion führt durch bestimmte Verarbeitungsprozesse von einem konsistenten Datenzustand zu einem anderen, neuen konsistenten Datenzustand.

Entweder müssen alle innerhalb einer Transaktion auftretenden Daten-Manipulationen komplett ausgeführt (**REDO**) oder im Fehlerfalle bei teilweiser Arbeitsausführung komplett zurückgenommen werden (**UNDO**).
Während der Abwicklung einer Transaktion befinden sich die der Transaktion zuordenbaren Datenzustände in einem inkonsistenten - weil nicht abgeschlossenen - Status. Die veränderten Daten müssen daher bis zum Abschluss der Transaktion (bzw. der letzten logischen Arbeitseinheit) vor anderen Benutzern isoliert werden.

Ein Datenbanksystem muss diese Anforderung unterstützen.

Zunächst einmal muss das Datenbanksystem alleine oder in Zusammenarbeit mit einem TP-Monitor die Zeiteinheit einer Transaktion bestimmen.

Grundsätzlich existieren in der Praxis unterschiedliche Betrachtungsweisen der Transaktion, die auch in unterschiedlichen Terminologie-Ansätzen ihren Niederschlag finden.

Die folgende Abbildung zeigt das Beispiel einer Transaktionsabwicklung:

- **Logische Transaktion oder Vorgang/Geschäftsvorfall**
  Der Sachbearbeiter bearbeitet den Geschäftsvorfall der Auftragserfassung über die entsprechenden Verarbeitungsmasken.
  Dieser Geschäftsvorfall muss als logische Transaktion vom Anwendungsentwickler geplant werden.
  Die logische Transaktion ist die Einheit für die organisatorische Konsistenzsicherung.

  Die logische Transaktion Auftragsabwicklung besteht aus 1 - n Dialogschritten (die lfd. Nr. 4 mit der Eingabe von Auftragspositionen kann mehrfach wiederholt werden).
  Die Daten sind dann konsistent, wenn noch keiner dieser Schritte begonnen wurde oder wenn der Geschäftsvorfall vollständig abgeschlossen wurde und eine Auftragsbestätigung vorliegt.
  Die dazwischenliegenden Zeiteinheiten mit ihren Dateneingaben müssen vom Bestand mit seinen konsistenten Zuständen separiert (isoliert) werden. Dies kann durch den TP-Monitor, durch Datenbanksysteme oder durch Anwendungslogik erfolgen.

- **Physische Transaktion oder Task**
  Die Ausführung eines Geschäftsvorfalls wird von Programmen im Rahmen einer oder mehrerer physischen Transaktionen abgewickelt.

  Die physische Transaktion ist eine Einheit für den TP-Monitor und definiert:

    - den relevanten Zeitraum der Transaktion,
    - die für die Transaktion zu isolierenden Daten für Wiederanlauf/ Zurücksetzungsmaßnahmen,
    - die erforderlichen Ressourcen für die Abwicklung der Transaktion (z.B. Speicherbereiche).

  Während unter IMS eine Transaktion nie über mehrere Dialogschritte hinweg gehalten werden kann, gibt es unter CICS die Möglichkeit, eine Transaktion alternativ zu konzipieren:
    - dialogorientiert (über mehrere Dialogschritte hinweg) oder
    - transaktionsorientiert (nur 1 Dialogschritt).

  Die Belegung von Ressourcen über längere Zeiteinheiten hinweg führt in der Praxis dazu, dass im Hinblick auf die parallele Nutzungserfordernis gemeinsamer Ressourcen (interner Speicher, Sperren modifizierter Daten) Transaktionen ausschließlich transaktionsorientiert entwickelt werden müssen. Dies ist insbesondere begründet durch die langen Systemverweilzeiten während der Benutzereingaben.

12 DB2-Datensicherheitseinrichtungen
12.2 Transaktionsabwicklung

Daher wird sowohl unter IMS als auch unter CICS die logische Transaktion aus der Konsistenz-Sicht eines Geschäftsvorfalls in viele einzelne physische Transaktionen aufgeteilt.
Der TP-Monitor kann deshalb nicht mehr die gesamte logische Verarbeitungseinheit, sondern lediglich kleinere physische Verarbeitungseinheiten mit seinen Konsistenzschutzmaßnahmen unterstützen.
Dies gilt auch bei Einsatz von DB2, da ein Transaktionsabschluss an DB2 weitergemeldet wird und dort der Abschluss der letzten logischen Arbeitseinheit (UOR = unit of recovery) eingeleitet wird.
Der Entwickler muss durch entsprechendes Vorgangs-, Dialog- und Programm-Design die Konsistenz sicherstellen.

- **Programm**
  Eine physische Transaktion benötigt zur Aufgabenabwicklung ein oder mehrere Programme.
  Die TP-Monitore bieten unterschiedliche Maßnahmen zur Programmablaufsteuerung an.

DB2 muss das Transaktionsprinzip ebenfalls unterstützen. Natürlich muss es für DB2 erkennbar sein, wer der jeweilige Kommunikationspartner ist.

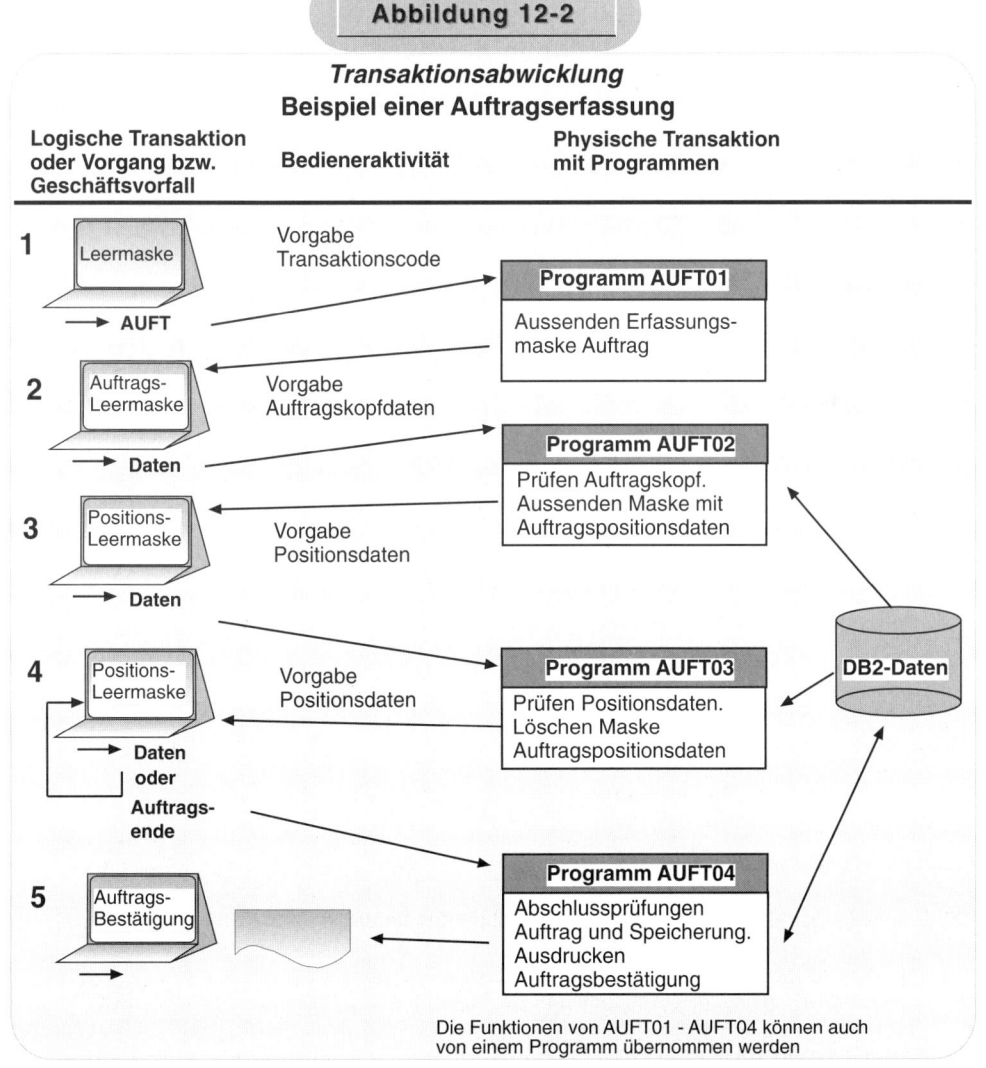

Abbildung 12-2

12 DB2-Datensicherheitseinrichtungen
12.2 Transaktionsabwicklung

Wenn DB2 mit TP-Monitoren zusammenarbeitet, die spezielle Verfahren zur Transaktionsabsicherung unterstützen, müssen die beteiligten Systeme miteinander die Synchronisation ihrer Verarbeitungsprozesse und Datenzustände vornehmen.

Wird DB2 von TSO oder aus Batch-Programmen aktiviert, sind keine besonderen Sicherheits- und Abstimm-Maßnahmen möglich, da dann keine Transaktionsabwicklung explizit unterstützt wird und die erforderlichen Konsistenzen grundsätzlich innerhalb der Anwendungsprogramme zu sichern sind. Dies bezieht sich nicht auf die DB2-Ressourcen, die automatisch von DB2 geschützt werden.

Zur Koordination der Konsistenzsicherungsmechanismen wurde ein Konzept realisiert, das aus folgenden Komponenten besteht:

- Ein **Koordinator** übernimmt die Zuständigkeit der Konsistenz-Synchronisation.
- Ein oder mehrere **Partizipanten** führen in ihrem Bereich die erforderlichen Maßnahmen zur Konsistenzsicherung durch und informieren bei erfolgreicher Durchführung den Koordinator.

Die folgende Abbildung zeigt die Konsistenz-Koordination zwischen den Systemen:

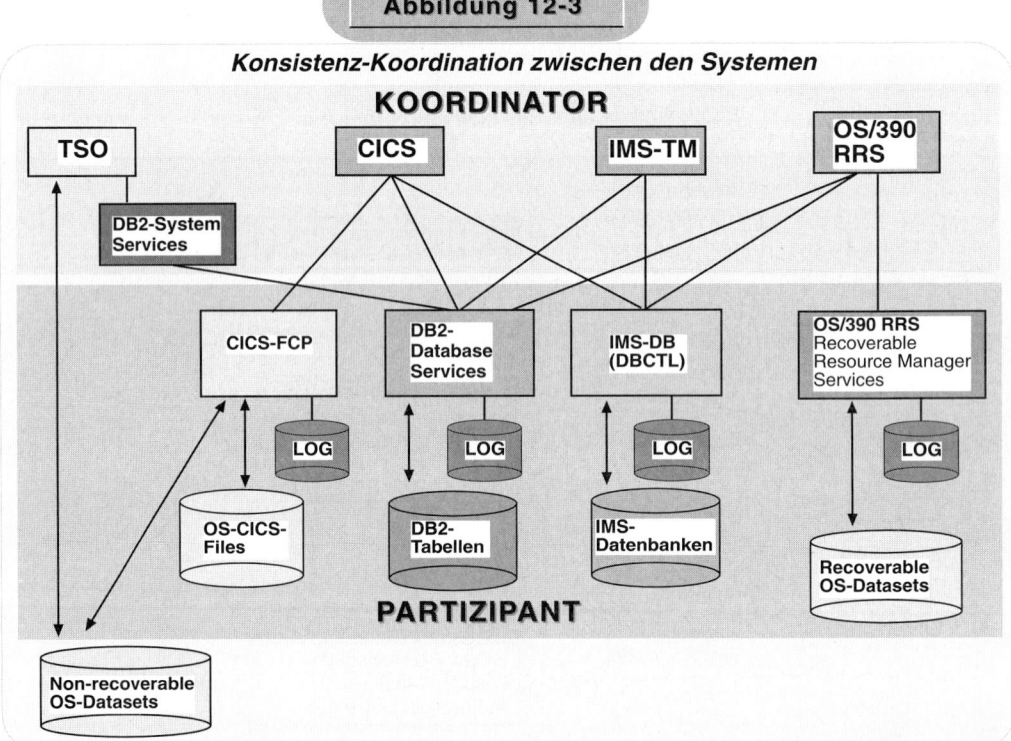

Abbildung 12-3
Konsistenz-Koordination zwischen den Systemen

Wenn die TP-Monitore CICS bzw. IMS die Kommunikation mit DB2 führen, übernehmen sie als Koordinator die Transaktionsabwicklung verantwortlich.

Ist *CICS* als TP-Monitor eingesetzt, können als Partizipanten beteiligt werden:

- OS-Files (BDAM, VSAM) über die CICS-File-Control-Routinen (FCP),
- IMS-Datenbanken über das integrierte IMS-DB-Subsystem bzw. das angeschlossene DBCTL,
- DB2-Datenbanken des angeschlossenen DB2-Subsystems (über das auch Zugriffe auf verbundene remote Datenbanken möglich sind).

12 DB2-Datensicherheitseinrichtungen
12.2 Transaktionsabwicklung

Ist **IMS** als TP-Monitor eingesetzt, können als Partizipanten beteiligt werden:

- IMS-Datenbanken,
- DB2-Datenbanken der angeschlossenen DB2-Subsysteme (über die auch Zugriffe auf verbundene remote Datenbanken möglich sind).

Wird **OS/390 RRS** (Resource Recovery Services) eingesetzt, können als Partizipanten beteiligt werden:

- IMS-Datenbanken,
- DB2-Datenbanken der angeschlossenen DB2-Subsysteme (über die auch Zugriffe auf verbundene remote Datenbanken möglich sind),
- MQS-Messages,
- recoverable VSAM-Dateien.

Wird eine DB2-Kommunikation über **TSO** oder **Batch** abgewickelt, übernehmen die DB2-System Services die Koordinations-Funktion.

Als Partizipanten können im TSO nur verarbeitet werden:

- DB2-Datenbanken des angeschlossenen DB2-Subsystems (über das auch Zugriffe auf verbundene remote Datenbanken möglich sind).

Daneben kann ein CICS-, TSO- oder Batch-Programm OS-Datasets ohne systemunterstützende Konsistenz-Sicherungsmaßnahmen verarbeiten.
Diese Dateien sind auch nicht am DB2-Sicherheitskonzept beteiligt.

Die beiden TP-Monitore CICS und IMS verfügen über eigene Logging-Einrichtungen für ihre Dateien bzw. Datenbanken (ab dem CICS Transaction Server for OS/390 wird das Logging vom OS/390 System Logger übernommen).
Wenn über CICS auch Manipulationen in einer IMS-Datenbank durchgeführt werden, erfolgt eine Synchronisation beider Logging-Verfahren.

In jedem Falle nutzt DB2 seine eigenen Logging-Einrichtungen zur Konsistenzsicherung der DB2-Daten.

12.3 LUW-, UOW- und UOR-Konzept

Für die Abwicklung von Transaktionen sind Maßnahmen erforderlich, die innerhalb einer bestimmten Zeiteinheit wirken.

Die Zeiteinheiten für die Zuordnung der Abwicklungs- und Konsistenzbedingungen einer Transaktion werden innerhalb eines **Logical Unit of Work**-Konzepts (**LUW**) betrachtet, das auch als **Unit of Work** (**UOW**) bezeichnet wird. Es ist bei den folgenden Ausführungen darauf zu achten, dass das UOW-Prinzip eine Einheit der physischen Transaktion ist und beim logischen Design-Prozess entsprechend berücksichtigt werden muss.
Eine Transaktion kann aus einer oder mehreren UOWs bestehen.
Eine UOW beginnt bei einer Online-Transaktion grundsätzlich mit der Eingabe einer Nachricht und endet mit dem Abschluss eines Verarbeitungsprozesses durch ein Programm, verbunden mit der Rückgabe der Steuerung an ein Trägersystem (TP-Monitor).

Eine UOW kann aber auch durch Einsatz spezieller Befehle, nämlich **SYNCPOINT** oder **CHECKPOINT** innerhalb eines lfd.Verarbeitungsabschnitts beendet werden. Damit wird eine physische Transaktion aufgeteilt in verschiedene eigenständige UOWs.

Die Aufgabe einer UOW besteht u.a. darin, die aufgetretenen Daten-Manipulationen als logische Gesamteinheit zu betrachten und zu isolieren.
Sie wird zur Aufgabenerfüllung der Beachtung von Konsistenzbereichen innerhalb einer Transaktion herangezogen.

Alle Datenmanipulationen werden innerhalb der UOW gesammelt. Dies geschieht im DB2 durch internes Halten der Veränderungen. Die zu ändernden Daten werden zunächst intern in den Buffern gehalten und dann nach einer bestimmten Verarbeitungslogik, bevor sie auf die Basisdateien gespeichert werden, auf eine Log-Datei geschrieben (**Write ahead**).

Wird ein SELECT ohne entsprechende Manipulationsmöglichkeit ausgeführt, erfolgt keine LOG-Verarbeitung (unabhängig davon werden natürlich LOCK-Maßnahmen ergriffen).
Wird aber eine Manipulation durchgeführt, so werden folgende LOGGING-Aktivitäten abgewickelt bei:

- INSERT   - Key des einzufügenden Satzes wegschreiben.
- UPDATE   - Datensatz vor Veränderung (**Before Image**) speichern.
- DELETE   - ursprünglichen Datensatz (**Before Image**) speichern.

Erfolgt nun innerhalb einer UOW ein Abbruch, so wird entweder im lfd. Betrieb (wenn der Abbruch nur von einer Anwendung verursacht war und die restlichen Anwendungen unverändert weiter abgewickelt werden können) oder aber beim nächsten DB2-Restart der Zustand vor Beginn der UOW wieder hergestellt (**ROLLBACK** oder auch **BACKOUT**).
Sofern die Änderungen bereits vollzogen sind, geschieht dies durch:

- einen DELETE bei einem vorherigem INSERT,
- UPDATE des geänderten Satzes mit dem Before Image,
- INSERT des gelöschten Satzes mit dem Before Image.

Die UOW kann generell sowohl für Dialog-Verarbeitungs- als auch Batch-Verarbeitungsbereiche übernommen werden.
Während typischerweise bei einer Online-Verarbeitung die Bearbeitung eines einzelnen Geschäftsvorfalls erfolgt, werden im Batch Massen-Abwicklungsprozesse ganzer Verarbeitungsgruppen durchgeführt.

Der Systemanalytiker wird im Online-Bereich sinnvollerweise die UOW in ihrer natürlichen Ausdehnung berücksichtigen und möglichst in einer Transaktion nur eine UOW vorsehen.

12 DB2-Datensicherheitseinrichtungen
12.3 LUW-, UOW- und UOR-Konzept

Wird nämlich eine Transaktion in zwei UOWs aufgeteilt, so werden aus der Sicht eines TP-Monitors alle Veränderungen in der ersten UOW dann als konsistent abgeschlossen, wenn eine zweite UOW begonnen wird.

Mögliche Änderungen innerhalb der zweiten UOW werden als eigenständige konsistente Einheiten betrachtet. Es ist Aufgabe des Entwicklers, Konsistenz-Konflikte durch logische und technische Maßnahmen zu verhindern.

Zum Beispiel gilt die Empfehlung, Manipulationen möglichst nur im letzten Dialogschritt durchzuführen. Voraussetzung dazu ist die Zwischenspeicherung der Daten und evtl. Einrichtung individueller Sperrmechanismen.

Anders als im Online-Bereich wird dagegen im Batch-Bereich - durch den Charakter der Batch-Abwicklung bedingt - eine Aufteilung in mehrere logische Datengruppen möglich und sinnvoll sein. Allerdings müssen in aller Regel Maßnahmen zur Gewährleistung der Wiederanlauffähigkeit im Falle eines Abbruchs ergriffen werden.

Der Einsatz von CHECKPOINTS kann z.B. bei einer Personalabrechnung nach jeder Personal-Nr. möglich sein; aus Performance-Gründen wird man jedoch bestimmte Gruppen bilden und z.B. erst nach 100 Personen einen CHECKPOINT absetzen.

Der CHECKPOINT wird häufig erforderlich im Batch-Bereich aufgrund der internen Belegung von Buffer-Bereichen für sämtliche Datenmanipulationen einer UOW.

Zusammen mit den noch zu behandelnden LOCK-Maßnahmen führen komplexe Batch-Anwendungen häufig ohne entsprechende CHECKPOINTS durch Wartesituationen zum Stillstand des Gesamt-Systems.

Während im Online-Bereich versucht werden sollte, eine physische Transaktion möglichst nicht in unterschiedliche UOWs aufzuteilen, wird faktisch eine logische Transaktion bzw. ein Geschäftsvorfall in aller Regel in unterschiedlichen UOWs abgewickelt, da jeder Dialogschritt in einer eigenen physischen Transaktion ausgeführt wird.

Die Frage ist nun, inwieweit kennt DB2 das UOW-Konzept, bzw. inwieweit beeinflusst das UOW-Konzept das Zusammenspiel mit DB2-Ressourcen?

Auch DB2 kennt den Begriff einer logischen Unit innerhalb der Transaktionsabwicklung. Dort heißt sie allerdings nicht UOW, sondern **Unit of Recovery (UOR).** Eine UOR definiert die Konsistenz-Einheit innerhalb einer Lokation (z.B. ein Server) bzw. innerhalb einer Data Sharing Group.

Die UOR von DB2 ist eine Untermenge der UOW der TP-Monitore.
Sie beginnt jedoch grundsätzlich erst mit der ersten Datenänderungs-Anforderung eines Threads zwischen Dialog-Trägersystemen und dem DB2-Subsystem.
Die UOR endet ordnungsgemäß durch COMMIT bzw. im Fehlerfalle durch ROLLBACK.

Bei COMMIT werden die Datenbankveränderungen auf die Basisdateien weggeschrieben, bei ROLLBACK erfolgt ein Zurücksetzen der Dateizustände auf den Zustand vor Beginn der UOR.
DB2 nutzt sein Logging-Verfahren zur Protokollierung aller zeit- bzw. ereignisrelevanten UOR-Kriterien.

Die folgende Abbildung stellt beispielhaft die Lebensdauer der UOW, der UOR und des Threads gegenüber.

Solange keine SQL-Statements innerhalb der Programme der Transaktion 1 auftreten, wird keine Verbindung zu DB2 aktiviert. Erst wenn der erste SQL-Aufruf erfolgt, wird ein Thread zu DB2 eröffnet. Eine DB2-UOR wird nicht eröffnet, da in der Transaktion 1 keine Manipulationen vorgenommen werden.

In Transaktion 2 wird die DB2-UOR erst beim INSERT eröffnet.
Die UOR wird von DB2 solange gehalten, bis ein COMMIT erfolgt (dies geschieht implizit am Ende einer Transaktion).

12 DB2-Datensicherheitseinrichtungen
12.3 LUW-, UOW- und UOR-Konzept

Transaktion 2 enthält aber einen expliziten Synchronisationspunkt, der die UOW1 der Transaktion 2 beendet und die Veränderungen physisch auf den Basisdateien vollzieht. Durch die automatische Synchronisation der TP-Monitore mit DB2 wird auch die logische Einheit UOR1 von DB2 beendet und alle Veränderungen durchgeführt.
Die Transaktion 2 wird anschließend sofort auf der TP-Monitor-Ebene mit UOW2, im DB2-Subsystem erst mit der nächsten Datenänderungs-Anforderung mit UOR2 fortgesetzt.
Kommt es nun innerhalb der Zeiteinheit UOW2/UOR2 zu einem Abbruch oder Fehler, werden die Manipulationen der UOW2/UOR2 auf den Zustand des Endes von UOW1/UOR1 zurückgeführt.
Die Manipulationen der UOW1/UOR1 bleiben vom Zurücksetzungsprozess ausgeschlossen.
Sie gelten als konsistent und abgeschlossen.

Aus Konsistenzgründen ist es den TP-Programmen unter einem TP-Monitor nicht möglich, explizit mit einem COMMIT auf die Lebensdauer der DB2-UOR einzuwirken. CICS und IMS synchronisieren automatisch über die Synchronisationsmittel der TP-Monitore mit DB2. Die Managementroutinen der TP-Monitore setzen implizit einen DB2-COMMIT bzw. im Fehlerfalle einen ROLLBACK ab.

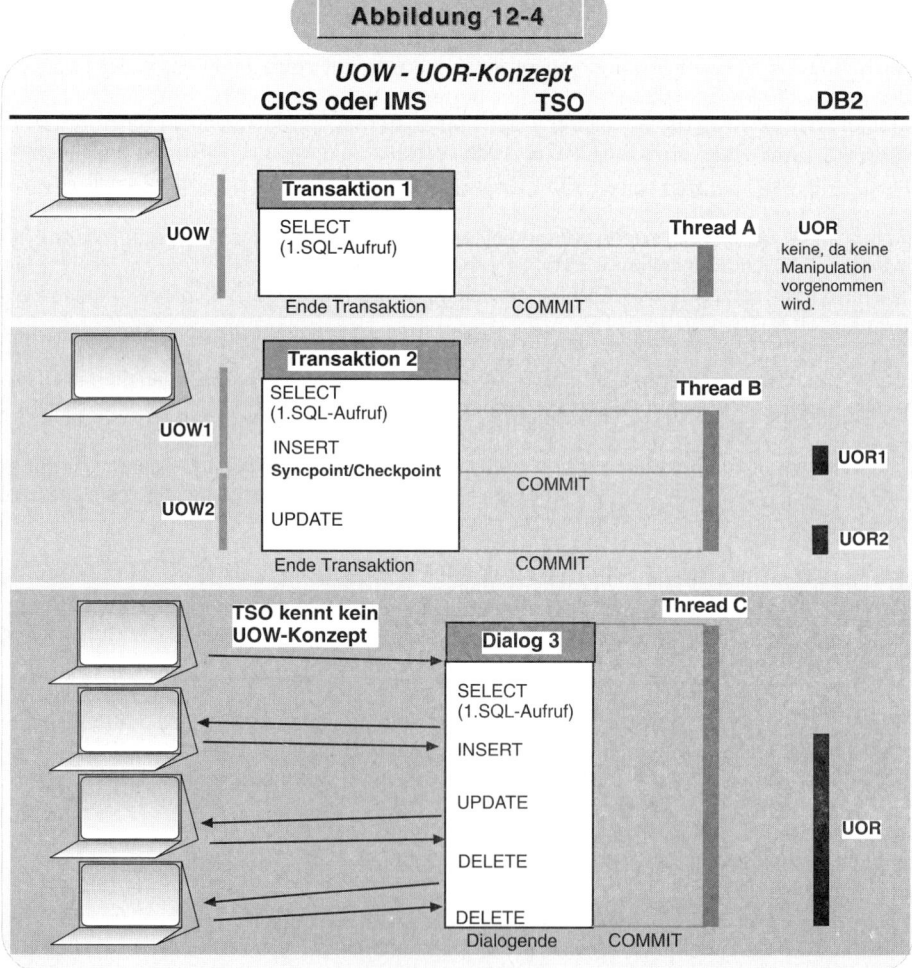

Abbildung 12-4

Es ist wiederum zu beachten, dass Transaktion 1 und Transaktion 2 zu einem gemeinsamen Geschäftsvorfall gehören können.
Daraus ergibt sich, dass durch die automatische Synchronisation der TP-Monitore mit dem DB2-Subsystem eine logische Transaktion bzw. ein Geschäftsvorfall in verschiedene einzelne UOWs und UORs zwangsweise aufgeteilt wird. Der Systemanalytiker hat dies in seinem Designprozess hinsichtlich der Konsistenzbehandlung entsprechend zu berücksichtigen.

12 DB2-Datensicherheitseinrichtungen
12.3 LUW-, UOW- und UOR-Konzept

In der vorherigen Abbildung wird auch eine Dialoganwendung unter TSO gezeigt (Dialog 3), die aus mehreren Dialogschritten besteht.
In diesem Beispiel kann der Thread entweder zu Beginn des Programmes oder erst bei der Ausführung des ersten SQL-Statements aufgebaut werden (Parameter ACQUIRE des BIND PLAN-SQL-Statements).

Da von TSO keine Synchronisations-Automatismen unterstützt werden, kann das TSO-Anwendungsprogramm die Synchronisation mit DB2 explizit über die SQL-Statements COMMIT und ROLLBACK vornehmen.

Werden diese Synchronisations-SQL-Aufrufe innerhalb des Anwendungsprogramms nicht genutzt, endet die Lebensdauer der UOR mit der Lebensdauer des Threads. Wird die Verbindung zwischen TSO und dem DB2-Subsystem für eine bestimmte Anwendung gelöst, wird DB2-intern ein COMMIT bzw. ROLLBACK ausgelöst.

Dieses Beispiel zeigt, dass unter DB2 die UOR durchaus auch über viele Dialogschritte bestehen kann. Es ist jedoch beim Entwicklungsprozess zu beachten, dass die Einschränkungen der TP-Monitore, Dialogabläufe über mehrere Dialogschritte hinweg als separate Transaktionen abzuwickeln, ausschließlich aus Gründen der Performance und der Förderung der Konkurrenzabwicklung erfolgen.
Da die TP-Monitore generell über ausgefeiltere Methoden der optimalen System-Ressourcenutzung als TSO verfügen, sollten diese Beschränkungen auch unter TSO beachtet werden.
Es ist zu beobachten, dass TSO-Anwendungsentwickler, die ihre Konsistenzbehandlung dem DB2-System übertragen wollen, aus Performance-Gründen sehr schnell bestehende Systemgrenzen sprengen.
Solange die Verbindung zu DB2 besteht (z.B. über viele Dialogschritte hinweg) kann der Thread mit seinen direkten Ressource-Belegungen nicht aufgelöst werden.
Der Systemprogrammierer wird seine Ressourcen kontrolliert nutzen müssen und die Anzahl der maximalen Threads bei der Systemgenerierung entsprechend reduzieren.
Außerdem ist das Sperren von Ressourcen über solch lange Zeiteinheiten problematisch.

Daher gilt die Empfehlung, durch entsprechendes Dialogdesign einen guten System-Durchsatz zu erreichen, indem z.B. durch zentrale Standardroutinen ein dialogorientiertes Anwendungsdesign sowie die gesamte Konsistenzsicherung und die frühzeitige Freigabe der Betriebsmittel vorgenommen wird.

12 DB2-Datensicherheitseinrichtungen
12.3 LUW-, UOW- und UOR-Konzept

12.3.1 2-Phasen-Commit (Two-Phase-Commit)

Die Koordination der Konsistenz-Erfordernisse erfolgt über ein **2-Phasen-Commit**-Verfahren, das in der folgenden Abbildung aufgezeigt wird.
Wie bereits ausgeführt, übernehmen die TP-Monitore oder bei TSO-Einsatz die DB2-System Services die Koordination der Konsistenzprozesse.

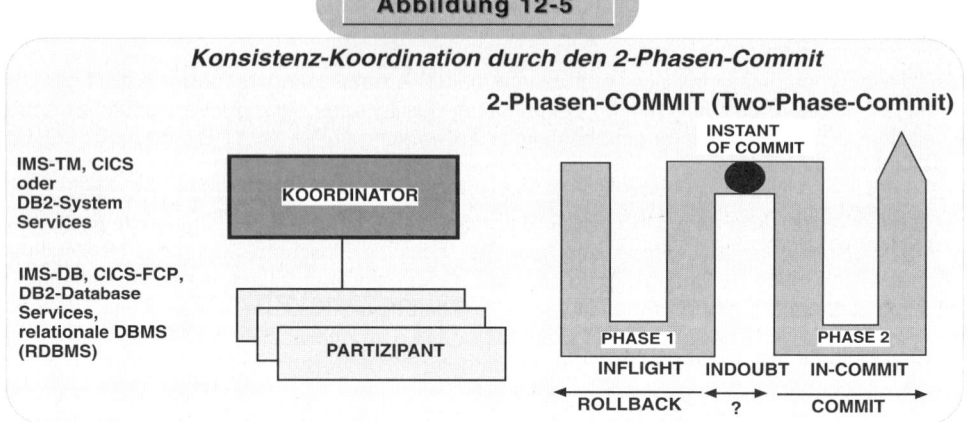

Abbildung 12-5
Konsistenz-Koordination durch den 2-Phasen-Commit

Alle beteiligten Partizipanten haben ihre eigenen UOW/UOR-Philosophien und protokollieren die durchzuführenden Änderungen vor der physischen Veränderung innerhalb der Basisdaten in der jeweiligen LOG-Datei.
Der 2-Phasen-Commit basiert auf dem Prinzip, dass jeder beteiligte Partizipant die eigenständige Konsistenzkontrolle seiner Daten übernimmt (lokale Autonomie mit jeweils eigenem UOR-Mechanismus). Der 2-Phasen-Commit ist das Basis-Konzept für die Verteilung von Daten über mehrere Systeme hinweg.
Der **Koordinator** kommuniziert mit den **Partizipanten** und kontrolliert die Abwicklung über Statusinformationen und Zeitüberwachungsmechanismen.

Im 2-Phasen-Commit wird die Verarbeitung zunächst innerhalb der UOW des Koordinators normal aufgenommen. Datenanforderungen an Partizipanten werden vom Koordinator entsprechend weitergeleitet und im jeweiligen Subsystem behandelt. Sowohl der Koordinator als auch die Partizipanten schreiben die Ereignisse des 2-Phasen-Commits auf ihre eigenen LOG-Dateien.

Wird nun eine UOW beendet, protokolliert der Koordinator zunächst den Beginn der Phase 1 dieser UOW in seiner Log-Datei. Anschließend fordert der Koordinator die Partizipanten nacheinander auf, in der Phase 1 die Änderungen zunächst logisch zu vollziehen.
Dies geschieht durch Protokollierung des Beginns der Phase 1 sowie der durchgeführten Daten-Veränderungen einer UOR innerhalb der Log-Datei. Sind alle Daten-Veränderungen protokolliert, wird das Ende der Phase 1 protokolliert.
Die ordnungsgemäße Abwicklung der Phase 1 meldet jeder Partizipant an den Koordinator zurück. Erhält dieser innerhalb einer bestimmten Zeiteinheit nicht alle Rückmeldungen der beteiligten Partizipanten, so wird vom Koordinator ein ROLLBACK aktiviert, d.h. alle korrekt rückgemeldeten Partizipanten müssen ihre Änderungen wieder zurücknehmen (in der LOG-Datei).
Der Partizipant, bei dem z.B. ein Abbruch erfolgte, wird aufgrund seiner Log-Informationen beim nächsten Restart einen ROLLBACK ausführen.

Erhält jedoch der Koordinator alle Rückmeldungen mit korrektem Verlauf innerhalb einer bestimmten Zeiteinheit, ist die Phase 1 beendet. Der Übergang von Phase 1 in Phase 2 wird vom Koordinator als '**INSTANT OF COMMIT**' in seiner LOG-Datei protokolliert. Der INSTANT OF COMMIT ist die unwiderrufliche Entscheidung durch den Koordinator, die Änderungen real in allen Subsystemen zu vollziehen.

12 DB2-Datensicherheitseinrichtungen
12.3 LUW-, UOW- und UOR-Konzept

Daher fordert der Koordinator die Partizipanten erneut nacheinander auf, in der Phase 2 die Änderungen physisch zu vollziehen. Dies geschieht durch Protokollierung des Beginns der Phase 2 durch den Koordinator sowie durch Wegschreiben der Daten-Veränderungen einer UOR aller Partizipanten auf die Basisdateien (bei DB2 innerhalb der Buffer; nicht unbedingt auf Platte, da DB2 ein verzögertes Buffer-Ausschreibeverfahren nutzt, wobei natürlich andere Anwendungen ab sofort die veränderten und aus System-Sicht konsistenten Daten erhalten).

Sind alle Daten-Veränderungen vollzogen, wird das Ende der Phase 2 protokolliert.
Die ordnungsgemäße Abwicklung der Phase 2 meldet jeder Partizipant an den Koordinator zurück und dieser protokolliert das Ende der Phase 2 in seiner LOG-Datei.
Erhält der Koordinator nicht alle Rückmeldungen der beteiligten Partizipanten, so bleibt die Task des Koordinators und die entsprechenden Threads zu seinen Subsystemen im System 'hängen' und müssen spezifisch behandelt werden (entweder automatische Synchronisation oder manuelle Behandlung).

Die Frage ist nun, ob der Partizipant bereits den Beginn der Phase 2 protokolliert hat oder nicht.
Wurde der Beginn bereits protokolliert, müssen die Änderungen beim nächsten Restart des Partizipanten vollzogen werden (REDO).
Wurde vom Partizipanten das Ende der Phase 1 noch nicht protokolliert, muss beim nächsten Restart ein Rollback vollzogen werden (UNDO).

Ein Problem tritt für den Partizipanten auf, wenn er zwar das Ende der Phase 1, nicht aber den Beginn der Phase 2 protokolliert hat. In diesem Falle weiß der Partizipant nicht, ob der Koordinator bereits den 'Instant of Commit' vollzogen hat oder nicht und benötigt von diesem eine entsprechende Information. Diese Bedingung wird als 'INDOUBT' bezeichnet. Beim Restart des Koordinators bedarf es entweder des Anstoßes auf BACKOUT oder COMMIT.
Deshalb müssen Koordinator und Partizipanten beim Restart der Systeme bestimmte Voraussetzungen erfüllen, sonst entstehen **Konsistenz-Probleme**:

Keines der Systeme darf mit 'Kaltstart' hochgefahren werden (z.B. durch Vorgabe einer nicht aktuellen Log-Datei oder durch Kaltstart-Parameter bei der System-Initialisierung).
Beim korrekten Starten der Systeme bauen alle Partner Informationen über evtl. hängende Threads auf und synchronisieren diese Informationen. Der Koordinator kann bei korrektem Status die Entscheidung COMMIT oder ROLLBACK aus seinen Log-Daten ableiten.

Bei Abweichungen der Thread-Status-Daten werden Messages ausgegeben und es müssen ggf. manuelle Eingriffe durch die Administratoren hinsichtlich der Entscheidungen von COMMIT- bzw. ROLLBACK-Maßnahmen für die beteiligten Systeme und Threads erfolgen.
Die Voraussetzungen für diese Entscheidung müssen aus den Log-Daten und den System-Status-Informationen bezogen werden.

Beispiele:

- -DISPLAY THREAD (*) TYPE (INDOUBT),
- -DISPLAY DATABASE (*) SPACENAM (*) LOCKS.   Status: INDBT ist relevant.

Es kann vorkommen, dass die erforderlichen Manipulationen zurückgerollt werden (ROLLBACK) müssen und bestimmte Daten im System manuell verwaltet werden müssen:

> hoch lebe die Konsistenz!

Zusammenfassend können die Fehlermaßnahmen für die einzelnen Phasen laut der vorherigen Abbildung folgendermaßen definiert werden:

- **Vor Beginn der Phase 1**   automatischer ROLLBACK der Ressourcen.
- **INFLIGHT-Phase**   automatischer ROLLBACK der Ressourcen.
- **INDOUBT-Phase**   Anstoß durch den Koordinator oder durch eine manuelle Entscheidung: entweder ROLLBACK oder COMMIT.
- **IN-COMMIT-Phase**   automatischer COMMIT.

12.4 Probleme und Lösungswege der Konkurrenzverarbeitung

Konkurrenzanforderungen unterschiedlicher Benutzer auf die Daten-Ressourcen führen zu einigen Problembereichen, die von einem Datenbanksystem beseitigt werden müssen.
Dies ist insbesondere deshalb eine Aufgabe des Datenbanksystems, da eine einzelne Anwendung in sich fehlerfrei arbeitet, durch die Parallelabwicklung in Verbindung mit anderen Anwendungen jedoch Konfliktsituationen auftreten können.
Diese sind in einem Multi-User-System aufgrund der jeweiligen Systemzustände zufällig und können nur durch generalisierte Maßnahmen sicher abgefangen werden.

Die Problembereiche der Konkurrenzverarbeitung sind insbesondere:

- **Verlorener Update**
  Wenn ein Satz in einer Anwendung verändert werden soll, darf keine andere Anwendung innerhalb von Wartezeiten der ersten Anwendung diese Daten verändern, da ansonsten ein inkonsistenter Datenzustand auftreten kann.
  In diesen Bereich fällt auch folgende Problematik:
  Eine Online-Anwendung, die vorab eingelesene Daten nach einer Zeitverzögerung (Wartezeiten wg. verschiedener Dialogschritte) wieder zurückschreibt, muss dafür sorgen, dass die Änderungen unter Berücksichtigung von möglichen zwischenzeitlichen Modifikationen der ursprünglichen Änderungsbasis durch Parallelanwendungen konsistent durchgeführt werden.
  Dies ist insbesondere auch dann zu beachten, wenn das Lesen der Daten und die nachfolgenden Änderungen in verschiedenen UOWs erfolgen.

- **Zugriff zu Daten, deren UOW noch nicht abgeschlossen ist**
  Wenn innerhalb einer UOW Daten verändert werden, dürfen diese Daten bis zum Abschluss der UOW (COMMIT oder ROLLBACK) keiner anderen Anwendung zugänglich gemacht werden, die konsistente Daten benötigt.

- **Wiederholtes Einlesen von Daten innerhalb einer UOW**
  Wenn eine Anwendung Daten innerhalb einer UOW einliest und später aufgrund der Anwendungslogik innerhalb der gleichen UOW erneut diese Daten benötigt, darf der Datenzustand nicht verändert sein.

- **Deadlock**
  Da ein Datenbank-System Sperren zum Schutz vor inkonsistenten Daten ergreifen muss, können Zustände entstehen, bei denen beteiligte Partner sich gegenseitig behindern, da sie kreuzweise auf jeweils in mehreren Anwendungen benötigte Ressourcen zugreifen (Aussperrungen).

Wir wollen nun die einzelnen Problembereiche anhand einiger Beispiele erörtern.
Dabei wird aus anwendungsspezifischer Sicht der Problematik die logische Arbeitseinheit mit der Bezeichnung 'UOW' geführt, später auf systeminterner DB2-Ebene wird der Begriff 'UOR' verwandt.

12.4.1 Verlorener Update

Die folgende Abbildung zeigt die Problematik des verlorenen Updates auf (ei wo is er denn?).
Dabei werden zwei parallel ablaufende Anwendungen dargestellt, die bestimmte Verarbeitungsprozesse in einer Zeitleiste vornehmen.

Die Anwendung A setzt zum Zeitpunkt T1 einen SELECT ab und erhält die Daten mit dem Versionsstand 1 (Preis 1000 DM und Preistyp = 3).
Parallel dazu (hier zeitversetzt in der Zeit T2) liest die Anwendung B dieselben Daten.

Zum Zeitpunkt T3 wird nun Anwendung A einen neuen Preis einstellen, nämlich 2000 DM.
Dies führt automatisch zum Versionsstand 2 der Daten.
Parallel dazu verändert die Anwendung B den Preistyp von 3 auf 5.
Da das Programm aber vorher die Daten auf der Basis des Versionsstandes 1 eingelesen und zwischengespeichert hat, werden nun sämtliche Veränderungen in diese Basis eingemischt.
In diesem Fall wird also der Preis der Version 1, nämlich 1000 DM beibehalten und lediglich der Preistyp verändert.
Beim Update wird in unserem Beispiel in der Zeiteinheit 4 auf Basis der intern aktuellen Version 2 ein neuer Zustand Version 3 geschaffen, bei dem die Veränderung der Version 2 verlorengeht.

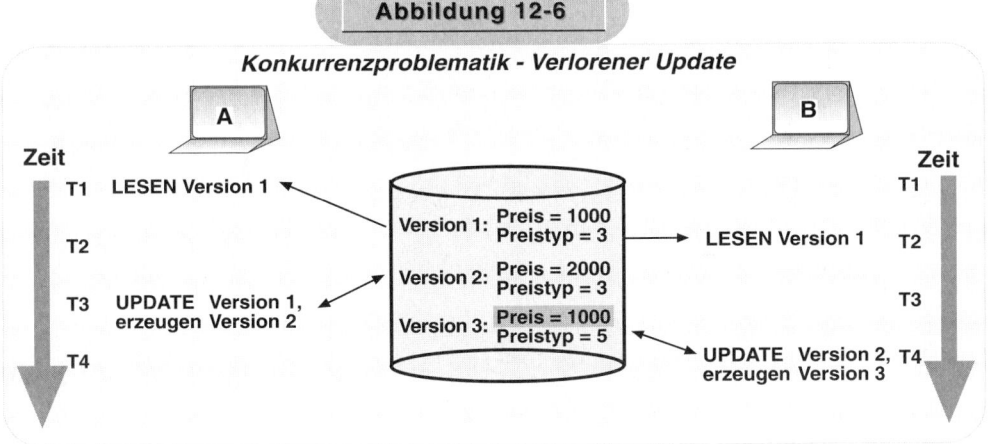

Abbildung 12-6
Konkurrenzproblematik - Verlorener Update

Was muss nun auf Anwendungsprogramm-Ebene getan werden, damit dieses Problem verhindert wird?
Es existieren folgende grundsätzliche Lösungswege (die Erklärungen beziehen sich auf die Beispiele unserer Abbildung):

1. Die Anwendung A sperrt schon vor dem Lesen der Version 1 die entsprechenden Daten.

2. Die Anwendung B muss sicherstellen, dass sich die Datenänderung auf die vorher eingelesene Daten-Version bezieht. Bei Abweichung wird die Verarbeitung abgebrochen.
   Der Abgleich der Versionen kann geschehen durch:

   - Nochmaliges Einlesen der Daten vor dem Update (mit Sperre, d.h. Update-Intent) und programminternem Abgleich der Daten-Versionen.

   - Vorgabe der Vor-Versionsdaten (hier Version 1) beim UPDATE innerhalb der WHERE-Bedingungen.

   - Vergleich eines zusätzlich mit den Daten geführten Versionsstandes beim Update.
     Dies ist aber unter DB2 keine sinnvolle Variante (mehr), da sich eine Sicht auf die Daten immer nur spaltenbezogen darstellt, während sich eine Daten-Version auf eine physische Zeile bezieht.

12 DB2-Datensicherheitseinrichtungen
12.4 Probleme und Lösungswege der Konkurrenzverarbeitung

12.4.2 Zugriff zu Daten, deren UOW noch nicht abgeschlossen ist

Die folgende Abbildung zeigt ein Beispiel dieser Problematik auf.

Anwendung A liest die Daten mit Versionsstand 1 und verändert die Daten zur Version 2.

Parallel - noch vor Erreichen des UOW-Endes durch die Anwendung A - liest Anwendung B die von Anwendung A veränderten Daten ein (Version 2).
Auf dieser Basis arbeitet B weiter und erhält keinen Hinweis darauf, dass kurze Zeit später die UOW-Daten der Anwendung A aufgrund eines Fehlers durch ROLLBACK zurückgesetzt werden.
Anwendung B arbeitet daher mit Daten, die inkonsistent sind.

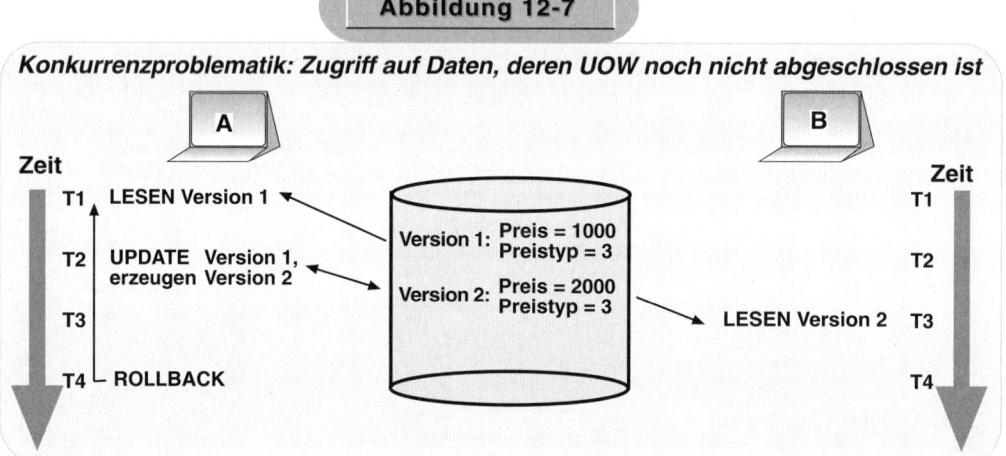

Abbildung 12-7

Konkurrenzproblematik: Zugriff auf Daten, deren UOW noch nicht abgeschlossen ist

Wie sieht die Lösung dieser Problematik konkret unter DB2 aus?

Grundsätzlich werden modifizierte Daten im DB2 so gesperrt, dass nur noch die Anwendung, die den Manipulationsauftrag gegeben hat (Eigentümer einer Sperre), auf die veränderten Daten zugreifen kann.
Ausnahme:
    Über den '**Isolation-Level**' (BIND PLAN, BIND PACKAGE oder mit einem einzelnen SQL-Statement) kann ein Uncommitted Read (**UR**) vorgegeben werden, bei dem ein Datenzugriff unabhängig von einer evtl. getätigten Sperre vorgenommen werden kann.
    Es ist aber genau abzuwägen, für welche Anwendungen ein solches Verfahren toleriert werden kann, da der Zugriff inkonsistente Daten liefern kann!

Details folgen im Kapitel 12.5.

12.4.3 Wiederholtes Einlesen von Daten innerhalb einer UOW

Die folgende Abbildung zeigt ein Beispiel einer anderen Problematik auf.

Anwendung A liest die Daten mit dem Versionsstand 1.
Parallel verändert Anwendung B die Daten auf Version 2.
Anwendung A möchte aber im Verlauf seiner Abwicklung noch einmal auf die unveränderten Daten (hier Version 1) zugreifen.
Diese stehen aber nicht mehr zur Verfügung.
Konkret würde Anwendung A nun in eine Wartesituation geraten, da die von Anwendung B geänderten Daten solange gesperrt sind, bis Anwendung B das Ende der UOW erreicht hat.
Nur in dem Falle eines Rollbacks würde die Anwendung A noch einmal die Daten der Version 1 erhalten, bei einem ordnungsgemäßen Verlauf von Anwendung B würde durch den COMMIT die Version 2 als aktuell gültige (und ohne anwendungsbezogene Voraussetzungen - wie z.B. die Unterstützung der Datenhaltung unter Zeitaspekten, Versionsständen - auch einzige) Version geführt.

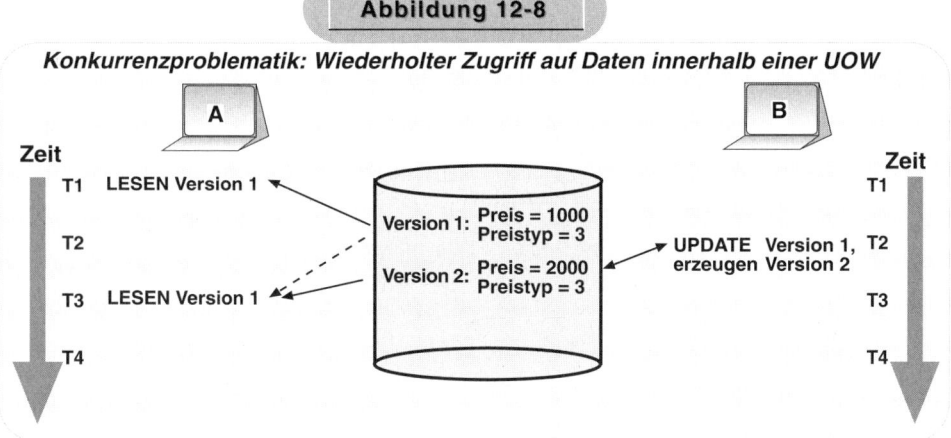

Abbildung 12-8
Konkurrenzproblematik: Wiederholter Zugriff auf Daten innerhalb einer UOW

Wie sieht die Lösung dieser Problematik konkret unter DB2 aus?

Wenn eine Anwendung eine bestimmte - von anderen unbeeinflussbare - Datenversion benötigt, können folgende Varianten genutzt werden:

1. Über den '**Isolation-Level**' (BIND PLAN, BIND PACKAGE oder mit einem einzelnen SQL-Statement) kann ein Repeatable Read (**RR**) bzw. Read Stability (**RS**) vorgegeben werden, bei dem bestimmte Datenzeilen oder Pages mit einer Sperre ('S-Lock' bzw. 'U-Lock') versehen werden, die eine Lese-Integrität bzw. Schreib-Integrität (bei einem 'U-Lock') gewährleistet, d.h. parallele Änderungsanforderungen können keine Änderung vollziehen.
Vorsicht bei der Anwendung von RR und RS, da bei der Sperre großer Datenmengen erhebliche Systembelastungen und Monopolisierungen auftreten!

2. Über einen Cursor, der eine updateable Result Table definiert, kann eine Leseanforderung (FETCH) mit einem internen Update-Intent gestellt werden ('U-Lock'). Dies verhindert eine parallele Änderung und auch einen parallelen weiteren Änderungsversuch.
Damit ist die Schreib-Integrität gewährleistet, d.h. diese Anwendung hat die Möglichkeit, ohne Außeneinflüsse diese Daten zu verändern.

Siehe hierzu auch die Ausführungen unter Deadlock später in diesem Kapitel. Weitere Details folgen im Kapitel 12.5.

12 DB2-Datensicherheitseinrichtungen
12.4 Probleme und Lösungswege der Konkurrenzverarbeitung

12.4.4 Lösungswege zum Abbau der Konkurrenz-Problematiken

Die Lösung der vorab dargestellten Problematiken ist die Isolation kompletter Anwendungen oder aber Teilen davon, nämlich der einzelnen Ressourcen.

Dieses Verfahren, bei dem für einen bestimmten Zeitraum bestimmte Ressourcen der alleinigen Nutzung durch eine Anwendung vorbehalten sind, wird als **Lock**-Verfahren bezeichnet, das von allen gängigen Systemen, die Konsistenzsicherungsmaßnahmen anbieten, betrieben wird.

Entscheidende Einflussfaktoren der Lock-Verfahren sind:

- **Niveau der Sperrmaßnahmen**
  Mögliche Sperrniveaus sind:
  - das gesamte System,
  - bestimmte Anwendungsgruppen oder Anwendungen,
  - gesamte Datei (Tabelle),
  - bestimmte Datengruppen (z.B. Partition) oder einzelne Daten (z.B. Page oder Zeile).

- **Dauer der Sperrmaßnahmen**
  - Beginn und Ende:
    - Laufzeit eines Batch-Jobs.
    - Abwicklung eines kompletten Online-Geschäftsvorfalls.
    - Während einer Online-Transaktion.
    - Innerhalb einer Transaktion logische Teilbereiche (eine UOW von mehreren UOWs).
    - Nur zwischen bestimmten Dateibefehlen.
  - Typ:
    - Schlagartiges Sperren (in der Regel Objekte auf hohem hierarchischen Level),
    - Schrittweises Sperren (z.B. mit Anforderung bestimmter Objekte innerhalb eines SQL-Statements).

- **Art der Sperrmaßnahmen**
  - **Schreib-Schutz** - auch **Schreib-Integrität** genannt **(write integrity)**
    Wenn eine Anwendung Daten verändert oder verändern will, dürfen innerhalb der Lock-Dauer keine anderen Anwendungen mit Änderungsabsicht **(Update Intent)** auf diese Daten zugreifen (weder schreibend noch mit einer Schreibabsicht).

  - **Lese-Schutz** - auch **Lese-Integrität** genannt **(read integrity)**
    Wenn eine Anwendung Daten einliest, dürfen keine anderen Anwendungen diese Daten verändern, bis die Anwendung mit dem Lock-Privileg (Lock-Eigentümer) eine andere Positionierung auf den Daten vornimmt bzw. eine explizite oder implizite Freigabe erteilt.

  - **Exklusiver-Schutz** - auch **Exklusiv-Integrität** genannt **(exclusive integrity)**
    Wenn eine Anwendung Daten benötigt (ggf. auch ohne Zugriff) oder Daten verändert hat, dürfen innerhalb der Lock-Dauer grundsätzlich keine anderen Anwendungen auf diese Daten zugreifen (weder lesend noch schreibend), da die Konsistenz der Daten noch nicht gewährleistet ist.

Ein hohes Schutz-Niveau verhindert eine wirkungsvolle Konkurrenzverarbeitung, da Anwendungen auf einer bestimmten Ebene für eine bestimmte Zeit serialisiert werden, d.h. vor konkurrierenden Anwendungen geschützt werden.
So kennt natürlich im Extremfall ein System, das nur <u>einer</u> Anwendung für die Gesamtdauer einer UOW die Verarbeitung zuordnet, grundsätzlich nicht die behandelten Konsistenzprobleme, denn diese entstehen ja erst durch die Konkurrenzverarbeitung.
Es müssen also Kompromisse gesucht werden, die das Sperrniveau möglichst niedrig halten, die Konsistenzsicherung aber dennoch gewährleisten, auch wenn eine hohe Parallelverarbeitungsrate eintritt.

Die folgende Abbildung zeigt die LOCK-Logik am Beispiel der bekannten Anwendungen A und B auf:

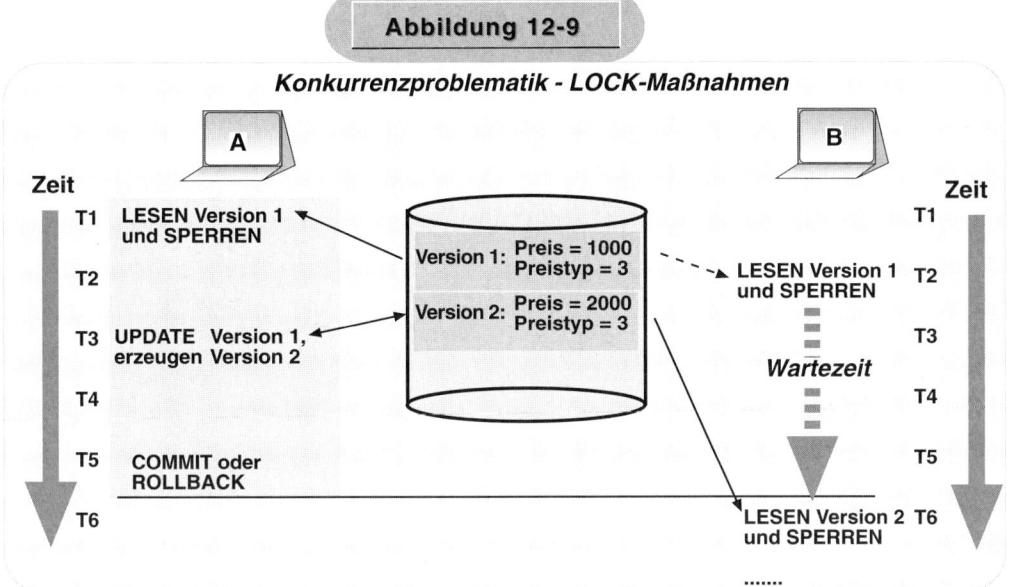

Abbildung 12-9
Konkurrenzproblematik - LOCK-Maßnahmen

Anwendung A liest die Daten des Versionsstandes 1 und etabliert eine Datensperre. Dies kann z.B. durch einen FETCH auf eine Zeile eines updateable Cursors geschehen. Intern wird dann ein 'U-Lock' eingerichtet (auf Page- oder Zeilenebene).

Damit gerät Anwendung B mit dem Versuch, ebenfalls eine Sperre auf die Daten der Version 1 zu etablieren, in eine Wartesituation, da ein zweiter 'U-Lock' auf die von Anwendung A gesperrten Ressourcen nicht toleriert wird.

Erst wenn die UOW der Anwendung A durch einen COMMIT (explizit oder implizit) bzw. einen ROLLBACK beendet wird, erhält die wartende Anwendung B wieder die Steuerung.
Anwendung B erfährt von dieser Sperre nichts.
Sein FETCH wird von der Zeiteinheit T2 bis T5 einfach nicht vollzogen und die Anwendung wartet ohne irgendeine Information über diese Ressource-Situation.
Zu beachten ist, dass die Datenanforderung für die Anwendung B nach der Wartezeit konkret die neue Daten-Version bereitstellt (hier Version 2).
Bei ordnungsgemäßem Datenzugriff hat ab der Zeiteinheit T6 Anwendung B nun eine Isolation der Daten erreicht und kann diese auf Bedarf modifizieren.

12 DB2-Datensicherheitseinrichtungen
12.4 Probleme und Lösungswege der Konkurrenzverarbeitung

12.4.5 Deadlock

Sperren sind Lösungs-Ansätze für die aufgezeigten Parallel-Verarbeitungs-Probleme.
Werden aber Ressourcen schrittweise (Zug um Zug) gesperrt, können bei der Verarbeitung von mehr als einem Objekt wiederum weitere Probleme auftreten.

Die folgende Abbildung zeigt den gefürchteten Deadlock, bei dem zumindest zwei Anwendungen um gemeinsame Daten kämpfen und sich dabei gegenseitig behindern:

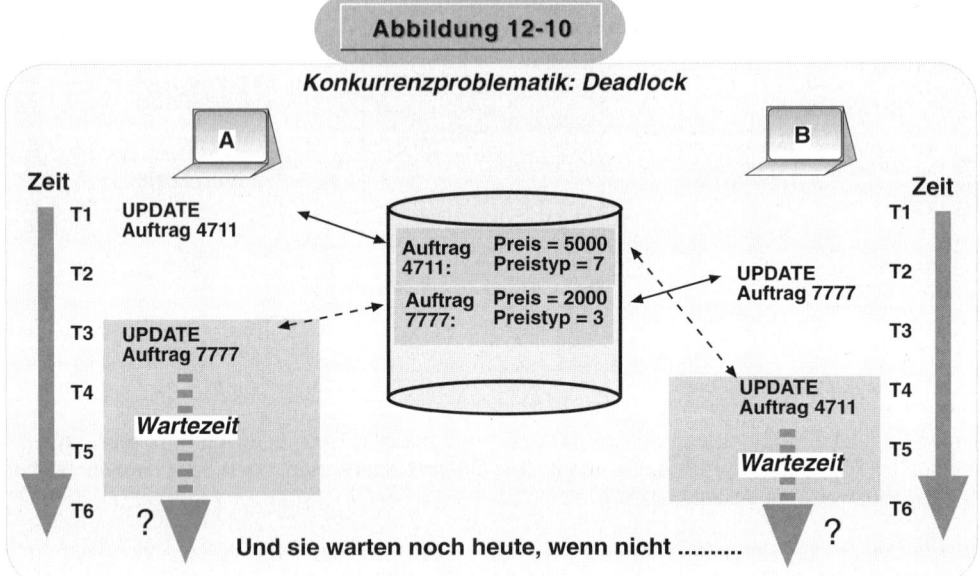

Abbildung 12-10
Konkurrenzproblematik: Deadlock

In unserem Beispiel etabliert Anwendung A eine Sperre auf das Daten-Objekt 1 (hier: Auftrag 4711). Anschließend sperrt Anwendung B das Daten-Objekt 2 (hier: Auftrag 7777).

Anwendung A versucht anschließend auf das Daten-Objekt 2 zuzugreifen, vergebens, denn es besteht eine exklusive Sperre auf Objekt 2 durch die Anwendung B.
Das gleiche Schicksal erleidet Anwendung B mit ihrem versuchten Zugriff auf das Objekt 1.

Nun warten beide Anwendungen, bis eine Unterbrechung dieser Situation von außen herbeigeführt wird, indem eine der Anwendungen (Victim) zurückgerollt wird (Victim = auf deutsch: Opfer, Geprellter, Gepeinigter).
Im DB2 übernimmt diese Aufgabe IRLM.
Über generierbare Zeitlimite können vom System-Administrator definiert werden:

- DEADLOCK TIME - der Deadlock-Timeout-Detection-Parameter (Default = 5 Sekunden).
  Dieser wirkt dann, wenn eine vorab beschriebene Deadlock-Situation eintritt, bei der DB2-interne Ressourcen in Konflikt stehen.

- RESOURCE TIMEOUT - der Resource-Timeout-Detection-Parameter (Default = 60 Sekunden).
  Dieser wirkt dann, wenn eine Anwendung Wartezeiten aufweist, die nicht als Deadlock identifizierbar sind.

12.4.5.1 Vermeidung von Deadlocks

Wie kann eine Deadlock-Situation verhindert werden?
Grundsätzlich gibt es folgende Empfehlungen zur Vermeidung von Deadlocks:

- Schlagartiges Sperren aller erforderlichen Ressourcen, z.B. die Auftrags-Nr (entweder ist die Sperre erfolgreich oder die Anwendung muss warten, bis alle Objekte frei sind).
  Diese Sperre müßte unter DB2 folgendermaßen gelöst werden:
  a) Durch eine außerhalb von DB2 gelöste anwendungsspezifische logische Sperre.
  b) Durch eine DB2-Tabelle, in der das Sperrobjekt geführt wird (hier die Auftrags-Nr.). Dieses Objekt müßte mit einer Änderungsabsicht (z.B. FETCH innerhalb eines Cursors mit einer updateable Result Table) gesperrt werden.

- Reihenfolge der Verarbeitung in der Abhängigkeit der logischen Modellierungskonstrukte festlegen:
  - Hierarchisch übergeordnete Objekte werden vor untergeordneten Objekten verarbeitet.
  - Beim Zugriff auf mehrere Ordnungsbegriffe innerhalb der gleichen Tabelle sollte in der Sequenz der PKs vorgegangen werden.

- Einzelne Anwendungen können durch Serialisierung voneinander isoliert werden, d.h. es wird eine nach der anderen abgewickelt (eine Parallelität ist nicht mehr möglich).
  Technisch kann dies durch Zuordnung der Anwendung zu einer Anwendungs-Klasse gelöst werden, in der zu einem Zeitpunkt nur eine einzige Anwendung aktiv sein darf.

- Nutzung des SELECT-Parameters KEEP UPDATE LOCKS. Damit erfolgt eine Ressource-Sperre mit einem 'X-Lock', der jeden parallelen Zugriff (außer UR) verhindert.
  Dies ist insbesondere wichtig, da ein eingerichteter 'U-Lock' einen parallelen 'S-Lock' nicht verhindert. Dieser aber verhindert wiederum das Umsetzen des 'U-Locks' in einen 'X-Lock', d.h. eine Änderungsabsicht kann zwar eingerichtet werden, aber die Änderung selbst kann nicht erfolgen, solange der parallele 'S-Lock' noch besteht.

Diese Maßnahmen können zwar hilfreich sein, eine totale Verhinderung von Deadlocks ist aber nicht erreichbar, da die Sperren immer auf einer physischen Ebene wirken, die Anwendungen aber eine logische Result-Table-Sicht haben.
Wenn für ein Objekt eine Anwendungszuständigkeit definiert wird, d.h. auch nur bestimmte Programme für die Manipulationen eines Objektes verantwortlich sind (Objektorientierung) und damit nicht an vielen Stellen Manipulationsbefehle eingesetzt werden, ist die Vermeidung von Deadlock-Situationen einfacher zu lösen.
Zum Abschluss noch eine Abbildung, die aufzeigt, warum durch die Reihenfolge der Verarbeitung ein Deadlock vermieden werden kann:

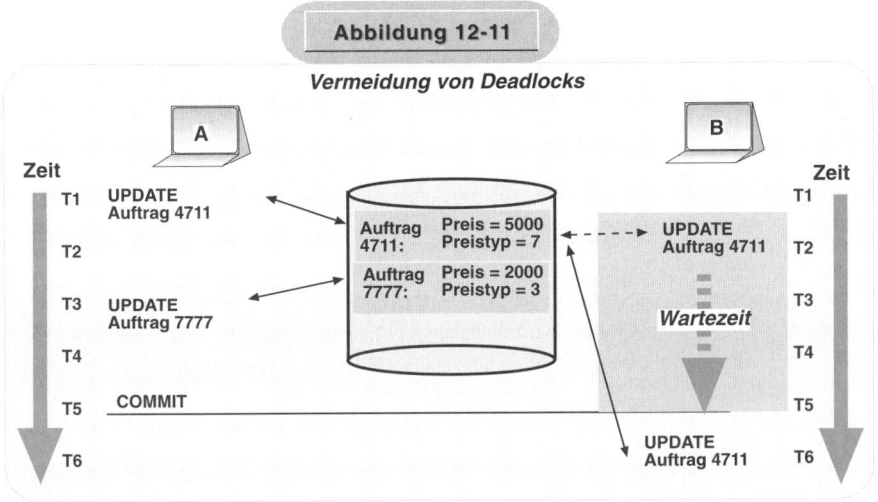

Abbildung 12-11
Vermeidung von Deadlocks

12.5 DB2-Sperrverfahren
12.5.1 Überblick

Die DB2-Sperrverfahren lassen sich folgendermaßen grob aufgliedern:

- **Lock**
  - **Transaction Lock**, kurz Lock genannt.
    Der Lock wird zur Zugriffskontrolle von SQL-Statements genutzt.
    Über eine Fülle von Parametern hat der Benutzer Einfluss auf die Wirkungsweise.

  - **Drain Lock**
    Das Drain-Verfahren wird für DB2-Utilities und DB2-Commands eingesetzt.
    Ziel ist die Übernahme der Kontrolle auf einer kompletten Ressource oder Teilen davon, möglichst ohne externe Zugriffsunterbrechungen.
    Der Benutzer hat keinen bzw. im Einzelfall über Paramter nur einen sehr begrenzten Einfluss auf das Sperrverfahren.

- **Latch**
  Der Latch wird zur Gewährleistung der Konsistenz bei internen Ressource-Nutzungen des DB2, z.B. innerhalb von Parallelsituationen innerhalb einer kurzzeitigen Page-Nutzung eingesetzt.
  Er entspricht einem internen Lock.

DB2 ordnet Sperr-Maßnahmen seiner Systemverantwortung zu.

Theoretische Zielsetzung:

Lock-Maßnahmen brauchen grundsätzlich nicht von Anwendungen ergriffen zu werden. Sie werden implizit bei der Datenanforderung von DB2 ausgeführt, wobei Definitionen aufgrund der Tablespace- oder Plan- bzw. Package-Ebene wirken.

Praktische Umsetzung und konkrete Situation:

Beim Anwendungs-Design müssen intensive Überlegungen hinsichtlich der Lock-Maßnahmen getätigt werden. Konkret muss bei jedem SQL-Statement entschieden werden, ob eine von den Plan- bzw. Package-Defaults abweichende **'Isolation'** wirken soll. Konkret sind dies folgende Entscheidungen:
- Sollen die Daten read-only oder mit Update-Intent angefordert werden bzw. dürfen die Daten parallel verändert werden oder nicht?
  - Speziell ist dies ein Problem bei allen mengenorientierten Verarbeitungsprozessen:
    - Wie ist eine Result Table eines Cursors zu definieren und welche Konsequenzen hat dies auf Parallelabwicklungen?
    - Müssen bei einem Join oder einer Subquery parallele Änderungen verhindert werden, solange das System die Ergebnisse der Result Table intern zusammenstellt?

Für einen 'normalen' Anwendungsentwickler ist es inzwischen immer komplizierter geworden, überhaupt zu erkennen, wann seine im Zugriff stehenden Daten von Parallelanwendungen gleichzeitig verändert werden können (siehe hierzu die Erläuterungen im Anhang 2 unter SELECT).
Und leider erhalten wir immer noch keinerlei Hinweis darauf, ob die Result Table eines Cursors durch Positionierung in den persistenten und aktuellen Basis-Tabellen oder durch Aufbau einer temporären Tabelle mit eingefrorenem Zustand bereitgestellt wird.

DB2 arbeitet mit dem IMS-Resource-Lock-Manager (IRLM) bzw. bei Data Sharing mit dem Coupling Facility zusammen, die Lock-Informationen in internen Tabellen verwalten. Unter Lock wird ein Eintrag in solchen Tabellen verstanden, bestehend aus den Informationen des Anwendungs-Threads verknüpft mit den Ressource-Informationen der Daten-Objekte.

12.5.2 Transaction Lock
12.5.2.1 Lock-Charakteristiken

DB2 kennt folgende Charakteristiken für einen Transaction Lock, die anschließend näher erläutert werden:

- **Lock-Objekt**   Zu schützende Ressource.
- **Lock-Dauer**   Dauer der Sperre einer Ressource.
- **Lock-Niveau**   Umfang der Sperrung einer Ressource.
- **Isolation-Level** Isolations-Grad und Sperrdauer lesender Anforderungen im Hinblick auf Konkurrenzanwendungen.
- **Lock-Modus**   Art der Sperre einer Ressource.

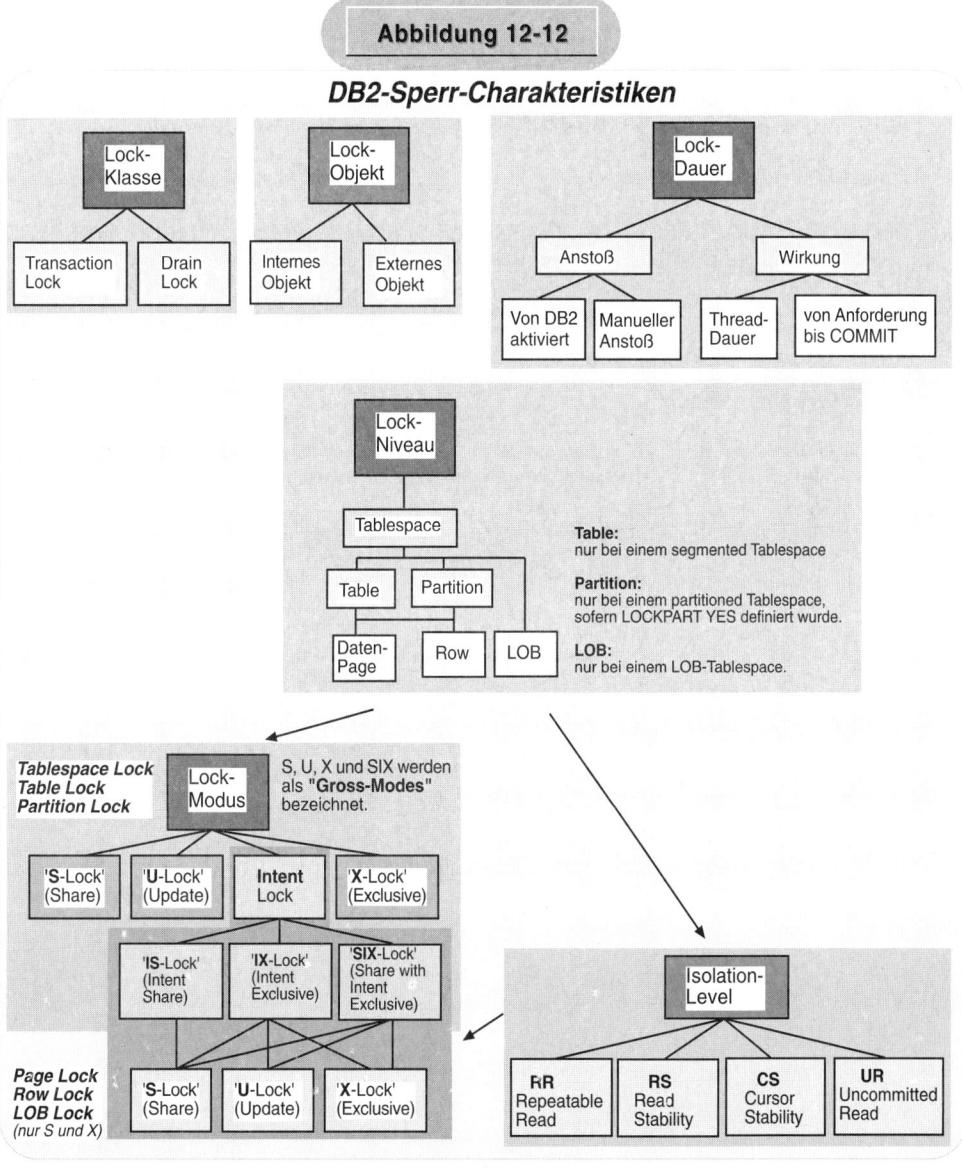

Abbildung 12-12: DB2-Sperr-Charakteristiken

12 DB2-Datensicherheitseinrichtungen
12.5 DB2-Sperrverfahren

DB2 ermittelt für Anwendungsanforderungen die erforderlichen Lock-Maßnahmen.
Dabei sind folgende Parameter relevant (Details folgen):

1. **Festlegung des Lock-Niveaus**

    - durch den **LOCKSIZE**-Parameter beim CREATE oder ALTER TABLESPACE:
        - TABLESPACE   Lock-Niveau: Tablespace.
        - TABLE   Lock-Niveau: Table (nur bei einem segmented Tablespace).
        - PAGE   Lock-Niveau: Daten-Page.
        - ROW   Lock-Niveau: Daten-Zeile.
        - ANY   Lock-Niveau: entspricht PAGE bzw. LOB bei einem LOB-Tablespace.
        - LOB   Lock-Niveau: LOB bei einem LOB-Tablespace.

    - durch den **LOCKPART**-Parameter beim CREATE oder ALTER TABLESPACE:
        - kann eine Sperre auf Partition-Niveau eingerichtet werden (SPL = Selective Partition Locking).
        - wirkt nur bei einem definierten Lock-Niveau (LOCKSIZE) kleiner als Table.

    - durch den **LOCKMAX**-Parameter beim CREATE oder ALTER TABLESPACE bzw. durch den System-Generierungs-Parameter **LOCKS PER TABLE(SPACE)**:
        - bei Überschreitung definierter Grenzwerte erfolgt eine **Lock Escalation**, bei der Sperren auf Page- oder Zeilenebene aufgegeben werden und dafür eine Sperre auf einem höheren Niveau etabliert wird.

2. **Festlegung der Lock-Dauer**

    - für einen Plan **ACQUIRE** und **RELEASE**-Parameter beim BIND oder REBIND eines Plans:
        - ALLOCATE   DEALLOCATE   Sperren dauern von Thread-Beginn bis zur Thread-Terminierung (dieser Parameter wirkt nur bei statischen SQL-Statements, bei dynamischen SQL-Statements wirkt immer USE und COMMIT). Die Ressource-Sperren werden auch ohne SQL-Aufrufe etabliert.
        - USE   COMMIT   Sperren wirken ab dem erstem Zugriff, ggf. bis zum Ende der UOR.

    - für eine Programmausführung durch das **LOCK TABLE-** SQL-Statement:
        - SHARE-Mode   Es sind nur lesende, keine ändernden Parallelanwendungen erlaubt.
        - EXCLUSIVE-Mode   Es werden keine Parallelanwendungen akzeptiert.

    Das Lock Niveau ist der Tablespace bei einem non-segmented Tablespace und die Table bei einem segmented Tablespace.
    Wird der Parameter PART genutzt, kann bei einem partitioned Tablespace das Lock Niveau Partition genutzt werden.
    Wird das Statement mit einer Auxiliary Table eingesetzt, erfolgen die Sperren auf der LOB-Tablespace-Ebene.
    Die Sperrdauer ist abhängig vom vorab beschriebenen RELEASE-Parameter:
    - ALLOCATE   DEALLOCATE   Die Sperre bleibt bis zur Thread-Terminierung erhalten. Bei einem COMMIT bzw. ROLLBACK erfolgt keine Freigabe.
    - USE   COMMIT   Die Sperre existiert nur bis zum nächsten COMMIT oder ROLLBACK.
    - USE   DEALLOCATE   Die Sperre bleibt bis zur Thread-Terminierung erhalten. Wenn aber innerhalb der UOR kein anderes SQL-Statement ausgeführt wurde, erfolgt die Freigabe mit dem nächstem COMMIT oder ROLLBACK.

3. Festlegung des 'Isolation-Levels'

Der Isolation-Level (wirkt nur in Verbindung mit LOCKSIZE PAGE/ANY oder ROW bzw. LOB) kann vorgegeben werden:
- für einen Plan durch den **ISOLATION**-Parameter beim BIND oder REBIND eines Plans,
- für eine Package durch den **ISOLATION**-Parameter beim BIND oder REBIND einer Package,
- für ein einzelnes SQL-Statement durch die **WITH**-Klausel des Statements.

Die vorgebbaren Werte sind:
- RR   Repeatable Read   Die Read-Sperre bleibt bis Ende der UOR erhalten. Damit wird ein Parallel-Update innerhalb der Page oder der Row verhindert. Bei diesem Level werden sämtliche eingelesenen Daten-Ressourcen und durchsuchten Index-Subpages des Index Typs 1 gesperrt.
- RS   Read Stability   Die Read-Sperre bleibt bis Ende der UOR erhalten. Damit wird ein Parallel-Update innerhalb der Page oder der Row verhindert. Bei diesem Level werden sämtliche Ressourcen gesperrt, die in Stage 1 einbezogen werden (Stage 1: siehe Kapitel 14).
- CS   Cursor Stability   Die Read-Sperre wird sofort freigegeben, wenn keine Notwendigkeit zur Aufrechterhaltung der Sperre mehr besteht.
- UR   Uncommitted Read   Es wird keine Read-Sperre etabliert.

DB2 ermittelt aufgrund der SQL-Statement-Typen und der vorab dargestellten Parameter den jeweiligen Lock-Modus der Ausführung. Dieser wird bei statischen SQL-Statements beim BIND festgelegt.

12.5.2.1.1 Lock-Objekt

Das Lock-Objekt identifiziert die DB2-Ressourcen, die zu sperren sind:

- **Interne DB2-Objekte**
  DB2 sperrt bei seinen Verwaltungsaktivitäten interne Objekte wie DBDs (Database Descriptoren), Skeleton Cursor Tables (Pläne), Skeleton Package Tables (Packages), Pointer usw.

- **Externe DB2-Objekte**
  - Tablespace,
  - Table (nur bei einem segmented Tablespace),
  - Partition (nur bei einem partitioned Tablespace).

Es ist zu beachten, dass die Auswirkung von Sperr-Maßnahmen in der Regel nicht auf das explizit bearbeitete Daten-Objekt beschränkt ist, sondern implizit weitere Objekte betroffen sind:

- Bei einer Programmausführung werden Packages und ggf. der Plan gesperrt. Während der Nutzung werden keine BIND-, REBIND- und FREE-Kommandos akzeptiert.

- Alle dynamischen SQL-Statements sperren auf Katalogebene sowie sämtliche benutzten Benutzerobjekte.
  Zusätzlich ist zu beachten:
  - SQL DDL führt zu Sperren der DBDs bei Verwaltung aller Objekte, die direkt oder indirekt mit der Database in Beziehung stehen (Tablespace, Indexspace, Table, View, Synonym, Alias).

- Alle in einer RI-Beziehung beteiligten Tabellen erfahren Sperrauswirkungen.
  Dies bezieht sich auch auf Katalogobjekte. Wird beispielsweise eine Tabelle gelöscht, werden sämtliche verknüpften untergeordneten Objekte mit gelöscht und alle referenzierenden Packages und Pläne als ungültig gekennzeichnet.
  Jeder Zugriff und jede Manipulation führt zu entsprechenden Sperrauswirkungen.

12.5.2.1.2 Lock-Niveau

Festlegung, ob das gesamte Lock-Objekt oder eine Untermenge der Lock-Objekte gesperrt werden soll:
- **Schlagartiges Sperren**
  - **Objekt Tablespace**
    - Alle Pages des File Page Sets. Betroffen sind alle Tables, die dem Tablespace zugeordnet sind.
  - **Objekt Table** (nur bei einem segmented Tablespace unterstützt)
    - Alle Segmente innerhalb des File Page Sets, denen diese Table-Daten zugeordnet sind.
  - **Objekt Partition** (nur bei einem partitioned Tablespace unterstützt)
    - Alle Pages der Partition.

- **Zug um Zug sperren, wenn eine Anforderung gezielt gestellt wird**
  - **Daten-Page**
    - Eine einzelne Daten-Page, in der eine geforderte Zeile positioniert ist.
  - **Daten-Row**
    - Eine einzelne Zeile innerhalb einer Page.
  - **LOB-Wert** (nur bei einem Large Object)
    - Ein einzelner LOB-Wert.

Die Definition des Lock-Niveaus erfolgt anwendungsübergreifend bereits beim Anlegen des Tablespaces (CREATE TABLESPACE) und kann nachträglich mittels ALTER TABLESPACE modifiziert werden (Parameter LOCKSIZE).
Einzelne Anwendungen können durch das SQL-Statement LOCK TABLE explizit eine Sperre definieren. Diese Sperre wirkt dann dynamisch nur für eine bestimmte Anwendung und ggf. nur innerhalb einer UOW.

Beim CREATE TABLESPACE kann mit der Option **LOCKSIZE** definiert werden:

- **TABLESPACE**   Etabliert den Tablespace-Sperr-Modus: 'S', 'U' oder 'X' in Abhängigkeit von den SQL-Statement-Typen, die in einer Package bzw. einem Plan benutzt werden.

- **TABLE**   Nur bei einem segmented Tablespace, Sperr-Modus analog Tablespace, aber nur auf Table-Ebene wirkend.

- **PAGE**   Sperr-Modus auf Tablespace- bzw. Table Ebene: - 'IS', 'IX' oder 'SIX'.
  Sperr-Modus auf Page-Ebene: - 'S', 'U' oder 'X'.
  Es erfolgt ggf. das Umschalten auf das nächsthöhere Lock-Niveau (siehe Details unter **Lock Escalation**).

- **ROW**   Sperr-Modus auf Tablespace- bzw. Table Ebene: - 'IS', 'IX' oder 'SIX'.
  Sperr-Modus auf Zeilen-Ebene: - 'S', 'U' oder 'X'.
  Es erfolgt ggf. das Umschalten auf das nächsthöhere Lock-Niveau (siehe Details unter **Lock Escalation**).

- **ANY**   DB2 bestimmt aufgrund der individuellen Datenanforderungen und der bekannten Ressource-Informationen das optimale Lock-Niveau (derzeit generell PAGE bzw. LOB bei LOB-Tablespaces).
  Es erfolgt ggf. das Umschalten auf das nächsthöhere Lock-Niveau (siehe Details unter **Lock Escalation**).

- **LOB**   Sperr-Modus auf Tablespace- bzw. Table Ebene: - 'IS', 'IX', 'S', 'SIX' oder 'X'.
  Sperr-Modus auf LOB-Ebene: - 'S' oder 'X'.
  Es erfolgt ggf. das Umschalten auf das nächsthöhere Lock-Niveau (siehe Details unter **Lock Escalation**).

Bei einem partitioned Tablespace kann mit dem CREATE TABLESPACE die Option **LOCKPART** vorgegeben werden. Damit erfolgt die Einrichtung eines Sperr-Modus analog Tablespace, aber nur auf der Partition-Ebene wirkend.

12 DB2-Datensicherheitseinrichtungen
12.5 DB2-Sperrverfahren

Lock Escalation	Bei ROW, PAGE, ANY und LOB kann DB2 automatisch bei Überschreiten generierter (LOCKS PER USER und LOCKS PER TABLE) bzw. definierter Limite (TABLESPACE-Parameter: LOCKMAX) von einem Page- bzw. Row-Lock bzw. LOB-Lock auf das nächsthöhere Lock-Niveau umschalten (d.h. auf Partition-, Table- oder Tablespace-Ebene wird ein 'S-Lock' bzw. ein 'X-Lock' etabliert):
	 LOCKS PER TABLE Max. Anzahl Locks pro Table(space) Default: 1000
	 LOCKS PER USER Max. Anzahl Locks pro Anwendung Default: 10000
	 LOCKMAX Max. Anzahl Locks pro Page/Row/LOB
	                  innerhalb des Tablespaces bzw.
	                  innerhalb der Table (der Wert wirkt
	                  nicht auf Partition-Ebene) Default: kein Limit (0).
	 Ein Wert von 0 deaktiviert die Lock Escalation.

Lock Promotion	Wenn in einer Anwendung eine Ressource mit einem bestimmten Lock-Niveau gesperrt ist und anschließend ein restriktiveres Sperr-Niveau gefordert wird (z.B. zuerst ein 'IS-Lock', dann ein 'IX-Lock'), wird bei entsprechender Ressource-Verfügbarkeit auf diesen Modus 'umgeschaltet'.
Lock Avoidance	DB2 versucht weitgehend auf Sperren zu verzichten. Dies gilt insbesondere für rein lesende Anforderungen, bei denen in Abhängigkeit vom BIND CURRENTDATA-Parameter Sperren etabliert werden oder nicht.

Die folgende Tabelle zeigt noch einmal eine Übersicht der relevanten Zusammenhänge:

Lock-Objekt	Aktivierung durch:	Parameter	Vorgabe	Lock-Niveau	Lock-Modus *
Tablespace	CREATE/ALTER TABLESPACE	LOCKSIZE	TABLESPACE	Tablespace:	'S', 'U' oder 'X'
Table			TABLE **	Tablespace: Table	'IS', 'SIX' oder 'IX' 'S', 'U' oder 'X'
Partition	CREATE/ALTER TABLESPACE	LOCKPART	YES ***	Tablespace: Partition:	'IS', 'SIX' oder 'IX' 'S', 'U' oder 'X'
Page	CREATE/ALTER TABLESPACE	LOCKSIZE	PAGE /ANY	Tablespace: Table Daten-Page	'IS', 'SIX' oder 'IX' 'IS', 'SIX' oder 'IX' 'S', 'U' oder 'X'
Row	CREATE/ALTER TABLESPACE	LOCKSIZE	ROW	Tablespace: Table Row	'IS', 'SIX' oder 'IX' 'IS', 'SIX' oder 'IX' 'S', 'U' oder 'X'
LOB	CREATE/ALTER TABLESPACE	LOCKSIZE	LOB	Tablespace: LOB-Wert	'IS', 'S', 'SIX', 'IX' oder 'X' 'S' oder 'X'

```
        *    Der Lock-Modus ist abhängig von SQL-Statement-Typen
        **   nur bei einem segmented Tablespace
        ***  nur bei einem partitioned Tablespace
```

Vorteil eines hohen Sperr-Niveaus, wie TABLESPACE, TABLE oder PARTITION sind die reduzierten internen Verwaltungsaufwendungen, da generell für einen Verarbeitungsdurchlauf nur auf der entsprechenden Objekt-Ebene ein Sperr-Kennzeichen angebracht wird und keine einzelnen Sperr-Anforderungen für Pages, Rows oder LOBs aufgebaut und verwaltet werden müssen.
Der Nachteil ist die stark eingeschränkte Konkurrenz-Verarbeitungsmöglichkeit.

Mit dem **MAXROWS**-Parameter beim Anlegen oder Ändern eines Tablespaces kann die Anzahl der in einer Daten-Page speicherbaren Daten reduziert werden (bis auf eine Zeile pro Page).

Mit dem Lock-Niveau PAGE, ROW bzw. LOB wird grundsätzlich von DB2 auf Tablespace- bzw. Table- oder Partition-Ebene die Verarbeitungsabsicht (**INTENT**) durch die Lock-Modi 'IS', 'IX' und 'SIX' eingetragen. Auf PAGE- bzw. ROW-Ebene werden bei Zugriff bzw. Änderungen die Locks 'S', 'U' und 'X' hinterlegt (bei LOBs kein 'U'-Lock).

Das explizite **LOCK TABLE** SQL-Statement sperrt dynamisch innerhalb einer UOR:

- bei einem non-segmented Tablespace den gesamten Tablespace,
- bei einem segmented Tablespace die jeweilige Tabelle,
- bei Vorgabe des PART-Parameters bei einem partitioned Tablespace die jeweilige Partition,
- bei einem LOB-Tablespace den gesamten Tablespace
  (siehe in späterem Kapitel "Lock-Besonderheiten bei LOB-Daten").

Die Lock-Modi werden abhängig von den Statement-Parametern und evtl. bereits vorliegender Objekt-Sperren zugewiesen. Bei Vorgabe des PART-Parameters wirken die nachfolgend dargestellten Table-Sperren nicht auf Table- sondern auf Partition-Ebene:

- **LOCK TABLE tablename IN SHARE MODE**
  Lock-Modus: 'IS' auf Tablespace- und 'S' auf Table-Ebene, sofern noch kein Lock-Modus etabliert ist, ansonsten:
  - 'SIX'-Lock wenn bereits ein 'IX'-Lock vorhanden ist,
  - keine Maßnahme, wenn bereits ein 'SIX'- 'X'- oder 'U'-Lock vorhanden ist.

- **LOCK TABLE tablename IN EXCLUSIVE MODE**
  Lock-Modus: 'IX' auf Tablespace- und 'X' auf Table-Ebene.

Ein LOCK TABLE-Statement, das sich auf einen remote Server bezieht, wird ignoriert und hat keinen Effekt!
Bei **LOB-Tablespaces** siehe in späterem Kapitel "Lock-Besonderheiten bei LOB-Daten".

Folgende **Besonderheiten** sind relevant:

- Für Anwendungsprogramme (Pläne bzw. Packages) kann durch den ISOLATION-Level **RR** beim BIND/REBIND von DB2 trotz definiertem Lock-Niveau 'PAGE' oder 'ROW' - abhängig vom gewählten Zugriffspfad - ein höheres Lock-Niveau 'TABLESPACE' bzw. 'TABLE' mit den Lock-Modi 'S' bzw. 'X' zugeordnet werden (**Lock Escalation**).
  Beim BIND wird in diesem Fall eine Warnung ausgegeben.

- Ein **Cursor**, der mit der **WITH HOLD**-Option definiert ist, hält auch nach einem COMMIT noch die Cursor-Position. Im Laufe der letzten UOR gesetzte 'U'-Locks und 'X'-Locks werden auf 'S'-Locks umgesetzt (sofern der Generierungs-Parameter RELCURHL = NO definiert ist).

- DB2 kann beim Lock-Niveau 'ANY', 'PAGE' bzw. 'ROW' auch noch während der Ausführung automatisch das Lock-Niveau verändern. So kann aufgrund definierter Limite auf die performance-günstigere Sperrebene 'TABLESPACE' bzw. 'TABLE' umgeschaltet werden (**Lock Escalation**), was aber wiederum temporär auf die Konkurrenzverarbeitungsmöglichkeiten wirkt.
  Dieses Umschalten funktioniert nur, wenn in diesem Moment auf Tablespace- bzw. Table-Ebene keine Sperrkennzeichen vorhanden sind, die das Umschalten verhindern (aus 'IS' wird 'S', aus 'IX' wird 'X'). Allerdings wird eine Lock Escalation intern vorrangig behandelt und kann Anwendungen, die vorher eine Sperranforderung gestellt haben, 'nach hinten schieben'.

12 DB2-Datensicherheitseinrichtungen
12.5 DB2-Sperrverfahren

Abbildung 12-13

LOCK-Niveau Tablespace, Table und Page bzw. ROW

Generalisierte Darstellung (im Einzelfall ist der Lock-Modus entscheidend)

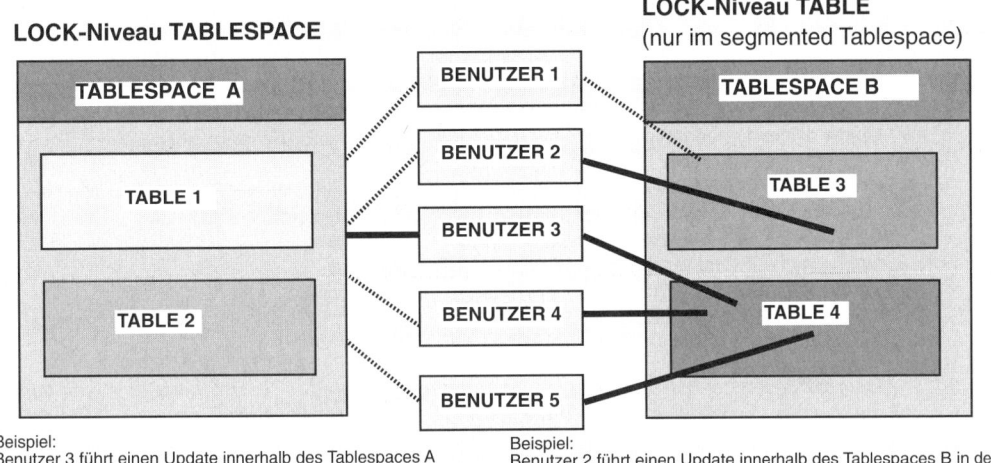

Beispiel:
Benutzer 3 führt einen Update innerhalb des Tablespaces A durch.

Beispiel:
Benutzer 2 führt einen Update innerhalb des Tablespaces B in der Table 3 durch.
Benutzer 3 liest Daten der Table 4 innerhalb des Tablespaces B.
Benutzer 4 und 5 lesen ebenfalls nur Daten ein.

Der IRLM-Lock-Aufwand ist sehr gering!

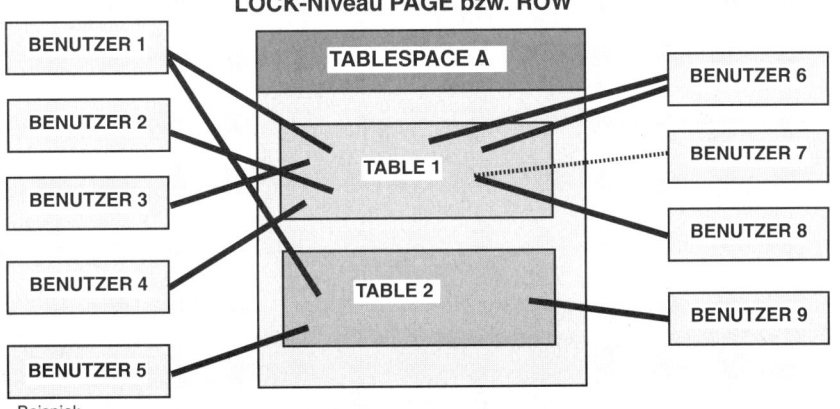

Beispiel:
Benutzer 8 führt einen Update innerhalb des Tablespaces A in der Table 1 auf einer bestimmten Page oder Row durch.
Benutzer 7 versucht dieselbe Ressource zu verändern.

Der IRLM-Lock-Aufwand kann sehr hoch sein!

Legende:
— Zugriffsmöglichkeit   .... Keine Zugriffsmöglichkeit

12.5.2.1.3 Lock-Dauer

Zeitdauer der Sperre von der Einrichtung bis zur Freigabe in Abhängigkeit vom Lock-Niveau und den Verarbeitungsparametern.
Die Lock-Dauer wird bei TSO-DB2-Anforderungen generell an die Thread-Dauer gekoppelt.
Für Anwendungsprogramme kann die Lock-Dauer beeinflusst werden durch Parameter beim BIND-Prozess.
Dabei existieren folgende Grund-Steuerungs-Möglichkeiten:

- Über die Parameter **ACQUIRE** und **RELEASE** Beginn und Ende der Sperren:
    - während der Verweildauer eines Threads (Allocation/Deallocation),
    - ab der ersten Datenanforderung bis ein COMMIT bzw. ROLLBACK erreicht ist.

- Über den **ISOLATION**-Parameter die Entscheidung, ob eine eingelesene Page oder Row, die anschließend unverändert verlassen wird, weiterhin gesperrt bleiben soll oder nicht.
  Gründe für eine längerandauernde Sperre sind:
    - Wiederholter Zugriff auf Daten innerhalb der UOW (RR bzw. RS),
    - Lese-Integrität z.B. bei Absetzen einer Subquery, zum Beispiel:
      ```
      SELECT * FROM SEMTYP
          WHERE DAUER > (SELECT AVG (DAUER) FROM SEMTYP
                             WHERE SEMCODE LIKE 'DB2%' )
      ```
      Bei jeder Mengenverarbeitung tritt ein **Konsistenz-Problem** auf, wenn für die Ermittlung des Ergebnisses die betroffenen Daten der Anwendung nicht isoliert sind.

Folgende Parameter sind wählbar:

- **Lock-Niveau TABLESPACE, TABLE oder PARTITION**
    - **ACQUIRE (ALLOCATE)** Einrichten der Sperre zum Zeitpunkt der Thread-Allocation.
    - **ACQUIRE (USE)** Einrichten der Sperre zum Zeitpunkt des ersten Zugriffs auf die Daten.
    - **RELEASE (DEALLOCATE)** Aufheben der Sperre zum Zeitpunkt der Thread-Terminierung. In diesem Fall hält auch ein explizites LOCK TABLE Statement die Sperre bis zum Ende des Threads.
    - **RELEASE (COMMIT)** Aufheben der Sperre am Ende der UOR (COMMIT, ROLLBACK). Ein explizites LOCK TABLE Statement gibt seine Sperren auch mit dem COMMIT frei.
      Konsistenz-Problem:
      Bis zum folgenden LOCK TABLE können andere Anwendungen aktiv gewesen sein und Daten zwischenzeitlich geändert haben.

- **Lock-Niveau PAGE oder ROW**
  Siehe folgende Ausführungen des Isolation-Levels.

- **Lock-Niveau LOB**
  Siehe in späterem Kapitel "Lock-Besonderheiten bei LOB-Daten"

Folgende Parameter sind beim BIND bzw. REBIND von Packages und Plänen relevant:

Plan/Package	Parameter	BIND-Default	REBIND-Default	Hinweis
PLAN	ACQUIRE	(USE)	Existierender Wert	Der Parameter ist für Packages nicht unterstützt.
PLAN	RELEASE	(COMMIT)	Existierender Wert	
PACKAGE	RELEASE	Plan-Wert	Existierender Wert	Bei einer remote Package ist der Default-Wert (COMMIT).
	ACQUIRE RELEASE	(USE) und (COMMIT)		Generelle Werte für dynamische SQL-Statements.

12.5.2.1.4 Isolation-Level

Wird ein Lock-Niveau PAGE oder ROW definiert, ist der Isolation-Level relevant.
Folgende Inhalte können definiert werden:

- **ISOLATION (RR)**   **Repeatable Read**
  Alle Daten, die während des Programmdurchlaufs eingelesen oder verändert werden, können durch andere Programme solange nicht verändert werden, bis das Ende der UOR erreicht ist.
  Als Lock-Modus wird eingerichtet:
  - 'S'-Lock   sofern der Installationsparameter USE U-LOCK FOR RR/RS mit NO definiert ist.
  - 'U'-Lock   sofern der Installationsparameter USE U-LOCK FOR RR/RS mit YES definiert ist.
  - 'X'-Lock   sofern im SELECT-Statement KEEP UPDATE LOCKS vorgegeben wurde.

  Hinweise und Empfehlungen:
  - Sehr vorsichtig mit RR umgehen, wenn Datenmengen bei Suchprozessen betroffen sind. Evtl. nur sinnvoll in Verbindung mit einem Einzelzeilen-Zugriff über einen PK.
  - Speziell bei Datenmengen ist die Konsistenz einzelner Zeilen von DB2 gewährleistbar, nicht aber die Konsistenz aller Werte der Datenmenge (siehe auch folgende Ausführungen in diesem Kapitel).
  - In Abhängigkeit vom gewählten Zugriffspfad und der Anzahl tatsächlich gesperrter Ressourcen droht bei einem RR-Einsatz eine **Lock Escalation**, bei der auf ein höheres Sperrniveau umgeschaltet wird.
  - Wenn nur ein 'S'-Lock eingerichtet wird, kann parallel eine Anwendung mit Änderungsabsicht einen 'U'-Lock einrichten. In diesem Fall kann der 'S'-Lock-Eigentümer:
    - anschließend weder einen 'U'-Lock, noch einen 'X'-Lock durchsetzen,
    - davon ausgehen, dass er bei Änderungsabsicht mit einem Timeout abnormal endet,
    - davon ausgehen, dass die gerade positionierten Daten zwar noch konsistent sind, aber nicht mehr lange aktuell.
  - Wenn nur ein 'U'-Lock eingerichtet wird, kann parallel eine Anwendung mit Leseabsicht einen 'S'-Lock einrichten. In diesem Fall kann der 'U'-Lock-Eigentümer:
    - anschließend keinen 'X'-Lock durchsetzen, wenn der 'S-Lock' weiterhin z.B. wegen eines Isoaltion-Levels RR weiterhin besteht.

- **ISOLATION (RS)**   **Read Stability**
  Alle Daten, die in die Result Table einbezogen werden, erhalten eine Sperre. Dies trifft auch auf Daten zu, die erst in Stage 2 zurückgewiesen wurden. Die gesperrten Objekte können durch andere Programme solange nicht verändert werden, bis das Ende der UOR erreicht ist.
  Als Lock-Modus wird eingerichtet:
  - 'S'-Lock   sofern der Installationsparameter USE U-LOCK FOR RR/RS mit NO definiert ist.
  - 'U'-Lock   sofern der Installationsparameter USE U-LOCK FOR RR/RS mit YES definiert ist.
  - 'X'-Lock   sofern im SELECT-Statement KEEP UPDATE LOCKS vorgegeben wurde.

  Hinweise und Empfehlungen:
  - analog RR, aber die betroffene Datenmenge ist ggf. kleiner (abhängig von der Datenanforderung).

- **ISOLATION (CS)**   **Cursor Stability**
  Solange das Programm innerhalb einer Page Daten lesend nutzt, kann in dieser Page bzw. in dieser Row kein anderes Programm Daten verändern.
  Werden die Daten nur eingelesen, erfolgt die Freigabe nach der Positionierung in eine andere Page bzw. mit Abschluss der UOR.
  Wurden Daten innerhalb einer Page verändert, bleibt die Page für andere Programme solange gesperrt, bis die UOR abgeschlossen wird.
  Als Lock-Modus wird eingerichtet:
  - 'S'-Lock.

  Hinweise und Empfehlungen:
  - CS sollte der im Normalfall eingesetzte Isolation-Level sein.
  - Beim Lesen von Daten mit evtl. nachfolgender Änderungsabsicht gibt es zwei grundsätzliche Varianten:
    a)   Einen Cursor mit einer updateable Result Table definieren und zeilenweise einlesen.
         Die letzte positionierte Page oder Zeile wird mit einem 'U'-Lock versehen.
    b)   Innerhalb eines Statements kann die WITH-Klausel eingesetzt werden. Wird dort 'RR' bzw. 'RS' vorgegeben, erfolgt eine Sperre wie vorab unter ISOLATION (RR bzw. RS) beschrieben.
  - Es ist zu beachten, dass z.B. ein SELECT INTO-Statement in einer mit CS gebundenen Package zu keinerlei für den Benutzer wirksamen Sperren führt. Nur während des internen Lese-Vorgangs werden die Daten evtl. kurzfristig gesperrt. Eine interne Sperre wird nur dann getätigt, wenn parallele Anforderungen auf dieselbe Ressource anstehen.

- **ISOLATION (UR)**   **Uncommitted Read**
  Alle Daten, die während des Programmdurchlaufs eingelesen werden sollen, werden unabhängig von existierenden Sperren im System zur Verfügung gestellt, auch wenn sie sich gerade innerhalb einer UOR in Änderung befinden und noch nicht konsistent sind.
  Hinweise und Empfehlungen:
  - UR richtet nur auf Tablespace-Ebene einen 'IS'-Lock ein, da ein Massen-Delete parallel nicht zulässig ist (und einen 'IX'-Lock auf dem Tablespace der Workfile-Database). Außerdem können Utilities einen Drain aller Claim-Klassen absetzen.
  - UR sollte nur dann verwendet werden, wenn:
    - die Konsistenz der Daten nicht relevant ist (z.B. bei einem technischen Monitor, der den Stand der Arbeiten einer Anwendung überprüfen soll),
    - durch organisatorische Maßnahmen sichergestellt ist, dass keine Zustandsveränderung von Daten eintreten kann (z.B. wenn Daten geladen und niemals mehr gelöscht werden, kann die Existenz von Schlüsseln darüber geprüft werden).
  - UR sollte **niemals** dann verwendet werden, wenn die Konsistenz einzelner Dateninhalte erforderlich ist (und das ist im Normalfall fast immer gegeben - sonst kann man auch auf Datenzugriffe verzichten und mittels Zufallsgenerator ohne Datenzugriff zu sehr effizient laufenden Anwendungen kommen).

  Bei **LOB-Tablespaces** gelten Besonderheiten. Siehe in späterem Kapitel "Lock-Besonderheiten bei LOB-Daten".

Der **ISOLATION**-Level kann in einer Package, einem Plan oder in einem einzelnen SQL-Statement vorgegeben werden:

- **ISOLATION**-Parameter beim **BIND/REBIND PACKAGE**
  Mögliche Vorgabewerte (Details siehe im Anhang 2):
  RR, RS, CS, UR und NC (entspricht UR).

- **ISOLATION**-Parameter beim **BIND/REBIND PLAN**
  Mögliche Vorgabewerte (Details siehe im Anhang 2):
  RR, CS und UR.

- In der **WITH**-Klausel eines **SQL-Statements**
  Mögliche Vorgabewerte (Details siehe im Anhang 2) in folgenden Statements:
  - DECLARE CURSOR FOR SELECT   WITH RR, RS, CS oder UR
  - SELECT INTO   WITH RR, RS, CS oder UR
  - DELETE   WHERE   WITH RR, RS oder CS
  - INSERT   subselect   WITH RR, RS oder CS
  - UPDATE ...   WHERE   WITH RR, RS oder CS

Der **Lock-Modus** wird über den Isolation-Level einer Package, eines Plans oder eines einzelnen SQL-Statements grundsätzlich gesteuert. Siehe hierzu die Ausführungen vorab.
Eine besondere Wirkung hat der Parameter **KEEP UPDATE LOCKS**, der eine exklusive Objekt-Sperre einrichtet (nur in Verbindung mit dem Isolation Level RR oder RS).

12.5 DB2-Sperrverfahren

Folgende Parameter sind beim BIND bzw. REBIND von Packages und Plänen relevant:

Plan/Package	Parameter	BIND-Default	REBIND-Default	Hinweis
PLAN	ISOLATION	(RR)	Existierender Wert	
PACKAGE	ISOLATION	Plan-Wert	Existierender Wert	
PLAN	CURRENTDATA	(YES)	Existierender Wert	Datenaktualität einer
PACKAGE	CURRENTDATA	(YES)	Existierender Wert	read-only Cursor-Result Table

Einem Plan und den zugeordneten Packages können natürlich - auch abweichend von den Defaults - jeweils individuelle und abweichende Parameterwerte vorgegeben werden.
Grundsätzlich wird bei Einsatz einer Package die Maßnahme, die in der Package definiert ist ergriffen. Wird danach eine andere Package aktiviert, kann es zu Konflikten kommen, wenn dort andere Regelungen getroffen wurden.
Bei abweichenden ISOLATION-Parametern gilt folgendes:

Parameter-Konstellationen und der gewählte Isolation-Level				
	Folge-Package			
1. Package	UR	CS	RS	RR
UR	UR	CS	RS	RR
CS	CS	CS	RS	RR
RS	RS	RS	RS	RR
RR	RR	RR	RR	RR

Der Default Isolation Level eines SQL-Statements wird folgendermaßen abgeleitet:

Die Package ISOLATION ist ...	und die Plan ISOLATION ist ...	und die Result Table ist ...	dann ist die Default ISOLATION
RR	irgendeine	irgendeine	RR
RS	irgendeine	irgendeine	RS
CS	irgendeine	irgendeine	CS
UR	irgendeine	read-only	UR
		updateable	CS
Nicht vorgegeben	RR	irgendeine	RR
	RS	irgendeine	RS
	CS	irgendeine	CS
	UR	read-only	UR
		updateable	CS

12 DB2-Datensicherheitseinrichtungen
12.5 DB2-Sperrverfahren

12.5.2.1.5 Lock-Modus

DB2 bestimmt aufgrund seiner vorliegenden Informationen und der jeweiligen Verarbeitungsanforderung den Lock-Modus. Der Lock-Modus regelt die Zugriffsberechtigung von Anwendungen zu den Ressourcen aufgrund ihrer Verarbeitungsart. Die einzelnen Modi werden in zunehmender Ressource-Belegungswirkung aufgelistet:

Abbildung 12-14

Möglichkeiten der Konkurrenzverarbeitung

Die Tabelle zeigt auf, wie Anwendungen um die Ressourcen konkurrieren können:

Lock-Niveau Tablespace, Table bzw. Partition

Lock-Modus auf Tablespace-, Table- bzw. Partition-Ebene

JA → OK
NEIN → Anwendung muss warten

Erster Zugriff mit LOCK-Modus	Folge-Zugriff mit LOCK-Modus					
	IS	S	IX	SIX	U	X
S	JA	JA	NEIN	NEIN	JA	NEIN
U	JA	JA	NEIN	NEIN	NEIN	NEIN
X	NEIN	NEIN	NEIN	NEIN	NEIN	NEIN

Tablespace/Table/Partition-Lock
- IS Intent Share
- S   Share
- IX Intent Exclusive
- SIX Share with Intent Exclusive
- U   Update
- X   Exclusive

Die Intent-Locks sind nur in Zusammenhang mit dem Lock-Niveau PAGE relevant.

- **Lock-Niveau Tablespace, Table bzw. Partition**

  - **IS (Intent Share)**
    Der Eigentümer des Locks darf nur Daten im Objekt lesen, nicht aber verändern.
    Andere Parallel-Benutzer können Daten lesen und verändern.
    Wenn Daten innerhalb des Objekts eingelesen werden, wird auf der jeweiligen Page-, Row- bzw. LOB-Ebene evtl. ein 'S'-Lock etabliert.

  - **IX (Intent Exclusive)**
    Der Eigentümer des Locks und andere Parallel-Benutzer dürfen Daten im Objekt lesen und verändern.
    Werden Daten innerhalb des Objektes gelesen, wird auf der jeweiliger Page-, Row- bzw. LOB-Ebene evtl. ein Lock etabliert. Bei Änderungen muss zwingend ein Lock gesetzt werden.

  - **S (Share)**
    Der Eigentümer des Locks und andere Parallel-Benutzer dürfen nur Daten im Objekt lesen, nicht aber verändern. Es werden keine Page-, Row- bzw. LOB-Locks gesetzt.

  - **U (Update)**
    Der Eigentümer des Locks darf Daten im Objekt lesen mit der Absicht, Änderungen durchzuführen.
    Konkurrierende Anwender können 'S'-Locks etablieren und Daten lesen.
    Ein anderer Anwender mit einer 'U'-Lock-Anforderung wird nicht zugelassen.
    Wenn die beabsichtigte Änderung vollzogen werden soll, muss gewartet werden, bis keine andere Anwendung mehr eine Sperre eingerichtet hat. Dann kann der Lock auf 'X' gesetzt werden.
    Es werden keine Page-, Row- bzw. LOB-Locks gesetzt.
    Dieses Lock-Niveau reduziert die Möglichkeit von Deadlocks. Ein Eigentümer eines Locks kann Daten lesen und dabei prüfen, ob überhaupt eine Änderung zu vollziehen ist.

  - **SIX (Share with Intent Exclusive)**
    Der Eigentümer des Locks darf Daten im Objekt lesen und verändern.
    Konkurrierende Anwender dürfen Daten im Objekt lesen, aber nicht verändern. Wenn der Eigentümer des Locks Daten innerhalb des Objektes einliest, werden keine Page-, Row- bzw. LOB-Locks gesetzt.
    Wenn der Eigentümer des Locks aber Daten innerhalb des Objektes verändert, muss auf der jeweiligen Page-, Row- bzw. LOB-Ebene ein 'X'-Lock angebracht werden.

12 DB2-Datensicherheitseinrichtungen
12.5 DB2-Sperrverfahren

- **X (Exclusive)**
  Der Eigentümer des Locks darf Daten im Objekt lesen und verändern.
  Konkurrierende Anwender werden nur akzeptiert, wenn sie mit Isolation 'UR' definiert sind.
  Es werden keine Page-, Row- bzw. LOB-Locks gesetzt.

Die vorhergehende Abbildung zeigt die internen Konkurrenz-Verarbeitungsmöglichkeiten auf, wenn eine Anwendung auf eine Ressource (Tablespace, Table oder Partition) zugreifen möchte, die aber bereits durch eine andere Anwendung belegt ist.

Die Abbildung zeigt, dass bei einem solch hohen Sperr-Niveau eine Konkurrenz-Verarbeitung nur noch sehr eingeschränkt möglich ist. Wenn z.B. eine Anwendung einen bestimmten Tablespace, eine Table bzw. eine Partition mit Lock 'X' gesperrt hat, darf keine andere Anwendung auf diese Ressource zugreifen.
Ein solch hohes Sperrniveau ('S-Lock' oder 'X'-Lock) kann z.B. auf einem Tablespace mit dem SQL-Statement LOCK TABLE eingerichtet werden, wenn der Tablespace mit einem kleineren Sperrniveau (z.B. LOCKSIZE PAGE) definiert wurde.

- **Lock-Niveau Page bzw. Row (nur zusammen mit einem Tablespace-, Table- bzw. Partition Lock). Für LOBs gelten Besonderheiten**. Siehe nachfolgendes Kapitel.

  - **S (Share)**
    Der Eigentümer des Locks und andere Parallel-Benutzer dürfen nur Daten der Page bzw. Row lesen, nicht aber verändern. Andere Parallel-Benutzer können 'S' oder 'U'-Locks auf der Ressource einrichten.

  - **U (Update)**
    Der Eigentümer des Locks darf die Daten der Page bzw. Row lesen und hält eine Vormerkung auf eine mögliche Änderung (Update Intent) z.B. auch beim internen Durchsuchen der Pages bei einem UPDATE oder DELETE.
    Andere Parallel-Benutzer können 'S'-Locks aber keinen 'U'-Lock auf der Ressource einrichten.
    Wenn die Daten tatsächlich verändert werden sollen, muss gewartet werden, bis kein 'S'-Lock auf der Ressource mehr aktiv ist. Dann wird ein 'X'-Lock angebracht.

  - **X (Exclusive)**
    Der Eigentümer des Locks darf die Daten der Page bzw. Row lesen und verändern.
    Keine anderen Benutzer dürfen die Ressource benutzen.
    Ausnahmen:
    - bei Isolation-Level UR,
    - bei Isolation-Level CS und CURRENTDATA (NO) werden Daten zur Verfügung gestellt, sofern diese konsistent sind (committed Status).

Abbildung 12-15

Möglichkeiten der Konkurrenzverarbeitung

Die Tabelle zeigt auf, wie Anwendungen um die Ressourcen konkurrieren können:

Lock-Niveau Page bzw. Any oder Row

Intent-Lock-Modus auf Tablespace-, Table- bzw. Partition-Ebene

Tablespace/Table/Partition-Lock	Erster Zugriff mit LOCK-Modus	Folge-Zugriff mit LOCK-Modus					
		IS	S	IX	SIX	U	X
IS Intent Share	IS	JA	JA	JA	JA	JA	NEIN
S Share							
IX Intent Exclusive	IX	JA	NEIN	JA	NEIN	NEIN	NEIN
SIX Share with Intent Exclusive							
U Update							
X Exclusive	SIX	JA	NEIN	NEIN	NEIN	NEIN	NEIN

Die Intent-Locks sind nur in Zusammenhang mit dem Lock-Niveau PAGE relevant.

Lock-Modus auf Page-Ebene, wenn auf übergeordneter Ebene IS, IX oder SIX etabliert ist:

Page-Lock	Erster Zugriff mit LOCK-Modus	Folge-Zugriff mit LOCK-Modus		
		S	U	X
S Share	S	JA	JA	NEIN
U Update	U	JA	NEIN	NEIN
X Exclusive	X	NEIN	NEIN	NEIN

JA → OK
NEIN → Anwendung muss warten

Wirkt das Sperr-Niveau auf Page-Ebene, müssen sowohl auf übergeordneter Ebene (Tablespace, Table bzw. Partition) ein Intent-Lock als auch auf Page- bzw. Row-Ebene ein Lock gesetzt werden. Zuerst wird geprüft, ob eine Anwendung auf Tablespace-, Table- bzw. Partition-Ebene in Konflikt gerät. Nur wenn dies nicht gegeben ist, kann die Anwendung überhaupt gestartet werden und auf unterer Ebene weitere Sperrmaßnahmen ergriffen werden.

Diese Sperr-Mechanismen wirken nur bei unterschiedlichen Anwendungen, dieselbe Anwendung (entspricht einem bestimmten Thread) kann wiederholt dieselbe Ressource bearbeiten.

Dem X-Lock innerhalb einer Page geht in der Regel ein 'S'- oder 'U'-Lock voraus (siehe hierzu auch Abbildung 12-16). Der 'U'-Lock reduziert Deadlock-Situationen, da parallele Anforderungen mit Änderungs-Absicht nicht auf eine Ressource gleichzeitig zugreifen können.

Wird mit der WITH HOLD-Option beim DECLARE CURSOR gearbeitet, werden beim COMMIT die 'U'- und 'X'-Locks in 'S'-Locks umgesetzt (näheres siehe unter COMMIT im Anhang 2), sofern die Generierungsoption RELCURHL NO definiert ist.

12 DB2-Datensicherheitseinrichtungen
12.5 DB2-Sperrverfahren

Folgende Einflussgrößen sind bei der Entscheidung hinsichtlich des Lock-Modus relevant (siehe hierzu auch die folgende Abbildung):

- **Typ des SQL-Statements**
  (SELECT, FETCH, INSERT, UPDATE, DELETE)
  Lesender Zugriff oder Manipulation, mit oder ohne Cursor-Konzept. Sind in einem Programm mehrere Anforderungs-Typen enthalten, wird wird der höchste Lock-Modus gewählt (**Lock-Promotion**). So wird beispielsweise bei SELECT und UPDATE innerhalb eines Programmes mit dem Isolation-Level 'CS' der Lock-Modus 'IX' gewählt. Dabei ist es unbedeutend, ob während der Ausführung nur lesend gearbeitet wird (evtl. ein Problem bei Plänen, die z.B. im Online für lesende und ändernde Transaktionen gleichzeitig genutzt werden).

- **LOCKSIZE**
  (TABLESPACE, TABLE, PAGE, ROW, ANY, LOB)
  Definition beim CREATE oder ALTER TABLESPACE bzw. dynamisch durch das Statement 'LOCK TABLE'.
  Siehe nachfolgendes Kapitel "Lock-Besonderheiten bei LOB-Daten".

- **ISOLATION**
  (CS, RR, RS, UR)
  Definition beim BIND oder REBIND bzw. mit einem einzelnen SQL-Statement.

- **Zugriffspfad**
  (Index-Nutzung oder Page Set Scan)
  Zugriffspfad-Entscheidung durch den DB2-Optimizer:
  Direkte Index-Nutzung oder
  Scan über den Index oder über die Daten-Pages.

Abbildung 12-16

DB2-Entscheidungen hinsichtlich des Lock-Modus (Auszug)

SQL-Anforderung	LOCKSIZE (1) (beim CREATE TABLESPACE)	ISOLATION (beim BIND oder mit Einzel-Stmt)	Zugriffs-Pfad (durch Optimizer)	Gewählter LOCK-Modus auf den Objekten: TABLESPACE	TABLE (2) PARTITION	PAGE oder ROW	LOB (3)
SELECT bzw. FETCH (read-only) (5)	TABLESPACE	CS, RR oder RS	unbedeutend	S	-	-	-
	TABLE (1)	CS, RR oder RS	unbedeutend	IS	S	-	-
	PAGE, ROW, ANY oder LOB	CS oder RS	unbedeutend	IS oder S	IS oder S	S oder - (6)	S
		RR	Index oder direkt (7)	IS	IS oder S	S oder - (6)	S
			Page-Set-Scan	IS (2) oder S	S oder -	-	S
FETCH FOR UPDATE	TABLESPACE	CS, RR oder RS	unbedeutend	U --> X	U --> X	-	-
	TABLE (1)	CS, RR oder RS	unbedeutend	IS oder IX	IX	-	-
	PAGE, ROW, ANY oder LOB	CS	unbedeutend	IX	IX	U	S
		RS	unbedeutend	IX	IX	S,U oder X(4)	S
		RR	Index oder direkt (7)	IX oder X	X oder -	S,U,X oder -(4)	S
			Page-Set-Scan	IX (2) oder X	X oder -	S,U,X oder -(4)	S
INSERT	TABLESPACE	CS, RR oder RS	unbedeutend	X	-	-	-
	TABLE (1)	CS, RR oder RS	unbedeutend	IX	X	-	-
	PAGE, ROW, ANY oder LOB	CS, RR oder RS	unbedeutend	IX	IX	X	X
UPDATE, DELETE ohne Cursor	TABLESPACE	CS, RR oder RS	unbedeutend	X	-	-	-
	TABLE (1)	CS, RR oder RS	unbedeutend	IX	X	-	-
	PAGE, ROW, ANY oder LOB	CS	unbedeutend	IX	IX	U --> X	S und X (8)
		RS	unbedeutend	IX	IX	S, U --> X (4)	S und X (8)
		RR	Index oder direkt (7)	IX	IX	S, U --> X (4)	S und X (8)
			Page-Set-Scan	IX (2) oder X	X oder -	-	-
UPDATE, DELETE mit	TABLESPACE	unbedeutend	unbedeutend	U --> X	-	-	-
	TABLE (1)	unbedeutend	unbedeutend	IX	U --> X	-	-
	PAGE, ROW, ANY oder LOB	CS, RR oder RS	mit Index-Update	IX	IX	U --> X	S und X (8)
			ohne Index-Update	IX (2) oder X	X oder -	U --> X oder -	S und X (8)

Erläuterungen:
(1) Bei Shared Read-only Databases (ROSHARE READER) ignoriert DB2 die LOCKSIZE und setzt einen 'S'-Lock auf Tablespace-Ebene ab.
(2) LOCKSIZE und LOCK-Modus TABLE ist nur bei einem segmented Tablespace unterstützt. Auf Tablespace-Ebene wird dann Intent gesetzt.
    LOCKSIZE PARTITION ist nur bei Partitioned Tablespaces mit LOCKPART (YES) und dem Einsatz von LOCK TABLE ... PART (n) möglich.
(3) LOCKSIZE und LOCK-Modus LOB ist nur bei einem LOB-Tablespace unterstützt.
(4) 'S' oder 'U'-Lock erfolgt bei RR bzw. RS in Abhängigkeit vom System-Installations-Parameter (USE U LOCK FOR RR/RS). Ein 'X'-Lock wird nur bei Einsatz der KEEP UPDATE LOCKS-Klausel im SELECT etabliert.
    Wenn ein höheres Sperrniveau gewählt wird, erscheint hier '-' auf unterer Ebene.
(5) ISOLATION 'UR' ist erlaubt und fordert keine Sperren und ignoriert ausgesprochene Sperren!
(6) Bei read-only-Datenanforderungen verzichtet DB2 auf eine Sperre, wenn die Daten 'commited' sind.
(7) Direkt = Zugriff über ROWID.
(8) 'S'-Lock für DELETE und 'X'-Lock für INSERT.
U->X Lesende Anforderungen werden zunächst mit 'S' bzw. 'U' gesperrt, bei Veränderung wird 'X' eingetragen (sofern nicht bereits beim FETCH ein 'X'-Lock' etabliert wurde).

12.5.2.2 LOCK-Besonderheiten bei LOB-Daten

Folgende Besonderheiten gelten für LOB-Daten:

- **Wirkungen der SQL-Statements**
  Auf einem LOB-Tablespace werden abhängig von den Anforderungs-Typen folgende Sperren eingerichtet:

SQL-Statement (auf das LOB-Objekt)	Lock-Maßnahmen auf den Objekten:			Bemerkungen
	Base-Page/Row	LOB-Tablespace	LOB-Wert	
SELECT (auch UR)	S oder -	IS	S	Verhindert parallele Wiederverwendung des Speicherplatzes. Parallele Löschungen sind möglich!
INSERT	X	IX	X	Verhindert Parallelzugriffe.
DELETE	X	IS	S	Verhindert die Nutzung des Platzes, bis das Ende der UOW erreicht ist.
UPDATE normal	U -> X	IS -> IX / X	S	S-Lock für den DELETE. X-Lock für den INSERT.
UPDATE Wert auf NULL	U -> X	IS	S	S-Lock für den DELETE
UPDATE NULL auf Wert	U -> X	IX	X	X-Lock für den INSERT.

- **Verarbeitungsbesonderheiten**
    - **Auf den LOB-Tablespace wird bei Anforderungen nicht immer zugegriffen**
      Unter bestimmten Bedingungen wird bei SQL-Anforderungen auf die Daten des LOB-Tablespaces nicht zugegriffen. Daraus folgt, dass dann auch keine Sperren etabliert werden.
      Die Bedingungen sind:
        - SELECT eines LOB-Dateninhaltes, dessen Länge 0 ist oder einen NULL-Wert enthält,
        - DELETE eines LOB-Dateninhaltes, dessen Länge 0 ist oder einen NULL-Wert enthält,
        - INSERT eines LOB-Dateninhaltes, dessen Länge 0 ist oder einen NULL-Wert enthält,
        - UPDATE eines LOB-Dateninhaltes, dessen Länge 0 ist, auf einen NULL-Wert oder der einen NULL-Wert enthält, auf die Länge 0.

    - **Bestimmte Parameter haben keine Wirkung**
      Die BIND ACQUIRE-Option hat keine Wirkung, die Sperren werden bei Anforderungen ergriffen.
      Die RELEASE-Option wird aber beachtet.

    - **Dauer der Sperre**
      Sperren werden normalerweise bei Abschluss der UOW freigegeben. Dies gilt nicht bei Einsatz von LOB Locators, wenn für diese vorher das Statement HOLD LOCATOR abgesetzt wurde.

      Referenziert ein Cursor WITH HOLD auf einen LOB-Wert, bleiben die Sperren auch nach Abschluss der UOW erhalten (analog der allgemeinen Datenbehandlung).

- **Besonderheiten des LOCK TABLE-Statements**
    - Bei LOCK TABLE auxiliary-table **IN SHARE MODE** werden parallele INSERT-LOB-Aktivitäten verhindert. UPDATEs innerhalb eines LOBs sind ebenfalls nicht möglich.
      DELETEs und UPDATEs auf NULL-Werte oder mit der Länge 0 sind aber möglich.

    - Bei LOCK TABLE auxiliary-table **IN EXCLUSIVE MODE** werden keine parallelen LOB-Aktivitäten erlaubt. Dies gilt auch für Anforderungen mit dem Isolation Level 'UR'.

12.5.2.3 Implizite Lock-Auswirkungen auf die DB2-Systemressourcen

Folgende System-Ressourcen sind von Sperren betroffen:

- **Katalog-Ressourcen**
  - **Sperren innerhalb der gleichen Database**
    Die Objekte, die dem gleichen Katalog Tablespace SYSDBASE zugeordnet sind, sind jeweils untereinander betroffen:
    - CREATE, ALTER und DROP TABLESPACE
    - CREATE, ALTER und DROP TABLE
    - CREATE, ALTER und DROP INDEX
    - CREATE und DROP VIEW
    - CREATE und DROP ALIAS
    - CREATE und DROP SYNONYM
    - COMMENT ON und LABEL ON
    - GRANT und REVOKE von Table-Privilegien.

  - **Database-übergreifende Sperren**
    Die Objekte, die einer Ressource zugeordnet sind, welche auch von anderen benutzt wird:
    - CREATE, und DROP TABLESPACE mit Storagegroup-Zuordnung
    - CREATE, ALTER und DROP DATABASE
    - GRANT und REVOKE von Database-Privilegien
    - CREATE, ALTER und DROP STOGROUP
    - GRANT und REVOKE von Plänen, Packages oder Use-Privilegien.

- **Directory-Ressourcen**
  - **Skeleton Tables**
    Solange ein Plan oder eine Package aktiv genutzt wird, wird kein BIND, REBIND und FREE akzeptiert.
    DROP und REVOKE setzen eine exklusive Sperre auf das Objekt.

  - **Database Descriptoren**
    Solange ein Objekt innerhalb einer Database mit DDL-Mitteln verwaltet wird, wird die Database exklusiv gesperrt.
    Dynamische SQL-Statements setzen einen 'S'-Lock und verhindern während der UOW einen parallelen DDL-Prozess.
    Statische SQL-Statements sperren eine im EDM-Pool vorhandene Database nicht.
    Nur während des Ladevorgangs wird eine Sperre etabliert.

Abbildung 12-17

Lock-Auswirkungen auf System-Objekte

Verarbeitungs-Typ	Katalog	Skeleton Tables (SKCT und SKPT)	Database Descriptor (DBD)	Benutzer-Objekte
Programm mit statischem SQL	IS (nur EXECUTE-Privileg prüfen)	S	nur während des EDM-Loads	individuell
Programm mit dynamischem SQL	IS	S	S	individuell
BIND-Prozess	IX	X	S	-
DDL CREATE TABLE	IX	-	X	-
DDL DROP TABLE	IX	X (invalidated)	X	-
DCL GRANT	IX	-	-	-
DCL REVOKE	IX	X (invalidated)	-	-

12.5.3 Drain Lock
12.5.3.1 Drains und Claims

DB2-Utilities und DB2-Commands ergreifen andere Sperrverfahren als die normalen Anwendungen. Folgende Begriffe sind relevant:

- **Claim** (Anspruch, Recht)

    Ein Claim ist die Information, dass ein Objekt für eine bestimmte Verarbeitungsform benutzt werden soll. Auch Anwendungen setzen einen Claim ab, nämlich dann, wenn ein Objekt erstmals in Anspruch genommen wird. Bei einem COMMIT wird der Claim wieder aufgelöst (Ausnahme: bei einem CURSOR WITH HOLD).
    Der Claim entspricht der Registrierung, dass ein Objekt im Zugriff steht.
    Ein Claim verhindert einen Drain, bis ein COMMIT erreicht wird.
    Es existieren folgende Claim-Klassen:
    - WR - WRITE   erlaubt Lesen, Update, Insert, Delete von Daten.
    - RR - Repeatable Read erlaubt nur Lesen mit einem Isolation Level 'RR'
    - CS - Cursor Stability Read   erlaubt nur Lesen mit Isolation Level 'CS', 'RS' oder 'UR'.

- **Drain** (Inanspruchnahme, Belastung)

    Ein Drain ist die Aktion, mit der ein Objekt für einen geplanten Gebrauch vorgemerkt werden kann. Dadurch werden neue Claims (nach einem COMMIT oder ROLLBACK) verhindert, wodurch ein Utility mitten im Verarbeitungsprozess eines länger laufenden Programms mit COMMIT-Schreibung die Steuerung übernehmen kann.
    Der 'Drainer' braucht nicht zwingend die exklusive Kontrolle zu übernehmen. Das CHECK INDEX-Utility z.B. erlaubt ein paralleles Lesen, aber kein Schreiben.
    Dies wird über den jeweiligen Drain Lock bestimmt.
    Der Drain entspricht der Inanspruchnahme einer gesperrten Ressource durch Erzwingung einer Ruhephase des Parallel-Zugriffs auf das Objekt (mit dem nächsten COMMIT).
    Ein Drain kann derzeit nur von Utilities abgesetzt werden.

- **Drain Locks**

    Ein Drain Lock bestimmt das Sperr-Niveau gemäß des Claims.
    Die Drain Lock-Typen korrespondieren mit den Claim-Klassen.
    Der Drain Lock entspricht der Sperre einer Claim-Klasse. Er verhindert einen Claim.

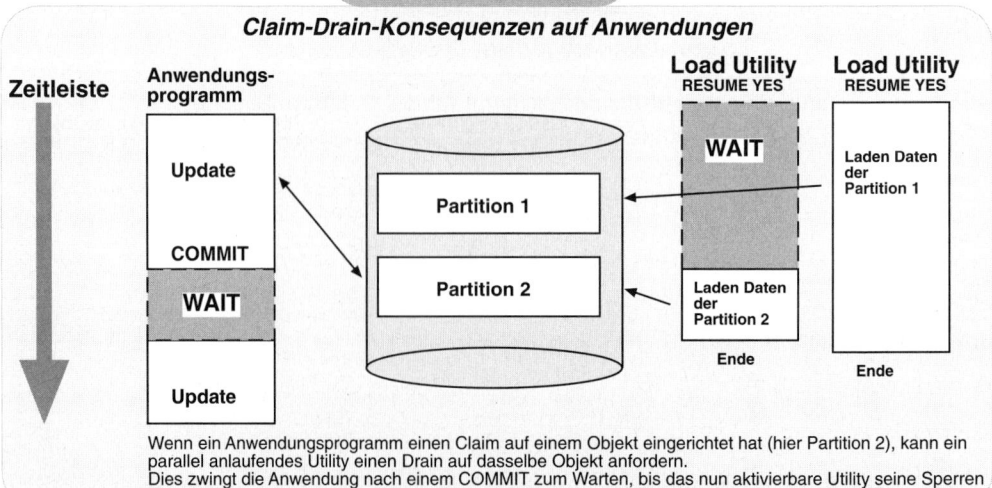

Abbildung 12-18

Claim-Drain-Konsequenzen auf Anwendungen

Wenn ein Anwendungsprogramm einen Claim auf einem Objekt eingerichtet hat (hier Partition 2), kann ein parallel anlaufendes Utility einen Drain auf dasselbe Objekt anfordern.
Dies zwingt die Anwendung nach einem COMMIT zum Warten, bis das nun aktivierbare Utility seine Sperren auf dem Objekt freigibt. In der Regel wird die Anwendung mit einem Timeout abnormal beendet.

12.5.3.2 Utility-Kompatibilitäten

Wenn ein DB2-Utility aktiviert wird, wirken folgende Sperren:

- Die zu bearbeitenden Objekte werden je nach Utility mit einem **Claim** bzw. **Drain** versehen.

- Bei Benutzer-Objekten werden **Transaction Locks** für Katalog- und Directory-Tabellen aktiviert. Beispielsweise wird der Directory-Tablespace 'SYSUTILX' von allen DB2-Utilities - unabhängig von der jeweiligen Funktionalität während des Zugriffs auf die Daten im Rahmen einer Utility-Initierung oder -Terminierung mit einem exklusiven Lock versehen (UTSERIAL genannt).

Wenn mehrere DB2-Utilities aktiviert werden, gibt es Einschränkungen der Kompatibilität untereinander. Generell gilt:

- Die Utility-Kompatibilität wird grundsätzlich durch eine **Kompatibilitäts-Matrix** geregelt (siehe unten).

- Arbeiten zwei Utilities auf zwei unterschiedlichen Ziel-Objekten (Ausgabe-Objekte), sind sie immer kompatibel zueinander.
  Unterschiedliche Partitionen gelten als unterschiedliche Objekte.

- Jedes Utility erhält einen Kompatibilitätsmodus, der dem der restriktivsten Phase seiner Abwicklung entspricht. Damit wird verhindert, dass zwei Utilities zunächst kompatibel sind, dann aber während der Ausführung auf Konflikte stoßen.

Utility-Kompatibilitäts-Matrix

Ein aktives Utility	CHECK DATA	INDEX	LOB	COPY INDEX	TABLESPACE	DIAGNOSE	LOAD	MERGECOPY	MODIFY	QUIESCE	REBUILD INDEX	RECOVER INDEX	TABLESPACE	REORG INDEX	TABLESPACE	REPAIR	REPORT	RUNSTATS INDEX	TABLESPACE	STOSPACE
CHECK DATA	N	N	N	J	N	J	N	J	N	N	N	N	N	N	N	J	N	N	N	J
INDEX	N	J	J	J	J	J	N	J	J	J	N	N	N	N	O1	O2	J	J	J	J
LOB	N	J	N	J	J	J	N	J	J	J	J	N	N	N	J	N	O2	J	J	J
COPY INDEX	J	J	J	N	J	J	N	J	N	J	O3	N	J	O1	O2	J	J	J		
TABLESPACE	N	J	J	J	N	J	N	N	N	N	O3	O3	N	N	J	O1	O2	J	J	J
DIAGNOSE	J	J	J	J	J	J	J	J	J	J	J	J	J	J	J	J	J	J	J	J
LOAD	N	N	N	N	N	J	N	N	N	N	N	N	N	N	N	N	J	N	N	J
MERGECOPY	J	J	J	J	N	J	N	N	N	J	N	J	N	J	N	J	J	J	J	J
MODIFY	J	J	J	J	N	J	N	N	N	N	N	J	N	J	N	J	J	J	J	J
QUIESCE	N	J	J	O3	O3	J	N	J	N	J	J	N	N	N	N	O1	O2	J	J	J
REBUILD INDEX	N	N	J	N	O3	J	N	J	N	J	N	N	N	N	N	O1	O2	J	N	J
RECOVER INDEX	N	N	N	N	N	J	N	N	N	N	N	N	N	N	N	O1*	O2*	J	N	J
TABLESPACE	N	N	N	N	N	J	N	N	N	N	N	N	N	O4	N	O2*	J	J	N	J
REORG INDEX	N	N	N	J	N	J	N	J	N	N	N	N	N	O4	N	O1	O2*	J	N	J
TABLESPACE	N	O1	N	O1	O1	J	N	N	N	O1	O1	O1*	N	O1	O1*	O2*	J	O1	O1	J
REPAIR	N	O2	O2	O2	O2	J	N	J	N	O2	O2	O2*	O2*	O2*	O2*	J	J	O2*	O2*	J
REPORT	J	J	J	J	J	J	J	J	J	J	J	J	J	J	J	J	J	J	J	J
RUNSTATS INDEX	N	J	J	J	J	J	N	J	J	J	N	N	N	N	O1	O2*	J	J	J	J
TABLESPACE	N	J	J	J	J	J	N	J	J	J	N	N	N	O1	O2*	J	J	J		
STOSPACE	J	J	J	J	J	J	J	J	J	J	J	J	J	J	J	J	J	J	J	J

```
Ox   Optionsabhängig. Ja bei Ox, sonst Nein:
O1   REORG     UNLOAD ONLY oder EXTERNAL (z.T. nur ohne Cluster Index)
O2   REPAIR    DUMP oder VERIFY
O3   COPY      SHRLEVEL REFERENCE
O4   RECOVER ohne Option (kein TOCOPY oder TORBA vorgegeben)

*    zusätzliche parameterabhängige optionale Abhängigkeiten, die bei
     den betroffenen Utilities beschrieben werden.
```

12.5.4 IRLM - Internal Resource Lock Manager

IRLM führt die Sperr-Informationen von DB2 (und auf Bedarf auch von IMS).
IRLM verwaltet von DB2 übergebene Strings (250 Bytes pro Sperreintrag) in Tabellen innerhalb des virtuellen Speichers.

Die Aufgaben von IRLM umfassen:

- **SUSPEND**
  Zurückstellen (WAIT) der Anwendungen, wenn die geforderte Ressource belegt ist.

- **RESUME**
  Aktivierung der Anwendungen, wenn eine vorher nicht verfügbare Ressource wieder verfügbar ist.

- **DEADLOCK-Erkennung**
  Wenn Anwendungen auf belegte Ressourcen warten, geraten sie in eine Wartebedingung.
  Wenn andere Anwendungen wiederum Ressourcen der wartenden Anwendungen benötigen, kann eine Deadlock-Situation entstehen, in der bestimmte Anwendungen durch gegenseitige Ressource-Belegungen nicht mehr weiterarbeiten können (siehe auch Ausführungen und das Beispiel eines Deadlocks vorab).
  IRLM erkennt diese Situation aufgrund der Tabelleneintragungen und beendet alle Anwendungen (ROLLBACK) bis auf eine.

- **TIMEOUT-Erkennung**
  Wenn eine Anwendung länger als eine vom Systemprogrammierer definierbare Zeiteinheit auf Ressourcen wartet, wird eine Zeitunterbrechung (TIMEOUT) im System ausgelöst.
  In diesem Falle kann ein systemübergreifender Deadlock vorliegen, der von IRLM nicht erkannt wird (z. B. Warten auf eine CICS-Ressource und auf eine DB2-Ressource).

12.5.4.1 Deadlock/Timeout-Behandlung der Anwendungen

DB2 behandelt in Verbindung mit IRLM die Deadlock-Maßnahmen.
Eine der Maßnahmen zur Vermeidung von Deadlocks ist der Lock-Modus 'U'-Lock.
Er verhindert den Parallelzugriff einer zweiten Anwendung, die ebenfalls änderungsberechtigt ist. Andere Anwendungen, die lediglich SELECT-Berechtigung haben, können auf diese Page - solange der 'U' -Lock eingetragen ist - zugreifen. Wenn dann bei einem durchzuführenden UPDATE der 'U'-Lock in einen 'X'-Lock verändert werden soll, muss der 'U'-Lock-Eigentümer ggf. solange warten, bis keine Sperre mehr auf dem Objekt besteht. Danach müssen alle anderen Anforderungen warten (sofern nicht ein Uncommitted Read getätigt wird).
Diese Sperren verhindern aber dann einen Deadlock nicht, wenn zumindest zwei Anwendungen überlappend auf verschiedene Ressourcen zugreifen.

Deadlock bzw. Timeout wirken auf die Anwendungsprogramme (siehe auch Kapitel 13):

IMS-Online	Abbruch ohne Rückgabe der Steuerung mit dem 'Pseudo-Code U777'.
IMS-Batch	Es wird ein Return-Code (-911) zurückgegeben, nachdem ein ROLLBACK aktiviert wurde.
CICS	Programme erhalten in Abhängigkeit der RCT-Generierung einen entsprechenden Statuscode analog TSO.
TSO, Batch	Programmen wird von DB2 die Entscheidung automatisch abgenommen. Sie erhalten einen der folgenden Statuscodes: - 911 (SQLSTATE 40001) Rollback ausgeführt. - 913 (SQLSTATE 57033) Kein Rollback ausgeführt - Entscheidung durch das Programm.

Im Anwendungsprogramm kann das Feld SQLERRM der SQLCA weiter analysiert werden:

'00C9008E'	Timeout
'00C90088'	Deadlock.

12.5.5 Die Konsistenzbewahrung bei Data Sharing (DS)

Die Daten-Konsistenz bei einer DB2 Data Sharing Group wird durch folgende Logik gewährleistet (siehe dazu auch die folgende Abbildung):

1. Eine Datenanforderung wird zunächst an den Group Bufferpool gestellt.
   Ist die Page dort vorhanden und nicht gesperrt, wird sie in den jeweiligen individuellen Bufferpool übertragen.
   Ist die Page dort nicht vorhanden, wird die Page in den jeweiligen individuellen Bufferpool von DASD eingelesen.
   Es erfolgt zunächst keine Speicherung im Group Bufferpool, da noch kein allgemeines Interesse an der Page besteht.

2. Wird dieselbe Daten-Page erneut von einem anderen DB2-Subsystem angefordert, wird eine Kopie in den Group Bufferpool gestellt und die Page zusätzlich im individuellen Bufferpool bereitgestellt.

3. Sobald eine Daten-Page in einem DB2-Subsystem verändert wurde:
   - wird im Group Bufferpool eine Aktualisierung vorgenommen,
   - werden sämtliche weiteren Kopien (Sekundär-Kopien) in den anderen individuellen Bufferpools als ungültig gekennzeichnet.

   In diesem Fall wird bei einer erneuten Datenanforderung die aktuelle Kopie aus dem Group Bufferpool in den individuellen Bufferpool bereitgestellt.

4. Das Ausschreiben der veränderten Pages aus dem Group Bufferpool wird über den virtuellen Adressraum eines Members (ohne Nutzung der virtuellen Bufferpools) asynchron vorgenommen.
   Das Coupling Facility hat selbst keine direkte Verbindung zur Datenbasis.

DB2 sucht eine angeforderte Page nach folgender Logik:

1. Suche im lokalen virtuellen Bufferpool.
   Wenn dort die Page als ungültig gekennzeichnet ist, Versuch der Einlagerung aus dem Group Bufferpool oder Einlesen von DASD.

2. Suche im lokalen Hiperpool.
   Wenn dort die Page als ungültig gekennzeichnet ist, Versuch der Einlagerung aus dem Group Bufferpool oder Einlesen von DASD. Dieser Schritt wird bei GBPCACHE ALL übersprungen.

3. Suche im Group Bufferpool.
   Wenn die Page dort nicht gefunden wird, Einlesen von DASD in den virtuellen Bufferpool.

12.5.5.1 Lock-Typen bei Data Sharing

Folgende Lock-Typen werden bei Data Sharing unterschieden:
Bei der Behandlung der Sperren (logische Locks) ist zu unterscheiden zwischen:

- **Memberspezifischen lokalen Sperren**
  Diese werden für jedes Member separat von IRLM (Internal Resource Lock Manager) abgewickelt.
  Solange kein allgemeines Interesse an Sperren besteht, bleiben die Sperren in der lokalen Umgebung.

- **Gruppenbezogenen globalen Sperren**
  Diese werden über XES (OS/390 Cross System Extended Services) mit dem Coupling Facility abgewickelt.
  Sobald ein allgemeines Interesse an Sperren besteht, werden Sperren gemäß der hierarchischen Objekt-Struktur global gehalten.

- **L-Locks: Logischen Sperren**
  Diese Sperren entsprechen den Transaction Locks (z.B. TABLESPACE IX und PAGE X) und können lokal oder auch global gehalten werden.

- **P-Locks: Physischen Sperren**
  Diese Sperren werden ausschließlich global gehalten und werden auf den physischen Objekt-Ebenen Tablespace, Partition, Indexspace und Page genutzt.
  Es wird unterschieden in:
  - Pageset P-Locks und
  - Page P-Locks.

12 DB2-Datensicherheitseinrichtungen
12.5 DB2-Sperrverfahren

Abbildung 12-19

Die Konsistenzbewahrung bei DB2 Data Sharing

1. SELECT Daten aus Page 350

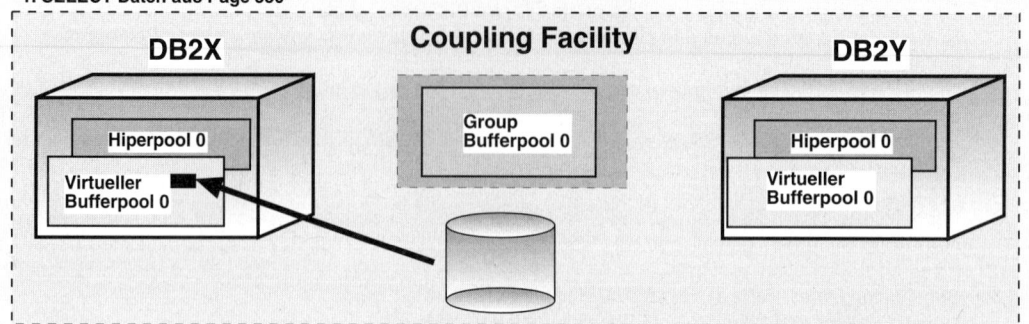

2. Lesen für UPDATE Daten aus Page 350

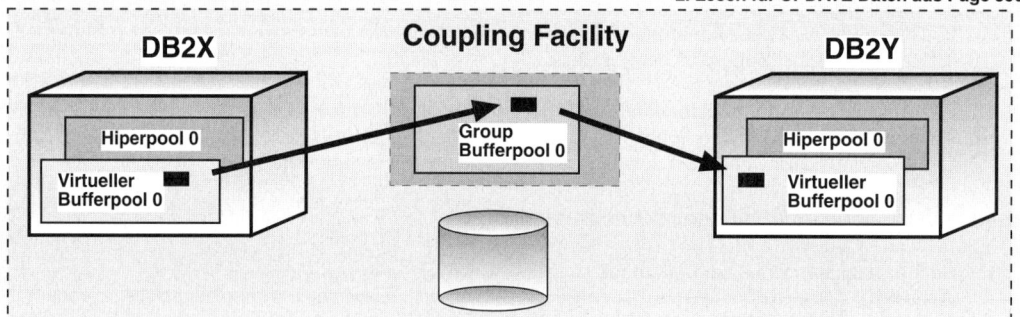

3. UPDATE Daten aus Page 350

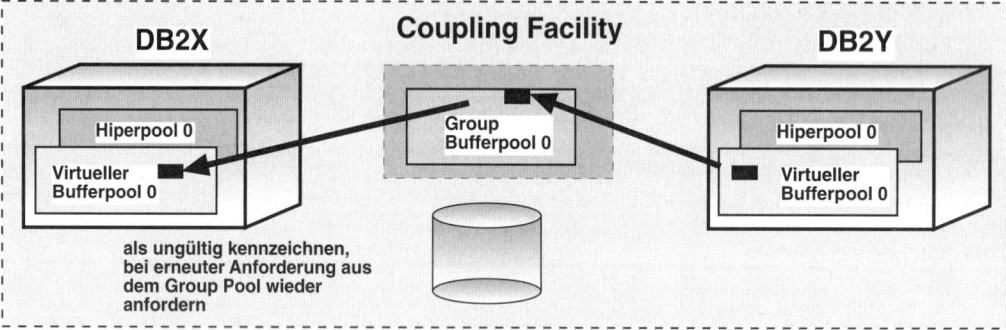

als ungültig kennzeichnen, bei erneuter Anforderung aus dem Group Pool wieder anfordern

4. Ausschreiben einer veränderten Page

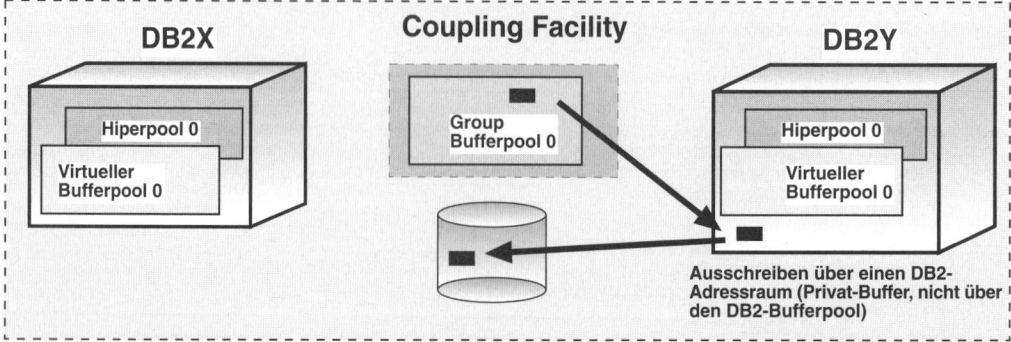

Ausschreiben über einen DB2-Adressraum (Privat-Buffer, nicht über den DB2-Bufferpool)

12.5.5.2 Zusammenspiel zwischen IRLM und Coupling Facility

Bei Data Sharing werden die logischen Sperren im Member-Bereich von IRLM kontrolliert, im Bereich der globalen Behandlung vom Coupling Facility.
Zur Reduzierung des Overheads werden die Sperren mit folgender Logik eingerichtet (Children sind z.B. Page- oder Row-Locks):

Maximaler Lock-Mode des eigenen Members ist ...	Maximaler Lock-Mode eines anderen Members ist ...	Werden 'X'-Locks für Children weitergereicht?	Werden 'S'-Locks für Children weitergereicht?
S oder IS	IS, S oder -	-	Nein
IS	IX, SIX	-	Nein
X	-	-	-
IX	IX	Ja	Ja
IX, SIX	IS	Ja	Nein
IX, SIX	-	Nein	Nein

Neben den logischen Locks (L-Locks) werden auch physische Locks (P-Locks) bei Data Sharing verwendet, wenn ein globales Interesse an Daten besteht:

- **Pageset P-Locks**
  Diese Sperren werden für die physischen Objekt-Typen Tablespace, Partition und Indexspace eingerichtet. Sie kontrollieren im Gegensatz zu logischen Locks keine Konkurrenz-Zugriffe, sondern helfen DB2 in der effizienten Beurteilungsmöglichkeit der zu ergreifenden Sperrmaßnahmen.

- **Page P-Locks**
  Diese Sperren werden grundsätzlich parallel zu den L-Locks eingerichtet und sichern die Konsistenz von physischen Objekten, bei denen auf logischer Ebene keine Sperre ergriffen wird oder ein nicht ausreichendes Niveau gesperrt wird. Betroffen sind z.B. folgende Objekt-Typen:
    - Index Leaf Pages,
    - Daten-Pages, wenn LOCKSIZE ROW gewählt wird,
    - Space Map Pages
    - EDM Pages.

Abbildung 12-20

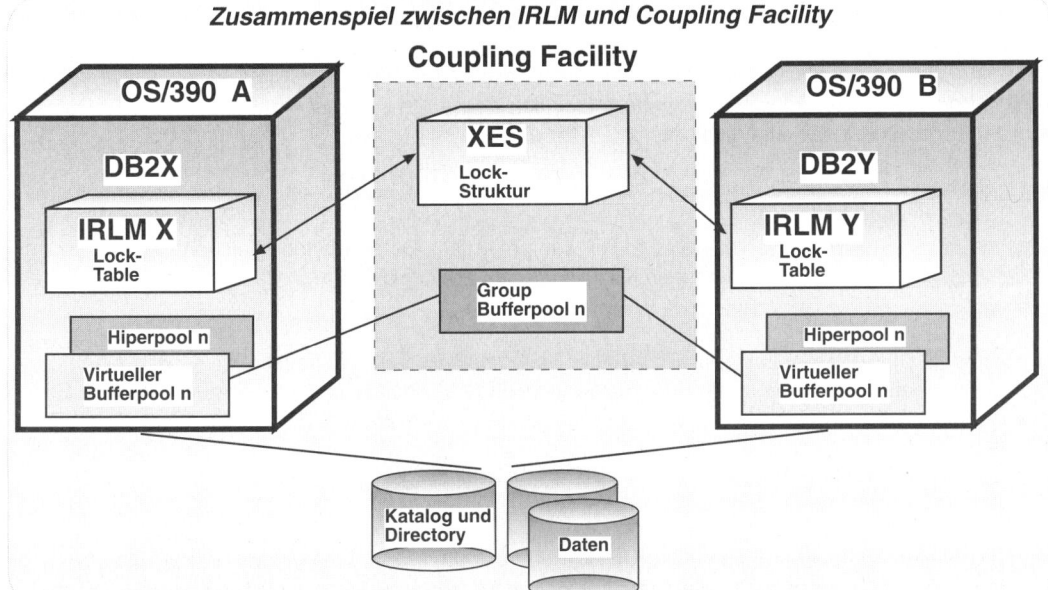

Zusammenspiel zwischen IRLM und Coupling Facility

12.5.6 Konsequenzen für die Anwendungsentwicklung
12.5.6.1 Zusammenspiel von Isolation-Level, Lock-Modus und -Dauer

Wir wollen nun anhand der folgenden Abbildung ein Beispiel zweier konkurrierender Anwendungen betrachten.

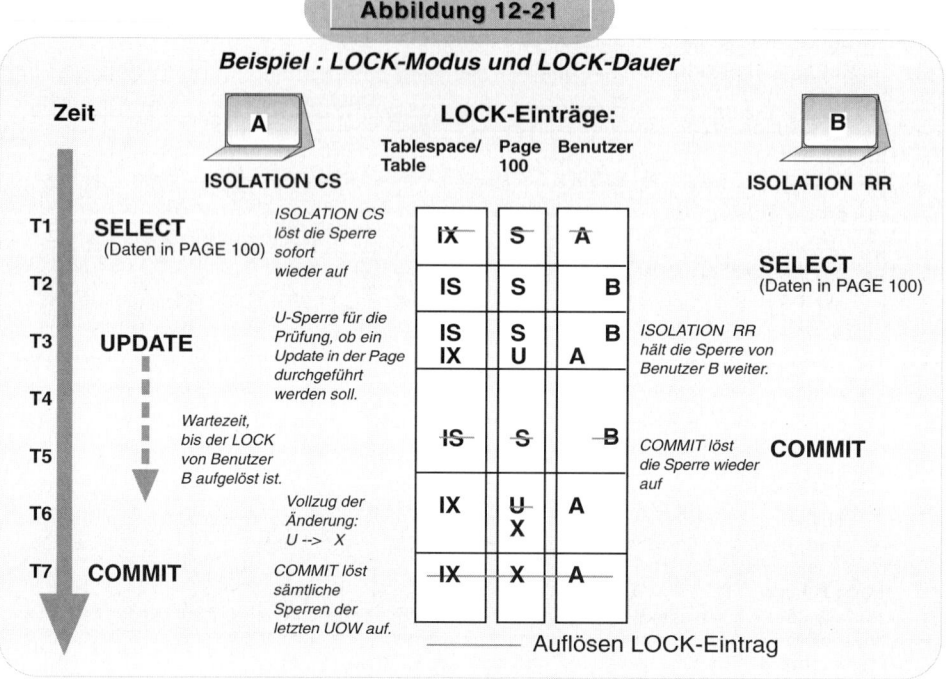

Abbildung 12-21

Einige Erläuterungen zu dieser Abbildung, bei der ein Lock-Niveau PAGE dargestellt wird (bei ROW würde die gleiche Verfahrensweise wirken):

Es wird unterstellt, dass die Lock-Tabelle vor diesem Zeitpunkt noch keinen Eintrag enthält und die Anforderungen sowohl vom Tablespace als auch von der Page her keine Konflikte aufweisen.
Der in diesem Beispiel in der Zeiteinheit T1 etablierte Tablespace-Lock 'IX' wurde beim BIND-Prozess definiert, da DB2 zu diesem Zeitpunkt alle SQL-Anforderungen der Package bzw. des Planes kennt.

Anwendung A arbeitet hier generell mit dem 'Isolation-Level CS' und liest in der Zeiteinheit T1 Daten aus der Page 100 ein (könnte auch die Row 100 sein).
Ein solcher SELECT etabliert evtl. während der Statement-Ausführung im DB2 kurzfristig einen 'S'-Lock. Wenn die Daten im Anwendungs-Programm bereitgestellt werden, ist der Lock wieder gelöscht.

Anwendung B mit mit dem 'Isolation-Level RR' kann ebenfalls Daten aus der gleichen Page in der Zeiteinheit T2 einlesen. Es entsteht kein Konflikt und daher wird diese Anforderung in der Lock-Tabelle vermerkt.

Der geplante UPDATE der Anwendung A in der Zeiteinheit T3 kann zunächst mit einem 'U'-Lock bearbeitet werden, da Daten in der Page eingelesen und auf Änderung geprüft werden müssen. Eine beabsichtigte Änderung führt aber zu einem Konflikt, da die Anwendung B noch den 'S'-Lock eingetragen hat.
Daher muss Anwendung A solange warten, bis die Anwendung B diese Eintragungen durch einen COMMIT in der Zeiteinheit T5 freigibt.

Dann wird in der Zeiteinheit T6 der 'U'-Lock in einen 'X'-Lock für die Anwendung A umgesetzt. Dieser Eintrag bleibt bis zum COMMIT der Anwendung A erhalten. Bis dahin kann keine andere Anwendung auf diese Page 100 zugreifen.

Generelle Erkenntnis:

Ein SELECT-Statement mit Isolation Level CS bietet keine Gewähr für einen Schutz der Daten vor konkurrierendem Update.
Das Cursor-Konzept oder Isolation Level RR bzw. RS muss eingesetzt werden, wenn diese Anforderung erfüllt werden muss (evtl. mit der KEEP UPDATE LOCKS-Klausel)!

12.5.6.2 Verhinderung eines Parallel-Updates
12.5.6.2.1 Einsatz des Cursor-Konzeptes

Zur Verhinderung eines Parallel-Updates läßt sich das Cursor-Konzept zwar grundsätzlich, aber nicht unbeschränkt verwenden, da die Result Table häufig bei sequenziell orientierten Anforderungen (Online-Browsing oder Batch-Abwicklungen) die Daten sortiert bereitstellen muss, damit eine aufsteigende, wiederaufsetzbare und komplette Datenbereitstellung gewährleistet ist.

Wird beim DECLARE CURSOR mit ORDER BY gearbeitet oder ist die Result Table read-only (z.B. bei einem Join), kann über diesen Cursor kein UPDATE vollzogen werden, d.h. die vorab geschilderten Sperr-Mechanismen lassen sich mit einem solchen Cursor nicht ohne weiteres realisieren.
Es müssen zum Teil 'Klimmzüge' veranstaltet werden, wenn das Sperr-Niveau klein gehalten werden soll. Folgende Vorgehensweise zeigt diese Problematik auf:

- Es wird ein CURSOR (C1) mit ORDER BY definiert:
  DECLARE **C1** CURSOR FOR SELECT PK1, ...
  ORDER BY .....
  Die Result Table enthält den PK der zu ändernden Basis-Tabelle.

- Ein zweiter Cursor wird mit FOR UPDATE OF auf die Basis-Tabelle definiert (C2).
  Der Zugriff erfolgt mit Hilfe des PKs aus der Result Table des ersten Cursors (C1):
  DECLARE **C2** CURSOR FOR SELECT ....
     WHERE   PK = :PK1
     FOR UPDATE OF ..

- Bereitstellen der Result Table des ersten Cursors durch:
  OPEN   C1

- Programminternes Bereitstellen einer Result Table Zeile (und des PKs) des ersten Cursors:
  FETCH   C1   INTO   :PK1, :hostvariablen ...

- Bereitstellen der Result Table des zweiten Cursors (eine updateable Spaltenauswahl einer Zeile der Basistabelle mit Positionierung auf dem PK der Zeile des ersten Cursors) durch:
  OPEN   C2

- Programminternes Bereitstellen der einzigen Result Table Zeile des zweiten Cursors
  (aber **Achtung**, zwischen dem FETCH C1 und dem FETCH C2 können die Werte der Zeile schon wieder verändert worden sein, weil beim ersten Cursor keine Sperren wirken):
  FETCH   C2   INTO   :hostvariablen ...

Wegen dieser Parallel-Änderungsmöglichkeit müssen beim DECLARE C2 CURSOR nicht nur der PK, sondern auch die relevanten Daten, die zwischenzeitlich nicht verändert werden sollen, mit in die WHERE-Bedingung aufgenommen werden oder es muss im Programm geprüft werden, ob die Werte der Result Table von C1 und der Result Table von C2 noch übereinstimmen.

Eine Alternative ist die ausschließliche Anforderung des PKs und bei erweiterten Sortierbedingungen die dazu erforderlichen Spalten im Cursor C1.
Sollte die Bereitstellung der Result Table des Cursors 1 durch Materialisierung in einer Workfile geschehen, können dadurch ggf. große Ressource-Inanspruchnahmen verhindert werden, da sämtliche Bestandteile der Result Table mit sortiert werden müssen.
Da in diesem Fall die Datenaktualität fraglich ist, kann der Cursor C2 die eigentliche aktuelle Datenbereitstellung vornehmen und es braucht keine Versions-Prüfung vorgenommen zu werden. Es kann allenfalls eine von C1 gelieferte Zeile gelöscht sein. Eine zwischenzeitliche Änderung ist nicht relevant (und interessiert innerhalb eines Batch-Prozesses i.d.R. auch niemand).

Die folgende Abbildung zeigt die humanere Form des Cursor-Konzeptes mit einem updateable Cursor und den Sperr-Konsequenzen:

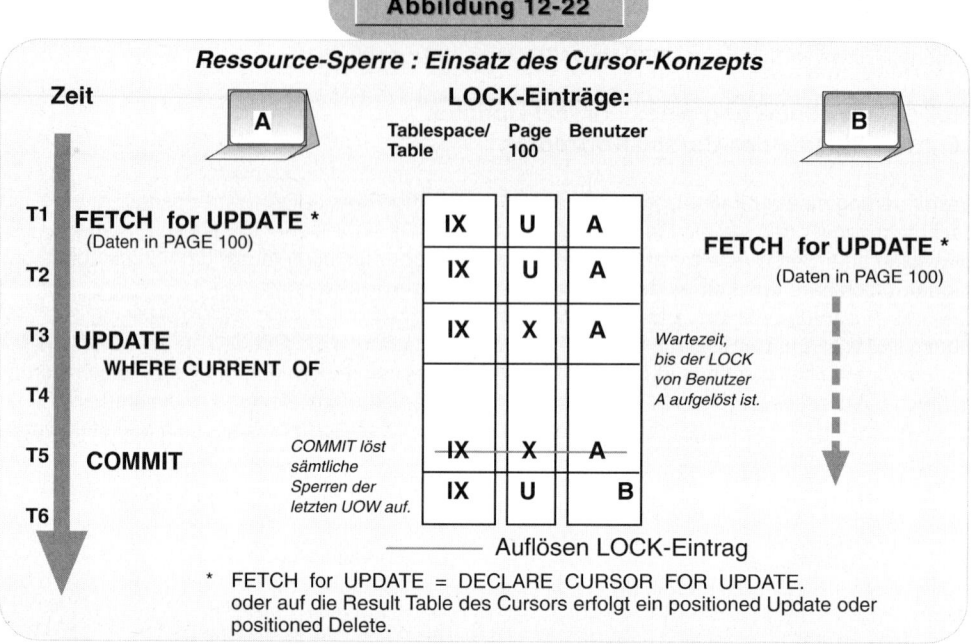

Abbildung 12-22

12.5.6.2.2 Cursor-Konzept oder SELECT WITH RR bzw. RS?

Wenn das Cursor-Konzept im Einzelfall so aufwendig zu programmieren ist, ist es dann nicht sinnvoller, die ab Version 4 unterstützte Möglichkeit zu nutzen, mit einem einzelnen SELECT-Statement den Isolation-Level innerhalb der WITH-Klausel mitzugeben?
Wie vorab ausgeführt, ist dies bei lesenden Anforderungen unterstützt für:

- einen SELECT INTO, bei dem eine einzige Zeile in die Result Table gestellt werden kann,
- DECLARE ... CURSOR FOR SELECT, bei dem eine Datenmenge in die Result Table gestellt werden kann.

Beim Einsatz des Isolation-Levels 'RR' bzw. 'RS' innerhalb eines Statements sind folgende Aspekte zu beachten:

1. Wenn der Systemprogrammierer nicht die entsprechenden Maßnahmen ergriffen hat, wird ein SELECT WITH RR bzw. RS ohne die KEEP UPDATE LOCKS-Klausel nur mit einem 'S'-Lock gesperrt. In diesem Fall kann eine Parallel-Anwendung einen 'U'-Lock absetzen, diesen aber nicht mehr in einen 'X'-Lock umsetzen.
   Eine Lese-Integrität ist damit gegeben.
   Eine Schreib-Integrität ist nicht gegeben, da die den 'RR'- bzw. RS-Level benutzende Anwendung aufgrund des parallelen 'U'-Locks selbst keinen 'U'-Lock mehr etablieren kann; sie wird dann wegen Timeout abgebrochen.

2. Wenn Datenmengen angefordert werden, entscheidet DB2 über den Zugriffspfad.
   Wird eine temporäre Tabelle gebildet, werden bei 'RR' auf der Basis-Tabelle keine 'S'- bzw. 'U'-Locks eingerichtet.

3. Bei größeren Datenmengen wird DB2 eine hohe Sperre etablieren (Lock Escalation). Damit wird die Parallel-Verarbeitung behindert oder sogar verhindert.

12.5.6.3 Parallelverarbeitung von Online- und Batch-Anwendungen

Ein weiteres Problem stellt die Parallel-Abwicklung von Online- und Batch-Programmen dar. Während ein Online-Programm typischerweise nur Einzeldaten verarbeitet, benötigt ein Batch-Programm oder ein batch-orientiertes Online-Programm Massen-Daten.
Das Batch-Programm sperrt Zug um Zug die Daten-Pages (das Sperren auf Zeilenebene ist i.d.R. bei einem solchen Verarbeitungstyp nicht sinnvoll).

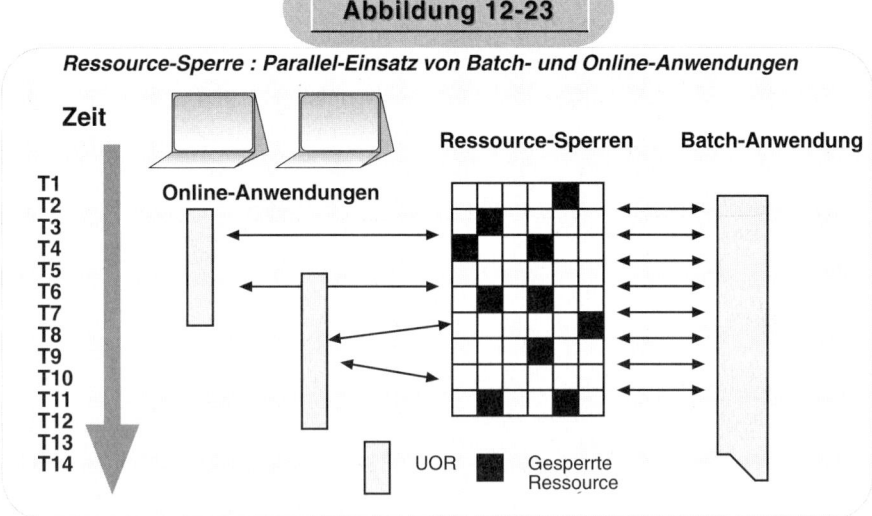

Abbildung 12-23

Ressource-Sperre : Parallel-Einsatz von Batch- und Online-Anwendungen

Parallele Online-Anforderungen sind von diesen Sperren betroffen. Hier gibt es zwei grundsätzliche Lösungs-Alternativen:

- Das Batch-Programm sperrt die gesamte Tabelle bzw. eine bestimmte Partition durch ein LOCK TABLE-Statement und verhindert parallele Online-Zugriffe.

- Das Batch-Programm setzt regelmäßige COMMIT-Statements ab (bzw. IMS-CHECKPOINT- oder CICS-SYNCPOINT-Kommandos).

Wie bereits behandelt, wird durch COMMIT die UOR beendet und es beginnt eine neue UOR.

Ein Batch-Programm sollte periodische COMMITs absetzen (z.B. nach der vollständigen Verarbeitung von 100 Kunden). Damit ergeben sich folgende Besonderheiten:

- Parallel-Anwendungen können die durch COMMIT freigegebenen Ressourcen der vorherigen UORs ohne Einschränkungen bearbeiten.

- Das Batch-Programm sollte die WITH HOLD Option bei der Deklaration des Cursors verwenden, sonst müßten die Cursor neu positioniert werden, da dann durch COMMIT alle offenen Cursor geschlossen werden.

- Das Batch-Programm muss restart-fähig sein, da im Abbruchfalle keine automatisierte DB2-Unterstützung zum Wiederaufsetzen angeboten wird.

Nähere Ausführungen zu dieser Thematik finden sich im Kapitel 13.

12.5.7 Zusammenfassung der DB2-Lock-Mechanismen
12.5.7.1 Welche relevanten Parameter steuern die Lock-Mechanismen?

Vorab wurden die relevanten Parameter bereits detailliert behandelt.
An dieser Stelle sollen noch einmal die Parameter zusammengefasst und den einzelnen Lock-Charakteristiken zugeordnet werden.
Folgende relevanten Parameter steuern die Lock-Mechanismen.

Objekt-Kategorie	Details siehe ...	Parameter	Bedeutung
Generierungs-Parameter	Deadlock	DEADLOCK TIME	Vorgabe von Sekunden bis zur Erkennung eines Deadlocks.
	Deadlock	RESOURCE TIMEOUT	Vorgabe von Sekunden bis zur Erkennung eines Timeouts.
	Lock-Niveau	LOCKS PER TABLE(SPACE)	Max. Page, Row- oder LOB-Locks pro Table bzw. Tablespace.
	Lock-Niveau	LOCKS PER USER	Max. Page, Row- oder LOB-Locks pro User.
	Isolation Level	U LOCK FOR RR/RS	Lock-Modus 'U-Lock' anstelle eines 'S-Locks'.
	Lock-Niveau	RELCURHL	Freigabe von Sperren eines Cursors, der mit der WITH HOLD-Option definiert wurde.
Tablespace	Lock-Niveau	LOCKSIZE	Objekt-Sperr-Niveau (Tablespace, Table, Page, Row oder LOB).
	Lock-Niveau	LOCKPART	Objekt-Sperr-Niveau (Partition).
	Lock-Niveau	LOCKMAX	Max. Page, Row- oder LOB-Locks pro Table bzw. Tablespace.
	Lock-Niveau	MAXROWS	Max. Anzahl von Zeilen in einer Page.
Plan, Package	Isolation-Level	ISOLATION	Isolation-Level des jeweiligen Objektes im Hinblick auf Parallel-Verarbeitungsmöglichkeiten (CS, RR, RS, UR).
	Lock-Dauer	ACQUIRE	Beginn der Sperrmaßnahmen (ALLOCATE, USE).
	Lock-Dauer	RELEASE	Ende der Sperrmaßnahmen (DEALLOCATE, COMMIT).
	Isolation-Level	CURRENTDATA	Einrichtung einer Sperre bei einem Cursor und Isolation-Level CS, sofern der Cursor read-only ist.
SELECT-Statement	Isolation-Level	ISOLATION	Isolation-Level des jeweiligen Objektes im Hinblick auf Parallel-Verarbeitungsmöglichkeiten (CS, RR, RS, UR).
	Isolation-Level	KEEP UPDATE LOCKS	Einrichtung eines 'X-Locks' (nur bei RR und RS).
LOCK TABLE-Statement	Lock-Niveau	IN xxx MODE	Einrichtung einer Tablespace-, Table- oder Partition-Sperre (SHARE, EXCLUSIVE).

Weitere Details - speziell das Zusammenspiel der Lock-Mechanismen bei Einsatz von SELECT-Statements - siehe im Anhang 2 unter SELECT(Select-Statement).

12.5.7.2 Checkliste für den Einsatz der DB2-Lock-Mechanismen

Die Checkliste wurde nach dem Einsatz-Spektrum gegliedert:

- **Generelle Maßnahmen zur Gewährleistung von Parallel-Anforderungen**

    LOCKSIZE: ANY damit DB2 das Lock-Niveau auf Page-Ebene nutzt. Nur in Ausnahmefällen ist das Lock-Niveau ROW sinnvoll, wenn sichergestellt ist, dass der Lock-Aufwand geringer als beim PAGE-Lock ist (z.B. bei einem Einzelzeilen-Zugriff über einen PK, der auch einen Primary Index hat).

    ISOLATION: CS damit Pages schnell wieder freigegeben werden.
    Nur in Ausnahmefällen ist der Isolation-Level RR bzw. RS sinnvoll, wenn sichergestellt ist, dass sehr wenige Sperren auftreten (z.B. bei einem Einzelzeilen-Zugriff über einen PK, der auch einen Primary Index hat).
    Bei einem Einsatz von RR/RS ist zu beachten, dass in Abhängigkeit vom gewählten Zugriffspfad des Optimizers automatisch ein höheres Sperrniveau ergriffen wird (**Lock Escalation**). Außerdem drohen dann auch bei Range-Operatoren Sperren im Index (auch beim Index des Typs 2 z.B. beim DELETE WHERE SEMCODE > 'DB2', wenn SEMCODE indiziert ist).

<u>Daten-Design:</u>
   Folgende Maßnahmen können sinnvoll sein:

   - <u>Verteilung der Daten</u> auf verschiedene Tabellen (z.B. auch verschiedene Lokationen).

   - Evtl. Festlegung logischer <u>Sperr-Verfahren</u>, bei denen auch die Daten-Hierarchie bei Sperren mit berücksichtigt wird, wie z.B.:
     - Solange eine dependent row in der Tabelle SEMTYP geändert wird, darf die parent row in der Tabelle SEMPREIS nicht gelöscht werden.

<u>Anwendungs-Design:</u>
   Folgende Maßnahmen können sinnvoll sein:

   - <u>Reduzierung der Sperrdauer</u>:
     - Manipulationen so spät wie möglich innerhalb des Programms.
     - Normalerweise gilt für die Cursor-Verarbeitung:
       - einen Cursor erst dann eröffnen, wenn er unmittelbar danach gebraucht wird und so früh wie möglich wieder schließen (gibt Ressourcen frei).
       - In einer remote Umgebung kann es sinnvoll sein, einen Cursor sehr früh zu eröffnen, damit eine Parallelverarbeitung nutzbar ist, wenn die Bereitstellung der Result Table recht aufwendig ist.
       - Achtung: bei Einsatz der WITH HOLD-Option bleiben evtl. S-Locks erhalten.

   - <u>Schutz vor Parallel-Update</u>:
     Festlegung eines unternehmensweiten Standard-Verfahrens für die programmtechnische Vorgehensweise beim Sperren von Daten:
     - Isolation-Level 'RR' bzw. 'RS' oder Cursor-Konzept für das Setzen des Update-Intents?
       - Behandlung des Isolations-Levels 'RR' bzw. 'RS'.
         Welcher Lock-Modus wird gesetzt: 'S' oder 'U'? Bei 'S' besteht nur Lese-Integrität, bei 'U' bzw. 'X' auch Schreib-Integrität. Aber die Parallelitätsrate sinkt entsprechend!
         Wann soll mit KEEP UPDATE LOCKS ein 'X-Lock' etabliert werden?
       - Einsatz des CURSOR-Konzepts mit FOR UPDATE OF bzw. einer 'positioned Manipulation'

     - Methode der Prüfung auf zwischenzeitliche Änderungen, wenn zwischen dem Lesen und der Änderung der Daten ein COMMIT liegt bzw. keine Sperre wirkt:
       - Ermitteln des <u>Daten-Versionsstandes</u>:
         - Abgleich sämtlicher Datenwerte, bezogen auf die einzelne Anwendungssicht.
         - Abgleich einer in den Daten geführten Versionskennzeichnung (z.B. Timestamp der letzten Änderung).
       - SQL-Technik für den Abgleich:
         - Nochmaliges Einlesen der Daten mit einem Update-Intent.
         - Direkter Abgleich im UPDATE.

12 DB2-Datensicherheitseinrichtungen
12.5 DB2-Sperrverfahren

- <u>Reduzierung von Deadlocks</u> (Vermeidung ist unmöglich, da die Anwendung nicht die physische Position der Daten kennt; bei einem ROW-Lock wirkt eine Zeilensperre, auch wenn nur ein einziger Dateninhalt verändert wird):
    - Verarbeitungs-Reihenfolge von Tabellen festlegen.
    - Verarbeitungs-Reihenfolge innerhalb einer Tabelle festlegen und - sofern möglich - über einen Clustering Index zugreifen, der idealerweise auch einen clustered Zustand hat.
    - Wenn ein Deadlock oder Timeout eintritt, nach einem ROLLBACK möglichst wieder aufsetzen (restart) und die UOW noch einmal automatisch anstoßen.
    - Der Einsatz der KEEP UPDATE LOCKS-Klausel reduziert Deadlocks und Timeouts, führt aber zu einer eingeschränkten Parallelität.
    - Mit dem MAXROWS-Parameter kann die Sperrauswirkung beim Page-Level reduziert werden, erhöht aber die Anzahl Pages und verlängert damit auch Suchprozesse durch Datenmengen.
    - Objektorientierte Verwaltung betreiben, d.h. klare Zuständigkeit von Programmen für bestimmte Tabellen festlegen und Aufruf wiederverwendbarer Funktionen.

- Besondere Überlegungen beim <u>Einsatz von COMMIT</u>:
    - Commit-Frequenz festlegen (möglichst von außen steuerbar).
        - Achtung bei zusammengesetzten Schlüsseln, da das Aufsetzen mit einer bestimmten Logik erfolgen muss (siehe Kapitel 13) und auch eine hohe Effizienz bei der Positionierung der Result Table - speziell im Online - zu beachten ist (siehe Kapitel 14) .

- **Read-Only Daten**

    LOCKSIZE: PARTITION, TABLE bzw. TABLESPACE, damit aufwendige Objekt-Locks vermieden werden. Evtl. Alternative: DATABASE mit READ ONLY starten.

- **Wenn die Lese-Integrität vieler Pages gewährleistet sein muss**

    LOCKSIZE: PARTITION, TABLE bzw. TABLESPACE oder
    ISOLATION: **RR** Achtung: hier muss häufig mit COMMIT gearbeitet werden.
                   RS Bei größeren ausgefilterten Datenmengen muss auch hier häufig mit COMMIT gearbeitet werden.

- **Daten, die parallel von Online- und Batch-Anwendungen genutzt werden**

    LOCK TABLE   in Online-Programmen nicht verwenden, in Batch-Programmen einsetzen, wenn die Parallel-Verarbeitung während der aktiven Zeit des Batch-Programms verhindert werden soll. Dann aber beim BIND PLAN **RELEASE (DEALLOCATE).**
    COMMIT   in Online-Programmen nicht verwendbar, möglichst auch keine SYNCPOINTS in einer Transaktion einsetzen (Ausnahme: Langläufer);
    in Batch-Programmen einsetzen, wenn die Parallel-Verarbeitung gewährleistet werden soll. Dann ist aber eine Restart-Logik erforderlich.

- **Sehr stark frequentierte Daten**

    Verteilung der Daten   auf verschiedene Tabellen, wenn bestimmte Spalten besonders häufig frequentiert werden.
    Modularisierung   der Anwendungen, z.B. Aufteilung eines Online-Vorgangs in mehrere eigenständige
    = Verteilung der   Programme mit jeweils eigenen Packages. So kann z.B. im ersten Dialogschritt
    Funktionen   ausschließlich lesend auf die Daten zugegriffen werden. Bei einem fehlerfreiem Verlauf werden dann im zweiten Programm die Updates vollzogen.
    Wichtig auch im Hinblick auf den Lock-Modus, da nicht unnötig gesperrt wird:
    Programm 1:   Auf Tablespace/Table-Ebene 'IS'-Lock, auf Page-Ebene nur ein 'S'-Lock.
    Programm 2:   Auf Tablespace/Table-Ebene 'IX'-Lock, auf Page-Ebene 'U'- und 'X'-Locks.

12.6 Logging-Einrichtungen

Die DB2-Logging-Einrichtungen bestehen aus einer Reihe zusammenwirkender Komponenten:

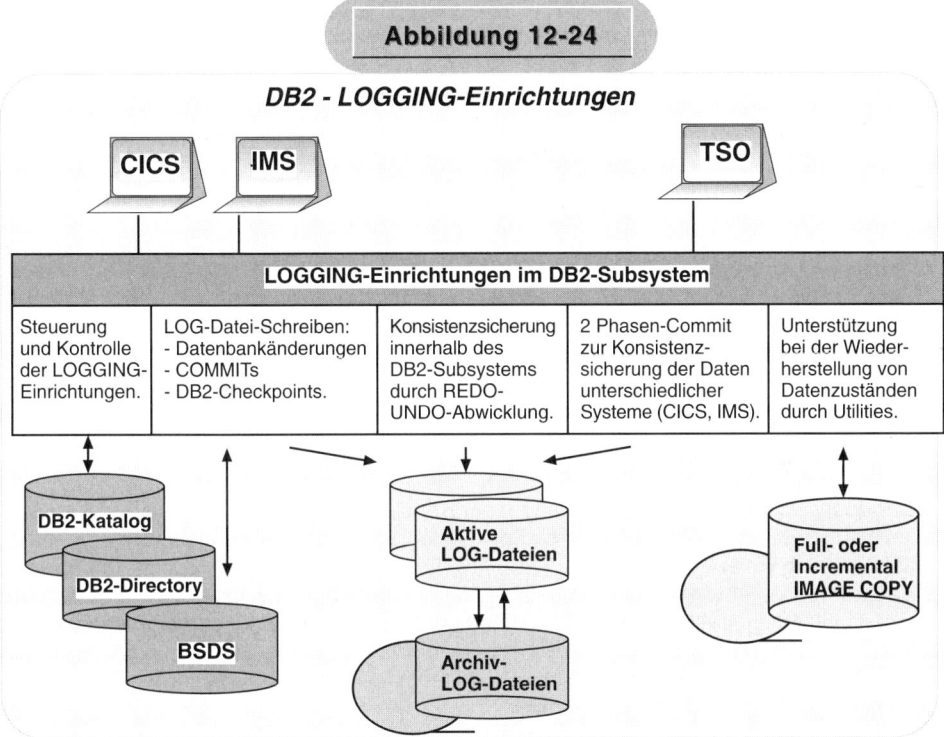

Abbildung 12-24

- **Steuerungs- und Kontrollfunktionen für die Logging-Abwicklung**
  DB2-Management-Routinen übernehmen die Steuerung und Kontrolle der Logging-Funktionsabwicklung mit Hilfe diverser Systemtabellen und des Bootstrap-Datasets (BSDS).
  Die Logging-Einrichtungen sind immer aktiv und können grundsätzlich nicht ausgeschaltet werden.
  Aus Sicherheitsgründen werden als Default oder optional automatisch Dual-Dateien von DB2 geführt, auf die von DB2 bei einem Plattenfehler automatisch umgeschaltet wird.

  Eine wichtige und zentrale Bedeutung nimmt das Bootstrap-Dataset (**BSDS**) innerhalb der Logging-Einrichtungen von DB2 ein.
  Die BSDS-Datei enthält:
  - Name und Status des DB2-Subsystems,
  - DB2-Restart-Informationen mit Liste der CONDITIONAL RESTART und CHECKPOINT-Sätze,
  - Verzeichnis aller LOG-Dateien sowie Kontrollinformationen über den LOG-Datei-Status und die relativen Byte-Adressen (RBAs) aller aktiven und Archiv-LOG-Dateien,
  - Ein Password-Verzeichnis zum Schutz der BSDS-Datei.

  Die BSDS-Datei wird von DB2 automatisch im Dual-Modus geführt. Bei Platten-Fehlern schaltet DB2 automatisch um. In einem solchen Fehlerfalle kann eine neue BSDS-Datei im lfd. Betrieb hinzugefügt werden (-RECOVER BSDS-Command). DB2 kopiert dann die Inhalte der fehlerfreien BSDS-Datei auf die neuinstallierte BSDS-Datei.

- **Führen und Ausschreiben von LOG-Informationen**
  Der DB2-LOG-Manager verwaltet die LOG-Aktivitäten der:
  - Datenbankänderungen,
  - COMMIT-Synchronisationspunkte,
  - DB2-CHECKPOINTs.

12 DB2-Datensicherheitseinrichtungen
12.6 Logging-Einrichtungen

Die Informationen werden geführt in:
- interne LOG-Buffers,
- aktiven LOG-Dateien,
- Archiv-LOG-Dateien.

- **Konsistenzsicherung innerhalb des DB2-Subsystems (REDO- und UNDO-Abwicklung)**
  DB2-Managementfunktionen stellen sicher, dass die Daten einer UOR konsistent gehalten werden.
  Im Rahmen der REDO-Maßnahmen werden innerhalb der LOG-Datei bereits protokollierte Daten beim COMMIT auf die Dateien weggeschrieben.
  Kann eine UOR nicht erfolgreich zu Ende geführt werden, erfolgt bei einem ROLLBACK die UNDO-Verarbeitung mit Zurücksetzen auf den Zustand vor Beginn der UOR.
  Die Konsistenzsicherungsmaßnahmen wirken bei Anwendungsfehler innerhalb des lfd. und aktiven DB2-Systems, sie wirken aber auch beim Starten/Restarten eines DB2-Subsystems.

- **Konsistenzsicherung zwischen unterschiedlichen Systemen**
  Durch das 2-PHASEN-COMMIT-Verfahren sichern die DB2-Management-Routinen weitestgehend die Konsistenz bei der Kommunikation über mehrere OS/390-Subsysteme hinweg.

- **Datensicherungs- und Wiederherstellfunktionen**
  Diverse DB2-Utilities stehen zur Gewährleistung der Konsistenz zur Verfügung.
  Die Daten des DB2-Systems müssen permanent gesichert werden. Damit kann ein konsistenter Zustand bei auftretenden Plattenfehlern wiederhergestellt werden.

Die Logging-Einrichtungen dienen zur Sicherung der Konsistenz für alle DB2-Daten-Objekte. Als Objekte gelten hierbei sowohl die Benutzerdaten als auch die Systemdaten, die im DB2-Directory bzw. im DB2-Katalog hinterlegt sind.
Die Objekte werden bei Anwendungsfehlern im lfd. Betrieb bzw. beim nächsten DB2-System-Restart automatisch durch integrierte Sicherheitseinrichtungen auf einen konsistenten Zustand gebracht. Zusätzlich können z.B. bei Plattenfehlern DB2-Utilities aktiviert werden, mit denen ebenfalls ein konsistenter Zustand - zeitaktuell oder auf frühere Zeitpunkte ausgerichtet (z.B. Vortag) - hergestellt werden kann.

Alle wesentlichen DB2-Sicherheitsmaßnahmen können im lfd. Betrieb konkurrierend mit sonstigen DB2-Anforderungen (Online) abgewickelt werden.

Natürlich muss DB2 zur Gewährleistung der Konsistenz bei seinen systemtechnischen Prozessen wie bei den Benutzerabwicklungen Sperr-Maßnahmen zur Ressource-Sicherung ergreifen. So dürfen z.B. während des Ladevorganges von Daten keine konkurrierenden Anwendungen auf die gesperrten Ressourcen zugreifen.

12.6.1 Steuerungsfunktionen für die Logging-Abwicklung
12.6.1.1 Logging-Philosophie

Alle Benutzeranforderungen, die über die SQL-Datenschnittstelle an DB2 gestellt werden und Datenänderungen erbringen, unterliegen den DB2-Logging-Einrichtungen (siehe folgende Abbildung). Eine Ausnahme ist möglich, wenn dies entsprechend parametrisiert wird (bei LOB-Daten Tablespace-Parameter LOG NO). Auch in diesem Fall wird natürlich ein ROLLBACK unterstützt.
Diese externen, auf logischer Ebene formulierten Anforderungen umfassen Multiple-Record-at-a-time Datenmengen-Manipulationen (auch bei der Objektverwaltung über DDL bzw. der DCL-Privilegienvergabe werden Datenmengen von DB2 intern verwaltet), die DB2-intern *aufgelöst werden in einzelne zeilenbezogene*

- INSERTs,
- UPDATEs und
- DELETEs.

Die Einzelzeilen werden vom DB2-Ressource-Manager auf Page-Set-Ebene verwaltet und bei Änderungen wird ein LOG-Satz aufgebaut. Diese innerhalb des LOG-Satzes aufbereiteten Einzel-Manipulationen werden vom DB2-LOG-Manager übernommen und in den internen LOG-Buffern abgestellt.
Der DB2-LOG-Manager führt die zusammengehörenden Datenmanipulationen einer UOR zusammen. Dies geschieht, indem die logische RBA des ersten Satzes, der zu dieser UOR gehört, bei allen weiteren LOG-Sätzen dieser UOR mitgeführt wird.
Die gesamten Sicherheitsmaßnahmen in Verbindung mit diesen LOG-Informationen basieren auf dem Konzept der Einzelsatzverwaltung innerhalb der Pages und Tablespaces. Es besteht somit eine enge Abhängigkeit zu der physischen Lokalisierung der Daten innerhalb der VSAM-CIs.

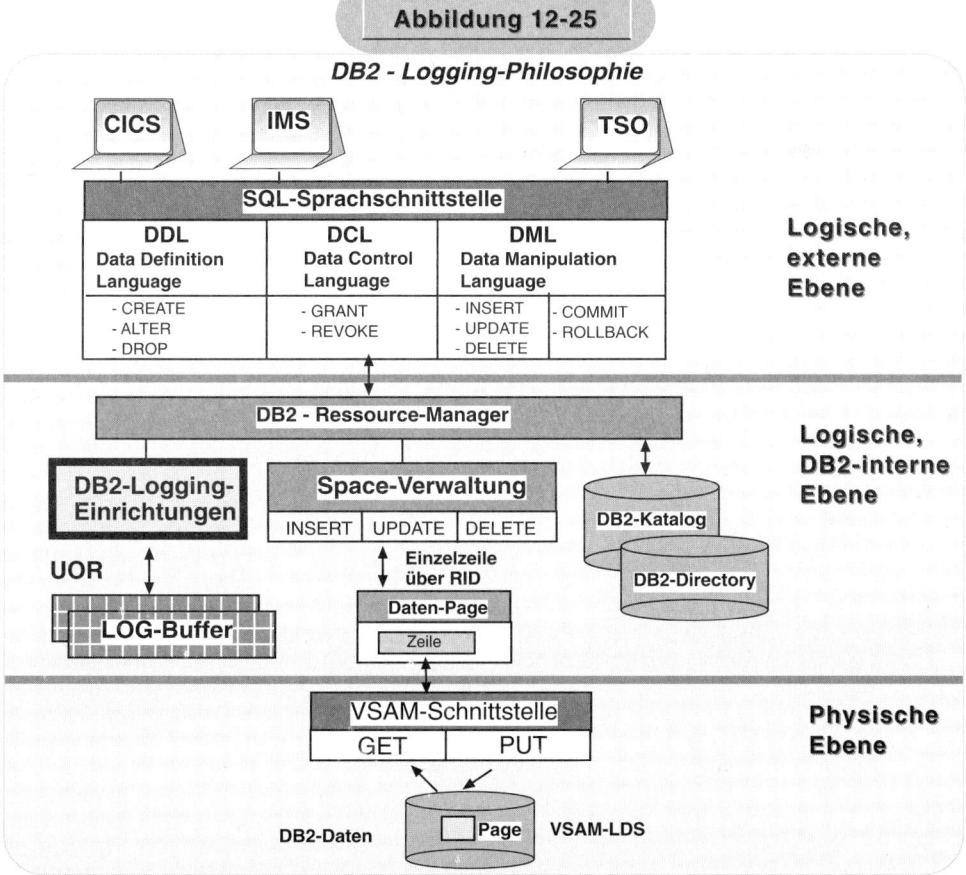

Abbildung 12-25
DB2 - Logging-Philosophie

12 DB2-Datensicherheitseinrichtungen
12.6 Logging-Einrichtungen

12.6.1.2 Logging-Hierarchie

Die Logging-Einrichtungen basieren auf einem hierarchischen Konzept.
Lt. der folgenden Abbildung besteht diese Hierarchie aus:

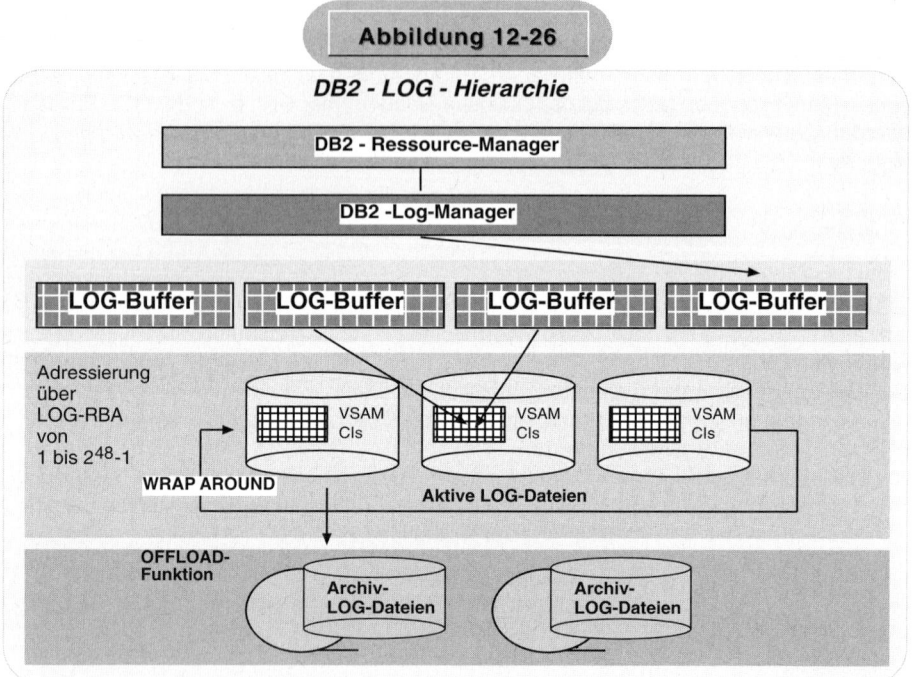

Abbildung 12-26

- **DB2-Ressource-Manager**
  Der DB2-Ressource-Manager baut die erforderlichen LOG-Sätze auf und übergibt sie dem DB2-LOG-Manager zur Weiterverarbeitung.

- **DB2-LOG-Manager**
  Der DB2-LOG-Manager verwaltet die LOG-Sätze in einer dreistufigen Hierarchie:

  - **Interne LOG-Buffer**
    In den internen LOG-Buffern werden die LOG-Sätze einer Anwendung solange gehalten, bis sie auf die jeweils aktive LOG-Datei ausgeschrieben werden (evtl. zusammen mit den LOG-Daten anderer Anwendungen). Die LOG-Buffer entsprechen den VSAM-CIs.
    Jedem LOG-Satz wird eine eindeutige, fortlaufend aufsteigende RBA von 1 bis $2^{48}-1$ zugeordnet. Diese RBA ist damit logisch und hat keine Beziehung zur VSAM-RBA.
    Sie sichert die Eindeutigkeit eines LOG-Satzes im DB2-Subsystem.

  - **Aktive LOG-Dateien**
    Die CIs der LOG-Buffer werden auf eine vordefinierte Gruppe von LOG-Dateien geschrieben.
    Das Ausschreiben erfolgt aufgrund interner Verarbeitungszyklen, z.B. wenn
    - alle oder eine bestimmte Anzahl von LOG-Buffern voll ist
    - ein Write-ahead ausgelöst werden muss (vor Datenänderung, spätestens zum COMMIT-Zeitpunkt).
    Die LOG-Dateien werden im BSDS geführt. Sie werden zyklisch von DB2 immer wiederkehrend zugeordnet.
    Innerhalb eines lfd. Systems können keine aktiven LOG-Dateien dynamisch hinzugefügt werden.
    Es können 2 bis 31 VSAM-LDS-Dateien zugeordnet werden.
    Aus Sicherheitsgründen kann DUAL-Logging durchgeführt werden (4 - 62 Dateien).

12 DB2-Datensicherheitseinrichtungen
12.6 Logging-Einrichtungen

- **Archiv-LOG-Dateien**
  Wenn eine aktive LOG-Datei voll ist, werden ihre Inhalte automatisch auf eine neue sequenzielle Archiv-Datei gespeichert. Jeder LOG-Satz in einer Archiv-Datei korrespondiert zu einem VSAM-CI innerhalb einer aktiven LOG-Datei.
  Bei jeder Archivierung werden auch die Inhalte der BSDS-Datei mit gesichert (für einen evtl. RECOVERY der BSDS-Datei im Fehlerfalle).
  Die Block-Größe der Archiv-Dateien ist 8 KB bis 28 KB (mit einem Vielfachen von 4 KB).
  Es können bis zu 1000 sequenzielle Dateien zugeordnet werden.
  Aus Sicherheitsgründen kann ein DUAL-Logging durchgeführt werden (bis zu 2000 Dateien).

Diese Hierarchie steuert das Erstellen und Verwalten der LOG-Sätze, sie wirkt aber auch im Hinblick auf das Einlesen der LOG-Sätze im Falle eines ROLLBACK-Prozesses.

Der Ressource-Manager fordert in einem solchen Falle einen LOG-Satz mit einer bestimmten RBA an.
Der LOG-Manager versucht, diese Anforderung aus seinen internen LOG-Buffern zu befriedigen. Ist der benötigte LOG-Satz bereits ausgeschrieben, prüft der LOG-Manager aufgrund der BSDS-Informationen (Zuordnung der RBA zu aktiver bzw. Archiv-LOG-Datei), ob der benötigte Satz auf einer aktiven oder Archiv-LOG-Datei gespeichert ist.
Es wird ein Buffer bereitgestellt und der Satz - nach Anforderung des entsprechenden Volumes - eingelesen.

12.6.2 Führen und Ausschreiben von LOG-Informationen

In den internen LOG-Buffern erfolgt die Verwaltung der LOG-Informationen, bestehend z.B. aus:

- **Database-Pageset-Control-Informationen**
  DB2-Database-Open- und -Close-Ereignisse, aufgetretene Ausnahmebedingungen innerhalb einer Database.

- **Datenbankveränderungen der UOR**
  Die Datenbankveränderungen werden auf der LOG-Datei geführt und durch Ausschreiben von UOR-Synchronisationspunkten einer bestimmten UOR zugeordnet.
  DB2 kennt drei Änderungstypen von Daten-Pages:
  - Änderungen der Space-Magement-Control-Informationen z.B. Space-Map Pages (siehe Kapitel 11.2)
  - Änderungen interner Datenbank-Pointer innerhalb der Katalogtabellen und bei Zeilenverlängerung innerhalb Benutzer-Daten-Pages.
  - Änderungen von Datenzeilen (Insert, Update, Delete) mit der Identifikation der jeweiligen Zeilenadresse (Page-Nr. und RID).

- **DB2-Checkpoints**
  DB2 schreibt in periodischen Zyklen Zustände des Systemstatus (Checkpoints) aus, die reduzierend auf die nächste Restart-Zeit wirken. Ansonsten müßte eine Fülle von LOG-Informationen ab einer bestimmten synchronisierten Zeiteinheit eingelesen und der letzte synchronisierbare Systemzustand wiederhergestellt werden. DB2 schreibt Checkpoints nach folgender Logik aus:
  - Nach einer bestimmten Anzahl von LOG-Sätzen (durch Systemgenerierung festgelegt).
  - Wenn von einer aktiven LOG-Datei auf die nächste aktive LOG-Datei umgeschaltet wird (zur Absicherung, dass zumindest ein Checkpoint auf jeder aktiven LOG-Datei enthalten ist).
  - Am Ende eines erfolgreichen Restarts und am Ende einer normalen DB2-Terminierung.

Die logischen LOG-Sätze werden innerhalb der LOG-Buffer zu einem physischen Block zusammengefasst, der als CI an VSAM zur Speicherung auf einer aktiven LOG-Datei übergeben wird (VSAM-LDS). Die folgende Abbildung zeigt den groben physischen Aufbau der LOG-Datei, die lediglich Logging-Informationen, keine Traces oder Statistikinformationen enthält. Diese Datei kann von Benutzern für diverse Zwecke, wie z.B. Protokollierung durchgeführter Änderungen herangezogen und ausgewertet werden.

Abbildung 12-27

Physischer Aufbau der LOG-Datei

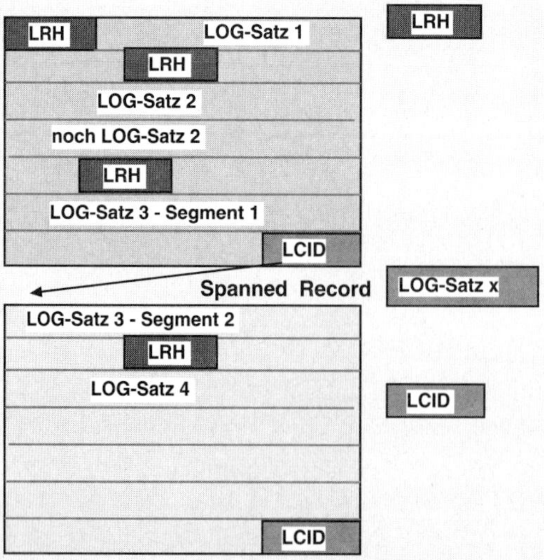

LOGICAL RECORD HEADER
Länge releaseabhängig - enthält z.B.:
- Die Länge des LOG-Satzes
- Typ des LOG-Satzes
- Zuordnung zur UOR (durch Sicherung der RBA des 1. LOG-Satzes der UOR)
- LOG-RBA des vorherigen LOG-Satzes (für Rückwärtslesen).
- Release-Identifikator
- Timestamp (STCK).

Inhalte des LOG-Satzes aufgrund des jeweiligen LOG-Typs

Die einzelnen LOG-Sätze eines CIs können zu einer oder mehreren UORs gehören.

LOG Control Interval Definition.
21 Bytes - enthält:
- Freiplatz-Flag des CIs
- Längenangaben bei spanned records
- RBA des ersten und letzten LOG-Satzes innerhalb des CIs

Die LOG-Sätze werden in einem VSAM-CI zusammengefasst.
Die Speicherung erfolgt auf VSAM LDS (RECORDSIZE 4.089 + VSAM RDF, CIDF = 7 Bytes) --> 4 K CI.
Wenn ein LOG-Satz nicht komplett in den Rest des CIs passt, erfolgt ein Überlauf in den neuen CI (spanned record).

12 DB2-Datensicherheitseinrichtungen
12.6 Logging-Einrichtungen

Die LOG-Aktivitäten während des DB2-Betriebes sind vielfältig. Anhand eines kleinen Anwendungsbeispieles wird in der folgenden Abbildung der grobe Ablauf der LOG-Schreibung dargestellt.
Bei der ersten Datenänderung beginnt die UOR, die auch den LOG-Start-Zeitpunkt steuert. DB2 protokolliert die Sychronisationszeiten der UOR, die Datenänderungen und die Index-Änderungen (sofern durch Datenänderung herbeigeführt).

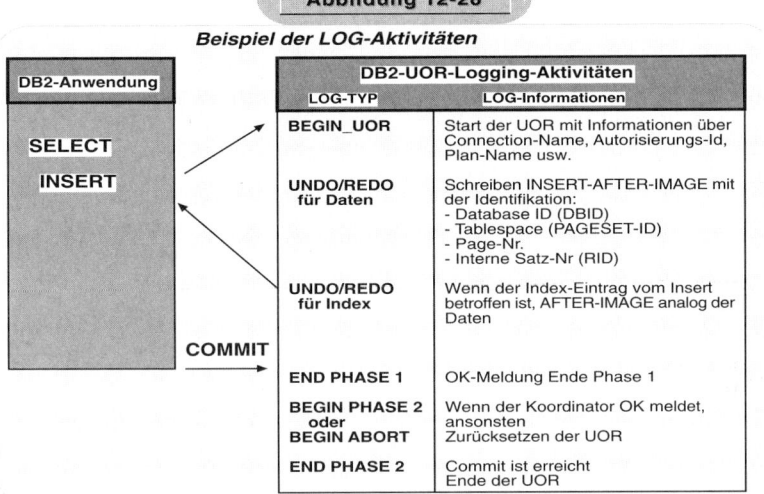

Abbildung 12-28
Beispiel der LOG-Aktivitäten

DB2-UOR-Logging-Aktivitäten	
LOG-TYP	LOG-Informationen
BEGIN_UOR	Start der UOR mit Informationen über Connection-Name, Autorisierungs-Id, Plan-Name usw.
UNDO/REDO für Daten	Schreiben INSERT-AFTER-IMAGE mit der Identifikation: - Database ID (DBID) - Tablespace (PAGESET-ID) - Page-Nr. - Interne Satz-Nr (RID)
UNDO/REDO für Index	Wenn der Index-Eintrag vom Insert betroffen ist, AFTER-IMAGE analog der Daten
END PHASE 1	OK-Meldung Ende Phase 1
BEGIN PHASE 2 oder BEGIN ABORT	Wenn der Koordinator OK meldet, ansonsten Zurücksetzen der UOR
END PHASE 2	Commit ist erreicht Ende der UOR

12.6.3 Konsistenzsicherung innerhalb des DB2-Subsystems (REDO, UNDO)

Wie bereits ausgeführt, wird die Konsistenzabsicherung innerhalb des DB2-Subsystems neben den LOCK-Mechanismen gewährleistet. Dies geschieht durch:

- **REDO**-Mechanismus bei ordnungsgemäßem Verarbeitungsverlauf,
- **UNDO**-Mechanismus bei fehlerhaftem Verarbeitungsverlauf

Die folgende Abbildung zeigt diese Abwicklungsprozesse für die Änderungstypen INSERT, UPDATE und DELETE bei Daten bzw. Indexdaten (die Indexverarbeitung kennt keinen UPDATE, sondern nur INSERT und DELETE bei Daten-Änderung).
Die REDO/UNDO-Prozesse beziehen sich auf alle Daten einer UOR. Durch den LOCK-Mechanismus werden alle Pages, in denen Änderungen innerhalb einer UOR vollzogen sind, zumindest bis zum Ende der UOR gesperrt.

Abbildung 12-29
DB2 - REDO/UNDO - Abwicklung

Daten-manipulation	Änderung von Daten	Änderung von Index	LOG-Information	Abwicklung bei REDO	Abwicklung bei UNDO
INSERT	X		AFTER IMAGE der neuen Daten, identifiziert durch RID	INSERT in Zeile aufgrund RID	Wenn Zeile (RID) existiert, DELETE
		X	Neuer Key-Wert und RID der zugehörigen Daten aufgrund OFFSET in Index-Page	INSERT auf OFFSET	evtl. DELETE analog Daten
UPDATE	X	-	BEFORE IMAGE und AFTER IMAGE der geänderten Daten, identifiziert durch RID	UPDATE mit AFTER-IMAGE-Zeile aufgrund RID	UPDATE mit BEFORE-IMAGE-Zeile aufgrund RID
DELETE	X		BEFORE IMAGE der gelöschten Daten, identifiziert durch RID	DELETE der Zeile aufgrund RID. Platz ist verfügbar.	Wenn Zeile unter RID nicht existiert, INSERT mit früherem RID
		X	Gelöschter Key-Wert und RID der zugehörigen Daten sowie OFFSET in der Index-Page	DELETE auf OFFSET	evtl. INSERT analog Daten

12 DB2-Datensicherheitseinrichtungen
12.6 Logging-Einrichtungen

Die LOG-Informationen beinhalten die Daten-Basis für die Konsistenzabwicklung.
Sie werden benötigt in folgenden Fällen:

- **LOG-Einsatz im lfd. DB2-Betrieb**
  Für ordnungsgemäße UOR-Einheiten werden die auf der LOG-Datei protokollierten Änderungen auf den Anwendungsdateien vollzogen.
  Dies geschieht innerhalb der internen Buffer direkt nach dem Ausschreiben der LOG-Sätze in die LOG-Buffer (die geänderten Sätze müssen allerdings noch nicht zwingend physisch auf die Dateien ausgeschrieben sein). Beim COMMIT-Prozess benötigt daher DB2 keine LOG-Informationen mehr.
  Fehlerhafte Anwendungen werden im lfd. Betrieb mit Hilfe der LOG-Informationen auf den Zustand vor Beginn der UOR zurückgesetzt. Daher werden alle erforderlichen LOG-Sätze innerhalb der dreistufigen LOG-Hierarchie aufgesucht und eingelesen. Dabei liest DB2 mit Hilfe des LOG-LRH solange rückwärts, bis die RBA des ersten UOR-Satzes erreicht ist.

- **LOG-Einsatz bei der normalen Beendigung des DB2-Betriebes**
  DB2 wird beendet durch den **-STOP DB2**-Befehl.
  Dabei können zwei Optionen mit vorgegeben werden:

  - **QUIESCE** - Alle lfd. Aktivitäten werden von DB2 ordnungsgemäß abgeschlossen.
  - **FORCE** - Alle lfd. Aktivitäten werden abgebrochen. DB2 versucht, alle Anwendungen mit ROLLBACK zurückzusetzen. Trotzdem können Datenobjekte aufgrund bestimmter Status in einem inkonsistenten Zustand verweilen. So sind mögliche Gründe:
    - INDOUBT-Zustand eines 2-PHASEN-COMMITs.
    - Bestimmte Datenobjekte sind zum Terminierungszeitpunkt nicht verfügbar.

    Diese inkonsistenten Datenobjekte versucht DB2 beim nächsten System-Restart auf einen konsistenten Zustand zu bringen.

- **LOG-Einsatz bei der abnormalen Beendigung des DB2-Betriebes durch Abbruch**
  In diesem Falle kann DB2 seine UOR-Einheiten nicht ordnungsgemäß zum Abschluss bringen.
  Daher können eine Reihe inkonsistenter Datenobjekte zurückbleiben. Mögliche Gründe hierfür sind:

  - Die UOR ist unterbrochen worden.
  - Es besteht ein INDOUBT-Zustand eines 2-Phasen-Commits.
  - Datenobjekte, deren UOR ordnungsgemäß endete, sind noch nicht auf Platte ausgeschrieben worden.
  - Datenobjekte, deren UOR fehlerhaft endete, sind weiterhin noch auf Platte ausgeschrieben.

  Diese inkonsistenten Datenobjekte versucht DB2 beim nächsten System-Restart auf einen konsistenten Zustand zu bringen.

- **LOG-Einsatz beim folgenden normalen Restart des DB2-Systems**
  Grundsätzlich versucht DB2 beim folgenden Restart des Systems, alle verfügbaren Datenobjekte wieder auf einen konsistenten Zustand zu bringen. Dazu werden neben den LOG-Informationen auch Restart-Informationen der BSDS-Datei herangezogen. Die Wiederherstellung (Recovery) der Daten bezieht sich auf offenstehende UORs:

  - Wenn ein COMMIT erfolgen kann, werden die Änderungen in den Dateien vollzogen (**FORWARD RECOVERY**); ansonsten werden evtl. erfolgte Änderungen zurückgesetzt (**BACKOUT**).
  - Wenn eine INDOUBT-Situation eines 2-Phasen-Commits vorliegt, sperrt DB2 die betroffenen Daten (LOCK) und wartet auf die Entscheidung des Koordinators bzw. einen manuellen Eingriff.

- **LOG-Einsatz bei einem verzögerten Restart einzelner DB2-Objekte**
  Beim Restart des DB2-Systems können einzelne Datenobjekte aus der REDO/UNDO-Behandlung ausgeklammert werden (durch RESTART-Parameter oder -STOP DATABASE).
  Diese Objekte können später explizit auf einen konsistenten Zustand gebracht werden (z.B. durch -START DATABASE, RECOVERY-Utility).

12.6.3.1 Manuelle, nicht durch DB2 überwachte Konsistenz-Maßnahmen

Während eines normalen Restarts werden aus der BSDS-Datei Restart-Informationen entnommen. Dort kann durch das CHANGE LOG INVENTORY-Utility ein 'CONDITIONAL RESTART CONTROL RECORD' aufgebaut werden, mit dem bestimmte Teilbereiche des LOG-Bestandes in die Restart-Maßnahmen einbezogen werden können.

Mit dem CRESTART-Statement dieses Utilities kann optional der Beginn (STARTRBA) und das Ende (ENDRBA) der LOG-Durchsuchung hinterlegt werden. Alle LOG-Sätze vor der STARTRBA und hinter der ENDRBA bleiben außerhalb der REDO/UNDO-Maßnahmen.
Werden die Parameter STARTRBA und ENDRBA mit gleichen Werten vorgegeben, so wird ein **Kaltstart** durchgeführt, bei dem überhaupt keine LOG-Informationen berücksichtigt werden und die Konsistenz der Datenbestände je nach vorherigem Zustand der Terminierung evtl. nicht gegeben ist.

Daneben können Ressourcen manuell aus dem DB2-Konsistenzsicherungskonzept ausgeklammert werden. Verschiedene Möglichkeiten hierzu werden im Verlaufe des Kapitels noch kurz behandelt.

12.6.4 Konsistenzsicherung mit Allied Agents

DB2 sichert mit seinen Systemkomponenten die Konsistenzabstimmung zwischen den DB2-Ressourcen und den Ressourcen der TP-Monitore IMS und CICS durch das vorab behandelte 2-Phasen-Commit-Verfahren. Dieses Verfahren wird in allen beteiligten Systemen durch die jeweiligen Logging-Einrichtungen gesteuert. Bestandteil der LOG-Dateien sind bei DB2-Anschluss spezielle 2-Phasen-Commit-Synchronisationspunkte.
Daher müssen DB2-spezifische Schnittstellen-Routinen innerhalb der TP-Monitore existieren.

Der 2-Phasen-Commit sichert die Konsistenz während des laufenden und unterbrechungsfreien Betriebes, versucht aber auch beim Restart der Systeme nach einem vorherigen Systemabbruch die erforderliche Konsistenz zu erreichen.
Für jedes der beteiligten Systeme ist dies für die eigenen Ressourcen dann kein Problem, wenn ein definierbarer Zustand vor oder während des 2-Phasen-Commits erreicht ist.

Wenn aber der Zustand '**indoubt**' ist, dann erwartet DB2 als Partizipant eines der TP-Monitore die Entscheidung durch den TP-Monitor.

Dafür ist es erforderlich, beim Restart die beteiligten Systeme miteinander zu koppeln. Diese Verbindung wird als Connection bezeichnet.

Wenn die Connection aufgebaut ist, werden die zum Zeitpunkt des vorherigen Abbruches '**hängenden Threads**' (offenstehende Anwendungen) wieder aufgebaut und die Synchronisation - wenn möglich - durchgeführt.
Dies ist bei fehlerfreier Software und ordnungsgemäßem 'Warmstart' der beteiligten Systeme in der Regel möglich. Wurde aber ein Kaltstart ausgeführt, oder aber eines der beteiligten Systeme ist nicht verfügbar, muss durch manuelle Entscheidung der Thread beendet werden und die Daten entweder auf den Zustand vor oder nach UOW/UOR gebracht werden.

12 DB2-Datensicherheitseinrichtungen
12.6 Logging-Einrichtungen

12.6.5 Konsistenzsicherung bei DB2 Data Sharing (DS)

Bei einer DB2-Data Sharing Group gibt es zwei Ressource-Kategorien:

- **Shared Ressourcen**
  Diese Ressourcen existieren einmal pro DB2 Group und werden von allen Membern genutzt:
  - Ein DB2-Katalog,
  - Ein DB2-Directory,
  - Sämtliche Databases und Datasets, die gemeinsam genutzt werden.

- **Non-Shared Ressourcen**
  Diese Ressourcen existieren individuell pro Member (müssen allerdings innerhalb der Group von allen Membern aus verfügbar sein, daher ist auch hierfür DASD-Sharing erforderlich):
  - BSDS-Bestände,
  - Log-Bestände (aktive und Archiv-Logs),
  - Work-Databases und -Datasets (evtl nicht in einer DASD-Shared Umgebung installiert).

Mit Hilfe eines einheitlichen und eindeutigen Identifikators, der für eine gesamte Gruppe wirkt, werden die Konsistenzen gesichert. Dieser Identifikator heißt **LRSN** (log record sequence number) und wird im Log-Bestand, in den Header Pages der Daten und in der SYSCOPY-Tabelle des Katalogs geführt (von den DB2-Utilities verwaltet).

In einem Recovery-Fall ist zu beachten, dass im Directory SYSLGRNG-Informationen geführt werden können, die auf Log-Bestände unterschiedlicher Member zeigen. Sämtliche relevanten Log-Bestände müssen dann im Recovery-Fall mit einbezogen werden.

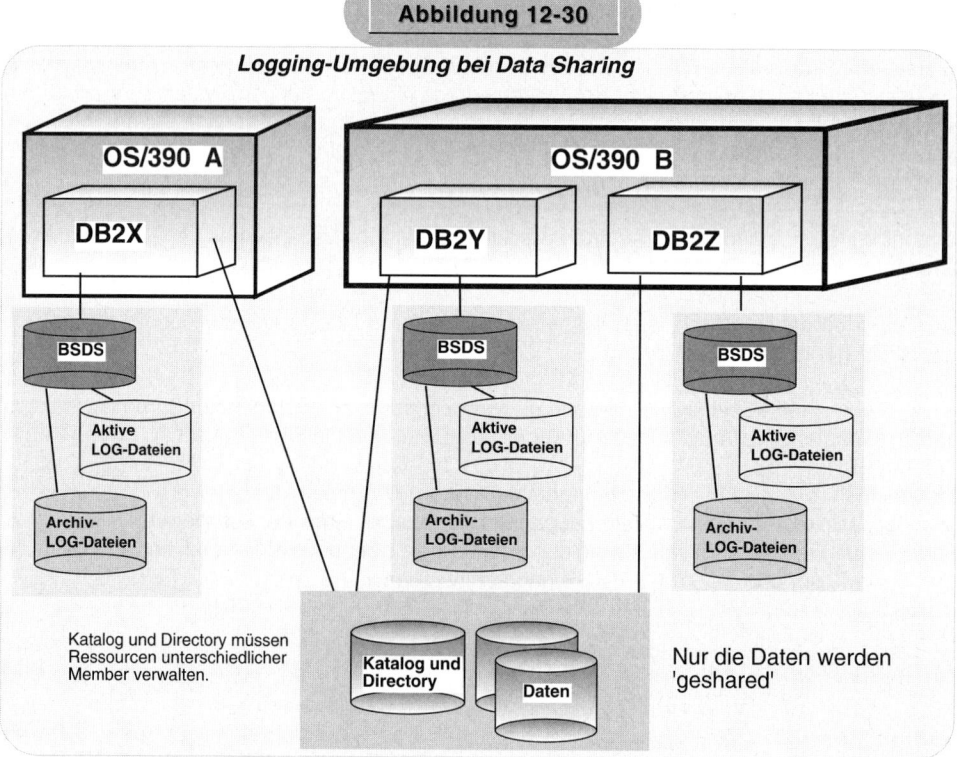

Abbildung 12-30
Logging-Umgebung bei Data Sharing

12.7 DB2-Utilities für die Datensicherheitsunterstützung

Die DB2-Utilities unterstützen Sicherungs- (**COPY**) und Wiederherstellungsmaßnahmen (**RECOVERY**) von Daten-Objekten speziell für den Fall von Hardwarefehlern (Plattenfehler).
Mit den Utilities können folgende Daten-Objekte wiederhergestellt werden:

- Der gesamte **Tablespace** mit allen Tables oder einzelne **Partitions**.
- Einzelne **Datasets** (entspricht Tables oder Partitions) innerhalb eines Tablespaces.
- Ein **Bereich fehlerhafter Pages** oder eine einzelne **Page**.
- **Indizes**.

Es ist zu beachten, dass die höchste Sicherungsebene der Tablespace ist. Da referenzielle Beziehungen unterschiedlicher Tables (und damit Tablespaces) bestehen können, kennt DB2 den Begriff des **Tablespace-Sets**, der automatisch alle verknüpften Objekte umfasst.
Beim Zurücksetzen bestimmter Objekte ist zu überlegen:

- **Bestimmung des Aktualitätsgrades**
  Es ist zu prüfen, auf welchen Stand das Objekt zurückgesetzt werden soll (und kann):
  - Auf den letzten von DB2 synchronisierbaren Zustand, bei dem auch alle vorhandenen Logging-Aktivitäten mit berücksichtigt werden oder aber
  - auf einen früheren Zustand mit oder ohne Einbezug der Logging-Aktivitäten bis zu diesem Zeitpunkt.

- **Berücksichtigung von Objektabhängigkeiten**
- Es ist zu prüfen, inwieweit Objekt-Abhängigkeiten bestehen. Sind solche Abhängigkeiten vorhanden, sind die betroffenen Objekte während der Wiederherstellzeiten vor Änderungen zu schützen.
  Die Abhängigkeit kann bestehen zwischen:
  - Einzelnen Benutzer-Tabellen und/oder einzelnen System-Tabellen.
  - Daten und Indizes.
  - Daten und DB2-Systemtabellen (DB2-Objekten).

DB2 unterstützt die Sicherheitsanforderungen durch eine Reihe von Utilities, die in der folgenden Abbildung aufgeführt sind. Die DB2-Utilities benötigen Informationen des DB2-Kataloges sowie des Directories. In der System-Katalog-Table SYSCOPY sowie in der Directory-Table SYSLGRNG und SYSUTIL werden auch wichtige Steuerungsinformationen bei der Utility-Ausführung verwaltet.

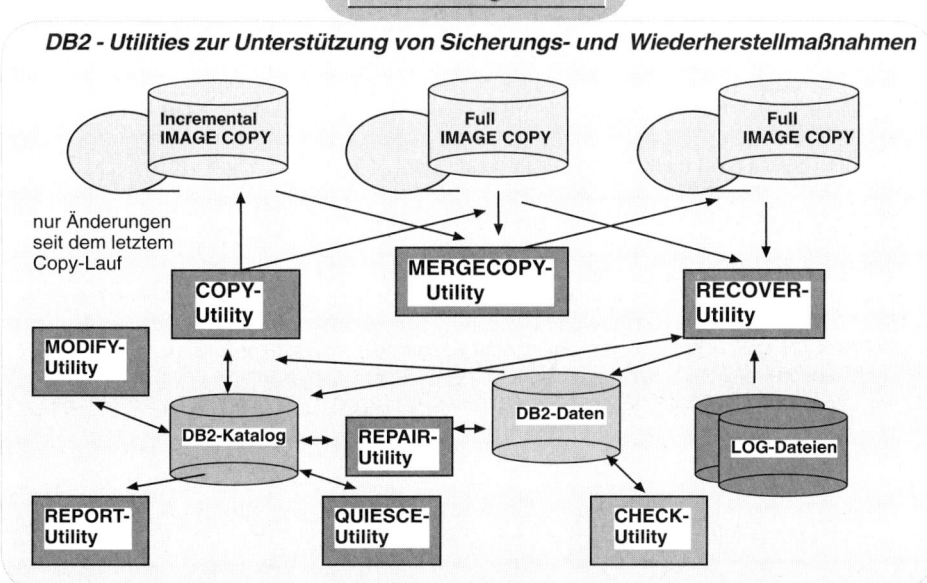

Abbildung 12-31
DB2 - Utilities zur Unterstützung von Sicherungs- und Wiederherstellmaßnahmen

12.7.1 Zurücksetzen auf konsistenten, aktuellen synchronisierbaren Zeitpunkt

DB2 unterstützt die Synchronisation der Datenobjekte, bezogen auf den aktuellen Zeitpunkt aller verfügbaren Systeminformationen, mit seinen Utilities:

- **CHECK-UTILITY**
    - **CHECK DATA**
      Überprüfung referenziell zusammengehörender Tabellen innerhalb eines oder mehrerer Tablespaces. Fehlerhafte Beziehungen werden protokolliert und auf Wunsch werden Daten, die gegen referenzielle Regeln bzw. Check-Regeln verstoßen, gelöscht.

    - **CHECK INDEX**
      Überprüfung der Konsistenz zwischen Indizes und ihren zugehörigen Daten. Bei Abweichung erfolgt eine Warnung.

    - **CHECK LOB**
      Überprüfung der Konsistenz zwischen Daten und ihren zugehörigen LOB-Werten. Bei Abweichung erfolgt eine Warnung.

- **COPY-UTILITY**
  Kopieren eines gesamten Tablespace-Bereiches bzw. eines Datasets (**FULL IMAGE COPY**) oder aber nur der Veränderungen (**INCREMENTAL IMAGE COPY**) seit dem letzten COPY-Lauf.
  Nach einem REORG-Lauf oder nach dem Erstladen von Table-Daten ist ein FULL IMAGE COPY-Lauf dringend zu empfehlen, damit eine evtl. erforderliche spätere Recovery-Maßnahme effizienter abgewickelt werden kann.
  Die INCREMENTAL-Verarbeitung wird gesteuert durch den Page-Modifikations-Status innerhalb der Space Map Page (siehe Kapitel 11.2), sofern nicht TRACKMOD=NO definiert ist.
  Es werden nur Daten, keine Indizes kopiert.
  Es sollte grundsätzlich verhindert werden, dass während des Copy-Laufs eine parallele Veränderung des zu kopierenden Spaces stattfinden kann (SHRLEVEL REFERENCE).

- **LOAD bzw. REORG-UTILITY**
  Erzeugen einer Inline-Kopie (**FULL IMAGE COPY**) beim Laden der Daten anstelle eines separaten COPY-Utility-Laufes.

- **MERGECOPY-UTILITY**
  Zusammenmischen mehrerer INCREMENTAL IMAGE COPY-Bestände eines Tablespaces bzw. eines Datasets zu einem neuen INCREMENTAL IMAGE COPY-Bestand oder einen FULL IMAGE COPY-Bestand mit den nachfolgenden INCREMENTAL IMAGE COPIES zu einem neuen FULL IMAGE COPY. Das MERGECOPY-Utility erspart umfangreiche RECOVERY-Zeiten wegen Durchsuchens diverser Kopierbestände.

- **MODIFY-UTILITY**
  Das Utility löscht nicht mehr aktuelle Einträge aus der SYSCOPY-Katalog-Tabelle und der SYSLGRNG-Directory-Tabelle. Die gelöschten Beziehungen führen dazu, dass Copy-Bestände bei einem RECOVER-Prozess nicht mehr genutzt werden können.

- **QUIESCE-UTILITY**
  Das Utility etabliert einen gemeinsamen Konsistenzpunkt für alle Komponenten eines Tablespace-Sets, sofern die entsprechenden Komponenten vorgegeben werden. Der Administrator kann mit dem REPORT-Utility die Komponenten eines Tablespace-Sets protokollieren lassen.
  Der '**Quiesce-Point**' reduziert spätere Recovery-Aufwendungen, wenn ein Tablespace-Set mit seinen Komponenten auf einen gemeinsamen Konsistenzpunkt zurückgesetzt werden muss.

12 DB2-Datensicherheitseinrichtungen
12.7 DB2-Utilities für die Datensicherheitsunterstützung

- **RECOVER-UTILITY**
  Wiederherstellung von:
  - Tablespaces,
  - Indexspaces (auch über REBUILD INDEX möglich),
  - Partitions,
  - Datasets,
  - Pages,
  - aller von DB2 als fehlerhaft gekennzeichneten Pages.

  Es werden die gesicherten COPY-Dateien sowie die LOG-Informationen zur konsistenten Wiederherstellung herangezogen.

  Nach einem Erstladen von Daten mittels LOAD oder nach einem REORG ist ein sofortiges Erstellen einer Full Image Copy dringend zu empfehlen, da ansonsten ein hoher Aufwand beim RECOVER-Prozess entsteht, denn es müssen dann die LOG-Einträge der LOAD- bzw. REORG-Prozesse zusammengesucht werden (evtl. auf Archiv-Log-Dateien).

  Das Szenario eines Recovery-Prozesses ist in der folgenden Abbildung grob dargestellt:

- **REPORT-UTILITY**
  Das Utility druckt relevante Recovery-Informationen aus:
  - Referenzielle Beziehungen zwischen Tabellen in Tablespace-Set.
  - Gemeinsamer Quiesce-Point von Tabellen.
  - Auflistung der erforderlichen Log-Datasets für Recovery eines bestimmten Tablespaces.

Es ist Aufgabe der Datenbank-Administration, in regelmäßigen Intervallen Kopien der Datenbestände zu ziehen.
Wichtig ist dabei die permanente Abstimmung und Überwachung der Medien bzw. Dataset-Verfalldaten sowie ein günstiger Standort der Speichermedien. Nur so kann sichergestellt werden, dass in einem Fehlerfalle schnell die entsprechenden Wiederherstellmaßnahmen ergriffen werden können und erforderliche COPY-Bestände sowie die entsprechenden LOG-Dateien auch verfügbar sind.

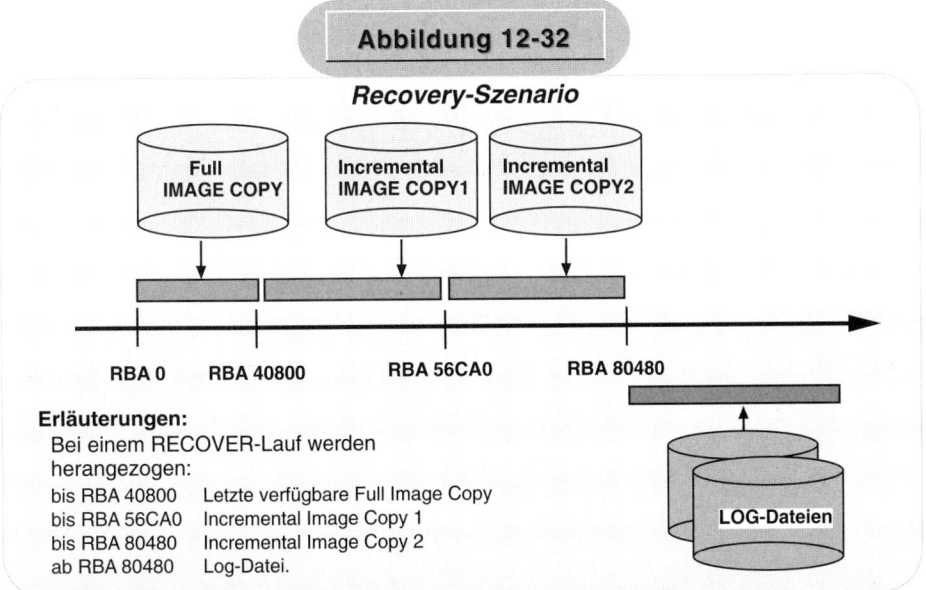

Abbildung 12-32 Recovery-Szenario

Der Datenbank-Administrator muss den Anstoß aller Sicherungs- und Wiederanlaufmaßnahmen mittels der Utilities manuell vornehmen. Er sollte bei Einrichtung neuer Tablespaces die entsprechenden JCL-Statements aufbauen und innerhalb der Produktions-Sicherungsläufe einplanen.

Es ist zu beachten, dass die Konsistenzmaßnahmen von DB2 nur durch logische Sicherungs- und Wiederherstellmaßnahmen der Utilities unterstützt sind. Physische Sicherungen (auch DUMPs genannt) sind für Teilbereiche des DB2-Subsystems nicht ohne Konsistenzprobleme möglich.

12 DB2-Datensicherheitseinrichtungen
12.7 DB2-Utilities für die Datensicherheitsunterstützung

Während eines Wiederherstellungsvorganges müssen alle möglichen abhängigen Objekte gesperrt werden.
DB2 richtet auf den Objekten, die von den Utilities bearbeitet werden, in Abhängigkeit bestimmter Optionen, Sperrmechanismen ein.

Beim -START DATABASE kann eine **ACCESS**-Option mit vorgegeben werden:

- **ACCESS (RO)** - Nur lesender Zugriff erlaubt.
- **ACCESS (RW)** - Lesender und schreibender Zugriff erlaubt.
- **ACCESS (UT)** - Nur Utilities dürfen auf die Database zugreifen.

Bei der Ausführung der Utilities können ebenfalls bestimmte Optionen in Abstimmung mit der ACCESS-Option gesetzt werden. Für die wesentlichen Utilities gilt (siehe auch die Utility-Kompatibilitäts-Matrix im Kapitel 12.5 hierzu):

- **CHECK-Utility**
  Während der Laufzeit des Utilities sind nur lesende konkurrierende Anforderungen zugelassen.

- **COPY-Utility**   - **SHRLEVEL (REFERENCE oder CHANGE)**
  Alle Zugriffsformen sind möglich. Durch SHRLEVEL CHANGE sind auch konkurrierende Änderungen möglich (wenn Database ACCESS = RW).

- **MERGECOPY-Utility**
  Es bestehen keine Restriktionen.

- **QUIESCE-Utility**
  Während der Laufzeit des Utilities sind nur lesende konkurrierende Anforderungen auf die beteiligten Tablespaces zugelassen.

- **RECOVER-Utility**
  Der Tablespace wird für das Utility reserviert. Es sind keine konkurrierenden Anforderungen zugelassen.

12.7.2 Zurücksetzen auf früheren, nicht mehr synchronisierbaren Zeitpunkt

DB2 unterstützt auch die Wiederherstellung von Datenobjekten auf einen früheren Zeitpunkt mit seinen Utilities bzw. Service Aids:

- **DSN1COPY-Service Aid**
  Wiederherstellung eines gesamten Tablespace-Bereiches bzw. eines Datasets mit Hilfe eines Kopierbestandes ohne Konsistenzsicherungsmaßnahmen durch DB2.
  DSN1COPY kann außerhalb des DB2-Systems oder im lfd. System mit Ressourcen arbeiten, die für DB2 inaktiviert sind.

- **RECOVERY-UTILITY (Partial Recovery)**
  Teil-Wiederherstellung wenn:
    - die Option **TOCOPY** vorgegeben ist, werden nur bestimmte COPY-Bestände verarbeitet,
    - die Option **TORBA** vorgegeben ist, werden nur bestimmte LOG-Bestände verarbeitet.

  Es werden die ausgewählten COPY-Dateien sowie die LOG-Informationen zur Wiederherstellung eines früheren Zustandes herangezogen.
  Da anschließend von DB2 keine Konsistenzsicherung mehr gewährleistet werden kann, wird der Tablespace mit einem **'Pending Status'** versehen (siehe Kapitel 12.7.4).

- **REPAIR-UTILITY**
  Reparatur von Zeichenstrings innerhalb von Tablespaces oder Indexspaces. Es können sowohl Datenpages als auch Space-Management-Pages korrigiert werden.
  Beim Gebrauch dieses Ulitities ist äußerste Vorsicht geboten, da damit die Daten-Konsistenz stark gefährdet ist.

Es ist zu beachten, dass beim Zurücksetzen auf einen früheren Zustand von DB2 keine Gewähr für die konsistente Datenverwaltung mehr übernommen werden kann.
Daher sind alle diese Mittel äußerst vorsichtig und restriktiv einzusetzen.

12.7.3 Zurücksetzen von Katalogtabellen

Grundsätzlich werden die Sicherungsmaßnahmen für Katalog-Informationen von DB2 intern genauso behandelt wie die Benutzerdaten.
Auch hier sollten regelmäßige Kopien gezogen werden.

Wenn allerdings die Notwendigkeit besteht, einen Katalog-Tablespace aufgrund Plattenfehler wiederherzustellen, ist zu berücksichtigen, dass:

- die DB2-Utilities selbst von Katalog-Informationen gesteuert werden,
- interne Strukturen innerhalb des Directories in Abhängigkeiten zu Katalog-Tables stehen,
- die Katalog-Tables miteinander in einer hierarchischen Struktur verknüpft sind.

12.7.4 Pending Status

DB2 führt auf Tablespace-Ebene eine Reihe von Status, die auf mögliche Konsistenz-Probleme verweisen. Die folgende Abbildung zeigt, wann die Status gesetzt werden, welche Einschränkungen sie in der Verarbeitung erbringen und wie die Status wieder zurückgesetzt werden können.

Status	Bezeichnung	Betroffene Objekte	Entstehung durch:	Bereinigung durch:
ACHKP	Auxiliary Check Pending Restrictive Status	Base-Tablespace *1 LOB-Tablespace	Ergebnis eines CHECK DATA- oder RECOVER-Laufs, bei dem Konsistenz-fehler festgestellt wurden.	1. UPDATE oder DELETE fehlerhafter LOB-Werte. 2. Aktivieren CHECK DATA. Bei ordnungsgemäßem Verlauf wird der Status zurückgesetzt.
AUXW	Auxiliary Warning Status	Base-Tablespace LOB-Tablespace	Ergebnis eines CHECK DATA-Laufs, bei dem Konsistenzfehler festgestellt wurden.	1. UPDATE oder DELETE fehlerhafter LOB-Werte. 2. Aktivieren CHECK DATA. Bei ordnungsgemäßem Verlauf wird der Status des Base-Tablespaces zurückgesetzt. 3. Aktivieren CHECK LOB. Bei ordnungsgemäßem Verlauf wird der Status des LOB-Tablespaces zurückgesetzt.
CHECKP	Check Pending Restrictive Status	Base-Tablespace *1	LOAD ENFORCE NO oder RECOVER auf einen point-in-time oder bei vorhandenen Daten wurde nachträglich ein Constraint (Check oder Referential) definiert und der Datenzustand ist zweifelhaft.	1. Aktivieren CHECK DATA. Bei ordnungsgemäßem Verlauf wird der Status zurückgesetzt. Fehlerhafte Daten werden entfernt.
		LOB-Tablespace	CHECK LOB oder einer der obigen Gründe.	1. Aktivieren CHECK LOB. Bei ordnungsgemäßem Verlauf wird der Status des LOB-Tablespaces zurückgesetzt. 2. Fehler mit REPAIR korrigieren. 3. Neuer Versuch mit CHECK LOB.
		Index	RECOVER auf einen point-in-time und die Konsistenz zwischen Tablespace und Index ist gefährdet.	1. Aktivieren CHECK INDEX. 2. Aktivieren REBUILD INDEX.
COPY	Copy Pending Restrictive Status	Base-Tablespace *2 oder Partition	LOAD LOG NO (ohne Inline-Kopie) oder RECOVER TORBA oder REORG LOG NO (ohne Inline-Kopie) oder MODIFY DELETE DATE (*) oder COPY mit fehlerhafter Page.	1. Aktivieren COPY mit der Optionen FULL YES oder anderes Utility mit Inline-Kopie.
GRECP	Group Bufferpool Recover Pending Status	Group Bufferpool	Fehler im Coupling Facility	1. Aktivieren RECOVER oder START DATABASE …
ICOPY	Informational Copy Pending Advisory Status	COPY oder Partition *2	Index wurde mit COPY YES definiert und REBUILD INDEX oder REORG INDEX oder REORG TABLESPACE ohne Inline-Kopien.	1. Aktivieren COPY mit der Optionen FULL YES für den Index.

12 DB2-Datensicherheitseinrichtungen
12.7 DB2-Utilities für die Datensicherheitsunterstützung

Status	Bezeichnung	Betroffene Objekte	Entstehung durch:	Bereinigung durch:
RBDP	Rebuild Pending Restrictive Status (Variante A)	Index-Partition	Zerstörte Index-Daten.	1. Aktivieren REBUILD oder RECOVER oder LOAD REPLACE oder REORG INDEX SORTDATA. 1. Aktivieren REBUILD INDEX PART oder RECOVER oder LOAD REPLACE oder REORG INDEX.
RBDP*	Rebuild Pending Restrictive Status (Variante B)	Logische Index-Partit.		wie bei RBDP.
PSRBD	Rebuild Pending Restrictive Status (Variante C)	Non-part. Index oder Auxiliary Index		
RECP	Recover Pending Restrictive Status	Tablespace *1 Partition *1 Indexspace *1	Zerstörte Daten.	1. Aktivieren RECOVER oder LOAD REPLACE. 1. Aktivieren RECOVER PART oder LOAD REPLACE. 1. Aktivieren REBUILD oder RECOVER oder LOAD REPLACE oder REORG INDEX.
REORP	Reorg Pending Restrictive Status	Partition *1	Zerstörte Daten.	1. Bei Zeilenlängen <= 32 KB Aktivieren REORG TABLESPACE SORTDATA. 1. Bei Zeilenlängen > 32 KB Aktivieren REORG TABLESPACE UNLOAD ONLY. 2. Aktivieren LOAD TABLESPACE FORMAT UNLOAD
RESTP	Restart Pending Status	Tablespace *3 oder Partition *3 oder Index *3	Backout wurde beim DB2-Restart nicht abgeschlossen.	Backout muss abgeschlossen werden. Siehe hierzu auch RECOVER POSTPONED.
		*1 - Keine SQL-Funktionen möglich *2 - Nur lesende SQL-Funktionen sind möglich *3 - Keine SQL-Funktionen und keine Utilities sind möglich Ohne Kennzeichnung sind SQL-Statements möglich, bei Zugriff auf ein fehlerhaftes Objekt wird ein SQL-Returncode erzeugt.		Folgende Maßnahmen sind grundsätzlich ebenfalls möglich (außer bei RESTP), aber es drohen **Konsistenzprobleme**, da alle Status 'mit Gewalt' entfernt werden - ohne Ursachenbehebung: 1. REPAIR SET ...... 2. START DATABASE (..) SPACENAM (...) ACCESS (FORCE)

12.8 AUDIT TRACE

DB2 unterstützt die Protokollierung der Zugriffe auf DB2-Ressourcen z.B. für die Revision. Voraussetzungen hierfür sind:

- DB2-Trace muss aktiv sein,
- wenn ein Zugriff auf Tables kontrolliert werden soll, muss beim CREATE oder ALTER TABLE der AUDIT-Parameter vorgegeben werden.

Folgende Trace- bzw. Audit-Klassen werden unterstützt:

1. Protokollierung aller Autorisierungs-Fehler.
2. Protokollierung aller explizit vorgegebenen GRANT- und REVOKE-Statements.
3. Protokollierung aller CREATE-, ALTER- und DROP-Operationen auf geschützte Tabellen (die den Parameter AUDIT führen).
4. Protokollierung der ersten Änderung von Daten einer geschützten Tabelle innerhalb einer UOR.
5. Protokollierung des ersten Lesens von Daten einer geschützten Tabelle innerhalb einer UOR (nur bei AUDIT ALL).
6. Protokollierung von SQL-DML-Statements für geschützte Tabellen zur Bind-Zeit für Dynamic- oder Static-Statements.
7. Protokollierung der Änderung eines Autorisierungs-Id (durch Exit-Routine oder SET CURRENT SQLID).
8. Protokollierung des Starts von Utilities und Ende jeder Phase.

Protokolliert werden nur die Zugriffe, nicht die Daten selbst. Diese werden im Log-Bestand geführt. Die Protokollierungen werden auf SMF (System Management Facility) oder GTF (Generalized Trace Facility) geführt. Von dort können Berichte erzeugt werden.

12.9 Problembereiche der Datensicherheitseinrichtungen

Durch die Komplexität des Systems bedingt wirkt sich der Verbund unterschiedlicher Systeme in Form von besonders zu beachtenden Problemzonen (**Konsistenz-Probleme**) aus.
So können folgende Sicherheitsaspekte insbesondere aufgeführt werden:

- **Start, Restart, Terminierung und Kontrolle des DB2-Subsystems**
  erfolgt mit SYSOPR-Berechtigung über die OS/390-Konsole bzw. IMS-, CICS- oder TSO-Konsolen.
  Sämtliche SYSOPR-Funktionen sind kritisch und konsistenzgefährdend.
  So wird beispielsweise ein Subsystem über SRC (Subsystem-Recognition Character) gesteuert, z.B. -STOP bezieht sich auf Test-System und +STOP auf Produktions-System.
  Ab der Version 4 ist eine bis zu 8-stellige Subsystem-Identifikation möglich, die grundsätzlich die Fehlermöglichkeiten reduzieren kann.

- Der **CONDITIONAL RESTART**,
  zu aktivieren über das CHANGE LOG INVENTORY-Utility, kann zu Datenverlusten führen; speziell der **Kaltstart** ignoriert alle bestehenden LOG-Daten und hängenden Threads (indoubt).
  Bei geplantem Kaltstart sollten vorher unbedingt alle Datenbestände mit FULL IMAGE gesichert werden. Bei ungeplantem Kaltstart sollten anschließend die konsistenten Datenbestände gesichert werden.
  Bei Einsatz des CHANGE LOG Utilities sollte unbedingt vorher und nachher das PRINT LOG MAP Utility ausgeführt werden, damit die Änderungen protokolliert werden.

- Mit dem **REPAIR-Utility**
  können Databases durch manuelle Byte-Korrekturen auf einen konsistenten Zustand gebracht werden (bzw. es kann versucht werden!).
  Hierbei ist insbesondere zu beachten, dass einerseits referenzielle Beziehungen zwischen einzelnen Tables existieren, andererseits aber auch diverse DB2-interne Objektbeziehungen bestehen. Die Konsistenz der betroffenen Datenobjekte ist bei solchen manuellen Eingriffen stark gefährdet.

- Bei erforderlichen **RECOVERY-Maßnahmen**
  sind unbedingt alle Ressourcen zu isolieren, die im Laufe einer UOR benötigt werden.
  So müssen z.B. bei Katalog-RECOVERY außer den SYSADM- und SYSOPR-Benutzern alle anderen Anwender von der DB2-Nutzung ausgeschlossen werden.
  Beim -START DB2 kann die Option ACCESS (MAINT) vorgegeben werden, die dies sicherstellt.
  Ansonsten kann beim -START DATABASE mit der Option ACCESS die Zugriffsmöglichkeit auf die Objekte der gesamten DB2-Database geregelt werden.
  Auf jeden Fall sollte dort der Inhalt FORCE vermieden werden, bei dem inkonsistente Objekte (durch DB2 erkannt) von DB2 nicht mehr erkannt werden.
  Vorsicht bei **RECOVER TORBA** und **TOCOPY**.

- In **Anwendungsprogrammen**
  müssen unbedingt alle Fehlerbedingungen abgefangen werden. Wichtig ist die korrekte Abhandlung aller möglichen Situationen in allen beteiligten Systemen.
  Im Fehlerfalle muss das Anwendungs-Programm für einen **Rollback** sorgen, wenn Manipulationen durchgeführt wurden. Ansonsten werden die bis zum Fehler aufgetretenen Änderungen vollzogen.

- Testbestände **periodisch sichern** (evtl. mit DSNTIAUL oder besser: REORG UNLOAD), damit ladefähige Daten verfügbar sind. Bei irrtümlichem DROP TABLE ist der COPY-Bestand nur noch mit einem erhöhten Aufwand verwertbar (CREATE TABLE, DSN1COPY).

- **Mit einer Reorganisation** und **mit dem Erstladen**
  sollte unbedingt eine Full Image Copy (Inline-Kopie) gezogen werden, damit im Fehlerfalle nicht mit hohem Aufwand auf die LOG-Informationen zurückgegriffen werden muss.
  Wird bei LOG NO ohne Inline-Kopie gearbeitet, erzwingt DB2 durch das Setzen des "Copy Pending Status" das Erstellen einer Full Image Copy vor einer weiteren Daten-Manipulation (sofern nicht durch konsistenzgefährdende Maßnahmen dieser Status ausgesetzt wird, z.B. durch
  -START DATABASE (database-name) ACCESS (FORCE)).

12 DB2-Datensicherheitseinrichtungen
12.9 Problembereiche der Datensicherheitseinrichtungen

- Durch organisatorisch/technische Maßnahmen muss sichergestellt werden, dass auf den **VSAM-Dateien** des DB2-Systems (BSDS und LOG) keine direkten Änderungen vorgenommen werden können, die konsistenzgefährdend wirken.

- Wenn **nicht genügend Platz**
  auf LOG-Dateien oder der BSDS-Datei während des lfd. Betriebs verfügbar ist, können Konsistenzprobleme auftreten. Bei Einsatz von Bandverwaltungssystemen oder der Mass Storage Einrichtung (MSS) müssen die Fristen der Wiederbenutzung von Medien bzw. Datasets zwischen DB2 und sonstigen Systemen exakt miteinander abgestimmt werden.

- Der Einsatz von **Utilities, die außerhalb der DB2-Konsistenzbehandlung ablaufen**, sollte sehr sorgfältig abgewogen werden.
  Dazu zählen die Möglichkeiten des teilweisen RECOVERYs durch das RECOVER-Utility sowie die direkte Page-Veränderung durch das REPAIR-Utility.
  Außerhalb von DB2 abwickelbare Kopier- und RECOVERY-Maßnahmen sind konsistenzgefährdend. So müssen z.B. beim HARDCOPY (DUMP) von DB2-Beständen die referenziellen Beziehungen und sonstigen Objektverknüpfungen berücksichtigt werden. Daher kann die Konsistenz nur durch die Einbeziehung aller DB2-Ressourcen sichergestellt werden.
  Dies gilt insbesondere auch deshalb, weil zunehmend immer mehr Informationen zur Gewährleistung der Daten-Integrität vom Katalog kontrolliert werden (z.B. Check Constraints).
  Auch der Einsatz des DSN1COPY-Utilities ist aus diesem Grund nicht zu empfehlen (allenfalls im Testbereich).

- Wenn auf **Katalogtabellen** ein **RECOVER**-Vorgang durchgeführt werden muss,
  ist unbedingt die Hierarchie der Katalog- und Directory-Tablespaces zu beachten.

- Beim **RECOVER einzelner Tablespaces**
  sind die Abhängigkeiten zwischen Benutzerobjekten unbedingt zu berücksichtigen.
  Daher sollte das QUIESCE- und RECOVER-Utility sorgfältig mit Parametern bestückt werden.
  Dies gilt insbesondere dann, wenn DB2 bestehende Beziehungen nicht kennt, z.B. weil die referenzielle Integrität nicht dem Katalog bekannt ist, sondern in Programmen berücksichtigt wird.

- Vor einem **-RECOVER INDOUBT ACTION (ABORT) eines Indoubt-Threads**
  sollten die erforderlichen Log-Ressourcen verfügbar gemacht werden.
  In einem Unternehmen wurde in einem Testsystem ein hängender Thread tagelang nicht entdeckt. Als er dann mit COMMIT aufgelöst wurde, waren die erforderlichen Logbänder ausgelagert.
  Folge: Das DB2-System verabschiedete sich.
  In diesem Fall wäre ACTION (COMMIT) sinnvoller gewesen.

13 Anwendungsprogrammierung unter DB2
13.1 Einsatzspektrum von DB2

DB2 unterstützt mit seinen Systemkomponenten das gesamte Spektrum der Verarbeitungsformen. Es können die relevanten Trägersysteme (Allied Agents) an DB2 angeschlossen werden (siehe auch Kapitel 2):

- **Dialog-Verarbeitung**
  - TSO-Foreground-Programme,
  - IMS-TM und
  - CICS-Online-Programme.

- **Batch-Verarbeitung**
  - TSO-Background-Programme,
  - IMS-Batch und -BMP-Programme,
  - CICS-IMS-Programme (shared databases),
  - CICS-Tasks, die von Batch-Adressräumen aktiviert werden,
  - Sonstige Batch-Programme über das CALL-Attachment-Facility (CAF) oder über das Recoverable Resource Manager Services Attachment Facility (RRSAF).

- **Client/Server-Verarbeitung (2-tier und 3-tier)**
  - CICS-Tasks, die von remote Clients aktiviert werden,
  - Client-Anforderungen (z.B. über ODBC oder JAVA über JDBC bzw. SQLJ) über das CALL-Attachment-Facility (CAF) oder über das Recoverable Resource Manager Services Attachment Facility (RRSAF).

- **Sonstige Anforderungstypen**
  - DB2-interne Anforderungen, wie DB2-Utilities,
  - SQL-Anforderungen von remote Anwendungen (aus anderen RDBMS-Lokationen).

Aus der Sicht von DB2 werden diese Abwicklungsformen mit allen gemeinsam beteiligten Anwendungen innerhalb des **Multi-User-Konzepts** konkurrierend behandelt.

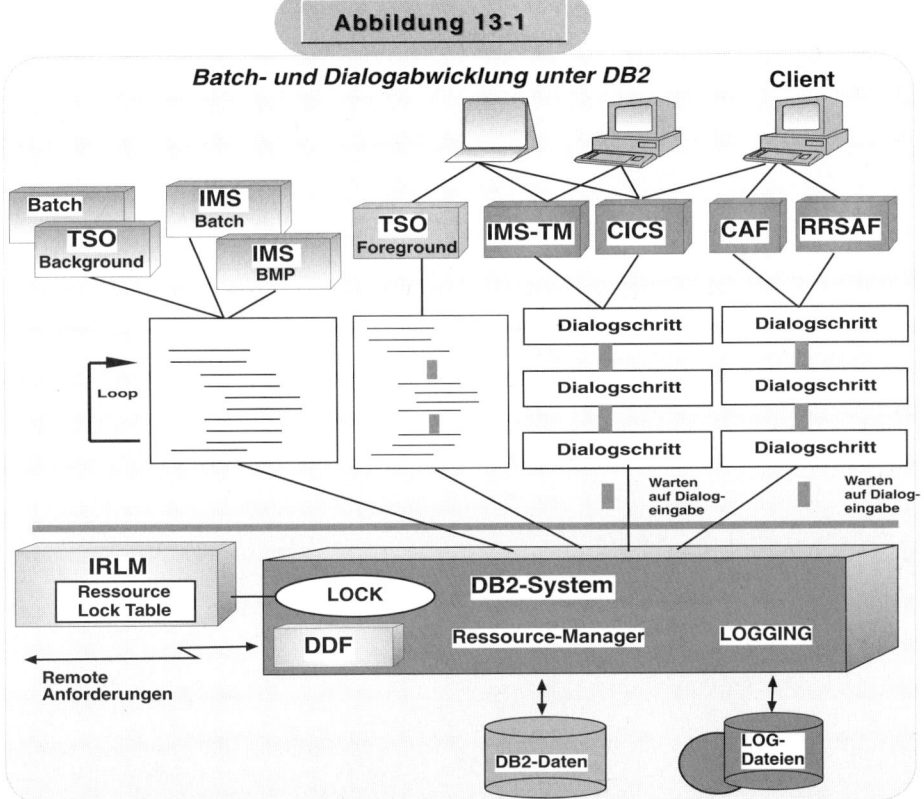

Abbildung 13-1

13 Anwendungsprogrammierung unter DB2
13.1 Einsatzspektrum von DB2

13.1.1 Die verschiedenen Programm-Typen
13.1.1.1 Abgrenzung Dialog-, Online-, Batch- und Client/Server-Verarbeitung

Die Dialog-Verarbeitung wird unterstützt durch:

- **TSO - das Timesharing-System**
  TSO ist ein <u>Teilnehmersystem</u>, bei dem sich die Systembenutzer nur die Rechnerzeit teilen ('time sharing'); sämtliche anderen Systemressourcen stehen einem Teilnehmer grundsätzlich allein zur Verfügung (isoliert). Bei einem Parallelzugriff verschiedener Teilnehmer auf dasselbe Objekt müssen ggf. anwendungsspezifische Sicherungsmaßnahmen ergriffen werden, sofern Datenhaltungssysteme keine solche Unterstützung bieten.
  Dies gilt allerdings nicht für DB2-Daten, die von DB2 allen angeschlossenen Benutzern der Trägersysteme zur Verfügung gestellt werden und deren Konsistenz von DB2 kontrolliert wird.

- **TP-Monitore (Online-Systeme)**
  TP-Monitore unterstützen <u>Teilhabersysteme</u>, bei denen sämtliche Systemressourcen von allen Systembenutzern gemeinsam genutzt werden können.
  Da es bei einem Ressource-Zugriff innerhalb einer bestimmten Zeitleiste zu Konflikten kommen kann, müssen besondere Sicherungsmaßnahmen ergriffen werden.
  Wenn die Ressourcen vom TP-Monitor kontrolliert werden, liegen die Sicherungsmaßnahmen in dessen Kontrolle, ansonsten werden die Ressourcen vom jeweils zuständigen Ressource-Manager (z.B. DB2) kontrolliert und es muss eine enge Abstimmung zwischen dem TP-Monitor und dem Ressource-Manager erfolgen (z.B. 2-Phasen-Commit).

Ursprünglich wurde die Dialog-Verarbeitung im Sinne einer Einzelfallverarbeitung ausschließlich in einer Mensch-Maschinen-Kommunikationsumgebung gesehen.
Inzwischen verlagern sich aber auch Prozesse in den Bereich der Dialog-Verarbeitung, die Charakteristiken der Batch-Massendatenverarbeitung aufweisen.
So unterstützen inzwischen sämtliche Systeme batchorientierte Prozesse:

- TSO: Background-Verarbeitung,
- CICS: Asynchrone Tasks und Aufruf einer Transaktion aus einem Batch-Programm (EXCI - External Call Interface),
- IMS: Batch Message Processing Programms (BMP).

In den letzten Jahren wurden vermehrt Client/Server-Infrastrukturen aufgebaut, die sich unterscheiden lassen in:

- **2-tier**   mit zwei Schichten: Client und Server; eine Spezialform ist die Abdeckung der Server-Schicht durch einen Super-Server, der auch als Host bezeichnet wird.
- **3-tier**   mit drei Schichten: Client, Server und Super-Server bzw. Host.

Zunächst einmal stellt sich die Frage:

Was versteht man überhaupt unter einer Batch-Verarbeitung?
Was unter einer Online-Verarbeitung?
Wo liegen die Unterschiede zu einer Client/Server-Verarbeitung?

13 Anwendungsprogrammierung unter DB2
13.1 Einsatzspektrum von DB2

13.1.1.1.1 Was versteht man unter Batch-Verarbeitung?

Eine Übersetzung von **Batch** aus dem englischen lautet: 'das auf einmal Erzeugte'.
Daraus leitet sich ab, dass eine bestimmte Verarbeitungseinheit in einer bestimmten Zeit ein bestimmtes Ergebnis erzeugt bzw. erzeugen soll.
Eine wichtige Voraussetzung ist dabei, dass eine Datenmenge betrachtet wird, die ihre Zustandsform i.d.R. verändert. Diese Datenmenge fordert eine einheitliche und statische Konsistenzbasis während der zu verarbeitenden Zeit. Dabei müssen die betroffenen Daten für die Batch-Anwendung grundsätzlich isoliert werden (zumindest werden keine Paralleländerungen toleriert).

Einige Vorab-Überlegungen hierzu:

- Welche wesentlichen Batch-Verarbeitungs-Typen bestehen überhaupt?

  Grundsätzlich kann unterschieden werden in:

  - Manipulation von Daten
    Dabei werden in einer bestimmten Zeiteinheit Datenmengen verändert.
    Die Änderung erfordert eine während der gesamten Verarbeitungszeit stabile konsistente Datenbasis.

  - Informationsbereitstellung
    Dabei werden in einer bestimmten Zeiteinheit Datenmengen selektiert.
    Die Selektion erfordert eine während der gesamten Verarbeitungszeit stabile konsistente Datenbasis bzw. aus der Datenbasis muss ein bestimmter Konsistenzstand ableitbar sein.

- Wie entstand die Batch-Verarbeitung?

  Die Batch-Verarbeitung entstand aufgrund systemtechnischer Restriktionen und mangelnder technologischer Infrastrukturen.
  Folgende Aspekte sind hierbei relevant:

  - Real auftretende Ereignisse werden in Form von Einzeldaten gesammelt.

  - Die gesammelten Daten werden auf Datenspeichern gehalten, sortiert und später dem eigentlichen Verarbeitungsprozess zugeführt, nach dem erst i.d.R. eine unternehmensweite Wirksamkeit der Daten eintritt.

  - Im Verarbeitungsprozess (z.B. Verbuchung) werden die Daten en bloc verarbeitet, wobei innerhalb der Programme:
    - wieder der Einzelfall des zugrundeliegenden Ereignisses nachvollzogen wird (häufig auch unter zeitgerechter Chronologie),
    - eine Isolation großer Datenbereiche erfolgt (z.B. wird während der Ausführung des Batch-Programmes eine ganze Datenorganisation gegen Parallelnutzung gesperrt).

- Probleme der Batch-Verarbeitung:

  - Auslösendes Ereignis und Aktualität der Daten entfernen sich mit zunehmender Zeit.
    Vor der endgültigen Verarbeitung sind die Daten dem Unternehmen bekannt, aber nicht allgemein verfügbar. Damit wird eine aktuelle Datensicht verhindert (bzw. verzögert).
    Manchmal müssen Anwendungen entwickelt werden, die sich vorab schon das Wissen über die gesammelten Daten verschaffen (sie greifen dann auf die gesammelten Bewegungsdaten zu).

  - Nach der endgültigen Verarbeitung werden die Daten nicht mehr benötigt. Sie werden entweder gelöscht oder als gelöscht gekennzeichnet, d.h. ihr Speicher ist nur eine temporäre Sammelstelle.

  - Sollte bei einer Batch-Verarbeitung eine lange Verweilzeit im System entstehen oder gar ein Parallelbetrieb gefordert sein, führt dies zu folgenden Maßnahmen:
    - Datengruppen werden zu logischen Einheiten reduziert und die UOW begrenzt.
      Im Extremfall wird wieder ein einzelnes Ereignis nachvollzogen und nach Abwicklung des zugrundeliegenden Tatbestandes und der Verarbeitungserfordernisse ein Commit vollzogen.

13.1.1.1.2 Brauchen wir noch die Batch-Verarbeitung?

Es stellen sich einige - zugegebenerweise provokativen Fragen und Überlegungen - zum Bereich der **Batch-Verarbeitung**:

> Die Batch-Verarbeitung ist eine Zusammenfassung von Einzelverarbeitungsmaßnahmen, die wieder zu Einzelverarbeitungen aufgliederbar sind bzw. sein müssen.
> Die Batch-Verarbeitung ist nur durch technologische Restriktionen begründbar (die Datenmengen sind nicht einfach da - sie entstehen durch einen Sammelprozess).

Brauchen wir in Zukunft noch diese Verarbeitungsform - ist sie noch zeitgemäß?

Einige Überlegungen hierzu:

- <u>Lösungsansätze</u> für den Abbau der Batch-Verarbeitungsprobleme

  - Mit zunehmender Vernetzung und zunehmenden Anforderungen an die Aktualität und Verfügbarkeit der Daten werden die klassischen Batch-Anforderungen zu reduzieren sein:
    - Permanent verfügbare Bestände erzwingen ein Umdenken von der klassischen Batch-Philosophie hin zu einer Multi-User-Verarbeitungsform. Die Konsequenzen werden später detailliert behandelt.
    - Speziell bei <u>Manipulationen</u> wird die direkte Verarbeitung der eintreffenden Ereignisse anzustreben sein; zunehmend werden Trigger-Steuerungen bei Einzeldatenänderungen oder bei Auftreten eines definierten Ereignisses wirken.
    - Bei <u>Informationsanforderungen</u> wird es verstärkt notwendig sein, aus der Datenbasis die Aktualität und den Versionsstand der Daten zu erkennen (z.B. durch ein strukturell unterstütztes Zeitraumkonzept).
    - Stichtagsbezogene Batch-Verarbeitungen werden in Form von permanent laufenden Aktivitäten neu zu entwickeln sein, wie z.B. die Umstellung einer tagesbezogenen Verbuchung von Bankgeschäften auf die permanente Verbuchung.
  - Jedes Unternehmen sollte einmal überlegen, an welchen Stellen Batchverarbeitungen wirklich langfristig notwendig scheinen.

- <u>Probleme</u> beim konsequenten Abbau der Batch-Verarbeitung

  - Es werden auf Dauer Mengenverarbeitungsanforderungen existieren.
    Wenn nun keine Batch-Verarbeitung mehr im klassischen Sinn angestrebt wird, wie müssen dann Mengenanforderungen künftig behandelt werden?
    Beispiele sind:
    - Daueraufträge der Banken,
    - Inkasso der Versicherungen,
    - Abrechnungssysteme (z.B. in den Bereichen: Personal-Vergütung oder Strombezug),
    - Anwendungen aus dem Bereich Data Warehouse und Data Mining.
  - Die bisher im Batch-Bereich i.d.R. vorgenommene Tagesabgrenzung ist evtl. nicht mehr haltbar und muss auf konkrete detaillierte Zeitpunkte abgestimmt werden. So stellt sich die Frage, ob z.B. bei einer permanenten Verbuchung von Bankgeschäften die Zinsberechnung weiterhin auf einer Tagesbasis ausreichend ist.

- <u>Zukunftschancen</u> der Batch-Verarbeitung

  - Die Batch-Verarbeitung in ihrer klassischen Form wird sicherlich stark an Bedeutung verlieren.
    So ist z.B. die Isolation ganzer Datengruppen für eine längere Zeiteinheit bei einer permanenten Verfügbarkeitsanforderung nicht mehr erfüllbar.
    Die Verarbeitung von Datengruppen muss auf Einzelobjekte reduziert werden!
  - Es müssen Konzepte gefunden werden, die eine zeitnahe Verarbeitung und zeitkorrekte Darstellung der real auftretenden Ereignisse unterstützen.

13 Anwendungsprogrammierung unter DB2
13.1 Einsatzspektrum von DB2

Die folgende Abbildung zeigt die groben Unterscheidungsmerkmale zwischen Batch- und Multi-User-Verfahren auf:

Abbildung 13-2

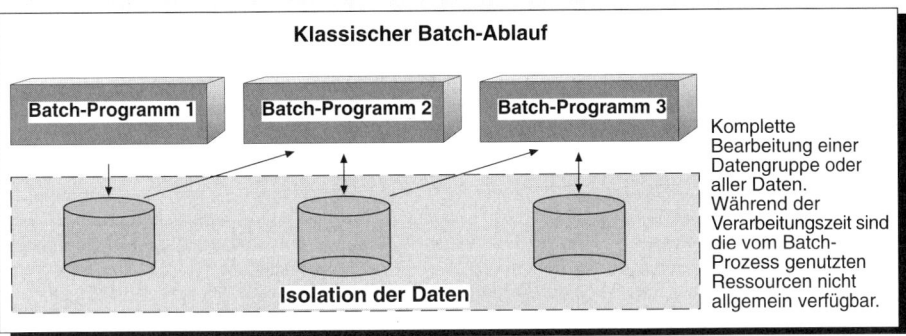

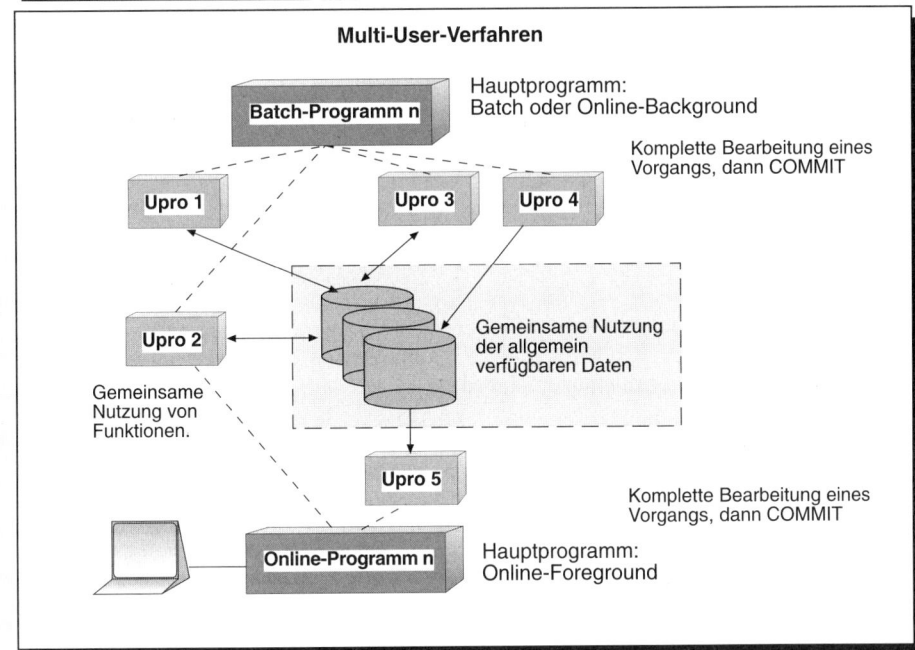

Unterschied zwischen Batch- und Multi-User-Verfahren

Damit die permanente Verfügbarkeit der Ressourcen gewährleistet werden kann, müssen Multi-User-Verfahren anstelle der Verarbeitung ganzer Datengruppen eine Vorgangssicht unterstützen. Daraus leiten sich folgende Konsequenzen ab:

- Ein Vorgang mit seinen Zustandsveränderungen wird komplett abgewickelt. Zur Gewährleistung der Konsistenz sämtlicher relevanter Vorgangs-Daten werden alle erforderliche Sperren ergriffen.

- Nach Abschluss der Verarbeitung eines Vorgangs kann ein COMMIT abgesetzt werden (idealerweise wird die COMMIT-Freqenz 'von außen' gesteuert - Details zur COMMIT-Schreibung folgen). Durch den COMMIT werden sämtliche Vorgangs-Daten für Parallelnutzer verfügbar.

13.1.1.1.3 Abgrenzung der Online- und Batch-Charakteristiken

Typische Verfahren, die jahrelang als klassische Vertreter für Batch-Anwendungsformen galten, werden plötzlich vom Fachbereich in einer Online-Umgebung gefordert.

So kann man je Benutzertyp verschiedene Sichtweisen und Argumente erkennen, die eine Abgrenzung zwischen Batch- und Online-Verarbeitung vornehmen:

Benutzertyp	Online-Charakteristiken	Batch-Charakteristiken
Sachbearbeiter, Benutzer	Bildschirm-Unterstützung Direkt-Verarbeitung Betriebswirtschaftliche Orientierung Arbeitsgang- und -schritt-Orientierung Foreground, gute Reaktionszeit Background, asynchrone Arbeiten	Beleg-Eingabe, List-Ausgabe Mehrstufen-Verarbeitung Technische Orientierung DV-Orientierung Immer Background, längere Verarbeitungszeit
DV-Entwickler	Ergonomie-Anforderungen des Benutzers Hohe Verfügbarkeit innerhalb der Arbeitszeit Schnelle Antwortzeit Ereignisgetrieben (durch den Benutzer) Spitzenbelastungen sind nicht verschiebbar Parallel-Betrieb (Multi-User) Realtime Häufig Einzelverarbeitung Sofortige und umfassende Verarbeitung Komplexe Fehlerbehebungs- und Wiederanlauf-Verfahren Zwang zu einem gesamtheitlichen Design	DV-Orientierung Außerhalb der Benutzer-Arbeitszeiten Lange Zeitstrecke für die Ergebnisbildung Planung durch die DV Planbare Ressourcen und Arbeitsanfall Isolierter Betrieb (i.d.R. Single-User) Häufig zeitunkritisch Mengenverarbeitung Stufenweise Verarbeitung (Jobs, Steps) Durch Isolation der Betriebsmittel ist i.d.R. ein einfacheres Wiederholen möglich Individual-Design ist möglich
System-Bediener	Alle Ressourcen sind ständig verfügbar Gemeinsame Nutzung der Ressourcen (Sharing der Betriebsmittel)	Evtl. Rüsten der benötigten Ressourcen Individuelle Nutzung der Ressourcen (Isolation von Betriebsmitteln)

Es ist erkennbar, dass sich zunehmend die Charakteristiken der Anwendungs-Systeme zum Anforderungs-Profil von Online-Anwendungen hin verlagern. Dieses Zusammenführen der Profile wird auch als Multi-User-Anwendung bezeichnet (siehe später).

Als wesentliche Argumente sind hier zu nennen:

1. Der Fachbereich fordert verstärkt die Dialogisierung oder aber zumindest eine Einflussnahme auf seine Arbeitsaufträge über das Medium: Bildschirm.
   Auch bisher klar dem Batch-Bereich zuordenbare Anforderungen werden zumindest interaktiv angestoßen und ggf. im Background (asynchron) abgewickelt.

2. Die Technologie bietet immer stärker die Möglichkeit der Parallel-Verarbeitung von Online und Batch. So unterstützt DB2 generell die Multi-User-Verarbeitung.

3. Die Zeiten für Online (Online-Window) und Batch-Anwendungen (Batch-Window) fließen ineinander.

4. Trend zur konzernweiten (oft weltweiten) Zentralisierung der Hardware und Systemsoftware bei gleichzeitigem Trend zur dezentralen Bereitstellung von Daten und Funktionen (Client-Server).

13 Anwendungsprogrammierung unter DB2
13.1 Einsatzspektrum von DB2

13.1.1.1.4 Client/Server-Charakteristiken

Bei der Entwicklung von Client/Server-Anwendungen sind folgende Kriterien relevant:

- **Schichten-Architektur und die Zuordnung der Aufgaben und Ressourcen**

  - **2-tier-Architektur**
    mit zwei Schichten: Client und Server; eine Spezialform ist die Abdeckung der Server-Schicht durch einen Super-Server, der auch als Host bezeichnet wird.
    Beispiele möglicher Konstellationen sind:
    a) Der **Client** ist verantwortlich für:
       - die grafische Benutzeroberfläche (GUI = Graphical user interface).

       Zu klären ist die Abgrenzung der Verantwortlichkeit von Prüfungen. Eine Verlagerung auf den Client ist problematisch, wenn solche Aufgaben von der zentralen Datenbank übernommen werden sollen, z.B. durch Trigger.
       Der **Server** ist verantwortlich für:
       - die Vorgangs-Steuerung und die Vorgangs-Integrität, d.h. die Zwischenspeicherung von Vorgangsdaten und die Koordination der Synchronisationsmaßnahmen aller beteiligten Systeme,
       - die zentrale, integre und für alle verbindliche Datenhaltung und -Bereitstellung.

    b) Der **Client** ist verantwortlich für:
       - die grafische Benutzeroberfläche (GUI = Graphical user interface),
       - die Vorgangs-Steuerung und die Vorgangs-Integrität, d.h. die Zwischenspeicherung von Vorgangsdaten und die Koordination der Synchronisationsmaßnahmen aller beteiligten Systeme,

       Der **Server** ist verantwortlich für:
       - die zentrale, integre und für alle verbindliche Datenhaltung und -Bereitstellung.

  - **3-tier-Architektur**
    mit drei Schichten: Client, Server und Super-Server bzw. Host.
    Hier existieren natürlich diverse Variationsmöglichkeiten.
    Beispielsweise ist folgende Abgrenzung vorstellbar:
    Der **Client** ist verantwortlich für:
    - die grafische Benutzeroberfläche (GUI = Graphical user interface).

    Der **Server** ist verantwortlich für:
    - die Vorgangs-Steuerung und die Vorgangs-Integrität, d.h. die Zwischenspeicherung von Vorgangsdaten und die Koordination der Synchronisationsmaßnahmen aller beteiligten Systeme,
    - die Zwischenspeicherung von größeren Datenmengen (Problem der Aktualität),
    - die Bereitstellung der Daten in diversen Sortier-Anforderungen.

    Der **Super-Server** ist verantwortlich für:
    - die zentrale, integre und für alle verbindliche Datenhaltung und -Bereitstellung.

- **Wahl der technischen Komponenten zur Kommunikation mit DB2**

  - **Kommunikation über TP-Monitore**
    Kommunikation über einen TP-Monitor, i.d.R. wird dies CICS sein.
    Argumente für die Kommunikation über einen TP-Monitor sind:
    - Effiziente Nutzung des virtuellen Speichers,
    - große Bandbreite unterstützter Protokolle,
    - Multi-Threading-Fähigkeiten mit Parallel-Aktivierungsmöglichkeiten und -kontrolle,
    - Nutzung von Vorgangs-Zwischenspeicher des TP-Monitors.

    Argumente gegen die Kommunikation über einen TP-Monitor sind:
    - Dino-Saurier-Verfahren,
    - Abhängigkeit zu einem aktiven TP-Monitor,
    - immer mehr TP-Dienste werden von OS/390 oder DB2 angeboten.

  - **Kommunikation über die Attachment-Facilites CAF oder RRSAF**
    Die Kommunikation kann über eines der vorgenannten Attachment Facilities vorgenommen werden.
    In diesem Fall sind entweder die entsprechenden Voraussetzungen im Unternehmen zu schaffen (d.h. Programme mit entsprechenden Macros zu entwickeln) oder Standard-Schnittstellen einzusetzen, die z.B. bei Nutzung von ODBC oder Java bereitstehen.

  - **Direkte Kommunikation über DB2-DDF**
    Die Kommunikation kann mit SQL-Statements direkt mit DB2 vorgenommen werden. So kann beispielsweise ein Client z.B. über eine Client-ODBC-Schnittstelle einen SQL CALL absetzen und damit direkt eine DB2 Stored Procedure aktivieren.

13.1.2 Wahl des geeigneten Trägersystems
13.1.2.1 Dialog-Verarbeitung
13.1.2.1.1 Foreground-Verarbeitung

Bei einer Foreground-Verarbeitung erfolgt eine interaktive Kommunikation zwischen dem Benutzer und dem System. Man bezeichnet diese Verarbeitungsform auch als 'synchron'.
Während die TP-Monitore im Bereich der operationalen Massendatenverarbeitung eine effiziente Dialogabwicklung steuern, übernimmt TSO im Bereich der dispositiven Endbenutzerwerkzeuge eine führende Rolle.

Für den operationalen Einsatz müssen die Informationsanforderungen unter hohen Performance-Aspekten realisiert werden. Daher eignen sich für solche Aufgaben grundsätzlich die TP-Monitore besser als das Timesharing-System TSO.

Ob nun CICS oder IMS (TM) der bessere TP-Monitor ist, läßt sich schwer ohne tiefgehende Analysen beantworten.
Generell kann aber im Vergleich dieser beiden Tools ausgeführt werden:

- CICS ist das dynamischere, flexiblere und plattformübergreifende Tool, das eine höhere CPU-Leistung fordert. CICS ist weiter verbreitet und wird von mehr Standard-Software-Produkten unterstützt. CICS wird auch als Industriestandard bezeichnet.
CICS ist aber auch das komplexere und konsistenzkritische Tool, bei dem sorgfältig jeder Generierungs- und Kommando-Parameter beachtet werden muss.

- IMS ist ein eher statisches und stärker auf der Host-Umgebung basierendes Tool, das mehr Speicher und weniger CPU-Leistung benötigt.
Es ist insgesamt in seiner Struktur sicher und einfacher handhabbar.

Grundsätzlich sollte weder die Wahl des Dialog-Trägersystems noch des Datenbanksystems Auswirkungen auf das konzeptionelle Programm-Design erbringen.
So sollten natürlich auch die generellen Dialogabwicklungsaspekte unverändert in die DB2-Programme eingebunden werden. Lediglich der Teil der Datenanforderungen auf physische, externe Dateien unterliegt Veränderungen (wobei natürlich gerade hier erhebliche Auswirkungen durch die Funktionalität der SQL-Sprache gegeben sind).

Mit den TP-Monitoren und TSO kann man neben den DB2-Daten auch weitere Datenspeicherungssysteme verwenden (siehe auch Kapitel 2).
Grundsätzlich stellt sich die Frage, ob man diese Möglichkeiten voll ausschöpfen sollte.

Für **TSO**-Anwendungen ist die ausschließliche DB2-Nutzung besonders sinnvoll, da TSO keine Synchronisations-Fähigkeiten im Sinne eines UOW-Konzeptes besitzt und somit die gesamte Konsistenzverantwortung der konventionellen Dateien beim Programmierer liegt.

Für die Nutzer eines **TP-Monitors** stellt sich die Situation unterschiedlich dar:

- **Einsatz von IMS-TM (DC)**
  im Dialogbereich lassen sich folgende Datenbank-Systeme nutzen:
    - DL/1-Datenbanken,
    - Fast-Path-Datenbanken,
    - DB2-Datenbanken.

  Es gibt keine Bedenken, Informationsanforderungen über unterschiedliche Systeme abzuwickeln. Wenn Daten verändert werden, sollten sorgfältig mögliche Konsistenzprobleme beachtet werden. Dies gilt besonders, da relationale Systeme zunehmend Integritätswissen zentral im Katalog speichern werden (z.B. referential integrity, check integrity).
  Eine Konsistenzsicherung innerhalb eines Programmes ist natürlich speziell dann aufwendig, wenn mehrere Datenbanktypen beteiligt sind - speziell, wenn Integritätslogik unterschiedlich zu behandeln ist.

- **Einsatz von CICS**
  Die operationalen konventionellen Dateien sollten von DB2 abgelöst werden, wobei interessanterweise VSAM immer weiter entwickelt wird. Auch die speicherresidenten CICS-Data-Tables für VSAM-Dateien bringen eine erhebliche Performance-Verbesserung, auch im direkten Vergleich zu VSAM local shared resources oder dem DB2-Buffer-Konzept. Aber es ist zu beachten, dass bei Einsatz konventioneller Datenhaltungssysteme aus Programmsicht die SQL-Funktionalität nicht geboten werden kann.
  Für die auch unter CICS anschließbaren DL/1-Datenbanken gelten die gleichen Aussagen wie unter Einsatz von IMS-TM.

Natürlich wird man bei Einsatz eines TP-Monitors auch Überlegungen dahingehend anstellen, ob die Sicherheitseinrichtungen eines DB2-Systems nicht auch für die Ablage von Daten herangezogen werden sollten, die normalerweise im Verwaltungsbereich des TP-Monitors liegen.
So existieren **Zwischenspeicher**- und **Queueing**-Verwaltungs-Einrichtungen der TP-Monitore.

Speziell die Performance-Aspekte sichern den TP-Monitor-Queueing-Einrichtungen beim Sammeln von Massendaten Vorteile (derzeit noch!?).
Die Zwischenspeichermöglichkeiten der TP-Monitore verwalten Strings, die von den Anwendungsprogrammen interpretiert werden müssen. Verlagert man nun diesen Zwischenspeicher auf die DB2-Umgebung, so muss auch hier ein variabler String abgelegt werden.
Hierbei muss bei jedem Transaktionseintritt dieser String aus einer bestimmten Table eingelesen werden und bei Transaktionsende weggeschrieben werden.

Wie bereits in den vorherigen Kapiteln (12.2 ff) näher ausgeführt, müssen Geschäftsvorfälle mit mehreren Dialogschritten unter den TP-Monitoren IMS- und CICS pro Dialogschritt in einzelne Transaktionen aufgeteilt werden (aber auch TSO-Programme werden aus Performance-Gründen die Sperrdauer und Ressource-Belegung strikt reduzieren müssen).
Daraus ergeben sich insbesondere im Hinblick auf die Konsistenzsicherungsmaßnahmen besondere Auswirkungen auf das Programm-Design.

13.1.2.1.2 Background-Verarbeitung

Bei einer Background-Verarbeitung erfolgt keine interaktive Kommunikation zwischen dem Benutzer und dem System. Man bezeichnet diese Verarbeitungsform auch als 'asynchron'.

Sowohl TP-Monitore als auch TSO unterstützen neben Foreground- auch Background-Abwicklungen. Diese können Online- oder auch Batch-Charakteristiken aufweisen, wie z.B.:

- ein Einzelfallverarbeitungs-Anstoß (z.B. Übergabe einer Terminvormerkung an einen anderen Benutzer),
- ein Massenverarbeitungs-Anstoß, der aufgrund der langen Verarbeitungszeit asynchron ausgeführt werden soll.

Background-Abwicklungen können direkt in den TP-Monitor- bzw. TSO-Umgebungen aktiviert werden oder auch einer Batch-Anwendung zugeordnet werden.
Die TP-Monitore IMS und CICS unterstützen die Aktivierung von Batch-Programmen, die auf die Ressourcen der TP-Monitore zugreifen können (Shared Ressourcen):

- **IMS: BMP**-Verfahren (Batch-Message Processing),
- **CICS: EXCI** (External CICS Interface).
  Es ist zu beachten, dass bei EXCI keine Synchronisation von Ressourcen stattfindet, wenn das Batch-Programm außerhalb von CICS weitere Daten-Manipulationen vornehmen sollte! Sämtliche Manipulationen sollten in diesem Fall von den aufrufbaren Unterprogrammen im CICS vorgenommen werden!

13.1.2.2 Batch-Verarbeitung

DB2 unterstützt die Batch-Verarbeitung für:

- TSO-Background-Programme,
- IMS-DC-BMP-Programme,
- IMS-DC-FP-Nonmessage-Driven-Programme,
- CICS-IMS-DB-Programme,
- Programme mit Call-Attachment-Facility (CAF)-Schnittstellen bzw. über die Schnittstelle des Recoverable Resource Manager Services Attachment Facilities (RRSAF).
  Diese Schnittstellen werden z.B. auch für IMS-DB-Programme genutzt.

In den Batch-Bereich werden die Anforderungen ausgelagert, die prioritätsmäßig nachrangig behandelt werden können.

Durch das Mengenverarbeitungskonzept begründet, kann die Bearbeitung großer Datenbestände zu intern extrem hohen Aufwendungen führen.
DB2 muss die Ressourcen für die Batch-Anwendung isolieren, da auch hier das **UOR**-Konzept gilt und die gesamte Batch-Laufzeit (Job-Step) als eine logische Arbeitseinheit behandelt wird, deren Datenänderungen im Falle eines Abbruchs auch wieder zurückgesetzt werden müssen.
Daher wird empfohlen, innerhalb solcher Batch-Programme häufige **Commit**s abzusetzen, die eine laufende UOR beenden und die entsprechenden Ressourcen freigeben.
Aber solche Commits entlasten zwar die technologische Umgebung, fordern aber wiederum weitere programmtechnische Maßnahmen (auf Details wird später eingegangen).

Einige wichtige Aspekte, wenn eine Batch-Verarbeitung auf DB2-Daten zugreift:

- Bei Manipulationen wird im DB2 eine UOR (Unit of Recovery) eingerichtet.
  Sämtliche geänderten Daten führen zu Ressource-Belegungen im DB2:
    - Bufferpool-Pages bleiben belegt (siehe Kapitel 11),
    - Log-Einträge müssen ggf. wieder aufgegriffen werden, wenn die UOR abnormal beendet wird,
    - Sperreinträge (Locks) bleiben erhalten und verhindern i.d.R. eine parallele Nutzungsmöglichkeit.

- Datenmengenanforderungen benötigen das Cursor-Konzept.
  In der Regel werden die Daten einer steuernden Informationsgruppe sortiert anzufordern sein (speziell bei Programmen, die restart-fähig sind).
  Der Aufwand zur Bereitstellung der Result Tables ist genau zu prüfen. Insbesondere ist zu prüfen, ob ein Zugriff auf die Basistabellen stattfindet oder Materialisierungen in Form von temporären Tabellen stattfinden.
  DB2 kann auf eine Sortierung der Daten verzichten, wenn ein nutzbarer Index vorliegt.
  Ansonsten kann der Sortieraufwand und die Belegung von DB2-Zwischenspeicher-Ressourcen - speziell bei großen Datenmengen - sehr problematisch werden.
  Ideal kann ggf. bei solchen Anforderungen ein clustered Index sein.

- Zur Verhinderung einer parallelen Ressource-Nutzung kann ein Batch-Programm ein hohes Sperr-Niveau etablieren (z.B. mit LOCK TABLE).

- Die DB2-internen Logging-Maßnahmen können niemals ausgeschaltet werden (im Gegensatz z.B. zu einem IMS-Batchprogramm).

Langlaufende Batch-Programme sind dann besonders **kritisch**, wenn sie:

- länger als die verfügbare Zeit im Zeitfenster für Batch-Anwendungen im System verweilen,
- parallel zu Online-Anwendungen im Online-Zeitfenster abgewickelt werden müssen.

Batch-Programme mit umfangreichen Ressource-Anforderungen sind **immer kritisch**.

13.1.3 Die verschiedenen Betriebsformen

DB2 unterscheidet nicht zwischen Batch- oder Dialoganforderungen. Sämtliche Anforderungen werden gleichartig behandelt und fordern auch dieselben Sicherungsmaßnahmen.
DB2 ist ein Multi-User-System mit einer generalisierten Verfahrensbehandlung.
Daher sind auch die möglichen Betriebsformen unter DB2 nur bei entsprechenden organisatorischen und ggf. programmtechnischen Regelungen denkbar.
Das Anwendungs-Design wird durch die Betriebsformen des Unternehmens stark beeinflusst.
Es kann unterschieden werden in:

- <u>Normaler Betrieb</u> mit einem 'normalen' Online-Window und einem verbleibenden Batch-Window.
- <u>Erweiterter Betrieb</u> mit einem erweiterten Online-Window und einem reduzierten Batch-Window.
- <u>24-Stunden-Betrieb</u> mit einem kombinierten Online- und Batch-Window.

13.1.3.1 Normale Betriebszeiten

Für eine bestimmte Zeit stehen die Ressourcen (Rechner, Datenbestände) ausschließlich für Online-Anwendungen zur Verfügung (Online-Window).
Danach können (zumeist abends oder nachts) Batch-Anwendungen in einer bestimmten Zeitleiste abgewickelt werden (Batch-Window).
In einer solchen Betriebsform steht mit dem Batch-Window ein i.d.R. ausreichender Zeitanteil für alle Arbeitsprozesse zur Verfügung, die isoliert von Parallelaktivitäten stattfinden müssen.

13.1.3.2 Erweiterte Betriebszeiten (erweiterte Verfügbarkeit)

Für eine erweiterte Zeit stehen die Ressourcen (Rechner, Datenbestände) ausschließlich für Online-Anwendungen zur Verfügung.
Für Batch-Anwendungen steht ein z.T. drastisch reduziertes Batch-Window zur Verfügung.
Hier können bei Langläufern oder bei einer Häufung von isoliert abzuwickelnden Parallelaktivitäten Probleme auftreten, die zu Überlegungen führen müssen, die Verweilzeiten einzelner Anwendungen im System zu reduzieren.

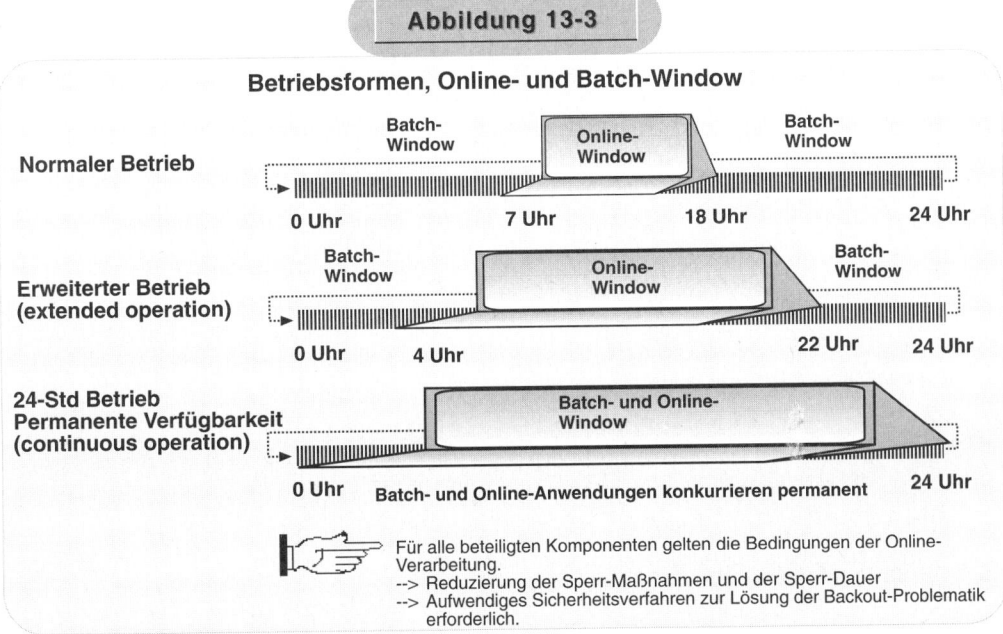

Abbildung 13-3 Betriebsformen, Online- und Batch-Window

13.1.3.3 24-Stunden-Betrieb (permanente Verfügbarkeit)

Zunehmend sehen sich die Entwickler mit der Betriebsform eines permanent verfügbaren Systems und dem Anforderungsprofil eines Multi-User-Systems konfrontiert.
Beispiele für solche Entwicklungen:

- Ein Unternehmen wird DV-technisch im Konzern zentral integriert.
  Damit werden sämtliche bestehenden Anwendungen unter neuen Bedingungen gehandhabt.
- Ein Unternehmen baut ein internationales Netzwerk auf oder beteiligt sich an internationalen Netzen. Die zunehmende Internationalisierung fordert eine zeitunabhängige Einbindung in Informations-Netzwerke.
- Ein Unternehmen möchte einen 'Rund-um-die-Uhr-Service' anbieten.
- Der Home-Computing-Bereich (z.B. Telebanking, BTX-Bestellung) soll ausgebaut werden.

In einem permanent verfügbaren System geraten Batch- und Dialog-Programme in Konkurrenz-Situationen (Multi-User-Betrieb), die beim Design sorgfältig beachtet werden müssen.

Während der kompletten Betriebszeit konkurrieren Online- und Batch-Anwendungen permanent.
Dabei prallen unterschiedlichste Anforderungs-Profile aufeinander, wie:

- operationale Online-Anwendungen (z.B. Auftragserfassung),
- dispositive informationsorientierte Online-Anwendungen (z.B. Prognoseberechnungen),
- operationale Batch-Anwendungen (z.B. Personalabrechnung),
- dispositive informationsorientierte Batch-Anwendungen (z.B. Erträge anhand der Vertriebsstruktur),
- Sicherungsläufe der Bestände,
- Reorganisations-Läufe zur effizienteren Bestands-Ablage,
- Ladevorgänge zur Überleitung von Daten aus anderen Beständen oder Systemen,
- Übernahme von Projekten, Verfahren und Datenstruktur-Versionen aus dem Test in die Produktion,
- Systemüberwachungs-Maßnahmen,
- Systemgenerierungs-Maßnahmen.

Änderungsanforderungen von langlaufenden Programmen können zu erheblichen Auswirkungen bis hin zum Stillstand des Systems wegen Ressource-Engpässen führen.
Dadurch entstehen wegen belegter Ressourcen lange Wartezeiten für konkurrierende Arbeitsaufträge (Batch und Dialog).

Es ist keine Separierung (Isolation) der Anwendungen möglich, d.h. eine Anwendung kann keine Ressource über einen längeren Zeitpunkt alleine in Anspruch nehmen.
Andererseits müssen aber zur Erhaltung der Daten-Konsistenz bei der Manipulation von Daten Sperrmechanismen greifen. Daraus folgt, dass in einer solch permanent verfügbaren Umgebung Zeitanteile definierbar sind, in denen keine Parallelverarbeitung gestattet ist. Ein wichtiges Ziel des Anwendungs-Designs ist die Reduzierung dieser Zeitleiste.

Folgende relevante Probleme treten damit einer solchen Umgebung auf:

- Sicherungsläufe und speziell der Recovery-Prozess sind problematisch.
  Ein Zurücksetzen bestimmter Tabellen auf einen früheren Zustand ist nahezu ausgeschlossen (nur möglich, wenn für eine bestimmte Zeit die Verarbeitungsmöglichkeiten von Parallelanwendungen verhindert werden).
- Mengenverarbeitungs-Prozesse sind problematisch, da sich die Konsistenz auf viele und logisch verbundene Daten bezieht.
- Bei unterschiedlichen Zeitzonen (z.B. Anschluss internationaler Teilhaber) ist zwischen der lokalen Zeit und einer generellen Zeit (z.B. GMT) zu unterscheiden. Bei allen zeitrelevanten Zugriffen ist dies zu berücksichtigen.
- Sperren können zu Serialisierung und Monopolisierung führen,
- Unterschiedliche Prioritäts-Level kämpfen um gemeinsame Ressourcen.

13.1.3.3.1 Zielsetzungen eines Multi-User-Betriebs

Die folgenden **strategischen Zieldefinitionen** sind relevant:

- Erreichung einer **permanenten Verfügbarkeit** (im Rechenzentrum), d.h. eine 24-stündige Bereitschaft zur Annahme und Abwicklung fachlich vorgeplanter Arbeitsaufträge ohne Wartezeiten für die Benutzer.
- **Effiziente Auslastung der DV-Systemressourcen**.
- **Hoher Parallelitätsgrad** sämtlicher Anwendungen.
- Benutzergerechte **Antwortzeiten**.

Die Erreichung der strategischen Zieldefinitionen fordert die **Einhaltung bestimmter Prinzipien**. So müssen gewährleistet werden:

- die **Integrität und Sicherheit** der Daten **(juristische Verbindlichkeit)**,
- die **Stabilität** der Verfahren,
- eine **hohe Flexibilität und Wartungsfreundlichkeit** sämtlicher Anwendungen,
- **Release-Stabilität** (für System und Individualanwendungen),
- Schaffung bzw. Gewährleistung der **Transparenz** in Datenhaltung und Anwendungen,
- eine hohe **Effizienz** der Anwendungsentwicklung und **Wiederverwendbarkeit** sämtlicher Entwicklungskomponenten (Daten, Funktionen, Views, Prozesse),
- **Offenheit** für den Einsatz neuer Methoden und Technologien.

Nach dem heutigen Stand der Informationsverarbeitung gelten eine Reihe weiterer Prinzipien, die sich als **Rahmenbedingungen** für die Entwicklung moderner DV-Systeme definieren lassen:

- **Markt- und Produkt-Orientierung**, d.h. eine Orientierung an strategischen Marktchancen und die klare Ausrichtung auf eine Produktpalette.
- **Kunden- und Partner-Orientierung**, d.h. es findet eine klare Ziel- und Ergebnisorientierung sowie die Kontrolle der Zufriedenheit der Unternehmenspartner statt.
- **Benutzer-Orientierung**, d.h. wir akzeptieren ergonomische Anforderungen.
- **Vorgangs-Orientierung**, d.h. ein fachlicher Vorgang muss in möglichst wenigen Schritten zu einem endgültigen Abschluss gebracht werden.
- **Rundum-Sachbearbeitung,** d.h. eine umfassende Vorgangsbearbeitung eines Sachbearbeiters für einen Partner. Der Kunde kommuniziert idealerweise über einen Betreuer / eine Betreuergruppe.
- **Objekt-Orientierung**, d.h. wir versuchen die Objekte der Realität möglichst in unserer Datenverarbeitungswelt spiegelbildlich korrekt wiederzufinden
- **Client-Server-Orientierung**, d.h. die Akzeptanz der Rollenverteilung (jeder kann sich in der Rolle eines Clients und eines Servers, d.h. Dienstleistungserbringers befinden) und die technische Umsetzung der relevanten Prinzipien daraus.

13.1.3.3.2 Ein Wort zur 'Permanenz'

Es sei an dieser Stelle erwähnt, dass die Zielsetzungen eines wirklich permanenten Multi-User-Betriebs - bezogen auf alle Komponenten - nicht erreichbar sind.
Bei bestimmten Konstellationen, wie z.B. Releaseeinführungen von Standardsoftware oder auch Anwendungen und im Extremfall bei Hardware-Veränderungen müssen - auch langfristig betrachtet - immer bestimmte Isolationen vorgenommen und eingeplant werden.
Daher wird der Begriff 'permanent' in diesem Buch so verstanden, dass wir möglichst weitgehend diese Zielsetzungen erreichen und nicht durch System- oder Anwendungsschwächen gefährden wollen.

13.1.4 Programm-Design-Überlegungen
13.1.4.1 Programmübergreifende Maßnahmen

Unabhängig von dem eingesetzten Datenbanksystem müssen im Designprozess diverse datenbank- und dialogspezifische Aktivitäten ergriffen werden, wobei bei jedem der aufgeführten Punkte Überlegungen einsetzen, inwieweit DB2 Unterstützung leisten kann, nicht betroffen ist oder aber Nachteile im Vergleich zu konventionellen Systemen aufweist, wie z.B.:

- **Festlegung der Prüfregeln bei der Dialogabwicklung** (Details siehe Kapitel 9 und 10)
  Dieses Gebiet wird zunehmend von Workstations abgedeckt, die als Client bestimmte Frontend-Verarbeitungen übernehmen.
  Zur Benutzeroberfläche gehört die frühzeitige Unterstützung bei Fehlersituationen.
  Mit welcher Informationsbasis übernehmen Programme diese Aufgaben?
  Sollen Prüfinformationen im Katalog hinterlegt werden (z.B. Check Konstrukte und Trigger) oder sollen solche Daten als normale Benutzerdaten geführt werden?

- **Überlegungen und Festlegungen hinsichtlich der Unabhängigkeit von Programmen zu den gespeicherten Daten** (Details siehe Kapitel 9)
  - Einsatzmöglichkeit des View-Konzepts.
  - Konzept zur Abkopplung der Daten-Zugriffe vom Problemlösungs-Teil:
    - Einsatz von Unterprogrammen,
    - Einsatz von User-defined Data Types und -Functions,
    - Einsatz von Triggern,
    - Einsatz von Stored Procedures.
  - Einsatz zentraler Datenbereitstellungsmodule (wobei dies unter DB2 aufgrund der Standard-SQL-Schnittstelle nur sehr eingeschränkt sinnvoll möglich ist).
  - Bei einer Verteilung von Daten auf verschiedene Lokationen ist zu überlegen, inwieweit die Programme einen möglichst hohen Unabhängigkeitsgrad erreichen können.

- **Überprüfung und Festlegung der Integritätsbedingungen** (Details siehe Kapitel 10)
  - Gewährleistung der Entity-Integrity durch UNIQUE INDEX und 'NOT NULL'-Unique-Key-Spalten. Grundsätzlich muss jede Einzel-Manipulation über den Primary-Key bzw. einen Candidate Key vorgenommen werden. Massen-Manipulationen sind besonders zu planen.
  - Gewährleistung der Referential-Integrity durch DB2 oder individuell durch Programm-Module.
  - Gewährleistung der User-Integrity durch:
    - Programm-Module oder zentrale Routinen mit externer Daten-Struktur-Beschreibung (RI),
    - Einsatz von User-defined Data Types und -Functions,
    - Einsatz von Triggern,
    - Einsatz von Check Klauseln.
  - Redundanzverwaltung durch zentrale Module.

- **Abgrenzung der Konsistenzbereiche mit Dauer und Umfang von Sperrmaßnahmen** (Details siehe Kapitel 12)
  - Beginn und Ende von Sperrmaßnahmen.
  - Niveau der Sperrmaßnahmen.
  - Art der Sperrtechniken speziell unter Berücksichtigung der Trägersystem-Konventionen.

- **Überlegungen hinsichtlich besonderer Sperrprobleme, Reduzierung von Deadlock-Situationen** (Details siehe Kapitel 12)
  - Untersuchung inwieweit Behinderung bei Parallelabwicklungen auftreten:
    - des gleichen Programms/ der gleichen Transaktion,
    - durch andere Anwendungen.
  - Verarbeitungsreihenfolge zur Reduzierung von Deadlocks definieren.

- **Definition der Zugriffsschutzkriterien** (Details siehe Kapitel 7 und 9)
  - Definition des Zugriffsschutz-Niveaus.
  - Auswahl der Zugriffsschutz-Mechanismen. Prüfen, ob Zugriffsschutz mit DB2-Mitteln erreichbar ist, z.B. durch den Einsatz von DB2-Views oder mit unterschiedlichen Programmversionen in Packages.

13 Anwendungsprogrammierung unter DB2
13.1 Einsatzspektrum von DB2

- **Festlegung der Datensicherheitsmaßnahmen** (Details siehe Kapitel 12)
  - Fehleranalyse-Maßnahmen und ROLLBACK-Festlegungen.
  - RECOVERY-RESTART-Maßnahmen.
  - Wiederaufsetzen auf vorherigen Verarbeitungszustand (Wiederanlauf).

- **Optimierung des Verarbeitungsablaufs unter Berücksichtigung von Strukturierungsaspekten** (Details siehe Kapitel 9)
  - Wartungsfreundlicher Programmaufbau durch Modularisierung.
  - Einsatz von Standardroutinen für allgemeine Aufgaben.

- **Überwachung der SQL-Performance** (Details siehe Kapitel 14)
  - Optimaler Einsatz der SQL-Statements unter Berücksichtigung der Optimizer-Fähigkeiten. Ggf. müssen Statement-Varianten ausprobiert werden.
  - Nutzungsmöglichkeit vorhandener oder zusätzlicher Indizes.

13.1.4.2 Der Einsatz von SQL: Möglichkeiten und Restriktionen

Die Verarbeitung der gespeicherten Daten erfolgt unter DB2 in einer von konventionellen Systemen abweichenden Denkweise.

Durch das '**Multiple-Records-at-a-time**'-Konzept werden von DB2 grundsätzlich Datenmengen behandelt (zumindest gilt dies theoretisch; praktisch bietet DB2 für Anwendungsprogramme spezielle Verfahren für die 'One-Record-at-a-time'-Bereitstellung der Datenmengen).

Die Frage ist nun, inwieweit dieses Konzept mit den Möglichkeiten mengenorientierter Manipulationen für die betrieblichen Anforderungen relevant und nutzbar ist.

Praktisch bestehen unter DB2 diverse Restriktionen hinsichtlich des SQL-Einsatzes in Anwendungs-Programmen:

- Ein **SELECT** kann Daten aus 1 bis max. 225 Tabellen zusammenführen.
  Als Ergebnis darf mit SELECT INTO aber nur eine einzige Ergebniszeile entstehen.

- Wenn Datenmengen erwartet werden, muss das **Cursor-Konzept** eingesetzt werden:
  - DECLARE cursor-name CURSOR FOR SELECT ....
  - OPEN CURSOR cursor-name
  - FETCH cursor-name   (Bereitstellung einer Zeile; daher ist i.d.R. ein Loop erforderlich)
  - CLOSE CURSOR cursor-name

- Der Anwendungs-Entwickler muss bei einer Mengen-Verarbeitung mit dem SQL-Statement die Ergebnis-Menge (**Result Table**) korrekt definieren.
  Dabei muss er die entsprechenden WHERE-Bedingungen so formulieren, dass er jeden Satz der gewünschten Datenmenge einmal zur Verfügung gestellt bekommt.
  Es ist zu beachten, dass die Anlieferung der Basis-Tabellen-Daten grundsätzlich nicht in einer bestimmten physischen Speicherungs-Folge garantiert wird. Ist eine sortierte Bereitstellung erforderlich, muss die Result Table zwingend mit ORDER BY angefordert werden.

- Da der **Loop** innerhalb des Cursor-Konzeptes programmiert werden muss, kann der Entwickler die innerhalb des Programmes zu verarbeitende Daten-Menge direkt beeinflussen (nicht aber die DB2-Result Table).

- Die **Manipulation** (INSERT, UPDATE, DELETE) darf sich <u>immer nur auf eine einzige Basis-Tabelle</u> beziehen.

- Wenn nur eine Zeile direkt verarbeitet werden soll, muss der Anwendungs-Entwickler den **PK** bzw. einen **Candidate Key** zwingend vorgeben.
  Regel: Jede dafür erzeugte Result Table muss die PKs bzw. Unique Keys der zugrundeliegenden Informationen enthalten. Dies liegt ausschließlich im Verantwortungsbereich des Entwicklers und wird nicht von DB2 unterstützt.

- Wenn Daten aus mehreren Tabellen mittels Join zusammengeführt werden sollen, muss der Entwickler i.d.R (bei einem Equi-Join) **sämtliche Spalten der PK-FK-Beziehungen** vorgeben.
  Bei nicht korrekter Formulierung drohen kartesische Produkte und/oder Konsistenzprobleme.

- Wenn **Datenmengen** durchsucht werden sollen, können <u>Konsistenz-Probleme</u> durch Parallel-Prozesse auftreten, da die Abwicklung längere Zeit benötigt und die Datenbereitstellung z.T. durch physische Lokalisierungen zufällig beeinflusst wird.
  Regel:
  Ohne die Ergreifung expliziter Sperrmaßnahmen ist nur die Sicht auf Einzeldaten zu einem bestimmten Zeitpunkt als konsistent anzusehen. Die Bereitstellung einer Datenmenge über einen Zeitraum hinweg führt zu verschiedenen Konsistenzen der einzelnen betroffenen Datenzeilen.

- Wenn **mehrere Zeilen einer Tabelle manipuliert** werden sollen, können <u>Konsistenz-Probleme</u> durch Parallel-Prozesse auftreten.

13.1 Einsatzspektrum von DB2

Folgende grundsätzliche Anforderungs-Typen sind vorhanden:

- **Informationsanforderungen**
  - Bereitstellen von <u>Daten aus einer Tabelle</u>.
    - Direkt über Primary-Key adressierbare Zeile (qualifizierter Zugriff auf den PK über den Primary Index)
      Beispiel:
      ```
      SELECT   TITEL
      FROM     SEMTYP
         WHERE SEMCODE = 'DB2-PROG'
      ```

    - Direkt über einen ROWID adressierbare Zeile (direkter Zugriff auf eine Datenzeile ohne Index-Nutzung)
      Beispiel:
      ```
      SELECT   TITEL
      FROM     TABLE1
         WHERE ROW_ID = :ROW_ID
      ```
      Ein ROWID muss vorher eingelesen worden sein und darf zwischenzeitlich nicht verändert sein (z.B. durch einen REORG).

    - Auswahl mehrerer Zeilen (Zugriff auf Nicht-PK-Felder oder unqualifizierter PK-Zugriff)
      Beispiel:
      ```
      SELECT   SEMCODE
      FROM     SEMTYP
         WHERE DAUER = 4
      ```

  - Bereitstellen zusammengeführter <u>Daten (Join) aus mehreren Tabellen</u>
    Beispiel:
    ```
    SELECT   TITEL, TERMIN
    FROM     SEMTYP, SEMINAR
       WHERE SEMTYP.SEMCODE = SEMINAR.SEMCODE
       AND   DAUER > 4
    ```

- **Änderungsanforderungen (INSERT, DELETE, UPDATE)**
  - Änderung von Daten einer bestimmten Tabelle
    - Direkt über Primary-Key adressierbare Zeile
      Beispiel:
      ```
      UPDATE   SEMTYP
      SET      DAUER = :DAUER
         WHERE SEMCODE = 'DB2-PROG'
      ```

    - Direkt über einen ROWID adressierbare Zeile (direkter Zugriff auf eine Datenzeile ohne Index-Nutzung)
      Beispiel:
      ```
      UPDATE   TABLE1
      SET      COL3 = :COL3
         WHERE ROW_ID = :ROW_ID
      ```
      Ein ROWID muss vorher eingelesen worden sein und darf zwischenzeitlich nicht verändert sein (z.B. durch einen REORG).

    - Änderung mehrerer Zeilen
      Beispiel:
      ```
      UPDATE   SEMTYP
      SET      DAUER = DAUER + :ERHOEHUNG
      ```

  - Änderung zusammengeführter Daten mehrerer Tabellen (auf einem Join basierend).
    DB2 bietet keine Unterstützung, mit <u>einem</u> DML-Befehl mehrere Tabellen zu manipulieren. Diese Anforderung muss pro Tabelle auf ein einzelnes Statement aufgelöst werden.

Während bei der Informationsbereitstellung alle Anforderungstypen relevant sind, werden die häufigsten Änderungsanforderungen direkt über den Primary-Key adressiert.

Generell sind Massen-Veränderungen aus Konsistenzgründen kritisch (siehe hierzu auch Kapitel 12), sofern nicht eine entsprechende Isolierung der Ressourcen betrieben wird.

Eine wichtige Frage ist auch, in welchem Umfange die DB2-Sprachmittel genutzt werden sollten.

13 Anwendungsprogrammierung unter DB2
13.1 Einsatzspektrum von DB2

Die einzusetzende Programmier-Technik ist stark abhängig von:

- dem vorhandenen Daten-Volumen,
- der Nutzungs-Möglichkeit von Indizes,
- der inhaltlichen Streuung von Index-Spalten,
- der Filterungs-Möglichkeit über die WHERE-Bedingungen des einzelnen Statements,
- den jeweiligen - release-stand-abhängigen - Optimizer-Entscheidungen,
- den physischen Entscheidungen bezüglich der Datenhaltung (z.B. Verteilung der Daten auf unterschiedliche Lokationen oder Tabellen, Aufbau von Redundanzen usw.),
- bestehenden Restriktionen im DB2-System.

Theoretisch gilt:

> **Die Daten-Anforderungen sollten mit möglichst mächtigen SQL-Statements vorgenommen werden. Alles was an Variablen zur Auswahl einer Datenmenge bekannt ist, sollte dem System mitgegeben werden.**
> **Bei einem verteilten System kann der Optimizer die einzelnen Komponenten erkennen und entsprechende Teil-Queries parallel ausführen.**

Praktisch aber können je nach Vorgehensweise erhebliche Performance-Auswirkungen eintreten oder aber durch technische Restriktionen werden bestimmte Maßnahmen erzwungen.

Generell können durch entsprechende komplexe SQL-Statements wesentliche Teile der Daten-Beschaffung und Navigation aus den Anwendungs-Programmen verlagert werden.

Es ist aber zu beachten, dass komplexe SQL-Statements gut dokumentiert sein müssen.
Außerdem muss ein heute optimaler Zugriffspfad in Zukunft nicht unbedingt mehr effizient sein.

Heute bestehen erhebliche Einschränkungen beim Einsatz komplexer SQL-Statements.
Vielfach sind innerhalb der Programme Beschaffungs-Maßnahmen Zug um Zug erforderlich, da z.B:

- Joins bzw. Subqueries als komplexe Anforderungen erhebliche interne bzw. externe Beschaffungs-Aufwendungen fordern,
- die Anzahl der zusammenzuführenden Tabellen beschränkt ist (durch SQL theoretisch auf 225, praktisch jedoch weit weniger - der interne Aufwand steigt überproportional mit jeder zusätzlichen Tabelle),
- Manipulationen nur auf eine einzige Basistabelle stattfinden können,
- Daten auf verschiedene Lokationen verteilt sind,
- häufig das Cursor-Konzept angewandt werden muss, das eine spezifische Logik fordert.

DB2 ermittelt mit Hilfe des Optimizers in aller Regel den effizientesten Zugriffsweg zu den Daten.
Auf dem Programmierer lastet aber eine hohe Verantwortung hinsichtlich des richtigen Sprach-Einsatzes. Er muss ggf. verschiedene Statement-Varianten erproben (siehe auch Kapitel 14).

Generell gilt:
Zunächst sollte die gesamte SQL-Funktionalität genutzt werden.
Stellen sich spezielle Performance-Probleme ein:
- als erstes nach DB2- bzw. SQL-Varianten suchen,
- dann erst eine programmtechnische Lösung suchen, bei der dann aber immer zu prüfen ist, ob wirklich ein positiver Effekt gegenüber der SQL-Lösung eintritt!

13.2 Programmentwicklung unter DB2

Die Programmentwicklung unterscheidet sich grundsätzlich nicht von der Entwicklung herkömmlicher Programme. DB2 verfügt über keinen integrierten Editor, sondern benutzt TSO als interaktive Trägerumgebung zur Unterstützung der Entwicklungsaktivitäten.

13.2.1 Unterstützte Programmiersprachen

SQL-Statements können interaktiv über DB2I-SPUFI oder QMF eingegeben werden oder aber in Anwendungsprogramme eingebettet werden (**embedded SQL**).

DB2 unterstützt folgende professionelle Programmiersprachen:

- **Ada,**
- **APL2,**
- **Assembler** (F und H-Assembler),
- **BASIC** (IBM-BASIC),
- **C, C++**
- **COBOL** (COBOL for MVS and VM, COBOL II),
- **FORTRAN,**
- **Java,**
- **PL/I,**
- **PROLOG,**
- **REXX,**
- **SMALLTALK.**

Die Sprache APL2 wird interpretativ ausgeführt, IBM-BASIC kann sowohl interpretativ als auch kompiliert ausgeführt werden. Für beide Sprachen steht eine SQL-CALL-Sprachschnittstelle zur Verfügung. Für die zu kompilierenden Sprachtypen steht ein DB2-Precompiler zur Verfügung.

13.2.1.1 EXEC-SQL-Sprachschnittstelle

Bei dieser Sprachschnittstelle erfolgt die Kommunikation mit DB2-Komponenten grundsätzlich sprachenunabhängig auf einem höheren Level (EXEC-Level) durch die EXEC SQL-Befehle. Die einzelnen Sprach-Compiler können diesen Level nicht interpretieren, da sie für den DB2-Anschluss nicht verändert wurden.

Daher wurde ein DB2-Precompiler entwickelt, der die EXEC SQL-Befehle sprachenspezifisch formal prüft und in Sprachkomponenten vorübersetzt, die von den jeweiligen Compilern verstanden werden. Hierbei werden die EXEC SQL-Befehle als Kommentare gekennzeichnet und es erfolgt das Aufbereiten der Parameter für das Schnittstellenmodul des jeweiligen Trägersystems sowie der CALL-Aufruf zur Schnittstelle (Attachment-Facility).

13.2.1.2 CLI-Sprachschnittstelle (Call Level Interface)

Bei dieser Sprachschnittstelle erfolgt die Kommunikation mit DB2-Komponenten grundsätzlich sprachenabhängig mittels CALL-Aufruftechnik. Derzeit unterstützen nur C und C++ diese Sprachschnittstelle. Weitere Ausführungen siehe unter Kapitel 9.2 - ODBC und unter Kapitel 13.3.
Bei diesem Verfahren werden kein Precompiler und keine expliziten Packages bzw. Pläne benötigt. Die Sprachschnittstelle unterstützt im Rahmen von Open Database Connectivity (ODBC) weitestgehend herstellerunabhängige und portable Datenbankaufrufe.
Relevante Besonderheiten dieses Zugriffsverfahrens sind z.B.:

- es sind ausschließlich Dynamic und keine Static SQL-Statements unterstützt,
- es sind keine expliziten Cursor zu definieren; Datenmengen sind über Bereiche (Arrays) unterstützt.

13.2.1.3 Java-Sprachschnittstellen (JDBC und SQLJ)

Für Java-Programme existieren zwei Sprachschnittstellen, die entweder unter dem Call Attachment Facility (CAF) oder unter dem Recoverable Resource System Attachment Facility (RRSF) an DB2 angeschlossen werden können:

- **JDBC** **Java Database Connectivity Interface.**
  Es handelt sich um ein Set von APIs (Application Programming Interfaces), die über eingerichtete Klassen die Verbindung auf ein lokales oder remote System und den Zugriff auf DB2-Objekte unterstützen.
  Diese Schnittstelle wurde von Sun Microsystems entwickelt.

  JDBC basiert auf dem X/Open SQL Call Level Interface (CLI), das vorab beschrieben wurde. Unter OS/390 ist eine Java Virtual Machine (JVM) einzurichten, unter der die Java-Programme laufen.
  Damit sind solche Anforderungen immer dynamisch auszuführen.

  Vorteile von JDBC sind:
  - Plattformunabhängige Entwicklung und Ausführung.
  - Dynamische und einfach zu handhabende Programmiersprache JAVA.
  - Internet-Standard.
  - Datenbankunabhängige Entwicklung von Anwendungen.
  - Es sind keine Precompile- und Bind-Aktivitäten erforderlich.

- **SQLJ** **SQL für Java.**
  Diese Schnittstelle wurde in Zusammenarbeit der Unternehmen IBM, Oracle und Tandem entwickelt. Ziel war es, für Java eine statische SQL-Schnittstelle zur Verfügung zu stellen, die eine bessere Performance erlaubt.
  Inzwischen unterstützt SQLJ auch dynamische SQL-Ausführungen. Dazu wird eine Verbindung zu JDBC aktiviert.
  SQLJ liegt dem ANSI-Ausschuss zur Standardisierung vor.

  Vorteile von SQLJ sind:
  - Bessere Performance möglich durch statischen Bind und erzeugen einer Package.
  - Der Precompiler führt Syntax-Prüfungen durch.
  - SQLJ-Source Programme enthalten weniger Statements, da DB-spezifische Anweisungen generiert werden.
  - Das Autorisierungskonzept kann analog der normalen statischen Programme konzipiert werden.
  - Java Host Expressions können in SQL-Statements eingebettet werden (JDBC fordert für jede Variable eigene Call-Statements).

13.2.2 Erforderliche Entwicklungsschritte

Die folgende Abbildung zeigt die wesentlichen Schritte der Programmentwicklung für DB2-Anwendungsprogramme.

Wichtige Komponenten sind:

- **Programm-Editierung**
  Normale Programmentwicklung und -Codierung außerhalb von DB2.

- **DB2I**
  Mit der DB2-Interactive-Umgebung (siehe Kapitel 4.3) können zur Programmentwicklungs-Unterstützung eine Fülle von Aktivitäten ergriffen werden.
  Dabei sind folgende DB2I-Funktionen relevant:
  - **1 SPUFI**   Definition von Testtabellen und Views,
                           Test von SQL-Statements.
  - **2 DCLGEN**   Generierung von programmspezifischen DB2-Tabellen- oder Viewstrukturen.
  - **3 Program Preparation** Vorbereitung eines Programmes zur Kompilierung.
                           In der Regel haben die Unternehmen dafür eigene Prozeduren und Panels.
  - **4 Precompile**   Kompilierung eines Programmes.
                           In der Regel haben die Unternehmen dafür eigene Prozeduren und Panels.
  - **5 BIND/REBIND/FREE** Verwaltung von Packages und Plänen.
                           In der Regel haben die Unternehmen dafür eigene Prozeduren und Panels.
  - **6 Program Run**   Ausführung eines Programmes (nur TSO).
                           Jedes Trägersystem fordert seine individuelle Ausführungsumgebung.
  - **8 DB2 Utilities**   Z.B. Aktualisierung der Katalog-Statistiken mit **RUNSTATS**, damit beim BIND die korrekten Statistikwerte vorliegen.

- **DB2-Precompiler**
  Der DB2-Precompiler prüft die SQL-Statements und modifiziert sie, damit sie vom nachfolgenden Assembly bzw. Compile verarbeitet werden können.
  Es wird ein Database Request Modul (**DBRM**) erzeugt, das die SQL-Statements der Kompilierungseinheit (des Programmes) in verdichteter Form enthält.
  Fehler und Hinweise werden protokolliert.

- **Assembly, Compile**
  Ohne DB2-spezifische Besonderheiten.

- **Linkage Editor**
  Ohne DB2-spezifische Besonderheiten. Es wird das trägersystemabhängige Attach-Facility zum Programm gelinkt.

- **BIND, REBIND und FREE**
  Verwaltung der Packages und Pläne:
  - BIND   PACKAGE   Erzeugen einer neuen Package aus einem DBRM.
  - BIND   PLAN   Erzeugen eines neuen Plans aus einem oder mehreren DBRMs und/oder einem oder mehreren Packages.
  - REBIND PACKAGE   Änderung einer oder mehrerer bestehenden Packages aus vorhandenen Package-Informationen (ohne DBRM-Zugriff).
  - REBIND PLAN   Änderung eines oder mehrerer bestehenden Pläne aus vorhandenen Plan-Informationen (ohne DBRM- bzw. Package-Zugriff).
  - FREE   PACKAGE   Löschen einer oder mehrerer bestehenden Packages.
  - FREE   PLAN   Löschen eines oder mehrerer bestehenden Pläne.

  Beim BIND und REBIND wird der Optimizer aktiviert, der die letzten **RUNSTATS**-Statistikergebnisse oder Default-Statistikwerte bei seiner Zugriffspfadentscheidung berücksichtigt.

- **Programmausführung**
  Bei der Programmausführung wird das ausführbare Programm von der Loadlib geladen.
  Entweder mit Programm-Initiierung oder mit der ersten DB2-Anforderung wird der Plan zugeordnet.
  Jedes Programm benötigt einen gültigen Plan.

13 Anwendungsprogrammierung unter DB2
13.2 Programmentwicklung unter DB2

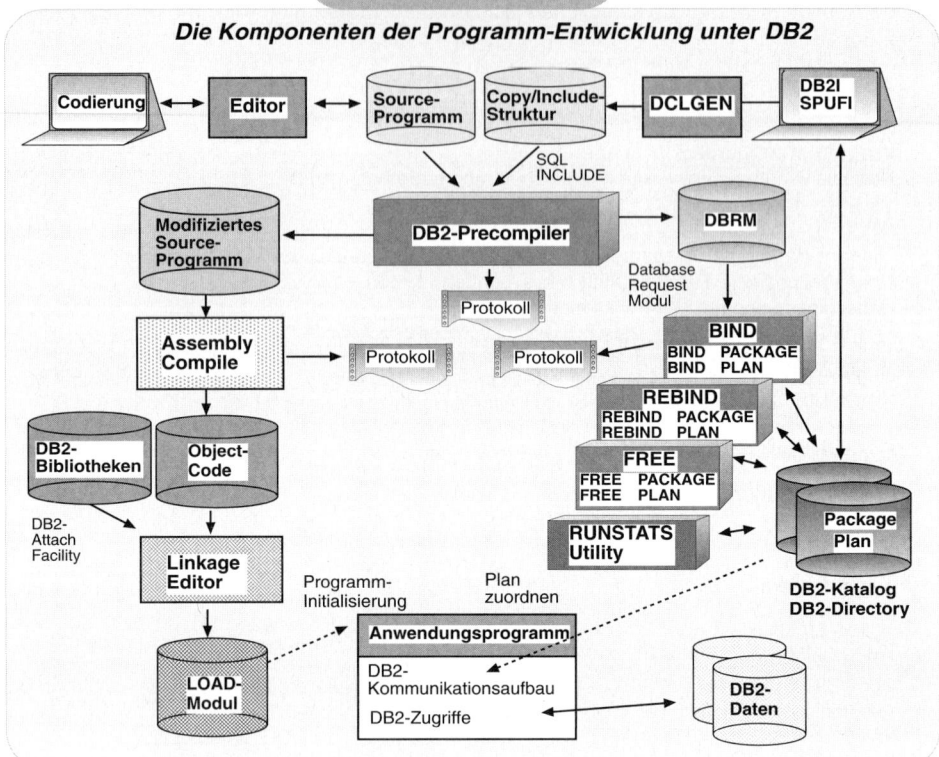

Abbildung 13-4: Die Komponenten der Programm-Entwicklung unter DB2

13.2.2.1 DB2I: DCLGEN-Generierung

Die von DCLGEN generierten und gespeicherten Source-Statements können anschließend bei Bedarf beliebig verändert werden, was allerdings grundsätzlich nicht zu empfehlen ist.
Wenn innerhalb des Anwendungsprogramms doppelte Variablennamen auftreten sollten, kann dieser Konflikt durch einen beim DCLGEN vorgegebenen Strukturnamen ausgeräumt werden, der dann in die Definitionsstruktur übernommen wird. Besser ist aber die Definition eines Views, bei dem eine Spaltenliste vorgegeben werden kann. Dann tritt das Problem der doppelten Namen nicht auf.

Die hinterlegten Source-Strukturen werden durch das EXEC SQL INCLUDE-Statement beim DB2-Precompile in den Source-Code kopiert. Dabei werden die durch DCLGEN generierten Statements vom Precompiler zur Syntaxprüfung der innerhalb des Programms auftretenden SQL-Statements herangezogen. Damit stehen dem Precompiler, der grundsätzlich nicht aktiv an den DB2-Katalog angeschlossen ist, Objekt-Informationen des Katalogs zur Verfügung.
Bei COBOL-Strukturen wird bei Table- oder Spalten-Namen das Unterstreichungszeichen '_' durch einen Bindestrich '-' ersetzt.
Für einen LOB-Daten-Typ wird ein LOB-Locator und für Distinct Data Types (User-defined Data Types) der entsprechende Host-Variablen-Typ generiert.
Das DCLGEN-Verfahren ist gegenüber einer möglichen individuellen Definition von Strukturen bzw. Host-Variablen vorteilhaft, da:

- es wartungsfreundlicher ist (wenn nachträglich keine manuellen Änderungen vorgenommen werden),
- keine Codierfehler auftreten können,
- die Syntax beim Precompile bereits geprüft werden kann,
- die zur Vermeidung von aufwendigen und fehleranfälligen Datenkonversionen erforderlichen gleichen Datentypen gewährleistet sind,
- innerhalb des Programms eine bessere Dokumentationsbasis vorhanden ist.

13.2.2.2 DB2-Precompiler
13.2.2.2.1 Aufgaben des Precompilers

Wenn SQL-Statements in einem Anwendungsprogramm eingesetzt sind, müssen diese vom **DB2-Precompiler** überprüft und der Aufruf zur DB2-Schnittstelle generiert werden.
Jedes SQL-Statement wird für den jeweiligen Sprach-Compiler als Kommentar markiert. Der Precompiler setzt es in sprachspezifische Parameter-Aufbereitungen und einen Aufruf zur DB2-Schnittstelle (Attach-Facility) um.
Aus den vorgefundenen SQL-Statements wird zudem ein Database Request Modul (**DBRM**) generiert, das später in den BIND-Prozess einfließt.
Jedes DBRM wird mit dem Timestamp des Precompile-Laufs versehen (sofern die Precompile-Optionen VERSION bzw. LEVEL nicht explizit vorgegeben wurde).
Ein DBRM wird sinnvollerweise mit dem Namen des Programms identifiziert.

Sind sprachspezifische Preprozessoren bzw. Precompiler am Entwicklungsprozess beteiligt, so müssen vor dem DB2-Precompiler die sprachspezifischen Precompiler ablaufen (z.B. PL/1 Macro-Preprozessor). Diese müssen natürlich die EXEC-SQL-Aufrufe akzeptieren. Der CICS-Translator kann nach dem DB2-Precompiler folgen (ansonsten werden für jedes SQL-Statement Warnungen erzeugt).
Der DB2-Precompiler deckt folgende Funktionen ab:

- Durchsuchen jedes Programm-Statements und Ersetzen der nicht-compilierbaren SQL-Anforderungen:
    - Prüfung jedes SQL-Statements auf korrekte Syntax; bei Fehler werden entsprechende Meldungen produziert.
    - Prüfung der Existenz von Host-Variablen-Namen.
    - Präparierung der SQL-Statements für Assembly/Compile:
        - Für einige Deklarationen (z.B. DECLARE-Statements) wird ein Kommentar erzeugt.
        - SQL-Statements werden zu sprachspezifischen CALL Attach-Facility-Aufrufen konvertiert.
- Erzeugung eines Database Request-Moduls (DBRM), das in strukturierter Form sämtliche SQL-Statements einer Precompile-Einheit enthält.
  Das DBRM wird für den anschließenden BIND benötigt.

Die Vorgabe der Precompiler-Option SQLFLAG führt zu einer erweiterten Prüfung der SQL-Statements in dem Katalog des angegebenen Servers. Wenn der Precompiler keinen direkten Anschluss an DB2 und seinen Katalog hat, gelten folgende Bedingungen:

- Der Precompiler kann eingesetzt werden, auch wenn DB2 nicht aktiv ist.

- Namen der Tabellen, Views und Spalten werden nicht auf Existenz geprüft.
  Wenn aber DECLARE-Statements vom Precompiler entdeckt werden, kann die Existenz und die Kompatibilität der Spalten-Charakteristiken zwischen DB2 und dem Anwendungsprogramm überprüft werden.
  Daher wird der Einsatz von DCLGEN bzw. sonstigen Generatoren zur Erzeugung einer DECLARE-Struktur dringend empfohlen.

Definitions-Strukturen, die für den Precompiler relevant sind, müssen mit SQL INCLUDE aus der SYSLIB-Bibliothek eingelesen werden.

Da für Cobol-Programme kein 2-Phasen-Durchlauf (nur ONEPASS) des Precompilers unterstützt wird, müssen alle Deklarationen vor den SQL-Statements in physischer Eingangsfolge des Precompilers definiert werden.

Eine CICS-Anwendung mit CICS-Commands sollte nach dem DB2-Precompile-Lauf durch den CICS-Translator geführt werden.

Der Precompiler ist nur erforderlich für die Programme, die SQL-Statements enthalten. Sonstige Programme werden normal kompiliert und gelinkt. Pro Umwandlungseinheit (Precompile-Einheit) wird ein DBRM erzeugt.

13 Anwendungsprogrammierung unter DB2
13.2 Programmentwicklung unter DB2

13.2.2.2.2 Precompiler-Optionen

Schlüsselwort	Bedeutung	Gegensatz
APOST	String-Begrenzung (string delimiter) = ('). Bezieht sich auf Statements der Programmiersprache.	QUOTE
APOSTSQL	String-Begrenzung (string delimiter) = ('), SQL-Begrenzung (escape character) = ("). Bezieht sich auf SQL-Statements.	QUOTESQL
ATTACH (<u>TSO</u> |CAF |RRSAF)	Attachment-Facility, mit dem die Verbindung zu DB2 aufgenommen wird. Programme benötigen bei Vorgabe dieses Parameters keinen Dummy-DSNHLI-Entry.	
COMMA	Dezimal Punkt = (,) für Dezimal- und Floating-Point-Literale. Nur für COBOL.	PERIOD
CONNECT (<u>2</u> | 1) CT (<u>2</u> | 1)	Kennzeichen, ob die CONNECT-Statements nach Typ 1 oder Typ 2 behandelt werden (siehe CONNECT-Statement im Anhang 2).	
DATE (ISO|USA|EUR| JIS|LOCAL)	Ausgabeformat (externes Format) für Date-Felder, evtl. in Abweichung zum Systemgenerierungs-Parameter.	
DEC (15 | 31)	Maximale Genauigkeit in arithmetischen Operationen. Achtung: bei DEC 31 können verstärkt BIND- oder Ausführungsfehler auftreten. Evtl. muss die DECIMAL-Column-Function benutzt werden!	
FLAG (<u>I</u> |W | E | S)	Fehler-Meldungsbehandlung durch den Precompiler.	
FLOAT(<u>S390</u> |IEEE)	Gleitkommazahlen werden im System/390- oder im IEEE Floating-Point-Format behandelt.	
GRAPHIC	Steuerzeichen für grafische Daten (mixed data) Die Steuerzeichen (X '0E' für shift-out und X '0F' für shift-in) werden zur Begrenzung eines Strings benutzt.	NOGRAPHIC
HOST (ASM | C [(FOLD)] | CPP [(FOLD)] | COBOL | COB2 | IBMCOB | FORTRAN | PLI)	Host-Programmier-Sprache. Default ist der LANGUAGE DEFAULT bei der System-Generierung. Bei Vorgabe von FOLD für C und C++ (CPP) werden Kleinbuchstaben für SQL-Objektnamen in Großbuchstaben umgewandelt.	
LEVEL (aaaa) L	Level eines Moduls anstelle eines Timestamps mit bis zu 7 Alpha-Zeichen; vom Einsatz ist abzuraten (auch durch DSNH CLIST bzw. DB2I-Panel nicht unterstützt). Siehe auch VERSION.	
LINECOUNT (n) LC (<u>60</u>)	Anzahl Zeilen pro Seite für List-Ausgabe.	
MARGINS (m,n [,c]) MAR	Source-Spalten-Begrenzung. Defaults: PL/1 : 2,72; C : 1,72 ; COBOL und COB2 : 8,72 (keine Abweichung zulässig); FORTRAN: 1,72 (keine Abweichung zulässig) ; Assembler: 1,71,16 (16 = Beginn Folgezeile).	
NOFOR	FOR UPDATE OF beim DECLARE CURSOR ist optional: - mit FOR UPDATE OF = Die Update-Möglichkeit beschränkt sich bei positioned UPDATE und DELETE auf die Spalten, die definiert sind. - ohne FOR UPDATE OF = Alle Spalten der Result Table können mit positioned UPDATE und DELETE verarbeitet werden. NOFOR wird in Verbindung mit STDSQL(YES) implizit gesetzt. DBRMs werden dynamisch im virtuellen Speicher gebildet --> höherer Speicherbedarf.	

13 Anwendungsprogrammierung unter DB2
13.2 Programmentwicklung unter DB2

Schlüsselwort	Bedeutung	Gegensatz
NOGRAPHIC	Die Zeichen X'0E' und X'0F' werden nicht als Steuerzeichen erkannt.	GRAPHIC
NOOPTIONS NOOPTN	List-Unterdrückung der Precompiler-Optionen.	OPTIONS
NOSOURCE NOS	List-Unterdrückung der Precompiler-Source.	SOURCE
NOXREF NOX	List-Unterdrückung der Precompiler-Cross-Referenzen.	XREF
ONEPASS ON	1 Precompiler Durchlauf. Deklarationen müssen vor ihrer Referenz in den SQL-Statements liegen. Default für PL/1, C, COBOL, COB2. Für FORTRAN, COBOL und COB2 einzig gültige Option.	TWOPASS
OPTIONS OPTN	Ausdruck der Precompiler-Optionen.	NOOPTIONS
PERIOD	Dezimal Punkt = (.) für Dezimal- und Floating-Point-Literale. Default für COBOL und COB2.	COMMA
QUOTE Q	String-Begrenzung (string delimiter) = ("). Bezieht sich auf Statements der Programmiersprache. Nur für COBOL und COB2 zulässig.	APOST
QUOTESQL	String-Begrenzung (string delimiter) = ("), SQL-Begrenzung (escape character) = ('). Bezieht sich auf SQL-Statements. Nur für COBOL und COB2 zulässig.	APOSTSQL
SOURCE S	Ausdruck der Precompiler-Source	NOSOURCE
SQL (ALL | DB2)	ALL = Der Precompiler akzeptiert auch SQL-Befehle außerhalb der DB2-Syntax (Statements, die mit einem anwendungsgesteuerten Zugriff an Nicht-DB2-Server weitergeleitet werden). Es werden die Syntax-Regeln von DRDA geprüft. Werden SAA reservierte Worte ohne Escape-Character benutzt, erfolgt eine Warnung. DB2 = Der Precompiler akzeptiert nur DB2-Befehle.	
SQLFLAG (IBM | STD) [(ssname [,qualifier])])	IBM = Der Precompiler prüft die SQL-Befehle auf die Syntax von DB2. Hier kann auch 'SAA' vorgegeben werden (Option vor Version 4). STD = Der Precompiler prüft die SQL-Befehle auf die Syntax des ANSI/ISO-SQL-Standards von 1992. Hier kann auch '86' vorgegeben werden (Option vor Version 4). Bei Verstoß werden entsprechende Hinweise ausgedruckt. Name des DB2-Subsystems für semantische Prüfung der Objekte im jeweiligen Katalog. Prefix für unqualifizierte SQL-Statements. Default = Autor-Id des Benutzers, der den Precompile angestoßen hat.	
STDSQL (NO | YES)	YES = SQL-Statements müssen bestimmten Regeln des ANSI-Standards entsprechen. (Automatisch wird NOFOR gesetzt). Hier kann auch '86' vorgegeben werden (Option vor Version 4) und wird wie 'YES' behandelt. NO = Normale DB2-Verarbeitungs-Regeln.	
TIME (ISO | USA | EUR | JIS | LOCAL)	Ausgabeformat (externes Format) für TIME-Felder, evtl. in Abweichung zum Systemgenerierungs-Parameter.	
TWOPASS	Der Precompiler arbeitet in 2 Phasen, die Deklarationen müssen nicht vor ihren Referenzen in den SQL-Statements liegen. Ungültig für COBOL, COB2 + FORTRAN.	ONEPASS

Schlüsselwort	Bedeutung	Gegensatz
VERSION (aaaa I AUTO)	Versions-Id einer Package, eines Programms und des erzeugten DBRMs bei einer Precompilierung. <u>Wird eine gültige Version vorgegeben</u>, erzeugt der Precompiler diese Version im Programm und im DBRM. Anschließend wird diese Version beim BIND verwendet. Gültige Zeichen sind: alphanumerische Zeichen und ' _ ', ' - ', ' . '. <u>Wird keine explizite Version beim Precompile vorgegeben</u>, wird eine Default-Version verwendet (empty string). <u>Wird AUTO vorgegeben</u>, wird vom Precompiler der Konsistenz-Punkt (consistency token) in Abhängigkeit vom LEVEL-Parameter eingesetzt: - Ist LEVEL gesetzt, dann wird dieser String verwendet, - ist LEVEL nicht gesetzt, wird ein TIMESTAMP im ISO-Format eingesetzt.	
XREF X	Ausdruck einer sortierten Precompiler-Cross-Referenz.	NOXREF

Verschiedene Optionen sind abhängig von DB2-Installations-Parametern (Panel: DSNTIPR):

Installations-Option	Installations-Default	Adäquate Precompiler-Option
STRING DELIMITER	"	QUOTE
SQL STRING DELIMITER	"	QUOTESQL
DECIMAL POINT IS	PERIOD (.)	PERIOD
DATE FORMAT	ISO	DATE (ISO)
DECIMAL ARITHMETIC	DEC15	DEC (15)
MIXED DATA	NO	NOGRAPHIC
LANGUAGE DEFAULT	COBOL	HOST (COBOL)
STD SQL LANGUAGE	NO	STDSQL (NO)
TIME FORMAT	ISO	TIME (ISO)

13.2.2.2.3 Standard-SQL

Die international genormte SQL-Sprache unterscheidet sich von DB2-SQL hinsichtlich einiger Syntax-Regeln und Funktionen.
Standard-SQL-Einflüsse wirken bei folgenden Parametern:

- Installations-Option **STD SQL LANGUAGE** und **Precompiler-Option STDSQL**
- **BIND-Option SQLRULES,**
- Spezialregister **CURRENT RULES.**

Installations-Option STD SQL LANGUAGE und Precompiler-Option STDSQL

Wenn die **Option STDSQL (YES)** gesetzt ist, müssen die eingebetteten SQL-Statements folgenden Regeln entsprechen (die SQL-Syntax wird stärker an die Norm ANSI/ISO 1992 angenähert):

1. Alle Host-Variablen-Deklarationen müssen zwischen BEGIN und END DECLARE SECTION-Statements liegen. Mehrere solcher Gruppen sind zulässig.

2. SQLCODE und/oder SQLSTATE dürfen nicht als Bestandteil einer Definitions-Struktur auftreten (auch nicht innerhalb der SQLCA liegen), sondern müssen explizit und eigenständig deklariert werden.
   SQLCODE muss als Vollwort-Variable und SQLSTATE als 5-Byte-Character-Feld deklariert werden. Beispiele:

01	SQLCODE	PIC S9(009) BINARY.	COBOL 2
DECLARE	SQLCODE	BIN FIXED (31);	PL/I
01	SQLSTATE	PIC X(5).	COBOL 2
DECLARE	SQLSTATE	CHAR (5);	PL/I

3. Eine SQLCA darf weder explizit definiert werden noch mit SQL INCLUDE SQLCA ins Programm kopiert werden.
   Der Precompiler generiert automatisch eine SQLCA. Dabei werden für SQLCODE und SQLSTATE andere Variablennamen generiert (für SQLCODE wird SQLCADE und für SQLSTATE wird SQLSTAT eingesetzt).
   Ein explizites INCLUDE SQLCA-Statement wird ignoriert und eine Warnung ausgegeben.
   Achtung, eine manuelle Deklaration der SQLCA-Struktur oder auch eines manuell definierten SQLCADE-Feldes kann zu Fehlern zur Ausführungszeit führen.
   Die Übertragung von SQLCADE nach SQLCODE und von SQLSTAT nach SQLSTATE wird vom Precompiler generiert und erfolgt zur Ausführungszeit automatisch.

4. Column Functions, die DISTINCT enthalten, sind im ISO-SQL nicht zulässig, DB2 erlaubt dies aber weiterhin und gibt eine Warnung aus.

5. Kommentare sind in Static SQL-Statements zulässig (- -). Alle Zeichen nach '- -' werden nicht als SQL-Statementteile identifiziert.

6. Bei Einsatz der NOFOR-Option (automatisch bei STDSQL) ist die FOR UPDATE OF-Klausel beim DECLARE CURSOR optional (siehe auch vorab unter den Precompiler-Optionen).

7. SQLSTATE
   Unterstützung eines allgemeinen Return-Codes, der nicht nur für DB2 gilt (siehe hierzu auch Anhang 6).

BIND-Option SQLRULES

Durch die **BIND-Option SQLRULES** werden Einsatz und Verarbeitungsbedingungen von SQL-Statements beeinflusst.
Die möglichen Inhalte sind:

- 'DB2' DB2-Regeln.
- 'STD' ANSI/ISO SQL Standard von 1992.

Der gewählte Inhalt von SQLRULES wird zur Ausführungszeit in das Spezialregister CURRENT RULES eingestellt. Weitere Details siehe unten.

Wenn die **BIND-Option SQLRULES (STD)** gesetzt ist, muss der Aufbau von Verbindungen (Connections) zu remote Systemen nach folgender Regel durchgeführt werden:

Wenn mit einem CONNECT-Statement die Beziehung zu mehreren Lokationen aufgebaut wurde, muss der Wechsel zu einer ruhenden Lokation durch ein SET CONNECTION anstelle eines CONNECTs vorgenommen werden.
Details siehe unter CONNECT- und SET CONNECTION-Statement im Anhang 2.

Spezialregister **CURRENT RULES**

Das **CURRENT RULES**-Spezialregister spezifiziert die SQL-Regeln, nach denen bei der Ausführung verfahren wird. Die möglichen Inhalte sind:

- 'DB2'   DB2-Regeln.
- 'STD'   ANSI/ISO SQL Standard von 1992.

Der Inhalt wird beim Binden des Plans initiiert (aus der BIND-Option **SQLRULES** abgeleitet) und kann während der Ausführung mit dem SET CURRENT RULES-SQL-Statement verändert werden.

Das Spezialregister hat Auswirkungen bei folgenden Funktionen:

- Definition von **Check Constraints**:
  'DB2'   Tabelle wird in den "Check Pending Status" gesetzt und die Prüfung wird zurückgestellt.
  'STD'   Sofortige Prüfung der Tabellendaten und bei Fehler abweisen des Konstrukts.
  - Betroffene SQL-Statements: ALTER TABLE

- Definition von **RI-Constraints**:
  'DB2'   Delete-Rule = RESTRICT.
  'STD'   Delete-Rule = NO ACTION.
  - Betroffene SQL-Statements: ALTER TABLE, CREATE TABLE

- Definition von **LOB-Spalten**:
  'DB2'   Kein automatisches Anlegen von LOB-Objekten (LOB-Tablespace, Auxiliary Table, Auxiliary Index).
  'STD'   Automatisches Anlegen von LOB-Objekten (LOB-Tablespace, Auxiliary Table, Auxiliary Index).
  - Betroffene SQL-Statements: ALTER TABLE, CREATE TABLE

- Definition einer **ROWID-Spalte** mit GENERATED BY DEFAULT:
  'DB2'   Kein automatisches Anlegen des Indexes zur Gewährleistung der ROWID-Eindeutigkeit.
  'STD'   Automatisches Anlegen des Indexes zur Gewährleistung der ROWID-Eindeutigkeit.
  - Betroffene SQL-Statements: ALTER TABLE, CREATE TABLE

- **SELECT-Privilegien** bei Searched Deletes und Searched Updates:
  'DB2'   Es sind keine SELECT-Privilegien erforderlich.
  'STD'   Es sind SELECT-Privilegien erforderlich, wenn eine Subquery eingesetzt wird.
  - Betroffene SQL-Statements: DELETE, UPDATE

- **Privilegien 'auf sich selbst'**
  'DB2'   Für den eigenen ID können Privilegien weder aufgebaut noch widerrufen werden.
  'STD'   Für den eigenen ID können Privilegien aufgebaut und widerrufen werden.
  - Betroffene SQL-Statements: GRANT, REVOKE

- **Message** 'Objekt existiert nicht' oder 'Keine Autorisierung'
  'DB2'   'Objekt existiert nicht' (SQLCODE -204);   'Keine Autorisierung' (SQLCODE -551).
  'STD'   'Objekt existiert nicht' (SQLCODE -551);   'Keine Autorisierung' (SQLCODE -551).
  - Betroffene SQL-Statements: alle

13.2.2.2.4 Modifikationen der Programm-Source durch den Precompiler

Abbildung 13-5

Die Modifikationen des DB2-Precompilers am Beispiel: COBOL

SQL-Statement Vorgabe im Programm:
```
EXEC SQL
    SELECT      SEMCODE, TERMIN
    INTO        :SEMCODE, :TERMIN
    FROM        V004711
    WHERE       SEMNR = :SEMNR
END-EXEC
```

SQL-Statement Modifikation durch den DB2-Precompiler
```
**  EXEC SQL
**      SELECT      SEMCODE, TERMIN
**      INTO        :SEMCODE, :TERMIN
**      FROM        V004711
**      WHERE       SEMNR = :SEMNR
**  END-EXEC
    PERFORM SQL-INITIAL UNTIL SQL-INIT-DONE
    CALL 'DSNHLI' USING SQL-PLIST2
```

Durch den DB2-Precompiler eingefügte Routine zur Adressierung der Parameterleiste für das Attach-Facility
```
SQL-SKIP.
    GO TO SQL-INIT-END.
SQL-INITIAL.
    MOVE 1 TO SQL-INIT-FLAG.
    CALL 'DSNHADDR' USING    SQL-VPARMPTR   OF SQL-PLIST2
                             SQL-PVAR-LIST2

    CALL 'DSNHADDR' USING    SQL-PVAR-ADDRS OF SQL-PLIST2
                             SEMNR          OF DCLV004711 SQL-NULL

    CALL 'DSNHADDR' USING    SQL-APARMPTR   OF SQL-PLIST2
                             SQL-AVAR-LIST2

    CALL 'DSNHADDR' USING    SQL-AVAR-ADDRS OF SQL-PLIST2
                             SEMCODE        OF DCLV004711 SQL-NULL
                             TERMIN         OF DCLV004711 SQL-NULL

    CALL 'DSNHADDR' USING    SQL-CODEPTR    OF SQL-PLIST2
                             SQLCA.
SQL-INIT-END.
```

Durch den DB2-Precompiler eingefügte Parameterleiste für das Attach-Facility
```
77  SQL-NULL              PIC S9(9)   COMP-4   VALUE + 0.
77  SQL-INIT-FLAG         PIC S9(4)   COMP-4   VALUE + 0.
    88  SQL-INIT-DONE     VALUE                +1.
01  SQL-PLIST2.
    05  SQL-PLIST-CON     PIC S9(9)   COMP-4   VALUE +2656256.     Länge fester Teil und Flag.
    05  SQL-CALLTYPE      PIC S9(4)   COMP-4   VALUE +30.          Typ des Calls.
    05  SQL-PROG-NAME     PIC X(8)             VALUE 'SVU101 '.    Programmname, DBRM-Name.
                                                                   Die folgenden Felder enthalten die Konsistenz-Id
                                                                   des DBRMs (Timestamp oder Level):
    05  SQL-TIMESTAMP-1   PIC S9(9)   COMP-4   VALUE +356396737.   Interner Timestamp 1.
    05  SQL-TIMESTAMP-2   PIC S9(9)   COMP-4   VALUE +399142110.   Interner Timestamp 2.
    05  SQL-SECTION       PIC S9(4)   COMP-4   VALUE +1.           Sektions-Nr. des Statements im DBRM.
    05  SQL-CODEPTR       PIC S9(9)   COMP-4.                      Adresse der SQLCA.
    05  SQL-VPARMPTR      PIC S9(9)   COMP-4   VALUE +0.           Adresse der Variablenliste der Host-Variablen, die in
                                                                   WHERE definiert sind.
    05  SQL-APARMPTR      PIC S9(9)   COMP-4   VALUE +0.           Adresse der Variablenliste der Host-Variablen, die in
                                                                   INTO definiert sind.
    05  SQL-STMT-NUM      PIC S9(4)   COMP-4   VALUE +558.         Lfd. Statement-Nr. im Programm.
    05  SQL-STMT-TYP      PIC S9(4)   COMP-4   VALUE +231.         SQL-Statement-Typ (hier: SELECT).
    05  SQL-PVAR-LIST2.                                            Es folgt die Liste der Host-Variablen, die in WHERE
                                                                   definiert sind (in unserem Beispiel nur eine).
        10  SQL-PVAR-SIZE PIC S9(4)   COMP-4   VALUE +16.          Länge dieser Variablenliste in Bytes.
        10  SQL-PVAR-DESCS.                                        Definition der Host Variable(n), hier nur SEMNR:
            15  SQL-PVAR-TYPE1 PIC S9(4) COMP-4 VALUE +500.        Daten-Typ (SQLTYPE), hier: SMALLINT NOT NULL.
            15  SQL-PVAR-LEN1  PIC S9(4) COMP-4 VALUE +2.          Daten-Länge (SQLLEN), hier: 2 Bytes.
        10  SQL-PVAR-ADDRS.                                        Adressen der Host-Variablen:
            15  SQL-PVAR-ADDR1 PIC S9(9) COMP-4.                   Adresse der Host-Variablen mit den Daten.
            15  SQL-PVAR-IND1  PIC S9(9) COMP-4.                   Adresse des Null-Indikators.
    05  SQL-AVAR-LIST2.                                            Es folgt die Liste der Host-Variablen, die in INTO
                                                                   definiert sind (in unserem Beispiel zwei).
        10  SQL-AVAR-SIZE PIC S9(4)   COMP-4   VALUE +28.          Länge dieser Variablenliste in Bytes (inkl. diesem
                                                                   Längenfeld).
        10  SQL-AVAR-DESCS.                                        Definition der Host Variable(n) - pro Variable 12 Bytes:
                                                                   1.Host-Variable = SEMCODE:
            15  SQL-AVAR-TYPE1 PIC S9(4) COMP-4 VALUE +452.        Daten-Typ (SQLTYPE), hier: CHARACTER NOT NULL.
            15  SQL-AVAR-LEN1  PIC S9(4) COMP-4 VALUE +15.         Daten-Länge (SQLLEN), hier: 15 Bytes.
        10  SQL-AVAR-ADDRS.                                        Adressen der Host-Variablen:
            15  SQL-AVAR-ADDR1 PIC S9(9) COMP-4.                   Adresse der Host-Variablen mit den Daten.
            15  SQL-AVAR-IND1  PIC S9(9) COMP-4.                   Adresse des Null-Indikators.
                                                                   2. Host-Variable = TERMIN (Daten-Typ = Cobol-Format)
            15  SQL-AVAR-TYPE2 PIC S9(4) COMP-4 VALUE +452.        Daten-Typ (SQLTYPE), hier: CHARACTER NOT NULL.
            15  SQL-AVAR-LEN2  PIC S9(4) COMP-4 VALUE +10.         Daten-Länge (SQLLEN), hier: 10 Bytes.
            15  SQL-AVAR-ADDR2 PIC S9(9) COMP-4.                   Adresse der Host-Variablen mit den Daten.
            15  SQL-AVAR-IND2  PIC S9(9) COMP-4.                   Adresse des Null-Indikators.
```

13.2.2.3 BIND-Prozess
13.2.2.3.1 Aufgaben des BIND-Prozesses

Der BIND/REBIND-Prozess gliedert sich auf in:

- BIND/REBIND PACKAGE
- BIND/REBIND PLAN

Beim BIND/REBIND-Prozess werden folgende Detailaktivitäten abgewickelt:

- **Syntaxprüfung der SQL-Statements**
  Prüfung auf gültige Syntax und existierende DB2-Objekte (Table, View, Spalte usw.)
  Ist die VALIDATE (RUN)-Option gesetzt, werden beim BIND fehlende Objekte bzw. Privilegien zum Ausführungszeitpunkt erneut geprüft.

- **Autorisierungsprüfung für den BIND-Befehl, die eingesetzten SQL-Statements und die angeforderten DB2-Ressourcen**
  Prüfung auf Berechtigung zur Ausführung des BINDs.
  Der Plan- bzw. Package-Eigentümer muss auch die Verarbeitungsberechtigung aller SQL-Statements und DB2-Datenobjekte innerhalb des Plans bzw. der Package haben.
  Ausnahme:
  Bei dynamischen SQL-Statements und dem BIND-Parameter DYNAMICRULES (RUN) muss der Plan-Ausführende die Verarbeitungsberechtigung aller SQL-Statements und DB2-Datenobjekte innerhalb des Plans bzw. der Package haben.

- **Auswahl des optimalen Zugriffspfades unter Berücksichtigung vorhandener Indizes**
  Der aus DB2-Sicht optimale Zugriffspfad wird ermittelt. Dabei werden berücksichtigt:
  - Vorhandene Indizes.
  - Die in den Katalogtabellen durch das RUNSTATS-Utility abgestellten Statistik-Informationen über das Volumen von Daten, die inhaltliche Wertestreuung, Indexstufen usw.

- **Generierung einer Package bzw. eines Plans**
  Wenn im Laufe der Prüfverfahren keine Fehler auftreten, werden die entsprechenden Objekte im DB2-Katalog und im Directory gespeichert:
  - Package In Abhängigkeit der Parameter kann auch eine fehlerhafte Package gespeichert werden.
  - Plan   Nur wenn ein Plan-Name vorgegeben ist, wird der fehlerfreie Plan gespeichert.
             Sind jedoch beim BIND/REBIND Fehler aufgetreten und bestimmte Parameter wirken, gilt:
             - VALIDATE (BIND)   Das Anlegen eines Plans wird unterdrückt.
             - VALIDATE (RUN)   Der Plan wird ebenfalls komplett geprüft, kann aber bei Fehler beim BIND trotzdem angelegt werden. Zur Ausführungszeit werden fehlende Objekte nochmals überprüft. Dann dürfen keine Fehler mehr bestehen, sonst erhält das Anwendungsprogramm bei der Ausführung eine Fehlerbedingung gemeldet (SQLCODE bzw. SQLSTATE).

Zur Ausführung eines Programmes ist ein **Plan** erforderlich, der aus einem oder mehreren DBRMs bestehen kann und/oder Referenzen auf eine oder mehrere **Packages** haben kann.

Der BIND erstellt bzw. verwaltet je nach Typ innerhalb des DB2-Katalogs und im Directory einen Plan oder eine Package.
Anwendungsprogramme müssen später bei der Ausführung mit einem bestimmten Plan verbunden werden.
Eine Package erhält grundsätzlich den Namen des DBRMs, ein Plan erhält in der Regel den Namen des ausführbaren Programmes. Setzt sich der Plan aus mehreren DBRMs oder Packages zusammen (d.h. mehrere eigenständige Kompilierungseinheiten), dann wird i.d.R. der Name des Haupt-Programms zugeordnet.

13.2.2.3.2 Die verschiedenen BIND- und REBIND-Typen

DB2 als kompilierendes System optimiert sowohl die interaktiven dynamischen SQL-Anforderungen (direkt über Terminal vorgegeben) als auch die statischen Anforderungen der Anwendungsprogramme. Während für die interaktiven Anforderungen zu jedem Ausführungszeitpunkt ein temporärer Zugriffs-Kontrollblock (beim **DYNAMIC BIND**) erstellt wird, werden die SQL-Anforderungen von Anwendungsprogrammen in Packages und Plänen ausgelagert und im DB2-Katalog- und -Directory hinterlegt (beim **STATIC BIND** bzw. **REBIND**).

Package und Plan werden dabei einmalig beim BIND/REBIND-Prozess erstellt und können beliebig oft unverändert benutzt werden. Dies ist insbesondere aus Performance-Gründen vorteilhaft, da die wesentlichen Detailprüfungen des BIND/REBIND-Prozesses sehr aufwendig sind.
Die unveränderte Nutzung wird allerdings nur solange von DB2 zugelassen, solange keine Veränderungen in der DB2-Objektumgebung eingetreten sind, die eine Ausführung von Package oder Plan gefährden oder nicht mehr zulassen.
Wenn aber bestimmte Veränderungen (z.B. Löschung eines innerhalb einer Package oder eines Plans verwendeten Index) vorgenommen werden, erkennt DB2 aufgrund seiner Katalog-Informationen die Objektbeziehungen und kennzeichnet Package und Plan als ungültig (invalidated).
Als ungültig gekennzeichnete Packages bzw. Plans werden bei der nächsten Verwendung von DB2 automatisch überprüft (**AUTOMATIC REBIND**).

Für die einzelnen BIND/REBIND-Prozesse werden folgende Einzelaktivitäten von DB2 unterstützt:

- **STATIC BIND**
  Der STATIC BIND wird explizit über einen der folgenden TSO-Commands angestoßen:

  - **BIND**
    Ein BIND erstellt aufgrund der innerhalb eines DBRM abgestellten SQL-Anforderungen eine Package bzw. einen Plan. Der BIND ist immer erforderlich, wenn ein Anwendungsprogramm prekompiliert wurde, da dann innerhalb des Programms und im DBRM ein neuer Versionsstand eingestellt wird und Package bzw. Plan aktualisiert werden müssen.
    Eine Trigger Package kann durch BIND nicht erzeugt werden, da sie implizit erzeugt wird.

    Die Package- bzw. Plan-Erstellung wird gesteuert durch die Optionen:
    - **ACTION (ADD)**
      Eine neue, bisher nicht existierende Package oder neuer Plan wird angelegt.
    - **ACTION (REPLACE)**
      Eine bereits existierende Package bzw. ein Plan wird ersetzt.

    Die Durchführung der Prüfaktivitäten kann beeinflusst werden durch die Optionen:
    - **VALIDATE (BIND)**
      Die gesamten Prüfaktivitäten werden zum BIND-Zeitpunkt durchgeführt.
    - **VALIDATE (RUN)**
      Die gesamten Prüfaktivitäten werden zum BIND-Zeitpunkt durchgeführt.
      Fehlende Ressourcen werden zum Ausführungs-Zeitpunkt geprüft.

    Die Autorisierungsprüfung bei Dynamic SQL kann beeinflusst werden durch die Optionen:
    - **DYNAMICRULES (BIND)**   **Bind Behavior**
      Der BIND-Autorisierungs-Id muss das BIND-Privileg und sämtliche Privilegien für alle Statements und Objekte haben. Einige SQL-Statements (z.B. CREATE) sind bei der Ausführung nicht zulässig.
    - **DYNAMICRULES (RUN)**   **Run Behavior**
      Die Autorisierungs-Id des Plan-Ausführenden muss sämtliche Privilegien für alle Statements und Objekte haben.
    - **DYNAMICRULES (DEFINEBIND)**   **Bind Behavior** oder **Define Behavior**
      Wird die Package als eigenständiges Programm ausgeführt, wirkt Bind Behavior, ansonsten Define Behavior.
    - **DYNAMICRULES (DEFINERUN)**   **Run Behavior** oder **Define Behavior**
      Wird die Package als eigenständiges Programm ausgeführt, wirkt Run Behavior, ansonsten Define Behavior.
    - **DYNAMICRULES (INVOKEBIND)**   **Bind Behavior** oder **Invoke Behavior**
      Wird die Package als eigenständiges Programm ausgeführt, wirkt Bind Behavior, ansonsten Invoke Behavior.
    - **DYNAMICRULES (INVOKERUN)**   **Run Behavior** oder **Invoke Behavior**
      Wird die Package als eigenständiges Programm ausgeführt, wirkt Run Behavior, ansonsten Invoke Behavior.

Die Connection-Behandlung bei verteilten Datenbanken kann beeinflusst werden durch die Optionen (nur beim CONNECT Typ 2):
- **SQLRULES (DB2)**
  CONNECT TO auf eine existierende Lokationsverbindung ist erlaubt.
- **SQLRULES (STD)**
  CONNECT TO auf eine existierende Lokationsverbindung ist nicht erlaubt: SET CONNECTION muss verwendet werden.

- **REBIND**
  Ein REBIND führt erneut alle Detailprüfungen einer existierenden Package bzw. eines Plans durch.

  Es werden keine DBRMs eingelesen, daher wird der REBIND nur dann eingesetzt, wenn die Programmanforderungen unverändert geblieben sind. Er ist dann sinnvoll, wenn z.B.:
  - Neue Zugriffspfade angelegt wurden (Indizes),
  - Autorisierungen verändert wurden,
  - Lock-Parameter verändert wurden,
  - Objektveränderungen durchgeführt wurden, die von DB2 nicht automatisch zur Kennzeichnung von Packages oder Plänen als ungültig (invalidated) führen, sondern erst bei der Ausführung Fehler erzeugen,
  - neue Statistikwerte innerhalb von Packages oder Plans berücksichtigt werden sollen (z.B. nach einem RUNSTATS).

- **FREE**
  Löschung von nicht mehr benötigten Packages oder Plänen.

- **DROP**
  Löschung von nicht mehr benötigten Packages.

- **DYNAMIC BIND**
  Ein DYNAMIC BIND wird für interaktive SQL-Statements sowie für Dynamic SQL-Statements (Erläuterungen hierzu folgen im Laufe des Kapitels) innerhalb von Anwendungsprogrammen durchgeführt. Dabei wird ein temporärer Plan erzeugt. Der DYNAMIC BIND wird nicht explizit als eigener Prozess angestoßen, sondern wird von DB2 automatisch bei der Ausführung des Programmes aktiviert.

- **AUTOMATIC REBIND**
  Ein AUTOMATIC REBIND wird von DB2 nur im Zusammenhang mit Packages und Plänen durchgeführt (sofern die Generierungs-Option AUTO BIND mit YES definiert wurde):
  - Ein Programm wird erstmals in einer neuen DB2-Version benutzt und die Package bzw. der Plan wurde in einer früheren Version gebunden.
  - Einer Package bzw. einem Plan wurde beim BIND eine Lokationsabhängigkeit zugewiesen und es erfolgt in einem anderen Member einer Data Sharing Group die Aktivierung.
  - Wenn eine Package oder ein Plan als ungültig gekennzeichnet ist (Spalte VALID in den Katalog-Tabellen SYSPACKAGE oder SYSPLAN = 'N').

  Ein Plan oder Package wird von DB2 automatisch als ungültig gekennzeichnet, wenn:
  - ein Objekt des Plans bzw. der Package gelöscht wurde (Tabelle, Index, Synonym, View),
  - ein Privileg eines Objektes gelöscht wurde,
  - das Privileg zur Ausführung einer Funktion oder Stored Procedure gelöscht wurde, die in der Package angesprochen wird,
  - eine neue Spalte des Datentyps DATE, TIME oder TIMESTAMP mit NOT NULL WITH DEFAULT einer Tabelle hinzugefügt wurde,
  - die Länge einer variablen Spalte erweitert wurde,
  - eine neue Spalte einer temporären Tabelle hinzugefügt wurde,
  - ein Foreign-Key mit Delete-Rule 'CASCADE' oder 'SET NULL' hinzugefügt oder gelöscht wurde,
  - ein Foreign-Key einer selbst-referenzierenden Tabelle hinzugefügt oder gelöscht wurde,
  - ein Check Constraint hinzugefügt oder gelöscht wurde,
  - der AUDIT-Parameter einer Tabelle verändert wurde,
  - eine User-defined Function, die in der Package genutzt wird, verändert wurde.

  Der AUTOMATIC REBIND setzt den Wert der Spalte VALID um, wenn alle Prüfbedingungen ordnungsgemäß erfüllt sind. Wird aber wiederum ein Fehler festgestellt, wird der Wert der Spalte OPERATIVE in den beiden Katalog-Tabellen auf 'N' gesetzt, d.h. eine Ausführung ist nicht mehr möglich (dies gilt nicht für Trigger Packages).
  Es muss vorher ein expliziter BIND bzw. ein REBIND durchgeführt werden.

  Achtung: Der Zugriffspfad eines AUTOMATIC REBINDs sollte kontrolliert werden, da dieser evtl. von dem erwarteten Ergebnis abweicht
  (die Generierungs-Option EXPLAIN PROCESSING sollte mit YES definiert werden).

13.2.2.3.3 Abgrenzung DBRM, Package und Plan

Grundsätzlich muss ein DBRM gebunden werden, bevor es ausgeführt werden kann.
Ausnahmen sind DBRMs, die ausschließlich folgende SQL-Statements enthalten (für diese Statements braucht keine Zugriffspfadentscheidung bzw. keine Verarbeitungsanweisung getroffen zu werden):

- CONNECT,
- COMMIT, ROLLBACK
- DESCRIBE TABLE,
- RELEASE,
- SET CONNECTION,
- SET CURRENT PACKAGESET,
- SET host-variable = CURRENT PACKAGESET,
- SET host-variable = CURRENT SERVER.

Ein **DBRM** kann in eine Package oder direkt in einen Plan eingebunden werden.

Jede **Package** enthält genau ein DBRM mit einem bestimmten Konsistenz-Id (Versions-Id).
Packages werden verwaltungstechnisch Collections zugeordnet (Details hierzu folgen). Es können unter einem Programmnamen verschiedene Packages (d.h. mehrere Versionen) vorgehalten werden.

Ein **Plan** kann Packages und/oder DBRMs enthalten.
Zur Ausführung eines Programmes ist immer ein Plan erforderlich, eine Package kann nicht direkt ausgeführt werden. Ein Plan enthält direkt eine bestimmte Version eines DBRMs und/oder eine Verweisliste auf Packages.

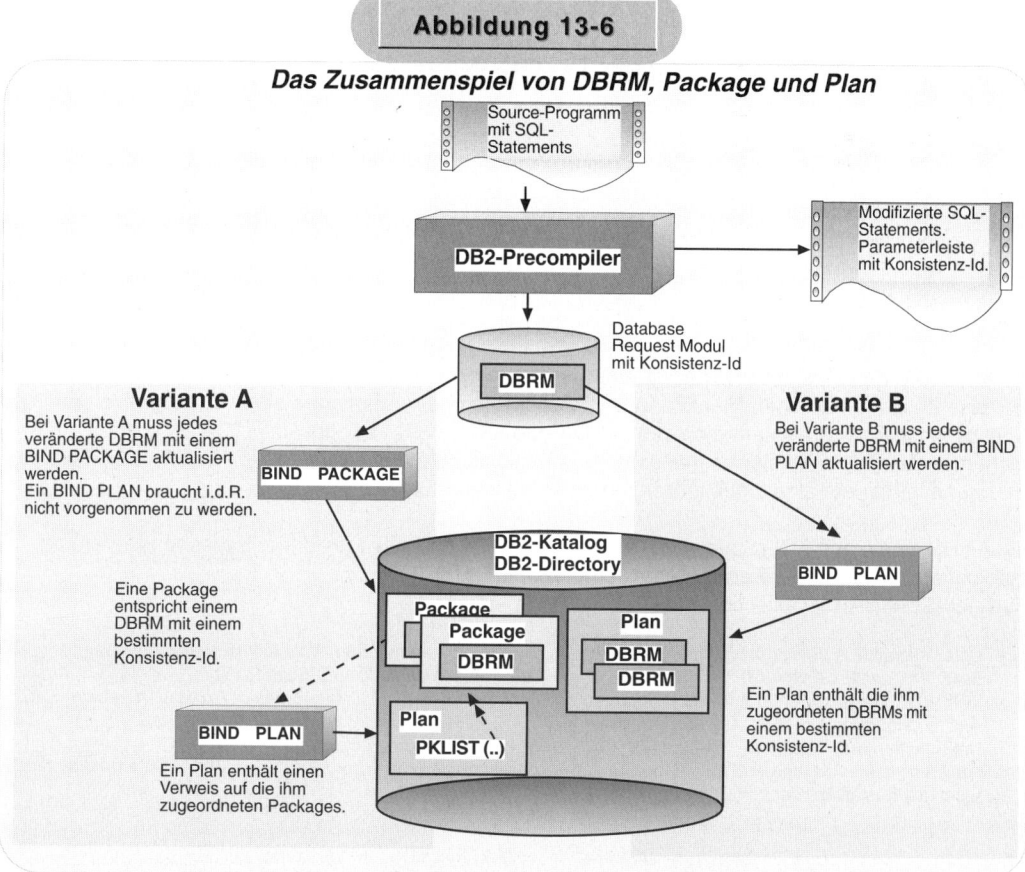

Abbildung 13-6

Das Zusammenspiel von DBRM, Package und Plan

13.2.2.3.4 Die Verwaltung der Packages (BIND, REBIND, DROP, FREE)

Eine Package besteht aus genau einem DBRM und erhält auch dessen Namen.
Die Package wird einer **Collection** zugeordnet.
Die Collection ist eine organisatorische Zusammenfassung von Packages unter einem bestimmten Namen (z.B. SEMINAR für alle Packages des Seminar-Verwaltungs-Systems).
Die Package wird folgendermaßen verwaltet (Erklärungen siehe Anhang 2):

- Anlegen einer neuen Package   BIND PACKAGE ACTION (ADD),
- Änderung einer bestehenden Package
   - ein DBRM wird angezogen   BIND PACKAGE ACTION (REPLACE),
   - kein DBRM, nur Katalog-Infos
     werden herangezogen   REBIND PACKAGE oder REBIND TRIGGER PACKAGE,
- Löschung bestehende Package   FREE PACKAGE oder DROP PACKAGE.

Die Package kann am lokalen Server oder remote gebunden werden. Der BIND bzw. REBIND leitet bei entsprechender Vorgabe eines Lokations-Namens den Prozess an den entsprechenden Server weiter.

Die Package wird unter einer bestimmten Version (Konsistenz-Id) gehalten, die aus dem DBRM aufgrund der Precompiler-Version entnommen wird (siehe Precompiler-Option VERSION).
Eine Package wird einem bestimmten Eigentümer (owner) zugeordnet, der alle Verwaltungs-Rechte an der Package hat.
Der Owner wird entweder aus dem Autorisierungs-Id des Benutzers abgeleitet, der BIND/REBIND vornimmt oder aber explizit über den OWNER-Parameter vorgegeben.

Sämtliche Objekte innerhalb der Package (aus dem DBRM) können explizit qualifiziert werden, was allerdings nicht empfohlen werden kann (z.B. PROD.SEMTYP) oder aber über den QUALIFIER-Parameter des BIND/REBIND dynamisch eingesetzt werden.
Alternativ kann auch mit Synonym oder Alias gearbeitet werden. Dieses Verfahren ist flexibler, wenn in einer Package mehrere Qualifier benötigt werden.

Die Package wird unter folgenden **Namenskonventionen** geführt:

- **Lokations-Name**   Entsprechender Server
- **Collection-Id**   Muss explizit vorgegeben werden. Die Collection wird nicht separat verwaltet, sondern entsteht dynamisch durch entsprechende Verwaltung.
                       Bei hierarchischem Namens-Aufbau kann mit generischen Mitteln verwaltet werden.
- **Package-Id**   Name des DBRMs oder einer anderen, kopierten Package.
- **Versions-Id**   Name der Version aus dem DBRM (vom Precompiler gesetzt).

Packages werden versionsbezogen geführt, was zu einem dynamischen Effekt des vor dem DB2-Release 2.3 sehr statischen Plan-Verfahrens führt. Alle neuen Versionen einer Package werden in eine Collection hinzugefügt, sofern nicht der BIND-Parameter REPLVER gesetzt ist.
Nicht mehr benötigte Versionen müssen explizit gelöscht werden (oder mit REPLVER ersetzt werden, z.B. wenn immer nur eine aktuelle Version gehalten werden soll).

Bei Aktivierung eines SQL-Statements wird bei Einsatz von Packages die entsprechende Version automatisch aufgrund der Parameterleiste herausgesucht.
Beispiel (SEMINAR = Collection-Id):

- Unterprogramm A Version **X** wird precompiliert
- BIND PACKAGE (SEMINAR)
- LINK-EDIT Unterprogramm A in das Programm SVU1
- Ausführung Programm SVU1 benutzt:
  Unterprogramm A Version **X**

- Unterprogramm A Version **Y** wird precompiliert
- BIND PACKAGE (SEMINAR)
- LINK-EDIT Unterprogramm A in das Programm SVU2
- Ausführung Programm SVU2 benutzt:
  Unterprogramm A Version **Y**

Die entsprechende Package wird automatisch aufgrund des jeweiligen Konsistenz-Ids (Version) des Unterprogrammes A gesucht, der Bestandteil der vom Precompiler generierten Parameterleiste ist.

13 Anwendungsprogrammierung unter DB2
13.2 Programmentwicklung unter DB2

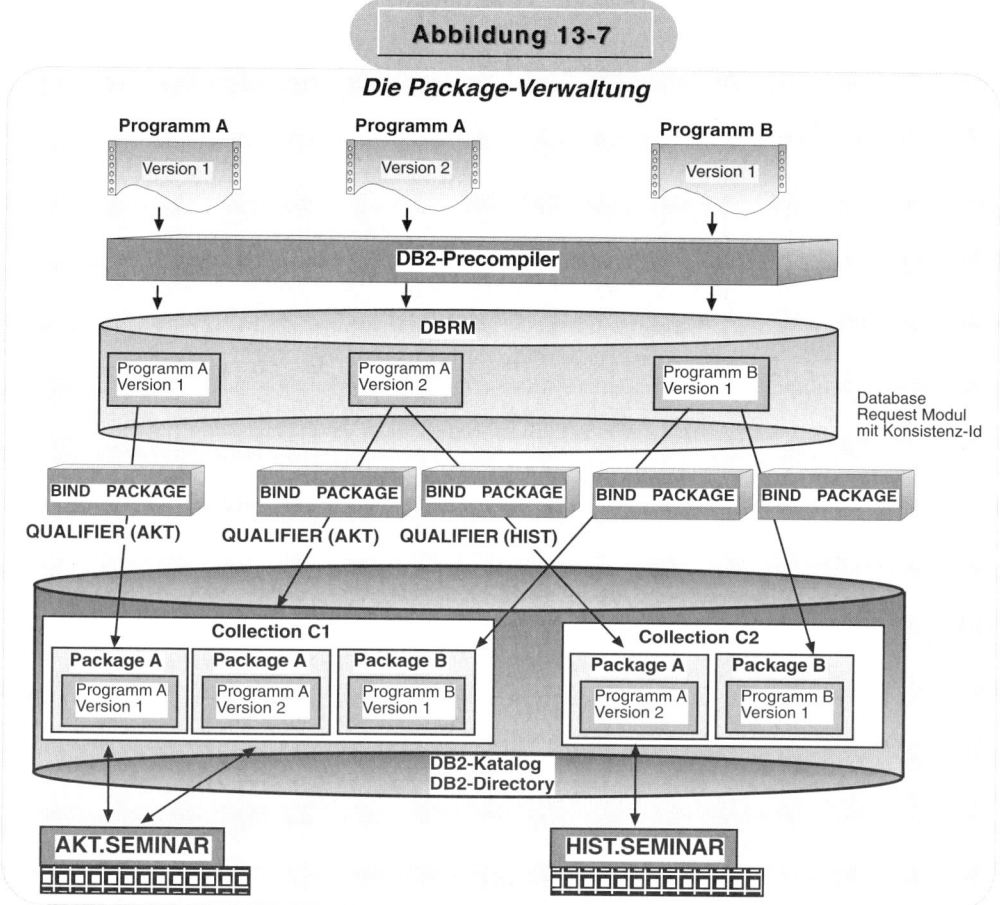

Abbildung 13-7: Die Package-Verwaltung

Beim Binden der Package kann mittels der Parameter OWNER bzw. QUALIFIER auf die Zuordnung der DB2-Objekte Einfluss genommen werden.
Ein DBRM kann mittels mehrerer BIND-Läufe in unterschiedliche Collections eingestellt werden.

Beispiel:

In einem Programm (in unserem Beispiel z.B. Programm A) wird folgender SELECT abgesetzt:

```
SELECT      TERMIN, SEMCODE
INTO        :TERMIN, :SEMCODE
FROM        SEMINAR
WHERE       SEMNR = :SEMNR
```

Wird beim BIND PACKAGE der QUALIFIER (AKT) vorgegeben, wird das Seminar-Objekt als 'AKT.SEMINAR' qualifiziert.
Wird aber beim BIND PACKAGE der QUALIFIER (HIST) vorgegeben, wird das Seminar-Objekt als 'HIST.SEMINAR' qualifiziert.

Mit dem Package-Konzept lassen sich somit:

- verschiedene Programm-Versionen nutzen (über verschiedene Package-Versionen),
- verschiedene DB2-Objekte zuordnen (über verschiedene Package-Versionen bzw. - wie in unserem Beispiel - über unterschiedliche Collections).

13.2.2.3.5 Die Zuordnung einer Package aus einem Programm heraus

Die Zuordnung einer Package wird vom Plan gesteuert.
Im Plan werden über die Package-Liste (PKLIST) die Zuordnungen der innerhalb dieses Plan aktivierbaren Packages vorgenommen.
Jedes Programm benötigt eine Plan-Zuordnung (Details folgen).
Mit Hilfe des SQL-Statements SET CURRENT PACKAGESET kann ein Programm die Suche einer Package auf eine bestimmte Collection eingrenzen.
Wird ein SQL-Statement innerhalb eines Programmes ausgeführt, übergibt das Attach-Facility an DB2 den DBRM-Konsistenz-Id (wird vom Precompiler in die Call-Parameterleiste generiert).
Aufgrund dieses Konsistenz-Ids sucht DB2 die entsprechende Package nach folgender Logik:

- **CURRENT SERVER**   Identifikation des aktuellen Servers, an dem gesucht wird.
                                 Default = lokaler Server.
- **CURRENT PACKAGESET**   Die Einschränkung der Suche auf eine bestimmte Collection ist möglich.
                                 Default = Blank, d.h. in allen Collections wird gesucht.
- **Suchfolge am lokalen Server** 1. Alle DBRMs, die direkt eingebunden sind.
                                 2. Alle Packages, die vorher bei der Ausführung bereits genutzt wurden.
                                 3. Alle noch nicht zugeordneten Packages in Reihenfolge der Plan-PKLIST.
- **Suchfolge am remote Server**   1. Alle Packages, die vorher bei der Ausführung bereits genutzt wurden.
                                 2. Alle noch nicht zugeordneten Packages in Reihenfolge der Plan-PKLIST am CURRENT SERVER.

Wenn ein Programm einmal den Wert des CURRENT PACKAGESET-Spezialregisters mit SET CURRENT PACKAGESET verändert hat, muss anschließend diese Zuordnung programmtechnisch kontrolliert werden.
Wenn anschließend das CURRENT PACKAGESET-Spezialregister auf 'Blank' gesetzt wird, erfolgt nicht zwingend eine Suche in allen Collections, sondern eine vorher bearbeitet Package wird immer wieder bereitgestellt.

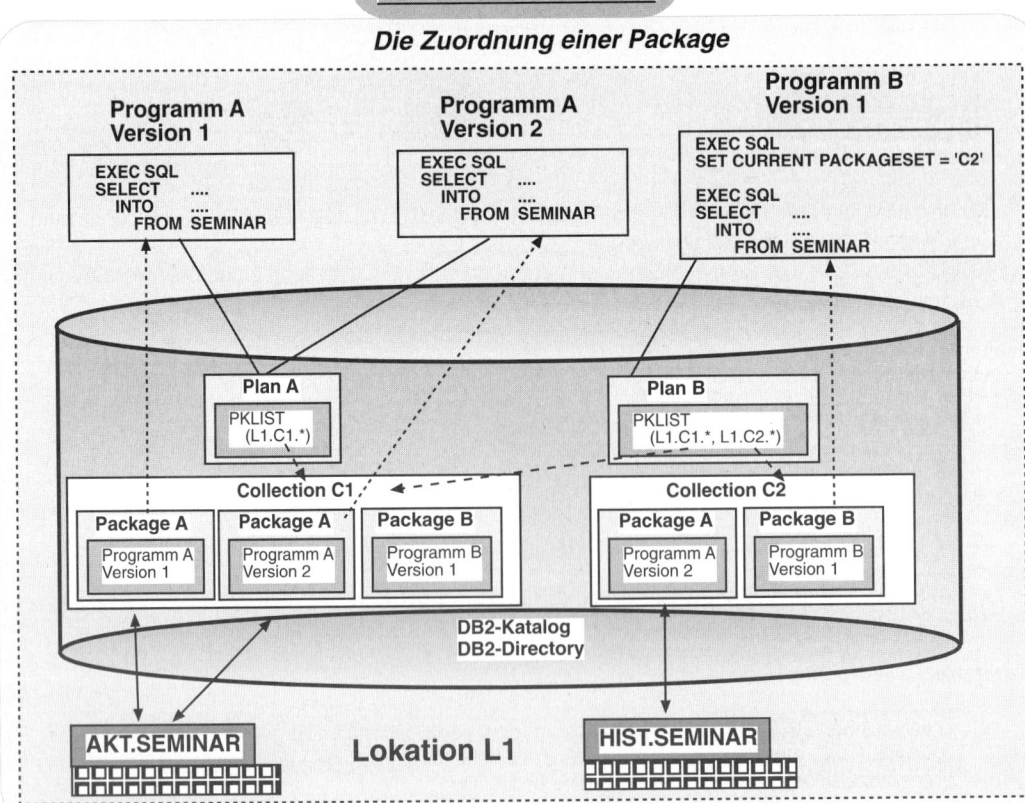

Abbildung 13-8

Die Zuordnung einer Package

13.2.2.3.6 Die Verwaltung der Pläne (BIND, REBIND, FREE)

Ein Plan kann bestehen aus:

- einem oder mehreren DBRMs,
- einer oder mehreren Packages,
- einer Kombination aus beiden, was allerdings grundsätzlich nicht zu empfehlen ist.

Der Plan wird folgendermaßen verwaltet (Erklärungen siehe Anhang 2):

- Anlegen eines neuen Plans   BIND PLAN ACTION (ADD),
- Änderung eines bestehenden Plans
  - ein DBRM wird angezogen   BIND PLAN ACTION (REPLACE),
  - kein DBRM, nur Katalog-Infos werden herangezogen   REBIND PLAN,
- Löschung eines bestehenden Plans   FREE PLAN.

Werden Packages in den Plan eingezogen, sind verschiedene Varianten möglich (siehe Beispiele vorab und unter PKLIST-Parameter des BIND Plan-Statements). Die in der PKLIST angegebene Reihenfolge beeinflusst die Performance bei der Ausführung des Plans (siehe vorab).

Der Plan muss immer am lokalen Server, an dem das Anwendungs-Programm aktiviert wird, gebunden werden. Mit dem CURRENTSERVER-Parameter kann die Ausführung auf einen remote Server geleitet werden. In diesem Fall erfolgt ein impliziter CONNECT von DB2 vor der Ausführung des ersten Statements. Nach Beendigung des Programmes erfolgt die Rückkopplung an den lokalen Server. Zu beachten ist, dass ein impliziter CONNECT einen CONNECT Typ 1 darstellt. Auf die Besonderheiten und Restriktionen wird unter CONNECT im Anhang 2 näher eingegangen.

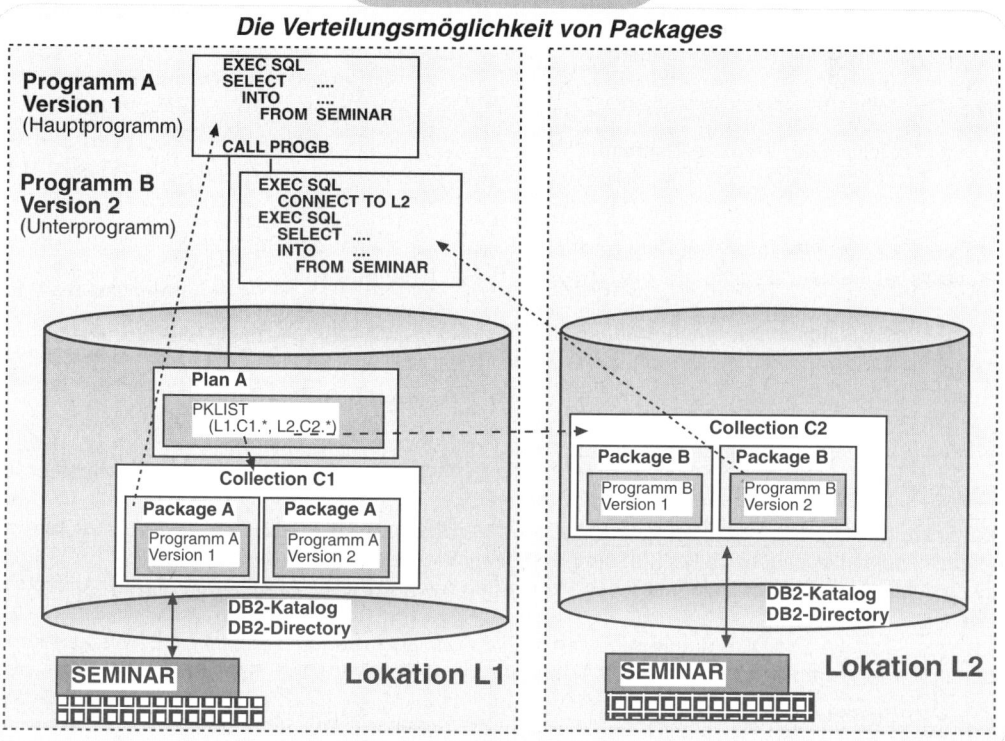

Abbildung 13-9

Die Verteilungsmöglichkeit von Packages

13 Anwendungsprogrammierung unter DB2
13.2 Programmentwicklung unter DB2

Bei Einsatz von Packages genügt das Binden der Package, wenn sich eine Programmänderung ergibt. Das wiederholte Binden von Plänen kann dann gänzlich unterbleiben, wenn ein Plan auf alle Packages einer Collection zeigt und sich dort dynamisch bei der Ausführung die Package sucht.

Theoretisch kann ein Unternehmen mit Hilfe des Package-Konzeptes einen einzigen Plan definieren, der auf alle Lokationen, Collections und Packages zeigt (PKLIST = * . * . *). In diesem Fall müssen aber alle Programme auf diesen einzigen Plan-Namen zugeordnet werden.
Ein solcher globaler Plan führt z.B. im CICS-Bereich zu Vorteilen, da ein Thread wiederverwendbar sein kann, sofern sich der Plan-Name nicht ändert.

Wird mit mehreren Collection-Einträgen in der PKLIST gearbeitet (z.B. PKLIST = C1.*, C2.*,C3.*), ist zu beachten, dass bei der Laufzeit mit höheren Suchaufwendungen zu rechnen ist. Einzelne Packages werden in der Reihenfolge der eingetragenen Collections gesucht. Ein Problem ist vor allem dann gegeben, wenn z.B. die Collection C3 häufig benötigt wird.
Empfehlung: häufig benötigte Collections nach vorne legen (z.B. PKLIST = C3.*, C1.*,C2.*).
Eine Reihe von Unternehmen haben im Testbereich eine flexible Zuordnung festgelegt, bei der Übernahme in die Produktion wird dann aber eine feste Zuordnung (bis hin zu den konkret benötigten Packages) getroffen.

In der **PKLIST** eines Plans bestehen folgende Zuordnungs-Varianten:

1. Zuordnung des **Lokations-Namens**
   Lokaler Server oder * , d.h. erst bei der Ausführung wird über das CURRENT SERVER-Spezialregister der jeweils aktuelle Server ermittelt.

2. Zuordnung des **Collection-Namens**
   Hier kann eine bestimmte Collection vorgegeben werden, in der die Package gesucht werden soll oder *, d.h. erst bei der Ausführung wird aufgrund des Inhalts des CURRENT PACKAGESET-Spezialregister der Collection-Id ermittelt, in der ausschließlich die Package gesucht wird.
   Enthält das Spezialregister den Inhalt BLANK, wird die Package in allen Collections der PKLIST gesucht, sofern diese Package sich nicht bereits im Speicher befindet.

3. Zuordnung des **Package-Namens**
   Hier kann eine bestimmte Package Id vorgegeben werden oder *, d.h. alle Packages in der Collection werden in die Suche einbezogen.

4. Zuordnung des **Versions-Namens**
   Eine bestimmte Package-Version kann nicht vorgegeben werden. Aufgrund der jeweiligen Programm-Version wird automatisch die korrrespondierende Package-Version gesucht.

Bei Einsatz von DBRMs muss der Plan nach der Kompilierung eines Programms mit SQL-Statements erneut erzeugt werden, da sich eine bestimmte DBRM-Version 'körperlich' im Plan kopiert befindet.

Ein Plan kann aus einem oder mehreren DBRMs bestehen. Sämtliche DBRMs, die während einer Programmausführung benötigt werden, müssen mit ihrer jeweiligen Version in den Plan eingebunden sein.

Problematisch ohne Verwendung von Packages ist in der Praxis die Synchronisation der Zustände aller Pläne, wenn z.B. ein zentrales Standard-Modul mit SQL-Statements prekompiliert wird (eine SQL-Änderung muss nicht stattgefunden haben).
In der Folge müssen alle Pläne neu gebunden werden (BIND), die dieses DBRM enthalten (sofern sie die neue Version benötigen; ob konkret ein BIND stattfinden muss hängt davon ab, ob die Programme statisch durch den Linkage Editor eingebunden werden oder später bei der Ausführung dynamisch aktiviert werden).
Die Katalog-Tabelle SYSDBRM enthält zwar alle Pläne mit zugeordneten DBRMs, DB2 bietet aber kein automatisiertes Verfahren zur kompletten Aktualisierung aller betroffenen Pläne an.

Aufgrund der erheblichen Flexibilitäts- und Wartungs-Vorteile des Package-Konzeptes sollten keine DBRMs direkt in einen Plan eingebunden werden.
Es sollte nur noch das Package-Konzept benutzt werden!

13.2.2.3.7 Die Zuordnung eines Plans zu einem Programm

Bei der Ausführung des Programms wird das ausführbare Modul geladen.
Wird die erste Kommunikation mit DB2 innerhalb des Anwendungsprogramms aktiviert, erfolgt das Anlegen eines Threads zwischen dem Trägersystem und dem DB2-Subsystem.

Dabei wird der Plan aufgesucht und dem Thread zugeordnet.
Bei der Ausführung wird geprüft, ob die Precompile-Konsistenz-Id (Version) des Programms mit dem Precompile-Konsistenz-Id (Versions-Id) des benötigten DBRMs übereinstimmt.
Dieser Konsistenz-Id (i.d.R. ein Timestamp) muss in einem DBRM des Plans bzw. einer Package gefunden werden, ansonsten wird ein Return Code erzeugt. DB2 will damit die Integrität zwischen den beiden Komponenten gewährleisten.

Grundsätzlich trägt der Plan den Namen des Anwendungs-Programmes.
Werden verschiedene Programme zusammengelinkt (durch den Linkage Editor), muss der Plan zugeordnet werden.
In der Regel trägt er dann den Namen des Hauptprogrammes (Einstiegsprogramm).

Im CICS können während einer Transaktion (in einer Task) mehrere Module aktiviert werden (LINK, XCTL). In diesem Fall muss der Plan auf alle möglichen SQL-Statements der beteiligten Module referenzieren oder aber es erfolgt eine dynamische Plan-Zuordnung während der Ausführung (siehe später in diesem Kapitel).

Der Plan muss lokal verfügbar sein und die Zuordnung innerhalb der einzelnen Trägersysteme wird folgendermaßen vorgenommen:

- **TSO**
  ```
  DSN     SYSTEM  (DB21)
  RUN     PROGRAM (SEMVPGM)    -
       PLAN    (SEMSTEU)       -         Default = Programm-Name
       LIB     (bibliothek)
  END
  ```

- **Batch (CAF)**
  Der Programm-Name entspricht dem Plan-Namen. Ausnahmen lassen sich über eine explizite Plan-Zuordnung regeln, mit: **CALL DSNALI OPEN**

- **Batch (RRSAF)**
  Der Programm-Name muss explizit vorgegeben werden, mit: **CALL DSNRLI CREATE THREAD**

- **IMS-TM (DC)**
  Der Programm-Name entspricht dem Plan-Namen. Ausnahmen lassen sich über die **RTT** definieren.

- **IMS-Batch**
  Es existiert eine eigene Datei (**DDITV02**), über die Parameter vorgebbar sind:
  ```
  SSN   = DB2-Subsystem
  RTT   = Resource Translation Table (sofern genutzt)
  PROG  = Programm-Name
  PLAN  = Plan-Name              Default = Programm-Name
  ```

- **CICS**
  Abhängig von der **RCT**-Definition:
  ```
  TYPE=ENTRY   Transid = Plan-Name oder explizite Zuordnung
  TYPE=POOL    Plan-Name = 'DEFAULT' oder explizite Zuordnung.
  ```

  CICS unterstützt einen dynamischen Plan-Wechsel (durch Definition einer User-Exit-Routine in der RCT).
  In diesem Fall aktiviert das Programm mit dem ersten SQL-Statement innerhalb einer UOW den Plan.

13.2.2.3.8 Dynamische Plan-Zuordnung im CICS

Vor dem DB2-Release 2.3 und bei Nicht-Einsatz von Packages kann im CICS ein Problem der Plan-Zuordnung auftreten, wenn innerhalb einer UOW mehrere Haupt-Programme bzw. unterschiedliche Dialoge aktiviert werden.
Ist einmal innerhalb der UOW ein Plan zugeordnet, kann er nicht ohne weiteres gewechselt werden. Ganz extrem ist die Situation, wenn im Rahmen eines Standard-Dialog-Systems ein einziges und generelles Steuer-Programm als Einstiegsprogramm einer neuen Transaktion aktiviert wird und die Verarbeitungssteuerung an individuelle Programme übergibt.

Im CICS wird für jede Transaktion in der Resource Control Table (RCT) der Transaktions-Code und der jeweilige Plan-Name definiert.
CICS kennt alternativ ein Konzept der dynamischen Plan-Zuordnung (auch in Kombination mit Packages möglich). Dafür wird in der RCT ein **Exit-Programm** definiert, an das die Steuerung abgegeben wird, wenn das erste SQL-Statement in der UOW abgesetzt wird.
Über dieses Exit-Programm wird ein Plan-Name zugeordnet (Default ist der jeweilige Programm- bzw. der DBRM-Name aus der vom Precompiler generierten Parameterliste).

Folgende Alternativen sind relevant:

1   **Das Standard-Dialog-Steuerungs-Programm hat keine SQL-Statements**
   In diesem Fall enthält das Steuer-Programm selbst kein SQL-Statement.
   Das Exit-Programm kann in der Regel mit dem Default-Plan-Namen = DBRM-Name arbeiten.
   Wenn ein Plan aus mehreren DBRMs besteht, muss der Plan-Name dem DBRM-Namen des Moduls mit dem ersten SQL-Statement der Transaktionsabwicklung entsprechen.
   Das Steuer-Programm braucht keinen Plan, da keine SQL-Statements abgesetzt werden.
   Die Steuerungs-Übergabe kann mit den CICS-Commands XCTL oder LINK auf das Folgeprogramm vorgenommen werden.

2   **Das Steuer-Programm setzt SQL-Statements ein**
   In diesem Fall muss das DBRM des Steuerungsprogrammes in die Pläne aller Transaktionen eingebunden werden.
   Das Exit-Programm empfängt beim ersten Aufruf den Steuerungsprogramm-Namen, der nicht zur eindeutigen Plan-Zuordnung verwendet werden kann.
   Deshalb muss der spätere Transaktions-Name bekannt sein. Dieser muss an DB2 übergeben werden. Der EXIT benötigt die entsprechenden Informationen vom Steuerungsprogramm in Abhängigkeit von der späteren Verzweigungs-Entscheidung.
   Das Steuerungsprogramm muss solche Informationen vorher für das Exit-Programm aufbauen (da keine direkte Kommunikations-Möglichkeit über Parameter besteht, z.B. über CICS-TS oder CICS-TWA).

3   **Das Steuer-Programm setzt SQL-Statements ein und einen SYNCPOINT ab**
   Mit dieser Alternative kann ein Plan-Wechsel innerhalb einer Transaktion vorgenommen werden.
   Vor der Verzweigung zu einem anderen Programm muss ein CICS-SYNCPOINT erfolgen (ohne SYNCPOINT würde für die gesamte Transaktion der Steuerungsprogramm-Plan wirken).
   Durch den SYNCPOINT wird die CICS-UOW beendet, der aktuelle Thread wird abgebaut und mit dem nächsten SQL-Statement wird ein neuer Thread aufgebaut.
   Automatisch kann das Exit-Programm den jeweils erforderlichen Plan-Namen, wie unter Alternative 1 beschrieben, zuordnen.
   Konsistenz-Probleme:
   Die Anwendung muss die Synchronisation des Steuerungsprogramm-Programmes und der restlichen Transaktions-Abwicklung selbst vornehmen.

Eine andere Möglichkeit bietet das Starten einer neuen Transaktion mittels des CICS-'START'-Befehls. Dann wird automatisch für die neue Transaktion aufgrund der RCT-Eintragung auch der neue Plan zugeordnet.
Die DB2-spezifische Empfehlung:
       Konsequenter Einsatz von Packages!

13.2.2.4 Linkage Editor
13.2.2.4.1 Aktivieren der Attach-Facility-Schnittstellen

Der **COMPILER**- und **LINKAGE-EDITOR**- Ablauf verläuft ohne besondere DB2-spezifische Aspekte, aber evtl. mit besonderen Compiler- bzw. Linkage Editor-Optionen.

Der DB2-Precompiler generiert Aufrufe auf ein generelles High Level Interface (z.B. CALL 'DSNHLI'). Jedes Trägersystem verfügt über ein eigenes Attachment-Facility. In allen ist ein Entry 'DSNHLI' definiert.
Einzelne Programmiersprachen verfügen über eigene Schnittstellen.

Die Namen der Attach-Facilities sind:

- DSNALI   CAF (Call Attachment Facility) für Batch-Programme,
- DSNCLI   CICS (das CICS-EXEC Interface muss als erste Section eingeordnet werden),
- DSNELI   TSO (außer FORTRAN),
- DSNHFT   TSO FORTRAN-Programme,
- DSNRLI   RRSAF (Recoverable Resource Manager Services Attachment Facility) für Programme, die über OS/390 RRS gesteuert werden:
  - Multi-User-Programme mit Einbeziehung diverser Ressource-Manager,
  - Stored Procedures in WLM-Adressräumen.
- DFSLI000   IMS.

Ein Programm, das aufgrund seiner Programmlogik in unterschiedlichen Trägersystemen lauffähig ist, muss zumindest pro Trägersystem mit einem eigenen Attach-Facility verbunden werden, d.h. es müssen auch eigene Lademodul-Versionen existieren.

Die SQL-Sprachschnittstelle CLI nutzt entweder die Attachment Facilities von CAF oder RRSAF zur Ankopplung an das DB2-System.

Achtung:
Da sämtliche Attach-Facilities den Alias-Namen 'DSNHLI' verwenden, muss bei concatenated Bibliotheken und dynamischem Link von Modulen auf die richtige Reihenfolge geachtet werden, wie z.B.: IMS-Bibliotheken vor den DB2-Bibliotheken.

13.2.3 Beispiel- und Hilfs-Programme: DSNTIAD, DSNTEP2 und DSNTIAUL
13.2.3.1 Übersicht

IBM liefert einige Beispiel-Programme im DB2-Umfeld, die für den Anwendungs-Entwickler recht hilfreich sein können:

DSNTIAUL   Assembler-Programm, das über vorgebbare SELECT-Statements Daten aus Tabellen (bis zu 100) selektiert und entlädt. Es werden LOAD-Utility-Control-Statements generiert, mit denen die Daten anschließend wieder geladen werden können.

DSNTIAD   Assembler-Programm für die Batch-Ausführung dynamischer SQL-Statements (außer SELECT-Statement).

DSNTEP2   PL/I-Programm für die Batch-Ausführung dynamischer SQL-Statements.

Die folgende Übersicht zeigt die Funktionalität dieser Produkte im Vergleich zum SPUFI auf:

Übersicht des Leistungs-Spektrums

Anforderung	SPUFI	DSNTEP2	DSNTIAD
SELECT	Ja	Ja	Nein
DELETE/INSERT/ UPDATE	Ja	Ja	Ja
ALTER/ CREATE/ DROP	Ja	Ja	Ja
EXPLAIN	Ja	Ja	Ja
GRANT/REVOKE	Ja	Ja	Ja
COMMENT ON	Ja	Ja	Ja
LABEL ON	Ja	Nein	Ja
COMMIT ROLLBACK	Ja	Ja	Ja
LOCK TABLE	Ja	Ja	Ja

- - Kommentar
  außerhalb eines SQL-Statements
  innerhalb eines SQL-Statements
	Ja
	Ja
		Ja
		Nein
			Nein
			Nein

* Kommentar außerhalb eines SQL-Statements	Nein	Ja	Nein
SQL-Fehler	ROLLBACK	bis zu 10 Fehler RC = 8	bis zu 10 Fehler RC = 8

13.2.3.2 DSNTIAUL-Beispiel

DSNTIAUL ist ein Assembler-Programm mit folgenden Funktionen:

1. Entladen von DB2-Tabellen-Daten auf einen sequenziellen Bestand:
   - Kompletter Tabellen-Inhalt
   - Auswahl bestimmter Tabellen-Inhalte in Abhängigkeit einer PARM-Vorgabe:
     - ohne PARM
       - alle Spalten, aber bestimmte Zeilen über einen Tabellen-Namen,
       - eine Spalten-Auswahl und beliebige inhaltliche Selektion nur über einen View.
     - mit PARM ('SQL')
       - Beliebiges SELECT-Statement.

2. Generierung von LOAD-Utility Control Cards für ein späteres Zurückladen auf eine DB2-Tabelle.

DSNTIAUL berücksichtigt NULL-Werte (z.B. NULLIF (35) = '?') und reserviert im Entlade-Bestand dafür eine Stelle.
Variable Spalten werden mit einem 2-Byte-Längenfeld versehen und mit entsprechender Länge gefüllt.

JCL-Beispiel:

```
//UNLOAD   EXEC  PGM=IKJEFT01,DYNAMNBR=20
//SYSTSPRT       DD    SYSOUT=*
//SYSPRINT       DD    SYSOUT=*
//*
//*****************************************************************************
//*      SYSPUNCH  =    LOAD-Utility Control-Cards
//*****************************************************************************
//SYSPUNCH  DD    DSN=U00350.DBT1.DSNTIAUL.SEMTYP,
//         DISP=(NEW,CATLG),SPACE=(TRK,(1,1)),
//         UNIT=SYSDA
//*****************************************************************************
//*      SYSRECXX  =    Entlade-Daten
//*                     1. Tabelle = SYSREC00, weitere SYSREC01, 02 usw. max 100 Tabellen
//*****************************************************************************
//SYSREC00  DD    DSN=U00350.DBT1.UNLOAD.SEMTYP,
//         DISP=(NEW,CATLG),SPACE=(CYL,(20,10)),
//         UNIT=SYSDA
//*****************************************************************************
//* ohne PARM:
//*      SYSIN     =    Namen der DB2-Tabellen bzw. Views
//*                     Pro Zeile (max 72 Stellen) kann nur eine Anforderung gestellt werden.
//*                     Vor den DB2-Objekt-Namen wird automatisch SELECT * FROM generiert.
//*                     Weitere erlaubte Optionen sind: WHERE und ORDER BY.
//*                     Beispiel: SYSIN    DD    *
//*                               U00350.SEMTYP
//* mit PARM: ('SQL')
//*      SYSIN     =    Beliebiges SELECT-Statement
//*                     Beispiel: siehe unten.
//*****************************************************************************
//SYSIN     DD    *
   SELECT TITEL, DAUER
       FROM SEMTYP
       WHERE SEMCODE LIKE 'DB2%'
/*
//SYSTSIN   DD    *
  DSN  SYSTEM (DBT1)
       RUN  PROGRAM (DSNTIAUL)   PLAN(DSNTIB22)    -
            LIB ('SYSP.DB2.V6R1M0.RUNLIB.LOAD')    -
            PARM ('SQL')
/*
//
```

Ab der Version 6 ist ein REORG-Lauf mit UNLOAD EXTERNAL wesentlich effizienter als die DSNTIAUL-Ausführung!

13.2.3.3 DSNTEP2-Beispiel

DSNTEP2 genutzt werden zur Batch-Ausführung dynamischer SQL-Statements und zum Ausdruck der Result-Table.
Beispiel:

```
//DSNTEP2   EXEC PGM=IKJEFT01,DYNAMNBR=20
//SYSTSPRT  DD   SYSOUT=*
//SYSPRINT  DD   SYSOUT=*
//*****************************************************************************
//*      SYSIN = Enthält SQL-Statements und --#SET-Kontroll-Statements (siehe unter vorgebbare
//*              Parameter).
//*              Zur dynamischen Änderung des SQL-Statement-Begrenzers (Default ;) z.B. für die
//*              Unterscheidung der SQL-Statements eines Triggers zum #des
//*              Gesamt-Statements kann dies erreicht werden durch:
//*                --#SET TERMINATOR #          Folgende SQL-Statements werden mit # begrenzt
//*                    CREATE TRIGGER .....
//*                      BEGIN ATOMIC
//*                         UPDATE .... ;       Abschlusskennzeichen ; ist Pflicht.
//*                         INSERT ...... ;
//*                      END #                  Abschluss des CREATE TRIGGER-Statements.
//*                --#SET TERMINATOR ;          Folgende SQL-Statements werden mit ; begrenzt
//*****************************************************************************
//SYSIN     DD   *, DCB=BLKSIZE=80
      select QUERYNO, STMT_TYPE, COST_CATEGORY, PROCMS , PROCSU , REASON
             from DSN_STATEMNT_TABLE;
/*
//*****************************************************************************
//*      Vorgebbare Parameter:
//*      ALIGN(MID) oder ALIGN(LHS)    Ausrichtung der Ausgabe: MID = Mitte, LHS = Links
//*      MAXSEL(n)                     Begrenzung der Ausgabezeilen. Default: ohne Begrenzung.
//*                                    Mit SYSIN-Kontroll-Statements kann dies beeinflusst werden:
//*                                      --#SET ROWS_FETCH n   Anzahl einzulesender Zeilen.
//*                                                            -1 = alle (Default).
//*                                      --#SET ROWS_OUT n     Anzahl auszugebender Zeilen.
//*                                                            -1 = alle (Default).
//*      NOMIXED oder MIXED            MIXED = DBCS-Character befinden sich in der Eingabe
//*      SQLTERM(x)                    SQL-Statement-Begrenzer. Default: ;
//*                                    SYSIN-Kontroll-Statement= --#SET TERMINATOR x
//*
//*****************************************************************************
//SYSTSIN   DD   *
 DSN SYSTEM (DBT1)
     RUN  PROGRAM (DSNTEP2)   PLAN(DSNTEP22)   -
          LIB ('SYSP.DB2.V6R1M0.RUNLIB.LOAD')
/*
//
```

Erzeugt wird folgende Ausgabe:

```
1PAGE    1
 *** INPUT STATEMENT:
       select QUERYNO, STMT_TYPE, COST_CATEGORY, PROCMS , PROCSU , REASON
              from DSN_STATEMNT_TABLE ;
```

QUERYNO	STMT_TYPE	COST_CATEGORY	PROCMS	PROCSU	REASON
1104	SELECT	B	531	3446	TABLE CARDINALITY

Das Ergebnis zeigt die EXPLAIN-Ergebnistabelle DSN_STATEMNT_TABLE mit folgenden Informationen:

STMT_TYPE	SELECT-Statement
COST_CATEGORY	B = Der Bind-Prozess musste mit Default-Werten arbeiten, Begründung siehe REASON.
PROCMS	Geschätzte Prozessorkosten = 531 Millisekunden als Ausführungszeit des SELECTs.
PROCSU	Geschätzte Prozessorkosten in Service Units.
REASON	TABLE CARDINALITY = Es liegen keine Statistiken vor --> RUNSTATS ist zu aktivieren.

13.3 SQL-Spracheinsatz in Anwendungsprogrammen
13.3.1 Übersicht der Sprachschnittstellen
13.3.1.1 Interactive SQL, Embedded SQL, CLI, Static SQL und Dynamic SQL

SQL-Statements können in verschiedenen Formen eingesetzt werden:

- **Interactive SQL** Möglichkeit der Vorgabe von SQL-Statements von einer Benutzeroberfläche aus. Die Statements werden als Dynamic SQL behandelt und direkt vor der Ausführung präpariert (entspricht einem BIND-Prozess).
  Jedes Programm, das diese Form unterstützt (z.B. SPUFI) benötigt einen gültigen Plan.

- **Embedded SQL** Vorgabe von SQL-Statements innerhalb eines Anwendungsprogramms (eingebettete SQL-Statements) im EXEC-Level.
  Die Statements können als Static SQL vorgegeben werden oder es können variable Statemens als Dynamic SQL behandelt werden. Für die statischen SQL Statements muss ein expliziter BIND vorgenommen werden, bei dem eine Package erzeugt wird.
  Jedes Programm benötigt einen gültigen Plan.

- **CLI** Vorgabe von SQL-Statements innerhalb eines Anwendungsprogramms im CALL-Level.
  Die Statements werden immer als Dynamic SQL behandelt.
  Das Programm benötigt keinen expliziten Plan.

Die folgende Abbildung zeigt grob die unterstützten Formen und ihre Zusammenhänge auf:

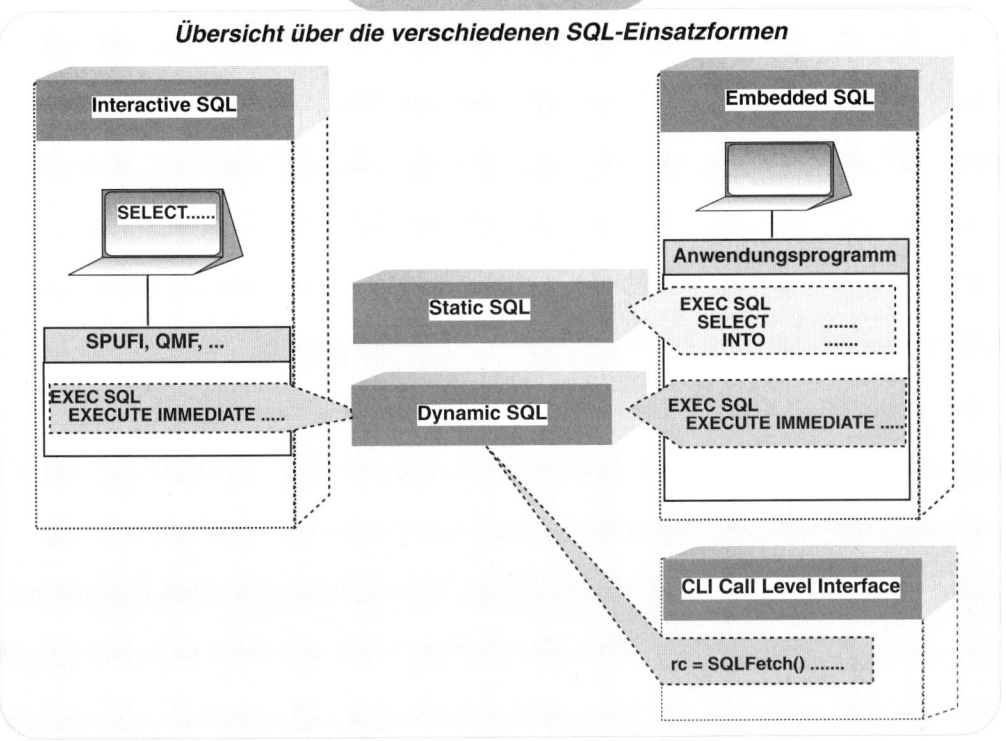

Abbildung 13-10: Übersicht über die verschiedenen SQL-Einsatzformen

13.3.1.2 SQL-Statements und ihre Programm-Nutzung

Sämtliche SQL-Statements können als Static SQL eingesetzt werden. Die Programm-Nutzungsmöglichkeiten zeigt die folgende Übersicht auf (Auszug):

SQL-Statement	EXECUTE	PREPARE	CLI-Funktion	Ausführung durch: Requestor	Ausführung durch: Server	Precompiler
ALLOCATE CURSOR	Ja	Ja	*	Ja		
ALTER	Ja	Ja	*		Ja	
ASSOCIATE LOCATORS	Ja	Ja	*	Ja		
BEGIN DECLARE SECTION						Ja
CALL	Ja		*		Ja	
CLOSE	Ja		SQLFreeStmt()		Ja	
COMMENT	Ja	Ja	*		Ja	
COMMIT	Ja	Ja	SQLTransact()		Ja	
CONNECT	Ja		SQLConnect(), SQLDriverConnect()	Ja		
CREATE	Ja	Ja	*		Ja	
DECLARE CURSOR			SQLAllocStmt()			Ja
DECLARE STATEMENT						Ja
DECLARE TABLE						Ja
DELETE	Ja	Ja	*		Ja	
DESCRIBE	Ja		SQLDescribeCol(), SQLColAttributes()		Ja	
DESCRIBE CURSOR	Ja		*	Ja		
DESCRIBE PROCEDURE	Ja		*	Ja		
DROP	Ja	Ja	*		Ja	
END DECLARE SECTION						Ja
EXECUTE	Ja		SQLExecute()		Ja	
EXECUTE IMMEDIATE	Ja		SQLExecDirect()		Ja	
EXPLAIN	Ja	Ja	*		Ja	
FETCH	Ja		SQLFetch(), SQLExtendedFetch()		Ja	
GRANT	Ja	Ja	*		Ja	
INCLUDE						Ja
INSERT	Ja	Ja	*		Ja	
LABEL	Ja	Ja	*		Ja	
LOCK TABLE	Ja	Ja	*		Ja	
OPEN	Ja		*		Ja	
PREPARE	Ja		SQLPrepare()		Ja	
RELEASE	Ja		*	Ja		
RENAME	Ja	Ja	*		Ja	
REVOKE	Ja	Ja	*		Ja	
ROLLBACK	Ja	Ja	SQLTransact()		Ja	
SELECT INTO	Ja				Ja	
SET CONNECTION	Ja		SQLSetConnection()	Ja		
SET CURRENT DEGREE	Ja	Ja	*		Ja	
SET CURRENT PACKAGESET	Ja			Ja		
SET CURRENT RULES	Ja	Ja	*		Ja	
SET CURRENT SQLID	Ja	Ja	*		Ja	
SET host-variable = CURRENT DATE	Ja				Ja	
SET host-variable = CURRENT DEGREE	Ja				Ja	
SET host-variable = CURRENT PACKAGESET	Ja			Ja		
SET host-variable = CURRENT SERVER	Ja			Ja		
SET host-variable = CURRENT SQLID	Ja				Ja	
SET host-variable = CURRENT TIME	Ja				Ja	
SET host-variable = CURRENT TIMESTAMP	Ja				Ja	
SET host-variable = CURRENT TIMEZONE	Ja				Ja	
UPDATE	Ja	Ja	*		Ja	
WHENEVER						Ja

* = Ausführungsmöglichkeit durch:
SQLExecDirect() bzw.
SQLPrepare() und SQLExecute()

13.3.1.3 EXEC-Level-Interface: Embedded SQL

In Kapitel 4.2.2 ist eine Übersicht aller SQL-Statements mit ihrer Zuordnung zu DCL, DDL und DML enthalten. Daraus ist zu entnehmen, dass neben den Standard-DML-Funktionen SELECT, INSERT, UPDATE und DELETE eine Reihe weiterer DML-Statements speziell für den Einsatz innerhalb von Anwendungsprogrammen angeboten werden.

Werden SQL-Statements in einem Anwendungsprogramm definiert, wird von eingebetteten SQL-Statements (**embedded SQL**) gesprochen.

Die folgende Abbildung zeigt Beispiele für die Anwendung eingebetteter SQL-Statements. Bei den dort dargestellten SQL-Statements müssen variable Bereiche (auch **Host-Variable** genannt, bezüglich Definition und Syntax siehe Anhang A1) definiert werden, die Programm-Variablen aufnehmen (INTO :xx) bzw. enthalten (z.B. :SEMCODE beim DELETE).
Die Kennzeichnung einer Host-Variablen erfolgt durch vorangestellten Doppelpunkt (z.B. :SEMCODE).

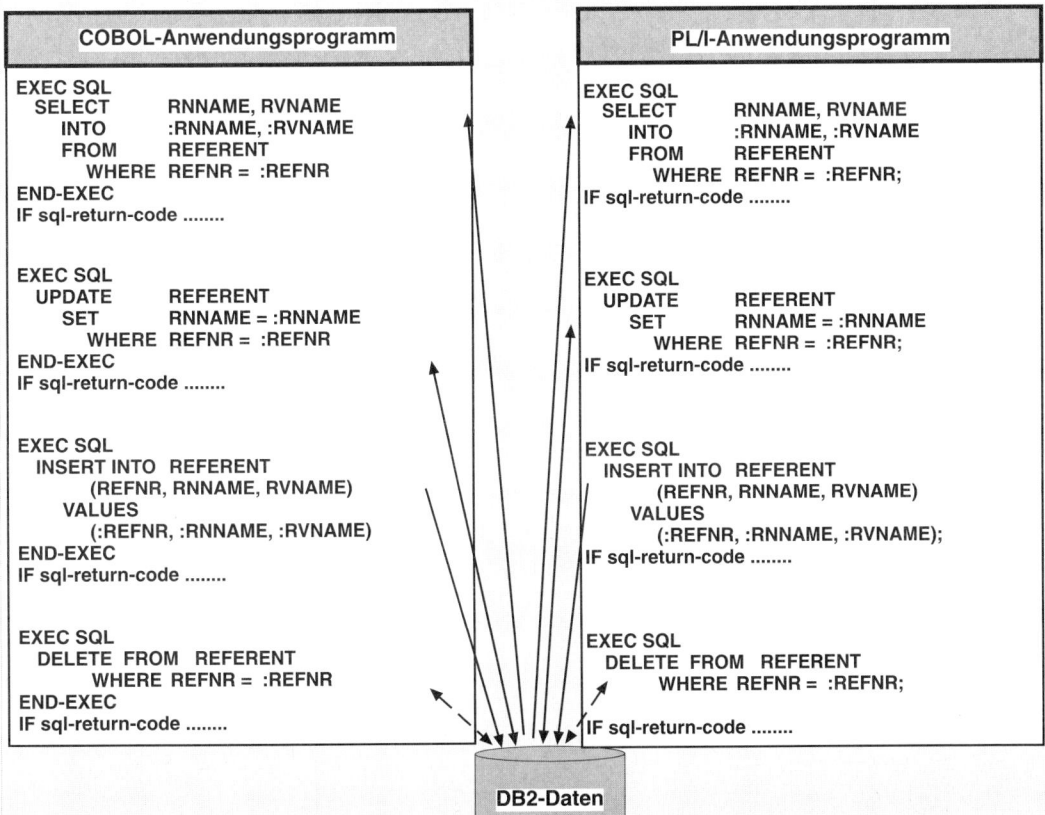

Abbildung 13-11

Embedded SQL

Hinweis: nach jedem SQL-Statement ist zwingend das Ergebnis (SQLCODE oder SQLSTATE) abzufragen. Wird hier als 'sql-return-code' dargestellt.

13 Anwendungsprogrammierung unter DB2
13.3 SQL-Spracheinsatz in Anwendungsprogrammen

Bei einem eingebetteten SELECT-Statement darf die Ergebnismenge der DB2-internen Result Table maximal eine Zeile umfassen.

Für die Manipulationstypen INSERT, UPDATE und DELETE gelten keine Einschränkungen hinsichtlich der zu behandelnden Datenmengen.

In diesen Statements können (DELETE, INSERT mit Subselect) bzw. müssen (INSERT einer einzelnen Zeile, UPDATE) Host-Variablen - sofern keine Konstanten ausreichen - vorgegeben werden. Es ist darauf zu achten, dass die Datentypen des Programms mit den definierten Datentypen der DB2-Tabellen übereinstimmen (nähere Ausführungen siehe später).

Die Parameter eines SQL-Statements können in einer Zeile oder in mehreren Folgezeilen vorgegeben werden. Für die Folge- bzw. Begrenzungs-Kennzeichnung des SQL-Statements gelten die jeweiligen sprachspezifischen Regeln (Assembler-Folge-Markierung in Spalte 72 = '*' ; COBOL II Begrenzung durch 'END-EXEC' ; PL/1-Begrenzung durch ';').

Die im DB2-System aufgrund des relationalen Ansatzes verwurzelte 'Multiple-Records-at-a-time'-Verarbeitungsphilosophie erbringt bei der Anwendungsentwicklung einige zusätzliche Probleme.

Problematisch ist generell die Bereitstellung von Datenmengen aufgrund fehlender oder ungenügender Mittel der konventionellen Programmiersprachen hinsichtlich der Handhabung dynamischer Bereiche.

Die folgende Abbildung zeigt die von DB2 nicht unterstützte Form der Datenbereitstellung auf. In unserem Beispiel wird durch die fehlende Auswahlbedingung (WHERE) ein Ergebnis-Set erzeugt, das bei einer möglichen Übertragung in die statische Programmumgebung zu kritischen Speicherschutzverletzungen führen würde.

13.3.1.4 Behandlung von Datenmengen

Zur Behandlung solcher Datenmengen läßt sich das normale SELECT-Statement nicht einsetzen. DB2 bietet dafür eine eigene Abwicklungsorganisation, nämlich das **Cursor-Konzept** an (Details folgen). Die Abbildung zeigt noch ein anderes Problem auf, nämlich die Bereitstellung von **NULL-Werten** im Anwendungsprogramm. Dafür sind **NULL-Indikatoren** bereitzustellen (Details folgen).

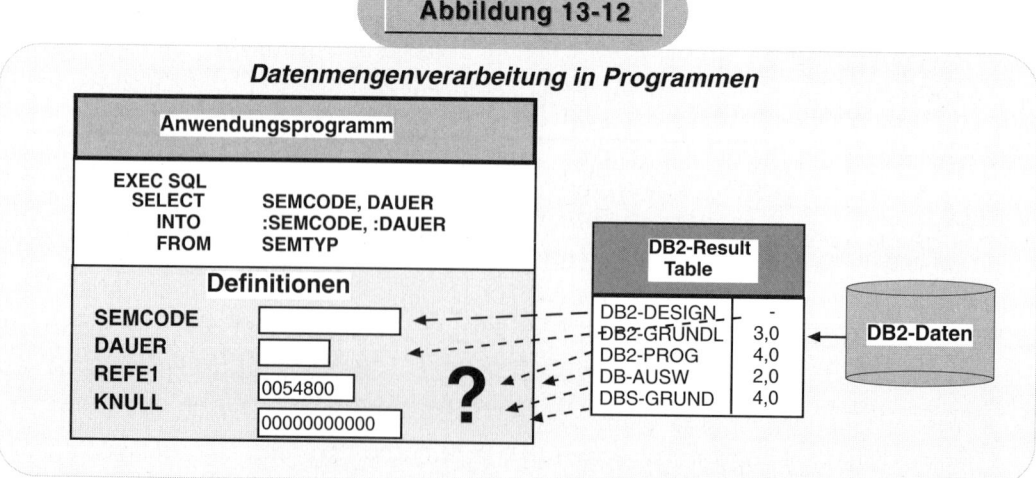

Abbildung 13-12

13.3.1.5 CLI: Call-Level-Interface

Die folgende Abbildung zeigt das Funktions-Konzept der CLI-Sprachschnittstelle grob auf:

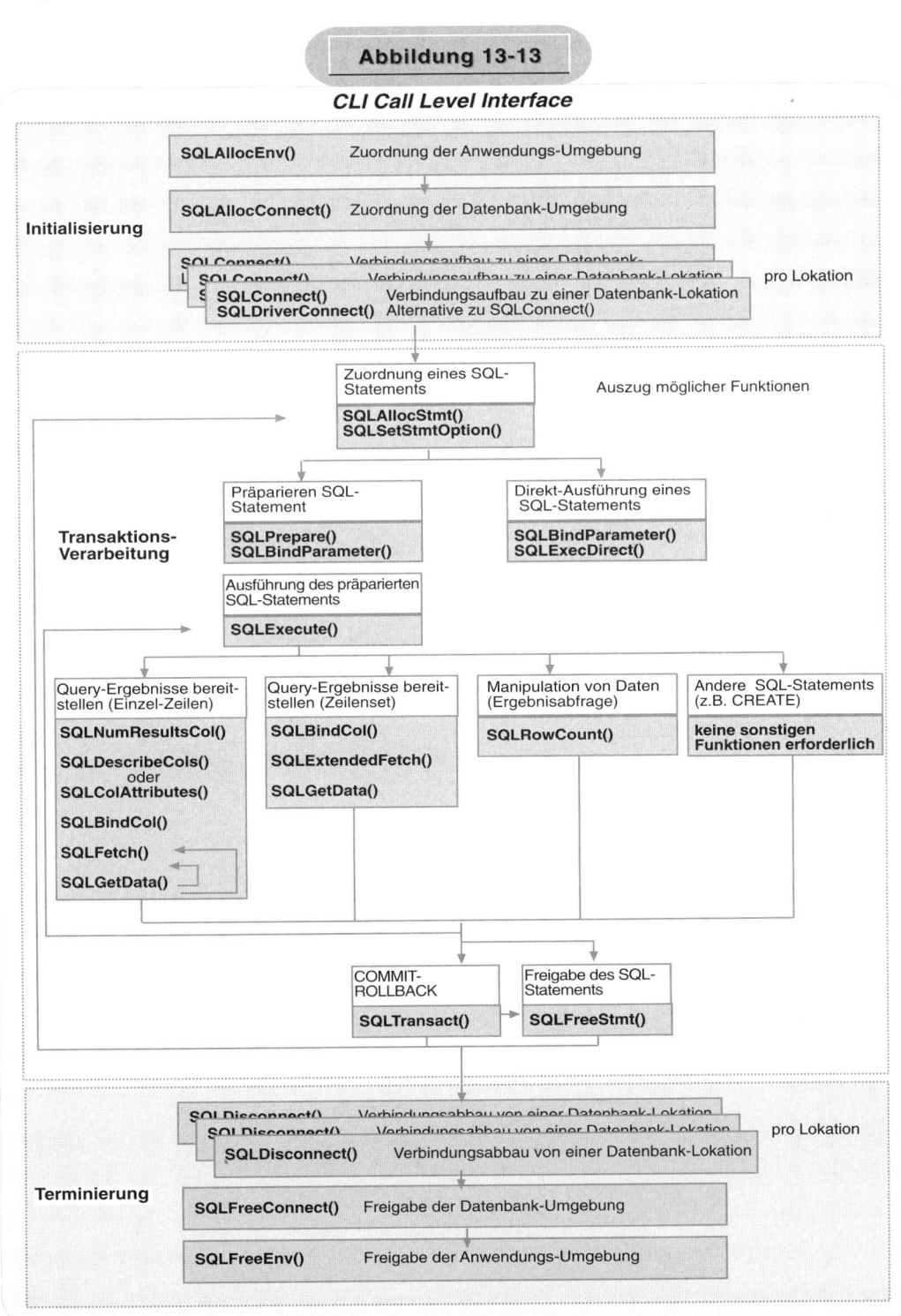

Abbildung 13-13

Die CLI-Sprachschnittstelle weist folgende relevante Kriterien auf:

- Ein Programm kann alternativ Embedded SQL oder die CLI-Sprachschnittstelle nutzen.

- Eine Anwendung kann (innerhalb einer UOW) Programme mit Embedded SQL und Programme mit CLI-Sprachschnittstelle nutzen. In diesem Fall muss das CLI-Attachment Facility die Steuerung übernehmen, d.h. es können Unterprogramme bzw. Stored Procedures aufgerufen werden, die Static SQL (z.B. aus Performancegründen) verwenden.

- Wenn die CLI-Sprachschnittstelle eingesetzt wird, kommt ausschließlich Dynamic SQL zum Einsatz.

- Eine Anwendung mit ausschließlicher Nutzung von CLI-Sprachschnittstellen benötigt weder Plan noch Package. Nur die Attachment-Umgebung muss einmal mit diesen Komponenten bereitgestellt werden. Anschließend werden die Anforderungen dynamisch zugeordnet.

- Ein CLI-Programm unterliegt folgenden Besonderheiten:

    - Derzeit werden nur C und C++ in der Host-Umgebung unterstützt.

    - Es sind keine expliziten Cursor zu deklarieren. Sie werden bei Bedarf automatisch von CLI generiert. Diese generierten Cursor können anschließend verwendet werden (z.B. für einen Positioned Update). Ein OPEN für einen Cursor kann ebenfalls nicht abgesetzt werden. Er kann aber explizit geschlossen werden.

    - Nicht durch explizite CLI-Funktionen unterstützte Statements können direkt ausgeführt werden (z.B. sämtliche Manipulationen).

    - Anstelle einzelner Zeilen kann ein Result Set zurückgeliefert werden. Das Bewegen des Cursors (Scrolling) ist derzeit jedoch nicht unterstützt.

13.3.1.6 Java-Schnittstellen

Zur Unterstützung von Java-Programmen muß eine Entwicklungs- und Ausführungsumgebung installiert sein. Diese Umgebung heißt OS/390 OpenEdition Environment, die über die Varianten JDBC und SQLJ verfügt.

Die folgende Abbildung zeigt die Schichten der beiden Java-Schnittstellen JDBC und SQLJ grob auf:

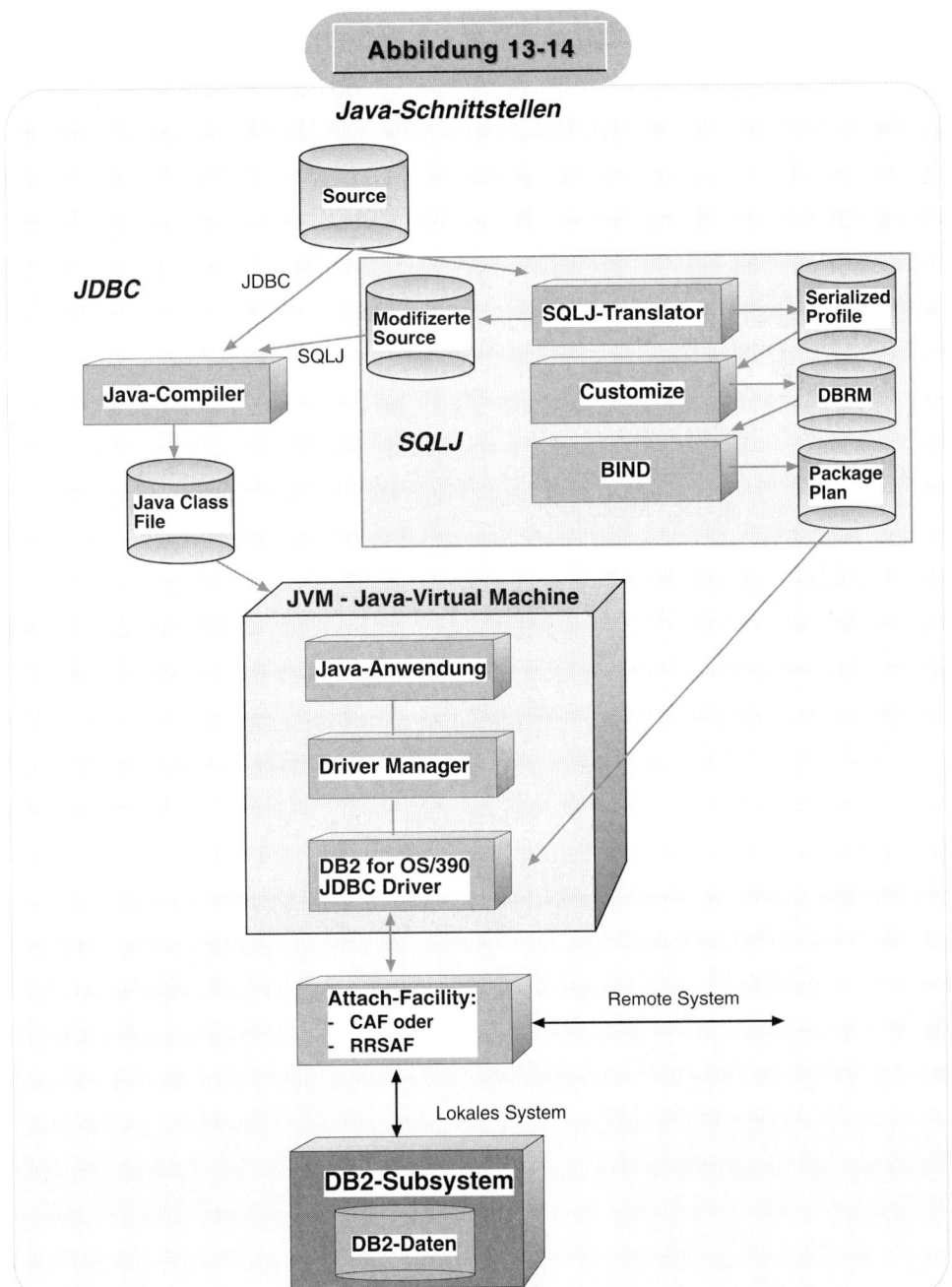

Abbildung 13-14

13.3.1.6.1 JDBC - Java Database Connectivity

JDBC ist ein Java Anwendungsprogramm Interface (API), das eine plattformneutrale Entwicklung von Java-Programmen und den dynamischen Zugriff auf diverse relationale Datenbanken ermöglicht.
Die APIs sind innerhalb von 16 Klassen definiert, die eine Basis-SQL-Funktionalität für den Aufbau von Verbindungen zu Datenbanken und der Daten-Manipulation anbieten.
Jede dieser JDBC-Klassen verfügt über eine oder mehrere Methoden, die wiederum eine oder mehrere ODBC APIs referenzieren. Die APIs wurden prozedural entwickelt, während die JDBC-Klassen selbst innerhalb der Domain des Objekt-orientierten Modells von Java zugeordnet sind.

Der DB2 for OS/390 JDBC Driver ist als Type 1 Driver implementiert. Dies ist einer von vier Driver-Typen, der als JDBC-ODBC-Bridge realisiert ist, d.h. existierende ODBC-Driver können von Java-Anwendungen genutzt werden.
In dem Driver integriert ist die ibm.sql Package, die alle erforderlichen JDBC-Klassen, Schnittstellen und Ausnahmebedingungen enthält.
Vor der Abwicklung einer Java-Anwendung muß das System installiert und entsprechend konfiguriert werden:

- **Konfiguration von OpenEdition für JDBC**
  Für die Nutzung von JDBC müssen Voraussetzungen geschaffen werden:
  - STEPLIB   Definition der DB2-Lade-Bibliotheken.
  - LIBPATH   Definition der dynamischen Lade-Bibliotheken.
  - CLASSPATH   Definition des Pfads auf die Klassen Bibliotheken.
  - DSNAOINI   DB2 ODBC Initialization File mit der Parametrisierung der CLI-Schnittstelle.

JDBC wird in folgenden Schichten unter der Steuerung der Java Virtual Machine (JVM) abgewickelt (siehe hierzu auch die vorherige Abbildung):

- **Java-Anwendung**.
  Vor der Programm-Aktivierung findet ein Java Compile-Lauf statt. Ein Precompile und ein BIND sind nicht erforderlich. Es existiert für eine individuelle Anwendung keine Package.

- Die Java-Anwendung aktiviert den **Driver Manager**, der Bestandteil der java.sql Package ist.

- Die Java-Anwendung lädt zunächst den **JDBC Driver für DB2**. Durch Aufruf der Methode:
  DriverManager.getConnection
  wird die Verbindung zu einer lokalen oder einer remote Datenbank etabliert.
  Der JDBC Driver setzt anschließend sämtliche Java-Methoden-Aufrufe in ODBC-Funktions-Calls um, die über die CLI-Schnittstelle an die Datenbank weitergeleitet werden.

- Die **JDBC-API** besteht aus folgenden Grund-Funktionen:
  - *DriverManager*   Diese Klasse lädt Treiber und stellt Verbindungen zu Datenbanken her.
  - *Connection*   Dieses Interface kommuniziert mit den Datenbanken.
  - *Statement*   Dieses Interface unterstützt die SQL-Statement-Verarbeitung mit den Interfaces:
    - *PreparedStatement* Dieses Interface unterstützt SQL-Statements mit Input-Parameter-Markern.
    - *CallableStatement* Dieses Interface unterstützt den Aufruf von Stored Procedures und erlaubt der Anwendung, Ausgabe-Parameter zu erhalten.
  - *ResultSet*   Dieses Interface gewährleistet den Zugriff auf Ergebnisse, das ein ausgeführtes Statement produziert hat.

13 Anwendungsprogrammierung unter DB2
13.3 SQL-Spracheinsatz in Anwendungsprogrammen

JDBC Codier-Beispiel (Auszug):

```java
                // Importieren der Java Package java.sql
import java.sql.*;

class beispiel1
    {
    static
        { try
            {
                    // Laden und Registrieren des DB2 OS/390-Drivers
            Class.forName("ibm.sql.DB2Driver");
            }   catch (ClassNotFoundException e)
            {   e.printStackTrace();
            }
        }
    public static void main(String argv[])
        {
        try
            {
                    // Aufbau der Verbindung zum lokalen DB2-System DB2T1
                    // Bei remote Systemen muss der Name in der LOCATIONS-Katalog-Tabelle definiert sein.
            String url = "jdbc:db20s390:db2t1";
            Connection con = DriverManager.getConnection (url);

                    // Erzeugen einer Statement-Instanz
            Statement stmt  = con.createStatement();

                    // Ausführung einer Query
            String querystr =   "SELECT se.termin, st.semcode, st.titel "
                        +       "FROM seminar se , semtyp st "
                        +       "WHERE se.semcode = st.semcode "
                        +       "AND st.dauer > 2"
            ResultSet rs = stmt.executeQuery(querystr);

                    // Verarbeitung der Ergebnismenge
            while (rs.next())
                {
                Date termin = rs.getString(1);
                String semcode = rs.getString(2);
                String titel = rs.getString(3);
                        // Programminerne Weiter-Verarbeitung der einzelnen Zeilenwerte
                .........
                }

                    // Schließen des Statements
            stmt.close();

                    // Schließen der Verbindung
            con.close();
            }
        }
    }
}
```

13.3.1.6.2 SQLJ - SQL for Java

SQLJ ist ein Java Anwendungsprogramm Interface (API), dass eine plattformneutrale Entwicklung von Java-Programmen und den statischen sowie den dynamischen Zugriff auf diverse relationale Datenbanken ermöglicht.

Die Ausführungen vorab für JDBC gelten entsprechend auch für SQLJ. Es sind aber einige Besonderheiten zu beachten:

- **Konfiguration von OpenEdition für SQLJ**
  Für die Nutzung von SQLJ müssen Voraussetzungen geschaffen werden:
  - STEPLIB   Definition der DB2-Lade-Bibliotheken.
  - LIBPATH   Definition der dynamischen Lade-Bibliotheken.
  - CLASSPATH   Definition des Pfads auf die Klassen Bibliotheken.
  - DB2SQLJDBRMLIB   Name der Bibliothek für die Speicherung der DBRMs.
  - DB2SQLJPLANNAME   Name des Plans, der mit einer SQLJ-Anwendung verbunden ist.
  - DB2SQLJSSID   Name des DB2-Subsystems, mit der eine SQLJ-Anwendung angekoppelt wird.
  - DB2SQLJATTACHTYPE   Name des Attachment-Facilities (CAF oder RRSAF).

- **Präparierung der Java-Anwendung**
  Eine SQLJ-Java-Anwendung wird präpariert:
  - **SQLJ-Translator**   Prüfung und Generierung von Java Code. Erzeugen eines Serialized Profiles.
    Kommando-Beispiel aus der OpenEdition Command Line:
    sqlj file1.sqlj
  - **Customize**   Generierung eines DBRMs.
    Kommando-Beispiel aus der OpenEdition Command Line:
    db2profc -date=iso -pgmname=SV0001 SV0001_SJProfile1.ser
  - **Bind**   Erzeugen von Package und Plan. Dieses Verfahren entspricht den Bind-Prozessen gemäß der allgemeinen DB2-Konventionen.

- **Ausführung der Java-Anwendung**
  Die Ausführung einer SQLJ-Java-Anwendung wird vorgenommen über die OpenEdition Command Line:
  Kommando-Beispiel:
  java *programm-name*

Wie werden nun SQL-Statements in SQLJ-Anwendungsprogrammen eingesetzt?

Alle SQL-Statements werden in SQLJ-Executable Klauseln vorgegeben.
Grundformat:
    #sql {*sql-statement*};

Das SQL-Statement selbst wird nicht mit einem Terminator versehen.
Zum Austausch der Daten werden Host Expressions eingesetzt, die analog der Host Variablen anderer Programmiersprachen behandelt werden.
Beispiel eines SELECTs:
    #sql {*SELECT RNNAME INTO :rnname FROM REFERENT WHERE REFNR = :refnr*};

Beispiel eines Aufrufs einer Stored Procedure
    #sql {*CALL STP1 (INOUT :parm1)*};

Entstehen Ergebnismengen, wird normalerweise ein Cursor eingesetzt.
Unter SQLJ ist dies das Java-Objekt **"Result Set Iterator"**. Die Definition erfolgt mittels einer Iterator Declaration Clause, mit der die korrespondierenden Java-Daten-Typen deklariert werden.
Die Spalten der Result Table können positionsmäßig (**Positioned Iterator**) oder namentlich (**Named Iterator**) korrespondierend deklariert werden.

Beispiel eines SELECTs: *SELECT REFNR, RNNAME FROM REFERENT*

Beispiel-Statements bei Nutzung eines Positioned Iterators:
    #sql public iterator ByPos{*Integer , String*};
    ByPos positer;
    Integer refnr;
    String rnname;
    **#sql positer = {*SELECT REFNR, RNNAME FROM REFERENT*};
    **#sql = {*FETCH :positer INTO :refnr , :rnname*};

13 Anwendungsprogrammierung unter DB2
13.3 SQL-Spracheinsatz in Anwendungsprogrammen

Beispiel-Statements bei Nutzung eines <u>Named Iterators</u>:

```
#sql public iterator ByName{Integer Refnr, String Rnname};
ByName nameiter;
Integer refnr;
String rnname;
#sql nameiter = {SELECT REFNR, RNNAME FROM REFERENT};
while (nameiter.next())
{
    refnr = nameiter.Refnr();
    rnname = nameiter.Rnname();
}
```

Folgende Daten-Typen sind kompatibel zwischen SQLJ und DB2:

SQLJ-Daten-Typ	DB2-Daten-Typ
java.lang.String	CHAR, VARCHAR, LONGVARCHAR, GRAPHIC, VARGRAPHIC, LONG VARGRAPHIC
byte[]	CHAR, VARCHAR, LONGVARCHAR, GRAPHIC, VARGRAPHIC, LONG VARGRAPHIC
java.math.BigDecimal	NUMERIC, INTEGER, DECIMAL, SMALLINT, FLOAT, REAL, DOUBLE
Boolean	INTEGER, SMALLINT
int, Integer	NUMERIC, INTEGER, DECIMAL, SMALLINT, FLOAT, DOUBLE
float, Float	NUMERIC, INTEGER, DECIMAL, SMALLINT, FLOAT, DOUBLE
double, Double	NUMERIC, INTEGER, DECIMAL, SMALLINT, FLOAT, DOUBLE
java.sql.Date	DATE
java.sql.Time	TIME
java.sql.Timestamp	TIMESTAMP

SQLJ-Codier-Beispiel (Auszug):

```
                // Importieren der Java Package für JDBC und SQLJ und SQLJ-Runtime-Support
import sqlj.runtime.*;
import java.sql.*;
import java.math.*;
                // Deklaration 'Connection Context'. Der Prepare generiert eine Klasse mit dem Namen HScontext
#sql context HScontext
                // Deklaration Iterator, mit dem die Result-Zeilen namentlich angesprochen werden können
#sql iterator HSByName(Date Termin, String Semcode, String Titel);
HSByName nameiter;
Date termin;
String semcode;
String titel;

class beispiel2
    {
    static
        { try
            {
                    // Laden und Registrieren des DB2 OS/390-Drivers für SQLJ und JDBC
            Class.forName("COM.ibm.db2os390.sqlj.jdbc.DB2SQLJDriver");
            }   catch (ClassNotFoundException e)
            {   e.printStackTrace();
            }
        }
    public static void main(String argv[])
        {
        try
            {   // Aufbau der Verbindung zum lokalen DB2-System DB2T1
                // Bei remote Systemen muss der Name in der SYLOCATIONS-Katalog-Tabelle definiert sein.
            String url = "jdbc:db2os390sqlj:db2t1";
            Connection HSjdbccon = DriverManager.getConnection (url);
            HSjdbccon.setAutoCommit(false);                 // AUTOCOMMIT aussetzen
            HScontext Myconnect = new HScontext(HSjdbccon);

                    // Ausführung einer Query und Verarbeitung der einzelnen Zeilen
            #sql nameiter = {SELECT REFNR, RNNAME FROM REFERENT};
            while (nameiter.next())
            {
                termin = nameiter.Termin();
                semode = nameiter.Semcode();
                titel = nameiter.Titel();
            }
            nameiter.close()
.....
```

13.3.2 Grundstruktur eines DB2-Programmes im EXEC-Level
13.3.2.1 Relevante Komponenten

Der Programmaufbau eines Batch-, TSO-, IMS-TM- oder CICS-Programmes ist hinsichtlich der DB2-Kommunikationskomponenten identisch.
Jedes Trägersystem hat aber eigene **Attach-Facility**-Schnittstellen, die im Linkage-Editor-Step zum Anwendungsprogramm hinzugelinkt werden.

Die DB2-Routinen werden über die jeweilige Attach-Facility-Schnittstelle aktiviert. Diesem Attach-Facility werden über eine CALL-Schnittstelle Parameter für die Durchführung übergeben (der Precompiler setzt die EXEC SQL-Statements entsprechend um - siehe vorab im Kapitel 13.2). Die Ergebnisse der Ausführung einer Datenanforderung werden dem Programm in Host-Variablen und der SQLCA zur Verfügung gestellt.

Die folgende Abbildung zeigt den Grund-Aufbau eines DB2-Anwendungsprogramms:

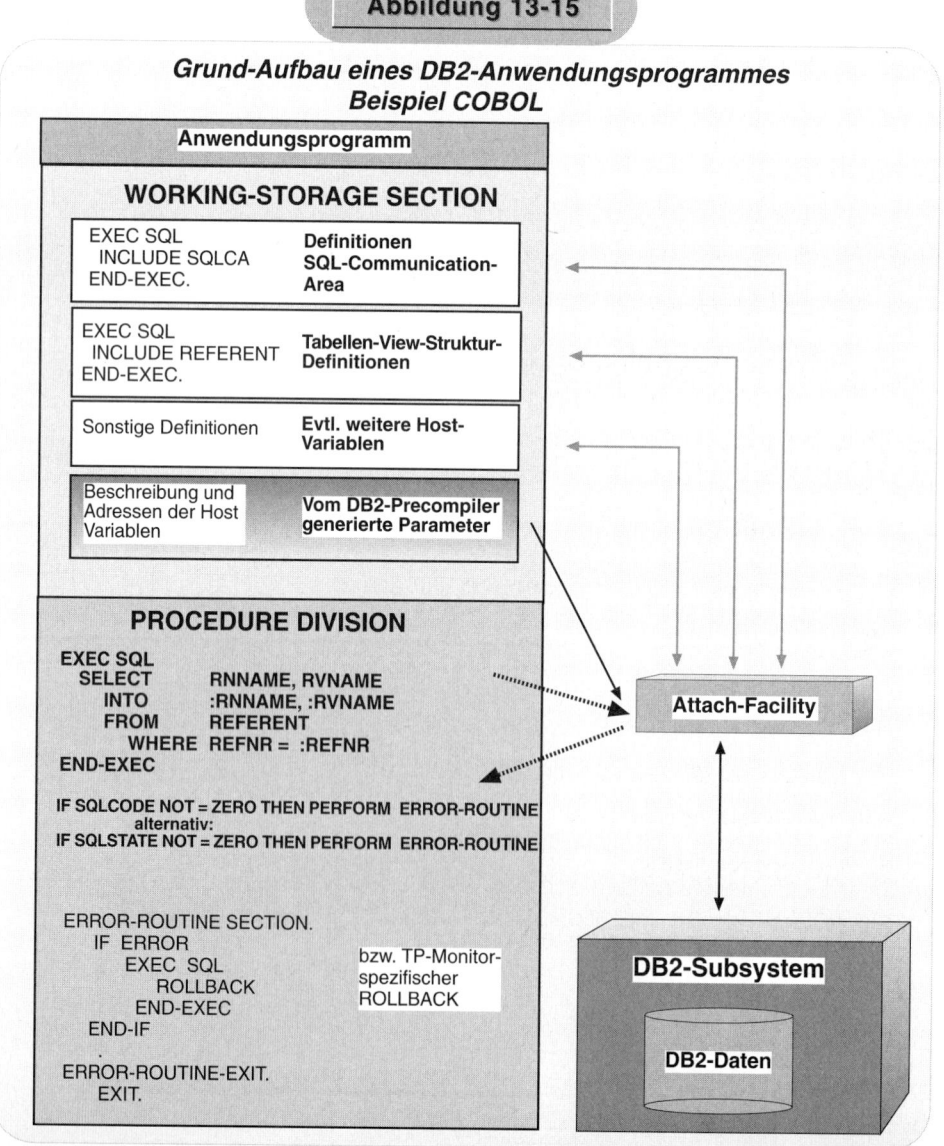

Abbildung 13-15

13.3.2.2 Basis-Codier-Regeln für SQL-Statements
13.3.2.2.1 Allgemeine Regeln

Die Codier-Regeln für den Einsatz von SQL-Statements unterscheiden sich natürlich sprachspezifisch. Aber es existieren auch einige gemeinsame Grund-Regeln.

- **Abgrenzung eines SQL-Statements**
  Ein SQL-Statement muss eingesetzt werden zwischen:
  EXEC SQL und einem **Statement Terminator** (sprachspezifisch unterschiedlich).
  Das Statement kann in einer oder mehreren Textzeilen vorgegeben werden.

- **Definition der eingesetzten DB2-Ressourcen (Tabellen und Views)**
  Sämtliche DB2-Objekte, die in Programmen verwendet werden, sollten mit DECLARE TABLE deklariert werden, damit der DB2-Precompiler die Statement-Syntax und die Kompatibilität der Datenfelder prüfen kann.
  Wenn mit **DCLGEN** gearbeitet wird (was empfohlen wird), können die Objekt-Strukturen ins Programm kopiert werden (mit EXEC SQL INCLUDE). Diese enthalten dann auch die DECLARE TABLE-Statements.

- **Reservierte Worte**
  Vorsicht bei reservierten Worten. Die von DB2 reservierten Worte sind im Anhang 1 aufgeführt.
  Ggf. existieren sprachspezifische Besonderheiten, auf die hier nicht näher eingegangen wird.
  Weiterhin ist zu beachten:
  - Host-Variable dürfen nicht mit 'SQL' beginnen.
  - Externe Namen (auch Plan-Namen) dürfen nicht mit 'DSN' beginnen.

- **Einsatzmöglichkeit von Host-Variablen**
  Statische und dynamische SQL-Statements erlauben nur an bestimmten Stellen Host-Variablen (wird später detailliert behandelt).
  Grundsätzlich werden unterstützt:
  - **Host-Strukturen** (auch NULL-Indikatorenstruktur) als Gruppe von Host-Variablen,
  - **Host-Variablen** (auch NULL-Indikatoren).

- **Kennzeichnung von Host-Variablen**
  Sämtlichen Host-Variablen muss innerhalb eines SQL-Statements ein ' : ' vorangestellt werden (z.B. :DAUER).
  Damit ist eine klare Kennzeichnung einer Host-Variablen gegeben. Ansonsten kann es bei Namensgleichheit mit DB2-Spaltennamen bei bestimmten Precompiler-Versionen zu Problemen kommen.
  Natürlich darf außerhalb eines SQL-Statements dieser Präfix nicht benutzt werden!

- **Nutzung des SQL-Standards mit der Precompiler-Option SQLSTD (YES)**
  Die programmtechnischen Aspekte sind im Kapitel 13.2. zusammengefasst worden.
  Insbesondere sind hier relevant:
  - Die SQLCA wird automatisch ohne INCLUDE vom DB2-Precompiler generiert.
  - Die SQL-Returncodes SQLCODE und/oder SQLSTATE müssen explizit definiert werden.
  - BEGIN DECLARE SECTION und END DECLARE SECTION sind zulässig, ansonsten dürfen sie nicht eingesetzt werden (Ausnahme: Programmiersprache C).

- **Nach jedem <u>ausführbaren</u> SQL-Statement die Returncodes prüfen**
  Nach jedem ausführbaren SQL-Statement sind die Returncodes zu prüfen:
  - SQLCODE und SQLWARN oder
  - SQLSTATE und
  - weitere Felder - siehe unter Fehlerbehandlung.

- **Bei Fehlern innerhalb eines Änderungsprozesses ROLLBACK aktivieren**
  Bei einem fehlerhaften Ergebnis (z.B. SQL-Returncode) ist ein ROLLBACK zu aktivieren. Ansonsten drohen Konsistenzprobleme, da alle bis dahin durchgeführten Veränderungen vollzogen werden.

Hinweis:
> Diese Codier-Regeln sind z.T. mit Detaillierungsgraden versehen, die erst in den anschließenden Ausführungen näher behandelt werden.

13.3.2.2.2 Assembler-Besonderheiten

Folgende Besonderheiten gelten für Assembler-Programme:

- **Abgrenzung eines SQL-Statements**
  Ein SQL-Statement muss eingesetzt werden zwischen:
  EXEC SQL und einem **Statement Terminator** (Ende der Zeile bzw. das Ende der letzten Zeile).
  Das Statement kann in einer oder mehreren Textzeilen vorgegeben werden (aber EXEC SQL muss in einer Zeile vorgegeben werden).
  Werden mehrere Zeilen vorgegeben, müssen alle - außer der letzten - ein Folgezeichen haben.
  Beispiel:
  ```
  EXEC  SQL                                X
      SELECT     TITEL                     X
      INTO       :TITEL                    X
      FROM       SEMTYP                    X
        WHERE  SEMCODE = :SEMCODE
  ```

  Ein SQL-Statement muss vorgegeben werden innerhalb der über DB2-Precompiler-Optionen beeinflussbaren Begrenzungen (**Margins**).
  Default:
  Spalten 2 bis 71   in Spalte 72 wird das Folgezeichen vorgegeben.
  Ein SQL-Statement kann mit einem Label versehen werden. Dieser kann auf Stelle 1 beginnen.

- **Spezifische Besonderheiten des Assembler-Compilers**
  - Das erste Zeichen des Namens einer in einem SQL-Statement eingesetzten Host-Variablen darf nicht ' _ ' sein (z.B. :_SEMCODE ist unzulässig).

13.3.2.2.3 C-Besonderheiten

Folgende relevante Besonderheiten gelten für C-Programme:

- **Abgrenzung eines SQL-Statements**
  Ein SQL-Statement muss eingesetzt werden zwischen:
  EXEC SQL und einem **Statement Terminator** (;).
  Das Statement kann in einer oder mehreren Textzeilen vorgegeben werden (aber EXEC SQL muss in einer Zeile vorgegeben werden).
  Eine Konstante kann über mehrere Zeilen gehen und wird mit dem Folgezeichen ' / ' versehen.
  Die Schlüsselworte und DB2-Ressourcenamen des SQL-Statements müssen in Großbuchstaben vorgegeben werden.
  Beispiel:
  ```
  EXEC  SQL
      SELECT     TITEL
      INTO       :titel
      FROM       SEMTYP
        WHERE  SEMCODE = :semcode ;
  ```

  Ein SQL-Statement muss vorgegeben werden innerhalb der über DB2-Precompiler-Optionen beeinflussbaren Begrenzungen (**Margins**).
  Default:
  Spalten 1 bis 72.
  Ein SQL-Statement kann mit einem Label versehen werden.

- **Spezifische Besonderheiten des C-Compilers**
  - Für bestimmte DB2-Daten-Typen existieren keine direkten C-Feldformate.
  - Der DB2-Precompiler muss die Main Procedure eines C-Programmes identifizieren.
  - DB2-Deklarationen können zwischen BEGIN DECLARE SECTION und END DECLARE SECTION eingebettet werden.
  - Der Begriff NULL-Wert bezieht sich auf die SQL-Syntax und nicht auf die C-Terminologie:
    - NUL (null character), NULL (null pointer) und ' ; ' (null statement).
    Ein SQL-NULL-Wert wird auch als NULL-Indikator bezeichnet.
  - Triagraphs
    DB2 unterstützt die Zeichen des C-Compilers. Wenn auf der Tastatur bestimmte Symbole nicht enthalten sind, können diese in einer Folge von 3 Zeichen vorgegeben werden.

13.3.2.2.4 COBOL-Besonderheiten

Folgende Besonderheiten gelten für COBOL-Programme:

- **Abgrenzung eines SQL-Statements**
  Ein SQL-Statement muss eingesetzt werden zwischen:
  EXEC SQL und einem **Statement Terminator** (END-EXEC).
  Das Statement kann in einer oder mehreren Textzeilen vorgegeben werden (aber EXEC SQL muss in einer Zeile vorgegeben werden).
  Beispiel:
  ```
  EXEC  SQL
       SELECT       TITEL
       INTO         :TITEL
       FROM         SEMTYP
           WHERE    SEMCODE = :SEMCODE
  END-EXEC
  ```
  SQL-Statements müssen ab Spalte 12 beginnen, ansonsten werden sie vom DB2-Precompiler ignoriert.
  Hinter END-EXEC kann wahlweise ein Punkt gesetzt werden.
  Feste COBOL-**Margins** (auch wenn im DB2-Precompiler andere Werte vorgegeben werden):
     Spalten 12 bis 72
  Ein SQL-Statement kann mit einem Label (Paragraphen-Name) versehen werden.

- **Zuordnung der SQL-Statements zu den COBOL-Programm-Sections**
  SQL-Statement können folgendermaßen zugeordnet werden:

SQL-Statement	Programm-Section
BEGIN DECLARE SECTION	WORKING-STORAGE-SECTION oder LINKAGE-SECTION
END DECLARE SECTION	WORKING-STORAGE-SECTION oder LINKAGE-SECTION
INCLUDE SQLCA	WORKING-STORAGE-SECTION oder LINKAGE-SECTION
INCLUDE SQLDA	ist im COBOL nicht unterstützt, siehe Anhang 5 SQLDA.
INCLUDE source-text ohne Host-Variablen	PROCEDURE DIVISION oder DATA DIVISION
INCLUDE source-text mit Host-Variablen	WORKING-STORAGE-SECTION oder LINKAGE-SECTION
DECLARE TABLE	DATA DIVISION oder PROCEDURE DIVISION *
DECLARE CURSOR	DATA DIVISION oder PROCEDURE DIVISION *
Sonstige	PROCEDURE DIVISION

  * Deklarationen müssen vor dem Ausführungsteil eines Statements definiert werden.
  Der DECLARE CURSOR sollte an das Ende der DATA DIVISION gestellt werden, da er nur deklarativen Charakter hat; sollten Host-Variable im SELECT-Statement des DECLARE CURSORs verwendet werden, müssen diese vor der Cursor-Deklaration definiert sein!

- **Namenskonventionen von Host-Variablen und DB2-Ressourcen**
  Bei DB2-Ressourcename kann das Zeichen ' _ ' auftreten. Dies ist im Cobol nicht unterstützt.
  DCLGEN generiert für Cobol-Programme eine solches Zeichen dann in den Bindestrich um ' - ', wenn es sich um eine Cobol-Deklaration handelt. Die DB2-Namen müssen allerdings auch innerhalb der SQL-Statements eines Cobol-Programmes entsprechend vorgegeben werden.
  Beispiel:
  ```
  EXEC  SQL
       SELECT       REFNR              DB2-Spaltennamen
       INTO         :REFNR             COBOL Host-Variable
       FROM         SEMINAR_HISTORIE   DB2-Objektnamen
           WHERE    SEMNR = :SEMNR     DB2-Spaltennamen und Host-Variable
  END-EXEC
  ```
  Achtung:
     IBM macht darauf aufmerksam, dass in künftigen DB2-Versionen möglicherweise der Bindestrich in Cobol-Namen nicht mehr uneingeschränkt unterstützt wird.

- **Behandlung von Arrays (Tabellen, Wiederholelementen)**
  Host-Variable können nicht in einer Tabelle definiert werden.
  NULL-Indikatorenstrukturen können mit OCCURS als Array definiert werden. Dabei muss die OCCURS-Struktur eine Stufen-Nr. zwischen 2 und 48 haben. Der Bezug auf eine NULL-Indikatorenstruktur muss auch auf die OCCURS-Struktur erfolgen.
  Beispiel:

Struktur-Beispiel	Bezugnahme im SELECT-Statement
01 INDIKATOREN. 02 IND PIC S9(4) OCCURS 5 TIMES.	Keine Bezugnahme möglich. SELECT * INTO :strukturname :IND

- **Definition einer Host-Struktur**

  Eine **Struktur** darf max. zwei Level umfassen, wobei ausnahmsweise für variabel lange Spalten auch ein dritter Level mit der Stufen-Nr 49 definiert wird.
  Beispiel:

Struktur-Beispiel	Bezugnahme im SELECT-Statement

01 A.
  05 B.
    10 C1 PIC .....
    10 C2.
      49 C2-LEN PIC .....
      49 C2-TEXT PIC .....
	Keine Bezugnahme möglich.
	SELECT * INTO :B oder SELECT C1, C2 INTO :B
	SELECT C1 INTO :C1 oder SELECT C1 INTO :B.C1
	Variable Spalte:
	Längenfeld (muss vom Programm kontrolliert werden).
	Inhalt des variablen Feldes entsprechend der Länge

Wenn ein Name in mehreren Strukturen auftritt, muss im SQL-Statement eine Qualifizierung vorgenommen werden (Struktur.Feld).
Nicht eindeutige Namen werden somit folgendermaßen behandelt:

Innerhalb von SQL-Statements	In der normalen COBOL-Syntax außerhalb von SQL

SELECT   SEMCODE
  INTO   :VIEW1.SEMCODE
  FROM   VIEW1
  WHERE TERMIN > :VIEW2.TERMIN
	IF SEMCODE **OF** VIEW1 .. oder IF SEMCODE **IN** VIEW1
	
	MOVE ... TO TERMIN **IN** VIEW2

Die unterschiedlichen Namenskonventionen sind zu beachten:

Innerhalb von SQL-Statements	In der normalen COBOL-Syntax außerhalb von SQL
SELECT PREIS_ALT INTO :VIEW1.PREIS-ALT	IF PREIS-ALT **OF** VIEW1 ..

- **Kennzeichnung von Literalen**
  Das Abgrenzungszeichen für sprachspezifische Literale und Literale innerhalb von SQL-Statements kann durch die Precompiler-Optionen APOST und APOSTSQL definiert werden.

- **Veränderung der Adressen von Host-Variablen während der Ausführung**
  Ruft ein Programm ein Unterprogramm mehrfach auf und übergibt diesem Host-Variablen, die im Unterprogramm in SQL-Statements verwendet werden und deren Adressen während des Durchlaufs verändert werden, muss das aufgerufene Programm die Initialisierungs-Routine vor dem ersten SQL-Statement aktivieren durch (siehe hierzu auch das Generierungsbeispiel im Kapitel 13.2):
        MOVE ZERO TO SQL-INIT-FLAG

- **Spezifische Besonderheiten des Cobol-Compilers**
  - REPLACE hat keine Wirkung auf SQL-Statements, es wirkt nur auf die vom DB2-Precompiler generierten Cobol-Statements.
  - Achtung: Ein Abschneiden von numerischen Werten kann verhindert werden durch:
    - die Option TRUNC(OPT) ab COBOL II Release 3.
    - die Option NOTRUNC vor COBOL II Release 3.
  - Innerhalb eines SQL-Statements dürfen keine figurativen COBOL-Konstanten (wie ZERO, SPACE) verwandt werden.
  - Minus-Symbole sollten zur Abgrenzung von Namensbestandteilen mit Blanks abgesetzt werden.
    Beispiel (Rätsel: was wird passieren? - auf Bedarf selbst ausprobieren!):
        EXEC SQL
          SELECT   DAUER-1 -DAUER-2-DAUER-3

13.3.2.2.5 PL/I-Besonderheiten

Folgende Besonderheiten gelten für PL/I-Programme:

- **Abgrenzung eines SQL-Statements**
  Ein SQL-Statement muss eingesetzt werden zwischen:
  EXEC SQL und einem **Statement Terminator** (;).
  Das Statement kann in einer oder mehreren Textzeilen vorgegeben werden (aber EXEC SQL muss in einer Zeile vorgegeben werden).
  Beispiel:
  ```
  EXEC SQL
      SELECT    TITEL
      INTO      :TITEL
      FROM      SEMTYP
          WHERE SEMCODE = :SEMCODE ;
  ```

  Ein SQL-Statement kann überall dort vorgegeben werden, wo auch ausführbare PL/I-Statements vorgegeben werden können.

  Ein SQL-Statement muss vorgegeben werden innerhalb der über DB2-Precompiler-Optionen beeinflussbaren Begrenzungen (**Margins**).
  Default:
    Spalten 2 bis 72.
  Ein ausführbares SQL-Statement kann mit einem Label versehen werden.

- **Spezifische Besonderheiten des PL/I-Compilers**
  - Der Precompiler generiert in bestimmten Fällen Code, der zu Warnungen führen kann, wie z.B.:
    - ein Semikolon (;) innerhalb eines Textes,
    - eine ADDR-Funktion,
    - die NULL()-Funktion. Wenn NULL als PL/I-Variable benutzt wird, muss NULL definiert werden:
    DCL NULL BUILTIN ;
  - Die Nutzung von PL/I-Multi-Tasking-Einrichtungen führt unter DB2 zu unvorhersehbaren Situationen und ggf. Fehlern.

13.3.2.3 Definition der SQLCA (SQL Communication Area)

Die SQLCA wird bei Standard-SQL vom DB2-Precompiler automatisch in das Programm generiert. Ansonsten muss im Programm mit einem EXEC SQL INCLUDE SQLCA die Generierung angestoßen werden.
Der Aufbau der SQLCA ist im Anhang 5 dargestellt. Dort finden sich auch sprachspezifische Generierungsbeispiele. Die Fehleranalyse wird anschließend in diesem Kapitel behandelt.

13.3.2.4 Tabellen- und View-Deklarationen

Sämtliche DB2-Ressourcen sollten im Programm mit DECLARE TABLE definiert werden.
Dies gilt sowohl für DB2-Tables als auch für DB2-Views.

Bei Einsatz von **DCLGEN** werden automatisch DECLARE TABLE Statements generiert.

Folgende Aspekte sind relevant:

- **Vorteile von DECLARE TABLE Statements**
  Folgende Vorteile können genannt werden:

    - **Dokumentation** der DB2-Ressourcen und der DB2-Spalten-Charakteristiken im Programm.
      Es ist zu beachten, dass mit jeder Veränderung der DB2-Ressourcen auch eine neue Deklarationsstruktur generiert werden muss.
      Ein Programm gewinnt eine höhere Unabhängigkeit vor physischen Veränderungen, wenn:
        - bei bestimmten DB2-Tabellenzugriffen anstelle einer Struktur nur einzelne Spalten angesprochen werden,
        - anstelle von DB2-Tabellenzugriffen ein DB2-View eingesetzt wird, wobei der Grad der Unabhängigkeit größer ist, wenn das Programm individuelle und keine generell nutzbaren DB2-Views anspricht.

    - **Konvertierungsprobleme werden abgebaut,**
      da die Formate und Typen der Host-Variablen mit den DB2-Spalten kompatibel sind (und auch vom DB2-Precompiler darauf überprüft werden - Details folgen).

- **Nachteile von DECLARE TABLE Statements**
  Folgende Nachteile können genannt werden:

    - Die **Dokumentationswirkung leidet dann erheblich**,
      wenn ein Programm diverse DB2-Basistabellen anspricht und viele Komplettstrukturen ins Programm kopiert werden.
      Welche Spalten wirklich benötigt werden, kann dann nur noch aus der Cross Reference des Programmes mühsam ergründet werden.
      Besser: Individuelle Views einsetzen!

    - **Nachteile bei von DCLGEN generierten DECLARE TABLE Statements für DB2-Views**
      Bei der Generierungsunterstützung durch DCLGEN - speziell beim Einsatz von DB2-Views - wird nur die Struktur der Result Table generiert.
      Das zugrundeliegende SELECT-Statement eines CREATE VIEWs ist im Programm nicht dokumentiert. Dies ist aber speziell bei der Performancebewertung eines Statements sehr wichtig.
      Empfehlung:
      DCLGEN erweitern bzw. ergänzen und die SQL-Statements aus dem Katalog als Beschreibung mit generieren.

Tritt ein Spaltenname in verschiedenen Strukturen auf, muss natürlich im SQL-Statement auf eine konkrete Spalte in einer bestimmten Struktur verwiesen werden.

13.3.2.5 Host-Variablen und NULL-Indikatoren
13.3.2.5.1 Typen: Host-Variablen und Host-Strukturen

Die Host-Variablen bieten beim Einsatz der '**Static SQL**'-Statements, die in die Anwendungsprogramme eingebunden sind, die einzige variable Beeinflussungs-Möglichkeit bei der Statement-Ausführung. Beim SELECT sind normalerweise Host-Variablen erforderlich, da i.d.R. ein Datenergebnis im Programm erwartet wird.
Wird bei einer Manipulation nicht mit Host-Variablen (oder mit Konstanten) gearbeitet, führt dies zu einer Massen-Manipulation (z.B. DELETE FROM SEMTYP).

Die Variablen eines Programmes, die innerhalb eines SQL-Statements eingesetzt werden können, lassen sich aufgliedern in (Details siehe im Anhang 1):

- **Host-Variablen**
  Einzelne sprachspezifische Deklarationen mit Daten-Typen, die zu den korrespondierenden DB2-Spaltencharakteristiken kompatibel sind.
  Für die Behandlung von NULL-Werten werden **Indikator-Variablen** (**NULL-Indikatoren**) eingesetzt. Diese sind spezielle Host-Variablen-Typen mit klar definierten Charakteristiken.

- **Host-Strukturen**
  Die Zusammenfassung einzelner Host-Variablen zu einer Datengruppe, die unter einem bestimmten Namen angesprochen werden kann.
  Für die Behandlung von NULL-Werten werden **Indikator-Strukturen** eingesetzt.
  Diese stellen eine Zusammenfassung mehrerer NULL-Indikatoren dar (unter einem Namen ansprechbar).
  Grundsätzlich dürfen - aufgrund des relationalen Konzeptes - Host-Strukturen nur zweistufig definiert sein (Ausnahme im COBOL bei variablen Spalten).

Bei Nutzung des SQL-Standards werden Host-Variablen immer in einer eigenen SQL-Section definiert, wie das folgende Beispiel zeigt.

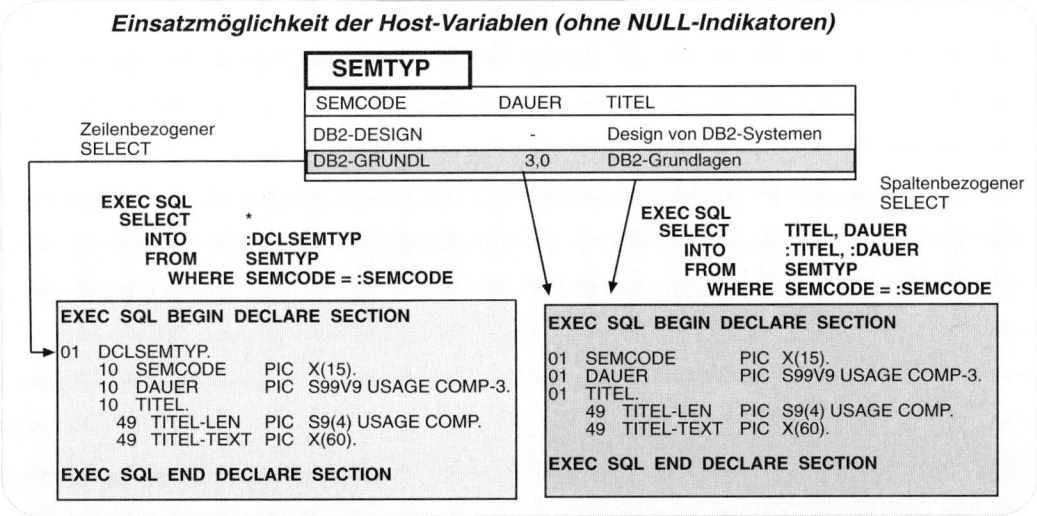

Abbildung 13-16

Einsatzmöglichkeit der Host-Variablen (ohne NULL-Indikatoren)

In unserer Beispiel-Tabelle SEMTYP wurde der Titel aus Performancegründen ganz nach hinten gestellt. Dadurch kann DB2 die festen Spalten-Inhalte, die vor der ersten variablen Spalte stehen, schneller und ohne Adress-Rechnung adressieren (eine sinnvolle Alternative zu variablen Spalten ist die Kompression der Daten, bei der keine Strukturveränderung notwendig ist).

In der vorherigen Abbildung werden die beiden Einsatz-Typen der Host-Variablen-Behandlung dargestellt:

- **Einsatz einer Host-Struktur   für ein zeilenbezogenes Kommando**
  Beim zeilenbezogenen SELECT werden alle Spaltenwerte einer Zeile - wie im Katalog definiert - hintereinander angefordert.
  DB2 bereitet die Ergebniswerte in die Host-Variablen 1:1 aufgrund der Katalog-Beschreibungen auf.
  Problem hierbei:
  Wenn sich nachträglich der Tabellen-Aufbau ändert (ohne die entsprechenden Anpassungen im Programm), erhält das Programm falsche Daten oder einen Abbruch.
  Im ungünstigen Fall ergeben sich kompatible Felder und das Programm erhält abgeschnittene oder z.B. mit Blanks aufgefüllte Daten in völlig falschen Empfangsfeldern (Beispiel siehe im Kapitel 9.2 - Stichwort SELECT *).
  Werden neue Spalten in die bestehende Tabelle eingefügt, erhält das Programm eine Warnung (SQLWARN3 in der SQLCA), da nun die Result Table im DB2 mehr Spalten enthält, als Host-Variablen zur Verfügung stehen.

- **Einsatz einzelner Host-Variablen   für ein spaltenbezogenes Kommando**
  Hier werden nur die erforderlichen Spalteninhalte explizit angefordert. Eine nachträgliche Änderung der Tabellen-Spalten-Positionen bleibt im Anwendungsprogramm ohne Auswirkungen.

Aus den genannten Gründen wird folgende Empfehlung ausgesprochen:

Ein SELECT * ist dann im Anwendungsprogramm verboten, wenn direkt mit den Basistabellen oder einem generalisierten View und nicht mit einem individuellen View gearbeitet wird.
Wird mit einem individuellen View gearbeitet, kann SELECT * angewandt werden, da der View ohnehin eine gezielte und individuelle Spalten-Auswahl für das Programm definiert.

13.3.2.5.2 Einlesen von NULL-Markierungen

In unserem Beispiel wird noch ein anderes Problem deutlich:
Der Seminartyp DB2-DESIGN hat in seiner DAUER einen NULL-Wert (lt. Codd NULL-Marker). Die Frage ist nun:
Welchen Wert soll DB2 wohin liefern, damit die DAUER NULL von der DAUER 0 unterschieden werden kann?
Die Lösung heißt:
Es müssen NULL-Indikatoren mit übergeben werden, wenn eine Spalte NULL-fähig ist.

In der folgenden Abbildung werden wieder die zwei bekannten Beispiele dargestellt.

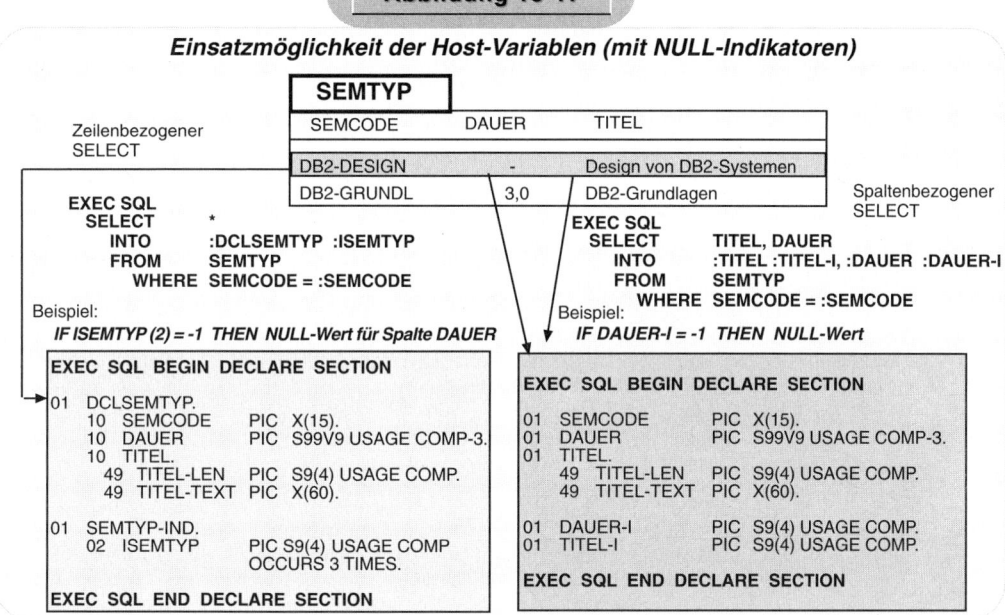

Abbildung 13-17

Einsatzmöglichkeit der Host-Variablen (mit NULL-Indikatoren)

Beim zeilenbezogenen SELECT werden Indikatoren 1 : 1 der entsprechenden Indikatoren-Struktur zugeordnet. Es ist zu beachten, dass in Cobol-Programmen beim SELECT nicht auf die 01-Stufe der Indikatoren-Struktur verwiesen werden darf. Ferner ist ausnahmsweise eine Occurs-Struktur unterstützt (ein indiziertes Ansprechen innerhalb des SQL-Statements ist aber nicht möglich).

Ein NULL-Indikator kann nach dem SELECT abgeprüft werden. DB2 stellt dort neben der NULL-Kennzeichnung noch weitere Informationen ein:

- -1   NULL-Markierung,
- -2   Konvertierungs-Fehler bei der Übertragung,
- Positiver Wert   Tatsächliche Feldlänge, wenn ein String abgeschnitten wurde, bzw. Sekunden, wenn bei einer TIME-Übertragung Sekunden abgeschnitten wurden.

Leider meldet der Precompiler keinen Fehler, wenn keine solchen Indikatoren übergeben werden. DB2 produziert erst dann einen Fehler, wenn bei einer Abfrage tatsächlich ein NULL-Wert auftritt (möglicherweise war alles im Test OK, aber dann kommt die Produktions-Übergabe).
Weiterhin kann es problematisch werden, wenn nachträglich NULL-Werte in der Tabelle definiert werden, d.h. auch hier ist wieder eine große Abhängigkeit des Programmes zu den Struktur-Definitionen im Katalog erkennbar.

13 Anwendungsprogrammierung unter DB2
13.3 SQL-Spracheinsatz in Anwendungsprogrammen

Die NULL-Indikatoren können beim SELECT sowohl als variable Empfangs-Felder als auch in der WHERE-Klausel genutzt werden.

Sollen beispielsweise nur die Daten selektiert werden, die eine NULL-Markierung haben, kann alternativ das statische NULL-Prädikat (IS NULL) oder die variable Indikator-Variante genutzt werden.
Beispiel:

```
SELECT      TITEL
   INTO     :TITEL
   WHERE    SEMCODE = :SEMCODE
   AND      DAUER IS NULL            Diese Abfrage auf einen NULL-Wert ist damit statisch.

SELECT      TITEL
   INTO     :TITEL
   WHERE    SEMCODE = :SEMCODE
   AND      DAUER = :DAUER :DAUER-I  Diese Abfrage auf einen NULL-Wert ist dynamisch.
```

Insgesamt stellt sich natürlich die Frage, inwieweit die Nutzung des NULL-Konzeptes überhaupt sinnvoll ist, da an einigen Stellen Zusatzaufwand anfällt (NULL-Markierung im Datensatz und im Index für jede Zeile und Spalte, höherer Programmieraufwand im Programm, Festlegung von Konventionen hinsichtlich der Benutzer-Oberfläche).

Es werden einige Problembereiche deutlich, die innerhalb der Unternehmen möglichst einheitlich zu regeln sind:

- Soll im Unternehmen überhaupt mit NULL-Markierungen gearbeitet werden (wie werden sie dem Sachbearbeiter, z.B. am Bildschirm, dargestellt?)
  Wenn nicht, welche einheitlichen Festlegungen können die NULL-Situation definieren?
  An dieser Stelle soll nicht versucht werden, die NULL-Markierung in Frage zu stellen, sondern darüber nachzudenken, durch welche Default-Werte ein Ersatz von NULL-Markierungen erfolgen kann - wenn keine NULL-Werte gewünscht werden.

  Bestimmte Daten-Typen können einen bestimmten Status haben:
  - Character-Spalten   Blank oder ein NULL-Wert können in der Regel gleichbedeutend interpretiert werden.
  - Numerische Spalten 0 oder ein NULL-Wert können unterschiedliche Aussagen haben.
                       Die NULL-Fähigkeit ist wichtig, wenn Funktionen auf die Wert-Felder genutzt werden (z.B. AVG).
                       Manchmal kann der Inhalt 0 durch Einfügung einer separaten Spalte umgangen werden. Das kann evtl. dann sinnvoll sein, wenn mit Wert 0 auch eine bestimmte Semantik verbunden ist, wie z.B. Seminarpreis 0 = Informations-Veranstaltung. In diesem Fall ist eine eigene Spalte 'Info-Veranstaltung' sinnvoller. Bei Bedarf können dann nachträglich Preise für Informationsveranstaltungen eingesetzt werden.
  - PK-Spalten   NULL ist generell nicht erlaubt.
  - FK-Spalten   NULL heißt: keine Beziehung, 0 oder Blank ist generell unzulässig.
                       In diesem Fall kann man auch alternativ mit Default-Werten arbeiten.
                       Aber in diesem Fall ist zu überlegen, wie die Parent-Objekte ausgestattet werden, da sie ein nicht vorhandenes Objekt repräsentieren.

- Soll mit Strukturen oder mit Einzel-Variablen gearbeitet werden?
  Sollen auch NOT-NULL-Felder in der NULL-Struktur geführt werden (der Primary-Key ist beispielsweise immer mit NOT NULL zu definieren - in unserem Beispiel SEMCODE).
  Die Occurs-Struktur kann natürlich auch noch redefiniert werden, damit mit symbolischen Feldnamen gearbeitet werden kann.

Folgende Empfehlungen können hierzu ausgesprochen werden:

Auf NULL-Werte sollte bei der Definition der Tabelle weitmöglichst verzichtet werden (wenn möglich mit NOT NULL oder NOT NULL WITH DEFAULT arbeiten).
Es sollten generierte Definitions-Strukturen mit Host-Variablen und Host-Indikatoren verwendet werden, auch wenn eine Einzelzuordnung der Variablen im SQL-Statement erfolgt (auch SELECT A, B, C INTO View-Struktur ist unterstützt).

13.3.2.5.3 Setzen von NULL-Markierungen

Wir haben uns bisher nur mit dem Selektieren von Daten und NULL-Markierungen beschäftigt. Wie werden Host-Variablen und NULL-Markierungen bei Veränderungen behandelt?
Wenn Änderungen durchgeführt werden sollen, kann die Eingabemöglichkeit der NULL-Markierung ebenfalls über die Indikatoren-Variablen geregelt werden. Es existieren aber noch andere Varianten.
Es gibt folgende Möglichkeiten der NULL-Markierungs-Vorgabe:

- **INSERT-Statements**
  Ein INSERT bezieht sich immer auf eine komplette Zeile.
  Wenn Table oder View-Spalten beim INSERT-Statement weggelassen werden, erfolgt automatisch eine NULL-Zuordnung (sofern aufgrund der Spaltendefinition zulässig). Wenn die Result Table eines Views nur einen Teil der Basis-Table-Spalten definiert, werden die restlichen Spalten als NULL behandelt.
  Es existieren zwei Alternativen:
  - Schlüsselwort **NULL** im SQL-Statement.
    Beispiel: INSERT INTO SEMTYP (SEMCODE, TITEL, DAUER)
                VALUES ('DB2-PROBL', ' ', NULL)
    In diesem Falle wird ' ' als formatgerechter Initialisierungswert für den Seminartitel eingesetzt (Blank oder bei einem variablen Spalte ein String mit der Länge 0). Die Dauer des Seminartyps steht noch nicht fest, daher ein NULL Wert.
  - Vorgabe eines **Indikators** analog einem SELECT mit dem Wert -1.
    Dieses Verfahren ist ideal für den Einsatz innerhalb von Programmen, da durch die variable Handhabung eine hohe Flexibilität erreicht wird. Ansonsten wäre die NULL-Markierung, die häufig erst durch die Benutzereingaben erkannt werden kann, statisch im SQL-Statement verankert.

- **DELETE-Statements**
  Ein DELETE bezieht sich immer auf eine komplette Zeile.
  NULL-Indikatoren sind nicht vorgebbar, eine NULL-Markierung kann nur in der WHERE-Bedingung vorgegeben werden (z.B. WHERE .... IS NULL).

- **UPDATE-Statements**
  Ein UPDATE bezieht sich immer auf einzelne Spalten. NULL-Werte können analog INSERT eingesetzt werden.

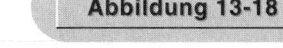

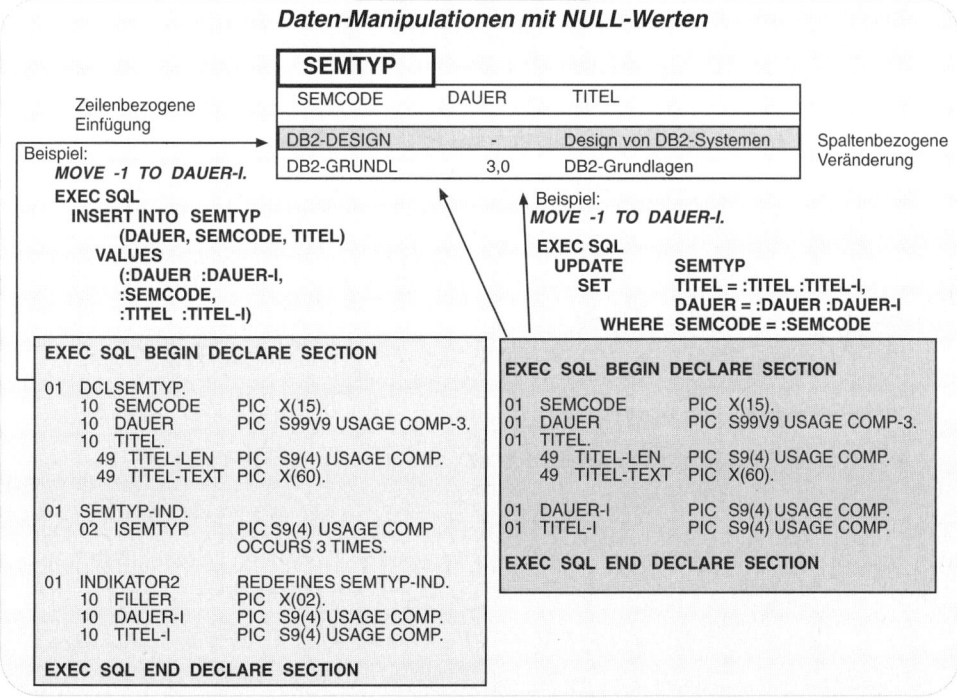

Daten-Manipulationen mit NULL-Werten

13.3.2.5.4 Einsatzspektrum von Host-Variablen und Indikatoren

Die Host-Variablen können innerhalb der SQL-Statements an folgenden Stellen eingesetzt werden:

- **Empfang von DB2-Daten**
    - **im SELECT und FETCH-Statement:**
        - als Empfangs-Felder der INTO-Klausel:
            - Beispiel: Struktur-Zuweisung in eine Host-Struktur: SELECT   *
              INTO   :DCLVIEW1
            - Beispiel: Einzelfeld-Zuweisung in mehrere Host-Variablen: SELECT   TITEL, DAUER
              INTO   :TITEL, :DAUER
        - als Wert-Felder der SELECT-Klausel
            - Beispiel: Arithmetisch ermittelte abgeleitete Daten   SELECT   SEMCODE, PREIS,
              :PREIS-AUFSCHLAG,
              PREIS + :PREIS-AUFSCHLAG
              INTO   :SEMCODE, :PREIS,
              :SEMPREIS-AUFSCHL,
              :PREIS-NEU
    - **Anforderung von Spezialregister-Werten**
        - Beispiel: SET   :SERVER = CURRENT SERVER
    - **Anforderung von NULL-Werten**
        - Beispiel: Zuweisung in eine Host- und NULL-Indikatorenstruktur: SELECT   *
          INTO   :DCLVIEW1 :IVIEW1
          - alternativ: SELECT   *
            INTO   :DCLVIEW1 INDICATOR :IVIEW1
        - Beispiel: Einzelfeld-Zuweisung in Host- und NULL-Indikatoren: SELECT   TITEL, DAUER
          INTO   :TITEL : ITITEL ,
          :DAUER :IDAUER

- **Prüfung und Filterung von DB2-Daten**
    - **in der WHERE Klausel bzw. in der HAVING Klausel**   WHERE   SEMCODE = :SEMCODE
    - **Prüfung auf NULL-Werte**
        - Beispiel mit dem IS NULL Prädikat   WHERE   DAUER   IS NULL
        - Alternative mit Host Indikatoren   WHERE   DAUER = :DAUER :DAUER-I

- **Vorgabe von neuen Werten oder Änderungswerten für DB2-Daten**
    - **im INSERT-Statement:**
        - als Sende-Felder innerhalb der VALUES-Klausel:
            - Beispiel: Struktur-Zuweisung aus einer Host-Struktur: INSERT INTO SEMPREIS
              VALUES   (:DCLVIEWP)
            - Beispiel: Einzelfeld-Zuweisung aus Host-Variablen: INSERT INTO SEMPREIS
              (DAUER, PREIS, GILTAB)
              VALUES (:DAUER, :PREIS, :GILTAB)
    - **im UPDATE-Statement:**
        - Sende-Felder innerhalb der SET-Klausel: UPDATE   SEMPREIS
          SET   PREIS = :PREIS
    - **Änderung von Spezialregister-Werten**
        - Beispiel: SET   CURRENT SQLID =   :BENUTZER
    - **Vorgabe von NULL-Werten**
        - INSERT-Statement: Struktur-Zuweisung: INSERT INTO   SEMTYP
          VALUES   (:DCLVIEW1 :IVIEW1)
        - UPDATE-Statement: Sende-Felder innerhalb der SET-Klausel: UPDATE   SEMTYP
          SET   DAUER = :DAUER :DAUER-I

Mit Host-Variablen können keine DB2-Objektnamen (wie Tablename oder Viewname) vorgegeben werden. Ist dies erforderlich, sollte der Einsatz von Dynamic SQL erwogen werden. Details folgen.

13.3.2.6 Unterstützte Datentypen

Die Datentypen für DB2 müssen beim Anlegen von Tabellen-Spalten vorgegeben werden.
Die folgende Abbildung zeigt die möglichen Daten-Typen der Tabellen-Spalten.
Im Anwendungsprogramm muss darauf geachtet werden, dass die Übereinstimmung der Datentypen von DB2-Objektbeschreibungen und Host-Variablen in der jeweiligen Programmiersprache gegeben ist.
Am sichersten kann dies durch Einsatz generierter Strukturen, wie z.B. DCLGEN erreicht werden (erst ab der DB2-Version 4 können NULL-Indikatoren generiert werden).
Ansonsten drohen Integritätsprobleme (z.B. Datenverluste) oder auch Performanceprobleme (z.B. kann der Optimizer eine Index-Nutzung verweigern).

Abbildung 13-19

Daten-Typen der Tabellen-Spalten

SQLTYPE NOT NULL, NULL	Daten-Typ der DB2-Spalte	SQLLEN	Format der Host-Variablen	Internes Format Character	ungepackt	gepackt	binär	Gleitkomma	Länge in Bytes Min.	Max.
384/385	DATE	10	Character-String			ohne VZ			4	4
388/389	TIME	8	Character-String			ohne VZ			3	3
392/393	TIMESTAMP	26	Character-String			ohne VZ			10	10
400/401	NUL-term.Graphic	n	Graphic-String	X					0	16353
404/405	BLOB	0/n	Binär-String				X		0	2147483647
408/409	CLOB	0/n	Character-String	X					0	2147483647
412/413	DBCLOB	0/n	Graphic-String	X					0	1073741824
448/449	VARCHAR	n	Character-String	X					0	32706
452/453	CHAR CHARACTER	n	Character-String	X					1	254
456/457	LONGVARCHAR	n *	Character-String	X					0	32706
464/465	VARGRAPHIC	n	Graphic-String	X					0	16353
468/469	GRAPHIC	n	Graphic-String	X					1	127
472/473	LONGVARGRAPH	n *	Graphic-String	X					0	16353
480/481	FLOAT o. REAL (single precision)	4	Floating Point					X	4	4
	FLOAT o. DOUBLE (double precision)	8	Floating Point					X	8	8
484/485	DECIMAL o. DEC o. NUMERIC (Gesamtlänge, Nachkommastellen)	n1	Decimal packed		n1,n2				1	16
496/497	INTEGER o. INT	4	Large Integer				X		4	4
500/501	SMALLINT	2	Small Integer				X		2	2
904/905	ROWID	40	Binär-String				X		17	17
960/961	BLOB Locator	4	Binär-String				X		4	4
964/965	CLOB Locator	4	Binär-String				X		4	4
968/969	DBCLOB Locator	4	Binär-String				X		4	4
972/973	Result Set Locator	4	Binär-String				X		4	4
976/977	Table Locator	4	Binär-String				X		4	4

Erläuterungen: * DB2 ermittelt dynamisch beim CREATE TABLE oder ALTER TABLE die restliche verfügbare Kapazität der Page. Sind mehrere LONGVAR-Definitionen getätigt, wird entsprechend aufgeteilt.

SQLTYPE   Identifikation eines Daten-Typs. Wird verwendet in der SQLDA und intern innerhalb des Attach-Facilities für die Unterstützung der Daten-Vergleiche und Zuweisungen von und nach Host Variablen.

SQLLEN   Länge eines Daten-Typs. Wird verwendet in der SQLDA und intern innerhalb des Attach-Facilities für die Unterstützung der Daten-Vergleiche und Zuweisungen von und nach Host Variablen.
Bei LOB-Daten-Typen werden zwei Längen geführt. Die erste ist immer 0 und die zweite entspricht der String-Länge.

Internes Format   DATE, TIME und TIMESTAMP werden gepackt ohne Vorzeichen (POV) gespeichert. Format siehe Anhang 1.
Weitere Definitionen zu Daten-Typen und DateTime-Formaten siehe im Anhang 1.

13.3.2.6.1 Konvertierungsregeln zwischen DB2-Spalten und Host-Variablen

DB2 unterstützt die Konvertierung von numerischen Daten unterschiedlicher Formate, nicht aber die Konvertierung numerischer Daten in Character-Daten und umgekehrt (siehe hierzu auch die Beschreibung über Konvertierungs-Regeln in Anhang 1).
Bei einem Konvertierungs-Fehler wird ein Return Code bzw. ein Programm-Abbruch erzeugt.
Bei abweichenden Längen wird von DB2 entweder der Wert für das Empfangsfeld verkürzt, verlängert oder aber ein Überlauf-Fehler erzeugt.

Bei Abweichungen können unerwartete Ergebnisse auftreten.

Der Precompiler generiert Code zur Adressierung der Host-Variablen (Beispiel siehe Kapitel 13.2). Dabei wird auch das Format und die Länge der Host-Variablen ermittelt.

Wenn bei der späteren Programm-Ausführung eine DB2-interne Result Table erzeugt wird, muss das Attach Facility die Übertragung der Zeilenwerte aus der Result Table in die Host-Variablen vornehmen. Dafür wird diese Parameter-Leiste verwendet. Bei abweichenden Datentypen zwischen DB2-Spalten-Charakteristiken und den Host-Variablen werden entsprechende Konvertierungen vorgenommen.

Achtung:

- **Numerische Daten und Strings sind untereinander nicht kompatibel** und können nicht konvertiert werden. Ansonsten erfolgt eine Konvertierung, jedoch können bei Abweichungen unerwartete Ergebnisse auftreten.
  Der Einsatz der Funktionen CHAR und DIGITS kann evtl. sinnvoll sein (siehe Anhang 1).

- **String**-Datenfelder sind untereinander kompatibel:

  - <u>Sendefeld = Host-Variable, Empfangs-Feld = DB2-Spalte</u>:
    - Ist das Empfangsfeld kürzer als das Sendefeld, tritt ein SQL-Fehler auf.
    - Ist das Empfangsfeld länger als das Sendefeld, wird es rechtsbündig mit Blanks aufgefüllt.

  - <u>Sendefeld = DB2-Spalte, Empfangs-Feld = Host-Variable</u>:
    - Ist das Empfangsfeld kürzer als das Sendefeld, wird der String verkürzt übertragen und eine Warnung erzeugt (SQLWARN1)
    - Ist das Empfangsfeld länger als das Sendefeld, wird es rechtsbündig mit Blanks aufgefüllt.

  Der Einsatz der Funktion SUBSTR kann evtl. sinnvoll sein (siehe Anhang 1).

- **Numerische** Datenfelder sind untereinander kompatibel:

  - Ein voller Wert (z.B. Vorkommastellen) wird niemals abgeschnitten. Wenn ein Empfangsfeld den vollen Wert nicht aufnehmen kann, wird ein SQL-Fehler erzeugt.
    Wenn erforderlich, werden Teil-Werte (z.B. Nachkommastellen) abgeschnitten (z.B. immer bei der Konvertierung von Dezimalwerten in Binärwerte).

  Der Einsatz der Funktionen DECIMAL, FLOAT und INTEGER kann evtl. sinnvoll sein (siehe Anhang 1).

- **Date, Time und Timestamp** werden zu Character-Strings konvertiert. Sind die Host-Variablen-Empfangsfelder größer, werden rechtsbündig Blanks aufgefüllt.
  Der Einsatz der Funktionen CHAR, DATE, HOUR, MICROSECOND, MINUTE, MONTH, SECOND, TIME und TIMESTAMP kann evtl. sinnvoll sein (siehe Anhang 1).

13 Anwendungsprogrammierung unter DB2
13.3 SQL-Spracheinsatz in Anwendungsprogrammen

Die folgende Abbildung zeigt die Zuordnung der wesentlichen DB2-Datentypen zu den entsprechenden Variablenformaten der einzelnen Programmiersprachen:

Abbildung 13-20

Zuordnung der DB2-Datentypen zu Datentypen der Host-Variablen

Spalten-Typ	COBOL	PL/I	Assembler	C
DATE *	PIC X(n)	CHAR (n)	DS CLn	NUL-terminated form oder VARCHAR structured form
TIME *	PIC X(n)	CHAR (n)	DS CLn	analog DATE
TIMESTAMP *	PIC X(n)	CHAR (n)	DS CLn	analog DATE
VARCHAR	01 strukturname. 49 PIC S9(4) COMP-4. 49 PIC X(n).	CHAR (n) VAR	DS HL2,CLn	NUL-terminated form oder VARCHAR structured form
CHAR CHARACTER	PIC X(n)	CHAR (n)	DS CLn	single character form (nur 1 Stelle) array: var [n]
LONGVARCHAR	analog VARCHAR	analog VARCHAR	analog VARCHAR	analog VARCHAR
VARGRAPHIC	01 strukturname. 49 PIC S9(4) COMP-4. 49 PIC G(n).	GRAPHIC (n) VAR	DS HL2,GLn	NUL-terminated form oder VARGRAPHIC structured form
GRAPHIC	PIC G(n)	GRAPHIC (n)	DS GLn	NUL-terminated graphic form
LONGVARGRAPH	analog VARGRAPHIC	analog VARGRAPHIC	DS HL2,GLn	analog VARGRAPHIC
FLOAT o. REAL (single precision)	COMP-1	BIN FLOAT (21) oder DEC FLOAT(6)	DS EL4 / DS EHL4 DS DBL4	float
FLOAT o. DOUBLE (double precision)	COMP-2	BIN FLOAT (53) oder DEC FLOAT(16)	DS DL8 / DS EHL8 DS DBL8	double
DECIMAL o. DEC ** oder NUMERIC	PIC S9(n)V9(m) COMP-3 oder PACKED DECIMAL	DEC FIXED (n,m) oder DEC FIXED (n)	DS PLn'a.b'	decimal oder Nutzung double precision
INTEGER o. INT	PIC S9(9) COMP-4 oder COMP oder BINARY	BIN FIXED (31)	DS F	long int
SMALLINT	PIC S9(4) COMP-4 oder COMP oder BINARY	BIN FIXED (15)	DS HL2	short int
Result Set Locator	SQL TYPE IS RESULT-SET-LOCATOR VARYING	SQL TYPE IS RESULT_SET_LOCATOR VARYING	DS F	SQL TYPE IS RESULT_SET_LOCATOR VARYING
BLOB	SQL TYPE IS BLOB (nn K/M/G)	SQL TYPE IS BLOB (nn K/M/G)	SQL TYPE IS BLOB nn K/M/G	SQL TYPE IS BLOB (nn K/M/G)
CLOB	SQL TYPE IS CLOB (nn K/M/G)	SQL TYPE IS CLOB (nn K/M/G)	SQL TYPE IS CLOB nn K/M/G	SQL TYPE IS CLOB (nn K/M/G)
DBCLOB	SQL TYPE IS DBCLOB (nn K/M/G)	SQL TYPE IS DBCLOB (nn K/M/G)	SQL TYPE IS DBCLOB nn K/M/G	SQL TYPE IS DBCLOB (nn K/M/G)
BLOB Locator	SQL TYPE IS BLOB-LOCATOR	SQL TYPE IS BLOB_LOCATOR	SQL TYPE IS BLOB_LOCATOR	SQL TYPE IS BLOB_LOCATOR
CLOB Locator	SQL TYPE IS CLOB-LOCATOR	SQL TYPE IS CLOB_LOCATOR	SQL TYPE IS CLOB_LOCATOR	SQL TYPE IS CLOB_LOCATOR
DBCLOB Locator	SQL TYPE IS DBCLOB-LOCATOR	SQL TYPE IS DBCLOB_LOCATOR	SQL TYPE IS DBCLOB_LOCATOR	SQL TYPE IS DBCLOB_LOCATOR
Table Locator	SQL TYPE IS TABLE LIKE tablename AS LOCATOR	SQL TYPE IS TABLE LIKE tablename AS LOCATOR	SQL TYPE IS TABLE LIKE tablename AS LOCATOR	SQL TYPE IS TABLE LIKE tablename AS LOCATOR
ROWID	SQL TYPE IS ROWID	SQL TYPE IS ROWID	SQL TYPE IS ROWID	SQL TYPE IS ROWID

Erläuterung
* DATE   n = mindestens 10
* TIME   n = mindestens 6, wenn Sekunden gewünscht sind, 8
* TIMESTAMP n = mindestens 19, wenn Mikrosekunden gewünscht sind, 26.

** **Achtung**
Im COBOL werden Vorkomma- und Nachkommastellen, ansonsten Gesamt-Stellen und Nachkommastellen definiert.

13.3.2.7 Fehlerbehandlung
13.3.2.7.1 Überblick

Die Fehlerbehandlung ist unter DB2 recht aufwendig, da die Analyse möglicher Fehlersituationen komplex ist.
DB2 kommuniziert generell über die **SQLCA** (SQL-Communication Area). Dort werden Informationen über das Ergebnis einer SQL-Anforderung hinterlegt.
Aber auch vorhandene NULL-Indikatoren können zur DB2-Fehleranalyse herangezogen werden.

Die Interpretation der Returncodes kann mit verschiedenen Mitteln erfolgen. Hier werden die wesentlichen, in der Praxis anzutreffenden Formen behandelt:

- **Analyse der Returncodes in der SQLCA**
    - Individuelle Abfrage im Anwendungsprogramm:
        - SQLCODE,
        - SQLWARNx,
        - SQLSTATE.

    - Halb-automatisierte Abfrage im Anwendungsprogramm:
        - SQL-WHENEVER-Statement.

- **Analyse weiterer Returncodes**
    - Individuelle Behandlung im Anwendungsprogramm:
        - Analyse der NULL-Indikatoren (sofern eingesetzt).
        - sonstige SQLCA-Felder.

    - Aufruf einer allgemeinen Fehler-Prüf-Routine (DSNTIAR; im CICS auch: DSNTIAC).

13.3.2.7.2 Returncode-Analyse

In jedem Programm muss eine SQLCA generiert zur Verfügung stehen.
Die relevanten Felder der SQLCA für die Fehler-Analyse sind:

- **SQLCODE** (siehe auch Anhang 6)
    Hier werden die drei Hauptgruppen analysiert:
    = 0   -   Ausführung grundsätzlich OK, aber
                Achtung: Warnungs-Schalter (SQLWARNx) können gesetzt sein!

    \> 0   -   Positiver SQLCODE = **Warnung**.
                Warnung. Besondere Meldungen: +100 = NOTFND bzw. end of data.
                Es gibt eine Reihe von positiven SQLCODE-Zuständen, die man nicht mehr als Warnung interpretieren kann.
                Beispiel: + 626: Der Index, der eigentlich die Uniqueness einer Spalte gewährleisten sollte, wurde gelöscht! Lustig, was?

    < 0   -   Negativer SQLCODE = **Fehler**.
                Weitere Felder müssen ggf. analysiert werden.

- **SQLWARN**
    Die Warnungsleiste muss in Verbindung mit dem SQLCODE immer mit abgeprüft werden.
    Auch wenn dort ein Wert = 0 gemeldet wird, sind die sogenannten Warnungen häufig aus Programmsicht Fehlersituationen, die auf schwere Fehler hinweisen.
    So wird z.B. im Warnungsschalter SQLWARN1 gemeldet, wenn ein String in einem Änderungs-Dialog beim Einlesen der Daten abgeschnitten wurde.
    Hier kann dann auch die besonders üble Problematik vorliegen, dass inzwischen eine Tabellenänderung vorgenommen wurde und die Daten in eine Struktur eingelesen werden, die nicht mehr die Tabellenstruktur widerspiegelt.
    Als Folge davon kann z.B. der Titel im Seminarcode auftauchen - siehe auch Beispiel hierzu in Kapitel 9.

13 Anwendungsprogrammierung unter DB2
13.3 SQL-Spracheinsatz in Anwendungsprogrammen

Es folgt eine Auswahl relevanter Warnungsschalter:

SQLWARN0	Blank, wenn keine Warnung in SQLWARN1 - 10
SQLWARN1	Ein String wurde bei der Übertragung der DB2-Daten in die Host-Variablen des Programmes abgeschnitten.
SQLWARN2	NULL-Werte traten auf bei der Ausführung einer SQL-Builtin-Funktion und diese wurden ignoriert.
SQLWARN3	Die Anzahl der Result-Table-Spalten ist größer als die Anzahl der übergebenen Host-Variablen.
SQLWARN5	Das Statement wurde nicht ausgeführt, da es kein gültiges DB2-Statement ist und nicht mit DB2 kompatibel.
SQLWARN6	In Folge einer Addition eines DateTime-Feldes trat bei einem DATE oder TIMESTAMP-Wert eine Überschreitung des gültigen Inhalts auf und wurde korrigiert (z.B. 30.1. + 1 MONTH = Reduzierung auf den 28.2.).
SQLWARN7	Bei einem Operanden einer Multiplikation oder Division wurden Nachkommastellen mit einem Wert ungleich Null abgeschnitten.

- **SQLSTATE** (siehe auch Anhang 6)
  Alternative zu SQLCODE und SQLWARN entsprechend der ANSI/ISO-Standard-SQL-Norm.
  Leider wurde die Ausrichtung auf die Norm auch schon in der DB2-Version 2.3 versichert, aber mit der Version 4 wurden ganze SQLSTATE-Gruppen inhaltlich umgestaltet.
  Hier werden die drei Hauptgruppen analysiert:

00000	-	**Ausführung OK**,
01xxx	-	**Warnung**,
> 21xxx	-	**Fehler**.

- **SQLERRM, SQLERRP**
  Informationen über Fehlerart, fehlerhafte Objekte und fehlerhaftes Programm.
  In SQLERRM wird beispielsweise auch der constraint-Name einer fehlerhaften RI-Beziehung geliefert. Wenn der dann nicht eindeutig ist - was soll der Programmierer dann dem Benutzer sagen, wenn er einen DELETE an einer ganz anderen Stelle nicht erfolgreich vollziehen kann?
  Weitere Infos stehen z.B. bei einem Deadlock oder Timeout zur Verfügung (SQLCODE -911, -913; SQLSTATE 40001, 57033):
  - '00C9008E' Timeout
  - '00C90088' Deadlock

- **SQLERRD (3)**
  Anzahl der Zeilen, die von einem INSERT, UPDATE oder DELETE betroffen wurden.
  Nicht erkennbar sind CASCADE-Deletes aus einem referenziellen Konstrukt.
  Bei einem Massen-Delete einer Table in einem segmented Tablespace wird der Wert ' -1' eingestellt.
  Hier kann geprüft werden, ob z.B. bei einem Massenupdate tatsächlich nur die 10 erwarteten Zeilen verändert wurden. Vielleicht nehmen Sie erstaunt zur Kenntnis, dass DB2 tatsächlich 521.378 Zeilen verändert hat.

Außerhalb der SQLCA können für die Fehler-Analyse herangezogen werden:

- **NULL-Indikatoren** (sofern im SQL-Statement übergeben)
  Hier werden folgende Fehlersituationen gezeigt:

  -2   Konvertierungs-Fehler bei der Übertragung.
  In diesem Fall wird SQLCODE +802 bzw. SQLSTATE 01519 gesetzt.
  Kann auftreten bei:
  - Division durch 0,
  - arithmetischem Überlauf.

  Positiver Wert   Tatsächliche Feldlänge, wenn ein String abgeschnitten wurde, bzw. Sekunden, wenn bei einer TIME-Übertragung Sekunden abgeschnitten wurden.

Wichtig ist, dass im Fehlerfall das Anwendungsprogramm einen Programm-Abbruch oder zumindest einen ROLLBACK aktiviert, sofern Manipulationen vorgenommen wurden.
DB2 meldet lediglich die fehlerhafte Ausführung, überläßt aber in der Regel dem Anwendungsprogramm die Entscheidung über die Maßnahmen der Fehlerbeseitigung. Wird der ROLLBACK nicht durchgeführt, werden die bereits getätigten Manipulationen ordnungsgemäß abgeschlossen.

Empfehlung:
Die Fehlerbehandlung außerhalb der Schichten, die direkt auf DB2 zugreifen, sollte ausschließlich mit symbolischen Fehlerbedingungen abgewickelt werden (z.B. NOT-FOUND, END-OF-DATA anstelle einer Returncode-Interpretation).

13.3.2.7.3 Auszug einiger relevanter SQLCODEs und SQLSTATEs

SQLCODE	SQLSTATE	Bedeutung, Hinweis
000	00000	Fehlerfreie Ausführung des SQL-Statements. Bei der Abfrage des SQLCODEs müssen die Warnungs-Schalter ebenfalls geprüft werden. Nur wenn auch keine Warnung vorliegt, war die Ausführung wirklich OK. Bei SQLSTATE sind die Warnungs-Schalter mit integriert, wie z.B:
	01501	Wert eines Strings wurde abgeschnitten (entspricht SQLWARN1)
+ 100	02000	Zeile wurde nicht gefunden oder das Ende der Daten ist erreicht. Folgende Möglichkeiten bestehen: - WHERE-Bedingung wurde bei SELECT, UPDATE oder DELETE nicht erfüllt. - FETCH findet keine Daten mehr in der Result Table. - INSERT mit einer Subquery hat keine Daten gefunden.
- 118	42902 (56002)	Für einen INSERT, UPDATE, DELETE wird in einem SUB-SELECT die gleiche Tabelle angesprochen. Dies ist nicht zulässig.
- 305	22003	FETCH oder SELECT wurde nicht ausgeführt, da ein NULL-Wert auftrat, aber kein Indikator verfügbar ist.
- 507	24501	Der Cursor ist nicht eröffnet worden und es wird mit UPDATE WHERE CURRENT OF oder DELETE WHERE CURRENT OF auf diesen Cursor referenziert (evtl. lag vorab bereits ein Return Code vor, auf den nicht reagiert wurde).
- 530	23503	INSERT oder UPDATE eines FKs ist ungültig - kein referenzierender PK gefunden.
- 551	42501	Es existiert kein Privileg für diese Operation auf ein DB2-Objekt (z.B auch Autorisierungs-Id falsch) oder - dieses Objekt existiert nicht oder das Objekt ist eine read-only-result table, - Autorisierungs-Id = Fremd-Id, aber kein SYSADM, DBADM oder DBCTRL-Privileg vorhanden.
- 803	23505	Verstoß beim Einfügen oder Ändern gegen die UNIQUE Index-Anforderung (auch DB2-intern durch die RI-Rule 'SET NULL' möglich). Satz ist bereits vorhanden.
- 805	51002	Der DBRM- oder Package-Name ist nicht im Plan enthalten. Bei Packages Ersatz für -818. Siehe dort
- 811	21000	Ein embedded SELECT führt zu einer Result Table mit mehr als einer Zeile (das Cursor-Konzept ist erforderlich, sofern mit Daten gearbeitet werden muss und nicht nur der Status ausreicht).
- 818	51003	Der vom Precompiler generierte Konsistenz-Id des Load-Moduls differiert mit dem Konsistenz-Id des DBRMs (nach dem BIND wurde ein Precompile ausgeführt und ein neuer BIND ist erforderlich oder aber das Lademodul ist nicht aktuell --> z.B. CICS CEMT SET PROGRAM NEWCOPY erforderlich).
- 911	40001 (40000)	DEADLOCK oder TIMEOUT mit automatischem ROLLBACK. Siehe auch unter SQLERRM.
- 913	57033 (40502)	DEADLOCK oder TIMEOUT ohne automatischen ROLLBACK (die Anwendung muss selbst eine Entscheidung treffen). Siehe auch unter SQLERRM.
- 922	42505	Autorisierungs-Fehler der Connection. Mögliche Ursachen: - Autorisierungs-Id ist fehlerhaft oder unbekannt, - Plan-Name ist falsch oder unbekannt oder es besteht keine Plan-Execute-Autorisierung, - Lokation ist nicht verfügbar (nicht gestartet oder connected).
- 923	57015 (42505)	Connection-Fehler eines DB2-Systems. Mögliche Ursachen: - DB2 nicht gestartet oder nicht operational verfügbar oder DB2-shutdown läuft. - Plan nicht mehr operativ.
- 925	2D521 (56021)	COMMIT ist im IMS oder CICS nicht zulässig.
- 926	2D521 (56021)	ROLLBACK ist im IMS oder CICS nicht zulässig.

Die in Klammern gesetzten SQLSTATES waren gültig von DB2 Version 2.3 bis Version 3.

13.3.2.7.4 WHENEVER

Der SQLCODE- oder SQLSTATE-Inhalt kann durch normale 'IF-Abfrage' ermittelt werden.
Für die drei wesentlichen Ergebnistypen kann aber auch ein SQL-Statement, nämlich **WHENEVER**, eingesetzt werden.
Mit WHENEVER kann die Analyse des SQLCODES dem Attach-Facility bei Auftreten der folgenden Bedingungen überlassen werden:

- NOT FOUND,
- SQLWARNING,
- SQLERROR.

In allen drei Fällen kann entschieden werden, ob die Verarbeitung direkt hinter dem Statement fortgesetzt werden soll, bei dem die Ausnahmebedingung auftrat oder aber zu welchem symbolischen Label innerhalb des Programms verzweigt werden soll.

Beispiele:

```
EXEC SQL    WHENEVER SQLERROR    GOTO DB2-FEHLER
EXEC SQL    WHENEVER SQLWARNING  CONTINUE
EXEC SQL    WHENEVER NOT FOUND   CONTINUE
```

Folgende Probleme ergeben sich beim Einsatz von WHENEVER:

- WHENEVER wird in der physischen Statement-Folge aktiviert, in der dieses Statement vom DB2-Compiler gelesen wird. Eine logische Programm-Abwicklung kann von der physischen Folge stark abweichen!
  Die Bedingungen eines WHENEVER Statements wirken bis zu einem evtl. neuen WHENEVER Statement.

- Die Möglichkeiten von WHENEVER sind zu pauschal; es ist keine exakte Analyse unterstützt.

- Wenn mit Label gearbeitet wird, erfolgt ein GOTO. An der Eintrittsstelle fehlt das Wissen, woher der Ansprung erfolgte. Ein Rücksprung ist ebenfalls nur noch mit GOTO möglich (mit vielen Schaltern).

Daher folgt die Empfehlung:

Auf den Einsatz von WHENEVER sollte verzichtet werden!

13.3.2.7.5 DSNTIAR, DSNTIAC

Der Einsatz einer standardisierten Fehler-Routine sollte selbstverständlich sein.
IBM liefert eine Routine mit dem Namen DSNTIAR, im CICS steht die Routine DSNTIAC zur Verfügung (mit den erweiterten Parametern EIB und COMMAREA).

Diese Routinen können im Fehlerfall aktiviert werden und liefern eine Fehlernachricht (max. 960 Zeichen) zurück, die der Meldung aus dem Manual 'Messages and Codes' entspricht.
Die Aufruf-Konventionen können aus IBM-Beispiel-Programmen entnommen werden
(z.B. DSN8BC3 für Cobol, DSN8BP3 für PL/1 und DSN8BD3 für C).

Eine zentrale Routine sollte auf die Abfrage von SQLSTATE angepaßt werden und bei Fehler einen ROLLBACK aktivieren.

13 Anwendungsprogrammierung unter DB2
13.3 SQL-Spracheinsatz in Anwendungsprogrammen

13.3.2.7.6 Behandlung schwerer Fehler

Bei schweren Fehlern sind die beiden Konstellationen denkbar:

1. Fehler im Anwendungs-Bereich (z.B. wenn ein Anwendungs-Programm abnormal beendet wird),
2. Fehler im DB2-Bereich.

In der folgenden Übersicht werden die Maßnahmen für die einzelnen Trägersysteme sowie spezifische Besonderheiten dargestellt:

Trägersystem, Subsystem	Maßnahmen, Besonderheiten
TSO	Bei einem normalen Programm-Ende erfolgt ein automatischer DB2-COMMIT. Jeder Abbruch der Verarbeitung vor dem DEALLOCATE des Plans führt zu einem ROLLBACK der DB2-Ressourcen. Evtl. sonstige Manipulationen von OS/390-Datasets bleiben mit dem Abbruch-Zustand erhalten (in Abhängigkeit von den JCL-Parametern).
CAF	analog TSO.
CICS	Bei einem normalen Task-Ende erfolgt ein automatischer DB2-COMMIT. Bei einem Abbruch der Verarbeitung: - erfolgt defaultmäßig ein CICS ROLLBACK mit einem implizitem DB2 ROLLBACK, - bei aktivem HANDLE ABEND wird die Steuerung an das dort definierte Programm. übergeben. Weitere Maßnahmen (CICS-ROLLBACK) müssen dann explizit im HANDLE ABEND-Programm getätigt werden. Indoubt Threads werden gehalten und beim nächsten CICS-Emergency Restart werden die Aktivitäten gemäß den Aktivitäten des 2 Phasen-Commits abgeschlossen.
IMS-TM (DC)	Bei einem normalen Transaktions-Ende erfolgt ein automatischer DB2-COMMIT. Bei einem Abbruch der Verarbeitung erfolgt ein automatischer IMS- und DB2-ROLLBACK. Indoubt Threads werden gehalten und beim nächsten IMS-Restart werden die Aktivitäten gemäß den Aktivitäten des 2 Phasen-Commits abgeschlossen.
IMS-Batch	Bei einem normalen Programm-Ende erfolgt ein automatischer DB2-COMMIT. Bei einem Abbruch der Verarbeitung erfolgt ein automatischer DB2-ROLLBACK. IMS-Ressourcen müssen mit dem IMS-Batch-Backout-Utility zurückgesetzt werden. Dann muss ein IMS-Restart erfolgen (mit dem letzten erfolgreichen IMS-CHECKPOINT). Indoubt Threads werden gehalten und beim nächsten Batch-Restart werden die Aktivitäten gemäß den Aktivitäten des 2 Phasen-Commits abgeschlossen. Dringende Empfehlung: am Programm-Ende einen expliziten IMS-CHECKPOINT absetzen, da ansonsten **Konsistenz-Probleme** der Synchronisation zwischen DB2 und IMS auftreten können (wenn zwischen dem DB2-COMMIT und der IMS-Checkpoint-Schreibung am Ende des Programms ein Abbruch eintritt). In diesem Fall hat DB2 die Daten-Veränderungen vollzogen, für IMS ist aber aufgrund des Fehlers ein Zurückrollen bis zum letzten CHECKPOINT erforderlich).
RRSAF	Bei einem normalen Verarbeitungs-Ende erfolgt ein automatischer DB2-COMMIT. Bei einem Abbruch der Verarbeitung erfolgt ein automatischer ROLLBACK sämtlicher von RRS kontrollierten Ressourcen sowie der DB2-ROLLBACK. Indoubt Threads werden gehalten und beim nächsten RRSAF-Restart werden die Aktivitäten gemäß den Aktivitäten des 2 Phasen-Commits abgeschlossen.
DB2	Hängende Threads (z.B. alle nicht ordnungsgemäß abgeschlossenen TSO-Programme) werden beim nächsten DB2-Restart mit ROLLBACK zurückgerollt. Indoubt Threads werden gehalten und beim nächsten DB2-Restart werden die Aktivitäten gemäß den Aktivitäten des 2 Phasen-Commits abgeschlossen.

13.3.3 Cursor-Konzept
13.3.3.1 Übersicht der Sprachmittel

Die bisher behandelten SQL-Statements ermöglichen die Verarbeitung ganzer Datensets im Sinne der Mengenverarbeitung mit der Ausnahme des SELECTs, der nur eine einzige Ergebniszeile produzieren darf.
Damit nun Anwendungsprogramme die Möglichkeit haben, Schritt für Schritt, nämlich zeilenweise (One-Record-at-a-time) die Daten abarbeiten zu können, wird das Cursor-Konzept von DB2 unterstützt.
Speziell für batch-typische Abwicklungsprozesse, z.B. beim Zusammenmischen und Verarbeiten mehrerer Datenbestände in ihren jeweiligen Zustands-Abhängigkeiten, ist dieses Konzept hilfreich. Aber auch bei der Online-Verarbeitung ist das Cursor-Konzept sinnvoll, da über diese Verarbeitungsform ein 'Read for Update' (Update-Intent) gesichert werden kann.

Bevor die Cursor-Verarbeitungsmöglichkeiten näher untersucht werden, soll zunächst noch einmal grob auf die SQL-Verarbeitungstypen innerhalb der Anwendungsprogramme eingegangen werden.

Die folgende Abbildung zeigt die Verarbeitungstypen auf.

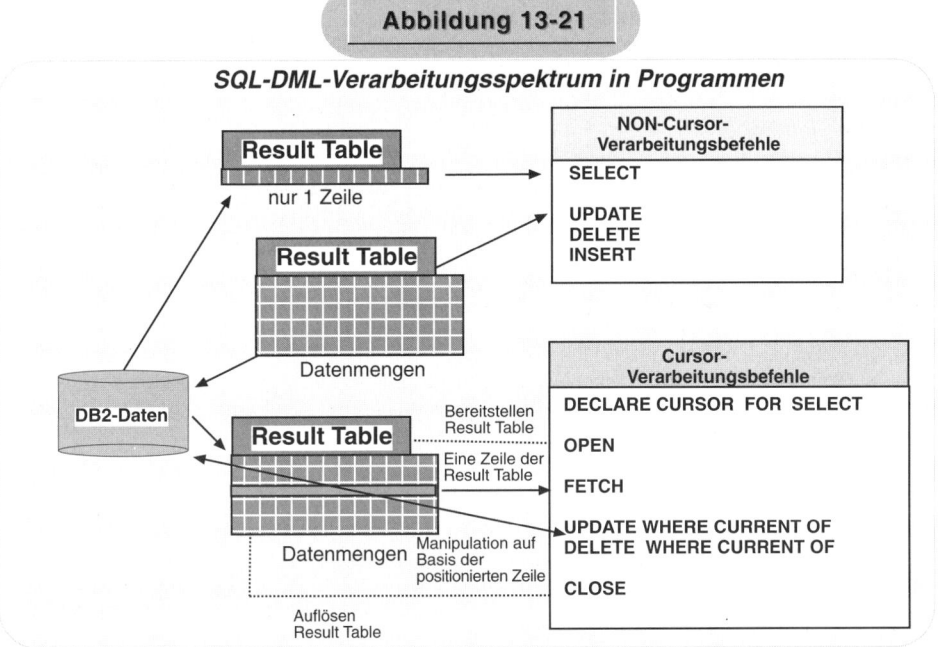

Abbildung 13-21

Es lassen sich zunächst innerhalb der Manipulationsmöglichkeiten abgrenzen:

- **NON-Cursor-Verarbeitungsbefehle**
  In diesem Bereich werden die vier klassischen Daten-Manipulationstypen unterstützt:
  - **SELECT**
    Der SELECT unterliegt Einschränkungen. Es darf als Ergebnis in der Result Table maximal nur eine Zeile ermittelt werden (praktisch bedeutet dies ein Zugriff über einen Unique-Key), sonst wird von DB2 ein fehlerhafter Return-Code (SQLCODE -811; SQLSTATE 21000) erzeugt.
  - Die Datenveränderungen:
    - **INSERT**,
    - **UPDATE** und
    - **DELETE**
    unterliegen grundsätzlich keinen Beschränkungen im Vergleich zum interaktiven Einsatz.

- **Cursor-Verarbeitungsbefehle**

  - **DECLARE CURSOR FOR SELECT**
    Definition eines Cursors mit der Beschreibung eines SELECT-Statements zur Erzeugung einer Result Table beim Open. Ein Cursor definiert eine Result Table, die innerhalb des Programmes mit dem Cursor-Namen geführt wird.

  - **OPEN**
    Eröffnung des Cursors mit Interpretation des SELECT-Statements. Evtl. stellt DB2 intern die Result Table bereit.

  - **FETCH**
    Zeilenweises Bereitstellen von Daten aus der Cursor-Result Table.

  - **UPDATE WHERE CURRENT OF**
    Änderung der gerade durch FETCH positionierten Zeile (positioned update).

  - **DELETE WHERE CURRENT OF**
    Löschung der gerade durch FETCH positionierten Zeile (positioned delete).

  - **CLOSE**
    Schließen des Cursors, Freigabe der Result Table.

Ein Cursor definiert eine Result Table.
Diese Result Table muss vom Entwickler logisch in ihrem Aufbau (Spalten) und benötigten Inhalten (Zeilen) definiert werden.
Dabei kann die Bereitstellung der Datenzeilen ungeordnet oder geordnet (ORDER BY) erfolgen.
Sollen Daten unter Mengen-Aspekten bearbeitet werden, wird grundsätzlich (bezogen auf die verarbeitungssteuernde Informationsgruppe) mit ORDER BY gearbeitet.
Das Programm muss sicherstellen, dass es jede Zeile einmal erhält (wirklich nur einmal und nicht zweimal oder keinmal).
Das klingt vieleicht verblüffend, aber folgende Aspekte sind zu berücksichtigen:

- Die physische Ablagefolge ist undefiniert.
- Ein Programm kann durch Einfügungen die gleiche Zeile später wieder treffen (entweder durch parallel ablaufende Anwendungen oder durch das Programm selbst).

13.3 SQL-Spracheinsatz in Anwendungsprogrammen

Die folgende Abbildung zeigt die Cursor-Verarbeitung mit ihren wesentlichen SQL-Komponenten an einem Beispiel auf.

Abbildung 13-22

Beispiel für eine Cursor-Verarbeitung

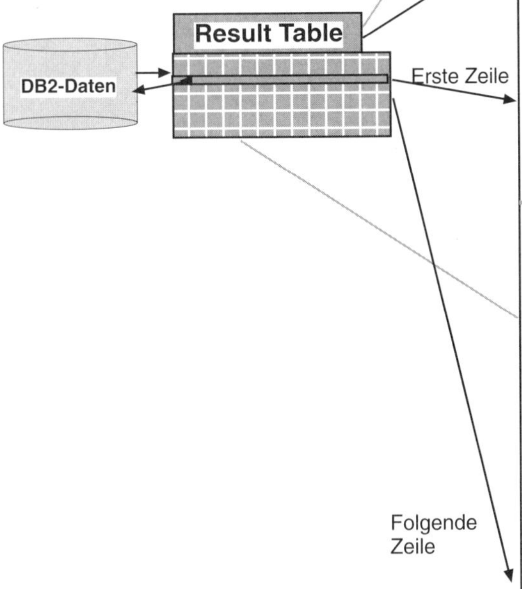

Anwendungsprogramm	

EXEC SQL
  DECLARE   C1 CURSOR FOR
    SELECT   SEMCODE, TITEL
    FROM   SEMTYP
    WHERE   DAUER >= :DAUER
  FOR UPDATE OF TITEL
END-EXEC.
	①

EXEC SQL
    OPEN C1
END-EXEC
 	
IF SQLSTATE ....
 	
*   Vorlesen und auf SQLSTATE 02000 prüfen
EXEC SQL
    FETCH C1 INTO :SEMCODE,
                         :TITEL :TITEL-I
END-EXEC
 	
IF SQLSTATE = '02000' SET ENDE TO TRUE
	②

PERFORM UNTIL ENDE
 	
  IF bestimmte-bedingung vorhanden
  * Update
    EXEC SQL
      UPDATE SEMTYP
        SET TITEL = :TITEL :TITEL-I
      WHERE CURRENT OF C1
 	
    IF SQLSTATE NOT = '00000'
      SET ERROR TO TRUE
      fehlernachricht aufbereiten/ausgeben
    END-IF
 	
  END-IF
 	
  * Weiterlesen und auf SQLSTATE 02000 prüfen
  IF NOT ERROR
    EXEC SQL
      FETCH C1 INTO :SEMCODE,
                            :TITEL :TITEL-I
    END-EXEC
 	
    IF SQLSTATE = '02000'
      SET ENDE TO TRUE
    END-IF
 	
  END-IF
 	
END-PERFORM
	③
	
	④

EXEC SQL
    CLOSE C1
END-EXEC
 	
IF SQLSTATE NOT = '00000'
  fehlernachricht aufbereiten/ausgeben
END-IF
	⑤

DB2-Daten → Result Table

Erste Zeile
Folgende Zeile

Die vorherige Abbildung besteht aus folgenden relevanten Komponenten, die nachfolgend näher behandelt werden.

1.	**DECLARE C1 CURSOR**	Deklaration des Cursors unter dem Namen C1. Dieses Statement wird nicht ausgeführt.
2.	**OPEN C1**	Eröffnung des Cursors C1 und Interpretation des SELECT-Statements. Ggf. wird eine Result Table zu diesem Zeitpunkt bereitgestellt (materialisiert).
	FETCH C1	Einlesen der ersten Zeile und Prüfung, ob überhaupt Daten in der Result Table verfügbar sind.
3.	**UPDATE SEMTYP .. WHERE CURRENT OF C1**	Update der SEMTYP-Tabelle unter bestimmten Bedingungen und unter Berücksichtigung der aktuellen Cursor-Positionierung.
4.	**FETCH C1**	Nachlesen einer Zeile aus der Result Table, sofern der Update nicht fehlerhaft war. Wenn keine Daten mehr verfügbar sind, wird der Ende-Schalter aktiviert.
5.	**CLOSE C1**	Schließen des Cursors C1.

13.3.3.2   Detaillierte Darstellung des Cursor-Befehlsspektrums
13.3.3.2.1   Deklaration des Cursors: DECLARE CURSOR

Beispiel: DECLARE C1 CURSOR FOR SELECT ....

Definition eines Cursors unter dem Namen C1.
Es sind mehrere Cursor pro Programm möglich. Es kann auch eine Table gleichzeitig über mehrere Cursor verarbeitet (auch verändert) werden.
Es erfolgt keine Verarbeitung des SELECT-Statements an dieser Stelle, das Statement hat nur deklarativen Charakter für die Bestimmung der Result Table.
Daher ist auch kein SQL-Returncode abzuprüfen.

Ein einmal deklarierter Cursor (hier: C1) kann auch mehrfach eröffnet werden:

- innerhalb derselben Package nur nach einem CLOSE,
- in einer anderen Package (i.d.R. eine andere Lokation) wird eine andere Result-Table-Version bereitgestellt.
  Je nach Package bzw. Connection-Zuordnung können Daten aus unterschiedlichen Result Tables über denselben Cursor-Namen verarbeitet werden.

Für die Cursor-Verarbeitungsfähigkeit sind die nachfolgend beschriebenen Schlüsselworte relevant (siehe auch die Beschreibung der entsprechenden Statements im Anhang 2):

- **FOR SELECT**
  Definition der Result Table dieses Cursors.
  Der Bezug der folgenden SQL-Statements zu einer bestimmten Result Table erfolgt über den Cursor-Namen (hier C1).
  Das INTO-Schlüsselwort darf nicht verwendet werden.
  Innerhalb des SELECTs können Host-Variablen eingestellt werden (im Beispiel :DAUER).
  In diesem Fall muss vor dem OPEN des Cursors in der Host-Variablen ein gültiger Wert eingestellt sein.
  In COBOL-Programmen müssen die Deklarationen, die beim DECLARE CURSOR angesprochen werden, vorab definiert sein (es ist kein 2-Phasen-Precompile-Durchlauf unterstützt).

proclient-it consulting GmbH

Walter Angerer
Geschäftsführer

Internet: http://www.**proclient-it**.de

Nymphenburger Str. 21 c
D-80335 München
email: w.angerer@**proclient-it**.de

Mobil: 0179-3958136
Telefon: 089 / 12 77 96 38
Telefax: 089 / 12 77 96 37

Das SELECT-Statement kann sich auf Basis-Tabellen oder Views beziehen.
Die Result Table kann updateable oder non-updateable (read-only) sein.
Die genaue Abgrenzung siehe DECLARE CURSOR-Statement im Anhang 2.
Folgende Parameter sind relevant:

- **FOR UPDATE OF**
  Wenn die Precompiler-Option NOFOR nicht aktiv ist, müssen beim DECLARE CURSOR alle Spaltennamen definiert werden, die später im Laufe des Programms unter Bezugnahme auf den Cursor (positioned UPDATE oder DELETE) verändert werden sollen. In diesem Fall wird die Suchbedingung mit WHERE CURRENT OF anstelle WHERE SEMCODE = :SEMCODE vorgegeben.
  Beim Zugriff auf die Daten wird die Page mit Lock-Modus 'U' gesperrt (bei ISOLATION CS).

  Ist die Precompiler-Option NOFOR aktiv (z.B. bei STDSQL (YES)), dann können auch ohne die
  FOR UPDATE OF-Definition alle Spalten verändert werden, für die entsprechende Manipulations-Pivilegien bestehen, sofern die Result Table updateable ist.
  Beim Zugriff auf Daten wird auch ohne FOR UPDATE OF die Page mit Lock-Modus 'U' gesperrt, (zumindest bei ISOLATION CS), sofern ein positioned UPDATE oder DELETE im Programm verwendet wird.

  Es können auch Spalten verändert werden, die nicht innerhalb der Result Table des Cursors definiert sind (dies sollte aber vermieden werden).

  FOR UPDATE OF ist nur alternativ zu ORDER BY und FOR FETCH ONLY bzw. FOR READ ONLY möglich.

- **FOR FETCH ONLY bzw. FOR READ ONLY**
  Alternativ zu FOR UPDATE OF kennzeichnet diese Option die Result Table in jedem Fall als Read-Only.
  Dies ist sinnvoll z.B. zur Festlegung bei remote Zugriffen in einem verteilten Datenbank-System, damit das System Informationen über die Aktualitätsanforderung der Anforderungen ableiten kann.
  Es kann anstelle der zeilenweisen Datenbereitstellung der performancegünstige Block-Fetch-Modus von DB2 genutzt werden (siehe hierzu auch CURRENTDATA-Parameter des BIND), bei dem ganze Pages anstelle der aktuellen Zeilen zwischen den Servern übertragen werden.
  Außerdem müssen dann keine Sperren im Server-System eingerichtet werden (Lock Avoidance, sofern CURRENTDATA (NO) spezifiziert ist).

- **WITH HOLD**
  Bei einem COMMIT bleiben die Result Table und die Positionierung innerhalb der Result Table erhalten (siehe Detail-Beschreibung unter DECLARE CURSOR im Anhang 2).
  Am Ende einer Online-Transaktion/Task hat diese Option keine Wirkung. Es ist aber im CICS zu beachten, dass ein expliziter CLOSE die Wiederverwendungsmöglichkeit eines Thread sichert, da CICS den Cursor bei WITH HOLD nicht automatisch schließt.
  Empfehlung: bei 'klassischen' Online-Transaktionen WITH HOLD nicht einsetzen!

- **WITH RETURN**
  Bei einem Cursor, der in einer Stored Procedure genutzt wird, bleiben die Result Table und die Positionierung innerhalb der Result Table für das aufrufende Programm erhalten (siehe Detail-Beschreibung unter DECLARE CURSOR im Anhang 2).

- **WITH RR, RS, CS oder UR**
  Definition eines zum Plan oder der Package abweichenden Isolation Levels für den Cursor. Details hierzu siehe Kapitel 12.

- **ORDER BY oder GROUP BY**
  Alternativ zu FOR UPDATE OF möglich zur Sortierung bzw. Gruppierung der Result Table.

- **OPTIMIZE FOR n ROWS**
  Information für den Optimizer, bei seiner Wahl des effizientesten Zugriffspfads die genannte Zahl von benötigten Ergebniszeilen zu berücksichtigen (z.B. wenn nur 2 Zeilen benötigt werden, braucht kein Sequential Prefetch-Verfahren eingesetzt zu werden).
  Diese Option hat keine Auswirkung auf die Inhalte der Result Table.
  Empfehlung:
  Wenn OPTIMIZE FOR n ROWS zu der erwarteten Zugriffspfad-Entscheidung führt, gilt:
    - bei lokalen Zugriffen sollte derzeit OPTIMIZE FOR 1 ROW vorgegeben werden,
    - bei remote Zugriffen sollte die korrekte erwartete Zahl vorgegeben werden, damit der Optimizer die Übertragungsblockgrößen daraus ableiten kann.

13.3.3.2.2 Eröffnen des Cursors: OPEN

Beispiel: OPEN C1

Interpretation des SELECT-Statements und evtl. DB2-interne Bereitstellung der cursor-spezifischen Result Table. Je nach Anforderungsart kann diese Result Table - wird später detailliert ausgeführt - direkt auf die Basistabelle positioniert sein oder es wird eine temporäre DB2-interne Interimstabelle gebildet. Es werden dem Programm keine Daten zur Verfügung gestellt.
Die Ergebnismenge kann keine, eine oder n Zeilen umfassen.
Alle Zeilen erfüllen die Auswahl-Bedingungen des SELECT-Statements im DECLARE CURSOR (unter den jeweiligen zeitlichen Bereitstellungsbedingungen).

Bei der Ausführung werden evtl. im SELECT-Statement eingesetzte Host-Variablen mit den Werten zum Zeitpunkt des OPENs verwendet. Daraus folgt, dass eine Spezialregister-Funktion des SQL-Statements (DECLARE CURSOR) wie z.B. CURRENT TIME beim OPEN einmalig ermittelt wird und bei späterer Referenz (FETCH) an diesen Cursor übergeben wird.
Beim OPEN können folgende Aktivitäten ergriffen werden:

- Sind **weder Parallel-Aktivitäten, noch** ein SORT gefordert, wird dem Programm die Steuerung sofort wieder zurückgegeben.

- Sind **Parallel-Aktivitäten** gefordert, wird mit dem OPEN die Parallelverarbeitung gestartet und dann dem Programm die Steuerung zurückgegeben. Wenn ein RID-Sort ohne Daten-Sortierung erforderlich ist, wird die Parallelverarbeitung erst mit dem ersten FETCH gestartet.

- Sind **keine Parallel-Aktivitäten, aber ein SORT** gefordert, wird mit dem OPEN die Materialisierung der Result Table gestartet und erst dann dem Programm die Steuerung zurückgegeben, wenn die Result Table auf Workfile bereitsteht. Wenn ein RID-Sort ohne Daten-Sortierung erforderlich ist, wird die Verarbeitung erst mit dem ersten FETCH gestartet.

13.3.3.2.3 Bereitstellen einzelner Zeilen der Result Table: FETCH

Beispiel: FETCH C1 INTO :host-variablen   oder FETCH FROM C1 INTO :host-variablen

Die Daten der Result Table werden zeilenweise in die Host-Variablen übertragen.
Wenn die Anzahl der Host-Variablen im FETCH kleiner ist als die Anzahl der Result-Table-Spalten des Cursors wird eine Warnung erzeugt (SQLWARN3 in SQLCA).

Es ist zu beachten, dass es sich bei dieser Übertragung um eine zeilenweise Bereitstellung handelt, bei der alle Spalten positionsgerecht in die Host-Variablen übertragen werden.
Eine falsche Reihenfolge der Ergebnisfelder führt zu unvorhersehbaren Ergebnissen.

Es können keine weiteren Auswahl-Bedingungen (WHERE) mit FETCH vorgegeben werden, da sich die Anforderung auf die Result Table des Cursors bezieht.
Es empfiehlt sich der Einsatz eines jeweils spezifischen Views für die Result Table, die Generierung der Strukturen anhand des Views und dann die Übertragung mit:

       FETCH C1   INTO :STRUKTUR.

Mit jedem FETCH wird die Cursor-Position um 1 erhöht (auf die current row).
Es ist kein Zeilen-Springen möglich, außerdem kann keine Positionierung rückwärts erfolgen.
Eine Zeile, über die weiterpositioniert wurde, kann nur durch einen CLOSE mit anschließendem erneuten OPEN des Cursors erneut in den Zugriff gelangen (oder durch einen direkten SELECT).

Die Abarbeitung der Result-Table-Daten erfolgt normalerweise in einem Loop bis das Ende der Daten erreicht ist. Auch wenn z.B. OPTIMIZE FOR 1 ROW vorgegeben wurde, sind sämtliche Daten der Result Table verfügbar.

13.3.3.2.4 Positioned Update und Delete: WHERE CURRENT OF

Beispiel: UPDATE SEMTYP SET DAUER = :DAUER **WHERE CURRENT OF C1**
DELETE FROM SEMTYP **WHERE CURRENT OF C1**

Über die aktuelle Cursor-Position innerhalb der Result Table können folgende positionsorientierten Manipulationen vorgenommen werden:

- **Positioned UPDATE**
  Die Änderung von Daten bezieht sich nicht auf die gesamte Table, sondern auf die Zeile der Result-Table, die der jeweiligen Cursorposition entspricht.
  Die Änderung wird direkt im Datenbestand der Table durchgeführt. In diesem Fall existiert keine temporäre Result Table, da sie updateable ist.
  Es darf keine variable WHERE-Bedingung vorgegeben werden. Der Update erfolgt aufgrund der aktuellen Cursor-Position.

  Solange kein erneuter FETCH durchgeführt wird, bleibt die Cursor-Position erhalten.

  UPDATE WHERE CURRENT OF ist nur möglich, wenn:
  - der SELECT des DECLARE CURSORs zu einer änderbaren Result Table führt,
  - die einzelnen zu ändernden Spalten beim DECLARE CURSOR mit der FOR UPDATE-Option aufgeführt sind (nur wenn die Precompiler-Option NOFOR nicht aktiv ist).

- **Positioned DELETE**
  Die Löschung von Daten bezieht sich nicht auf die gesamte Table, sondern auf die Zeile der Result-Table, die der jeweiligen Cursorposition entspricht.
  Die Löschung wird direkt im Datenbestand der Table durchgeführt und in der Result Table gekennzeichnet.
  Die FOR UPDATE OF-Definition beim DECLARE CURSOR ist für einen solchen DELETE nicht erforderlich, da eine gesamte Zeile gelöscht wird.

  Es darf keine variable WHERE-Bedingung vorgegeben werden. Das Löschen erfolgt aufgrund der aktuellen Cursor-Position.

  Die gelöschte Cursor-Position in der Result Table wird gesperrt, die nächste Zeile muss mit FETCH angefordert werden.

  DELETE WHERE CURRENT OF ist nur möglich, wenn das
  - SELECT des DECLARE CURSORs zu einer änderbaren Result Table führt.

13.3.3.2.5 Schließen des Cursors: CLOSE

Beispiel: CLOSE **C1**

Der Cursor wird geschlossen, die Result Table freigegeben. Der CLOSE wird normalerweise automatisch am Ende der UOW ausgeführt, sofern nicht beim DECLARE mit der WITH HOLD Option gearbeitet wird.

Ein geschlossener Cursor kann anschließend wieder eröffnet werden. Dabei entsteht eine neue Result Table, die durch zwischenzeitliche Manipulationen (auch innerhalb des eigenen Programms) einen veränderten Inhalt aufweisen kann.

Empfehlung:
Vor dem Programmende immer für jeden Cursor, der mit WITH HOLD definiert ist, einen expliziten CLOSE absetzen, da ein solcher Cursor nicht zwingend automatisch geschlossen wird. Ansonsten wird ein Thread-Reuse z.B. im CICS verhindert.

13.3.3.3 Mengenverarbeitung auf Realtime-Daten: das ewige Rätsel

Das Cursor-Konzept unterstützt die Mengenverarbeitung von Daten.
Dabei können drei grundsätzlich unterschiedliche Typen unterschieden werden:

- **Selektion von Daten (Informationsbereitstellung)**
  Bereitstellung einer Datenmenge ohne Änderungsabsichten.

- **Selektion von Daten und ggf. anschließende Manipulation**
  Bereitstellung einer Datenmenge mit Änderungsabsichten. Im Einzelfall wird entschieden, ob eine Manipulation erfolgen soll oder nicht.

- **Massen-Manipulation**
  Vorgabe eines Manipulationsauftrages für eine Datenmenge.

Wie aus der folgenden Abbildung zu erkennen ist, kann eine Daten-Konsistenz folgendermaßen definiert werden:

- **Datenmenge** mit der Daten-Aktualität eines bestimmten Zeitpunktes (z.B. T1).
  Erreichbar durch:
    - hohes Sperrniveau (Datengruppe, Tabelle oder Informationskomplexe) mit Verhinderung von parallelen Manipulationen,
    - einen in den Daten geführten Verwaltungs-Timestamp, der dann bei der Definition der Result Table des Cursors mit berücksichtigt werden müßte: WHERE TIMESTAMP < :TIMESTAMP-START.

- **Einzeldaten** mit der Daten-Aktualität eines bestimmten Zeitpunktes (z.B. T1 für den ersten Fetch, T2 für den zweiten Fetch).
  Erreichbar durch:
    - niedriges Sperrniveau (Datenzeile) mit Verhinderung von parallelen Manipulationen.

Eine **Daten-Konsistenz kann nicht definiert werden** für:

- **eine Datenmenge** mit der Daten-Aktualität eines Zeitraumes, in dem Parallel-Veränderungen stattfinden können (z.B. T1 - Tx).
  In jedem Einzelfall ist zu entscheiden, ob zum Zeitpunkt T9 Daten relevant sind, die zwischen T1 und T8 im System verändert wurden.

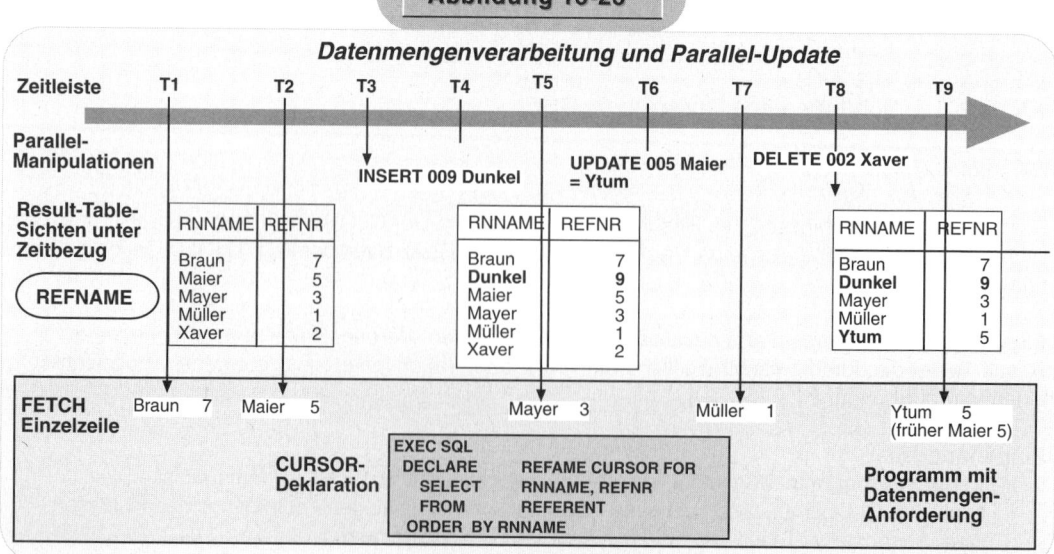

Abbildung 13-23

DB2 kann für die Bereitstellung der Result Table (siehe auch unter OPEN CURSOR) mehrere Zugriffspfad-Alternativen nutzen:

1. **Direkte Positionierung auf einer Basistabelle**
   Die Result Table kann **direkt auf die Basisdaten** positioniert werden (ggf. mit Index-Nutzung).
   In diesem Fall erhält das Anwendungsprogramm die Daten mit der **Konsistenz des jeweiligen Anforderungszeitpunktes** (T1, T2, T3, ...).
   Zu beachten ist, dass in diesem Fall die Konsistenz nur für Einzeldaten definierbar ist. Auch hier ist die **Menge hinsichtlich der Konsistenz undefiniert**.

2. **Bereitstellen der Result Table über eine temporäre Interimstabelle**
   Die Result Table kann durch **komplettes Durchsuchen der Basisdaten gewonnen** werden, muss aufgrund der im Cursor definierten ORDER BY Anforderung intern **sortiert** werden und dann in einer **temporären Tabelle** bereitgestellt werden (materialisierte Result Table).
   Zu beachten ist, dass - ohne entsprechende Sperrmaßnahmen - auch das physische Durchsuchen der Basistabellen in einer Zeitleiste (z.B. T1 - T9) erfolgt und damit die temporäre Tabelle keinen eindeutigen Status aufweist - **ihre Menge ist hinsichtlich der Konsistenz undefiniert**.

Weiterhin ist die Frage für den Anwendungsentwickler wichtig, ob **die Result Table**:

- **Read-only oder updateable ist,**
- **gegen konkurrierenden Update geschützt ist.**

Natürlich ist auch die Frage bedeutend, ob **die Basistabelle**:

- **aktuell ist,**
- **gegen konkurrierenden Update geschützt ist.**

Auf diese Fragen wollen wir anschließend eingehen.

Abbildung 13-24

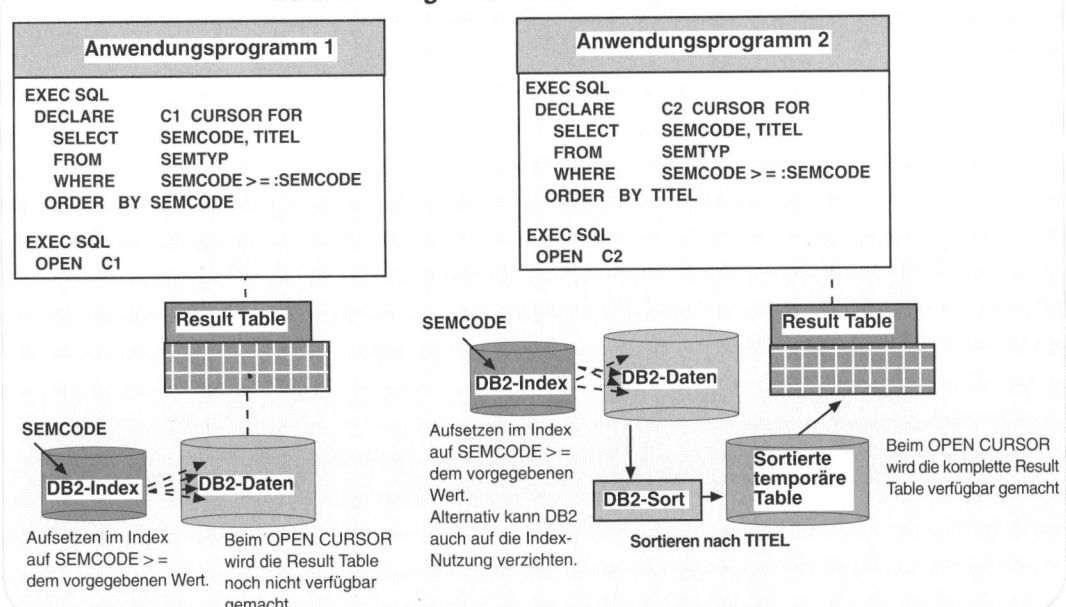

Bereitstellungs-Varianten für die Result Table

13.3.3.4 Ist die Result Table des Cursors read-only oder updateable?

Die Result Table des Cursors ist - abhängig von dem SELECT-Statement des DECLARE CURSOR-Statements - in zwei Zustandsformen verfügbar:

- **Read-only bzw. non-updateable**
  Die Result Table ist z.B. dann read-only, wenn in der FROM-Klausel des SELECT-Statements mehr als eine Basistabelle (Join) definiert ist oder wenn die ORDER BY-Klausel vorgegeben wurde.
  Eine detaillierte Auflistung sämtlicher Bedingungen, die zu einer read-only Result Table führen, ist unter DECLARE CURSOR im Anhang 2 aufgeführt.

- **Updateable**
  Die Result Table kann z.B. dann updateable sein, wenn in der FROM-Klausel des SELECT-Statements eine einzige Basistabelle definiert ist und keine sonstigen, den Updateable-Status der Result Table gefährdenden Optionen vorgegeben wurden.

Das Verarbeitungs-Spektrum der beiden Verfahren stellt sich wie folgt dar:

- Ist die Result Table <u>updateable</u>, sind folgende Manipulationen unterstützt:
  - Positioned UPDATE und DELETE (WHERE CURRENT OF).
  - Embedded INSERT, UPDATE und DELETE.

  In diesem Fall wird beim Einlesen der Zeilen auf der Basistabelle ein 'U'-Lock etabliert.

  Ist die Result Table <u>read-only</u>, sind folgende Manipulationen unterstützt:
  - nur Embedded INSERT, UPDATE und DELETE.

  In diesem Fall werden i.d.R. keine Sperren auf der Basistabelle etabliert.

Auch komplexe Statements, die in mehreren Schritten intern bereitgestellt werden (siehe Anwendungsprogramm 2 der folgenden Abbildung), können zu einer updateable Result Table führen.
Die Analyse des gewählten Result-Table-Typs ist schwierig. Am einfachsten ist es, in zweifelhaften Fällen ein FOR UPDATE OF bei der Deklaration mit vorzugeben (damit ist ORDER BY aber ausgeschlossen). Nimmt DB2 diese Option an, dann handelt es sich um eine updateable Tabelle.

Die vorab behandelten Alternativen lassen nur eingeschränkt einen Schluss zu, ob die Result Table read-only oder updateable ist. Es gelten folgende Varianten:

1. **Direkte Positionierung auf einer Basistabelle**
   a) Die Result Table ist read-only, z.B. bei der Vorgabe der ORDER BY-Klausel.
   b) Die Result Table ist updateable, wenn die entsprechend definierten Bedingungen vorliegen.

2. **Bereitstellen der Result Table über eine temporäre Interimstabelle**
   Die Result Table ist immer read-only.

Ist die Result Table read-only, gilt:

> Ohne besondere Maßnahmen weicht die Aktualität der Basistabelle von der Result Table ab, da beim Einlesen der Daten keine Sperren ergriffen werden.
> Daher muss bei einem Zugriff auf eine read-only Result Table und einem nachfolgenden Zugriff auf die Basistabelle immer die Datenversion geprüft werden (siehe auch Kapitel 12).

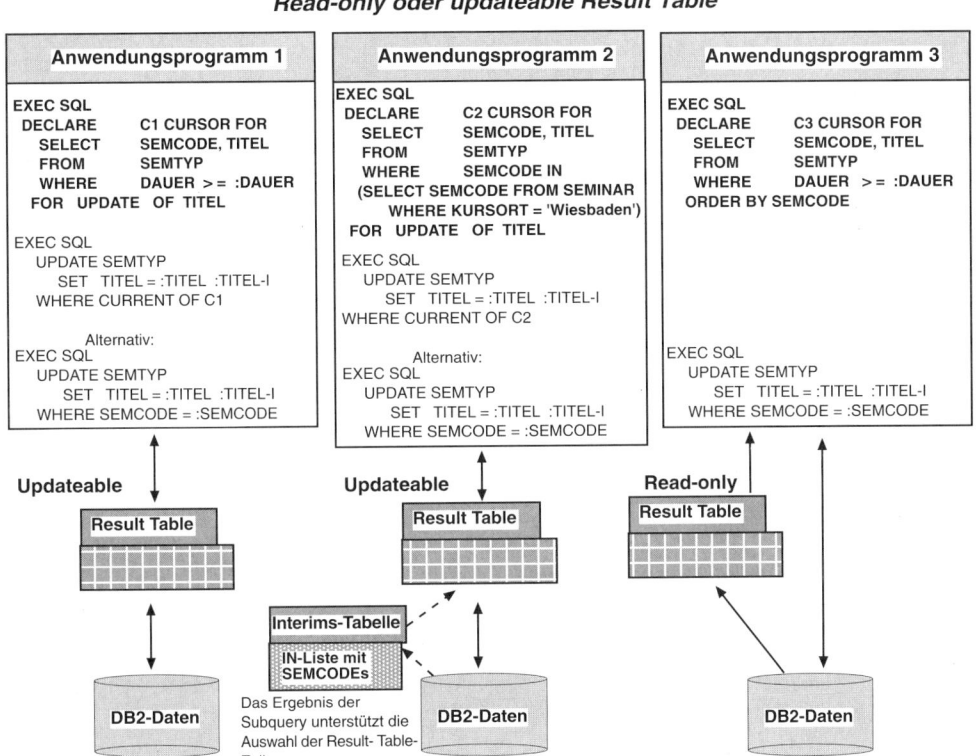

Abbildung 13-25: Read-only oder updateable Result Table

13.3.3.5 Wird die Result Table materialisiert?

Die Result Table des Cursor-Konzepts ist eine virtuelle Tabelle, die - wie bereits vorab ausgeführt zwei Ausprägungsformen haben kann (siehe unter OPEN CURSOR):

1. **Direkte Positionierung auf einer Basistabelle**
   In diesem Fall erfolgt keine Materialisierung der Result Table, da die Ergebnis-Daten durch die Positionierung auf die Basistabellen-Daten und ggf. über einen Index bereitgestellt werden können (bei Einsatz von Subqueries können aber - wie in unserer vorherigen Abbildung bei Cursor C2 - Materialisierungen von temporären Interimstabellen vorgenommen werden).
   In diesem Fall wird beim OPEN des Cursors i.d.R. ein geringerer Aufwand als bei der zweiten Alternative betrieben (Vorsicht aber bei komplexen Subqueries).
   Die Gesamtdatenmenge der Result Table wird zunächst nicht bewegt.
   Beim einzelnen FETCH wird eine Zeile der Result Table positioniert und ins Programm übertragen. Der Programmierer kann durch die Anzahl der FETCH-Kommandos den Aufwand stark beeinflussen. Besonders im Online-Bereich ist diese Variante - durch entsprechendes Statement-Tuning und Index-Bereitstellung - anzustreben. Dies gilt auch für die Bereitstellung begrenzter Datenmengen (z.B. Blätter- oder Browsing-Funktionen).
   Aber **Achtung**: Der Bereitstellungsaufwand pro FETCH kann sehr hoch sein!

2. **Bereitstellen der Result Table über eine temporäre Interimstabelle**
   In diesem Fall erfolgt die Materialisierung der Result Table, da die Ergebnis-Daten nicht durch Positionierung auf die Basistabellen-Daten und ggf. über einen Index bereitgestellt werden können. Dabei wird beim OPEN des Cursors ein - abhängig vom Datenvolumen - möglicherweise sehr hoher Aufwand betrieben, da die Gesamtdatenmenge der benötigten Basistabellen durchsucht wird,

die relevanten Daten ausgefiltert werden und eine Interimstabelle gebildet werden muss (ggf. auf externem Workfile bereitgehalten). Bei Bedarf wird die Interimstabelle noch sortiert (evtl. mehrfach). Beim einzelnen FETCH wird eine Zeile der materialisierten Result Table ins Programm übertragen. Der Programmierer kann durch die Anzahl der FETCH-Kommandos den Aufwand wenig beeinflussen. Wenn z.B. eine Million Zeilen durchsucht und davon 10.000 Datenzeilen sortiert werden, spielt der FETCH-Aufwand eine relativ untergeordnete Rolle.
Besonders problematisch stellt sich dieses Verfahren im Online-Bereich dar.

Bei Alternative 1 wirken alle Veränderungen (aller Anwendungen, die während der Verarbeitung des Cursors auf nicht gesperrte Bereiche zugreifen) direkt auf die Basis-Tabelle und auch auf die Result Table, weil sie auf der Basis-Tabelle direkt positioniert ist.

Konsequenz:
Das Programm muss ggf. Maßnahmen ergreifen, damit bereits bearbeitete Daten nicht noch einmal bereitgestellt werden (Problem dann, wenn Manipulationen durch die eigene Anwendung innerhalb der Result Table zu einer Umordnung führen).

Bei Alternative 2 wird ein eingefrorener Zustand (Schnappschuss) erzeugt. Manipulationen werden nur in der Basis-Tabelle vollzogen und haben keine Auswirkung auf die Inhalte der Result Table.
Änderungen durch Parallel-Anwendungen sind unberücksichtigt (nach dem Aufbau der Result Table, denn während des Aufbaus ist Realtime-Betrieb).
Die Bereitstellung der Daten nach einer der beiden oben dargestellten Alternativen führt zu erheblichen Auswirkungen auf die Integritäts-Behandlung und Performance.

Die **Integrität ist** aus folgenden Gründen **gefährdet**:

- Wie bereits ausgeführt, muss ein Programm bei Alternative 1 sicherstellen, dass jeder Satz der Result Table nur einmal, aber auch wirklich einmal bearbeitet wird.
  Dies kann z.B. mit ORDER BY erfolgen, da damit eine logische Folge unabhängig von der physischen Lokalisierung der Daten bearbeitet werden kann (speziell bei COMMIT und Restart ist dies für die steuernde Datengruppe zwingend).
  ORDER BY schließt aber FOR UPDATE OF aus, d.h. wenn die Lese-Integrität gefordert ist, muss das Programm besondere Maßnahmen ergreifen, da dann eine read-only Result Table vorliegt.

- Der Bereitstellungstyp der Result Table wird von Objektzuständen beeinflusst:
  - Wird heute eine temporäre Tabelle gebildet, haben Manipulationen auf die Daten der Basis-Tabelle keinerlei Auswirkung auf die temporäre Result Table.
  - Wird morgen (z.B. weil DB2 aufgrund eines nun vorhandenen Index auf einen Sort verzichtet und der Cursor ist mit ORDER BY definiert) auf die Basistabelle direkt positioniert, können Manipulationen auf die Programm-Ergebnisse wirken, da das Programm möglicherweise in seiner Result Table noch einmal Daten aufgreift, die bereits vorab bearbeitet wurden.
  Zur Problemlösung kann - wie vorab ausgeführt - beispielsweise ein zum Programm-Start-Zeitpunkt ermittelter TIMESTAMP mit weggeschrieben werden. Die Result Table des Cursors wird dann nur für solche Daten definiert, deren Zustand kleiner als dieser TIMESTAMP ist.

Performance-Probleme ergeben sich aus folgenden Gründen:
Die Bereitstellung der Daten in einer temporären Result Table ist aufwendig.
Es ist natürlich problematisch, wenn beim OPEN eine oder mehrere Tables mit Millionen Zeilen selektiert, sortiert und intern als temporäre Result Table ab dem OPEN-Zeitpunkt bereitgehalten wird. Sind regelmäßige Sortier-Anforderungen bekannt, muss in der Regel ein Index definiert werden, damit DB2 auf einen Sort verzichten kann.
Bei Verarbeitung großer Datenbereiche nach einer bestimmten Sortier-Folge ist ein clustering Index mit clustered Zustand nützlich, da er den Sequential Prefetch fördert.

DB2 entscheidet eigenständig darüber, ob Daten durch Positionierung auf die Basis-Tabelle oder in Form einer temporären Tabelle bereitgestellt werden.
Solange über den Bereitstellungstyp keine Information nach außen dringt, muss bei zweifelhaften Result Tables die Integrität durch besondere Maßnahmen programmtechnisch gewährleistet werden!

13.3.3.6 Einfluss des UOW-Konzepts auf die Cursor-Verarbeitung

Die folgende Abbildung zeigt das Beispiel einer Cursor-Anwendung unter Berücksichtigung des UOW-Konzeptes bei periodisch abgesetzten COMMITs (auch SYNCPOINTs oder CHECKPOINTs).
In unserem Beispiel wird nach jeder einhundertsten Zeile ein COMMIT abgesetzt, der die UOW beendet. Der Cursor bleibt durch die WITH HOLD-Option offen (beachte Restriktionen dieses Verfahrens).

Die wesentlichen Komponenten dieses Beispiels sind:

- **DECLARE SEMUPD CURSOR**
  Bei der Definition des Cursors unter dem Namen SEMUPD wird innerhalb des SELECTs der Inhalt der Host-Variablen :SEMCODE als Auswahlbedingung übergeben.
  Die Result Table soll nach SEMCODE sortiert bereitgestellt werden. Durch diese ORDER BY-Option kann keine FOR UPDATE OF-Anweisung gestellt werden, d.h. die Result Table ist read-only. Es ist zu beachten, dass für DB2 immer die gesamte logische Menge formuliert werden muss, die als Ergebnismenge erwartet wird. Ein Positionieren auf einen bestimmten physischen Satz mit anschließendem Nachlesen ist nicht möglich. Würde nur auf einem bestimmten SEMCODE aufgesetzt, dann könnte ein einziger FETCH erfolgreich durchgeführt werden. Beim nachfolgenden FETCH würde die Bedingung 'End of data' erzeugt.

- **OPEN**
  Sämtliche Zeilen der Table werden aufgrund des Host-Variablen-Inhalts sortiert nach SEMCODE in der Result Table logisch bereitgestellt (evtl. wird zu diesem Zeitpunkt physisch eine temporäre Result Table erzeugt).

- **UPDATE**
  Die Daten-Änderung kann aufgrund der ORDER BY-Option des SELECTs nicht über die Cursor-Position (WHERE CURRENT OF) ausgeführt werden. Es ist erforderlich, direkt über das UPDATE-Statement mit der Auswahl des Primary-Keys, in unserem Falle SEMCODE, die Zeile innerhalb der Table zu verändern.
  Achtung: in diesem Fall ist die Parallel-Update-Problematik zu beachten!

- **COMMIT**
  Der COMMIT (bzw. SYNCPOINT oder CHECKPOINT) beendet die UOW.
  Unter einem TP-Monitor oder in einem IMS-Batch-Programm wird nur mit SYNCPOINT (CICS) bzw. CHECKPOINT (IMS) gearbeitet. Die Trägersysteme setzen dann implizit einen COMMIT ab.
  Durch WITH HOLD bleibt die Cursor-Position erhalten.
  Es ist zu beachten, dass diese Option unter CICS und IMS-TM bei 'normaler Transaktionsverarbeitung' nicht unterstützt ist (Detail-Hinweise siehe unter DECLARE CURSOR im Anhang 2).

Würde ohne die WITH HOLD-Option gearbeitet, müßte nach jedem COMMIT die automatisch geschlossene Result Table des Cursors mit OPEN eröffnet werden.
Durch die dynamisch veränderten Werte des SEMCODE-Feldes würden bei jedem folgenden OPEN nur noch die Rest-Daten, die dann die WHERE-Bedingung des Cursor-SELECTs erfüllen, bereitgestellt.
Aber **Achtung**, auch hier ist die Parallel-Update-Problematik zu beachten!

Abbildung 13-26

Einfluss des UOW-Konzeptes

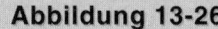

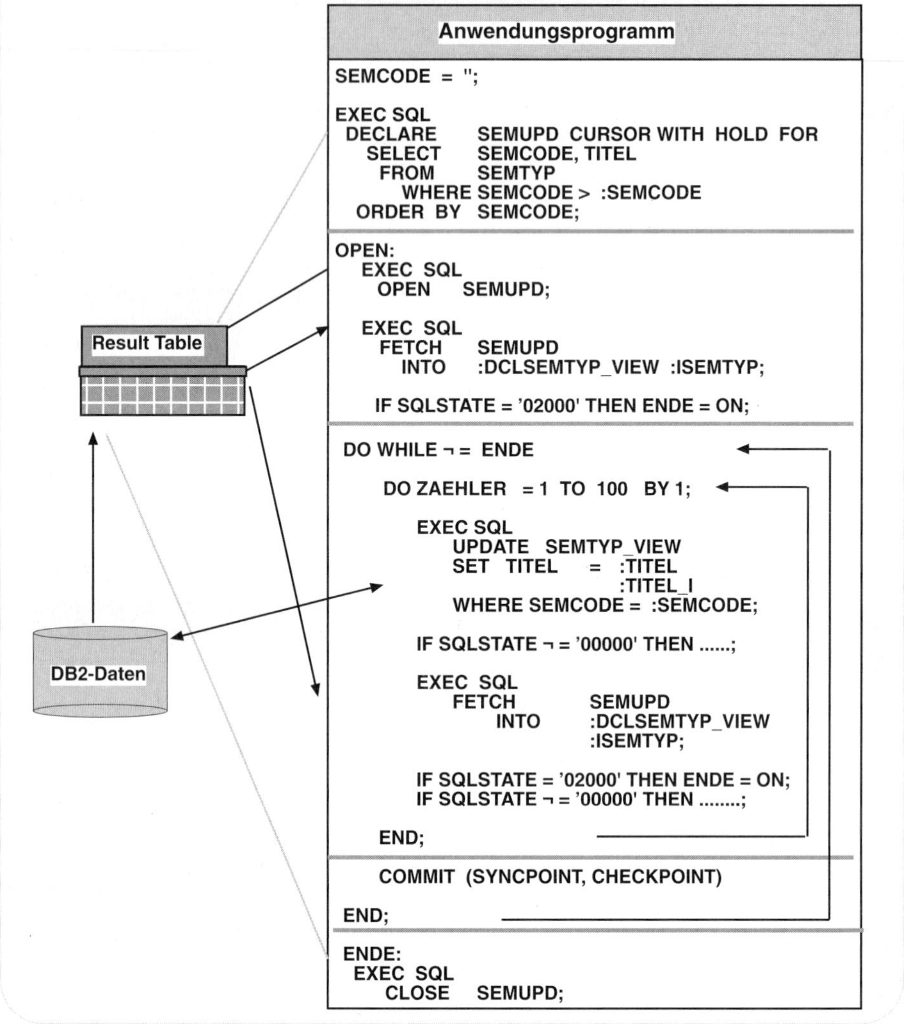

```
Anwendungsprogramm

SEMCODE = '';

EXEC SQL
  DECLARE    SEMUPD CURSOR WITH HOLD FOR
  SELECT     SEMCODE, TITEL
  FROM       SEMTYP
     WHERE SEMCODE > :SEMCODE
  ORDER BY SEMCODE;

OPEN:
  EXEC SQL
    OPEN    SEMUPD;

  EXEC SQL
    FETCH   SEMUPD
      INTO  :DCLSEMTYP_VIEW :ISEMTYP;

  IF SQLSTATE = '02000' THEN ENDE = ON;

DO WHILE ¬ = ENDE

    DO ZAEHLER = 1 TO 100 BY 1;

       EXEC SQL
         UPDATE SEMTYP_VIEW
         SET TITEL   = :TITEL
                       :TITEL_I
         WHERE SEMCODE = :SEMCODE;

       IF SQLSTATE ¬ = '00000' THEN .......;

       EXEC SQL
         FETCH     SEMUPD
            INTO   :DCLSEMTYP_VIEW
                   :ISEMTYP;

       IF SQLSTATE = '02000' THEN ENDE = ON;
       IF SQLSTATE ¬ = '00000' THEN ........;

    END;

    COMMIT (SYNCPOINT, CHECKPOINT)
END;

ENDE:
  EXEC SQL
    CLOSE   SEMUPD;
```

Natürlich müssen weitere Besonderheiten beachtet werden, damit ein solches Programm im Abbruchfalle einen Restart vornehmen kann.
So müssen folgende Maßnahmen ergriffen werden:

- vor dem COMMIT muss der letzte Verarbeitungsstand gesichert werden,
- bei einem Restart muss dieser gesicherte Verarbeitungsstand in die Variablen zurückübertragen werden (in unserem Fall müßte die Variable SEMCODE mit dem letzten verarbeiteten Seminarcode gefüllt werden).

Details zum Restart-Verfahren werden im nächsten Kapitel behandelt.

13.4 Besondere Programmier-Techniken unter DB2

Im folgenden werden einige besondere Programmier-Techniken unter DB2 zusammenfassend dargestellt. Eine Reihe von Einzelfragen wurde bereits in vorherigen Kapiteln behandelt.

13.4.1 Effiziente Bereitstellung einer Result Table

Wie bereits vorab ausgeführt, müssen bei der Bereitstellung einer Result Table eine Fülle von Aspekten beachtet werden.
Insbesondere bei größeren Datenmengen spielt die Definition der Result Table und die technische Infrastruktur der verfügbaren DB2-Objekte eine wichtige Rolle.

Die Anforderung auf effiziente Bereitstellung - auch einer großen Datenmenge bzw. von Teildaten aus einer großen Datenmenge - läßt sich folgendermaßen umsetzen:

- Beim **DECLARE CURSOR** sind im **SELECT**-Statement bestimmte Bedingungen zu beachten:
  - Die **WHERE**-Bedingungen sind so zu formulieren, dass keine Integritätsprobleme auftreten und der DB2-Optimizer eine effiziente Index-Nutzung vornimmt:
    - Die WHERE-Bedingungen sind insbesondere dann komplex zu formulieren, wenn sich die Auswahlkriterien aus vielen Spalten zusammensetzen.
    - Es sollten alle verfügbaren Auswahlkriterien (Filterkriterien) vorgegeben werden. Es ist i.d.R. performanceaufwendiger, wenn eine größere Datenmenge in der Result Table angefordert und dann mit Programmmitteln weiter gefiltert wird (z.B. das Überlesen bereits verarbeiteter Daten sollte von DB2 und nicht von den einzelnen Programmen abgewickelt werden).
    - Im Idealfall steht ein Index zur Verfügung, der exakt in seiner Hierarchie die Auswahlbedingungen widerspiegelt.
  - Die **ORDER BY**-Bedingung ist so zu formulieren, dass keine Integritätsprobleme auftreten und der DB2-Optimizer eine effiziente Index-Nutzung vornimmt:
    - Die WHERE-Aufsetzbedingungen korrespondieren i.d.R. mit Teilen der Sortierreihenfolge.
    - Im Idealfall steht ein Index zur Verfügung, der exakt in seiner Hierarchie neben den WHERE-Bedingungen auch die ORDER BY-Anforderungen widerspiegelt.

- Durch die **OPTIMIZE FOR n ROWS**-Option kann ggf. ein positiver Einfluss auf die Zugriffspfadentscheidung des DB2-Optimizers genommen werden.
  - Regel:
    Je kleiner der vorgegebene Wert ist, desto eher neigt der Optimizer im Zweifel zu einer Index-Nutzung und verhindert Sequential Prefetches.

- Bei einem batchorientierten Programm, das explizit die UOW-Dauer beeinflusst (mit COMMIT, CHECKPOINT oder SYNCPOINT) sollte **WITH HOLD** bei der Deklaration des Cursors vorgegeben werden, damit bei Abschluss einer UOW der offene Cursor nicht geschlossen und anschließend mit hohem Aufwand wieder repositioniert werden muss.

- Eine Stored Procedure kann mit **WITH RETURN** ein oder mehrere Query Result Sets zurückgeben (sofern aufgrund der Katalog-Tabelle SYSROUTINES entsprechende Definitionen vorhanden sind).

- Bei zweifelsfrei read-only Result Tables sollte **FOR FETCH ONLY** bzw. **FOR READ ONLY** bei der Deklaration des Cursors vorgegeben werden. Dies ist besonders effizient in einer verteilten Datenbankumgebung.

- Die effiziente Index-Nutzung ist mit EXPLAIN und der PLAN_TABLE-Analyse zu prüfen.
  Im Zweifel müssen Performancetests vorgenommen werden.

13.4.1.1 Relevante WHERE- und ORDER BY-Komponenten

Bei der Formulierung der inhaltlichen Ausprägung einer Result Table sind folgende grundsätzlichen Alternativen relevant (einige der dargestellten Formen werden später detailliert behandelt):

- **Anwendung ohne COMMIT**

    - Es werden <u>alle Daten</u> benötigt und aufgrund der Datenmenge braucht keine explizite Begrenzung der UOW vorgenommen zu werden:
      SELECT-Statement in der CURSOR-Deklaration:
      ```
      SELECT      .....
          FROM    .....        Keine Filterung mit WHERE, keine Sortierung
      ```
      alternativ:
      ```
      SELECT      .....
          FROM    .....
          ORDER BY .....       Keine Filterung mit WHERE, mit optionaler Sortierung
      ```

    - Es werden <u>nicht alle Daten</u> benötigt und aufgrund der Datenmenge braucht keine explizite Begrenzung der UOW vorgenommen zu werden:
      SELECT-Statement in der CURSOR-Deklaration:
      ```
      SELECT      .....
          FROM    .....
          WHERE   ....         Die Filterangaben zur Einschränkung der Datenmenge
      ```

- **Anwendung mit COMMIT-Auslösung**

    Es werden <u>alle Daten</u> benötigt und aufgrund der Datenmenge muss eine explizite Begrenzung der UOW vorgenommen werden:
    SELECT-Statement in der CURSOR-Deklaration (die steuernde Informationsgruppe, die auch das Ende der UOW auslöst):
    ```
    SELECT       .....
        FROM     .....
        WHERE    ....        Restmenge der ausstehenden UOW-Einheiten (wichtig, falls
                             die vorherige Verarbeitung abnormal beendet wurde).
        AND      PK >        Vorgabe der PK-Bestandteile (alle Spalten), damit jede Zeile der
                 :PK_LETZTER Result Table eindeutig adressierbar, d.h. aufsetzbar wird.
        ORDER BY ...., PK    Die steuernde Result Table muss sortiert angefordert werden,
                             damit ein evtl. späteres Aufsetzen nach einem Abbruch wieder
                             korrekt möglich ist. Die ORDER BY-Bedingung muss mit der
                             WHERE-Bedingung abgestimmt werden (Details folgen).
    ```

    - Es werden <u>nicht alle Daten</u> benötigt und aufgrund der Datenmenge muss eine explizite Begrenzung der UOW vorgenommen werden:
      SELECT-Statement in der CURSOR-Deklaration (die steuernde Informationsgruppe, die auch das Ende der UOW auslöst):
      ```
      SELECT       .....
          FROM     .....
          WHERE    ....        Die Filterangaben zur Einschränkung der Datenmenge
          AND      ....        Definition der Restmenge der ausstehenden UOW-Einheiten.
          AND      PK >        Vorgabe der PK-Bestandteile (alle Spalten), damit jede Zeile der
                   PK_LETZTER  Result Table eindeutig adressierbar, d.h. aufsetzbar wird.
          ORDER BY ...., PK    Die steuernde Result Table muss sortiert angefordert werden,
                               damit ein evtl. späteres Aufsetzen nach einem Abbruch wieder
                               korrekt möglich ist. Die ORDER BY-Bedingung muss mit der
                               WHERE-Bedingung abgestimmt werden (Details folgen).
      ```

Diese Muster sind natürlich verdammt trocken und ziemlich abstrakt.
Deshalb folgen nun immer konkreter werdende Beispiele.

13 Anwendungsprogrammierung unter DB2
13.4 Besondere Programmier-Techniken unter DB2

13.4.1.2 Aufsetzen auf einen Composite Key

Eine besonderes Problem stellt das Wiederaufsetzen auf einen zusammengesetzten Schlüssel (Composite Key) dar.
DB2 unterstützt keine logischen Spaltengruppen.
In unserem Beispiel wird ein COMMIT mit der Schlüssel-Konstellation 1 2 4 abgesetzt.
Ein Aufsetzen mit der im Beispiel dargestellten UND-Verknüpfung würde nicht alle Rest-Daten in die Ergebnismenge einbeziehen.

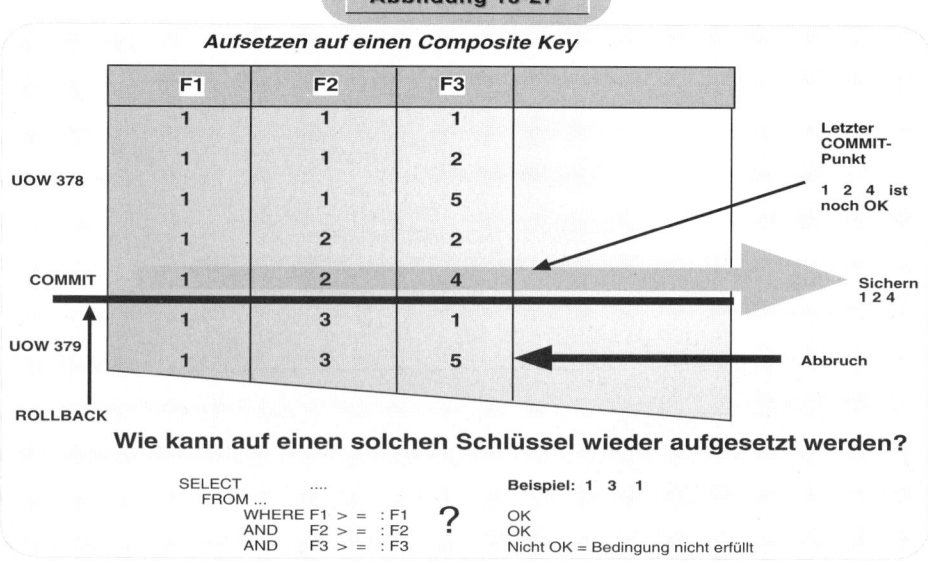

Abbildung 13-27

Folgende Anforderung führt beispielsweise zu dem erhofften Ergebnis:

```
SELECT      .....                              Inclusion-Methode
FROM        .....
WHERE       (F1   >   :F1
OR          (F1   =   :F1   AND      F2  >   :F2)
OR          (F1   =   :F1   AND      F2  =   :F2    AND     F3  >  :F3))
ORDER BY    F1, F2, F3.
```

Alternativen mit i.d.R. effizienterem Zugriffs-Pfad (im Einzelfall zu erproben):

```
SELECT      .....                              erweiterte Inclusion-Methode
FROM        .....
WHERE       (F1   >=  :F1
AND         (F1   >   :F1
OR          (F1   =   :F1   AND      F2  >   :F2)
OR          (F1   =   :F1   AND      F2  =   :F2    AND     F3  >  :F3)))
ORDER BY    F1, F2, F3.

SELECT      .....                              Exclusion-Methode
FROM        .....
WHERE       (F1   >=  :F1)
AND NOT     (F1   =   :F1   AND      F2  <   :F2)
AND NOT     (F1   =   :F1   AND      F2  =   :F2    AND     F3  <= :F3)
ORDER BY    F1, F2, F3.
```

Das ganze geht auch einfacher, nämlich mit CONCAT können verschiedene Spalteninhalte verknüpft werden - aber: das Verfahren ist evtl. nur bei Character-Feldern sinnvoll einsetzbar und führt zu Abhängigkeiten zu den definierten Spaltenlängen.
Darüberhinaus verzichtete der Optimizer bis zur Version 4 auf eine effiziente Index-Nutzung.

13 Anwendungsprogrammierung unter DB2
13.4 Besondere Programmier-Techniken unter DB2

13.4.1.3 Regeln für das Aufsetzen

Folgende Regeln können zusammengefasst werden:

- In die ORDER BY-Klausel gehören alle Sortierspalten (sofern notwendig) der Result Table plus in jedem Fall sämtliche Spalten des PKs, der jede Zeile innerhalb der Result Table eindeutig macht (bei einem Join kann dies - bezogen auf die Basistabellen - ein zusammengesetzter PK sein).

- In die WHERE-Klausel gehören neben den Filterbedingungen und den Join-Bedingungen die Aufsetz-Logik in enger Abstimmung mit der Hierarchie und Sortierfolge der ORDER BY-Klausel.

In dem Beispiel der folgenden Abbildung sollen alle Seminare der Referenten angezeigt werden, deren Nachname mit 'M' beginnt.
Die Sortierfolge soll sein: nach Name aufsteigend und innerhalb des Namens nach Seminarcode ('automatisch' ist hier die SEMNR und auch die REFNR einzubeziehen, da ansonsten eine Zeile in der Result Table nicht eindeutig adressierbar ist).

Abbildung 13-28

Generelle Aufsetzproblematik

	RNNAME	SEMCODE	SEMNR	REFNR	
UOW 15	Maier	DB2-DESIGN	103	2	
	Maier	DB2-DESIGN	117	2	COMMIT
UOW 16	Maier	DB2-DESIGN	317	17	
	Maier	DB2-PAE	025	2	COMMIT
UOW 17	Maier	DB2-PROG	003	17	
	Mayer	DB2-PROG	003	25	COMMIT
UOW 18	Müller	DB2-DESIGN	229	4	
	Mykonos	DB2-DESIGN	712	8	

Beispiel einer gültigen Aufsetzmöglichkeit

```
SELECT      RRNNAME, SEMCODE, SEMNR, S.REFNR
  FROM      SEMINAR S, REFERENT R
  WHERE     S.REFNR = R.REFNR                      Equi-Join-Bedingung
  AND       R.RNNAME LIKE :NAMENSAUSWAHL           Filter-Vorgabewert, z.B. 'M%'
                                                   Beispiel: Inclusion-Methode mit Host Variablen
       AND     R.RNNAME         >=  :RNNAME-LETZTER-COMMIT
       AND    (R.RNNAME         >   :RNNAME-LETZTER-COMMIT

        OR    (R.RNNAME         =   :RNNAME-LETZTER-COMMIT
        AND    S.SEMCODE        >   :SEMCODE-LETZTER-COMMIT)

        OR    (R.RNNAME         =   :RNNAME-LETZTER-COMMIT
        AND    S.SEMCODE        =   :SEMCODE-LETZTER-COMMIT
        AND    S.SEMNR          >   :SEMNR-LETZTER-COMMIT)

        OR    (R.RNNAME         =   :RNNAME-LETZTER-COMMIT
        AND    S.SEMCODE        =   :SEMCODE-LETZTER-COMMIT
        AND    S.SEMNR          =   :SEMNR-LETZTER-COMMIT
        AND    S.REFNR          >   :REFNR-LETZTER-COMMIT))
                                                   Die Spaltenreihenfolge beim ORDER BY
  ORDER BY    RNNAME, SEMCODE, SEMNR, REFNR        muss mit der WHERE-Auswahl
                                                   abgestimmt sein
```

Was passiert, wenn nur ORDER BY SEMNR vorgegeben wird und die WHERE-Bedingungen wie oben bleiben?

Fazit:
Es fehlen Daten!

Bei dieser ORDER BY-Bedingung müsste die WHERE Bedingung angepasst werden:

```
WHERE R.RNNAME     LIKE :...
  AND   S.SEMNR    >:...
```

ORDER BY SEMNR:

RNNAME	SEMCODE	SEMNR	REFNR
Maier	DB2-PROG	003	17
Mayer	DB2-PROG	003	25
Maier	DB2-PAE	025	2
Maier	DB2-DESIGN	103	2
Maier	DB2-DESIGN	117	2
Müller	DB2-DESIGN	229	4
Maier	DB2-DESIGN	317	17
Mykonos	DB2-DESIGN	712	8

Gesicherte Spalteninhalte beim letzten COMMIT.
COMMIT

Diese beiden Zeilen werden in die nächste Result Table eingestellt.

Die anderen Zeilen werden nicht mehr berücksichtigt!

13.4.2 Online-Anwendungen
13.4.2.1 Online-Parallel-Update

Wie bereits in den vorherigen Kapiteln (12.2 ff) näher ausgeführt, müssen Geschäftsvorfälle mit mehreren Dialogschritten unter den TP-Monitoren IMS-DC und CICS pro Dialogschritt in einzelne Transaktionen aufgeteilt werden (aber auch TSO-Programme werden aus Performance-Gründen die Sperrdauer und Ressource-Belegung strikt reduzieren müssen).
Daraus ergeben sich insbesondere im Hinblick auf die Konsistenzsicherungsmaßnahmen besondere Auswirkungen auf das Programm-Design.
Im Kapitel 12.5 wurde das generelle Problem des Parallel-Updates (z.B. auch verlorener Update) dargestellt.

Die folgende Abbildung zeigt die möglichen Konflikte bei Aufteilen eines Geschäftsvorfalls in verschiedene Transaktionen auf. Das gleiche Problem kann aber auch innerhalb der gleichen Transaktion auftreten (auch bei TSO-Programmen), wenn die bei SELECT angeforderten DB2-Ressourcen nicht bis zum späteren UPDATE ausreichend gesperrt bleiben.

Abbildung 13-29

Parallel-Update-Problematik

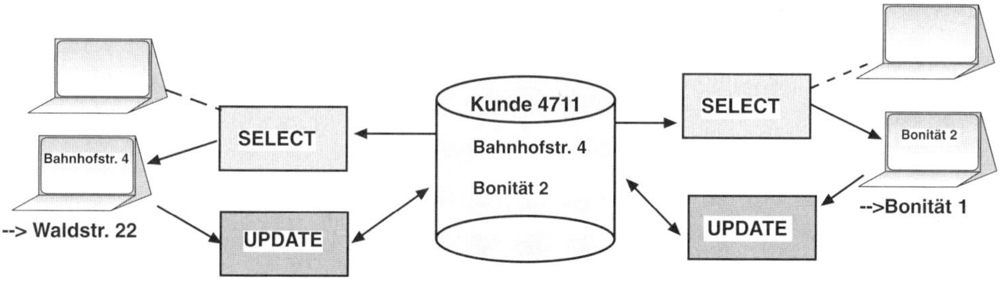

Das in der Abbildung dargestellte Problem zeigt - streng betrachtet - zwei Datenfelder, die logisch unterschiedlichen Informationsgruppen zugeordnet werden müssen:

- die Straße (hier Bahnhofstr.) und die Hausnr. (hier 4) sind Adressinformationen,
- die Bonität ist eine Kundeninformation.

Wenn solche Datenfelder z.B. durch De-Normalisierungsmaßnahmen physisch zusammengeführt werden, entstehen auch Zusatz-Auswirkungen auf die Sperrproblematik.

In unserem Beispiel arbeiten in einer bestimmten gemeinsamen Zeitleiste zwei Benutzer an demselben Datensatz. Der eine Benutzer ändert die Bahnhofstr. 4 in Waldstr. 22, der andere Benutzer ändert die Bonität vom Wert 2 auf den Wert 1 ab.

Zur Vermeidung inkonsistenter Datenkonstellationen müssen Sicherungsmaßnahmen innerhalb der Anwendungsprogramme getroffen werden.
So ist es unter konventionellen Datenablageformen üblich, vor dem UPDATE noch einmal die Daten daraufhin zu überprüfen, dass keine parallele Anwendung die im vorherigen Dialogschritt eingelesenen Daten verändert hat.

Wie löst man nun diese Problematik?

13 Anwendungsprogrammierung unter DB2
13.4 Besondere Programmier-Techniken unter DB2

Dies kann geschehen durch:

a) **Nochmaliges Einlesen** der im ersten Schritt eingelesenen Daten.
   Abgleich der zwischengespeicherten Altstruktur (Zeile) mit der nochmals eingelesenen Zeile. Wenn OK, erfolgt der UPDATE. Entweder kann das SELECT-Statement mit Isolation-Level 'RR' bzw 'RS' (siehe auch Kapitel 12) oder das Cursor-Konzept angewandt werden bzw. eine Sperre kann auch mit anderen Techniken etabliert werden (z.B. mit einem eigenen ENQ-Verfahren - an das sich auch alle Anwendungen konsequent halten).
   Beispiel des Cursor-Konzeptes:
   ```
   DECLARE C1      CURSOR FOR
      SELECT       *
         FROM      KUNDE_VIEW
         WHERE     KDNR = :KDNR
         FOR UPDATE OF  STRASSE, HAUSNR
   OPEN    C1
   FETCH   C1      INTO      :DCLKUNDE-VIEW :DCLKUNDE-INDIKATOR

   IF      SQLCODE = +100    THEN SATZ inzwischen gelöscht.
   ```

   Im Programm prüfen, ob die eingelesenen Daten mit dem vorherigen Zustand (inkl. NULL-Indikatoren) der zwischengespeicherten Altstruktur übereinstimmen. Wenn ja:

   ```
   UPDATE  KUNDE_VIEW
      SET            STRASSE  =   :NEU.STRASSE NEU.STRASSE-IND,
                     HAUSNR   =   :NEU.HAUSNR  NEU.HAUSNR-IND
      WHERE          CURRENT OF C1
   ```

b) **Abgleich innerhalb des UPDATE-Statements mit NULL-Indikatoren**.
   Beispiel:
   ```
   UPDATE  KUNDE_VIEW
      SET            STRASSE  =   :NEU.STRASSE,
                     HAUSNR   =   :NEU.HAUSNR
      WHERE          KDNR     =   :KDNR
         AND         STRASSE  =   :ALT.STRASSE   INDICATOR :ALT.STRASSE-IND
         AND         HAUSNR   =   :ALT.HAUSNR    INDICATOR :ALT.HAUSNR-IND
   ```

   Wenn Werte zwischenzeitlich verändert wurden, wird der SQLCODE + 100, entsprechend SQLSTATE '02000' gemeldet. Es kann keine Unterscheidung getroffen werden, ob Werte verändert wurden oder der ganze Satz zwischenzeitlich gelöscht wurde.

c) Die Aufnahme einer **Versions-Identifikation**
   Hier kann entweder ein Update-Zähler geführt werden, der bei jedem Update um den Wert 1 erhöht wird oder der Update wird mittels Timestamp protokolliert.
   Beispiel (VERSION-ALT muss im vorherigen Dialogschritt zwischengespeichert werden):
   ```
   UPDATE  KUNDE_VIEW
      SET            STRASSE  =   :NEU.STRASSE,
                     HAUSNR   =   :NEU.HAUSNR,
                     VERSION  =   :VERSION-NEU       z.B. CURRENT TIMESTAMP
      WHERE          KDNR     =   :KDNR
         AND         VERSION  =   :VERSION-ALT
   ```

   Zu beachten ist, dass eine solche Version auf Strukturebene zu unbefriedigenden Resultaten führen kann. Eine Datenversion muss korrekterweise jedem Attributinhalt zuordenbar sein!

Bei dieser letzten Form ist nämlich zu beachten:

- Ein Update-Zähler oder Timestamp kann eingerichtet werden:
  - Einmal für eine komplette Zeile (physische Orientierung).
    Dann bezieht sich der Manipulations-View generell auf alle Spalten einer Table.

  - Einmal für jede logische Feldgruppe (bei einer De-Normalisierung wichtig).
    Dann bezieht sich der Manipulations-View auf normalisierte Spalten-Gruppen (möglicherweise eine Teilmenge einer Tabelle).

  - Für jede einzelne Spalte.
    Dann ist der Manipulations-View jeweils individuell zu sehen.

13 Anwendungsprogrammierung unter DB2
13.4 Besondere Programmier-Techniken unter DB2

Beispiel für diese Gedankenspiele:

> In unserem Beispiel vorab muss der zweite Benutzer, der die Bonität (beispielsweise als einziges Feld des Views) ändert, auf parallele Sperr-Maßnahmen einer Adress-Änderung Rücksicht nehmen? Konkret würde er vom Programm die Meldung erhalten:
> Satz inzwischen verändert.
> Wenn er anschließend die gleiche Transaktion aktiviert, erhält er aber wieder den unveränderten Zustand der Bonität.

Bei einer **Einzeldaten-Manipulation** gilt:

Jedes UPDATE Statement sollte nur die für die jeweilige Sicht relevanten Daten verändern und auch nur die Daten auf Veränderung prüfen, die innerhalb der relevanten Datensicht liegen.
Eine relevante Datensicht bezieht alle Daten ein, die für den Benutzer sichtbar werden und für die Integritätsprüfungen erforderlich sind.

Wie verändert sich die Situation, wenn ein Benutzer ganze Daten-Mengen anfordert, wie beispielsweise alle Kunden aus Frankfurt mit einer bestimmten Bonität?
Anschließend gibt der Benutzer einen Massen-Update vor, bei dem alle ausgewählten Kunden mit einer bestimmten Werbe-Kennzeichnung versehen werden sollen.

Probleme:

- Die im 1. Dialogschritt angezeigten Kunden (es waren z.B. 8) müssen gesperrt werden.
  Denn wenn der Update ohne vorherige Sperrung im 2. Dialogschritt vollzogen wird, kann das System melden:
  - kein Kunde gefunden,
  - n Kunden gefunden (wobei auch die Anzahl 8 nicht bestätigt, dass der Update bei den wirklich vorher angezeigten Kunden vollzogen wurde).

- Es ist keine DB2-Unterstützung gegeben bei diesem Anforderungstyp:
  - sämtliche, durch den vorherigen SELECT eingelesenen Daten sind beim UPDATE erneut zu prüfen,
  - zwischenzeitliche Löschungen oder Zugänge innerhalb des zu ändernden Datenbereichs müssen herausgefunden werden.

Bei einer **Mengen-Manipulation** gilt:

Jede einzelne Zeile in der Result Table muss den Primary-Key mitführen.
Ein UPDATE darf nur im 'One-Record-at-a-time'- Modus für die einzelnen Zeilen separat vollzogen werden, wenn die Änderungen protokolliert werden sollen.
Entweder sind Sperren außerhalb des Systems erforderlich oder aber die Anwendung muss die beim Update vorhandene Daten-Menge Zeile für Zeile mit der im vorherigen Schritt ermittelten Menge vergleichen (natürlich auch mit entsprechend hohem Sperr-Niveau).

13.4.2.2 Online-Browsing/Blättern

Eine typische Anwendungsform der Dialogverarbeitung ist die Bereitstellung der Daten einer gesamten Auswahlgruppe, die dem Bearbeiter mit **Blätterfunktionen** (vorwärts und rückwärts) angeboten werden.
Dieses Verfahren bringt bei der Mengenverarbeitung von DB2-Daten Problemzonen, die begründet sind durch folgende Merkmale:

- Streng genommen müßte dem Sachbearbeiter die komplette Auswahlmenge angeboten werden, denn eine Teilmenge gilt als nicht konsistent.

- Das von konventionellen Systemen her bekannte und übliche Verfahren, auf einem bestimmten Satz aufzusetzen und die nächsten 20 Sätze einzulesen, dann die Verarbeitung zu unterbrechen und bei Bedarf erneut aufzusetzen, läßt sich im DB2 nicht direkt umsetzen.
  Der SQL-Aufruf muss immer auf eine logische Ergebnis-Menge gerichtet sein.
  Dabei kann die Auswahl der Daten schwierig sein. Häufig werden gerade Zugriffspfade benötigt, die keinen eindeutigen Aufsetzpunkt bieten. Aber auch der Zugriff über den Primary-Key kann problematisch sein.
  Wenn z.B. Lücken im Kunden-Nr.-Kreis bestehen können, wie wird dann die Anforderung formuliert:
      Selektiere alle Kunden von Nr. 1 - 100 ?
  Die Ergebnismenge könnte 0, 1, 37 oder 100 Kunden umfassen.

- Die Bereitstellung von Daten in einer bestimmten Reihenfolge kann nur durch eine bestimmte Sortierfolge (ORDER BY) erfüllt werden.
  Steht kein Index zur Verfügung, muss DB2 die Daten sortieren.
  Bei sehr kritischen Anwendungen kann ein Browsing nur dann akzeptiert werden, wenn DB2 auf einen Sort verzichtet.
  Im Idealfall positioniert DB2 lediglich auf einer Basis-Tabelle.

- Die ausgewählten und sortierten Daten müssen für einen Dialog-Folgeschritt wieder verfügbar gehalten werden.
  Verschiedene Möglichkeiten existieren:

  - **Erneutes Nachlesen ab einer fest definierbaren Stelle,**
    Das erneute Einlesen ist auch nicht unkritisch. Der Aufsetzpunkt ist besonders bei einem Composite Key komplex. Die Problematik ist identisch mit der Restart- und Wiederaufsetz-Problematik. Diese wird im folgenden erläutert.
    Vorteile dieses Verfahrens:
    - Es stehen Realtime-Daten zur Verfügung (wenn aktuelle Daten benötigt werden).
    - Es erfolgt keine aufwendige Zwischenspeicherung (zumeist im Bereich der TP-Monitore).
    Nachteile dieses Verfahrens:
    - Man erhält auch dann (je nach Bestandstyp) Realtime-Daten, wenn eigentlich ein Schnappschuss benötigt wird (so sollte z.B. eine Liste möglichst in den Einzel-Positionen die gleiche Informations-Basis haben wie in der Summierung derselben Liste).
    - In bestimmten Fällen, z.B. wenn temporäre Tabellen erzeugt werden, kann ein hoher Aufwand bei der Positionierung entstehen.

  - **Zwischenspeichern der Daten im Bereich der TP-Monitore oder unter DB2.**
    Wenn DB2 für die Zwischenspeicherung genutzt wird, müssen entweder transaktionsspezifische Tabellen bereitgehalten oder eine solche Tabelle dynamisch aufgebaut werden (was i.d.R. aus Performancegründen nicht zu empfehlen ist).
    Vorteile dieses Verfahrens:
    - Es kann ein eingefrorener Daten-Zustand (Schnappschuss) zur Verfügung stehen.
    - Schnelle Blätter-Funktionen, da die Masken bereits vorab aufbereitet und mit Daten gefüllt wurden.
    Nachteile dieses Verfahrens:
    - Keine Realtime-Daten (dieses Verfahren ist nicht einsetzbar, wenn die Aktualität gefordert ist).
    - Es werden zusätzliche Ressourcen belegt (Redundanzen).

13.4.3 Batch- und Multi-User-Anwendungen
13.4.3.1 Langlaufende oder ressourceintensive Anwendungen

Anwendungen werden innerhalb bestimmter Betriebsformen (Batch, Online) aktiviert. Im Kapitel 13.1 werden die grundsätzlichen Problematiken eines erweiterten Online-Betriebs bzw. eines Multi-User-Betriebs dargestellt.
Wird eine langlaufende Anwendung bzw. eine sehr intensiv die Ressourcen nutzende und sperrende Anwendung in einer Parallelumgebung zur Ausführung gebracht, müssen Restriktionen wirken.

Eine solche Anwendung muss daraufhin geprüft werden, ob sie in kleinere UOW-Einheiten aufteilbar ist.
Dies kann grundsätzlich betreffen:

- Eine Anwendung mit einem oder mehreren <u>langlaufenden embedded SQL-Statements</u>.
  So kann beispielsweise ein einziger Massen-Delete (evtl. noch mit RI-Cascading-Effekten) eine sehr lange Verweilzeit im System haben und dabei viele Ressourcen in Anspruch nehmen.
  In diesem Fall ist die Aufteilung der UOW nur möglich durch eine andere Statement-Gestaltung, da in die Ausführung eines laufenden Statements (bei statischem SQL) nicht eingegriffen werden kann.

- Eine Anwendung mit einem oder mehreren <u>Cursor</u>.
  In diesem Fall ist die Aufteilung der UOW relativ einfach möglich, da die Anwendung einzelne Zeilen der Result Table erhält und bei Abschluss einer logischen Verarbeitungsgruppe einen Abschluss der UOW aktivieren kann.
  Allerdings muss ein solches Programm einige Voraussetzungen erfüllen.

Muss eine Transaktion auf viele UOW-Einheiten aufgeteilt werden (z.B. bei Batch-Anwendungen), müssen die Daten natürlich in einer festen Reihenfolge verarbeitet werden. So muss z.B. ein doppelter Update auf die generell unsortiert abgelegten DB2-Daten verhindert werden, andererseits muss auch jeder vorhandene Satz dem Update unterzogen werden.

Hier beginnt allerdings eine große Problematik, die bereits in Kapitel 12 und vorab in diesem Kapitel behandelt wurde. Muss eine Lese-Integrität über den gesamten Bestand für die gesamte Zeiteinheit der Verarbeitung gewährleistet werden, ist dies durch Isolation aller benötigten Ressourcen über die Gesamtdauer der Transaktion sicherzustellen. Konkret muss in einem solchen Fall das Sperrniveau Tablespace bzw. Table (bei segmented Tablespace) während der gesamten Lebensdauer der Verarbeitung aktiviert werden (RELEASE (DEALLOCATE)).
Sollte das Programm aber abnormal enden, ist auch diese Sperre automatisch aufgehoben.

Alternativ kann natürlich ein eigenes applikatorisches Sperr-Verfahren außerhalb des DB2 entwickelt werden.

Bei langlaufenden Programmen muss in der Regel mit COMMIT bzw. einem trägersystemspezifischen Verfahren zum häufigen Abschluss der UOW während der Programmlaufzeit gearbeitet werden.

13 Anwendungsprogrammierung unter DB2
13.4 Besondere Programmier-Techniken unter DB2

13.4.3.2 Konsequenzen eines COMMIT-Einsatzes

Folgende Probleme treten auf, wenn **kein COMMIT** gesetzt wird:

- Pages im **Buffer-Pool** bleiben reserviert
  ---> Gefahr der Erreichung eines Buffer-Thresholds.

- Die **Lock-Table** (von IRLM verwaltet) bläht sich auf und kann 'platzen'.

- **Logging**-Einträge müssen gehalten werden. Besonders problematisch, wenn Log-Einträge einer UOW nicht mehr auf dem aktiven Log enthalten sind, sondern bereits archiviert wurden und dann eine ROLLBACK-Anforderung kommt.

- Wenn ein Langläufer kurz vor dem Ende abbricht, ist mit einer langen **ROLLBACK-Zeit** und einem großen ROLLBACK-Aufwand zu rechnen.

- Langläufer **sperren** veränderte Ressourcen innerhalb der UOW
  ---> Einschränkung bis hin zur Verhinderung eines Parallel-Betriebes.

- Bei Data Sharing entstehen Effizienzeinbußen, da dort die Lock-Vermeidung (**Lock-Avoidance**) abhängig ist von einer GCLSN (Global Commit Log Sequence Number).
  Diese wird periodisch bei Update-Anforderungen und COMMITs aktualisiert.

Daher ist der Einsatz von Commits zu empfehlen

Oder ?

Der Einsatz von Commits ist dringend zu empfehlen - bringt aber nicht nur Vorteile:

- **Die Anwendung wird in einzelne logische Abschnitte eingeteilt, für deren Synchronisation der Entwickler verantwortlich ist.**
  Regel: COMMIT nur nach dem Abschluss einer logischen Arbeitseinheit:

    ---> z.B. nach kompletter Bearbeitung jedes 100-ten Kunden,

    ---> Ein COMMIT löst alle Sperren auf.
    Nach dem COMMIT sind bereits vom Batch-Programm bearbeitete Teil-Abschnitte für einen Parallelbetrieb wieder frei. Problem, wenn nach einem Programm-Fehler wieder auf Anfangs-Zustand zurückgesetzt werden müßte.

    ---> Wenn ein Programm abbricht, sind sofort alle Ressourcen wieder frei, obwohl nur ein Teil der Arbeiten mit COMMIT abgeschlossen wurde.

- **Das Programm muss generell restartfähig sein:**

    ---> DB2-Tabellen müssen positioniert werden (das Aufsetz-Problem wurde vorab ausführlich behandelt).

    ---> Evtl. sequenzielle Bestände bringen Probleme, speziell die Ausgaben, da die Buffer-Ausschreibe-Aktivitäten mit dem COMMIT synchronisiert werden müssen.
    Lösung: z.B. CLOSE des sequenziellen Bestands direkt vor dem COMMIT vornehmen (ist aber performance-aufwendig) oder
    besser: keine Ausgabe sequenzieller Bestände. Evtl. in einem eigenen Schritt zunächst eine Ausgabe auf DB2-Tabellen legen (möglichst ohne Index). Dann in einem Folgeschritt die DB2-Daten lesend bearbeiten und eine sequenzielle Ausgabe erzeugen.
    Damit läßt sich effizient auch ein Lauf wiederholen.

- **Ein COMMIT kann offene Cursor schließen** (ohne die ab 2.3 verfügbare WITH HOLD OPTION)

    ---> die Result Table und die Positionierung gehen verloren.

13 Anwendungsprogrammierung unter DB2
13.4 Besondere Programmier-Techniken unter DB2

Das Wiederanlaufverfahren eines Programms muss natürlich auf einer logischen Ebene erfolgen. Sämtliche Ressourcen des Programms müssen auf den letzten COMMIT-Punkt positioniert werden und die Verarbeitung unmittelbar hinter diesem COMMIT-Punkt wieder aufgesetzt werden.

Solange DB2 nur zur Wiederherstellung seines internen Systemzustands CHECKPOINTS absetzt, aber keine programmbezogenen Wiederanlaufverfahren unterstützt, muss der Benutzer eine eigene CHECKPOINT-Table aufbauen, verwalten und seine Programmlogik entsprechend ausrichten.

Grundsätzliche Programm-Logik:

1. Sichern des letzten Schlüssels (z.B. in einer DB2-Table).
2. COMMIT.
3. RE-Positionierung.

Bei Restart müssen die vor dem letzten COMMIT gesicherten Programm-Variablen wieder in die Working-Storage des Programmes aus der externen Tabelle eingelesen werden.

Das Positionieren der DB2-Bestände ist häufig nicht ausreichend.
Besonders wenn sonstige konventionelle Dateiorganisationen mit genutzt werden, kann das Aufsetzen auf einen vorherigen Zustand zum Problem werden.
Aus diesem Grund verwenden viele Unternehmen auch die IMS-Batch-Restart-Logik, da alle Arbeitsbereiche des Programms und die Bestände (z.B. GSAM-Datenbanken) automatisch positioniert werden.
Steht kein IMS zur Verfügung, müssen eigene Verfahren entwickelt werden.

Die Commit-Frequenz immer von außen steuern lassen. Damit kann ein Programm seine UOW bis zur Einzelfallverarbeitung flexibel reduzieren!

13.4.3.3 Wann wird eine UOW beendet?

Das Ende einer **UOW** kann explizit oder implizit eingeleitet werden:

- **Expliziter Abschluss** durch ein explizit vorgegebenes Kommando
- **Impliziter Abschluss** mit Ende des Programms (Thread bzw. Task).

Eine UOW wird unter folgenden Bedingungen abgeschlossen:

Trägersystem	Expliziter Abschluss	Impliziter Abschluss
TSO	COMMIT-Statement ROLLBACK-Statement	Ende des Programms
IMS	CHKP-Call SYNC-Call GU für I/O-PCB ROLL-Call (ROLLBACK und Abbruch U0778 ohne Dump), ROLB-Call (ROLLBACK ohne Abbruch mit Rückgabe der Steuerung an das Programm)	Ende des Programms
CICS	CICS SYNCPOINT-Befehl DL/I-CHKP-Befehl DL/I-TERM-Befehl	Ende des Programms mit dem höchsten Steuerungs-Level

13.4.3.4 Wirkungen beim Abschluss einer UOR

Das Ende einer **UOR** kann explizit oder implizit eingeleitet werden:

- **Expliziter Abschluss** (nicht in Online-Programmen zulässig).
    - Batch- oder TSO-Programme:
        - Einsatz von SQL COMMIT bzw. ROLLBACK.
    - RRSAF-Programme:
        - Einsatz von OS/390-RRS-Funktionen: SRRCMIT bzw. SRRBACK.

- **Impliziter Abschluss** bei Online-Programmen durch das Ende der UOW des TP-Monitors.

Mit dem Ende einer UOR sind im DB2 verbunden:

- Freigabe sämtlicher Result Tables und Workfiles sowie die internen Bufferbereiche:
  Ausnahme:
    - Cursor, die <u>mit</u> der WITH HOLD-Option deklariert sind (siehe unter DECLARE CURSOR), werden vom Ende der UOR nicht berührt und bleiben mit ihrer Result-Table und deren Positionierung erhalten.
      Dies gilt auch für temporäre Tabellen.

- Freigabe der internen Bufferbereiche:

- Freigabe sämtlicher Sperren:
  Ausnahmen:
    - Für Cursor, die <u>mit</u> der WITH HOLD-Option deklariert sind, werden die Lock-Einträge grundsätzlich freigegegen. Lediglich die zuletzt positionierte Zeile oder Page erfährt ggf. eine Sonderbehandlung:
        - Wenn Änderungen auf der Datenbasis vollzogen wurden, werden die eingerichteten 'X' oder 'U'-Locks auf 'S' umgesetzt (sofern die Generierungs-Option RELCURHL = NO spezifiziert ist). Die Freigabe erfolgt dann gemäß den Regeln des jeweiligen Isolation-Levels. Dies ist die Default-Maßnahme vor DB2 Version 5.
      Wenn die Generierungs-Option RELCURHL = YES spezifiziert ist, werden alle Sperren aufgelöst. Diese Option wird ab Version 5 empfohlen.
      Alle für den Cursor präparierten Statements bleiben ebenfalls erhalten (siehe nachfolgende Ausführungen).
    - LOCK TABLE-Sperre bei RELEASE (DEALLOCATE).

- Abschluss der UOR auf dem aktiven LOG - damit endet die ROLLBACK-Fähigkeit,

- Freigabe der mit PREPARE aufbereiteten dynamischen SQL-Statements
  Eine Freigabe von präparierten Statements erfolgt immer dann, wenn:
    - das Statement nicht zu einem Cursor gehört, der mit der WITH HOLD-Option deklariert ist oder
    - der BIND-Parameter KEEPDYNAMIC (YES) nicht vorgegeben wurde oder
    - SQL RELEASE für die Lokation vorgegeben wurde oder
    - der BIND-Parameter DISCONNECT (AUTOMATIC) vorgegeben wurde oder
    - der BIND-Parameter DISCONNECT (CONDITIONAL) vorgegeben wurde und keine offenen Cursor an der entsprechenden Lokation gehalten werden.

- Freigabe der zur Freigabe vorgemerkten Connections, sofern:
    - sich eine Connection im freigegebenen Zustand befindet (released),
    - die Connection zwar noch nicht freigegeben ist, aber es sich um eine remote Connection handelt und:
        - der BIND-Parameter DISCONNECT (AUTOMATIC) aktiv ist oder
        - der BIND-Parameter DISCONNECT (CONDITIONAL) aktiv ist und mit der Connection kein mit der WITH HOLD-Option deklarierter Cursor verbunden ist.
  Ein COMMIT eines Anwendungsprozesses, der sich in einem unconnected Status befindet, wirkt nur auf dem Application Server (siehe auch Ausführungen unter CONNECT Typ 2).

13.4.3.5 Unterstützung von Rollback und Restart der Batch-Programme

Programm-Typ	Rollback von			Restart-Unterstützung		
	OS-Datasets	IMS-Databases	DB2-Databases	OS-Datasets	IMS-Databases	DB2-Databases
TSO-Programm/ Batch-Programm	-	-	JA	-	-	-
IMS-Batch	-	sofern LOG aktiv	JA	nur GSAM	sofern LOG aktiv	-
IMS-BMP	-	JA	JA	GSAM	JA	-
CICS-Batch	nur CICS Files	JA	JA	-	-	-

Folgende Restart-Einrichtungen können genutzt werden:

Trägersystem	Restart-Einrichtung

DB2-Call-Attachment	<u>OS-Checkpoint/Restart</u>
	
	Im Anwendungsprogramm können Checkpoints abgesetzt werden. Beim Restart werden die Programm-Variablen korrekt zurückgestellt und OS-Files werden repositioniert.
	Im Programm muss die Folge gewahrt werden:
	    DB2-COMMIT
	    OS-CHECKPOINT.
	Die nach dem COMMIT geschlossenen Cursor müssen im Programm wieder repositioniert werden.

IMS	<u>IMS-Checkpoint/Restart</u> Erweitertes Verfahren, das intern OS-Checkpoint/Restart-Funktionen nutzt. Damit gehen alle Positionierungen verloren. CHKP-Call führt zu implizitem COMMIT. Im Programm müssen anschließend Cursor repositioniert werden. Beim Restart müssen alle IMS-Datenbanken durch Anwendungs-Logik repositioniert werden. Mit XRST versucht IMS die Positionierungen durchzuführen (soweit möglich). Sequenzielle Dateien, sofern als GSAM definiert, werden automatisch repositioniert.
TSO Batch CICS	<u>Keine System-Unterstützung; Aufgabe der Benutzer</u> Empfehlung: Jedes Unternehmen sollte zentrale Restart-Einrichtungen entwickeln.

13.4.3.6 Empfehlungen zum Design von Batch-Langläufern

- **Was tun, wenn ein Batch-Job länger läuft, als Zeit im Batch-Window zur Verfügung steht ?**

  ---> Effizienz der SQL-Statements prüfen.

  ---> Prüfen, ob der Job in verschiedene Jobs aufteilbar ist mit der Möglichkeit der parallelen Abwicklung. Damit ist häufig eine entscheidende Reduzierung der Verweilzeit erreichbar (z.B. wenn durch vorherigen Sort die Sequenz der Verarbeitung beeinflusst werden kann, speziell bei einem clustered Index).

  ---> Bei partitioned Tablespace die Verteilungsregeln überpüfen und ggf. die Zuordnungen der Partitions ändern.

  ---> Erhöhung der Ressource-Verfügbarkeit durch Design-Maßnahmen, die parallele Verarbeitungs-Möglichkeiten erhöhen:
  - Tablespace und Table-Design (niedrige LOCKSIZE wählen),
  - Lock-Maßnahmen (nur bei einer Änderungsabsicht eine Sperre etablieren lassen),
  - I/O-Aufwand reduzieren (Komprimierung von Daten, Verteilung von Daten).

- **Welche technischen DB2-Mittel stehen zur Unterstützung bereit?**

  ---> Partitioned Tablespace
  - Verteilung der Daten auf verschiedene Platteneinheiten über Partitions. Parallele Jobs können auf separate Partitions aufgesetzt werden.
  - Jede Partition führt eine eigene Index-Struktur, eine Reduzierung der Index-Level ist möglich.
  - Für einen partitioned Tablespace ist die Parallel-Verarbeitung (CPU und IO) unterstützt.
  - Viele Utilities lassen sich parallel einsetzen, wie z.B.:
    - COPY
    - LOAD
    - RECOVER (Daten und Index)
    - REORG
    - REBUILD INDEX.

  ---> Grundsätzlich keinen simple Tablespace mehr einsetzen
  - Segmented Tablespace verwaltet die Daten effizienter und unterstützt bei Bedarf einen Massen-Delete.

  ---> Verteilung von Daten in verschiedene Tabellen
  - Erhöhung der Parallel-Verarbeitungs-Möglichkeit und evtl. Verbesserung der Performance zu Lasten des programmspezifischen Aufwandes und der SQL-Mittel.

  ---> Aufteilung der Wertebereiche eines Statements
  - Einsatz der SELECT-Auswahlbedingungen mittels BETWEEN.

  ---> Separierung von Daten und Indizes
  - Verschiedene Volumes,
  - Bufferpool-Trennung.

  ---> Erhöhung der Generierungs-Ressourcen
  - Aufstockung des Bufferpools, Einsatz von Hiperspaces.
  - Erweiterung der Sort-Kapazitäten, bessere Verteilung der Workfiles.

  ---> Komplexer Batch-Lauf mit Update vieler Tabellen
  - Vorher QUIESCE auf abhängige Tablespaces unterstützt ein evtl. Wiederzurücksetzen.

13.4.4 Anwendungen in verteilten Datenbankumgebungen
13.4.4.1 Zugriffstypen und Protokolle
13.4.4.1.1 DB2-Privat-Protokoll-Zugriff und DRDA-Zugriff

DB2 unterstützt zwei unterschiedliche technische Protokoll- und Zugriffstypen in einer verteilten Datenbankumgebung:

- **DB2-Privat-Protokoll-Zugriff** (früher als DUW, dann als systemgesteuerter Zugriff bezeichnet)
- **DRDA-Zugriff** (früher als RUW, dann als anwendungsgesteuerter Zugriff bezeichnet).

Eine grundsätzliche Darstellung und Einordnung der wesentlichen Terminologie siehe Kapitel 2.4.
Ab der Version 6 wird nur noch die Art der technischen Protokollierung aufgrund des Bind-Parameters DBPROTOCOL unterschieden. Die Behandlung aus der Sicht der Programme ist grundsätzlich unabhängig davon; allerdings existieren diverse Unterscheidungskriterien.
Die folgende Übersicht zeigt dies auf:

Zugriffstyp	DB2-Privat-Protokoll-Zugriff DBPROTOCOL (PRIVATE)	DRDA-Zugriff DBPROTOCOL (DRDA)
Verbindung zu einem remote Server	Nur DB2-Server.	DB2, SQL/DS und alle RDBMS-Systeme, die DRDA unterstützen.
	Systeme ohne DRDA-Protokoll-Unterstützung (**RUW**): - Lesen: mehrere Server - Schreiben: ein Server in einer UOW. Systeme mit DRDA-Protokoll-Unterstützung (**DUW**): - Lesen und Schreiben auf mehrere Server in einer UOW.	Systeme ohne DRDA-Protokoll (RUW): - In einer UOW nur ein Server. Systeme mit DRDA-Protokoll (**DUW**) über den CONNECT-Typ 2: - Lesen und Schreiben auf mehrere Server in einer UOW.
	Kommunikation nur über VTAM.	Kommunikation über TCP/IP oder VTAM.
Client/Server-Funktionalität	DB2/MVS als Client und/oder Server.	Als Client und Server: - DB2 UDB ab Version 5, - DB2 MVS ab Version 3, - DB2 for AS/400 ab Version 4.1, - DB2 Server for VM and VSE ab Version 5, - DB2 Data/Joiner ab Version 2.1.
SQL-Statement Unterstützung	Nur SQL DML. Kein Aufruf von Stored Procedures und User-defined Functions. Keine Nutzungsmöglichkeit von LOBs und User-defined Data Types.	Komplette Funktionalität von SQL DDL, DML und DCL.
SQL-Statement Ausführung	Alle Statements werden dynamisch ausgeführt. Embedded SQL-Statements werden dynamisch an dem Server gebunden, wenn sie innerhalb einer UOW erstmals ausgeführt werden.	Embedded SQL-Statements werden statisch ausgeführt (vorgebunden in einer Package).
Programm Vorbereitung	Keine Packages am remote Server. Der Plan befindet sich am lokalem Server und kann DBRMs und lokale Packages enthalten.	Remote Package wird am Server gehalten. Der Plan befindet sich nur am lokalem Server mit Verweis auf remote Packages (PKLIST (..)). Remote DBRMs sind nicht möglich.

13 Anwendungsprogrammierung unter DB2
13.4 Besondere Programmier-Techniken unter DB2

13.4.4.1.2 2-Phasen-Commit in einer verteilten Datenbank-Umgebung

DB2 unterstützt ab Version 3 den 2-Phasen-Commit in einer verteilten Umgebung.
Wird in einer Anwendung mit Systemen kommuniziert, die ein solches Verfahren nicht unterstützen, müssen die folgenden Ausführungen beachtet werden:

- **Ohne 2-Phasen-Commit (früher: RUW - Remote Unit of Work)**
  Es wird <u>kein</u> 2-Phasen-Commit unterstützt. Daraus resultieren folgende Restriktionen:
  - TSO- und Batch-Anwendungen können innerhalb einer UOW jeweils nur Manipulationen auf einem Server vornehmen. Ist eine Manipulation auf einem anderen Server notwendig, muss ein expliziter COMMIT abgesetzt werden.
    Die Anwendung ist im Fehlerfalle für evtl. ROLLBACK-Maßnahmen abgeschlossener UOWs selbst verantwortlich.
  - IMS- und CICS-Online-Anwendungen können nur Daten am lokal zugeordneten Server manipulieren. Daten von mehreren remote Servern können eingelesen werden.

- **Mit 2-Phasen-Commit (früher: DUW - Distributed Unit of Work)**
  Es wird ein <u>2-Phasen-Commit unterstützt</u>. Das bedeutet:
  - Sämtliche Anwendungen können Daten an beliebigen (zuordenbaren) remote Servern innerhalb einer UOW manipulieren (**Multi-site Update**).
  - Die Datenbanksysteme kommunizieren über das 2-Phasen-Commit-Verfahren.
    Wenn die UOW ordnungsgemäß abgeschlossen wird, werden die Veränderungen in allen beteiligten Systemen vollzogen, bei ROLLBACK werden die Veränderungen in allen Systemen zurückgesetzt.
    Wird eine Verbindung unterbrochen, bleiben die Threads hängen, bis zum erneuten Ankoppeln der Systeme oder bis zu einer expliziten Entscheidung durch einen System-Administrator.

13.4.4.1.3 Syntax-Anforderungen unterschiedlicher Systeme

Es ist zu beachten, dass bei Verknüpfung mehrerer unterschiedlicher Systeme (unlike-Systems) die unterschiedlichen Syntax-Anforderungen zu beachten sind, wie z.B:

- CREATE TABLESPACE im DB2   entspricht einem ACQUIRE DBSPACE im SQL/DS
- DECLARE CURSOR WITH HOLD   ist nicht im SQL/DS unterstützt
- DB2-Tables (auch Result Tables) können bis 750 Spalten aufweisen, in anderen Systemen z.T. weniger.

Diese Einschränkungen führen zu folgender Strategie:

- Gemeinsames übereinstimmendes Minimal-Set nutzen oder
- Systemabhängigkeit in bestimmtem Rahmen in Kauf nehmen.

Damit systemfremde Statements nicht vom Precompiler bzw. unbekannte remote Objekte nicht beim BIND abgewiesen werden, mit folgenden Optionen arbeiten (Details siehe unter Precompiler-Optionen im Kapitel 13.2 und unter BIND PACKAGE im Anhang 2):

- **SQL (ALL)**   Precompiler-Option für SQL-Befehle außerhalb der DB2-Syntax,
- **SQLERROR (CONTINUE)**   BIND-Option für das Erzeugen einer Package, auch wenn einzelne SQL-Statements fehlerhaft sind,
- **OPTIONS (COMMAND)**   BIND-Option, mit der Default-Optionen des jeweiligen Servers herangezogen werden können.

13.4.4.2 Programmvorbereitungen, Pläne und Packages

Folgende Komponenten sind bei einer verteilten Anwendungsentwicklung relevant:

- **DB2-Privat-Protokoll-Zugriff (DBPROTOCOL = PRIVATE):**

  - **Plan**
    Der Anwendungs-Server (das System, auf dem die Anwendung angestoßen wird) ist für die Abwicklung des Client-Programmes verantwortlich und ordnet dort auch den Plan zu.
    Der Plan kann über eine PKLIST (..) auf lokale Packages verweisen.

  - **Packages**
    Für lokale Zugriffe werden nur lokale Packages und/oder DBRMs benötigt. Für remote Zugriffe werden keine remote Packages benötigt, da die Statements dynamisch präpariert werden.

- **DRDA-Protokoll-Zugriff (DBPROTOCOL = <u>DRDA</u>):**

  - **Plan**
    Der Anwendungs-Server (das System, auf dem die Anwendung angestoßen wird) ist für die Abwicklung des Client-Programmes verantwortlich und ordnet dort auch den Plan zu.
    Der Plan kann über eine PKLIST (..) auf lokale und remote Packages verweisen.

    Beim Binden des Plans sind folgende Parameter relevant:
    - **CURRENTDATA**   Für lesende Anforderungen ist die Option CURRENTDATA (NO) effizient, da dann ein Block Fetch aktiviert wird. Die Option hat nur bei Einsatz von Dynamic SQL eine Bedeutung, wenn ein Cursor nicht zweifelsfrei als read-only identifizierbar ist (ambiguous cursor).
    - **CURRENTSERVER**   Damit kann eine Connection implizit (CONNECT Typ 1) vom Anwendungs-Server auf einen remote Server gelegt werden. Sämtliche Anforderungen werden an diesen Server automatisch ohne Kenntnis des Programmes weitergeleitet.
    - **DISCONNECT**   Festlegung, wie die im Programm freigegebenen Connections bei CONNECT Typ 2 behandelt werden sollen.
      DISCONNECT (EXPLICIT) erlaubt einen flexiblen Abbau von Connections.
      Details siehe unter CONNECT und BIND PLAN im Anhang 2.
    - **SQLRULES**   Festlegung, ob die im Programm eingesetzten CONNECT Statements des Typs 2 nach DB2- oder Standard-Regeln eingesetzt werden.
      Details siehe unter CONNECT und BIND PLAN im Anhang 2.

  - **Packages**
    Beim DRDA-Protokoll-Zugriff müssen lokale Packages und/oder DBRMs und remote Packages eingesetzt werden. Das Binden der remote Package kann über SPUFI aktiviert werden.
    Für den BIND gelten folgende Regeln:
    - Für den BIND werden die Rechte auf dem lokalen Server benötigt.
    - Für die SQL-Statements und die verarbeiteten remote DB2-Ressourcen werden die entsprechenden Privilegien am remote Server benötigt.
    - Sämtliche angesprochenen Ressourcen der Package (entspricht dem DBRM bzw. dem dahinterliegenden Programm) müssen am remote Server bekannt sein:
      - entweder dort als lokales Objekt: Table oder View (am remote Server),
      - als Referenz auf ein verteiltes Objekt: Alias (der Alias am remote Server zeigt dann auf ein weiteres remote Objekt).
      Eine sinnvolle Einsatz-Alternative zur Definition von Aliasen ist der Einsatz der BIND PACKAGE-Option **SQLERROR (CONTINUE)**. Damit kann ein Package erzeugt werden, auch wenn einzelne SQL-Statements aufgrund fehlender Objekte nicht verarbeitbar sind.
      Solche Statements dürfen dann später nur an dem jeweiligen lokalen oder remote Server zum Einsatz kommen, für den sie innerhalb der Packages ordnungsgemäß gebunden wurden.

    Beim Binden der Package sind folgende Parameter relevant:
    - **CURRENTDATA**   Siehe oben unter Bind Plan-Parameter.
    - **SQLERROR**   Festlegung, ob bei einem Bind-Fehler trotzdem die Package erzeugt werden soll.
      SQLERROR(CONTINUE) ist sinnvoll bei Einsatz der Precompiler-Option SQL(ALL).
    - **OPTIONS**   Festlegung, mit welchen Default-Bind-Optionen der remote Bind durchgeführt werden soll.

13.4.4.3 SQL-Statement-Einsatz in Programmen

Folgende SQL-Sprachmittel sind bei einer verteilten Anwendungsentwicklung relevant:

- **Generelle, protokoll-unabhängige Gemeinsamkeiten**

    - **Verbindungs-Protokolle**
      Die Verbindung wird automatisch bei Anforderung aufgebaut.
      Der Protokoll-Typ zwischen zwei Systemen wird vom Bind-Parameter DBPROTOCOL bestimmt.
      In einer UOW können sowohl **DB2-Privat-Protokolle** als auch **DRDA-Protokolle** genutzt werden.
      Zwei Systeme können miteinander in einer UOW aber nur über ein DB2-Privat-Protokoll oder ein DRDA-Protokoll verbunden sein. Ein erneuter Connect-Versuch mit einem anderen Protokoll-Typ wird mit Fehlermeldung zurückgewiesen.
      Eine Verbindung wird implizit mit einem COMMIT, ROLLBACK bzw. am Programmende abgebaut.

    - **Zugriff auf remote Ressourcen**
      Bei beiden Protokoll-Typen können folgende Zugriffs-Varianten für die Nutzung von remote Objekten genutzt werden:
        - Aufbau einer impliziten Verbindung über einen Alias-Namen (der wiederum auf ein remote Objekt zeigt) oder über einen dreiteiligen Namen (Lokation.Owner.Objektname) innerhalb des SQL-Statements.
        - Aufbau einer expliziten Verbindung durch Einsatz des CONNECT-Statements.

    - **Generelle SQL-Restriktionen**
      - In einem einzelnen SQL-Statement kann nur ein einziger Server angesprochen werden. Es ist damit kein Join auf Ressourcen unterschiedlicher Server unterstützt.
      - Die Definition von referential constraints ist nur innerhalb eines Servers möglich.
      - Innerhalb einer UOW können nur dann Daten auf verschiedenen Lokationen verändert werden, wenn alle Lokationen das 2-Phasen-Commit-Verfahren unterstützen.

      Protokollspezifische SQL-Restriktionen siehe unten.

- **DB2-Privat-Protokoll-Zugriff (DBPROTOCOL = PRIVATE):**

    - **Connection-Verbindungen**
      Die Verbindung wird automatisch bei Anforderung aufgebaut.

    - **Zugriff auf remote Ressourcen**
      SQL-Statements der SQL-DML Sprachgruppe sind grundsätzlich unterstützt. Ausnahmen bestehen für CALL einer Stored Procedure, Nutzung von Distinct Data Types, Funktionen und LOBs.

- **DRDA-Protokoll-Zugriff (DBPROTOCOL = DRDA):**

    - **Connection-Verbindungen**
      Die Verbindung kann aufgebaut werden:
        - Automatisch mit Initiierung des Plans, wenn dort CURRENTSERVER vorgegeben ist. In diesem Fall wird ein CONNECT Typ 1 aktiviert.
        - Automatisch durch Nutzung von dreiteiligen Objektnamen oder Aliasen.
        - Explizit im Programm mit einem CONNECT. Der CONNECT-Typ wird über die Precompiler-Option CONNECT (n) bestimmt.
          Der CONNECT Typ 2 ist der flexiblere Typ und sollte grundsätzlich eingesetzt werden.
            - Bei einem CONNECT Typ 2 können zu einem Zeitpunkt Verbindungen zu einer oder mehreren Lokationen bestehen, es kann aber immer nur eine aktiv sein. Die aktive Lokation führt die Statements aus. Diese müssen in einer Package am aktuellen Server vorgebunden sein.
              Verbindungen werden - abhängig von den BIND SQLRULES (xxx) aktiviert:
                - bei (DB2) mit CONNECT
                - bei (STD) mit SET CONNECTION.
            - Ein nicht mehr benötigte Verbindung kann mit RELEASE zur Freigabe vorgemerkt werden und wird dann - in Abhängigkeit vom BIND-Parameter DISCONNECT - freigegeben.
      Die Verbindung wird - in Abhängigkeit vom BIND-Parameter DISCONNECT - implizit mit einem COMMIT, ROLLBACK bzw. am Programmende abgebaut.

    - **Zugriff auf remote Ressourcen**
      Sämtliche ausführbaren SQL-Statements sind unterstützt. Die Statements unterscheiden sich in ihrer Syntax grundsätzlich nicht von lokal auszuführenden Statements.

13 Anwendungsprogrammierung unter DB2
13.4 Besondere Programmier-Techniken unter DB2

Die folgende Abbildung zeigt eine Mischform der SQL-Zugriffsformen mit Multi-site-Update und einem dynamischen Alias-Konzept, bei dem über einen Alias eine remote Ressource definiert wird (System Hopping):

- Das Programm wird am Client Server gestartet und dort wird auch der Plan zugeordnet.
  Der Plan hat in der PKLIST (..) eine Zuordnung auf eine lokale Package und die remote Package in Hamburg.
  Anschließend führt das Programm einen UPDATE SEMINAR aus, der lokal zugeordnet wird.

- Das Programm setzt einen CONNECT Typ 2 nach Hamburg ab und der folgende UPDATE SEMTYP wird dort vollzogen. Das Statement findet sich vorgebunden in der Package in Hamburg.

- Das Programm setzt einen UPDATE nach Bonn über einen DB2-Privat-Protokoll-Zugriff ab, der aufgrund eines dort definierten ALIAS nach Wiesbaden weitergeleitet wird.
  Zu beachten ist, dass ab der Version 6 auch dieser Aufruf - in Abhängigkeit des Bind-Parameters DBPROTOCOL in der letzten Package - mit dem DRDA-Protokoll-Zugriff abgewickelt werden kann. In diesem Fall muss in Wiesbaden eine vorgebundene Package existieren.

Wenn die beteiligten Server alle das 2-Phasen-Commit-Verfahren unterstützen, wird die Verarbeitung in einer UOW abgewickelt und entsprechend gesichert.

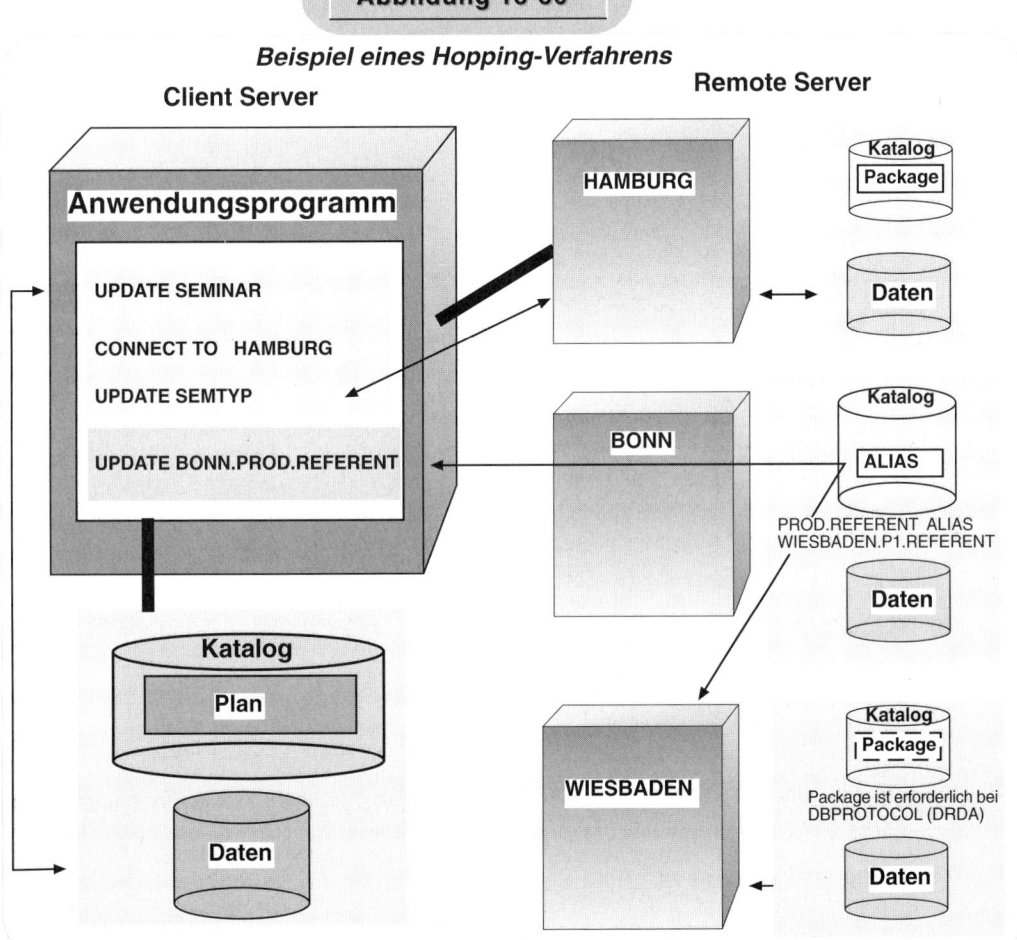

Abbildung 13-30

Beispiel eines Hopping-Verfahrens

13.4.4.4 Vorteile und Beschränkungen der Nutzung von dreiteiligen Objektnamen

Ab der Version 6 können dreiteilige Objekt-Namen bzw. Aliase auch für einen DRDA-Protokoll-Zugriff genutzt werden.

Folgende **Vorteile** gegenüber einem expliziten CONNECT können aufgeführt werden:

- Einfachere Codierung, da nicht explizit auf die einzelnen remote Systeme ein CONNECT auszusprechen ist.

- Grundsätzlich bessere Transparenz im Anwendungsprogramm, da die Zuordnung einer DB2-Ressource außerhalb des Programmes geregelt werden kann.
  Aber, die Grenzen von lokationsunabhängigen Zugriffen sind:
  - ein SQL-Statement darf nur Objekte einer Lokation ansprechen,
  - die Performance muss kontrolliert werden.

- Über Alias-Definitionen (System Hopping) können auch Ressourcen von Nicht-OS/390-Systemen verarbeitet werden.

- Die codierten SQL-Statements sind unabhängig von der Compiler-Option SQLRULES.
  Die Regeln werden automatisch beim Aufruf behandelt.

Folgende **Restriktionen** gegenüber einem expliziten CONNECT können aufgeführt werden:

- Rekursives Hopping zwischen Systemen ist nicht unterstützt.

- Für bestimmte SQL-Statements sind dreiteilige Namen bzw. Aliasverweise nicht unterstützt:
  - CREATE, ALTER, DROP,
  - COMMENT ON, LABEL ON, RENAME,
  - GRANT, REVOKE.
  Sollen diese SQL-Statements genutzt werden, ist ein expliziter CONNECT erforderlich.

- Continuous Block Fetch ist nicht verfügbar (wird später detailliert).
  Diese Übertragungsform ist grundsätzlich nur vom DB2-Privat-Protokoll unterstützt.
  Folgende Parameter können aber die Übertragungsart in ähnlicher Form nutzen:
  - OPTIMIZE FOR n ROWS Im remote Fall eine hohe Zahl einsetzen (sofern benötigt).
  - Generierungs-Optionen:
    - EXTRA BLOCKS REQ und
    - EXTRA BLOCKS SRV.

13.4.4.5 Behandlung von LOBs bei remote Zugriffen

Bei remote Zugriffen spielt die zu übertragene Datenmenge eine wichtige Rolle.
Da LOB-Werte Größen in KB-, MB- oder gar GB-Dimensionen annehmen können, sind besondere Maßnahmen erforderlich (siehe auch nachfolgendes Kapitel: "Behandlung von LOB-Werten):

- Anstelle von LOB-Werten - wenn möglich - LOB-Locator einsetzen. Dies ist dann möglich, wenn nur Teile des LOBs benötigt werden.

- Bei Client-Anforderungen die Nutzung von Stored Procedures und die Bereitstellung eines Result Sets prüfen, da damit aufwendige Bereitstellungen und Übertragungen (evtl. nur zunächst) verhindert werden können.

- CURRENT RULES (DB2) nutzen, wenn ein Cursor LOB-Werte anfordert. In diesem Fall wird in Abhängigkeit des ersten FETCH-Statements die Bereitstellung von LOB-Werten oder LOB-Locator-Werten entschieden. Fordert das erste FETCH-Statement die Übertragung in einen LOB-Locator, können die folgenden FETCH-Anforderungen nur noch LOB-Locator zuweisen. Dies reduziert die Kommunikationsaufwendungen im Vergleich zu CURRENT RULES (STD).
  Werden dann doch LOB-Werte benötigt, muss entweder ein separates SELECT-Statement oder ein zweiter Cursor eingesetzt werden.

13.4.4.6 Performance- und Integritäts-Aspekte

Natürlich müssen auch die Anwendungen beim Design auf die speziellen Performance-Auswirkungen verteilter Datenbanken Rücksicht nehmen. Folgende Haupt-Aspekte gilt es zu beachten:

- Möglichst **wenige Statements** einsetzen (wenn sie auch sehr **mächtig** werden sollten). Ein Statement ist grundsätzlich besser als 10 Statements.

- **Ein kleines Ergebnis-Set** anstreben. Viele Filter-Möglichkeiten vorgeben, damit die Ausfilterung im Server-System und nicht mittels vielfältiger Übertragungsvorgänge und Nachrichtenflüsse im Requestor-System (konkret im Anwendungsprogramm) erfolgt.

- Wenn Daten mittels Cursor angefordert werden, bei Read-only Result Tables die **FOR FETCH ONLY**- bzw. **FOR READ ONLY**-Option nutzen, damit der Nachrichtenfluss optimiert wird. Damit aktiviert DB2 einen Block Fetch, bei dem ein ganzer Übertragungsblock mit Daten der Result Table aufbereitet und übertragen wird.
  Achtung: Die Daten sind dann nicht zwingend aktuell!

- Wenn der Cursor mit **OPTIMIZE FOR n ROWS** definiert ist, erfolgt die Übertragung nach folgender Logik (kann auch für ein Query Result Set genutzt werden):
  - OPTIMIZE FOR 1 ROW   Übertragung von max. 16 Zeilen bzw. max. Zeilen aufgrund des Fassungsvermögens eines Übertragungsblocks,
  - OPTIMIZE FOR n ROWS   Übertragung von max. n Zeilen bzw. max. Zeilen aufgrund des Fassungsvermögens eines Übertragungsblocks.

- Bei einer **updateable Result Table** eines Cursors wird anstelle eines Blocks nur eine einzige Zeile mitgegeben. Im Server-System wird eine entsprechende Sperre etabliert.
  Die Datenzeile ist damit immer aktuell, aber die Ressource ist gesperrt!

- Bei Einsatz eines Cursors kann es sinnvoll sein, möglichst früh einen OPEN abzusetzen, damit vor dem ersten FETCH bereits die Datenbereitstellung remote erfolgen kann.

- Muss die Datenaktualität (und -Konsistenz) vor Performance-Aspekten wirken, kann die BIND-Option **CURRENTDATA (YES)** gewählt werden.

- Wenn ein Thread DB2-Sperren hält, aber nicht aktiv ist, wird er als '**Idle Thread**' bezeichnet. Diese Threads werden über ein Zeitlimit (timeout period) überwacht, bei Überschreitung des Zeitlimits abgebrochen (cancel) und die Ressource-Veränderungen der UOW werden zurückgerollt.
  Bei längerlaufenden Anwendungen - speziell auch mit längeren Unterbrechungen - häufige **COMMITs** einsetzen!

- DB2 verwendet zwei Methoden der Block-Übertragung:
  - **Limited Block Fetch**
    Synchrone Bereitstellung der Daten in einem Block. Wird für einen anwendungsgesteuerten Zugriff eingesetzt.

  - **Continuous Block Fetch**
    Asynchrone Bereitstellung der Daten in mehreren Blöcken. Wird für einen systemgesteuerten Zugriff eingesetzt.

- Bei dynamischen Statements (immer bei systemgesteuertem Zugriff und mit Dynamic SQL bei programmgesteuertem Zugriff) die BIND-Option **DEFER (PREPARE)** vorgeben, damit die Statements erst bei einer konkreten Anforderung gebunden werden.
  Die BIND-Option **REOPT (VARS)** nur einsetzen, wenn die gewünschten Effekte auch tatsächlich damit erreichbar sind (effiziente variable und wechselnde Zugriffspfade).
  Bei einer DB2-Privat-Connection (DB2-Protokoll) nur die BIND-Option **NOREOPT (VARS)** einsetzen, da ansonsten zweimal ein Statement präpariert wird.

Die folgende Abbildung zeigt die Verarbeitungsweise des Block-Fetch-Modus auf, der dann eingesetzt werden kann, wenn die Result Table des Cursors read-only ist.

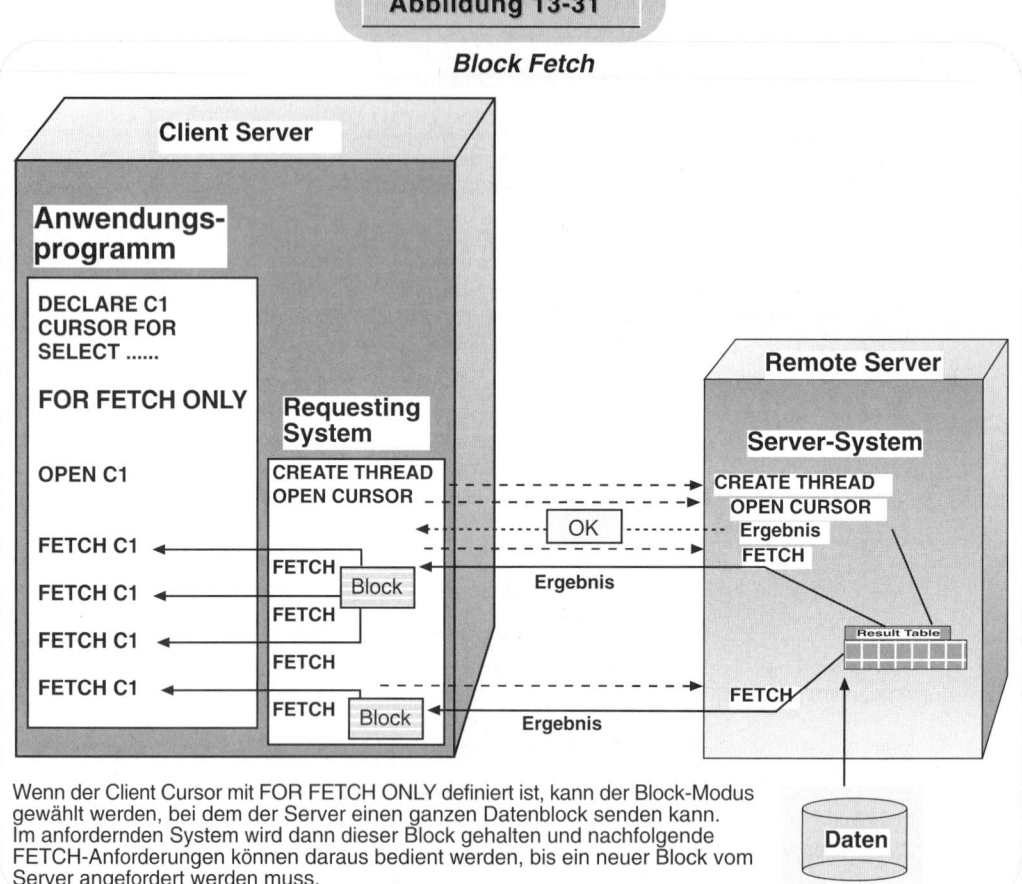

Abbildung 13-31
Block Fetch

Wenn der Client Cursor mit FOR FETCH ONLY definiert ist, kann der Block-Modus gewählt werden, bei dem der Server einen ganzen Datenblock senden kann. Im anfordernden System wird dann dieser Block gehalten und nachfolgende FETCH-Anforderungen können daraus bedient werden, bis ein neuer Block vom Server angefordert werden muss.

Es existieren zwei Block-Fetch-Varianten:

- **Limited Block Fetch**
  Dieses Verfahren wird nur vom DRDA-Protokoll unterstützt und optimiert den Daten-Transfer durch eine auf jede Anforderung angepasste minimierte Übertragungsrate.

- **Continuous Block Fetch**
  Dieses Verfahren wird nur vom DB2-Privat-Protokoll unterstützt und optimiert den Daten-Transfer durch eine asynchrone Bereitstellung von Daten auf eine einzelne Anforderung hin.
  Siehe Beispiel in der vorhergenden Abbildung.

13.4.5 Behandlung von LOB-Werten
13.4.5.1 Grundsätzliche Verarbeitungsmöglichkeiten

Mit der Möglichkeit der Speicherung von Large Objects (LOBs) wird die bisherige Speicherkapazität der variablen Spaltenformate mit bis zu 32 KB drastisch erweitert. Mit den Large Objects wird die Speicherung von Datenobjekten bis zu einer Größe von 2 GB -1 Bytes (2^{31} - 1 Bytes) unterstützt.

Es werden drei Daten-Typen unterstützt:

- **Binary Large Object (BLOBs)**
  Anwendungsbereich: Bild, Sprache und Mixed Data.

- **Character Large Object (CLOBs)**
  Anwendungsbereich: Dokumente im SBCS-Modus (Single Byte Character Set) oder Mixed Data.

- **Double-byte Character Large Object (DBCLOBs)**
  Anwendungsbereich: Daten im DBCS-Modus (Double Byte Character Set z.B. für japanische Schriftzeichen).

Voraussetzungen:

Folgende Objekte müssen aufgebaut werden:

1. **Base Table mit Referenzen auf die LOB-Column(s) und ein Base Tablespace**
   Die Zeile mit den Referenzen auf die LOB-Columns wird über die ROWID eindeutig identifiziert.
   Über diese ROWID erfolgt auch die Referenz auf die Auxiliary Objekte.

2. **Auxiliary Tables und LOB-Tablespaces**
   Für jedes LOB muss eine Auxiliary Table und ein LOB-Tablespace definiert werden. Wenn der Base Tablespace partitioniert ist, muss pro Partition eine eigene Auxiliary Table und ein eigener LOB-Tablespace angelegt werden (LOB-Tablespaces unterstützen selbst kein Partition Konzept).

3. **Auxiliary Indizes**
   Für jede Auxiliary Table muss genau ein Unique Auxiliary Index definiert werden. Es wird auf keine Spalte referenziert, sondern die ROWID wird implizit verwendet.

Danach können die LOB-Daten eingestellt werden.

Eingestellt werden können die LOB-Daten mit:

- **LOAD-Utility**   Das LOAD-Utility ist derzeit auf eine Gesamt-Zeilenlänge kleiner als 32 KB beschränkt. IBM hat eine Muster-JCL für Large Objects vorbereitet. Siehe unter LOAD im Anhang 2.
- **INSERT**   Die Anwendung mit dem INSERT muss genügend Platz zur Verfügung haben.
- **UPDATE**   Die Anwendung mit dem UPDATE muss genügend Platz zur Verfügung haben.

Die Kommunikation zwischen Anwendungsprogrammen und dem DB2 findet mittels Host Variablen statt. Grundsätzlich ist dies auch eine der möglichen Formen bei Large Objects.
Aufgrund der möglichen Größen von LOBs sind aufgrund diverser Restriktionen von Hardware, Software und Programmiersprachen erhebliche Einschränkungen in der Nutzungsmöglichkeit von LOBs zu erkennen.

Wenn ein solches Objekt in den Arbeitsspeicher eingestellt wird, spricht man von einer **LOB-Materialisierung**. Alternativ kann eine **LOB-Referenzierung** mittels **Locator Konzept** genutzt werden, bei dem überhaupt kein Transfer stattfindet oder nur benötigte Speicherfragmente eines Objektes transportiert werden.

13.4.5.2 LOB-Daten-Typen und ihre Host-Variablen-Repräsentation

LOB-Daten-Typen unterliegen Besonderheiten bei der Behandlung in Anwendungsprogrammen. Es wurden spezielle SQL-Daten-Typen geschaffen, die vom Precompiler aufgegriffen werden. Aufgrund dieser SQL-Daten-Typen werden dann entsprechende Host-Variablen generiert (die einzelnen Programmiersprachen unterstützen unterschiedliche max. String-Längen).
Es ist grundsätzlich zu unterscheiden zwischen

- Host-Variablen für die Aufnahme der LOB-Werte (**LOB-Materialisierung**).
- Host-Variablen für die **Referenzierung** der Lob-Werte (**LOB-Locator**). Siehe nächstes Kapitel.

Abbildung 13-32

LOB-Variablen für LOB-Materialisierung

Spalten-Typ	Sprache	SQL-Daten-Typ (Beispiel)	Host-Variablen-Generierung (Beispiel)
BLOB	Assembler	V1 SQL TYPE IS BLOB 1 M	V1 DS 0FL4 V1_LENGTH DS FL4 V1_DATA DS CL65535 ORG V1_DATA+(1048576-65535)
	C	SQL TYPE IS BLOB (1M) v1;	struct { unsigned long length; char data[1048576]; } v1;

	COBOL	01 V1 USAGE IS
		SQL TYPE IS
		BLOB (1M).
			01 V1.
			  02 V1-LENGTH PIC S9(9) COMP.
			  02 V1-DATA.
			    49 FILLER PIC X(32767).
			    49 FILLER PIC X(32767).
			    .... 30-fache Wiederholung
			    49 FILLER PIC X(1048576-32*32767).

	PL/I	DCL V1
		SQL TYPE IS
		BLOB (1M);
			DCL 1 V1,
			  2 V1_LENGTH FIXED BINARY (31),
			  2 V1_DATA,
			    3 V1_DATA1(32) CHARACTER (32767),
			    3 V1_DATA2 CHARACTER (1048576-32*32767);

CLOB	Assembler	V1 SQL TYPE IS CLOB 1 M	analog BLOB
	C	SQL TYPE IS CLOB (1M) v1;	analog BLOB
	COBOL	01 V1 USAGE IS SQL TYPE IS CLOB (1M).	analog BLOB
	PL/I	DCL V1 SQL TYPE IS CLOB (1M);	analog BLOB
DBCLOB	Assembler	V1 SQL TYPE IS DBCLOB 1 M	V1 DS 0FL4 V1_LENGTH DS FL4 V1_DATA DS GL65534 ORG V1_DATA+(1048576-65534)
	C	SQL TYPE IS DBCLOB (1M) v1;	struct { unsigned long length; wchar_t data[1048576]; } v1;

	COBOL	01 V1 USAGE IS
		SQL TYPE IS
		DBCLOB (1M).
			01 V1.
			  02 V1-LENGTH PIC S9(9) COMP.
			  02 V1-DATA.
			    49 FILLER PIC G(32767) USAGE DISPLAY-1.
			    49 FILLER PIC G(32767) USAGE DISPLAY-1.
			    .... 30-fache Wiederholung
			    49 FILLER PIC G(1048576-32*32767)
			                USAGE DISPLAY-1.

	PL/I	DCL V1
		SQL TYPE IS
		DBCLOB (1M);
			DCL 1 V1,
			  2 V1_LENGTH FIXED BINARY (31),
			  2 V1_DATA,
			    3 V1_DATA1(64) GRAPHIC (16383),
			    3 V1_DATA2 CHARACTER (1048576-64*32767);

13.4.5.3 LOB-Locator-Daten-Typen und ihre Host-Variablen-Repräsentation

Die folgende Abbildung zeigt die Host-Variablen für die Aufnahme eines Referenzwertes auf die Lob-Werte (**LOB-Locator**).
Daneben wird auch die Definition der ROWID aufgezeigt, die zwar nicht zwingend bei der LOB-Verarbeitung genutzt wird, aber fundamentaler Bestandteil des LOB-Konzeptes ist:

Abbildung 13-33

LOB-Variablen für LOB-Locator

Spalten-Typ	Sprache	SQL-Daten-Typ (Beispiel)	Host-Variablen-Generierung (Beispiel)
BLOB Locator	Assembler	L1 SQL TYPE IS BLOB_LOCATOR	L1 DS FL4
	C	SQL TYPE IS BLOB_LOCATOR l1;	unsigned long l1;
	COBOL	01 L1 USAGE IS SQL TYPE IS BLOB-LOCATOR.	01 L1 PIC S9(9) USAGE IS BINARY.
	PL/I	DCL L1 SQL TYPE IS BLOB_LOCATOR;	DCL L1 FIXED BINARY (31);
CLOB Locator	Assembler	L1 SQL TYPE IS CLOB_LOCATOR	L1 DS FL4
	C	SQL TYPE IS CLOB_LOCATOR l1;	unsigned long l1;
	COBOL	01 L1 USAGE IS SQL TYPE IS CLOB-LOCATOR.	01 L1 PIC S9(9) USAGE IS BINARY.
	PL/I	DCL L1 SQL TYPE IS CLOB_LOCATOR;	DCL L1 FIXED BINARY (31);
DBCLOB Locator	Assembler	L1 SQL TYPE IS DBCLOB_LOCATOR	L1 DS FL4
	C	SQL TYPE IS DBCLOB_LOCATOR l1;	unsigned long l1;
	COBOL	01 L1 USAGE IS SQL TYPE IS DBCLOB-LOCATOR.	01 L1 PIC S9(9) USAGE IS BINARY.
	PL/I	DCL L1 SQL TYPE IS DBCLOB_LOCATOR;	DCL L1 FIXED BINARY (31);
ROWID	Assembler	R1 SQL TYPE IS ROWID	R1 DS H,CL40
	C	SQL TYPE IS ROWID r1;	struct { short int length; char data[40]; } r1;

	COBOL	01 R1 USAGE IS SQL TYPE IS ROWID.	01 R1.
			     02 R1-LENGTH PIC S9(4).
			     02 R1-TEXT PIC X(40).

	PL/I	DCL R1 SQL TYPE IS ROWID;	DCL R1 CHARACTER (40) VARYING;

13.4.5.4 LOB-Materialisierung

Bei einer LOB-Materialisierung wird das Large Object in den virtuellen Speicher übertragen. Dabei fordert der DB2 LOB-Manager für LOB-Werte Speicher in einem oder mehreren Data Spaces an.
Die Materialisierung findet unter bestimmten Bedingungen statt:

- Wenn LOB-Inhalte explizit angefordert werden (Bezugnahme auf die variablen Daten anstelle der Bezugnahme auf einen LOB-Locator).
- Bei Übergabe von LOBs in eine Stored Procedure oder aus einer Stored Procedure heraus.
- Bei Aufruf einer User-defined Function mit einem LOB als Argument.
- Umsetzung eines LOBs von einem CCSID in einen anderen CCSID.

DB2 ordnet eine Reihe von Data Spaces für die LOB-Materialisierung zu.
Der reale Platzbedarf ist von einer Vielzahl von Faktoren abhängig:

- von der Größe der LOBs,
- der Anzahl angeforderter LOBs in einem einzelnen SQL-Statement,
- der gleichzeitig parallel geforderten LOBs in einem System.

Wenn kein Platz für die Bereitstellung verfügbar ist, erfolgt der Abbruch mit SQLCODE - 904 (SQLSTATE 57011).

Bei der Nutzung eines LOB-Locators wird die Speicherung solange verzögert, bis die über den Locator referenzierten Daten auf eine allgemein verfügbare Einheit weggeschrieben werden.

13.4.5.5 LOB-Referenzierung mittels LOB-Locator

Mit dem Locator Konzept steht eine Möglichkeit zur Verfügung, indirekt mit Large Objects und deren Inhalten zu kommunizieren.
Ein Locator repräsentiert (adressiert) ein Large Object, ohne dessen Inhalte aufzunehmen.
Damit lassen sich erhebliche Performance-Effekte erbringen, da ein Objekt bearbeitet werden kann, ohne es in den Anwendungsspeicher übertragen zu müssen.

LOB-Locator sind sinnvoll, wenn:

- nur ein kleiner Teil eines Objekts benötigt wird und z.B. an einen Client weitergeleitet wird,
- der Anwendungsspeicher zu klein ist zur Aufnahme des Objekts,
- die Performanceanforderungen keine Objekt-Übertragungen zulassen.

Ein Locator erhält die Zuordnung der Referenz unter folgenden Aspekten:

- SELECT INTO :lob-locator bzw. FETCH INTO :lob-locator wird vorgegeben.
  In diesem Fall referenziert der LOB-Locator ein gespeichertes Large Object.

- SET :lob-locator wird vorgegeben. In diesem Fall referenziert der LOB-Locator ein temporäres Objekt innerhalb des virtuellen Speichers.

Die Zuordnung wird solange gehalten, bis eine explizite Freigabe mittels FREE LOCATOR erfolgt bzw. bis zum Ende der Unit of Work (UOW). Soll sie über die Grenzen der UOW gehalten werden, kann das SQL Statement HOLD LOCATOR eingesetzt werden.
In diesem Fall erhält der Locator die Hold-Eigenschaft (Hold Property). Diese wirkt bis zum darauffolgenden FREE LOCATOR, ROLLBACK oder bis zum Ende des Threads.

Der Inhalt des Locators ändert sich normalerweise nicht (nur ggf. wenn ein neuer Wert von DB2 z.B. bei unterschiedlichen LOB-Längen zugewiesen wird).

13 Anwendungsprogrammierung unter DB2
13.4 Besondere Programmier-Techniken unter DB2

Die folgende Abbildung zeigt die grundsätzlichen Bearbeitungsmöglichkeiten von LOB-Werten innerhalb eines Verarbeitungsprogramms auf.

Beim Beispiel der LOB-Referenzierung wird nur ein bestimmter Textausschnitt gesucht (zwischen Bilanzdaten und GUV). Dieser wird im Adressraum von DB2 gehalten. Mit Hilfe der LOB-Locator kann dann ein Update des LOBs angestoßen werden, wobei sich der LOB-Inhalt nicht im Adressraum der Anwendung befindet.

Abbildung 13-34

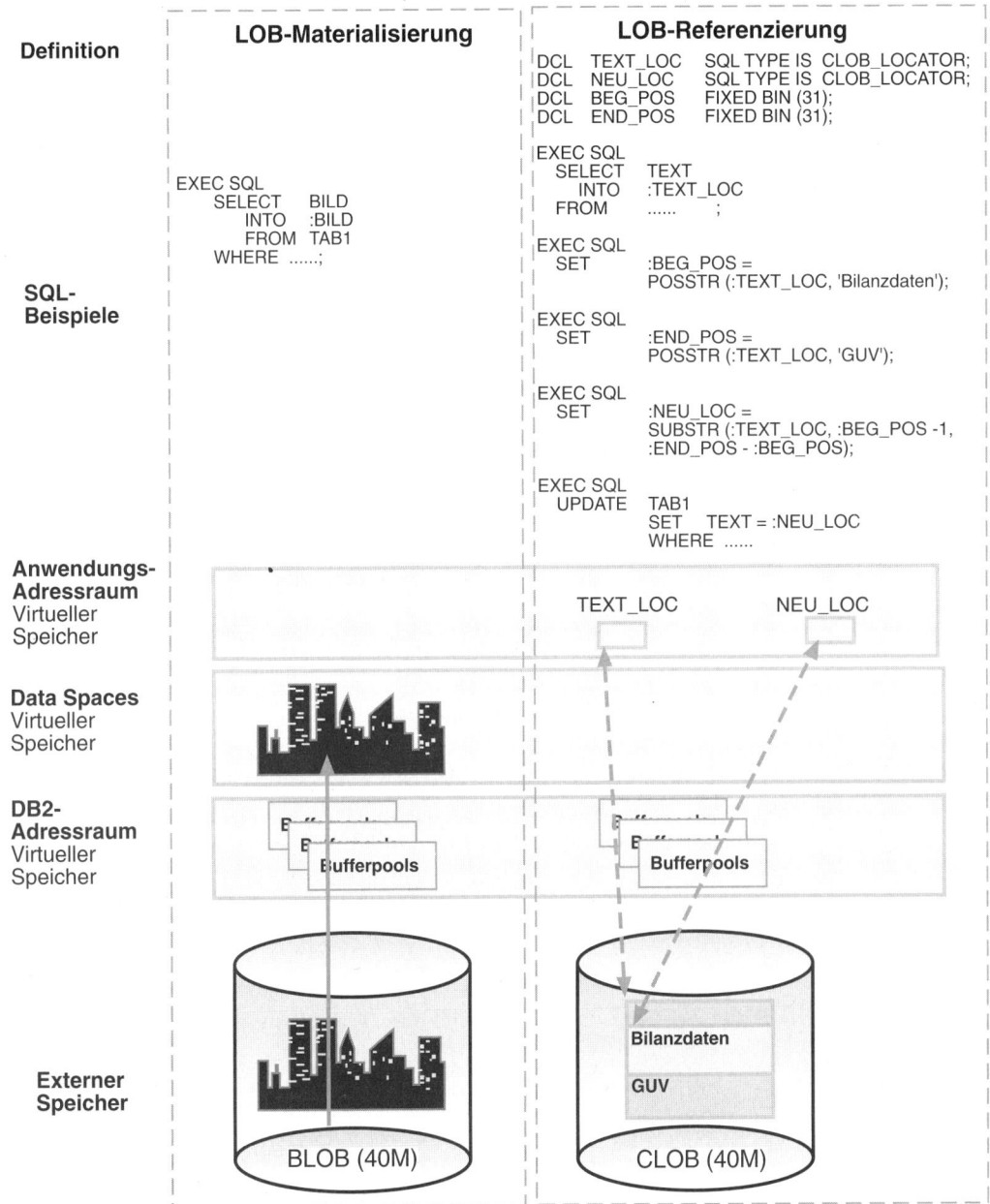

LOB-Materialisierung und -Referenzierung per LOB-Locator

13 Anwendungsprogrammierung unter DB2
13.4 Besondere Programmier-Techniken unter DB2

13.4.6 Entwicklung und Einsatz von Stored Procedures
13.4.6.1 Verbesserungen der Version 6

Zum grundsätzlichen Konzept für Stored Procedures siehe Kapitel 2 und 9.
Siehe auch "Technische Einsatzbedingungen von externen Routinen" im Kapitel 13.4.9.

Ab der Version 6 sind diverse Erweiterungen der Nutzung gegeben. Die wesentlichen 'Highlights' sind:

- Die Definition wird mit CREATE PROCEDURE, ALTER PROCEDURE und DROP PROCEDURE unterstützt (vor der Version 6 mussten die Definitionen mittels SQL-DML in die Katalog-Tabelle SYSPROCEDURES erfolgen). Die Metadaten werden in der Katalog-Tabelle SYSROUTINES geführt.

- Eine Stored Procedure kann ohne expliziten CONNECT mit dreiteiligem Namen aufgerufen werden.

- Stored Procedures können andere Stored Procedures aufrufen. Zusammen mit der verschachtelten Aktivierungsmöglichkeit von Funktionen können insgesamt 16 Level genutzt werden.

- Für die Entwicklung steht eine eigene Workstation-Oberfläche mit eigenen SQL-Sprachmitteln zur Verfügung (Stored Procedures Builder).

13.4.6.2 Aufruf-Varianten einer Stored Procedure

Es können folgende Aufruf-Techniken genutzt werden:

- **Namens-Varianten**

    ```
    EXEC SQL
        CALL    STP1 (....)
    ```
    Aufruf mit statischem Namen STP1 im aktuellen Server unter dem aktuellen Schema.

    ```
    EXEC SQL
        CALL    SCHEMA1.STP1 (....)
    ```
    Aufruf mit statischem Namen STP1 im aktuellen Server unter dem Schema SCHEMA1.

    ```
    EXEC SQL
        CALL    LOC1.SCHEMA1.STP1 (....)
    ```
    Aufruf mit statischem Namen STP1 im Server LOC1 unter dem Schema SCHEMA1.

    ```
    EXEC SQL
        CALL    :STP  (....)
    ```
    Aufruf mit dynamischem Namen, der in der Host-Variablen STP geführt wird. Der Name ist dynamisch, die Parameter sind aber statisch.
    Sämtliche vorab dargestellten Varianten können bei Einsatz einer Host Variablen genutzt werden.

- **Parameter-Varianten**

    ```
    EXEC SQL
        CALL    ........  (:P1 , :P2, .....)
    ```
    Übergabe einzelner Parameter ohne NULL-Indikatoren in Form von Host-Variablen.

    ```
    EXEC SQL
        CALL    ........  (:P1 :P1-I, :P2 :P2-I,..)
    ```
    Übergabe einzelner Parameter mit NULL-Indikatoren in Form von Host-Variablen.

    ```
    EXEC SQL
        CALL    ........  ('HUGO', NULL , :P1,.)
    ```
    Übergabe einzelner Parameter in Form von Konstanten und/ oder Host-Variablen.

    ```
    EXEC SQL
        CALL    ........  (:P-STRUKTUR)
    ```
    Übergabe einer Parameter-Host-Variablen-Struktur.

    ```
    EXEC SQL
        CALL    ........  USING DESCRIPTOR :SQLDA
    ```
    Übergabe einer SQLDA-Struktur.
    Mit dieser Form läßt sich die größtmögliche Flexibilität erreichen, da sowohl der Name der Prozedur, als auch die Parameter variabel vorgebbar sind. Aber es ist zu beachten, dass die übergebenen Parameter der Definition in der Tabelle SYSROUTINES entsprechen müssen!

13.4.6.3 Parameter der Stored Procedure

Jede Prozedur muss mittels CREATE PROCEDURE in der Katalogtabelle SYSROUTINES definiert werden. Dabei werden auch die Parameter exakt definiert.
Aufgrund dieser Beschreibung können die Parameter entsprechend übergeben und ggf. konvertiert werden.

Es werden drei Format-Typen unterschieden:

- **GENERAL** (früher: SIMPLE)
  Hier kann das aufrufende Programm keine NULL Indikatoren an die Prozedur weitergeben.

- **GENERAL WITH NULLS** (früher: SIMPLE WITH NULLS)
  Hier kann das aufrufende Programm NULL Indikatoren an die Prozedur weitergeben. Dies ist insbesondere dann sinnvoll, wenn damit die Übertragung eines großen leeren Strings verhindert werden kann.

- **DB2SQL**
  Grundsätzlich analog GENERAL WITH NULLS, aber es werden zusätzliche Parameter zurückgegeben:
  - CHAR (5)   SQLSTATE
  - VARCHAR (27)   Qualifizierter Name der Stored Procedure
  - VARCHAR (18)   Spezifischer Name der Stored Procedure
  - VARCHAR (70)   SQL Diagnostic String (entsprechend SQLERRM)
  - DBINFO-Parameter-Struktur, nur wenn entsprechend bei der Definition aktiviert:
    - SMALLINT   Länge des Lokations-Namens
    - CHAR (128)   Lokations-Name
    - SMALLINT   Länge des Autorisierungs-Ids
    - CHAR (128)   Autorisierungs-Id
    - SMALLINT n*   Liste von CCSIDs (hier ist ein Gesamtbereich von 48 Bytes reserviert)
    - SMALLINT   Länge des Schema-Namens
    - CHAR (128)   Schema-Name
    - SMALLINT   Länge des Table-Namens
    - CHAR (128)   Table-Name
    - SMALLINT   Länge des Column-Namens
    - CHAR (128)   Column-Name
    - CHAR (8)   DB2 Release Level
    - INTEGER   Datenbank-Plattform
    - SMALLINT   Anzahl genutzter Table Function-Spalten (bei Prozeduren nicht genutzt)
    - CHAR (24)   Reserviert
    - INTEGER   Pointer auf Table Function-Spalten-Liste (bei Prozeduren nicht genutzt)
    - INTEGER   Pointer auf Application Id
    - CHAR (20)   Reserviert.

Die Parameter dürfen nur einen einfachen Wert oder String enthalten. Sie können nicht zur Übergabe komplexer Strukturen mit mehreren Stufen verwendet werden.
Für diesen Fall muss ggf. eine Redefinition mit z.B. CHAR erfolgen.

Jeder einzelne Parameter kann entsprechend seiner Nutzung definiert werden:

- **IN**
  Aus der Sicht der Stored Procedure ist dies ein Eingabe-Parameter.

- **OUT**
  Aus der Sicht der Stored Procedure ist dies ein Ausgabe-Parameter.

- **INOUT**
  Aus der Sicht der Stored Procedure ist dies ein Ein- und Ausgabe-Parameter.

13 Anwendungsprogrammierung unter DB2
13.4 Besondere Programmier-Techniken unter DB2

Abbildung 13-35

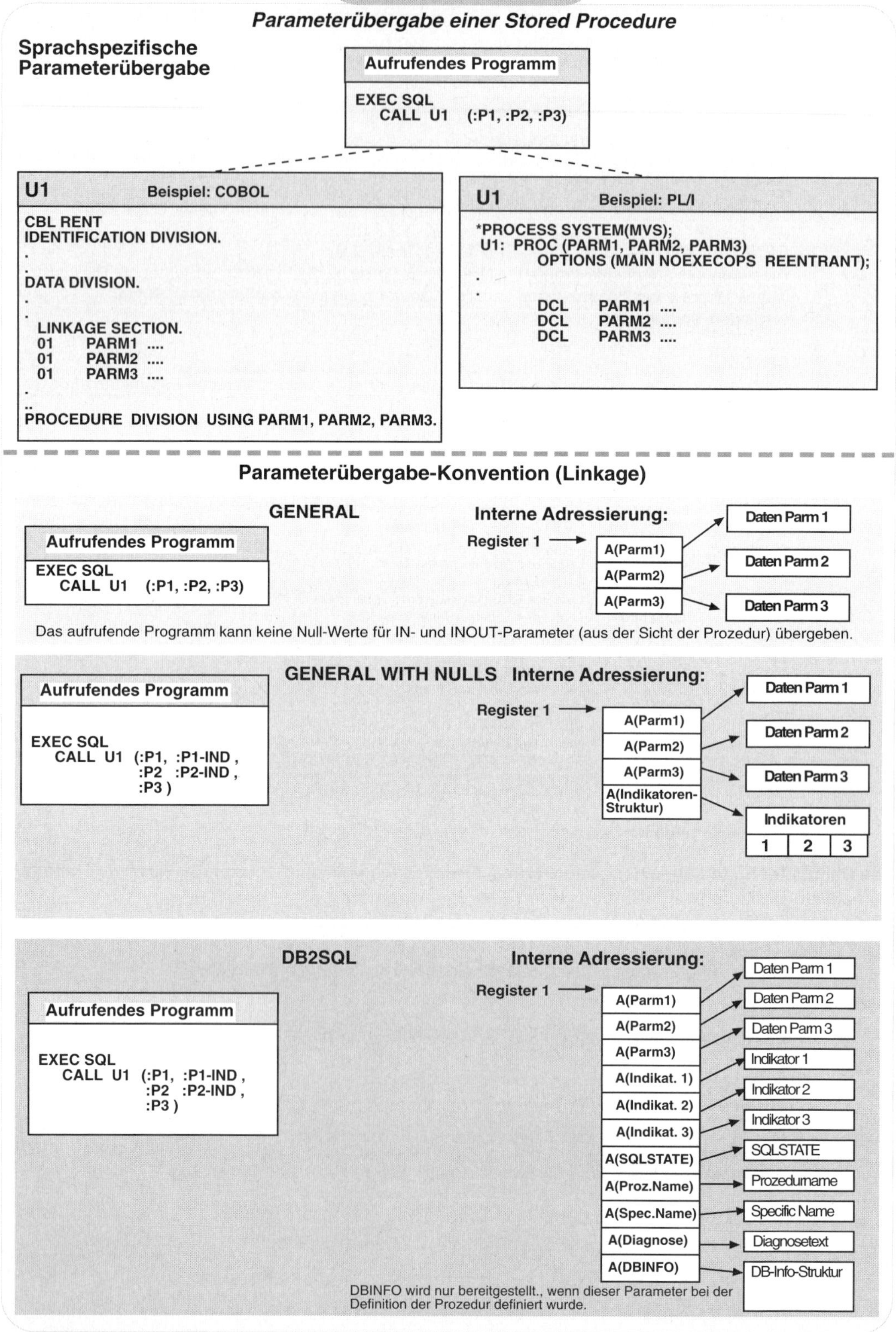

Parameterübergabe einer Stored Procedure

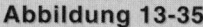

13.4.6.4 Codier-Beispiele: Aufruf und Parameterübergabe

Definition einer Stored Procedure ohne Result Sets:

Die Stored Procedure erhält eine Seminar-Nummer, greift auf die Datenbasis zu und gibt einen Returncode zurück.
In der Stored Procedure werden Daten des Seminars gelesen, mit anderen außerhalb von DB2 liegenden Daten verknüpft und dann auf eine DB2-Datenbasis geschrieben.

CREATE PROCEDURE PROD.STP1	Prozedur-Name STP1 im Schema PROD.
(IN SEMINARNR INT	Eingabe-Argument mit Format: Seminar-Nr.
OUT RETCODE INT)	Return-Code.
LANGUAGE COBOL	Programmiersprache: COBOL
PARAMETER STYLE DB2SQL	Alle definierbaren Parameter werden ausgetauscht
DBINFO	DBINFO-Parameter werden zurückgegeben
MODIFIES SQL DATA	Es werden lesende und manipulierende SQL-Statements in der Prozedur eingesetzt

Aufruf der Stored Procedure aus einem PL/I-Programm

```
PROG1: PROC OPTIONS (MAIN ) ;

/*****************************************************************************/
/*    Parameter für den Aufruf                                                */
/*****************************************************************************/
      DCL    SEMNR          BIN FIXED (31);      /* 1. Parameter          */
      DCL    RC             BIN FIXED (31);      /* 2. Parameter          */

      DCL    SEMNR_IND      BIN FIXED  (15);     /* Indikator 1.Parameter */
      DCL    RC_IND         BIN FIXED  (15);     /* Indikator 2.Parameter */
/*****************************************************************************/
/*    Aufruf der Stored Procedure                                             */
/*****************************************************************************/

      EXEC SQL
           CALL  STP1 (:SEMNR  :SEMNR_IND , :RC   :RC_IND );

      IF RC > 0 THEN DO
           ....
      END;
      ......

END PROG1 ;
```

13 Anwendungsprogrammierung unter DB2
13.4 Besondere Programmier-Techniken unter DB2

Stored Procedure STP1 in COBOL entwickelt

```
IDENTIFICATION DIVISION.
..
DATA DIVISION.
..
LINKAGE SECTION.
*********************************************************************************
*    Kommunikations-Parameter und Indikatoren
*********************************************************************************
       01    SEMINARNR        PIC S9(9) COMP.
       01    RET-CODE         PIC S9(9) COMP.
       01    SEMINARNR-IND    PIC S9(4) COMP.
       01    RET-CODE-IND     PIC S9(4) COMP.
*********************************************************************************
*        Erweiterte DB2SQL-Parameter. Diese werden der Stored Procedure
*        übergeben. Das aufrufende Programm kennt sie nicht direkt.
*        SQLSTATE steht dem aufrufenden Programm in der SQLCA zur Verfügung.
*        Detail-Struktur-Aufbau siehe im Anhang 5: "Parameter-Struktur Stored Procedures"
*********************************************************************************
*              SQLSTATE, kann durch die Stored Procedure modifiziert werden
       01 PARM-SQLSTATE PIC X(5).
*              Name der Stored Procedure mit Qualifikation (Schema)
       01 PARM-PROCEDUR.
          49 PARM-PROCEDUR-LAENGE          PIC 9(4) USAGE BINARY.
          49 PARM-PROCEDUR-TEXT            PIC X(27).
*              Spezifischer Name der Stored Procedure
       01 PARM-SPECPROC.
          49 PARM-SPECPROC-LAENGE          PIC 9(4) USAGE BINARY.
          49 PARM-SPECPROC-TEXT            PIC X(18).
*              SQLERRM - SQL Diagnostik Bereich
       01 PARM-DIAGNOST.
          49 PARM-DIAGNOST-LAENGE          PIC 9(4) USAGE BINARY.
          49 PARM-DIAGNOST-TEXT            PIC X(70).
*********************************************************************************
*        Erweiterte DBINFO-Parameter (nur wenn bei der Definition der
*        Prozedur der DBINFO-Parameter vorgegeben wurde (siehe Beispiel vorab).
*********************************************************************************
       01 PARM-DBINFO.
*              Datenbank-Lokation: Länge und Name
          02 DBINFO-DBLOKAT.
             49 DBINFO-DBLOKAT-LAENGE      PIC 9(4) USAGE BINARY.
             49 DBINFO-DBLOKAT-TEXT        PIC X(128).
          .....


 PROCEDURE DIVISION USING SEMINARNR , RET-CODE , SEMINARNR-IND , RET-CODE-IND ,
           PARM-SQLSTATE , PARM-PROCEDUR , PARM-SPECPROC , PARM-DIAGNOST , PARM-DBINFO.



       EXEC SQL
           SELECT ......
       END-EXEC

       EXEC SQL
           INSERT ......
       END-EXEC


 PROG-ENDE.
       GOBACK.
```

13.4.7 Entwicklung und Einsatz von User-defined External Functions
13.4.7.1 Überblick der Nutzungsmöglichkeiten

Zum grundsätzlichen Konzept für User-defined Functions siehe Kapitel 2 und 9.
Siehe auch "Technische Einsatzbedingungen von externen Routinen" im Kapitel 13.4.9.

Folgende programmtechnische Besonderheiten gelten:

- User-defined External Functions lassen sich aufgliedern in:
    - Scalar Function   gibt genau einen Wert korrespondierend zu einer Spalte zurück.
    - Table Function   gibt Spalten-Werte einer Zeile zurück.

- Der Aufruf kann entsprechend des Funktions-Typs innerhalb eines SQL-Statements erfolgen. Details folgen.

- Eine Funktion muss vor der Nutzungsmöglichkeit mit CREATE FUNCTION definiert sein.

- Eine Funktion kann andere Funktionen und Stored Procedures bis zu insgesamt 16 Level aktivieren.
    - Eine Funktion kann eine andere Funktion durch Aktivieren einer Funktion in einem SQL-Statement innerhalb der Funktion aktivieren.
    - Eine Funktion kann eine Stored Procedure durch Absetzen des CALL-SQL-Statements aktivieren.

- Eine Funktion kann die SQL-Statements nutzen, die aufgrund des SQL-Parameters bei der Definition der Funktion akzeptiert wurden (z.B. READS SQL DATA).

- Wird eine Funktion aus einem Trigger heraus aktiviert, kann die Kommunikation mit Transition Variablen abgewickelt werden. Damit können die Zustände vor bzw. nach der Manipulation als Parameter der Funktion bereitgestellt werden. In diesem Fall muss die Adressierung mittels Pointer (Table Locator) erfolgen. Dieser ist bei der Definition der Funktion entsprechend anzugeben:
    CREATE FUNCTION F1 (TABLE LIKE SEMINAR AS LOCATOR) RETURNS (...) .

- Tritt ein Abbruch bei einer Funktions-Ausführung auf, wird ein SQLCODE -430 für das aufrufende Statement erzeugt. Die Unit of Work wird in einen 'Must-Rollback-Status' gesetzt.

- Die Parameter einer Funktion werden von DB2 bei Bedarf automatisch in die Formate konvertiert, die von der Funktion benötigt werden (bzw. für die eine Funktion gefunden wird).

- Eine Funktion wird mit einem aufwendigen Suchverfahren identifiziert (Function Resolution). Im Testumfeld kann mit Hilfe der DSN_FUNCTION_TABLE die DB2-Entscheidung eingesehen werden.

13.4.7.2 Aufruf-Varianten einer externen Funktion

Der Aufruf einer externen Funktion kann entsprechend dem Funktions-Typ innerhalb eines SQL-Statements vorgenommen werden:

- **External Scalar Function**

    - Es besteht eine grundsätzliche Aktivierungsmöglichkeit von allen Stellen eines SQL-Statements aus, an denen Expressions eingesetzt werden können, wie:
        - **SELECT** mit der SELECT und WHERE-Klausel

            SELECT TERMIN , **BRUTTO** (SP.PREIS, CURRENT DATE)
                FROM ....

            SELECT .....
                FROM   .....
                    WHERE **BRUTTO** (SP.PREIS, CURRENT DATE) > 2000

        - **INSERT** mit der VALUES-Klausel

            INSERT (... BRUTTO_BETRAG,...)
                INTO ....
                VALUES (,.... , **BRUTTO** (SP.PREIS, CURRENT DATE) ,....)

- **UPDATE** mit der SET-Klausel.

  ```
  UPDATE .......
      SET     BETRAG = BRUTTO (SP.PREIS, CURRENT DATE)
      WHERE ....
  ```

- Aus einem Trigger kann eine Funktion entweder mit dem **VALUE-Statement** oder innerhalb eines anderen SQL-Statements aktiviert werden.
  Die Unterscheidungsmerkmale sind im nachfolgenden Kapitel unter "Entwicklung und Einsatz von Triggern" aufgeführt.

13.4.7.3 Programmtechnische Besonderheiten
13.4.7.3.1 Scratchpad-Bereich

Eine User-defined Function kann einen Zwischenspeicher definieren, der für eine Mehrfach-Aktivierung genutzt werden kann (Parameter SCRATCHPAD). Details hierzu siehe auch im Anhang 2 unter CREATE FUNCTION.
Die Länge des Zwischenspeichers kann definiert werden, Default = 100 Bytes, max. 32 KB.

Da eine Funktion innerhalb eines SQL-Statements aktiviert wird, ist die Häufigkeit der Funktionsaufrufe abhängig von der Result-Menge des Statements.
Wird innerhalb eines SQL-Statements eine Funktion mehrfach aktiviert, kann ein Scratchpad-Bereich definiert werden, der z.B. einen Zähler über die Anzahl der Aufrufe führen kann.

Zu Beginn der Aufrufe wird dann von DB2 ein mit Hexa '00' initialisierter Bereich bereitgestellt, der von der Funktion entsprechend genutzt werden kann. Anschließend wird dieser Bereich von DB2 inhaltlich nicht mehr verändert.
An dieser Stelle ist sehr vorsichtig mit Parallel-Aktivitäten zu verfahren. Wird das SQL-Statement parallel ausgeführt, kann grundsätzlich auch die Funktion parallel aktiviert werden. In diesem Fall würde jede eigene Ausführungs-Task eine eigene Scratchpad-Area erhalten und es können Integritäts-Probleme auftreten.
Es empfiehlt sich, bei Anwendungen, die eine gemeinsame Ressource-Sicht benötigen, die Funktions-Parallelität auszusetzen (DISALLOW PARALLEL).

13.4.7.3.2 Parallellauf-Besonderheiten

Eine User-defined Function kann mit dem Parameter ALLOW PARALLEL definiert werden. Dies führt zu einer Fülle von Konsequenzen:

- Die Scratchpad-Area wird mehrfach (für jede Parallel-Task) bereitgestellt. Siehe Ausführungen vorab.

- Der INITIAL CALL und der FINAL CALL wird pro Task ausgeführt. Soll z.B. der Abschluss logisch auf Statement-Ebene einmal abgewickelt werden, entstehen Integritäts-Probleme.

- Wenn eine Funktion 'NOT DETERMINISTIC' ist (übrigens: Determinismus = Lehre von der Unfreiheit des menschlichen Willens), liefert sie bei wiederholtem Aufruf mit identischen Eingabeparametern nicht zwingend dasselbe Ergebnis. Dies ist insbesondere möglich, wenn die Funktion Änderungen an Daten vornimmt, die wiederum Eingabe der Funktion sind.
  In diesem Fall führt eine Parallelität zu unvorhersehbaren Ergebnissen.

13.4.7.4 Parameter der User-defined Functions

Jede Funktion muss mittels CREATE FUNCTION in der Katalogtabelle SYSROUTINES definiert werden. Dabei werden auch die Parameter exakt definiert. Aufgrund dieser Beschreibung können die Parameter entsprechend übergeben und ggf. konvertiert werden.
Es wird nur der Format-Typ **DB2SQL** unterstützt. Die Parameterbehandlung ist grundsätzlich analog der Stored Procedures mit folgenden Besonderheiten:

- Ein- und Ausgabe-Parameter werden in getrennten Abschnitten übergeben.
- VARCHAR (137)   Qualifizierter Name der Funktion
- VARCHAR (128)   Spezifischer Name der Funktion
- SCRATCHPAD (n)   Scratchpad-Area, sofern definiert
- CALLTYPE   Typ des Aufrufs (immer bei Table Functions, bei Scalar Functions nur, wenn FINAL CALL definiert wurde.
- DBINFO   Parameter-Struktur analog Stored Procedures, aber die Table Function Spalten-Liste ist gefüllt.

Die Parameter dürfen nur einen einfachen Wert oder String enthalten. Sie können nicht zur Übergabe komplexer Strukturen mit mehreren Stufen verwendet werden.
In diesem Fall muss ggf. eine Redefinition mit z.B. CHAR erfolgen.
Aufgrund der Syntax werden die einzelnen Parameter unterschieden in:

- **Eingabe-Parameter**   Aus der Sicht der Funktion ist dies ein Eingabe-Parameter.
  Die ersten 30 Parameter wirken auf Namensvergabe und Funktions-Suche.

- **Ausgabe-Parameter**   Aus der Sicht der Funktion ist dies ein Ausgabe-Parameter (RETURNS).

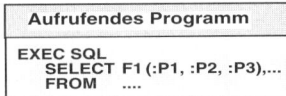

Parameterübergabe einer User-defined Function

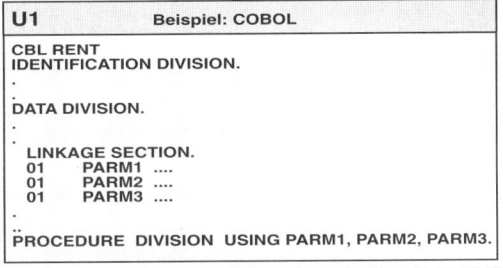

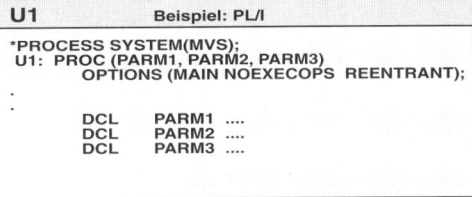

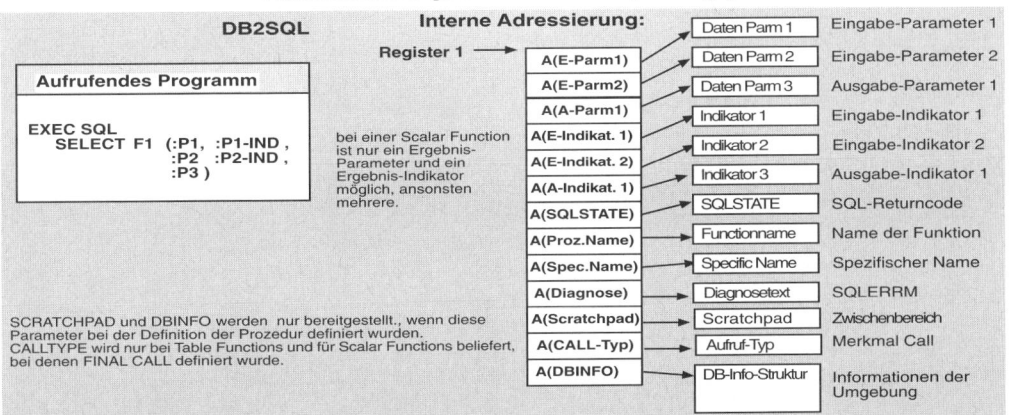

13.4.7.5 Codier-Beispiele: Aufruf und Parameterübergabe
13.4.7.5.1 External Scalar Function

Definition einer User-defined External Scalar Function:

Die Funktion erhält einen Netto-Betrag und ein Datum, greift auf eine Mehrwertsteuertabelle zu und gibt einen Brutto-Betrag zurück.

CREATE	FUNCTION PROD.BRUTTO	Funktions-Name BRUTTO im Schema PROD.
	(DEC (15 , 2) , DATE)	Eingabe-Argumente im Format: Decimal und DATE
	RETURNS (DEC 15 , 2)	Ausgabe-Parameter im Format: Decimal
	SPECIFIC WERTBRUTTO	Spezifischer Name der Funktion: WERTBRUTTO
	EXTERNAL NAME 'GE000231'	Loadmodul-Name: GE000231 (GE = Generelle Funktion)
	LANGUAGE PLI	Programmiersprache: PL/I
	PARAMETER STYLE DB2SQL	Alle definierbaren Parameter werden ausgetauscht
	DBINFO	DBINFO-Parameter werden zurückgegeben
	READS SQL DATA	Es werden lesende SQL-Statements in der Funktion eingesetzt
	DETERMINISTIC	Die Funktion liefert bei gleichen Eingabe-Argumenten und wiederholtem Aufruf dasselbe Ergebnis
	NO EXTERNAL ACTION	Keine Manipulations-Verarbeitung außerhalb von DB2.

Aufruf der Funktion aus einem COBOL-Programm

```
IDENTIFICATION DIVISION.
..
DATA DIVISION.
..
LINKAGE SECTION.
****************************************************************************
*    Kommunikations-Parameter und Indikatoren
****************************************************************************
*    Ausgabe-Parameter
     01     BRUTTO          PIC S9(13)V9(2) COMP-3.
     01     SEMCODE         PIC X(10).

PROCEDURE DIVISION.

     EXEC SQL
         SELECT        BRUTTO (SP.PREIS , TERMIN ), SEMCODE, ....
             INTO      :BRUTTO , :SEMCODE , ...
             FROM      SEMINAR SE , SEMTYP ST , SEMPREIS SP
                  WHERE SEMNR = :SEMNR
                    AND SE.SEMCODE = ST.SEMCODE
                    AND ST.DAUER = SP.DAUER
     END-EXEC

 PROG-ENDE.
     GOBACK.
```

User-defined Function BRUTTO in PL/I entwickelt

```pli
BRUTTO: PROC (     NETTO_BETRAG, DATUM , BRUTTO_BETRAG , NETTO_BETRAG_I, DATUM_I , BRUTTO_I ,
                SQLSTATE , FUNKNAM , SPECFUNC , DIAGNOSTIC , DBINFO )
           OPTIONS (MAIN , REENTRANT) ;
/******************************************************************************** */
/*    Kommunikations-Parameter und Indikatoren                                      */
/******************************************************************************** */
/*    Eingabe-Parameter                                                             */
      DCL    NETTO_BETRAG      DEC FIXED    (15 , 2 );
      DCL    DATUM             CHAR         (10);
/*    Ausgabe-Parameter                                                             */
      DCL    BRUTTO_BETRAG     DEC FIXED    (15 , 2 );
/*    Indikatoren für Eingabe-Parameter                                             */
      DCL    NETTO_BETRAG_I    BIN FIXED    (15);
      DCL    DATUM _I          BIN FIXED    (15);
/*    Indikator für Ausgabe-Parameter                                               */
      DCL    BRUTTO_I          BIN FIXED    (15);
/******************************************************************************** */
/*         Erweiterte DB2SQL-Parameter                                              */
/******************************************************************************** */
      DCL    SQLSTATE    CHAR (5);       /* Lokale Kopie von SQLSTATE              */
      DCL    FUNKNAM     CHAR (137) VAR; /* Lokale Kopie Namen der Funktion        */
      DCL    SPECFUNC    CHAR (128) VAR; /* Lokale Kopie des Spezifischen Name     */
      DCL    DIAGNOST    CHAR (70) VAR;  /* Lokale Kopie der SQLERRM - SQL Diagnostik */
/******************************************************************************** */
/*         Erweiterte DBINFO-Parameter                                              */
/******************************************************************************** */
      DCL    PDBINFO     PTR;                   /* Pointer für DBINFO-Daten        */
      DCL 01 DBINFO BASED (PDBINFO),            /* Lokale Kopie der DBINFO-Daten   */
             05 DBLOKAT_LAENGE BIN FIXED  (15), /* Datenbank-Lokation: Länge       */
             05 DBLOKAT_TEXT   CHAR      (128), /* Datenbank-Lokation: Name        */
             05 AUTID-LAENGE   BIN FIXED  (15), /* Autorisierungs-Id: Länge        */
             05 AUTID-TEXT     CHAR      (128), /* Autorisierungs-Id: Name         */
             05 CCSID,                          /* CCSIDs (rechtsbündig)           */
                10 ESBCS       BIN FIXED  (31), /* EBCDIC SBCS                     */
                10 EMIXED      BIN FIXED  (31), /* EBCDIC MIXED                    */
                10 EDBCS       BIN FIXED  (31), /* EBCDIC DBCS                     */
                10 ASBCS       BIN FIXED  (31), /* ASCII SBCS                      */
                10 AMIXED      BIN FIXED  (31), /* ASCII MIXED                     */
                10 ADBCS       BIN FIXED  (31), /* ASCII DBCS                      */
                10 ENCODE      BIN FIXED  (31), /* ENCODING Schema                 */
                10 RESERV1     CHAR       (20), /* Reserve                         */
             05 SCHEMA_LAENGE  BIN FIXED  (15), /* Schema Schema/Table Qualifier: Länge */
             05 SCHEMA_TEXT    CHAR      (128), /* Schema Schema/Table Qualifier: Name  */
             05 TABLE_LAENGE   BIN FIXED  (15), /* Table: Länge                    */
             05 TABLE_TEXT     CHAR      (128), /* Table: Name                     */
             05 SPALTE_LAENGE  BIN FIXED  (15), /* Spalte: Länge                   */
             05 SPALTE_TEXT    CHAR      (128), /* Spalte: Name                    */
             05 DB2VERS        CHAR        (8), /* DB2-Version/Release             */
             05 BETRIEBS       BIN FIXED  (31), /* Betriebssystem                  */
             05 ANZCOLTF       BIN FIXED  (15), /* Anzahl Entries Table Function Column */
             05 RESERV2        CHAR       (20), /* Reserve                         */
             05 TFCOLLST       PTR,             /* Pointer auf Table Function Column List */
             05 APPLID         PTR,             /* Pointer auf Connection-Id der Anwend. */
             05 RESERV3        CHAR       (20); /* Reserve                         */

      EXEC SQL
             SELECT    :NETTO_BETRAG + ROUND (( :NETTO_BETRAG * MWST_PROZ / 100) , 2 ) AS BRUTTO
                INTO   :BRUTTO_BETRAG
                FROM   TBMWST
                WHERE  GILTVON <= :DATUM
                  AND  GILTBIS >= :DATUM;

      IF SQLSTATE ¬= '00000' THEN DO
             ....
      END;

END BRUTTO ;
```

13.4.7.5.2 External Table Function

Definition einer User-defined External Table Function:

Die Funktion erhält eine Produkt-Kategorie und eine Produkt-Nr., greift auf eine DB2-Tabelle und eine externe Datei zu und gibt - in Abhängigkeit von der Produkt-Kategorie eine oder mehrere Zeilen zurück. Mehrere Zeilen werden dann geliefert, wenn in der Produkt-Kategorie '*' (d.h. alle) und/oder in der Produkt-Nr. '999999' (d.h. alle) angefordert wird.
- Produktname,
- Produkt-Kurzbezeichnung,
- verantwortlicher Bereich für das Produkt (soll in unserem Beispiel aus einer externen Datenquelle entnommen werden).

```
CREATE    FUNCTION  PROD.PRODNAME            Funktions-Name PRODNAME im Schema PROD.
          ( CHAR ( 2 ) , INTEGER )           Eingabe-Argumente im Format: CHAR und INTEGER
              RETURNS  TABLE                 Ausgabe-Parameter im Tabellen-Format
          ( CHAR (30) , CHAR (15) , CHAR (5) ) Rückgabestruktur-Formate
              EXTERNAL NAME 'PR000147'       Loadmodul-Name: PR000147 (PR = Produktspezifische1 Funktion)
              LANGUAGE PLI                   Programmiersprache: PL/I
              PARAMETER STYLE DB2SQL         Alle definierbaren Parameter werden ausgetauscht
              DBINFO                         DBINFO-Parameter werden zurückgegeben
              READS SQL DATA                 Es werden lesende SQL-Statements in der Funktion eingesetzt
              DETERMINISTIC                  Die Funktion liefert bei gleichen Eingabe-Argumenten und
                                             wiederholtem Aufruf dasselbe Ergebnis
              SCRATCHPAD 35                  Ein Zwischenbereich in der Länge 35 Bytes wird bereitgestellt
              NO EXTERNAL ACTION             Keine Manipulations-Verarbeitung außerhalb von DB2.
              FINAL CALL                     Die Funktion wird zum Abschluss noch einmal aktiviert.
              CARDINALITY 20                 Erwartete max. Ergebnismenge als Info für den Optimizer.
```

Aufruf der Funktion aus einem COBOL-Programm

```
     IDENTIFICATION DIVISION.
     ..
     DATA DIVISION.
     ..
     LINKAGE SECTION.
     **************************************************************************
     *    Kommunikations-Parameter und Indikatoren
     **************************************************************************
     *    Eingabe-Argumente
          01    PRODUKTKAT        PIC X(02).
          01    PRODUKTNR         PIC S9(9) COMP.
     *    Ausgabe-Parameter
          01    PRODLNAME         PIC X(30).
          01    PRODKNAME         PIC X(15).
          01    PRODBER           PIC X(05).

      PROCEDURE DIVISION.

          EXEC SQL
               SELECT          SE.SEMCODE, PR.PRODLNAME , PR.PRODBER
                    FROM       SEMINAR SE , TABLE ( PRODNAME ( 'SE' , SEMNR ) ) AS PR
                        WHERE SEMNR = :SEMNR
          END-EXEC

      PROG-ENDE.
          GOBACK.
```

User-defined Function PRODNAME in PL/I entwickelt

```pli
PRODNAME: PROC ( PRODUKT_KAT , PRODUKTNR , PRODUKT_LNAME , PRODUKT_KNAME , PRODUKT_BEREICH,
                 PRODUKT_KAT_I , PRODUKTNR_I , PRODUKT_LNAME_I , PRODUKT_KNAME_I ,
                 PRODUKT_BEREICH_I ,
                 SQLSTATE , FUNKNAM , SPECFUNC , DIAGNOSTIC , DBINFO )
         OPTIONS (MAIN , REENTRANT) ;
/****************************************************************************/
/*                                                                          */
/*    Kommunikations-Parameter und Indikatoren                              */
/****************************************************************************/
/*                                                                          */
/*    Eingabe-Parameter                                                     */
     DCL    PRODUKT_KAT       CHAR (2) ;
     DCL    PRODUKTNR         BIN FIXED (31);
/*    Ausgabe-Parameter                                                     */
     DCL    PRODUKT_LNAME     CHAR (30) ;
     DCL    PRODUKT_KNAME     CHAR (15) ;
     DCL    PRODUKT_BEREICH   CHAR (05) ;
/*    Indikatoren für Eingabe-Parameter                                     */
     DCL    PRODUKT_KAT_I     BIN FIXED    (15);
     DCL    PRODUKTNR_I       BIN FIXED    (15);
/*    Indikator für Ausgabe-Parameter                                       */
     DCL    PRODUKT_LNAME_I   BIN FIXED    (15);
     DCL    PRODUKT_KNAME_I   BIN FIXED    (15);
     DCL    PRODUKT_BEREICH_I BIN FIXED    (15);
/****************************************************************************/
/*         Erweiterte DB2SQL-Parameter                                      */
/****************************************************************************/
     DCL   SQLSTATE    CHAR  (5);             /* Lokale Kopie von SQLSTATE    */
     DCL   FUNKNAM     CHAR  (137) VAR;  /* Lokale Kopie Namen der Funktion   */
     DCL   SPECFUNC    CHAR  (128) VAR;  /* Lokale Kopie des Spezifischen Name */
     DCL   DIAGNOST    CHAR  (70) VAR;   /* Lokale Kopie der SQLERRM - SQL Diagnostik */
     DCL 01 SCRATCHP,                    /* Lokale Kopie der SCRATCHPAD-Area 9 Bytes */
          05 SCRATCHP_LAENGE       BIN FIXED     (31),      /* Länge SCRATCHPAD-Area */
          05 SCRATCHP_ZAEHLER      BIN FIXED     (31),      /* Zaehler verarb. Zeilen */
          05 SCRATCHP_BEGINN       CHAR          (26),      /* Beginn Verarbeitung */
          05 SCRATCHP_PRODUKT_BER  CHAR          (05);      /* Produkt-Bereich extern */
     DCL   CALLTYPE    BIN FIXED (31);  /* Aufruf-Typ der Funktion */
/****************************************************************************/
/*         Erweiterte DBINFO-Parameter                                      */
/****************************************************************************/
     DCL   PDBINFO     PTR;                   /* Pointer für DBINFO-Daten     */
     DCL 01 DBINFO BASED (PDBINFO),           /* Lokale Kopie der DBINFO-Daten */
          05 DBLOKAT_LAENGE BIN FIXED (15),   /* Datenbank-Lokation: Länge    */
          05 DBLOKAT_TEXT   CHAR       (128), /* Datenbank-Lokation: Name     */
          05 AUTID-LAENGE   BIN FIXED (15),   /* Autorisierungs-Id: Länge     */
          05 AUTID-TEXT     CHAR       (128), /* Autorisierungs-Id: Name      */
          05 CCSID          CHAR       (48),  /* CCSIDs (rechtsbündig)        */
          05 SCHEMA_LAENGE  BIN FIXED (15),   /* Schema Schema/Table Qualifier: Länge */
          05 SCHEMA_TEXT    CHAR       (128), /* Schema Schema/Table Qualifier: Name  */
          05 TABLE_LAENGE   BIN FIXED (15),   /* Table: Länge                 */
          05 TABLE_TEXT     CHAR       (128), /* Table: Name                  */
          05 SPALTE_LAENGE  BIN FIXED (15),   /* Spalte: Länge                */
          05 SPALTE_TEXT    CHAR       (128), /* Spalte: Name                 */
          05 DB2VERS        CHAR       (8),   /* DB2-Version/Release          */
          05 BETRIEBS       BIN FIXED (31),   /* Betriebssystem               */
          05 ANZCOLTF       BIN FIXED (15),   /* Anzahl Entries Table Function Column */
          05 RESERV2        CHAR       (20),  /* Reserve                      */
          05 TFCOLLST       PTR,              /* Pointer auf Table Function Column List */
          05 APPLID         PTR,              /* Pointer auf Connection-Id der Anwend. */
          05 RESERV3        CHAR       (20);  /* Reserve                      */
/****************************************************************************/
```

```
        SELECT (CALLTYPE);
            WHEN ( -2 ) DO;           /* Erster Aufruf: Speicheranforderungen usw. taetigen    */
                ...
            END;

            WHEN ( -1 ) DO;           /* Open Aufruf: Verarbeitung vorbereiten, z.B CURSOR öffnen*/
                EXEC SQL
                    OPEN C1 CURSOR FOR
                        SELECT    PRODUKT_LNAME , PRODUKT_KNAME
                        FROM      PRODUKT
                            WHERE ....;

                IF SQLSTATE ¬= '00000' THEN DO;
                    .....                       /* Fehlerbehandlung                            */
                ELSE;
                    CALL   PRODUPRO1 ( ...... );  /* Zugriff auf externe Datei im Upro         */
                    SCRATCHP_PRODUKT_BER = ..... /* eingelesene Daten in die Scratchpad        */
                                                 /* einstellen (verhindert Mehrfach-           */
                                                 /* Zugriffe auf die externe Datei)            */
                END;
                                          /* Beginn-Timestamp in den Scratchpad einstellen*/
                EXEC SQL
                    SET :SCRATCHP_BEGINN = CURRENT TIMESTAMP;

                    IF SQLSTATE ¬= '00000' THEND DO;
                        .....                   /* Fehlerbehandlung                            */
                    END;

            END;

            WHEN ( 0 ) DO;            /* Fetch Aufruf: Verarbeitung zeilenweise                */

                EXEC SQL
                    FETCH C1
                        INTO      :PRODUKT_LNAME    :PRODUKT_LNAME_I ,
                                  :PRODUKT_KNAME    :PRODUKT_KNAME_I ;

                IF SQLSTATE ¬= '00000' THEND DO;
                    .....                       /* Fehlerbehandlung                            */
                ELSE;
                                          /* Scratchpad-Infos nutzen bzw. einstellen           */
                    PRODUKT_BEREICH  = SCRATCHP_PRODUKT_BER; /* Produkt-Bereich                */

                    SCRATCHP_ZAEHLER = SCRATCHP_ZAEHLER + 1; /* Zaehler verarb. Zeilen         */
                END;

            END;

            WHEN ( +1 ) DO;           /* Close Aufruf: Verarbeitung beenden,z.B CURSOR schliessen */
                EXEC SQL
                    CLOSE C1 ;
                                /* Protokollieren Programmlauf mit Programm-Name ,             */
                                /* Start-Timestamp, Ende-Timestamp und verarbeitete Sätze      */
                IF SQLSTATE ¬= '00000' THEND DO;
                    .....                       /* Fehlerbehandlung                            */
                ELSE;
                    EXEC SQL
                        INSERT INTO PROTOKOLL ( PROGRAMM_NAME , START_TS , ENDE_TS , ANZAHL )
                               VALUES ('PRODNAME' , :SCRATCHP_BEGINN , CURRENT TIMESTAMP
                                        :SCRATCHP_ZAEHLER ) ;
                    IF SQLSTATE ¬= '00000' THEND DO;
                        .....                   /* Fehlerbehandlung                            */
                    END;

                END;
            END;

            WHEN ( +2 ) DO;           /* Letzter Aufruf: Speicheranforderungen usw. freigeben   */
                ...
            END;

            ....
        END;

END PRODNAME;
```

13.4.8 Entwicklung und Einsatz von Triggern
13.4.8.1 Programmtechnische Besonderheiten

Zum grundsätzlichen Konzept für Trigger siehe Kapitel 2, 9 und 10.
Folgende programmtechnische Besonderheiten gelten:

- Trigger lassen sich aufgliedern in unterschiedliche Kategorien:
  - INSERT, UPDATE, DELETE   je nach Manipulations-Typ.
  - Before-Trigger und After-Trigger je nach Aktivierungszeitpunkt, bezogen auf die Manipulation.
  - Statement-Trigger und Row-Trigger in Abhängigkeit zur Häufigkeit der Trigger-Ausführung.

- Der Aufruf eines Triggers erfolgt implizit mit Vorgabe eines Manipualations-SQL-Statements.
  Utility-Manipulationen führen zu keinem Trigger-Anstoß!

- Ein Trigger kann andere Trigger sowie Funktionen und Stored Procedures bis zu insgesamt 16 Level aktivieren.
  - Ein Trigger kann einen anderen Trigger durch Ausführung einer SQL-Manipulation innerhalb des Triggers implizit aktivieren.
  - Ein Trigger kann eine User-defined Function aktivieren durch SQL-Statement innerhalb des Triggers.:
    - <u>Bedingte Ausführung</u> mittels Funktions-Vorgabe in einem SQL-Statement (z.B. SELECT). In diesem Fall wird die Funktion abhängig von der Result Table 0 - n-mal aktiviert.
    - <u>Unbedingte Ausführung</u> mittels Vorgabe eines SQL-VALUES-Statement. In diesem Fall wird die Funktion genau einmal pro Statement bzw. pro Row aktiviert (abhängig vom Trigger-Typ).
  - Ein Trigger kann eine Stored Procedure durch Absetzen des CALL-SQL-Statements aktivieren.

- Ein Trigger muss vor der Nutzungsmöglichkeit mit CREATE TRIGGER (siehe Anhang 2) definiert sein.

13.4.8.2 Trigger-Beispiele

In Erweiterung bzw. Ergänzung zu den Beispielen im Kapitel 2, 9 und 10 folgen einige Beispiele der Definition von Triggern.

- Before-Row-Trigger Manipulations-Typ: INSERT (aus Kapitel 10.4.6.2)

```
CREATE TRIGGER TSA1
       NO CASCADE BEFORE   INSERT ON SEMRES
           REFERENCING   NEW AS ZUGANG
               FOR EACH ROW MODE DB2SQL
       WHEN
    ( ( SELECT    MAXTEILN FROM SEMTYP, SEMINAR
           WHERE  SEMTYP.SEMCODE     =       SEMINAR.SEMCODE
              AND SEMINAR.SEMNR      =       ZUGANG.SEMNR)    =
      ( SELECT    COUNT (*)    FROM SEMRES
           WHERE  SEMRES.SEMNR       =       ZUGANG.SEMNR )              OR
      ( SELECT    MAXPLAETZE FROM KURSORT, SEMINAR
              WHERE KURSORT.KORTNR =    SEMINAR.KORTNR
              AND SEMINAR.SEMNR      =       ZUGANG.SEMNR )    =
      ( SELECT COUNT (*)      FROM SEMRES
           WHERE  SEMRES.SEMNR       =       ZUGANG.SEMNR ) )
--     BEGIN ATOMIC
           SIGNAL SQLSTATE '70001' ('Mehr Teilnehmer als erlaubt')   ;
--     END #
```

- After-Row-Trigger Manipulations-Typ: INSERT (aus Kapitel 10.4.6.4)

```
CREATE TRIGGER TSA2
         AFTER   INSERT ON SEMRES
             REFERENCING   NEW AS ZUGANG
                 FOR EACH ROW MODE DB2SQL
--     BEGIN ATOMIC
           UPDATE SEMINAR
                 SET    FREIPLATZ    =      FREIPLATZ - 1
                 WHERE  SEMNR        =      ZUGANG.SEMNR  ;
--     END #
```

- **After-Row-Trigger mit Aufruf einer Stored Procedure**
  Die Stored Procedure wird aktiviert, wenn ein ANREISE-Datum gesetzt ist.

  ```
  CREATE TRIGGER TSA2
         AFTER  INSERT ON SEMRES
                REFERENCING  NEW AS ZUGANG
                FOR EACH ROW MODE DB2SQL
         WHEN  ( ZUGANG.ANREISE IS NOT NULL )
  --  BEGIN ATOMIC
            CALL STP2 ( ZUGANG.SEMNR , ZUGANG.RESNR ) ;
  --  END #
  ```

- **After-Statement-Trigger mit Aufruf einer User-defined External Function - Variante A**
  In diesem Fall wird der Trigger nur einmal pro Statement aktiviert
  Die Funktion wird aktiviert, wenn ein ANREISEs-Datum gesetzt ist.

  ```
  CREATE TRIGGER TSA3
         AFTER  INSERT ON SEMRES
                REFERENCING  NEW_TABLE AS ZUGANG
                FOR EACH STATEMENT MODE DB2SQL
  --  BEGIN ATOMIC
            SELECT  FUNK1( ZUGANG.SEMNR , ZUGANG.RESNR )
                FROM   ZUGANG  WHERE ANREISE IS NOT NULL;
  --  END #
  ```

- **After-Row-Trigger mit Aufruf einer User-defined External Function - Variante B**
  Die Funktion wird aufgrund der WHEN-Bedingung aktiviert, wenn ein RESNRs-Datum gesetzt ist.
  Fehlt die WHEN-Bedingung, wird die Funktion immer aktiviert.

  ```
  CREATE TRIGGER TSA3
         AFTER  INSERT ON SEMRES
                REFERENCING  NEW AS ZUGANG
                FOR EACH ROW MODE DB2SQL
         WHEN  ( ZUGANG.SEMNR IS NOT NULL )
  --  BEGIN ATOMIC
            VALUES ( FUNK2( ZUGANG.SEMNR , ZUGANG.RESNR )) ;
  --  END #
  ```

13.4.8.3 Codier-Beispiele: Aufruf mit Übergabe einer Transition-Table

Definition des Triggers:

CREATE	TRIGGER PROD.TSA4	Funktions-Name TSA4 im Schema PROD.
	AFTER INSERT ON SEMRES	Nach einem INSERT in der SEMRES-Tabelle
	REFERENCING	
	NEW_TABLE AS ZUGANG	ZUGANG ist der Name der Transition Table
	FOR EACH STATEMENT	Aktivierung einmal pro Statement
	MODE DB2SQL	Parameter-Konventionen
--	BEGIN ATOMIC	
	VALUES (SEMABEST	Aufruf der Funktion: SEMABEST (Anmelde-Bestätigung)
	(TABLE ZUGANG));	Übergabe der Transition Table ZUGANG
--	END #	

Definition einer User-defined External Scalar Function mit Transition-Table-Locator:

Die Funktion erhält die Transition Table einer oder mehrere Seminaranmeldungen (Batch) und erzeugt pro Anmeldung eine Seminar-Anmeldebestätigung.

CREATE	FUNCTION PROD.SEMABEST	Funktions-Name SEMABEST im Schema PROD.
	(TABLE LIKE SEMRES	Eingabe-Argumente im Format und Struktur der SEMRES-Tabelle
	AS LOCATOR)	Die Adresse der Location-Table wird übergeben
	RETURNS (INTEGER)	Ausgabe-Parameter im Format: INTEGER
	SPECIFIC ANMBEST	Spezifischer Name der Funktion: ANMBEST
	EXTERNAL NAME 'SE000036'	Loadmodul-Name: SE000036 (SE = Seminar-Funktion)
	LANGUAGE C	Programmiersprache: C
	PARAMETER STYLE DB2SQL	Alle definierbaren Parameter werden ausgetauscht

User-defined-Function in C entwickelt

```c
int SEMABEST (int semres_tbl_loc);
{
..
/****************************************************************** */
/* Kommunikations-Parameter und Indikatoren                          */
/****************************************************************** */
EXEC SQL BEGIN DECLARE SECTION ;
    SQLTYPE IS TABLE LIKE SEMRES AS LOCATOR  semres_tbl_loc ;
    char       tnname[30];
    char       tvname[30];
    char       tanrede[15];
EXEC SQL END DECLARE SECTION ;

..
/****************************************************************** */
/* Cursor-Definition                                                 */
/* es werden alle Sätze bearbeitet, daher keine WHERE-Bedingung      */
/****************************************************************** */
EXEC SQL
    DECLARE C1 CURSOR FOR
        SELECT    TNNAME , TVNAME , TANREDE
            FROM  TABLE (:semres_tbl_loc LIKE SEMRES);
...
EXEC SQL
    OPEN C1 ;
...

EXEC SQL
    FETCH C1
        INTO :tnname , :tvname , :tanrede
...
EXEC SQL
    CLOSE C1 ;
...
}
```

13 Anwendungsprogrammierung unter DB2
13.4 Besondere Programmier-Techniken unter DB2

13.4.9 Technische Einsatzbedingungen von externen Routinen
13.4.9.1 Charakteristiken von externen Routinen

Eine **externe Routine** ist ein außerhalb von DB2 mit einer von DB2 unterstützten Programmiersprache vorbereitetes und im Bereich von DB2 ausführbares Benutzer-Programm.
Routinen sind:

- User-defined External Functions:
    - External Scalar Function
    - External Table Function.

- Stored Procedures

Eine Routine basiert auf einem Programm, das als externes Lademodul bereitgestellt wird.
In diesem Fall können Informationen nicht nur aus DB2-Ressourcen, sondern aus beliebigen Objekten verarbeitet werden. Beispielsweise können IMS-Datenbank-Daten in Form einer DB2-Tabellenzeile bereitgestellt werden und dann mit DB2-Tabellenwerten zusammengeführt werden (z.B. mittels JOIN). Damit können sogar die derzeitigen Begrenzungen bei remote Zugriffen kompensiert werden, durch die ein SQL-Statement nur auf Objekte einer Lokation referenzieren kann.

Die folgende Übersicht zeigt die wesentlichen technischen Komponenten und ihre Ausprägungen für Routinen auf:

Komponente	External Function	Stored Procedure
Programmiersprachen	Assembler, C, COBOL, PL/I.	Assembler, C, COBOL, PL/I.
Ausführungs-Umgebung	OS/390 Language Environment	OS/390 Language Environment
Adressraum-Zuordnung	WLM-established	DB2-established (SPAS) WLM-established
Attachment Facility	RRSAF	CAF (SPAS) RRSAF WLM
DB2-Definition	CREATE FUNCTION	CREATE PROCEDURE
DB2-Metadatenhaltung	SYSROUTINES	SYSROUTINES

13.4.9.2 Zulässige und unzulässige Funktionen

Bei der Definition einer **externen Routine** wird die Einsatzmöglichkeit von SQL-Statements vorgegeben (Details siehe unter CREATE FUNCTION im Anhang 2):

- NO SQL   Es sind keine ausführbaren SQL-Statements zugelassen.
- CONTAINS SQL   Es sind keine lesenden oder manipulierenden SQL-Statements zugelassen.
- READS SQL DATA   Es sind lesende, aber keine manipulierenden SQL-Statements zugelassen.
- MODIFIES SQL DATA   Es sind lesende und manipulierende SQL-Statements zugelassen.

Folgende SQL-Statements dürfen nicht vorgegeben werden:

- COMMIT,
- ROLLBACK.

Wird trotzdem ein solches Statement ausgeführt, wird der SQLCODE -751 erzeugt, der den Thread in einen 'Must Rollback'-Status setzt.
Die aufrufende Routine muss dann einen ROLLBACK (mit den jeweiligen Mitteln des Trägersystems) aktivieren, ansonsten erfolgt ein Abbruch.

13 Anwendungsprogrammierung unter DB2
13.4 Besondere Programmier-Techniken unter DB2

Bei Aktivierung in einem WLM-established Adressraum dürfen keine expliziten RRSAF-Calls eingesetzt werden.
In einer externen Funktion müssen vor Rückgabe der Steuerung alle offenen Cursor geschlossen sein, ansonsten wird ein SQL-Returncode erzeugt.

Eine Routine kann remote DB2-Objekte mittels dreiteiligem Namen bzw. ALIAS oder über CONNECT bzw. SET CONNECTION verarbeiten.

13.4.9.3 Behandlung von Spezial-Registern

Beim Aufruf einer externen Routine werden Spezial-Register-Zustände übergeben, die teilweise in einer Routine mittels SET-SQL-Statement modifizierbar sind.
Bei Rückgabe der Steuerung an die aufrufende Routine werden die Inhalte wieder auf den Zustand zum Zeitpunkt des Aufrufs zurückgesetzt.
Die folgende Übersicht zeigt die Besonderheiten für Spezial-Register:

Spezial-Register	Initialisierungs-Wert für die aufgerufene Routine	Ist SET möglich?
CURRENT DATE	Jedes einzelne Statement erhält einen neuen Wert zugewiesen.	-
CURRENT DEGREE	Wert wird von der aufrufenden Routine übernommen.	Ja
CURRENT LOCALE LC_CTYPE	Wert wird von der aufrufenden Routine übernommen.	Ja
CURRENT OPTIMIZATION HINT	Wert wird von der BIND-Option OPTHINT der Package bzw. von der aufrufenden Routine übernommen. Eine vorausgegangene Modifikation wird berücksichtigt.	Ja
CURRENT PACKAGESET	Wert wird von der CREATE-Option COLLID der Package bzw. von der aufrufenden Routine übernommen.	Ja
CURRENT PATH	Wert wird von der BIND-Option PATH der Package bzw. von der aufrufenden Routine übernommen. Eine vorausgegangene Modifikation wird berücksichtigt.	Ja
CURRENT PRECISION	Wert wird von der aufrufenden Routine übernommen.	Ja
CURRENT RULES	Wert wird von der aufrufenden Routine übernommen.	Ja
CURRENT SERVER	Wert wird von der aufrufenden Routine übernommen.	Ja
CURRENT SQLID	Der Primary Autorisierungs-Id des Prozesses oder von der aufrufenden Routine übernommen.	Ja (wirkt nur bei DYNAMCIRULES RUN)
CURRENT TIME	Jedes einzelne Statement erhält einen neuen Wert zugewiesen.	-
CURRENT TIMESTAMP	Jedes einzelne Statement erhält einen neuen Wert zugewiesen.	-
CURRENT TIMEZONE	Wert wird von der aufrufenden Routine übernommen.	-
CURRENT USER	Primary Autorisierungs-Id des Prozessess	-

13.4.9.4 Haupt- oder Unterprogramm

Wird die Routine in einem WLM-Adressraum aktiviert, kann sie als Haupt- oder Unterprogramm aktiviert werden.
Ein <u>Hauptprogramm</u> wird mit mehr Aufwand betrieben und führt zu folgenden Zusatzaktivitäten:
- Initialisierungs- und Terminierungsarbeiten,
- Anforderung und Freigabe von Speicherbereichen,
- Freigabe aller Workfiles vor dem Rücksprung.

Ein <u>Unterprogramm</u> muss bestimmte Restriktionen beachten:
- keine Steuerungsrückgabe an das Betriebssystem (z.B. kein PL/I STOP oder EXIT;kein COBOL STOP RUN),
- sprachspezifische Charakteristiken:

Sprache	Hauptprogramm	Unterprogramm
Assembler	MAIN=YES im CEENTRY-Macro	MAIN=NO im CEENTRY-Macro
C	main()-function und Parameterübergabe mit argc und argv	fetchable-function und explizite Parameterübergabe.
COBOL	Rücksprung nicht mit GOBACK	Dynamisch geladenes Upro. Rücksprung mit GOBACK
PL/I	PROC OPTIONS (MAIN)	PROC OPTIONS (FETCHABLE)

13.4.9.5 Entwicklungs-Komponenten

Für die Entwicklung und Bereitstellung einer Routine sind folgende Komponenten relevant:

- **Entwicklung der Routine**

  Die Editierung erfolgt in einer der unterstützten Programmiersprachen (siehe vorab).
  Die Routine sollte reentrant sein.
  Damit kann eine einzelne Kopie der Routine im virtuellen Adressraum von mehreren aufrufenden Routinen gleichzeitig genutzt werden. Bei Assembler-Programmen muss die Reentrant-Fähigkeit bei der Codierung berücksichtigt werden. Die Prozedur sollte als reentrant und reusable gelinkt werden.

- **Definition der Komponenten für die Routine**

  - **Definition der Routine**

    Jede Routine sowie die Definitionen der Eingabe- und Ausgabe-Parameter sind mit CREATE FUNCTION bzw. mit CREATE PROCEDURE zu definieren. Siehe Anhang 2.

  - **Einrichtung der Privilegien zur Verwaltung und Nutzung der Routine**

    Die Verwaltungsmöglichkeit für das Schema fordert ein CREATIN-Privileg. Die Nutzungsmöglichkeit wird über das EXECUTE ON FUNCTION-Privileg bzw. das EXECUTE ON PROCEDURE-Privileg definiert.

  - **Erzeugen der Packages und Pläne**

    Jede Routine entspricht einem eigenständig kompilierten Unterprogramm, das ein eigenes DBRM erzeugt. Dieses wird mit BIND PACKAGE gebunden und an dem jeweiligen Server vorgehalten, an dem das Ladeprogramm verfügbar ist.
    Eine Routine braucht natürlich keinen eigenen Plan, sondern die Package wird unter dem Plan des Client Programms aktiviert. Die Package der Routine muss daher im entsprechenden Plan (ggf. in einem anderen Server) in der PKLIST aufgenommen werden bzw. über eine vorhandene PKLIST abgedeckt sein.
    Wird mit den BIND-Optionen ENABLE und DISABLE gearbeitet, sind für die Routinen die entsprechenden Regelungen zu beachten bzw. zu treffen.

- **Stoppen und Aktivieren der Routine**

  Jede definierte Routine kann ohne weitere Voraussetzungen aktiviert werden.
  Dies erfolgt bei Funktionen durch Nutzung innerhalb eines SQL-Statements, bei Prozeduren durch expliziten Aufruf mittels EXEC SQL CALL.
  Eine Routine wird bei Aktivierung in den entsprechenden Adressraum geladen (sofern die Routine nicht explizit gestoppt wurde und die Routine nicht bereits im Speicher resident ist).
  Ist der zugewiesene Adressraum nicht aktiv, wird er automatisch gestartet.
  Mit DB2-Kommandos kann eine Routine von Aufrufmöglichkeiten ausgeschlossen und auch wieder aktiviert werden. Damit kann auch eine neue Programmversion genutzt werden.
  Die DB2-Kommandos sind:
     -STOP PROCEDURE bzw. -START PROCEDURE   für Prozeduren
     -STOP FUNCTION SPECIFIC bzw. -START FUNCTION SPECIFIC   für Funktionen.

- **Aufruf der Routine**

  Eine Routine kann mit den vorab dargestellten Mitteln aktiviert und aufgerufen werden.
  Es existieren zwei grundsätzliche Zuordnungsmöglichkeiten der Routine:
  - **Lokale Zuordnung**

    Die Routine wird auf dem Client Server aktiviert und ausgeführt. Die Verarbeitung entspricht grundsätzlich einem lokalen programmspezifischen Aufruf (wird aber in einem eigenen DB2-Adressraum ausgeführt).

  - **Remote Zuordnung**

    Das Client Programm kann mit explizitem CONNECT oder implizit über einen dreiteiligen Prozedur-Namen die Verbindung zu einem remote Server aufbauen.
    Die Routine wird automatisch auf dem remote Server aktiviert und ausgeführt. Diese Verarbeitung wird auch als Remote Procedure Call (RPC) bezeichnet. Im CICS existiert eine ähnliche Funktionalität unter dem Begriff Distributed Program Link (DPL).

  Innerhalb einer Routine können wiederum remote Routinen genutzt werden.
  Die Programmiersprache der Routine kann vom aufrufenden Programm abweichen.
  DB2 berücksichtigt dies und setzt auch die Parameter entsprechend bei Bedarf um.

13 Anwendungsprogrammierung unter DB2
13.4 Besondere Programmier-Techniken unter DB2

13.4.9.6 Programm- und Adressraum-Konzept

Eine Programm-Kopie kann von mehreren aufrufenden Programmen gleichzeitig genutzt werden, wenn das Programm reentrant programmiert wurde.
DB2 übernimmt automatisch die Isolation der Variablen für jeden Thread.

Eine Routine kann ausgeführt werden unter:

- **CAF (nur bei Stored Procedures im SPAS)**
  Die Routine kann grundsätzlich auf Non-DB2-Ressourcen zugreifen. Es ist aber zu beachten, dass eine Reihe von OS/390-Ressourcen keine Parallelverarbeitung unterstützen kann.
  DB2 verfügt über kein Wissen von solchen konsistenzgefährdenden oder performancekritischen Verarbeitungen.

  Von der Routine aus können CICS-Dienste genutzt werden über:
    - Message Queue Interface (MQI) für einen asynchronen Transaktionsanstoß im CICS.
    - External CICS Interface (EXCI) für einen synchronen Transaktionsanstoß im CICS.
      Hier ist allerdings die Synchronisation der recoverable Ressourcen kritisch, da DB2 und CICS in diesem Fall zwei separate UOWs aufbauen (CICS-UOW und DB2 UOR)!

- **RRSAF**
  Die Routine kann grundsätzlich auf Non-DB2-Ressourcen zugreifen. Sämtliche OS/390-Ressourcen, die als recoverable definiert sind, werden im Rahmen des 2-Phasen-Commits unterstützt. Von der Routine aus können recoverable Dienste genutzt werden für:
    - Messages des Message Queue Interfaces (MQI),
    - DL/I-Datenbanken (IMS),
    - recoverable VSAM-Datasets.

13.4.9.6.1 Parametrisierung für WLM-established Adressräume

Im WLM-Adressraum kann mit dem NUMTCB-Parameter vom System-Administrator die Anzahl der Parallel-Tasks (TCBs) definiert werden. Es ist zu beachten, dass eine Anzahl > 1 die Isolation der Programme nicht mehr gewährleistet, da durch einen falsch adressierten Pointer eine Überschreibung fremder Adressraumbereiche möglich ist!

Folgende Empfehlungen können ansonsten ausgesprochen werden:
- In der WLM-JCL sollte REGION=0 vorgegeben werden, damit der größte verfügbare Adressraum genutzt wird.
- Linkage Editor-Optionen AMODE (31) und RMODE (ANY) sind zu definieren.
- In COBOL-Programmen RES und DATA (31)-Optionen nutzen.
- Für das Language Environment die Optionen vorgeben:
    - HEAP(,,ANY)   Für Programm Heap Storage oberhalb von 16 MB.
    - STACK(,,ANY,)   Für Programm Stack Storage oberhalb von 16 MB.
    - STORAGE(,,,4K)   Reduziert den Reserve Storage unterhalb von 16 MB auf 4 KB.
    - BELOWHEAP(4K,,)   Reduziert den Heap Storage unterhalb von 16 MB auf 4 KB.
    - LIBSTACK(4K,,)   Reduziert den Library Stack unterhalb von 16 MB auf 4 KB.
    - ALL31(ON)   Ermöglicht die Ausführung der Programme in der Funktion zur Ausführung 'above'.

13.4.9.7 Zuordnung von Plan und Packages

Eine Routine ist eine eigenständig kompilierte Programmkomponente und erzeugt daher ein DBRM, das wiederum als Package gebunden werden muss.
Im Zusammenspiel von Plan und Package ist folgendes relevant:

- Das Hauptprogramm der Verarbeitung (Client Programm) benötigt am Ort der Ausführung einen Plan, dessen PKLIST sämtliche erforderlichen Packages referenziert.

- Eine Routine ist einer Package am jeweiligen Server zugeordnet. Standardmäßig wird unterstellt, dass sich diese Package in der aktuellen Collection befindet.
  Ist dies nicht der Fall, muss ein abweichender Collection-Name (COLLID) bestimmt werden oder in der Routine während der Ausführung mit SET CURRENT PACKAGESET die Collection bestimmt werden. DB2 stellt nach Rückgabe der Steuerung von der Routine automatisch den Spezialregister-Zustand vor Beginn des Aufrufs der Routine wieder her.

- Werden weitere selbständig kompilierte Unterprogramme (vom Client Programm oder von der Routine) aktiviert, benötigen sie jeweils eine Package.

Innerhalb einer Routine kann die Package gewechselt werden durch:

- Aufruf eines sprachspezifischen Unterprogramms (z.B. PL/I oder COBOL CALL), das SQL-Statements enthält,
- Aufruf einer Routine mit EXEC SQL CALL,
- Aufruf einer User-defined Function innerhalb eines SQL-Statements,
- Umsetzen der Collection innerhalb der Routine mittels SET CURRENT PACKAGESET.

Es können verschiedene Programm-Versionen eingesetzt und genutzt werden:

- bei Stored-Procedures durch das Collection-Konzept und durch das Schema-Konzept,
- bei Funktionen durch das Collection-Konzept und durch das Schema-Konzept; daneben spielen die Parameter bei der Function Resolution eine wichtige Rolle (siehe hierzu Details im Anhang 1).

13.5 CAF - Call Attachment Facility

Mit dem Call Attachment Facility (CAF) kann ein OS/390-Batch-Adressraum oder ein TSO-Adressraum mit DB2 verbunden werden.
CICS- und IMS-Programme müssen ihre jeweiligen Attach-Facilities benutzen.

Im Vergleich zur TSO-Umgebung kann ein flexibleres Umfeld gestaltet werden. Aber die Verwaltung und Konsistenz-Kontrolle der Verbindung (Connection) ist aufwendiger unter CAF.
Es stehen eigene Kommandos zur Verfügung (siehe auch Anhang 5: CAF-Funktionen).
Achtung:
Die Nutzung ist den Personen vorbehalten, die ein <u>umfassendes Verständnis</u> für die OS/390- und DB2-Systemumgebung haben.
Im Idealfall wird im Unternehmen eine Standardumgebung für CAF-Anwendungen entwickelt.

13.5.1 Vorteile der CAF-Nutzung

Folgende Vorteile einer CAF-Nutzung sind zu nennen:

- Es können Verbindungen von jedem OS/390-Adressraum aus zu DB2 aufgebaut werden.
  Auch Multi-Tasking-Verbindungen sind möglich (pro TCB aber max. eine).

- Es kann während einer Ausführung der Plan gewechselt werden.

- Die Anwendung kann grundsätzlich auch dann aktiviert werden, wenn DB2 nicht aktiv ist
  (natürlich können dann keine SQL-Statements abgesetzt werden).

- Es kann auf DB2-IFI (Instrumentation Facility Interface) zugegriffen werden.

- Die Anwendung muss nicht (kann aber) als Unterprogramm des TSO-Terminal-Programms (TMP)
  aktiviert werden. Wenn nicht, erhält die Anwendung die normalen OS/390-Returncodes.
  Wenn unter dem TMP aktiviert, können Connections dynamisch explizit auf- und abgebaut werden.

- Es können System-Statusdaten geprüft werden:
  - Eine Connection kann explizit auf- und abgebaut und kontrolliert werden.
  - Es kann geprüft werden, ob das Programm mit dem korrekten DB2-Release arbeitet.
  - Es können Event Control Blocks (ECBs) vorgegeben werden, die von DB2 bei Systemereignissen aktiviert werden (post), wie z.B. bei System-Terminierung.
  - Detaillierte DB2-Return Codes (Reason-Codes, Abend-Codes) können interpretiert werden.

13.5.2 Entwicklung eines CAF-Programms

Ein CAF-Programm kann unter folgenden Programmiersprachen entwickelt werden:

- Assembler (dann erforderlich, wenn die Macros ATTACH, WAIT, POST benutzt werden),
- C,
- COBOL,
- FORTRAN (unterstützt die TRANSLATE-Funktion nicht),
- PL/I.

Es existieren folgende Musterprogramme:

- Assembler   DSN8CA
- COBOL   DSN8CC;   DSN8SCM mit Aufruf von DSN8CC.
- PL/I   DSN8SPM mit Aufruf von DSN8CA.

Für die Kompilierung und den Programm-Prepare existieren keine Besonderheiten.

13.5.3 Nutzbare Funktionen

Die nutzbaren Funktionen lassen sich wie folgt aufgliedern:

- **DSNALI - CAF-Funktionen**
  Mit diesen Funktionen werden die Verbindungen zu DB2 kontrolliert.
  Es sind folgende Funktionen unterstützt:

    - **CONNECT**   Aufbau einer Verbindung zu einem DB2-System.
      Ein CONNECT kann implizit oder explizit aktiviert werden.
      Beim impliziten CONNECT gilt folgender Default-Wert:
      - **Subsystem-Name**   wird aus dem Member DSNHDECP entnommen.

    - **OPEN**   Zuordnung eines Plans.
      Beim impliziten CONNECT gilt folgender Default-Wert:
      - **Plan-Name**   wird aus dem DBRM-Namen des Moduls entnommen, das das erste SQL-Statement absetzt.

    - **TRANSLATE**   Rückgabe eines SQLCODEs und beschreibenden Textes in der SQLCA, wenn ein hexadezimaler DB2-Reason-Code aufgetreten ist.

    - **CLOSE**   **Abschluss der UOW** (COMMIT oder ROLLBACK) und Deaktivierung des Plans.
      Wurde ein impliziter CONNECT und OPEN vorgenommen, wird das Programm abgeschlossen (OS/390-Task wird beendet) und ggf. der Adressraum freigegeben (wenn dies die letzte Task ist).

    - **DISCONNECT**   Abschluss der OS/390-Task und ggf. Freigabe des Adressraum (wenn dies die letzte Task ist).

- **DSNHLI - SQL-Statements**
  SQL-Statements werden in das Programm eingebettet (embedded SQL) und mit dem DB2-Precompiler kompiliert. Daraus entstehen dann generierte CALL DSNHLI-Aufrufe (siehe auch Kapitel 13.2).

- **DSNWLI - IFI-Funktionen**
  Mit diesen Funktionen wird das Instrumentation Facility Interface (IFI) aktiviert.
  Es sind folgende Funktionen unterstützt:

    - **COMMAND**   Zum Absenden von DB2-Commands.

    - **READS**   Zum synchronen Empfang von Trace-Sätzen.

    - **READA**   Zum asynchronen Empfang von Trace-Sätzen.

    - **WRITE**   Zum Schreiben von Trace-Sätzen auf eine Trace-Destination, die vorher mit -START TRACE aktiviert wurde.

13.5.3.1 Implizite Connection

Bei einer impliziten Connection brauchen keine DSNALI-Funktionen vorgegeben zu werden. Automatisch wird die Task mit den vorab unter CONNECT und OPEN aufgezeigten Default-Werten zugeordnet.

Eine Task hat zu einem Zeitpunkt eine einzige Verbindung zu einem DB2-System.

Wenn eine Task beendet wird, werden folgende Aktivitäten ausgelöst:

- Wenn die Verarbeitung OK war, werden alle Veränderungen mit COMMIT vollzogen, ansonsten werden sie mit ROLLBACK zurückgesetzt.

- Der aktive Plan und die gesperrten Ressourcen werden freigegeben.

- Die Task- und die Adressraumverbindung werden aufgelöst.

13.5.3.2 Explizite Connection

Bei einer expliziten Connection kann die Verbindung zu einem spezifischen DB2-System mit CONNECT aufgebaut und kontrolliert werden und mit OPEN ein individueller Plan zugeordnet werden.

Eine Task kann zu einem Zeitpunkt nur eine einzige Verbindung zu einem DB2-System haben. Wird eine Verbindung zu einem anderen DB2-System gewünscht, muss die Verbindung explizit abgebaut und eine neue Verbindung aufgebaut werden (DISCONNECT und erneutes CONNECT).

Wenn ein Plan-Wechsel durchgeführt werden soll, muss der aktive Plan mit CLOSE geschlossen und mit OPEN ein neuer Plan zugeordnet werden (**Achtung**: es entsteht eine neue UOW).

Wenn eine Task beendet werden soll, gibt es zwei Alternativen:

- Vorgabe einer expliziten CLOSE-Funktion, mit der durch Parameter die Abschlussverarbeitung gesteuert werden kann:
  - SYNC   entspricht der COMMIT-Verarbeitung,
  - ABRT   entspricht der ROLLBACK-Verarbeitung.

- Durchführung einer impliziten CLOSE-Funktion durch DB2 analog dem Abschluss der vorab beschriebenen impliziten Connection.

13.5.3.3 Generelle Ausprägungen einer CAF-Connection

Eine CAF-Connection wird unter folgenden Konventionen geführt (kann mit -DISPLAY THREAD angezeigt werden):

- **Connection-Name**   DB2CALL

- **Connection-Typ**   BATCH. Es wird nur ein Single-Phase-Commit unterstützt!

- **Autorisierungs-Ids**   Gemäß der Autorisierungs-Id-Exit-Liste, die dem Adressraum von einem externen Security Manager übergeben wird.

13.6 RRSAF - Recoverable Resource Manager Services Attachment Facility

Mit dem Recoverable Resource Manager Services Attachment Facility (RRSAF) kann ein OS/390-Batch-Adressraum oder ein TSO-Adressraum mit DB2 verbunden werden.
CICS- und IMS-Programme müssen ihre jeweiligen Attach-Facilities benutzen.

RRSAF benutzt die OS/390 Transaction Management and Recoverable Resource Manager Services (OS/390 RRS) zur Koordination sämtlicher recoverable Ressourcen unter OS/390-Steuerung:

- DL/I-Datenbanken (IMS),
- MQ-Series Messages,
- recoverable VSAM-Dateien,
- DB2-Tabellen.

Diese Schnittstelle synchronisiert die Konsistenz der Ressourcen über 2-Phasen-Commit-Verfahren.
In einem Adressraum darf nur ein Attachment Facility aktiv sein (z.B. neben RRSAF kein CAF).
Es stehen eigene Funktionen zur Verfügung (siehe auch Anhang 5 - RRSAF-Funktionen).
Achtung:
Die Nutzung ist den Personen vorbehalten, die ein umfassendes Verständnis für die OS/390- und DB2-Systemumgebung haben.
Im Idealfall wird im Unternehmen eine Standardumgebung für RRSAF-Anwendungen entwickelt.

13.6.1 Vorteile der RRSAF-Nutzung

Folgende Vorteile einer RRSAF-Nutzung sind zu nennen:

- Ressourcen verschiedener Trägersysteme können synchronisiert werden.

- Es können Verbindungen von jedem OS/390-Adressraum aus zu DB2 aufgebaut werden.
  Auch Multi-Tasking-Verbindungen sind möglich (pro TCB aber max. eine).

- Es kann während einer Ausführung der Plan gewechselt werden.

- Die Anwendung kann grundsätzlich auch dann aktiviert werden, wenn DB2 nicht aktiv ist
  (natürlich können dann keine SQL-Statements abgesetzt werden).

- Es kann auf DB2-IFI (Instrumentation Facility Interface) zugegriffen werden.

- Die Anwendung muss nicht (kann aber) als Unterprogramm des TSO-Terminal-Programms (TMP) aktiviert werden. Wenn nicht, erhält die Anwendung die normalen OS/390-Returncodes.
  Wenn unter dem TMP aktiviert, können Connections dynamisch explizit auf- und abgebaut werden.

- Es können System-Statusdaten geprüft werden:
    - Eine Connection kann explizit auf- und abgebaut und kontrolliert werden.
    - Es kann geprüft werden, ob das Programm mit dem korrekten DB2-Release arbeitet.
    - Es können Event Control Blocks (ECBs) vorgegeben werden, die von DB2 bei Systemereignissen aktiviert werden (post), wie z.B. bei System-Terminierung.
    - Detaillierte DB2-Return Codes (Reason-Codes, Abend-Codes) können interpretiert werden.

13.6.2 Entwicklung eines RRSAF-Programms

Ein RRSAF-Programm kann unter folgenden Programmiersprachen entwickelt werden:

- Assembler (dann erforderlich, wenn die Macros ATTACH, WAIT, POST benutzt werden),
- C,
- COBOL,
- FORTRAN (unterstützt die TRANSLATE-Funktion nicht),
- PL/I.

13.6.3 Nutzbare Funktionen

Die nutzbaren Funktionen lassen sich wie folgt aufgliedern:

- **DSNRLI - RRSAF-Funktionen**
  Mit diesen Funktionen werden die Verbindungen explizit zu DB2 kontrolliert.
  Es sind folgende Funktionen unterstützt:

  - IDENTIFY   Aufbau einer Verbindung (Connection) zu einem DB2-System.
  - SWITCH TO   Etablierung mehrerer Verbindungen zu mehreren DB2-Systemen aus einer Task heraus.
  - SIGNON   Übergabe eines Primary-Ids und ggf. eines Sekundär-Ids.
  - AUTH SIGNON   Alternative zu SIGNON: Übergabe eines Primary-Ids und ggf. von Sekundär-Ids durch ein APF-Autorisiertes Programm.
  - CONTEXT SIGNON   Übergabe eines Primary-Ids und ggf. von Sekundär-Ids durch ein Nicht-Autorisiertes Programm.
  - CREATE THREAD   Zuordnung eines Plans bzw. einer Collection für die Package-Ermittlung.
  - TERMINATE THREAD   Freigabe der Plan-Ressourcen.
  - TERMINATE IDENTIFY   Freigabe der Connection.
  - TRANSLATE   Rückgabe eines SQLCODEs und beschreibenden Textes in der SQLCA, wenn ein hexadezimaler DB2-Reason-Code aufgetreten ist.

- **DSNHLI - SQL-Statements**
  SQL-Statements werden in das Programm eingebettet (embedded SQL) und mit dem DB2-Precompiler kompiliert. Daraus entstehen dann generierte CALL DSNHLI-Aufrufe (siehe auch Kapitel 13.2).

- **DSNWLI - IFI-Funktionen**
  Mit diesen Funktionen wird das Instrumentation Facility Interface (IFI) aktiviert.
  Es sind folgende Funktionen unterstützt:

  - COMMAND   Zum Absenden von DB2-Commands.
  - READS   Zum synchronen Empfang von Trace-Sätzen.
  - READA   Zum asynchronen Empfang von Trace-Sätzen.
  - WRITE   Zum Schreiben von Trace-Sätzen auf eine Trace-Destination, die vorher mit -START TRACE aktiviert wurde.

13.6.3.1 Abschluss einer UOW

Der **Abschluss der UOW** erfolgt <u>explizit</u> durch:

- TERMINATE THREAD oder TERMINATE IDENTIFY,
- SQL COMMIT bzw. ROLLBACK,
- CPIC SRRCMIT bzw. CPIC SRRBACK (wird anstelle von SQL-Kommandos empfohlen).

Der **Abschluss der UOW** erfolgt <u>automatisch (implizit)</u>:

- mit **COMMIT** bei Programmende, wenn kein TERMINATE THREAD oder TERMINATE IDENTIFY vorgegeben wurde,

- mit **ROLLBACK** bei Abbruch vor dem Programmende bzw. bevor TERMINATE THREAD oder TERMINATE IDENTIFY vorgegeben wurde.

13.7 Dynamic SQL
13.7.1 Abgrenzung zu Static SQL

Bisher wurden eingebettete SQL-Statements (embedded SQL) behandelt, deren formaler Aufbau schon bei der Programmerstellung bekannt ist. Diese statischen SQL-Statements **(Static SQL)** werden durch einen STATIC BIND kompiliert und innerhalb eines Plans bzw. einer Package geführt. Durch die Möglichkeit, Host-Variablen in ein SQL-Statement an bestimmten Stellen einzusetzen, ist eine gewisse Variabilität bei der Ausführung gegeben.

Für bestimmte Anforderungsarten reicht diese Form der Variabilität jedoch noch nicht aus. Zum Beispiel steht hinter dem DB2-SPUFI ebenfalls ein Anwendungsprogramm, das seine auszuführenden SQL-Statements erst zum Ausführungszeitpunkt über die Bildschirmeingabe (Eingabedatei) erkennt. Daher können diese SQL-Statements nicht in ihrem gesamten möglichen Anwendungsspektrum kompiliert bereitgehalten werden.

DB2 unterstützt ein dynamisches Verfahren (**Dynamic SQL**), bei dem die SQL-Statements erst während der Ausführung:

- eingegeben und vom Anwendungsprogramm aufgenommen werden können,
- auf gültige Syntax überprüft werden können,
- in einer für DB2 bearbeitbaren Form aufbereitet werden können (PREPARE).

Für diese Statement-Gruppe ist kein STATIC BIND möglich. Während der Ausführung wird für jedes aufzubereitende dynamische Statement ein dynamischer Precompile und ein DYNAMIC BIND durchgeführt.
Die damit verbundene erhöhte Flexibilität muss natürlich durch einen zusätzlichen Aufwand bei der Durchführung erkauft werden, da diese Schritte bei jeder Ausführung immer wieder durchgeführt werden müssen (sofern nicht ein Caching der einmal präparierten Statements unterstützt wird und möglich ist - Details hierzu folgen).

Bei der ab Version 5 unterstützten CLI-Sprachschnittstelle (Call Level Interface) werden alle Statements als Dynamic SQL-Statements ausgeführt.

Ein Programm mit Dynamic SQL-Statements durchläuft i.d.R. folgende Ablaufschritte:

- Einlesen des SQL-Statements in Character-Form (die Statements können natürlich auch im Programm z.B. in Abhängigkeit von Benutzereingaben zusammengestellt werden).

- Ggf. prüfen ob das SQL-Statement dynamisch ausgeführt werden kann. Die möglichen Statements sind im Anhang 2 unter EXECUTE IMMEDIATE beschrieben.

- Aufbereiten für die Ausführung (PREPARE) und evtl. Anfordern der Objektbeschreibungen (DESCRIBE). Alternativ kann ein EXECUTE IMMEDIATE ausgeführt werden.

- Dynamische Anforderung von Speicher bei SELECT-Statements für alle Spalten einer Result-Table-Zeile (deren Aufbau erst bei der Ausführung bekannt wird).

- Ausführung des Statements.

- Prüfung des Ausführungsergebnisses.

- Verarbeitung der Ergebnisdaten - speziell bei SELECT-Statements.

13.7.2 Verhalten von Dynamic SQL-Statements (Statement Behavior)

Die Ausführung von dynamischen SQL-Statements kann aus folgenden Umgebungen erfolgen:

- Aktivierung innerhalb eines Anwendungsprogramms.
- Aktivierung innerhalb einer User defined Function oder einer Stored Procedure.

Das Verhalten von dynamischen Statements (**Behavior**) wird beeinflusst durch den **DYNAMICRULES**-Parameter des BIND-Prozesses und der Ausführungsumgebung.

Ein Anwendungsprogramm kann mit den DYNAMICRULES-Werten RUN und BIND gesteuert werden. Diese Optionen haben grundsätzlich folgende Bedeutung (Details siehe im Anhang 2 unter BIND):

BIND Die Regeln entsprechen den Regeln für statische eingebettete (embedded) SQL-Statements. Der BIND-Autorisierungs-Id muss über sämtliche Privilegien verfügen.

RUN Die Regeln entsprechen den Regeln für dynamische SQL-Statements. Der Autorisierungs-Id des Ausführungs-Prozesses muss über sämtliche Privilegien verfügen.

Eine User defined Function oder einer Stored Procedure kann ebenfalls mit den DYNAMICRULES-Werten RUN und BIND und zusätzlich mit den Optionen DEFINERUN, DEFINEBIND, INVOKERUN und INVOKEBIND gesteuert werden.
Die zusätzlichen Optionen stehen in Abhängigkeit zu einer **Stand-alone-Ausführung** einer Package (ohne User-defined Functions und ohne Stored Procedures) oder einer **User-defined Function**- bzw. **Stored Procedure-Ausführung**), bei der die entsprechende Routine als Unterprogramm eines Hauptprogrammes aktiviert wird.
Die zusätzlichen Optionen wirken in Abhängigkeit der Ausführungsumgebung analog der entsprechenden BIND- und RUN-Regeln:

DYNAMICRULES	Verhaltens-Typ (Behavior) der dynamischen SQL-Statements	
	bei Stand-alone-Ausführung	bei User-defined-Function-Ausführung bzw. Stored Procedure-Ausführung
DEFINEBIND	BIND	DEFINE
DEFINERUN	RUN	DEFINE
INVOKEBIND	BIND	INVOKE
INVOKERUN	RUN	INVOKE

13.7.3 Funktionsspektrum von Dynamic SQL
13.7.3.1 Manipulationen und Informationsanforderungen

Dynamic SQL bietet folgendes Funktionsspektrum:

- **Non-SELECT-Statements (Manipulationen)**

    Dies ist die einfachste Form des dynamischen SQL-Statementeinsatzes.
    Außer den Ergebniswerten in der SQLCA werden keine anderen Variablen benötigt.
    Folgende Statements sind hier relevant:

    - **EXECUTE IMMEDIATE**
      Direkte Übergabe eines SQL-Statement-Textes an DB2 zur Preparierung und Ausführung.

    - **PREPARE und EXECUTE**
      Übergabe eines SQL-Statement-Textes an DB2 zur Preparierung (PREPARE) und separater Anstoß des preparierten Statements zur Ausführung (EXECUTE).
      Diese Abfolge entspricht einem EXECUTE IMMEDIATE - allerdings in zwei Schritten abgewickelt.
      Bei dieser Form können Parameter Markers (?) genutzt werden. Erläuterungen hierzu folgen.

- **SELECT-Statements (Informationsanforderungen)**

    Grundsätzlich muss bei einer Informationsanforderung von Datenmengen ausgegangen werden, da das Statement nicht bekannt ist. Bei der Bereitstellung der Daten kann unterschieden werden:

    - **Die Struktur der Result Table ist bekannt (Fixed-List-SELECT)**
      Dies ist die einfachere Form der dynamischen Datenbereitstellung, da außer den Ergebniswerten in der SQLCA eine feste Struktur der Result Table zum Programm-Erstellungszeitpunkt bekannt ist.
      Es können Parameter Markers (?) genutzt werden. Erläuterungen hierzu folgen.
      Folgende Statements sind hier relevant:
        - **DECLARE CURSOR FOR statement** Deklaration des Cursors für ein zu diesem Zeitpunkt noch nicht bekanntes Statement.
        - **PREPARE statement FROM string** Übergabe eines SQL-Statements innerhalb eines Bereiches an DB2 zur Preparierung.
        - **OPEN CURSOR** Eröffnen des Cursors mit dem vorab preparierten Statement.
        - **FETCH** Bereitstellen einer Einzelzeile aus der Cursor-Result-Table.
        - **CLOSE CURSOR** Auf Bedarf schließen des geöffneten Cursors.

    - **Die Struktur der Result Table ist nicht bekannt (Varying-List-SELECT)**
      Dies ist die komplexeste Form des dynamischen SQL-Statementeinsatzes, da außer den Ergebniswerten in der SQLCA variable Bereiche in einer zum Programm-Erstellungszeitpunkt unbekannten Anzahl und Ausdehnung benötigt werden, denn die Struktur der Result Table ist nicht bekannt. Da das Programm dynamische Bereiche während der Ausführung benötigt, ist diese Anwendungsform für OS/VS-COBOL- und FORTRAN-Programme weniger geeignet.
      Für die Adressierung der Variablen wird die SQL-Descriptor Area (**SQLDA**) benötigt. Die Struktur und Inhalte sind im Anhang 5 aufgeführt.
      Es können Parameter Markers (?) genutzt werden. Erläuterungen hierzu folgen.
      Folgende Statements sind hier relevant:
        - **DECLARE CURSOR FOR statement** Deklaration des Cursors für ein zu diesem Zeitpunkt noch nicht bekanntes Statement.
        - **PREPARE statement FROM string** Übergabe eines SQL-Statements innerhalb eines Bereiches an DB2 zur Preparierung.
          alternativ:
          PREPARE statement INTO sqlda FROM string
        - **DESCRIBE statement INTO sqlda** (nur wenn die erste PREPARE-Alternative genutzt wurde) Result-Table-Struktur-Beschreibung durch DB2 in der SQLDA.
        - **OPEN CURSOR** Eröffnen des Cursors mit dem vorab preparierten Statement.
        - **FETCH USING DESCRIPTOR sqlda** Bereitstellen einer Einzelzeile aus der Cursor-Result-Table.
        - **CLOSE CURSOR** Auf Bedarf schließen des geöffneten Cursors.

13.7.3.2 Parameter Markers (?)

Dynamic SQL unterstützt nicht direkt den Einsatz von Host-Variablen. Ein Statement-String kann keine Referenz auf eine Host-Variable aufweisen, aber es können Parameter Markers (?) eingesetzt werden, die als Platzhalter für eine spätere Parameterübergabe variabler Werte dienen.
So sind beispielsweise folgende Statements <u>nicht vorgebbar</u>:

```
SELECT      TITEL                            UPDATE    SEMTYP
   INTO     :TITEL                              SET    TITEL = :TITEL
   FROM     SEMTYP                            WHERE    SEMCODE = :SEMCODE
      WHERE SEMCODE LIKE :SEMCODE
      AND   DAUER >= :DAUER
```

Es existieren zwei Typen:

- **Typed Markers**   in einer CAST-Funktion mit einem   CAST (? AS INTEGER)
                      Daten-Typ spezifiziert.
- **Untyped Markers** alle anderen.   WHERE   SEMCODE LIKE ?

Folgende Aspekte sind zu beachten:
- Bei einer Informationsbereitstellung ist immer das Cursor-Konzept einzusetzen:
  ```
  DECLARE C1 CURSOR FOR STMT1

  PREPARE STMT1 FROM :DYNSQL
  ```
  :DYNSQL ist die einzig zulässige Host-Variable
  Das präparierte Statement, das in DSNSQL enthalten ist:
  ```
  SELECT    TITEL
     FROM   SEMTYP
     WHERE  SEMCODE LIKE ?
        AND DAUER >= ?
  ```

  ```
  OPEN  C1 USING :PARM1,:PARM2
  OPEN  C1 USING :DESCRIPTOR :sqlda

  FETCH C1 USING :DESCRIPTOR :sqlda
  ```
  wenn mit <u>festen Parameter Markers</u> gearbeitet wird.
  wenn mit <u>variablen Parameter Markers</u> gearbeitet wird.

- Bei einer Änderung können die Parameter Markers direkt in das Statement eingesetzt werden:
  ```
  UPDATE    SEMTYP
     SET    TITEL = ?
     WHERE  SEMCODE = ?
  ```

  Die Ausführung erfolgt dann mit Übergabe der Parameter beim EXECUTE:
  ```
  EXECUTE STMTx USING :P1, :P2
  ```
  oder alternativ: EXECUTE STMTx USING DESCRIPTOR :sqlda
  (wird dann verwandt, wenn Anzahl und Formate der Parameter variabel sind).

Regeln für den Einsatz von Parameter Markers:

- Für jeden verwendeten Parameter Marker muss positionsgerecht ein Parameter in der USING-Klausel übergeben werden.

- Parameter Markers unterliegen Einschränkungen:
    - zumindest einer der Operanden eines BETWEEN- oder IN-Prädikates muss ein anderer Parameter als ein Parameter Marker sein (WHERE ? IN (? , 2) ist ungültig),
    - das Argument einer Scalar Function kann nicht direkt durch einen Parameter Marker spezifiziert werden, innerhalb eines arithmetischen Ausdrucks einer Scalar Function ist dies aber möglich.

- Parameter Markers dürfen <u>nicht</u> benutzt werden:
    - in bestimmten SQL-Statements:
        - in einem SET-Statement,
        - in allen Statements, die nicht präpariert werden können,
    - in bestimmten Statement-Komponenten:
        - in einer SELECT-Auswahlliste (SELECT ?, ?),
        - mehrfach in einer WHERE-Bedingung (WHERE ? = ? ist nicht zulässig, WHERE ? = 5 ist zulässig),
    - in bestimmten Operatoren und Ausdrücken:
        - als Operand eines CONCAT-Operators,
        - als Operand eines DateTime-Arithmetik-Ausdrucks,
        - im ersten Operanden eines LIKE-Prädikats,
        - in einer ESCAPE-Klausel des LIKE-Prädikats,
        - im ersten Operanden eines NULL-Prädikats.

13.7.3.3 SQLDA - SQL Descriptor Area

Die SQLDA wird dann eingesetzt, wenn variable Elemente die Aufbereitung oder Ausführung eines dynamischen SQL-Statements beeinflussen.
Die Struktur (siehe Anhang 5) entspricht im wesentlichen der Parameter-Schnittstelle zwischen den Attachment-Facilities und DB2.
Sie übernimmt unterschiedliche Rollen:

1. Das Anwendungs-Programm kann dort seine <u>variablen Parameter beschreiben</u>, nämlich die Variablen, die Parameter-Markers ersetzen.
   In diesem Fall müssen die Beschreibungen der Variablen innerhalb der SQLDA genau korrespondierend zu sämtlichen Parameter Markers des präparierten Statements enthalten sein (für alle Result-Table-Spalten und WHERE-Bedingungen, die durch Parameter Markers gekennzeichnet sind).
   Diese Form kommt beim OPEN CURSOR, FETCH und EXECUTE zum Tragen, bei denen mit USING DESCRIPTOR :sqlda die Adresse der SQLDA übergeben wird.
   Ab der Version 6 können mit DESCRIBE INPUT die Parameter-Marker-Informationen von DB2 angefordert werden.

2. DB2 beschreibt in der SQLDA den <u>Aufbau der Result Table</u> bei einer Informationsanforderung mit variablem Strukturaufbau.
   Anschließend können im Programm in die beschriebenen Positionen der SQLDA die Adressen der Host-Variablen und Host Indikatoren eingestellt werden.
   Beim DESCRIBE wird von DB2 der Aufbau der Result Table beschrieben.
   Beim FETCH wird diese dann um die Adressen der Host-Variablen ergänzte Struktur anstelle von Host-Variablen übergeben (FETCH USING DESCRIPTOR :sqlda).

Ab der Version übernimmt die SQLDA neben diesen dargestellten noch weitere Rollen für die Beschreibung von Query Result Sets einer Stored Procedure (siehe im Anhang 5).

Die SQLDA kann mit INCLUDE SQLDA in das Programm kopiert werden (nicht bei OS/VS COBOL und FORTRAN-Programmen, dort muss die SQLDA manuell definiert werden).
Es können mehrere SQLDAs in einem Programm (mit unterschiedlichem Namen und identischer Struktur) geführt werden.

Da der Aufbau der Result-Table dynamisch ist, ist damit auch die Größe der SQLDA dynamisch. Im Programm kann die SQLDA dynamisch angefordert werden oder aber eine SQLDA statisch gehalten werden, die auf die maximale Größe einer Zeile der Result Table ausgerichtet ist (750 Spalten und 32 KB max. Zeilenlänge).

Soll die SQLDA variabel angefordert werden, muss das Programm einen SQLDA-Bereich z.B. mit GETMAIN (auch CICS GETMAIN) anfordern.

Natürlich kann auch anstelle einzelner Variablen in der jeweiligen Länge ein großer dynamischer Bereich von 32 K angefordert werden und entsprechend jede Spalte der Result Table durch Adress-Rechnung ermittelt und in die SQLDA eingestellt werden.

Ein Beispiel folgt im Rahmen der SELECT-Verarbeitung.

Bei Nutzung von LOB-Werten oder von User-defined Distinct Data Types wird eine erweiterte SQLDA-Struktur zur Verfügung gestellt.
Details hierzu siehe im Anhang 5.

13.7.4 Manipulationen (Non-SELECT)
13.7.4.1 Feste Parameter

Die folgende Abbildung zeigt Anwendungsbeispiele dieses Typs auf.

Abbildung 13-37

Dynamic SQL: Manipulationen (Non-SELECT)

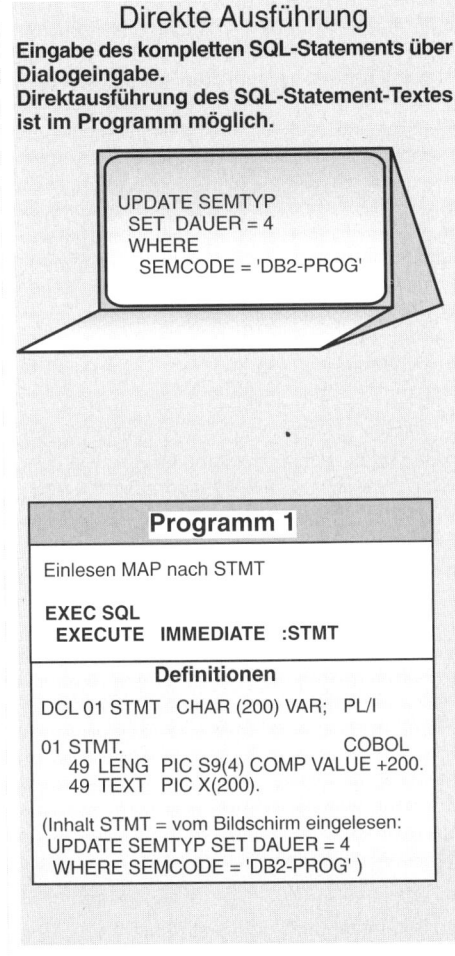
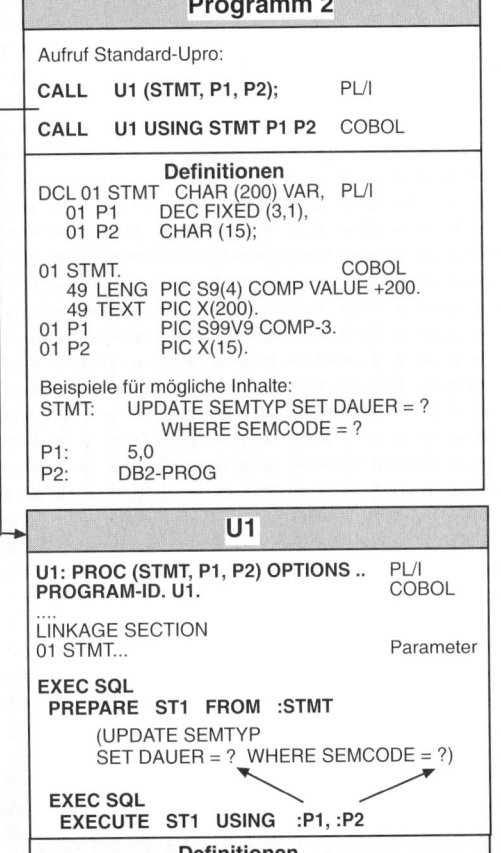

Dieser Verarbeitungstyp umfasst alle ausführbaren dynamischen SQL-Statements außer SELECT.

Die Anwendungs-Form ist grundsätzlich wesentlich einfacher als die Informations-Bereitstellung, da in diesem Fall keine Variablen von DB2 zurückgeliefert werden. Lediglich die SQLCA wird mit Ergebnis-Werten gefüllt.
Die Eingabe-Statements werden grundsätzlich als konstante Strings vorgegeben.

Es existieren folgende unterschiedliche Ausführungsarten:

- **Direkte Ausführung (EXECUTE IMMEDIATE)**
  Direkte Ausführung eines eingegebenen SQL-Strings ohne jede Prüfung und Aufbereitung durch das Programm. Natürlich können hierbei nur Konstanten benutzt werden, der Einsatz von Host-Variablen ist unzulässig.
  DB2 führt die Aufbereitung (PREPARE) und Ausführung (EXECUTE) eines solchen Statement-Typs implizit durch (und natürlich einen DYNAMIC BIND).

- **Prüfung, Aufbereitung (PREPARE) und Ausführung (EXECUTE)**
  Diese Form entspricht grundsätzlich dem EXECUTE IMMEDIATE-Beispiel, wird aber in zwei separaten Schritten vollzogen.
  Zielsetzungen dieser Form können sein:
  - Anstoß eines einmaligen BINDs in einer UOW mit anschließend wiederholter Nutzung des aufbereiteten Statements (EXECUTE).
  - Im Gegensatz zum EXECUTE IMMEDIATE kann ein dynamischer Aspekt mit eingebracht werden, d.h. Host-Variablen mit variablem Inhalt können in ein dynamisches Statement eingemischt werden.
  Da keine Host-Variablen direkt vorgebbar sind, muss mit Hilfe von Parameter Markers zunächst innerhalb des Statements durch ein Fragezeichen (?) die Position eines variablen Parameters markiert werden (siehe im Beispiel Programm 2 und Upro U1).
  Mit PREPARE kann das Statement von DB2 unter einem im Programm gültigen Namen vorbereitet werden. Dabei wird ein DYNAMIC BIND vollzogen.

  In unserem Beispiel-Programm 2 werden an das Unterprogramm übergeben:
  - sowohl das SQL-Statement selbst als auch
  - die variablen Daten (Parameter-Inhalte).

  Das Verfahren funktioniert nur, wenn das Statement-Skelett konstant bleibt, da das Anwendungs-Programm die Variablen (Größe und Typ) kennt. Beispielsweise können hier vom Bildschirm nur Tabellen mit gleichen Struktur-Definitionen vorgegeben werden.
  Wenn auch die Spalten-Auswahl dynamisch sein sollte, muss mit der SQLDA gearbeitet werden (wird später erläutert).

Kurze Erläuterung zu unseren Beispiel-Programmen 2 und Upro U1:
- Das Hauptprogramm bereitet die Übergabeparameter auf und übergibt diese an das Unterprogramm.
- Das bereitgestellte SQL-Statement wird im UPRO mit PREPARE an DB2 weitergeleitet, dort geprüft (DYNAMIC BIND) und unter dem Statement-Namen ST1 intern bereitgestellt.
  Dieses Statement mit dem Namen ST1 existiert bis zum Ende der UOW bzw. bis zu einem neuen PREPARE eines Statements mit demselben Namen.
  Innerhalb des Programmes (U1) kann auf diesen Namen Bezug genommen werden.

  Die beiden Parameter P1 und P2, die Bezug auf die Parameter Markers nehmen, werden beim EXECUTE mit übergeben. DB2 stellt die Parameter-Inhalte positionsgerecht in das aufbereitete Statement ST1 ein.
  So würde nun das Statement bei den dargestellten Parameter-Inhalten modifiziert:
  P1 = 5,0   P2 = 'DB2-PROG' lauten:
  UPDATE SEMTYP SET DAUER = 5,0 WHERE SEMCODE = 'DB2-PROG'.

Die Parameter-Inhalte müssen natürlich in ihren Ausprägungen exakt den DB2-Objekt-Beschreibungen und SQL-Syntax-Anforderungen entsprechen.
Damit ist wiederum aufgrund der Compiler- und Konvertierungsanforderungen ein relativ statischer Zustand erreicht.
Anstelle diverser Parameter kann auch ein bestimmter Strukturname übergeben werden, dessen einzelne Felder in einer 1:1-Beziehung zu den Parameter Markers stehen. Beispiel:
  INSERT SEMTYP VALUES (? , ? , ? , ?)   INSERT SEMTYP VALUES (?)
  EXECUTE STMTx USING :P1, :P2, :P3, :P4   EXECUTE STMTx USING :PSTRUKTUR

13.7.4.2 Variable Parameter

Anzahl und Formate der Parameter können variabel sein.
Deshalb erlaubt Dynamic SQL auch die variable Vorgabe der Variablen und der Formate.
Dazu ist eine Struktur gemäß der **SQLDA** einzusetzen (siehe auch Anhang 5).

Diese Form ist bei OPEN, FETCH und **EXECUTE** erlaubt, wobei bei Manipulationen nur das letzte Statement relevant ist.

Die SQLDA muss vor der jeweiligen Statement-Ausführung vom Programm mit folgenden Werten gefüllt werden (Details siehe Anhang 5 unter SQLDA):

- SQLDAID   Konstante 'SQLDA'.
- SQLDABC   Länge der SQLDA: Wert: 16 + SQLN * 44.
- SQLN   Gesamt-Anzahl der bereitgestellten SQLVAR-Elemente.
- SQLD   Gesamt-Anzahl der vorbereiteten Spalten korrespondierend zu der Anzahl der Parameter-Markers.
- SQLVAR: Hier müssen die Informationen über die benötigten Spalten eingestellt werden.
  - SQLTYPE   Datentyp der Host-Variablen - siehe Anhang 5.
  - SQLLEN   Spaltenlänge der Host-Variablen - siehe Anhang 5.
  - SQLDATA   Adresse der Host-Variablen.
  - SQLIND   Adresse des Host Indikators.
  - SQLNAME   Name der DB2-Spalte.

Beim EXECUTE werden in diesem Fall die Parameter nicht einzeln vorgegeben, sondern es wird die Adresse der SQLDA-Struktur übergeben, in der die Parameter- wie vorab beschrieben - definiert sind:
        EXECUTE STMTx USING DESCRIPTOR :sqlda

Bei Nutzung von LOB-Werten oder von User-defined Distinct Data Types wird die SQLVAR-Struktur zweifach oder dreifach pro Spalte zur Verfügung gestellt (Details siehe Anhang 5 unter SQLDA):

13.7.5 Informations-Anforderungen (SELECT)

Dynamische Informations-Anforderungen können sein:

- mit festem und bei Programmentwicklung bekanntem Spalten-Aufbau (Fixed-List-SELECT),
- mit variablem und bei Programmentwicklung unbekanntem Spalten-Aufbau (Varying-List-SELECT).

13.7.5.1 Feste Parameter: Fixed-List-SELECT

Beim Fixed-List-SELECT ist der Aufbau der Result Table bekannt. Daher können auch fest definierte Host-Variablen in Verbindung mit Parameter Markers eingesetzt werden.

Die Vorgehensweise entspricht grundsätzlich dem Non-SELECT-Verfahren, aber bei Daten-Mengen muss das Cursor-Konzept eingesetzt werden:

```
DECLARE   C1    CURSOR FOR ST1

PREPARE   ST1   FROM :HOST-STRING

OPEN      C1                                    wenn ohne Parameter Markers gearbeitet wird
OPEN      C1    USING :PARM1, :PARM2 ....       wenn mit festen Parameter Markers gearbeitet wird
OPEN      C1    USING DESCRIPTOR :SQLDA1        wenn mit variablen Parameter Markers gearbeitet wird

FETCH     C1    USING DESCRIPTOR :SQLDA2        wenn mit oder ohne Parameter Markers gearbeitet wird

CLOSE     C1
```

13.7.5.2 Variable Parameter: Varying-List-SELECT

Dieser Anforderungstyp ist der aufwendigste unter den Dynamic SQL-Abwicklungen, weil die Result Table in Aufbau und Inhalt völlig unbekannt ist.

Das SELECT-Statement kann ebenfalls dynamisch eingelesen, bereitgestellt oder generiert werden. Beim dynamischen SELECT-Statement darf das Schlüsselwort INTO nicht verwendet werden.

Bei der Informationsbereitstellung müssen die Daten der Result-Table in Bereiche des Programms übertragen werden. Da bei der Entwicklung des Programms sowohl die Anzahl der Daten als auch die Datentypen und ihre Ausdehnung unbekannt ist, müssen diese Informationen von DB2 angefordert werden.
Dies geschieht beim Aufbereiten des SQL-Statements durch das **PREPARE INTO**-Statement oder aber separat wie in unserem Beispiel über ein **DESCRIBE**-Statement. Dabei erfolgt der Informations-Austausch zwischen DB2 und dem Anwendungs-Programm über die SQLDA.
Die Vorgehensweise entspricht grundsätzlich dem Fixed-List-SELECT-Verfahren, aber von DB2 muss eine Beschreibung der Result Table über die SQLDA angefordert werden (beim Einsatz von Parameter Markers müssen beim OPEN und FETCH unterschiedliche SQLDAs übergeben werden):

```
DECLARE    C1    CURSOR FOR ST1

PREPARE    ST1   FROM :HOST-STRING

DESCRIBE   ST1   INTO     :SQLDA2              DB2 beschreibt die Result Table des Cursors

OPEN       C1                                   wenn ohne Parameter Markers gearbeitet wird
OPEN       C1    USING DESCRIPTOR :SQLDA1      wenn mit variablen Parameter Markers gearbeitet wird

FETCH      C1    USING DESCRIPTOR :SQLDA2      wenn mit oder ohne Parameter Markers gearbeitet wird
```

13 Anwendungsprogrammierung unter DB2
13.7 Dynamic SQL

Die folgende Abbildung zeigt ein Anwendungsbeispiel des variablen Typs auf.
Da der Aufbau der Result-Table dynamisch ist, ist damit auch die Größe der SQLDA dynamisch. Im Programm kann die SQLDA dynamisch gehalten werden oder aber eine SQLDA angefordert werden, die auf die maximale Größe einer Zeile der Result Table ausgerichtet ist (750 Spalten und 32 KB Daten). Soll die SQLDA variabel angefordert werden, muss das Programm einen SQLDA-Bereich z.B. mit GETMAIN (oder PL/I-ALLOCATE) anfordern.

Abbildung 13-38

Dynamischer SELECT

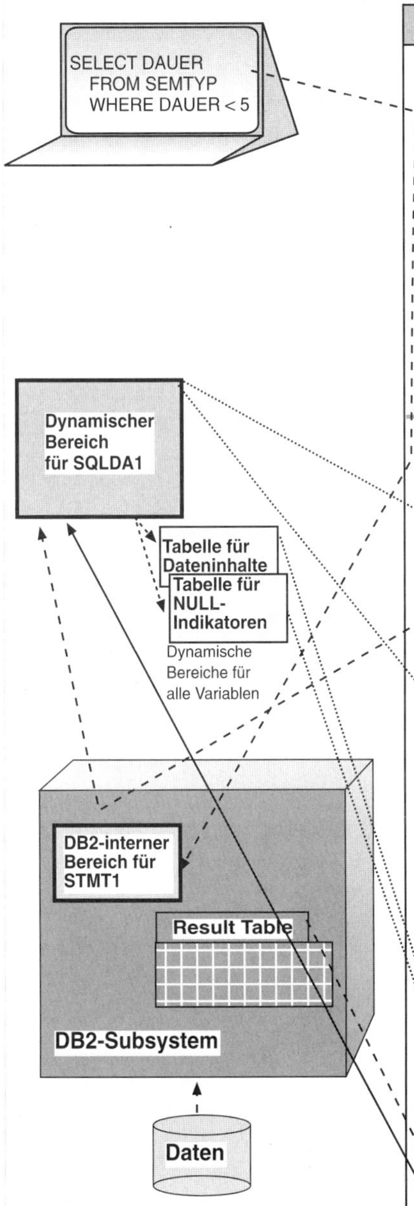

```
SELECT DAUER
FROM SEMTYP
WHERE DAUER < 5
```

Anwendungsprogramm (Beispiel PL/I)

```
DCL 01 STMT   VAR CHAR (*);        /* (Inhalt STMT = vom Bildschirm
                                      eingelesen, hier:
                                      SELECT    DAUER
                                      FROM    SEMTYP
                                      WHERE  DAUER < 5)          */

DCL SQLDA1     CHAR (*) CTL;        /* Definition: SQLDA          */
DCL TABDAT (*) CHAR (*) CTL;        /* Definition: Tabelle Daten  */
DCL TABIND (*) BIN FIXED(15) CTL;   /* Definition: Tabelle NULL-Indikat.*/

DCL I          BIN FIXED(15);       /* Schleifenvariable          */
DCL ANZ        BIN FIXED(15);       /* Variable: Zwischensp. SQLN */
DCL MAXL       BIN FIXED(31) INIT 0;/* Variable: max. Länge Spalte*/

EXEC SQL   INCLUDE SQLCA;           /* Struktur: SQLCA            */
EXEC SQL   INCLUDE SQLDA;           /* Struktur: SQLDA            *

EXEC SQL   DECLARE C1 CURSOR FOR STMT1;
```
Definitionen

```
/* Einlesen Dialogeingabe nach STMT                                */
EXEC SQL   PREPARE     STMT1 FROM :STMT;

/* Erste Speicher-Anforderung für die SQLDA in der Länge: 896      */
ALLOCATE SQLDA1 CHAR (896);      /* 896 = 16 + (SQLN * 44)        */
SQLDAPTR = ADDR (SQLDA1);
SQLN = 20;                        /* Geschätzte Anzahl Elemente   */

/* Prüfen, ob der angeforderte SQLDA-Platz ausreicht */
EXEC SQL   DESCRIBE    STMT1 INTO :SQLDA1;

IF SQLD > SQLN THEN DO;           /* Nein reicht nicht             */
   ANZ = SQLD;                    /* Zwischenspeichern tatsächliche Anzahl*/
   FREE SQLDA1;                   /* Freigabe des ersten Speicherbereichs */
   ALLOCATE SQLDA1 CHAR           /* Exakte Speicher-Anforderung für */
            (16 + ANZ * 44);      /* die SQLDA in der erforderlichen Größe*/
   SQLDAPTR = ADDR (SQLDA1);
   SQLN = ANZ;
   /* Endgültige Beschreibung der kompletten Result Table in der SQLDA */
   EXEC SQL   DESCRIBE    STMT1 INTO :SQLDA1;
END;

/* Ermitteln der Länge des größten Datenfeldes. Diese wird für alle angenommen */
DO I = 1 TO SQLD;
   MAXL = MAX (SQLLEN(I), MAXL);
END;

/* Platz für die Daten und die Indikatoren-Struktur anfordern      */
              /* Speicher-Anforderung Daten + 2 Bytes für evtl. Längenfeld bei */
              /* variablen Spalten                                 */
ALLOCATE TABDAT (SQLD) CHAR (MAXL + 2);
ALLOCATE TABIND (SQLD);                  /* NULL-Indikatoren       */

/* Einstellen der Adressen für Daten und Indikatoren               */
DO I = 1 TO SQLD;
   SQLDATA (I) = ADDR (TABDAT (I));      /* Adresse Daten          */
   SQLIND  (I) = ADDR (TABIND (I));      /* Adresse NULL-Indikator */
END;

EXEC SQL   OPEN C1;

EXEC SQL   FETCH C1   USING  DESCRIPTOR :SQLDA1;

/* Hier erfolgt die normale Bearbeitung und nachfolgende Abarbeitung der gesamten
   Result Table. Dies wird hier nicht näher dargestellt             */
EXEC SQL   CLOSE C1;
```

- Dynamischer Bereich für SQLDA1
- Tabelle für Dateninhalte
- Tabelle für NULL-Indikatoren
- Dynamische Bereiche für alle Variablen
- DB2-interner Bereich für STMT1
- Result Table
- DB2-Subsystem
- Daten

13 Anwendungsprogrammierung unter DB2
13.7 Dynamic SQL

Da die Größe nicht bekannt ist, muss geschätzt werden. In unserem Beispiel wird von maximal 20 Spalten (in SQLN nach Speicheranforderung aufbereitet) ausgegangen. Dadurch ist zunächst ein Platzbedarf von 896 Bytes für die SQLDA erforderlich.

Reicht der Platz nicht aus (was erst nach erfolgreichem DESCRIBE durch die von DB2 zurückgemeldete tatsächliche Anzahl der Spalten erkannt werden kann), muss evtl. neuer und größerer Platz angefordert und die DESCRIBE-Ausführung wiederholt werden.

Nach erfolgreichem DESCRIBE stehen innerhalb der SQLDA die Informationen zur Verfügung, die vom Anwendungsprogramm herangezogen werden können zur Anforderung weiterer dynamischer Speicherbereiche.
Für jede Spalte der Result Table muss nämlich:

- ein Datenbereich in der entsprechenden Länge und
- wenn ein NULL-Wert innerhalb der Spalte erlaubt ist, auch ein 2 Bytes großer Indikatorenbereich angefordert oder sonstwie bereitgestellt werden.

Anschließend muss das Programm die Adressen dieser Bereiche wiederum spaltenbezogen in der SQLDA einstellen.

Natürlich kann auch anstelle einzelner Variablen in der jeweiligen Länge ein großer dynamischer Bereich von 32 KB angefordert werden und entsprechend jede Spalte der Result Table durch Adress-Rechnung ermittelt und in die SQLDA eingestellt werden.

Die Ausführung des dynamischen SELECT-Statements ist nicht direkt möglich, sondern nur über das Cursor-Prinzip, da immer von Datenmengen ausgegangen werden muss.
Deshalb muss nun anschließend der Cursor durch das dynamische DECLARE-Statement beschrieben werden. Dabei wird auf das aufbereitete Statement STMT1 verwiesen.

Anschließend kann der Cursor eröffnet werden. Danach erfolgt die Bereitstellung der Zeilen-Informationen mit FETCH. Auch der FETCH wird mit einer veränderten Syntax codiert.
Es erfolgt keine Parameterübergabe von Host-Variablen, sondern die SQLDA wird übergeben und die dort hinterlegten Informationen (speziell die Adressen der Daten- und Indikatoren-Bereiche) werden von DB2 herangezogen und die Daten in die durch die SQLDA adressierten Bereiche übertragen.
Das Programm muss die Zeilendaten entsprechend der Informationen aus der SQLDA interpretieren.
Innerhalb eines Programmes können mehrere SQLDAs für unterschiedliche Cursor angefordert und verwaltet werden.

Die SQLDA kann auch außerhalb des dynamischen SELECT-Konzeptes für die Ermittlung der Spaltenbeschreibungen herangezogen werden.

13 Anwendungsprogrammierung unter DB2
13.7 Dynamic SQL

Die folgende Abbildung zeigt den Aufbau der SQLDA (ohne LOB-Werte und ohne User-defined Distinct Data Types) am Beispiel einer PL/1-Struktur.
Für einen beispielhaften SQL-Befehl werden dort die einzelnen Inhalte aufgrund des jeweiligen Verarbeitungszustands dargestellt.

Die SQLDA wird von DB2 mit folgenden Werten gefüllt:

- SQLDAID   Konstante 'SQLDA'.
- SQLDABC   Wert: 16 + SQLN * 44.
- SQLD   Wenn das aufbereitete Statement ein SELECT ist, wird hier die Anzahl der Spalten der Result Table eingetragen, ansonsten 0.
             Wenn aufgrund des DESCRIBE-Parameters USING BOTH sowohl Spalten-Namen als auch Label benutzt werden, erfolgt eine Verdopplung des Wertes von SQLD.
- SQLN   Wird nicht von DB2 gefüllt, sondern muss vom Programm eingestellt werden und enthält die Anzahl der voraussichtlichen maximalen Spaltenanzahl der Result Table.
- SQLVAR: Wenn der Wert von SQLD = 0 oder größer als SQLN ist, wird kein Wert nach SQLVAR gestellt, ansonsten werden die ersten SQLVAR-Komponenten genutzt, die Informationen über benötigte Spalten einzustellen.
             Wenn aufgrund des Parameters USING BOTH sowohl Spalten-Namen als auch Label benutzt werden, erfolgt die Zuordnung der Spalten-Namen in den ersten Teil, die Zuordnung vorhandener Label in den zweiten Teil des SQLVAR-Bereichs.
- SQLTYPE   Datentypen lt. Anhang 5.
- SQLLEN   Spaltenlänge lt. Anhang 5.
- SQLDATA   In dieses Feld muss vom Programm die Adresse des Datenbereichs eingestellt werden.
- SQLIND   In dieses Feld muss vom Programm die Adresse des Indikatorenbereichs eingestellt werden.
- SQLNAME   Name oder Label der Spalte, abhängig vom Parameter USING des DESCRIBE-Statements.

Abbildung 13-39

SQLDA - SQL-Descriptor Area

Beispiel des SQLDA-Inhaltes aufgrund des SELECT-Statements:

SELECT DAUER, SEMCODE FROM SEMTYP

SQLDA-Felder	SQLDA-Feldinhalte nach Ausführung von:		
	DESCRIBE	**ALLOCATE Speicher**	**FETCH Zeile**
Vorbereitende Aktivität	SQLN = 20 (z.B. kalkulierter Maxwert)	ALLOCATE Speicher feldweise. Adressen einstellen.	Cursor definieren und öffnen
SQLDAID SQLDABC SQLN SQLD	SQLDA 896 20 2	SQLDA 896 20 2	**Unverändert, aber die Datenbereiche bzw. die Indikatoren enthalten nun Werte**
SQLTYPE (1) SQLLEN (1) SQLDATA (1) SQLIND (1) SQLNAME (1)	485 5 1 - - DAUER	485 5 1 A(DAUER) A(INDDAUER) DAUER	
SQLTYPE (2) SQLLEN (2) SQLDATA (2) SQLIND (2) SQLNAME (2)	452 15 - - SEMCODE	452 15 A(SEMCODE) - SEMCODE	
Bemerkung	Nach DESCRIBE muss dynamischer Speicher angefordert werden: A-> SQLDATA+SQLIND	DAUER, INDDAUER und SEMCODE-Datenbereiche weisen noch keine Inhalte auf	DAUER, INDDAUER und SEMCODE-Datenbereiche weisen jetzt Inhalte auf

13.7.6 Statement Caching (KEEPDYNAMIC (YES))

Dynamische SQL-Statements können ab der Version 5 im Speicher vorgehalten werden. Dazu muss die BIND-Option KEEPDYNAMIC (YES) genutzt werden.
Die Zwischenspeicherung erfolgt im EDM-Pool. Dieser Pool kann in einer DB2-Group nicht memberübergreifend genutzt werden.
Statements, die mit REOPT (VARS) gebunden wurden, werden nicht an dem dargestellten Caching-Verfahren beteiligt.

Es werden zwei Speicherungsformen unterschieden:

- Wurde der Prepared Statement Cache generiert (Installations-Option CACHE DYNAMIC SQL), wird das Source-Statement und das präparierte Statement im EDM-Pool zwischengespeichert (globaler Speicher).

- Wurde dieser Prepared Statement Cache nicht generiert, wird lediglich das Source-Statement im EDM-Pool zwischengespeichert (globaler Speicher).

In beiden Fällen wird zusätzlich die präparierte Version des Statements im Speicher (lokaler Speicher) als ausführbare Form gehalten.

Abhängig von diesen Speicherungsformen unterscheidet sich die DB2-interne Behandlung.
Beispiel einer Kommando-Folge:

Statement	Mit Cache	Ohne Cache
PREPARE STMT1 FROM ...	Statement wird mit der Source und dem präparierten Ergebnis global zwischengespeichert. Das präparierte Ergebnis wird als ausführbare Form lokal zusätzlich gehalten.	Statement wird nur mit der Source global zwischengespeichert. Das präparierte Ergebnis wird als ausführbare Form lokal gehalten.
EXECUTE STMT1	Die ausführbare Form wird ausgeführt.	Die ausführbare Form wird ausgeführt.
COMMIT	Die ausführbare Form wird freigegeben.	Die ausführbare Form wird freigegeben.
EXECUTE STMT1	Es wurde kein PREPARE vorgegeben. Präpariertes Ergebnis aus globalem EDM-Pool wird als ausführbare Form kopiert (lokal).	Es wurde kein PREPARE vorgegeben. Zwischengespeicherte globale Source wird automatisch präpariert und dann als ausführbare Form geführt (lokal).
COMMIT	Die ausführbare Form wird freigegeben.	Die ausführbare Form wird freigegeben.
PREPARE STMT1 FROM ...	Wenn die Source identisch ist mit der global zwischengespeicherten Source, wird das zwischengespeicherte präparierte Statement als ausführbare Form lokal kopiert.	Das Statement wird erneut präpariert und die Source global zwischengespeichert. Das präparierte Ergebnis wird als ausführbare Form lokal gehalten.

Bei einem zwischengespeicherten präparierten Statement muss bei einem erneuten PREPARE zur Vermeidung einer erneuten Präparierung die Source identisch sein in folgenden Punkten:

- Die Statements müssen inhaltlich und hinsichtlich ihrer Länge identisch sein.
- Der Autorisierungs-Id des Prozesses darf nicht gewechselt haben.
- Folgende Spezialregister müssen unverändert sein:
    - CURRENT DEGREE
    - CURRENT RULES.
- BIND-Regeln müssen unverändert sein:
    - CURRENTDATA
    - DYNAMICRULES
    - ISOLATION
    - SQLRULES
    - QUALIFIER.

13.7.7 Resource Limit Facility (RLF) - DB2 Governor

Dynamische SQL-Statements können zu unkontrollierbarem Ressource-Verbrauch führen, wenn solche Anforderungen nicht restriktiv überwacht werden.
DB2 bietet die Möglichkeit der Laufzeitüberwachung von dynamischen SQL-Statements und BIND-Prozessen. Außerdem können Parallellauf-Entscheidungen ausgeschlossen werden.

Wenn ein EXECUTE IMMEDIATE oder ein PREPARE vorgenommen wird (auch innerhalb eines statischen BINDs), erfolgt eine Prüfung auf existierende Zeitlimits innerhalb einer Standard-Benutzer-Tabelle (DSNRLSTxx).
Der Aufbau der Tabelle ist in Anhang 5 beschrieben.

Zu einem Zeitpunkt kann nur eine solche Tabelle aktiv sein. Es können aber verschiedene Tabellen vorbereitet werden, z.B. zur Unterscheidung von Tages- und Nachtbetrieb.
Eine aktive RLF-Tabelle verhindert DDL-Statements auf den überwachten Objekten.

Mit den über normale SQL-DML-Statements manipulierbaren Inhalten kann der relative CPU-Verbrauch (Service Units) kontrolliert werden für:

- bestimmte Benutzer und/oder
- bestimmte Pläne/Packages und/oder Collections.

Wenn die definierte Zeit überschritten wird, erfolgen Maßnahmen in Abhängigkeit der RLF-Steuerungsmöglichkeiten:

- **Nachträgliche Reaktion auf ein eingetroffenes Ereignis (reactive governing)** während der Ausführung eines SQL-Statements (RLFFUNC = Blank oder 2)
  - führt zum Abbruch des SQL-Statements mit SQLCODE -905.

- **Vorhersehende Reaktion vor dem Eintreffen des Ereignisses (predictive governing)** bei der Präparierung eines SQL-Statements (RLFFUNC = 6 oder 7)
  - das Überschreitung des Wertes in RLFASUWARN führt zum Abschluss des PREPAREs und Rückgabe des SQLCODEs +495; die Anwendung kann dann über die Fortsetzung der weiteren Ausführung entscheiden,
  - das Überschreitung des Wertes in RLFASUERR führt zum Abbruch des PREPAREs mit SQLCODE -495.

Das Programm erhält in jedem Fall die Steuerung zurück und kann selbst entscheiden, welche Maßnahmen ergriffen werden.

Lt. unserer Beispieltabelle werden folgende Limits überwacht (Spalten-Details siehe Anhang 5):

- Zeile 1: Der Benutzer USER001 unterliegt keinen Restriktionen (däs is de Scheff vom Ganze)
- Zeile 2: Der Plan für QMF darf max. 500000 Service Units verbrauchen.
- Zeile 3: Bind-Prozesse am lokalen Server dürfen max. 10000 Service Units verbrauchen.
- Zeile 4: Predictive Governing für dynamische SELECTs, INSERTs, UPDATEs und DELETEs mit folgender Steuerung:
  - bei Überschreiten von 1000 Service Units bis 2000 Service Units erfolgt eine Warnung,
  - bei Überschreiten von 2000 Service Units erfolgt eine Fehlermeldung.

Abbildung 13-40

RLF-Tabelle DSNRLSTxx

DSNRLSTxx

AUTHID	PLANNAME	ASUTIME	LUNAME	RLFFUNC	RLFBIND	RLFCOLLN	RLFPKG	RLFASUERR	RLFASUWARN	RLF_CATEGORY_B
USER001	-	-	-	-	-	-	-	-	-	-
-	QMFPLAN	500000	-	-	-	-	-	-	-	-
-	-	10000	-	1	-	-	-	-	-	-
-	-	-	-	7	-	SEMINAR	-	2000	1000	W

- = Blank;   NULL-Wert = Kein Limit.

13.7.8 Vor- und Nachteile von Dynamic SQL

Es gibt eine Reihe von Aspekten, die bei einer Entscheidungsfindung hinsichtlich der Einsatzeignung von Dynamic SQL zu beachten sind:

- **Vorteile**

    - Extreme Flexibilität. Jedes Statement läßt sich vor der Ausführung individuell gestalten. Mit einem solchen dynamischen Ansatz lassen sich leicht hunderte oder tausende von Statement-Varianten durch ein einziges dynamisches SQL-Statement ersetzen (siehe SPUFI oder QMF).

    - In manchen Fällen ist die Performance als Vorteil zu nennen (im Vergleich zu Static SQL mit der BIND-Option NOREOPT (VARS)).
      Dies z.B. dann, wenn eine Anwendung Datenmengen benötigt und der Optimizer aufgrund der vorgegebenen Werte einen effizienteren Zugriffspfad wählen kann als beim Einsatz von statischem SQL (i.d.R. Nutzung vorhandener Indizes).
      Gründe dafür sind:
        - Der Einsatz von Host-Variablen, bei denen der Inhalt beim STATIC BIND nicht korrekt bewertet werden kann und damit Statistikdaten nicht nutzbar sind. Insbesondere ist dies ein Problem bei Range-Operatoren. In diesem Fall kann der Optimizer bei statischem SQL unabhängig vom Werteinhalt der Host-Variablen nur einen Zugriffspfad zum BIND-Zeitpunkt festlegen.
          Beispiel (im Rahmen eines Cursors):
          ```
          SELECT    SEMCODE
          FROM      SEMINAR
          WHERE     TERMIN > :TERMIN     Termin kann 01.01.0001 oder 31.12.9999 sein
          ```
        - Statische SQL-Statements, die aus Variabilitätsgründen einige WHERE-Bedingungen mit Ranges (0 bis 9999 bzw. Blank bis X'FFFF' vorformatiert haben).
          Der Benutzer kann dann eine oder mehrere dieser Bedingungen ausfüllen. Die Wahl eines effizienten Zugriffspfads durch den Optimizer ist nicht möglich, da dieser abhängig von den ausgefüllten Werten ist.
          Beispiel (im Rahmen eines Cursors):
          ```
          SELECT    TITEL, TERMIN
          FROM      SEMTYP, SEMINAR
          WHERE     SEMTYP.SEMCODE  =         SEMINAR.SEMCODE
          AND       TERMIN          BETWEEN   :TERMIN-VON   AND  :TERMIN-BIS
          AND       KURSORT         BETWEEN   :KURSORT-VON  AND  :KURSORT-BIS
          AND       REFNR           BETWEEN   :REFNR-VON    AND  :REFNR-BIS
          ```
          Hinweis:
          Wenn in dem dargestellten Statement eine zusätzliche stark filternde WHERE-Bedingung eingebaut wird, die auch effizient über Index unterstützt ist, sind i.d.R. die weiteren BETWEEN-Filterungen unkritisch und das Statement kann dann auch als statisches SQL-Statement ohne Probleme vorgegeben werden.

    - In Anwendungen mit einer längerlaufenden UOW bzw. bei Caching kann ggf. ein Statement einmal präpariert werden (entspricht einem BIND) und dann mehrmals ausgeführt werden. Die Sperren im Katalog sind jedoch dann auch länger wirksam (siehe unter Nachteile).

- **Nachteile**

    - Für jedes individuelle dynamische Statement muss zumindest ein DYNAMIC BIND durchgeführt werden. Bei einem EXECUTE IMMEDIATE erfolgt mit jeder Statement-Ausführung ein BIND. Konsequenzen daraus:
        - CPU-Verbrauch des BIND-Prozesses (nicht selten über eine CPU-Sekunde hinausgehend),
        - I/O-Aufwendungen im Katalog,
        - 'S'-Lock auf sämtliche Katalog-Databases mit angesprochenen Objekten verhindert parallele Änderungsaktivitäten im Katalog während der UOW. Solange ein dynamisches SQL-Statement Ressourcen beansprucht, muss eine Änderung oder Löschung verhindert werden.

    - Die Performance-Auswirkung eines Statements läßt sich nur dann vorausplanen, wenn die Statementstruktur und die eingesetzten Parameter vorher bekannt sind (zumindest der 'Statement-Rahmen').
      In ungünstigen Fällen monopolisiert ein solches Statement das System. Hier kann ggf. RLF steuernd eingreifen.

13.8 Programmier-Empfehlungen

Die Programmier-Empfehlungen unterstützen folgende Zielsetzungen:

- Erreichung einer weitgehenden Unabhängigkeit der Anwendungsprogramme von den gespeicherten Daten.
- Gewährleistung der Konsistenzerfordernisse.
- Effiziente und kostengünstige Programmausführung mit möglichst geringen Auswirkungen auf konkurrierende Anwendungen.

Die Empfehlungen ergeben sich weitgehend aus den Ausführungen innerhalb der vorangegangenen Kapitel, sollen aber der Vollständigkeit halber noch einmal zusammengefasst werden:

- **Anwendungs-Programme sollten möglichst weitgehend unabhängig von ihrer Träger-Umgebung bleiben**
  - Eine saubere Design-Methodik liefert die Grundlage für die Unabhängigkeit der Anwendungen von der physischen Speicherungssicht. Daten-Modelle sind eine hervorragende Basis für Funktions-Modelle. Insgesamt ist eine gesamtheitliche unternehmensweite Vorgehensweise anzustreben, bei der objektorientierte Ergebnisse entstehen.
  - Das View-Konzept nimmt eine hervorragende Rolle im Entwicklungsprozess ein.
    Es ist zu unterscheiden zwischen:
    - Benutzer-Sichten,
    - Anwendungs- und Funktions-Sichten,
    - Zugriffssichten (logisch und physisch) - von den Result Tables zur Programmlogik entwickeln!
    DB2-View-Einsatz, soweit möglich - auch wenn diverse Beschränkungen bestehen.
    Im Unternehmen sind Entscheidungen zu treffen hinsichtlich:
    - der prozeduralen Vorgehensstrategie (die Rolle von DB2-Views, Stored Procedures, Unterprogrammen, User-defined Data Types, User-defined Functions, Triggern),
    - der Definition von Integritätsregeln und der Realisierung von Integritätsmaßnahmen:
      - Entity Integrity   Einrichtung von PKs und PIs, Result Tables enthalten PKs, Einzeldatenzugriff nur über PK, Behandlung von Composite Keys.
      - Referential Integrity   DB2 oder Anwendungsprogramme - wer übernimmt die Arbeit?
      - User definied Integrity   Soll Check genutzt werden? Einsatz von Triggern und Funktionen.
  - Die Entwicklung von objektorientierten, wiederverwendbaren Modulen fördert die Unabhängigkeit.

- **Programme sollten nur die Ressourcen anfordern, die sie tatsächlich benötigen**
  - Anstelle eines SELECT * -Statements nur gezielte Spaltennamen einsetzen, sofern kein für die Anwendung individuell aufgebauter View genutzt wird. Bei Einsatz von individuellen Views ist auch ein SELECT * zulässig, da die Spaltenauswahl bereits beim CREATE vorgenommen wird.
  - Alle vorhandenen Filter-Möglichkeiten nutzen und nur die Zeilen selektieren (und möglichst von DB2 filtern lassen), die zwingend erforderlich sind.
  - Möglichst ein kleines LOCK-Niveau wählen (wenn die Sicherheitsaspekte dies erlauben):
    - In der Regel den Isolation-Level (CS) anstelle (RR) wählen.
    - LOCKSIZE PAGE bzw. ANY - im Ausnahmefall ROW beim CREATE TABLESPACE.

- **Programme sollten die Ressourcen möglichst erst dann anfordern, wenn sie unbedingt benötigt werden und sie möglichst schnell wieder freigeben**
  - Bei transaktionsorientierter Verarbeitung UPDATEs möglichst erst im letzten Dialogschritt vornehmen. Das Problem der möglichen zwischenzeitlichen Veränderung muss durch Versionserkennung gelöst werden, wenn keine Sperren aktiv sind.
  - OPEN CURSOR erst dann vornehmen wenn anschließend sofort ein FETCH abgesetzt werden kann (evtl. ist dies bei einem remote Zugriff anders).
    Wird der Cursor nicht mehr benötigt, kann er freigegeben werden (CLOSE), sofern das Ende der UOW nicht in Kürze zu erwarten ist. Cursor WITH HOLD immer explizit freigeben.
  - Normalerweise mit BIND ACQUIRE (USE) und RELEASE (COMMIT) arbeiten.
  - In batchorientierten Programmen einen periodischen Einsatz von COMMITs bzw. CHECKPOINTs vornehmen. Die entsprechenden Wiederanlaufmaßnahmen und Aktualitätsprobleme müssen individuell beachtet werden.
  - Sind Sperren über Transaktionen oder UOW-Einheiten hinweg zu gewährleisten, ist evtl. der Einsatz eines DB2-externen Lock-Verfahrens zu erwägen.

13 Anwendungsprogrammierung unter DB2
13.8 Programmier-Empfehlungen

- **Programme sollten außer Manipulationen von Benutzerdaten keine DB2-Objekte direkt verarbeiten (keine DDL und DCL-Statements).**
  Dies ist die Aufgabe von zentralen Standardmoduln
    - Regel: Keine SQL-DDL- und -DCL-Statements innerhalb von Anwendungsprogrammen einsetzen.
    - Keine direkten Zugriffe auf Katalog-Tables.
    - Ausnahmefälle mit den Administratoren abstimmen.

- **Die Gewährleistung der Integrität und Konsistenz ist eine zentrale Aufgabe**
    - Die Integritäts- und Konsistenzbehandlung muss zentral geplant werden.
      Zunächst muss mit dem Benutzer geklärt werden:
        - Ist eine aktuelle Datensicht erforderlich oder genügt ein Schnappschuss bzw. ist sogar ein bestimmter Aktualitätsstand gefordert?
        - Ist der geforderte Datenausschnitt weiterhin allgemein verfügbar oder muss eine Isolation betrieben werden? Welcher Grad an Isolation muss definiert werden?
      Dann müssen konzeptionelle Entscheidungen getroffen werden. Standard-Sperrmaßnahmen für die Transaktionsabwicklung sollten allgemein angewandt werden:
        - Auslösung einer Sperre:
            - Schlagartiges Sperren einer Hierarchie (z.B. Kunden-Nr.) oder
            - Zug um Zug sperren einzelner Objekte.
        - Sperr-Niveau:
            - Wann sollte PAGE, wann ROW-Niveau eingesetzt werden?
              So kann z.B. festgelegt werden, dass grundsätzlich ein ROW-Niveau nur dann gewählt werden darf, wenn die relevanten und überwiegenden Zugriffe auf die Datenbasis nur direkt über den PK vorgenommen werden.
            - Sind große Datenmengen unter einem Zeitpunkt zu behandeln, müssen entweder die Daten selbst ihre Aktualität kennen oder es muss ein hohes Sperr-Niveau ergriffen werden.
              Achtung:
              Selbst die Ausführung einer Subquery oder eines Joins ist in der Regel konsistenzgefährdend, wenn keine umfassenden Sperren betrieben werden.
        - Verhinderung eines Parallel-Updates
            - Zur Verhinderung eines Parallel-Updates innerhalb einer UOW können folgende Varianten genutzt werden:
                - Die Definition eines updateable Cursors ist dann i.d.R. sinnvoll, wenn Parallelität gewünscht wird und nicht nur ein Einzelsatz über PK eingelesen und verändert werden soll.
                - Ein Statement-Isolation-Level kann dann sinnvoll sein, wenn nur ein Einzelsatz über PK eingelesen und verändert werden soll - und ggf. ein 'U'-Lock per Generierungsmaßnahme vorgenommen wird.
            - Zur Verhinderung eines verlorenen Updates müssen UOW-übergreifend zwischenzeitlich vorgenommene Parallel-Updates erkannt und Maßnahmen ergriffen werden:
                - Prüfen, ob ein Vorlesen überhaupt erforderlich ist oder aber mittels WHERE-Bedingung ein UPDATE direkt vollzogen werden kann.
                - Bei Vorlesen und programminterner Prüfung (z.B. bei NULL-Werten i.d.R. zu wählen) muss auf den Vollzug einer Sperre geachtet werden. Nur ein Update-Intent schützt wirklich vor einer parallelen Änderung.
                  Ein SELECT mit Isolation-Level CS führt zu keinerlei Sperren!
    - Eine zentrale Fehlerroutine sollte aktiviert werden können, wenn SQL-Returncodes auftreten, die nicht im Programm behandelt werden können.
      Bei Fehler muss immer ein ROLLBACK ausgelöst werden, sofern Manipulationen im Programm durchgeführt wurden (besser einmal zu viel als einmal zu wenig!).
    - Bei Einsatz von DB2-RI sollten die Beziehungen mit einheitlichen und unternehmensweiten Namen versehen werden. Bei Fehler sollte eine zentrale Fehlerroutine vernünftige Benutzer-Meldungen erzeugen.
    - WHENEVER sollte niemals eingesetzt werden!
    - Wenn Zeilen mit einem Primary-Key eingefügt werden, der nur aus einem TIMESTAMP besteht, ist darauf zu achten, dass ein doppelter Schlüssel auftreten kann.
    - Einheitliche Verfahren und Funktionen sollten entwickelt werden für:
        - Externe Steuerung der COMMIT-Auslösung in längerlaufenden Programmen,
        - Restart eines Batch-Programmes,
        - Wiederaufsetzen auf einen Composite Key,
        - Bearbeitungs-Reihenfolge zur Reduzierung von Deadlocks,
        - Ggf. Einrichten logischer Sperren (ENQ-Verfahren).

13 Anwendungsprogrammierung unter DB2
13.8 Programmier-Empfehlungen

- **Es sollte nur mit generierten Host-Strukturen (auf View-Ebene) gearbeitet werden. Die NULL-Problematik ist unternehmenseinheitlich zu regeln.**
  - Generierte Strukturen ersparen DB2-Konvertierungen und ermöglichen einen effizienteren Zugriffspfad auf die Daten.
  - NULL-Werte nur nutzen, wenn erforderlich (ansonsten NOT NULL oder NOT NULL WITH DEFAULT bzw. Default-Werte einsetzen).
  - NULL-Indikatoren einheitlich behandeln (z.B. generell mit symbolischen Namen redefinieren).

- **DB2-Objekte sollten nicht mit qualifiziertem Namen angesprochen werden**
  - Einsatz von Synonym oder Alias bringt Unabhängigkeit z.B. von Test- oder Produktions-Umgebung.
  - Als Alternative nutzen:
    - Zuordnung zu Sekundär-Ids,
    - QUALIFIER bzw. OWNER beim BIND nutzen.

- **Anstelle umfangreicher Abwicklungsprozesse sollten kleine Programme entwickelt werden**
  - Bessere Strukturierung und Modularisierung ist wartungsfreundlicher.
  - Reduzierung der Programm-Ladezeiten.
  - Reduzierung der Package- bzw. Plangrößen und davon abhängigen Directory-Blöcken und Ladeaktivitäten.
  - Reduzierung von Speicheranforderungen und evtl. sonstigen Ressource-Belegungen.
  - In der Regel kleineres Sperr-Niveau, da nur die tatsächlich benötigten Ressourcen gesperrt werden müssen.

- **Es sollten grundsätzlich nur noch Packages und keine DBRMs mehr eingesetzt werden.**
  - Reduzierung der Plan-Ladezeiten und Plan-Belegungsdauer.
  - Reduzierung von Speicherbedarf.
  - Unterstützung eines Versionskonzeptes für Programme (innerhalb von DB2).
  - Sinnvolle Collection-Gruppen bilden.

- **Packages und Pläne sollten mit VALIDATE (BIND) erzeugt werden.**
  - Lokale Packages nicht anlegen lassen, wenn ein Fehler auftritt (kein SQLERROR CONTINUE). Bei remote Packages kann mit SQLERROR CONTINUE die Definition aller Ressourcen auf allen Lokationen vermieden werden.
  - VALIDATE (RUN) führt zu aufwendigen und immer wiederkehrenden Prüfungen bei der Ausführung einer Package bzw. eines Plans, wenn zum BIND-Zeitpunkt Objekte oder Autorisierungen fehlen oder fehlerhaft waren. Dies führt zu unnötigen Katalog-Belastungen.

- **Sehr sorgfältig Dynamic-SQL-Statement-Einsatz prüfen.**
  - Grundsätzlich sollten in Anwendungsprogrammen permanente aufwendige DYNAMIC-BIND-Aktivitäten durch Einsatz von Static SQL vermieden werden.
  - In Ausnahmefällen kann dynamisches SQL effizienter als statisches SQL sein, aber die Belastung des Katalogs kann zu Engpässen führen. Über die Einsatz-Eignung sollte Abstimmung mit den Administratoren betrieben werden.
  - Dynamic SQL bietet sich funktional zwar bedingt für Standardroutinen an; gerade für diese wird man aber i.d.R. aufgrund der Durchsatzanforderungen auf den Einsatz verzichten müssen, zumindest wenn sie sehr häufig aktiviert werden.

- **Bei der Codierung von SQL-Statements sollten Performanceaspekte mit einfließen (speziell bei performancekritischen Anwendungen; möglichst aber unter Beibehaltung einer hohen Unabhängigkeit)**
  - Performance wird im nächsten Kapitel behandelt. Grundsätzlich gilt:
    - Keine Regeln merken, denn jede Regel hat ihre Ausnahmen. Der Entwickler muss die Optimizer-Entscheidungen in der PLAN_TABLE für jedes SQL-Statement prüfen. Ggf. müssen im Einzelfall SQL-Statement-Varianten erprobt und physische Objekt-Konsequenzen eruiert werden.

14 SQL-Performance
14.1 Grundlagen der SQL-Performance
14.1.1 Einleitung, Ansätze der Optimierung
14.1.1.1 Leistungsbeeinflussende Faktoren

Der relationale Ansatz fordert eine klare Trennung der logischen und physischen Aspekte für die System-Benutzer.

Fachbereichs-Endbenutzer sollten für ihre zumeist spontanen und mit dispositivem Charakter versehenen Anforderungen keinerlei physische Aspekte berücksichtigen müssen.
Dagegen zeigt sich in der Praxis, dass die professionellen Anwendungs-Entwickler (PAEs) erhebliche Kenntnisse der DB2-Interna aufweisen müssen, da sich Transaktionen mit tausendfachen Durchlaufanforderungen pro Tag nicht alleine auf logischer Ebene ohne Berücksichtigung der physischen Ebene realisieren lassen.

Es ist inzwischen weitgehend bekannt, dass Tuning- und Performance-Maßnahmen auch bei relationalen Systemen weitgehend bis auf die Anwendungs-Entwicklungs-Ebene durchschlagen.
So gilt auch hier, wie bei den konventionellen Systemen, dass eine ineffiziente Nutzung von Systemressourcen durch Anwendungsprogramme auf der systemtechnischen Ebene nicht mehr korrigiert werden kann.

Daher sollten die Entwickler:

- Verständnis für die Hintergründe der DB2-Systemumgebung besitzen und
- ein tiefgehendes Wissen über die DB2-Tuning-Ansätze sowie die internen DB2-Optimizer-Entscheidungswege haben.

Ein effizientes Performance-Ergebnis kann nur beim System-Design durch entsprechende Daten-Design- und Funktions-Design-Maßnahmen erreicht werden!

Wichtige allgemeine, den Leistungsdurchsatz eines Systems beeinflussende Faktoren sind:

- **Benutzergruppen**
    - **Endbenutzer** mit ihren Anforderungs-Profilen:
        - Datenanforderungen aller denkbaren und unfassbaren Konstellationen,
        - komfortable und effiziente Oberflächen,
        - sehr gute Antwortzeiten (im Idealfall ohne jegliche Wartezeit),
        - eine permanente Verfügbarkeit.

    - **PAE (Professionelle Anwendungsentwickler)** mit ihrer Qualifikation:
        - Ausbildungs- und Wissensstand der Vorgehens-Methoden und -Techniken,
        - Beurteilungsfähigkeit komplexer Zusammenhänge,
        - Verständnis für systemtechnische, interne Zusammenhänge und Konsequenzen,
        - Einsatzmöglichkeit und Handhabung von Tools.

    - **ADM (Administratoren)** mit ihrer Qualifikation grundsätzlich analog PAE, aber mit sehr viel tiefgehenderer Spezialisierung.
      Eine wichtige Aufgabenstellung liegt im Bereich der Planung und Kontrolle optimierter Ressource-Nutzung.

- **Methoden-Einsatz**
    - **Festlegung** einer fundierten Vorgehens- und Systementwicklungs-Methodik und **Kontrolle** auf deren Einhaltung.
    - **Festlegung von objektivierbaren, sinnvollen Performance-Zielsetzungen**.
      Zwischen allen Benutzergruppen abgestimmtes Soll-Leistungs-Profil (Service Level Agreement).
    - **Permanente Berücksichtigung aktueller Performance-Erkenntnisse** bei der Software-Entwicklung (performancegünstiges Anwendungs-Design).

14 SQL-Performance
14.1 Grundlagen der SQL-Performance

- **Technologie-Einsatz**
  - **Hardware**
    Verfügbare Hardware und deren Leistungs-Profil:
    - Netzwerk,
    - Prozessoren,
    - Speicher-Subsysteme.

  - **Betriebssysteme und betriebssystemnahe Standard-Software**
    - Microcode und Operating Systeme,
    - TP-Monitore,
    - Datenbank-Management-Systeme,
    - Sonstige Systeme.

  - **Sonstige Standard-Software-Systeme**
  - **Individual-Anwendungen**
  - **Performance-Tools.**

Die Ausführungen der bisherigen Kapitel fließen hier noch einmal in eine gesamtheitliche Darstellung zusammen.
Wichtig ist, dass der Leser bereits über Kenntnisse der DB2-internen Speicher-Organisation verfügt. Deshalb sind die Kapitel 10 - 11 als Voraussetzung zu empfehlen.

14.1.1.2 Optimierungs-Möglichkeiten und -Maßnahmen

Die Optimierungs-Möglichkeiten eines DB2-Systems umfassen natürlich alle Systemschichten mit ihren Komponenten.
Eine Zusammenfassung aller relevanter Komponenten erfolgt in Kapitel 14.4.

Die Tuning-Möglichkeiten lassen sich grob unterscheiden in:

- **Systemtechnische Maßnahmen**

    Zu den systemtechnischen Maßnahmen, die in den direkten Zuständigkeitsbereich der Datenbank-Administratoren (DBAs) fallen, gehören:
    - Optimierung der Generierungs-Parameter für OS/390, CICS, IMS-TM und TSO.
    - Autorisierungs-Konzept.
    - Connection- und Thread-Nutzung
    - Optimierung der Generierungs-Parameter für DB2, wie z.B.:
        - Bufferpool-Größe und -Nutzung
        - EDM-Pool-Größe
        - Lock-Definitionen (IRLM)
        - LOG-Definitionen.
    - Festlegung der Optionen für physische DB2-Daten-Objekte, wie z.B.:
        - Storagegroup / User defined VSAM-Datasets
        - DB2-Databases
        - Tablespaces
        - Indizes
        - Packages, Collections und Pläne.
    - Festlegung der Optionen für physische DB2-Funktions-Objekte, wie z.B.:
        - User-defined Funktionen
        - Stored Procedures
        - Trigger.
    - Re- bzw. Umorganisation der physischen Datenspeicherung .
    - Anlegen, Ändern oder Löschen von Indizes.
    - Beeinflussung des DB2-Zugriffspfades durch Manipulation von Katalog-Statistik-Spalten.
    - Permanente Überwachung des Systemverhaltens, Starten von Utilities, wie z.B. RUNSTATS, Durchführung gezielter REBIND-Maßnahmen.

14 SQL-Performance
14.1 Grundlagen der SQL-Performance

- **Anwendungsbezogene Maßnahmen**

    Zu den anwendungsbezogenen Maßnahmen gehören:
    - logische und physische Datenmodellierung mit Festlegung der Benutzer-DB2-Objekte (auch Denormalisierung, falls erforderlich). Einsatzentscheidungen für:
        - Tabellen
        - Views
        - Synonyme und Aliase.
    - Veränderungen der Datenablage mit Auswirkung auf die logische Ebene (z.B. Aufteilen langer Zeilen, Kompression, Änderung von Datentypen).
    - Festlegung und Test von SQL-Statements (z.B. durch EXPLAIN nach Ausführung von RUNSTATS).
    - Umschreiben von Queries (Abfragen und Manipulationen) in effizienterer Form.
    - Festlegung von EDITPROC und VALIDPROC-Prozeduren.

Die folgende Abbildung zeigt die wesentlichen System-Komponenten und die relevanten Tuning-Faktoren eines DB2-Systems auf.

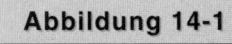

DB2-System-Komponenten und Tuning-Faktoren

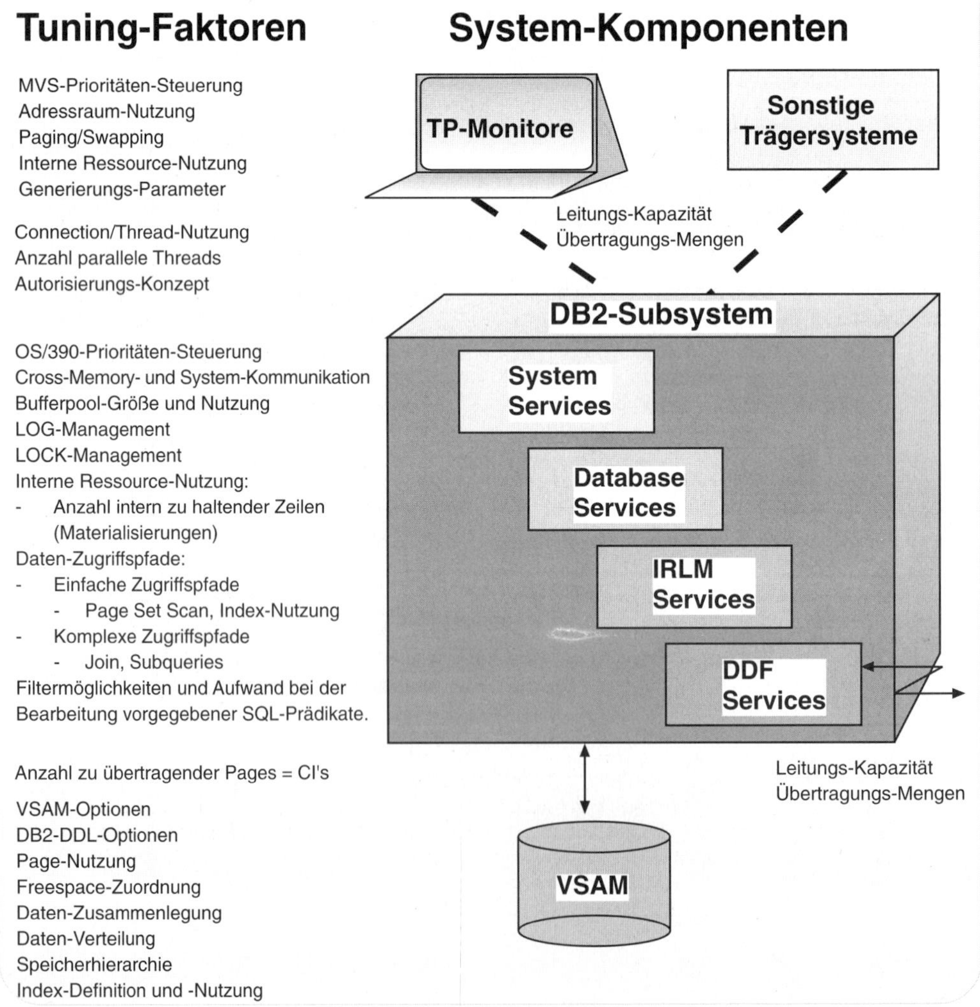

Tuning-Faktoren

MVS-Prioritäten-Steuerung
Adressraum-Nutzung
Paging/Swapping
Interne Ressource-Nutzung
Generierungs-Parameter

Connection/Thread-Nutzung
Anzahl parallele Threads
Autorisierungs-Konzept

OS/390-Prioritäten-Steuerung
Cross-Memory- und System-Kommunikation
Bufferpool-Größe und Nutzung
LOG-Management
LOCK-Management
Interne Ressource-Nutzung:
- Anzahl intern zu haltender Zeilen (Materialisierungen)

Daten-Zugriffspfade:
- Einfache Zugriffspfade
    - Page Set Scan, Index-Nutzung
- Komplexe Zugriffspfade
    - Join, Subqueries

Filtermöglichkeiten und Aufwand bei der Bearbeitung vorgegebener SQL-Prädikate.

Anzahl zu übertragender Pages = CI's
VSAM-Optionen
DB2-DDL-Optionen
Page-Nutzung
Freespace-Zuordnung
Daten-Zusammenlegung
Daten-Verteilung
Speicherhierarchie
Index-Definition und -Nutzung

System-Komponenten

- TP-Monitore
- Sonstige Trägersysteme

Leitungs-Kapazität
Übertragungs-Mengen

DB2-Subsystem
- System Services
- Database Services
- IRLM Services
- DDF Services

Leitungs-Kapazität
Übertragungs-Mengen

VSAM

14.1.2 Komponenten der Datenbeschaffung
14.1.2.1 Aufgabenteilung von RDS, DM und BM

Die Ausführung von SQL-Anforderungen wird DB2-intern in verschiedenen Schichten abgewickelt. Grundsätzlich versucht DB2 aus der Gesamt-Menge der möglichen Daten eine möglichst gute Filterung vorzunehmen. Dies ist aber nur dann möglich, wenn überhaupt WHERE-Bedingungen formuliert sind.

Das Ausfiltern der relevanten Daten ist dann besonders effizient, wenn es frühzeitig vorgenommen werden kann. Daher versucht DB2 die Filterung möglichst auf den unteren, physisch orientierten Schichten zu betreiben.

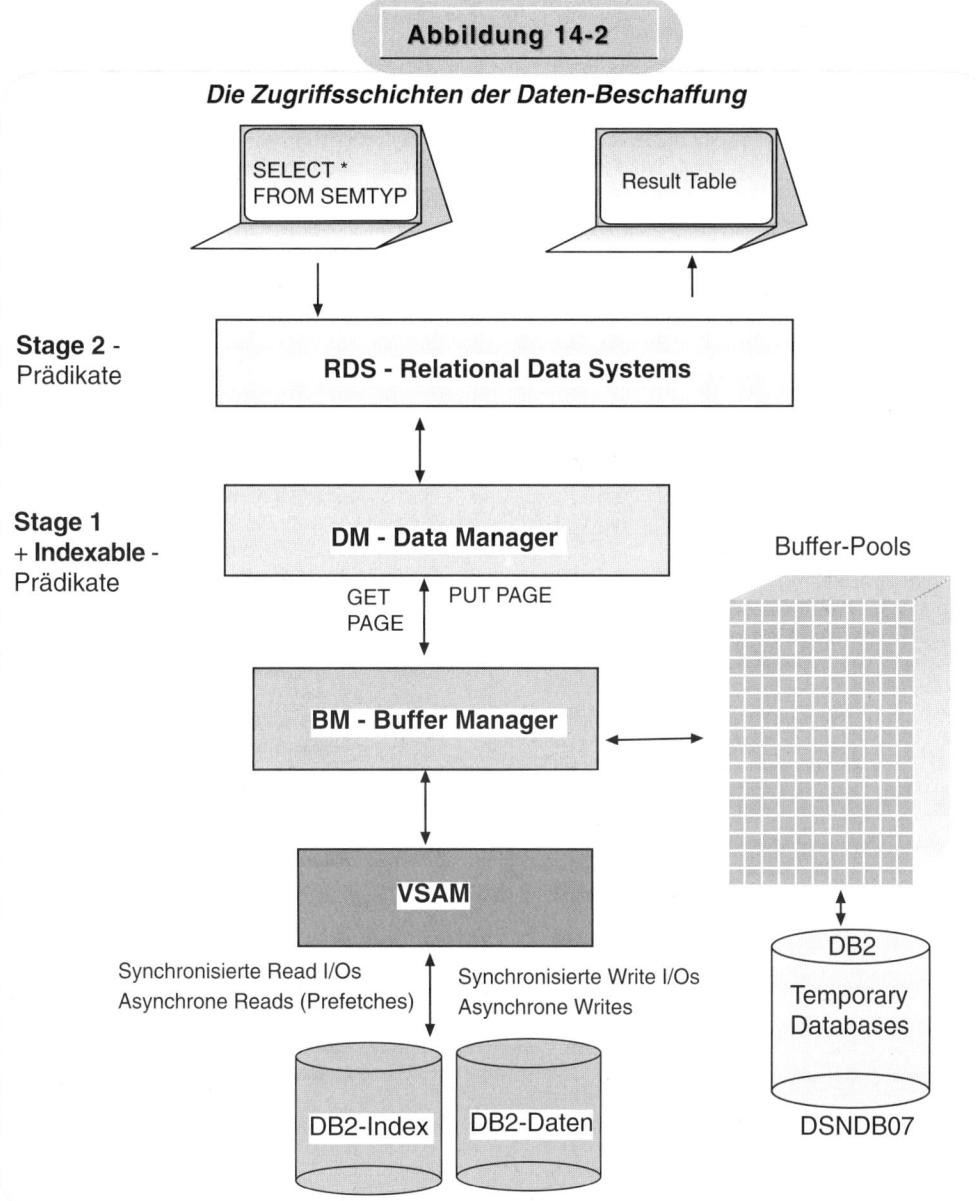

Abbildung 14-2

Die Zugriffsschichten der Daten-Beschaffung

14 SQL-Performance
14.1 Grundlagen der SQL-Performance

Die einzelnen Schichten sind:

- **RDS - Relational Data Systems**
  Diese höchste Schicht ist zuständig für das gesamte relationale Verarbeitungs-Spektrum, soweit nicht die tieferen Schichten bereits Filterungen vornehmen konnten.
  Beispiele für erforderliche Verarbeitungs-Maßnahmen sind:
    - Daten-Konvertierungen, sofern Längen oder Genauigkeiten differieren,
    - Join-Verarbeitung,
    - Subquery-Verarbeitung,
    - Verwaltung von materialisierten Interimstabellen.

  Bis zur Version 4 wurden auf dieser Schicht abgewickelt (ab der Version 5 Stage 1):
    - die Mehrzahl der SQL-Funktionen,
    - arithmetische Ausdrücke.

  Relational Data Systems fordert von DM bestimmte Zeilen und Spalten bestimmter Tabellen an und gibt die Ergebnis-Zeile der endgültigen Result Table an den Anforderer weiter (Zeile für Zeile).

- **DM - Data Manager**
  Diese Schicht ist zuständig für die physisch orientierte Beschaffung von Pages und die Auswahl der geforderten Zeilen, soweit diese durch einfachen Abgleich ermittelbar sind.
  Der Data Manager stellt GET PAGE-Anforderungen an den Buffer-Manager (Page für Page) und gibt einzelne Zeilen der Result Table an RDS weiter (Result-Table-Zeilen) bzw. fordert für bestimmte Spaltenwerte eine Entscheidung von RDS an.

- **BM - Buffer Manager**
  Diese Schicht ist zuständig für die Verwaltung der Bufferpools, das Suchen der angeforderten Pages und die physische Anforderung von VSAM-Pages, sofern diese nicht im Bufferpool verfügbar sind.
  Der Buffer-Manager gibt an den Data Manager einzelne Pages zurück.

- **VSAM** (außerhalb von DB2)
  Diese Schicht verwaltet die VSAM-Pages. Dabei gibt es folgende grundsätzlich unterschiedlichen I/O-Zugriffs-Typen (Details siehe Kapitel 11.3):
    - synchrones Lesen (direkte I/Os einzelner Pages),
    - asynchrones Lesen (sequenzielles Prefetch, List Prefetch),
    - synchrones Ausschreiben und
    - asynchrones Ausschreiben (normal für Daten-Pages).

14.1.2.2 Bufferpool-Hit Ratio und MUPA

Einer der wesentlichsten Performancevorteile entsteht durch die Bereithaltung der erforderlichen Pages in den Bufferpools.
In diesem Fall kann auf das Einlesen von DASD verzichtet werden.

Je höher die Trefferquote ist (**Hit Ratio**), desto effizienter ist die Datenbereitstellung.
Die Anzahl von GET PAGES ist die logische Anforderung einer Page. Dieser logischen Anzahl muss die Anzahl der tatsächlich eingelesenen Pages gegenübergestellt werden.

Formel:
    Hit Ratio = ((GET PAGES - I/Os) / GET PAGES)

Beispiel:

1.000 GET PAGES	1.000 READ I/Os	Hit-Ratio = 0
1.000 GET PAGES	500 READ I/Os	Hit Ratio = 0,5
1.000 GET PAGES	100 READ I/Os	Hit Ratio = 0,9
1.000 GET PAGES	0 READ I/Os	Hit Ratio = 1,0

Der beste erreichbare Wert ist Hit Ratio = 1 !

Natürlich spielt die Bufferpool-Größe und das jeweilige Anforderungs-Profil eine wichtige Rolle in der Zielsetzung, eine gute Hit Ratio zu erreichen.
Dabei muss vor allem erreicht werden, dass genügend Daten in einer angemessenen Zeit verfügbar sind. Daraus ergibt sich die Frage, wie lange überhaupt Daten verfügbar bleiben.

Beispiel:

1. Pro Sekunde werden 5 Transaktionen aktiviert (5 TPS).
2. Jede Transaktion benötigt 20 Pages.

Damit werden pro Sekunde 100 Pages benötigt.
Wenn der Bufferpool 1000 Pages enthält (bei 4 KB = 4 MB), ist die maximale unreferenzierte Dauer einer Page 10 s (maximal unreferenced pool age = **MUPA**) d.h. eine Page verweilt 10 Sekunden im Speicher, bis sie durch andere Anforderungen überlagert wird:

    Formel:
        1000 Pages / 100 Pages/s = 10 s MUPA.

Mit zunehmender Buffergröße ergibt sich folgender Effekt:

    Die MUPA ist <u>nicht</u> proportional zur Erhöhung der Buffer.

Folgende beispielhaften Werte wurden von IBM gemessen:

Anzahl der Bufferpool-Pages	MB-Speicher	MUPA	
1000	4 MB	10	Sekunden
10000	40 MB	3	Minuten
100000	400 MB	1	Stunde

14 SQL-Performance
14.1 Grundlagen der SQL-Performance

14.1.3 DB2-Tools zur Unterstützung von Performance-Maßnahmen
14.1.3.1 Übersicht

DB2 bietet eine Reihe von Tools zur Kontrolle der Design- und Realisierungs-Maßnahmen im systembezogenen Bereich. In diesem Feld tummeln sich aber auch eine Reihe von Standard-Software-Herstellern mit diversen Produkten.

1. **Performance Monitor (DB2PM)**
   Der IBM-Performance-Monitor ist ein kostenpflichtiges Zusatz-Produkt. Mit ihm lassen sich diverse Reports gewinnen, wie:
   - Accounting Report (Pro Transaktion 1 Record)
   - Statistics Report (anwendungs-übergreifend systemweiter Report).

   Weitere Daten erzeugt DB2-Trace (IFI = Instrumentation Facility) mit den Record-Typen:
   Statistic, Accounting, Performance, Monitor, Audit, Global.
   DB2PM liest diese Records ebenfalls ein und erzeugt entsprechende Statistiken.

2. **DB2 Buffer Pool Tool**
   Steuerung und Kontrolle der Bufferpols.

3. **RUNSTATS-Utility**
   Das RUNSTATS-Utility durchsucht die Daten-Basis und die Indizes und protokolliert im Katalog zeitpunktgemäß Statistik-Informationen über die Cardinality der Daten. Diese Informationen sind die Grundlagen für den Optimizer innerhalb des BINDs zur Ermittlung des effizientesten Zugriffspfades eines SQL-Statements. Beim LOAD und REORG können Inline-Statistiken aktiviert werden.

4. **STOSPACE-Utility**
   Das STOSPACE-Utility ermittelt die Plattenplatz-Belegung der Volumes (bei Storagegroup-Zuordnung).

5. **EXPLAIN-Statement und Workstation-Tool DB2 Visual Explain**
   Analyse des Zugriffspfads von SQL-Statements, wobei folgende Typen unterstützt sind:
   - SELECT, INSERT, UPDATE und DELETE (Search-Form).

   Die Ergebnisse eines EXPLAINS werden in eine benutzer-individuelle PLAN_TABLE und - sofern vorhanden - in die DSN_STATEMNT_TABLE eingestellt.

6. **DISPLAY-Command**
   Der DISPLAY-Command zeigt interaktiv den Status von DB2-Ressourcen auf.
   Folgende DISPLAY-Typen existieren:
   DATABASE, LOCATION, RLIMIT, THREAD, TRACE, UTILITY.

7. **RLF Resource Limit Facility (Governor)**
   Über eine systemweite Tabelle DSNRLSTxx kann der System-Programmierer Grenzwerte (Service units) vorgeben für bestimmte Benutzer und/oder Pläne.
   Das Überschreiten dieser Werte bei der Ausführung dynamischer SQL-Statements führt zu einem Abbruch.

8. **Update Statistikwerte im Katalog**
   Neben dem RUNSTATS-Utility können im Katalog Statistik-Informationen über die Cardinality der Daten direkt manipuliert werden. Damit lassen sich z.B. Varianten für den Test der Optimizer-Entscheidungen simulieren.
   Es ist aber zu beachten, dass mit dem nächsten RUNSTATS-Lauf diese Werte wieder überschrieben werden.

9. **Katalog-Abfragen**
   Der DB2-Katalog kann mit normalen SELECT-Mitteln ausgewertet werden.

10. **Simulation von Ausführungsbedingungen unter OS/390 mit Windows-Tool DB2-Estimator**
    - Simulation von OS/390-Ausführungsbedingungen.
    - Analyse des Zugriffspfades von SQL-Statements. Möglichkeit der Beinflussung relevanter Optimizer-Basisinformationen.
    - Simulation von Zugriffspfad-Varianten.
    - Analyse von Elapsed Times, CPU-Times und I/O-Zeiten.

14.1.3.2 Statistikdaten des Katalogs

RUNSTATS führt Statistiken eines Tablespaces und seiner verbundenen Indizes zur Unterstützung der Zugriffs-Pfad-Analyse des Optimizers. Wurde kein RUNSTATS aktiviert, wirken Default-Werte.
Die detaillierten Statistikfelder und Statistiktabellen sind im Anhang 2 unter "RUNSTATS-Übersicht" aufgeführt.
Bei Performance-Tests von SQL-Statements sind die Statistikdaten immer zu berücksichtigen. Wenn z.B. als Variante während eines Tests ein neuer Index auf bestehende Daten aufgebaut wird, wirkt er häufig solange nicht auf die Optimizer-Zugriffspfad-Entscheidung, bis ein RUNSTATS erfolgte.
Besonders ist auch zu beachten, dass jeder BIND die aktuellen Statistikwerte entnimmt. Dies kann z.B. bei einem AUTOMATIC REBIND problematisch werden, wenn er gerade dann aktiviert wird, wenn die DBA-Gruppe einen vorhandenen Index gelöscht hat und ihn nach zwei Minuten wieder aufbaut.
Stehen keine vernünftigen Testdaten zur Verfügung, können die realen Statistikwerte aus der Produktion übernommen werden (die Durchlaufzeit des Statements wird allerdings durch das vorhandene Test-Datenvolumen - evtl. stark - beeinflusst).

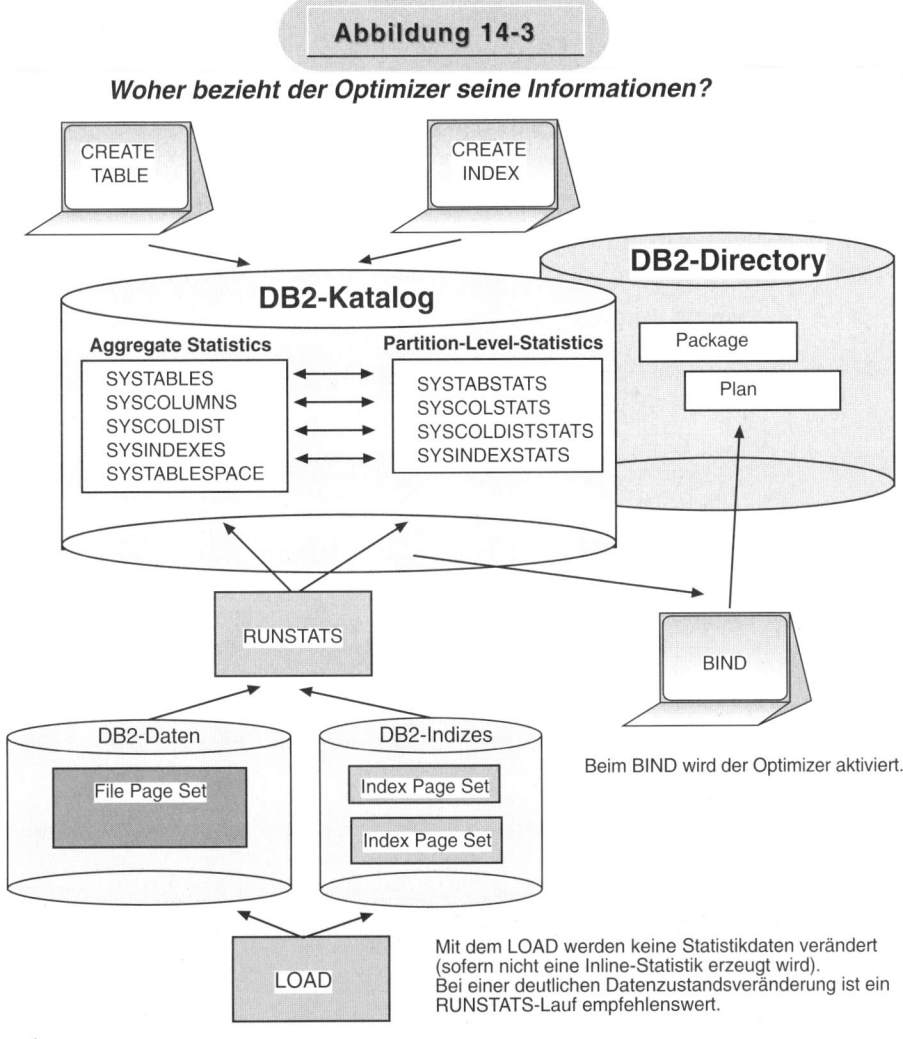

Abbildung 14-3

Woher bezieht der Optimizer seine Informationen?

RUNSTATS führt Statistiken über einen Tablespace und seine verbundenen Indizes. Eine permanente Überwachung und ggf. Aktualisierung ist erforderlich.
Statistikspaltenwerte können mit SQL verändert werden.

14 SQL-Performance
14.1 Grundlagen der SQL-Performance

14.1.4 Die relevanten Zeiten einer Statement-Abwicklung
14.1.4.1 DB2-Accounting-Zeiten

Bei einer Performance-Untersuchung spielen natürlich die Verweilzeiten innerhalb der einzelnen Komponenten eine wichtige Rolle.
DB2 liefert Accounting Trace-Informationen (z.B. auch über DB2PM oder über andere Performance-Monitor-Produkte).

Die DB2-relevanten Zeiten ergeben sich aus der folgenden Abbildung:

- **Antwortzeit des Benutzers (End Users Response Time)**
  Zeitleiste vom Drücken der Übertragungs-Taste bis zum Erreichen der Ausgabenachricht am Terminal.

- **DB2-Verweilzeit (DB2-Total Transit Time)**
  Zeitleiste vom Aufbau des Threads (bzw. Wiederverwendung eines bestehenden Threads) bis zum Abbau des Threads (bzw. erneuten Signon eines anderen Autorisierungs-Ids bei Wiederverwendung des Threads).

- **DB2-Accounting-Zeiten**
  Innerhalb des DB2-Systems werden Zeiten mittels Accounting-Sätzen protokolliert. Diese ignorieren die Thread-Create-Time und beinhalten einen kleinen Teil der Thread-Termination-Time:
  - **Class 1 - Application Elapsed Time**
    Gesamtzeit, die ab CREATE THREAD im DB2-System und im Anwendungsprogramm verbracht wurde.

  - **Class 2 - DB2-Elapsed Time**
    Gesamtzeit, die ab CREATE THREAD im DB2-System verbracht wurde. Die Zeit wird jeweils vom Eintritt in den DB2-Adressraum bis zum Austritt mit Steuerungsrückgabe ans Anwendungsprogramm protokolliert.

  - **Class 3 - Elapsed Wait Time**
    Gesamtzeit, die für Wartebedingungen im DB2-System verbracht wurde.

14 SQL-Performance
14.1 Grundlagen der SQL-Performance

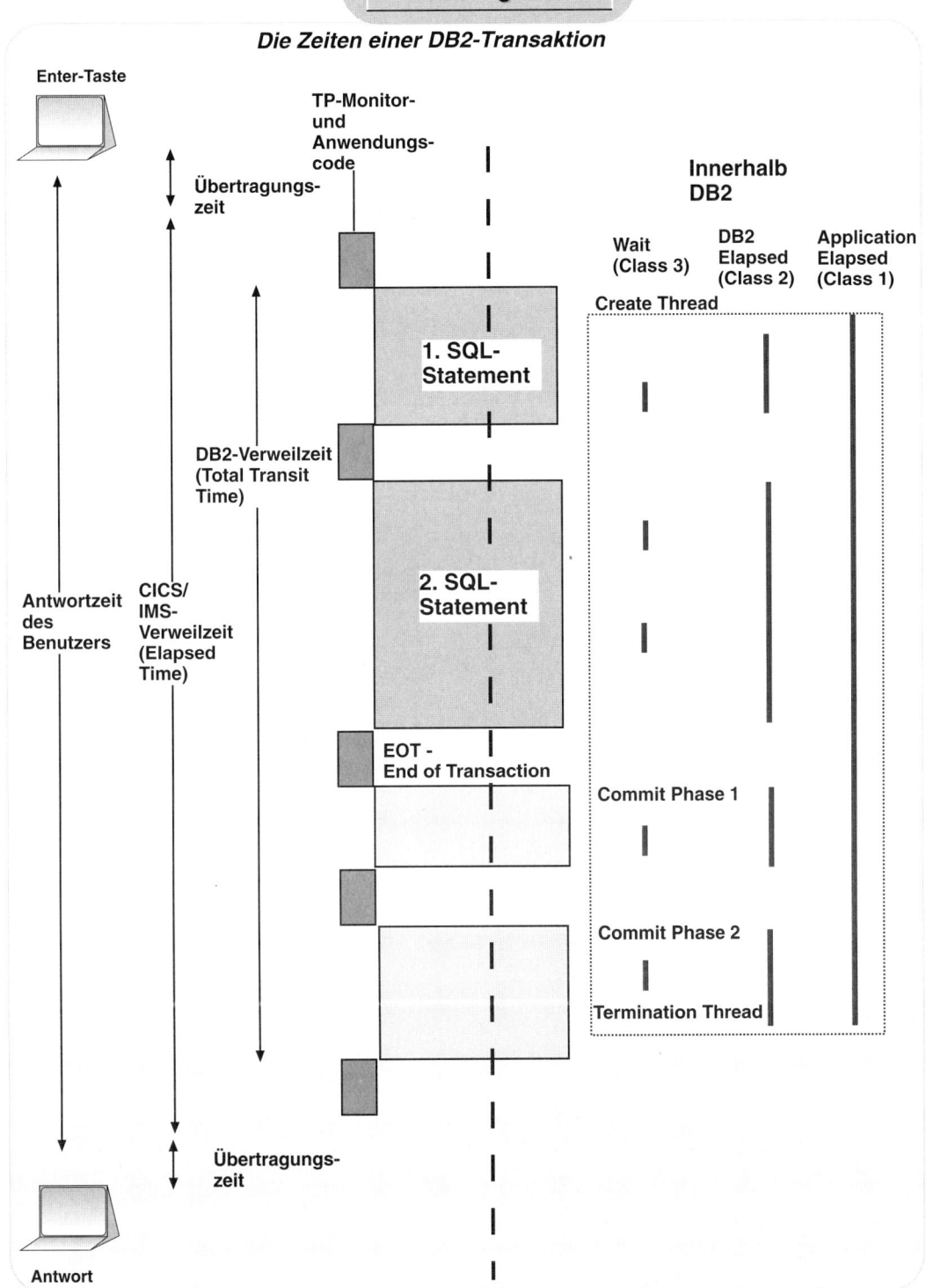

Abbildung 14-4: Die Zeiten einer DB2-Transaktion

14.1.5 Parallel-Verarbeitung
14.1.5.1 Parallel-Verarbeitungs-Typen

Im Kapitel 11.3 sind die relevanten Komponenten der Parallel-Verarbeitung dargestellt. Diese Techniken können zwar ab Version 6 auch mit Non-Partitioned Tablespaces aktiviert werden - Partitioned Tablespaces bieten aber weiterhin die bessere technische Basis für einen Parallel-Prozess.

Hier noch einmal die Grund-Typen:

- **Technik 1 -   Sequenzielle Verarbeitung**
  Bei der sequenziellen Verarbeitung können die einzelnen Partitions nur nacheinander eingelesen werden. Es entstehen CPU-Wartezeiten.

- **Technik 2 -   Parallele I/O-Verarbeitung (Single Tasking)**
  Mit der DB2-Version 3 wurde die Parallel-I/O-Verarbeitung eingeführt. Für eine Query kann der Grad der Parallelität bestimmt werden (DEGREE).
  Die einzelnen Partitions können parallel angefordert werden (sofern sie auf unterschiedlichen Volumes liegen).

- **Technik 3 -   Parallele Rechner (CPU) und I/O-Verarbeitung (Multi-Tasking)**
  Mit der DB2-Version 4 wurde die Parallel-Verarbeitung eingeführt. Für eine Query kann der Grad der Parallelität bestimmt werden (DEGREE).
  Die einzelnen Partitions können parallel angefordert und auch verarbeitet werden.

- **Technik 4 -   Parallele Rechner (CPU) und I/O-Verarbeitung (Multi-Tasking) im Sysplex (nur bei Data Sharing)**
  Mit der DB2-Version 5 wurde die Parallel-Verarbeitung im Sysplex eingeführt. Für eine Query kann die Arbeit innerhalb der DB2 Group auf angeschlossene Member verteilt werden. Diese assistieren dann innerhalb einer Parallel-Verarbeitung.
  Folgende weitere Unterstützungen sind relevant:
  - der Sub-SELECT eines INSERT-Statements ist parallel ausführbar,
  - durch den PIECESIZE-Parameter ist ein Non-Partioned Index unterstützt.

14.1.5.2 Query-Typ: CPU bound oder I/O bound

Eine Query-Bearbeitung fordert Rechnerzeit (CPU) und Datenbeschaffungs-Aufwendungen (I/Os). Query-Typen können aufgrund ihrer jeweiligen Lastverteilung unterschieden werden in:

- **CPU-intensive Queries (CPU bound)**
  Die Queries verbringen den überwiegenden Teil ihrer Zeit mit dem Filtern der Daten, mit komplexen Funktionsleistungen bzw. mit Materialisierungen, die z.B. durch GROUP BY und ORDER BY entstehen.
  Solche Queries verfügen i.d.R. über aufwendige Funktionen und Selektionsanforderungen.

- **I/O-intensive Queries (I/O bound)**
  Die Queries verbringen den überwiegenden Teil ihrer Zeit mit dem Beschaffen der Pages.
  Solche Queries verfügen i.d.R. über <u>wenig</u> aufwendige Funktionen und Selektionsanforderungen.

14.1.5.3 Effekte der Parallel-Verarbeitung

Durch Verteilung von Rechnerzeit (CPU) und/oder Datenbeschaffungs-Aufwendungen (I/Os) auf mehrere Rechner (Prozessoren) entsteht eine **reduzierte Verweilzeit** (Elapsed Time).
Dagegen **steigen insgesamt die CPU-Aufwendungen an**, da eine Verteilung der Arbeit auf mehrere Prozessoren Zusatzaufwendungen fordert - insbesondere für die Kommunikation der Rechner untereinander.

14 SQL-Performance
14.1 Grundlagen der SQL-Performance

14.1.5.4 Voraussetzungen für die Parallel-Verarbeitung

Zur Nutzung der Parallel-Verarbeitung sind einige Voraussetzungen zu erbringen:

- **Hardware-Konfiguration**
  Es müssen Multi-Prozessoren-Komplexe verfügbar sein (mehrere Central Processors = CPs in einem Central Processor Complex = CPC).
  Steht während eines Bind-Prozesses nur ein Prozessor zur Verfügung, wird keine CPU-Parallel-Verarbeitung, sondern evtl. nur eine I/O-Parallel-Verarbeitung aktiviert.
  Das Hardware Sort Facility ist erforderlich, damit Workfiles partitioniert werden können.
  Grund-Regel:
    - je mehr Prozessoren nutzbar sind, desto höher ist der mögliche Parallelitätsgrad.

- **Betriebssystem-Unterstützung**
  Für die Nutzung von CPU-Parallel-Verarbeitung muss MVS ESA Version 5 Release 2 oder ein späteres Release eingesetzt sein.
  Ansonsten wird evtl. nur eine I/O-Parallel-Verarbeitung aktiviert.

- **Partitioned und Non-Partitioned Tablespaces**
  Zur Parallel-Verarbeitung können alle Objekt-Typen genutzt werden - besonders günstig sind Objekte, die eine Partition-Organisation aufweisen.
  Dies sind:
    - Daten-Partitions von partitioned Tablespaces,
    - Index-Partitions von partitioned Indizes,
    - Physische Datasets bestimmter non-partitioned Indizes von partitioned Tablespaces.
      Parallel-Verarbeitung ist nur unterstützbar für Indizes, deren Index-Daten mit dem PIECESIZE-Parameter aufgeteilt wurden.
    - Sort- und Join-Workfiles (nur bei entsprechender Hardware-Unterstützung).
  Grund-Regel:
    - die Anzahl der Partitions für CPU bound Queries sollte mit der Anzahl der CPs korrelieren,
    - die Anzahl der Partitions für I/O bound Queries sollte mit der Anzahl der I/O-Pfade korrelieren.
  Empfehlung:
    Wenn Parallel-Verarbeitung bei Joins umfassend genutzt werden soll, sind alle Objekte als partitioned Tablespaces einzurichten, auch wenn sie nur relativ wenige Daten führen.

- **Spezial-Register CURRENT DEGREE und BIND-Parameter DEGREE**
  Eine Parallel-Verarbeitung wird nur für solche Queries aktiviert, bei denen der entsprechende DEGREE-Parameter aktiviert wurde:
    - **Statische SQL-Statements**
      Beim BIND bzw. REBIND muss der Parameter **DEGREE (ANY)** definiert werden. Der Parameter wirkt nur auf die statischen SQL-Statements und nicht auf dynamische SQL-Statements.
    - **Dynamische SQL-Statements**
      Das Spezial-Register **CURRENT DEGREE** muss vor der Ausführung der Query mit
        SET CURRENT DEGREE = 'ANY' zugewiesen werden.
      Bei der System-Installation kann der Parameter CURRENT DEGREE auf '1' oder 'ANY' standardmäßig eingestellt werden.

- **Sonstige Definitionen**
  Einige zusätzliche Parametrisierungen wirken auf die Parallel-Verarbeitung:
    - **RLST-Parameter RLFFUNC**
      Mit diesem Parameter kann Parallel-Verarbeitung für bestimmte Pläne, Packages und Autorisierungs-Ids eingeschränkt oder generell ausgeschlossen werden.
    - **Bufferpool Thresholds**
      Es müssen genügend Bufferpool-Bereiche für eine Parallel-Verarbeitung verfügbar sein:
        - VPPSEQT   für parallele I/O-Operationen in einem Subsystem.
        - VPXPSEQT   für assistierende parallele I/O-Operationen in einer Gruppe.

14 SQL-Performance
14.1 Grundlagen der SQL-Performance

14.1.5.5 Restriktionen bei der Nutzung der Parallel-Verarbeitung

Die nachfolgende Übersicht zeigt die Parallel-Verarbeitungsmöglichkeiten auf:

Bedingungen	Mögliche Parallel-Verarbeitung			Hinweise
	I/O	CPU	Sysplex	
Query Typen				
Join				
Nested Loop Join	Ja	Ja	Ja	
Merge Scan Join				
- Join-Bedingung einer Spalte	Ja	Ja	Ja	
- Join-Bedingung mehrere Spalten	Nein	Nein	Nein	
Hybrid Join				DB2 verzichtet auf Hybrid Joins, wenn ansonsten Parallel-Verarbeitung möglich ist.
- mit einem Sort: SORTN_JOIN = Y	Nein	Nein	Nein	
- ansonsten	Ja	Ja	Ja	
Outer Join	Ja	Ja	Ja	
Subquery				
Non-Correlated Subquery				
- Outer Query	Ja	Ja	Ja	
- Inner Query	Ja	Ja	Ja	
Correlated Subquery				
- Outer Query	Ja	Ja	Ja	
- Inner Query bei EXISTS	Nein	Nein	Nein	
Nested Table Expression				
- Zugriff auf die Workfile	Nein	Nein	Nein	Der Zugriff auf die Basis-Tabellen kann unterstützt werden.
Cursor				
- Updateable Cursor	Nein	Nein	Nein	
- Ambiguous Cursor und CURRENTDATA (YES)	Nein	Nein	Nein	
- Cursor WITH HOLD und ISOLATION RR/RS	Ja	Nein	Nein	
Objekt-Charakteristiken				
Result Sets mit LOB-Werten	Ja	Ja	Nein	
ISOLATION RR oder RS	Ja	Ja	Nein	Keine Sysplex-Unterstützung, da der Kommunikationsaufwand für LOCKS sehr hoch ist.
Zugriffspfad-Charakteristiken				
IN-List Index-Zugriff (Inner Table)	Ja	Ja	Ja	ACCESSTYPE 'N' in PLAN_TABLE
Direkt-Zugriff über ROWID	Nein	Nein	Nein	PRIMARY_ACCESSTYPE 'D' in PLAN_TABLE
List Prefetch über RID-Auswahl	Ja	Ja	Nein	PREFETCH 'L' in PLAN_TABLE
Outer-Table-Zugriff über Non-Partitioned Index	Nein	Nein	Nein	
Workfiles				
- Sort Workfiles	Ja	Ja	Ja	
- JOIN-Interims-Tables	Ja	Ja	Ja	
- Materialisierte Views	Nein	Nein	Nein	

14.2 Zugriffspfadanalyse des DB2-Optimizers
14.2.1 Aufgaben des Optimizers

Der Optimizer hat die Aufgabe, den optimalen Zugriffsweg zu den geforderten Daten zu ermitteln. Der Optimizer analysiert die SQL-Statements, interpretiert bestimmte Statistik-Informationen aus den Katalog-Tabellen und ermittelt daraufhin die möglichen Zugriffspfade und I/O-Zugriffs-Typen zu den Daten für eine spezielle Anforderung.

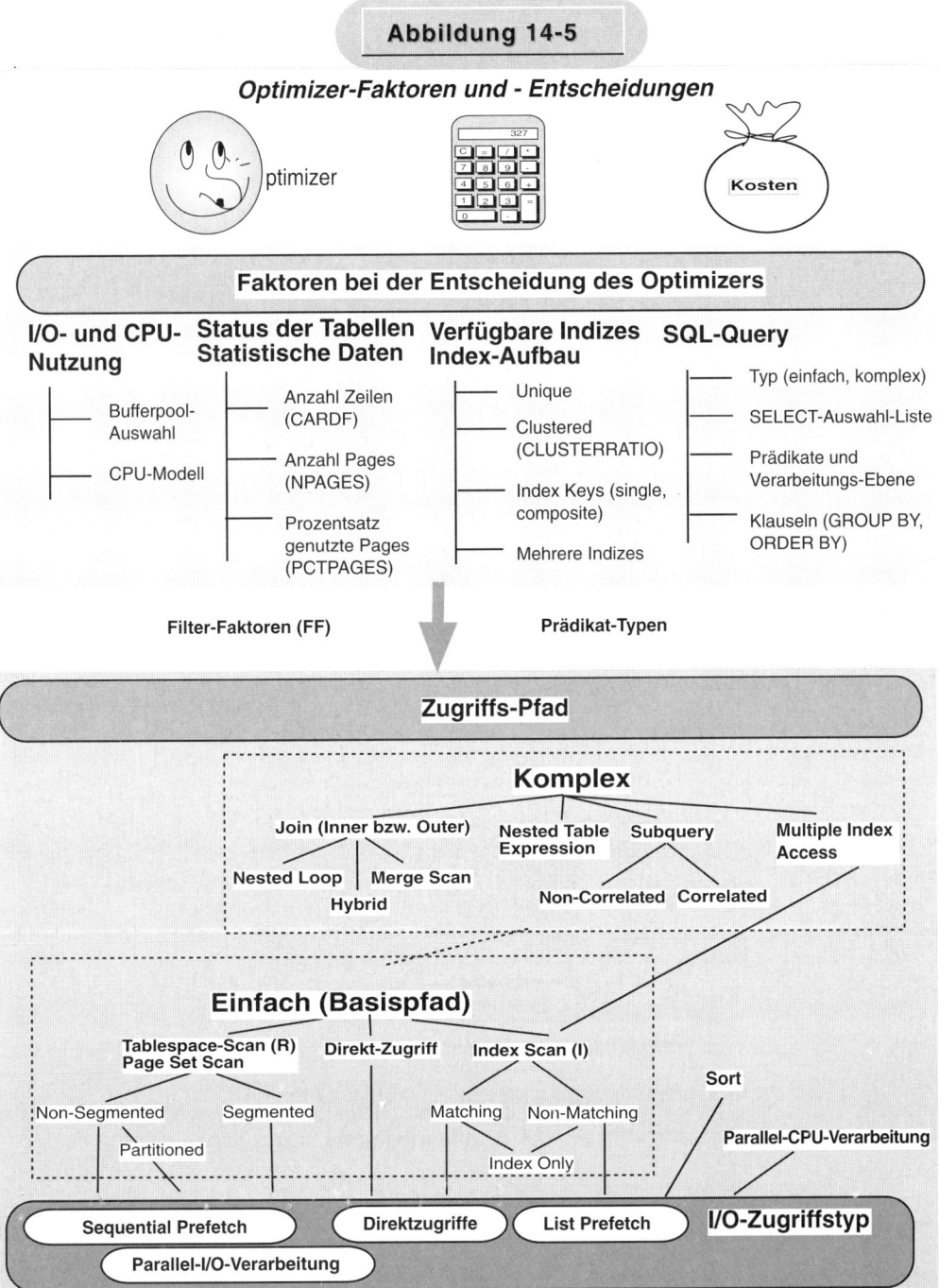

Abbildung 14-5

14 SQL-Performance
14.2 Zugriffspfadanalyse des DB2-Optimizers

Da schon bei einfachsten Anforderungen verschiedene Zugriffs-Alternativen bestehen, ermittelt der Optimizer die relativen Kosten pro Zugriffspfad und wählt den kostengünstigsten Zugriffsweg aus.

Der Optimizer wickelt seine Aufgabe in vier Phasen ab:

1. Parsing	Syntaktische und semantische Prüfung, Analyse und Zergliederung des SQL-Statements.
2. Optimization	Identifizierung der Zugriffs-Pfad-Möglichkeiten, Kostenermittlung pro Zugriffspfad und Auswahl des kostengünstigsten Pfades.
3. Code Generierung	Erzeugen ausführbaren Maschinencode zur Ausführung des Zugriffs-Planes.
4. Ausführung	Aufbau der Package bzw. des Plans und - Ausführung (bei DYNAMIC BIND) - Speicherung im Katalog und im Directory (bei STATIC BIND).

14.2.2 Parsing

Beim Parsing wird das SQL-Statement syntaktisch und semantisch geprüft und aufgegliedert. Ein SQL-Statement darf nur aus bestimmten Schlüsselworten und Optionen bestehen und muss grammatikalischen Regeln entsprechen.

Bei der semantischen Prüfung werden die Katalog-Tabellen zu Hilfe genommen, da alle angesprochenen Objekte existieren müssen.

Als Ergebnis wird ein 'Parse Tree' erzeugt, der die einzelnen Komponenten des Statements identifiziert. Der Baum verzweigt vom Resultat zu den einzelnen Steps, die zum Ergebnis, möglicherweise über Zwischenergebnissen, führen. So muss beispielsweise ein Join-Statement in separaten Sections schrittweise ausgeführt werden. Die einzelnen Sections werden als Query Block bezeichnet.

Dabei werden alle relevanten DB2-Ressourcen ermittelt und die einzelnen Zugriffspfade analysiert. Daraus ergeben sich auch Hinweise auf Parallel-Verarbeitungsmöglichkeiten und -grenzen.

Die folgende Abbildung zeigt das Beispiel eines solchen Parse-Trees.

Abbildung 14-6

DB2-Optimizer: Beispiel eines Parse-Trees

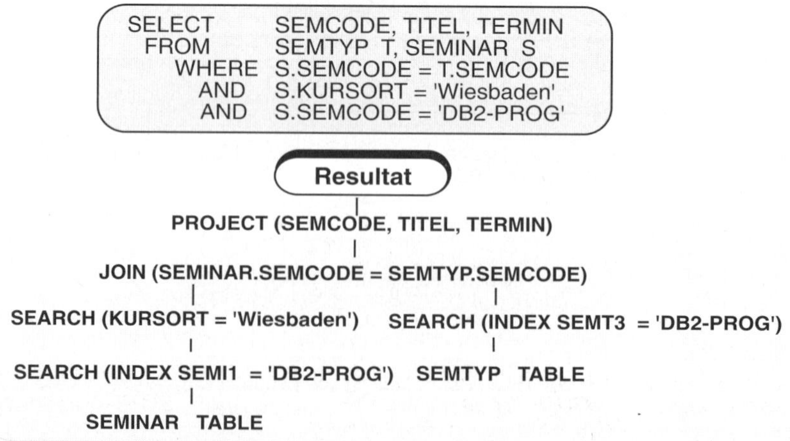

```
SELECT     SEMCODE, TITEL, TERMIN
FROM       SEMTYP T, SEMINAR S
WHERE      S.SEMCODE = T.SEMCODE
AND        S.KURSORT = 'Wiesbaden'
AND        S.SEMCODE = 'DB2-PROG'
```

Resultat

```
                    PROJECT (SEMCODE, TITEL, TERMIN)
                                    |
                    JOIN (SEMINAR.SEMCODE = SEMTYP.SEMCODE)
                         |                          |
        SEARCH (KURSORT = 'Wiesbaden')     SEARCH (INDEX SEMT3 = 'DB2-PROG')
                         |                          |
        SEARCH (INDEX SEMI1 = 'DB2-PROG')      SEMTYP  TABLE
                         |
                SEMINAR  TABLE
```

14.2.3 Optimization

Der Optimizer ergänzt bzw. verändert anschließend im Zuge seiner verfeinerten Ermittlungen den gebildeten Parse-Tree.
So werden in diesem Step Views durch Tabellen ersetzt, Subquery-Anforderungen weiter aufgelöst und offensichtlich aufwendige Zugriffspfade aufgelöst oder verändert.
Der Optimizer kann auch Modifikationen vorgegebener Statements vornehmen, wie z.B. eine Subquery in einen Join umsetzen, wenn dadurch der Aufwand reduzierbar scheint.
Außerdem werden in diesem Schritt bedingte SQL-Verarbeitungsanweisungen (Prädikate) optimiert.
Beispiel:
```
          WHERE      DAUER = 1 OR DAUER = 5 OR DAUER = 7
```
Auflösung in:
```
          WHERE      DAUER IN (1,5,7).
```

So können hier Optimierungen betrieben werden, die anschließend den Zugriffsweg effizienter gestalten können. Bei diesem Step werden auch syntaktische Unterstützungen geleistet, z.B. das Auffüllen mit Füllzeichen.
Die wichtigste und hochwertigste Aufgabe besteht im Ermitteln des kostengünstigsten Zugriffspfades. Hier werden mit Hilfe der Filter-Faktoren statistische Werte unter Berücksichtigung der Katalog-Tabellen ermittelt und die einzelnen Zugriffspfade miteinander verglichen.

14.2.3.1 Prädikate
14.2.3.1.1 Bedingte Verarbeitungsanweisungen (Prädikate)

Eine bedingte Verarbeitungsanweisung (Prädikate) wird durch Suchbedingungen innerhalb der WHERE-Klausel eines SQL-Statements erzeugt.

Dadurch wird die Auswahl der Daten auf Teilmengen beschränkt:

```
SELECT * FROM T    WHERE    C1 = 10
                   AND      C2 BETWEEN 10 AND 20
                   OR       C4 < 'A'.
```

DB2 benutzt diese Verarbeitungsanweisungen zur Auswahl der Daten über einen Index oder zur Abweisung von Datenzeilen, die durch einen sequenziellen Suchprozess (Scan) bereitgestellt wurden.

14.2.3.1.2 Prädikat-Kategorien

Es existieren folgende Prädikat-Kategorien (Details folgen):

- **Simple** oder **Compound**
  Ein Prädikat, das mit AND bzw. OR verknüpft wird, ist 'COMPOUND', sonst ist es 'SIMPLE'.

- **Operationstyp**
  Ein Simple Prädikat wird definiert durch den Typ der Operation, der von ihm benutzt wird:
  - Subquery   SEMCODE IN (SELECT SEMCODE FROM ....)
  - Equal   SEMCODE = 'DB2-PERF'   ;   DAUER IS NULL
  - IN-List   DAUER IN (3,5,9)
  - Range   DAUER > 3 ; DAUER BETWEEN 3 AND 5; SEMCODE LIKE '..'
  - NOT   DAUER <> 3 ; DAUER NOT BETWEEN 3 AND 5
  - ON   ON SEMTYP.SEMCODE = SEMINAR.SEMCODE

- **Local** oder **Join**
  Ein Prädikat, das mehr als eine Tabelle referenziert, oder eine Correlated Referenz darstellt, ist ein **JOIN-Prädikat**. Andere sind **lokale Prädikate**.

- **Indexable** oder **Non-Indexable**
  Ein Prädikat, mit dem über die Index-Hierarchie ein oder mehrere Index-Einträge aufgefunden werden können, ist INDEXABLE, ansonsten nicht (Indexable = Matching-Index-Scan-Fähigkeit).

- **Stage 1** oder **Stage 2**
  Ein Prädikat, das direkt mit dem Einlesen der Daten geprüft werden kann, ist STAGE 1, ansonsten ist es STAGE 2.

- **Boolean Term (BT)**
  Ein BOOLEAN TERM Prädikat ist ein simple oder compound Prädikat.
  Wenn ein Boolean Term für eine bestimmte Zeile als 'unwahr' bzw. 'falsch' erkannt wird, gelten alle, diese Zeile betreffenden WHERE-Bedingungen als 'falsch'.
  Beispiel: WHERE C1 = 3 AND (C4 > 5 OR C2 = 7)   ist ein Compound Boolean Term Prädikat.
  BT-Prädikate sind sehr viel effizienter als Nicht-BT-Prädikate, weil sie sehr viel früher die Abweisung einer Zeile bewirken.
  In Einzel-Index-Suchprozessen werden nur BT-Prädikate für 'Matching Scans' verwandt. Der Optimizer versucht ggf. eine Index-Nutzung über einen Multiple Index Access.

14.2.3.2   Filterung

Die Sicht auf die Daten kann sich auf alle Daten oder eine Datenauswahl beziehen. Wird eine Datenauswahl gewünscht, müssen die erforderlichen Daten aus der Gesamtdatenmenge ausgefiltert werden.
Eine Filterung wird im DB2 unterstützt durch:

- **Direktzugriff über eine ROWID auf eine Zeile**
  Direkter Zugriff auf eine physische Zeilenadresse.

- **Index-Nutzung**
  Aufgrund der vorgegebenen WHERE-Bedingung werden Index-Entries untersucht und dann im Bedarfsfall ein Datenzugriff eingeleitet.

- **Filterung auf Datenebene**
  Aufgrund der vorgegebenen WHERE-Bedingung werden Datenzeilen untersucht.

Bei Einsatz eines Index spielt die Datenmenge und die inhaltliche Nutzung einzelner Dateninhalte eine wichtige Rolle. Die inhaltliche Streuung wird z.B. durch die FIRSTKEYCARDF eines Index dokumentiert.

Abbildung 14-7

Filterung: Wirkung

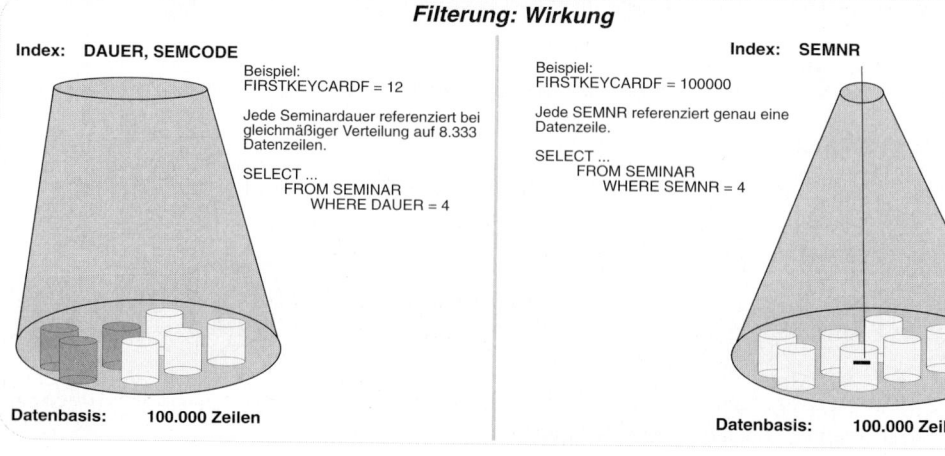

14.2.3.2.1 Inhaltliche Verteilung von Datenwerten

Datenwerte können folgenden Verteilungskriterien entsprechen:

- **Gleichmäßige Verteilung (Uniform Distribution)**
  Die Datenwerte sind gleichmäßig über den gesamten Datenbestand verteilt.

- **Ungleichmäßige Verteilung (Non-Uniform Distribution)**
  Die Datenwerte sind <u>nicht</u> gleichmäßig über den gesamten Datenbestand verteilt.
  Beispiele sind:
  - Daten innerhalb eines partitioned Tablespaces werden aufgrund des partitioned Index verteilt.
  - Daten-Konstellationen mit unterschiedlicher Häufigkeit (große und kleine Filialen, Kunden mit häufigen und seltenen Geschäften usw.).

Die Bewertung der Verteilung gestaltet sich dann sehr schwierig, wenn beim BIND-Prozess noch keine Daten hinsichtlich der konkreten Anforderung vorliegen.
Dies ist immer bei Host-Variablen gegeben, da diese ohne konkreten Dateninhalt gebunden werden.

14.2.3.2.2 Filter-Faktor (FF)

Der Filter-Faktor (FF) kalkuliert die Anzahl der Zeilen, die in die Ergebnisbearbeitung **einbezogen werden** (der Zeilen, die aufgrund der WHERE-Bedingung als 'wahr' eingestuft werden).
Der Filter Faktor eines Prädikats ist eine Zahl zwischen 0 und 1. Je kleiner der Filter-Faktor ist, desto weniger Zeilen werden als Ergebnis erwartet.
Die Filter Faktoren haben eine sehr hohe Performance-Auswirkung, da sie statistisch die Anzahl der zu verarbeitenden Zeilen bewerten. Sie werden bei der IO-Kosten- und bei der Prozess-Kosten-Ermittlung herangezogen.
Dazu benötigt der Optimizer statistische Informationen der zugrundeliegenden Daten, der inhaltlichen Vorkommens-Häufigkeit (**Cardinality**) benötigter Spalten-Werte und der Nutzungsmöglichkeit von Indizes. Diese Werte werden in den Katalog-Tabellen durch RUNSTATS verwaltet. Sind die Statistik-Felder innerhalb des DB2-Katalogs nicht von RUNSTATS verwaltet (COLCARDF = -1), benutzt DB2 Default-Angaben.
Die folgende Übersicht zeigt zunächst einmal eine Auswahl von Statistik-Feldern und Defaults:

Abbildung 14-8

DB2-Optimizer Filter-Faktor: Default-Werte (Auszug)

Tabellen-Name	Spalten-Name	Default-Wert	Beschreibung
SYSTABLES	CARDF NPAGES	10.000 CEILING(1+CARDF/20)	Gesamtanzahl Zeilen pro Tabelle. Anzahl Pages im Tablespace, die Zeilen der Tabelle enthalten. Default für einen segmented Tablespace.
SYSTABLESPACE	NACTIVE	CEILING(1+CARDF/20)	Anzahl Pages bis zur höchsten formatierten Page. Default für einen non-segmented Tablespace.
SYSCOLUMNS	COLCARDF HIGH2KEY LOW2KEY	25	Anzahl unterschiedlicher Werte in dieser Spalte. Zweithöchster Wert in dieser Spalte. Zweitniedrigster Wert in dieser Spalte.
SYSINDEXES	FULLKEYCARDF	25	Anzahl unterschiedlicher Werte aller Key-Spalten des Index.
	FIRSTKEYCARDF	25	Anzahl unterschiedlicher Werte der ersten Key-Spalte. Identisch mit COLCARDF für die Index-Spalte.
	NLEAF NLEVELS CLUSTERRATIO	CARDF/300 2 0	Anzahl Leaf Pages im Index. Anzahl Index-Level. Prozentsatz der Zeilen der Tabelle, die in Index-Folge gespeichert sind.

Der Filter-Faktor wird aufgrund der semantischen Anforderung mit diversen Berechnungs-Formeln ermittelt.

Beispiel:
- Index-Spalten: SEMCODE, REFERENT, TERMIN
- FULLKEYCARDF = 2500 unterschiedliche Werte im Index.
- FIRSTKEYCARDF = 50 unterschiedliche Seminarcodes
- COLCARDF von der REFERENT-Spalte = 20 unterschiedliche Referenten
- CARDF = 10.000 Tabellen-Zeilen.

Werden mehrere Spalten über Prädikate angesprochen, wird der Filter-Faktor durch Multiplikation aller einzelnen Filter-Faktoren ermittelt.

Generell ist ein niedriger Filter-Faktor, der nur eine kleine prozentuale Auswahl aus dem Gesamt-Datenvolumen ausweist, kostengünstiger als ein hoher Filter-Faktor. Wenn eine Tabelle 10.000 Zeilen enthält, sind die Filter-Faktoren unserer ersten drei Beispiele:

- FF = 0,02   = 200 Zeilen, aus möglicherweise 200 Pages
- FF = 0,0004   = 4 Zeilen, aus möglicherweise 4 Pages
- FF = 0,001   = 10 Zeilen, aus möglicherweise 10 Pages.

Für <u>Simple Prädikate</u> wird der Filter Faktor durch drei Variablen beeinflusst:
- die Statistiken der Spalte innerhalb des Katalogs,
- den konstanten Wert aus der Query (bei einer Host Variablen nicht erkennbar),
- den Operator des Prädikats.

Stehen keine Statistikwerte zur Verfügung, werden **Default-Filter-Faktoren** benutzt.

Die Filter Faktoren von <u>Compound Prädikaten</u> sind wesentlich schwieriger zu ermitteln, weil sie nicht nur auf den einzelnen Spaltenwerten basieren, sondern auch die Datenmengenbeziehungen zwischen den Prädikaten widerspiegeln.

Für <u>Compound Prädikate</u> werden die Filter Faktor beeinflusst durch:
- die Anzahl der übereinstimmenden Werte (matching predicates) eines Single-Index-Acesses,
- das Ergebnis aller Prädikate, bezogen auf die Daten einer Tabelle,
- das Ergebnis der RID-Kandidatenliste eines Multiple Index Access.

Es werden folgende Typen von Filter Faktoren genutzt:

1. **Default-Statistikwerte**
   Diese werden dann genutzt, wenn keine Statistiken verfügbar sind (COLCARDF = -1).

2. **Uniform Distribution Filter Faktoren**
   Bei einer angenommenen gleichmäßigen Verteilung (gleichförmige inhaltliche Streuung der Daten) werden Standardwerte eingesetzt.
   Eine gleichmäßige Verteilung wird angenommen, wenn Statistikdaten vorhanden sind (COLCARDF ungleich '-1') und keine zusätzlichen Statistiken in SYSCOLDIST vorhanden sind. Es werden 'Interpolations-Formeln' verwandt (siehe folgende Abbildung).
   Werden Host Variablen verwendet, sind Default-Filter-Faktoren definiert.

3. **Zusätzliche Verteilungs Filter Faktoren**
   Bei ungleichmäßiger Verteilung (ungleichförmige inhaltliche Streuung der Daten) können mit RUNSTATS die häufigsten Inhalts-Werte von Index-Spalten aufgezeichnet werden. Diese werden dann in der Katalog-Tabelle SYSCOLDIST geführt.
   Die in der Tabelle geführte Häufigkeit wird als Filter Faktor berücksichtigt, wie z.B: KURSORT
   Wert: 'Wiesbaden'   Häufigkeit: 357   Filter-Faktor: 3,57 % oder 0,0357.

Abbildung 14-9

Filter-Faktoren: Interpolations-Formeln für gleichmäßige Streuung

Prädikat-Typ	Filter-Faktor (FF)		Default FF	= Wert
COL = wert	1 / COLCARDF		1/25	0,04
COL IS NULL	1 / COLCARDF		1/25	0,04
COL >, >= wert	(HIGH2KEY - wert) / (HIGH2KEY - LOW2KEY)		*	
COL <, <= wert	(wert - LOW2KEY) / (HIGH2KEY - LOW2KEY)		*	
COL BETWEEN wert1 AND wert2	(wert 2 - wert1) / (HIGH2KEY - LOW2KEY)		*	
COL LIKE 'literal%'	analog BETWEEN literal II x'00' AND literal II x'FF'		*	
COL IN (literal-liste)	Anzahl Literale * (1 / COLCARDF)		n * 1/25	n * 0,04
COL = expression			1/25	0,04
expression = wert			1/25	0,04
expression ¬ = wert			1 - 1/25	0,96
expression op wert			1/3	0,33
COL ¬ = wert	1 - 1/COLCARDF		1 - 1/25	0,96
COL IS NOT NULL	1 - 1/COLCARDF		1 - 1/25	0,96
COL NOT BETWEEN wert1 AND wert2	1 - (wert 2 - wert1) / (HIGH2KEY - LOW2KEY)		1/3	0,33
COL NOT LIKE 'literal%'	analog NOT BETWEEN literal II x'00' AND literal II x'FF'		1/3	0,33
COL NOT IN (literal-liste)	1 - (Anzahl Literale * (1 / COLCARDF))		1 - (n * 1/25)	1 - (n * 0,04)
COL LIKE '%literal'	analog BETWEEN x'00' II literal AND x'FF' II literal		1	1
COL LIKE '_literal'	analog BETWEEN x'00' II literal AND x'FF' II literal		1	1
T1.COL = Tx.COL	MIN (FF (col1), FF (col2))		1/25	0,04
T1.COL ¬ = Tx.COL	1 - MIN (FF (col1), FF (col2))		1 - 1/25	0,96
T1.COL op Tx.COL			1/3	0,33
COL = (subquery)	1 / COLCARDF		1/25	0,04
COL ¬ = (subquery)	1 - 1 / COLCARDF		1 - 1/25	0,96
COL >, >= (subquery)	(HIGH2KEY - wert) / (HIGH2KEY - LOW2KEY)		*	
COL <, <= (subquery)	(wert - LOW2KEY) / (HIGH2KEY - LOW2KEY)		*	
COL IN (subquery)	FF (subquery)		1/10	0,10
COL NOT IN (subquery)	1 - FF (subquery)		1 - 1/10	0,90
COL = ANY, ALL (subquery)	FF (subquery)		1/10	0,10
COL ¬ = ALL, ANY (subquery)	1 - FF (subquery)		1 - 1/10	0,90
prädikat1 AND prädikat2	FF (prädikat1) * FF (prädikat2)			
prädikat1 OR prädikat2	FF (prädikat1) + FF (prädikat2) - FF (prädikat1) * FF (prädikat2)			

* Die Default-Filter-Faktoren für Host-Variablen sind aus der folgenden Tabelle zu entnehmen.

Beispiel:
- Index-Spalten: SEMCODE, REFERENT, TERMIN
- FULLKEYCARDF = 2500 unterschiedliche Werte im Index.
- FIRSTKEYCARDF = 50 unterschiedliche Seminarcodes
- COLCARDF von der REFERENT-Spalte = 20 unterschiedliche Referenten
- CARDF = 10.000 Tabellen-Zeilen.

Anforderung: Formel und ermittelter FF

WHERE SEMCODE = 'DB2-M'   FF = 1 / FIRSTKEYCARDF   = 1/50   = 0,02

WHERE SEMCODE = 'DB2-M'   AND   FF = 1 / FULLKEYCARDF   = 1/2500 = 0,0004
REFERENT = 'MAYER'   AND
TERMIN = '01.07.2000'

WHERE SEMCODE = 'DB2-M'   AND   FF = (1 / FIRSTKEYCARDF * 1 / COLCARDF v.Referent)
REFERENT = 'MAYER'   = (1/50 * 1/20) = (0,02 * 0,05) = 0,001

WHERE SEMCODE BETWEEN   'DB2' AND 'DB3'   FF = ('DB3' - 'DB2') / (HIGH2KEY - LOW2KEY)
                                                     Hier werden die EBCDIC/ASCII-Zeichen-Differenzen ermittelt
                                                     (Binärzahlen).

Es folgen einige abstrakte Beispiele:

WHERE COL1 >= Wert1   FF = (HIG2KEY - Wert1) / (HIGH2KEY-LOW2KEY)
WHERE COL1 IN (Liste von Werten)   FF = (Anzahl Werte in Liste) * (1/COLCARDF von Wert)

Anstelle der COLCARDF wird bei einer Index-Nutzung mit FULLKEYCARDF oder FIRSTKEYCARDF gearbeitet.

Beispiele:

Statistikwerte der Tabellendaten:
- Anzahl Tabellenzeilen   20.372
- COLCARDF Column A   18.894
- COLCARDF Column B   6
- FIRSTKEYCARDF Column A   18.894

Statistikwerte eines Index auf Spalten A, B:

LOW2KEY   0000002   HIGH2KEY   0018895
LOW2KEY   0000002   HIGH2KEY   0000005

```
SELECT ...
    FROM        TABLE
        WHERE   COL_A = '0018200'    FF = 1 / 18894    = 0,0000529

    Erwartete Ergebnis-Zeilen   =   20.372 * 0,0000529   =   1,0776 Zeilen (CARDF).

SELECT ...
    FROM        TABLE
        WHERE   COL_A > '0018200'    FF = (18895 - 18200) / (18895 - 2) = 0,0367861

    Erwartete Ergebnis-Zeilen   =   20.372 * 0,0367861   =   750 Zeilen (CARDF).
```

Die aus dem Gesamtbestand zu filternden Zeilen geben dem Optimizer dann Rückschlüsse auf den voraussichtlich zu ergreifenden I/O- und CPU-Aufwand.
So wird in unserem Beispiel der Optimizer immer wieder als Alternative zur Index-Nutzung mit Zugriff über den Index-Baum und vielen Direktzugriffen auf die Daten-Pages einen sequenziellen Scan durch die Daten-Pages prüfen.

Wenn bestimmte Ausprägungen vom Optimizer nicht erkennbar sind, werden andere Default-Filter-Faktoren eingesetzt. Dies ist z.B. auch der Fall, wenn Host Variablen in bestimmten Konstellationen eingesetzt werden (SEMCODE > :SEMCODE).
Dies gilt auch für den Einsatz von Spezial-Registern.

Eine Host-Variable in Verbindung mit den Prädikat-Typen '=' und 'IN' erfährt keine Unterscheidung zu konstanten Werten und wird mit den 'normalen Filter-Faktoren' kalkuliert.

Diese Formeln finden keine Anwendung, wenn vor der Ausführung aufgrund des BIND-Parameters REOPT(VARS) die Inhalte der Host Variablen berücksichtigt werden und aufgrund der tatsächlichen Inhalte der optimale Zugriffspfad ermittelt wird.

Abbildung 14-10

Interpolations-Formeln für Host-Variablen

Wenn COLCARDF ist ..... (Anzahl unterschiedlicher Werte)	..... dann ist der Filter-Faktor bei Prädikaten: OP >, > =, <, < =	BETWEEN, LIKE
>= 100.000.000	1 / 10.000	3 / 100.000
>= 10.000.000	1 / 3.000	1 / 10.000
>= 1.000.000	1 / 1.000	3 / 10.000
>= 100.000	1 / 300	1 / 1.000
>= 10.000	1 / 100	3 / 1.000
>= 1.000	1 / 30	1 / 100
>= 100	1 / 10	3 / 100
>= 0	1 / 3	1 / 10

14.2.3.3 STAGE1, STAGE2 und INDEXABLE

Die erforderlichen Daten werden an verschiedenen Stellen innerhalb von DB2 gefiltert:

- Vor dem Zugriff auf die Index-Leaf-Pages (innerhalb des Index-Baums auf Non-Leaf-Ebene).
- Nach dem Zugriff auf die Index-Leaf-Pages, aber vor dem Daten-Zugriff.
- Vor der Rückgabe der Daten vom Data Manager an die Relational Data Services.
- Vor der Rückgabe der Daten von den Relational Data Services an den Anforderer.

Bei der Auswahl der Daten führt DB2 einen Filter-Prozess durch, der abhängig ist von der Definition der Verarbeitungsanweisungen. Die einzelnen Schichten haben ein bestimmtes Leistungs-Spektrum. Je früher gefiltert werden kann, desto größer sind die Vorteile hinsichtlich CPU- und I/O-Kosten. Im ungünstigen Fall kann DM die Anforderungen überhaupt nicht prüfen und gibt alle physischen Daten an RDS weiter.

DB2 unterscheidet zwischen:

- **Indexable**
  Vom Data Manager verarbeitbares Such-Argument kann für einen Matching Index Scan eingesetzt werden. Nur die erforderlichen Daten-Pages werden gelesen und ggf. an Relational Data Services weitergeleitet.

- **Index-Screening**
  Data Manager kann das Such-Argument innerhalb des Indexes filtern. Die Suche betrifft weitere Index-Spalten, die nicht im Rahmen des Matching Index Scans nutzbar sind.
  Data Manager liest zunächst nur Index-Pages ein und leitet daraus die erforderlichen Daten-Page-Zugriffe ab.

- **Stage 1-Prädikate**
  Möglichkeit der Filterung von Daten im Bereich des Data Managers. Die Bedingungen können dort vollständig abgeprüft werden. Früher wurde für diesen Bedingungs-Typ häufig der Begriff **Sargable**-Predicates (von **s**earch-**arg**ument-**able** abgeleitet) verwendet.

- **Stage 2-Predikate**,
  Notwendigkeit der Filterung im Bereich der Relational Data Services. Vom Data Manager werden einzelne nicht verarbeitbare Werte an die Relational Data Services zur Prüfung weitergeleitet.

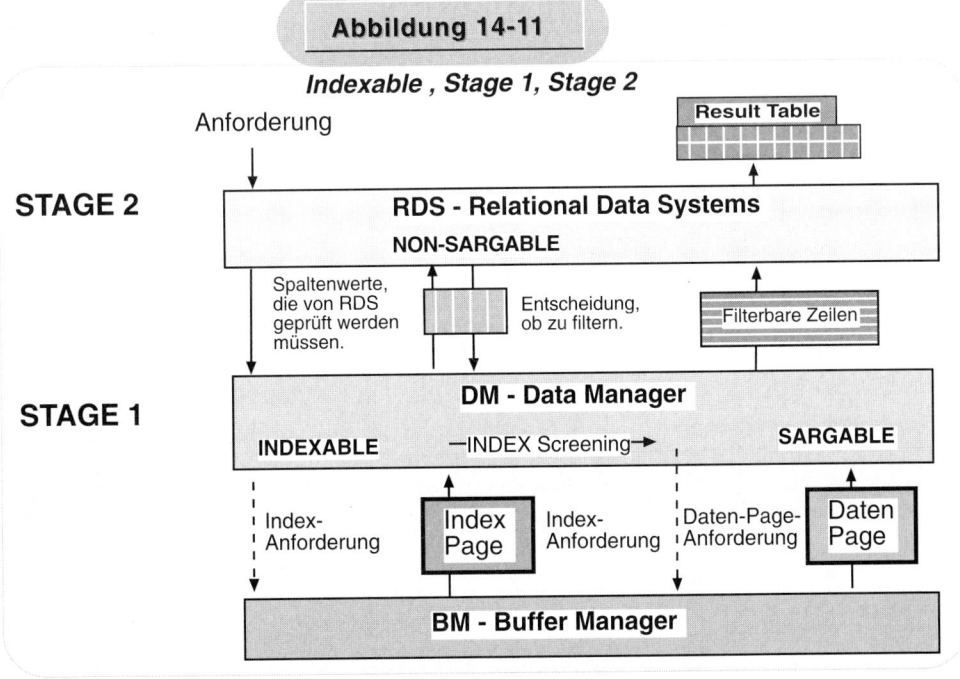

Abbildung 14-11

Indexable, Stage 1, Stage 2

14 SQL-Performance
14.2 Zugriffspfadanalyse des DB2-Optimizers

Grundsätzlich ist die Verarbeitung in Stage 1 besser als die Verarbeitung in Stage 2.
Praktisch kann aber nur das Wissen um die Datenmengen zu genauen Analysen verhelfen.
So verhilft ein Umschreiben des SQL-Statements von Stage 2 auf Stage-1-Prädikate wenig, wenn Millionen Datenzeilen ohne Index verarbeitet werden müssen.
In allen Fällen ist ein nutzbarer Index besser als Stage 1-Prädikate.

Abbildung 14-12

DB2-interne Verarbeitung wesentlicher bedingter Prädikate

Prädikat Typ	Indexable?	Stage 1?
COL = wert [bei ROWID erfolgt ggf. Direktzugriff] COL = non-column-expression COL op non-column-expression (nicht: +0; -0; *1; /1 oder CONCAT empty string; nicht: case-expression) COL IS NULL COL op wert COL BETWEEN wert 1 AND wert2 (auch Host Variable; wert1 bzw. wert2 auch als non-column-expression) COL LIKE 'char%' (auch Host Variable) COL LIKE 'char_' (auch Host Variable) COL IN (liste) [bei ROWID erfolgt ggf. Direktzugriff] COL = (non-correlated subquery) COL op (non-correlated subquery) COL op ANY (non-correlated Subquery) COL op ALL (non-correlated Subquery) COL IN (non-corr. Subquery)	Ja	Ja
T1.COL = T2.COL (verschiedene Tabellen) T1.COL op T2.COL	Wenn Datentypen, Längen und Genauigkeit identisch sind, **Ja** ansonsten **Nein**	Ja
T1.COL = T1.COL (gleiche Tabellen) T1.COL1 op T1.COL2 T1.COL1 <> T1.COL2	Wenn Correlations-Namen benutzt werden, **Ja** ansonsten **Nein**	Wenn Correlations-Namen benutzt werden, **Ja** ansonsten **Nein**
COL <> wert; WHERE NOT COL = wert COL op non-column-expression (nur wenn: +0; -0; *1; /1 oder CONCAT empty string oder case-expression) COL IS NOT NULL COL NOT BETWEEN wert 1 AND wert 2 (wert1 bzw. wert2 auch als non-column-expression) COL NOT IN (liste) COL NOT LIKE '.....' COL LIKE '%char' COL LIKE '_char' T1.COL <> T2.COL COL <> (non-correlated subquery)	Nein	Ja
COL BETWEEN COL1 AND COL2 wert BETWEEN COL1 AND COL2 wert NOT BETWEEN COL1 AND COL2 COL op non-column-expression (nur bei case-expression) COL = (correlated Subquery) EXISTS (non-corr. oder correlated Subquery) NOT EXISTS (non-corr. oder correlated Subquery) COL = ANY/ALL (non-corr. oder correlated Subquery) COL <> ANY/ALL (non-corr. oder correlated Subquery) COL op ANY/ALL (correlated Subquery) COL op (correlated Subquery) COL <> (correlated Subquery) COL IN (non-corr. oder correlated Subquery) COL NOT IN (non-corr. oder correlated Subquery) expression = wert expression <> wert expression op wert expression op (subquery)	Nein	Nein

op = '>, <, >=, <=, ¬>, ¬<, ¬>=, ¬<='
non-column-expression = Beliebiger Ausdruck, der keine Column enthalten darf:
  arithmetische Operatoren, Scalar Functions, Concatenation Functions, Konstante, Host-Variablen, Spezial-Register und Date- bzw. Time-Ausdrücke
  (z.B. WHERE TERMIN > CURRENT DATE + 7 DAYS).

14.2.3.3.1 Indexable Prädikate

Einige der Verarbeitungsanweisungen können über vorhandene Indizes unterstützt werden, andere nicht.

DB2 prüft, ob ein Index oder mehrere Indizes überhaupt genutzt werden können. So wird geprüft, ob:

- ein Index für die geforderten Spalten zur Verfügung steht,
- der Index aufgrund der Verarbeitungsanweisung genutzt werden kann (z.B. C1 <> 'A' ist nicht indexable).

Kann der Index genutzt werden, wird geprüft, inwieweit der Index mit seinen Bestandteilen für die Prüfung auf Übereinstimmung verwendet wird.

So wird unterschieden in:

- Komplette Prüfung auf Übereinstimmung aller Index-Bestandteile (Fully match)
- Teilprüfung der höherwertigen (in Abhängigkeit der Spalten-Rangfolge) Index-Spalten.

DB2 führt den Index in Form eines Daten-Strings. Wenn beispielsweise die Spalten C1, C3, C4 und C6 in einem Index zusammengeführt wurden, ergibt sich ein String von C1.C3.C4.C6.
In diesem Beispiel ist C1 die ranghöchste Index-Spalte, was einen entscheidenden Einfluss auf die Entscheidung hinsichtlich des Verarbeitungsweges hat.
Die folgende Abbildung enthält Beispiele für die einzelnen Zugriffspfade.

Bei der Definition eines Index ist zu beachten, dass die Spalte mit dem höchsten Anforderungspotential zuerst definiert wird.
Demgegenüber steht häufig aber auch der Zwang, die Daten nach einer bestimmten Folge sortieren zu müssen.

DB2 kann in einem Verarbeitungs-Step auch mehrere Indizes einer Tabelle für die Verarbeitung heranziehen.

Matching-Index-Zugriffe (Indexable) werden in bestimmten Fällen nicht vorgenommen, auch wenn Indizes vorhanden sind.

Abbildung 14-13

Beispiel: Indexable mit Matching-Columns und Index-Screening

	C1	C3	C4	C6	MATCHCOLS	Index-Screening
	09	01	A	0		
	09	01	A	1		
	09	01	B	0		
	09	05	X	7		
	10	01	A	0		
	10	01	A	4		
Abfrage	= 10	> 01	= 'A'		2	C3 > 01, C4 = 'A'
	= 10		= 'A'		1	C4 = 'A'
			= 'A'	= 3	0	C4 = 'A', C6=3

In der PLAN_TABLE wird unter MATCHCOLS gezeigt:

14.2.3.3.2 Komplexe Prädikatvorgaben

In einem SQL-Statement ist häufig nicht nur ein Prädikat vorgegeben, sondern es wird eine Prädikat-Kombination (Compound Prädikat) vorgegeben. Die generellen Filterungs-Regeln aufgrund der SQL-Prädikate werden mit den nachfolgenden Beispielen näher erläutert:

Beispiel:
    Table   SEMINAR
    Index   ISEMINAR_1 Spalten: SEMCODE, TERMIN, PREIS

SQL-Statements:

    WHERE   SEMCODE = 'DB2-PROG' AND TERMIN = '15.08.2000'
                    Beide Prädikate sind STAGE 1 und die Kombination ist INDEXABLE (Boolean Term).
                    Der Index zeigt auf: DB2-PROG.20000815.0000 bis DB2-PROG.20000815.9999

    WHERE   SEMCODE = 'DB2-PROG' AND TERMIN >= '15.08.2000'
                    Beide Prädikate sind STAGE 1 und die Kombination ist INDEXABLE (Boolean Term).
                    Der Index zeigt auf: DB2-PROG.20000815.0000 bis DB2-PROG.99991231.9999

    WHERE   SEMCODE > 'DB2-PROG' AND TERMIN = '15.08.2000'
                    Beide Prädikate sind STAGE 1, aber nur die erste Spalte kann für einen Direkteinstieg im Index benutzt werden (Boolean Term).
                    Der Index zeigt auf: DB2-PROH.00010101.0000 und muss bis zum Ende durchsucht werden.

    WHERE   SEMCODE > 'DB2-PROG' OR   TERMIN = '15.08.2000'
                    Beide Prädikate sind STAGE 1, aber die Kombination ist nicht INDEXABLE (Non-Boolean Term).
                    Der Index wird nicht verwendet.

    WHERE   SEMCODE = 'DB2-PROG' AND TERMIN = '15.08.2000'
                  AND (PREIS + 1000) IN   (2000, 3000)
                    Nur die ersten beiden Prädikate sind STAGE 1 und INDEXABLE (Boolean Term).
                    Der Index wird eingesetzt und die ausgewählten Zeilen werden an STAGE 2 weitergegeben und dort weiterbehandelt.

    WHERE   SEMCODE = 'DB2-PROG' OR TERMIN = '15.08.2000'
                  OR (PREIS + 1000) IN   (2000, 3000)
                    Die Kombination der Prädikate ist STAGE 2 und nicht INDEXABLE (Non-Boolean Term).
                    Alle Prädikate werden auf STAGE 2 behandelt.

    WHERE   (SEMCODE = 'DB2-PROG' OR TERMIN = '15.08.2000')
                  AND PREIS = 3000
                    Die Kombination der Prädikate ist STAGE 1 und nicht INDEXABLE (Non-Indexable Boolean Term).
                    Alle Prädikate werden auf STAGE 1 behandelt.

14.2.3.3.3 Reihenfolge der Prädikat-Bewertung

Die Behandlung der Stage1- und Stage2-Prädikate ändert sich mit jedem Release.

Zusammenfassend einige Besonderheiten:

- **Stage 1**
  Für Stage 1 gilt:
    - Daten-Typen und -Längen müssen exakt übereinstimmen (ab Version 6 kann ein Vergleich zwischen z.B. einer VARCHAR und einer CHAR-Spalte in Stage 1 abgewickelt werden),
    - Mehrere Prädikate können mit AND bzw. OR verknüpft werden,
    - AVG, SUM und COUNT können teilweise zum Zeitpunkt Stage1 ausgeführt werden,
    - MIN und MAX sind unterstützt,
    - ab Version 5 arithmetische Ausdrücke, Scalar Functions, Concatenated Functions,
    - bei Outer Joins die Prädikate, die vor dem Join evaluiert werden können.

- **Stage 2**
  Auf Stage 2 werden zugeordnet:
    - verschiedene Daten-Typen und/oder -Längen,
    - bis Version 4 arithmetische Ausdrücke, Scalar Functions, Concatenated Functions.
    - Vergleich von Spalten einer Tabelle gegen Spalten derselben Tabelle (kein JOIN).

Reihenfolge der Prädikat-Abwicklung

1. **Indexable Prädikate**
   Matching Columns werden zuerst behandelt.

2. **Stage-1-Prädikate**
   - Über Index ausfilterbare Prädikate, sofern sie nicht als matching-Index-Spalten behandelt wurden (Index screening).
   - Über Daten-Page-Zugriff in den Daten ausfilterbare Daten (mit Stage-1-Prädikaten).

3. **Stage-2-Prädikate**
   - Restliche Prädikate werden zeilenweise in Stage 2 ausgefiltert.

Reihenfolge innerhalb der Stages

1. Alle Equal-Prädikate (inkl. IN-Liste mit nur einem Wert) und IS NULL-Prädikate.

2. Alle Range-Prädikate (<, < =, >, > =, LIKE oder BETWEEN) und IS NOT NULL-Prädikate.

3. Alle anderen Prädikate.

Nachdem die beiden Regelwerke geprüft sind, werden auftretende Prädikate in der Reihenfolge ihres Auftretens untersucht.
Damit hat der Benutzer Einfluss auf die Reihenfolge ihrer Bearbeitung!

14.2.3.4 Aufwands-Kalkulation der SQL-Anforderung

Der Optimizer kalkuliert den voraussichtlichen Aufwand eines SQL-Statements.
Dabei sind relevant:

- Anzahl der zu verarbeitenden Zeilen,
- Anzahl der filterbaren Zeilen,
- mögliche Zugriffspfade,
- I/O-Beschaffungsaufwand (Pages),
- I/O-Zugriffs-Typen,
- CPU-Aufwand.

14.2.3.4.1 Prozess-Kostenschätzung

Die Prozess-Kosten berücksichtigen die Anzahl der Aufrufe zwischen dem Data Manager (DM) und dem Relational Data System (RDS). Nähere Ausführungen über die interne Verarbeitung werden im folgenden vorgenommen.
Bei der Kostenermittlung werden berücksichtigt:

- **I/O und CPU-Nutzung**
  - Bufferpool-Auswahl,
  - CPU-Modell.

- **Status der Tabellen**
  - Anzahl Zeilen (CARDF),
  - Anzahl Pages (NPAGES).

- **Verfügbare Indizes**
  - Unique oder Non-Unique,
  - Clustered oder nicht,
  - Hierarchischer Aufbau und inhaltliche Wertebereichs-Streuung,
  - Single oder Composite Keys,
  - mehrere nutzbare Indizes auf einer Tabelle.

- **Komplexität des SQL-Statements**
  - Einfache Zugriffs-Pfade (Erläuterungen folgen),
  - Komplexe Zugriffs-Pfade,
  - Nutzungs-Möglichkeit sequential prefetch,
  - Stage 1- und Stage 2-Prädikate,
  - Sortier-Erfordernis.

14.2.3.4.2 Auswahl des Zugriffspfades

Die Auswahl der möglichen Zugriffspfade kann erhebliche Dimensionen annehmen.
Beispiel:
Ein Join über drei Tabellen. Jede Tabelle verfügt über drei Indizes, d.h. mit einem möglichen File Page Set-Scan ergeben sich pro Tabelle vier mögliche Zugriffspfade. Daraus resultiert:
    4 Zugriffspfade pro Tabelle = (4 * 4 * 4) = 64 Zugriffspfad-Möglichkeiten.

Die Joins können in unterschiedlicher Folge behandelt werden (Tabelle A mit B und das Ergebnis mit C, Tabelle A mit C und dann B usw.). Daraus resultiert:
    Anzahl der Join Pfade (3 * 2 * 1) = 6 Mögliche Join-Pfade.

Bei jedem Join gibt es wiederum zwei Möglichkeiten: Nested Loop Join oder Merge Scan Join.
Daraus resultieren insgesamt:
    (4 * 4 * 4) * (3 * 2 * 1) * (2 * 2) = 1.536 Zugriffspfade.

Der Optimizer läßt den Großteil der ineffizienten Zugriffspfade sofort außen vor und untersucht nur noch die relevanten Pfade.

14.2.3.4.3 IO-Kostenermittlung

Der Optimizer schätzt die Anzahl der zu erwartenden IO-Aufwendungen für jeden möglichen Zugriffspfad.
Dazu verwendet der Optimizer statistische Informationen der zugrundeliegenden Daten, der inhaltlichen Vorkommens-Häufigkeit benötigter Spalten-Werte und der Nutzungsmöglichkeit von Indizes (siehe Filter-Faktor).

Die IO-Kosten werden geschätzt anhand der einzulesenden Anzahl von Index-Pages und Daten-Pages. Dabei geht der Optimizer dann von einer gleichmäßigen Verteilung der Daten aus, wenn keine Statistikdaten in SYSCOLDIST geführt werden.

Für einen File Page Set-Scan wird die Anzahl der Datenpages (NPAGES) einbezogen, für einen Index-Zugriff sind die Anzahl der Level (NLEVELS) bzw. die Anzahl der Leaf-Pages (NLEAF) relevant.

Hier einige Kosten-Formel-Beispiele:

```
FF   =   Filter-Faktor
K    =   1            für eine 4 - KB-Page,
K    =   1,5          für ein 32-KB-Page
KSP  =   0,4          Sequential Prefetch-Faktor für eine 4 KB-Page
KSP  =   0,8          Sequential Prefetch-Faktor für eine 32 KB-Page:
```

- **Tablespace-Scan (File Page Set Scan) Non-segmented**
  IO-Kosten   =   K * KSP * NPAGES / PCTPAGES

- **Tablespace-Scan Segmented**
  IO-Kosten   =   K * KSP * NACTIVE / PCTPAGES

- **Unique-Index-Zugriff**
  IO-Kosten   =   NLEVELS + K

- **Clustered-Index-Scan**
  IO-Kosten   =   NLEVELS + CEIL (FF * NLEAF) + K * CEIL(KSP * FF * NPAGES)

- **Non-Clustered-Index-Scan**
  IO-Kosten   =   NLEVELS + CEIL (FF * NLEAF) + K * MIN (CEIL (FF * CARDF), NPAGES).

Besonderheiten beim clustered Index:

Je höher die CLUSTERRATIO bei einem clustered Index ist, desto effizienter ist der Zugriff:

- DB2 kann sich für einen kostengünstigen sequential Prefetch der Daten-Pages entscheiden (nur wenn die CLUSTERRATIO >= 80 %),
- es werden statistisch mehr Zeilen pro Page berechnet.

Natürlich ist der Filter-Faktor von elementarer Bedeutung.

Beispiel:
- 10.000 Zeilen
- 200 Daten-Pages
- FF = 0,05.

Wird nun ein non-clustered Index unterstellt, werden 500 I/O-Operationen für Pages benötigt, da für jeden Index-Eintrag eine Daten-Page eingelesen werden muss:

Erforderliche Pages = (FF * Anzahl **Zeilen**) = 0,05 * 10.000 = **500**.
Dazu sind noch die Aufwendungen für den Non-Matching-Index-Scan zu berücksichtigen.

Würde ein Tablespace-Scan durchgeführt, könnten bereits 200 Daten-Page-Zugriffe zum gewünschten Ergebnis führen.
In diesem Falle würde sich DB2 (aufgrund des hohen Filter-Faktors, der auf hohe Index-Redundanz hinweist) für den kostengünstigeren Tablespace-Scan entscheiden.

Anders sieht die Situation bei Einsatz eines clustered Index aus.
Hier wird der Filter-Faktor nicht auf Anzahl Zeilen, sondern durch die geordnete Sequenz, auf Anzahl Pages angewandt:

> **Erforderliche Pages** = (FF * Anzahl **Pages**) = 0,05 * 200 = **10**.
> Dazu kommen noch geringe Aufwendungen für das Aufsuchen und Positionieren innerhalb des Indexes.

14.2.3.4.4 TIMERON

Der TIMERON ist das Ergebnis der kalkulatorischen Kostenberechnung für IO- und Prozesskosten der möglichen Zugriffspfade.

Die Kosten-Formel des Optimizers zur Ermittlung des optimalen Zugriffspfades zu den Daten heißt:

$$\text{Kosten} = (F1 * \text{IO-Kosten}) + (F2 * \text{CPU-Kosten}).$$

F1 und F2 sind IBM-vertrauliche Faktoren mit der Aufgabe, maschinenbezogen eine entsprechende Gewichtung vorzunehmen.

Experten vermuten, dass derzeit F1 mit 1, F2 mit 0,5 angesetzt wird. Dadurch werden IO-Kosten doppelt so hoch wie CPU-Kosten gewichtet.

Unter QMF wird der Wert des ausgewählten Zugriffspfades angezeigt, bei embedded dynamic SQL in Programmen wird der TIMERON im SQLCA-Feld SQLERRD (4) geführt.

Speziell wenn ein RUNSTATS seit längerer Zeit nicht gelaufen ist oder überhaupt nicht gelaufen ist, und erhebliche Datenveränderungen stattgefunden haben, ist die Aussagekraft des TIMERONs sehr gering.

Die Ergebnisse des TIMERON werden ab der Version 6 auch auf Wunsch in den Spalten PROCMS und PROCSU der DSN_STATEMNT_TABLE als geschätzte Prozessor-Kosten in Millisekunden und Service Units dokumentiert.
An diesen Werten läßt sich nach einer Faustformel der Aufwand relativ ableiten, wobei die Ergebnisse in der Praxis oft zweifelhaft sind:

TIMERON bis 100	=	sehr günstige Ausführung (wobei auch der Wert 30 zu Ausführungszeiten von mehreren CPU-Stunden führen kann)
TIMERON größer 1000	=	aufwendige Ausführung (aber es wurden auch schon TIMERON-Werte > 100.000 überlebt).

14.3 DB2-Zugriffspfade auf die Daten
14.3.1 Analysemöglichkeit der Zugriffspfade
14.3.1.1 Rahmenbedingungen

Es existieren diverse Tools zur Analyse von SQL-Statements.
Speziell hilfreich sind solche Tools, mit denen während der Programmentwicklung direkt aus einem ISPF-Member eine SQL-Zugriffspfadanalyse und eine SQL-Testausführung unter Berücksichtigung von Host-Variablen aktiviert werden kann.
Dabei wird ein SQL-Statement mittels automatisch generiertem EXPLAIN-Statement an den DB2-Optimizer weitergegeben.
Die Ergebnisse werden vom Optimizer in die PLAN_TABLE gestellt (Detail-Struktur siehe Anhang 5) und können weitergehend analysiert werden.

Wer eine grafische Darstellung bevorzugt, dem sei das IBM-Tool Visual-Explain empfohlen, womit insbesondere auch die einzelnen Schritte der Statement-Ausführung mit ihren anteiligen Aufwendungen transparent gemacht werden können.

Es ist darauf zu achten, dass folgende Rahmenbedingungen erfüllt sind:

- **Produktionsnähe der Objekte**
  Idealerweise werden die Produktions-Objekte in der Test-Umgebung gespiegelt (sofern sie nicht gerade in Wartung bzw. Änderung befindlich sind).

- **Produktionsnähe der Statistiken**
  Idealerweise werden die Produktions-Statistikwerte in die Test-Umgebung eingestellt, da der Optimizer insbesondere mengenorientierte Zugriffspfadentscheidungen trifft.

- **Produktionsnähe der Dateninhalte**
  Speziell bei Durchsatz-Tests ist die Übernahme der Datenkonstellationen der Produktions-Umgebung in die Test-Umgebung wichtig. Stehen nicht alle Daten gespiegelt zur Verfügung, sollte ein konkreter Fall aus der Produktions-Umgebung abgeleitet werden (der größte Kunde usw.).
  Dabei ist idealerweise ein korrekter hierarchischer Pfad zu übernehmen (z.B. sämtliche Aufträge, die zuordenbaren Artikel, Lagerbestände usw. dieses konkreten Kunden).
  Insbesondere sollte beachtet werden, dass auch die korrekten referenziellen Beziehungen einen hohen Einfluss auf die Performance aufweisen können.

- **Produktionsnähe der Ausführungsbedingungen**
  Speziell bei Durchsatz-Tests ist die Übernahme der Verfahrenskonstellationen der Produktions-Umgebung in die Test-Umgebung wichtig.
  So sind insbesondere wichtig:
  - Lastbedingungen,
  - realitätsnahe Parallelitätsbedingungen,
  - realitätsnahe Sperrauswirkungen.

14.3.1.2 EXPLAIN und PLAN_TABLE

Mit dem EXPLAIN-Statement kann der gewählte Zugriffspfad des Optimizers analysiert werden. Das EXPLAIN-Statement kann eingesetzt werden:

- Unter SPUFI oder QMF.
- Beim BIND oder REBIND.
- Im Anwendungsprogramm.

Mit EXPLAIN werden die wesentlichen explizit vorgegebenen SQL-Statements hinsichtlich ihres Zugriffspfads analysiert. Implizite Wirkungen von Check-Constraints, RI-Constraints oder Triggern werden nicht dokumentiert.

Das interaktive EXPLAIN-Statement benötigt unter dem ausführenden Autorisierungs-Id eine PLAN_TABLE. Beim BIND muss der Package- bzw. Plan-Eigentümer über die Tabelle verfügen. Diese kann, sofern noch nicht vorhanden, einfach anhand einer existierenden Tabelle kopiert werden:

```
CREATE   TABLE     PLAN_TABLE
         LIKE  HUGO.PLAN_TABLE.
```

Anstelle des Autorisierungs-Ids HUGO muss ein gültiger Autorisierungs-Id eingetragen werden, der über die PLAN_TABLE bereits verfügt.

Der exakte Aufbau der PLAN_TABLE und die Interpretation der möglichen Inhalte ist dem Anhang 5 zu entnehmen.
Im Anhang 2 ist das EXPLAIN-Statement mit seinem Einsatzspektrum beschrieben.

Es muss von jedem Entwickler dringend beachtet werden, dass der Test der SQL-Statements frühzeitig erfolgen sollte.
Dazu sind erforderlich:

- Eine vernünftige Test-Umgebung (wurde vorab ausgeführt).

- Definition der Result Table und des erforderlichen Zugriffspfades.

- Test des Statements und Analyse der PLAN_TABLE.
  Wenn der Zugriffspfad nicht ideal ist oder der Test zu unbefriedigenden Verweilzeiten führt:
   - Umgestalten des Statements,
   - Analyse, wo die Verweilzeit anfällt:
     - Monitor-Produkte oder
     - ggf. Trace-Einträge prüfen.

- Wenn die Ausführung weiterhin unbefriedigend ist:
   - Prüfen, ob ein Index verfügbar ist oder sinnvoll wäre (unter Abwägung aller Konkurrenzanforderungen im System),
   - Prüfen, ob De-Normalisierungsentscheidungen sinnvoll wären (unter Abwägung der Konsequenzen).

- Sollte jemand auf die Idee kommen, einen Teil des Filteraufwands im Programm vorzunehmen:
   - Test der Programmvariante gegen eine Statement-Variante mit umfassender Beschaffung und Abarbeitung der kompletten geforderten Result Table.
     Nicht nur die SQL-Statements gegeneinander testen!

Es darf kein Statement ohne entsprechende Performance-Analyse auch nur in die Nähe der Produktion kommen!

14.3.1.2.1 Einsatz von Host-Variablen beim EXPLAIN

SQL-Statements können mit konstanten oder variablen Werten vorgegeben werden. In Programmen werden i.d.R. Host Variablen eingesetzt.

Die Ergebnisse differieren dann zwischen dem SPUFI-Test und dem BIND-Ergebnis eines Plans, wenn Host-Variablen (z.B. :SEMCODE) eingesetzt werden. Diese können im SPUFI nicht direkt getestet werden. Ein auf Host-Variablen abgestimmter Zugriffspfad kann erreicht werden, wenn im EXPLAIN-Statement anstelle der Host-Variablen mit '?' gearbeitet wird.

Beispiel:
```
EXPLAIN PLAN SET QUERYNO = 10 FOR
    SELECT      TITEL, TERMIN, DAUER
    FROM        SEMTYP, SEMINAR
    WHERE       SEMTYP.SEMCODE = SEMINAR.SEMCODE
           AND  SEMTYP.SEMCODE = ?
ORDER      BY   TERMIN
```

In diesem Fall wird der Zugriffspfad vom Optimizer gemäß variabler Ausführungs-Bedingungen ermittelt.
Die Ergebnisse beim Einsatz von Host-Variablen weichen häufig von Ergebnissen beim Einsatz von Konstanten ab.
Selbst wenn eine Spalte mit Equal (' = ') gefiltert wird, kann je nach inhaltlicher Streuung der Daten eine unterschiedliche Zugriffpfadentscheidung erforderlich sein.
Speziell wenn aber mit Range-Prädikaten gearbeitet wird, sind größere Abweichungen zu erwarten. Diese Thematik wird nachfolgend detailliert behandelt.

Wenn bei der Ausführung ein variabler Zugriffspfad gewünscht wird, der aufgrund des jeweiligen Werteinhalts entschieden wird, können folgende Möglichkeiten genutzt werden:

- Einsatz von **dynamischem SQL**.
- Nutzung der BIND-Option **REOPT (VARS)**.

14.3.1.2.2 Beeinflussung der Optimizer-Entscheidungen durch OPTHINT

Die Entscheidungen des Optimizers können beeinflusst werden durch die Vorgabe eines gewünschten Zugriffspfades für ein Statement über die OPTHINT-Spalte der PLAN_TABLE.
Damit läßt sich ein als bewährt und optimal erkannter Zugriffspfad unabhängig von technischen Einflüssen evtl. gewährleisten.

Details zu diesem Thema siehe unter Kapitel 14.3.5.n "Vorgabe von Zugriffspfad-Empfehlungen für den Optimizer (OPTHINT)".

14.3.1.3   EXPLAIN und DSN_STATEMNT_TABLE

Mit dem EXPLAIN-Statement können die geschätzten Ausführungskosten des Optimizers analysiert werden, sofern zum Ausführungszeitpunkt des EXPLAINs eine DSN_STATEMNT_TABLE unter dem entsprechenden Eigentümer zur Verfügung steht.
Diese DSN_STATEMNT_TABLE muss analog der PLAN_TABLE angelegt werden.
Der exakte Aufbau dieser Tabelle und die Interpretation der möglichen Inhalte ist dem Anhang 5 zu entnehmen.
Folgende relevanten Informationen werden dort pro Statement geführt:

- **Kosten-Kategorie (COST_CATEGORY) und Begründung (REASON)**
    - A   die Kosten werden aufgrund der verfügbaren Informationen ermittelt.
    - B   die Kosten werden geschätzt, da Informationen fehlen. Gründe sind:
        - es werden **User-defined Functions** genutzt, für die keine Statistik-Informationen vorliegen (siehe auch später unter "Manipulationen der Statistiken").
        - für die zu manipulierende Tabelle sind **Trigger** definiert, die entsprechend des Manipulations-Typs aktiviert werden.
        - die mittels DELETE angesprochene Tabelle ist eine Parent Table in einem RI-Konstrukt, das mit Delete-Rule CASCADE oder SET NULL definiert ist.
        - es wird mit Range-Prädikaten gearbeitet und **Host-Variablen**, **Spezialregister** oder **Parameter Markers** werden als Vergleichsoperanden benutzt.
        - es liegen keine **Statistiken** vor (d.h. es fehlen die von **RUNSTATS** produzierten Werte).

- **Geschätzte Prozessor-Kosten in Millisekunden (PROCMS) und als Service Units (PROCSU)**

Diese geschätzten Kosten korrelieren auch mit den Eintragungen der RLST-Table des Resource Limit Facilities. Siehe hierzu auch die Ausführungen im Kapitel 13.7.

Die geschätzten Kosten können nur als grobe Vergleichsgrundlage herangezogen werden.
Vorsicht:
    zweimal dieselbe Zahl kann zu signifikant unterschiedlichen Ausführungszeiten führen!

Siehe auch die Ausführungen vorab unter TIMERON.

Die Entscheidung, ein Statement in die Kategorie B einzustufen, sollte aber beim Entwickler zumindest die Wirkung hinterlassen (wenn die Ursache nicht auf fehlenden Statistiken beruht), dass die Ausführungszeit diversen Variablen unterworfen sein könnte.
Insbesondere über die möglichen Datenmengen sollte intensiver nachgedacht werden!

14.3.2 I/O-Zugriffs-Typ

DB2 kennt verschiedene physische Zugriffswege zu den Daten:

- **Sequenzielle Zugriffsformen**
  Bei einem sequenziellen Zugriffsverfahren werden mehrere Pages mit einem einzigen I/O-Auftrag eingelesen. Dabei können Daten- und/oder Index-Pages angefordert werden.
  Es wird unterschieden in:
  - **Sequential Prefetch**
  - **List Prefetch** (auch Skip Sequential Prefetch genannt).

  Da sequenzielle Zugriffe parallel abgewickelt werden (asynchron), entstehen nach dem Bereitstellen des ersten Datenpakets keine weiteren Wartezeiten mehr für eine Anwendung bzw. die DB2-internen Datenverarbeitungsschichten.

- **Direkte Zugriffsformen**
  Bei einem direkten Zugriffsverfahren ist in der Regel ein Index beteiligt sein.
  Ab der Version 6 sind auch direkte Page-Zugriffe über die ROWID ohne Index-Nutzung unterstützt.
  Da direkte Zugriffe synchron abgewickelt werden, entstehen für jede erforderliche und nicht in den Bufferpools bereitgehaltene Page Wartezeiten für die Anwendung bzw. die DB2-internen Datenverarbeitungsschichten.

DB2 unterstützt auch die **Parallelverarbeitung** bei der physischen Datenbeschaffung (**Typ: I/O**).

14.3.2.1 Sequential Prefetch

Beim Sequential Prefetch werden mit einem einzigen I/O bis zu 32 Pages (DB2-Utilities bis zu 64 Pages) in den Bufferpool eingelesen (Details siehe Kapitel 11.3).
Die Anzahl der Pages ist abhängig von der verfügbaren Buffer-Kapazität.

Sequential Prefetch kann eingesetzt werden:

- für die <u>Daten-Pages</u> eines File Page Sets:
    - im Rahmen eines 'Tablespace Scans',
    - bei einem clustered Index auf die zugehörigen Daten-Pages (nur wenn CLUSTERRATIO > = 80 % ist).

- für die <u>Index-Leaf Pages</u>. Werden mehr als 8 Pages einzulesen sein, wird zum Bind-Zeitpunkt die Sequential Prefetch-Entscheidung getroffen. In diesem Fall wird in der PLAN_TABLE ein Index-Scan ausgewiesen und gleichzeitig ein Sequential Prefetch.

Über den Einsatz von Sequential Prefetch kann entschieden werden:

- zur Bind-Zeit
- zur Ausführungszeit (**sequential detection**).

Sequential Detection tritt ein, wenn von den zuletzt angeforderten 8 Pages mehr als 4 Pages sequenziell hintereinander liegen.
In diesem Falle kann die Entscheidung nicht in der PLAN_TABLE erkannt werden.

Der Sequential Prefetch wird **nicht gewählt**, wenn

- nicht genügend Bufferpool-Bereiche verfügbar sind.

Der Sequential Prefetch wird **evtl. nicht gewählt**, wenn

- das SQL-Statement mit der OPTIMIZE FOR n ROWS-Klausel versehen ist.

Ein laufender Sequential Prefetch-Vorgang wird **abgebrochen**, wenn

- der Bufferpool Threshold SPTH überschritten wird.

Der Sequential Prefetch weist folgende Neben-Effekte auf:

- Es kann auf Daten-Pages und Index-Pages zugegriffen werden.
- Je nach Tablespace Typ bzw. physischem Objektzustand kann eine hohe Ineffizienz entstehen (Stichworte: ungünstige Segmentgröße, Freiplatz bei einem partitioned Tablespace).
- Das Durchsuchen erfolgt asynchron, wenn die physischen Voraussetzungen gegeben sind. Bei großen Datenvolumen kann ein hoher CPU-Verbrauch beim Filtern und Bereitstellen der Daten entstehen.

Ausweis eines Sequential Prefetches in der PLAN_TABLE: Spalte PREFETCH = 'S'

QUERYNO	QBLOCKNO	PLANNO	METHOD	TNAME	TABNO	ACCESSTYPE	MATCHCOLS	ACCESSNAME	INDEXONLY	SORTN_UNIQ	SORTN_JOIN	SORTN_ORDERBY	SORTN_GROUPBY	SORTC_UNIQ	SORTC_JOIN	SORTC_ORDERBY	SORTC_GROUPBY	TSLOCKMODE	PREFETCH	COLUMN_FN_EVAL	MIXOPSEQ
1	1	1	0	SEMINAR	1	R	0		N	N	N	N	N	N	N	N	N	IS	S		0

14.3.2.2 List Prefetch

Mit dieser Funktion werden Daten-Pages über einen oder mehrere Index-Pfade lokalisiert.
Dabei werden zunächst die Index-Daten über die üblichen Index-Suchpfade eingelesen und die entsprechenden Auswahl-Bedingungen überprüft.
Fällt ein Index-Eintrag in die Auswahl, wird lediglich die geforderte RID zwischengespeichert und der Datenzugriff zunächst verzögert.

Der List Prefetch wird in drei bis vier Schritten vollzogen:

1. **RID-Auswahl**
   Durchführung eines Matching Index Scans (Details folgen) von einem oder mehreren Indizes und Zwischenspeichern der zu filternden RIDs (Record Identifier) mit den Daten-Page-Adressen.

2. **RID-Sort**
   Aufsteigende Sortierung der RID-Page-Adressen im RID-Pool.
   Auf einen Sort kann verzichtet werden, wenn bei einem Hybrid Join eine hohe CLUSTERRATIO vorliegt.

3. **Verknüpfung und Verdichtung der RID-Page-Adressen bei einem Multiple Index Access**
   Verknüpfung der RID-Page-Adressen (AND, OR) und eliminieren mehrfacher Page-Adressen.
   Sind bei einer AND-Verknüpfung weniger als 32 RIDs selektiert worden, wird die Verknüpfung abgebrochen und alle 32 Pages werden angefordert.

4. **Zugriff auf die erforderlichen Daten-Pages**
   Zugriff auf die Daten-Pages in Sortierfolge der RIDs.

Beim List Prefetch müssen die erforderlichen Pages nicht hintereinanderliegen. Es können auch Lücken innerhalb der Daten-Pages auftreten. Wesentliche Aspekte des List Prefetches sind:

- Ein einziger I/O wird für ein ganzes Paket von Pages eingesetzt.
- Nicht benötigte Pages werden übersprungen.
- Eine Daten-Page wird nur einmal eingelesen.
- Die Platten-Suchzeit wird minimiert.

Ein List Prefetch (PREFETCH = 'L') wird beispielsweise beim Daten-Zugriff eines non-clustered Index angewandt, während bei einem clustered Index auf die Daten mit Sequential Prefetch zugegriffen werden kann (PREFETCH = 'S').

Zu beachten ist, dass die Sortierung nach RID die Sortierfolge eines ORDER BY i.d.R. nicht erfüllt. Deshalb muss in einem solchen Fall mit einem Sort nach Datenauswahl gerechnet werden (die Sortierung erfolgt aufgrund der endgültigen Result Table Daten).

Der List Prefetch wird unter folgenden Bedingungen **gewählt**:

- Bei Nutzung eines einzelnen Index:
  - bei einem Index mit einer CLUSTERRATIO < 80 %,
  - bei einem Index mit hoher CLUSTERRATIO, wenn die Anzahl der erwarteten Daten-Pages größer ist als effizient mit Direktzugriff auswählbar und kleiner als mit Sequential Prefetch.

- Bei Nutzung eines Multiple Index Access.

- Einlesen der Daten einer Inner Table innerhalb eines Hybrid Joins.

Der List Prefetch wird **nicht gewählt**, wenn

- die geschätzte Anzahl von RIDs 50 % des definierten RID-Pools übersteigt.

Der List Prefetch wird **evtl. nicht gewählt**, wenn

- das SQL-Statement mit der OPTIMIZE FOR n ROWS-Klausel versehen ist.

Ein laufender List Prefetch-Vorgang wird **abgebrochen**, wenn

- auf mehr als 25 % der Daten-Pages zugegriffen werden muss,
- der verfügbare virtuelle RID-Pool nicht ausreicht.

In beiden Fällen wird auf einen Tablespace Scan mit Sequential Prefetch umgeschaltet!

Faustformel zur Kalkulation der RID-Pool-Inanspruchnahme:
   pro RID 10 Bytes.

Der List Prefetch weist folgende Neben-Effekte auf:

- Bevor auf die ersten Daten zugegriffen wird, werden zunächst sämtliche Index-Suchen abgeschlossen. Dies kann zu sehr hohen Aufwendungen und Wartezeiten führen.
  Bei einem CURSOR werden diese Aktivitäten erst mit dem ersten Fetch ausgelöst (sofern keine Daten-Sortierung erforderlich ist) Das Programm erhält die erste Ergebniszeile erst dann, wenn sämtliche Vorbereitungs-Arbeiten abgeschlossen sind.
- Es wird immer auf Daten zugegriffen. Ein Index-Only-Zugriff ist nicht möglich.
- Es findet immer eine Materialisierung statt (RIDs im RID-Pool).
- Es findet i.d.R. ein Sort statt (RIDs im RID-Pool).
- Index-Screening ist ab der Version 6 unterstützt.
- Ein List Prefetch von 32 Pages ist aufwendiger als ein Sequential Prefetch von 32 hintereinanderliegenden Pages. Aber der Filtereffekt kann sehr effizient sein.
- Bei einem OPEN CURSOR erhält das Programm erst dann die erste Ergebniszeile, wenn sämtliche Index-Suchen abgeschlossen sind und auf die Daten-Pages zugegriffen worden ist.

Ausweis eines List Prefetches in der PLAN_TABLE: Spalte PREFETCH = 'L'

QUERYNO	QBLOCKNO	PLANNO	METHOD	TNAME	TABNO	ACCESSTYPE	MATCHCOLS	ACCESSNAME	INDEXONLY	SORTN_UNIQ	SORTN_JOIN	SORTN_ORDERBY	SORTN_GROUPBY	SORTC_UNIQ	SORTC_JOIN	SORTC_ORDERBY	SORTC_GROUPBY	TSLOCKMODE	PREFETCH	COLUMN_FN_EVAL	MIXOPSEQ
1	1	1	0	SEMINAR	1	I	1	IXSEF1	N	N	N	N	N	N	N	N	N	IS	L		0

14.3.3 Einfache Zugriffspfade

Die einfachen Zugriffspfade sind die Basiszugriffspfade auf die Daten.
Auch die später behandelten komplexen Zugriffspfade nutzen solche einfachen Zugriffspfade.

Einfache Zugriffspfade sind (in Klammern sind die adäquaten Spalten aus der PLAN_TABLE aufgeführt):

- **Tablespace Scan - besser File Page Set Scan** (ACCESSTYPE = 'R').
  immer dann möglich:
  - wenn keine Auswahlbedingungen formuliert sind,
  - wenn kein Index nutzbar ist,
  - wenn ein nutzbarer Index aus Kostengründen nicht eingesetzt wird

  In diesem Fall werden alle Daten Pages durchsucht (auch mit sequential prefetch möglich).

- **Index Scan**

  - **Matching Index Scan** (ACCESSTYPE = 'I', MATCHCOLS > 0).
    immer dann möglich, wenn die Auswahlbedingungen so formuliert sind, dass die höchsten Index-Spalten zur Suche (aufsteigend oder absteigend) herangezogen werden können.
    In diesem Fall wird über den Index-Baum aufgesetzt und die entsprechenden Leaf Pages durchsucht.

    Es existieren folgende Sonderformen des Matching Index Scans:
    - **Equal Unique Index Access** (ACCESSTYPE = 'I', MATCHCOLS = alle Index-Spalten).
      Einer der effizientesten Zugriffspfade im DB2, da aufgrund eines Direkt-Wertes innerhalb eines Unique-Index (z.B. Primary Index) über den Index-Baum direkt auf die Daten zugegriffen werden kann.

    - **IN-List Index Scan** (ACCESSTYPE = 'N').
      Index Scan in Verbindung mit IN-Prädikat. Es wird auf jedes einzelne Element der IN-Liste aufgesetzt.

  - **Non-Matching Index Scan** (ACCESSTYPE = 'I', MATCHCOLS = 0).
    immer dann möglich, wenn die Auswahlbedingungen so formuliert sind, dass <u>nicht</u> die höchsten Index-Spalten zur Suche herangezogen werden können.
    In diesem Fall werden alle Leaf Pages durchsucht (auch mit sequential prefetch möglich).

  - **One-Fetch-Index Scan** (ACCESSTYPE = 'I1').
    Direkt-Zugriff auf Index mittels MIN-Funktion auf einen aufsteigend sortierten und MAX-Funktion auf einen absteigend sortierten Index.

  - **Index only** (INDEXONLY = 'Y').
    Alle Daten-Anforderungen können aus dem Index befriedigt werden.
    Dieses Verfahren ist bei allen Index-Scan-Varianten möglich.

- **Direkter Zeilen-Zugriff über eine ROWID-Spalte**

  - **Direkt-Zugriffe** (PRIMARY_ACCESSTYPE = 'D').
    sind nur dann möglich, wenn ein ROWID auf eine unveränderte physische Position einer Zeile zeigt.

Einfache Zugriffspfade werden durch folgende I/O-Zugriffs-Typen physisch vollzogen:

- Direktzugriffe,
- Sequential Prefetch,
- List Prefetch (auch Skip Sequential Prefetch genannt).

Diese Zugriffs-Typen können ggf. durch Parallel-Verarbeitung unterstützt werden (CPU bzw. I/O).

14 SQL-Performance
14.3 DB2-Zugriffspfade auf die Daten

Abbildung 14-14

Beispiele einfacher Zugriffspfade

Equal Unique Index Access

Voraussetzung: Index I1 auf SEMCODE

```
SELECT      *
FROM        SEMTYP
WHERE       SEMCODE = 'DB2-DES'
```
DB2 greift auf den Index zu und mit der gefundenen RID wird die Datenpage eingelesen.

Index Access Only

Voraussetzung: Index I1 auf SEMCODE, DAUER

```
SELECT      MAX (DAUER),
            AVG (DAUER),
FROM        SEMTYP
```
Die benötigten Daten werden direkt aus dem Index übernommen.

Multiple Index Scan

Voraussetzung: Index I1 auf SEMCODE
               Index I2 auf DAUER

```
SELECT      *
FROM        SEMTYP
WHERE       SEMCODE LIKE 'DB2%'
AND         DAUER > 4
```
DB2 durchsucht jeden Index und bildet jeweils eine Kandidatenliste, die anschließend zusammengemischt wird. Erst danach erfolgt der Zugriff auf die notwendigen Daten-Pages.

Index Scan

Voraussetzung: Index I1 auf SEMCODE, DAUER

```
SELECT      *
FROM        SEMTYP
WHERE       SEMCODE LIKE 'DB2%'
```
DB2 liest im 'Matching Index Scan' alle erforderlichen Index-Pages und die Daten-Pages ein.

```
SELECT      *
FROM        SEMTYP
WHERE       DAUER > = 4
```
DB2 kann evtl. im 'Non-Matching Index Scan' den gesamten Index einlesen und greift auf die erforderlichen Daten-Pages zu (Alternative: Tablespace Scan/File Page Set Scan).

**Tablespace Scan
File Page Set Scan**

Voraussetzung: Keine

```
SELECT      *
FROM        SEMTYP
```
DB2 liest alle Daten-Pages ein. Es wird kein Index genutzt.

Direkter Zeilen-Zugriff

Voraussetzungen:
1. Die Tabelle enthält eine ROWID-Spalte.
2. Der ROWID-Inhalt wurde vorher eingelesen.
3. Die physische Position der Daten ist unverändert.

zu 2. Einlesen des ROWID-Wertes über einen Index (oder so)
```
SELECT      SEMCODE, DAUER, ROWID
INTO        :SEMCODE , :DAUER :DAUER-I , :ROWID
FROM        SEMTYP
WHERE       SEMCODE = 'DB2-DES'
```
DB2 greift auf den Index zu und stellt die Daten bereit.

zu 3. Update der Daten über den ROWID-Wert
```
UPDATE      SEMTYP
SET         DAUER = :DAUER :DAUER-I
WHERE       ROWID = :ROWID
```
DB2 greift zunächst auf dem direkten Pfad zu. Sind dort die Daten nicht adressierbar, schaltet DB2 auf den in ACCESSTYPE dargestellten Pfad um.

14 SQL-Performance
14.3 DB2-Zugriffspfade auf die Daten

14.3.3.1 Tablespace Scan (File Page Set Scan)

Ein Tablespace Scan (besser: File Page Set Scan) durchsucht die gesamte Datenbasis komplett sequenziell durch. Jede einzelne Datenpage muss eingelesen werden. Index-Daten werden nicht eingelesen.
Es wird immer ein Sequential Prefetch abgesetzt, außer es wurde eine OPTIMIZE FOR n ROWS vorgegeben (z.B. n = 1). Dann kann evtl. der Sequential Prefetch ausgesetzt werden.

Bei der Datenfilterung ergeben sich unterschiedliche Performance-Konstellationen in Verbindung mit den eingesetzten Tablespace-Typen:

- **Simple Tablespace (Non Segmented, Non-Partitioned)**
  Alle formatierten Pages des kompletten Tablespaces werden gelesen. Sind mehrere Tabellen zugeordnet, werden alle Tabellendaten durchsucht, auch wenn nur eine einzige Tabelle benötigt wird.
  Freespace-Pages werden mit eingelesen.

- **Segmented Tablespace**
  Alle Pages der benötigten Tabelle, die mit Daten versehen sind, werden eingelesen.
  Vorsicht bei zu kleinen SEGSIZES!

- **Partitioned Tablespace**
  Es existieren zwei Alternativen:
  a) alle Pages des kompletten Tablespaces (alle Partitions inkl. Freespace-Pages) werden gelesen. Es wird Parallelverarbeitung unterstützt, d.h. verschiedene Prozessoren durchsuchen bzw. verarbeiten parallel jeweils eine Partition.
  b) nur die Pages der Partitions, die von den Abfragebedingungen betroffen sind, sofern eine Abfragebedingung aufgrund der Index-Definition eingrenzbar ist (**Page Range Scan**).

Auswahlentscheidungen

Auswahlentscheidungen für einen Tablespace Scan sind:

- Es wird auf eine interne Workfile oder eine Temporäre Table zugegriffen, für die keine Indizes existieren.

- Es steht kein Index auf einer Tabelle zur Verfügung oder aber der Index ist aufgrund der WHERE-Bedingungen nicht nutzbar.

- Ein Index steht zwar zur Verfügung und er könnte auch genutzt werden, aber:
  - es wird erwartet, dass eine prozentual hohe Anzahl der Gesamtzahl aller Tabellenzeilen ausgefiltert wird,
  - ein Clustered Index ist nicht mehr optimal organisiert und es wird erwartet, dass eine größere Anzahl von Daten ausgefiltert wird.

Beispiel:

```
Index IXSEP  auf Seminar-Tabelle:     SEMNR
Index IXSEF1 auf Seminar-Tabelle:     SEMCODE

SELECT          ......
  FROM    SEMINAR
  WHERE   TERMIN    >    '01.01.2001'
```

Ausweis eines Tablespace Scans in der PLAN_TABLE: Spalte ACCESSTYPE = 'R'

QUERYNO	QBLOCKNO	PLANNO	METHOD	TNAME	TABNO	ACCESSTYPE	MATCHCOLS	ACCESSNAME	INDEXONLY	SORTN_UNIQ	SORTN_JOIN	SORTN_ORDERBY	SORTN_GROUPBY	SORTC_UNIQ	SORTC_JOIN	SORTC_ORDERBY	SORTC_GROUPBY	TSLOCKMODE	PREFETCH	COLUMN_FN_EVAL	MIXOPSEQ
1	1	1	0	SEMINAR	1	R	0		N	N	N	N	N	N	N	N	N	IS	S		0

14.3.3.2 Index-Zugriffe
14.3.3.2.1 Matching Index Scan

Ein Matching Index Scan benutzt die hierarchisch höchste Index-Spalte (oder alle) zum Einstieg in den B-Tree und zur Filterung der erforderlichen Index-Keys aus den Leaf-Pages.

Im Idealfall wird nur eine einzige Zeile aus einem Unique Index ausgewählt. Wenn eine größere Auswahl angefordert wird (wie in unserem Beispiel) kann auch ein Sequential Prefetch abgesetzt werden. Dieser kann je nach Auswahlbedingungen erfolgen:

- auf die Index-Leaf-Pages ab einem Einstiegs-Punkt,
- auf die Daten-Pages (sofern ein hoher Clustered Zustand vorliegt).

Bei einem Matching Index Scan müssen die höchsten Index-Spalten als Einstieg nutzbar sein. Werden zusätzlich zu der oder den höchsten Index-Spalten weitere Index-Spalten vorgegeben, können diese ebenfalls im Index sinnvoll genutzt werden.
Dies wird als **Index Screening** bezeichnet.

Relevante PLAN_TABLE-Infos:

```
ACCESSTYPE      I
MATCHCOLS       > 0
ACCESSNAME      Name des verwendeten Indexes
PREFETCH        S, L    Wenn gesetzt, evtl. performancekritisch.
```

Auswahlentscheidungen

Auswahlentscheidungen für einen Matching Index Scan sind:

- Es steht ein Index zur Verfügung und der Index ist aufgrund der WHERE-Bedingungen optimal nutzbar. Dabei muss zumindest die hierarchisch höchste Spalte des Index-Keys mit einem Indexable-Boolean-Term-Prädikat in der WHERE-Klausel angesprochen werden.

- Es wird erwartet, dass eine niedrige prozentuale Anzahl der Gesamtzahl aller Tabellenzeilen ausgefiltert wird.

- Ein Clustered Index ist optimal organisiert und es wird erwartet, dass eine größere Anzahl von Daten ausgefiltert wird und ggf. werden diese auch in derselben Sortierfolge benötigt.

- Bei einem Join muss die Join-Methode Nested Loop Join oder Hybrid Join sein (ein Merge Scan Join ist nicht mit Matching Prädikaten unterstützt!

Beispiel:

Index IXSES1 auf Seminar-Tabelle: SEMCODE, TERMIN, REFNR

```
SELECT      ......
  FROM      SEMINAR
  WHERE     SEMCODE    =   'DB2-PERF'
  AND       TERMIN     >   '01.01.2001'
  AND       REFNR      =   3
```
Matching-Columns = 2 (REFNR kann mit Index Screening gefiltert werden).

Ausweis eines Matching Index Scans in der PLAN_TABLE: Spalten ACCESSTYPE = 'I' und
MATCHCOLS > 0

QUERYNO	QBLOCKNO	PLANNO	METHOD	TNAME	TABNO	ACCESSTYPE	MATCHCOLS	ACCESSNAME	INDEXONLY	SORTN_UNIQ	SORTN_JOIN	SORTN_ORDERBY	SORTN_GROUPBY	SORTC_UNIQ	SORTC_JOIN	SORTC_ORDERBY	SORTC_GROUPBY	TSLOCKMODE	PREFETCH	COLUMN_FN_EVAL	MIXOPSEQ
1	1	1	0	SEMINAR	1	I	2	IXSES1	N	N	N	N	N	N	N	N	N	IS			0

14.3.3.2.2 Non-Matching Index Scan

Ein Non-Matching Index Scan kann die hierarchisch höchste Index-Spalte zum Einstieg in den B-Tree nicht benutzen. Daher erfolgt ein Scan zur Filterung der erforderlichen Index-Keys über die kompletten Leaf-Pages.

Es wird grundsätzlich ein Sequential Prefetch abgesetzt. In der Regel (zumindest bei umfangreichen Index-Leaf-Pages) ist dieser Zugriffspfad aufwendig.

Der Sequential Prefetch kann je nach Auswahlbedingungen erfolgen:

- im Index   auf die Index-Leaf-Pages ab der ersten Leaf-Page,
- auf die Daten   ggf. zusätzlich auf die Daten-Pages (sofern ein hoher Clustered Zustand vorliegt).

Relevante PLAN_TABLE-Infos:

ACCESSTYPE	I	
MATCHCOLS	= 0	
PREFETCH	S, L	In der Regel sinnvoll, wenn der Zugriffspfad akzeptabel ist. Bei großen Indizes evtl. performancekritisch und im Online problematisch - speziell, wenn die gesuchten Entries erst sehr spät getroffen werden.

Auswahlentscheidungen

Auswahlentscheidungen für einen Non-Matching Index Scan sind:

- Es steht ein Index zur Verfügung und der Index ist aufgrund der WHERE-Bedingungen (mit Index Screening) nutzbar und verhindert offensichtlich ein Einlesen vieler Daten-Pages.

- Es wird die OPTIMIZE FOR n ROWS-Klausel und die ORDER BY-Klausel benutzt und ein Scan durch den Index scheint günstiger als ein Lesen der Daten mit einem nachfolgenden Sort.

- Die Daten sind in einem Non-Segmented Tablespace gespeichert und es werden nur Daten einer Table benötigt, die über den Index offensichtlich effizient gefiltert werden können.

Beispiel:

Index IXSES1 auf Seminar-Tabelle: SEMCODE, TERMIN, REFNR

```
SELECT      ......
  FROM      SEMINAR
  WHERE     TERMIN      >    '01.01.2001'
    AND     REFNR       =    3
```

Matching-Columns = 0 (TERMIN und REFNR können mit Index Screening gefiltert werden).

Ausweis eines Non Matching Index Scans in der PLAN_TABLE:

Spalten   ACCESSTYPE = 'I' und
           MATCHCOLS = 0

QUERYNO	QBLOCKNO	PLANNO	METHOD	TNAME	TABNO	ACCESSTYPE	MATCHCOLS	ACCESSNAME	INDEXONLY	SORTN_UNIQ	SORTN_JOIN	SORTN_ORDERBY	SORTN_GROUPBY	SORTC_UNIQ	SORTC_JOIN	SORTC_ORDERBY	SORTC_GROUPBY	TSLOCKMODE	PREFETCH	COLUMN_FN_EVAL	MIXOPSEQ
1	1	1	0	SEMINAR	1	I	0	IXSES1	N	N	N	N	N	N	N	N	N	IS	S		0

14.3.3.2.3 Equal Unique Index Access

Der Equal Unique Index Access ist eine Spezialform des Matching Index Scans.
Er aktiviert einen der effizientesten Suchprozesse, bei dem die Index-Hierarchie durchsucht wird und aufgrund der Unique-Index-Struktur max. ein einziger Index-Entry mit der Referenz auf max. eine Datenzeile möglich ist.

Liegt die Möglichkeit eines solchen Zugriffs vor, wird vom Optimizer diese Tabelle bei einem Join als Outer-Table favorisiert, da sie einen besonders effizienten Zugriff erwarten läßt.

DB2 kann sich in Sonderfällen zur Nutzung eines alternativen Unique Indexes entscheiden, wenn dieser eine ebenso gute Filterung verspricht und zusätzlich noch Daten für die Result Table bereitstellen kann.

Aus der PLAN_TABLE kann nicht abgeleitet werden,

- ob es sich bei dem ausgewählten Index um einen Unique Index handelt (siehe im Anhang 3 unter Katalog Tabelle SYSINDEXES Spalte UNIQUERULE),
- ob die ausgewiesenen Spalten der Gesamtanzahl definierter Index-Spalten entspricht (siehe im Anhang 3 unter Katalog Tabelle SYSKEYS).

Relevante PLAN_TABLE-Infos:

```
ACCESSTYPE      I
MATCHCOLS       n       Anzahl aller Index-Spalten.
```

Auswahlentscheidungen

Ein Equal Unique Index Access wird dann verwandt, wenn:

- sämtliche Spalten des Index mit einem eindeutigen Wert aufgesucht werden können.

Beispiel:
```
Primary Index IXSEP auf Seminar-Tabelle:    SEMNR

SELECT      ......
   FROM     SEMINAR
   WHERE    SEMNR    = :SEMNR
```

Ausweis eines Equal Unique Index Access in der PLAN_TABLE:

Spalten ACCESSTYPE= 'I' und
         MATCHCOLS = n
         n = alle Index-Spalten

QUERYNO	QBLOCKNO	PLANNO	METHOD	TNAME	TABNO	ACCESSTYPE	MATCHCOLS	ACCESSNAME	INDEXONLY	SORTN_UNIQ	SORTN_JOIN	SORTN_ORDERBY	SORTN_GROUPBY	SORTC_UNIQ	SORTC_JOIN	SORTC_ORDERBY	SORTC_GROUPBY	TSLOCKMODE	PREFETCH	COLUMN_FN_EVAL	MIXOPSEQ
1	1	1	0	SEMINAR	1	I	1	IXSEP	N	N	N	N	N	N	N	N	N	IS			0

14.3.3.2.4 IN-List Index Scan

Der IN-List Index Scan ist eine Spezialform des Matching Index Scans.
Er benutzt eine IN-Liste zum Aufsetzen gemäß des Matching Index Scans - es wird jedoch für jede mögliche Kombination jeweils ein separater Matching Index Scan durchgeführt.

Relevante PLAN_TABLE-Infos:

ACCESSTYPE	N	
MATCHCOLS	> 0	
PREFETCH	S, L	Wenn gesetzt, evtl. performancekritisch.

Auswahlentscheidungen

Ein IN-List Index Scan wird nur unter der dargestellten Bedingung verwandt.

Beispiel:

Index IXSES1 auf Seminar-Tabelle: SEMCODE, TERMIN, REFNR

```
SELECT   ......
  FROM   SEMINAR
 WHERE   SEMCODE  IN  ('DB2-PERF' , 'DB2-PROG' , 'DB2-DES')
   AND   TERMIN   >   '01.01.2001'
   AND   REFNR    =   3
```

Das Beispiel wird aufgelöst in drei separate Zugriffspfade (MATCHCOLS = 2):

1. (SEMCODE = 'DB2-PERF',   TERMIN > '01.01.2001',   REFNR = 3   )
2. (SEMCODE = 'DB2-PROG',   TERMIN > '01.01.2001',   REFNR = 3   )
3. (SEMCODE = 'DB2-DES',   TERMIN > '01.01.2001',   REFNR = 3   )

Ausweis eines IN-LIST Index Scans in der PLAN_TABLE: Spalten   ACCESSTYPE = 'N' und
MATCHCOLS > 0

QUERYNO	QBLOCKNO	PLANNO	METHOD	TNAME	TABNO	ACCESSTYPE	MATCHCOLS	ACCESSNAME	INDEXONLY	SORTN_UNIQ	SORTN_JOIN	SORTN_ORDERBY	SORTN_GROUPBY	SORTC_UNIQ	SORTC_JOIN	SORTC_ORDERBY	SORTC_GROUPBY	TSLOCKMODE	PREFETCH	COLUMN_FN_EVAL	MIXOPSEQ
1	1	1	0	SEMINAR	1	**N**	2	IXSES1	N	N	N	N	N	N	N	N	N	IS			0

14.3.3.2.5 One-Fetch Access

Mit dem One Fetch Access wird eine einzige Ergebnis-Zeile erzeugt.

Das Verfahren kann nur für ein Statement ausgeführt werden, das eine Spalte mit der MIN oder MAX-Funktion aufruft und einen entsprechend ab- bzw. aufsteigend organisierten Index antrifft.

Relevante PLAN_TABLE-Infos:
    ACCESSTYPE   I1

Auswahlentscheidungen

Ein One Fetch Access wird dann verwandt, wenn:

- nur eine Column Function (MIN oder MAX) und eine Tabelle angefordert wird und kein GROUP BY vorliegt,

- eine absteigende Spaltenfolge für MAX und eine aufsteigende Spaltenfolge für MIN vorliegt,

- sofern MIN- bzw. MAX folgendermaßen zuordenbar sind:
    - auf die erste Index-Spalte und keine weiteren Prädikate sind vorgegeben,
    - auf die letzte 'matching'-Spalte des Index, sofern das letzte 'matching'-Prädikat ein Range-Typ ist.
    - auf die nächste Index-Spalte hinter der letzten 'matching'-Spalte des Index, sofern alle anderen 'matching'-Prädikate vom Typ Equal '=' sind.

- keine zusätzlichen Prädikate vorgegeben werden oder alle vorgegebenen Prädikate 'matching' sind.

Beispiele:
    Index IXSES2 auf Seminar-Tabelle: SEMCODE, SEMNR DESC, REFNR

1. SELECT   MIN (SEMCODE)   FROM SEMINAR;

2. SELECT   MAX (SEMNR)   FROM SEMINAR
   WHERE   SEMCODE = 'DB2-PERF';

3. SELECT   MAX (SEMNR)   FROM SEMINAR
   WHERE   SEMCODE = 'DB2-PERF'
   AND   SEMNR BETWEEN 10 AND 100;

Ausweis eines One Fetch Access in der PLAN_TABLE: Spalten   ACCESSTYPE = 'I1'

QUERYNO	QBLOCKNO	PLANNO	METHOD	TNAME	TABNO	ACCESSTYPE	MATCHCOLS	ACCESSNAME	INDEXONLY	SORTN_UNIQ	SORTN_JOIN	SORTN_ORDERBY	SORTN_GROUPBY	SORTC_UNIQ	SORTC_JOIN	SORTC_ORDERBY	SORTC_GROUPBY	TSLOCKMODE	PREFETCH	COLUMN_FN_EVAL	MIXOPSEQ
2	1	1	0	SEMINAR	1	I1	1	IXSES2	Y	N	N	N	N	N	N	N	N	IS		0	

14.3.3.2.6 Index-Only Access

Mit dem Index-Only-Access wird ein Suchprozess alleine im Index durchgeführt. Ein Zugriff auf die Datenbasis unterbleibt, weil sämtliche erforderlichen Informationen im Index geführt werden.

Ein solcher Zugriffspfad kann bei variablen Daten nicht gewählt werden, da bei der Suche die Spalten-Länge der Daten nicht aus dem Index entnommen werden kann.

Relevante PLAN_TABLE-Infos:
    ACCESSTYPE   I
    INDEXONLY   Y

Auswahlentscheidungen

Ein Index-Only Access wird dann verwandt, wenn:

- nur gelesen wird (bei Datenänderungen muss immer auf die Datenbasis zugegriffen werden) und
- sämtliche erforderlichen Daten im Index geführt werden.

Beispiele:

Index IXSES1 auf Seminar-Tabelle: SEMCODE, TERMIN, REFNR

1. SELECT   SEMCODE, REFNR FROM SEMINAR;

2. SELECT   COUNT (*)   FROM SEMINAR
        WHERE   SEMCODE = 'DB2-PERF';

3. SELECT   COUNT (*)   FROM SEMINAR
        WHERE   REFNR = 3;

Ausweis eines Index-Only Access in der PLAN_TABLE: Spalten   ACCESSTYPE = 'I' und
**   INDEXONLY = 'Y'**

QUERYNO	QBLOCKNO	PLANNO	METHOD	TNAME	TABNO	ACCESSTYPE	MATCHCOLS	ACCESSNAME	INDEXONLY	SORTN_UNIQ	SORTN_JOIN	SORTN_ORDERBY	SORTN_GROUPBY	SORTC_UNIQ	SORTC_JOIN	SORTC_ORDERBY	SORTC_GROUPBY	TSLOCKMODE	PREFETCH	COLUMN_FN_EVAL	MIXOPSEQ
2	1	1	0	SEMINAR	1	I	1	IXSES1	Y	N	N	N	N	N	N	N	N	IS			0

14.3.3.2.7 Multiple Index Access

Mit dem Multiple Index Access werden Daten-Pages über mehrere Index-Pfade effizient eingelesen. Es wird unterschieden in:

- INTERSECTION zweier Indizes   bei AND-Bedingungen
- UNION zweier Indizes   bei OR-Bedingungen.

Das Verfahren kann für beliebig viele Indizes verwendet werden, wobei in einem Schritt immer nur zwei Index-Kandidatenlisten miteinander verknüpft werden.
So können auch Mix-Verfahrensweisen (3 x INTERSECTION, 2 x UNION) vorkommen.
Ein Index kann in einem Multiple Index Access mehrfach vorkommen, auch eine einzelne Index-Spalte kann in Beziehung mit der OR-Bedingung mehrfach auftreten.

Sind die Kandidaten-Listen endgültig verknüpft, erfolgt die Weiterverarbeitung gemäß dem List Prefetch-Verfahren.
Damit kann der Multiple Index Access als eine Erweiterung des List Prefetches definiert werden, bei dem durch die AND- bzw. OR-Verknüpfungen eine erhöhte Verarbeitungs-Komplexität auftritt.
Die ausgefilterten RID-Listen werden in dem effizienten RID-Pool intern sortiert.
Siehe auch hierzu vorab die Ausführungen unter List Prefetch.

Relevante PLAN_TABLE-Infos:

ACCESSTYPE		Hier werden die einzelnen Schritte ausgewiesen:
	M	Multiple Index Scan Start (in PREFETCH wird L ausgewiesen)
	MX	Einzelner Index Scan für spätere INTERSECTION oder UNION
	MI	Verknüpfung der Kandidatenlisten mit INTERSECT (bei AND) bzw.
	MU	Verknüpfung der Kandidatenlisten mit UNION (bei OR)
MIXOPSEQ	> 0	bei MX, MI oder MU Reihenfolge der Verarbeitung
PREFETCH	L	**Evtl. performancekritisch, da bei diesem Verfahren immer eine RID-Materialisierung erfolgt.**

Auswahlentscheidungen

Ein Multiple Index Access wird dann verwandt, wenn kein einzelner Index verfügbar ist und mehrere Indizes sinnvoll eingesetzt werden können.

Beispiele:

```
Index IXSEF1 auf Seminar-Tabelle:    SEMCODE
Index IXSEF2 auf Seminar-Tabelle:    REFNR

SELECT    TERMIN, SEMCODE
  FROM    SEMINAR
 WHERE    SEMCODE LIKE 'DB2%'    AND   REFNR = 5;
```

Ausweis eines Multiple Index Access in der PLAN_TABLE:

	MIXOPSEQ	ACCESSTYPE
Einleitung Multiple Index Access	MIXOPSEQ=0	ACCESSTYPE = 'M'
Index Access auf einzelnen Index	MIXOPSEQ=n	ACCESSTYPE = 'MX'
hier RID-Verknüpfung (AND)	MIXOPSEQ=n+1	ACCESSTYPE = 'MI'
alternativ: RID-Verknüpfung (OR)	MIXOPSEQ=n+1	ACCESSTYPE = 'MU'

QUERYNO	QBLOCKNO	PLANNO	METHOD	TNAME	TABNO	ACCESSTYPE	MATCHCOLS	ACCESSNAME	INDEXONLY	SORTN_UNIQ	SORTN_JOIN	SORTN_ORDERBY	SORTN_GROUPBY	SORTC_UNIQ	SORTC_JOIN	SORTC_ORDERBY	SORTC_GROUPBY	TSLOCKMODE	PREFETCH	COLUMN_FN_EVAL	MIXOPSEQ
1	1	1	0	SEMINAR	1	M	0		N	N	N	N	N	N	N	N	N	IS	L		0
1	1	1	0	SEMINAR	1	MX	1	IXSEF1	Y	N	N	N	N	N	N	N	N	IS			1
1	1	1	0	SEMINAR	1	MX	1	IXSEF2	Y	N	N	N	N	N	N	N	N	IS			2
1	1	1	0	SEMINAR	1	MI	0		N	N	N	N	N	N	N	N	N				3

14.3.3.3 Direkter Zeilen-Zugriff über die ROWID

Ein alter Traum der Entwickler schien sich zu erfüllen, als mit der Version 6 die Möglichkeit angekündigt wurde, direkt - ohne Index-Inanspruchnahme - auf die Daten zugreifen zu können.

Voraussetzung ist die Definition einer ROWID-Spalte in der entsprechenden Tabelle. Grundsätzlich ist die Aufgabe eines ROWIDs die Synchronisation der Datenzeile mit ihren LOB-Referenzen.
Ein ROWID kann natürlich auch ohne LOB-Spalten genutzt werden.
Sein Inhalt muss immer systemintern vergeben werden (GENERATED ALWAYS). Ausnahmen sind für Standard-Software-Produkte möglich; eine Vergabe des ROWID-Inhaltes in Programmen ist aber nicht zulässig.
Der ROWID-Inhalt referenziert auf die physische Position einer Datenzeile, d.h. der Inhalt enthält die Adresse.
Dies ermöglicht natürlich einen direkten Zugriff auf die Datenzeile - aber nur unter der Voraussetzung, dass ihre Position noch dem Inhalt des ROWID-Wertes entspricht. Dies ist bei einer Reorganisation nicht mehr gegeben (auch zwischen einzelnen Statements droht ggf. ein Online REORG - allerdings nur, wenn ein COMMIT zwischen dem Erstzugriff und dem Folgezugriff liegt).
Ist der Zugriff über den ROWID-Inhalt nicht mehr möglich, wird auf den in ACCESSTYPE ausgewiesenen Zugriffspfad zurückgegriffen!

Relevante PLAN_TABLE-Infos:

ACCESSTYPE Hier wird der Zugriffspfad ausgewiesen, der dann genutzt wird, wenn wider Erwarten der in PRIMARY_ACCESSTYPE dargestellte Pfad nicht nutzbar ist.

PRIMARY_ACCESSTYPE D Direkter Zeilen-Zugriff
Evtl. performancekritisch, wenn ACCESSTYPE einen ungünstigen Zugriffspfad ausweist und der Direkt-Zugriff nicht möglich ist.

Auswahlentscheidungen für einen direkten Zeilen-Zugriff

- Vorgabe eines einfachen Boolean-Term-Prädikats mit Equal, wie z.B.:
  WHERE SPALTE = :ROWID.

- Vorgabe eines einfachen Boolean-Term-Prädikats mit IN-Liste, wie z.B.:
  WHERE SPALTE IN (:ROWID1 , :ROWID2 , :ROWID3)

- Vorgabe eines Compound Boolean-Term-Prädikats (einfache Prädikate, die mit AND verknüpft sind) und einer der einfachen Prädikate erfüllt die vorab definierten Bedingungen, wie z.B.:
  WHERE DAUER = :DAUER AND SPALTE IN (:ROWID1 , :ROWID2 , :ROWID3)

Beispiele:
  Index IXSEP1 auf Seminar-Tabelle: SEMNR (ist bei einem PK zwingend erforderlich)
  Index IXSER1 auf Seminar-Tabelle: ROWID (ist bei einer ROWID zwingend erforderlich, wird aber in unserem Beispiel nicht benötigt)

```
UPDATE    SEMINAR
  SET     TERMIN  = :TERMIN  :TERMIN-I
  WHERE   SEMNR   = :SEMNR              vorher eingelesen.
  AND     ROWID   = :ROWID              Idealerweise in derselben UOW vorher eingelesen.
```

Ausweis eines Direkt-Zeilen-Zugriffs in der PLAN_TABLE: Spalte PRIMARY_ACCESSTYPE = 'D'

QUERYNO	QBLOCKNO	PLANNO	METHOD	TNAME	TABNO	ACCESSTYPE	MATCHCOLS	ACCESSNAME	INDEXONLY	SORTN_UNIQ	SORTN_JOIN	SORTN_ORDERBY	SORTN_GROUPBY	SORTC_UNIQ	SORTC_JOIN	SORTC_ORDERBY	SORTC_GROUPBY	TSLOCKMODE	PREFETCH	COLUMN_FN_EVAL	MIXOPSEQ	PRIMARY_ACCESSTYPE
1	1	1	0	SEMINAR	1	I	1	IXSEP1	N	N	N	N	N	N	N	N	IS			0	D

14.3.4 Komplexe Zugriffspfade

Komplexe Zugriffspfade werden in mehreren Schritten vollzogen. Jeder einzelne Schritt nutzt einen der Basiszugriffspfade auf die Daten (siehe einfache Zugriffspfade vorab).

Komplexe Zugriffspfade sind (in Klammern sind die adäquaten Spalten aus der PLAN_TABLE aufgeführt):

- **Join**
  immer dann erforderlich, wenn Daten aus mehreren Tabellen in die endgültige Result Table eingestellt werden müssen. Kann auch eingesetzt werden, wenn Daten lediglich zur Filterung benötigt werden.
  Es existieren zwei **Join-Typen**:
    - **Inner Join**   bei dem nur die übereinstimmenden Werte eines Equi-Joins herangezogen werden,
    - **Outer Join**   bei dem auch nicht übereinstimmende Werte eines Equi-Joins herangezogen werden.

  Für beide Join-Typen wird alternativ eine **Join-Methode** (bezogen auf zwei Tabellen) gewählt:
  - **Nested Loop Join** (METHOD = 1).
    Für jede Zeile der einen Tabelle werden die übereinstimmenden Zeilen in der anderen Tabelle gesucht.

  - **Merge Scan Join** (METHOD = 2).
    Zumindest eine der Tabellen wird für einen Join vorbereitet (gefiltert, evtl. sortiert und zwischengespeichert --> materialisiert). Für jede Zeile der der einen Tabelle werden die übereinstimmenden Zeilen der anderen Tabelle dazugemischt (Merge-Logik).

  - **Hybrid Join** (METHOD = 4).
    Komplexe Join-Methode, bei der speziell Duplikate in den Daten effizienter verarbeitet werden, da zunächst eine Verdichtung stattfindet. Es wird immer materialisiert, ggf. sortiert und RID-Listen gebildet, die über einen List Prefetch eingelesen werden.

- **UNION**
  erzeugt mehrere Interims-Tabellen, die zu einer endgültigen Result Table zusammengeführt werden.

- **Nested Table Expression**
  auch temporärer bzw. dynamischer View genannt, erzeugt in einem eigenen Schritt eine aus den Basisdaten ausgefilterte Interimstabelle, die dann innerhalb der Query weiterbenutzt werden kann.
  Das Ergebnis einer Nested Table Expression kann - im Gegensatz zur Subquery - in die Result Table eingestellt werden.

- **Subquery** (QBLOCKNO > 1)
  immer dann erforderlich, wenn Daten variabel über aktuelle Tabellen-Konstellationen ausgefiltert werden. Es wird unterschieden zwischen:

  - **Non-Correlated Subquery**
    Die eine Tabelle wird einmalig auf die gesuchten Bedingungen durchsucht und das ausgefilterte Ergebnis wird gegen die Zeilen der anderen Tabelle geprüft.

  - **Correlated Subquery**
    Für jede positionierte Zeile der einen Tabelle werden die übereinstimmenden Zeilen bzw. Bedingungen in der anderen Tabelle gesucht. Dabei bezieht sich der Vergleich auf die korrelierenden Zeilen der beiden Tabellen.

- **Multiple Index Scan** (ACCESSTYPE = 'M'). Dieser Zugriffspfad wurde vorab behandelt.
  Mehrere Indizes werden eingesetzt. Alle Kandidaten werden herausgefiltert (RID-Liste) und entsprechend der WHERE-Bedingungen mit AND bzw OR verknüpft.
  Dann werden evtl. die entsprechenden Daten-Pages gelesen (mit List Prefetch).

- **Sortierung** (METHOD = 3, SORTxx = 'Y').
  Die Sortierung kann sich beziehen auf:
  - eine Workfile, die Interims-Daten enthält,
  - eine RID-Kandidatenliste.

  Bei der in der PLAN_TABLE gezeigten Methode 3 wird ein eigener Schritt erzeugt, ansonsten wird der Sort im jeweiligen Schritt des einfachen Zugriffspfads gezeigt.

14.3.4.1 Join
14.3.4.1.1 Composite Table und New Table, Outer Table und Inner Table

Bei der Join-Verarbeitung werden folgende Tabellen-Typen unterschieden:

Outer Table bzw. **Composite Table**
Erste Tabelle im ersten Join-Schritt oder
Ergebnis-Tabelle aus dem vorherigen Schritt.

Inner Table bzw. **New Table**
Neue Tabelle innerhalb eines Join-Schritts.

Abbildung 14-15

Composite und New Table, Outer und Inner Table

Beispiel: Join über 3 Tabellen

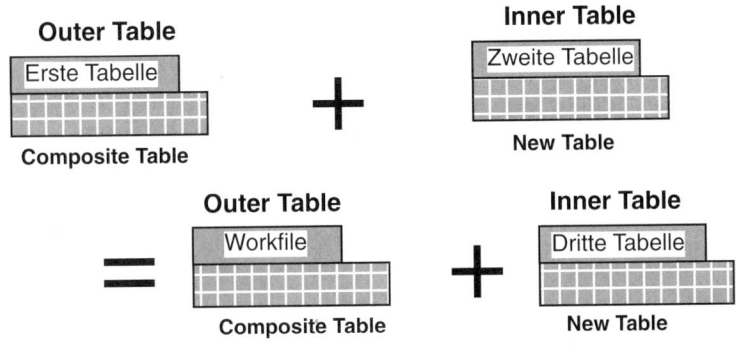

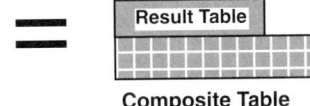

14.3.4.1.2 Ausweis von Joins in der PLAN_TABLE

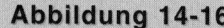

Der Ausweis von Joins in der PLAN_TABLE

SQL-Anforderung

```
SELECT   S.SEMCODE, TERMIN, TITEL, RNNAME
FROM     SEMINAR  S, SEMTYP T,
         REFERENT R
WHERE    S.SEMCODE LIKE 'DB2%'
AND      S.SEMCODE = T.SEMCODE
AND      S.REFNR = R.REFNR
ORDER BY RNNAME, TERMIN
```

Schritte

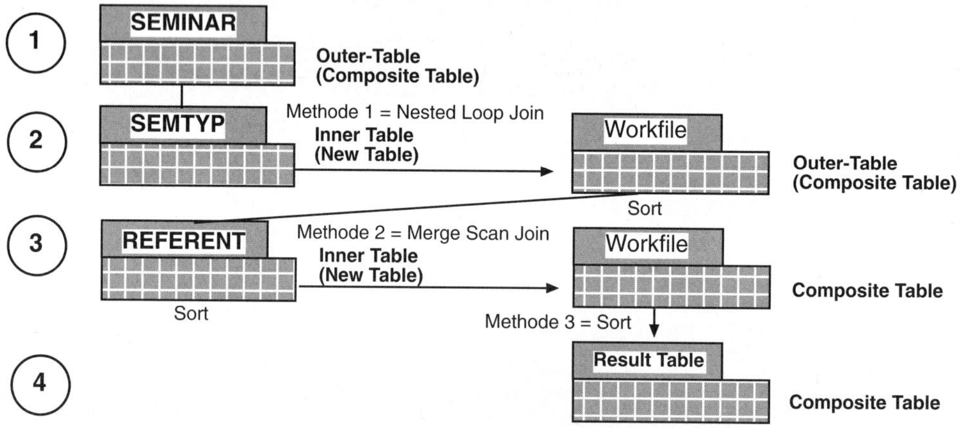

1. SEMINAR — Outer-Table (Composite Table)
2. SEMTYP — Methode 1 = Nested Loop Join, Inner Table (New Table) → Workfile, Sort — Outer-Table (Composite Table)
3. REFERENT — Methode 2 = Merge Scan Join, Inner Table (New Table), Sort → Workfile — Composite Table
4. Methode 3 = Sort → Result Table — Composite Table

Auszug aus der PLAN_TABLE

PLANNO	TNAME	METHOD	TABNO	ACCESS_TYPE	MATCH_COLS	ACCESS_NAME	INDEX_ONLY	SORTC_JOIN	SORTN_JOIN	SORTC_ORDERBY
1	SEMINAR	0	1	I	1	IXSEF1	N	N	N	N
2	SEMTYP	1	2	I	1	IXSTP	N	N	N	N
3	REFERENT	2	3	I	1	IXREP	N	Y	Y	N
4		3	0				N	N	N	Y

Relevante PLAN_TABLE-Infos:

PLANNO SMALLINT Lfd. Stepnummer innerhalb des Plans (innerhalb von QBLOCKNO). Zeigt die Aktions-Reihenfolge im Plan auf.

METHOD SMALLINT Kennzeichnung der Join-Methode innerhalb des Steps:
- 0 - Zugriff auf die erste Table (PLANNO = 1).
- 1 - '**Nested Loop Join**'.
  Jede Zeile der aktuellen Composite Table wird mit jeder übereinstimmenden Zeile einer neuen Table verknüpft.
- 2 - '**Merge Scan Join**'.
  Die aktuelle Composite Table und die neue Table werden aufgrund der Join-Bedingungen durchsucht und übereinstimmende Zeilen verknüpft.
- 3 - Zusätzliche Sortiervorgänge sind erforderlich
  (bei ORDER BY, GROUP BY oder SELECT DISTINCT oder UNION).
  Es wird keine neue Table angesprochen.
- 4 - '**Hybrid Join**'.
  Die aktuelle Composite Table wird aufgrund der Join-Bedingungen der neuen Table durchsucht. Auf die neue Tabelle wird mit List Prefetch zugegriffen.

MERGE_JOIN_COLS SMALLINT Anzahl der Spalten, die bei einem Merge Scan Join verknüpft werden (nur bei METHOD 2).

14 SQL-Performance
14.3 DB2-Zugriffspfade auf die Daten

JOIN_TYPE	CHAR (1)	Kennzeichen, ob und ggf. welcher Outer Join-Typ vorliegt: F Full Outer Join. L Left Outer Join oder Right Outer Join. Blank Inner Join oder kein Join.
SORTC_JOIN	CHAR (1)	Y wenn ein Sort der Composite-Table erforderlich ist.
SORTN_JOIN	CHAR (1)	Y wenn ein Sort der New Table erforderlich ist.
Sonstige Felder		analog der einfachen Zugriffspfade.

Ein **Outer Join** wird in der PLAN_TABLE-Spalte JOIN_TYPE ausgewiesen:

- **F** bei einem Full Outer Join,
- **L** bei einem Left Outer Join.
  Hinweis: Right Outer Joins werden immer als Left Outer Joins ausgeführt und auch in der PLAN_TABLE entsprechend ausgewiesen.

Beispiel:

```
EXPLAIN PLAN SET QUERYNO = 1  FOR
   SELECT    COALESCE (KURSORT, 'unbekannt')          AS    KURSORT,
             COALESCE (CHAR (TERMIN, EUR) , 'unbekannt')  AS    TERMIN,
             COALESCE (S.REFNR, R.REFNR)              AS    REFNR,
             COALESCE (RNNAME, 'unbekannt')           AS    RNNAME
   FROM      SEMINAR S    FULL OUTER  JOIN    REFERENT  R
   ON        S.REFNR = R.REFNR
;
```

Ausweis eines Outer Joins in der PLAN_TABLE:

Full Outer Join Spalte	JOIN_TYPE	= 'F'
Left Outer Join Spalte	JOIN_TYPE	= 'L'

QUERYNO	QBLOCKNO	PLANNO	METHOD	TNAME	TABNO	ACCESSTYPE	MATCHCOLS	ACCESSNAME	INDEXONLY	SORTN_UNIQ	SORTN_JOIN	SORTN_ORDERBY	SORTN_GROUPBY	SORTC_UNIQ	SORTC_JOIN	SORTC_ORDERBY	SORTC_GROUPBY	TSLOCKMODE	PREFETCH	COLUMN_FN_EVAL	MIXOPSEQ	JOIN_TYPE
1	1	1	0	REFERENT	2	I	0	IXREP	N	N	N	N	N	N	N	N	N	IS			0	
1	1	2	2	SEMINAR	1	R	0		N	N	Y	N	N	N	N	N	N	IS	S		0	F

14.3.4.1.3 Nested Loop Join

Der Nested Loop Join verknüpft die ausgewählten Zeilen und Spalten der Outer Table mit den ausgewählten Zeilen und Spalten der Inner Table (New Table) zu einer Composite Table.
Dabei wird die <u>Outer Table einmal</u> durchsucht, während die <u>Inner Table einmal pro ausgefilterter Outer Table-Zeile</u> durchsucht werden muss.
Stage 1- und Stage 2-Prädikate werden zur Eliminierung nicht benötigter Zeilen genutzt.

Wenn keine übereinstimmende Zeilen in der Inner Table gefunden werden, dann wird:

- bei Inner Joins die positionierte Outer Table Zeile ignoriert,
- bei Outer Joins eine Zeile erzeugt, die ausschließlich aus NULL-Werten für die Inner Table-Spalten besteht.

Dieser Join ist dann effizient:

- wenn die Inner Table mit einem effizienten Zugriffspfad ausgestattet ist und wenn nur wenige Zeilen der Outer Table den gesuchten Bedingungen entsprechen,
- wenn die Inner Table relativ klein ist und ein großer Bufferpool zur Verfügung steht, wird sie ggf. intern als Interimstabelle gehalten.

Die Suche nach den erforderlichen Daten kann erfolgen über alle Varianten:

- Tablespace Scan,
- Matching Index Scan,
- Nonmatching Index Scan.

Hier sind die sonstigen PLAN_TABLE-Felder zu beachten.
In bestimmten Fällen wird dort auch angezeigt, dass die Composite Table sortiert wird, wenn:
- die Join-Spalten in Composite Table und New Table nicht in derselben Folge sind,
- kein Index auf der Join-Spalte der Composite Table existiert,
- ein Index auf der Join-Spalte der Composite Table existiert, dieser aber einen schlechten Clustered-Zustand aufweist.

Abbildung 14-17

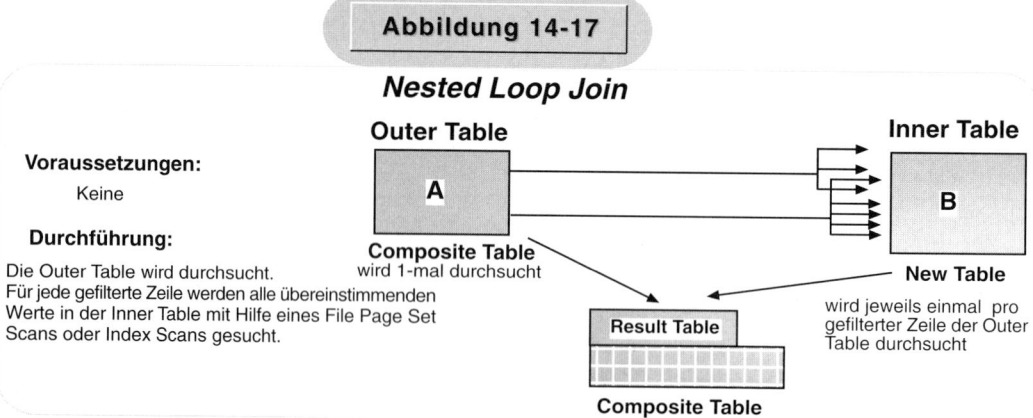

Werden mehr als 2 Tabellen zusammengeführt, kann sich der Optimizer für einen kartesischen Join (Star Join) entscheiden, bei dem nicht vorgegebene Beziehungen zwischen Tabellen generiert werden:
Beispiel:
```
    SELECT    ...    FROM SEMINAR S, SEMINAR_AKT SA , SEMINAR_HIST SH
        WHERE     S.SEMNR = SA.SEMNR
            AND   S.SEMNR = SH.SEMNR    -->  AND SA.SEMNR = SH.SEMNR
```

14 SQL-Performance
14.3 DB2-Zugriffspfade auf die Daten

Der Optimizer kalkuliert Zugriffskosten nach folgendem Schema:

```
JOIN-Kosten    =    Kosten des Outer-Table-Scans
               +    ((Anzahl der gefilterten Zeilen in der Outer Table)  *
                    (Kosten des Inner-Table-Scans) )
```

Einfaches Beispiel ohne Vorgabe von Prädikaten. Jede Zeile wird in der Inner Table gesucht:

```
SEMTYP-Tabelle      750   Zeilen      15 Pages.
SEMINAR-Tabelle    2500   Zeilen     125 Pages.
```

1. Outer Table = SEMTYP
   Join-Kosten = (15 Page-GETPAGEs)   SEMTYP
               + (750 Zeilen * 125 GETPAGEs)   SEMINAR   =   **93.765 GETPAGES**

2. Outer Table = SEMINAR
   Join-Kosten = (125 Page-GETPAGEs)   SEMINAR
               + (2500 Zeilen * 15 GETPAGEs)   SEMTYP   =   **37.625 GETPAGES**

In diesem Beispiel wird die SEMINAR-Tabelle sinnvoll als Outer Table bestimmt.
Wenn zusätzliche Prädikate mit berücksichtigt werden müssen, kann aber ein entgegengesetzter Effekt eintreten.
Es ist mühsam, die genauen Zugriffspfade zu analysieren. Bei sehr performancekritischen Anwendungen ist dies aber erforderlich, da mit der Gestaltung des SQL-Statements die Wahl der Outer Table beeinflusst werden kann (z.B. die Tabelle, die am häufigsten im SQL-Statement angesprochen wird).

Relevante PLAN_TABLE-Infos:
```
METHOD              1
Sonstige Felder     analog der einfachen Zugriffspfade
```

Auswahlentscheidungen

Ein Nested Loop Join wird dann verwandt, wenn:

- die Outer Table klein ist,

- für die Outer Table gute Filtermöglichkeiten vorgegeben wurden und die Outer Table sehr effizient gefiltert werden kann,

- die Inner Table sehr effizient gefiltert werden kann,

- zwar größere Datenmengen gefiltert werden müssen, die Inner Table aber über einen effizienten high-clustered Index verfügt.

Die folgende Abbildung enthält das Beispiel eines Nested Loop Joins, der aus drei Schritten besteht, die näher erläutert werden:

- Schritt 1 (PLANNO = 1)
  greift über Index IXSTP (eine matching column) auf die Tabelle SEMTYP zu.
  Die Tabelle SEMTYP ist die erste Tabelle (TABNO = 1) im SQL-Statement und im Join-Prozess die Outer Table.

- Schritt 2 (PLANNO = 2)
  führt einen Nested Loop Join (METHOD = 1) durch, wobei die Outer Table SEMTYP mit der Inner Table SEMINAR verknüpft wird. Es wird der Index IXSEF1 genutzt (nur eine matching column).
  Tabelle SEMINAR ist die zweite Tabelle (TABNO = 2) im SQL-Statement.

- Schritt 3 (PLANNO = 3)
  führt einen Sort durch, da die Anforderung mit ORDER BY gestellt wurde und die Sortieranforderung nicht durch einen Index abdeckbar ist (SORTC_ORDERBY).

Abbildung 14-18

EXPLAIN-Beispiel: Nested Loop Join

```
EXPLAIN PLAN SET QUERYNO = 10 FOR
SELECT         TITEL, TERMIN, DAUER
  FROM         SEMTYP, SEMINAR
  WHERE        SEMTYP.SEMCODE = SEMINAR.SEMCODE
  AND          SEMTYP.SEMCODE = 'DB2-DESIGN'
ORDER BY       TERMIN
```

Ausschnitt aus: PLAN_TABLE

QUERYNO	QBLOCKNO	PLANNO	METHOD	TNAME	TABNO	ACCESSTYPE	MATCHCOLS	ACCESSNAME	INDEXONLY	SORTN_UNIQ	SORTN_JOIN	SORTN_ORDERBY	SORTN_GROUPBY	SORTC_UNIQ	SORTC_JOIN	SORTC_ORDERBY	SORTC_GROUPBY	TSLOCKMODE	PREFETCH	COLUMN_FN_EVAL	MIXOPSEQ
10	1	1	0	SEMTYP	1	I	1	IXSTP	N	N	N	N	N	N	N	N	N	IS			0
10	1	2	1	SEMINAR	2	I	1	IXSEF1	N	N	N	N	N	N	N	N	N	IS			0
10	1	3	3		0	0			N	N	N	N	N	N	N	Y	N	IS			0

Voraussetzung:
SEMTYP-Indizes:
    IXSTP: SEMCODE
SEMINAR-Indizes:
    IXSEP: SEMNR
    IXSEF1: SEMCODE
    IXSEF2: REFNR

Beeinflussung der Outer-Table-Auswahl und der Join-Methode

- Durch Vorgabe weiterer lokaler Prädikate kann ein Join-Prozess evtl. günstiger gestaltet werden:
  - Je mehr Prädikate sich auf eine Tabelle beziehen, desto eher wird sie als Outer Table favorisiert.

  ```
  SELECT   S.SEMCODE, TERMIN, TITEL
    FROM   SEMINAR S,  SEMTYP T
   WHERE   S.SEMCODE  = T.SEMCODE
     AND   S.TERMIN   > '01.01.2000'
     AND   T.MAXTEILN = T.MAXTEILN      <==  Einfügung. Ggf. können noch weitere solcher
                                             Einfügungen vorgenommen werden.
  ```

- Der Optimizer generiert bei LIKE- bzw. IN-Prädikaten keine redundanten Prädikate
  ```
  SELECT   S.SEMCODE, TERMIN, TITEL
    FROM   SEMINAR S,  SEMTYP T
   WHERE   S.SEMCODE  = T.SEMCODE
     AND   S.SEMCODE  LIKE 'DB2%'
     AND   T.SEMCODE  LIKE 'DB2%'       <==  Einfügung wird von IBM empfohlen.
  ```

- Werden wenige Daten benötigt, OPTIMIZE FOR n ROWS einsetzen
  Effekte:
  - JOIN-Methode kann sich ändern.
  - Mit ORDER BY wird der Index favorisiert, der die Sort-Anforderung erfüllt. Damit wird auch die zugrundeliegende Tabelle zur Outer Table.
  - List Prefetch und Sequential Prefetch wird in der Regel nicht aktiviert.

- Folgende weiteren Einflüsse sind wichtig :
  - die Auswahl in der SELECT-Klausel
    SELECT SEMINAR.SEMCODE   oder   SELECT SEMTYP.SEMCODE
  - die Filterung in der WHERE-Klausel (Verwendung von Korrelationsnamen):
    WHERE SEMINAR.SEMCODE LIKE :SEMCODE   oder   SEMTYP.SEMCODE LIKE :SEMCODE
  - das Vorhandensein eines Unique Index (für die WHERE-Bedingung)
    In diesem Fall wählt der Optimizer diese Tabelle als Outer Table.

14.3.4.1.4 Merge Scan Join

Bei der Wahl des Merge Scan Joins müssen bestimmte Voraussetzungen gegeben sein:

- Es muss ein <u>Abgleich zweier voll kompatibler Spalten</u> (identischer Datentyp und Länge) gegeben sein (Join-Prädikat: Table1.Col1 = Table2.Col2).

- Das Join-Prädikat kann auch über mehrere Spalten vorgegeben werden (MERGE_JOIN_COLS).

- Ein Full Outer Join aktiviert automatisch einen Merge Scan Join.

DB2 durchsucht die beiden Tabellen in der Folge der Join-Spalten.
Existieren keine effizienten Indizes für die Join-Spalten, erfolgt eine Sortierung:
- der Outer Table,
- der Inner Table,
- beider Tabellen.

Die Inner Table wird immer auf Workfile materialisiert - bei einem effizienten Index ohne Sort.
Die Outer Table wird nur bei einem Sort auf Workfile materialisiert.

Wenn die beiden Tabellen für die Verarbeitung entsprechend vorbereitet sind, erfolgt folgende Verarbeitung:
- Die Outer Table wird einmal durchsucht. Dabei wird auf ausgefilterte Zeilen positioniert.

- Die Inner Table wird auf Übereinstimmung geprüft.
  Wenn dies der Fall ist, werden die Daten auf der Composite Table zusammengeführt.
  Dann wird die Inner Table weiterpositioniert und wiederum auf Übereinstimmung geprüft.
  Ist ein höherer Wert in der Inner Table erreicht, erfolgt eine Weiterpositionierung auf der Outer Table.

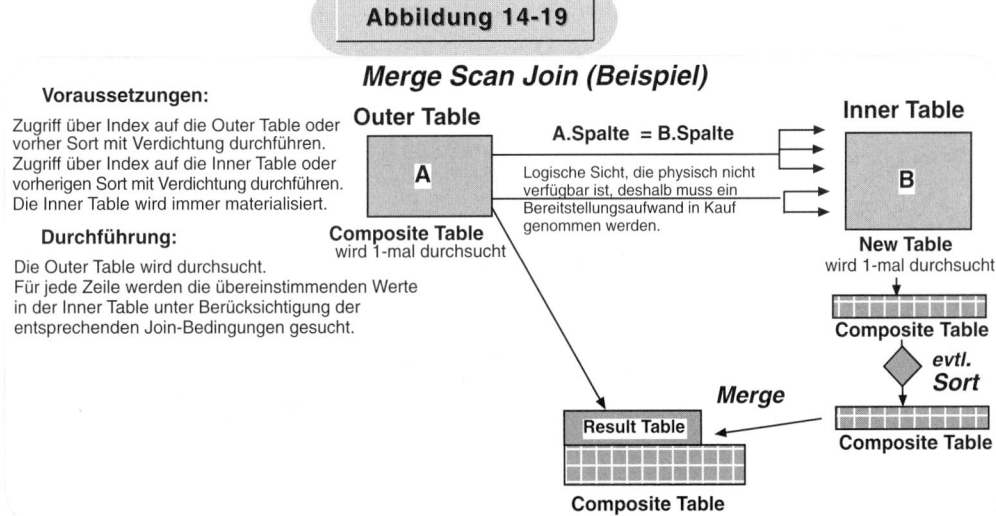

Abbildung 14-19: Merge Scan Join (Beispiel)

Wenn keine übereinstimmenden Zeilen in der Inner Table gefunden werden, dann wird:

- bei Inner Joins die positionierte Outer Table Zeile ignoriert,
- bei einem Left Outer Join oder Full Outer Join eine Zeile erzeugt, die ausschließlich aus NULL-Werten für die Inner Table-Spalten besteht.

Wenn keine übereinstimmende Zeilen in der Outer Table gefunden werden, dann wird:

- bei Inner Joins die positionierte Inner Table Zeile ignoriert,
- bei einem Left Outer Join die positionierte Inner Table Zeile ignoriert,
- bei einem Full Outer Join wird eine Zeile erzeugt, die ausschließlich aus NULL-Werten für die Outer Table-Spalten besteht.

Das Bereitstellen der Tables kann folgendermaßen erfolgen:

- Auf die Outer Table wird entweder über einen Tablespace Scan mit anschließendem Sort oder einer Suche über einen Index zugegriffen.

- Die Inner Table wird immer verdichtet, eine Interims-Tabelle gebildet und als Workfile geführt (materialisiert). Dies kann geschehen durch:
  - einen Tablespace Scan oder
  - einen Index Scan. Liegt ein effizient nutzbarer Index zugrunde, werden die Daten aus dem Index direkt in die temporäre Interimstabelle gestellt.
  Die Outer Table wird nur bei einem Sortiererfordernis auf Workfile gestellt.

Relevante PLAN_TABLE-Infos:

METHOD	2	
MERGE_JOIN_COLS	n	Anzahl der Join-Spalten, die beim Merge Scan Join herangezogen werden.
Sonstige Felder		analog der einfachen Zugriffspfade

Auswahlentscheidungen

Ein Merge Scan Join wird dann verwandt, wenn:

- die beiden Tabellen groß sind und/oder keine gute Filterung möglich ist; speziell bei Tabellen, bei denen neben dem Join-Prädikat keine lokalen Prädikate vorgegeben werden,

- bei großen Beständen wenige Inner-Table-Spalten gefordert sind und diese effizient sortierbar sind,

- bei großen Tabellen keine oder nur für eine Tabelle nutzbaren Indizes vorhanden sind.

Abbildung 14-20

EXPLAIN-Beispiel: Merge Scan Join

```
EXPLAIN PLAN SET QUERYNO = 10 FOR
SELECT      TITEL, TERMIN, DAUER
   FROM     SEMTYP, SEMINAR
   WHERE    SEMTYP.SEMCODE = SEMINAR.SEMCODE
   AND      SEMTYP.SEMCODE = 'DB2-DESIGN'
```

Ausschnitt aus: PLAN_TABLE

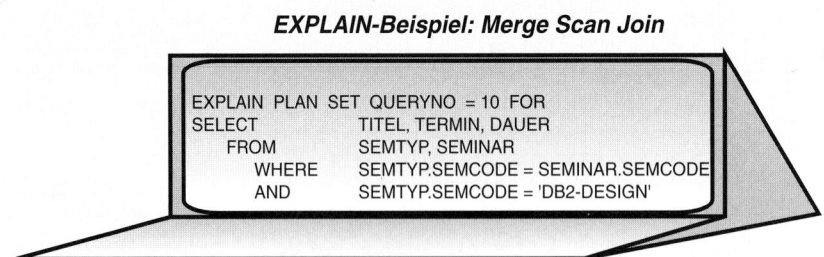

Voraussetzung:
SEMTYP-Indizes:
   IXSTP: SEMCODE
SEMINAR-Indizes:
   IXSEP: SEMNR

QUERYNO	QBLOCKNO	PLANNO	METHOD	TNAME	TABNO	ACCESSTYPE	MATCHCOLS	ACCESSNAME	INDEXONLY	SORTN_UNIQ	SORTN_JOIN	SORTN_ORDERBY	SORTN_GROUPBY	SORTC_UNIQ	SORTC_JOIN	SORTC_ORDERBY	SORTC_GROUPBY	TSLOCKMODE	PREFETCH	COLUMN_FN_EVAL	MIXOPSEQ
10	1	1	0	SEMTYP	1	I	1	IXSTP	N	N	N	N	N	N	N	N	N	IS		0	
10	1	2	2	SEMINAR	2	R	0		N	N	Y	N	N	N	N	N	N	IS	S	0	

14.3.4.1.5 Hybrid Join

Bei diesem Verfahren handelt es sich um eine Kombination der bisher behandelten Join-Methoden und dem List-Prefetch-Verfahren. Die Effizienz liegt zwischen der vom Nested Loop Join und vom Merge Scan Join. Duplikate in der Outer Table werden effizient berücksichtigt.
Der Hybrid Join ist nur für Inner Joins und nicht für Outer Joins verwendbar.

Beim Hybrid Join wird zunächst die Outer Table durchsucht. Für jede Zeile der Outer Table wird der Index der Inner Table durchsucht (die Inner Table muss einen für den Join nutzbaren Index aufweisen). Aus dem Inner Index werden die RIDs gesammelt, die die Bedingung erfüllen.
Die RIDs werden anschließend mit den Daten der Outer Table sortiert und die Daten der Inner Table werden mit einem List Prefetch eingelesen.

Ablauf-Beschreibung:

1. Einlesen der Outer Table und filtern der lokalen Prädikate.

2. Verknüpfung der gefilterten Outer Table Zeilen mit dem Index der Inner Table.
   Der Index wird für jede Outer Table Zeile durchsucht. Das Ergebnis ist die 'Intermediate Table Phase 1'. Diese enthält Outer Table Daten und zugeordnete Inner Table RIDs.

3. Wenn der Join-Index der Inner-Table non-clustered ist, dann:
   - Sortieren der 'Intermediate Table Phase 1' in der Inner-Table-RID-Sequenz.
   - Sortieren der RID-Liste (SORTN_JOIN = Y).

   Das Ergebnis ist die 'Intermediate Table Phase 2'.
   Wenn der Join-Index der Inner-Table einen guten clustered Zustand hat, dann ist kein Sort erforderlich (SORTN_JOIN = N).

4. Zugriff auf die Inner-Table-Pages über die RID-Liste mittels List Prefetch.

5. Verknüpfung der Daten der Inner Table mit der 'Intermediate Table Phase 1' bzw. der 'Intermediate Table Phase 2' (Outer Table Daten) zur Erzeugung der endgültigen Result Table.

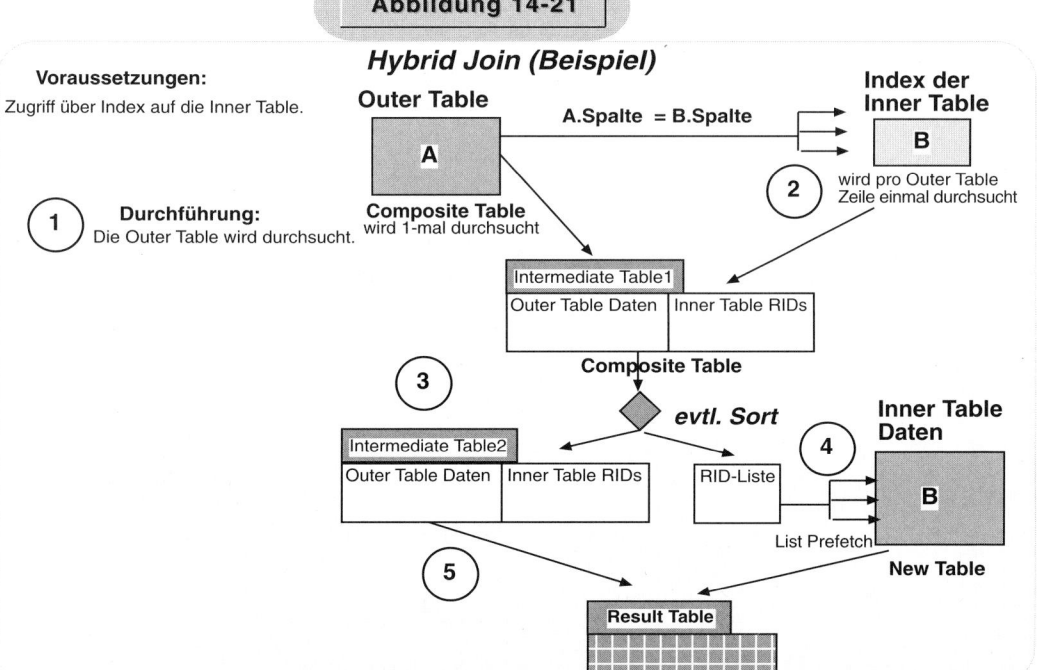

Abbildung 14-21

Relevante PLAN_TABLE-Infos:

METHOD	4	
SORTC_JOIN	Y	wenn ein Sort der Composite-Table erforderlich ist.
SORTN_JOIN	Y	wenn ein Sort der Intermediate-Table erforderlich ist (Sort nach Inner-Table RIDs).
		In diesem Fall wurden die Inner Table RIDs über Non-cluster-Index eingelesen.
	N	wenn kein Sort der Intermediate-Table erforderlich ist.
		In diesem Fall wurden die Inner Table RIDs über Cluster-Index eingelesen.
PREFETCH	L	List Prefetch.
Sonstige Felder		analog der einfachen Zugriffspfade

Auswahlentscheidungen

Ein Hybrid Join wird dann verwandt, wenn:

- ein non-clustered Index oder -Indizes auf der Inner Table benutzt werden sollen,

- viele Duplikate der aus der Outer-Table zu filternden Daten vorhanden sind.

Abbildung 14-22

EXPLAIN-Beispiel: Hybrid Join

```
EXPLAIN PLAN SET QUERYNO = 10 FOR
SELECT        TITEL, TERMIN, DAUER
FROM          SEMTYP, SEMINAR
WHERE         SEMTYP.SEMCODE = SEMINAR.SEMCODE
AND           SEMTYP.SEMCODE = 'DB2-DESIGN'
```

Ausschnitt aus: PLAN_TABLE

QUERYNO	QBLOCKNO	PLANNO	METHOD	TNAME	TABNO	ACCESSTYPE	MATCHCOLS	ACCESSNAME	INDEXONLY	SORTN_UNIQ	SORTN_JOIN	SORTN_ORDERBY	SORTN_GROUPBY	SORTC_UNIQ	SORTC_JOIN	SORTC_ORDERBY	SORTC_GROUPBY	TSLOCKMODE	PREFETCH	COLUMN_FN_EVAL	MIXOPSEQ
10	1	1	0	SEMTYP	1	I	1	IXSTP	N	N	N	N	N	N	N	N	N	IS			0
10	1	2	**4**	SEMINAR	2	I	1	IXSEF1	N	N	Y	N	N	N	N	N	N	IS	L		0

Voraussetzung:
SEMTYP-Indizes:
    IXSTP: SEMCODE
SEMINAR-Indizes:
    IXSEF1:SEMCODE

14.3.4.2   UNION

Beispiel eines UNIONS:

```
EXPLAIN PLAN SET QUERYNO = 1  FOR
--                  Selektieren eines Seminars mit einer gültigen Referenten-Zuordnung
      SELECT        T.SEMCODE, T.TITEL ,
                    S.SEMNR, S.TERMIN ,
                    R.REFNR, R.RNNAME
      FROM          SEMTYP AS    T ,
                    SEMINAR AS   S ,
                    REFERENT AS  R
           WHERE    S.REFNR       = R.REFNR
               AND  T.SEMCODE     = S.SEMCODE
               AND  S.SEMNR       = ?
      UNION
--                  Selektieren eines Seminars, bei dem REFNR NULL ist
      SELECT        T.SEMCODE, T.TITEL ,
                    S.SEMNR, S.TERMIN ,
                    0, 'Referent unbekannt'
      FROM          SEMTYP AS    T ,
                    SEMINAR AS   S
           WHERE    T.SEMCODE     = S.SEMCODE
               AND  S.SEMNR       = ?
               AND  S.REFNR  IS NULL
;
```

Relevanter Auszug aus der PLAN_TABLE:

QUERYNO	QBLOCKNO	PLANNO	METHOD	TNAME	TABNO	ACCESSTYPE	MATCHCOLS	ACCESSNAME	INDEXONLY	SORTN_UNIQ	SORTN_JOIN	SORTN_ORDERBY	SORTN_GROUPBY	SORTC_UNIQ	SORTC_JOIN	SORTC_ORDERBY	SORTC_GROUPBY	TSLOCKMODE	PREFETCH	COLUMN_FN_EVAL	MIXOPSEQ	JOIN_TYPE
1	1	1	0	SEMINAR	2	I	1	IXSEP	N	N	N	N	N	N	N	N	IS			0	
1	1	2	1	SEMTYP	1	I	1	IXSTP	N	N	N	N	N	N	N	N	IS			0	
1	1	3	1	REFERENT	3	I	1	IXREP	N	N	N	N	N	N	N	N	IS			0	
1	1	4	3						N	N	N	N	Y	N	N	N	IS			0	
1	2	1	0	SEMINAR	2	I	1	IXSEP	N	N	N	N	N	N	N	N	IS			0	
1	2	2	1	SEMTYP	1	I	1	IXSTP	N	N	N	N	N	N	N	N	IS			0	

In unserem Beispiel wird die Verarbeitung in folgenden Schritten vollzogen:

1. Die Objekte von QBLOCKNO 2 werden zunächst zusammengeführt
2. Die Objekte von QBLOCKNO 1 werden anschließend zusammengeführt
3. Die Daten der endgültigen Result Table werden in der QBLOCKNO 1, PLANNO 4 aufgrund der UNION-Anforderung sortiert (UNION schließt - im Gegensatz zu UNION ALL einen DISTINCT ein).

14.3.4.3 Nested Table Expression

Eine Nested Table Expression kann direkt mit den Daten aus den Basis-Tabellen ausgeführt werden oder in einer Workfile materialisiert werden.

Beispiel einer direkten Ausführung im Rahmen eines Outer Joins:

```
EXPLAIN PLAN SET QUERYNO = 5   FOR
       SELECT      COALESCE (KURSORT, 'unbekannt')              AS KURSORT,
                   COALESCE (CHAR (TERMIN, EUR) , 'unbekannt')  AS TERMIN,
                   COALESCE (S.REFNR, R.REFNR)                  AS REFNR,
                   COALESCE (RNNAME, 'unbekannt')               AS RNNAME
       FROM
                   (SELECT     KURSORT,
                               REFNR,
                               TERMIN
                    FROM       SEMINAR
                    WHERE      REFNR < 10
                       OR      REFNR IS NULL) AS  S
       FULL OUTER JOIN REFERENT   AS R
            ON    S.REFNR = R.REFNR
;
```

Relevanter Auszug aus der PLAN_TABLE - ohne Materialisierung:

QUERYNO	QBLOCKNO	PLANNO	METHOD	TNAME	TABNO	ACCESSTYPE	MATCHCOLS	ACCESSNAME	INDEXONLY	SORTN_UNIQ	SORTN_JOIN	SORTN_ORDERBY	SORTN_GROUPBY	SORTC_UNIQ	SORTC_JOIN	SORTC_ORDERBY	SORTC_GROUPBY	TSLOCKMODE	PREFETCH	COLUMN_FN_EVAL	MIXOPSEQ	JOIN_TYPE
5	1	1	0	REFERENT	2	I	0	IXREP	N	N	N	N	N	N	N	N	N	IS		0		
5	1	2	2	SEMINAR	1	R	0		N	N	Y	N	N	N	N	N	N	IS	S	0		F

Bei einer Materialisierung wird die entsprechende Workfile in der PLAN_TABLE angezeigt.
In unserem Beispiel wird im ersten Schritt eine Tabelle mit dem Namen DSNWFQB(02) dargestellt. Damit wird dokumentiert, dass die in Queryblock Nr. 2 gebildete Workfile gelesen wird.

Relevanter Auszug aus der PLAN_TABLE - mit Materialisierung:

QUERYNO	QBLOCKNO	PLANNO	METHOD	TNAME	TABNO	ACCESSTYPE	MATCHCOLS	ACCESSNAME	INDEXONLY	SORTN_UNIQ	SORTN_JOIN	SORTN_ORDERBY	SORTN_GROUPBY	SORTC_UNIQ	SORTC_JOIN	SORTC_ORDERBY	SORTC_GROUPBY	TSLOCKMODE	PREFETCH	COLUMN_FN_EVAL	MIXOPSEQ	JOIN_TYPE
6	1	1	0	DSNWFQB(02)	3	R	0		N	N	N	N	N	N	N	N	N	N	S	0		
6	2	1	0	REFERENT	2	I	0	IXREP	N	N	N	N	N	N	N	N	N	IS		0		
6	2	2	1	SEMINAR	1	I	0	IXSEF2	N	N	N	N	N	N	N	N	N	IS		0		L

14 SQL-Performance
14.3 DB2-Zugriffspfade auf die Daten

14.3.4.4 Einige Worte zu Outer Joins

Ab der Version 4 wurde die Möglichkeit geschaffen, Outer Joins direkt syntaktisch vorzugeben. Leider zeigten sich erhebliche Probleme bei den ersten Versuchen mit dieser Spracherweiterung. Neben fehlerhaften Ausführungen war insbesondere die Performance ein permanentes Ärgernis.
Auch mit der Version 5 konnten zunächst die Performance-Probleme nicht behoben werden. Eine Filterung mittels WHERE-Bedingung wurde erst nach dem Zusammenführen der Tabellen mittels Join-ON-Bedingung vorgenommen. Dies führte zu gewaltigen Materialisierungen in Form von Workfiles.

Eine Lösung stellte der Einsatz der Nested Table Expression dar, die zu komplexeren Statements führte. Eine weitere Variante bleibt weiterhin der UNION, mit dem die genauen Bedingungen kontrollierbar sind.

Ein großes Problem stellt die logisch korrekte Formulierung eines Outer Joins dar. Speziell, wenn NULL-Werte bei der oder den Join-Spalten zulässig sind, ist die Syntax-Vorgabe nicht einfach.
Beispiele hierzu siehe im Kapitel 6.2.

Mit der Version 6 (und auch teilweise mittels PTFs für die Version 5) wurden erhebliche Verbesserungen der Outer Join Verarbeitung durch den Optimizer eingeführt.
Durch Generierungsmaßnahmen werden dem Entwickler (teilweise) syntaktische Vorgaben abgenommen.
Allerdings gelten die Verbesserungen nur für LEFT und RIGHT Outer Joins, nicht aber für FULL Outer Joins.

In diesem Zusammenhang ist zu bemerken, dass ein FULL Outer Join die maximale Verknüpfungs-Anforderung an das System darstellt. Ein effizienter Zugriffspfad kann i.d.R. nur mit Tablespace Scans und Non-Matching Index Scans angeboten werden.
Der Join sollte natürlich grundsätzlich nur so mächtig formuliert werden, wie er auch wirklich benötigt wird.
Die Effizienz-Reihenfolge von der effizientesten zur ineffizientesten Form lautet:

- Inner Join
- Left Outer Join und Right Outer Join
- Full Outer Join.

Folgende relevante Erweiterungen der Outer Joins gelten ab Version 6 (bzw. Version 5 mit PTFs):

- **ON-Klausel-Erweiterungen**
  Die ON-Klausel kann analog der WHERE-Bedingung mit AND- und OR-Verknüpfungen versehen werden. Außerdem können User-defined Functions genutzt werden. Nicht zulässig ist die Vorgabe einer Sub-Query.

- **Klassifizierung der Outer Join Prädikate** (siehe hierzu auch Kapitel 6).
  Die Outer Join Prädikate werden unterschieden in:
  - Prädikate, die vor der Join-Verarbeitung beim Table-Zugriff wirken.
    Prädikate, die in der WHERE-Klausel vorgegeben werden, wurden vor der Version 6 nach der Join-Verarbeitung bearbeitet. Dies geschieht jetzt automatisch in der Vor-Join-Phase.
    Beispiel:
    ```
    SELECT      ....
       FROM     T1  LEFT OUTER JOIN T2
       ON       T1.C1 = T2.C1
       WHERE    T1.C5  BETWEEN  3 AND 5
    ```
  - Prädikate, die während der Join-Verarbeitung wirken.
    Die vorab dargestellten ON-Klausel-Erweiterungen werden nun in dieser Phase abgewickelt. Sie können nicht in der Vor-Join-Phase verarbeitet werden, da sie Einfluss auf die Entscheidung haben, welche Zeilen als 'Outer-Zeilen' gelten.
    Beispiel:
    ```
    SELECT      ....
       FROM     T1  LEFT OUTER JOIN T2
       ON       T1.C1 = T2.C1  AND  T1.C5  BETWEEN  3 AND 5
    ```
  - Prädikate, die nach der Verarbeitung eines Join-Schrittes wirken.
    Direkt im Anschluss an die Verknüpfung eines Join-Schrittes können bestimmte Filterungen vorgenommen werden.
    Beispiel:
    ```
    SELECT      ....
       FROM     T1  LEFT OUTER JOIN T2        ON       T1.C1 = T2.C1
                    LEFT OUTER JOIN T3        ON       T1.C1 = T3.C1
       WHERE    T2.C2 <> T1.C7  OR  T2.C2  IS NULL
    ```
  - Prädikate, die zum Abschluss der gesamten Verarbeitung wirken.
    Hier werden sämtliche verbleibenden Filterungen vorgenommen. Dies war die einzige Möglichkeit vor Version 6, wenn keine Nested Table Expressions genutzt wurden.

14 SQL-Performance
14.3 DB2-Zugriffspfade auf die Daten

- **Generierung von einfacheren Join-Typen**
  Der Optimizer generiert - sofern möglich - einfachere Join-Typen. Siehe hierzu Kapitel 14.3.5.1.

- **Vermeidung unnötiger Workfile-Materialisierungen**
  Der Optimizer vermeidet - sofern möglich - die Materialisierung über Workfiles. Dies gilt nicht für Full Outer Joins.

- **Aggressive Evaluation der Prädikate** (klingt schrecklich, aber heißt auf amerikanisch: Aggressive Predicate Evaluation)
  Der Optimizer versucht - soweit möglich - die Verarbeitung auf die Stage 1 zu legen. Dies betrifft alle Verarbeitungsschritte vor und während der Join-Verarbeitung. Die Verarbeitung nach der Join-Operation werden auf Stage 2 abgewickelt. Siehe hierzu auch vorab die Klassifizierung der Join-Prädikate.
  Voraussetzungen dafür sind:
    - das Prädikat muss sich auf eine einzelne Tabelle beziehen,
    - das Prädikat ist ein Boolean Term,
    - die referenzierte Tabelle ist nicht die NULL-liefernde Tabelle,
    - das Prädikat enthält weder die EXISTS-Klausel noch eine Subquery.

  Bei einem Outer Join werden für die nicht übereinstimmenden Zeilen zwischen den Tabellen NULL-Werte produziert. Dies geschieht natürlich bei Spalten, die auch NULL-fähig sind bzw. die Werte-Konstellationen zulassen, die in der korrespondierenden anderen Tabelle nicht zwingend existieren müssen.
  Die folgende Tabelle stellt die NULL-liefernden Tabellen dar:

JOIN-Typ	NULL-liefernde Tabelle
Inner	Keine Tabelle
Left	Rechte Tabelle
Right	Linke Tabelle
Full	Linke und rechte Tabelle (beide)

  Beispiel, bei dem die Verarbeitung auf Stage 1 vorgenommen werden kann:
  ```
  SELECT      ....
       FROM   T1 LEFT OUTER JOIN T2    ON    T1.C1 = T2.C1
                 LEFT OUTER JOIN T3    ON    T1.C1 = T3.C1
       WHERE  T1.C2 = 100
  ```

- **Generierung von zusätzlichen Prädikaten (Transitive Closure)**
  Der Optimizer generiert - sofern möglich - für die ON-Klauseln zusätzliche Prädikate. Dies ist nur dann möglich, wenn sich eine Filterung auf eine Tabelle bezieht, die vor der anderen bearbeitet wird (preserved).
  Beispiel: kann erweitert werden, da T1 die preserved Table ist:
  ```
  SELECT      ....
       FROM   T1 LEFT OUTER JOIN T2
       ON     T1.C1 = T2.C1
       AND    T1.C1 BETWEEN 3 AND 5
                                         AND   T2.C1 BETWEEN 3 AND 5
  ```

  Das folgende Beispiel kann nicht erweitert werden, da T1 alle Konstellationen liefern muss und die Filterung auf T2 sich nicht auf die preserved Table bezieht:
  ```
  SELECT      ....
       FROM   T1 LEFT OUTER JOIN T2
       ON     T1.C1 = T2.C1
       AND    T2.C1 BETWEEN 3 AND 5
  ```

- **Beeinflussung der Bearbeitungs-Reihenfolge**
  Der Optimizer generiert aufgrund der Kosten-Kalkulation eine effiziente Bearbeitungs-Reihenfolge in Abhängigkeit zu den definierten semantischen Anforderungen.
  Daraus resultieren evtl. von der Vorgabe abweichende Dokumentationen in der PLAN_TABLE.

14.3.4.5 Subquery

Eine Subquery-Anforderung kann im DB2 mit zwei verschiedenen Vorgehensweisen gelöst werden:

- **Non-correlated Subquery**
  Bei dieser Subquery hat die Inner Query keine Referenz auf die Outer Query

- **Correlated Subquery.**
  Bei dieser Subquery hat die Inner Query eine Referenz auf zumindest eine Spalte der Outer Query.

SQL erlaubt die Formulierung einer Anforderung mit unterschiedlicher Syntax. So können beispielsweise in bestimmten Fällen Joins oder Subqueries alternativ eingesetzt werden.

Im allgemeinen arbeitet ein Join effizienter, aber es gibt auch Konstellationen, bei denen Subqueries effizienter sind.
Insbesondere ist dies von der Existenz von Indizes und der jeweiligen Datenkonstellationen abhängig. In bestimmten Fällen wandelt DB2 automatisch eine Subquery in einen Join um (Subquery Transformation).

Beispiel Join:

```
SELECT          SEMINAR.*
    FROM        SEMINAR, SEMTYP
    WHERE       SEMINAR.SEMCODE = SEMTYP.SEMCODE
        AND     SEMINAR.REFNR = 5
        AND     SEMTYP.DAUER > 5
```

Beispiel non-correlated Subquery:

```
SELECT          *
    FROM        SEMINAR
    WHERE       REFNR = 5
        AND     SEMCODE IN
                    (SELECT     SEMCODE
                        FROM    SEMTYP
                        WHERE   DAUER > 5)
```

Beispiel correlated Subquery:

```
SELECT          *
    FROM        SEMINAR S
    WHERE       REFNR = 5
        AND     EXISTS
                    (SELECT     *
                        FROM    SEMTYP
                        WHERE   SEMCODE = S.SEMCODE
                        AND DAUER > 5)
```

Es ist darauf zu achten, dass die Reihenfolge bei Vorgabe mehrerer Subqueries eine hohe Performanceauswirkung haben kann.
Regel:
Die Subquery mit der höchsten Filterwirkung nach vorne setzen!

Alternativen am Beispiel einer non-correlated Subquery:

```
SELECT          *       FROM    SEMINAR
    WHERE       REFNR   IN      (SELECT REFNR       FROM ...... WHERE ....)
        AND     SEMCODE IN      (SELECT SEMCODE     FROM ...... WHERE ....)

SELECT          *       FROM    SEMINAR
    WHERE       SEMCODE IN      (SELECT SEMCODE     FROM ...... WHERE ....)
        AND     REFNR   IN      (SELECT REFNR       FROM ...... WHERE ....)
```

14.3.4.5.1 Non-correlated Subquery

Die Inner Query wird einmal durchsucht und liefert einen einzelnen Wert oder ein Set von Werten in einer temporären Tabelle, die evtl. sortiert wird.
Anschließend wird die Outer Query durchgeführt und jede Outer Row mit dem entsprechenden Inner Query Ergebnis verglichen, d.h. bei Ergebnismengen werden die entsprechenden Werte aus der temporären Tabelle gesucht (Scan).
Auf der temporären Tabelle existiert kein Index.

Es wird unterschieden in:

- **Single-Value Subquery**
  Ein einzelner Wert (oder kein Wert) wird zurückgeliefert bei folgenden Operanden:

  $>$, $<$, $>=$, $<=$, $=$, $<>$, EXISTS , NOT EXISTS

- **Multiple-Value Subquery**
  Mehrere Werte können zurückgeliefert werden bei folgenden Operanden:

  ANY , ALL , SOME , IN.

Die Zugriffskosten werden ermittelt:

>   Subquery-Kosten =   Kosten des Inner-Query-Scans
>   +   Kosten des Outer-Query-Scans
>   +   ((Anzahl der gefilterten Zeilen aus der Outer Query = Outer Rows) *
>   (Kosten des Abgleichs mit den temporären Table-Zeilen))

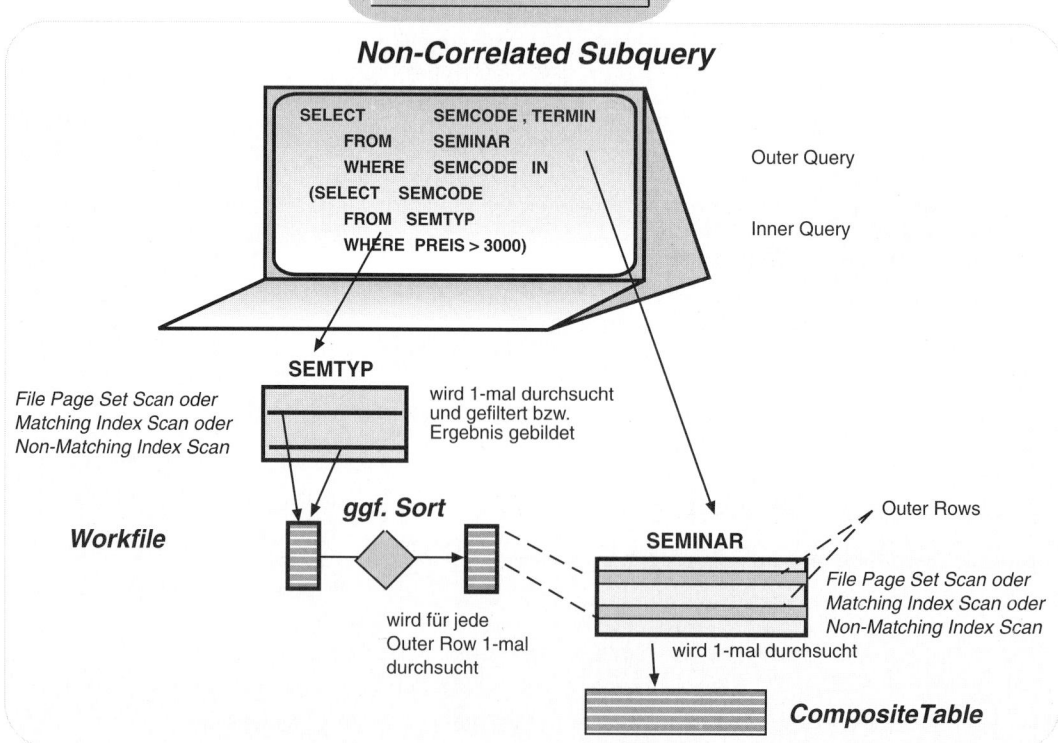

Abbildung 14-23

14 SQL-Performance
14.3 DB2-Zugriffspfade auf die Daten

Relevante PLAN_TABLE-Infos:

QBLOCKNO n Zeigt den Query-Ausführungs-Block an.
Regel bei der Non-Correlated Subquery:
die höchste Query-Block-Nr. wird zuerst ausgeführt.

Beispiel:

```
EXPLAIN PLAN SET QUERYNO = 1  FOR
   SELECT       SEMCODE, TERMIN
     FROM       SEMINAR
    WHERE       SEMCODE IN
                (SELECT      SEMCODE      FROM SEMTYP
                  WHERE      DAUER > 2)
;
```

Ausweis einer Non-Correlated Subquery in der PLAN_TABLE: Spalte QBLOCKNO > 0

QUERYNO	QBLOCKNO	PLANNO	METHOD	TNAME	TABNO	ACCESSTYPE	MATCHCOLS	ACCESSNAME	INDEXONLY	SORTN_UNIQ	SORTN_JOIN	SORTN_ORDERBY	SORTN_GROUPBY	SORTC_UNIQ	SORTC_JOIN	SORTC_ORDERBY	SORTC_GROUPBY	TSLOCKMODE	PREFETCH	COLUMN_FN_EVAL	MIXOPSEQ	JOIN_TYPE
1	1	1	0	SEMINAR	1	I	1	IXSEP	N	N	N	N	N	N	N	N	N	IS			0	
1	2	1	0	SEMTYP	2	R	0		N	N	N	N	N	N	N	N	N	IS	S		0	

Es ist zu beachten, dass der Optimizer i.d.R. eine mit IN aktivierte Non-Correlated Subquery in einen Join umgeneriert (**Join Subquery Transformation**).
Dies führt dann zu folgender PLAN_TABLE, bei der keine QBLOCKNO mehr ausgewiesen wird und der Join über die Spalte METHOD dargestellt wird:

QUERYNO	QBLOCKNO	PLANNO	METHOD	TNAME	TABNO	ACCESSTYPE	MATCHCOLS	ACCESSNAME	INDEXONLY	SORTN_UNIQ	SORTN_JOIN	SORTN_ORDERBY	SORTN_GROUPBY	SORTC_UNIQ	SORTC_JOIN	SORTC_ORDERBY	SORTC_GROUPBY	TSLOCKMODE	PREFETCH	COLUMN_FN_EVAL	MIXOPSEQ	JOIN_TYPE
1	1	1	0	SEMINAR	1	R	0		N	N	N	N	N	N	N	N	N	IS			0	
1	1	2	1	SEMTYP	2	R	0		N	N	N	N	N	N	N	N	N	IS	S		0	

14.3.4.5.2 Correlated Subquery

Die Inner Query benötigt Variablen der Outer Query.

Durchführung:

Die Outer Query wird durchsucht und für jede Outer Row wird die Inner Query einmal ausgeführt. Ein verfügbarer Index kann genutzt werden.
Zur Steigerung der Effizienz werden eingelesene Werte intern zwischengespeichert (in-memory-table), damit möglichst ein immerwiederkehrendes Einlesen der Daten beim Aktivieren der Subquery verhindert werden kann.
Eine temporäre interne Tabelle wird unter folgenden Bedingungen genutzt:

- Bei folgenden Operanden:

  $>$, $<$, $>=$, $<=$, $=$, $<>$, EXISTS , NOT EXISTS

- Wenn weniger als 16 Correlated Spalten mit einer Gesamtlänge von max. 256 Bytes vorgegeben sind.

- Wenn kein Unique Index zur Verfügung steht, der nutzbar ist.

Die Zugriffskosten werden ermittelt:

```
Subquery-Kosten =   Kosten des Outer-Query-Scans
              +   ((Anzahl der gefilterten Zeilen aus Outer Query = Outer Rows)  *
                  (Kosten des Inner-Query-Scans) )
```

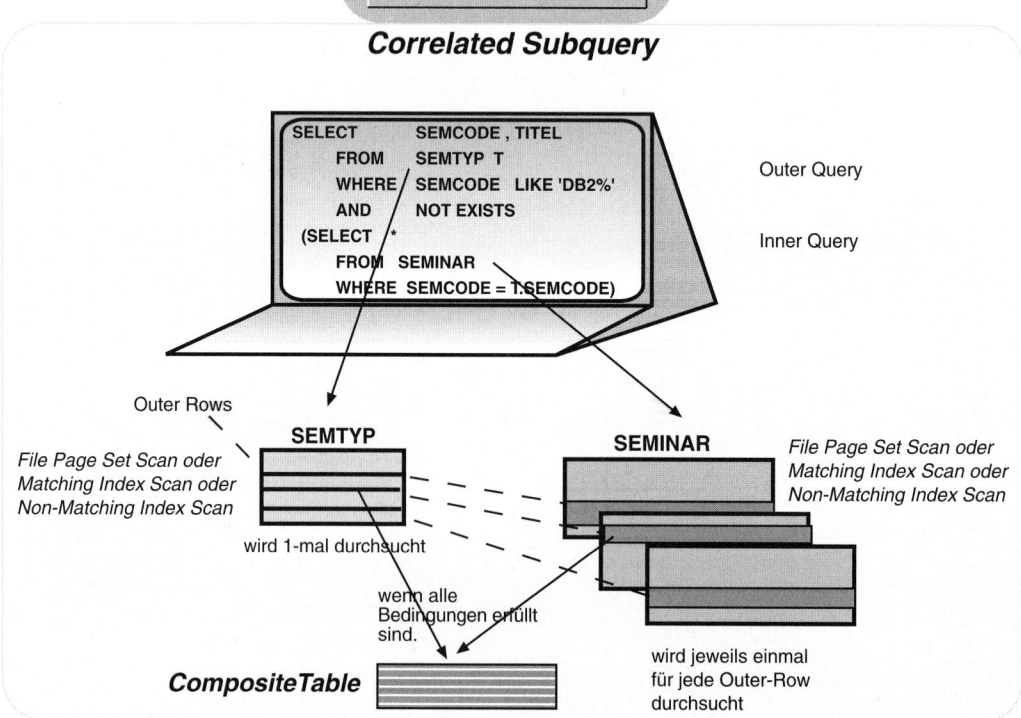

Abbildung 14-24
Correlated Subquery

14 SQL-Performance
14.3 DB2-Zugriffspfade auf die Daten

Relevante PLAN_TABLE-Infos:

    QBLOCKNO   n   Zeigt den Query-Ausführungs-Block an.
                                      Regel bei der Correlated Subquery:
                                      die niedrigste Query-Block-Nr. wird zuerst ausgeführt.

Beispiel:

```
EXPLAIN PLAN SET QUERYNO = 1  FOR
      SELECT       SEMCODE, TERMIN
      FROM         SEMINAR  S
      WHERE        SEMNR  = ?
      AND          EXISTS
                   (SELECT  *  FROM REFERENT
                       WHERE  REFNR = S.REFNR)
;
```

Ausweis einer Correlated Subquery in der PLAN_TABLE: Spalte   QBLOCKNO > 0

QUERYNO	QBLOCKNO	PLANNO	METHOD	TNAME	TABNO	ACCESSTYPE	MATCHCOLS	ACCESSNAME	INDEXONLY	SORTN_UNIQ	SORTN_JOIN	SORTN_ORDERBY	SORTN_GROUPBY	SORTC_UNIQ	SORTC_JOIN	SORTC_ORDERBY	SORTC_GROUPBY	TSLOCKMODE	PREFETCH	COLUMN_FN_EVAL	MIXOPSEQ	JOIN_TYPE
1	1	1	0	SEMINAR	1	I	1	IXSEP	N	N	N	N	N	N	N	N	IS			0	
1	2	1	0	REFERENT	2	I	1	IXREP	Y	N	N	N	N	N	N	N	IS			0	

14.3.4.6 Sortierung

Sortiervorgänge können entweder die Composite Table oder die neue Table (nur beim Join) betreffen.
Sortier-Vorgänge werden in der PLAN_TABLE in verschiedenen Spalten ausgewiesen:

- METHOD = 3   Sortierung der endgültigen Result Table.
- SORT**N**_XXX   Sortierung der New Table.
- SORT**C**_XXX   Sortierung der Composite Table.

Sind in der PLAN_TABLE innerhalb einer Zeile mehrere Einträge für die gleiche Table aktiviert, erfüllt ein Sortiervorgang mehrere Anforderungen.

Sortier-Anforderungen sind möglich bei:

Verarbeitungs-Typ	dann enthält die PLAN_TABLE-Spalte ein 'Y':
- ORDER BY	SORTC_ORDERBY
- GROUP BY	SORTC_GROUPBY (wenn jede Spalte der GROUP BY-Liste auch in der ORDER BY-Liste aufgeführt ist, wird die Gruppierung nur unter SORTC_ORDERBY gezeigt).
- DISTINCT	SORTC_UNIQ
- UNION (nicht bei UNION ALL)	SORTC_UNIQ
- Joins	SORTC_JOIN und/oder SORTN_JOIN
- Subqueries (nur bei IN bzw. ALL/ANY)	SORTC_ORDERBY und SORTC_UNIQ

Die Spalten SORTN_GROUPBY, SORTN_ORDERBY und SORTN_UNIQ werden derzeit von DB2 nicht genutzt.

Beim CREATE INDEX erfolgt ebenfalls ein SORT, sofern der Index nicht mit der DEFER-Option definiert wurde.

Tuning von Sort-Maßnahmen:

- Nutzbare Indizes zur Verfügung stellen.
- Reduzierung der zu sortierenden Datenmenge und -Kapazität. Auf jeden Fall sollte ein 'Tag Sort' vermieden werden, bei dem die Zeilenlänge im 32-K-Bufferpool verarbeitet werden muss. Variable Spalten werden in ihrer Maximallänge sortiert.
- Je stärker die Daten vorsortiert sind, desto effizienter ist der Sort.
- Erhöhung der Sort-Workarea durch Erhöhung der Buffer-Bereiche.
- Der DSNDB07 sollten mindestens 5 separate Workfiles auf 5 separaten Volumes unter Zuordnung verschiedener Kanäle bzw. Control Units zugeordnet werden.
- Erweiterung und Verteilung der physischen Workfiles.
- Große Sorts außerhalb sonstiger Sort-Zeiten aktivieren.
- Im Idealfall werden die gesamten Sort-Aufwendungen im Speicher abgewickelt.

Sortierung von RIDs

Die Sortierung der RIDs nach aufsteigender Page-Nr. zur Vorbereitung des List Prefetches ist sehr schnell und wird ausschließlich im Speicher ausgeführt (RID-Pool).
Normalerweise wird ein RID-Sort in der PLAN_TABLE nicht ausgewiesen.
Ausnahme:
    Wenn ein Hybrid Join aktiviert wird und es steht für die Inner Table kein clustered Index mit hoher CLUSTERRATIO zur Verfügung, wird SORTN_JOIN auf 'Y' gesetzt.

14.3.4.7 Parallelverarbeitung

Eine vom Optimizer gewählte Parallelverarbeitung kann in der PLAN_TABLE in diversen Spalten analysiert werden:

PLAN_TABLE-Auswahl:

ACCESS_DEGREE	Anzahl der durch eine Query aktivierbaren parallelen Aktivitäten.
ACCESS_PGROUP_ID	Identifikator der Parallel-Verarbeitungs-Gruppe. DB2 weist den unterschiedlichen Parallel-Verarbeitungs-Varianten eine eigene Identifikation zu (z.B. ACCESS_DEGREE = 3: ID = 1).
JOIN_DEGREE	Anzahl der für einen Join aktivierbaren Parallel-Operationen zur Verknüpfung der Composite Table mit der neuen Table.
JOIN_PGROUP_ID	Identifikator der Parallel-Verarbeitungs-Gruppe für den Join analog der Beschreibung von ACCESS_PGROUP_ID.
SORTC_PGROUP_ID	Identifikator der Parallel-Verarbeitungs-Gruppe für den parallelen Sort der Composite Table.
SORTN_PGROUP_ID	Identifikator der Parallel-Verarbeitungs-Gruppe für den parallelen Sort der neuen Table.
PARALLELISM_MODE	Art der genutzten Parallel-Verarbeitung, die zur Bind-Zeit ermittelt wird: I Query I/O-Parallelverarbeitung (Single-Tasking). C Query CPU-Parallelverarbeitung (Multi-Tasking). X Query CPU-Parallelverarbeitung (Multi-Tasking) im Sysplex.

Beispiel:

- Es wird ein Hybrid Join ausgeführt.

- SEMTYP wird sortiert (auch die Spalte SORTC_JOIN steht auf 'Y'). Es werden drei konkurrierende Anforderungen im Multi-Tasking auf die SEMTYP-Tabelle vorgenommen.
  Die Verarbeitung der SEMTYP-Tabelle wird von der Parallel-Rechner-Gruppe 1, der Sort von der Parallel-Rechner-Gruppe 2 vorgenommen (sechs konkurrierende Parallel-Anforderungen).

- SEMINAR wird nicht sortiert.
  Es werden sechs konkurrierende Anforderungen im Multi-Tasking auf die SEMINAR-Tabelle vorgenommen. Die Verarbeitung der SEMINAR-Tabelle wird von der Parallel-Rechner-Gruppe 2 vorgenommen.
  Die Verknüpfung der beiden Tabellen (Join) wird von der Parallel-Rechner-Gruppe 2 vorgenommen (sechs konkurrierende Parallel-Anforderungen).

QUERYNO	QBLOCKNO	PLANNO	METHOD	TNAME	ACCESS_DEGREE	ACCESS_PGROUP_ID	JOIN_DEGREE	JOIN_PGROUP_ID	SORTC_PGROUP_ID	SORTN_PGROUP_ID	PARALLELISM_MODE
1	1	1	0	SEMTYP	3	1			2		C
1	1	2	4	SEMINAR	6	2	6	2			C

14.3.4.8 Materialisierung

Materialisierungen finden im DB2 immer dann statt, wenn eine geforderte Datensicht nicht physisch in derselben Folge verfügbar ist und zur Effizienzverbesserung Workfiles gebildet werden (z.B. **Sorts**). Weitere Materialisierungen sind erforderlich, wenn Ergebnisse schrittweise entstehen müssen (z.B. beim **Join**).
Daneben existieren noch Materialisierungen, die in der PLAN_TABLE über die Spalte TNAME (Tabellenname) gekennzeichnet werden.
Dies betrifft:

- **Views**
- **Nested Table Expressions**.

Einfach konstruierte Views und deren spätere SELECT-Anforderungen können i.d.R. beim BIND syntaktisch zusammengemischt werden (**View Merge**). In der PLAN_TABLE ist dann kein Bezug mehr zum View gegeben, sondern es werden nur die Basis-Tabellen ausgewiesen.

Ein **materialisierter View** muss dann aktiviert werden, wenn die Query-Bestandteile vor Ausführung nicht einfach zusammengemischt werden können, sondern einzelne Ausführungsschritte zur Ergebnisfindung erforderlich sind.
Die folgende Tabelle zeigt das Zusammenspiel der Optionen beim Erstellen des Views und der späteren Daten-Bereitstellung über den View (bei 'X' wird materialisiert):

SELECT FROM view benutzt die Option...	CREATE VIEW benutzt die Option...			
	GROUP BY	DISTINCT	Column Function	Column Function DISTINCT
Join (Inner und Outer)	X	X	X	X
GROUP BY	X	X	X	X
DISTINCT	-	X	-	X
Column Function	X	X	X	X
Column Function DISTINCT	X	X	X	X
SELECT subset View- oder Table-Spalten	-	X	-	-

Bei einer View Materialisierung wird in der PLAN_TABLE die Entscheidung folgendermaßen dokumentiert:
- die Spalte TNAME enthält den View-Namen.

Bei einer **Nested Table Expression Materialisierung** wird in der PLAN_TABLE die Entscheidung folgendermaßen dokumentiert:
- die Spalte TNAME enthält den Workfile-Namen:
  DSNWFQB(nn) DSN = Präfix DB2
  WF = Kennzeichen für Workfile
  QB = Kennzeichen für Query Block
  (nn) = Nr. des Query Blocks, der die Workfile erzeugt hat.

14.3.5 Beeinflussung der Zugriffspfadentscheidungen
14.3.5.1 Statement-Modifikationen durch den Optimizer

Der Optimizer ändert eine vorgegebene Query dann ab, wenn durch die Änderung die Ergebnismenge nicht beeinflusst werden kann, aber ein effizienterer Zugriffspfad gefunden wird.
Diese Veränderung schlägt auch auf die Inhalte der PLAN_TABLE durch.
Folgende Manipulations-Typen sind relevant:

- **Prädikat-Modifikation**
    - IN-Liste mit einer Ausprägung wird zu Equal umgewandelt:
      WHERE SEMCODE IN ('DB2-DESIGN') --> WHERE SEMCODE = 'DB2-DESIGN'
    - Einzelne mit OR verknüpfte Equal-Prädikate, die sich auf die gleiche Spalte beziehen, werden in eine IN-Liste umgewandelt:
      WHERE REFNR = 5 OR REFNR = 10 OR REFNR = 15
      --> WHERE REFNR IN (5,10,15).

- **Zusätzliche Prädikate (Transitive Closure)**
    - Einfügung weiterer Filter-Kriterien (nur bei Equal, Not Equal und Ranges inkl. BETWEEN; <u>nicht bei LIKE</u> und <u>IN</u>):
        - **JOIN-Prädikat:**
          WHERE   A.REFNR = B.REFNR AND
                  A.REFNR BETWEEN 3 AND 5   --> AND B.REFNR BETWEEN 3 AND 5.
        - **Lokales Prädikat:**
          WHERE   PREIS_ALT = PREIS_NEU AND
                  PREIS_NEU > 5000   --> AND PREIS_ALT > 5000
        - **ON-Prädikat** (nur unter bestimmten Bedingungen - siehe vorab unter Outer Join):
          ON   A.REFNR = B.REFNR AND
                  A.REFNR BETWEEN 3 AND 5   --> AND B.REFNR BETWEEN 3 AND 5
      Eine Einfügung wird immer generiert (auch wenn bereits die Einfügung manuell vorgenommen wurde), falls folgende Bedingungen vorliegen:
        - Es liegt ein Equal-Prädikat vor: C1 = C2,
        - ein anderes Prädikat filtert eine dieser Columns weiter aus. Dies geschieht nur bei Equal und Range-Prädikaten (z.B. >, <, BETWEEN); **nicht aber bei <u>LIKE</u> und <u>IN</u>.**

- **Vereinfachung der Join-Verarbeitung**
    - Umgenerierung der Join-Operationen, sofern dies zu einem korrekten Ergebnis führt:
        - aus einem FULL Outer Join kann ein LEFT Outer Join generiert werden,
        - aus einem LEFT oder RIGHT Outer Join kann ein INNER Join generiert werden.
    - Dies kann aus vorgegebenen Klauseln erkannt werden:
        - Erkennung aufgrund der WHERE-Klausel
          Aufgrund der WHERE-Klausel können Kandidaten erkannt werden, für die eine einfachere Join-Logik korrekt ist.
          Dies ist der Fall, wenn:
            - ein Boolean Term vorgegeben wird und
            - wenn das Ergebnis der Prädikat-Analyse 'falsch' ist, wenn ein NULL-Wert auftritt.

          Beispiel: kann umgeneriert werden zu (aufgrund der NULL-
                                                             Problematik - siehe auch Beispiel im Kapitel 6.2.10.4):
          SELECT   ....   SELECT   ....
             FROM   T1 **FULL** OUTER JOIN T2   FROM   T1 **LEFT** OUTER JOIN T2
             ON   T1.C1 = T2.C1   ON   T1.C1 = T2.C1
             WHERE   T1.C5 BETWEEN 3 AND 5   WHERE   T1.C5 BETWEEN 3 AND 5

          Beispiel: kann umgeneriert werden zu (aufgrund der NULL-
                                                             Problematik - siehe auch Beispiel im Kapitel 6.2):
          SELECT   ....   SELECT   ....
             FROM   T1 **RIGHT** OUTER JOIN T2   FROM   T1 **INNER** JOIN T2
             ON   T1.C1 = T2.C1   ON   T1.C1 = T2.C1
             WHERE   T1.C5 BETWEEN 3 AND 5   WHERE   T1.C5 BETWEEN 3 AND 5

        - Erkennung aufgrund der ON-Klausel
          Aufgrund der ON-Klausel können ebenfalls Kandidaten erkannt werden, für die eine einfachere Join-Logik korrekt ist.

- **Beeinflussung der Reihenfolge bei Outer-Joins**
    - Umgenerierung der Reihenfolge der Join-Operationen.

- **Subquery-Transformation in einen Join**
  - Eine Subqery, die mit IN, =ANY oder =SOME aktiviert wird, kann unter bestimmten Bedingungen in einen Join umgesetzt werden:
    ```
    SELECT     ...    FROM SEMINAR
         WHERE         REFNR IN
         (SELECT       REFNR FROM REFERENT
              WHERE       WOHNORT IN ( 'Wiesbaden' , 'Frankfurt')
                   AND    REFTYP = 'MGR');
                                -----> SELECT     SEMINAR.*   FROM SEMINAR, REFERENT
                                         WHERE    SEMINAR.REFNR = REFERENT.REFNR
                                         AND      REFERENT.WOHNORT IN ( 'Wiesbaden' , 'Frankfurt')
                                         AND      REFERENT.REFTYP = 'MGR';
    ```
  - Eine Non-correlated Subqery, die mit NOT IN oder mit <> ALL vorgegeben wird, kann bei Vorliegen bestimmter Bedingungen in einen NOT EXISTS mit einer Correlated Subquery umgesetzt werden. Die Bedingungen lauten:
    - die zu ersetzende Non-correlated Subquery führt keinen Matching Index Scan aus,
    - die Spalte, auf die in der Sub-Query referenziert wird, muss mit einem Matching Index Scan unterstützbar sein,
    - die Cardinality (Anzahl unterschiedlicher Werte) muss hoch sein und es existieren keine lokalen Prädikate auf dieser Spalte,
    - die Formate der Outer Query und der Subquery müssen übereinstimmen und müssen mit NOT NULL definiert sein,
    - die Subquery darf keine GROUP BY, DISTINCT oder Column Functions aufweisen,
    - das SQL-Statement führt keine Manipulation aus (es ist kein INSERT, UPDATE und DELETE unterstützt).

- **Auswahl der Outer Table beim Join**
  - Die Tabelle in einem Join, auf die mit einem Unique Index zugegriffen werden kann, wird zur Outer Table:
    ```
    SELECT     ...    FROM SEMINAR, REFERENT
         WHERE        SEMINAR.REFNR = REFERENT.REFNR
         AND          SEMINAR.SEMNR = 17;          (PK) --> Outer Table = SEMINAR.
    ```

- **Einsatz des 'Kartesischen Joins' oder auch 'Star Join' genannt**
  - Bei einem Join, bei dem nicht alle Tabellen in Beziehung stehen, kann das Kartesische Produkt als Zwischenschritt gewählt werden (sinnvoll nur bei sehr kleinen Tabellen):
    ```
    SELECT     ...    FROM SEMINAR, REFERENT, SEMORT
         WHERE        SEMINAR.REFNR = REFERENT.REFNR
         AND          REFERENT.WOHNORT=SEMORT.ORT (Keine Beziehung zwischen SEMINAR und SEMORT).
         AND          SEMORT.PLZ > 3000;
    ```
    Dieses Verfahren wird auch im Data Warehouse-Bereich in einem Star-Schema-Modell mit einer großen Fakt-Tabelle und mehreren kleinen Dimensions-Tabellen eingesetzt.
    Vor der Version 6 wurde dieses Verfahren genutzt mit max. 5 Dimensions-Tabellen, die in eine gemeinsame Composite Table eingestellt wurden, ab der Version 6 sind max. 6 Dimensions-Tabellen unterstützt.

  - Bei einem Join, bei dem Tabellen in einer indirekten Beziehung stehen, kann eine zusätzliche Beziehung generiert werden:
    ```
    SELECT     ...    FROM SEMINAR S,  SEM_AKT SA , SEM_HIST SH
         WHERE        S.SEMNR = SA.SEMNR
         AND          S.SEMNR = SH.SEMNR    -->  AND SA.SEMNR = SH.SEMNR
    ```

14.3.5.2 Vorgabe von Zugriffspfad-Empfehlungen für den Optimizer (OPTHINT)

Ab der Version 6 können Zugriffspfad-Empfehlungen für den Optimizer ausgesprochen werden. Aufgrund der Komplexität und des Wirkungsgrades ist eine unternehmensweite Abstimmung hinsichtlich der zu schaffenden infrastrukturellen Voraussetzungen erforderlich - insbesondere dann, wenn mit einem oder wenigen Eigentümern für Packages und PLAN_TABLEs gearbeitet wird.
Die **Zielsetzungen** des Verfahrens sind:

- **Festschreibung eines bestimmten Zugriffspfades**
  Die Festlegung einer Zugriffspfad-Entscheidung für einzelne Statements oder Statement-Gruppen gelten auch über nachfolgende BIND-Prozesse. Damit kann grundsätzlich für bestimmte Statement-Typen eine Unabhängigkeit von den Optimizer-Entscheidungen und der vorliegenden technischen Strukturen erreicht werden. Ein ausgetesteter Zugriffspfad kann stabil gehalten werden. Dies gilt allerdings nur, wenn die geforderte technische Umgebung bei jedem nachfolgenden BIND vorliegt und der Optimizer der Empfehlung auch wirklich folgt. Dies ist zu kontrollieren.

- **Temporäre Vorgabe eines Zugriffspfades**
  Vorgabe von temporären Zugriffspfaden z.B. zum Austesten von Varianten oder für einen bestimmten Sonderfall oder Sonderlauf.

- **Der Zugriffspfad eines Systems kann in ein anderes System transferiert werden**
  Damit können Zugriffspfade vom Test-System in die Produktion oder auch umgekehrt transferiert werden.

Folgende **Voraussetzungen** sind zu schaffen bzw. zu beachten:

- **Generierungs-Parameter OPTIMIZATION HINTS aktivieren**
  Eine Beeinflussung der Zugriffspfad-Entscheidung ist nur möglich, wenn bei der Generierung der Parameter auf YES gesetzt ist.

- **Festlegung der Query-Nr. Bereiche**
  Mit der Option QUERYNO kann in allen SQL-Statements eine Zuweisung einer eindeutigen Statement-Nr. vorgenommen werden.
  Evtl. ist es sinnvoll, für bestimmte Zugriffspfad-Typen Nummernkreise zu entwickeln.
  Es ist zu beachten, dass die STMTNO-Spalte der Katalog-Tabellen SYSSTMT und SYSPACKSTMT immer die vom Precompiler generierte Statement-Nr. enthält.

- **PLAN_TABLE**
  Es muss eine PLAN_TABLE gemäß der vorangegangenen Beschreibung mit einer 49-spaltigen Struktur existieren. Idealerweise wird ein Index definiert. Siehe Details im Anhang 5.
  Die Korrespondenz zwischen Benutzer und Optimizer findet über bestimmte Spalten der PLAN_TABLE statt. Die Spalte OPTHINT kann verändert werden. Dort wird ein bestimmter Pfad-Name eingetragen, auf den wiederum beim BIND referenziert wird. Die relevanten Zugriffspfad-Spalten der PLAN_TABLE können bei Bedarf ebenfalls modifiziert werden.
  Auch das Einfügen ganzer Zeilen ist möglich.

- **BIND-Aktivitäten mit OPTHINT bzw. SET CURRENT OPTIMIZATION_HINT**
  Bei statischen SQL-Statements kann mit der Bind-Option OPTHINT, bei dynamischen SQL-Statements mit dem Spezialregister CURRENT_OPTIMIZATION_HINT der gewünschte Text der Zugriffspfad-Empfehlung vorgegeben werden kann (d.h. für ein ganzes Programm steht bei statischem SQL eine einzige Zugriffspfad-Empfehlung für den Bind-Prozess zur Verfügung).
  Bei statischen Bind-Aktivitäten muss auch EXPLAIN (YES) vorgegeben werden.

- **Beim BIND werden neue SQLCODEs (+394 und +395) erzeugt**
  Nutzt DB2 die Zugriffspfad-Empfehlung, wird der SQLCODE + 394 erzeugt, ansonsten +395.

- **Die Nutzung der Empfehlung wird dokumentiert**
  Nutzt DB2 die Zugriffspfad-Empfehlung, wird dies entsprechend dokumentiert:
    - in der ACCESSPATH-Spalte der Katalog-Tabellen SYSSTMT und SYSPACKSTMT mit dem Inhalt 'H' dokumentiert.
    - in der Spalte HINT_USED der PLAN_TABLE mit der Kopie des Inhalts der OPTHINT-Spalte.

14.3 DB2-Zugriffspfade auf die Daten

Folgende Spalten der PLAN_TABLE sind relevant:

- **Identifikations-Spalten eines SQL-Statements** (so etwas ähnliches wie ein PK)
  Die identifizierenden Spalten der PLAN_TABLE sind:
  - COLLID   Collection-Id
  - APPLNAME   Plan-Name
  - PROGNAME   Package-Name
  - VERSION   Versions-Id, i.d.R. leer ('')
  - QUERYNO   Query-Nr. durch den Precompiler als Statement-Nr. vergeben oder durch die QUERYNO-Option der SQL-Statements vorgegeben.
                       Diese Spalte kann auch modifiziert werden.

- **Identifikations-Spalten eines Verarbeitungsschrittes innerhalb eines SQL-Statements**
  Die folgenden Spalten der PLAN_TABLE identifizieren einen Verarbeitungsschritt:
  - QBLOCKNO   Verarbeitungsschritt innerhalb einer Query (bei Subqueries, Unions, Nested Table Expressions).
                       Die OPTHINT-Informationen werden auf dieser Ebene herangezogen, d.h. wenn nur für bestimmte Query-Teile solche Empfehlungen ausgesprochen werden sollen, genügt die Hinterlegung auf dieser Ebene.
  - PLANNO   Verarbeitungsschritt innerhalb einer Query (bei Joins)
  - MIXOPSEQ   Verarbeitungsschritt innerhalb einer Query (bei Multiple Index Access)
  - TIMESTAMP   Existieren PLAN_TABLE-Zeilen, die hinsichtlich ihrer Werte für sämtliche vorab dargestellten Identifikations-Spalten gleich sind, entscheidet der höchste Zeitstempel über die Nutzung.

- **Identifikations-Spalten der im SQL-Statement benutzten DB2-Objekte**
  Die folgenden Spalten der PLAN_TABLE identifizieren die Verarbeitungs-Objekte:
  - CREATOR   Eigentümer der Table.
  - TNAME   Name der Table.
  - CORRELATION_NAME   Korrelationsname.
                       Erforderlich, wenn CREATOR und TNAME nicht eindeutig sind.
                       Muss bei Vorgabe identisch sein mit dem im SQL-Statement vorgegebenen Namen.
  - TABNO   Relative Tabellen-Nr.
                       Erforderlich, wenn CREATOR, TNAME und CORRELATION_NAME nicht eindeutig sind (kann auftreten, wenn mehrere Views im SQL-Statement angesprochen werden und dieselben Objekt-Referenznamen benutzen).
  - ACCESSCREATOR   Eigentümer des Indexes.
  - ACCESSNAME   Name des Indexes.

- **Zugriffspfad-Informationen**
  Die folgenden Spalten der PLAN_TABLE definieren Zugriffspfad-Entscheidungen:
  - ACCESSTYPE   Zugriffspfad:
                       R   Tablespace Scan, Index-Objektdaten sind nicht vorhanden oder werden ignoriert.
                       I, I1, N Zugriff auf einen einzelnen Index, der in ACCESSCREATOR und ACCESSNAME identifiziert wird.
                       M   Multiple Index Access. In diesem Fall wird nur die erste Zeile (MIXOPSEQ = 0) benutzt. Die Wahl der Zugriffspfade über die einzelnen Indizes wird durch DB2 bestimmt.
  - PRIMARY_ACCESSTYPE Zugriffspfad bei Direkt-Zeilen-Zugriff über ROWID:
                       D   Direkter Zeilen-Zugriff.
  - MATCHCOLS   Bei einem Einzel-Index-Zugriff die Anzahl der Matching Columns. Bei einem Multiple Index Access wird der Inhalt ignoriert bzw. von DB2 gesetzt.
  - METHOD   Join-Methode.
                       1   Nested Loop Join.
                       2   Merge Scan Join.
                       3   Sort - wird ignoriert.
                       4   Hybrid Join.
  - PREFETCH   Prefetch-Methode (steht in Abhängigkeit zum ACCESSTYPE).
                       Blank   Kein Prefetch.
                       S   Sequential Prefetch.
                       L   List Prefetch.
  - PAGE_RANGE   Limited Partition-Scan (Blank , Y oder N).
  - SORTN_JOIN   Sortierung der New Table bei einem Join (Blank , Y oder N).
  - SORTC_JOIN   Sortierung der Composite Table bei einem Join (Blank , Y oder N).
  - PARALLELISM_MODE   Art der Parallelverarbeitung (I, C, X oder NULL).
  - ACCESS_DEGREE   Anzahl Parallel-Tasks für den Zugriffs-Prozess.
  - JOIN_DEGREE   Anzahl Parallel-Tasks für den Join-Prozess.

- **Zugriffspfad-Empfehlung**
  - OPTHINT   Vorgabe eines Strings (z.B. 'OPTPFAD').

14 SQL-Performance
14.3 DB2-Zugriffspfade auf die Daten

Szenario eines Bind-Prozesses, bei dem ein durch einen vorherigen Bind erzeugter Zugriffspfad wieder verwendet werden soll:

1. BIND-Ergebnis des vorherigen Laufs in PLAN_TABLE
Die Bind-Ergebnisse des vorherigen Laufs, der als Basis für folgende Binds verwendet werden soll, muss in der PLAN_TABLE unverändert gehalten werden.

2. QUERYNO ermitteln
In der PLAN_TABLE muss die Query-Nr. für das Statement ermittelt werden. Bei mehreren Statements entsprechend.
Es muss sichergestellt sein, dass bei einem nächsten Compile-Lauf dieselbe Query Nr. verwendet wird. Dies ist nur gewährleistet bei Einsatz der QUERYNO-Option innerhalb der SQL-Statements.

3. QUERYNO in der PLAN_TABLE mit einer Zugriffs-Empfehlung versehen
In der PLAN_TABLE muss die Query-Nr. gekennzeichnet werden.
Beispiel:
```
UPDATE      PLAN_TABLE
    SET         OPTHINT   = 'SAUGUT'
    WHERE       COLLID    = 'PROD'
        AND     APPLNAME  = ' '
        AND     PROGNAME  = 'SV31000'
        AND     VERSION   = ' '
        AND     QUERYNO   = 7771002 ;
```

4. BIND-Lauf mit OPTHINT
Der Bind-Lauf wird mit OPTHINT ('SAUGUT') vorgegeben.
Für dynamische SQL-Statements gilt: SET CURRENT OPTIMIZATION_HINT = 'SAUGUT' ;
Bei erfolgreicher Verwendung wird der SQLCODE +394, ansonsten +395 zurückgegeben.
Verwendet der Optimizer die Empfehlung nicht, auf Widersprüche der einzelnen Spalten-Inhalte achten, die zu einer Missachtung der Empfehlung führen können.

5. Analyse der HINT_USED-Spalte in der PLAN_TABLE
In der PLAN_TABLE muss in der Spalte HINT_USED derselbe Wert wie in der Spalte OPTHINT stehen.
Natürlich müssen auch die Zugriffspfad-Informationen der beiden Queries (der alten und der neuen) übereinstimmen.
Beispiel:
```
SELECT * FROM   PLAN_TABLE
    WHERE       COLLID    = 'PROD'
        AND     APPLNAME  = ' '
        AND     PROGNAME  = 'SV31000'
        AND     VERSION   = ' '
        AND     QUERYNO   = 7771002
ORDER BY TIMESTAMP , QUERYNO , QBLOCKNO , PLANNO , MIXOPSEQ ;
```

Natürlich sind auch weitere Varianten und Szenarien vorstellbar, wie:

- Manuelles Einfügen von Zeilen mit dem gewünschten Zugriffspfad.
- Veränderung der durch den Optimizer eingestellten Zugriffspfad-Informationen.

Für all diese Maßnahmen gilt:

Wehe, sie wissen nicht, was sie tun!

14.3.5.3 Möglichkeiten für Anwendungsentwickler
14.3.5.3.1 Veränderung von Objekt-Strukturen

Es existieren diverse Möglichkeiten, die Effizienz durch Veränderung von Objekt-Strukturen zu verbessern, wie:

- **Aufbau von Redundanzen**
  aber Vorsicht: bei hohem Manipulationsaufkommen können diese sehr kritisch werden und die Effizienz erheblich belasten.

- **Aufbau von Indizes**
  Indizes sind materialisierte Zugriffspfade, deren Redundanzen vom System automatisch kontrolliert werden. Daher gilt das gleiche Argument wie vorab unter Redundanzen aufgeführt.

- **Veränderung bestehender Index-Strukturen**
  In diesem Fall sind die Auswirkungen auf andere Nutzer zu beachten.

Anhand eines praxisbezogenen Beispiels sollen die Einflüsse einer Index-Struktur aufgezeigt werden (die Ressourcenamen wurden modifiziert). DB2-Versionsstand V4:

Eine Analyse der verschiedenen Konstellationen der Programm eines Fachbereichs zeigt die Index-Nutzung auf, die von DB2, völlig logisch aufgrund der vorgegebenen WHERE -Bedingungen, umgesetzt wird:

Programm	Index-Spalten des Index IND501				Matching Columns	Index- Columns	Bemerkungen
	AAAA	BBBB	CCCC	DDDD			
Programm 1	=	=	=	=	4	4	Sehr gut, Nutzung aller Index-Spalten
Programm 2	=	=	=	=	4	4	Sehr gut, Nutzung aller Index-Spalten
Programm 3	=	=	=		3	4	Gut, Nutzung von 3 Index-Spalten
Programm 4	=		=	=	1	4	Schlecht, zweite Index-Spalte fehlt.
Programm 5 + Programm 6	=	LIKE :h = OR LIKE :h			1	4	Schlecht, OR-Funktion verhindert die Nutzung nach der 1. Index-Spalte **Kritisches Statement Nr. 1423**
Programm 7					0	4	SELECT ohne WHERE-Bedingungen. Der Index wird komplett durchsucht. Er wird genutzt, weil im SELECT nur Felder angefordert werden, die durch den Index bedient werden

Legende: = bedeutet, dass im Programm WHERE AAAA = :host-variable bzw. tabellenspalte definiert ist.
Im kritischen Statement 1423 wird LIKE OR LIKE eingesetzt, wobei in den Host-Variablen (2 Bytes) ein String '%A%' bzw. '%B%' gesucht wird.
Der Einsatz des Befehles weist auf einen Design-Fehler des Daten-Modells hin (Verstoß gegen Atomic-Prinzipien). In der Struktur müßten eigenständig Felder geführt werden.

Bei der Analyse der gesamten Index-Nutzung fällt auf, dass kein Programm die Konstellation 2 4 nutzt. Deshalb sollte die Index-Struktur in Abhängigkeit von den Programm-Anforderungen noch einmal näher untersucht werden.

14 SQL-Performance
14.3 DB2-Zugriffspfade auf die Daten

Wichtige Objekt-Informationen aus dem Katalog

```
    +-------------------------------------------------------------------------
    ! PRGNAME  ! TNAME  ! ZEILEN !DPAGES !IXNAME   ! IX !IXCOL!CLUST!CLUSD ! FIRSTKCARD
    !          !        !        !       !         !TYPE!     !     !      !
    +-------------------------------------------------------------------------
40_ !Programm6!TAB500  ! 888830 ! 52285 ! IND501   ! U  !  4  !  Y  !  Y   !     29
    +-------------------------------------------------------------------------
```

Erläuterung zu den Spaltenbezeichnungen:
- PRGNAME — Name des Programms
- TNAME — Name der Tabelle
- ZEILEN — Anzahl Rows in der Tabelle TAB500
- DPAGES — Anzahl belegte Daten-Pages in der Tabelle TAB500
- IXNAME — Name des Indexes
- IXTYPE — UNIQUERULE des Index. U = Unique.
- IXCOL — Index-Spalten des Indexes
- CLUST — Ist der Index als Clustering Index definiert? (Y = Ja).
- CLUSD — Ist der Index derzeit im Clustered Zustand? (Y = Ja).
- FIRSTKCARD — FIRSTKEYCARDF des Indexes, d.h. die Anzahl der unterschiedlichen Werte in der ersten Index-Spalte.

Der Index IND501 hat in der ersten Spalte nur eine Streuung von 29 unterschiedlichen Werten. Deshalb ist diese Index-Spalte für die erste Position grundsätzlich eher ungeeignet.

Die unterschiedlichen Werte der einzelnen Spalten wurden aus dem Katalog selektiert (COLCARDF):

```
    +-------------------------------------------------------------------------
    ! NAME  ! TBNAME  !   COLNO   !  KEYSEQ  !        COLCARDF !
    +-------------------------------------------------------------------------
1_  ! AAAA  ! TAB500  !     1     !    0     !             29  !
2_  ! BBBB  ! TAB500  !     2     !    0     !             20  !
3_  ! CCCC  ! TAB500  !     3     !    0     !         237568  !
4_  ! DDDD  ! TAB500  !     4     !    0     !           1440  !
    +-------------------------------------------------------------------------
```

Erläuterung zu den Spaltenbezeichnungen:
- NAME — Spaltenname
- TBNAME — Name der Tabelle
- COLNO — Relative Spaltenposition in der Tabelle TAB500
- KEYSEQ — Relative Primary-Key-Position in der Tabelle TAB500
- COLCARD — Anzahl der unterschiedlichen Werte der jeweiligen Index-Spalte.

Aufgrund der vorhandenen Spalten-Kardinalitäten wurde ein anderer Index-Aufbau getestet, bei dem die Hierarchie der Index-Spalten absteigend nach Streuung gewählt wurde:

Aufbau eines neuen Indexes

```
    +-------------------------------------------------------------------------
    ! IXNAME    ! COLNAME   ! COLSEQ   !  COLNO   ! ORDERING
    +-------------------------------------------------------------------------
1_  ! IND501T   ! CCCC      !    1     !    3     !    A
2_  ! IND501T   ! DDDD      !    2     !    4     !    A
3_  ! IND501T   ! AAAA      !    3     !    1     !    A
4_  ! IND501T   ! BBBB      !    4     !    2     !    A
    +-------------------------------------------------------------------------
```

Erläuterung zu den Spaltenbezeichnungen:
- IXNAME — Name des Indexes
- COLNAME — Name der Spalte
- COLSEQ — Relative Key-Position iim Index IND501T
- COLNO — Relative Spaltenposition in der Tabelle TAB500
- ORDERING — Sortierfolge: hier aufsteigend.

14 SQL-Performance
14.3 DB2-Zugriffspfade auf die Daten

Im Falle des kritischen Programmes Programm 6 funktioniert die Nutzung (hier ein Auszug der PLAN_TABLE):

```
+------------------------------------------------------------------------
! PRGNAME  !  QNO! QBL! PL! ACC! MC ! METH ! IO! TNAME  !  IXNAME
+------------------------------------------------------------------------
38_!Programm6! 1423! 1 ! 1 ! I  ! 1  !  0   ! Y ! TAB500 !  IND501T
+------------------------------------------------------------------------
```

Erläuterung zu den Spaltenbezeichnungen (Details siehe unter PLAN_TABLE im Anhang 5):

PRGNAME	Name des Programms
QNO	Statement-Nr. innerhalb des Programms
QBL	QBLOCKNO: Query-Block-No
PL	PLANNO: Plan-Nr.
ACC	ACCESSTYPE: Index-Nutzung
MC	MATCHCOLS: Index-Spalten-Nutzung (hier Matching Index Scan über die erste Spalte AAAA)
METH	METHOD: Join-Methode
IO	Index-Only-Nutzung? (Y = ja)
TNAME	Name der Tabelle
IXNAME	Name des Indexes

Es wird zwar immer noch MATCHCOLS (MC) = 1 ausgewiesen, aber diese erste Spalten hat über 230.000 unterschiedliche Werte und bietet einen Aufsetzpunkt mit wesentlich besserer Filterwirkung.
Der Zugriffspfad ist durch die Equal-Bedingung ('WHERE CCCC =') natürlich erheblich effizienter.
Ganz optimal ist der Zugriff noch nicht.

Diese Tabelle zeigt die Wirkung des Indexes IND501T auf die verschiedenen Programme auf:

Programm	\multicolumn{4}{l	}{Index-Spalten des Index IND501T}	Matching Columns	Index- Columns	Bemerkungen
	CCCC	DDDD	AAAA	BBBB			
Programm 1	=	=	=	=	4	4	wie vorher
Programm 2	=	=	=	=	4	4	wie vorher
Programm 3	=		=	=	1	4	Schlechter
Programm 4	=	=	=		3	4	Wesentlich besser
Programm 5 + Programm 6	=		=	LIKE :h OR LIKE :h	1	4	Besser als vorher (wg. der Streuung)
Programm 7					0	4	wie vorher

Ein weiterer Effekt wäre zu erzielen, wenn der Index folgenden Aufbau hätte:

```
+------------------------------------------------------------------------
! IXNAME    ! COLNAME  ! COLSEQ  !  COLNO  ! ORDERING
+------------------------------------------------------------------------
1_! IND501N  ! CCCC    !  1      !   3     !    A
2_! IND501N  ! AAAA    !  3      !   1     !    A
3_! IND501N  ! BBBB    !  4      !   2     !    A
4_! IND501N  ! DDDD    !  2      !   4     !    A
+------------------------------------------------------------------------
```

Diese Tabelle zeigt noch einmal die Wirkung des Indexes IND501N auf die verschiedenen Programme auf:

Programm	\multicolumn{4}{l	}{Index-Spalten des Index IND501T}	Matching Columns	Index- Columns	Bemerkungen im Vergleich zum Index IND501T
	CCCC	AAAA	BBBB	DDDD			
Programm 1	=	=	=	=	4	4	wie vorher
Programm 2	=	=	=	=	4	4	wie vorher
Programm 3	=	=	=		3	4	Besser, wie Ausgangsbasis
Programm 4	=	=		=	2	4	Etwas schlechter
Programm 5 + Programm 6	=	=	LIKE :h OR LIKE :h		2	4	Etwas besser
Programm 7					0	4	wie vorher

Weitere Konstellationen können überlegt bzw. ausgetestet werden.
Vor einer endgültigen Entscheidung sollten die Anforderungen der Programme eruiert werden - oder einfacher:
1. alten Index löschen (IND501 in alter Version),
2. neuen Index aufbauen (IND501 in neuer Version) und RUNSTATS ausführen,
3. alle betroffenen Packages neu binden,
   Abfrage der Wirkung in der PLAN_TABLE mit den dargestellten Mitteln.

14 SQL-Performance
14.3 DB2-Zugriffspfade auf die Daten

14.3.5.3.2 Manipulation der Statistiken

Durch die Manipulation der Statistiken kann ein hoher Einfluss auf die mengenorientierten Entscheidungen des Optimizers genommen werden.
Zu beachten sind aber folgende Aspekte:

- Die Statistiken sollten den Produktivdaten-Konstellationen entsprechen.
  Daher idealerweise aus der Produktion ableiten.

- Bei neuen Projekten können die Statistikwerte manuell vorgegeben werden.
  Zu beachten sind:
    - Sämtliche Zusammenhänge müssen 'voll begriffen' sein.
      Siehe hierzu die Übersichten unter RUNSTATS und die Ausführungen vorab in diesem Kapitel zu Filterwirkungen.
    - Jeder nachfolgende RUNSTATS auf diese Objekte überschreibt die manuell aufgebauten Statistiken.
    - Werden Werteinhalte vorgegeben, ist zu beachten, dass die DB2-internen Formate zu verwenden sind.
      Diese sind im Anhang 1 beschrieben.

- Die Manipulation von Statistikwerten ist kein Tuning-Mittel für einzelne Queries.
  Zu beachten ist:
    - Andere Queries können extrem negativ beeinflusst werden.

- Für Testzwecke ist die Manipulation von Statistikwerten ein zwar recht aufwendiges, aber gutes Tuning-Mittel.
  Insbesondere kann die Index-Nutzung kontrolliert werden durch Einfügungen von Spalteninhalten und deren prozentuale Auftretenshäufigkeit in der Katalog Tabelle SYSCOLDIST.
  Details hierzu siehe unter RUNSTATS im Anhang 2 und der Katalog Tabelle im Anhang 3.

  Ab der Version 5 können auch mehrere der hierarchisch höchsten Index-Spalten in ihren inhaltlichen Abhängigkeiten in SYSCOLDIST geführt werden.
  Dies unterstützt auch RUNSTATS mit entsprechenden Parametern.

  Beispiel für das Einfügen von SYSCOLDIST-Werten. Bei diesem Beispiel wird angenommen, dass in der Tabelle SEMINAR die Spalten KURSORT und REFNR eine inhaltliche Abhängigkeit haben (Referent Mayer = Nr. 3 hält ausschließlich Seminare in München).

  ```
  --    Einstellen für die Spalten 5 und 4 (REFNR und KURSORT) die Cardinality (Type C):
  --    Die beiden Spalten verfügen über insgesamt 200 verschiedene Ausprägungen.
  --    Die einzelnen Spalten könnten z.B. über COLCARDF ausweisen:
  --    - REFNR         500 verschiedene Werte,
  --    - KURSORT       300 verschiedene Werte.
  INSERT   INTO    SYSIBM.SYSCOLDIST
                   (TBOWNER, TBNAME, NAME, COLGROUPCOLNO, NUMCOLUMNS
                    FREQUENCY, STATSTIME, IBMREQD,
                    TYPE, COLVALUE, CARDF, FREQUENCYF)
           VALUES  ('DBADM1', 'SEMINAR', 'REFNR', X'00050004', 2 ,
                    0, '3000-12-31-12.00.00.000000', 'N',
                    'C', ' ', 200, -1 );

  --    Einstellen für die Spalten 5 und 4 (REFNR und KURSORT) die Frequency (Type F):
  --    Annahme: In 9 Prozent der Fälle hält der Referent Nr. 3 Seminare in München.
  --    Die einzelnen Spalten-Formate sind:
  --    - REFNR         SMALLINT NULL-fähig
  --    - KURSORT       CHARACTER (50)
  INSERT   INTO    SYSIBM.SYSCOLDIST
                   (TBOWNER, TBNAME, NAME, COLGROUPCOLNO, NUMCOLUMNS
                    FREQUENCY, STATSTIME, IBMREQD,
                    TYPE, COLVALUE, CARDF, FREQUENCYF)
           VALUES  ('DBADM1', 'SEMINAR', 'REFNR', X'00050004', 2 ,
                    0, '3000-12-31-12.00.00.000000', 'N',
                    'F', X'008003' CONCAT 'München', -1, .090  );
  ```

Für Stored Procedures und User-defined Functions können diverse Statistik-Vorgaben in der Katalog-Tabelle SYSROUTINES vorgenommen werden (z.B. IOS_PER_INVOC usw.). Siehe Details im Anhang 4. Die Grundlagen können evtl. mit Tool-Unterstützung (z.B. Estimator) ermittelt werden.

14.3.5.3.3 Umschreiben von SQL-Statements

Die Syntax eines SQL-Statements beeinflusst bestimmte Zugriffspfadentscheidungen des Optimizers. Daher werden hier einige Möglichkeiten aufgeführt, mit denen experimentiert werden kann:

Ausschalten eines bestimmten Index

Sind mehrere Index-Varianten vorhanden und das System entscheidet sich für einen ungünstigeren Index, kann dieser durch ein Umsetzen von Stage 1 auf ein Stage 2-Prädikat ausgeschaltet und die Wahl eines günstigeren Index beeinflusst werden.
Beispiel:
```
SELECT      S.SEMCODE, S.TERMIN, T.TITEL
  FROM      SEMINAR S,  SEMTYP T
 WHERE      S.SEMCODE  = T.SEMCODE
   AND      S.TERMIN > '01.01.2001'           <---  Günstiger Index
   AND      S.KURSORT = 'Frankfurt'           <---  Ungünstiger Index; dieser wird z.B.
                                                    von DB2 ausgewählt (angenommener Fall).

-- Ausschalten eines bestimmten Index
SELECT      S.SEMCODE, S.TERMIN, T.TITEL
  FROM      SEMINAR S,  SEMTYP T
 WHERE      S.SEMCODE  = T.SEMCODE
   AND      S.TERMIN > '01.01.2001'           <---  Günstiger Index wird aktiviert (hoffentlich)
   AND     (S.KURSORT = 'Frankfurt' OR 0 = 1) <---  Ungünstiger Index wird abgeklemmt.
```

Dieses Verfahren kann für alle Daten-Typen ohne sonstige Nachteile angewandt werden. Die Ergebnismenge wird nicht beeinflusst.

Weitere Alternativen:
- bei numerischen Spalten: Addition oder Subtraktion von 0:   + 0   - 0
      Multiplikation mit 1 oder Division durch 1:   * 1   / 1
- bei Character-Spalten: Concat Leerstring || "
- generell: Anstelle OR 0 = 1 kann auch **OR 0 < > 0** eingesetzt werden.
      Vorteil gegenüber OR 0 = 1: höherer Filter-Faktor.

Grundsätzliche Einsatz-Möglichkeiten:

Stage 1	Stage 2	
T1.C1 = T2.C2	(T1.C1 = T2.C2	OR 0 = 1)
T1.C3 = 5	(T1.C3 = 5	OR 0 = 1)

Beeinflussung der Index-Nutzung

Durch Vorgabe von OPTIMIZE FOR 1 ROW kann sich die Index-Nutzung verändern
Beispiel:
```
SELECT      S.SEMCODE, S.TERMIN, T.TITEL
  FROM      SEMINAR S,  SEMTYP T
 WHERE      S.SEMCODE  = T.SEMCODE
   AND      S.TERMIN > '01.01.2001'
   AND      S.KURSORT = 'Frankfurt'
OPTIMIZE FOR 1 ROW
```

Durch Änderung von Korrelationsnamen im SELECT kann ein Index für die ORDER BY-Anforderung genutzt werden. Voraussetzung hier:
Index auf der SEMTYP-Tabelle mit den Index-Spalten SEMCODE, TITEL
Beispiel:
```
SELECT      T.SEMCODE, S.TERMIN, T.TITEL
  FROM      SEMINAR S,  SEMTYP T
 WHERE      S.SEMCODE  = T.SEMCODE
   AND      S.TERMIN > '01.01.2001'
   AND      S.KURSORT = 'Frankfurt'
ORDER BY SEMCODE, TITEL
```

Beeinflussung der Outer-Table-Auswahl und der Join-Methode

Durch Vorgabe weiterer lokaler Prädikate kann ein Join-Prozess evtl. günstiger gestaltet werden. Grund-Regel: Je mehr Prädikate sich auf eine Tabelle beziehen, desto eher wird sie als Outer Table favorisiert.
Beispiel:

```
SELECT      S.SEMCODE, S.TERMIN, T.TITEL
FROM        SEMINAR S, SEMTYP T
WHERE       S.SEMCODE = T.SEMCODE
AND         S.TERMIN > '01.01.2001'
AND         S.KURSORT = 'Frankfurt'
AND         T.MAXTEILN = T.MAXTEILN      <==  Einfügung. Ggf. können noch weitere solcher
                                              Einfügungen vorgenommen werden.
                                              Achtung, Einfügung nur für NOT NULL-Spalten
                                              vornehmen, da bei vorhandenen NULL-Werten die
                                              Ergebnismenge beeinflusst wird.
```

Durch Vorgabe von OPTIMIZE FOR 1 ROW können sich Outer Table und Join-Methode verändern
Wurde ORDER BY vorgegeben, wird der Index favorisiert, der die Sort-Anforderung erfüllt. Damit wird auch die zugrundeliegende Tabelle zur Outer Table.
Beispiel (ohne ORDER BY):

```
SELECT      S.SEMCODE, S.TERMIN, T.TITEL
FROM        SEMINAR S, SEMTYP T
WHERE       S.SEMCODE = T.SEMCODE
AND         S.TERMIN > '01.01.2001'
AND         S.KURSORT = 'Frankfurt'
OPTIMIZE FOR 1 ROW
```

Durch Änderung von Korrelationsnamen in der SELECT- bzw. WHERE-Klausel können sich Outer Table und Join-Methode verändern
Beispiel 1:   Korrelations-Name in der SELECT-Klausel

```
SELECT      T.SEMCODE, S.TERMIN, T.TITEL
FROM        SEMINAR S, SEMTYP T
WHERE       S.SEMCODE = T.SEMCODE
AND         S.TERMIN > '01.01.2001'
AND         S.KURSORT = 'Frankfurt'
OPTIMIZE FOR 1 ROW
```

Beispiel 2:   Korrelations-Name in der WHERE-Klausel

```
SELECT      S.SEMCODE, S.TERMIN, T.TITEL
FROM        SEMINAR S, SEMTYP T
WHERE       S.SEMCODE = T.SEMCODE
AND         S.TERMIN > '01.01.2001'
AND         S.SEMCODE = 'DB2-PROG'        Änderung auf:       AND   T.SEMCODE = 'DB2-PROG'
```

Der Optimizer generiert bei LIKE- und IN keine redundanten Prädikate. Daher sollten bei Joins Redundanzen ins Statement aufgenommen werden.
Beispiel:

```
SELECT      S.SEMCODE, S.TERMIN, T.TITEL
FROM        SEMINAR S, SEMTYP T
WHERE       S.SEMCODE = T.SEMCODE
AND         S.SEMCODE LIKE 'DB2%'
AND         T.SEMCODE LIKE 'DB2%'         <==  Einfügung wird von IBM empfohlen.
```

14.3.5.3.4 OPTIMIZE FOR n ROWS

OPTIMIZE FOR n ROWS ist eine Performance-Option, die dem Optimizer Informationen über die erwartete Ergebnis-Menge gibt, damit dieser seine Zugriffspfad-Entscheidung treffen kann.

Die wesentliche Zielsetzung dieser Option besteht darin, der Rückgabe der ersten Ergebniszeilen eine höhere Priorität einzuräumen als der Bereitstellung der gesamten Result Table Ergebnisse. Diese Option hat **keinen** Einfluss auf den Inhalt der Result Table, d.h. auch bei OPTIMIZE FOR 1 ROW können Daten-Mengen entstehen und auch mit FETCH eingelesen werden (allerdings dann mit evtl. negativer Performance-Auswirkung, d.h. i.d.R. wesentlich höhere Elapsed Zeiten).

DB2 ignoriert diese Option unter folgenden Bedingungen:

- bei Einsatz von DISTINCT,
- GROUP BY oder ORDER BY wurde vorgegeben und kein Index kann die geforderten Funktionalitäten leisten,
- bei Einsatz einer Column Function ohne GROUP BY,
- bei Einsatz von UNION oder UNION ALL.

Beeinflusst werden können durch OPTIMIZE FOR n ROWS:

- **Wechsel der Join-Methode**
  Ein Merge Scan Join oder Hybrid Join kann durch einen Nested Loop Join ersetzt werden, der zur Bereitstellung der ersten Result Table Zeilen die höchstmögliche Effizienz gewährleistet.

- **Vermeidung von Sorts, wenn ein Index dafür nutzbar ist**
  Ein Index, der die ORDER BY-Bedingungen erfüllt, wird favorisiert. Damit kann ein Sort vermieden werden.
  Bei einem Join wird die Tabelle als Outer Table favorisiert, die einen Index führt, der die ORDER BY-Bedingung erfüllt.

- **Vermeidung von asynchronen Prefetches**
  Asynchrone Prefetches können verhindert werden, da nur wenige Zeilen benötigt werden und diese in einer oder wenigen Pages erwartet werden. Dies gilt für:
  - Sequential Prefetches,
  - List Prefetches.

Folgende Einsatz-Empfehlungen können für OPTIMIZE FOR n ROWS ausgesprochen werden:

- **OPTIMIZE FOR 1 ROW**
  Generell bei lokalen Zugriffen verwenden. Nicht mit der Anzahl der Rows experimentieren!

- **OPTIMIZE FOR n ROWS**
  Bei remote Zugriffen verwenden. Derzeit gilt:
  - Wird OPTIMIZE FOR 1 ROW vorgegeben, werden 16 Zeilen oder max. die Kapazität eines DRDA-Übertragungsblocks übertragen.
  - Wird OPTIMIZE FOR n ROWS vorgegeben, werden n Zeilen oder max. die Kapazität eines DRDA-Übertragungsblocks übertragen.

14.3.5.3.5 Die Wirkungen von Host-Variablen beim BIND

SQL-Statements mit vorgegebenen Host-Variablen führen beim Statischen BIND zu der Problematik, dass zum BIND-Zeitpunkt die Inhalte der Host-Variablen nicht bekannt sind.

In diesem Fall wird der Zugriffspfad vom Optimizer gemäß Default-Filter-Faktoren (siehe Interpolations-Formeln im Kapitel 14.2) ermittelt.
Die Ergebnisse des BIND-Prozesses bei Einsatz von Host-Variablen weicht häufig von Ergebnissen beim Einsatz von Konstanten ab.

Besondere Probleme hierbei sind:

- Eine nicht gleichförmige Streuung (Non-Uniform-Distribution) von Spalteninhalten kann nicht berücksichtigt werden.
  So werden z.B. Abfragen auf große Filialen genauso wie Abfragen auf kleine Filialen behandelt.
  Lösungsansätze hierfür:
    - individuelle Statements, die aufgrund von Zusatzinformationen die Filialen unterscheiden können,
    - Nutzung der BIND-Option REOPT (VARS).

- Bei partitioned Tablespaces kann ein Page Range Scan aktiviert werden, der nur spezifische Partitions durchsucht. Ansonsten werden bei einem Tablespace Scan alle Partitions durchsucht.
  Problem beim Page Range Scan:
    - er kann nur aktiviert werden, wenn zum BIND-Zeitpunkt die Partitions bekannt sind, d.h. eine Host Variable, die sich auf die höchste Partitioned-Index-Spalte bezieht, kann nicht interpretiert werden und führt zu einem kompletten Tablespace Scan.

- Bei Einsatz bestimmter Funktionen kann sich aufgrund einer generellen Optimizer-Entscheidung beim BIND im Einzelfall ein effizienter oder sehr aufwendiger Zugriffspfad ergeben.
  Beispiel:
    - WHERE SEMCODE LIKE :SEMCODE wird vom Optimizer als INDEXABLE behandelt.
      Wird in die Host-Variable SEMCODE aber der String '%DB2%' anstelle von 'DB2%' eingestellt, ergibt sich ein sehr ungünstiger Zugriffspfad, da in diesem Fall anstelle eines Matching Index Scans ein Non-Matching Index Scan oder ein Tablespace Scan die effizienteren Zugriffswege bieten.

Wenn bei der Ausführung ein variabler Zugriffspfad gewünscht wird, der aufgrund des jeweiligen Werteinhalts entschieden wird, können folgende Möglichkeiten genutzt werden:

- Einsatz von **dynamischem SQL**.
- Einsatz **unterschiedlicher** statischer SQL-Statements, die einzelne Bedingungen berücksichtigen und z.B. aufgrund von Zusatzinformationen die Filialen hinsichtlich ihrer Größen unterscheiden können.
- Nutzung der BIND-Option **REOPT (VARS)**.

Wird die BIND-Option REOPT (VARS) genutzt, sind folgende Aspekte zu beachten:

- Bei jeder Ausführung werden die Statements mit Host-Variablen, Parameter Markers oder Spezial-Registern neu gebunden. Dies kostet CPU-Zeit und führt zu Katalog-Aufwendungen, Ressourcen-Inanspruchnahmen und Sperren.

- Variable Zugriffspfade sind i.d.R. in Online-Umgebungen nicht tolerierbar. Hier ist eine Lösung anzustreben, die einen statischen Zugriffspfad mit höchstmöglicher Effizienz gewährleistet.

14.4 Zusammenfassung der relevanten Performance-Komponenten

Nachfolgend werden sämtliche relevanten Kriterien zusammengeffasst, die auf die Performance des Systems einen hohen Einfluss haben.
Die einzelnen Komponenten werden nur logisch eingeordnet und kurz hinsichtlich ihrer Aufgabenstellung definiert. Bei Bedarf sollten weitere Quellen in diesem Buch aufgesucht werden, die einzelne Aspekte detailliert erläutern.

Dabei wird unterschieden in:

- DB2-interne **Automatismen** werden von DB2 automatisch angeboten (evtl. objekt- oder parameterspezifisch).
  Details siehe in den Kapiteln 10 - 14.

- **Generierungs-/Installations-Optionen** werden von SYSADMs eingerichtet.
  Details siehe Anhang A7.

- **Objekt-Definitionen** Parameter und Optionen, die auf Objektebene einrichtbar sind. Details siehe Kapitel 11 und Anhang A2.

- **Anwendungs-Design und -Programmierung** Applikationsspezifische Aspekte.
  Details siehe Kapitel 2, 9, 10 und 13.

14 SQL-Performance
14.4 Zusammenfassung der relevanten SQL-Performance-Komponenten

14.4.1 DB2-interne Automatismen

DB2 verfügt über eine breite Palette von Automatismen, die allerdings zum Teil von Existenz und Parametrisierung von Objekten abhängen.

14.4.1.1 Zugriffspfad-Effizienz

Für die Zugriffspfad-Effizienz ist der **Optimizer** zuständig. Der Optimizer ist ein kostenbasierender Zugriffspfad-Analytiker und -Manager, der die nachfolgend dargestellten Zugriffspfadentscheidungen trifft und deren Ausführung steuert.

Folgende Komponenten unterstützen die Zugriffspfad-Effizienz:

- **Asynchrone Verfahren** zum Einlesen von Daten-Pages in den Bufferpool und zum Wegschreiben veränderter Daten-Pages:
    - **Asynchrone Prefetches**   asynchrones Einlesen von bis zu 32 Daten-Pages (Utilities bis zu 64 Daten-Pages) durch mehrere Prozessoren.
    - **List Prefetch**   Vorfilterung von RIDs in einem oder mehreren Indizes. Verdichtung der erforderlichen Pages und Eliminierung doppelter Pages. Start eines asynchronen Prefetches, der auf physisch gestreute Pages zugreift.
    - **Asynchr. Ausschreiben**   asynchrones Ausschreiben veränderter Daten. Das Ausschreiben wird i.d.R. erst nach Abschluss der UOW vorgenommen.
    - **Sequential Detection**   Möglichkeit der dynamischen Umschaltung auf einen asynchronen Prozess, wenn durch Direkt-Zugriffe mehrere hintereinanderfolgende Pages entdeckt werden.

- **Parallelverarbeitungs-Verfahren** zum Einlesen von Daten-Pages in den Bufferpool und zur Unterstützung bei der Verarbeitung der Daten zum Zusammenstellen der Result Table.
    - **Asynchrone I/Os**   asynchrones Einlesen (siehe asynchrone Prefetches, List Prefetch).
    - **List Prefetch**   Vorfilterung von RIDs in einem oder mehreren Indizes. Verdichtung der erforderlichen Pages und Eliminierung doppelter Pages. Start eines asynchronen Prefetches, der auf physisch gestreute Pages zugreift.

- **Daten-Pools**, die ein Zwischenspeichern von Daten fördern:
    - **Bufferpools**   Zwischenspeichern von Daten- und Index-Pages:
        - Virtuelle Bufferpools   bis zu 80 virtuelle Bufferpools (VP).
        - Hiperpools   bis zu 80 Bufferpools, die im Erweiterungsspeicher gehalten werden.
        - Group Bufferpools   bis zu 80 Bufferpools (GBP), die von allen Membern einer Group gemeinsam genutzt werden und im Coupling Facility (CF) geführt werden.
    - **EDM-Pool**   Environment Description Pool nimmt Directory-Informationen auf und dient als Zwischenspeicher bestimmter dynamisch auftretender Speicheranforderungen:
        - DBD   Database Descriptor.
        - Cursor Table   Plan-Informationen (global und lokal).
        - Package Table   Package-Informationen (global und lokal).
        - Autorisierungs-Cache   Autorisierungs-Informationen für bestimmte Pläne (CACHESIZE).
        - Dynamic SQL   Source und ggf. präpariertes Ergebnis bestimmter dynamischer SQL-Statements (KEEPDYNAMIC).
    - **RID-Pool**   Zwischenspeicher für Index-RIDs zur Unterstützung eines List Prefetches.
    - **SORT-Pool**   Zwischenspeicher zur Unterstützung von Sort-Aktivitäten.
    - **Workfiles**   Zwischenspeicher für ausgefilterte Daten, die zur Ergebnisbildung der Result Table intern sortiert oder zusammengemischt werden.
        - LWF   Logische Workfiles innerhalb des virtuellen Bufferpools.
        - PWF   Physische Workfiles, die auf externen Devices geführt werden.

- **Statistiken und Filter-Faktoren**, die einen auswahlabhängigen effizienten Zugriffspfad unterstützen.
    - **Uniform Distribution**   Statistiken, die bei einer gleichmäßigen Datenverteilung nutzbar sind:
        - Aggregate Statistiken   Verdichtung der Daten - bezogen auf einen Tablespace, Table, Index, Column.
        - Partition Statistiken   Verdichtung der Daten - bezogen auf eine Partition (Daten und Index).
    - **Non-Uniform Distribution**   Statistiken, die bei einer gleichmäßigen Datenverteilung nutzbar sind:
        - Key Column Statistiken   einzelne Datenwerte und ihre Auftretenshäufigkeit - bezogen auf die hierarchisch höchsten Index-Spalte oder eine Index-Spalten-Gruppe.

- **Direkt-Zeilen-Zugriff über einen ROWID**
    - **ROWID-Zugriff**   direkte Adressierung einer Zeile ohne Index-Nutzung.

14 SQL-Performance
14.4 Zusammenfassung der relevanten SQL-Performance-Komponenten

- **Index-Unterstützung** (materialisierte Zugriffspfade auf die Daten).
  - **Indexable (Matching)**   direktes Durchsuchen eines Indexes in der hierarchischen B-Tree-Struktur. Voraussetzung: für die hierarchisch höchste oder die höchsten Index-Spalten muss zumindest ein Indexable Boolean-Term-Prädikat vorgegeben werden.
  - **Index-Screening**   Möglichkeit der Einbeziehung von nicht hierarchisch höchsten Index-Spalten innerhalb eines Suchprozesses im Index.
  - **Index-Lookaside**   bei einer wiederholten Datenanforderung werden zunächst die zuletzt positionierten Index-Komponenten im Bufferpool geprüft, bevor eine neue komplette direkte Suche im Index gestartet wird.

- **Relationale Datenbereitstellung** mit hoher Effizienz, wie:
  - **SELECT, PROJECT**   Zeilen- und spaltenbezogene Datenauswahl.
  - **JOIN**   Zusammenführung von Daten aus mehreren Tabellen.
  - **Nested Table Expression**   Temporäres Bereitstellen von Daten (dynamischer View).
  - **UNION**   Zusammenführung von Daten mehrerer Result Tables.
  - **Subqueries**   Suchen von Daten mit bestimmten Konstellationen aus mehreren Tabellen.

- **Bind-Prozesse**, die für eine Kompilierung der SQL-Statements, die Analyse der effizienten Zugriffspfade und deren Festlegung sorgen.
  Folgende performance-beeinflussende BIND-Prozesse existieren:
  - **Statisch**   bei denen bestimmte Zugriffspfade einmalig festlegt werden. Diese lassen sich anschließend beliebig häufig nutzen.
  - **Dynamisch**   bei denen evtl. eine bessere Zugriffspfad-Entscheidung getroffen werden kann, da sämtliche Parameter zum BIND-Zeitpunkt bekannt sind.
  - **Statisch und dynamisch**   bei denen grundsätzliche Zugriffspfad-Entscheidungen statisch getroffen werden und zur Ausführungszeit variable Parameter noch einmal hinsichtlich ihrer Zugriffs-Effizienz überprüft werden (REOPT).

- **Sort-Prozesse**, die automatisch ein effizientes Umsetzen der physischen Daten in die geforderten Datensichten unterstützen.
  Es werden intern automatisch kontrolliert:
  - **Interims-Tabellen**   Workfile-Materialisierungen.
  - **Temporary Table**   Temporäre Tabellen.
  - **Result Table**   die endgültig der Anwendung bereitzustellende Result Table.

14.4.1.2 Mögliche Zugriffspfade

Folgende Zugriffspfade existieren derzeit:

- **Ohne Index-Nutzung**
  - **File Page Set Scan / Tablespace Scan**   Sequenzielles Durchsuchen <u>aller Daten-Pages</u>:
    - bei einem non-segmented Tablespace des gesamten Tablespaces.
    - bei einem segmented Tablespace der jeweiligen Table.
    - bei einem partitoned Tablespace entweder des gesamten Tablespaces oder ausgewählter Partitions (nur bei Page Range Scan).
  - **Direkt-Zeilen-Zugriff**   direkte Adressierung einer Zeile ohne Index-Nutzung (über ROWID).

- **Mit Index-Nutzung**   Folgende Index-Zugriffspfade sind unterstützt:
  - **Matching Index Scan**   Direktes Durchsuchen eines Indexes in der hierarchischen B-Tree-Struktur. Voraussetzung: für die hierarchisch höchste oder die höchsten Index-Spalten muss zumindest ein <u>Indexable</u> Boolean-Term-Prädikat vorgegeben werden.
  - **Non-Matching Index Scan**   Sequenzielles Durchsuchen eines Indexes (alle Index-Pages).
  - **IN-List Index Scan**   Spezialform des Matching Index Scans bei bestimmten IN-Prädikaten.
  - **Equal Unique Access**   Spezialform des Matching Index Scans bei voll übereinstimmenden Equal-Unique-Kriterien.
  - **One Fetch Access**   Sehr effizienter Index-Zugriff unter bestimmten Bedingungen, bei dem eine einzelne Ergebniszeile produziert wird.
  - **Multiple Index Access**   Durchsuchen mehrerer Indizes, ausfiltern der RIDs und Zugriff mit List Prefetch auf die Daten-Pages.
  - **Index Only Access**   Die SQL-Auswahl- und Ausgabe-Anforderungen können aufgrund der Index-Struktur alleine aus dem Index - ohne Datenzugriff - befriedigt werden.

14 SQL-Performance

14.4 Zusammenfassung der relevanten SQL-Performance-Komponenten

14.4.2 Systemgenerierungs- und Installations-Optionen

Eine Reihe von Systemgenerierungs- und Installations-Optionen steuern maßgeblich die Performance eines Systems.
Im Anhang 7 sind die relevanten Parameter zusammengefasst.

Folgende Komponenten sind in diesem Abschnitt relevant:

- **Prioritätensteuerung der Adressräume**
  - Dispatching Priority — steuert die gesamten Subsysteme.
    SRM kontrolliert im wesentlichen Batch- und TSO-User.
    WLM kontrolliert auch im Sysplex die Dispatching-Effizienz.
  - CICS-Subtask-Prioritäten — über RCT veränderbar.
  - DDF-Threads — sind mit Prioritäten definierbar.
  - Stored Procedures — sind speziell unter WLM-Kontrolle mit Prioritäten definierbar.

- **Ausreichende Ressource-Bereitstellung für Shared Ressourcen**
  - **Bufferpools** — Ausreichende Bufferpools bereitstellen - speziell für größere Anwendungssysteme:
    - Virtueller Bufferpool — 20.000 bis ca. 100.000 4 KB-Buffer (= Pages) - entsprechend 80 MB bis 400 MB. Der virtuelle Bufferpool muss real verfügbar sein.
    - Hiperpool — reduziert Paging-Raten auf externe DASD-Volumes.
    - Group Bufferpools — eine ausreichende Dimensionierung für Daten-Entries, Directory-Entries und die totale Struktur-Größe ist besonders bei änderungsintensiven Anforderungen zwingend.
  - **EDM-Pool** — ein ausreichend großer Environment Description Pool reduziert physische Directory-Zugriffe.
  - **RID-Pool** — ein ausreichend großer RID-Pool unterstützt die RID-Verarbeitungen (Default-Größe: max. 50 % sämtlicher Bufferpools).
  - **SORT-Pool** — ein ausreichend großer Sort-Pool unterstützt die Sort-Effizient (Default-Größe: max. 10 % sämtlicher Bufferpools).
  - **Workfiles** — für die Effizienz der Workfile-Verarbeitung tragen ausreichende Pool-Größen aller vorab dargestellten Typen bei, sowie eine ausreichende Anzahl physischer Workfiles, die auf externen Devices geführt werden.

- **Limitierung von parallel auftretenden Ressource-Anforderungen**
  - **Timeouts** — Zeit-Limite, bei deren Überschreitung eine UOW mit Abbruch und Rollback beendet wird (und belegte Ressourcen freigibt):
    - JCL-Time-Parameter — für Batch-Jobs.
    - Logon-Time-Parameter — für TSO-Sessions.
    - ASUTIME — für die Ausführungszeit-Überwachung von dynamischen Queries und SQL-Statements durch den QMF Governor bzw. DB2-Governor (RLF = Resource Limit Facility).
      Mit dem ASUTIME-Parameter in der Katalog-Tabelle SYSPROCEDURES kann die Ausführungszeit von Stored Procedures eingeschränkt werden.
    - RESSOURCE TIMEOUT — IRLM Timeout-Kontrolle.
    - DEADLOCK TIME — IRLM Deadlock-Timeout-Kontrolle.
    - Diverse — es existieren diverse Timeout-Steuerung in den jeweiligen Trägersystemen.
  - **Klassen** — Limitierung der Anzahl von Parallel-Prozessen:
    - Job-Klassen — für Batch-Jobs.
    - Transaktions-Klassen — für Online-Transaktionen.
  - **Objekt-Anzahl** — Limitierung der Anzahl von DB2-Objekt-Typen, wie:
    - DATABASES — für max. Anzahl offener Databases.
    - DSMAX — für max. Anzahl offener Datasets.
    - MAX USERS — für die max. Anzahl von Threads.
  - **Lock-Parameter** — mit Lock-Parametern kann die Isolation oder das Sharing von Objekten und Anwendungen erreicht werden. Details sind im Kapitel 12 aufgenommen.

14 SQL-Performance
14.4 Zusammenfassung der relevanten SQL-Performance-Komponenten

- **Connection, Threads**
  - **Thread-Anzahl** — Reduzierung der Thread-Anzahl bei Parallel-Konflikten oder Speicher-Engpässen.
    Erhöhung der Thread-Anzahl bei CPU-Wartesituationen.
    Beispielhafte Faustformel: nicht mehr als 20 Threads pro CICS-Region.
  - **Thread-Reuse** — Wiederverwendbarkeit von High-Volume-Transaktionen, sofern derselbe Plan und dieselbe Transaktion auftritt:
    - IMS: PROCLIM > 1 oder Fast-Path bzw. WFI-Transaktionen
    - CICS: RCT TWAIT = YES und idealerweise Definition von Protected Threads (RCT THRDS > 0).
  - **Verteilte Datenbanken** — erfordern eine detailliertes Design hinsichtlich ihrer Performance-Probleme: Netzwerk-Kapazität, Datenübertragungsvolumen.
    Connections und Sessions in ausreichendem, aber nicht überflüssigem Maße definieren.

- **Reduzierung des Trace-Overheads**
  - **Global-Trace** — benötigt 20 - 100 % zusätzlichen Prozessor-Overhead. Daher nicht einschalten.
  - **Performance-Trace** — benötigt 20 - 100 % zusätzlichen Prozessor-Overhead. Daher nur für eine spezielle Problemanalyse und eine beschränkte Zeit einschalten.
    Wenn nur die Trace-Klassen 1 - 3 eingeschaltet werden, entsteht ein Overhead von 5 - 30 %,
  - **Accounting und Statistics Traces** — (Traces der Accounting Klassen 1 und 3 und der Statistik-Klassen 1, 3 und 4) kosten zusammen nur 2 - 5 % Overhead. Sollten generell eingeschaltet sein.
  - **Audit Trace** — kostet weniger als 5 % Overhead.
  - **Sonstige Traces** — eine Trace-Aktivierung der Systeme IRLM, IMS und CICS ist weniger kritisch als ein DB2-Performance-Trace.

14.4.3 Objekt-Definitionen

Einen hohen Performance-Anteil weisen die Strukturen und Inhalte der im System definierten Objekte auf. Folgende Aspekte sind in diesem Abschnitt relevant:

- **Reduzierung der Ressourcen**
    - **Anzahl Datasets** — Reduzierung durch Einsatz von Segmented Tablespaces und Zuordnung mehrerer kleiner Tabellen.
      Erhöhung durch Einsatz von Partitioned Tablespaces.
    - **View-Konzept** — Anforderung und Bereitstellung nur der Ressourcen, die auch wirklich benötigt werden.
    - **Plattenplatz** — Geringer Freespace und Kompression nutzt vorhandenen Space besser (wirkt sich aber bei Einfügungen und Zeilenverlängerungen evtl. negativ aus).

- **Separierung der Ressourcen** (Zusammenführen was zusammengehört und auseinanderlegen, was getrennt ist).
    - **Mehrere Lokationen** — Trennung von operationalen und dispositiven Datenbeständen auf verschiedene Lokationen.
    - **Mehrere Databases** — Trennung der Datenbestände in mehrere Databases. Wichtig, da die Database auch Sperrauswirkungen hat.
      Eine komplette Database kann z.B. read-only geöffnet werden. Dann brauchen keine Sperren mehr auf unteren Objektebenen installiert zu werden.
    - **Segmented Tablespaces** — Trennung der Daten von Tables innerhalb eines Tablespaces.
    - **Partitioned Tablespaces** — Verteilung der Daten und Index-Daten einer Table auf verschiedene Partitions und Volumes.
    - **Sonstige Separierungen** — Volume- und Bufferpool-Separierung von Daten und Indizes.
      Durch Aufteilung der Bufferpools kann ein Stehlen kritischer Pages verhindert werden.

- **Zusammenführung der Ressourcen** (Zusammenführen was zusammengehört und auseinanderlegen, was getrennt ist - der Spruch passt schon wieder).
    - **Segmented Tablespaces** — Tables einer referenziellen Struktur können zusammengeführt werden.
    - **Cluster Index** — Für die physische Speicherung der Daten einsetzen, wenn Datenmengen häufig in der Indexfolge benötigt werden.
    - **Überwachung der Objekte** — Die ungewollte Zersplitterung zusammengehörender Daten vermeiden. Dies betrifft Index-Daten und clustered Datenzustände. Datenzustände regelmäßig kontrollieren und ggf. REORG anstoßen.

- **De-Normalisierungs-Maßnahmen**
    - **Redundanzen** — Grundsatz: So viel wie nötig, so wenig wie möglich.
      Redundanz is good for information and bad for update!
      Dispositive Datenbestände können stark denormalisiert und mit sehr vielen Indizes versehen werden. Probleme: mehr Plattenplatz und längere Ladezeiten.

- **Tablespace-Organisation**
    - **Simple Tablespaces** — Nicht mehr verwenden.
      Anstelle Simple Tablespaces nur noch Segmented Tablespaces verwenden.
    - **Segmented Tablespaces** — Es können mehrere kleine Tabellen zugeordnet werden. Damit wird die Anzahl der erforderlichen Datasets reduziert.
      Achtung, es entstehen einige Zusatz-Effekte:
        - die Tabellen müssen immer denselben Konsistenzstand haben,
        - beim Laden von Tabellen sind Besonderheiten zu beachten,
        - globale Definitionen sind evtl. schwer präzisierbar (z.B. Freespace),
        - bei Massen-Deletes geht der positive Effekt bei Segmented Tablespaces verloren, wenn die Daten einer Parent-Table gelöscht werden.
    - **Partitioned Tablespaces** — Möglichkeit der effizienten Verteilung von Daten und Erreichung von Parallel-Aktivitäten.
      Faustformel: Sinnvoll für größere Datenbestände (> 400 MB; 100000 Pages) oder für solche Objekte, die parallel verarbeitet werden sollen.
    - **Volume-Zuordnung** — Auf günstige Verteilung bei der Zuordnung der Daten und Indizes auf Volumes achten. I/O-Parallelverarbeitung fordert unterschiedliche Volumes.

14 SQL-Performance
14.4 Zusammenfassung der relevanten SQL-Performance-Komponenten

- **Komprimierung**
Kann erhebliche Vorteile erbringen bei größeren Datenbeständen und bei langen Zeilen. Die Dekomprimierung ist wesentlich schneller als die Komprimierung, daher besonders effizient bei lesenden Datenzugriffen.
Aber Achtung: Komprimierte Zeilen werden intern immer als variabel gehandhabt, d.h. es können häufige Fälle von NEARINDREF und FARINDREF auftreten (REORG-Erfordernis). Es entstehen erhöhte Freespace-Anforderungen.

- **Keine variablen Spalten**
Einsatz fester Zeilenlängen anstelle variabler Spalten.
Achtung: nach ALTER TABLE ADD column wird die Zeile als variabel behandelt. Ein sofortiger REORG und MODIFY kann sinnvoll sein, speziell wenn nach der Tabellenerweiterung die neuen Werte eingefüllt werden sollen.
Variabel lange Spalten - wenn doch eingesetzt - nach hinten stellen.
Achtung: es entsteht hoher Logging-Aufwand, da eine geänderte Zeile immer komplett geloggt wird (wegen Zeilenlängen-Veränderung im Präfix).

- **Platzanforderung**
Ausreichend große PRIQTY wählen. SECQTY möglichst nicht in Anspruch nehmen.
Für Notfälle aber bei Insert-intensiven Daten hohen SECQTY-Wert vorgeben, damit eine Zylinder- und keine Track-Allokation der zusätzlichen Extents erfolgt.

- **Freiplatz**
Effizient einplanen (separate Berechnung für Daten und Indizes):
  - Read-only-Daten benötigen keinen Freiplatz.
  - Freespace von 99 % nimmt nur 1 Zeile beim LOAD oder REORG auf (besser MAXROWS einsetzen).
  - MAXROWS kontrolliert die max. Zeilen auch beim INSERT.

  Merke: nicht bei allen Objekten ist der Defaultwert die richtige Wahl!

- **Statistiken**
RUNSTATS vor wichtigen BIND-Prozessen aktivieren. Evtl. Statistikdaten aus der Produktions-Umgebung in das Test-System übertragen (dann einen nachfolgenden RUNSTATS-Lauf verhindern).
Achtung bei Automatic Rebind und dessen Wirkung!

- **Reorganisation**
Reorganisations-Schwellwerte festsetzen, kontrollieren und ggf. REORG anstoßen. Wenn für einen Clustering Indes die CLUSTERRATIO < 80 % liegt, liegen i.d.R. intensive Index-Splits vor (siehe auch LEAFDIST).
In diesem Fall REORG mit SORTDATA-Option nutzen.

- **Index-Organisation**
  - **Index-Kandidaten**
  Kandidaten sind:
  - PK, FKs,
  - Spalten, die häufig mit WHERE, ORDER BY und GROUP BY angefordert werden.
  - **Index-Stufen** Ein Index soll möglichst wenig Stufen haben (Grenzwert 3 - 4).
  - **Ineffiziente Indizes**
    - Entfernen von aufwendigen und ineffizienten Indizes. Vorsicht bei:
      - wenig variierenden Inhalten (geringe Streuung),
      - Spalten, die sich häufig inhaltlich ändern,
    - Umstrukturierung von Index-Spalten und die Index-Spalten-Hierarchie mit den relevanten SQL-Anforderungen abstimmen.
    - Non-Partitioned-Indizes bei partitioned Tablespaces erbringen Probleme:
      - Einschränkung der Parallelität.

      Der PIECESIZE-Parameter kann sinnvoll sein.

14.4.4 Anwendungs-Design und -Programmierung

Folgende Komponenten sind beim Anwendungs-Design und bei der Programmierung zu beachten:

- **UOW und DUW**
  - **Sperr-Niveau**
    - Niedriges Sperr-Niveau bei Konkurrenzbetrieb wählen (LOCKSIZE ANY oder PAGE bzw. ROW).
    - Hohes Sperr-Niveau bei Read-Only-Betrieb. Das Eröffnen einer Database bzw. eines Spaces mit 'RO' begünstigt die optimale automatische Wahl des Sperrniveaus.
  - **Sperr-Dauer**
    - Kleine UORs bei hohem Konkurrenzbetrieb wählen.
      Bei intensiven Manipulationen häufig mit COMMIT arbeiten.
    - Cursor WITH HOLD können die letzte Ressource über UOR-Grenzen sperren (nur bei Installations-Parameter RECURHL = NO).
    - Bei Fehler immer ROLLBACK anstoßen, damit die letzten Ressource-Veränderungen innerhalb der UOR zurückgerollt werden und Sperren sofort freigegeben werden.

- **Reduzierung der I/O-Aktivitäten**
  - **View-Konzept** — Nur das anfordern, was wirklich benötigt wird.
  - **Filterungen** — Alle vorhandenen Filter-Möglichkeiten an DB2 leiten.
  - **Komplexe Statements** — Anstelle von komplexen anwendungsbezogenen Filterungen und Join-Verarbeitungen diese Anforderungen an DB2 richten.
  - **Effiziente Statements** — Nutzung von Indizes, geschickte Auswahl der Index-Spalten.
    Analyse der Statement-Zugriffspfade und deren Konsequenzen.

- **Reduzierung von Logging-Aktivitäten**
  - **Segmented Tablespaces** — Ein komplettes Löschen sämtlicher Daten einer Tabelle wird nur mittels Space-Map-Pages geloggt (sofern es keine Parent-Table ist).
  - **Feste Zeilenlänge**
    - Zeilen mit fester Länge werden vom ersten bis zum letzten veränderten Byte geloggt. Daher änderungsintensive Spalten, die häufig zusammen verändert werden, eng zusammenlegen.
    - Variabel lange Zeilen werden immer komplett geloggt, da sich die Zeilenlänge im Header der Zeile ändert.

- **Effizienz der SQL-Statements**
  - **Zugriffspfad-Analyse** — EXPLAIN-Funktion einsetzen und PLAN_TABLE analysieren.
  - **Mengen berücksichtigen** — Mengen können sich unterscheiden (zwischen Test und Produktion) und im Lauf der Zeit auch ändern.
    Gut ausgetestete Statements berücksichtigen solche Aspekte.
  - **Effiziente Statements**
    - Zielsetzung: SQL-Statements einsetzen, die vorhandene Indizes optimal nutzen:
      - möglichst hohe Anzahl MATCHCOLS bei gut streuenden Indizes,
      - hohe Filterunterstützung im Index (z.B. Index-Screening).
    - Zielsetzung: SQL-Statements einsetzen, die sämtliche Ressourcen optimal nutzen. Anzahl zu suchender Zeilen einschränken. Möglichkeiten:
      - Qualifizierte WHERE-Bedingungen und Einsatz geeigneter Indizes.
      - Anzahl zurückgegebener Zeilen an Anwendungsprogramm einschränken. Nur das anfordern, was unbedingt benötigt wird.
        Grundsatz: Lass das Datenbanksystem filtern. Das ist in aller Regel billiger als die Filterung durch das Programm.
      - Anzahl zu verarbeitender Spalten (SELECT * nur wenn alle Spalten benötigt werden; erlaubt ist dies ohnehin nur für einen individuellen View!). Jede Spalte kann z.B. bei internen Sorts zu extremen Zusatzaufwendungen führen (z.B. bei einer Composite Table die 4-K-Page sprengen).
    - Komplexe Queries (Joins, Subqueries, Nested Table Expressions und UNIONS besonders aufmerksam kontrollieren),
    - Achtung, wenn die Daten nicht aus den Basis-Tabellen bereitzustellen sind und interne temporäre Interimstabellen benutzt werden (z.B. immer beim List Prefetch oder beim Merge Scan Join),
    - Sort-Aufwendungen prüfen. Vermeide Sorts, wenn möglich (und sinnvoll). Ein DB2-Sort wird aktiviert, wenn die benötigte Spaltensortierung nicht durch einen Index abgedeckt ist.
      Der DB2-Sort wird bei folgenden Optionen eingesetzt:
      - GROUP BY
      - ORDER BY
      - JOIN
      - DISTINCT
      - UNION (nicht bei UNION ALL)
      - IN Subquery
      - häufig bei ANY/ALL-Subqueries.

	Wenn ein Sort erforderlich ist, reduziere den Sort-Aufwand und sortiere nur die erforderlichen Spalten.
	- Konsequenzen der Statement-Zugriffspfade bedenken - speziell unter sich verändernden Mengengerüsten.
	- Evtl. Zeitaufwendungen für verschiedene Varianten austesten.
- **Dynamic SQL**	Vorsicht beim Einsatz von Dynamic SQL. Es kann zwar im Einzelfall ein wesentlich besser Zugriffspfad aufgrund der beim Bind bekannten Konstanten stattfinden, aber der Aufwand des Bind-Prozesses und die Belastung und Sperren des Katalogs sind nicht zu unterschätzen. Gemessener CPU-Aufwand eines durchschnittlichen dynamischen Binds für komplexe SQL-Queries: 1 CPU-Sekunde.
- **Reoptimierung**	Vorsicht beim Einsatz von REOPT (YES). Nur dann einsetzen, wenn variable Zugriffspfadentscheidungen akzeptabel sind (z.B. im Batch). Das ist i.d.R. dann gegeben, wenn die BIND-Zeit gemessen am Laufzeitverbesserungs-Effekt vertretbar ist.
- **Remote Zugriffe**	Bei verteilten Datenbanken, soweit möglich mit Block Fetch arbeiten.

- **CURSOR-Optionen**

- **WITH HOLD**	Verhindert die Freigabe eines Cursors bei der COMMIT-Schreibung. Speziell wichtig bei Workfiles.
- **OPTIMIZE FOR n ROWS**	Kann den Zugriffspfad beeinflussen (Join-Methode, Index-Auswahl).

14.4.4.1 SQL-Query-Empfehlungen

- **Allgemein**
    - Reduziere die Anzahl der zu selektierenden Spalten, soweit dies sinnvoll und möglich ist.
    - Vergleichs-Spalten mit gleicher Länge und gleichem Format definieren.
    - Filtern, soweit möglich (Vorgabe möglichst präziser Prädikate). Nur die Daten anfordern, die auch wirklich benötigt werden.
    - Die effizientesten Filterungs-Prädikate nach vorne legen.
    - Möglichst effiziente Index-Unterstützung anstreben. Auf Filter-Faktoren und inhaltliche Streuungen achten.
    - Bei Workfiles auf Mengengerüste achten. Workfiles werden in zentralen Multi-User-Ressourcen gehalten und sind daher besonders performance-relevant.

- **ORDER BY und GROUP BY**
    - Vermeide nicht erforderliche Sortierungen und Gruppierungen
    - Reduziere die Anzahl der zu sortierenden oder zu gruppierenden Spalten, soweit dies sinnvoll und möglich ist.

- **JOIN-Tuning**
    - **allgemein**
        - Reduziere die Anzahl der JOIN-Tabellen, soweit dies sinnvoll und möglich ist.
        - Join-Spalten mit gleicher Länge und gleichem Format definieren.
        - Evtl. redundante Prädikate einbauen.
        - Korrelationsnamen austauschen - sofern möglich.
        - Möglichst auf den Join-Spalten eine effiziente Index-Nutzung erreichen.

    - **Nested Loop Join**
        - Kleinsten (besten) Filter-Faktor auf die Outer-Table legen.
        - Gut nutzbaren Index (hohe Filterung, evtl hohe Clusterratio) auf der Inner Table definieren.
        - Ein großer Bufferpool führt zu einem internen Halten der Inner Table (wenn die Inner Table in max 2 % des verfügbaren Bufferpools passt).
        - Eine interne Workfile wird nur benutzt, wenn die Correlated Columns nicht größer als 254 Bytes sind und nicht mehr als 16 Spalten umfassen.

    - **Merge Scan Join**
        - Eine kleine Select-Auswahl-Liste auf der Inner-Table kann den Sort-Aufwand reduzieren.
        - Gut nutzbaren Index (hohe Filterung, evtl hohe Clusterratio) auf der Outer Table definieren (sofern ein Sort vermieden werden soll).
        - Gut nutzbaren Index (hohe Filterung, evtl hohe Clusterratio) auf der Inner Table definieren (sofern ein Sort vermieden werden soll).

- **Subquery-Tuning**
    - **allgemein**
        - Prüfe den Subquery-Aufwand mit einer vergleichbaren Join-Lösung.
        - Möglichst das Nesting der Subqueries reduzieren. Wenn ein Nesting erforderlich ist, werden diese Subqueries in der Reihenfolge der Definition ausgeführt. Ggf. andere Reihenfolge vornehmen (nur dann möglich, wenn dadurch die Ergebnismenge nicht beeinflusst wird).
        - Versuche anstelle einer Non-Correlated Subquery eine Correlated Subquery zu nutzen.
        - **Grobe Faustformel der Effizienz** (unter Berücksichtigung guter Filterwirkungen):
            1. Correlated Subquery mit einem effizienten Index
            2. Non-Correlated Subquery
            3. Correlated Subquery ohne Index.

14.4.4.2 Was tun bei langlaufenden Statements?

1. **EXPLAIN und PLAN_TABLE überprüfen**
   - ACCESSTYPE = 'R'?
   - ACCESSTYPE = 'I' und MATCHCOLS = 0?
   - PREFETCH = S oder L?
   - Sind die Index-Spalten effizient genutzt?
   - Vermeidbare Sorts - sind alle Sort-Spalten erforderlich?
   - Sind Nested Loops aufwendig?
   - Wird ein Merge Scan benötigt. Welcher Aufwand findet statt?

2. **DSN_STATEMNT_TABLE einbeziehen**
   - COST_CATEGORY = 'B'?
   - REASON = 'TABLE CARDINALITY'?
   - Welcher Aufwand findet voraussichtlich statt?

3. **SQL-Statement überprüfen**
   Wie sind die Prädikate gestaltet? Sind sie STAGE 1 oder nur STAGE 2 zuordenbar:
   - Liegen abweichende Spalten-Formate und Längen vor?
   - Sonstige Stage 2-Prädikate?
   - Sind die Filtermöglichkeiten ungenügend?
   - Welches Mengengerüst liegt den einzelnen Query-Blöcken zugrunde?

4. **Erst einmal Statement-Varianten testen! Wenn wirklich nichts hilft, dann:**

5. **Struktur des Daten-Modells**
   - Welche Tabellen sind durch das SQL-Statement betroffen?
   - Welche sonstigen Objekte sind beeinflusst:
     - Indizes
     - Sonstige über- bzw. untergeordnete Tabellen aus RI-Konstrukten
   - Wie sind die Objekte physisch organisiert:
     - Tablespace-Struktur
     - Index-Aufbau (Spalten-Reihenfolge, Sortier-Sequenz),
     - Verhältnis der Index-Daten zu gespeicherten Daten (Clustered Zustand).
   - Wie wirkt die Query-Anforderung intern?
   - Warum hat der Optimizer vermutlich einen bestimmten Weg gewählt?

6. **RUNSTATS-Statistik-Spalten des Katalogs überprüfen**
   - Mengen der Daten und Indizes sowie die inhaltlichen Streuungen überprüfen.
   - Zustand der physischen Objekte kontrollieren:
     - Tablespace Scan: NACTIVE
     - Index Scan: NLEAF   LEAFDIST
   - Wie aktuell sind die Statistiken?

7. **Monitor einsetzen und Ergebnisse überprüfen (z.B. DB2PM)**
   - Zunächst kritisches Statement aus Programm herauslösen und evtl. in Testprogramm einsetzen
   - Analyse der gelieferten Ergebnisse:
     - CPU-Time, Anzahl GETPAGES, Anzahl Read I/Os, Anzahl Sequential Prefetches, Wartezeiten für I/O und Locks.

8. **SQL TRACE REPORT überprüfen (z.B. DB2PM)**
   - Analyse der gelieferten Ergebnisse, z.B:
     - Processing Flow, relativer Zeit-Verbrauch für Einzel-Beschaffungs-Maßnahmen
     - DM- und RDS-Zeilen-Anteile (Filter-Wirkung)
     - Genaue Sort-Charakteristiken (Anzahl und Längen der Spalten, Anzahl Zeilen, Nutzung des BP32K usw.)
     - RI-Scans wg. referenzieller Konstrukte.

Inhaltsverzeichnis

A1 - Anhang - DB2-Basis-Sprachelemente

A2 - Anhang - Definition der wichtigsten DB2-Sprachelemente

A3 - Anhang - Definition der DB2-Katalog-Tabellen

A4 - Anhang - Definition der CDB - Communications Database

A5 - Anhang - Definition allgemeiner Tabellenstrukturen

A6 - Anhang - DB2-Warnungen und Fehlermeldungen

A7 - Anhang - Auszug relevanter Installations- und Generierungsparameter

A8 - Anhang - Literaturverzeichnis

A1 - Anhang - DB2-Basis-Sprachelemente
Grobe Inhalts-Beschreibung

Der Anhang 1 enthält die Basis-Sprachelemente von DB2.

Der Anhang gliedert sich in zwei Komponenten:

- **Grund-Definitionen der Sprach-Mittel**
- **Basis-Sprach-Elemente.**

Die Darstellung der SQL-Basis-Sprach-Elemente und der zugrundeliegenden Definitions-Syntax erfolgt mit den Mitteln des Syntax-Diagrammes, das auf der folgenden Seite näher erläutert wird.

Bedeutung und Aussagen des Syntax-Diagramms

Syntax-Diagramme stellen die Einsatzmöglichkeiten der Parameter innerhalb von SQL-Statements dar. Die kompletten SQL-Statement-Definitionen befinden sich in Anhang 2.
In diesem Anhang 1 werden die Basis-Sprach-Elemente, die innerhalb eines SQL-Statements wirken, behandelt.
Syntax-Diagramme werden von links nach rechts und von oben nach unten gelesen.
SQL-Schlüsselworte und Parameter werden GROSS geschrieben, variable Vorgabemöglichkeiten klein.

Statement-Beginn

▶▶────────────Muss-Parameter────────────▶

Folgezeichen, das Statement wird auf der nächsten Zeile fortgesetzt

Statement-Zeile-Fortsetzung

Ende des Statements

└─Optionaler Parameter─┘

┌─Optionaler Parameter─┐ (kein Effekt auf die Statement-Ausführung, dient nur der besseren Lesbarkeit)

Wenn eine Auswahl von Parametern möglich ist, einer aber zwingend ausgewählt werden muss:

┌─Muss-Parameter Auswahl 1─┐
└─Muss-Parameter Auswahl 2─┘

Wenn eine Auswahl von Parametern optional ist:

┌─Optionaler Parameter Auswahl 1─┐
└─Optionaler Parameter Auswahl 2─┘

Wenn eine Auswahl von Parametern möglich ist, aber ohne explizite Vorgabe ein Default wirkt:

┌─Default Parameter─┐
├─Optionaler Parameter Auswahl 1─┤
└─Optionaler Parameter Auswahl 2─┘

Wenn Parameter wiederholt werden können:

Abgrenzung durch Blank

a) ─────▼─Wiederholbare Parameter─────

Abgrenzung durch Komma (muss gesetzt werden)

b) ─────▼─Wiederholbare Parameter─────

Wenn eine ganze Gruppe von Parametern erforderlich ist, erfolgt die Auslagerung des gesamten Blockes.

────────Parameter-Block────────

Parameter Block

┌─x x x─┐
└─y y y─┘

Grund-Definitionen der Sprachmittel
Zulässige Zeichen und Strings

Zeichen / Characters

Zeichen im EBCDIC-Code (extended binary coded decimal interchange code).
Grundsätzlich repräsentiert 1 Stelle ein Zeichen:
SBCS-Character (single byte character set),
Ausnahme: **DBCS-Character (double byte character set)** führt in
2 Stellen ein Zeichen (z.B. für japanische oder chinesische Schriftzeichen; eine spezielle Hardware ist zur Darstellung erforderlich).

Character-Klassen

Klassifizierung der möglichen EBCDIC-Character:

Buchstaben	Großbuchstaben A bis Z, $, #, @
Ziffer	0 bis 9
Spezial Character	Sonstige Zeichen außer Buchstaben und Ziffern.

Zeichenkette / Tokens

Syntaktische Basis-Einheit (symbolische Begriffe). Ein Token besteht aus einem oder mehreren Zeichen.

Token-Klassen

Klassifizierung der möglichen Zeichenketten:

Normal (ordinary)

Numerische Konstante	z.B. 1 oder -5
Normaler Identifikator	z.B. SEMTYP
Host-Variable	z.B. :SEMCODE
Schlüsselwort	z.B. SELECT

abgegrenzt (delimited)

String Konstante	z.B. 'DB2-DESIGN'
Abgegrenzter Identifikator	z.B. "SYNONYM"
Operator	z.B. =
Spezial-Zeichen aus Syntax-Diagramm	z.B. (oder ,

Leerzeichen / Spaces

Folge von einem oder mehreren Blanks zur Abgrenzung von Tokens (symbolische Begriffe).

Steuerzeichen / Control Character

Die folgenden Steuerzeichen werden von DB2 wie Blanks behandelt:

Steuerzeichen	*Hexadezimale Darstellung (EBCDIC)*
Tabulator Tab	05
Seitenvorschub Form feed	0C
Wagenrücklauf Carriage return	0D
Zeilenvorschub Next Line	15
Neue Zeile New Line	25

Groß- und Kleinbuchstaben

Jeder Token kann aus Groß- und Kleinbuchstaben bestehen, aber bei normalem Token werden Kleinbuchstaben in Großbuchstaben umgesetzt.
Beispiel:

    select   *   from   SEMTYP where   titel   like   '%Design%'

ist gleichbedeutend mit:

    SELECT *   FROM SEMTYP WHERE TITEL LIKE '%Design%'.

Identifikatoren

Identifikator Token (symbolischer Begriff) zur Vorgabe eines Namens.

SQL-Identifikator SQL-Namen für DB2-Objekte oder innerhalb des Statements.

Normal (ordinary) Buchstabe mit evtl. weiteren Zeichen. Zugelassene Zeichen sind: Buchstaben, Ziffern oder das Unterstreichungs-Zeichen (_).
Beispiele:
    SEMINAR_ANGEBOT
    SEMINAR#PREIS.

Ein SQL-Identifikator muss entweder als Single Byte Characte String (SBCS) oder als Double Byte Character String (DBCS) vorgegeben werden.
Als DBCS darf die Zeichenkette max. 8 Double Byte Character betragen und muss von den Steuerzeichen Shift-Out (x'0E') und Shift-In (x'0F') eingeschlossen werden.

abgegrenzt (delimited) Folge von einem oder mehreren Zeichen, die mit einem Begrenzungs-Zeichen (Escape Character) eingeschlossen sind.
Das Begrenzungs-Zeichen ist ' oder " je nach gewählter Option:
- bei dynamischem SQL   der SQL STRING DELIMITER (siehe Installations-Panel DSNTIPF). Siehe auch Besonderheiten unter DYNAMICRULES.
- im COBOL-Programm   eine Precompiler-Option.

Beispielsweise ist der Einsatz bei SQL-reservierten Worten erforderlich, wenn z.B. ein Spalten-Name reserviert ist:

SELECT "SYNONYM" FROM .....

Kurzform und Langform Namenskonventionen für DB2-Objekte --> siehe dort.
Kurzform   max. Länge 8 Zeichen für systembezogene Objekte.
Langform   max. Länge 18 Zeichen, in der Regel für benutzerbezogene Objekte.

Lokations-Identifikator Name eines Database Management-Systems, mit dem kommuniziert werden kann.
Maximale Länge 16 Bytes, keine Kleinbuchstaben zulässig.

Host-Identifikator Name einer Variablen innerhalb eines Anwendungs-Programmes.
Die Regeln der jeweiligen Programmiersprachen sind zu beachten.

A1 Anhang - DB2-Basis-Sprachelemente
Grund-Definitionen der Sprachmittel

Namenskonventionen der Objekt-Typen

Für die DB2-Objekt-Typen gelten folgende Namenskonventionen:

Objekt-Name	Bedeutung	Qualifikation Lokation	Qualifikation Schema (Owner)	Identifikator-Typ Kurz	Identifikator-Typ Lang	Besonderheit
alias-name	Verweis auf einen Alias, View oder eine Table	x	x		x	
authorization-id	Von einem externen Security vorgegebener Name eines Benutzers oder einer Benutzer-Gruppe Siehe auch unter schema-name			x		
authorization-name	Zuordnung von Privilegien zu einem Namen (z.B. Name eines Benutzers oder einer Benutzer-Gruppe)			x		
aux-table-name	Name einer Auxiliary Table. Konventionen analog table-name	x	x		x	
bpname	Name eines Bufferpools Gültige Werte sind: 4KB-Pages: BP0 - BP49 8KB-Pages: BP8K0 - BP8K9 16KB-Pages: BP16K0 - BP16K9 32KB-Pages: BP32K, BP32K1 - BP32K9			x		
built-in-data-type	Name eines IBM-Daten-Typs.		x		x	
catalog-name	Name eines ICF-Katalogs (Integrated Catalog Facility)			x		
collection-id	Name einer Package-Collection (auch Packageset genannt)				x	
column-name	Name einer Tabellen- oder View-Spalte				x	Mögliche Qualifier: - table-name - view-name - synonym oder alias - correlation-name
constraint-name	Name eines Referential Constraints Name eines Check Constraints			x	x	
correlation-name	Name einer Korrelation zu einer Table oder einem View				x	
cursor-name	Name eines Cursors in einem Programm				x	
database-name	Name einer DB2-Database			x		
descriptor-name	Name einer Host Variablen, die den Namen einer SQLDA referenziert					
distinct-type-name	Name eines DB2-Distinct Daten-Typs		x		x	
function-name	Name einer Funktion (User-defined-, Cast- oder Built-in-Funktion)		x		x	
host-variable	Name einer Host-Variablen oder einer Host-Struktur					
index-name	Name eines Indexes		x		x	

A1 Anhang - DB2-Basis-Sprachelemente
Grund-Definitionen der Sprachmittel

Objekt-Name	Bedeutung	Qualifikation Lokation	Qualifikation Schema (Owner)	Identifikator-Typ Kurz	Identifikator-Typ Lang	Besonderheit
location-name	Name einer Lokation					Bis zu 16-stelliger Name
package-id	Name einer Package			x		
plan-name	Name eines Plans			x		
procedure-name	Name einer Stored Procedure	x	x		x	
program-name	Name einer Exit-Routine			x		
schema-name	Name eines Schemas. Schema und Autorisierungs-Id sind häufig identisch.			x		
specific-name	Name einer User-defined Funktion		x		x	
statement-name	Name eines präparierten SQL-Statements				x	
stogroup-name	Name einer Storage Group			x		
synonym-name	Verweis auf ein Synonym, einen View oder eine Table				x	
table-name	Name einer Table	x	x		x	
tablespace-name	Name eines Tablespaces			x		
trigger-name	Name eines Triggers		x		x	
version-id	Package-Version					Bis zu 64-stelliger Name
view-name	Name eines Views	x	x		x	

Qualifizierung von unqualifizierten Objekt-Namen

Für bestimmte DB2-Objekt-Typ-Gruppen gelten folgende Zuordnungsregeln, wenn die Objekte ohne weitere Qualifikation angesprochen werden.

Alias, Table, View und Index

Bei **statischen** SQL-Statements wird als impliziter Qualifier der in der QUALIFIER-Option des BIND-Prozesses verwendete Name oder der Eigentümer des Plans bzw. der Package herangezogen.

Bei **dynamischen** SQL-Statements wirken in Abhängigkeit von dem jeweiligen Anforderungstyp und dem DYNAMICRULES-Parameter des BIND-Prozesses verschiedene Defaults (Details siehe im Index unter **Behavior** bzw. unter BIND PACKAGE):

- **BIND** analog statischer SQL-Statements.

- **RUN** der CURRENT SQLID des Programm-Ausführungs-Prozesses.

- **DEFINEBIND** bei Stand-alone-Programmen analog BIND;
  bei User-defined Functions oder Stored Procedures der Eigentümer der Funktion bzw. der Stored Procedure (the owner is the definer = der Funktions-Erzeuger).

- **DEFINERUN** bei Stand-alone-Programmen analog RUN;
  bei User-defined Functions oder Stored Procedures der Eigentümer der Funktion bzw. der Stored Procedure (the owner is the definer = der Funktions-Erzeuger).

- **INVOKEBIND** bei Stand-alone-Programmen analog BIND;
  bei User-defined Functions oder Stored Procedures der aufrufende Autorisierungs-Id der Funktion bzw. der Stored Procedure (the owner is the invoker = der Funktions-Aufrufende).

- **INVOKERUN** bei Stand-alone-Programmen analog RUN;
  bei User-defined Functions oder Stored Procedures der aufrufende Autorisierungs-Id der Funktion bzw. der Stored Procedure (the owner is the invoker = der Funktions-Aufrufende).

Qualifizierung von Daten-Typen, Funktionen, Stored Procedures und Triggern

Für die Qualifikation von Daten-Typen, Funktionen, Stored Procedures und Triggern gelten folgende Zuordnungsregeln:

- Werden die Objekte ohne weitere Qualifikation als Haupt-Objekt in den folgenden Statements angesprochen:

    ALTER, CREATE, DROP, COMMENT ON, GRANT und REVOKE

    - dann wird bei statischen SQL Statements als impliziter Qualifier der in der QUALIFIER-Option des BIND-Prozesses verwendete Name oder der Eigentümer des Plans bzw. der Package herangezogen;

    - dann wird bei dynamischen SQL Statements als impliziter Qualifier der CURRENT SQLID des Programm-Ausführungs-Prozesses herangezogen.

- Ansonsten gelten folgende Regeln:

    - bei <u>Daten-Typ-Namen</u> wird der SQL-Pfad durchsucht und das erste Schema verwendet, in dem der Daten-Typ definiert ist und der Benutzer die Autorisierung zur Benutzung dieses Daten-Typs hat.

    - bei <u>Funktions-Namen</u> wird der SQL-Pfad mit einer Vorgehenssystematik durchsucht, die sich **Funktions-Auflösung** nennt. Details siehe später in diesem Anhang unter "Funktionen" bzw. im Index unter diesem Stichwort.

    - bei <u>Stored-Procedure-Namen</u> wird der SQL-Pfad durchsucht und das erste Schema verwendet, in dem dieser Name mit derselben Anzahl von Parametern definiert ist und der Benutzer die Autorisierung zur Benutzung dieser Prozedur hat.

    - bei <u>Trigger-Namen</u> wird der SQL-Pfad durchsucht und das erste Schema verwendet, in dem dieser Name definiert ist.

Schemas und SQL-Pfad

Ein **Schema** ist ein Systembereich, dem ein eindeutiger Name zugeordnet wird.

Die Vergabe des Namens für ein Schema ist beliebig und wird von DB2 nicht geprüft.
Typischerweise werden ganze Systeme (z.B. PROD), Anwendungsgruppen (z.B. SPAR) oder auch einzelne Anwendungen (z.B. SPARUMS) oder Benutzer (z.B. USER15) als Schema eingerichtet.

Bevor der Begriff Schema im DB2 eingeführt wurde, übernahm der Autorisierungs-Id diese Rolle.
Ein Schema ist in vielen SQL-Statements und auch in Prozessen relevant, da damit die Identifikation von Objekten oder Prozessen erfolgt.
Wenn beispielsweise eine Tabelle mit CREATE TABLE angelegt wird, kann der Tabellenname qualifiziert (zwei- oder dreiteilig) oder unqualifiziert vorgegeben werden. Einer der Präfixe ist der Autorisierungs-Id bzw. der Eigentümer der Tabelle. Dieser entspricht dann dem Schema.

Beispiele für Schema-Namen sind:

    PROD   SPAR   USER15   SYSIBM

Wird bei einem Verweis auf Objekte oder Funktionen keine volle Qualifizierung mitgegeben, werden Default-Zuordnungen ergriffen.
Diese werden dem **SQL-Pfad** entnommen.
Der SQL-Pfad ist eine geordnete Liste von Schema-Namen. Dabei wird der Pfad in der Reihenfolge der definierten Namen durchsucht. Details hierzu siehe im Anhang 2 unter SET CURRENT PATH bzw. unter BIND und seinem PATH-Parameter.

Die Zuordnungsregeln sind vorab beschrieben unter "Qualifizierung von Daten-Typen, Funktionen, Stored Procedures und Triggern". Siehe dort.

Reservierte Worte im SQL

Folgende Worte sind reserviert und können nicht dort vorgegeben werden, wo sie auch als SQL-Schlüsselwörter interpretiert werden könnten (fett gedruckte Wörter gelten ab Version 6):

ADD		MINUTES	STANDARD
AFTER	EDITPROC	**MODIFIES**	**STAY**
ALL	**ELSE**	MONTH	STOGROUP
ALLOW	**END**	MONTHS	**STORES**
ALTER	END-EXEC*		**STYLE**
AND	ERASE	**NAME**	SUBPAGES
ANY	ESCAPE	**NO**	SYNONYM
AS	EXCEPT	NOT	**SYSFUN**
ASUTIME	EXECUTE	NULL	**SYSIBM**
AUDIT	EXISTS	**NULLS**	**SYSPROC**
AUX	**EXTERNAL**	NUMPARTS	**SYSTEM**
AUXILIARY			
	FENCED	OBID	TABLE
BEFORE	FIELDPROC	OF	TABLESPACE
BEGIN	**FINAL**	ON	**THEN**
BETWEEN	FOR	**OPTIMIZATION**	TO
BUFFERPOOL	FROM	OPTIMIZE	**TRIGGER**
BY	FULL	OR	**TYPE**
	FUNCTION	ORDER	
CALL		OUT	UNION
CAPTURE	**GENERAL**	OUTER	UNIQUE
CASCADED	**GENERATED**		UPDATE
CASE	GO	PACKAGE	USER
CAST	GOTO	**PARAMETER**	USING
CCSID	GRANT	PART	
CHAR	GROUP	**PATH**	VALIDPROC
CHARACTER		PIECESIZE	VALUES
CHECK	HAVING	PLAN	**VARIANT**
CLUSTER	HOUR	PRECISION	VCAT
COLLECTION	HOURS	PRIQTY	VIEW
COLLID		PRIVILEGES	VOLUMES
COLUMN	IMMEDIATE	**PROCEDURE**	
CONCAT	IN	PROGRAM	**WHEN**
CONNECTION	INDEX	**PSID**	WHERE
CONSTRAINT	INNER		WITH
CONTAINS	INOUT	QUERYNO	**WLM**
COUNT	INSERT		
CURRENT	INTO	**READS**	YEAR
CURRENT_DATE	IS	REFERENCES	YEARS
CURRENT_LC_CTYPE	**ISOBID**	RELEASE	
CURRENT_PATH		RENAME	
CURRENT_TIME	JOIN	**RESTRICT**	
CURRENT_TIMESTAMP		**RESULT**	
CURSOR	KEY	RETURN	
		RETURNS	
DATA	LANGUAGE	RIGHT	
DATABASE	LC_CTYPE	**RUN**	
DAY	LEFT		
DAYS	LIKE	SCHEMA	
DBINFO	**LOCAL**	**SCRATCHPAD**	
DB2SQL	**LOCALE**	SECOND	
DEFAULT	**LOCATOR**	SECONDS	
DELETE	**LOCATORS**	SECQTY	
DESCRIPTOR	**LOCKMAX**	**SECURITY**	
DETERMINISTIC	LOCKSIZE	SELECT	
DISALLOW	LONG	SET	
DISTINCT		**SIMPLE**	
DOUBLE	MICROSECOND	SOME	
DROP	MICROSECONDS	**SOURCE**	
DSSIZE	MINUTE	**SPECIFIC**	

* Gilt nur für COBOL.

Daten-Typen und Daten-Typ-Gruppen

Der **Daten-Typ** steuert die Behandlung der einzelnen Daten-Werte und wird einer Spalte (Attribut) zugeordnet. Außer dem ROWID können alle Daten-Typen einen NULL-Wert enthalten.

Die Daten-Typen beeinflussen die Art der Behandlung ihrer zugeordneten Daten-Werte (Values). Daten-Werte sind in folgenden Varianten zuordenbar:

- **Konstanten**   z.B. '5' , 5 , 'DB2-DES',
- **Spalten (Columns)**   z.B. SEMCODE,
- **Host-Variablen**   z.B. :SEMCODE,
- **Funktionen (Functions)** z.B. MAX (SEMCODE),
- **Expressions**   z.B. 1,10 * GEHALT,
- **Spezial-Register**   z.B. CURRENT DATE.

Daten-Typen lassen sich **Daten-Typ-Gruppen** zuordnen:

- **Builtin Daten-Typ** Diese Daten-Typen stellen die Basis für die unterstützten internen Daten-Typen dar und werden von IBM standardmäßig mit DB2 zur Verfügung gestellt.

- **Distinct Daten-Typ** Diese Daten-Typen sind benutzerdefinierbar und können dann innerhalb von Objekten und Funktionen angesprochen werden.
Distinct Daten-Typen werden auch als User-defined Daten-Typen bzw. Distinct Types bezeichnet.
Sie basieren auf den Builtin-Daten-Typen und erben deren interne Repräsentation, nicht aber deren funktionale Behandlungsmöglichkeiten.

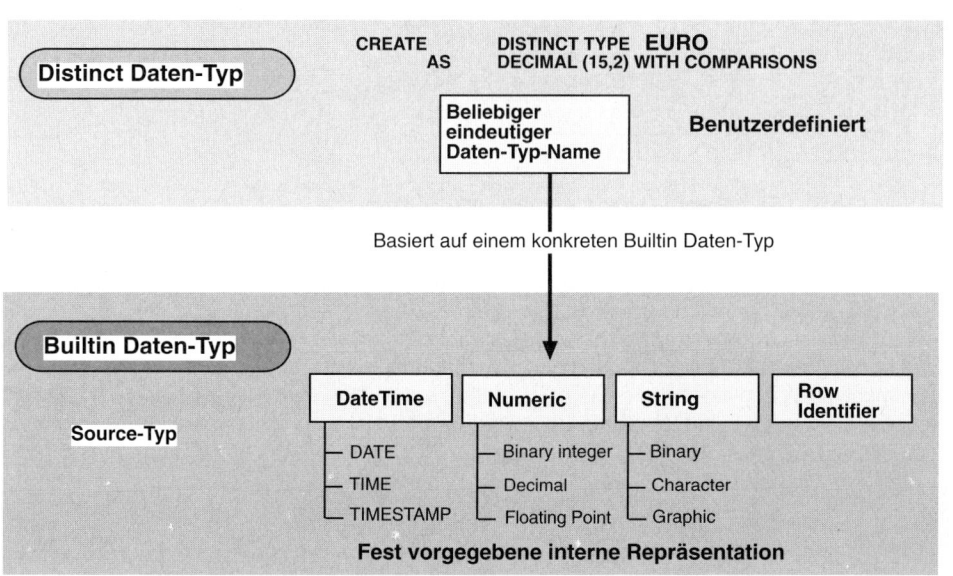

Abbildung A-1

Daten-Typ-Gruppen

A1 Anhang - DB2-Basis-Sprachelemente
Daten-Typen

Builtin Daten-Typen

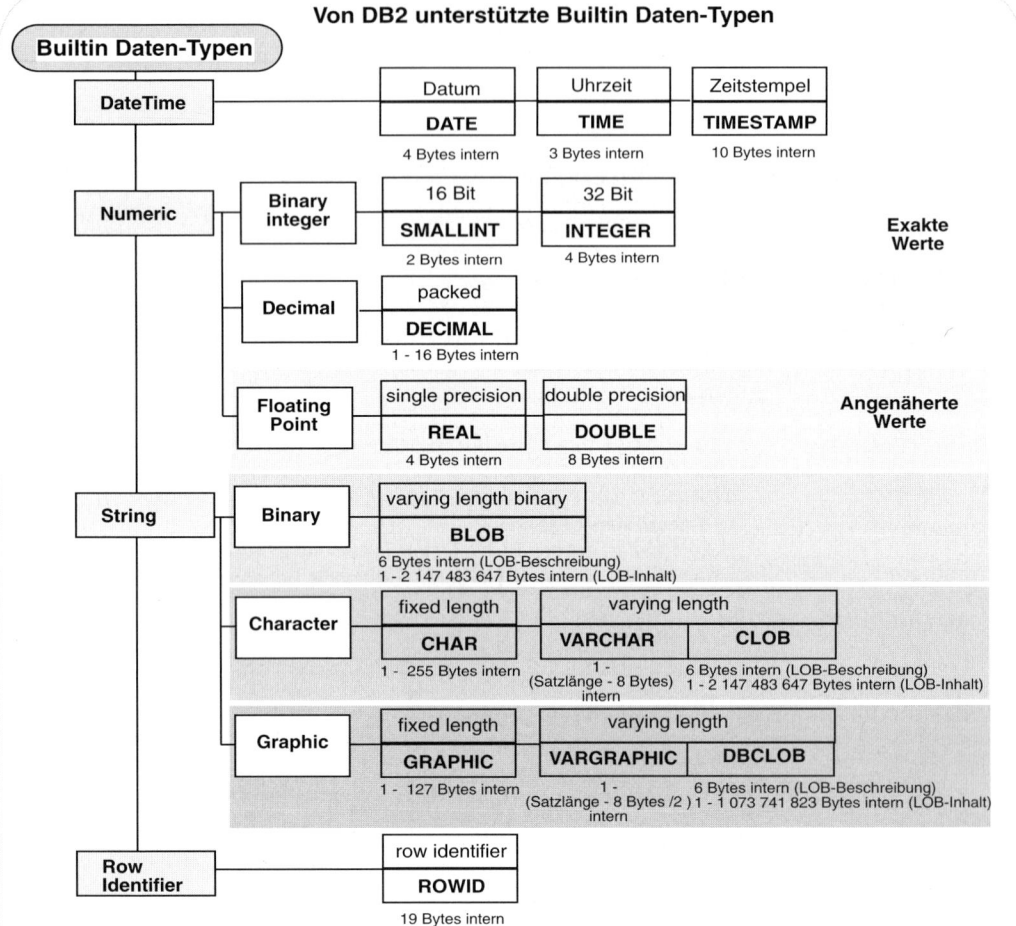

Abbildung A-2: Von DB2 unterstützte Builtin Daten-Typen

Alle Daten-Typen - außer ROWID - unterstützen (intern) **NULL-Werte**.
Ob jedoch für eine bestimmte Spalte NULL-Werte geführt werden oder nicht, entscheidet sich durch die jeweiligen spaltenbezogenen Definitionen.

Die einzelnen Daten-Typen sind grundsätzlich innerhalb ihrer jeweiligen Gruppe (z.B. Numeric) konvertierbar. Über die Gruppengrenzen hinweg besteht keine direkte Konvertierungsmöglichkeit. Mit Hilfe von Funktionen sind aber einige Formatumwandlungen unterstützt.
Eine der wichtigsten Funktionen in diesem Zusammenhang stellt die **CAST**-Funktion dar. Diese wird als implizite Funktion bei allen Konvertierungen aktiviert und ist auch als explizite Expression/Ausdruck nutzbar (z.B. SELECT CAST (PREIS AS INTEGER) FROM SEMPREIS).

Zeichenketten/Strings

Unter einem String versteht man eine Kette beliebiger Zeichen im EBCDIC- oder ASCII-Code.
Die Länge eines Strings ist fest oder variabel. Ist bei einer variablen Länge kein Wert gespeichert, wird die Länge 0 angenommen (empty string).
Alle Werte einer Spalte mit einem String-Daten-Typ mit fester Länge verfügen über dieselbe Anzahl interner Bytes. Solche Strings werden dann als kurzer String (short string) bezeichnet, wenn ihre Länge kleiner als 256 Bytes ist. Für längere Strings mit fester oder variabler Länge bzw. für Large Objects wirken einige Restriktionen. Siehe hierzu unter CREATE TABLE bzw. im Index unter "Long-String Besonderheiten".

Character Strings

Character Strings werden mit einem CCSID (coded character set identifier) versehen, der für Umcodierungen den jeweiligen Code-Status identifiziert (z.B. nationales Format) --> siehe hierzu auch die Katalogtabelle SYSSTRINGS.
Alle Character Strings haben <u>Subtypen</u>:

- <u>SBCS</u>   Single Byte Character Set (eine Stelle pro Zeichen)
- <u>DBCS</u>   Double Byte Character Set (zwei Stellen pro Zeichen) begrenzt mit Shift-out und Shift-in-Zeichen (nicht gültig für CLOBs).
- <u>BIT</u>   Der String repräsentiert keine Zeichen und wird nicht vom System konvertiert (nicht gültig für CLOBs).
- <u>MIXED</u> SBCS und/oder DBCS-Zeichen werden unterstützt.

CHARACTER oder **CHAR** für Character Strings mit fester Länge. Max. 255 Bytes.

VARCHAR oder
CHAR VARYING oder für Character Strings mit variabler Länge. Max. 32706 Bytes.
CHARACTER VARYING

CLOB oder
CHAR LARGE OBJECT oder für große Character Strings mit variabler Länge. Max. 2 GB minus 1 Byte.
CHARACTER LARGE OBJECT

Graphic Strings

Graphic Strings sind beliebige Zeichen im Doppel-Byte-Character-Mode (DBCS).
Graphic Strings werden mit einem CCSID (coded character set identifier) versehen, der ein DBCS-Format identifiziert.
Solche Strings werden dann als kurzer String (short string) bezeichnet, wenn ihre Länge kleiner als 128 Bytes ist. Für längere Strings mit fester oder variabler Länge bzw. für Large Objects wirken einige Restriktionen. Siehe hierzu unter CREATE TABLE bzw. im Index unter "Long-String Besonderheiten".

GRAPHIC   für Graphic Strings mit fester Länge. Max. 127 Zeichen

VARGRAPHIC   für Graphic Strings mit variabler Länge. Max. 16352 Zeichen.

DBCLOB   für große Graphic Strings mit variabler Länge. Max. 1 GB minus 1 Byte.

Binary Strings

Binary Strings repräsentieren eine Kette von Bytes mit i.d.R. nicht strukturiertem Inhalt (z.b. Bilder, Grafiken usw.). Binary Strings werden nicht mit einem CCSID (coded character set identifier) versehen.
Für Large Objects wirken einige Restriktionen. Siehe hierzu unter CREATE TABLE bzw. im Index unter "Long-String Besonderheiten".
Es ist zu beachten, dass BLOB Strings und Character Strings, die mit FOR BIT DATA definiert sind, untereinander nicht kompatibel sind.

BLOB oder   für große binäre Strings mit variabler Länge. Max. 2 GB minus 1 Byte.
BINARY LARGE OBJECT

A1 Anhang - DB2-Basis-Sprachelemente
Daten-Typen

Numerische Daten

Numerische Daten führen Zahlenwerte.
Alle Zahlen verfügen über:

- eine bestimmte maximale inhaltliche Darstellungsmöglichkeit (Genauigkeit bzw. precision),
- Nachkommastellen,
- ein Vorzeichen.

Es werden folgende Datenhaltungskonzepte unterstützt:

Binärzahlen	Ganzzahlen ohne Nachkommastellen.
Dezimalzahlen	Präzise Werte mit Nachkommastellen.
Gleitkommazahlen	Annäherungs-Werte mit Nachkommastellen.

Binärzahlen

Binärzahlen sind numerische Ganzzahlen.

SMALLINT	für 15-Bit Binärzahl plus Vorzeichen (2 Bytes). Wertebereich von -32768 bis +32767.
INTEGER oder **INT**	für 31-Bit Binärzahl plus Vorzeichen (4 Bytes). Wertebereich von -2147483648 bis +2147483647.

Dezimalzahlen

Dezimalzahlen sind präzise Zahlenwerte mit möglichen Kommastellen.

DECIMAL oder **DEC** oder **NUMERIC**	für Dezimalzahl. Max. 31 Gesamtstellen (16 Bytes), mit oder ohne Kommastellen. Wertebereich von $1 - 10^{31}$ bis $10^{31} - 1$.

Gleitkommazahlen

Gleitkommazahlen sind angenäherte Zahlenwerte.

FLOAT	für Gleitkommazahl. Wenn 1 - 21 Bits vorgegeben werden, dann erfolgt Darstellung mit einfacher Genauigkeit (alternativ REAL); wenn 22 - 53 Bits vorgegeben werden, mit doppelter Genauigkeit (alternativ DOUBLE_PRECISION). Wertebereich von -7.2E+75 bis 7.2E+75.
REAL	für Gleitkommazahl mit einfacher Genauigkeit. Wertebereich von -7.2E+75 bis 7.2E+75.
DOUBLE	für Gleitkommazahl mit doppelter Genauigkeit Wertebereich von -7.2E+75 bis 7.2E+75.

ROWID

Eine ROWID stellt eine eindeutige physische Zeilenadresse dar. Die Adresse wird von DB2 beim Einstellen und bei Reorganisationen vergeben und kann als direktes Zugriffskriterium verwendet werden. Die ROWID muss von DB2 vergeben werden (GENERATED BY DEFAULT) und kann nicht von Benutzern verändert werden.

DateTime

Speicherung von Daten, die ausschließlich Datums- und Uhrzeitwerte enthalten.
Diese Werte sind weder als Strings noch als numerische Daten einordenbar, werden aber als Strings dargestellt und können mit arithmetischen oder String-Funktionen behandelt werden.

DATE Datum nach Gregorianischem Kalendarium (aber entgegen diesem Kalender sind auch Zeiten zwischen 4. und 15.10.1582 gültig).
Das Datum besteht aus drei logischen Teilen:
- **Year** - 0001 bis 9999
- **Month** - 1 bis 12
- **Day** - 1 bis n; n ist vom Monat abhängig:
  - für die Monate 4,6,9 und 11: n = 30,
  - für die Monate 1,3,5,7,8,10 und 12 : n = 31,
  - für Monat 2 : n = 28, im Schaltjahr : n = 29.

TIME Tageszeit innerhalb des 24-Stunden-Modus.
Die Tageszeit besteht aus drei logischen Teilen:
- **Hour** - 0 bis 24 (Je nach Format 0 oder 24 zulässig)
- **Minute** - 0 bis 59
- **Second** - 0 bis 59.

TIMESTAMP Zeitstempel einer aktuellen Zeitaufnahme (z.B. aktuelle OS/390-Zeit).
Der Zeitstempel besteht aus sieben logischen Teilen:
Year, Month, Day, Hour, Minute, Second, Microsecond.

Die folgende Abbildung zeigt die möglichen internen und externen Formate auf, wobei die internen Formate von DB2 gespeichert werden und die externen Formate in String-Form bereitgestellt werden. Mit den jeweiligen Begrenzungszeichen kann jedes externe Format vorgegeben werden:

Abbildung A-3

DATE / TIME und TIMESTAMP-Daten-Typen

Format-Name	DATE Internes Format	DATE Externes Format	TIME Internes Format	TIME Externes Format	TIMESTAMP Internes Format	TIMESTAMP Externes Format
ISO		yyyy-mm-dd		hh.mm.ss		
USA	yyyymmdd	mm/dd/yyyy	hhmmss	hh:mm AM/PM	yyyymmdd hhmmss ttttttt	yyyy-mm-dd-hh.mm.ss.nnnnnn
EUR	in 4 Bytes	dd.mm.yyyy	in 3 Bytes	hh.mm.ss	in 10 Bytes	
JIS		yyyy-mm-dd		hh:mm:ss		
LOCAL		individuell		individuell		

Format-Namen:
- **ISO** - International Standard Organization
- **USA** - IBM USA Standard
- **EUR** - IBM European Standard
- **JIS** - Japanese Industrial Standard Christian Era
- **LOCAL** - Individuell im Unternehmen definiert.

Distinct Daten-Typen

Ein **Distinct Daten-Typ** ist ein benutzerdefinierter Daten-Typ, der auf einem Builtin-Daten-Typ basiert (**Source Type**) und dessen interne Repräsentation benutzt.
Dies ist die einzige Gemeinsamkeit der beiden Daten-Typen, da die funktionale Verarbeitungs-möglichkeit eines Distinct Daten-Typs völlig von dem basierenden Source Typ separiert wird.
Es wird eine strikte Abgrenzung (**strong typing**) betrieben, da Operationen unterschiedlicher Daten-Typen ebenfalls unterschiedlich behandelt werden können bzw. müssen.
Dies ist begründet durch die unterschiedliche Semantik solcher Daten-Typen, die auf der externen Ebene unterschiedliche Behandlungen fordern. So ist beispielsweise die Länge eines Briefes anders zu behandeln als die Länge eines Video-Films.

Die Bereitstellung einer bestimmten Grund-Funktionalität - speziell im Hinblick auf die operationale Behandlung von Daten desselben Daten-Typs - ist aber grundsätzlich zweckmäßig.
Daher werden beim Anlegen von Distinct Daten-Typen, deren Builtin Daten-Typ kein Large Object (LOB) repräsentiert, einige Grund-Builtin-Funktionen generiert.

Abbildung A-4

Daten-Typen und Builtin-Funktionen

Distinct Daten-Typ

```
CREATE   DISTINCT TYPE   EURO
AS       DECIMAL (15,2)
         WITH COMPARISONS
```

Automatisch generierte Builtin Funktionen (nicht bei LOBs)

- Basic Predicate
  - = ¬=
  - > ¬>
  - ....
- Sonstige Predicates
  - BETWEEN, NOT BETWEEN
  - IN, NOT IN
  - NULL, NOT NULL
- Sonstige Expressions
  - CAST

Builtin Daten-Typ

- DateTime
  - DATE
  - TIME
  - TIMESTAMP
- Numeric
  - Binary integer
  - Decimal
  - Floating Point
- String
  - Binary
  - Character
  - Graphic
- Row Identifier

Builtin Funktions-Typ

- Expression
  - Operator-Function
    - + -
    - / *
    - // CONCAT
  - Column-Function
    - AVG
    - COUNT
    - ....
  - Sonstige Expressions
    - CASE
    - CAST
    - .....
  - Scalar-Function
    - ABS
    - ACOS
    - ....
- Predicate
  - Basic Predicate
    - = ¬=
    - > ¬>
    - ....
  - Quantified Predicate
    - SOME ANY
    - ALL
  - Sonstige Predicates
    - BETWEEN, NOT BETWEEN
    - EXISTS, NOT EXISTS
    - IN, NOT IN
    - LIKE, NOT LIKE
    - NULL, NOT NULL

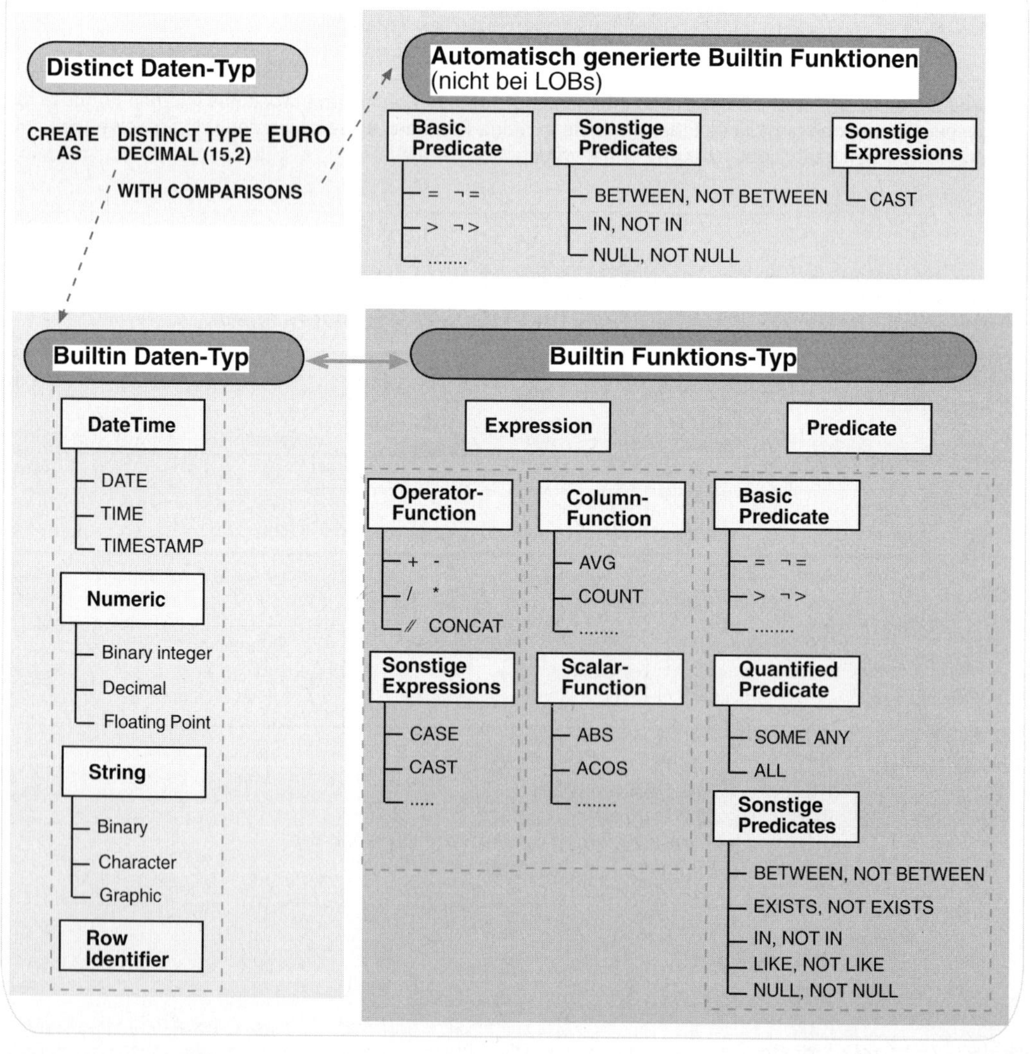

Konstante

Eine Konstante (auch Literal genannt) spezifiziert einen Wert. Alle Konstanten haben das Attribut 'NOT NULL'. Jede Konstante basiert auf einem Builtin Daten-Typ und unterliegt dessen Regeln. Konstanten werden klassifiziert in:
- String Konstanten (Character und Grafik)
- Numerische Konstanten (Integer, Floating Point oder Decimal).

Character Strings

Vorgabe beliebiger Zeichen. Es existieren zwei Formen:
- Character-Format
- Hexadezimales Format.

Character-Format Folge von Zeichen, die mit ' oder " eingeschlossen sind (abhängig von der eingesetzten Programmiersprache und von DB2-Generierungs-Parametern). Maximale Länge 255 Bytes.
Beispiele: '01.01.2010' , '5' , 'SAMSON''S' , ' '

Hexadezimales Format Folge von Zeichen, die mit ' oder " eingeschlossen sind und denen ein X voransteht. Bei diesem Format müssen gültige zweistellige hexadezimale Zeichen (0 - 9 und A - F) vorgegeben werden. Max. 126 Bytes.
Beispiele: x'F0F1F4' , x'FFFF' , x'0000'

Graphic Strings

Vorgabe beliebiger Zeichen im Doppel-Byte-Character-Mode (DBCS). Die Strings müssen mit Shift-Out-Character (< = x'0E') und Shift-In-Character (> = x'0F') eingeschlossen werden. Es können max. 124 Zeichen vorgegeben werden. Es existieren zwei String-Formen:
- PL/1-Format
- Sonstige Formate.

PL/1-Format Syntax: <'******'G>
Erläuterungen:
- < > = Shift-Out/Shift-In-Character
- ***** = Graphic-String
- ' = x'427D' (Double-Byte String-Delimiter)
- G = x'42C7'

Sonstige Formate Syntax: G'<******>'
Erläuterungen:
- G = x'C7'
- ' = x'7D' (String-Delimiter)
- < > = Shift-Out/Shift-In-Character
- ***** = Graphic-String

Numeric

Vorgabe von ausschließlich numerischen Daten.

Integer 31-Bit Binärzahl mit oder ohne Vorzeichen. Die Abspeicherung erfolgt in 4 Bytes.
Die Binärzahl darf max. 10 Stellen aufweisen (max. Wertebereich 2147483647).
Beispiele: 61 , -528 , +100

Decimal Max. 31-stellige Dezimalzahl mit oder ohne Vorzeichen (wenn DECIMAL POINT IS COMMA definiert ist, muss ein Komma "," anstelle eines Punktes "." als Nachkommastellenabgrenzung vorgegeben werden).
Beispiele: 15.5 , -528 , +100.0001

Floating Point Für die Speicherung einer Gleitkommazahl.
Beispiele: 15E1 , +5.E+2, 2.3E-1

A1 Anhang - DB2-Basis-Sprachelemente
Daten-Typen

Hierarchische Umwandlung von Daten-Typen (Promotion)

Daten-Typen lassen sich einer hierarchischen Rangfolge zuordnen, in der eine Inhalts-Umwandlung automatisch vorgenommen werden kann. So wird beispielsweise ein Dezimal-Wert in einen Gleitkomma-Wert umgewandelt, nicht aber umgekehrt.
Eine solche automatische Umwandlungsmöglichkeit ist erforderlich in folgenden Fällen:

- bei der **Suche nach einer Funktion** (siehe auch unter "Funktions-Suche" bzw. "Function Resolution"),
- bei der **Änderung von Daten-Typen** (siehe auch unter CAST bzw. "Casting"),
- bei der **Umwandlung von Distinct Daten-Typen in Builtin Daten-Typen**
  (siehe auch unter "Zuweisung von Distinct Daten-Typen").

Die folgende Tabelle zeigt die Umwandlungsmöglichkeiten in Rangfolge der effizientesten zur ineffizientesten Form (SMALLINT -> SMALLINT ist besser als SMALLINT --> INTEGER).

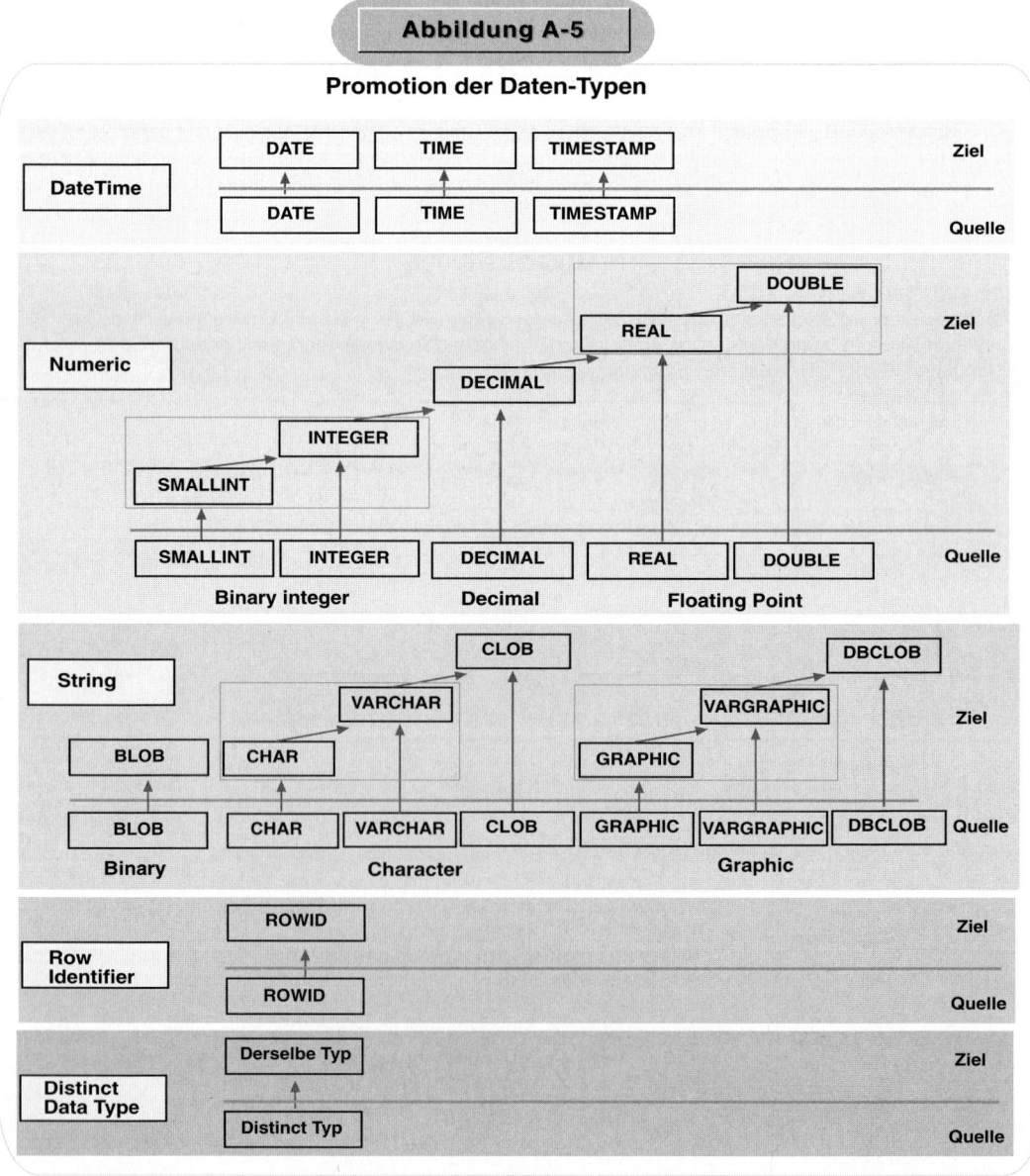

Abbildung A-5

Promotion der Daten-Typen

Format-Änderung zwischen unterschiedlichen Daten-Typen (Casting)

Der Wert eines Daten-Typs läßt sich in eingeschränktem Umfang in einen Wert eines anderen Daten-Typs oder einen Wert desselben Daten-Typs mit anderer Länge, Genauigkeit oder Nachkommastellen ändern.
Format-Änderungen lassen sich innerhalb der hierarchischen automatischen Umwandlungs-möglichkeiten (Promotion) und außerhalb einer solchen Hierarchie vornehmen.
Eine Änderung läßt sich daher auch pfadübergreifend durch explizite oder implizite Funktionsaufrufe erreichen.

Die folgenden expliziten Daten-Typ-Veränderungen sind aktivierbar:

- mit der **Nutzung der CAST-Expression**,
- mit der **Nutzung von Scalar Functions**, wie CHAR, DEC, INT usw.

Die folgenden impliziten Daten-Typ-Veränderungen sind nutzbar:

- **Distinct Daten-Typen** verfügen über automatisch generierte CAST-Funktionen, die bei dem Ansprechen unterschiedlicher Formate nutzbar sind,

- Die **Parameter von Funktionen** müssen ggf. angepasst werden, wenn das Format eines Arguments nicht in der Funktion explizit definiert ist.

Unterstützte Format-Änderungen von Distinct Daten-Typen

Distinct Daten-Typen sind nach folgenden Regeln kompatibel:

- ein Distinct Daten-Typ ist kompatibel zu seinem Source Builtin Daten-Typ und umgekehrt,

- ein Distinct Daten-Typ ist kompatibel zu demselben Distinct Daten-Typ,

- ein Source Builtin Daten-Typ eines Distinct Daten-Typs ist innerhalb der Rangfolge seiner Gruppe kompatibel (siehe auch vorab unter "Hierarchische Umwandlung von Daten-Typen(Promotion)").
  Es ist zu beachten, dass sich die Unterstützung nur auf die in der Abbildung A-5 dargestellten Hierarchie-Teil-Gruppen bezieht, die mit einem Rahmen versehen sind.
  Unterstützt sind daher z.B. SMALLINT --> INTEGER.
  Nicht unterstützt in diesem Kontext sind: INTEGER --> DECIMAL.

Die genannten Beschränkungen der Distinct Daten-Typen ergeben sich durch die restriktive funktionale Nutzungsmöglichkeit. Wird ein Distinct Daten-Typ angelegt, werden automatisch bestimmte CAST-Funktionen generiert (Details siehe auch im Anhang 2 unter CREATE DISTINCT TYPE).
Andere Funktionen müssen explizit entwickelt werden, wie z.B. die Umrechnung von DM auf EURO.

Beispiel:
```
CREATE   DISTINCT   TYPE EURO AS DECIMAL (15,2)      WITH COMPARISONS;
```
führt zu folgenden Funktions-Generierungen:
```
CREATE   FUNCTION  EURO      (DECIMAL (15,2))  RETURNS EURO;
CREATE   FUNCTION  DECIMAL   (EURO)            RETURNS DECIMAL (15,2) ;
```

Basiert ein Distinct Daten-Typ auf einem Source Builtin Daten-Typ auf unterster Hierarchie-Gruppen-Ebene erfolgen zusätzliche Funktions-Generierungen:

Source Builtin-Funktion	Funktions-Generierungen für:	
CHAR	CHAR	VARCHAR
GRAPHIC	GRAPHIC	VARGRAPHIC
SMALLINT	SMALLINT	INTEGER
REAL (bzw. FLOAT <=24)	REAL	DOUBLE

A1 Anhang - DB2-Basis-Sprachelemente
Daten-Typen

Unterstützte Format-Änderungen von Builtin Daten-Typen

Format-Änderungen (Konvertierungen) können mit diversen Funktionen vorgenommen werden. Die folgende Tabelle zeigt die unterstützten Formatänderungen von Builtin Daten-Typen und die angebotenen Funktionen (CAST = CAST-Expression, z.B. INT = INT bzw. INTEGER-Scalar-Funktion):

Abbildung A-6

Format-Änderungen (Casting) von Builtin Daten-Typen

Formatänderung **von** Daten-Typ ↓ Formatänderung **nach** Daten-Typ →

	DATE	TIME	TIMESTAMP	SMALLINT	INTEGER	DECIMAL	REAL	DOUBLE	BLOB	CHAR	VARCHAR	CLOB	GRAPHIC	VARGRAPHIC	DBCLOB	ROWID
DATE	CAST DATE									CAST CHAR	CAST VARCHAR					
TIME		CAST TIME								CAST CHAR	CAST VARCHAR					
TIMESTAMP	CAST DATE	CAST TIME	CAST TIMESTAMP							CAST CHAR	CAST VARCHAR					
SMALLINT				CAST SMALLINT	CAST INT	CAST DEC	CAST REAL	CAST DOUBLE FLOAT		CAST CHAR DIGITS	CAST VARCHAR					
INTEGER				CAST SMALLINT	CAST INT	CAST DEC	CAST REAL	CAST DOUBLE FLOAT		CAST CHAR DIGITS	CAST VARCHAR					
DECIMAL				CAST SMALLINT	CAST INT	CAST DEC	CAST REAL	CAST DOUBLE FLOAT		CAST CHAR DIGITS	CAST VARCHAR					
REAL				CAST SMALLINT	CAST INT	CAST DEC	CAST REAL	CAST DOUBLE FLOAT		CAST CHAR DIGITS	CAST VARCHAR					
DOUBLE				CAST SMALLINT	CAST INT	CAST DEC	CAST REAL	CAST DOUBLE FLOAT		CAST CHAR DIGITS	CAST VARCHAR					
BLOB									CAST BLOB							
CHAR	CAST DATE	CAST TIME	CAST TIMESTAMP	CAST SMALLINT	CAST INT	CAST DEC	CAST REAL	CAST DOUBLE FLOAT	CAST BLOB	CAST CHAR	CAST VARCHAR	CAST CLOB	CAST GRAPHIC	CAST VARGRAPHIC		CAST ROWID
VARCHAR	CAST DATE	CAST TIME	CAST TIMESTAMP	CAST SMALLINT	CAST INT	CAST DEC	CAST REAL	CAST DOUBLE FLOAT	CAST BLOB	CAST CHAR	CAST VARCHAR	CAST CLOB	CAST GRAPHIC	CAST VARGRAPHIC		CAST ROWID
CLOB										CAST	CAST	CAST	CAST	CAST		
GRAPHIC									CAST BLOB				CAST GRAPHIC	CAST VARGRAPHIC	CAST DBCLOB	
VARGRAPHIC									CAST BLOB				CAST GRAPHIC	CAST VARGRAPHIC	CAST DBCLOB	
DBCLOB									CAST				CAST	CAST	CAST DBCLOB	
ROWID									BLOB	CAST CHAR	CAST VARCHAR	CLOB				CAST

Es ist zu beachten, dass eine erfolgreiche Formatänderung von bestimmten Bedingungen abhängig sind. Werden diese Bedingungen nicht erfüllt, erfolgt eine Fehlermeldung (z.B. eine Konvertierung eines Character-Feldes in ein DATE-Format benötigt einen gültigen Datums-String).

Daten-Zuweisungen und -Vergleiche

Die Basis-Operationen von SQL sind:

- Daten-Zuweisung und
- Daten-Vergleich.

Dabei sind die beteiligten Daten-Typen und ihre Kompatibilität von elementarer Bedeutung.

Generell sind untereinander kompatibel:
- alle numerischen Formate
- alle Character Formate und
- alle Grafik Formate.

Abbildung A-7

Kompatibilität der Daten-Typen bei Zuweisungen und Vergleichen

Operanden	DATE	TIME	TIMESTAMP	Binary Integer SMALLINT, INTEGER	DECIMAL	Floating Point REAL DOUBLE	Binary String	Character String	Graphic String	ROWID
DATE	Ja							gültiges Datums-Format		
TIME		Ja						gültiges Zeit-Format		
TIMESTAMP			Ja					gültiges Timestamp-Format		
Binary Integer SMALLINT, INTEGER				Ja	Ja	Ja				
DECIMAL				Ja	Ja	Ja				
Floating Point REAL DOUBLE				Ja	Ja	Ja				
Binary String							Ja			
Character String	gültiges Datums-Format	gültiges Zeit-Format	gültiges Timestamp-Format					Ja		
Graphic String									Ja	
ROWID										Ja

Unterschiedliche, aber kompatible Formate werden durch Konvertierung unterstützt.

Nicht kompatibel sind:

- Numerische Daten und Character-Strings
- Numerische Daten und Grafik-Strings
- Character- und Grafik-Strings
- DBCS-Strings und SBCS-Strings
- Daten unterschiedlicher Distinct Daten-Typen.

Diese Konstellationen können weder zugewiesen noch verglichen werden.
Ein NULL-Wert kann einem Empfangsfeld nicht zugewiesen werden, wenn es keine NULL-Werte unterstützt (NOT-NULL-Spalte oder Host-Variable ohne NULL-Indikator).

A1 Anhang - DB2-Basis-Sprachelemente
Daten-Zuweisungen

Daten-Zuweisungen werden bei der Ausführung von INSERT-, UPDATE-, FETCH-, EMBEDDED SELECT- , SET- und VALUES INTO-Statements vorgenommen.

Daten-Vergleiche werden format-abhängig vorgenommen.

String Zuweisungen

Es existieren zwei String-Zuweisungs-Typen:

- **Speicher-Zuweisung**, wenn ein Wert einer Spalte bzw. einem Parameter einer Routine zugewiesen wird.

- **Ergebnis-Zuweisung**, wenn ein Wert einer Host-Variablen zugewiesen wird.

Speicher-Zuweisungen

Bei einer String-Speicher-Zuweisung gilt:

String nach String (Character und Graphic)
Ist das Zielfeld länger als das Sendefeld, werden rechtsbündig Blanks aufgefüllt (SBCS- oder DBCS-Blanks). Dies gilt auch für Daten-Typen, die mit FOR BIT DATA definiert sind.
Ist das Zielfeld kürzer als das Sendefeld, wird:
- dann rechtsbündig abgeschnitten, wenn nur Blanks auftreten (ohne Warnungsmeldung).
- ein Fehler erzeugt und die Zuweisung nicht vorgenommen, wenn zumindest ein abzuschneidender Wert ungleich Blank ist.

Ergebnis-Zuweisungen

In Abhängigkeit der Formate sind folgende Zuweisungsregeln relevant:

String nach String (Character und Graphic)
Ist das Zielfeld länger als das Sendefeld, werden rechtsbündig Blanks aufgefüllt (SBCS- oder DBCS-Blanks). Dies gilt auch für Daten-Typen, die mit FOR BIT DATA definiert sind.
Ist das Zielfeld kürzer als das Sendefeld, wird rechtsbündig abgeschnitten (der Warnungs-Schalter SQLWARN1 wird gesetzt).

Zuweisung von DateTime-Feldern
Eine Zuweisung dieser Daten-Typ-Gruppe kann nur zwischen übereinstimmenden Daten-Typen oder mit Character-Strings erfolgen. So kann z.B. ein DATE-Feld nur einem anderen DATE-Feld oder einem Character-Feld zugewiesen werden.
Wird ein Character String angesprochen, erfolgt automatisch eine Konvertierung.
Die Character-Feldlängen dürfen nicht unterschreiten:
- für DATE 10 Bytes,
- für TIME 5 Bytes (wenn weniger als 8 Bytes, dann werden Sekunden in die Indikatoren-Variable eingesetzt),
- für TIMESTAMP 26 Bytes.

Konvertierungs-Regeln bei String Zuweisungen

Stimmen die CCSIDs (coded character set identifier) der zu übertragenden Strings nicht überein, müssen die Inhalte konvertiert werden.
Voraussetzungen sind:
- gültige CCSID-Umsetz-Tabellen in der SYSSTRINGS-Tabelle,
- der String ist weder NULL noch leer.

ROWID-Zuweisungen

Ein ROWID kann nur einem anderen Typ zugeordnet werden, wenn dieser ebenfalls als ROWID-Daten-Typ definiert ist. Der Wert muss ein von DB2 generierter gültiger ROWID sein.

Numerische Zuweisung

Numerische Daten werden aufgrund ihrer algebraischen Regeln zugewiesen. Sind Konvertierungen erforderlich, werden temporäre Felder gebildet.
Bei Konvertierungen werden generell die Vorkommastellen nicht abgeschnitten. Wenn erforderlich, werden Nachkommastellen abgeschnitten.
Können nach einer Konvertierung die Vorkommastellen nicht zugewiesen werden, erfolgt eine Fehlermeldung (SQLCODE und SQLSTATE).
Bei Zuweisungen in COBOL-Integer-Felder ist zu beachten, dass von DB2 evtl. die volle Feldlänge - unabhängig von den PICTURE-Definitionen - genutzt wird.

```
Beispiel:
- COBOL-Definition:
    01 MAX-RESNR         PIC S9999   COMP-4.
- COBOL-Zuweisung:
    MOVE  25533          TO MAX-RESNR      Ergebnis wird abgeschnitten: 5533.

- DB2-Zuweisung:
    EXEC SQL
      SELECT   MAX  (INTEGER (MAX_RESNR))
      INTO    :MAX-RESNR                   -- Ergebnis z.B. 25533
      FROM    SEMLFDNR
    END-EXEC
```

In Abhängigkeit der Formate sind folgende Zuweisungsregeln relevant:

Decimal oder Integer nach Floating-Point
Abweichungen in der Genauigkeit sind zu berücksichtigen.

Floating-Point oder Decimal nach Integer
Abweichungen in der Genauigkeit sind zu berücksichtigen. Nachkommastellen gehen verloren.
Floating-Point-Beispiele:
- Einfache Genauigkeit:
    - 2.0000045E6   --> Integer-Ergebnis: 2000000
    - 2.00000555E8   --> Integer-Ergebnis: 200001000
- Doppelte Genauigkeit:
    - 2.0000045E6   --> Integer-Ergebnis: 2000004
    - 2.00000555E8   --> Integer-Ergebnis: 200000555

Decimal nach Decimal
Das Ergebnis wird mit der Genauigkeit des Ziel-Operanden ermittelt (im COBOL wird die maximale Speicherkapazität unabhängig von der PICTURE-Klausel verwendet).

Integer nach Decimal
Das Ergebnis wird mit der Genauigkeit des Ziel-Operanden mit Hilfe eines temporären Feldes konvertiert. Der Nachkommawert erhält 0.

Floating-Point nach Floating-Point
Wenn eine Zahl einfacher Genauigkeit (single precision) einem Feld mit doppelter Genauigkeit (double precision) zugewiesen wird, werden Nullen aufgefüllt.
Im umgekehrten Falle wird konvertiert und auf der siebten Stelle gerundet.

Floating-Point nach Decimal
Das Ergebnis wird mit der Genauigkeit des Ziel-Operanden mit Hilfe eines temporären Feldes konvertiert.
Beispiele:
- Doppelte Genauigkeit:
    - .123456789098765E-05
        - --> Decimal-Ergebnis: .00000123456789098765
        - Rundung auf 16.Stelle   +5
        - Gerundetes Ergebnis: .00000123456789148765
        - Kürzen Ergebnis: .000001234567891
        - Endergebnis mit 31-Stellen Länge nach Auffüllen mit Nullen: .0000012345678910000000000000000

A1 Anhang - DB2-Basis-Sprachelemente
Daten-Zuweisungen

Zuweisungen von Distinct Daten-Typen

Bei der Zuweisung von Distinct Daten-Typen ist zu unterscheiden zwischen:

- Zuweisung von Werten zu **Host-Variablen**
- Zuweisung von Werten zu **sonstigen Empfangsfeldern**.

Zuweisungen von Werten zu Host-Variablen

Die Zuweisung von Werten zu Host-Variablen läuft unter den Regeln der Builtin Daten-Typen sowie der hierarchischen Umwandlungsmöglichkeit von Daten-Typen (siehe vorab unter "Promotion").

Zuweisungen von Werten zu sonstigen Empfangsfeldern

Die Zuweisung von Werten zu sonstigen Empfangsfeldern läuft unter den Regeln der unterstützten Format-Änderungen von Distinct Daten-Typen ab (siehe vorab unter "Unterstützte Formatänderungen von Distinct Daten-Typen" und "Hierarchische Umwandlung von Daten-Typen(Promotion)").

Die folgende Abbildung zeigt noch einmal die Zuweisungs-Regeln anhand eines Beispiel-Ausschnitts auf. Jeder Pfeil mit seiner Pfeilrichtung zeigt dabei die mögliche automatische Konvertierung auf. Für die anderen Builtin Daten-Typ-Gruppen gelten entsprechende Regeln. Ist ein Builtin Daten-Typ keiner Gruppe zugeordnet (z.B. DateTime-Felder oder BLOB oder ROWID), sind sie nur direkt entsprechend im Beispiel dem SMALLINT-Daten-Typ zuzuweisen:

Abbildung A-8

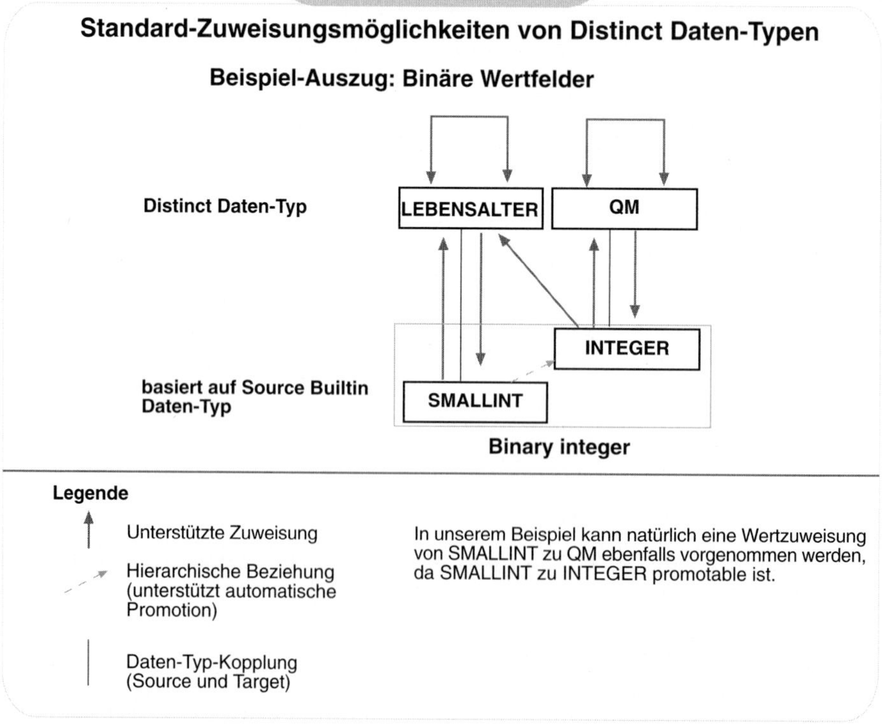

Standard-Zuweisungsmöglichkeiten von Distinct Daten-Typen

Beispiel-Auszug: Binäre Wertfelder

Distinct Daten-Typ	LEBENSALTER	QM
basiert auf Source Builtin Daten-Typ	SMALLINT	INTEGER

Binary integer

Legende

↑ Unterstützte Zuweisung

⤏ Hierarchische Beziehung (unterstützt automatische Promotion)

| Daten-Typ-Kopplung (Source und Target)

In unserem Beispiel kann natürlich eine Wertzuweisung von SMALLINT zu QM ebenfalls vorgenommen werden, da SMALLINT zu INTEGER promotable ist.

Numerischer Vergleich

Numerische Daten werden aufgrund ihrer algebraischen Regeln verglichen.
Bei erforderlichen Konvertierungen werden temporäre Felder gebildet.

DB2 speichert numerische Daten in einem <u>internen Format</u>:

- SMALLINT	8001	= + 1
	7FF3	= - 13
- INTEGER	800001F1	= + 497
	7FFFFF85	= - 123
- FLOAT	C110000000000000	= + 1.0
	3EEFFFFFFFFFFFFF	= - 1.0
- DECIMAL	F001	= + 1
	0FFE	= - 1.

String-Vergleich

String-Daten werden in Abhängigkeit der jeweiligen Längen verglichen.
Liegt eine unterschiedliche Länge vor, werden temporäre Felder für die kürzeren Operanden gebildet, die mit Blanks rechtsbündig aufgefüllt werden.

Der Vergleich erfolgt byteweise von links nach rechts bis eine Ungleichheit festgestellt wird.

Zwei variable Strings mit unterschiedlicher Länge, die sich nur durch rechts-aufgefüllte Blanks unterscheiden, werden als gleich behandelt.

Zwei leere Strings (empty strings), werden als gleich behandelt.

DateTime-Vergleich

DateTime-Daten können verglichen werden mit:
- einem Wert des gleichen Daten-Typs oder
- mit einer String-Repräsentation dieses Daten-Typs.

Die Vergleiche werden chronologisch aufsteigend - basierend auf dem 1. Januar 0001 - 0 Uhr - ausgeführt.

So ist folgende Bedingung 'wahr':

TIMESTAMP ('1998-01-25-00.00.00') >
'1998-01-24-23.00.00'.

ROWID-Vergleich

ROWID-Daten können nur mit anderen ROWID-Daten verglichen werden.
DB2 speichert ROWIDS in einem 17 Byte langen internen Format.
Wenn die Länge der Vergleichsfelder differiert, werden nur die ersten 17 Bytes verglichen.

A1 Anhang - DB2-Basis-Sprachelemente
Daten-Vergleiche

Vergleich von Distinct Daten-Typen

Bei Distinct Daten-Typen wird eine strikte Format-Abgrenzung (strong typing) betrieben.
Ein Distinct Daten-Typ ist nur mit demselben Distinct Daten-Typ vergleichbar.
Daher muss vor einem Vergleich eine Umwandlung eines nicht übereinstimmenden Daten-Typs in den jeweiligen Distinct Daten-Typ erfolgen.
Daraus ergeben sich auch entsprechende Konsequenzen für konstante Daten, da diese immer auf einem Builtin Daten-Typ und niemals auf einem Distinct Daten-Typ basieren.

Die folgenden Beispiele zeigen die Abhängigkeiten und Konsequenzen auf:

Beispiele:

```
CREATE   DISTINCT   TYPE EURO           AS DECIMAL (15,2)   WITH COMPARISONS;
CREATE   DISTINCT   TYPE DM             AS DECIMAL (15,2)   WITH COMPARISONS;
CREATE   DISTINCT   TYPE LEBENSALTER    AS INTEGER          WITH COMPARISONS;
CREATE   DISTINCT   TYPE REISEDATUM     AS DATE             WITH COMPARISONS;
```

Definition einer Tabelle:

```
CREATE   TABLE       SEMINAR_RESERVIERUNG
      (  SEMCODE     CHAR        (15)    NOT NULL    -- Seminarcode
      ,  RESNR       INTEGER              NOT NULL    -- Reservierungs-Nr.
      ,  TNNAME      CHAR        (30)    NOT NULL    -- Teilnehmer-Nachname
      ,  TVNAME      CHAR        (30)                -- Teilnehmer-Vorname
      ,  TGEBDATUM   DATE                             -- Teilnehmer-Geburtsdatum
      ,  TALTER      LEBENSALTER                      -- Teilnehmer-Alter (Achtung: dies ist eine ableitbare
                                                      -- Information und sollte grundsätzlich nicht in einer
                                                      -- Tabellen-Struktur referenziert werden
                                                      -- (Ausnahme: bewusste Redundanzen)
      ,  TANREISE    REISEDATUM                       -- Teilnehmer-Anreisedatum
      ,  TABREISE    REISEDATUM                       -- Teilnehmer-Abreisedatum
      ,  TPREISDM    DM                               -- Teilnehmer-Seminarpreis in DM
      ,  TPREISEURO  EURO                             -- Teilnehmer-Seminarpreis in Euro
      );
```

Vergleichs-Varianten:

- **Distinct-Typ - Distinct-Typ**

SQL-Statement	Gültig?	Erläuterung
SELECT .... WHERE TANREISE = TABREISE	Ja	Die Vergleichswerte betreffen denselben Distinct Daten-Typ
SELECT .... WHERE TPREISDM = TPREISEURO	Nein	Die Vergleichswerte betreffen nicht denselben Distinct Daten-Typ

- **Distinct-Typ - Spalten desselben Source Daten-Typ**

SQL-Statement	Gültig?	Erläuterung
SELECT .... WHERE DATE (TANREISE) = TGEBDATUM	Ja	TANREISE wird zu einem Datum umgewandelt und ist dann mit dem Daten-Typ DATE vergleichbar.
SELECT .... WHERE TANREISE = TGEBDATUM	Nein	Ein Distinct Daten-Typ kann nicht direkt mit einem Builtin Daten-Typ verglichen werden.

SQL-Statement	Gültig?	Erläuterung
SELECT .... WHERE INTEGER (TALTER) > = ANMELDENR	Ja	Gibt zwar keinen Sinn, ist aber technisch möglich, da LEBENSALTER in einen INTEGER-Wert umgeformt wird.
SELECT .... WHERE CAST (TALTER AS INTEGER) > = ANMELDENR	Ja	Variante zum vorherigen Beispiel.
SELECT .... WHERE TALTER > = LEBENSALTER (ANMELDENR)	Ja	Gibt zwar keinen Sinn, ist aber technisch möglich, da die Anmeldenummer in einen LEBENSALTER -Wert umgeformt wird (kann zu ziemlich alten Seminarteilnehmern führen).
SELECT .... WHERE TALTER > = CAST (ANMELDENR AS LEBENSALTER)	Ja	Variante zum vorherigen Beispiel.

- **Distinct-Typ - Konstante**

SQL-Statement	Gültig?	Erläuterung
SELECT .... WHERE TANREISE > = CAST (DATE ('01.01.2000') AS REISEDATUM)	Ja	Das konstante Datum wird erst zu einem Datum und dann zum Distinct Daten-Typ REISEDATUM umgewandelt und ist dann mit diesem Distinct Typ vergleichbar.
SELECT .... WHERE TANREISE > = CAST ('01.01.2000' AS REISEDATUM)	Nein	Das konstante Datum (VARCHAR-Typ) kann nicht direkt zum Distinct Daten-Typ REISEDATUM umgewandelt werden, sondern muss - wie im vorherigen Beispiel dargestellt - zunächst in ein DATE-Format umgewandelt werden.
SELECT .... WHERE TANREISE > = '01.01.2000'	Nein	Das konstante Datum (VARCHAR-Typ) kann nicht direkt mit einem Distinct Daten-Typ verglichen werden.
SELECT .... WHERE TALTER > = 80	Nein	Eine Konstante kann nicht direkt mit dem Distinct Daten-Typ verglichen werden.
SELECT .... WHERE TALTER IN (60 , 70 , 80)	Nein	analog des vorherigen Beispiels.
SELECT .... WHERE TALTER > = LEBENSALTER (80)	Ja	Die Konstante wird in den Distinct Daten-Typ umgewandelt und kann dann verglichen werden.
SELECT .... WHERE INTEGER (TALTER) > = 80	Ja	Der Distinct Daten-Typ wird in den Source Daten-Typ umgewandelt und kann dann mit der numerischen Konstanten verglichen werden.
SELECT .... WHERE TALTER IN (LEBENSALTER (60) , LEBENSALTER (70) , LEBENSALTER (80))	Ja	Die Konstanten werden in den Distinct Daten-Typ umgewandelt und können dann verglichen werden.

- **Distinct-Typ - Host-Variablen**

Für den Einsatz der Host-Variablen gelten die gleichen Regeln wie vorab unter den Konstanten aufgeführt. Die Format-Anforderungen müssen entsprechend berücksichtigt werden und der Einsatz der CAST-Funktionen ist analog vorzunehmen.

Regeln für Ergebnis-Daten-Typen (Kompatibilitäts-Regeln)

Werden unterschiedliche Daten-Typen benutzt oder bei denselben oder gleichartigen Daten-Typen unterschiedliche Längen, Genauigkeiten bzw. Nachkommastellen, werden grundsätzlich die größten Längen und die höchsten Genauigkeiten im Ergebnis-Daten-Typ übernommen.

Die Regeln werden angewandt in folgenden Verarbeitungsfällen:

- bei korrespondierenden Spalten beim UNION und UNION ALL,
- bei Ergebnis-Spalten der CASE-Expression,
- bei Werten der IN-Prädikat-Liste,
- bei Argumenten der Scalar Functions COALESCE und VALUE.

Wenn mehr als ein Operanden-Paar vorliegt, evaluiert DB2 zunächst den Ergebnis-Daten-Typ des ersten Paars und verwendet diesen Ergebnis-Typ wiederum als einen Parameter für die Entscheidung hinsichtlich des nächsten Paars.

Abbildung A-9

Regeln für Ergebnis Daten-Typen

Daten-Typ des einen Operanden ↓
Daten-Typ des anderen Operanden →

	DATE	TIME	TIMESTAMP	SMALLINT	INTEGER	DECIMAL	REAL	DOUBLE	BLOB	CHAR	VARCHAR	CLOB	GRAPHIC	VARGRAPHIC	DBCLOB	ROWID
DATE	DATE									DATE	DATE					
TIME		TIME								TIME	TIME					
TIMESTAMP			TIMESTAMP							TIMESTAMP	TIMESTAMP					
SMALLINT				SMALLINT	INTEGER	DECIMAL	DOUBLE	DOUBLE								
INTEGER				INTEGER	INTEGER	DECIMAL	DOUBLE	DOUBLE								
DECIMAL				DECIMAL	DECIMAL	DECIMAL	DOUBLE	DOUBLE								
REAL				DOUBLE	DOUBLE	DOUBLE	REAL	DOUBLE								
DOUBLE				DOUBLE	DOUBLE	DOUBLE	DOUBLE	DOUBLE								
BLOB									BLOB							
CHAR	DATE	TIME	TIMESTAMP							CHAR	VARCHAR	CLOB				
VARCHAR	DATE	TIME	TIMESTAMP							VARCHAR	VARCHAR	CLOB				
CLOB										CLOB	CLOB	CLOB				
GRAPHIC													GRAPHIC	VARGRAPHIC	DBCLOB	
VARGRAPHIC													VARGRAPHIC	VARGRAPHIC	DBCLOB	
DBCLOB													DBCLOB	DBCLOB	DBCLOB	
ROWID																ROWID

Ein Distinct Type Operator ist nur mit sich selbst kompatibel. Daher kann auch kein anderer Daten-Typ automatisch entstehen.

Grundsätzlich kann bei allen Ergebnis-Daten-Typen ein NULL-Wert auftreten.

Spezial-Register

Ein Spezial-Register ist ein von DB2-Funktionen unterstützter Speicherbereich.
Der Spezial-Register-Name kann in SQL-Statements verwendet werden. Anstelle des Namens wird bei der Ausführung des Statements der Inhalt des Spezial-Registers eingesetzt.
Die Wirkung entspricht damit einer Funktion ohne Argumentenübergabe.
Folgende Spezialregister sind unterstützt:

CURRENT DATE *
CURRENT_DATE

Das CURRENT DATE-Spezialregister spezifiziert das aktuelle Datum.
DB2 liest die 'time-of-day-clock' des OS/390-Betriebssystems ein.
Der Daten-Typ ist DATE.
Siehe auch nachfolgend die besonderen Hinweise für DateTime-Spezialregister.
Beispiele:
```
UPDATE   SEMPREIS
         SET GILTAB     =   CURRENT DATE
         WHERE DAUER    =   4 AND .....

SET      :AKT-DATUM = CURRENT DATE
```

```
- current date
    select    current date  as "current date"    from    sysibm.sysdummy1;
              +- - - - - - - +
              ! current date !
              +- - - - - - - +
           1_! 06.10.1999   !
              +- - - - - - - +
```

CURRENT DEGREE **

Das CURRENT DEGREE-Spezialregister spezifiziert den Grad der Prozessor-Parallelität bei dynamisch preparierten Queries.
Der Daten-Typ ist CHAR (3).
Der Initialisierungswert wird durch das Feld CURRENT DEGREE des Installations-Panels DSNTIP4 bestimmt.
Die möglichen Inhalte sind:
  - 'ANY'   Eine parallele Ausführung ist am jeweiligen Server möglich.
  - '1 '   Es wird keine Parallelität genutzt ('normaler' Initialwert).
Bei einem CAF-CLOSE wird der Initialwert zurückgesetzt.
Der Inhalt kann mit dem SET CURRENT DEGREE-SQL-Statement verändert werden. Er wird bei Programmen durch die DEGREE-Option des BINDs gesetzt.
Bei Funktionsaufrufen wird der Wert vom aufrufenden Prozess übernommen.
Beispiel:

```
- current degree
    select    current degree  as "current degree"    from  sysibm.sysdummy1;
              +- - - - - - - - +
              ! current degree !
              +- - - - - - - - +
           1_! 1              !
              +- - - - - - - - +
    set current degree = 'ANY' ;
    select    current degree  as "current degree"    from  sysibm.sysdummy1;
              +- - - - - - - - +
              ! current degree !
              +- - - - - - - - +
           1_! ANY            !
              +- - - - - - - - +
```

CURRENT LC_CTYPE **
CURRENT_LC_CTYPE
CURRENT LOCALE LC_CTYPE

Das CURRENT LC_CTYPE-Spezialregister spezifiziert den Initialisierungswert der LC_CTYPE-Lokalen, die für bestimmte Funktionen genutzt wird (siehe z.B. unter LCASE, UCASE, TRANSLATE (bei nur einem Argument).

Der Inhalt dieses Spezialregisters referenziert eine Umsetzungstabelle mit korrespondierenden 'Von'- und 'Nach'-Zeichen z.B. für eine Umsetzung von Groß-Kleinschreibung auf Großschreibung unter Berücksichtigung nationaler Sprachbesonderheiten.

Der Daten-Typ ist CHAR (50). Die möglichen Inhalte sind:
- ' ' (blank)   Initialwert, der auf die nationale Standard-Umsetzungstabelle verweist. Der Name wird durch das Feld LOCALE LC_TYPE des Installations-Panels DSNTIPF bestimmt.
- 'lokaler name '   Name einer Umsetzungstabelle (z.B. De_DE für Deutschland).

Der Inhalt kann mit dem SET CURRENT LOCALE LC_CTYPE-SQL-Statement verändert werden.

Beispiel (z.B. für die Übersetzung 'eintippen' aus dem Deutschen ins Schwiezerdütsch = 'inidöckele') über die Umsetzungstabelle Deutsch-Schweiz:
SET **CURRENT   LOCALE LC_CTYPE** = 'De_CH'

```
— current lc_ctype
select      current lc_ctype as "current lc ctype"   from  sysibm.sysdummy1;
                        +- - - - - - - - - - - - - - -+
                        ! current lc ctype            !
                        +- - - - - - - - - - - - - - -+
                    1_!                               !
                        +- - - - - - - - - - - - - - -+
set current lc_ctype = 'de_DE' ;
select      current lc_ctype as "current lc ctype"   from  sysibm.sysdummy1;
                        +- - - - - - - - - - - - - - -+
                        ! current lc ctype            !
                        +- - - - - - - - - - - - - - -+
                    1_! de_DE                         !
                        +- - - - - - - - - - - - - - -+
```

CURRENT OPTIMIZATION HINT **

Das CURRENT OPTIMIZATION HINT-Spezialregister spezifiziert eine benutzerbezogene Zugriffspfad-Optimierungs-Information für dynamische SQL-Statements.
Der Inhalt des Registers identifiziert Werte in der Spalte OPTHINT in der PLAN_TABLE.
Der Daten-Typ ist CHAR (8). Die möglichen Inhalte sind:
- ' ' (blank)   Grundeinstellung, d.h. der Optimizer wählt die Standard-Methoden.
- 'optimize-tip-name '   Beliebiger String, der beim BIND in der PLAN_TABLE gesucht wird. Der damit verbundene und vorab bei einem BIND-Prozess verwendete Zugriffspfad wird ggf. genutzt. Details siehe unter PLAN_TABLE.
                         Wird hier ein Wert vorgegeben und im Feld OPTIMIZATION HINT des Installations-Panels DSNTIP4 ist diese Funktionalität deaktiviert, erfolgt eine Warnung.

Der Initial-Wert wird der OPTHINT-Bind-Option der Package bzw. des Plans entnommen. Der Inhalt kann mit dem SET CURRENT OPTIMIZATION HINT-SQL-Statement verändert werden.
Beispiel:

```
— current optimization hint
select      current optimization hint as "Optimization Hint" from sysibm.sysdummy1;
                                          +- - - - - - - - -+
                                          ! Optimization Hint !
                                          +- - - - - - - - -+
                                      1_!                   !
                                          +- - - - - - - - -+
set   current optimization hint = 'Superweg';
select      current optimization hint as "Optimization Hint" from sysibm.sysdummy1;
                                          +- - - - - - - - -+
                                          ! Optimization Hint !
                                          +- - - - - - - - -+
                                      1_! Superweg          !
                                          +- - - - - - - - -+
```

A1 Anhang - DB2-Basis-Sprachelemente
Spezial-Register

CURRENT PACKAGESET **

Das CURRENT PACKAGESET-Spezialregister spezifiziert die Auswahl der Collection zur Suche der Package(s), die für die Ausführung der nachfolgenden SQL-Statements verwendet werden soll(en).

Der Daten-Typ ist CHAR (18). Die möglichen Inhalte sind:
- ' ' (blank)   Initialwert, bei dem die Package-Version aufgrund der Package-Definitionen aufgesucht werden
(siehe Ausführungen unter SET CURRENT PACKAGESET).
- 'collection-name '   Name der Collection, in der die Version der Package gesucht werden soll
(siehe unter SET CURRENT PACKAGESET).

Bei einer Funktion kann der Inhalt dieses Spezialregisters mit dem COLLID-Parameter beeinflusst werden. Außerdem kann der Inhalt mit dem SET CURRENT PACKAGESET-SQL-Statement verändert werden. Beispiel:

```
- current packageset
select      current packageset   as "Current Packageset"    from sysibm.sysdummy1;
                                 +- - - - - - - - -+
                                 ! Current Packageset !
                                 +- - - - - - - - -+
                            1_!                    !
                                 +- - - - - - - - -+
set current packageset = 'SEMINARVERWALTUNG';    -- nicht unter SPUFI vorgebbar
select      current packageset   as "Current Packageset"    from sysibm.sysdummy1;
                                 +- - - - - - - - -+
                                 ! Current Packageset !
                                 +- - - - - - - - -+
                            1_! SEMINARVERWALTUNG !
                                 +- - - - - - - - -+
```

CURRENT PATH **
CURRENT_PATH
CURRENT FUNCTION PATH

Das CURRENT PATH-Spezialregister spezifiziert den Pfad für die Suche eines unqualifiziert vorgegebenen Daten-Typ-Namens, des Namens einer Funktion oder beim Aufruf eines Stored Procedure-Namens mittels Host-Variablen (CALL :host-variable) im Rahmen dynamisch gebundener SQL-Statements.

Der Inhalt des Registers enthält eine Liste von einem oder mehreren Schema-Namen. Jedes Schema wird in Hochkomma eingeschlossen und mit einem Komma von einem nachfolgenden Schema getrennt.

Der Daten-Typ ist VARCHAR (254). Die möglichen Inhalte sind:
- 'schema-name '   Explizit vorgegebener Schema-Name.
- 'SYSxxx '   Explizit vorgegebener oder impliziter IBM-Schema-Name (System-Pfad).
- USER   Inhalt des USER Spezialregisters.

Die Schema-Namen werden entweder aus dem Bind-Parameter PATH abgeleitet oder defaultmäßig belegt:
- ' SYSIBM','SYSFUN','SYSPROC','current sqlid-spezialregister-inhalt'

Der Inhalt kann mit dem SET CURRENT PATH-SQL-Statement verändert werden. Beispiel:

```
- current path
select      current path   as "Current Path       "   from sysibm.sysdummy1;
            +- - - - - - - - - - - - - - - - - - - - - - - - - - - - -+
            !            Current Path                                  !
            +- - - - - - - - - - - - - - - - - - - - - - - - - - - - -+
       1_! "SYSIBM","SYSFUN","SYSPROC","VKA4"                          !
            +- - - - - - - - - - - - - - - - - - - - - - - - - - - - -+
set      current path      = 'SEMINAR' , 'USER' , USER , 'SYSIBM';
select      current path      as "Current Path"   from sysibm.sysdummy1;
            +- - - - - - - - - - - - - - - - - - - - - - - - - - - - -+
            !            Current Path                                  !
            +- - - - - - - - - - - - - - - - - - - - - - - - - - - - -+
       1_! "SEMINAR","USER","VKA4","SYSIBM"                            !
            +- - - - - - - - - - - - - - - - - - - - - - - - - - - - -+
set      current path      = 'SEMINAR' , 'USER' , USER ;
select      current path      as "Current Path"   from sysibm.sysdummy1;
            +- - - - - - - - - - - - - - - - - - - - - - - - - - - - -+
            !            Current Path                                  !
            +- - - - - - - - - - - - - - - - - - - - - - - - - - - - -+
       1_! "SEMINAR","USER","VKA4"                                     !
            +- - - - - - - - - - - - - - - - - - - - - - - - - - - - -+
```

CURRENT PRECISION **

Das CURRENT PRECISION-Spezialregister spezifiziert die Regeln für die Genauigkeit für dynamische SQL-Statements, wenn beide Operanden in einer dezimalen Operation weniger als 15 Stellen verwenden.

Der Daten-Typ ist CHAR (5). Die möglichen Inhalte sind:
- 'DEC15'   Es werden 15 Stellen verwendet.
- 'DEC31'   Es werden 31 Stellen verwendet.

Der Initial-Wert wird durch das Feld DECIMAL ARITHMETIC des Installations-Panels DSNTIP4 bestimmt.

Der Inhalt kann mit dem SET CURRENT PRECISION-SQL-Statement verändert werden.

Beispiel:

```
— current precision
select     current precision as "Current Precision "     from sysibm.sysdummy1;
                                  +- - - - - - - - - -+
                                  ! Current Precision !
                                  +- - - - - - - - - -+
                               1_! DEC15              !
                                  +- - - - - - - - - -+
set    current precision  = 'DEC31';
select     current precision  as "Current Precision"    from sysibm.sysdummy1;
                                  +- - - - - - - - - -+
                                  ! Current Precision !
                                  +- - - - - - - - - -+
                               1_! DEC31              !
                                  +- - - - - - - - - -+
```

CURRENT RULES **

Das CURRENT RULES-Spezialregister spezifiziert die SQL-Regeln, nach denen bei der Ausführung verfahren wird.

Der Daten-Typ ist CHAR (3). Die möglichen Inhalte sind:
- 'DB2'   DB2-Regeln.
- 'STD'   ANSI/ISO SQL Standard.

Der Initial-Wert wird der SQLRULES-Bind-Option des Plans entnommen, sofern der aktuelle Server das lokale System ist, ansonsten wird 'DB2' voreingestellt.

Das Spezialregister hat Auswirkungen bei folgenden SQL-Statements:
- ALTER TABLE
  - Wirkung bei der Definition von Check Constraints,
  - Default-Wert der Delete Rule bei der Einrichtung von RI Constraints.
  - Steuerung, ob DB2 automatisch für zugefügte LOB-Daten-Typen die korrespondierenden DB2-Objekte generiert:
    - LOB-Tablespaces,
    - Auxiliary Tables,
    - Indizes für die Auxiliary Tables.
  - Steuerung, ob DB2 automatisch für eine zugefügte ROWID-Spalte den korrespondierenden Index generiert.
- CREATE TABLE
  - Default-Wert der Delete Rule bei der Einrichtung von RI Constraints.
  - Steuerung, ob DB2 automatisch für definierte LOB-Daten-Typen die korrespondierenden DB2-Objekte generiert:
    - LOB-Tablespaces,
    - Auxiliary Tables,
    - Indizes für die Auxiliary Tables.
  - Steuerung, ob DB2 automatisch für eine definierte ROWID-Spalte den korrespondierenden Index generiert.
- DELETE   Autorisierungs-Anforderung eines Searched Deletes.
- GRANT   Vergabe von Privilegien an sich selbst.
- REVOKE   Aufheben von Privilegien von sich selbst.
- UPDATE   Autorisierungs-Anforderung eines Searched Updates.
- allen   Existenz- oder Autorisierungsfehler, wenn ein Objekt nicht existiert.

Beispiel für die Behandlung bei der Definition von Check Constraints:
- 'DB2'   Tabelle wird in den "Check Pending Status" gesetzt und die Prüfung wird zurückgestellt.
- 'STD'   Sofortige Prüfung der Tabellendaten und bei Fehler Abweisung des Check-Constraints.

Der Inhalt wird beim Binden des Plans initiiert (SQLRULES).
Der Inhalt kann mit dem SET CURRENT RULES-SQL-Statement verändert werden.

A1 Anhang - DB2-Basis-Sprachelemente
Spezial-Register

Beispiel:
```
- current rules
    select current rules    as "Current Rules    "       from sysibm.sysdummy1;
                                            +- - - - - - - - - -+
                                            ! Current Rules    !
                                            +- - - - - - - - - -+
                                        1_! DB2               !
                                            +- - - - - - - - - -+
    set     current rules       = 'STD';
    select current rules    as "Current Rules    "       from sysibm.sysdummy1;
                                            +- - - - - - - - - -+
                                            ! Current Rules    !
                                            +- - - - - - - - - -+
                                        1_! STD               !
                                            +- - - - - - - - - -+
```

CURRENT SERVER

Lokations-Name des aktuellen Servers (max 16 Bytes).
Enthält beim Programm-Start zunächst entweder den Namen des lokalen Servers oder den Wert des aktuellen Servers, der aufgrund der CURRENTSERVER-Option beim BIND definiert wurde.
Der Daten-Typ ist CHAR (16).
Der Inhalt von CURRENT SERVER wird durch einen erfolgreichen CONNECT-Befehl verändert. CURRENT SERVER kann einer Host-Variablen zugewiesen werden (Blank bei einem unconnected Status oder die lokale Lokation wurde ohne Lokations-Name installiert).

Beispiel der Zuweisung des aktuellen Servers in eine Host-Variable:
   SET :CURRSERV = **CURRENT SERVER**.

Beispiel einer Verbindungsaufnahme zu einem remote Server, der bei einem erfolgreich abgewickeltem SQL-Statement als aktueller Server gilt (CURRENT SERVER wird geändert):
   CONNECT TO :LOKATION1   *Host-Variable LOKATION1 enthält einen gültigen Server-Namen.*

Alternativ-Beispiel bei Standard-SQL:
   SET CONNECTION :LOKATION1   *Host-Variable LOKATION1 enthält einen gültigen Server-Namen.*

```
- current server
select current server   as "Current Server    "       from sysibm.sysdummy1;
                                        +- - - - - - - - - -+
                                        ! Current Server   !
                                        +- - - - - - - - - -+
                                    1_! DEDGD_DB2T        !
                                        +- - - - - - - - - -+
```

CURRENT SQLID **

Aktueller Autorisierungs-Id. Enthält als Initialisierungswert entweder den Primär-Autorisierungs-Id oder durch eine EXIT-Routine einen Sekundär-Autorisierungs-Id.
Der Daten-Typ ist CHAR (8).
Der Inhalt kann mit SET CURRENT SQLID auf einen gültigen Autorisierungs-Id, der im Autorisierungs-Exit bekannt sein muss, geändert werden.

Beispiel der Zuweisung des aktuellen Benutzer-Ids in eine Host-Variable:
   SET :BENUTZER-AKTUELL = **CURRENT SQLID**

Beispiel der Änderung des CURRENT SQLID:
```
- user , current sqlid
select user as "user" , current sqlid as "current sqlid" from  sysibm.sysdummy1;
                                        +---------------------+
                                        ! user ! current sqlid !
                                        +---------------------+
                                    1_! VKA4 ! VKA4            !
                                        +---------------------+
set current sqlid   = 'AUS4';
select user as "user" , current sqlid as "current sqlid" from  sysibm.sysdummy1;
                                        +---------------------+
                                        ! user ! current sqlid !
                                        +---------------------+
                                    1_! VKA4 ! AUS4            !
                                        +---------------------+
```

A1 Anhang - DB2-Basis-Sprachelemente
Spezialregister

CURRENT TIME *
CURRENT_TIME

Das CURRENT-TIME-Spezialregister spezifiziert die aktuelle Zeit.
DB2 liest die 'time-of-day-clock' des OS/390-Betriebssystems ein.
Der Daten-Typ ist TIME.
Siehe auch nachfolgend die besonderen Hinweise für DateTime-Spezialregister.
Beispiel:
   SET :AKT-ZEIT = **CURRENT TIME**

```
- current time
     select current time  as "current time"   from sysibm.sysdummy1;
                    +- - - - - - - +
                    ! current time !
                    +- - - - - - - +
                 1_! 19:02:22      !
                    +- - - - - - - +
```

CURRENT TIMESTAMP *
CURRENT_TIMESTAMP

Das CURRENT-TIMESTAMP-Spezialregister spezifiziert den aktuellen Zeitstempel. DB2 liest die 'time-of-day-clock' des OS/390-Betriebssystems ein.
Der Daten-Typ ist TIMESTAMP.
Siehe auch nachfolgend die besonderen Hinweise für DateTime-Spezialregister.
Beispiele:
   SET :AKT-TIMESTAMP = **CURRENT TIMESTAMP**

   SELECT * FROM SYSIBM.SYSCOPY
         WHERE   TIMESTAMP > CURRENT TIMESTAMP - 2 DAYS

```
- current timestamp
     select current timestamp  as "current timestamp"    from sysibm.sysdummy1;
                    +- - - - - - - - - - - - - - - +
                    ! current timestamp            !
                    +- - - - - - - - - - - - - - - +
                 1_! 1999-10-06-19.02.22.883314    !
                    +- - - - - - - - - - - - - - - +
```

CURRENT TIMEZONE *

Das CURRENT-TIMEZONE-Spezialregister unterstützt die Umrechnung einer lokalen Zeit in die Greenwich Mean Time (GMT) durch Bereitstellung des OS/390-TIMEZONE-Parameters in Form einer Time Duration (Erläuterung siehe später in diesem Anhang).
Siehe auch nachfolgend die besonderen Hinweise für DateTime-Spezialregister.
Der Daten-Typ ist DECIMAL (6,0).
Beispiel für die Ermittlung der GMT:
   SELECT CURRENT TIMESTAMP - CURRENT TIMEZONE.

```
- current timezone und GMT
     select   current timestamp   as "current timestamp"
            , current timezone    as "current timezone"
            , current timestamp - current timezone as "GMT-Time"
     from sysibm.sysdummy1;
        +- - - - - - - - - - - - - - - - - - - - - - - - - - - - - - - - - -+
        ! current timestamp            ! current timezone !    GMT-Time                !
        +- - - - - - - - - - - - - - - - - - - - - - - - - - - - - - - - - -+
     1_! 1999-10-06-19.02.22.883314    ! 20000            ! 1999-10-06-17.02.22.883314 !
        +- - - - - - - - - - - - - - - - - - - - - - - - - - - - - - - - - -+
```

USER

Das User-Spezialregister spezifiziert den Autorisierungs-Id, der von den jeweiligen Attach-Facilities an DB2 übergeben wird (Primär-Id) oder aber bei remote Anforderungen der evtl. umgesetzte Autorisierungs-Id.
Der Daten-Typ ist CHAR (8).

Beispiel:
```
    SELECT  *
      FROM    SYSIBM.SYSTABLES
      WHERE CREATOR = USER.
```

```
select user          as „current user" , current sqlid as „current sqlid"
from sysibm.sysdummy1;
                                   +-------------------------------+
                                   ! current user ! current sqlid !
                                   +-------------------------------+
                                1_! VKA4         ! VKA4           !
                                   +-------------------------------+
```

* Besondere Hinweise für DateTime-Spezial-Register

Die Werte der vorab mit * gekennzeichneten DateTime-Spezialregister basieren auf folgenden Faktoren:
- time-of-day-clock des Prozessors, auf dem der Server aktiv ist und
- OS/390-Timezone-Parameter (Differenzstunden und Minuten zwischen GMT und der lokalen Zeit).

Die Inhalte werden durch OS/390-System-Kommandos (SET DATE, SET CLOCK) beeinflusst.

Bei SQL-Anforderungen liest DB2 die OS/390-time-of-day-clock und addiert die OS/390-TIMEZONE (die Zeitzone kann einen positiven oder einen negativen Wert enthalten).
Wird innerhalb eines SQL-Statements mehrfach auf ein DateTime-Spezial-Register Bezug genommen, wird nur einmal der Wert ermittelt.

DB2 erhält den Wert der lokalen Zeit (time of day + Timezone) aufgrund folgender Alternativen:
a) time of day = lokale Zeit und Timezone = 0;
b) time of day = GMT und Timezone enthält die Differenz zur lokalen Zeit.
   Beispiel:
   GMT = 13 Uhr   Timezone = 2 Std   Lokale Zeit = 15 Uhr.

Greenwich Mean Time (**GMT**) wird auch Universal Time, coordinated (**UTC**) genannt und entspricht einer einheitlichen weltweit gültigen Zeitbasis, auf deren Grundlage die jeweiligen lokalen Zeiten ermittelt werden können.

Wichtig:

Wenn in einem SQL-Statement mehrere DateTime-Spezialregister eingesetzt werden, repräsentieren ihre Ergebnisse denselben Zeitpunkt.
Dies gilt auch, wenn mehrere Zeilen betroffen sind.

**

Diese gekennzeichneten Spezialregister können mit SET-SQL-Statements modifiziert werden. Beispiele finden sich jeweils unter der Beschreibung der Spezialregister.

Host-Variablen und Host-Strukturen

Host-Variable

Eine Host-Variable ist entweder:
- eine PL/I-Variable, C-Variable, FORTRAN-Variable, COBOL-Daten-Definition oder Assembler-Speicher-Deklaration

oder
- eine vom Precompiler generiertes Host-Sprach-Konstrukt, das für SQL-Erweiterungen (z.B. BLOBs) benötigt wird.

eine Host Variable kann in einem SQL-Statement innerhalb eines Anwendungsprogramms angesprochen werden. Dabei muss die Host-Variable zwingend mit einem Doppelpunkt vorgegeben werden (z.B. :SEMCODE).

Host-Variablen können im Rahmen von dynamic SQL nicht direkt und nur eingeschränkt genutzt werden (siehe "Parameter Markers").

Syntax-Diagramm

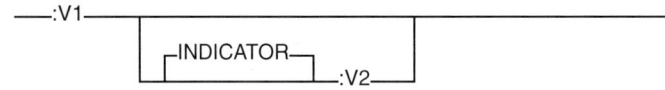

In dieser Grafik sind V1 and V2 die Namen von Host- Variablen, wobei V1 die Haupt-Variable und V2 die Indikator-Variable für eine NULL-Wert-Behandlung ist.

Anwendungs-Beispiele in COBOL:

Hinweis zu den Beispielen:
Die Kommentare innerhalb der SQL-Statements ("--") sind nur beim Einsatz von Standard-SQL vorgebbar.

* **Beispiele ohne NULL-Wert-Behandlung**
```
EXEC SQL
    SELECT     DAUER, TITEL              -- Spalten-Namen aus einem DB2-View
    INTO       :DAUER-1, : TITEL         -- Cobol-Definitionen (mit '-' und Prefix ':')
    FROM       SEMINARE_VIEW1            -- DB2-View-Name (mit '_').
END-EXEC

EXEC SQL
    UPDATE     SEMTYP                    -- DB2-Tabellen-Name
    SET        DAUER = :DAUER-VARIABLE   -- DB2-Spalte DAUER = Cobol-Definition für den Wert von
                                            DAUER
         WHERE SEMCODE = :SEMCODE        -- DB2-Spalte SEMCODE = Cobol-Definition für den Wert
                                            von SEMCODE
END-EXEC
```

* **Beispiele mit NULL-Wert-Behandlung**
```
EXEC SQL
    SELECT     SEMCODE, DAUER, TITEL     -- Spalten-Name aus einem DB2-View
                                         -- DAUER und TITEL sind NULL-fähig,
                                         -- Das Schlüsselwort INDICATOR ist optional.
    INTO       :SEMCODE, :DAUER :DAUER-I, : TITEL INDICATOR :TITEL-I
    FROM       SEMINARE_VIEW1
END-EXEC
```

Indikator-Variablen müssen für alle NULL-fähigen Spalten in lesenden Operationen übergeben werden, da ansonsten bei Auftreten eines NULL-Wertes ein SQLCODE erzeugt wird.

Host-Variablen für die Verarbeitung von LOBs

Large Objects (LOBs) fordern eine besondere Handhabung hinsichtlich der Programmstrukturen. Grundsätzlich können LOBs in zwei Formen verarbeitet werden:

- die Inhalte von LOBs werden in **LOB-Variablen** geführt,
- die Referenzen auf LOBs werden in **LOB-Locator-Variablen** geführt.

Da diese Daten-Typen keine korrespondierenden programmiersprachenspezifischen Formate kennen, werden SQL-Erweiterungen genutzt, die dann vom Precompiler in entsprechende Formate je nach Programmiersprache generiert werden.

Wie alle Host-Variablen können auch die LOB-Daten-Typen NULL-Werte aufweisen. In diesem Fall ist zusammen mit der Host-Variablen ein NULL-Indikator vorzugeben.

Beispiel COBOL:

Ist in einem Syntax-Diagramm eine Host-Variable dargestellt, kann bei einer LOB-Variablen eine der beiden Formen eingesetzt werden.

Beispiele:

Definition von LOB-Variablen:

```
          COBOL                                   PL/I

01 BLOB-VAR  USAGE IS                   DCL BLOB_VAR
    SQL TYPE IS BLOB (40000K).              SQL TYPE IS BLOB (40000K);
```

Nach Generierung:

```
01  BLOB-VAR.                           DCL 1  BLOB_VAR,
    02    BLOB-VAR-LENGTH                      2  BLOB_VAR_LENGTH FIXED BIN(31),
              PIC      9(9) COMP.               2  BLOB_VAR_DATA1 (1250)
    02    BLOB-VAR-DATA.                            CHARACTER (32767),
          49    FILLER  PIC  X(32767).         2  BLOB_VAR_DATA2
          49    FILLER  PIC  X(32767).              CHARACTER (40960000-1250*32767);
          .... 1248-malige Wiederholung
          49    FILLER  PIC  X(40960000-1250*32767).
```

Definition von LOB-Locator-Variablen:

```
          COBOL                                   PL/I

01 BLOB-LOC  USAGE IS                   DCL  BLOB_LOC
    SQL TYPE IS BLOB-LOCATOR.               SQL TYPE IS BLOB_LOCATOR;
```

Nach Generierung:

```
01 BLOB-LOC      PIC     S9(9) USAGE IS BINARY.   DCL BLOB_LOC    FIXED BINARY (31);
```

Host- und Indikator-Strukturen

Host-Struktur

Eine Host-Struktur ist eine PL/I-Struktur, C-Struktur oder COBOL-Gruppe, die in einem SQL-Statement innerhalb eines Anwendungs-Programms angesprochen wird.

Die Referenz auf eine Host-Struktur wird in Referenzen auf die in der Struktur enthaltenen Einzel-Host-Variablen positionsgerecht aufgelöst.
Eine Struktur kann 2 Stufen aufweisen. Die einzelnen Host-Variablen innerhalb der Host-Struktur können mit dem Struktur-Namen qualifiziert angesprochen werden.

Syntax-Diagramm

```
— : ──┬─host-identifier─┬──host-identifier──┬──────────────────────────────────────┬──
      └─host-identifier─┘                   └─INDICATOR─ : ─┬─host-identifier─┬─host-identifier─┘
                                                            └─host-identifier─┘
```

Indikator-Struktur

Indikator-Strukturen werden 1 : 1 zur Haupt-Struktur behandelt mit folgenden Regeln:
- Sind weniger Indikator-Variable als Haupt-Variable in der Struktur definiert, werden die hinteren Variablen als nicht-NULL-fähig behandelt.
- Sind mehr Indikator-Variable als Haupt-Variable in der Struktur definiert, werden die hinteren Indikatoren ignoriert.

Anwendungs-Beispiele in COBOL:

Hinweis zu den Beispielen:
Die Kommentare innerhalb der SQL-Statements ("--") sind nur beim Einsatz von Standard-SQL vorgebbar.

```
*           Beispiele ohne NULL-Wert-Behandlung
      EXEC SQL
         SELECT    *                       -- Alle Spalten aus einem DB2-View
         INTO      :DCLSEMPREIS-VIEW1      -- Struktur-Name (von DCLGEN generiert)
         FROM      SEMPREIS_VIEW1          -- DB2-View-Name (mit '_').
      END-EXEC

      EXEC SQL
         SELECT    DAUER, PREIS            -- Einzelne Spalten aus einem DB2-View
         INTO      :DCLSEMPREIS-VIEW1.DAUER -- z.B. wenn DAUER nicht eindeutig ist.
                 , :PREIS
         FROM      SEMPREIS_VIEW1          -- DB2-View-Name (mit '_').
      END-EXEC

*           Beispiel mit NULL-Wert-Behandlung
      EXEC SQL
         SELECT    *                       -- Alle Spalten aus einem DB2-View
         INTO      :DCLSEMINARE-VIEW1  INDICATOR :IND-STRUKTUR
         FROM      SEMINARE_VIEW1
      END-EXEC
```

Basis-Sprach-Elemente

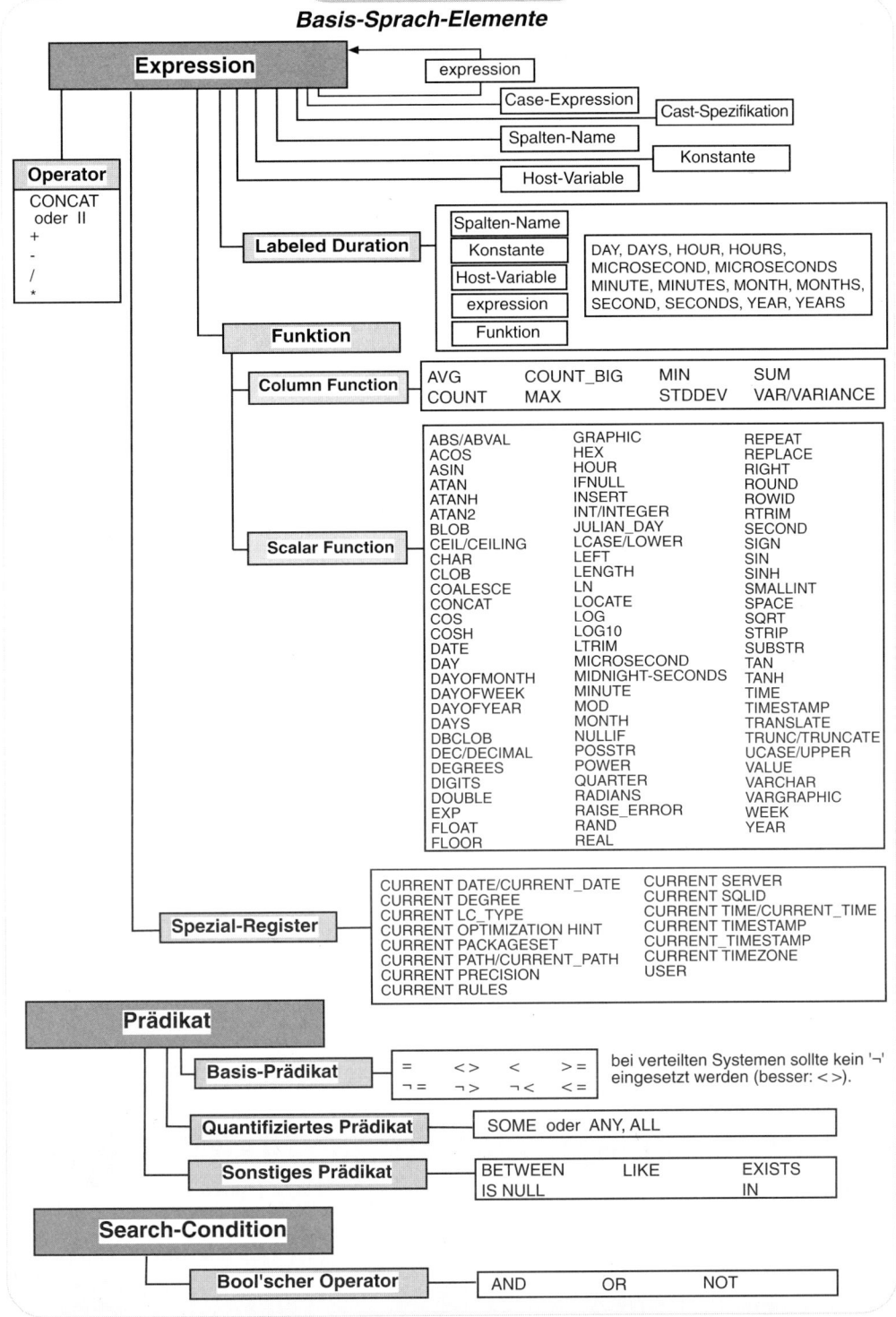

Abbildung A-10

Expression / Ausdruck

Ein Ausdruck spezifiziert einen Wert, der bei der Ausführung eines Statements dynamisch gebildet wird.
Der Einsatz von Operatoren ist abhängig von den benutzten Operanden und deren Daten-Typen.

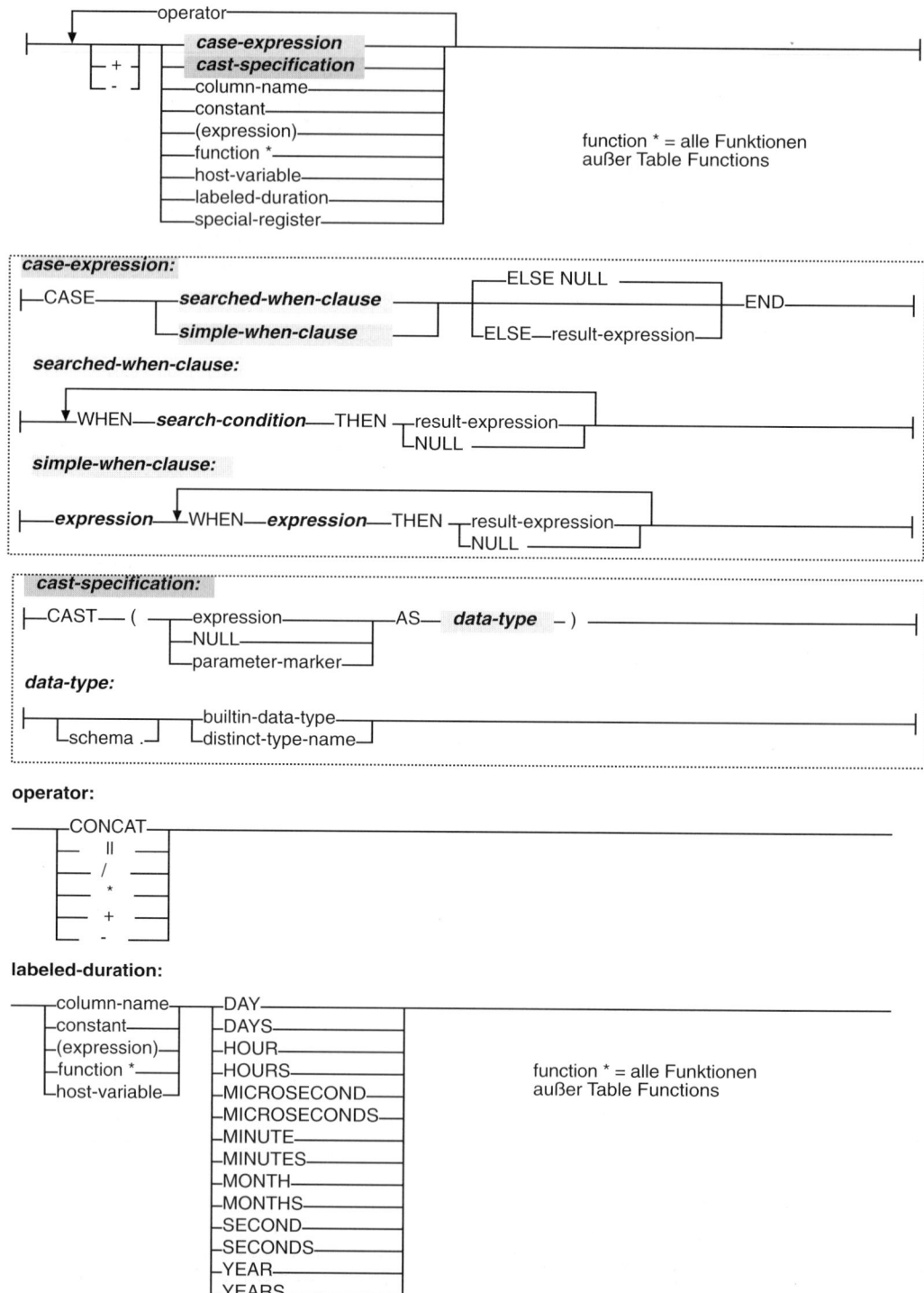

A1 Anhang - DB2-Basis-Sprachelemente
Expression/Ausdruck

Definitionsmöglichkeiten für Expressions:

Schlüsselwort/Parameter	Hinweis/Beschreibung
+	Prefix Operator ohne Vorzeichenauswirkung.
-	Prefix Operator mit Vorzeichenauswirkung (Umdrehen).
case-expression	CASE-Ausdruck - Siehe separate Beschreibung (CASE-Expression).
cast-specification	CAST-Ausdruck - Siehe separate Beschreibung (CAST-Spezifikation).
column-name	Spalten-Name aus Tabelle/View.
constant	Konstanter Wert, z.B. 'PREIS-NEU'.

(*expression*)	Zusammengesetzter Ausdruck.
	Die Behandlung erfolgt nach mathematischen Regeln:
	1. Auflösen evtl. vorhandener Klammern, wobei innerhalb der Klammern ebenfalls die folgende Reihenfolge gilt,
	2. Prefix Operatoren,
	3. Multiplikationen,
	4. Divisionen,
	5. Zusammenstellen evtl. CONCAT-Strings,
	6. Additionen,
	7. Subtraktionen.
	Gleichartige Operatoren auf dem gleichen Level werden von links nach rechts bearbeitet.
	Beispiel:
	    2,50 * (GEHALT + BONUS) + GEHALT / :VARIABLE1
	Rangfolge:
	            2. 1. 4. 3.

function	Funktion - Siehe separate Beschreibung (Functions).
host-variable	Programmvariable, z.B. :PREIS_NEU. Siehe Beschreibung vorab.
labeled-duration	DateTime-Wert - Siehe separate Beschreibung (DateTime-Operanden).
special-Register	Spezial-Register - Siehe separate Beschreibung vorab.

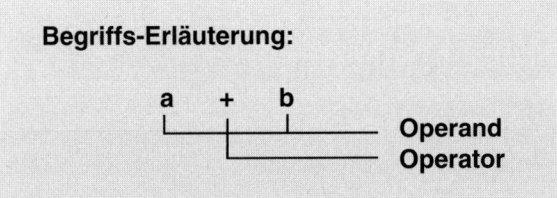

Begriffs-Erläuterung:

a + b
- Operand
- Operator

A1 Anhang - DB2-Basis-Sprachelemente
Expression/Ausdruck

Operator

Als Character-Operator steht zur Verfügung:
    || oder CONCAT   Infix-Operator Concatenation, besser CONCAT verwenden

Mit den folgenden Operatoren werden kompatible arithmetische Ergebnisse erzeugt.
Bei Auftreten eines solchen Infix-Operators können mehrere expressions hintereinander aufgeführt werden.
Beispiel:
        DAUER + (AVG(DAUER) * 2)

- **/**   Infix-Operator Division
- *****   Infix-Operator Multiplikation
- **+**   Infix-Operator Addition
- **-**   Infix-Operator Subtraktion.

Ohne Operatoren
Wird kein Operator verwandt, muss der Ausdruck direkt interpretierbar sein.
Beispiele ohne Operatoren:

DAUER	- Spaltenname aus Table
:DAUER	- Host-Variable
'Max. Dauer'	- Konstante
MAX (DAUER)	- Maximalwert der Spalte DAUER (Funktion).

Mit Concatenation Operator (|| bzw. CONCAT)
Wird ein solcher Operator verwendet, ist das Ergebnis des Ausdrucks ein String.
Es können Character oder Graphic-Strings verkettet werden. Bei Character Strings darf die Ergebnis-Länge 32.764 Byte, bei Graphic-Strings 16.382 Bytes nicht überschreiten.
Das Ergebnis enthält den ersten Operanden verkettet mit dem zweiten Operanden.
Wenn einer der Operanden NULL ist, ist das Ergebnis NULL.
Beispiel für Concatenation:
        NACHNAME || ',' || VORNAME.

Expression mit arithmetischen Operanden

Bei arithmetischen Operatoren wird der Wert bei der Ausführung ermittelt.
Wird ein 'NULL Wert' aufgefunden, ist das Ergebnis 'NULL'.
Arithmetische Operanden dürfen nicht mit Character-Operanden verbunden werden.
Spezielle arithmetische Funktionen stehen für DateTime-Daten-Typen zur Verfügung.
Bei der Wertermittlung werden Konvertierungsregeln angewandt:

Beide Operanden enthalten Binärzahlen
Binäre Wertermittlung, Ergebnis wird als Integer bereitgestellt, ein evtl. Rest geht verloren.

Ein Operand enthält Binär-, der andere Dezimal-Zahlen
Der Binärwert wird auf einen dezimalen Wert ohne Kommastellen konvertiert. Die Genauigkeit ist abhängig vom Binär-Operanden.

Beide Operanden enthalten Dezimalzahlen
Das Ergebnis wird mit einer maximalen Genauigkeit von 31 Stellen und den Kommastellen des Operanden, der die höchste Anzahl Kommastellen aufweist, ermittelt.

Einer der Operanden enthält Gleitkommazahlen
Die Berechnung erfolgt im Gleitkommaverfahren. Nicht als Floating Point definierte Operanden werden konvertiert.

Beispiel mit arithmetischen Operatoren:
Generelle Preiserhöhung um 3,5 Prozent unter Berücksichtigung eines evtl. individuellen Zuschlages:
        (PREIS + ZUSCHLAG) * 1.035

Expression mit DateTime-Operanden (Duration)

DATE- und TIME-Werte können erhöht oder vermindert werden. Diese Werte unterliegen dem **'Duration'**-Konzept (siehe auch Syntax-Diagramm vorab).
Eine Duration ist ein numerischer Wert in einem bestimmten Format, das ein zeitliches Intervall repräsentiert. Der Wert kann abgespeichert sein in:

- einer Konstanten
- einer Spalten-Variablen einer Table
- einer programminternen Host-Variablen
- einem temporären Feld, das durch eine Funktion oder einen sonstigen Ausdruck berechnet wurde.

Labeled Duration
Eine Labeled Duration besteht aus einer Zahl, gefolgt von einem der folgenden Schlüsselworte:
- DAYS, HOURS, MINUTES, MONTHS, SECONDS, MICROSECONDS, YEARS (es ist jeweils auch die Einzahl unterstützt, wie z.B. YEAR).
Die Zahl wird konvertiert zu: DECIMAL (15,0).
Eine Labeled Duration kann nur als Operand eines arithmetischen Operators in Verbindung mit einem anderen Operanden des Typs:
DATE, TIME oder TIMESTAMP genutzt werden.
Korrektes Beispiel:
EINTRITTS_DATUM + 10 YEARS + 6 MONTHS.
Fehlerhaftes Beispiel:
EINTRITTS_DATUM + (10 YEARS + 6 MONTHS).

Date Duration
Eine Date Duration repräsentiert eine DECIMAL (8,0)-Zahl, bestehend aus der Folge yyyymmdd, wobei Jahr, Monat und Tag positionsgerecht behandelt werden. Das Ergebnis einer Subtraktion zweier DATE-Felder ergibt eine Date Duration.
Beispiel:
EINTRITTS_DATUM - GEBURTS_DATUM.

Time Duration
Eine Time Duration repräsentiert eine DECIMAL (6,0)- Zahl, bestehend aus der Folge hhmmss, wobei Stunden, Minuten und Sekunden positionsgerecht behandelt werden.
Das Ergebnis einer Subtraktion zweier TIME-Felder ergibt eine TIME Duration.
Beispiel:
ARBEITS_ENDE - ARBEITS_BEGINN.

Timestamp Duration
Eine Timestamp Duration repräsentiert eine DECIMAL (20,6)-Zahl, bestehend aus der Folge yyyymmddhhmmsszzzzzz, wobei zzzzzz die Microsekunden definiert.
Das Ergebnis einer Subtraktion zweier TIMESTAMP-Felder ergibt eine TIMESTAMP Duration.
Beispiel:
CURRENT TIMESTAMP - LETZTE_SICH_TS.

DateTime-Arithmetik

Die einzigen gültigen arithmetischen Operationen für DATE- und TIME-Werte sind Addition und Subtraktion. Wie die folgende Abbildung zeigt, bestehen für den Einsatz und die Reihenfolge der möglichen Operanden enge Beschränkungen:

Date Arithmetik

Die Datums-Arithmetik berücksichtigt die Gültigkeitsbereiche eines Datums. Sowohl bei der Addition als auch der Subtraktion werden die entsprechenden Gültigkeiten beachtet. Ein arithmetisch ermitteltes Datum muss zwischen dem 1. Januar 0001 und dem 31. Dezember 9999 liegen. Werden Tage addiert oder subtrahiert, ergeben sich mögliche Auswirkungen auf Monate und Jahre. Werden Monate addiert oder subtrahiert, ergeben sich mögliche Auswirkungen auf Jahre. Die Tage bleiben unverändert; es sei denn es ergeben sich ungültige Monatshöchstwerte. Werden Jahre addiert oder subtrahiert, ergeben sich im allgemeinen keine Auswirkungen (Ausnahme: der 29. Februar eines 'Nicht-Schalt-Jahres' wird auf 28 gesetzt und eine Warnung erzeugt, siehe SQLWARN6).

Time Arithmetik

Die Time-Arithmetik berücksichtigt die Gültigkeitsbereiche einer Zeit. Sowohl bei Addition als auch Subtraktion werden die entsprechenden Gültigkeiten beachtet. Eine arithmetisch ermittelte Zeit muss zwischen 0 Uhr und 24 Uhr liegen. Werden Sekunden addiert oder subtrahiert, ergeben sich mögliche Auswirkungen auf Minuten und Stunden. Werden Minuten addiert oder subtrahiert, ergeben sich mögliche Auswirkungen auf Stunden. Die Sekunden bleiben unverändert.

Werden Stunden addiert oder subtrahiert, ergeben sich keine Auswirkungen auf Minuten und Sekunden.

Timestamp Arithmetik

Die Timestamp-Arithmetik berücksichtigt die Gültigkeitsbereiche von Datum und Zeit. Sowohl bei Addition als auch Subtraktion werden die entsprechenden Gültigkeiten wie vorab beschrieben beachtet. Ein Stunden-Überlauf bzw. -Unterlauf wirkt ebenfalls auf das Datum.

Abbildung A-11

DATE / TIME - Arithmetik

Erster Operand	Zweiter Operand							
	DATE	TIME	TIME STAMP	LABELED DURATION	DATE DURATION	TIME DURATION	TIMESTAMP DURATION	STRING REPRÄS.
DATE	-			+/-	+/-			-
TIME		-		+/-		+/-		-
TIMESTAMP			-	+/-	+/-	+/-	+/-	-
LABELED DURATION	+	+	+					
DATE DURATION	+		+					
TIME DURATION		+	+					
TIMESTAMP DURATION			+					
STRING REPRÄSENT.	-	-	-					

Zeichenerklärung:
+ = Addition möglich
+/- = Addition und Subtraktion möglich
- = Subtraktion möglich
Blank = Operand ist nicht einsetzbar

Case Expression

Mit einer CASE-Expression können variable Zustände getestet bzw. erzeugt werden.
CASE kann überall dort genutzt werden, wo expressions einsetzbar sind:

- in der **SELECT**-Klausel,
- in der **WHERE**-Klausel,
- in der **SET**-Klausel eines Update-Statements.

Es werden zwei grundsätzliche Formen unterstützt:

- **Einfache** Form (simple-when-clause)
  Hier wird der Inhalt einer Spalte analysiert und aufgrund eines jeweiligen Inhalts ein Ergebnis erzeugt. Es sind keine Operatoren einsetzbar, sondern es wird ein konkreter Inhalt auf gleich überprüft.

- **Komplexe** Form (searched-when-clause)
  Hier wird eine Analyse von Werten von Spalten einer Tabellenzeile bzw. eines Zeilensets aufgrund von Suchbedingungen vorgenommen. Es sind einfache und komplexe Suchbedingungen über die Prädikate AND, OR oder NOT unterstützt.

Das Ergebnis wird folgendermaßen bestimmt:

- ist die spezifizierte einfache oder komplexe Bedingung **wahr**, wird das Ergebnis des jeweiligen **THEN**-Zweiges erzeugt,
- ist keine der spezifizierten einfachen oder komplexen Bedingung wahr, wird das Ergebnis des **ELSE**-Zweiges erzeugt (Default: ein NULL-Wert),

Relevanter Ausschnitt des Syntax-Diagramms für Expressions:

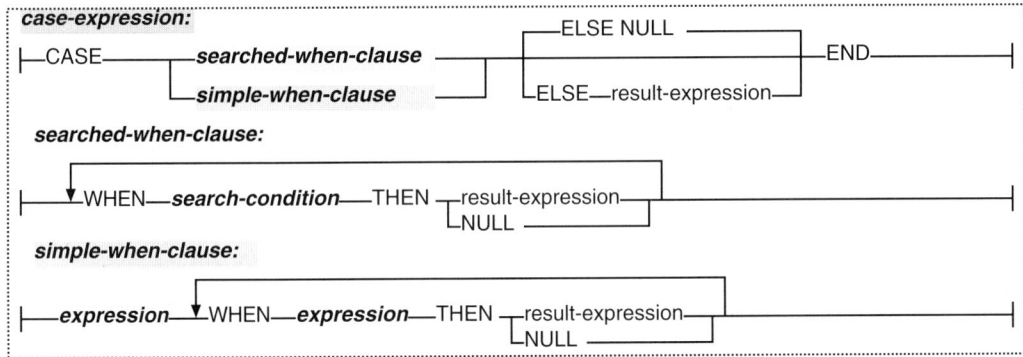

CASE-Expression-Beispiele:

```
EXEC SQL                                               -- Beispiel 'simple-when-clause'
    SELECT       TERMIN
               , CASE  SUBSTR ( SEMCODE , 1 , 3 )
                   WHEN  'DB2' THEN 'DB2-Seminare'
                   ELSE              'Sonstige Seminare'
                 END
    INTO         :TERMIN, :SEMINAR-KLASSIFIKATION
    FROM         SEMINAR
END-EXEC
```

A1 Anhang - DB2-Basis-Sprachelemente
Expression/Ausdruck

```
SELECT      DAUER , PREIS                              -- Beispiel 'searched-when-clause'
  FROM      SEMPREIS
  WHERE     ( CASE
                 WHEN    DAUER < 2 THEN    ( PREIS / DAUER - 300 )
                 WHEN    DAUER = 2 THEN    ( PREIS / DAUER - 200 )
                 ELSE                      ( PREIS / DAUER )
              END )
              > 550


UPDATE      SEMPREIS                                   - Beispiel CASE in einem UPDATE-Statement
  SET       PREIS =
            CASE
                 WHEN    DAUER < 2 THEN    PREIS          - unveränderter Preis
                 WHEN    DAUER = 2 THEN    PREIS + 100
                 ELSE                      PREIS * 1.05
            END
```

Schlüsselwort/Parameter	Hinweis/Beschreibung

case-expression — CASE-Ausdruck.

CASE — Beginn eines CASE-Ausdrucks.

searched-when-clause — Komplexer CASE-Ausdruck, bei dem die spezifizierte Suchbedingung evaluiert wird. Als Ergebnis der Suchbedingung (siehe auch unter Search Condition) wird die Bedingung "wahr", "falsch" oder "unbekannt" erzeugt.
Es kann kein Sub-Select vorgegeben werden.

search-condition — Definition einer Bedingung, die "wahr", "falsch" oder "unbekannt" sein kann.
Ist die case-expression in einer SELECT-Klausel oder einem IN-Prädikat, kann die search-condition weder ein quantifiziertes Prädikat, noch ein IN- oder EXISTS-Prädikat sein.
Die search-condition darf keine Subquery enthalten.
Weitere Erläuterungen siehe später in diesem Anhang unter "Search Conditions" und unter den entsprechenden Prädikaten.

simple-when-clause — Einfacher CASE-Ausdruck, bei dem die Bedingung vor der WHEN-Klausel mit der Bedingung nach der WHEN-Klausel verglichen wird.
Werden Parameter Markers eingesetzt, dürfen sie nicht direkt hinter dem Schlüsselwort CASE eingesetzt werden.

result-expression — Ergebnis eines CASE-Ausdrucks - entweder in Erfüllung einer vorab definierten WHEN-Bedingung in Form des THEN-Zweiges oder als Ergebnis des ELSE-Zweiges.
Innerhalb einer case-expression muss mindestens eine result expression vorgegeben werden. Eine ausschließliche Rückgabe von NULL-Werten in allen spezifizierten Fällen ist unzulässig.
Alle result expressions einer case-expression müssen untereinander kompatibel sein (analog der Regeln für UNION bzw. für die COALESCE-Funktion).
Werden Parameter Markers eingesetzt, dürfen nicht alle result-expressions aus solchen Parameter Markers bestehen.

END — Abschluss eines CASE-Ausdrucks.

CAST-Spezifikation

Mit einer CAST-Spezifikation kann ein Wert eines Daten-Typs in einen Wert eines anderen Daten-Typs konvertiert werden. Dabei wird der Wert des ersten Arguments in den Daten-Typ umgewandelt, der im zweiten Argument definiert ist.
Wird ein String einem kleineren String zugewiesen, wird dann eine Warnung erzeugt, wenn rechtsbündig andere Zeichen als Blanks abgeschnitten werden.

Details zu den Konvertierungsmöglichkeiten siehe vorab in diesem Anhang im Kapitel
   "Format-Änderung zwischen unterschiedlichen Daten-Typen (Casting)"

Relevanter Ausschnitt des Syntax-Diagramms für Expressions:

```
cast-specification:
  ├─CAST─(─┬─expression──────┬──AS─ data-type ─)─────────────┤
           ├─NULL─────────────┤
           └─parameter-marker─┘

data-type:
  ├─────────┬─builtin-data-type──┬──────────────────────────┤
   └schema.─┘ └─distinct-type-name─┘
```

CAST-Spezifikations-Beispiele:

```
EXEC SQL
   SELECT      DAUER, CAST (PREIS AS INTEGER)
   FROM        SEMPREIS
END-EXEC
```

Bei Distinct Data-Types können folgende Varianten genutzt werden:
```
SELECT    DECIMAL (EURO)                      ist identisch mit:
SELECT    CAST (EURO AS DECIMAL (15, 2 ))
```

Schlüsselwort/Parameter	Hinweis/Beschreibung
cast-specification	CAST-Spezifikation.
expression	Der erste Operand (Cast Operand) ist ein Ausdruck. Details möglicher Formen siehe unter Expression/Ausdruck.
NULL	Der erste Operand (Cast Operand) ist ein NULL-Wert.
parameter-marker	Der erste Operand (Cast Operand) ist ein Parameter Marker.
AS data-type	Daten-Typ - siehe weiter unten.
schema.	Schema-Name der Cast-Funktion. Wird dieser Parameter nicht vorgegeben, erfolgt die Suche im SQL-Pfad. Details siehe später unter "Funktions-Auflösung (Function Resolution)".
builtin-data-type **distinct-type-name**	Name des Daten-Typs des zweiten Operanden mit evtl. Argumenten wie Länge, Nachkommastellen usw. Die Syntax der Daten-Typen können unter folgenden Statements gefunden werden: - CREATE TABLE Builtin-Daten-Typ - CREATE DISTINCT TYPE Distinct-Daten-Typ.

Es folgen einige CAST-Beispiele:

```
select ' '                                         as "smallint->smallint"
     , SEMNR, cast (SEMNR as smallint)      as "Smallint"
     , cast ((SEMNR + 100) as smallint)     as "SEMNR + 100"
  from seminar
 where SEMNR = 1;
         +--------------------------------------------------------+
         ! smallint->smallint ! SEMNR ! Smallint ! SEMNR + 100 !
         +--------------------------------------------------------+
         1_!                  !     1 !        1 !         101 !
         +--------------------------------------------------------+

select ' '                                         as "smallint->int"
     , SEMNR, cast (SEMNR as int)           as "Integer"
  from seminar
 where SEMNR = 1;
         +---------------------------------------+
         ! smallint->int ! SEMNR !    Integer  !
         +---------------------------------------+
         1_!             !     1 !           1 !
         +---------------------------------------+

select ' '                                         as "smallint->decimal"
     , SEMNR, cast (SEMNR as decimal(9,2))  as "Decimal(9,2)"
  from seminar
 where SEMNR = 1;
         +-----------------------------------------------+
         ! smallint->decimal ! SEMNR ! Decimal(9,2) !
         +-----------------------------------------------+
         1_!                 !     1 !         1.00 !
         +-----------------------------------------------+

select ' '                                         as "smallint->real"
     , SEMNR, cast (SEMNR as real)          as "Real"
  from seminar
 where SEMNR = 12;
         +-----------------------------------------------------+
         ! smallint->real ! SEMNR !        Real           !
         +-----------------------------------------------------+
         1_!              !    12 ! 1.20000E+01          !
         +-----------------------------------------------------+

select ' '                                         as "smallint->double"
     , SEMNR, cast (SEMNR as double)  as "Double"
  from seminar
 where SEMNR = 12;
         +--------------------------------------------------------+
         ! smallint->double ! SEMNR !        Double           !
         +--------------------------------------------------------+
         1_!                !    12 ! 1.200000000000000E+01 !
         +--------------------------------------------------------+

select ' '                                         as "smallint->char"
     , SEMNR , cast (SEMNR as char(5))      as "Character"
  from seminar
 where SEMNR = 12;
         +------------------------------------+
         ! smallint->char ! SEMNR ! Character !
         +------------------------------------+
         1_!              !    12 ! 12        !
         +------------------------------------+

select ' '                                         as "smallint->varchar"
     , SEMNR, cast (SEMNR as varchar(2))    as "Varchar"
  from seminar
 where SEMNR = 12;
         +-------------------------------------+
         ! smallint->varchar ! SEMNR ! Varchar !
         +-------------------------------------+
         1_!                 !    12 ! 12      !
         +-------------------------------------+
```

A1 Anhang - DB2-Basis-Sprachelemente
Expression/Ausdruck

```
- integer -> Da kein int-Format in den Testdaten vorhanden ist,
-            wird dieses mit einer Nested Table Expression erzeugt.
  select ' '                                               as "int->smallint"
       , t.preis, cast (t.preis as smallint)               as "Smallint"
    from (select cast(preis as integer) as preis from sempreis
          where preis > 2000) as t;
  +------------------------------------------+
  ! int->smallint !      PREIS     ! Smallint !
  +------------------------------------------+
  1_!             !          2100  !   2100   !
  +------------------------------------------+

  select ' '                                               as "char->smallint"
       , '1500', cast ('1500' as smallint)                 as "Smallint"
    from sysibm.sysdummy1;
  +---------------------------------+
  ! char->smallint !    ! Smallint  !
  +---------------------------------+
  1_!              ! 1500 !   1500  !
  +---------------------------------+

  select ' '                                               as "char->date"
       , '01.10.2000', cast ('01.10.2000' as date )   as "Date"
    from sysibm.sysdummy1;
  +------------------------------------+
  ! char->date !         !    Date    !
  +------------------------------------+
  1_!          ! 01.10.2000 ! 01.10.2000 !
  +------------------------------------+

  select ' '                                               as "char->ts"
       , '2000-10-01-11.10.05.201005'
       , cast ('2000-10-01-11.10.05.201005' as timestamp )  as "timestamp"
    from sysibm.sysdummy1;
  +-----------------------------------------------------------------+
  ! char->ts !                        !           timestamp         !
  +-----------------------------------------------------------------+
  1_!        ! 2000-10-01-11.10.05.201005 ! 2000-10-01-11.10.05.201005 !
  +-----------------------------------------------------------------+

select ' '                                                 as "char->rowid"
     , x'007EAD1604F4DC344E6901A9098A010000000000002010000000000000000000'
       , cast ( x'007EAD1604F4DC344E6901A9098A010000000000002010000000000000000000' as Rowid)
                                                           as "Rowid"
  from sysibm.sysdummy1 ;
+--------------------------------------------------------------------------------+
! char->rowid !                              Rowid                               !
+--------------------------------------------------------------------------------+
1_!           ! .=_..4}.+Ñ.z.«.............    007EAD1604F4DC344E6901A9098A01000
+--------------------------------------------------------------------------------+
```

Predicate / Prädikat

Ein Prädikat spezifiziert eine Bedingung, die hinsichtlich einer Zeile oder Gruppe: 'wahr', 'falsch' oder 'unbekannt' sein kann.

Prädikate sind durch festvergebene Schlüsselworte reserviert. Sowohl die einzelnen Parameter als auch die DB2-internen Verarbeitungsprozesse sind für jedes Prädikat isoliert zu betrachten.

Folgende Bedingungen müssen erfüllt sein:

- alle Werte müssen kompatibel sein,
- außer beim 1. Operanden eines LIKE dürfen die Operanden bei Character nicht 254, bei Graphic nicht 127 Stellen übersteigen,
- außer bei EXISTS muss jedes Sub-Select eine einzige Spalte spezifizieren.

Basis-Prädikat

Ein Basis-Prädikat wird zum Vergleich zweier Werte benutzt. Es existieren folgende Formate:

- ein Ausdruck (Expression) mit einem Vergleichs-Operator gefolgt von einem anderen Ausdruck
- ein Ausdruck (Expression) mit einem Vergleichs-Operator gefolgt von einem Sub-Select (ohne SOME, ANY oder ALL).

Beispiele:
```
SEMCODE = 'DB2-PROG'
SEMPREIS > 2000
PREIS < (SELECT AVG (PREIS) FROM SEMPREIS).
```

Basis Prädikat

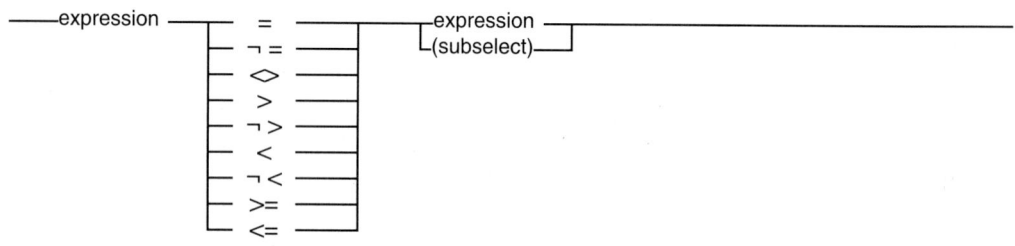

Schlüsselwort/Parameter	Hinweis/Beschreibung
expression	Siehe separate Beschreibung.
= ¬= <> > ¬> < ¬< >= <=	Vergleichsoperatoren. Bei verteilten Servern sollte aus Kompatibilitätsgründen kein '¬' verwendet werden (z.B. '<=' anstelle '¬>').
expression	Siehe separate Beschreibung.
(subselect)	Siehe separate Beschreibung unter SELECT.

Quantifiziertes Prädikat

Die quantifizierten Prädikate ALL, ANY, SOME vergleichen einen Wert mit jedem Wert einer zurückgelieferten Ergebnis-Spalte eines Sub-Selects (Inner Query).

Die Inner-Query kann eine Ergebnismenge einer Spalte liefern (NULL-Werte oder Nicht-NULL-Werte).

Beispiel:
Selektieren Zeilen aller NEUPREISe, die kleiner oder gleich allen Alt-Preisen sind, sofern deren Dauer > 4 Tage ist.

    NEUPREIS <= ALL (SELECT PREIS FROM SEMPREIS
                     WHERE DAUER > 4)

Quantifiziertes Prädikat

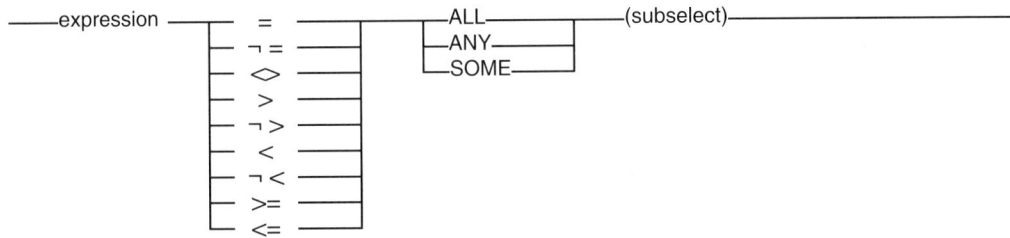

Schlüsselwort/Parameter	Hinweis/Beschreibung
expression	Siehe separate Beschreibung.
= ¬= <> > ¬> < ¬< >= <=	Vergleichsoperatoren, siehe auch unter Basis-Prädikate.
ALL	Bedingung ist wahr, wenn Inner-Query Resultat in allen Zeilen übereinstimmt. Bedingung ist auch wahr, wenn Inner-Query Resultat keine Zeile enthält (Empty-Set). Ergebnis ist unbekannt, wenn Bedingung zwar teilweise erfüllt ist, aber zumindest 1 NULL-Wert in der Result Table enthalten ist.
**SOME	ANY**	Bedingung ist wahr, wenn Inner-Query Resultat in mindestens einer Zeile übereinstimmt. Bedingung ist falsch, wenn die Result Table leer ist (empty) oder wenn alle zurückgelieferten Werte nicht der Bedingung entsprechen. Ergebnis ist unbekannt, wenn zumindest 1 NULL-Wert in der Result Table enthalten ist, alle anderen Werte aber falsch sind.
(*subselect***)**	Siehe separate Beschreibung unter SELECT.

BETWEEN Prädikat

Das Prädikat BETWEEN vergleicht Werte mit einem Wertebereich von - bis (aufsteigende Folge), wobei auch die Grenzwerte 'von' und 'bis' mit in die Bedingung 'wahr' aufgenommen werden.

Wenn die Operanden einen Mix von DateTime-Daten-Typen und gültige String-Repräsentationen von DateTime-Daten-Typen enthalten, werden diese in das Format des DateTime-Daten-Typs umgewandelt.

Beispiele:

    Selektieren wenn der Preis zwischen 1000 und 2000 DM ist: PREIS BETWEEN 1000 AND 2000

    Selektieren wenn der Preis nicht zwischen 1000 und 2000 DM ist: PREIS NOT BETWEEN 1000 AND 2000.

    Für das BETWEEN-Prädikat existiert eine equivalente Suchbedingung:

Prädikat	wert1 BETWEEN wert 2 AND wert3
entspricht:	wert1 >= wert2 AND wert1 <= wert3.
Prädikat	wert1 NOT BETWEEN wert 2 AND wert3
entspricht:	wert1 < wert2 OR wert1 > wert3
bzw.	NOT (wert1 BETWEEN wert 2 AND wert3).

BETWEEN Prädikat

```
────expression ─────┬──────────── BETWEEN ──── expression ──AND── expression ────
                    └── NOT ─────┘
```

Schlüsselwort/Parameter	Hinweis/Beschreibung

expression   Siehe separate Beschreibung.

NOT   Logische-'Nicht'-Bedingung.

BETWEEN   Wertebereich 'von'.

expression   Siehe separate Beschreibung.

AND   Wertebereich 'bis'. Bedingung ist wahr, wenn Wert zwischen BETWEEN AND liegt.

NULL Prädikat

Das NULL Prädikat prüft einen Wert auf NULL-Wert-Bedingungen.

Dies ist die einzige Möglichkeit, NULL Werte direkt in eine Auswahl einzubeziehen bzw. auszuschließen.
Ein arithmetischer Vergleich auf NULL Werte ist nicht möglich (z.B. = NULL), da NULL keinen Wert sondern einen Zustand darstellt (missing value).

Das Resultat einer IS-NULL-Bedingung kann nur 'wahr' oder 'falsch' sein, 'unbekannt' ist nicht möglich.

Beispiele:

Selektieren wenn der Preis nicht vorgegeben ist (NULL-Wert): WHERE PREIS IS NULL

Selektieren wenn der Preis vorgegeben ist: WHERE PREIS IS NOT NULL

UPDATE eines NULL-Wertes in einer bestimmten Spalte: SET PREIS = NULL

NULL Prädikat

```
──expression ── IS ──┬──────┬── NULL ──────────
                     └─NOT──┘
```

Schlüsselwort/Parameter	Hinweis/Beschreibung
expression	Siehe separate Beschreibung.
IS	
NOT	Logische-'Nicht'-Bedingung
NULL	NULL-Wert. Wenn kein Feldinhalt geführt wird, sondern ein NULL-Wert, dann ist die Bedingung wahr, ansonsten falsch (bei NOT umgekehrt).

LIKE Prädikat

Das Prädikat LIKE prüft einen Character-String auf bestimmte Bedingungen.

Es werden die Sonderzeichen '_' und '%' als Such- bzw. Platzhalterzeichen unterstützt. Mit ESCAPE können diese Zeichen auch im Daten-String gesucht werden.

% repräsentiert einen String von 0 bis n Zeichen, der innerhalb einer Tabellenzeile aufgesucht werden kann. Steht % als einziger Platzhalter hinter einem String, werden nur die ersten Stellen des Strings geprüft. Ist eine Konstante in % eingeschlossen, wird der gesamte String durchsucht.
Achtung: Bei Character-Feldern fester Länge werden Blanks auch als gültige Dateninhalte behandelt.

_ repräsentiert ein einzelnes Zeichen und dient als Platzhalter zur Kennzeichnung von Zeichen an fest positionierten Stellen.

Ein Such-String mit dem Inhalt '%A_CD' wird folgendermaßen interpretiert:
0-n Zeichen am Anfang, Buchstabe 'A', irgendein Zeichen, Buchstaben 'CD'.
Gültige Werte: ABCD, YZABCD Ungültige Werte: AB, XYZCD

Beispiele:
SEMCODE LIKE '%DB2%'	Irgendwo = DB2
SEMCODE NOT LIKE 'DB2%'	Am Anfang <> DB2 (Achtung: funktioniert nicht bei festen Feld längen). In einem solchen Fall muss mit Platzhaltern aufgefüllt werden, wie: 'DB2%%%%%%%' anstelle von 'DB2% '.
SEMCODE LIKE '_ _ 3 _ _ _ _ _ _ _'	Dritte Stelle des 10-stelligen SEMCODE = 3
SEMCODE LIKE 'DB2 _ _ _ _ _ 1'	String beginnend mit DB2 und endend mit 1 (fest oder variabel).
SEMCODE LIKE 'DB2%1'	Equivalent zu vorigem Beispiel (SEMCODE = 10 Bytes).
SEMCODE LIKE '%%%%%%%%'	Suchzeichen werden von DB2 ignoriert, z.B. geeignet für den Einsatz in Anwendungsprogrammen, wenn über variable Eingabe nicht zwingend ein Wert geliefert wird.
SEMCODE LIKE 'DB2+_D_%' ESCAPE '+'	Das Sonderzeichen _ hinter dem ESCAPE-Zeichen + wird im Daten-String gesucht. Gültige Werte, z.B: DB2_DESIGN, DB2_DA Falsche Werte, z.B: DB2, DB2_D

LIKE Prädikat

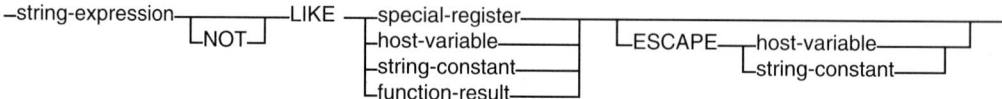

Schlüsselwort/Parameter	Hinweis/Beschreibung
string-expression	String-Ausdruck. Siehe separate Beschreibung.
NOT	Logische-'Nicht'-Bedingung
LIKE	
special-register *host-variable* *string-constant* *function-result*	Vergleich der Tabellenspalte mit einem Character-String aus: dem Spezial-Register, der Programmvariablen (kein Struktur-Name) oder der Konstanten (nur der Daten-Typ "String" ist zulässig) oder einem String-Ergebnis einer Funktion. % Platzhalter 0 bis n Zeichen. _ Positions-Platzhalter.
ESCAPE	LIKE-Sonderzeichen '_' bzw. '%' sind als Bestandteil des Strings zu suchen (das definierte Zeichen kann mehrfach auftreten).
host-variable	Das Escape-Character ist in der Host-Variablen definiert.
string-constant	Das Escape-Character ist in der Konstanten definiert.

EXISTS Prädikat

Das Prädikat EXISTS prüft die Existenz bestimmter Bedingungen und setzt eine der Bedingungen 'wahr' oder 'falsch'.

Es wird kein Wert übergeben und das Resultat kann nie 'unbekannt' sein.

Die EXISTS-Bedingung wird nur in Verbindung mit einer Subquery verwendet, häufig in einer correlated Subquery.
Das Resultat ist 'wahr', wenn die Subquery zumindest eine Ergebnis-Zeile liefert.

Die Select-Klausel kann eine einzelne Result Table Spalte anfordern oder aber auf alle Spalten gerichtet sein (SELECT *). Dies ist aber ohne Auswirkung.

EXISTS kann mit dem logischen Operator NOT verknüpft werden.

    Beispiel:
        Es sollen bestimmte Informationen selektiert werden, wenn in der SEMPREIS-Tabelle ein Preis > 2000 DM vorhanden ist.

```
            WHERE EXISTS
                  (SELECT  *   FROM SEMPREIS
                               WHERE PREIS > 2000)
```

EXISTS Prädikat

──EXISTS (subselect)──

Schlüsselwort/Parameter	Hinweis/Beschreibung

EXISTS

    (subselect)   Siehe separate Beschreibung.

IN Prädikat

Das Prädikat IN vergleicht einen Wert mit einer Werte-Auswahl.

Es wird auf Übereinstimmung mit allen Werten geprüft. Wird ein übereinstimmender Wert gefunden, ist das Ergebnis 'wahr'.
Ein IN-Prädikat in der Form:

        A IN (:B)   entspricht A = :B.

  Beispiele:

```
    WHERE  SEMCODE  IN  ('DB2-PROG', 'DB2-DESIGN')        Konstante
    WHERE  SEMCODE  IN (SELECT SEMCODE FROM SEMTYP        Subselect
                        WHERE  DAUER > 3)
    WHERE  SEMCODE  IN (:VAR1, :VAR2)
                                                          Host-Variable enthalten
                                                          Vergleichsbegriffe
    WHERE  SEMCODE  IN (:SEM-STRUKTUR)                    Host-Variablen-Struktur
                                                          enthält Vergleichsbegriffe
Beispiel-Struktur (COBOL):
    01 SEM-STRUKTUR.
        05  VERGL1          PIC  X(15)      VALUE 'DB2-PROG'.
        05  VERGL2          PIC  X(15)      VALUE 'DB2-DESIGN'.
        05  VERGL3          PIC  X(15)      VALUE 'DB2-PERFORMANCE'.
```

IN Prädikat

Schlüsselwort/Parameter	Hinweis/Beschreibung
expression	Siehe separate Beschreibung.
NOT	Logische-'Nicht'-Bedingung
IN	
(subselect)	Vergleich Ausdruck mit Werten aus Sub-Select (siehe separate Beschreibung),
expression	Gültiger Ausdruck. Siehe separate Beschreibung.

Search Condition / Such-Bedingung

Eine Suchbedingung spezifiziert eine Bedingung für eine gegebene Zeile oder Gruppe, die wahr, falsch oder unbekannt sein kann.
Die einzelnen Bedingungen können logisch (Boolsche Operatoren) verknüpft werden.
Außerdem können eine Reihe von Spezialbedingungen in die Suchbedingungen, einige mit Aufruf einer verschachtelten Subquery, aufgenommen werden.

Beispiele:

PREIS < 10000	Selektieren, wenn der Preis kleiner als 10000 ist.
PREIS >= 1000 AND PREIS <= 5000	Selektieren wenn der Preis größer oder gleich 1000 ist, aber nicht größer ist als 5000.
(PREIS = 2000 OR PREIS = 3000) AND (DAUER ¬ = 2.5 AND DAUER ¬ = 3.5)	Selektieren wenn der Preis gleich 2000 oder 3000 ist und die Seminardauer nicht gleich 2,5 oder 3,5 Tage ist.
PREIS >= (SELECT AVG (PREIS) FROM SEMPREIS)	Selektieren wenn der Preis größer oder gleich ist als der Durchschnitt der vorhandenen Preise

Such-Bedingungen

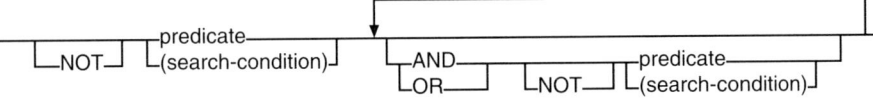

Schlüsselwort/Parameter	Hinweis/Beschreibung
NOT	Logische 'Nicht'-Bedingung. NOT kehrt grundsätzlich die Bedingungen um (außer bei Unbekannt): NOT (Wahr) = Falsch NOT (Falsch) = Wahr NOT (Unbekannt) = Unbekannt
predicate *search-condition*	Siehe separate Beschreibung der möglichen Prädikate. Weitere Suchbedingung.
AND	Logische 'UND'-Verknüpfung
OR	Logische 'ODER'-Verknüpfung Die folgende Tabelle zeigt die Ergebnisse bei AND bzw. OR-Verknüpfungen:

Prädikate

A	B	A AND B	A OR B
wahr	wahr	wahr	wahr
wahr	falsch	falsch	wahr
wahr	unbekannt	unbekannt	wahr
falsch	wahr	falsch	wahr
falsch	falsch	falsch	falsch
falsch	unbekannt	falsch	unbekannt
unbekannt	wahr	unbekannt	wahr
unbekannt	falsch	falsch	unbekannt
unbekannt	unbekannt	unbekannt	unbekannt

A1 Anhang - DB2-Basis-Sprachelemente
Search Condition / Suchbedingung

AND, OR, NOT und Klammern, eine unendliche Geschichte

Die Vorgabe von Klammern und die interne Abwicklung soll an dieser Stelle zusammenfassend aufgezeigt werden. Am besten erklären sich die Regelwerke anhand einiger Beispiele:

	WHERE-Klausel	einbezogen werden	nicht einbezogen werden
1.	VORNAME = 'Sabine' AND (NACHNAME = 'Meier' OR NACHNAME = 'Bauer')	Sabine Meier Sabine Bauer	Sabine Schulze Simone Bauer
2.	(VORNAME = 'Sabine' AND NACHNAME = 'Meier') OR NACHNAME = 'Bauer'	Sabine Meier Sabine Bauer, Simone Bauer	Sabine Schulze
3.	VORNAME = 'Sabine' AND NACHNAME = 'Meier' OR NACHNAME = 'Bauer'	Sabine Meier Sabine Bauer, Simone Bauer	Sabine Schulze
4.	VORNAME = 'Sabine' OR (NACHNAME = 'Meier' AND NACHNAME = 'Bauer')	Sabine Meier, Sabine Bauer, Sabine Schulze *Der Nachname kann nicht gleichzeitig 'Meier' und 'Bauer' sein. Durch die OR-Verknüpfung wird nur der Vorname selektiert.*	Simone Bauer
5.	VORNAME = 'Sabine' AND (NACHNAME = 'Meier' AND NACHNAME = 'Bauer')	*Der Nachname kann nicht gleichzeitig 'Meier' und 'Bauer' sein. Durch die AND-Verknüpfung erfolgt keine Selektion.*	Sabine Meier, Simone Bauer, Sabine Bauer, Sabine Schulze
6.	VORNAME = 'Sabine' OR NACHNAME = 'Meier' OR NACHNAME = 'Bauer'	Sabine Meier, Simone Bauer Sabine Bauer, Sabine Schulze	
7.	(VORNAME = 'Sabine' AND NACHNAME = 'Meier') OR (VORNAME = 'Simone' AND NACHNAME = 'Bauer')	Sabine Meier Simone Bauer	Sabine Bauer Simone Meier
8.	VORNAME = 'Sabine' AND NOT NACHNAME = 'Meier'	Sabine Bauer, Sabine Schulze	Sabine Meier, Simone Bauer
9.	NOT (VORNAME = 'Sabine') AND (NACHNAME = 'Meier')	*Selektion, wenn der Vorname nicht Sabine ist und der Nachname = Meier ist.*	Sabine Meier, Simone Bauer, Sabine Bauer, Sabine Schulze
10.	NOT (VORNAME = 'Sabine' AND NACHNAME = 'Meier')	Sabine Bauer, Simone Bauer Sabine Schulze *Selektion, wenn der Vorname nicht Sabine ist oder der Nachname nicht Meier ist.*	Sabine Meier
11.	NOT (VORNAME = 'Sabine' OR NACHNAME = 'Meier')	Simone Bauer	Sabine Bauer, Sabine Schulze Sabine Meier
12.	NOT (VORNAME = 'Sabine') OR (NACHNAME = 'Meier')	Sabine Meier, Simone Bauer	Sabine Bauer, Sabine Schulze
13.	NOT (VORNAME = 'Sabine') AND NOT NACHNAME = 'Meier'	Sabine Meier, Simone Bauer	Sabine Bauer, Sabine Schulze
14.	NOT (VORNAME = 'Sabine') OR NOT NACHNAME = 'Meier'		Sabine Meier, Simone Bauer, Sabine Bauer, Sabine Schulze

Alles Klammer oder was?

Function / Funktion
Funktions-Typen

Eine Funktion definiert eine von DB2 unterstützte Operation, die i.d.R. einen oder mehrere Eingabe-Parameter (Argumente) benötigt und einen oder mehrere Ausgabe-Parameter zurückgibt. Parameter werden in Klammern eingeschlossen.

Funktionen existieren in diversen Ausprägungs-Typen.

Abbildung A-12

Funktions-Typen

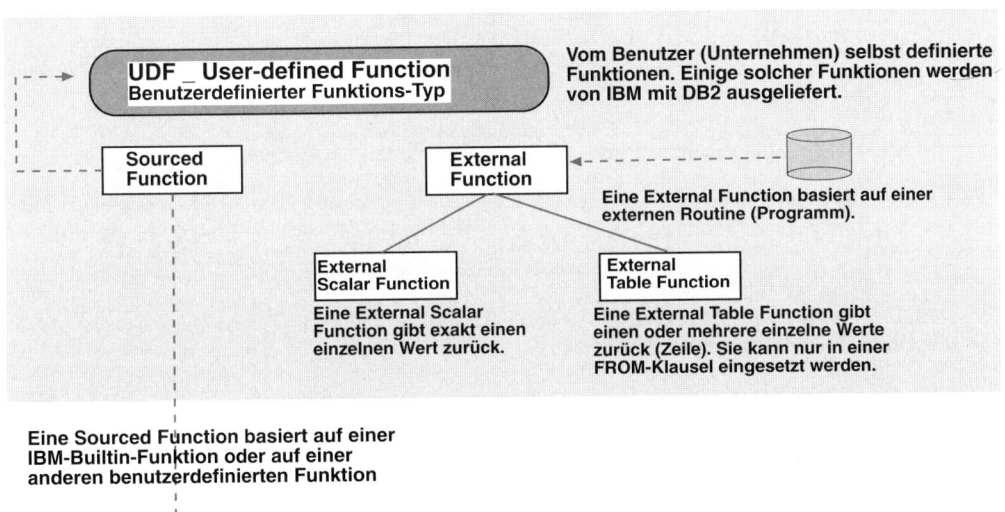

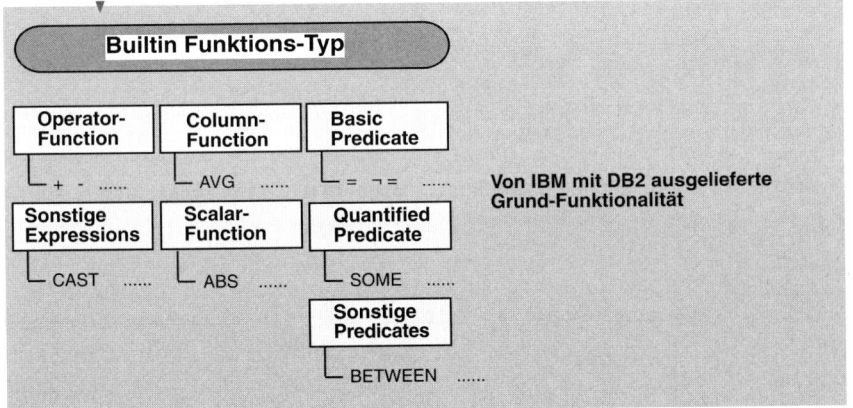

A1 Anhang - DB2-Basis-Sprachelemente
Function / Funktion

Hier eine Auflistung der relevanten Funktionen:

- **IBM-Standard Funktionen (Builtin Functions)**
  Von IBM standardmäßig ausgelieferte Funktionen, die sich wiederum unterscheiden lassen in:

  - **Column Functions**   analysieren Daten-Mengen auf Spalten-Basis, z.B. MAX.
  - **Scalar Functions**   wirken i.d.R. auf Einzel-Wert-Basis, z.B. SUBSTR.
  - **Sonstige Functions**   stellen Systemfunktionen zur Verfügung, wie z.B. Filterung durch LIKE.

  Solche Funktionen werden nicht in der Katalog Tabelle SYSIBM.SYSROUTINES registriert. Sie sind dem Schema SYSIBM zugeordnet.

- **Benutzerdefinierte Funktionen (User-defined Functions)**
  Von Benutzern mittels CREATE FUNCTION eingerichtete Funktionen, die sich wiederum unterscheiden lassen in:

  - **Sourced Functions**   basieren auf IBM-Builtin Functions oder auf anderen User-defined Functions. Es kann auf eine Column Function oder eine Scalar Function referenziert werden.
  - **External Functions**   basieren auf Lade-Modulen, die bei Funktionsaufruf aktiviert werden. External Functions lassen sich aufgliedern in:
    - **External Scalar Functions**   geben exakt einen Wert zurück. Es kann nur auf Scalar Functions, nicht Column Functions referenziert werden.
    - **External Table Functions**   geben eine Ergebniszeile mit mehreren Werten zurück. Diese Form läßt sich nur in der FROM-Klausel eines Sub-Select-Statements einsetzen. Damit lassen sich z.B. Nicht-DB2-Daten in DB2-kompatible Daten-Strukturen umsetzen und innerhalb eines SQL-Statements nutzen.

  Solche Funktionen werden in der Katalog Tabelle SYSIBM.SYSROUTINES registriert. Sie können nicht dem Schema SYSIBM zugeordnet werden.

  IBM liefert einige Beispiel-Funktionen, die bei Bedarf genutzt werden können.

- **Automatische systemgenerierte Funktionen (bei Einrichtung eines DISTINCT Daten-Typs)**
  Wenn Benutzer Distinct Daten-Typen mit CREATE DISTINCT TYPE einrichten, werden automatisch Konvertierungs-Funktionen (CAST-Functions) und ggf. Vergleichs-Operatoren-Funktionen generiert. Diese Funktionen gehören in die Gruppe der:

  - **Sourced Functions**

  Solche Funktionen werden in der Katalog Tabelle SYSIBM.SYSROUTINES registriert. Sie können nicht dem Schema SYSIBM zugeordnet werden.

Eine Funktion wird unter einem eindeutigen Namen im Katalog registriert (Function Signature):

- Schema-Name
- Funktions-Name
- Anzahl Argumente
- Daten-Typen der ersten 30 Argumente (ohne Berücksichtigung von Genauigkeiten, Nachkommastellen oder Sub-Typen).

Funktions-Auflösung (Function-Resolution)

Eine angeforderte Funktion wird in der SYSROUTINES-Tabelle im Katalog gesucht. Ist kein Schema vorgegeben, wird die Funktion in mehreren Schemata aufgrund des SQL-Pfades gesucht.

Folgende Bedingungen müssen komplett erfüllt sein, damit DB2 eine Funktion aktivieren kann:

- der Funktions-Name muss im Katalog konkret definiert sein,

- die Anzahl Eingabe-Argumente muss übereinstimmen,

- die Daten-Typen der ersten 30 Argumente (ohne Berücksichtigung von Genauigkeiten, Nachkommastellen oder Sub-Typen) müssen identisch sein oder hierarchisch umwandelbar (siehe vorab unter "Hierarchische Umwandlung von Daten-Typen (Promotion)",

- der Benutzer hat die erforderlichen Privilegien zum Aufruf der Funktion (EXECUTE),

- der CREATE-Timestamp der Funktion ist älter als der letzte BIND/REBIND-Package- bzw. Plan-Zeitpunkt des Objektes, das diese Funktion nutzt.

Bestmögliche Übereinstimmung der Argumente (best fit)

Stehen mehrere Kandidaten zur Verfügung, werden die ausgesucht, deren Bedingungen die optimalsten Voraussetzungen aufweisen.
Dabei durchsucht DB2 die Argumente von links nach rechts auf Übereinstimmung bzw. hierarchische Umwandlungsmöglichkeit.
Sobald eine Funktion bei der Prüfung des ersten Arguments bzw. der ersten Argumente eine bessere Übereinstimmung aufweist als alle anderen, ist die beste Funktion gefunden.

Beispiele:

```
1. CREATE   FUNCTION   SCHEMA1.FUNKTION1   ( INT , INT, INT )
2. CREATE   FUNCTION   SCHEMA2.FUNKTION1   ( INT , INT, INT , INT )
3. CREATE   FUNCTION   SCHEMA3.FUNKTION1   ( INT , SMALLINT, DECIMAL)
4. CREATE   FUNCTION   SCHEMA4.FUNKTION1   ( INT , INT, DOUBLE )
```

Aufruf der Funktion FUNKTION1 ohne Schema-Name:

SELECT .... **FUNKTION1** (INT-Spalte1, INT-Spalte2, DECIMAL-Spalte)

DB2 wählt die Funktion Nr. 4 aus, da eine Promotion der Daten-Typen von DECIMAL über REAL nach DOUBLE möglich ist.

Kriterien, die gegen die anderen Funktionen sprechen, sind:

1. das dritte Argument ist INT. DECIMAL ist nicht hierarchisch auf INTEGER umwandelbar.
2. die Funktion hat vier Argumente. Damit ist keine Übereinstimmung der Argumenten-Anzahl gegeben.
3. das zweite Argument ist SMALLINT. INT-Spalte 2 ist nicht hierarchisch auf SMALLINT umwandelbar.

Builtin Functions

Eine Buitin Funktion definiert eine von IBM gelieferte DB2-Standard-Operation. Eine solche Funktion benötigt einen oder mehrere Eingabe-Parameter (Argumente) und erzeugt exakt einen Ausgabe-Parameter.
Parameter werden in Klammern eingeschlossen.

Builtin Funktionen werden dem Schema SYSIBM zugeordnet. In Abhängigkeit vom Stand des Spezialregisters CURRENT PATH wird beim Aufruf einer Builtin Funktion der SQL Pfad analysiert. Sofern nicht die Standard-Reihenfolge gilt, kann eine benutzerdefinierte Funktion mit demselben Namen und denselben Bedingungen vorrangig vor dem Schema SYSIBM herangezogen werden.

Es existieren:

- **Column Functions**
- **Scalar Functions.**

Während Column Functions eine Daten-Menge (in der Regel eine bestimmte Spalte) behandeln, wirken Scalar Functions auf einen bestimmten Wert einer Result Table- oder Interims-Table-Zeile.

Grundsätzlich können Builtin Funktionen als Source Funktion einer User-defined Function verwendet werden. Ausnahmen sind unter CREATE FUNCTION im Anhang 2 aufgeführt.

Mehrere Funktionen und die beiden Funktions-Typen können auch verschachtelt werden:

- Scalar Functions in Column Functions: SELECT AVG (DECIMAL (YEAR (AUSDAT-EINDAT)))
- Column Functions in Scalar Functions: SELECT YEAR (MAX (AUSDAT))
- Scalar Functions in Scalar Functions: SELECT SUBSTR (CHAR (EINDAT, EUR), 1, 5).

Nicht zulässig ist die Verschachtelung verschiedener Column Functions.

Column Function

Eine Column Function spezifiziert einen Ergebnis-Wert. Vor Ausführung der Funktion werden alle NULL-Werte der angesprochenen Spalten eliminiert.
Die Argumente der Column Functions behandeln grundsätzlich Werte aus einer oder mehreren Zeilen (Ausnahme COUNT). Daher dürfen in einem SELECT-Statement keine normalen Spalten-Anforderungen und Column-Functions gemischt werden. Es müssen alle Spalten-Anforderungen mit Column-Functions versehen werden (Ausnahme bei GROUP BY).

Eine Column Function kann in der SELECT-Auswahl auftreten oder aber in der WHERE-Bedingung innerhalb einer Sub-Query oder in einer HAVING-Klausel.

Das Schlüsselwort DISTINCT ist kein Argument der Funktion, sondern verdichtet doppelte Werte bevor die Funktion ausgeführt wird.

Wenn eine Funktion auf eine leere Result Table aufgesetzt wird, ist auch das Ergebnis ein NULL-Wert (Ausnahme COUNT liefert keinen NULL-Wert, sondern den Wert 0).
Dies ist laut Codd ein Fehler, da das Ergebnis undefiniert ist und nicht als Wert 0 zurückgeliefert werden darf.

AVG

Funktions-Beschreibung: Schema: SYSIBM
Die AVG Funktion liefert den Durchschnitt aus einer Auswahl von Werten. Sie ist nur anwendbar auf numerische Spalten.
Wird DISTINCT mit vorgegeben, werden doppelte Werte und NULL-Werte eliminiert.

Formel: $$AVG = \frac{SUM \text{ (Auswahl-Werte)}}{\text{Anzahl Zeilen (ungleich NULL)}}$$

Argument-Beschreibung:
Der Argument-Typ muss einen numerischen Daten-Typ referenzieren.

Ergebnis-Parameter:
Der Daten-Typ des Ergebnisses ist gleich dem Daten-Typ des Arguments (Ausnahme: bei SMALLINT-Spalten wird ein INTEGER-Wert erzeugt und bei Gleitkommawerten immer ein DOUBLE-Wert).
Wird ein Ergebnis in einer Host-Variablen bereitgestellt, werden ggf. Konvertierungen vorgenommen, wie z.B. das Abschneiden von Nachkommastellen.
Das Ergebnis kann NULL sein (wenn das Ergebnis Set leer ist (empty)).

Syntax-Diagramm:

Beispiel (PL/I-Programm mit Host-Variablen und NULL-Indikator):
```
        EXEC SQL
            SELECT    AVG         (PREIS)
                      INTO        :PREISVAR INDICATOR :PREISVAR_IND
                      FROM        SEMPREIS
                      WHERE       DAUER > :DAUER;
```

Beispiele interaktiver Vorgaben mit Result Table-Inhalten:
```
    select       avg (dauer)              as "AVG(DAUER)" ,
                 avg (all dauer)          as "AVG (ALL DAUER)" ,
                 avg (distinct dauer)     as "AVG (DIST DAUER)"
      from semtyp

      AVG(DAUER)       AVG (ALL DAUER)  AVG (DIST DAUER)
      ---------------  ---------------  ----------------
      3.2500000000000  3.2500000000000  3.0000000000000
```

COUNT

Funktions-Beschreibung: **Schema: SYSIBM**

Die COUNT Funktion liefert den Zähler aus einer Auswahl von Zeilen oder Werten. Es kann kein NULL-Wert entstehen.
Zeilen, die ausschließlich NULL-Werte enthalten (darf es aufgrund der PK-Erfordernis eigentlich nicht geben!), werden im Zähler mit geführt (wirkt nur, sofern keine WHERE-Bedingung vorgegeben wird). Wird DISTINCT mit vorgegeben, werden doppelte Werte und NULL-Werte eliminiert (in diesem Fall wird SQLWARN2 gesetzt).

Formel: COUNT   =   Anzahl Zeilen bzw. unterschiedliche Werte eines Zeilen-Sets

Argument-Beschreibung:

Der Argument-Typ kann auf einen beliebigen Daten-Typ referenzieren. Ausnahmen:
Nicht bei Long-String-Feldern oder LOBs einsetzbar.

Ergebnis-Parameter:

Der Daten-Typ des Ergebnisses ist INTEGER.
Das Ergebnis kann nicht NULL sein.

Syntax-Diagramm:

```
–COUNT– ( ┬–DISTINCT──┬─expression─┬ ) ─────────────────
          └─ * ───────────────────┘
```

Beispiel (COBOL-Programm):   Gesamtanzahl der Seminartypen, deren DAUER länger als eine variabel übergebene Dauer ist:

```
        EXEC SQL
            SELECT   COUNT    (*)
                     INTO     :ZAEHLER
                     FROM SEMTYP
                     WHERE    DAUER > :DAUER
        END-EXEC
```

Beispiel (PL/I):   Gesamtanzahl der Seminartypen mit unterschiedlicher DAUER:

```
        EXEC SQL
            SELECT   COUNT    (DISTINCT DAUER)
                     INTO     :ZAEHLER
                     FROM     SEMTYP;
```

Beispiele interaktiver Vorgaben mit Result Table-Inhalten:

```
    select      count (*)                      as "COUNT" ,
                count (distinct kursort )      as "CNT DIST Kursorte"
    from seminar

      COUNT       CNT DIST Kursorte
    ----------  -----------------
           6                    3
```

COUNT_BIG

Funktions-Beschreibung: **Schema: SYSIBM**
Die COUNT_BIG Funktion entspricht der COUNT-Funktion, liefert aber einen größeren Ergebnis-Wert.

Formel: COUNT_BIG   =   Anzahl Zeilen bzw. unterschiedliche Werte eines Zeilen-Sets

Argument-Beschreibung:
Analog COUNT. Siehe dort.

Ergebnis-Parameter:
Der Daten-Typ des Ergebnisses ist DECIMAL (31,0).
Das Ergebnis kann nicht NULL sein.

Syntax-Diagramm:

Beispiele interaktiver Vorgaben mit Result Table-Inhalten:
```
select      count_big (*)                    as "COUNT_BIG" ,
            count (*)                        as "COUNT" ,
            count_big (distinct kursort )    as "CNT_BIG DIST Kurso"
  from seminar

COUNT_BIG                             COUNT       CNT_BIG DIST Kurso
--------------------------           -------     --------------------------
                         5                 5                              3

select      length (count_big (*))   as "Länge(COUNT_BIG)" ,
            length (count (*))       as "Länge(COUNT)"
  from seminar

Länge(COUNT_BIG) Länge(COUNT)
---------------- ------------
              16            4
```

MAX

Funktions-Beschreibung: **Schema: SYSIBM**
Die MAX Funktion liefert den Höchstwert aus einer Auswahl von Werten.
Die Vorgabe von DISTINCT ist ohne Wirkung.

Formel: MAX   =   Höchster Wert eines Zeilen-Sets

Argument-Beschreibung:
Der Argument-Typ kann auf einen beliebigen Daten-Typ referenzieren. Ausnahmen:
Nicht bei Long-String-Feldern oder LOBs einsetzbar.

Ergebnis-Parameter:
Der Daten-Typ und die Charakteristiken des Ergebnisses entsprechen dem Argument-Typ.
Das Ergebnis kann NULL sein (wenn das Ergebnis Set leer ist (empty)).

Syntax-Diagramm:

Beispiel (COBOL-Programm):   Ermitteln der letzten höchsten Reservierungs-Nr. aus der Tabelle
                                   SEMINAR:
```
       EXEC SQL
            SELECT    MAX      (RESERVNR)
                      INTO     :MAXWERT  :MAXWERT-IND
                      FROM     SEMINAR
       END-EXEC
```

A1 Anhang - DB2-Basis-Sprachelemente
Column Functions

Beispiele interaktiver Vorgaben mit Result Table-Inhalten:
```
select     max ( dauer)                as "MAX (DAUER)" ,
           max ( all dauer)            as "MAX (ALL DAUER)",
           max ( distinct dauer)       as "MAX (DIST DAUER)"
from semtyp

MAX (DAUER)  MAX (ALL DAUER)  MAX (DIST DAUER)
-----------  ---------------  ----------------
       4,0              4,0               4,0
```

Beispiele der Behandlung von Datums-Spalten:
```
select     max ( termin )              as "MAX (TERMIN)" ,
           max ( char (termin, iso))   as "MAX (TERMIN)ISO" ,
           max ( char (termin, eur))   as "MAX (TERMIN)EUR" ,
           max ( char (termin, usa))   as "MAX (TERMIN)USA"
from seminar

MAX (TERMIN)  MAX (TERMIN)ISO  MAX (TERMIN)EUR  MAX (TERMIN)USA
------------  ---------------  ---------------  ---------------
 2001-08-16       2001-08-16       29.01.2000       11/14/2000      <-- CHAR-Behandlung von 11/14/2000
```

Achtung:
Das System etabliert bei Einsatz solcher Statements grundsätzlich keine Sperren!

MIN

Funktions-Beschreibung: Schema: SYSIBM
Die MIN Funktion liefert den Tiefstwert aus einer Auswahl von Werten.
Die Vorgabe von DISTINCT ist ohne Wirkung.

Formel: MIN =   Tiefster Wert eines Zeilen-Sets

Argument-Beschreibung:
Der Argument-Typ kann auf einen beliebigen Daten-Typ referenzieren. Ausnahmen:
Nicht bei Long-String-Feldern oder LOBs einsetzbar.

Ergebnis-Parameter:
Der Daten-Typ und die Charakteristiken des Ergebnisses entsprechen dem Argument-Typ.
Das Ergebnis kann NULL sein (wenn das Ergebnis Set leer ist (empty)).

Syntax-Diagramm:

Beispiele interaktiver Vorgaben mit Result Table-Inhalten:
```
select     min (dauer)                 as "MIN (DAUER)" ,
           min ( all dauer)            as "MIN (ALL DAUER)" ,
           min ( distinct dauer)       as "MIN (DIST DAUER)"
from semtyp

MIN (DAUER)  MIN (ALL DAUER)  MIN (DIST DAUER)
-----------  ---------------  ----------------
       2,0              2,0               2,0
```

Beispiele der Behandlung von Datums-Spalten:
```
select     min ( termin )              as "MIN (TERMIN)" ,
           min ( char (termin, iso))   as "MIN (TERMIN)ISO" ,
           min ( char (termin, eur))   as "MIN (TERMIN)EUR" ,
           min ( char (termin, usa))   as "MIN (TERMIN)USA"
from seminar

MIN (TERMIN)  MIN (TERMIN)ISO  MIN (TERMIN)EUR  MIN (TERMIN)USA
------------  ---------------  ---------------  ---------------
 2000-01-29       2000-01-29       11.05.2000       01/29/2000      <-- CHAR-Behandlung von 01/29/2000
```

STDDEV

Funktions-Beschreibung: **Schema: SYSIBM**

Die STDDEV Funktion liefert die Standard-Abweichung (statistische Funktion) aus einer Auswahl von Werten.
Bei Vorgabe von DISTINCT werden doppelte Werte eliminiert.

Formel: STDDEV   =   Quadratwurzel (VARIANCE)   siehe unter VARIANCE oder VAR

Argument-Beschreibung:

Der Argument-Typ muss einen numerischen Daten-Typ referenzieren.

Ergebnis-Parameter:

Der Daten-Typ des Ergebnisses ist DOUBLE.
Das Ergebnis kann NULL sein (wenn das Ergebnis Set leer ist (empty)).

Syntax-Diagramm:

```
                        ┌─ALL──────┐
 ─STDDEV── ( ───┤          ├──expression ── ) ─────────────
                        └─DISTINCT─┘
```

Beispiele interaktiver Vorgaben mit Result Table-Inhalten:

```
   select      stddev (maxteiln)                         as "STDDEV Maxteiln" ,
               integer (stddev (maxteiln))               as "STDDEV Integer" ,
               stddev (distinct maxteiln)                as "STDDEV Distinct" ,
               integer (stddev (distinct  maxteiln))     as "STDDEV DIST Integer"
   from semtyp

   STDDEV Maxteiln         STDDEV Integer  STDDEV Distinct           STDDEV DIST Integer
   ----------------------  --------------  ------------------------  -------------------
      6.324555320336758E+00              6    6.324555320336758E+00                    6

   --    Die folgenden beiden Beispiele wurden unter Windows-NT getestet
   select      float (sqrt (sum (power (abs ( maxteiln - durchschnitt ) , 2))
                           / count (*)))                 as "STDDEV zu Fuß"
   from semtyp ,
               (select t1.durchschnitt
                       from (select avg (maxteiln) as durchschnitt
                             from semtyp) as t1) as t2

   STDDEV zu Fuß
   ----------------------
     +6,32455532033676E+00

   select      preis,
               float (sqrt (sum (power  (abs ( preis - durchschnitt ) , 2))
                           / count (*)))                 as "STDDEV zu Fuß"
   from sempreis ,
               (select t1.durchschnitt
                       from (select avg (preis) as durchschnitt
                             from sempreis) as t1) as t2
   group by preis

   PREIS     STDDEV zu Fuß
   --------- ----------------------
    1400,00   +3,00000000000000E+002
    1500,00   +2,00000000000000E+002
    1800,00   +1,00000000000000E+002
    2100,00   +4,00000000000000E+002
```

SUM

Funktions-Beschreibung: **Schema: SYSIBM**

Die SUM Funktion liefert die Summierung aus einer Auswahl von Werten. Sie ist nur anwendbar auf numerische Spalten. NULL-Werte werden ignoriert.
Wird DISTINCT vorgegeben, werden doppelte Werte eliminiert.

Formel: SUM   =   Summierung aller Werte eines Zeilen-Sets

Argument-Beschreibung:
Der Argument-Typ muss einen numerischen Daten-Typ referenzieren.

Ergebnis-Parameter:
Der Daten-Typ des Ergebnisses ist gleich dem Daten-Typ des Arguments (Ausnahme: bei SMALLINT-Spalten wird ein INTEGER-Wert erzeugt und bei Gleitkommawerten immer ein DOUBLE-Wert).
Wird ein Ergebnis in einer Host-Variablen bereitgestellt, werden ggf. Konvertierungen vorgenommen, wie z.B. das Abschneiden von Nachkommastellen.
Das Ergebnis kann NULL sein (wenn das Ergebnis Set leer ist (empty)).

Syntax-Diagramm:

```
                  ┌─ ALL ─────┐
─SUM── ( ─────────┼───────────┼──── expression ── ) ──────────────────
                  └─ DISTINCT ┘
```

Beispiel (PL/I):

```
EXEC SQL
    SELECT      SUM (PREIS + MWST)              PREIS und MWST sind Betragsspalten
    INTO        :PREISBRUTTO :PREISBRUTTO_I
    FROM        SEMINAR;
```

Beispiele interaktiver Vorgaben mit Result Table-Inhalten:

```
select    sum ( dauer )              as "SUM ( DAUER )" ,
          sum ( all dauer )          as "SUM (ALL DAUER )" ,
          sum ( distinct dauer )     as "SUM (DIST DAUER )"
from semtyp

SUM ( DAUER )   SUM (ALL DAUER )   SUM (DIST DAUER )
-------------   ----------------   -----------------
         13,0               13,0                 9,0
```

VARIANCE oder VAR

Funktions-Beschreibung: **Schema: SYSIBM**
Die VARIANCE Funktion liefert die Abweichung (statistische Funktion) aus einer Auswahl von Werten.
Bei Vorgabe von DISTINCT werden doppelte Werte eliminiert.

Formel: VARIANCE = $\dfrac{\text{Summe (Quadrat (Absoluter Wert (Wertfeld - Gesamt-Durchschnitt))))}}{\text{Anzahl Zeilen (ungleich NULL)}}$

Argument-Beschreibung:
Der Argument-Typ muss einen numerischen Daten-Typ referenzieren.

Ergebnis-Parameter:
Der Daten-Typ des Ergebnisses ist DOUBLE.
Das Ergebnis kann NULL sein (wenn das Ergebnis Set leer ist (empty)).

Syntax-Diagramm:

Beispiele interaktiver Vorgaben mit Result Table-Inhalten:

```
select     variance (maxteiln)                     as "VAR Maxteiln" ,
           integer (variance (maxteiln))           as "VAR Integer" ,
           variance (distinct maxteiln)            as "VAR Distinct" ,
           integer (variance (distinct maxteiln))  as "VAR DIST Integer"
from semtyp

VAR Maxteiln             VAR Integer  VAR Distinct              VAR DIST Integer
------------------------ ------------ ------------------------- -----------------
  +4,00000000000000E+01           40    +4,00000000000000E+01                  40

--    Das folgende Beispiel wurde unter Windows-NT getestet
select    float (sum (power (abs ( maxteiln - durchschnitt ) , 2))
                 / count (*))           as "VARIANCE zu Fuß"
from semtyp ,
           (select t1.durchschnitt
                from (select avg (maxteiln)    as durchschnitt
                      from semtyp) as t1) as t2

VARIANCE zu Fuß
----------------------
  +4,00000000000000E+001
```

A1 Anhang - DB2-Basis-Sprachelemente
Scalar Functions

Scalar Function

Eine Scalar Function spezifiziert einen einzelnen Ergebnis-Wert.
Sind mehrere Argumente möglich, spezifiziert jedes einen einzelnen Ergebnis-Wert.
Scalar Functions können ohne die Restriktionen der Column Functions bei allen Ausdrücken (expressions) benutzt werden. Sie beschränken sich damit nicht nur auf bestimmte Spalten, sondern können auch zeilenweise zur Wertermittlung herangezogen werden.

Ein kleiner Tipp:
> Zur Unterstützung der Suche nach vorhandenen Funktionen können folgende Quellen genutzt werden:
> - Inhaltsverzeichnis Anhang 1
> - Index. Hier sind insbesondere zwei Begriffe gebildet worden, die eine Zusammenfassung relevanter Funktionen darstellen:
>   - Extrahieren
>   - Konvertieren.

ABS oder ABSVAL - absoluter Wert aus numerischem Wert

Funktions-Beschreibung: Die ABSVAL Funktion erzeugt aus einem numerischen Daten-Typ den absoluten Wert
(Schema=SYSIBM) des Arguments. Jeder Wert wird ohne Berücksichtigung des Vorzeichens als positiver Wert ausgewiesen (-4 als +4).
Argument-Beschreibung: Einer der numerischen Daten-Typen.
Ergebnis-Parameter: Derselbe Daten-Typ und dieselben Charakteristiken wie das Argument.
Wenn das Argument NULL-fähig ist, ist das Ergebnis ebenfalls NULL-fähig; d.h. wenn ein konkreter NULL-Wert auftritt, ist auch das Ergebnis NULL.

Syntax-Diagramm:
```
   ┌─ABS────┐
───┤        ├──( ─expression─ )──────
   └─ABSVAL─┘
```

Beispiel:
```
select
   - 3.833 as "Negativer Wert" ,  abs ( - 3.833) as "Absoluter Wert" ,
   + 3.833 as "Positiver Wert" ,  abs ( + 3.833) as "Absoluter Wert"
from  sysibm.sysdummy1

Negativer Wert  Absoluter Wert  Positiver Wert  Absoluter Wert
--------------  --------------  --------------  --------------
       -3.833           3.833           3.833           3.833
```

ACOS - Arkus-Cosinus aus numerischem Wert

Funktions-Beschreibung: Die ACOS Funktion erzeugt aus einem numerischen Daten-Typ den Arkus-Cosinus
(Schema=SYSIBM) (Winkelfunktion).
ACOS und COS sind Umkehrungsfunktionen.
Argument-Beschreibung: Einer der numerischen Daten-Typen im Werte-Bereich von -1 bis 1.
Ergebnis-Parameter: Der Ergebnis-Parameter ist ein DOUBLE Daten-Typ.
Wenn das Argument NULL-fähig ist, ist das Ergebnis ebenfalls NULL-fähig; d.h. wenn ein konkreter NULL-Wert auftritt, ist auch das Ergebnis NULL.

Syntax-Diagramm:
```
───ACOS─── ( ─expression─ ) ──────
```

Beispiel:
```
select
   + 0.1 as "Positiver Wert" ,  acos  (cast (  0.1 as double )  ) as "ACOS" ,
   - 0.1 as "Negativer Wert" ,  acos  (cast (- 0.1 as double )  ) as "ACOS"
from  sysibm.sysdummy1

Positiver Wert  ACOS                       Negativer Wert  ACOS
--------------  ------------------------   --------------  ------------------------
           0.1  +1.47062890563334E+00                -0.1  -1.67096374795646E+00
```

ASIN - Arkus-Sinus aus numerischem Wert

Funktions-Beschreibung: Die ASIN Funktion erzeugt aus einem numerischen Daten-Typ den Arkus-Sinus
(Schema=SYSIBM) (Winkelfunktion).
ASIN und SIN sind Umkehrungsfunktionen.
Argument-Beschreibung: Einer der numerischen Daten-Typen im Werte-Bereich von -1 bis 1.
Ergebnis-Parameter: Der Ergebnis-Parameter ist ein DOUBLE Daten-Typ.
Wenn das Argument NULL-fähig ist, ist das Ergebnis ebenfalls NULL-fähig; d.h. wenn ein konkreter NULL-Wert auftritt, ist auch das Ergebnis NULL.

Syntax-Diagramm:
```
────ASIN────(──expression──)────
```

Beispiel:
```
select
    + 0.1 as "Positiver Wert" , asin ( 0.1 )                    as "ASIN" ,
    - 0.1 as "Negativer Wert" , asin (cast (- 0.1 as double ) ) as "ASIN"
  from  sysibm.sysdummy1

Positiver Wert ASIN                   Negativer Wert ASIN
-------------- ----------------------- -------------- -----------------------
           0.1  +1.00167421161560E-01            -0.1  -1.00167421161560E-01
```

ATAN - Arkus-Tangens aus numerischem Wert

Funktions-Beschreibung: Die ATAN Funktion erzeugt aus einem numerischen Daten-Typ den Arkus-Tangens
(Schema=SYSIBM) (Winkelfunktion).
ATAN und TAN sind Umkehrungsfunktionen.
Argument-Beschreibung: Einer der numerischen Daten-Typen.
Ergebnis-Parameter: Der Ergebnis-Parameter ist ein DOUBLE Daten-Typ.
Wenn das Argument NULL-fähig ist, ist das Ergebnis ebenfalls NULL-fähig; d.h. wenn ein konkreter NULL-Wert auftritt, ist auch das Ergebnis NULL.

Syntax-Diagramm:
```
────ATAN────(──expression──)────
```

Beispiel:
```
select
    + 0.1 as "Positiver Wert" , atan ( 0.1 )                    as "ATAN" ,
    - 0.1 as "Negativer Wert" ,  atan (cast (- 0.1 as double ) ) as "ATAN"
  from  sysibm.sysdummy1

Positiver Wert ATAN                   Negativer Wert ATAN
-------------- ----------------------- -------------- -----------------------
           0.1  +9.96686524911620E-02            -0.1  -9.96686524911620E-02
```

ATANH - Hyperbolischer Arkus-Tangens aus numerischem Wert

Funktions-Beschreibung: Die ATANH Funktion erzeugt aus einem numerischen Daten-Typ den hyperbolischen
(Schema=SYSIBM) Arkus-Tangens (Winkelfunktion).
ATANH und TANH sind Umkehrungsfunktionen.
Argument-Beschreibung: Einer der numerischen Daten-Typen im Werte-Bereich von -1 bis 1.
Ergebnis-Parameter: Der Ergebnis-Parameter ist ein DOUBLE Daten-Typ.
Wenn das Argument NULL-fähig ist, ist das Ergebnis ebenfalls NULL-fähig; d.h. wenn ein konkreter NULL-Wert auftritt, ist auch das Ergebnis NULL.

Syntax-Diagramm:
```
────ATANH────(──expression──)────
```

Beispiel:
```
select
    + 0.905148254 as "Positiver Wert" , atanh ( 0.905148254 )   as "ATANH"
  from  sysibm.sysdummy1

Positiver Wert ATANH
-------------- -----------------------
   0.905148254          +1.500E+00
```

ATAN2 - Arkus-Tangens aus x- und y-Koordinaten

Funktions-Beschreibung: Die ATAN2 Funktion erzeugt aus x- und y-Koordinaten den Arkus-Tangens
(Schema=SYSIBM) (Winkelfunktion).
Argument-Beschreibung: Beide Argumente müssen numerische Daten-Typen sein. Der Wert darf nicht 0 sein.
Ergebnis-Parameter: Der Ergebnis-Parameter ist ein DOUBLE Daten-Typ.
Wenn das erste Argument NULL-fähig ist, ist das Ergebnis ebenfalls NULL-fähig; d.h. wenn ein konkreter NULL-Wert auftritt, ist auch das Ergebnis NULL.

Syntax-Diagramm: ──ATAN2── (──expression1 , expression2──) ──

Beispiel:
```
select
   + 1 as "Positiver Wert(x)" ,  + 2 as "Positiver Wert2(y)" , atan2 ( 1 , 2   ) as "ATAN2" from
sysibm.sysdummy1

Positiver Wert(x) Positiver Wert2(y) ATAN2
----------------- ------------------ ----------------------
                1                  2 +1.10714871779409E+00
```

BLOB - Konvertieren Binary Large Object aus String oder ROWID

Funktions-Beschreibung: Die BLOB Funktion erzeugt aus einem String Daten-Typ oder einem ROWID-Daten-Typ
(Schema=SYSIBM) einen BLOB-Daten-Typ.
Argument-Beschreibung: Das erste Argument muss ein String Daten-Typ oder eine ROWID sein. Wird ein zweites Argument vorgeben, muss es ein Integer Wert sein, der die Länge des Ergebniswertes definiert (dieses Argument ist bei ROWID nicht zulässig).
Range von 0 bis max. Länge des BLOBs.
Ergebnis-Parameter: Der Ergebnis-Parameter ist ein BLOB Daten-Typ. Die Länge ergibt sich aus der Länge des ersten Arguments bzw. aus dem evtl. vorgegebenen zweiten Argument.
Ggf. wird der String abgeschnitten (werden andere Zeichen als Blank abgeschnitten, erfolgt eine Warnung).
Wenn das erste Argument NULL-fähig ist, ist das Ergebnis ebenfalls NULL-fähig; d.h. wenn ein konkreter NULL-Wert auftritt, ist auch das Ergebnis NULL.

Syntax-Diagramm: ──BLOB── (──expression1────────────) ──
                                    └─, integer─┘

Beispiel:
```
select
   'Bild von: 'CONCAT  BLOB ('beliebiges Bild') as "BLOB"
from  sysibm.sysdummy1

BLOB
------------------------
Bild von: beliebiges Bild
```

CEIL oder CEILING - Aufgerundeter Ganzzahlenwert aus einer Nummer

Funktions-Beschreibung: Die CEILING Funktion gibt den kleinsten Ganzzahlenwert zurück, der größer oder gleich
(Schema=SYSIBM) dem Wert des Arguments ist.
Argument-Beschreibung: Einer der numerischen Daten-Typen.
Ergebnis-Parameter: Derselbe Daten-Typ und dieselben Charakteristiken wie das Argument. Ausnahme: Bei Dezimalwerten werden keine Nachkommastellen zurückgegeben.
Wenn das Argument NULL-fähig ist, ist das Ergebnis ebenfalls NULL-fähig; d.h. wenn ein konkreter NULL-Wert auftritt, ist auch das Ergebnis NULL.

Syntax-Diagramm: ──┬─CEIL────┬── (──expression ──) ──
                     └─CEILING─┘

Beispiel:
```
select
   + 10.1245 as "Positiver Wert" ,
    ceil (10.1245  )                     as "CEIL"          , integer (ceil (10.1245 ) ) as "INT (CEIL)" ,
   - 10.1245                             as "Negativer Wert" , ceil (-10.1245    )         as "CEIL"    ,
    integer (ceil (-10.1245 ) ) as "INT (CEIL)"
from  sysibm.sysdummy1

Positiver Wert CEIL     INT (CEIL) Negativer Wert CEIL      INT (CEIL)
-------------- -------  ---------- -------------- --------  -----------
       10.1245 11.0000          11       -10.1245 -10.0000          -10
```

CHAR - Konvertieren Character aus Character

Funktions-Beschreibung: (Schema=SYSIBM)	Diese CHAR Funktion weist einen Character String einem anderen Character String zu. Zum Beispiel kann die Länge eines Strings verändert werden.
Argument-Beschreibung:	Das erste Argument muss einer der String Daten-Typen sein. Er darf nicht leer sein (empty). Das zweite optionale Argument definiert die Länge des Ergebnis-Strings (1 - 255).
Ergebnis-Parameter:	Der Ergebnis-Parameter ist ein String Daten-Typ. Die Länge ergibt sich aus der Länge des ersten Arguments bzw. aus dem evtl. vorgegebenen zweiten Argument. Ist der Ergebniswert größer als das Argument, wird der String rechtsbündig mit Blanks aufgefüllt. Ggf. wird der String abgeschnitten (werden andere Zeichen als Blank abgeschnitten, erfolgt eine Warnung). Wenn das erste Argument NULL-fähig ist, ist das Ergebnis ebenfalls NULL-fähig; d.h. wenn ein konkreter NULL-Wert auftritt, ist auch das Ergebnis NULL.
Syntax-Diagramm:	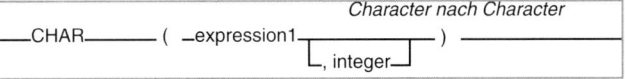 Character nach Character ──CHAR── (──expression1──┬────────┬──) ── └─, integer─┘

Beispiel:
```
select
   'Hugo' as "Character-Wert" , char ('Hugo' ,3 )    as "CHAR(konstante) "
from  sysibm.sysdummy1

Character-Wert CHAR(konstante)
-------------- ---------------
Hugo           Hug
```

CHAR - Konvertieren Character aus DateTime

Funktions-Beschreibung: (Schema=SYSIBM)	Diese CHAR Funktion erzeugt aus einem DATE-, TIME-, TIMESTAMP-Daten-Typ einen Character String.
Argument-Beschreibung:	Der erste Daten-Typ muss einem DateTime-Daten-Typ entsprechen. Das zweite optionale Argument definiert die externe DateTime-Repräsentation (nur bei DATE und TIME). Wird das zweite Argument weggelassen, wirkt die Default-Darstellungsform (Generierungs- oder Precompiler-Parameter).
Ergebnis-Parameter:	Bei DATE: Character-Daten-Typ in der Länge 10 bzw. die Länge eines lokalen Datums. Bei TIME: Character-Daten-Typ in der Länge 8 bzw. die Länge einer lokalen Zeit. Bei TIMESTAMP: Character-Daten-Typ in der Länge 26 . Wenn das erste Argument NULL-fähig ist, ist das Ergebnis ebenfalls NULL-fähig; d.h. wenn ein konkreter NULL-Wert auftritt, ist auch das Ergebnis NULL.
Syntax-Diagramm:	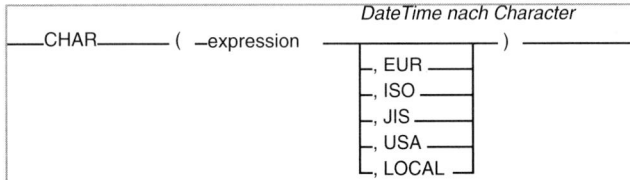

Beispiel:
```
select
   date ('11.2.2001')                     as "Date-Wert" , char(date ('11.2.2001')) as "CHAR(date)" ,
   char( date( '11.2.2001' ) , EUR ) as "CHAR(DATE) EUR " ,
   char( date( '11.2.2001' ) , USA ) as "CHAR(DATE) USA ",
   char (date ('11.2.2001')  , ISO ) as "CHAR(DATE) ISO " ,
   length (char (date ('11.2.2001') , ISO ) )    as "LEN(CHAR(DATE)) "
from  sysibm.sysdummy1

Date-Wert  CHAR(date)  CHAR(DATE) EUR  CHAR(DATE) USA  CHAR(DATE) ISO  LEN(CHAR(DATE))
---------- ----------- --------------- --------------- --------------- ---------------
11.02.2001 11.02.2001  11.02.2001      02/11/2001      2001-02-11                   10
```

CHAR - Konvertieren Character aus Decimal

Funktions-Beschreibung: *(Schema=SYSIBM)*	Diese CHAR Funktion erzeugt aus einem Decimal-Daten-Typ einen Character String unter Berücksichtigung des Vorzeichens und der Nachkommastellen.
Argument-Beschreibung:	Der erste Daten-Typ muss einem Decimal-Typ entsprechen. Das zweite optionale Character-Argument definiert die externe Repräsentation des Dezimalzeichens. Default ist ein Punkt ('.').
Ergebnis-Parameter:	Character-Daten-Typ in der Länge 2 + Gesamtlänge des Dezimalwertes. Bei positiven Werten wird in der ersten Stelle ein Blank eingesetzt, ansonsten ein Minus-Zeichen (' - '). Wenn das erste Argument NULL-fähig ist, ist das Ergebnis ebenfalls NULL-fähig; d.h. wenn ein konkreter NULL-Wert auftritt, ist auch das Ergebnis NULL.
Syntax-Diagramm:	*Decimal nach Character* ──CHAR──(──expression1──┬─────────────────────────┬──)── └─, Dezimalzeichen-Repräsent.─┘

Beispiel:
```
select
      dec ( -123.45 )                      as "Dezimal-Wert" ,
      char (dec ( -123.45))                as "CHAR(decimal . )" ,
      char (dec ( -123.45) , ',')          as "CHAR(decimal ,) " ,
      length (char(dec(-123.45),','))      as "LENGTH(CHAR(dec)) " ,
      'CHAR-Funktion mit negativem Wert'
from  sysibm.sysdummy1
union select
      dec ( +123.45 )                      as "Dezimal-Wert" ,
      char (dec(+123.45))                  as "CHAR(decimal . )" ,
      char (dec( +123.45) , ',')           as "CHAR(decimal ,) " ,
      length (char(dec(+123.45),','))      as "LENGTH(CHAR(dec)) " ,
      'CHAR-Funktion mit positivem Wert'
from  sysibm.sysdummy1
union select
      dec ( +123.45 )                      as "Dezimal-Wert" ,
      '+' CONCAT char(dec(+123.45))        as "CHAR(decimal . )" ,
      '+' CONCAT char(dec(+123.45 ) ,',')  as "CHAR(decimal , ) " ,
      length (char(dec(+123.45),','))      as "LENGTH(CHAR(dec)) " ,
      'CHAR-Funktion mit CONCAT'
from  sysibm.sysdummy1
union select
      dec ( 0 )                            as "Dezimal-Wert" ,
      '+' CONCAT char(dec(0))              as "CHAR(decimal . )",
      '+' CONCAT char(dec(0),',')          as "CHAR(decimal,) " ,
      length (char(dec(0),',' ))           as "LENGTH(CHAR(dec)) " ,
      'CHAR-Funktion mit 0'
from  sysibm.sysdummy1

Dezimal-Wert  CHAR(decimal . )   CHAR(decimal , )   LENGTH(CHAR(dec))
------------  -----------------  -----------------  -----------------
           0  + 00000000000.     + 00000000000,            13  CHAR-Funktion mit 0
         123  + 000000000000123. + 000000000000123,        17  CHAR-Funktion mit CONCAT
        -123  -000000000000123.  -000000000000123,         17  CHAR-Funktion mit negativem Wert
         123   000000000000123.   000000000000123,         17  CHAR-Funktion mit positivem Wert
```

CHAR - Konvertieren Character aus Floating Point

Funktions-Beschreibung: Diese CHAR Funktion erzeugt aus einem Gleitkomma-Daten-Typ einen Character
(Schema=SYSIBM) String.
Argument-Beschreibung: Der Daten-Typ muss einem REAL oder DOUBLE Gleitkomma-Typ entsprechen.
Ergebnis-Parameter: Character-Daten-Typ in der Länge 24.
Bei negativen Werten wird in der ersten Stelle ein Minus-Zeichen (' - ') eingesetzt,
ansonsten eine Zahl. Der Wert 0 wird als 0E0 ausgewiesen.
Wenn das Argument NULL-fähig ist, ist das Ergebnis ebenfalls NULL-fähig; d.h.
wenn ein konkreter NULL-Wert auftritt, ist auch das Ergebnis NULL.

Syntax-Diagramm:

```
                        ┌──────── Floating Point nach Character ────────┐
                        ──CHAR── ( ─expression ─ ) ──────────────────────
```

Beispiel:
```
select
    double (-123.45) as "Double-Wert" , char (double (-123.45) ) as "CHAR(double) " ,
    length (char (double (-123.45) )) as "LENGTH(CHAR(DOU)) "
from   sysibm.sysdummy1
union select
    double (+123.45) as "Double-Wert" , char (double (+123.45) ) as "CHAR(double) " ,
    length ( char (double (+123.45) )) as "LENGTH(CHAR(DOU)) "
from   sysibm.sysdummy1
union select
    double ( 0 ) as "Double-Wert" , char (double ( 0 ) )     as "CHAR(double) " ,
    length ( char (double ( 0 ) ))   as "LENGTH(CHAR(DOU)) "
from   sysibm.sysdummy1


Double-Wert              CHAR(double)             LENGTH(CHAR(DOU))
----------------------   ----------------------   -----------------
-1.23449999999999E+02    -1.2345E2                               24
+0.00000000000000E+00    0E0                                     24
+1.23449999999999E+02    1.2345E2                                24
```

CHAR - Konvertieren Character aus Integer

Funktions-Beschreibung: Diese CHAR Funktion erzeugt aus einem Ganzzahl-Daten-Typ einen Character
(Schema=SYSIBM) String.
Argument-Beschreibung: Der Daten-Typ muss einem SMALLINT oder INTEGER Daten-Typ entsprechen.
Ergebnis-Parameter: Bei einem SMALLINT-Argument ein Character-Daten-Typ in der Länge 6.
Bei negativen Werten wird in der ersten Stelle ein Minus-Zeichen (' - ') eingesetzt,
ansonsten die erste Ziffer.
Wenn das Argument NULL-fähig ist, ist das Ergebnis ebenfalls NULL-fähig; d.h.
wenn ein konkreter NULL-Wert auftritt, ist auch das Ergebnis NULL.

Syntax-Diagramm:

```
                        ┌──────── Integer nach Character ────────┐
                        ──CHAR── ( ─expression ─ ) ───────────────
```

Beispiel:
```
select
    int (-123.45) as "Integer-Wert" , char ( int (-123.45) )     as "CHAR(int) " ,
    length ( char ( int (-123.45) ))      as "LENGTH(CHAR(INT)) "
from   sysibm.sysdummy1
union select
    int (+123.45) as "Integer-Wert" , char ( int (+123.45) )     as "CHAR(int) " ,
    length ( char ( int (+123.45) ))      as "LENGTH(CHAR(INT)) " from sysibm.sysdummy1
union select
    int ( 0 ) as "Integer-Wert" , char ( int ( 0 ) )     as "CHAR(int) " ,
    length ( char ( int ( 0 ) ))      as "LENGTH(CHAR(INT)) "
from   sysibm.sysdummy1


Integer-Wert CHAR(int)    LENGTH(CHAR(INT))
------------ ----------   -----------------
        -123 -123                        11
           0 0                           11
         123 123                         11
```

```
select
   smallint (-123.45) as "Smallint-Wert" , char ( smallint (-123.45) ) as "CHAR(smallint) " ,
   length ( char ( smallint (-123.45) )) as "LEN(CHAR(SMALL)) "
from  sysibm.sysdummy1
union  select
   smallint (+123.45) as "Smallint-Wert" , char ( smallint (+123.45) ) as "CHAR(smallint) " ,
   length ( char ( smallint (+123.45) )) as "LEN(CHAR(SMALL)) "
from  sysibm.sysdummy1
union  select
   smallint ( 0 ) as "Smallint-Wert" , char ( smallint ( 0 ) ) as "CHAR(smallint) " ,
   length ( char ( smallint ( 0 ) ))      as "LEN(CHAR(SMALL)) "
from  sysibm.sysdummy1

Smallint-Wert CHAR(smallint)  LEN(CHAR(SMALL))
------------- --------------  ----------------
         -123 -123                           6
            0 0                              6
          123 123                            6
```

CHAR - Konvertieren Character aus ROWID

Funktions-Beschreibung: (Schema=SYSIBM)	Diese CHAR Funktion erzeugt aus einem ROWID-Daten-Typ einen Character String.
Argument-Beschreibung:	Der Daten-Typ muss einem ROWID Daten-Typ entsprechen.
Ergebnis-Parameter:	Ein Character-Daten-Typ in der Länge 40. Ggf. wird rechtsbündig mit hexazimalen Nullen gefüllt. Der String enthält Bit-Daten. Wenn das Argument NULL-fähig ist, ist das Ergebnis ebenfalls NULL-fähig; d.h. wenn ein konkreter NULL-Wert auftritt, ist auch das Ergebnis NULL.

Syntax-Diagramm:

```
                                        ROWID nach Character
    ──CHAR── ( ─expression─ ) ──
```

Beispiel:

```
select char (tab_rowid)    as "ROWID"
from aus4.test2 ;

ROWID
------------------------------------------
007EAD1604F4DC344E6901A9098A0100000000000201
```

CLOB - Konvertieren Character Large Object aus String oder ROWID

Funktions-Beschreibung: (Schema=SYSIBM)	Die CLOB Funktion erzeugt aus einem String Daten-Typ oder einem ROWID-Daten-Typ einen CLOB-Daten-Typ.
Argument-Beschreibung:	Das erste Argument muss ein String Daten-Typ oder eine ROWID sein. Wird ein zweites Argument vorgeben, muss es ein Integer Wert sein, der die Länge des Ergebniswertes definiert (dieses Argument ist bei ROWID nicht zulässig). Range von 0 bis max. Länge des CLOBs.
Ergebnis-Parameter:	Der Ergebnis-Parameter ist ein CLOB Daten-Typ. Die Länge ergibt sich aus der Länge des ersten Arguments bzw. aus dem evtl. vorgegebenen zweiten Argument. Ggf. wird der String abgeschnitten (werden andere Zeichen als Blank abgeschnitten, erfolgt eine Warnung). Wenn das erste Argument NULL-fähig ist, ist das Ergebnis ebenfalls NULL-fähig; d.h. wenn ein konkreter NULL-Wert auftritt, ist auch das Ergebnis NULL.

Syntax-Diagramm:

```
    ──CLOB ─── ( ─expression1──────────── ) ──
                            └─, integer─┘
```

Beispiel:

```
select
    CLOB ('Text von: 'CONCAT  'beliebiger Text' CONCAT '- jetzt bin ich ein CLOB!') as "CLOB"
from  sysibm.sysdummy1

CLOB
-----------------------------------------------
Text von: beliebiger Text- jetzt bin ich ein CLOB!
```

COALESCE - Zurückgabe des ersten Wertes ungleich NULL

Funktions-Beschreibung:
(Schema=SYSIBM)

Die COALESCE Funktion gibt aus einer vorgegebenen Reihe den Wert des ersten Arguments zurück, das keinen NULL-Wert enthält.
Die COALESCE Funktion ist ein Synonym zur VALUE Funktion, entspricht aber dem SQL-Standard.
Beispiele:
Gültige Beispiele:

COALESCE (TITEL , 'Titel unbekannt')	*Enthält der Titel einen NULL-Wert, wird die Konstante als Ergebnis erzeugt.*
COALESCE (DAUER, 999,9)	*Enthält die Dauer einen NULL-Wert, wird die Konstante 999,9 als Ergebnis erzeugt.*
COALESCE (TERMIN , DATE ('9999-12-31'))	*Enthält der Termin einen NULL-Wert, wird die Date-Konstante als Ergebnis erzeugt.*
COALESCE (TERMIN , '9999-12-31')	*Ab der Version 6 ist diese Vorgabe zulässig, vorher waren DATE und CHARACTER inkompatibel*
COALESCE (TERMIN , BEGINNDAT, DATE ('01.01.0001'))	

Im letzten Beispiel gilt die Verarbeitungs-Logik:
1. TERMIN wird auf NULL geprüft: - wenn TERMIN ungleich NULL, wird der Inhalt von TERMIN herangezogen.
2. Wenn TERMIN gleich NULL ist, wird der Inhalt von BEGINNDAT geprüft.
   - Ist BEGINNDAT ungleich NULL, wird der Inhalt von BEGINNDAT herangezogen.
   - Ist BEGINNDAT gleich NULL, wird der konstante Wert '01.01.0001' herangezogen.

Ungültige Beispiele:
COALESCE (DAUER, 'Kein Wert vorhanden')   *DECIMAL und CHARACTER sind inkompatibel*

Argument-Beschreibung:
Die Argumente werden in der vorgebenen Reihenfolge von links nach rechts geprüft. Enthält ein Argument keinen NULL-Wert, wird der Datenwert unverändert als Ergebnis geliefert.
Ist aber ein NULL-Wert vorhanden, kann der NULL-Wert mit dem Wert des nächstfolgenden Argumentes ersetzt werden. Enthält dieses wiederum einen NULL-Wert, wird ein evtl. nächstes vorgegebenes Argument geprüft usw.
Durch Vorgabe eines konstanten Wertes kann damit ein NULL-Wert durch diese Konstante ersetzt werden.

Ergebnis-Parameter:
Der Daten-Typ des Ergebnisses entspricht dem des jeweiligen Arguments. Werden mehrere Argumente vorgegeben, müssen diese untereinander kompatibel sein, d.h. wenn:
- ein Argument ein Character String ist, müssen alle Argumente Character Strings sein,
- ein Argument numerisch ist, müssen alle Argumente numerisch sein,
- ein Argument ein DATE-Typ ist, müssen alle Argumente DATE-Typen sein usw.

Die Länge des Ergebnisses wird durch das Argument mit der größten Länge bestimmt. Dabei wird bei festen Spaltenlängen auch das Ergebnis mit fester Länge geliefert, bei variablen Spaltenlängen ist auch das Ergebnis variabel lang.
Wenn alle Argumente NULL-fähig sind, ist das Ergebnis ebenfalls NULL-fähig; d.h. wenn in allen Argumenten konkrete NULL-Werte auftreten, ist auch das Ergebnis NULL.

Syntax-Diagramm:

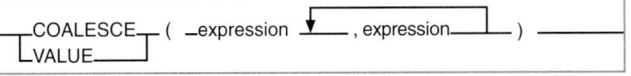

Beispiel:
```
select
   coalesce ( refnr, 0 )    as " Referent " ,   coalesce ( termin , '31.12.1999' )  as " Termin "
from  seminar

 Referent     Termin
----------   ----------
        1   11.05.2000
        5   16.08.2001
        0   29.01.2000
        2   14.11.2000
        7   23.10.2000
        0   31.12.1999
```

CONCAT - Verkettung von zwei Strings

Funktions-Beschreibung: Die CONCAT Funktion verkettet zwei String Daten-Typen zu einem Character
(Schema=SYSIBM) String. Die CONCAT Funktion entspricht dem CONCAT Operator.
Die Funktion kann mit CONCAT oder mit " || " bzw. ' || ' (je nach SQL Escape Character)
aktiviert werden.
Aus Kompatibilitätsgründen empfiehlt sich der Einsatz des CONCAT-Schlüsselworts.

Argument-Beschreibung: Die Daten-Typen müssen String-Typen entsprechen.
Ergebnis-Parameter: String-Daten-Typ in der Länge der beiden Argumente.
Wenn das Argument NULL-fähig ist, ist das Ergebnis ebenfalls NULL-fähig; d.h.
wenn ein konkreter NULL-Wert auftritt, ist auch das Ergebnis NULL.

Syntax-Diagramm:
```
    ┌─CONCAT─┐
 ───┤─" || "─├── ( ─expression1─ , expression2─ ) ───
    └─' || '─┘
```

Beispiel:
```
select
    CONCAT ('Text1 ', 'Text2' , '*****Text3 ****') as "CONCAT"
from  sysibm.sysdummy1

CONCAT
------------------------
Text1 Text2*****Text3 ****
```

COS - Cosinus aus numerischem Wert

Funktions-Beschreibung: Die COS Funktion erzeugt aus einem numerischen Daten-Typ den Cosinus
(Schema=SYSIBM) (Winkelfunktion).
COS und ACOS sind Umkehrungsfunktionen.
Argument-Beschreibung: Einer der numerischen Daten-Typen.
Ergebnis-Parameter: Der Ergebnis-Parameter ist ein DOUBLE Daten-Typ.
Wenn das Argument NULL-fähig ist, ist das Ergebnis ebenfalls NULL-fähig; d.h. wenn
ein konkreter NULL-Wert auftritt, ist auch das Ergebnis NULL.

Syntax-Diagramm:
```
───COS─── ( ─expression ─) ───
```

Beispiel:
```
select
   + 1.5 as "Positiver Wert" ,  cos (cast ( 1.5 as double )  )  as "COS" ,
   - 0.1 as "Negativer Wert" ,  cos (cast (- 0.1 as double ) )  as "COS"
from  sysibm.sysdummy1

Positiver Wert  COS                         Negativer Wert  COS
-------------- ------------------------     -------------- ------------------------
           1,5  +7,07372016677029E-002                -0,1  +9,95004165278026E-001
```

COSH - Hyperbolischer Cosinus aus numerischem Wert

Funktions-Beschreibung: Die COSH Funktion erzeugt aus einem numerischen Daten-Typ den hyperbolischen
(Schema=SYSIBM) Cosinus (Winkelfunktion).
Argument-Beschreibung: Einer der numerischen Daten-Typen.
Ergebnis-Parameter: Der Ergebnis-Parameter ist ein DOUBLE Daten-Typ.
Wenn das Argument NULL-fähig ist, ist das Ergebnis ebenfalls NULL-fähig; d.h. wenn
ein konkreter NULL-Wert auftritt, ist auch das Ergebnis NULL.

Syntax-Diagramm:
```
───COSH─── ( ─expression ─) ───
```

Beispiel:
```
select
   dec (1.5 ) as  "Positiver Wert" ,  cosh ( dec (1.5 ) )    as "COSH"
from  sysibm.sysdummy1

Positiver Wert  COSH
-------------- --------------------
           1,5  +2,352409615243E+000
```

DATE - Konvertieren Datum aus Character-Wert, Date oder Timestamp

Funktions-Beschreibung: Die DATE Funktion erzeugt aus einem TIMESTAMP-, DATE-Daten-Typ, einem positiven
(Schema=SYSIBM) Dezimal-Wert bzw. einer gültigen String-Repräsentation einen DATE-Datentyp.
Argument-Beschreibung: Je nach Datentyp des Arguments erfolgt eine unterschiedliche Behandlung:
- Timestamp   hier wird das Datum aus dem Timestamp herausgelöst,
- Date   hier wird das Datum 1 : 1 übernommen,
- Dezimal-Wert der Wert (-1) wird auf das Datum '1.1.0001' addiert und ergibt dann ein gültiges Datum,
- Character   hier wird ein gültiges Date-Format vorausgesetzt (kein Long-String).
               Besonderheit:
               Ist das Argument 7 Bytes groß, wird folgender Inhalt unterstellt:
                           yyyynnn (nnn = Industrietage).

Ergebnis-Parameter: Der Daten-Typ des Ergebnisses ist DATE.
Wenn das Argument NULL-fähig ist, ist das Ergebnis ebenfalls NULL-fähig; d.h. wenn ein konkreter NULL-Wert auftritt, ist auch das Ergebnis NULL.

Syntax-Diagramm:

```
──DATE──( ─expression ─ )──────
```

Beispiel:
```
select
   date ( '01.01.2000' ) as "Datum Character" , date (current timestamp) as "Datum TS" ,
   date ( 20000 )        as "Datum p.Chr."    , date (730120)             as "01.01.0001+730119",
   date ( 3652059 )      as "Das Ende der Zeit"
from  sysibm.sysdummy1

Datum Character  Datum TS    Datum p.Chr.  01.01.0001+730119  Das Ende der Zeit
---------------  ----------  ------------  -----------------  -----------------
01.01.2000       16.08.1999  04.10.0055    01.01.2000         31.12.9999
```

DAY - Tag aus Datum oder Date Duration extrahieren

Funktions-Beschreibung: Die DAY Funktion erzeugt aus einem TIMESTAMP- oder DATE- Daten-Typ bzw. einer
(Schema=SYSIBM) gültigen String-Repräsentation eines Datums bzw. eines Timestamps oder einer Date- oder Timestamp-Duration einen Binärwert (4 Bytes), der den Tag enthält.
Argument-Beschreibung: Folgende Argument-Typen sind unterstützt:
- Character-Daten-Typ   Gültige Datums- oder Timestamp-Repräsentation.
- Date oder Timestamp
- Date- oder Timestamp-Duration

Ergebnis-Parameter: Der Datentyp des Ergebnisses ist INTEGER.
Je nach Datentyp des Arguments erfolgt eine unterschiedliche Behandlung des Ergebnisses:
- Date oder Timestamp   Ergebnis ist der Tag mit einem Wert zwischen 1 und 31.
- Date- oder Timestamp-Duration Ergebnis sind Tage mit einem Wert zwischen -31 und +31. Das Vorzeichen wird vom Argument übernommen.

Wenn das Argument NULL-fähig ist, ist das Ergebnis ebenfalls NULL-fähig; d.h. wenn ein konkreter NULL-Wert auftritt, ist auch das Ergebnis NULL.

Syntax-Diagramm:

```
──DAY──( ─expression ─ )──────
```

Beispiel:
```
select
   day ( termin ) , day ( '01.01.2010' ) , date ( '01.01.2010' ) - termin as "Diff-Termin" ,
   day ( date ('01.01.2010' ) - termin) as "DAY in Differenz"
from  seminar
where semnr = 127
                         Diff-Termin DAY in Differenz
-----------  -----------  ----------- ----------------
         11            1       90721.               21
```

DAYOFMONTH - Tag aus Datum extrahieren

Funktions-Beschreibung: Die DAYOFMONTH Funktion erzeugt aus einem TIMESTAMP- oder DATE- Daten-Typ
(Schema=SYSIBM) bzw. einer gültigen String-Repräsentation eines Datums bzw. eines Timestamps einen Binärwert (4 Bytes), der den relativen Tag des Monats enthält.
Die Funktion entspricht der DAY Funktion, unterstützt aber keine Durations.
Argument-Beschreibung: Siehe unter DAY.
Ergebnis-Parameter: Der Datentyp des Ergebnisses ist INTEGER.
Wenn das Argument NULL-fähig ist, ist das Ergebnis ebenfalls NULL-fähig; d.h. wenn ein konkreter NULL-Wert auftritt, ist auch das Ergebnis NULL.

Syntax-Diagramm:

```
──DAYOFMONTH──( ─expression ─ )──────
```

Beispiel: Entsprechend DAY - aber statt DAY: DAYOFMONTH

A1 Anhang – DB2-Basis-Sprachelemente
Scalar Functions

DAYOFWEEK - Relativen Wochentag aus Datum extrahieren

Funktions-Beschreibung: Die DAYOFWEEK Funktion erzeugt aus einem TIMESTAMP- oder DATE- Daten-Typ
(Schema=SYSIBM) bzw. einer gültigen String-Repräsentation eines Datums bzw. eines Timestamps einen
Binärwert (4 Bytes), der den relativen Tag der Woche enthält.

Argument-Beschreibung: Folgende Argument-Typen sind unterstützt:
- Character-Daten-Typ (kein long String)   Gültige Datums- oder Timestamp-Repräsentation.
- Date oder Timestamp

Ergebnis-Parameter: Der Datentyp des Ergebnisses ist INTEGER mit dem relativen Wochentag (1 = Sonntag,
7 = Samstag) - *und was sagt die DIN-Norm dazu?*
Wenn das Argument NULL-fähig ist, ist das Ergebnis ebenfalls NULL-fähig; d.h. wenn
ein konkreter NULL-Wert auftritt, ist auch das Ergebnis NULL.

Syntax-Diagramm:

```
──DAYOFWEEK ─( ─expression ─) ──────
```

Beispiel:
```
select
   termin ,  dayofweek ( termin )    as "Tag in Woche" ,
   case
      dayofweek (termin) when   1     then  'Sonntag'       when  2    then  'Montag'
                         when   3     then  'Dienstag'      when  4    then  'Mittwoch'
                         when   5     then  'Donnerstag'    when  6    then  'Freitag'
                         when   7     then  'Samstag'
   end  as "Wochentag"
from   seminar
where  semnr IN ( 127 , 12 )

TERMIN       Tag in Woche Wochentag
----------   ------------ ----------
11.05.2000              5 Donnerstag
14.11.2000              3 Dienstag
```

DAYOFYEAR - Relativen Jahrestag aus Datum extrahieren

Funktions-Beschreibung: Die DAYOFYEAR Funktion erzeugt aus einem TIMESTAMP- oder DATE- Daten-Typ
(Schema=SYSIBM) bzw. einer gültigen String-Repräsentation eines Datums bzw. eines Timestamps einen
Binärwert (4 Bytes), der den relativen Tag des Jahres enthält.

Argument-Beschreibung: Folgende Argument-Typen sind unterstützt:
- Character-Daten-Typ (kein long String)   Gültige Datums- oder Timestamp-Repräsentation.
- Date oder Timestamp

Ergebnis-Parameter: Der Datentyp des Ergebnisses ist INTEGER mit dem relativen Jahrestag (1 = 1. Januar).
Wenn das Argument NULL-fähig ist, ist das Ergebnis ebenfalls NULL-fähig; d.h. wenn
ein konkreter NULL-Wert auftritt, ist auch das Ergebnis NULL.

Syntax-Diagramm:

```
──DAYOFYEAR  ─( ─expression ─) ──────
```

Beispiel:
```
select
    termin , dayofyear (termin) as " Jahrestag Termin " , current date as "Current date" ,
          dayofyear ( current date )         as "Jahrestag curr1 " ,
          dayofyear ( current timestamp )    as "Jahrestag curr2 " ,
          date      ( '01.01.2000' )         as "Datum Millenium" ,
          dayofyear ( date ( '01.01.2000' )) as "Jahrestag Millen"
from   seminar
where  semnr = 127

TERMIN       Jahrestag Current date Jahrestag  Jahrestag         Datum Millenium Jahrestag Millen
             Termin                 curr1      curr2
----------   --------- ------------ ---------- ----------------- --------------- ----------------
11.05.2000         132 16.08.1999          228               228 01.01.2000                     1
```

DAYS - Relativen Tag bezogen auf den 01.01.0001 extrahieren

Funktions-Beschreibung: Die DAYS Funktion erzeugt aus einem TIMESTAMP- oder DATE- Daten-Typ
(Schema=SYSIBM)   bzw. einer gültigen String-Repräsentation eines Datums bzw. eines Timestamps einen Binärwert (4 Bytes), der die Anzahl der Tage relativ vom 1.1.0001 zum jeweiligen Argument enthält.

Argument-Beschreibung: Folgende Argument-Typen sind unterstützt:
- Character-Daten-Typ (kein long String)   Gültige Datums- oder Timestamp-Repräsentation.
- Date oder Timestamp

Ergebnis-Parameter: Der Datentyp des Ergebnisses ist INTEGER mit dem relativen Tag.
Wenn das Argument NULL-fähig ist, ist das Ergebnis ebenfalls NULL-fähig; d.h. wenn ein konkreter NULL-Wert auftritt, ist auch das Ergebnis NULL.

Syntax-Diagramm:

```
──DAYS────────( ─expression ─ ) ─────────────────
```

Beispiel:
```
select
    termin ,  days( termin ) as " Rel.Tage Termin " , current date as "Current date" ,
              days( termin )  - days ( current date )  as " Tage bis Seminar "
from  seminar
where SEMNR = 127

TERMIN      Rel.Tage Termin  Current date  Tage bis Seminar
---------   ---------------  ------------  ----------------
11.05.2000           730251  16.08.1999                 269
```

DBCLOB - Konvertieren Double Byte Character Large Object aus String

Funktions-Beschreibung: Die DBCLOB Funktion erzeugt aus einem Graphic Daten-Typ mit DBCLOB-
(Schema=SYSIBM)   Repräsentation einen DBCLOB-Daten-Typ.

Argument-Beschreibung: Das erste Argument muss ein Graphic String Daten-Typ sein. Wird ein zweites Argument vorgeben, muss es ein Integer Wert sein, der die Länge des Ergebniswertes definiert. Range von 0 bis max. Länge des DBCLOBs.

Ergebnis-Parameter: Der Ergebnis-Parameter ist ein DBCLOB Daten-Typ. Die Länge ergibt sich aus der Länge des ersten Arguments bzw. aus dem evtl. vorgegebenen zweiten Argument. Ggf. wird der String abgeschnitten (werden andere Zeichen als Doppelbyte-Blank abgeschnitten, erfolgt eine Warnung).
Wenn das erste Argument NULL-fähig ist, ist das Ergebnis ebenfalls NULL-fähig; d.h. wenn ein konkreter NULL-Wert auftritt, ist auch das Ergebnis NULL.

Syntax-Diagramm:

```
──DBCLOB─────( ─expression1──────────── ) ─────
                              └─, integer─┘
```

Beispiel:
```
select
   dbclob ( graphic ( 'Dies ist ein Graphic-String ' ))  as " Graphic String "
from  sysibm.sysdummy1

Graphic String
-------------------------
Dies ist ein Graphic-String
```

DECIMAL oder DEC - Konvertieren Dezimalwert aus Zahl im String

Funktions-Beschreibung: Die DECIMAL Funktion erzeugt aus einem numerischen Wert einen Dezimalwert mit
(Schema=SYSIBM) definierbarer Genauigkeit und Nachkommastellen.
Argument-Beschreibung: Für die Argumente gilt:
- das erste Argument muss ein Wert sein (kann auch in einem Character-Feld stehen, aber darf kein Long String Daten-Typ sein),
- das zweite Argument spezifiziert die Genauigkeit (1 bis 31);
Defaults, wenn keine explizite Vorgabe:
- 15 für Gleitkomma- und Dezimalfelder,
- 11 für INTEGER-Felder,
- 5 für SMALLINT-Felder,
- das dritte Argument spezifiziert die Nachkommastellen (0 bis zum Wert des zweiten Arguments); Default 0, wenn keine explizite Vorgabe.

Ergebnis-Parameter: Der Ergebnis-Parameter ist ein Decimal Daten-Typ (x , y):
x   = entsprechend Argument 2.
y   = entsprechend Argument 3.
Wenn das Argument NULL-fähig ist, ist das Ergebnis ebenfalls NULL-fähig; d.h. wenn ein konkreter NULL-Wert auftritt, ist auch das Ergebnis NULL.

Syntax-Diagramm:

```
┌─DECIMAL─┐   ┌─numeric expression─┐
┤         ├─(─┤                    ├──────────────────────)─
└─DEC─────┘   └─string expression──┘ └─, integer 1─┐
                                                   └─, integer 2─┘
```

Beispiel:
```
select
   dec ( char ( 123 ))              as "Char String1 " , dec (char(123.4567)) as "Char String2",
   dec ( char ( 123.4567) , 15 , 5 ) as "Char String3 " , dec (smallint (123)) as "Smallint " ,
   dec ( int  ( 123 ) )             as "Int "           , dec (double (1E02 )) as "Double "
from   sysibm.sysdummy1

Char String1       Char String2      Char String3       Smallint     Int           Double
---+-----------    ----------------  ----------------   ---------    ------------  ----------------
        123.              123.           123.45670          123          123                    100
```

DEGREES - Konvertieren Grad aus einem Radiant-Ausdruck

Funktions-Beschreibung: Die DEGREES Funktion ermittelt den Grad aus einem Radiant-Ausdruck
(Schema=SYSIBM) (Winkelfunktion). DEGREES und RADIANS sind Umkehrfunktionen.
Argument-Beschreibung: Das Argument muss ein numerischer Daten-Typ sein.
Ergebnis-Parameter: Der Ergebnis-Parameter ist ein DOUBLE Daten-Typ.
Wenn das Argument NULL-fähig ist, ist das Ergebnis ebenfalls NULL-fähig; d.h. wenn ein konkreter NULL-Wert auftritt, ist auch das Ergebnis NULL.

Syntax-Diagramm:

```
──DEGREES──( ─expression─ )───────────────
```

Beispiel:
```
select
   degrees ( 1.5707963268 ) as " 90 Grad " ,  degrees ( 3.1415926536 ) as " 180 Grad "
from   sysibm.sysdummy1

 90 Grad                    180 Grad
-----------------------    -----------------------
 +9.00000000002924E+01     +1.80000000000585E+02
```

DIGITS - Konvertieren Character aus Dezimalwert oder Binärwert

Funktions-Beschreibung: (Schema=SYSIBM)	Die DIGITS Funktion erzeugt aus einem Binärwert bzw. einem Dezimal-Wert einen String.
Argument-Beschreibung:	Das Argument muss ein numerischer Daten-Typ sein.
Ergebnis-Parameter:	Der Datentyp des Ergebnisses ist CHARACTER mit fester Länge. Die Länge des Ergebnisses ist abhängig vom vorgegebenen Argument. Ggf. werden führende Nullen aufgefüllt. Es wird kein Vorzeichen und kein Komma bzw. Dezimalpunkt geliefert. Je nach Datentyp des Arguments erfolgt eine unterschiedliche Behandlung des Ergebnisses:

- 5   wenn das Argument ein SMALLINT-Format ist,
- 10   wenn das Argument ein INTEGER-Format ist,
- n   entsprechend der Anzahl der Vorkommastellen eines dezimalen Wertes.

Wenn das Argument NULL-fähig ist, ist das Ergebnis ebenfalls NULL-fähig; d.h. wenn ein konkreter NULL-Wert auftritt, ist auch das Ergebnis NULL.

Syntax-Diagramm: ──DIGITS──── (──expression──) ──────────

Beispiel:
```
select
   digits (dec ( 123 , 3))   as "Dec String1" , digits (dec(123.4567 , 10 , 5)) as "Dec String2" ,
   digits (smallint( 123 ))  as " Smallint "  , digits ( int ( 123 ) )           as " Int "
from   sysibm.sysdummy1

Dec String1     Dec String2     Smallint    Int
-------------   -------------   ----------  ----------
123             0012345670      00123       0000000123
```

DOUBLE oder DOUBLE_PRECISION - Konvertieren Gleitkommazahl aus Wert

Funktions-Beschreibung: (Schema=SYSIBM)	Die DOUBLE Funktion erzeugt aus einem numerischen Daten-Typ oder dessen Character-Repräsentation (keine Long Strings) einen Gleitkommawert. Eine Einsatzmöglichkeit ist gegeben, wenn bei einer arithmetischen Operation ansonsten (z.B. bei Einsatz von Dezimal-Feldern) Feldbegrenzungen erreicht werden (out-of-range-Ergebnisse).
Argument-Beschreibung:	Das Argument kann ein beliebiger numerischer Daten-Typ oder die Repräsentation eines Wertes in einem String Daten-Typ sein.
Ergebnis-Parameter:	Der Datentyp des Ergebnisses ist DOUBLE. Wenn das Argument NULL-fähig ist, ist das Ergebnis ebenfalls NULL-fähig; d.h. wenn ein konkreter NULL-Wert auftritt, ist auch das Ergebnis NULL.

Syntax-Diagramm: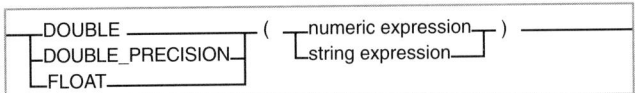

Beispiel:
```
select
   double (char ( 1.5707963268 ))          as "Char " , double ( decimal ( 150.123 ) ) as "Dec 1 " ,
   double (decimal ( 150.123 , 6 , 3 ))    as "Dec 2"
from   sysibm.sysdummy1

Char                     Dec 1                    Dec 2
----------------------   ----------------------   ----------------------
  +1.57079632680000E+00    +1.50000000000000E+02    +1.50123000000000E+02
```

EXP - Exponentialfunktion aus Argument extrahieren

Funktions-Beschreibung: Die EXP Funktion erzeugt aus einem numerischen Daten-Typ die Exponentialfunktion.
(Schema=SYSIBM) EXP und LOG sind Umkehrungsfunktionen.
Argument-Beschreibung: Der Daten-Typ muss numerisch sein.
Ergebnis-Parameter: Der Datentyp des Ergebnisses ist DOUBLE.
Wenn das Argument NULL-fähig ist, ist das Ergebnis ebenfalls NULL-fähig; d.h. wenn ein konkreter NULL-Wert auftritt, ist auch das Ergebnis NULL.

Syntax-Diagramm: ──EXP────── (─expression ─) ──────────

Beispiel:
```
select 0 as Wert , exp ( 0 ) as "Expon Float", smallint (exp(0)) as "Expon Small" from sysibm.sysdummy1
union
select 0.5 as Wert ,exp(0.5) as "Expon Float", smallint(exp(0.5))as "Expon Small" from sysibm.sysdummy1 union
select 1.0 as Wert ,exp(1.0) as "Expon Float", smallint(exp(1.0))as "Expon Small" from sysibm.sysdummy1 union
select 1.5 as Wert ,exp(1.5 )as "Expon Float", smallint(exp(1.5))as "Expon Small" from sysibm.sysdummy1 union
select 2.0 as Wert ,exp(2.0 )as "Expon Float", smallint(exp(2.0))as "Expon Small" from sysibm.sysdummy1 union
select 3   as Wert ,exp(3.0 )as "Expon Float", smallint(exp(3.0))as "Expon Small" from sysibm.sysdummy1 union
select 4.0 as Wert, exp(4.0 )as "Expon Float", smallint(exp(4.0))as "Expon Small" from sysibm.sysdummy1 union
select 5.0 as Wert, exp(5.0 )as "Expon Float", smallint(exp(5.0))as "Expon Small" from sysibm.sysdummy1

WERT            Expon Float                Expon Small
-------------   ------------------------   -----------
         0,0    +1,00000000000000E+000              1
         0,5    +1,64872127070013E+000              1
         1,0    +2,71828182845905E+000              2
         1,5    +4,48168907033806E+000              4
         2,0    +7,38905609893065E+000              7
         3,0    +2,00855369231877E+001             20
         4,0    +5,45981500331442E+001             54
         5,0    +1,48413159102577E+002            148
```

FLOAT - Konvertieren Gleitkommazahl aus Wert

Funktions-Beschreibung: Die FLOAT Funktion entspricht vollständig der DOUBLE Funktion.
(Schema=SYSIBM) Details siehe dort.

FLOOR - Abgerundeter Ganzzahlenwert aus einer Nummer

Funktions-Beschreibung: Die FLOOR Funktion gibt den größten Ganzzahlenwert zurück, der kleiner oder gleich
(Schema=SYSIBM) dem Wert des Arguments ist.
Argument-Beschreibung: Einer der numerischen Daten-Typen.
Ergebnis-Parameter: Derselbe Daten-Typ und dieselben Charakteristiken wie das Argument. Ausnahme:
Bei Dezimalwerten werden keine Nachkommastellen zurückgegeben.
Wenn das Argument NULL-fähig ist, ist das Ergebnis ebenfalls NULL-fähig; d.h. wenn
ein konkreter NULL-Wert auftritt, ist auch das Ergebnis NULL.

Syntax-Diagramm: ──FLOOR────── (─expression ─) ──────────

Beispiel:
```
select
   + 10.1245                  as "Positiver Wert", floor (10.1245 )        as " FLOOR " ,
   integer (floor(10.1245))   as "INT (FLOOR)"   , - 10.1245                as "Negativer Wert" ,
   floor (-10.1245  )         as "FLOOR"         , integer (floor(-10.1245)) as "INT ( FLOOR  )"
from  sysibm.sysdummy1

Positiver Wert  FLOOR      INT ( FLOOR )  Negativer Wert  FLOOR       INT ( FLOOR )
-------------- ---------  -------------  ---------------  ---------  -------------
      10,1245  +1.0000               10         -10,1245  -11.0000             -11
```

GRAPHIC - Konvertieren Graphic String aus einem String

Funktions-Beschreibung: (Schema=SYSIBM)	Die GRAPHIC Funktion erzeugt aus einem Character String oder einem Graphic String einen Graphic Daten-Typ.
Argument-Beschreibung:	Das erste Argument muss ein String Daten-Typ sein. Wird ein zweites Argument vorgeben, muss es ein Integer Wert sein, der die Länge des Ergebniswertes definiert. Range von 1 bis 127.
Ergebnis-Parameter:	Der Ergebnis-Parameter ist ein Graphic Daten-Typ. Die Länge ergibt sich aus der Länge des ersten Arguments bzw. aus dem evtl. vorgegebenen zweiten Argument. Ggf. wird der String abgeschnitten (werden andere Zeichen als Doppelbyte-Blank abgeschnitten, erfolgt eine Warnung). Wenn das erste Argument NULL-fähig ist, ist das Ergebnis ebenfalls NULL-fähig; d.h. wenn ein konkreter NULL-Wert auftritt, ist auch das Ergebnis NULL.

Syntax-Diagramm:

```
──GRAPHIC──( ──expression ─────────── )──
                        └─, integer─┘
```

Beispiel:
```
select
    graphic     ( 'Dies ist ein Graphic-String ' )    as " Graphic String " ,
    hex ( graphic ( 'Dies ist ein Graphic-String ' )) as " Graphic Hex"
from   sysibm.sysdummy1

Graphic String
--------------------------------------------------------------
.D.i.e.s.   .i.s.t.   .e.i.n.   .G.r.a.p.h.i.c.-.S.t.r.i.n.g © ¡

Graphic Hex
--------------------------------------------------------------------------------
42C44289428542A24040428942A242A3404042854289429540404 2C7429942814297428842894283426042E242A342994289429542874040
```

HEX - Hexadezimale Repräsentation eines Arguments

Funktions-Beschreibung: (Schema=SYSIBM)	Die HEX Funktion erzeugt aus einem beliebigen Wert einen String mit hexadezimalem Inhalt.
Argument-Beschreibung:	Das Argument kann ein beliebiger Daten-Typ sein (aber kein Long String)
Ergebnis-Parameter:	Der Datentyp des Ergebnisses ist CHARACTER mit einer festen Länge oder bei variablem Argument mit ebenfalls variabler Länge. Die Länge des Ergebnisfeldes ist:
	- bei CHARACTER- oder Binary-Strings die zweifache Feld- bzw. Datenlänge bei variablen Argumenten,
	- bei GRAPHIC-Strings die vierfache Feld- bzw. Datenlänge bei variablen Argumenten.
	Wenn das Argument ein DateTime-Feld ist, wird das interne Format aufbereitet. Wenn das Argument NULL-fähig ist, ist das Ergebnis ebenfalls NULL-fähig; d.h. wenn ein konkreter NULL-Wert auftritt, ist auch das Ergebnis NULL.

Syntax-Diagramm:

```
──HEX────────( ──expression  ─)───────────
```

Beispiel:
```
select
    hex ( current date )    as " Hex (DATE)" ,   hex ( current timestamp )  as " Hex (TS) " ,
    hex ( current time )    as " Hex (TIME) " , hex ( smallint ( -1) )     as " Hex (-1) " ,
    hex ( smallint ( +1) ) as " Hex (+1) "
from   sysibm.sysdummy1

Hex (DATE)   Hex (TS)              Hex (TIME)   Hex (-1)   Hex (+1)
----------   --------------------  ----------   --------   --------
19990816     19990816204306411001  204306       FFFF       0001
```

HOUR - Stunden aus Datum oder Date Duration extrahieren

Funktions-Beschreibung: Die HOUR Funktion erzeugt aus einem TIMESTAMP- oder DATE- Daten-Typ bzw. einer
(Schema=SYSIBM) gültigen String-Repräsentation eines Datums bzw. eines Timestamps oder einer Date-
oder Timestamp-Duration einen Binärwert (4 Bytes), der die Stunden enthält.

Argument-Beschreibung: Folgende Argument-Typen sind unterstützt:
- Character-Daten-Typ (kein long String)   Gültige Datums- oder Timestamp-Repräsentation.
- Date oder Timestamp
- Date- oder Timestamp-Duration

Ergebnis-Parameter: Der Datentyp des Ergebnisses ist INTEGER.
Je nach Datentyp des Arguments erfolgt eine unterschiedliche Behandlung des Ergebnisses:
- Date oder Timestamp   Ergebnis ist die Stunde mit einem Wert zwischen 0 und 24.
- Date- oder Timestamp-Duration   Ergebnis sind die Stunden mit einem Wert zwischen -24 und +24. Das Vorzeichen wird vom Argument übernommen.

Wenn das Argument NULL-fähig ist, ist das Ergebnis ebenfalls NULL-fähig; d.h. wenn ein konkreter NULL-Wert auftritt, ist auch das Ergebnis NULL.

Syntax-Diagramm:

```
──HOUR────── ( ──expression── ) ──────
```

Beispiel:
```
select
   current time                                as "Current Time"  ,   hour ( current time ) as "Hour (TIME)" ,
   hour ( current timestamp ) as "Hour (TS)"   ,   hour ( '15.30.17' )    as "Hour (String)"
from  sysibm.sysdummy1

Current Time  Hour (TIME)  Hour (TS)     Hour (String)
------------  -----------  -----------   -------------
13.49.43              13           13              15
```

IFNULL - Zurückgabe des ersten Wertes ungleich NULL

Funktions-Beschreibung: Die IFNULL Funktion entspricht vollständig der COALESCE bzw. der VALUE Funktion.
(Schema=SYSIBM) Ausnahme: Es sind nur zwei Argumente zulässig. Details siehe unter COALESCE.

INSERT - Austausch von String-Teilen

Funktions-Beschreibung: Die INSERT Funktion erzeugt aus einem Character- oder Graphic String Daten-Typ
(Schema=SYSIBM) einen neuen String, bei dem Teile mit einem anderen String ausgetauscht wurden (gelöscht und eingefügt).

Argument-Beschreibung: Folgende Argumente sind unterstützt:
- source-string   Source Character- oder Graphic String (kein Long-String).
                    Die Daten-Typen von *source-string* und *insert-string* müssen übereinstimmen.
- start-pos   Start-Position innerhalb des *source-string*, ab dem Bytes gelöscht (Anzahl aus *delete-bytes*) und anschließend eingefügt (Zeichenkette *insert-string*) werden sollen. Wertebereich von 1 bis zur Länge source-string+1.
- delete-bytes   Anzahl Bytes, die ab der Start-Position (*start-pos*) innerhalb des Source-Strings (*source-string*) gelöscht werden sollen. Wertebereich von 0 bis zur Länge *source-string*.
- insert-string   Character- oder Graphic String (kein Long-String), der an der Start-Position (*start-pos*) des Source Strings (*source-string*) eingefügt werden soll.
                    Die Daten-Typen von *source-string* und *insert-string* müssen übereinstimmen.

Ergebnis-Parameter: Der Datentyp des Ergebnisses ist VARCHAR bei Character Strings und VARGRAPHIC bei Graphic Strings.
Die Länge ergibt sich aus den Argumenten.
Wenn ein Argument NULL-fähig ist, ist das Ergebnis ebenfalls NULL-fähig; d.h. wenn ein konkreter NULL-Wert auftritt, ist auch das Ergebnis NULL.

Syntax-Diagramm:

```
──INSERT─ ( ──source-string──, start-pos──, delete-bytes, insert-string─ ) ─
```

Beispiel:
```
select semcode       as " SEMCODE " ,
   insert ( semcode , 2 , 3 , 'X'   ) as " SEMCODE 2,3,X" ,
   insert ( semcode , 2 , 3 , 'XY'  ) as " SEMCODE 2,3,XY" ,
   insert ( semcode , 2 , 3 , 'XYZ' ) as " SEMCODE 2,3,XYZ"
from semtyp

SEMCODE         SEMCODE 2,3,X    SEMCODE 2,3,XY   SEMCODE 2,3,XYZ
-------------   --------------   --------------   ---------------
DB-AUSW         DXUSW            DXYUSW           DXYZUSW
DB2-DESIGN      DXDESIGN         DXYDESIGN        DXYZDESIGN
....
```

A1 Anhang - DB2-Basis-Sprachelemente
Scalar Functions

INTEGER oder INT - Konvertieren Binärwert aus Zahl

Funktions-Beschreibung: Die INTEGER Funktion erzeugt aus einem numerischen Wert einen Binärwert.
(Schema=SYSIBM) Nachkommastellen werden ignoriert.
Argument-Beschreibung: Für die Argumente gilt:
- bei Character Strings muss ein gültiger Wert vorliegen (keine Long-String-Daten-Typen).
- bei numerischen Werten werden Nachkommastellen ignoriert.

Ergebnis-Parameter: Der Datentyp des Ergebnisses ist INTEGER.
Wenn das Argument NULL-fähig ist, ist das Ergebnis ebenfalls NULL-fähig; d.h. wenn ein konkreter NULL-Wert auftritt, ist auch das Ergebnis NULL.

Syntax-Diagramm:

```
    ┌─INTEGER─┐      ┌─numeric expression─┐
────┤         ├──( ──┤                    ├──)────
    └─INT─────┘      └─string expression──┘
```

Beispiel:
```
select
    int ( char ( 123 ))             as " Char String1 " ,  int ( dec ( 456 ) )   as " Decimal " ,
    int ( smallint ( 123 ) )  as " Smallint "       ,  int ( double ( 1E02 )) as " Double "
from   sysibm.sysdummy1

 Char String1   Decimal      Smallint      Double
 -------------  ----------   ----------   ----------
          123        456           123          100
```

JULIAN_DAY- Relativen Tag des julian. Datums aus Datum extrahieren

Funktions-Beschreibung: Die JULIAN_DAY Funktion erzeugt aus einem TIMESTAMP- oder DATE- Daten-Typ
(Schema=SYSIBM) bzw. einer gültigen String-Repräsentation eines Datums bzw. eines Timestamps einen Binärwert (4 Bytes), der den relativen Tag gemäß des Julianischen Datums enthält. Das Julianische Datum (J.D) stellt eine fortlaufende Tageszählung dar, die mit dem 1.1.4713 v. Chr beginnt (manche meinen 4712). Das ist der Nullpunkt.

Argument-Beschreibung: Folgende Argument-Typen sind unterstützt:
- Character-Daten-Typ (kein long String)   Gültige Datums- oder Timestamp-Repräsentation.
- Date oder Timestamp

Ergebnis-Parameter: Der Datentyp des Ergebnisses ist INTEGER mit dem relativen Tag.
Wenn das Argument NULL-fähig ist, ist das Ergebnis ebenfalls NULL-fähig; d.h. wenn ein konkreter NULL-Wert auftritt, ist auch das Ergebnis NULL.

Syntax-Diagramm:

```
────JULIAN_DAY── ( ─expression  ─ )──────────────────
```

Beispiel:
```
select
    '01.01.0001'     as "01.01.0001"   ,  julian_day ( date ('01.01.0001') )   as "Jul_Day 1 " ,
    current date     as "Current date" ,  julian_day ( current date )          as "Jul_Day 2 " ,
    '17.11.1858'     as "M.J.D"        ,  julian_day ( date ('17.11.1858') )   as "Jul_Day M.J.D"
from   sysibm.sysdummy1

01.01.0001   Jul_Day 1    Current date   Jul_Day 2     M.J.D         Jul_Day M.J.D
----------   ---------    ------------   ---------    ----------    -------------
01.01.0001    1721426      17.08.1999     2451408     17.11.1858       2400001
```

LCASE oder LOWER - Konvertieren String in Kleinschrift

Funktions-Beschreibung: Die LCASE Funktion konvertiert alle Daten eines Character- oder Graphic Strings in
(Schema=SYSIBM) Kleinschrift. Die UCASE Funktion konvertiert in Großschrift.
Die Umsetzung erfolgt aufgrund des Wertes in der LC_CTYPE-Lokalen (siehe Spezialregister CURRENT LOCALE LC_CTYPE).
Ist dieses Register Blank, erfolgt lediglich eine Umsetzung von Buchstaben. Bei Graphic Strings wird dann ein Fehler erzeugt.

Argument-Beschreibung: Das Argument muss ein String Daten-Typ sein (kein Long-String).
Ergebnis-Parameter: Der Datentyp des Ergebnisses und die Charakteristiken entsprechen dem Argument.
Wenn ein Argument NULL-fähig ist, ist das Ergebnis ebenfalls NULL-fähig; d.h. wenn ein konkreter NULL-Wert auftritt, ist auch das Ergebnis NULL.

Syntax-Diagramm:

```
    ┌─LCASE─┐
────┤       ├── ( ─expression  ─ )──────────────────
    └─LOWER─┘
```

Beispiel:
```
select
    'MAYER' as "MAYER" , LCASE ( 'MAYER' ) as "LCASE 1 " ,  UCASE ( 'MAYER' ) as "UCASE 1 " ,
    'Mayer' as "Mayer" , LCASE ( 'Mayer' ) as "LCASE 2 " ,  UCASE ( 'Mayer' ) as "UCASE 2 "
from   sysibm.sysdummy1

MAYER   LCASE 1   UCASE 1   Mayer    LCASE 2   UCASE 2
-----   -------   -------   -----    -------   -------
MAYER    mayer     MAYER    Mayer     mayer     MAYER
```

LEFT - Linken Teil-String aus String extrahieren

Funktions-Beschreibung: Die LEFT Funktion extrahiert den linken Teil-String aus einem Character- oder Graphic
(Schema=SYSIBM) String.
Argument-Beschreibung: Das erste Argument muss ein String Daten-Typ sein.
Das zweite Argument definiert die Länge des Ergebnisses und begrenzt den Teil-String aus dem ersten Argument. Wertebereich von 0 bis zur Länge des ersten Arguments.
Ergebnis-Parameter: Der Datentyp des Ergebnisses ist ein variabler String Daten-Typ:
- VARCHAR   bei CHAR oder VARCHAR
- CLOB   bei CLOB
- VARGRAPHIC bei GRAPHIC oder VARGRAPHIC
- DBCLOB   bei DBCLOB
- BLOB   bei BLOB.

Bei Längenvorgabe von 0 wird ein leerer String erzeugt (empty string).
Ist die vorgegebene Länge größer als die Länge des ersten Arguments, wird rechtsbündig entsprechend dem Typ aufgefüllt (bei Character Blanks).
Wenn ein Argument NULL-fähig ist, ist das Ergebnis ebenfalls NULL-fähig; d.h. wenn
ein konkreter NULL-Wert auftritt, ist auch das Ergebnis NULL.

Syntax-Diagramm:

```
──LEFT────── ( ──expression1──, integer────── ) ──
```

Beispiel:
```
select
   '123456789'                      as "123456789" , left ( '123456789' , 0  )  as "LEFT 0 " ,
    left ( '123456789' , 1 ) as "LEFT 1 "  , left ( '123456789' , 5  )  as "LEFT 5 "
from  sysibm.sysdummy1;

123456789 LEFT 0      LEFT 1     LEFT 5
--------- ---------   ---------  ---------
123456789                 1        12345
```

LENGTH - Länge eines Arguments ermitteln

Funktions-Beschreibung: Die LENGTH Funktion ermittelt die Länge eines Arguments.
(Schema=SYSIBM) DB2-Kontrollfelder werden bei der Länge nicht berücksichtigt.
Argument-Beschreibung: Das Argument kann ein beliebiger Builtin-Daten-Typ sein.
Ergebnis-Parameter: Der Datentyp des Ergebnisses ist INTEGER.
Die Länge des Ergebnisses wird vom Argument bestimmt. Dabei wird als Länge eines
variablen Feldes die tatsächliche Länge und nicht die maximal mögliche Länge bereitgestellt.
Für die verschiedenen Argument-Typen gelten folgende Ergebnis-Längen:
- Feld- oder Datenlänge   bei CHARACTER- oder GRAPHIC-Strings,
- 2   bei SMALLINT-Feldern,
- 4   bei INTEGER-Feldern,
- 4   bei FLOAT SINGLE PRECISION-Feldern,
- 8   bei FLOAT DOUBLE PRECISION-Feldern,
- (Gesamtstellen /2)+1   bei DECIMAL-Feldern,
- 4   bei DATE-Feldern,
- 3   bei TIME-Feldern,
- 10   bei TIMESTAMP-Feldern,
- Datenlänge   bei ROWIDs.

Wenn das Argument NULL-fähig ist, ist das Ergebnis ebenfalls NULL-fähig; d.h. wenn
ein konkreter NULL-Wert auftritt, ist auch das Ergebnis NULL.

Syntax-Diagramm:

```
──LENGTH────── ( ──expression ── ) ──────
```

Beispiel:
```
select
   length ( '123456789')             as " CHAR"   , length ( dec ( '123456789' , 12 , 3)) as " DEC " ,
   length ( smallint ( 1234 ) )     as " SMALL " , length ( int ( 1234567 ) )             as " INT " ,
   length ( real ( 123456789 ) )    as " REAL"   , length ( float ( 123456789 ) )         as " FLOAT",
   length ( double (123456789 )) as " DOUBLE" , length ( current date )                 as " DATE" ,
   length ( current time )          as " TIME "  , length ( current timestamp )            as " TS "
from  sysibm.sysdummy1;

CHAR    DEC    SMALL  INT    REAL   FLOAT  DOUBLE  DATE   TIME   TS
------  -----  -----  -----  -----  -----  ------  -----  -----  -----
  9       7      2      4      4      8      8       4      3     10
```

LN oder LOG - Zurückgabe des natürlichen Logarithmus

Funktions-Beschreibung: Die LN Funktion entspricht vollständig der LOG Funktion.
(Schema=SYSIBM) Details siehe dort.

LOCATE - Start-Position eines Suchstrings in String ermitteln

Funktions-Beschreibung: Die LOCATE Funktion ermittelt die relative Position eines Such-Strings aus einem
(Schema=SYSIBM) Character- oder Graphic String.
Mit der POSSTR Funktion können die gleichen Ergebnisse erzielt werden.

Argument-Beschreibung: Folgende Argumente sind unterstützt:
- search-string   Suchzeichen in einem Character- oder Graphic String.
  Die Daten-Typen von *search-string* und *source-string* müssen übereinstimmen. Die Länge darf nicht größer als 4.000 Bytes sein.
- source-string   Source Character- oder Graphic String.
  Die Daten-Typen von *search-string* und *source-string* müssen übereinstimmen.
- start-pos   Start-Position innerhalb des *source-string*. Wertebereich von 1 bis zur
  Länge *source-string*. Default = 1.

Ergebnis-Parameter: Der Datentyp des Ergebnisses ist INTEGER Daten-Typ.
Wird der gesuchte String im Source-String gefunden, wird die relative Position basierend
auf der Anfangsposition = 1 zurückgegeben.
Bei einem leeren (empty string) Such-String wird der Ergebniswert 1 erzeugt.
Bei einem leeren Source-String oder falls der gesuchte Wert im Source-String nicht
gefunden wird, wird der Ergebniswert 0 erzeugt.
Ist der gesuchte String mehrfach vorhanden, wird nur die erste Position ermittelt.
Wenn ein Argument NULL-fähig ist, ist das Ergebnis ebenfalls NULL-fähig; d.h. wenn
ein konkreter NULL-Wert auftritt, ist auch das Ergebnis NULL.

Syntax-Diagramm:

```
──LOCATE──( search-string ─, source-string──────────────── )──
                                         └─, start-pos─┘
```

Beispiel:
```
select distinct
   kursort ,  locate ( 'ie' , kursort   )        as " LOCATE ie, 1 " ,
              locate ( 'ie' , kursort , 5 )      as " LOCATE ie, 5 " ,
              locate ( 'n'  , kursort , 1 )      as " LOCATE n, 1 "
from  seminar

KURSORT                             LOCATE ie, 1    LOCATE ie, 5    LOCATE n, 1
----------------------------------  -------------   -------------   -----------
Frankfurt                                       0               0             4
Muenchen                                        0               0             4
Wiesbaden                                       2               0             9
-                                               -               -             -

select distinct
   kursort ,  posstr ( kursort , 'ie' )                as " POSSTR ie " ,
              posstr (substr ( kursort , 5 ) , 'ie' )  as " POSSTR ie, 5 " ,
              posstr ( kursort , 'n' )                 as " POSSTR n, 1 "
from  seminar

KURSORT                             POSSTR ie    POSSTR ie, 5    POSSTR n, 1
----------------------------------  ----------   -------------   -----------
Frankfurt                                    0               0             4
Muenchen                                     0               0             4
Wiesbaden                                    2               0             9
-                                            -               -             -
```

LOG oder LN - Zurückgabe des natürlichen Logarithmus

Funktions-Beschreibung: Die LOG Funktion erzeugt aus einem numerischen Daten-Typ den natürlichen
(Schema=SYSIBM) Logarithmus.
Argument-Beschreibung: Einer der numerischen Daten-Typen.
Ergebnis-Parameter: Der Ergebnis-Parameter ist ein DOUBLE Daten-Typ.
Wenn das Argument NULL-fähig ist, ist das Ergebnis ebenfalls NULL-fähig; d.h. wenn
ein konkreter NULL-Wert auftritt, ist auch das Ergebnis NULL.

Syntax-Diagramm:

```
──┬─LOG─┬──( ─expression─ )──────
  └─LN──┘
```

Beispiel:
```
select
   log ( 1 )     as " LOG 1 "    , log ( 10 )  as " LOG 10 " ,  log ( 100 )  as " LOG 100 " ,
   log ( 1000 ) as " LOG 1000 "
from  sysibm.sysdummy1

LOG 1                      LOG 10                     LOG 100                    LOG 1000
-----------------------    -----------------------    -----------------------    -----------------------
+0.00000000000000000E+00   +2.30258509299405E+00      +4.60517018598809E+00      +6.90775527898214E+00
```

LOG10 - Zurückgabe des Zehner-Logarithmus eines Arguments

Funktions-Beschreibung: Die LOG10 Funktion erzeugt aus einem numerischen Daten-Typ den Zehner-Logarithmus.
(Schema=SYSIBM)
Argument-Beschreibung: Einer der numerischen Daten-Typen.
Ergebnis-Parameter: Der Ergebnis-Parameter ist ein DOUBLE Daten-Typ.
Wenn das Argument NULL-fähig ist, ist das Ergebnis ebenfalls NULL-fähig; d.h. wenn ein konkreter NULL-Wert auftritt, ist auch das Ergebnis NULL.

Syntax-Diagramm:

```
────LOG10──────( ─expression ─ )──────────
```

Beispiel:
```
select
   log10 ( 1 )      as " LOG 1 "   ,   log10 ( 10 )     as " LOG 10 "   ,
   log10 ( 100 )    as " LOG 100 " ,   log10 ( 1000 )   as " LOG 1000 "
from   sysibm.sysdummy1

LOG 1                    LOG 10                   LOG 100                  LOG 1000
-----------------------  -----------------------  -----------------------  -----------------------
+0.00000000000000E+00    +1.00000000000000E+00    +2.00000000000000E+00    +3.00000000000000E+00
```

LTRIM - Entfernen linksbündige Blanks im String

Funktions-Beschreibung: Die LTRIM Funktion entfernt aus einem Character- oder Graphic String Daten-Typ führende Blanks. Das Ergebnis entspricht der Funktion STRIP mit LEADING-Argument.
(Schema=SYSIBM)
Argument-Beschreibung: Das Argument muss ein Character- oder Graphic String Daten-Typ sein (kein CLOB oder DBCLOB).
Ergebnis-Parameter: Der Datentyp des Ergebnisses ist VARCHAR bei Character Strings und VARGRAPHIC bei Graphic Strings.
Die Länge entspricht der des Arguments minus der Anzahl der entfernten Zeichen.
Wenn ein Argument NULL-fähig ist, ist das Ergebnis ebenfalls NULL-fähig; d.h. wenn ein konkreter NULL-Wert auftritt, ist auch das Ergebnis NULL.

Syntax-Diagramm:

```
────LTRIM──────( ─expression ─ )──────────
```

Beispiel:
```
select
   ltrim ( '        Test1' ) as " LTRIM 1 " , ltrim ( '          Test2          ' ) as " LTRIM 2 " ,
   length ( ltrim ( '        Test1' ) ) as " Länge 1 " ,
   length ( ltrim ( '        Test2          ') ) as " Länge 2 "
from   sysibm.sysdummy1

LTRIM 1  LTRIM 2             Länge 1     Länge 2
-------  ---------------     ----------  ----------
Test1    Test2                        5          15
```

MICROSECOND - Mikrosekunden aus Timestamp extrahieren

Funktions-Beschreibung: Die MICROSECOND Funktion erzeugt aus einem TIMESTAMP Daten-Typ bzw. einer gültigen String-Repräsentation eines Timestamps oder einer Timestamp-Duration einen Binärwert (4 Bytes), der die Mikrosekunden enthält.
(Schema=SYSIBM)
Argument-Beschreibung: Folgende Argument-Typen sind unterstützt:
- Character-Daten-Typ (kein long String)   Gültige Timestamp-Repräsentation.
- Timestamp
- Timestamp-Duration

Ergebnis-Parameter: Der Datentyp des Ergebnisses ist INTEGER.
Je nach Datentyp des Arguments erfolgt eine unterschiedliche Behandlung des Ergebnisses:
- Timestamp   Ergebnis ist die Mikrosekunde mit einem Wert zwischen 0 und 999999.
- Timestamp-Duration Ergebnis sind die Mikrosekunden mit einem Wert zwischen -999999 und +999999. Das Vorzeichen wird vom Argument übernommen.

Wenn das Argument NULL-fähig ist, ist das Ergebnis ebenfalls NULL-fähig; d.h. wenn ein konkreter NULL-Wert auftritt, ist auch das Ergebnis NULL.

Syntax-Diagramm:

```
───MICROSECOND───( ─expression ─ )──────────
```

Beispiel:
```
select
   current timestamp  as "CURRENT TS" ,  microsecond ( current timestamp )  as "Microsecond"
from   sysibm.sysdummy1

CURRENT TS                    Microsecond
--------------------------    -----------
1999-08-18-11.56.26.293001         293001
```

MIDNIGHT_SECONDS - Relative Sekunden seit Mitternacht extrahieren

Funktions-Beschreibung: Die MIDNIGHT_SECONDS Funktion erzeugt aus einem TIME- oder TIMESTAMP-
(Schema=SYSIBM) Daten-Typ bzw. einer gültigen String-Repräsentation einer Zeit bzw. eines Timestamps einen Binärwert (4 Bytes), der die relativen Anzahl Sekunden seit Mitternacht enthält.

Argument-Beschreibung: Folgende Argument-Typen sind unterstützt:
- Character-Daten-Typ (kein long String)   Gültige Time- oder Timestamp-Repräsentation.
- Time oder Timestamp

Ergebnis-Parameter: Der Datentyp des Ergebnisses ist INTEGER mit den relativen Sekunden seit Mitternacht (0 Uhr = Basis 0 Sekunden). Hochgezählt wird bis inklusive 24 Uhr (24 Stunden * 60 Minuten * 60 Sekunden = max. 86.400).
Wenn das Argument NULL-fähig ist, ist das Ergebnis ebenfalls NULL-fähig; d.h. wenn ein konkreter NULL-Wert auftritt, ist auch das Ergebnis NULL.

Syntax-Diagramm:

```
─MIDNIGHT_SECONDS─( ─expression ─ ) ─────────────
```

Beispiel:
```
select
   current timestamp as "CURRENT TS"    , midnight_seconds(current timestamp) as "Midnight Sec1" ,
   current time      as "CURRENT TIME" , midnight_seconds(current timestamp) as "Midnight Sec2" ,
   midnight_seconds ('24:00:00') as " 24:00:00 " , midnight_seconds ('00:00:00') as " 00:00:00 "
from sysibm.sysdummy1


CURRENT TS                    Midnight Sec1 CURRENT TIME Midnight Sec2  24:00:00    00:00:00
------------------------      ------------- ------------ -------------  ----------  ----------
1999-08-18-11.56.26.383001            42986 11.56.26             42986       86400           0
```

MINUTE - Minuten aus Zeit extrahieren

Funktions-Beschreibung: Die MINUTE Funktion erzeugt aus einem TIME- oder TIMESTAMP- Daten-Typ bzw.
(Schema=SYSIBM) einer gültigen String-Repräsentation einer Zeit oder eines Timestamps oder einer Time- bzw. Timestamp-Duration einen Binärwert (4 Bytes), der die Minuten enthält.

Argument-Beschreibung: Folgende Argument-Typen sind unterstützt:
- Character-Daten-Typ (kein long String)   Gültige Time- oder Timestamp-Repräsentation.
- Time oder Timestamp
- Time-Duration oder Timestamp-Duration

Ergebnis-Parameter: Der Datentyp des Ergebnisses ist INTEGER.
Je nach Datentyp des Arguments erfolgt eine unterschiedliche Behandlung des Ergebnisses:
- Time oder Timestamp   Ergebnis ist die Minute mit einem Wert zwischen 0 und 59.
- Time - oder Timestamp-Duration   Ergebnis sind die Minuten mit einem Wert zwischen -59 und +59. Das Vorzeichen wird vom Argument übernommen.

Wenn das Argument NULL-fähig ist, ist das Ergebnis ebenfalls NULL-fähig; d.h. wenn ein konkreter NULL-Wert auftritt, ist auch das Ergebnis NULL.

Syntax-Diagramm:

```
─MINUTE─ ( ─expression ─ ) ─────────────
```

Beispiel:
```
select
   current timestamp   as "CURRENT TS"    ,  minute ( current timestamp ) as " Minute 1" ,
   current time        as "CURRENT TIME" ,  minute ( current timestamp ) as " Minute 2"
from sysibm.sysdummy1


CURRENT TS                    Minute 1  CURRENT TIME  Minute 2
------------------------      --------  ------------  --------
1999-08-18-11.56.26.483001          56  11.56.26            56
```

MOD - Rest einer Division von zwei Argumenten ermitteln

Funktions-Beschreibung: Die MOD Funktion dividiert das erste Argument durch das zweite Argument und erzeugt
(Schema=SYSIBM) aus numerischen Daten-Typen den Rest.
Es liegt folgende Formel zugrunde:
$$MOD(x,y) = x - TRUNC(x/y, 0) * y$$

Argument-Beschreibung: Alle numerischen Daten-Typen sind unterstützt. Das zweite Argument darf nicht den Wert 0 enthalten.

Ergebnis-Parameter: Der Datentyp des Ergebnisses ist abhängig von den Argumenten:
- sind beide Argumente Integer, dann ist das Ergebnis ein INTEGER-Daten-Typ
- ist ein Argument Integer und eins ein Dezimalwert, dann ist das Ergebnis ein Dezimalwert mit den Charakteristiken des Dezimal-Daten-Typs
- sind beide Argumente Dezimalwerte, dann ist das Ergebnis ein Dezimalwert mit den Charakteristiken des größeren Dezimal-Daten-Typs
- ist ein Argument ein Gleitkommawert, dann ist das Ergebnis ein DOUBLE Daten-Typ.

Wenn das Argument NULL-fähig ist, ist das Ergebnis ebenfalls NULL-fähig; d.h. wenn ein konkreter NULL-Wert auftritt, ist auch das Ergebnis NULL.

Syntax-Diagramm:

```
──MOD── ( ──expression1── , expression2── ) ──
```

Beispiel:
```
select
   mod ( 11 , 6 )      as "MOD 11,6" ,   11 - trunc ( 11 / 6 , 0 ) * 6   as "MOD zu Fuss" ,
   mod ( -71 , 3 )     as "MOD -71 , 3"
from  sysibm.sysdummy1

MOD 11,6     MOD zu Fuss  MOD -71 , 3
----------   -----------  -----------
       5              5           -2
```

MONTH - Monat aus Datum extrahieren

Funktions-Beschreibung: Die MONTH Funktion erzeugt aus einem DATE- oder TIMESTAMP- Daten-Typ bzw.
(Schema=SYSIBM) einer gültigen String-Repräsentation eines Datums oder eines Timestamps oder einer Date- bzw. Timestamp-Duration einen Binärwert (4 Bytes), der den Monat enthält.

Argument-Beschreibung: Folgende Argument-Typen sind unterstützt:
- Character-Daten-Typ (kein long String)   Gültige Date- oder Timestamp-Repräsentation.
- Date oder Timestamp
- Date-Duration oder Timestamp-Duration

Ergebnis-Parameter: Der Datentyp des Ergebnisses ist INTEGER.
Je nach Datentyp des Arguments erfolgt eine unterschiedliche Behandlung des Ergebnisses:
- Date oder Timestamp   Ergebnis ist der Monat mit einem Wert zwischen 1 und 12.
- Date- oder Timestamp-Duration Ergebnis sind die Monate mit einem Wert zwischen -12 und +12. Das Vorzeichen wird vom Argument übernommen.

Wenn das Argument NULL-fähig ist, ist das Ergebnis ebenfalls NULL-fähig; d.h. wenn ein konkreter NULL-Wert auftritt, ist auch das Ergebnis NULL.

Syntax-Diagramm:

```
──MONTH── ( ──expression── ) ──
```

Beispiel:
```
select
   current timestamp as "CURRENT TS" ,     month ( current timestamp ) as " Month 1" ,
   current date      as "CURRENT DATE" ,   month ( current timestamp ) as " Month 2"
from  sysibm.sysdummy1

CURRENT TS                   Month 1    CURRENT DATE   Month 2
--------------------------   --------   ------------   --------
1999-08-18-11.56.26.673001         08   1999-08-18           08
```

NULLIF - NULL erzeugen, wenn zwei Argumente gleich sind

Funktions-Beschreibung: (Schema=SYSIBM)	Die NULLIF Funktion liefert einen NULL-Wert zurück, wenn die beiden Argumente inhaltlich gleich sind. Die beiden Argumente müssen kompatibel sein. Sind die Inhalte der beiden Argumente ungleich, wird der Wert des ersten Arguments zurückgegeben. Bei gleichen Inhalten wird ein NULL-Wert geliefert. Der NULL-Wert kann für alle Datentypen erzeugt werden. Eine Einsatzmöglichkeit für diese Funktion ergibt sich z.B. dann wenn mit Defaultwerten anstelle von NULL-werten gearbeitet wird. Wenn z.B. eine unbeschränkte Gültigkeit einer Information mit einem Wert '31.12.9999' dargestellt wird, kann dieser Wert mit Range-Operationen einfach behandelt werden. Mit NULLIF kann nun ein solcher Wert wie ein NULL-Wert behandelt werden (dies kann z.B. auch in der COALESCE-Funktion genutzt werden).
Argument-Beschreibung:	Die Argumente können beliebige Daten-Typen sein (kein Long-String). Beide Argumente müssen aber kompatibel sein.
Ergebnis-Parameter:	Der Ergebnis-Parameter entspricht den Daten-Typen der Argumente. Sind die beiden Argumente inhaltlich gleich, wird ein NULL-Wert erzeugt, ansonsten wird der erste Wert als Ergebnis bereitgestellt.
Syntax-Diagramm:	─NULLIF─ (─expression1─ , expression2 ─) ─

Beispiel:
```
select
   nullif ( '31.12.9999' , '30.12.9999' )       as "Nicht gleich " ,
   nullif ( '31.12.9999' , '31.12.9999' )       as "Gleich "
from  sysibm.sysdummy1

Nicht gleich  Gleich
------------  ------
31.12.9999    -
```

POSSTR - Start-Position eines Suchstrings in String ermitteln

Funktions-Beschreibung: (Schema=SYSIBM)	Die POSSTR Funktion ermittelt die relative Position eines Such-Strings aus einem Character- oder Graphic String. Mit der LOCATE Funktion können die gleichen Ergebnisse erzielt werden.
Argument-Beschreibung:	Folgende Argumente sind unterstützt:
	- source-string Source Character- oder Graphic String. Die Daten-Typen von *search-string* und *source-string* müssen übereinstimmen.
	- search-string Suchzeichen in einem Character- oder Graphic String. Die Suche beginnt auf Position 1 des Strings (mit SUBSTR kann natürlich auch innerhalb eines Strings positioniert werden). Die Daten-Typen von *search-string* und *source-string* müssen übereinstimmen. Die Länge darf nicht größer als 4.000 Bytes sein.
Ergebnis-Parameter:	Der Datentyp des Ergebnisses ist INTEGER. Wird der gesuchte String im Source-String gefunden, wird die relative Position basierend auf der Anfangsposition = 1 zurückgegeben. Bei einem leeren (empty string) Such-String wird der Ergebniswert 1 erzeugt. Bei einem leeren Source-String oder falls der gesuchte Wert im Source-String nicht gefunden wird, wird der Ergebniswert 0 erzeugt. Ist der gesuchte String mehrfach vorhanden, wird nur die erste Position ermittelt. Wenn ein Argument NULL-fähig ist, ist das Ergebnis ebenfalls NULL-fähig; d.h. wenn ein konkreter NULL-Wert auftritt, ist auch das Ergebnis NULL.
Syntax-Diagramm:	─POSSTR─ (─source-string─ , search-string─) ─

Beispiel:
```
select
   distinct kursort ,
   posstr ( kursort , 'ie'  )                  as " POSSTR ie " ,
   posstr (substr ( kursort , 5 ) , 'ie' )     as " POSSTR ie, 5 " ,
   posstr ( kursort , 'n'  )                   as " POSSTR n, 1 "
from  seminar

KURSORT                              POSSTR ie   POSSTR ie, 5   POSSTR n, 1
-----------------------------------  ---------   ------------   -----------
Frankfurt                                    0              0             4
Muenchen                                     0              0             4
Wiesbaden                                    2              0             9
-                                            -              -             -
```

POWER - Potenz eines Argumentes ermitteln

Funktions-Beschreibung: Die POWER Funktion potenziert das erste Argument mit dem zweiten Argument.
(Schema=SYSIBM)
Argument-Beschreibung: Alle numerischen Daten-Typen sind unterstützt.
Ergebnis-Parameter: Der Datentyp des Ergebnisses ist abhängig von den Argumenten:
- sind beide Argumente SMALLINT oder INTEGER, dann ist das Ergebnis ein INTEGER-Daten-Typ
- ansonsten ist das Ergebnis ein DOUBLE Daten-Typ.

Wenn das Argument NULL-fähig ist, ist das Ergebnis ebenfalls NULL-fähig; d.h. wenn ein konkreter NULL-Wert auftritt, ist auch das Ergebnis NULL.

Syntax-Diagramm:

```
──POWER── ( ──expression1── , expression2 ── ) ──
```

Beispiel:
```
select
   power ( 1 , 1   )   as " POWER x,1 " ,   power ( 1 , 2   )   as " POWER x,2 " ,
   power ( 1 , 3   )   as " POWER x,3 "
from sysibm.sysdummy1
union select
   power ( 2 , 1   )   as " POWER x,1 " ,   power ( 2 , 2   )   as " POWER x,2 " ,
   power ( 2 , 3   )   as " POWER x,3 "
from sysibm.sysdummy1
union select
   power ( 3 , 1   )   as " POWER x,1 " ,   power ( 3 , 2   )   as " POWER x,2 " ,
   power ( 3 , 3   )   as " POWER x,3 "
from sysibm.sysdummy1

 POWER x,1    POWER x,2    POWER x,3
-----------  -----------  -----------
          1            1            1
          2            4            8
          3            9           27
```

QUARTER - Jahres-Quartal aus Datum extrahieren

Funktions-Beschreibung: Die QUARTER Funktion erzeugt aus einem DATE- oder TIMESTAMP- Daten-Typ bzw.
(Schema=SYSIBM) einer gültigen String-Repräsentation eines Datums oder eines Timestamps einen Binärwert (4 Bytes), der das Quartal des Jahres enthält.
Argument-Beschreibung: Folgende Argument-Typen sind unterstützt:
- Character-Daten-Typ (kein long String)   Gültige Date- oder Timestamp-Repräsentation.
- Date oder Timestamp

Ergebnis-Parameter: Der Datentyp des Ergebnisses ist INTEGER.
Das Ergebnis liegt im Bereich 1 bis 4 (1 = Januar bis März).
Wenn das Argument NULL-fähig ist, ist das Ergebnis ebenfalls NULL-fähig; d.h. wenn ein konkreter NULL-Wert auftritt, ist auch das Ergebnis NULL.

Syntax-Diagramm:

```
──QUARTER── ( ──expression── ) ──
```

Beispiel:
```
select
   current timestamp      as "CURRENT TS" ,    quarter ( current timestamp )   as " QUARTER 1" ,
   current date           as "CURRENT DATE" ,  quarter ( current timestamp )   as " QUARTER 2" ,
   date ( '01.01.2000' )  as "Millenium" ,     quarter (date ( '01.01.2000')) as " QUARTER 3"
from  sysibm.sysdummy1

CURRENT TS                   QUARTER 1  CURRENT DATE  QUARTER 2  Millenium   QUARTER 3
-------------------------    ---------  ------------  ---------  ----------  ---------
1999-08-18-11.56.27.094001           3    18.08.1999          3  01.01.2000          1
```

RADIANS - Konvertieren Radiant aus einem Grad-Ausdruck

Funktions-Beschreibung: Die RADIANS Funktion ermittelt den Radianten aus einem Grad-Ausdruck
(Schema=SYSIBM) (Winkelfunktion). DEGREES und RADIANS sind Umkehrfunktionen.
Argument-Beschreibung: Das Argument muss ein numerischer Daten-Typ sein.
Ergebnis-Parameter: Der Ergebnis-Parameter ist ein DOUBLE Daten-Typ.
Wenn das Argument NULL-fähig ist, ist das Ergebnis ebenfalls NULL-fähig; d.h. wenn ein konkreter NULL-Wert auftritt, ist auch das Ergebnis NULL.

Syntax-Diagramm:
```
──RADIANS──(──expression──)──────────
```

Beispiel:
```
select
   radians ( 90 )   as " 90 Grad " ,    radians ( 180 )   as " 180 Grad "
from  sysibm.sysdummy1

 90 Grad                  180 Grad
----------------------   ----------------------
+1.57079632679490E+00    +3.14159265358979E+00
```

RAISE_ERROR - Rückgabe eines Fehlercodes mit einem SQLSTATE

Funktions-Beschreibung: Die RAISE_ERROR Funktion erzeugt einen Fehlercode mit einem SQLSTATE.
(Schema=SYSIBM) Für die Anwendungen stehen nur bestimmte SQLSTATE-Bereiche zur Verfügung. Siehe hierzu im Anhang 6 SQLSTATE-Klassen.
Bei Auftreten der RAISE_ERROR-Bedingung wird ein NULL-Wert mit einem undefinierten Daten-Typ erzeugt.
Einsetzbar ist diese Funktion z.B. in einer CASE-Expression.
Argument-Beschreibung: Das erste Argument muss ein zulässiger SQLSTATE in der Länge 5 Bytes sein.
Das zweite Argument beschreibt die Fehlerbedingung in einem Character-String mit fester oder variabler Länge (max. 70 Bytes).
Ergebnis-Parameter: Der definierte SQLSTATE wird bei Auftreten der spezifizierten Bedingung erzeugt. Gleichzeitig wird der SQLCODE auf -438 gesetzt.

Syntax-Diagramm:
```
──RAISE_ERROR──(──sqlstate─, diagnostic-string──)──────────
```

Beispiel:
```
select
   kursort ,
      case when kursort = 'Wiesbaden'   then kursort
           when kursort = 'Frankfurt'   then kursort
           else raise_error ( '70100' , 'Kein gültiger Kursort')
      end as "Gültig"
from  seminar

KURSORT                             Gültig
---------------------------------   ---------------------------------
Wiesbaden                           Wiesbaden
Frankfurt                           Frankfurt
  SQLCODE -438 (SQLSTATE=70100)     "Kein gültiger Kursort"
```

RAND - Zufallszahl aus einem Argument bereitstellen

Funktions-Beschreibung: (Schema=SYSIBM)	Diese RAND Funktion erzeugt aus einem Ganzzahlwert eine Gleitkomma-Zufallszahl mit einem Wertebereich zwischen 0 und 1.
	Wird ein anderer Wertebereich gewünscht, wie z.B. zwischen 0 und 100, kann das Funktionsergebnis mit einem Faktor (hier 100) multipliziert werden.
	Die Funktion kann z.B. genutzt werden zur Auswahl von Datensätzen nach dem Zufallsprinzip, z.B. zur Bereitstellung von Testfällen.
	So können auch Zufallswerte durch UPDATE eingestellt werden, wie z.B.:
	UPDATE ......
	SET COL = RAND () * 100000
	WHERE .....
Argument-Beschreibung:	Das Argument muss ein SMALLINT oder INTEGER Daten-Typ sein. Der Wertebereich kann zwischen 0 und 2 147 483 646 liegen (max 10-stellig).
	Das Argument ist optional. Ein bestimmter Vorgabewert erzeugt immer dasselbe Ergebnis. Ist das Argument nicht vorgegeben, werden in einem Prozess unterschiedliche Ergebnisse erzeugt, wenn die Funktion mehrfach vorgegeben wird.
Ergebnis-Parameter:	Der Datentyp des Ergebnisses ist DOUBLE.
	Der Wertebereich liegt zwischen 0 und 1 (15-stellig).
	Wenn das Argument NULL-fähig ist, ist das Ergebnis ebenfalls NULL-fähig; d.h. wenn ein konkreter NULL-Wert auftritt, ist auch das Ergebnis NULL.
Syntax-Diagramm:	─RAND─ (─┬───────────────┬─) ─
	└─expression─┘

Beispiel:

```
select rand (0)      as " RAND (0) " from  sysibm.sysdummy1
                                                        RAND (0)
                                                        --------------------
                                                        +1.15970336008789E-03
select rand (0)      as " RAND (0) " from  sysibm.sysdummy1
                                                        RAND (0)
                                                        --------------------
                                                        +1.15970336008789E-03
select rand ( )      as " RAND ( ) " from  sysibm.sysdummy1
                                                        RAND ( )
                                                        --------------------
                                                        +2.35572374645222E-01
select rand ( )      as " RAND ( ) " from  sysibm.sysdummy1
                                                        RAND ( )
                                                        --------------------
                                                        +6.48152104251228E-01
select (rand(100) * 1000) as "RAND(100)*1000"  from sysibm.sysdummy1
                                                        RAND(100)*1000
                                                        --------------------
                                                        +1.11392559587390E+01
select rand ( 2125723746 ) as " RAND(2125723746)" from  sysibm.sysdummy1
                                                        RAND(2125723746)
                                                        --------------------
                                                        +4.62233344523453E-01
```

REAL - Konvertieren Gleitkommazahl aus Wert

Funktions-Beschreibung: (Schema=SYSIBM)	Die REAL Funktion erzeugt aus einem numerischen Daten-Typ oder dessen Character-Repräsentation (keine Long Strings) einen Gleitkommawert mit einfacher Genauigkeit.
Argument-Beschreibung:	Das Argument kann ein beliebiger numerischer Daten-Typ oder die Repräsentation eines Wertes in einem String Daten-Typ sein.
Ergebnis-Parameter:	Der Datentyp des Ergebnisses ist REAL.
	Wenn das Argument NULL-fähig ist, ist das Ergebnis ebenfalls NULL-fähig; d.h. wenn ein konkreter NULL-Wert auftritt, ist auch das Ergebnis NULL.
Syntax-Diagramm:	─REAL─ (─┬─numeric expression─┬─) ─
	└─string expression──┘

Beispiel:

```
select
   123.45                as " Zahl " ,         real  (  123.45 ) as " REAL-Zahl " ,
   length ( 123.45 )     as " Länge " , length ( real  ( 123.45 ) ) as " Länge(REAL) " from
sysibm.sysdummy1

 Zahl    REAL-Zahl                  Länge   Länge(REAL)
------   ------------------------   -----   -----------
123.45           +1.23450E+002        3          4
```

REPEAT - Wiederholen String n-mal

Funktions-Beschreibung: (Schema=SYSIBM)	Die REPEAT Funktion gibt eine n-fache Wiederholung eines Character - bzw. Graphic Strings zurück.
Argument-Beschreibung:	Ein Character String Daten-Typ (kein Long-String).
Ergebnis-Parameter:	Der Daten-Typ des Ergebnisses ist abhängig vom ersten Argument:
	- VARCHAR wenn das erste Argument ein Character String ist (max. 4000 Bytes)
	- VARGRAPHIC wenn das erste Argument ein Graphic String ist (max. 2000 Bytes).
	Die Länge des Ergebnisses wird von den Argumenten bestimmt.
	Wenn das Argument NULL-fähig ist, ist das Ergebnis ebenfalls NULL-fähig; d.h. wenn ein konkreter NULL-Wert auftritt, ist auch das Ergebnis NULL.

Syntax-Diagramm:

```
──REPEAT─ ( ─expression1─ , repeat-integer─ ) ──
```

Beispiel:
```
select
   repeat ('Hallo ',3) as " 3 * Hallo ", repeat ('Hallo ',0 )       as " 0 * Hallo " ,
   repeat ('' , 3 )     as " 3 * Nix " , length (repeat('Hallo ',3 )) as "Länge(3 * Hallo)" ,
   length (repeat('Hallo ',0)) as "Länge(0 * Hallo)" ,length(repeat('',3)) as "Länge(3 * Nix)"
from  sysibm.sysdummy1

3 * Hallo         0 * Hallo  3 * Nix    Länge(3 * Hallo) Länge(0 * Hallo)  Länge(3 * Nix)
----------------- ---------- ---------- ---------------- ----------------  --------------
Hallo Hallo Hallo                                     18                0               0
```

REPLACE - Teilstring in String ersetzen oder löschen

Funktions-Beschreibung: (Schema=SYSIBM)	Die REPLACE Funktion ersetzt alle auftretenden Werte eines Such-Strings aus einem Character- oder Graphic String. Wird das dritte Argument als Leer-String vorgegeben, erfolgt kein Austausch, sondern ein Löschen von Werten im String.
Argument-Beschreibung:	Die Daten-Typen aller Argumente müssen übereinstimmen. Die Längen dürfen bei Character Strings 4000 Bytes und bei Graphic Strings 2000 Bytes nicht überschreiten. Folgende Argumente sind unterstützt:
	- source-string Source Character- oder Graphic String. Ein Leer-String ist nicht möglich.
	- remove-string Character- oder Graphic String, der gesucht und entfernt werden soll. Ein Leer-String ist nicht möglich.
	- replace-string Character- oder Graphic String, an die Stelle des *remove-string* eingesetzt werden soll. Ein Leer-String ist möglich und führt zur Löschung des *remove-string*.
Ergebnis-Parameter:	Der Datentyp des Ergebnisses entspricht dem Daten-Typ der Argumente. Die Länge bestimmt sich aus den vorgegebenen Argumenten. Wenn ein Argument NULL-fähig ist, ist das Ergebnis ebenfalls NULL-fähig; d.h. wenn ein konkreter NULL-Wert auftritt, ist auch das Ergebnis NULL.

Syntax-Diagramm:

```
──REPLACE─ ( ─source-string─, remove-string─, replace-string─ ) ──
```

Beispiel:
```
select
   semcode   as " SEMCODE " ,
   replace ( semcode , 'UND' , 'SPEZ'  ) as " UND-SPEZ" ,
   replace ( semcode , 'DB2-' , ''     ) as "DB2-löschen"
from semtyp

SEMCODE           UND-SPEZ         DB2-löschen
----------------- ---------------- ----------------
DB-AUSW           DB-AUSW          DB-AUSW
DB2-DESIGN        DB2-DESIGN       DESIGN
DB2-GRUNDL        DB2-GRSPEZL      GRUNDL
DB2-PROG          DB2-PROG         PROG
DB2-PROG          DB2-PROG         PROG
DBS-GRUND         DBS-GRSPEZ       DBS-GRUND
```

RIGHT - Rechten Teil-String aus String extrahieren

Funktions-Beschreibung: Die RIGHT Funktion extrahiert den rechten Teil-String aus einem Character- oder
(Schema=SYSIBM) Graphic String.
Argument-Beschreibung: Das erste Argument muss ein String Daten-Typ sein (kein Long-String).
Das zweite Argument definiert die Länge des Ergebnisses und begrenzt den Teil-String
aus dem ersten Argument. Wertebereich von 0 bis zur Länge des ersten Arguments.
Ergebnis-Parameter: Der Datentyp des Ergebnisses ist ein variabler String Daten-Typ:
- VARCHAR   bei CHAR oder VARCHAR
- CLOB   bei CLOB
- VARGRAPHIC bei GRAPHICoder VARGRAPHIC
- DBCLOB   bei DBCLOB
- BLOB   bei BLOB.

Bei Längenvorgabe von 0 wird ein leerer String erzeugt (empty string).
Ist die vorgegebene Länge größer als die Länge des ersten Arguments, wird rechtsbündig entsprechend dem Typ aufgefüllt (bei Character Blanks).
Wenn ein Argument NULL-fähig ist, ist das Ergebnis ebenfalls NULL-fähig; d.h. wenn
ein konkreter NULL-Wert auftritt, ist auch das Ergebnis NULL.

Syntax-Diagramm:

```
─── RIGHT ─── ( ─ expression1 ─ , integer ─ ) ───
```

Beispiel:
```
select
   '123456789'                     as "123456789" , right ( '123456789' , 0 )  as "RIGHT 0 " ,
   right ( '123456789'  , 1 )  as "RIGHT 1 " , right ( '123456789' , 5 )  as "RIGHT 5 "
from  sysibm.sysdummy1;

123456789 RIGHT 0    RIGHT 1    RIGHT 5
--------- ---------  ---------  ---------
123456789            9          56789
```

ROUND - Rundung eines Wertes

Funktions-Beschreibung: Die ROUND Funktion rundet einen Wert rechts oder links von der Kommastelle in
(Schema=SYSIBM) Abhängigkeit eines Rundungs-Arguments (*round-pos*).
Argument-Beschreibung: Folgende Argumente sind unterstützt:
- expression1   Das erste Argument muss ein numerischer Daten-Typ sein und definiert die
                 Quelle, auf der die Rundung vorzunehmen ist.
- round-pos   Das Argument muss ein SMALLINT oder INTEGER Daten-Typ sein.
                 Der Inhalt definiert die Anzahl der Stellen relativ zu der Kommastelle, auf
                 die sich die Rundung bezieht. Die Rundung (+ 5) wird durchgeführt auf:
                 Kommastelle + *round-pos* + 1
                 0   = Rundung der Vorkommazahl
                 Positiver Wert = Rundung rechts vom Komma
                 Negativer Wert = Rundung links vom Komma. Erreicht der Wert die Anzahl
                                   der Vorkommastellen, entsteht das Ergebnis 0.

Ergebnis-Parameter: Der Datentyp des Ergebnisses entspricht dem ersten Argument. Bei Dezimalwerten wird
die Genauigkeit um 1 erhöht, bis die maximale Genauigkeit (DECIMAL (31,n)) erreicht
ist.
Wenn das erste Argument NULL-fähig ist, ist das Ergebnis ebenfalls NULL-fähig; d.h.
wenn ein konkreter NULL-Wert auftritt, ist auch das Ergebnis NULL.

Syntax-Diagramm:

```
─── ROUND ─── ( ─ expression1 ─ , round-pos ─ ) ───
```

Beispiel:
```
select
   round ( 12345.6789 , 0 )  as " ROUND 0 "  , round ( 12345.6789 , 1 )  as " ROUND 1 " ,
   round ( 12345.6789 , 2 )  as " ROUND 2 "  , round ( 12345.6789 , 3 )  as " ROUND 3 " ,
   round ( 12345.6789 , -1 ) as " ROUND -1 " , round ( 12345.6789 , -2 ) as " ROUND -2 " ,
   round ( 12345.6789 , -3 ) as " ROUND -3 " , round ( 12345.6789 , -4 ) as " ROUND -4 " ,
   round ( 12345.6789 , -5 ) as " ROUND -5 "
from  sysibm.sysdummy1

ROUND 0    ROUND 1    ROUND 2    ROUND 3    ROUND -1   ROUND -2   ROUND -3   ROUND -4   ROUND -5
---------  ---------  ---------  ---------  ---------  ---------  ---------  ---------  ---------
12346.0000 12345.7000 12345.6800 12345.6790 12350.0000 12300.0000 12000.0000 10000.0000 0.0000
```

ROWID - Konvertieren ROWID aus String

Funktions-Beschreibung: Die ROWID Funktion erzeugt aus einem Character - bzw. Graphic-String einen ROWID.
(Schema=SYSIBM)

Argument-Beschreibung: Ein Character String Daten-Typ (kein Long-String). Der String sollte eine von DB2 erzeugte ROWID in Character Repräsentation aufweisen (z.B. durch CHAR konvertiert).

Ergebnis-Parameter: Der Daten-Typ ist eine ROWID in der Länge 40.
Ist das Argument kleiner, wird rechtsbündig nicht aufgefüllt. Ist das Argument größer, wird rechtsbündig abgeschnitten. Werden andere Zeichen als Blank abgeschnitten, wird eine Warnung erzeugt.
Wenn das Argument NULL-fähig ist, ist das Ergebnis ebenfalls NULL-fähig; d.h. wenn ein konkreter NULL-Wert auftritt, ist auch das Ergebnis NULL.

Syntax-Diagramm:

```
──ROWID── ( ─expression ─ ) ──
```

Beispiel:
```
select
   rowid ( tab_rowid ) from tab2;
```

```
007EAD1604F4DC344E6901A9098A0100000000000020100000000000000000000000000000000000
```

RTRIM - Entfernen rechtsbündige Blanks im String

Funktions-Beschreibung: Die RTRIM Funktion entfernt aus einem Character- oder Graphic String Daten-Typ
(Schema=SYSIBM) rechtsbündig Blanks. Das Ergebnis entspricht der Funktion STRIP mit TRAILING-Argument.

Argument-Beschreibung: Das Argument muss ein Character- oder Graphic String Daten-Typ sein (kein CLOB oder DBCLOB).

Ergebnis-Parameter: Der Datentyp des Ergebnisses ist VARCHAR bei Character Strings und VARGRAPHIC bei Graphic Strings.
Die Länge entspricht der des Arguments minus der Anzahl der entfernten Zeichen.
Wenn ein Argument NULL-fähig ist, ist das Ergebnis ebenfalls NULL-fähig; d.h. wenn ein konkreter NULL-Wert auftritt, ist auch das Ergebnis NULL.

Syntax-Diagramm:

```
──RTRIM── ( ─expression ─ ) ──
```

Beispiel:
```
select
   rtrim ( 'Test1     ' ) as " RTRIM 1 " , rtrim ( '        Test2       ' ) as " RTRIM 2 " ,
   length ( rtrim ( 'Test1     ' ) )           as " Länge 1 " ,
   length ( rtrim ( '        Test2      ' ) ) as " Länge 2 "
from sysibm.sysdummy1

RTRIM 1 RTRIM 2      Länge 1 Länge 2
------- ------------ ------- --------
Test1           Test2       5      13
```

SECOND - Sekunden aus Zeit oder Timestamp extrahieren

Funktions-Beschreibung: Die SECOND Funktion erzeugt aus einem TIME- oder TIMESTAMP Daten-Typ bzw.
(Schema=SYSIBM) einer gültigen String-Repräsentation einer Time oder eines Timestamps bzw. einer
Time- oder Timestamp-Duration einen Binärwert (4 Bytes), der die Sekunden enthält.

Argument-Beschreibung: Folgende Argument-Typen sind unterstützt:
- Character-Daten-Typ (kein long String)   Gültige Zeit- oder Timestamp-Repräsentation.
- Time oder Timestamp
- Time-Duration oder Timestamp-Duration

Ergebnis-Parameter: Der Datentyp des Ergebnisses ist INTEGER.
Je nach Datentyp des Arguments erfolgt eine unterschiedliche Behandlung des Ergebnisses:
- Time oder Timestamp   Ergebnis ist die Sekunde mit einem Wert zwischen 0 und 59.
- Time- oder Timestamp-Duration   Ergebnis sind die Sekunden mit einem Wert zwischen -59 und +59. Das Vorzeichen wird vom Argument übernommen.

Wenn das Argument NULL-fähig ist, ist das Ergebnis ebenfalls NULL-fähig; d.h. wenn ein konkreter NULL-Wert auftritt, ist auch das Ergebnis NULL.

Syntax-Diagramm:

```
──SECOND── ( ─expression─ ) ──
```

Beispiel:
```
select
   current timestamp    as "CURRENT TS"    , second ( current timestamp ) as "Second1" ,
   current time         as "CURRENT TIME"  , second ( current timestamp ) as "Second2"
from   sysibm.sysdummy1

CURRENT TS                    Second1    CURRENT TIME  Second2
-------------------------     -------    ------------  -------
1999-08-19-12.06.48.824001         48    12.06.48           48
```

SIGN - Indikator des Vorzeichens eines Argumentes extrahieren

Funktions-Beschreibung: Die SIGN Funktion erzeugt aus einem numerischen Daten-Typ einen Indikator, der
(Schema=SYSIBM) das Vorzeichen eines Arguments kennzeichnet.

Argument-Beschreibung: Es sind alle numerischen Daten-Typen unterstützt.

Ergebnis-Parameter: Der Datentyp des Ergebnisses entspricht dem Argument mit folgenden Inhalten:
- -1 wenn das Argument einen Wert kleiner als 0 aufweist
- +1 wenn das Argument einen Wert größer als 0 aufweist
- 0 wenn das Argument 0 ist.

Wenn das Argument NULL-fähig ist, ist das Ergebnis ebenfalls NULL-fähig; d.h. wenn ein konkreter NULL-Wert auftritt, ist auch das Ergebnis NULL.

Syntax-Diagramm:

```
──SIGN──── ( ─expression─ ) ──
```

Beispiel:
```
select
   decimal (+1.52)           as "Dezimalwert" ,   sign ( decimal (+1.52)  )  as "Sign +" ,
   sign ( decimal (-1.52))   as "Sign -"      ,   sign ( decimal ( 0 ))      as "Sign 0"
from   sysibm.sysdummy1

Dezimalwert         Sign +   Sign -   Sign 0
----------------    ------   ------   ------
           1,           1       -1        0
```

SIN - Sinus aus numerischem Wert

Funktions-Beschreibung: Die SIN Funktion erzeugt aus einem numerischen Daten-Typ den Sinus
(Schema=SYSIBM) (Winkelfunktion).

Argument-Beschreibung: Einer der numerischen Daten-Typen.

Ergebnis-Parameter: Der Ergebnis-Parameter ist ein DOUBLE Daten-Typ.
Wenn das Argument NULL-fähig ist, ist das Ergebnis ebenfalls NULL-fähig; d.h. wenn ein konkreter NULL-Wert auftritt, ist auch das Ergebnis NULL.

Syntax-Diagramm:

```
──SIN───── ( ─expression─ ) ──
```

Beispiel:
```
select
   + 0.1 as "Positiver Wert" , sin ( 0.1 )                        as "SIN" ,
   - 0.1 as "Negativer Wert" , sin (cast (- 0.1 as double ) )     as "SIN"
from   sysibm.sysdummy1

Positiver Wert  SIN                         Negativer Wert  SIN
--------------  ------------------------    --------------  ------------------------
           0.1  +9.98334166468282E-02                 -0.1  -9.98334166468282E-02
```

SINH - Hyperbolischer Sinus aus numerischem Wert

Funktions-Beschreibung: Die SINH Funktion erzeugt aus einem numerischen Daten-Typ den hyperbolischen
(Schema=SYSIBM) Sinus (Winkelfunktion).
Argument-Beschreibung: Einer der numerischen Daten-Typen.
Ergebnis-Parameter: Der Ergebnis-Parameter ist ein DOUBLE Daten-Typ.
Wenn das Argument NULL-fähig ist, ist das Ergebnis ebenfalls NULL-fähig; d.h. wenn
ein konkreter NULL-Wert auftritt, ist auch das Ergebnis NULL.

Syntax-Diagramm: ──SINH──── (─expression ─) ──────────────

Beispiel:
```
select
    + 1.5 as "Positiver Wert" ,  sinh ( + 1.5 )     as "SINH"
from  sysibm.sysdummy1

Positiver Wert SINH
-------------- --------------------
           1.5 +2.129279455095E+000
```

SMALLINT - Konvertieren Binärwert aus Zahl im String

Funktions-Beschreibung: Die SMALLINT Funktion erzeugt aus einem numerischen Wert einen Binärwert.
(Schema=SYSIBM) Nachkommastellen werden ignoriert.
Argument-Beschreibung: Für die Argumente gilt:
- bei Character Strings muss ein gültiger Wert vorliegen (keine Long-String-Daten-Typen).
- bei numerischen Werten werden Nachkommastellen ignoriert.
Ergebnis-Parameter: Der Datentyp des Ergebnisses ist SMALLINT.
Wenn das Argument NULL-fähig ist, ist das Ergebnis ebenfalls NULL-fähig; d.h. wenn
ein konkreter NULL-Wert auftritt, ist auch das Ergebnis NULL.

Syntax-Diagramm: ──SMALLINT──────── (─┬─numeric expression─┬─) ──────
                                         └─string expression──┘

Beispiel:
```
select
   smallint ( char ( 123 ))  as " Char String1 " ,  smallint ( dec ( 456 ) )  as " Decimal " ,
   smallint (  int ( 123 ))  as " Integer "       ,  smallint ( double ( 1E02 )) as " Double "
from  sysibm.sysdummy1

Char String1 Decimal Integer Double
------------ ------- ------- ------
         123     456     123    100
```

SPACE - Blank-String erzeugen

Funktions-Beschreibung: Die SPACE Funktion liefert einen Blank-String in der Länge des Arguments zurück.
(Schema=SYSIBM) Bei Vorgabe von Null wird ein Leerstring (empty string) erzeugt.
Argument-Beschreibung: Das Argument muss ein INTEGER Daten-Type sein, der die Länge des Ergebnis-Strings
definiert.
Wenn das Argument NULL-fähig ist, ist das Ergebnis ebenfalls NULL-fähig; d.h. wenn
ein konkreter NULL-Wert auftritt, ist auch das Ergebnis NULL.
Ergebnis-Parameter: Der Ergebnis-Parameter ist ein VARCHAR Daten-Typ.

Syntax-Diagramm: ──SPACE──── (─expression ─) ──────────────

Beispiel:
```
select
   space ( 5 ) as " SPACE 5 " ,  length (space ( 5 )) as "LENGTH(SPACE 5) " ,
   space ( 0 ) as " SPACE 0 " ,  length (space ( 0 )) as "LENGTH(SPACE 0) " ,
from  sysibm.sysdummy1

SPACE 5 LENGTH(SPACE 5) SPACE 0 LENGTH(SPACE 0)
------- --------------- ------- ---------------
                      5                       0
```

SQRT - Quadratwurzel eines Argumentes ermitteln

Funktions-Beschreibung: Die SQRT Funktion ermittelt aus einem numerischen Daten-Typ die Quadratwurzel.
(Schema=SYSIBM)
Argument-Beschreibung: Es sind alle numerischen Daten-Typen mit Werten >= 0 unterstützt.
Ergebnis-Parameter: Der Datentyp des Ergebnisses ist DOUBLE.
Wenn das Argument NULL-fähig ist, ist das Ergebnis ebenfalls NULL-fähig; d.h. wenn ein konkreter NULL-Wert auftritt, ist auch das Ergebnis NULL.

Syntax-Diagramm:

```
──SQRT──── ( ─expression─ ) ────────────────────
```

Beispiel:
```
select
   sqrt ( 1 )    as " SQRT 1 " ,   sqrt ( 2 )    as " SQRT 2 " ,
   sqrt ( 4 )    as " SQRT 4 " ,   sqrt ( 5 )    as " SQRT 5 " ,
   sqrt ( 9 )    as " SQRT 9 "
from sysibm.sysdummy1

  SQRT 1                SQRT 2                SQRT 4                SQRT 5
-------------------- -------------------- -------------------- --------------------
+1.00000000000000E+00 +1.41421356237095E+00 +2.00000000000000E+00 +2.23606797749979E+00

  SQRT 9
--------------------
+3.00000000000000E+00
```

STRIP - Entfernen Zeichen links- bzw. rechtsbündig im String

Funktions-Beschreibung: Die STRIP Funktion entfernt Blanks oder ein anderes vorgegebenes Zeichen linksbündig
(Schema=SYSIBM) oder rechtsbündig aus einem String und stellt das Ergebnis in der reduzierten Länge zur Verfügung.
Argument-Beschreibung: Das erste Argument muss ein Character- oder Graphic String Daten-Typ sein (kein LOB).
Die einzelnen Parameter bedeuten:
- expression   String expression (CHARACTER oder GRAPHIC).
- L , T , B   Kennzeichen, wie die Zeichen zu entfernen sind:
  - L Leading: Führende (linksbündige) Zeichen.
  - T Trailing: Anhängende (rechtsbündige) Zeichen.
  - B Both: Führende (linksbündige) und anhängende (rechtsbündige) Zeichen. Dies ist der Default-Wert.
- strip-character   Vorgabe des Zeichens, das entfernt werden soll, Default = Blank.
  Ist der Datentyp der expression DBCS, muss hier ebenfalls ein DBCS-Zeichen vorgegeben werden. Hexazimale Vorgaben müssen mit X'..' getätigt werden.

Ergebnis-Parameter: Der Datentyp des Ergebnisses ist VARCHAR bei Character Strings und VARGRAPHIC bei Graphic Strings.
Die Länge entspricht dem Argumenten minus der Anzahl der entfernten Zeichen.
Wenn ein Argument NULL-fähig ist, ist das Ergebnis ebenfalls NULL-fähig; d.h. wenn ein konkreter NULL-Wert auftritt, ist auch das Ergebnis NULL.

Syntax-Diagramm:

```
──STRIP─ ( ─expression──┬──────────────── , BOTH ──── , ' ' ────────┬──) ─
                        ├──────────────── , BOTH ──────┬────────────┤
                        ├──────────────── , B ─────────┤            │
                        ├──────────────── , LEADING ───┤ , strip-character ┤
                        ├──────────────── , L ─────────┤
                        ├──────────────── , TRAILING ──┤
                        └──────────────── , T ─────────┘
```

Beispiel:
```
select
   strip ( '   Test1' ) as " STRIP 1 " , strip ( ' Test2      ' , L , X'40' ) as "STRIP 2 " ,
   length ( strip ( '   Test1' ) )                as " Länge A " ,
   length ( strip ( ' Test2      ' ) )            as " Länge B "
from sysibm.sysdummy1

STRIP 1  STRIP 2          Länge A Länge B
-------  ---------------  ------- -------
Test1    Test2                  5       5
```

SUBSTR - Teilstring aus einem String herauslösen

Funktions-Beschreibung: (Schema=SYSIBM)	Die SUBSTR Funktion erzeugt aus einem String eine Teilkette (Substring), wobei Anfangsadresse und Länge bestimmt werden können.
Argument-Beschreibung:	Folgende Argumente sind unterstützt:

- string-expression : Source Character- oder Graphic String. Ein Substring besteht aus 0 oder mehr aufeinanderfolgenden Zeichen.
- start : Position des ersten Zeichens (INTEGER Daten-Typ), ab dem der Substring in das Ergebnis gestellt wird. Der Wert muss positiv sein und darf nicht größer als die gesamte Datenlänge sein (Feldlänge oder bei variablen Strings die max. Datenlänge). Der Vorgabewert '1' zeigt auf den Anfang des Strings.
- length : Länge des Ergebnisses. Der Wert muss in einem INTEGER-Feld übergeben werden. Die Default-Länge ist die max. Datenlänge minus der Start-Position. Eine explizit vorgegebene Länge (außer 0) muss innerhalb der verfügbaren String-Länge liegen (Gesamt-Stringlänge - Startposition des Substrings + 1). Bei Vorgabe von 0 wird ein Leerstring (empty string) erzeugt

Ergebnis-Parameter: Der Datentyp des Ergebnisses entspricht dem Daten-Typ des ersten Argumentes. Die Länge bestimmt sich aus den vorgegebenen Argumenten. Wenn ein Argument NULL-fähig ist, ist das Ergebnis ebenfalls NULL-fähig; d.h. wenn ein konkreter NULL-Wert auftritt, ist auch das Ergebnis NULL.

Syntax-Diagramm:

```
──SUBSTR── ( ──string expression── , start─────────── ) ──
                                         └─ , length ─┘
```

Beispiel:
```
select
   substr('123456789',1)   as "SUBSTR 1"  , length(substr('123456789',1))   as "LENGTH 1" ,
   substr('123456789',5)   as "SUBSTR 5"  , length(substr('123456789',5 ))  as "LENGTH 5" ,
   substr('123456789',5,2) as "SUBSTR 5,2", length(substr('123456789',5,2))as "LENGTH 5,2"
from  sysibm.sysdummy1

SUBSTR 1   LENGTH 1  SUBSTR 5  LENGTH 5  SUBSTR 5,2  LENGTH 5,2
---------  --------  --------  --------  ----------  ----------
123456789         9  56789            5  56                   2
```

TAN - Tangens aus numerischem Wert

Funktions-Beschreibung: (Schema=SYSIBM)	Die TAN Funktion erzeugt aus einem numerischen Daten-Typ den Tangens (Winkelfunktion).
Argument-Beschreibung:	Einer der numerischen Daten-Typen.
Ergebnis-Parameter:	Der Ergebnis-Parameter ist ein DOUBLE Daten-Typ. Wenn das Argument NULL-fähig ist, ist das Ergebnis ebenfalls NULL-fähig; d.h. wenn ein konkreter NULL-Wert auftritt, ist auch das Ergebnis NULL.

Syntax-Diagramm:

```
──TAN────── ( ──expression ─ ) ──────────────
```

Beispiel:
```
select
   + 1.5 as "Positiver Wert" ,  tan ( 1.5   )                     as " TAN " ,
   - 1.5 as "Negativer Wert" ,  tan (cast (- 1.5 as double )  )   as " TAN "
from  sysibm.sysdummy1

Positiver Wert  TAN                     Negativer Wert  TAN
--------------  ----------------------  --------------  ----------------------
           1.5  +1.41014199471717E+01             -1.5  -1.41014199471717E+01
```

TANH - Hyperbolischer Tangens aus numerischem Wert

Funktions-Beschreibung: (Schema=SYSIBM)	Die TANH Funktion erzeugt aus einem numerischen Daten-Typ den hyperbolischen Tangens (Winkelfunktion).
Argument-Beschreibung:	Einer der numerischen Daten-Typen.
Ergebnis-Parameter:	Der Ergebnis-Parameter ist ein DOUBLE Daten-Typ. Wenn das Argument NULL-fähig ist, ist das Ergebnis ebenfalls NULL-fähig; d.h. wenn ein konkreter NULL-Wert auftritt, ist auch das Ergebnis NULL.

Syntax-Diagramm:

```
──TANH────── ( ──expression ─ ) ──────────────
```

Beispiel:
```
select
   + 1.50 as "Positiver Wert" ,  tanh ( 1.5  )     as "TANH"
from  sysibm.sysdummy1

Positiver Wert  TANH
--------------  ----------------
           1.5  0.905148254E+00
```

TIME - Konvertieren Zeit aus Character-Wert, Zeit oder Timestamp

Funktions-Beschreibung: Die TIME Funktion erzeugt aus einem TIMESTAMP-, TIME-Daten-Typ bzw. einer
(Schema=SYSIBM) gültigen String-Repräsentation einen TIME-Datentyp.

Argument-Beschreibung: Je nach Datentyp des Arguments erfolgt eine unterschiedliche Behandlung:
- Timestamp   hier wird die Zeit aus dem Timestamp herausgelöst,
- Time   hier wird die Zeit 1 : 1 übernommen,
- Character   hier wird ein gültiges Time-Format vorausgesetzt (kein Long-String).

Ergebnis-Parameter: Der Daten-Typ des Ergebnisses ist TIME.
Wenn das Argument NULL-fähig ist, ist das Ergebnis ebenfalls NULL-fähig; d.h. wenn ein konkreter NULL-Wert auftritt, ist auch das Ergebnis NULL.

Syntax-Diagramm:

```
──TIME──────( ─expression─ ) ─────────────
```

Beispiel:
```
select
   time ( '11.11.11' )            as " Zeit  Character" ,  current timestamp     as " Current TS" ,
   time ( current timestamp ) as " Zeit  TS" ,           time ( '24.00.00' ) as " Zeit 24.00.00 "
from   sysibm.sysdummy1

Zeit· Character  Current TS                     Zeit  TS  Zeit 24.00.00
---------------  -------------------------      --------  -------------
11.11.11         1999-08-19-12.06.49.595001     12.06.49  24.00.00
```

TIMESTAMP - Konvertieren Timestamp aus diversen Argumenten

Funktions-Beschreibung: Die TIMESTAMP Funktion erzeugt aus einem TIMESTAMP-Typ, einer gültigen String-
(Schema=SYSIBM) Repräsentation eines Timestamps, einem System-Clock-Feld (8 Bytes), einem 14-Bytes Character-Feld oder einem DATE- und TIME-String einen TIMESTAMP-Datentyp.

Argument-Beschreibung: Für die einzelnen Parameter gilt:
- es wurde nur der erste Parameter vorgegeben:
  Folgende Argument-Formate sind möglich:
  - Timestamp oder eine gültige Character-Repräsentation,
  - Character-String mit Länge 14 (YYYYMMDDHHMMSS),
  - Character-String mit Länge 8, die System-Clock enthaltend.
     Hier ist ein Jahr zwischen 1900 und 2042 unterstützt.
  In diesem Fall wird ein kompletter Timestamp als Ergebnis gebildet.
- beide Parameter wurden vorgegeben:
  - erster Parameter zeigt auf ein DATE-Feld oder eine gültige Character-Repräsentation,
  - zweiter Parameter zeigt auf ein TIME-Feld oder eine gültige Character-Repräsentation.
  In diesem Fall werden die Mikrosekunden mit '0' aufgefüllt.

Ergebnis-Parameter: Der Daten-Typ des Ergebnisses ist TIMESTAMP.
Wenn das Argument NULL-fähig ist, ist das Ergebnis ebenfalls NULL-fähig; d.h. wenn ein konkreter NULL-Wert auftritt, ist auch das Ergebnis NULL.

Syntax-Diagramm:

```
──TIMESTAMP-( ─expression ─┬─────────────────┬─) ──────
                           └─, expression────┘
```

Beispiel:
```
select
    current timestamp as "Current TS" , timestamp (current date,current time)  as "Datum+Zeit=TS"
                                      , timestamp ('2000-01-01-23.59.59.00000') as "TS1 "
                                      , timestamp ( '20000101235959' )          as "TS2 "
from   sysibm.sysdummy1

Current TS                  Datum+Zeit=TS               TS1
------------------------    ------------------------    ------------------------
1999-08-19-12.06.49.685001  1999-08-19-12.06.49.000000  2000-01-01-23.59.59.000000

TS2
------------------------
2000-01-01-23.59.59.000000
```

TRANSLATE - Übersetzen eines oder mehrerer Zeichen

Funktions-Beschreibung: Die TRANSLATE Funktion übersetzt alle auftretenden Werte eines Such-Strings (*from-string*) aus einem Character- oder Graphic String.
(Schema=SYSIBM)
Dabei wird jedes Zeichen in *expression* auf einen korrespondierenden Wert im *from-string* untersucht. Wird es gefunden, wird aufgrund der Position wiederum das korrespondierende Zeichen im *to-string* ermittelt und damit das Zeichen in *expression* überschrieben.

Argument-Beschreibung: Die Daten-Typen aller Argumente müssen übereinstimmen. Die Längen dürfen bei Character Strings 255 Bytes und bei Graphic Strings 127 Bytes nicht überschreiten. Ausnahme: das *pad-char* darf nur 1 Byte groß sein.
Folgende Argumente sind unterstützt:

- expression   Source Character- oder Graphic String, der übersetzt werden soll.
                   Ist dies das einzige Argument, wird eine Übersetzung in Großbuchstaben vorgenommen. Siehe hierzu die Anmerkungen der UCASE Funktion.
- to-string   Character- oder Graphic String, der die Zeichen enthält, die ausgetauscht werden sollen. Dieser String wird auch **output translation table** genannt.
                   Ist der *to-string* kleiner als der *from-string*, wird der *to-string* mit den Zeichen des *pad-char* rechtsbündig aufgefüllt.
                   Ist der *to-string* größer als der *from-string*, werden die überzähligen Zeichen in *to-string* ohne Warnung ignoriert.
- from-string   Character- oder Graphic String, der die Zeichen enthält, die übersetzt werden sollen. Dieser String wird auch **input translation table** genannt.
                   Wird hier ein Zeichen aus *expression* gefunden, wird das korrespondierende Zeichen in *to-string* gesucht und in expression ausgetauscht.
                   Enthält *from-string* doppelte Zeichen, wird ohne Warnung nur das erste auftretende Zeichen benutzt.
                   Der Default-String von *from-string* ist ein 256-Bytes langer String, der mit X'00' beginnt und mit x'FF' endet.
- pad-char   Füllzeichen für *to-string*, wenn dessen Länge kleiner ist als die Länge von *from-string* ist.
                   Ein Leer-String ist möglich und führt zur Löschung des *remove-string*.

Ergebnis-Parameter: Der Datentyp des Ergebnisses entspricht dem Daten-Typ der Argumente.
Die Länge entspricht dem vorgegebenen String.
Wenn ein Argument NULL-fähig ist, ist das Ergebnis ebenfalls NULL-fähig; d.h. wenn ein konkreter NULL-Wert auftritt, ist auch das Ergebnis NULL.

Syntax-Diagramm:

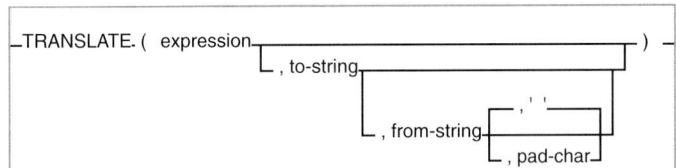

Beispiel:
```
select
   'abcdefabcdef'  as "Ausgangsstring" , translate ( 'abcdefabcdef' ) as "Großbuchstaben" ,
   translate ( 'abcdefabcdef'  , 'x' , 'a' )           as "1:  'x' , 'a' " ,
   translate ( 'abcdefabcdef'  , 'xy' , 'aa' )         as "2:  'xy' , 'aa' " ,
   translate ( 'abcdefabcdef'  , '' , 'a' )            as "3:  ' ' , 'a' " ,
   translate ( 'abcdefabcdef'  , 'x' , 'ab' )          as "4:  'x' , 'ab' " ,
   translate ( 'abcdefabcdef'  , 'xy' , 'a' )          as "5:  'xy' , 'a' " ,
   translate ( 'abcdefabcdef'  , 'x' , 'ab' , 'z' )    as "6:  'x' , 'ab','z' "
from  sysibm.sysdummy1

Ausgangsstring  Großbuchstaben 1:  'x' , 'a' 2:  'xy' , 'aa' 3:  ' ' , 'a'
--------------  -------------- --------------- ---------------- ---------------
abcdefabcdef    ABCDEFABCDEF   xbcdefxbcdef    xbcdefxbcdef     bcdef bcdef

4:  'x' , 'ab' 5:  'xy' , 'a' 6:  'x' , 'ab','z'
-------------- --------------- -----------------
x cdefx cdef   xbcdefxbcdef    xzcdefxzcdef
```

TRUNCATE oder TRUNC - Abschneiden eines Wertes

Funktions-Beschreibung: Die TRUNCATE Funktion schneidet einen Wert rechts oder links von der Kommastelle
(Schema=SYSIBM) in Abhängigkeit eines Arguments (*truncate-pos*) ab.
Argument-Beschreibung: Folgende Argumente sind unterstützt:
- expression1 — Das erste Argument muss ein numerischer Daten-Typ sein und definiert die Quelle, bei der das Abschneiden vorzunehmen ist.
- truncate-pos — Das Argument muss ein SMALLINT oder INTEGER Daten-Typ sein. Der Inhalt definiert die Anzahl der Stellen relativ zu der Kommastelle, auf die sich die Abschneidung bezieht.
  - 0 = Abschneiden der Nachkommawerte.
  - Positiver Wert = Abschneiden rechts vom Komma
  - Negativer Wert = Abschneiden links vom Komma. Erreicht der Wert die Anzahl der Vorkommastellen, entsteht das Ergebnis 0.

Ergebnis-Parameter: Der Datentyp und Länge des Ergebnisses entspricht dem ersten Argument.
Wenn das erste Argument NULL-fähig ist, ist das Ergebnis ebenfalls NULL-fähig; d.h. wenn ein konkreter NULL-Wert auftritt, ist auch das Ergebnis NULL.

Syntax-Diagramm:

```
┌─TRUNCATE─┐
│          │── ( ─expression1─, trunc-pos─ ) ──
└─TRUNC────┘
```

Beispiel:
```
select
   truncate ( 12345.6789 , 0 )   as " TRUNC  0 " , truncate ( 12345.6789 , 1 ) as " TRUNC  1 " ,
   truncate ( 12345.6789 , 2 )   as " TRUNC  2 " , truncate ( 12345.6789 , 3 ) as " TRUNC  3 " ,
   truncate ( 12345.6789 , -1 )  as " TRUNC -1 " , truncate ( 12345.6789 , -2 )as " TRUNC -2 " ,
   truncate ( 12345.6789 , -3 )  as " TRUNC -3 " , truncate ( 12345.6789 , -4 )as " TRUNC -4 " ,
   truncate ( 12345.6789 , -5 )  as " TRUNC -5 "
from  sysibm.sysdummy1

TRUNC  0    TRUNC  1   TRUNC  2   TRUNC  3   TRUNC -1   TRUNC -2   TRUNC -3   TRUNC -4   TRUNC -5
---------   --------   --------   --------   --------   --------   --------   --------   --------
12345.0000  12345.6000 12345.6700 12345.6780 12340.0000 12300.0000 12000.0000 10000.0000 0.0000
```

UCASE oder UPPER - Konvertieren String in Großschrift

Funktions-Beschreibung: Die UCASE Funktion konvertiert alle Daten eines Character- oder Graphic Strings in
(Schema=SYSIBM) Großschrift. Die LCASE Funktion konvertiert in Kleinschrift.
UCASE ist identisch mit der TRANSLATE Funktion mit nur einem Argument.
Die Umsetzung erfolgt aufgrund des Wertes in der LC_CTYPE-Lokalen (siehe Spezialregister CURRENT LOCALE LC_CTYPE).
Ist dieses Register Blank, erfolgt lediglich eine Umsetzung von Buchstaben. Bei Graphic Strings wird dann ein Fehler erzeugt.

Argument-Beschreibung: Das Argument muss ein String Daten-Typ sein (kein Long-String).
Ergebnis-Parameter: Der Datentyp des Ergebnisses und die Charakteristiken entsprechen dem Argument.
Wenn ein Argument NULL-fähig ist, ist das Ergebnis ebenfalls NULL-fähig; d.h. wenn ein konkreter NULL-Wert auftritt, ist auch das Ergebnis NULL.

Syntax-Diagramm:

```
┌─UCASE─┐
│       │── ( ─expression  ─) ──
└─UPPER─┘
```

Beispiel:
```
select
   'MAYER' as "MAYER" , LCASE ( 'MAYER' ) as "LCASE 1 " , UCASE ( 'MAYER' ) as "UCASE 1 " ,
   'Mayer' as "Mayer" , LCASE ( 'Mayer' ) as "LCASE 2 " , UCASE ( 'Mayer' ) as "UCASE 2 "
from  sysibm.sysdummy1

MAYER  LCASE 1  UCASE 1  Mayer    LCASE 2  UCASE 2
-----  -------  -------  -------  -------  -------
MAYER  mayer    MAYER    Mayer    mayer    MAYER
```

VALUE - Zurückgabe des ersten Wertes ungleich NULL

Funktions-Beschreibung: Die VALUE Funktion entspricht vollständig der COALESCE Funktion.
(Schema=SYSIBM) Die COALESCE Funktion entspricht aber dem SQL-Standard. Daher die Empfehlung: anstelle VALUE die COALESCE Funktion einsetzen.

VARCHAR - Konvertieren variable Character aus Character

Funktions-Beschreibung: Diese VARCHAR Funktion weist einen Character String einem VARCHAR String zu.
(Schema=SYSIBM)

Argument-Beschreibung: Das erste Argument muss einer der String Daten-Typen sein. Er darf nicht leer sein (empty).
Das zweite optionale Argument definiert die Länge des Ergebnis-Strings (1 - 32767).

Ergebnis-Parameter: Der Ergebnis-Parameter ist ein VARCHAR Daten-Typ. Die Länge ergibt sich aus der Länge des ersten Arguments bzw. aus dem evtl. vorgegebenen zweiten Argument.
Ist der Ergebniswert größer als das Argument, wird der String rechtsbündig mit Blanks aufgefüllt.
Ggf. wird der String abgeschnitten (werden andere Zeichen als Blank abgeschnitten, erfolgt eine Warnung).
Wenn das erste Argument NULL-fähig ist, ist das Ergebnis ebenfalls NULL-fähig; d.h. wenn ein konkreter NULL-Wert auftritt, ist auch das Ergebnis NULL.

Syntax-Diagramm:

```
                        Character nach VARCHAR
──VARCHAR──( ──expression1─────────────── )──
                        └─, integer─┘
```

Beispiel: entsprechend der CHAR-Funktion - siehe dort.

VARCHAR - Konvertieren variable Character aus DateTime

Funktions-Beschreibung: Diese VARCHAR Funktion erzeugt aus einem DATE-, TIME-, TIMESTAMP-Daten-Typ
(Schema=SYSIBM) einen VARCHAR String.

Argument-Beschreibung: Der erste Daten-Typ muss einem DateTime-Daten-Typ entsprechen.
Das zweite optionale Argument definiert die externe DateTime-Repräsentation (nur bei DATE und TIME).

Ergebnis-Parameter: Bei DATE: VARCHAR Daten-Typ in der Länge 10 bzw. die Länge eines lokalen Datums.
Bei TIME: VARCHAR Daten-Typ in der Länge 8 bzw. die Länge einer lokalen Zeit.
Bei TIMESTAMP: VARCHAR Daten-Typ in der Länge 26 .
Wenn das erste Argument NULL-fähig ist, ist das Ergebnis ebenfalls NULL-fähig; d.h. wenn ein konkreter NULL-Wert auftritt, ist auch das Ergebnis NULL.

Syntax-Diagramm:

```
                        DateTime nach VARCHAR
──VARCHAR──( ──expression── )──
```

Beispiel: entsprechend der CHAR-Funktion - siehe dort.

VARCHAR - Konvertieren variable Character aus Decimal

Funktions-Beschreibung: Diese VARCHAR Funktion erzeugt aus einem Decimal-Daten-Typ einen VARCHAR
(Schema=SYSIBM) String unter Berücksichtigung des Vorzeichens und der Nachkommastellen.

Argument-Beschreibung: Der erste Daten-Typ muss einem Decimal-Typ entsprechen.
Das zweite optionale Character-Argument definiert die externe Repräsentation des Dezimalzeichens. Default ist ein Punkt (' . ').

Ergebnis-Parameter: VARCHAR Daten-Typ in der Länge 2 + Gesamtlänge des Dezimalwertes.
Bei positiven Werten wird in der ersten Stelle ein Blank eingesetzt, ansonsten ein Minus-Zeichen (' - ').
Wenn das erste Argument NULL-fähig ist, ist das Ergebnis ebenfalls NULL-fähig; d.h. wenn ein konkreter NULL-Wert auftritt, ist auch das Ergebnis NULL.

Syntax-Diagramm:

```
                        Decimal nach VARCHAR
──VARCHAR──( ──expression1─────────────────────────── )──
                        └─, Dezimalzeichen-Repräsent.─┘
```

Beispiel: entsprechend der CHAR-Funktion - siehe dort.

VARCHAR - Konvertieren variable Character aus Floating Point

Funktions-Beschreibung: Diese VARCHAR Funktion erzeugt aus einem Gleitkomma-Daten-Typ einen VARCHAR
(Schema=SYSIBM) String.

Argument-Beschreibung: Der Daten-Typ muss einem REAL oder DOUBLE Gleitkomma-Typ entsprechen.

Ergebnis-Parameter: VARCHAR Daten-Typ in der Länge 24.
Bei negativen Werten wird in der ersten Stelle ein Minus-Zeichen (' - ') eingesetzt, ansonsten die erste Ziffer. Der Wert 0 wird als 0E0 ausgewiesen.
Wenn das Argument NULL-fähig ist, ist das Ergebnis ebenfalls NULL-fähig; d.h. wenn ein konkreter NULL-Wert auftritt, ist auch das Ergebnis NULL.

Syntax-Diagramm:

```
                        Floating Point nach VARCHAR
──VARCHAR──( ──expression ─)──
```

Beispiel: entsprechend der CHAR-Funktion - siehe dort.

VARCHAR - Konvertieren variable Character aus Integer

Funktions-Beschreibung: Diese VARCHAR Funktion erzeugt aus einem Ganzzahl-Daten-Typ einen VARCHAR String.
(Schema=SYSIBM)

Argument-Beschreibung: Der Daten-Typ muss einem SMALLINT oder INTEGER Daten-Typ entsprechen.

Ergebnis-Parameter: Bei einem SMALLINT-Argument ein VARCHAR Daten-Typ in der Länge 6, bei einem INTEGER-Argument ein VARCHAR Daten-Typ in der Länge 11.
Bei negativen Werten wird in der ersten Stelle ein Minus-Zeichen (' - ') eingesetzt, ansonsten die erste Ziffer.
Wenn das Argument NULL-fähig ist, ist das Ergebnis ebenfalls NULL-fähig; d.h. wenn ein konkreter NULL-Wert auftritt, ist auch das Ergebnis NULL.

Syntax-Diagramm:

```
                    Integer nach VARCHAR
──VARCHAR── ( ─expression─ ) ──
```

Beispiel: entsprechend der CHAR-Funktion - siehe dort.

VARCHAR - Konvertieren variable Character aus ROWID

Funktions-Beschreibung: Diese VARCHAR Funktion erzeugt aus einem ROWID-Daten-Typ einen VARCHAR String.
(Schema=SYSIBM)

Argument-Beschreibung: Der Daten-Typ muss einem ROWID Daten-Typ entsprechen.

Ergebnis-Parameter: Ein VARCHAR Daten-Typ in der Länge 40. Ggf. wird rechtsbündig mit hexadezimalen Nullen gefüllt. Der String enthält Bit-Daten.
Wenn das Argument NULL-fähig ist, ist das Ergebnis ebenfalls NULL-fähig; d.h. wenn ein konkreter NULL-Wert auftritt, ist auch das Ergebnis NULL.

Syntax-Diagramm:

```
                    ROWID nach VARCHAR
──VARCHAR── ( ─expression─ ) ──
```

Beispiel: entsprechend der CHAR-Funktion - siehe dort.

VARGRAPHIC - Konvertieren variablen Graphic String aus einem String

Funktions-Beschreibung: Die VARGRAPHIC Funktion erzeugt aus einem Character String oder einem Graphic String einen variablen Graphic Daten-Typ.
(Schema=SYSIBM)

Argument-Beschreibung: Das erste Argument muss ein String Daten-Typ sein. Wird ein zweites Argument vorgeben, muss es ein Integer Wert sein, der die Länge des Ergebniswertes definiert. Range von 0 bis 127.

Ergebnis-Parameter: Der Ergebnis-Parameter ist ein VARGRAPHIC Daten-Typ. Die Länge ergibt sich aus der Länge des ersten Arguments bzw. aus dem evtl. vorgegebenen zweiten Argument. Ggf. wird der String abgeschnitten (werden andere Zeichen als Doppelbyte-Blank abgeschnitten, erfolgt eine Warnung).
Wenn das erste Argument NULL-fähig ist, ist das Ergebnis ebenfalls NULL-fähig; d.h. wenn ein konkreter NULL-Wert auftritt, ist auch das Ergebnis NULL.

Syntax-Diagramm:

```
──VARGRAPHIC. ( ─expression ──────────── ) ──
                            └─, integer─┘
```

Beispiel: entsprechend der GRAPHIC -Funktion - siehe dort.

WEEK - Woche des Jahres extrahieren

Funktions-Beschreibung: Die WEEK Funktion erzeugt aus einem TIMESTAMP- oder DATE- Daten-Typ
(Schema=SYSIBM) bzw. einer gültigen String-Repräsentation eines Datums bzw. eines Timestamps einen Binärwert (4 Bytes), der die relative Woche des Jahres enthält.

Argument-Beschreibung: Folgende Argument-Typen sind unterstützt:
- Character-Daten-Typ (kein long String)   Gültige Datums- oder Timestamp-Repräsentation.
- Date oder Timestamp

Ergebnis-Parameter: Der Datentyp des Ergebnisses ist INTEGER mit der relativen Woche (1 - 54).
Ein Wochenwechsel wird am Sonntag eingeleitet.
Wie das Beispiel zeigt, führt dies zu Abweichungen zum deutschen Kalendarium, bei dem die erste Woche des Jahres 2000 von Montag, 3.1. - Sonntag 9.1.1999 reicht.
Wenn das Argument NULL-fähig ist, ist das Ergebnis ebenfalls NULL-fähig; d.h. wenn ein konkreter NULL-Wert auftritt, ist auch das Ergebnis NULL.

Syntax-Diagramm: ──WEEK── (─expression ─) ─────────

Beispiel:
```
select
   termin , week ( termin )              as "Woche" ,
            week ( date ( '01.01.2000' )) as "Woche01.01.2000" ,
            week ( date ( '02.01.2000' )) as "Woche02.01.2000" ,
            week ( date ( '09.01.2000' )) as "Woche09.01.2000"
from   seminar
where  lfd_semnr = 127

TERMIN       Woche    Woche01.01.2000  Woche02.01.2000  Woche09.01.2000
----------   ------   ---------------  ---------------  ---------------
11.05.2000      20                  1                2                3
```

YEAR - Jahr aus Datum extrahieren

Funktions-Beschreibung: Die YEAR Funktion erzeugt aus einem DATE- oder TIMESTAMP- Daten-Typ bzw.
(Schema=SYSIBM) einer gültigen String-Repräsentation eines Datums oder eines Timestamps oder einer Date- bzw. Timestamp-Duration einen Binärwert (4 Bytes), der das Jahr enthält.

Argument-Beschreibung: Folgende Argument-Typen sind unterstützt:
- Character-Daten-Typ (kein long String)   Gültige Date- oder Timestamp-Repräsentation.
- Date oder Timestamp
- Date-Duration oder Timestamp-Duration

Ergebnis-Parameter: Der Datentyp des Ergebnisses ist INTEGER.
Je nach Datentyp des Arguments erfolgt eine unterschiedliche Behandlung des Ergebnisses:
- Date oder Timestamp   Ergebnis ist das Jahr mit einem Wert zwischen 1 und 9999.
- Date- oder Timestamp-Duration Ergebnis ist das Jahr mit einem Wert zwischen -9999 und +9999. Das Vorzeichen wird vom Argument übernommen.

Wenn das Argument NULL-fähig ist, ist das Ergebnis ebenfalls NULL-fähig; d.h. wenn ein konkreter NULL-Wert auftritt, ist auch das Ergebnis NULL.

Syntax-Diagramm: ──YEAR── (─expression ─) ─────────

Beispiel:
```
select
   current timestamp as "CURRENT TS" ,  year ( current timestamp ) as " YEAR 1" ,
   current date      as "CURRENT DATE" , year ( current date)       as " YEAR 2"
from  sysibm.sysdummy1

CURRENT TS                    YEAR 1     CURRENT DATE   YEAR 2
-------------------------     ------     ------------   ------
1999-08-19-12.01.18.168002      1999     19.08.1999       1999
```

Mit Hilfe von Date Durations können effiziente Abfragen unterstützt werden, wie:
```
select .....
from  ......
      where year (current date - eintrittsdatum ) > 2
```

A1 Anhang - DB2-Basis-Sprachelemente
DB2-Limite

Es existieren folgende Limite, die zum Teil noch durch Speicher-Größen beeinflusst werden:

Objekt-Namenskonventionen	Maximale Namenslängen:	
	- Benutzerorientierte DB2-Objekte:	
	- Alias, Synonym, Table, View, Spalte, Index, Check Constraint	18 Bytes
	- Autorisierungs-Id, Schema, Referential Constraint	8 Bytes
	- Systemorientierte DB2-Objekte:	
	- Database, Tablespace, Indexspace, Storage Group, Trigger	8 Bytes
	- Stored Procedure, User-Defined Function	18 Bytes
	- Programmierspezifische Objekte:	
	- Host-Variable (Host Identifier)	64 Bytes
	- Collection-Id, Cursor, Statement-Name	18 Bytes
	- Plan, Package	8 Bytes
	- Sonstige Objekte:	
	- Correlation-Name	18 Bytes
	- Server-Name bzw. Lokations-Name	16 Bytes
DDL-Objekt-Restriktionen	Beschränkungen der DDL-Sprachmittel:	
	- Benutzerorientierte DB2-Objekte:	
	- Basis-Tabelle (Table):	
	- Max. Spalten einer Tabelle	750
	(Einschränkung bei Dependent Tables)	749
	- Max. Plattenplatz für eine Tabelle	64 Gigabytes * 16 Terabytes **
	- Max. Anzahl Zeilen einer Tabelle pro Page:	255
	- Max. Zeilenlänge einer Tabelle:	
	- ohne EDITPROC (4-K-Page , 32-K-Page)	4.056 Bytes , 32.714 Bytes
	- mit einer EDITPROC (4-K-Page , 32-K-Page)	4.046 Bytes , 32.704 Bytes
	- Max. Länge eines Check-Constraints	3.800 Bytes
	- View:	
	- Max. Spalten eines Views	750
	- Max. Anzahl von Basis-Tabellen in einem View	225
	- Index:	
	- Max. Spalten eines Index	64
	- Max. Länge eines Index-Entries (inkl. NULL-Indikatoren):	255 Bytes
	- Max. genutzte Länge eines partitioned Index	255 Bytes
	- Systemorientierte DB2-Objekte:	
	- Storage Group:	
	- Max. Anzahl von Volumes in einer Storage Group	133 (SMS: 59)
	- Database:	
	- Max. Anzahl von Databases	65.279
	- Dataset:	
	- Max. Plattenplatz für einen Dataset	4 Gigabytes * 64 Gigabytes **
	- Tablespace:	
	- Max. Plattenplatz für einen Tablespace:	64 Gigabytes * 16 Terabytes **
	- Max. Anzahl Partitions im partitioned Tablespace	64 * 254 **
	Maximale Größe einer Partition bei:	
	- 1 bis 16 Partitions	4 Gigabytes *
	- 17 bis 32 Partitions	2 Gigabytes *
	- 33 bis 64 Partitions	1 Gigabyte *
	- 1 bis zu 254 Partitions	64 Gigabytes **
	- Indexspace:	
	- Max. Plattenplatz für einen Indexspace	64 Gigabytes * 512 Gigabytes **
	- Max. Größe eines DBRM-Entries	131.072 Bytes
	- Maximale Anzahl Datasets:	
	- Tablespace-Daten	64 * 254 **
	- Index-Daten	64 * 128 **
	* Non-large Tables oder LOB Dataset	
	** Large Partitioned Tables bzw. Tablespaces DSSIZE > 2GB oder LOB-Tablespaces	

A1 Anhang - DB2-Basis-Sprachelemente
DB2-Limite

Gruppe	Bezeichnung	Limit

DML-Sprach-Restriktionen	Beschränkungen der DML-Sprachmittel:
	- SQL-Statement
	  - SELECT-Spalten-Auswahl (SELECT ,,,,)
	    - Max. Elemente in SELECT-Liste
	  - Auswahl der Inhalte (SELECT ,,, WHERE oder HAVING)
	    - Max. Anzahl Prädikate in WHERE- oder HAVING-Klausel
	  - ORDER BY
	    - Max. Anzahl Spalten in ORDER BY
	    - Max. Länge der Spalten eines ORDER BY
	  - GROUP BY
	    - Max. Anzahl Spalten in GROUP BY
	    - Max. Länge der Spalten eines GROUP BY
	  - Sonstige allgemeine Restriktionen
	    - Max. Größe eines SQL-Statements
	    - Max. Host-Variablen-Inhalt bei INSERT, UPDATE
	
	    - Max. Anzahl von Basis-Tabellen/Views in FROM-Klausel
	    - Max. Anzahl von Basis-Tabellen in einem View, SELECT,
	      INSERT, DELETE oder UPDATE
	    - Max. Anzahl von Subqueries in einem Statement
	    - Max. Länge von Host-Variablen und Indikatoren, die
	      durch eine SQLDA adressiert werden
	
	- Aufbau und Inhalte der Result Table
	  - Max. Spalten der Result Table
	  - Max. Größe der Result Table (4-K-Page , 32-K-Page)
	
	- Funktionen, Stored Pocedures
	  - Anzahl Stored Procedures, UDF und Triggers in einem
	    Statement (explizit und implizit).
	  - Maximale Länge SQL-Pfad
	  - Maximale Anzahl Bytes für Parameterübergabe (bei CALL)
		
		750
		
		750
		
		750
		4.000 Bytes
		
		750
		4.000 Bytes
		
		32.765 Bytes
		32.704 Bytes (Non-LOB)
		2.147.483.647 Bytes (LOB)
		15
		225
		
		14
		
		32.767 Bytes
		
		750
		4.056 Bytes , 32.714 Bytes
		
		16 Nesting Levels
		
		254 Bytes
		32.704 Bytes (Non-LOB)
		2.147.483.647 Bytes (LOB)

Numerische Höchstwerte	Maximale Verarbeitungsmöglichkeit numerischer
	Werte (die niedrigsten und die höchsten Werte):
	  - INTEGER
	  - SMALLINT
	  - FLOAT, REAL
	  - FLOAT, REAL (Limite für negative und positive Werte)
	  - Dezimal-Werte (max. 31 Stellen)
		
		-2147483648 , 2147483647
		-32768 , 32767
		$-7,2 \times 10^{75}$, $7,2 \times 10^{75}$
		$-5,4 \times 10^{-79}$, $5,4 \times 10^{-79}$
		$1 - 10^{31}$, $10^{31} - 1$

Zeichenketten (Strings)	Maximale Länge von Zeichenketten:
	- CHAR-Formate:
	  - CHAR
	  - CHAR-Konstante
	  - HEX-Konstante
	  - GRAPHIC-String-Konstante
	  - VARCHAR (4-K-Page , 8-K-Page,
	                 16K-Page , 32-K-Page)
	  - Maximale Länge eines CONCAT-Strings
	
	- GRAPHIC-Formate:
	  - GRAPHIC
	  - VARGRAPHIC (4-K-Page , 8-K-Page,
	                   16K-Page , 32-K-Page)
	    entspricht der Anzahl DBCS-Zeichen (4-K-Page , 8-K-Page,
	                                          16-K-Page , 32-K-Page)
	  - Maximale Länge eines CONCAT-Strings
	    entspricht der Anzahl DBCS-Zeichen
	
	- LOB-Formate:
	  - CLOB, BLOB
	  - DBCLOB
	
	- DateTime-Formate (die niedrigsten und die
	  höchsten Werte; Beispiele im EUR-Format):
	  - DATE
	  - TIME
	  - TIMESTAMP ('Date-Teil' + '-' + 'Time-Teil' + '.' + 'Mikrosek-Teil')
	    - Date-Teil
	    - Time-Teil
	    - Mikrosekunden-Teil
		
		255 Bytes
		255 Bytes
		254 Zeichen
		127 Zeichen
		4.046 Bytes , 8.128 Bytes
		16.320 Bytes , 32.704 Bytes
		2.147.483.647 Bytes (2 GB-1)
		
		124 Zeichen
		4.046 Bytes , 8.128 Bytes
		16.320 Bytes , 32.704 Bytes
		2.023 , 4.064
		8.160 , 16.352
		
		2.147.483.647 Bytes (2 GB-1)
		1.073.741.824 DBCS-Zeichen.
		
		2.147.483.647 Bytes (2 GB-1)
		2.147.483.647 Bytes (2 GB-1)
		1.073.741.824 DBCS-Zeichen.
		
		01.01.0001 - 31.12.9999
		00.00.00 - 24.00.00
		
		01.01.0001- 31.12.9999-
		00.00.00. - 24.00.00.
		000000 - 999999

A1 Anhang - DB2-Basis-Sprachelemente
DB2-Limite

Gruppe	Bezeichnung	Limit
Sonstige System-Restriktionen	Allgemeine DB2-Restriktionen: - Max. offene Datasets	32.767

	- Max. Anzahl konkurrierender Anwendungen
	  - Abhängig von den Einflussfaktoren:
	    - EDM-Poolgröße, Bufferpool-Größe, virtueller Speicherbedarf
		variabel

	- Max. temporäre Arbeitsdateien für einen einzelnen Agent	255
	- Log-Daten (Aktives Log, Archiv-Log) - Max. Anzahl Datasets (pro Kopie)	31 , 1.000
	- Max. Anzahl Kopien	2 , 2
	- Max. Platzbedarf	2^{48} Bytes , 2^{48} Bytes

	- Max. Anzahl von Verbindungen (Threads):
	  - lokal
	  - remote = Database Access Threads (Gesamt, max. aktiv)
	    in einem lokalen System oder Member:
	    in einer Data Sharing Group:
		abhängig vom virtuellen Speicher
		
		150.000 , 2.000
		4.800.000 , 2.000

A2 - Anhang - Definition der wichtigsten DB2-Sprachelemente
Grobe Inhalts-Beschreibung

Der Anhang 2 enthält die für den täglichen Einsatz wichtigsten Definitionen der DB2-Sprachelemente in alphabetischer Reihenfolge.
Eine Zusammenfassung der DB2-Sprachmittel findet sich im Kapitel 4. Dort werden auch Verarbeitungsmöglichkeiten einzelner Sprachgruppen im Zusammenhang dargestellt.

Die Auflistung beinhaltet:

- alle SQL-Statements,
- die wichtigsten DB2-Utilities,
- alle DB2-Commands   diese werden mit dem Command Prefix '-' dargestellt:
    - vor der DB2 Version 4 war ein einstelliges SRC (subsystem recognition character) definierbar,
    - ab der DB2 Version 4 ist ein bis zu 8-stelliger Command Prefix generierbar (z.B. -DB2T1).
- eine Auswahl der wichtigsten TSO-DSN-Befehle und der IMS- und CICS-Commands.

Die SQL-Definitions-Syntax wird in Form eines Syntax-Diagramms (Erläuterung siehe in Anhang 1) grafisch dargestellt und die einzelnen Parameter verbal erläutert.

Über das DB2I Primary Option Menü können Unter-Menüs aktiviert werden, in denen die entsprechenden Sprachmittel vorgegeben werden können, wobei natürlich auch SQL-Statements in Programme eingebettet werden können (embedded SQL):

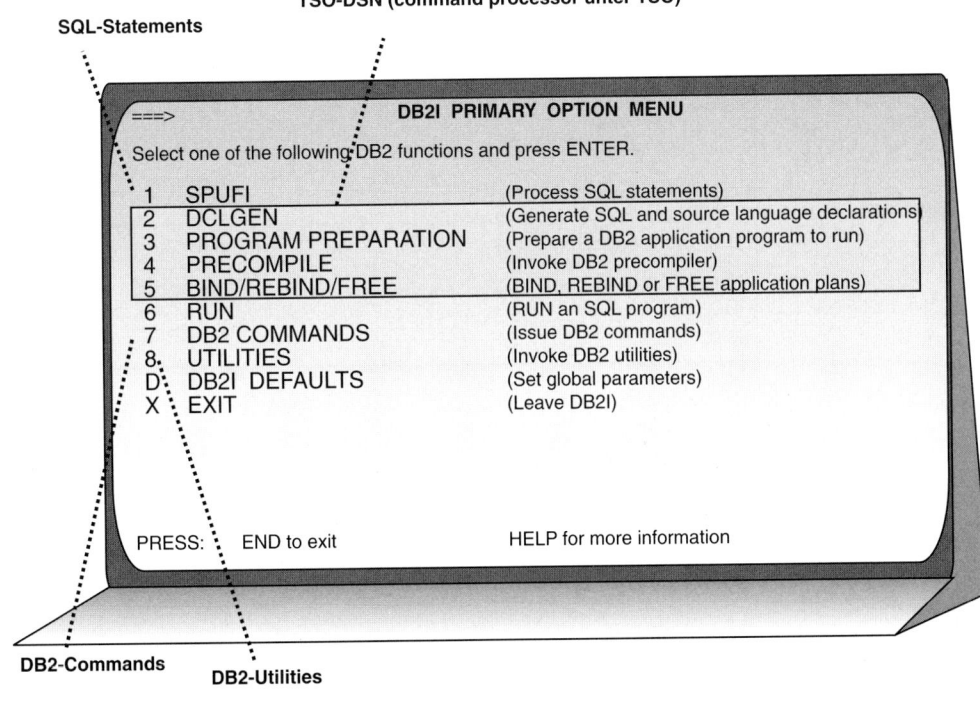

A2 Anhang - Definition der wichtigsten DB2-Sprachelemente
Utility-Kompatibilitäts-Matrix

Im Anhang 2 sind auch DB2-Utilities definiert. Jedes Utility ergreift zur Bewahrung der Daten-Konsistenz bestimmte Sperrmaßnahmen.
Dadurch ergibt sich eine Abhängigkeit hinsichtlich der Parallellaufmöglichkeiten einzelner Utilities untereinander.
In der folgenden Utility-Kompatibilitäts-Matrix werden diese Abhängigkeiten dargestellt:

Utility-Kompatibilitäts-Matrix

Ein aktives Utility	\multicolumn{20}{c}{ist kompatibel mit einem parallelen Utility:}																		
	CHECK DATA	INDEX	LOB	COPY INDEX	TABLESPACE	DIAGNOSE	LOAD	MERGECOPY	MODIFY	QUIESCE	REBUILD INDEX	RECOVER INDEX	TABLESPACE	REORG INDEX	TABLESPACE	REPAIR	REPORT	RUNSTATS INDEX	TABLESPACE	STOSPACE
CHECK DATA	N	N	N	J	N	J	N	J	J	N	N	N	N	N	N	J	N	N	N	J
INDEX	N	J	J	J	J	J	N	J	J	N	N	N	N	N	01	02	J	J	J	J
LOB	N	J	N	J	J	J	N	J	J	J	J	N	N	J	N	02	J	J	J	J
COPY INDEX	J	J	J	N	J	J	N	N	J	03	N	N	N	N	N	01	02	J	J	J
TABLESPACE	N	J	J	J	N	J	N	N	N	03	03	N	N	J	N	01	02	J	J	J
DIAGNOSE	J	J	J	J	J	J	J	J	J	J	J	J	J	J	J	J	J	J	J	J
LOAD	N	N	N	N	N	J	N	N	N	N	N	N	N	N	N	N	J	N	N	J
MERGECOPY	J	J	J	J	N	J	N	N	N	N	N	N	J	N	J	N	J	J	J	J
MODIFY	J	J	J	J	N	J	N	N	N	N	J	N	N	J	N	J	J	J	J	J
QUIESCE	N	J	J	03	03	J	N	N	J	J	N	N	N	01	02	J	J	J	J	J
REBUILD INDEX	N	N	J	N	03	J	N	J	J	N	N	N	N	01	02	J	N	N	J	J
RECOVER INDEX	N	N	N	N	N	J	N	N	N	N	N	N	N	01*	02*	J	N	J	J	J
TABLESPACE	N	N	N	N	N	J	N	N	N	N	N	N	04	N	02*	J	J	N	J	J
REORG INDEX	N	N	J	N	J	J	N	J	J	N	N	N	04	N	01	02*	J	N	J	J
TABLESPACE	N	01	N	01	01	J	N	N	N	01	01	01*	N	01	01*	02*	J	01	01	J
REPAIR	N	02	02	02	02	J	N	J	J	02	02	02*	02*	02*	02*	J	02*	02*	J	J
REPORT	J	J	J	J	J	J	J	J	J	J	J	J	J	J	J	J	J	J	J	J
RUNSTATS INDEX	N	J	J	J	J	J	N	J	J	N	N	J	N	01	02*	J	J	J	J	J
TABLESPACE	N	J	J	J	J	J	N	J	J	J	J	N	J	01	02*	J	J	J	J	J
STOSPACE	J	J	J	J	J	J	J	J	J	J	J	J	J	J	J	J	J	J	J	J

```
Ox   Optionsabhängig. Ja bei Ox, sonst Nein:
01   REORG     UNLOAD ONLY oder EXTERNAL (z.T. nur ohne Cluster Index)
02   REPAIR    DUMP oder VERIFY
03   COPY      SHRLEVEL REFERENCE
04   RECOVER   ohne Option (kein TOCOPY oder TORBA vorgegeben)

*    zusätzliche parameterabhängige optionale Abhängigkeiten, die bei
     den betroffenen Utilities beschrieben werden.
```

A2 Anhang - Definition der wichtigsten DB2-Sprachelemente
ALLOCATE CURSOR (SQL-Statement)

Aufgabe des Statements

Das ALLOCATE CURSOR-Statement definiert einen Cursor, der in einer Stored Procedure vorab eröffnet wurde und für den die Stored Procedure ein Query Result Set zur Verfügung gestellt hat. Mit der Ausführung dieses Statements im aufrufenden Programm wird dem Cursor auch das Query Result Table Set zugeordnet (pro Result Set ein Cursor).
ALLOCATE CURSOR impliziert automatisch einen OPEN auf diesen Cursor.
Der CURSOR kann anschließend nicht noch einmal mit OPEN eröffnet werden, er kann aber mit CLOSE geschlossen werden. In diesem Falle wird auch der korrespondierende Cursor in der Stored Procedure geschlossen und das Result Set aufgelöst.
Bei einem impliziten CLOSE durch ROLLBACK gilt das vorab ausgeführte ebenfalls.
Bei einem expliziten COMMIT wird der CURSOR nur dann geschlossen, wenn er nicht mit WITH HOLD definiert wurde.

Erforderliche Privilegien   Keine

Anwendungs-Beispiel (COBOL) für einen OS/390-Client

```
*                                                  Definition des Result Set Locators
    01 LOCATOR1 USAGE SQL TYPE IS
                 RESULT-SET-LOCATOR VARYING.
*                                                  Aufruf der Stored Procedure (bei remote Aufruf vorher CONNECT
    EXEC SQL                                       -- absetzen)
             CALL SP1 (:SEMCODE, 'A1', 123)        -- Aufruf Prozedur SP1 mit Übergabe einer Host-Variablen, einer
             END-EXEC                              -- Character-Konstanten und einem numerischen Wert.

*                                                  Optional bei variablen Result Sets: Ermitteln der tatsächlich in der
*                                                  Stored Procedure aufbereiteteten Result Sets
    EXEC SQL
             DESCRIBE PROCEDURE SP1                -- Cursor-Namen und Adressen werden in die SQLDA2 eingestellt
                 INTO :SQLDA2
    END-EXEC
                                                   Zuordnung eines Result Sets zu einem Result Set Locator
    EXEC SQL
             ASSOCIATE LOCATOR (:LOCATOR1)
                 WITH PROCEDURE SP1
    END-EXEC
*                                                  Zuordnung eines Cursors zu einem Result Set und Cursor öffnen
    EXEC SQL
             ALLOCATE C1 CURSOR FOR
                 RESULT SET :LOCATOR1
    END-EXEC

*                                                  Einlesen der einzelnen Zeile aus dem Result Set
    EXEC SQL
             FETCH C1 INTO :TERMIN, :TITEL         -- Die Host-Variablen müssen definiert sein
    END-EXEC
```

Syntax-Diagramm

▶▶──ALLOCATE──cursor-name──CURSOR FOR RESULT SET──rs-locator-variable──────────▶◀

Parameter-Beschreibung

cursor-name   Eindeutiger Name des Cursors im aufrufenden Programm.

rs-locator-variable   Name einer Result Set Locator Variablen, die im aufrufenden Programm als solche deklariert wurde.
Diese Variable muss ein gültiges Result Set adressieren.
Pro Cursor kann nur ein Result Set zugeordnet werden.
Die Anwendung muss aktuell mit der Lokation verbunden sein, in der die Stored Procedure ausgeführt wurde.
Die gültige Adresse ist vorab bereitzustellen durch einen erfolgreichen:
- ASSOCIATE LOCATORS bzw.
- DESCRIBE PROCEDURE.

A2 Anhang - Definition der wichtigsten DB2-Sprachelemente
-ALTER BUFFERPOOL   (DB2-Command)

Aufgabe des Statements

Der ALTER BUFFERPOOL-Command ändert Attribute von aktiven oder inaktiven Bufferpools. Werden mehrere Parameter vorgegeben, werden im Fehlerfalle einzelner Parameter andere Parameter mit ihrer Wirkung trotzdem vollzogen.

Kurzform des Commands: -ALT BPOOL   Data-Sharing-Wirkungskreis: Member

Erforderliche Privilegien

- SYSADM, SYSCTRL oder SYSOPR.

Anwendungs-Beispiel

```
-ALTER   BUFFERPOOL   (BP2)        Änderung Bufferpool BP2
         VPSIZE       (2000)       Virtuelle Bufferpool-Größe: 2.000 Buffer
         HPSIZE       (10000)      Hiperpool-Größe: 10.000 Buffer
```

Syntax-Diagramm

▶▶─ALTER BUFFERPOOL─(bpname)─┬─────────────────┬─┬──────────────────────────────┬─┬─────────────────┬─
                                └─VPSIZE (integer)┘ │   ┌─PRIMARY───┐   │ └─HPSIZE (integer)┘
                                                    └─VPTYPE──┴─DATASPACE─┘

─┬──────────────────┬─┬───────────────────┬─┬────────────────────┬─┬─────────────────┬─┬────────────────┬─
 └─VPSEQT (integer)─┘ └─VPPSEQT (integer)─┘ └─VPXPSEQT (integer)─┘ └─HPSEQT (integer)┘ └─DWQT(integer)──┘

─┬────────────────────────────┬─┬─────────────────────┬───▶◀
 └─VDWQT (integer1 , integer2)┘ └─CASTOUT (┬─YES─┬)─┘ ┌─LRU──┐
                                            └─NO──┘   └─PGSTEAL─┴─FIFO─┘

Parameter-Beschreibung

bpname   Name des zu ändernden Bufferpools:
              BP0 - BP49   4-K-Page-Pool (für Tablespaces und Indexspaces).
              BP8K0 - BP8K9   8-K-Page-Pool (nur für Tablespaces).
              BP16K0 - BP16K9   16-K-Page-Pool (nur für Tablespaces).
              BP32K - BP32K9   32-K-Page-Pool (nur für Tablespaces).

VPSIZE   Größe des virtuellen Bufferpools.
    integer   Anzahl der Buffer (~ Pages), die dem Bufferpool zugeordnet werden.
Mögliche Wertebereiche (die Summe aller Bufferpools wird auf 1,6 GB limitiert):
- 4-K-Bufferpools   von 0 bis 400.000 (Ausnahme: Minimum für BP0 ist 56).
- 8-K-Bufferpools   von 0 bis 200.000.
- 16-K-Bufferpools   von 0 bis 100.000.
- 32-K-Bufferpools   von 0 bis 50.000.

Eine Wertevorgabe von 0 deaktiviert den Bufferpool, nachdem alle aktiven Datenbank-Anforderungen abgeschlossen wurden (delete pending).
Spätere Versuche, Objekte zu bearbeiten, die diesem Bufferpool zugeordnet sind, werden als fehlerhaft abgewiesen.
Eine Wertevorgabe > 0 aktiviert einen inaktiven Bufferpool oder ändert die Größe eines aktiven Bufferpools ab.

VPTYPE   Typ des virtuellen Bufferpools. Änderungen werden ab einer neuen Bufferpool-Allokation wirksam. Soll die Wirkung sofort eintreten, zunächst mit ALTER VPSIZE auf 0 setzen, damit die zugeordneten Tablespaces und Indexspaces geschlossen werden.
    PRIMARY   Der virtuelle Bufferpool wird im Adressraum der Database Services zugeordnet.
    DATASPACE   Der virtuelle Bufferpool wird in einem oder mehreren mit DB2 verbundenen Data Spaces zugeordnet.

A2 Anhang - Definition der wichtigsten DB2-Sprachelemente
-ALTER BUFFERPOOL - 2

HPSIZE
    integer

Größe des virtuellen Hiperpools.
Anzahl der Buffer (~ Pages), die dem Hiperpool zugeordnet werden.
Mögliche Wertebereiche (die Summe aller Bufferpools wird auf 8 GB limitiert):
- 4-K-Hiperpools   von 0 bis 2.097.152 .
- 8-K-Hiperpools   von 0 bis 1.048.576 .
- 16-K-Hiperpools von 0 bis 524.288 .
- 32-K-Hiperpools von 0 bis 262.144 .

Eine Wertevorgabe von 0 deaktiviert den Hiperpool, d.h. es werden nur noch die normalen System-Paging-Einrichtungen genutzt.
Eine Wertevorgabe > 0 für einen aktiven Bufferpool richtet einen neuen Hiperpool ein (wenn er vorher mit 0 definiert war) oder erweitert bzw. reduziert die Größe des Hiperpools.

VPSEQT
    integer

Limit für die Buffernutzung durch sequenzielle Datenzugriffe (sequential steal threshold).
Prozentsatz der virtuellen Buffergröße.
Der Prozentsatz definiert den Anteil des Bufferpools, der für sequenzielle Anforderungen genutzt werden kann. Bei einem sequenziellen Zugriff (Prefetch) und bei Überschreitung dieses Limits (den gerade aktiven Anwendungen zugeordnete sequenzielle Buffer) werden freie Buffer vorrangig in den durch vorherige sequenzielle Prozesse belegten Bufferbereichen gesucht, bevor nicht-sequenzielle Buffer genutzt (gestohlen) werden.
Mögliche Wertebereiche:
- 0 bis 100   (Generierungs-Initialwert: 80).

Eine Wertevorgabe von 0 schaltet die Prefetch-Einrichtung aus (Performance-Problemzone). Sämtliche Page-Anforderungen werden unabhängig von der Verarbeitungsform (sequenziell oder direkt) gleichartig behandelt.
Eine Wertevorgabe von 100 nutzt die Prefetch-Einrichtung. DB2 versucht aber nicht, vorhandene freie sequenzielle Buffer zu nutzen, sondern kann gleichrangig nicht-sequentielle Buffer nutzen. In diesem Fall droht eine Monopolisierung des Bufferpools durch sequenzielle Anforderungen (kann aber ideal sein bei Bufferpools mit ausschließlicher Read-only-Query-Abwicklung).

VPPSEQT
    integer

Limit für die Buffernutzung durch parallele sequenzielle Datenzugriffe (parallel sequential threshold).
Prozentsatz der virtuellen Buffergröße als Prozentsatz von VPSEQT.
Der Prozentsatz definiert den Anteil des sequenziellen Bufferpools, der für parallele Verarbeitung genutzt werden kann.
Mögliche Wertebereiche:
- 0 bis 100   (Generierungs-Initialwert: 50).

Eine Wertevorgabe von 0 schaltet die Parallel-Verarbeitung aus (Performance-Problemzone).
Eine Wertevorgabe von 100 kann den kompletten sequenziellen Bufferpool-Anteil für die Parallel-Verarbeitung nutzen.

VPXPSEQT
    integer

Limit für die assistierende Buffernutzung durch parallele sequenzielle Datenzugriffe aufgrund von Anforderungen anderer Data-Sharing-Member (assisting parallel sequential threshold).
Prozentsatz der virtuellen Buffergröße als Prozentsatz von VPPSEQT.
Der Prozentsatz definiert den Anteil des sequenziellen Bufferpools, der für assistierende parallele Verarbeitung durch andere Gruppen-Mitglieder genutzt werden kann.
Mögliche Wertebereiche:
- 0 bis 100   (Generierungs-Initialwert: 0).

Eine Wertevorgabe von 0 schaltet die Parallel-Verarbeitung aus (Performance-Problemzone).
Eine Wertevorgabe von 100 kann den kompletten sequenziellen Bufferpool-Anteil für die assistierende Parallel-Verarbeitung nutzen.

A2 Anhang - Definition der wichtigsten DB2-Sprachelemente
-ALTER BUFFERPOOL - 3

HPSEQT
    integer

Limit für die Hiperpoolnutzung durch sequenzielle Datenzugriffe (hiperpool sequential steal threshold).
Prozentsatz der totalen Hiperpoolgröße.
Der Prozentsatz definiert den Anteil des Hiperpools, der für sequenzielle Anforderungen genutzt werden kann. Bei Auslagerung aus dem virtuellen Bufferpool und bei Überschreitung dieses Limits (durch vorherige Auslagerungen sequenzieller Buffer) werden freie Buffer vorrangig in den durch vorherige sequenzielle Prozesse belegten Bufferbereichen gesucht, bevor nicht-sequenzielle Buffer genutzt (gestohlen) werden.
Mögliche Wertebereiche:
- 0 bis 100   (Generierungs-Initialwert: 80).

Eine Wertevorgabe von 0 lagert keine sequenziellen Buffer aus (Performance-Problemzone).
Bei einer Wertevorgabe von 100 versucht DB2 nicht, vorhandene freie sequenzielle Buffer zu nutzen, sondern kann gleichrangig nicht-sequenzielle Buffer nutzen.

DWQT

    integer

Limit für das asynchrone Ausschreiben veränderter Pages (buffer pools deferred write threshold), abhängig von dem Anteil der nicht verfügbaren Pages (veränderte und in Benutzung stehende Pages).
Prozentsatz der virtuellen Buffergröße.
Der Prozentsatz definiert den Anteil des nicht mehr verfügbaren Bufferpools (non-stealable Pages), ab dem das Ausschreiben der belegten und veränderten Pages beginnt, damit wieder Buffer-Pages verfügbar werden.
DB2 schreibt dann bei Überschreitung dieses Wertes asynchron soviele Pages auf externe Datasets, bis der verfügbare Anteil der Pages um 10 % unterhalb des definierten Limits liegt.
Mögliche Wertebereiche:
- 0 bis 90   (Generierungs-Initialwert: 50).

Eine Wertevorgabe von 0 reduziert die Vorteile der Deferred Write-Einrichtung (Performance-Problemzone). Sämtliche veränderten Pages werden sofort asynchron ausgeschrieben.
Eine Wertevorgabe von 90 reduziert den Anteil verfügbarer Pages innerhalb des Bufferpools, da bis zu 90 % und nach einem Ausschreiben 80 % des Bufferpools nicht verfügbar sein kann.

VDWQT

    integer1

Limit für das asynchrone Ausschreiben veränderter Pages, bezogen auf einen einzelnen Dataset (buffer pools vertical deferred write threshold), abhängig von dem Anteil der nicht verfügbaren Pages (veränderte und in Benutzung stehende Pages).
Prozentsatz der virtuellen Buffergröße.
Der Prozentsatz definiert den Anteil des nicht mehr verfügbaren Bufferpools (non-stealable Pages) eines Datasets, ab dem das Ausschreiben der belegten und veränderten Pages auf den Dataset beginnt, damit wieder Buffer-Pages verfügbar werden.
Mögliche Wertebereiche:
- 0 bis 90   (Generierungs-Initialwert: 10).
     Der Wert muss kleiner oder gleich dem DWQT-Wert sein.

Eine Wertevorgabe von 0 reduziert die Vorteile der Deferred Write-Einrichtung (Performance-Problemzone), sofern nicht integer2 vorgegeben ist.
Stehen beide Werte auf 0, werden sämtliche veränderten Pages sofort asynchron ausgeschrieben.
Eine Wertevorgabe von 90 reduziert den Anteil verfügbarer Pages innerhalb des Bufferpools, da bis zu 90 % des Bufferpools nicht verfügbar sein kann, da sie für Änderungen (bzw. Sperrungen) eines einzelnen Datasets benutzt werden können.

    integer2

Absolute Page-Anzahl (Anzahl Buffer) pro Dataset.
Ein hier vorgegebener Wert wird nur beachtet, wenn integer1 auf 0 steht. Ziel des Parameters ist ein feinere Abstimm-Möglichkeit von großen Bufferpools, wenn dort ein Prozentsatz zwischen 0 und 1 benötigt würde.
Mögliche Wertebereiche:
- 0 bis 9999   Default = 0.

CASTOUT		Kennzeichen, ob der Erweiterungsspeicher (expanded storage) der DB2-Hiperpools von OS/390 mit anderen Anwendungen gemeinsam benutzt werden kann (shared use).
	YES	OS/390 kann bei Speicherengpässen den Erweiterungsspeicher für andere Anwendungen nutzen: Pages können aus dem Einflussbereich von DB2 'gestohlen' werden, sind dann zunächst nicht mehr verfügbar und müssen bei Bedarf neu von externen Datasets eingelesen werden.
		YES ist der DB2-Generierungs-Default für alle Hiperpools.
	NO	OS/390 kann bei Speicherengpässen den Erweiterungsspeicher nicht für andere Anwendungen nutzen: Pages können nicht aus dem Einflussbereich von DB2 'gestohlen' werden.
		In diesem Fall bleiben Teile des Erweiterungsspeichers für DB2 reserviert.
		Dies ist allenfalls für extrem performancekritische Anwendungen ggf. sinnvoll (aber nur unter Abwägung der gesamten Multi-User-Systemaspekte).
PGSTEAL		Definiert den Seitenklau-Algorithmus (page stealing) für den virtuellen Bufferpool.
	LRU	Algorithmus = Least recently used. Betroffen sind die Pages, die in der Vergangenheit am längsten nicht mehr benutzt wurden.
	FIFO	Algorithmus = First in first out. Betroffen sind die ältesten Pages, d.h. die am längsten im Bufferpool verweilen - unabhängig von ihrer Nutzung.
		Empfehlung: grundsätzlich LRU belassen.

A2 Anhang - Definition der wichtigsten DB2-Sprachelemente
ALTER DATABASE (SQL-Statement)

Aufgabe des Statements

Das SQL-ALTER DATABASE-Statement ändert die Beschreibung einer Database am aktuellen Server. Bei einer Workfile Database darf nur die Bufferpool-Klausel vorgegeben werden.

Erforderliche Privilegien

- DROP Privileg für die Database oder
- Eigentümer der Database oder
- DBADM oder DBCTRL-Privileg für die Database oder
- SYSADM, SYSCTRL (für ROSHARE-Klausel zwingend).

Anwendungs-Beispiel

```
ALTER   DATABASE      SEMDB01
        BUFFERPOOL    BP2        Änderung Bufferpool-Zuordnung Tablespace
        INDEXBP       BP3        Änderung Bufferpool-Zuordnung Indexspace
```

Syntax-Diagramm

Jede Klausel darf nur einmal pro Statement vorgegeben werden!

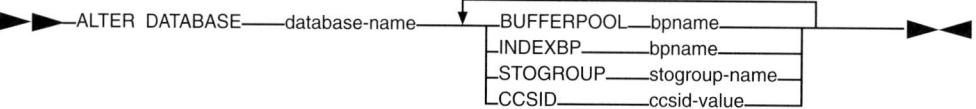

```
►►─ALTER DATABASE─database-name─┬─BUFFERPOOL─bpname────────┬─►◄
                                ├─INDEXBP────bpname────────┤
                                ├─STOGROUP───stogroup-name─┤
                                └─CCSID──────ccsid-value───┘
```

Parameter-Beschreibung

database-name
Name der zu ändernden Database (keine System-Database unterstützt).

BUFFERPOOL
Default Bufferpool der Database, der implizit beim Anlegen von Tablespaces herangezogen wird, wenn beim CREATE TABLESPACE keine explizite Vorgabe erfolgt.
Keine Wirkung auf existierende Objekte innerhalb der Database.

   bpname: Auswahl des Default-Bufferpools:
    BP0 - BP49   4-K-Page-Pool
    BP8K0 - BP8K9   8-K-Page-Pool (nicht für eine Workfile Database vorgebbar).
    BP16K0 - BP16K9   16-K-Page-Pool (nicht für eine Workfile Database vorgebbar).
    BP32K - BP32K9   32-K-Page-Pool.

INDEXBP
Default Bufferpool der Database, der implizit beim Anlegen von Indexspaces herangezogen wird, wenn beim CREATE INDEX keine explizite Vorgabe erfolgt. Der Parameter ist bei einer Workfile Database nicht vorgebbar.
Keine Wirkung auf existierende Objekte innerhalb der Database.

   bpname: Auswahl des Default-Bufferpools:
    BP0 - BP49   4-K-Page-Pool.

STOGROUP
Default Storage Group der Database, die implizit beim Anlegen von Tablespaces oder Indexspaces herangezogen wird, wenn keine explizite Vorgabe erfolgt.
Keine Wirkung auf existierende Objekte innerhalb der Database.

CCSID
Default CCSID der Database, der implizit beim Anlegen von Tablespaces herangezogen wird, wenn keine explizite Vorgabe erfolgt.
Keine Wirkung auf existierende Objekte innerhalb der Database.
Eine Änderung kann nur in einem vordefinierten Rahmen erfolgen, wie z.B.:
- EBCDIC: Code-Tabelle für Deutschland gültig:
 von 273 (ohne Euro-Symbol) nach 1141 (mit Euro-Symbol) und umgekehrt.

Achtung Konsistenzprobleme: Die Änderung eines CCSIDs gilt systemweit und fordert das Umstellen der Dateninhalte auf globaler Ebene!

Aufgabe des Statements

Das SQL-ALTER FUNCTION-Statement ändert die Beschreibung einer externen Funktion (External Scalar Function oder External Table Function) am aktuellen Server.

Erforderliche Privilegien

- Eigentümer der Funktion oder
- ALTERIN-Privileg für das Schema bzw. alle Schemas oder
- SYSADM, SYSCTRL.

Anwendungs-Beispiel

ALTER	FUNCTION PROD.SEMINAR_ENDE (DATE , CHAR (60) , DEC (9 , 2))	Änderung Schema PROD Funktion SEMINAR_ENDE Eingabe-Parameter der Funktion. Dienen zur Identifikation der Funktion.
	RETURNS NULL ON NULL INPUT	Kein Funktions-Aufruf, wenn einer der Parameter NULL ist.
ALTER	FUNCTION PROD.SEMINAR_ENDE (DATE , CHAR () , DEC ())	Alternative zu vorheriger Form Eingabe-Parameter der Funktion. DB2 ignoriert Charakteristiken beim Suchen der Funktion.
	RETURNS NULL ON NULL INPUT	Kein Funktions-Aufruf, wenn einer der Parameter NULL ist.
ALTER	SPECIFIC FUNCTION PROD.SVPR0134	Änderung Schema PROD Funktion mit dem spezifischen Namen SVPR0134 (siehe CREATE FUNCTION (External Table) entspricht SACHB_ZUSTAENDIG). Eingabe-Parameter der Funktion werden hier nicht vorgegeben, da die Funktion durch den specific-name eindeutig identifizierbar ist.
	WLM ENVIRONMENT WLMPROD2	Zuordnung zur WLM-Ausführungsumgebung WLMPROD2

Syntax-Diagramm

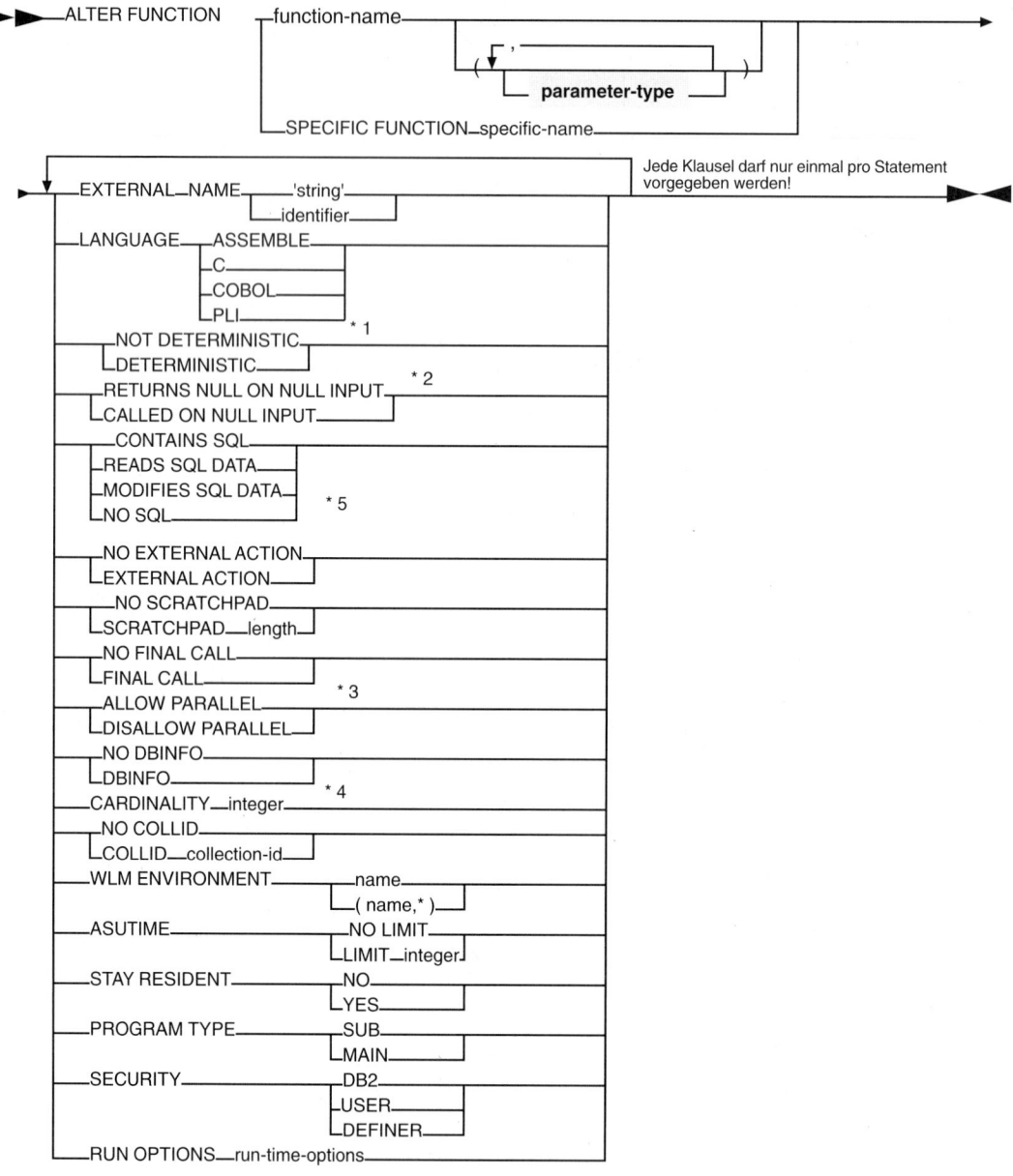

* 1 - Synonyme; VARIANT für NOT DETERMINISTIC; NOT VARIANT für DETERMINISTIC
* 2 - Synonyme; NOT NULL CALL für RETURNS NULL ON NULL INPUT; NULL CALL für CALLED ON NULL INPUT
* 3 - DISALLOW PARALLEL ist Default, wenn NOT DETERMINISTIC, EXTERNAL, ACTION, SCRATCHPAD oder FINAL CALL definiert sind.
* 4 - CARDINALITY ist für External Scalar Functions nicht unterstützt.
* 5 - MODIFIES SQL DATA ist für External Table Functions nicht unterstützt.

Die Parameter werden auf den folgenden Seiten grob beschrieben. Details siehe unter CREATE FUNCTION.

Parameter-Beschreibung

FUNCTION
Identifikation der Funktion, deren Charakteristiken zu ändern sind.
Es existieren drei Formen der Vorgabe des Funktions-Namens:
- function-name — Vorgabe eines qualifizierten (mit Schema-Name) oder unqualifizierten Funktions-Namens.
- function-name (parameter-type,........) — Vorgabe eines qualifizierten (mit Schema-Name) oder unqualifizierten Funktions-Namens mit Parametern und deren Charakteristiken (Funktions-Signatur).
- specific-name — Vorgabe eines qualifizierten (mit Schema-Name) oder unqualifizierten, systemweit eindeutigen Funktions-Namens.

function-name
Name der Funktion, der zusammen mit den möglichen Qualifikatoren am aktuellen Server vorhanden sein muss. Es muss eine Externe Funktion sein. Der Funktions-Name kann mit einem Schema-Namen qualifiziert oder unqualifiziert vorgeben werden. Bei unqualifizierter Vorgabe wird er wie folgt ermittelt:
- wird das Statement in einem Programm abgesetzt, ist der QUALIFIER des BIND-Prozesses bzw. der OWNER von Plan bzw. Package der Schema-Name.
- wird das Statement dynamisch präpariert, ist der CURRENT SQLID der Schema-Name.

Der Funktions-Name muss eindeutig im Schema sein.

function-name (parameter-type)
Identifikation der Funktion mit ihrer Funktions-Signatur, der zusammen mit den möglichen Qualifikatoren am aktuellen Server vorhanden sein muss. Die grundsätzlichen Bedingungen entsprechen den vorab unter function-name behandelten Regeln.
Die parameter-types definieren alle Parameter der Funktion mit ihren Daten-Typen. Die Daten-Typen und die Anzahl der Parameter werden zur Identifikation der Funktion herangezogen. Daten-Typen, die Längen- oder Genauigkeits-Charakteristiken aufweisen, können exakt oder mit leeren Klammern vorgegeben werden. Eine vorgegebene Charakteristik muss exakt gefunden werden; bei einer leeren Klammer (z.B. DECIMAL ()) werden die Charakteristiken nicht geprüft. Werden keine Klammern vorgegeben, wirken Defaults (z.B. CHAR wird als CHAR (1) behandelt).

SPECIFIC FUNCTION specific-name
Identifikation der Funktion mit ihrem eindeutigen Namen (Candidate Key). Der Name muss zusammen mit dem möglichen Qualifikator (Schema-Name) am aktuellen Server vorhanden sein. Die grundsätzlichen Bedingungen entsprechen den vorab unter function-name behandelten Regeln.

parameter-type
Definition der Eingabe-Parameter. Beschreibung siehe weiter unten.

EXTERNAL NAME 'string' oder identifier
Name (max. 8-stellig) des OS/390-Lademoduls, das diese Funktion beinhaltet.

LANGUAGE
Programmiersprache der Funktion. Alle Programme müssen für die IBM Language Environment Umgebung entwickelt sein.
- **ASSEMBLE** — Assembler.
- **C** — C oder C++.
- **COBOL** — COBOL inkl. der objektorientierten Erweiterungen.
- **PLI** — PL/I.

DETERMINISTIC
Spezifiziert ob die Funktion bei wiederholtem Aufruf mit identischen Eingabe-Parametern dasselbe Ergebnis produzieren soll. DB2 führt keine Prüfung durch, ob das Programm der Funktion den Definitionen entspricht.
- **DETERMINISTIC** — Die Funktion garantiert dasselbe Ergebnis.
- **NOT DETERMINISTIC** — Die Funktion garantiert nicht dasselbe Ergebnis.

RETURNS NULL ON NULL INPUT	Spezifiziert, ob die Funktion aktiviert wird, wenn einer der Eingabe-Indikatoren einen NULL-Wert aufweist.
RETURNS NULL ON NULL INPUT	Die Funktion wird nicht aktiviert. Das Ergebnis wird mit NULL-Wert geliefert.
CALLED ON NULL INPUT	Die Funktion wird aktiviert und kann sowohl die Eingabe- Parameter als auch den Ausgabe-Parameter entsprechend behandeln.
....SQL ...	Spezifiziert, ob die Funktion SQL-Statement nutzen darf und wenn ja, welche.
NO SQL	Die Funktion darf keine SQL-Statements ausführen.
MODIFIES SQL DATA	Die Funktion darf alle SQL-Statements ausführen bzw. nutzen, die grundsätzlich in Funktionen einsetzbar sind (z.B. kein COMMIT, ROLLBACK).
READS SQL DATA	Die Funktion darf keine SQL-Statements ausführen, die Manipulationen der Daten vornehmen.
CONTAINS SQL	Die Funktion darf keine SQL-Statements ausführen, die Daten lesen oder manipulieren.
EXTERNAL ACTION	Spezifiziert, ob die Funktion ein Objekt außerhalb von DB2 verändert.
EXTERNAL ACTION	Die Funktion führt Objektveränderungen außerhalb von DB2 durch. Ggf. kann eine solche Funktion bei Parallel-Aktivierung zu fehlerhaften Ergebnissen führen. In diesem Fall kann die Vorgabe von DISALLOW PARALLEL sinnvoll sein.
NO EXTERNAL ACTION	Die Funktion führt keine Objektveränderungen außerhalb von DB2 durch.
SCRATCHPAD	Spezifiziert, ob die Funktion ein Ergebnis in mehreren Schritten erzeugt und dafür einen separaten Zwischenbereich für die komplette Abwicklung benötigt.
SCRATCHPAD	Die Funktion benötigt mehrere Schritte zur Ergebnisbildung mit der Nutzungsmöglichkeit eines Zwischenspeicherbereichs. Der Zwischenbereich wird nur während der Durchführung eines einzelnen SQL-Statements bereitgehalten (nicht über mehrere SQL-Statements hinweg).
length	Die Größe kann zwischen 1 und 32767 Bytes liegen. Es ist zu beachten, dass bei einer Parallel-Ausführung dieses Statements jeder parallelen Task jeweils eine eigene Scratchpad Area zugeordnet wird. Daher kann ein solche Funktion bei Parallel-Aktivierung zu fehlerhaften Ergebnissen führen. In diesem Fall ist die Vorgabe von DISALLOW PARALLEL sinnvoll.
NO SCRATCHPAD	Die Funktion benötigt keinen Zwischenspeicherbereich.
FINAL CALL	Spezifiziert, ob die Funktion mittels Abschluss-Aufruf aktiviert werden soll, wenn die Verarbeitung des Statements abgeschlossen ist.
FINAL CALL	Die Funktion wird bei Abschluss der Statement-Verarbeitung noch einmal aufgerufen, damit sämtliche mit der Funktion verbundenen Ressourcen freigegeben werden. Dieser Parameter ist sinnvoll bei Nutzung einer Scratchpad-Area.
NO FINAL CALL	Die Funktion wird bei Abschluss der Statement-Verarbeitung nicht aufgerufen.
ALLOW PARALLEL	Spezifiziert, ob die Funktion bei einer einzelnen Statement-Referenz eine Parallel-Verarbeitung nutzen kann.
ALLOW PARALLEL	Die Funktion kann bei SQL-Statement-Parallel-Verarbeitung ebenfalls parallel ausgeführt werden, da ein Funktionsaufruf unabhängig von einem anderen Aufruf desselben SQL-Statements ist. Die meisten Scalar Functions sind in diese Kategorie einzustufen.
DISALLOW PARALLEL	Die Funktion kann bei SQL-Statement-Parallel-Verarbeitung nicht parallel ausgeführt werden, da ein Funktionsaufruf abhängig von einem anderen Aufruf desselben SQL-Statements ist. Gründe sind: - Nutzungserfordernis einer gemeinsamen Scratchpad-Area, - NOT DETERMINISTIC wurde definiert, - EXTERNAL ACTION wurde definiert, - MODIFIES SQL DATA wurde definiert, - FINAL CALL wurde definiert. In solchen Fällen ist DISALLOW PARALLEL der Default-Parameter.

DBINFO	Spezifiziert, ob in der Parameterliste ein zusätzlicher Bereich hinzugefügt wird, in dem DB2 Systeminformationen an die Funktion übergibt.
DBINFO	Es wird eine Struktur in der Parameterliste übergeben.
NO DBINFO	Es wird keine Struktur in der Parameterliste übergeben.
CARDINALITY	Geschätzte Ergebnismenge als Information für den Optimizer. Wird dieser Parameter nicht vorgegeben, schätzt DB2 eine Ergebnismenge.
integer	Geschätzte Ergebniszeilen. Wertevorgabe zwischen 0 und 2147483647.
COLLID	Identifiziert die Package Collection, der die Funktion zugeordnet ist.
COLLID collection-id	Expliziter Name der Package Collection.
NO COLLID	Der Name der Package Collection wird wie folgt abgeleitet: - die Funktions Package Collection entspricht der des aufrufenden Programmes bzw. des aufrufenden Triggers, - nutzt das aufrufende Programm keine Package, wird der Inhalt von CURRENT PACKAGESET zur Ausführungszeit herangezogen.
WLM ENVIRONMENT	Identifiziert die Workload Manager (WLM) Application Umgebung, in der die Funktion aktiviert wird. Wird der Parameter nicht vorgegeben, wird die Funktion im WLM-Stored Procedure Adressraum ausgeführt.
name	Expliziter Name der WLM-Umgebung, in der die Funktion laufen muss.
(name,*)	Die Funktion wird in derselben Umgebung aktiviert, in der das aufrufende Programm bzw. die aufrufende Funktion zugeordnet ist. Siehe unter CREATE FUNCTION.
ASUTIME	Vorgabe eines Limits für die Inanspruchnahme von Prozessor-Zeit für die Abwicklung der Funktion in CPU Service Units. Dieser Parameter ist unabhängig von der ASUTIME-Spalte von RLF.
LIMIT integer	Limit mit einem Wert zwischen 1 und 2147483647. Bei Überschreitung der Ausführungszeit wird die Funktion abgebrochen. Mit diesem Parameter kann auf Loops oder unvertretbaren Ressourceverbrauch reagiert werden.
NO LIMIT	Die Funktion darf unbegrenzte Systemressourcen beanspruchen (soweit dem keine anderen Limite außerhalb dieser Definitionen entgegensprechen).
STAY RESIDENT	Spezifikation, ob nach Ausführungsabschluss das Lademodul dieser Funktion weiterhin im Speicher für eine spätere Nutzung gehalten werden soll.
YES	Das Lademodul bleibt weiterhin gespeichert. Dieser Parameter sollte nur bei Reentrant-Programmen gesetzt werden.
NO	Das Lademodul wird nach Abschluss aus dem Speicher entfernt. Dieser Parameter sollte bei Non-Reentrant-Programmen gesetzt werden.
PROGRAM TYPE	Spezifikation, ob die Funktion als Hauptprogramm oder als Unterprogramm behandelt werden soll. Details siehe unter CREATE FUNCTION (External Scalar).
MAIN	Die Funktion wird als Hauptprogramm behandelt.
SUB	Die Funktion wird als Unterprogramm behandelt.
SECURITY	Spezifikation, wie die Funktion mit einem externen Security Manager zusammenwirkt zur Kontrolle von Ressourcen außerhalb von DB2.
DB2	Die Funktion arbeitet ohne externen Security Manager. Evtl. Anforderungen werden dem Autorisierungs-Id zugeordnet, der mit dem WLM-Adressraum verbunden ist.
USER	Die Funktion arbeitet mit einem externen Security Manager. Anforderungen werden dem Autorisierungs-Id zugeordnet, der die Funktion aufruft.
DEFINER	Die Funktion arbeitet mit einem externen Security Manager. Anforderungen werden dem Eigentümer der Funktion zugeordnet.
RUN OPTIONS	Spezifikation der Language Environment Run-time Options. Fehlt der Parameter, werden die Installations-Defaults eingesetzt.
run-time-options	Vorgabe der Optionen als String mit max. 254 Bytes.

Syntax-Diagramm: parameter-type

Das folgende Syntax-Diagramm enthält die Definitionen der Eingabe-Parameter der Funktion (Funktions-Argumente).

```
parameter-type:
   ┌─ data-type ─────────────┬─ AS LOCATOR ─┐
───┤                         └──────────────┤───────────────►
   └─ TABLE LIKE ─┬─ table-name ─┬─ AS LOCATOR ─┘
                  └─ view-name ──┘
```

Parameter-Beschreibung

data-type
Definition des Daten-Typs des Eingabe-Parameters der Funktion. Mögliche Ausprägungen entsprechen dem Block *data-type*. Beschreibung siehe weiter unten.

AS LOCATOR
Der Funktion wird anstelle eines LOB-Wertes ein LOB-Locator übergeben. Der Parameter ist nur bei einem LOB Daten-Typ vorgebbar.

TABLE LIKE
Die Eingabe-Parameter stammen aus einer Trigger-Zwischen-Tabelle (Transition Table). Es werden keine Werte übergeben, sondern der Locator, der auf die interne Adresse der Tabelle verweist (Table Locator).
Über diesen Locator können die einzelnen Spalten-Charakteristiken dieser Tabelle referenziert werden.

table-name
Alle Spalten dieser auf dem aktuellen Server existierenden Tabelle werden implizit definiert. Die im Katalog definierten Spalten-Charakteristiken werden übernommen. Als Owner der Tabelle wird implizit der Schema-Name der Funktion eingesetzt, sofern dieser nicht explizit vorgegeben wurde.

view-name
Alle Spalten dieses auf dem aktuellen Server existierenden Views werden implizit definiert. Die im Katalog definierten Spalten-Charakteristiken werden übernommen. Als Owner des Views wird implizit der Schema-Name der Funktion eingesetzt, sofern dieser nicht explizit vorgegeben wurde.

AS LOCATOR
Der Funktion wird anstelle einzelner Parameter ein Table-Locator übergeben.

Syntax-Diagramm: data-type

Die folgenden Syntax-Diagramme enthalten die Definitionen der Daten-Typen:

```
data-type:
   ┌─ builtin-data-type ──┐
───┤                      ├─────────────────────────────────►
   └─ distinct-data-type ─┘
```

Definition: builtin-data-type siehe unter CREATE FUNCTION (External Scalar)
distinct-data-type siehe unter CREATE DISTINCT TYPE

Parameter-Beschreibung

Definition der Daten-Typen für die Eingabe-Parameter und den Ausgabe-Parameter der Funktion.

builtin-data-type
Der Daten-Typ des Parameters ist ein Builtin Daten-Typ. Die Daten-Typen und ihre Behandlung entsprechen der Beschreibung unter CREATE TABLE. Details siehe dort. Ausnahme:
- die (ohnehin fragwürdigen) Daten-Typen LONG VARCHAR und LONG VARGRAPHIC werden nicht unterstützt.

DateTime Daten-Typen werden als Character-Strings im ISO-Format übergeben. Ansonsten können sämtliche vom System angebotenen Umwandlungen unterstützt werden.

distinct-type-name
Der Daten-Typ des Parameters ist ein Distinct Daten-Typ. Ein solcher Parameter wird von DB2 im Source-Typ-Format (Builtin Daten-Typ) umgewandelt übergeben.

A2 Anhang - Definition der wichtigsten DB2-Sprachelemente
-ALTER GROUPBUFFERPOOL (DB2-Command)

Aufgabe des Statements

Der ALTER GROUPBUFFERPOOL-Command ändert Attribute von Group Bufferpools in einer Sharing-Database-Umgebung.
Änderungen können bei einem nicht duplizierten Group Bufferpool aktiviert werden mit dem OS/390-Command: SETXCF START,REBUILD.

Kurzform des Commands: -ALT GBPOOL   **Data-Sharing-Wirkungskreis: Group**

Erforderliche Privilegien

- SYSADM, SYSCTRL oder SYSOPR.

Anwendungs-Beispiel

```
-ALT  GBPOOL        (GBP2)      Änderung Group Bufferpool 2
      CLASST        (5)         Class Castout wird bei 5 % gestartet.
```

Syntax-Diagramm

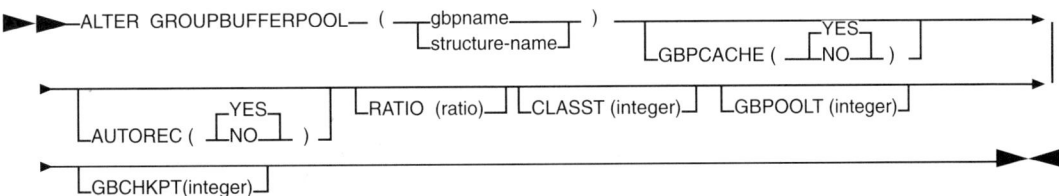

Parameter-Beschreibung

gbpname   Name des zu ändernden Group Bufferpools:
- **GBP0 -GBP49**   4-K-Page-Pool (für Tablespaces und Indexspaces).
- **GBP8K0 - BP8K9**   8-K-Page-Pool (nur für Tablespaces).
- **GBP16K0 - BP16K9**   16-K-Page-Pool (nur für Tablespaces).
- **GBP32K - BP32K9**   32-K-Page-Pool (nur für Tablespaces).

structure-name   Name der Coupling-Facility-Speicherstruktur, die den Group Bufferpool identifiziert. Der Name setzt sich zusammen aus:
> groupname_gbpname
> groupname = Name der DB2 Group.
> gbpname = Name des Group Bufferpools.

GBPCACHE   Festlegung, ob dieser Group Bufferpool zum Speichern von Daten oder nur für die übergreifende Konsistenzbewahrung (Cross-Invalidation) bei veränderten Pages genutzt werden soll. Diese Option wirkt im Zusammenspiel mit den Page-Set-Parametern (siehe z.B. CREATE TABLESPACE).
Ist an einer Stelle GBPCACHE NO (bzw. NONE) definiert, wirkt dies mit höchster Priorität.

- **YES**   Der Group Bufferpool wird für die Speicherung von Pages genutzt und dient der Cross-Invalidation.
- **NO**   Der Group Bufferpool wird nicht für die Speicherung von Pages genutzt und dient nur der Speicherung von Kontrollinformationen für die Cross-Invalidation. In sämtlichen lokalen virtuellen Bufferpools müssen veränderte Pages als ungültig gekennzeichnet werden. Die Koordination wird mit Hilfe der Group Bufferpool-Informationen vorgenommen. Bei GBPCACHE NO werden veränderte Pages bei einem COMMIT synchron ausgeschrieben (bis zu 32 mit einem I/O).
Eine GBPCACHE-Vorgabe von Tablespaces oder Indexspaces wird ignoriert.
Bei Vorgabe dieses Parameters werden alle anderen Parameter inaktiviert.

A2 Anhang - Definition der wichtigsten DB2-Sprachelemente
-ALTER GROUPBUFFERPOOL - 2

AUTOREC Festlegung, ob DB2 einen automatischen Recovery-Prozess aktivieren soll, wenn ein CF-Struktur-Fehler auftritt oder die Verbindungen zu allen anderen Membern der Group verloren gehen:

    YES Ja, es werden alle Pagesets und Partitions recovered, die den Status GRECP (Group Bufferpool Recovery Pending) aufweisen und Pages in der Logical Page List haben.

    NO Nein. Erst mit einem nachfolgenden -START DATABASE-Kommando werden alle Pagesets und Partitions recovered, die den Status GRECP (Group Bufferpool Recovery Pending) aufweisen und Pages in der Logical Page List haben.

RATIO Festlegung, welches Verhältnis der Anzahl Anzahl Directory Einträge zur Anzahl von Daten-Pages angestrebt wird.

    ratio
- Mögliche Wertebereiche: 1.0 bis 255 (Nachkommastellen werden ab dem Wert '25.0' ignoriert).
- Default: 5.
- Wirkung: Erst mit der nächsten Allokation des Group Bufferpools.

CLASST Limit (Class Castout Threshold) für das asynchrone Ausschreiben veränderter Pages aus dem Group Bufferpool (Castout), bezogen auf die Castout Class Queues, d.h. die Pages einzelner Klassen werden ausgeschrieben.

    integer Prozentsatz geänderter Pages im Verhältnis zur Anzahl gespeicherter Daten-Pages.
- Mögliche Wertebereiche: 0 bis 90
- Default: 10   10 %.
- Wirkung: Sofort.

GBPOOLT Limit (Group Bufferpool Castout Threshold) für das asynchrone Ausschreiben veränderter Pages aus dem Group Bufferpool (Castout), bezogen auf den gesamten Bufferpool.

    integer Prozentsatz geänderter Pages im Verhältnis zur Anzahl gespeicherter Daten-Pages.
- Mögliche Wertebereiche: 0 bis 90
- Default: 50   50 %.
- Wirkung: Sofort.

GBCHKPT Zeitintervall zwischen dem Absetzen aufeinanderfolgender Checkpoints aus dem Group Bufferpool.
Je kleiner der Wert ist, desto schneller kann im Fehlerfall der Group Bufferpool wieder hergestellt werden (recover), desto aufwendiger sind aber die Systemmaßnahmen für die Checkpoint-Schreibung.

    integer Zeit in Minuten.
- Mögliche Wertebereiche: 1 bis 999999.
- Default: 8   8 Minuten.
- Wirkung: Sofort.

A2 Anhang - Definition der wichtigsten DB2-Sprachelemente
ALTER INDEX (SQL-Statement)

Aufgabe des Statements

Das SQL-ALTER INDEX-Statement ändert Beschreibungen eines Index am aktuellen Server.
Mit diesem Statement kann auch der Index-Typ verändert werden.
Es wird nur die Katalog-Beschreibung des Index, nicht aber die Index-Datenbasis verändert. Alle auf physische Datenstrukturen wirkenden Änderungen (z.B. PRIQTY, PIECESIZE) sind erst wirksam beim nächsten Neu-Aufbau der Index-Daten (RECOVER, REBUILD, REORG, LOAD REPLACE). Dies gilt aber nicht für SECQTY.

Die gleiche Klausel darf nicht mehrfach verwendet werden
Bei partitioned Tablespace können in einem ALTER INDEX-Statement für jede Partition eines partitioned Index eigene Charakteristiken vorgegeben werden.
Werden allgemeine Änderungen ohne Partition-Bezug vorgegeben, wirken sie bei einem partitioned Tablespace für alle Partitions.
Die Wirkung der Parameter wurde mit der Version 6 verändert:

```
ALTER INDEX ...        vor der Version 6 wirkt FREEPAGE nur bei Partition 1
    FREEPAGE 10        ab der Version 6 wirkt FREEPAGE in diesem Fall bei allen Partitions
    PART 1 ....        Reihenfolge ist wichtig: PART 1  FREEPAGE 10 diese Änderung wirkt nur für Partition1
```

Bei Änderung bestimmter physischer Speicher-Charakteristiken muss der Indexspace gestoppt sein
(STOP DATABASE-Command, ALTER INDEX, START DATABASE-Command).

Die vorhandenen Höchstwerte (Limit Key) der Partition-Zuordnungen eines Partitioned Index können nachträglich mit diesem Statement verändert werden. Dies wird als **Partition Rebalancing** bezeichnet.
Nach einer solchen Änderung befindet sich der Tablespace mit seinen betroffenen Partitions (das sind die veränderten Partitions und in d.R. noch die nachfolgende Partition) im "Reorg Pending Status", d.h. es muss ein REORG-Lauf vorgenommen werden

```
REORG    TABLESPACE tablespace-name) PART 1 : 3 ....    Siehe auch Beispiel ALTER INDEX unten.
         COPYDDN (SYSCOPY)                              Beim REORG muss eine Inline-Kopie gezogen
                                                        werden, da die vorherigen Image-Copies nicht
                                                        mehr verwendbar sind.
```

Erforderliche Privilegien

- Eigentümer des Index oder
- Eigentümer der Table, auf der Index basiert oder
- DBADM-Privileg für die Database, die Table enthält oder
- SYSADM, SYSCTRL;
- bei Bufferpool-Änderung USE-Privileg (bzw. SYSADM, SYSCTRL).

Anwendungs-Beispiel

```
ALTER  INDEX           SEMTYP_I01
       BUFFERPOOL      BP2                  Änderung Bufferpool-Zuordnung
       COPY  YES                            Image Copies sind möglich.

ALTER  INDEX           SEMINAR_I05
       BUFFERPOOL      BP4                  Änderung Bufferpool-Zuordnung
       COPY  YES                            Image Copies sind möglich
       GBPCACHE  ALL                        Grundsätzlich werden alle Index Pages dem
                                            Group Bufferpool zugeordnet.
       PART 2                               Änderungen physischer Charakteristiken für Partition 2
           USING      STOGROUP SEMSG01
                      PCTFREE   0           Kein Freiplatz, da z.B. Daten nur read-only.
                      GBPCACHE NONE         Keine Zuordnung zu Group Bufferpools.
       PART 3                               Änderungen physischer Charakteristiken für Partition 3
           USING      STOGROUP SEMSG01
                      PCTFREE  15           15 % Freiplatz pro Page.
                      GBPCACHE CHANGED      Zuordnung zu Group Bufferpools nur bei Inter-DB2-
                                            Interesse.

ALTER  INDEX              SEMINAR_I05       Partition-Rebalancing (siehe Beispiel CREATE INDEX)
       PART 1 VALUES ('2001-12-31' , 99999 ),    Vorher war der Limit-Key der Partition 1 '2000-12-31'
       PART 2 VALUES ('2002-12-31' , 99999 )     Vorher war der Limit-Key der Partition 2 '2001-12-31'.
                                            Der Tablespace befindet sich anschließend mit seinen
                                            Partitions 1 - 3 im "Reorg Pending Status".
```

A2 Anhang - Definition der wichtigsten DB2-Sprachelemente
ALTER INDEX - 2

Syntax-Diagramm

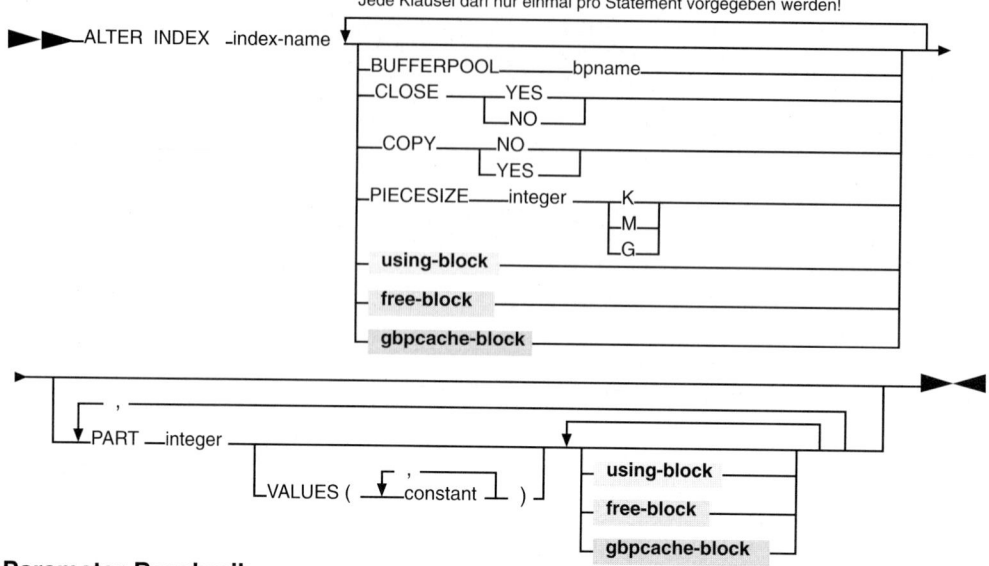

Parameter-Beschreibung

index-name
Name des zu ändernden Index. Die genaue Parameterbeschreibung siehe unter CREATE INDEX.

BUFFERPOOL
Identifikation des Bufferpools, der für den Index verwendet werden soll (wirksam ab nächstem OPEN der zugrundeliegenden Datasets).

   bpname:
Auswahl des Bufferpools, der im lfd. System aktiv sein muss:

      BP0 - BP49
4-KB-Page-Pool. Andere Page-Pool-Größen können nicht vorgegeben werden.

CLOSE
Kennzeichnung, ob die Index-Dateien geschlossen werden, wenn der Index unbenutzt ist und ein Generierungs-Limit offener Datasets (DSMAX) erreicht ist:

   YES   Der Index kann im Bedarfsfall geschlossen werden.
   NO   Der Index bleibt geöffnet, auch wenn für den Index keine Verarbeitung aktiv ist. Wenn DSMAX erreicht wird, können auch solche Datasets geschlossen werden.

COPY
Kennzeichnung, ob das COPY-Utility mit der Möglichkeit der Erstellung von Full Image Copies bzw. Concurrent Copies für diesen Index erlaubt ist:

   YES   Ja, damit ist auch ein RECOVER für diesen Index möglich.
   NO   Nein, damit ist ein RECOVER für diesen Index nicht möglich. Im Bedarfsfall muss der Index mit REBUILD INDEX neu aufgebaut werden.

PIECESIZE
Maximale Größe bei Aufteilung eines non partitioned Index (Pieces). Mit Hilfe von PIECES kann eine physische Aufteilung der Index-Daten eines non partitioned Index erreicht werden und damit ein höherer Parallelitätsgrad der Verarbeitung. Sollen z.B. 20 MB Index-Daten auf 10 verschiedene Datasets aufgeteilt werden, müßte hier der Wert 2M vorgegeben werden.
Hinweis: Dies ist natürlich eine rein physisch geprägte Aufteilung der Daten. Der wirkliche Parallelitätsgrad ist stark abhängig von den zu verarbeitenden Daten und deren tatsächlicher Zuordnung innerhalb des Index.

Mit der Änderung von PIECESIZE wird der "Page Set Rebuild Pending Status (PSRBD)" gesetzt und die Änderung wird erst aktiv, wenn der Index mit REORG TABLESPACE, REORG INDEX oder REBUILD INDEX neu aufgebaut wird.

A2 Anhang - Definition der wichtigsten DB2-Sprachelemente
ALTER INDEX - 3

integer		Größe in Abhängigkeit von der folgenden Option. Die jeweils gültigen Werte sind unter CREATE INDEX aufgeführt. Siehe dort:
	K	Anzahl Kilobytes. Anzahl Bytes = Integer-Wert * 1 024. Wertevorgabe von 256 K bis zu 67 108 864 K in Zweier-Potenzschritten.
	M	Anzahl Megabytes. Anzahl Bytes = Integer-Wert * 1 048 576. Wertevorgabe von 1 M bis zu 65 536 M in Zweier-Potenzschritten.
	G	Anzahl Gigabytes. Anzahl Bytes = Integer-Wert * 1 073 741 824. Wertevorgabe von 1 G bis zu 64 G in Zweier-Potenzschritten.
using-block		Vorgabe von Dataset-Charakteristiken. Beschreibung siehe weiter unten.
free-block		Vorgabe von Freiplatz-Kriterien. Beschreibung siehe weiter unten.
gbpcache-block		Vorgabe von Group-Bufferpool-Kriterien. Beschreibung siehe weiter unten.
PART integer		Partition-Nr. bei partitioned Tablespace (muss innerhalb der NUMPARTS-Angabe von CREATE TABLESPACE liegen). Für jede Partition-Nr. kann ein Eintrag vorgenommen werden.
VALUES (constant)		Höchster Wert (bei absteigender Folge niedrigster Wert) der Index-Spalten innerhalb der jeweiligen Partition-Nr (Limit Key). Details zur Vorgabe siehe unter CREATE INDEX.
using-block		Vorgabe von Dataset-Charakteristiken. Beschreibung siehe weiter unten.
free-block		Vorgabe von Freiplatz-Kriterien. Beschreibung siehe weiter unten.
gbpcache-block		Vorgabe von Group-Bufferpool-Kriterien. Beschreibung siehe weiter unten.

Syntax-Diagramm: using-block

using-block: Jede Klausel darf nur einmal vorgegeben werden!

Parameter-Beschreibung	Zuordnung von physischen Parametern. Bei partitioned Tablespace kann pro Partition ein eigener USING-Block vorgegeben werden.
USING	Spezifikation, ob die Datasets 'user-defined' oder 'DB2-managed' sind. Bei Änderung des Katalognamens (direkt über VCAT oder indirekt über eine andere STOGROUP bzw. wenn die Datasets auf andere Volumes übertragen werden) müssen alle VSAM-Datasets des Indexspaces mit neuem First-Level-Qualifier neu angelegt werden.
VCAT Katalog-name	Bezug zum ICF-Katalog mit eigenständiger Dataset-Definitions-Möglichkeit, wenn DB2-Default-Definitionen nicht genutzt werden sollen (8-stelliger ALIAS, wenn der Katalog-Name größer als 8 Stellen ist). Die Änderung wirkt nach dem physischen Kopieren der Daten (z.B. mit DSN1COPY) und dem nachfolgenden Start des Indexspaces.
STOGROUP stogroup name	Storage Group, bei der DB2 die Datasets managed (USE STOGROUP-Privileg muss existieren).
PRIQTY integer	Minimal-Primär-Platzanforderung in K-Bytes für VSAM-CI-Anforderungen. Minimum = 12 KB, Maximum = 4 GB. Wird keine PRIQTY vorgegeben, gelten folgende Defaults: - DB2 managed und STOGROUP vorgegeben: bisheriger Wert wird beibehalten. - User managed und STOGROUP vorgegeben: 12 KB.

A2 Anhang - Definition der wichtigsten DB2-Sprachelemente
ALTER INDEX - 4

SECQTY integer		Minimal-Sekundär-Platzanforderung in K-Bytes für VSAM-CI-Anforderung. Minimum = 12 KB, Maximum = 4 GB. Wird keine SECQTY vorgegegeben, gelten folgende Defaults: - DB2 managed und STOGROUP vorgegeben: bisheriger Wert wird beibehalten. - User managed und STOGROUP vorgegeben: 12 KB oder 10 % von PRIQTY.
ERASE		Kennzeichen, ob die zugrundeliegenden Datasets nach dem Löschen des Index gelöscht werden sollen (x'00'-Auffüllen).
	YES	Löschen.
	NO	Kein Löschen.

Syntax-Diagramm free-block

```
free-block:
         ┌─────────────────────┐        Jede Klausel darf nur einmal vorgegeben werden!
─────────┼── FREEPAGE ─integer ─┼───────────────────────────────────────────────
         └── PCTFREE  ─integer ─┘
```

Parameter-Beschreibung Informationen zur Freiplatz-Verwaltung.

FREEPAGE integer   Nach jeder n-ten (Wert) Page wird beim Laden oder Reorganisieren des Index eine Page freigelassen. Wert von 0 bis 255 möglich.

PCTFREE integer   Prozentsatz Freiplatz innerhalb jeder Page. Wird beim Laden oder Reorganisieren des Index freigelassen. Wert von 0 bis 99 möglich.
Der Parameter wirkt innerhalb der Leaf-Pages.
Außerdem wirkt der Parameter bis max. 10 Prozent auf Non-Leaf-Pages.

Syntax-Diagramm gpcache-block

```
gbpcache-block:
                     ┌── CHANGED ──┐
───── GBPCACHE ──────┼── ALL ──────┼────────────────────────────────────────
                     └── NONE ─────┘
```

Parameter-Beschreibung Informationen zur Behandlung der Index-Pages im Group Bufferpool.

GBPCACHE   Kennzeichen, welche Index-Pages in den Group Bufferpool eingestellt werden sollen (diese Option wird in einer Non-Sharing-Umgebung ignoriert).
Bei einem partitioned Index wird diese Option pro Partition vorgegeben.
Ist der Index einem Group Bufferpoool zugeordnet, bei dem GBPCACHE (NO) definiert ist, ist dieser Parameter nicht mehr relevant.

CHANGED   Wenn ein allgemeines Interesse (Inter-DB2-R/W-Interest) an den Index-Daten besteht, werden veränderte Index-Pages in den Group Bufferpool gestellt.
Dies ist dann der Fall, wenn mehr als ein Member den Index bzw. die Index-Partition geöffnet haben, davon mindestens eines für Updates.
Besteht kein allgemeines Interesse, wird der Group Bufferpool nicht genutzt.

ALL   Alle Index-Pages werden direkt nach dem Einlesen in den Group Bufferpool gestellt.
Ausnahme: wenn außer einem DB2-System mit Update-Absicht keine anderen Member Interesse an den Daten haben, erfolgt keine Einlagerung in den Group Bufferpool. Bei ALL wird kein Hiperpool genutzt.

NONE   Der Group Bufferpool wird nicht für die Speicherung von Pages genutzt und dient nur der Speicherung von Kontrollinformationen für die Cross-Invalidation.

A2 Anhang - Definition der wichtigsten DB2-Sprachelemente
ALTER PROCEDURE (SQL-Statement)

Aufgabe des Statements

Das SQL-ALTER PROCEDURE-Statement ändert die Beschreibung einer Stored Procedure am aktuellen Server.

Erforderliche Privilegien

- Eigentümer der Stored Procedure oder
- ALTERIN-Privileg für das Schema bzw. alle Schemas oder
- SYSADM, SYSCTRL.

Anwendungs-Beispiel

```
ALTER   PROCEDURE  PROD.SEMINAR_SEMNR        Änderung Schema PROD Prozedur
                                             SEMINAR_SEMNR
        WLM ENVIRONMENT WLMPROD2             Zuordnung zur WLM-Ausführungsumgebung
                                             WLMPROD2
```

Syntax-Diagramm

Jede Klausel darf nur einmal pro Statement vorgegeben werden!

```
►►─ALTER PROCEDURE─procedure-name─┬─RESULT─┬─SET──┬─integer─┬──►◄
                                  │        └─SETS─┘         │
                                  ├─EXTERNAL─NAME─┬─'string'────┬─┤
                                  │               └─identifier──┘ │
                                  ├─LANGUAGE─┬─ASSEMBLE─┬─┤
                                  │          ├─C────────┤ │
                                  │          ├─COBOL────┤ │
                                  │          └─PLI──────┘ │
                                  ├─PARAMETER STYLE─┬─DB2SQL──────────────┬─┤  *1
                                  │                 ├─GENERAL─────────────┤ │
                                  │                 └─GENERAL WITH NULLS──┘ │
                                  ├─┬─NOT DETERMINISTIC─┬─┤  *2
                                  │ └─DETERMINISTIC─────┘ │
                                  ├─┬─CONTAINS SQL────┬─┤
                                  │ ├─READS SQL DATA──┤ │
                                  │ ├─MODIFIES SQL DATA┤│
                                  │ └─NO SQL──────────┘ │
                                  ├─┬─NO DBINFO─┬─┤
                                  │ └─DBINFO────┘ │
                                  ├─┬─NO COLLID──────────────┬─┤
                                  │ └─COLLID─collection-id───┘ │
                                  ├─WLM ENVIRONMENT─┬─name────────┬─┤
                                  │                 └─( name,* )──┘ │
                                  ├─NO WLM ENVIRONMENT─┤
                                  ├─ASUTIME─┬─NO LIMIT──────┬─┤
                                  │         └─LIMIT─integer─┘ │
                                  ├─STAY RESIDENT─┬─NO──┬─┤
                                  │               └─YES─┘ │
                                  ├─PROGRAM TYPE─┬─SUB──┬─┤
                                  │              └─MAIN─┘ │
                                  ├─SECURITY─┬─DB2─────┬─┤
                                  │          ├─USER────┤ │
                                  │          └─DEFINER─┘ │
                                  ├─RUN OPTIONS─run-time-options─┤
                                  └─COMMIT ON RETURN─┬─NO──┬─┘
                                                     └─YES─┘
```

* 1 - Synonyme: STANDARD CALL für DB2SQL; SIMPLE CALL für GENERAL; SIMPLE CALL WITH NULLS für GENERAL WITH NULLS
* 2 - Synonyme: VARIANT für NOT DETERMINISTIC; NOT VARIANT für DETERMINISTIC

Parameter-Beschreibung

procedure-name
Name der Stored Procedure, der zusammen mit den möglichen Qualifikatoren am aktuellen Server vorhanden sein muß.
Der Prozedur-Name kann mit einem Schema-Namen qualifiziert oder unqualifiziert vorgeben werden. Bei unqualifizierter Vorgabe wird er wie folgt ermittelt:
- wird das Statement in einem Programm abgesetzt, ist der QUALIFIER des BIND-Prozesses bzw. der OWNER von Plan bzw. Package der Schema-Name.
- wird das Statement dynamisch präpariert, ist der CURRENT SQLID der Schema-Name.

RESULT SET integer
RESULT SETS integer
Spezifiziert die maximale Anzahl Result Sets, die von der Prozedur an das aufrufende Programm bzw. die aufrufende Funktion zurückgegeben werden kann. Werden Aufrufe über mehrere Stufen getätigt (nested), kann das Result Set nicht über mehrere Stufen weitergeleitet werden. Sie steht nur direkt der Routine zur Verfügung, die das CALL-Statement beinhaltet.
Details zur Behandlung des Result Sets siehe unter DECLARE CURSOR WITH RETURN.

EXTERNAL
Spezifikation, dass diese Prozedur ein externes Lademodul benötigt. Wird der Parameter NAME nicht vorgegeben, wird der procedure-name verwendet.

    NAME 'string'
    oder identifier
Hier wird der Name (max. 8-stellig) des OS/390-Lademoduls definiert, das diese Funktion beinhaltet.
Beispiele für gültige Vorgaben:
    EXTERNAL oder EXTERNAL NAME SEM0001 oder EXTERNAL NAME 'SEM0001'

LANGUAGE
Programmiersprache der Prozedur. Alle Programme müssen für die IBM Language Environment Umgebung entwickelt sein.

    ASSEMBLE   Assembler.
    C   C oder C++.
    COBOL   COBOL inkl. der objektorientierten Erweiterungen.
    PLI   PL/I.

PARAMETER STYLE
Spezifiziert die Übergabekonventionen der Prozedur für Eingabe- und Ausgabe-Parameter.

    DB2SQL
Diese Form übergibt neben den definierten Parametern folgende zusätzliche Argumente:
- einen NULL-Indikator für jeden Parameter
- den SQLSTATE
- den qualifizierten und den spezifischen Namen der Prozedur
- den SQL-Diagnose-String.

    GENERAL
Nur die definierten Parameter werden übergeben. Die Parameter dürfen keine NULL-Werte enthalten.

    GENERAL WITH NULLS
Diese Form definiert neben den definierten Parametern einen zusätzlichen Übergabebereich von NULL-Indikatoren für jeden Parameter des CALL-Statements.

DETERMINISTIC
Spezifiziert ob die Prozedur bei wiederholtem Aufruf mit identischen Eingabe-Parametern dasselbe Ergebnis produzieren soll. DB2 führt keine Prüfung durch, ob das Programm der Prozedur den Definitionen entspricht.

    DETERMINISTIC
Die Prozedur garantiert dasselbe Ergebnis. Dies ist dann der Fall, wenn keine variablen Einflussgrößen innerhalb der Prozedur wirken.

    NOT DETERMINISTIC
Die Prozedur garantiert nicht dasselbe Ergebnis. Dies ist dann der Fall, wenn variable Einflussgrößen innerhalb der Funktion wirken, wie SQL-Zugriffe.

A2 Anhang - Definition der wichtigsten DB2-Sprachelemente
ALTER PROCEDURE - 3

....SQL ...   Spezifiziert, ob die Prozedur SQL-Statement nutzen darf und wenn ja, welche. Details zu den einzelnen Spezifikationen siehe unter CREATE FUNCTION (External Scalar).
Der Einsatz eines nicht zulässigen SQL-Statements, wie ROLLBACK oder COMMIT oder SET CURRENT SQLID führt zu dem 'Must Rollback-Status" der Prozedur.
Darauf muss das aufrufende Programm mit einem ROLLBACK reagieren.

    NO SQL   Die Prozedur darf keine SQL-Statements ausführen.
    MODIFIES SQL DATA   Die Prozedur darf alle SQL-Statements ausführen bzw. nutzen, die grundsätzlich in Prozeduren einsetzbar sind.
    READS SQL DATA   Die Prozedur darf keine SQL-Statements ausführen, die Manipulationen der Daten vornehmen.
    CONTAINS SQL   Die Prozedur darf keine SQL-Statements ausführen, die Daten lesen oder manipulieren.

DBINFO   Spezifiziert, ob in der Parameterliste ein zusätzlicher Bereich hinzugefügt wird, in dem DB2 Systeminformationen zurückgibt (nur bei PARAMETER STYLE DB2SQL).

    DBINFO   Es wird eine Struktur in der Parameterliste übergeben. Beispielsweise werden hier bereitgestellt:
- Lokations-Name,
- Autorisierungs-Id des Funktions-Aufrufenden,
- Betriebssystem- und DB2-Produkt-Information,

Details zur Parameter-Struktur siehe im Anhang 5.

    NO DBINFO   Es wird keine Struktur in der Parameterliste übergeben.

COLLID   Identifiziert die Package Collection, der die Prozedur zugeordnet ist.
    COLLID collection-id   Expliziter Name der Package Collection.
    NO COLLID   Der Name der Package Collection wird wie folgt abgeleitet:
- die Prozedur-Package Collection entspricht der des aufrufenden Programmes bzw. des aufrufenden Triggers,
- nutzt das aufrufende Programm keine Package, wird der Inhalt von CURRENT PACKAGESET zur Ausführungszeit herangezogen.

WLM ENVIRONMENT   Identifiziert die Workload Manager (WLM) Application Umgebung, in der die Prozedur aktiviert wird.
Wird der Parameter nicht vorgegeben, wird die Prozedur im WLM-Stored Procedure Adressraum ausgeführt, der bei der Installation definiert wurde.

    name   Expliziter Name der WLM-Umgebung, in der die Prozedur laufen muss.
    (name,*)   Die Prozedur wird in derselben Umgebung aktiviert, in der das aufrufende Programm bzw. die aufrufende Prozedur zugeordnet ist.

NO WLM ENVIRONMENT   Identifiziert die DB2 Stored Procedure Adressraum Umgebung (SPAS), in der die Prozedur aktiviert wird.
Dieser Parameter darf nicht vorgegeben werden mit den Parametern:
- PROGRAM TYPE SUB
- SECURITY USER oder SECURITY DEFINER
- Parameter, die auf einem LOB-Daten-Typ basieren.

ASUTIME   Vorgabe eines Limits für die Inanspruchnahme von Prozessor-Zeit für die Abwicklung der Prozedur in CPU Service Units.
Dieser Parameter ist unabhängig von der ASUTIME-Spalte von RLF.

    LIMIT integer   Limit mit einem Wert zwischen 1 und 2147483647. Bei Überschreitung der Ausführungszeit wird die Prozedur abgebrochen. Mit diesem Parameter kann auf Loops oder unvertretbaren Ressourceverbrauch reagiert werden.
    NO LIMIT   Die Prozedur darf unbegrenzte Systemressourcen beanspruchen (soweit dem keine anderen Limite außerhalb dieser Definitionen entgegensprechen).

STAY RESIDENT   Spezifikation, ob nach Ausführungsabschluss das Lademodul dieser Prozedur weiterhin im Speicher für eine spätere Nutzung gehalten werden soll.

    YES   Das Lademodul bleibt weiterhin gespeichert. Dieser Parameter sollte nur bei Reentrant-Programmen gesetzt werden.
    NO   Das Lademodul wird nach Abschluss aus dem Speicher entfernt.
Dieser Parameter sollte bei Non-Reentrant-Programmen gesetzt werden.

A2 Anhang - Definition der wichtigsten DB2-Sprachelemente
ALTER PROCEDURE - 4

PROGRAM TYPE Spezifikation, ob die Prozedur als Hauptprogramm oder als Unterprogramm behandelt werden soll.

    MAIN Die Prozedur wird als Hauptprogramm behandelt. Das führt zu einem erhöhten Aufwand und folgenden Zusatzaktivitäten:
- Initialisierungs- und Terminierungsarbeiten,
- Anforderung und Freigabe von Speicherbereichen,
- Freigabe aller Workfiles vor dem Rücksprung.

    SUB Die Prozedur wird als Unterprogramm behandelt und muss folgendes beachten:
- keine Steuerungsrückgabe an das Betriebssystem (z.B. kein PL/I STOP oder EXIT; kein COBOL STOP RUN),
- sprachspezifische Charakteristiken:

Sprache	Hauptprogramm	Unterprogramm
Assembler	MAIN=YES im CEENTRY-Macro	MAIN=NO im CEENTRY-Macro
C	main()-function und Parameterübergabe mit argc und argv	fetchable-function und explizite Parameterübergabe.
COBOL	Rücksprung nicht mit GOBACK	Dynamisch geladenes Upro. Rücksprung mit GOBACK
PL/I	PROC OPTIONS (MAIN)	PROC OPTIONS (FETCHABLE)

SECURITY Spezifikation, wie die Prozedur mit einem externen Security Manager zusammenwirkt zur Kontrolle von Ressourcen außerhalb von DB2.

    DB2 Die Prozedur arbeitet ohne externen Security Manager. Evtl. Anforderungen werden dem Autorisierungs-Id zugeordnet, der mit dem WLM-Adressraum verbunden ist.

    USER Die Prozedur arbeitet mit einem externen Security Manager. Anforderungen werden dem Autorisierungs-Id zugeordnet, der die Prozedur aufruft.

    DEFINER Die Prozedur arbeitet mit einem externen Security Manager. Anforderungen werden dem Eigentümer der Prozedur zugeordnet.

RUN OPTIONS Spezifikation der Language Environment Run-time Options. Fehlt der Parameter, werden die Installations-Defaults eingesetzt.

    run-time-options Vorgabe der Optionen als String mit max. 254 Bytes.

COMMIT ON RETURN Spezifikation, ob direkt nach Abschluss der Prozedur automatisch ein COMMIT abgesetzt werden soll.

    NO Nein. Die Stored Procedure wird als Teil der UOW des aufrufenden Programms behandelt.

    YES Ja. Bei Abschluss der Stored Procedure wird ein COMMIT abgesetzt, sofern folgende Bedingungen vorliegen:
- der SQLCODE, der nach dem CALL zurückgegeben wird, hat keinen negativem Inhalt
- die Prozedur ist nicht in einem "Must Abort-Status" (SQLCODE -919). In diesem Fall trat in der Prozedur ebenfalls ein Fehler auf.

Soll ein Result Set übergeben werden, ist der Cursor mit WITH HOLD zu deklarieren.

Aufgabe des Statements

Das SQL-ALTER STOGROUP-Statement ändert Beschreibungen einer Storage Group am aktuellen Server.

Erforderliche Privilegien

- Eigentümer der Storagegroup oder
- SYSADM, SYSCTRL.

Anwendungs-Beispiel

```
ALTER    STOGROUP         SEMST01
         ADD VOLUMES      (PRIV10)      Hinzufügen Volumes.
         REMOVE VOLUMES   (PRIV02)      Entfernen Volumes.
```

Syntax-Diagramm

Jede Klausel darf nur einmal pro Statement vorgegeben werden!

▶▶──ALTER STOGROUP──stogroup-name──┬──ADD VOLUMES (──▼──vol-id──)──┬──▶◀
                                   │   │,│   │
                                   │   │*│   │
                                   └─REMOVE VOLUMES (──▼──vol-id──)┘

Jede Volume-Id. darf nur einmal spezifiziert werden!

Parameter-Beschreibung

stogroup-name   Name der zu ändernden Storage Group.

ADD VOLUMES (volume-id)   Hinzufügen neuer Volumes in die Storage Group.
ADD VOLUMES (' * ') für SMS (Storage Management Subsystem). Es werden von SMS nur neue Datasets verwaltet, die nach der Ausführung dieses Statements neu eingerichtet werden.
Siehe auch unter : CREATE STOGROUP.

REMOVE VOLUMES (volume-id)   Entfernen einer oder mehrerer existierender Volumes aus der Storage Group.

A2 Anhang - Definition der wichtigsten DB2-Sprachelemente
ALTER TABLE (SQL-Statement)

Aufgabe des Statements

Das SQL-ALTER TABLE-Statement ändert Beschreibungen einer Table am aktuellen Server.
Bei einer temporären Tabelle darf mit ADD lediglich eine Spalte hinzugefügt werden.
Jedes Schlüsselwort darf i.d.R. nur einmal pro ALTER TABLE-Statement vorkommen (Ausnahme: ALTER COLUMN kann mehrfach auftreten).
Eine Änderung von Table-Parametern hat keine Auswirkung auf existierende Views.
Die Parameter werden in der Eingabereihenfolge verarbeitet.

Erforderliche Privilegien

- ALTER-Privileg der Table oder
- Eigentümer der Table oder
- DBADM-Privileg für die Database, die Table enthält oder
- SYSADM, SYSCTRL;
- bei Änderung referenzieller Beziehungen sind die entsprechenden Ressource-Privilegien der verknüpften Objekte erforderlich,
- bei Änderung von Daten-Typen, die auf Funktionen oder Distinct Daten-Typen basieren, die entsprechenden Nutzungs-Privilegien.

Anwendungs-Beispiele

```
ALTER TABLE   SEMTYP
      ADD     UNTERLAGEN  SMALLINT        Neue Spalte
              NOT NULL WITH DEFAULT       DB2 setzt für NULL-Werte Default-Werte ein (NOT NULL ist aufgrund
                                          vorhandener Zeilen innerhalb der Tabelle nicht zulässig).
ALTER TABLE   SEMINAR
      ALTER   COLUMN KURSORT              Längenänderung der variablen Spalte KURSORT von VARCHAR (50)
              SET DATA TYPE VARCHAR (60)  auf VARCHAR (60).
      ADD     STATUS  SMALLINT            Neue Spalte.
```

Syntax-Diagramm

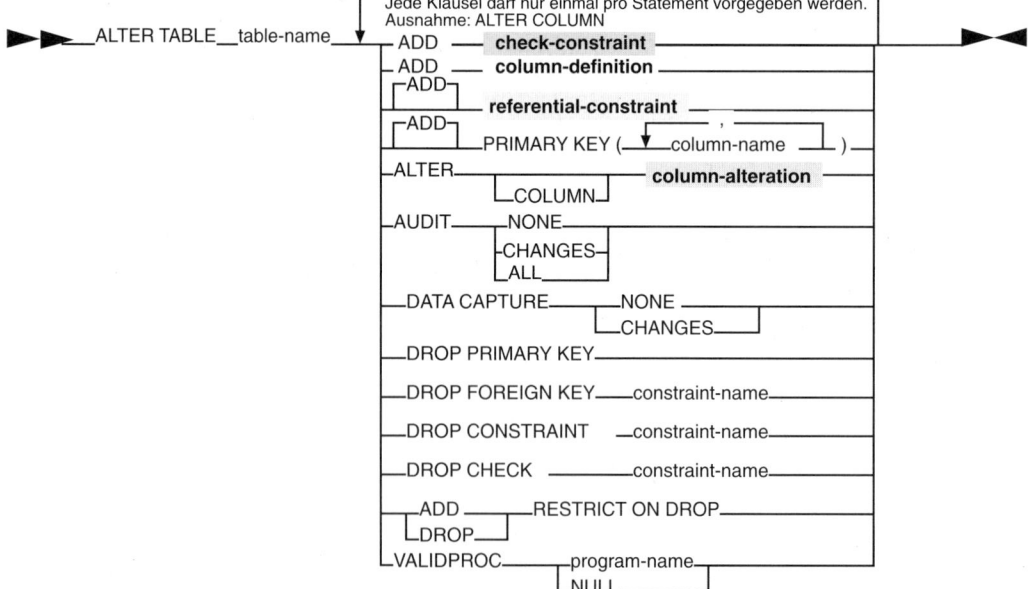

Parameter-Beschreibung

table-name   Name der zu ändernden Table. Die genaue Parameterbeschreibungen
                   siehe unter CREATE TABLE.
                   Als table-name ist auch ein Synonym zulässig. Nicht zulässig sind die Namen
                   von Views und Auxiliary Tabellen. Bei einer Katalog-Tabelle kann nur DATA
                   CAPTURE CHANGES vorgegeben werden.

A2 Anhang - Definition der wichtigsten DB2-Sprachelemente
ALTER TABLE - 2

ADD check-constraint	Hinzufügen eines Check Constraints. Siehe eigenständiger Block.
ADD column-definition	Hinzufügen einer Spalte. Siehe eigenständiger Block.
ADD referential constraint	Hinzufügen eines Referential Constraints. Siehe eigenständiger Block.
ADD PRIMARY KEY column-name	Hinzufügen eines Primary Keys. Siehe CREATE TABLE. Für die Tabelle muss vorher ein Unique Index definiert sein (Primary Index), dessen Aufbau identisch mit dem Primary Key sein muss. Alle Packages und Pläne, die die Tabelle referenzieren, werden invalidated.
ALTER column-alteration	Änderung der Länge einer variablen Spalte. Siehe eigenständiger Block.
AUDIT	Aktivieren oder Deaktivieren von Datensicherheitseinrichtungen - siehe CREATE TABLE. Alle Packages und Pläne, die die Tabelle referenzieren, werden invalidated.
NONE	Aufheben einer aktiven Protokollierung/Überwachung der DB2-Trace-Einrichtung
CHANGES	Manipulationen (Insert, Update, Delete) werden protokolliert.
ALL	Alle Manipulationen bzw. Zugriffe in Abstimmung mit der aktivierten Trace-Klasse werden protokolliert.
DATA CAPTURE	Kennzeichnung, ob zusätzliche Log-Daten in erweitertem Format protokolliert werden sollen:
NONE	Nein.
CHANGES	Ja, SQL-Manipulationen (Insert, Update, Delete) werden protokolliert. Zielsysteme sind z.B: IMS Data Propagator (DPROP) und Remote Recovery Data Facility (RRDF).
DROP PRIMARY KEY	Löschen der Definition des existierenden Primary Key. Alle referenziellen Verbindungen (constraints) werden automatisch gelöscht. Ein Primary-Index-Kennzeichen wird aufgelöst (siehe UNIQUERULE in Katalogtabelle SYSINDEXES). Alle Packages und Pläne, die die Tabelle referenzieren, werden invalidated.
DROP FOREIGN KEY constraint-name	Löscht ein existierendes Referential Constraint. Der Name muss ein Konstrukt definieren, in dem die Tabelle als Dependent Table auftritt. Diese Option darf nicht gleichzeitig mit DROP CONSTRAINT vorgegeben werden.
DROP CONSTRAINT constraint-name	Löscht ein existierendes Referential Constraint oder ein Check Constraint. Diese Option darf nicht gleichzeitig mit DROP FOREIGN KEY oder DROP CHECK vorgegeben werden.
DROP CHECK constraint-name	Löscht ein existierendes Check Constraint. Diese Option darf nicht gleichzeitig mit DROP CONSTRAINT vorgegeben werden.
ADD RESTRICT ON DROP	Setzt einen Schalter ein, der ein unbeabsichtigtes Löschen der Tabelle verhindert. Vor dem Löschen muss dieser Schalter mit DROP RESTRICT ON DROP wieder ausgesetzt werden.
DROP RESTRICT ON DROP	Setzt einen vorher gesetzten Schalter wieder aus, der ein unbeabsichtigtes Löschen der Tabelle verhindert. Nach dem ordnungsgemäßen Durchlauf kann ein DROP TABLE ausgesprochen werden.
VALIDPROC program-name	Routine, die bei Load, Insert, Update bzw. Delete der Tabellenzeile die Steuerung erhält. Möglichkeit der Prüfung des Strings. Nur 1 Routine zu einem Zeitpunkt möglich. Vorhandene Daten werden nicht geprüft.
NULL	Deaktivierung einer vorher aktiven VALIDPROC.

A2 Anhang - Definition der wichtigsten DB2-Sprachelemente
ALTER TABLE - 3

Syntax-Diagramm: ADD check-constraint

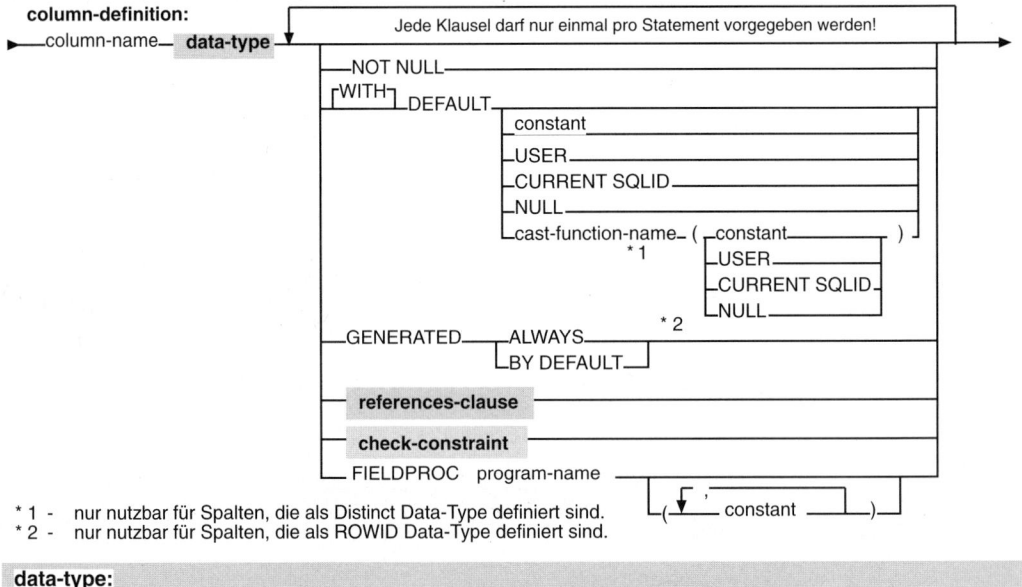

Parameter-Beschreibung Aufbau einer Prüf-Beziehung (check constraint) unter einem constraint-Namen - siehe unter: CREATE TABLE.
Sind vorab Daten in der Tabelle eingestellt worden, beeinflusst das Spezialregister CURRENT RULES mit seinem zum Zeitpunkt des ALTER-Statements aktuellen Wert die Behandlung des Konstrukts (direkter oder verzögerter Aufbau).

CONSTRAINT constraint-name
    CHECK (check-condition)

Syntax-Diagramm: ADD column-definition

column-definition:

*1 - nur nutzbar für Spalten, die als Distinct Data-Type definiert sind.
*2 - nur nutzbar für Spalten, die als ROWID Data-Type definiert sind.

data-type:

builtin-data-type
schema. distinct-data-type

Definition: builtin-data-type siehe unter CREATE TABLE
distinct-data-type siehe unter CREATE DISTINCT TYPE

Parameter-Beschreibung Hinzufügen einer Spalte (maximal 750 Spalten pro Tabelle, bei einer Dependent Table max. 749 Spalten).
Die maximale Zeilenlänge muss auch nach Zufügung der neuen Spalte komplett in eine Page passen.

column-name Spaltenname als Lang-Id eindeutig in Table. Maximal 750 Spalten pro Table.
  data-type Datentyp der Spalte - siehe CREATE TABLE bzw. CREATE DISTINCT TYPE.

    NOT NULL Verhindert 'NULL-Werte' für die Spalte (NOT NULL alleine ist nicht zulässig). Bei Vorgabe dieses Parameters muss auch der DEFAULT-Parameter vorgegeben werden. Zulässig sind NULL (das ist Default) oder NOT NULL WITH DEFAULT.

DEFAULT	Beim LOAD bzw. beim INSERT einer Zeile wird dann ein Default-Wert eingesetzt, wenn kein expliziter Wert vorgegeben wird. Wenn nichts anderes vereinbart ist, setzt DB2 automatisch in Abhängigkeit vom Datentyp Default-Werte ein - siehe CREATE TABLE. Ausnahmen zu CREATE: DATE: bei existierenden Zeilen = 1. Januar 0001, bei hinzuzufügenden Zeilen = CURRENT DATE. TIME: bei existierenden Zeilen = Stunde, Minute, Sekunde = 0, bei hinzuzufügenden Zeilen = CURRENT TIME. TIMESTAMP: bei existierenden Zeilen = 1. Januar 0001, 0 Uhr bei hinzuzufügenden Zeilen= CURRENT TIMESTAMP. Alle Pläne, die die Tabelle referenzieren, werden invalidated, wenn ein solches DateTime-Format mit NOT NULL WITH DEFAULT definiert wird.
constant	Konstanter Wert - siehe CREATE TABLE.
USER	Spezialregister USER - siehe CREATE TABLE.
CURRENT SQLID	Spezialregister CURRENT SQLID- siehe CREATE TABLE.
NULL	NULL-Wert - siehe CREATE TABLE.
cast-function-name	Der Name der Cast-Funktion, der identisch sein muss mit dem Namen eines Distinct Daten-Typs. Der Schema-Namen der Funktion muss ebenfalls mit dem Schema-Namen des Distinct Daten-Typs übereinstimmen. Er kann explizit vorgegeben oder implizit ermittelt werden. Der Eigentümer der Tabelle muss das EXECUTE-Privileg der Funktion haben.
constant, USER,..	Die einzelnen Optionen entsprechen den DEFAULT-Vorgabemöglichkeiten.
GENERATED	Der Parameter ist nur bei einem ROWID-Daten-Typ vorgebbar und muss auch dort immer vorgegeben werden. Damit wird definiert, dass DB2 automatisch die Generierung einer Id vornimmt.
ALWAYS	DB2 generiert immer diese Id beim Einfügen und Laden einer Zeile.
BY DEFAULT	DB2 generiert diese Id beim Einfügen und Laden einer Zeile, sofern die ROWID nicht bereits gefüllt übergeben wird. In diesem Fall muss es sich um eine gültige und von DB2 vergebene ROWID handeln. Wird diese Option vorgegeben, muss für die ROWID-Spalte ein Unique-Index angelegt sein. Details hierzu siehe unter CREATE TABLE.
references-clause	Vorgabe eines Referential Constraints. Siehe Block: references-clause.
check-constraint	Vorgabe eines Check Constraints. Siehe Block: check-constraint.
FIELDPROC	Aktivierung eines bestimmten Feldprozedur-Programmes. Es darf entweder eine FIELDPROC oder NOT NULL WITH DEFAULT gesetzt werden.
program-name	Name des Feldprozedur-Programmes - siehe CREATE TABLE.
(constant)	Parameter der Feldprozedur.

Syntax-Diagramm: ADD referential-constraint

referential-constraint

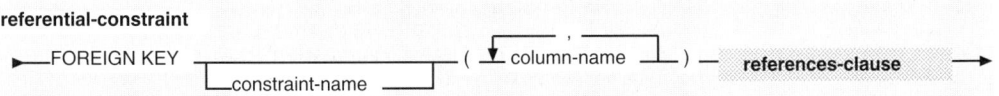

Parameter-Beschreibung Aufbau einer referenziellen Beziehung unter einem constraint-Namen - siehe unter: CREATE TABLE.
Die Klausel kann für einen Foreign Key, der aus einer Spalte besteht, mit der Spaltenbeschreibung (column-definition) vorgegeben werden.
Der Tablespace wird in 'Check Pending Status' gesetzt, wenn Daten vorhanden sind (bei jedem Tablespace-Typ) oder waren (bei einem non-segmented Tablespace), da Verletzungen der neu eingerichteten referenziellen Beziehung möglich sind.
Die referenzierte Tabelle mit dem Primary Key muss über einen Primary Index verfügen.

FOREIGN KEY
    constraint-name
    column-name

A2 Anhang - Definition der wichtigsten DB2-Sprachelemente
ALTER TABLE - 5

Syntax-Diagramm: references-clause

```
references-clause
──REFERENCES ──table-name──┬─ON DELETE RESTRICT─────────────────┬──►
                           └─ON DELETE ──┬─RESTRICT──┬───────────┘
                                         ├─NO ACTION─┤
                                         ├─CASCADE───┤
                                         └─SET NULL──┘
```

Parameter-Beschreibung	Definition der referenziellen Verarbeitungsregel des referential constraints - siehe unter: CREATE TABLE. Wird ein Konstrukt mit einer Delete Rule CASCADE oder SET NULL definiert, werden alle Packages und Pläne, die auf die Parent Table referenzieren und auf betroffene Dependent Tables zeigen, gekennzeichnet (invalidated). Wird ein Konstrukt mit einer selbst-referenzierenden Tabelle definiert, werden alle Packages und Pläne invalidiert.

REFERENCES
    table-name
    ON DELETE
        RESTRICT
        NO ACTION
        CASCADE
        SET NULL	

Syntax-Diagramm: ALTER column-alteration

```
column-alteration
──column-name──SET DATA TYPE──┬─VARCHAR───────────┬──( integer )──►
                              ├─CHARACTER VARYING─┤
                              └─CHAR VARYING──────┘
```

Parameter-Beschreibung	Änderung der Länge einer variablen Spalte. Pro ALTER TABLE-Statement kann dieser Parameter mehrfach auftreten. Eine Längenänderung kann nicht vorgenommen werden, wenn folgende Objekt-Referenzen existieren: - die Spalte wird in einem View oder einer Stored Procedure oder einer Funktion genutzt, - für die Spalte existiert eine Feld-Prozedur, - für die Tabelle existieren Edit- oder eine Validation-Prozeduren, - für die Tabelle wurde DATA CAPTURE CHANGES definiert, - die Spalte wird in einer temporären Tabelle geführt, - die Spalte ist Bestandteil eines referenziellen Integritäts-Konstrukts.

ALTER COLUMN
    column-name
    SET DATA TYPE VARCHAR
        (integer)
	Spezifikation der Änderung einer Spalte.
	Spalten-Name. Es muss eine Spalte mit VARCHAR-Daten-Typ sein.
	Setzt den Daten-Typ von VARCHAR auf VARCHAR (Sachen gibts ...).
	Neue Länge der Spalte. Die maximale Zeilenlänge muss nach der Längen-Veränderung komplett in eine Page passen.

A2 Anhang - Definition der wichtigsten DB2-Sprachelemente
ALTER TABLESPACE (SQL-Statement)

Aufgabe des Statements

Das SQL-ALTER TABLESPACE-Statement ändert Beschreibungen eines explizit oder implizit angelegten Tablespaces am aktuellen Server. Es wird nur die Katalog-Beschreibung des Tablespaces, nicht aber die Datenbasis verändert (wirksam beim nächsten Neu-Aufbau der Daten). Ausnahme: SECQTY wirkt sofort beim nächsten Extent - unabhängig von REORG oder LOAD.
Die gleiche Klausel darf nicht mehrfach verwendet werden und bei partitioned Tablespace muss für jede Partition ein eigenes ALTER TABLESPACE-Statement vorgegeben werden.
Bei Änderung bestimmter physischer Speicher-Charakteristiken (z.B. MAXROWS) muss der Tablespace gestoppt sein (-STOP DATABASE-Command, ALTER TABLESPACE, -START DATABASE-Command).

Erforderliche Privilegien

- Eigentümer des Tablespaces oder
- DBADM-Privileg für die Database, der dieser Tablespace zugeordnet ist oder
- SYSADM, SYSCTRL;
- bei BUFFERPOOL- und USE STOGROUP-Parameter: USE-Privileg (bzw. SYSADM, SYSCTRL).

Anwendungs-Beispiel

```
ALTER  TABLESPACE    SEMDB01.SEMTS01
       PCTFREE       15                    Prozentualen Freespace ändern.
```

Syntax-Diagramm

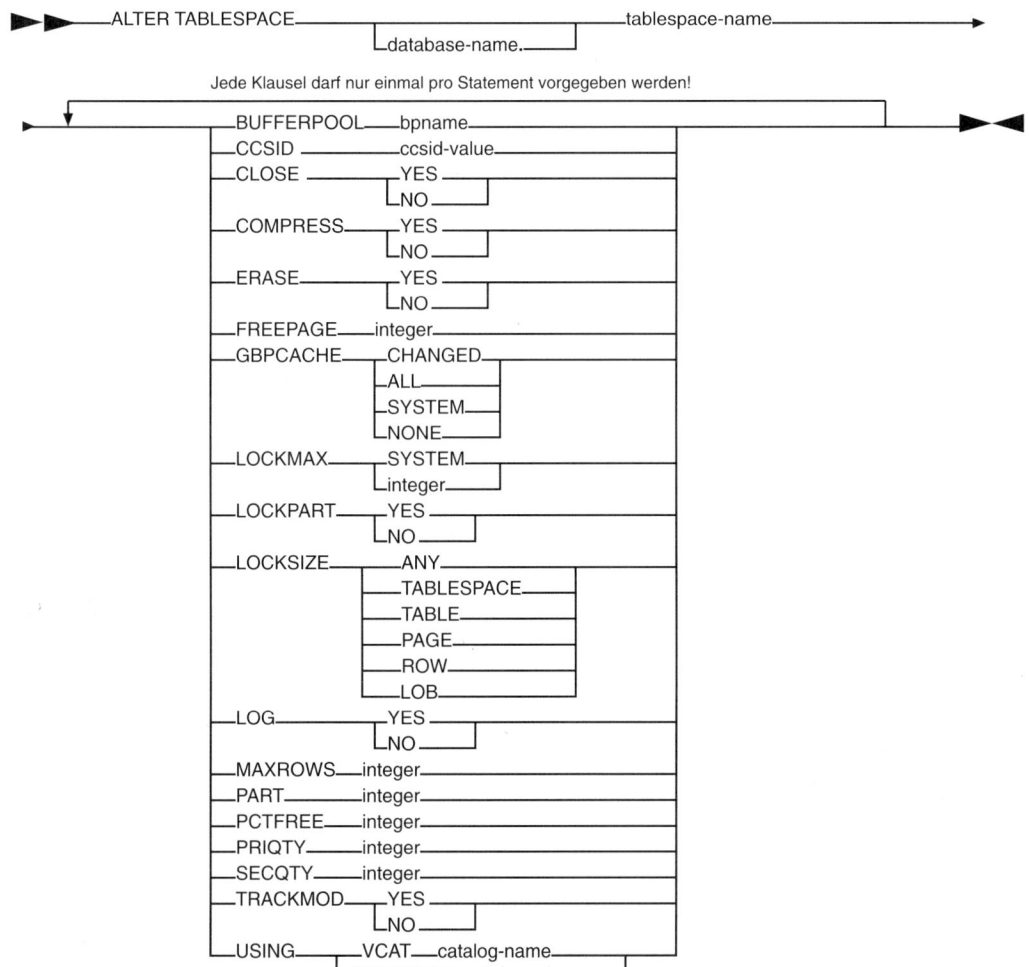

A2 Anhang - Definition der wichtigsten DB2-Sprachelemente
ALTER TABLESPACE - 2

Parameter-Beschreibung

database-name. Tablespace-Name des zu ändernden Objektes mit dem Prefix
    tablespace-name Database.
DSNDB04.tablespace-name Default-Database, wenn nicht vorgegeben = DSNDB04.

BUFFERPOOL Identifikation des Bufferpools, der für den Tablespace verwendet werden soll.
    bpname: Auswahl des Bufferpools, der im lfd. System aktiv sein muss:
        BP0 - BP49 4-K-Page-Pool.
        BP8K0 - BP8K9 8-K-Page-Pool (nicht bei einem Workfile Tablespace).
        BP16K0 - BP16K9 16-K-Page-Pool (nicht bei einem Workfile Tablespace).
        BP32K - BP32K9 32-K-Page-Pool.

CCSID Coded Character Set Identifier. Kennzeichnung, nach welchen Regeln Character-Daten gespeichert und interpretiert werden.
Der Parameter darf nicht vorgegeben werden bei einem LOB Tablespace.
    ASCII Verwendung des ASCII-CCSID, das bei der DB2-Installation definiert wurde.
    EBCDIC Verwendung des EBCDIC-CCSID, das bei der DB2-Installation definiert wurde.

CLOSE **YES** Dateien werden geschlossen, wenn keine Tablespace-Benutzer aktiv sind und Limit erreicht ist.
        NO Dateien werden nicht geschlossen.
Wenn DSMAX erreicht wird, können auch solche Datasets geschlossen werden.

COMPRESS Kennzeichen, ob die Daten des Tablespaces komprimiert gespeichert werden sollen.
Der Parameter darf nicht vorgegeben werden bei einem LOB Tablespace.
    YES Daten-Kompression wird gewünscht. Die Wirkung tritt aber erst mit dem nächsten LOAD REPLACE oder REORG ein, da dann ein für die Kompression benötigtes Verzeichnis (Dictionary) gebildet wird.
    NO Es wird keine Daten-Kompression gewünscht.

ERASE Kennzeichen, ob die zugrundeliegenden Datasets nach dem Löschen des Tablespaces physisch gelöscht werden sollen (x'00'-Auffüllen).
    YES Löschen.
    NO Kein Löschen.

FREEPAGE integer Nach jeder n-ten (Wert) Page wird beim Laden oder Reorganisieren des Tablespaces eine Page freigelassen.
Wert von 0 bis 255 möglich, bei segmented Tablespace wird SEGSIZE-1 ermittelt, wenn FREEPAGE > SEGSIZE.

GBPCACHE Kennzeichen, welche Daten-Pages in den Group Bufferpool eingestellt werden sollen (diese Option wird in einer Non-Sharing-Umgebung ignoriert).
Bei einem partitioned Tablespace wird diese Option pro Partition vorgegeben.
    CHANGED Wenn ein allgemeines Interesse (Inter-DB2-Interest) an den Daten besteht, werden veränderte Daten-Pages in den Group Bufferpool gestellt.
Dieser Parameter wird ignoriert, wenn der Goup Bufferpool mit GBPCACHE NO definiert ist.
    ALL Alle Daten-Pages werden direkt nach dem Einlesen in den Group Bufferpool gestellt.
Dieser Parameter wird ignoriert, wenn der Goup Bufferpool mit GBPCACHE NO definiert ist.
    SYSTEM Nur veränderte System-Pages eines LOB Tablespaces werden in den Group Bufferpool gestellt.
Dieser Parameter kann nur bei LOB Tablespaces vorgegeben werden und ist dort auch Default.
    NONE Es werden keine Pages in den Group Bufferpool gestellt. DB2 nutzt den Group Bufferpool nur für Cross-Invalidation.

A2 Anhang - Definition der wichtigsten DB2-Sprachelemente
ALTER TABLESPACE - 3

LOCKMAX Festlegung des Limits für eine Lock Escalation. Es wird die maximale Zahl der zulässigen Locks definiert, die eine Anwendung anfordern kann, bevor auf das nächsthöhere Sperrniveau umgeschaltet wird (Eskalation vom Intent Lock auf Table- bzw. Tablespace-Ebene auf einen 'S'- oder 'X'-Lock). Eine Wertevorgabe ist nur zulässig bei LOCKSIZE ANY, PAGE, ROW oder LOB.
Bei Data Sharing wird in jedem Member ein eigenständiger Lock-Zähler geführt. Wird nur LOCKSIZE und kein LOCKMAX vorgegeben gelten folgende Defaults:

LOCKSIZE	LOCKMAX-Default	Hinweis
TABLESPACE oder TABLE	0	LOCKMAX muss 0 aufweisen oder darf nicht vorgegeben werden.
PAGE, ROW oder LOB	der bisherige Wert	
ANY	der generierte SYSTEM-Wert.	

SYSTEM Der generierte Wert LOCKS PER TABLE(SPACE) wird herangezogen.
integer Anzahl der Locks. Wertebereich von 0 bis 2 147 483 647.
Bei Vorgabe von 0 wird keine Lock Escalation vorgenommen.

LOCKPART Kennzeichnung, ob bei Vorliegen bestimmter Bedingungen eine Sperre auf Partition-Niveau (SPL = Selective Partition Locking) anstelle des Tablespace-Niveaus eingerichtet werden soll.
Der Parameter kann nur bei partitioned Tablespaces vorgegeben werden.

YES Bei Vorliegen folgender Bedingungen werden nur die erforderlichen Partitions gesperrt:
- der Zugriffspfad benutzt keinen Index oder ausschließlich Indizes des Typs 2,
- der Plan ist mit ACQUIRE (USE) gebunden,
- der Tablespace muss mit einer LOCKSIZE kleiner als TABLESPACE definiert sein,
- sofern ein Programm ein LOCK TABLE-Statement benutzt, muss die PART-Klausel vorgegeben sein.

Ist eine dieser Bedingungen nicht erfüllt, wird der gesamte Tablespace gesperrt.

NO Durch Sperre der letzten Partition wird implizit der gesamte Tablespace gesperrt.

LOCKSIZE Sperrniveau (Lock) zur Serialisierung von Parallelanforderungen.
Dieser Parameter darf nicht für einen Tablespace in einer Workfile Database oder in DSNDB07 vorgegeben werden.

ANY DB2 bestimmt aufgrund der jeweiligen Datenanforderung das günstigste Lock-Niveau. In der Regel wird LOCKSIZE PAGE LOCKMAX SYSTEM genutzt.

TABLESPACE Lockniveau = Tablespace.
TABLE Lockniveau = Table (bei einem segmented Tablespace).
Soll bei partitioned Tablespaces das Lock-Niveau Partition etabliert werden, kann dies z.B. mit LOCKSIZE PAGE, ROW bzw. ANY erreicht werden, wenn gleichzeitig LOCKPART YES definiert wird und bestimmte Bedingungen erfüllt sind.

PAGE Lockniveau = Page (nicht für einen LOB Tablespace vorgebbar).
ROW Lockniveau = Row (nicht für einen LOB Tablespace vorgebbar).
LOB Lockniveau = LOB (nur für einen LOB Tablespace vorgebbar).

LOG Spezifikation, ob Änderungen von LOB-Werten auf der Logdatei protokolliert werden sollen.

YES Ja. Ein Logging wird aber nur bis zu einer max. Größe von 1 GB unterstützt. Bei größeren Objekten ist die Vorgabe dieser Option nicht möglich.

NO Nein. Änderungen werden nicht protokolliert. Diese Option beeinträchtigt nicht die Wirkungen von COMMIT und ROLLBACK, d.h. im ROLLBACK-Fall werden Veränderungen der UOR wieder zurückgestellt und die Konsistenz damit bewahrt. Protokolliert werden immer - unabhängig von dieser Option - Änderungen in den System-Pages und im Auxiliary Index. Bei einem RECOVER eines LOB-Tablespaces werden solche LOBs als ungültig gekennzeichnet, für die kein Logdatei-Eintrag existiert und deshalb kein konsistenter Zustand hergestellt werden kann. In diesem Fall können die LOB-Werte nicht mehr gelesen werden. Ein Update oder Delete ist aber möglich.

MAXROWS integer Maximale Anzahl von Zeilen, die in einer Page gespeichert werden. Der Wert wird von den Utilities LOAD und REORG sowie bei SQL-Einfügungen von Zeilen berücksichtigt. Mögliche Vorgabewerte: 1 bis 255.
Der Parameter darf nicht vorgegeben werden bei einem Workfile Tablespace oder einem LOB Tablespace.
Die vorhandene Page-Struktur mit der bisher gespeicherten Zeilenanzahl bleibt nach dem ALTER zunächst unverändert (ein REORG ist empfehlenswert).

A2 Anhang - Definition der wichtigsten DB2-Sprachelemente
ALTER TABLESPACE - 4

PART integer
Partition-Nr. bei partitioned Tablespace. Änderungen von physischen Charakteristiken wirken nur auf diese Partition.

PCTFREE integer
Prozentsatz Freiplatz innerhalb jeder Page. Wird beim Laden oder Reorganisieren des Tablespaces freigelassen.
Wert von 0 bis 99 möglich. Es wird zumindest ein Satz pro Page geladen.
Nicht für LOB-Tablespaces und Workfiles vorgebbar.

PRIQTY integer
Minimal-Primär-Platzanforderung in K-Bytes für VSAM-CI-Anforderungen.
Folgende Minimalanforderungen wirken:
- 4 KB-Pages   12 KB (3 Pages)   bei LOB (200 KB)
- 8 KB-Pages   24 KB (3 Pages)   bei LOB (400 KB)
- 16 KB-Pages   48 KB (3 Pages)   bei LOB (800 KB)
- 32 KB-Pages   96 KB (3 Pages)   bei LOB (1600 KB)

Die Maximalanforderung kann 4 GB (4 194 304 KB) betragen.
Mehr als 2 GB können nur bei einem partitioned Tablespace genutzt werden.
Primäranforderung muss auf erstem Volume verfügbar sein.
Wenn ein Dataset in einem simple oder segmented Tablespace seine Speicherkapazität erreicht (2 GB oder DSSIZE), wird automatisch (bei STOGROUP) ein neuer Dataset angelegt. Die PRIQTY-Werte werden für jeden neuen Dataset herangezogen.
Wird keine PRIQTY vorgegeben, gelten folgende Defaults:
- DB2 managed und STOGROUP vorgegeben: bisheriger Wert wird beibehalten.
- User managed und STOGROUP vorgegeben: 12 KB.

SECQTY integer
Minimal-Sekundär-Platzanforderung in K-Bytes für VSAM-CI-Anforderungen.
Die Minimalanforderungen entsprechen den Angaben unter PRIQTY.
Die Maximalanforderung kann 4 GB (4 194 304 KB) betragen.
Wird bei einem LOB-Tablespace oder bei einer Konversion von User-managed keine SECQTY vorgegeben, wird der Default-Wert aus dem größeren Wert der beiden folgenden Werte ermittelt:
- 10 % von PRIQTY oder
- die fünfzigfache Kapazität einer Page.

Wird ansonsten keine SECQTY vorgegeben, gelten folgende Defaults:
- DB2 managed und STOGROUP vorgegeben: bisheriger Wert wird beibehalten.
- User managed und STOGROUP vorgegeben: 12 KB oder 10 % von PRIQTY.

TRACKMOD
Spezifiziert, ob in den Space Map Pages Veränderungen gekennzeichnet werden sollen.
Der Parameter darf nicht vorgegeben werden bei einem LOB Tablespace.

    YES
Die Änderungen werden in den Space Map Pages gekennzeichnet und können für das effiziente Bereitstellen von Incremental Image Copies genutzt werden.

    NO
Es werden keine Änderungen in den Space Map Pages gekennzeichnet und können daher nicht für das effiziente Bereitstellen von Incremental Image Copies genutzt werden. DB2 nutzt den LRSN-Wert in jeder Page für die Erkennung von Änderungen innerhalb der Page.

USING
Spezifikation, ob die Datasets 'user-defined' oder 'DB2-managed' sind.
Bei Änderung des Katalognamens (direkt über VCAT oder indirekt über STOGROUP mit anderen Devices) müssen alle VSAM-Datasets des Tablespaces mit neuem First-Level-Qualifier neu angelegt werden.
Siehe auch unter: CREATE TABLESPACE.

    VCAT catalog-name
Bezug zum ICF-Katalog mit eigenständiger Dataset-Definitions-Möglichkeit, wenn DB2-Default-Definitionen nicht genutzt werden sollen (8-stelliger ALIAS, wenn Katalog-Name größer als 8 Stellen).

    STOGROUP stogroup-name
Storage Group, bei der DB2 die Datasets managed (USE STOGROUP-Privileg muss existieren).

A2 Anhang - Definition der wichtigsten DB2-Sprachelemente
-ALTER UTILITY (DB2-Command)

Aufgabe des Commands

Der ALTER UTILITY-Command ändert Werte bestimmter Parameter eines REORG-Utilities, das sich gerade in Ausführung befindet (mit den Parametern SHRLEVEL REFERENCE oder SHRLEVEL CHANGE).

Kurzform des Commands: -ALT UTIL   Data-Sharing-Wirkungskreis: Member

Erforderliche Privilegien

- Primärer oder sekundärer ID entspricht dem ID, der den Utility-Job submitted hat oder
- DBADM, DBCTRL oder DBMAINT oder
- SYSADM, SYSCTRL oder SYSOPR.

Anwendungs-Beispiel

-ALTER UTILITY (U00308) REORG	Änderung von Parametern des REORG-Utilities mit dem Utility-Id U00308:
MAXRO (9999999)	Anzahl Sekunden für die letzte Phase der Log-Verarbeitung. In diesem Fall soll der REORG ohne Rücksicht auf Einschränkungen paralleler Anwendungen zum Ende gebracht werden.

Syntax-Diagramm

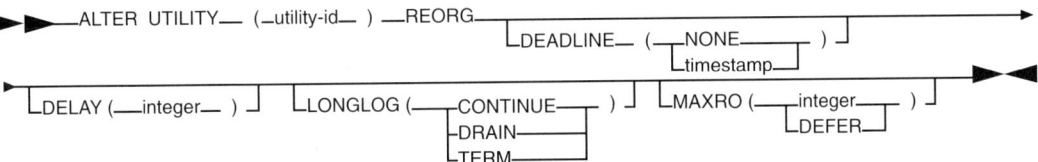

Parameter-Beschreibung

(utility-id)	Utility-Identifikator eines aktiven REORG-Utilities mit SHRLEVEL REFERENCE oder SHRLEVEL CHANGE.
DEADLINE	Zeitpunkt, zu dem die SWITCH-Phase des REORG-Utilities gestartet werden soll. Default ist die zuletzt definierte Maßnahme. Der Parameter kann vorgegeben werden für REORG-Utilities mit SHRLEVEL REFERENCE oder SHRLEVEL CHANGE.
NONE	Es soll kein bestimmter Zeitpunkt wirken.
timestamp	Vorgabe des Zeitpunkts (Timestamp-Format), zu dem spätestens die SWITCH-Phase eingeleitet sein muss. Ein laufendes Utility führt bis zum Eintreten in die SWITCH-Phase die anstehenden Arbeiten durch. Wird ein Überschreiten des definierten Zeitpunkts festgestellt, wird der REORG abgebrochen. Hat das laufende Utility bereits die SWITCH-Phase begonnen oder überschritten, ist dieser Parameter wirkungslos.
DELAY	Minimaler Zeitabstand zwischen dem Absenden einer Konsolnachricht und dem Ergreifen der unter LONGLOG definierten Maßnahmen. Default ist der zuletzt angegebene Wert. Der Parameter kann nur vorgegeben werden für REORG-Utilities mit SHRLEVEL CHANGE.
integer	Vorgabewert in Sekunden.
LONGLOG	Bei REORG-Utilities mit SHRLEVEL CHANGE werden die Änderungen in einer Mapping Table gesammelt und dann in der LOG-Phase in den Schattenbeständen aktualisiert. Wenn DB2 in einer solchen iterativ vollzogenen Verarbeitungseinheit feststellt, dass die anstehende Log-Änderungsanzahl nicht signifikant geringer ist als das Änderungsvolumen der letzten Verarbeitungseinheit, wird eine Konsol-Meldung ausgegeben. Diese signalisiert, dass das Änderungsvolumen zu groß ist und die permanente Aktualisierung offensichtlich nicht zum Ende des REORGs führt. Default ist die zuletzt definierte Maßnahme.

A2 Anhang - Definition der wichtigsten DB2-Sprachelemente
-ALTER UTILITY - 2

	Der Parameter kann nur vorgegeben werden für REORG-Utilities mit SHRLEVEL CHANGE.
CONTINUE	Die Reorganisationsmaßnahme soll weiter fortgesetzt werden.
DRAIN	DB2 soll einen Drain der Write Claim Klasse absetzen. Dies führt zur Einstellung paralleler Änderungsmöglichkeiten. Danach kann die Reorganisationsmaßnahme abgeschlossen werden.
TERM	DB2 soll die Reorganisationsmaßnahme abbrechen.
MAXRO	Zeitvorgabe für die maximale Zeit, die für die letzte Verarbeitungseinheit der LOG-Phase toleriert wird. Während dieser Zeit haben Parallel-Anwendungen nur Read-Only-Zugriffsmöglichkeiten. Default ist der zuletzt angegebene Wert. Der Parameter kann nur vorgegeben werden für REORG-Utilities mit SHRLEVEL CHANGE.
integer	Vorgabewert in Sekunden.
DEFER	Es wirkt kein Vorgabewert.

A2 Anhang - Definition der wichtigsten DB2-Sprachelemente
-ARCHIVE LOG (DB2-Command)

Aufgabe des Commands

Der ARCHIVE LOG-Command archiviert das aktuelle Log-Dataset. Das aktuelle Log wird abgeschlossen und es wird ein asynchroner Offload aktiviert.
Die RBA des letzten kompletten Log-Satzes auf dem bisherigen aktuellen Log wird auf der BSDS-Datei protokolliert.
Zu einem Zeitpunkt kann nur ein ARCHIVE LOG aktiv sein. Wird gerade das DB2 mittels -STOP DB2-Command gestoppt, kann der Befehl nicht mehr vorgegeben werden.
Ein explizit ausgelöstes Archivieren kann eine Fehleranalyse unterstützen.
Das archivierte Log kann dann während des DB2-Betriebs ausgedruckt werden (z.B. mit DSN1LOGP).
Kurzform des Commands: -ARC LOG   Data-Sharing-Wirkungskreis: siehe SCOPE

Erforderliche Privilegien

- ARCHIVE-Privileg oder
- SYSADM, SYSCTRL oder Installations-SYSOPR.

Anwendungs-Beispiel

-ARCHIVE LOG	Archivierung des Log-Datasets ohne Quiesce.
-ARCHIVE LOG MODE (QUIESCE) TIME (60)	Archivierung des Log-Datasets mit Quiesce, maximales Intervall 60 Sekunden.
-DB2T ARCHIVE LOG	Archivierung des Log-Datasets für das Member DB2T in einer DB2 Data Sharing Group.

Syntax-Diagramm

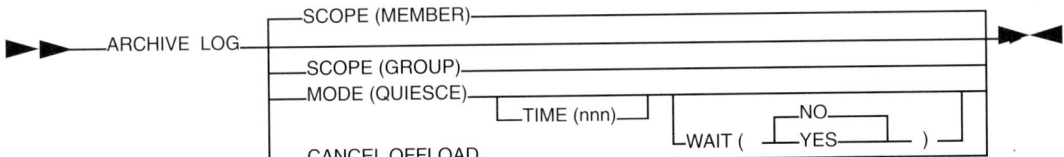

Parameter-Beschreibung

SCOPE — Definiert den Gültigkeitsbereich des Kommandos.
    MEMBER — Das Kommando gilt nur für das Member, das über den Command Prefix adressiert wurde. Wenn bereits dort eine Archivierung aktiviert ist, wird das Kommando abgebrochen.
    GROUP — Das Kommando gilt für alle Member der DB2 Group. Wenn bereits in einem Member der Gruppe eine Archivierung aktiviert ist, wird das Kommando abgebrochen.

MODE (QUIESCE) — Stoppt alle neuen Update-Anforderungen, damit ein System-Ruhepunkt erreicht werden kann und bringt alle existierenden Anwendungen auf einen Konsistenzpunkt nach dem letzten Commit.
In einer DB2 Group werden alle aktiven oder inaktiven Member gestoppt.
Wird keine Zeit vorgegeben (TIME-Parameter), wird die Systemgenerierungszeit "Quiesce Period" herangezogen.

TIME (nnn) — Vorgabe einer Maximal-Zeit in Sekunden (max. 999 Sekunden), nach der ein System-Ruhepunkt spätestens erreicht sein soll.
Wenn in dieser Zeit ein System-Ruhepunkt erreicht wird, ist der ARCHIVE-Command erfolgreich, ansonsten wird er nicht vollzogen.
Die vorgegebene Zeit überschreibt die Systemgenerierungszeit "Quiesce Period" und muss sehr sorgsam bedacht werden, da in der vorgegebenen Zeit keine neuen Update-Anforderungen akzeptiert werden.
--> Erhöhte Lock-Auswirkungen und Timeout-Möglichkeiten.

A2 Anhang - Definition der wichtigsten DB2-Sprachelemente
-ARCHIVE LOG - 2

WAIT Kennzeichen, ob der System-Ruhepunkt (Quiesce) synchron oder asynchron zu anderen Anwendungen gezogen werden soll.

    YES Synchrone Verarbeitung, erst nach Abschluss werden andere Anwendungen aktiviert (bezieht sich auch auf DB2-Commands).

    NO Asynchrone Verarbeitung, bereits mit Beginn der Quiesce-Aktivitäten können andere Anwendungen aktiviert werden.

CANCEL OFFLOAD Abbruch der lfd. Offload-Aktivitäten und erneuter Restart des Offload-Prozesses, beginnend mit dem ältesten aktiven Log-Dataset.

A2 Anhang - Definition der wichtigsten DB2-Sprachelemente
ASSOCIATE LOCATORS (SQL-Statement)

Aufgabe des Statements

Das ASSOCIATE LOCATORS-Statement ordnet einem Result Set Locator den Wert für das korrespondierende Query Result Set zu, das vorab in einer Stored Procedure bereitgestellt wurde.

Erforderliche Privilegien

- Keine.

Anwendungs-Beispiel (COBOL) für einen OS/390-Client

```
                                         Definition des Result Set Locators
   01 LOCATOR1 USAGE SQL TYPE IS
                RESULT-SET-LOCATOR VARYING.
                                         Aufruf der Stored Procedure
              CALL SP1 (:SEMCODE, 'A1', 123)   -- Aufruf Prozedur SP1 mit Übergabe einer Host-Variablen, einer
              END-EXEC                         -- Character-Konstanten und einem numerischen Wert.

                                         Optional bei variablen Result Sets: Ermitteln der tatsächlich in der
                                         Stored Procedure aufbereiteteten Result Sets
   EXEC SQL
              DESCRIBE PROCEDURE SP1     -- Cursor-Namen und Adressen werden in die SQLDA2 eingestellt
                 INTO :SQLDA2
   END-EXEC
                                         Zuordnung eines Result Sets zu einem Result Set Locator
   EXEC SQL
              ASSOCIATE LOCATOR (:LOCATOR1)
                 WITH PROCEDURE SP1
   END-EXEC
                                         Zuordnung eines Cursors zu einem Result Set und Cursor öffnen
   EXEC SQL
              ALLOCATE C1 CURSOR FOR
                 RESULT SET :LOCATOR1
   END-EXEC
                                         Einlesen der einzelnen Zeile aus dem Result Set
   EXEC SQL
              FETCH C1 INTO :TERMIN, :TITEL    -- Die Host-Variablen müssen definiert sein
   END-EXEC
```

Syntax-Diagramm

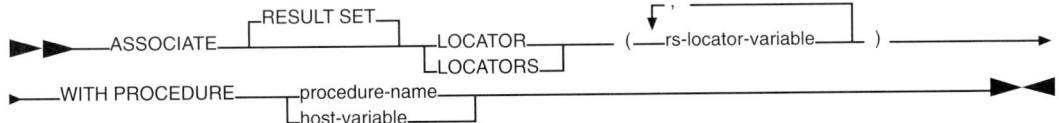

Parameter-Beschreibung

rs-locator-variable   Name einer Result Set Locator Variablen, die im aufrufenden Programm als solche deklariert wurde.
Diese Variable enthält nach der Ausführung:
- die Adresse eines korrespondierenden Result Sets, das in der Stored Procedure bereitgestellt wurde,
- den Wert 0, falls mehr Locator Variable übergeben werden, als in der Stored Procedure bereitgestellt wurden.

Folgende Konstellationen können auftreten:

- Die Anzahl der Locator Variablen ist <u>gleich</u> der Anzahl der übergebenen Result Sets. In diesem Fall enthalten die Locator Variablen die korrespondierenden Adressen in der Reihenfolge der Aktivierung innerhalb der Stored Procedure.

A2 Anhang - Definition der wichtigsten DB2-Sprachelemente
ASSOCIATE LOCATORS - 2

- Die Anzahl der Locator Variablen ist <u>größer</u> als die Anzahl der übergebenen Result Sets.
  In diesem Fall enthalten die zusätzlichen Locator Variablen den Wert 0.

- Die Anzahl der Locator Variablen ist <u>kleiner</u> als die Anzahl der übergebenen Result Sets.
  In diesem Fall enthalten alle Locator Variablen die korrespondierenden Adressen der ersten Result Sets in der Reihenfolge der Aktivierung innerhalb der Stored Procedure. Es wird eine Warnung erzeugt.

WITH PROCEDURE

Vorgabe des Namens der Stored Procedure, die ein oder mehrere Result Sets bereitgestellt hat. Die Prozedur musste vorab mit CALL aufgerufen worden sein. Ab Version 6 muss die Anwendung nicht mehr aktuell mit der Lokation verbunden sein, in der die Stored Procedure ausgeführt wurde.

procedure-name

Name der Stored Procedure als Literal.

Der Name kann bis zu 18 Stellen lang sein und in drei Formen vorgegeben werden (vor der Version 6 musste der Lokations-Name identisch mit dem Namen des aktuellen Servers sein, d.h. vorher musste CONNECT eingesetzt werden):

a) Voll-qualifiziert (3 Teile): location-name.schema-name.procedure-name
   - location-name = Server, auf dem die Prozedur verfügbar ist.
   - schema-name = Schema-Name der Stored Procedure.
   - procedure-name = Name der Stored Procedure.

b) Teil-qualifiziert (2 Teile): schema.procedure-name
   - location (implizit) = Aktueller Server (hier muss die Prozedur verfügbar sein).
   - schema-name = Schema-Name der Stored Procedure.
   - procedure-name = Name der Stored Procedure.

c) Unqualifiziert (einteilig): procedure-name
   - location (implizit) = Aktueller Server (hier muss die Prozedur verfügbar sein).
   - schema (implizit) = Zuordnung zu vorhergehendem CALL Procedure mit demselben Namen.
   - procedure-name = Name der Stored Procedure.

host-variable

Host-Variable (max. 255 Bytes), in der der Name der Stored Procedure eingestellt ist. Ein NULL-Indikator darf der Host Variablen nicht folgen.

Die Host-Variable muss ein Character-String sein, in der linksbündig - ggf. mit aufgefüllten Blanks - der Prozedur-Name gemäß den oben beschriebenen Konventionen zur Verfügung steht.

Zu beachten ist, dass der Prozedur-Name in derselben Weise spezifiziert werden muss wie beim vorherigen CALL-Statement: wurde dort ein dreiteiliger Name verwendet, muss auch hier ein dreiteiliger Name vorgegeben werden.

Ausnahme:

Wurde beim CALL ein dreiteiliger Name vorgegeben und entspricht der aktuelle Server der Lokation, die beim CALL vorgegeben wurde, kann beim ASSOCIATE ein zweiteiliger Name vorgegeben werden.

Beispiele zulässiger Varianten (PL/I):

```
      EXEC SQL  CONNECT              TO SYSTEM5 ;
      EXEC SQL  CALL                 SP1 ( :PARM1 , :PARM2) ;
      EXEC SQL  ASSOCIATE RESULT SET
                LOCATORS             (:RSL1 , :RSL2)
                WITH PROCEDURE       SP1;

      /*  PROCNAME enthält: SYSTEM5.SEMINAR.STP1 (location.schema.proc-name) */
      EXEC SQL  CALL                 :PROCNAME ( :PARM1 , :PARM2) ;
      EXEC SQL  ASSOCIATE RESULT SET
                LOCATORS             (:RSL1 , :RSL2)
                WITH PROCEDURE       :PROCNAME;
```

A2 Anhang - Definition der wichtigsten DB2-Sprachelemente
BEGIN DECLARE SECTION (SQL-Statement)

Aufgabe des Statements

Das SQL-BEGIN DECLARE SECTION-Statement markiert den Beginn eines Deklarations-Bereichs für DB2-Definitionen.
BEGIN und END müssen paarweise vorgegeben werden, dazwischen sind nur DB2-Deklarationen erlaubt; ein Mix mit programmiersprachenspezifischen Deklarationen ist unzulässig.
Dieses Statement ist zwingend erforderlich bei Einsatz der Programmiersprache C oder wenn die Precompiler-Option STDSQL (YES) aktiviert ist.
Der BEGIN- und END-Block kann in einem Programm 1 bis n-mal vorgegeben werden.

Erforderliche Privilegien

Keine.

Anwendungs-Beispiel in COBOL

Reihenfolge ist bei ONEPASS-Precompilierung (z.B. bei COBOL) zu beachten:

```
EXEC SQL
    BEGIN    DECLARE  SECTION
END-EXEC.

EXEC SQL    DECLARE SEMTYP TABLE           - DECLARE TABLE
    (SEMCODE       CHAR       (15) NOT NULL,
     DAUER         DECIMAL    (5,1),
     TITEL         VARCHAR    (60)  )
END-EXEC.

                                           - Host-Variablen-Deklarationen
01 DCLSEMTYP.
    10 SEMCODE         PIC    X (15).
    10 DAUER           PIC    S9999V9 USAGE COMP-3.
    10 TITEL.
        49 TITEL-LEN   PIC    S9 (4) USAGE COMP.
        49 TITEL-TEXT  PIC    X (60).

                                           - DECLARE CURSOR-Deklarationen
EXEC SQL
    DECLARE C1 CURSOR FOR
        SELECT       SEMCODE, DAUER
        FROM         SEMTYP
            WHERE    DAUER > :DAUER
END-EXEC.

EXEC SQL
    END  DECLARE SECTION
END-EXEC.
```

Syntax-Diagramm

▶▶──BEGIN DECLARE SECTION─────────────────────────────────▶◀

A2 - 1014	A2 Anhang - Definition der wichtigsten DB2-Sprachelemente
	BIND PACKAGE (TSO-DSN)

Aufgabe des Commands

Der BIND-Befehl erzeugt eine Package am lokalen oder einem remote Server.
Eine Package wird aus einem Database Request Modul (DBRM) oder als Kopie einer anderen Package erzeugt. Eine Package kann sich nur auf ein einziges DBRM beziehen und wird einer Collection (Packageset) durch explizite Vorgabe zugeordnet.

Dieser BIND PACKAGE Befehl kann nicht verwendet werden für das erneute Binden einer Package, wenn bereits unter demselben Namen eine Trigger Package existiert. Das Kopieren einer solchen Trigger Package ist ebenfalls nicht unterstützt. Siehe auch: REBIND TRIGGER PACKAGE.

Der Name einer Package setzt sich zusammen aus:

'location-name.collection-id.package-id.version-id'.

Default-Lokations-Name	=	Lokaler Server.
Default-Collection-Id	=	Explizite Vorgabe.
Default-Package-Id	=	DBRM-Member-Name bzw. Name der kopierten Package.
Default-Versions-Id	=	Name der Version aus dem DBRM (durch den Precompiler gesetzt, z.B. TIMESTAMP)

Eine Package wird im Katalog dokumentiert und eine gebundene Version wird im Directory vorgehalten. Während eines BIND PACKAGE wird das Objekt (die Package-Version) exklusiv gesperrt. Daher ist auch während einer Package-Ausführung kein BIND möglich.
Es ist aber möglich, eine Package eines Plans zu binden, der sich in Ausführung befindet, aber zum BIND-Zeitpunkt die entsprechende Package nicht nutzt (z.B. kann eine neue Package angelegt werden).

Data-Sharing-Wirkungskreis: DB2-Group

Erforderliche Privilegien

Der Package-Eigentümer muss sämtliche Verarbeitungsberechtigungen aller in der Package vorkommenden SQL-Statements und der betroffenen DB2-Objekte haben.
Ein SYSADM oder SYSCTRL hat alle erforderlichen Privilegien und wird im folgenden nicht mehr aufgeführt (diese Autorisierungs-Gruppen dürfen auch den Parameter OWNER mit jedem beliebigen ID vorgeben). Ansonsten gelten folgende Privilegien-Erfordernisse:

Anlegen einer neuen Package: ACTION (ADD):
- mit dem Default-OWNER bzw. dem Primär-Autorisierungs-Id
  - BINDADD und CREATE IN oder PACKADM für diese Collection bzw. alle Collections.
  - BIND einer neuen Version - sofern bei der Installation BIND NEW PACKAGE BIND definiert ist.
- mit einem Sekundär-Autorisierungs-Id (ein BINDAGENT kann neben einem der zugeordneten Sekundär-Ids auch den Primär-Id des Grantors seines BINDAGENT-Privilegs vorgeben)
  - BINDADD und CREATE IN oder PACKADM für diese Collection bzw. alle Collections.

Ersetzen einer bestehenden Package: ACTION (REPLACE):
- mit dem Default-OWNER bzw. dem Primär-Autorisierungs-Id
  - Eigentümer der Package oder
  - BINDAGENT für diese Package (vom Owner zugeordnet) oder
  - BIND für diese Package oder
  - PACKADM für diese Collection bzw. alle Collections.
- mit einem Sekundär-Autorisierungs-Id (ein BINDAGENT kann neben einem der zugeordneten Sekundär-Ids auch den Primär-Id des Grantors seines BINDAGENT-Privilegs vorgeben)
  - BIND für diese Package oder
  - PACKADM für diese Collection bzw. alle Collections.

Wenn eine bestehende Package kopiert wird:
- Eigentümer der Package oder
- COPY für die zu kopierende Package oder
- BINDAGENT für diese Package (vom Owner zugeordnet) oder
- PACKADM für diese Collection bzw. alle Collections.

A2 Anhang - Definition der wichtigsten DB2-Sprachelemente
BIND PACKAGE - 2

Anwendungs-Beispiel

```
BIND    PACKAGE      (DB2HAMBURG.SEMINAR)   Package-Name:
                                            Lokation            = DB2HAMBURG,
                                            Collection-Id       = SEMINAR.
        MEMBER       (S0000015)             DBRM-Member-Name, in dem das DBRM mit neuer
                                            oder gleicher Version steht.
        ACTION       (REPLACE)              Änderung einer existierenden Package.
          REPLVER    (VERSION_9801)         Versions-Id 'VERSION_9801' soll ersetzt werden (in
                                            der Precompiler-Option VERSION vorgegeben).
        QUALIFIER    (PROD)                 Allgemeiner Präfix für die Qualifizierung aller
                                            nicht qualifizierten Objekt-Namen in DBRM.
        ENABLE       (CICS, IMS)            Package für CICS und IMS zugelassen.
```

Syntax-Diagramm

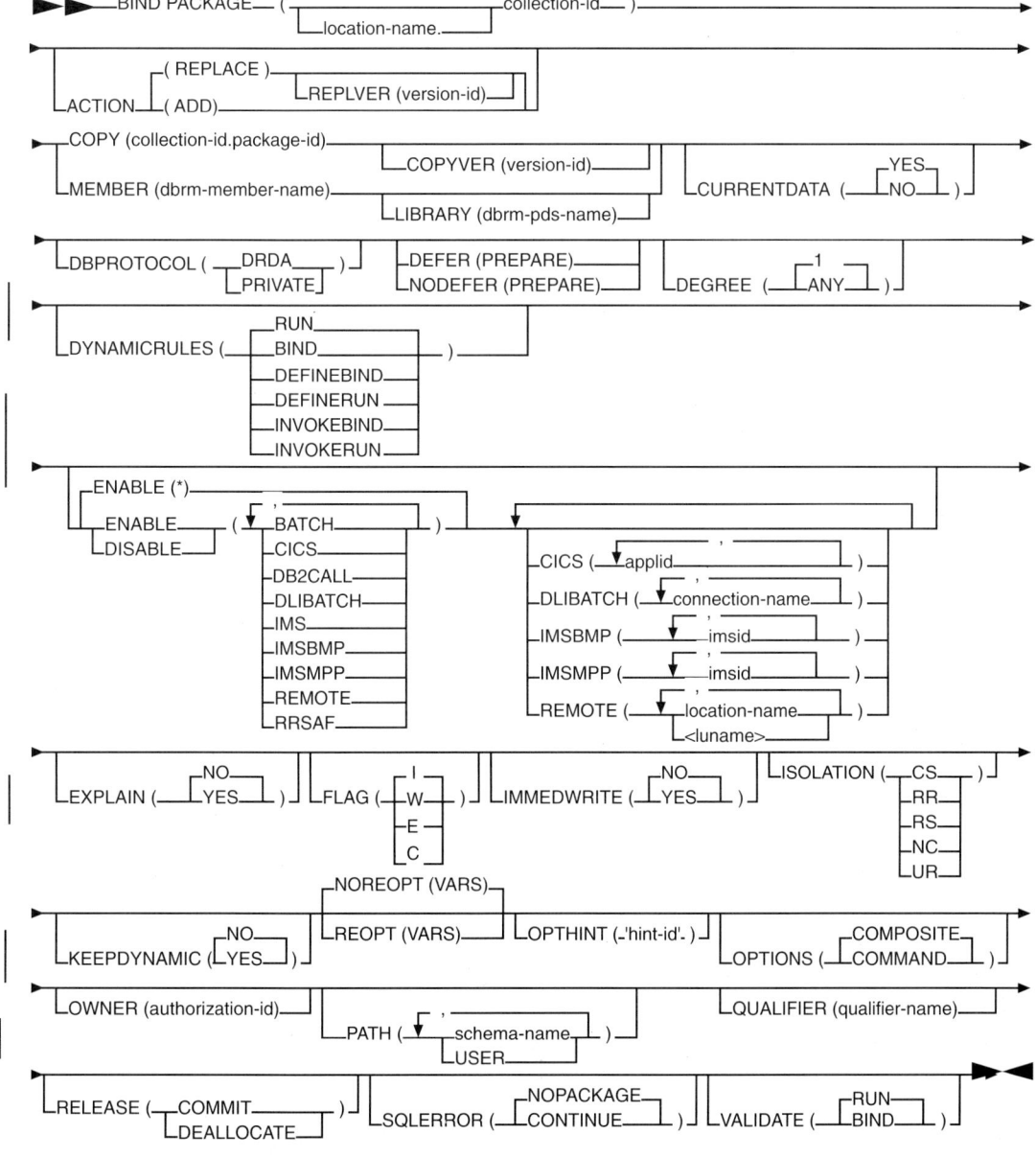

Parameter-Beschreibung

location-name Name der Lokation, an der die Package gebunden werden soll. Die Lokation muss in der Katalog-Tabelle SYSLOCATIONS definiert sein (auch bei Default). Default = Lokaler Server.

collection-id Identifikation der Collection, in die die Package gebunden wird.

ACTION Kennzeichen, ob die Package ersetzt oder hinzugefügt werden soll.
  REPLACE Bisherige Package wird von einer neuen Package mit dem gleichen Namen (location-name.collection-id.package-id) ersetzt.
Existiert sie noch nicht, wird sie hinzugefügt.
    REPLVER(version-id) Name der Version, die ersetzt werden soll (der Name der Version, die angelegt wird, wird vom Precompiler - Option VERSION - vergeben).
Default-Version ist die Version, die als Eingabe beim BIND Bestandteil des DBRM oder der zu kopierenden Package ist.
Die neue Version kann identisch sein mit der zu ersetzenden Version oder aber von der bisherigen Version abweichen. Im ersten Fall wird die bisherige Version gelöscht.
  ADD Hinzufügen einer bisher nicht existierenden Package bei fehlerfreiem BIND.

COPY Kennzeichnet eine existierende Package, die als Basis für die neue
  (collection-id.package-id) Package kopiert werden soll (mit gleichen SQL-Statements, aber der Zugriffs-Pfad wird neu ermittelt).
Wird diese Option vorgegeben, erhält die Package den Namen der zu kopierenden Package.
Die zu kopierende Package muss auf dem lokalen Server existieren.
Der zu kopierende Collection-Id muss von dem Collection-Id der Empfangs-Package abweichen, wenn die neue Package auf dem lokalen Server gebunden wird.
Bei COPY werden grundsätzlich die Optionen der bisherigen Package mit übernommen (Ausnahme: OWNER, QUALIFIER und ENABLE/DISABLE), sofern die Optionen durch entsprechende Vorgabe nicht explizit überschrieben werden.
    COPYVER (version-id) Kennzeichnet eine bestimmte Version der zu kopierenden Package.
Default ist ein leerer String (empty string).
Siehe auch Precompiler-Parameter VERSION und die Erläuterungen des BIND PACKAGE-Parameters REPLVER.

CURRENTDATA Spezifiziert die Daten-Aktualitäts-Anforderungen von read-only und ambiguous Cursor.
Daten werden als aktuell (current) bezeichnet, wenn sie innerhalb der Programm-Variablen inhaltlich identisch sind mit der Datenspeicherung.
Achtung:
  Dieser Parameter wirkt nur auf die Verarbeitung von Daten mittels Cursor-Konzept in Verbindung mit dem Isolation-Level CS und z.B. nicht bei Einsatz von Embedded SELECT-Statements.
  Er hat nur Wirkung bei einem read-only bzw. ambiguous Cursor, dessen Result Table auf die Basis-Tabellen und nicht auf eine Workfile positioniert ist. Ist dieser Parameter gesetzt und sind die vorab genannten Bedingungen erfüllt, wird eine durch FETCH bereitgestellte Zeile mit einem 'S-Lock' gesperrt.

Cursor können sich in verschiedenen Zuständen befinden:
- zweifelsfrei erkennbarer Cursor, über den Änderungen vollzogen werden,
- hinsichtlich möglicher Änderungen nicht zweifelsfrei erkennbar (ambiguous cursor).
Ein ambiguous Cursor ist ein Cursor, bei dem folgendes zutrifft:
- der Cursor ist weder mit FOR FETCH ONLY noch mit FOR UPDATE OF deklariert und
- der Cursor tritt als Zielobjekt nicht in einem positioned UPDATE oder DELETE (mit WHERE CURRENT OF) auf und
- innerhalb der Package werden dynamische SQL-Statements akzeptiert.

YES	Der CURRENTDATA Parameter wird von DB2 benutzt für: - Remote-Zugriffe, bei denen eine Block- oder zeilenweise Übertragung möglich ist und bei denen die aktuelle Zeile vor Parallel-Änderungen bewahrt werden soll. - Lokale Zugriffe, bei denen die aktuelle Zeile vor Parallel-Änderungen bewahrt werden soll. Eine Daten-Aktualität ist erforderlich. Bei remote Zugriffen wird kein Block Fetch unterstützt. Die Daten werden zeilenweise bereitgestellt und gesperrt. Siehe auch Ausführungen unter: FETCH.
NO	Es ist keine Daten-Aktualität erforderlich. Es wird - soweit möglich - auf Sperren verzichtet (Lock Avoidance). Bei remote Zugriffen wird ein Block Fetch unterstützt. Siehe auch Ausführungen unter: FETCH.
DBPROTOCOL	Kennzeichen, welches Protokoll zur Verbindung zu remote Servern benutzt werden soll, wenn Statements mit dreiteiligen Namen eingesetzt werden.
DRDA	DRDA-Protokoll (sollte künftig genutzt werden). Ein expliziter Connect ist nicht mehr erforderlich.
PRIVATE	DB2-Privat-Protokoll-Zugriff (sollte künftig abgebaut werden).
DEFER (PREPARE)	Das Aufbereiten (PREPARE) eines Statements, das auf remote Objekte zeigt, kann bis zur ersten Ausführung des Statements verzögert werden. Wird der Parameter DEFER bzw. NODEFER nicht vorgegeben, wirken folgende Defaults: - wenn REOPT (VARS) vorgegeben wurde: DEFER (PREPARE) - lokaler Bind: Option des Plans - remote Bind: NODEFER (PREPARE)
NODEFER (PREPARE)	PREPARE eines Statements mit Verweis auf remote Objekte wird unverzüglich ausgeführt.
DEGREE	Kennzeichen, ob DB2 eine Query-Ausführung mit Parallel-Verarbeitung unterstützen soll.
1	Es wird keine Parallel-Verarbeitung akzeptiert.
ANY	Eine Parallel-Verarbeitung ist zulässig.
DYNAMICRULES	Kennzeichen, nach welchen Regeln sich dynamische SQL-Statements verhalten sollen (**Statement-Behavior**). Folgende Wirkungen sind von diesem Parameter beeinflusst: - die Verwendung des Autorisierungs-Ids für Autorisierungsprüfungen - die Maßnahme zur Qualifizierung von unqualifiziert vorgegebenen Objektnamen - die Behandlung von Defaults für das Prüfen und Analysieren von SQL-Statements (siehe auch Installations-Parameter DYNRULS), z.B. für String Delimiter, Decimal-Point usw. - ob dynamische SQL-Statements DDL- und DCL-Statements nutzen dürfen (z.B. CREATE oder GRANT) - der Typ der Package als eigenständiges Programm oder als aufrufbare Funktion bzw. Stored Procedure. Über diesen Parameter wird das Verhalten für die verschiedenen Anforderungstypen an eine Package entsprechend der Package-Typen definiert: - Verhalten bei Ausführung (**Run-Behavior**) - Verhalten beim Bind (**Bind-Behavior**) - Verhalten bei der Definition einer Funktion (**Define-Behavior**) - Verhalten beim Aufruf einer Funktion (**Invoke-Behavior**).
RUN	Default = Option des Plans bzw. bei einem remote Server RUN. Es wirken Run-Time-Rules (**Run-Behavior**), d.h. die Standard-Attributierung für dynamische SQL-Statements wie z.B.: der ausführende SQLID muss über alle Privilegien verfügen (generelle Handhabung vor der DB2 Version 4).
BIND	Es wirken Bind-Time-Rules (**Bind-Behavior**), d.h. der Package-Owner muss über alle Privilegien verfügen.
DEFINEBIND	In Abhängigkeit vom Package-Typ wirken folgende Regeln: - Wird die Package als eigenständiges Programm ausgeführt, wirkt Bind-Behavior. - Wird die Package als Funktion oder Prozedur aufgerufen, wirkt Define-Behavior. Details sind in der nachfolgenden Tabelle zusammengestellt.
DEFINERUN	In Abhängigkeit vom Package-Typ wirken folgende Regeln: - Wird die Package als eigenständiges Programm ausgeführt, wirkt Run-Behavior. - Wird die Package als Funktion oder Prozedur aufgerufen, wirkt Define-Behavior. Details sind in der nachfolgenden Tabelle zusammengestellt.

A2 Anhang - Definition der wichtigsten DB2-Sprachelemente
BIND PACKAGE - 5

INVOKEBIND	In Abhängigkeit vom Package-Typ wirken folgende Regeln: - Wird die Package als eigenständiges Programm ausgeführt, wirkt Bind-Behavior. - Wird die Package als Funktion oder Prozedur aufgerufen, wirkt Invoke-Behavior. Details sind in der nachfolgenden Tabelle zusammengestellt.
INVOKERUN	In Abhängigkeit vom Package-Typ wirken folgende Regeln: - Wird die Package als eigenständiges Programm ausgeführt, wirkt Run-Behavior. - Wird die Package als Funktion oder Prozedur aufgerufen, wirkt Invoke-Behavior. Details sind in der nachfolgenden Tabelle zusammengestellt.

Im folgenden werden die entsprechenden Detailwirkungen der Verhaltens-Typen zusammengefasst.

Behavior	Autorisierungs-Id	Qualifier	CURRENT SQLID	Ausführungs-Möglichkeit von: CREATE, ALTER, DROP, RENAME, GRANT und REVOKE
(Generelle Festlegungen)	Der Autorisierungs-Id wird für die Autorisierungs-Prüfungen verwendet.	Owner bzw. Schema wird bei unqualifizierten SQL-Statements eingesetzt.	Das Spezialregister enthält eine automatische Zuweisung. Eine explizite Überlagerung mit SET CURRENT SQLID ist möglich.	
Bind	Eigentümer der Package bzw. des Plans.	QUALIFIER-Wert des BIND-Prozesses oder Eigentümer der Package bzw. des Plans.	Primär-Autoris.Id.	Nein
Run	Current SQLID.	Current SQLID.	Primär-Autoris.Id.	Ja
Define	Eigentümer der Funktion bzw. der Stored Procedure.	Eigentümer der Funktion bzw. der Stored Procedure.	Primär-Autoris.Id.	Nein
Invoke	Autorisierungs-Id des Funktions-Aufrufenden.	Autorisierungs-Id des Funktions-Aufrufenden.	Primär-Autoris.Id.	Nein

ENABLE	Kennzeichen, welche Connection-Typen diese Package nutzen können. Es werden alle Connections explizit beschrieben. Nicht aufgeführte Connection-Typen dürfen die Package nicht benutzen.
DISABLE	Kennzeichen, welche Connection-Typen diese Package nicht nutzen können. Es werden alle Connections explizit beschrieben. Nicht aufgeführte Connection-Typen dürfen die Package benutzen.
*	Alle gültigen Connection-Typen.
BATCH	Connection-Typ TSO.
CICS	Connection-Typ CICS.
DB2CALL	Connection-Typ CAF.
DLIBATCH	Connection-Typ DL/I-Batch.
IMS	Connection-Typ IMS (inklusive DLIBATCH, IMSBMP, IMSMPP).
IMSBMP	Connection-Typ IMS-BMP.
IMSMPP	Connection-Typ IMS-MPP und IMS FP.
REMOTE	Connection-Typ Remote.
RRSAF	Connection-Typ RRS (Recoverable Resource Manager Services).
(xxxxxxxx)	Spezifizierung bestimmter Connection-Namen für ENABLE oder DISABLE.
EXPLAIN	Informationen über die SQL-Statements werden beim BIND in der Table 'package-owner.PLAN_TABLE' abgelegt (siehe EXPLAIN-Statement). Diese Tabelle muss vorher angelegt sein. Wahlweise können zwei weitere Tabellen bereitgestellt werden, die Zusatz-informationen bei jedem Explain aufnehmen: - 'package-owner.DSN_STATEMNT_TABLE' mit Kostenschätzungen - 'package-owner.DSN_FUNCTION_TABLE' mit Informationen über die Funktions-Auflösung.
NO	Keine Ausführung von EXPLAIN.
YES	Ausführung von EXPLAIN.

A2 Anhang - Definition der wichtigsten DB2-Sprachelemente
BIND PACKAGE - 6

FLAG   Kennzeichen über Art der Meldungen des BIND-Verlaufes.
- **I**   Alle Informationen, Warnungen, Fehler und Abschluss-Meldungen (Default).
- **W**   Nur Warnungen, Fehler und Abschluss-Meldungen.
- **E**   Fehler und Abschluss-Meldungen.
- **C**   Nur Abschluss-Meldungen.

IMMEDWRITE   Kennzeichnung, ob das Ausschreiben veränderter Pages in den Group Bufferpool (bzw. auf Platte bei GBPCACHE NO) erst beim COMMIT bzw. ROLLBACK erfolgen soll oder direkt nach jeder vollzogenen Änderung.
Dieser Parameter ist nur bei Data Sharing wirksam und kann sehr ungünstige Performance-Auswirkungen bei YES nach sich ziehen.

- **NO**   Das Wegschreiben aus dem lokalen Bufferpool in den Group Bufferpool erfolgt mit dem COMMIT.
- **YES**   Das Wegschreiben aus dem lokalen Bufferpool in den Group Bufferpool erfolgt mit jedem Update. Damit wird abhängigen Anwendungskomponenten (logisches Sub-Tasking-Konzept, wobei die Sub-Task in einem anderen Member als die Parent-Task zur Anwendung kommt) zu jeder Zeit derselbe Datenzustand präsentiert, unabhängig in welchem Member sie aktiv sind.
Alternativen zu YES (deren Konsequenzen aber auch im einzelnen zu evaluieren sind):
  - die Anwendungen in demselben Member aktivieren,
  - ISOLATION (RR),
  - CURRENTDATA (YES).

ISOLATION   Definition der Isolation-Bedingungen im Hinblick auf konkurrierende Parallel-Anwendungen. Default für lokale Server ist der ISOLATION-Level des Plans, unter dem die Package abläuft. Default für remote Server ist RR.

- **RR**   *Repeatable Read*. Alle Rows oder Pages, auf die im Laufe des Anwendungsdurchlaufes positioniert wurden, bleiben gesperrt und verhindern eine parallele Änderung.
- **RS**   *Read Stability*. Alle Rows oder Pages, die in Stage 1 berücksichtigt werden, bleiben gesperrt und verhindern eine parallele Änderung. Auf Rows oder Pages, die in Stage 1 nicht qualifiziert wurden, wirken keine Sperren.
So können parallele Einfügungen und Änderungen auf Objekten vorgenommen werden, die nicht Teil der Result Table sind und frühzeitig in Stage 1 ausgefiltert wurden (erst in Stage 2 ausgefilterte Ressouren bleiben gesperrt).
RR wird dann verwendet, wenn der Server diese Option nicht unterstützt.
- **CS**   *Cursor Stability*. Sperre einer Row oder Page, nur solange die Anwendung darauf positioniert ist. Freigabe des Objekts, wenn keine Änderung erfolgte.
Bei DB2-internen Verarbeitungen (z.B. JOIN oder Column-Functions) ist zu beachten, dass bei CS undefinierte Ergebnisse eintreten können, wenn parallel laufende Anwendungen während dieser DB2-internen Verarbeitungsprozesse Änderungen vornehmen.
- **UR**   *Uncommitted Read*. Möglichkeit des Zugriffs auf in Änderung befindliche Daten einer anderen UOW (dirty read). Nur für lesende Operation mit read-only Result Table zulässig (SELECT INTO, SELECT und FETCH). Es werden keine Sperren auf den Objekten etabliert (außer bei LOBs).
CS wird dann verwendet, wenn diese Bedingungen nicht zutreffen.
- **NC**   *No Commit*. Wird von DB2 for OS/390 nicht benutzt und gilt nur für Packages, die von anderen RDBMS gebunden wurden.
UR wird dann verwendet, wenn der Server diese Option nicht unterstützt.

KEEPDYNAMIC   Kennzeichnung, ob Dynamic SQL-Statements mit ihrem Prepare-Ergebnis über einen COMMIT-Punkt hinweg erhalten bleiben sollen oder nicht.
- **NO**   Dynamische Prepare-Ergebnisse sind nach einem COMMIT nicht mehr verfügbar.
- **YES**   Dynamische Prepare-Ergebnisse sind nach einem COMMIT weiterhin verfügbar.
Sie werden gehalten bis zum Programmende oder bis zu einem ROLLBACK oder einem erneuten PREPARE desselben Statements.
KEEPDYNAMIC (YES) und REOPT (VARS) schließen sich gegenseitig aus.
Es ist zu beachten, dass eine günstigere Performanceauswirkung nur in Verbindung mit einem verfügbaren Statement Speicher (Prepared Statement Cache) eintritt.
In diesem Fall wird eine Kopie des präparierten Statements im Cache gehalten und bei späterer Verwendung wieder genutzt.
Steht ein solcher Cache nicht zur Verfügung, wird lediglich der SQL-Statementstring intern gehalten und bei einer erneuten Verwendung implizit erneut mit PREPARE aufbereitet. Damit fallen erneut die BIND-Aufwendungen an.

A2 Anhang - Definition der wichtigsten DB2-Sprachelemente
BIND PACKAGE - 7

MEMBER
    dbrm-member-name
Name des database request moduls (DBRM), das zur Package-Bildung herangezogen werden soll.
Wird diese Option vorgegeben, erhält die Package den Namen des DBRM.
Der Name der PDS-Datei wird dem DD-Namen DBRMLIB oder aus dem folgenden LIBRARY-Eintrag entnommen.

    LIBRARY
        library-name
PDS-Bibliothek in der das MEMBER enthalten ist.
Ist kein Bibliotheksnamen vorgegeben, wird bei Vorgabe einer DBRMLIB (DD-JCL-Statement) die entsprechende Bibliothek durchsucht.

OPTHINT
    'opt-hint'
Kennzeichnung, ob eine Empfehlung, und welche, zur Optimierung der SQL-Statements in der Package verwendet werden soll.
Der Parameter wird nur beachtet, wenn er keine Blanks enthält und mit dem Begrenzer ' vorgegeben wird (" TIP1" ist nicht zulässig). Der vorgegebene Inhalt sollte mit demselben Inhalt in Zeilen der PLAN_TABLE korrespondieren.
Voraussetzung für die Nutzung ist die DB2-Installation mit OPTIMIZATION HINTS YES.

OPTIONS
Kennzeichnung, welche BIND-Optionen für die neue Package wirksam werden sollen, wenn eine Package durch COPY erzeugt wird.

    <u>COMPOSITE</u>
Parameter und Optionen werden zusammengemischt mit folgender Priorität:
1. Vorgabe beim BIND PACKAGE COPY
2. Nicht vorgegebene Optionen werden von der Basis-Package kopiert.

    COMMAND
Parameter und Optionen werden zusammengemischt mit folgender Priorität:
1. Vorgabe beim BIND PACKAGE COPY
2. Nicht vorgegebene Optionen werden aus den BIND-Defaults des jeweiligen Servers übernommen.
COMMAND ist dann erforderlich, wenn der remote Server nicht alle BIND-Optionen des Servers unterstützt, der den BIND-Prozess aktiviert.

OWNER (auth-id)
Eigentümer der Package. Wenn die Option fehlt, wird der Primär-Autorisierungs-Id verwandt.
Nur ein SYSADM und SYSCTRL kann eine beliebige Autorisierungs-Id bestimmen, ansonsten ist nur eine Auswahl aus der Current Primär- oder Sekundär-Autorisierungs-Id-Liste möglich.
Der Owner erhält automatisch BIND und EXECUTE-Privilegien der Package. Er benötigt die Verarbeitungsberechtigung aller in der Package benötigten Ressourcen.
Bei Wechsel des Owners erbt der neue Eigentümer die bisherigen Package-Privilegien des bisherigen Eigentümers (nur wenn der BIND fehlerfrei war).

PATH
Definiert den SQL-Pfad für die Bestimmung nicht-qualifizierter Namen von Funktionen, Stored Procedures (im CALL-Statement) und User-defined Distinct Types. Der Pfad kann max. 254 Bytes lang sein - siehe CURRENT PATH.

    (schema-name)
Name des Schemas (Namen können in Groß- und Kleinbuchstaben vorgegeben werden) - sie sollten dann später aber auch wieder entsprechend getroffen werden.

    (schema-name , ...)
Liste von Schema-Namen.

    USER
Inhalt des Spezialregisters USER (Hinweis: USER nicht in Hochkommas einschließen, sonst wird das gleichnamige Schema gesucht).

QUALIFIER (qualifier-name)
Expliziter Prefix für alle unqualifizierten Benutzer-Objekte innerhalb der Package (verhindert implizite Qualifizierung).
Der Prefix wird bei remote Servern nicht umgesetzt.
Wenn die Option fehlt, wird der OWNER-Autorisierungs-Id verwandt.

RELEASE
Kennzeichen über Ende der Nutzung und Sperrdauer der benötigten Ressourcen. Default für lokale Server ist der RELEASE-Level des Plans, unter dem die Package abläuft. Default für remote Server ist COMMIT.

    COMMIT
Freigabe der Ressourcen bei COMMIT.
DYNAMIC SQL-Statements werden grundsätzlich mit der Option COMMIT behandelt. Damit erfolgt auch grundsätzlich die Freigabe der Prepare-Ergebnisse mit dem COMMIT.
Eine Ausnahme hiervon besteht in folgendem Fall: Vorgabe des Parameters KEEPDYNAMIC (YES) und installiertem Prepared Statement Cache.

DEALLOCATE		Freigabe bei Programm-Beendigung, d.h. bei Freigabe des Threads. Diese Option wirkt nur auf hohem Ressource-Niveau, wie Tablespace, Table oder Partition und hat keine Auswirkung auf Page- oder Row-Level-Sperren. Diese werden auch bei Einsatz dieser Option mit einem COMMIT freigegeben (evtl. Ausnahmen: Cursor WITH HOLD).
REOPT (VARS)		Kennzeichnung, dass DB2 zur Ausführungszeit erneut Zugriffspfadentscheidungen für Host-Variable, Parameter Markers und Spezialregister treffen soll. Der bei der Ausführung stattfindende Bind wird als Incremental Bind bezeichnet, der nicht wie ein REBIND oder Automatic Rebind behandelt wird. So werden beispielsweise keine Informationen in die PLAN_TABLE gestellt, auch wenn EXPLAIN (YES) definiert ist. KEEPDYNAMIC (YES) und REOPT (VARS) schließen sich gegenseitig aus.
NOREOPT (VARS)		Kennzeichnung, dass DB2 zur Ausführungszeit keine erneuten Zugriffspfadentscheidungen für Host-Variable, Parameter Markers und Spezialregister treffen soll.
SQLERROR		Festlegung, ob die Package erzeugt werden soll, wenn ein Fehler beim BIND auftritt.
	NOPACKAGE	Nein, bei Fehler wird keine Package erzeugt.
	CONTINUE	Ja, bei Fehler wird eine Package erzeugt. Die fehlerhaften Statements der Package sind aber nicht ausführbar.
VALIDATE		Kennzeichen, ob Objekt-Existenz- und Autorisierungsprüfungen sofort durchgeführt oder zurückgestellt werden können.
	RUN	Prüfung aller Ressourcen und Privilegien beim Bind. Wenn OK, wird die Package fehlerfrei erzeugt (keine weiteren Prüfungen bei Ausführung). Fehlerhafte SQL-Statements werden markiert und bei Ausführung der Package erneut überprüft. Für fehlerhaft gekennzeichnete Packages (invalidated) wird ggf. ein Automatic Rebind durchgeführt. Der Owner der Package benötigt alle Ressource-Privilegien zum Bind- bzw. Ausführungszeitpunkt.
	BIND	Prüfung der Ressourcen und Privilegien nur beim Bind. Treten Fehler auf, wird die Package in Abhängigkeit vom SQLERROR-Parameter behandelt. Der Owner der Package benötigt alle Ressource-Privilegien zum Bind-Zeitpunkt.

A2 - 1022 A2 Anhang - Definition der wichtigsten DB2-Sprachelemente
BIND PLAN (TSO-DSN)

Aufgabe des Commands

Der BIND-Befehl erzeugt einen Plan am lokalen Server.
Ein Plan kann sich zusammensetzen aus:
- einer Liste von Package-Zuordnungen (eine oder mehrere Packages),
- einem oder mehreren DBRMs,
- aus einer Kombination beider Komponenten.

Empfohlen wird die Festlegung auf einen dieser Komponenten-Typen, wobei grundsätzlich den Packages Vorrang einzuräumen ist.
Jedes Anwendungs-Programm benötigt zur Ausführung einen Plan. Der Plan ist damit direkt ausführbar, eine Package ist nicht direkt ausführbar.
Ein Plan muss immer am lokalen Server zur Verfügung stehen, kann aber aus Packages bestehen, die an Remote Servern ausgeführt werden.

Der Name eines Plans wird explizit vorgegeben und ist in der Regel identisch mit dem Programm-Namen. Ein Plan wird im Katalog dokumentiert und eine gebundene Version wird im Directory vorgehalten.

Während eines BIND PLAN wird das Objekt (der Plan) exklusiv gesperrt.
Daher ist auch während einer Plan-Ausführung kein BIND möglich.
Es ist aber möglich, eine Package eines Plans zu binden, der sich in Ausführung befindet, aber zum BIND-Zeitpunkt die entsprechende Package nicht nutzt.

Data-Sharing-Wirkungskreis: DB2-Group

Erforderliche Privilegien

Der Plan-Eigentümer muss sämtliche Verarbeitungsberechtigungen aller im Plan vorkommenden SQL-Statements (DBRMs und Packages) und der betroffenen DB2-Objekte haben.
Ein SYSADM oder SYSCTRL hat alle erforderlichen Privilegien und wird im folgenden nicht mehr aufgeführt (diese Autorisierungs-Gruppen dürfen auch den Parameter OWNER mit jedem beliebigen ID vorgeben). Ansonsten gelten folgende Privilegien-Erfordernisse:

Anlegen eines neuen Plans: ACTION (ADD):
- mit dem Default-OWNER bzw. dem Primär-Autorisierungs-Id
  - BINDADD.
- mit einem Sekundär-Autorisierungs-Id (ein BINDAGENT kann neben einem der zugeordneten Sekundär-Ids auch den Primär-Id des Grantors seines BINDAGENT-Privilegs vorgeben)
  - BINDADD.

Ersetzen eines bestehenden Plans: ACTION (REPLACE):
- mit dem Default-OWNER bzw. dem Primär-Autorisierungs-Id
  - Eigentümer des Plans oder
  - BINDAGENT für diesen Plan (vom Owner zugeordnet) oder
  - BIND für diesen Plan.
- mit einem Sekundär-Autorisierungs-Id (ein BINDAGENT kann neben einem der zugeordneten Sekundär-Ids auch den Primär-Id des Grantors seines BINDAGENT-Privilegs vorgeben)
  - Eigentümer des Plans oder
  - BIND für diesen Plan.

Für die Zuordnung von Packages in der PKLIST müssen folgende Privilegien vorliegen:
- bei individueller PKLIST-Package-Auswahl: EXECUTE für jede Package oder
  bei PKLIST-Package-Auswahl "collection.*": EXECUTE für den Collection-Id.*
- PACKADM für diese Collection bzw. alle Collections.

A2 Anhang - Definition der wichtigsten DB2-Sprachelemente
BIND PLAN - 2

Syntax-Diagramm

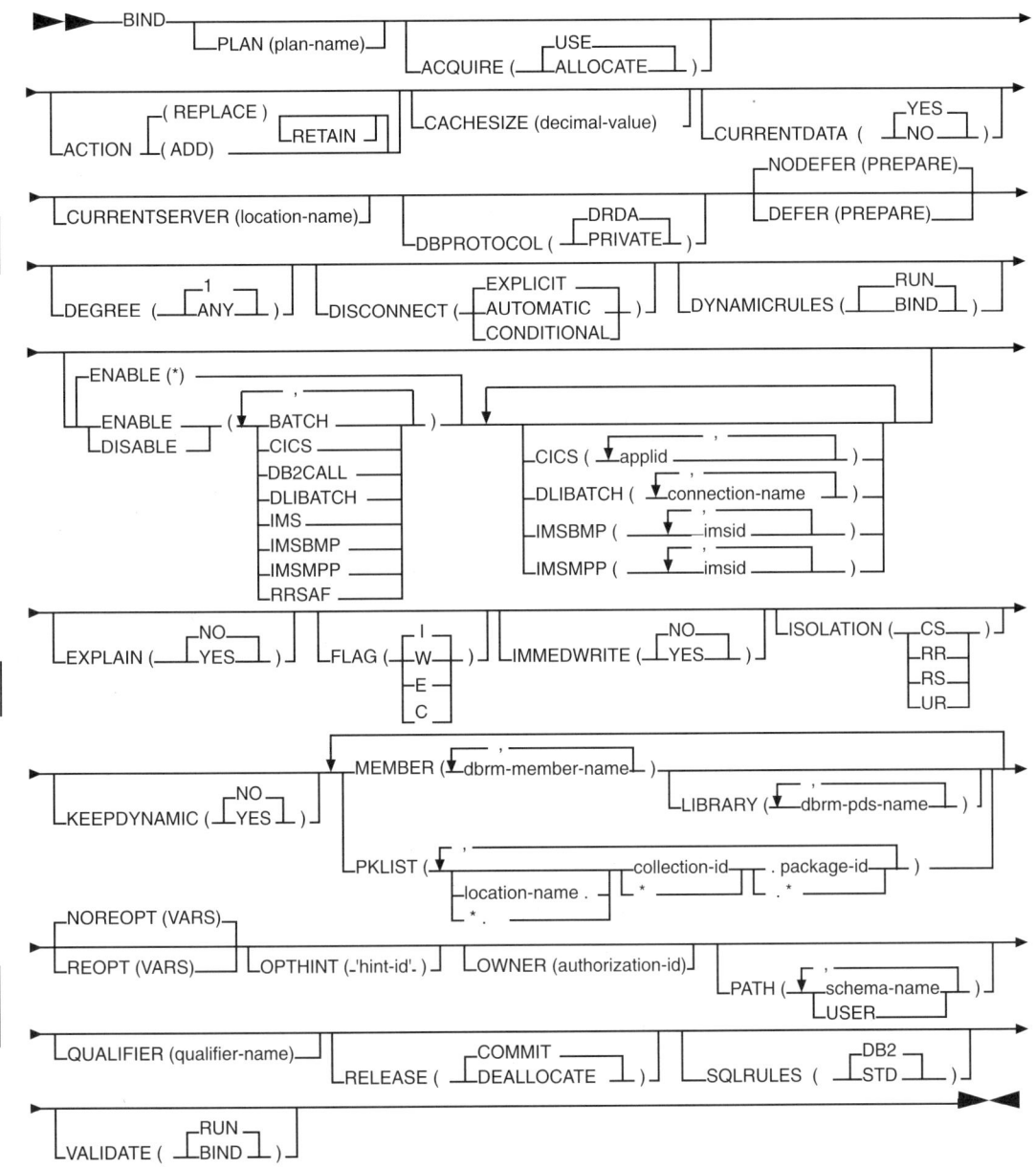

Hinweis:

Schlüsselworte, die sowohl beim BIND PACKAGE als auch beim BIND PLAN identisch auftreten (außer OWNER), betreffen nur DBRMs, die in den Plan eingebunden werden und beziehen sich nicht auf Packages.

Anwendungs-Beispiel

BIND	PLAN	(S0000015)	Plan-Name.
	PKLIST	(STANDARD.* , SEMINAR.S0000015)	Package-Liste, bestehend aus: - Collection STANDARD mit allen Packages, - Collection SEMINAR mit einzelner Package.
	ACTION	(REPLACE)	Änderung eines existierenden Plans.
	ISOLATION	(CS)	Cursor Stability.
	OWNER	(SEMGROUP)	Plan-Eigentümer.
	QUALIFIER	(PROD)	Allgemeiner Prefix für die Qualifizierung aller nicht qualifizierten Objekt-Namen in DBRM.
	CACHESIZE	(0)	Autorisierungs-Ids werden nicht gepuffert, da gleiche Benutzer den Plan nicht häufig nutzen.
	ENABLE	(CICS, IMS)	Plan für CICS und IMS zugelassen.

Parameter-Beschreibung

PLAN
Wenn PLAN (plan-name) nicht vorgegeben wird, erfolgen nur Prüfungen ohne Plan-Ausgabe und keine Ausgabe von PLAN_TABLE-Zeilen (bei Vorgabe von EXPLAIN).
    (plan-name) Kurz-Id des Plans, nicht mit 'DSN' beginnend.

ACQUIRE
Kennzeichen über Beginn der Nutzung und Sperrdauer der benötigten Ressourcen. Dies bezieht sich nur auf DBRMs, da für Packages automatisch ACQUIRE USE gilt.

    USE
Ressourcen werden erst dann gesperrt, wenn sie tatsächlich benutzt werden. DYNAMIC SQL-Statements und Statements innerhalb von lokalen oder remote Packages werden immer mit der Option USE behandelt.

    ALLOCATE
Sperre aller betroffenen Tablespaces, Tables bzw. Partitions bei der Plan-Zuordnung (Thread-Aufbau), d.h. i.d.R. bei Ausführung des ersten SQL-Statements durch das Anwendungsprogramm.
Wenn ALLOCATE vorgegeben wird, muss auch RELEASE DEALLOCATE definiert werden.

ACTION
Kennzeichen, ob der Plan ersetzt oder hinzugefügt werden soll.
    REPLACE
Der bisherige Plan wird von einem neuen Plan mit gleichem Namen ersetzt. Existiert der Plan noch nicht, wird er hinzugefügt.
        RETAIN
Beim Ersetzen des Plans werden die bisherigen Privilegien des vorherigen Plan-Owners gehalten, unabhängig vom aktuellen Bind-Owner. In diesem Fall werden automatisch vom neuen Owner die BIND- und EXECUTE-Privilegien des Plans mittels GRANT an den früheren Owner vergeben.
Fehlt RETAIN (Default), werden die bisherigen EXECUTE-Privilegien des Plans gelöscht (REVOKE). Der frühere Owner behält aber das BIND-Privileg.
    ADD
Hinzufügen eines bisher nicht existierenden Plans bei fehlerfreiem BIND-Verlauf.

CACHESIZE (decimal-value)
Größe eines Pufferbereiches für die Speicherung von Autorisierungs-Ids zur Vermeidung von Katalog-Zugriffen zur Ausführungszeit (nur sinnvoll, wenn Benutzer mehrfach hintereinander den gleichen Plan benutzen).
Vorgabe-Werte von 0 - 4096, Default = Wert aus dem Installations-Parameter PLAN AUTH CACHE.

CURRENTDATA
Spezifiziert die Daten-Aktualitäts-Anforderungen von read-only und ambiguous Cursor.
Daten werden als aktuell (current) bezeichnet, wenn sie innerhalb der Programm-Variablen inhaltlich identisch sind mit der Datenspeicherung.
Achtung:
    Dieser Parameter wirkt nur auf die Verarbeitung von Daten mittels Cursor-Konzept in Verbindung mit dem Isolation-Level CS und z.B. nicht bei Einsatz von Embedded SELECT-Statements.
    Er hat nur Wirkung bei einem read-only bzw. ambiguous Cursor, dessen Result Table auf die Basis-Tabellen und nicht auf eine Workfile positioniert ist. Ist dieser Parameter gesetzt und sind die vorab genannten Bedingungen erfüllt, wird eine durch FETCH bereitgestellte Zeile mit einem 'S-Lock' gesperrt.

A2 Anhang - Definition der wichtigsten DB2-Sprachelemente
BIND PLAN - 4

Cursor können sich in verschiedenen Zuständen befinden:
- zweifelsfrei erkennbarer Cursor, über den Änderungen vollzogen werden,
- hinsichtlich möglicher Änderungen nicht zweifelsfrei erkennbar (ambiguous cursor).

Ein ambiguous Cursor ist ein Cursor, bei dem folgendes zutrifft:
- der Cursor ist weder mit FOR FETCH ONLY noch mit FOR UPDATE OF deklariert und
- der Cursor tritt als Zielobjekt nicht in einem positioned UPDATE oder DELETE (mit WHERE CURRENT OF) auf und
- innerhalb der Package werden dynamische SQL-Statements akzeptiert.

Der CURRENTDATA Parameter wird von DB2 benutzt für:
- Remote-Zugriffe, bei denen eine Block- oder zeilenweise Übertragung möglich ist und bei denen die aktuelle Zeile vor Parallel-Änderungen bewahrt werden soll.
- Lokale Zugriffe, bei denen die aktuelle Zeile vor Parallel-Änderungen bewahrt werden soll.

YES
Eine Daten-Aktualität ist erforderlich. Bei remote Zugriffen wird kein Block Fetch unterstützt. Die Daten werden zeilenweise bereitgestellt und gesperrt.
Siehe auch Ausführungen unter: FETCH.

NO
Es ist keine Daten-Aktualität erforderlich. Es wird - soweit möglich - auf Sperren verzichtet (Lock Avoidance).
Bei remote Zugriffen wird ein Block Fetch unterstützt.
Siehe auch Ausführungen unter: FETCH.

CURRENTSERVER (location-name)
Spezifiziert die Connection zu einer bestimmten Lokation bevor der Plan ausgeführt wird.
Vor der Ausführung des Plans wird die benannte Lokation mit einem impliziten CONNECT (Typ 1) aktiviert und dort die SQL-Statements mittels der entsprechend remote zu haltenden Packages ausgeführt.
Das CURRENT SERVER-Spezialregister wird gesetzt.
Die Verbindung zu dem remote Server bleibt bis zum Ende des Programmes oder aber bis zu innerhalb des Programmes abzusetzenden nächsten CONNECT TO-Statements oder aber CONNECT RESET erhalten.
Siehe auch Einschränkungen unter CONNECT.
Default = Lokaler Server.

DBPROTOCOL
Kennzeichen, welches Protokoll zur Verbindung zu remote Servern benutzt werden soll, wenn Statements mit dreiteiligen Namen eingesetzt werden.

DRDA
DRDA-Protokoll (sollte künftig genutzt werden). Ein expliziter Connect ist nicht mehr erforderlich.

PRIVATE
DB2-Private Protokoll (sollte künftig abgebaut werden).

DEFER (PREPARE)
Das Aufbereiten (PREPARE) eines Statements, das auf remote Objekte zeigt, kann bis zur ersten Ausführung des Statements verzögert werden.

NODEFER (PREPARE)
PREPARE eines Statements mit Verweis auf remote Objekte wird unverzüglich ausgeführt.

Wird der Parameter DEFER bzw. NODEFER nicht vorgegeben, wirken folgende Defaults:
- wenn REOPT (VARS) vorgegeben wurde: DEFER (PREPARE)
- lokaler Bind: NODEFER(PREPARE).

DEGREE
Kennzeichen, ob DB2 eine Query-Ausführung mit Parallel-Verarbeitung unterstützen soll.

1
Es wird keine Parallel-Verarbeitung akzeptiert.

ANY
Eine Parallel-Verarbeitung ist zulässig.

DISCONNECT
Kennzeichen, welche Verbindungen zu remote Systemen (Connections) bei COMMIT der Anwendung abgebaut werden sollen - die Option wirkt bei allen CONNECT-Typen. Unabhängig von dieser Option werden alle freigegebenen (released) Connections beim COMMIT aufgelöst.

EXPLICIT
Beim COMMIT werden nur freigegebene (released) Connections aufgelöst.

AUTOMATIC
Beim COMMIT werden sämtliche remote Connections aufgelöst.

CONDITIONAL
Beim COMMIT werden sämtliche remote Connections aufgelöst - außer solchen, bei denen ein offener Cursor mit der WITH HOLD OPTION existiert.

A2 Anhang - Definition der wichtigsten DB2-Sprachelemente
BIND PLAN - 5

DYNAMICRULES   Kennzeichen, nach welchen Autorisierungsregeln dynamische SQL-Statements behandelt werden sollen.

    RUN   Es wirken Run-Time-Rules, d.h. der ausführende SQLID muss über alle Privilegien verfügen (generelle Handhabung vor der DB2 Version 4).

    BIND   Es wirken Bind-Time-Rules, d.h. der Plan-Owner muss über alle Privilegien verfügen.

ENABLE   Kennzeichen, welche Connection-Typen diesen Plan nutzen können. Es werden alle Connections explizit beschrieben. Nicht aufgeführte Connection-Typen dürfen den Plan nicht benutzen.

DISABLE   Kennzeichen, welche Connection-Typen diesen Plan nicht nutzen können. Es werden alle Connections explizit beschrieben. Nicht aufgeführte Connection-Typen dürfen den Plan benutzen.

    BATCH   Connection-Typ TSO.
    CICS   Connection-Typ CICS.
    DB2CALL   Connection-Typ CAF.
    DLIBATCH   Connection-Typ DL/I-Batch.
    IMS   Connection-Typ IMS (inklusive DLIBATCH, IMSBMP, IMSMPP).
    IMSBMP   Connection-Typ IMS-BMP.
    IMSMPP   Connection-Typ IMS-MPP und IMS FP.
    RRSAF   Connection-Typ RRS (Recoverable Resource Manager Services).
    (xxxxxxxxx)   Spezifizierung bestimmter Connection-Namen für ENABLE oder DISABLE.

EXPLAIN   Informationen über die SQL-Statements werden beim BIND in der Table 'plan-owner.PLAN_TABLE' abgelegt (siehe EXPLAIN-Statement). Diese Tabelle muss vorher angelegt sein.
Wahlweise können zwei weitere Tabellen bereitgestellt werden, die Zusatzinformationen bei jedem Explain aufnehmen:
-     'plan-owner.DSN_STATEMNT_TABLE'   mit Kostenschätzungen
-     'plan-owner.DSN_FUNCTION_TABLE'   mit Informationen über die Funktions-Auflösung.

    NO   Keine Ausführung von EXPLAIN.
    YES   Ausführung von EXPLAIN.

FLAG   Kennzeichen über Art der Meldungen des BIND-Verlaufes.
    I   Alle Informationen, Warnungen, Fehler und Abschluss-Meldungen (Default).
    W   Nur Warnungen, Fehler und Abschluss-Meldungen.
    E   Fehler und Abschluss-Meldungen.
    C   Nur Abschluss-Meldungen.

IMMEDWRITE   Kennzeichnung, ob das Ausschreiben veränderter Pages in den Group Bufferpool (bzw. auf Platte bei GBPCACHE NO) erst beim COMMIT bzw. ROLLBACK erfolgen soll oder direkt nach jeder vollzogenen Änderung.
Dieser Parameter ist nur bei Data Sharing wirksam und kann sehr ungünstige Performance-Auswirkungen bei YES nach sich ziehen.

    NO   Das Wegschreiben aus dem lokalen Bufferpool in den Group Bufferpool erfolgt mit dem COMMIT.
    YES   Das Wegschreiben aus dem lokalen Bufferpool in den Group Bufferpool erfolgt mit jedem Update. Damit wird abhängigen Anwendungskomponenten (logisches Sub-Tasking-Konzept, wobei die Sub-Task in einem anderen Member als die Parent-Task zur Anwendung kommt) zu jeder Zeit derselbe Datenzustand präsentiert, unabhängig in welchem Member sie aktiv sind.
Alternativen zu YES (deren Konsequenzen aber auch im einzelnen zu evaluieren sind):
-     die Anwendungen in demselben Member aktivieren,
-     ISOLATION (RR),
-     CURRENTDATA (YES).

ISOLATION   Definition der Isolation-Bedingungen im Hinblick auf konkurrierende Parallel-Anwendungen. Default für zugeordnete Packages ist der ISOLATION-Level des Plans (kann von Package-Festlegungen abweichen).

    RR   *Repeatable Read*. Alle Zeilen, auf die im Laufe des Anwendungsdurchlaufes positioniert wurden, bleiben gesperrt und verhindern eine parallele Änderung.

    RS   *Read Stability*. Alle Rows oder Pages, die in Stage 1 berücksichtigt werden, bleiben gesperrt und verhindern eine parallele Änderung. Auf Rows oder Pages, die in Stage 1 nicht qualifiziert wurden, wirken keine Sperren.
So können parallele Einfügungen und Änderungen auf Objekten vorgenommen werden, die nicht Teil der Result Table sind und frühzeitig in Stage 1 ausgefiltert wurden (erst in Stage 2 ausgefilterte Ressourcen bleiben gesperrt).
RR wird dann verwendet, wenn der Server diese Option nicht unterstützt.

CS	*Cursor Stability*. Sperre einer Zeile, nur solange die Anwendung darauf positioniert ist. Freigabe der Zeile, wenn keine Änderung erfolgte. Bei DB2-internen Verarbeitungen (z.B. JOIN oder Column-Functions) ist zu beachten, dass bei CS undefinierte Ergebnisse eintreten können, wenn parallel laufende Anwendungen während dieser DB2-internen Verarbeitungsprozesse Änderungen vornehmen.
UR	*Uncommitted Read*. Möglichkeit des Zugriffs auf in Änderung befindliche Daten einer anderen UOW (dirty read). Nur für lesende Operation mit read-only Result Table zulässig (SELECT INTO, SELECT und FETCH). CS wird dann verwendet, wenn diese Bedingungen nicht zutreffen.
KEEPDYNAMIC	Kennzeichnung, ob Dynamic SQL-Statements mit ihrem Prepare-Ergebnis über einen COMMIT-Punkt hinweg erhalten bleiben sollen oder nicht.
<u>NO</u>	Dynamische Prepare-Ergebnisse sind nach einem COMMIT nicht mehr verfügbar.
YES	Dynamische Prepare-Ergebnisse sind nach einem COMMIT weiterhin verfügbar. Sie werden gehalten bis zum Programmende oder bis zu einem ROLLBACK oder einem erneuten PREPARE desselben Statements. KEEPDYNAMIC (YES) und REOPT (VARS) schließen sich gegenseitig aus. Es ist zu beachten, dass eine günstigere Performanceauswirkung nur in Verbindung mit einem verfügbaren Statement Speicher (Prepared Statement Cache) eintritt. In diesem Fall wird eine Kopie des präparierten Statements im Cache gehalten und bei späterer Verwendung wieder genutzt. Steht ein solcher Cache nicht zur Verfügung, wird lediglich der SQL-Statementstring intern gehalten und bei einer erneuten Verwendung implizit erneut mit PREPARE aufbereitet. Damit fallen erneut die BIND-Aufwendungen an.
MEMBER (member-name)	Name(n) der database request moduln (DBRMs), die zur Plan-Bildung herangezogen werden sollen (DB2 sortiert in alphabetischer Folge). Der Name der PDS-Datei wird dem DD-Namen DBRMLIB oder aus dem folgenden LIBRARY-Eintrag entnommen.
LIBRARY (library-name)	PDS-Bibliothek(en) in denen MEMBER enthalten ist/sind. Sind mehrere Bibliotheksnamen vorgegeben, werden sie in der vorgegebenen Reihenfolge durchsucht. Ist kein Bibliotheksnamen vorgegeben, wird bei Vorgabe einer DBRMLIB (DD-JCL-Statement) die entsprechende Bibliothek durchsucht.
OPTHINT	Kennzeichnung, ob eine Empfehlung, und welche, zur Optimierung der SQL-Statements im Plan verwendet werden soll.
'opt-hint'	Der Paramter wird nur beachtet, wenn er keine Blanks enthält und mit dem Begrenzer ' vorgegeben wird (" TIP1" ist nicht zulässig). Der vorgegebene Inhalt sollte mit demselben Inhalt in Zeilen der PLAN_TABLE korrespondieren. Voraussetzung für die Nutzung ist die DB2-Installation mit OPTIMIZATION HINTS YES.
OWNER (auth-id)	Eigentümer des Plans. Wenn die Option fehlt, wird der Primär-Autorisierungs-Id verwandt. Nur der SYSADM kann einen beliebigen Autorisierungs-Id bestimmen, ansonsten ist nur eine Auswahl aus der Current Primär- oder Sekundär-Autorisierungs-Id-Liste möglich. Der Owner hat die BIND und EXECUTE-Privilegien des Plans. Er benötigt die Verarbeitungsberechtigung aller im Plan benötigten Ressourcen. Bei Wechsel des Owners erbt der neue Eigentümer die bisherigen Plan-Privilegien des bisherigen Eigentümers.
PATH	Definiert den SQL-Pfad für die Bestimmung nicht-qualifizierter Namen von Funktionen, Stored Procedures (im CALL-Statement) und User-defined Distinct Types. Der Pfad kann max. 254 Bytes lang sein - siehe CURRENT PATH.
(schema-name)	Name des Schemas (Namen können in Groß- und Kleinbuchstaben vorgegeben werden - sie sollten dann später aber auch wieder entsprechend getroffen werden.
(schema-name , ...)	Liste von Schema-Namen.
USER	Inhalt des Spezialregisters USER (Hinweis: USER nicht in Hochkommas einschließen, sonst wird das gleichnamige Schema gesucht).

A2 Anhang - Definition der wichtigsten DB2-Sprachelemente
BIND PLAN - 7

PKLIST
(location-name.collection-id.
package-id)

Name(n) der Packages, die zur Plan-Bildung herangezogen werden sollen (die Reihenfolge beeinflusst die Performance, da die Packages in der vorgegebenen Folge durchsucht werden).

Location-Name: Server, an dem die Package existiert. Default ist der lokale Server.
 * = Der Server wird erst zur Ausführungszeit bestimmt. Der CURRENT SERVER-Spezialregister-Inhalt wird genutzt, das EXECUTE-Privileg wird zur Ausführungszeit geprüft.

Collection-Id: Collection, in der die Package gesucht werden soll.
 * = Die Collection wird erst zur Ausführungszeit bestimmt. Der CURRENT PACKAGESET-Spezialregister-Inhalt wird geprüft:
Inhalt ungleich Blank = Collection-Id.
Inhalt gleich Blank = dieser Eintrag wird in der Liste übersprungen und der nächste gültige Eintrag gesucht, bis das Ende der Liste erreicht ist. Dann erfolgt eine Fehlermeldung.
Das EXECUTE-Privileg wird zur Ausführungszeit geprüft.

Package-Id: Bestimmter Package-Name.
 * = Alle Packages innerhalb der Collection werden einbezogen.

QUALIFIER (qualifier-name) Expliziter Prefix für alle unqualifizierten Benutzer-Objekte innerhalb des Plans (verhindert implizite Qualifizierung).
Wenn die Option fehlt, wird der OWNER-Autorisierungs-Id verwandt.

RELEASE Kennzeichen über Ende der Nutzung und Sperrdauer der benötigten Ressourcen.

 COMMIT Freigabe der Ressourcen bei COMMIT.
DYNAMIC SQL-Statements werden grundsätzlich mit der Option COMMIT behandelt. Damit erfolgt auch grundsätzlich die Freigabe der Prepare-Ergebnisse mit dem COMMIT.
Eine Ausnahme hiervon besteht in folgendem Fall: Vorgabe des Parameters KEEPDYNAMIC (YES) und installiertem Prepared Statement Cache.

 DEALLOCATE Freigabe bei Programm-Beendigung, d.h. bei Freigabe des Threads.
Diese Option wirkt nur auf hohem Ressource-Niveau, wie Tablespace, Table oder Partition und hat keine Auswirkung auf Page- oder Row-Level-Sperren.
Diese werden auch bei Einsatz dieser Option mit einem COMMIT freigegeben (evtl. Ausnahmen: Cursor WITH HOLD).

REOPT (VARS) Kennzeichnung, dass DB2 zur Ausführungszeit erneut Zugriffspfadentscheidungen für Host-Variable, Parameter Markers und Spezialregister treffen soll.
KEEPDYNAMIC (YES) und REOPT (VARS) schließen sich gegenseitig aus.

NOREOPT (VARS) Kennzeichnung, dass DB2 zur Ausführungszeit keine erneuten Zugriffspfadentscheidungen für Host-Variable, Parameter Markers und Spezialregister treffen soll.

SQLRULES Kennzeichen, ob CONNECT-Statements des Typs 2 in Übereinstimmung mit DB2- oder dem SQL-Standard (ANSI/ISO 1992) abgewickelt werden sollen.
CONNECT-Statements des Typs 1 und Privat-ProtokollZugriffe sind nicht betroffen.

 DB2 CONNECT auf eine existierende Verbindung zu einem remote System (Connection) wird akzeptiert.

 STD CONNECT auf eine existierende Connection wird nicht akzeptiert. Es wird ein Fehler produziert. In diesem Fall muss mit SET CONNECTION die Verbindung aktiviert werden.

VALIDATE Kennzeichen, ob Objekt-Existenz- und Autorisierungsprüfungen sofort durchgeführt oder zurückgestellt werden können.

 RUN Prüfung aller Ressourcen und Privilegien beim Bind. Wenn OK, wird der Plan fehlerfrei erzeugt (keine weiteren Prüfungen bei Ausführung).
Fehlerhafte SQL-Statements werden markiert und bei Ausführung des Plans erneut überprüft. Für fehlerhaft gekennzeichnete Pläne (invalidated) wird ggf. ein Automatic Rebind durchgeführt.
Der Owner des Plans benötigt alle Ressource-Privilegien zum Bind- bzw. Ausführungszeitpunkt.

 BIND Prüfung der Ressourcen und Privilegien beim Bind. Treten Fehler auf, wird der Plan nicht gebunden.
Der Owner des Plans benötigt alle Ressource-Privilegien zum Bind-Zeitpunkt.

A2 Anhang - Definition der wichtigsten DB2-Sprachelemente
CALL (SQL-Statement)

Aufgabe des Statements

Das SQL-CALL-Statement ruft aus einem Anwendungsprogramm eine Stored Procedure auf.
Siehe auch Erläuterungen im Kapitel 13.
Bei unqualifizierter Namensvorgabe kann die Stored Procedure in einem Schema aufgrund des SQL-Pfads gesucht werden (siehe hierzu im Anhang 1 "Qualifizierung von Daten-Typen, Funktionen,....).
Ab der Version 6 können Routinen andere Routinen aufrufen (nesting).
Dies bezieht sich mit einer maximalen Tiefe von 16 Stufen innerhalb eines Systems auf folgende Komponenten:
- **Stored Procedures** unter folgenden Bedingungen:
    - wenn sie <u>nicht</u> mit COMMIT ON RETURN definiert sind
    - wenn sowohl die aufrufende als auch die aufgerufene Stored Procedure in demselben Adressraum-Typ (SPAS oder WLM) ausgeführt wird
    - der Create Timestamp der aufgerufenen Stored Procedure muss älter sein als der Bind Timestamp der Package bzw. des Plans der aufrufenden Routine.
  Übergibt eine Stored Procedure ein oder mehrere Result Sets, kann nur die direkt aufrufende Routine die übergebenen Result Sets adressieren.
- **User-defined Functions**
- **Trigger**.

Eine Routine kann eine andere Routine auf einem anderen Server aufrufen.

Erforderliche Privilegien

Privilegien müssen existieren für alle Komponenten, die innerhalb einer oder mehrerer Routinen existieren (Details hierzu siehe im Kapitel 7):
- EXECUTE-Privileg der Stored-Procedure-Package oder
- Eigentümer der Stored-Procedure-Package oder
- PACKADM-Privileg für Collection der Package oder
- SYSADM.

Anwendungs-Beispiele (PL/I)

```
EXEC SQL
    CALL SP1 (:SEMCODE, 'A1', 123) ;        Aufruf Prozedur SP1 mit Übergabe einer Host-Variablen, einer
                                            Character-Konstanten und einem numerischen Wert.
EXEC SQL
    CALL :SP (:SEMCODE, NULL, :STATUS) ;    Aufruf der Prozedur, deren Namen in der Host-Variablen SP einge-
                                            stellt ist. Es wird für einen Parameter ein NULL-Wert übergeben.
EXEC SQL
    CALL :SP (:DCLVIEW1) ;                  Aufruf der Prozedur, deren Namen in der Host-Variablen SP einge-
                                            stellt ist. Es wird anstelle einzelner Parameter eine Host-Struktur
                                            übergeben. Diese wird dann vom Precompiler in einzelne Parameter
                                            aufgelöst.
EXEC SQL
    CALL :SP USING DESCRIPTOR sqlda ;       Übergabe der Parameter in der SQLDA.
```

Syntax-Diagramm

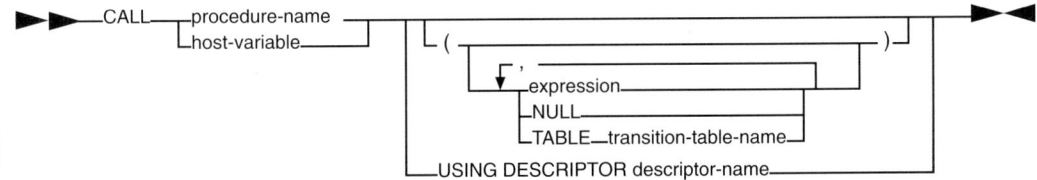

Parameter-Beschreibung

procedure-name Name der Stored Procedure als Literal.
Der Name kann bis zu 18 Stellen lang sein und in drei Formen vorgegeben werden (vor der Version 6 musste der Lokations-Name identisch mit dem Namen des aktuellen Servers sein, d.h. vorher musste CONNECT eingesetzt werden):

a) Voll-qualifiziert (3 Teile): location-name.schema-name.procedure-name
- location-name = Server, auf dem die Prozedur verfügbar ist.
- schema-name = Schema-Name der Stored Procedure.
- procedure-name = Name der Stored Procedure.

b) Teil-qualifiziert (2 Teile): schema.procedure-name
- location (implizit) = Aktueller Server (hier muss die Prozedur verfügbar sein).
- schema-name = Schema-Name der Stored Procedure.
- procedure-name = Name der Stored Procedure.

c) Unqualifiziert (einteilig): procedure-name
- location (implizit) = Aktueller Server (hier muss die Prozedur verfügbar sein).
- schema (implizit) = Suche aufgrund des SQL-Pfads. Bei Vorgabe des procedure-names als Literal, wird der SQL-Pfad aus dem PATH-Bind-Parameter entnommen.
- procedure-name = Name der Stored Procedure.

host-variable Host-Variable (max. 255 Bytes), in der der Name der Stored Procedure eingestellt ist. Ein NULL-Indikator darf der Host Variablen nicht folgen.
Die Host-Variable muss ein Character-String sein, in der linksbündig - ggf. mit aufgefüllten Blanks - der Prozedur-Name gemäß den oben beschriebenen Konventionen zur Verfügung steht.
Bei unqualifizierter (einteiliger) Vorgabe des procedure-names wird das Schema ebenfalls aufgrund des SQL-Pfads gesucht. In diesem Fall wird aber der SQL-Pfad aus dem CURRENT PATH Spezialregister entnommen.

Parameter des CALL-Aufrufs müssen korrespondieren zu den Definitionen der Prozedur. Details siehe unter CREATE PROCEDURE.

expression Ausdruck zur Spezifikation eines Parameters für die Stored Procedure.
Es dürfen nicht vorgegeben werden: Spalten-Name, Labeled Duration, Column Function, User-defined Function, die auf einer Column Function basiert.
Der Datentyp muss kompatibel zu dem Parameter sein, der von der Stored Procedure erwartet wird.
Ein NULL-Indikator darf nur vorgegeben werden, wenn dies in der Definition der Stored Procedure zugelassen ist (wenn explizite NULL-Werte zugelassen sind oder der Parameter als 'OUT' definiert ist).
Ab Version 6 darf auch ein Strukturname vorgegeben werden, der beim Precompile entsprechend der Definitionen für Host Strukturen in einzelne Parameter-Aufrufe aufgelöst wird.
Wird eine Stored Procedure aus einem Trigger aufgerufen, dürfen keine Host Variablen übergeben werden.

NULL Konstanter NULL-Wert als Parameter für die Stored Procedure.
Der Parameter muss in der Definition der Stored Procedure als 'IN' definiert sein.
NULL darf nur dann vorgegeben werden, wenn NULL-Werte in der Definition der Stored Procedure zugelassen sind.

TABLE transisiton-table-name Der Parameter ist eine Transition Table eines Triggers.

USING DESCRIPTOR Die Parameter werden über eine SQLDA adressiert. Wird eine Stored Procedure aus einem Trigger aufgerufen, darf dieser Parameter nicht benutzt werden.

sqlda Adresse der SQLDA (siehe Struktur im Anhang 5).
Folgende Felder müssen vom Programm gefüllt werden:
- SQLN   Anzahl der SQLVAR-Elemente.
- SQLDABC   Größe der SQLDA.
- SQLD   Anzahl der in SQLVAR beschriebenen Parameter.
- SQLVAR   Beschreibung der Charakteristiken der Host-Variablen.

Dieses geschilderte Verfahren darf nicht verwechselt werden mit dem Einsatz von dynamischem SQL.
Erstens ist ein CALL aus einer OS/390-Umgebung nicht dynamisch ausführbar (nur über CLI-Call) und zweitens sind die Parameter der SQLDA sehr statisch zu behandeln, da sie eine korrespondierende Definition in der Katalog-Tabelle SYSROUTINES benötigen.

Wird dieser Parameter nicht vorgegeben, generiert der Precompiler automatisch die SQLDA aus den explizit benannten Parametern.

A2 Anhang - Definition der wichtigsten DB2-Sprachelemente
-CANCEL THREAD (DB2-Command)

Aufgabe des Commands

Der CANCEL THREAD Command bricht einzelne Verbindungen ab. Diese können bestehen:

- zwischen lokalen Anwendungen und dem lokalen System,
- zwischen lokalen Anwendungen und einem remote System,
- zwischen remote Anwendungen und dem lokalen System.

Der Thread wird sofort beendet (abgebrochen), sofern er sich nicht in der Phase 2 des 2-Phasen-Commit-Prozesses befindet bzw. von DB2 in die Suspend-Warteschlange gestellt wurde.
Befindet sich eine Anwendung zwischen Phase 1 und Phase 2 des 2-Phasen-Commit-Prozesses, wird der Thread-Status von 'AKTIV' in 'INDOUBT' abgeändert. Der Thread bleibt dann 'hängen' und alle zugeordneten Ressourcen bleiben zugeordnet.
Ein solcher Zustand kann anschließend entweder vom Koordinator automatisch erkannt werden oder muss manuell mittels -RECOVER INDOUBT-Command entschieden werden.
Die zum Befehlseinsatz erforderlichen Informationen sollten vorab mit dem -DISPLAY THREAD Command angefordert werden.
Sollen alle Threads eines bestimmten Systems abgebrochen werden, steht der VTAM-Command
   "VARY NET,INACT,ID=luname,FORCE"
zur Verfügung. Damit wird auch DDF gestoppt.
Vor einem neuen -START DDF muss der VTAM-Command
   "VARY NET,ACT,ID=luname," vorgegeben werden.

Kurzform des Commands: -CAN THD **Data-Sharing-Wirkungskreis:** Member

Erforderliche Privilegien

- SYSADM, SYSCTRL oder SYSOPR.

Anwendungs-Beispiel

```
-CANCEL THREAD (221)              Abbruch des Threads mit dem Token 221.
-CANCEL DDF THREAD                Abbruch des Threads mit der LUWID:
   (NETALL.LU332.1A4F623C7F98)        Netzwerk-Name:   NETALL,
                                      LU-Name:         LU332,
                                      Lfd-LUW-Nr:      1A4F623C7F98
```

Syntax-Diagramm

```
►►──CANCEL──┬─THREAD (token)────────────────┬─┬──────┬──►◄
            └─DDF THREAD ( ┬─luwid─┬ )──────┘ └─DUMP─┘
                           └─token─┘
```

Parameter-Beschreibung

luwid Identifikation des Threads über eine LUW-Nr. mit folgendem Aufbau (jeweils abgegrenzt durch einen Punkt ('.'):
- Netzwerk-Id   Optional bis zu 8 Zeichen.
- Netzwerk-LU-Id   bis zu 8 Zeichen,
- Lfd. LUW-Nr.   12 hexadezimale Zeichen, die eine LUW eindeutig identifizieren.

Wird ein mehrteiliger Name vorgegeben, unterstellt DB2 die Vorgabe der luwid.

token Alternative Identifikation des Threads über einen Token, der von DB2 für jeden Thread vergeben wird. Der Token ist eine 1- bis 5-stellige Zahl, der eindeutig innerhalb einer Lokation ist, aber nicht eindeutig im ganzen Netz sein muss.
Wird eine bis zu fünfstellige Nummer vorgegeben, unterstellt DB2 die Vorgabe des Tokens.

DUMP Zur Diagnoseunterstützung wird ein Dump gezogen.

A2 Anhang - Definition der wichtigsten DB2-Sprachelemente
/CHANGE (IMS-Command)

Aufgabe des Commands

Der CHANGE Command löscht eine Indoubt-Unit of Recovery (IMS-Recovery Elemente), die über den OASN-Parameter des /DISPLAY-Commands angezeigt wurden, aus dem IMS-Log.
Es wird keinerlei Kommunikation mit DB2 betrieben. Es handelt sich damit um eine einseitige Beseitigung eines 'hängenden' Threads.
Die zum Befehlseinsatz erforderlichen Informationen müssen vorab mit dem /DISPLAY-Command angefordert werden.
Achtung:
Der Einsatz des Commands muss sorgfältig geprüft werden, da Integritätsverletzungen drohen!
Kurzform des Commands: /CHA   **Data-Sharing-Wirkungskreis:** Member

Erforderliche Privilegien

IMS-Privilegien.

Anwendungs-Beispiel

/CHANGE SUBSYS DB2 RESET	Löschen aller Recovery Elemente für das Subsystem DB2.
/CHANGE SUBSYS DB2 OASN 55, 3326 RESET	Löschen der Recovery Elemente für das Subsystem DB2, die durch OASN 55 und 3326 identifiziert werden.

Syntax-Diagramm

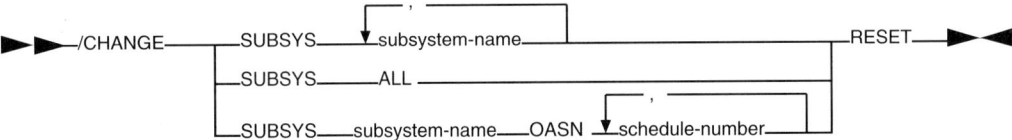

Parameter-Beschreibung

SUBSYS   Löschen der IMS Recovery Elemente von einem oder mehreren Subsystemen.
   subsystem-name   Name des Subsystems.

   ALL   Es werden alle IMS Recovery Elemente von allen Subsystemen gelöscht.

OASN   Identifikation der IMS Recovery Elemente durch Origin application schedule numbers (OASN).
   schedule-number Identifikation der (OASN), die durch den /DISPLAY-Command angezeigt wurden. Hier können bis zu 32768 Vorgaben getätigt werden.

CHECK DATA (DB2-Utility)

Aufgabe des Utilities

Das CHECK DATA Utility prüft Tablespaces auf gültige referenzielle Beziehungen bzw. auf Einhaltung der Check-Regeln. Verstöße werden protokolliert.
Auf Wunsch können die fehlerhaften Daten gelöscht werden. Diese werden dann in eine Ausnahme-Tabelle (Exception Table) kopiert.
Hinsichtlich der Struktur dieser Exception Table siehe Anhang 5 (Exception Table für CHECK Utility).
Es werden geprüft:

- Referential Constraints:
Es werden jeweils für die Foreign Keys (FK) der Dependent Table (dependent rows) die korrespondierenden Primary Keys (PK) bzw. Unique Keys der Parent Table (parent row) auf Existenz geprüft.
Für jede Dependent Table muss bei Vorgabe der DELETE YES-Option eine Exception Table zugeordnet werden (auch für Dependent Tables der Dependent Table).

- Check Constraints:
Es werden sämtliche Zeilen auf Einhaltung von Table-Check-Constraints geprüft. Verstößt eine Zeile gegen mehrere Regeln, wird sie nur einmal in die Exception Table kopiert.

- LOB Constraints (siehe auch CHECK LOB):
Es werden sämtliche LOB-Spalteninhalte auf gültige Referenzen geprüft.
Folgende Bedingungen werden geprüft und protokolliert:
- Orphan LOBs   Arme Lob-Waisenkinder, bei denen ein LOB-Wert in dem LOB-Tablespace, aber nicht im LOB-Locator der Base Table gefunden wird.
- Missing LOBs   Es wird kein LOB-Wert in dem LOB-Tablespace gefunden, obwohl der LOB-Locator darauf verweist.
- Out-of-synch LOBs Der Versionsstand stimmt nicht zwischen dem LOB-Wert in dem LOB-Tablespace und dem LOB-Locator der Base Table überein.
- Invalid LOBs   Ungültiger Zustand, der bei einem vorherigen Check-Lauf festgestellt, aber nicht bereinigt wurde.

Verstößt eine Zeile gegen solche Bedingungen, wird die Zeile der Base Table (mit LOB-Locators) bei Vorgabe der DELETE YES-Option in die Exception Table kopiert. Der fehlerhafte LOB-Wert wird in den ebenfalls für die Exception Table bereitzustellenden LOB-Tablespace der Exception-Table kopiert.

Werden Fehler festgestellt, wird der Base-Tablespace in den "Check Pending Status" (CHKP) oder bei einem LOB-Fehler in den "Auxiliary Warning Status" (AUXW) gesetzt. Dieser Status wird am Ende des Utilities bei Einsatz der DELETE YES-Option wieder aufgehoben, ansonsten bleibt er bestehen.

Utility-Phasen

Die Ausführungs-Phasen des Utilities sind:
- UTILINIT   Initialisierungs-Phase (Anmeldung des Utility-Ids in der Directory-Table SYSUTIL).
- SCANTAB   Bei RI: Extrahieren der Foreign Keys. Ein vorhandener Index wird benutzt. Existiert kein Index, wird die gesamte Datenbasis durchgelesen.
- SORT   Bei RI: Sortieren der Foreign-Keys, sofern sie in der SCANTAB-Phase nicht durch einen FK-Index zur Verfügung standen.
- CHECKDAT   Bei RI: Prüfen der Parent Indizes auf gültige parent rows.
              Bei Check: Prüfen der row auf Einhaltung der Check-Regeln.
              Ausgabe von Meldungen, wenn Fehler entdeckt werden.
- REPORTCK   Kopieren der fehlerhaften rows (bei RI der dependent rows) in die Exception Tables.
              Löschen dieser Zeilen aus der Basis-Tabelle, wenn DELETE YES vorgegeben ist.
- UTILTERM   Terminierungs-Phase (Abmeldung des Utility-Ids in der Directory-Table SYSUTIL).

Erforderliche Privilegien

- STATS Privileg für die Database oder
- DBADM, DBCTRL oder DBMAINT-Privileg für die Database oder
- SYSADM, SYSCTRL.
- Zusätzlich ergeben sich einige Privilegien-Erfordernisse abhängig von der Parameter-Vorgabe:
  - wenn der FOR EXCEPTION-Parameter benutzt wird, muss die INSERT-Berechtigung auf die Exception Tables bestehen,
  - wenn der DELETE YES-Parameter benutzt wird, muss die DELETE-Berechtigung auf die Dependent Tables bestehen.
  - wenn der AUXERROR INVALIDATE-Parameter benutzt wird, muss die UPDATE-Berechtigung auf die Base Tables bestehen, in denen sich die LOB-Spalten befinden.

A2 Anhang - Definition der wichtigsten DB2-Sprachelemente
CHECK DATA - 2

Abhängigkeiten

Die Abhängigkeiten des Utilities zu anderen Utilities sind in der Utility-Kompatibilitäts-Matrix am Anfang des Anhangs 2 dargestellt.
Aus der folgenden Tabelle ist zu entnehmen, dass die zu durchsuchende Datenbasis (bei RI auch der FK-Index-Entry) beim CHECK DATA exklusiv gesperrt wird, während die zur Prüfung heranzuziehenden Referenzobjekte einer geringeren Sperrwirkung unterliegen:

```
DB2-Utility         Tablespace/   Index/Index-    Sonstiges                Bemerkungen
                    Partition     Partition
                    (+ LOB-TS)    (+ Auxiliary Index)
-----------------------------------------------------------------------------------
CHECK DATA          DA/UTUT       DA/UTUT         Primary Index:           DW/UTRO
   DELETE YES                                     RI Dependent Table:      DA/UTUT
                                                  Exception Table:         DA/UTUT
   PART DELETE YES                                Non-Partitioned Index:   DR
-----------------------------------------------------------------------------------
CHECK DATA          DW/UTRO       DW/UTRO         Primary Index:           DW/UTRO
   DELETE NO                                      RI Dependent Table:      -
                                                  Exception Table:         DA/UTUT
-----------------------------------------------------------------------------------
```

LEGENDE:
Zugriffs-Einschränkungen für parallele SQL-Anforderungen:
- DA - Drain aller Claim-Klassen, kein konkurrierender SQL-Zugriff erlaubt.
- DR - Drain der Repeatable Read-Klasse, kein konkurrierender RR-Lese-Zugriff erlaubt.
- DW - Drain der schreibenden Claim-Klasse, SQL-Leseanforderungen sind konkurrierend erlaubt.

Objekt-Status:
- UTUT - Das Utility richtet eine exklusive Kontrolle auf dem Objekt ein. Es ist keine Parallelität erlaubt.
- UTRO - Das Utility richtet eine Update-Sperre auf dem Objekt ein. Parallele Leseanforderungen sind erlaubt.

Erforderliche Datasets und Objekte

Dataset-DD-Name bzw. Zweck	DD-Name in Utility-Parameter	Default-DD-Name	Verwendung	Eingabe-Ausgabe	Pflicht-Vorgabe
SYSIN	-	-	Utility-Control (siehe Anwendungs-Beispiel)	E	Ja
SYSPRINT	-	-	Informationsausgabe und Meldungen	A	Ja
Workfile	WORKDDN	SYSUT1	Temporäre Arbeitsdatei für Sort-Input	E A	Ja
Workfile	WORKDDN	SORTOUT	Temporäre Arbeitsdatei für Sort-Output	E A	Ja
Fehler	ERRDDN	SYSERR	Ausgabedatei für die Protollierung von Verstößen	A	Ja
UTPRINT	-	-	Ausgabe für Sort.	A	Nein

Katalog-Objekte, für die keine OS/390-DD-Statements erforderlich sind		Utility-Parameter
Tablespace	Zu überprüfendes Objekt	table-space-spec
Exception Table	Ausnahme-Tabelle, die aus der fehlerhaften Tabelle gelöschte Zeilen aufnimmt	FOR EXCEPTION .. USE exception table

Anwendungs-Beispiel

```
CHECK   DATA TABLESPACE  SEMDB01.SEMTS01       Database SEMDB01, Tablespace SEMTS01
             TABLESPACE  SEMDB01.SEMTS02       und Tablespace SEMTS02 in gleicher Database.
        FOR  EXCEPTION IN PROD.SEMTYP          Bei Fehler in Table PROD.SEMTYP
                       USE  PROD.SEMTYP_EX     benutze Exception Table PROD.SEMTYP_EX.
                       IN   PROD.SEMINAR       Bei Fehler in Table PROD.SEMINAR
                       USE  PROD.SEMINAR_EX    benutze Exception Table PROD.SEMINAR_EX.
        DELETE YES                             Fehlerhafte Zeilen werden in den geprüften Tables
                                               gelöscht.
```

A2 Anhang - Definition der wichtigsten DB2-Sprachelemente
CHECK DATA - 3

Syntax-Diagramm

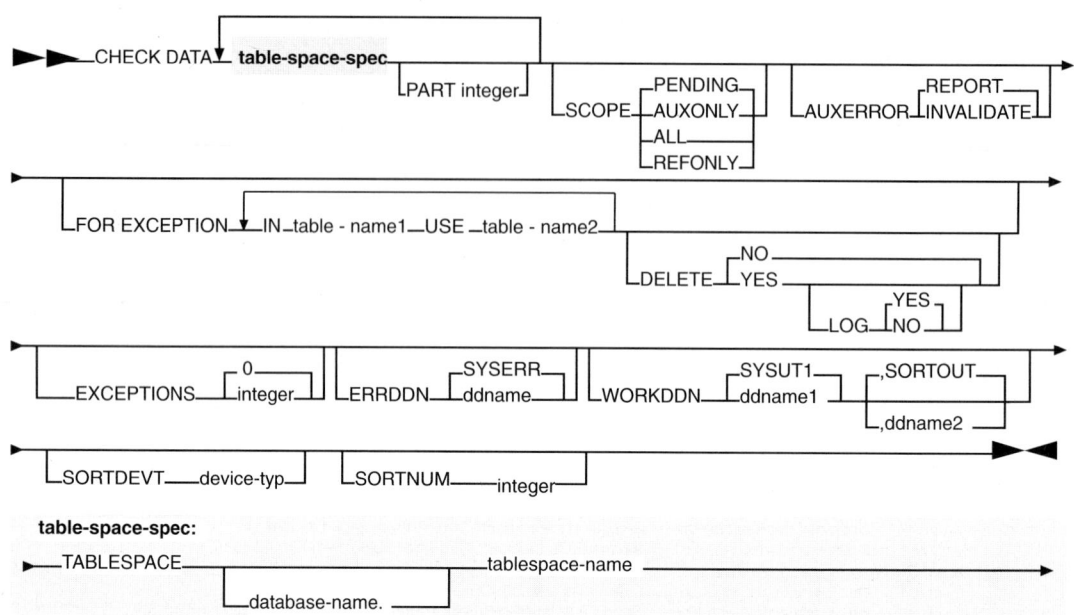

table-space-spec:

▶──TABLESPACE────────────────tablespace-name──────────────▶
               └─database-name.─┘

Parameter-Beschreibung

table space spec   Spezifikation der zu prüfenden Objekte:
   TABLESPACE
      database-name.   Name der Database, in der sich der Tablespace befindet. Default DSNDB04.
      tablespace-name   Name des Tablespaces, der geprüft werden soll.

   PART   Bei partitioned Tablespace, Identifikation der zu prüfenden Partition:
      integer   Nr. der Partition (1 bis zur maximalen Partition-Anzahl des Tablespaces).

SCOPE   Eingrenzung der zu prüfenden Daten:
   PENDING   Es werden nur die Daten der Tabellen geprüft, die sich im 'Check Pending Status' befinden. Tables ohne diesen Status werden ignoriert.
   ALL   Alle Tables des Tablespaces werden geprüft (bei RI alle dependent Tables).
   AUXONLY   Es werden nur die LOB-Spalten der Tables innerhalb des Tablespaces geprüft.
   REFONLY   Analog ALL, aber ohne LOB-Spalten.

AUXERROR   Definition der Maßnahme, wenn fehlerhafte LOB-Daten gefunden werden:
   REPORT   Es werden Warnungen protokolliert und der Base-Tablespace wird in den "Auxiliary Check Pending Status" (ACHKP) gesetzt.
   INVALIDATE   Es werden Warnungen protokolliert und der Base-Tablespace wird in den "Auxiliary Warning Status" (AUXW) und die LOB-Spalte der Basis-Tabelle in einen ungültigen Status gesetzt.

FOR EXCEPTION   Alle Zeilen, die gegen referenzielle Beziehungen oder check constraints verstoßen, werden in eine Ausnahme-Tabelle kopiert.
   IN   table-name1   Name der Table, von der fehlerhafte Daten kopiert werden sollen.
   USE table-name2   Name der Ausnahme-Tabelle, auf die fehlerhafte Daten kopiert werden sollen.
      DELETE   Kennzeichnung, ob fehlerhafte Daten gelöscht werden sollen.
         NO   Fehlerhafte Zeilen verbleiben in der Tabelle; in jedem Fall werden die fehlerhaften Daten (bei RI nur die direkten dependent rows) auf die Ausnahme-Tabelle kopiert.
         YES   Fehlerhafte Zeilen werden gelöscht; es werden sämtliche fehlerhaften Daten (bei RI die direkten dependent rows und die davon abhängigen descendent rows) auf die Ausnahme-Tabelle kopiert.

A2 Anhang - Definition der wichtigsten DB2-Sprachelemente
CHECK DATA - 4

LOG	Kennzeichnung, ob die gelöschten Daten im Log protokolliert werden sollen.
<u>YES</u>	Alle Löschungen werden im Log protokolliert.
NO	Löschungen werden <u>nicht</u> im Log protokolliert. **Achtung**: diese Option mit Vorsicht einsetzen, da ein RECOVER über einen solchen Zeitpunkt nicht möglich ist. der Tablespace wird in den "Copy Pending Status" und die Indizes mit COPY YES werden in den "Informational Copy Pending Status" gesetzt.
EXCEPTIONS integer	Maximale Anzahl der zu protokollierenden fehlerhaften Zeilen (discard limit), bei Erreichen dieses Limits wird das Utility beendet. 0 = Alle Fehler werden protokolliert (= Default-Wert).
ERRDDN ddname	Dataset, das fehlerhafte Zeilen protokolliert. DD-Name des Datasets, Default ist SYSERR.

WORKDDN
    ddname1
    ddname2
	Temporäres Dataset für Sortieranforderungen (für FKs, sofern kein Index nutzbar ist).
	DD-Name für temporäre Work-Sort-Input-Datei, Default ist SYSUT1.
	DD-Name für temporäre Work-Sort-Output-Datei, Default ist SORTOUT.

SORTDEVT	Device-Typ für temporäre Work-Dateien für DFSORT.
SORTNUM integer	Anzahl der temporären Datasets, die automatisch zugewiesen werden.

A2 Anhang - Definition der wichtigsten DB2-Sprachelemente
CHECK INDEX (DB2-Utility)

Aufgabe des Utilities

Das CHECK INDEX Utility prüft die Konsistenz zwischen Indizes und den referenzierten Daten. Fehlerhafte Daten werden protokolliert.
Wird die Prüfung auf einen Auxiliary Index durchgeführt, wird geprüft, ob für jeden LOB-Wert ein Index-Eintrag existiert und umgekehrt.

Utility-Phasen

Die Ausführungs-Phasen des Utilities sind:
- UTILINIT   Initialisierungs-Phase (Anmeldung des Utility-Ids in der Directory-Table SYSUTIL).
- UNLOAD   Entladen der Index Entries.
- SORT   Sortieren der entladenen Index Entries.
- CHECKIDX   Durchsuchen der Datenbasis und prüfen auf gültige Index Entries.
- UTILTERM   Terminierungs-Phase (Abmeldung des Utility-Ids in der Directory-Table SYSUTIL).

Erforderliche Privilegien

- STATS Privileg für die Database oder
- DBADM, DBCTRL oder DBMAINT-Privileg für die Database oder
- SYSADM, SYSCTRL.

Abhängigkeiten

Die Abhängigkeiten des Utilities zu anderen Utilities sind in der Utility-Kompatibilitäts-Matrix am Anfang des Anhangs 2 dargestellt.
Aus der folgenden Tabelle ist zu entnehmen, dass die zu durchsuchende Daten- und Indexbasis beim CHECK INDEX gegen schreibende Parallelaktivitäten gesperrt wird:

```
DB2-Utility         Tablespace/    Index/Index-    Sonstiges              Bemerkungen
                    Partition      Partition
------------------------------------------------------------------------------------
CHECK INDEX         DW/UTRO        DW/UTRO
------------------------------------------------------------------------------------
```

LEGENDE:
Zugriffs-Einschränkungen für parallele SQL-Anforderungen:
  DW   - Drain der schreibenden Claim-Klasse, SQL-Leseanforderungen sind konkurrierend erlaubt.
Objekt-Status:
  UTRO - Das Utility richtet eine Update-Sperre auf dem Objekt ein. Parallele Leseanforderungen sind erlaubt.

Erforderliche Datasets und Objekte

```
Dataset-    DD-Name     Default-   Verwendung                                     Eingabe- Pflicht-
DD-Name     in Utility- DD-Name                                                   Ausgabe  Vorgabe
bzw. Zweck  Parameter
-------------------------------------------------------------------------------------------------
SYSIN       -           -          Utility-Control (siehe Anwendungs-Beispiel)    E        Ja
SYSPRINT    -           -          Informationsausgabe und Meldungen              A        Ja
Workfile    WORKDDN     SYSUT1     Temporäre Arbeitsdatei für Index-Keys          E A      Ja
UTPRINT     -           -          Ausgabe für Sort.                              A        Nein

Katalog-Objekte, für die keine OS/390-DD-Statements erforderlich sind             Utility-Parameter
-------------------------------------------------------------------------------------------------
Indexspace              Zu überprüfendes Objekt                                   index-name bzw.
                                                                                  table-space-spec
```

Anwendungs-Beispiel

```
CHECK    INDEX               (PROD.SEMTYP_I02)       Prüfung eines einzelnen Index
         SORTDEVT            SYSDA

CHECK    INDEX     (ALL)                             Prüfung aller Indizes eines Tablespaces.
         TABLESPACE SEMDB01.SEMTS01
```

Syntax-Diagramm

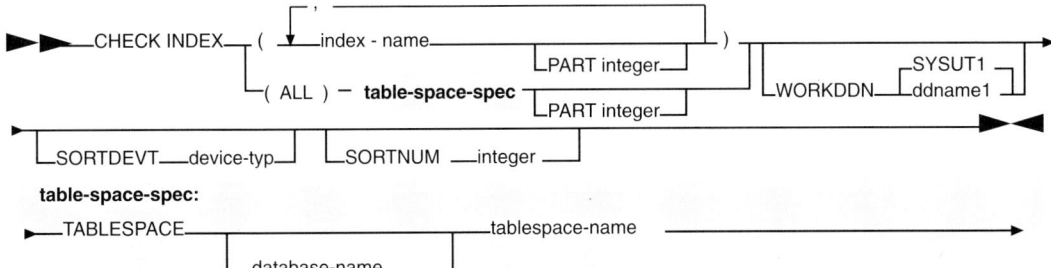

Parameter-Beschreibung

index-name	Name des Index, der geprüft werden soll. Alle Indizes müssen auf Tables innerhalb des gleichen Tablespaces zeigen. Alternative: ALL-Parameter. Der Index-Name besteht aus creator-Id.Objektname. Default creator-Id ist der User Identifier des Utility-Jobs.
PART	Identifikation der zu prüfenden physischen Partition eines partitioned Index oder der logischen Partition eines non-partitioned Index des Index Typs 2:
integer	Nr. der Partition (1 bis zur maximalen Partition-Anzahl des Tablespaces).
ALL	Alle Indizes des spezifizierten Tablespaces werden geprüft.
table space spec	Spezifikation der zu prüfenden Objekte:
TABLESPACE	
database-name.	Name der Database, in der sich der Tablespace befindet. Default DSNDB04.
tablespace-name	Name des Tablespaces, der geprüft werden soll.
PART	Bei partitioned Tablespace, Identifikation der zu prüfenden Partition:
integer	Nr. der Partition (1 bis zur maximalen Partition-Anzahl des Tablespaces).
WORKDDN	Temporäres Dataset für Sortieranforderungen (für FKs, sofern kein Index nutzbar ist).
ddname1	DD-Name für temporäre Work-Sort-Datei, Default ist SYSUT1.
SORTDEVT	Device-Typ für temporäre Work-Dateien für DFSORT.
SORTNUM integer	Anzahl der temporären Datasets, die automatisch zugewiesen werden.

A2 Anhang - Definition der wichtigsten DB2-Sprachelemente
CHECK LOB (DB2-Utility)

Aufgabe des Utilities

Das CHECK LOB Utility prüft die Konsistenz zwischen LOB-Tablespaces und den referenzierten LOB-Werten. Strukturkonflikte werden mit ihrem ROWID protokolliert.
Fehlerhafte Objekte können mit den SQL-Statements UPDATE oder DELETE korrigiert werden.
Das Utility kann bei fehlerfreiem Durchlauf einen der "Pending Status" aussetzen:
- "Check Pending Status (CHKP)"
- "Auxiliary Warning Status (AUXW)".

Das Utility setzt bei einem fehlerhaften Durchlauf den "Check Pending Status (CHKP)".
Liegt ein "Recovery Pending Status (RECP)" vor, kann CHECK LOB nicht gestartet werden.

Utility-Phasen

Die Ausführungs-Phasen des Utilities sind:
- UTILINIT   Initialisierungs-Phase (Anmeldung des Utility-Ids in der Directory-Table SYSUTIL).
- CHECKLOB   Durchsuchen aller aktiven Pages eines LOB-Tablespaces und selektieren der Informationen, für die Verstöße entdeckt wurden (vier Satz-Typen).
- SORT   Sortieren der in CHECKLOB bereitgestellten Informationen.
- REPRTLOB   Prüfung der sortierten Daten und Protokollierung von Fehlersituationen.
- UTILTERM   Terminierungs-Phase (Abmeldung des Utility-Ids in der Directory-Table SYSUTIL).

Erforderliche Privilegien

- STATS Privileg für die Database oder
- DBADM, DBCTRL oder DBMAINT-Privileg für die Database oder
- SYSADM, SYSCTRL.

Abhängigkeiten

Die Abhängigkeiten des Utilities zu anderen Utilities sind in der Utility-Kompatibilitäts-Matrix am Anfang des Anhangs 2 dargestellt.
Aus der folgenden Tabelle ist zu entnehmen, dass die zu durchsuchende LOB-Daten- und LOB-Indexbasis (Auxiliary Index) beim CHECK LOB gegen schreibende Parallelaktivitäten gesperrt wird:

DB2-Utility	Tablespace/ Partition	Index/Index-Partition	Sonstiges	Bemerkungen
CHECK LOB	DW/UTRO	DW/UTRO		

LEGENDE:
Zugriffs-Einschränkungen für parallele SQL-Anforderungen:
    DW   - Drain der schreibenden Claim-Klasse, SQL-Leseanforderungen sind konkurrierend erlaubt.
Objekt-Status:
    UTRO   - Das Utility richtet eine Update-Sperre auf dem Objekt ein. Parallele Leseanforderungen sind erlaubt.

Erforderliche Datasets und Objekte

Dataset-DD-Name bzw. Zweck	DD-Name in Utility-Parameter	Default-DD-Name	Verwendung	Eingabe-Ausgabe	Pflicht-Vorgabe
SYSIN	-	-	Utility-Control (siehe Anwendungs-Beispiel)	E	Ja
SYSPRINT	-	-	Informationsausgabe und Meldungen	A	Ja
Workfile	WORKDDN	SYSUT1	Temporäre Arbeitsdatei für Sort-Input	E A	Ja
Workfile	WORKDDN	SORTOUT	Temporäre Arbeitsdatei für Sort-Output	E A	Ja
UTPRINT	-	-	Ausgabe für Sort.	A	Nein

Katalog-Objekte, für die keine OS/390-DD-Statements erforderlich sind   Utility-Parameter

Tablespace	Zu überprüfendes LOB-Objekt	table-space-spec

Anwendungs-Beispiel

```
CHECK   LOB  TABLESPACE  SEMDB01.SEMTS20        Prüfung des LOB-Tablespaces SEMTS20
             EXCEPTIONS 10                       Max. Anzahl akzeptierter Fehler vor einem Abbruch.
```

Syntax-Diagramm

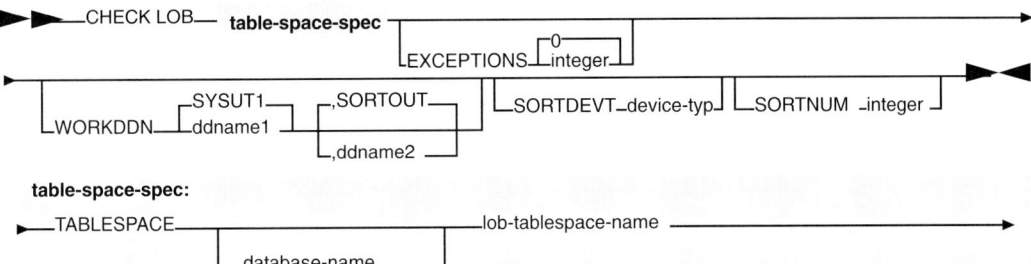

table-space-spec:

▶──TABLESPACE─────────────────────lob-tablespace-name ─────────▶
            └─database-name.─┘

Parameter-Beschreibung

table space spec Spezifikation der zu prüfenden Objekte:
  TABLESPACE
    database-name. Name der Database, in der sich der Tablespace befindet. Default DSNDB04.
    lob-tablespace-name Name des LOB-Tablespaces, der geprüft werden soll.

EXCEPTIONS integer Maximale Anzahl der zu protokollierenden fehlerhaften Zeilen (discard limit), bei Erreichen dieses Limits wird das Utility beendet.
0 = Alle Fehler werden protokolliert (= Default-Wert).

WORKDDN Temporäre Workfiles für Sortieranforderungen.
  ddname1 DD-Name für temporäre Work-Sort-Input-Datei, Default ist SYSUT1.
  ddname2 DD-Name für temporäre Work-Sort-Output-Datei, Default ist SORTOUT.

SORTDEVT Device-Typ für temporäre Work-Dateien für DFSORT.

SORTNUM integer Anzahl der temporären Datasets, die automatisch zugewiesen werden.

A2 Anhang - Definition der wichtigsten DB2-Sprachelemente
CLOSE (SQL-Statement)

Aufgabe des Statements

Das SQL-CLOSE-Statement schließt einen durch OPEN eröffneten und weiterhin offenen Cursor und löscht eine evtl. aufgebaute Workfile oder eine offene Temporary Table. Mit CLOSE wird keine UOR beendet - es wird weder ein COMMIT noch ein ROLLBACK ausgelöst.

Ein geschlossener Cursor kann unter dem gleichen Namen anschließend erneut mit OPEN eröffnet werden.

Wird dieses Statement nicht abgesetzt, gilt folgendes in Abhängigkeit von der WITH HOLD-Option beim DECLARE CURSOR (siehe dort):

- mit der WITH HOLD-Option bleibt der Cursor über das Ende einer UOR (COMMIT) bis zum Ende des Programms erhalten (bei einem ROLLBACK wird jeder Cursor geschlossen).

- ohne die WITH HOLD-Option erfolgt ein automatisches, implizites CLOSE am Ende der UOR (zum COMMIT- oder ROLLBACK-Zeitpunkt).

Ein explizites CLOSE kann sinnvoll sein, wenn vor Ende der UOR bzw. des Programms durch den Cursor etablierte Sperren vorzeitig freigegeben werden sollen oder auch eine neue, durch Variablenvorgabe veränderte Result Table unter demselben Cursor-Namen benötigt wird.

Empfehlung: Immer explizit den Cursor mit CLOSE schließen.
Beispielsweise kann ansonsten im CICS die Freigabe der mit dem Cursor verbundenen Ressourcen evtl. erst mit Thread-Reuse bzw. Thread-Freigabe erfolgen.

Siehe auch die Beschreibungen unter: DECLARE CURSOR, OPEN und FETCH.

Anwendungs-Beispiel in COBOL

```
      EXEC SQL   DECLARE   C1  CURSOR FOR           Name des Cursors = C1.
         SELECT              SEMCODE, DAUER
           FROM              SEMTYP
          WHERE              DAUER >= :DAUER        Host-Variable muss Zuweisungswert vom Programm
      END-EXEC.                                     erhalten (vor OPEN CURSOR).

      EXEC SQL  OPEN    C1   END-EXEC               Der Cursor wird eröffnet.

      EXEC SQL  FETCH C1  INTO  :SEMCODE,           Vorlesen
                                :DAUER  :IND-DAUER
      END-EXEC

      IF SQLSTATE = '02000'                         02000 = Keine Daten für Result-Table gefunden.
          PERFORM   KEINE-DATEN-GEFUNDEN            Hinweis: Die Fehlerroutine ist nicht im Beispiel enthalten.
      END-IF
      IF SQLSTATE = '00000'
          PERFORM   LESEN-RESTLICHE-ZEILEN
             UNTIL  SQLSTATE = '02000'              02000 = Ende der Result-Table-Menge.
      END-IF

      EXEC SQL  CLOSE  C1  END-EXEC                 Der Cursor wird geschlossen.

LESEN-RESTLICHE-ZEILEN.                             Lesen Restzeilen der Result Table.
      PERFORM   VERARBEITUNG                        Hinweis: Die Verarbeitungsroutine ist nicht im Beispiel
                                                    enthalten.
      EXEC SQL  FETCH C1  INTO  :SEMCODE,
                                :DAUER  :IND-DAUER
      END-EXEC

      IF SQLSTATE  NOT  EQUAL  TO ZERO
          PERFORM  DB2-FEHLER-ODER-WARNUNG          Hinweis: Die Fehlerroutine ist nicht im Beispiel enthalten.
      END-IF
```

Erforderliche Privilegien

- siehe unter DECLARE CURSOR

Syntax-Diagramm

▶▶──CLOSE──cursor-name────────────────────────▶◀

Parameter-Beschreibung

cursor-name Name, unter dem der Cursor mit OPEN vorher im gleichen Programm eröffnet wurde.
Der Cursor kann auch mit ALLOCATE CURSOR ein von einer Stored Procedure zur Verfügung gestelltes Query Result Set adressieren. In diesem Fall wurde ein impliziter OPEN vorgenommen.

A2 Anhang - Definition der wichtigsten DB2-Sprachelemente
COMMENT ON (SQL-Statement)

Aufgabe des Statements

Das SQL-COMMENT ON-Statement fügt einen Kommentar zur Katalogbeschreibung (aktueller Server) eines DB2-Objektes hinzu (REMARKS-Spalte). Die unterstützten Objekte können aus dem Syntax-Diagramm entnommen werden.
Der Befehl kann auch zur Änderung eines bestehenden Kommentars eingesetzt werden.
Pro COMMENT ON-Statement können für einzelne Objekte Kommentare verwaltet werden.
Es kann aber auch eine ganze Gruppe von Spalten einer Table bzw. eines Views adressiert werden.

Erforderliche Privilegien

- Eigentümer von Table, View, Alias, Distinct Type, User-defined Function, Stored Procedure, Trigger oder
- je nach Objekt-Typ:
    - bei Table, View, Column: DBADM-Privileg für die Database, die die Table enthält oder
    - bei Funktionen und Distinct Types: ALTERIN-Privileg für das Schema oder alle Schemas oder
- SYSADM, SYSCTRL.

Syntax-Diagramm

```
►►──COMMENT ON──┬─ALIAS─alias-name──────────────────────────────────────┬──IS─string-constant──►◄
                ├─COLUMN─table-name──.column-name─────────┤             │
                │         └─view-name─┘                                  │
                ├─┬─DISTINCT─┬─TYPE─distinct-type-name─────┤             │
                │ └─DATA─────┘                                           │
                ├─FUNCTION─function-name──────────────────┤             │
                │                    ┌──,──┐                             │
                │               ─( ──▼─parameter-type─┴─ )─              │
                ├─PROCEDURE─procedure-name────────────────┤             │
                ├─SPECIFIC─FUNCTION─specific-name─────────┤             │
                ├─TABLE─┬─table-name─┬────────────────────┤             │
                │       └─view-name──┘                                   │
                ├─TRIGGER─trigger-name────────────────────┤             │
                │                              ┌──,──┐                   │
                └─┬─table-name─┬─( ──▼─column-name─IS─string-constant─┴─ )─┘
                  └─view-name──┘
```

parameter-type:
```
►──┬─builtin-data-type───┬─────┬─AS LOCATOR─┬───────────►
   └─distinct-data-type──┘     └────────────┘
```

Definition: builtin-data-type siehe unter CREATE FUNCTION (External Scalar)
distinct-data-type siehe unter CREATE DISTINCT TYPE

Anwendungs-Beispiele

```
COMMENT ON TABLE SEMTYP                              Kommentar für eine Table.
    IS    'Die Tabelle SEMTYP enthält alle Seminar-Typen'

COMMENT ON TABLE SEMTYP_PREIS                        Kommentar für einen View.
    IS    'DER VIEW SEMTYP_PREIS ENTHAELT ALLE SEMINARTYPEN UND PREISE'

COMMENT ON COLUMN SEMTYP.SEMCODE                     Kommentar für eine Table-Spalte.
    IS    'Seminar-Code für Planung'

COMMENT ON SEMTYP                                    Kommentar für mehrere Table-Spalten.
    (SEMCODE   IS        'Seminar-Code für Planung' ,
     DAUER     IS        'Seminardauer in Tagen')

COMMENT ON DISTINCT TYPE PROD.EURO                   Kommentar für den Daten-Typ "EURO" im
    IS 'Währung: Euro (¤)'                           Schema "PROD".

COMMENT ON FUNCTION  SEMINAR_ENDE                    Kommentar für die Funktion "SEMINAR_ENDE"
    IS 'Ermittlung des Seminar-Ende-Termins'         im aktuellen Schema.
```

| COMMENT ON FUNCTION BRUTTO (INTEGER, INTEGER) | Kommentar für die Funktion "BRUTTO" mit |
| IS 'Bruttobetrag für Integer-Werte ermitteln' | weiterer Identifikation der Argumente im aktuellen Schema. |

COMMENT ON FUNCTION BRUTTO (INTEGER, INTEGER)
   IS 'Bruttobetrag für Integer-Werte ermitteln'
       Kommentar für die Funktion "BRUTTO" mit weiterer Identifikation der Argumente im aktuellen Schema.

COMMENT ON SPECIFIC FUNCTION SV00125
   IS 'Ermittlung freier Seminarplätze'
       Kommentar für die Funktion mit dem eindeutigen Alternativnamen "SV00125" im aktuellen Schema.

COMMENT ON PROCEDURE PROD.SEMINAR_SEMNR
   IS 'Bereitstellung Seminardaten aufgrund SEMNR'
       Kommentar für die Stored Procedure "SEMINAR_SEMNR" im Schema "PROD".

COMMENT ON TRIGGER ANMELDUNG_HOCH
   IS 'Redundanzverwaltung Anzahl Teilnehmer im Seminar'
       Kommentar für den Trigger "ANMELDUNG_HOCH" im aktuellen Schema.

Parameter-Beschreibung

ALIAS   alias-name
        IS string-constant

      Objektauswahl Alias am aktuellen Server.
      Zuordnung einer Konstanten von max. 254 Bytes.
      Der String wird in der REMARKS-Spalte der SYSTABLES-Katalog-Tabelle verwaltet.

COLUMN   table-name.column-name
        view-name.column-name
        IS string-constant

      Objektauswahl Spalte für Table am aktuellen Server.
      Objektauswahl Spalte für View am aktuellen Server.
      Zuordnung Konstante max. 254 Bytes.
      Der String wird in der REMARKS-Spalte der SYSCOLUMNS-Katalog-Tabelle verwaltet.

DISTINCT TYPE distinct-type-name
        IS string-constant

      Objektauswahl Distinct Type am aktuellen Server.
      Zuordnung einer Konstanten von max. 254 Bytes.
      Der String wird in der REMARKS-Spalte der SYSDATATYPES-Katalog-Tabelle verwaltet.

FUNCTION
      Objektauswahl Funktion, die mit CREATE FUNCTION oder Cast-Funktion, die mit CREATE DISTINCT TYPE am aktuellen Server definiert wurde.

    function-name   Eindeutiger Funktions-Name.
    function-name (parameter-type,..)   Eindeutiger Funktions-Name aufgrund der Argumente.
    SPECIFIC FUNCTION specific-name   Eindeutiger spezifischer Funktions-Name (Alternativname).
        IS string-constant   Zuordnung einer Konstanten von max. 254 Bytes.
      Der String wird in der REMARKS-Spalte der SYSROUTINES-Katalog-Tabelle verwaltet.

PROCEDURE   procedure-name
        IS string-constant

      Objektauswahl Stored Procedure am aktuellen Server.
      Zuordnung einer Konstanten von max. 254 Bytes.
      Der String wird in der REMARKS-Spalte der SYSROUTINES-Katalog-Tabelle verwaltet.

TABLE   table-name
        view-name
        IS string-constant

      Objektauswahl Table am aktuellen Server.
      Objektauswahl View am aktuellen Server.
      Zuordnung einer Konstanten von max. 254 Bytes.
      Der String wird in der REMARKS-Spalte der SYSTABLES-Katalog-Tabelle verwaltet.

TRIGGER trigger-name
        IS string-constant

      Objektauswahl Trigger am aktuellen Server.
      Zuordnung einer Konstanten von max. 254 Bytes.
      Der String wird in der REMARKS-Spalte der SYSTRIGGERS-Katalog-Tabelle verwaltet.

      Das folgende Verfahren wird angewandt für eine Spaltengruppe innerhalb derselben Table bzw. desselben Views:

    table-name   Objektauswahl Table.
    view-name   Objektauswahl View.
        (column-name IS string-constant) Aufführung mehrerer Spalten mit Konstanten in Klammern.

Aufgabe des Statements

Das SQL-COMMIT-Statement beschließt eine Unit of Recovery (UOR) und vollzieht die Änderungen der UOR (DML-, DCL- und DDL-Änderungen) innerhalb der Datenbestände.

Wenn sämtliche recoverable Ressourcen einer Anwendung relationale Datenbanken sind, wird mit dem COMMIT auch die Unit of Work (UOW) beendet.
Am Programmende wird automatisch bei allen Programmen (auf höchstem Level) ein COMMIT erzeugt.
Der COMMIT gibt alle LOCK-Einträge frei, schließt bestimmte offene Cursor (siehe *-Zusatz weiter unten) und löscht ggf. dynamisch durch PREPARE aufbereitete Statements.
Eine Freigabe von präparierten Statements erfolgt immer dann, wenn:
- das Statement nicht zu einem Cursor gehört, der mit der WITH HOLD-Option deklariert ist oder
- der BIND-Parameter KEEPDYNAMIC (YES) nicht vorgegeben wurde oder
- SQL RELEASE für die Lokation vorgegeben wurde oder
- der BIND-Parameter DISCONNECT (AUTOMATIC) vorgegeben wurde oder
- der BIND-Parameter DISCONNECT (CONDITIONAL) vorgegeben wurde und keine offenen Cursor an der entsprechenden Lokation gehalten werden.

Unter IMS-DC und CICS werden die entsprechenden Synchronisationsbefehle zur Beendigung einer UOW (CHECKPOINT, SYNCPOINT) genutzt. Daher kann dort ein COMMIT nicht explizit eingesetzt werden. Die TP-Monitore erzeugen dann implizit ein COMMIT-Statement.

Die Beendigung der UOR führt zum Abschluss von Connections, sofern:
- sich eine Connection im freigegebenen Zustand befindet (released),
- bei einer noch nicht freigegebenen remote Connection und:
  - der BIND-Parameter DISCONNECT (AUTOMATIC) aktiv ist oder
  - der BIND-Parameter DISCONNECT (CONDITIONAL) aktiv ist und mit der Connection kein mit der WITH HOLD-Option deklarierter Cursor verbunden ist.

Ein COMMIT eines Anwendungsprozesses, der sich in einem unconnected Status befindet, wirkt nur auf dem Application Server (siehe auch Ausführungen unter CONNECT Typ 2).

* Cursor, die mit der WITH HOLD-Option deklariert sind (siehe unter DECLARE CURSOR), werden vom COMMIT nicht berührt und bleiben mit ihrer Result-Table und Positionierung erhalten.
Dies gilt auch für temporäre Tabellen.
Lock-Einträge werden grundsätzlich freigegeben (sofern die BIND-Option RELEASE (COMMIT) vorgegeben wurde). Folgende Sonderbehandlungen sind hierbei zu beachten:
- Für die zuletzt positionierte Zeile oder Page eines Cursors WITH HOLD gilt:
  - Wenn Änderungen auf der Datenbasis vollzogen wurden, werden die eingerichteten 'X' oder 'U'-Locks auf 'S' umgesetzt (sofern die Generierungs-Option RELCURHL = NO spezifiziert ist). Die Freigabe erfolgt dann gemäß den Regeln des jeweiligen Isolation-Levels. Dies ist die Default-Maßnahme vor DB2 Version 5.
  - Wenn die Generierungs-Option RELCURHL = YES spezifiziert ist, werden alle Sperren aufgelöst. Diese Option wird ab Version 5 empfohlen.
- Alle für einen Cursor WITH HOLD präparierten Statements bleiben ebenfalls erhalten (siehe oben).
- Wurde für eine LOB-Locator Variable ein HOLD LOCATOR Statement und vor dem COMMIT kein FREE LOCATOR vorgegeben, werden die LOB-Sperren beim COMMIT nicht freigegeben.

Erforderliche Privilegien   Keine.

Anwendungs-Beispiel

   COMMIT WORK

Syntax-Diagramm

```
              ┌─WORK─┐
►►──COMMIT────┴──────┴──────────────────────────────────►◄
```

Parameter-Beschreibung

WORK   Ohne besondere Auswirkungen, sichert lediglich die Kompatibilität zu anderen DBMS.

A2 Anhang - Definition der wichtigsten DB2-Sprachelemente
CONNECT Übersicht (SQL-Statement)

Aufgabe des Statements

Das SQL-CONNECT-Statement verbindet den Anwendungs-Prozess mit einem bestimmten Server, der anschließend als aktueller Server (current Server) wirkt.
Der Name des current Servers kann mit dem CURRENT SERVER-Spezial-Register abgefragt werden.

Es werden in Abhängigkeit von der Precompiler-Option CONNECT zwei verschiedene CONNECT-Statementtypen (Typ 1 und Typ 2) unterstützt.
Beide haben die gleiche Syntax, aber eine völlig unterschiedliche Bedeutung.
Sie werden auch beide im Rahmen von verteilten Datenbanken innerhalb des DRDA-Konzeptes für den anwendungsgesteuerten Zugriff eingesetzt.

Gegenüberstellung der beiden Typen:

Typ 1	Typ 2
Precompiler-Option: CONNECT (1)	Precompiler-Option: CONNECT (2) bzw. ohne CONNECT-Option, da Default-Wert.
Es ist nur ein CONNECT in einer UOW möglich.	Es sind mehrere CONNECTs in einer UOW möglich.
Es wird die DRDA-Stufe RUW unterstützt.	Es wird die DRDA-Stufe DUW unterstützt.
Die Anwendung muss sich in einem bestimmten Status befinden (CONNECTABLE). Status-Details siehe unter CONNECT Typ 1.	Keine Status-Anforderung.
Ein CONNECT beendet eine existierende Connection und schließt die offenen Cursor, wobei Cursor mit WITH HOLD-Option ggf. offen bleiben können. Details siehe unter CONNECT Typ 1.	Ein CONNECT beendet keine Connection und schließt keine Cursor. Der jeweilige Cursorzustand (die entsprechende Result Table) bleibt erhalten.
Bei einem Fehler des CONNECT-Statements bleibt der bestehende Status erhalten oder der Status UNCONNECTED wird gesetzt. Status-Details siehe unter CONNECT Typ 1.	Bei einem Fehler des CONNECT-Statements bleibt die bisherige Connection unverändert als current Server bestehen und nachfolgende Statements werden dorthin abgesetzt.
Ein CONNECT auf den aktuellen Anwendungs-Server (application client) wird behandelt wie jede andere CONNECT-Anforderung.	Ein CONNECT auf eine existierende Connection wird in Abhängigkeit vom BIND-Parameter SQLRULES behandelt: - SQLRULES (STD) akzeptiert keinen CONNECT auf eine existierende Verbindung, auch nicht zum Anwendungs-Server. Ein Wechsel der Lokation muss anstelle von CONNECT mit SET CONNECTION vorgenommen werden. - SQLRULES (DB2) akzeptiert einen CONNECT auf eine existierende Verbindung und definiert die Connection als aktuell (current connection).

A2 Anhang - Definition der wichtigsten DB2-Sprachelemente
CONNECT Übersicht - 2

Das erste CONNECT-Statement in einem Verarbeitungsprozess bestimmt den CONNECT-Typ und erlaubt den Einsatz des jeweils anderen Typs nicht mehr.
Daraus ableitbare Konsequenzen:

- Sämtliche Programme eines Plans müssen mit der gleichen Precompiler-CONNECT-Option definiert sein.

- Wird ein impliziter CONNECT vollzogen, wird dieser als Typ 1 behandelt. Innerhalb des Anwendungsprozesses kann nun kein CONNECT des Typs 2 mehr eingesetzt werden.
  Wichtige Frage:
     Wann wird überhaupt ein impliziter CONNECT vorgenommen?
  Antwort:
     Wenn eine Anwendung ein anderes SQL-Statement außer:
     - COMMIT oder
     - CONNECT TO , SET CONNECTION oder CONNECT RESET oder
     - ROLLBACK
     absetzt und:
     - das Anwendungsprogramm vorher keinen expliziten oder impliziten CONNECT getätigt hat.

     Normalerweise wird der implizite CONNECT auf den lokalen Server bezogen (Anwendungs-Server), außer:
     - mit dem BIND-Parameter CURRENTSERVER wurde ein remote Server definiert.
       Dann wird automatisch ein CONNECT auf den dort definierten Server vorgenommen.

Da keine zwei unterschiedlichen CONNECT-Typen innerhalb einer Anwendung eingesetzt werden können, gelten folgende Empfehlungen für Unternehmen, die sich an dem Konzept der verteilten Datenbanken beteiligen wollen:

--> Beim BIND die CURRENTSERVER-Option nicht vorgeben.
--> Sämtliche Programme mit der Precompiler-Option CONNECT (2) kompilieren.
--> Die Anwendungen müssen sämtliche Connections selbst kontrollieren und zwar durch explizite CONNECT- bzw. SET CONNECTION TO-Statements.

Aber:
Solange Programme solche Connections 'zu Fuß' legen müssen und zudem weiterhin vielfältige Restriktionen existieren (z.B. sämtliche Objekte eines SQL-Statements müssen sich auf derselben Lokation befinden), sind wir noch weit entfernt von den Zielsetzungen einer Verteilungsunabhängigkeit zwischen den Daten und Funktionen (Programmen).

Aufgabe des Statements

Das SQL-CONNECT-Statement verbindet den Anwendungs-Prozess mit einem bestimmten Server, der anschließend als aktueller Server (current Server) wirkt.
Der Name des current Servers kann mit dem CURRENT SERVER-Spezial-Register abgefragt werden.

Der CONNECT Typ 1 wird verwendet für einen anwendungsgesteuerten Zugriff mit dem eingeschränkten Funktionsspektrum der DB2-Version 2 Release 3.
Die Unterschiede zum Typ 2 sind vorab in der allgemeinen Übersicht des CONNECT-Statements behandelt.

DB2 nimmt einen impliziten CONNECT vor, wenn:

- die CURRENTSERVER-Option beim BIND/REBIND des Plans vorgegeben wurde (vor der Ausführung des ersten Statements im Plan),

- im Plan kein expliziter CONNECT vorgenommen wird vor der Ausführung des ersten SQL-Statements (CONNECT auf lokalen Server).

Wenn ein CONNECT-Statement ordnungsgemäß ausgeführt wurde, werden folgende Aktionen durchgeführt:

- Die Anwendung wird vom bisherigen Server abgekoppelt (disconnected) und an den neuen Server angekoppelt (connected).
- Die Cursor werden geschlossen (sofern sie nicht mit WITH HOLD deklariert sind oder aber bei einem CONNECT auf einen remote Server).
- Der Inhalt des Spezial-Registers CURRENT SERVER wird aktualisiert.
- In der SQLCA werden Informationen in das SQLERRP-Feld eingestellt.

Zu jedem Zeitpunkt ist eine Anwendung in einem von 4 möglichen CONNECTION-Status:

- **Connectable und connected**
    - Initialisierungs-Zustand bzw. nach erfolgreichem COMMIT oder ROLLBACK.

- **Unconnectable und connected**
    - Wenn nach einem expliziten oder impliziten CONNECT weitere SQL-Statements (außer COMMIT und ROLLBACK bzw. einem lokalen SET-Statement) abgesetzt werden, ist zwar eine Connection aktiv, es kann aber kein Status gewechselt werden, d.h. auch kein explizites weiteres CONNECT-Statement in derselben UOR vorgegeben werden.
    --> **vor CONNECT expliziten COMMIT oder ROLLBACK vornehmen!**

- **Unconnectable und unconnected**
    - Fehler-Situation, in der die Connection abgebaut wird. Nur noch ROLLBACK erlaubt.

- **Connectable und unconnected**
    - Fehler-Situation nach fehlerhaftem CONNECT, COMMIT oder ROLLBACK.
    In diesem Status sind erlaubt: CONNECT, COMMIT, ROLLBACK und SET-Statements.

Erforderliche Privilegien

Der Primär-Autorisierungs-Id muss das Privileg haben, mit dem identifizierten Server zu kommunizieren (siehe auch CDB-Tabelle USERNAMES).

Syntax-Diagramm

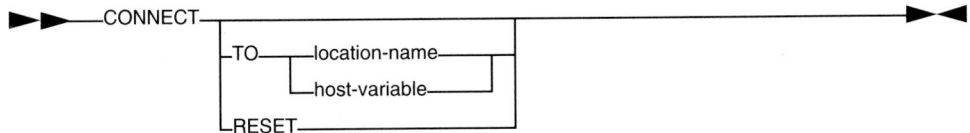

Anwendungs-Beispiel

```
EXEC SQL  CONNECT  TO :LOCATION;
EXEC SQL  CONNECT;
```
Aufbau einer Connection zum Server, dessen Name in der Host-Variablen :LOCATION enthalten ist.
Informationen über das DBMS am current Server werden in die SQLCA (SQLERRP-Feld) eingestellt.

```
EXEC SQL  CONNECT  TO :LOCATION;
EXEC SQL  OPEN C1;
EXEC SQL  FETCH C1;
EXEC SQL  COMMIT WORK;
EXEC SQL  CONNECT  RESET;
```
Aufbau einer Connection zu einem remote Server,
Eröffnen Cursor am remote Server,
Zeilenweises Bereitstellen der remote Daten,
Beenden der UOR,
Beenden der Connection zum remote Server und Aufbau einer Connection zum lokalen Server (kann auch mit CONNECT TO mit Variable = lokaler Server vorgenommen werden).

Parameter-Beschreibung

CONNECT
Der Aufbau einer Connection zu einem bestimmtem Server erfolgt nur dann, wenn weitere Parameter gesetzt werden.
CONNECT ohne Operanden führt zu folgenden Maßnahmen:
- Status ist beliebig und wird auch nicht gewechselt,
- offene Cursor werden nicht geschlossen,
- Informationen des DBMS am jeweiligen Server werden in die SQLCA gestellt.

TO location-name
host-variable
Aufbau einer Connection zu bestimmtem Server über Konstante oder Host-Variable.
Der Name des Servers muss in der CDB-Tabelle LOCATIONS definiert sein.
Die Anwendung muss sich im Status 'connectable' befinden.

RESET
entspricht CONNECT TO lokalem Server.

A2 Anhang - Definition der wichtigsten DB2-Sprachelemente
CONNECT Typ 2 (SQL-Statement)

Aufgabe des Statements

Das SQL-CONNECT-Statement verbindet den Anwendungs-Prozess mit einem bestimmten Server, der anschließend als aktueller Server (current Server) wirkt.
Der Name des current Servers kann mit dem CURRENT SERVER-Spezial-Register abgefragt werden.

Der CONNECT Typ 2 wird verwendet für einen anwendungsgesteuerten Zugriff mit dem erweiterten, aber immer noch erheblich eingeschränkten Funktionsspektrum ab der DB2-Version 3.
Die Unterschiede zum Typ 1 sind vorab in der allgemeinen Übersicht des CONNECT-Statements behandelt.

Der CONNECT Typ 2 erlaubt zu einem Zeitpunkt die Verbindung (Connection) mit einer oder mehreren Lokationen. Zu einem Zeitpunkt kann aber immer nur eine Lokation aktiv sein (current). Diese führt sämtliche SQL-Anforderungen durch. Die anderen Connections innerhalb des Anwendungsprozesses werden als ruhend (dormant) bezeichnet.

Eine **SQL-Connection** ist eine Verbindung zwischen der Anwendung und einem lokalen oder remote Server. Daneben gibt es noch eine **DB2-Private-Connection**, die bei systemgesteuertem Zugriff als Verbindung zwischen DB2-Systemen genutzt wird. Zu einem Zeitpunkt darf eine Verbindung zu einem Server entweder vom Typ SQL-Connection oder DB2-Privat-Connection sein. Beides ist nicht möglich und erzeugt einen Fehler. Außerdem kann zu einem Server nur eine einzige Verbindung bestehen.

Mit CONNECT wird immer eine neue Connection aufgebaut. Der Wechsel einer Connection vom Zustand ruhend auf aktiv geschieht durch:

- ein erneutes CONNECT-Statement, sofern die BIND-Option SQLRULES (DB2) definiert ist.
  Wurde die BIND-Option SQLRULES (STD) vorgegeben, ist dieses Verfahren unzulässig und es wird ein Fehler erzeugt.

- ein SET CONNECTION-Statement, sofern die BIND-Option SQLRULES (STD) definiert ist.
  In diesem Fall muss die benannte Connection vorab durch ein CONNECT-Statement dem Anwendungsprozess zugeordnet worden sein.

Der Abbau einer Verbindung kann nicht mit sofortiger Wirkung erfolgen. Es kann ein RELEASE-Statement genutzt werden, das aber die Verarbeitungsmöglichkeit einer Connection und der dahinterliegenden Lokation zunächst nicht einschränkt, die Dauer der Connection aber bis zum nächsten COMMIT definiert. Dann wird diese Connection auf jeden Fall aufgelöst.
Ob ein COMMIT zum Auflösen der Connection führt, ist abhängig von der BIND-Option DISCONNECT bzw. vom Status der Connection:

- Führt die Connection den released Status, wird sie immer freigegeben, unabhängig von der gewählten BIND-Option.

- Eine lokale Connection, die sich nicht im released Status befindet, wird niemals aufgelöst.

- Eine remote Connection, die sich nicht im released Status befindet, wird aufgelöst, wenn:
  - DISCONNECT (AUTOMATIC) definiert ist oder
  - DISCONNECT (CONDITIONAL) definiert ist und keine offenen Cursor, die mit der WITH HOLD-Option deklariert sind, existieren.

Eine Connection kann auch als Folge eines Kommunikationsfehlers abgebaut werden.

Kommt es zum Abbau der Connection, werden sämtliche der Connection zugeordneten Ressourcen freigegeben (auch die mit WITH HOLD deklarierten Cursor).
Wurden in einer Anwendung anwendungs- und systemgesteuerte Zugriffe genutzt, kann eine SQL-Connection auch eine DB2-Privat-Connection beinhalten.
Wird die SQL-Connection freigegeben, werden auch sämtliche der SQL-Connection zugeordnete DB2-Privat-Connections mit abgebaut.

A2 Anhang - Definition der wichtigsten DB2-Sprachelemente
CONNECT Typ 2 - 2

Zu jedem Zeitpunkt ist ein <u>Anwendungsprozess</u> in einem von 2 möglichen CONNECTION-Status:

- **Connected**
  - Initialisierungs-Zustand bzw. nach erfolgreichem CONNECT bzw. SET CONNECTION.

- **Unconnected**
  - Nach Abbau einer current Connection bzw. bei Programmende oder aufgrund einer Fehler-Situation, in der die Connection verlorengegangen ist.

Die Status-Behandlung ist für die SQL-Connection und die DB2-Privat-Connection grundsätzlich identisch. Es existieren zwei Connection-Gruppen:

- **Aktuelle Verbindungen mit den Status:**

  - **Current**   die einzig aktuell aktive Connection.
  - **Dormant**   weitere, dem Anwendungsprozess zugeordnete, nicht aktive Connections.

- **Ruhende Verbindungen mit den Status:**

  - **Held**   die Connection ist nicht freigegeben und wird - in Abhängigkeit von der BIND-Option DISCONNECT - ggf. auch über den nächsten COMMIT gehalten.
  - **Released**   die Verbindung ist freigegeben und kann beim nächsten COMMIT abgebaut werden.

Zu jedem Zeitpunkt ist eine <u>SQL-Connection</u> in einem von 4 möglichen CONNECTION-Status:

- **Current und held**
  Aktuelle Verbindung, über die sämtliche nachfolgenden SQL-Statements (bis zur Aktivierung einer neuen Verbindung) abgewickelt werden. Ein COMMIT-Statement kann die Verbindung auflösen oder halten - in Abhängigkeit von der BIND-Option DISCONNECT.

- **Current und released**
  Aktuelle Verbindung, über die sämtliche nachfolgenden SQL-Statements (bis zur Aktivierung einer neuen Verbindung) abgewickelt werden. Ein COMMIT-Statement löst immer die Verbindung auf - unabhängig von der BIND-Option DISCONNECT.

- **Dormant und held**
  Ruhende Verbindung, über die derzeit keine SQL-Statements abgewickelt werden können. Ein COMMIT-Statement kann die Verbindung auflösen oder halten - in Abhängigkeit von der BIND-Option DISCONNECT.

- **Dormant und released**
  Ruhende Verbindung, über die derzeit keine SQL-Statements abgewickelt werden können. Ein COMMIT-Statement löst immer die Verbindung auf - unabhängig von der BIND-Option DISCONNECT.

A2 Anhang - Definition der wichtigsten DB2-Sprachelemente
CONNECT Typ 2 - 3

Aufgrund der Komplexität der Materie werden nachfolgend noch einmal die Status-Beschreibungen, das Entstehen eines Status und die Status-Veränderungs-Möglichkeiten zusammengefasst:

Status-Typ	Status	Wie entsteht der Status?	Bemerkung
Anwendung	Connected	Erfolgreicher expliziter oder impliziter CONNECT oder SET CONNECTION	Initialisierungszustand zu Beginn einer Anwendung oder nach Herstellung einer oder mehrerer Connections. Das CURRENT SERVER-Spezialregister enthält den Namen des application Servers der current SQL-Connection.
	Unconnected	Wenn die Anwendung keine current Connection hat: • bei Freigabe der current Connection (released), • bei Programmende oder durch einen Fehler.	Das CURRENT SERVER-Spezialregister enthält Blank. Die einzigen möglichen ausführbaren SQL-Statements sind: CONNECT, SET CONNECTION, RELEASE, COMMIT, ROLLBACK und lokale SET-Statements.
SQL-Connection	Current	Erfolgreicher CONNECT oder alternativ durch erfolgreichen SET CONNECTION	Neue Lokation wird aktiv oder es wird eine ruhende Connection aktiviert. Zu einem Zeitpunkt kann nur eine Connection Current sein.
	Dormant	Erfolgreicher CONNECT oder alternativ durch erfolgreichen SET CONNECTION	Vorher aktive Lokation wird ruhend. Zu einem Zeitpunkt können keine oder mehrere Connections Dormant sein.
	Held	Initialisierungs-Status (Normalfall)	Die Connection hat keine Vormerkung zum Abbau beim nächsten COMMIT. Zu einem Zeitpunkt können keine oder mehrere Connections Held sein.
	Released	Erfolgreicher RELEASE	Beim nächsten COMMIT wird diese Connection auf jeden Fall aufgelöst. Zu einem Zeitpunkt können keine oder mehrere Connections Released sein.

Status-Typ	Status-Wechsel von	auf	Bemerkung
Anwendung	Connected	Unconnected	Während des Verbindungsabbaus einer current Connection (z.B. bei: COMMIT, Programmende oder durch Auftreten eines Fehlers).
	Unconnected	Connected	Bei erfolgreichem CONNECT (explizit oder implizit) wird der Status Connected eingerichtet.
SQL-Connection	Current	Dormant	Bei erfolgreichem CONNECT oder SET CONNECTION wird die vorher aktive Lokation ruhend.
	Dormant	Current	Bei erfolgreichem CONNECT oder SET CONNECTION wird die vorher ruhende Lokation aktiv.
	Held	Released	Bei erfolgreichem RELEASE wird die Lokation mit dem nächsten COMMIT freigegeben. Vorher kann sie aber noch für die Verarbeitung genutzt werden, sofern sie den Status Current erhält.
	Released	Held	Nicht möglich.

A2 Anhang - Definition der wichtigsten DB2-Sprachelemente
CONNECT Typ 2 - 4

Die folgende Übersicht zeigt die Entwicklung der verschiedenen Status am Beispiel eines Anwendungsprozesses auf. Dabei wird von einer ordnungsgemäßen Abwicklung der Statements ausgegangen. Es wird unterstellt, dass die Default-BIND-Option DISCONNECT (EXPLICIT) wirkt.
Im einzelnen werden aufgezeigt:

- Anwendungs-Status — Status des Anwendungs-Prozesses (nach der Statement-Ausführung),
- SQL-Statement — Das jeweilige im Anwendungsprogramm abgesetzte SQL-Statement,
- DML-Wirkung in Lokation — Der Kurzname des betroffenen Servers, in dem die DML-SQL-Anforderung wirkt.
- SQL-Connection-Status — Für die einzelnen beteiligten Server die jeweiligen Status. Die Server werden über die Kurznamen S1 - S3 identifiziert, S1 ist der Application Server, d.h. der Client.

Anwendungs-Status	SQL-Statement	DML-Wirkung in Lokation:	SQL-Connection-Status RDBMS1 (S1) (Applik. Server)	RDBMS2 (S2)	RDBMS3 (S3)
Unconnected	noch keines	-	- -	- -	- -
Connected	CONNECT TO S1	-	**Current** Held	- -	- -
Connected	UPDATE	S1	**Current** Held	- -	- -
Connected	CONNECT TO S2	-	Dormant Held	**Current** Held	- -
Connected	UPDATE	S2	Dormant Held	**Current** Held	- -
Connected	CONNECT TO S3	-	Dormant Held	Dormant Held	**Current** Held
Connected	INSERT	S3	Dormant Held	Dormant Held	**Current** Held
Connected	RELEASE S2	-	Dormant Held	Dormant Released	**Current** Held
Connected	SET CONNECTION S2	-	Dormant Held	**Current** Released	Dormant Held
Connected	UPDATE	S2	Dormant Held	**Current** Released	Dormant Held
Unconnected	COMMIT	S2	Dormant Held	- -	Dormant Held
Connected	CONNECT TO S3	-	Dormant Held	- -	**Current** Held
Connected	UPDATE	S3	Dormant Held	- -	**Current** Held
Unconnected	Programmende	-	- -	- -	- -

Wenn ein CONNECT-Statement ordnungsgemäß ausgeführt wurde, werden folgende Maßnahmen angestoßen:

- Die Connection des bisherigen Servers (sofern vorhanden) wird mit dem Status dormant versehen.
- Eine neue Connection wird aufgebaut bzw. eine bestehende Connection wird in den current Status versetzt.
- Der Inhalt des Spezial-Registers CURRENT SERVER wird aktualisiert.
- Innerhalb der SQLCA werden Informationen in das SQLERRP-Feld eingestellt.

Erforderliche Privilegien

Der Primär-Autorisierungs-Id muss das Privileg haben, mit dem identifizierten Server zu kommunizieren (siehe auch CDB-Tabelle USERNAMES).

A2 Anhang - Definition der wichtigsten DB2-Sprachelemente
CONNECT Typ 2 - 5

Anwendungs-Beispiel (PL/I)

Hinweis: das Beispiel basiert auf SQLRULES (STD)

```
LOCATION = 'LOKATION1';
EXEC SQL CONNECT TO :LOCATION;
```
Aufbau einer Connection zum Server, dessen Name in der Host-Variablen :LOCATION enthalten ist (hier LOKATION1).

```
EXEC SQL INSERT INTO SEMTYP
         (,,,,) VALUES ........ ;
```
Einfügen von Daten in eine Basis-Tabelle der LOKATION1.

```
LOCATION = 'LOKATION2';
EXEC SQL CONNECT TO :LOCATION;
```
Aufbau einer Connection zum Server, dessen Name in der Host-Variablen :LOCATION enthalten ist (hier LOKATION2; LOKATION1 wird in den ruhenden Status gesetzt).

```
        EXEC SQL   OPEN C1;
        EXEC SQL   FETCH C1;
        EXEC SQL   UPDATE SEMTYP
                   SET ........ ;
```
Eröffnen Cursor auf dem remote Server LOKATION2, Zeilenweises Bereitstellen der remote Daten, Änderung von Daten in einer Basis-Tabelle der LOKATION2.

```
LOCATION = 'LOKATION1';
EXEC SQL   SET CONNECTION :LOCATION;
```
Aufbau einer Connection zum Server, dessen Name in der Host-Variablen :LOCATION enthalten ist (hier LOKATION1; LOKATION2 wird in den ruhenden Status gesetzt).

```
EXEC SQL UPDATE SEMTYP
         SET ........ ;
```
Änderung von Daten in einer Basis-Tabelle der LOKATION1.

```
EXEC SQL RELEASE CURRENT;
```
Die Connection zur LOKATION1 wird in den Freigabe-Vormerkungs-Status gesetzt.

```
EXEC SQL INSERT INTO SEMTYP
         (,,,,) VALUES ........ ;
```
Einfügen von Daten in eine Basis-Tabelle der LOKATION1 (ist trotz RELEASE möglich).

```
EXEC SQL COMMIT WORK;
```
Beenden der UOR, aufgrund des released Status der LOKATION1 wird diese auf jeden Fall freigegeben,

```
LOCATION = 'LOKATION2';
EXEC SQL SET CONNECTION :LOCATION;
```
Aufbau einer Connection zum Server, dessen Name in der Host-Variablen :LOCATION enthalten ist (hier LOKATION2). Dieses Statement muss vom Anwendungsprogramm abgesetzt werden, da der Status Unconnected ist.

```
        EXEC SQL   FETCH C1;
```
Zeilenweises Bereitstellen der remote Daten, bezogen auf die letzte Cursor-Position.

Syntax-Diagramm

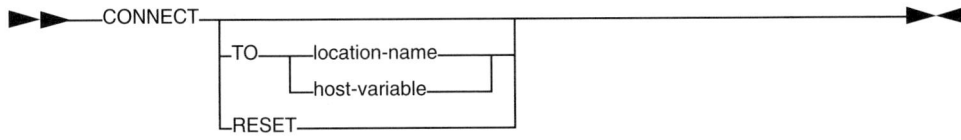

Parameter-Beschreibung

CONNECT Der Aufbau einer Connection zu einem bestimmtem Server erfolgt nur dann, wenn weitere Parameter gesetzt werden.
CONNECT ohne Operanden führt zu folgenden Maßnahmen:
- Status ist beliebig und wird auch nicht gewechselt,
- es erfolgt keine Änderung der current Connection,
- offene Cursor werden nicht geschlossen,
- Informationen des DBMS am jeweiligen Server werden in die SQLCA gestellt.

A2 Anhang - Definition der wichtigsten DB2-Sprachelemente
CONNECT Typ 2 - 6

TO	**location-name** **host-variable**	Aufbau einer Connection zu bestimmtem Server über Konstante oder Host-Variable. Die Variable muss ggf. rechtsbündig mit Blanks aufgefüllt werden, wenn die Länge der Variablen größer als der Lokations-Name ist. Der Name des Servers muss in der CDB-Tabelle LOCATIONS definiert sein. Der Server darf innerhalb des Anwendungsprozesses: - nicht mit einer DB2-Privat-Connection verbunden sein, - bei BIND-Option SQLRULES (STD) keine existierende Connection identifizieren.
RESET		entspricht CONNECT TO lokalem Server, d.h. wenn: - die BIND-Option SQLRULES (DB2) definiert ist, wird der Application Server (lokaler Server) als current SQL-Connection etabliert (entweder als neue Connection oder Wechsel des Status einer dormant Connection), - die BIND-Option SQLRULES (STD) definiert ist, wird der Application Server (lokaler Server) als current SQL-Connection nur dann etabliert, wenn die Connection noch nicht existierte.

Aufgabe des Utilities

Das COPY Utility erzeugt bis zu 4 identische Image Copies (für ein lokales und ein Backup-System, das recovery site genannt wird) für eines der folgenden Objekte:
- Tablespace (auch für LOB-Tablespaces)
- Tablespace-Partition
- Dataset innerhalb eines Tablespaces (nicht vorgebbar bei Non-Partitioned Indexspaces)
- Indexspace
- Indexspace-Partition.

Zwei Image Copy-Typen werden unterstützt:
- Full Image Copy   kopiert alle Pages eines Objektes,
- Incremental Image Copy kopiert nur modifizierte Pages seit dem letzten Copy-Lauf.

Der jeweilige Copy-Typ kann variabel aufgrund des 'Changed-Page-Status' mit dem CHANGELIMIT-Parameter aktiviert werden.

Ein Tablespace kann nicht kopiert werden, wenn er sich im "Check Pending Status" oder im "Recovery Pending Status" befindet.
Verschiedene Datasets eines partitioned Tablespaces lassen sich ohne Einschränkungen parallel kopieren, für Datasets eines non-partitioned Tablespaces siehe Parameter SHRLEVEL mit der Option CHANGE.

Mit dem REPORTONLY-Parameter kann ein Prüflauf gestartet werden, der den Änderungszustand des Tablespaces seit dem letzten COPY-Lauf dokumentiert.
Damit können auch ohne Durchführung einer Sicherung JCL-Returncodes geliefert werden, die z.B. eine bedingte Ausführung von Steps möglich macht. Dies ist z.B. hilfreich beim Einsatz von GDG (Generation Data Groups), da mit der REPORTONLY-Funktion zunächst der Prüflauf mit einem DUMMY-SYSCOPY-DD-Statement stattfinden kann und erst nach der Prüfung die endgültige Lauf-Entscheidung (keine Sicherung, Full- oder Incremental Copy) aufgrund des jeweiligen Returncodes getroffen werden kann und dann erst der Sicherungsbestand allokiert und geöffnet werden muss.
Details zu den Returncodes sind unter CHANGELIMIT REPORTONLY aufgeführt.

Utility-Phasen

Die Ausführungs-Phasen des Utilities sind:
- UTILINIT   Initialisierungs-Phase (Anmeldung des Utility-Ids in der Directory-Table SYSUTIL).
- REPORT   Protokollierung bei Vorgabe der CHANGELIMIT-Option.
- COPY   Kopieren der Daten, sofern nicht der REPORTONLY-Parameter vorgegeben wurde.
- UTILTERM   Terminierungs-Phase (Abmeldung des Utility-Ids in der Directory-Table SYSUTIL).

Erforderliche Privilegien

- IMAGCOPY-Privileg für die Database oder
- DBADM, DBCTRL oder DBMAINT-Privileg für die Database,
- SYSADM, SYSCTRL.
- Wenn Installations-SYSOPR-Privileg vorliegt, können nur Ressourcen der Databases DSNDB01 und DSNDB06 kopiert werden.

Erforderliche Datasets und Objekte

Dataset-DD-Name bzw. Zweck	DD-Name in Utility-Parameter	Default-DD-Name	Verwendung	Eingabe-Ausgabe	Pflicht-Vorgabe
SYSIN	-	-	Utility-Control (siehe Anwendungs-Beispiel)	E	Ja
SYSPRINT	-	-	Informationsausgabe und Meldungen	A	Ja
DSSPRINT	-	-	Informationsausgabe und Meldungen bei CONCURRENT COPY	A	Nein
Filter	FILTERDDN	-	VSAM-Dataset-Namensliste bei CONCURRENT COPY und FILTERDDN	A	Evtl.
Copies	COPYDDN	SYSCOPY	Image-Copy-Output (bei REPORTONLY auf DUMMY setzen)	A	Evtl.
	RECOVERYDDN	-	Image-Copy-Output für die Recovery Site	A	Evtl.

Katalog-Objekte, für die keine OS/390-DD-Statements erforderlich sind   Utility-Parameter

Tablespace	Zu kopierendes Objekt	table-space-spec
Indexspace	Zu kopierendes Objekt	index-name-spec
SYSIBM.SYSCOPY	Katalogtabelle zur Protokollierung des Copy-Ergebnisses	

Abhängigkeiten

Die Abhängigkeiten des Utilities zu anderen Utilities sind in der Utility-Kompatibilitäts-Matrix am Anfang des Anhangs 2 dargestellt.
Aus der folgenden Tabelle ist zu entnehmen, dass die zu durchsuchende Datenbasis oder Indexbasis beim COPY in Abhängigkeit vom SHRLEVEL gesperrt wird:

```
DB2-Utility            Tablespace/    Index/Index-   Sonstiges        Bemerkungen
                       Partition      Partition
-----------------------------------------------------------------------------------
COPY
   SHRLEVEL REFERENCE  DW/UTRO        DW/UTRO
   SHRLEVEL CHANGE     CR/UTRW        CR/UTRW                         Kein SQL-Massen-
                                                                      Delete möglich.
-----------------------------------------------------------------------------------
```

LEGENDE:
  Zugriffs-Einschränkungen für parallele SQL-Anforderungen:
   DW   - Drain der schreibenden Claim-Klasse, SQL-Leseanforderungen sind konkurrierend erlaubt.
   CR   - Claim der lesenden Claim-Klasse (Cursor Stability), SQL-Leseanforderungen sind konkurrierend erlaubt. Das Utility sperrt solange lesend auf einer Zeile positioniert ist.
  Objekt-Status:
   UTRO - Das Utility richtet eine Update-Sperre auf dem Objekt ein. Parallele Leseanforderungen sind erlaubt.
   UTRW - Das Utility richtet keine Sperre auf dem Objekt ein. Parallele Lese- und Schreibanforderungen sind erlaubt.
Besonderheit:
  COPY SHRLEVEL REFERENCE ist kompatibel zu REPAIR LOCATE INDEX PAGE REPLACE.

Anwendungs-Beispiele

Full Image Copy für mehrereTablespaces und Indexspaces:
```
COPY
     TABLESPACE      SEMDB01.SEMTS01        Database SEMDB01, Tablespace SEMTS01
        CHANGELIMIT  ( 5.5 , 7.5 )          Incremental Image Copy zwischen 5,6 % und 7,4 %,
                                            Full Image Copy ab 7,5 % veränderte Pages.
        COPYDDN      (COPY1)                DD-Statement für den Sicherungsbestand.
     TABLESPACE      SEMDB01.SEMTS02        Database SEMDB01, Tablespace SEMTS02
        COPYDDN      (COPY2)                DD-Statement für den Sicherungsbestand.
     INDEXSPACE      SEMDB01.SEMIX011       Database SEMDB01, Indexspace SEMIX011
        COPYDDN      (COPY3)                DD-Statement für den Sicherungsbestand.
     INDEXSPACE      SEMDB01.SEMIX012       Database SEMDB01, Indexspace SEMIX012
        COPYDDN      (COPY4)                DD-Statement für den Sicherungsbestand.
     INDEXSPACE      SEMDB01.SEMIX021       Database SEMDB01, Indexspace SEMIX021
        COPYDDN      (COPY5)                DD-Statement für den Sicherungsbestand.
     PARALLEL                               Die Objekte sollen parallel gesichert werden. DB2
                                            bestimmt den Parallelitätsgrad.
```

Full Image Copy für einen Tablespace mit Backup für ein lokales und ein recovery System:
```
COPY TABLESPACE      SEMDB01.SEMTS01        Database SEMDB01, Tablespace SEMTS01
     COPYDDN         (COPY1, COPY2)         Kopie für lokales System mit Backup-Kopie.
     RECOVERYDDN     (COPY3, COPY4)         Kopie für recovery System mit Backup-Kopie.
```

Incremental Copy mit für einen Tablespace. Parallel-Update-Erlaubnis:
```
COPY TABLESPACE      SEMDB01.SEMTS02        Database SEMDB01, Tablespace SEMTS02
     FULL            NO                     Kopie veränderter Daten für lokales System.
     SHRLEVEL        CHANGE                 Parallel-Update-Erlaubnis, bzw. Möglichkeit, mehrere
                                            Datasets mittels COPY parallel zu sichern.
                                            Achtung
                                            siehe Parameter-Beschreibung, mögliche Konsistenz-
                                            Probleme!
```

Protokollierungslauf ohne konkrete Sicherung:
```
COPY TABLESPACE      SEMDB01.SEMTS02        Database SEMDB01, Tablespace SEMTS02
     CHANGELIMIT     (20,50)                Incremental Image Copy zwischen 21% und 49 %,
                                            Full Image Copy ab 50 % veränderte Pages.
     REPORTONLY                             Nur Protokollierungslauf ohne konkrete Sicherung.
```

A2 Anhang - Definition der wichtigsten DB2-Sprachelemente
COPY - 3

Syntax-Diagramm

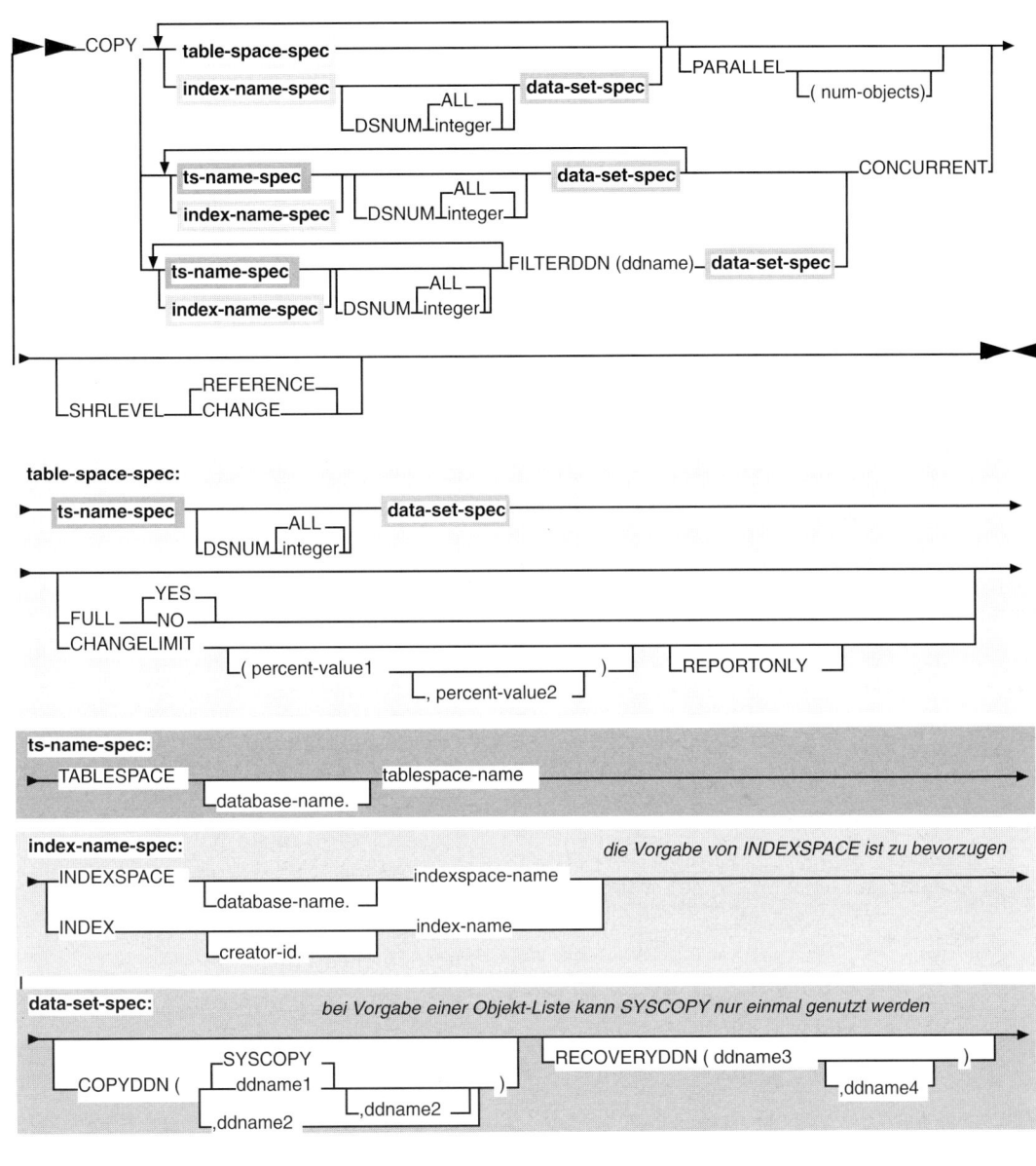

Parameter-Beschreibung

INDEX   Vorgabe eines Index-Namens.
     creator-id.   Name des Index-Eigentümers.
     index-name   Name des Indexes, der kopiert werden soll.

INDEXSPACE   Vorgabe eines Indexspace-Namens.
     database-name.   Name der Database, in der sich der Indexspace befindet. Default: DSNDB04.
     indexspace-name   Name des Indexspaces, der kopiert werden soll.

TABLESPACE   Vorgabe eines Tablespace-Namens.
     database-name.   Name der Database, in der sich der Tablespace befindet. Default: DSNDB04.
     tablespace-name   Name des Tablespaces, der kopiert werden soll.

A2 Anhang - Definition der wichtigsten DB2-Sprachelemente
COPY - 4

CHANGELIMIT   Prozentsatz veränderter Pages im Tablespace, in der Partition bzw. im Dataset, ab dem eine Incremental bzw. Full Image Copy gezogen werden soll. Der Parameter kann nicht vorgegeben werden für einen Tablespace, der mit TRACKMOD NO definiert ist.

    percent-value1   **1**   Limitvorgabe 1 in Prozent. Gültiger Wert von 0 bis 100. Default = 1.
Es können Ganzzahlen oder Dezimalwerte mit Nachkommastellen vorgeben werden.

    percent-value2   **, 10**   Limitvorgabe 2 in Prozent. Gültiger Wert von 0 bis 100. Default = 10.
Es können Ganzzahlen oder Dezimalwerte mit Nachkommastellen vorgeben werden.
Folgende Bedingungen wirken:

Wert 1	Wert 2	Incremental Image Copy, wenn	Full Image Copy, wenn
0			Immer
nn1		Changed Pages > 0 und < nn1	Changed Pages >= nn1
nn1	nn2	Changed Pages > nn1 und < nn2	Changed Pages >= nn2

REPORTONLY   Protokollierung der Image-Copy-Entscheidung ohne Durchführung der Sicherung. Es werden aber Job-Returncodes erzeugt, die zur Jobsteuerung verwendet werden können (in diesem Fall SYSCOPY-DD-Statement mit DUMMY definieren):
1   Keine der CHANGELIMIT-Bedingungen wurden erreicht.
2   Changed Pages > niedriger Wert und < größerer Wert. Kandidat für Incremental Copy.
3   Changed Pages >= größerer Wert. Kandidat für Full Image Copy.
8   Es wurde eine inkonsistente Space Map Page entdeckt (Broken Page).

CONCURRENT   Aktivierung des DFSMS Concurrent Copy zur Erstellung der Full Image Copy. Dies wird in der Katalog-Tabelle SYSCOPY dokumentiert:
-    ICTYPE   = F   (bei Abbruch und SHRLEVEL REFERENCE wird ICTYPE mit dem Wert 'Q' geführt)
-    STYPE   = C.

COPYDDN   Name der DD-Statements für Output Datasets der Primär- und Backup-Kopie im lokalen System.
Der Output Dataset-Typ muss eine sequenzielle Datei sein.
Das Utility prüft, ob der Dataset bereits für COPY benutzt ist.
Bei katalogisierten Datasets darf der DSN nicht doppelt sein.
Bei nicht-katalogisierten Datasets darf der Name und die Volume-Nr. nicht in der Katalog-Tabelle SYSCOPY protokolliert sein.
Beim Einsatz des Parameters REPORTONLY kann der Dataset auf DUMMY gesetzt werden.

    ddname1   Primär-Kopie. Default ist SYSCOPY. Bei einer Objektliste kann SYSCOPY nur einmal genutzt werden.
    ddname2   Backup-Kopie.

DSNUM   Identifikation der zu kopierenden Ressource (Partition oder Dataset):
    ALL   Der komplette Tablespace bzw. Indexspace wird kopiert.
    integer   Lfd. Dataset-Nr. (siehe VSAM-Namenskonventionen). Wenn eine Dataset-Nr. vorgegeben wird, müssen RECOVER oder MERGECOPY auch mit Dataset definiert werden.

FILTERDDN (ddname)   Bei CONCURRENT kann hier ein DD-Name vorgegeben werden, in dem die Liste der zu sichernden Objekte geführt wird. In diesem Fall werden die Objekte mit einem einzigen DFSMS-Dump-Statement unter einem Dataset-Namen kopiert.

FULL   Kennzeichnung des Copy-Typs:
    YES   Full Image Copy. Copy-Pending Status wird ausgesetzt.
    NO   Incremental Image Copy. Copy-Pending Status wird <u>nicht</u> ausgesetzt. Diese Option kann erst dann genutzt werden, wenn zumindest eine von DB2 kontrollierte Full Image Copy gezogen wurde.
Ein Incremental Copy ist nicht erlaubt, wenn:
-    keine Full Image Copy existiert,
-    die letzte Full Image Copy von SMS mit der CONCURRENT-Option angelegt wurde,
-    nach einem erfolgreichen LOAD oder REORG, sofern dort nicht eine Inline-Copy erzeugt wurde,
-    der Tablespace-Name einer der folgenden ist:
       -    'DSNDB01.DBD01',
       -    'DSNDB01.SYSUTILX',
       -    'DSNDB06.SYSCOPY'.
Die FULL NO-Angabe ist dann möglich, wird aber von DB2 automatisch auf FULL YES umgesetzt.

PARALLEL	Die Objekte in der vorgegebenen Objekt-Liste können parallel gesichert werden.
(num-objects)	Anzahl der Objekte, die parallel gesichert werden sollen. Wird kein Wert oder der Wert 0 vorgegeben, bestimmt DB2 den Parallelitätsgrad.
RECOVERYDDN	Name der DD-Statements für Output Dataset der Primär- und Backup-Kopie im Recovery-System (generiertes Backup-DB2-System). Die Bedingungen für die Output Dasets entsprechen den COPYDDN-Ausführungen.
ddname3	Primär-Kopie.
ddname4	Backup-Kopie.
SHRLEVEL	Lock-Kennzeichen für Parallel-Verarbeitungs-Möglichkeit während des Copy-Laufes:
<u>**REFERENCE**</u>	Read-Only Zugriffe sind gestattet ('S'-Lock auf Tablespace-Ebene).
CHANGE	Parallel-Änderungen sind gestattet, sofern die LOCKRULE des Tablespaces ANY oder PAGE ist ('IS'-Lock auf Tablespace-Ebene). Mit dieser Option können auch mehrere Parallel-Copy-Läufe auf den gleichen Tablespace (mit unterschiedlichen Datasets) aktiviert werden. Sollen nur Utilities parallel gestartet, aber keine Anwendungs-Programme für Parallel-Update zugelassen werden, kann der Tablespace mit ACCESS UT gestartet werden (siehe -START DATABASE-Command). Das Utility braucht mit der Option CHANGE wesentlich länger und es können **Konsistenz-Probleme** auftreten: - das Utility kopiert inkonsistente Zustände, wenn eine Anwendung 2 Zeilen in einer UOR verändert und zwar eine vor dem Erreichen der Page durch das COPY-Utility und eine danach (uncommitted change). --> bei RECOVERY muss dieses Problem berücksichtigt werden, z.B. durch Aufsetzen auf einen QUIESCE-Punkt.

A2 - 1062	A2 Anhang - Definition der wichtigsten DB2-Sprachelemente **CREATE ALIAS** (SQL-Statement)

Aufgabe des Statements

Das SQL-CREATE ALIAS-Statement definiert einen Alternativ-Namen für eine Table oder einen View. Das referenzierte Objekt kann lokal, remote oder nicht existent sein (im Unterschied zum SYNONYM).

Erforderliche Privilegien

- CREATEALIAS-Privileg oder
- SYSADM, SYSCTRL (auch Fremd-Autorisierungs-Ids).

Anwendungs-Beispiel

```
CREATE ALIAS   ASEMTYP
   FOR   DB2FRANKFURT.PROD.SEMTYP
```

Alias-Name ASEMTYP im aktuellen System unter dem jeweiligen Autorisierungs-Id.
zeigt auf DB2-Lokation in Frankfurt, Gruppen-Id. PROD, Objekt-Name SEMTYP (Table oder View im remote System)

Syntax-Diagramm

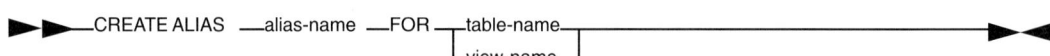

Parameter-Beschreibung

alias-name
Name des Alias, der zusammen mit den möglichen Qualifikatoren als existierende Tabelle, View, Alias oder Synonym unter dem jeweiligen Autorisierungs-Id am lokalen Server nicht vorhanden sein darf.
Der Qualifikator kann zwei- oder dreiteilig sein (bei dreiteiligen Namen muss der erste Qualifikator das aktuelle DB2-Subsystem = current Server sein).

FOR table-name
view-name
Identifikation der referenzierten Tabelle (darf keine Auxiliary Table sein).
Identifikation des referenzierten Views.
Das Objekt kann lokal, remote oder nicht existent sein.
Bei Verweis auf lokales Objekt erfolgt Warnung, wenn Objekt nicht existiert.
Bei Verweis auf remote-Objekt erfolgt keine Prüfung auf Existenz des Objektes bei der Anlage des Alias (aber bei einer Anforderung über Alias).

Aufgabe des Statements

Das SQL-CREATE AUXILIARY TABLE-Statement definiert eine Auxiliary Table für die Speicherung von LOB-Daten am aktuellen Server.
Das Statement darf nicht abgesetzt werden, wenn zum Zeitpunkt des Anlegens einer Basis-Tabelle mit dem CREATE TABLE-Statement das Spezialregister CURRENT RULES den Wert "STD" enthält. In diesem Fall legt DB2 automatisch für jede LOB-Spalte die erforderlichen Objekte an. Details siehe unter CREATE TABLE LOB-Column.

Erforderliche Privilegien

- CREATETAB-Privileg für die Database oder
- DBADM, DBCTRL oder DBMAINT-Privileg für die Database oder
- SYSADM, SYSCTRL (auch Fremd-Autorisierungs-Ids).

Anwendungs-Beispiel

CREATE AUXILIARY TABLE REFERENT_FOTO_AUX		Table-Name Autorisierungs-Id. REFERENT_FOTO_AUX.
IN	SEMDB01.SEMTL09	Zuordnung zur Database SEMDB01 und dem dort vorhandenen LOB-Tablespace SEMTL09.
STORES	REFERENT_FOTO	Zuordnung zur Table REFERENT_FOTO.
COLUMN	REF_FOTO ;	Zuordnung zur Spalte REF_FOTO.

Syntax-Diagramm

```
▶▶──CREATE──┬─AUXILIARY─┬──TABLE──aux-table-name──IN──┬──────────────────┬──tablespace-name──STORES──▶
            └─AUX───────┘                             └─database-name.──┘

▶──table-name──COLUMN──column-name──┬─────────────────┬──▶◀
                                    └─PART──integer──┘
```

Parameter-Beschreibung

aux-table-name	Name der Auxiliary Table als Lang-Id. Der Name kann zweiteilig (Autorisierungs-Id.Table-Name) oder dreiteilig (Aktuelles DB2-Subsystem. Autorisierungs-Id.Table-Name) qualifiziert oder unqualifiziert vorgegeben werden. Fehlt der Autorisierungs-Id, wird er von DB2 eingesetzt. Der Name darf zusammen mit den möglichen Qualifikatoren als existierende Tabelle, View, Alias oder Synonym im Server nicht vorhanden sein.
IN	Zuordnung der Table zu Tablespace und Database des aktuellen Servers. Der zugeordnete LOB-Tablespace muss angelegt sein und noch keine Auxiliary Table zugeordnet haben.
database-name. tablespace-name	Zuordnung zu dem Tablespace der entsprechend vorgegebenen Database.
tablespace-name	Zuordnung zu dem Tablespace der Default-Database DSNDB04.
STORES table-name	Identifikation der Basis-Tabelle.
column-name	Identifikation der LOB-Spalte in der Basis-Tabelle.
PART integer	Partition der Auxiliary Table. Dieser Parameter kann vorgegeben werden, wenn die Basis-Tabelle einem Partitioned Tablespace zugeordnet wurde. In diesem Fall muss pro LOB-Spalte und pro Partition jeweils eine eigene Auxiliary Table (und ein eigener LOB-Tablespace) definiert werden.

A2 Anhang - Definition der wichtigsten DB2-Sprachelemente
CREATE DATABASE (SQL-Statement)

Aufgabe des Statements

Das SQL-CREATE DATABASE-Statement dient zum Anlegen einer DB2-Database am aktuellen Server, der anschließend Tablespaces und Indexspaces zugeordnet werden können.
Die DB2-Database ist eine verwaltungstechnische Einheit, die funktional zusammengehörende Objekte zusammenfasst. Alle Objekte einer Database können den Anwendungen gemeinsam oder einzeln verfügbar gemacht oder der Verfügbarkeit entzogen werden.
Die Database wird von DB2 als Sperrniveau bei der Verwaltung abhängiger Objekte verwendet. Wenn ein Objekt der Database (z.B. Table) mit DDL-Mitteln verwaltet wird, erhält die Database eine exclusive Sperre.

Erforderliche Privilegien

- CREATEDBA oder CREATEDBC-Privileg oder
- SYSADM, SYSCTRL (für ROSHARE zwingend erforderlich).

Anwendungs-Beispiel

CREATE	DATABASE	SEMDB01	Database-Name darf am aktuellen Server nicht existieren.
	BUFFERPOOL	BP1	Default-Bufferpool für Tablespaces.
	INDEXBP	BP4	Default-Bufferpool für Indexspaces.
	STOGROUP	SEMST01	Storage Group.

Syntax-Diagramm

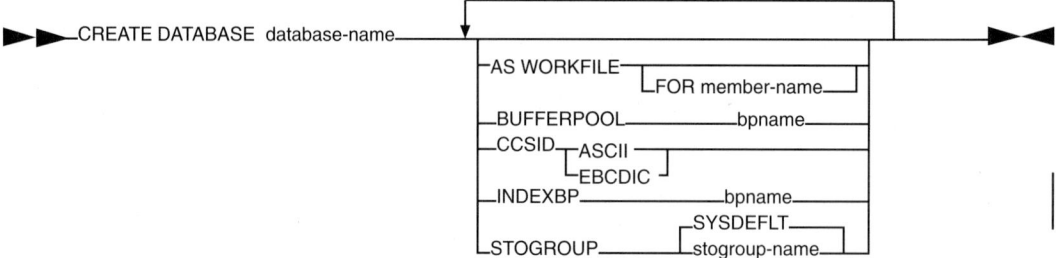

Parameter-Beschreibung

database-name Kurz-Id des Datenbanknamens, der noch nicht am aktuellen Server existieren darf. Namen mit 'DSNDB' beginnend sind unzulässig. Ausnahme: In einer Data-Sharing-Umgebung kann ein Member einer DB2 Group DSNDB07 als WORKFILE definieren.

AS WORKFILE
FOR member-name Die Database ist ein Workfile (nur für Data-Sharing-Umgebungen). Definiert das Member in der DB2 Group, dem die Workfile zugeordnet wird. Pro Member kann nur eine Workfile definiert werden.
Wird diese Option nicht vorgegeben, wird das DB2-System zugeordnet, in dem das Statement ausgeführt wird.
Der Parameter CCSID darf bei einer Workfile nicht vorgegeben werden.

BUFFERPOOL Default Bufferpool der Database, der implizit beim Anlegen von Tablespaces herangezogen wird, wenn keine explizite Vorgabe erfolgt.
Die Bufferpool-Größe muss in Verbindung mit der Größe der Tabellenzeilen gesehen werden. So muss eine Zeile komplett in eine Page passen.
Daher muss z.B. eine Table mit max. 5.000 Byte großen Datenzeilen einem 8K-Buffer zugeordnet werden, oder aber die Tabellenstruktur muss auseinandergelegt werden (vertikale Verteilung).

bpname: Auswahl des Default-Bufferpools:
BP0 - BP49 4-K-Page-Pool. Default: Generierungsabhängig: BUFFERPOOL-Voreinstellung: BP0.
BP8K0 - BP8K9 8-K-Page-Pool (nicht für eine Workfile Database vorgebbar).
BP16K0 - BP16K9 16-K-Page-Pool (nicht für eine Workfile Database vorgebbar).
BP32K - BP32K9 32-K-Page-Pool.

A2 Anhang - Definition der wichtigsten DB2-Sprachelemente
CREATE DATABASE - 2

CCSID Coded Character Set Identifier. Kennzeichnung, nach welchen Regeln Character-Daten gespeichert und interpretiert werden.
Der hier vorgegebene Wert wirkt als Default für alle Tablespaces innerhalb der Database. Alle Tables innerhalb eines Tablespaces müssen das gleiche CCSID-Schema verwenden.
Der Parameter CCSID darf bei einer Workfile nicht vorgegeben werden.

    ASCII Verwendung des ASCII-CCSID, das bei der DB2-Installation definiert wurde.
Generierungs-Beispiele für Single Byte:

Land	ASCII PC	ASCII AIX	ASCII Windows	
Germany*	850	819	1252	* = Deutschland
Switzerland**	850	819	1252	** = Schweiz
U.S.A.	437	819	1252	
Aitutaki***				*** = noch zu klären

    EBCDIC Verwendung des EBCDIC-CCSID, das bei der DB2-Installation definiert wurde.
Generierungs-Beispiele für Single Byte:

Land	EBCDIC	
Germany*	273	* = Deutschland
Switzerland**	500	** = Schweiz
U.S.A.	37	

INDEXBP Default Bufferpool der Database, der implizit beim Anlegen von Indexspaces herangezogen wird, wenn beim CREATE INDEX keine explizite Vorgabe erfolgt. Der Parameter ist bei einer Workfile Database nicht vorgebbar.

    bpname: Auswahl des Default-Bufferpools:
        BP0 - BP49 4-K-Page-Pool. Default: Generierungsabhängig: BUFFERPOOL-Voreinstellung: BP0.

STOGROUP
    stogroup-name Storage Group-Name, der als Default zur Database zugeordnet wird. Fehlt der Eintrag, wird <u>SYSDEFLT</u> angenommen.

A2 Anhang - Definition der wichtigsten DB2-Sprachelemente
CREATE DISTINCT TYPE (SQL-Statement)

Aufgabe des Statements

Das SQL-CREATE DISTINCT TYPE-Statement erzeugt einen benutzerdefinierten Daten-Typ am aktuellen Server. Ein solcher benutzerdefinierter Daten-Typ basiert auf einem der DB2-Standard-Builtin-Daten-Typen. Details siehe im Anhang 1 unter "Daten-Typen und Daten-Typ-Gruppen", "Distinct Daten-Typen" und den entsprechenden Unterkapiteln von "Daten-Zuweisungen und Vergleiche".
Bei erfolgreicher Definition eines solchen Daten-Typs werden automatisch generiert:
- eine Cast-Funktion zur Umwandlung des Distinct Daten-Typs auf den Source Daten-Typ,
- eine Cast-Funktion zur Umwandlung des Source Daten-Typs auf den Distinct Daten-Typ,
- Grund-Funktionalität zur Unterstützung der Vergleichs-Operatoren für den Distinct Daten-Typ (siehe hierzu die Abbildung im Anhang 1 des Kapitels "Distinct Daten-Typen"). Dies gilt nicht für LOB Daten-Typen.

Die mit diesem Statement erzeugten Daten-Typen lassen sich entweder bei der Definition einer Tabelle referenzieren (Basis-Distinct-Daten-Typen) als auch als temporäres Ergebnis in einer Result Table (auch über View definierbar) ggf. mit einem Funktionsaufruf im Sinne eines ableitbaren Distinct Daten-Typs nutzen.
Beispiele in diesem Zusammenhang sind:
- Basis-Distinct-Typen
  - Währungs-Daten-Typen, wie US $ und Euro ¤,
  - Flächen-, Entfernungs- und Raummaßeinheiten, wie m^2, km oder m^3,
  - spezielle Maßeinheiten, wie Konfektionsgrößen, Schuhgrößen o.ä.
  - diverse Daten-Typen, die besonderen Geschäftsregeln unterliegen, wie Gehalt, Versicherungsbetrag usw.
- Ableitbare Distinct-Typen (werden i.d.R. über Funktionen abzuleiten sein)
  - zeitlich veränderbare Zustände, wie Lebensalter, Dienstalter, Beschäftigungsdauer o.ä.,
  - ableitbare zusammengesetzte Werte, wie z.B. postalische Anschrift,
  - sonstige ableitbare Werte, wie z.B. Seminar-Endtermin, Seminarplätze (angeboten, gebucht, frei).

Eine besondere Rolle nehmen Distinct Daten-Typen ein, wenn sie zusammengesetzte Werte enthalten oder auf LOB Daten-Typen basieren.
Im Wiederspruch zur relationalen Theorie und der Normalisierungsregeln werden sie häufig mit solchen Large Objects für die Definition unterschiedlichster Strukturanforderungen eingesetzt (z.B. Brief, Video-Clip, Vertrag o.ä.).

Generell sollte man sich bei Nutzung solcher Daten-Typen der zentralen Bedeutung im Sinne einer ganzheitlichen Methodik bewusst sein, da solche Distinct Daten-Typen eine wichtige Aufgabe innerhalb des Domain-Konzeptes einnehmen.

Erforderliche Privilegien

- CREATEIN-Privileg für das Schema bzw. alle Schemas oder
- SYSADM, SYSCTRL.

Anwendungs-Beispiel

Definition eines Distinct Types:	Definition eines Distinct Daten-Typs für die Speicherung von Euros.
CREATE DISTINCT TYPE EURO	Distinct Daten-Typ-Name EURO im aktuellen System unter dem aktuellen Schema
AS DECIMAL (31,2)	Source-Daten-Typ
WITH COMPARISONS	Es werden implizit Funktionen für die Unterstützung der Prädikat-Verarbeitung für den Distinct Daten-Typ generiert.
Implizite Generierung der Funktionen:	Aufgrund der Definition des Distinct Daten-Typs EURO implizit generierte CAST-Funktions-Definitionen (diese stellen einen eigenen Funktions-Typen dar, der nicht explizit nutzbar ist):
CREATE FUNCTION EURO	Funktions-Name EURO im aktuellen System unter dem aktuellen Schema
(DECIMAL (31 , 2))	Daten-Typ des Eingabe-Argumentes
RETURNS EURO	Daten-Typ des Ausgabe-Argumentes

A2 Anhang - Definition der wichtigsten DB2-Sprachelemente
CREATE DISTINCT TYPE - 2

CREATE FUNCTION DECIMAL	Funktions-Name DECIMAL im aktuellen System unter dem aktuellen Schema
(EURO)	Daten-Typ des Eingabe-Argumentes
RETURNS DECIMAL (31 , 2)	Daten-Typ des Ausgabe-Argumentes

Nutzung eines Distinct Types: Distinct Types können an diversen Stellen genutzt werden. Beispiele:

```
CREATE TABLE SEMPREIS                      Nutzung beim Anlegen einer Tabelle.
    ( DAUER          DECIMAL ( 5 , 1 ) ,
      PREIS          EURO ,
      .......        )
                                           Nutzung im Rahmen von Funktionen.
CREATE FUNCTION SUM ( EURO ) RETURNS EURO
      SOURCE         SYSIBM.SUM ( DECIMAL () )
```

Syntax-Diagramm

▶▶── CREATE DISTINCT TYPE ── distinct-type-name ── AS ── **source-data-type** ── WITH COMPARISONS ──▶◀

source-data-type:

- BINARY LARGE OBJECT / BLOB (integer [K | M | G])
- CHARACTER / CHAR (integer)
- CHARACTER VARYING / CHAR / VARCHAR (integer)   [FOR SBCS | BIT | MIXED DATA]   [CCSID EBCDIC | ASCII]
- CHARACTER LARGE OBJECT / CHAR / CLOB (integer [K | M | G])   [FOR SBCS | MIXED DATA]   [CCSID EBCDIC | ASCII]
- DATE / TIME / TIMESTAMP
- DECIMAL / DEC / NUMERIC (integer , integer)
- FLOAT / REAL (integer)
- DOUBLE [PRECISION]
- GRAPHIC (integer)
- VARGRAHIC (integer)   [CCSID EBCDIC | ASCII]
- DBCLOB (integer [K | M | G])
- SMALLINT / INTEGER / INT
- ROWID

Parameter-Beschreibung

distinct-type-name
Name des benutzerdefinierten Daten-Typs als Lang-Id.
Der Daten-Typ-Name kann mit einem Schema-Namen qualifiziert oder unqualifiziert vorgegeben werden. Bei unqualifizierter Vorgabe wird er wie folgt ermittelt:
- wird das Statement in einem Programm abgesetzt, ist der QUALIFIER des BIND-Prozesses bzw. der OWNER von Plan bzw. Package der Schema-Name.
- wird das Statement dynamisch präpariert, ist der CURRENT SQLID der Schema-Name.

Der eindeutige Daten-Typ-Name setzt sich zusammen aus folgenden Komponenten:
- Schema-Name = der Owner des Distinct Types,
- Daten-Typ-Name (*distinct-type-name*).

Einschränkungen bei der Vergabe von Distinct Type-Namen:
- SQL-Schlüsselwörter und Prädikate dürfen nicht verwendet werden, wie ALL, AND, ANY, BETWEEN, DISTINCT usw.. Es empfiehlt sich, keines der reservierten SQL-Worte zu benutzen (Übersicht siehe Anhang 1).
- Basis-Prädikate (wie = , > , > = usw.) dürfen nicht genutzt werden.

source-data-type
Der Daten-Typ des Parameters ist ein Builtin Daten-Typ. Die Daten-Typen und ihre Behandlung entsprechen der Beschreibung unter CREATE TABLE. Details siehe dort. Ausnahme:
- die (ohnehin fragwürdigen) Daten-Typen LONG VARCHAR und LONG VARGRAPHIC werden nicht unterstützt.

WITH COMPARISONS
Die grundsätzlichen Vergleichs-Funktionen werden automatisch generiert (nicht bei LOB-Daten-Typen vorgebbar - ansonsten Pflicht-Parameter):
- BETWEEN   NOT BETWEEN   IN   NOT IN   IS NULL   IS NOT NULL
- = ¬= < > <= >= <> ¬< ¬>

A2 Anhang - Definition der wichtigsten DB2-Sprachelemente
CREATE FUNCTION Übersicht (SQL-Statement)

Aufgabe des Statements

Das SQL-CREATE FUNCTION-Statement registriert eine benutzerdefinierte Funktion (UDF = user-defined Function) an einem Anwendungs-Server.

Es werden drei verschiedene Funktions-Typen unterstützt (siehe auch im Anhang 1 unter Funktions-Typen):

- **External Scalar Function**
  Dieser Funktions-Typ wird in einer unterstützten Programmiersprache entwickelt und bei Aufruf aus einer Ladebibliothek (Loadlib) geladen.
  Diese Funktion liefert exakt einen Ergebniswert zurück.

  Die Aufrufmöglichkeit benötigt eine Definition der Funktion, ihrer Argumente und Parameter mit dem CREATE FUNCTION-Statement und folgenden Strukturmerkmalen:

  ```
  CREATE FUNCTION  function-name                          (parameter-declaration)
                   RETURNS  data-type                     option-list
                   EXTERNAL                               ;
  ```

- **External Table Function**
  Dieser Funktions-Typ wird in einer unterstützten Programmiersprache entwickelt und bei Aufruf aus einer Ladebibliothek (Loadlib) geladen.
  Diese Funktion liefert eine Ergebnismenge in Form einer Table zurück.

  Die Aufrufmöglichkeit benötigt eine Definition der Funktion, ihrer Argumente und Parameter mit dem CREATE FUNCTION-Statement und folgenden Strukturmerkmalen:

  ```
  CREATE FUNCTION  function-name                                      (parameter-declaration)
                   RETURNS TABLE  (column-description1 , ...2 ,,,,)   option-list
                   EXTERNAL                                           ;
  ```

- **Sourced Function**
  Dieser Funktions-Typ bezieht sich auf eine vorhandene Funktion (entweder eine Standard-Builtin-Funktion oder eine vorab definierte benutzerdefinierte Funktion).
  Diese Funktion liefert exakt einen Ergebniswert zurück.

  Die Aufrufmöglichkeit benötigt eine Definition der Funktion, ihrer Argumente und Parameter mit dem CREATE FUNCTION-Statement und folgenden Strukturmerkmalen:

  ```
  CREATE FUNCTION  function-name                                      (parameter-declaration)
                   RETURNS  data-type  SOURCE  function-name          ;
  ```

Ein Funktionsaufruf kann mit einem qualifizierten Namen (schema.funktion-name) oder nur mit dem Funktionsname getätigt werden.
In diesem Fall muss DB2 die Funktion ggf. in diversen Schema-Bereichen suchen.
Dieser Suchprozess (siehe im Anhang 1 "Function-Resolution") ist aufwendig, wenn viele Schemas mit langen Funktions-Listen analysiert werden müssen. Die Vorgabe des Schema-Namens kann dabei hilfreich sein.
Zudem ist der Suchprozess fehleranfällig, da eine übereinstimmende Funktion in den ersten Schemas ausgewählt wird. Es empfiehlt sich, die Parameter der Funktionen standardisiert einzusetzen. Generell gilt (siehe auch im Anhang 1: "Promotion"):
Es sollten immer die hierarchisch höchsten und größten Kapazitäten von Daten-Typ-Gruppen gewählt werden, d.h. anstelle von SMALLINT besser INTEGER, anstelle von CHAR besser VARCHAR nutzen.

Dies reduziert die Funktions-Anzahl entscheidend, da ein SMALLINT-Parameter nicht mit INTEGER-Werten nutzbar ist.
Mit Hilfe der CAST-Funktion sollten die Daten-Werte in den Daten-Typ konvertiert werden, die von der gewünschten Funktion unterstützt wird:

SELECT FUNKTION1 (CAST (SEMNR AS DECIMAL (15,2))) FROM TABLE1 ;

A2 Anhang - Definition der wichtigsten DB2-Sprachelemente
CREATE FUNCTION (External Scalar) (SQL-Statement)

Aufgabe des Statements

Dieses SQL-CREATE-FUNCTION-Statement registriert eine User-defined External Scalar Function an einem Anwendungs-Server.
Dieser Funktions-Typ wird in einer unterstützten Programmiersprache entwickelt und bei Aufruf aus einer Ladebibliothek (Loadlib) geladen.
Eine externe Funktion sollte immer reentrant entwickelt werden, damit eine effiziente und integre Abwicklung unterstützt ist.
Diese Funktion liefert exakt einen Ergebniswert zurück.

Erforderliche Privilegien

- CREATEIN-Privileg für das Schema bzw. für alle Schemas oder
- SYSADM, SYSCTRL.
- zusätzliche Privilegen sind erforderlich je nach Parametrisierung:
    - WLM-Autorisierungen zum Anlegen von Programmen in der WLM-Umgebung,
    - SELECT-Privileg auf Tabellen, die als Input-Parameter der Funktion definiert werden,
    - USAGE-Privileg jedes Distinct Types, auf den die Funktion referenziert.

Anwendungs-Beispiel

Definition der Funktion: Die Funktion ermittelt das Seminar-Endedatum aufgrund des Beginndatums und der Dauer unter Berücksichtigung des Durchführungsortes und des örtlichen Kalendariums.

CREATE FUNCTION SEMINAR_ENDE	Funktions-Name SEMINAR_ENDE im aktuellen System unter dem aktuellen Schema
(DATE , CHAR (60) , DEC (9 , 2))	Daten-Typen der Eingabe-Argumente: TERMIN, KURSORT, DAUER
RETURNS DATE	Daten-Typ des Ergebnisses.
SPECIFIC SVPR0023	Eindeutiger spezifischer Name (alternativer Funktions-Name)
EXTERNAL NAME 'SVPR0023'	Eindeutiger externer Name (OS/390-Lademodulname)
LANGUAGE PLI	Programmiersprache: PL/I
PARAMETER STYLE DB2SQL	Einzig mögliche Parameter-Struktur-Variante
DETERMINISTIC	Das Ergebnis ist bei jedem Aufruf identisch
FENCED	Die Funktion wird außerhalb des DB2-Adressraums aktiviert
NO SQL	Es werden keine Ausführungs-SQL-Statements in der Funktion eingesetzt
NO EXTERNAL ACTION	Die Funktion führt keine Ressource-Modifikationen außerhalb von DB2 durch
STAY RESIDENT YES	Das Lademodul bleibt nach Ausführung im Speicher

Aufruf der Funktion: Die Funktion kann in allen SQL-Statements genutzt werden, wo expressions einsetzbar sind.

```
SELECT      S.SEMCODE , S.TERMIN ,  SEMINAR_ENDE ( S.TERMIN , S.KURSORT , T.DAUER )
FROM        SEMINAR  S  , SEMTYP  T
WHERE       S.SEMCODE  = T.SEMCODE
AND         S.SEMCODE  LIKE 'DB2%'
```

Syntax-Diagramm: Grund-Struktur

Das folgende Syntax-Diagramm zeigt die Grund-Struktur der Funktion-Definition:

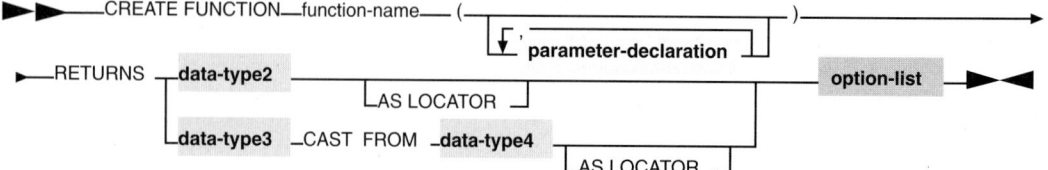

Parameter-Beschreibung

function-name
Name der Funktion, der zusammen mit den möglichen Qualifikatoren am aktuellen Server nicht vorhanden sein darf.
Der Funktions-Name kann mit einem Schema-Namen qualifiziert oder unqualifiziert vorgeben werden. Bei unqualifizierter Vorgabe wird er wie folgt ermittelt:
- wird das Statement in einem Programm abgesetzt, ist der QUALIFIER des BIND-Prozesses bzw. der OWNER von Plan bzw. Package der Schema-Name.
- wird das Statement dynamisch präpariert, ist der CURRENT SQLID der Schema-Name.

Der eindeutige Funktions-Name setzt sich zusammen aus folgenden Komponenten:
- Schema-Name = der Owner der Funktion,
- Funktions-Name (*function-name*),
- Anzahl der Parameter und die Daten-Typen der ersten 30 Parameter (ohne Berücksichtigung von sonstigen Charakteristiken, wie Länge, Genauigkeit, Kommastellen, Encoding Schema o.ä.).

Einschränkungen bei der Vergabe von Funktions-Namen:
- SQL-Schlüsselwörter und Prädikate dürfen nicht verwendet werden, wie ALL, AND, ANY, BETWEEN, DISTINCT usw.. Es empfiehlt sich keines der reservierten SQL-Worte zu benutzen (Übersicht siehe Anhang 1).
- Basis-Prädikate (wie = , > , > = usw.) dürfen nicht genutzt werden.

parameter-declaration
Beschreibung siehe weiter unten.

RETURNS
Definition der Ausgabe-Parameter der Funktion. Es existieren zwei Varianten:
- Direkte Rückgabe eines bestimmten Daten-Typs
  Beispiel: CREATE FUNCTION BRUTTO1 (DECIMAL(15,2))
                      RETURNS   DECIMAL (15,2) ...
- Rückgabe eines umzuwandelnden Daten-Typs
  Beispiel: CREATE FUNCTION BRUTTO1 (DECIMAL(15,2))
                      RETURNS   DECIMAL (15,2) CAST FROM DOUBLE ..

data-type2
Definition des Ausgabe-Daten-Typs der Funktion. Dieser wird dem aufrufenden Statement bereitgestellt. Mögliche Ausprägungen entsprechen dem Block *data-type*. Beschreibung siehe weiter unten.

AS LOCATOR
Die Funktion gibt anstelle eines LOB-Wertes den LOB-Locator zurück.
Der Parameter ist nur bei einem LOB Daten-Typ vorgebbar.

data-type3
Definition des Bereitstellungs-Daten-Typs für das aufrufende Statement. Dieser wird aufgrund *data-type4* von einem anderen Format umgesetzt. Mögliche Ausprägungen entsprechen dem Block *data-type*. Beschreibung siehe weiter unten.

CAST FROM
Kennzeichnung, dass der *data-type4* mittels CAST-Funktion in den *data-type3* umgewandelt wird. Die Format-Änderung muss unterstützt sein. Siehe hierzu im Anhang 1 "Format-Änderung zwischen unterschiedlichen Daten-Typen (Casting)".

data-type4
Definition des Ausgabe-Daten-Typs der Funktion. Dieser wird über die CAST-Funktion in das Format des Daten-Typs *data-type3* umgewandelt und dann dem aufrufenden Statement bereitgestellt. Mögliche Ausprägungen entsprechen dem Block *data-type*. Beschreibung siehe weiter unten.

AS LOCATOR
Die Funktion gibt anstelle eines LOB-Wertes den LOB-Locator zurück.
Der Parameter ist nur bei einem LOB Daten-Typ vorgebbar.

Syntax-Diagramm: parameter-declaration

Das folgende Syntax-Diagramm enthält die Definitionen der Eingabe-Parameter der Funktion (Funktions-Argumente). Für jedes Argument muss ein Parameter vorgegeben werden, d.h. es kann eine Liste definiert werden. Eine Funktion ohne Argumente kann ebenfalls definiert werden.
Beispiel: CREATE FUNCTION AKTUELLER_TAG ()

parameter-declaration:

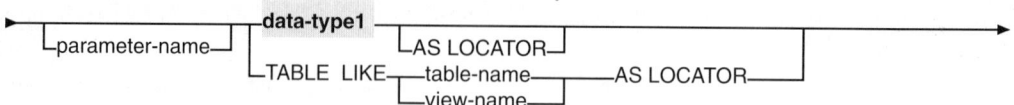

Parameter-Beschreibung

Definition der Eingabe-Parameter der Funktion. Es existieren zwei Varianten:
- Übergabe einzelner Parameter
  Beispiel: CREATE FUNCTION F1 (SMALLINT, CHAR (10))
                             RETURNS   CHAR (100) ...
  Alternative: CREATE FUNCTION F1 (P1 SMALLINT, P2 CHAR (10))
                             RETURNS   CHAR (100) ...
- Übergabe der Parameter als Transition-Table-Locator (nur aus einem Trigger aktivierbar)
  Beispiel: CREATE FUNCTION F21 (TABLE LIKE SEMINAR AS LOCATOR)
                             RETURNS   CHAR (100) ...

parameter-name Name des Parameters, der bei Vorgabe innerhalb der Funktion eindeutig sein muss.

data-type1 Definition des Daten-Typs des Eingabe-Parameters der Funktion. Mögliche Ausprägungen entsprechen dem Block *data-type*. Beschreibung siehe weiter unten.

AS LOCATOR Der Funktion wird anstelle eines LOB-Wertes ein LOB-Locator übergeben. Der Parameter ist nur bei einem LOB Daten-Typ vorgebbar.

TABLE LIKE Die Eingabe-Parameter stammen aus einer Trigger-Zwischen-Tabelle (Transition Table). Es werden keine Werte übergeben, sondern der Locator, der auf die interne Adresse der Tabelle verweist (Table Locator).
Über diesen Locator können die einzelnen Spaltenwerte dieser Tabelle referenziert werden.

table-name Alle Spalten dieser auf dem aktuellen Server existierenden Tabelle werden implizit definiert. Die im Katalog definierten Spalten-Charakteristiken werden übernommen. Als Owner der Tabelle wird implizit der Schema-Name der Funktion eingesetzt, sofern dieser nicht explizit vorgegeben wurde.

view-name Alle Spalten dieses auf dem aktuellen Server existierenden Views werden implizit definiert. Die im Katalog definierten Spalten-Charakteristiken werden übernommen. Als Owner des Views wird implizit der Schema-Name der Funktion eingesetzt, sofern dieser nicht explizit vorgegeben wurde.

AS LOCATOR Der Funktion wird anstelle einzelner Parameter ein Table-Locator übergeben.

A2 Anhang - Definition der wichtigsten DB2-Sprachelemente
CREATE FUNCTION (External Scalar) - 4

Syntax-Diagramm: data-type

Die folgenden Syntax-Diagramme enthalten die Definitionen der Daten-Typen:

data-type:

```
─┬─ builtin-data-type ──┬──────────
 └─ distinct-data-type ─┘   Definition:  distinct-data-type siehe unter CREATE DISTINCT TYPE
```

builtin-data-type:

```
─┬─ BINARY LARGE OBJECT ─┬─── [ ( integer [ K | M | G ] ) ] ──
 └─ BLOB ────────────────┘

 ┬─ CHARACTER ────────────────────────────┬─ [ ( integer ) ] ──┬─ FOR ─┬─ SBCS ─┬─ DATA ─┬─ CCSID ─┬─ EBCDIC ─┬─
 ├─ CHAR ─────────────────────────────────┤                    │       ├─ BIT ──┤        │         └─ ASCII ──┘
 ├─ CHARACTER VARYING ────────────────────┤                    │       └─ MIXED ┘        │
 ├─ CHAR ─────────────────────────────────┤
 ├─ VARCHAR ──────────────────────────────┤
 ├─ CHARACTER LARGE OBJECT ───────────────┤ [ ( integer [ K | M | G ] ) ] ─ FOR ─┬─ SBCS ─┬─ DATA ─ CCSID ─┬─ EBCDIC ─┐
 ├─ CHAR ─────────────────────────────────┤                                     └─ MIXED ┘                └─ ASCII ──┘
 └─ CLOB ─────────────────────────────────┘

 ┬─ DATE ──────┬─
 ├─ TIME ──────┤
 └─ TIMESTAMP ─┘

 ┬─ DECIMAL ─┬─ [ ( integer [ , integer ] ) ] ─
 ├─ DEC ─────┤
 └─ NUMERIC ─┘

 ┬─ FLOAT ──┬─ [ ( integer ) ] ─
 ├─ REAL ───┤
 └─ DOUBLE ─┘ [ PRECISION ]

 ┬─ GRAPHIC ──┬─ [ ( integer ) ] ─ CCSID ─┬─ EBCDIC ─┐
 ├─ VARGRAHIC ┤ ( integer )                └─ ASCII ──┘
 └─ DBCLOB ───┘ [ ( integer [ K | M | G ] ) ]

 ┬─ SMALLINT ─┬─
 ├─ INTEGER ──┤
 └─ INT ──────┘

 ─ ROWID ─
```

Parameter-Beschreibung

Definition der Daten-Typen für die Eingabe-Parameter und den Ausgabe-Parameter der Funktion. Es existieren zwei Varianten:
- Builtin Daten-Typ - Standard-IBM-Daten-Typen
    Beispiel: CREATE FUNCTION F1 (SMALLINT, CHAR (10))
                          RETURNS   CHAR (100) ...
- Distinct Daten-Typ - User-defined Daten-Typen
    Beispiel: CREATE FUNCTION BRUTTO (NETTO , MWST_MERKMAL)
                          RETURNS   BRUTTO ...

Eine Funktion kann auch ohne explizite Parameter definiert werden. In diesem Fall werden Parameter bei der Namenssuche der Funktion nicht berücksichtigt.
    Beispiel: CREATE FUNCTION F2 () ..

| builtin-data-type | Der Daten-Typ des Parameters ist ein Builtin Daten-Typ. Die Daten-Typen und ihre Behandlung entsprechen der Beschreibung unter CREATE TABLE. Details siehe dort. Ausnahme:
- die (ohnehin fragwürdigen) Daten-Typen LONG VARCHAR und LONG VARGRAPHIC werden nicht unterstützt.

DateTime Daten-Typen werden als Character-Strings im ISO-Format übergeben. Ansonsten können sämtliche vom System angebotenen Konvertierungen und Umwandlungen unterstützt werden. |

| distinct-data-type | Der Daten-Typ des Parameters ist ein Distinct Daten-Typ. Ein solcher Parameter wird von DB2 im Source-Typ-Format (Builtin Daten-Typ) umgewandelt übergeben. |

Syntax-Diagramm: option-list

Das folgende Syntax-Diagramm enthält die Definitionen der Funktions-Optionen:

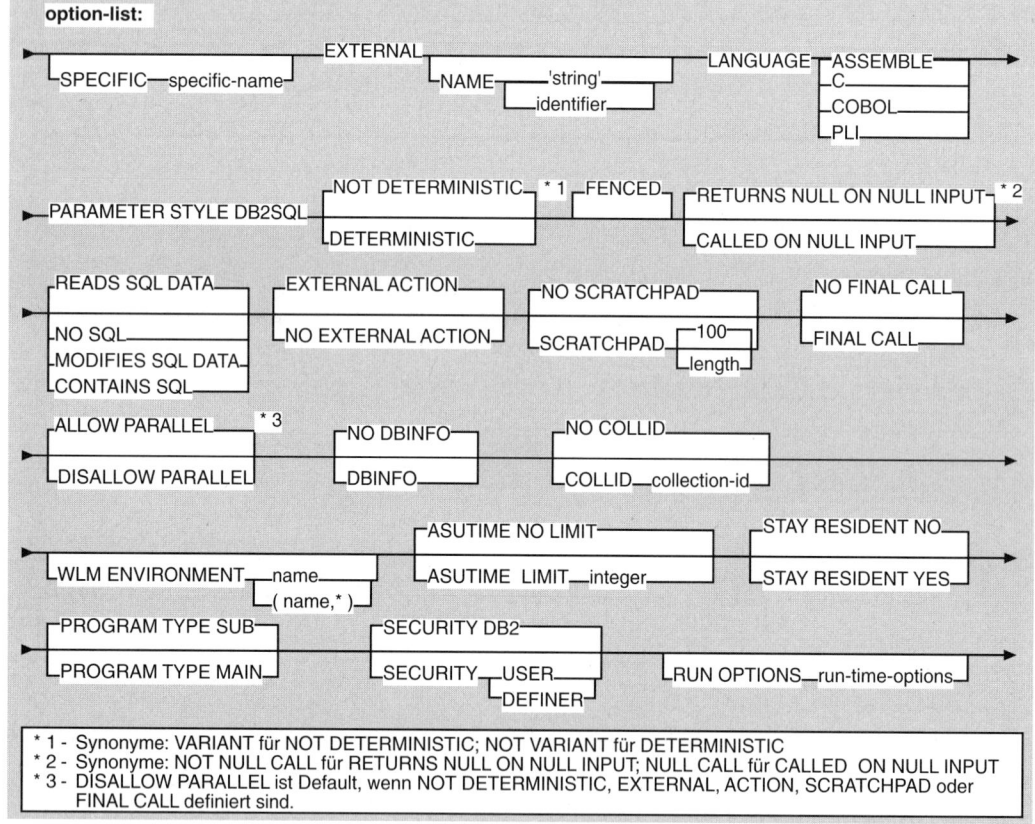

* 1 - Synonyme: VARIANT für NOT DETERMINISTIC; NOT VARIANT für DETERMINISTIC
* 2 - Synonyme: NOT NULL CALL für RETURNS NULL ON NULL INPUT; NULL CALL für CALLED ON NULL INPUT
* 3 - DISALLOW PARALLEL ist Default, wenn NOT DETERMINISTIC, EXTERNAL, ACTION, SCRATCHPAD oder FINAL CALL definiert sind.

Parameter-Beschreibung

Definition der systemtechnischen Optionen und Ausführungsbedingungen der Funktion. DB2 prüft nicht die Widerspruchsfreiheit der Parameter!

SPECIFIC specific-name   Eindeutiger alternativer Name der Funktion (Candidate Key), der zwar nicht im Funktionsaufruf nutzbar ist, aber in bestimmten SQL-Statements und DB2-Commands eine alternative Kurzform des Funktions-Namens darstellt. Dieser alternative Candidate Key setzt sich zusammen aus dem Schema-Namen und dem specific-name.

A2 Anhang - Definition der wichtigsten DB2-Sprachelemente
CREATE FUNCTION (External Scalar) - 6

	Wird der Parameter nicht vorgegeben, wird der function-name verwendet. Ist dieser innerhalb des Schemas nicht eindeutig, vergibt DB2 einen eindeutigen specific-name in der Form SQLxxxxxxxxxxxx (x=beliebiges Zeichen). Der specific-name wird in der Katalog-Tabelle SYSROUTINES in der SPECIFIC-Spalte geführt.
EXTERNAL	Spezifikation, dass diese Funktion ein externes Lademodul benötigt. Wird der Parameter NAME nicht vorgegeben, wird der function-name verwendet.
NAME 'string' oder **identifier**	Hier wird der Name (max. 8-stellig) des OS/390-Lademoduls definiert, das diese Funktion beinhaltet. Beispiele für gültige Vorgaben: EXTERNAL oder EXTERNAL NAME SEM0001 oder EXTERNAL NAME 'SEM0001'
LANGUAGE	Programmiersprache der Funktion. Alle Programme müssen für die IBM Language Environment Umgebung entwickelt sein.
ASSEMBLE	Assembler.
C	C oder C++.
COBOL	COBOL inkl. der objektorientierten Erweiterungen.
PLI	PL/I.
PARAMETER STYLE DB2SQL	Spezifiziert die Übergabekonventionen der Funktion für Eingabe- und Ausgabe-Parameter. Diese in der Host-Umgebung einzig mögliche Form definiert folgende Übergabe-Parameter-Blöcke: - n Eingabe-Parameter - 1 Ausgabe-Parameter - n Eingabe-Indikator-Parameter - 1 Ausgabe-Indikator-Parameter - den SQLSTATE - den qualifizierten Namen der Funktion - den spezifische (specific) Namen der Funktion - den SQL-Diagnose-String - einen Zwischenspeicherbereich, sofern SCRATCHPAD definiert ist - den CALL-Typ, sofern NO FINAL CALL spezifiziert ist - Thread-Zusatzinformationen, sofern DBINFO definiert ist.
DETERMINISTIC	Spezifiziert, ob die Funktion bei wiederholtem Aufruf mit identischen Eingabe-Parametern dasselbe Ergebnis produzieren soll. DB2 führt keine Prüfung durch, ob das Programm der Funktion den Definitionen entspricht.
DETERMINISTIC	Die Funktion garantiert dasselbe Ergebnis. Dies ist dann der Fall, wenn keine variablen Einflussgrößen innerhalb der Funktion wirken. Beispiele solcher Funktionen sind Konvertierungsfunktionen zwischen unterschiedlichen Daten-Typen oder die Rundung eines Wertes. Eine solche Funktion bietet weniger Einschränkungen in der Nutzungsmöglichkeit von SQL-Statements.
NOT DETERMINISTIC	Die Funktion garantiert nicht dasselbe Ergebnis. Dies ist dann der Fall, wenn variable Einflussgrößen innerhalb der Funktion wirken, wie SQL-Zugriffe. Ggf. kann ein solche Funktion bei Parallel-Aktivierung zu fehlerhaften Ergebnissen führen, z.B. wenn jeder Funktionsaufruf eigene Zwischenspeicherbereiche nutzt, die über mehrere Schritte inhaltlich aufgebaut werden. In diesem Fall kann die Vorgabe von DISALLOW PARALLEL sinnvoll sein. Eine solche Funktion führt zu SQL-Einschränkungen. Verwendete Views sind read-only und ein Merge von Views ist nicht unterstützt, d.h. bei entsprechender Anforderung werden sie materialisiert.
FENCED	Spezifiziert, dass die Funktion in einen externen Adressraum geladen wird, damit keine Überschreibungen der DB2-Adressräume drohen.
RETURNS NULL ON NULL INPUT	Spezifiziert, ob die Funktion aktiviert wird, wenn einer der Eingabe-Indikatoren einen NULL-Wert aufweist.
RETURNS NULL ON NULL INPUT	Die Funktion wird nicht aktiviert. Das Ergebnis wird mit NULL-Wert geliefert.
CALLED ON NULL INPUT	Die Funktion wird aktiviert und kann sowohl die Eingabe- Parameter als auch den Ausgabe-Parameter entsprechend behandeln.

A2 Anhang - Definition der wichtigsten DB2-Sprachelemente
CREATE FUNCTION (External Scalar) - 7

....SQL ... Spezifiziert ob die Funktion SQL-Statement nutzen darf und wenn ja, welche. Aus den hierarchischen Nutzungsmöglichkeiten ergeben sich implizite Konsequenzen:
Darf z.B. eine Funktion keine manipulierenden Statements ausführen, aber der Aufruf anderer Funktionen mittels CALL ist gestattet, dann dürfen solche aufgerufenen Funktionen keine Manipulationen zulassen.
In einer Funktion sind generell folgende SQL-Statements nicht zugelassen und führen bei einem Einsatz zum SQLCODE -751 (SQLSTATE 38003):
- COMMIT, ROLLBACK

NO SQL Die Funktion darf keine SQL-Statements ausführen. Trotzdem können SQL-Statements eingesetzt werden, die allerdings nur deklarativen Charakter haben (andere Statements führen zum SQLCODE -487 (SQLSTATE 38001)):
BEGIN DECLARE SECTION, DECLARE CURSOR, DECLARE STATEMENT, DECLARE TABLE, END DECLARE SECTION, INCLUDE, WHENEVER

MODIFIES SQL DATA Die Funktion darf alle SQL-Statements ausführen bzw. nutzen, die grundsätzlich in Funktionen einsetzbar sind (andere Statements führen zum SQLCODE -751 (SQLSTATE 38003)):
ALLOCATE CURSOR, ALTER, ASSOCIATE LOCATORS, BEGIN DECLARE SECTION, CALL, CLOSE, COMMENT ON, CREATE, DECLARE CURSOR, DECLARE GLOBAL TEMPORARY TABLE, DECLARE STATEMENT, DECLARE TABLE, DELETE, DESCRIBE, DESCRIBE CURSOR, DESCRIBE INPUT, DESCRIBE PRODEDURE, DROP, END DECLARE SECTION, EXECUTE, EXECUTE IMMEDIATE, EXPLAIN, FETCH, FREE LOCATOR, GRANT, HOLD LOCATOR, INCLUDE, INSERT, LABEL ON, LOCK TABLE, OPEN, PREPARE, RENAME, REVOKE, SELECT, SELECT INTO, SET, SIGNAL SQLSTATE, UPDATE, VALUES, VALUES INTO, WHENEVER

READS SQL DATA Die Funktion darf keine SQL-Statements ausführen, die Manipulationen der Daten vornehmen (andere Statements führen zum SQLCODE -577 (SQLSTATE 38002)):
ALLOCATE CURSOR, ASSOCIATE LOCATORS, BEGIN DECLARE SECTION, CALL, CLOSE, DECLARE CURSOR, DECLARE GLOBAL TEMPORARY TABLE, DECLARE STATEMENT, DECLARE TABLE, DESCRIBE, DESCRIBE CURSOR, DESCRIBE INPUT, DESCRIBE PRODEDURE, END DECLARE SECTION, EXECUTE, EXECUTE IMMEDIATE, FETCH, FREE LOCATOR, HOLD LOCATOR, INCLUDE, LOCK TABLE, OPEN, PREPARE, SELECT, SELECT INTO, SET, SIGNAL SQLSTATE, VALUES, VALUES INTO, WHENEVER

CONTAINS SQL Die Funktion darf keine SQL-Statements ausführen, die Daten lesen oder manipulieren (andere Statements führen zum SQLCODE -579 (SQLSTATE 38004)):
BEGIN DECLARE SECTION, CALL, DECLARE CURSOR, DECLARE GLOBAL TEMPORARY TABLE, DECLARE STATEMENT, DECLARE TABLE, END DECLARE SECTION, EXECUTE, EXECUTE IMMEDIATE, FREE LOCATOR, HOLD LOCATOR, INCLUDE, LOCK TABLE, PREPARE, SET, SIGNAL SQLSTATE, VALUES INTO, WHENEVER

EXTERNAL ACTION Spezifiziert, ob die Funktion ein Objekt außerhalb von DB2 verändert.
Ein Beispiel ist das Einfügen von Sätzen in eine VSAM- oder PDS-Datei.
Eine Synchronisation unterschiedlicher Daten-Managementsysteme kann bei Einsatz von RRS für recoverable Ressourcen erreicht werden.
Dies erfordert aber eine eigene Anwendungslogik und die Nutzung des Attach-Facilities DSNRLI.

EXTERNAL ACTION Die Funktion führt Objektveränderungen außerhalb von DB2 durch.
Ggf. kann eine solche Funktion bei Parallel-Aktivierung zu fehlerhaften Ergebnissen führen. In diesem Fall kann die Vorgabe von DISALLOW PARALLEL sinnvoll sein.
Eine solche Funktion führt zu DB2-Einschränkungen:
- Verwendete Views sind read-only und ein Merge von Views ist nicht unterstützt, d.h. bei entsprechender Anforderung werden sie materialisiert,
- der TCB bleibt solange reserviert, bis alle offenen Cursor (auch mit WITH HOLD definierte) geschlossen sind,
- zwischen FETCH-Operationen kann die Funktion nicht auf verschiedene TCBs übertragen werden.

NO EXTERNAL ACTION Die Funktion führt keine Objektveränderungen außerhalb von DB2 durch.
Ein solche Funktion bietet weniger Einschränkungen in der Nutzungsmöglichkeit von SQL-Statements.

SCRATCHPAD		Spezifiziert ob die Funktion ein Ergebnis in mehreren Schritten erzeugt und dafür einen separaten Zwischenbereich für die komplette Abwicklung benötigt. Ein Beispiel ist das Sammeln von Daten während einer Statementausführung mit abschließender konsistenter Verarbeitung. Ein anderes Beispiel wäre das Zählen der Zeilen innerhalb der Result-Table.
	SCRATCHPAD	Die Funktion benötigt mehrere Schritte zur Ergebnisbildung mit der Nutzungsmöglichkeit eines Zwischenspeicherbereichs. Der Zwischenbereich wird nur während der Durchführung eines einzelnen SQL-Statements bereitgehalten (nicht über mehrere SQL-Statements hinweg).
	length	Die Default-Größe des Zwischenbereichs beträgt 100 Bytes (+4-Bytes Längenfeld). Die Größe kann zwischen 1 und 32767 Bytes liegen. Sollte eine Funktion mehr Speicher benötigen, kann mit den Mitteln der Programmiersprachen oder der Trägersysteme (z.B. im CICS) Zusatzspeicher angefordert werden, dessen Adresse dann in die Scratchpad-Area eingestellt wird. Werden in einem SQL-Statement mehrfach dieselben Funktionen angesprochen, erhält jede einzelne Funktion in jedem einzelnen Statement jedes einzelnen Threads eine eigene Scratchpad Area zugeordnet.

Beispiel mit Zuweisung von drei Scratchpad Areas pro Thread und Statement-Ausführung:

```
     SELECT    C1, F1 (C2)
     FROM      TABLE1
        WHERE F1 (C2)  >  F1 (C3)
```

Es ist zu beachten, dass bei einer Parallel-Ausführung dieses Statements jeder parallelen Task jeweils eine eigene Scratchpad Area zugeordnet wird.
Daher kann ein solche Funktion bei Parallel-Aktivierung zu fehlerhaften Ergebnissen führen. In diesem Fall ist die Vorgabe von DISALLOW PARALLEL sinnvoll.

Die einzelnen Schritte müssen logisch unterschieden werden in:
- <u>Erster Schritt</u>, bei dem der Speicher für den Zwischenbereich verfügbar gemacht werden muss. Dieser kann dann von der Funktion mit Informationen belegt werden. Dieser Speicherbereich steht dieser Funktionsabwicklung (der eindeutigen UOW) bis zum Abschluss exklusiv zur Verfügung.
  DB2 stellt den Bereich mit Hexa '00' formatiert zur Verfügung.
  Der erste Schritt ist der erste Aufruf eines SQL-Statements. Darin befindliche Subqueries führen zu keiner neuen Anforderung einer Scratchpad Area.

- <u>Folgeschritte</u>, bei denen derselbe Speicherbereich verfügbar gemacht wird und natürlich verändert werden kann.

- <u>Letzter Schritt</u>, bei dem der Speicherbereich und sonstige vom SQL-Statement benötigte System-Ressourcen wieder freigegeben werden.
  Damit DB2 einen zusätzlichen Aufruf am Ende des SQL-Statements ausführt, ist der Einsatz des Parameters FINAL CALL dringend zu empfehlen!

Die Vorgabe von SCRATCHPAD führt zu DB2-Einschränkungen:
- der TCB bleibt solange reserviert, bis alle offenen Cursor (auch mit WITH HOLD definierte) geschlossen sind,
- zwischen FETCH-Opertionen kann die Funktion nicht auf verschiedene TCBs übertragen werden.

NO SCRATCHPAD	Die Funktion benötigt keinen Zwischenspeicherbereich.

A2 Anhang - Definition der wichtigsten DB2-Sprachelemente
CREATE FUNCTION (External Scalar) - 9

FINAL CALL Spezifiziert ob die Funktion mittels Abschluss-Aufruf aktiviert werden soll, wenn die Verarbeitung des Statements abgeschlossen ist.

    FINAL CALL Die Funktion wird bei Abschluss der Statement-Verarbeitung noch einmal aufgerufen, damit sämtliche mit der Funktion verbundenen Ressourcen freigegeben werden. Dieser Parameter ist sinnvoll bei Nutzung einer Scratchpad-Area. Ist FINAL CALL definiert, werden verschiedene CALL-Typen mittels Parameter übergeben:

- <u>Erster Call (First Call)</u>, bei dem die normale Abwicklung der Funktion eintritt (bei Vorgabe von SCRATCHPAD wird der Bereich automatisch angefordert).

- <u>Normaler Call (Normal Call)</u>, bei dem die normale Abwicklung der Funktion eintritt

- <u>Letzter Call (Final Call)</u>, bei dem sämtliche vom SQL-Statement benötigten System-Ressourcen freigegeben werden. In diesem Fall findet keine normale Funktionsabwicklung statt.

Ein Final Call wird unter folgenden Bedingungen aktiviert:
- Ende des Statements:
  - Ende der Ausführung des Statements,
  - CLOSE des Cursors bei einem Cursor-Statement bzw. bei einem COMMIT, sofern der Cursor nicht mit WITH HOLD definiert wurde.
- Ende einer parallelen Task (sofern die Funktion parallel ausführbar ist).
- Ende der Transaktion, wenn z.B. ein offener Cursor nicht geschlossen wurde.
- Bei einem COMMIT, ROLLBACK oder abnormalem Ende.

Es ist zu beachten, dass eine Parallel-Ausführung einer Funktion zu fehlerhaften Ergebnissen führen kann, wenn z.B. eine gemeinsame Scratchpad-Area genutzt werden muss.
In diesem Fall ist die Vorgabe von DISALLOW PARALLEL zweckmäßig.

    NO FINAL CALL Die Funktion wird bei Abschluss der Statement-Verarbeitung nicht aufgerufen.

ALLOW PARALLEL Spezifiziert ob die Funktion bei einer einzelnen Statement-Referenz eine Parallel-Verarbeitung nutzen kann. Eine Parallel-Verarbeitung einer Funktion ist dann relevant, wenn die SQL-Statement-Ausführung selbst parallel erfolgt. In diesem Fall kann jede Task eine eigene Funktions-Task nutzen.
Eine Parallel-Verarbeitung kann dann nicht genutzt werden, wenn z.B. eine gemeinsame Scratchpad-Area für die Statement-Ausführung benötigt wird.
Bei Parallel-Verarbeitung wird für jede separate Task eine individuelle Scratchpad-Area angefordert.

    ALLOW PARALLEL Die Funktion kann bei SQL-Statement-Parallel-Verarbeitung ebenfalls parallel ausgeführt werden, da ein Funktionsaufruf unabhängig von einem anderen Aufruf desselben SQL-Statements ist. Die meisten Scalar Functions sind in diese Kategorie einzustufen.

    DISALLOW PARALLEL Die Funktion kann bei SQL-Statement-Parallel-Verarbeitung nicht parallel ausgeführt werden, da ein Funktionsaufruf abhängig von einem anderen Aufruf desselben SQL-Statements ist. Gründe sind:
- Nutzungserfordernis einer gemeinsamen Scratchpad-Area,
- NOT DETERMINISTIC wurde definiert,
- EXTERNAL ACTION wurde definiert,
- MODIFIES SQL DATA wurde definiert,
- FINAL CALL wurde definiert.

In solchen Fällen ist DISALLOW PARALLEL der Default-Parameter.

DBINFO Spezifiziert ob in der Parameterliste ein zusätzlicher Bereich hinzugefügt wird, in dem DB2 Systeminformationen an die Funktion übergibt.

    DBINFO Es wird eine Struktur in der Parameterliste übergeben. Beispielsweise werden hier bereitgestellt:
- Lokations-Name,
- Autorisierungs-Id des Funktions-Aufrufenden,
- Betriebssystem- und DB2-Produkt-Information,
- Table- und Spaltennamen, wenn die Funktion aus einem UPDATE oder INSERT aktiviert wird.

Details zur Parameter-Struktur siehe im Anhang 5.

    NO DBINFO Es wird keine Struktur in der Parameterliste übergeben.

COLLID	Identifiziert die Package Collection, der die Funktion zugeordnet ist.
COLLID collection-id	Expliziter Name der Package Collection.
NO COLLID	Der Name der Package Collection wird wie folgt abgeleitet: - die Package Collection der Funktion entspricht der des aufrufenden Programmes bzw. des aufrufenden Triggers, - nutzt das aufrufende Programm keine Package, wird der Inhalt von CURRENT PACKAGESET zur Ausführungszeit herangezogen.
WLM ENVIRONMENT	Identifiziert die Workload Manager (WLM) Application Umgebung, in der die Funktion aktiviert wird. Wird der Parameter nicht vorgegeben, wird die Funktion im WLM-Stored Procedure Adressraum ausgeführt, der bei der Installation definiert wurde.
name	Expliziter Name der WLM-Umgebung, in der die Funktion laufen muss.
(name,*)	Die Funktion wird in derselben Umgebung aktiviert, in der die aufrufend Routine zugeordnet ist.
ASUTIME	Vorgabe eines Limits für die Inanspruchnahme von Prozessor-Zeit für die Abwicklung der Funktion in CPU Service Units. Dieser Parameter ist unabhängig von der ASUTIME-Spalte von RLF.
LIMIT integer	Limit mit einem Wert zwischen 1 und 2147483647. Bei Überschreitung der Ausführungszeit wird die Funktion abgebrochen. Mit diesem Parameter kann auf Loops oder unvertretbaren Ressourceverbrauch reagiert werden.
NO LIMIT	Die Funktion darf unbegrenzte Systemressourcen beanspruchen (soweit dem keine anderen Limite außerhalb dieser Definitionen entgegensprechen).
STAY RESIDENT	Spezifikation, ob nach Ausführungsabschluss das Lademodul dieser Funktion weiterhin im Speicher für eine spätere Nutzung gehalten werden soll.
YES	Das Lademodul bleibt weiterhin gespeichert. Dieser Parameter sollte bei Reentrant-Programmen gesetzt werden.
NO	Das Lademodul wird nach Abschluss aus dem Speicher entfernt. Dieser Parameter sollte bei Non-Reentrant-Programmen gesetzt werden.
PROGRAM TYPE	Spezifikation, ob die Funktion als Hauptprogramm oder als Unterprogramm behandelt werden soll.
MAIN	Die Funktion wird als Hauptprogramm behandelt. Das führt zu einem erhöhten Aufwand und folgenden Zusatzaktivitäten: - Initialisierungs- und Terminierungsarbeiten, - Anforderung und Freigabe von Speicherbereichen, - Freigabe aller Workfiles vor dem Rücksprung.
SUB	Die Funktion wird als Unterprogramm behandelt und muss folgendes beachten: - keine Steuerungsrückgabe an das Betriebssystem (z.B. kein PL/I STOP oder EXIT; kein COBOL STOP RUN), - sprachspezifische Charakteristiken:

Sprache	Hauptprogramm	Unterprogramm
Assembler	MAIN=YES im CEENTRY-Macro	MAIN=NO im CEENTRY-Macro
C	main()-function und Parameter-übergabe mit argc und argv	fetchable-function und explizite Parameter-übergabe.
COBOL	Rücksprung nicht mit GOBACK	Dynamisch geladenes Upro. Rücksprung mit GOBACK
PL/I	PROC OPTIONS (MAIN)	PROC OPTIONS (FETCHABLE)

SECURITY	Spezifikation, wie die Funktion mit einem externen Security Manager zusammenwirkt zur Kontrolle von Ressourcen außerhalb von DB2.
DB2	Die Funktion arbeitet ohne externen Security Manager. Evtl. Anforderungen werden dem Autorisierungs-Id zugeordnet, der mit dem WLM-Adressraum verbunden ist.
USER	Die Funktion arbeitet mit einem externen Security Manager. Anforderungen werden dem Autorisierungs-Id zugeordnet, der die Funktion aufruft.
DEFINER	Die Funktion arbeitet mit einem externen Security Manager. Anforderungen werden dem Eigentümer der Funktion zugeordnet.
RUN OPTIONS	Spezifikation der Language Environment Run-time Options. Fehlt der Parameter, werden die Installations-Defaults eingesetzt.
run-time-options	Vorgabe der Optionen als String mit max. 254 Bytes.

A2 Anhang - Definition der wichtigsten DB2-Sprachelemente
CREATE FUNCTION (External Table)   (SQL-Statement)

Aufgabe des Statements

Dieses SQL-CREATE-FUNCTION-Statement registriert eine User-defined External Table Function an einem Anwendungs-Server.
Dieser Funktions-Typ wird in einer unterstützten Programmiersprache entwickelt und bei Aufruf aus einer Ladebibliothek (Loadlib) geladen.
Eine externe Funktion sollte immer reentrant entwickelt werden, damit eine effiziente und integre Abwicklung unterstützt ist.

Diese Funktion kann nur in der FROM-Klausel eines SELECT-Statements eingesetzt werden und liefert eine Tabelle mit einer Zeile zu einer Zeit zum SELECT zurück. Dabei können die bereitgestellten Datenzeilen aus der DB2-Umgebung oder außerhalb von DB2 stammen. Damit lassen sich beliebige Informationen als Tabellenzeile darstellen und im SELECT-Statement nutzen (z.B. mittels Join).

Die Funktion kontrolliert über den SQLSTATE die Ausführung. Wenn eine Datenzeile geliefert wird, wird SQLSTATE "00000" gesetzt. Ist - bezogen auf die Eingabedaten - das Ende erreicht, wird der SQLSTATE "02000" gesetzt. Dies löst einen erneuten und letzten Funktionsaufruf aus (Final Call).

Erforderliche Privilegien

- CREATEIN-Privileg für das Schema bzw. für alle Schemas oder
- SYSADM, SYSCTRL.
- zusätzliche Privilegen sind erforderlich je nach Parametrisierung:
    - WLM-Autorisierungen zum Anlegen von Programmen in der WLM-Umgebung,
    - SELECT-Privileg auf Tabellen, die als Input-Parameter der Funktion definiert werden,
    - USAGE-Privileg jedes Distinct Types, auf den die Funktion referenziert.

Anwendungs-Beispiel

Definition der Funktion: Die Funktion ermittelt den zuständigen Sachbearbeiter im Unternehmen aufgrund einer Objekt-Kategorie, einer Klasse und dem Primary-Key des Objektes. Zurückgeliefert wird eine Tabelle mit Namen, Vorname und Tel. Nr. und Funktion des Sachbearbeiters unter Berücksichtigung von Urlaubszeiten und Vertreter-Regelungen.
Es können mehrere Sachbearbeiter zuständig sein. Diese werden aufgrund ihrer Zuständigkeits-Funktion unterscheidbar.

CREATE FUNCTION SACHB_ZUSTAENDIG	Funktions-Name SACHB_ZUSTAENDIG im aktuellen System unter dem aktuellen Schema
(CHAR (20) , CHAR (20) , INT)	Daten-Typen der Eingabe-Argumente: Objekt-Kategorie, Objekt-Klasse, Primary-Key.
RETURNS TABLE	Das Ergebnis ist eine Tabelle.
(SBNNAME CHAR (35) ,	Daten-Typen des Ergebnisses: Nachname
SBVNAME CHAR (35) ,	Vorname
SBTELEFV CHAR (15) ,	Telefon-Vorwahl
SBTELEFD CHAR (15) ,	Dienst-Telefon
SBFUNK CHAR (1))	Sachbearbeiter-Funktion.
EXTERNAL NAME 'SVPR0134'	Eindeutiger externer Name.
LANGUAGE PLI	Programmiersprache: PL/I.
PARAMETER STYLE DB2SQL	Einzig mögliche Parameter-Struktur-Variante.
DETERMINISTIC	Das Ergebnis ist bei jedem Aufruf identisch.
FENCED	Die Funktion wird außerhalb des DB2-Adressraums aktiviert.
READS SQL DATA	Es werden lesende SQL-Statements in der Funktion eingesetzt.
NO EXTERNAL ACTION	Die Funktion führt keine Ressource-Modifikationen außerhalb von DB2 durch.
FINAL CALL	Die Funktion muss mehrmals aufgerufen werden. Am Ende erfolgt ein Abschluss-Aufruf (Default für diesen Funktions-Typ).
DISALLOW PARALLEL	Parallelität ist für diesen Funktions-Typ generell nicht unterstützt.
STAY RESIDENT YES	Das Lademodul bleibt nach Ausführung im Speicher.
CARDINALITY 3	Optimizer-Information, es werden durchschnittlich drei Ergebniszeilen erwartet.

A2 Anhang - Definition der wichtigsten DB2-Sprachelemente
CREATE FUNCTION (External Table) - 2

Aufruf der Funktion: Die Funktion kann nur in der FROM-Klausel des SELECT-Statements auftreten.

```
SELECT
          S.SEMCODE , S.TERMIN , S.SEMNR ,
          SB.SBNNAME, SB.SBTELEFD
FROM
          SEMINAR S ,
          TABLE (SACHB_ZUSTAENDIG ( ' SEMINARSYSTEM' , 'SEMINAR' , S.SEMNR )) AS SB
WHERE     S.SEMCODE LIKE 'DB2%'
```

Syntax-Diagramm: Grund-Struktur

Das folgende Syntax-Diagramm zeigt die Grund-Struktur der Funktion-Definition:

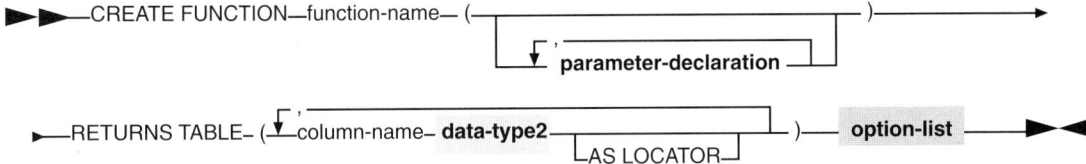

Parameter-Beschreibung

function-name Name der Funktion, der zusammen mit den möglichen Qualifikatoren am aktuellen Server nicht vorhanden sein darf.
Der Funktions-Name kann mit einem Schema-Namen qualifiziert oder unqualifiziert vorgeben werden. Bei unqualifizierter Vorgabe wird er wie folgt ermittelt:
- wird das Statement in einem Programm abgesetzt, ist der QUALIFIER des BIND-Prozesses bzw. der OWNER von Plan bzw. Package der Schema-Name.
- wird das Statement dynamisch präpariert, ist der CURRENT SQLID der Schema-Name.

Der eindeutige Funktions-Name setzt sich zusammen aus folgenden Komponenten:
- Schema-Name = der Owner der Funktion,
- Funktions-Name (*function-name*),
- Anzahl der Parameter und die Daten-Typen der ersten 30 Parameter (ohne Berücksichtigung von sonstigen Charakteristiken, wie Länge, Genauigkeit, Kommastellen, Encoding Schema o.ä.).

Einschränkungen bei der Vergabe von Funktions-Namen:
- SQL-Schlüsselwörter und Prädikate dürfen nicht verwendet werden, wie ALL, AND, ANY, BETWEEN, DISTINCT usw.. Es empfiehlt sich keines der reservierten SQL-Worte zu benutzen (Übersicht siehe Anhang 1).
- Basis-Prädikate (wie = , > , > = usw.) dürfen nicht genutzt werden.
- Wird ein Funktionsname gewünscht, der von DB2 reserviert ist, wie z.B. der Operator +, muß der Funktionsname in Hochkomma eingeschlossen werden: "+". Nach erfolgreicher Definition kann die Funktion dann genutzt werden mit:
A + B   oder   + (A , B).

parameter-declaration Definition der Eingabe-Parameter. Beschreibung siehe weiter unten.

RETURNS TABLE Definition der Ausgabe-Parameter der Funktion. Es wird eine komplette Zeile zurückgegeben. Beispiel siehe oben.

column-name Eindeutiger Spalten-Name innerhalb der Ergebnis-Tabelle.
data-type2 Definition des Ausgabe-Daten-Typs der Spalte. Mögliche Ausprägungen entsprechen dem Block *data-type*. Beschreibung siehe weiter unten.

AS LOCATOR Die Funktion gibt anstelle eines LOB-Wertes den LOB-Locator zurück. Der Parameter ist nur bei einem LOB Daten-Typ vorgebbar.

Syntax-Diagramm: parameter-declaration

Das folgende Syntax-Diagramm enthält die Definitionen der Eingabe-Parameter der Funktion (Funktions-Argumente). Für jedes Argument muss ein Parameter vorgegeben werden, d.h. es kann eine Liste definiert werden. Eine Funktion ohne Argumente kann ebenfalls definiert werden.
Beispiel: CREATE FUNCTION AKTUELLER_TAG () RETURNS TABLE (.........) ....

parameter-declaration:

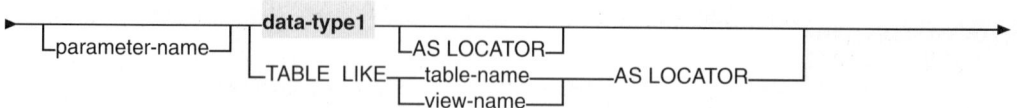

Parameter-Beschreibung Definition der Eingabe-Parameter der Funktion. Es existieren zwei Varianten:
- Übergabe einzelner Parameter
  Beispiel: CREATE FUNCTION F1 (SMALLINT, CHAR (10))
    RETURNS TABLE (C1 CHAR (100) ...)
- Übergabe der Parameter als Transition-Table-Locator (nur aus einem Trigger aktivierbar)
  Beispiel: CREATE FUNCTION F21 (TABLE LIKE SEMINAR AS LOCATOR)
    RETURNS TABLE (C1 CHAR (100) ...)

parameter-name Name des Parameters, der bei Vorgabe innerhalb der Funktion eindeutig sein muss.

data-type1 Definition des Daten-Typs des Eingabe-Parameters der Funktion. Mögliche Ausprägungen entsprechen dem Block *data-type*. Beschreibung siehe weiter unten.

AS LOCATOR Der Funktion wird anstelle eines LOB-Wertes ein LOB-Locator übergeben. Der Parameter ist nur bei einem LOB Daten-Typ vorgebbar.

TABLE LIKE Die Eingabe-Parameter stammen aus einer Trigger-Zwischen-Tabelle (Transition Table). Es werden keine Werte übergeben, sondern der Locator, der auf die interne Adresse der Tabelle verweist (Table Locator).
Über diesen Locator können die einzelnen Daten-Typen dieser Tabelle referenziert werden.

table-name Alle Spalten dieser auf dem aktuellen Server existierenden Tabelle werden implizit definiert. Die im Katalog definierten Spalten-Charakteristiken werden übernommen. Als Owner der Tabelle wird implizit der Schema-Name der Funktion eingesetzt, sofern dieser nicht explizit vorgegeben wurde.

view-name Alle Spalten dieses auf dem aktuellen Server existierenden Views werden implizit definiert. Die im Katalog definierten Spalten-Charakteristiken werden übernommen. Als Owner des Views wird implizit der Schema-Name der Funktion eingesetzt, sofern dieser nicht explizit vorgegeben wurde.

AS LOCATOR Der Funktion wird anstelle einzelner Parameter ein Table-Locator übergeben.

Syntax-Diagramm: data-type

Das folgende Syntax-Diagramm enthält die Definition der Daten-Typen:

data-type:

```
▶──┬─builtin-data-type──┬────    Definition:   builtin-data-type siehe unter CREATE FUNCTION (External Source)
   └─distinct-data-type─┘                      distinct-data-type siehe unter CREATE DISTINCT TYPE
```

Parameter-Beschreibung Definition der Daten-Typen für die Eingabe-Parameter und den Ausgabe-Parameter der Funktion. Es existieren zwei Varianten:
- Builtin Daten-Typ - Standard-IBM-Daten-Typen
  Beispiel: CREATE FUNCTION F1 (SMALLINT, CHAR (10))
                            RETURNS   TABLE (C1 CHAR (100) ...)
- Distinct Daten-Typ - User-defined Daten-Typen
  Beispiel: CREATE FUNCTION BRUTTO (NETTO , MWST_MERKMAL)
                            RETURNS   TABLE (C1 CHAR (100) ...)

builtin-data-type   Der Daten-Typ des Parameters ist ein Builtin Daten-Typ. Die Daten-Typen und ihre Behandlung entsprechen der Beschreibung unter CREATE TABLE. Details siehe dort. Ausnahme:
- die (ohnehin fragwürdigen) Daten-Typen LONG VARCHAR und LONG VARGRAPHIC werden nicht unterstützt.

DateTime Daten-Typen werden als Character-Strings im ISO-Format übergeben. Ansonsten können sämtliche vom System angebotenen Konvertierungen und Umwandlungen unterstützt werden.

distinct-data-type   Der Daten-Typ des Parameters ist ein Distinct Daten-Typ. Ein solcher Parameter wird von DB2 im Source-Typ-Format (Builtin Daten-Typ) umgewandelt übergeben.

Syntax-Diagramm: option-list

Das folgende Syntax-Diagramm enthält die Definitionen der Funktions-Optionen:

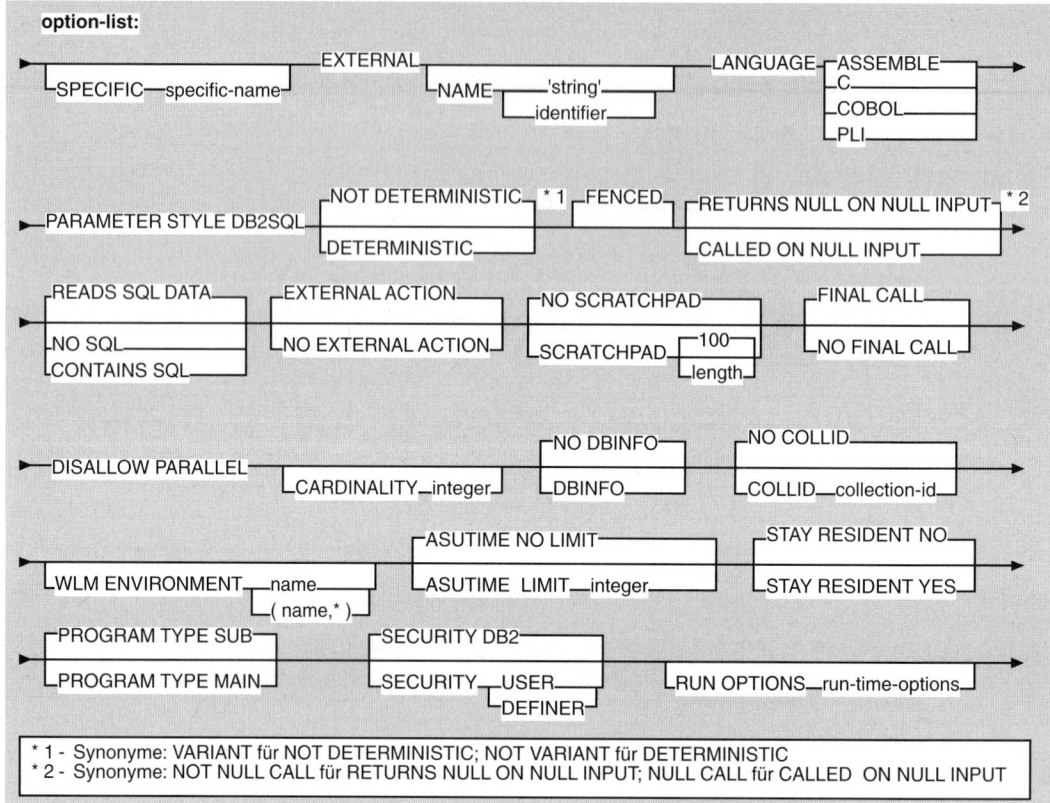

* 1 - Synonyme: VARIANT für NOT DETERMINISTIC; NOT VARIANT für DETERMINISTIC
* 2 - Synonyme: NOT NULL CALL für RETURNS NULL ON NULL INPUT; NULL CALL für CALLED ON NULL INPUT

Parameter-Beschreibung Definition der systemtechnischen Optionen und Ausführungsbedingungen der Funktion. DB2 prüft nicht die Wiederspruchsfreiheit der Parameter!

SPECIFIC specific-name Eindeutiger alternativer Name der Funktion (Candidate Key), der zwar nicht im Funktionsaufruf nutzbar ist, aber in bestimmten SQL-Statements und DB2-Commands eine alternative Kurzform des Funktions-Namens darstellt. Dieser alternative Candidate Key setzt sich zusammen aus dem Schema-Namen und dem specific-name.
Wird der Parameter nicht vorgegeben, wird der function-name verwendet. Ist dieser innerhalb des Schemas nicht eindeutig, vergibt DB2 einen eindeutigen specific-name in der Form SQLxxxxxxxxxxxx (x=beliebiges Zeichen). Der specific-name wird in der Katalog-Tabelle SYSROUTINES in der SPECIFIC-Spalte geführt.

EXTERNAL Spezifikation, dass diese Funktion ein externes Lademodul benötigt. Wird der Parameter NAME nicht vorgegeben, wird der function-name verwendet.

NAME 'string' oder identifier Hier wird der Name (max. 8-stellig) des OS/390-Lademoduls definiert, das diese Funktion beinhaltet.
Beispiele für gültige Vorgaben:
    EXTERNAL oder EXTERNAL NAME SEM0001 oder EXTERNAL NAME 'SEM0001'

A2 Anhang - Definition der wichtigsten DB2-Sprachelemente
CREATE FUNCTION (External Table) - 6

LANGUAGE		Programmiersprache der Funktion. Alle Programme müssen für die IBM Language Environment Umgebung entwickelt sein.
	ASSEMBLE	Assembler.
	C	C oder C++.
	COBOL	COBOL inkl. der objektorientierten Erweiterungen.
	PLI	PL/I.

PARAMETER STYLE DB2SQL Spezifiziert die Übergabekonventionen der Funktion für Eingabe- und Ausgabe-Parameter. Diese in der Host-Umgebung einzig mögliche Form definiert folgende Übergabe-Parameter-Blöcke:
- n Eingabe-Parameter
- 1 Ausgabe-Parameter
- n Eingabe-Indikator-Parameter
- 1 Ausgabe-Indikator-Parameter
- den SQLSTATE
- den qualifizierten Namen der Funktion
- den spezifische (specific) Namen der Funktion
- den SQL-Diagnose-String
- einen Zwischenspeicherbereich, sofern SCRATCHPAD definiert ist
- den CALL-Typ, sofern NO FINAL CALL spezifiziert ist
- Thread-Zusatzinformationen, sofern DBINFO definiert ist.

DETERMINISTIC Spezifiziert ob die Funktion bei wiederholtem Aufruf mit identischen Eingabe-Parametern dasselbe Ergebnis produzieren soll. DB2 führt keine Prüfung durch, ob das Programm der Funktion den Definitionen entspricht.

    DETERMINISTIC Die Funktion garantiert dasselbe Ergebnis. Dies ist dann der Fall, wenn keine variablen Einflussgrößen innerhalb der Funktion wirken. Beispiele solcher Funktionen sind Konvertierungsfunktionen zwischen unterschiedlichen Daten-Typen oder die Rundung eines Wertes.
Eine solche Funktion bietet weniger Einschränkungen in der Nutzungsmöglichkeit von SQL-Statements.

    NOT DETERMINISTIC Die Funktion garantiert nicht dasselbe Ergebnis. Dies ist dann der Fall, wenn variable Einflussgrößen innerhalb der Funktion wirken, wie SQL-Zugriffe.
Ggf. kann ein solche Funktion bei Parallel-Aktivierung zu fehlerhaften Ergebnissen führen, z.B. wenn jeder Funktionsaufruf eigene Zwischenspeicherbereiche nutzt, die über mehrere Schritte inhaltlich aufgebaut werden. In diesem Fall kann die Vorgabe von DISALLOW PARALLEL sinnvoll sein.
Eine solche Funktion führt zu SQL-Einschränkungen. Verwendete Views sind read-only und ein Merge von Views ist nicht unterstützt, d.h. bei entsprechender Anforderung werden sie materialisiert.

FENCED Spezifiziert, dass die Funktion in einen externen Adressraum geladen wird, damit keine Überschreibungen der DB2-Adressräume drohen.

RETURNS NULL ON NULL INPUT Spezifiziert, ob die Funktion aktiviert wird, wenn einer der Eingabe-Indikatoren einen NULL-Wert aufweist.

    RETURNS NULL ON NULL INPUT Die Funktion wird nicht aktiviert. Das Ergebnis wird mit NULL-Wert geliefert.
    CALLED ON NULL INPUT Die Funktion wird aktiviert und kann sowohl die Eingabe- Parameter als auch den Ausgabe-Parameter entsprechend behandeln.

A2 Anhang - Definition der wichtigsten DB2-Sprachelemente
CREATE FUNCTION (External Table) - 7

......SQL ...		Spezifiziert ob die Funktion SQL-Statement nutzen darf und wenn ja, welche. Aus den hierarchischen Nutzungsmöglichkeiten ergeben sich implizite Konsequenzen: Darf z.B. eine Funktion keine manipulierenden Statements ausführen, aber der Aufruf anderer Funktionen mittels CALL ist gestattet, dann dürfen solche aufgerufenen Funktionen keine Manipulationen zulassen. In einer Funktion sind generell folgende SQL-Statements nicht zugelassen und führen bei einem Einsatz zum SQLCODE -751 (SQLSTATE 38003): - COMMIT, ROLLBACK
	NO SQL	Die Funktion darf keine SQL-Statements ausführen. Trotzdem können SQL-Statements eingesetzt werden, die allerdings nur deklarativen Charakter haben (andere Statements führen zum SQLCODE -487 (SQLSTATE 38001)): BEGIN DECLARE SECTION, DECLARE CURSOR, DECLARE STATEMENT, DECLARE TABLE, END DECLARE SECTION, INCLUDE, WHENEVER
	READS SQL DATA	Die Funktion darf keine SQL-Statements ausführen, die Manipulationen der Daten vornehmen (andere Statements führen zum SQLCODE -577 (SQLSTATE 38002)): ALLOCATE CURSOR, ASSOCIATE LOCATORS, BEGIN DECLARE SECTION, CALL, CLOSE, DECLARE CURSOR, DECLARE GLOBAL TEMPORARY TABLE, DECLARE STATEMENT, DECLARE TABLE, DESCRIBE, DESCRIBE CURSOR, DESCRIBE INPUT, DESCRIBE PRODEDURE, END DECLARE SECTION, EXECUTE, EXECUTE IMMEDIATE, FETCH, FREE LOCATOR, HOLD LOCATOR, INCLUDE, LOCK TABLE, OPEN, PREPARE, SELECT, SELECT INTO, SET, SIGNAL SQLSTATE, VALUES, VALUES INTO, WHENEVER
	CONTAINS SQL	Die Funktion darf keine SQL-Statements ausführen, die Daten lesen oder manipulieren (andere Statements führen zum SQLCODE -579 (SQLSTATE 38004)): BEGIN DECLARE SECTION, CALL, DECLARE CURSOR, DECLARE GLOBAL TEMPORARY TABLE, DECLARE STATEMENT, DECLARE TABLE, END DECLARE SECTION, EXECUTE, EXECUTE IMMEDIATE, FREE LOCATOR, HOLD LOCATOR, INCLUDE, LOCK TABLE, PREPARE, SET, SIGNAL SQLSTATE, VALUES INTO, WHENEVER
EXTERNAL ACTION		Spezifiziert, ob die Funktion ein Objekt außerhalb von DB2 verändert. Ein Beispiel ist das Einfügen von Sätzen in eine VSAM- oder PDS-Datei. Eine Synchronisation unterschiedlicher Daten-Managementsysteme kann bei Einsatz von RRS für recoverable Ressourcen erreicht werden. Dies erfordert aber eine eigene Anwendungslogik und die Nutzung des Attach-Facilities DSNRLI.
	EXTERNAL ACTION	Die Funktion führt Objektveränderungen außerhalb von DB2 durch. Ggf. kann ein solche Funktion bei Parallel-Aktivierung zu fehlerhaften Ergebnissen führen. Eine solche Funktion führt zu DB2-Einschränkungen: - Verwendete Views sind read-only und ein Merge von Views ist nicht unterstützt, d.h. bei entsprechender Anforderung werden sie materialisiert, - der TCB bleibt solange reserviert, bis alle offenen Cursor (auch mit WITH HOLD definierte) geschlossen sind, - zwischen FETCH-Funktionen kann die Funktion nicht auf verschiedene TCBs übertragen werden.
	NO EXTERNAL ACTION	Die Funktion führt keine Objektveränderungen außerhalb von DB2 durch. Eine solche Funktion bietet weniger Einschränkungen in der Nutzungsmöglichkeit von SQL-Statements.

SCRATCHPAD	Spezifiziert, ob die Funktion ein Ergebnis in mehreren Schritten erzeugt und dafür einen separaten Zwischenbereich für die komplette Abwicklung benötigt. Ein Beispiel ist das Sammeln von Daten während einer Statementausführung mit abschließender konsistenter Verarbeitung. Ein anderes Beispiel wäre das Zählen der Zeilen innerhalb der Result-Table.
SCRATCHPAD	Die Funktion benötigt mehrere Schritte zur Ergebnisbildung mit der Nutzungsmöglichkeit eines Zwischenspeicherbereichs. Der Zwischenbereich wird nur während der Durchführung eines einzelnen SQL-Statements bereitgehalten (nicht über mehrere SQL-Statements hinweg).
length	Die Default-Größe des Zwischenbereichs beträgt 100 Bytes (+4-Bytes Längenfeld). Die Größe kann zwischen 1 und 32767 Bytes liegen. Sollte eine Funktion mehr Speicher benötigen, kann mit den Mitteln der Programmiersprachen oder der Trägersysteme (z.B. im CICS) Zusatzspeicher angefordert werden, dessen Adresse dann in die Scratchpad-Area eingestellt wird.

Werden in einem SQL-Statements mehrfach dieselben Funktionen angesprochen, erhält jede einzelne Funktion in jedem einzelnen Statements jedes einzelnen Threads eine eigene Scratchpad Area zugeordnet.

Beispiel mit Zuweisung von drei Scratchpad Areas pro Thread und Statement-Ausführung:

```
SELECT    C1, F1 (C2)
  FROM    TABLE1
 WHERE F1 (C2)  >  F1 (C3)
```

Es ist zu beachten, dass bei einer Parallel-Ausführung dieses Statements jeder parallelen Task jeweils eine eigene Scratchpad Area zugeordnet wird.
Daher kann ein solche Funktion bei Parallel-Aktivierung zu fehlerhaften Ergebnissen führen.

Die einzelnen Schritte müssen logisch unterschieden werden in:

- <u>Erster Schritt</u>, bei dem der Speicher für den Zwischenbereich verfügbar gemacht werden muss. Dieser kann dann von der Funktion mit Informationen belegt werden. Dieser Speicherbereich steht dieser Funktionsabwicklung (der eindeutigen UOW) bis zum Abschluss exklusiv zur Verfügung.
DB2 stellt den Bereich mit Hexa '00' formatiert zur Verfügung.
Der erste Schritt ist der erste Aufruf eines SQL-Statements. Darin befindliche Subqueries führen zu keiner neuen Anforderung einer Scratchpad Area.

- <u>Folgeschritte</u>, bei denen derselbe Speicherbereich verfügbar gemacht wird und natürlich verändert werden kann.

- <u>Letzter Schritt</u>, bei dem der Speicherbereich und sonstige vom SQL-Statement benötigte System-Ressourcen wieder freigegeben werden.
Damit DB2 einen zusätzlichen Aufruf am Ende des SQL-Statements ausführt, ist der Einsatz des Parameters FINAL CALL dringend zu empfehlen!

Die Vorgabe von SCRATCHPAD führt zu DB2-Einschränkungen:
- der TCB bleibt solange reserviert, bis alle offenen Cursor (auch mit WITH HOLD definierte) geschlossen sind,
- zwischen FETCH-Funktionen kann die Funktion nicht auf verschiedene TCBs übertragen werden.

NO SCRATCHPAD	Die Funktion benötigt keinen Zwischenspeicherbereich.

FINAL CALL	Spezifiziert ob die Funktion mittels Abschluss-Aufruf aktiviert werden soll, wenn die Verarbeitung des Statements abgeschlossen ist.

FINAL CALL	Die Funktion wird bei Abschluss der Statement-Verarbeitung noch einmal aufgerufen, damit sämtliche mit dem Funktion verbundenen Ressourcen freigegeben werden.
	Dieser Parameter ist sinnvoll bei Nutzung einer Scratchpad-Area.
	Ist FINAL CALL definiert, werden verschiedene CALL-Typen mittels Parameter übergeben:
	- <u>Erster Call (First Call)</u>, bei dem die normale Abwicklung der Funktion eintritt (bei Vorgabe von SCRATCHPAD wird der Bereich automatisch angefordert).
	- <u>Normaler Call (Fetch Call)</u>, bei dem die normale Abwicklung der Funktion eintritt
	- <u>Letzter Call (Final Call)</u>, bei dem sämtliche vom SQL-Statement benötigten System-Ressourcen freigegeben werden.
	In diesem Fall findet keine normale Funktionsabwicklung statt.
	
	Ein Final Call wird unter folgenden Bedingungen aktiviert:
	- Ende des Statements:
	  - Ende der Ausführung des Statements,
	  - CLOSE des Cursors bei einem Cursor-Statement bzw. bei einem COMMIT, sofern der Cursor nicht mit WITH HOLD definiert wurde.
	- Ende einer parallelen Task (sofern die Funktion parallel ausführbar ist).
	- Ende der Transaktion, wenn z.B. ein offener Cursor nicht geschlossen wurde.
	- Bei einem COMMIT, ROLLBACK oder abnormalem Ende.
	
	Es ist zu beachten, dass eine Parallel-Ausführung einer Funktion zu fehlerhaften Ergebnissen führen kann, wenn z.B. eine gemeinsame Scratchpad-Area genutzt werden muss.

NO FINAL CALL	Die Funktion wird bei Abschluss der Statement-Verarbeitung nicht aufgerufen. Ist NO FINAL CALL definiert, werden verschiedene CALL-Typen mittels Parameter übergeben: - <u>Erster Call (Open Call)</u>, bei dem keine Daten zurückgegeben werden kann (bei Vorgabe von SCRATCHPAD wird der Bereich automatisch angefordert). - <u>Normaler Call (Fetch Call)</u>, bei dem die normale Abwicklung der Funktion eintritt - <u>Letzter Call (Close Call)</u>, bei dem sämtliche vom SQL-Statement benötigten System-Ressourcen freigegeben werden. In diesem Fall findet keine normale Funktionsabwicklung statt.
DISALLOW PARALLEL	Spezifiziert ob die Funktion bei einer einzelnen Statement-Referenz eine Parallel-Verarbeitung nutzen kann. Eine Parallel-Verarbeitung einer Funktion ist dann relevant, wenn die SQL-Statement-Ausführung selbst parallel erfolgt. In diesem Fall kann jede Task eine eigene Funktions-Task nutzen. Eine Parallel-Verarbeitung kann dann nicht genutzt werden, wenn z.B. eine gemeinsame Scratchpad-Area für die Statement-Ausführung benötigt wird. Bei Parallel-Verarbeitung wird für jede separate Task eine individuelle Scratchpad-Area angefordert. Bei diesem Funktions-Typ ist nur DISALLOW PARALLEL möglich.
DISALLOW PARALLEL	Die Funktion kann bei SQL-Statement-Parallel-Verarbeitung nicht parallel ausgeführt werden, da ein Funktionsaufruf abhängig von einem anderen Aufruf desselben SQL-Statements ist. Gründe sind: - Nutzungserfordernis einer gemeinsamen Scratchpad-Area, - NOT DETERMINISTIC wurde definiert, - EXTERNAL ACTION wurde definiert, - MODIFIES SQL DATA wurde definiert (bei dieser Funktion nicht vorgebbar), - FINAL CALL wurde definiert.
CARDINALITY	Geschätzte Ergebnismenge als Information für den Optimizer. Wird dieser Parameter nicht vorgegeben, schätzt DB2 eine Ergebnismenge.
integer	Geschätzte Ergebniszeilen. Wertevorgabe zwischen 0 und 2147483647.

A2 Anhang - Definition der wichtigsten DB2-Sprachelemente
CREATE FUNCTION (External Table) - 10

DBINFO		Spezifiziert ob in der Parameterliste ein zusätzlicher Bereich hinzugefügt wird, in dem DB2 Systeminformationen zurückgibt.
	DBINFO	Es wird eine Struktur in der Parameterliste übergeben. Beispielsweise werden hier bereitgestellt: - Lokations-Name, - Autorisierungs-Id des Funktions-Aufrufenden, - Betriebssystem- und DB2-Produkt-Information, - Table- und Spaltennamen, wenn die Funktion aus einem UPDATE oder INSERT aktiviert wird. Details zur Parameter-Struktur siehe im Anhang 5.
	NO DBINFO	Es wird keine Struktur in der Parameterliste übergeben.
COLLID		Identifiziert die Package Collection, der die Funktion zugeordnet ist.
	COLLID collection-id	Expliziter Name der Package Collection.
	NO COLLID	Der Name der Package Collection wird wie folgt abgeleitet: - die Package Collection der Funktion entspricht der des aufrufenden Programmes bzw. des aufrufenden Triggers, - nutzt das aufrufende Programm keine Package, wird der Inhalt von CURRENT PACKAGESET zur Ausführungszeit herangezogen.
WLM ENVIRONMENT		Identifiziert die Workload Manager (WLM) Application Umgebung, in der die Funktion aktiviert wird. Wird der Parameter nicht vorgegeben, wird die Funktion im WLM-Stored Procedure Adressraum ausgeführt, der bei der Installation definiert wurde.
	name	Expliziter Name der WLM-Umgebung, in der die Funktion laufen muss.
	(name,*)	Die Funktion wird in derselben Umgebung aktiviert, in der das aufrufende Programm bzw. die aufrufende Funktion zugeordnet ist.
ASUTIME		Vorgabe eines Limits für die Inanspruchnahme von Prozessor-Zeit für die Abwicklung der Funktion in CPU Service Units. Dieser Parameter ist unabhängig von der ASUTIME-Spalte von RLF.
	LIMIT integer	Limit mit einem Wert zwischen 1 und 2147483647. Bei Überschreitung der Ausführungszeit wird die Funktion abgebrochen. Mit diesem Parameter kann auf Loops oder unvertretbaren Ressourceverbrauch reagiert werden.
	NO LIMIT	Die Funktion darf unbegrenzte Systemressourcen beanspruchen (soweit dem keine anderen Limite außerhalb dieser Definitionen entgegensprechen).
STAY RESIDENT		Spezifikation, ob nach Ausführungsabschluss das Lademodul dieser Funktion weiterhin im Speicher für eine spätere Nutzung gehalten werden soll.
	YES	Das Lademodul bleibt weiterhin gespeichert. Dieser Parameter sollte bei Reentrant-Programmen gesetzt werden.
	NO	Das Lademodul wird nach Abschluss aus dem Speicher entfernt. Dieser Parameter sollte bei Non-Reentrant-Programmen gesetzt werden.
PROGRAM TYPE		Spezifikation, ob die Funktion als Hauptprogramm oder als Unterprogramm behandelt werden soll. Details siehe unter CREATE FUNCTION (External Scalar).
	MAIN	Die Funktion wird als Hauptprogramm behandelt.
	SUB	Die Funktion wird als Unterprogramm behandelt.
SECURITY		Spezifikation, wie die Funktion mit einem externen Security Manager zusammenwirkt zur Kontrolle von Ressourcen außerhalb von DB2.
	DB2	Die Funktion arbeitet ohne externen Security Manager. Evtl. Anforderungen werden dem Autorisierungs-Id zugeordnet, der mit dem WLM-Adressraum verbunden ist.
	USER	Die Funktion arbeitet mit einem externen Security Manager. Anforderungen werden dem Autorisierungs-Id zugeordnet, der die Funktion aufruft.
	DEFINER	Die Funktion arbeitet mit einem externen Security Manager. Anforderungen werden dem Eigentümer der Funktion zugeordnet.
RUN OPTIONS		Spezifikation der Language Environment Run-time Options. Fehlt der Parameter, werden die Installations-Defaults eingesetzt.
	run-time-options	Vorgabe der Optionen als String mit max. 254 Bytes.

A2 Anhang - Definition der wichtigsten DB2-Sprachelemente
CREATE FUNCTION (Sourced) (SQL-Statement)

Aufgabe des Statements

Dieses SQL-CREATE-FUNCTION-Statement registriert eine User-defined Sourced Function an einem Anwendungs-Server.
Dieser Funktions-Typ basiert auf einer vorhandenen Scalar Function oder Column Function und liefert exakt einen Ergebniswert zurück.
Dieser Funktions-Typ kann sinnvoll in Verbindung mit User-defined Distinct Data-Types (UDT) eingesetzt werden. DB2 generiert automatisch Cast-Funktionen, wenn ein solcher UDT definiert wird.

Erforderliche Privilegien

- CREATEIN-Privileg für das Schema bzw. für alle Schemas oder
- SYSADM, SYSCTRL.
- zusätzliche Privilegen sind erforderlich je nach Parametrisierung:
    - EXECUTE-Privileg für die Funktion, auf die in der SOURCE-Klausel referenziert wird,
    - SELECT-Privileg auf Tabellen, die als Input-Parameter der Funktion definiert werden,
    - USAGE-Privileg jedes Distinct Types, auf den die Funktion referenziert.

Anwendungs-Beispiel

Definition eines Distinct Types: Definition eines Distinct Daten-Typs für die Verarbeitung von Euros.

```
CREATE DISTINCT TYPE EURO
         AS DECIMAL (31,2)
         WITH COMPARISONS
```
Distinct Daten-Typ-Name EURO im aktuellen System unter dem aktuellen Schema
Source-Daten-Typ
Es werden implizit Funktionen für die Unterstützung der Prädikat-Verarbeitung für den Distinct Daten-Typ generiert.

Implizite Generierung der Funktionen: Aufgrund der Definition des Distinct Daten-Typs EURO implizit generierte CAST-Funktions-Definitionen (diese stellen einen eigenen Funktions-Typen dar, der nicht explizit nutzbar ist):

```
CREATE FUNCTION EURO

         ( DECIMAL (31 , 2 ))
         RETURNS    EURO
```
Funktions-Name EURO im aktuellen System unter dem aktuellen Schema (zusätzlich wird noch eine Funktion DECIMAL generiert - siehe unter CREATE DISTINCT TYPE).
Daten-Typ des Eingabe-Argumentes
Daten-Typ des Ausgabe-Argumentes

Definition einer User-defined Source-Funktion:
Definition einer Summierungs-Funktion für EURO.
Hinweis: für die UDTs werden solche Funktionen nicht automatisch generiert.

```
CREATE FUNCTION SUM
         ( EURO )
         RETURNS    EURO
         SOURCE     SYSIBM.SUM
         ( DECIMAL () )
```
Funktions-Name SUM im aktuellen System unter dem aktuellen Schema
Daten-Typ des Eingabe-Argumentes
Daten-Typ des Ausgabe-Argumentes
Basis = Builtin-Funktion SUM von IBM
Eingabe-Daten-Typ der Builtin-Funktion (Teil des Funktions-Namens; muss bei einer Builtin-Funktion vorgegeben werden).

Aufruf der Funktion: Die Funktion kann in allen SQL-Statements genutzt werden, wo Expressions einsetzbar sind.

```
SELECT
         SUM ( PREIS )
  FROM   TABLE1
```
PREIS ist als Daten-Typ EURO in der TABLE1 definiert.

Syntax-Diagramm: Grund-Struktur

Das folgende Syntax-Diagramm zeigt die Grund-Struktur der Funktion-Definition:

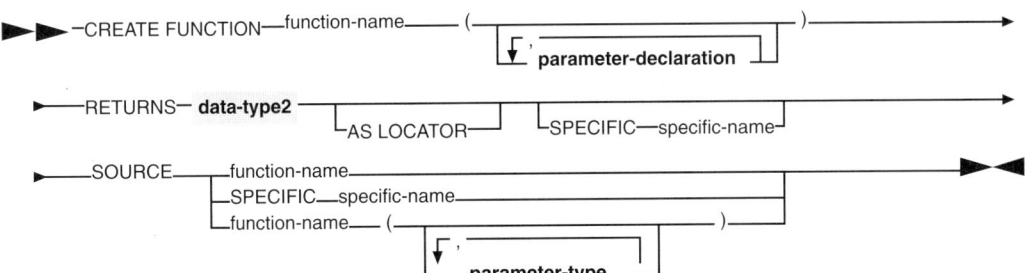

Parameter-Beschreibung

function-name   Name der Funktion, der zusammen mit den möglichen Qualifikatoren am aktuellen Server nicht vorhanden sein darf.
Der Funktions-Name kann mit einem Schema-Namen qualifiziert oder unqualifiziert vorgeben werden. Bei unqualifizierter Vorgabe wird er wie folgt ermittelt:
- wird das Statement in einem Programm abgesetzt, ist der QUALIFIER des BIND-Prozesses bzw. der OWNER von Plan bzw. Package der Schema-Name.
- wird das Statement dynamisch präpariert, ist der CURRENT SQLID der Schema-Name.

Der eindeutige Funktions-Name setzt sich zusammen aus folgenden Komponenten:
- Schema-Name = der Owner der Funktion,
- Funktions-Name (*function-name*),
- Anzahl der Parameter und die Daten-Typen der ersten 30 Parameter (ohne Berücksichtigung von sonstigen Charakteristiken, wie Länge, Genauigkeit, Kommastellen, Encoding Schema o.ä.).

Einschränkungen bei der Vergabe von Funktions-Namen:
- SQL-Schlüsselwörter und Prädikate dürfen nicht verwendet werden, wie ALL, AND, ANY, BETWEEN, DISTINCT usw.. Es empfiehlt sich keines der reservierten SQL-Worte zu benutzen (Übersicht siehe Anhang 1).
- Basis-Prädikate (wie = , > , > = usw.) dürfen nicht genutzt werden.

parameter-declaration   Definition der Eingabe-Parameter. Beschreibung siehe weiter unten.

RETURNS   Definition des Ausgabe-Parameters der Funktion.
    data-type2   Definition des Ausgabe-Daten-Typs der Spalte. Mögliche Ausprägungen entsprechen dem Block *data-type*. Beschreibung siehe weiter unten.
        AS LOCATOR   Die Funktion gibt anstelle eines LOB-Wertes den LOB-Locator zurück.
Der Parameter ist nur bei einem LOB Daten-Typ vorgebbar.

SPECIFIC specific-name   Eindeutiger alternativer Name der Funktion (Candidate Key), der zwar nicht im Funktionsaufruf nutzbar ist, aber in bestimmten SQL-Statements und DB2-Commands eine alternative Kurzform des Funktions-Namens darstellt.
Dieser alternative Candidate Key setzt sich zusammen aus dem Schema-Namen und dem specific-name.
Wird der Parameter nicht vorgegeben, wird der function-name verwendet. Ist dieser innerhalb des Schemas nicht eindeutig, vergibt DB2 einen eindeutigen specific-name in der Form SQLxxxxxxxxxxx (x=beliebiges Zeichen).
Der specific-name wird in der Katalog-Tabelle SYSROUTINES in der SPECIFIC-Spalte geführt.

A2 Anhang - Definition der wichtigsten DB2-Sprachelemente
CREATE FUNCTION (Sourced) - 3

SOURCE Spezifiziert die Funktion als Builtin-Funktion. Eine Sourced Funktion basiert auf einer anderen Funktion (der Source Funktion).
Die Source kann eine beliebige, vorher definierte User-defined Funktion sein (aber keine External Table Funktion) oder eine Builtin Funktion des Systems, außer den folgenden:
- COUNT (*) und COUNT_BIG (*)
- CHAR (datetime-expression, zweites-argument) das zweite Argument darf nicht ISO, EUR, USA, JIS oder LOCAL sein
- COALESCE und VALUE
- NULLIF
- RAISE_ERROR
- STRIP mit optionalen Parametern.

Wenn eine Sourced Funktion direkt oder indirekt auf einer User-defined External Scalar Funktion basiert, werden von dort sämtliche Attribute vererbt. Dies gilt bei verschachtelten Definitionen über alle Stufen.

function-name Name der Funktion, die als Sourced Funktion benutzt werden soll.
Der Funktions-Name kann mit einem Schema-Namen qualifiziert oder unqualifiziert vorgeben werden. Bei unqualifizierter Vorgabe wird er wie folgt ermittelt:
- DB2 nutzt den CURRENT PATH zur Ermittlung des ersten Schema-Namens, für den der Autorisierungs-Id EXECUTE-Rechte hat. Es wird nur ein Schema-Name verwendet, in dem sich eine Funktion mit diesem function-name befindet. Wird kein solches Schema gefunden, erfolgt eine Fehlermeldung.

SPECIFIC specific-name Eindeutiger alternativer Name der Funktion (Candidate Key), die als Sourced Funktion benutzt werden soll.
Auch dieser Funktions-Name kann mit einem Schema-Namen qualifiziert oder unqualifiziert vorgeben werden. Bei unqualifizierter Vorgabe wird er, wie unter function-name dargestellt, ermittelt.

function-name (parameter-type) Eindeutiger Name der Funktion (Candidate Key), die als Sourced Funktion benutzt werden soll unter Berücksichtigung der Funktions-Signatur, d.h. unter Beachtung der Parameter.
Auch dieser Funktions-Name kann mit einem Schema-Namen qualifiziert oder unqualifiziert vorgeben werden. Bei unqualifizierter Vorgabe wird er wie unter function-name dargestellt ermittelt.
Details zu den Parametern siehe im Block *parameter-declaration*.
Beschreibung siehe weiter unten.

A2 Anhang - Definition der wichtigsten DB2-Sprachelemente
CREATE FUNCTION (Sourced) - 4

Syntax-Diagramm: parameter-declaration

Das folgende Syntax-Diagramm enthält die Definitionen der Eingabe-Parameter der Funktion (Funktions-Argumente). Für jedes Argument muss ein Parameter vorgegeben werden, d.h. es kann eine Liste definiert werden. Eine Funktion ohne Argumente kann ebenfalls definiert werden.

Beispiel: CREATE FUNCTION AKTUELLER_TAG ()

parameter-declaration:

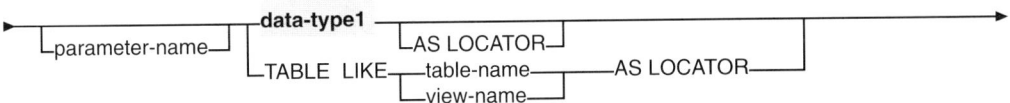

Parameter-Beschreibung Definition der Eingabe-Parameter der Funktion. Es existieren zwei Varianten:
- Übergabe einzelner Parameter
  Beispiel: CREATE FUNCTION F1 (SMALLINT, CHAR (10))
                                   RETURNS   CHAR (100) ...
  Alternative: CREATE FUNCTION F1   (P1 SMALLINT, P2 CHAR (10))
                                   RETURNS   CHAR (100) ...
- Übergabe der Parameter als Transition-Table-Locator (nur aus einem Trigger aktivierbar)
  Beispiel: CREATE FUNCTION F21 (TABLE LIKE SEMINAR AS LOCATOR)
                                   RETURNS   CHAR (100) ...

parameter-name Name des Parameters, der bei Vorgabe innerhalb der Funktion eindeutig sein muss.

data-type1 Definition des Daten-Typs des Eingabe-Parameters der Funktion. Mögliche Ausprägungen entsprechen dem Block *data-type*. Beschreibung siehe weiter unten.

AS LOCATOR Der Funktion wird anstelle eines LOB-Wertes ein LOB-Locator übergeben. Der Parameter ist nur bei einem LOB Daten-Typ vorgebbar.

TABLE LIKE Die Eingabe-Parameter stammen aus einer Trigger-Zwischen-Tabelle (Transition Table). Es werden keine Werte übergeben, sondern der Locator, der auf die interne Adresse der Tabelle verweist (Table Locator). Über diesen Locator können die einzelnen Daten-Typen dieser Tabelle referenziert werden.

table-name Alle Spalten dieser auf dem aktuellen Server existierenden Tabelle werden implizit definiert. Die im Katalog definierten Spalten-Charakteristiken werden übernommen. Als Owner der Tabelle wird implizit der Schema-Name der Funktion eingesetzt, sofern dieser nicht explizit vorgegeben wurde.

view-name Alle Spalten dieses auf dem aktuellen Server existierenden Views werden implizit definiert. Die im Katalog definierten Spalten-Charakteristiken werden übernommen. Als Owner des Views wird implizit der Schema-Name der Funktion eingesetzt, sofern dieser nicht explizit vorgegeben wurde.

AS LOCATOR Der Funktion wird anstelle einzelner Parameter ein Table-Locator übergeben.

Syntax-Diagramm: data-type

Das folgende Syntax-Diagramm enthält die Definition der Daten-Typen:

```
data-type:
    ├─builtin-data-type──┐
    └─distinct-data-type─┘
```

Definition: builtin-data-type siehe unter CREATE FUNCTION (External Scalar)
              distinct-data-type siehe unter CREATE DISTINCT TYPE

Parameter-Beschreibung Definition der Daten-Typen für die Eingabe-Parameter und den Ausgabe-Parameter der Funktion. Es existieren zwei Varianten:
- Builtin Daten-Typ - Standard-IBM-Daten-Typen
  Beispiel: CREATE FUNCTION F1 (SMALLINT, CHAR (10))
                          RETURNS   CHAR (100) ...
- Distinct Daten-Typ - User-defined Daten-Typen
  Beispiel: CREATE FUNCTION BRUTTO (NETTO , MWST_MERKMAL)
                          RETURNS   BRUTTO ...

builtin-data-type   Der Daten-Typ des Parameters ist ein Builtin Daten-Typ. Die Daten-Typen und ihre Behandlung entsprechen der Beschreibung unter CREATE TABLE. Details siehe dort. Ausnahme:
- die (ohnehin fragwürdigen) Daten-Typen LONG VARCHAR und LONG VARGRAPHIC werden nicht unterstützt.

DateTime Daten-Typen werden als Character-Strings im ISO-Format übergeben. Ansonsten können sämtliche vom System angebotenen Konvertierungen und Umwandlungen unterstützt werden.

distinct-data-type   Der Daten-Typ des Parameters ist ein Distinct Daten-Typ. Ein solcher Parameter wird von DB2 im Source-Typ-Format (Builtin Daten-Typ) umgewandelt übergeben.

A2 Anhang - Definition der wichtigsten DB2-Sprachelemente
CREATE GLOBAL TEMPORARY TABLE (SQL-Statement)

Aufgabe des Statements

Das SQL-CREATE GLOBAL TEMPORARY TABLE-Statement erzeugt die Beschreibung einer Temporären Tabelle im aktuellen Server.
Diese Beschreibung kann von nachfolgenden Anwendungen innerhalb einer Unit of Work und maximal innerhalb der Lebensdauer eines Threads benutzt werden. Dabei kann jede UOW bzw. jeder Thread eine eigene Version der temporären Tabelle benutzen.
Temporäre Tabellen werden der Katalog-Database DSNDB06 zugeordnet (Tablespace SYSPKAGE).

Eine solche Table wird ohne Daten erzeugt (empty instance), wenn eines der folgenden SQL-Statements abgesetzt wird:
- OPEN CURSOR
- SELECT INTO
- INSERT
- DELETE.

Ihre Existenz ist abhängig von der Dauer der UOW bzw. eines Threads. Details hierzu folgen.

Für eine temporäre Tabelle werden weder Logging- noch Lock-Aktivitäten ergriffen. Eine temporäre Tabelle kann von Programmkomponenten innerhalb einer UOW genutzt werden. Auch Stored Procedures können Daten in temporären Tabellen an die aufrufenden Programme weitergeben.

Der Bezug auf eine Global Temporary Table ist in folgenden SQL-Statements unterstützt:

- **SQL-DDL**
  - **CREATE FUNCTION, ALTER FUNCTION, ALTER/CREATE PROCEDURE**
  - **CREATE TABLE**
    Nicht zulässig sind:
    - Referenzielle Konstrukte, Check-Konstrukte oder Unique Konstrukte.
    - Spalten mit Default-Werten außer NULL oder Spalten basierend auf ROWID oder LOBs.
  - **COMMENT ON, LABEL ON**
  - **ALTER TABLE** mit oder ohne LIKE-Parameter
    Es darf jeweils nur eine neue Spalte hinzugefügt werden (nur mit Default NULL-Wert).
  - **CREATE ALIAS, CREATE SYNONYM**
  - **CREATE VIEW**
    Nicht zulässig ist eine WITH CHECK OPTION-Klausel.
    Soll über den View ein DELETE vorgenommen werden, muss er ohne WHERE-Klausel definiert sein.
  - **DROP TABLE**

- **SQL-DML**
  - **DECLARE TABLE, DESCRIBE TABLE**
  - **DECLARE CURSOR** mit und ohne **WITH HOLD** mit und ohne **WITH RETURN**
    Nicht zulässig ist die FOR UPDATE OF-Klausel, wenn die temporäre Tabelle in der ersten FROM-Klausel auftritt (d.h. temporäre Tabellendaten können nicht verändert werden).
  - **OPEN**
  - **FETCH**
  - **CLOSE**

  - **INSERT**
  - **SELECT INTO**
  - **DELETE**
    Nicht zulässig ist eine WHERE-Klausel.

- **SQL-DCL**
  - **GRANT TABLE PRIVILEGES**
    Es können nur alle Privilegien (ALL), aber keine Einzel-Privilegien vergeben werden.

Nicht unterstützt sind alle anderen SQL-Statements, wie CREATE INDEX, LOCK TABLE, UPDATE, DELETE mit WHERE-Bedingung usw.
Das implizite Löschen einer temporären Tabelle über das Löschen einer Database ist natürlich nicht unterstützt, da sie - wie vorab ausgeführt - der Katalog-Database zugeordnet wird.
Eine temporäre Tabelle kann nicht von Utilities bearbeitet werden.

A2 Anhang - Definition der wichtigsten DB2-Sprachelemente
CREATE GLOBAL TEMPORARY TABLE - 2

Die Lebensdauer der Daten einer temporären Tabelle unterliegt folgenden Besonderheiten:

CLOSE Wird der Cursor einer offenen temporären Tabelle explizit geschlossen, wird implizit ein DELETE FROM ohne WHERE auf die temporäre Tabelle abgesetzt.

COMMIT Ist kein offener Cursor WITH HOLD auf die temporäre Tabelle positioniert, wird implizit ein DELETE FROM ohne WHERE auf die temporäre Tabelle abgesetzt.

ROLLBACK Es wird implizit ein DELETE FROM ohne WHERE auf die temporäre Tabelle abgesetzt.

Abbau des Threads bzw. Ende des Programmes Es wird implizit ein DELETE FROM ohne WHERE auf die temporäre Tabelle abgesetzt.

Erforderliche Privilegien

- CREATETMTAB-Privileg oder
- CREATETAB-Privileg für irgendeine Database oder
- DBADM, DBCTRL oder DBMAINT-Privileg für irgendeine Database oder
- SYSADM, SYSCTRL (auch Fremd-Autorisierungs-Ids).
- Bei Bezug auf einen Distinct Type ist das USAGE-Privileg erforderlich.

Anwendungs-Beispiel

-- Explizite Definition der einzelnen Tabellenspalten, z.B. wenn Daten aus unterschiedlichen Tabellen eingestellt werden.

```
CREATE  GLOBAL TEMPORARY TABLE TEMP1        Table-Name TEMP1 im aktuellen System unter dem
                                            jeweiligen Autorisierungs-Id.
       (SEMCODE  CHAR    (15) NOT NULL,
        TITEL    VARCHAR        (60),
        TERMIN   DATE    NOT NULL   );
```

-- Implizite Definition der einzelnen Tabellenspalten, wenn die Struktur auf einer existierenden Tabelle basiert.

```
CREATE  GLOBAL TEMPORARY TABLE              Table-Name SEMINAR im aktuellen System unter dem
               TEMP.SEMINAR                 Autorisierungs-Id. TEMP
       LIKE    PROD.SEMINAR;                Struktur analog PROD.SEMINAR (aber ohne Default-Werte
                                            und ohne Übernahme von Constraints).
```

-- Verwendung einer temporären Tabelle in einem Anwendungsprogramm (PL/I-Beispiele)

```
EXEC SQL
       DECLARE CTEMP CURSOR FOR SELECT * FROM TEMP1
           ORDER BY       TERMIN, SEMCODE ;

EXEC SQL
       INSERT INTO TEMP1 ( SEMCODE, TITEL, TERMIN) -- Einfügung von Daten aus einer existierenden Tabelle
           SELECT      S.SEMCODE, TITEL, TERMIN -- in die temporäre Tabelle.
           FROM        SEMTYP T , SEMINAR S
           WHERE       S.SEMCODE = T.SEMCODE
           AND         S.SEMCODE  LIKE :SEMCODE;

EXEC SQL
       OPEN CTEMP;                              -- Bereitstellen der Daten auf Workfile und Sortieren der
                                                -- Result Table.

EXEC SQL
       FETCH CTEMP  INTO :SEMCODE , :TITEL  :TITEL_IND, TERMIN;

EXEC SQL
       CLOSE CTEMP;                             -- Freigabe der Workfile (und Cursor Result Table).

EXEC SQL                                        -- Update der Daten einer Tabelle unter Hinzunahme von
       UPDATE SEMTYP SET DAUER = DAUER + 0.5    -- Informationen aus der temporären Tabelle
           WHERE SEMCODE IN
               (SELECT SEMCODE FROM TEMP1
                   WHERE    YEAR (TERMIN ) > YEAR (CURRENT DATE) )
```

Syntax-Diagramm

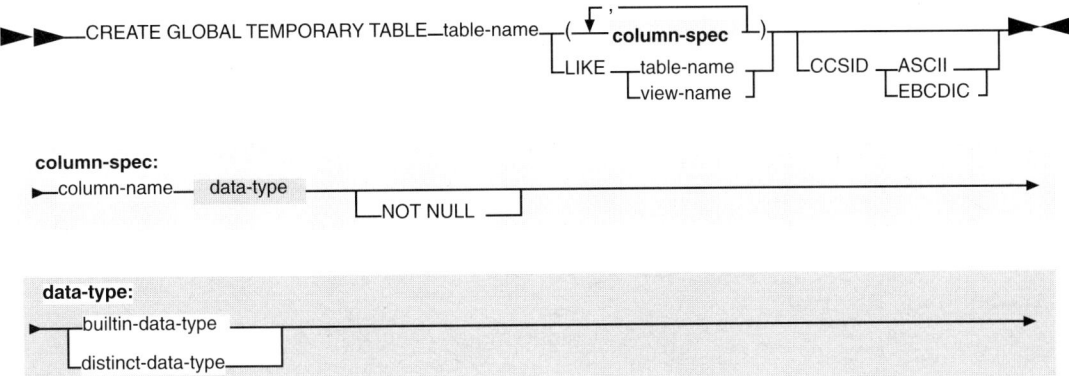

Parameter-Beschreibung

table-name	Lang-Id Tabellen-Name. Details siehe unter CREATE TABLE.
column-spec	Siehe Block: column-spec.
LIKE table-name **view-name**	Sämtliche Spalten und Spalten-Charakteristiken werden aus einer bestehenden Table bzw. einem existierenden View des aktuellen Servers entnommen. Details siehe unter CREATE TABLE. Folgende Unterschiede zum CREATE TABLE existieren: - ist eine Spalten-Charakteristik in einer temporären Tabelle nicht zulässig, wird sie ignoriert, - ist eine Spalte mit einem anderen Default-Wert als NULL definiert, hat die Spalte in der temporären Tabelle keinen Default-Wert.
CCSID	Coded Character Set Identifier. Kennzeichnung, nach welchen Regeln Character-Daten gespeichert und interpretiert werden. Beispiele siehe unter CREATE DATABASE.
ASCII	Verwendung des ASCII-CCSID, das bei der DB2-Installation definiert wurde.
EBCDIC	Verwendung des EBCDIC-CCSID, das bei der DB2-Installation definiert wurde.

Block: column-spec

In diesem Block werden die Charakteristiken für jede einzelne Spalte der Tabelle definiert.

column-name	Details siehe unter CREATE TABLE.
data-type	Datentyp der Spalte. Nicht erlaubt sind ROWIDs und LOB-Spalten.
builtin-data-type	Der Daten-Typ des Parameters ist ein Builtin Daten-Typ. Die Daten-Typen und ihre Behandlung entsprechen der Beschreibung unter CREATE TABLE. Details siehe dort. Ausnahme: - die (ohnehin fragwürdigen) Daten-Typen LONG VARCHAR und LONG VARGRAPHIC werden nicht unterstützt. - ROWIDs und LOB-Spalten dürfen nicht vorgegeben werden.
distinct-data-type	Der Daten-Typ des Parameters ist ein Distinct Daten-Typ. Ein solcher Parameter wird im Source-Typ-Format (Builtin Daten-Typ) übergeben.
NOT NULL	Verhindert 'NULL-Werte' für die Spalte. Default = NULL.

A2 Anhang - Definition der wichtigsten DB2-Sprachelemente
CREATE INDEX (SQL-Statement)

Aufgabe des Statements

Das SQL-CREATE INDEX-Statement dient zum Anlegen eines tabellenbezogenen Indexes auf dem aktuellen Server. Mit dem Index wird automatisch ein Indexspace angelegt.
Es können diverse Indizes auf eine Table definiert werden. Die Anzahl ist nur durch den verfügbaren Speicher beschränkt.

Erforderliche Privilegien

- INDEX-Privileg für die Table oder
- Eigentümer der Table oder
- DBADM, DBCTRL-Privileg für die Database, der die Table zugeordnet ist (auch Fremd-Autorisierungs-Ids) oder
- SYSADM, SYSCTRL (auch Fremd-Autorisierungs-Ids);
- bei Bufferpool- oder USING STOGROUP-Vorgaben das USE-Privileg (bzw. SYSADM, SYSCTRL).

Anwendungs-Beispiel

Unique Index (Primary Index) mit Cluster-Option

```
CREATE   UNIQUE INDEX    SEMTYP_I01
         ON    SEMTYP    (SEMCODE)
         CLUSTER
```
Index-Name Autorisierungs-Id.SEMTYP_I01
Zu indizierende Spalte = PK der Table SEMTYP.
Die Daten sollen aufgrund dieses Index möglichst zusammenhängend nach SEMCODE gespeichert werden.

Non-unique Index

```
CREATE   INDEX           SEMTYP_I02
         ON    SEMTYP    (DAUER )
         BUFFERPOOL      BP2
```
Index-Name Autorisierungs-Id.SEMTYP_I02
Zu indizierende Spalte.
Bufferpool.

Cluster Index für einen partitioned Tablespace

```
CREATE   INDEX    SEMINAR_I05
         ON    SEMTYP  (TERMIN, REFNR)
         USING STOGROUP SEMSG01

            PRIQTY 20000
         CLUSTER
            (PART 1 VALUES ('2000-12-31' , 99999) ,
             PART 2 VALUES ('2001-12-31' , 99999) ,
             PART 3 VALUES ('9999-12-31' , 500)

                     USING STOGROUP  SEMSG02

                                          PRIQTY 1000 ,
             PART 4 VALUES ('9999-12-31' ) )

         COPY YES
```
Index-Name Autorisierungs-Id.SEMINAR_I05
Zu indizierende Spalten
Storage-Group, sofern unter einer einzelnen Partition-Nr. nichts anderes vereinbart ist.
Primärspace 20000 K-Bytes.
Die Daten werden aufgrund dieses Index aufgeteilt:
Partition 1 führt alle 2000-er Seminare.
Partition 2 führt alle 2001-er Seminare.
Partition 3 führt alle Seminare, die später als 31.12.2001 stattfinden, aber nur bis zur Referenten-Nr 500.
Für Partition 3 werden Daten auf einer anderen Stogroup, nämlich SEMSG02 geführt.
Primärspace 1000 K-Bytes für Partition 3.
Partition 4 führt alle restlichen Seminare (die Referenten-Nr wird automatisch auf High gesetzt).
Image Copies sind möglich.

Definition eines Auxiliary Index für die LOB -Spalte
(CURRENT RULES = "DB2")

```
CREATE   UNIQUE INDEX       REFERENT_FOTO_IX
         ON                 REFERENT_FOTO_AUX

         USING VCAT DB21    ;
```
Index-Name Autorisierungs-Id.REFERENT_FOTO_IX.
Zuordnung zur Auxiliary Table REFERENT_FOTO_AUX (ohne Spalten).
Verweis auf Dataset.

Syntax-Diagramm

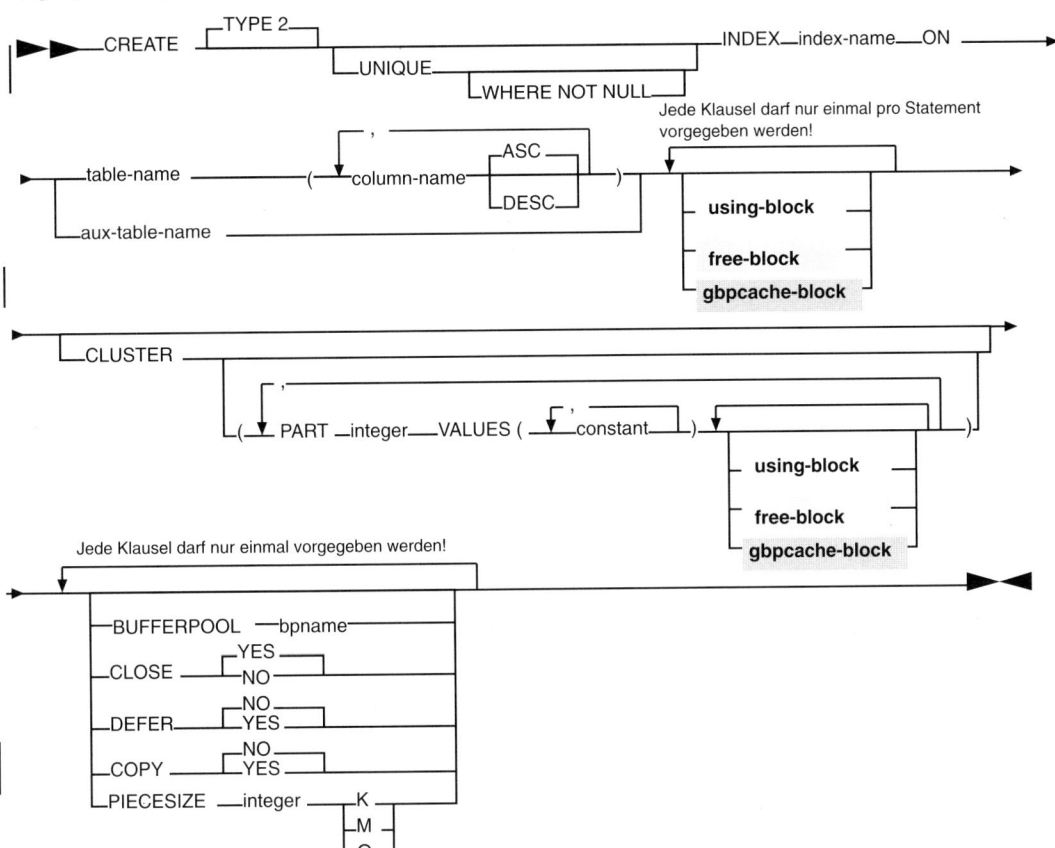

Parameter-Beschreibung

TYPE 2	Legt den Index Typ 2 fest (in früheren Versionen existierte noch ein Typ 1).
UNIQUE	UNIQUE bewahrt die Table vor Spalten mit gleichen Inhalten (z.B. der Primary Key muss eindeutig sein). Der Index wird nicht aufgebaut, wenn UNIQUE gesetzt wird und bereits Daten mit identischen Spalteninhalten vorhanden sind. Das gilt auch, wenn der Index verzögert aufgebaut wird (siehe Parameter DEFER). Dann kann es aber erst beim konkreten Aufbau festgestellt werden. Ein UNIQUE-Index ist in Verbindung mit einem Primary Key einer Table zur Definition eines Primary Index erforderlich und muss dann den gleichen Spaltenaufbau und Reihenfolge wie der Primary Key aufweisen. Außerdem ist ein UNIQUE-Index erforderlich, wenn in der korrespondierenden Tabelle beim CREATE TABLE der UNIQUE-Parameter vorgegeben wurde. Solange kein erforderlicher UNIQUE-Index aufgebaut ist, solange bleibt die Definition der Tabelle 'incomplete'. Wird eine Tabellendefinition über CREATE SCHEMA vorgegeben, werden automatisch alle Primary- und Unique-Indizes aufgebaut.
WHERE NOT NULL	Wird dieser Parameter nicht vorgegeben, werden NULL-Werte wie normale Feldinhalte behandelt, d.h. es kann bei einem UNIQUE-Index nur ein solcher Wert pro Spalte auftreten. Wird dieser Parameter aber vorgegeben, können beliebig viele NULL-Werte als Feldinhalte auftreten. Sonstige Werte müssen aber eindeutig sein.

A2 Anhang - Definition der wichtigsten DB2-Sprachelemente
CREATE INDEX - 3

index-name Lang-Id Indexname. Automatisch wird ein Indexspace angelegt (der Name wird aus dem Indexname abgeleitet). Der Index wird bei existierenden Basisdaten sofort aufgebaut, sofern nicht DEFER YES vorgegeben wurde. Der Index-Name wird von DB2 zur Ableitung des Indexspace-Namens verwendet (bei einem user defined Dataset ist für den Indexspace ein Kurz-Id als Indexname erforderlich).

ON Identifiziert die Tabelle, auf der der Index basiert. Der Name kann unqualifiziert oder qualifiziert (zweiteilig oder dreiteilig) vorgegeben werden.
Ein View-Name oder der Name einer temporären Tabelle ist unzulässig.
Der Tablespace, dem die Tabelle zugeordnet ist, muss zum Aufbau des Index verfügbar sein. Ist der Tablespace EA-enabled, müssen die Datasets für den Index einer SMS-Daten-Klasse zugeordnet werden, die das Extented Addressability Format unterstützt.

table-name Name der Base Table, auf die der Index aufgebaut werden soll.
column-name Unqualifizierter Spaltenname als Bestandteil des Index. Maximal 64 Spalten sind zulässig. Die maximale Länge eines Index-Strings beträgt 255 Bytes. LOB-Spalten und Spalten von Auxiliary-Tables dürfen hier nicht definiert werden.

ASC Aufsteigende Sortierfolge.
DESC Absteigende Sortierfolge.
Ein Index auf einen Foreign-Key kann eine andere Sortierfolge als der korrespondierende Primary-Index haben.

aux-table-name Name der Auxiliary Table, auf die der Index aufgebaut werden soll. Eine Auxiliary Table darf nur einen Index aufweisen. Es dürfen keine Spalten zugeordnet werden. Der vom System generierte Key in der Länge 19 Bytes wird implizit definiert.

using-block Vorgabe von Dataset-Charakteristiken. Beschreibung siehe weiter unten.
free-block Vorgabe von Freiplatz-Kriterien. Beschreibung siehe weiter unten.
gbpcache-block Vorgabe von Group-Bufferpool-Kriterien. Beschreibung siehe weiter unten.

CLUSTER Die physische Datenablage erfolgt in Abhängigkeit von diesem Index.
Es kann <u>nur ein</u> Clustering-Index pro Table definiert werden.
Bei einem partitioned Tablespace muss für den partitioned Index zwingend der CLUSTER-Parameter vorgegeben werden.
Wurde bei einem non-partitioned Tablespace kein Clustering Index definiert, übernimmt der älteste im Katalog definierte Index die Cluster-Rolle.
Der Parameter darf bei einer Auxiliary-Table nicht vorgegeben werden.

PART integer Partition-Nr. bei partitioned Tablespace (muss innerhalb der NUMPARTS-Angabe von CREATE TABLESPACE liegen).
Für jede Partition-Nr. muss ein Eintrag vorgenommen werden.

VALUES (constant) Höchster Wert (bei absteigender Folge niedrigster Wert) der Index-Spalten innerhalb der jeweiligen Partition-Nr (Limit Key).
Für jede Index-Spalte wird korrespondierend ein separater konstanter Wert vorgegeben (mindestens ein Wert muss nach PART n vorgegeben werden).
Fehlen Werte, werden von DB2 automatisch Werte aufgefüllt: X'FF' bei aufsteigendem und X'00' bei absteigendem Inhalt).
Übersteigt ein tatsächlich vorgegebener Dateninhalt die definierten Wertebereiche (z.B. die Obergrenze der letzten Partition), wird der Wert trotzdem akzeptiert, sofern es sich nicht um eine Large Table handelt. Bei einem Large Partitioned Tablespace wird ein Wert, der die definierte Höchstgrenze übersteigt, als 'out of range' abgewiesen.
Achtung: bei Dezimalzahlen sind einige dubiose Fehlersituation zu erwarten. Da es hierbei zu kaum einsichtigen Resultaten kommt, der Versuch einer Übersicht:
- Bei der Generierung von **DECIMAL POINT IS .** (Punkt) gilt:
  Bei Dezimalzahlen ohne Nachkommastellen muss der Vorkommawert mit einem abschließendem Punkt vorgegeben werden. Beispiel: VALUES (100.)

A2 Anhang - Definition der wichtigsten DB2-Sprachelemente
CREATE INDEX - 4

- Bei der Generierung von **DECIMAL POINT IS** , (Komma) gilt:

Format 1. Feld	Format 2. Wert	VALUES-Vorgabe	SQLCODE	Fehlerhinweis
DECIMAL (3,0)	-	(100)	-678	100 ist falsch
		(100,)	**000**	**ok**
DECIMAL (3,0)	DECIMAL (2,0)	(100, 20)	-678	100 ist falsch
		(100,,20)	-104	20 ist falsch
		(100, ,20)	-678	100 ist falsch
		(100, 20,)	-678	100 ist falsch
		(100, ,20,)	-104	) ist falsch
		(100, , 20,)	-104	, ist falsch
		(100,, 20)	-678	20 ist falsch
		(100,,20,)	-104	20 ist falsch
		(100,, 20,)	**000**	**ok**
		(100,, 20,)	-104	) ist falsch
INTEGER	DECIMAL (2,0)	**(100, 20,)**	**000**	**ok**

Das Testteam kam zu folgenden Schlüssen:
- ein Dezimalwert (DECIMAL) in der PART VALUES-Klausel muss immer mit einem Komma abgeschlossen werden,
- das Trennzeichen-Komma muss unmittelbar auf das Komma (des Dezimalwerts) folgen,
- ist die letzte Spalte der VALUES-Vorgabe ein Dezimalwert, darf kein Blank zwischen dem letzten Komma (nicht Koma) und dem abschließenden ")" auftreten.

Hinweis: von Beileidsbekundungen an das Testteam bitten wir Abstand zu nehmen!

- Wenn eine ROWID-Spalte zu definieren ist, ist die Range im Bereich von x'0000....00' bis x'FFFFFF....FF' zu definieren. Nur die ersten 17 Bytes werden berücksichtigt.

using-block		Vorgabe von Dataset-Charakteristiken. Beschreibung siehe weiter unten.
free-block		Vorgabe von Freiplatz-Kriterien. Beschreibung siehe weiter unten.
gbpcache-block		Vorgabe von Group-Bufferpool-Kriterien. Beschreibung siehe weiter unten.
BUFFERPOOL		Identifikation des Bufferpools, der für den Index verwendet werden soll
bpname:		Auswahl des Bufferpools, der im lfd. System aktiv sein muss:
BP0 - BP49		4-K-Page-Pool. Andere Page-Größen sind nicht zulässig.
		Wird dieser Parameter nicht vorgegeben, wird als Default der Default-Index-Bufferpool der Database herangezogen.
CLOSE	**YES**	Dateien werden geschlossen, wenn keine Index-Benutzer aktiv sind und Limit erreicht ist.
	NO	Dateien werden nicht geschlossen.
		Wenn DSMAX erreicht wird, können auch solche Datasets geschlossen werden.
DEFER		Kennzeichnung, ob der Index direkt mit dem CREATE INDEX-Statement aufgebaut wird oder ob der Aufbau verzögert werden soll.
	NO	Default: direkter Aufbau.
	YES	Der Index wird zunächst nicht aufgebaut (nicht vorgebbar bei einer Auxiliary-Table). Die Option kann evtl. empfehlenswert bei großem Datenvolumen sein, ist aber dann nur sinnvoll bei Non-Unique-Indizes.

In Abhängigkeit zum Vorhandensein von Daten wird wie folgt verfahren:
- Sind Daten in der Tabelle vorhanden, wird der Index in einen "Recovery Pending Status" gesetzt. In diesem Fall erfolgt mit dem CREATE INDEX eine Warnung. Wird versucht, Daten einzufügen, wird ein SQLCODE -904 erzeugt.
- Sind keine Daten in der Tabelle vorhanden, wird der Index ohne "Recovery Pending Status" sofort angelegt und bei Daten-Einfügungen aufgebaut.

Bei 'DB2-managed Datasets' legt DB2 zum Zeitpunkt des CREATE INDEX die VSAM-Datasets an, bei 'user-defined Datasets' müssen diese vorher existieren.

Der Index kann später aufgebaut werden mit:
- REBUILD INDEX   das ist die effizienteste Methode,
- REORG TABLESPACE   ist aufwendig, da auch die Daten reorganisiert werden und daher nur dann sinnvoll, wenn sowieso ein Reorg ansteht.
  Nicht möglich, wenn der anzulegende Index das CLUSTER-Attribut besitzt.

Hinweis:
- REORG INDEX   ist wegen des "Recovery Pending Status" nicht möglich.

A2 Anhang - Definition der wichtigsten DB2-Sprachelemente
CREATE INDEX - 5

PIECESIZE   Maximale Größe bei Aufteilung eines non partitioned Index (Pieces). Mit Hilfe von PIECES kann eine physische Aufteilung der Index-Daten eines non partitioned Index erreicht werden und damit ein höherer Parallelitätsgrad der Verarbeitung. Sollen z.B. 200 MB Index-Daten auf 10 verschiedene Datasets aufgeteilt werden, müßte hier der Wert 20M vorgegeben werden.
Hinweis: Dies ist natürlich eine rein physisch geprägte Aufteilung der Daten. Der wirkliche Parallelitätsgrad ist stark abhängig von den zu verarbeitenden Daten und deren tatsächlicher Zuordnung innerhalb des Index.

    integer   Größe in Abhängigkeit von der folgenden Option.
Defaultwerte sind:
-      2 GB für Indizes von Non-Large Tablespaces.
-      4 GB für Indizes von Large Tablespaces.

Die jeweils gültigen Werte sind:

256K			
512K			
1024K	1M		
2048K	2M		
4096K	4M		
8192K	8M		
16384K	16M		
32768K	32M		
65536K	64M		
131072K	128M		
262144K	256M		
524288K	512M		
1048576K	1024M	1G	
2097152K	2048M	2G	
4194304K	4096M	4G	Tablespace-Def: Large , DSSIZE >= 4G
8388608K	8192M	8G	Tablespace-Def: DSSIZE >= 8G
16777216K	16384M	16G	Tablespace-Def: DSSIZE >= 16G
33554432K	32768M	32G	Tablespace-Def: DSSIZE >= 32G
67108864K	65536M	64G	Tablespace-Def: DSSIZE = 64G

    K   Anzahl Kilobytes. Anzahl Bytes = Integer-Wert * 1 024.
Wertevorgabe von 256 K bis zu 67 108 864 K in Zweier-Potenzschritten.

    M   Anzahl Megabytes. Anzahl Bytes = Integer-Wert * 1 048 576.
Wertevorgabe von 1 M bis zu 65 536 M in Zweier-Potenzschritten.

    G   Anzahl Gigabytes. Anzahl Bytes = Integer-Wert * 1 073 741 824.
Wertevorgabe von 1 G bis zu 64 G in Zweier-Potenzschritten.

COPY   Kennzeichnung, ob das COPY-Utility mit der Möglichkeit der Erstellung von Full Image Copies bzw. Concurrent Copies für diesen Index erlaubt ist:

    YES   Ja, damit ist auch ein RECOVER für diesen Index möglich.

    <u>**NO**</u>   Nein, damit ist ein RECOVER für diesen Index nicht möglich. Im Bedarfsfall muss der Index mit REBUILD INDEX neu aufgebaut werden.

Sytax-Diagramm: using-block

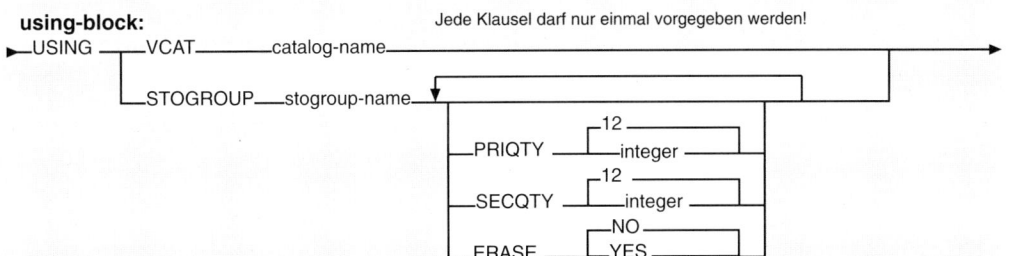

Jede Klausel darf nur einmal vorgegeben werden!

Parameter-Beschreibung	Zuordnung von physischen Parametern. Wenn USING nicht vorgegeben wird, erfolgt die Zuordnung der Default-Storage Group aus der Database-Definition und PRIQTY 12, SECQTY 12 und ERASE NO. In diesem Fall werden die Datasets von DB2 automatisch verwaltet ('DB2-managed').

Bei partitioned Tablespace kann ein genereller USING-Block und pro Partition ein eigener USING-Block vorgegeben werden.
Fehlt für eine spezifische Partition ein solcher Block, wird der generelle Block verwandt, fehlt auch dieser, wirken die Defaults.

USING Spezifikation, ob die Datasets 'user-defined' oder 'DB2-managed' sind.
  VCAT Katalog-name Bezug zum ICF-Katalog mit eigenständiger Dataset-Definitions-Möglichkeit, wenn DB2-Default-Definitionen nicht genutzt werden sollen (8-stelliger ALIAS, wenn der Katalog-Name größer als 8 Stellen ist).

  STOGROUP stogroup name Storage Group, bei der DB2 die Datasets managed (USE STOGROUP-Privileg muss existieren).

PRIQTY integer Minimal-Primär-Platzanforderung in K-Bytes für VSAM-CI-Anforderungen.
Minimum = 12 KB, Maximum = 4 GB.

SECQTY integer Minimal-Sekundär-Platzanforderung in K-Bytes für VSAM-CI-Anforderung.
Minimum = 12 KB, Maximum = 4 GB.
Wird keine SECQTY vorgegeben, wird der Default-Wert aus dem größeren Wert der beiden folgenden Werte ermittelt:
- 12 KB oder 10 % von PRIQTY.

ERASE Kennzeichen, ob die zugrundeliegenden Datasets nach dem Löschen des Index gelöscht werden sollen (x'00'-Auffüllen).
  YES Löschen.
  NO Kein Löschen.

Sytax-Diagramm: free-block

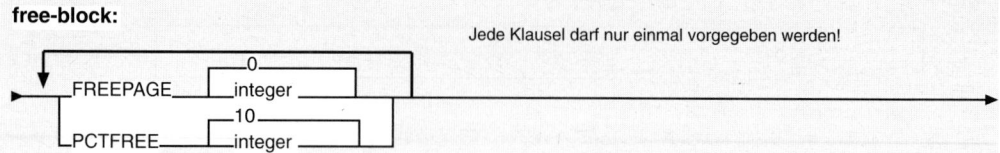

Parameter-Beschreibung Informationen zur Freiplatz-Verwaltung.

FREEPAGE integer Nach jeder n-ten (Wert) Page wird beim Laden oder Reorganisieren des
0 Index eine Page freigelassen. Wert von 0 bis 255 möglich.

PCTFREE integer Prozentsatz Freiplatz innerhalb jeder Page. Wird beim Laden oder Reorgani-
10 sieren des Index freigelassen. Wert von 0 bis 99 möglich.
 Der Parameter wirkt innerhalb der Leaf-Pages.
 Außerdem wirkt der Parameter bis max. 10 Prozent auf Non-Leaf-Pages.

Sytax-Diagramm: gbpcache-block

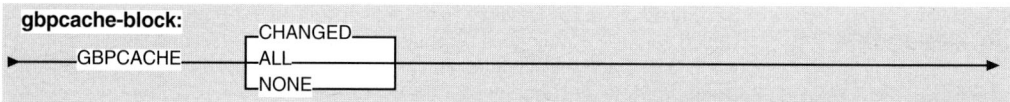

Parameter-Beschreibung Informationen zur Behandlung der Index-Pages im Group Bufferpool.

GBPCACHE Kennzeichen, welche Index-Pages in den Group Bufferpool eingestellt werden
 sollen (diese Option wird in einer Non-Sharing-Umgebung ignoriert).
 Bei einem partitioned Index wird diese Option pro Partition vorgegeben.
 Ist der Index einem Group Bufferpool zugeordnet, bei dem GBPCACHE (NO)
 definiert ist, ist dieser Parameter nicht mehr relevant.

CHANGED Wenn ein allgemeines Interesse (Inter-DB2-Interest) an den Index-Daten besteht,
 werden veränderte Index-Pages in den Group Bufferpool gestellt.
 Dies ist dann der Fall, wenn mehr als ein Member den Index bzw. die Index-Partition
 für Updates geöffnet hat.
 Besteht kein allgemeines Interesse, wird der Group Bufferpool nicht genutzt.

ALL Alle Index-Pages werden direkt nach dem Einlesen in den Group Bufferpool gestellt.
 Ausnahme: wenn außer einem DB2-System mit Update-Absicht keine anderen
 Member Interesse an den Daten haben, erfolgt keine Einlagerung in den Group
 Bufferpool. Bei ALL wird kein Hiperpool genutzt.

NONE Der Group Bufferpool wird nicht für die Speicherung von Pages genutzt und dient nur
 der Speicherung von Kontrollinformationen für die Cross-Invalidation.

Aufgabe des Statements

Dieses SQL-CREATE-PROCEDURE-Statement registriert eine Stored Procedure an einem Anwendungs-Server.
Eine Stored Procedure wird in einer unterstützten Programmiersprache entwickelt und bei Aufruf aus einer Ladebibliothek (Loadlib) geladen.
Eine Stored Procedure, User-defined Function oder ein Trigger kann keine Stored Procedure aufrufen, die mit COMMIT ON RETURN definiert ist.

Eine Stored Procedure liefert einen oder mehrere Ergebniswerte oder ein ganzes Ergebnis-Set zurück.

Wenn die Prozedur den "Must-Rollback-Status" zurückgibt (SQLCODE -729 oder -751) muss das aufrufende Programm den ROLLBACK aktivieren.

Erforderliche Privilegien

- CREATEIN-Privileg für das Schema bzw. für alle Schemas oder
- SYSADM, SYSCTRL.
- zusätzliche Privilegen sind erforderlich je nach Parametrisierung:
    - WLM-Autorisierungen zum Anlegen von Programmen in der WLM-Umgebung bzw. entsprechende Autorisierungen in der SPAS-Umgebung,
    - USAGE-Privileg jedes Distinct Types, auf den die Stored Procedure referenziert.

Anwendungs-Beispiel

Definition einer Stored Procedure ohne Result Sets:

Die Stored Procedure erhält eine SEMNR, greift auf die Datenbasis zu und gibt Seminardaten und Referentendaten zurück.

```
CREATE PROCEDURE SEMINAR_SEMNR          Prozedur-Name SEMINAR_SEMNR im aktuellen System
                                        unter dem aktuellen Schema
        ( IN    SEMINARNR   INT         Eingabe-Argument mit Format: Seminar-Nr.
          OUT   TERMIN      DATE ,      Ausgabe-Argumente mit Formaten: Termin,
          OUT   REFNAME     CHAR (50),  Referenten-Vorname und Nachname,
          OUT   SEMCODE     CHAR (15),  Seminarcode,
          OUT   RETCODE     INT         Return-Code.
        )
        LANGUAGE COBOL                  Programmiersprache: COBOL
        PARAMETER STYLE GENERAL         Nur die definierten Parameter werden ausgetauscht
        READS SQL DATA                  Es werden lesende SQL-Statements in der Prozedur eingesetzt
```

Definition einer Stored Procedure mit einem Result Set:

Die Stored Procedure erhält einen SEMCODE, greift auf die Datenbasis zu und gibt alle Seminardaten und Referentendaten zurück, die für diesen SEMCODE vorliegen.

```
CREATE PROCEDURE SEMINAR_SEMCODE        Prozedur-Name SEMINAR_SEMCODE im aktuellen System
                                        unter dem aktuellen Schema
        ( IN    SEMCODE   CHAR (15),    Eingabe-Argument mit Format: Seminarcode,
          OUT   RETCODE   INT           Return-Code.
        )
        LANGUAGE COBOL                  Programmiersprache: COBOL
        PARAMETER STYLE DB2SQL          Erweiterte Parameter werden ausgetauscht
        READS SQL DATA                  Es werden lesende SQL-Statements in der Prozedur eingesetzt
        RESULT SET 1                    Das aufrufende Programm erhält die Möglichkeit, die Daten
                                        über ein Result Set anzufordern.
```

Aufruf einer Stored Procedure:

Eine Prozedur kann mit dem SQL-CALL-Statement aufgerufen werden. Der Schema-Name wird aus dem PATH-Parameter beim BIND PACKAGE abgeleitet (Details siehe unter CALL).

```
EXEC SQL
    CALL    SEMINAR_SEMNR
            (:SEMNR , :TERMIN , :REFNAME , :SEMCODE , :RETCODE )
```

A2 Anhang - Definition der wichtigsten DB2-Sprachelemente
CREATE PROCEDURE - 2

Syntax-Diagramm: Grund-Struktur

Das folgende Syntax-Diagramm zeigt die Grund-Struktur der Stored Procedure-Definition:

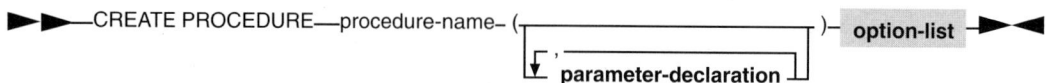

Parameter-Beschreibung

procedure-name
Name der Stored Procedure, der zusammen mit den möglichen Qualifikatoren am aktuellen Server nicht vorhanden sein darf.
Der Prozedur-Name kann mit einem Schema-Namen qualifiziert oder unqualifiziert vorgeben werden. Bei unqualifizierter Vorgabe wird er wie folgt ermittelt:
- wird das Statement in einem Programm abgesetzt, ist der QUALIFIER des BIND-Prozesses bzw. der OWNER von Plan bzw. Package der Schema-Name.
- wird das Statement dynamisch präpariert, ist der CURRENT SQLID der Schema-Name.

parameter-declaration
Definition der Eingabe-Parameter. Beschreibung siehe weiter unten.

Syntax-Diagramm: parameter-declaration

Das folgende Syntax-Diagramm enthält die Definitionen der Eingabe-Parameter der Prozedur (Prozedur-Argumente). Für jedes Argument muss ein Parameter vorgegeben werden, d.h. es kann eine Liste definiert werden.

parameter-declaration:

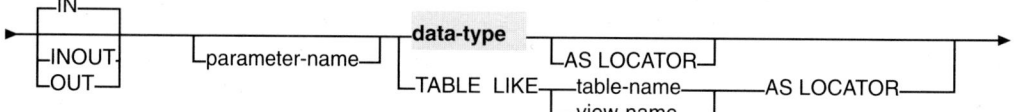

Parameter-Beschreibung Definition der Eingabe- und Ausgabe-Parameter der Stored Procedure.

IN
Der Parameter ist ein Eingabe-Parameter.
OUT
Der Parameter ist ein Ausgabe-Parameter.
INOUT
Der Parameter ist ein Eingabe- und Ausgabe-Parameter.

parameter-name
Name des Parameters, der bei Vorgabe innerhalb der Stored Procedure eindeutig sein muss.

data-type
Definition des Daten-Typs des Eingabe-Parameters der Prozedur. Mögliche Ausprägungen entsprechen dem Block *data-type*. Beschreibung siehe weiter unten.

AS LOCATOR
Der Prozedur wird anstelle eines LOB-Wertes ein LOB-Locator übergeben. Der Parameter ist nur bei einem LOB Daten-Typ vorgebbar.

TABLE LIKE
Die Eingabe-Parameter stammen aus einer Trigger-Zwischen-Tabelle (Transition Table). Es werden keine Werte übergeben, sondern der Locator, der auf die interne Adresse der Tabelle verweist (Table Locator).
Über diesen Locator können die einzelnen Daten-Typen dieser Tabelle referenziert werden.

table-name
Alle Spalten dieser auf dem aktuellen Server existierenden Tabelle werden implizit definiert. Die im Katalog definierten Spalten-Charakteristiken werden übernommen. Als Owner der Tabelle wird implizit der Schema-Name der Prozedur eingesetzt, sofern dieser nicht explizit vorgegeben wurde.

view-name	Alle Spalten dieses auf dem aktuellen Server existierenden Views werden implizit definiert. Die im Katalog definierten Spalten-Charakteristiken werden übernommen. Als Owner des Views wird implizit der Schema-Name der Prozedur eingesetzt, sofern dieser nicht explizit vorgegeben wurde.
AS LOCATOR	Der Prozedur wird anstelle einzelner Parameter ein Table-Locator übergeben.

Syntax-Diagramm: data-type

Das folgende Syntax-Diagramm enthält die Definition der Daten-Typen:

data-type:

```
   ┌─ builtin-data-type ──┐
──┤                      ├──────────────────────────────────────►
   └─ distinct-data-type ─┘
```
Definition: builtin-data-type siehe unter CREATE FUNCTION (External Scalar)
distinct-data-type siehe unter CREATE DISTINCT TYPE

Parameter-Beschreibung	Definition der Daten-Typen für die Eingabe-Parameter und den Ausgabe-Parameter der Prozedur. Es existieren zwei Varianten:
	- Builtin Daten-Typ - Standard-IBM-Daten-Typen
	   Beispiel: CREATE PROCEDURE P1 (IN SEMNR SMALLINT,
	                                      OUT KURSORT CHAR (30))
	- Distinct Daten-Typ - User-defined Daten-Typen
	   Beispiel: CREATE PROCEDURE P1 (IN BETRAG EURO)

builtin-data-type	Der Daten-Typ des Parameters ist ein Builtin Daten-Typ. Die Daten-Typen und ihre Behandlung entsprechen der Beschreibung unter CREATE TABLE. Details siehe dort. Ausnahme: - die (ohnehin fragwürdigen) Daten-Typen LONG VARCHAR und LONG VARGRAPHIC werden nicht unterstützt. DateTime Daten-Typen werden als Character-Strings im ISO-Format übergeben. Ansonsten können sämtliche vom System angebotenen Konvertierungen und Umwandlungen unterstützt werden.
distinct-data-type	Der Daten-Typ des Parameters ist ein Distinct Daten-Typ. Ein solcher Parameter wird von DB2 im Source-Typ-Format (Builtin Daten-Typ) umgewandelt übergeben.

Syntax-Diagramm: option-list

Das folgende Syntax-Diagramm enthält die Definitionen der Prozedur-Optionen:

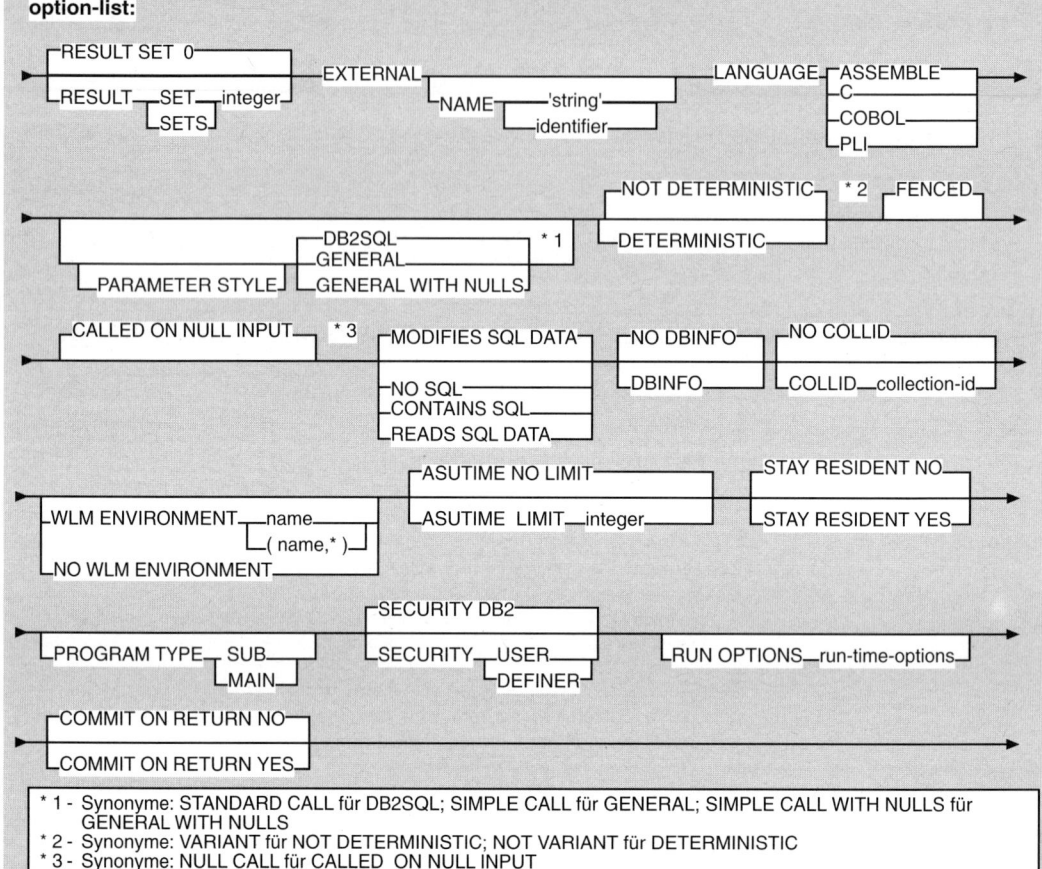

* 1 - Synonyme: STANDARD CALL für DB2SQL; SIMPLE CALL für GENERAL; SIMPLE CALL WITH NULLS für GENERAL WITH NULLS
* 2 - Synonyme: VARIANT für NOT DETERMINISTIC; NOT VARIANT für DETERMINISTIC
* 3 - Synonyme: NULL CALL für CALLED ON NULL INPUT

Parameter-Beschreibung Definition der systemtechnischen Optionen und Ausführungsbedingungen der Prozedur. DB2 prüft nicht die Wiederspruchsfreiheit der Parameter!

RESULT SET integer
RESULT SETS integer
Spezifiziert die maximale Anzahl Result Sets, die von der Prozedur an das aufrufende Programm bzw. die aufrufende Funktion zurückgegeben werden kann. Werden Aufrufe über mehrere Stufen getätigt (nested), kann das Result Set nicht über mehrere Stufen weitergeleitet werden. Es steht nur direkt der Routine zur Verfügung, die das CALL-Statement beinhaltet.
Details zur Behandlung des Result Sets siehe unter DECLARE CURSOR WITH RETURN.

EXTERNAL
Spezifikation, dass diese Prozedur ein externes Lademodul benötigt. Wird der Parameter NAME nicht vorgegeben, wird der procedure-name verwendet.

NAME 'string'
oder identifier
Hier wird der Name (max. 8-stellig) des OS/390-Lademoduls definiert, das diese Funktion beinhaltet.
Beispiele für gültige Vorgaben:
  EXTERNAL oder EXTERNAL NAME SEM0001 oder EXTERNAL NAME 'SEM0001'

LANGUAGE	Programmiersprache der Prozedur. Alle Programme müssen für die IBM Language Environment Umgebung entwickelt sein.
ASSEMBLE	Assembler.
C	C oder C++.
COBOL	COBOL inkl. der objektorientierten Erweiterungen.
PLI	PL/I.
PARAMETER STYLE	Spezifiziert die Übergabekonventionen der Prozedur für Eingabe- und Ausgabe-Parameter.
DB2SQL	Diese Form definiert neben den definierten Parametern folgende zusätzliche Argumente: - einen NULL-Indikator für jeden Parameter - den SQLSTATE - den qualifizierten und den spezifischen Namen der Prozedur - den SQL-Diagnose-String.
GENERAL	Nur die definierten Parameter werden übergeben. Die Parameter dürfen keine NULL-Werte enthalten.
GENERAL WITH NULLS	Diese Form definiert neben den definierten Parametern einen zusätzlichen Übergabebereich von NULL-Werten für jeden Parameter des CALL-Statements.
DETERMINISTIC	Spezifiziert ob die Prozedur bei wiederholtem Aufruf mit identischen Eingabe-Parametern dasselbe Ergebnis produzieren soll. DB2 führt keine Prüfung durch, ob das Programm der Prozedur den Definitionen entspricht.
DETERMINISTIC	Die Prozedur garantiert dasselbe Ergebnis. Dies ist dann der Fall, wenn keine variablen Einflussgrößen innerhalb der Prozedur wirken.
NOT DETERMINISTIC	Die Prozedur garantiert nicht dasselbe Ergebnis. Dies ist dann der Fall, wenn variable Einflussgrößen innerhalb der Funktion wirken, wie z.B. SQL-Zugriffe.
FENCED	Spezifiziert, dass die Prozedur in einen externen Adressraum geladen wird, damit keine Überschreibungen der DB2-Adressräume drohen.
CALLED ON NULL INPUT	Spezifiziert, dass die Prozedur aktiviert wird, wenn einer der Eingabe-Indikatoren einen NULL-Wert aufweist. In diesem Fall wird ein NULL-Ergebnis erzeugt.
....SQL ...	Spezifiziert ob die Prozedur SQL-Statements nutzen darf und wenn ja, welche. Details zu den einzelnen Spezifikationen siehe unter CREATE FUNCTION (External Scalar). Der Einsatz eines nicht zulässigen SQL-Statements (ROLLBACK oder COMMIT) führt zu dem 'Must Rollback-Status" der Prozedur. Darauf muss das aufrufende Programm mit einem ROLLBACK reagieren.
NO SQL	Die Prozedur darf keine SQL-Statements ausführen.
MODIFIES SQL DATA	Die Prozedur darf alle SQL-Statements ausführen bzw. nutzen, die grundsätzlich in Prozeduren einsetzbar sind.
READS SQL DATA	Die Prozedur darf keine SQL-Statements ausführen, die Manipulationen der Daten vornehmen.
CONTAINS SQL	Die Prozedur darf keine SQL-Statements ausführen, die Daten lesen oder manipulieren.
DBINFO	Spezifiziert ob in der Parameterliste ein zusätzlicher Bereich hinzugefügt wird, in dem DB2 der Prozedur Systeminformationen übergibt.
DBINFO	Es wird eine Struktur in der Parameterliste übergeben. Beispielsweise werden hier bereitgestellt: - Lokations-Name, - Autorisierungs-Id des Funktions-Aufrufenden, - Betriebssystem- und DB2-Produkt-Information, Details zur Parameter-Struktur siehe im Anhang 5.
NO DBINFO	Es wird keine Struktur in der Parameterliste übergeben.

A2 Anhang - Definition der wichtigsten DB2-Sprachelemente
CREATE PROCEDURE - 6

COLLID
    COLLID collection-id
    <u>NO COLLID</u>

Identifiziert die Package Collection, der die Prozedur zugeordnet ist.
Expliziter Name der Package Collection.
Der Name der Package Collection wird wie folgt abgeleitet:
- die Prozedur-Package Collection entspricht der des aufrufenden Programmes bzw. des aufrufenden Triggers,
- nutzt das aufrufende Programm keine Package, wird der Inhalt von CURRENT PACKAGESET zur Ausführungszeit herangezogen.

WLM ENVIRONMENT

Identifiziert die Workload Manager (WLM) Application Umgebung, in die Prozedur aktiviert wird.
Wird der Parameter nicht vorgegeben, wird die Prozedur im WLM-Stored Procedure Adressraum ausgeführt, der bei der Installation definiert wurde.

    name
    (name,*)

Expliziter Name der WLM-Umgebung, in der die Prozedur laufen muss.

NO WLM ENVIRONMENT

Identifiziert die DB2 Stored Procedure Adressraum Umgebung (SPAS), in der die Prozedur aktiviert wird.
Dieser Parameter darf nicht vorgegeben werden mit den Parametern:
- PROGRAM TYPE SUB
- SECURITY USER oder SECURITY DEFINER
- Parameter, die auf einem LOB-Daten-Typ basieren.

ASUTIME

Vorgabe eines Limits für die Inanspruchnahme von Prozessor-Zeit für die Abwicklung der Prozedur in CPU Service Units.
Dieser Parameter ist unabhängig von der ASUTIME-Spalte von RLF.

    LIMIT integer

Limit mit einem Wert zwischen 1 und 2147483647. Bei Überschreitung der Ausführungszeit wird die Prozedur abgebrochen. Mit diesem Parameter kann auf Loops oder unvertretbaren Ressourceverbrauch reagiert werden.

    <u>NO LIMIT</u>

Die Prozedur darf unbegrenzte Systemressourcen beanspruchen (soweit dem keine anderen Limite außerhalb dieser Definitionen entgegensprechen).

STAY RESIDENT

Spezifikation, ob nach Ausführungsabschluss das Lademodul dieser Prozedur weiterhin im Speicher für eine spätere Nutzung gehalten werden soll.

    YES

Das Lademodul bleibt weiterhin gespeichert. Dieser Parameter sollte bei Reentrant-Programmen gesetzt werden.

    <u>NO</u>

Das Lademodul wird nach Abschluss aus dem Speicher entfernt.
Dieser Parameter sollte bei Non-Reentrant-Programmen gesetzt werden.

PROGRAM TYPE

Spezifikation, ob die Prozedur als Hauptprogramm oder als Unterprogramm behandelt werden soll.

    MAIN

Die Prozedur wird als Hauptprogramm behandelt. Das führt zu einem erhöhten Aufwand und folgenden Zusatzaktivitäten:
- Initialisierungs- und Terminierungsarbeiten,
- Anforderung und Freigabe von Speicherbereichen,
- Freigabe aller Workfiles vor dem Rücksprung.

    SUB

Die Prozedur wird als Unterprogramm behandelt und muss folgendes beachten:
- keine Steuerungsrückgabe an das Betriebssystem (z.B. kein PL/I STOP oder EXIT; kein COBOL STOP RUN),
- sprachspezifische Charakteristiken:

Sprache	Hauptprogramm	Unterprogramm
Assembler	MAIN=YES im CEENTRY-Macro	MAIN=NO im CEENTRY-Macro
C	main()-function und Parameterübergabe mit argc und argv	fetchable-function und explizite Parameterübergabe.
COBOL	Rücksprung nicht mit GOBACK	Dynamisch geladenes Upro. Rücksprung mit GOBACK
PL/I	PROC OPTIONS (MAIN)	PROC OPTIONS (FETCHABLE)

SECURITY	Spezifikation, wie die Prozedur mit einem externen Security Manager zusammenwirkt zur Kontrolle von Ressourcen außerhalb von DB2.
<u>DB2</u>	Die Prozedur arbeitet ohne externen Security Manager. Evtl. Anforderungen werden dem Autorisierungs-Id zugeordnet, der mit dem WLM-Adressraum verbunden ist.
USER	Die Prozedur arbeitet mit einem externen Security Manager. Anforderungen werden dem Autorisierungs-Id zugeordnet, der die Prozedur aufruft.
DEFINER	Die Prozedur arbeitet mit einem externen Security Manager. Anforderungen werden dem Eigentümer der Prozedur zugeordnet.
RUN OPTIONS	Spezifikation der Language Environment Run-time Options. Fehlt der Parameter, werden die Installations-Defaults eingesetzt.
run-time-options	Vorgabe der Optionen als String mit max. 254 Bytes.
COMMIT ON RETURN	Spezifikation, ob direkt nach Abschluss der Prozedur automatisch ein COMMIT abgesetzt werden soll.
<u>NO</u>	Nein. Die Stored Procedure wird als Teil der UOW des aufrufenden Programms behandelt.
YES	Ja. Bei Abschluss der Stored Procedure wird ein COMMIT abgesetzt, sofern folgende Bedingungen vorliegen: - der SQLCODE, der nach dem CALL zurückgegeben wird, hat keinen negativem Inhalt - die Prozedur ist nicht in einem "Must Abort-Status" (SQLCODE -919). In diesem Fall trat in der Prozedur ebenfalls ein Fehler auf. Soll ein Result Set übergeben werden, ist der Cursor mit WITH HOLD zu deklarieren, damit der Cursor nach dem COMMIT weiter zur Verfügung steht.

A2 Anhang - Definition der wichtigsten DB2-Sprachelemente
CREATE SCHEMA (Schema Processor)

Aufgabe des Statements

Das CREATE SCHEMA-Statement dient zur Definition einer Gruppe von DB2-Objekten unter einer geschlossenen Verwaltungs-Einheit (Schema).
Es ist kein SQL-Statement, sondern muss mittels des Schema-Prozessors (DSNHSP) vorgegeben werden (Muster-JCL DSNTEJ1S).
CREATE SCHEMA wird aus Kompatibilitätsgründen zum ISO/ANSI-SQL-Standard unterstützt.
Mit CREATE SCHEMA können folgende Objekte vorgegeben werden:
- CREATE DISTINCT TYPE,
- CREATE FUNCTION,
- CREATE STORED PROCEDURE,
- CREATE TABLE,
- CREATE TRIGGER,
- CREATE VIEW,
- GRANT Privilegien.

Für Tabellen mit Unique- bzw. Primary-Key-Definitionen werden automatisch die erforderlichen Indizes erzeugt.

Die Statements müssen in korrekter Folge vorgegeben werden, ansonsten wird der SQLCODE -204 erzeugt.
Pro Job kann nur ein Schema vorgegeben werden. Der gesamte Job wird als UOR behandelt, d.h. im Fehlerfalle werden alle Manipulationen des Schemas zurückgerollt.

Es ist zu beachten, daß derzeit im Katalog kein eigenständiges Objekt 'Schema' geführt wird.

Erforderliche Privilegien

- AUTHORIZATION muss der eigene Primär- oder einer der Sekundär-Autorisierungs-Ids sein und es müssen die CREATE-Privilegien für die angegebenen Objekte existieren.
- SYSADM, SYSCTRL.

Anwendungs-Beispiel

```
CREATE SCHEMA  AUTHORIZATION  PROD              Autorisierungs-Id PROD

    CREATE TABLE              SEMTYP            Folge von CREATE TABLE, CREATE VIEW
    .....                                       und GRANT-Statements in korrekter Folge.

    CREATE VIEW               VW001
       AS    SELECT x,y       FROM SEMTYP
    ...

    GRANT  UPDATE        ON   VW001  TO GANS
```

Syntax-Diagramm

▶▶──CREATE SCHEMA──▶◀

A2 Anhang - Definition der wichtigsten DB2-Sprachelemente
CREATE STOGROUP (SQL-Statement)

Aufgabe des Statements

Das SQL-CREATE STOGROUP-Statement dient zur Definition einer Gruppe von Datenträgern (Volumes), die durch einen ICF-Katalog (Integrated Catalog Facility) am aktuellen Server kontrolliert werden. Der verfügbare Platz der Datenträgergruppe kann anschließend durch Tablespaces oder Indexspaces belegt werden.

Erforderliche Privilegien

- CREATESG-Privileg oder
- SYSADM, SYSCTRL.

Anwendungs-Beispiel

```
CREATE STOGROUP  SEMST01        Name der Storagegroup SEMST01
       VOLUMES(PRIV01,PRIV08)   Speicher-Einheiten.
       VCAT    DSNCAT           ICF-Katalog.
```

Syntax-Diagramm

Jeder Volume-Id darf nur einmal pro Statement vorgegeben werden!

▶▶─CREATE STOGROUP─stogroup-name─VOLUMES (─volume-id─) ─VCAT ─catalog-name─▶◀

Parameter-Beschreibung

stogroup-name   Kurz-Id Storage Group-Name. Name muss auf dem lokalen Server eindeutig sein.

VOLUMES (volume-id)   Lfd. Volume-Nr. des Datenträgers.
Die Volumes müssen dem gleichen Device-Typ angehören. Maximal 6-stellig.
VOLUMES (' * ') für SMS (Storage Management Subsystem).
Werden für SMS mehrere Volumes vorgegeben (' * ' , ' * ' , ' * ') wird jeweils ein eigenes Volume für jeden Stern genutzt. Dies ist grundsätzlich nicht mehr sinnvoll, da SMS Multi-Volume fähig ist. In diesem Fall würden mehrfach (pro Stern) Volume-Anforderungen abgesetzt.

Wird mit der SMS-Option GUARANTEED SPACE gearbeitet, sind die Volume-Angaben mit dem SMS-Verantwortlichen abzustimmen.

VCAT Catalog-name   ICF-Katalogname bzw. Alias-Name, wenn Katalogname größer als 8 Stellen.

A2 Anhang - Definition der wichtigsten DB2-Sprachelemente
CREATE SYNONYM (SQL-Statement)

Aufgabe des Statements

Das SQL-CREATE SYNONYM-Statement definiert einen Alternativnamen für eine Table oder einen View am aktuellen Server. Das Synonym erlaubt den Zugriff zu einer Table/View eines anderen Benutzers ohne die ständige Vorgabe der Qualifikation des Autorisierungs-Id's. Auch für eigene Tables/Views des Benutzers können solche Alternativnamen vergeben werden (dann aber mit abweichendem Objekt-Namen).

Mit dem Synonym kann ein Anwendungs-Programm auf Fremd-DB2-Objekte ohne Prefix zugreifen.

Erforderliche Privilegien

Keine.

Anwendungs-Beispiel

```
CREATE   SYNONYM   SP              Name des Synonyms = Autorisierungs-Id.SP
         FOR   GANS.SEMTYP_PREIS   verweist auf Autorisierungs-Id GANS und dessen Objekt (Table, View
                                   oder Alias) mit dem Namen SEMTYP_PREIS.
                                   Der Autorisierungs-Id muss mit vorgegeben werden.
```

Syntax-Diagramm

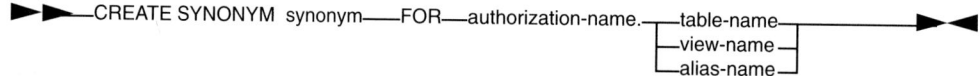

```
►►─CREATE SYNONYM  synonym──FOR──authorization-name.─┬─table-name─┬──►◄
                                                     ├─view-name──┤
                                                     └─alias-name─┘
```

Parameter-Beschreibung

synonym	Alternativname für eine Table oder einen View. Lang-Id ohne Autorisierungs-Id.
	Das Synonym wird automatisch dem ausführenden Benutzer zugeordnet (Current SQLID).
	Der Name darf nicht als Objekt-Name unter dem entsprechenden Autorisierungs-Id vorhanden sein.
FOR authorization-name	Qualifizierter zweiteiliger Name des Objektes, das im lokalen DB2-Katalog verfügbar sein muss. Der Autorisierungs-Name muss immer vorgegeben werden.
table-name **view-name** **alias-name**	Das Objekt muss eine Tabelle (eine Auxiliary Table ist nicht unterstützt) oder ein View sein oder auf einen Alias zeigen, der wiederum auf eine Tabelle oder View referenziert. Wird auf einen Alias referenziert, wird im Katalog der Name der Table bzw. des Views eingetragen, d.h. es besteht keine Beziehung mehr zwischen dem Synonym und dem Alias (Der Alias kann anschließend ohne Auswirkung auf das Synonym gelöscht werden).

A2 Anhang - Definition der wichtigsten DB2-Sprachelemente
CREATE TABLE (SQL-Statement)

Aufgabe des Statements

Das SQL-CREATE TABLE-Statement definiert eine DB2-Table am aktuellen Server.
Es werden Namen und Charakteristiken für Tabelle und Spalten festgesetzt.
Die Längen aller definierten Spalten dürfen die Kapazität einer Page (abhängig von der Bufferpool-Zuordnung des Tablespaces) nicht überschreiten.
Eine Tabelle, die einem Large Tablespace zugeordnet wird, wird auch als Large Table bezeichnet.
Eine neue Tabelle kann auch bei ordnungsgemäßer Syntax nicht angelegt werden, wenn eine der folgenden Bedingungen erfüllt ist:
- In einem segmented Tablespace steht nicht genügend Platz in der Größe eines Segments zur Verfügung und neuer Platz kann nicht angefordert werden.
- Parallel sperrt eine Anwendung mit entsprechend hohem Sperrniveau den Tablespace bzw. die Database (CREATE TABLE fordert einen 'X'-Lock auf der Database).

Eine Tabelle kann unter bestimmten Bedingungen nicht genutzt werden:
- Wenn der Status 'incomplete' ist (siehe Katalog-Tabelle SYSTABLES Spalten STATUS und TABLESTATUS).
  Dies ist dann der Fall, wenn :
    - für einen Parent Key kein Index definiert wurde,
    - für einen ROWID kein notwendiger Index definiert wurde (bei GENERATED BY DEFAULT),
    - für eine LOB-Spalte nicht die Auxiliary-Table und der Auxiliary Index definiert wurde.
- Wenn ein "Check Pending Status" vorliegt (siehe Katalog-Tabelle SYSTABLES Spalte CHECKFLAG bzw. Katalog-Tabelle SYSTABLESPACE Spalte STATUS).
  Dies ist dann der Fall, wenn :
    - ein Check Constraint definiert wurde und es existieren Daten, die gegen diese Regeln verstoßen (das Problem kann nur bei ALTER TABLE auftreten),
    - Änderungen oder Löschungen von Komponenten innerhalb eines Referential Constraints auftreten.

Wenn beim Anlegen dieser Tabelle Standard-SQL-Regeln aktiv sind (CURRENT RULES = "STD") werden implizit folgende Maßnahmen ergriffen:
- Werden eine oder mehrere **LOB-Spalten** definiert, werden automatisch für jede LOB-Spalte folgende Objekte angelegt:
  - ein LOB-Tablespace
    ```
    Namenskonvention: 'Lrrrrrrr'
                      L         = Merkmal LOB-Tablespace
                      rrrrrrr   = eindeutige Zufallszeichen.
    ```
  - eine Auxiliary-Table
    ```
    Namenskonvention: 'tttttcccccrrrrrrrr'
                      ttttt     = die ersten 5 Stellen des Basis-Tabellen-Namens
                      ccccc     = die ersten 5 Stellen des LOB-Spalten-Namens
                      rrrrrrrr  = eindeutige Zufallszeichen.
                      Sind Namensbestandteile kürzer, wird mit "_" aufgefüllt.
    ```
  - ein Auxiliary-Index
    ```
    Namenskonvention: 'Iaaaaaaaaaarrrrrrrr'
                      I          = Merkmal Index
                      aaaaaaaaaa = die ersten 10 Stellen des Auxiliary-Table-Namens
                      rrrrrrrr   = eindeutige Zufallszeichen.
                      Sind Namensbestandteile kürzer, wird mit "_" aufgefüllt.
    ```
- Wird eine **ROWID-Spalte mit GENERATED BY DEFAULT** definiert, wird automatisch für die ROWID-Spalte ein Index angelegt
    ```
    Namenskonvention: 'Iccccccccccrrrrrrrr'
                      I          = Merkmal Index
                      cccccccccc = die ersten 10 Stellen des ROWID-Spalten-Namens
                      rrrrrrrr   = eindeutige Zufallszeichen.
                      Sind Namensbestandteile kürzer, wird mit "_" aufgefüllt.
    ```

Erforderliche Privilegien

- CREATETAB-Privileg für die Database oder
- DBADM, DBCTRL oder DBMAINT-Privileg für die Database oder
- SYSADM, SYSCTRL (auch Fremd-Autorisierungs-Ids).
- Bei bestimmten Optionen sind besondere Privilegien erforderlich, z.B. beim LIKE-Parameter oder bei Vorgabe eines referential constraints (FOREIGN KEY). Solche Details sind unter den jeweiligen Parametern beschrieben.

Anwendungs-Beispiel

Definition einer Base Table als Parent Table

```
CREATE  TABLE       SEMTYP
     (  SEMCODE     CHAR (15)    NOT NULL,
        TITEL       VARCHAR (60),
        DAUER       DECIMAL (5, 1)

        CHECK  (DAUER BETWEEN 1 AND 5),

        PRIMARY KEY    (SEMCODE))

     IN    SEMDB01.SEMTS01 ;
```

- Table-Name Autorisierungs-Id.SEMTYP.
- NULL = Default.
- Variabler String, max. Länge 60 Stellen.
- Wenn DECIMAL POINT IS COMMA, muss hinter 5, ein Blank gesetzt werden!
- Check-Klausel: nur Werte zwischen 1 und 5 sind zugelassen (hier Tage).
- Der Primär-Key fordert einen Primary Index, ansonsten ist die Tabellenbeschreibung 'incomplete'.
- Zuordnung zur Database SEMDB01 und dem dort vorhandenen Tablespace SEMTS01.

Definition einer Base Table als Dependent Table

```
CREATE  TABLE       SEMINAR
     (  PRIMARY KEY (SEMCODE, TERMIN),
        SEMCODE     CHAR (15)    NOT NULL,
        TERMIN      DATE         NOT NULL,
        REFNR       SMALLINT,
        ORT         VARCHAR (60),

        CONSTRAINT CTERMIN
           CHECK    ( TERMIN > '01.01.2000' AND
                      REFNR > 50),
        FOREIGN KEY    REFERENT
           (REFNR) REFERENCES   REFERENT
                   ON DELETE    SET NULL,
        FOREIGN KEY

           (SEMCODE)  REFERENCES     SEMTYP
                   ON DELETE    CASCADE )

     IN    DATABASE SEMDB01 ;
```

- Table-Name Autorisierungs-Id.SEMINAR.
- Zusammengesetzter PK.
- PK-Bestandteil NOT NULL, SEMCODE ist auch FK.
- PK-Bestandteil NOT NULL.
- Lfd-Nr. als FK zur Table REFERENT.
- Variabler String, max. Länge 60 Stellen.
- Check-Klausel als Alternative zum obigen Beispiel mit Prüfung mehrerer Spaltenwerte.
- Referential Constraint mit Name REFERENT
- FK REFNR zeigt auf die Table REFERENT.
- Lösch-Regel = SET NULL.
- Referential Constraint mit Name SEMCODE (Default-Name).
- FK SEMCODE zeigt auf Table SEMTYP.
- Lösch-Regel CASCADE.
- Zuordnung zur Database SEMDB01, der Tablespace wird dort implizit angelegt.

Definition einer Base Table mit LOB und ROWID

```
CREATE  TABLE       REFERENT_FOTO
     (  REFNR       SMALLINT  NOT NULL,
        "ROWID"     ROWID GENERATED ALWAYS,
        REF_FOTO    BLOB (200K),
        PRIMARY KEY    (REFNR) )

     IN    SEMDB01.SEMTS09    ;
```

- Table-Name Autorisierungs-Id.REFERENT_FOTO.
- Lfd-Nr. als PK und FK zur Table REFERENT.
- Erforderlicher, von DB2 vergebener Identifikator.
- Foto des Referenten als LOB-Spalte.
- Der Primär-Key fordert einen Primary Index, ansonsten ist die Tabellenbeschreibung 'incomplete'.
- Zuordnung zur Database SEMDB01 und dem dort vorhandenen Tablespace SEMTS09.

Definition einer Auxiliary Table für die LOB -Spalte
(CURRENT RULES = "DB2")

```
CREATE  AUXILIARY TABLE    REFERENT_FOTO_AUX

     IN    SEMDB01.SEMTL09

     STORES      REFERENT_FOTO
     COLUMN      REF_FOTO  ;
```

- Table-Name Autorisierungs-Id. REFERENT_FOTO_AUX.
- Zuordnung zur Database SEMDB01 und dem dort vorhandenen LOB-Tablespace SEMTL09.
- Zuordnung zur Table REFERENT_FOTO.
- Zuordnung zur Spalte REF_FOTO.

Definition eines Auxiliary Index für die LOB -Spalte
(CURRENT RULES = "DB2")

```
CREATE  UNIQUE INDEX       REFERENT_FOTO_IX
        ON          REFERENT_FOTO_AUX

        USING VCAT DB21   ;
```

- Index-Name Autorisierungs-Id.REFERENT_FOTO_IX.
- Zuordnung zur Auxiliary Table REFERENT_FOTO_AUX (ohne Spalten).
- Verweis auf Dataset.

Syntax-Diagramm

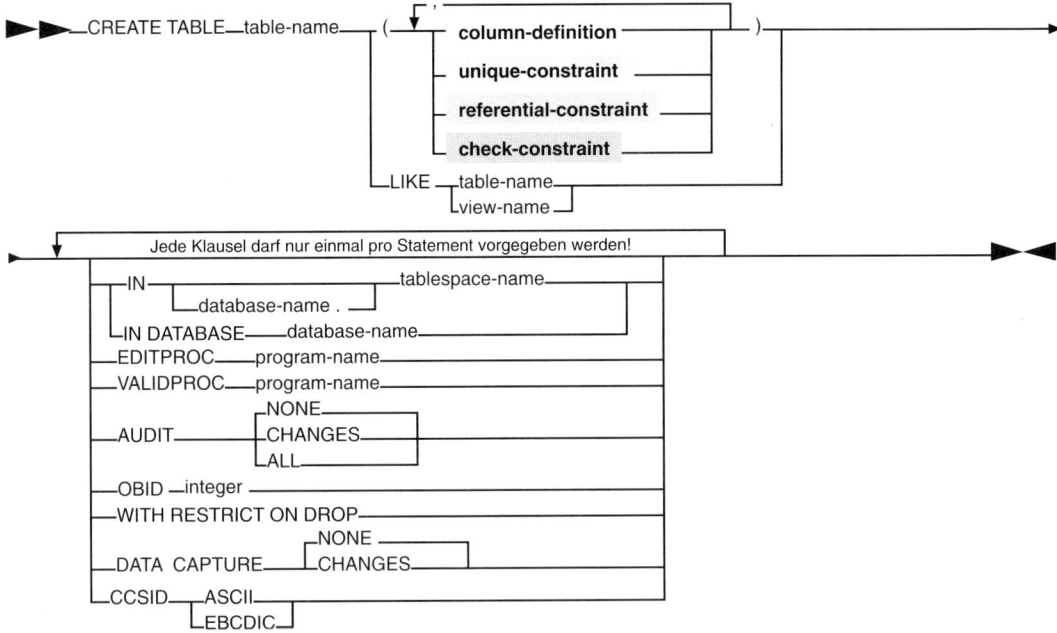

Parameter-Beschreibung

table-name	Lang-Id Tabellen-Name. Der Name kann zweiteilig (Autorisierungs-Id.Table-Name) oder dreiteilig (Aktuelles DB2-Subsystem. Autorisierungs-Id.Table-Name) qualifiziert oder unqualifiziert vorgegeben werden. Fehlt der Autorisierungs-Id, wird er von DB2 eingesetzt. Der Autorisierungs-Id zeigt auf den Eigentümer der Tabelle.
column-definition	Definition der Spalten mit Charakteristiken. Siehe Block: column-definition.
unique-constraint	Definition eines Unique Constraints. Siehe Block: unique-constraint.
referential-constraint	Definition eines Referential Constraints.Siehe Block: referential-constraint.
check-constraint	Definition eines Check Constraints.Siehe Block: check-constraint.
LIKE table-name **view-name**	Sämtliche Spalten und Spalten-Charakteristiken werden aus einer bestehenden Table bzw. einem existierenden View des aktuellen Servers entnommen (SELECT-Privileg der adressierten Ressourcen erforderlich). Ist die Ursprungs-Table einem Tablespace mit kleiner Page-Größe als die neue, zu kreierende Table zugeordnet, werden LONG-Felder als normale Strings behandelt (z.B. aus LONG VARCHAR wird VARCHAR). Es werden alle Definitionen des column-definition-Blocks übernommen. Andere Attribute bleiben unberücksichtigt (z.B. referenzielle Beziehungen).
IN	Zuordnung der Table zu Tablespace und Database des aktuellen Servers. Der zugeordnete Tablespace muss explizit angelegt sein und bei partitioned Tablespace darf nur 1 Table zugeordnet werden.
database-name. **tablespace-name**	Anlage in dem Tablespace der entsprechend vorgegebenen Database. Es darf kein LOB-Tablespace sein.
tablespace-name	Anlage in dem Tablespace der Default-Database DSNDB04.
DATABASE database-name	Implizite Anlage eines Tablespaces aus dem Tablenamen abgeleitet in der entsprechend vorgegebenen Database.

A2 Anhang - Definition der wichtigsten DB2-Sprachelemente
CREATE TABLE - 4

EDITPROC program-name
Routine, die bei Load, Insert bzw. Update der Tabellenzeile die Steuerung erhält. Möglichkeit der Chiffrierung, Kodierung/ Dekodierung, Komprimierung/ Dekomprimierung des Strings.
Keine Möglichkeit eines SQL-Aufrufes.
Es werden 2 Beispiele eines solchen Exit-Programms mitgeliefert:
- Kodierung/Dekodierung   - DSN8EAE1,
- Komprimierung/Dekomprimierung   - DSN8HUFF (Huffmann data compression).

Der Parameter darf nicht vorgegeben werden, wenn eine LOB- oder ROWID-Spalte definiert ist.

VALIDPROC program-name
Routine, die bei Load, Insert, Update bzw. Delete der Tabellenzeile die Steuerung erhält. Möglichkeit der Prüfung des Strings.
Keine Möglichkeit eines SQL-Aufrufes.
Bei einer LOB-Spalte werden keine Daten übergeben.

AUDIT
Einrichtung der Protokollierung von Manipulationen bzw. Zugriffen in Abhängigkeit mit aktiven Trace-Klassen.

    NONE   Keine Protokollierung.
    CHANGES   Manipulationen (Insert, Update, Delete) werden protokolliert (nur wenn Trace-Klasse 4 aktiviert ist).
    ALL   Alle Manipulationen bzw. Zugriffe in Abstimmung mit den aktivierten Trace-Klassen werden protokolliert.

OBID integer
DB2-interner Objekt-Id, der bei Anlage einer Table im Katalog dokumentiert wird (Katalogtable SYSTABLES).
Der hier vorzugebende Objekt-Id des Owner-Systems kann angefordert werden mit: SELECT OBID FROM SYSIBM.SYSTABLES.

WITH RESTRICT ON DROP
'Sicherheitsschalter', damit die Tabelle nicht unbeabsichtigt gelöscht wird. Dies verhindert auch das Löschen im Rahmen eines Cascade Deletes. Daher können auch die Database und der Tablespace, denen die Tabelle zugeordnet ist, nicht gelöscht werden.
Ein Löschen des Schalters kann mit ALTER TABLE vorgenommen werden.

DATA CAPTURE
Kennzeichnung, ob bei SQL-Manipulationen Zusatz-Informationen in expandiertem Format auf Log-Datei geschrieben werden sollen.

    NONE   Keine Protokollierung.
    CHANGES   Manipulationen (Insert, Update, Delete) werden protokolliert.
    Bei einer LOB-Spalte werden keine Daten protokolliert.

CCSID
Coded Character Set Identifier. Kennzeichnung, nach welchen Regeln Character-Daten gespeichert und interpretiert werden.
Beispiele siehe unter CREATE DATABASE.

    ASCII   Verwendung des ASCII-CCSID, das bei der DB2-Installation definiert wurde.
    EBCDIC   Verwendung des EBCDIC-CCSID, das bei der DB2-Installation definiert wurde.

Syntax-Diagramm: column-definition-block

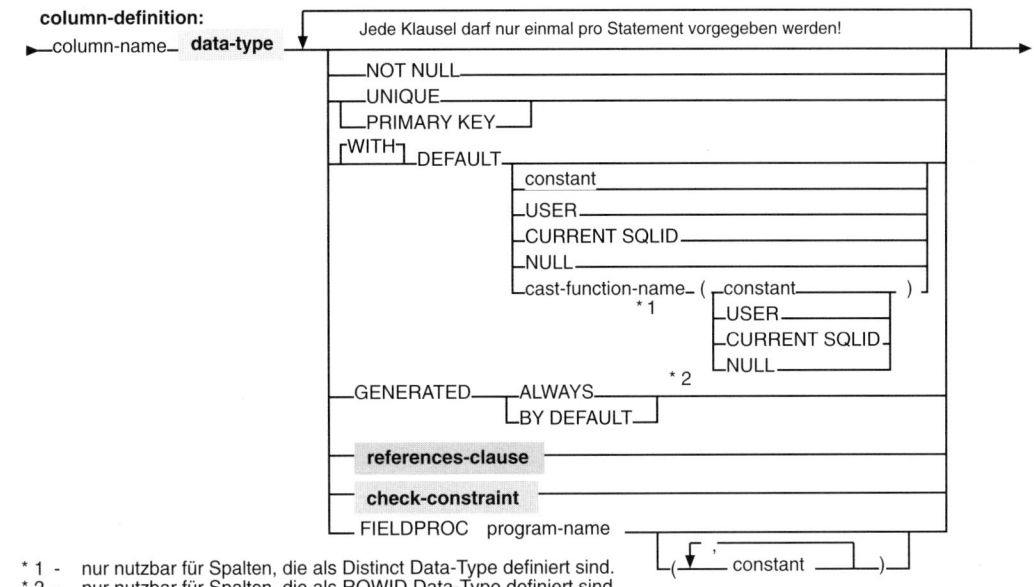

* 1 - nur nutzbar für Spalten, die als Distinct Data-Type definiert sind.
* 2 - nur nutzbar für Spalten, die als ROWID Data-Type definiert sind.

Parameter-Beschreibung	In diesem Block werden die Charakteristiken für jede einzelne Spalte der Tabelle definiert.
column-name	Spaltenname als Lang-Id eindeutig in Table. Max. 750 Spalten pro Table (bei Dependent Tables: 749).
data-type	Datentyp der Spalte. Siehe Block: data-type. Hinsichtlich des Speicherbedarfs siehe auch unter "Builtin-Daten-Typ Detailbeschreibung" im Anhang 1.
NOT NULL	Verhindert 'NULL-Werte' für die Spalte. Default = NULL.
UNIQUE oder PRIMARY KEY	Definition eines Unique Keys bzw. Primary Keys für eine Spalte (Kurzform). Siehe auch unter Block: unique-constraint. Bei einem ROWID- oder einem LOB-Spalten-Typ darf dieser Parameter nicht vorgegeben werden.
DEFAULT	Beim LOAD bzw. beim INSERT einer Zeile wird dann ein Default-Wert eingesetzt, wenn kein expliziter Wert vorgegeben wird. Wenn nichts anderes vereinbart ist, setzt DB2 automatisch in Abhängigkeit vom Datentyp Default-Werte ein (nur wenn NOT NULL WITH DEFAULT definiert wurde): Numerische Daten: 0 Strings mit fester Länge: Blanks Strings mit variabler Länge: Ein String mit der Länge 0 DATE: CURRENT DATE. TIME: CURRENT TIME. TIMESTAMP: CURRENT TIMESTAMP Distinct Type: Der Default-Wert des Source-Daten-Typs. Wenn weder DEFAULT noch NOT NULL vorgegeben wurden, wird die Spalte als NULL-fähig definiert. Dann ist der Default-Wert ein NULL-Wert. Bei einem ROWID-Spalten-Typ darf dieser Parameter nicht vorgegeben werden. Bei einem LOB-Spalten-Typ darf nur DEFAULT NULL vorgegeben werden.

constant	Folgende expliziten Default-Werte können definiert werden: Konstanter Wert, der als Default eingesetzt werden soll (formatgerecht).
USER	Es wird das zur Ausführungszeit aktuelle Spezialregister USER eingesetzt (nur bei einer Spalte im Format CHAR mit einer Länge >= 8 Bytes unterstützt).
CURRENT SQLID	Es wird das zur Ausführungszeit aktuelle Spezialregister CURRENT SQLID eingesetzt (nur bei einer Spalte im Format CHAR mit einer Länge >= 8 Bytes unterstützt).
NULL	Ein NULL-Wert wird eingesetzt.
cast-function-name	Der Name der Cast-Funktion, der identisch sein muss mit dem Namen eines Distinct Daten-Typs. Der Schema-Name der Funktion muss ebenfalls mit dem Schema-Namen des Distinct Daten-Typs übereinstimmen. Er kann explizit vorgegeben oder implizit ermittelt werden. Der Eigentümer der Tabelle muss das EXECUTE-Privileg der Funktion haben.
constant,....	Die einzelnen Optionen entsprechen den obigen Ausführungen.
GENERATED	Der Parameter ist nur bei einem ROWID-Daten-Typ vorgebbar und muss auch dort immer vorgegeben werden. Damit wird definiert, dass DB2 automatisch die Generierung einer Id vornimmt.
ALWAYS	DB2 generiert immer diese Id beim Einfügen und Laden einer Zeile.

BY DEFAULT	DB2 generiert diese Id beim Einfügen und Laden einer Zeile, sofern die ROWID nicht bereits gefüllt übergeben wird. In diesem Fall muss es sich um eine gültige und von DB2 vergebene ROWID handeln.
	Wird diese Option vorgegeben, muss für die ROWID-Spalte ein Unique-Index angelegt sein (es ist kein composite Index über mehrere Spalten zulässig). Vor der Existenz dieses Indexes ist kein Einfügen oder Laden von Zeilen möglich.
	Wenn zum Zeitpunkt des CREATEs Standard-Regeln gelten (CURRENT RULES = 'STD'), legt DB2 automatisch diesen Index an.
	Namenskonvention:
	    Icccccccccccrrrrrrr
	    I = Index
	    ccccccccc = Spalten-Name, evtl mit "_" aufgefüllt
	    rrrrrrr = generierte Zufalls-Zeichen.

references-clause	Siehe Block: references-clause.
check-constraint	Siehe Block: check-constraint.

FIELDPROC
    program-name
    (constant)
	Aktivierung eines Programmes bei Aufruf der entsprechenden Spalte.
	Das Feldprozedur-Programm erhält einen Datenstrom und kann diesen umformatieren. Es können konstante Parameter übergeben werden. FIELDPROC ist nur für Spalten kleiner 254 Byte Größe einsetzbar. Es darf entweder eine FIELDPROC oder NOT NULL WITH DEFAULT gesetzt werden.

Syntax-Diagramm: data-type

Wird ein distinct-data-type vorgegeben, muss der Tabellen-Eigentümer das USAGE-Privileg besitzen.

data-type:

```
──┬── builtin-data-type ──┬──────────────────────────────────────────────►
  └── distinct-data-type ─┘   Definition:  distinct-data-type siehe unter CREATE DISTINCT TYPE
```

builtin-data-type:

```
──┬── BINARY LARGE OBJECT ──┬──────────────┬────────────────────────────────────
  └── BLOB ─────────────────┘  └─( integer ─┬──┬─)─┘
                                            │ K│
                                            │ M│
                                            │ G│

  ┌── CHARACTER ──────┐
  │── CHAR ───────────┤ ┌─( integer )─┐           ┌── FOR ──┬── SBCS ──┬── DATA ──┐
  │── CHARACTER VARYING ──( integer )─┘           │         │ BIT      │          │
  │── CHAR ───────────┤                           │         │ MIXED    │          │
  └── VARCHAR ────────┘

  ┌── CHARACTER LARGE OBJECT ──┐
  │── CHAR ────────────────────┤ ┌─( integer ─┬──┬─)─┐  ┌── FOR ──┬── SBCS ──── DATA ──┐
  └── CLOB ────────────────────┘              │ K│                │ MIXED              │
                                              │ M│
                                              │ G│

  ┌── DATE ─────┐
  │── TIME ─────┤
  └── TIMESTAMP ┘

  ┌── DECIMAL ──┐
  │── DEC ──────┤ ┌─( integer ──────────── )─┐
  └── NUMERIC ──┘              └─, integer ──┘

  ┌── FLOAT ────┐
  │── REAL ─────┤ ┌─( integer )─┐
  └── DOUBLE ───┘   ┌─PRECISION─┐

  ┌── GRAPHIC ─────┐
  │── VARGRAHIC ───┤ ┌─( integer )─┐
  └── DBCLOB ──────┘
                  ┌─( integer ─┬──┬─)─┐
                               │ K│
                               │ M│
                               │ G│

  ┌── SMALLINT ─┐
  │── INTEGER ──┤
  └── INT ──────┘

  └── ROWID ─────┘
```

Parameter-Beschreibung

In diesem Block werden die Charakteristiken für jede einzelne Spalte der Tabelle definiert.

BINARY LARGE OBJECT I BLOB
Langer String für Binärdaten-Haltung. Der String wird als variabel langes Feld geführt und gilt unabhängig von seiner konkreten Länge als Long-String (* = siehe "Long-String-Besonderheiten"). Default-Länge = 1 MB.
Bei Definition zumindest einer LOB-Spalte muss eine ROWID-Spalte definiert sein.
Jede LOB-Spalte benötigt eine Auxiliary Table.

integer Länge des Strings (1 bis 2 147 483 647) in Bytes.
integer K Länge des Strings (1 bis 2 097 152) in Kilo-Bytes.
integer M Länge des Strings (1 bis 2048) in Mega-Bytes.
integer G Länge des Strings (1 bis 2) in Giga-Bytes.
Werden 2 GB erreicht, wird die Kapazität um 1 Byte reduziert.
Dieser String mit seiner definierten Länge wird in der Auxiliary Table geführt. In der Basis-Tabelle werden lediglich 6 Bytes reserviert.

A2 Anhang - Definition der wichtigsten DB2-Sprachelemente
CREATE TABLE - 8

CHAR I CHARACTER (integer)	Fester Characterstring 1 - 255 Bytes (fehlt die Länge, wird 1 Stelle angenommen).
FOR subtype DATA	Spezifiziert einen Subtyp einer Character-String-Spalte und kann für andere Datentypen nicht verwendet werden.
	Mit diesem Subtyp wird auch ein CCSID (coded character set identifier) geführt.
	Mittels eines solchen 2 Byte Integer-Identifiers wird die Zeichen-Konvertierung unterschiedlicher Zeichensätze unterstützt (z.B. verschiedene nationale Zeichensätze oder EBCDIC - ASCII).
	In Abhängigkeit einer Systemgenerierungs-Option (MIXED DATA) wirken Defaults. Wenn MIXED DATA = NO, wird SBCS, ansonsten MIXED als Default eingesetzt.
SBCS	Single Byte Character Set. Jedes Zeichen wird auf einer Stelle gespeichert.
BIT	Nicht darstellbare Zeichen (Bit-Daten), die auch nicht konvertiert werden.
MIXED	Dieser Datentyp kann SBCS-Daten (Single Byte Character Set) oder DBCS-Daten (Double Byte Character Set) oder aber beide Typen aufnehmen.
	Werden DBCS-Daten geführt, müssen diese durch SOSI (Shift-in und Shift-out-Character) abgegrenzt werden.
	Dieser Parameter kann nur bei entsprechender Systemgenerierung gesetzt werden.
CHAR VARYING (wert) I	Variabler Character-String 1 - 4056 bzw. 32706 Bytes (je nach Page-Größe). Wenn
CHARACTER VARYING (wert) I	größer als 255 Bytes, dann Long String (* = siehe Long-String-Besonderheiten).
VARCHAR (wert) * I	
FOR subtype DATA	Siehe unter CHAR.
CHARACTER LARGE OBJECT I	Langer String für Character-Daten-Haltung. Der String wird als variabel langes Feld
CHAR LARGE OBJECT I	geführt und gilt unabhängig von seiner konkreten Länge als Long-String (* = siehe
CLOB	"Long String-Besonderheiten"). Default-Länge = 1 MB.
	Bei Definition zumindest einer LOB-Spalte muss eine ROWID-Spalte definiert sein.
	Jede LOB-Spalte benötigt eine Auxiliary Table.
integer	Länge des Strings (1 bis 2 147 483 647) in Bytes.
integer K	Länge des Strings (1 bis 2 097 152) in Kilo-Bytes.
integer M	Länge des Strings (1 bis 2048) in Mega-Bytes.
integer G	Länge des Strings (1 bis 2) in Giga-Bytes.
	Werden 2 GB erreicht, wird die Kapazität um 1 Byte reduziert.
	Dieser String mit seiner definierten Länge wird in der Auxiliary Table geführt. In der Basis-Tabelle werden lediglich 6 Bytes reserviert.
FOR subtype DATA	Siehe unter CHAR (nur SBCS oder MIXED vorgebbar).
	Die folgenden Datums- und Zeit-Datentypen werden in einem festen internen Format definiert und gespeichert. Ihre externe Darstellung läßt sich individuell generieren (siehe auch DateTime-Formate in Anhang 1):
	ISO = Internationaler Standard, USA = IBM-USA-Standard,
	EUR = IBM-Europa-Standard, JIS = Japanischer Industriestandard,
	LOCAL = Individuelle Unternehmensgenerierung (Problem bei verteilten Subsystemen mit unterschiedlichen Zeitzonen).
DATE	Datum. Intern: 4 Bytes YYYYMMDD
	Extern (Beispiele): EUR DD.MM.YYYY
	ISO YYYY-MM-DD
TIME	Uhrzeit. Intern: 3 Bytes HHMMSS
	Extern (Beispiele): EUR HH.MM.SS
	ISO HH.MM.SS
TIMESTAMP	Zeitstempel. Intern: 10 Bytes YYYYMMDDHHMMSSTTTTTT
	Extern: YYYY-MM-DD-HH.MM.SS.nnnnnn
DECIMAL I DEC I NUMERIC	Dezimalzahl Wert1 = Anzahl Gesamtstellen: 1 - 31= 1 bis 16 Bytes intern.
(Wert1, Wert 2)	Wert2 = Anzahl Stellen hinter Komma: 0 bis max. Wert1.
FLOAT	Gleitkomma-Daten-Typ. Anstelle von FLOAT sollte generell REAL oder DOUBLE verwendet werden (aus Kompatibilitätsgründen und wg. der Transparenz).
(Länge)	1-21 = einfache Genauigkeit (4 Bytes intern).
	22-53 = Doppelte Genauigkeit (8 Bytes intern).
	Alternativ zu Länge:
REAL	Einfache Genauigkeit (4 Bytes intern).
DOUBLE I	Doppelte Genauigkeit (8 Bytes intern).
DOUBLE PRECISION	
FLOAT	Doppelte Genauigkeit (8 Bytes intern).
GRAPHIC (wert)	Fester Doppel-Byte-Characterstring (DBCS) Wert = 1 - 127 (fehlt die Länge, wird 1 Stelle angenommen).
VARGRAPHIC (wert) *	Variabler Doppel-Byte-Characterstring (DBCS), Wert= 1 - 2028 bzw. 16352 Stellen (je nach Page-Größe. Wenn größer als 127 Stellen, dann Long String (* = siehe Long-String-Besonderheiten).

A2 Anhang - Definition der wichtigsten DB2-Sprachelemente
CREATE TABLE - 9

DBCLOB	Langer String für Doppel-Byte-Character-Daten-Haltung. Der String wird als variables Feld geführt und gilt unabhängig von seiner konkreten Länge als Long-String (* = siehe Long-String-Besonderheiten). Default-Länge = 524 288 Doppel-Bytes = 1 MB. Bei Definition zumindest einer LOB-Spalte muss eine ROWID-Spalte definiert sein. Jede LOB-Spalte benötigt eine Auxiliary Table.
integer	Länge des Strings (1 bis 1 073 741 823) in Doppel-Bytes.
integer K	Länge des Strings (1 bis 1 048 576) in Kilo-Doppel-Bytes.
integer M	Länge des Strings (1 bis 1024) in Mega-Doppel-Bytes.
integer G	Länge des Strings (1 bis 1) in Giga-Doppel-Bytes. Werden 1 GB erreicht, wird die Kapazität um 2 Bytes reduziert. Dieser String mit seiner definierten Länge wird in der Auxiliary Table geführt. In der Basis-Tabelle werden lediglich 6 Bytes reserviert.
FOR subtype DATA	Siehe unter CHAR.
SMALLINT	15 Bit-Binärzahl plus Vorzeichen (2 Bytes intern).
INTEGER I INT	31 Bit-Binärzahl plus Vorzeichen (4 Bytes intern).

ROWID	ROWID (19 Bytes intern). Eine Tabelle kann max. einen ROWID haben. Die Inhalte sind eindeutig für jede Zeile der Tabelle. Die Inhalte können mit SQL-Statements nicht verändert werden (dies gilt nicht bei einem DB2-LOAD oder REORG).
	Eine solche Spalte wird unabhängig von ihrer expliziten Definition immer als NOT NULL behandelt.
	Eine ROWID muss definiert werden, wenn:
	   - eine oder mehrere LOB-Spalten in der Tabelle definiert sind.
	Eine ROWID kann definiert werden, wenn:
	   - die ROWID für die gestreute Verteilung der Daten in einem Partitioned Tablespace genutzt werden soll,
	   - nach dem Einlesen der ROWID anschließend effiziente Zugriffe auf die Daten über diesen direkten Key anstelle eines Index-Zugriffs gewünscht werden (Achtung: die ROWID wird bei LOAD und REORG-Utility-Läufen verändert!!).
	Bei Einsatz einer ROWID müssen folgende Aspekte bedacht werden:
	   - der Inhalt muss immer eine gültige, von DB2 vergebene ROWID sein,
	   - der Inhalt einer ROWID wird bei LOAD und REORG-Utility-Läufen verändert,
	   - der Inhalt kann mit SQL-Statements nicht verändert werden,
	   - der Inhalt wird als Bit-Daten-String geführt und wird nur im internen Format repräsentiert,
	   - ROWIDs können in SQL-Statements und in Indizes genutzt werden,
	   - ROWIDs werden mit dem DB2 Private Protokoll nicht unterstützt,
	   - ROWID-Inhalte können nur mit anderen ROWID-Inhalten verglichen werden,
	   - bei ROWID-Nutzung kann keine FIELDPROC, kein Check Constraint und keine EDITPROC genutzt werden,
	   - wenn GENERATED BY DEFAULT definiert wird und SQLRULES (STD) aktiv ist, wird automatisch ein einspaltiger Index auf der ROWID-Spalte aufgebaut (COPY NO),
	   - alle diese Ausführungen beziehen sich auf Builtin Daten-Typen und entsprechend auch auf Distinct Daten-Typen.

Die folgenden Felder werden auch unterstützt. Vom Einsatz ist aber dringend abzuraten:

LONG VARCHAR * LONG CHAR VARYING I LONG CHARACTER VARYING	Variabler Characterstring 1 - 32 KB. Die Größe wird bestimmt durch die Rest-Kapazität der zugeordneten Page. Wenn größer als 254 Bytes, dann Long String (* = siehe Long-String-Besonderheiten). **Achtung**: dieses Format ist für eine professionelle Anwendungsentwicklung unsinnig, da die max. Größe kontrolliert werden sollte!
LONG VARGRAPHIC *	Variabler Doppel-Byte-Characterstring (DBCS) Wert= 1-16.352. Die Größe wird bestimmt durch die Rest-Kapazität der zugeordneten Page. Wenn größer als 127 Stellen, dann Long String (* = siehe Long-String-Besonderheiten).

* **Besonderheiten eines variablen Strings**:
    Die Längen der variablen Strings müssen vom Programm verwaltet werden!

* **Long-String-Besonderheiten**:
    Diese Felder können nicht verarbeitet werden in:
      • Parametern einer Funktion außer speziellen Long-String unterstützenden Funktionen, wie: SUBSTR, LENGTH oder VALUE bzw. COALESCE
      • einer GROUP-BY-Klausel
      • einer ORDER-BY-Klausel
      • einem CREATE INDEX-Statement
      • einem SELECT DISTINCT-Statement
      • einem Subselect eines UNION ohne ALL-Schlüsselwort
      • einem anderen Prädikat als LIKE oder EXISTS
      • einem Ergebnis-Ausdruck einer CASE-Expression
      • einer Definition eines Primary-, Unique- oder Foreign Keys
      • einem Check-Konstrukt (gilt nur für LOBs)
      • einer Feld-Prozedur (gilt nur für LOBs)
      • einer verteilten Anwendung mit DB2-Private Protokoll (gilt nur für LOBs)

Syntax-Diagramm: unique-constraint-block

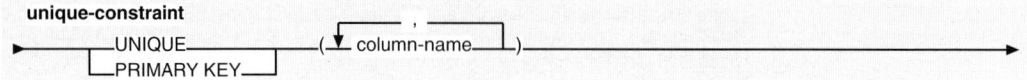

Parameter-Beschreibung	Definition eines Unique Constraints für mehrere Spalten.
PRIMARY KEY column-name	Definition eines Primary Keys mit bis zu 64 Spalten (max. Länge von 255 Bytes), die mit 'NOT NULL' oder 'NOT NULL WITH DEFAULT' definiert sein müssen. Die Spalte darf kein ROWID- oder LOB-Spalten-Typ sein. Die Definition einer Table wird als 'incomplete' gekennzeichnet, bis ein Primary Index angelegt wird (explizit oder implizit mit CREATE SCHEMA).
UNIQUE column-name	Definition eines Unique Keys mit bis zu 64 Spalten (max. Länge von 255 Bytes), die mit 'NOT NULL' oder 'NOT NULL WITH DEFAULT' definiert sein müssen. Die Spalte darf kein LOB-Spalten-Typ sein. Die Definition einer Table wird als 'incomplete' gekennzeichnet, bis ein Unique Index angelegt wird (explizit oder implizit mit CREATE SCHEMA). Ein identischer Unique Index kann nicht mehrfach angelegt werden. Siehe auch in column-definition-Block unter NOT NULL UNIQUE.

Syntax-Diagramm: referential-constraint-block

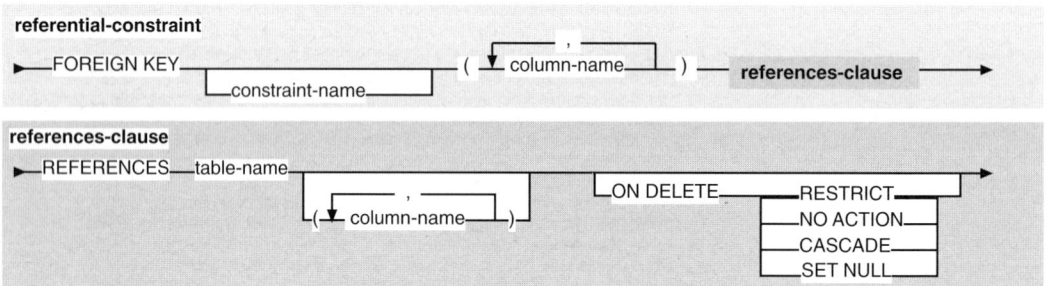

Parameter-Beschreibung	Aufbau einer referenziellen Beziehung unter einem constraint-Namen. Die Klausel kann für einen Foreign Key, der nur aus einer Spalte besteht, mit der Spaltenbeschreibung (column-definition) vorgegeben werden.
FOREIGN KEY	Definiert ein referential constraint unter dem spezifizierten Namen. Ein solches Konstrukt kann nur innerhalb des aktuellen Servers definiert werden, ein RI-Konstrukt über verschiedene Server hinweg ist nicht unterstützt. Die Spalte darf kein ROWID- oder LOB-Spalten-Typ sein.
constraint-name	Ist kein Name vorgegeben, wird er automatisch generiert (Default = Name der ersten FK-Spalte; wird evtl. abgeschnitten, '_' wird durch '$' ersetzt). Mit diesem Namen wird eine Beziehung zwischen 2 Tabellen definiert, bei der die Tabelle mit dem Primary Key als Parent-Table, die Foreign-Key-Tabelle als Dependent Table charakterisiert wird. Der Constraint-Name muss eindeutig innerhalb der Dependent Table sein. Er sollte auch in einem Netzwerk eindeutig sein, da bei Verstößen gegen die RI-Regeln dieser constraint-name gemeldet wird (im Anwendungs-Programm in der SQLCA im Feld SQLERRM).
column-name	Der Foreign-Key kann sich aus bis zu 64 Spalten zusammensetzen. Der Foreign Key muss auf einen Primary Key oder einen Unique Key einer anderen Tabelle zeigen. Der Aufbau der beiden Keys muss identisch sein und gleiche Charakteristiken aufweisen.

A2 Anhang - Definition der wichtigsten DB2-Sprachelemente
CREATE TABLE - 11

Block: references-clause — Definition der referenziellen Verarbeitungsregel des referential constraints.

REFERENCES		Bezug auf existierende Table auf dem aktuellen Server (kann auch die Dependent Table selbst sein, allerdings nur mit ALTER TABLE vorgebbar).
	table-name	Die Referenz-Table ist die Parent-Table der Beziehung.
	column-name	Spalten-Liste in der Reihenfolge des Parent-Keys der Parent Table. Fehlt der Parameter, muss die Parent Table einen Primary Key aufweisen.
ON	**DELETE**	Explizite Lösch-Regel für Löschungen innerhalb der Parent Table mit den entsprechenden Auswirkungen auf die Dependent Table:
	RESTRICT	Es dürfen keine abhängigen Zeilen vorhanden sein. Default bei CURRENT RULES = 'DB2'.
	NO ACTION	Analog RESTRICT. Default bei CURRENT RULES = 'STD'. Der Unterschied zwischen RESTRICT und NO ACTION besteht darin, dass bei einem Delete einer Parent Row die Prüfung auf abhängige Rows bei RESTRICT sofort und bei NO ACTION erst nach Abschluss des Statements vollzogen wird. Die Wirkung ist nur bei selbst-referenzierenden Tabellen relevant, da bei einem RESTRICT evtl. ein DELETE in Abhängigkeit von der physischen Verarbeitungsreihenfolge abgewiesen wird, bei NO ACTION aber akzeptiert wird.
	CASCADE	Alle abhängigen Zeilen werden mit gelöscht.
	SET NULL	Die Foreign-Keys jeder abhängigen Zeile werden auf NULL gesetzt. Keine partitioned Index-Spalte in der Rolle des FK darf mit Delete-Rule SET NULL versehen werden. Abhängige Spalten müssen NULL-fähig sein.

Syntax-Diagramm: check-constraint-block

check-constraint

Parameter-Beschreibung — Aufbau einer Prüf-Beziehung (check constraint) unter einem constraint-Namen

CONSTRAINT constraint-name — Name des Check Constraints. Muss eindeutig innerhalb der Tabelle sein. Ist kein Name vorgegeben, wird er automatisch generiert (Ableitung aus dem Namen der ersten Constraint-Spalte).

CHECK (check-condition) — Definition der Prüfregeln. Die Syntax entspricht der Search-Condition (siehe Anhang 1).
Definitions-Grundlagen:
- Der erste Operand muss eine Spalte dieser Tabelle sein.
- Der zweite Operand kann eine Spalte dieser Tabelle oder eine Konstante sein. Das Format muss kompatibel zum ersten Operanden sein.
  Bei numerischen Daten und abweichenden Formaten gilt:
  - Das Format des zweiten Operanden muss in der Hierarchie der Datentypen kleiner oder gleich dem ersten Operanden sein.
    Rangfolge vom höchsten zum niedrigsten Datentyp:
    DOUBLE, REAL, DECIMAL, INTEGER, SMALLINT.

Folgende Restriktionen sind relevant:
- Nur für Spalten innerhalb einer Tabelle einsetzbar. Die Spalte darf kein ROWID- oder LOB-Spalten-Typ sein.
- Ein Konstrukt kann eine Gesamtlänge von 3.800 Bytes umfassen (ohne redundante Blanks).
- Es sind nur folgende Prädikate einsetzbar:
  - Basis-Prädikate (z.B. =, >, > =)
  - Logische Operatoren AND und OR (nicht aber NOT)
  - BETWEEN .. AND
  - IN
  - LIKE
  - NULL.
- Es sind nicht einsetzbar:
  - Subselects
  - Builtin- oder User-defined Functions; CAST-Funktionen mit Ausnahme derer, die beim CREATE DISTINCT TYPE implizit angelegt wurden
  - Host-Variablen und Parameter Markers
  - Spezialregister
  - CASE Expressions
  - Spalten mit Feldprozeduren
  - Logischer Operator NOT.

Aufgabe des Statements

Das SQL-CREATE TABLESPACE-Statement definiert die Zuordnungen und Formatierungsparameter für einen Tablespace (simple, segmented oder partitioned) auf dem aktuellen Server. Diesem Tablespace können später eine oder mehrere Tables zugeordnet werden.

Ein **Large Tablespace** ist ein Partitioned Tablespace, der die Möglichkeit bietet, pro Partition 4 GB oder mehr zu speichern und damit ein Gesamt-Speichervolumen von 64 GB oder mehr (16 TB) erreicht.
Ein solcher Large Tablespace konnte vor der Version 6 nur mit dem LARGE Parameter aktiviert werden.
Nun existieren folgende Einrichtungs-Möglichkeiten:

- LARGE   sollte nur noch übergangsweise genutzt werden, nicht mehr für neue Objekte verwenden.
- DSSIZE   Max. Speicherkapazität jeder Partition. Wenn dieser Parameter mit einem Wert >= 4 GB vorgegeben wird (max. 64 GB), definiert dies einen Large Tablespace.
- NUMPARTS   Anzahl der Partitions (1 bis 254). Ist hier ein Wert größer als 64 vorgegeben, wird damit ebenfalls ein Large Tablespace definiert.

Ein **EA-enabled Tablespace** (Extended Addressability) basiert auf Datasets, die eine Speicherung von Daten > 4 GB pro Dataset unterstützen.
Dies wird aktiviert mit dem DSSIZE-Parameter und der Vorgabe von 8 bis derzeit 64 GB.
Dazu müssen folgende technischen Voraussetzungen gegeben sein:
- DFSMS Version 1 Release 5,
- Nutzung einer DFSMS Data Class mit Extended Format und Extended Addressability (mit ACS = Automatic Class Selection Routine oder bei User-managed Datasets Class-Vorgabe beim DEFINE CLUSTER).

Tablespaces mit einer Speicherkapazität von mehr als 1 TB benötigen weitere Voraussetzungen:
- OS/390 Version 2 Release 7 (VSAM EA für LDS),
- DASD-Controller mit Extended Support.

Erforderliche Privilegien

- CREATETS-Privileg für die Database oder
- DBADM, DBCTRL oder DBMAINT-Privileg für die Database oder
- SYSADM, SYSCTRL;
- bei BUFFERPOOL- und USE STOGROUP-Parameter: USE-Privileg (bzw. SYSADM, SYSCTRL).

Anwendungs-Beispiel

Simple Tablespace mit Default-Werten

CREATE	TABLESPACE	SEMTS01	Tablespace-Name SEMTS01 in der
IN	SEMDB01 ;		Database SEMDB01. Es wirken Database- und sonstige Defaults. Der gleiche Effekt kann grundsätzlich mit einem beim CREATE TABLE implizit angelegten Tablespace erreicht werden. Im Gegensatz zum impliziten Tablespace lassen sich aber beim explizit angelegten Tablespace mehrere Tabellen zuordnen.

Segmented Tablespace

```
CREATE    TABLESPACE      SEMTS02       Tablespace-Name SEMTS02 in der
   IN     SEMDB01                       Database SEMDB01.

      USING   STOGROUP    SG001         Storage Group SG001.
              PRIQTY      5000          Primärspace 5000 K-Bytes.
              PCTFREE     8             8 % Freespace.
      SEGSIZE             32            Segment-Größe 32 Pages.
      BUFFERPOOL          BP1           Bufferpool BP1 (z.B. abweichend vom Database-Default).
      LOCKSIZE            PAGE ;        Sperr-Niveau Page.
```

Partitioned Tablespace (siehe auch CREATE INDEX-Beispiel)

```
CREATE    TABLESPACE      SEMTS03       Tablespace-Name SEMTS03 in der
   IN     SEMDB01                       Database SEMDB01.

      USING   STOGROUP    SG002         Storage Group SG002.
              PRIQTY      200000        Primärspace 200000 K-Bytes pro Partition.
              PCTFREE     12            12 % Freespace.
      NUMPARTS            4             4 Partitions, Werte werden über einen partitioned Index definiert.
        (PART 3
          USING   STOGROUP SG001        Regelung für Partition 3: Storage Group SG001,
              PRIQTY      300000        Primärspace 300000 K-Bytes,
              PCTFREE     0) ;          Kein Freespace.
```

Large Partitioned Tablespace

```
CREATE    TABLESPACE  SEMTS04           Tablespace-Name SEMTS04 in der
   IN     SEMDB01                       Database SEMDB01.
   USING  STOGROUP     SG003            Storage Group SG003.
          PRIQTY       1000000          Primärspace 1000000 K-Bytes pro Partition.
   NUMPARTS            100              100 Partitions, Werte werden über einen partitioned Index definiert.
      DSSIZE  4 G                       Large Tablespace. Kapazität pro Partition max. 4 GB.
      COMPRESS YES                      Alle Daten werden komprimiert gespeichert.
```

LOB Tablespace

```
CREATE    LOB TABLESPACE SEMTS20        Tablespace-Name SEMTS20 in der
   IN     SEMDB05                       Database SEMDB05.
   USING  VCAT DB2P1                    User-defined Datasets.
   LOCKSIZE LOB                         Sperrniveau: LOB.
   BUFFERPOOL BP16K0                    Bufferpool mit Page-Größe 16 KB.
   GBPCACHE SYSTEM                      Nur System-Pages werden in den Group Bufferpool eingestellt.
   LOG  NO                              Kein Logging der Veränderungen.
```

Syntax-Diagramm

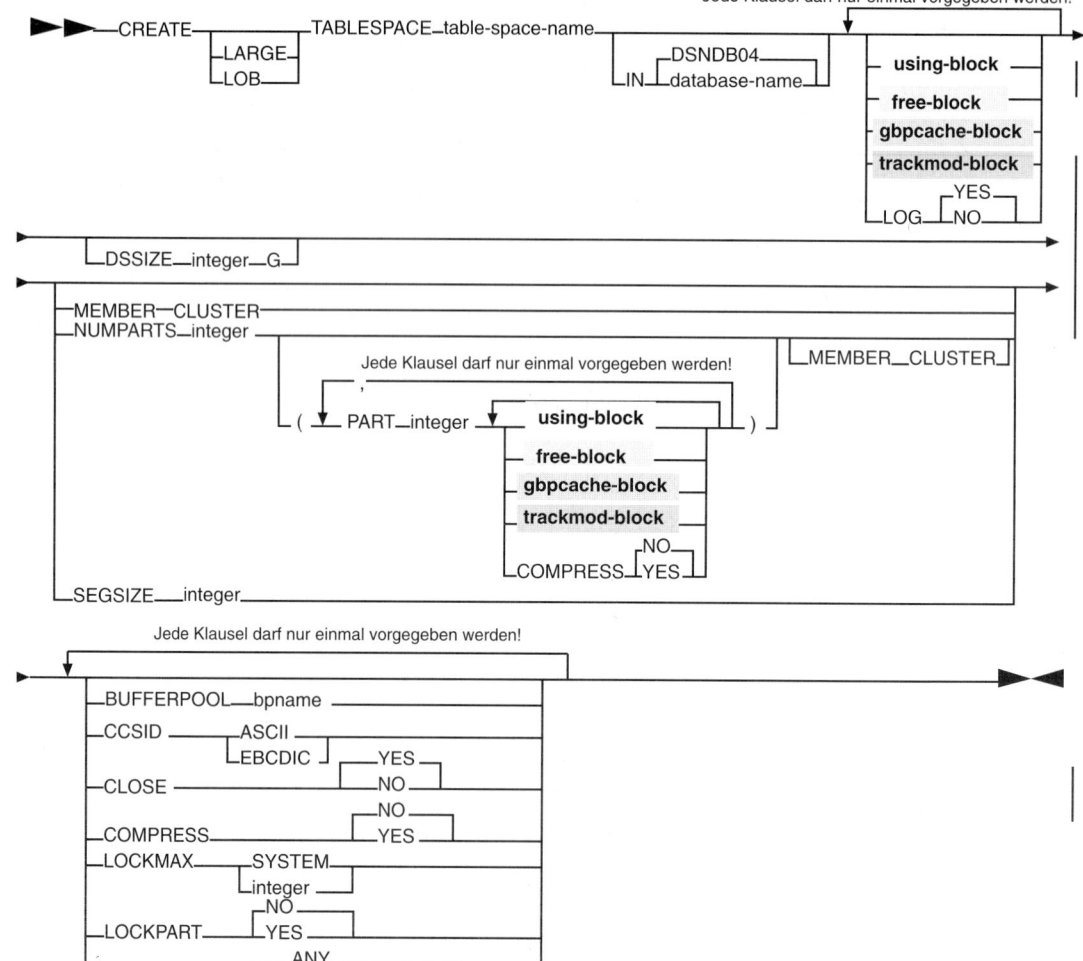

Parameter-Beschreibung

LARGE Der Tablespace wird als Large Partitioned Tablespace für eine Large Table geführt. Dieser Tablespace kann max. 4 GB Daten pro Partition speichern und damit mehr als 64 GB Daten insgesamt.
Bei Vorgabe von LARGE muss auch NUMPARTS mit vorgegeben werden. Wird LARGE nicht vorgegeben, aber in NUMPARTS mehr als 64 Partitions, wird automatisch LARGE unterstellt.
Dieser Parameter wird künftig keine Rolle mehr spielen. Er sollte nicht mehr für neue Objekte genutzt werden (DSSIZE nutzen).

LOB Der Tablespace wird als LOB Tablespace für die Speicherung von Large Objects geführt. Dieser Tablespace muss derselben Database zugeordnet werden, der auch der verbundene Basis-Tablespace zugeordnet ist.

tablespace-name		Kurz-Id Tablespace-Name. Muss eindeutig innerhalb der Database sein.
IN		Zuordnung des Tablespaces zu einer Database. DSNDB06 darf nicht vorgegeben werden.
	database-name	Explizite Anlage eines Tablespaces in dieser Database. Wenn eine Workfile (z.B. DSNDB07) benannt wird, muss die Database gestoppt sein.
	<u>DSNDB04</u>	Default-Database, wenn nicht vorgegeben = DSNDB04.
	using-block	Vorgabe von Dataset-Charakteristiken. Beschreibung siehe weiter unten.
	free-block	Vorgabe von Freiplatz-Kriterien. Beschreibung siehe weiter unten.
	gbpcache-block	Vorgabe von Group-Bufferpool-Kriterien. Beschreibung siehe weiter unten.
	trackmod-block	Vorgabe von Space-Map-Page-Kriterien. Beschreibung siehe weiter unten.
LOG		Spezifikation, ob Änderungen von LOB-Werten auf der Logdatei protokolliert werden sollen.
	<u>YES</u>	Ja. Ein Logging wird aber nur bis zu einer max. Größe von 1 GB unterstützt. Bei größeren Objekten ist die Vorgabe dieser Option nicht möglich.
	NO	Nein. Änderungen werden nicht protokolliert. Diese Option beeinträchtigt nicht die Wirkungen von COMMIT und ROLLBACK, d.h. im ROLLBACK-Fall werden Veränderungen der UOR wieder zurückgestellt und die Konsistenz damit bewahrt. Protokolliert werden immer - unabhängig von dieser Option - Änderungen in den System-Pages und im Auxiliary Index. Bei einem RECOVER eines LOB-Tablespaces werden solche LOBs als ungültig gekennzeichnet, für die kein Logdatei-Eintrag existiert und deshalb kein konsistenter Zustand hergestellt werden kann. In diesem Fall können die LOB-Werte nicht mehr gelesen werden. Ein Update oder Delete ist aber möglich.
DSSIZE integer G		Definition der max. Speicherkapazität einer Partition. Bei Vorgabe dieses Parameters muss auch NUMPARTS oder LOB vorgegeben werden. Gültig sind die Werte 1G, 2G, 4G, 8G, 16G, 32G, 64G. Wird dieser Parameter nicht vorgegeben, wirken folgende Defaults:

Anzahl Partitions (NUMPARTS)	Maximale Partition-Kapazität
1 - 16	4 GB
17 - 32	2 GB
33 - 64	1 GB
65 - 254	4 GB

Jede Partition belegt einen Dataset.
Bei LOB-Tablespaces ist der Default-Wert 4 GB. Die maximale Anzahl von Datasets ist 254.

MEMBER CLUSTER	Spezifiziert, dass die Insert-Aktivitäten nicht von dem Cluster Index der Tabelle gesteuert werden (der älteste Index oder der explizite Cluster Index), sondern Freiplatz wird mit einer speziellen Technik gesucht. Das Verfahren ist hilfreich, wenn mehrere Member in einer Data Sharing Umgebung intensive Inserts parallel betreiben. Dies führt zu Sperrkonflikten im Bereich der Space Map Pages. Solche Konflikte können reduziert werden einerseits durch Vorgabe von TRACKMOD NO und andererseits durch diesen Parameter. Bei Vorgabe führt DB2 für jedes Member eine separate Einfüge-Strategie mit eigenen Space Map Pages durch, die im lokalen Bufferpool gehalten werden. Die Konsequenzen sind bessere Parallelelität zu Lasten einer zunächst effizienten Nutzung der Pages in einem Dataset. Ein weiterer Negativ-Effekt ist gegeben, wenn Anwendungen die Cluster-Folge des Cluster Index aus Performancegründen benötigen. Dies ist dann nur durch einen REORG herstellbar. Der Parameter darf nicht vorgegeben werden bei einem Workfile Tablespace oder einem LOB Tablespace.

A2 Anhang - Definition der wichtigsten DB2-Sprachelemente
CREATE TABLESPACE - 5

NUMPARTS integer Einrichtung eines partitioned Tablespace mit max. 254 Partitions zur physischen Separierung von Informationsgruppen. Über einen partitioned Index (mit dem CLUSTER-Parameter) werden die inhaltlichen Datenbereiche zugeordnet. Eine sinnvolle Verteilung der Informationen auf separate Devices kann Vorteile im Recovery- und Reorg-Bereich erbringen (Unabhängigkeit, parallele Prozesse und Utilities) und kann sich positiv auf den Durchsatz auswirken.
Ein partitioned Tablespace kann nicht segmented sein.
Der Parameter darf nicht vorgegeben werden bei einem Workfile Tablespace oder einem LOB Tablespace.
NUMPARTS muss vorgegeben werden, wenn DSSIZE (nicht bei einem LOB-Tablespace) oder LARGE definiert ist.
Wird der Parameter nicht vorgegeben, wird der Datenbestand in einem Dataset geführt.
Die Speicher-Kapazität pro Partition ist abhängig von der Anzahl der Partitions bzw. vom Tablespace-Typ (LARGE) bzw. von der DSSIZE:

Anzahl der Partitions	Max. Kapazität in GB Non-Large	Large bzw. DSSIZE <= 4 GB	DSSIZE > 4 GB
1 - 16	4	4	64
17 - 32	2	4	64
33 - 64	1	4	64
65 - 254	-	4	64

PART integer Partition-Nr., für die Abweichungen von den mit USING- oder FREE-Block für den gesamten Tablespace gültigen Zuordnungswerten definiert werden.

using-block Vorgabe von Dataset-Charakteristiken. Beschreibung siehe weiter unten.
free-block Vorgabe von Freiplatz-Kriterien. Beschreibung siehe weiter unten.
gbpcache-block Vorgabe von Group-Bufferpool-Kriterien. Beschreibung siehe weiter unten.
trackmod-block Vorgabe von Space-Map-Page-Kriterien. Beschreibung siehe weiter unten.

COMPRESS Kompression für die einzelne Partition. Beschreibung siehe weiter unten.

MEMBER CLUSTER Behandlung der Insert-Aktivitäten für die einzelne Partition. Beschreibung siehe vorab.

SEGSIZE integer Definition der Segmentgröße in Pages bei segmented Tablespace (Wert 4-64 als Vielfaches von 4).
Die empfehlenswerte Größe ist abhängig von dem Volumen der Tabellendaten und dem Prefetch-Algorithmus. Faustformel:

Anzahl Pages in einer Table	SEGSIZE
mehr als 128	64
28 - 128	32
weniger als 28	Annäherung an die Anzahl der Tabellen-Pages.

Ein segmented Tablespace kann nicht partitioned sein.
Der Parameter darf nicht vorgegeben werden bei einem Workfile Tablespace oder einem LOB Tablespace.

BUFFERPOOL Identifikation des Bufferpools, der für den Tablespace verwendet werden soll. Wird kein Bufferpool vorgegeben, so gilt der Defaultwert der Database-Definition.

bpname: Auswahl des Bufferpools, der im lfd. System aktiv sein muss:
    BP0 - BP49 4-K-Page-Pool.
    BP8K0 - BP8K9 8-K-Page-Pool (nicht bei einem Workfile Tablespace).
    BP16K0 - BP16K9 16-K-Page-Pool (nicht bei einem Workfile Tablespace).
    BP32K - BP32K9 32-K-Page-Pool.
Die Bufferpool-Größe muss in Verbindung mit der Größe der Tabellenzeilen gesehen werden. So muss eine Zeile komplett in eine Page passen.
Daher muss ggf eine Table aufgeteilt werden, wenn keine angemessene Buffergröße vorliegt.

A2 Anhang - Definition der wichtigsten DB2-Sprachelemente
CREATE TABLESPACE - 6

CCSID		Coded Character Set Identifier. Kennzeichnung, nach welchen Regeln Character-Daten gespeichert und interpretiert werden. Beispiele siehe unter CREATE DATABASE. Der Parameter darf nicht vorgegeben werden bei einem LOB Tablespace. Dieser erhält automatisch den CCSID des Base Tablespaces.
	ASCII	Verwendung des ASCII-CCSID, das bei der DB2-Installation definiert wurde.
	EBCDIC	Verwendung des EBCDIC-CCSID, das bei der DB2-Installation definiert wurde.
CLOSE	**YES**	Dateien werden geschlossen, wenn keine Tablespace-Benutzer aktiv sind und Limit erreicht ist.
	NO	Dateien werden nicht geschlossen. Wenn DSMAX erreicht wird, können auch solche Datasets geschlossen werden.
COMPRESS		Kennzeichen, ob die Daten des Tablespaces komprimiert gespeichert werden sollen. Der Parameter darf nicht vorgegeben werden bei einem LOB Tablespace.
	YES	Daten-Kompression wird gewünscht. Die Wirkung tritt aber erst mit dem nächsten LOAD REPLACE oder REORG ein, da dann ein für die Kompression benötigtes Verzeichnis (Dictionary) gebildet wird.
	NO	Es wird keine Daten-Kompression gewünscht.
LOCKMAX		Festlegung des Limits für eine Lock Escalation. Es wird die maximale Zahl der zulässigen Locks definiert, die eine Anwendung anfordern kann, bevor auf das nächsthöhere Sperrniveau umgeschaltet wird (Eskalation vom Intent Lock auf Table- bzw. Tablespace-Ebene auf einen 'S'- oder 'X'-Lock). Eine Wertevorgabe ist nur zulässig bei LOCKSIZE ANY, PAGE, ROW oder LOB. Bei Data Sharing wird in jedem Member ein eigenständiger Lock-Zähler geführt. Wird nur LOCKSIZE und kein LOCKMAX vorgegeben gelten folgende Defaults:

LOCKSIZE	LOCKMAX-Default	Hinweis
TABLESPACE oder TABLE	0	LOCKMAX muss 0 aufweisen oder darf nicht vorgegeben werden.
PAGE, ROW oder LOB	0	
ANY		der generierte SYSTEM-Wert.

	SYSTEM	Der generierte Wert LOCKS PER TABLE(SPACE) wird herangezogen.
	integer	Anzahl der Locks. Wertebereich von 0 bis 2 147 483 647. Bei Vorgabe von 0 wird keine Lock Escalation vorgenommen.
LOCKPART		Kennzeichnung, ob bei Vorliegen bestimmter Bedingungen eine Sperre auf Partition-Niveau (SPL = Selective Partition Locking) anstelle des Tablespace-Niveaus eingerichtet werden soll. Der Parameter kann nur bei partitioned Tablespaces vorgegeben werden.
	YES	Bei Vorliegen folgender Bedingungen werden nur die erforderlichen Partitions gesperrt: - der Zugriffspfad benutzt keinen Index oder ausschließlich Indizes des Typs 2, - der Plan ist mit ACQUIRE (USE) gebunden, - der Tablespace muss mit einer LOCKSIZE kleiner als TABLESPACE definiert sein, - sofern ein Programm ein LOCK TABLE-Statement benutzt, muss die PART-Klausel vorgegeben sein. Ist eine dieser Bedingungen nicht erfüllt, wird der gesamte Tablespace gesperrt.
	NO	Durch Sperre der letzten Partition wird implizit der gesamte Tablespace gesperrt.
LOCKSIZE		Sperrniveau (Lock) zur Serialisierung von Parallelanforderungen. Dieser Parameter darf nicht für einen Tablespace in einer Workfile Database oder in DSNDB07 vorgegeben werden.
	ANY	DB2 bestimmt aufgrund der jeweiligen Datenanforderung das günstigste Lock-Niveau. In der Regel wird LOCKSIZE PAGE bzw. LOB mit LOCKMAX SYSTEM genutzt.
	TABLESPACE	Lockniveau = Tablespace.
	TABLE	Lockniveau = Table (bei einem segmented Tablespace). Soll bei partitioned Tablespaces das Lock-Niveau Partition etabliert werden, kann dies z.B. mit LOCKSIZE PAGE, ROW bzw. ANY erreicht werden, wenn gleichzeitig LOCKPART YES definiert wird und bestimmten Bedingungen erfüllt sind.
	PAGE	Lockniveau = Page (nicht für einen LOB Tablespace vorgebbar).
	ROW	Lockniveau = Row (nicht für einen LOB Tablespace vorgebbar).
	LOB	Lockniveau = LOB (nur für einen LOB Tablespace vorgebbar).

MAXROWS integer Maximale Anzahl von Zeilen, die in einer Page gespeichert werden. Der Wert wird von den Utilities LOAD und REORG sowie bei SQL-Einfügungen von Zeilen berücksichtigt. Mögliche Vorgabewerte: 1 bis 255.
Damit kann durch eine Reduzierung von Zeilen pro Page ein positiver Effekt auf das Sperrniveau erreicht werden (bei Page-Sperren).
MAXROWS 1 entspricht zunächst für LOAD und REORG der Vorgabe von PCTFREE 99, bewahrt aber im Gegensatz zu definierten Freespaces diesen Zustand auch bei Einfügungen (INSERTs).
Der Parameter darf nicht vorgegeben werden bei einem Workfile Tablespace oder einem LOB Tablespace.

Syntax-Diagramm: using-block

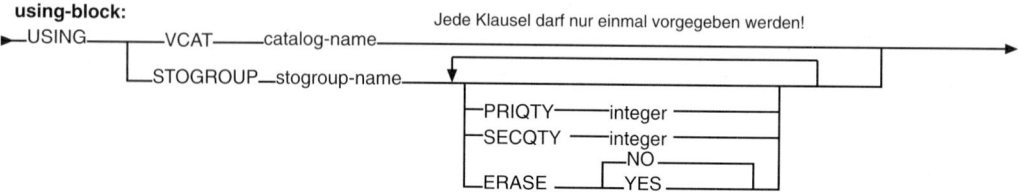

Parameter-Beschreibung Zuordnung von physischen Parametern. Wenn USING nicht vorgegeben wird, erfolgt die Zuordnung der Default-Storage Group aus der Database-Definition und die Annahme der entsprechenden Default-Werte für PRIQTY, SECQTY und ERASE.
Bei partitioned Tablespace kann ein genereller USING-Block und pro Partition ein eigener USING-Block vorgegeben werden. Fehlt für eine spezifische Partition ein solcher Block, wird der generelle Block verwandt, fehlt auch dieser, wirken die Defaults.

USING Identifikation, ob die Datasets durch DB2 angelegt werden sollen (DB2-managed) oder durch den Benutzer bereits vorab angelegt sind (user-defined).

VCAT Catalog-name Die erforderlichen Datasets wurden bereits durch den Benutzer vorab angelegt (user-defined).
Bezug zum ICF-Katalog (Langname oder Alias - wenn der Name länger als 8 Bytes ist), in dem die VSAM-Linear-Datasets katalogisiert sind.
Dieser Katalogname ist als First-Level-Qualifier Bestandteil jedes Dataset-Namens (siehe auch unter: VSAM Namenskonventionen).
Über einen unterschiedlichen Katalog-Aliasnamen können Datasets unterschiedlicher DB2-Lokationen, die mit demselben Katalog arbeiten, auseinandergehalten werden.

STOGROUP stogroup-name Die Datasets sollen durch DB2 verwaltet werden (DB2-managed).
Vorgabe des Storage Group-Namens, der auf Volumes zeigt, die für das Anlegen der erforderlichen Primär-Platzanforderung und späterer Sekundär-Anforderungen von VSAM-Datasets herangezogen werden.
Die Verwaltung der Datasets kann alternativ auch von SMS übernommen werden (siehe unter: CREATE STOGROUP).
Über die Storage Group wird neben der Volume-Auswahl auch der Katalog-Name als First-Level-Qualifier mitgegeben. Dort werden die von DB2 angelegten Datasets auch katalogisiert (siehe auch: VSAM Namenskonventionen).
Wird keine Storage-Group vorgegeben, wirkt der Defaultname aus der Database.

PRIQTY integer	Minimal-Primär-Platzanforderung in K-Bytes für VSAM-CI-Anforderungen. Folgende Minimalanforderungen wirken:		
	- 4 KB-Pages	12 KB (3 Pages)	bei LOB 200 KB.
	- 8 KB-Pages	24 KB (3 Pages)	bei LOB 400 KB.
	- 16 KB-Pages	48 KB (3 Pages)	bei LOB 800 KB.
	- 32 KB-Pages	96 KB (3 Pages)	bei LOB 1600 KB.

Die Maximalanforderung kann 4 GB (4 194 304 KB) betragen.
Mehr als 2 GB können nur bei einem partitioned Tablespace genutzt werden.
Primäranforderung muss auf erstem Volume verfügbar sein.
Wenn ein Dataset in einem simple oder segmented Tablespace seine Speicherkapazität erreicht (2 GB oder DSSIZE), wird automatisch (bei STOGROUP) ein neuer Dataset angelegt. Die PRIQTY-Werte werden für jeden neuen Dataset herangezogen.

SECQTY integer   Minimal-Sekundär-Platzanforderung in K-Bytes für VSAM-CI-Anforderungen.
Die Minimalanforderungen entsprechen den Angaben unter PRIQTY.
Die Maximalanforderung kann 4 GB (4 194 304 KB) betragen.
Wird keine SECQTY vorgegegeben, wird der Default-Wert aus dem größeren Wert der beiden folgenden Werte ermittelt:
- 10 % von PRIQTY oder
- die fünfzigfache Kapazität einer Page.

ERASE   Kennzeichen, ob die zugrundeliegenden Datasets nach dem Löschen des Tablespaces physisch gelöscht werden sollen (x'00'-Auffüllen).
YES   Löschen.
NO   Kein Löschen.

Syntax-Diagramm: free-block

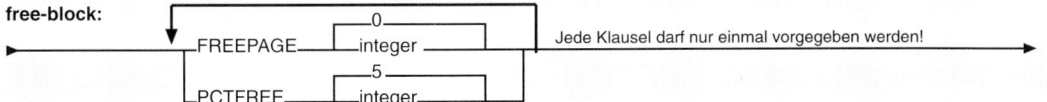

Parameter-Beschreibung   Informationen zur Freiplatz-Verwaltung.
Die Parameter dürfen nicht vorgegeben werden bei einem Workfile Tablespace oder einem LOB Tablespace.

FREEPAGE integer
0
Nach jeder n-ten (Wert) Page wird beim Laden oder Reorganisieren des Tablespaces eine Page freigelassen.
Wert von 0 bis 255 möglich, bei segmented Tablespace wird SEGSIZE-1 ermittelt, wenn FREEPAGE > SEGSIZE.

PCTFREE integer
5
Prozentsatz Freiplatz innerhalb jeder Page. Wird beim Laden oder Reorganisieren des Tablespaces freigelassen.
Wert von 0 bis 99 möglich. Es wird zumindest ein Satz pro Page geladen.

Syntax-Diagramm: gbpcache-block

```
gbpcache-block:
    ──GBPCACHE──┬─CHANGED─┬──
                ├─ALL─────┤
                ├─SYSTEM──┤
                └─NONE────┘
```

Parameter-Beschreibung   Informationen zur Behandlung der Tablespace-Pages im Group Bufferpool.

GBPCACHE   Kennzeichen, welche Daten-Pages in den Group Bufferpool eingestellt werden sollen (diese Option wird in einer Non-Sharing-Umgebung ignoriert).
Bei einem partitioned Tablespace wird diese Option pro Partition vorgegeben.

    CHANGED   Wenn ein allgemeines Interesse (Inter-DB2-Interest) an den Daten besteht, werden veränderte Daten-Pages in den Group Bufferpool gestellt.
Dies ist dann der Fall, wenn mehr als ein Member den Tablespace bzw. die Partition für Updates geöffnet hat.
Besteht kein allgemeines Interesse, wird der Group Bufferpool nicht genutzt.
Dieser Parameter wird ignoriert, wenn der Goup Bufferpool mit GBPCACHE NO definiert ist.

    ALL   Alle Daten-Pages werden direkt nach dem Einlesen in den Group Bufferpool gestellt.
Ausnahme: wenn außer einem DB2-System mit Update-Absicht keine anderen Member Interesse an den Daten haben, erfolgt keine Einlagerung in den Group Bufferpool.
Bei ALL wird kein Hiperpool genutzt.
Dieser Parameter wird ignoriert, wenn der Goup Bufferpool mit GBPCACHE NO definiert ist.

    SYSTEM   Nur veränderte System-Pages eines LOB Tablespaces werden in den Group Bufferpool gestellt.
Dieser Parameter kann nur bei LOB Tablespaces vorgegeben werden und ist dort auch Default.

    NONE   Es werden keine Pages in den Group Bufferpool gestellt. DB2 nutzt den Group Bufferpool nur für Cross-Invalidation.

Syntax-Diagramm: trackmod-block

```
trackmod-block:
    ──TRACKMOD──┬─YES─┬──
                └─NO──┘
```

Parameter-Beschreibung   Informationen zur Behandlung der Space Map Pages.

TRACKMOD   Spezifiziert, ob in den Space Map Pages Veränderungen gekennzeichnet werden sollen.
Der Parameter darf nicht vorgegeben werden bei einem LOB Tablespace.

    YES   Die Änderungen werden in den Space Map Pages gekennzeichnet und können für das effiziente Bereitstellen von Incremental Image Copies genutzt werden.

    NO   Es werden keine Änderungen in den Space Map Pages gekennzeichnet und können daher nicht für das effiziente Bereitstellen von Incremental Image Copies genutzt werden. DB2 nutzt den LRSN-Wert in jeder Page für die Erkennung von Änderungen innerhalb der Page.

A2 Anhang - Definition der wichtigsten DB2-Sprachelemente
CREATE TRIGGER (SQL-Statement)

Aufgabe des Statements

Das SQL-CREATE TRIGGER-Statement erzeugt einen Trigger in einem Schema des aktuellen Servers. Außerdem wird automatisch bei erfolgreichem CREATE eine Trigger Package erzeugt.
Auf einer Tabelle (Triggering Table) können mehrer Trigger definiert werden, die dann in der definierten Reihenfolge ablaufen (BEFORE-Trigger werden natürlich vor den AFTER-Triggern aktiviert).

Für die Aktivierung eines Triggers gelten weiterhin folgende Besonderheiten:
- Ein Trigger wird nur in Folge eines expliziten oder impliziten (z.B. wg. RI) INSERT, UPDATE oder DELETE aktiviert. Utility-Aktivitäten führen zu keiner Trigger-Aktivierung.
  Bestehende Datenzustände bleiben bei einer nachträglichen Einrichtung eines Triggers unberücksichtigt.
- Wird ein Update-Trigger mit einem Spaltenbezug definiert, haben später in der Tabelle hinzugefügte Spalten keine Wirkung auf diesen Trigger.
- Die Spezialregisterzustände werden vor einer Trigger-Aktivierung gesichert und später wieder zurückgesetzt.
  Für die Trigger-Ausführungszeit werden grundsätzlich die Spezialregister-Zustände übernommen, die von dem jeweiligen zugrundeliegenden SQL-Statement stammen. Ausnahmen:
  - CURRENT PACKAGESET   Schema-Name des Triggers
  - CURRENT TIMEZONE   OS/390-TIMEZONE-Inhalt.

Folgende Terminologie ist relevant:

- **Trigger-Name**   Eindeutiger Name im System (unter einem Schema).

- **Triggering Table-Name**   Name der Tabelle, bei der eine Ereignisbedingung etabliert wird. Sind mehrere Trigger unter demselben Ereignistyp für eine Tabelle definiert, erfolgt der Aufruf in der Reihenfolge der zeitlichen Definition.

- **Trigger Activation Time**   Aktivierungszeit des Triggers = Zeitpunkt, zu dem ein Ereignis geprüft wird:
  - BEFORE   (NO CASCADE BEFORE) - ohne Manipulationsmöglichkeit von DB2-Tabellendaten.
  - AFTER   nach der ordnungsgemäßen Manipulation der Triggering Table.

- **Triggering Event**   Ereignistyp, der (evtl.) zur Funktionsauslösung führt:
  - INSERT   Beim Einfügen einer Zeile in die Triggering Table.
  - DELETE   Beim Löschen einer Zeile in der Triggering Table.
  - UPDATE   beliebige Spalte oder bestimmte Spalte(n)

  Utility-Manipulationen führen zu keinen Trigger Events!! Implizit ausgelöste Manipulationen im Rahmen von RI-Maßnahmen werden aber berücksichtigt.

- **Granularity**   Häufigkeit der Funktionsauslösung:
  - FOR EACH ROW   mit jeder zeilenbezogenen Manipulation (Row-Trigger).
  - FOR EACH STATEMENT   einmal pro Statement (Statement-Trigger) - unabhängig von der Wirkung auf Zeilenebene. Diese Option ist bei BEFORE nicht aktivierbar.

- **Transition-Variablen**   Definition eines Korrelationsnamens für den korrespondierenden relevanten Zustand. Über einen solchen Variablen-Namen werden die Objektveränderungen im Zustand vor und nach der Änderung ansprechbar.

  - NEW   Die neue Zeile mit ihrem Zustand <u>nach</u> der Manipulation.
  - OLD   Die alte Zeile mit ihrem Zustand <u>vor</u> der Manipulation.
  - NEW_TABLE   Sämtliche von der Manipulation betroffenen Zeilen mit ihrem Zustand <u>nach</u> der Manipulation.
  - OLD_TABLE   Sämtliche von der Manipulation betroffenen Zeilen mit ihrem Zustand <u>vor</u> der Manipulation.

- **Trigger Condition**   Definition der Testbedingungen mit dem Ergebnis 'wahr', 'falsch' oder 'unbekannt'.
  - WHEN   Entspricht der WHERE-Klausel im SELECT-Statement.

- **Trigger Body**   Ausführungs-Bedingungen, die dann ausgeführt werden, wenn die Trigger Condition mit dem Ergebnis 'wahr' abgeschlossen wurde.
  Folgende SQL-Statements werden unterstützt:
  SELECT, INSERT [*1], UPDATE[*1], DELETE[*1]
  CALL
  VALUES, SET [*2]
  SIGNAL SQLSTATE
  [*1] nicht bei BEFORE, [*2] nicht bei AFTER,

Erforderliche Privilegien

- **Schema-Privilegien**
  - CREATEIN-Privileg für das Schema bzw. alle Schemas oder
    - SYSADM, SYSCTRL.

- **Trigger-Privilegien**
  - TRIGGER-Privileg für die Tabelle, für die der Trigger definiert wird oder
  - ALTER-Privileg für die Tabelle, für die der Trigger definiert wird oder
  - DBADM-Privileg für die Datenbank, in der sich die entsprechende Tabelle befindet oder
  - SYSADM, SYSCTRL.

- **Table-Privilegien**
  - SELECT-Privileg für die Tabelle, für die der Trigger definiert wird, wenn Transition-Variablen oder Tabellen spezifiziert werden und
  - SELECT-Privileg für Tabellen oder Views, die in der Suchbedingung auftreten.

- **Sonstige Privilegien**
  - EXECUTE-Privileg für jede Funktion oder Stored Procedure, die im Trigger definiert wird und
  - sämtliche Privilegien für die Ausführung der entsprechenden SQL-Statements im Trigger.

Anwendungs-Beispiele

Definition eines Triggers: Beispiele für Trigger, die Business-Rules prüfen.

```
CREATE TRIGGER SEMINAR.TRSEPRE1        Trigger für das Überwachen von Preiserhöhungen. Eine Preis-
                                       erhöhung muss mindestens um 10 % über dem alten Preis liegen.
                                       Trigger-Name: TRSEPRE1 im Schema SEMINAR.
    NO CASCADE BEFORE                  Aktivierungs-Zeit des Triggers: Vor dem Auftreten eines ..
        UPDATE                         .. UPDATEs ....
            OF PREIS ON SEMPREIS       .. der Spalte PREIS der Tabelle SEMPREIS (Triggering Table).
        REFERENCING                    Der Korrelations-Name ....
            OLD AS ALT                 ... für den Zustand vorher (OLD) ist ALT.
            NEW AS NEU                 ... für den Zustand nachher (NEW) ist NEU.
                FOR EACH ROW           Die Häufigkeit der Funktionsauslösung = bei jeder Zeile, d.h.
                                       ein Row-Trigger, der bei jedem Zeilen-Update aktiviert wird.
            MODE DB2SQL                Einziger derzeit unterstützter Modus.
    WHEN                               Trigger-Condition (unter welchen Bedingungen).
    ( ( ALT.PREIS * 1.20) >= NEU.PREIS )   Wenn der ALT-PREIS * 1.20 größer gleich NEU.PREIS ist,....
    BEGIN ATOMIC                       .. dann wird ein SQLCODE -438 mit SQLSTATE 70101 erzeugt.
        SIGNAL SQLSTATE '70101'
        ('SEMPREIS: Zu geringe Preiserhöhung')  ;
    END ;


CREATE TRIGGER SEMINAR.TRSEMAX1        Trigger für das Überwachen der maximalen Teilnehmer-
                                       Reservierungen pro Seminar.
                                       Trigger-Name: TRSEMAX1 im Schema SEMINAR.
    NO CASCADE BEFORE                  Aktivierungs-Zeit des Triggers: Vor dem Auftreten eines ..
        INSERT                         .. INSERTs ....
            ON SEMRES                  .. in der Tabelle SEMRES (Triggering Table).
        REFERENCING                    Der Korrelations-Name ....
            NEW AS ZUGANG              ... für den Zustand nachher (NEW) ist ZUGANG.
                FOR EACH ROW           Die Häufigkeit der Funktionsauslösung = bei jeder Zeile, d.h.
                                       ein Row-Trigger, der bei jedem Zeilen-Update aktiviert wird.
            MODE DB2SQL                Einziger derzeit unterstützter Modus.
    WHEN                               Trigger-Condition (unter welchen Bedingungen).
    ( ( SELECT MAXTEILN FROM    SEMTYP,    Wenn die maximale Teilnehmerzahl aus SEMTYP ...
                                SEMINAR
        WHERE       SEMTYP.SEMCODE =
                    SEMINAR.SEMCODE
        AND         SEMINAR.SEMNR = ZUGANG.SEMNR)
        =           (SELECT COUNT (*)         .. bereits vor dem INSERT erreicht ist, ....
                     FROM       SEMRES
                     WHERE      SEMRES.SEMNR
                     =          ZUGANG.SEMNR ) )
    BEGIN ATOMIC                       .. dann wird ein SQLCODE -438 mit SQLSTATE 70102 erzeugt.
        SIGNAL SQLSTATE '70102'
        ('SEMRES: Zu viele Reservierungen')  ;
    END ;
```

A2 Anhang - Definition der wichtigsten DB2-Sprachelemente
CREATE TRIGGER - 3

Beispiele für Trigger, die eine automatisierte Daten-Redundanz unterstützen (De-Normalisierungs-Maßnahmen).
Voraussetzungen für diese Beispiele sind (siehe dazu: "Ausschnitt des logischen Daten-Modells" auf den ersten Umschlagseiten des Buches):
Erweiterungen der SEMINAR-Tabelle um die redundanten Spalten:
- Nachname des verantwortlichen Referenten pro Seminar
  - RNNAME_RED   CHAR (35)
- Anzahl Seminaranmeldungen pro Seminar (Achtung: NULL- Werte sind hier nicht zulässig, sonst funktioniert die Addition oder Subtraktion des Triggers nicht!)
  - ANZRES_RED   SMALLINT NOT NULL WITH DEFAULT

```
CREATE      TRIGGER  TRSERED1        Trigger für das redundante Speichern des Referenten-
                                     Nachnamens in der redundanten Spalte RNNAME_RED der
                                     Tabelle SEMINAR.
                                     Trigger-Name: TRSERED1 im aktuellen Schema.
   NO CASCADE BEFORE                 Aktivierungs-Zeit des Triggers: Vor der Manipulation ..
       INSERT                        .. des Ereignistyps  INSERT ....
           ON SEMINAR                ... in der Table SEMINAR (Name der Triggering Table).
       REFERENCING                   Der Korrelations-Name ....
           NEW AS ZUGANG             ... für den Zustand nachher (NEW) ist ZUGANG.
           FOR EACH ROW              Die Häufigkeit der Funktionsauslösung = bei jeder Zeile, d.h.
                                     ein Row-Trigger, der bei jedem Zeilen-Insert aktiviert wird.
           MODE DB2SQL               Einziger derzeit unterstützter Modus.
   WHEN                              Trigger-Condition (unter welchen Bedingungen).
     ( ZUGANG.REFNR IS NOT NULL )    Wenn eine Referenten-Nr. vorgegeben ist, ...
   BEGIN ATOMIC
       SET ZUGANG.RNNAME_RED =       ... dann wird der Referenten-Nachname in der Seminar-Tabelle ...
           ( SELECT RNNAME
                FROM REFERENT        ... aus der Referenten-Tabelle herangezogen.
                WHERE REFNR = ZUGANG.REFNR ) ;
   END ;

CREATE      TRIGGER  TRSERED2        Trigger für das Hochzählen von Seminaranmeldungen (SEMRES)
                                     in der redundanten Spalte ANZRES_RED der Tabelle SEMINAR.
                                     Trigger-Name: TRSERED2 im aktuellen Schema.
   AFTER                             Aktivierungs-Zeit des Triggers: Nach der Manipulation ..
       INSERT                        .. des Ereignistyps  INSERT ....
           ON SEMRES                 ... in der Table SEMRES (Name der Triggering Table).
       REFERENCING                   Der Korrelations-Name ....
           NEW AS ZUGANG             ... für den Zustand nachher (NEW) ist ZUGANG.
           FOR EACH ROW              Die Häufigkeit der Funktionsauslösung = bei jeder Zeile, d.h.
                                     ein Row-Trigger, der bei jedem Zeilen-Insert aktiviert wird.
           MODE DB2SQL               Einziger derzeit unterstützter Modus.
   BEGIN ATOMIC                      Beginn des Trigger-Bodys mit der Aktions-Definition:
   UPDATE SEMINAR                    Trigger-Maßnahme: UPDATE Tabelle SEMINAR..
       SET ANZRES_RED = ANZRES_RED + 1   ... erhöhen Zähler ANZRES_RED um 1
           WHERE SEMNR = ZUGANG.SEMNR ;  ... für die entsprechende SEMNR in SEMINAR.
   END ;

CREATE      TRIGGER  TRSERED3        Trigger für das Runterzählen von Seminaranmeldungen (SEMRES)
                                     in der redundanten Spalte ANZRES_RED der Tabelle SEMINAR.
                                     Trigger-Name: TRSERED3 im aktuellen Schema.
   AFTER                             Aktivierungs-Zeit des Triggers: Nach der Manipulation ..
       DELETE                        .. des Ereignistyps  DELETE ....
           ON SEMRES                 ... in der Table SEMRES (Name der Triggering Table).
       REFERENCING                   Der Korrelations-Name ....
           OLD AS ABGANG             ... für den Zustand vorher (OLD) ist ABGANG.
           FOR EACH ROW              Die Häufigkeit der Funktionsauslösung = bei jeder Zeile, d.h.
                                     ein Row-Trigger, der bei jedem Zeilen-Delete aktiviert wird.
           MODE DB2SQL               Einziger derzeit unterstützter Modus.
   BEGIN ATOMIC                      Beginn des Trigger-Bodys mit der Aktions-Definition:
   UPDATE SEMINAR                    Trigger-Maßnahme: UPDATE Tabelle SEMINAR..
       SET ANZRES_RED = ANZRES_RED - 1   ... reduzieren Zähler ANZRES_RED um 1
           WHERE SEMNR = ABGANG.SEMNR ;  ... für die entsprechende SEMNR in SEMINAR.
   END ;
```

A2 Anhang - Definition der wichtigsten DB2-Sprachelemente
CREATE TRIGGER - 4

CREATE TRIGGER TRSERED4	Trigger für das Aktualisieren von Seminaranmeldungen (SEMRES) in der redundanten Spalte ANZRES_RED der Tabelle SEMINAR bei Änderung der Seminarzuordnung (Spalte SEMNR in SEMRES). Trigger-Name: TRSERED4 im aktuellen Schema.
AFTER	Aktivierungs-Zeit des Triggers: Nach der Manipulation ..
UPDATE OF SEMNR	.. des Ereignistyps DELETE ....
ON SEMRES	... in der Table SEMRES (Name der Triggering Table).
REFERENCING	Der Korrelations-Name ....
OLD AS ABGANG	... für den Zustand vorher (OLD) ist ABGANG.
NEW AS ZUGANG	... für den Zustand nachher (NEW) ist ZUGANG.
FOR EACH ROW	Die Häufigkeit der Funktionsauslösung = bei jeder Zeile, d.h. ein Row-Trigger, der bei jedem Zeilen-Update aktiviert wird.
MODE DB2SQL	Einziger derzeit unterstützter Modus.
WHEN	Trigger-Condition (unter welchen Bedingungen).
(ABGANG.SEMNR <> ZUGANG.SEMNR)	Wenn die SEMNR verändert wurde ...
BEGIN ATOMIC	
UPDATE SEMINAR	
SET ANZRES_RED = ANZRES_RED - 1	... reduzieren Zähler ANZRES_RED um 1 ..
WHERE SEMNR = ABGANG.SEMNR	... für das ursprüngliche Seminar
;	und
UPDATE SEMINAR	
SET ANZRES_RED = ANZRES_RED + 1	... erhöhen Zähler ANZRES_RED um 1 ..
WHERE SEMNR = ZUGANG.SEMNR	... für das neue Seminar
;	
END #	**Achtung: unter SPUFI und DSNTEP2 ist ein anderes Terminierungs-Zeichen erforderlich (hier: #), da ansonsten das CREATE TRIGGER-Statement nach dem ersten UPDATE aufgrund des Trennzeichens ' ; ' beendet wird!**
Aufruf des Triggers	Aufgrund der vorab dargestellten Definitionen werden die Trigger implizit bei einer expliziten Manipulation von Daten aktiviert. Trigger werden nicht bei Utility-Manipulationen aktiviert.

Syntax-Diagramm

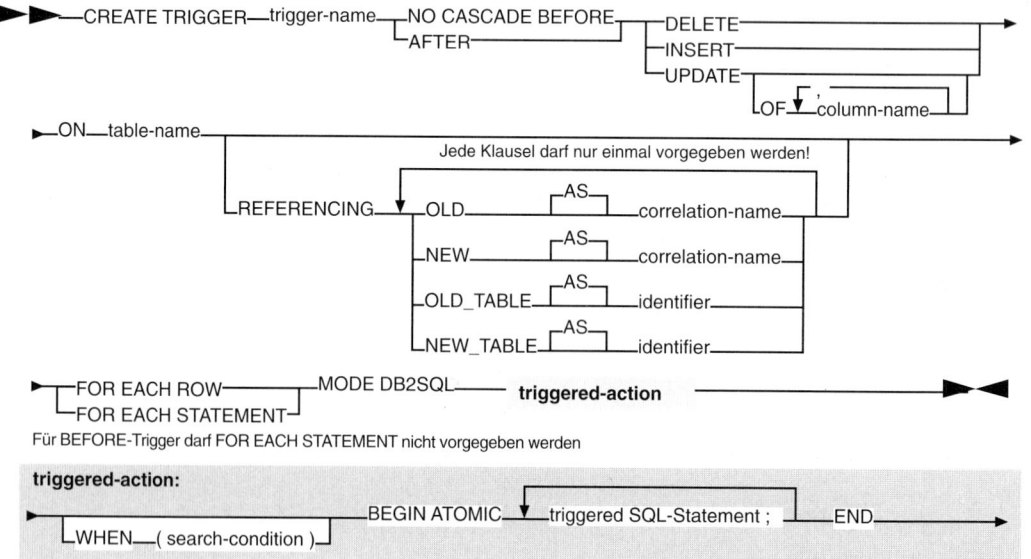

Parameter-Beschreibung

trigger-name
Name des Triggers (Kurz-Id).
Der Trigger-Name kann mit einem Schema-Namen qualifiziert oder unqualifiziert vorgeben werden. Bei unqualifizierter Vorgabe wird er wie folgt ermittelt:
- wird das Statement in einem Programm abgesetzt, ist der QUALIFIER des BIND-Prozesses bzw. der OWNER von Plan bzw. Package der Schema-Name.
- wird das Statement dynamisch präpariert, ist der CURRENT SQLID der Schema-Name.

Der eindeutige Trigger-Name setzt sich zusammen aus folgenden Komponenten:
- Schema-Name = der Owner des Triggers,
- Trigger-Name (*trigger-name*).

NO CASCADE BEFORE
Die Aktivierungszeit des Triggers ist <u>vor</u> der Manipulation, d.h. vor der Manipulation können Prüfungen vorgenommen oder die Werte einer zu manipulierenden Zeile noch angepasst werden.
Ein solcher Trigger-Typ kann nur Prüf-Funktionalität aufweisen. Er hat keine Möglichkeit zur Manipulation von Daten. Außerdem kann er auch keine weiteren Trigger aktivieren (daher NO CASCADE BEFORE).
Ein BEFORE-Trigger kann nur als Row-Trigger definiert werden (FOR EACH ROW).
Es sind nur folgende SQL-Statements im Trigger Body unterstützt (siehe BEGIN ATOMIC):

Full-Select	CALL	SIGNAL SQLSTATE
VALUES	SET Transition-Variablen	

Achtung:
Ein BEFORE-Trigger wird nicht aktiviert, wenn eine relevante Spalte mit NOT NULL definiert ist und der Trigger den Inhalt dieser Spalte ermitteln soll (in diesem Fall müsste der Manipulations-Befehl den NOT NULL-Spaltenwert vorgeben). Daher ist NOT NULL WITH DEFAULT zu definieren. Dann stellt DB2 einen Defaultwert bereit und der Trigger wird aktiviert, der dann den Defaultwert überschreiben kann.

AFTER
Die Aktivierungszeit des Triggers ist <u>nach</u> der Manipulation mit allen impliziten Folgewirkungen, wie z.B. nach durchgeführten RI-Maßnahmen bzw. nach den Manipulationen durch vorher ablaufende Trigger.
Als Folge einer Manipulation können Prüfungen vorgenommen oder auch weitere Manipulationen angestoßen werden.
Ein AFTER-Trigger kann als Row-Trigger (FOR EACH ROW) oder als Statement-Trigger (FOR EACH STATEMENT) definiert werden.
Ein solcher Trigger-Typ kann folgende SQL-Statements im Trigger Body aktivieren (siehe BEGIN ATOMIC):

Full-Select	CALL	SIGNAL SQLSTATE
VALUES	INSERT	DELETE (searched)
UPDATE (searched)		

Achtung:
Ein AFTER-Trigger wird nur bei expliziten Manipulationen aktiviert. Daten, die durch ein Utility eingestellt wurden oder zum Zeitpunkt der Definition des Triggers bereits in der Datenbasis gespeichert sind, bleiben unbeeinflusst.

DELETE
Ereignistyp des Triggers = DELETE, d.h. beim Löschen einer Zeile der Triggering Table wird der Trigger aktiviert.

INSERT
Ereignistyp des Triggers = INSERT, d.h. beim Einfügen einer Zeile in die Triggering Table wird der Trigger aktiviert. Bei Einfügungen in die Tabellen PLAN_TABLE, DSN_STATEMNT_TABLE und DSN_FUNCTION_TABLE wird kein Trigger aktiviert, sofern die Einfügungen durch DB2 implizit vorgenommen werden (z.B. innerhalb des BIND-Prozesses).

UPDATE
Ereignistyp des Triggers = UPDATE, d.h. bei der Änderung von Werten einer Zeile der Triggering Table wird der Trigger aktiviert.

    OF column-name
Nur eine Update-Operation auf einer der hier definierbaren Spalten löst die Aktivierung des Triggers aus.

ON table-name	Name der Triggering Table, unter der dieser Trigger definiert wird. Es muss ein existierender Basis-Tabellenname des lokalen Servers sein.
REFERENCING	Korrelations-Name für den temporären Zustand der Zeile oder einer gesamten Manipulations-Zeilenmenge. Damit sind die Spaltennamen einer Tabelle als Transition-Variablen adressierbar (werden wie Host-Variablen behandelt). Transition-Variablen sind immer nur innerhalb der Trigger-Aktion ansprechbar. Außerhalb des Triggers stehen die Namen nicht zur Verfügung. Die Parameter sind nur unter bestimmten Konstellationen vorgebbar:

Aktivierungs-Zeitpunkt	Trigger-Typ	Manipulations-Typ	Mögliche Parameter:			
BEFORE	Row	DELETE	OLD			
		INSERT		NEW		
		UPDATE	OLD	NEW		
AFTER	Row	DELETE	OLD		OLD_TABLE	
		INSERT		NEW		NEW_TABLE
		UPDATE	OLD	NEW	OLD_TABLE	NEW_TABLE
	Statement	DELETE			OLD_TABLE	
		INSERT				NEW_TABLE
		UPDATE			OLD_TABLE	NEW_TABLE

OLD AS correlation-name	Verweist auf den Zustand der Zeile vor der Manipulation.
NEW AS correlation-name	Verweist auf den Zustand der Zeile nach der Manipulation bzw. den modifizierten Zustand eines BEFORE-Triggers (mit SET-Statements vorgegeben).
OLD_TABLE AS identifier	Verweist auf den Zustand aller von einer Manipulation betroffenen Zeilen vor der Manipulation.
NEW_TABLE AS identifier	Verweist auf den Zustand aller von einer Manipulation betroffenen Zeilen nach der Manipulation bzw. den modifizierten Zustand eines BEFORE-Triggers (mit SET-Statements vorgegeben).
FOR EACH ROW	Trigger-Typ: Row-Trigger, der bei jeder manipulierten einzelnen Zeile aktiviert wird. Siehe auch unter NO CASCADE BEFORE bzw. unter AFTER.
FOR EACH STATEMENT	Trigger-Typ: Statement-Trigger, der nur einmal pro Statement-Ausführung aktiviert wird, unabhängig davon, ob keine, eine oder mehrere Zeilen modifiziert wurden. Siehe auch unter NO CASCADE BEFORE bzw. unter AFTER.
MODE DB2SQL	Trigger-Modus. Derzeit einzig unterstützte Form.
Block: triggered-action:	Definition der Aktion(en), die bei Vorliegen (wahr) einer evtl. vorgegebenen Bedingung (WHEN-Klausel) zu ergreifen sind. Folgende Reihenfolge der Abarbeitung gilt: 1. Trigger in der zeitlichen Reihenfolge ihrer Definition (in Folge der CREATE TRIGGER-Deklarationen). 2. SQL-Statements innerhalb eines Triggers in der Reihenfolge ihrer Definition.
WHEN **(search-condition)**	Bedingungen mit dem möglichen Ergebnis 'wahr', 'falsch' oder 'unbekannt'. Vorgabe der Suchbedingungen. Details siehe im Anhang 1 "Search Condition".
BEGIN ATOMIC	Beginn des Aktionsblocks (nur bei mehreren SQL-Statements erforderlich). Der Block wird nur aktiviert, wenn die WHEN-Bedingung weggelassen wurde oder die dort definierten Bedingungen zum Ergebnis 'wahr' führten.
triggered SQL-Statement	Definition eines oder mehrerer SQL-Statements, die aktiviert werden. Bei mehreren SQL-Statements sind diese mit einem Trennzeichen (;) abzugrenzen. Es ist darauf zu achten, dass dieses Trennzeichen unter SPUFI bzw. DSNTEP2 zu dem genutzten Statement-Terminierungszeichen eines kompletten Statements differieren muss. Siehe unter SPUFI-Defaults bzw. DSNTEP2. Die möglichen SQL-Statements sind abhängig vom Trigger-Typ. Siehe dazu unter NO CASCADE BEFORE bzw. unter AFTER.
END	Ende des Aktionsblocks (nur bei mehreren SQL-Statements erforderlich).

A2 Anhang - Definition der wichtigsten DB2-Sprachelemente
CREATE VIEW (SQL-Statement)

Aufgabe des Statements

Das SQL-CREATE VIEW-Statement definiert einen View (Datensicht) von einer oder mehreren aktuellen Tables oder anderen Views am aktuellen Server.
Das mit dem View definierte SELECT-Statement wird bei Aufruf des Views ausgeführt.
Bei entsprechenden Manipulations-Privilegien kann über einen View auch eine Manipulation auf die Basis-Tabelle vorgenommen werden, sofern die Result Table des Views updateable ist.

Ein View ist <u>nicht</u> updateable, d.h. read-only, wenn eine der Bedingungen zutrifft:

- die erste FROM-Klausel spricht mehr als ein Objekt an (Basis-Tabelle, View oder Table Function) an,
- die erste SELECT-Klausel enthält das Schlüsselwort DISTINCT,
- die erste SELECT-Klausel enthält eine Column Function,
- der Outer-Sub-Select enthält eine GROUP BY bzw. HAVING-Klausel,
- der Outer-Sub-Select aktiviert eine Sub-Query und beide referenzieren die gleiche Basis-Tabelle,
- die erste FROM-Klausel identifiziert einen Read-only View.

Ein View kann auf max. 225 Basis-Tabellen referenzieren.

In einem Anwendungs-Programm wird der View beim BIND/REBIND aufgelöst. Dabei gibt es zwei grundsätzlich unterschiedliche Formen, die auch einen Performance-Effekt bewirken:

1. **View-Merge**
   Die Definitionen des oder der Views und die Bedingungen des DML-Statements (z.B. SELECT spalte1) werden zusammengemischt und in der Package bzw. im Plan wird nur noch der Zugriff auf die Basis-Tabelle(n) ausgewiesen. Der View ist nicht mehr zu erkennen. Dieses Verfahren hat keine nennenswert schlechtere Performance als ein Zugriff direkt auf die Basis-Tabellen.

   Beispiel: View-Definition   und   das SQL-Statement auf den View

   ```
   CREATE VIEW V1 ( VC1, VC2, VC3, VC4) AS
       SELECT   C1, C2, C3, C4
       FROM     T1
       WHERE    C2 > 5;
   ```

   ```
   SELECT   VC1, VC3
   FROM     V1
   WHERE    VC1 LIKE 'XYZ%' ;
   ```

   werden zusammengemischt zu:

   ```
   SELECT   C1, C3
   FROM     T1
   WHERE    C2 > 5
   AND      C1 LIKE 'XYZ%';
   ```

2. **View-Materialization**
   Die Definitionen des oder der Views und die Bedingungen des DML-Statements können nicht immer zusammengemischt werden, wenn die Anforderung in verschiedenen Schritten gelöst werden muss. In diesem Fall wird eine temporäre Tabelle erzeugt und der View-Name ist noch in der Package bzw. im Plan zu erkennen und kann mit EXPLAIN analysiert werden. Dieses Verfahren kann ähnlich wie bei Joins oder Subqueries zu nennenswert schlechterer Performance als ein Zugriff direkt auf die Basis-Tabellen führen.
   Eine solche Verarbeitung ist möglich, wenn mit folgenden Optionen gearbeitet wird:
   - Join,
   - GROUP BY,
   - DISTINCT,
   - Column Function.

   Beispiel: View-Definition   und   das SQL-Statement auf den View

   ```
   CREATE VIEW V1   (VC1, VC2) AS
       SELECT     AVG (C1) , C2
       FROM       T1
       GROUP BY C2;
   ```

   ```
   SELECT   MAX (VC1)
   FROM     V1
   ```

   können nicht zusammengemischt werden, da die Ergebnisse in verschiedenen Schritten entstehen und Zwischen-Ergebnisse in einer temporären Tabelle gehalten werden.

A2 Anhang - Definition der wichtigsten DB2-Sprachelemente
CREATE VIEW - 2

Erforderliche Privilegien

- SELECT-Privileg auf der Table bzw. auf dem View, auf dem der neue View basiert oder
- Eigentümer der Table bzw. des Views oder
- DBADM-Privileg für die Database, die Table enthält oder
- SYSADM , SYSCTRL (auch Fremd-Autorisierungs-Ids, wobei der SYSCTRL nur über implizite Katalog-Tabellen-Privilegien verfügt).
- Bei Nutzung von Funktionen sind die entsprechenden EXECUTE-Privilegien erforderlich.

Anwendungs-Beispiel

Read-only View (wegen Join)

```
CREATE  VIEW       SEMTYP_PREIS                              View-Name Autorisierungs-Id.SEMTYP_PREIS
    AS  SELECT     SEMCODE, GILTAB, PREIS                    Definition der Result Table mit Sub-Select
        FROM       SEMTYP, SEMPREIS
        WHERE      SEMTYP.DAUER  =  SEMPREIS.DAUER
        AND        GILTAB        >= '01.07.2000' ;

    SELECT *  FROM SEMTYP_PREIS;                             Ausführung des Views und erzeugen Result Table.
```

Updateable View

```
CREATE  VIEW       SEMINARE                                  View-Name Autorisierungs-Id.SEMINARE
    AS  SELECT     SEMNR, SEMCODE, TERMIN, KURSORT
        FROM       SEMINAR
        WHERE      KURSORT       =  'Wiesbaden'
        WITH  CHECK  OPTION ;
                                                             Bei Manipulation darf nicht gegen die hier definierten
                                                             WHERE-Bedingungen verstoßen werden.
    UPDATE  SEMINARE
        SET        TERMIN        =  '15.03.2000'
        WHERE      SEMNR         =  20;                      Zulässige Manipulation

    UPDATE  SEMINARE
        SET        KURSORT       =  'Frankfurt'
        WHERE      SEMNR         =  20;                      Unzulässige Manipulation.
```

Syntax-Diagramm

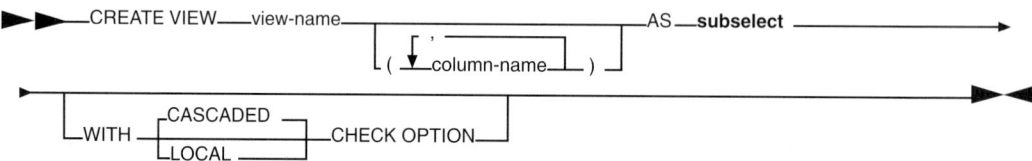

Parameter-Beschreibung

view-name Lang-Id View-Name. Der Name kann zweiteilig (Autorisierungs-Id.View-Name) oder dreiteilig (Lokales DB2-Subsystem.Autorisierungs-Id.View-Name) qualifiziert oder unqualifiziert vorgegeben werden. Bei einteiligem Namen wird von DB2 der Autorisierungs-Id eingesetzt.

column-name Spaltenname als Lang-Id eindeutig in View. Wenn nicht vorgegeben, werden Spaltennamen aus der Result-Table des SELECTs entnommen. Die vollständigen Spaltennamen des Views müssen dann vorgegeben werden, wenn in der Result-Table doppelte Spaltennamen auftreten können oder eine Spalte erzeugt wird, die aus einer Function, einer Konstanten oder einem arithmetischen Ausdruck erzeugt wird.

AS subselect Beschreibung siehe unter SELECT-Sub-Select.

WITH ...CHECK OPTION	Definition der Bedingungen, mit denen Manipulationen (Insert, Update) über diesen View oder über verschachtelte Views, die auf anderen Views basieren, abgewickelt werden. Diese Option ist nicht für read-only Views und nicht für Views, die auf einer temporären Tabelle basieren, zulässig. Bei einer Manipulation über einen View, in dem WHERE-Bedingungen definiert sind, muss bei Vorgabe dieser Option die WHERE-Bedingung bei der Manipulation beachtet werden. Verstöße gegen die WHERE-Bedingung werden als Fehler abgewiesen. Wenn mehrere Views miteinander verschachtelt sind, kann jeder der Views mit oder ohne CHECK-Option definiert sein. Es muss daher eindeutig geklärt werden, ob solche CHECK-Optionen überhaupt wirken sollen und wenn ja, in welcher Form.
CASCADED	Bei einer Manipulation über diesen View müssen alle Bedingungen, die dieser View definiert und alle Bedingungen aller diesem View unterliegenden Views berücksichtigt werden, unabhängig davon, ob für die einzelnen Views die CHECK-Option definiert ist oder nicht.
LOCAL	Bei einer Manipulation über diesen View müssen alle Bedingungen, die dieser View definiert und alle Bedingungen aller diesem View unterliegenden Views berücksichtigt werden, aber nur, sofern für die einzelnen Views die CHECK-Option definiert ist (CASCADED oder LOCAL).

Beispielhafte Definitionen A:

V1	Definition auf Basis-Tabelle T1,	
V2	Definition auf V1	WITH LOCAL CHECK OPTION,
V3	Definition auf V2,	
V4	Definition auf V3	WITH CASCADED CHECK OPTION.

Bei einem Update auf View:	werden die WHERE-Bedingungen folgender Views beachtet:
V1	-
V2	V2
V3	V2
V4	V4, V3, V2, V1

Beispielhafte Definitionen B:

V1	Definition auf Basis-Tabelle T1,	
V2	Definition auf V1	WITH CASCADED CHECK OPTION,
V3	Definition auf V2,	
V4	Definition auf V3	WITH LOCAL CHECK OPTION.

Bei einem Update auf View:	werden die WHERE-Bedingungen folgender Views beachtet:
V1	-
V2	V2, V1
V3	V2, V1
V4	V4, V2, V1

Beispielhafte Definitionen C:

V1	Definition auf Basis-Tabelle T1,	
V2	Definition auf V1	WITH LOCAL CHECK OPTION,
V3	Definition auf V2,	
V4	Definition auf V3	WITH LOCAL CHECK OPTION.

Bei einem Update auf View:	werden die WHERE-Bedingungen folgender Views beachtet:
V1	-
V2	V2
V3	V2
V4	V4, V2

A2 Anhang - Definition der wichtigsten DB2-Sprachelemente
DCLGEN (TSO-DSN)

Aufgabe des Commands

Der DCLGEN-COMMAND (Declaration Generator) generiert ein DECLARE TABLE-SQL-Statement und eine symbolische Definitionsstruktur in COBOL, PL/1 oder C für eine Table bzw. einen View. DCLGEN wird auch im Rahmen von DB2I maskengeführt unterstützt.
Siehe auch die Ausführungen im Kapitel 4.3.

Für Distinct Daten-Typen werden ihre jeweiligen Source Builtin-Daten-Typen generiert.
Data-Sharing-Wirkungskreis: **Member**

Erforderliche Privilegien

- SELECT-Privileg auf Table bzw. View oder
- Eigentümer der Table bzw. des Views oder
- DBADM-Privileg für die Database, die Table enthält oder
- SYSADM, SYSCTRL (der SYSCTRL verfügt nur über implizite Katalog-Tabellen-Privilegien).

Anwendungs-Beispiel

Eingabe-Parameter:

```
DCLGEN    TABLE      (VZZ001)         -
          LIBRARY    ('TSO355.PR.COBOL(VZZ001)')
          LANGUAGE   (COBOL)
```

Generiertes Copy-Book:

```
EDIT --- TSO355.PR.COBOL(VZZ001) - 01.00 ----- ------------------ COLUMNS 001 080
COMMAND ===>                                                   SCROLL ===> CSR
********** ****************************** TOP OF DATA ****************************************
000001   ********************************************************************************
000002   * DCLGEN  TABLE (VZZ001)                                                        *
000003   *         LIBRARY (TSO355.PR.COBOL(VZZ001))                                     *
000004   *         ACTION (REPLACE)                                                      *
000005   *         STRUCTURE (DCLVZZ001)                                                 *
000006   *         APOST                                                                 *
000007   * ... IS THE DCLGEN COMMAND THAT MADE THE FOLLOWING STATEMENTS                  *
000008   ********************************************************************************
000009         EXEC SQL DECLARE VZZ001 TABLE
000010         (     SEMCODE            CHAR (15)       NOT NULL,
000011               TERMIN             DATE ,
000012               KURSORT            CHAR (30),
000013               TITEL              CHAR (60),
000014               SEMNR              SMALLINT   NOT NULL
000015         )     END-EXEC.
000016   ********************************************************************************
000017   * COBOL DECLARATION FOR TABLE VZZ001                                            *
000018   ********************************************************************************
000019         01   DCLVZZ001.
000020              10 SEMCODE          PIC X(15).
000021              10 TERMIN           PIC X(10).
000022              10 KURSORT          PIC X(30).
000023              10 TITEL            PIC X(60).
000024              10 SEMNR            PIC S9(4)   USAGE COMP.
000025   ********************************************************************************
000026   * THE NUMBER OF COLUMNS DESCRIBED BY THIS DECLARATION IS 5                      *
000027   ********************************************************************************
********** **************************** BOTTOM OF DATA ***************************************
```

Syntax-Diagramm

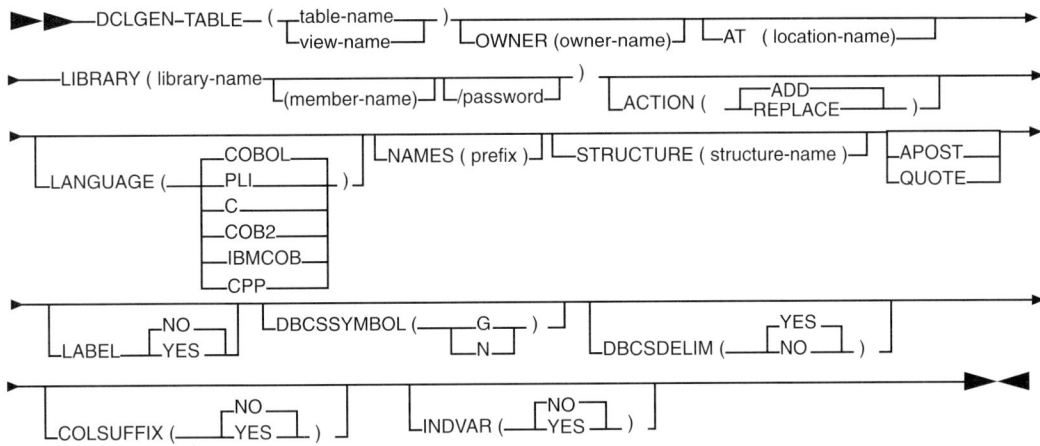

Parameter-Beschreibung

table-name	Objektauswahl Table.
view-name	Objektauswahl View.
	Für table-name bzw. view-name ist nur ein Synonym des Current SQLIDs, aber kein Fremd-Synonym zulässig.
	Ein qualifizierter Objektname überschibt einen abweichenden OWNER.
	Namen mit Sonderzeichen sind mit ' abzugrenzen.
OWNER (owner-name)	Prefix (Qualifier) für den Objekt-Namen. Dieser Prefix kann über den Objekt-Namen qualifiziert vorgegeben werden oder über diesen Parameter. Wenn weder Objekt-Prefix noch Owner vorgegeben wird, ist der TSO-User-Id der Default.
AT (location-name)	Name der Lokation, in der Table bzw. View geführt wird. Wenn AT benutzt wird, muss table-name bzw. view-name qualifiziert sein (Autor-Id als Prefix Objekt-Name oder OWNER-Parameter).
LIBRARY	Ausgabedatei der Struktur (sequenziell oder PDS).
library-name	Die Datei muss existieren. Wenn der Name nicht zwischen Apostrophen vorgegeben wird, erfolgt eine automatische Namensvergabe:
(member-name)	
/password	User-Prefix.Library-name.Sprache(member-name). Die Sprache wird aus LANGUAGE abgeleitet.
ACTION	Kennzeichnung ob neues Member oder Update des bestehenden Memberinhalts.
ADD	Wenn das Member noch nicht existiert, Zugang.
REPLACE	Austauschen des Members. Zugang, wenn das Member noch nicht existiert.
LANGUAGE	Kennzeichnung der Programmiersprache.
	Bei Cobol-Strukturen werden die '_'-Zeichen in Tabellen/View- oder Spalten-Namen in '-' umgewandelt.
COBOL	Installations-generierungsabhängiger Default. OS/VS-COBOL = IBM-Default.
COB2	COBOL 2
IBMCOB	IBM COBOL
PLI	PL/I
C	C
CPP	C++

A2 Anhang - Definition der wichtigsten DB2-Sprachelemente
DCLGEN - 3

NAMES (prefix)	Namens-Prefix (bis 28 Zeichen) zur fortlaufenden Feldnumerierung der Struktur-Variablen, z.B. FELD. In diesem Falle werden die Originalfeldnamen ersetzt und alle Felder der Struktur fortlaufend numeriert (FELD1 bis FELD999).

STRUCTURE
(structure-name)
	Namens-Prefix (bis 31 Zeichen) für höchsten Level der Struktur.
	Default ist der Table- bzw. View-Name mit dem Prefix 'DCL'.
	Die einzelnen Spaltennamen werden auf den zweiten Level gesetzt, z.B.
	    01 DCLSEMTYP,
	           5 SEMCODE CHAR (10) ....

<u>**APOST**</u> **QUOTE**	Apostroph (') ist String-Begrenzungszeichen in Cobol-Programmen, Anführungszeichen (") ist String-Begrenzungszeichen.
LABEL	Kennzeichnung, ob die durch LABEL ON vorgegebenen Alternativnamen als Kommentare mit übernommen werden sollen.
<u>NO</u> YES	Keine Ausgabe. Ausgabe.
DBCSSYMBOL (G bzw. N)	Definition von Graphic-Strings in Cobol-PICTURE-Klausel (G oder N).
DBCSDELIM	Kennzeichen, ob DBCS-Table oder Spalten-Namen mit SQL-Begrenzungszeichen generiert werden sollen (Escape-Character).
<u>YES</u> NO	Ja, DBCS-Namensstrings und Namen mit Sonderzeichen werden begrenzt. Keine Begrenzung (wenn SQL reservierte Worte benutzt werden, muss Ausgabe von DCLGEN modifiziert werden, z.B. "COUNT").
COLSUFFIX	Kennzeichnung, ob die Spaltennamen als Suffix hinter einen Namens-Prefix generiert werden sollen.
<u>NO</u>	Der Spaltenname wird nicht als Suffix verwendet. Ist der Parameter NAMES vorgegeben, wird der Name analog der dortigen Beschreibung abgeleitet, ansonsten werden die Spaltennamen ohne Prefix und Suffix generiert (analog der Handhabung vor DB2 Version 4).
YES	Der Spaltenname wird als Suffix verwendet. Dabei wird der über NAMES definierte String vorangestellt. Beispiel: NAMES (NEU) Spalten-Name: SEMCODE Generierung: NEUSEMCODE Ist der Parameter NAMES nicht vorgegeben, erfolgt eine Warnung und die Spaltennamen werden ohne Prefix und Suffix generiert (analog der Handhabung vor DB2 Version 4).
INDVAR	Kennzeichnung, ob eine NULL-Indikatorenstruktur generiert werden soll.
<u>NO</u> YES	Nein, keine Generierung. Ja, es erfolgt eine Generierung (Beispiel siehe im Kapitel 4.3). Als Strukturname wird ein ' I ' vor den Objektnamen gesetzt (für die Table SEMTYP wird ISEMTYP generiert).

Aufgabe des Statements

Das SQL-DECLARE CURSOR-Statement definiert einen Cursor. Ein Cursor beschreibt eine Result Table. Innerhalb dieses Statements wird ein SELECT aufgeführt (siehe dort).
Wenn das SELECT-Statement eine CURRENT DATE, CURRENT TIME oder CURRENT TIMESTAMP-Funktion enthält, wird der beim OPEN CURSOR ermittelte Wert bei jedem nachfolgenden FETCH übergeben.
In COBOL-Programmen oder wenn der DB2-Precompiler mit der ONEPASS-Option gesteuert ist, müssen alle im DECLARE CURSOR enthaltenen Variablen vor dem DECLARE CURSOR definiert werden.

Die mit dem Cursor definierte Result Table ist read-only, wenn zumindest eine der folgenden Bedingungen zutrifft:
- die erste FROM-Klausel spricht mehr als ein Objekt (Basis-Tabelle oder View) an,
- die erste SELECT-Klausel enthält das Schlüsselwort DISTINCT,
- die erste SELECT-Klausel enthält eine Column Function,
- der Outer Sub-Select enthält eine GROUP BY bzw. HAVING-Klausel,
- der Outer-Sub-Select aktiviert eine Sub-Query und beide referenzieren die gleiche Basis-Tabelle,
- die erste FROM-Klausel identifiziert einen Read-only View,
- die erste FROM-Klausel identifiziert eine Nested Table Expression,
- die erste FROM-Klausel identifiziert eine Katalog-Tabelle (nicht-updateable Spalten),
- UNION, UNION ALL oder ORDER BY ist definiert,
- FOR FETCH ONLY- bzw. FOR READ-ONLY-Klausel ist definiert,
- FOR UPDATE OF-Klausel ist nicht definiert und der Isolation-Level des SELECT Statements ist UR.
- Hinweis: die Result Table eines in einer Stored Procedure gebildeten Query Result Sets erhält für das aufrufende Programm automatisch den Status 'read-only'. Sollte die Stored Procedure einige der Daten mit FETCH positioniert haben, stehen diese <u>nicht</u> im Query Result Set zur Verfügung.

Ein Anwendungs-Programm kann nur dann mit dem Cursor arbeiten, wenn die Verarbeitungs-Statements mit den CURSOR-Statements zusammen precompiliert wurden. Wenn ein Hauptprogramm beispielsweise ein externes Unterprogramm aufruft, kann das Unterprogramm einen im Hauptprogramm eröffneten Cursor nicht verwenden.

Es ist zu beachten, dass ein Programm über eine einzige Cursor-Deklaration verschiedene eigenständige Cursorzustände (entspricht unterschiedlichen Cursor-Versionen) nutzen kann, da jedes beteiligte DBRM als eigenständige Version eines Cursors betrachtet werden kann. Dies gilt für den Einsatz des SET CURRENT PACKAGESET-Statements und des CONNECT-Statements des Typs 2. Siehe auch das folgende Anwendungsbeispiel hierzu.

Ein in einer Stored Procedure definierter Cursor kann ein Query Result Set übergeben, wenn alle der folgenden Bedingungen gegeben sind:

- der CURSOR wurde mit der WITH RETURN-Klausel definiert,
- der CURSOR wurde mit der WITH HOLD-Klausel definiert, sofern in der Katalogtabelle SYSPROCEDURES COMMIT_ON_RETURN 'Y' definiert wurde,
- der CURSOR wurde in der Stored Procedure nicht geschlossen.

Als Query Result Set gelten die restlichen Zeilen nach der zuletzt in der Stored Procedure positionierten Zeile. Dieses Result Set ist für Nutzer außerhalb der Stored Procedure read-only.
Wird dieselbe Stored Procedure noch einmal aktiviert, wird das vorher übergebene Query Result Set automatisch geschlossen und ist nicht mehr verfügbar.

Erforderliche Privilegien

- SELECT-Privileg auf alle Objekte des Cursors oder
- Eigentümer der Objekte oder
- DBADM-Privileg für die Database, die Tables enthält oder
- SYSADM, SYSCTRL (der SYSCTRL verfügt nur über implizite Katalog-Tabellen-Privilegien).
- Bei Nutzung von User-defined Functions werden die entsprechenden EXECUTE-Privilegien benötigt.

Anwendungs-Beispiel in PL/1

```
EXEC SQL DECLARE   C1   CURSOR FOR            Name des Cursors = C1.
            SELECT      SEMCODE, DAUER
            FROM        SEMTYP
            WHERE       DAUER >= :DAUER;       Die Host-Variable muss den Zuweisungswert von dem
                                               Programm erhalten (vor OPEN CURSOR).
```

Beispiel für verschiedene Cursor-Versionen

```
EXEC SQL DECLARE   C2   CURSOR FOR            Name des Cursors = C2. Dieser wird auf zwei eigen-
            SELECT      SEMCODE, DAUER        ständigen Lokationen mit jeweils einer eigenen Version
            FROM        SEMTYP                eröffnet. Die Host-Variableninhalte können identisch oder
            WHERE       DAUER >= :DAUER ;     abweichend sein.

EXEC SQL CONNECT  TO LOCA ;                   Aufbau einer Connection zu einem remote Server A,
EXEC SQL OPEN  C2;                            Eröffnen Cursor C2 am remote Server A,
EXEC SQL FETCH C2 ..... ;                     Zeilenweises Bereitstellen der remote Daten A,
EXEC SQL CONNECT  TO LOCB ;                   Aufbau einer Connection zu einem remote Server B,
EXEC SQL OPEN  C2;                            Eröffnen Cursor C2 am remote Server B,
EXEC SQL FETCH C2 ..... ;                     Zeilenweises Bereitstellen der remote Daten B.
```

Beispiel eines dynamisch preparierten Cursors

```
EXEC SQL DECLARE  C3   CURSOR FOR             Name des Cursors = C3.
            STATEMENT17;                      STATEMENT17 verweist auf ein SQL-Statement, das
                                              mittels PREPARE vor dem OPEN CURSOR dynamisch
                                              gebunden sein muss.
```

Beispiel eines Cursors, mit dem eine Stored Procedure ein Result Set bereitstellt

```
EXEC SQL DECLARE   C4   CURSOR                Name des Cursors = C4.
            WITH RETURN  FOR                  Das Result Set soll zurückgegeben werden.
            SELECT       SEMCODE, DAUER
            FROM         SEMTYP;
```

Syntax-Diagramm

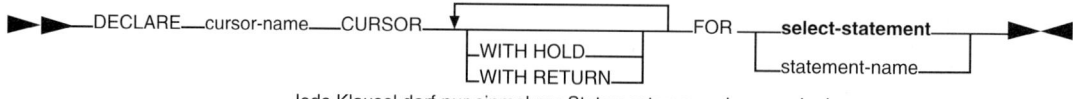

Jede Klausel darf nur einmal pro Statement vorgegeben werden!

Parameter-Beschreibung

cursor-name   Eindeutiger Name innerhalb des Programmes.
                        Dieser Name unterliegt den DB2-Namenskonventionen. Auch in COBOL-
                        Programmen ist ein '_' als Namensbestandteil erlaubt.
                        Gültiges Beispiele:
                            CURSOR_1

WITH HOLD   Ein offener Cursor wird nicht geschlossen, wenn ein COMMIT-Statement abgesetzt wird.
Ausnahmen:
- Wird eine Released Connection aufgrund des COMMITs freigegeben, werden auch diese Cursor geschlossen.
- Wird eine Remote Connection aufgrund der BIND-Option DISCONNECT (AUTOMATIC) aufgelöst, werden auch diese Cursor geschlossen.
- WITH HOLD wird in einer bestimmten Umgebung ignoriert:
  - in CICS-transaktionsorientierten und pseudo-dialogorientierten Programmen (allerdings kann ein Reusable Thread trotz explizit abgesetztem SYNCPOINT wegen eines offenen Cursors ggf. nicht wiederverwendet werden) und
  - im IMS-DC-Bereich (MPP, IFP und messagedriven BMP).

Mit Wirksamkeit der WITH HOLD-Option werden beim COMMIT alle Veränderungen der UOW vollzogen, die Positionierung in der Cursor-Result Table bleibt aber erhalten.
Dies gilt auch für temporäre Tabellen.
Lock-Einträge werden grundsätzlich freigegeben. Lediglich die zuletzt positionierte Zeile oder Page erfährt ggf. eine Sonderbehandlung:
- Wenn Änderungen auf der Datenbasis vollzogen wurden, werden die eingerichteten 'X' oder 'U'-Locks auf 'S' umgesetzt (sofern die Installations-Generierungs-Option RELCURHL = NO spezifiziert ist) . Die Freigabe erfolgt dann gemäß den Regeln des jeweiligen Isolation-Levels:
  - bei CS   bis die Page unverändert verlassen wird oder bis zum COMMIT,
  - bei RR und RS mit dem nächsten COMMIT.
  Dies ist die Default-Maßnahme vor DB2 Version 5.
- Wenn die Generierungs-Option RELCURHL = YES spezifiziert ist, werden alle Sperren aufgelöst.
  Diese Option wird ab Version 5 empfohlen.

Nach einem COMMIT steht zunächst dem Anwendungs-Programm keine Position zur Verfügung. Diese muss mit einem Initialisierungs-FETCH angefordert werden, wobei auch der nächste Satz mit bereitgestellt wird.
Bei einer updateable Result Table kann jetzt auch eine Manipulation über den Cursor vollzogen werden (Positioned Update/ Delete).
Dies gilt nicht für temporäre Tabellen. Eine positionierte Manipulation ist dort nicht gestattet.

Wird im Anwendungs-Programm ein expliziter CLOSE des Cursors vorgenommen, ist diese Option bedeutungslos.
Der Cursor wird implizit geschlossen bei:
- ROLLBACK oder
- CONNECT des Typs 1 auf einen remote Server oder
- durch einen erfolgreichen COMMIT, sofern die WITH HOLD-Option nicht wirkt.

WITH RETURN   Der in einer Stored Procedure aufgebaute Cursor kann ein Query Result Set an das aufrufende Programm zurückgeben.
Wenn die Stored Procedure einen COMMIT am Ende absetzt, muss auch WITH HOLD zusätzlich vorgegeben werden.

select-statement   Siehe unter SELECT-Statement.

statement-name   Eindeutiger Statementname eines SQL-Statements, das durch PREPARE aufbereitet wurde (DYNAMIC SQL), bevor der Cursor eröffnet wird.

A2 Anhang - Definition der wichtigsten DB2-Sprachelemente
DECLARE STATEMENT (SQL-Statement)

A2 - 1150

Aufgabe des Statements

Das SQL-DECLARE STATEMENT-Statement dokumentiert dynamische, durch PREPARE aufbereitete Statements mit ihrem Statement-Namen.
Damit können solche Statements innerhalb eines Programmes mit einem symbolischen Namen eindeutig identifiziert werden.

Erforderliche Privilegien

Keine.

Anwendungs-Beispiel in COBOL

```
*
*                                          SQLDA für die Beschreibung der Result Table des dynamisch
                                           auszuführenden Statements mit INCLUDE kopieren.
     EXEC SQL    INCLUDE SQLDA
     END-EXEC.
*
*                                          Deklaration des Namens für ein dynamisch zu
*                                          präparierendes Statement
     EXEC SQL    DECLARE SQL_STMT1 STATEMENT   -- Das dynamische Statement wird unter dem
     END-EXEC.                                 -- Namen SQL_STMT1 geführt.
*
*                                          Deklaration des Cursors für ein dynamisch zu präparierendes
*                                          Statement
     EXEC SQL    DECLARE C1 CURSOR
                 FOR SQL_STMT1              -- Der Cursor mit dem Namen C1 wird mit dem dynamischen
     END-EXEC                               -- Statement, das unter dem Namen SQL_STMT1 geführt
                                            -- wird, verbunden.
*
*                                          Präparieren des SQL-Statements (dieses befindet sich im Feld
*                                          SQL-SOURCE)
     EXEC SQL    PREPARE SQL_STMT1          -- Damit findet implizit ein BIND-Prozess statt und ein interner
                 FROM SQL-SOURCE            -- Kontrollblock wird gebildet.
     END-EXEC
*
*                                          Da bei einem dynamischen SQL-Statement die Struktur der Result
*                                          Table unbekannt ist, wird mit DESCRIBE eine solche Beschreibung
*                                          angefordert, die in der SQLDA hinterlegt wird.
     EXEC SQL    DESCRIBE SQL_STMT1 INTO SQLDA
     END-EXEC
*                                          Eröffnen des Cursors. Die Result Table wird zugeordnet.
     EXEC SQL    OPEN C1
     END-EXEC
*                                          Einlesen der Result Table-Zeilen. Bereitstellung der Daten in den
*                                          Bereichen, die über die SQLDA adressiert sind (die Adressen
*                                          müssen vorher vom Programm zugewiesen worden sein).
     EXEC SQL    FETCH C1 USING DESCRIPTOR SQLDA
     END-EXEC
*                                          Schließen des Cursors. Dabei wird die Result Table freigegeben.
     EXEC SQL    CLOSE C1
     END-EXEC
```

Syntax-Diagramm

Parameter-Beschreibung

statement-name   Auflistung der dynamischen Statement-Namen innerhalb des Programms.

A2 Anhang - Definition der wichtigsten DB2-Sprachelemente
DECLARE TABLE (SQL-Statement)

Aufgabe des Statements

Das SQL DECLARE TABLE-Statement unterstützt die Programm-Dokumentation und die Syntax-Prüfprozesse des Precompilers. DECLARE TABLE kann manuell vorgegeben werden (nicht zu empfehlen), aber auch durch einen Generator generiert werden.
Unter DB2 wird hier der DCLGEN-Command angeboten.
Liegen Definitionen hinsichtlich eines Anwendungs-Views (Datensicht eines Anwendungsprogramms) vor, kann mit Hilfe von Generatoren auch eine programmspezifische Struktur generiert werden. Damit kann es gelingen, innerhalb eines Programmes nur die Spalten in Deklarations-Strukturen zu führen, die auch tatsächlich im Programm benötigt werden.
Dies ist deshalb möglich, da der mit DECLARE TABLE definierten Struktur kein reales DB2-Objekt (Table oder View) unterliegen muss.

Erforderliche Privilegien

Keine.

Anwendungs-Beispiel in PL/1

```
EXEC SQL  DECLARE SEMTYP TABLE
          (SEMCODE   CHAR      (15)      NOT NULL,
           TITEL     VARCHAR   (60),
           DAUER     DECIMAL   (5,1)              );
```

Syntax-Diagramm

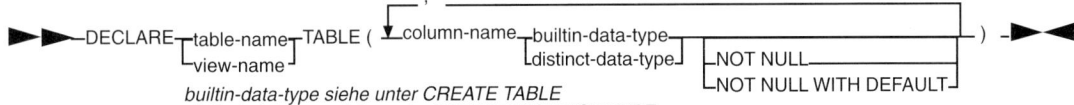

builtin-data-type siehe unter CREATE TABLE
distinct-data-type siehe unter CREATE DISTINCT TYPE

Parameter-Beschreibung

table-name   Objektauswahl Table.
view-name   Objektauswahl View.

TABLE

column-name   Spaltenname von Table/View.

builtin-data-type   Der Daten-Typ des Parameters ist ein Builtin Daten-Typ. Die Daten-Typen und ihre Behandlung entsprechen der Beschreibung unter CREATE TABLE. Details siehe dort.

distinct-data-type Der Daten-Typ des Parameters ist ein Distinct Daten-Typ. Ein solcher Parameter wird im Source-Typ-Format (Builtin Daten-Typ) übergeben. IBM empfiehlt bei der Deklaration einer Struktur mit den Builtin-Daten-Typen zu arbeiten, da dann der DB2-Precompiler bereits Formatprüfungen vornehmen kann. Ansonsten erfolgen diese erst beim BIND.

NOT NULL   Spalte darf lt. Definition keine 'NULL-Werte' aufnehmen.
NOT NULL WITH DEFAULT Spalte darf lt. Definition keine 'NULL-Werte', aber Default Werte aufnehmen.

A2 Anhang - Definition der wichtigsten DB2-Sprachelemente
DELETE (SQL-Statement)

Aufgabe des Statements

Das DELETE-Statement löscht eine oder mehrere Zeilen aus einer Table. Wird das DELETE-Statement mit einem View-Namen eingesetzt (nur bei updateable Result Table), werden die Zeilen der Basis-Table gelöscht.
Die Objekte können sich sowohl auf dem lokalen Server als auch auf jedem Server befinden, zu dem eine Verbindung aufgebaut werden kann (siehe auch CONNECT).
Es existieren die beiden Formen:
- Set-bezogenes Delete zum Löschen von Zeilen mit Suchfunktion (**Searched Delete**).
- Einzelzeilen-Delete aufgrund der Cursor-Position (**Positioned Delete**).

Bei einer Subquery darf die dort referenzierte Basis-Tabelle nicht identisch mit dem im FROM-Parameter definierten Objekt sein.
Bei einer temporären Tabelle darf kein WHERE-Parameter vorgegeben werden.

Bei einem Searched Delete wird die Anzahl der gelöschten Zeilen in der SQLCA im Feld SQLERRD (3) zurückgegeben. Bei einem segmented Tablespace wird bei DELETE ohne WHERE-Bedingung (Massen-Delete) allerdings der Wert -1 zurückgeliefert.

Gelöschte Zeilen bleiben innerhalb der UOR exklusiv gesperrt.

Erforderliche Privilegien

- DELETE-Privileg auf Table bzw. View oder
- Eigentümer der Table oder
- DBADM-Privileg für die Database, die Table enthält oder
- SYSADM.
- Bei Einsatz eines Subselects die entsprechenden SELECT-Privilegien.
- Bei Aktivierung der SQL-Standard-Regeln die SELECT-Privilegien, die sich aufgrund der WHERE-Bedingungen ergeben. Die SQL-Standard-Regeln werden aktiviert durch:
  - den BIND-Parameter SQLRULES (STD) bei einem statischen SQL-Statement,
  - den CURRENT RULES Spezialregister mit dem Inhalt 'STD' bei einem dynamischen SQL-Statement.

Anwendungs-Beispiel

```
DELETE   FROM  SEMTYP                       Löschen einzelne Zeile mit Suchfunktion:
         WHERE SEMCODE = 'DBS-GRUND'        Konstanter Wert.

DELETE   FROM  SEMTYP                       Löschen einzelne Zeile mit Suchfunktion.
         WHERE SEMCODE = :SEMCODE           Variabler Wert aus der Host-Variablen.

EXEC SQL
    DELETE   FROM  SEMTYP                   Löschen einzelne Zeile mit Cursor-Position.
    WHERE    CURRENT OF  C1 ;
```

Syntax-Diagramm
Searched Delete

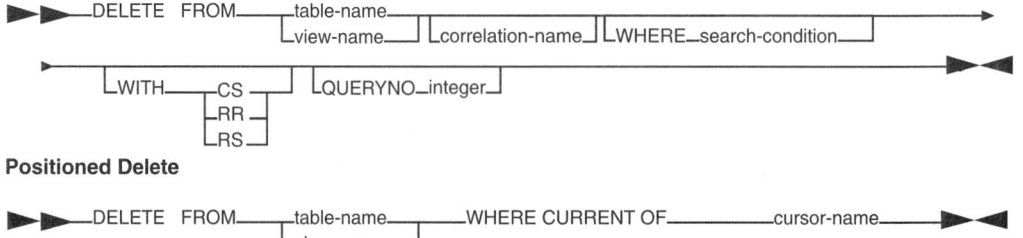

Positioned Delete

Parameter-Beschreibung

SET-DELETE mit Suchfunktion

DELETE FROM	Löschung von DB2-Tabellendaten. Eine Online-Anwendung unter IMS oder CICS kann nur dann remote Objekte ansprechen, wenn die verbundenen Systeme DRDA-DUW unterstützen, ansonsten können nur lokale Objekte angesprochen werden. Es bestehen Restriktionen für RI-Konstrukte (siehe dort).
table-name **view-name**	Objektauswahl Table (nur eine einzige Table; keine Auxiliary Table). Objektauswahl View. Die Result Table muss updateable sein. Es darf auch keine Katalog-Tabelle angesprochen werden, für die Löschungen unzulässig sind.
correlation-name	Korrelationsname für Subquery.
WHERE search-condition	Search-Condition: Siehe allgemeine Beschreibung im Anhang A1. Soll nur eine einzige Zeile gelöscht werden, ist der PK vorzugeben. Ohne WHERE-Bedingung werden alle Zeilen der Table gelöscht. Dies ist die einzige zulässige Löschfunktion für eine temporäre Tabelle. Die Anzahl der gelöschten Zeilen wird in der SQLCA im Feld SQLERRD(3) protokolliert (außer bei einem Massen-Delete einer Table in einem segmented Tablespace).
WITH	Vorgabe eines statementspezifischen Isolation-Levels. Wird dieser Parameter nicht vorgegeben, wirken die Isolation-Level der Package bzw. des Plans. Eine detaillierte Beschreibung der Auswirkungen siehe unter SELECT (Select-Statement) with-clause in diesem Anhang.
CS **RS** **RR**	Cursor Stability. Read Stability. Repeatable Read.
QUERYNO integer	Vorgabemöglichkeit einer festen Query-Nummer anstelle der Default-Statement-Nummer, die beim DB2 Precompile vergeben wird. Dies ist nur sinnvoll, wenn mit Optimization-Hints gearbeitet wird. Siehe Beschreibung unter PLAN_TABLE im Anhang 5.

DELETE Einzelzeile mit CURSOR-Position

Eine Anwendung ist nur innerhalb eines Anwendungsprogramms möglich.

DELETE FROM	Löschung von DB2-Tabellendaten. Eine Online-Anwendung unter IMS oder CICS kann nur dann remote Objekte ansprechen, wenn die verbundenen Systeme DRDA-DUW unterstützen, ansonsten können nur lokale Objekte angesprochen werden. Es bestehen Restriktionen für RI-Konstrukte (siehe dort). Diese Löschfunktion ist für eine temporäre Tabelle nicht unterstützt.
table-name **view-name**	Objektauswahl Table (nur eine einzige Table). Objektauswahl View. Die Result Table muss updateable sein. Es darf auch keine Katalog-Tabelle angesprochen werden, für die Löschungen unzulässig sind. Der Table bzw. View-Name muss zuvor in der FROM-Klausel des DECLARE CURSOR-Statements definiert sein.
WHERE CURRENT OF **cursor-name**	Benennung eines zuvor definierten CURSORs. Es sind keine weiteren Suchbedingungen vorgebbar. Der DELETE bezieht sich auf eine einzige Zeile, nämlich die durch den Cursor positionierte.

DESCRIBE (SQL-Statement)

Aufgabe des Statements

Das SQL-DESCRIBE-Statement stellt Informationen über ein mit PREPARE aufbereitetes Statement innerhalb einer SQLDA bereit. Alternativ können die SQLDA-Inhalte durch ein PREPARE INTO-Statement angefordert werden. Siehe auch unter Dynamic SQL und SQLDA (Anhang 5).

Mit DESCRIBE kann auch eine Tabellen- oder View-Struktur angefordert werden.

Diese bereitgestellten Informationen beziehen sich auf die Struktur einer Result Table bzw. einer konkreten Table bzw. eines Views.

Erforderliche Privilegien

- Eigentümer der Table bzw. des Views oder
- SELECT, INSERT, UPDATE, DELETE- oder REFERENCES-Privileg für das entsprechende Objekt oder
- ALTER bzw. INDEX-Privileg für die Table oder
- DBADM-Privileg für die Database, die die Table enthält oder
- SYSADM, SYSCTRL.

Anwendungs-Beispiel in PL/1 (Auszug)

```
EXEC SQL
    DESCRIBE ST1 INTO :SQLDA;          -- ST1 muss vorher mit PREPARE aufbereitet worden
                                       -- sein.
EXEC SQL
    DESCRIBE TABLE :TABLENAME          -- In der Host-Variablen muss der Tabellen- oder
        INTO :SQLDA;                   -- View-Name stehen.
```

Anwendungs-Beispiel in COBOL

```
*
*                                      SQLDA für die Beschreibung der Result Table des dynamisch
                                       auszuführenden Statements mit INCLUDE kopieren.
    EXEC SQL    INCLUDE SQLDA
    END-EXEC.
*
*                                      Deklaration des Namens für ein dynamisch zu
                                       präparierendes Statement
    EXEC SQL    DECLARE SQL_STMT1 STATEMENT   -- Das dynamische Statement wird unter dem
    END-EXEC.                                 -- Namen SQL_STMT1 geführt.

*
*                                      Deklaration des Cursors für ein dynamisch zu präparierendes
                                       Statement
    EXEC SQL    DECLARE C1 CURSOR
                    FOR SQL_STMT1      -- Der Cursor mit dem Namen C1 wird mit dem dynamischen
    END-EXEC                           -- Statement, das unter dem Namen SQL_STMT1 geführt
                                       -- wird, verbunden.
*
*                                      Präparieren des SQL-Statements (dieses befindet sich im Feld
                                       SQL-SOURCE)
    EXEC SQL    PREPARE SQL_STMT1      -- Damit findet implizit ein BIND-Prozess statt und ein interner
                    FROM SQL-SOURCE    -- Kontrollblock wird gebildet.
    END-EXEC
*
*                                      Da bei einem dynamischen SQL-Statement die Struktur der
*                                      Result Table unbekannt ist, wird mit DESCRIBE eine solche
*                                      Beschreibung angefordert, die in der SQLDA hinterlegt wird.
    EXEC SQL    DESCRIBE SQL_STMT1 INTO SQLDA
    END-EXEC

    EXEC SQL    OPEN C1                Eröffnen des Cursors. Die Result Table wird zugeordnet.
    END-EXEC
*
*                                      Einlesen der Result Table-Zeilen. Bereitstellung der Daten in den
*                                      Bereichen, die über die SQLDA adressiert sind (die Adressen
*                                      müssen vorher vom Programm zugewiesen worden sein).
    EXEC SQL    FETCH C1 USING DESCRIPTOR SQLDA
    END-EXEC

                                       Schließen des Cursors. Dabei wird die Result Table freigegeben.
    EXEC SQL    CLOSE C1
    END-EXEC
```

Syntax-Diagramm

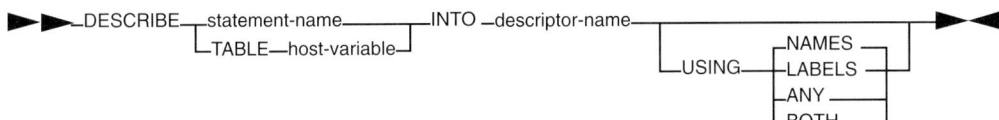

Parameter-Beschreibung

statement-name Name des aufbereiteten Statements. Das Statement muss vorher am aktuellen Server mit PREPARE aufbereitet worden sein.

TABLE host-variable Name einer Table (keine Auxiliary Table) bzw. eines Views am aktuellen Server. Der Name ist in einer Host-Variablen zu übergeben.
Der Host-Variableninhalt muss ein String sein mit max. Länge von 254 Bytes. Ist der Name kürzer als die Länge der Host-Variablen, muss der Objektname mit einem Blank abgegrenzt werden. Ein NULL-Indikator darf nicht übergeben werden.
Das SQL-Escape-Character ist " (Quotation-Mark), auch wenn eine andere Generierung vorliegt.

INTO descriptor-name Name der SQLDA (SQL Descriptor Area), in die von DB2 Werte zugewiesen werden.
Vor der Ausführung dieses Statements muss Speicherplatz für die SQLDA bereitstehen.
Soll von DB2 eine Struktur-Beschreibung einer Table bzw. eines Views oder einer Query-Result Table geliefert werden, muss für jede Spalte zumindest ein Tabellenelement innerhalb der SQLDA verfügbar sein (SQLVAR).
In Abhängigkeit vom Anforderungstyp werden die SQLDA-Inhalte unterschiedlich aufbereitet:
- **DESCRIBE statement-name**:
  - Beschreibung der Result Table einer Query (SELECT-Statement),
  - Info, wenn keine Query vorliegt (SQLD enthält den Wert 0).
- **DESCRIBE TABLE**:
  - Beschreibung der Table- bzw. View-Struktur.

USING Kennzeichnung, wie die SQLNAME-Variable der SQLDA aufbereitet werden soll.
Wenn der spezifizierte Wert nicht existiert, wird SQLNAME auf die Länge 0 gesetzt.
Wenn das preparierte Statement UNION bzw. UNION ALL enthält, erhält SQLNAME den oder die Namen der ersten Spalte.

- **NAMES** Spalten-Name.
- **LABELS** Spalten-Label, durch LABEL ON verwaltet.
- **ANY** Spalten-Label, wenn nicht vorhanden, Spalten-Name.
- **BOTH** Spalten-Name und Spalten-Label. SQLVAR wird in diesem Falle doppelt so groß (wenn Distinct Typen definiert sind: dreimal so groß) angefordert und die Spalten-Label dem hinteren Teil der SQLDA zugewiesen. Dabei bleiben die restlichen SQLDA-Felder des hinteren Teiles unbelegt.

A2 Anhang - Definition der wichtigsten DB2-Sprachelemente
DESCRIBE CURSOR (SQL-Statement)

Aufgabe des Statements

Das SQL-DESCRIBE CURSOR-Statement stellt die Beschreibung der Result Table eines Query Result Sets zur Verfügung, das vorher in einer Stored Procedure aufgebaut und bereitgestellt wurde.
Das Statement ist dann sinnvoll, wenn das aufrufende Programm die in der Stored Procedure tatsächlich bereitgestellte Struktur des Query Result Sets nicht kennt, weil dort z.B. bedingungsabhängige Ergebnisse produziert werden.
Analog des DESCRIBE-Statements werden die einzelnen Spalten der Result Table des Query Result Sets in einer SQLDA beschrieben.

Vor dem DESCRIBE CURSOR muss der Cursor für das Query Result Set mit ALLOCATE definiert worden sein (damit wird er auch implizit geöffnet).
Zum Zeitpunkt der Statement-Ausführung muss die Lokation, auf der die Stored Procedure ablief, noch verbunden (connected) sein.
Die Informationen werden innerhalb einer SQLDA bereitgestellt.

Erforderliche Privilegien

- Keine.

Anwendungs-Beispiel in COBOL

```
*
*
      EXEC SQL    INCLUDE SQLDA                  SQLDA für die Beschreibung der Result Table des dynamisch
      END-EXEC.                                  auszuführenden Statements mit INCLUDE kopieren.
*
      01 LOCATOR1 USAGE SQL TYPE IS              Definition des Result Set Locators
                  RESULT-SET-LOCATOR VARYING.
*
      EXEC SQL                                   Aufruf der Stored Procedure (bei remote Aufruf vorher CONNECT
                  CALL SP1 (:SEMCODE, 'A1', 123) -- absetzen)
      END-EXEC                                   -- Aufruf Prozedur SP1 mit Übergabe einer Host-Variablen, einer
                                                 -- Character-Konstanten und einem numerischen Wert.
*
      EXEC SQL                                   Zuordnung eines Result Sets zu einem Result Set Locator
                  ASSOCIATE LOCATOR (:LOCATOR1)
                      WITH PROCEDURE SP1
      END-EXEC
*
      EXEC SQL                                   Zuordnung eines Cursors zu einem Result Set und Cursor öffnen
                  ALLOCATE C1 CURSOR FOR
                      RESULT SET :LOCATOR1
      END-EXEC
*
*
*                                                Wenn die Struktur der Result Table eines Query Result
*                                                Sets unbekannt ist, wird mit DESCRIBE eine solche
*                                                Beschreibung angefordert, die in der SQLDA hinterlegt
      EXEC SQL                                   wird.
                  DESCRIBE CURSOR C1
                      INTO :SQLDA
      END-EXEC
*
*                                                Einlesen der Result Table-Zeilen. Bereitstellung der Daten in den
*                                                Bereichen, die über die SQLDA adressiert sind (die Adressen
      EXEC SQL    FETCH C1 USING DESCRIPTOR :SQLDA   müssen vorher vom Programm zugewiesen worden sein).
      END-EXEC
```

Syntax-Diagramm

```
►►─DESCRIBE─CURSOR─┬─cursor-name───┬─INTO─descriptor-name──────────►◄
                   └─host-variable─┘
```

Parameter-Beschreibung

CURSOR cursor-name   Eindeutiger Name innerhalb des Programmes, der vorab mit ALLOCATE zugeordnet wurde.
Dieser Name unterliegt den DB2-Namenskonventionen. Auch in COBOL-Programmen ist ein '_' als Namensbestandteil erlaubt.
Gültiges Beispiele:
    CURSOR_1

host-variable   Name der Host-Variablen, die den gültigen Cursor-Namen enthält.
Der Name muss linksbündig in der Variablen geführt werden und ggf. rechtsbündig mit Blanks aufgefüllt werden.
Eine Indikator Variable darf nicht mitgegeben werden.

INTO descriptor-name   Name der SQLDA (SQL Descriptor Area), in die von DB2 Werte zugewiesen werden. In dieser wird die Struktur der Result Table beschrieben, die der Cursor referenziert.
Vor der Ausführung dieses Statements muss Speicherplatz für die SQLDA bereitstehen.
Für jede Spalte der Result Table muss zumindest ein Tabellenelement innerhalb der SQLDA verfügbar sein (SQLVAR).
Die Inhalte entsprechen dem SQL-Statement DESCRIBE statement-name.
Nur der Vorspann der SQLDA enthält eine andere Konstante.
Details siehe unter SQLDA im Anhang 5.

Bei verteilten Datenbanken existiert eine Abhängigkeit zum Installations-Parameter DESCSTAT. Dieser muss ggf. vor einem Bind-Prozess auf YES gesetzt werden.

Aufgabe des Statements

Das SQL-DESCRIBE INPUT-Statement stellt Informationen über die Eingabe-Parameter (Parameter Markers) eines mit PREPARE aufbereiteten Statements innerhalb einer SQLDA bereit.
Siehe auch unter Dynamic SQL und SQLDA (Anhang 5).

Erforderliche Privilegien

Keine, da sich das Statement auf das Ergebnis eines präparierten Statements bezieht.

Anwendungs-Beispiel in PL/1

```
EXEC SQL
      PREPARE   ST1   FROM                 Die Vorgabe eines direkten Ausdrucks ist nur in
        'INSERT INTO SEMTYP VALUES (?, ?)';  PL/1 möglich.

EXEC SQL
      DESCRIBE INPUT ST1 INTO :SQLDA;       -- ST1 muss vorher mit PREPARE aufbereitet worden
                                            -- sein.
```

Syntax-Diagramm

▶▶──DESCRIBE──INPUT──statement-name──INTO──descriptor-name──────────────▶◀

Parameter-Beschreibung

statement-name　　　　　Name des aufbereiteten Statements. Das Statement muss vorher am aktuellen Server mit PREPARE aufbereitet worden sein.

INTO　descriptor-name　　Name der SQLDA (SQL Descriptor Area), in die von DB2 Werte zugewiesen werden.
Vor der Ausführung dieses Statements muss Speicherplatz für die SQLDA bereitstehen.
Details siehe unter SQLDA im Anhang 5.

A2 Anhang - Definition der wichtigsten DB2-Sprachelemente
DESCRIBE PROCEDURE (SQL-Statement)

Aufgabe des Statements

Das SQL-DESCRIBE PROCEDURE-Statement stellt die Beschreibungen sämtlicher Query Result Sets zur Verfügung, die in einer Stored Procedure aufgebaut und bereitgestellt wurden.

Das Statement ist dann sinnvoll, wenn das aufrufende Programm die in der Stored Procedure tatsächlich bereitgestellten Query Result Sets nicht kennt, weil dort z.B. bedingungsabhängige Ergebnisse produziert werden.

Für die einzelnen Query Result Sets werden die jeweiligen Cursor-Namen, mit der die Bereitstellung in der Stored Procedure erfolgte, sowie die korrespondierenden Result Set Locators in einer SQLDA beschrieben.

Ggf. kann in Abhängigkeit von Cursor-Namenskonventionen im aufrufenden Programm eine bestimmte Verarbeitung gesteuert werden.

Vor dem DESCRIBE PROCEDURE muss eine Stored Procedure mit CALL aufgerufen worden sein. Zum Zeitpunkt der Statement-Ausführung muss die Lokation, auf der die Stored Procedure ablief, noch verbunden (connected) sein.

Die Informationen werden innerhalb einer SQLDA bereitgestellt.

Erforderliche Privilegien

- Keine.

Anwendungs-Beispiel in COBOL

```
*                                                  SQLDA für die Beschreibung der Result Table des dynamisch
*                                                  auszuführenden Statements mit INCLUDE kopieren.
      EXEC SQL    INCLUDE SQLDA
      END-EXEC.
*                                                  Definition des Result Set Locators
      01 LOCATOR1 USAGE SQL TYPE IS
                  RESULT-SET-LOCATOR VARYING.
*                                                  Aufruf der Stored Procedure (bei remote Aufruf vorher CONNECT
      EXEC SQL                                     -- absetzen)
                  CALL SP1 (:SEMCODE, 'A1', 123)   -- Aufruf Prozedur SP1 mit Übergabe einer Host-Variablen, einer
      END-EXEC                                     -- Character-Konstanten und einem numerischen Wert.
*                                                  Optional bei variablen Result Sets: Ermitteln der tatsächlich in
*                                                  der Stored Procedure aufbereiteteten Result Sets
      EXEC SQL
                  DESCRIBE PROCEDURE SP1           -- Cursor-Namen und Adressen werden in die
                  INTO :SQLDA                      -- SQLDA eingestellt.
      END-EXEC
*                                                  Zuordnung eines Result Sets zu einem Result Set Locator
      EXEC SQL
                  ASSOCIATE LOCATOR (:LOCATOR1)
                  WITH PROCEDURE SP1
      END-EXEC
*                                                  Zuordnung eines Cursors zu einem Result Set und Cursor öffnen
      EXEC SQL
                  ALLOCATE C1 CURSOR FOR
                  RESULT SET :LOCATOR1
      END-EXEC
*                                                  Einlesen der einzelnen Zeile aus dem Result Set
      EXEC SQL
                  FETCH C1 INTO (:TERMIN, :TITEL)  -- Die Host-Variablen müssen definiert sein
      END-EXEC
```

Syntax-Diagramm

```
►►─DESCRIBE ─PROCEDURE ─┬─procedure-name─┬─── INTO ─descriptor-name ─────────►◄
                       └─host-variable──┘
```

Parameter-Beschreibung

Der Prozedur-Name von DESCRIBE PROCEDURE muss in der gleichen Weise vorgenommen werden wie beim vorhergehenden CALL.

procedure-name Name der Stored Procedure als Literal.
Der Name kann bis zu 18 Stellen lang sein und in drei Formen vorgegeben werden (vor der Version 6 musste der Lokations-Name identisch mit dem Namen des aktuellen Servers sein, d.h. vorher musste CONNECT eingesetzt werden):

a) Voll-qualifiziert (3 Teile): location-name.schema-name.procedure-name
- location-name = Server, auf dem die Prozedur verfügbar ist.
- schema-name = Schema-Name der Stored Procedure.
- procedure-name = Name der Stored Procedure.

b) Teil-qualifiziert (2 Teile): schema.procedure-name
- location (implizit) = Aktueller Server (hier muss die Prozedur verfügbar sein).
- schema-name = Schema-Name der Stored Procedure.
- procedure-name = Name der Stored Procedure.

c) Unqualifiziert (einteilig): procedure-name
- location (implizit) = Aktueller Server (hier muss die Prozedur verfügbar sein).
- schema (implizit) = Suche aufgrund des SQL-Pfads. Bei Vorgabe des procedure-names als Literal, wird der SQL-Pfad aus dem PATH-Bind-Parameter entnommen.
- procedure-name = Name der Stored Procedure.

host-variable Host-Variable (max. 255 Bytes), in der der Name der Stored Procedure eingestellt ist. Ein NULL-Indikator darf der Host Variablen nicht folgen.
Die Host-Variable muss ein Character-String sein, in der linksbündig - ggf. mit rechts aufgefüllten Blanks - der Prozedur-Name gemäß den oben beschriebenen Konventionen zur Verfügung steht. Ein nachfolgender NULL-Indikator ist nicht zulässig.
Bei unqualifizierter (einteiliger) Vorgabe des procedure-names wird das Schema ebenfalls aufgrund des SQL-Pfads gesucht. In diesem Fall wird aber der SQL-Pfad aus dem CURRENT PATH Spezialregister entnommen.

INTO descriptor-name Name der SQLDA (SQL Descriptor Area), in die von DB2 Werte zugewiesen werden. In dieser werden alle Query Result Sets beschrieben, die von der Stored Procedure bereitgestellt wurden.
Die Reihenfolge der Query Result Tables spiegelt die Reihenfolge der Bereitstellung in der Stored Procedure wider.
Vor der Ausführung dieses Statements muss Speicherplatz für die SQLDA bereitstehen.
Für jedes Query Result Set muss zumindest ein Tabellenelement innerhalb der SQLDA verfügbar sein (SQLVAR).
Folgende relevante Informationen pro Query Result Set werden geliefert:
- Wert des korrespondierendem Result Set Locators,
- Name des Cursors, der von der Stored Procedure für die Bereitstellung des Result Sets benutzt wurde.

Detail-Inhalte siehe unter SQLDA im Anhang 5.

A2 Anhang - Definition der wichtigsten DB2-Sprachelemente
/DISPLAY (IMS-Command)

Aufgabe des Commands

Der IMS-DISPLAY Command protokolliert den Status der Verbindung (Connection) zwischen IMS und einem externen Subsystem.
Data-Sharing-Wirkungskreis: **Member**

Erforderliche Privilegien

IMS-Privilegien.

Anwendungs-Beispiel

/DISPLAY SUBSYS ALL   Anzeige sämtlicher Connections.

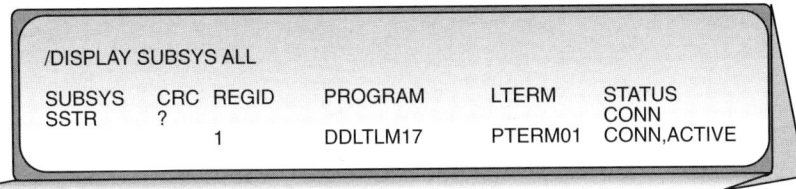

```
/DISPLAY SUBSYS ALL

SUBSYS   CRC  REGID   PROGRAM     LTERM     STATUS
SSTR      ?                                 CONN
               1      DDLTLM17    PTERM01   CONN,ACTIVE
```

Erläuterungen zur Anzeige:

- SUBSYS   Subsystem-Name gemäß IMS-PROCLIB-Member-Einträgen (SSM).
- CRC   Command Recognition Character zur OS/390-internen Identifikation eines Subsystems.
- REGID   Region-Id.
- PROGRAM   Name des Programms (PSB).
- LTERM   Logischer Terminal-Name. Identifiziert eine Message Driven Region.
- STATUS   Status des Subsystems bzw. des Threads:
    - CONN   Connected, d.h. die Control Region oder eine Dependent Region hat eine Verbindung zum externen Subsystem erfolgreich aufgebaut.
    - ACTIVE Ein IMS-Anwendungsprogramm hat eine Kommunikation erfolgreich etabliert.

Syntax-Diagramm

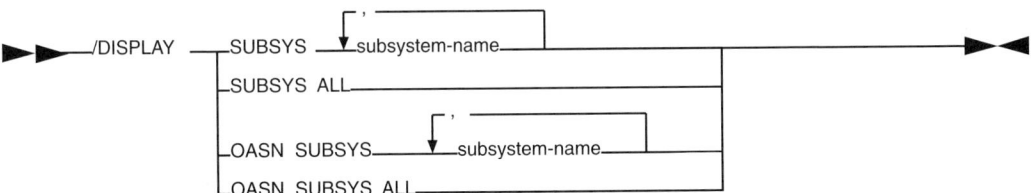

Parameter-Beschreibung

SUBSYS   Name der anzuzeigenden Subsystem(e).
  subsystem-name   Name des Subsystems.
  ALL   Alle Subsysteme.

OASN SUBSYS   Anzeige der ausstehenden Recovery-Einheiten (OASN = Origin application schedule numbers), die mit einem verbundenen externen Subsystem bestehen.
  subsystem-name   Name des Subsystems.
  ALL   Alle Subsysteme.

A2 Anhang - Definition der wichtigsten DB2-Sprachelemente
-DISPLAY ARCHIVE (DB2-Command)

Aufgabe des Commands

Der DISPLAY ARCHIVE Command protokolliert Informationen über den Status der Eingabe-Archiv-Logbestände.

Kurzform des Commands: -DIS ARC   **Data-Sharing-Wirkungskreis:** Member

Erforderliche Privilegien

- ARCHIVE- oder DISPLAY-System-Privileg oder
- SYSADM, SYSCTRL, SYSOPR.

Anwendungs-Beispiel eines Summary Reports

-DISPLAY ARCHIVE   Anzeige des Status der Eingabe-Archivierungs-Bestände.

```
DSNJ322I    -   DISPLAY ARCHIVE REPORT FOLLOWS -
                      COUNT              TIME
                   (TAPE UNITS)        (MIN, SEC)
DSNZPARM              2                   0,00
CURRENT               2                   5,00
=====================================================
ADDR STATUS      CORR-ID     VOLSER    DATASET_NAME
290  AVAIL       *****       LOG1      DSNCAT.ARCHLOG1.A0000027
293  PREM        *****       LOG3      DSNCAT.ARCHLOG1.A0000029
291  BUSY        RECOVER2    LOG2      DSNCAT.ARCHLOG1.A0000028
END OF DISPLAY ARCHIVE REPORT
DSN9022I    -   DSNJC001 '-DISPLAY ARCHIVE' NORMAL COMPLETION
```

Erläuterung zu den einzelnen Meldungen

DSNZPARM Installations-Parameter:
- COUNT   Maximale Anzahl der Read Tape Units (MAX RTU).
- TIME   Zeit bis zum Deallocate bei Nichtnutzung (DEALLC PERIOD TIME).

CURRENT   Die aktuell zugeordneten Werte (ggf. in Abweichung der Installations-Parameter)
- COUNT   Maximale Anzahl der Read Tape Units.
- TIME   Zeit bis zum Deallocate bei Nichtnutzung.

Verfügbarkeits-Informationen:
- ADDR   Bandadresse.
- STATUS   Status (AVAIL = verfügbar, PREM = vormontiert, BUSY = gerade aktiv).
- CORR-ID   Aktive Connection.
- VOLSER   Volume-Serial Nr. des Bandes.
- DATASET   Dataset-Name.

Syntax-Diagramm

▶▶──DISPLAY ARCHIVE──────────────────────────────────────▶◀

A2 Anhang - Definition der wichtigsten DB2-Sprachelemente
-DISPLAY BUFFERPOOL (DB2-Command)

Aufgabe des Commands

Der DISPLAY BUFFERPOOL Command protokolliert Informationen über den Status von einem oder mehreren aktiven oder inaktiven DB2-Bufferpools.
Kurzform des Commands: -DIS BPOOL   **Data-Sharing-Wirkungskreis:** Member

Mit dem DISPLAY BUFFERPOOL-Command können globale Informationen (Summary Report) oder detaillierte Informationen (Detail Report) angefordert werden.

Erforderliche Privilegien

- DISPLAY-System-Privileg oder
- SYSADM, SYSCTRL, SYSOPR.

Anwendungs-Beispiel eines Summary Reports

-DISPLAY BUFFERPOOL (BP0)   Anzeige der globalen Daten für den Bufferpool BP0.

```
DSNB401I  -   BUFFERPOOL NAME BP0, BUFFERPOOL ID 0,  USE COUNT 12
DSNB402I  -   VIRTUAL BUFFERPOOL SIZE  =  10000 BUFFERS
                ALLOCATED        =    10000      TO BE DELETED   =      0
                IN-USE/UPDATED   =      300
DSNB403I  -   HIPERPOOL SIZE  =  30000 BUFFERS,  CASTOUT = YES
                ALLOCATED        =    30000      TO BE DELETED   =      0
                BACKED BY ES     =    23134
DSNB404I  -   THRESHOLDS -
                VP SEQUENTIAL        = 80      HP SEQUENTIAL         = 80
                DEFERRED WRITE       = 50      VERTICAL DEFERRED WRT = 10
                PARALLEL SEQUENTIAL  = 50      ASSISTING PARALLEL    = 10
DSNB405I  -   HIPERSPACE NAMES  - @001DB2T
DSN9022I  -   DSNB1CMD '-DISPLAY BUFFERPOOL' NORMAL COMPLETION
```

Erläuterung zu den einzelnen Meldungen

DSNB401I   Einleitende Meldung für eine Gruppe von Meldungen zu einem Bufferpool:
- Bufferpool-Name   Name des Bufferpools, hier BP0.
- Bufferpool-Id   Interne Identifikation des Bufferpools (00 - 49, 80 - 89, 100-109, 120-129).
- Use Count   Anzahl der offenen Tablespaces und Indexspaces, die auf diesen Bufferpool referenzieren. 0 = Bufferpool inaktiv.

DSNB402I   Speicherzuordnungsstatus (Allokation) des virtuellen Bufferpools:
- Bufferpool-Size   Größe des definierten Bufferpools, hier 10.000 Buffer (4-K-Pages = 40 MB).
- Allocated   Anzahl der zugeordneten aktiven Buffer.
- To be deleted   Anzahl der aufgrund einer dynamischen Buffer-Reduzierung (siehe auch -ALTER BUFFERPOOL) als 'freizugeben' gekennzeichneten Buffer.
- In use/updated   Anzahl der aktuell aktiven Buffer, die nicht von Fremdanwendungen nutzbar sind (not stealable).

DSNB403I   Speicherzuordnungsstatus (Allokation) des Hiperpools:
- Hiperpool-Size   Größe des definierten Hiperpools (im Beispiel für BP0, hier 30.000 Buffer (4-K-Pages = 120 MB).
- Castout   Kennzeichen, ob der Erweiterungsspeicher (expanded storage) der DB2-Hiperpools von OS/390 mit anderen Anwendungen gemeinsam benutzt werden kann (shared use). Siehe auch CASTOUT-Parameter des -ALTER BUFFERPOOL-Commands.
- Allocated   Anzahl der zugeordneten aktiven Hiperpool-Buffer.
- To be deleted   Anzahl der aufgrund einer dynamischen Buffer-Reduzierung (siehe auch -ALTER BUFFERPOOL) als 'freizugeben' gekennzeichnete Buffer.
- Backed by ES   Anzahl der im Extended Storage (Erweiterungsspeicher) gehaltenen Buffer.

A2 Anhang - Definition der wichtigsten DB2-Sprachelemente
-DISPLAY BUFFERPOOL - 2

DSNB404I   Vom Administrator beeinflussbare Bufferpool-Limite (Prozentwerte):
- VP Sequential   Limit für Buffernutzung durch sequenzielle Datenzugriffe (sequential steal threshold). Siehe auch VPSEQT-Parameter des -ALTER BUFFERPOOL-Commands.
- HP Sequential   Limit für Hiperpoolnutzung durch sequenzielle Datenzugriffe (hiperpool sequential steal threshold). Siehe auch HPSEQT-Parameter des -ALTER BUFFERPOOL-Commands.
- Deferred Write   Limit für das asynchrone Ausschreiben veränderter Pages (buffer pool's deferred write threshold). Siehe auch DWQT-Parameter des -ALTER BUFFERPOOL-Commands.
- Vertical Deferred   Limit für das asynchrone Ausschreiben veränderter Pages, bezogen auf einen einzelnen Dataset (buffer pool's vertical deferred write threshold). Siehe auch VDWQT-Parameter des -ALTER BUFFERPOOL-Commands.
- Parallel sequential   Limit (I/O-Processing) für Buffernutzung durch parallele sequenzielle Datenzugriffe (parallel sequential threshold). Siehe auch VPPSEQT-Parameter des -ALTER BUFFERPOOL-Commands.
- Assisting Parallel sequential   Limit (I/O-Processing) für Buffernutzung durch parallele sequenzielle Datenzugriffe, die von anderen Membern in der Group veranlasst wurden (assisting parallel sequential threshold). Siehe auch VPXPSEQT-Parameter des -ALTER BUFFERPOOL-Commands.

DSNB405I   Namen der Hiperspaces, die dem Hiperpool zugeordnet sind:
- Hiperspace names   Name(n) der Hiperspaces, mit folgendem Struktur-Aufbau:

```
       @ 00 1 DB2T
       |_|_|_|_____@        Genereller Präfix.
         |_|_|_____00       Interner Id des Bufferpools.
           |_|_____1        Lfd. Nr. der Hiperspace-Zuordnung.
             |_____DB2T     Name des DB2-Subsystems.
```

DSN9022I   Hinweis auf normale Beendigung der vorab dargestellten synchronen Aktivitäten
In Hochkommata werden die angeforderten und abgeschlossenen Funktion dargestellt (hier `'-DISPLAY BUFFERPOOL')`.
Es wird der Abschluss von synchronen Aktivitäten protokolliert. Evtl. angestoßene Parallel-Aktivitäten und deren Tasks können noch aktiv sein.

Anwendungs-Beispiel eines Detail-Reports

-DISPLAY BUFFERPOOL (BP0) DETAIL   Anzeige der Detail-Daten für den Bufferpool BP0 (Ergebnis siehe nächste Seite).

Erläuterung zu den einzelnen Meldungen

DSNB401I - DSNB405I   Siehe Beispiel vorab.

DSNB409I   INCREMENTAL STATISTICS - Bei DETAIL (INTERVAL) Anzeige der Zeitbasis der Statistikdaten
Hier wird entweder die Zeit der ersten Buffer-Aktivierung oder die Zeit des letzten DISPLAY BUFFERPOOL-Kommandos mit der Vorgabe des Parameters DETAIL (INTERVAL) angezeigt.

DSNB410I   CUMULATIVE STATISTICS - Bei DETAIL (*) Anzeige der Zeitbasis der Statistikdaten
Hier wird die Zeit der ersten Buffer-Aktivierung angezeigt (nicht in der Beispiel-Anzeige enthalten).

DSNB411I   READ-Statistik des Bufferpools
- RANDOM GETPAGE   Anzahl der nicht-sequenziellen Leseanforderungen (GETPAGE-Requests).
- SYNC READ I/O (R)   Anzahl der synchronen, nicht-sequenziellen I/O-Anforderungen (für die GETPAGE-Requests).
- SEQ. GETPAGE   Anzahl der sequenziellen Leseanforderungen (GETPAGE-Requests).
- SYNC READ I/O (S)   Anzahl der synchronen, sequenziellen I/O-Anforderungen (für die GETPAGE-Requests).
- DMTH HIT   Häufigkeit der Erreichung eines Data Management Thresholds (DMTH).

DSNB412I   Sequential-Prefetch-Statistik des Bufferpools
- REQUESTS   Anzahl der sequenziellen Prefetch-Leseanforderungen.
- PREFETCH I/O   Anzahl der sequenziellen Prefetch-I/O-Anforderungen.
- PAGES READ   Anzahl der aufgrund eines sequenziellen Prefetch eingelesenen Pages.

DSNB413I   List-Prefetch-Statistik des Bufferpools
- REQUESTS   Anzahl der List-Prefetch-Leseanforderungen.
- PREFETCH I/O   Anzahl der List-Prefetch-I/O-Anforderungen.
- PAGES READ   Anzahl der aufgrund eines List-Prefetch eingelesenen Pages.

A2 Anhang - Definition der wichtigsten DB2-Sprachelemente
-DISPLAY BUFFERPOOL - 3

DSNB414I Dynamic Prefetch-Statistik des Bufferpools
- REQUESTS   Anzahl der Dynamic Prefetch-Leseanforderungen.
- PREFETCH I/O   Anzahl der Dynamic Prefetch-I/O-Anforderungen.
- PAGES READ   Anzahl der aufgrund eines Dynamic Prefetch eingelesenen Pages.

```
DSNB401I  -    BUFFERPOOL NAME BP0, BUFFERPOOL ID 0, USE COUNT 12
DSNB402I  -    VIRTUAL BUFFERPOOL SIZE   =   10000 BUFFERS.
                  ALLOCATED      =     10000   TO BE DELETED    =           0
                  IN-USE/UPDATED =       300
DSNB403I  -    HIPERPOOL SIZE   =   30000 BUFFERS, CASTOUT = YES.
                  ALLOCATED      =     30000   TO BE DELETED    =           0
                  BACKED BY ES   =     23134
DSNB404I  -    THRESHOLDS -
                  VP SEQUENTIAL     =    80   HP SEQUENTIAL          =   80
                  DEFERRED WRITE    =    50   VERTICAL DEFERRED WRT  =   10
                  PARALLEL SEQUENTIAL =  50
DSNB405I  -    HIPERSPACE NAMES - @001DB2T

DSNB409I  -    INCREMENTAL STATISTICS SINCE 09:31:47 JAN 25, 1996

DSNB411I  -    RANDOM GETPAGE   =       490  SYNC READ I/O (R) =     210
               SEQ. GETPAGE     =       880  SYNC READ I/O (S) =      12
               DMTH HIT         =         0

DSNB412I  -    SEQUENTIAL PREFETCH -
                  REQUESTS      =       120   PREFETCH I/O     =         8
                  PAGES READ    =      3420

DSNB413I  -    LIST PREFETCH -
                  REQUESTS      =         0   PREFETCH I/O     =         0
                  PAGES READ    =         0

DSNB414I  -    DYNAMIC PREFETCH -
                  REQUESTS      =        16   PREFETCH I/O     =         0
                  PAGES READ    =       504

DSNB415I  -    PREFETCH DISABLED -
                  NO BUFFER     =         0   NO READ ENGINE   =         0
DSNB420I  -    SYS PAGES UPDATES =       0   SYS PAGES WRITTEN =         0
               ASYNC WRITE I/O   =       0   SYNC WRITE I/O    =         0
DSNB421I  -    DWT HIT           =       0   VERTICAL DWT HIT  =         0
               NO WRITE ENGINE   =       0

DSNB430I  -    HIPERPOOL ACTIVITY (NOT USING ASYNCHRONOUS
               DATA MOVER FACILITY) -
                  SYNC HP READS    =    120   SYNC HP WRITES   =         0
                  ASYNC HP READS   =      0   ASYNC HP WRITES  =         0
                  READ FAILURES    =      0   WRITE FAILURES   =         0

DSNB431I  -    HIPERPOOL ACTIVITY (USING ASYNCHRONOUS
               DATA MOVER FACILITY) -
                  HP READS         =    280   HP WRITES        =         5
                  READ FAILURES    =      0   WRITE FAILURES   =         0

DSNB440I  -    PARALLEL ACTIVITY -
                  PARALL REQUEST =        0   DEGRADED PARALL  =         0
DSN9022I  -    DSNB1CMD '-DISPLAY BUFFERPOOL' NORMAL COMPLETION
```

DSNB415I Statistik über angeforderte, aber nicht ausführbare Prefetches des Bufferpools
- NO BUFFER   Anzahl der wegen Bufferengpass nicht ausführbaren Prefetches.
- NO READ ENGINE   Häufigkeit der wegen nicht verfügbarem Processor nicht ausführbaren Prefetches.

DSNB420I WRITE-Statistik des Bufferpools
- SYS PAGE UPDATES   Anzahl der veränderten System-Pages.
- SYS PAGE WRITTEN   Anzahl der ausgeschriebenen System-Pages.
- ASYNC WRITE I/O   Anzahl der asynchronen Schreib-I/O-Operationen.
- SYNC WRITE I/O   Anzahl der synchronen Schreib-I/O-Operationen.

A2 Anhang - Definition der wichtigsten DB2-Sprachelemente
-DISPLAY BUFFERPOOL - 4

DSNB421I Page-Write-Threshold Statistik des Bufferpools
- DWT HIT — Häufigkeit der Erreichung eines Deferred Write Thresholds (DWQT).
- VERTICAL DWT HIT — Häufigkeit der Erreichung eines Vertical Deferred Write Thresholds (VDWQT).
- NO WRITE ENGINE — Häufigkeit eines nicht verfügbaren Processors für asynchrone Schreibanforderungen.

DSNB430I Statistik über die Page-Bewegungen zwischen dem virtuellen Bufferpool und dem Hiperpool (ohne Einsatz des OS/390 Asynchronous Data Mover Facility)
- SYNC HP READS — Anzahl der Pages, die synchron vom Hiperpool eingestellt wurden.
- SYNC HP WRITES — Anzahl der Pages, die synchron in den Hiperpool eingestellt wurden.
- ASYNC HP READS — Anzahl der Pages, die asynchron vom Hiperpool eingestellt wurden.
- ASYNC HP WRITES — Anzahl der Pages, die asynchron in den Hiperpool eingestellt wurden.
- READ FAILURES — Häufigkeit der Einlagerungsversuche einer Page vom Hiperpool, aber die Hiperpool-Page wurde inzwischen vom System 'gestohlen' (siehe CASTOUT).
- WRITE FAILURES — Häufigkeit der Auslagerungsversuche einer Page in den Hiperpool, aber es ist kein Platz im Hiperpool verfügbar.

DSNB431I Statistik über die Page-Bewegungen zwischen dem virtuellen Bufferpool und dem Hiperpool (unter Einsatz des OS/390 Asynchronous Data Mover Facility)
- HP READS — Anzahl der Pages, die asynchron vom Hiperpool eingestellt wurden.
- HP WRITES — Anzahl der Pages, die asynchron in den Hiperpool eingestellt wurden.
- READ FAILURES — Häufigkeit der Einlagerungsversuche von Pages vom Hiperpool, aber Hiperpool-Pages wurden inzwischen vom System 'gestohlen' (siehe CASTOUT).
- WRITE FAILURES — Häufigkeit der Auslagerungsversuche von Pages in den Hiperpool, aber es ist kein Platz im Hiperpool verfügbar.

DSNB440I Statistik über Parallel-Aktivitäten des Bufferpools
- PARALL REQUESTS — Anzahl der Parallel-Anforderungen für Prefetch I/O-Streams.
- DEGRADED PARALL — Anzahl der Parallel-I/Os für Prefetch-Anforderungen.

DSN9022I Siehe Beispiel vorab.

Anwendungs-Beispiel eines Reports mit Tablespace- und Indexspace-Statistik

-DISPLAY BUFFERPOOL (BP1) LIST LSTATS   Anzeige der Statistiken der mit dem Bufferpool BP1 verbundenen Tablespaces und Indexspaces.

```
DSNB401I  -  BUFFERPOOL NAME BP1, BUFFERPOOL ID 1, USE COUNT 2
DSNB402I  -  VIRTUAL BUFFERPOOL SIZE = 1000 BUFFERS.
                ALLOCATED       =    1000    TO BE DELETED  =         0
                IN-USE/UPDATED  =      17
DSNB403I  -  HIPERPOOL SIZE = 2000 BUFFERS, CASTOUT = YES.
                ALLOCATED       =    2000    TO BE DELETED  =         0
                BACKED BY ES    =     113
DSNB404I  -  THRESHOLDS -
                VP SEQUENTIAL          = 80    HP SEQUENTIAL        = 80
                DEFERRED WRITE         = 50    VERTICAL DEFERRED WRT = 10
                PARALLEL SEQUENTIAL    = 50
DSNB405I  -  HIPERSPACE NAMES - @011DB2T
DSNB450I  -  TABLESPACE = SEMDB01.SEMTS02, USE COUNT = 3
DSNB452I  -  STATISTICS FOR DATASET 1 -
DSNB455I  -  SYNCHRONOUS I/O-DELAYS -
                AVERAGE DELAY     =    23  MAXIMUM DELAY   = 48
                TOTAL PAGES       =    62
DSNB451I  -  INDEXSPACE = SEMDB01.SEMIX021, USE COUNT = 3
DSNB451I  -  INDEXSPACE = SEMDB01.SEMIX022, USE COUNT = 1
DSNB452I  -  STATISTICS FOR DATASET 1 -
DSNB455I  -  SYNCHRONOUS I/O-DELAYS -
                AVERAGE DELAY     =    28  MAXIMUM DELAY   = 46
                TOTAL PAGES       =    12
DSN9022I  -  DSNB1CMD '-DISPLAY BUFFERPOOL' NORMAL COMPLETION
```

A2 Anhang - Definition der wichtigsten DB2-Sprachelemente
-DISPLAY BUFFERPOOL - 5

Erläuterung zu den einzelnen Meldungen

DSNB401I - DSNB405I   Siehe Beispiel vorab.

DSNB450I   **Angezeigtes Tablespace-Objekt ist derzeit offen und dem Bufferpool zugeordnet**
Der Tablespace wird identifiziert durch:
- Database-Name   Hier im Beispiel 'SEMDB01'.
- Tablespace-Name   Hier im Beispiel 'SEMTS02'.
- USE COUNT   Anzahl der Anwendungen, die derzeit auf den Tablespace zugreifen.

DSNB451I   **Angezeigtes Indexspace-Objekt ist derzeit offen und dem Bufferpool zugeordnet**
Der Indexspace wird identifiziert durch:
- Database-Name   Hier im Beispiel 'SEMDB01'.
- Indexspace-Name   Hier im Beispiel 'SEMIX021' bzw. 'SEMIX022'.
- USE COUNT   Anzahl der Anwendungen, die derzeit auf den Indexspace zugreifen.

DSNB452I   **I/O-Statistiken für einen Dataset folgen (entspricht einer Partition-Nr. bei part. Tablespace)**
In dieser Meldung wird die relative Nr. des Datasets angezeigt, auf den sich die Statistiken beziehen.
Die folgenden Meldungen beziehen sich auf diesen Dataset.

DSNB455I   **Synchrone I/O-Statistik des Datasets seit dem letzten Display** (nur wenn Werte > 0)
- AVERAGE DELAY   Durchschnittliche Zugriffszeit für I/O-Anforderungen in Millisekunden.
- MAXIMUM DELAY   Maximale Zugriffszeit für I/O-Anforderungen in Millisekunden.
- TOTAL PAGES   Gesamtanzahl der eingelesenen oder geschriebenen Pages.

DSNB456I   **Asynchrone I/O-Statistik des Datasets seit dem letzten Display** (nur wenn Werte > 0)
- AVERAGE DELAY   Durchschnittliche Zugriffszeit für I/O-Anforderungen in Millisekunden.
- MAXIMUM DELAY   Maximale Zugriffszeit für I/O-Anforderungen in Millisekunden.
- TOTAL PAGES   Gesamtanzahl der eingelesenen oder geschriebenen Pages.
- TOTAL I/O-COUNT   Gesamtanzahl der I/Os.

Syntax-Diagramm

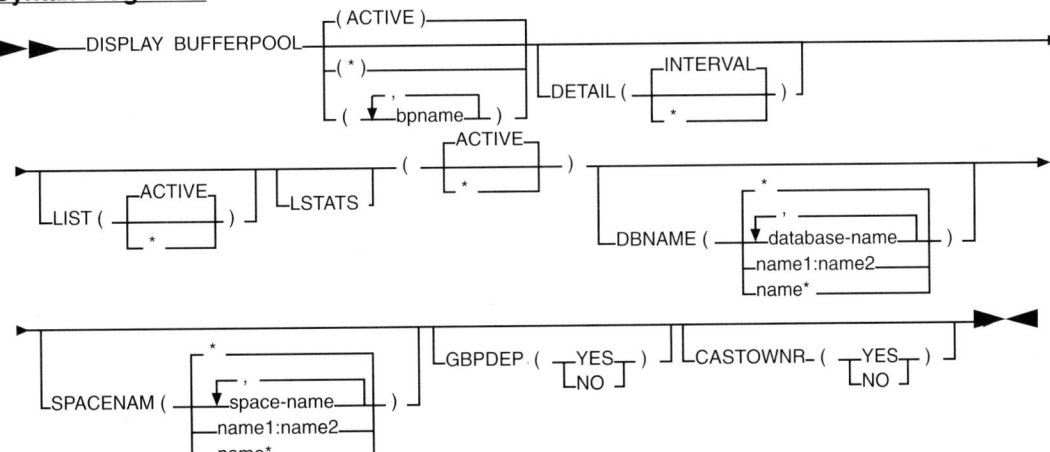

Beschreibung   "xxx" = Kurzform

ACTIVE   Anzeige des aktuellen Bufferpool-Status für alle aktiven Bufferpools.
*   Anzeige des aktuellen Bufferpool-Status für alle aktiven und inaktiven Bufferpools.
bpname   Einzelner Bufferpool-Name, für den der Bufferpool-Status angezeigt werden soll
                    (BP0, BP1, .., BP49; BP8K0,..BP8K9; BP16K0,..BP16K9; BP32K, BP32K1, .., BP32K9).

DETAIL   Ein detaillierter Report wird gewünscht, ansonsten wird ein Summary Report erzeugt.
  INTERVAL   Die angeforderten Statistiken werden seit der letzten Anzeige oder sofern noch keine
                    Anzeige erfolgte, seit der Buffer-Aktivierung angezeigt (incremental).
  *   Die Statistiken werden seit der Buffer-Aktivierung kumuliert angezeigt (cumulative).

A2 Anhang - Definition der wichtigsten DB2-Sprachelemente
-DISPLAY BUFFERPOOL - 6

LIST		Anzeige der dem Bufferpool zugeordneten Tablespaces und Indexspaces. Es wird auch dokumentiert, ob die Objekte Group-Bufferpool-Dependent sind.
	ACTIVE	Nur die derzeit aktiven Spaces werden angezeigt.
	*	Alle Spaces werden angezeigt, unabhängig von der derzeitigen Nutzung.
LSTATS		Anzeige der Dataset-Statistiken von Tablespaces und Indexspaces (incremental). LSTATS impliziert LIST (ACTIVE).
DBNAME	**"DBN"**	
	(database-name)	Name der Databases, deren Status angezeigt werden soll:
	*	Alle Databases, für die Display Berechtigung besteht.
	name1	Einzelner Database-Name.
	name1: name2	Alle Databases, deren Namen >= name1 und <= name2 sind.
	name *	Alle Databases, deren Namen mit dem String beginnen (generisches Suchen).
SPACENAM	**"SPACE"**	Name der Spaces, deren Status angezeigt werden soll:
	(space-name)	Name eines Tablespaces oder Indexspaces.
	*	Alle Objekte der Database.
	name1	Einzelner Space-Name.
	name1: name2	Namens-Vorgabe analog Database.
	name *	
GBPDEP		Angabe, ob die Anzeige von Datasets auf solche beschränkt werden soll, die Group-Bufferpool-Dependent sind. Der Parameter ist nur in einer Data Sharing Umgebung vorgebbar.
	YES	Nur vom Group-Bufferpool abhängige Datasets anzeigen. Ein Tablespace oder Indexspace ist GBP-abhängig, wenn: - ein Inter-DB2-R/W-Interesse für ihn besteht oder - geänderte Pages im Group Bufferpool stehen, die noch nicht auf DASD geschrieben wurden.
	NO	Nur vom Group-Bufferpool unabhängige Datasets anzeigen.
CASTOWNR		Angabe, ob die Anzeige von Datasets auf solche beschränkt werden soll, für die dieses DB2-Member der CASTOUT-Eigner ist. Der Parameter ist nur in einer Data Sharing Umgebung vorgebbar.
	YES	Beschränkung auf Datasets, für die dieses DB2-Member der CASTOUT-Eigner ist.
	NO	Beschränkung auf Datasets, für die dieses DB2-Member nicht der CASTOUT-Eigner ist.

A2 Anhang - Definition der wichtigsten DB2-Sprachelemente
-DISPLAY DATABASE (DB2-Command)

Aufgabe des Commands

Der DISPLAY DATABASE Command protokolliert Informationen über den Status von DB2-Databases, Tablespaces, Tables in segmented Tablespaces und Indexspaces innerhalb einer Database sowie der einzelnen Partitions und Index-Partitions eines partitioned Tablespaces.
Für LOB-Objekte werden LOB-Tablespaces und Auxiliary Indizes angezeigt.

Kurzform des Commands: -DIS DB   **Data-Sharing-Wirkungskreis:**   **DB2-Group**

Mit dem DISPLAY DATABASE Command können über Parameter verschiedene Ergebnis-Typen erzeugt werden:

- Belegung und Status der Database-Objekte (Default ohne Parameter),
- Anzeige aller Objekte mit einem Ausnahme-Status (Parameter RESTRICT bzw. ADVISORY bzw. AREST),
- Anzeige aller Objekte, bei denen eine Sperre etabliert ist (Parameter LOCKS),
- Anzeige aller aktiven Objekte, die Anwendungen zugeordnet sind (Parameter ACTIVE).

Erforderliche Privilegien

- DISPLAY-System-Privileg oder
- DISPLAYDB-Privileg für diese Database oder
- DBADM, DBCTRL bzw. DBMAINT-Privileg für diese Database oder
- SYSADM, SYSCTRL, SYSOPR.

Anwendungs-Beispiel: Anzeige aller Tablespaces und Indexspaces

-DISPLAY DATABASE (SEMDB01)   Anzeige aller Objekte (hier Auszug).

```
DSNT360I   -   ***********************************************************************
DSNT361I   -        *    DISPLAY  DATABASE  SUMMARY
                    *           GLOBAL
DSNT360I   -   ***********************************************************************
DSNT362I   -        DATABASE = SEMDB01        STATUS = RW
                    DBD  LENGTH = 4028

DSNT397I   -
NAME       TYPE  PART  STATUS       PHYERRLO   PHYERRHI   CATALOG   PIECE
-------------------------------------------------------------------------
TSPLAN     TS          RW
SEMTS01    TS          RW,RECP
SEMTS02    TS          RW
SEMTS03    TS    001   RW
SEMTS03    TS    002   RW
SEMTS03    TS    003   RW
SEMTS03    TS    004   RW
SEMI1AAX   IX          RW
SEMI1AGI   IX          RW
**********   DISPLAY  OF  DATABASE  SEMDB01  ENDED   **************************
DSN9022I   -       DSNTDDIS 'DISPLAY DATABASE' NORMAL COMPLETION
*****
```

Erläuterung zum globalen Status der Database

- **NAME**   Namen der Tablespaces, Indexspaces, die der Database zugeordnet sind.
- **TYPE**   Space-Typ (TS = Tablespace, IX = Indexspace).
- **PART**   Partition-Nr. bei partitioned Tablespace und partitioned Index.
  - Blank   bei nonpartitioned Tablespaces.
  - Lnn   bei non-partitioned Index eines partitioned Tablespaces ist nn die logische Partition-Nr.
- **STATUS**   Status des jeweiligen Spaces. Mehrere Status pro Objekt möglich.
  Folgende STATUS können gemeldet werden (Objekt = Database, Tablespace, Tablespace-Partition, Indexspace, Indexspace-Partition):
  - **ACHKP**   Fehler in der LOB-Spalte eines Base Tablespaces. Dieses Objekt befindet sich im "Auxiliary Check Pending Restrictive Status"
  - **AUXW**   Fehler in der LOB-Spalte eines Base Tablespaces. Entweder dieses Objekt oder der LOB-Tablespace befindet sich im "Auxiliary Warning Advisory Status"
  - **CHKP**   Das Objekt befindet sich im "Check Pending Status"

A2 Anhang - Definition der wichtigsten DB2-Sprachelemente
-DISPLAY DATABASE - 2

COPY	Eine Image Copy ist für dieses Objekt erforderlich ("Copy Pending Status")
GRECP	Das Objekt ist GBP-abhängig und ein GBP-Recovery ist ausstehend: "Recovery Pending Status"
ICOPY	Der Indexspace befindet sich im "Informational Copy Pending Advisory Status"
LPL	Das Objekt weist fehlerhafte Pages auf (Entries in der Logical Page List). Mit START DATABASE SPACENAM können die Entries eliminiert werden.
LSTOP	Die logische Partition eines non-partitioned Index ist gestoppt.
PSRBD	Der Non-Partitioned Indexspace befindet sich im "Pageset Rebuild Pending Status"
RBDP	Die physische oder logische Index-Partition befindet sich im "Rebuild Pending Status"
RBDP*	Die logische Partition eines non-partitioned Index befindet sich im "Rebuild Pending Status"
RECP	Das Objekt befindet sich im "Recovery Pending Status"
REORP	Die Daten-Partition befindet sich im "Reorg Pending Status"
REST	Das Objekt wird gerade restarted
RESTP	Der Tablespace oder Indexspace befindet sich im "Restart Pending Status"
RO	Das Objekt ist gestartet. Nur Lese-Zugriffe zulässig
RW	Das Objekt ist gestartet. Lese- und Schreib-Zugriffe zulässig
STOP	Das Objekt ist gestoppt
STOPE	Das Objekt ist wegen eines Log-RBA-Fehlers automatisch gestoppt worden
STOPP	Das Objekt wird gerade gestoppt oder ein Stop hängt
UT	Das Objekt ist gestartet. Es sind nur Utility-Zugriffe zulässig
UTRO	Obwohl das Objekt mit RW gestartet ist, ist derzeit aufgrund eines aktiven Utility nur ein RO-Zugriff zulässig
UTRW	Das Objekt ist mit RW gestartet und ein Utility ist derzeit aktiv, das RW-Zugriffe erlaubt
UTUT	Obwohl das Objekt mit RW gestartet ist, sind derzeit aufgrund eines aktiven Utility nur UT-Zugriffe zulässig.

- PHYERRLO   Niedrigste Page, bei der ein I/O-Fehler aufgetreten ist bzw. Blank.
- PHYERRHI   Höchste Page, bei der ein I/O-Fehler aufgetreten ist bzw. Blank.
- CATALOG   Name des Katalogs, in dem der fehlerhafte Dataset geführt wird.
- PIECE   Lfd. Dataset-Nr bei I/O-Fehler.

Anwendungs-Beispiel: Anzeige aller aktiven Verbindungen zu Database-Objekten

```
-DISPLAY DATABASE (SEMDB01)                Anzeige Benutzung eines Tablespaces.
         SPACENAM (SEMTS02) USE
```

```
DSNT360I   -   ***********************************************************
DSNT361I   -      *    DISPLAY DATABASE SUMMARY
                  *          GLOBAL USE
DSNT360I   -   ***********************************************************
DSNT362I   -         DATABASE = SEMDB01            STATUS = RW
                     DBD LENGTH = 4028
DSNT397I   -
NAME       TYPE PART    STATUS        CONNID     CORRID     USERID
-------------------------------------------------------------------------
SEMTS02    TS           RW            CICSP003   GT00SEM1   U00380
SEMTS02    TS           RW            CICSP003   GT00SEM1   U00270
SEMTS02    TS           RW            CICSP007   GT01ZUG1   U00428
**********  DISPLAY OF DATABASE SEMDB01 ENDED    **************************
DSN9022I   -   DSNTDDIS 'DISPLAY DATABASE' NORMAL COMPLETION
*****
```

Erläuterung zur Benutzung der Database (USE)

- NAME, TYPE, PART, STATUS   Siehe GLOBAL-Beispiel.
- CONNID   Connection Name (z.B. BATCH, TSO, UTILITY, IMSnnn, CICSnnn),
- CORRID   Correlation Name (Anwendungs-Identifikation, z.B. Batch-Job-Name oder CICS-Thread-Name oder IMS-PSBNAME oder TSO-Logon-ID),
- USERID   Autorisierungs-Id des Benutzers (TSO-Logon-Id oder IMS-LTERM bzw. SIGNON ID oder IMS-PSB-Name oder CICS-Signon-ID gemäß RCT).

A2 Anhang - Definition der wichtigsten DB2-Sprachelemente -DISPLAY DATABASE - 3

Anwendungs-Beispiel: Anzeige von Sperren auf Database-Objekten

-DISPLAY DATABASE (SEMDB01)   Anzeige Sperren eines Tablespaces.
         SPACENAM (SEMTS02) LOCKS

```
DSNT360I  -   ************************************************************
DSNT361I  -   *       DISPLAY DATABASE SUMMARY
              *           GLOBAL LOCKS
DSNT360I  -   ************************************************************
DSNT362I  -           DATABASE = SEMDB01         STATUS = RW
                      DBD LENGTH = 4028
DSNT397I  -
NAME        TYPE PART STATUS           CONNID     CORRID     LOCKINFO
-----------------------------------------------------------------------------
SEMTS02     TS        RW               CICSP003   GT00SEM1   H (IS, S, C)
8           TB                         CICSP003   GT00SEM1   H (IS, T, C)
14          TB                         CICSP003   GT00SEM1   H (IS, T, C)
**********  DISPLAY OF DATABASE SEMDB01 ENDED    **********************************
DSN9022I  -   DSNTDDIS 'DISPLAY DATABASE' NORMAL COMPLETION
*****
```

Erläuterung zu Sperren innerhalb der Database (LOCKS)

- NAME   Namen der Tablespaces, Indexspaces bzw. OBID der Tables, die der Database zugeordnet sind.
- TYPE   Space-Typ (TS = Tablespace, IX = Indexspace, TB = Table).
- PART   Partition-Nr. bei partitioned Tablespace und partitioned Index.
            Blank   bei nonpartitioned Tablespaces.
            Lnn   bei non-partitioned Index eines partitioned Tablespaces ist nn die logische Partition-Nr.
- STATUS   analog vorheriger Definition (nicht bei Table).
- CONNID   Connection Name (z.B. BATCH, TSO, UTILITY, IMSnnn, CICSnnn),
- CORRID   Correlation Name (Anwendungs-Identifikation, z.B. Batch-Job-Name oder CICS-Thread-Name oder IMS-PSBNAME oder TSO-Logon-ID),
- LOCKINFO Typ und Dauer der Sperren. Jeder Lock wird in einer eigenen Zeile dokumentiert:

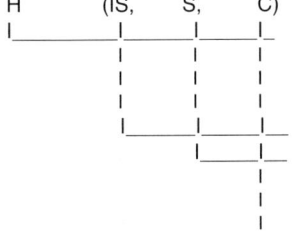

           | | | - **Lock Qualifizierer:**
           | | | H = Lock ist etabliert (durch Agent oder DB2-Member),
           | | | W = Agent oder DB2-Member wartet auf den Lock,
           | | | R = Der Lock ist wegen eines Fehlers zurückgestellt (retained).
           | | |___ - **Lock Modus** (z.B. Intent Share, Exclusive usw.)
           | |___ - **Lock-Niveau:**
           | S = Tablespace,
           | P = Partition,
           | PP = Page-Set- oder Partition-Lock bei Data Sharing.
           | T = Table,
           | C = Cursor Stability Read Drain Lock,
           | R = Repeatable Read Drain Lock,
           | W = Write Drain Lock.
           |___ - **Lock-Dauer:**
                   - bei Lock-Qualifier H erfolgt die Sperre:
                     A = bis Deallocation, C = bis Commit, H = bis Close
                       aller Cursor, M = bis Freigabe durch das System,
                     P = bis der Plan beendet ist,
                     I = bis Freigabe durch das System - unabhängig von
                         Commits oder Deallocations (Lock-Niveau PP).

                   - bei Lock-Qualifier W:
                     2-stellige Zahl, die Position in Warteschlange zeigt.

Alternative: Anzeige von Sperren in einer Shared-Database-Umgebung

```
-DBT1  DISPLAY DB (SEMDB01)            Anzeige Sperren eines Tablespaces.
       SPACENAM (SEMTS03) LOCKS
```

```
DSNT360I   -     ****************************************************************
DSNT361I   -     *      DISPLAY DATABASE SUMMARY
                 *            GLOBAL LOCKS
DSNT360I   -     ****************************************************************
DSNT362I   -            DATABASE = SEMDB01           STATUS = RW
                        DBD LENGTH = 4028
DSNT397I   -
NAME           TYPE PART STATUS          CONNID      CORRID        LOCKINFO
--------------------------------------------------------------------------------
SEMTS03        TS   01   RW                                        H (S, PP, I)
                              MEMBER NAME D2T1
SEMTS03        TS   01   RW                                        H (S, PP, I)
                              MEMBER NAME D2T1
**********  DISPLAY OF DATABASE SEMDB01 ENDED   ****************************************
DSN9022I   -     DSNTDDIS 'DISPLAY DATABASE' NORMAL COMPLETION
*****
```

Erläuterung siehe vorab.

Anwendungs-Beispiel: Anzeige von Pages, die recovered werden müssen

```
-DBT1  DISPLAY DB (SEMDB02) LPL        Anzeige der Entries der Logical Page List.
```

```
DSNT360I   -     ****************************************************************
DSNT361I   -     *      DISPLAY DATABASE SUMMARY
                 *            GLOBAL LPL
DSNT360I   -     ****************************************************************
DSNT362I   -            DATABASE = SEMDB02           STATUS = RW
                        DBD LENGTH = 4028
NAME           TYPE PART STATUS                      LPL PAGES
--------------------------------------------------------------------------------
SEMTS07        TS        RW,LPL                      5-7,325
                              MEMBER NAME DSNT1
**********  DISPLAY OF DATABASE SEMDB02 ENDED   ****************************************
DSN9022I   -     DSNTDDIS 'DISPLAY DATABASE' NORMAL COMPLETION
*****
```

Erläuterung zu Logical Page List innerhalb der Database

- NAME   Namen der Tablespaces oder Indexspaces.
- TYPE   Space-Typ (TS = Tablespace, IX = Indexspace).
- PART   Partition-Nr. bei partitioned Tablespace und partitioned Index.
             Blank   bei nonpartitioned Tablespaces.
             Lnn   bei non-partitioned Index eines partitioned Tablespaces ist nn die logische Partition-Nr.
- STATUS   analog vorheriger Definition.
- LPL-PAGES Fehlerhafte Pages, die recovered werden müssen (mit -START DATABASE SPACENAM).

A2 Anhang - Definition der wichtigsten DB2-Sprachelemente
-DISPLAY DATABASE - 5

Anwendungs-Beispiel: **Anzeige von Zugriffsanforderungen (Claims) auf Database-Objekten**

-DISPLAY DATABASE (SEMDB01)
    SPACENAM (SEMTS03) CLAIMERS

Anzeige Claims eines Tablespaces.

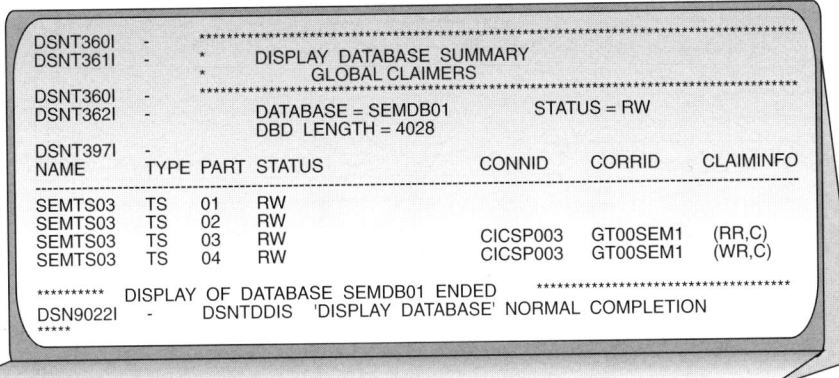

```
DSNT360I  -   ******************************************************************
DSNT361I  -   *     DISPLAY DATABASE SUMMARY
              *            GLOBAL CLAIMERS
DSNT360I  -   ******************************************************************
DSNT362I  -         DATABASE = SEMDB01              STATUS = RW
                    DBD LENGTH = 4028
DSNT397I  -
NAME         TYPE PART STATUS         CONNID    CORRID      CLAIMINFO
-------------------------------------------------------------------------------
SEMTS03      TS   01   RW
SEMTS03      TS   02   RW
SEMTS03      TS   03   RW             CICSP003  GT00SEM1    (RR,C)
SEMTS03      TS   04   RW             CICSP003  GT00SEM1    (WR,C)

**********   DISPLAY OF DATABASE SEMDB01 ENDED    *******************************
DSN9022I  -   DSNTDDIS 'DISPLAY DATABASE' NORMAL COMPLETION
*****
```

Erläuterung zu Claimers innerhalb der Database
- NAME   Namen der Tablespaces oder Indexspaces.
- TYPE   Space-Typ (TS = Tablespace, IX = Indexspace).
- PART   Partition-Nr. bei partitioned Tablespace und partitioned Index.
                  Blank bei nonpartitioned Tablespaces.
                  Lnn   bei non-partitioned Index eines partitioned Tablespaces ist nn die logische Partition-Nr.
- STATUS   analog vorheriger Definition.
- CONNID   Connection Name (z.B. BATCH, TSO, UTILITY, IMSnnn, CICSnnn),
- CORRID   Correlation Name (Anwendungs-Identifikation, z.B. Batch-Job-Name oder CICS-Thread-Name oder IMS-PSBNAME oder TSO-Logon-ID),
- CLAIMINFO Typ und Dauer der Claims. Jeder Claim wird in einer eigenen Zeile dokumentiert:

          (RR,   C)
           |_____|_____ - Claim-Klasse:
                                       CS   Cursor Stability
                                       RR   Repeatable Read
                                       WR   Write
               |_____ - Claim-Dauer:
                          A = bis Deallocation,
                          C = bis zum nächsten Commit-Punkt,
                          H = über den nächsten COMMIT-Punkt hinweg.

Syntax-Diagramm

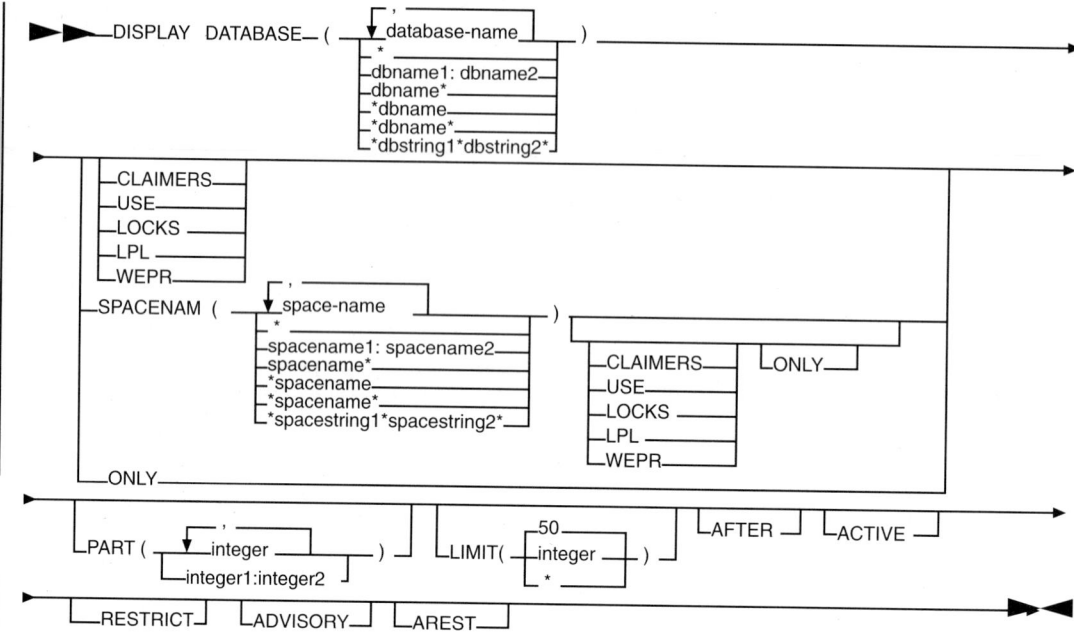

Beschreibung   "xxx" = Kurzform

DATABASE   "DB"
- **(database-name)** — Name der Databases, deren Status angezeigt werden soll:
- **dbname** — Einzelner Database-Name oder Liste, siehe auch Parameter AFTER.
- ***** — Alle Databases, für die Display Berechtigung besteht.
- **dbname1: dbname2** — Alle Databases, deren Namen >= dbname1 und <= dbname2 sind.
- **dbname*** — Alle Databases, deren Namen mit dem String beginnen (generisches Suchen).
- ***dbname** — Alle Databases, deren Namen mit dem String enden.
- ***dbname*** — Alle Databases, deren Namen den String beinhalten.
- ***dbstring1*dbstring2*** — Alle Databases, deren Namen die Strings dbstring1 und dbstring2 beinhalten.

SPACENAM   "SPACE" "SP" — Name der Spaces, deren Status angezeigt werden soll:
- **(space-name)** — Name eines Tablespaces oder Indexspaces oder Liste.
- ***** — Alle Objekte der Database.
- **spacename** — Einzelner Space-Name, siehe auch Parameter AFTER.
- **spacename1:spacename2** — Namens-Vorgabe analog Database.
- **.....**

PART — Partition-Nr. von einer oder mehreren Partitions, deren Status angezeigt werden soll:
- **integer** — Einzelne Space-Partition-Nr. oder Partition-Liste.
- **integer1: integer2** — Alle Partition-Nr., die >= integer1 und <= integer2 sind.

CLAIMERS — Anzeige der Claims innerhalb der Database. CLAIMERS überschreibt LOCKS und USE.
Es werden auch die LUWIDs der remote Threads angezeigt.

USE — Anzeige der aktiven Verbindungen (Connections) zur Database.
Es werden auch die LUWIDs der remote Threads angezeigt.

LOCKS — Anzeige der LOCKS innerhalb der Database. LOCKS überschreibt USE.

LPL — Anzeige der Entries der Logical Page List, d.h. solcher Pages, auf die keine Anwendungszugriffe erfolgen können. Sie müssen recovered werden.

WEPR		Anzeige der Write Error Page Range Information.
LIMIT	(integer)	Einschränkung der anzuzeigenden Status-Zeilen, Default = 50. Der Maximalwert wird durch den verfügbaren Speicher bestimmt.
	(*)	Anzeige aller Daten, Einschränkung durch den verfügbaren Speicher.
AFTER		Nur in Verbindung mit einem Auswahlnamen. Zeigt die Folgeobjekte an, die größer sind als der vorgegebene Namen. Der Parameter kann nicht in Verbindung mit der Namensvorgabe mit einem ' * ' genutzt werden.
ACTIVE	"A"	Einschränkung der anzuzeigenden Objekte. Nur aktive Objekte, die Anwendungen zugeordnet sind, werden angezeigt.
RESTRICT	"RES"	Einschränkung der anzuzeigenden Objekte. Nur Objekte, deren Nutzung nicht mehr ohne Einschränkungen möglich ist (z.B. Pending Status oder read only), werden angezeigt. Siehe auch ADVISORY und AREST.
ADVISORY	"ADV"	Einschränkung der anzuzeigenden Objekte. Nur Objekte mit einem bestimmten Advisory Status (AUXW, ICOPY) werden angezeigt. Siehe auch RESTRICT und AREST.
AREST		Einschränkung der anzuzeigenden Objekte. Nur Objekte mit einem "Advisory Restart Pending Status" werden angezeigt. Siehe auch ADVISORY und RESTRICT.

A2 Anhang - Definition der wichtigsten DB2-Sprachelemente
-DISPLAY FUNCTION SPECIFIC (DB2-Command)

Aufgabe des Commands

Der DISPLAY FUNCTION SPECIFIC Command zeigt Statistiken über External User-defined Functions.
Kurzform des Commands: -DIS FUNC SPEC   **Data-Sharing-Wirkungskreis: Member**

Erforderliche Privilegien

- DISPLAY-Privileg oder
- Eigentümer der Funktion oder
- SYSOPR, SYSCTRL, SYSADM (einer dieser Typen ist immer bei generischen Suchanforderungen erforderlich)

Anwendungs-Beispiel

-DISPLAY FUNCTION SPECIFIC (SEMINAR.*)   Anzeige der Statistiken für Funktionen des Schemas SEMINAR.

```
DSNX975I   csect  DISPLAY FUNCTION SPECIFIC REPORT FOLLOWS-

------ SCHEMA=SEMINAR
FUNCTION       STATUS       ACTIVE    QUEUED    MAXQUE    TIMEOUT   WLM_ENV
----------------------------------------------------------------------------
SVPR0134       STARTED         2         1         1         0      SP11
SVPR0135       STOPREJ         0         0         0         0      SP11

DSN9022I  - DSNX9COM 'DISPLAY FUNC' NORMAL COMPLETION
```

Erläuterung der Anzeige:

- FUNCTION   Name der Funktion.
- STATUS   Status der Funktion
                    STARTED   Die Funktion ist gestartet, Aufrufe sind möglich.
                    STOPQUE   Die Funktion ist gestoppt, Aufrufe werden in einer Warteschlange
                               gehalten.
                    STOPREJ   Die Funktion ist gestoppt, Aufrufe werden abgewiesen.
                    STOPABN   Aufrufe werden wegen Fehler abgewiesen.
- ACTIVE   Anzahl Threads, die gerade die Funktion nutzen.
- QUEUED   Anzahl Threads, die gerade auf die Funktion warten.
- MAXQUE   Anzahl maximale Threads, die seit DB2-Start auf die Funktion warteten.
- TIMEOUT   Anzahl Aufrufe, die auf die Funktion warteten und wegen Zeitüberschreitung
                  abgebrochen wurden.
- WLM_ENV   Name der Workload-Manager-Umgebung, in der die Funktion ausgeführt wird.

Syntax-Diagramm

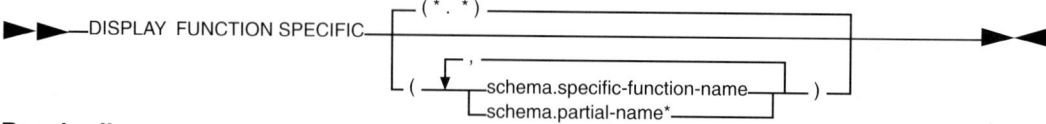

Beschreibung

schema.specific-function-name   Spezifische Name(n) der Funktionen in dem Schema, für die Daten
angezeigt werden sollen (alternativer Funktions-Name) - siehe specific-
name im Index bzw. unter CREATE FUNCTION.

schema.partial-name *   Alle Funktionen, deren Namen mit dem String beginnen (generisches
Suchen) z.B. SE* .

.   Alle Funktionen, die von Anwendungen seit dem DB2-Start aktiviert
wurden, werden angezeigt.

A2 Anhang - Definition der wichtigsten DB2-Sprachelemente
-DISPLAY GROUP   (DB2-Command)

Aufgabe des Commands

Der DISPLAY GROUP Command zeigt Informationen über die Member und ihren Status innerhalb einer DB2 Data Sharing Group.
Kurzform des Commands: -DIS GROUP   Data-Sharing-Wirkungskreis: DB2-Group

Erforderliche Privilegien

- DISPLAY-System-Privileg oder
- SYSADM, SYSCTRL, SYSOPR.

Anwendungs-Beispiel: globaler Level

-DISPLAY GROUP   Anzeige des Status innerhalb einer DB2 Data Sharing Group

```
DB2                                           DB2  SYSTEM  IRLM
MEMBER    ID   SUBSYS   CMDPREF   STATUS      LVL  NAME    SUBSYS  IRLMPROC
-------------------------------------------------------------------------------
DBT1      1    DBT1     -DBT1     ACTIVE      510  MVS2    LMT1    DBT1LM
DBT2      2    DBT2     -DBT2     ACTIVE      510  MVS2    LMT2    DBT2LM
DBT3      3    DBT3     -DBT3     QUIESCED    410  MVS1    LMT3    DBT3LM
-------------------------------------------------------------------------------
SCA       STRUCTURE SIZE:         16.384 KB, STATUS = AC, SCA in USE:    5 %
LOCK1     STRUCTURE SIZE:         20.480 KB, NUMBER HASH ENTRIES:   102876
NUMBER    LOCK ENTRIES:           3325,      LOCK ENTRIES IN USE:  50 %
```

Erläuterung der Anzeige:

- DB2 MEMBER   Name des Members.
- ID   Lfd. Id des Members.
- SUBSYS   Subsystem-Name des Members.
- CMDPREF   Command Prefix des Members.
- STATUS   Status des Members:
  - ACTIVE   das System ist aktiv (auch Info I kann gezeigt werden - siehe QUIESCED).
  - QUIESCED   das System wird gerade gestoppt. Bei diesem Status können weitere Infos angezeigt werden (auch Kombinationen sind möglich):
    - I - Indoubt oder Postponed Abort Units of Recovery stehen aus.
    - C - Beim Ausschreiben von Pages trat ein Fehler auf (CASTOUT-Fehler).
    - R - Mit remote Servern steht eine Synchronisationserfordernis aus.
  - FAILED   das System konnte wegen Fehler nicht gestartet werden.
- DB2LVL   Version, Release und Modifikations-Level des DB2-Systems.
- SYSTEMNAME   Name des OS/390-Systems, in dem das Member aktiv ist.
- IRLMSUBSYS   Name des IRLM-Systems, mit dem das Member verbunden ist.
- SCA   SCA-Strukturgröße in KB und der Prozentsatz der aktuellen Nutzung.
- LOCK1   LOCK1-Strukturgröße in KB und Anzahl der Lock-Entries sowie deren Nutzung.

Zusatzinformationen im Detail-Level:

- PARALLELISM COORDINATOR   Kennzeichen, ob das dargestellte Member Parallel-Verarbeitung koordinieren kann (an andere Member Aufträge verteilen kann).
- PARALLELISM ASSISTANT   Kennzeichen, ob das dargestellte Member bei Parallel-Verarbeitung assistieren kann (von anderen Membern Aufträge annehmen kann).

Syntax-Diagramm

▶▶──DISPLAY GROUP──┬─────────┬──────────────────────────────────▶◀
                  └─DETAIL──┘

Aufgabe des Commands

Der DISPLAY GROUPBUFFERPOOL-Command protokolliert Informationen über den Status von einem oder mehreren aktiven oder inaktiven Group Bufferpools.
Kurzform des Commands: -DIS GBPOOL Data-Sharing-Wirkungskreis: **DB2-Group**

Mit dem DISPLAY GROUPBUFFERPOOL-Command können globale Informationen (Summary Report) oder detaillierte Informationen über ein Member oder eine ganze Group (Detail Report) angefordert werden.

Erforderliche Privilegien

- DISPLAY-System-Privileg oder
- SYSADM, SYSCTRL, SYSOPR.

Anwendungs-Beispiel eines Summary Reports (Auszug)

-DISPLAY GBPOOL (GBP0)   Anzeige der globalen Daten für den Group Bufferpool BP0.
                           Erläuterung siehe unter -ALTER GROUPBUFFERPOOL.

```
DSNB750I  -DISPLAY FOR GROUP BUFFER POOL GBP0 FOLLOWS
DSNB755I  -DB2 GROUP BUFFER POOL STATUS
          CONNECTED                                   = YES
          CURRENT DIRECTORY TO DATA RATIO             = 5
          PENDING DIRECTORY TO DATA RATIO             = 6
          CURRENT GBPCACHE ATTRIBUTE                  = YES
          PENDING GBPCACHE ATTRIBUTE                  = YES
DSNB756I -  CLASS CASTOUT THRESHOLD                   = 10%
          GROUP BUFFERPOOL CASTOUT THRESHOLD          = 50%
          GROUP BUFFERPOOL CHECKPOINT INTERVAL        = 5 MINUTES
          RECOVERY STATUS                             = NORMAL
          AUTOMATIC RECOVERY                          = Y
DSNB757I - MVS CFRM POLICY STATUS FOR DSDDB0G_GBP0    = NORMAL
          MAX SIZE INDICATED IN POLICY                = 61440 KB
          DUPLEX INDICATOR IN POLICY                  = ENABLED
          CURRENT DUPLEXING MODE                      = DUPLEX
          ALLOCATED                                   = YES
DSNB758I -   ALLOCATED SIZE                           = 61440 KB
             VOLATILITY STATUS                        = VOLATILE
             REBUILD STATUS                           = DUPLEXED
             CFNAME                                   = CACHE01
             CFLEVEL                                  = 5
DSNB759I -   NUMBER OF DIRECTORY ENTRIES              = 61398
             NUMBER OF DATA PAGES                     = 11380
             NUMBER OF CONNECTIONS                    = 2
DSNB798I -DBT1 LAST GROUP BUFFER POOL CHECKPOINT 18:55:03 MARCH 17, 1999
          GBP CHECKPOINT RECOVERY LSN                 = AD274E
          STRUCTURE OWNER                             = DBG1
DSNB790I -DBT1 DISPLAY FOR GROUP BUFFER POOL GBP0 IS COMPLETE
DSN9022I -DBT1 DSNB1CMD '-DISPLAY  GROUPBUFFERPOOL' NORMAL COMPLETION
```

A2 Anhang - Definition der wichtigsten DB2-Sprachelemente
-DISPLAY GROUPBUFFERPOOL - 2

Syntax-Diagramm

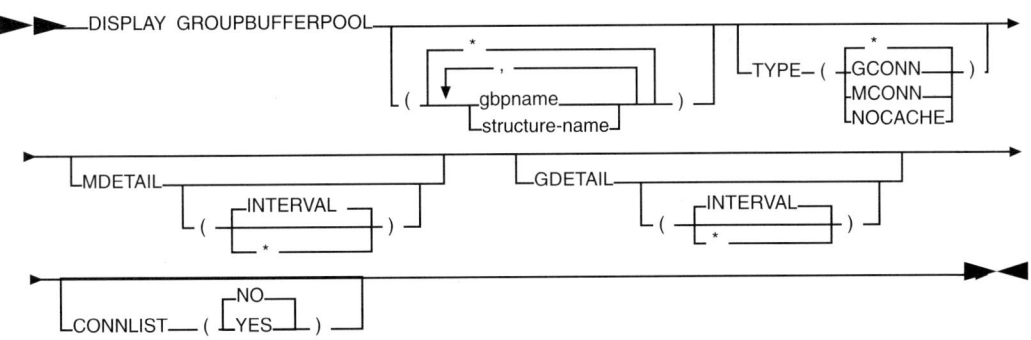

Beschreibung

DISPLAY		Anzeige des aktuellen Group Bufferpool-Status:
*		Für alle Bufferpools.
gbpname		Einzelner Group Bufferpool-Name, für den der Bufferpool-Status angezeigt werden soll (GBP0, GBP1, ..., GBP49; GBP8K0,..,GBP8K9; GBP16K0,..,GBP16K9; GBP32K, GBP32K1, ..., GBP32K9).
structure-name		Identifikation des Group Bufferpool-Names über den Namen der Coupling-Facility-Struktur (zusammengesetzt aus: groupname_gbpname).
TYPE		Eingrenzung der Group Bufferpools:
*		Alle Bufferpools.
GCONN		Alle Bufferpools, die aktuell einem der Member der Data Sharing Group zugeordnet sind.
MCONN		Alle Bufferpools, die aktuell dem Member zugeordnet sind, auf das der Command gerichtet ist.
NOCACHE		Alle Bufferpools mit GBPCACHE-Attribut = NO.
MDETAIL		Ein detaillierter Report wird gewünscht, ansonsten wird ein Summary Report erzeugt. Der detaillierte Report zeigt alle Aktivitäten des Members auf, auf das der Command gerichtet ist.
	INTERVAL	Die angeforderten Statistiken werden seit der letzten Anzeige oder sofern noch keine Anzeige erfolgte, seit der Buffer-Aktivierung angezeigt (incremental).
	*	Die Statistiken werden seit der Buffer-Aktivierung kumuliert angezeigt (cumulative).
GDETAIL		Ein detaillierter Report wird gewünscht, ansonsten wird ein Summary Report erzeugt. Der detaillierte Report zeigt alle Aktivitäten der DB2 Group auf.
	INTERVAL	Die angeforderten Statistiken werden seit der letzten Anzeige oder - sofern noch keine Anzeige erfolgte - seit der Buffer-Aktivierung angezeigt (incremental).
	*	Die Statistiken werden seit der Buffer-Aktivierung kumuliert angezeigt (cumulative).
CONNLIST		Kennzeichen, ob die aktuellen Connections sämtlicher Systeme zu den Group Bufferpools angezeigt werden sollen.
	NO	Keine Anzeige.
	YES	Anzeige.

A2 - 1180	A2 Anhang - Definition der wichtigsten DB2-Sprachelemente
	-DISPLAY LOCATION (DB2-Command)

Aufgabe des Commands

Der DISPLAY LOCATION Command protokolliert Informationen über Threads in einer Distributed Database-Umgebung.
Es können Detailinfos angefordert werden. Siehe auch -DISPLAY THREAD-Kommando.
Kurzform des Commands: -DIS LOC **Data-Sharing-Wirkungskreis:** Member

Erforderliche Privilegien

- DISPLAY-Privileg oder
- SYSADM, SYSCTRL, SYSOPR.

Anwendungs-Beispiel: globaler Level

-DISPLAY LOCATION   Anzeige Threads aller verbundenen Lokationen mit globalen Infos.

```
DSNL200I    -    DISPLAY LOCATION REPORT FOLLOWS-

LOCATION       PRDID       LINKNAME    REQUESTERS    SERVERS    CONVS
-------------------------------------------------------------------------------
DB2FRANKFURT   DSN03010    LU001          1             0          1

DISPLAY LOCATION REPORT COMPLETE
```

Erläuterung der Anzeige:

- LOCATION   Lokations-Name des remote Servers (LU).
- PRDID   Produkt-Identifikation des remote Servers (PPPVVRRM)
               (hier: DSN = DB2, Version 03, Release 01, Modifikations-Stand 0)
- LINKNAME   VTAM-LU-Name des remote Servers.
- REQUESTERS   Anzahl aktiver Threads des lokalen Servers, die Daten vom remote Server anfordern.
- SERVERS   Anzahl aktiver Threads des lokalen Servers, die Daten für den remote Server bereitstellen.
- CONVS   CONVERSATIONS= Anzahl der Kommunikationen zwischen lokalem Server und remote Server.

Anwendungs-Beispiel: Detail-Level

-DISPLAY LOCATION DETAIL   Anzeige Threads aller verbundenen Lokationen mit Detail-Infos.

```
DSNL200I    -    DISPLAY LOCATION REPORT FOLLOWS-

LOCATION       PRDID       LINKNAME    REQUESTERS    SERVERS    CONVS
-------------------------------------------------------------------------------
DB2FRANKFURT   DSN03010    LU001           1            0          7
-SYSTASK   SESSID              A      ST    TIME
-SYSCON-O  00D359821433EE80    S            9728114280905
-SYSCON-I  00D359821433EE84    W      R     9728114280916
-RESYNC    00D359821433EE85    W      R     9728114280922

DISPLAY LOCATION REPORT COMPLETE
```

A2 Anhang - Definition der wichtigsten DB2-Sprachelemente
-DISPLAY LOCATION - 2

Erläuterung der Anzeige:

- SYSTASK
  - SYSCON-x   Wenn DB2 einen systemgesteuerten Zugriff (system directed access) vornimmt, wird eine System-Konversation (SYSCON) zu dem remote System eröffnet.
    - x = O   bei 'Outbound'-Konversationen, die Nachrichten senden.
    - x = I   bei 'Inbound'-Konversationen, die Nachrichten empfangen.
  - RESYNC   Die Konversation wird re-synchronisiert, da vorab ein Thread- bzw. Kommunikationsfehler auftrat.
- SESSID   VTAM-Session-Id (die ersten beiden Stellen stimmen nicht mit der tatsächlichen VTAM-Id überein, diese muss mit VTAM DISPLAY abgefragt werden).
- A   ACTIVE:
  - V = Konversation ist innerhalb von VTAM aktiv,
  - W = Konversation wartet innerhalb von DB2 auf VTAM-Notifikation.
  - Blank = Sonstiger Zustand.
- ST   STATUS der Konversation:
  - A = Konversation befindet sich im Aufbau (Allokation),
  - C = Vor der Konversationsaufnahme werden Session-Limits mit dem Partner abgestimmt (CNOS),
  - D = Konversation befindet sich im Abbau (De-Allokation),
  - R = Empfangs-Modus (Receiving),
  - S = Sende-Modus (Sending),
  - Blank = Sonstiger Status.
- TIME   Timestamp (yydddhhmmssth) der letzten gesendeten oder empfangenen Nachricht.

Syntax-Diagramm

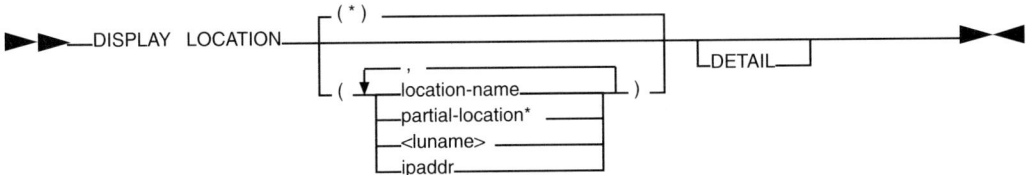

Beschreibung

location-name	Name(n) der remote Lokationen, für die Daten angezeigt werden sollen.
partial-location*	Alle Lokationen, deren Namen mit dem String beginnen (generisches Suchen) z.B. DB2* .
*****	Alle remote Lokationen werden angezeigt.
<luname>	Remote Clients, die mit der vorgegebenen SNA LU über DDF mit DB2 verbunden sind.
ipaddr	Remote Clients, die mit der vorgegebenen TCP/IP-Adresse über DDF mit DB2 verbunden sind. Vorgabe der dezimalen Adresse im Format: "nnn.nnn.nnn.nnn".
DETAIL	Es werden zusätzliche Detaildaten pro Thread angezeigt. Siehe Beispiel vorab.

A2 Anhang - Definition der wichtigsten DB2-Sprachelemente
DISPLAY LOG (DB2-Command)

Aufgabe des Commands

Der DISPLAY LOG Command zeigt Informationen über den LOG-Status und den Status der Offload Task.

Kurzform des Commands: DIS LOG   **Data-Sharing-Wirkungskreis:** Member

Erforderliche Privilegien

- DISPLAY-Privileg oder
- SYSOPR, SYSCTRL, SYSADM.

Anwendungs-Beispiel

DISPLAY LOG   Anzeige der LOG-Informationen.

```
DSNJ370I    -      DSNJC00A LOG DISPLAY
CURRENT COPY1  LOG = DBP11.LOGCOPY1.DS02 IS 16% FULL
CURRENT COPY2  LOG = DBP11.LOGCOPY2.DS02 IS 16% FULL
H/W RBA = 0000004A3C24, LOGLOAD = 120000
FULL LOGS TO OFFLOAD = 1 OF 6, OFFLOAD TASK IS (BUSY,ALLC)
DSNJ371I - DB2 RESTARTED 15:03:21 OCT 18, 1999
RESTART RBA 0000004A2000
DSN9002I - DSNJC001 'DIS LOG' NORMAL COMPLETION
```

Erläuterung der Anzeige:

- CURRENT COPY LOG .... IS 16% FULL — Die aktiven LOG-Datasets sind zu 16 % voll. Bei Dual-Logging kann dann eine Differenz auftreten, wenn die Größe der Datasets unterschiedlich ist.
- LOGLOAD = 120000 — Die Checkpoint-Frequenz ist mit 120000 Log-Sätzen definiert (kann mit SET LOG verändert werden).
- FULL LOGS TO OFFLOAD = 1 OF 6 — Eins der 6 aktiven Log-Datasets muss archiviert werden.
- OFFLOAD TASK IS (BUSY,ALLC) — Der Offload-Prozess ist aktiv.
- DB2 RESTARTED ... — DB2 wurde zu dem genannten Termin gestartet, beginnend mit der Logging RBA 0000004A2000.

Syntax-Diagramm

▶▶── DISPLAY LOG ──▶◀

A2 Anhang - Definition der wichtigsten DB2-Sprachelemente
-DISPLAY PROCEDURE (DB2-Command)

Aufgabe des Commands

Der DISPLAY PROCEDURE Command protokolliert Statistik-Informationen über Stored Procedures, die von Anwendungen aufgerufen wurden.

Kurzform des Commands: -DIS PROC   **Data-Sharing-Wirkungskreis:** Member

Erforderliche Privilegien

- DISPLAY-Privileg oder
- Eigentümer der Prozedur oder
- SYSADM, SYSCTRL, SYSOPR (erforderlich bei generischer Suche).

Anwendungs-Beispiel:

-DISPLAY PROC (SEMINAR.STP*)   Anzeige der Stored Procedures im Schema SEMINAR, deren Namen mit 'STP' beginnen.

```
DSNX940I    csect  DISPLAY PROCEDURE REPORT FOLLOWS-

------ SCHEMA=SEMINAR
PROCEDURE     STATUS      ACTIVE    QUEUED    MAXQUE    TIMEOUT    WLM_ENV
-----------------------------------------------------------------------------
STP1          STARTED        2         1         1          0      SP11
STP2          STOPREJ        0         0         0          0      SP11

DSN9022I - DSNX9COM '-DISPLAY PROC' NORMAL COMPLETION
```

Erläuterung der Anzeige:

- **PROCEDURE** Name der Stored Procedure.
- **STATUS**   Status der Stored Procedure:
  - STARTED   Die Stored Procedure ist gestartet, Aufrufe sind möglich.
  - STOPQUE   Die Stored Procedure ist gestoppt, Aufrufe werden in einer Warteschlange gehalten.
  - STOPREJ   Die Stored Procedure ist gestoppt, Aufrufe werden abgewiesen.
  - STOPABN   Aufrufe werden wegen Fehler abgewiesen.
- **ACTIVE**   Anzahl Threads, die gerade die Stored Procedure nutzen.
- **QUEUED**   Anzahl Threads, die gerade auf die Stored Procedure warten.
- **MAXQUE**   Anzahl maximale Threads, die seit DB2-Start auf die Stored Procedure warteten.
- **TIMEOUT** Anzahl SQL CALL-Aufrufe, die auf die Stored Procedure warteten und wegen Zeitüberschreitung abgebrochen wurden.
- **WLM_ENV** Name der Workload-Manager-Umgebung, in der die Stored Procedure ausgeführt wird.

Syntax-Diagramm

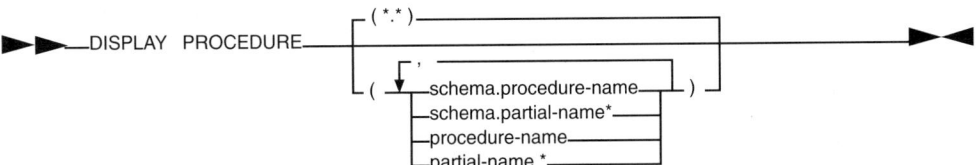

Beschreibung

schema.procedure-name
procedure-name
schema.partial-name *
partial-name *
.

Name(n) der Stored Procedures in dem Schema, für die Daten angezeigt werden sollen. Fehlt das Schema, wird das Schema SYSPROC herangezogen.
Alle Stored Procedures, deren Namen mit dem String beginnen (generisches Suchen) z.B. SE* . Fehlt das Schema, gilt das Schema SYSPROC.
Alle Stored Procedures, die von Anwendungen seit dem DB2-Start aktiviert wurden, werden angezeigt.

A2 Anhang - Definition der wichtigsten DB2-Sprachelemente
-DISPLAY RLIMIT (DB2-Command)

Aufgabe des Commands

Der DISPLAY RLIMIT Command protokolliert Informationen über den aktuellen Status des Resource Limit Facility (RLF), auch DB2-Governor genannt.
Es wird der ID der RLF-Tabelle DSNRLSTxx angezeigt.

Kurzform des Commands: -DIS RLIM   **Data-Sharing-Wirkungskreis:**   Member

Erforderliche Privilegien

- SYSADM, SYSCTRL, SYSOPR.

Anwendungs-Beispiel

-DISPLAY RLIMIT   Anzeige des RLF-Zustands (aktiv oder nicht). Bei aktivem RLF wird der Name der Tabelle angezeigt.

```
DSNT701I   -   RESOURCE LIMIT FACILITY IS INACTIVE
DSN9022I   -   DSNTCDIS 'DISPLAY RLIMIT' NORMAL COMPLETION
```

Syntax-Diagramm

►►──DISPLAY RLIMIT──────────────────────────────────►◄

A2 Anhang - Definition der wichtigsten DB2-Sprachelemente
-DISPLAY THREAD (DB2-Command)

Aufgabe des Commands

Der DISPLAY THREAD Command protokolliert Informationen über Threads in einem DB2-Subsystem. Es existieren drei Thread-Typen:

- Ein **Allied Thread** wird auf dem lokalen System von einem Trägersystem (z.B. TSO, IMS, CICS) aktiviert und kann auch auf verteilte Daten zugreifen. Ein Allied Thread kann damit 'lokal' oder 'distributed' wirken.

- Ein **Database Access Thread** wird von einem remote System aktiviert und fordert lokale Daten an. Ein Database Access Thread wird immer als 'distributed' bezeichnet.

- Ein **Parallel Task Thread** wickelt Parallelaktivitäten (koordinierend) auf dem lokalen System evtl. in Zusammenarbeit mit einem oder mehreren remote Systemen oder für ein remote System ab (assistierend). Ein Parallel Task Thread kann damit 'lokal' oder 'distributed' auftreten.

Der Status eines Threads kann sein:

- **ACTIVE** Der Thread ist aktiv ('in Arbeit').
  Ein aktiver Allied Thread wird von TSO, Batch, IMS, CICS oder CAF aufgebaut.
  Ein aktiver Database Access Thread wird über VTAM vom remote System aufgebaut.

- **INACTIVE** Ein Allied Thread kann nicht inaktiv sein.
  Ein Database Access Thread kann inaktiv sein, wenn eine VTAM-Verbindung besteht, aber der Thread auf den Beginn einer neuen UOW wartet.

- **INDOUBT** Der Thread ist als Partizipant innerhalb einer 2-Phasen-Commit-Verarbeitung 'hängengeblieben', d.h. er wartet auf die Entscheidung des Koordinators (Commit oder Rollback) oder im Ausnahmefall auf eine manuelle Operatorentscheidung. Bis zur Entscheidung bleiben alle innerhalb der letzten UOW veränderten Ressourcen gesperrt!
  Der Commit Koordinator für einen Allied Thread ist ein Transaktions-Manager (CICS, IMS) oder OS/390 RRS (RRSAF-Threads), für einen Database Access Thread ist dies das anfordernde remote System (Requestor).

Kurzform des Commands: -DIS THD   **Data-Sharing-Wirkungskreis:** Member

Erforderliche Privilegien

- DISPLAY-Privileg oder
- SYSADM, SYSCTRL, SYSOPR.

Anwendungs-Beispiel: Anzeige aller Threads - globaler Level

-DIS THD (*) LOCATION (*)   Anzeige aller Threads an allen Servern.

```
DSNV401I   -   DISPLAY THREAD REPORT FOLLOWS -
DSNV402I   -   ACTIVE THREADS -

NAME       ST   A   REQ   ID         AUTHID    PLAN     ASID   TOKEN
-------------------------------------------------------------------------
BATCH      RA   *     7   DEP3 B     SYSADM    DEP3     000E   1
CICSP003   N         3              U00378             0036   3
CICSP003   T      1855   GT00SEM1   U00089    SEM478   0036   6
TSO        N        25   U00054     U00054             005B   2
TSO        T         1              U00317             0095   4
DISPLAY  ACTIVE  REPORT  COMPLETE
DSN9022I   - DSNVDT '-DIS THD' NORMAL COMPLETION
```

A2 Anhang - Definition der wichtigsten DB2-Sprachelemente
-DISPLAY THREAD - 2

Erläuterungen zur Anzeige:

- NAME Connection-Name. Für distributed Database Access Threads gilt:
  - bei systemgesteuertem Zugriff oder einem anwendungsgesteuertem Zugriff aus einem DB2-System mit Version 3 und größer wird hier der Connection Name gezeigt,
  - bei einem anwendungsgesteuertem Zugriff aus einem DB2-System Version kleiner 3 oder einem Nicht-DB2-System wird hier die Konstante 'SERVER' gezeigt,
- ST Status des Threads:
  - D   Der Thread ist in der Terminierungs-Phase.
  - N   Der Thread ist im SIGNON- oder IDENTIFY-Status (Wartesituation eines TCB).
  - QD Der Thread wartet auf Terminierung.
  - QT CREATE Thread ist abgewickelt, Task ist in Wartezustand.
  - PT Eine parallele Task wird abgewickelt.
  - RA Ein distributed Thread, mit dem lokale Daten von einem remote Server angefordert werden, ist aktiv.
  - RN Ein distributed Thread fordert weitere Daten von einem remote Server, der zunächst mittels System-Konversation angekoppelt werden muss.
  - RQ Analog RN, aber aufgrund eines System-Limits (MAX REMOTE ACTIVE) kann derzeit keine neue Connection aufgebaut werden.
  - SP Eine Stored Procedure wird gerade ausgeführt.
  - SW Ein Thread wartet auf die Ausführung einer Stored Procedure.
  - T   Für einen Allied Thread ist die Plan Allokation durchgeführt, der Thread ist aktiv.
  - TN Ein Allied Thread fordert weitere Daten von einem remote Server, der zunächst mittels System-Konversation angekoppelt werden muss.
  - TR Ein Allied Thread fordert gerade weitere Daten von einem remote Server an. Er ist im Zustand 'distributed'.
- A Kennzeichen, ob der Thread gerade im DB2 aktiv ist, wenn ja ' * '.
- REQ Request-Id = Zähler der bisherigen DB2-Anforderungen.
- ID Correlation Name (Anwendungs-Identifikation, z.B. Batch-Job-Name),
- AUTHID Autorisierungs-Id des Benutzers.
- PLAN Plan-Name (nicht bei allen Status).
  Bei einem anwendungsgesteuertem Zugriff aus einem DB2-System Version kleiner 3 oder einem Nicht-DB2-System wird hier die Konstante 'DISTSERV' gezeigt,
- ASID Adressraum-Nr.
- TOKEN Eindeutige lfd. Nr. des Threads.

Anwendungs-Beispiel: Anzeige bestimmter Threads - Detail-Level

-DIS THD (*) LOCATION (DB205) DETAIL   Anzeige aller Threads zum Server DB205.

```
DSNV401I    -    DISPLAY THREAD REPORT FOLLOWS -
DSNV402I    -    ACTIVE THREADS -

NAME       ST    A   REQ   ID        AUTHID   PLAN      ASID   TOKEN
-----------------------------------------------------------------------
CICS1      TR    *    2    GT00SEM1  U00378   SEM478    0036     3
  V444-NET001.LU003.1A2E30FA124E=3 ACCESSING DATA AT
  V446-DB205
  V447--LOCATION         SESSID               A ST     TIME
  V448--DB205            0000000200000002     V R3     9728017033516
BATCH      PT    *   514   PUPPYDML  U00020   DSNTEP3   002D    7
  V443-PARALLEL COORDINATOR=DBT2, ORIGINATING TOKEN=35
BATCH      PT    *    21   PUPPYDML  U00020   DSNTEP3   002D    8
  V443-PARALLEL COORDINATOR=DBT2, ORIGINATING TOKEN=35
BATCH      PT    *   115   PUPPYDML  U00020   DSNTEP3   002D    9
  V443-PARALLEL COORDINATOR=DBT2, ORIGINATING TOKEN=35

DISPLAY ACTIVE REPORT COMPLETE
DSN9022I   - DSNVDT '-DIS THD' NORMAL COMPLETION
```

A2 Anhang - Definition der wichtigsten DB2-Sprachelemente
-DISPLAY THREAD - 3

Erläuterungen zur Anzeige:

- NAME, ST, A, REQ, ID, AUTHID, PLAN, ASID, TOKEN   Siehe Beispiel vorab.
- V443   Identifikation der Message DSNV443I:
  Mit dieser Message wird angezeigt, dass eine assistierende Parallel-Taskabwicklung für einen in der Message benannten Koordinator abgewickelt wird.
- V444   Identifikation der Message DSNV444I:
  - Netzwerk-Id.   hier: NET001
  - Netzwerk-LU-Name   hier: LU003
  - UOW-Id.   hier: 1A2E30FA124E
  - Token =   hier: 3
  - Text   ACCESSING DATA AT (Remote Zugriff auf Daten).
- V446   Identifikation der Message DSNV446I.
  - Lokation   Name der Remote-Lokation, hier DB205.
- V447   Identifikation der Message DSNV447I mit den Überschriften:
  - LOCATION   Name der Remote-Lokation.
  - SESSID   VTAM-Session-Id.
  - A   ACTIVE:
    - V = Konversation ist innerhalb von VTAM aktiv,
    - W = Konversation wartet innerhalb von DB2 auf VTAM-Notifikation.
    - Blank   Sonstiger Zustand.
  - ST X   STATUS der Konversation (zweite Stelle 'Y' wird separat erläutert):
    - A. = Konversation befindet sich im Aufbau (Allokation),
    - C. = Vor der Konversationsaufnahme werden Session-Limits mit dem Partner abgestimmt (CNOS),
    - D. = Konversation befindet sich im Abbau (De-Allokation),
    - R. = Empfangs-Modus (Receiving),
    - S. = Sende-Modus (Sending),
    - X. = Austausch von Log-Namensinformationen.
    - Blank   Sonstiger Status.
  - Y   Zweite Stelle des Status:
    - 1 = Unprotected Konversation für systemgesteuerten Zugriff ist aktiv.
    - 2 = Unprotected Konversation für anwendungsgesteuerten Zugriff ist aktiv.
    - 3 = Protected Konversation für systemgesteuerten Zugriff ist aktiv.
    - 4 = Protected Konversation für anwendungsgesteuerten Zugriff ist aktiv.
    - Blank   Sonstiger Status.
  - TIME   Timestamp (yydddhhmmssth) der letzten gesendeten oder empfangenen Nachricht.
- V448   Identifikation der Message DSNV448I. Diese enthält die entsprechenden variablen Daten zur Message V447.

Anwendungs-Beispiel: Anzeige von Indoubt-Threads

-DIS THD (*) TYPE (INDOUBT)   Anzeige aller Indoubt-Threads.

```
DSNV401I   -   DISPLAY THREAD REPORT FOLLOWS -
DSNV406I   -   INDOUBT THREADS -

COORDINATOR    STATUS      RESET       URID            AUTHID
---------------------------------------------------------------
DB202          INDOUBT                 0124821A0110    U00378
V467-HAS LUWID NET001.LU003.122A30041246.0031=5
V466-THREAD HAS BEEN INDOUBT FOR 00.07.13
V450-HAS PARTICIPANT INDOUBT AT LOCATION
V446--DB205
DISPLAY INDOUBT REPORT COMPLETE
DSN9022I    - DSNVDT '-DIS THD' NORMAL COMPLETION
```

Erläuterungen zur Anzeige:

- COORDINATOR   Name des 2-Phasen-Commit-Koordinators:
  Bei einem Allied Thread:
  - CICS- oder IMS-Connection-Name oder
  - Name des lokalen DB2-Systems.

  Bei einem Database Access Thread:
  - Name des remote DB2-System-Koordinators.

A2 Anhang - Definition der wichtigsten DB2-Sprachelemente
-DISPLAY THREAD - 4

- STATUS   Thread-Status:
                   INDOUBT   Partizipant wartet auf Entscheidung des Koordinators.
                   COMMITTED   DB2 als Koordinator hat COMMIT-Entscheidung getroffen, aber
                                Partizipanten verweilen mit INDOUBT-Threads.
                   COMMITTED-H Für den Thread wurde RECOVER INDOUBT ACTION (COMMIT)
                                ausgeführt. Die Information bleibt erhalten, bis der Koordinator und
                                alle Partner des 2-Phasen-Commits informiert sind.
                   ABORTED-H   Für den Thread wurde RECOVER INDOUBT ACTION (ABORT)
                                ausgeführt. Die Information bleibt erhalten, bis der Koordinator und
                                alle Partner des 2-Phasen-Commits informiert sind.
                   ABORTED   Dies ist ein Koordinator-Status mit Abbruch-Entscheidung.
                                Partizipanten können mit INDOUBT-Threads verweilen.
- RESET   Diese Spalte enthält 'YES', wenn das Kommando 'RESET INDOUBT' zur
                   Löschung des Threads erforderlich ist.
- URID   Beginn des Recovery-Loggings für diesen Thread (Log-RBA).
- AUTHID   Autorisierungs-Id des Benutzers.
- V467   Identifikation der Message DSNV467I:
  - Netzwerk-Id.   hier: NET001
  - Netzwerk-LU-Name   hier: LU003
  - UOW-Id.   hier: 122A30041246
  - LUW-Sequenz-Nr.   hier: 0031
  - Token =   hier: 5
- V466   Identifikation der Message DSNV466I.
  - Text   THREAD HAS BEEN INDOUBT FOR
  - Zeit   Verweilzeit des Threads im INDOUBT-Status in Stunden : Minuten : Sekunden.
- V450   Identifikation der Message DSNV450I
  - Text   HAS PARTICIPANT INDOUBT AT LOCATION
- V446   Identifikation der Message DSNV446I
  - LOCATION   Name der Remote-Lokation, in der ein INDOUBT-Partizipant wartet, hier DB205.

Syntax-Diagramm

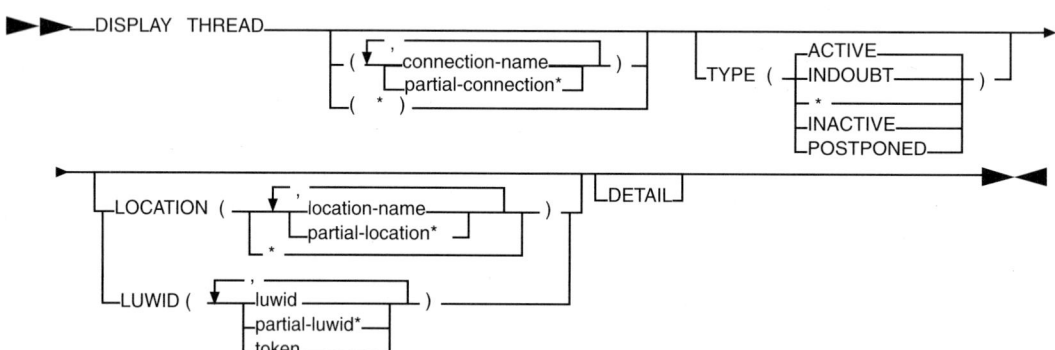

Parameter-Beschreibung   "xxx" = Kurzform

(connection-name)   Name der Connection, deren Status angezeigt werden soll.
(partial-connection*)   Generischer Name aller Connections, deren Status angezeigt werden
                               soll (z.B. CICS* = alle Connections, die mit dem String 'CICS' beginnen).
(*)   Anzeige aller Connections in allen Adressräumen, die mit dem Subsystem
                               verbunden sind. Es werden nur bestimmte Thread-Typen angezeigt
                               (siehe TYPE -Parameter).
                               Default = alle Connections, die mit Trägersystem verbunden sind, in dem
                               dieser Command abgesetzt wird.

A2 Anhang - Definition der wichtigsten DB2-Sprachelemente
-DISPLAY THREAD - 5

TYPE	**(ACTIVE)** "A"		Thread-Typ: Nur aktive Threads.
	(INDOUBT) "I"		Nur INDOUBT-Threads, die einen externen Eingriff erfordern.
	(*)		Anzeige aktive und INDOUBT-Threads.
	(INACTIVE) "INA"		Nur inaktive Database Access Threads, die gerade warten.
	(POSTPONED) "P"		Nur während eines DB2-Restarts nicht abgeschlossene und aufgeschobene (postponed) unvollständige Units of Recovery (UORs) Indoubt Threads, die gerade warten.
LOCATION	(location-name) "LOC"		Anzeige von distributed Threads mit einer bestimmten anderen Lokation. Nicht-DB2-Server werden mit <LUNAME> vorgegeben.
	(partial-location*)		Alle Lokationen, deren Namen mit dem String beginnen (generisches Suchen).
	(*)		Anzeige Threads mit allen anderen Lokationen.
LUWID	(luwid)		Anzeige von distributed Threads mit einer bestimmten anderen Lokation aufgrund des LU-Netzwerk-Namens (LUNAME) und der UOW-Nr. Der Name hat folgenden Aufbau:
		- LU-Netzwerk-Name:	
		- 1 bis 8 Stellen	Netzwerk-Id.
		- '.'	Abgrenzung durch einen Punkt.
		- 1 bis 8 Stellen	Netzwerk-LU-Name.
		- UOW-Nr:	
		- 12 Hex-Zeichen	Eindeutige Identifikation der UOW.
	(partial-luwid *)		Alle LUWIDs, deren Namen mit dem String beginnen (generisches Suchen).
	token		Alternativvorgabe eines Token-IDs anstelle der luwid. DB2 vergibt bei Aufbau eines Threads eine innerhalb eines Subsystems eindeutige Nr. (1 - 5-stelliger Dezimal-Wert), die im Netzwerk aber nicht eindeutig ist.
DETAIL			Anzeige detaillierter Informationen über die VTAM-Sessions. Der Parameter hat keine Wirkung bei TYPE (INDOUBT).

A2 Anhang - Definition der wichtigsten DB2-Sprachelemente
-DISPLAY TRACE (DB2-Command)

Aufgabe des Commands

Der DISPLAY TRACE-Command protokolliert aktive Trace-Typen.
Die Bedeutung der Trace-Parameter wird unter START TRACE detailliert dargestellt.
Kurzform des Commands: -DIS TRACE   Data-Sharing-Wirkungskreis: Member

Erforderliche Privilegien

- DISPLAY-Privileg oder
- SYSADM, SYSCTRL, SYSOPR.

Anwendungs-Beispiel

-DISPLAY TRACE   Anzeige aktiver Trace-Typen.

```
           -DISPLAY TRACE
           DSNW127I    -     CURRENT TRACE ACTIVITY IS

           TNO  TYPE       CLASS        DEST QUAL
           -------------------------------------------------
           01   GLOBAL     01,02,03     RES  NO
           02   STAT       01           SMF  NO
           03   ACCTG      01           SMF  YES

           *********** END OF DISPLAY TRACE SUMMARY DATA ********
           DSN9022I    -      '-DIS TRACE'  NORMAL COMPLETION
```

Erläuterung zu der Anzeige:

TNO	Lfd. Trace-Nr.		
TYPE	Trace-Typ:		
	ACCTG	Accounting-Daten.	
	AUDIT	Audit-Daten.	
	GLOBAL	Globale Trace-Daten (Serviceability).	
	MONITOR	Monitor-Daten.	
	PERFM	Performance-Daten.	
	STAT	Statistik-Daten.	
CLASS	Trace-Klasse innerhalb des jeweiligen Trace-Typs (01 - 31).		
DEST	Einschränkung der Trace-Typen auf bestimmte Zielsysteme:		
	GTF	Generalized Trace Facility.	
	RES	Speicherinterne wrap-around CSA-Tabelle.	
	SMF	System Management Facility.	
	SRV	Exit einer Benutzer-Routine.	
	OPn	Spezifiziertes Zielsystem (1 - 8).	
QUAL	Kennzeichen, ob ein qualifizierter Trace unterstützt wird. In diesem Fall können mit dem DETAIL-Parameter weitere Detailinformationen angezeigt werden.		

A2 Anhang - Definition der wichtigsten DB2-Sprachelemente
-DISPLAY TRACE - 2

Syntax-Diagramm

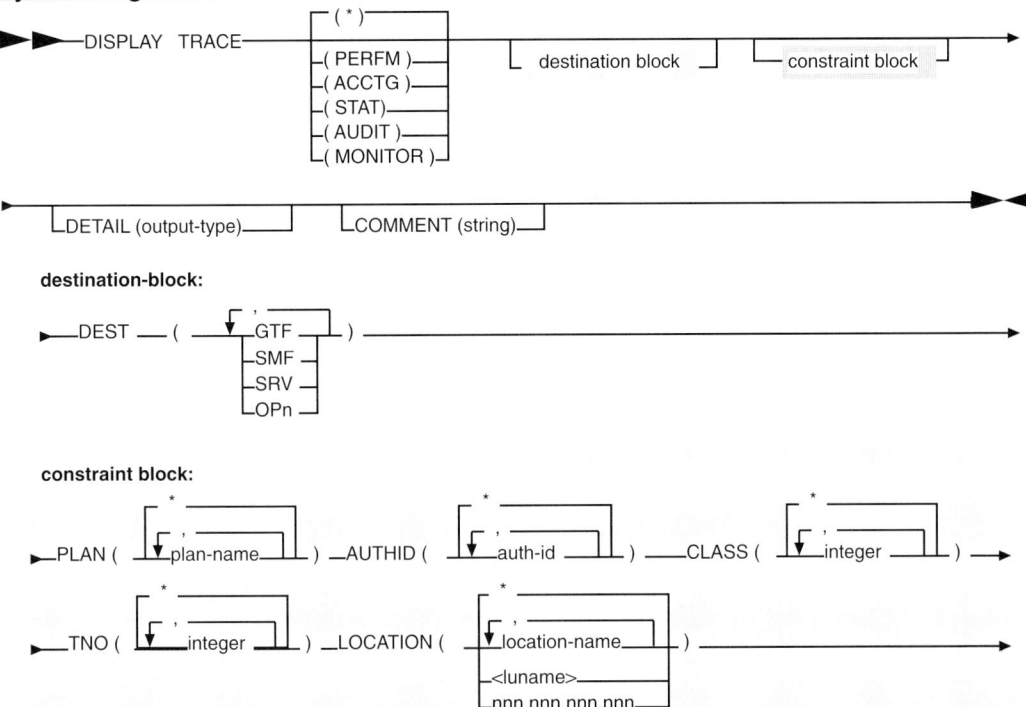

Parameter-Beschreibung   "xxx" = Kurzform

TRACE   Definition der anzuzeigenden Trace-Typen (Details siehe START TRACE):
  (PERFM)   "P"   Trace-Typ: Performance-Sätze bestimmter Ereignisse.
  (ACCTG)   "A"   Trace-Typ: Accounting-Sätze für jede Transaktion.
  (STAT)   "S"   Trace-Typ: Statistik-Daten.
  (AUDIT)   "AU"   Trace-Typ: Audit-Daten.
  (MONITOR) "MON"   Trace-Typ: Monitor-Daten.
  (*)   Anzeige aller aktiven Traces ohne Einschränkungen.

DETAIL   Definition der anzuzeigenden Detail-Daten:
  (output-type)   Kennzeichen:
    1   Summary-Trace-Information: Trace-Nr., Typ, Klasse, Destination
    2   Qualifizierte Trace-Information: Trace-Nr., Autor-Id, Plan, RMID, Lokation.
    1,2   Summary und qualifizierte Trace-Informationen.
    *   Entspricht 1,2.

COMMENT (string)   Kommentar, der mit den Trace-Daten angezeigt wird.

destination block: Einschränkung der Trace-Typen auf bestimmte Zielsysteme (Details siehe START TRACE):
  DEST   "D"   Destination-Id:
    GTF   Generalized Trace Facility.
    SMF   System Management Facility.
    SRV   Exit einer Benutzer-Routine.
    OPn   Spezifiziertes Zielsystem (1 - 8).

-DISPLAY TRACE - 3

constraint block:

PLAN (plan-name)   Einschränkung der Trace-Typen auf bestimmte Ressourcen:
Auswahl eines bestimmten Plans. Bis zu 8 Plan-Namen können vorgegeben werden, bei Vorgabe von TNO nur einer.

(*)   Anzeige aller Pläne ohne Einschränkungen.

AUTHID (auth-id)   Auswahl eines bestimmten Autorisierungs-Ids. Bis zu 8 Autorisierungs-Ids können vorgegeben werden, bei Vorgabe von TNO nur einer.

(*)   Anzeige aller Autorisierungs-Ids ohne Einschränkungen.

CLASS (integer)   Auswahl von bestimmten Trace-Klassen (Details siehe START TRACE).

(*)   Anzeige aller Trace-Klassen ohne Einschränkungen.

TNO (integer)   Auswahl von bestimmten Trace-Nr. Bis zu 8 Trace-Nr. können vorgegeben werden. Wird eine TNO vorgeben, kann max. nur ein PLAN, AUTHID und LOCATION vorgegeben werden.

(*)   Anzeige aller Trace-Nr. ohne Einschränkungen.

LOCATION
(location-name)   Auswahl einer bestimmten Lokation. Bis zu 8 Lokations-Namen können vorgegeben werden, bei Vorgabe von TNO nur einer. Bei Auswahl eines Statistik-Traces kann dieser Parameter nicht gewählt werden.

(*)   Anzeige aller Lokationen ohne Einschränkungen.

<luname>   Aktiviert den DB2-Trace für den remote Client, der mit dem remote SNA luname über DDF an dieses DB2 angekoppelt ist.

nnn.nnn.nnn.nnn   Aktiviert den DB2-Trace für den remote Client, der mit der remote TCP/IP Adresse nnn.nnn.nnn.nnn über DDF an dieses DB2 angekoppelt ist.

A2 Anhang - Definition der wichtigsten DB2-Sprachelemente
-DISPLAY UTILITY   (DB2-Command)

Aufgabe des Commands

Der DISPLAY UTILITY Command protokolliert den Status von Utility-Jobs.
Dieser Status wird in der Directory-Tabelle SYSUTIL geführt.
Ein Utility Job kann aktiv, gestoppt oder gerade im Abbruch befindlich (terminating) sein.
Achtung, zum Zeitpunkt der Ergebnis-Anzeige kann das Utility bereits wieder einen anderen Status haben.
Kurzform des Commands: -DIS UTIL   Data-Sharing-Wirkungskreis: MEMBER.

Erforderliche Privilegien

Keine.

Anwendungs-Beispiel

-DISPLAY UTILITY (U00375)   Anzeige Utility-Status von Utility-Id U00375.

```
DSNU100I  -   DSNUGDIS - USERID = U00375
              UTILID     =     U00375
              PROCESSING UTILITY STATEMENT 1
              UTILITY    =     COPY
              PHASE = COPY      COUNT 1850
              STATUS = STOPPED
DSN9022I  -   DSNUGCC 'DISPLAY UTILITY' NORMAL COMPLETION
```

Erläuterung zu der Anzeige:

UTILID	Eindeutiger Utility-Identifikator innerhalb Lokation (z.B. Autorisierungs-Id).
COUNT	Anzahl der verarbeiteten Pages.
STATUS	STOPPED = Eintrag in SYSUTIL ist vorhanden. Utility kann restarted oder mittels TERM UTILITY abgebrochen werden.

Syntax-Diagramm

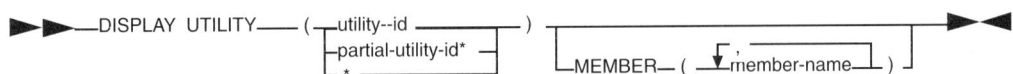

Parameter-Beschreibung

(utility-id)	Name eines bestimmten Jobs (Default = User-Id-Prefix).
(partial-utility-id*)	Generischer Name aller Jobs, die mit dem Prefix beginnen.
(*)	Anzeige aller Utility-Jobs.
MEMBER	Reduziert die Anzeige auf bestimmte Member einer DB2 Data Sharing Group. Wird der Parameter nicht vorgegeben, werden bei Data Sharing alle Member der DB2 Group angezeigt.
member-name	Name eines einzelnen Members der DB2 Group.

A2 Anhang - Definition der wichtigsten DB2-Sprachelemente
DROP (SQL-Statement)

Aufgabe des Statements

Das SQL-DROP-Statement dient zum Löschen der mit CREATE angelegten aktuellen DB2-Objekte.
Solange ein Objekt durch eine Anwendung genutzt wird, kann das Objekt nicht gelöscht werden.
Beispiele hierzu sind:
- Solange ein DB2-Utility die Kontrolle über eine Database, einen Tablespace, Table oder Index hat, kann kein DROP ausgeführt werden.
- Solange eine Anwendung aktiv ist, kann kein DROP auf die Package ausgeführt werden.
- Solange eine Anwendung eine Funktion, eine Stored Procedure oder einen Trigger nutzt, kann für diese Objekte kein DROP ausgeführt werden.
- In einer Data-Sharing-Umgebung können Databases und Tablespaces solcher Tabellen nicht gelöscht werden, die von einem Member mit einem aktiven RLST-Eintrag kontrolliert werden.

Wird ein Objekt gelöscht, sind cascading Effekte zu beachten (außer bei Storagegroup und Alias).
Dabei sind folgende Varianten zu beachten (siehe hierzu auch Kapitel 5.4):
- Für Daten-Objekte (außer Distinct Data Types) werden sämtliche betroffenen Katalog-Beschreibungen aller abhängigen Objekte mit gelöscht (CASCADE-Option).
- Packages und Pläne, die auf ein gelöschtes Objekt verweisen, werden i.d.R. als ungültig gekennzeichnet (invalidated); bei Löschung von Funktionen oder Stored Procedures werden sie als inoperative gekennzeichnet, d.h. sie sind ohne expliziten BIND bzw. REBIND nicht mehr nutzbar.
- Solange noch Referenzen auf einen Distinct Data Type, eine Function, eine Stored Procedure oder einen Trigger bestehen, solange kann ein solches Objekt nicht gelöscht werden (RESTRICT-Option).

Ein gelöschter Index-Name oder Tablespace-Name kann nach einem DROP erst wieder benutzt werden, wenn ein COMMIT durchgeführt wurde.
Soll ein Tablespace in einer Workfile-Database gelöscht werden, muss vorher die Database gestoppt sein mit -STOP DB (database-name).
Wird eine Parent Table gelöscht, werden keine Delete-Rules überprüft (dies wird nur beim SQL-DELETE-Statement unterstützt).

Erforderliche Privilegien

- Eigentümer des jeweiligen Objekts oder
- SYSADM, SYSCTRL.
- Mögliche Zusatz-Privilegien beim Löschen bestimmter Objekte:
    - Table, Index oder Tablespace   DBADM der Database
    - Database   DROP, DBADM, DBCTRL der Database
    - Package   BINDAGENT, vom Package-Eigentümer übertragen.
    - Distinct Type, Funktion oder Trigger   DROPIN für das Schema oder für alle Schemas.

Anwendungs-Beispiel in PL/1

```
DROP    TABLE  SEMTYP                  Löschen der Tabelle SEMTYP des aktuellen SQLIDs.

DROP    PACKAGE                        Löschen der Package P350 aus der
        SEMINARE.P350                  Collection SEMINARE
        VERSION                        mit der vom Precompiler vergebenen Version:
        "1998-03-23-10.28.32.138412"   Versions-Nr (Default = Timestamp des Precompiles).

DROP    FUNCTION                       Löschen der Funktion (siehe auch unter CREATE FUNCTION
                                       (External Scalar) mit dem Namen
        SEMINAR.SEMINAR_ENDE           SACHB_ZUSTAENDIG im Schema SEMINAR.
        ( DATE , CHAR (60) , DEC ( 9 , 2 ) )   Weitere Identifikation der Funktion mittels der Parameter
                                       (Funktions-Signatur). Die Parameter entsprechen exakt
                                       der Reihenfolge beim CREATE FUNCTION.
        RESTRICT                       Die Löschung kann nur erfolgen, wenn keine Referenzen zu dieser
                                       Funktion mehr existieren.

DROP    SPECIFIC FUNCTION              Variante zur vorab dargestellten Form mit dem alternativen
                        SVPR0023       Funktionsnamen (spezifischer Name).
        RESTRICT                       Die Löschung kann nur erfolgen, wenn keine Referenzen zu dieser
                                       Funktion mehr existieren.
```

Syntax-Diagramm

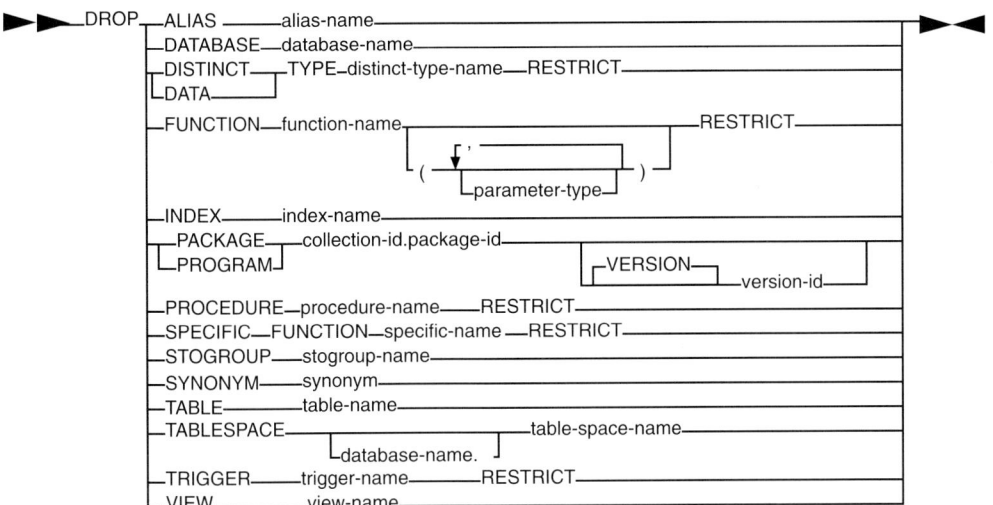

Parameter-Beschreibung

ALIAS alias-name Der Alias wird gelöscht. Die vom Alias referenzierten Objekte bleiben erhalten. Ein Alias muss explizit gelöscht werden.
Beim Löschen von Table oder View, auf die der Alias verweist, bleibt der Alias erhalten.
Betroffene Packages bzw. Pläne werden als ungültig markiert.

DATABASE database-name Die Database wird gelöscht. Alle untergeordneten Objekte wie Tablespaces, Indexspaces werden gelöscht (damit natürlich auch alle Tables und Indizes). Nicht zulässig für DSNDB04 oder DSNDB06.

DISTINCT distinct-type-name Der Distinct Data Type wird gelöscht. Alle implizit generierten Cast-Funktionen werden ebenfalls gelöscht.

    RESTRICT Die Löschung des Distinct Types wird nur angenommen, wenn keine Referenzen auf den Distinct Type existieren, wie:
- Table- oder View-Spalten benutzen den Distinct Type,
- eine Funktion oder eine Stored Procedure nutzt den Distinct Type als Parameter.

FUNCTION Die explizit definierte User-defined Function wird gelöscht.
Betroffene Packages bzw. Pläne werden als inoperative markiert (d.h. sie müssen explzt mit REBIND oder BIND neu gebunden werden).
Eine implizit generierte Cast-Funktion oder eine Funktion im Schema SYSIBM kann nicht explizit gelöscht werden.

    function-name Die Identifikation der Funktion erfolgt über den eindeutigen Funktions-Namen innerhalb des explizit vorgegebenen oder impliziten Schemas.

    (parameter-type,..) Die Identifikation der Funktion erfolgt über die Funktions-Signatur mit den entsprechend beim CREATE FUNCTION vorgegebenen Parametern.
Dieses Verfahren ist für eine Funktion, die mit TABLE LIKE definiert ist, nicht nutzbar. Hier muss entweder der eindeutige Funktionsnamen vorgegeben werden oder der spezifische Funktionsname.

    RESTRICT Die Löschung des Distinct Types wird nur angenommen, wenn keine Referenzen auf den Distinct Type existieren, wie:
- ein View benutzt die Funktion,
- eine andere Funktion basiert auf dieser Funktion,
- eine Trigger-Package benutzt diese Funktion.

INDEX index-name	Index und Indexspace werden gelöscht. Betroffene Packages bzw. Pläne werden als ungültig markiert. Wird ein Parent-Index gelöscht, wird die Basis-Tabelle als 'incomplete' gekennzeichnet. Dies kann auch bei einem Auxiliary Index geschehen; siehe dazu nachfolgende Ausführungen unter Besonderheiten. Wird ein Unique-Index gelöscht, hat das keine Auswirkung auf die Tabelle. Sie kann weiter genutzt werden, aber die Eindeutigkeit der Spaltenwerte ist nicht mehr gewährleistet. Folgende Besonderheiten sind zu beachten: - Der partitioned Index (clustering) eines partitioned Tablespace kann nur über DROP TABLESPACE gelöscht werden. - Der Auxiliary Index einer Auxiliary Table kann nur über DROP TABLE der Basis-Tabelle gelöscht werden, sofern die Auxiliary Table Daten enthält. Ist diese leer, kann der Index gelöscht werden. Die Basis-Tabelle wird dann als 'incomplete' gekennzeichnet. - Wird ein Unique Index gelöscht, der auf einer ROWID-Spalte mit der Charakteristik GENERATED BY DEFAULT basiert, sind anschließend keine Einfügungen in die Tabelle mehr möglich. - Der Bufferpool, dem der Indexspace zugeordnet ist, darf nicht mit der Größe 0 definiert sein.
PACKAGE | PROGRAM **collection-id.package-id**	Die Package wird gelöscht. Die zu löschende Package muss am aktuellen Server existieren (siehe auch VERSION). Die Package darf sich zum Zeitpunkt des Löschversuchs nicht in Nutzung befinden. Es darf keine Trigger Package vorgegeben werden. Eine solche Package kann nur implizit durch Löschen des Trigger oder der Triggering Table gelöscht werden. Wird die letzte Version einer Package gelöscht, werden auch alle Package-Privilegien gelöscht.
VERSION version-id	Es muss immer eine bestimmte Version gelöscht werden. Wird diese nicht vorgegeben, wirkt der Default: Null-String. Explizite Vorgabe = Wert, der dem DBRM durch den Precompiler aufgrund des VERSION-Parameter mitgegeben wird. Wenn die Version durch die Option VERSION (AUTO) vergeben wurde, mit Doppel-Hochkomma abgrenzen (siehe Beispiel vorab).
PROCEDURE procedure-name	Die Stored Procedure wird gelöscht. Diese muss vorab mit CREATE PROCEDURE angelegt worden sein. Betroffene Packages bzw. Pläne werden als inoperative markiert (d.h. sie müssen explzt mit REBIND oder BIND neu gebunden werden).
RESTRICT	Die Löschung des Distinct Types wird nur angenommen, wenn keine Referenzen existieren, wie: - ein Trigger enthält einen CALL mit Literal auf die Prozedur.
SPECIFIC FUNCTION **specific-name** **RESTRICT**	Die mit dem spezifischen Namen definierte User-defined Function wird gelöscht. Grundsätzlich gelten die Ausführungen wie unter DROP FUNCTION. Die Identifikation der Funktion erfolgt über den eindeutigen spezifischen Namen innerhalb des explizit vorgegebenen oder impliziten Schemas. Siehe unter DROP FUNCTION
STOGROUP stogroup-name	Die Storage Group wird gelöscht. Eine Löschung wird nicht zugelassen, solange noch Tablespaces oder Indexspaces innerhalb der Storage Group zugeordnet sind. Die Storage Group SYSDEFLT kann nicht gelöscht werden. Eine Default-Storagegroup innerhalb einer Database-Beschreibung ist nicht mehr nutzbar nach dem Löschen.

SYNONYM synonym		Das Synonym wird gelöscht. Die vom Synonym referenzierten Objekte bleiben erhalten. Da nur ein einteiliger Name vorgebbar ist, muss der Autorisierungs-Id dem current SQLID entsprechen. Ein Fremd-Synonym kann nur über SET CURRENT SQLID = synonym-owner vom SYSADM gelöscht werden. Das Löschen eines Synonyms hat keine Auswirkung auf Packages und Plans, da dort nur Basis-Tabellen oder evtl. Views referenziert werden. In den Katalog-Tabelle SYSPACKDEP und SYSPLANDEP werden aber die entsprechenden Referenzen gelöscht. Das Löschen eines Synonyms, das auf Views oder Aliase referenziert, hat auf diese referenzierten Objekte keine Auswirkungen.
TABLE table-name		Die Table wird gelöscht. Der Name muss auf eine existierende Tabelle verweisen und darf nicht identifizieren: - eine Katalog Tabelle, - eine Tabelle in einem partitioned Tablespace (nur über DROP TABLESPACE löschbar), - eine mit Daten gefüllte Auxiliary Table (nur über DROP TABLE base-table löschbar), Alle verknüpften Objekte wie View, Synonym, Index, referential constraints, Trigger mit deren Trigger Package und GRANT-Privilegien werden gelöscht. Betroffene Packages bzw. Pläne werden als ungültig markiert. Wurde beim Anlegen der Table implizit ein Tablespace angelegt, wird auch dieser gelöscht. Die Definition einer temporären Tabelle kann mit diesem Parameter gelöscht werden.
TABLESPACE tablespace-name database-name.tablespace-name <u>DSNDB04</u>.tablespace-name		Der Tablespace wird gelöscht. Alle untergeordneten Objekte wie Tables und Indizes werden gelöscht (damit natürlich auch alle mit den Tables verknüpften Objekte). Der Database-Name darf nicht DSNDB06 sein. Die Default Database ist DSNDB04. Der Bufferpool, dem der Tablespace zugeordnet ist, darf nicht mit der Größe 0 definiert sein. Betroffene Packages bzw. Pläne werden als ungültig markiert. Für das Löschen eines Tablespaces in einer Workfile Database muss die Database gestoppt sein. Ein LOB-Tablespace kann nur gelöscht werden, wenn keine Auxiliary Table zugeordnet ist. Wenn ein Base Tablespace gelöscht wird, werden auch (sofern in den Tabellen LOB-Spalten definiert sind) alle Auxiliary Tables und Auxiliary Indizes gelöscht.
TRIGGER trigger-name		Der Trigger wird gelöscht. Die abhängige Trigger-Package wird ebenfalls gelöscht.
	RESTRICT	Dieser Parameter hat derzeit keine Wirkung.
VIEW view-name		Der View, alle abhängigen Views und abhängige Synonyme sowie betroffene GRANT-Privilegien werden gelöscht. Betroffene Packages bzw. Pläne werden als ungültig markiert.

A2 - 1198	A2 Anhang - Definition der wichtigsten DB2-Sprachelemente
	DSNC (CICS-Command)

Aufgabe des Commands

Der CICS DSNC Command erlaubt im Rahmen des CICS-Attachment-Facilities die Vorgabe von DB2-Commands unter CICS.

Data-Sharing-Wirkungskreis: Member

Erforderliche Privilegien

CICS-Privilegien.
Je nach DB2-Command die entsprechenden Privilegien.

Anwendungs-Beispiel

DSNC -DIS DB (SEMDB01)   -DISPLAY DATABASE-Command

Syntax-Diagramm

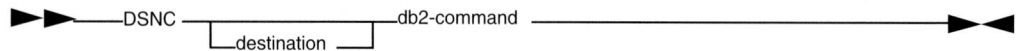

Parameter-Beschreibung

destination Name eines anderen Empfangs-Terminals, dem das Ergebnis zugesandt werden soll (muss ein in der TCT installiertes gültiges Terminal sein, das von BMS unterstützt wird).

db2-command Gültiger DB2-Command, mit '-' beginnend.

A2 Anhang - Definition der wichtigsten DB2-Sprachelemente
DSNC DISCONNECT (CICS-Command)

Aufgabe des Commands

Der CICS DSNC DISCONNECT Command erlaubt im Rahmen des CICS-Attachment-Facilities die Beendigung von aktiven Threads, die mit einem bestimmten Plan arbeiten. Damit können Ressourcen, wie z.B. Pläne für BIND-Prozesse verfügbar gemacht werden oder aber Tablespaces mit Utilities bearbeitet werden.

Alternativ kann auch z.B. zum Beenden eines Protected Threads der DSNC MODIFY-Command benutzt werden, mit dem ein Wert für den entsprechenden Plan von 0 vorgegeben werden kann.

Kurzform des Commands: DSNC DISC **Data-Sharing-Wirkungskreis:** Member

Erforderliche Privilegien

CICS-Privilegien.

Anwendungs-Beispiel

DSNC DISC SEM307 Beenden Threads des Plans SEM307.

Syntax-Diagramm

▶▶──DSNC──DISCONNECT──plan-name──────────────────▶◀

Parameter-Beschreibung

plan-name Gültiger Plan-Name.

A2 - 1200	A2 Anhang - Definition der wichtigsten DB2-Sprachelemente
	DSNC DISPLAY (CICS-Command)

Aufgabe des Commands

Der CICS DSNC DISPLAY Command zeigt im Rahmen des CICS-Attachment-Facilities Informationen über CICS-Transaktionen, die auf DB2 zugreifen und statistische Informationen für RCT-Einträge.
Kurzform des Commands: **DSNC DISP**   Data-Sharing-Wirkungskreis: Member

Erforderliche Privilegien

CICS-Privilegien.

Anwendungs-Beispiel

DSNC DISP STATISTICS   Anzeige Statistik-Werte für RCT-Einträge (Auszug).

```
DSNC014I   STATISTICS REPORT FOR 'DSNCRCT1' FOLLOWS
                                                           -------COMMITS------
TRAN    PLAN      CALLS   AUTHS   W/P     HIGH    ABORTS   1-PHASE   2-PHASE
------  --------  ------  ------  ------  ------  -------  --------  ---------
DSNC              23      1       1       1       0        2         5
SEM1    SEM1      17      1       8       2       0        0         7
SEM2    SEM2      5       1       0       0       1        0         1
SEM5    ********  0       0       0       0       0        0         0
DSNC020I   THE DISPLAY COMMAND IS COMPLETE
```

Erläuterungen zur Anzeige

TRAN	Transaktions-Name.
PLAN	Application Plan-Name, der Transaktion zugeordnet ist.
	******** = Dynamische Plan-Zuordnung durch RCT-User-Exit.
CALLS	Anzahl von SQL-Calls, die von der Transaktion abgesetzt wurden.
AUTHS	Anzahl Sign-On-Vorgänge (nur wenn Autorisierungs-Id wechselt, nicht zwingend bei Ende des Threads).
W/P	Anzahl max. verfügbare Threads waren aktiv. Wenn in RCT TWAIT = POOL eingetragen ist, wird hier die Anzahl der Transaktionen ausgewiesen, die dann dem Pool zugewiesen wurden.
HIGH	Max. Anzahl der bisher parallel angeforderten Threads.
ABORTS	Anzahl UORs, die zurückgesetzt wurden (ROLLBACK).
COMMITS	Anzahl von UOR-Commit-Punkten (explizit oder implizit). Es werden getrennte Zähler für geführt für:
1-PHASE	Anzahl der 1-Phasen-UOWs (Transaktionen mit eingeschränkten Protokoll-Funktionen und Transaktionen, die nicht mehr als einen Ressource-Manager für Manipulationen benötigen - inkl. der rein lesenden UOWs.
2-PHASE	Anzahl der 2-Phasen-UOWs, bei denen eine 2-Phasen-Koordination mit mehreren Ressource-Managern erforderlich ist.

Syntax-Diagramm

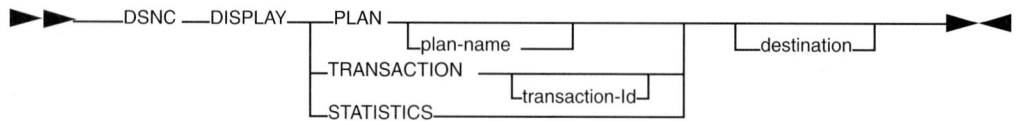

Parameter-Beschreibung   "xxx" = Kurzform

PLAN   Anzeige von Informationen über Pläne, die in der RCT definiert sind.
                         Default = alle Pläne.
                         Als Ergebnis wird für jeden Plan der Thread-Status gezeigt:
                         A   Der Plan ist inmitten einer UOW.
                         I   Der Plan wartet auf eine Autorisierungs-Prüfung.
   plan-name   Bestimmter Plan-Name oder * = alle Pläne (= Default).

TRANSACTION **"TRAN"**   Anzeige von Informationen über Transaktionen, die in der RCT definiert sind.
                         Default = alle Transaktionen.
                         Als Ergebnis wird für jede Transaktion der Thread-Status gezeigt:
                         A   Die Transaktion ist inmitten einer UOW.
                         I   Die Transaktion wartet auf eine Autorisierungs-Prüfung (auch wenn ein Protected
                              Thread auf die Wieder-Aktivierung wartet).
   transaction-id Bestimmter Transaktions-Id. Ist in der RCT eine Gruppe definiert, kann jeder
                         beliebige Transaktions-Id der Gruppe vorgegeben werden.

STATISTICS   **"STAT"**   Anzeige von Statistik-Informationen für jeden RCT-Entry.

destination   Name eines anderen Empfangs-Terminals, dem das Ergebnis zugesandt
                         werden soll (muss ein in der TCT installiertes gültiges Terminal sein, das von
                         BMS unterstützt wird).

Aufgabe des Commands

Der CICS DSNC MODIFY Command erlaubt im Rahmen des CICS-Attachment-Facilities die Änderung der Zuordnung der Einheit, auf die Fehler ausgegeben werden (Error Destination) oder die Änderung des max. aktiven Thread-Limits für eine Transaktion (siehe hierzu auch DSNC DISCONNECT).

Kurzform des Commands: DSNC MODI **Data-Sharing-Wirkungskreis:** Member

Erforderliche Privilegien

CICS-Privilegien.

Anwendungs-Beispiel

DSNC MODI TRANSACTION SEM1 0 — Setzen Höchstwert Threads für die Transaktion SEM1 auf 0, damit der Thread nach Ende der evtl. aktiven Transaktionen nicht erneut benutzt wird.

Syntax-Diagramm

```
►►──DSNC──MODIFY──┬──DESTINATION──old──new──────────────┬──►◄
                  └──TRANSACTION──transaction-Id──integer──┘
```

Parameter-Beschreibung   "xxx" = Kurzform

DESTINATION   "DEST"   ERRDEST-Parameter der aktiven RCT wird verändert, wobei ein bestehender Eintrag durch einen neuen Eintrag überlagert wird.
    old   Aktiver Id.
    new   Neuer, zu ersetzender Id. Der Eintrag wird auf Existenz in der CICS-Destination Control Table (DCT) geprüft.

TRANSACTION   "TRAN"   THRDA-Parameter der aktiven RCT wird verändert, wobei ein bestehender Eintrag des THRDM-Parameters nicht überschritten werden darf.
    transaction-id   Bestimmter Transaktions-Id. Ist in der RCT eine Gruppe definiert, kann jeder beliebige Transaktions-Id der Gruppe vorgegeben werden.
    integer   Neuer max. Wert eines Transaktions-Ids bzw. einer Transaktions-Gruppe. Vorgabe von 0 bis aktuellem THRDM-Wert in RCT möglich.

Aufgabe des Commands

Der CICS DSNC STOP Command stoppt das CICS-Attachment-Facility und beendet damit die Connection zu einer DB2-Lokation.

Kurzform des Commands: -   **Data-Sharing-Wirkungskreis:** Member

Erforderliche Privilegien

CICS-Privilegien.

Anwendungs-Beispiel

DSNC   STOP   Stoppen des Attach-Facilitys.

Syntax-Diagramm

Parameter-Beschreibung   "xxx" = Kurzform

QUIESCE   "Q"   CICS-Attachment Facility wird erst gestoppt, wenn die gerade aktiven CICS-Transaktionen beendet wurden.

FORCE   CICS-Attachment Facility wird sofort gestoppt, auch wenn gerade aktive CICS-Transaktionen vorhanden sind.
Achtung:
FORCE kann zu 'indoubt' Zuständen führen. CICS und DB2 müssen dann beim nächsten Restart wieder synchronisiert werden.

A2 Anhang - Definition der wichtigsten DB2-Sprachelemente
DSNC STRT   (CICS-Command)

Aufgabe des Commands

Der CICS DSNC STRT Command startet das CICS-Attachment-Facility und eröffnet damit die Connection zu einer DB2-Lokation.
Die Definitionen des CICS-Attachment-Facilities werden in der RCT (Resource Control Table) vorgenommen.
Mit dem Starten muss daher eine spezifische RCT vorgegeben werden.

Kurzform des Commands: -   **Data-Sharing-Wirkungskreis: Member**

Erforderliche Privilegien

CICS-Privilegien.

Anwendungs-Beispiel

DSNC   STRT   05,DB2T   Starten des Attach-Facilities mit der RCT DSN2CT05 und Aufbau einer Connection zum DB2-System DB2T (ab CICS Version 4).

DSNC   STRT   12   Starten des Attach-Facilities mit der RCT DSN2CT12 und Aufbau einer Connection zu dem DB2-System, das in der RCT DSN2CT12 definiert ist (ab CICS Version 4).

DSNC   STRT   5   Starten des Attach-Facilities mit der RCT DSNCRCT5 (vor CICS Version 4)).

Syntax-Diagramm

Für CICS Version 4 oder später

▶▶── DSNC ── STRT ──┬────────────┬──┬──────────┬────────────▶◀
                     └─ rct-suffix ─┘ └─, ssid ─┘

Für CICS Version 3 oder früher

▶▶── DSNC ── STRT ── suffix-character ────────────────────▶◀

Parameter-Beschreibung

rct-suffix   Einstelliger oder zweistelliger Suffix der RCT in der Loadlib, z.B. wenn die RCT mit dem Namen DSN2CT5 gelinkt wurde, muss hier '5' vorgegeben werden.
Fehlt die Vorgabe eines Suffix, wird - sofern nichts abweichendes im CICS INITPARM-Parameter definiert wurde - der Suffix 00 verwendet (für RCT DSN2CT00).

ssid   Max. 4-stellige Identifikation des DB2-Systems, das mit CICS gekoppelt werden soll.

suffix -character   Einstelliger Suffix der RCT in der Loadlib, z.B. wenn die RCT mit dem Namen DSNCRCT5 gelinkt wurde, muss hier '5' vorgegeben werden.
Fehlt die Vorgabe eines Suffix, wird der Suffix 0 verwendet (für RCT DSNCRCT0).

A2 Anhang - Definition der wichtigsten DB2-Sprachelemente
DSN1COMP (Stand-alone-Utility)

Aufgabe des Utilities

Das DSN1COMP-Utility bietet die Möglichkeit, den Einsparungseffekt der DB2-Kompressionsverfahren zu analysieren.
Das Utility kann folgende Datei-Typen analysieren:
- DB2-Image-Copy-Datasets (Full oder Incremental Copy),
- DB2 VSAM-Datasets, die DB2-Tablespaces enthalten,
- sequenzielle Datasets, die DB2-Tablespaces enthalten und z.B. mit DSN1COPY erzeugt wurden.

DB2 unterstützt keine Kompression von Indizes oder LOB-Tablespaces. Daher werden diese auch nicht vom DSN1COMP-Utility unterstützt.
Das Utility wird als Batch-Job ausgeführt und benötigt kein aktives DB2-System.
Sollte trotzdem DB2 laufen, ist sicherzustellen, dass die benötigten Dateien nicht von DB2 parallel genutzt werden (STOP DATABASE SPACENAM space-name).

Das Utility benötigt einige Datasets:
SYSPRINT   Ausgabe-Report und ggf. Dump.
SYSUT1   Input Dataset. DISP = OLD aus Sicherheitsgründen.

Erforderliche Privilegien

Keine, evtl. RACF-Schutz auf Datasets.

Anwendungs-Beispiel - Eingabe-JCL

```
//COMPR EXEC PGM=DSN1COMP,PARM='PCTFREE(15),FREEPAGE(32),ROWLIMIT(50000)'
//* Das Utility evaluiert 50.000 Zeilen mit den definierten Freespace-Vorgaben
//****************************************************************************
//*    SYSUT1     =    Tablespace-Daten zur Prüfung (Eingabe-Dataset)
//*                    Kann auch Image Copy sein. Dann ist DSN entsprechend einzusetzen
//****************************************************************************
//SYSUT1   DD  DSN=DBP1.DSNDBC.DBSEM1.TS0001.I0001.A001,DISP=OLD
//SYSPRINT DD  SYSOUT=A
//SYSDUMP  DD  SYSOUT=A
```

Ausgabebeispiel

```
DSN1940I   DSN1COMP COMPRESSION REPORT

              72327    KB WITHOUT COMPRESSION
              30550    KB WITH COMPRESSION
                 57    PERCENT OF THE BYTES WOULD BE SAVED

              13977    ROWS SCANNED TO BUILD DICTIONARY
            1683255    ROWS SCANNED TO PROVIDE COMPRESSION ESTIMATE
              4,096    DICTIONARY ENTRIES

                 46    BYTES FOR AVERAGE UNCOMPRESSED ROW LENGTH
                 21    BYTES FOR AVERAGE COMPRESSED ROW LENGTH

                 16    DICTIONARY PAGES REQUIRED
              19128    PAGES REQUIRED WITHOUT COMPRESSION
               8693    PAGES REQUIRED WITH COMPRESSION
                 54    PERCENT OF THE DB2 DATA PAGES WOULD BE SAVED
```

Syntax-Diagramm für die PARM-Vorgabe

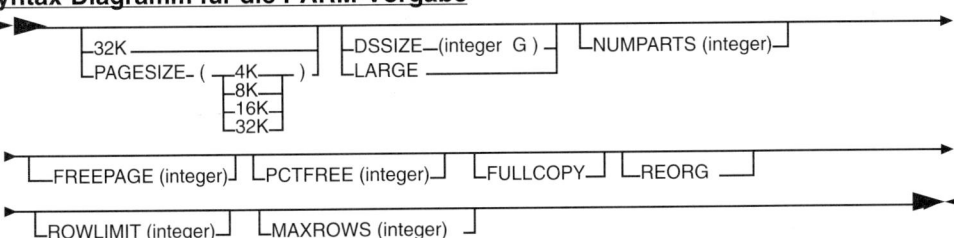

Parameter-Beschreibung

32K SYSUT1-Dataset hat 32 K-Page-Größe. Default = 4K.
Anstelle dieser Option PAGESIZE (32K) verwenden!
Das Utility produziert unvorhersehbare Fehler, wenn ein 32-K-Page-Dataset mit der Default-Option gestartet wird.

PAGESIZE (integerK) Page-Größe des SYSUT1-Datasets. Wird der Parameter weggelassen, wird die Größe vom Input Dataset ermittelt. Ist dies nicht möglich, z.B. weil die Header Page fehlt, wird eine Fehlermeldung ausgegeben.

DSSIZE (integer G) Spezifiert die Größe des SYSUT1-Datasets in Gigabytes.
Fehlt der Parameter, wird 2 GB angenommen.
Das Utility produziert unvorhersehbare Fehler, wenn die vorgegebene Dataset Größe nicht mit der tatsächlichen Größe übereinstimmt.

LARGE Large partitioned Tablespace in SYSUT1 (Input-Dataset). Siehe auch NUMPARTS
Anstelle dieser Option DSSIZE (4 G) verwenden!.
Bei unkorrektem Parameter produziert das Utility unvorhersehbare Fehler.

NUMPARTS (integer) Anzahl der Partitions bei einem partitioned Tablespace in SYSUT1 (1 bis 254).
Ein Vorgabewert 0 oder ein nicht vorgegebener Parameter definiert einen unpartitioned Tablespace (= Default).
Ein Vorgabewert > 64 wird als Large partitioned Tablespace interpretiert, auch wenn LARGE nicht vorgegeben wurde.
Bei unkorrektem Parameter produziert das Utility unvorhersehbare Fehler.

FREEPAGE (integer) Anzahl der vollständig freien Pages nach jeder n-ten Page (n = 0 bis 255).
0 = Default. Siehe auch CREATE TABLESPACE FREEPAGE-Parameter.

PCTFREE (integer) Prozentualer Freiplatz innerhalb jeder Page (0 bis 99). 5 = Default.
Siehe auch CREATE TABLESPACE PCTFREE-Parameter.

FULLCOPY SYSUT1 ist eine Full-Image-Kopie des Datenbestands (Ausgabe des COPY-Utilities).

REORG Kalkulationsgrundlage des Utilities kann sein:
- bei Vorgabe von REORG   die Ergebnisse analog des REORG-Prozesses.
- ohne Vorgabe von REORG   die Ergebnisse analog des LOAD-Prozesses (Default).

Der REORG-Prozess analysiert das genaue Ergebnis aller Daten, während mit der LOAD-Option die ersten Daten zum Auffüllen des Kompressions-Directories benutzt werden.
Für die nachfolgenden Daten wird dann der Kompressionseffekt aufgrund der ersten geladenen Daten ermittelt.
Dies kann zu ungenauen Ergebnissen, besonders auch bei sehr kleinen Datenbeständen bzw. bei einem kleinen Vorgabewert des ROWLIMIT-Parameters führen.

ROWLIMIT (integer) Vorgabe des max. Limits der zu prüfenden Datenzeilen. Diese Option verhindert ein vollständiges Durchsuchen eines großen Datenbestandes, wenn aufgrund einer repräsentativen Anzahl von z.B. 100.000 Zeilen der Einsparungs-Effekt bereits bewertet werden kann.
Möglicher Vorgabewert: 1 bis 99000000.
Beispiel:
Bei einer Zeilenlänge von 400 Bytes und einem ROWLIMIT von 50000 würden ca. 20 MB des Tablespaces kalkuliert.

MAXROWS integer Maximale Anzahl von Zeilen in einer Page, die von DSN1COMP zur Kalkulation der Einsparungseffekte herangezogen werden.
Der Wert sollte mit der Wertevorgabe beim CREATE TABLESPACE bzw. beim ALTER TABLESPACE korrespondieren. Mögliche Vorgabewerte: 1 bis 255.
Default: 255.

A2 Anhang - Definition der wichtigsten DB2-Sprachelemente
DSN1COPY (Stand-alone-Utility)

Aufgabe des Utilities

Das DSN1COPY-Utility bietet die Möglichkeit, außerhalb des DB2-Systems ('unterhalb der Gürtellinie') Datasets zu kopieren:
- DB2 VSAM-Datasets auf sequenzielle Datasets,
- DSN1COPY-sequenzielle Datasets auf DB2 VSAM-Datasets,
- DB2-Image-Copy-Datasets auf DB2 VSAM-Datasets,
- DB2-VSAM-Datasets auf andere DB2 VSAM-Datasets,
- DSN1COPY-sequenzielle Datasets auf andere sequenzielle Datasets.

Achtung: Ein nicht vorschriftsmäßiger und sorgfältiger Einsatz dieses Utilities kann zu **Konsistenz-Problemen** führen (siehe auch nächste Seite).

Das Utility wird als Batch-Job ausgeführt und benötigt kein aktives DB2-System.
Sollte trotzdem DB2 laufen, sind folgende Schritte vor Utility-Ausführung aus Sicherheits-Gründen dringend zu empfehlen:

1. -START DATABASE (database-name) SPACENAM (space-name) ACCESS (RO) = read only.
2. QUIESCE-Utility-Einsatz zur Herstellung eines Synchronisations-Punktes.
3. -STOP DATABASE (database-name) SPACENAM (space-name).
4. -DISPLAY DATABASE und überprüfen Space-Status (Achtung: Status STOPP darf nicht vorliegen, nur STOP und STOPE sind erlaubt).
5. DSN1COPY-Lauf mit Vorgabe des gestoppten Space-Namens.

Das Utility benötigt einige Datasets:

SYSPRINT	Ausgabe-Nachrichten und ein evtl. angeforderter Dump (besser über DSN1PRNT).
SYSUT1	Input Dataset. DISP = OLD aus Sicherheitsgründen. Dataset-Nr. muss mit NUMPARTS-Parameter korrespondieren.
SYSUT2	Output-Dataset.
SYSXLAT	Tabelle DB2-interner Objekt-Identifikatoren (DBIDs, PSIDs, OBIDs bzw. DBIDs und ISOBIDs). Hier werden die Sende- und die Ziel-Identifikatoren bestimmt. Beispiel für die Ermittlung der internen DB2-Objekt-Identifikationen in einer Lokation (das Beispiel bezieht sich auf Tablespaces und nicht auf Indexspaces):

```
        SELECT   A.DBID, A.PSID, B.OBID
        FROM     SYSIBM.SYSTABLESPACE    A
               , SYSIBM.SYSTABLES        B
        WHERE    A.NAME      =  'tablespace-name'
        AND      B.DBNAME    =  'database-name'
        AND      B.TSNAME    =  A.NAME
        AND      B.DBNAME    =  A.DBNAME
        AND      B.TYPE      =  'T'
```

A2 Anhang - Definition der wichtigsten DB2-Sprachelemente
DSN1COPY - 2

Achtung Konsistenzprobleme:
Für dieses Utility müssen die Objekt-Identifikatoren von SYSXLAT exakt vorgegeben werden. Wird ein Tablespace unter Angabe fehlerhafter Objekt-Ids mit einem Imagecopy geladen, ergeben sich folgende Konsequenzen:

Objekt-Id	Quelle (Imagecopy)	Ziel (Tablespace)

DBID	Eine fehlerhafte Vorgabe führt zu:
	- **Abbruch DSN1COPY mit RC 8:**
	  - DSN1971I DBID nnnn NOT FOUND IN THE SYSXLAT FILE. REPLACE SOURCE DBID nnnn OF THE SYSXLAT FILE WITH IT.
	    Explanation: The first record of the SYSXLAT file has the incorrect source DBID value.
	
	- **TS-Inhalt des Ziels ist <u>zerstört</u>**
	
	- Ein **SELECT** auf den Ziel-TS erzeugt:
	  - **SQLCODE -904**
	  - Reason Code **00C2010D**
	    DB2 was unable to open a required data set because an unexpected level ID was encountered.
		Eine fehlerhafte Vorgabe führt zu:
		- **Ausführung von DSN1COPY mit RC 0**
		  - Quelle wurde ins Ziel übernommen
		
		- **SELECT** und **Utilities** laufen fehlerfrei.
		
		- Ein REORG TABLESPACE setzt den fehlerhaften internen DBID-Wert wieder richtig.

PSID	Eine fehlerhafte Vorgabe führt zu:
	- **Abbruch DSN1COPY mit RC 8:**
	  - DSN1972I PSID nnnn NOT FOUND IN THE SYSXLAT FILE. REPLACE SOURCE PSID nnnn OF THE SYSXLAT FILE WITH IT.
	    Explanation: The second record of the SYSXLAT file has the incorrect source PSID value.
	
	- **TS-Inhalt des Ziels ist <u>zerstört</u>**
	
	- Ein **SELECT** auf den Ziel-TS erzeugt:
	  - **SQLCODE -904**
	  - Reason Code **00C2010D**
	    DB2 was unable to open a required data set because an unexpected level ID was encountered.
		Eine fehlerhafte Vorgabe führt zu:
		- **Ausführung von DSN1COPY mit RC 0**
		  - Quelle wurde ins Ziel übernommen
		
		- **SELECT** und **Utilities** laufen fehlerfrei.
		
		- Ein REORG TABLESPACE setzt den fehlerhaften internen PSID-Wert wieder richtig.

OBID	Eine fehlerhafte Vorgabe führt zu:
	- **Abbruch DSN1COPY mit RC 8:**
	  - DSN1970I DATA PAGE CONTAINING OBID nnnn, HAS NO MATCHING VALUE IN THE SYSXLAT FILE
	    Explanation: One of the OBID records of the SYSXLAT file contains a source OBID value that does not match the OBID value of the source system.
	
	- **TS-Inhalt des Ziels ist <u>zerstört</u>.**
	  Es wird eine Page angelegt (Header Page).
	
	- Ein **SELECT** auf den Ziel-TS erzeugt:
	  - **SQLCODE -904**
	  - Reason Code **00C90094**
	    A data set is in a state that is different from what DB2 expects. Possible causes are:
	    - A data set was deleted and redefined without DB2's know-ledge.
	    - A previous DB2 failure involving the data set might have occurred.
		Eine fehlerhafte Vorgabe führt zu:
		- **Ausführung von DSN1COPY mit RC 0**
		
		- **Es werden keine Daten sichtbar.**
		  Eine Verarbeitung dieses Tablespaces ist nicht möglich.

A2 Anhang - Definition der wichtigsten DB2-Sprachelemente
DSN1COPY - 3

Anwendungs-Beispiel

```
//COPY    EXEC PGM=DSN1COPY,PARM='OBIDXLAT,RESET',REGION=4096K
//*  Das Utility kopiert einen Tablespace aus dem DB2-Produktions-System ins DB2-Test-System
//****************************************************************************************
//*    SYSUT1    =    Quellenbestand im Produktions-DB2 (Eingabe-Dataset)
//*                   Kann auch Image Copy sein. Dann ist DSN entsprechend einzusetzen
//*    SYSUT2    =    Zielbestand im Test-DB2 (Ausgabe-Dataset)
//****************************************************************************************
//SYSUT1   DD   DSN=DBP1.DSNDBC.DBSEM1.TS0001.I0001.A001,DISP=OLD
//SYSUT2   DD   DSN=DBT1.DSNDBC.DBSEM1.TS0001.I0001.A001,DISP=SHR
//SYSXLAT  DD   *
0214,0128      <---   DBID   Quellsystem, Zielsystem
0005,0017      <---   PSID   Quellsystem, Zielsystem
0023,0043      <---   OBID   Quellsystem, Zielsystem (evtl. mehrfach)
```

Erforderliche Privilegien

Keine, evtl. RACF-Schutz auf Datasets.

Syntax-Diagramm für die PARM-Vorgabe

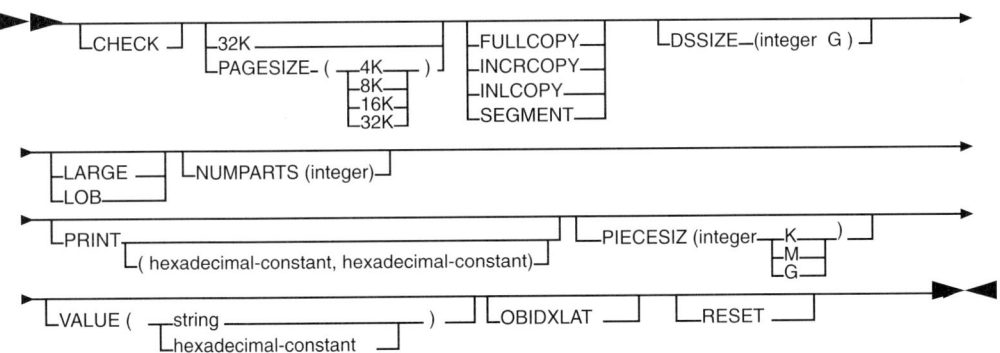

Parameter-Beschreibung

CHECK	Jede Page von SYSUT1 wird einer internen Prüfung unterzogen. Bei Fehler erfolgt eine entsprechende Meldung und die Page wird ausgedruckt (Dump).
32K	SYSUT1-Dataset hat 32 K-Page-Größe. Default = 4K. Anstelle dieser Option PAGESIZE (32K) verwenden! Das Utility produziert unvorhersehbare Fehler, wenn ein 32-K-Page-Dataset mit der Default-Option gestartet wird.
PAGESIZE (integerK)	Page-Größe des SYSUT1-Datasets. Wird der Parameter weggelassen, wird die Größe vom Input Dataset ermittelt. Ist dies nicht möglich, z.B. weil die Header Page fehlt, wird eine Fehlermeldung ausgegeben.
FULLCOPY	SYSUT1 ist eine Full-Image-Kopie des Datenbestands (Ausgabe: COPY-Utility).
INCRCOPY	SYSUT1 ist eine Incremental-Image-Kopie des Datenbestands (Ausgabe: COPY-Utility).
INLCOPY	SYSUT1 ist eine Inline-Kopie des Datenbestands (Ausgabe: LOAD, REORG-Utility). INLCOPY und LOB schließen sich gegenseitig aus.
SEGMENT	SYSUT1 enthält einen segmented Tablespace. Die Segmentgrößen von Quellen- und Zielbestand müssen übereinstimmen. SEGMENT und LOB schließen sich gegenseitig aus.
DSSIZE (integer G)	Spezifiert die Größe des SYSUT1-Datasets in Gigabytes. Fehlt der Parameter, wird 2 GB angenommen. Das Utility produziert unvorhersehbare Fehler, wenn die vorgegebene Dataset Größe nicht mit der tatsächlichen Größe übereinstimmt.

A2 Anhang - Definition der wichtigsten DB2-Sprachelemente
DSN1COPY - 4

LARGE
Large partitioned Tablespace in SYSUT1 (Input-Dataset). Siehe auch NUMPARTS Anstelle dieser Option DSSIZE (4 G) verwenden!.
Bei unkorrektem Parameter produziert das Utility unvorhersehbare Fehler.

LOB
LOB-Tablespace in SYSUT1 (Input-Dataset). Auch leere Pages werden kopiert. SEGMENT, INLCOPY und LOB schließen sich gegenseitig aus.
Bei unkorrektem Parameter produziert das Utility eine Fehlermeldung.

NUMPARTS integer
Anzahl der Partitions bei einem partitioned Tablespace in SYSUT1 (1 bis 254). Ein Vorgabewert 0 oder ein nicht vorgegebener Parameter definiert einen unpartitioned Tablespace (= Default). Ein Vorgabewert > 64 wird als Large partitioned Tablespace interpretiert, auch wenn LARGE nicht vorgegeben wurde.
Bei unkorrektem Parameter produziert das Utility unvorhersehbare Fehler.

PRINT
   hexadecimal-constant
Ausdruck des SYSUT1-Datasets auf SYSPRINT. Entweder werden alle Pages ausgedruckt oder Wertebereich wird vorgegeben.
Vorgabe Wertebereich Page-Nr. von/bis in hexadezimaler Form.

PIECESIZ
   integer K M G
Maximale Größe bei Aufteilung eines non partitioned Index (Pieces). Größe in Abhängigkeit von der folgenden Option (K, M, G).
Defaultwerte sind (die jeweils gültigen Werte siehe unter CREATE INDEX):
-    2 GB für Indizes von Non-Large Tablespaces.
-    4 GB für Indizes von Large Tablespaces.

VALUE string
  hexadecimal-constant
Vorgabe eines Prüf-Wertes, auf den Page-Inhalte geprüft werden. Wenn gefunden, wird die Page ausgedruckt. Der String kann 1 bis 20 Character enthalten, ein hex. Wert bis 40 Stellen.

OBIDXLAT
Objekt-Id-Transformation ist erforderlich, Vorgabe-Werte in DD-Statement SYSXLAT.

RESET
Log-RBA in jeder Ausgabe-Page eines DB2-Tablespaces wird auf 0 gesetzt.
Ist nur dann erforderlich, wenn der Datenbestand in einem anderen DB2-System mit anderem Logbestand verwendet werden soll.
Dieser Parameter soll <u>nicht</u> verwendet werden, wenn der Pageset sich im GRECP-Status befindet!

A2 Anhang - Definition der wichtigsten DB2-Sprachelemente
DSN1PRNT (Stand-alone-Utility)

Aufgabe des Utilities

Das DSN1PRNT-Utility druckt außerhalb des DB2-Systems Datasets aus:
- DB2 VSAM-Datasets (Tablespaces und Indexspaces).
- DB2-Image-Copy-Datasets,
- sequenzielle Datasets, die Tablespaces oder Indexspaces enthalten.

Komprimierte Daten werden auch in komprimiertem Format ausgedruckt.

Das Utility benötigt einige Datasets:
SYSPRINT   Ausgabe-Report und ggf. Dump.
SYSUT1   Input Dataset. DISP = OLD aus Sicherheitsgründen.

Erforderliche Privilegien

Keine, evtl. RACF-Schutz auf Datasets.

Anwendungs-Beispiel

```
//COPY   EXEC  PGM=DSN1PRNT,PARM='PRINT, FORMAT',REGION=4096K
//*
//********************************************************************
//*    SYSUT1    =   Eingabebestand im Produktions-DB2
//*    SYSPRINT  =   Ausgabe-Bestand
//********************************************************************
//SYSUT1    DD   DSN=DBP1.DSNDBC.DBSEM1.TS0001.I0001.A001,DISP=SHR
//SYSPRINT  DD   SYSOUT=A
```

Syntax-Diagramm für die PARM-Vorgabe

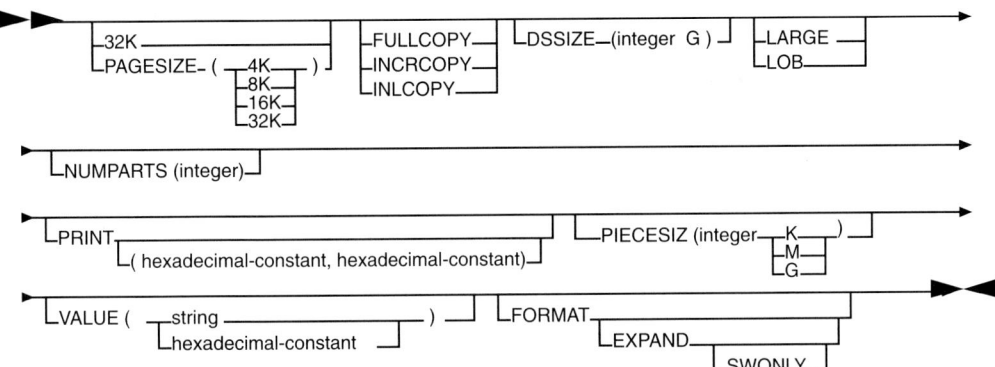

Parameter-Beschreibung

32K
SYSUT1-Dataset hat 32 K-Page-Größe. Default = 4K.
Anstelle dieser Option PAGESIZE (32K) verwenden!
Das Utility produziert unvorhersehbare Fehler, wenn ein 32-K-Page-Dataset mit der Default-Option gestartet wird.

PAGESIZE (integerK)
Page-Größe des SYSUT1-Datasets. Wird der Parameter weggelassen, wird die Größe vom Input Dataset ermittelt. Ist dies nicht möglich, z.B. weil die Header Page fehlt, wird eine Fehlermeldung ausgegeben.

DSSIZE (integer G)
Spezifiert die Größe des SYSUT1-Datasets in Gigabytes.
Fehlt der Parameter, wird 2 GB angenommen.
Das Utility produziert unvorhersehbare Fehler, wenn die vorgegebene Dataset Größe nicht mit der tatsächlichen Größe übereinstimmt.

LARGE	Large partitioned Tablespace in SYSUT1 (Input-Dataset). Siehe auch NUMPARTS Anstelle dieser Option DSSIZE (4 G) verwenden!. Bei unkorrektem Parameter produziert das Utility unvorhersehbare Fehler.
LOB	LOB-Tablespace in SYSUT1 (Input-Dataset). Auch leere Pages werden kopiert. INLCOPY und LOB schließen sich gegenseitig aus. Bei unkorrektem Parameter produziert das Utility eine Fehlermeldung.
NUMPARTS integer	Anzahl der Partitions bei einem partitioned Tablespace in SYSUT1 (1 bis 254). Ein Vorgabewert 0 oder ein nicht vorgegebener Parameter definiert einen unpartitioned Tablespace (= Default). Ein Vorgabewert > 64 wird als Large partitioned Tablespace interpretiert, auch wenn LARGE nicht vorgegeben wurde. Bei unkorrektem Parameter produziert das Utility unvorhersehbare Fehler.
PRINT **hexadecimal-constant**	Ausdruck des SYSUT1-Datasets auf SYSPRINT. Entweder werden alle Pages ausgedruckt oder es wird ein Wertebereich (auch nur eine Page ist möglich) vorgegeben. Vorgabe Wertebereich Page-Nr. von/bis in hexadezimaler Form.
PIECESIZ **integer K M G**	Maximale Größe bei Aufteilung eines non partitioned Index (Pieces). Größe in Abhängigkeit von der folgenden Option (K, M, G). Defaultwerte sind (die jeweils gültigen Werte siehe unter CREATE INDEX): - 2 GB für Indizes von Non-Large Tablespaces. - 4 GB für Indizes von Large Tablespaces.
VALUE string **hexadecimal-constant**	Vorgabe eines Prüf-Wertes, auf den Page-Inhalte geprüft werden. Wenn gefunden, wird die Page ausgedruckt. Der String kann 1 bis 20 Character enthalten, hex. Wert bis 40 Stellen.
FORMAT **EXPAND** **SWONLY**	Ausgabe eines Formatted Dump. Die Daten sind komprimiert gespeichert und müssen entkomprimiert werden. Die Entkomprimierung soll nur mit Software-Unterstützung vorgenommen werden, auch wenn eine Hardware-Unterstützung installiert ist.
FULLCOPY	SYSUT1 ist eine Full-Image-Kopie des Datenbestands (Ausgabe: COPY-Utility).
INCRCOPY	SYSUT1 ist eine Incremental-Image-Kopie des Datenbestands (Ausgabe: COPY-Utility).
INLCOPY	SYSUT1 ist eine Inline-Kopie des Datenbestands (Ausgabe: LOAD, REORG-Utility).

Aufgabe des Statements

Das SQL-END DECLARE SECTION-Statement markiert das Ende eines Deklarations-Bereichs für DB2-Definitionen.
Dieses Statement ist im Zusammenhang mit dem BEGIN DECLARE SECTION-Statement zu sehen. Erläuterungen siehe dort.

Erforderliche Privilegien

Keine.

Anwendungs-Beispiel (PL/I)

```
EXEC SQL  BEGIN         DECLARE  SECTION;

     (Deklarationen der Variablen)          Beispiele siehe unter BEGIN DECLARE SECTION

EXEC SQL  END           DECLARE  SECTION;
```

Syntax-Diagramm

▶▶──END DECLARE SECTION──────────────────────────────────▶◀

A2 Anhang - Definition der wichtigsten DB2-Sprachelemente
EXECUTE (SQL-Statement)

Aufgabe des Statements

Das SQL-EXECUTE-Statement führt ein durch PREPARE aufbereitetes Statement aus.
Sollen Host-Variable vorgegeben werden, muss mit Parameter-Markers '?' gearbeitet werden. Dabei werden vor der Ausführung des Statements die zu übergebenden Host-Variablen-Inhalte in das preparierte Statement eingestellt.
Hierbei gelten die in Anhang 1 beschriebenen Daten-Zuweisungs- und Konvertierungs- Regeln.

Wenn die Bind-Optionen DEFER (PREPARE) und REOPT (VARS) vorgegeben sind, kann es bei der Ausführung des EXECUTE-Statements zu Fehlern kommen, die ansonsten beim PREPARE auftreten, da ein impliziter erneuter PREPARE möglich ist.

Erforderliche Privilegien

siehe unter PREPARE.

Anwendungs-Beispiel

```
EXEC SQL                                       ST1 wird mit PREPARE prepariert.
    PREPARE   ST1     FROM                     Übergabe von Parameter-Marker Variablen zum
    'INSERT INTO SEMTYP VALUES (?, ?)' ;       Einsatz von Host-Variablen.

EXEC SQL                                       ST1 muss vorher mit PREPARE aufbereitet sein.
    EXECUTE   ST1   USING :SEMCODE, :TITEL;    Inhalte der Host-Variablen werden in die
                                               entsprechenden Parameter-Marker-Positionen
                                               eingestellt.
```

Syntax-Diagramm

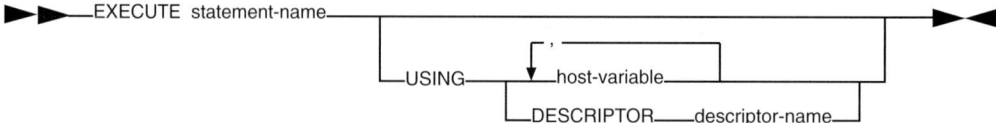

Parameter-Beschreibung

statement-name	Name des aufbereiteten Statements, das vorher innerhalb der UOW präpariert wurde. Es darf kein SELECT-Statement sein.
USING	Liste der Host-Variablen, deren Inhalte die innerhalb des DYNAMIC SQL-Statements plazierten Parameter-Marker ('?') ersetzen. Siehe hierzu auch PREPARE-Statement. Wird kein Parameter-Marker vorgegeben, wird USING ignoriert.
host-variable	Name der Host-Variablen oder einer Struktur. Die Struktur wird aufgelöst in ihre einzelnen Variablen. Die Struktur-Variablen werden positionsgerecht den '?' zugeordnet. Die Anzahl der Fragezeichen und Struktur-Variablen muss gleich sein.
DESCRIPTOR	Die Liste der Host-Variablen wird innerhalb einer SQLDA variabel definiert. Die Variablen korrespondieren auch hier mit den '?'-Parametern des SQL-Statements.
descriptor-name	Name der SQLDA.

A2 Anhang - Definition der wichtigsten DB2-Sprachelemente
EXECUTE IMMEDIATE (SQL-Statement)

Aufgabe des Statements

Das SQL-EXECUTE IMMEDIATE-Statement bereitet ein anderes SQL-Statement auf und führt es aus (Kombination von PREPARE und EXECUTE). Das Statement bildet aus einem Character-String ein ausführbares Statement, prüft dieses und führt es aus. Anschließend wird die ausführbare Form sofort wieder gelöscht.

Da bei der Ausführung die Prozesse eines BINDs ablaufen (außer der Speicherung eines Plans im Katalog), ist es sinnvoll, bei häufiger Verwendung innerhalb einer UOW anstelle von EXECUTE IMMEDIATE die Statements PREPARE und EXECUTE zu verwenden, weil ein präpariertes Statement für die Dauer einer UOW gehalten wird.

Ausführbar sind folgende SQL-Statements:
  ALTER, COMMENT ON, COMMIT, CREATE, DELETE, DROP, EXPLAIN, GRANT, INSERT, LABEL ON,
  LOCK TABLE, RENAME, REVOKE, ROLLBACK, SET CURRENT DEGREE,
  SET CURRENT LOCALE LC_CTYPE, SET CURRENT OPTIMIZATION HINT, SET CURRENT PATH,
  SET CURRENT PRECISION, SET CURRENT RULES, SET CURRENT SQLID, UPDATE.

Der String darf keine Host-Variable und keine Parameter-Marker ('?') enthalten.
Außerdem darf keine Begrenzung mit EXEC SQL und END-EXEC vorgegeben werden.

Erforderliche Privilegien

Die jeweiligen Privilegien des auszuführenden SQL-Statements.

Anwendungs-Beispiel

```
EXEC SQL
    EXECUTE IMMEDIATE 'DELETE FROM SEMTYP WHERE ' II SUCH;
```

SUCH muss z.B. enthalten:
SEMCODE = 'DBS-GRUNDL'.
Der Host-Variablen darf ausnahmsweise kein ':' vorangestellt werden.

Syntax-Diagramm

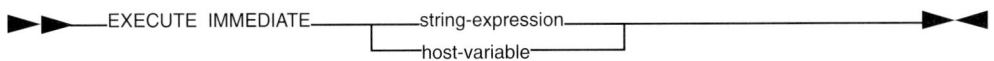

Parameter-Beschreibung

string-expression   Character-String, der ausführbar ist (nur in PL/1-Programmen einsetzbar).
Wird in einem String eine Host-Variable vorgegeben, darf die Host-Variable
nicht mit einem Doppelpunkt (:SUCH) beginnen, wenn sie Operatoren
oder Funktionen enthält.

host-variable   Einzige Form für ASSEMBLER-, COBOL-, C- und FORTRAN-Programme.
Variabel lange Host-Variable, die einen Character-String enthält, der
präparierbar und ausführbar ist.

A2 Anhang - Definition der wichtigsten DB2-Sprachelemente
EXPLAIN (SQL-Statement)

Aufgabe des Statements

Das SQL-EXPLAIN-Statement bereitet Informationen darüber auf, wie ein anderes SQL-Statement hinsichtlich des DB2-internen Zugriffspfads ausgeführt wird.
Die Informationen werden in einer oder mehreren Zeilen in einer oder mehreren vom Benutzer vorher anzulegenden Tables eingestellt.
Folgende Tabellen werden unterstützt (Strukturaufbau siehe im Anhang 5):

- Owner-Id.**PLAN_TABLE** enthält die grundsätzlichen Zugriffspfad-Informationen. Diese Tabelle muss bei einem EXPLAIN bzw. bei EXPLAIN YES des Bind-Prozesses vorhanden sein, ansonsten erfolgt ein Abbruch des Explain- bzw. Bind-Prozesses.
- Owner-Id.**DSN_STATEMNT_TABLE** enthält Zusatz-Informationen hinsichtlich der Aufwands- und Kostenschätzung der SQL-Statement-Ausführung.
- Owner-Id.**DSN_FUNCTION_TABLE** enthält Zusatz-Informationen bei der Nutzung einer User-defined Function hinsichtlich der Funktions-Namensermittlung und Schema-Zuordnung.

Hinweis:
Die Tabellen müssen als Basis-Tabellen verfügbar sein. Es dürfen keine Verweise auf Views, Synonyme oder Aliase erfolgen.
Der Owner-Id ist:
- bei dynamischem SQL-Einsatz von EXPLAIN der Current SQLID
- bei BIND-Prozessen der jeweilige Owner von Package oder Plan.

Da der Optimizer zwischen konstant vorgegebenen und variablen, erst bei der Durchführung bekannten Werten, unterscheiden können muss, müssen Host-Variablen mit einem Fragezeichen "?" ersetzt werden.

EXPLAIN kann vorgegeben werden:
- dynamisch z.B. mit SPUFI,
- als SQL-Statement in einem Anwendungs-Programm,
- beim BIND/REBIND durch die Option: EXPLAIN YES.

Mit EXPLAIN sind nicht alle Statements analysierbar. Bei interaktiver Vorgabe sind unterstützt:
- SELECT, INSERT, UPDATE, DELETE.

Wird ein Bind mit der EXPLAIN-Option durchgeführt, sind folgende Statements innerhalb der Programme unterstützt:
- SELECT, DECLARE CURSOR .... FOR UPDATE OF, INSERT, UPDATE,
  UPDATE .... WHERE CURRENT OF cursor, DELETE, DELETE .... WHERE CURRENT OF cursor.

Ein Anwendungs-Programm wird beispielsweise folgendermaßen behandelt:

Statement			Lfd. Eintrag in PLAN_TABLE	
DECLARE	C1 CURSOR FOR SELECT ...... FOR UPDATE OF ..		1	
SELECT	...... FROM TABLE1		2	
INSERT	INTO	TABLE2	3	
OPEN	C1		-	
FETCH	C1		-	
DELETE	FROM TABLE3 WHERE CURRENT OF C1		4	hier wird aber kein Zugriffspfad gezeigt.
CLOSE	C1		-	
INSERT	INTO	TABLE2	5	

Erforderliche Privilegien

Die jeweiligen Privilegien des auszuführenden SQL-Statements.

A2 Anhang - Definition der wichtigsten DB2-Sprachelemente
EXPLAIN - 2

Anwendungs-Beispiel

```
EXPLAIN    PLAN      SET QUERYNO = 1234              Eindeutige Identifikation 1234 in der
                                                     PLAN_TABLE für eine spätere Analyse.
    FOR SELECT   *
        FROM       SEMTYP, SEMPREIS
        WHERE      SEMTYP.DAUER = SEMPREIS.DAUER
            AND    SEMCODE   = ?                     Parameter Marker für Host-Variable
        ORDER BY   DAUER ;
```

Anschließend lassen sich die Informationen aus der PLAN_TABLE anzeigen mit:

```
SELECT    *
    FROM       PLAN_TABLE
    WHERE      QUERYNO = 1234
    ORDER BY   QBLOCKNO, PLANNO, MIXOPSEQ ;
```

Beispiel für die Anzeige der Statement-Analyse eines Programmes (SVA32):

```
SELECT    *
    FROM       PLAN_TABLE
    WHERE      PROGNAME = 'SVA32'
    ORDER BY   TIMESTAMP, QUERYNO, QBLOCKNO,         QUERYNO (und ggf.TIMESTAMP ) bei
               PLANNO, MIXOPSEQ ;                    Programmen sinnvoll wegen Sortierung nach
                                                     Statement-Nr.
                                                     Aber bei großen Programmen wird die Statement-
                                                     Nr. > 32767 mit 0 geführt, daher ist der
                                                     TIMESTAMP eindeutiger.
```

Syntax-Diagramm

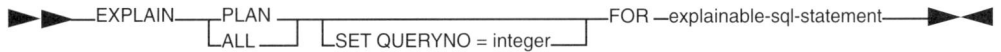

Parameter-Beschreibung

PLAN
Einstellen einer Zeile pro Step des Application Plans zur Ausführung des SQL-Statements in die PLAN_TABLE. Nicht enthalten sind Schritte der DB2-internen RI-Verarbeitung.
Existiert unter dem Owner-Id. eine DSN_STATEMNT_TABLE und/oder eine DSN_FUNCTION_TABLE, werden dort ebenfalls Informationen eingestellt.

ALL
Gleiche Bedeutung wie PLAN.

SET QUERYNO = integer
Ausführungs-Nr. des EXPLAINS, in QUERYNO hinterlegt.
Fehlt der Parameter, gibt DB2 einen Wert vor.
Für ein im Anwendungs-Programm eingebettetes EXPLAIN-Statement bzw. ein beim BIND durchgeführtes EXPLAIN wird die Statement-Nr. des Precompilers eingesetzt.

FOR explainable-sql-statement Aufnahme des Statements, über das Ausführungs-Informationen bereitgestellt werden sollen. Bei interaktivem Einsatz von EXPLAIN sind zugelassen:
SELECT, INSERT, UPDATE, DELETE.
Der Parameter QUERYNO darf in dem ausführbaren Statement nicht vorgegeben werden. Diese ist im EXPLAIN vorzugeben.
Die Objekte müssen sich am aktuellen Server befinden.
Es können keine Host-Variablen vorgegeben werden. Sollte dies erforderlich sein, kann das EXPLAIN-Statement dynamisch aufbereitet und ausgeführt werden oder aber Fragezeichen '?' eingesetzt werden.
Innerhalb eines BINDS wird EXPLAIN auch für DECLARE-Cursor-SELECT-Statements durchgeführt.

A2 Anhang - Definition der wichtigsten DB2-Sprachelemente
FETCH (SQL-Statement)

Aufgabe des Statements

Das SQL-FETCH-Statement positioniert einen Cursor auf die nächste Zeile der Result-Table und weist die Spaltenwerte den Host Variablen zu. Vor der Ausführung eines FETCH-Statements muss der Cursor mit DECLARE definiert und mit OPEN explizit bzw. mit ALLOCATE CURSOR implizit eröffnet worden sein.
Beim FETCH können keine WHERE-Bedingungen mehr vorgegeben werden. Die Result Table-Zeilen werden 1 : 1 übertragen. Die Spalten-Positionen und Charakteristiken müssen übereinstimmen.
Wenn der Cursor hinter der letzten Zeile positioniert ist, wird ein Return Code von +100 im SQLCODE (SQLSTATE 02000) erzeugt und es erfolgt keine Datenübertragung.
Wird von einer Stored Procedure ein Query Result Set bereitgestellt, sind nur noch die Zeilen verfügbar, die zur Result Table gehören und noch nicht mit FETCH (gilt auch für die Stored Procedure) positioniert wurden.

Erzeugt der Cursor eine **updateable** Result Table (siehe Hinweise unter OPEN), so ist die aktuelle Datenzeile (zuletzt ausgeführter Fetch) für UPDATEs bzw. DELETEs von parallel laufenden Anwendungen gesperrt.
Dies gilt nicht, wenn folgende Bedingungen zutreffen:
- der Bind-Parameter CURRENTDATA (NO) ist aktiv,
- der Bind-Parameter ISOLATION (CS) ist aktiv,
- die aktuelle Zeile wurde innerhalb der aktuellen UOW weder eingefügt noch verändert.

Treffen alle diese Bedingungen zu, werden die Datenzeilen nicht für andere Anwendungen gesperrt. Zwischen dem FETCH und dem darauffolgenden UPDATE könnte ein anderes Programm den Zeileninhalt verändert haben. Wenn dies verhindert werden soll, muss explizit eine Sperre etabliert werden.

Erforderliche Privilegien

Siehe unter DECLARE CURSOR.

Anwendungs-Beispiel

Gesamt-Beispiel siehe unter OPEN bzw. unter ALLOCATE CURSOR.

```
EXEC SQL
    FETCH   C1  INTO :SEMCODE,  :DAUER :INDDAUER;
```

Syntax-Diagramm

Parameter-Beschreibung

FROM Optionale Eingabemöglichkeit ohne Einfluss auf die Verarbeitung.

cursor-name Name des Cursors. Der Cursor muss vorher deklariert und offen sein.

INTO host-variable Liste der Host Variablen oder Struktur-Name, dessen einzelne Variable positionsgerecht aufgrund des SELECT-Result-Table-Aufbaus gefüllt werden.
Können NULL-Wert auftreten, müssen Indikatoren mit übergeben werden. Siehe Beschreibung der Behandlung von Host Variablen mit Indikatoren im Anhang 1.
Wird ein LOB-Locator adressiert, sollte mit FREE LOCATOR eine Freigabe der mit dem Locator verbundenen Bereiche erfolgen, sobald dieser nicht mehr benötigt wird.
Werden weniger Variable übergeben, als in der Result Table definiert, wird eine Warnung erzeugt (SQLWARN3).

USING DESCRIPTOR descriptor-name Zuordnung einer SQLDA, die eine gültige Beschreibung von 0 oder mehr Host Variablen aufweist.

Aufgabe des Statements

Das SQL-FREE LOCATOR-Statement trennt die Beziehung zwischen einem LOB-Locator und seinem Wert.
Die Beziehung wird unter folgenden Bedingungen getrennt:
- wenn ein FREE LOCATOR-Statement ausgeführt wird,
- wenn eine UOW ordnungsgemäß mit COMMIT abgeschlossen wird und es wurde vorher kein HOLD LOCATOR-Statement vorgegeben,
- die UOW mit ROLLBACK zurückgesetzt wird,
- das Programm (der Thread) beendet wird.

Erforderliche Privilegien

Keine.

Anwendungs-Beispiel (PL/I)

```
DCL   TEXT_LOC        SQLTYPE IS CLOB_LOCATOR;      Definition eines Text-Locators im PL/I-Programm.
DCL   BEGINN_POS      FIXED BIN (31);               Definition eines Integer-Feldes.

EXEC SQL
      FETCH   C1  INTO :TEXT_LOC ;                  Bereitstellen der Adressierung für den Text-Locator.

EXEC SQL
      SET   :BEGINN_POS =                           Ermitteln der Position des Text-Strings 'Bilanzdaten'
            POSSTR (:TEXT_LOC, 'Bilanzdaten') ;     im Large Object über den Text-Locator.

EXEC SQL
      FREE  LOCATOR         :TEXT_LOC ;             Freigabe des Text-Locators.
```

Syntax-Diagramm

►►─── FREE LOCATOR ─┬─ host-variable ─┬──────────────────────────────►◄

Parameter-Beschreibung

host-variable   Benennung der LOB-Locator-Namen, die vorab entsprechend der Regeln für Locator-Variablen definiert wurden und die mit einem LOB-Wert verbunden sind.
Bei erfolgreichem Verlauf des Statements erfolgt die Freigabe des mit dem Locator verbundenen Bereichs.
Wurden mehrere Locator vorgegeben und es tritt ein Fehler auf (z.B. weil innerhalb der UOW keine Beziehung eines Locators zu einem LOB-Wert besteht), werden alle vor der Fehlererkennung definierten Locator freigegeben. Alle nach dem fehlerhaften Locator folgenden Locator werden nicht weiter beachtet und daher auch nicht freigegeben.

A2 Anhang - Definition der wichtigsten DB2-Sprachelemente
FREE PACKAGE (TSO-DSN)

Aufgabe des Commands

Der FREE PACKAGE Command löscht nicht mehr benötigte Packages an einem lokalen oder remote Server. Eine Trigger-Package kann mit diesem Command nicht gelöscht werden.
Einzelne Packages am lokalen Server können auch mit DROP gelöscht werden.
Das entsprechend zu löschende Package muss verfügbar sein, d.h. es darf parallel weder von einem Anwendungs-Programm genutzt noch verwaltet werden.
Mit dem Löschen der Package werden auch alle package-bezogenen Privilegien gelöscht.
Wird eine Package gelöscht, die explizit in einer PKLIST eines Plans auftritt, wird der Plan invalidated.

Data-Sharing-Wirkungskreis: DB2-Group

Erforderliche Privilegien

- Eigentümer der Package oder
- BINDAGENT-Privileg, vom Eigentümer der Package ausgesprochen oder
- SYSADM, SYSCTRL.

Das BIND-Privileg einer Package genügt nicht zum Löschen der Package!

Anwendungs-Beispiel

```
FREE   PACKAGE
       (DB2FRANKFURT.SEMINAR.SEM0015.(VERSION93_01))
```
Löschen Package:
Lokation DB2FRANKFURT, Collection SEMINAR, Package SEM0015, Version VERSION93_01.

```
FREE   PACKAGE (SEMINAR.*)
```
Löschen alle Packages der Collection SEMINAR am lokalen Server.

Syntax-Diagramm

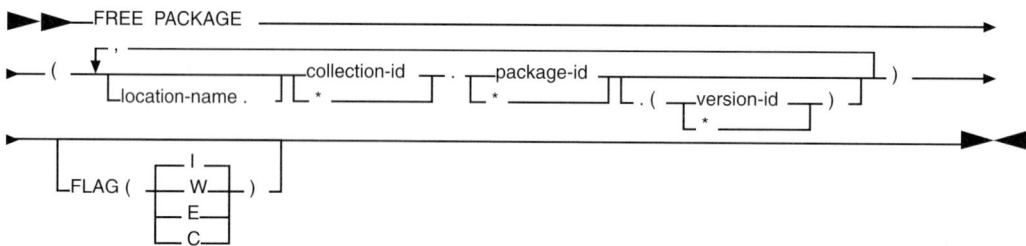

Parameter-Beschreibung

PACKAGE
Ein FREE kann nur dann durchgeführt werden, wenn Package aktuell nicht genutzt wird. Nach erfolgreichem FREE ist der Package Name wieder für BIND verfügbar.
Sind mehrere Packages betroffen, wird von DB2 implizit nach jeder Package ein COMMIT vorgenommen.

location-name
Name der Lokation, an der die Package gebunden wurde. Die Lokation muss in der Katalog-Tabelle LOCATIONS definiert sein.
Default = lokaler Server.

collection-id
*
Identifikation der Collection, in der die Packages gelöscht werden sollen.
Alle evtl näher spezifizierten Packages, für die der Kommandoausführende die entsprechenden Privilegien hat, werden gelöscht.
Nur für lokalen Server einsetzbar.
Vorsicht bei Einsatz dieser Option.

package-id
*
Name der Package, die gelöscht werden soll.
Alle Packages in der evtl näher spezifizierten Collection, für die der Kommandoausführende die entsprechenden Privilegien hat, werden gelöscht.
Nur für lokalen Server einsetzbar.
Vorsicht bei Einsatz dieser Option.

version-id	Identifikation der Version der Package, die gelöscht werden soll. Der Defaultwert hängt von der Vorgabe unter package-id ab: - Wird dort * vorgegeben, wird hier auch * angenommen. - Werden dort Package-Ids vorgegeben, wird ein leerer String (empty string) angenommen.
*	Alle Versionen der Packages, die von den Auswahlbedingungen betroffen sind.
FLAG	Kennzeichen über Art der Meldungen der FREE-Verarbeitung:
I	alle Informationen, Warnungen, Fehler und Abschluss-Meldungen,
W	nur Warnungen, Fehler und Abschluss-Meldungen,
E	Fehler und Abschluss-Meldungen,
C	nur Abschluss-Meldungen.

A2 Anhang - Definition der wichtigsten DB2-Sprachelemente
FREE PLAN (TSO-DSN)

Aufgabe des Commands

Der FREE PLAN Command löscht nicht mehr benötigte Pläne am lokalen Server.
Der entsprechend zu löschende Plan muss verfügbar sein, d.h. er darf parallel weder von einem Anwendungs-Programm genutzt noch verwaltet werden.
Mit dem Löschen des Plans werden auch alle planbezogenen Privilegien gelöscht.

Data-Sharing-Wirkungskreis: DB2-Group

Erforderliche Privilegien

- Eigentümer des Plans oder
- BIND-Privileg des Plans oder
- BINDAGENT-Privileg oder
- SYSADM, SYSCTRL.

Anwendungs-Beispiel

FREE   PLAN   (SEM0015)   Existierender Application Plan SEM0015 wird gelöscht.

Syntax-Diagramm

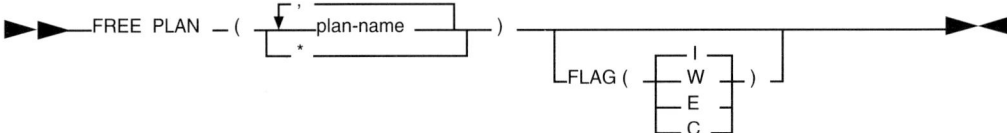

Parameter-Beschreibung

PLAN Ein FREE kann nur dann durchgeführt werden, wenn der Plan aktuell nicht genutzt wird. Nach erfolgreichem FREE ist der Plan Name wieder für BIND verfügbar.
Sind mehrere Pläne betroffen, wird von DB2 implizit nach jedem Plan ein COMMIT vorgenommen.

plan-name Kurz-Id Plan bzw. Pläne.

(*) Alle Pläne, für die der Benutzer BIND-Berechtigung hat, werden gelöscht.
Vorsicht bei Einsatz dieser Option.

FLAG Kennzeichen über Art der Meldungen der FREE-Verarbeitung:
- **I** alle Informationen, Warnungen , Fehler und Abschluss-Meldungen,
- **W** nur Warnungen, Fehler und Abschluss-Meldungen,
- **E** Fehler und Abschluss-Meldungen,
- **C** nur Abschluss-Meldungen.

A2 Anhang - Definition der wichtigsten DB2-Sprachelemente
GRANT COLLECTION PRIVILEGES (SQL-Statement)

Aufgabe des Statements

Vergabe von Privilegien für bestimmte Collection. Der aufrufende Benutzer muss alle Privilegien, die er weitergibt, selbst besitzen.

Erforderliche Privilegien

- das jeweilige Privileg mit der WITH GRANT OPTION oder
- SYSADM, SYSCTRL   Ausnahme: SYSCTRL hat kein Privileg zur Vergabe eines PACKADM-Privilegs.

Anwendungs-Beispiel

```
GRANT    CREATE IN  COLLECTION SEMINAR        Privileg zum Anlegen von Packages in
         TO         USER1, USER2              Collection SEMINAR
         WITH       GRANT OPTION              Privilegien können weitergegeben werden.
```

Syntax-Diagramm

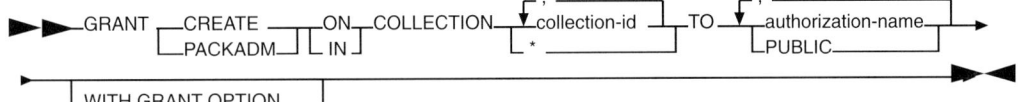

Parameter-Beschreibung

CREATE IN (oder ON)	BIND PACKAGE in bestimmte Collection oder generelles Recht für alle Collections in Abhängigkeit der weiteren Parameter.
PACKADM IN (oder ON)	PACKADM = Package Administrator für bestimmte Collection oder generelles Recht für alle Collections in Abhängigkeit der weiteren Parameter. Ein PACKADM verfügt über folgende implizite Privilegien: - CREATE IN für alle Collections, - BIND, COPY, EXECUTE aller Packages in allen Collections.
COLLECTION collection-id *****	Liste der Collection-Namen (müssen nicht existieren). Alle Collection-Namen (auch für künftige).
TO authorization-name **PUBLIC**	Liste der Benutzer oder allgemein verfügbar am aktuellen Server.
WITH GRANT OPTION	Privilegien können vom GRANTEE weitergegeben werden. Nicht möglich für allgemeinen Benutzer-Kreis (PUBLIC).

A2 Anhang - Definition der wichtigsten DB2-Sprachelemente
GRANT DATABASE PRIVILEGES (SQL-Statement)

Aufgabe des Statements

Vergabe von Privilegien für bestimmte Database. Der aufrufende Benutzer muss alle Privilegien, die er weitergibt, selbst besitzen.

Erforderliche Privilegien

- das jeweilige Privileg mit der WITH GRANT OPTION oder
- Eigentümer der Database oder
- DBADM-Privileg für diese Database oder
- SYSADM, SYSCTRL   Ausnahme: SYSCTRL hat kein Privileg zur Vergabe eines DBADM-Privilegs.

Anwendungs-Beispiel

```
GRANT   CREATETAB, LOAD ON DATABASE SEMDB01     Privileg zum Anlegen von Tables und Ausführung
        TO      USER1, USER2                    des LOAD-Utilities.
        WITH    GRANT OPTION
```

Syntax-Diagramm

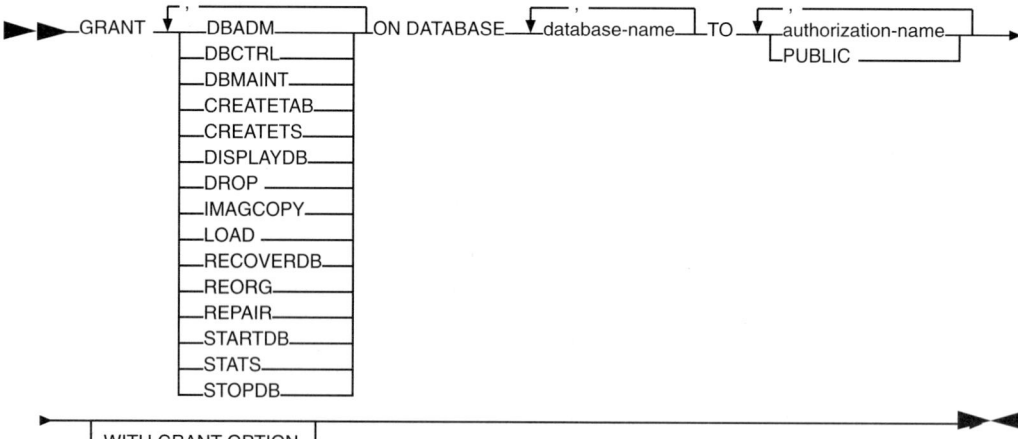

Parameter-Beschreibung

DBADM	DBADM - Database-Administrator.
DBCTRL	DBCTRL - Database-Controller.
DBMAINT	DBMAINT - Database Maintenance.
CREATETAB	Anlegen neue Tables.
CREATETS	Anlegen neue Tablespaces.
DISPLAYDB	Absenden -DISPLAY DATABASE- Command.
DROP	DROP oder ALTER Database.
IMAGCOPY	Ausführung von COPY und MERGECOPY, MODIFY und QUIESCE- Utilities.
LOAD	Ausführung des LOAD-Utilities zum Laden von Tabellen-Daten.
RECOVERDB	Ausführung von RECOVER und REPORT-Utilities zum Wiederherstellen von Tablespaces und Indizes.
REORG	Ausführung des REORG-Utilities zur Reorganisation von Tablespaces und Indizes.
REPAIR	Ausführung des REPAIR-Utilities zur Korrektur von Tablespaces und Indizes und des DIAGNOSE-Utilities.
STARTDB	Absenden -START DATABASE-Command.
STATS	Ausführung des RUNSTATS-Utilities zur Aktualisierung von Katalog-Statistiken sowie des CHECK-Utilities zum Konsistenztest von Daten mit Indizes.
STOPDB	Absenden -STOP DATABASE-Command.

GRANT DATABASE PRIVILEGES - 2

ON DATABASE database-name Liste der Datenbanknamen.
DSNDB01 darf nicht vorgegeben werden. Ein GRANT auf DSNDB06 impliziert aber einen GRANT auf DSNDB01.

TO authorization-name Liste der Benutzer (eigener Autorisierungs-Id darf nicht vorgegeben werden - nur wenn CURRENT RULES = 'DB2' ist) oder

PUBLIC allgemein verfügbar am aktuellen Server.

WITH GRANT OPTION Privilegien können vom GRANTEE weitergegeben werden. Nicht möglich für allgemeinen Benutzer-Kreis (PUBLIC).

GRANT DISTINCT TYPE PRIVILEGES (SQL-Statement)

Aufgabe des Statements

Vergabe von Privilegien für bestimmte benutzerdefinierte Daten-Typen (Distinct Data Types). Der aufrufende Benutzer muss alle Privilegien, die er weitergibt, selbst besitzen.

Erforderliche Privilegien

- das jeweilige Privileg mit der WITH GRANT OPTION oder
- Eigentümer des Data Types oder
- SYSADM, SYCTRL

Anwendungs-Beispiel

```
GRANT   USAGE ON DISTINCT TYPE  PROD.EURO      Privileg zur Benutzung des Daten-Typs EURO
        TO      PUBLIC                         im Schema PROD an alle Benutzer.
```

Syntax-Diagramm

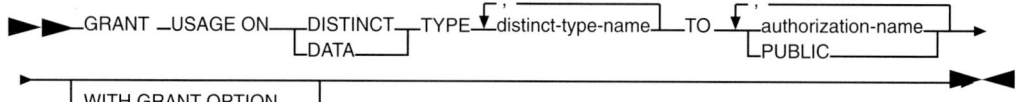

Parameter-Beschreibung

USAGE ON
Vergabe des Privilegs zur Nutzung eines Distinct Data Types.

DISTINCT TYPE
distinct-type-name
Definition eines oder mehrerer existierender Distinct Data Types. Der Daten-Typ-Name kann mit einem Schema-Namen qualifiziert oder unqualifiziert vorgeben werden. Bei unqualifizierter Vorgabe wird er wie folgt ermittelt:
- wird das Statement in einem Programm abgesetzt, ist der QUALIFIER des BIND-Prozesses bzw. der OWNER von Plan bzw. Package der Schema-Name.
- wird das Statement dynamisch präpariert, ist der CURRENT SQLID der Schema-Name.

TO authorization-name
PUBLIC
Liste der Benutzer oder allgemein verfügbar am aktuellen Server.

WITH GRANT OPTION
Privilegien können vom GRANTEE weitergegeben werden. Nicht möglich für allgemeinen Benutzer-Kreis (PUBLIC).

A2 Anhang - Definition der wichtigsten DB2-Sprachelemente
GRANT FUNCTION/PROCEDURE PRIVILEGES   (SQL-Statement)

Aufgabe des Statements

Vergabe von Privilegien für bestimmte benutzerdefinierte Funktionen und Stored Procedures sowie für automatisch generierte Cast-Funktionen für Distinct Data Types. Der aufrufende Benutzer muss alle Privilegien, die er weitergibt, selbst besitzen.

Erforderliche Privilegien

- das jeweilige Privileg mit der WITH GRANT OPTION oder
- Eigentümer des Data Types oder
- SYSADM

Anwendungs-Beispiele

GRANT	EXECUTE ON FUNCTION SEMINAR_ENDE TO SEMVERW	Privileg zur Ausführung der Funktion SEMINAR_ENDE im aktuellen Schema bzw. dieses eindeutigen Funktionsnamens im aktuellen SQL-Pfad an die Gruppe SEMVERW.
GRANT	EXECUTE ON SPECIFIC FUNCTION SVPR0023 TO SEMVERW	Variante zur vorherigen Privilegienvergabe mit Vorgabe des spezifischen Funktionsnamens an die Gruppe SEMVERW.

Syntax-Diagramm

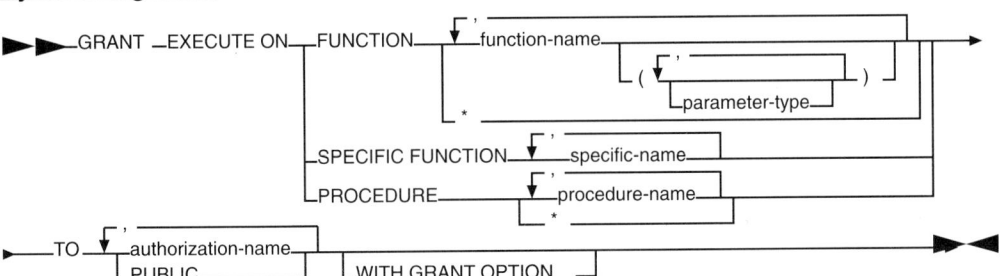

Parameter-Beschreibung

EXECUTE ON Vergabe des Privilegs zur Ausführung der Funktion bzw. der Prozedur.
FUNCTION
   function-name Definition einer oder mehrerer existierender Funktionen (auch automatisch generierte Cast-Funktionen können vorgegeben werden).
Der Funktions-Name kann mit einem Schema-Namen qualifiziert oder unqualifiziert vorgeben werden. Bei unqualifizierter Vorgabe wird er wie folgt ermittelt:
- wird das Statement in einem Programm abgesetzt, ist der QUALIFIER des BIND-Prozesses bzw. der OWNER von Plan bzw. Package der Schema-Name.
- wird das Statement dynamisch präpariert, ist der CURRENT SQLID der Schema-Name.

   (parameter-type,..) Die Identifikation der Funktion erfolgt über die Funktions-Signatur mit den entsprechend beim CREATE FUNCTION vorgegebenen Parametern.
Dieses Verfahren ist für eine Funktion, die mit TABLE LIKE definiert ist, nicht nutzbar. Hier muss entweder der eindeutige Funktionsnamen vorgegeben werden oder der spezifische Funktionsname.

SPECIFIC FUNCTION Identifikation der Funktion mit dem spezifischen Namen
   specific-name Eindeutiger spezifischer Name innerhalb des explizit vorgegebenen oder impliziten Schemas.

PROCEDURE procedure-name Identifikation der Stored Procedure.

TO authorization-name Liste der Benutzer oder
PUBLIC allgemein verfügbar am aktuellen Server.

WITH GRANT OPTION Privilegien können vom GRANTEE weitergegeben werden. Nicht möglich für allgemeinen Benutzer-Kreis (PUBLIC).

A2 Anhang - Definition der wichtigsten DB2-Sprachelemente
GRANT PACKAGE PRIVILEGES (SQL-Statement)

Aufgabe des Statements

Vergabe von Privilegien für bestimmte Packages. Der aufrufende Benutzer muss alle Privilegien, die er weitergibt, selbst besitzen.

Erforderliche Privilegien

- das jeweilige Privileg mit der WITH GRANT OPTION oder
- PACKADM für die Collection oder
- SYSADM, SYCTRL   erforderlich bei Privileg auf alle Packages einer Collection.
  Ausnahme: SYSCTRL hat kein Privileg zur Vergabe eines EXECUTE-Privilegs.

Anwendungs-Beispiel

```
GRANT   ALL ON  PACKAGE SEMINAR.SEM015      Alle Privilegien für Package SEM015
        TO      USER1, USER2                der Collection SEMINAR am lokalen Server.
        WITH    GRANT OPTION
```

Syntax-Diagramm

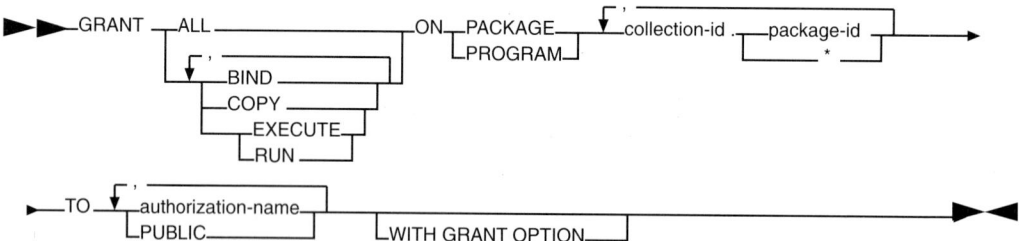

Parameter-Beschreibung

ALL	Vergabe der Einzel-Privilegien, die der GRANTOR selbst besitzt. Maximal sind das die folgenden Privilegien:
BIND	BIND und REBIND für die entsprechende Package. Neue Packages können nur mit dem System-Privileg BINDADD hinzugefügt werden. Evtl. genügt BIND für das Anlegen neuer Versionen einer existierenden Package (abhängig vom Installations-Parameter BIND NEW PACKAGE).
COPY	Beim BIND können Packages kopiert werden (COPY-Parameter). Der BINDAGENT des Plan-Eigentümers hat folgende implizite Privilegien: BIND, REBIND, FREE und COPY für alle Packages des Owners. Beim BIND und REBIND PLAN dürfen die Packages in PKLIST definiert werden.
EXECUTE oder RUN	Ausführungs-Privileg für Programme, die diesen Packages zugeordnet sind.
ON PACKAGE / PROGRAM	
collection-id.package-id	Liste der Packages (Privileg gilt für jeweils alle Versionen einer Package). Ein bestimmter Package-Id kann vorgegeben werden (muss existieren).
collection-id.*	Alle Packages in Collection (auch künftige).
TO authorization-name	Liste der Benutzer oder
PUBLIC	allgemein verfügbar am aktuellen Server.
WITH GRANT OPTION	Privilegien können vom GRANTEE weitergegeben werden. Nicht möglich für allgemeinen Benutzer-Kreis (PUBLIC).

Aufgabe des Statements

Vergabe von Privilegien für bestimmte Pläne. Der aufrufende Benutzer muss alle Privilegien, die er weitergibt, selbst besitzen.

Erforderliche Privilegien

- das jeweilige Privileg mit der WITH GRANT OPTION oder
- SYSADM, SYCTRL   Ausnahme: SYSCTRL hat kein Privileg zur Vergabe eines EXECUTE-Privilegs.

Anwendungs-Beispiel

```
GRANT   EXECUTE  ON  PLAN SEM015, SEM016        Privileg zum Ausführen von Plänen.
        TO    USER1, USER2
```

Syntax-Diagramm

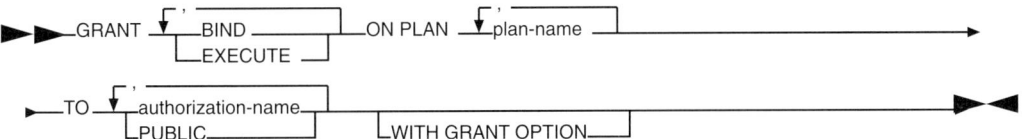

Parameter-Beschreibung

BIND	BIND, REBIND und FREE für den entsprechenden Plan. Neue Pläne können nur mit dem System-Privileg BINDADD hinzugefügt werden.
EXECUTE	Ausführungs-Privileg für Programme, die diesen Plan ansprechen.
ON PLAN **plan-name**	Liste der Pläne. Ein bestimmter Plan-Name muss ein- oder mehrfach vorgegeben werden (muss existieren).
TO authorization-name **PUBLIC**	Liste der Benutzer oder allgemein verfügbar am aktuellen Server.
WITH GRANT OPTION	Privilegien können vom GRANTEE weitergegeben werden. Nicht möglich für allgemeinen Benutzer-Kreis (PUBLIC).

A2 Anhang - Definition der wichtigsten DB2-Sprachelemente
GRANT SCHEMA PRIVILEGES (SQL-Statement)

Aufgabe des Statements

Vergabe von Privilegien für ein Schema oder mehrere Schemas. Der aufrufende Benutzer muss alle Privilegien, die er weitergibt, selbst besitzen.

Erforderliche Privilegien

- das jeweilige Privileg mit der WITH GRANT OPTION oder
- SYSADM, SYSCTRL

Anwendungs-Beispiel

```
GRANT   CREATEIN ON SCHEMA
        SEMINAR
        TO SEMVERW
```

Privileg zum Anlegen von Distinct Data Type, User-defined Functions, Stored Procedures und Trigger im Schema SEMINAR an die Gruppe SEMVERW.

Syntax-Diagramm

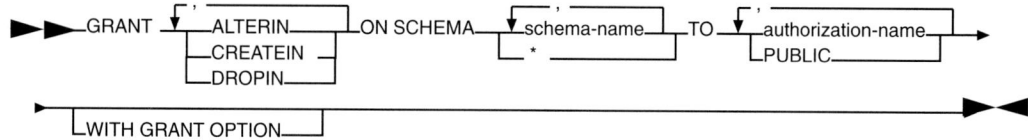

Parameter-Beschreibung

ALTERIN
Privileg zur Änderung von Funktionen und Prozeduren bzw. zur Vorgabe von Kommentaren (COMMENT ON) für Distinct Types, Functions (auch generierte Cast-Functions), Stored Procedures und Triggers.

CREATEIN
Privileg zum Anlegen von Distinct Types, Functions, Stored Procedures und Triggers.

DROPIN
Privileg zum Löschen von Distinct Types, Functions, Stored Procedures und Triggers.

ON SCHEMA
    schema-name
    *
Benennung des Schemas oder der Schemas, für die die vorab definierten Privilegien gelten sollen. Ein benanntes Schema muss nicht existieren.
Die Privilegien gelten für alle Schemas (auch künftige Schemas).

TO authorization-name
PUBLIC
Liste der Benutzer oder
allgemein verfügbar am aktuellen Server.

WITH GRANT OPTION
Privilegien können vom GRANTEE weitergegeben werden. Nicht möglich für allgemeinen Benutzer-Kreis (PUBLIC).

A2 Anhang - Definition der wichtigsten DB2-Sprachelemente
GRANT SYSTEM PRIVILEGES (SQL-Statement)

Aufgabe des Statements

Vergabe von objekt-unabhängigen DB2-System-Privilegien. Der aufrufende Benutzer muss alle Privilegien, die er weitergibt, selbst besitzen.

Erforderliche Privilegien

- das jeweilige Privileg mit der WITH GRANT OPTION oder
- SYSADM, SYSCTRL   Ausnahme: SYSCTRL hat kein Privileg zur Vergabe eines SYSADM-Privilegs.

Anwendungs-Beispiel

```
GRANT   BINDADD              Privileg zum Hinzufügen
        TO    USER1, USER2   neuer Pläne und Packages.
```

Syntax-Diagramm

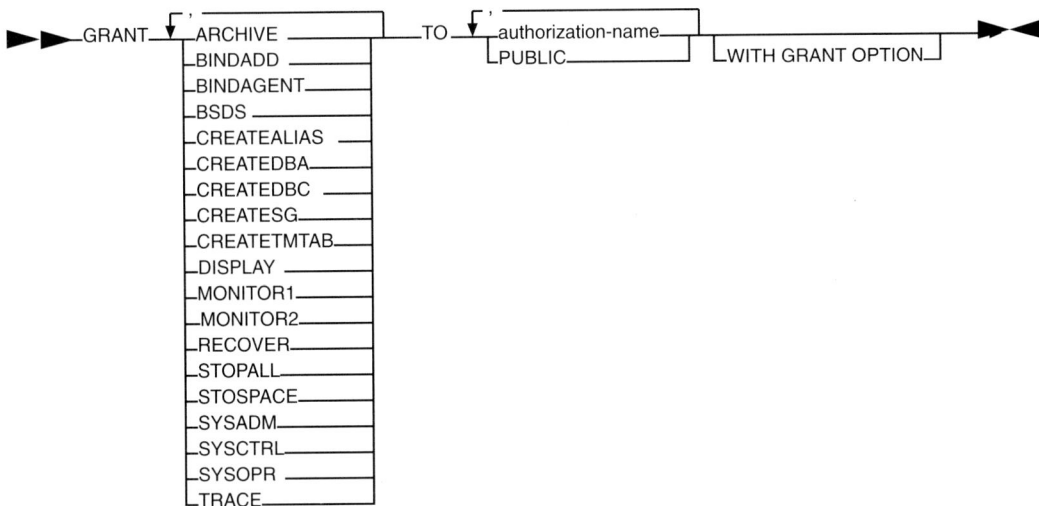

Parameter-Beschreibung

ARCHIVE	ARCHIVE LOG- und SET-LOG-Command.
BINDADD	Anlegen neuer Pläne und Packages mit dem BIND-Command: Option ADD. Bei Einsatz von Packages ist auch CREATE IN-Privileg erforderlich (Collection Privileges).
BINDAGENT	BIND, REBIND und FREE PACKAGE, DROP PACKAGE. Außerdem können Pläne und Packages kopiert und ersetzt werden im Namen des Grantors, d.h. BINDAGENT bezieht sich auf einen bestimmten Autorisierungs-Id, nämlich des GRANTORs. Ein BINDAGENT mit GRANTOR 'PROD' kann z.B. die gesamten Produktions-Pläne und Packages verwalten (sofern dies der Gruppe PROD so zugedacht ist).
BSDS	Absenden -RECOVER BSDS-Command.
CREATEALIAS	Anlegen ALIAS-Objekte.
CREATEDBA	CREATE DATABASE sowie DBADM-Privileg für diese.
CREATEDBC	CREATE DATABASE sowie DBCTRL-Privileg für diese.
CREATESG	CREATE STOGROUP.
CREATETMTAB	CREATE GLOBAL TEMPORARY TABLE.

GRANT SYSTEM PRIVILEGES - 2

DISPLAY	Absenden der DB2-Anzeige-Kommandos: -DISPLAY ARCHIVE, -DISPLAY BUFFERPOOL, -DISPLAY DATABASE, -DISPLAY LOCATION, -DISPLAY LOG, -DISPLAY THREAD, -DISPLAY TRACE.
MONITOR1	Einrichtung Statistik-IFC (Instrumentation Facility).
MONITOR2	wie MONITOR1, mit sensitiven Daten.
RECOVER	Absenden -RECOVER INDOUBT-Command.
STOPALL	Absenden -STOP DB2-Command.
STOSPACE	Ausführung des STOSPACE-Utilities.
SYSADM	SYSADM-System-Administrator.
SYSCTRL	SYSCTRL-System-Controller.
SYSOPR	SYSOPR-System Operator.
TRACE	Absenden -START TRACE, -STOP TRACE- und -MODIFY TRACE-Command.
TO authorization-name	Liste der Benutzer oder
PUBLIC	allgemein verfügbar am aktuellen Server.
WITH GRANT OPTION	Privilegien können vom GRANTEE weitergegeben werden. Nicht möglich für allgemeinen Benutzer-Kreis (PUBLIC).

Aufgabe des Statements

Vergabe von Privilegien für bestimmte Tables und Views. Der aufrufende Benutzer muss alle Privilegien, die er weitergibt, selbst besitzen.
Ein Eigentümer eines Views hat automatisch das SELECT-Privileg für den View. Er kann dieses Privileg nur mit GRANT weitergeben, wenn er für alle Objekte, die in der ersten FROM-Klausel des Views benannt werden, das SELECT WITH GRANT Privileg hat.
Für die Nutzung einer temporären Tabelle können keine spezifischen Privilegien erteilt werden. Hier ist nur ALL gestattet.

Erforderliche Privilegien

- das jeweilige Privileg mit der WITH GRANT OPTION oder
- Eigentümer der Table bzw. des Views oder
- DBADM-Privileg für diese Database oder
- SYSCTRL Ausnahme: SYSCTRL hat kein Privileg zur Vergabe von SELECT, INSERT, UPDATE, DELETE-Privilegien.
- SYSADM.

Anwendungs-Beispiel

```
GRANT   UPDATE (DAUER)    ON TABLE SEMTYP      Privileg zum Update der Spalte DAUER für alle
        TO   PUBLIC                            Benutzer.
```

Syntax-Diagramm

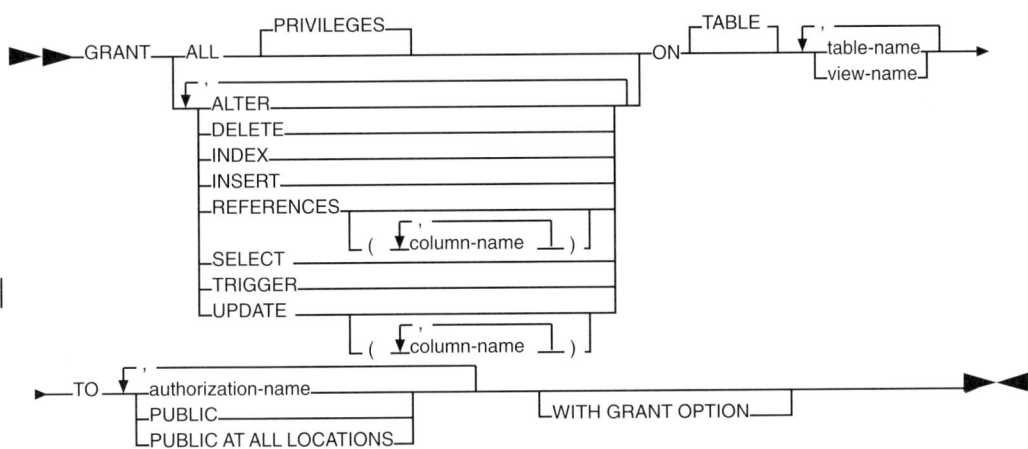

Parameter-Beschreibung

ALL oder **ALL PRIVILEGES**	Vergabe der Einzel-Privilegien, die der GRANTOR selbst besitzt. Maximal sind das die folgenden Privilegien:
ALTER	Benutzung des SQL-ALTER-STMT. Nicht gültig für eine Auxiliary Table oder einen View.
DELETE	Benutzung des SQL-DELETE-STMT. Nicht gültig für eine Auxiliary Table oder einen View.
INDEX	Benutzung des SQL-CREATE INDEX -STMT.
INSERT	Benutzung des SQL-INSERT-STMT. Nicht gültig für eine Auxiliary Table oder einen View.
REFERENCES	Anlegen eines referenziellen Konstrukts, bei dem die referenzierte Tabelle die Rolle der Parent Table einnimmt. Es kann auf sämtliche derzeitigen und künftigen Spalten der Parent Table Bezug genommen werden (indirekt über den FK), wenn keine Spalten-Auswahl vorgegeben wurde. Nicht gültig für eine Auxiliary Table oder einen View.

A2 Anhang - Definition der wichtigsten DB2-Sprachelemente
GRANT TABLE/VIEW PRIVILEGES - 2

(column-name)	Es dürfen nur referenzielle Beziehungen zu bestimmten Spalten der Parent Table gelegt werden (PK-Bestandteile oder sonstige Unique Keys). Hier muss der unqualifizierte Spaltenname der in ON definierten Tabelle vorgegeben werden.
SELECT	Benutzung des SQL-SELECT-STMT. Nicht gültig für eine Auxiliary Table oder einen View.
TRIGGER	Benutzung des SQL-CREATE TRIGGER-STMT. Nicht gültig für eine Auxiliary Table.
UPDATE	Benutzung des SQL-UPDATE-STMT zur Veränderung beliebiger Spaltenwerte. Nicht gültig für eine Auxiliary Table oder einen View.
UPDATE (column-name)	Benutzung des SQL-UPDATE-STMT zur Veränderung bestimmter Spaltenwerte. Hier muss der unqualifizierte Spaltenname vorgegeben werden.
ON	Liste der Objekte
TABLE	optional
table-name	Tabelle(n),
view-name	View(s).
TO authorization-name	Liste der Benutzer oder
PUBLIC	allgemein verfügbar am aktuellen Server bzw.
PUBLIC AT ALL LOCATIONS	allgemein verfügbar für alle Benutzer im Netzwerk an allen Servern (gilt nicht für ALTER, INDEX, REFERENCE und TRIGGER).
WITH GRANT OPTION	Privilegien können vom GRANTEE weitergegeben werden. Nicht möglich für allgemeinen Benutzer-Kreis (PUBLIC oder PUBLIC AT ALL LOCATIONS).

A2 Anhang - Definition der wichtigsten DB2-Sprachelemente
GRANT USE PRIVILEGES (SQL-Statement)

Aufgabe des Statements

Vergabe von Privilegien für Benutzung von physischen Zuordnungen im Rahmen von bestimmten Statements (siehe Details unter den jeweiligen Parametern).

Erforderliche Privilegien

- das jeweilige Privileg mit der WITH GRANT OPTION oder
- SYSADM, SYCTRL.

Anwendungs-Beispiel

```
GRANT   USE  OF  BUFFERPOOL  BP2, BP3          Privileg zur Nutzung bestimmter Bufferpools.
        TO USER1, USER2
```

Syntax-Diagramm

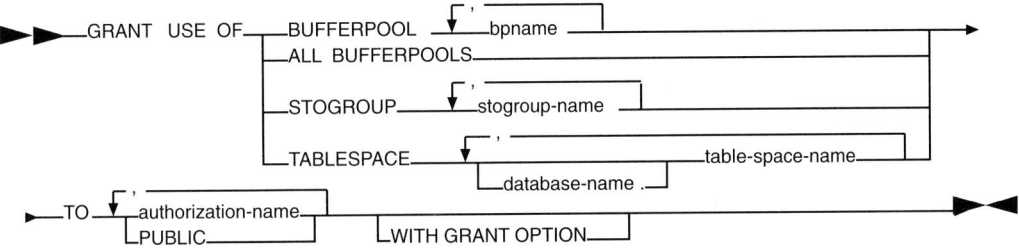

Parameter-Beschreibung

BUFFERPOOL	Benutzer kann die aufgeführten Bufferpools in folgenden Statements vorgeben: ALTER INDEX, ALTER TABLESPACE, CREATE INDEX, CREATE TABLESPACE.
bpname	Bufferpool-Name, mögliche Vorgabe siehe unter den o.a. Statements.
ALL BUFFERPOOLS	Benutzer kann irgendeinen Bufferpool in folgenden Statements vorgeben: ALTER INDEX, ALTER TABLESPACE, CREATE INDEX, CREATE TABLESPACE.
STOGROUP	Benutzer kann die aufgeführten Storage Groups in folgenden Statements vorgeben: ALTER INDEX, ALTER TABLESPACE, CREATE INDEX, CREATE TABLESPACE.
stogroup-name	Name der Storage Group.
TABLESPACE	Benutzer kann den aufgeführten Tablespace im CREATE TABLE-Statement vorgeben.
database-name.tablespace-name	Name des Tablespaces.
DSNDB04.tablespace-name	Default Database.
TO authorization-name **PUBLIC**	Liste der Benutzer oder allgemein verfügbar am aktuellen Server.
WITH GRANT OPTION	Privilegien können vom GRANTEE weitergegeben werden. Nicht möglich für allgemeinen Benutzer-Kreis (PUBLIC).

A2 Anhang - Definition der wichtigsten DB2-Sprachelemente
HOLD LOCATOR (SQL-Statement)

Aufgabe des Statements

Das SQL-HOLD LOCATOR-Statement hält die Beziehung zwischen einem LOB-Locator und seinem Wert über die Grenzen einer UOW hinweg.
Die Beziehung wird unter folgenden Bedingungen getrennt:
- wenn ein FREE LOCATOR-Statement ausgeführt wird,
- wenn eine UOW ordnungsgemäß mit COMMIT abgeschlossen wird und es wurde vorher kein HOLD LOCATOR-Statement vorgegeben,
- die UOW mit ROLLBACK zurückgesetzt wird,
- das Programm (der Thread) beendet wird.

Erforderliche Privilegien

Keine.

Anwendungs-Beispiel (PL/I)

```
DCL     TEXT_LOC        SQLTYPE IS CLOB_LOCATOR;     Definition eines Text-Locators im PL/I-Programm.
DCL     BEGINN_POS      FIXED BIN (31);              Definition eines Integer-Feldes.
DCL     ENDE_POS        FIXED BIN (31);              Definition eines Integer-Feldes.

EXEC SQL
    FETCH   C1  INTO :TEXT_LOC ;                     Bereitstellen der Adressierung für den Text-Locators.

EXEC SQL
    SET    :BEGINN_POS =                             Ermitteln der Position des Text-Strings 'Bilanzdaten'
           POSSTR (:TEXT_LOC, 'Bilanzdaten') ;       im Large Object über den Text-Locator.

EXEC SQL
    HOLD LOCATOR          :TEXT_LOC ;                Halten des Text-Locators.

EXEC SQL
    COMMIT ;                                         COMMIT z.B. in einer TSO-Umgebung.

EXEC SQL
    SET    :ENDE_POS =                               Ermitteln der Position des Text-Strings 'GuV'
           POSSTR (:TEXT_LOC, 'GuV') ;               im Large Object über den Text-Locator.
```

Syntax-Diagramm

▶▶─── HOLD LOCATOR ──┬─ host-variable ─┬──────────────────────────────▶◀
                     └──────,──────────┘

Parameter-Beschreibung

host-variable   Benennung der LOB-Locator-Namen, die vorab entsprechend der Regeln für Locator-Variablen definiert wurden und die mit einem LOB-Wert verbunden sind.
Bei erfolgreichem Verlauf des Statements wird für jeden Locator die Hold-Eigenschaft eingerichtet, der die Verbindung zwischen dem Locator und seinem verbundenen Bereich über die UOW hinweg hält.
Wurden mehrere Locator vorgegeben und es tritt ein Fehler auf (z.B. weil innerhalb der UOW keine Beziehung eines Locators zu einem LOB-Wert besteht), werden alle vor der Fehlererkennung definierten Locator markiert. Alle nach dem fehlerhaften Locator folgenden Locator werden nicht weiter beachtet und daher auch nicht entsprechend markiert.

A2 Anhang - Definition der wichtigsten DB2-Sprachelemente
INCLUDE (SQL-Statement)

Aufgabe des Statements

Durch das SQL INCLUDE-Statement fügt der Precompiler symbolischen Befehlscode oder Definitionsstrukturen als COPY-Book in das Anwendungsprogramm aus einer PDS-Datei ein.
Die von DCLGEN generierten Strukturen können ebenfalls mit INCLUDE ins Programm kopiert werden.
Es sind keine verschachtelten (nested) INCLUDES unterstützt.

Erforderliche Privilegien

Keine.

Anwendungs-Beispiel

EXEC SQL
    INCLUDE SQLCA;   SQL-Communication Area.

EXEC SQL
    INCLUDE SEMTYP;   Struktur der mit DCLGEN generierten SEMTYP-Tabelle (hier
                                        SEMTYP = Member-Name der PDS-Bibliothek).

Syntax-Diagramm

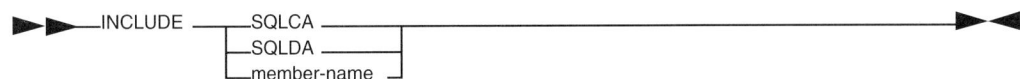

```
►►──INCLUDE──┬─SQLCA───────┬──────────────────►◄
             ├─SQLDA───────┤
             └─member-name─┘
```

Parameter-Beschreibung

SQLCA   Einfügen der SQL-Communication-Area (nur einmal pro Programm möglich).
                        In COBOL-Programmen muss die SQLCA in der Working Storage oder in der
                        Linkage Section liegen.
                        Mit SQL-Standard-Option precompilierte Programme dürfen die SQLCA nicht
                        mit INCLUDE aufrufen. Sie wird vom Precompiler automatisch generiert, wenn
                        ein SQLCODE im Programm definiert wird.

SQLDA   Einfügen der SQL-Descriptor-Area (nicht für FORTRAN Programme
                        vorgebbar).

member-name   Member-Name der Source-PDS-Datei, aus der vom Precompiler die Source-
                        Statements in das Programm kopiert werden.
                        In COBOL-Programmen darf INCLUDE member-name nur in der DATA
                        DIVISION oder in der PROCEDURE DIVISION eingesetzt werden.

A2 Anhang - Definition der wichtigsten DB2-Sprachelemente
INSERT (SQL-Statement)

Aufgabe des Statements

Das SQL-INSERT-Statement fügt Zeilen in eine Table ein. Wird die Einfügung über einen View vorgenommen, erfolgt das Hinzufügen in der Basistable.

Es existieren die beiden Typen:
- Einfügung einer einzelnen Zeile (VALUES-Parameter) oder
- Einfügung einer oder mehrerer Zeilen mit Hilfe eines Subselects aus anderen Tabellen (auch über Views).

Beim INSERT mit SELECT müssen die Sende- und Empfangsfelder kompatibel sein.
Folgende Bedingungen gelten:
- Konvertierungen innerhalb numerischer Felder sind unterstützt (z.B. von SMALLINT nach DEC (9,2)).
- Wenn die Empfangsfelder länger als die Sendefelder sind, füllt DB2 formatgerecht auf.
- Wenn die Empfangsfelder kürzer als die Sendefelder sind, wirkt folgende Logik:
    - bei Character-Feldern erfolgt sofort ein Abbruch (SQLCODE -404),
    - bei numerischen Feldern wird solange eingefügt, bis ein Überlauf konkret eintritt.
    Dann erfolgt ebenfalls ein Abbruch (z.B. SQLCODE -406).

Bei Character-Feldern kann mit der SUBSTR-Funktion der String angepasst werden (wenn z.B. das Sendefeld SEMCODE = 15 Bytes, das Empfangsfeld = 10 Bytes umfasst:
    SELECT SUBSTR (SEMCODE, 1, 10)):

Ist eine Spalte mit 'NOT NULL WITH DEFAULT' definiert und erfolgt für diese Spalte keine Wertübergabe bzw. die Vorgabe des Parameters DEFAULT, fügt DB2 automatisch folgende Werte ein:
- 0 — Für numerische Daten.
- Blank — Für Character-Daten mit fester Länge.
- String mit Länge 0 — Für variable Daten.
- CURRENT DATE — Für DATE-Typen.
- CURRENT TIME — Für TIME-Typen.
- CURRENT TIMESTAMP — Für TIMESTAMP-Typen.

Wenn in dem Statement mehrere DateTime-Spezialregisterwerte gefordert werden, werden Werte desselben Zeitpunkts zugewiesen, auch wenn mehrere Zeilen betroffen sind.

Nicht eingefügt werden können:
- Daten in eine nicht existierende Tabelle.
- Daten in eine nicht änderbare Katalog-Tabelle.
- Daten in eine Tabelle, deren Name im gleichen Statement auch innerhalb einer Subquery auftaucht.
- Daten in eine Tabelle, die mit einem Status-Flag (z.B. nicht existierender Primary-Index) oder deren Space mit einem "Check Pending Status" oder einem sonstigen Status versehen ist.
- Daten in einen partitioned Tablespace, solange kein CLUSTER-Index aufgebaut ist.
- Daten über einen View, der nicht änderbar ist (non updateable View).
- Über einen View, der mit 'WITH CHECK OPTION' definiert ist, Werte außerhalb des View-Bereiches.
- In ein numerisches Feld: Character-Daten.
- In ein Character-Feld: numerische Daten.
- Character-Strings, die länger als die Spaltenbeschreibung sind.
- Numerische Daten, die abgeschnitten werden müßten.
- Zeilen mit fehlenden Werten bei Spalten, die mit NOT-NULL definiert sind.
- In eine Tabelle mit UNIQUE INDEX ein bereits vorhandener Schlüsselwert.
- Daten, die gegen referenzielle Beziehungen verstoßen, sofern diese Beziehungen im DB2 aktiviert sind,
- Daten, die gegen Check Constraints verstoßen.
- Daten in eine Tabelle, in der eine ROWID-Spalte mit GENERATED BY DEFAULT definiert ist, aber kein Unique Index angelegt wurde, der exakt auf diese Spalte referenzieren muss.

Ist für die Tabelle VALIDPROC, FIELDPROC oder eine Check Rule definiert, müssen die Inhalte die dort definierten Bedingungen erfüllen.

Bei einem Massen-Insert wird die Anzahl der eingefügten Zeilen in der SQLCA im Feld SQLERRD (3) zurückgegeben.

Eingefügte Zeilen bleiben innerhalb der UOR exklusiv gesperrt und können nur von Anwendungen derselben UOR wieder eingelesen und manipuliert werden.

A2 Anhang - Definition der wichtigsten DB2-Sprachelemente
INSERT - 2

Erforderliche Privilegien

- INSERT-Privileg der Table bzw. des Views oder
- Eigentümer der Table oder
- DBADM-Privileg für die Database, die Table enthält oder
- SYSADM.
- Wenn expression auf Funktionen referenziert, müssen die entsprechenden EXECUTE-Privilegien vorhanden sein.

Anwendungs-Beispiel

```
INSERT INTO    SEMTYP                              Einfügung in die SEMTYP-Table.
       (DAUER, SEMCODE, TITEL)                     Spalten korrespondierend zu VALUES
       VALUES (5, 'DB2-QMF' , 'DB2 FUER ENDBENUTZER');  Einfügungswerte.

INSERT INTO    SEMTYP_SB1                          Einfügung in die SEMTYP_SB1 Table,
       SELECT  *                                   alle Spalten,
       FROM    SEMTYP                              aus der Table SEMTYP,
       WHERE   SEMCODE LIKE 'D%' ;                 der Seminare, die mit D beginnen.

INSERT INTO    SEMTYP_SB1                          Beispiel wie vorab. In diesem Beispiel sei aber
                                                   eine ROWID-Spalte eingesetzt.
           OVERRIDING USER VALUE                   Die ROWID-Werte der Empfangs-Tabelle werden
                                                   von DB2 automatisch generiert.

       SELECT  *
       FROM    SEMTYP
       WHERE   SEMCODE LIKE 'D%' ;                 der Seminare, die mit D beginnen.

INSERT INTO    SEMTYP                              Einfügung in die SEMTYP-Table,
       (DAUER, SEMCODE, TITEL)                     Spalten korrespondierend zu den Result-
                                                   Table-Spalten des subselects.
       SELECT  DAUER, SEMCODE, TITEL               Spalten in der Reihenfolge der Spalten-Liste
       FROM    PROD.SEMTYP                         aus der Table PROD.SEMTYP,
       WHERE   SEMCODE LIKE 'D%' ;                 der Seminare, die mit D beginnen.
```

Syntax-Diagramm

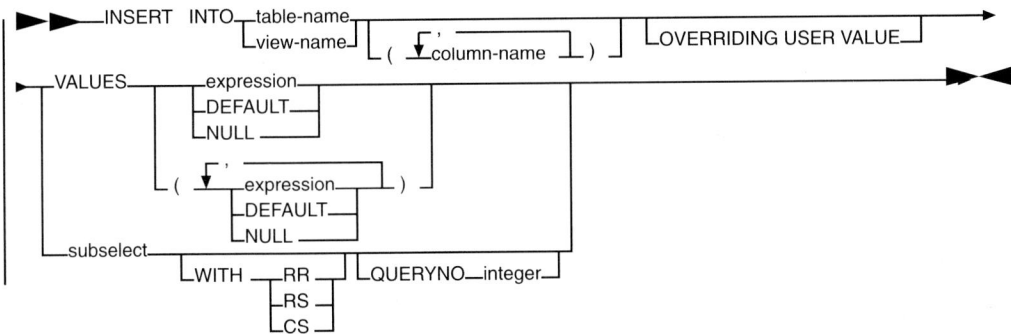

Parameter-Beschreibung

table-name Objektauswahl Table (nur eine).
view-name   Objektauswahl View (der View muss updateable sein).
Das Objekt kann auf dem lokalen Server oder auf einem remote Server zur Verfügung stehen. Es darf keine Auxiliary Table sein.
Eine Online-Anwendung unter IMS oder CICS kann nur dann remote Objekte ansprechen, wenn die verbundenen Systeme DRDA-DUW unterstützen, ansonsten können nur lokale Objekte angesprochen werden.

(column-name)	Liste der Spalten, die eingefügt werden sollen. Fehlt diese Option, wird der aktuelle Status aller Spalten aus dem Katalog entnommen (bei Anwendungs-programmen der Status zum BIND-Zeitpunkt, d.h. nach einer Struktur-Änderung und einem nachfolgenden BIND/REBIND kann eine andere Spalten-Liste gegeben sein). In Anwendungs-Programmen sollten entweder Views oder Spalten-Listen vorgegeben werden. Siehe hierzu auch Ausführungen im Kapitel 9: Verfahrens-Unabhängigkeit.
OVERRIDING USER VALUE	Ein vorgegebener oder durch einen Sub-Select gebildeter Spalten-Wert bleibt bei einer GENERATED ALWAYS-Spalte unberücksichtigt. Es wird immer der vom System generierte Wert herangezogen, der die Benutzervorgabe überschreibt.
VALUES	Vorgabe der Werte aller Spalten der Spalten-Liste für eine Zeile. Die Anzahl der Spalten-Werte muss identisch sein mit der Spalten-Liste (explizit oder implizit). Bei Vorgabe mehrerer Spalten-Werte müssen diese in Klammern gesetzt und mit Komma abgegrenzt werden.
expression	Beliebiger Ausdruck gemäß Anhang 1, wie z.B.: - Konstante z.B. 'ABC', 4. - Host-Variablen, bei Null-fähigen Spalten auch Null-Indikatoren. Es können sowohl einzelne Variable, als auch eine Struktur übergeben werden. Dann müssen die einzelnen Variablen in der Struktur in einer 1 : 1-Beziehung zu der Spalten-Liste stehen. - Spezial-Register. Siehe Beschreibung Anhang A1.
DEFAULT	Der mit der Tabellenbeschreibung definierte Default-Wert soll anstelle eines vorgegebenen Wertes eingefügt werden. Nur einsetzbar bei Spalten, für die ein Default-Wert oder GENERATED ALWAYS definiert wurde.
NULL	Der NULL-Wert soll anstelle eines Wertes eingefügt werden.
subselect	Einfügung aller Zeilen der Subselect Result-Table. Die Result Table kann 0, eine oder n Zeilen enthalten. Bei 0 Zeilen wird SQLCODE auf 100 gesetzt (SQLSTATE 02000). Die Anzahl der eingefügten Zeilen kann aus der SQLCA (SQLERRD (3)) entnommen werden. Der Tabellen- oder Viewname in allen Subselects und Subqueries darf nicht mit dem Namen der Empfangstabelle für INSERT übereinstimmen. Die Anzahl der Spalten-Werte der Result Table muss identisch sein mit der Spalten-Liste. Beschreibung subselect siehe unter SELECT SUB-SELECT.
WITH	Vorgabe eines statementspezifischen Isolation-Levels. Wird dieser Parameter nicht vorgegeben, wirken die Isolation-Level der Package bzw. des Plans. Eine detaillierte Beschreibung der Auswirkungen siehe unter SELECT (Select-Statement) with-clause in diesem Anhang.
RR	Repeatable Read.
RS	Read Stability.
CS	Cursor Stability.
QUERYNO queryno	Vorgabe einer Statement-Nummer, die anstelle einer vom DB2-Precompiler generierten Nummer verwendet wird. Diese Query-Nummer wird dann auch bei einem EXPLAIN in die PLAN_TABLE eingestellt. Eine solche Nummernvergabe ist insbesondere hilfreich, wenn Optimization-Hints genutzt werden sollen und die Nummer einem bestimmten festen und unveränderbaren Nummernkreis zugeordnet werden soll.

A2 Anhang - Definition der wichtigsten DB2-Sprachelemente
LABEL ON (SQL-Statement)

Aufgabe des Statements

Das SQL-LABEL ON-Statement fügt einen Alternativnamen zur Katalogbeschreibung einer Table, eines Views, eines Alias oder einer Spalte hinzu (Objekte am aktuellen Server).
Das Statement kann auch zur Veränderung von Alternativnamen eingesetzt werden.
Pro LABEL ON-Statement können für einzelne Tables, Views oder Spalten Alternativnamen verwaltet werden. Es kann aber auch eine ganze Gruppe von Spalten einer Table bzw. eines Views adressiert werden.

Die Bereitstellung der Alternativnamen wird im Bereich des dynamischen SQL durch Ausgabe der alternativen Texte, z.B. Spaltenbezeichnungen innerhalb der Result Table unterstützt
(DB2I - SPUFI und innerhalb der SQL - Descriptor-Area - SQLDA für Anwendungsprogramme).

DCLGEN kann Spalten-Label (gesteuert über LABEL-Parameter) als Kommentar in die generierten Strukturen einfügen.
Es besteht aber keine Möglichkeit, diese alternativen Spalten-Namen innerhalb eines SQL-Statements einzusetzen.

Erforderliche Privilegien

- Eigentümer der Table, des Views bzw. des Alias oder
- DBADM-Privileg für die Database, die Table enthält oder
- SYSADM, SYSCTRL.

Anwendungs-Beispiel

```
LABEL ON    TABLE  SEMTYP                        Alternativname für Table.
       IS 'SEMINARTYPEN'

LABEL ON    TABLE  SEMTYP_PREIS                  Alternativname für View.
       IS 'SEMINARTYPEN_UND_PREISE'

LABEL ON    COLUMN  SEMTYP.SEMCODE               Alternativname für eine Table-Spalte.
       IS 'SEMINAR-CODE FUER PLANUNG'

LABEL ON    SEMTYP                               Alternativname für mehrere Table-Spalten.
       (SEMCODE  IS  'SEMINAR-CODE FUER PLANUNG'
        DAUER    IS  'SEMINARDAUER IN TAGEN')
```

Syntax-Diagramm

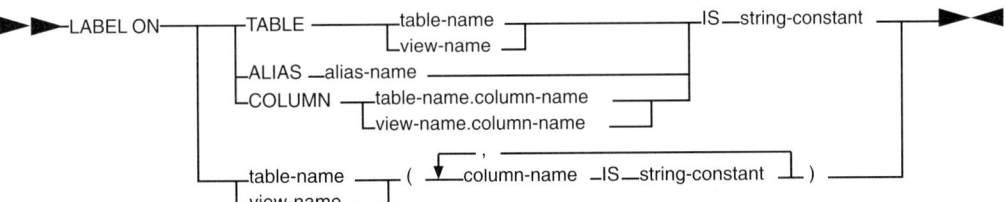

Parameter-Beschreibung

TABLE	**table-name**	Objektauswahl Table am lokalen Server.
	view-name	Objektauswahl View am lokalen Server.
	IS string-constant	Zuordnung Konstante max. 30 Bytes. String wird in der LABEL-Spalte der SYSTABLES-Katalog-Tabelle verwaltet.
ALIAS	**alias-name**	Objektauswahl Alias am lokalen Server.
	IS string-constant	Zuordnung Konstante max. 30 Bytes. String wird in der LABEL-Spalte der SYSTABLES-Katalog-Tabelle verwaltet.

COLUMN	table-name.column-name	Objektauswahl Spalte einer Table am lokalen Server.
	view-name.column-name	Objektauswahl Spalte eines Views am lokalen Server.
	IS string-constant	Zuordnung Konstante max. 30 Bytes. String wird in der LABEL-Spalte der SYSCOLUMNS-Katalog-Tabelle verwaltet.

Das folgende Verfahren wird angewandt für eine Spaltengruppe innerhalb gleicher Table/View:

table-name   Objektauswahl Table.
view-name   Objektauswahl View.
(column-name IS string-constant)   Aufführung mehrerer Spalten mit Konstanten in Klammern.

A2 Anhang - Definition der wichtigsten DB2-Sprachelemente
LOAD (DB2-Utility)

Aufgabe des Utilities

Das LOAD Utility lädt Daten aus einem oder mehreren sequenziellen Datenbeständen in:
- eine oder mehrere Tabellen eines Tablespaces oder
- eine oder mehrere Partitions eines Tablespaces.

Die geladenen Daten können die bisherigen Daten ersetzen (REPLACE) oder aber zusätzlich eingestellt werden (RESUME YES).

Das LOAD Utility kann mit verschiedenen Statement-Typen gesteuert werden:
- **LOAD DATA**   definiert die zu ladenden Datasets und die Wirkung auf die DB2-Ressourcen, wie Tablespace-Zustand (leer oder bereits mit Daten gefüllt), Behandlung des Komprimierungs-Dictionaries, LOG-Protokollierung der geladenen Daten, Prüf- und Fehlerbehandlung.
- **INTO TABLE**   identifiziert die Tabelle, in die Daten eingestellt werden sollen und beschreibt das Format des Input-Datasets,
- **FIELD SELECTION**   definiert Satzauswahlbedingungen.
- **FIELD SPECIFICATION**   beschreibt das Format (die einzelnen Felder) der zu ladenden Daten.

Die zu ladenden Daten werden bei definierten EDIT- oder VALIDPROC-Prozeduren gemäß der dort definierten Bedingungen geprüft.
Beim Laden können die Daten komprimiert in den Tablespace eingestellt werden. Auf Bedarf wird ein neues Kompressions-Dictionary erstellt oder aber ein existierendes Dictionary zur Komprimierung genutzt.

Wurde ein clustering Index definiert, muss der Benutzer die Daten vorsortieren, da das LOAD Utility nur die Indexdaten sortiert.
Ein vorsortierter Bestand kann ggf. auch die SORT-Phase einsparen helfen, wenn die Daten gemäß eines Index-Keys sortiert sind und nur ein Index auf einer Tabelle eingerichtet ist.

Mit dem LOAD-Lauf kann auch gleichzeitig eine Inline-Kopie (Full Image Copy) für das Recover Utility gezogen werden. Sie wird aktiviert mit dem COPYDDN-Parameter. In diesem Fall kann LOG NO vorgegeben werden und es wird kein "Copy Pending Status" gesetzt.

Mit dem LOAD-Lauf kann auch gleichzeitig eine Inline-Statistik (RUNSTATS Utility) gezogen werden. Sie wird aktiviert mit dem STATISTICS-Parameter.

Liegt ein Pending Status vor, gelten Beschränkungen hinsichtlich der LOAD-Möglichkeiten und Parametrisierungen. Details siehe unter "Pending Status" im Kapitel 12.7.

Sollen LOB-Daten geladen werden, müssen aufgrund der Größenbeschränkungen des Input-Datasets auf 32 KB mehrere Lade-Läufe vorgenommen werden. Eine Muster-JCL stellt IBM in der Bibliothek SDSNSAMP im Member DSN8DLPL zur Verfügung.

Erforderliche Datasets und Objekte

Dataset-DD-Name bzw. Zweck	DD-Name in Utility-Parameter	Default-DD-Name	Verwendung	Eingabe-Ausgabe	Pflicht-Vorgabe
SYSIN	-	-	Utility-Control (z.B. LOAD DATA .... siehe Anwendungs-Beispiel)	E	Ja
Ladebestand	INDDN	SYSREC	Eingabe-Dataset, der die Daten enthält (können auch mehrere concatenated Datasets sein).	E	Ja
Fehler-Daten	DISCARDDN	SYSDISC	Ausgabe fehlerhafter Zeilen, wenn DISCARD aktiv ist.	A	Evtl.
Fehlermeldung	ERRDDN	SYSERR	Ausgabe-Fehlermeldungen, wenn DISCARD aktiv ist.	A	Evtl.
Fehlerverweis	MAPDDN	SYSMAP	Enthält Verweise von fehlerhafte Datenzeilen auf den Ladebestand.	A	Evtl.
Inline-Copy	COPYDDN	SYSCOPY	Name der ersten Full Image Copy (nur bei Inline-Kopie).	A	Nein
Sort-Output	WORKDDN	SORTOUT	Sort-Output Workfile, wenn externe Sorts erforderlich sind.	E A	Evtl.
Sort-Input	WORKDDN	SYSUT1	Sort-Input Workfile, wenn externe Sorts erforderlich sind.	E A	Evtl.
Sort-Work	-	SWppWKnn	Sort Workfiles bei SORTKEYS: pp = Parallel-Task-Id, nn = Workfile-Lfd-Nr	E A	Evtl.
Sort-Message	UTPRINpp	-	Sort-Meldungen bei SORTKEYS: pp = Parallel-Task-Id	A	Evtl.
	UTPRINT	-	Sort-Meldungen, wenn Sorts erforderlich sind (ohne SORTKEYS).	A	Evtl.
SYSPRINT	-	-	Informationsausgabe und Meldungen	A	Ja

Katalog-Objekte, für die keine OS/390-DD-Statements erforderlich sind   Utility-Parameter

| Table | Zu ladendes Objekt | | | INTO TABLE table-name |

Erforderliche Privilegien

- Eigentümer der Table oder
- LOAD-Privileg für die Database bzw. für alle Tables, die geladen werden (auch wenn nur einzelne Tabellen geladen werden, aber der REPLACE-Parameter vorgegeben wird) oder
- DBADM, DBCTRL für die Database oder
- SYSADM, SYSCTRL.
- Wenn Statistiken erzeugt werden (STATISTICS), ist für die Katalog-Tabellen das SELECT-Privileg erforderlich.

Abhängigkeiten

Die Abhängigkeiten des Utilities zu anderen Utilities sind in der Utility-Kompatibilitäts-Matrix am Anfang des Anhangs 2 dargestellt.
Aus der folgenden Tabelle ist zu entnehmen, dass die zu ladende Datenbasis (Tablespace oder Partititon) und auch sämtliche Indexspaces bzw. Index-Partitions beim LOAD exklusiv gesperrt werden:

```
DB2-Utility        Tablespace/   Index/Index-   Sonstiges              Bemerkungen
                   Partition     Partition
-----------------------------------------------------------------------------------
LOAD               DA/UTUT       DA/UTUT        Primary Index *:DW/UTRO   * nur bei ENFORCE.
```

LEGENDE:
Zugriffs-Einschränkungen für parallele SQL-Anforderungen:
    DA   - Drain aller Claim-Klassen, kein konkurrierender SQL-Zugriff erlaubt.
    DW   - Drain der schreibenden Claim-Klasse, SQL-Leseanforderungen sind konkurrierend erlaubt.
Objekt-Status:
    UTUT - Das Utility richtet eine exklusive Kontrolle auf dem Objekt ein. Es ist keine Parallelität erlaubt.
    UTRO - Das Utility richtet eine Update-Sperre auf dem Objekt ein. Parallele Leseanforderungen sind erlaubt.

Utility-Phasen

Die Ausführungs-Phasen des Utilities sind:
- UTILINIT   Initialisierungs-Phase (Anmeldung des Utility-Ids in der Directory-Table SYSUTIL).
- RELOAD   Laden der Daten, für Indizes und Foreign Keys werden temporäre Files erzeugt.
                Der Eingabebestand wird komplett durchsucht, alle zu filternden Daten werden geprüft (z.B. bei Check Rules) und geladen. Zu komprimierende Daten werden komprimiert und ggf. das Komprimierungs-Dictionary erzeugt.
                Informationen über fehlerhafte Daten werden in die ERRDDN- und MAPDDN-Datasets eingestellt.
                Wurde der Parameter SORTKEYS vorgegeben, wird eine Subtask gestartet und dieser die jeweiligen Keys für einen späteren speicherinternen Sort übergeben.
                Am Ende der RELOAD Phase werden alle restlichen Pages formatiert, sofern der PREFORMAT-Parameter vorgegeben wurde.
- SORT   Sortierung der in temporären Files gehaltenen Index-Daten (sofern erforderlich) mittels WORKDDN-Datasets bzw. speicherinterner Sort bei Vorgabe von SORTKEYS.
- BUILD   Erzeugung sämtlicher Indizes. Erkennung von doppelten Index-Einträgen bei UNIQUE-Indizes und Speicherung in den ERRDDN-Dataset.
- SORTBLD   Beim parallelen Bilden von Indizes fasst diese Phase die Phasen SORT und BUILD zusammen.
- INDEXVAL   Löschen der Datenzeilen, die aufgrund der ERRDDN-Einträge Verstöße gegen die Uniqueness bewirkten. In diesem Fall werden alle geladenen Zeilen, die diesen Key enthalten, gelöscht.
- ENFORCE   RI-Rules: Prüfen der RI-Beziehungen (für einen dependent FK muss ein übereinstimmender Parent Key gefunden werden). Löschen aller dependent rows, die gegen die RI-Regeln verstoßen.
                Check-Rules: Prüfen sämtlicher check constraints.
                Bei Fehler: Protokollierung im SYSERR-Dataset.
- DISCARD   Kopieren fehlerhafter Eingabedaten vom Input-Dataset auf den DISCARD-Dataset.
- REPORT   Generierung eines Summary Reports, sofern ENFORCE CONSTRAINT definiert wurde oder Index-Fehler entdeckt wurden. Ausgabe auf SYSPRINT.
- UTILTERM   Terminierungs-Phase (Abmeldung des Utility-Ids in der Directory-Table SYSUTIL).

Anwendungs-Beispiel

Laden Daten in einen Tablespace, der nur 1 Tabelle enthält.

```
LOAD DATA
  REPLACE
    INTO   TABLE    PROD.SEMTYP                         Der Tablespace wird komplett neu geladen.
       (   SEMCODE       POSITION(001:015)              Statistikinformationen bleiben erhalten.
           DAUER         POSITION(017:022)              CHAR,
           TITEL         POSITION(023:082)              DECIMAL EXTERNAL,
                                                        VARCHAR)
```

Laden Daten in einen segmented Tablespace mit mehreren Tabellen.

```
LOAD DATA
  REPLACE
    INTO   TABLE    PROD.SEMTYP                         Der Tablespace wird komplett neu geladen.
       (   .....)

LOAD DATA
  RESUME YES                                            Die Daten der SEMTYP-Table bleiben erhalten.
    INTO   TABLE    PROD.SEMINAR                        Die Daten der SEMINAR-Table werden geladen.
       (   .....)
```

Wenn nur eine Tabelle ersetzt werden soll, kann z.B. bei einem segmented Tablespace mit DELETE ohne WHERE-Bedingung gearbeitet werden (Massen-Delete). Anschließend können die Daten mit RESUME YES wieder geladen werden.

Ersetzen Daten in einer Partition eines partitioned Tablespace (hier ist nur eine Tabelle möglich).

```
LOAD DATA
    INTO   TABLE    PROD.SEMINAR                        Vorhandene Daten bleiben erhalten,
                    PART 2  REPLACE                     Partition 2 wird ersetzt.
       (   .....)
```

Syntax-Diagramm: LOAD DATA-Statement

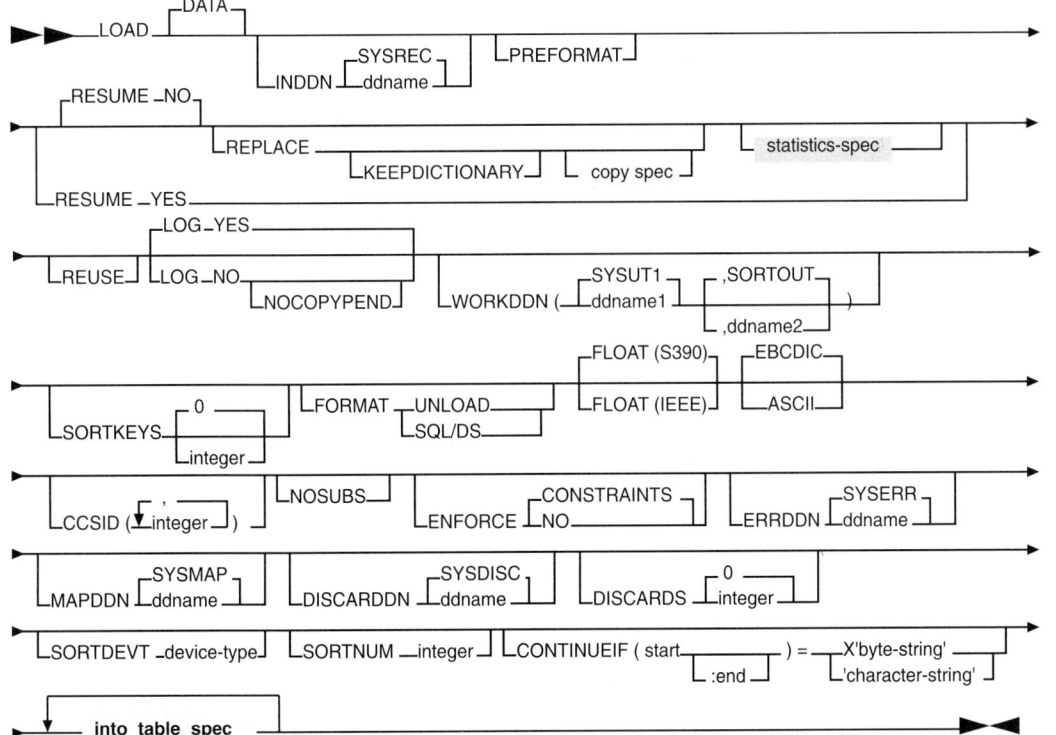

Parameter-Beschreibung

DATA
INDDN
    ddname
DD-Statement für Input Dataset (BSAM-Satzformat fest oder variabel). Default ist SYSREC.

PREFORMAT
Kennzeichnung, dass die restlichen Pages (zwischen der zuletzt geladenen Page und der High allocated RBA) innerhalb des Tablespaces und aller Indexspaces, die mit der Tabelle verbunden sind, vorformatiert werden. Die Vorformatierung reduziert evtl. spätere Insert-Aufwendungen, führt aber bei einem Page Range Scan nicht segmentierter Tablespaces zu erhöhten Beschaffungs- und Suchaufwendungen.
Sollen die Pages von Partitions vorformatiert werden bzw. soll während des Ladevorgangs noch eine eingeschränkte Parallelverarbeitung genutzt werden, ist der entsprechende Parameter im INTO TABLE Statement dieses LOAD-Utilities vorzugeben.

RESUME
Kennzeichnung, ob Daten in einen leeren oder nicht leeren Tablespace geladen werden. Bei einem non-segmented Tablespace wird der Platz der als gelöscht markierten Zeilen bzw. Zeilen gelöschter Tabellen nicht wiederverwendet.
Wird dieser Parameter vorgegeben, erfolgt eine Sperre auf Tablespace-Ebene. Soll nur auf Partition-Ebene geladen und gesperrt werden, ist der entsprechende Parameter im INTO TABLE Statement dieses LOAD-Utilities vorzugeben.

RESUME NO
Es liegt ein leerer Tablespace vor. Ist er nicht leer, erfolgt ein Abbruch, wenn REPLACE nicht gesetzt wurde.
Der Default RESUME NO wird durch PART nn RESUME YES überschrieben.

    REPLACE
Alle Tabellen und Indizes eines kompletten Tablespaces werden geladen. Dieser Parameter darf nicht noch einmal im INTO TABLE-Statement innerhalb der PART-Klausel vorgegeben werden.
In diesem Fall werden zunächst vor dem Laden die Tablespace- und Index-Inhalte komplett gelöscht. Es ist zu beachten, dass sämtliche Daten des Tablespaces gelöscht werden, unabhängig davon, welche Tabellen durch LOAD wiederum geladen werden.
Achtung, bei segmented Tablespaces muss die Ladefolge beachtet werden (siehe auch Anwendungs-Beispiel vorab).
Bei Datasets, die über DB2-Storagegroup definiert sind, erfolgt ein VSAM DELETE und re-DEFINE, sofern nicht REUSE vorgegeben wurde.
Das Ersetzen einer bestimmten Partition bei einem partitioned Tablespace erfolgt über die 'table spec-option' (siehe INTO TABLE Statement).
Wenn ein Tablespace den "Recovery Pending Status" aufweist, wird dieser bei REPLACE zurückgesetzt.
Statistikinformationen im Katalog bleiben unverändert, sofern nicht STATISTICS vorgegeben wurde.
Wird innerhalb eines RI-Konstrukts die Parent Table mit REPLACE geladen, werden alle dependent tablespaces in "Check Pending Status" gesetzt.
Wenn ein Tablespace den "Check Pending Status" aufweist, kann dieser mit REPLACE und ENFORCE CONSTRAINTS zurückgesetzt werden.

    KEEPDICTIONARY
Der Parameter kann nur vorgegeben werden, wenn für den Tablespace die Kompression definiert ist (COMPRESS YES).
Wird dieser Parameter vorgegeben, benutzt das LOAD-Utility zur Komprimierung der Daten das vorhandene Komprimierungs-Dictionary, d.h. ein Neuaufbau des Dictionaries wird verhindert.
Ist kein solches Dictionary vorhanden (beim Erstladen) wird es erzeugt und eine Warnung ausgegeben.

    copy-spec
Erzeugung einer Inline-Kopie. Siehe separate Beschreibung später.

    statistics-spec
Mit dem Ladeprozess werden die Statistiken (von RUNSTATS) erzeugt. Siehe separate Beschreibung später.

RESUME YES
Die Daten werden zu vorhandenen Daten hinzugefügt. Die Daten werden hinter das Ende der bisher vorhandenen Daten eingefügt.
Ist der Tablespace leer, wird eine Warnung ausgegeben.

REUSE		Kennzeichnung, dass die Datasets anstelle von VSAM-DELETE und re-DEFINE logisch wiederverwendet werden sollen. Fehlt der Parameter, werden die Datasets gelöscht und wieder neu angelegt.
LOG		Kennzeichnung, ob die Daten-Einfügungen (RELOAD-Phase) auf der LOG-Datei protokolliert werden sollen.
	YES	Normales Loggen. Auf das Logging kann verzichtet werden, wenn eine Inline-Kopie erstellt wird. Dann müßte dieser Parameterwert auf NO gesetzt werden.
	NO	Aussetzen der LOG-Aktivitäten. Der Tablespace bzw. die entsprechende Partition wird in den "Copy Pending Status" gesetzt, sofern in demselben Lauf keine Inline-Kopie erstellt wird. Bevor ein solcher "Copy Pending Status" nicht behoben ist, können keine Manipulationen innerhalb des jeweiligen Objektes vorgenommen werden. Werden logische Partitionen eines non-partitioned Index von Parallelanwendungen genutzt, kann es zu Logging Aktivitäten während der Build-Phase kommen.
	NOCOPYPEND	Kennzeichnung, dass der bei LOG NO normalerweise gesetzte "Copy Pending Status" nicht gesetzt wird. **Vorsicht:** In diesem Fall muss für die erneute Ladefähigkeit bei einer Recovery-Erfordernis selbst gesorgt werden. DB2 stehen automatisch keine Recovery-Informationen zur Verfügung.
WORKDDN		Namen der DD-Statements für temporäre Work-Dateien (nur für Indizes).
	SYSUT1 ddname1	Sort-Input.
	SORTOUT ddname2	Sort-Output.
SORTKEYS		Kennzeichnung, dass Index Keys parallel im Multi-Tasking speicherintern sortiert werden sollen. Pro Parallel-Task sollten eigene Workfiles und Message-Datasets zugeordnet werden (siehe Übersicht Datasets), sofern die Sortierung nicht komplett im Speicher erfolgen kann. Der Parameter hat nur dann positive Performance-Auswirkungen, wenn: - der Tablespace mindestens einen Index aufweist, - die Daten nicht bereits nach der einzigen Key-Sequenz sortiert sind, - ein Wert mit integer vorgegeben wird.
	integer	Anzahl der speicherintern zu sortierenden Keys. Reicht der interne Bereich nicht aus, wird auf Sort Workfiles ausgelagert.
FORMAT		Format-Kennzeichnung des Eingabebestands. In diesem Fall sind keine Feld-Spezifikationen mit dem INTO TABLE-Statement erlaubt.
	UNLOAD	Kompatibel mit dem DB2-UNLOAD-Format (REORG UNLOAD(ONLY)). WHEN-Klauseln werden ignoriert. Die Daten werden in die gleichen Tabellen zurückgeladen, die auch entladen wurden, sofern für jede Tabelle ein INTO TABLE-Statement vorgegeben wird.
	SQL/DS	Kompatibel mit SQL/DS-UNLOAD-Format. WHEN-Klausel kann zur Separierung von Tables benutzt werden.
FLOAT(S390)		Gleitkommazahlen liegen im DB2-Format vor.
FLOAT(IEEE)		Gleitkommazahlen liegen im IEEE Binary Floating Point Format (BFP) vor und müssen in das DB2-Format umgesetzt werden.
EBCDIC		Character-Format des Eingabebestands = EBCDIC.
ASCII		Character-Format des Eingabebestands = ASCII.
CCSID		Vorgabe von bis zu drei Coded Character Set Identifiers des Eingabebestands. Default = Installationswerte: - der erste definiert SBCS-Daten (single Byte), - der zweite definiert mixed DBCS-Daten (Doppel-Byte), - der dritte definiert DBCS-Daten (Doppel-Byte).
NOSUBS		Bei der Konvertierung eines Strings zwischen verschiedenen CCSIDs soll kein Ersatzzeichen eingefügt werden. Tritt eine solche Erfordernis auf, weil bestimmte Zeichen nicht auf der Code Page geführt werden, erfolgt bei Vorgabe von DISCARDDN eine entsprechende Fehlerausgabe, ansonsten der Abbruch des Utilities.

ENFORCE	Kennzeichnung, ob beim Laden Prüfungen (RI und Check) vorgenommen werden sollen:
CONSTRAINTS	Referenzielle Beziehungen und definierte Check-Regeln werden geprüft. Fehlerhafte Daten werden aus dem Bestand gelöscht.
NO	Referenzielle Beziehungen und definierte Check-Regeln werden nicht geprüft. Der Tablespace wird in "Check Pending Status" gesetzt, sofern referenzielle Konstrukte und/oder Check-Konstrukte existieren.
ERRDDN	Namen des DD-Statements für fehlerhafte bzw. abgewiesene Daten.
SYSERR ddname	
MAPDDN	Namen des DD-Statements für fehlerhafte Daten, die gegen referenzielle Beziehungen verstoßen (erforderlich bei ENFORCE CONSTRAINTS).
SYSMAP ddname	Auch für Fehler, die gegen Unique-Constraints verstoßen.
DISCARDDN	Namen des DD-Statements für die Speicherung fehlerhafter Daten, die abgewiesen wurden (discarded), z.B. wg. Konvertierungs-Fehler.
SYSDISC ddname	Hier werden auch die Zeilen eingestellt, die wegen RI- oder Unique-Fehlern abgewiesen wurden.
DISCARDS	Maximale Anzahl Zeilen, die auf DISCARDDN geschrieben werden.
0	Kein Limit vorgegeben.
integer	Wenn Limit erreicht wird, wird LOAD abgebrochen. Utility kann mit neuem max. Wert gestartet werden. Es werden nur 'Primär-Fehler' gezählt. Fehler, die z.B. aufgrund RI-Prüfungen erkannt werden, werden nicht mit gezählt.
SORTDEVT device-type	Device-Typ für Sort-Dateien (für referential Integrity).
SORTNUM integer	Anzahl zuzuordnender Sort-Dateien.

CONTINUEIF start
               :end
     X'byte-string'
   'character-string'
	Verkettung kleinerer Input-Sätze zu einer großen Tabellenzeile.
	Start- und Endadresse für logische Abfragen (1. Byte = Position 1).
	Beispiel: CONTINUEIF (78) = X'FF'
	                     CONTINUEIF (78 : 79) = ' * * '
	Wenn die Bedingung innerhalb der Eingabedaten erfüllt ist, wird der nächste Satz der Eingabe-Datei mit dem vorherigen Satz verknüpft, bevor der Satz geladen wird (max. Satzlänge für LOAD 32767 Bytes).
	Während CONTINUEIF die Position innerhalb der Eingabe-Datei anspricht, wirken andere Parameter, wie WHEN, POSITION, NULLIF auf den komplett zusammengebauten Satz vor LOAD.
	Das Verkettungs-Feld selbst wird entfernt und ist nicht Bestandteil des Lade-Satzes.

into table spec	Spezifikation der Tabelle oder mehrerer Tabellen, in die Daten zu laden sind. Siehe separate Beschreibung später.

Erzeugung einer Inline-Kopie (copy spec)

Mit einem LOAD-Lauf kann gleichzeitig eine Full Image Copy erstellt werden. Damit kann ein beliebiger LOG-Parameter vorgegeben werden. Auch bei LOG NO wird dann kein "Copy Pending Status" gesetzt.
In diesem Fall müssen COPYDDN für die lokale Site bzw. RECOVERYDDN für eine Backup Site vorgegeben werden.
Eine Inline-Kopie kann nur erzeugt werden, wenn beim Laden der REPLACE-Parameter vorgegeben wird. Führt die Tabelle LOB-Spalten, werden die LOB-Werte nicht gesichert.
Folgende Besonderheiten der Inline-Kopie sind zu beachten:
- Es wird eine Full Image Copy unter den Bedingungen erstellt, die beim COPY SHRLEVEL REFERENCE gelten; inhaltlich gibt es aber einige Abweichungen, da bestimmte Pages mehrfach auftreten können. In diesen Fällen sind die zuletzt gespeicherten Pages aktuell.
- In einem RECOVER-Fall sollte kein "point-in-time-recovery" vorgenommen werden, sonst drohen **Konsistenz-Probleme**,
- In der Katalog-Tabelle SYSCOPY werden besondere Informationen geführt:
  ICTYPE = 'F' SHRLEVEL = 'R'   STYPE = 'R' wenn LOG (YES) vorgegeben wurde,
  STYPE = 'S' wenn LOG (NO) vorgegeben wurde.

Syntax-Diagramm: Copy spec:

copy spec:

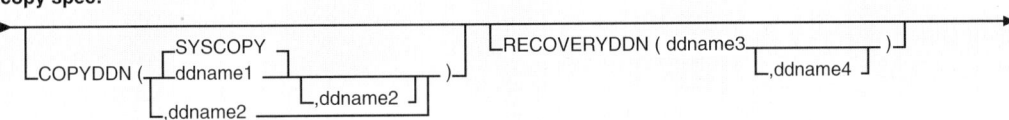

Parameter-Beschreibung

COPYDDN   Name der DD-Statements für Output Datasets der Primär- und Backup-Kopie im lokalen System.
Der Output Dataset-Typ muss eine sequenzielle Datei sein.
Das Utility prüft, ob der Dataset bereits für COPY benutzt ist.
Bei katalogisierten Datasets darf der DSN nicht doppelt sein.
Bei nicht-katalogisierten Datasets darf der Name und die Volume-Nr. nicht in der Katalog-Tabelle SYSCOPY protokolliert sein.

    ddname1   Primär-Kopie. Default ist SYSCOPY.
    ddname2   Backup-Kopie.

RECOVERYDDN   Name der DD-Statements für Output Dataset der Primär- und Backup-Kopie im Recovery-System (generiertes Backup-DB2-System).
Die Bedingungen für die Output Dasets entsprechen den COPYDDN-Ausführungen.

    ddname3   Primär-Kopie.
    ddname4   Backup-Kopie.

Erzeugung von Inline-Statistiken (statistics-spec)

Mit einem LOAD-Lauf können gleichzeitig Statistiken erzeugt werden. Die Funktionalität entspricht dem RUNSTATS-Utility.
Statistiken werden nur bei einem vollständigen Durchlauf des LOAD-Utilities erzeugt. Im Abbruchfalle mit Restart werden sie nicht produziert.

Syntax-Diagramm: Statistics-spec

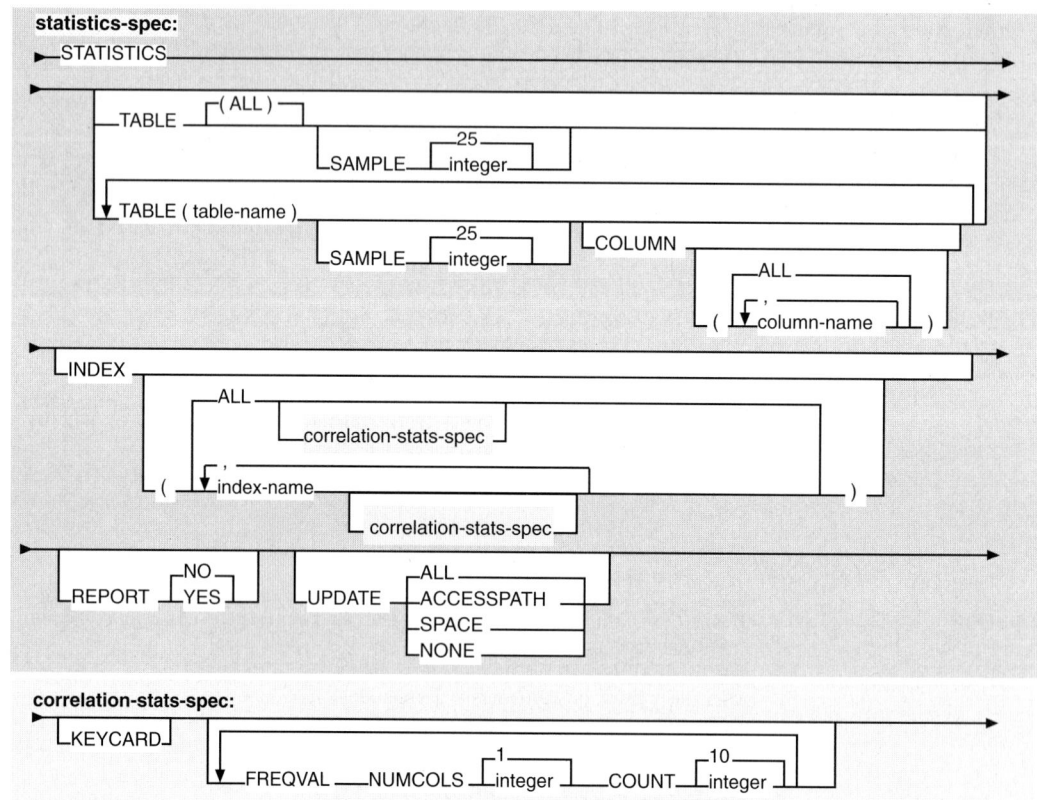

Parameter-Beschreibung

STATISTICS Es werden Inline-Statistiken erzeugt.
Wird nur STATISTICS ohne weitere Parameter vorgegeben, werden nur Tablespace-Statistiken erzeugt. Für einen LOB-Tablespace werden keine Statistiken produziert.

TABLE ... Definition der Tabellen, für die und deren Spalten Statistiken erzeugt werden sollen.

INDEX... Definition der Indizes, für die und deren erste Key-Spalte Statistiken erzeugt werden sollen.

.... Die Behandlung der restlichen Parameter entspricht dem RUNSTATS-Utility. Siehe dort.

INTO TABLE-Statement (into table spec)

Zumindest ein INTO TABLE-Statement muss vorgegeben werden, damit die zu ladende Tabelle identifiziert werden kann und das Format der Eingabedaten definiert wird.
Sind in einem Tablespace mehrere Tables zugeordnet, können mit mehreren INTO-Statements auch mehrere Tabellen mit einem LOAD-Durchlauf geladen werden.

Syntax-Diagramm: Into table spec:

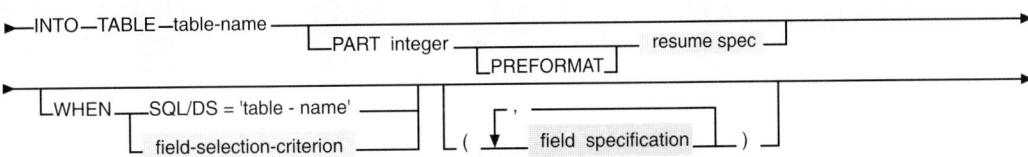

Parameter-Beschreibung

table-name Name der Tabelle, in die Daten geladen werden sollen. Bei Vorgabe von unqualifizierten Tabellen-Namen wird der Prefix aus dem Autorisierungs-Id des Utility-Jobs eingesetzt.
Es werden sämtliche Eingabezeilen verarbeitet, außer:
- FORMAT UNLOAD wurde vorgegeben, aber es wurde für die Daten kein Tabellenname über das INTO TABLE-Statement vorgegeben,
- mit der WHEN-Klausel werden Daten ausgefiltert,
- eine bestimmte Partition wurde vorgegeben, aber die Dateninhalte sind der Partition nicht zuordenbar,
- die Eingabezeile wird wegen Fehler abgewiesen.

PART integer Partition-Nr. bei partitioned Tablespace.
Siehe Hinweise unter LOAD DATA-Statement. Die Angaben beziehen sich jeweils auf eine Partition. Ein Widerspruch zu Tablespace-Angaben im LOAD DATA-Statement ist nicht zulässig.

PREFORMAT Kennzeichnung, dass die restlichen Pages (zwischen der zuletzt geladenen Page und der High allocated RBA) innerhalb der Partition und des partitioned Indexspaces, vorformatiert werden.
Die Vorformatierung reduziert evtl. spätere Insert-Aufwendungen, führt aber bei einem Page Range Scan durch die Partition zu erhöhten Beschaffungs- und Suchaufwendungen.

resume spec Kennzeichnung, ob Daten in eine bestehende oder leere Partition geladen werden. Details siehe unten.

WHEN Bedingungen, unter denen Daten geladen werden (Selektions-Kriterien). Fehlt diese Option, werden alle Daten des Eingabebestands geladen.

SQL/DS = 'table-name' Nur diese SQL/DS-Tabelle soll geladen werden, Fehlt diese Option, werden alle entladenen SQL-Daten in die eine DB2-Tabelle geladen, die mit INTO TABLE definiert ist.

field-selection-criterion Auswahl-Feldbeschreibung und Charakteristiken. Details siehe unten.

field-specification Lade-Feldbeschreibung und Charakteristiken. Details siehe unten.

Syntax-Diagramm: resume spec:

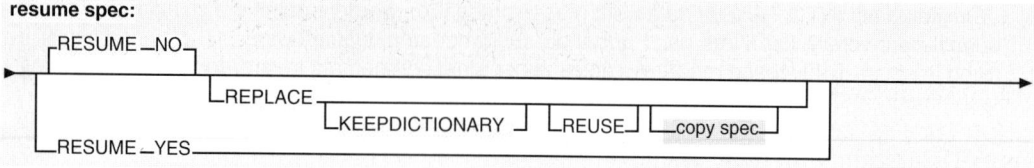

Parameter-Beschreibung

RESUME	Kennzeichnung, ob Daten in eine bestehende oder leere Partition geladen werden.
RESUME NO	Leere Partition. Ist sie nicht leer, erfolgt ein Abbruch, wenn REPLACE nicht gesetzt wurde.
REPLACE	Alle Daten und der partitioned Index werden neu geladen. Ein non-partitioned Index wird neu gebildet unter Beachtung der logischen Partitionen und vorhandener Daten.
KEEPDICTIONARY	Der Parameter kann nur vorgegeben werden, wenn für die Partition die Kompression definiert ist (COMPRESS YES).
REUSE	Kennzeichnung, dass die Datasets anstelle von VSAM-DELETE und re-DEFINE logisch wiederverwendet werden sollen. Fehlt der Parameter, werden die Datasets gelöscht und wieder neu angelegt.
copy-spec	Erzeugung einer Inline-Kopie. Siehe separate Beschreibung vorab.
RESUME YES	Daten werden zu vorhandenen Daten hinzugefügt. Die Daten werden hinter das Ende der bisher vorhandenen Daten eingefügt. Ist die Partition leer, wird eine Warnung ausgegeben.

FIELD SELECTION-Statement (field selection criterion)

Beschreibt ein Feld und eine Character-Konstante. Nur die Zeilen, in denen dieses Feld den definierten Inhalt enthält, werden geladen.

Anwendungs-Beispiel

Laden Daten in Tablespace, der nur 1 Tabelle enthält.

```
LOAD DATA
    REPLACE                                  Test-Tablespace wird komplett neu geladen.
        INTO   TABLE     TEST.SEMTYP
            WHEN         (1 : 3) = 'DB2'     Aus dem Produktionsbestand werden nur die Daten
                                             geladen, deren SEMCODE mit 'DB2' beginnen.
         (  SEMCODE      POSITION(001:015)   CHAR,
            DAUER        POSITION(017:022)   DECIMAL EXTERNAL,
            TITEL        POSITION(023:082)   VARCHAR)
```

Syntax-Diagramm

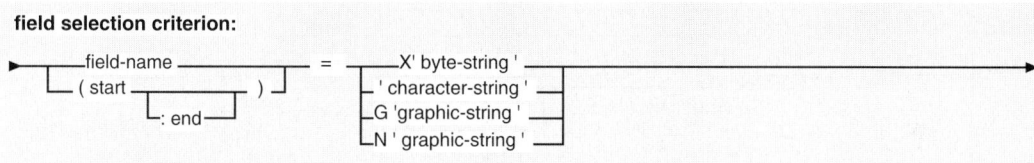

Parameter-Beschreibung

field-name   Feldname, der über POSITION innerhalb des Eingabesatzes mit seinen Start- und Ende-Positionen definiert ist.

(start : end)   Position von/bis innerhalb des Eingabesatzes.
Die erste Position eines Eingabesatzes ist 1.
Fehlt der Endwert, wird die Länge aufgrund der Konstanten abgeleitet.
Beispiele:
- WHEN (1:2)   =   X'FFFF'
- WHEN (1:3)   =   'DB2'
- WHEN SEMCODE   =   'DB2'

Im letzten Beispiel wird die Länge aus der field-specification abgeleitet.

FIELD SPECIFICATION-Statement

Spezifizierung der einzelnen zu ladenden Eingabe-Felder mit Positionierung, Format und NULL-Erkennung.
Wird keine field specification eingesetzt, erwartet DB2 die Daten exakt in derselben Folge, wie sie im Katalog definiert ist. Sind dort Spalten mit NOT NULL ohne Defaults definiert, erfolgt ein Abbruch des Ladevorgangs.

Anwendungs-Beispiel

Laden Daten in Tablespace, der nur eine Tabelle enthält.

```
LOAD DATA
    REPLACE                                     Test-Tablespace wird komplett neu geladen.
        INTO TABLE     TEST.SEMTYP
            (  SEMCODE POSITION(001:015) CHAR,
               DAUER   POSITION(017:022) DECIMAL EXTERNAL
                       NULLIF  DAUER    = '?',         Null-Wert, wenn '?'
               TITEL   POSITION(023:082) VARCHAR)
```

Syntax-Diagramm

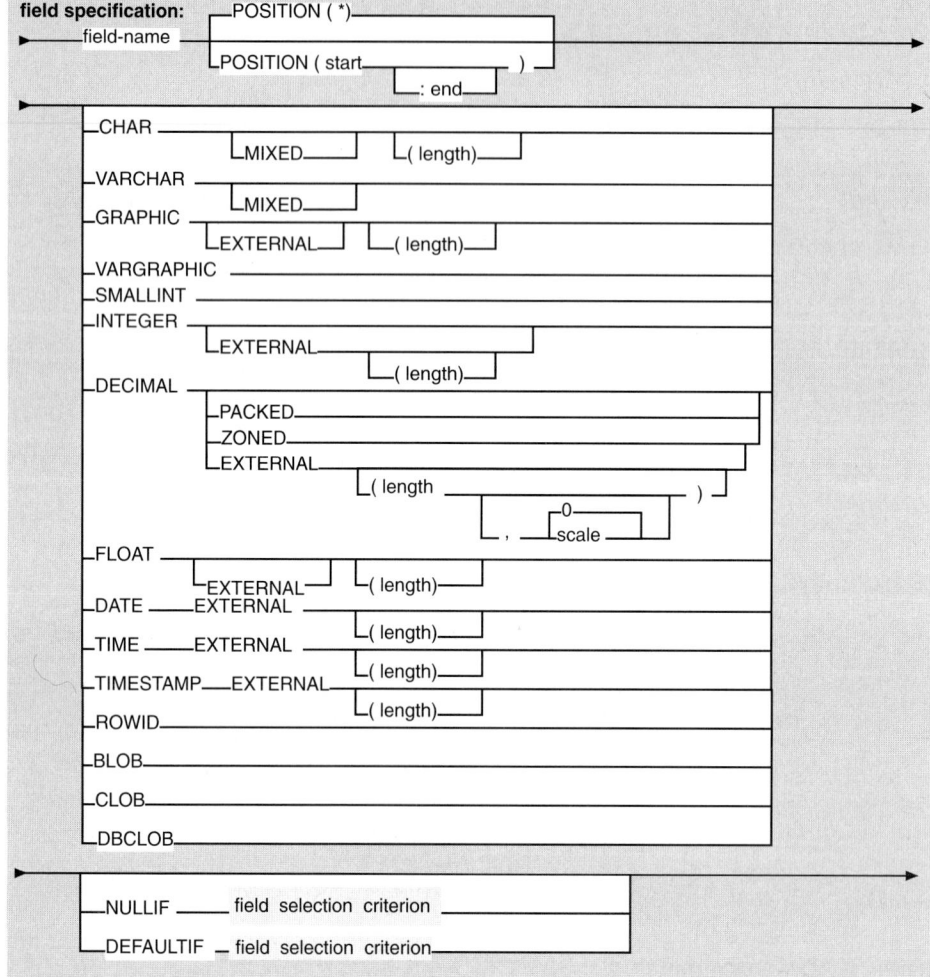

Parameter-Beschreibung

field-name Feldname, der über POSITION innerhalb des Eingabesatzes mit seinen Start- und Ende-Positionen definiert ist oder aber über die direkt nächste Position hinter dem vorherigen Feld bestimmt wird.
Der Name des Feldes muss ein Spalten-Name aus der Zieltabelle sein.

Die **Position** innerhalb des Eingabesatzes wird entweder über POSITION definiert oder, falls keine POSITION angegeben wurde, als erste Stelle nach dem vorherigen Feld angenommen (ist es das erste Feld, dann Stelle 1).

Die **Länge** des Feldes wird in dieser Reihenfolge bestimmt:
1. Ist der Daten-Typ des Feldes VARCHAR oder VARGRAPHIC, wird ein binäres Längenfeld auf Stelle 1-2 des Feldes angenommen.
2. Wurde :end angegeben, wird die Länge aus :start und :end ermittelt. In diesem Fall werden evtl. vorgegebene Längen-Attribute hinter dem Datentyp (z.B. CHAR (20)) ignoriert.
3. Das Längen-Attribut hinter dem Datentyp wird verwendet.
4. Ermittlung der Länge:
    - bei festen Feldlängen (z.B. INTEGER) implizit,
    - ansonsten aus der DB2-Katalogbeschreibung der Tabelle.

A2 Anhang - Definition der wichtigsten DB2-Sprachelemente
LOAD - 13

Der **Daten-Typ** des Feldes wird entweder explizit vorgegeben (siehe die nachfolgende Übersicht) oder er wird aus der DB2-Katalogbeschreibung der Tabelle abgeleitet. DB2 geht bei numerischen Feldern grundsätzlich vom internen DB2-Format aus. Sollen externe Darstellungsformate benutzt werden, ist dies durch die EXTERNAL-Option zu spezifizieren.

POSITION (start : end)	Definition der Feld-**Position** innerhalb des Eingabesatzes. Position von/bis. Die erste Position eines Eingabesatzes ist 1. Bei LOB-Spalten und variablen Spalten wird eine Vorgabe von 'end' ignoriert. Fehlt der Endwert, wird die Länge aus dem Daten-Typ abgeleitet (soweit möglich).
(*)	Die folgende Position nach dem letzten Feld bzw. die erste Stelle.
(*+n)	Die folgende Position nach dem letzten Feld plus n Stellen.

Parameter-Beschreibung

BLOB	Binary Large Object. Wird als variabler String behandelt. Die Länge muss in einem 4-Byte-Binär-Feld vor dem Daten-Wert übergeben werden.
CHAR	Character-String mit fester Länge (Ableitung aus POSITION oder length).
MIXED	Das Eingabefeld enthält Mixed Characters (SBCS und DBCS-Daten).
CLOB	Character Large Object. Wird als variabler String behandelt. Die Länge muss in einem 4-Byte-Binär-Feld vor dem Daten-Wert übergeben werden.
DATE EXTERNAL	Datum im externen Character-Format. Siehe DateTime-Formate.
DBCLOB	Double-Byte-Character Large Object. Wird als variabler String behandelt. Die Länge muss in einem 4-Byte-Binär-Feld vor dem Daten-Wert übergeben werden.
DECIMAL EXTERNAL	Character-String mit numerischem Wert mit oder ohne Kommastellen. Length = Gesamtlänge, Scale = Nachkommastellen.
DECIMAL PACKED	Gepacktes Format numerischer Daten mit Vorzeichen.
DECIMAL ZONED	Numerische Daten in ungepackter Form.
FLOAT EXTERNAL	Character-String mit numerischem Wert.
FLOAT	Gleitkommazahl mit Vorzeichen, Exponent und Mantisse. DB2-Standardformat:

Länge	Format	Vorzeichen in Bit		Exponent Bits von - bis	Mantisse Bits von - bis
		0 = Plus	1 = Minus		
1-21	0S390 (HFP)	0		1 - 7	8 - 31
1-24	IEEE (BFP)	0		1 - 8	9 - 31
22-53	0S390 (HFP)	0		1 - 7	8 - 63
25-53	IEEE (BFP)	0		1 - 11	12 - 63

GRAPHIC EXTERNAL	Grafische Daten in DBCS-Format mit Shift-In und Shift-Out-Character.
GRAPHIC	Grafische Daten in DBCS-Format ohne Shift-In und Shift-Out-Character.
INTEGER EXTERNAL	Character-String mit numerischem Wert ohne Kommastellen.
INTEGER	Internes 4-Byte-Format Binär-Daten.
ROWID	Rowid. Wird als variabler String behandelt. Die Länge muss in einem 2-Byte-Binär-Feld vor dem Daten-Wert übergeben werden.
SMALLINT	Internes 2-Byte-Format Binär-Daten.
TIME EXTERNAL	Zeit im externen Character-Format. Siehe DateTime-Formate.
TIMESTAMP EXTERNAL	Zeitstempel im externen Character-Format. Siehe DateTime-Formate.
VARCHAR	Variables Character-Feld. Die Länge muss in einem 2-Byte-Binär-Feld vor dem Daten-Wert übergeben werden.
MIXED	Das Eingabefeld enthält Mixed Characters (SBCS und DBCS-Daten).
VARGRAPHIC	Variables Graphic-Feld. Die Länge (Doppel-Byte-Zeichen) muss in einem 2-Byte-Binär-Feld vor dem Daten-Wert übergeben werden.
field selection criterion	Sonder-Bedingungen für Null-Wert-Behandlung und Default-Werte.
NULLIF	Beschreibt die Bedingung, wann ein NULL-Wert geladen wird. Beispiel:
	TITEL POSITION(023:082) VARCHAR NULLIF (TITEL = '? ').
DEFAULTIF	Beschreibt die Bedingung, wann ein Default-Wert geladen wird. Bei nicht vorhandenen Daten wird für die Spalten, die mit Default definiert sind, der entsprechende Default-Wert geladen. Mit dieser Option können bestimmte Datenwerte einen Default-Wert aktivieren. Beispiel:
	TITEL POSITION(023:082) VARCHAR DEFAULTIF (TITEL = '* ').
	Mit ihr kann auch die maschinelle Vergabe eines ROWID-Inhalts erreicht werden.

A2 Anhang - Definition der wichtigsten DB2-Sprachelemente
LOCK TABLE (SQL-Statement)

Aufgabe des Statements

Das SQL-LOCK TABLE-Statement richtet Sperren auf einer Ebene oberhalb von Pages und Rows ein. Folgende Möglichkeiten bestehen:

- Bei <u>non-segmented Tablespaces</u> wirkt der LOCK immer auf **Tablespace-Ebene**. Der Tablespace wird aus der Tabelle abgeleitet, die mit dem TABLE-Parameter vorgegeben wird. Die Sperre wirkt damit auch auf alle anderen Tabellen, wenn mehrere Tabellen einem solchen Tablespace-Typ zugeordnet sind.

  - <u>Partitioned Tablespaces</u> sind immer non-segmented Tablespaces, in denen aber nur eine Tabelle zuordenbar ist. Zur Reduzierung des Sperrniveaus kann der PART-Parameter vorgegeben werden, der die Sperre auf **Partition-Ebene** reduziert. Dies ist aber nur möglich, wenn der Tablespace mit dem Parameter LOCKPART YES eingerichtet ist.

- Bei <u>segmented Tablespaces</u> wirkt der LOCK immer auf **Table-Ebene**.

Das Statement darf sich nur auf ein lokales Objekt beziehen. Ein Sperrversuch eines remote Objekts hat keine Wirkung.

Der LOCK wird eingerichtet zum Zeitpunkt der Statement-Ausführung. Seine Verweilzeit wird durch den BIND-RELEASE-Parameter bestimmt:
- RELEASE (COMMIT) beendet diese Sperre am Ende der UOR,
- RELEASE (DEALLOCATE) beendet diese Sperre zum Zeitpunkt der Thread-Terminierung (allerdings nur dann, wenn weitere SQL-Statements im Anwendungs-Programm vorhanden sind). Page- oder Row-Locks werden unabhängig von diesem BIND-Parameter behandelt.

Erforderliche Privilegien

- SELECT-Privileg der Table oder
- Eigentümer der Table oder
- DBADM-Privileg für die Database, in der Table zugeordnet ist oder
- SYSADM, SYSCTRL.

Anwendungs-Beispiel

LOCK TABLE SEMTYP IN EXCLUSIVE MODE	Exklusive Sperre der Table SEMTYP, d.h. keinerlei Parallel-Aktivitäten sind erlaubt.
LOCK TABLE SEMINAR PART 5 IN SHARE MODE	Lesende Sperre der Table SEMINAR (nur Partition 5), d.h. andere Partitions können uneingeschränkt parallel verarbeitet werden.

Syntax-Diagramm

```
▶▶──LOCK TABLE──table-name─────────────────IN──┬─SHARE─────┬──MODE──▶◀
                         └─PART integer─┘        └─EXCLUSIVE─┘
```

Parameter-Beschreibung

table-name Name der Table auf dem current Server (es darf keine Katalog-Tabelle, keine temporäre Tabelle und kein View benannt werden). Wird eine Auxiliary Table gesperrt, entspricht dies der Sperre des LOB-Tablespaces.

PART integer Vorgabe einer spezifischen gültigen Partition-Nr. Siehe Ausführungen oben.

IN LOCK-Modus:
    SHARE MODE Nur lesend konkurrierende Nutzer sind zugelassen (außer bei einem LOB; hier können DELETEs vorgenommen werden). Die einzurichtende Sperre ist abhängig von aktuellen Sperren auf dem Objekt:
- ist keine Sperre etabliert, wird ein 'S'-Lock gesetzt,
- vorhandene 'IS'-Locks werden auf 'S'-Lock umgeschaltet (Lock-Promotion),
- vorhandene 'IX'-Locks werden auf 'SIX'-Lock umgeschaltet (Lock-Promotion),
- vorhandene 'S'-, 'U'-, 'SIX'-, 'X'-Locks bleiben unverändert.

    EXCLUSIVE MODE Es sind keine konkurrierenden Nutzer zugelassen (außer Isolation UR).

A2 Anhang - Definition der wichtigsten DB2-Sprachelemente
MERGECOPY (DB2-Utility)

A2 - 1257

Aufgabe des Utilities

Das MERGECOPY Utility mischt verschiedene Image Copies zusammen:
- die vom COPY Utility erzeugten Full Image Copies bzw. die Incremental Image Copies
- die vom LOAD Utility oder REORG Utility erzeugten Inline Copies (Full Image Copies).

Es können entweder nur Incremental Copies zusammengemischt werden oder es wird mit einer Full Image Copy eine neue Full Image Copy erstellt.
Das Ergebnis wird in der Katalog-Tabelle SYSCOPY dokumentiert, bei NEWCOPY NO werden die SYSCOPY-Einträge der zusammengemischten Incremental Copies gelöscht.

Erforderliche Datasets und Objekte

Dataset-DD-Name bzw. Zweck	DD-Name in Utility-Parameter	Default-DD-Name	Verwendung	Eingabe-Ausgabe	Pflicht-Vorgabe
SYSIN	-	-	Utility-Control (z.B. siehe Anwendungs-Beispiel)	E	Ja
Ausgabe	COPYDDN	SYSCOPY	Erstes Ausgabe-Imagecopy-Dataset für die local site.	A	Ja
		-	Zweites Ausgabe-Imagecopy-Dataset für die local site.	A	Nein
	RECOVERYDDN	-	Erstes Ausgabe-Imagecopy-Dataset für die remote site.	A	Ja
		-	Zweites Ausgabe-Imagecopy-Dataset für die remote site.	A	Nein
Sort-Dataset	WORKDDN	SYSUT1	Sort-Workfile für Merge-Zwischenergebnisse.	E A	Evtl.
SYSPRINT	-	-	Informationsausgabe und Meldungen	A	Ja

Katalog-Objekte, für die keine OS/390-DD-Statements erforderlich sind		Utility-Parameter
Image-Copies	Zusammenzumischende Image-Copies werden automatisch ermittelt.	-

Abhängigkeiten

Die Abhängigkeiten des Utilities zu anderen Utilities sind in der Utility-Kompatibilitäts-Matrix am Anfang des Anhangs 2 dargestellt.
Aus der folgenden Tabelle ist zu entnehmen, dass beim MERGECOPY keine Objekt gesperrt werden:

```
DB2-Utility        Tablespace/   Index/Index-   Sonstiges       Bemerkungen
                   Partition     Partition
-------------------------------------------------------------------------
MERGECOPY          UTRW          -
```

LEGENDE:
Objekt-Status:
UTRW - Das Utility richtet keine Sperre auf dem Objekt ein. Parallele Lese- und Schreibanforderungen sind erlaubt.

Utility-Phasen

Die Ausführungs-Phasen des Utilities sind:
- UTILINIT   Initialisierungs-Phase (Anmeldung des Utility-Ids in der Directory-Table SYSUTIL).
- MERGECOPY   Zusammenmischen der Copy-Bestände.
- UTILTERM   Terminierungs-Phase (Abmeldung des Utility-Ids in der Directory-Table SYSUTIL).

Erforderliche Privilegien

- IMAGCOPY-Privileg für die Database oder
- DBADM, DBCTRL, DBMAINT-Privileg für die Database oder
- SYSADM, SYSCTRL.

Anwendungs-Beispiel

```
MERGECOPY   TABLESPACE  SEMDB01.SEMTS01
   COPYDDN              (COPY1, COPY2)
   NEWCOPY              YES
```

Zusammenmischen der in der Katalog-Table SYSCOPY dokumentierten Sicherungs-Bestände zu zwei exakt identischen neuen Full-Image-Copies.

Syntax-Diagramm

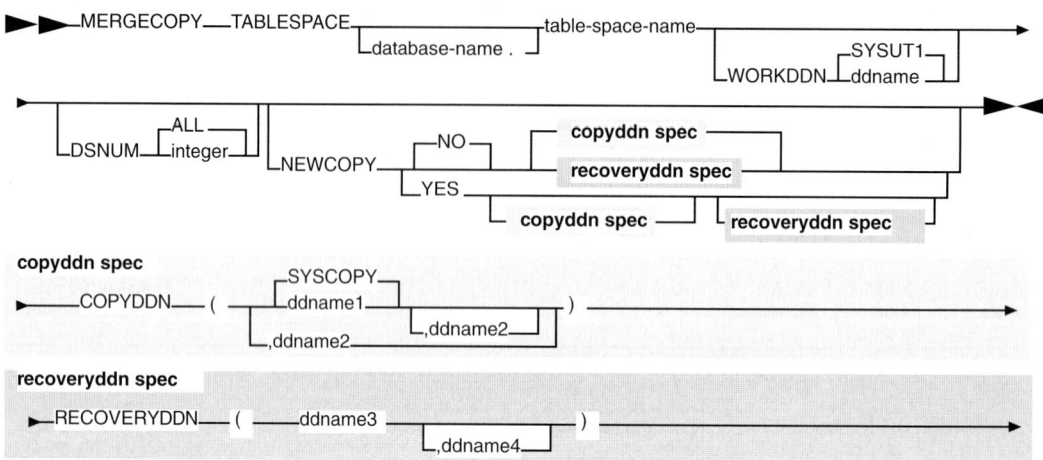

Parameter-Beschreibung

TABLESPACE database-name. Name der Database, in der sich der Tablespace befindet. Default: DSNDB04.
      table-space-name Name des Tablespaces, dessen Incremental Copies gemischt werden soll.

WORKDDN ddname Name des DD-Statements für Work Dataset. Default ist SYSUT1.

DSNUM Identifikation der zu mischenden Ressource (Partition oder Dataset):
    ALL Kompletter Tablespace wird gemischt.
    integer Partition-Nr. bzw. lfd. Dataset-Nr. (lt. VSAM-Dataset-Namenskonventionen).

NEWCOPY Kennzeichnung, ob Incremental Copies mit Full Image Copy gemischt werden:
    NO Nur Incremental Image Copy ohne Full Image Copy.
    YES Incremental Copies werden mit Full Image Copy zusammengemischt und eine neue Full Image Copy erstellt.

COPYDDN Name des DD-Statements für Output Dataset (local site). Default: SYSCOPY.
    ddname1, ddname2 Ein oder zwei identische Ausgabe-Datasets.

RECOVERYDDN Name des DD-Statements für Output Dataset (remote site). Default: keiner.
    ddname3, ddname4 Ein oder zwei identische Ausgabe-Datasets.

A2 Anhang - Definition der wichtigsten DB2-Sprachelemente
MODIFY (DB2-Utility)

Aufgabe des Utilities

Das MODIFY Utility mit der RECOVERY-Option löscht Sätze aus der SYSCOPY-Katalogtabelle und korrespondierende Sätze aus der SYSLGRNX Directory-Table und Entries aus der DBD.
Es kann eine Auswahl vorgenommen werden nach Datum oder Einträge ab einem bestimmten Alter oder es kann eine Auswahl nach Tablespaces und Datasets gewählt werden.

Wenn zumindest ein SYSCOPY-Eintrag gelöscht wird und der Tablespace aufgrund fehlender COPY-Bestände nicht mehr recoverable ist, wird er in den "Copy Pending Status" gesetzt.

Erforderliche Datasets und Objekte

Dataset-DD-Name bzw. Zweck	DD-Name in Utility-Parameter	Default-DD-Name	Verwendung	Eingabe-Ausgabe	Pflicht-Vorgabe
SYSIN	-	-	Utility-Control (z.B. siehe Anwendungs-Beispiel)	E	Ja
SYSPRINT	-	-	Informationsausgabe und Meldungen	A	Ja

Katalog-Objekte, für die keine OS/390-DD-Statements erforderlich sind		Utility-Parameter
Tablespace	Tablespace, für den nicht mehr erforderliche Informationen für Daten- und Index-Copies gelöscht werden sollen.	tablespace-name

Abhängigkeiten

Die Abhängigkeiten des Utilities zu anderen Utilities sind in der Utility-Kompatibilitäts-Matrix am Anfang des Anhangs 2 dargestellt.
Aus der folgenden Tabelle ist zu entnehmen, dass beim MODIFY keine Objekt gesperrt werden:

DB2-Utility	Tablespace/Partition	Index/Index-Partition	Sonstiges	Bemerkungen
MODIFY	UTRW	-		

LEGENDE:
Objekt-Status:
UTRW - Das Utility richtet keine Sperre auf dem Objekt ein. Parallele Lese- und Schreibanforderungen sind erlaubt.

Utility-Phasen

Die Ausführungs-Phasen des Utilities sind:
- UTILINIT   Initialisierungs-Phase (Anmeldung des Utility-Ids in der Directory-Table SYSUTIL).
- MODIFY   Löschen Katalog- und Directory-Sätze.
- UTILTERM   Terminierungs-Phase (Abmeldung des Utility-Ids in der Directory-Table SYSUTIL).

Erforderliche Privilegien

- IMAGCOPY-Privileg für die Database oder
- DBADM, DBCTRL, DBMAINT-Privileg für die Database oder
- SYSADM, SYSCTRL.

Anwendungs-Beispiel

```
MODIFY RECOVERY
   TABLESPACE SEMDB01.SEMTS01
   DELETE AGE (180)
```

Löschen der SYSCOPY und SYSLOGRNX-Einträge sowie DBD-Einträge gelöschter Tabellen, die älter als 180 Tage sind.

Syntax-Diagramm

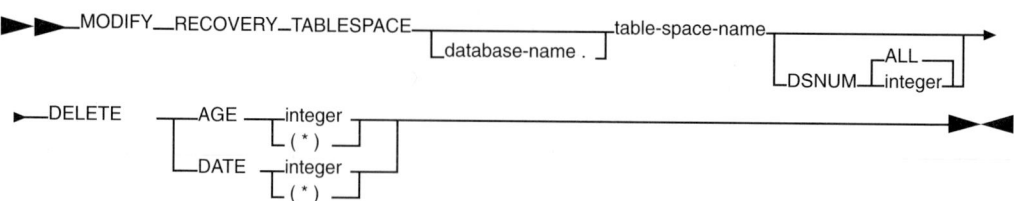

Parameter-Beschreibung

RECOVERY Informationen über nicht mehr benötigte COPY-Bestände sollen aus der SYSCOPY-Katalogtable und der SYSLGRNX-Directory-Table gelöscht werden.
Außerdem sollen für gelöschte Tabellen noch vorhandene DBD-Einträge gelöscht werden.

TABLESPACE
    database-name Name der Database, in der sich der Tablespace befindet. Default: DSNDB04.
    table-space-name Name des Tablespaces, für den COPY-Informationen gelöscht werden sollen.

DSNUM Identifikation des gesamten Tablespaces oder einer einzelnen Partition bzw. eines einzelnen Datasets:
    ALL Einträge des gesamten Tablespace werden gelöscht. In diesem Fall wird der Tablespace in "Copy Pending Status" gesetzt.
    integer Partition-Nr. bzw. lfd. Dataset-Nr. (lt. VSAM-Dataset-Namenskonventionen).
In diesem Fall werden bei einem partitioned Tablespace keine Sätze der einzelnen Partition gelöscht, deren RBA größer ist als der Punkt, zu dem der Tablespace recovered werden kann.

DELETE Kennzeichnung, dass Sätze gelöscht werden:
    AGE integer Löschen aller Sätze, die älter sind als die vorgegebene Anzahl von Tagen Wertebereich 0 - 32767, Informationen des gleichen Tages können nicht gelöscht werden.
    (*) Löschen aller Sätze, unabhängig vom Alter.
    DATE integer Löschen aller Sätze, die älter sind als das vorgegebene Datum (Format: yymmdd oder yyyymmdd), es darf kein Zukunftsdatum vorgegeben werden.
    (*) Löschen aller Sätze, unabhängig vom Datum.

A2 Anhang - Definition der wichtigsten DB2-Sprachelemente
-MODIFY TRACE (DB2-Command)

Aufgabe des Commands

Der MODIFY TRACE-Command hat folgende Funktionen:

- Änderung der Trace Events (IFCIDs), die für einen bestimmten aktiven Trace-Typ gestartet wurden,
- Beendet die Aktivierung von Trace Events (IFCIDs), die für einen bestimmten aktiven Trace-Typ gestartet wurden,
- Ausgabe eines Statistik-Satzes und setzen Beginnpunkt für ein neues Statistik-Intervall.

Die Bedeutung der Trace-Parameter wird unter START TRACE detailliert dargestellt.
Kurzform des Commands: -MOD TRA   Data-Sharing-Wirkungskreis: Member

Erforderliche Privilegien

- TRACE-Privileg oder
- SYSADM, SYSCTRL, SYSOPR.

Anwendungs-Beispiel

-MODIFY TRACE   (S) IFCID (1,2,3)   TNO (2) CLASS (30)   Änderung der Trace-Nr. 2, damit nur noch Statistik- und Accounting-Daten gesammelt werden.

Syntax-Diagramm

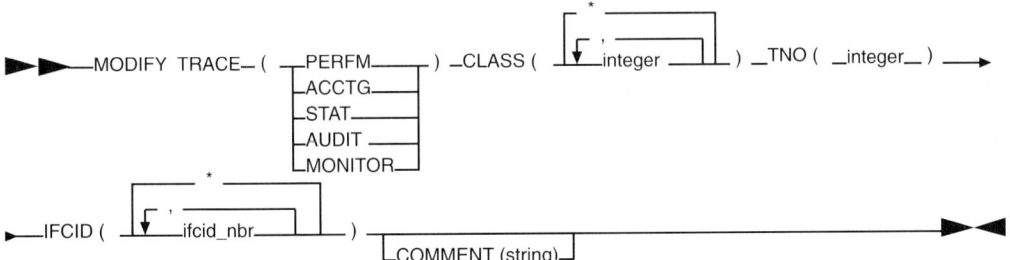

Parameter-Beschreibung   "xxx" = Kurzform

TRACE   Definition der anzuzeigenden Trace-Typen (Details siehe START TRACE):
  (PERFM)   "P"   Trace-Typ: Performance-Sätze bestimmter Ereignisse.
  (ACCTG)   "A"   Trace-Typ: Accounting-Sätze für jede Transaktion.
  (STAT)   "S"   Trace-Typ: Statistik-Daten.
  (AUDIT)   "AU"   Trace-Typ: Audit-Daten.
  (MONITOR)   "MON"   Trace-Typ: Monitor-Daten.

CLASS (integer)   "C"   Auswahl von bestimmten Trace-Klassen (Details siehe START TRACE).
  (*)   Start aller Trace-Klassen ohne Einschränkungen.

TNO (integer)   Auswahl einer Trace-Nr. Nur eine Trace-Nr. kann vorgegeben werden.

IFCID (ifcid_nbr)   Auswahl der Trace-Events, die gestartet werden. Außerdem werden die mit dem CLASS-Parameter spezifizierten Trace-Events ebenfalls gestartet.

COMMENT (string)   Kommentar, der mit den Trace-Daten ausgegeben wird.

A2 Anhang - Definition der wichtigsten DB2-Sprachelemente
OPEN (SQL-Statement)

Aufgabe des Statements

Das SQL-OPEN-Statement weist dem Cursor die Result Table mit dem Cursor-Namen zu.
Der Cursor muss zuvor mit DECLARE (siehe auch unter DECLARE CURSOR) definiert sein und muss sich in geschlossenem Zustand befinden.
Ein Cursor ist geschlossen, wenn eine der Bedingungen erfüllt ist:
- die Anwendung befindet sich im Initiierungs-Zustand,
- eine neue UOW wird gestartet (außer wenn der Cursor mit der WITH HOLD Option deklariert ist),
- ein CONNECT des Typs 1 wurde abgesetzt,
- ein explizites CLOSE CURSOR-Statement für diesen Cursor wurde getätigt,
- während der Cursor-Verarbeitung trat ein schwerer Fehler auf.

Beim OPEN wird das im DECLARE definierte SQL-Statement unter Einbeziehung evtl. dort eingesetzter Host Variablen ausgeführt und eine Result-Table zugewiesen.
Die Result-Table kann in zwei physisch unterschiedlichen Zuständen bereitgestellt werden:

1. Durch Positionierung innerhalb der Basis Tabelle
In diesem Fall wird der Anwendung die aktuelle Datenbasis angeboten. Diese kann von Parallel-Anwendungen ebenfalls bearbeitet werden. Daher sind ggf. Sperrmaßnahmen zu ergreifen.
Eine solche Result Table ist i.d.R. updateable. Dies muss aber nicht zwingend sein, da z.B. ein Join oder eine Sort-Anforderung (ORDER BY) eine read-only Result Table erzwingt.

2. Durch Bildung einer separaten Workfile
In diesem Fall wird der Anwendung eine Kopie der aktuellen Datenbasis mit einem eingefrorenen Datenzustand (Snapshot) angeboten. Wenn keine besonderen Sperr-Maßnahmen durch die Anwendung ergriffen werden, ist der gesamte Inhalt der temporären Tabelle bezüglich ihres Konsistenzstandes undefiniert (während der internen Bereitstellung können grundsätzlich Parallel-Änderungen stattfinden).
Diese Kopie steht nur der anfordernden Anwendung zur Verfügung und kann von Parallel-Anwendungen nicht bearbeitet werden. Daher sind ggf. Sperrmaßn-Mhmen nur vor dem OPEN zu ergreifen und können nach dem OPEN wieder freigegeben werden.
Eine solche Result Table ist niemals updateable (read-only).

Wird eine solche temporäre Table angelegt, entstehen DB2-intern andere Verarbeitungszustände:
- ein Fehler kann bereits beim OPEN auftreten, der ansonsten erst beim FETCH auftreten würde,
- INSERT, UPDATE und DELETE-Statements berühren nicht die temporäre Result Table, sondern nur die Basis-Tabelle.

Der OPEN kann auch für ein dynamisches DECLARE CURSOR-Statement ausgeführt werden. In diesem Falle werden mit USING Parameter übergeben, die das aufbereitete DECLARE-Statement modifizieren.

Der Cursor wird beim OPEN vor die erste Zeile der Result-Table positioniert. Folgende Positionierungen innerhalb der Result Table sind möglich:
- vor einer Zeile   beim Open,
- auf einer Zeile   durch FETCH; bei updateable Cursor ist ein positioned UPDATE und DELETE unterstützt,
- hinter der letzten Zeile wenn das Ende der Result Table erreicht ist (SQLCODE = 100, SQLSTATE = 02000). Eine leere Result Table wird erst beim ersten FETCH, nicht bereits beim OPEN gemeldet.

Erforderliche Privilegien

Siehe unter DECLARE CURSOR.

Anwendungs-Beispiele in PL/I

Detailliertes Einbindungsbeispiel siehe unter CLOSE

```
EXEC SQL
     OPEN C1;
```
C1 muss mit DECLARE CURSOR definiert sein.

```
EXEC SQL
     OPEN C2  USING DESCRIPTOR :SQLDA;
```
C2 enthält ein dynamisches Statement mit Parameter-Markern.
In SQLDA werden die Variablen positionsgerecht vom Programm an DB2 übergeben.

Syntax-Diagramm

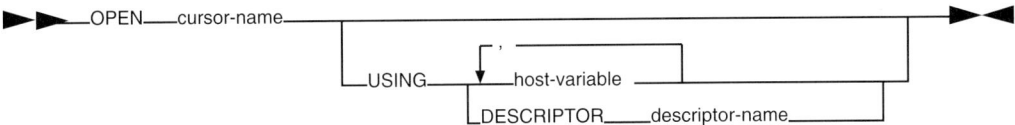

Parameter-Beschreibung

cursor-name Name des Cursors, der vorher mit DECLARE CURSOR definiert wurde.
Der Cursor muss sich in geschlossenem Zustand befinden.
Vorher müssen evtl. Host-Variable des SELECTs vom DECLARE CURSOR
mit Werten gefüllt sein.
Ein dynamic SQL-Statement muss erfolgreich prepariert sein.
Durch den OPEN wird die Result Table positioniert und steht zur Verarbeitung
durch FETCH zur Verfügung.
Wird keine Zeile in der Result Table verfügbar, wird der Cursor an das Ende
positioniert. Erst der erste FETCH liefert die End-Data-Bedingung.

Die folgenden Parameter sind nur bei dynamic SQL erforderlich. Vor Ausführung des OPEN sind auch hier die
variablen Werte entweder in die Host-Variablen oder aber in die über die SQLDA adressierten Speicherbereiche
einzustellen.
Diese Werte werden dann in die Parameter-Marker-Positionen eines Statements eingestellt, das mit PREPARE
durch DB2 für die Ausführung vorbereitet wurde.

USING host-variable Liste der Host Variablen oder Struktur-Name, dessen einzelne Variablen positionsgerecht die Parameter Marker ersetzen.
Wenn NULL-Werte auftreten können, müssen die entsprechenden Indikatoren
mit übergeben werden.

**USING DESCRIPTOR
descriptor-name** Zuordnung einer SQLDA, die eine gültige Beschreibung von Host Variablen
aufweist.
Es ist zu beachten, dass die SQLDA positionsgerecht die Adressen und
Charakteristiken aller Host Variablen enthält, die als Parameter-Marker
im preparierten Statement definiert sind.
Dies bezieht sich auf Empfangs-Spalten und Spalten der WHERE-Bedingung.

A2 Anhang - Definition der wichtigsten DB2-Sprachelemente
PREPARE (SQL-Statement)

Aufgabe des Statements

Das SQL-PREPARE-Statement bereitet ein dynamisches SQL-Statement zur Ausführung auf. Es wird aus einem Character-String ein ausführbares SQL-Statement generiert, das anschließend mit EXECUTE ausgeführt werden kann.

Das aufbereitete Statement ist ein eindeutig bezeichnetes Objekt, das zumindest für die Gesamtdauer der UOW existiert. Ein COMMIT löscht ggf. dynamisch durch PREPARE aufbereitete Statements. Eine Freigabe von präparierten Statements erfolgt immer dann beim COMMIT, wenn:
- das Statement nicht zu einem Cursor gehört, der mit der WITH HOLD-Option deklariert ist oder
- der BIND-Parameter KEEPDYNAMIC (YES) nicht vorgegeben wurde oder
- SQL RELEASE für die Lokation vorgegeben wurde oder
- der BIND-Parameter DISCONNECT (AUTOMATIC) vorgegeben wurde oder
- der BIND-Parameter DISCONNECT (CONDITIONAL) vorgegeben wurde und keine offenen Cursor an der entsprechenden Lokation gehalten werden.

Wird der Bind-Parameter KEEPDYNAMIC (YES) vorgegeben, ist folgendes relevant:
- Wurde ein spezieller Speicher (Prepared Statement Cache) für den PREPARE-Prozess der dynamischen Statements generiert (CACHE DYNAMIC SQL bzw. CACHEDYN), wird eine Kopie des präparierten Statements im Cache gehalten und bei späterer Verwendung wieder genutzt.
- Steht ein solcher Cache nicht zur Verfügung, wird lediglich der SQL-Statementstring intern gehalten und bei einer erneuten Verwendung implizit erneut mit PREPARE aufbereitet. Damit fallen erneut die BIND-Aufwendungen an.
- In beiden Fällen darf im Anwendungsprogramm nach dem COMMIT nicht noch einmal der PREPARE durchgeführt werden, da dieser entweder gar nicht erforderlich ist oder automatisch von DB2 vollzogen wird.
- Zu beachten ist weiterhin, dass bei einer Veränderung der Statementinhalte oder der relevanten Rahmenbedingungen (z.B. Änderung der Lokation) immer ein erneuter PREPARE-Prozess erforderlich wird.

Gültige Statements sind SELECT und alle unter EXECUTE IMMEDIATE beschriebenen Statements.

Wenn die Bind-Optionen DEFER (PREPARE) und REOPT (VARS) vorgegeben sind, kann es bei der Ausführung des EXECUTE-Statements zu Fehlern kommen, die ansonsten beim PREPARE auftreten, da ein impliziter erneuter PREPARE möglich ist.

Erforderliche Privilegien

Die jeweiligen Privilegien des aufzubereitenden Statements.

Anwendungs-Beispiel in PL/1

```
EXEC SQL
    PREPARE   ST1   FROM
        'INSERT INTO SEMTYP VALUES (? , ?)';
```

Ein komplettes COBOL-Beispiel im Gesamtzusammenhang siehe unter DESCRIBE.

Die Vorgabe eines direkten Ausdrucks ist nur in PL/1 möglich.

Syntax-Diagramm

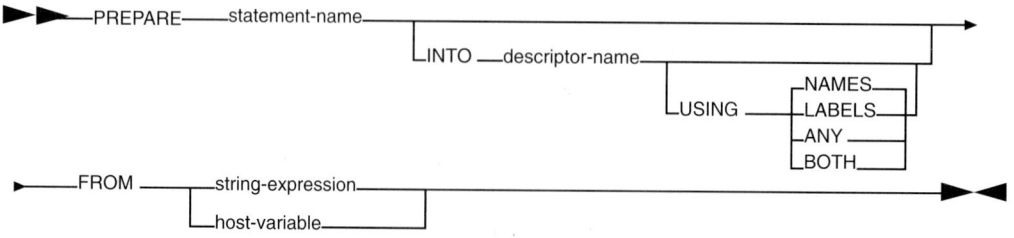

Parameter-Beschreibung

statement-name	Name des ausführbaren Statements. Existiert dieser Name bereits innerhalb der UOW, wird das existierende Statement gelöscht.
	Dieser Name unterliegt den DB2-Namenskonventionen. Auch in COBOL-Programmen ist ein '_' als Namensbestandteil erlaubt.
	Gültige Beispiele:
	    STATEMENT-1
	    STATEMENT_1

INTO descriptor-name	Name der SQLDA (SQL Descriptor Area), in die von DB2 Werte zugewiesen werden (Alternative zu PREPARE und DESCRIBE).
USING	Kennzeichnung, wie die SQLNAME-Variable der SQLDA aufbereitet werden soll.
NAMES	Spalten-Name.
LABELS	Spalten-Label, durch LABEL ON verwaltet.
ANY	Spalten-Label, wenn nicht vorhanden, Spalten-Name.
BOTH	Spalten-Name und Spalten-Label. SQLVAR wird in diesem Falle doppelt bzw. dreimal so groß angefordert.
FROM	Character-String für Aufbereitung.
string-expression	Character-String, der aufbereitbar ist (nur in PL/1-Programmen einsetzbar).
host-variable	Einzige Form für ASSEMBLER- , COBOL-, C- und FORTRAN-Programme. Variabel lange Host Variable, die den aufbereitbaren Character-String enthält.

A2 - 1266 | **A2 Anhang - Definition der wichtigsten DB2-Sprachelemente**
QUIESCE (DB2-Utility)

Aufgabe des Utilities

Das QUIESCE Utility richtet einen gemeinsamen Synchronisations-Punkt (die lfd. LOG-RBA bzw. die LRSN) für die Tabellen oder Partitions eines Tablespaces oder eines Tablespace-Sets ein.
Ein Tablespace-Set definiert eine zusammenhängende Struktur von Tabellen, die über RI oder LOBs (ein Base-Tablespace mit sämtlichen LOB-Tablespaces) miteinander verknüpft sind.
Die Vorgabe eines Tablespace-Sets führt zu einer Generierung einer Liste sämtlicher betroffener Tablespaces.
Der Quiesce-Punkt wird in der Tabelle SYSCOPY protokolliert.

Mit REPORT können solche Objekt-Beziehungen ausgedruckt werden.
Mit einem QUIESCE-Lauf können verschiedene Objekte auf eine gemeinsame RBA (mit Timestamp) synchronisiert werden, was z.B. vor einem komplexen Batch-Lauf mit vielen Änderungen sinnvoll sein kann, damit im Fehlerfall wieder auf den gemeinsamen Punkt zurückgesetzt werden kann (mit RECOVER TORBA).
Ein QUIESCE-Lauf kann nur aktiviert werden, wenn keine Parallel-Änderungs-Prozesse anstehen und die Tablespaces keinen Pending Status aufweisen (COPY, CHECK (auch Auxiliary) oder RECOVERY PENDING).

Erforderliche Datasets und Objekte

Dataset-DD-Name bzw. Zweck	DD-Name in Utility-DD-Name Parameter	Default-DD-Name	Verwendung	Eingabe-Ausgabe	Pflicht Vorgabe
SYSIN	-	-	Utility-Control (z.B. siehe Anwendungs-Beispiel)	E	Ja
SYSPRINT	-	-	Informationsausgabe und Meldungen	A	Ja
Katalog-Objekte, für die keine OS/390-DD-Statements erforderlich sind					Utility-Parameter
Tablespace			Tablespace bzw. Tablespace Set mit allen verknüpften Tablespaces (RI oder LOB)		table-space-name

Abhängigkeiten

Die Abhängigkeiten des Utilities zu anderen Utilities sind in der Utility-Kompatibilitäts-Matrix am Anfang des Anhangs 2 dargestellt.
Aus der folgenden Tabelle ist zu entnehmen, dass beim QUIESCE lesende Parallelzugriffe erlaubt werden:

DB2-Utility	Tablespace/Partition	Index/Index-Partition	Sonstiges	Bemerkungen
QUIESCE	DW/UTRO	DW/UTRO *		* nur bei WRITE YES

LEGENDE:
Zugriffs-Einschränkungen für parallele SQL-Anforderungen:
- DW - Drain der schreibenden Claim-Klasse, SQL-Leseanforderungen sind konkurrierend erlaubt.

Objekt-Status:
- UTRO - Das Utility richtet eine Update-Sperre auf dem Objekt ein. Parallele Leseanforderungen sind erlaubt.

Utility-Phasen

Die Ausführungs-Phasen des Utilities sind:
- UTILINIT   Initialisierungs-Phase (Anmeldung des Utility-Ids in der Directory-Table SYSUTIL).
- QUIESCE   Ermittlung des Quiesce-Punktes und Katalog-Update.
- UTILTERM   Terminierungs-Phase (Abmeldung des Utility-Ids in der Directory-Table SYSUTIL).

Erforderliche Privilegien

- IMAGCOPY-Privileg für die Database oder
- DBADM, DBCTRL, DBMAINT-Privileg für die Database oder
- SYSADM, SYSCTRL.

Anwendungs-Beispiel

QUIESCE	TABLESPACE	SEMDB01.SEMTS01	Diese drei Tablespaces werden gemeinsam
	TABLESPACE	SEMDB01.SEMTS02	synchronisiert.
	TABLESPACE	SEMDB01.SEMTS05	--> RBA z.B. 0000003C7308
QUIESCE	TABLESPACESET	SEMDB01.SEMTS01	Alternative zur vorherigen Variante.

Syntax-Diagramm

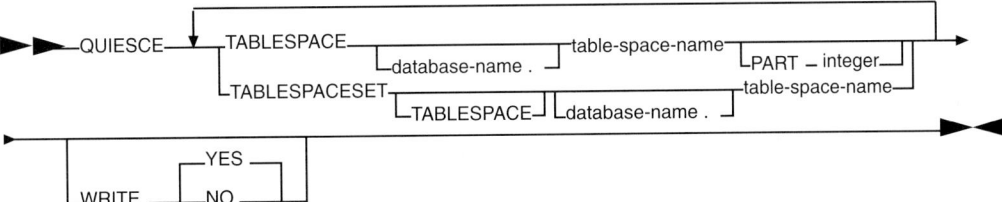

Parameter-Beschreibung

TABLESPACE — Vorgabe eines einzelnen Tablespaces. Nur für diesen wird ein QUIESCE erzeugt.

    database-name. — Name der Database, in der sich der Tablespace befindet. Default: DSNDB04.
    table-space-name — Name des Tablespaces, der synchronisiert werden soll.

    PART integer — Partition-Nr. bei partitioned Tablespace.

TABLESPACESET — Vorgabe eines einzelnen Tablespaces. Für diesen und für alle Mitglieder des Tablespace-Sets wird ein QUIESCE erzeugt.

    TABLESPACE
    database-name. — Name der Database, in der sich der Tablespace befindet. Default: DSNDB04.
    table-space-name — Name des Tablespaces, der zusammen mit allen weiteren verbundenen Tablespaces synchronisiert werden soll.

WRITE — Kennzeichnung, ob mit der Ermittlung des Quiesce-Punktes die veränderten Pages des Bufferpools auf die externen Devices ausgeschrieben werden sollen.

    YES — Ja.
    NO — Nein.

A2 Anhang - Definition der wichtigsten DB2-Sprachelemente
REBIND PACKAGE (TSO-DSN)

Aufgabe des Commands

Der REBIND-Befehl verändert eine Package, wenn physisch orientierte Änderungen eingetreten sind, das Anwendungsprogramm aber nicht geändert wurde.
Beispiele:
- bei Autorisierungsänderung,
- neue Indizes wurden angelegt und diese sollen bei der Pfad-Analyse des Optimizers berücksichtigt werden,
- nach einem RUNSTATS-Lauf, der erhebliche Veränderung der Statistikwerte erbrachte, die als Grundlage für die Optimizer-Entscheidungen herangezogen werden sollen,
- eine oder mehrere BIND-Optionen sollen verändert werden.

Der REBIND ist weniger aufwendig als der BIND, wenn aber das Anwendungsprogramm verändert wurde, muss der BIND mit ACTION (REPLACE) verwendet werden.

Beim REBIND kann kein SQLERROR-Parameter vorgegeben werden. Dieser wird aus dem ursprünglichen BIND abgeleitet.
Tritt beim REBIND ein Return Code > 4 auf, wird in der SYSPACKAGE-Katalog-Tabelle eine Inaktivierung der Package vorgenommen (Spalteninhalte von VALID und OPERATIVE = 'N').
Wenn aber ein Fehler als Ergebnis des vorgegebenen EXPLAIN -Parameters auftritt, wird der REBIND-Versuch wieder zurückgerollt und der Zustand vor dem REBIND wird wieder hergestellt.
Werden mehrere Packages gebunden, erfolgt nach jedem erfolgreichen REBIND einer Package eine COMMIT-Schreibung.

Ein REBIND ist nicht möglich, wenn die Package gerade durch eine Anwendung benutzt wird.

Data-Sharing-Wirkungskreis: DB2-Group

Erforderliche Privilegien

REBIND PACKAGE ohne Änderung des Owners:
- Eigentümer der Package oder
    - BINDAGENT für diese Package (vom Owner zugeordnet) oder
    - BIND für diese Package oder
    - PACKADM für diese Collection bzw. alle Collections oder
    - SYSADM bzw. SYSCTRL.

REBIND PACKAGE mit Änderung des Owners:
- BIND für diese Package oder
- PACKADM für diese Collection bzw. alle Collections oder
- SYSADM bzw. SYSCTRL.

Anwendungs-Beispiel

```
REBIND PACKAGE
   (DB2HAMBURG.SEMINAR.SEM012.(VERSION93_01))
       RELEASE (DEALLOCATE)
```

REBIND Lokation DB2HAMBURG,
Collection SEMINAR, Package SEM012,
Version VERSION93_01 mit neuer RELEASE-Option.

Syntax-Diagramm

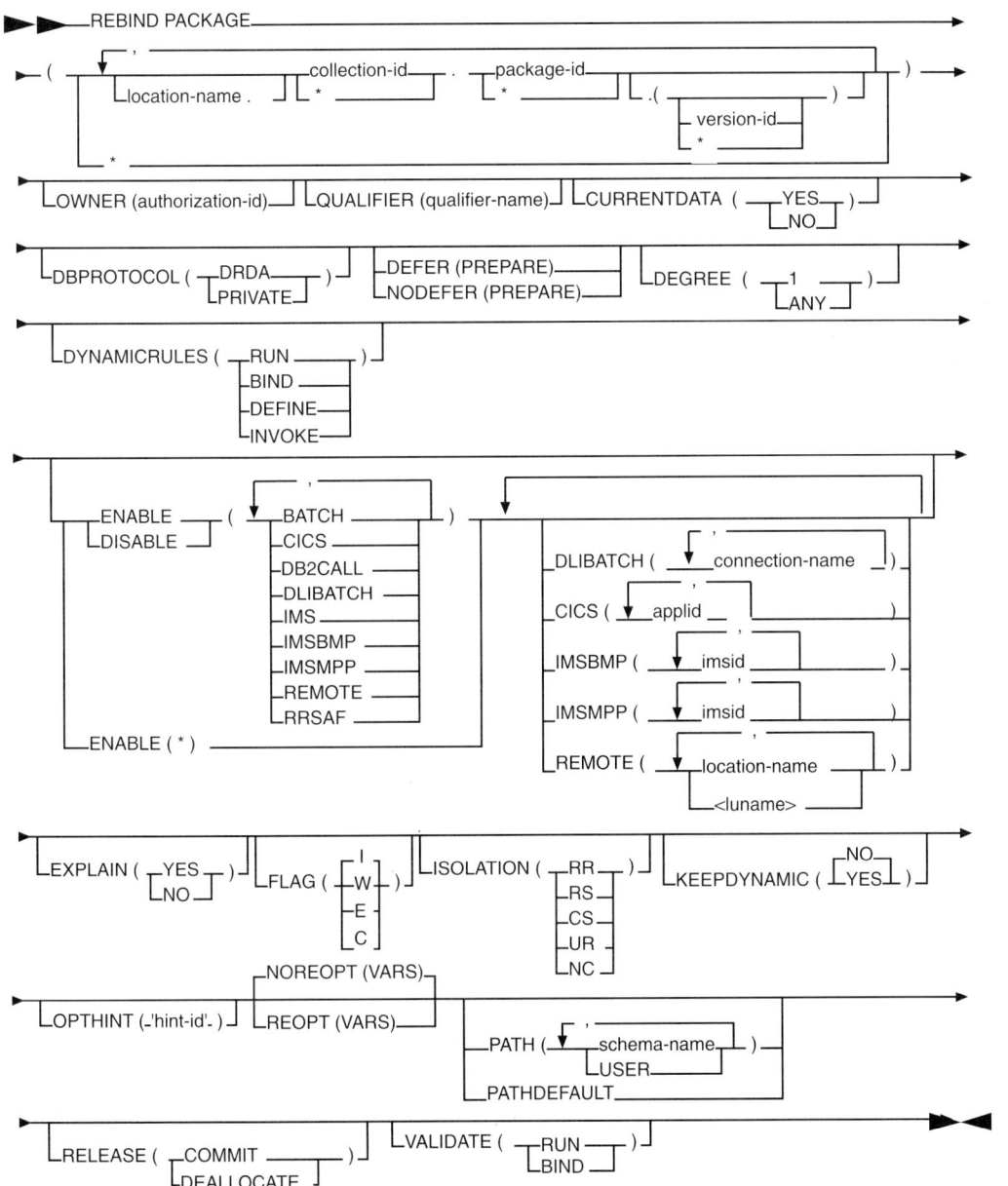

Parameter-Beschreibung

Siehe unter BIND PACKAGE, Ausnahme:

REBIND PACKAGE (*)

Wenn der OWNER-Parameter vorgegeben wurde:
- alle Packages am lokalen Server, für die der spezifizierte OWNER das BIND-Privileg hat, werden gebunden und der vorgegebene OWNER wird der Eigentümer der Package.

Ansonsten gilt:
- alle Packages am lokalen Server, für die der spezifizierte OWNER das BIND-Privileg hat, werden gebunden.

A2 Anhang - Definition der wichtigsten DB2-Sprachelemente
REBIND PLAN (TSO-DSN)

Aufgabe des Commands

Der REBIND-Befehl verändert einen Plan, wenn physisch orientierte Änderungen eingetreten sind, das Anwendungsprogramm aber nicht geändert wurde.
Beispiele:
- bei Autorisierungsänderung,
- neue Indizes wurden angelegt und diese sollen bei der Pfad-Analyse des Optimizers berücksichtigt werden,
- nach einem RUNSTATS-Lauf, der erhebliche Veränderung der Statistikwerte erbrachte, die als Grundlage für die Optimizer-Entscheidungen herangezogen werden sollen (nur wenn in den Plan direkt DBRMs eingebunden sind und keine Packages genutzt werden),
- eine oder mehrere BIND-Optionen sollen verändert werden.

Der REBIND ist weniger aufwendig als der BIND, wenn aber Statements in Anwendungsprogrammen verändert wurden, muss der BIND mit ACTION (REPLACE) verwendet werden, sofern in den Plan direkt DBRMs eingebunden sind und keine Packages genutzt werden.

Tritt beim REBIND ein Return Code > 4 auf, wird in der SYSPLAN-Katalog-Tabelle eine Inaktivierung des Plans vorgenommen (Spalteninhalte von VALID und OPERATIVE = 'N').
Wenn aber ein Fehler als Ergebnis des vorgegebenen EXPLAIN -Parameters auftritt, wird der REBIND-Versuch wieder zurückgerollt und der Zustand vor dem REBIND wird wieder hergestellt.
Werden mehrere Pläne gebunden, erfolgt nach jedem erfolgreichen REBIND eines Plans eine COMMIT-Schreibung.

Ein REBIND ist nicht möglich, wenn der Plan gerade durch eine Anwendung benutzt wird.
Data-Sharing-Wirkungskreis: **DB2-Group**

Erforderliche Privilegien

REBIND PLAN ohne Änderung des Owners:
- Eigentümer des Plans oder
    - BINDAGENT für diesen Plan (vom Owner zugeordnet) oder
    - BIND für diesen Plan oder
    - SYSADM bzw. SYSCTRL.

REBIND PLAN mit Änderung des Owners:
- BIND für diesen Plan oder
- SYSADM bzw. SYSCTRL.

Für die Zuordnung von Packages in der PKLIST müssen folgende Privilegien vorliegen:
- bei individueller PKLIST-Package-Auswahl: EXECUTE für jede Package oder
  bei PKLIST-Package-Auswahl "collection.*": EXECUTE für den Collection-Id.*
- PACKADM für diese Collection bzw. alle Collections.
- SYSADM bzw. SYSCTRL.

Anwendungs-Beispiel

REBIND	**PLAN (S00015)**	REBIND Plan S00015

A2 Anhang - Definition der wichtigsten DB2-Sprachelemente
REBIND PLAN - 2

Syntax-Diagramm

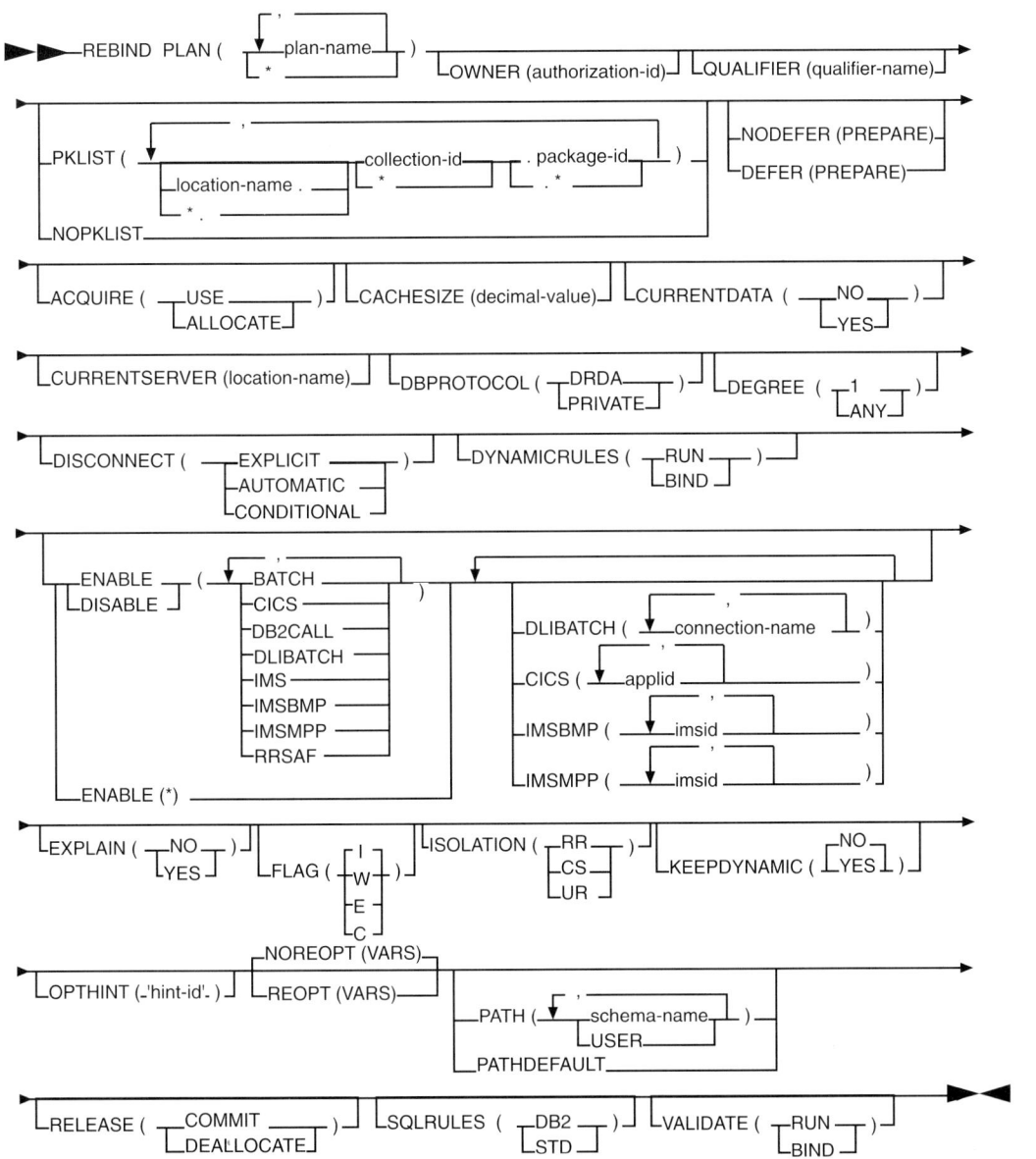

Parameter-Beschreibung

Siehe unter BIND PLAN, Ausnahme:

REBIND PLAN (*)

Wenn der OWNER-Parameter vorgegeben wurde:
- alle Pläne am lokalen Server, für die der spezifizierte OWNER das BIND-Privileg hat, werden gebunden und der vorgegebene OWNER wird der Eigentümer des Plans.

Ansonsten gilt:
- alle Pläne am lokalen Server, für die der spezifizierte OWNER das BIND-Privileg hat, werden gebunden.

A2 Anhang - Definition der wichtigsten DB2-Sprachelemente
REBIND TRIGGER PACKAGE (TSO-DSN)

Aufgabe des Commands

Der REBIND TRIGGER PACKAGE-Befehl ändert die Package eines Triggers.
Entgegen einer normalen Package existieren bei einer Trigger Package Sonderbehandlungen, wie:
- BIND PACKAGE und REBIND PACKAGE können für eine Trigger Package nicht genutzt werden,
- es existiert kein BIND TRIGGER PACKAGE; eine Trigger Package wird implizit mit dem CREATE TRIGGER erzeugt,
- es existiert kein FREE TRIGGER PACKAGE; eine Trigger Package wird implizit mit dem DROP TRIGGER gelöscht,
- eine Trigger Package kann nicht kopiert werden
- ein Trigger kann nur lokal und nicht remote gebunden werden.

Die Motivationen zum Absetzen eines REBIND TRIGGER PACKAGE entsprechen den vorab unter REBIND PACKAGE dargestellten Aspekten.
Bei Vorgabe mehrere Trigger Packages erfolgt nach jedem einzelnen erfolgreichen REBIND ein automatischer COMMIT.

Ein REBIND ist nicht möglich, wenn die Trigger Package gerade durch eine Anwendung benutzt wird.
Data-Sharing-Wirkungskreis: **DB2-Group**

Erforderliche Privilegien

- Eigentümer der Package oder
- BINDAGENT für diese Package oder
- BIND für diese Package oder
- PACKADM für diese Collection bzw. alle Collections oder
- SYSADM bzw. SYSCTRL.

Anwendungs-Beispiel

REBIND TRIGGER PACKAGE (SEMINAR.TRSEPRE1) REBIND Trigger Package Schema SEMINAR Package-Id TRSEPRE1

Syntax-Diagramm

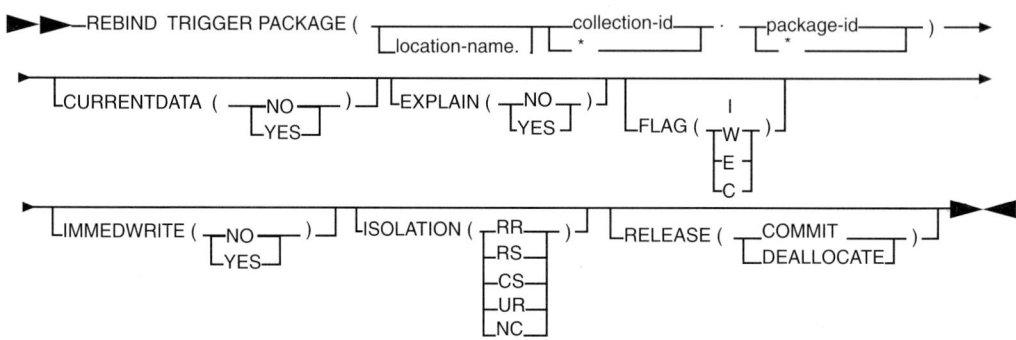

Parameter-Beschreibung

Siehe unter BIND PACKAGE, Ausnahmen:

REBIND TRIGGER PACKAGE
   location-name. Rebind einer Trigger Package
      Muss der lokale Server sein. Dies ist auch der Default.

   collection-id Schema-Name, dem die Package zugeordnet wurde.
   (*) Alle Trigger Packages am lokalen Server, für die der REBIND-Prozess das BIND-Privileg hat, werden gebunden.

   package-id Name der Trigger Package.
   (*) Alle Trigger Packages am lokalen Server im definierten Schema (collection-id), für die der REBIND-Prozess das BIND-Privileg hat, werden gebunden

Aufgabe des Utilities

Das REBUILD INDEX Utility rekonstruiert Indizes (basierend auf den Tablespace-Daten) auf den Aktualitäts-Zustand der zugehörigen Tablespace-Daten.
Dieses Utility ist ab der Version 6 der Nachfolger des früheren RECOVER INDEX-Utilities.
Mit einem erfolgreichen REBUILD INDEX werden Pending Status eines Index ausgesetzt:
- RECP   "Recovery Pending Status",
- RBDP   "Rebuild Pending Status" einer logischen oder physischen Index-Partition,
- RBDP*   "Rebuild Pending Status" einer logischen Index-Partition (Non-Partition-Index),
- PSRBD   "Rebuild Pending Status" eines Non-Partition-Indexspaces.

Utility-Phasen

Die Ausführungs-Phasen des Utilities sind:
- UTILINIT   Initialisierungs-Phase (Anmeldung des Utility-Ids in der Directory-Table SYSUTIL).
- UNLOAD   Entladen der Index-Entries aus den Tablespace-Daten.
- SORT   Sortieren der entladenen Index-Entries.
- BUILD   Aufbau der Indizes.
- SORTBLD   Beim parallelen Bilden von Indizes fasst diese Phase die Phasen SORT und BUILD zusammen.
- UTILTERM   Terminierungs-Phase (Abmeldung des Utility-Ids in der Directory-Table SYSUTIL).

Erforderliche Privilegien

- RECOVERDB-Privileg für die Database oder
- DBADM, DBCTRL-Privileg für die Database oder
- SYSADM, SYSCTRL.
- Wenn Statistiken erzeugt werden (STATISTICS), ist für die Katalog-Tabellen das SELECT-Privileg erforderlich.

Erforderliche Datasets und Objekte

Dataset-DD-Name bzw. Zweck	DD-Name in Utility-Parameter	Default-DD-Name	Verwendung	Eingabe-Ausgabe	Pflicht-Vorgabe
SYSIN	-	-	Utility-Control (siehe Anwendungs-Beispiel)	E	Ja
Sort-Work	WORKDDN	SYSUT1	Sort-Input Workfile, wenn externe Sorts erforderlich sind.	E A	Evtl.
Sort-Work	-	SWppWKnn	Sort Workfiles bei SORTKEYS: pp = Parallel-Task-Id, nn = Workfile-Lfd-Nr	E A	Evtl.
SYSPRINT	-	-	Informationsausgabe und Meldungen	A	Ja

Katalog-Objekte, für die keine OS/390-DD-Statements erforderlich sind — Utility-Parameter

Tablespace	Zu entladendes Objekt	table-space-name
Index	Aufzubauendes Objekt	index-name

Abhängigkeiten

Die Abhängigkeiten des Utilities zu anderen Utilities sind in der Utility-Kompatibilitäts-Matrix am Anfang des Anhangs 2 dargestellt.
Aus der folgenden Tabelle ist zu entnehmen, dass beim REBUILD INDEX lesende Parallelzugriffe auf die Datenbasis erlaubt werden, aber beim Aufbau des Index keine Parallelität erlaubt ist:

```
DB2-Utility        Tablespace/    Index/Index-    Sonstiges     Bemerkungen
                   Partition      Partition
-----------------------------------------------------------------------------
REBUILD INDEX      DW/UTRO        DA/UTUT
```

LEGENDE:
  Zugriffs-Einschränkungen für parallele SQL-Anforderungen:
    DA   - Drain aller Claim-Klassen, kein konkurrierender SQL-Zugriff erlaubt.
    DW   - Drain der schreibenden Claim-Klasse, SQL-Leseanforderungen sind konkurrierend erlaubt.
  Objekt-Status:
    UTUT - Das Utility richtet eine exklusive Kontrolle auf dem Objekt ein. Es ist keine Parallelität erlaubt.
    UTRO - Das Utility richtet eine Update-Sperre auf dem Objekt ein. Parallele Leseanforderungen sind erlaubt.
Besonderheiten:
  REBUILD INDEX ist kompatibel zu:
  - REORG TABLESPACE UNLOAD ONLY ohne cluster Index.
  - REPAIR LOCATE mit RID, DUMP oder VERIFY (nicht aber mit KEY).

Anwendungs-Beispiel

REBUILD   INDEX (PROD.SEMINAR_I01)   Rekonstruktion des Index SEMINAR_I01 des
                                              Creators 'PROD'.

Syntax-Diagramm

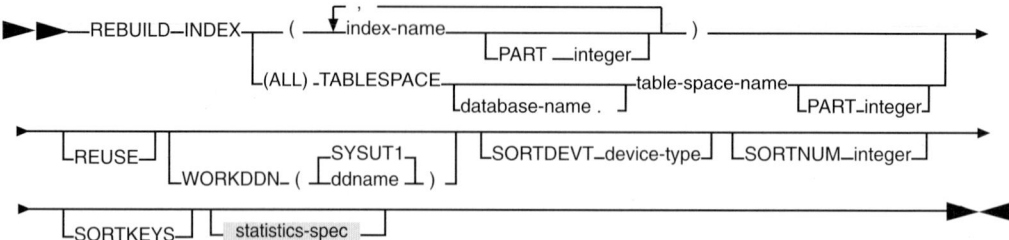

Parameter-Beschreibung

REBUILD   INDEX
    index-name   Index-Name, der aufgebaut werden soll (Format: 'creator-id.index-name').
    ALL   Alle Indizes im Tablespace sollen aufgebaut werden.

TABLESPACE database-name. Database-Name, Default DSNDB04.
    table-space-name   Tablespace, in dem sich der Index befindet.

PART   integer   Eine bestimmte physische Partition eines partitioned Index oder eine
                              bestimmte logische Partition eines non-partitioned Index in einem partitioned
                              Tablespace soll aufgebaut werden.

REUSE   Kennzeichnung, dass die Datasets anstelle von VSAM-DELETE und re-
                              DEFINE logisch wiederverwendet werden sollen.
                              Fehlt der Parameter, werden die Datasets gelöscht und wieder neu angelegt.

WORKDDN
    ddname   Name des DD-Statements für Work Dataset. Default ist SYSUT1.
                              Wenn WORKDDN nicht und auch keine SYSUT1-DD-Karte vorgegeben wird,
                              erfolgt eine speicherinterne Sortierung der Index-Keys.

SORTDEVT   device-type   Device-Typ für Sort.

SORTNUM   integer   Anzahl der dynamisch anzufordernden Work-Datasets.

SORTKEYS   Kennzeichnung, dass Index Keys parallel - soweit möglich - speicherintern
                              sortiert werden sollen. Pro Parallel-Task sollten eigene Workfiles und
                              Message-Datasets zugeordnet werden (siehe Übersicht Datasets), sofern
                              die Sortierung nicht komplett im Speicher erfolgen kann.
                              Der Parameter hat nur dann positive Performance-Auswirkungen, wenn:
                              - die Daten nicht bereits nach der einzigen Key-Sequenz sortiert sind,
                              - ein Wert mit integer vorgegeben wird.
    integer   Anzahl der speicherintern zu sortierenden Keys. Reicht der interne Bereich
                              nicht aus, wird auf Sort Workfiles ausgelagert.
statistics-spec   Mit dem Ladeprozess werden die Statistiken (von RUNSTATS) erzeugt.
                              Siehe separate Beschreibung später.

Erzeugung von Inline-Statistiken (statistics-spec)

Mit einem REBUILD-Lauf können gleichzeitig Statistiken erzeugt werden. Die Funktionalität entspricht dem RUNSTATS-Utility.
Statistiken werden nur bei einem vollständigen Durchlauf des REBUILD-Utilities erzeugt. Im Abbruchfalle mit Restart werden sie nur dann produziert, wenn vom Beginn der UNLOAD-Phase aufgesetzt wird.

Syntax-Diagramm: Statistics-spec

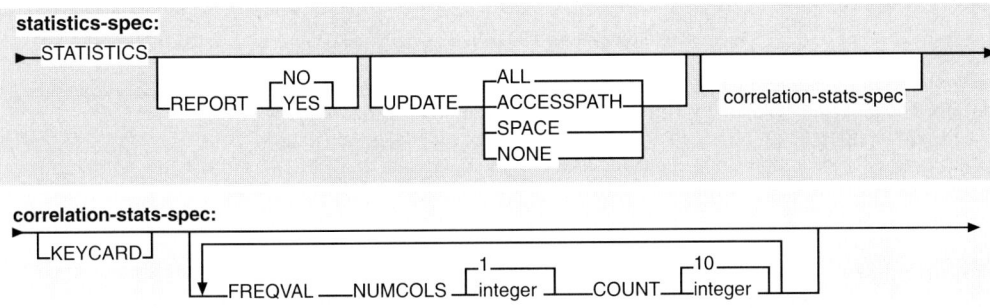

Parameter-Beschreibung

STATISTICS   Es werden Inline-Statistiken erzeugt.

....   Die Behandlung der restlichen Parameter entspricht dem RUNSTATS-Utility. Siehe dort.

A2 Anhang - Definition der wichtigsten DB2-Sprachelemente
RECOVER (DB2-Utility)

Aufgabe des Utilities

Das RECOVER Utility rekonstruiert Daten auf einen aktuellen oder einen früheren Zeitpunkt:

- **Aktueller Status** Normale und automatische Rekonstruktion der Daten, bezogen auf den aktuellen Zeitpunkt. Bei diesem Verfahren wird die Konsistenz der Daten durch DB2 gewährleistet.

- **Früherer Zeitpunkt** Manuell beeinflusste Rekonstruktion der Daten, bezogen auf einen früheren Zeitpunkt **(point-in-time-recovery)**.
  Bei diesem Verfahren ist die Konsistenz der Daten durch anwendungsbezogene Kontrollverfahren zu gewährleisten. Dieser Rekonstruktionstyp wird durch die Parameter TORBA oder TOCOPY vorgegeben.
  Achtung:
  Hier drohen Konsistenzprobleme. Eine genaue Kontrolle ist zwingend.

Die größte Recovery-Einheit ist der Tablespace bzw. Indexspace, die kleinste Einheit ist die Page.
Es können einzelne Objekte oder eine Liste von Objekten rekonstruiert werden.
Die Daten werden aufgrund der Image Copies und des Log-Files rekonstruiert.
Wenn das aktuelle Image Copy File nicht verwendbar ist, benutzt das RECOVER Utility die vorhergehende Version (**fallback recovery**).
Die Katalog-Tabelle SYSCOPY führt die relevanten Informationen.

Ab der Version 6 können neben den Daten auch Indizes rekonstruiert werden. Das frühere RECOVER INDEX Utility heißt jetzt REBUILD INDEX.

Folgende Besonderheiten sind zu beachten:

- DB2 versucht normalerweise die letzte Full Image Copy zu nutzen. Ist diese nicht verfügbar, wird eine frühere Kopie gesucht (fallback-recovery). Ist keine verfügbar, wird geprüft, ob ein REORG oder LOAD REPLACE mit dem Parameter LOG YES durchgeführt wurde. Wenn ja, wird versucht, das Log-File zu nutzen.
  Sind all diese Prüfungen ohne Erfolg, wird das RECOVER Utility abnormal beendet.

- Beim Zurücksetzen auf einen früheren Zeitpunkt (**point-in-time-recovery**) wird unterschieden:
  - Zurücksetzen bis zu einer bestimmten Log-Adresse (RBA) mit dem Parameter TORBA,
  - Zurücksetzen bis zu einer bestimmten Image Copy mit dem Parameter TOCOPY.
  In beiden Fällen werden nachfolgende Veränderungen auf Image Copies oder Log-Files nicht berücksichtigt.
  Da bei diesem Verfahren eine UOW-Abgrenzung nicht zwingend gegeben ist, kann das Verfahren nur toleriert werden, wenn:
  - die TORBA-Adresse mit dem QUIESCE-Utility ermittelt wurde oder ein klar definierter Systemruhepunkt (z.B. Systemauszeit) vorliegt,
  - die TOCOPY-Image Copy konsistente Daten aufweist. Das ist dann gegeben, wenn die Sicherung mit SHRLEVEL (REFERENCE) und <u>nicht</u> mit SHRLEVEL (CHANGE) erfolgte bzw. die Sicherung in einem Zeitabschnitt ohne Parallel-Änderungen vorgenommen wurde.
  Achtung bei einem Zurücksetzen auf einen früheren Zeitpunkt:
  - In einem Utility-Lauf sollten immer sämtliche unter <u>gemeinsamer Konsistenzsicht stehenden Objekte (wie ein Tablespace mit allen Indizes oder RI-Konstrukte und verbundene LOB-Objekte) gemeinsam rekonstruiert</u> werden, ansonsten werden die abhängigen Objekte auf einen Pending Status gesetzt, da sie im Hinblick auf den Datenzustand inkonsistent sind:
    - Indizes werden in den "Rebuild Pending Status" gesetzt,
    - Objekte eines RI-Tablespace-Sets, LOB-Tablespaces und Auxiliary Indizes werden in den "Check Pending Status" gesetzt.
  - Es müssen immer die <u>Beziehungen der Objekte</u> untereinander eruiert werden, bevor man sich entschließt, ein Objekt auf einen früheren Zeitpunkt zurückzusetzen.
  Mittels eines QUIESCE-Punktes können auch mehrere Objekte zurückgesetzt werden.

- Mit dem RECOVER Utility kann kein vorher mit DROP gelöschter Space zurückgesetzt werden (siehe DSN1COPY).

Erforderliche Datasets und Objekte

Dataset-DD-Name bzw. Zweck	DD-Name in Utility-DD-Name	Default-Parameter	Verwendung	Eingabe-Ausgabe	Pflicht-Vorgabe
SYSIN	-	-	Utility-Control (siehe Anwendungs-Beispiel)	E	Ja
SYSPRINT	-	-	Informationsausgabe und Meldungen	A	Ja

Katalog-Objekte, für die keine OS/390-DD-Statements erforderlich sind — Utility-Parameter

Tablespace	Zu rekonstruierender Tablespace	table-space-name
Indexspace	Zu rekonstruierender Indexspace	index-space-name oder index-name
Image-Copies	Sicherungsbestände	

Abhängigkeiten

Die Abhängigkeiten des Utilities zu anderen Utilities sind in der Utility-Kompatibilitäts-Matrix am Anfang des Anhangs 2 dargestellt.
Aus der folgenden Tabelle ist zu entnehmen, dass beim RECOVER keine Parallelzugriffe erlaubt werden:

```
DB2-Utility      Tablespace/   Index/Index-   Sonstiges          Bemerkungen
                 Partition     Partition      RI-abhängige
---------------------------------------------------------------------------------
RECOVER          DA/UTUT       DA/UTUT        CHKP (YES)         * nur TORBA, TOCOPY
                 CW/UTRW*      CW/UTRW*       * bei RECOVER ERROR-RANGE wird in UTILINIT-Phase
                                                das Sperrniveau von DA/UTUT reduziert.
                               DR**           ** bei einem Non-Partitioned Index.
---------------------------------------------------------------------------------
```

LEGENDE:
Zugriffs-Einschränkungen für parallele SQL-Anforderungen:
- DA   - Drain aller Claim-Klassen, kein konkurrierender SQL-Zugriff erlaubt.
- DR   - Drain der Repeatable Read Klasse, kein konkurrierender Zugriff für Isolation-RR-Anwendungen.
- CW   - Claim der schreibenden Claim-Klasse.
- CHKP (YES) - Parallelanwendungen erhalten nach dem nächsten COMMIT den Check Pending Status.

Objekt-Status:
- UTUT - Das Utility richtet eine exklusive Kontrolle auf dem Objekt ein. Es ist keine Parallelität erlaubt.
- UTRW - Das Utility richtet keine Sperre auf dem Objekt ein. Parallele Lese- und Schreibanforderungen sind erlaubt.

Utility-Phasen

Die Ausführungs-Phasen des Utilities sind:
- UTILINIT   Initialisierungs-Phase (Anmeldung des Utility-Ids in der Directory-Table SYSUTIL).
- RESTORE   Ermittlung und zusammenführen der beteiligten Image Copies. Bei einer Objekt-Listvorgabe und Vorgabe des Parameters PARALLEL Vorbereitung des Parallelprozesses. Auflösung der Objekte. Spaces zum Backup vorbereiten.
Wiederherstellung des Datenzustands auf den jeweiligen Backup-Level (ohne PARALLEL).
- RESTORER   Bei Vorgabe des Parameters PARALLEL einlesen und Zusammenmischen der Image Copies.
- RESTOREW   Bei Vorgabe des Parameters PARALLEL Ausschreiben der Pages auf die Objekte.
- LOGAPPLY   Einspielen der ausstehenden LOG-Veränderungen in die Spaces.
- UTILTERM   Terminierungs-Phase (Abmeldung des Utility-Ids in der Directory-Table SYSUTIL).

Erforderliche Privilegien

- RECOVERDB-Privileg für die Database oder
- DBADM, DBCTRL-Privileg für die Database oder
- SYSADM, SYSCTRL.

Anwendungs-Beispiel

```
RECOVER  TABLESPACE  SEMDB01.SEMTS01      Rekonstruktion auf den aktuellen Zustand:
                                          Tablespace SEMTS01 in der Database SEMDB01.
         TABLESPACE  SEMDB02.SEMTS02      Tablespace SEMTS02 in der Database SEMDB02
                 DSNUM 2 ERROR RANGE      nur in Partition 2 die fehlerhaften Pages.
         INDEX       SEMINAR.SEMTYP_I01   Index SEMTYP_I01 des Schemas SEMINAR
```

A2 Anhang - Definition der wichtigsten DB2-Sprachelemente
RECOVER - 3

Syntax-Diagramm

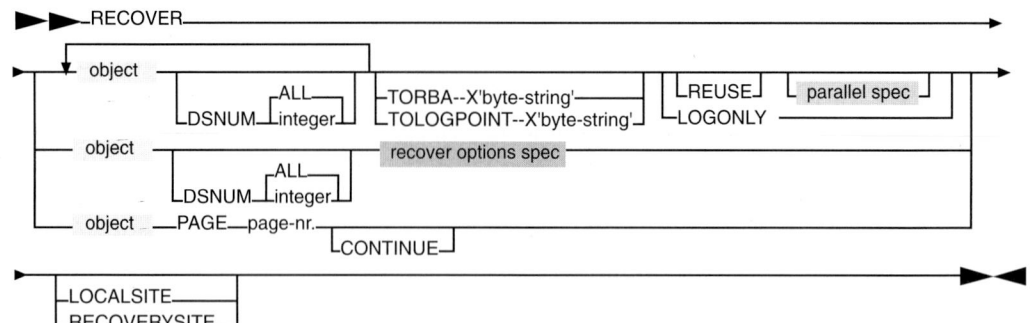

Parameter-Beschreibung

object	Objekt-Typ und Name des Objekts. Siehe nachfolgenden Block.
DSNUM	Identifikation der zu recovernden Ressource (Partition oder Dataset):
ALL	Komplettes Objekt wird recovered.
integer	Partition-Nr. bzw. lfd. Dataset-Nr. (siehe VSAM-Dataset-Namenskonventionen).
PAGE page-number	Eine bestimmte Page wird recovered (relative Page-Nr. im Page Set). Einzelne fehlerhafte Pages können z.B. mit dem -DISPLAY DATABASE-Command identifiziert werden (Anzeige-Felder PHYERRLO oder HIGH). Die Vorgabe kann dezimal (z.B. 020) oder hexadezimal (z.B. X'014') erfolgen.
CONTINUE	Wiederaufsetzen, wenn vorheriger Recovery-Lauf einen Page-Fehler erkannt hat. Diese fehlerhaft markierte Page kann mit REPAIR wiederhergestellt werden. Danach kann RECOVERY ab dieser Page wieder aufgesetzt werden.
TORBA X'byte-string'	Recovery bis zu dem hier definierten Punkt = RBA eines Log-Records (alle Sätze, die vor dieser RBA liegen). Diese Option ist nur nutzbar für eine Non-Sharing-Umgebung. Einzige Option vor DB2 Version 4. Der Byte-String ist mit bis zu 12 hexadezimalen Stellen vorzugeben. **Vorsicht** bei der Anwendung dieser Option, da die RBA mitten in einer UOR liegen kann, oder aber Beziehungen zu anderen Tabellen inkonsistent sein könnten. Eine empfehlenswerte Einsatz-Möglichkeit ist das Zurücksetzen auf einen durch QUIESCE definierten RBA-Punkt. Es wird ein "Check Pending Status" gesetzt, wenn: - ein oder mehrere Mitglieder eines Tablespace-Sets auf einen nicht einheitlichen Konsistenz-Stand zurückgesetzt wurden, - alle Mitglieder eines Tablespace-Sets auf einen einheitlichen Konsistenz-Stand zurückgesetzt wurden, aber nach diesem Zeitpunkt neue referenzielle Konstrukte eingerichtet wurden. Es wird ein "Check Pending Status" ausgesetzt, wenn: - alle Mitglieder eines Tablespace-Sets auf einen einheitlichen Konsistenz-Stand zurückgesetzt wurden und nach diesem Zeitpunkt keine neuen referenziellen Konstrukte eingerichtet wurden. Wird ein einzelner Dataset eines non-partitioned Spaces zurückgesetzt, erfolgt die Ausgabe einer DB2-Warnung, dass der Space möglicherweise inkonsistent ist.
TOLOGPOINT X'byte-string'	Recovery bis zu dem hier definierten Punkt = LRSN (Log Record Sequence) eines Log-Records (alle Sätze, die vor dieser LRSN liegen). Die LRSN muss nach dem Startzeitpunkt von DB2 Version 4 liegen. Der Byte-String ist mit 12 hexadezimalen Stellen vorzugeben. Ansonsten gelten die Ausführung vorab unter TORBA.

REUSE	Kennzeichnung, dass die Datasets anstelle von VSAM-DELETE und re-DEFINE logisch wiederverwendet werden sollen. Fehlt der Parameter, werden die Datasets gelöscht und wieder neu angelegt.
LOGONLY	Recovery wird ausschließlich mittels der Log-Sätze durchgeführt, d.h. es werden keinerlei Image Copies verwendet. DB2 verwendet nur solche Log-Sätze, die zeitlich nach dem innerhalb der Space-Daten geführten Log-Punkt liegen (Log-RBA in der Header Page). **Vorsicht** bei der Anwendung dieser Option, da vorher außerhalb von DB2 die Daten auf einen konsistenten Zustand gebracht werden müssen (z.B. durch DSN1COPY).
parallel spec	Bei Vorgabe einer Objekt-Liste Parallel-Laufeigenschaften. Siehe nachfolgenden Block.
recover options spec	Charakteristiken des Recovery-Laufs. Siehe nachfolgenden Block.
LOCALSITE	Es werden Image Copies der local site genutzt. Default = current site (Installationsparameter unter SITE TYPE).
RECOVERYSITE	Es werden Image Copies der recovery site genutzt. Default = current site (Installationsparameter unter SITE TYPE).

Syntax-Diagramm: object:

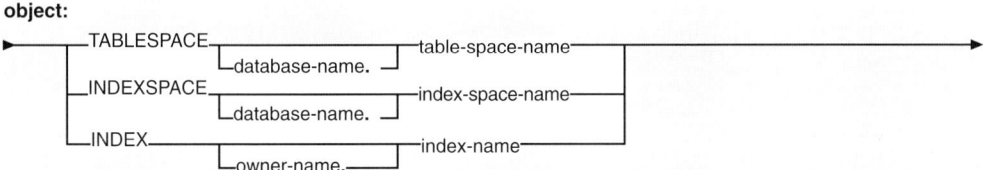

Parameter-Beschreibung Definition der Objekt-Typen und Objekt-Namen.

TABLESPACE	Objekt-Typ: Tablespace.
database-name.	Name der Database, in der sich der Tablespace befindet. Default: DSNDB04.
table-space-name	Name des Tablespaces, der recovered werden soll.
INDEXSPACE	Objekt-Typ: Indexspace.
database-name.	Name der Database, in der sich der Indexspace befindet. Default: DSNDB04.
index-space-name	Name des Indexspaces, der recovered werden soll. Der Index muss mit COPY YES definiert sein.
INDEX	Objekt-Typ: Indexspace des benannten Indexes.
owner-name.	Name des Index-Eigentümers. Default: Utility-Id.
index-name	Name des Indexes, der recovered werden soll. Der Index muss mit COPY YES definiert sein.

Syntax-Diagramm: Parallel spec:

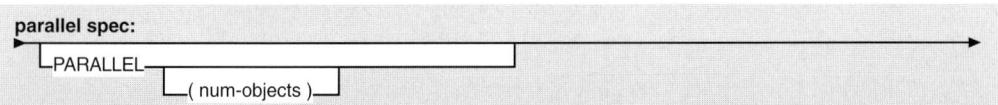

Parameter-Beschreibung Bei Vorgabe einer Objekt-Liste Parallel-Laufeigenschaften.

PARALLEL	Die Objekte in der vorgegebenen Objekt-Liste können parallel rekonstruiert werden.
(num-objects)	Anzahl der Objekte, die parallel rekonstruiert werden sollen. Wird kein Wert oder der Wert 0 vorgegeben, bestimmt DB2 den Parallelitätsgrad.

Syntax-Diagramm: Recovery options spec:

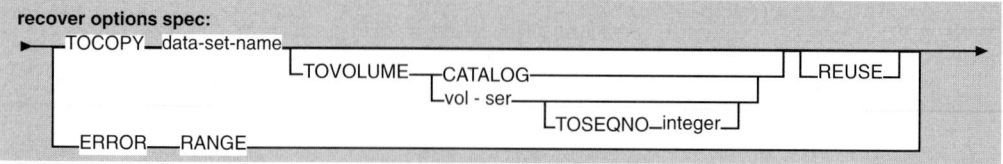

Parameter-Beschreibung	Charakteristiken des Recovery-Laufs.
TOCOPY data-set-name	Recovery bis zu dem hier definierten Punkt = Image-Copy-Dataset. Ist dieser Dataset abgearbeitet, wird der Recovery-Prozess beendet. Wenn dieser Dataset eine Full Image Copy ist, wird nur dieser Dataset zurückgesetzt, bei einer Incremental Copy von der letzten Full Image Copy bis zu dieser Incremental Copy. Wird ein einzelner Dataset eines non-partitioned Spaces zurückgesetzt, erfolgt die Ausgabe einer DB2-Warnung, dass der Space möglicherweise inkonsistent ist. Wird diese Option zusammen mit dem DSNUM-Parameter benutzt, muss die Image Copy analog beim COPY gesichert worden sein (z.B. eine einzelne Partition oder alle Partitions). **Vorsicht** bei der Anwendung dieser Option, wenn beim COPY die Option SHRLEVEL CHANGE verwendet wurde. DB2 produziert in diesem Fall eine Warnung, da Konsistenz-Probleme auftreten können. Siehe hierzu auch Hinweise unter der SHRLEVEL-Option des COPY-Utilities.
TOVOLUME CATALOG	Image-Copy-Dataset ist katalogisiert. Die VOLSER-Nr. ist nicht in der SYSCOPY-Katalogtabelle dokumentiert.
vol-ser	Volume Nr. des Image-Copy-Datasets (nicht katalogisiert). Bei Datasets, die mehrere Volumes umfassen, wird hier die erste, in der SYSCOPY-Katalogtabelle dokumentierte VOLSER-Nr. vorgegeben.
TOSEQNO integer	Identifikation des Image-Copy-Datasets mittels lfd. Dateinummer. File sequence Nr.
REUSE	Kennzeichnung, dass die Datasets anstelle von VSAM-DELETE und re-DEFINE logisch wiederverwendet werden sollen. Fehlt der Parameter, werden die Datasets gelöscht und wieder neu angelegt.
ERROR RANGE	Alle fehlerhaft gekennzeichnete Pages werden recovered. Bei fehlerhaften Spuren werden Ersatz-Spuren gesucht.

Aufgabe des Commands

Der RECOVER BSDS-Command stellt die Verfügbarkeit der Dual Bootstrap Datasets (BSDS) nach Ausfall eines Datasets wegen Fehlers wieder her.
Folgende Vorgehensweise ist erforderlich:

- Bereitstellung eines neuen BSDS unter dem Namen des fehlerhaften BSDS-Datasets mit den Mitteln der AMS (Access Method Services).
- Vorgabe RECOVER BSDS, damit eine Kopie des korrekten Datasets gezogen werden kann und der Dual-Modus wieder hergestellt wird.

Achtung:
Das Kommando muss sehr sorgfältig eingesetzt werden, da das System gestoppt werden muss. Dies ist besonders in einem Datenbank-Verbund problematisch.
Kurzform des Commands: -REC BSDS   Data-Sharing-Wirkungskreis: Member

Erforderliche Privilegien

- BSDS-Privileg oder
- SYSADM, SYSCTRL.

Anwendungs-Beispiel

-RECOVER BSDS   Herstellung der Verfügbarkeit der Dual Bootstrap-Datasets.

Syntax-Diagramm

▶▶──RECOVER BSDS───▶◀

A2 Anhang - Definition der wichtigsten DB2-Sprachelemente
-RECOVER INDOUBT   (DB2-Command)

Aufgabe des Commands

Der RECOVER INDOUBT-Command bewirkt eine Recovery-Aktion eines Indoubt-Threads.
Vorsicht beim Einsatz dieses Kommandos - alle Zusammenhänge des 2-Phasen-Commit-Verfahrens müssen bedacht werden!
Sowohl DB2 als auch die Koordinatoren eines 2-Phasen-Commits geben beim Aufbau einer Verbindung oder bei Erkennung von Verbindungsfehlern System-Meldungen aus.

Folgende Vorgehensweise zur Behebung des Indoubt-Zustandes ist zu empfehlen:

1. Anzeige der Thread-Situation mit dem -DISPLAY THREAD-Command, Details siehe dort.
2. Prüfen der Log-Einträge der Koordinatoren (CICS, IMS, RRSAF) für die problematische Unit of Recovery.
3. Prüfen der DB2-Log-Einträge für die problematische Unit of Recovery. Dafür kann das DSN1LOGP-Utility genutzt werden.
4. Entscheidung hinsichtlich der Aktion treffen: COMMIT oder ROLLBACK (ABORT).
5. Vorgabe dieser Entscheidung mittels -RECOVER INDOUBT-Command.

Kurzform des Commands: -REC IND   **Data-Sharing-Wirkungskreis:** Member

Erforderliche Privilegien

- RECOVER-Privileg oder
- SYSADM, SYSCTRL, SYSOPR.

Anwendungs-Beispiel   (siehe auch: -DISPLAY THREAD)

-RECOVER INDOUBT ACTION (COMMIT)   LUWID (5)   Recover des Indoubt Threads mit dem Token 5.

-RECOVER INDOUBT ACTION (ABORT)   Recover von Indoubt Threads mit Abbruch
   LUWID (DB2FFM.LUFFM001.A2148C021214.0002 , 398)   - erster Thread:
   - Netzwerk: DB2FFM
   - LU-Name: LUFFM001
   - LUW-Instanz-Nr.: A2148C021214
   - Commit Sequenz-Nr.: 0002
   - zweiter Thread:
   - Token: 398

Syntax-Diagramm

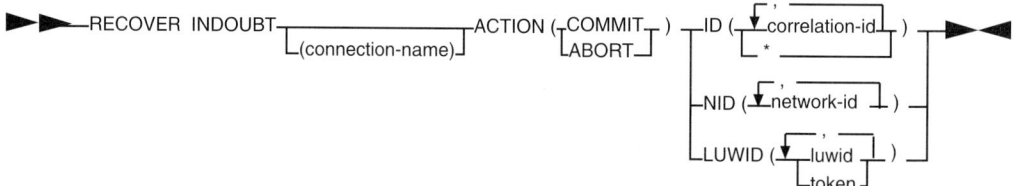

Parameter-Beschreibung   "xxx" = Kurzform

(connection-name)   Name der Connection, deren Allied Threads (inkl. der Distributed Threads) recovered werden sollen.
Default = die Connection, aus der dieser Command abgesetzt wird.
Der Parameter wird ignoriert, wenn LUWID vorgegeben wird.

ACTION   "ACT"   Bestimmung der Recovery-Aktion, die auch auf abhängige Threads ausgedehnt wird:
   (COMMIT)   Commit, d.h. ordnungsgemäßer Abschluss der UOW.
   (ABORT)   Abbruch des Threads, d.h. ROLLBACK.

ID   Vorgabe eines spezifischen oder aller Allied Threads (inkl. der Distributed Threads), die mit dem Connection-Name verbunden sind.
   (correlation-id)   1 bis 12-stelliger Name.
   (*)   Alle Indoubt Threads, die mit der Connection verbunden sind, werden recovered.

NID		Vorgabe eines spezifischen Netzwerk-Ids.
	(network-id)	Bei CICS- und IMS-Connections: 3 bis 25-stelliger Name, zusammengesetzt aus:

- 1 bis 8 Zeichen, Netz-Knoten (net-node).
- 1 bis 16 Zeichen Lfd. Nummer.

Bei RRSAF-Connections: 32-stelliger Identifikator = OS/390 RRS Unit of Recovery ID (URID)

LUWID

    (luwid)

Recovery des Threads, der die spezifizierte LUWID aufweist.
Der LUWID-Name hat folgenden Aufbau:
- LU-Netzwerk-Name:
  - 1 bis 8 Stellen   Netzwerk-Id.
  - '.'   Abgrenzung durch einen Punkt.
  - 1 bis 8 Stellen   Netzwerk-LU-Name.
- LUW-Instanz-Nr:
  - '.'   Abgrenzung durch einen Punkt.
  - 12 Hex-Zeichen   Eindeutige Identifikation der UOW.
  - '.'   Abgrenzung durch einen Punkt.
  - 4 Hex-Zeichen   Commit-Sequenz-Nr.

    token

Alternativvorgabe eines Token-IDs anstelle der luwid. DB2 vergibt bei Aufbau eines Threads eine innerhalb eines Subsystems eindeutige Nr. (1 - 6-stelliger Dezimal-Wert), die im Netzwerk aber nicht eindeutig ist.

A2 Anhang - Definition der wichtigsten DB2-Sprachelemente
-RECOVER POSTPONED (DB2-Command)

Aufgabe des Commands

Der RECOVER POSTPONED-Command bewirkt eine Rollback-Aktion von UORs, die bei einem vorherigen DB2-Restart nicht komplett bearbeitet wurden, d.h. deren Rollback-Aktionen aufgeschoben wurden (POSTPONED ABORT units of work).
Die Daten befinden sich dann in einem restriktiven Pending Status ("Restart Pending").
Der Command muss nur dann eingesetzt werden, wenn keine automatische Behebung der Situation ausgewählt wurde (System-Parameter LIMIT BACKOUT YES anstelle AUTO).

Kurzform des Commands: -REC POST   Data-Sharing-Wirkungskreis: Member

Erforderliche Privilegien

- RECOVER-Privileg oder
- SYSADM, SYSCTRL, SYSOPR.

Anwendungs-Beispiel

-RECOVER POSTPONED   Rollback aller Postponed Abort Units of Work.

Syntax-Diagramm

▶▶──RECOVER POSTPONED──────────────────────────────▶◀

A2 Anhang - Definition der wichtigsten DB2-Sprachelemente
RELEASE (SQL-Statement)

Aufgabe des Statements

Das RELEASE Statement setzt eine oder mehrere Connections in den Status 'released', d.h. bei erfolgreicher Durchführung wird eine Freigabevormerkung ausgesprochen und die Verbindung wird mit dem nächstfolgenden COMMIT beendet.
Das Statement ist nur in Verbindung mit einem CONNECT des Typs 2 relevant, ansonsten wird es ignoriert (siehe Erläuterungen im Gesamtkontext unter CONNECT Typ 2).

Erforderliche Privilegien

Keine

Anwendungs-Beispiel in PL/I

EXEC SQL	SET CONNECTION :LOCATION;	Aufbau einer Connection zum Server, dessen Name in der Host-Variablen :LOCATION enthalten ist (z.B. LOKATIONA).
EXEC SQL	RELEASE CURRENT;	Diese Connection wird in den Freigabe-Vormerkungs-Status gesetzt.
EXEC SQL	RELEASE ALL;	Alle Connections werden in den Freigabe-Vormerkungs-Status gesetzt.

Syntax-Diagramm

Parameter-Beschreibung

RELEASE	Freigabevormerkung für eine oder mehrere Connections, die als SQL-Connection oder als DB2-Private-Connections existieren:
location-name	Vorgabe eines einzelnen konstanten Connection-Namens.
host-variable	Vorgabe eines einzelnen variablen Connection-Namens in der spezifizierten Host-Variablen. Die Variable muss ggf. rechtsbündig mit Blanks aufgefüllt werden, wenn die Länge der Variablen größer als der Lokations-Name ist.
CURRENT	Die gerade aktuelle (current) Verbindung wird vorgemerkt. Der Anwendungs-Status muss 'connected' sein.
ALL SQL	Sämtliche existierenden Connections des Anwendungs-Prozesses werden vorgemerkt. Dies bezieht sich auf: - alle lokalen und remote Connections, - alle SQL- und DB2-Private-Connections. Existieren zum Zeitpunkt der Statement-Ausführung keine Verbindungen, wird das Statement ignoriert.
ALL PRIVATE	Sämtliche existierenden DB2-Privat-Connections des Anwendungs-Prozesses werden vorgemerkt. Existieren zum Zeitpunkt der Statement-Ausführung keine Verbindungen, wird das Statement ignoriert.

A2 Anhang - Definition der wichtigsten DB2-Sprachelemente
RENAME   (SQL-Statement)

Aufgabe des Statements

Mit dem RENAME-Statement wird eine existierende Tabelle umbenannt.
Die Änderung der Eigentümerschaft ist nicht möglich.

Erforderliche Privilegien

- Eigentümer der Table oder
- DBADM, DBCTRL oder DBMAINT der Database oder
- SYSADM, SYSCTRL.

Anwendungs-Beispiel

    RENAME TABLE SEMINAR TO SEMINAR_AKTUELL

Syntax-Diagramm

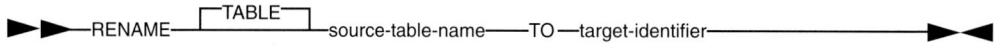

▶▶─RENAME─┬─TABLE─┬─source-table-name─── TO ─target-identifier─────────▶◀

Parameter-Beschreibung

source-table-name   Identifikation der existierenden Tabelle, die umbenannt werden soll.
Der Name kann mit Qualifier vorgegeben werden, ansonsten wird implizit der Owner des Statement-Ausführenden als Qualifier eingesetzt.
Wird ein dreiteiliger Name vorgegeben, muss der erste Teil auf den aktuellen Server verweisen.
Wenn die Tabelle von einem View , Synonym oder Trigger referenziert wird, erfolgt die Abweisung dieses Statements mit Fehler.

Auf der Tabelle basierende Definitionen werden bei erfolgreicher Umbenennung mit übernommen:
- Indizes ,
- Check Constraints, Referential Constraints, Feldprozeduren,
- Statistiken,
- Privilegien.

Die entsprechenden Katalogtabellen werden automatisch mit geändert:
- SYSAUXRELS, SYSCHECKS, SYSCHECKDEP, SYSCOLAUTH, SYSCOLDIST, SYSCOLDISTSTATS, SYSCOLSTATS, SYSCOLUMNS, SYSFIELDS, SYSFOREIGNKEYS, SYSINDEXES, SYSPLANDEP, SYSPACKDEP, SYSRELS, SYSSYNONYMS, SYSTABAUTH, SYSTABLES, SYSTABSTATS.

Bei erfolgreicher Umbenennung werden Objekte, die auf die Tabelle referenzieren, gekennzeichnet:
- Pläne und Packages (außer bei Auxiliary Tables) werden als ungültig gekennzeichnet (Rebind-Erfordernis),
- Dynamische Statements im Cache werden als ungültig gekennzeichnet.

Es bleiben jedoch unverändert (mit Bezug auf die bisherige Tabelle):
- Aliase,
- Statements in den Katalog-Tabellen SYSSTMT und SYSPACKSTMT und natürlich in den Programmen,
- der bisherige interne Objekt-Identifikator (OBID).

target-identifier   Vorgabe des neuen Tabellennamens. Es darf kein Qualifier mit vorgegeben werden. Der Eigentümer wird automatisch vom vorherigen Eigentümer abgeleitet.
Der neue Name darf auf dem aktuellen Server noch nicht existieren.

A2 Anhang - Definition der wichtigsten DB2-Sprachelemente
REORG INDEX (DB2-Utility)

Aufgabe des Utilities

Das REORG Utility reorganisiert einen einzelnen Index physisch, damit die Zugriffe effizienter werden. Wird ein Tablespace reorganisiert, werden automatisch alle Indizes mit reorganisiert (siehe REORG TABLESPACE).

Mit einer Katalog-Query-Option kann in Abhängigkeit vom inhaltlichen Zustand bestimmter Katalog-Statistikfelder der REORG-Lauf angesteuert oder verhindert werden.

Wenn ein Index einen "Recovery Pending Status" oder einen "Rebuild Pending Status" aufweist, kann er nicht reorganisiert werden.

Mit einem REORG-Lauf können gleichzeitig Inline-Statistiken erzeugt werden. Die Funktionalität entspricht dem RUNSTATS-Utility.

Es werden drei Reorganisations-Methoden unterstützt (Details siehe unter REORG TABLESPACE):

1. SHRLEVEL NONE — Die Index-Daten werden entladen.
Während des REORG-Laufes werden beim Entladen der Daten nur lesende Parallelzugriffe, beim Zurückladen des Indexes aber keinerlei Parallelzugriffe toleriert.

2. SHRLEVEL REFERENCE Die Index-Daten werden auf Schattenbestände entladen.
Während des REORG-Laufes werden beim Entladen und beim Zurückladen des Indexes <u>nur lesende</u> Parallelzugriffe, aber keinerlei Updates toleriert.
Kurz vor Abschluss der Reorganisationsmaßnahme werden die Bestände umbenannt (Switch-Phase). Während dieser Zeit werden keinerlei Parallelzugriffe toleriert.

3. SHRLEVEL CHANGE (Online-Reorg) — Die Index-Daten werden entladen und die Index-Keys auf Schattenbestände, die parallel geführt werden, zurückgeladen. Im Gegensatz zu einem REORG TABLESPACE wird keine Mapping Table benötigt.
Während des REORG-Laufes werden beim Entladen und beim Zurückladen des Indexes lesende und schreibende Parallelzugriffe toleriert.
Kurz vor Abschluss der Reorganisationsmaßnahme werden die Bestände umbenannt (Switch-Phase). Während dieser Zeit werden keinerlei Parallelzugriffe toleriert.

Erforderliche Datasets und Objekte

Dataset-Name bzw. Zweck	DD-Name in Utility-Parameter	Default-DD-Name	Verwendung	Eingabe-Ausgabe	Pflicht-DD-Vorgabe
SYSIN	-	-	Utility-Control (siehe Anwendungs-Beispiel)	E	Ja
Sort-Work	WORKDDN	SYSUT1	Entlade-Workfile.	E A	Evtl.
SYSPRINT	-	-	Informationsausgabe und Meldungen	A	Ja
Katalog-Objekte, für die keine OS/390-DD-Statements erforderlich sind				**Utility-Parameter**	
Indexspace			Zu reorganisierender Indexspace	index-name	

Erforderliche Privilegien

Siehe unter REORG TABLESPACE

Utility-Phasen

Die Ausführungs-Phasen des Utilities sind:
- UTILINIT Initialisierungs-Phase (Anmeldung des Utility-Ids in der Directory-Table SYSUTIL).
- UNLOAD Lesen Daten aus dem Index Page Set.
- BUILD Erzeugung des Index. Aktualisierung eines non-partitioned Index, wenn PART SHRLEVEL NONE spezifiziert ist. Bei Vorgabe von STATISTICS aktualisieren der Statistiken.
- LOG Wenn SHRLEVEL CHANGE spezifiziert ist, komplette Abarbeitung der Logging-Daten, Nachführen der veränderten Index-Keys im Index.
- SWITCH Wenn SHRLEVEL CHANGE oder SHRLEVEL REFERENCE spezifiziert ist, Umschalten des Zugriffs von den Originalbeständen auf die Schattenbestände durch Wechseln der Dataset-Namen.
- UTILTERM Terminierungs-Phase (Abmeldung des Utility-Ids in der Directory-Table SYSUTIL).

Abhängigkeiten

Die Abhängigkeiten des Utilities zu anderen Utilities sind in der Utility-Kompatibilitäts-Matrix am Anfang

A2 Anhang - Definition der wichtigsten DB2-Sprachelemente
REORG INDEX - 2

des Anhangs 2 dargestellt.
Aus der folgenden Tabelle ist zu entnehmen, dass beim REORG je nach SHRLEVEL Parallelzugriffe erlaubt werden:

```
DB2-Utility              Tablespace/    Index/Index-   Sonstiges             Bemerkungen
                         Partition      Partition
------------------------------------------------------------------------------------------
REORG SHRLEVEL (CHANGE):
  UNLOAD/BUILD-Phase                    CR/UTRW
  SWITCH-Phase *                        DA/UTUT        * bei DRAIN ALL ab letzter LOG-Phase
REORG SHRLEVEL (REFERENCE):
  UNLOAD-Phase und BUILD-Phase          DW/UTRO
REORG SHRLEVEL (NONE):
  UNLOAD-Phase                          DW/UTRO
  BUILD-Phase                           DA/UTUT
```

LEGENDE:
Zugriffs-Einschränkungen für parallele SQL-Anforderungen:
- CR   - Claim der Read Claim-Klasse, Parallelverarbeitung inkl. Manipulationen sind erlaubt.
- DA   - Drain aller Claim-Klassen, kein konkurrierender SQL-Zugriff erlaubt.
- DW   - Drain der schreibenden Claim-Klasse, SQL-Leseanforderungen sind konkurrierend erlaubt.

Objekt-Status:
- UTRW - Das Utility richtet eine Lese-Sperre auf dem Objekt ein. Parallele Lese- und Schreibanforderungen sind erlaubt.
- UTRO - Das Utility richtet eine Update-Sperre auf dem Objekt ein. Parallele Leseanforderungen sind erlaubt.
- UTUT - Das Utility richtet eine exklusive Kontrolle auf dem Objekt ein. Es ist keine Parallelität erlaubt.

Besonderheiten:
REORG INDEX ist kompatibel zu:
- REORG TABLESPACE UNLOAD ONLY ohne cluster Index.
- REPAIR LOCATE mit RID, DUMP oder VERIFY (nicht aber mit KEY).

Anwendungs-Beispiel

    REORG INDEX   PROD.SEMTYP_I02   Reorganisation Index SEMTYP_I02 des Autorisierungs-Id PROD.

Syntax-Diagramm

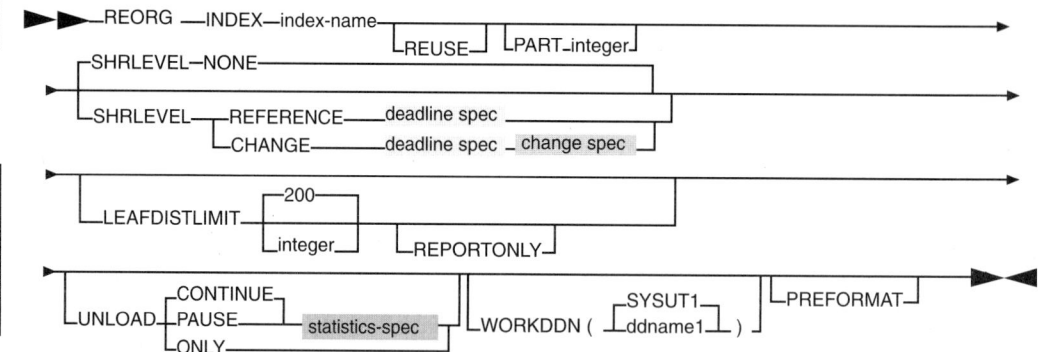

Parameter-Beschreibung   Details siehe unter REORG TABLESPACE

INDEX
    index-name   Index-Name, der reorganisiert werden soll. Format: 'Creator-Id.index-name'.

REUSE   Kennzeichnung, dass die Datasets anstelle von VSAM-DELETE und re-DEFINE logisch wiederverwendet werden sollen (nur bei SHRLEVEL NONE). Fehlt der Parameter, werden die Datasets gelöscht und wieder neu angelegt.

PART integer   Partition eines partitioned Index soll reorganisiert werden.
    Default = kompletter Index.

SHRLEVEL		Reorganisations-Methode:
	NONE	Normaler Reorganisations-Lauf mit stark eingeschränkter Parallelität.
	REFERENCE	Während des Reorganisations-Lauf sind weitestgehend parallele lesende Zugriffe möglich.
	CHANGE	Höchster Parallelitätsgrad. Während des Reorganisations-Lauf sind weitestgehend parallele lesende und schreibende Zugriffe möglich.
deadline-spec		Vorgabe eines spätesten Abschlusszeitpunkts für den Reorg.
change-spec		Vorgabe der Parameter für SHRLEVEL CHANGE.
LEAFDISTLIMIT		Aktivierung der Katalog-Query-Option. Für die jeweils spezifizierte Partition wird in der Katalog-Tabelle SYSINDEXPART ein Grenzwert untersucht. Überschreitet ein LEAFDIST-Inhalt den Grenzwert, wird der REORG aktiviert bzw. als Empfehlung protokolliert.
	integer	Grenzwert. Default = 200.
	REPORTONLY	In Abhängigkeit der Grenzwert-Prüfung wird ein Return-Code erzeugt: 1 Der Grenzwert wurde nicht überschritten. 2 Der Grenzwert wurde überschritten.
UNLOAD		Kennzeichen, ob der Reorganisationslauf komplett abgewickelt werden soll oder nach der UNLOAD-Phase beendet werden soll.
	CONTINUE	Normaler Reorganisations-Lauf.
	PAUSE	Nur Entladen der Daten. Später kann dann ein REORG mit RESTART vorgenommen werden. In der Zwischenzeit können z.B. Dataset-Charakteristiken modifiziert werden.
	ONLY	Ausschließliches Entladen der Daten ohne Möglichkeit des späteren Wiederaufsetzens.
statistics-spec		Mit dem Ladeprozess werden die Statistiken (von RUNSTATS) erzeugt. Siehe separate Beschreibung später.
WORKDDN		Namen der DD-Statements für temporäre Work-Dateien (Entladebestand).
	SYSUT1 ddname1	Temporäres Workfile.
PREFORMAT		Kennzeichnung, dass die restlichen Pages (zwischen der zuletzt geladenen Page und der High allocated RBA) innerhalb des Indexspaces vorformatiert werden sollen.

Syntax-Diagramm: Deadline spec: Details siehe unter REORG TABLESPACE

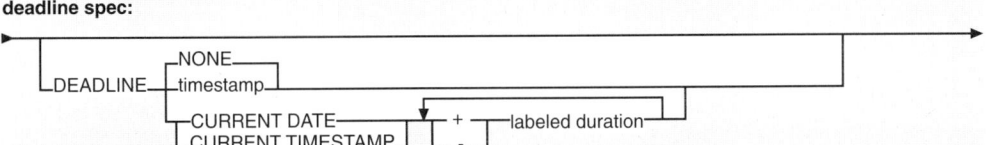

Parameter-Beschreibung   Vorgabe der Parameter zur Definition des spätesten Abschlusszeitpunkt für den Reorg.

DEADLINE		Spätester Abschlusszeitpunkt des Reorganisations-Laufs.
	NONE	Es soll kein bestimmter Zeitpunkt wirken.
	timestamp	Vorgabe des Zeitpunkts (Timestamp-Format), zu dem spätestens die SWITCH-Phase eingeleitet sein muss.
	CURRENT DATE	Vorgabe eines variablen Zeitpunkts (aktuelles Datum).
	CURRENT TIMESTAMP	Vorgabe eines variablen Zeitpunkts (aktueller Zeitpunkt).
	+ bzw. -	Möglichkeit der Addition oder Subtraktion von Labeled Durations.
	labeled duration	Zeitfunktion mit vorgestellter Ganzzahl. Siehe auch Anhang 1. Beispiel: CURRENT TIMESTAMP + 1 HOUR + 30 MINUTES.

Syntax-Diagramm: Change spec: Details siehe unter REORG TABLESPACE

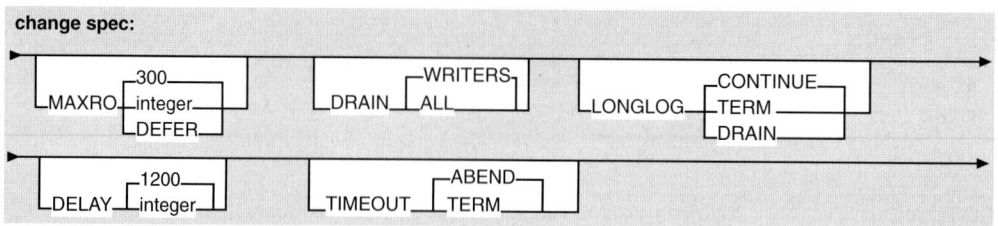

Parameter-Beschreibung

Vorgabe der SHRLEVEL CHANGE-Parameter.

MAXRO
Zeitvorgabe für die maximale Zeit, die für die letzte Verarbeitungseinheit der LOG-Phase toleriert wird.

   integer — Vorgabewert in Sekunden.
   DEFER — Es wirkt kein Vorgabewert.

DRAIN
Festlegung der Sperrwirkungen für Parallelanwendungen bei Erreichen der letzten LOG-Phase vor dem Erreichen der Switch-Phase.

   WRITERS — Während dieser Phase wird ein Drain der schreibenden Claim-Klasse ausgesprochen. Leseanforderungen sind zulässig.
   ALL — Während dieser Phase wird ein Drain für alle Claim-Klasse ausgesprochen, der keine parallelen Zugriffe toleriert. Diese Option sollte nur gewählt werden, wenn:
- zum Zeitpunkt der LOG-Phase hohe Update-Aktivitäten vorliegen und
- in dieser Phase viele Anwendungen einen SQLCODE -911 erhalten (Timeout).

LONGLOG
Festlegung der Maßnahme, die von DB2 ergriffen werden soll, wenn die anstehende Log-Änderungsanzahl nicht signifikant geringer ist als das Änderungsvolumen der letzten Verarbeitungseinheit.

   CONTINUE — Die Reorganisationsmaßnahme soll weiter fortgesetzt werden.
   DRAIN — DB2 soll einen Drain der Write Claim Klasse absetzen. Dies führt zur Einstellung paralleler Änderungsmöglichkeiten. Danach kann die Reorganisationsmaßnahme abgeschlossen werden.
   TERM — DB2 soll die Reorganisationsmaßnahme abbrechen.

DELAY
Minimaler Zeitabstand zwischen dem Absenden einer Konsolnachricht und dem Ergreifen der unter LONGLOG definierten Maßnahmen.

   integer — Vorgabewert in Sekunden.

TIMEOUT
Festlegung der Maßnahme, wenn das REORG-Utility beim Versuch der Einrichtung der Drain-Anforderung entweder bei Erreichen der letzten LOG-Phase oder vor dem Erreichen der Switch-Phase einen Timeout-Zustand erhält.

   ABEND — Abbruch des Utilities. Die Objekte werden im "UTRO" oder "UTUT"-Status belassen.
   TERM — DB2 setzt einen impliziten TERM UTILITY-Command ab und beendet das Utility mit dem Return-Code 8. Die Objekte werden in den "RW"-Status gesetzt.

Erzeugung von Inline-Statistiken (statistics-spec) Details siehe unter RUNSTATS

Mit einem REORG-Lauf können gleichzeitig Statistiken erzeugt werden. Die Funktionalität entspricht dem RUNSTATS-Utility.
Statistiken werden nur bei einem vollständigen Durchlauf des REORG-Utilities erzeugt. Im Abbruchfalle mit Restart werden sie nur dann produziert, wenn vom Beginn der UNLOAD-Phase aufgesetzt wird.

Syntax-Diagramm: Statistics-spec

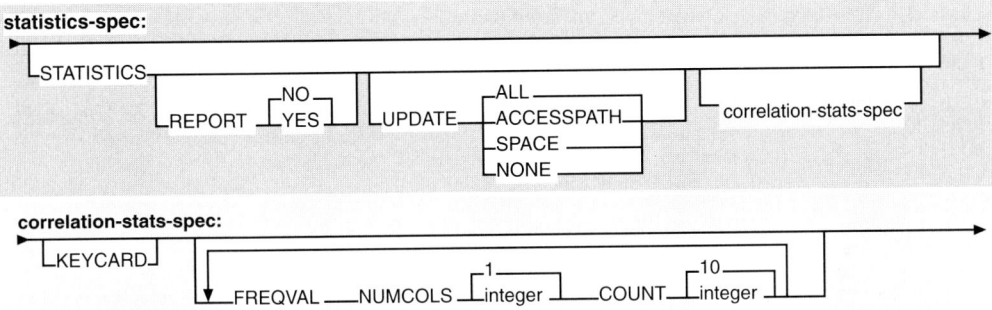

Parameter-Beschreibung

STATISTICS   Es werden Inline-Statistiken erzeugt.

....   Die Behandlung der restlichen Parameter entspricht dem RUNSTATS-Utility. Siehe dort.

REORG TABLESPACE (DB2-Utility)

Aufgabe des Utilities

Das REORG Utility reorganisiert die Daten eines Tablespaces physisch, damit die Zugriffe effizienter wirken (ab Version 4 auch für Tablespaces in Katalog und Directory).
Im einzelnen wirken folgende Maßnahmen:
- Die Datasets werden an die PRIQTY und SECQTY Parameterwerte ausgerichtet.
- Gelöschte Sätze werden physisch entfernt.
- Overflow- und Pointer-Sätze werden entfernt.
- Die Daten werden in die Pages unter Berücksichtigung von PCTFREE-, FREEPAGE- und MAXROWS-Parameterwerten eingestellt.
- Die Daten werden gemäß der Sortierfolge des Clustering Index gespeichert.

Es werden drei Reorganisations-Methoden unterstützt:

1. SHRLEVEL NONE
Die Daten werden entladen, ggf. sortiert und wieder auf die originären Bestände zurückgeladen.
Während des REORG-Laufes werden beim Entladen der Daten nur lesende Parallelzugriffe, beim Zurückladen der Daten aber keinerlei Parallelzugriffe toleriert.
Dies ist die einzig mögliche Methode bei LOB-Tablespaces.
Abhängige Parameter sind:
- LOG (YES)   Default
Folgende Parameter sind nicht vorgebbar:
MAPPINGTABLE, MAXRO, LONGLOG, DELAY, DEADLINE.

2. SHRLEVEL REFERENCE
Die Daten werden entladen, ggf. sortiert und auf Schattenbestände, die parallel geführt werden, zurückgeladen.
Während des REORG-Laufes werden beim Entladen der Daten und beim Zurückladen der Daten <u>nur lesende</u> Parallelzugriffe toleriert.
Kurz vor Abschluss der Reorganisationsmaßnahme werden die Bestände umbenannt (Switch-Phase). Während dieser Zeit werden keinerlei Parallelzugriffe toleriert.

Werden die physischen Objekte als user defined Datasets geführt, müssen vor Beginn des REORG-Utility-Laufs die Schattenbestände explizit definiert sein und zur Verfügung stehen.

Folgende Parameter sind relevant:
DEADLINE.
Folgende Parameter sind nicht vorgebbar:
- MAPPINGTABLE, MAXRO, LONGLOG, DELAY,
- LOG (es werden immer Logging-Einträge erzeugt),
- UNLOAD (es wird immer UNLOAD CONTINUE aktiviert).

3. SHRLEVEL CHANGE (Online-Reorg)
Die Daten werden entladen, ggf. sortiert und auf Schattenbestände, die parallel geführt werden, zurückgeladen.
Während des REORG-Laufes werden beim Entladen der Daten und beim Zurückladen der Daten <u>lesende und schreibende</u> Parallelzugriffe toleriert.
Dabei werden die im Logbestand protokollierten Parallel-Änderungen sowohl auf der Originalbeständen als auch auf den Schattenbeständen berücksichtigt. Diese Änderungen werden in Referenz-Tabellen (Mapping Tables) geführt.
Kurz vor Abschluss der Reorganisationsmaßnahme werden die Bestände umbenannt (Switch-Phase). Während dieser Zeit werden keinerlei Parallelzugriffe toleriert.

Werden die physischen Objekte als user defined Datasets geführt, müssen vor Beginn des REORG-Utility-Laufs die Schattenbestände explizit definiert sein und zur Verfügung stehen.
Außerdem muss für den zu reorganisierenden Tablespace bzw. die zu reorganisierende Partition eine korrespondierende Mapping-Table vor Beginn des REORG-Utility-Laufes vorhanden sein. Die Struktur dieser Tabelle ist im Anhang 5 aufgenommen.

Folgende Parameter sind relevant:
MAPPINGTABLE, MAXRO, LONGLOG, DELAY, DEADLINE.
Folgende Parameter sind nicht vorgebbar:
- LOG (es werden immer Logging-Einträge erzeugt),
- SORTDATA, NOSYNREC, SORTKEYS   gelten alle als spezifiziert,
- UNLOAD (es wird immer UNLOAD CONTINUE aktiviert).

Es werden die Daten und automatisch auch sämtliche Indizes reorganisiert.
Ein Tablespace oder eine Partition kann reorganisiert werden, auch wenn einer seiner Indizes einen "Recovery Pending Status" oder "Rebuild Pending Status" aufweist, sofern der Index nicht als Clustering Index definiert ist.

Mit einer Katalog-Query-Option kann in Abhängigkeit vom inhaltlichen Zustand bestimmter Katalog-Statistikfelder der REORG-Lauf angesteuert oder verhindert werden.

Die Daten werden nach folgenden Methoden entladen:

- **Tablespace Scan mit Sort** Entladen der Daten des File Page Sets. Sortieren der Daten außerhalb von DB2 (DFSORT). Wird angewandt bei Vorgabe des SORTDATA Parameters und wenn zumindest eine Tabelle innerhalb des Tablespaces einen Cluster Index hat.

- **Tablespace Scan** Entladen der Daten des File Page Sets ohne nachfolgenden Sort. Wird angewandt, wenn ein simple Tablespace mehr als eine Tabelle beinhaltet oder nur eine Tabelle hat, die wiederum keinen Cluster Index aufweist und für segmented Tablespaces ohne Cluster Index.

- **Cluster Index-Folge** Entladen der Daten des File Page Sets in der Folge des Cluster Index. Wird angewandt für:
    - einen simple Tablespace mit einer Tabelle und einem Cluster Index,
    - einen partitioned Tablespace, sofern der SORTDATA Parameter nicht vorgegeben wurde,
    - die Tabellen innerhalb eines segmented Tablespaces, denen ein Cluster Index zugeordnet ist.

Segmented Tablespace-Tabellen werden segmentweise entladen und anschließend werden die Daten innerhalb der jeweiligen Segmente vollständig hintereinander gestellt (z.B zunächst alle SEMTYP-Daten, dann SEMINAR-Daten).

Wurde ein Index mit CLUSTER Parameter explizit definiert, wird dieser mit seiner Indexfolge grundsätzlich zum Entladen der Daten genutzt, außer wenn der SORTDATA Parameter vorgegeben wurde. In diesem Fall werden auch bei Existenz eines Cluster Index die Daten in der physisch gespeicherten Folge entladen.
Ein Index, der nicht mit dem Parameter definiert ist, der sich aber in einem clustered Zustand befindet (impliziter Cluster-Index), hat beim Entladen der Daten keine Wirkung.

Wenn der Tablespace bzw. die Partition mit dem COMPRESS YES Parameter definiert ist, wird entweder ein neues Kompressions Dictionary gebildet oder bei Vorgabe des Parameters KEEPDICTIONARY wird das bestehende Dictionary wieder verwendet.

REORG UNLOAD ONLY oder REORG UNLOAD PAUSE entlädt nur die Daten für das LOAD-Utility und führt sie nicht mehr zurück.
Mit UNLOAD EXTERNAL können Daten für jedes DB2-System der DB2-Familie entladen und dort wieder geladen werden.
Mit der DISCARD-Option können Daten während des REORG-Vorgangs gelöscht werden (über Filter-Regeln vorgebbare Daten werden dann nicht entladen).

Mit dem REORG-Lauf kann auch gleichzeitig eine Inline-Kopie (Full Image Copy) für das Recover Utility gezogen werden. Sie wird aktiviert mit dem COPYDDN-Parameter. In diesem Fall kann LOG NO vorgegeben werden und es wird kein "Copy Pending Status" gesetzt.

Mit einem REORG-Lauf können gleichzeitig Inline-Statistiken erzeugt werden. Die Funktionalität entspricht dem RUNSTATS-Utility.

A2 Anhang - Definition der wichtigsten DB2-Sprachelemente
REORG TABLESPACE - 3

Erforderliche Datasets und Objekte

Dataset-DD-Name bzw. Zweck	DD-Name in Utility-Parameter	Default-DD-Name	Verwendung	Eingabe-Ausgabe	Pflicht-Vorgabe
SYSIN	-	-	Utility-Control (z.B. REORG TABLESPACE .. siehe Anwendungs-Beispiel)	E	Ja
Unload	UNLDDN	SYSREC	Entlade-Dataset, auf den die Daten entladen werden Pflicht-Vorgabe sofern nicht NOSYSREC oder SHRLEVEL (CHANGE)	E	Evtl.
Punch	PUNCHDDN	SYSPUNCH	Enthält bei Vorgabe von PUNCHDDN ein LOAD-Statement	A	Evtl.
Discard	DISCARDDN	SYSDISC	Ausgesteuerte Daten wenn DISCARD aktiv ist.	A	Evtl.
Inline-Copy	COPYDDN	SYSCOPY	Name der ersten Full Image Copy (nur bei Inline-Kopie).	A	Nein
Sort-Output	WORKDDN	SORTOUT	Sort-Output Workfile, wenn externe Sorts erforderlich sind.	E A	Evtl.
Sort-Input	WORKDDN	SYSUT1	Sort-Input Workfile, wenn externe Sorts erforderlich sind.	E A	Evtl.
Sort-Work	-	SORTWKnn	Sort Workfiles, wenn Indizes existieren und SORTDEVT nicht vorgegeb.	E A	Evtl.
Sort-Work	-	SWppWKnn	Sort Workfiles bei SORTKEYS: pp = Parallel-Task-Id, nn = Workfile-Lfd-Nr	E A	Evtl.
Sort-Message	UTPRINpp	-	Sort-Meldungen bei SORTKEYS: pp = Parallel-Task-Id	A	Evtl.
	UTPRINT	-	Sort-Meldungen, wenn Sorts erforderlich sind (ohne SORTKEYS).	A	Evtl.
SYSPRINT	-	-	Informationsausgabe und Meldungen	A	Ja

Katalog-Objekte, für die keine OS/390-DD-Statements erforderlich sind		Utility-Parameter
Tablespace	Zu reorganisierendes Objekt	table-space-name

Utility-Phasen

Die Ausführungs-Phasen des Utilities sind bei einem 'normalen' Tablespace:
- UTILINIT   Initialisierungs-Phase (Anmeldung des Utility-Ids in der Directory-Table SYSUTIL).
- UNLOAD   Lesen Daten in Clustering- oder File Pages Set-Scan-Folge und Ausgabe einer sequenziellen Datei. Wenn SORTDATA aktiv ist und ein Clustering Index existiert, werden anschließend die Daten außerhalb von DB2 mittels DFSORT sortiert (keine DB2-interne Phase). Wenn NOSYSREC aktiv ist, werden die sortierten Sätze speicherintern an die RELOAD-Phase weitergeleitet.
- RELOAD   Einlesen der sequenziellen Datei oder speicherinterne Übernahme der zu ladenden Sätze und laden in den Tablespace. Erzeugen einer Full Image Copy, wenn eine der folgende Bedingungen gegeben ist: COPYDDN, RECOVERYDDN, SHRLEVEL REFERENCE, SHRLEVEL CHANGE. Extrahieren der Index-Schlüssel. Wenn SORTKEYS aktiv ist, sortieren der Index Keys im Speicher. Bei Vorgabe von STATISTICS aktualisieren der Tablespace- und Table-Statistiken.
- SORT   Sortierung der Index-Daten (sofern erforderlich) bzw. bei einem speicherinternen Sort Übergabe der Index Keys (bei SORTKEYS).
- BUILD   Erzeugung sämtlicher Indizes. Aktualisierung der non-partitioned Indizes, bei PART SHRLEVEL NONE Bei Vorgabe von STATISTICS aktualisieren der Index-Statistiken.
- SORTBLD   Beim parallelen Bilden von Indizes fasst diese Phase die Phasen SORT und BUILD zusammen.
- LOG   Wenn SHRLEVEL CHANGE spezifiziert ist, iterative Abarbeitung der Logging-Daten, Veränderung der Schattenbestände und Nachführen der veränderten Pages in den Full Image Copies.
- SWITCH   Wenn SHRLEVEL CHANGE oder SHRLEVEL REFERENCE spezifiziert ist, Umschalten des Zugriffs von den Originalbeständen auf die Schattenbestände durch Wechseln der Dataset-Namen.
- BUILD2   Wenn SHRLEVEL CHANGE oder SHRLEVEL REFERENCE mit dem PART-Parameter spezifiziert sind, Korrektur der non-partitioned Indizes.
- UTILTERM Terminierungs-Phase (Abmeldung des Utility-Ids in der Directory-Table SYSUTIL).

Die Ausführungs-Phasen des Utilities sind bei einem LOB-Tablespace:
- UTILINIT   Initialisierungs-Phase (Anmeldung des Utility-Ids in der Directory-Table SYSUTIL).
- REORGLOB   Reorganisieren der LOB-Daten direkt ohne Entladen und Laden der Daten.
- UTILTERM   Terminierungs-Phase (Abmeldung des Utility-Ids in der Directory-Table SYSUTIL).

Erforderliche Privilegien

- REORG-Privileg für die Database oder
- DBADM, DBCTRL-Privileg für die Database oder
- SYSADM, SYSCTRL.
- Installations SYSADM bzw. Installations SYSOPR für DNDDB06.SYSUSER und SYSDBAUT.
- Bei SHRLEVEL CHANGE die entsprechenden Berechtigungen für die Mapping-Table.
- Wenn Statistiken erzeugt werden (STATISTICS), ist für die Katalog-Tabellen das SELECT-Privileg erforderlich.

A2 Anhang - Definition der wichtigsten DB2-Sprachelemente
REORG TABLESPACE - 4

Abhängigkeiten

Die Abhängigkeiten des Utilities zu anderen Utilities sind in der Utility-Kompatibilitäts-Matrix am Anfang des Anhangs 2 dargestellt.
Aus der folgenden Tabelle ist zu entnehmen, dass beim REORG je nach SHRLEVEL Parallelzugriffe erlaubt werden:

```
DB2-Utility          Tablespace/  Index/Index-  Sonstiges              Bemerkungen
                     Partition    Partition
------------------------------------------------------------------------------------
REORG SHRLEVEL (CHANGE):
   UNLOAD/BUILD-Phase  CR/UTRW    CR/UTRW
   SWITCH-Phase *      DA/UTUT    DA/UTUT       * bei DRAIN ALL ab letzter LOG-Phase
REORG SHRLEVEL (REFERENCE):
   UNLOAD-Phase        DW/UTRO    DW/UTRO
   SWITCH-Phase        DA/UTUT    DA/UTUT
REORG SHRLEVEL (NONE):
   UNLOAD-Phase        DW/UTRO    DW/UTRO
   RELOAD-Phase        DA/UTUT    DA/UTUT
```

LEGENDE:
Zugriffs-Einschränkungen für parallele SQL-Anforderungen:
- CR - Claim der Read Claim-Klasse, Parallelverarbeitung inkl. Manipulationen sind erlaubt.
- DA - Drain aller Claim-Klassen, kein konkurrierender SQL-Zugriff erlaubt.
- DW - Drain der schreibenden Claim-Klasse, SQL-Leseanforderungen sind konkurrierend erlaubt.

Objekt-Status:
- UTRW - Das Utility richtet eine Lese-Sperre auf dem Objekt ein. Parallele Lese- und Schreibanforderungen sind erlaubt.
- UTRO - Das Utility richtet eine Update-Sperre auf dem Objekt ein. Parallele Leseanforderungen sind erlaubt.
- UTUT - Das Utility richtet eine exklusive Kontrolle auf dem Objekt ein. Es ist keine Parallelität erlaubt.

Anwendungs-Beispiel

REORG TABLESPACE SEMDB01.SEMTS01	Reorganisation Tablespace SEMTS01 in der Database SEMDB01
SHRLEVEL CHANGE	und alle verbundenen Indizes. Online-Reorg mit hoher Parallelität.
COPYDDN (FULLCOP)	Erzeugen einer Inline-Kopie.
DEADLINE 2000-2-8-20.30.00	Spätester Beginn Switch-Phase: 8.2.2000 20.30 Uhr.
MAPPINGTABLE MAPTAB01 MAXRO 240	Mappingtabelle: MAPTAB01, max. read-only Zeit 240 Sekunden
LONGLOG DRAIN DELAY 900	Bei hoher Änderungsfrequenz trotzdem Abschluss nach 900 Sekunden.
REORG TABLESPACE SEMDB01.SEMTS03	Reorganisation des Partitioned Tablespace SEMTS03 in der Database
PART 1 : 2	SEMDB01. Es werden die Partitions 1 und 2 reorganisiert.
SHRLEVEL NONE	Es wird keine Parallelität toleriert.
STATISTICS	Es sollen Inline-Statistiken ermittelt und aktualisiert werden.
SORTDATA	Die Daten sollen außerhalb von DB2 sortiert werden.
REORG TABLESPACE SEMDB01.SEMTS01	Entladen Tablespace SEMTS01 in der Database SEMDB01
SHRLEVEL NONE	Es wird keine Parallelität toleriert.
UNLOAD EXTERNAL	Erzeugen eines Entladebestands im externen Format.
FROM TABLE PROD.SEMTYP	Entlade-Selektionskriterien für die Tabelle SEMTYP:
WHEN	
(SEMCODE LIKE 'DB2%' OR	Nur Zeilen, bei denen der SEMCODE mit DB2 beginnt oder deren
DAUER IN (2 , 4))	Dauer = 2 oder 4 Tage ist.

A2 Anhang - Definition der wichtigsten DB2-Sprachelemente
REORG TABLESPACE - 5

Syntax-Diagramm

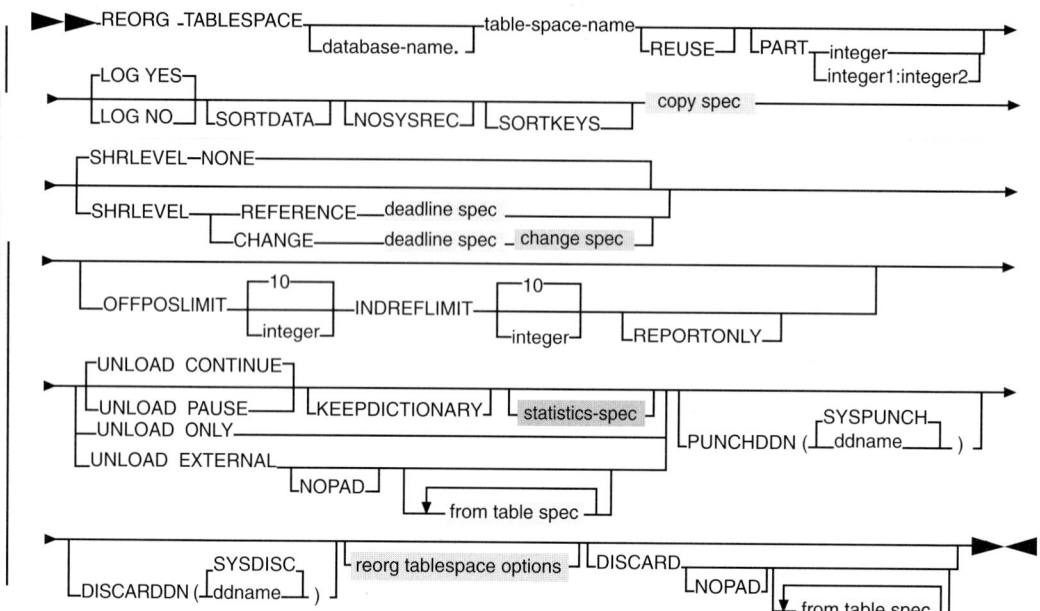

Parameter-Beschreibung

TABLESPACE
    database-name.   Name der Database, in der sich der Tablespace befindet. Default DSNDB04.
    table-space-name   Name des Tablespaces, der reorganisiert werden soll.
                                      Automatisch werden auch alle zugeordneten Indizes reorganisiert.

REUSE   Kennzeichnung, dass die Datasets anstelle von VSAM-DELETE und re-DEFINE logisch wiederverwendet werden sollen (nur bei SHRLEVEL NONE). Fehlt der Parameter, werden die Datasets gelöscht und wieder neu angelegt.

PART   Eine oder mehrere Partitions eines partitioned Tablespace sollen reorganisiert werden (nicht für LOB-Tablespaces vorgebbar).
Default = kompletter Tablespace bzw. kompletter Index.
Es ist zu beachten, dass bei Vorgabe einzelner Partitions mit der PART-Klausel non-partitioned Indizes zwar aktualisiert, aber nicht reorganisiert werden (da sich die Index-Keys auf sämtliche Partitions beziehen).
In diesem Fall REORG INDEX für diese Indizes vornehmen!

    integer   Vorgabe einer konkreten Partition-Nr.
    integer1:integer2   Vorgabe eines Partition-Bereichs von bis (jeweils einschließlich).
                           Beispiel: 3:10   Partitions 3 bis einschließlich 10.
                           Diese Methode ist z.B. dann hilfreich, wenn vorab ein Rebalancing der Partitions vorgenommen wurde (siehe unter ALTER INDEX).

LOG   Kennzeichen, ob Logsätze während der RELOAD-Phase geschrieben werden sollen.
    YES   Log-Sätze werden erstellt. Diese Option ist unzulässig bei:
                       SHRLEVEL REFERENCE, SHRLEVEL CHANGE oder bei Katalog- oder Directory-Tablespaces.
    NO   Es werden keine Log-Sätze erstellt. Das Utility setzt den "Copy Pending Status", wenn nicht in demselben Lauf eine Inline-Kopie erzeugt wird.
Dies geschieht durch Aktivierung eines der folgenden Parameter:
COPYDDN (im lokalen System), RECOVERYDDN (im Recovery-System),
SHRLEVEL REFERENCE, SHRLEVEL CHANGE.
Wird keine Inline-Kopie erzeugt, ist der Tablespace erst dann recoverable, wenn ein COPY-Lauf für diesen Tablespace erfolgreich ausgeführt wurde.

SORTDATA	Daten werden mit Tablespace-Scan gelesen und vor dem Zurückladen in der Folge des clustering Index sortiert.
	Diese Option ist sinnvoll, wenn sich die Daten eines Tablespaces in einem nicht mehr optimalen clustered Zustand befinden.
	Sie ist nicht einsetzbar, wenn es sich um einen sehr großen Datenbestand handelt und nicht genügend Workbereiche für den Sort zur Verfügung stehen oder die Sort-Satzlänge (inkl. Sortfelder) größer als 32760 Bytes ist.
	Der Parameter wird bei Tabellen ohne Cluster Index oder Katalog- bzw. Directory-Tablespaces ignoriert.
	Wenn SORTDATA aktiviert ist, erfolgt folgende Verarbeitung:
	- Tablespace Scan mit Sort, wenn zumindest eine Table im Tablespace mit einem expliziten CLUSTER Index versehen ist.
	- Tablespace Scan ohne Sort, wenn kein CLUSTER Index definiert ist oder mehrere Tables einem simple Tablespace zugeordnet sind.
	Wenn SORTDATA <u>nicht</u> aktiviert ist, erfolgt folgende Verarbeitung:
	- Existiert kein Cluster Index:
	  - Tablespace Scan ohne Sort bei einem simple Tablespace ,
	  - Segment-Chain-Scan ohne Sort bei einem segmented Tablespace,
	- Existiert ein Cluster Index:
	  - Scan in clustering Index-Folge bei Tables innerhalb eines segmented oder partitioned Tablespace.

NOSYSREC	Die Sort-Ausgabe wird gleichzeitig als Eingabe für den Reload verwandt. Es braucht kein eigener Unload-Dataset erzeugt zu werden. Der Parameter kann im Zusammenspiel mit folgenden Parametern vorgegeben werden: SHRLEVEL REFERENCE, SHRLEVEL NONE, SORTDATA. Er darf nicht gleichzeitig vorgegeben werden mit: UNLOAD PAUSE, UNLOAD ONLY.
SORTKEYS	Kennzeichnung, dass Index Keys parallel im Multi-Tasking speicherintern sortiert werden sollen. Pro Parallel-Task sollten eigene Workfiles und Message-Datasets zugeordnet werden (siehe Übersicht Datasets), sofern die Sortierung nicht komplett im Speicher erfolgen kann. Die Option ist aus Performanceaspekten empfehlenswert - speziell wenn mehrere Indizes sortiert werden müssen.
copy-spec	Erzeugung einer Inline-Kopie. Siehe separate Beschreibung später.
SHRLEVEL <u>**NONE**</u>	Reorganisations-Methode (siehe vorab hierzu die allgemeine Beschreibung): Normaler Reorganisations-Lauf mit stark eingeschränkter Parallelität. Einzig mögliche Option bei LOB-Tablespaces.
REFERENCE	Während des Reorganisations-Lauf sind weitestgehend parallele lesende Zugriffe möglich.
CHANGE	Höchster Parallelitätsgrad. Während des Reorganisations-Lauf sind weitestgehend parallele lesende und schreibende Zugriffe möglich.
deadline-spec	Vorgabe eines spätesten Abschlusszeitpunkt für den Reorg. Siehe separate Beschreibung später.
change-spec	Vorgabe der Parameter für den SHRLEVEL CHANGE. Siehe separate Beschreibung später.

A2 Anhang - Definition der wichtigsten DB2-Sprachelemente
REORG TABLESPACE - 7

OFFPOSLIMIT Aktivierung der Katalog-Query-Option. Für den Tablespace oder die jeweils spezifizierte Partition wird in der Katalog-Tabelle SYSINDEXPART ein Grenzwert untersucht.
Die Option ist nicht zulässig für Lob-Tablespaces.
Überschreitet der kalkulierte Wert von:
  (NEAROFFPOSF + FAROFFPOSF) * 100 / CARDF
den Grenzwert, wird der REORG aktiviert bzw. als Empfehlung protokolliert.

integer Grenzwert. Default = 10.

INDREFLIMIT Aktivierung der Katalog-Query-Option. Für den Tablespace oder die jeweils spezifizierte Partition wird in der Katalog-Tabelle SYSTABLEPART ein Grenzwert untersucht.
Die Option ist nicht zulässig für Lob-Tablespaces.
Überschreitet der kalkulierte Wert von:
  (NEARINDREF + FARINDREF) * 100 / CARDF
den Grenzwert, wird der REORG aktiviert bzw. als Empfehlung protokolliert.

integer Grenzwert. Default = 10.

REPORTONLY In Abhängigkeit der Grenzwert-Prüfung wird ein Return-Code erzeugt:
1 Der Grenzwert wurde nicht überschritten.
2 Der Grenzwert wurde überschritten.

UNLOAD Kennzeichen, ob der Reorganisationslauf komplett abgewickelt werden soll oder nach der UNLOAD-Phase beendet werden soll. Die Daten können dann später wieder geladen werden:
- ONLY   innerhalb des gleichen DB2-Subsystems in die gleiche Tablespace- und Table-Umgebung mit
           LOAD FORMAT UNLOAD
- PAUSE   innerhalb des gleichen DB2-Subsystems evtl. nach einer Veränderung der physischen Dataset-Charakteristiken mit
           REORG RESTART (PHASE)
- EXTERNAL   im gleichen oder einem beliebigen DB2-System der DB2-Familie.
           LOAD ohne Vorgabe der FORMAT-Option

CONTINUE Normaler Reorganisations-Lauf.
Wurde DISCARD vorgegeben, werden die Zeilen dekomprimiert und über die Edit Routine dekodiert. Wurde DISCARD mit einem Dataset vorgegeben, werden die Zeilen zusätzlich über die Feld Prozedur dekodiert. Zahlen und Date-Time-Felder werden in das externe Format konvertiert.
Ansonsten werden diese Funktionen sowohl beim Unload als auch beim Reload ignoriert.

PAUSE Nur Entladen der Daten. Die Reorganisation kann später mit Restart wieder aufgesetzt werden (der Status wird in SYSUTIL gehalten und es kann über das DB2I-Utility-Panel mit der RESTART-Option 'PHASE' der unterbrochene Lauf wieder gestartet werden).
Sinnvolle Option, wenn z.B. zwischen Entladen und Laden die Tablespace-Charakteristiken außerhalb von DB2 (z.B. mit IDCAMS) geändert werden sollen.
Wurde DISCARD vorgegeben, werden die Zeilen dekomprimiert und über die Edit Routine dekodiert. Wurde DISCARD mit einem Dataset vorgegeben, werden die Zeilen zusätzlich über die Feld Prozedur dekodiert. Zahlen und Date-Time-Felder werden in das externe Format konvertiert.
Ansonsten werden diese Funktionen sowohl beim Unload als auch beim Reload ignoriert.

ONLY Ausschließliches Entladen der Daten ohne Möglichkeit des späteren Wiederaufsetzens, z.B. für späteren LOAD.
DISCARD und WHEN-Optionen dürfen in diesem Fall nicht vorgegeben werden.

EXTERNAL Nur Entladen der Daten. Die Reorganisation kann später nicht mehr fortgesetzt werden und der REORG endet normal nach dem Entladen.
Dieses Verfahren stellt eine wesentlich performancegünstigere Variante zum Beispiel-Programm DSNTIAUL dar, mit dem ebenfalls Daten für einen späteren Ladeprozess entladen werden können.
Die DISCARD-Option darf in diesem Fall nicht vorgegeben werden.

NOPAD Normalerweise werden beim REORG die variablen Werte beim Entladen auf ihre maximale Länge aufgefüllt und befinden sich dann auf festen Positionen. Mit dieser Option werden die variablen Werte in ihrer tatsächlichen Länge entladen. Beim LOAD sind z.B. folgende Feldbeschreibungen mitzugeben (kann bei Vorgabe von PUNCHDDN generiert werden):
("SEMCODE   " POSITION(001:015)   CHAR,
     "TITEL   " POSITION(017)   VARCHAR,
     "DAUER   " POSITION(*)   DECIMAL EXTERNAL)
Hinweis: nach der TITEL-Spalte würden alle restlichen Spalten mit POSITION (*) geführt.

from table spec	Vorgabe von Table-Datenauswahl-Bedingungen. Siehe separate Beschreibung später.
KEEPDICTIONARY	Der Parameter kann nur vorgegeben werden, wenn für den Tablespace die Kompression definiert ist (COMPRESS YES). Wird dieser Parameter vorgegeben, benutzt das REORG-Utility zur Komprimierung der Daten das vorhandene Komprimierungs-Dictionary, d.h. ein Neuaufbau des Dictionaries wird verhindert. Ist kein solches Dictionary vorhanden, wird es erzeugt und eine Warnung ausgegeben. Das Weglassen dieser Option kann dann sinnvoll sein, wenn: - die Daten erstmals mit LOAD geladen wurden und das dann weniger effiziente Dictionary soll durch ein von REORG gebildetes Dictionary ersetzt werden soll. - die Datenbasis hat sich seit dem Zeitpunkt der Dictionary-Bildung wesentlich verändert und es wird eine höhere Effizienz bei der Neubildung erwartet.
statistics-spec	Mit dem Ladeprozess werden die Statistiken (von RUNSTATS) erzeugt. Siehe separate Beschreibung später.
PUNCHDDN	Name des DD-Statements für den Dataset, der die LOAD-Utility-Control-Statements aufnehmen soll. Diese können generiert werden bei: - REORG ... UNLOAD EXTERNAL oder - REORG ... DISCARD FROM TABLE ... WHEN. Die Option muss vorgegeben werden, wenn der Limit-Key der letzten Partition durch Partition Rebalancing reduziert wurde.
ddname	DD-Statement-Name. Default ist SYSPUNCH.
DISCARDDN	Name des DD-Statements für den Dataset, der Zeilen aufnehmen soll, die aufgrund von DISCARD FROM TABLE .. WHEN den definierten Bedingungen entsprechen. Wird die Option nicht vorgegeben, werden solche Sätze dann automatisch erzeugt, wenn SYSDISC als DD-Name im Reorg-Lauf erkannt wird.
ddname	DD-Statement-Name. Default ist SYSDISC.
reorg tablespace options	Vorgabe der REORG-Charakteristiken. Siehe separate Beschreibung später.
DISCARD	Die Zeilen, die den aufgrund von DISCARD FROM TABLE .. WHEN definierten Bedingungen entsprechen, sollen vom Entladen ausgeschlossen werden. Werden Zeilen von Tabellen ausgeschlossen, die Mitglied eines referenziellen Konstrukts sind, wird der "Check Pending Status" gesetzt. Wurde ebenfalls die Option DISCARDDN oder SYSDISC als DD-Name vorgegeben, werden die ausgeschlossenen Zeilen auf diesen Dataset gesichert. Diese Option ist nicht gültig für SHRLEVEL CHANGE und UNLOAD EXTERNAL bzw. UNLOAD ONLY.
NOPAD	Variable Werte werden in ihrer tatsächlichen Länge entladen. Siehe auch Erläuterungen unter UNLOAD EXTERNAL.
from table spec	Vorgabe von Table-Datenauswahl-Bedingungen. Siehe separate Beschreibung später.

Erzeugung einer Inline-Kopie (copy spec)

Mit einem REORG-Lauf kann gleichzeitig eine Full Image Copy erstellt werden. Damit kann ein beliebiger LOG-Parameter vorgegeben werden. Auch bei LOG NO wird dann kein "Copy Pending Status" gesetzt.

In diesem Fall müssen COPYDDN für die lokale Site bzw. RECOVERYDDN für eine Backup Site vorgegeben werden.

Folgende Besonderheiten der Inline-Kopie sind zu beachten:
- Es wird eine Full Image Copy unter den Bedingungen erstellt, die beim COPY SHRLEVEL REFERENCE gelten; inhaltlich gibt es aber einige Abweichungen, da bestimmte Pages mehrfach auftreten können. In diesen Fällen sind die zuletzt gespeicherten Pages aktuell.
- In einem RECOVER-Fall sollte kein "point-in-time-recovery" vorgenommen werden, sonst drohen **Konsistenz-Probleme**,
- In der Katalog-Tabelle SYSCOPY werden besondere Informationen geführt:
  ICTYPE = 'F' SHRLEVEL = 'R'   STYPE = 'X' wenn LOG (YES) vorgegeben wurde,
                                  STYPE = 'W' wenn LOG (NO) vorgegeben wurde.

Syntax-Diagramm: Copy spec:

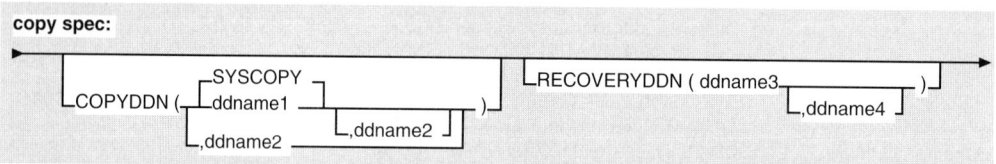

Parameter-Beschreibung

COPYDDN Name der DD-Statements für Output Datasets der Primär- und Backup-Kopie im lokalen System.
Die COPYDDN-Option bzw. die Vorgabe eines SYSCOPY-DD-Statements ist zwingend, wenn:
- REORG SHRLEVEL REFERENCE oder CHANGE vorgegeben wird,
- sich die Partition im "Reorg Pending Status" befindet.

Der Output Dataset-Typ muss eine sequenzielle Datei sein.
Das Utility prüft, ob der Dataset bereits für COPY benutzt ist.
Bei katalogisierten Datasets darf der DSN nicht doppelt sein.
Bei nicht-katalogisierten Datasets darf der Name und die Volume-Nr. nicht in der Katalog-Tabelle SYSCOPY protokolliert sein.

    ddname1 Primär-Kopie. Default ist SYSCOPY.
    ddname2 Backup-Kopie.

RECOVERYDDN Name der DD-Statements für Output Dataset der Primär- und Backup-Kopie im Recovery-System (generiertes Backup-DB2-System).
Die Bedingungen für die Output Dasets entsprechen den COPYDDN-Ausführungen.

    ddname3 Primär-Kopie.
    ddname4 Backup-Kopie.

Beeinflussung der Laufzeit des Reorganisationslaufs (deadline spec)

Damit ein Reorganisationslauf nicht grenzenlos läuft, kann das Laufzeitende terminiert werden
Der Parameter kann vorgegeben werden für REORG-Läufe mit SHRLEVEL REFERENCE oder
SHRLEVEL CHANGE.

Syntax-Diagramm: Deadline spec:

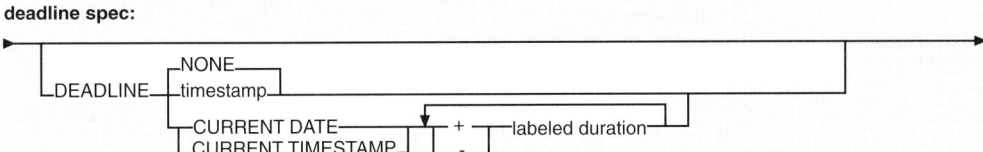

Parameter-Beschreibung	Vorgabe der Parameter zur Definition des spätesten Abschlusszeitpunkt für den Reorg.
DEADLINE	Spätester Abschlusszeitpunkt des Reorganisations-Laufs. Zeitpunkt, zu dem die SWITCH-Phase des REORG-Utilities gestartet werden soll. Default ist NONE.
NONE	Es soll kein bestimmter Zeitpunkt wirken.
timestamp	Vorgabe des Zeitpunkts (Timestamp-Format), zu dem spätestens die SWITCH-Phase eingeleitet sein muss. Wird ein Überschreiten des definierten Zeitpunkts kalkuliert, wird eine Meldung produziert, die der Ausgabe des -DISPLAY UTILITY-Commands entspricht. Das Utility wird abgebrochen. Mit -ALTER UTILITY kann der Wert eines laufenden REORG-Utilities modifiziert werden.
CURRENT DATE	Vorgabe eines variablen Zeitpunkts (aktuelles Datum).
CURRENT TIMESTAMP	Vorgabe eines variablen Zeitpunkts (aktueller Zeitpunkt).
+ bzw. -	Möglichkeit der Addition oder Subtraktion von Labeled Durations.
labeled duration	Zeitfunktion mit vorgestellter Ganzzahl. Siehe auch Anhang 1. Beispiel: CURRENT TIMESTAMP + 1 HOUR + 30 MINUTES.

Vorgabe der Parameter für einen Online-Reorg Reorganisationslauf (change spec)

Die folgenden Parameter können nur vorgegeben werden für REORG-Läufe mit SHRLEVEL CHANGE:

Syntax-Diagramm: Change spec:

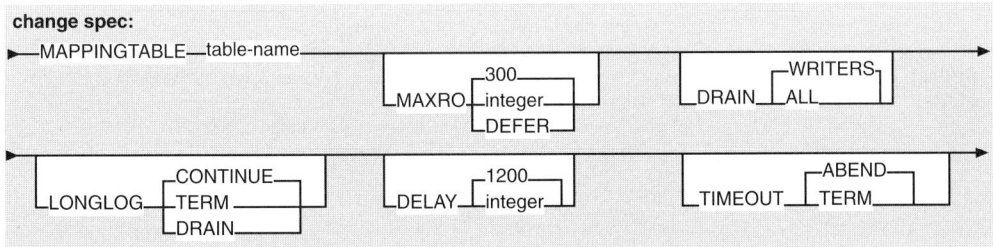

Parameter-Beschreibung

MAPPINGTABLE	Referenztabelle für die protokollierten Änderungsdaten, die während eines Reorganisationslaufs parallel angefallen sind. Die Referenzen bestehen aus RIDs mit Verweisen sowohl auf die Originaldatenbasis als auch auf die Schattenbestände.
table-name	Definition der Tabelle, die die Veränderungsreferenzen für den kompletten Tablespace oder eine einzelne Partition aufnehmen soll. Diese Tabelle und ein Index müssen vor der Aktivierung des Utilities existieren. Beispiele hierzu siehe im Anhang 5.

MAXRO		Zeitvorgabe für die maximale Zeit, die für die letzte Verarbeitungseinheit der LOG-Phase toleriert wird. Während dieser Zeit haben Parallel-Anwendungen nur Read-Only-Zugriffsmöglichkeiten. Default ist 300 Sekunden. Mit -ALTER UTILITY kann der Wert eines laufenden REORG-Utilities modifiziert werden.
	integer	Vorgabewert in Sekunden.
	DEFER	Es wirkt kein Vorgabewert.
DRAIN		Festlegung der Sperrwirkungen für Parallelanwendungen bei Erreichen der letzten LOG-Phase vor dem Erreichen der Switch-Phase.
	WRITERS	Während dieser Phase wird ein Drain der schreibenden Claim-Klasse ausgesprochen. Leseanforderungen sind zulässig.
	ALL	Während dieser Phase wird ein Drain für alle Claim-Klasse ausgesprochen, der keine parallelen Zugriffe toleriert. Diese Option sollte nur gewählt werden, wenn: - zum Zeitpunkt der LOG-Phase hohe Update-Aktivitäten vorliegen und - in dieser Phase viele Anwendungen einen SQLCODE -911 erhalten (Timeout).
LONGLOG		Die in einer Mapping Table gesammelten Änderungen müssen vor der SWITCH-Phase in den Schattenbeständen (Shadow Tables) aktualisiert werden. Wenn DB2 in einer solchen iterativ vollzogenen Verarbeitungseinheit feststellt, dass die anstehende Log-Änderungsanzahl nicht signifikant geringer ist als das Änderungsvolumen der letzten Verarbeitungseinheit, wird eine Konsol-Meldung ausgegeben. Diese signalisiert, dass das Änderungsvolumen zu groß ist und die permanente Aktualisierung offensichtlich nicht zum Ende des REORGs führt. Mit -ALTER UTILITY kann der Wert eines laufenden REORG-Utilities modifiziert werden.
	CONTINUE	Die Reorganisationsmaßnahme soll weiter fortgesetzt werden.
	DRAIN	DB2 soll einen Drain der Write Claim Klasse absetzen. Dies führt zur Einstellung paralleler Änderungsmöglichkeiten. Danach kann die Reorganisationsmaßnahme abgeschlossen werden.
	TERM	DB2 soll die Reorganisationsmaßnahme abbrechen.
DELAY		Minimaler Zeitabstand zwischen dem Absenden einer Konsolnachricht und dem Ergreifen der unter LONGLOG definierten Maßnahmen. Default sind 1200 Sekunden = 20 Minuten. Mit -ALTER UTILITY kann der Wert eines laufenden REORG-Utilities modifiziert werden.
	integer	Vorgabewert in Sekunden.
TIMEOUT		Festlegung der Maßnahme, wenn das REORG-Utility beim Versuch der Einrichtung der Drain-Anforderung entweder bei Erreichen der letzten LOG-Phase oder vor dem Erreichen der Switch-Phase einen Timeout-Zustand erhält.
	ABEND	Abbruch des Utilities. Die Objekte werden im "UTRO" oder "UTUT"-Status belassen.
	TERM	DB2 setzt einen impliziten TERM UTILITY-Command ab und beendet das Utility mit dem Return-Code 8. Die Objekte werden im "RW"-Status belassen.

Erzeugung von Inline-Statistiken (statistics-spec)

Mit einem REORG-Lauf können gleichzeitig Statistiken erzeugt werden. Die Funktionalität entspricht dem RUNSTATS-Utility.
Statistiken werden nur bei einem vollständigen Durchlauf des REORG-Utilities erzeugt. Im Abbruchfalle mit Restart werden sie nicht produziert.

Syntax-Diagramm: Statistics-spec

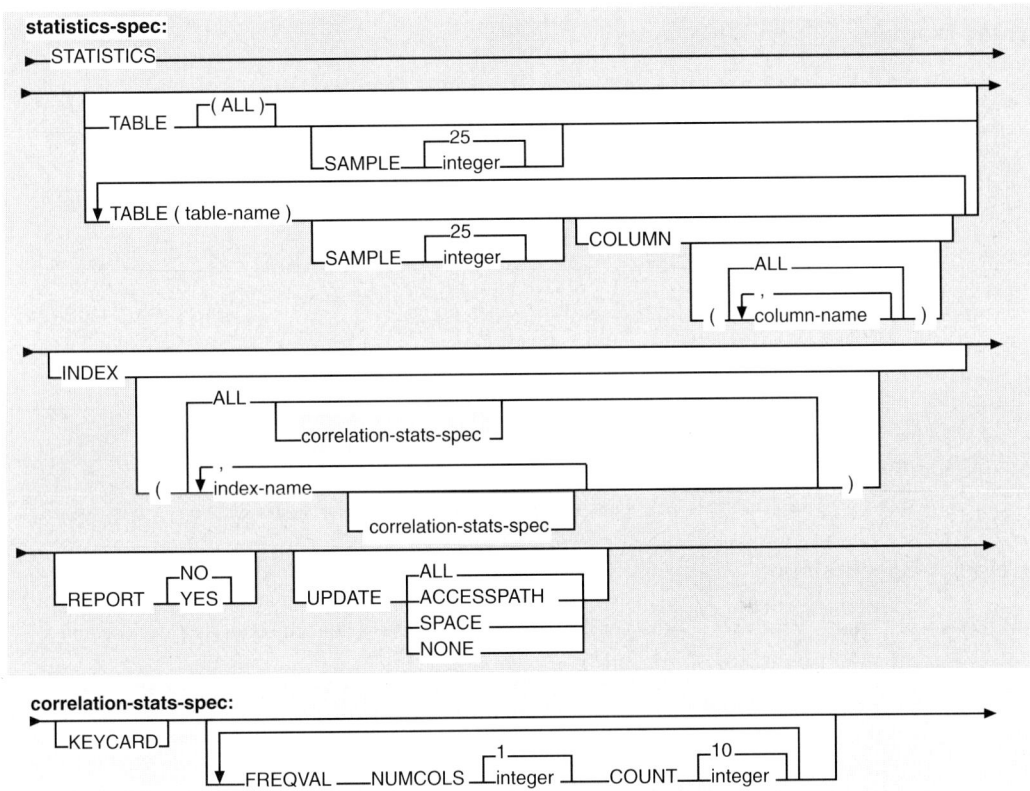

Parameter-Beschreibung

STATISTICS Es werden Inline-Statistiken erzeugt.
Wird nur STATISTICS ohne weitere Parameter vorgegeben, werden nur Tablespace-Statistiken erzeugt. Für einen LOB-Tablespace werden keine Statistiken produziert.

TABLE ... Definition der Tabellen, für die und deren Spalten Statistiken erzeugt werden sollen.
INDEX... Definition der Indizes, für die und deren erste Key-Spalte Statistiken erzeugt werden sollen.

.... Die Behandlung der restlichen Parameter entspricht dem RUNSTATS-Utility. Siehe dort.

FROM TABLE-Statement (from table spec)

Der Tablespace, der im REORG benannt wird, kann eine oder mehrere Tabellen enthalten. Mit dem FROM TABLE-Statement können folgende Anforderungen unterstützt werden:

- UNLOAD EXTERNAL — für extern zu ladende Tabellen sollen Zeilen einbezogen und entladen werden.
- DISCARD — nicht mehr benötigte Zeilen sollen gelöscht (vom Entladen ausgeschlossen) werden. Beim nachfolgenden Reload sind diese Zeilen dann nicht mehr in dieser Tabelle vorhanden.

Syntax-Diagramm: From table spec:

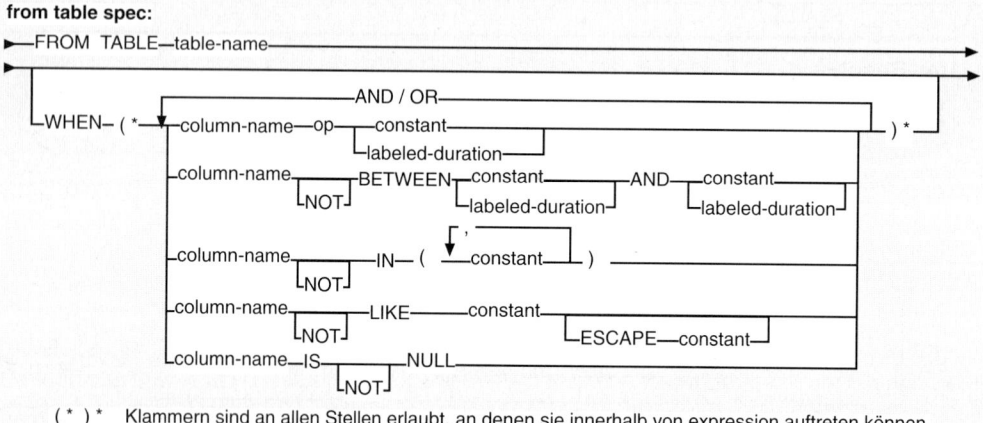

(*) *   Klammern sind an allen Stellen erlaubt, an denen sie innerhalb von expression auftreten können.

Parameter-Beschreibung

table-name Name der Tabelle, aus der Daten einbezogen oder ausgeschlossen werden sollen.
Es darf keine Katalog-Tabelle benannt werden.

WHEN Bedingungen, unter denen Daten entladen oder ausgeschlossen werden. Es werden Selektions-Kriterien in Klammern vorgegeben.
Beispiel:
```
REORG .....
    FROM      TABLE SEMINAR.SEMTYP
    WHEN  (   SEMCODE   LIKE 'DB2%'  OR
              DAUER     IN ( 2 , 4 ) )
```
Fehlt diese Option:
- werden alle Zeilen des Eingabebestands entladen und
- werden keine Zeilen ausgeschlossen.

(....) Die Selektions-Kriterien werden in Klammern eingeschlossen. Dabei sind grundsätzlich die Klammern an allen Stellen möglich, an denen sie bei expressions verwendbar sind.

column-name Name der Spalte in der Tabelle.
op Basis-Prädikat (siehe Anhang 1) und einer der gültigen Vergleichsoperatoren (= > >= <> ,...).
BETWEEN BETWEEN-Prädikat (siehe Anhang 1).
IN IN-Prädikat (siehe Anhang 1).
LIKE LIKE-Prädikat (siehe Anhang 1).
NULL NULL-Prädikat (siehe Anhang 1).
constant Konstanter Wert.
labeled duration Spezialregister (CURRENT DATE oder CURRENT TIMESTAMP) mit Addition oder Subtraktion einer Ganzzahl und einer DateTime-Funktion (z.B. TERMIN <= CURRENT DATE - 1 MONTH).

Steuerung der eigentliche Reorganisationsmaßnahme (reorg tablespace options)

Mit einem REORG-Lauf kann auch reorganisiert werden. Das heißt, nun endlich sind wir bei den Parametern zur Steuerung des eigentlichen Reorganisationslaufs angelangt.

Syntax-Diagramm: Reorg tablespace options:

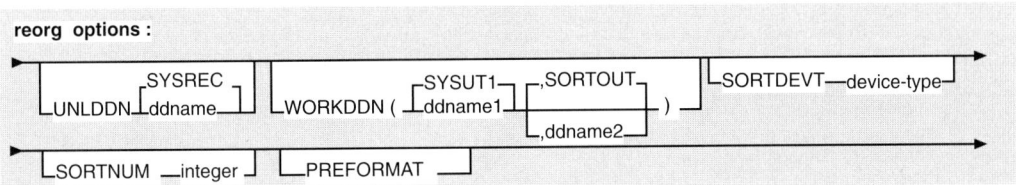

Parameter-Beschreibung

UNLDDN	**SYSREC** ddname	DD-Name des Unload-Dataset.
WORKDDN		DD-Name des Work-Datasets für Sort-Aktivitäten. Wenn SORTKEYS nicht vorgegeben wurde, ist dies ein Muss-Parameter.
	,ddname1 **(SYSUT1)**	Sort-Input.
	,ddname2 **(SORTOUT)**	Sort-Output.
SORTDEVT device-type		Device-Typ für Sort-Aktivitäten.
SORTNUM integer		Anzahl der dynamisch anzufordernden Work-Datasets.
PREFORMAT		Kennzeichnung, dass die restlichen Pages (zwischen der zuletzt geladenen Page und der High allocated RBA) innerhalb des Tablespaces bzw. der Partition und aller zugeordneten Indexspaces, die mit der Tabelle verbunden sind, vorformatiert werden. Die Vorformatierung reduziert evtl. spätere Insert-Aufwendungen, führt aber bei einem Page Range Scan nicht segmentierter Tablespaces zu erhöhten Beschaffungs- und Suchaufwendungen. Der Parameter wird ignoriert, wenn UNLOAD ONLY oder UNLOAD EXTERNAL vorgegeben wird.

A2 - 1306   A2 Anhang - Definition der wichtigsten DB2-Sprachelemente
REPORT   (DB2-Utility)

Aufgabe des Utilities

Das REPORT Utility protokolliert folgende Informationen über Tablespaces:
- Recovery-Historie aus der Katalog-Tabelle SYSCOPY,
- Log-RBAs aus der Directory-Tabelle SYSLGRNX,
- Volume Serial Nummern der Archive Log Datasets (BSDS),
- Volume Serial Nummern der Image Copy Datasets aus der Katalog-Tabelle SYSCOPY,
- Referenzielle Beziehungen aller Tabellen eines Tablespace Sets
- alle LOB-Tablespaces, die mit einem Base-Tablespace verknüpft sind.

Erforderliche Datasets und Objekte

Dataset-DD-Name bzw. Zweck	DD-Name in Utility-Parameter	Default-DD-Name	Verwendung	Eingabe-Ausgabe	Pflicht-Vorgabe
SYSIN	-	-	Utility-Control (siehe Anwendungs-Beispiel)	E	Ja
SYSPRINT	-	-	Informationsausgabe und Meldungen	A	Ja

Katalog-Objekte, für die keine OS/390-DD-Statements erforderlich sind		Utility-Parameter
Tablespace	Zu dokumentierendes Objekt	table-space-name

Abhängigkeiten

Die Abhängigkeiten des Utilities zu anderen Utilities sind in der Utility-Kompatibilitäts-Matrix am Anfang des Anhangs 2 dargestellt.
Aus der folgenden Tabelle ist zu entnehmen, dass beim REPORT keine Sperren etabliert werden:

```
DB2-Utility         Tablespace/    Index/Index-   Sonstiges      Bemerkungen
                    Partition      Partition
-----------------------------------------------------------------------------
REPORT                  -              -
```

Die Ausführungs-Phasen des Utilities sind:
- UTILINIT   Initialisierungs-Phase (Anmeldung des Utility-Ids in der Directory-Table SYSUTIL).
- REPORT   Ermittlung der geforderten Daten und Aufbereiten zum Ausdruck.
- UTILTERM   Terminierungs-Phase (Abmeldung des Utility-Ids in der Directory-Table SYSUTIL).

Erforderliche Privilegien

- RECOVERDB-Privileg für die Database oder
- DBADM, DBCTRL-Privileg für die Database oder
- SYSADM, SYSCTRL.

Anwendungs-Beispiel

    REPORT TABLESPACESET   Ausdruck der RI-Beziehungen der Tablespace SEMTS02 in der
       TABLESPACE SEMDB01.SEMTS02   Database SEMDB01 zu allen anderen RI-Objekten.

```
DSNU587I    DSNUPSET  - REPORT TABLESPACE SET WITH TABLESPACE SEMDB01.SEMTS02
            TABLESPACE          TABLE              DEPENDENT TABLE

            SEMDB01.SEMTS01     PROD.SEMPREIS      PROD.SEMTYP
                                PROD.SEMTYP        PROD.SEMINAR
            SEMDB01.SEMTS02     PROD.SEMINAR

DSNU580I    DSNUPORT - REPORT UTILITY COMPLETE
```

REPORT RECOVERY
TABLESPACE SEMDB01.SEMTS02

Ausdruck der Recovery-Infos der Tablespace SEMTS02 in Database SEMDB01.

(Auszug der von REPORT produzierten Ausgaben).

```
DSNU592I - DSNUPREC - REPORT RECOVERY INFORMATION FOR DATA SHARING MEMBER DB2P3:
DSNU583I DSNUPPLR - SYSLGRNX ROWS FROM REPORT RECOVERY FOR TABLESPACE SEMDB01.SEMTS02
UCDATE   UCTIME    START RBA       STOP RBA        START LRSN      STOP LRSN       PARTITION  MEMBER-ID

051098   09053878  00112C81A873    00112C81BCB1    AA19B10F8411    AA19B10FA24C    0000       0001
071098   15282712  00112C9E9816    001131FE6068    AA19B86A203C    AA19B86ADA64    0000       0001
```

Syntax-Diagramm

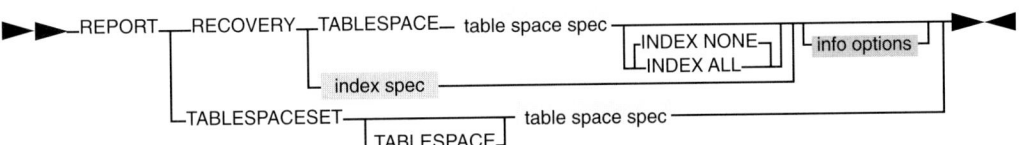

Parameter-Beschreibung

RECOVERY	Recovery-Informationen sollen protokolliert werden.
TABLESPACE	Recovery-Informationen für den Tablespace.
table space spec	Tablespace-Name. Siehe separate Beschreibung.
INDEX NONE	Es werden keine Recovery-Informationen über Indizes protokolliert.
INDEX ALL	Es werden Recovery-Informationen über alle Indizes protokolliert.
index spec	Index-Name. Siehe separate Beschreibung.
info-options	Charakteristiken der Protokollierung. Siehe separate Beschreibung.
TABLESPACESET	Informationen über alle RI-verknüpften Tables und Tablespaces und Indizes innerhalb des Tablespace Sets sollen protokolliert werden.
TABLESPACE	RI-Informationen für den Tablespace.
table space spec	Tablespace-Name. Siehe separate Beschreibung.

Syntax-Diagramm: Table space spec:

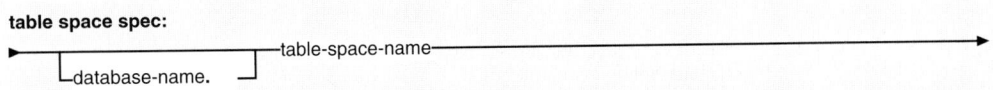

Parameter-Beschreibung

database-name.	Database-Name, Default = DSNDB04.
tablespace-name	Tablespace-Name, der protokolliert werden soll. Wenn Option TABLESPACESET aktiv, dann kann ein beliebiger Tablespace-Name aus dem Tablespace Set angegeben werden.

Syntax-Diagramm: Index spec:

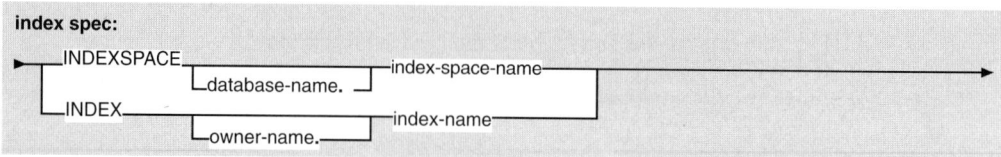

Parameter-Beschreibung

INDEXSPACE	Objekt-Typ: Indexspace.
database-name.	Name der Database, in der sich der Indexspace befindet. Default: DSNDB04.
index-space-name	Name des Indexspaces, der protokolliert werden soll.
INDEX	Objekt-Typ: Indexspace des benannten Indexes.
owner-name.	Name des Index-Eigentümers.
index-name	Name des Indexes, der protokolliert werden soll.

Syntax-Diagramm: Info options:

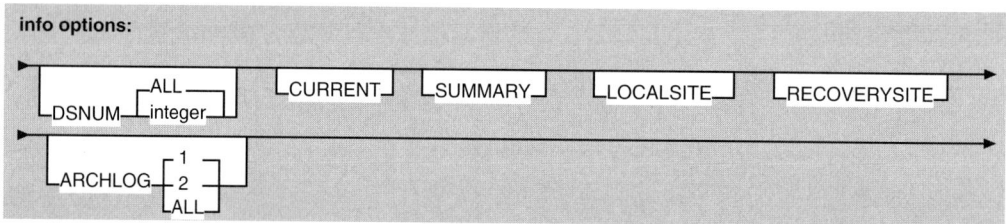

Parameter-Beschreibung

DSNUM	Partition-Nr. oder Dataset-Nr (siehe VSAM-Dataset-Namenskonventionen).
ALL	Kompletter Tablespace oder Indexspace.
integer	Bestimmte Partition-Nr. bzw. Dataset-Nr.
CURRENT	Es werden nur Einträge seit dem letzten recoverable Punkt (= letzter Full Image Copy Bestand) protokolliert. Erspart evtl. stundenlanges Suchen nach Archiv-Bändern!
SUMMARY	Es werden nur summierte Informationen ausgegeben (lediglich Volumes), ansonsten ist Summary Bestandteil der Detail-Protokollierung.
LOCALSITE	Protokollierung der für das lokale System kopierten Sicherungen (siehe auch COPY).
RECOVERYSITE	Protokollierung der für das recovery System kopierten Sicherungen (siehe auch COPY).
ARCHLOG	Kennzeichnung, welche Archiv-Datasets protokolliert werden sollen:
1	Nur Dataset 1.
2	Nur Dataset 2.
ALL	Beide Datasets.

Aufgabe des Commands

Der RESET GENERICLU-Command bewirkt eine Löschung von VTAM-Informationen im Bereich des Coupling Facilities für einen oder mehrere Partner.
Es müssen folgende Bedingungen erfüllt sein:

- DDF muss gestartet sein,
- die zu löschende Partner LU darf keine aktive Session aufweisen,
- für den zu löschenden Partner dürfen keine Indoubt Threads ausstehen.

Kurzform des Commands: -RESET GENERIC   Data-Sharing-Wirkungskreis: Member

Erforderliche Privilegien

- SYSADM, SYSCTRL, SYSOPR.

Anwendungs-Beispiel

-DBT1 RESET GENERIC (NET1.USER3LU)   Löschen des VTAM-Namens des Partners NET1.USER3LU.

Syntax-Diagramm

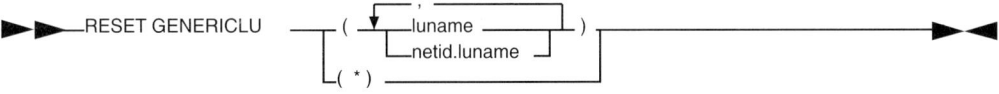

Parameter-Beschreibung

RESET GENERICLU   Vorgabe des VTAM LU-Namens des Partners, dessen generische LU-Namens-Definition gelöscht wird (shared memory information).

luname   Der NETID dieses Partners muss identisch mit dem lokalen DB2 NETID sein.

netid.luname   Vorgabe der expliziten Partner-Identifikation.
Der Name hat folgenden Aufbau:
- 1 bis 8 Stellen   Netzwerk-Id.
- '.'   Abgrenzung durch einen Punkt.
- 1 bis 8 Stellen   Netzwerk-LU-Name.

*   Sämtliche VTAM shared memory informations werden gelöscht.
Diese Option darf nur eingesetzt werden, wenn dieses DB2-System aus der DB2 Group entfernt werden soll.

A2 - 1310
A2 Anhang - Definition der wichtigsten DB2-Sprachelemente
-RESET INDOUBT (DB2-Command)

Aufgabe des Commands

Der RESET INDOUBT Command löscht einen Indoubt-Thread, der innerhalb der DISPLAY THREAD INDOUBT-Anzeige als RESET YES angezeigt wird.
Die Thread-Informationen werden auch aus den DB2-Log-Daten entfernt.
Das Kommando muss unter folgenden Bedingungen eingesetzt werden:
- DB2 ist der Koordinator des 2-Phasen-Commits und der Partizipant wurde nach einem Kaltstart wieder angekoppelt oder es trat ein SYNCPOINT-Protokollfehler auf.
- Ein Thread wurde mit -RECOVER INDOUBT abgeschlossen, aber bei der in diesem Zusammenhang vorgenommenen Synchronisation trat ein Fehler auf.

Kurzform des Commands: -RESET IND   **Data-Sharing-Wirkungskreis: Member**

Erforderliche Privilegien

- RECOVER-Privileg oder
- SYSADM, SYSCTRL, SYSOPR.

Anwendungs-Beispiel   (siehe auch: -DISPLAY THREAD, RECOVER INDOUBT)

     -RESET INDOUBT LUWID (5)   Reset Indoubt Thread mit dem Token 5.

Syntax-Diagramm

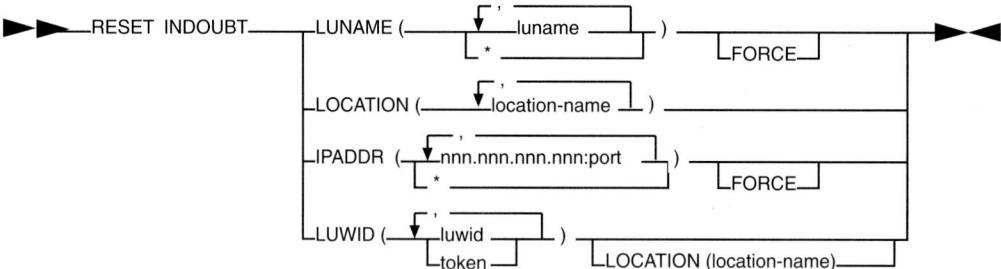

Parameter-Beschreibung

LUNAME   Löscht alle Indoubt-Informationen definierter Lokationen:
    (luname)   an einer oder mehrerer Lokationen (luname = 1 - 8 Stellen),
    (*)   auf allen Lokationen.
    FORCE   Unverzügliche Löschung aller Koordinator- und Partizipanten-Indoubt-Informationen, auch wenn keinerlei Fehlersituationen vorliegen.
                              Es dürfen bei Vorgabe des Parameters keine aktiven Session bestehen.
                              Speziell ist der Parameter für Problemfälle beim Aufbau der Verbindungen zwischen Systemen beim Warmstart gedacht. Er simuliert einen Kaltstart.

LOCATION (location-name)   Löschen von distributed Indoubt-Threads mit einer bestimmten anderen Lokation. Nicht-DB2-Server werden mit <LUNAME> vorgegeben.

IPADDR   Löscht alle Indoubt-Informationen eines TCP/IP-Partners:
    (nnn.nnn.nnn.nnn:port)   an der vorgegebenen TCP/IP-Adresse.
    (*)   auf allen TCP/IP-Lokationen.
    FORCE   Unverzügliche Löschung aller Koordinator- und Partizipanten-Indoubt-Informationen, auch wenn keinerlei Fehlersituationen vorliegen. Siehe auch unter LUNAME.

LUWID   **(luwid)**   Löschen von distributed Indoubt-Threads mit einer bestimmten anderen Lokation aufgrund des LU-Netzwerk-Namens (LUNAME) und der UOW-Nr. Der Namens-Aufbau ist unter -RECOVER INDOUBT beschrieben. Siehe dort.
            token   Alternativvorgabe eines Token-IDs anstelle der luwid.
                            Der Namens-Aufbau ist unter -RECOVER INDOUBT beschrieben. Siehe dort.

REVOKE COLLECTION PRIVILEGES (SQL-Statement)

Aufgabe des Statements

Widerruf von explizit ausgesprochenen Privilegien für Collections.

Erforderliche Privilegien

- GRANTOR des Privilegs oder
- SYSADM, SYSCTRL (zwingend bei Vorgabe des BY-Parameters).

Anwendungs-Beispiel

REVOKE CREATE IN COLLECTION SEMINAR Aufheben des CREATE-Privilegs für die Collection
FROM USER1 SEMINAR von USER1.

Syntax-Diagramm

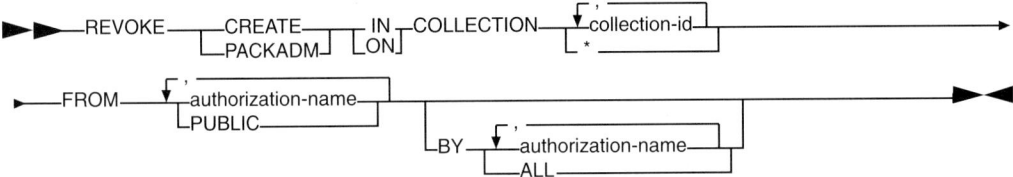

Parameter-Beschreibung

REVOKE		Parameter-Beschreibung siehe unter GRANT.
FROM	**authorization-name** **PUBLIC**	Liste der Benutzer, für die das Privileg widerrufen wird. Privileg ist nicht mehr generell verfügbar.
BY	**authorization-name** **ALL**	Liste der Benutzer, die als GRANTOR dieses Privileg vergeben haben. Alle Privilegien werden gelöscht.

A2 Anhang - Definition der wichtigsten DB2-Sprachelemente
REVOKE DATABASE PRIVILEGES (SQL-Statement)

Aufgabe des Statements

Widerruf von explizit ausgesprochenen Privilegien für Databases.

Erforderliche Privilegien

- GRANTOR des Privilegs oder
- SYSADM, SYSCTRL (zwingend bei Vorgabe des BY-Parameters).

Anwendungs-Beispiel

```
REVOKE CREATETAB ON DATABASE SEMDB01
       FROM USER1
```

Aufheben des CREATETAB-Privilegs in Database SEMDB01 von USER1.

Syntax-Diagramm

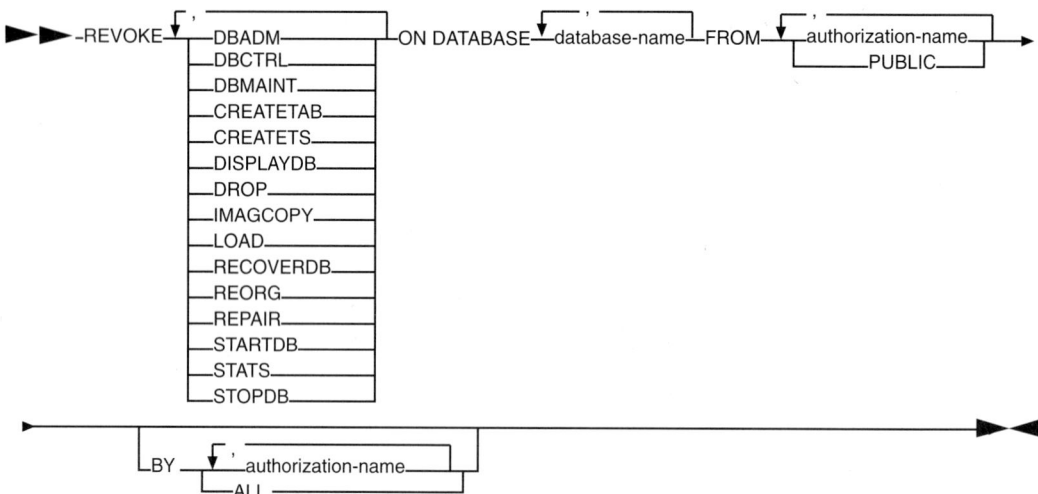

Parameter-Beschreibung

REVOKE		Parameter-Beschreibung siehe unter GRANT.
FROM	authorization-name	Liste der Benutzer, für die das Privileg widerrufen wird.
	PUBLIC	Privileg ist nicht mehr generell verfügbar.
BY	authorization-name	Liste der Benutzer, die als GRANTOR dieses Privileg vergeben haben.
	ALL	Alle Privilegien werden gelöscht.

A2 Anhang - Definition der wichtigsten DB2-Sprachelemente
REVOKE DISTINCT TYPE PRIVILEGES (SQL-Statement)

Aufgabe des Statements

Widerruf von explizit ausgesprochenen Privilegien für Distinct Types.

Erforderliche Privilegien

- GRANTOR des Privilegs oder
- SYSADM, SYSCTRL (zwingend bei Vorgabe des BY-Parameters).

Anwendungs-Beispiel

REVOKE USAGE ON DISTINCT TYPE PROD.EURO FROM PUBLIC RESTRICT	Aufheben des Privilegs zur Benutzung des Daten-Typs EURO im Schema PROD für alle Benutzer Es dürfen keine Nutzer an diesem Recht aktiv sein.

Syntax-Diagramm

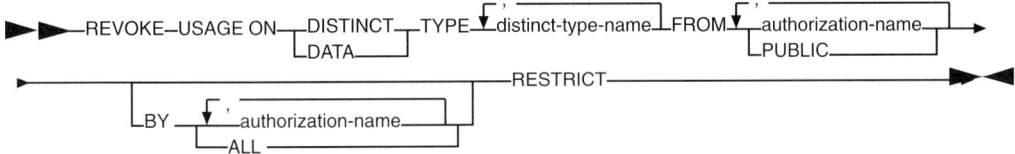

Parameter-Beschreibung

REVOKE Parameter-Beschreibung siehe unter GRANT.

FROM authorization-name Liste der Benutzer, für die das Privileg widerrufen wird.
PUBLIC Privileg ist nicht mehr generell verfügbar.

BY authorization-name Liste der Benutzer, die als GRANTOR dieses Privileg vergeben haben.
ALL Alle Privilegien werden gelöscht.

RESTRICT Verhindert das Löschen dieser Privilegien solange aufgrund dieses Rechts derzeit noch Nutzungen existieren:
- der REVOKEE (Gegenteil von GRANTEE) ist Eigentümer einer Funktion oder Stored Procedure, die den Distinct Type nutzt,
- der REVOKEE ist Eigentümer einer Tabelle, die den Distinct Type nutzt.

REVOKE FUNCTION/PROCEDURE PRIVILEGES (SQL-Statement)

Aufgabe des Statements

Widerruf von explizit ausgesprochenen Privilegien für bestimmte benutzerdefinierte Funktionen und Stored Procedures sowie für automatisch generierte Cast-Funktionen für Distinct Data Types.

Erforderliche Privilegien

- GRANTOR des Privilegs oder
- SYSADM, SYSCTRL (zwingend bei Vorgabe des BY-Parameters).

Anwendungs-Beispiel

REVOKE EXECUTE ON FUNCTION SEMINAR_ENDE FROM SEMVERW	Aufheben des Privilegs zur Ausführung der Funktion SEMINAR_ENDE im aktuellen Schema bzw. dieses eindeutigen Funktionsnamens im aktuellen SQL-Pfad für die Gruppe SEMVERW.

Syntax-Diagramm

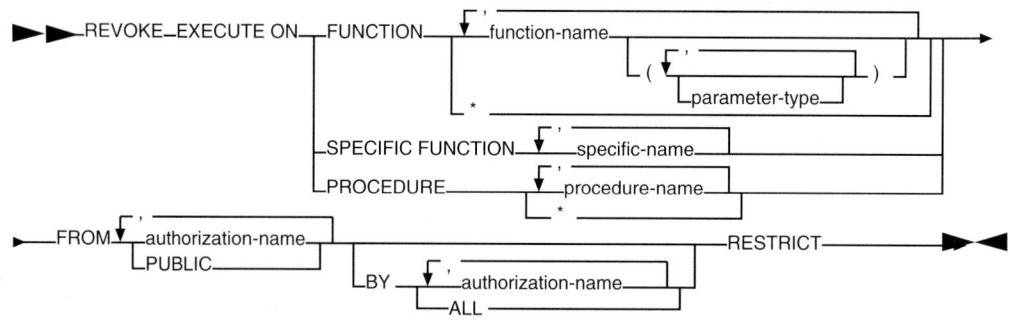

Parameter-Beschreibung

REVOKE		Parameter-Beschreibung siehe unter GRANT.
FROM	authorization-name	Liste der Benutzer, für die das Privileg widerrufen wird.
	PUBLIC	Privileg ist nicht mehr generell verfügbar.
BY	authorization-name	Liste der Benutzer, die als GRANTOR dieses Privileg vergeben haben.
	ALL	Alle Privilegien werden gelöscht.
RESTRICT		Verhindert das Löschen dieser Privilegien solange aufgrund dieses Rechts derzeit noch Nutzungen existieren: - der REVOKEE (Gegenteil von GRANTEE) ist Eigentümer einer Funktion oder Stored Procedure, die die Funktion nutzt, - der REVOKEE ist Eigentümer eines Views, der die Funktion nutzt, - der REVOKEE ist Eigentümer einer Tabelle, die in einem Check-Constraint oder einer benutzerdefinierten Default-Klausel die Funktion nutzt, - der REVOKEE ist Eigentümer eines Triggers, der die Funktion nutzt.

Aufgabe des Statements

Widerruf von explizit ausgesprochenen Privilegien für Packages.

Erforderliche Privilegien

- GRANTOR des Privilegs oder
- SYSADM, SYSCTRL (zwingend bei Vorgabe des BY-Parameters).

Anwendungs-Beispiel

REVOKE ALL ON PACKAGE SEMINAR.* Aufheben aller Package-Privilegien aller
FROM USER1   Packages in Collection SEMINAR von USER1.

Syntax-Diagramm

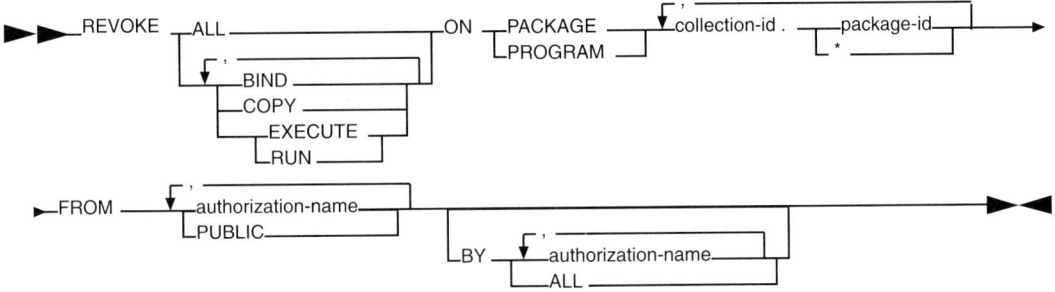

Parameter-Beschreibung

REVOKE Parameter-Beschreibung siehe unter GRANT.

FROM authorization-name Liste der Benutzer, für die das Privileg widerrufen wird.
PUBLIC Privileg ist nicht mehr generell verfügbar.

BY authorization-name Liste der Benutzer, die als GRANTOR dieses Privileg vergeben haben.
ALL Alle Privilegien werden gelöscht.

Aufgabe des Statements

Widerruf von explizit ausgesprochenen Privilegien für Pläne.

Erforderliche Privilegien

- GRANTOR des Privilegs oder
- SYSADM, SYSCTRL (zwingend bei Vorgabe des BY-Parameters).

Anwendungs-Beispiel

REVOKE EXECUTE ON PLAN SEM015 Aufheben Execute-Plan-Privileg des Plans SEM015
FROM USER1 von USER1.

Syntax-Diagramm

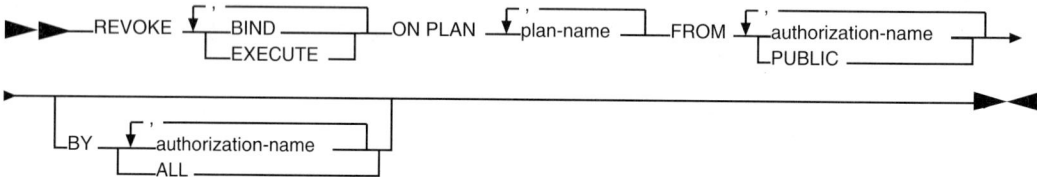

Parameter-Beschreibung

REVOKE Parameter-Beschreibung siehe unter GRANT.

FROM authorization-name Liste der Benutzer, für die das Privileg widerrufen wird.
PUBLIC Privileg ist nicht mehr generell verfügbar.

BY authorization-name Liste der Benutzer, die als GRANTOR dieses Privileg vergeben haben.
ALL Alle Privilegien werden gelöscht.

Aufgabe des Statements

Widerruf von explizit ausgesprochenen Privilegien für das Schema bzgl. bestimmter Aktionen für benutzerdefinierte Funktionen und Stored Procedures sowie für automatisch generierte Cast-Funktionen von Distinct Data Types.

Erforderliche Privilegien

- GRANTOR des Privilegs oder
- SYSADM, SYSCTRL (zwingend bei Vorgabe des BY-Parameters).

Anwendungs-Beispiel

REVOKE CREATEIN ON SCHEMA SEMINAR	Aufheben des Privilegs zur Anlegen von Distinct Data Type, User-defined Functions, Stored Procedures und Trigger im Schema SEMINAR
FROM SEMVERW	für die Gruppe SEMVERW.

Syntax-Diagramm

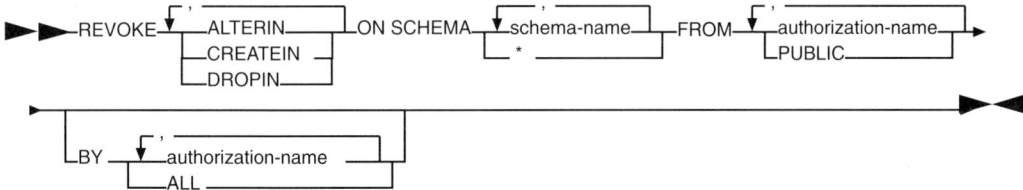

Parameter-Beschreibung

REVOKE		Parameter-Beschreibung siehe unter GRANT.
FROM	authorization-name	Liste der Benutzer, für die das Privileg widerrufen wird.
	PUBLIC	Privileg ist nicht mehr generell verfügbar.
BY	authorization-name	Liste der Benutzer, die als GRANTOR dieses Privileg vergeben haben.
	ALL	Alle Privilegien werden gelöscht.

A2 Anhang - Definition der wichtigsten DB2-Sprachelemente
REVOKE SYSTEM PRIVILEGES (SQL-Statement)

Aufgabe des Statements

Widerruf von explizit ausgesprochenen System-Privilegien.

Erforderliche Privilegien

- GRANTOR des Privilegs oder
- SYSADM, SYSCTRL (zwingend bei Vorgabe des BY-Parameters).

Anwendungs-Beispiel

REVOKE BINDADD Aufheben BINDADD-Privileg von USER1.
FROM USER1

Syntax-Diagramm

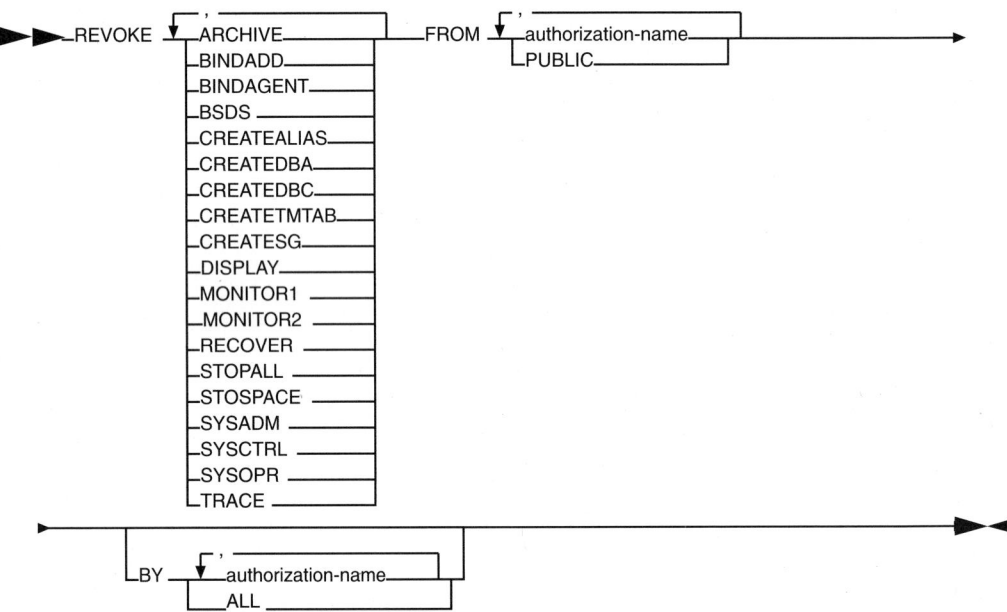

Parameter-Beschreibung

REVOKE Parameter-Beschreibung siehe unter GRANT.

FROM authorization-name Liste der Benutzer, für die das Privileg widerrufen wird.
     PUBLIC Privileg ist nicht mehr generell verfügbar.

BY authorization-name Liste der Benutzer, die als GRANTOR dieses Privileg vergeben haben.
    ALL Alle Privilegien werden gelöscht.

A2 Anhang - Definition der wichtigsten DB2-Sprachelemente
REVOKE TABLE/VIEW PRIVILEGES (SQL-Statement)

Aufgabe des Statements

Widerruf von explizit ausgesprochenen Privilegien für Tables und Views.
Hat ein Benutzer aufgrund eines SELECT-Privilegs einen View angelegt und wird das SELECT-Privileg widerrufen, wird auch der View gelöscht.

Erforderliche Privilegien

- GRANTOR des Privilegs oder
- SYSADM, SYSCTRL (zwingend bei Vorgabe des BY-Parameters).

Anwendungs-Beispiel

REVOKE UPDATE ON TABLE SEMTYP   Aufheben Update-Privileg aller Spalten der SEMTYP-
FROM PUBLIC   Tabelle für alle Benutzer.

Syntax-Diagramm

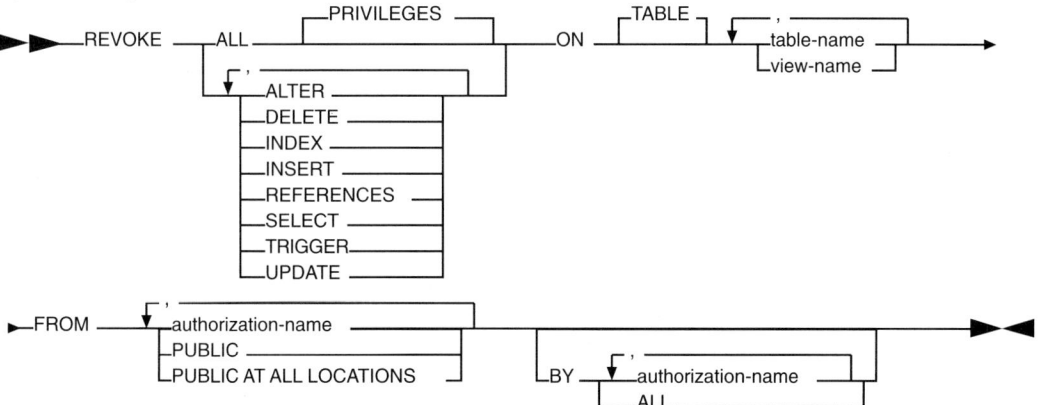

Parameter-Beschreibung

REVOKE   Parameter-Beschreibung siehe unter GRANT.
                          Im Gegensatz zum GRANT kann bei REVOKE kein UPDATE auf einzelne
                          Spalten widerrufen werden.

FROM authorization-name   Liste der Benutzer, für die das Privileg widerrufen wird.
PUBLIC   Privileg ist nicht mehr generell auf lokalem Server verfügbar.
PUBLIC AT ALL LOCATIONS   Privileg ist im ganzen Netzwerk nicht mehr generell verfügbar.

BY authorization-name   Liste der Benutzer, die als GRANTOR dieses Privileg vergeben haben.
ALL   Alle Privilegien werden gelöscht.

A2 Anhang - Definition der wichtigsten DB2-Sprachelemente
REVOKE USE PRIVILEGES (SQL-Statement)

ufgabe des Statements

Widerruf von explizit ausgesprochenen Privilegien für die Benutzung physischer Objekte. Pro Statement kann jeweils nur ein Objekt-Typ vorgegeben werden.

Erforderliche Privilegien

- GRANTOR des Privilegs oder
- SYSADM, SYSCTRL (zwingend bei Vorgabe des BY-Parameters).

Anwendungs-Beispiel

REVOKE USE OF BUFFERPOOL BP2, BP3　　　Aufheben Privileg der Zuordnungs-Möglichkeit
　　　　　　FROM USER1　　　　　　　　　　der Bufferpools BP2 und BP3 für USER1.

Syntax-Diagramm

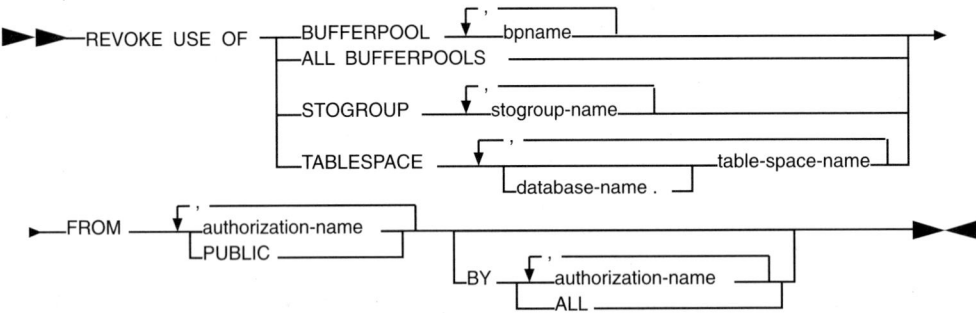

Parameter-Beschreibung

REVOKE	Parameter-Beschreibung siehe unter GRANT.
FROM authorization-name	Liste der Benutzer, für die das Privileg widerrufen wird.
PUBLIC	Privileg ist nicht mehr generell auf lokalem Server verfügbar.
BY authorization-name	Liste der Benutzer, die als GRANTOR dieses Privileg vergeben haben.
ALL	Alle Privilegien werden gelöscht.

A2 Anhang - Definition der wichtigsten DB2-Sprachelemente
ROLLBACK (SQL-Statement)

Aufgabe des Statements

Das SQL-ROLLBACK-Statement beschließt eine Unit of Work (UOW) und setzt die Änderungen der UOW (DML-, DCL- und DDL-Änderungen) innerhalb der Datenbestände wieder zurück.
Eine UOW kann entweder mit COMMIT ordnungsgemäß abgeschlossen oder mit ROLLBACK zurückgerollt werden.
Das ROLLBACK-Statement kann explizit nur über SPUFI oder innerhalb von Batch- bzw. TSO-Programmen abgesetzt werden. Für Programme der IMS-DC und CICS-TP-Monitore existieren dort eigene Rollback-Befehle, die implizit einen SQL ROLLBACK auslösen.

In allen Nicht-TP-Monitor-Umgebungen führt der abnormale Abbruch einer Anwendung implizit zu einem ROLLBACK.

Ein ROLLBACK führt zur Aufhebung aller Sperren während der UOW und alle offenen Cursor werden geschlossen. Ausnahme:

Wenn in einer CICS- oder IMS-Umgebung ein CURSOR WITH HOLD definiert ist und dieser Cursor in einer früheren UOW eröffnet wurde, führt ein TP-Monitor-ROLLBACK nicht zum Schließen des Cursors, wenn innerhalb der letzten UOW keine DB2-Aktivitäten vorgenommen wurden (in diesem Fall wird DB2 gar nicht mit einem SQL ROLLBACK aktiviert).

Sämtliche temporäre Tabellen (globale temporäre Tabellen) und Workfiles werden gelöscht. Alle präparierten Statements werden gelöscht.

Alle LOB-Locators, auch die mit HOLD LOCATOR gehalten werden, werden freigegeben.

Ein ROLLBACK hat keine Auswirkung auf bestehende Connections.

Erforderliche Privilegien

Keine.

Anwendungs-Beispiel in PL/1

`EXEC SQL ROLLBACK;`   Alle Änderungen innerhalb einer UOW werden zurückgesetzt.

Syntax-Diagramm

Parameter-Beschreibung

WORK   Ohne besondere Auswirkungen, sichert lediglich die Kompatibilität zu anderen DBMS.

A2 Anhang - Definition der wichtigsten DB2-Sprachelemente
RUN (TSO-DSN)

Aufgabe des Commands

Der RUN-Subcommand aktiviert ein Anwendungsprogramm, das SQL-Statements enthalten kann.
Data-Sharing-Wirkungskreis: Member

Erforderliche Privilegien

- EXECUTE-Privileg für den Plan oder
- Eigentümer des Plans oder
- SYSADM.

Anwendungs-Beispiel

```
DSN      SYSTEM   (DB2T)                    Connection mit Lokation DB2T
  RUN    PROGRAM  (SEMPGM1)         -       Ausführung Programm SEMPGM1
  PLAN   (SEMPLAN)                  -       Plan-Name = SEMPLAN (Default = Pgm-Name)
  LIB    ('DSN230.RUNLIB.LOAD')             Load-Lib.
```

Syntax-Diagramm

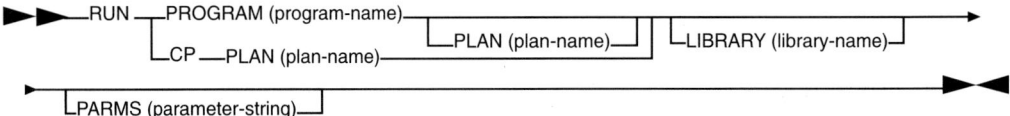

Parameter-Beschreibung   "xxx" = Kurzform

PROGRAM (program-name) "PROG"   Name des Programms, das ausgeführt werden soll.

       PLAN (plan-name)   Plan-Name, Default ist der Programm-Name.

CP   PLAN (plan-name)   Prompting für Debug-Mode.

LIBRARY (library-name)   "LIB"   Loadlib, die Programm enthält.

PARMS (string)   Parameter-Liste für Programm (/xxxx) mit max. Länge von 100 Stellen.

A2 Anhang - Definition der wichtigsten DB2-Sprachelemente
RUNSTATS - Übersicht (DB2-Utility)

Aufgabe des Utilities

Das RUNSTATS Utility durchsucht Tablespaces und Indizes zur Ermittlung statistischer Informationen über die physische Belegung der Objekte.
Die Aktivierung des RUNSTATS-Utilities kann unter folgenden Bedingungen sinnvoll sein:
- nachdem ein neuer Index angelegt wurde,
- nachdem eine Tabelle mit neuen oder veränderten Daten geladen wird (bei partitioned Tablespace alle Partitions geladen sind),
- nachdem ein Tablespace oder ein Index reorganisiert wurde,
- nachdem statistisch relevante Datenveränderungen stattgefunden haben.

Sollen Pläne oder Packages die neuen RUNSTATS-Statistiken berücksichtigen, müssen sie neu gebunden werden (REBIND).
RUNSTATS verwaltet zwei Informations-Kategorien:

- **Zugriffspfad-Statistik-Daten** diese werden vom Optimizer während des BIND-Prozesses zur Ermittlung des optimalen Zugriffspfads genutzt,
- **Speicher-Belegungs-Daten** zur Tuning-Unterstützung des DBA.

Zur Vermeidung aufwendiger Utility-Läufe - speziell bei großen Datenbeständen - können die Aufwendungen auf einen exemplarischen Ausschnitt des Datenvolumens beschränkt werden. Die Vorgabe des SAMPLE-Parameters fordert aber idealerweise eine gleichbleibende Streuung der Dateninhalte. Weiterhin unterstützen die Utilities LOAD, REBUILD INDEX und REORG Inline-Statistiken.

Die Informationen werden in den Statistik-Spalten des Katalogs gespeichert:
- in Form von Spalten innerhalb der für die DB2-Objektverwaltung erforderlichen Katalog-Tabellen (z.B. SYSTABLES),
- innerhalb eigener Statistik-Katalog-Tabellen, in denen ausschließlich solche Informationen geführt werden (z.B. SYSTABSTATS).

Statistikdaten werden im Katalog geführt als:

- **Aggregat-Statistiken** in globaler und verdichteter Form für ein gesamtes Objekt (Table, Tablespace oder Index),
- **Partition-Level-Statistiken** mit den Einzelinformationen einer einzelnen Partition.

Die Aggregat-Statistiken werden bei partitioned Tablespaces und partitioned Indizes nur dann gebildet oder aktualisiert, wenn für sämtliche Partitions solche Partition-Level-Statistiken vorliegen.

Die Katalog-Tabellen für Aggregat-Statistiken und Partition-Level-Statistiken stehen sich in einer 1:1 - Beziehung gegenüber:

Objekt-Typ	Aggregations-Katalog-Tabelle	Partition-Level-Katalog-Tabelle
Tabellen-Daten	SYSTABLES	SYSTABSTATS
Spalten-Inhalte	SYSCOLUMNS	SYSCOLSTATS
Index-Daten	SYSINDEXES	SYSINDEXSTATS
Index-Spalten-Inhalte (non-uniform)	SYSCOLDIST	SYSCOLDISTSTATS

Bei folgenden Katalog-Tabellen wird von diesem Konzept abgewichen:

Objekt-Typ	Katalog-Tabelle	Bemerkung
Tablespace-Daten	SYSTABLESPACE	Zugriffspfad-Statistiken (Tablespace-Aggregation)
	SYSTABLEPART	Speicher-Belegungsdaten pro Tablespace-Partition.
Index-Daten	SYSINDEXES	Zugriffspfad-Statistiken (Index-Aggregation)
	SYSINDEXPART	Speicher-Belegungsdaten pro Index-Partition.

A2 Anhang - Definition der wichtigsten DB2-Sprachelemente
RUNSTATS-Übersicht - 2

Beim BIND-Prozess wird der Optimizer aktiviert, der aufgrund der Zugriffspfad-Statistik-Daten der Aggregat-Statistiken den optimalen Zugriffspfad ermittelt (dies gilt nicht für LOB-Daten).

Für die korrekte Bewertung inhaltlicher Ausprägungen von nicht gleichmäßig gestreuten Daten (non-uniform distribution) werden in den Katalog-Tabellen SYSCOLDIST und SYSCOLDISTSTATS die häufigst auftretenden Inhalte von Index-Key-Spalten geführt.
Es werden unterschieden:

- **Cardinality**-Statistiken   durch den Parameter KEYCARD gesteuert, definieren sie die Anzahl unterschiedlicher Werte,
- **Frequency**-Statistiken   durch den Parameter FREQVAL gesteuert, definieren sie konkrete Inhalte, die am häufigsten auftreten.

Eine Reihe von Statistikdaten lassen sich mit SQL-DML-Mitteln aufbauen, ändern oder löschen.
Damit kann man eine veränderte physische Umgebung simulieren.
In diesem Fall sollten aber die Gesamtzusammenhänge und die volle Bedeutung der für den Optimizer relevanten Informationen vertraut sein.

Folgendes ist dabei zu beachten:
- Wenn Dateninhalte in den Katalog-Tabellen geführt werden, können diese nicht dem jeweiligen Format der einzelnen Tabellen angepasst sein, da die Katalog-Tabellen ja eine Meta-Ebene repräsentieren. So wird z.B. die Spalte HIGH2KEY in der Katalog-Tabelle SYSCOLUMNS im Format CHAR (8) geführt. Die Verwaltung der Daten muss dann im Einzelfall gemäß der tatsächlich möglichen Inhalte vorgenommen und zum Teil in DB2-internen Formaten vorgegeben werden siehe auch unter 'Datentypen Interne Formate').
Beispiele:

Spalten-Name	Typ (Format)	Vorgabe beim UPDATE:	entspricht dem Wert:
SEMCODE	CHAR (15)	SET HIGH2KEY = 'ZZZZZZZZ'	ZZZZZZZZ
DAUER	DEC (3,1)	SET HIGH2KEY = X'F105'	10,5 Tage
TERMIN	DATE	SET HIGH2KEY = X'19980301'	01.03.1998
LFD_NR	SMALLINT	SET HIGH2KEY = X'8003'	3

- Insbesondere ist zu beachten, dass solche manuellen Änderungen durch einen nachfolgenden RUNSTATS-Lauf (in Abhängigkeit von den Parametern) wieder überschrieben werden.

Folgende weitere Besonderheiten der Statistik-Felder sind zu beachten:

- die Aggregations-Statistiken, die ausschließlich vom Optimizer verwendet werden, können im Einzelfall für einzelne Partitionen ungünstige Ausprägungen erbringen, wenn die Daten über die einzelnen Partitionen ungleichmäßig verteilt sind (non-uniform distribution).

- RUNSTATS füllt - abhängig von den Parametern - für die erste Index-Spalte oder mehrere zusammenhängenden Index-Spalten - die häufigsten (Default = 10) inhaltlichen Ausprägungen in die Tabelle SYSCOLDIST und die häufigsten inhaltlichen Ausprägungen einer Partition in die Tabelle SYSCOLDISTSTATS.

Manuell können dort weitere Spalten - auch wenn sie nicht zur ersten Index-Spalte gehören - oder weitere Spalteninhalte eingefügt werden.
Aber auch hier gilt: beim nächsten RUNSTATS, bei dem ein Update der Zugriffspfad-Statistiken gewünscht wird, werden sämtliche manuellen Eintragungen gelöscht.

- RUNSTATS ermittelt exakte statistische Werte mit der Ausnahme der Spalte COLCARD beim RUNSTATS TABLESPACE. Hier wird ein Wert geschätzt. Beim RUNSTATS INDEX wiederum wird für eine Index-Spalte der exakte Wert ermittelt.

RUNSTATS setzt bei Large Tablespaces den Wert -1 in bestimmte Katalog-Spalten ein:

Table	Spalte
SYSCOLUMNS	COLCARD
SYSTABLES	CARD
SYSINDEXES	FIRSTKEYCARD, FULLKEYCARD
SYSINDEXPART	CARD, FAROFFPOS, NEAROFFPOS

In der folgenden Übersicht werden die einzelnen Statistik-Felder dargestellt - alphabetisch geordnet und den Katalog-Tabellen zugeordnet (Legende siehe am Tabellenende).

A2 Anhang - Definition der wichtigsten DB2-Sprachelemente
RUNSTATS-Übersicht - 3

Katalog-Tabelle	Typ	Spaltenname	Typ	Manueller Update?	Initial-Wert	Default-Wert	Spalten-Beschreibung
SYSCOLDIST	A						SYSCOLDIST führt für die höchsten Index-Key-Spaltenwerte (Default nur die erste) nicht gleichmäßige Verteilungen und Streuungen.
		CARDF *	Z	Ja	-	-	Anzahl unterschiedlicher Werte in der Spaltengruppe (nur für Cardinality-Statistiken).
		COLGROUPCOLNO	Z	Ja	-	-	Identifikation einer Spaltengruppe. Aneinanderreihung von SMALLINT-Feldern, die auf die relative Spaltenposition in der Tabelle zeigen.
		COLVALUE	Z	Ja	-	-	Einer der am häufigsten auftretenden Werte (Dateninhalte) bei nicht-gleichmäßiger inhaltlicher Streuung der Dateninhalte (nur für die ersten Index-Spalten).
		FREQUENCYF *	Z	Ja	-	-	Prozentuale Häufigkeit des in COLVALUE geführten Wertes, multipliziert mit 100 (0.162 = 16,2 %).
		NUMCOLUMNS	Z	Ja	-	-	Anzahl der Spalten bei einer Spaltengruppe.
		STATSTIME		Ja	-	Current TS	Timestamp des letzten RUNSTATS-Laufes.
SYSCOLDISTSTATS	P	PARTITION	Z				SYSCOLDISTSTATS enthält die korrespondierenden Spalten von SYSCOLDIST, aber nur für eine einzelne Partition.
SYSCOLSTATS	P	PARTITION	Z				SYSCOLSTATS enthält die korrespondierenden Spalten von SYSCOLUMNS, aber nur für eine einzelne Partition. Zusatzfelder:
		HIGHKEY	Z	Ja	Blank	-	Höchster Wert in einer Spalte (8 Bytes).
		LOWKEY	Z	Ja	Blank	-	Niedrigster Wert in einer Spalte (8 Bytes). Nicht enthalten:
		COLCARDF	Z				Anzahl unterschiedlicher Werte in der Spalte.
SYSCOLUMNS	A						SYSCOLUMNS führt für jede Tabellen-Spalte Informationen über Höchst-Niedrigstinhalte und Auftretenshäufigkeit.
		COLCARDF *	Z	Ja	-1/-2	25	Anzahl unterschiedlicher Werte in der Spalte.
		HIGH2KEY	Z	Ja	Blank	-	Zweithöchster Wert in der Spalte (8 Bytes).
		LOW2KEY	Z	Ja	Blank	-	Zweitniedrigster Wert in der Spalte (8 Bytes).
		STATSTIME		Ja	-	Current TS	Timestamp des letzten RUNSTATS-Laufes.
SYSINDEXES	A						SYSINDEXES führt für jeden Index Informationen über die Streuung der Index-Spalten und physische Charakteristiken.
		CLUSTERRATIOF*	Z	Ja	0	-	Prozentsatz der Zeilen, die sich in clustering Folge befinden (Wert * 100).
		CLUSTERING	Z		Blank	-	Kennzeichen, ob der Index mit CLUSTER definiert ist.
		FIRSTKEYCARDF*	Z	Ja	-1	25	Anzahl unterschiedlicher Werte in der ersten Index-Spalte.
		FULLKEYCARDF *	Z	Ja	-1	25	Anzahl unterschiedlicher Werte in allen Index-Spalten.
		NLEAF	Z	Ja	-1	CARD/300	Anzahl Leaf Pages im Index-B-Tree.
		NLEVELS	Z	Ja	-1	2	Anzahl Levels im Index-B-Tree.
		STATSTIME		Ja	-	Current TS	Timestamp des letzten RUNSTATS-Laufes.
SYSINDEXPART	P	PARTITION	S				SYSINDEXPART führt für jede Index-Partition Informationen über die Anzahl der Zeilen.
		CARDF *	S		-1	-	Anzahl Zeilen im Index oder in Index-Partition.
		FAROFFPOSF *	S		-1	-	Anzahl Zeilen, die bei einem INSERT in eine nicht optimale Page ausgelagert werden musste (Far = mehr als 15 Pages entfernt von der Ideal-Page).
		LEAFDIST	S		-1	-	Durchschnittliche Distanz zwischen zwei logisch aufeinanderfolgenden Leaf-Pages (mit Faktor 100).

A2 Anhang - Definition der wichtigsten DB2-Sprachelemente
RUNSTATS-Übersicht - 4

Katalog-Tabelle	Typ	Spaltenname	Typ	Manueller Update?	Initial-Wert	Default-Wert	Spalten-Beschreibung
		NEAROFFPOSF *	S		-1	-	Anzahl Zeilen, die bei einem INSERT in eine nicht optimale Page ausgelagert werden musste (Near = weniger als 16 Pages entfernt von der Ideal-Page).
		STATSTIME			-	Current TS	Timestamp des letzten RUNSTATS-Laufes.
SYSINDEXSTATS	P	PARTITION	Z				SYSINDEXSTATS enthält die korrespondierenden Spalten von SYSINDEXES, aber nur für eine einzelne Partition. Zusatzfelder:
		KEYCOUNTF*	Z	Ja	0	-	Anzahl Zeilen in einer Partition.
SYSLOBSTATS		LOB-Tablespace	S				SYSLOBSTATS enthält physische Organisations-Informationen über LOB-Spalten.
		FREESPACE			0	-	Freiplatz (Anzahl Pages).
		ORGRATIO			0	-	Organisationszustand des LOB-Tablespaces. Der Wert 1 zeigt einen optimalen Zustand. Je höher der Wert, desto ungünstiger.
SYSTABLEPART	P	PARTITION	S				SYSTABLEPART enthält die Informationen über den physischen Zustand des Tablespaces bzw. einer einzelnen Partition.
		CARDF*	S		-1	-	Anzahl Zeilen in Tablespace oder Partition.
		FARINDREF	S		-1	-	Anzahl Zeilen, die wegen Längenerweiterung in eine andere Page ausgelagert werden musste (Far = mehr als 15 Pages entfernt von der Original-Page).
		NEARINDREF	S		-1	-	Anzahl Zeilen, die wegen Längenerweiterung in eine andere Page ausgelagert werden musste (Near = weniger als 16 Pages entfernt von der Original-Page).
		PAGESAVE	S		0	-	Kalkulierter Prozentsatz der Platzeinsparung aufgrund einer Kompression der Daten.
		PERCACTIVE	S		-1/-2	-	Prozentsatz des Tablespaces bzw. der Partition mit aktiven Tabellenzeilen.
		PERCDROP	S		-1	-	Bei non-segmented Tablespaces Prozentsatz der Tabellenzeilen von gelöschten Tabellen. Nach einem Reorganisationslauf ist der Wert immer 0.
		STATSTIME			-	Current TS	Timestamp des letzten RUNSTATS-Laufes.
SYSTABLES	A						SYSTABLES enthält die Informationen über den physischen Zustand der Tabelle.
		CARDF *	Z	Ja	-1	10.000	Anzahl Zeilen in der Tabelle.
		NPAGES	Z	Ja	-1	1+CARD/20	Anzahl Pages, in denen Tabellenzeilen auftreten.
		PCTROWCOMP	Z	Ja	-1	0	Prozentsatz komprimierter Zeilen.
		STATSTIME		Ja	-	Current TS	Timestamp des letzten RUNSTATS-Laufes.
SYSTABLESPACE	A						SYSTABLESPACE enthält die Informationen über den physischen Zustand des Tablespaces.
		NACTIVEF*	Z	Ja	-1	1+CARD/20	Anzahl aktiver Pages im Tablespaces, die bei einem Scan komplett durchsucht werden.
		STATSTIME		Ja	-	Current TS	Timestamp des letzten RUNSTATS-Laufes.
SYSTABSTATS	P	PARTITION	S				SYSTABSTATS enthält die korrespondierenden Spalten von SYSTABLES, aber nur für eine einzelne Partition.
Legende	A						**Aggregations-Statistiken**
	P						**Partition-Level-Statistiken**
			Z				**Zugriffspfad-Info für den Optimizer**
			S				**Speicher-Belegung (Space) für den DBA.**
				Ja			**Manuelle Update-Möglichkeit.**
		spaltennameF *					**Vor Version 5 gilt nur *spaltenname*.**

A2 Anhang - Definition der wichtigsten DB2-Sprachelemente
RUNSTATS-Übersicht - 5

Das RUNSTATS-Utility existiert in zwei Format-Typen:

- **RUNSTATS INDEX**   ermittelt Statistiken für Indizes.
- **RUNSTATS TABLESPACE**   ermittelt Statistiken für Tablespaces und - wenn gewünscht - auch für Indizes und Spalten.

Die einzelnen RUNSTATS-Utilities und deren Parameter-Vorgaben wirken auf bestimmte Katalog-Tabellen.
In folgenden werden diese Abhängigkeiten dargestellt:

Schlüsselwort	Update-Option	Katalog-Tabelle	LOB-Tablespace	nur bei Partitioned Tablespace
TABLESPACE	UPDATE ALL	SYSTABLESPACE	Ja	
		SYSTABLEPART	Nein	
		SYSTABLES	Nein	
		SYSTABSTATS	Nein	Ja
		SYSLOBSTATS	Ja	
	UPDATE ACCESSPATH	SYSTABLESPACE	Nein	
		SYSTABLES	Nein	
	UPDATE SPACE	SYSTABLEPART	Nein	
		SYSTABSTATS	Nein	Ja
		SYSLOBSTATS	Ja	
TABLE	UPDATE ALL	SYSCOLUMNS		
		SYSCOLSTATS		Ja
	UPDATE ACCESSPATH	SYSCOLUMNS		
		SYSCOLSTATS		Ja
INDEX	UPDATE ALL	SYSCOLUMNS		
		SYSCOLDIST		
		SYSCOLDISTSTATS		Ja
		SYSCOLSTATS		Ja
		SYSINDEXES		
		SYSINDEXPART		
		SYSINDEXSTATS		Ja
	UPDATE ACCESSPATH	SYSCOLUMNS		
		SYSCOLDIST		
		SYSCOLDISTSTATS		Ja
		SYSCOLSTATS		
		SYSINDEXES		
		SYSINDEXSTATS		Ja
	UPDATE SPACE	SYSINDEXPART		

Utility-Phasen

Die Ausführungs-Phasen des Utilities (gilt für Tablespace und Index) sind:
- UTILINIT   Initialisierungs-Phase (Anmeldung des Utility-Ids in der Directory-Table SYSUTIL).
- RUNSTATS   Durchsuchen der Tablespace- oder Indexdaten und Update des Katalogs.
- UTILTERM   Terminierungs-Phase (Abmeldung des Utility-Ids in der Directory-Table SYSUTIL).

A2 Anhang - Definition der wichtigsten DB2-Sprachelemente
RUNSTATS-Übersicht - 6

Erforderliche Datasets und Objekte

Dataset-DD-Name bzw. Zweck	DD-Name in Utility-Parameter	Default-DD-Name	Verwendung	Eingabe-Ausgabe	Pflicht-Vorgabe
SYSIN	-	-	Utility-Control (siehe Anwendungs-Beispiel)	E	Ja
SYSPRINT	-	-	Informationsausgabe und Meldungen	A	Ja

Katalog-Objekte, für die keine OS/390-DD-Statements erforderlich sind		Utility-Parameter
Tablespace	Objekt, für das Statistiken zu sammeln sind.	table-space-name
Indexspace	Objekt, für das Statistiken zu sammeln sind.	index-name

Erforderliche Privilegien

- STATS-Privileg für die Database oder
- DBADM, DBCTRL bzw. DBMAINT-Privileg für die Database oder
- SYSADM, SYSCTRL.

Abhängigkeiten

Die Abhängigkeiten des Utilities zu anderen Utilities sind in der Utility-Kompatibilitäts-Matrix am Anfang des Anhangs 2 dargestellt.
Aus der folgenden Tabelle ist zu entnehmen, dass beim RUNSTATS in Abhängigkeit vom SHRLEVEL Paralleländerungen erlaubt oder nicht erlaubt werden:

```
DB2-Utility         Tablespace/   Index/Index-   Sonstiges        Bemerkungen
                    Partition     Partition
----------------------------------------------------------------------------
RUNSTATS
    SHRLEVEL REFERENCE  DW/UTRO *    DW/UTRO *                    * je nach Objekttyp
    SHRLEVEL CHANGE     CR/UTRW *    CR/UTRW *                    Kein SQL-Massen-Delete möglich.
----------------------------------------------------------------------------
```

LEGENDE:
    Zugriffs-Einschränkungen für parallele SQL-Anforderungen:
        DW   - Drain der schreibenden Claim-Klasse, SQL-Leseanforderungen sind konkurrierend erlaubt.
        CR   - Claim der lesenden Claim-Klasse (Cursor Stability), SQL-Leseanforderungen sind konkurrierend erlaubt. Das Utility sperrt solange lesend auf einer Zeile positioniert ist.
    Objekt-Status:
        UTRO - Das Utility richtet eine Update-Sperre auf dem Objekt ein. Parallele Leseanforderungen sind erlaubt.
        UTRW - Das Utility richtet keine Sperre auf dem Objekt ein. Parallele Lese- und Schreibanforderungen sind erlaubt.

Besonderheit:
    RUNSTATS SHRLEVEL CHANGE ist kompatibel zu REPAIR LOCATE INDEX PAGE REPLACE.

A2 Anhang - Definition der wichtigsten DB2-Sprachelemente
RUNSTATS INDEX (DB2-Utility)

Aufgabe des Utilities

Das RUNSTATS INDEX Utility ermittelt Statistiken für Indizes
Details siehe vorab unter RUNSTATS-Übersicht.

Erforderliche Privilegien

siehe vorab unter RUNSTATS.

Anwendungs-Beispiel

```
RUNSTATS  INDEX  (PROD.SEMTYP_I03)        Statistiken für Index SEMTYP_I03 des Owners PROD.
          REPORT YES   UPDATE NONE        Keine Update Katalog-Tabellen, nur Ausdruck.
```

Syntax-Diagramm

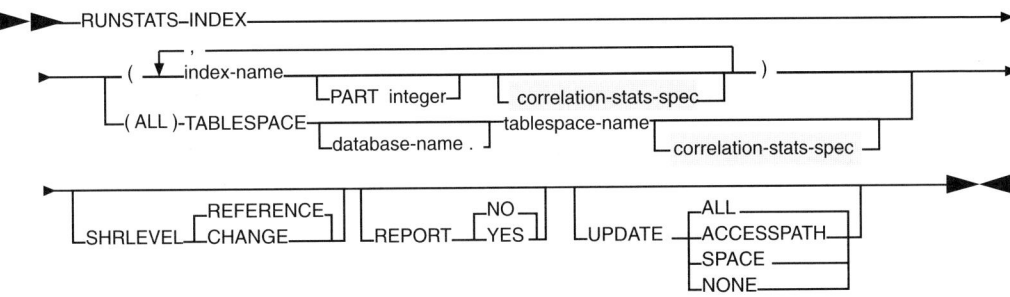

Parameter-Beschreibung

INDEX (index-name)	Namen der Indizes, die durchsucht werden sollen. Es werden für die erste Index-Spalte Spaltenstatistiken gebildet. Non-uniform-Statistiken werden für alle non-unique-Indizes gebildet.
PART integer	Partition-Nr. eines partitioned Index, die durchsucht werden soll.
correlation-stats-spec	Sammeln von Non-Uniform-Statistiken. Siehe unter RUNSTATS TABLESPACE.
(ALL) TABLESPACE	Sämtliche Indizes im spezifizierten Tablespace werden durchsucht.
database-name.	Name der Database, in der sich der Tablespace befindet. Default DSNDB04.
table-space-name	Name des Tablespaces, dessen Indizes durchsucht werden sollen.
correlation-stats-spec	Sammeln von Non-Uniform-Statistiken. Siehe unter RUNSTATS TABLESPACE.
SHRLEVEL	Kennzeichen, ob Parallel-Betrieb während RUNSTATS-Lauf zulässig ist:
REFERENCE	Nur Read-Only Zugriffe sind erlaubt.
CHANGE	Auch Manipulationen sind erlaubt (Statistik-Ergebnisse sind evtl. nicht konsistent).
REPORT	Soll der RUNSTATS-Lauf auf SYSPRINT protokolliert werden.
NO	Nein.
YES	Ja.
UPDATE	Kennzeichen, ob Statistiken in den Katalog-Tabellen aktualisiert werden.
ALL	Update aller Katalog-Statistik-Spalten.
ACCESSPATH	Update nur der Zugriffs-Pfad-Statistiken.
SPACE	Update nur der Speicher-Belegungs-Statistiken für DBA-Tuningmaßnahmen.
NONE	Kein Update der Statistik-Spalten (nur mit REPORT YES zulässig).

A2 - 1330
A2 Anhang - Definition der wichtigsten DB2-Sprachelemente
RUNSTATS TABLESPACE (DB2-Utility)

Aufgabe des Utilities

Das RUNSTATS TABLESPACE Utility ermittelt Statistiken für Tablespaces und - wenn gewünscht - auch für Indizes und Spalten.
Details siehe vorab unter RUNSTATS-Übersicht..

Erforderliche Privilegien

siehe vorab unter RUNSTATS.

Anwendungs-Beispiel

```
RUNSTATS   TABLESPACE  SEMDB01.SEMTS01          Statistiken für alle Tables und Indizes des
           TABLE       INDEX                    Tablespace SEMTS01 der Database SEMDB01.

RUNSTATS   TABLESPACE  PROD.PARTNER             Statistiken
           TABLE       SAMPLE 25                für alle Tables, bezogen auf 25 % des Datenvolumens
           INDEX       (PROD.IADRESSE           für den Index PROD.IADRESSE die häufigsten Inhalte:
           FREQVAL NUMCOLS 1 COUNT 10           1. Index-Spalte, z.B. Name des Partners,
           FREQVAL NUMCOLS 2 COUNT 30           1. und 2. Index-Spalte, z.B. Name und PLZ,
           FREQVAL NUMCOLS 3 COUNT 50  )        1. bis 3. Index-Spalte, z.B. Name, PLZ und Ort.
```

Syntax-Diagramm

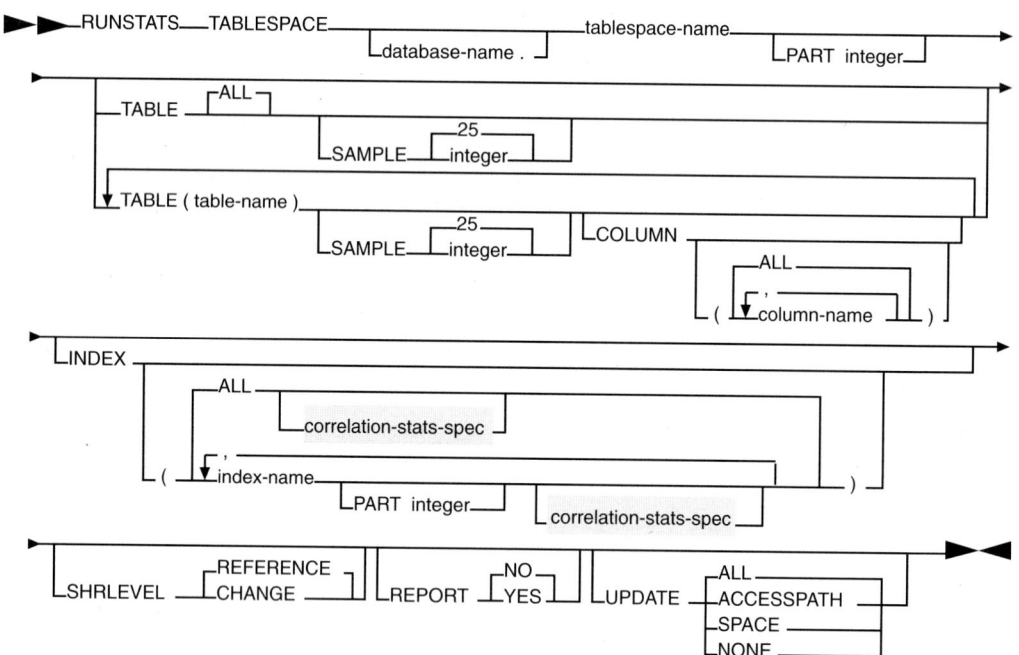

Parameter-Beschreibung

TABLESPACE
    database-name.   Name der Database, in der sich der Tablespace befindet. Default DSNDB04.
    table-space-name   Name des Tablespaces, der durchsucht werden soll.

PART integer   Partition-Nr. eines partitioned Tablespaces, die durchsucht werden soll.

TABLE (ALL)   Alle Tables innerhalb des Tablespaces sollen durchsucht werden.
    SAMPLE integer   Definiert den Prozentsatz der zu durchsuchenden Zeilen zur Ermittlung von nicht-indizierten Spalten-Statistiken. Mögliche Werte: 1 bis 100. Default: 25 %.

A2 Anhang - Definition der wichtigsten DB2-Sprachelemente
RUNSTATS TABLESPACE - 2

TABLE (table-name)	Namen der Tables, die innerhalb des Tablespaces durchsucht werden sollen.
SAMPLE integer	Definiert den Prozentsatz der zu durchsuchenden Zeilen zur Ermittlung von nicht-indizierten Spalten-Statistiken. Mögliche Werte: 1 bis 100. Default: 25 %.
COLUMN(<u>ALL</u>) (column-name)	Namen der Spalten (max. 10), für die Statistikwerte ermittelt werden sollen (Default = alle). Ein einzelner Spalten-Name kann nur in Verbindung mit einem expliziten Table-Namen vorgegeben werden.
INDEX (ALL)	Alle Indizes innerhalb des Tablespaces sollen durchsucht werden.
correlation-stats-spec	Sammeln von Non-Uniform-Statistiken. Siehe separate Beschreibung.
INDEX index-name	Namen der Indizes, die durchsucht werden sollen. Es werden für die erste oder weitere Index-Spalten Spaltenstatistiken gebildet.
PART integer	Partition-Nr. eines partitioned Index, die durchsucht werden soll.
correlation-stats-spec	Sammeln von Non-Uniform-Statistiken. Siehe separate Beschreibung.
SHRLEVEL	Kennzeichen, ob Parallel-Betrieb während RUNSTATS-Lauf zulässig ist:
<u>REFERENCE</u>	Nur Read-Only Zugriff sind erlaubt.
CHANGE	Auch Manipulationen sind erlaubt (Statistik-Ergebnisse sind evtl. nicht konsistent).
REPORT	Soll der RUNSTATS-Lauf auf SYSPRINT protokolliert wrden.
<u>NO</u>	Nein.
YES	Ja.
UPDATE	Kennzeichen, ob Statistiken in den Katalog-Tabellen aktualisiert werden.
<u>ALL</u>	Update aller Katalog-Statistik-Spalten.
ACCESSPATH	Update nur der Zugriffs-Pfad-Statistiken.
SPACE	Update nur der Speicher-Belegungs-Statistiken für DBA-Tuningsmaßnahmen.
NONE	Kein Update der Statistik-Spalten (nur mit REPORT YES zulässig).

correlation-stats-spec Sammeln von Non-Uniform-Statistiken für SYSCOLDIST bzw. SYSCOLDISTSTATS

Mit diesen Parametern wird das Sammeln von Index-Key-Spaltenwerten gesteuert.
Der Optimizer kennt (ein entsprechender RUNSTATS-Lauf vorausgesetzt) grundsätzlich die Anzahl unterschiedlicher Werte eines Index für:
- die erste Index-Spalte (FIRSTKEYCARDF),
- alle Index-Spalten (FULLKEYCARDF).

Folgende Konstellationen sind relevant (die erste Stelle des Typs wird als TYPE in SYSCOLDIST geführt):

Parameter-Vorgabe	Typ	Wirkung
KEYCARD	**C**ardinality	Ermittlung der Anzahl unterschiedlicher Werte für die erste Index-Spalte.
	Frequency	Für die erste Index-Spalte werden automatisch die 10 häufigst auftretenden Werteinhalte gespeichert.
FREQVAL	**F**requency	Für die erste Index-Spalte oder für eine spezifizierte Spalten-Gruppe (Index-Spalten 1 - n) werden die häufigsten auftretenden Werteinhalte gespeichert.
KEYCARD + FREQVAL	**C**ardinality	Ermittlung der Anzahl unterschiedlicher Werte für die in FREQVAL vorgegebenen Index-Spalten.
	Frequency	Für die erste Index-Spalte oder für eine spezifizierte Spalten-Gruppe (Index-Spalten 1 - n) werden die häufigsten auftretenden Werteinhalte gespeichert.

Syntax-Diagramm

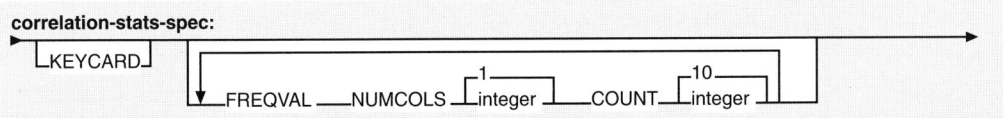

Parameter-Beschreibung

KEYCARD	Mit Vorgabe dieses Parameters wird die Anzahl unterschiedlicher Werte von Index-Key-Spalten ermittelt.
FREQVAL	Der Parameter aktiviert das Sammeln von häufig auftretenden Inhalten.
NUMCOLS	Anzahl der Key-Spalten (1 = nur die erste, 4 = die ersten vier als Spaltengruppe).
COUNT	Anzahl der zu sammelnden Werteinhalte (20 = 20 verschiedene Werte).

A2 - 1332 A2 Anhang - Definition der wichtigsten DB2-Sprachelemente
SELECT (Full-Select)   (SQL-Statement)

Aufgabe des Statements

Der Full Select ist ein Query-Typ und spezifiziert eine Result-Table, die bei Vorgabe von UNION aus mehreren eigenständigen Result Tables zusammengeführt werden kann.
Wird UNION nicht verwendet, wird die Result-Table des Sub-Selects verwendet.
Der Full Select ist grundsätzlich identisch mit dem Sub-Select, es kann aber zusätzlich mit dem UNION-Schlüsselwort gearbeitet werden.

Die einzelnen SELECT-Typen werden im Kapitel 6.2 grafisch dargestellt und die Unterschiede aufgezeigt.

Erforderliche Privilegien

- Eigentümer der Table bzw. des Views oder
- SELECT-Privileg der Table bzw. des Views oder
- DBADM-Privileg für die Database (nur bei Table) oder
- SYSADM, SYSCTRL (nur für Katalog-Tables).
- Bei Nutzung von User-defined Functions das entsprechende EXECUTE-Privileg.

Anwendungs-Beispiel

SELECT * FROM SEMTYP	Selektieren alle Spalten und Inhalte aus der SEMTYP-Tabelle.
SELECT SEMCODE FROM SEMTYP WHERE DAUER > 5 UNION SELECT SEMCODE FROM SEMTYP WHERE SEMCODE LIKE 'D%'	Selektieren der Seminarcodes aller Seminare, die länger als 5 Tage dauern oder mit 'D' beginnen. In unserem Beispiel wird die Result Table aus der SEMTYP-Tabelle alleine gewonnen. Es können natürlich auch unterschiedliche Tabellen mit UNION angesprochen werden.

Syntax-Diagramm

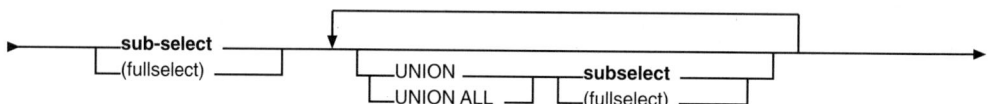

Parameter-Beschreibung

subselect
(fullselect)   Siehe separate Beschreibung unter SELECT (Sub-Select).
Grundsätzlich identisch mit Sub-Select. Aber der Full-Select erlaubt - im Gegensatz zum Sub-Select - die Vorgabe von UNION.

UNION   Zusammenführen zweier oder mehrerer Result-Tables zu einer gemeinsamen Result-Table. Sind alle Werte einer Table-Zeile identisch mit allen Werten einer anderen Table-Zeile, werden die Redundanzen eliminiert.
Alle Result-Tables müssen die gleiche Anzahl und Reihenfolge von Spalten mit kompatiblen Datentyp-Charakteristiken haben.
Weichen die Datentypen voneinander ab, wird der Result-Tablespalte der Datentyp der ersten Spalte zugewiesen.
Ausnahme: Bei CHAR- und VARCHAR-Spalten wird die Spalte ausgewählt, die die größten Dateninhalte aufnehmen kann.
Beispiele:

Erste Spalte	Zweite Spalte	Result Table-Spalte
CHAR (15)	CHAR (20)	CHAR (20)
INTEGER	SMALLINT	INTEGER
SMALLINT	INTEGER	SMALLINT
DECIMAL	INTEGER	DECIMAL.

UNION ALL   Wie UNION, aber es erfolgt keine Eliminierung der Redundanzen.

A2 Anhang - Definition der wichtigsten DB2-Sprachelemente
SELECT (Select-Statement)   (SQL-Statement)

Aufgabe des Statements

Ein SELECT-Statement ist ein Query-Typ und spezifiziert eine Result-Table, die am Bildschirm angezeigt weden kann oder in Programmen im DECLARE CURSOR definiert wird.
Das Select-Statement besteht aus einem Full-Select und der Möglichkeit weiterer Parametervorgaben.
(der Full-Select ist eine Unterkomponente des Select-Statements).
Die Result-Table ist das Ergebnis des Full-Selects.

Erforderliche Privilegien   analog Full-Select

Anwendungs-Beispiel

SELECT * FROM SEMTYP	Selektieren alle Spalten und Inhalte aus der SEMTYP-Tabelle.
SELECT * FROM SEMTYP ORDER BY SEMCODE	Selektieren alle Spalten und Inhalte aus der SEMTYP-Tabelle, Sortierung nach Seminarcode.

Syntax-Diagramm

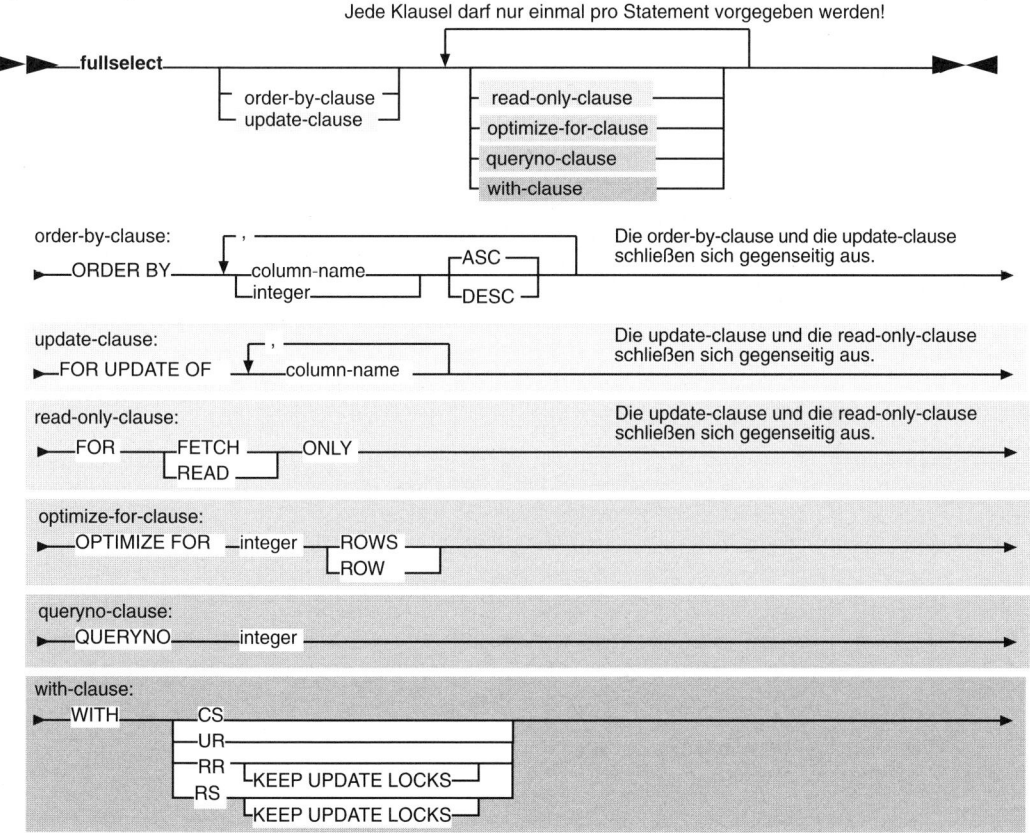

A2 Anhang - Definition der wichtigsten DB2-Sprachelemente
SELECT (Select-Statement) - 2

Parameter-Beschreibung

fullselect   Siehe separate Beschreibung.

order-by-clause   Sortierung der Result-Table-Zeilen.
                          Siehe nachfolgende Beschreibung.

update-clause   Identifizierung der Spalten, die in einem nachfolgenden Positioned Update
                          vorgegeben werden sollen.
                          Siehe nachfolgende Beschreibung.

read-only-clause   Spezifikation einer read-only Result Table eines Cursors.
                          Siehe nachfolgende Beschreibung.

optimize-for-clause   Optimizer-Information für ein Statement.
                          Siehe nachfolgende Beschreibung.

with-clause   Sperr-Information für ein Statement (Isolation-Level mit Lock-Auswirkung).
                          Siehe nachfolgende Beschreibung.

Sortierung der Result-Table-Zeilen (order-by-clause)

Vorgabe von Sortier-Parametern für die Sortierung der Result Table.

Syntax-Diagramm (Auszug aus dem vorab dargestellten SELECT-Diagramm)

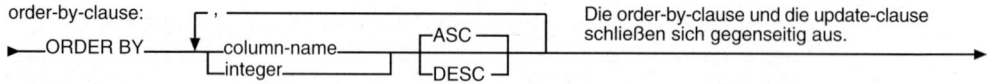

order-by-clause:
ORDER BY ─── column-name / integer ─── ASC / DESC

Die order-by-clause und die update-clause schließen sich gegenseitig aus.

Parameter-Beschreibung

ORDER BY   Fehlt dieses Schlüsselwort, ist die Reihenfolge unvorhersehbar. NULL-Werte sind
                    größer als alle anderen Werte.
    column-name Eindeutiger Spaltenname aus der Result-Table. Werden mehrere Spalten vorgegeben,
                    erfolgt die Sortierung in der definierten Folge.
                    Long-String-Spalten werden nicht unterstützt.
    integer   Spaltennr. aus Result-Table anstelle eines Spaltennamens.
                    Diese Form musste vor der DB2 Version 4 gewählt werden, wenn eine Spalte in der
                    Result-Table keinen Namen hatte, z.B. bei Konstanten, Expressions, Functions oder
                    UNION.
                    Ab der Version 4 ist das AS Schlüsselwort unterstützt, mit dem ein eindeutiger
                    Spaltenname definiert werden kann, der dann u.a. auch beim ORDER BY mit
                    column-name vorgebbar ist.
    ASC   Aufsteigende Sortierfolge.
    DESC   Absteigende Sortierfolge.

Spalten für einen Positioned Update (update-clause) bzw. zur Einrichtung einer Sperre

Identifizierung der Spalten, die in einem nachfolgenden Positioned Update vorgegeben werden sollen.

Syntax-Diagramm (Auszug aus dem vorab dargestellten SELECT-Diagramm)

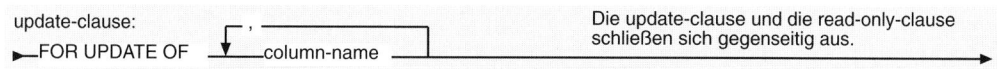

update-clause:
►─FOR UPDATE OF ─┬─,─┬─ column-name ─┘

Die update-clause und die read-only-clause schließen sich gegenseitig aus.

Parameter-Beschreibung

FOR UPDATE OF   Beim CURSOR-Konzept definiert dieses Schlüsselwort die änderbaren Spalten (kann alternativ zu ORDER BY vorgegeben werden).
Wird mit Standard-SQL gearbeitet (siehe STDSQL-Option des Precompilers) braucht diese Option nicht zwingend vorgegeben zu werden, wenn ein Positioned Update abgesetzt wird.
Wird kein Standard-SQL eingesetzt, sind alle zu verändernden Spalten des Positioned-UPDATE-Statements hier vorzugeben.
Nur einsetzbar, wenn die Result-Table des Cursors updateable ist.
DB2 verwendet bei Einsatz der Option den Lock-Modus 'U' bzw. 'X' anstelle von 'S'.
Details siehe unter with-clause.
Diese Option hat keine Bedeutung im interaktiven Einsatz. Dort kann sie lediglich zur Syntaxprüfung eingesetzt werden.
Siehe auch unter UPDATE (Positioned Update).

column-name   Der Spalten-Name muss unqualifiziert vorgegeben werden und muss eine Table- bzw. View-Spalte der ersten FROM-Klausel identifizieren (z.B. keine Spalte eines Sub-Selects).

Spezifikation einer read-only Result Table eines Cursors (read-only-clause)

Die als read-only deklarierte Result Table kann nicht in einem Positioned Update oder einem Positioned Delete benutzt werden.

Syntax-Diagramm (Auszug aus dem vorab dargestellten SELECT-Diagramm)

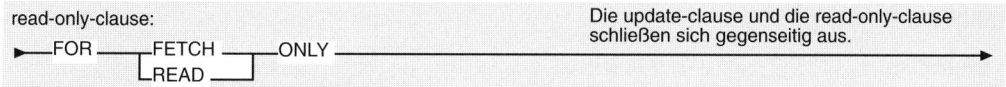

read-only-clause:
►─FOR ─┬─FETCH─┬─ ONLY ─►
       └─READ──┘

Die update-clause und die read-only-clause schließen sich gegenseitig aus.

Parameter-Beschreibung

FOR FETCH ONLY
FOR READ ONLY   Die Result-Table wird nur lesend vom Anwendungsprogramm bearbeitet
Der Cursor kann nicht für Positioned UPDATE oder DELETE genutzt werden.
Diese Option wirkt sich günstig auf die Performance aus, da von DB2 ganze Blöcke anstelle einzelner Zeilen bereitgestellt werden können (Block-Fetch).
FOR FETCH ONLY und FOR UPDATE OF schließen sich gegenseitig aus.
Wenn die Result-Table ohnehin nicht updateable ist, wirkt diese Option implizit.
Siehe auch CURRENTDATA-Option beim BIND.
Empfehlung: wenn mit einer Result Table eines Cursors nur lesend gearbeitet wird und kein Schutz vor Parallelupdate gefordert ist, immer FOR FETCH ONLY bzw. FOR READ ONLY vorgeben.

Vorgabe von Optimizer-Informationen (optimize-for-clause)

Die OPTIMIZE-FOR-Klausel spezifiziert besondere Performance-Bedingungen für das Select-Statement. Fehlt die Option, nimmt der Optimizer an, dass sämtliche Datenzeilen der Result Table auch vom Anwendungsprogramm angefordert werden.

Syntax-Diagramm (Auszug aus dem vorab dargestellten SELECT-Diagramm)

```
optimize-for-clause:
    ►─── OPTIMIZE FOR ─── integer ─┬─ ROWS ─┬───►
                                   └─ ROW  ─┘
```

Parameter-Beschreibung

OPTIMIZE FOR
    integer ROWS Performance-Option, die dem Optimizer Informationen über die erwartete Ergebnis-Menge gibt, damit dieser seine Zugriffspfad-Entscheidung treffen kann (z.B. kein Sequential Prefetch bei OPTIMIZE FOR 20 ROWS).
Diese Option hat keinen Einfluss auf Inhalt und Sortierung der Result Table, d.h. auch bei OPTIMIZE FOR 1 ROW können Daten-Mengen entstehen und auch mit FETCH eingelesen werden (allerdings dann mit evtl. negativer Performance-Auswirkung).
Empfehlung: wenn die Wirkung gewünscht und akzeptiert werden kann, im lokalen Betrieb OPTIMIZE FOR 1 ROW vorgeben, im remote Betrieb die entsprechende erwartete Ergebnismenge (allerdings kann dann evtl. im Vergleich zu OPTIMIZE FOR 1 ROW wiederum ein anderer Zugriffspfad vom Optimizer gewählt werden).

Vorgabe einer festen Statement-Nr. (queryno-clause)

Die QUERYNO-Klausel definiert eine feste und evtl. vom Precompiler zu übernehmende Statement-Nr. für das Select-Statement. Fehlt die Option, vergibt der Precompiler eine solche lfd. Nr.
Bei Nutzung von Optimization Hints kann damit eine unveränderliche Bezugsgröße geschaffen werden.

Syntax-Diagramm (Auszug aus dem vorab dargestellten SELECT-Diagramm)

```
queryno-clause:
    ►─── QUERYNO ─── integer ───►
```

Parameter-Beschreibung

QUERYNO
    integer Vorgabe einer festen Statement-Nr. für die Nutzung von Optimization-Hints.
Feste Statement-Nr. Soll die Funktionalität von Optimization-Hints genutzt werden, können z.B. feste Nummernkreise für spezielle Performance-Bereiche eingerichtet werden.

Sperr-Information für ein Statement (with-clause).

Die WITH-Klausel spezifiziert einen statementspezifischen Isolation-Level. Details siehe Kapitel 12 und in der Zusammenstellung der nächsten Seite.

Syntax-Diagramm (Auszug aus dem vorab dargestellten SELECT-Diagramm)

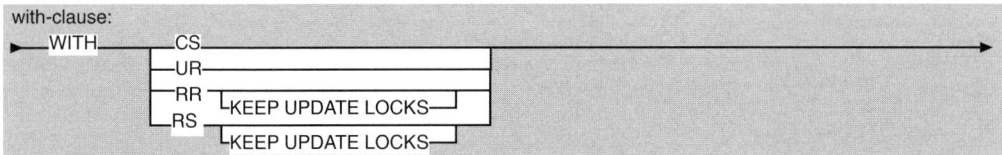

Parameter-Beschreibung

WITH	Vorgabe eines statementspezifischen Isolation-Levels. Wird dieser Parameter nicht vorgegeben, wirken die Isolation-Level der Package bzw. des Plans (Details siehe im Kapitel 12).
CS	Cursor Stability ('S'-Lock oder 'U'-Lock; wirkt nur bei einem Cursor).
UR	Uncommitted Read (nur für Read-only Result Tables).
RR	Repeatable Read ('S'-Locks oder 'U'-Locks - abhängig vom Installations-Parameter RRULOCK). Es wird eine Sperre auf allen durchsuchten Rows bzw. Pages (abhängig vom Parameter LOCKSIZE des Tablespaces) für Daten und bei Indizes des Typs 1 für die entsprechenden Subpages gesetzt.
KEEP UPDATE LOCKS	Repeatable Read Update Locks ('X'-Locks). KEEP UPDATE LOCKS fordert die Vorgabe von FOR UPDATE OF (auch im SPUFI bei der Vorgabe von SELECT-Statements).
RS	Read Stability ('S'-Locks oder 'U'-Locks - abhängig vom Installations-Parameter RRULOCKS). Es wird eine Sperre auf allen in Stage 1 qualifizierten Rows bzw. Pages (abhängig vom Parameter LOCKSIZE des Tablespaces) für Daten und bei Indizes des Typs 1 für die entsprechenden Subpages gesetzt.
KEEP UPDATE LOCKS	Read Stability Update Locks ('X'-Locks). KEEP UPDATE LOCKS fordert die Vorgabe von FOR UPDATE OF (auch im SPUFI bei der Vorgabe von SELECT-Statements).

Das Zusammenspiel der relevanten Parameter zur Einrichtung von Sperren

Da die DB2-Sperrmechanismen inzwischen eine gigantische Komplexitätsdimension erreicht haben, die 'keine Sau' mehr durchschaut, soll an dieser Stelle der Versuch unternommen werden, die kompletten Zusammenhänge darzustellen (ohne Gewähr und zusammengestellt nach bestem Wissen und Gewissen des Autors):

Isolation-Level	Statement-Typ	KEEP UPDATE LOCKS	BIND CURRENTDATA	Installation: RRULOCK	Result Table Typ	Page/Row-Lock-Level
UR	FETCH, SELECT	keine Wirkung	keine Wirkung	keine Wirkung	irgendeine	keine Sperre
CS	FETCH	keine Wirkung	NO	keine Wirkung	Read-Only	keine Sperre
CS	FETCH	keine Wirkung	YES	keine Wirkung	Read-Only	S
CS	FETCH	keine Wirkung	keine Wirkung	keine Wirkung	Updateable	U
CS	SELECT	keine Wirkung	keine Wirkung	keine Wirkung	Read-Only	keine Sperre
RS	FETCH, SELECT	nein	keine Wirkung	NO	irgendeine	S
RS	FETCH, SELECT	nein	keine Wirkung	YES	irgendeine	U
RS	FETCH, SELECT	ja	keine Wirkung	keine Wirkung	Updateable *	X
RR	FETCH, SELECT	nein	keine Wirkung	NO	irgendeine	S
RR	FETCH, SELECT	nein	keine Wirkung	YES	irgendeine	U
RR	FETCH, SELECT	ja	keine Wirkung	keine Wirkung	Updateable *	X

Updateable *
Siehe Hinweise unter KEEP UPDATE LOCKS

Die relevanten Parameter und Besonderheiten werden hier noch einmal zusammenfassend erläutert:

Isolation-Level Kann beim Bind Plan, Bind Package oder mit einem SELECT-Statement (Embedded SELECT und innerhalb eines Cursors) vorgegeben werden.
Mögliche Zustände:
- UR Uncommitted Read — auch dirty read genannt, bewirkt keine Sperre und akzeptiert auch Daten, die gerade parallel in einer UOW geändert werden.
- CS Cursor Stability — wird ein Objekt unverändert verlassen, wird eine evtl. etablierte Sperre wieder aufgelöst.
- RS Read Stability — etabliert nur dann Sperren auf den Objekten, wenn die Daten in die Result Table einfließen.
- RR Repeatable Read — etabliert auf allen durchsuchten Objekten Sperren.

Statement-Typ In dieser Übersicht werden nur die unterschiedlichen Wirkungen bei einer Cursor-Verarbeitung (FETCH) und einem SELECT aufgezeigt.
Die unter SELECT dargestellten Wirkungen gelten auch für SELECT INTO, DELETE WHERE (subquery), INSERT WHERE (subquery), UPDATE WHERE (subquery).

KEEP UPDATE LOCKS Kann in der WITH-Klausel eines SELECT-Statement vorgegeben werden (siehe vorab unter with-clause).
Mit KEEP UPDATE LOCKS muss auch FOR UPDATE OF vorgegewerden, d.h. die Result Table muss in diesem Fall updateable sein (so die Theorie).
Praktisch gilt folgendes:
- ein ORDER BY kann nicht vorgegeben werden, aber die Klausel wird bei einem Join oder in Verbindung mit der GROUP BY-Klausel akzeptiert,
- es werden Sperren auf allen betroffenen Objekten etabliert (bei Join auch auf mehreren Tabellen und deren Pages/Rows).

CURRENTDATA Wird beim Bind Plan bzw. Bind Package definiert.

RRULOCK Wird bei der Systemgenerierung definiert und etabliert bei Isolation-Level RS und RR anstelle eines 'S'-Locks einen 'U'-Lock.
Der Parameter heißt auch 'USE U-LOCK FOR RR/RS'.

Page/Row-Lock-Level Sperr-Kennzeichen, das bestimmte Parallelitätsgrade zuläßt (der Isolation-Level UR ist von diesen Ausführungen nicht betroffen):
S Share — erlaubt parallel weitere 'S'-Locks und einen 'U'-Lock.
U Update Intent — erlaubt parallel weitere 'S'-Locks .
X Exclusive — erlaubt keinerlei Parallelaktivitäten.

A2 Anhang - Definition der wichtigsten DB2-Sprachelemente
SELECT (Sub-Select)   (SQL-Statement)

Aufgabe des Statements

Der Sub-Select ist eine Komponente des Full-Selects, des CREATE VIEW-Statements oder des INSERT-Statements. Sämtliche Objekte müssen sich auf dem gleichen Server befinden.
Der Sub-Select spezifiziert eine Result-Table aus den Tables/Views des FROM-Parameters. Zur Erzeugung dieser Result-Table können je nach Anforderungsart diverse Zwischenschritte erforderlich sein, die auch auf die Verarbeitungsreihenfolge der Parameter wirken.
Ein verschachtelter Sub-Select wird als Subquery bezeichnet.

Erforderliche Privilegien   analog Full-Select

Anwendungs-Beispiel   siehe Kapitel 6

Syntax-Diagramm - Generelle Form

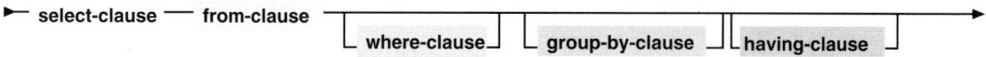

Definition der Spalten für die Result Table (select-clause)

Die select-clause spezifiziert die Struktur der endgültigen Result Table.

Syntax-Diagramm :

select-clause :

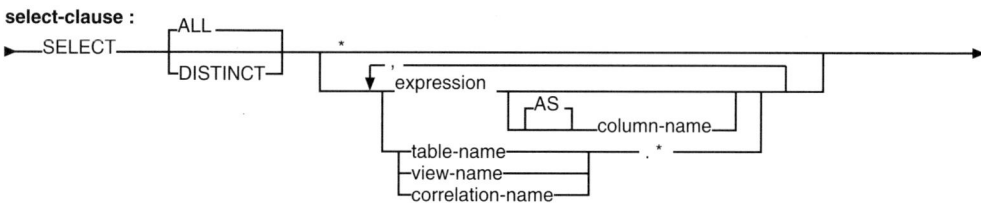

Parameter-Beschreibung

ALL	Alle selektierten Zeilen werden zur Verfügung gestellt (auch Zeilen mit redundanten Inhalten).
DISTINCT	Zeilen mit redundanten Inhalten werden eliminiert und nur einmal zur Verfügung gestellt (Verdichtung der Result Table).
*****	Alle Spalten der FROM-Table(s) bzw. Views werden fortlaufend aufgrund der aktuellen Katalogeintragung zum Zeitpunkt der Statement-Preparierung zur Verfügung gestellt. Im Anwendungs-Programm sollte auf den Einsatz von SELECT * auf Basis-Tabellen verzichtet werden, bei Einsatz eines individuellen Views ist dies zulässig (siehe hierzu auch Ausführungen im Kapitel 9).
expression	Siehe separate Beschreibung Expression im Anhang 1.
column-name I AS column-name	Namensvergabe für die durch expression ermittelte Spalte der Result Table. Der Name darf nicht qualifiziert vorgegeben werden.
table-name.*	Alle Spalten der definierten Table. Es darf keine Auxiliary Table sein.
view-name.*	Alle Spalten des definierten Views.
correlation-name.*	Alle Spalten der Table bzw. des Views, die dem definierten Korrelationsnamen zugrundeliegen. Ein Korrelationsname kann als Alternativname definiert werden z.B. SELECT S.* FROM SEMTYP S (S als Korrelationsname entspricht der Kurzform von SEMTYP) und kann auch später in einer Inner-Query anstelle des vollen Namens eingesetzt werden.

Definition der Daten-Herkunft für die Result Table (from-clause)

Die FROM-Klausel spezifiziert eine temporäre Zwischen-Result Table (Intermediate Result Table).

Syntax-Diagramm :

from-clause:
►──FROM──┬─ table-spec ─┬──►
         └──── , ◄──────┘

Parameter-Beschreibung

FROM table-spec Wird eine einzelne Tabelle bzw. ein View angesprochen, entspricht diese Result Table den ausgewählten Objekten.
Werden aber mehrere Objekte angesprochen, entspricht die Result Table allen möglichen Zeilen-Kombinationen der Objekte.
Wenn die Intermediate Result Table von einem Join gebildet wird, kann das Ergebnis aus verschachtelten Joins stammen.

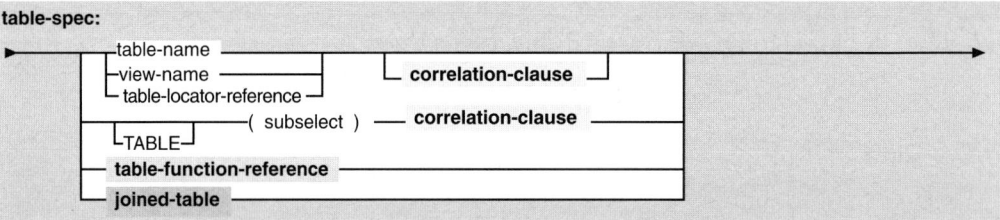

table-spec:

table-spec:	Die table-spec-Klausel definiert die Objekte, die eine Zwischen-Result-Table (Intermediate Table) spezifizieren. Sämtliche Objekte müssen sich in derselben Lokation befinden.
table-name	Objektauswahl: Table. Es kann auch ein Synonym vorgegeben werden (ohne Präfix).
view-name	Objektauswahl: View. Es kann auch ein Synonym vorgegeben werden (ohne Präfix).
table-locator-reference	Objektauswahl: Objekt in einem Trigger. Siehe nachfolgende Beschreibung.
correlation-clause	Alternativname des Objektes innerhalb dieser Query. Siehe nachfolgende Beschreibung.
TABLE	Die folgenden Subselects werden nicht aufgrund der Klammer-Logik ausgeführt, sondern in der Reihenfolge der vorgegebenen Objekte von links nach rechts. Dies hat positionsbezogene Auswirkungen auf die Nutzungsmöglichkeit der Korrelations-Namen.

Beispiele:
SELECT   ....   **Fehler, da die Subquery vor SEMINAR ausgeführt wird**
          FROM SEMINAR AS SE, (SELECT ..... FROM SEMTYPT AS ST
                                WHERE **SE.SEMCODE** = ST.SEMCODE) AS X1
...
SELECT   ....   **Korrekt, da die Subquery nach SEMINAR ausgeführt wird**
          FROM SEMINAR AS SE, **TABLE** (SELECT ..... FROM SEMTYPT AS ST
                                WHERE SE.SEMCODE = ST.SEMCODE) AS X1
...

sub-select	Ein Subselect innerhalb der FROM-Klausel definiert eine temporäre Result Table. Diese Form wird auch **nested table expression** genannt. Ein Korrelationsname muss zwingend vorgegeben werden.
correlation-clause	Alternativname des Objektes innerhalb dieser Query. Siehe nachfolgende Beschreibung.
table-function-reference	Objektauswahl: Ergebniszeilen einer External Table Function. Siehe nachfolgende Beschreibung.
joined-table	Siehe nachfolgende Beschreibung.

table-locator-reference:

►─TABLE─ (─table-locator-variable─LIKE─table-name─) ─────────────►

table-locator-reference:	Eine table-locator-reference spezifiziert eine Host-Variable mit einem Table-Locator-Type. Die einzige mögliche Form tritt bei einem Trigger auf mit der Übergabe des OLD bzw. NEW Korrelationsnamens an eine User-defined Function bzw. eine Stored Procedure.
table-locator-variable	Host-Variable vom Typ: Table Locator. Es darf kein NULL-Indikator vorgegeben werden.
LIKE	Die vom Table Locator referenzierte Struktur entspricht der Tabellenstruktur:
table-name	Name der Tabelle, deren Struktur vom Table-Locator referenziert wird.

correlation-clause:

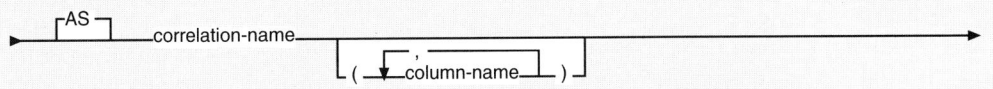

correlation-clause:	Eine correlation-clause definiert einen Korrelationsnamen. Für Nested Table Expressions und Table Functions muss immer ein solcher Name vorgegeben werden.
AS correlation-name	Referenz-Name für die unmittelbar davor definierte Intermediate Result Table, der innerhalb des Statements genutzt werden kann.
column-name	Referenz-Namen für jede einzelne Spalte der unmittelbar davor definierten Intermediate Result Table, der innerhalb des Statements genutzt werden kann. Die Anzahl der Namen muss exakt der Anzahl der Spalten entsprechen.

table-function-reference:

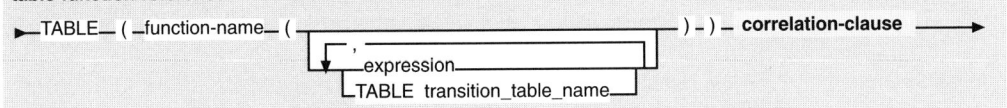

table-function-reference:	Eine table-function-reference aktiviert eine External Table Function. Werden mehrere Subqueries und oder Table Functions in einem table-spec vorgegeben, erfolgt die Bearbeitung von links nach rechts in der vorgegebenen Folge. Dies hat positionsbezogene Auswirkungen auf die Nutzungsmöglichkeit der Korrelations-Namen. Beispiele:

    SELECT ....   **Fehler, da die Table Function vor SEMINAR ausgeführt wird**
           FROM TABLE (TABFUNK1 (**SE.COL1**)) AS X1 , SEMINAR AS SE

           ...
    SELECT ....   **Korrekt, da die Table Function nach SEMINAR ausgeführt wird**
           FROM SEMINAR AS SE, TABLE (TABFUNK1 (SE.COL1)) AS X1
           ...

TABLE function-name	Name der External Table Function.
expression	Übergabeparameter für die Funktion.
TABLE transition-table_name	Die Übergabeparameter werden von einer Transition-Table eines Triggers abgeleitet.
correlation-clause	Alternativname des Objektes innerhalb dieser Query. Siehe nachfolgende Beschreibung.

A2 Anhang - Definition der wichtigsten DB2-Sprachelemente
SELECT (Sub-Select) - 4

joined-table:

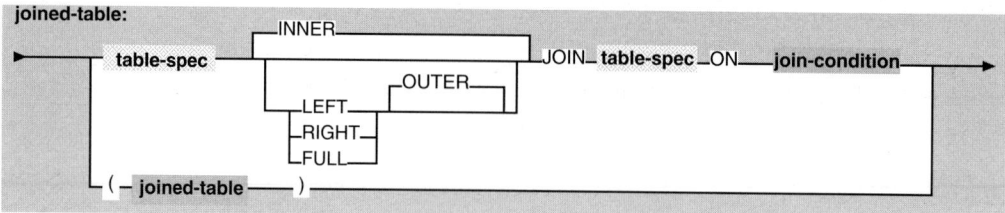

joined-table:	Eine joined-table spezifiziert eine Intermediate Result Table, die als Ergebnis eines Inner Equi-Joins oder eines Outer Joins gebildet wird.
table-spec	Definiert das erste Objekt: linkes Objekt (left).
INNER	Inner Equi-Join.
LEFT	Left Outer Join.
RIGHT	Right Outer Join.
FULL	Full Outer Join.
JOIN	
table-spec	Definiert das zweite Objekt: rechtes Objekt (right).
ON join-condition	Möglichkeit der Vorgabe verschachtelter Joins und von Suchbedingungen.

join-condition:

Für INNER JOIN, LEFT OUTER JOIN und RIGHT OUTER JOIN:
────search-condition────

Für FULL OUTER JOIN:

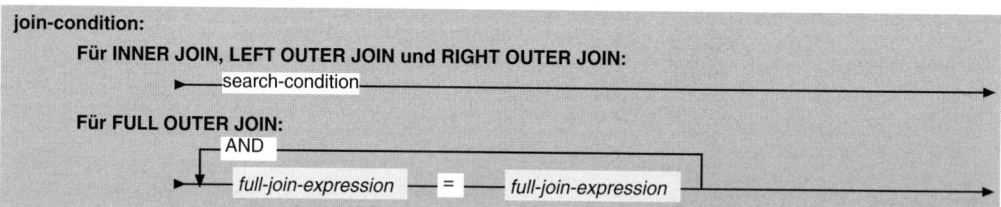

join-condition:	Eine join-condition ist eine search-condition (siehe Anhang 1), bei der Prädikate in Abhängigkeit vom Join-Typ verknüpft werden können.
	Besonderheiten:
	- INNER-JOIN, LEFT und RIGHT OUTER JOIN
	- eine Subquery ist nicht zulässig,
	- die vorgegebene Spalte muss auf eine in der Join-Bedingung definierte Tabelle referenzieren.
	- FULL OUTER JOIN
	- eine Verknüpfung ist nur mit AND zulässig,
	- es ist nur der Equal-Operator ('=') unterstützt.
search-condition	Suchbedingung. Siehe Beschreibung im Anhang 1.
full-join-expression	Siehe nachfolgende Beschreibung.

full-join-expression :

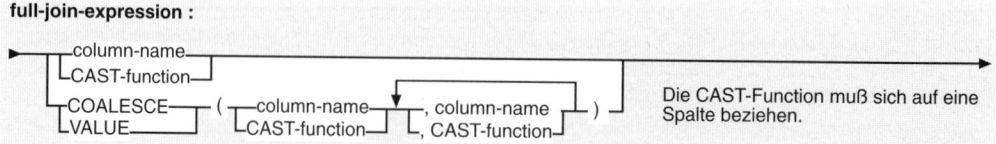

Die CAST-Function muß sich auf eine Spalte beziehen.

full-join-expression: Eine full-join-expression bezieht sich auf eine Spalte einer 'joined-table' (entweder direkt oder über eine CAST-Funktion).

column-name	Name einer Spalte (aus einem DB2-Objekt oder durch AS temporär definiert).
CAST-function	Name einer Spalte (aufgrund einer CAST-Funktion gebildet).
COALESCE (column-name,.)	Mit dieser Funktion kann ein Wert gebildet werden (zum Ersatz von NULL-Werten geeignet).
VALUE (...)	Synonym zur COALESCE-Funktion.

Definition der Daten-Auswahl für die Result Table (where-clause)

Die WHERE-Klausel spezifiziert eine temporäre Interims-Table, die solche Zeilen enthält, die den vorgegebenen Auswahlbedingungen entsprechen.

Syntax-Diagramm :

where-clause :

►─WHERE ─search-condition ─────────────────────────────►

Parameter-Beschreibung

where-clause:
WHERE
search-condition   Auswahlbedingungen zur Erzeugung der Result-Table.
Wird WHERE nicht vorgegeben, werden alle Zeilen selektiert.
Siehe separate Beschreibung: Suchbedingungen (A1).

Definition der Gruppierungs-Kriterien der Daten (group-by-clause)

Die GROUP-BY-Klausel spezifiziert eine temporäre Zwischen-Result Table, die gruppierte Zeilen enthält. Das Ergebnis ist eine Gruppe von Sätzen, bei der unter der gruppierten Spalte alle restlichen Spalten bei inhaltlicher Gleicheit zusammengefasst werden.

Syntax-Diagramm :

group-by-clause :

►─GROUP BY ──┬─column-name─┬─────────────────────────────►

Parameter-Beschreibung

GROUP BY
column-name   Gruppierung der Result-Table nach den definierten Spalten.

Definition der Daten-Auswahl für Gruppierungs-Kriterien (having-clause)

Die HAVING-Klausel spezifiziert eine temporäre Interims-Table, die nur solche Gruppen enthält, die den vorgegebenen Auswahlbedingungen entsprechen.

Syntax-Diagramm :

having-clause :

►─HAVING ─search-condition ─────────────────────────────►

Parameter-Beschreibung

HAVING
search-condition   Auswahlbedingungen zur Erzeugung der Result-Table analog WHERE jedoch bezogen auf die Gruppenspalte.
Siehe separate Beschreibung: Suchbedingungen (A1).

A2 Anhang - Definition der wichtigsten DB2-Sprachelemente
SELECT (SELECT INTO) (SQL-Statement)

Aufgabe des Statements

Ein SELECT INTO erzeugt eine Result-Table mit maximal einem Satz und ordnet die Werte den Host-Variablen zu. Ist die Result Table leer, wird ein SQLCODE (SQL-Return-Code) von +100 erzeugt (SQLSTATE 02000).

Die Objekte können sich an dem current Server oder an jedem anderen Server, mit dem eine Verbindung aufgebaut werden kann, befinden.

Es hat sich bei einigen Entwicklern durchgesetzt, eine Existenzprüfung von Daten mittels SELECT INTO vorzunehmen und dann den Returncode zu prüfen (z.B. auch auf SLCODE -811 = Result Table weist mehr als eine Zeile auf).

Empfehlung: in solchen Fällen den Zugriffspfad und die Aufwendungen genau prüfen. Es kann nämlich passieren, dass vor Übergabe des Returncodes im System eine aufwendige Materialisierung stattfindet und z.B. 10000 Index-Entries durchsucht werden mit evtl. Aufbau einer Workfile.

Erforderliche Privilegien   analog Full-Select

Anwendungs-Beispiel in PL/1

```
EXEC SQL
     SELECT   TITEL, DAUER                Selektieren TITEL und Dauer des in der
     INTO     :TITEL, :DAUER :IND-DAUER   Host-Variablen SEMCODE übergebenen
     FROM     SEMTYP                      Seminar-Codes.
     WHERE    SEMCODE = :SEMCODE ;
```

Syntax-Diagramm

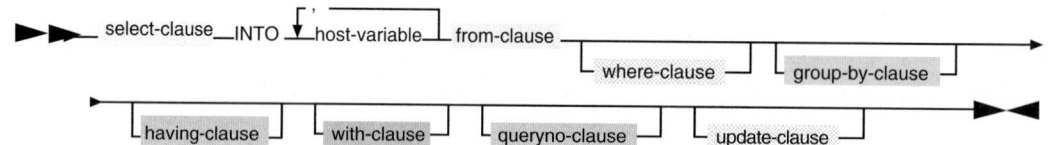

Parameter-Beschreibung

Parameter-Beschreibung siehe vorab unter SELECT (Select-Statement).

INTO host-variable — Liste von Programm-Variablen, denen die Result Table-Werte zugewiesen werden. Es kann eine Gesamtstruktur (Host-Struktur) oder einzelne Host-Variable übergeben werden.
Bei einer Host-Struktur erfolgt die Zuordnung der Werte positionsgerecht (1. Host-Variable = 1. Result-Table-Spalte).
Die Datentypen müssen kompatibel sein.
Ist die Anzahl der Host-Variablen kleiner als die Anzahl der Result Table-Spalten, wird eine Warnung erzeugt (SQLWARN3).
Zur Behandlung von Host-Variablen, Host-Strukturen und Indikatoren siehe Anhang 1.

A2 Anhang - Definition der wichtigsten DB2-Sprachelemente
SET (SQL-Statement)

Aufgabe des Statements

Das SET-Statement weist den Inhalt eines Ausdrucks (z.B. Konstante, Inhalt eines Spezial-Registers, arithmetische Berechnung usw.) oder eines NULL-Wertes einer Host-Variablen oder einer Transition Variablen zu. Das Statement kann in einem Programm oder einem Trigger genutzt werden.
Die Daten-Typen müssen kompatibel sein.

Erforderliche Privilegien

Keine.

Anwendungs-Beispiel

SET	:ZEIT = CURRENT TIME + 3 HOURS	Aktuelle Zeit + 3 Stunden.
SET	:SERVER = CURRENT SERVER	Aktueller Server.
SET	(:ZEIT , :SERVER) = (CURRENT TIME + 3 HOURS , CURRENT SERVER)	Variante zu den oberen Beispielen, bei der nur ein einziger DB2-Aufruf erforderlich ist.
SET	: TEXT = SUBSTR (:LOCATOR , 1 , 100)	Zuweisung eines Teilausschnittes aus einem LOB-Wert aufgrund einer LOB-Locator-Position.
SET	:BRUTTO = BRUTTO (:NETTO)	Aufruf der Funktion Brutto und Übergabe des Wertes der Host-Variablen NETTO mit anschließender Zuweisung des Bruttobetrags in die Host-Variable BRUTTO
SET	ZUGANG.BRUTTO = ZUGANG.NETTO * 1.16	Zuweisung eines Bruttobetrags einer Transition Table eines Triggers.

Syntax-Diagramm

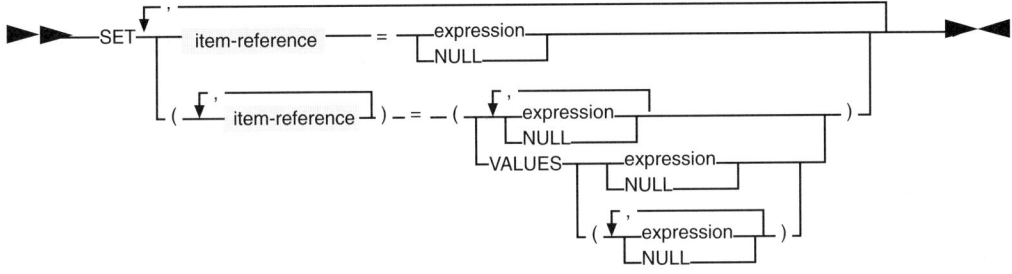

Parameter-Beschreibung

SET Zuweisung eines Wertes in eine Host-Variable bzw. Transition-Variable.

item-reference Referenz auf das Empfangsfeld bzw. die Empfangsfelder. Beschreibung siehe später.

expression Ausdruck, dessen Ergebnis dem Empfangsfeld zugewiesen wird. Beschreibung von expression siehe Anhang 1.
Der Ausdruck kann bei einem Trigger-Einsatz auf OLD- oder NEW-Transition-Variablen referenzieren.
Verweist der Ausdruck auf eine Host-Variable, die wiederum als Empfangsfeld in demselben SET-Statement auftritt, wird der ursprüngliche Wert zugewiesen.

NULL Es wird ein NULL-Wert zugewiesen. Das Empfangsfeld muss NULL-fähig sein.

VALUES Der Parameter hat keine Auswirkung.

Syntax-Diagramm: Item-reference:

item-reference:
```
►──┬─ host-variable ──────┬──►
   └─ transition-variable ─┘
```

Parameter-Beschreibung   Referenz auf das Empfangsfeld bzw. die Empfangsfelder.

host-variable   Zuweisung eines Wertes in eine Host-Variable.

transition-variable   Zuweisung eines Wertes in eine Transition-Variable.
Beschreibung siehe später.

Syntax-Diagramm: Transition-variable:

transition-variable:
```
►──┬──────────────────┬── column-name ──►
   └─ correlation-name. ┘
```

Parameter-Beschreibung   Referenz auf Empfangsfelder in Form von Transition-Variablen eines Triggers.
Der Effekt eines SET transition-variable-Statements entspricht der Wirkung eines UPDATE-Statements.

correlation-name   Korrelations-Name der Transition-Variablen-Struktur.
Der Name muss identisch sein mit dem Korrelationsnamen, der als REFERENCING NEW in der Trigger-Definition zugewiesen wurde. Wurde im Trigger OLD nicht definiert, wird der NEW-Korrelationsname des Triggers als Default herangezogen.

column-name   Name einer Spalte der Triggering Table. Jeder Name darf max. einmal auftreten.

A2 Anhang - Definition der wichtigsten DB2-Sprachelemente
-SET ARCHIVE (DB2-Command)

A2 - 1347

Aufgabe des Commands

Der SET ARCHIVE Command verändert Steuerungswerte für die Eingabe-Archiv-Logbestände.
Beim Start eines Systems wirken die Installations-Parameter.
Diese werden durch SET ARCHIVE temporär überschrieben.

Kurzform des Commands: -SET ARC   **Data-Sharing-Wirkungskreis: Member**

Erforderliche Privilegien

- ARCHIVE-Privileg oder
- SYSADM, SYSCTRL, SYSOPR.

Anwendungs-Beispiel

-SET ARCHIVE COUNT (3) TIME (5)   Es werden zwei Bandeinheiten für Eingabe-Archivierungs-Bestände zugeordnet. Sie werden nach 5 Minuten Nicht-Nutzungszeit wieder deallokiert.

Syntax-Diagramm

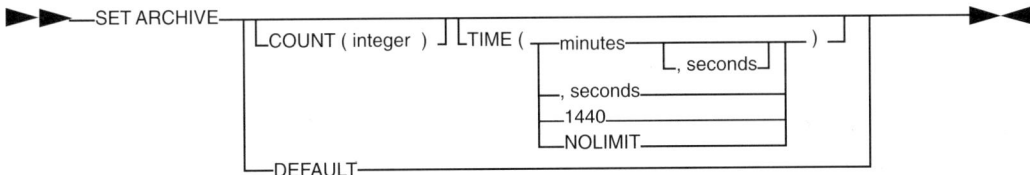

Parameter-Beschreibung

COUNT		Maximale Anzahl der Read Tape Units (MAX RTU). Ist der vorgegebene Wert größer als der bisherige, stehen neue Units zur Verfügung. Ist er kleiner, werden nicht benötigte Units sofort freigegeben.
	integer	Wert zwischen 1 und 99.
TIME		Zeit bis zum Deallocate bei Nichtnutzung (DEALLC PERIOD TIME). Bei einer Data Sharing Group ist zu beachten, dass eine für einen Recovery-Prozess eines Member genutzte Einheit solange für andere Member nicht verfügbar ist, bis die Einheit deallokatiert ist (ggf. TIME (0) vorgeben).
	minutes	Minuten. Wert zwischen 0 und 1439.
	, seconds	Sekunden. Wert zwischen 1 und 59.
	1440 I NOLIMIT	Die Tape Units bleiben ständig verfügbar und werden nicht deallokiert.
DEFAULT		Zurücksetzen temporär gesetzter Werte auf die Installationswerte.

A2 Anhang - Definition der wichtigsten DB2-Sprachelemente
SET CONNECTION (SQL-Statement)

Aufgabe des Statements

Durch das SET CONNECTION-Statement wird eine existierende Connection als aktive Connection spezifiziert.
Die Connection muss zuvor mit einem CONNECT des Typs 2 aktiviert worden sein und befindet sich zum Zeitpunkt der Abgabe des SET CONNECTION-Statements i.d.R. im ruhenden Zustand.
Der Wechsel einer Connection vom Zustand ruhend auf aktiv kann geschehen:

- Durch ein erneutes CONNECT-Statement, sofern die BIND-Option SQLRULES (DB2) definiert ist.
  Wurde die BIND-Option SQLRULES (STD) vorgegeben, ist dieses Verfahren unzulässig und es wird ein Fehler erzeugt.

- Durch ein SET CONNECTION-Statement, sofern die BIND-Option SQLRULES (STD) definiert ist.
  In diesem Fall muss die benannte Connection vorab durch ein CONNECT-Statement dem Anwendungsprozess zugeordnet worden sein.

Wenn ein SET CONNECTION-Statement ordnungsgemäß ausgeführt wurde, werden folgende Aktionen ausgeführt:

- die Connection des bisherigen Servers wird mit dem Status dormant versehen,
- eine bestehende Connection wird in den current Status versetzt,
- der Inhalt des Spezial-Registers CURRENT SERVER wird aktualisiert,
- innerhalb der SQLCA werden Informationen in das SQLERRP-Feld eingestellt.

Wenn ein SET CONNECTION-Statement nicht ordnungsgemäß ausgeführt wurde, bleibt der bisherige Status erhalten.

Erforderliche Privilegien

Keine.

Anwendungs-Beispiel

```
EXEC SQL  CONNECT  TO LOKATION1;        Aufbau einer Connection zur LOKATION1.

EXEC SQL  .......                       SQL-Manipulationen.

EXEC SQL  CONNECT  TO LOKATION2;        Aufbau einer Connection zur LOKATION2.

EXEC SQL  .......                       SQL-Manipulationen.

EXEC SQL  SET CONNECTION  LOKATION1;    Aktivierung der Connection zur LOKATION1.
```

Syntax-Diagramm

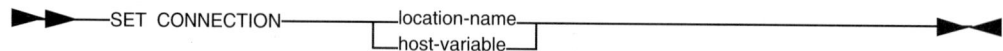

Parameter-Beschreibung

SET CONNECTION Aktivierung der Connection zu bestimmtem Server über Konstante oder
    location-name Host-Variable. Die Variable muss ggf. rechtsbündig mit Blanks aufgefüllt werden,
    host-variable wenn die Länge der Variablen größer als der Lokations-Name ist.

A2 Anhang - Definition der wichtigsten DB2-Sprachelemente
SET CURRENT DEGREE (SQL-Statement)

Aufgabe des Statements

Das SET CURRENT DEGREE-Statement weist dem Spezial-Register CURRENT DEGREE einen Wert zu.

Das Spezial-Register enthält zu Beginn eines Anwendungs-Prozesses den Wert '1', sofern im im Installations-Panel DSNTIP4 der Parameter CURRENT DEGREE nicht mit 'ANY' vorgegeben wurde. Wenn eine Query dynamisch prepariert wird, kann der Grad der Prozessor-Parallelität durch den jeweiligen Inhalt des Spezialregisters beeinflusst werden:

- enthält das Spezialregister den Wert '1', wird keine Parallelverarbeitung genutzt,
- enthält das Spezialregister den Wert 'ANY', kann Parallelverarbeitung genutzt werden.

Statische Queries, die in Pläne eingebunden sind, werden von diesem Spezialregister nicht beeinflusst - hier wirkt nur der BIND DEGREE-Parameter.

Erforderliche Privilegien

Keine.

Anwendungs-Beispiel

SET CURRENT DEGREE = 'ANY'   Parallel-Verarbeitung für nachfolgende dynamische SELECTs ermöglichen.

SET CURRENT DEGREE = '1'   Parallel-Verarbeitung für nachfolgende dynamische SELECTs verhindern.

Syntax-Diagramm

```
►►──SET CURRENT DEGREE =─┬─string-constant─┬──────────►◄
                        └─host-variable───┘
```

Parameter-Beschreibung

SET CURRENT DEGREE   Zuweisung eines Strings mit der maximalen Länge von drei Stellen in das CURRENT DEGREE-Spezial-Register.
Gültige Inhalte = '1', '1 ', 'ANY'.

string-constant   Konstanter String.
host-variable   Host-Variable, siehe auch Beschreibung in Anlage 1.

A2 Anhang - Definition der wichtigsten DB2-Sprachelemente
SET CURRENT LOCALE LC_CTYPE   (SQL-Statement)

Aufgabe des Statements

Das SET CURRENT LOCALE LC_CTYPE-Statement weist dem Spezial-Register CURRENT LOCALE LC_CTYPE einen Wert zu.
Das CURRENT LOCALE LC_CTYPE-Spezialregister spezifiziert den Initialisierungswert der LC_CTYPE-Lokalen, die für bestimmte Funktionen genutzt wird (siehe z.B. unter LCASE, UCASE, TRANSLATE mit nur einem Argument).
Der Inhalt dieses Spezialregisters referenziert eine Umsetzungstabelle mit korrespondierenden 'Von'- und 'Nach'-Zeichen z.B. für eine Umsetzung von Groß-Kleinschreibung auf Großschreibung unter Berücksichtigung nationaler Sprachbesonderheiten.
Das Spezial-Register enthält zu Beginn eines Anwendungs-Prozesses den Wert Blank .

Erforderliche Privilegien

Keine.

Anwendungs-Beispiel

SET CURRENT LOCALE LC_CTYPE = 'de_CH'   Zuweisung einer Umsetzungstabelle Deutsch-Schweiz.

Syntax-Diagramm

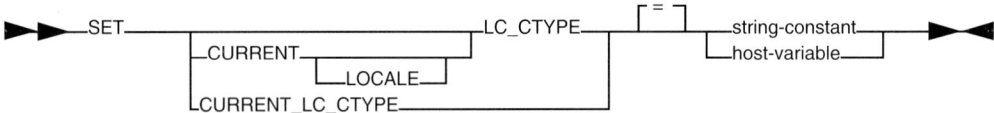

Parameter-Beschreibung

SET LC_CTYPE   Zuweisung eines Strings mit der maximalen Länge von 50 Stellen in das
SET CURRENT LC_CTYPE   CURRENT LOCALE LC_CTYPE-Spezial-Register.
SET CURRENT LOCALE LC_CTYPE Gültige Inhalte = Blank oder ein Name einer Umsetzungstabelle.
SET CURRENT_LC_CTYPE

string-constant   Konstanter String.
host-variable   Host-Variable, siehe auch Beschreibung in Anlage 1.

A2 Anhang - Definition der wichtigsten DB2-Sprachelemente
SET CURRENT OPTIMIZATION HINT   (SQL-Statement)

Aufgabe des Statements

Das SET CURRENT OPTIMIZATION HINT-Statement weist dem Spezial-Register CURRENT OPTIMIZATION HINT einen Wert zu.
Das CURRENT OPTIMIZATION HINT-Spezialregister spezifiziert eine benutzerbezogene Zugriffspfad-Optimierungs-Information für dynamische SQL-Statements.
Der Inhalt des Registers identifiziert Werte in der Spalte OPTHINT in der PLAN_TABLE.
Das Spezial-Register enthält zu Beginn eines Anwendungs-Prozesses den Wert Blank.

Erforderliche Privilegien

Keine.

Anwendungs-Beispiel

SET CURRENT OPTIMIZATION HINT = 'SUPERTIP'   Zuweisung des Strings 'SUPERTIP' als Optimizer-Empfehlung.

Syntax-Diagramm

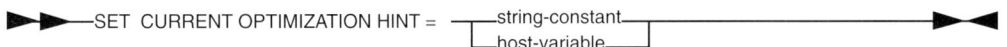

Parameter-Beschreibung

SET CURRENT OPTIMIZATION HINT   Zuweisung eines Strings mit der maximalen Länge von 8 Stellen in das CURRENT OPTIMIZATION HINT-Spezial-Register.
Gültige Inhalte = Blank oder ein beliebiger String.

string-constant   Konstanter String.
host-variable   Host-Variable, siehe auch Beschreibung in Anlage 1.

A2 Anhang - Definition der wichtigsten DB2-Sprachelemente
SET CURRENT PACKAGESET (SQL-Statement)

Aufgabe des Statements

Das SET CURRENT PACKAGESET-Statement weist dem Spezial-Register CURRENT PACKAGESET einen Wert zu oder löscht einen vorher zugewiesenen Wert.
Das Spezial-Register enthält zu Beginn eines Programms Blank.

Bei der Suche nach einem DBRM oder einer Package wird nach folgender Logik verfahren:

- Wenn das CURRENT PACKAGESET-Spezialregister **Blank** aufweist:
    - Bei Ausführung am lokalen Server:
        1. Alle DBRMs, die explizit in den Plan gebunden sind.
        2. Alle Packages, die bei der bisherigen Plan-Durchführung angefordert wurden.
        3. Alle Packages aller Collections des Plans in der Reihenfolge der BIND PKLIST.
    - Bei Ausführung am remote Server:
        1. Alle Packages, die bei der bisherigen Plan-Durchführung am current Server angefordert wurden.
        2. Alle Packages aller Collections, deren Lokation auf den current Server zeigt, in der PKLIST-Reihenfolge.

- Wenn das CURRENT PACKAGESET-Spezialregister **ungleich Blank** ist, wird die Suche auf die Collection am current Server beschränkt, deren Name im CURRENT PACKAGESET-Spezial-Register eingestellt ist.

Wenn eine Stored Procedure oder eine Funktion die Steuerung erhält, wird CURRENT PACKAGESET auf den COLLID der Funktion gesetzt, sofern ein COLLID vorgegeben wurden, ansonsten wird der Inhalt von der aufrufenden Prozedur übernommen.
In der Funktion kann mit dem Statement SET CURRENT PACKAGESET wiederum der Default-Wert überschrieben werden und damit eine bestimmte Package-Version für die Funktion genutzt werden.

Achtung:
Wenn einmal in einem Anwendungsprozess eine PACKAGESET explizit vorgegeben wurde, darf das Spezialregister nicht einfach auf Blank gesetzt werden. Nach der oben dargestellten Suchlogik berücksichtigt DB2 in diesem Fall zunächst bereits geladene Packages und durchsucht diese.
Nur wenn dort die gesuchte Package nicht gefunden wird, erfolgt eine Suche innerhalb der PKLIST-Rangfolge.
Also gilt:
   wenn einmal explizit eine Package in einer bestimmten Collection gesucht wird, dann muss ständig mit einer explizit vorgegebenen Collection gearbeitet werden.

Erforderliche Privilegien

Keine.

Anwendungs-Beispiel

SET CURRENT PACKAGESET = 'SEMINAR'   Beschränkung der Suche auf die Collection SEMINAR.
SET CURRENT PACKAGESET = 'KUNDE'   Änderung der Collection auf KUNDE.

Syntax-Diagramm

▶▶── SET CURRENT PACKAGESET= ─┬─ USER ──────────┬──▶◀
                              ├─ string-constant ─┤
                              └─ host-variable ───┘

Parameter-Beschreibung

SET CURRENT PACKAGESET   Zuweisung eines Strings mit der maximalen Länge von 18 Stellen in das CURRENT PACKAGESET-Spezial-Register.

USER   USER-Spezial-Register-Inhalt wird eingesetzt (= Primär-Autorisierungs-Id).
string-constant   Konstanter String.
host-variable   Host-Variable, siehe auch Beschreibung in Anlage 1.

A2 Anhang - Definition der wichtigsten DB2-Sprachelemente
SET CURRENT PATH (SQL-Statement)

Aufgabe des Statements

Das SET CURRENT PATH-Statement weist dem Spezial-Register CURRENT PATH einen Wert zu.
Das CURRENT PATH-Spezialregister spezifiziert den Pfad für die Suche eines unqualifiziert vorgegebenen Daten-Typ-Namens, des Namens einer Funktion oder beim Aufruf eines Stored Procedure-Namens mittels Host-Variablen (CALL :host-variable) im Rahmen dynamisch gebundener SQL-Statements.
Der Inhalt des Registers enthält eine Liste von einem oder mehreren Schema-Namen. Jedes Schema wird in Hochkomma eingeschlossen und mit einem Komma von einem nachfolgenden Schema getrennt.
Das Spezial-Register enthält zu Beginn eines Anwendungs-Prozesses folgende Werte:
" SYSIBM","SYSFUN","SYSPROC","current sqlid-spezialregister-inhalt"

Erforderliche Privilegien

Keine.

Anwendungs-Beispiel

SET CURRENT PATH = "SEMINAR"	Zuweisung des Schemas "SEMINAR" als SQL-Pfad (implizit wird der System-Pfad vorangestellt).
SET CURRENT PATH = "SEMINAR" , SYSTEM PATH	Zuweisung des Schemas "SEMINAR" und anschließend des System-Pfads: "SYSIBM", "SYSFUN", "SYSPROC"

Syntax-Diagramm

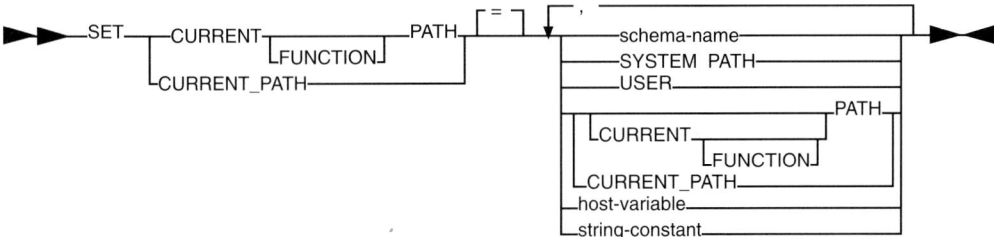

Parameter-Beschreibung

SET CURRENT PATH SET CURRENT FUNCTION PATH SET CURRENT_PATH	Zuweisung eines Strings mit der maximalen Länge von 254 Stellen in das CURRENT PATH-Spezial-Register.
schema-name	Gültige Inhalte = Liste von einem oder mehreren Schema-Namen. Jedes Schema wird in Hochkomma eingeschlossen und mit einem Komma von einem nachfolgenden Schema getrennt. Werden die beiden Schemas "SYSIBM" und "SYSPROC" nicht explizit vorgegeben, werden sie implizit an den Anfang gesetzt (allerdings nicht gespeichert). Sollen sie erst nach anderen Schema-Namen herangezogen werden, müssen sie explizit nach den gewünschten Namen vorgegeben werden.
SYSTEM PATH	System-Pfad: "SYSIBM", "SYSFUN", "SYSPROC"
USER	Spezialregister USER (ohne Hochkamma vorgeben). Achtung bei Vorgabe von: "USER" wird das Schema mit dem Namen "USER" und nicht der Inhalt des Spezialregisters herangezogen.
CURRENT PATH CURRENT FUNCTION PATH CURRENT_PATH	Der Inhalt des CURRENT PATH-Spezial-Registers vor Ausführung dieses Statements wird zugewiesen. Anschließend können weitere Angaben getätigt werden. Damit kann ein bestehender Inhalt ergänzt werden.
string-constant	Konstanter String.
host-variable	Host-Variable, siehe auch Beschreibung in Anlage 1.

A2 Anhang - Definition der wichtigsten DB2-Sprachelemente
SET CURRENT PRECISION (SQL-Statement)

Aufgabe des Statements

Das SET CURRENT PRECISION-Statement weist dem Spezial-Register CURRENT PRECISION einen Wert zu.
Das CURRENT PRECISION-Spezialregister spezifiziert die Regeln für die Genauigkeit für dynamische SQL-Statements, wenn beide Operanden in einer dezimalen Operation weniger als 15 Stellen verwenden. Der Daten-Typ ist CHAR (5). Die möglichen Inhalte sind:
- 'DEC15'   Es werden 15 Stellen verwendet.
- 'DEC31'   Es werden 31 Stellen verwendet.

Der Initial-Wert wird durch das Feld DECIMAL ARITHMETIC des Installations-Panels DSNTIP4 bestimmt.

Erforderliche Privilegien

Keine.

Anwendungs-Beispiel

SET CURRENT PRECISION = 'DEC31'   Zuweisung der Konstanten 'DEC31' .

Syntax-Diagramm

▶▶──SET CURRENT PRECISION = ──┬──string-constant──┬──────────────▶◀
                              └──host-variable────┘

Parameter-Beschreibung

SET CURRENT PRECISION   Zuweisung eines Strings mit der maximalen Länge von 5 Stellen in das CURRENT PRECISION-Spezial-Register.
Gültige Inhalte = DEC15 oder DEC31.

string-constant   Konstanter String.
host-variable   Host-Variable, siehe auch Beschreibung in Anlage 1.

Aufgabe des Statements

Das SET CURRENT RULES-Statement weist dem CURRENT RULES-Spezial-Register einen Wert zu. Der Initiierungswert bei Programmeintritt wird durch die BIND-Option SQLRULES bestimmt. Über dieses Spezialregister wird die Behandlung verschiedener Verarbeitungsregeln gesteuert:

Verarbeitung	DB2-Rules	Standard-Rules
Datenprüfung bei Einrichtung eines Check Constraints auf eine bestehende Tabelle (ALTER)	Die Prüfung erfolgt verzögert. Die Tabelle wird in den "Check Pending Status" gesetzt. Das Constraint wird immer eingerichtet.	Die Prüfung erfolgt sofort. Bei Fehler wird das Konstrukt abgewiesen.
Default Delete-Rule bei RI-Konstrukten	RESTRICT.	NO ACTION.
Privilegien bei Searched Delete und Searched Update	SELECT-Privilegien sind nicht erforderlich.	SELECT-Privilegien sind erforderlich.
Vergabe von Privilegien eines Grantors an sich selbst (und Aufheben der Privilegien).	Nicht möglich.	Möglich.
Aktivierung einer ruhenden Connection.	CONNECT TO ..	SET CONNECTION ..
Fehlermeldung bei Nichtvorhandensein von Objekten bzw. fehlenden Privilegien	Keine Unterscheidung.	Differenzierte Meldungen.

Automatisches Anlegen von abhängigen Objekten bei CREATE und ALTER TABLE	Keine automatische Generierung.	Automatische Generierung von:
		- LOB-Objekten
		  - LOB TABLESPACE
		  - AUXILIARY TABLE
		  - AUXILIARY INDEX
		- Unique Index für ROWID-Spalte

Das Spezial-Register darf nicht verwechselt werden mit der Precompiler-Option STDSQL. Diese Option wirkt auf die syntaktische Behandlung der SQL-Statements.

Erforderliche Privilegien

Keine.

Anwendungs-Beispiel

```
EXEC SQL
    SET CURRENT RULES = 'STD'          Standard-Regeln sollen wirken.
```

Syntax-Diagramm

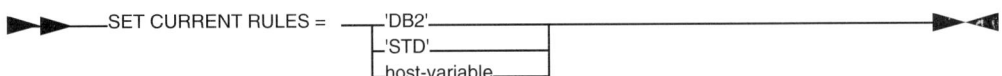

```
►►──SET CURRENT RULES = ──┬─'DB2'────────┬──────────────────►◄
                          ├─'STD'────────┤
                          └─host-variable┘
```

Parameter-Beschreibung

SET CURRENT RULES Zuweisung eines Strings mit der Länge von 3 Stellen in das CURRENT RULES-Spezial-Register.

'DB2' Es sollen DB2-Regeln wirken.
'STD' Es sollen ANSI/ISO-Standard-Regeln von 1992 wirken.
host-variable Host-Variable, siehe auch Beschreibung in Anlage 1.

A2 Anhang - Definition der wichtigsten DB2-Sprachelemente
SET CURRENT SQLID   (SQL-Statement)

Aufgabe des Statements

Das SET CURRENT SQLID-Statement ändert den aktuellen SQLID (CURRENT SQLID-Spezial-Register).
Es erfolgt keine Änderung des Primär-Autorisierungs-Ids.
Bei Anmeldung wird zunächst der Primär-Autorisierungs-Id als aktueller SQLID geführt.
Es kann nur auf einen gültigen Sekundär-Autorisierungs-Id umgeschaltet werden, der im RACF-User-Exit definiert ist (Ausnahme: ein SYSADM kann jeden beliebigen SQLID wählen).

Der Wert dieses Spezialregisters wird SQL-Autorisierungs-Id genannt.

Er übernimmt folgende Aufgaben:
- Eigentümerschaft (Owner) bei Objekt-Neuanlagen (CREATEs),
- implizite Qualifikation (Präfix) von Objekten (Table, View, Alias, Indexname) von dynamischen SQL-Statements,
- Basis für Autorisierungs-Prüfungen.

Bei Nutzung von Stored Procedures oder von Funktionen sind Besonderheiten zu beachten. Siehe hierzu auch die Ausführungen im Anhang 1 unter "Qualifizierung von Daten-Typen, Funktionen, Stored Procedures und Triggern".

Erforderliche Privilegien

Primär- oder Sekundär-Autorisierungs-Id muss in User-Exit des Security Managers (z.B. RACF) definiert sein - oder SYSADM-Privileg.

Anwendungs-Beispiel

SET CURRENT SQLID = USER   Primär-Autorisierungs-Id wird eingesetzt.

Syntax-Diagramm

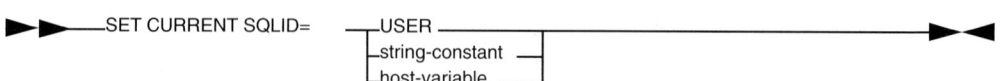

```
►►──SET CURRENT SQLID=──┬──USER──────────────┬──────────────►◄
                        ├──string-constant──┤
                        └──host-variable────┘
```

Parameter-Beschreibung

SET CURRENT SQLID   Zuweisung eines Strings mit der maximalen Länge von 8 Stellen in das CURRENT SQLID-Spezial-Register.

USER   USER-Spezial-Register-Inhalt wird eingesetzt (= Primär-Autorisierungs-Id).

string-constant   Konstanter String.

host-variable   Host-Variable, siehe auch Beschreibung in Anlage 1.

A2 Anhang - Definition der wichtigsten DB2-Sprachelemente
SET LOG (DB2-Command)

Aufgabe des Commands

Der SET LOG Command verändert die Checkpoint-Frequenz, die während der System-Installation (CHECKPOINT FREQ) bzw. durch einen vorangegangenen SET LOG Command festgelegt wurde.
Alternativ kann ein sofortiger Checkpoint ausgelöst werden.
Vorgegebene Überschreibungen wirken nur temporär. Beim erneuten Start eines DB2-Systems gelten wieder die Installations-Parameter.
Die Wirkung von Überschreibungen tritt ab dem nächsten Checkpoint ein.

Kurzform des Commands: keine   **Data-Sharing-Wirkungskreis:** Member

Erforderliche Privilegien

- ARCHIVE-Privileg oder
- SYSADM, SYSCTRL, SYSOPR.

Anwendungs-Beispiel

SET LOG LOGLOAD (0)	Es wird sofort ein Checkpoint ausgelöst. Es erfolgt kein Überschreiben des aktuellen LOGLOAD-Wertes.
SET LOG LOGLOAD (120000)	Es erfolgt eine Überschreibung des aktuellen LOGLOAD-Wertes. Nach dem Ausschreiben von 120000 Log-Sätzen wird ein Checkpoint ausgelöst.

Syntax-Diagramm

▶▶──SET LOG ──LOGLOAD (integer)──────────────────────────────▶◀

Parameter-Beschreibung

LOGLOAD   Sofortige Aktivierung eines Checkpoints oder temporäre Überschreibung des aktuellen LOGLOAD-Wertes. Ein vorgegebener Wert ungleich 0 definiert die Anzahl der auszuschreibenden Log-Sätze bevor ein Checkpoint aktiviert wird.

    integer   Wert 0 = Sofortige Aktivierung eines Checkpoints ohne Überschreibung des LOGLOAD-Wertes.
Wert zwischen 200 und 16000000 definiert die Anzahl der auszuschreibenden LOG-Sätze.
Ein niedriger Wert führt zu intensiven Checkpoint-Aufwendungen.
Ein hoher Wert führt zu einer längeren Restart-Zeit nach einem abnormalen DB2-Ende.

SIGNAL SQLSTATE (SQL-Statement)

Aufgabe des Statements

Das SIGNAL SQLSTATE-Statement erzeugt einen Fehler-Ergebniscode (SQLCODE -438) mit einem vorgebbaren SQLSTATE und einer vorgebbaren Fehlermeldung.
Das Statement kann nur im Rahmen einer Triggered Aktion eines Triggers genutzt werden.

Erforderliche Privilegien

Keine.

Anwendungs-Beispiel

```
CREATE TRIGGER SEMINAR.TRSEPRE1
       NO CASCADE BEFORE
       UPDATE
              OF PREIS ON SEMPREIS
       REFERENCING
              OLD AS ALT
              NEW AS NEU
                     FOR EACH ROW
              MODE DB2SQL
    WHEN
    ( ( ALT.PREIS * 1.10 ) >= NEU.PREIS )
    BEGIN ATOMIC
         SIGNAL SQLSTATE '70101'
         ('SEMPREIS: Zu geringe Preiserhöhung') ;
    END ;
```

Trigger für das Überwachen von Preiserhöhungen. Eine Preiserhöhung muss mindestens um 10 % über dem alten Preis liegen.
Trigger-Name: TRSEPRE1 im Schema SEMINAR.
Aktivierungs-Zeit des Triggers: Vor dem Auftreten eines ..
.. UPDATEs ....
.. der Spalte PREIS der Tabelle SEMPREIS (Triggering Table).
Der Korrelations-Name ....
... für den Zustand vorher (OLD) ist ALT.
... für den Zustand nachher (NEW) ist NEU.
Die Häufigkeit der Funktionsauslösung = bei jeder Zeile, d.h. ein Row-Trigger, der bei jedem Zeilen-Update aktiviert wird.
Einziger derzeit unterstützter Modus.
Trigger-Condition (unter welchen Bedingungen).
Wenn der ALT-PREIS * 1.10 größer gleich NEU.PREIS ist,....
.. dann wird ein SQLCODE -438 mit SQLSTATE 70101 erzeugt.

Syntax-Diagramm

▶▶──SIGNAL─SQLSTATE─sqlstate-string-constant─(─diagnostic-string-constant─)──────▶◀

Parameter-Beschreibung

sqlstate-string-constant Zuweisung eines SQLSTATE-Inhalts als Character-String in der Länge von 5 Bytes.
Mögliche Inhalte siehe Anhang 6 SQLSTATE-Klassen und Unterklassen.

(diagnostic-string-constant) Zuweisung eines Fehlertextes (wird in SQLERRM der SQLCA an das aufrufende Programm übergeben) als Character-String in der Länge von max. 70 Bytes. Größere Strings werden abgeschnitten.

Aufgabe des Commands

Der IMS SSR Command erlaubt die Vorgabe von DB2-Commands unter IMS.
IMS leitet das Kommando an das über das Subsystem Recognition Character identifizierte Subsystem (hier DB2) weiter.
Data-Sharing-Wirkungskreis: Member

Erforderliche Privilegien

IMS-Privilegien.
Je nach DB2-Command die entsprechenden Privilegien.

Anwendungs-Beispiel

/SSR -DIS DB (SEMDB01)   -DISPLAY DATABASE-Command

Syntax-Diagramm

▶▶──/SSR ──subsystem-command ────────────▶◀

Parameter-Beschreibung

subsystem-command   Gültiger DB2-Command, dem ein Subsystem Recognition Character (SRC) vorangestellt sein muss (im obigen Beispiel '-'). Das SRC wird als Command Recognition Character (CRC) im IMS Subsystem Member (SSM) definiert.

/START (IMS-Command)

Aufgabe des Commands

Der IMS-START Command aktiviert die Verbindung (Connection) zwischen IMS und einem externen Subsystem.
Die Subsysteme sind im IMS Subsystem Member (SSM) definiert.
Da beim Aktivieren der Verbindungen eine Kopie der Informationen im virtuellen Speicher gehalten wird, können nach dem Stoppen einer Verbindung ohne Beeinflussung des IMS-Systems PROCLIB-Spezifikationen der Subsysteme verändert und dann wieder gestartet werden.
Data-Sharing-Wirkungskreis: **Member**

Erforderliche Privilegien

IMS-Privilegien.

Anwendungs-Beispiel

/START SUBSYS ALL   Aufbau sämtlicher definierter Connections.

Syntax-Diagramm

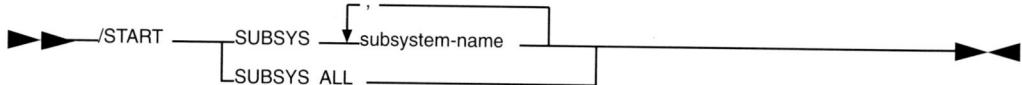

Parameter-Beschreibung

SUBSYS   Mit IMS zu koppelnde Subsysteme.
   subsystem-name   Name des Subsystems.
   ALL   Alle Subsysteme.

A2 Anhang - Definition der wichtigsten DB2-Sprachelemente
-START DATABASE (DB2-Command)

A2 - 1361

Aufgabe des Commands

Der START DATABASE Command startet die Ressourcen einer Database.
Es können auch einzelne Tablespaces, Partitions oder Indexspaces bzw. Index-Partitions gestartet werden. Auch eine logische Partition eines non-partitioned Index (nur beim Typ 2) kann gestartet werden.
Typischerweise wird der START Command nach einem vorherigen STOP DATABASE ausgeführt.
Mit dem START DATABASE werden - in Abhängigkeit vom Objekt-Status - eine Reihe von Aktivitäten ergriffen. Folgende Besonderheiten sind relevant:

- Wurden einzelne Tablespaces oder Indizes explizit gestoppt, müssen sie auch einzeln explizit gestartet werden.
- Wenn Objekte mit dem GRECP-Status (Group Bufferpool Pending) markiert sind oder wenn LPL-Entries (Logical Page List = defekte Pages) vorhanden sind, beginnt beim Starten ein Recovery-Prozess des betroffenen Objektes.
  In diesem Fall muss SPACENAM und ACCESS (RW) oder (RO) vorgegeben werden.
- Mit ACCESS (FORCE) werden ohne logische Prüfungen sämtliche Status-Schalter und LPL-Entries gelöscht. Vorsicht bei Einsatz dieser Option.
  Solange ein Transaction-Lock durch eine Anwendung auf einem Objekt besteht, kann der START bei einem aktiven Objekt zurückgewiesen werden. Dann muss zuerst der Lock durch das Programm aufgehoben werden (durch COMMIT oder Programmende).
- Das Kommando kann auch zum Starten von LOB-Tablespaces und Auxiliary Indizes verwendet werden. Diese werden nicht automatisch gestartet, wenn die korrespondierenden Basis-Objekte gestartet werden.

Kurzform des Commands: -STA DB   **Data-Sharing-Wirkungskreis:** DB2-Group

Erforderliche Privilegien

- STARTDB-Privileg oder
- DBADM, DBCTRL bzw. DBMAINT-Privileg für diese Database oder
- SYSADM oder SYSCTRL.

Anwendungs-Beispiele

-START	DATABASE	(SEMDB01)	Starten der Dabase SEMDB01.
-START	DATABASE	(SEMDB01)	Starten innerhalb der Dabase SEMDB01
	SPACENAM	(SEMTS01)	den Space SEMTS01.

Syntax-Diagramm

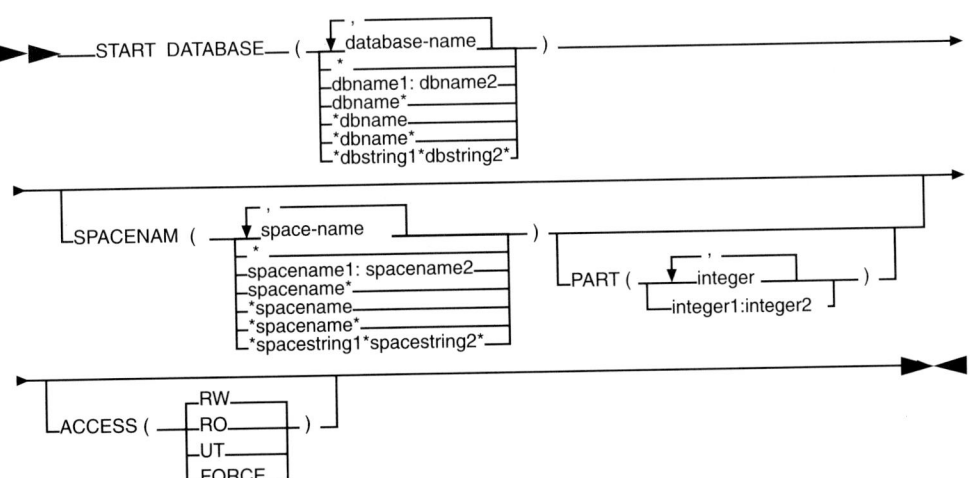

Parameter-Beschreibung   "xxx" = Kurzform

DATABASE   "DB"
   (database-name)   Name der Databases, für die der START gelten soll:
    dbname   Einzelner Database-Name oder Liste.
    *   Alle Databases, für die Privilegien existieren (zumindest DBMAINT-Privileg muss vorliegen). Nicht mit ACCESS (FORCE) zulässig.
    dbname1: dbname2   Alle Databases, deren Namen >= dbname1 und <= dbname2 sind.
    dbname*   Alle Databases, deren Namen mit dem String beginnen (generisches Suchen).
    *dbname   Alle Databases, deren Namen mit dem String enden.
    dbname   Alle Databases, deren Namen den String beinhalten.
    *dbstring1*dbstring2*   Alle Databases, deren Namen die Strings dbstring1 und dbstring2 beinhalten.

SPACENAM   "SPACE" "SP"   Name der Spaces, für die der START gelten soll :
   (space-name)   Name eines Tablespaces oder Indexspaces oder Liste.
    *   Alle Objekte der Database. Nicht mit ACCESS (FORCE) zulässig.
    spacename1   Einzelner Space-Name.
    spacename1:spacename2   Namens-Vorgabe analog Database.
    .....

PART
   Physische Partition eines partitioned Tablespaces bzw. eines partitioned Indexes bzw. logische Partition-Nr. eines non-partitioned Indexes, die gestartet werden soll.
    integer   Einzelne Partition-Nr. oder Partition-Liste.
    integer1: integer2   Alle Partition-Nr., die >= integer1 und <= integer2 sind.

ACCESS   "ACC"   Konkurrenz-Verarbeitungs-Möglichkeit des jeweilgen Objektes:
   (RW)   Lese- und Schreib-Berechtigung für Programme.
   (RO)   Lese-Berechtigung für Programme.
   (UT)   Nur Utilities dürfen zugreifen.
   (FORCE)   Starten ohne Rücksicht auf evtl. konsistenzgefährdenden Pending Status.
   Alle Status und Sperren werden zurückgesetzt (außer RESTP).
   Der Parameter wird nicht akzeptiert, wenn Postponed Abort oder Indoubt Units of Work Sperren auf den Objekten etabliert haben.
   Bei dieser Option kann kein * verwendet werden. DIE SPACENAM-Parameter und die jeweiligen Ressourcen müssen explizit vorgegeben werden.
   Achtung: Gefahr von Konsistenz-Verlust.

A2 Anhang - Definition der wichtigsten DB2-Sprachelemente
-START DB2 (DB2-Command)

Aufgabe des Commands

Der START DB2 Command startet das DB2-Subsystem aufgrund der Bootstrap Dataset-informationen (BSDS) in Abhängigkeit vom letzten -STOP DB2, einem abnormalen Ende oder manueller Restart-Vorgaben.
Bei erfolgreichem Verlauf steht DB2 für Connections der Trägersysteme (z.B. IMS, CICS, TSO) zur Verfügung.
Der Präfix des Kommandos ist das Subsystem Recognition Character (SRC), im folgenden Beispiel '-'. Damit wird das Subsystem identifiziert.
Das Kommando kann nur von einer OS/390-Konsole abgesetzt werden.

Kurzform des Commands: -STA DB2   **Data-Sharing-Wirkungskreis: Member**

Erforderliche Privilegien

Keine, aber nur von OS/390-Konsole vorgebbar.

Anwendungs-Beispiel

-START   DB2 MSTR ('REGION=6000K')   Starten des DB2-Subsystems mit dem SRC '-'.
und der JCL-EXEC-Überschreibung der Region-Größe des System-Service Adressraums.

Syntax-Diagramm

```
►►─START DB2─┬─────────────────────────────┬─┬─────────────────────┬─┬──────────────────────┬─►
             │         ┌─DSNZPARM─┐        │ │         ┌─ * ─┐     │ └─MSTR(jcl-substitution)┘
             └─PARM ( ─┴─module name─┴─ )──┘ └─ACCESS (─┴─MAINT─┴─)┘

─┬──────────────────────┬─┬──────────────────────┬──►◄
 └─DBM1(jcl-substitution)┘ └─DIST(jcl-substitution)┘
```

Parameter-Beschreibung   "xxx" = Kurzform

PARM		Spezifikation des Lademoduls, das die DB2 Subsystem-Initialisierungs-Parameter enthält:
(DSNZPARM)		Default-Name.
(module name)		Individueller Name.
ACCESS	**"ACC"**	Kennzeichnung, ob der Zugriff auf die DB2-Ressourcen generell möglich ist oder nur einem eingeschränkten Nutzerkreis erlaubt ist.
(*)		Zugriffsmöglichkeit für alle autorisierten Benutzer (Default).
(MAINT)		Verhindert den Zugriff aller Benutzer, außer Installations-SYSADM und Installations-SYSOPR, die Wartungsarbeiten und System-Maintenance-Aktivitäten vornehmen können.
MSTR (jcl-substitution)		Parameter zur Überschreibung des JCL-EXEC-Statements der Startup-Prozedur des System Services Adressraums (Master).
DBM1 (jcl-substitution)		Parameter zur Überschreibung des JCL-EXEC-Statements der Startup-Prozedur des Database Services Adressraums.
DIST (jcl-substitution)		Parameter zur Überschreibung des JCL-EXEC-Statements der Startup-Prozedur des Distributed Services Adressraums. Jedes Schlüsselwort und dessen Inhalt muss mit Apostroph eingeschlossen werden und von anderen Schlüsselwörtern mit Komma abgegrenzt werden.

A2 Anhang - Definition der wichtigsten DB2-Sprachelemente
-START DDF (DB2-Command)

Aufgabe des Commands

Der START DDF Command startet das Distributed Data Facility, sofern es nicht bereits aktiv ist. Dabei wird die Schnittstelle zu VTAM und TCP/IP aktiviert.

Data-Sharing-Wirkungskreis: **Member**

Erforderliche Privilegien

- SYSADM, SYSCTRL oder SYSOPR.

Anwendungs-Beispiel

-START   DDF   Starten des Distributed Data Facilities für verteilte Datenbankzugriffe.

Syntax-Diagramm

▶▶──START DDF──▶◀

A2 Anhang - Definition der wichtigsten DB2-Sprachelemente
-START FUNCTION SPECIFIC (DB2-Command)

Aufgabe des Commands

Der START FUNCTION SPECIFIC Command aktiviert eine gestoppte External User-defined Function und setzt den Abend-Zähler und sonstige Statistikwerte auf den Wert 0.
Builtin-Funktionen oder User-defined Functions, die auf anderen Funktionen basieren, können mit diesem Kommando nicht gestartet werden.
Bei erfolgreichem Verlauf dieses Kommandos werden evtl. wartende Anforderungen aktiviert.
Das Kommando braucht vor einem erstmaligen Aufruf einer Funktion nicht vorgegeben zu werden. In diesem Fall übernimmt DB2 automatisch die Erst-Aktivierung.

Kurzform des Commands: -STA FUNC SPEC   Data-Sharing-Wirkungskreis: Member

Erforderliche Privilegien

- Eigentümer der Funktion oder
- SYSOPR, SYSCTRL, SYSADM (einer dieser Typen ist immer bei generischen Suchanforderungen erforderlich)

Anwendungs-Beispiel

-START FUNCTION SPECIFIC (SEMINAR.SVPR*)   Starten der Funktionen, die mit SVPR beginnen im Schema SEMINAR.

Syntax-Diagramm

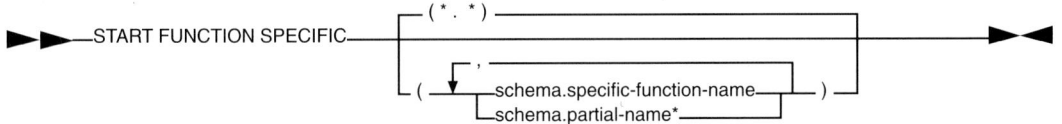

Beschreibung

schema.specific-function-name   Spezifische Name(n) der zu startenden Funktionen in dem benannten Schema - siehe specific-name im Index bzw. unter CREATE FUNCTION.
schema.partial-name *   Alle Funktionen, deren Namen mit dem String beginnen (generisches Suchen) z.B. SE* werden gestartet.
.   Alle Funktionen in allen Schemas werden gestartet.

A2 Anhang - Definition der wichtigsten DB2-Sprachelemente
-START PROCEDURE (DB2-Command)

Aufgabe des Commands

Der START PROCEDURE Command startet eine, mehrere oder alle Stored Procedures.
Es existieren zwei technische Verwaltungsmöglichkeiten für Stored Procedures:
- DB2-unterstützte Stored Procedures wickeln die Verarbeitung in einem SPAS-Adressraum ab.
- WLM-unterstützte Stored Procedures (OS/390 Workload-Manager) können in mehreren WLM-Adressräumen aktiviert werden.

Mit dem Starten einer Stored Procedure ist folgende Wirkung verbunden:

- Gestoppte Procedures werden aktiviert und sind wieder aufrufbar.
  Der Abend-Zähler und sämtliche sonstigen Statistiken werden auf den Wert 0 gesetzt.
  In einer Warteschlange stehende Anforderungen (queued) können ausgeführt werden.
- Für bereits aktive Procedures erfolgt ein Refresh der Definitionen, da die Module mit der nächsten Anforderung neu in den virtuellen Speicher geladen werden.
- Der Status der Procedures wird auf 'STARTED' gesetzt.
- Ist der Stored Procedures Address Space (SPAS) nicht bereits angeschlossen, wird er gestartet (gilt nicht für WLM-unterstützte Stored Procedures).
- Wenn der SPAS bereits angeschlossen ist, aber keine Stored Procedures aktiv ist, wird das LE/370-Run-time-Environment neu gestartet. Dann werden auch die Module mit der nächsten Anforderung neu geladen.
  Bei WLM-unterstützten Stored Procedures muss der Reload mit einem WLM-Kommando aktiviert werden.
  Beispiel: OS/390 VARY WLM,APPLENV=applenv,REFRESH.

Eine neu ins System aufgenommene Procedure braucht nicht mit START aktiviert zu werden.
Sie wird automatisch mit dem ersten Aufruf (EXEC SQL CALL) aktiviert.

Kurzform des Commands: -STA PROC   **Data-Sharing-Wirkungskreis:** Member

Erforderliche Privilegien

- Eigentümer der Stored Procedure oder
- SYSOPR, SYSCTRL, SYSADM (einer dieser Typen ist immer bei generischen Suchanforderungen erforderlich)

Anwendungs-Beispiel

-START PROC (STP1, STP2)   Aktivieren bestimmter Stored Procedures.

-START PROC (STP*)   Aktivieren aller Stored Procedures, deren Namen mit 'STP' beginnen.

-START PROC   Aktivieren aller Stored Procedures.

Syntax-Diagramm

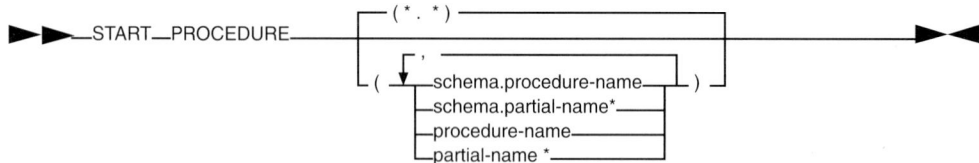

Parameter-Beschreibung

START PROCEDURE	Vorgabe der Stored Procedures, die gestartet werden sollen:
schema.procedure-name	Name(n) der der zu startenden Stored Procedures in dem benannten Schema.
procedure-name	Fehlt das Schema, gilt das Schema SYSPROC
schema.partial-name *	Alle Stored Procedures, deren Namen mit dem String beginnen (generisches
partial-name *	Suchen) z.B. SE* werden gestartet.
.	Alle Stored Procedures in allen Schemas werden gestartet.

A2 Anhang - Definition der wichtigsten DB2-Sprachelemente
-START RLIMIT (DB2-Command)

Aufgabe des Commands

Der START RLIMIT Command startet das Resource Limit Facility (RLF) und spezifiziert eine zu verwendende Resource Limit Specification Table (Struktur siehe Anhang 5).
Während des laufenden Betriebs kann dieses Kommando mehrfach vorgegeben werden. Wird dabei eine neue RLF-Tabelle spezifiziert, werden die bestehenden Threads jeweils mit der alten RLF-Tabelle und den dort definierten Bedingungen, neue Threads mit der neuen RLF-Tabelle verknüpft.

Kurzform des Commands: -STA RLIM   **Data-Sharing-Wirkungskreis:** Member

Erforderliche Privilegien

- SYSADM, SYSCTRL oder SYSOPR.

Anwendungs-Beispiel

-START RLIMIT ID=02   Aktivieren RLF-Tabelle mit dem ID 02.

Syntax-Diagramm

Parameter-Beschreibung

ID= Identifikation der Resource Specification Table.
id   Ein- bis zweistellige Identifikation.
Der volle Tabellen-Name lautet:
- Autorisierungs-Id.DSNRLSTid, wobei der Autorisierungs-Id vom DB2-RLFAUTH-Installationsparameter entnommen wird.

A2 Anhang - Definition der wichtigsten DB2-Sprachelemente
-START TRACE (DB2-Command)

Aufgabe des Commands

Der START TRACE-Command aktiviert DB2-Traces.
Die aktiven Trace-Typen können mit -DISPLAY TRACE angezeigt werden.
Kurzform des Commands: -STA TRA   Data-Sharing-Wirkungskreis: Member

Erforderliche Privilegien

- TRACE-Privileg oder
- SYSADM, SYSCTRL, SYSOPR.

Anwendungs-Beispiel

```
-START TRACE (PERFM)              Aktivieren Performance-Trace-Typ
  PLAN (SVU101)                   für den Plan SVU101
  COMMENT ('**** Test SVU101 ***') mit einem Trace-Kommentar.
```

Syntax-Diagramm

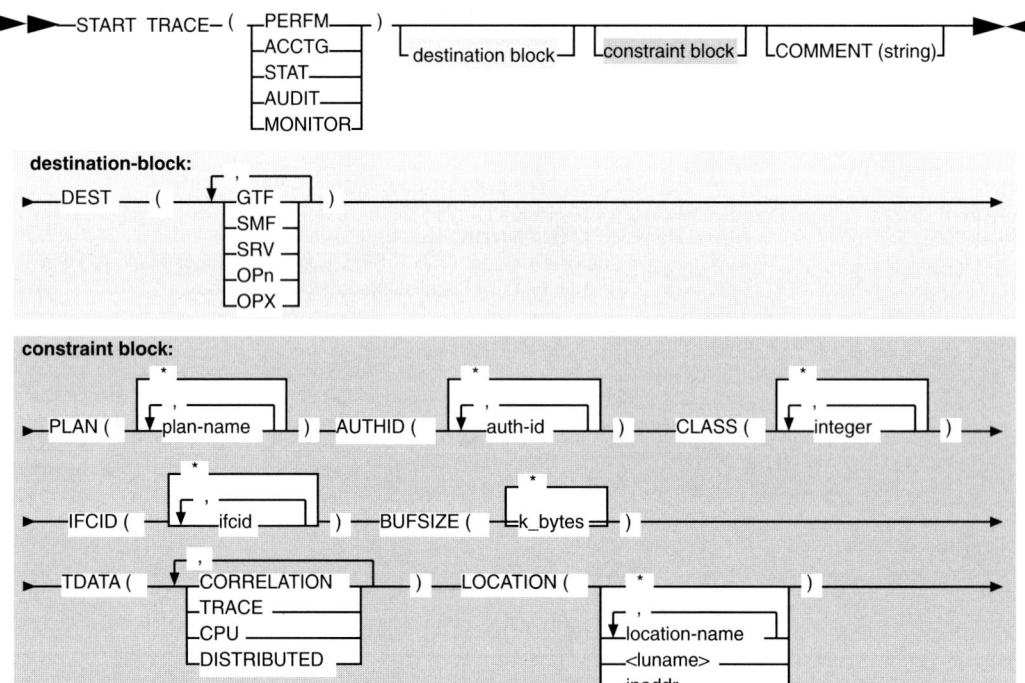

Parameter-Beschreibung   "xxx" = Kurzform

TRACE   Definition der zu startenden Trace-Typen:
  (PERFM) "P"   Trace-Typ: Performance-Analyse und Tuning; beinhaltet Sätze bestimmter System-Ereignisse.
  (ACCTG) "A"   Trace-Typ: Accounting-Sätze für ein bestimmtes Programm oder einen bestimmten Autorisierungs-Id; beinhaltet Sätze für jeden Thread.
  (STAT)   "S"   Trace-Typ: Statistik-Daten, die von verschiedenen DB2-Komponenten ausgegeben werden. Die Intervall-Zeit für die Ausgabe der Sätze kann bei der DB2-Installation bestimmt werden.
                              Bei Vorgabe dieses Parameters kann keine LOCATION vorgegeben werden.
  (AUDIT) "AU"   Trace-Typ: Audit-Daten, die von verschiedenen DB2-Komponenten ausgegeben werden.
  (MONITOR) "MON"   Trace-Typ: Monitor-Daten. Damit werden solche Sätze gesammelt und DB2-Monitor-Programmen verfügbar gemacht.

A2 Anhang - Definition der wichtigsten DB2-Sprachelemente
-START TRACE - 2

COMMENT (string)   Kommentar, der mit den Trace-Daten angezeigt wird.

destination block: Bestimmungsort, wo die Trace-Ausgabe vorzunehmen ist (Destination). Ist die vorgegebene Destination nicht aktiv, erfolgt die Fehlerausgabe, dass die Trace-Daten nicht gesammelt werden und verloren sind.
Die Vorgabemöglichkeit der Destination ist abhängig vom Trace-Typ:

Trace-Typ	GTF	SMF	SRV	OPn	OPX
PERFM	Default	Erlaubt	Erlaubt	Erlaubt	Erlaubt
ACCTG	Erlaubt	Default	Erlaubt	Erlaubt	Erlaubt
STAT	Erlaubt	Default	Erlaubt	Erlaubt	Erlaubt
AUDIT	Erlaubt	Default	Erlaubt	Erlaubt	Erlaubt
MONITOR	Erlaubt	Erlaubt	Erlaubt	Erlaubt	Default

DEST   **"D"**   Vorgabe der gewünschten Destination-Ids:

- **GTF**   OS/390 Generalized Trace Facility. Die Satzidentifikation für DB2-Sätze ist X'0FB9'.
- **SMF**   System Management Facility. Der SMF-Satztyp ist abhängig von den IFCID-Satztypen:

IFCID-Satztyp	SMF-Satztyp
1 (System Services Statistiken)	100
2 (Database Services Statistiken)	100
3 (Agent Accounting)	101
202 (Dynamische System-Parameter)	100
230 (Data Sharing Global Statistics)	100
239 (Agent Accounting Überlauf)	101
Alle anderen	102

- **SRV**   Exit zu einer Benutzer-Routine.
- **OPn**   Spezifiziertes Zielsystem (1 - 8), in dem in internen Bufferbereichen Trace-Daten speziell für Performance-Monitore (z.B. DB2PM) gehalten werden.
- **OPX**   Generisches Zielsystem, das den ersten freien OPn-Bereich nutzt. Nur nutzbar von Anwendungen, die einen OPX-Trace starten.

constraint block: Einschränkung der Trace-Typen auf bestimmte Ressource-Typen.
Die Vorgabemöglichkeit der Ressource-Typen ist abhängig vom Trace-Typ:

Trace-Typ	PLAN	AUTHID	CLASS	LOCATION
PERFM	Erlaubt	Erlaubt	Erlaubt	Erlaubt
ACCTG	Erlaubt	Erlaubt	Erlaubt	Erlaubt
STAT	Unzulässig	Unzulässig	Erlaubt	Unzulässig
AUDIT	Erlaubt	Erlaubt	Erlaubt	Erlaubt
MONITOR	Erlaubt	Erlaubt	Erlaubt	Erlaubt

PLAN   Auswahl von bestimmten Plänen, für die Trace-Informationen gesammelt werden sollen.

    (plan-name)   Vorgabe spezifischer Plan-Namen. Bis zu 8 Plan-Namen können vorgegeben werden. Werden mehrere Namen vorgegeben, kann max. nur ein AUTHID und eine LOCATION vorgegeben werden.

    (*)   Für alle Pläne werden Trace-Daten gesammelt.

AUTHID   Auswahl von bestimmten Autorisierungs-Ids, für die Trace-Informationen gesammelt werden sollen.

    (auth-id)   Vorgabe spezifischer Autorisierungs-Ids. Bis zu 8 Autorisierungs-Ids können vorgegeben werden. Werden mehrere Namen vorgegeben, kann max. nur ein PLAN und eine LOCATION vorgegeben werden.

    (*)   Für alle Autorisierungs-Ids werden Trace-Daten gesammelt.

CLASS   **"C"**   Auswahl von bestimmten Trace-Klassen, für die Trace-Informationen gesammelt werden sollen.
Die Vorgabemöglichkeit der Trace-Klassen ist abhängig vom Trace-Typ. Auf der folgenden Seite sind alle möglichen Kombinationen dargestellt.
Die Default-Klassen sind mit * gekennzeichnet.

    (integer)   Auswahl von bestimmten Trace-Klassen (siehe nächste Seite).

    (*)   Für alle Trace-Klassen werden Trace-Daten gesammelt.

A2 Anhang - Definition der wichtigsten DB2-Sprachelemente
-START TRACE - 3

IFCID   Auswahl von bestimmten Trace-Ereignissen, für die Trace-Informationen gesammelt werden sollen.
Die Vorgabemöglichkeit der Trace-IFCIDs ist abhängig vom Trace-Typ. Auf der folgenden Seite sind alle möglichen Kombinationen dargestellt.

    (ifcid)   Auswahl von bestimmten Trace-Ereignissen (siehe nächste Seite).
    (*)   Für alle gültigen Trace-IFCIDs werden Trace-Daten gesammelt.

BUFSIZE   Buffergröße für eine OPn-Destination. Die Vorgabe ist auch nur für DEST OPn zulässig.
    (k_bytes)   Größe in K-Bytes von 8 KB bis 1024 KB als Vielfaches von 4-KB (Vorgabe z.B. 'BUFSIZE (8)' für 8 KB).

TDATA   Spezifiziert den Produkt-Sektions-Header, ansonsten wird der Trace-Typ dort eingestellt. Mehrere Header sind vorgebbar.
    (CORRELATION)   Correlation-Header.
    (TRACE)   Trace-Header.
    (CPU)   CPU-Header mit aktueller Prozessor-Zeit für OS/390-TCB und SRB-Ausführung.
    (DISTRIBUTED)   Distributed-Header.

LOCATION   Auswahl von bestimmten Lokationen, für die Trace-Informationen gesammelt werden sollen.
    (location-name)   Vorgabe spezifischer Lokations-Namen. Bis zu 8 Lokations-Namen können vorgegeben werden. Werden aber mehrere PLAN-Namen bzw. AUTHIDs vorgegeben, kann nur ein Lokations-Name vorgegeben werden.
Nicht-DB2-Server werden mit <LUNAME> vorgegeben.
Bei Auswahl eines Statistik-Traces kann dieser Parameter nicht gewählt werden.
    (*)   Für alle Lokationen werden Trace-Daten gesammelt.
    <luname>   Remote Clients, die mit der vorgegebenen SNA LU über DDF mit DB2 verbunden sind.
    ipaddr   Remote Clients, die mit der vorgegebenen TCP/IP-Adresse über DDF mit DB2 verbunden sind.
Vorgabe der dezimalen Adresse im Format: "nnn.nnn.nnn.nnn".

A2 Anhang - Definition der wichtigsten DB2-Sprachelemente
-START TRACE - 4

Trace-Typ	Klasse	Beschreibung der Klasse	Aktivierte IFCIDs
Accounting	1 *	Standard-Accounting Daten	3,106,239
	2	Entry oder Exit DB2-Event	232
	3	Elapsed Wait Time in DB2	6-9,32,33,44,45,117,118,127,128,170,171,174,175, 213-216,226,227,242,243,321,322
	4	Installationsdefinierter Accounting-Satz	151
	5	Time für IFI-Anforderung	187
	6	Reserviert	
	7	Entry oder Exit DB2-Event für Package und DBRM-Accounting	232,240
	8	Wartezeit für eine Package	6-9,32,33,44,45,117,118,127,128,170,171,174,175, 213-216,226,227, 241-243,321,322
	10-29	Reserviert	
	30-32	Verfügbar für lokale Benutzung.	
Audit	1 *	Zugriffs-Abweisungen wg. fehlender Privilegien	140
	2	Explizite GRANTs und REVOKEs	141
	3	CREATE, ALTER und DROP auf Tabellen mit AUDIT-Option	142
	4	Erste Änderung eines mit AUDIT kontrollierten Objektes	143
	5	Erste Leseanforderung eines mit AUDIT kontrollierten Objektes	144
	6	SQL-Statement beim BIND	145
	7	Autorisierungs-Id neu oder Wechsel	55,83,87,169,312
	8	Utilities	23-25
	9	Installationsdefinierter Audit-Satz	146
	10-29	Reserviert	
	30-32	Verfügbar für lokale Benutzung.	
Statistiken	1 *	Statistik-Daten	1,2,105,106,202
	2	Installationsdefinierter Statistik-Satz	152
	3	Deadlock-Information, Group Buffer Pool, Data Set Extension, Long Running UORs, Active Log Space Shortages	172,196,250,258,261,262,313,330
	4	DB2-Ausnahmebedingung	191-195,203-210,235,236,238,267,268
	5	DB2 Data Sharing Statistiken	230
	6-7	Reserviert	
	8	Data Set I/O-Statistiken	199
	9-29	Reserviert	
	30-32	Verfügbar für lokale Benutzung.	
Performance	1 *	Background-Events	1,2,31,42,43,76-79,102,103,105-107,153
	2	Subsystem-Events	3,68-75,80-89,106,174,175
	3 *	SQL-Events	22,53,55,58-66,92,95-97,106,112,177,233,237, 272,273,325
	4	Lesen/Schreiben Buffer- und EDM-Pool	6-10,29,30,105-107,127,128,226,227,321,322
	5	Schreiben auf Log und Archiv-Log	32-41,104,106,114-120,228,229
	6	Summary Lock-Information	20,44,45,105-107,172,196,213,214,218
	7	Detaillierte Lock-Information	21,105-107,223
	8	Detaillierte Infos über Data Scanning	13-18,105-107,125,221,222,231,305
	9	Details über Sort	26-28,95,96,106
	10	Details über BIND, Commands, Utilities	23-25,90,91,105-107,108-111,201,256
	11	Speicher-Benutzungs-Events	
	12	Reserviert	
	13	Edit- und Validation-Exits	11,12,19,105-107
	14	Entry und Exit von Anwendungen	67,106,121,122
	15	Installationsdefinierter Performance-Satz	154
	16	Verteilte Verarbeitung (distributed)	157-163,167,183
	17	Claim und Drain Informationen	211-216
	18-19	Reserviert	
	20	Data Sharing Summary	249-251,256-257,261,262,267,268
	21	Data Sharing Detail	255,259,263
	22	Autorisations-Exit-Parameter	314
	23-29	Reserviert	
	30-32	Verfügbar für lokale Benutzung.	
Monitor	1 *	Aktivierung der READS IFCIDs	1,2,106,124,129,147-150,199,202,230,254,306, 316[1],317
	2	Entry oder Exit DB2-Event-Signalling	232
	3	DB2-Wartezeit für I/O, Locks; Resource-Nutzungs-Infos	6-9,32,33,44,45,117,118,127,128,170,171,174, 175,213-216,226,227,242,243,321,322
	4	Installationsdefinierter Monitor-Satz	155
	5	Zeit für Verarbeitung IFI-Anforderungen	187
	6	Änderungen von Tabellen mit DATA CAPTURE CHANGES	185
	7	Entry oder Exit DB2-Event für Package und DBRM-Accounting	232,240
	8	Wartezeit für eine Package	6-9,32,33,44,45,51,52,56,57,117,118,127,128,170, 171,174,175,213-216,226,227,241-243,321,322
	9-29	Reserviert	
	30-32	Verfügbar für lokale Benutzung.	

Legende: * = Default-Klasse

316[1] = IFCID 318 muss explizit gestartet werden.

/STOP (IMS-Command)

Aufgabe des Commands

Der IMS-STOP Command deaktiviert die Verbindung (Connection) zwischen IMS und einem externen Subsystem.
Laufende Anwendungen können ihre Arbeit mit dem Subsystem noch beenden. Wenn keine aktive Anwendung mehr existiert, wird auch die Connection abgeschlossen.
Das Subsystem kann anschließend wieder mit /START aktiviert werden.
Data-Sharing-Wirkungskreis: **Member**

Erforderliche Privilegien

IMS-Privilegien.

Anwendungs-Beispiel

/STOP SUBSYS DB2T1   Deaktivieren und Abschließen der definierten Connection DB2T1.

Syntax-Diagramm

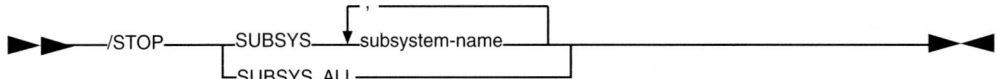

Parameter-Beschreibung

SUBSYS   Mit IMS gekoppelte Subsysteme, die deaktiviert und beendet werden sollen.
   subsystem-name   Name des Subsystems.
   ALL   Alle Subsysteme.

A2 Anhang - Definition der wichtigsten DB2-Sprachelemente
-STOP DATABASE (DB2-Command)

A2 - 1373

Aufgabe des Commands

Der STOP DATABASE Command stoppt die Ressourcen einer Database.
Es können auch einzelne Tablespaces, Partitions oder Indexspaces bzw. Index-Partitions
(auch die logische Partition eines non-partitioned Index) gestoppt werden.
Die Ressourcen können anschließend mit -START DATABASE wieder gestartet werden.

Beim Absetzen des STOP DATABASE Commands kann parallel ein Anwendungsprozess oder ein Utility
die Kontrolle über das zu stoppende Objekt haben.

Bei der Behandlung dieser Situation existieren zwei Grundvarianten:
- Stoppen der Ressourcen nach dem kompletten Abschluss aller aktiven Parallel-Prozesse; neue Prozesse werden nicht mehr aktiviert (Default).
- Stoppen der Ressourcen nach dem COMMIT eines aktiven Parallel-Anwendungsprozesses bzw. nach dem kompletten Abschluss aller aktiven Parallel-Utility-Prozesse; neue Prozesse werden nicht mehr aktiviert (Parameter: AT (COMMIT)).

Mit dem Stoppen wird von DB2 eine asynchrone Meldung über den Vollzug dieses Commands ausgegeben. Es ist zu beachten, dass diese Meldung auch dann ausgegeben wird, wenn der STOP Command noch auf belegte Ressourcen warten muss.
Mit dem -DISPLAY DATABASE Command kann der tatsächliche Zustand der Ressourcen abgefragt werden.

Kurzform des Commands: -STO DB   **Data-Sharing-Wirkungskreis:** DB2-Group

Erforderliche Privilegien

- STOPDB-Privileg oder
- DBADM, DBCTRL bzw. DBMAINT-Privileg für diese Database oder
- SYSADM, SYSCTRL.

Anwendungs-Beispiel

-STOP   DATABASE (SEMDB01)   Stoppen des Tablespaces SEMTS01 der
         SPACENAM (SEMTS01)   Database SEMDB01.

Syntax-Diagramm

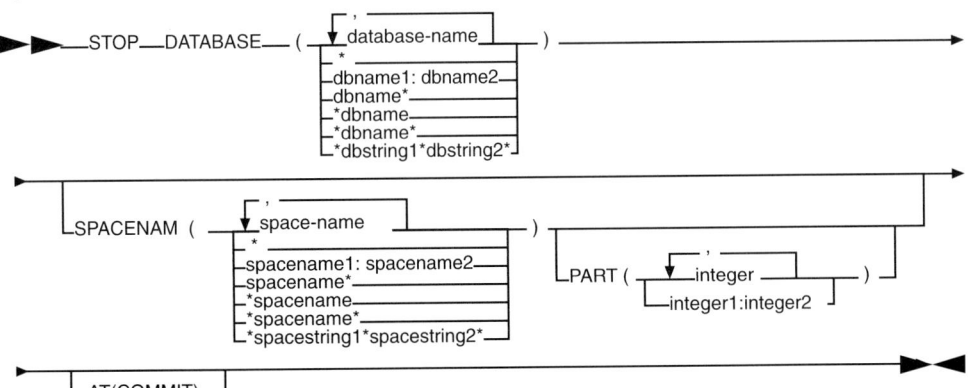

Parameter-Beschreibung   "xxx" = Kurzform

DATABASE   "DB"
- **(database-name)** — Name der Databases, für die der STOP gelten soll:
- **dbname** — Einzelner Database-Name oder Liste.
- ***** — Alle Databases, für die Privilegien existieren (zumindest DBMAINT-Privileg muss vorliegen). Nicht mit ACCESS (FORCE) zulässig.
- **dbname1: dbname2** — Alle Databases, deren Namen >= dbname1 und <= dbname2 sind.
- **dbname*** — Alle Databases, deren Namen mit dem String beginnen (generisches Suchen).
- ***dbname** — Alle Databases, deren Namen mit dem String enden.
- ***dbname*** — Alle Databases, deren Namen den String beinhalten.
- ***dbstring1*dbstring2*** — Alle Databases, deren Namen die Strings dbstring1 und dbstring2 beinhalten.

SPACENAM   "SPACE" "SP" — Name der Spaces, für die der STOP gelten soll :
- **(space-name)** — Name eines Tablespaces oder Indexspaces oder Liste.
- ***** — Alle Objekte der Database. Nicht mit ACCESS (FORCE) zulässig.
- **spacename1** — Einzelner Space-Name.
- **spacename1:spacename2** — Namens-Vorgabe analog Database.
- **.....**

PART — Physische Partition eines partitioned Tablespaces bzw. eines partitioned Indexes bzw. logische Partition-Nr. eines non-partitioned Indexes, die gestoppt werden soll.
- **integer** — Einzelne Partition-Nr. oder Partition-Liste.
- **integer1: integer2** — Alle Partition-Nr., die >= integer1 und <= integer2 sind.

AT (COMMIT) — Erlaubt einem STOP Command, in einen laufenden SQL-Prozess einzugreifen, der mehrere COMMIT-Abschnitte beinhaltet.
Mit dem COMMIT oder nach Abschluss einer Utility-Verarbeitung wird der STOP ausgeführt.
Hinweis:
> Anwendungen, die Cursor mit der WITH HOLD-Option definiert haben und bei denen die letzte Sperre nicht beim COMMIT aufgehoben wird (RELCURHL = NO), können beim COMMIT nicht unterbrochen werden!

Aufgabe des Commands

Der STOP DB2 Command stoppt das DB2-Subsystem.
Vorher müssen alle ausstehenden Operator-Meldungen mit Antwortzwang (WTOR) beantwortet worden sein.
Es existieren zwei Varianten, die über Parameter gesteuert werden können:

- **QUIESCE** Normaler Abschluss
    - Aktive Threads werden normal beendet.
    - Neue Threads werden noch akzeptiert.
      Ausnahme: unter CICS und IMS werden laufende Anwendungen bis zum COMMIT gehalten, dann wird - sofern keine Tasks aktiv sind - das jeweilige Attach Facility gestoppt.
    - Neue Connections werden nicht mehr akzeptiert.

- **FORCE** Abnormaler Abschluss
    - Aktive Threads werden abnormal beendet (ROLLBACK).
    - Neue Threads werden nicht mehr akzeptiert.
    - Neue Connections werden nicht mehr akzeptiert.

In beiden Fällen werden folgende Schritte mit dem Stoppen des DB2-Systems ausgelöst:

1. Die bestehenden Connections werden abgeschlossen.
2. DB2 verweigert die weitere Annahme von Commands.
3. DB2 koppelt sich vom IRLM-System ab.
4. Ein Shutdown-Checkpoint wird in dem Bootstrap Dataset (BSDS) aktualisiert.

Kurzform des Commands: -STO DB2   **Data-Sharing-Wirkungskreis:** Member

Erforderliche Privilegien

- STOPALL-Privileg oder
- SYSADM, SYSCTRL, SYSOPR.

Anwendungs-Beispiel

-STOP DB2   Stoppen des DB2-Subsystems mit dem Default Mode QUIESCE.

Syntax-Diagramm

Parameter-Beschreibung

MODE(QUIESCE)   Spezifikation, dass laufende Prozesse ordnungsgemäß zu beenden sind.
Neue Programme können nicht mehr aktiviert werden.

MODE(FORCE)   Spezifikation, dass laufende Prozesse (Anwendungen und Utilities) abnormal beendet werden sollen.
Neue Programme können nicht mehr aktiviert werden.
Achtung: Es besteht eine verstärkte Gefahr von 'Indoubt'-Situationen.

A2 Anhang - Definition der wichtigsten DB2-Sprachelemente
-STOP DDF   (DB2-Command)

Aufgabe des Commands

Der STOP DDF Command stoppt das Distributed Data Facility, sofern es aktiv ist.
Es existieren zwei Varianten, die über Parameter gesteuert werden können:

- **QUIESCE** Normaler Abschluss
    - Aktive distributed Threads werden normal beendet.
    - Inaktive Threads werden beendet. Solche Threads können im Rahmen eines 2-Phasen-Commit-Verfahrens als 'Indoubt' protokolliert werden.
    - Neue Threads werden nicht mehr akzeptiert.

- **FORCE** Abnormaler Abschluss
    - Die DB2-VTAM-Verbindung wird sofort beendet. Damit werden alle Threads sofort beendet und ein Kommunikationsfehler signalisiert.
      Threads können im Rahmen eines 2-Phasen-Commit-Verfahrens als 'Indoubt' protokolliert werden.

Kurzform des Commands: -   **Data-Sharing-Wirkungskreis:** Member

Erforderliche Privilegien

- SYSADM, SYSCTRL oder SYSOPR.

Anwendungs-Beispiel

-STOP   DDF   Stoppen des Distributed Data Facilities mit dem Default Mode QUIESCE.

Syntax-Diagramm

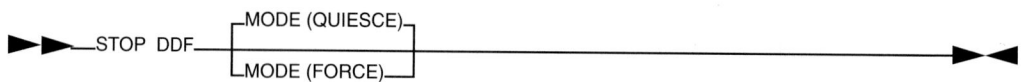

Parameter-Beschreibung

MODE(QUIESCE)   Spezifikation, dass laufende Prozesse ordnungsgemäß zu beenden sind.
                          Neue Threads können nicht mehr aktiviert werden.

MODE(FORCE)   Spezifikation, dass laufende Prozesse abnormal beendet werden sollen.
                          Achtung: Es besteht eine verstärkte Gefahr von 'Indoubt'-Situationen.

A2 Anhang - Definition der wichtigsten DB2-Sprachelemente
-STOP FUNCTION SPECIFIC (DB2-Command)

Aufgabe des Commands

Der STOP FUNCTION SPECIFIC Command deaktiviert eine, mehrere oder alle External User-defined Functions für künftige Aufrufe. Vorhandene wartende Anforderungen werden noch aktiviert und aktive Funktionsaufrufe werden abgeschlossen.
Builtin-Funktionen oder User-defined Functions, die auf anderen Funktionen basieren, können mit diesem Kommando nicht gestoppt werden.
Dieses Kommando mit der REJECT-Option wird von DB2 automatisch für solche Funktionen abgesetzt, bei denen der Abend-Zähler den bei der Installation definierten (MAX ABEND COUNT) Höchstwert überschreitet.

Kurzform des Commands: -STO FUNC SPEC   **Data-Sharing-Wirkungskreis:** Member

Erforderliche Privilegien

- Eigentümer der Funktion oder
- SYSOPR, SYSCTRL, SYSADM (einer dieser Typen ist immer bei generischen Suchanforderungen erforderlich)

Anwendungs-Beispiel

-STOP FUNCTION SPECIFIC (SEMINAR.SVPR*)   Deaktivieren der Funktionen, die mit SVPR beginnen im Schema
ACTION (REJECT)   SEMINAR. Neue Anforderungen werden abgewiesen.

Syntax-Diagramm

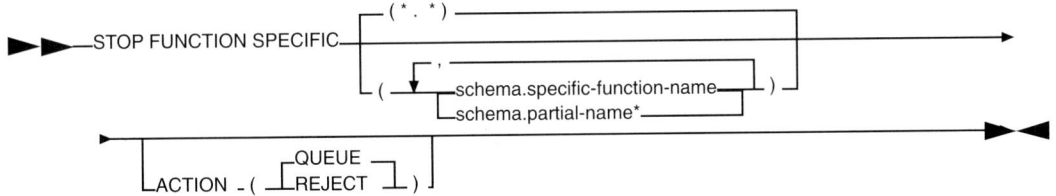

Beschreibung

schema.specific-function-name	Spezifische Name(n) der zu stoppenden Funktionen in dem benannten Schema - siehe specific-name im Index bzw. unter CREATE FUNCTION.
schema.partial-name *	Alle Funktionen, deren Namen mit dem String beginnen (generisches Suchen) z.B. SE* werden gestoppt.
.	Alle Funktionen in allen Schemas werden gestoppt.
ACTION	Definiert die Aktivität, die ein Funktionsaufruf erfährt, wenn er eine gestoppte Funktion aufruft.
QUEUE	Die Anforderung wird in eine Warteschlange gestellt, bis die Funktion wieder gestartet wird oder der Timeout-Wert überschritten wird.
REJECT	Die Anforderung wird zurückgewiesen.

A2 - 1378 — A2 Anhang - Definition der wichtigsten DB2-Sprachelemente
-STOP PROCEDURE (DB2-Command)

Aufgabe des Commands

Der STOP PROCEDURE Command stoppt eine, mehrere oder alle Stored Procedures.
Folgende Wirkung ist damit verbunden:

- Aktive Procedures werden gestoppt und sind nicht mehr mit EXEC SQL CALL aufrufbar.
  Laufende oder auf Ausführung wartende Anforderungen können noch ausgeführt werden.
  Neue Anforderungen werden aber nicht mehr akzeptiert bzw. in eine Warteschlange gestellt.
- Werden alle Procedures gestoppt, wird der Stored Procedures Address Space (SPAS) beendet.
- Ein STOP stoppt nur die Procedures während der DB2-Aktivierung. Mit dem nächsten Systemstart sind alle Stored Procedures automatisch wieder aktiv.
  Zum permanten Deaktivieren einer Stored Procedure können folgende Maßnahmen ergriffen werden:
    - Löschen der Zeile der Stored Procedure in der Katalog-Tabelle SYSPROCEDURES.
    - Änderung des LOADMOD-Spalteninhalts der SYSPROCEDURES-Tabelle auf einen nicht verfügbaren Load-Modulnamen.
    - Rename oder Delete des Load-Moduls
    - DROP der Stored Procedure.

DB2 setzt automatisch einen STOP PROCEDURE ACTION (REJECT) für die Procedures ab,
bei denen der Abend-Zähler ein definiertes Limit überschreitet (Installations-Parameter MAX ABEND COUNT).

Kurzform des Commands: -STO PROC   **Data-Sharing-Wirkungskreis:** Member

Erforderliche Privilegien

- Eigentümer der Stored Procedure oder
- SYSOPR, SYSCTRL, SYSADM (einer dieser Typen ist immer bei generischen Suchanforderungen erforderlich)

Anwendungs-Beispiel

-STOP PROC (STP1, STP2)   Stoppen bestimmter Stored Procedures.

-STOP PROC (STP*)   Stoppen aller Stored Procedures, deren Namen mit 'STP' beginnen.

-STOP PROC ACTION (REJECT)   Stoppen aller Stored Procedures. Abweisung von CALLs.

Syntax-Diagramm

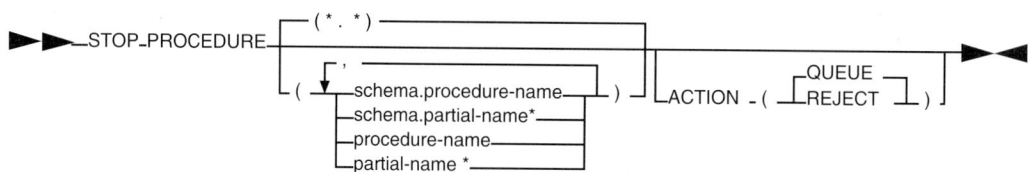

Parameter-Beschreibung

STOP PROCEDURE	Vorgabe der Stored Procedures, die gestoppt werden sollen:
schema.procedure-name	Name(n) der der zu stoppenden Stored Procedures in dem benannten Schema.
procedure-name	Fehlt das Schema, gilt das Schema SYSPROC
schema.partial-name *	Alle Stored Procedures, deren Namen mit dem String beginnen (generisches
partial-name *	Suchen) z.B. SE* werden gestoppt .
.	Alle Stored Procedures in allen Schemas werden gestoppt .
ACTION	Definiert die Aktivität, die ein EXEC SQL CALL erfährt, wenn er eine gestoppte Stored Procedure aufruft.
QUEUE	Die Anforderung wird in eine Warteschlange gestellt, bis die Procedur wieder gestartet wird oder der Timeout-Wert überschritten wird.
REJECT	Die Anforderung wird zurückgewiesen.

A2 Anhang - Definition der wichtigsten DB2-Sprachelemente
-STOP RLIMIT (DB2-Command)

Aufgabe des Commands

Der STOP RLIMIT Command stoppt das Resource Limit Facility (RLF).
Sämtliche vorher gesetzten Limite werden deaktiviert und die bisher akkumulierten Zeiten werden gelöscht.
Alle vorher limitierten Statements sind ab diesem Zeitpunkt ohne Limit.

Kurzform des Commands: -STO RLIM   **Data-Sharing-Wirkungskreis:** Member

Erforderliche Privilegien

- SYSADM, SYSCTRL oder SYSOPR.

Anwendungs-Beispiel

-STOP RLIMIT   Deaktivieren der vorher aktiven RLF-Tabelle.

Syntax-Diagramm

STOP RLIMIT

A2 - 1380

A2 Anhang - Definition der wichtigsten DB2-Sprachelemente
-STOP TRACE   (DB2-Command)

Aufgabe des Commands

Der STOP TRACE-Command stoppt DB2-Traces.
Es ist zu beachten, dass der STOP TRACE nur die Traces stoppt, die entweder explizit durch einen inhaltlich korrespondierenden START TRACE oder implizit durch System-Installations-Parameter gestartet wurden.
So führt z.B. ein -STOP TRACE (PERFM) CLASS (1,2) nicht zum Stoppen eines vorab mit
-START TRACE (PERFM) CLASS (1) gestarteten Traces.
Die aktiven Trace-Typen können mit -DISPLAY TRACE angezeigt werden.
Kurzform des Commands: -STO   TRA

Erforderliche Privilegien

- TRACE-Privileg oder
- SYSADM, SYSCTRL, SYSOPR.

Anwendungs-Beispiel

```
-STOP TRACE (PERFM)          Stoppen Performance-Trace-Typ
       PLAN (SVU101)          für den Plan SVU101.
```

Syntax-Diagramm

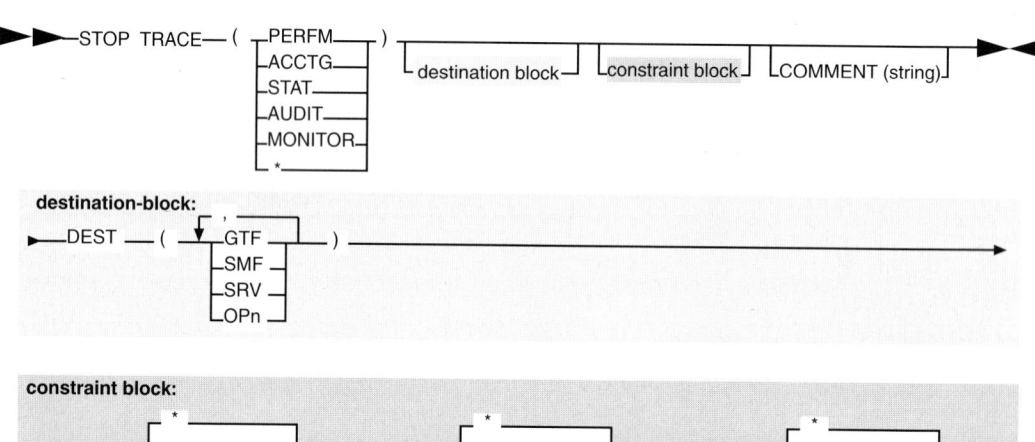

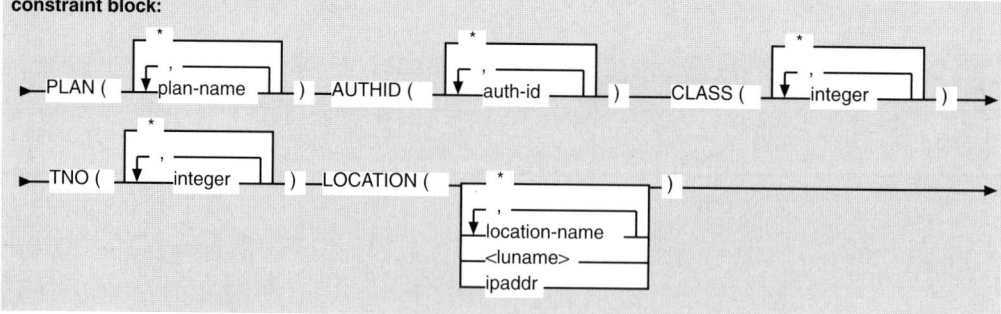

Parameter-Beschreibung   "xxx" = Kurzform

TRACE   Definition der zu stoppenden Trace-Typen:
  (PERFM)   **"P"**   Trace-Typ: Performance-Analyse und Tuning; beinhaltet Sätze bestimmter System-Ereignisse.
  (ACCTG)   **"A"**   Trace-Typ: Accounting-Sätze für ein bestimmtes Programm oder einen bestimmten Autorisierungs-Id; beinhaltet Sätze für jeden Thread.
  (STAT)   **"S"**   Trace-Typ: Statistik-Daten, die von verschiedenen DB2-Komponenten ausgegeben werden. Bei Vorgabe dieses Parameters kann keine LOCATION vorgegeben werden.
  (AUDIT)   **"AU"**   Trace-Typ: Audit-Daten, die von verschiedenen DB2-Komponenten ausgegeben werden.

(MONITOR)	"MON"	Trace-Typ: Monitor-Daten. Damit werden solche Sätze gesammelt und DB2-Monitor-Programmen verfügbar gemacht. Die Monitor-Klasse 6 kann nicht global gestoppt werden. Sie kann nur exklusiv mit einem eigenständigen -STOP TRACE (MON) CLASS (6) gestoppt werden, nicht aber mit -STOP TRACE (*) oder mit -STOP TRACE (MON) CLASS(*).
(*)		Stoppt alle aktiven Trace-Typen.
COMMENT (string)		Kommentar, der mit dem -STOP TRACE Command angezeigt wird.
destination block:		Bestimmungsort, wo die Trace-Ausgabe einzustellen ist (Destination). Die Vorgabemöglichkeit der Destinations ist abhängig vom Trace-Typ:

Trace-Typ	GTF	SMF	SRV	OPn	OPX
PERFM	Default	Erlaubt	Erlaubt	Erlaubt	Erlaubt
ACCTG	Erlaubt	Default	Erlaubt	Erlaubt	Erlaubt
STAT	Erlaubt	Default	Erlaubt	Erlaubt	Erlaubt
AUDIT	Erlaubt	Default	Erlaubt	Erlaubt	Erlaubt
MONITOR	Erlaubt	Erlaubt	Erlaubt	Erlaubt	Default

DEST   "D"   Vorgabe der gewünschten Destination-Ids:
GTF   OS/390 Generalized Trace Facility. Die Satzidentifikation für DB2-Sätze ist X'0FB9'.
SMF   System Management Facility. Der SMF-Satztyp ist abhängig von den IFCID-Satztypen:

IFCID-Satztyp	SMF-Satztyp
1 (System Services Statistiken)	100
2 (Database Services Statistiken)	100
3 (Agent Accounting)	101
202 (Dynamische System-Parameter)	100
230 (Data Sharing Global Statistics)	100
239 (Agent Accounting Überlauf)	101
Alle anderen	102

SRV   Exit zu einer Benutzer-Routine.
OPn   Spezifiziertes Zielsystem (1 - 8), in dem in internen Bufferbereichen Trace-Daten speziell für Performance-Monitore (z.B. DB2PM) gehalten werden.

constraint block: Einschränkung der Trace-Typen auf bestimmte Ressource-Typen.
Die Vorgabemöglichkeit der Ressource-Typen ist abhängig vom Trace-Typ:

Trace-Typ	PLAN	AUTHID	CLASS	LOCATION
PERFM	Erlaubt	Erlaubt	Erlaubt	Erlaubt
ACCTG	Erlaubt	Erlaubt	Erlaubt	Erlaubt
STAT	Unzulässig	Unzulässig	Erlaubt	Unzulässig
AUDIT	Erlaubt	Erlaubt	Erlaubt	Erlaubt
MONITOR	Erlaubt	Erlaubt	Erlaubt	Erlaubt

PLAN		Auswahl von bestimmten Plänen, für die Trace-Informationen gestoppt werden sollen.
	(plan-name)	Vorgabe spezifischer Plan-Namen. Bis zu 8 Plan-Namen können vorgegeben werden. Werden mehrere Namen vorgegeben, kann max. nur ein AUTHID und eine LOCATION vorgegeben werden.
	(*)	Für alle Pläne werden Trace-Daten gestoppt.
AUTHID		Auswahl von bestimmten Autorisierungs-Ids, für die Trace-Informationen gestoppt werden sollen.
	(auth-id)	Vorgabe spezifischer Autorisierungs-Ids. Bis zu 8 Autorisierungs-Ids können vorgegeben werden. Werden mehrere Namen vorgegeben, kann max. nur ein PLAN und eine LOCATION vorgegeben werden.
	(*)	Für alle Autorisierungs-Ids werden Trace-Daten gestoppt.

A2 Anhang - Definition der wichtigsten DB2-Sprachelemente
-STOP TRACE - 3

CLASS   "C"   Auswahl von bestimmten Trace-Klassen, für die Trace-Informationen gestoppt werden sollen.
Die Vorgabemöglichkeit der Trace-Klassen ist abhängig vom Trace-Typ.
Unter -START TRACE sind alle möglichen Kombinationen dargestellt.
Die Default-Klassen sind mit * gekennzeichnet.

    (integer)   Auswahl von bestimmten Trace-Klassen (siehe -START TRACE).
    (*)   Für alle Trace-Klassen werden Trace-Daten gestoppt.

TNO   Auswahl von bestimmten Traces, die aufgrund ihrer Trace-Nummer gestoppt werden sollen.

    (integer)   Vorgabe spezifischer Trace-Nummern. Bis zu 8 Trace-Nr. (1 - 32, 01 - 09) können vorgegeben werden. Werden mehrere Nr. vorgegeben, kann max. nur ein PLAN, eine AUTHID und eine LOCATION vorgegeben werden.
    (*)   Für alle Trace-Nummern werden Trace-Daten gestoppt.

LOCATION   Auswahl von bestimmten Lokationen, für die Trace-Informationen gestoppt werden sollen.

    (location-name)   Vorgabe spezifischer Lokations-Namen. Bis zu 8 Lokations-Namen können vorgegeben werden. Werden aber mehrere PLAN-Namen bzw. AUTHIDs vorgegeben, kann nur ein Lokations-Name vorgegeben werden.
Nicht-DB2-Server werden mit <LUNAME> vorgegeben.
Bei Auswahl eines Statistik-Traces kann dieser Parameter nicht gewählt werden.
    (*)   Für alle Lokationen werden Trace-Daten gestoppt.
    <luname>   Remote Clients, die mit der vorgegebenen SNA LU über DDF mit DB2 verbunden sind.
    ipaddr   Remote Clients, die mit der vorgegebenen TCP/IP-Adresse über DDF mit DB2 verbunden sind.
Vorgabe der dezimalen Adresse im Format: "nnn.nnn.nnn.nnn".

A2 Anhang - Definition der wichtigsten DB2-Sprachelemente
STOSPACE   (DB2-Utility)

Aufgabe des Utilities

Das STOSPACE Utility ermittelt den belegten Plattenplatz für Storage Groups mit den zugeordneten Tablespaces und Indexspaces. STOSPACE entnimmt die Space-Angaben in Form der High-Allocated RBA aus dem ICF-Katalog, der die entsprechenden VSAM-Dataset-Informationen führt.
Die Informationen werden im Katalog hinterlegt:
- die Spalten SPACE führen den ermittelten Plattenplatz in:
  - SYSINDEXES, SYSINDEXPART   für Indizes und Index-Partitions,
  - SYSTABLESPACE, SYSTABLEPART für Tablespaces und Partitions,
  - SYSTOGROUP   für Storage Groups.
- Spalte SPCDATE in SYSSTOGROUP zeigt das Datum des letzten STOSPACE-Utility-Laufs.
- Spalte STATSTIME in SYSSTOGROUP zeigt den Timestamp des letzten STOSPACE-Utility-Laufs.

Wenn die Objekte nicht über DB2-Storage Group verwaltet werden oder wenn das STOSPACE Utility nicht aktiviert wurde, wird der SPACE im Katalog mit dem Wert 0 geführt.

Erforderliche Datasets und Objekte

Dataset-Name bzw. Zweck	DD-Name in Utility-Parameter	Default-DD-Name	Verwendung	Eingabe-Ausgabe	Pflicht-DD-Vorgabe
SYSIN	-	-	Utility-Control (siehe Anwendungs-Beispiel)	E	Ja
SYSPRINT	-	-	Informationsausgabe und Meldungen	A	Ja

Katalog-Objekte, für die keine OS/390-DD-Statements erforderlich sind	Utility-Parameter
Storage Group	

Abhängigkeiten

Die Abhängigkeiten des Utilities zu anderen Utilities sind in der Utility-Kompatibilitäts-Matrix am Anfang des Anhangs 2 dargestellt.
Aus der folgenden Tabelle ist zu entnehmen, dass beim STOSPACE alle Parallelzugriffe erlaubt werden:

```
DB2-Utility        Tablespace/  Index/Index-  Sonstiges        Bemerkungen
                   Partition    Partition
------------------------------------------------------------------------
STOSPACE              -            -
```

Utility-Phasen

Die Ausführungs-Phasen des Utilities sind:
- UTILINIT   Initialisierungs-Phase (Anmeldung des Utility-Ids in der Directory-Table SYSUTIL).
- STOSPACE   Ermittlung der Plattenplatzbelegung und Katalog-Update.
- UTILTERM   Terminierungs-Phase (Abmeldung des Utility-Ids in der Directory-Table SYSUTIL).

Erforderliche Privilegien

- STOSPACE-Privileg oder
- SYSADM, SYSCTRL.

Anwendungs-Beispiel

    STOSPACE   STOGROUP   (SEMST01)   Informationen über Storage Group SEMST01.

Syntax-Diagramm

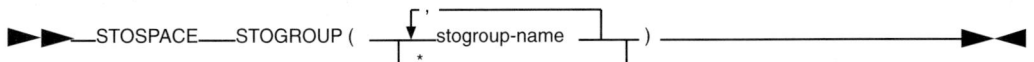

Parameter-Beschreibung

STOGROUP   (stogroup-name)   Name der Storage Group.
                *   Alle Storage Groups.

A2 - 1384	**A2 Anhang - Definition der wichtigsten DB2-Sprachelemente** **-TERM UTILITY** (DB2-Command)

Aufgabe des Commands

Der TERM UTILITY Command beendet die Ausführung eines Utilities. Alle Ressourcen werden freigegeben.
Speziell abnormal beendete Utilities führen weiterhin Einträge in der SYSUTIL-Tabelle. Mit dem TERM Utility können diese Einträge entfernt werden, sofern kein Restart gewünscht ist.

Für die einzelnen DB2-Utilities entstehen unterschiedliche Effekte beim Absetzen des TERM Commands:
- Besondere Effekte:
    - **RECOVER INDEX, RECOVER TABLESPACE**
        - Das Objekt wird beim RECOVER in den "Recovery Pending Status" gesetzt.
    - **COPY**
      Beim COPY wird ein Abbruch-Kennzeichen in SYSIBM-SYSCOPY (ICTYPE = 'T') gesetzt (anschließend ist kein Incremental Copy erlaubt).
    - **LOAD**
        - Wenn die RELOAD-Phase aktiv ist, bleibt der Datenzustand erhalten. Der Tablespace wird in den "Recovery Pending Status" und Indizes werden in den "Rebuild Pending Status" gesetzt.
        - Wenn die SORT oder BUILD-Phase aktiv ist, werden die noch nicht aufgebauten Indizes in den "Rebuild Pending Status" gesetzt.
    - **REORG SHRLEVEL NONE**
        - Wenn die UNLOAD-Phase aktiv ist, bleibt der Datenzustand weiterhin erhalten und der REORG-Job kann wieder aufgesetzt werden.
        - Wenn die RELOAD-Phase aktiv ist, sind die Datensätze nicht gelöscht. Der Tablespace wird in den "Recovery Pending Status" und Indizes werden in den "Rebuild Pending Status" gesetzt.
          Wenn der Tablespace wiederhergestellt ist, kann der REORG-Job wieder aufgesetzt werden.
        - Wenn die SORT oder BUILD-Phase aktiv ist, werden die noch nicht aufgebauten Indizes in den "Recovery Pending Status" gesetzt.
          Wenn die Indexspaces wiederhergestellt sind, kann der REORG-Job wieder aufgesetzt werden.
- Keine besonderen Effekte sind bei den folgenden Utilities zu beachten:
    - CHECK DATA, CHECK INDEX, DIAGNOSE, MERGECOPY, MODIFY, QUIESCE, REPAIR, REPORT, RUNSTATS, STOSPACE.

Kurzform des Commands: -TER UTIL   Data-Sharing-Wirkungskreis: Member oder Group

Erforderliche Privilegien

- Autorisierungs-Id mit dem das Utility submitted wurde oder
- DBMAINT, DBCTRL oder DBADM oder
- SYSADM, SYSCTRL oder SYSOPR.

Anwendungs-Beispiel

-TERM   UTILITY   (U00308)   Beenden des Utilities mit Utility-Id U00308

Syntax-Diagramm

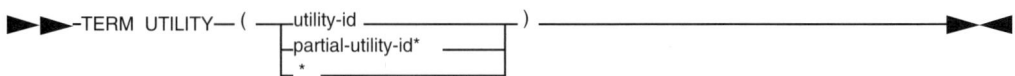

Parameter-Beschreibung

(utility-id)   Utility-Identifier. Normalerweise wird der Autorisierungs-Id als utility-id geführt.
(partial-utility-id*)   Generischer Utility-Id.
(*)   Beenden aller Utilities, die DB2 bekannt sind (aktive und gestoppte Utilities).

A2 Anhang - Definition der wichtigsten DB2-Sprachelemente
UPDATE (SQL-Statement)

Aufgabe des Statements

Das UPDATE-Statement verändert die Werte bestimmter Spalten in einer oder mehreren Zeilen einer Table. Wird der Update über einen View durchgeführt, erfolgt die Änderung in der Table, auf der dieser View basiert.
Table bzw. View können sich auf dem lokalen Server oder auf einem remote Server befinden.

Nicht verändert werden können:
- Daten über einen View, der nicht änderbar ist (non updateable View).
- Daten in einer temporären Tabelle.
- Daten in einer nicht änderbaren Katalog-Tabelle.
- Daten in einer Tabelle, deren Name im gleichen Statement auch innerhalb einer Subquery auftaucht.
- Daten in einer Tabelle, die mit einem Status-Flag (z.B. nicht existierender Primary-Index) oder deren Space mit einem "Check Pending Status" oder einem sonstigen Status versehen ist.
- Werte, die gegen WITH CHECK-Bedingungen eines Views verstoßen.
- Daten, die den definierten referenziellen Beziehungen widersprechen:
    - Änderung eines FK, aber der Parent Key existiert nicht,
    - Änderung eines PK, aber abhängige Zeilen (dependent rows) existieren.
- Werte, die gegen einen Unique Index verstoßen (bei Massen-Update wird erst am Ende geprüft).
- Spalten, die Bestandteil eines partitioned Index sind (ab Version 6 ist ein solcher Update unterstützt, der zu einer Neuzuordnung einer Zeile zu einer anderen Partition führen kann).
- View-Spalten, die aus Konstanten oder arithmetischen Ergebnissen bestehen.
- Daten, die nicht dem definierten Format entsprechen.
- Daten in Character-Strings, die länger als die Spaltenbeschreibung sind.
- Daten in Tabellen, die gegen in Triggern definierten Regeln verstoßen (es sind besondere Fehlerbedingungen möglich - siehe auch SIGNAL SQLSTATE).

Ist für die Tabelle VALIDPROC, FIELDPROC oder eine Check Rule definiert, müssen die Inhalte die dort definierten Bedingungen erfüllen.

Ein erfolgreicher Update führt zum Sperren der betroffenen Zeilen für alle anderen Anwendungen bis das Ende der UOR erreicht ist (COMMIT oder ROLLBACK).

Bei einem Massen-Update wird die Anzahl der veränderten Zeilen in der SQLCA im Feld SQLERRD (3) zurückgegeben.

Es existieren zwei UPDATE-Statement-Typen:

- SET-UPDATE evtl. mit Such-Bedingung (Searched Update).
- UPDATE Einzelzeile aufgrund der aktuellen Cursor-Position (Positioned Update).

Erforderliche Privilegien

- UPDATE-Privileg für die Table bzw. View und aller vom Update betroffenen Spalten oder
- Eigentümer der Table oder
- DBADM-Privileg für die Database, die Table enthält oder
- SYSADM, SYSCTRL (nur für Katalog-Tabellen).
- Bei Aktivierung der SQL-Standard-Regeln die SELECT-Privilegien, die sich aufgrund der WHERE-Bedingungen ergeben. Die SQL-Standard-Regeln werden aktiviert durch:
    - den BIND-Parameter SQLRULES (STD) bei einem statischen SQL-Statement,
    - den CURRENT RULES Spezialregister mit dem Inhalt 'STD' bei einem dynamischen SQL-Statement.

Anwendungs-Beispiele

Searched Update

```
UPDATE SEMTYP
SET    DAUER = DAUER + 0,5
```
Update aller Inhalte der Spalte DAUER aus der SEMTYP-Tabelle.

Positioned Update

```
EXEC SQL
   UPDATE SEMTYP
      SET   DAUER = :DAUER :IND_DAUER
      WHERE CURRENT OF C1;
```
Update der Spalte DAUER des aktuell positionierten Seminares aus der SEMTYP-Tabelle.

Syntax-Diagramm: Searched Update

Searched Update

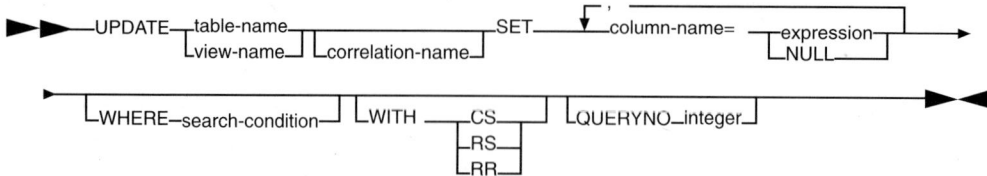

Parameter-Beschreibung   *Searched Update:*

UPDATE mit oder ohne WHERE-Bedingung

table-name	Objektauswahl Table (nur eine). Eine Auxiliary Table darf nicht vorgegeben werden.
view-name	Objektauswahl View (View muss updateable sein). Das Objekt kann auf dem lokalen Server oder auf einem remote Server zur Verfügung stehen. Eine Online-Anwendung unter IMS oder CICS kann nur dann remote Objekte ansprechen, wenn die verbundenen Systeme DRDA-DUW unterstützen, ansonsten können nur lokale Objekte angesprochen werden. Bei Katalog-Tabellen sind nur die änderbaren Spalten vorgebbar (siehe auch: RUNSTATS und Anhang 2).
correlation-name	Korrelationsname für Subquery. Näheres siehe unter SELECT-Sub-Select.
SET	Zuweisung Neu-Werte.
column-name =	Spalten-Name, dessen Werte geändert werden sollen. Nicht zulässig ist ein Spaltenname mehrfach oder View-Spalten, die durch Konstanten, Funktionen oder durch Ausdrücke definiert sind oder ein ROWID.
expression	Siehe allgemeine Beschreibung im Anhang A1.
NULL	NULL-Wert (Konstante).
WHERE	Auswahl bestimmter Zeilen siehe allgemeine Beschreibung im Anhang A1.
search-condition	Sollen nur Werte einer einzigen Zeile geändert werden, muss der PK vorgegeben werden. Ohne WHERE-Bedingung werden alle Werte der vorgegebenen Spalten in der gesamten Tabelle geändert. Die Anzahl der geänderten Zeilen wird in der SQLCA im Feld SQLERRD (3) protokolliert Der Tabellen- oder Viewname in einer der Subselects und Subqueries darf nicht mit dem Namen der Empfangstabelle für den UPDATE übereinstimmen.
WITH	Vorgabe eines statementspezifischen Isolation-Levels. Wird dieser Parameter nicht vorgegeben, wirken die Isolation-Level der Package bzw. des Plans. Eine detaillierte Beschreibung der Auswirkungen siehe unter SELECT (Select-Statement) with-clause in diesem Anhang.
CS	Cursor Stability.
RS	Read Stability.
RR	Repeatable Read.
QUERYNO	Vorgabe einer festen Statement-Nr. für die Nutzung von Optimization-Hints.
integer	Feste Statement-Nr. Soll die Funktionalität von Optimization-Hints genutzt werden, können z.B. feste Nummernkreise für spezielle Performance-Bereiche eingerichtet werden.

Syntax-Diagramm: Positioned Update

Positioned Update

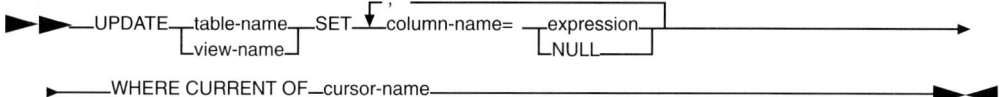

Parameter-Beschreibung	***Positioned Update***
	Einsatz nur innerhalb eines Anwendungsprogramms möglich. Mit dem Cursor-Konzept können parallel auch Änderungen auf die gleiche Tabelle (mit mehreren offenen Cursorn) vollzogen werden.
table-name	Objektauswahl Table (nur eine).
view-name	Objektauswahl View (View muss updateable sein). Das Objekt kann auf dem lokalen Server oder auf einem remote Server zur Verfügung stehen (Ausnahme bei IMS und CICS kann nur die mit dem Trägersystem verbundene Lokation angesprochen werden). Bei Katalog-Tabellen sind nur die änderbaren Spalten vorgebbar (siehe auch Anhang 2).
SET	Zuweisung Neu-Werte.
column-name =	Spalten-Name, dessen Werte geändert werden sollen. Jeder Spaltenname muss in der FOR UPDATE OF-Option des OPEN CURSOR-SELECTs definiert werden, wenn nicht mit Standard-SQL gearbeitet wird (Precompiler-Option STDSQL). Nicht zulässig ist ein Spaltenname mehrfach oder View-Spalten, die durch Konstanten, Funktionen oder durch Ausdrücke definiert sind oder ein ROWID. Außerdem kann kein positioned Update auf Werte des PKs vorgenommen werden, wenn eine DB2 Version vor 4 genutzt wird.
expression	Siehe allgemeine Beschreibung im Anhang A1.
NULL	NULL-Wert (Konstante).
WHERE CURRENT OF	
cursor-name	Update über aktuelle Cursor-Position, die mit FETCH eingelesen und positioniert wurde.

A2 Anhang - Definition der wichtigsten DB2-Sprachelemente
VALUES (SQL-Statement)

Aufgabe des Statements

Das VALUES-Statement bietet die Möglichkeit, eine User-defined Function aus einem Trigger aufzurufen (analog einem CALL). Das Statement kann nur innerhalb einer Triggered Aktion eines Triggers auftreten und kann an die Funktion Transition Variable und Transition Tables übergeben.
Tritt in der aufgerufenen Funktion ein Fehler auf, erfolgt ein ROLLBACK.

Erforderliche Privilegien

EXECUTE-Privileg zur Ausführung der aufgerufenen Funktion.

Anwendungs-Beispiel

```
CREATE TRIGGER SEMINAR.TRSEPRE2         Trigger für das Erstellen eines Glückwunsch-Schreibens, wenn sich
                                        ein Teilnehmer konkret zu einer Seminaranmeldung entschlossen
                                        hat.
                                        Trigger-Name: TRSEPRE2 im Schema SEMINAR.
    AFTER                               Aktivierungs-Zeit des Triggers: Nach dem Auftreten eines ..
        INSERT                          .. INSERTs ....
            ON SEMRES                   .. der Tabelle SEMRES (Triggering Table).
        REFERENCING                     Der Korrelations-Name ....
            NEW AS NEU                  ... für den Zustand nachher (NEW) ist NEU.
                FOR EACH ROW            Die Häufigkeit der Funktionsauslösung = bei jeder Zeile, d.h.
                                        ein Row-Trigger, der bei jedem Zeilen-Update aktiviert wird.
            MODE DB2SQL                 Einziger derzeit unterstützter Modus.
BEGIN ATOMIC                            .. dann wird eine Funktion aufgerufen, die ein Glückwunsch-
                                        Schreiben für den Teilnehmer erzeugt.
                                        Mit VALUES werden die relevanten Parameter für die Funktion
                                        übergeben.
        VALUES ( GLUECKWUNSCH (NEU.TNNAME, NEU.TVNAME, NEU.TANREDE, NEU.FIRMANR) ) ;
END ;
```

Syntax-Diagramm

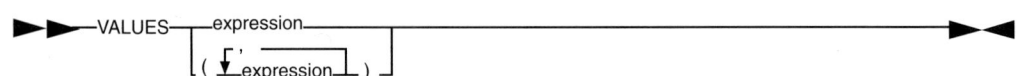

Parameter-Beschreibung

expression   Ausdruck. Beschreibung von expression siehe Anhang 1.
                        Der Ausdruck kann auf OLD- oder NEW-Transition-Variablen
                        oder z.B. auf Konstante oder Spezialregister referenzieren.

Aufgabe des Statements

Das VALUES INTO-Statement weist den Inhalt eines Ausdrucks (z.B. Konstante, Inhalt eines Spezial-Registers, arithmetische Berechnung usw.) oder eines NULL-Wertes einer Host-Variablen zu.
Das Statement kann nur in einem Programm und nicht in einem Trigger genutzt werden.
Die Funktionalität entspricht dem SET Statement.
Die Daten-Typen müssen kompatibel sein.

Erforderliche Privilegien

EXECUTE-Privileg zur Ausführung der aufgerufenen Funktion.

Anwendungs-Beispiel (COBOL)

```
EXEC SQL
     VALUES ( CURRENT PATH )      Zuweisung des Spezial-Register-Inhalts CURRENT PATH
            INTO  :PFAD           in die Host-Variable mit dem Namen PFAD.
END-EXEC
```

Syntax-Diagramm

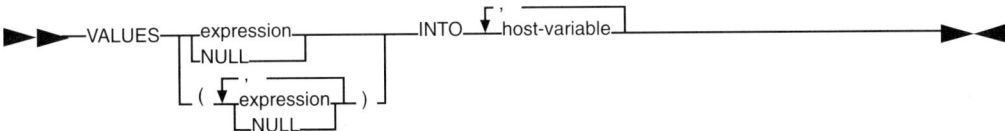

Parameter-Beschreibung

VALUES	Zuweisung eines oder mehrerer Werte in eine oder mehrere Host-Variablen
expression	Ausdruck, der dem Empfangsfeld zuzuordnen ist. Beschreibung von expression siehe Anhang 1. Verweist der Ausdruck auf eine Host-Variable, die wiederum als Empfangsfeld in demselben VALUES INTO-Statement auftritt, wird der ursprüngliche Wert zugewiesen.
NULL	Es wird ein NULL-Wert zugewiesen. Das Empfangsfeld muss NULL-fähig sein.
INTO **host-variable**	Definition des oder der Empfangsfelder in Form von Host-Variablen. Name der Host-Variablen.

A2 Anhang - Definition der wichtigsten DB2-Sprachelemente
WHENEVER (SQL-Statement)

A2 - 1390

Aufgabe des Statements

Das SQL-WHENEVER-Statement steuert die Programmverarbeitung bei Auftreten bestimmter SQLCODE-Bedingungen. Es identifiziert das Source-Statement, das als nächstes ausgeführt werden soll, wenn die Ausführung des letzten SQL-Statements zu einer Ausnahmebedingung führte.
Es werden folgende drei Ausnahmebedingungen unterstützt:

```
WHENEVER       NOT FOUND,
WHENEVER       SQLERROR,
WHENEVER       SQLWARNING.
```

Alternativ dazu kann auch der Inhalt des SQLCODEs bzw. SQLSTATE direkt abgefragt werden (ist auch zu empfehlen).

Erforderliche Privilegien

Keine.

Anwendungs-Beispiel

```
EXEC SQL
       WHENEVER           SQLERROR    GOTO FEHLER;              Fehler
```

Syntax-Diagramm

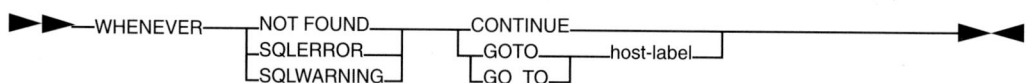

Parameter-Beschreibung

NOT FOUND   SQLCODE = +100 (entspricht SQLSTATE 02000).
SQLERROR   SQLCODE = negativer Wert.
SQLWARNING   SQLCODE = positiver Wert.

CONTINUE   Weiter hinter letztem SQL-Statement.
GOTO (GO TO) host-label Verzweigung zu Programm-Label, im COBOL z.B. ein Section-Name oder ein Paragraphen-Name.

A3 - Anhang - Definition der DB2-Katalog-Tabellen
Gesamt-Überblick

Ressource-Typ	Tabelle	Inhalte
Benutzer-Privilegien - Autorisierung	SYSCOLAUTH SYSDBAUTH SYSPACKAUTH SYSPLANAUTH SYSRESAUTH SYSROUTINEAUTH SYSSCHEMAAUTH SYSTABAUTH SYSUSERAUTH	GRANT-Privilegien für Update einzelner Spalten einer Tabelle (TABLE) GRANT-Privilegien für eine bestimmte Database (DATABASE) GRANT-Privilegien für Packages (PACKAGE) GRANT-Privilegien für Application Plans (PLAN) GRANT-Privilegien für Collections (CREATE IN, PACKADM ON), Distinct Types (USAGE ON), Bufferpools, Storage Groups und Tablespaces (USE) GRANT-Privilegien für Funktionen und Prozeduren (EXECUTE ON) GRANT-Privilegien für Schemas (CREATEIN) GRANT-Privilegien für Tables und Views (TABLE/VIEW) GRANT-Privilegien für System-Privilegien (SYSTEM)
Benutzerbezogene Objekt-Typen: - User Defined Data-Type - Tabelle (Base-Table), - View, - Alias, - Synonym.	SYSCHECKDEP SYSCHECKS SYSCOLUMNS SYSCONSTDEP SYSDATATYPES SYSFIELDS SYSFOREIGNKEYS SYSRELS SYSSYNONYMS SYSTABLES SYSVIEWDEP SYSVIEWS	Abhängigkeiten eines Check Constraints zu Spalten einer Tabelle Eine Zeile pro Check Constraint einer Tabelle Eine Zeile pro Spalte jeder Tabelle und jedes Views Abhängigkeiten von Check Constraints und Default-Werten Eine Zeile pro Distinct Type (UDT) Eine Zeile für jede Spalte mit Feld-Prozedur Eine Zeile für jede Spalte eines Foreign Keys Eine Zeile pro referential constraint Eine Zeile pro Synonym einer Tabelle bzw. eines Views Eine Zeile pro Tabelle, Alias oder View Abhängigkeiten zwischen einem View und Basis-Tabellen oder anderen Views SQL-SELECT-Definition eines Views
Systembezogene Daten-Objekt-Typen: - Database, - Tablespace, - Index und Indexspace, - LOBs - Storage Group, - Volumes	SYSAUXRELS SYSDATABASE SYSINDEXES SYSINDEXPART SYSKEYS SYSSTOGROUP SYSTABLEPART SYSTABLESPACE SYSVOLUMES	Eine Zeile pro Auxiliary Table (für jede LOB-Spalte und Partition) Eine Zeile pro Database Eine Zeile pro Index Eine Zeile für jeden unpartitioned Index bzw. jede Index-Partition Eine Zeile pro Spalte eines Index-Keys Eine Zeile pro Storage Group Eine Zeile pro Tablespace bzw. pro Partition Eine Zeile pro Tablespace Eine Zeile pro Volume jeder Storage Group
Anwendungen - Collection - DBRM - Package und Plan - Functions - Stored Procedures - Trigger	SYSDBRM SYSPACKAGE SYSPACKDEP SYSPACKLIST SYSPACKSTMT SYSPARMS SYSPKSYSTEM SYSPLAN SYSPLANDEP SYSPLSYSTEM SYSPROCEDURES SYSROUTINES SYSSTMT SYSTRIGGERS	Eine Zeile pro Data Base Request Modul (DBRM) Eine Zeile pro Package des lokalen Servers Abhängigkeiten der Package zu lokalen Objekten Packages und/oder Collections eines Plans Texte der SQL-Statements einer Package Eine Zeile pro Parameter einer Funktion bzw. pro Table-Funktions-Zeile Ausführbare Connections einer Package Eine Zeile pro Plan Abhängigkeiten des Plans zu lokalen Objekten Ausführbare Connections eines Plans Eine Zeile pro Stored Procedure (ab Version 6 nicht mehr genutzt) Eine Zeile pro Funktion oder Stored Procedure Texte der SQL-Statements eines DBRMs Eine Zeile pro Trigger
Statistik-Tabellen	SYSCOLDIST SYSCOLDISTSTATS SYSCOLSTATS SYSINDEXSTATS SYSLOBSTATS SYSTABSTATS	Für die erste Index-Spalte die inhaltliche Streuung bei ungleicher Verteilung. Partitionbezogene Statistiken analog SYSCOLDIST Partitionbezogene Statistiken analog SYSCOLUMNS Partitionbezogene Statistiken analog SYSINDEXES LOB-Statistiken für jede LOB-Partition Partitionbezogene Statistiken analog SYSTABLES
Sonstiges - Recovery-Status - Konvertierungsregeln - Sonstige Tabellen	SYSCOPY SYSDUMMY1 SYSSTRINGS	Informationen für das Recovery-Utility Dummy-Tabelle für Nutzung von Funktionen, die keine Daten benötigen Konvertierungs-Informationen für Code-Umsetzung

A3 Anhang - Definition der DB2-Katalog-Tabellen
Die referenziellen Beziehungen der Katalog-Tabellen

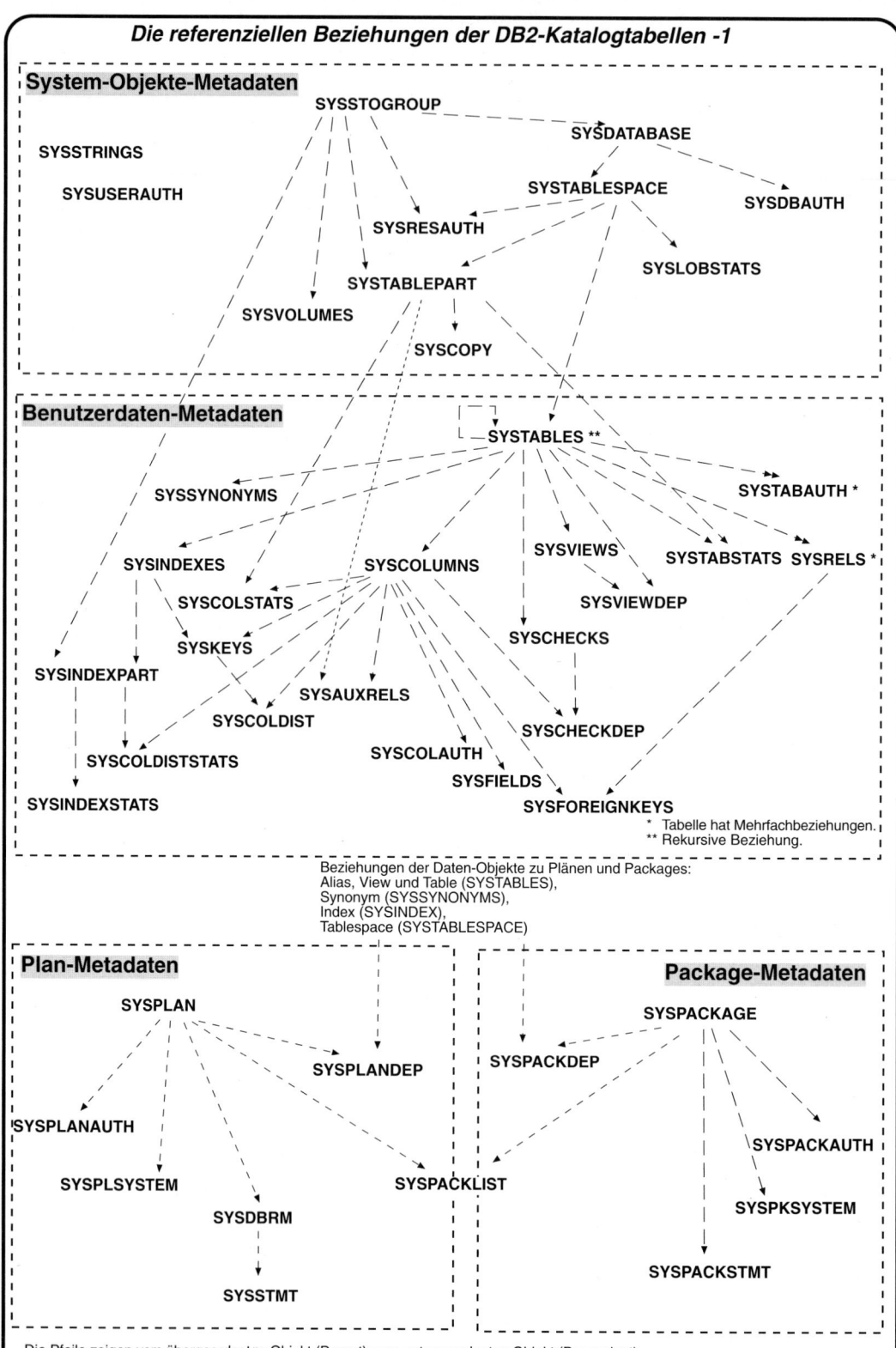

A3 Anhang - Definition der DB2-Katalog-Tabellen
Die referenziellen Beziehungen der Katalog-Tabellen

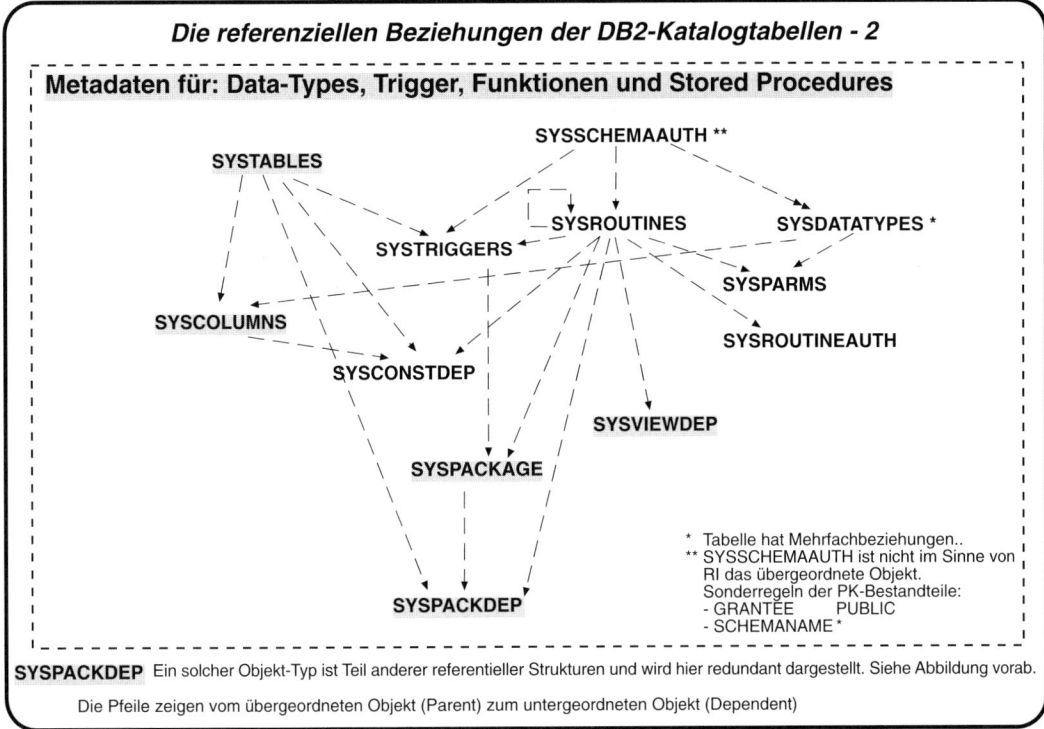

SYSPACKDEP Ein solcher Objekt-Typ ist Teil anderer referentieller Strukturen und wird hier redundant dargestellt. Siehe Abbildung vorab.

Die Pfeile zeigen vom übergeordneten Objekt (Parent) zum untergeordneten Objekt (Dependent)

Die dargestellten Objekt-Beziehungen entsprechen den physischen Strukturen und weisen z.T. erhebliche De-Normalisierungszustände und Verstöße gegen relationale Prinzipien auf.

Leider steht kein logisches Daten-Modell zur Verfügung.
Es ist z.B. auffällig, dass es kein Kern-Objekt "SCHEMA" gibt. Die wichtige Rolle, die ab der Version 6 dem Schema zukommt, wird über ein Objekt "SYSSCHEMAAUTH" = Schema-Autorisierung geleistet.
Dieses Objekt wäre in einem logischen Daten-Modell ein von "SCHEMA" und "AUTORISIERUNG" abhängiges Objekt (PK = GRANTEE, SCHEMANAME).
Die Transparenz der Primary Keys und Foreign Keys ist nicht gegeben.
Beispiel: Die Tabelle SYSROUTINES bietet z.B. (mindestens) drei PK-Kandidaten:
- SCHEMA, NAME, ROUTINETYPE, PARM_COUNT, PARM1, PARM2, ...PARM30
- SCHEMA, SPECIFICNAME, ROUTINETYPE
- ROUTINE_ID

Eines der wesentlichen Probleme der nächsten Versionen besteht darin, die unterschiedlichen Rollen von Objekt-Eigentümern bzw. -Gruppierungen zu regeln.
Insbesondere ist die Vermischung verschiedenster Begriffe auffällig (siehe auch Details in den einzelnen Katalog-Tabellen), wie:

- Schema-Name
- Creator einer Tabelle (entspricht teilweise dem Owner) - siehe SYSTABLES
- Owner eines Objekts
- Autorisierungs-Id (entspricht teilweise dem Schema)
- Collection-Id (entspricht teilweise dem Schema) - siehe SYSTRIGGERS.

Hätte IBM von Anfang an ein einheitliches Owner-Konzept, wie ein Kern-Objekt "SCHEMA" unterstützt, dann wäre .... (jetzt kommt sie wieder, die alte Geschichte von "hätte, dann wäre" ....)

A3 Anhang - Definition der DB2-Katalog-Tabellen
PK-FK-Beziehungen zwischen Parent- und Dependent Table

Parent Table	PK-Spaltennamen	Dependent Table	FK-Spaltennamen
SYSCHECKS	TBOWNER; TBNAME; CHECKNAME	SYSCHECKDEP	TBOWNER; TBNAME; CHECKNAME
SYSCOLUMNS	TBCREATOR; TBNAME; NAME	SYSAUXRELS	TBOWNER; TBNAME; COLNAME
		SYSCOLAUTH	CREATOR; TNAME; COLNAME
		SYSCOLDIST	TBOWNER; TBNAME; NAME
		SYSCOLDISTSTATS	TBOWNER; TBNAME; NAME
		SYSCOLSTATS	TBOWNER; TBNAME; NAME
		SYSCONSTDEP	DTBCREATOR; DTBNAME;DCONSTNAME
		SYSFIELDS	TBCREATOR; TBNAME; NAME
		SYSFOREIGNKEYS	CREATOR; TBNAME; COLNAME
		SYSKEYS	COLNAME
		SYSCHECKDEP	TBOWNER; TBNAME; COLNAME
SYSDATABASE	NAME	SYSDBAUTH	NAME
		SYSTABLESPACE	DBNAME
SYSDATATYPES	SCHEMA;NAME	SYSPARMS	TYPESCHEMA; TYPENAME
SYSDBRM	PLNAME; NAME	SYSSTMT	PLNAME; NAME
SYSINDEXES	CREATOR; NAME	SYSINDEXPART	IXCREATOR; IXNAME
		SYSKEYS	IXCREATOR; IXNAME
		SYSPACKDEP	BQUALIFIER; BNAME
		SYSPLANDEP	BCREATOR; BNAME
SYSINDEXPART	IXCREATOR; IXNAME; PARTITON	SYSINDEXSTATS	OWNER; NAME; PARTITION
		SYSCOLDISTSTATS	PARTITION
SYSKEYS	IXCREATOR; IXNAME; COLNAME	SYSCOLDIST	NAME *(ist ein Verstoß gegen RI!)*
		SYSCOLDISTSTATS	NAME *(ist ein Verstoß gegen RI!)*
SYSPACKAGE	LOCATION;COLLID; NAME; CONTOKEN	SYSPACKAUTH	LOCATION; COLLID; NAME; CONTOKEN
		SYSPACKDEP	DLOCATION; DCOLLID; DNAME; DCONTOKEN
		SYSPACKLIST	LOCATION; COLLID; NAME
		SYSPACKSTMT	LOCATION; COLLID; NAME; CONTOKEN
		SYSPKSYSTEM	LOCATION; COLLID; NAME; CONTOKEN
SYSPLAN	NAME	SYSDBRM	PLNAME
		SYSPACKLIST	PLANNAME
		SYSPLANAUTH	NAME
		SYSPLANDEP	DNAME
		SYSPLSYSTEM	NAME
		SYSDBRM	PLNAME
SYSRELS	CREATOR; TBNAME; RELNAME	SYSFOREIGNKEYS	CREATOR; TBNAME; RELNAME
SYSROUTINES	SCHEMA;SPECIFICNAME; ROUTINETYPE	SYSCONSTDEP	BSCHEMA;BNAME;BTYPE
		SYSPACKDEP	BQUALIFIER;BNAME;BTYPE
		SYSPARMS	SCHEMA;SPECIFICNAME;ROUTINETYPE
		SYSROUTINEAUTH	SCHEMA;SPECIFICNAME;ROUTINETYPE
		SYSROUTINES	SOURCESCHEMA;SOURCESPECIFIC
		SYSVIEWDEP	BSCHEMA;BNAME;BTYPE
SYSSCHEMAAUTH	GRANTEE; SCHEMANAME	SYSDATATYPES	SCHEMA *(Distinct-Type)*
			SOURCESCHEMA *(Source-Type)*
		SYSROUTINES	SCHEMA
		SYSTRIGGERS	SCHEMA
SYSSTOGROUP	NAME	SYSDATABASE	STGROUP
		SYSINDEXPART	STORNAME
		SYSRESAUTH	NAME
		SYSTABLEPART	STORNAME
		SYSVOLUMES	SGNAME
SYSSYNONYMS	CREATOR; NAME	SYSPACKDEP	BQUALIFIER; BNAME
		SYSPLANDEP	BCREATOR; BNAME
SYSTABLEPART	DBNAME; TSNAME; PARTITION	SYSCOPY	DBNAME; TSNAME; DSNUM
		SYSCOLSTATS	PARTITION
		SYSTABSTATS	DBNAME; TSNAME; PARTITION
SYSTABLES	CREATOR; NAME	SYSCHECKS	TBOWNER; TBNAME
		SYSCOLUMNS	TBCREATOR; TBNAME
		SYSCONSTDEP	DTBCREATOR; DTBNAME
		SYSINDEXES	TBCREATOR; TBNAME
		SYSPACKDEP	BQUALIFIER; BNAME
		SYSPLANDEP	BCREATOR; BNAME
		SYSRELS (Parent)	REFTBCREATOR; REFTBNAME
		(Dependent)	CREATOR; TBNAME
		SYSSYNONYMS	TBCREATOR; TBNAME
		SYSTABAUTH (Owner)	TCREATOR; TTNAME
		(Referenz)	SCREATOR; STNAME
		SYSTABLES (nur Alias)	TBCREATOR; TBNAME
		SYSTABSTATS	OWNER; NAME
		SYSTRIGGERS	TBOWNER;TBNAME
		SYSVIEWDEP	BCREATOR; BNAME
		SYSVIEWS	CREATOR; NAME
SYSTABLESPACE	DBNAME; NAME	SYSLOBSTATS	DBNAME; NAME
		SYSPACKDEP	BQUALIFIER; BNAME
		SYSPLANDEP	BCREATOR; BNAME
		SYSRESAUTH	QUALIFIER; NAME
		SYSTABLEPART	DBNAME; TSNAME
		SYSTABLES	DBNAME; TSNAME
SYSTRIGGERS	SCHEMA;NAME	SYSPACKAGE	COLLID;NAME
SYSVIEWS	NAME; CREATOR	SYSVIEWDEP	DCREATOR; DNAME

A3 Anhang - Definition der DB2-Katalog-Tabellen
Übersicht der Katalog-Tablespaces und Indizes

Sämtliche Katalogtabellen sind der Database DSNDB06 und diversen Tablespaces zugeordnet.
Für die Unterstützung effizienter Zugriffspfade auf die Katalogtabellen wurden von IBM Indizes eingerichtet.
Weitere Indizes können bei Bedarf individuell aufgebaut werden.
Bei Zugriffen auf die Katalogtabellen sollten die Auswahl-Bedingungen, wenn möglich, auf die Index-Felder bezogen werden.

TABLE SPACE DSNDB06. ...	TABLE SYSIBM. ...	INDEX SYSIBM. ...	INDEX FIELDS
SYSCOPY	SYSCOPY	DSNUCH01	DBNAME.TSNAME.START_RBA*.TIMESTAMP*
		DSNUCX01	DSNAME
SYSDBASE	SYSCOLAUTH		
	SYSCOLUMNS	DSNDCX01	TBCREATOR.TBNAME.NAME
		DSNDCX02	TYPESCHEMA.TYPENAME
	SYSFIELDS		
	SYSFOREIGNKEYS		
	SYSINDEXES	DSNDXX01	CREATOR.NAME
		DSNDXX02	DBNAME.INDEXSPACE
		DSNDDX03	TBCREATOR.TBNAME.CREATOR.NAME
	SYSINDEXPART	DSNDRX01	IXCREATOR.IXNAME.PARTITION
		DSNDRX02	STORNAME
	SYSKEYS	DSNDKX01	IXCREATOR.IXNAME.COLNAME
	SYSRELS	DSNDLX01	REFTBCREATOR.REFTBNAME
	SYSSYNONYMS	DSNDYX01	CREATOR.NAME
	SYSTABAUTH	DSNATX01	GRANTOR
		DSNATX02	GRANTEE.TCREATOR.TTNAME.GRANTEETYPE. UPDATECOLS.ALTERAUTH.DELETEAUTH. INDEXAUTH.INSERTAUTH.SELECTAUTH.UPDATEAUTH. CAPTUREAUTH.REFERENCESAUTH.REFCOLS. TRIGGERAUTH
		DSNATX03	GRANTEE.GRANTEETYPE.COLLID.CONTOKEN
	SYSTABLEPART	DSNDPX01	DBNAME.TSNAME.PARTITION
		DSNDPX02	STORNAME
	SYSTABLES	DSNDTX01	CREATOR.NAME
		DSNDTX02	DBID.OBID.CREATOR.NAME
	SYSTABLESPACE	DSNDSX01	DBNAME.NAME
SYSDBAUT	SYSDATABASE	DSNDDH01	NAME
		DSNDDX02	GROUP_MEMBER
	SYSDBAUTH	DSNADH01	GRANTEE.NAME
		DSNADX01	GRANTOR.NAME
SYSDDF **	IPNAMES	DSNFPX01	LINKNAME
	LOCATIONS	DSNFCX01	LOCATION
	LULIST	DSNFLX01	LINKNAME.LUNAME
		DSNFLX02	LUNAME
	LUMODES	DSNFMX01	LUNAME.MODENAME
	LUNAMES	DSNFNX01	LUNAME
	MODESELECT	DSNFDX01	LUNAME.AUTHID*.PLANNAME*
	USERNAMES	DSNFEX01	TYPE.AUTHID*.LINKNAME*
SYSGPAUT	SYSRESAUTH	DSNAGH01	GRANTEE.QUALIFIER.NAME.OBTYPE
		DSNAGX01	GRANTOR.QUALIFIER.NAME.OBTYPE
SYSGROUP	SYSSTOGROUP	DSNSSH01	NAME
	SYSVOLUMES		
SYSOBJ	SYSAUXRELS	DSNOXX01	TBOWNER.TBNAME
		DSNOXX02	AUXTBOWNER.AUXTBNAME
	SYSCONSTDEP	DSNCCX01	BSCHEMA.BNAME.BTYPE
		DSNCCX02	DTBCREATOR.DTBNAME
	SYSDATATYPES	DSNODX01	SCHEMA.NAME
		DSNODX02	DATATYPEID*

A3 Anhang - Definition der DB2-Katalog-Tabellen
Übersicht der Katalog-Tablespaces und Indexspaces - 2

TABLE SPACE DSNDB06. ...	TABLE SYSIBM. ...	INDEX SYSIBM. ...	INDEX FIELDS
	SYSPARMS	DSNOPX01	SCHEMA.SPECIFICNAME.ROUTINETYPE.ROWTYPE.ORDINAL
		DSNOPX02	TYPESCHEMA.TYPENAME.ROUTINETYPE.CAST_FUNCTION.OWNER.SCHEMA.SPECIFICNAME
		DSNOPX03	TYPESCHEMA.TYPENAME
	SYSROUTINEAUTH	DSNOAX01	GRANTOR.SCHEMA.SPECIFICNAME.ROUTINETYPE.GRANTEETYPE.EXECUTEAUTH
		DSNOAX02	GRANTEE.SCHEMA.SPECIFICNAME.ROUTINETYPE.GRANTEETYPE.EXECUTEAUTH.GRANTEDTS
		DSNOAX03	SCHEMA.SPECIFICNAME.ROUTINETYPE
	SYSROUTINES	DSNOFX01	NAME.PARM_COUNT.PARM_SIGNATURE.ROUTINETYPE.SCHEMA.PARM1.PARM2.PARM3.PARM4.PARM5.PARM6.PARM7.PARM8.PARM9.PARM10.PARM11.PARM12.PARM13.PARM14.PARM15.PARM16.PARM17.PARM18.PARM19.PARM20.PARM21.PARM22.PARM23.PARM24.PARM25.PARM26.PARM27.PARM28.PARM29.PARM30
		DSNOFX02	SCHEMA.SPECIFICNAME.ROUTINETYPE
		DSNOFX03	NAME.SCHEMA.CAST_FUNCTION.PARM_COUNT.PARM_SIGNATURE.PARM1
		DSNOFX04	ROUTINE_ID*
		DSNOFX05	SOURCESCHEMA.SOURCESPECIFIC.ROUTINETYPE
		DSNOFX06	SCHEMA.NAME.ROUTINETYPE.PARM_COUNT
	SYSSCHEMAAUTH	DSNSKX01	GRANTEE.SCHEMANAME
		DSNSKX02	GRANTOR
	SYSTRIGGERS	DSNOTX01	SCHEMA.NAME.SEQNO
		DSNOTX02	TBOWNER.TBNAME
SYSPKAGE	SYSPACKAGE	DSNKKX01	LOCATION.COLLID.NAME.VERSION
		DSNKKX02	LOCATION.COLLID.NAME.CONTOKEN
	SYSPACKAUTH	DSNKAX01	GRANTOR.LOCATION.COLLID.NAME
		DSNKAX02	GRANTEE.LOCATION.COLLID.NAME.BINDAUTH.COPYAUTH.EXECUTEAUTH
		DSNKAX03	LOCATION.COLLID.NAME
	SYSPACKDEP	DSNKDX01	DLOCATION.DCOLLID.DNAME.DCONTOKEN
		DSNKDX02	BQUALIFIER.BNAME.BTYPE
		DSNKDX03	BQUALIFIER.BNAME.BTYPE.DTYPE
	SYSPACKLIST	DSNKLX01	LOCATION.COLLID.NAME
		DSNKLX02	PLANNAME.SEQNO.LOCATION.COLLID.NAME
	SYSPACKSTMT	DSNKSX01	LOCATION.COLLID.NAME.CONTOKEN.SEQNO
	SYSPKSYSTEM	DSNKYX01	LOCATION.COLLID.NAME.CONTOKEN.SYSTEM.ENABLE
	SYSPLSYSTEM	DSNKPX01	NAME.SYSTEM.ENABLE
	SYSPROCEDURES	DSNKCX01	PROCEDURE.AUTHID*.LUNAME*
SYSPLAN	SYSDBRM		
	SYSPLAN	DSNPPH01	NAME
	SYSPLANAUTH	DSNAPH01	GRANTEE.NAME.EXECUTEAUTH
		DSNAPX01	GRANTOR
	SYSPLANDEP	DSNGGX01	BCREATOR.BNAME.BTYPE
	SYSSTMT		
SYSSTATS	SYSCOLDIST	DSNTNX01	TBOWNER.TBNAME.NAME
	SYSCOLDISTSTATS	DSNTPX01	TBOWNER.TBNAME.NAME.PARTITION
	SYSCOLSTATS	DSNTCX01	TBOWNER.TBNAME.NAME.PARTITION
	SYSINDEXSTATS	DSNTXX01	OWNER.NAME.PARTITION
	SYSLOBSTATS	DSNLNX01	DBNAME.NAME
	SYSTABSTATS	DSNTTX01	OWNER.NAME.PARTITION
SYSSTR	SYSCHECKS	DSNSCX01	TBOWNER.TBNAME.CHECKNAME
	SYSCHECKDEP	DSNSDX01	TBOWNER.TBNAME.CHECKNAME.COLNAME
	SYSSTRINGS	DSNSSX01	OUTCCSID.INCCSID.IBMREQD

TABLE SPACE DSNDB06. ...	TABLE SYSIBM. ...	INDEX SYSIBM. ...	INDEX FIELDS
SYSUSER	SYSUSERAUTH	DSNAUH01	GRANTEE.GRANTEDTS
		DSNAUX02	GRANTOR
SYSVIEWS	SYSVIEWDEP	DSNGGX02	BCREATOR.BNAME.BTYPE
		DSNGGX03	BSCHEMA.BNAME.BTYPE
	SYSVIEWS	DSNVVX01	CREATOR.NAME.SEQNO

* = Das Index-Feld ist in absteigender Folge (descending)
** = SYSDDF beinhaltet die Objekte der Communications Databases (CDB), die im Anhang 4 zusammengefasst sind.

Hinweise und dringende Empfehlungen:

1. **User-defined Katalog Indizes**
   Da wesentliche Katalog-Tablespaces, wie z.B. SYSDBASE nicht als segmented Tablespaces geführt werden, sind zusätzliche user-definierte Indizes dringend zu empfehlen.
   Ansonsten drohen permanent hohe Aufwendungen für Katalog-Queries, die als Nested Loop Joins mit Page Range Scan vollzogen werden.
   Dies führt zu iterativen Suchanforderungen über alle Pages des Tablespaces, auch wenn nur Daten einer relativ kleinen Katalogtabelle gefordert sind (z.B. SYSFOREIGNKEYS).

   Wie sagte schon der 'alte Hase' Codd:
   <u>Jede Relation</u> muss einen PK aufweisen

   und weiter kann unter DB2 gefolgert werden:
   Jede Tabelle muss einen Primary Index haben!!

2. **Nutzung der Katalog Indizes durch Queries**
   Bei der Vorgabe von WHERE-Bedingungen sind dringend die vorhandenen Index-Zugriffspfade zu beachten. So sollten auch sämtliche PK-FK-Bestandteile bei Joins vorgegeben werden, damit auch effiziente Zugriffspfade vom Optimizer genutzt werden können (man beachte die vorhandenen Index-Strukturen).
   Beispiel: Join der beiden Katalogtabellen SYSPACKAGE und SYSPACKSTMT:

   ```
   SELECT ....
       FROM           SYSIBM.SYSPACKAGE PK , SYSIBM.SYSPACKSTMT ST
           WHERE   PK.LOCATION   =   ST.LOCATION
             AND   PK.COLLID     =   ST.COLLID
             AND   PK.NAME       =   ST.NAME
             AND   PK.CONTOKEN   =   ST.CONTOKEN
       ......
   ```

A3 Anhang - Definition der DB2-Katalog-Tabellen
Verarbeitungsmöglichkeiten für Katalog-Objekte

Zulässige SQL-Statements

Folgende SQL-Statements sind für Katalog-Objekte zulässig:

Statement	Zulässige bzw. nicht zulässige Parameter
ALTER INDEX	Folgende Einschränkungen gelten für IBM-definierte Indizes. Unterstützt sind: - CLOSE - FREEPAGE - GBPCACHE - PCTFREE Folgende Einschränkungen gelten für user-definierte Indizes. Unterstützt sind alle Parameter, außer: - BUFFERPOOL
ALTER TABLESPACE	Unterstützt sind: - CLOSE - FREEPAGE - GBPCACHE - LOCKMAX - PCTFREE
CREATE INDEX	Bis zu 100 user-definierte Indizes sind für Katalog-Tabellen einrichtbar. Bei user-definierten Indizes sind nicht zulässig: - ein anderer BUFFERPOOL als BP0 - CLOSE YES - CLUSTER - UNIQUE - DEFER YES (gilt nur für SYSINDEXES, SYSINDEXPART, SYSKEYS).
DROP INDEX	Keine Einschränkungen gelten für user-definierte Indizes.
INSERT, UPDATE und DELETE	Auf folgenden Tabellen sind Manipulationen möglich (Details siehe bei der jeweiligen Katalog-Tabelle): - sämtlichen CDB-Tabellen (die Objekte sind im Anhang 5 aufgeführt), - SYSCOLDIST und SYSCOLDISTSTATS, - SYSPROCEDURES (auch LOAD ist unterstützt), Ab Version 6 nicht mehr relevant. - SYSSTRINGS (gilt nur für Zeilen mit IBMREQD = 'N').
nur UPDATE	Auf folgenden Tabellen sind Updates möglich. Details siehe bei der jeweiligen Katalog-Tabelle: - Katalog-Tabellen, in denen Statistikfelder geführt werden. Änderungsfähig sind nur diese Statistikspalten.

Reorganisations-Möglichkeiten

Folgende Katalog- und Directory-Tablespaces können mit dem REORG TABLESPACE Utility reorganisiert werden (vor einem REORG muss eine Image Copy gezogen werden):

DATABASE	Objekttyp	TABLESPACE
DSNDB01	Directory	SCT02, SPT01.
DSNDB06	Katalog	SYSCOPY, SYSDDF, SYSGPAUT, SYSOBJ, SYSPKAGE, SYSSTR, SYSSTATS, SYSUSER

Spalten-Name	Datentyp	Beschreibung

Katalog-Strukturen
Einleitung

Der Anhang 3 enthält die Definition der DB2-Katalogtabellen, die nicht zur Communications Database gehören (diese Tabellen sind im Anhang 4 zusammengefasst worden).
Die Aufstellung erfolgt in alphabetisch aufsteigender Form. Die Tabellen des Katalogs haben den Präfix SYSIBM (entspricht dem Autorisierungs-Id des Eigentümers = CREATOR in SYSIBM.SYSTABLES).

Innerhalb der Tabellen sind eine Reihe von Statistikfeldern, die durch das RUNSTATS-Utility gefüllt bzw. aktualisiert werden. Solange das RUNSTATS-Utility nicht aktiviert wurde, enthalten diese Felder den Wert -1 bzw. 0 (siehe detaillierte Beschreibung dieser Felder im Anhang 2 unter RUNSTATS).
Statistikfelder sind vor dem Datentyp gekennzeichnet (siehe z.B. die Katalog-Tabelle SYSIBM.SYSCOLDIST):

- S   - Statistik-Spalte
- *   - Durch Benutzer updateable (bei entsprechenden Privilegien)
- S*   - Statistik-Spalte und updateable.

Alle Spalten des Katalogs sind mit 'NOT NULL' oder 'NOT NULL WITH DEFAULT' definiert.

SYSIBM.SYSAUXRELS

Diese Tabelle enthält eine Zeile für jede Auxiliary Table. Eine separate Auxiliary Table ist für jede LOB-Spalte einer Basis-Tabelle anzulegen. Bei einem Partitioned Tablespace muss für jede Partition jeder LOB-Spalte eine separate Auxiliary Table angelegt werden.

Spalten-Name	Datentyp	Beschreibung
TBOWNER	CHAR (8)	Autorisierungs-Id des Eigentümers (Owner) der Base Table.
TBNAME	VARCHAR (18)	Name der Base Table.
COLNAME	VARCHAR (18)	Name der LOB-Spalte in der Base Table.
PARTITION	SMALLINT	Partition-Nr. sofern die Base Table partitioniert ist, ansonsten 0.
AUXTBOWNER	CHAR (8)	Autorisierungs-Id des Eigentümers (Owner) der Auxiliary Table.
AUXTBNAME	VARCHAR (18)	Name der Auxiliary Table.
AUXRELOBID	INTEGER	Interner Identifikator der Beziehung zwischen der Base Table und der Auxiliary Table.
IBMREQD	CHAR (1)	IBM-interne Identifikation.

SYSIBM.SYSCHECKDEP

Diese Tabelle enthält eine Zeile für jede Referenz auf eine Spalte einer Tabelle in einem Check Constraint.

Spalten-Name	Datentyp	Beschreibung
TBOWNER	CHAR (8)	Autorisierungs-Id des Eigentümers (Owner) der Table, in der die Spalte geführt wird.
TBNAME	VARCHAR (18)	Name der Table, in der die Spalte geführt wird.
CHECKNAME	VARCHAR (128)	Name des Check Constraints.
COLNAME	VARCHAR (18)	Name der Spalte, die im Check Constraint referenziert wird.
IBMREQD	CHAR (1)	IBM-interne Identifikation.

SYSIBM.SYSCHECKS

Diese Tabelle enthält eine Zeile für jedes Check Constraint.

Spalten-Name	Datentyp	Beschreibung
TBOWNER	CHAR (8)	Autorisierungs-Id des Eigentümers (Owner) der Table, für die das Check Constraint definiert ist.
CREATOR	CHAR (8)	Autorisierungs-Id des Benutzers, der das Check-Constraint angelegt hat.
DBID	SMALLINT	Interne Identifikation der Database.
OBID	SMALLINT	Interne Identifikation des Constraints.
TIMESTAMP	TIMESTAMP	Zeitstempel, wann das Check-Constraint angelegt wurde.
RBA	CHAR (6) FOR BIT DATA	Log-RBA, als das Check-Constraint angelegt wurde.
IBMREQD	CHAR (1)	IBM-interne Identifikation.
TBNAME	VARCHAR (18)	Name der Table, für die das Check Constraint definiert ist.
CHECKNAME	VARCHAR (128)	Name des Check Constraints.
CHECKCONDITION	VARCHAR (3800)	Text des Check Constraints.

Spalten-Name	Datentyp	Beschreibung

SYSIBM.SYSCOLAUTH

Diese Tabelle enthält GRANT UPDATE- oder GRANT REFERENCES-Privilegien für bestimmte Spalten einer Table bzw. eines Views.

Spalten-Name	Datentyp	Beschreibung
GRANTOR	CHAR (8)	Autorisierungs-Id des Benutzers, der das Privileg weitergegeben hat (auch PUBLIC und PUBLIC * möglich).
GRANTEE	CHAR (8)	Autorisierungs-Id des Benutzers, der das Privileg empfangen hat bzw. der Name des Plans bzw. der Package, die das Privileg benutzen. PUBLIC = allgemein verfügbar. PUBLIC * = auf allen Lokationen allgemein verfügbar.
GRANTEETYPE	CHAR (1)	Typ des Privilegien-Empfängers: BLANK = Der GRANTEE ist ein Autorisierungs-Id. P = Der GRANTEE ist ein Application Plan oder eine Package (wenn COLLID ungleich Blank ist).
CREATOR	CHAR (8)	Autorisierungs-Id des Eigentümers (Owner) von Table/View mit dem Update-Privileg.
TNAME	VARCHAR (18)	Name von Table oder View.
TIMESTAMP	CHAR (12)	IBM-interner Zeitstempel mit Datum des GRANTs.
DATEGRANTED	CHAR (6)	Datum des GRANTs im Format: yymmdd.
TIMEGRANTED	CHAR (8)	Uhrzeit des GRANTs im Format: hhmmssth.
COLNAME	VARCHAR (18)	Name der Spalte, für die das Update-Privileg definiert ist.
IBMREQD	CHAR (1)	IBM-interne Identifikation.
LOCATION	CHAR (16)	IBM-interne Nutzung.
COLLID	CHAR (18)	Wenn GRANTEE eine Package ist, der Collection-Name, ansonsten Blank.
CONTOKEN	CHAR (8)	Wenn GRANTEE eine Package ist, der Konsistenz-Stand des DBRMs, auf dem die Package basiert, ansonsten Blank.
PRIVILEGE	CHAR (1)	Art des Spaltenprivilegs: R = Zeile bezieht sich auf ein REFERENCES-Privileg. BLANK = Zeile bezieht sich auf ein UPDATE-Privileg.
GRANTEDTS	TIMESTAMP	Timestamp des GRANTs.

SYSIBM.SYSCOLDIST

Diese Tabelle enthält eine oder mehrere Zeilen für die erste oder die ersten Schlüssel-Spalten eines Index. Zeilen dieser Tabelle können manuell eingefügt, geändert und gelöscht werden.

Spalten-Name	Datentyp	Beschreibung
(FREQUENCY)	SMALLINT	wird seit V5 nicht mehr benutzt. Ersatz: FREQUENCYF.
STATSTIME	S* TIMESTAMP	Timestamp des letzten RUNSTATS-Laufes.
IBMREQD	* CHAR (1)	IBM-interne Identifikation.
TBOWNER	* CHAR (8)	Autorisierungs-Id des Eigentümers (Owner) der Table, in der die Spalte oder Spaltengruppe geführt wird.
TBNAME	* VARCHAR (18)	Name der Table, in der die Spalte oder Spaltengruppe geführt wird.
NAME	* VARCHAR (18)	Name der Spalte. Falls NUMCOLUMNS größer 1, erscheint hier nur der Name der ersten Spalte aus der Spaltengruppe.
COLVALUE	S* VARCHAR (254) FOR BIT DATA	Einer der am häufigsten auftretenden Werte bei nicht-gleichmäßiger inhaltlicher Streuung der Dateninhalte. Bei Non-Character-Formaten kann der Inhalt mit der HEX-Funktion angezeigt bzw. vorgegeben werden. Für einen Index auf einer ROWID-Spalte werden keine Statistiken geführt.
TYPE	S* CHAR (1)	Art der ermittelten Statistiken. C Cardinality Anzahl unterschiedlicher Werte (siehe RUNSTATS KEYCARD). F Frequency Tatsächlich häufig auftretender Wert (siehe RUNSTATS FREQVAL).
CARDF	S* FLOAT	Anzahl unterschiedlicher Werte der Spaltengruppe (nur gefüllt bei TYPE C).
COLGROUPCOLNO	S* VARCHAR(254)	Relative Spaltenpositionen der zu einer Spaltengruppe zusammengefassten Spalten. - Bezieht sich diese Zeile nur auf eine einzelne Spalte, wird dieses Feld mit der Länge 0 geführt. - Bezieht sich diese Zeile auf eine Spaltengruppe, identifiziert dieses Feld die Spaltengruppe. Dabei werden die einzelnen Spalten mit ihrer relativen Spalten-Position in der korrespondierenden Table als SMALLINT-Werte hintereinander geführt. Beispiele: Tabelle SEMTYP. Spalten: SEMCODE, TITEL, DAUER Index auf: SEMCODE, DAUER, TITEL Spaltengruppe = SEMCODE, DAUER Inhalt = 0103 Spaltengruppe = SEMCODE, DAUER, TITEL Inhalt = 010302
NUMCOLUMNS	S* SMALLINT	Anzahl der zu einer Spaltengruppe zusammengefassten Spalten.
FREQUENCYF	S* FLOAT	Prozentuale Häufigkeit (Anzahl Zeilen) des in COLVALUE geführten Wertes, multipliziert mit 100. Z.B. zeigt der Wert 1 eine Häufigkeit von 100% und der Wert 0.153 eine von 15,3% an. Für einen Index auf einer ROWID-Spalte werden keine Statistiken geführt.

SYSIBM.SYSCOLDISTSTATS

Diese Tabelle enthält keine, eine oder mehrere Zeilen für die erste oder die ersten Schlüssel-Spalten eines partitioned Index. RUNSTATS stellt Zeilen in diese Tabelle ein, wenn Partitions durchsucht werden. Bei einem non-partitioned Index wird keine Zeile von RUNSTATS eingefügt.
SYSCOLDISTSTATS enthält die korrespondierenden Spalten von SYSCOLDIST, aber bezogen auf eine einzelne Partition (Partition-Level-Statistiken).
Zeilen dieser Tabelle können manuell eingefügt, geändert und gelöscht werden.

Spalten-Name	Datentyp	Beschreibung
(FREQUENCY)	SMALLINT	wird seit V5 nicht mehr benutzt. Ersatz: FREQUENCYF.
STATSTIME	S* TIMESTAMP	Timestamp des letzten RUNSTATS-Laufes.
IBMREQD	* CHAR (1)	IBM-interne Identifikation.
PARTITION	* SMALLINT	Partition-Nr. des Tablespaces, in dem die Tabelle geführt wird.
TBOWNER	* CHAR (8)	Autorisierungs-Id des Eigentümers (Owner) der Table, in der die Spalte oder Spaltengruppe geführt wird.
TBNAME	* VARCHAR (18)	Name der Table, in der die Spalte oder Spaltengruppe geführt wird.
NAME	* VARCHAR (18)	Name der Spalte. Falls NUMCOLUMNS größer 1, erscheint hier nur der Name der ersten Spalte aus der Spaltengruppe.
COLVALUE	S* VARCHAR (254) FOR BIT DATA	Einer der am häufigsten auftretenden Werte bei nicht-gleichmäßiger inhaltlicher Streuung der Dateninhalte. Bei Non-Character-Formaten kann der Inhalt mit der HEX-Funktion angezeigt bzw. vorgegeben werden. Für einen Index auf einer ROWID-Spalte werden keine Statistiken geführt.
TYPE	S* CHAR (1)	Art der ermittelten Statistiken. C Cardinality Anzahl unterschiedlicher Werte (siehe RUNSTATS KEYCARD). F Frequency Tatsächlich häufig auftretender Wert (siehe RUNSTATS FREQVAL).
CARDF	S* FLOAT	Anzahl unterschiedlicher Werte der Spaltengruppe (nur gefüllt bei TYPE C).
COLGROUPCOLNO	S* VARCHAR(254)	Relative Spaltenpositionen der zu einer Spaltengruppe zusammengefassten Spalten. - Bezieht sich diese Zeile nur auf eine einzelne Spalte, wird dieses Feld mit der Länge 0 geführt. - Bezieht sich diese Zeile auf eine Spaltengruppe, identifiziert dieses Feld die Spaltengruppe. Dabei werden die einzelnen Spalten mit ihrer relativen Spalten-Position in der korrespondierenden Table als SMALLINT-Werte hintereinander geführt. Beispiele: Tabelle SEMTYP. Spalten: SEMCODE, TITEL, DAUER Index auf: SEMCODE, DAUER, TITEL Spaltengruppe = SEMCODE, DAUER Inhalt = 0103 Spaltengruppe = SEMCODE, DAUER,TITEL Inhalt = 010302
NUMCOLUMNS	S* SMALLINT	Anzahl der zu einer Spaltengruppe zusammengefassten Spalten.
FREQUENCYF	S* FLOAT	Prozentuale Häufigkeit (Anzahl Zeilen) des in COLVALUE geführten Wertes, multipliziert mit 100. Z.B. zeigt der Wert 1 eine Häufigkeit von 100% und der Wert 0.153 eine von 15,3% an. Für einen Index auf einer ROWID-Spalte werden keine Statistiken geführt.

SYSIBM.SYSCOLSTATS

Diese Tabelle enthält eine Zeile für jede Spalte pro Partition einer Partitioned Table. RUNSTATS stellt Zeilen in diese Tabelle ein, wenn Partitions durchsucht werden und Statistiken über Spalten geführt werden sollen (für indizierte oder nicht-indizierte Spalten). Bei einem non-partitioned Tablespace wird keine Zeile von RUNSTATS eingefügt. Die Zeilen dieser Tabelle können mit SQL-Statements eingefügt, geändert und gelöscht werden.
SYSCOLSTATS enthält die korrespondierenden Statistik-Spalten von SYSCOLUMNS, aber bezogen auf eine einzelne Partition (Partition-Level-Statistiken).
Für eine LOB-Locator-Spalte werden keine Statistiken geführt.

Spalten-Name	Datentyp	Beschreibung
HIGHKEY	S* CHAR (8) FOR BIT DATA	Höchster Wert der Spalteninhalte. Inhalt je nach Datentyp evtl. nicht direkt anzeigbar (z. B. kann die HEX-Funktion genutzt werden).
HIGH2KEY	S* CHAR (8) FOR BIT DATA	Zweithöchster Wert der Spalteninhalte. Inhalt je nach Datentyp evtl. nicht direkt anzeigbar (z. B. kann die HEX-Funktion genutzt werden).
LOWKEY	S* CHAR (8) FOR BIT DATA	Niedrigster Wert der Spalteninhalte. Inhalt je nach Datentyp evtl. nicht direkt anzeigbar (z. B. kann die HEX-Funktion genutzt werden).
LOW2KEY	S* CHAR (8) FOR BIT DATA	Zweitniedrigster Wert der Spalteninhalte. Inhalt je nach Datentyp evtl. nicht direkt anzeigbar (z. B. kann die HEX-Funktion genutzt werden).
COLCARD	* INTEGER	Streuung unterschiedlicher inhaltlicher Werte der Spalte.
STATSTIME	S* TIMESTAMP	Timestamp des letzten RUNSTATS-Laufes. Wenn dort '0001-01.02.00.00.00.000000' gespeichert ist, wurde mittels ALTER TABLE die Länge einer VARCHAR-Spalte verändert.
IBMREQD	CHAR (1)	IBM-interne Identifikation.

Spalten-Name	Datentyp	Beschreibung
PARTITION	SMALLINT	Partition-Nr. des Tablespaces, in dem die Tabelle geführt wird.
TBOWNER	CHAR (8)	Autorisierungs-Id des Eigentümers (Owner) der Table, in der die Spalte geführt wird.
TBNAME	VARCHAR (18)	Name der Table, in der die Spalte geführt wird.
NAME	VARCHAR (18)	Name der Spalte.
COLCARDDATA	* VARCHAR (1000) FOR BIT DATA	Daten, die als Grundlage für eine statistische Schätzung der inhaltlichen Streuung der Dateninhalte herangezogen werden. Wird das Feld mit der Länge 0 geführt, enthält COLCARD keinen Schätzwert, sondern einen aus realen Daten gebildeten Wert. Bei Non-Character-Formaten kann der Inhalt mit der HEX-Funktion angezeigt bzw. vorgegeben werden.

SYSIBM.SYSCOLUMNS

Diese Tabelle enthält eine Zeile für jede Spalte jeder Table bzw. jedes Views (auch für die DB2-Katalog-tabellen).

Spalten-Name	Datentyp	Beschreibung	
NAME	VARCHAR (18)	Name der Spalte.	
TBNAME	VARCHAR (18)	Name der Table oder des Views.	
TBCREATOR	CHAR (8)	Autorisierungs-Id des Eigentümers (Owner) der Table bzw. des Views, in der/dem die Spalte geführt wird.	
COLNO	SMALLINT	Relative Spaltenposition in Table/View (1-750). Das Feld enthält den Wert 0, wenn die Tabellenbeschreibung nicht vollständig ist, z.B. wenn ein Unique Index fehlt.	
COLTYPE	CHAR (8)	Format der Spalte (Beschreibung siehe bei CREATE TABLE):	
		BLOB	Binary Large Object (LOB-Indikator-Spalte)
		CHAR	Fixed-Length Character String
		CLOB	Character Large Object (LOB-Indikator-Spalte)
		DATE	Date
		DBCLOB	Double Byte Character Large Object (LOB-Indikator-Spalte)
		DECIMAL	Decimal
		DISTINCT	Distinct Data Type
		FLOAT	Floating Point
		GRAPHIC	Fixed-Length Graphic String
		INTEGER	Large Integer
		ROWID	Row Id
		SMALLINT	Small Integer
		TIME	Time
		TIMESTMP	Timestamp
		VARCHAR, LONGVAR	Variable-Length Character String
		VARG, LONGVARG	Variable-Length Graphic String
LENGTH	SMALLINT	Spaltenlänge der Benutzerdaten in Abhängigkeit vom Format ohne interne Verwaltungsfelder bei einem NULL-Wert oder variabler Länge:	
		BLOB	4 (Länge des LOB-Indikators in der Base Table; Max.Länge des LOB-Strings siehe LENGTH2)
		CHAR	Länge des definierten Strings
		CLOB	4 (Länge des LOB-Indikators in der Base Table; Max.Länge des LOB-Strings siehe LENGTH2)
		DATE	4
		DBCLOB	4 (Länge des LOB-Indikators in der Base Table; Max.Länge des LOB-Strings siehe LENGTH2)
		DECIMAL	Gesamtstellen
		DISTINCT	Länge des Source Data Types
		FLOAT	4 oder 8
		GRAPHIC	Anzahl DBCS-Character
		INTEGER	4
		ROWID	17 (max.Länge des gespeicherten Inhalts)
		SMALLINT	2
		TIME	3
		TIMESTMP	10
		VARCHAR, LONGVAR	Maximale Länge des Strings
		VARG, LONGVARG	Anzahl der DBCS-Character
SCALE	SMALLINT	Nachkommastellen bei Dezimal-Daten, sonst 0.	
NULLS	CHAR (1)	Kennzeichen, ob ein NULL-Wert zulässig ist: N Nein, NOT NULL oder NOT NULL WITH DEFAULT. Y Ja, NULL (Default).	
(COLCARD)	INTEGER	wird seit V5 nicht mehr benutzt. Ersatz: COLCARDF.	
HIGH2KEY	S* CHAR (8) FOR BIT DATA	Zweithöchster Wert der Spalteninhalte. Inhalt je nach Datentyp evtl. nicht direkt anzeigbar (z. B. kann die HEX-Funktion genutzt werden). Wird nicht gefüllt für eine Spalte eines LOB-Lokators bzw. einer Auxiliary Table.	
LOW2KEY	S* CHAR (8) FOR BIT DATA	Zweitniedrigster Wert der Spalteninhalte. Inhalt je nach Datentyp evtl. nicht direkt anzeigbar (z. B. kann die HEX-Funktion genutzt werden). Wird nicht gefüllt für eine Spalte eines LOB-Lokators bzw. einer Auxiliary Table.	

A3 Anhang - Definition der DB2-Katalog-Tabellen

Spalten-Name	Datentyp	Beschreibung

UPDATES	CHAR (1)	Kennzeichen, ob die Spalte updateable ist:
		N Nicht updateable.
		   Wird gesetzt bei einem Ergebnisfeld aus einer Funktion bzw. einem arithmetischem Ausdruck oder einer ROWID.
		Y Updateable.
		   Kann auch gesetzt werden bei einem non-updateable View.

IBMREQD	CHAR (1)	IBM-interne Identifikation.
REMARKS	VARCHAR (254)	Kommentar aus COMMENT ON-Statement.

DEFAULT	CHAR (1)	Kennzeichen, ob die Spalte mit einem Default Wert geführt wird. Die Spalte hat nur Aussagekraft bei einer Base Table bzw. einer Global Temporary Table:
		A Die Spalte ist ein ROWID-Datentyp mit GENERATED ALWAYS.
		B Default-Wert je nach Datentyp (analog 'Y' und NULLS 'N').
		D Die Spalte ist ein ROWID-Datentyp mit GENERATED BY DEFAULT.
		N Nein, wird bei NOT NULL gesetzt.
		S SQLID der Anwendung zur Ausführungszeit.
		U User-Spezialregister der Anwendung zur Ausführungszeit.
		Y Wenn NULLS = Y, dann NULL-Wert als Default.
		   Wenn NULLS = N, dann Default-Wert je nach Datentyp:
		   - numerische Daten 0,
		   - Character-Daten mit fester Länge Blanks,
		   - Character-Daten mit variabler Länge Länge 0,
		   - Datum current date,
		   - Zeit current time,
		   - Timestamp current timestamp.
		1 Datenstring in DEFAULTVALUE.
		2 Floating-Point-Wert in DEFAULTVALUE.
		3 Dezimalwert in DEFAULTVALUE.
		4 Binärwert (integer) in DEFAULTVALUE.
		5 Hexadezimalwert in DEFAULTVALUE.

KEYSEQ	SMALLINT	Relative Spaltenposition bei einem Primary-Key (PK), 0 wenn die Spalte nicht als PK-Bestandteil geführt wird.
FOREIGNKEY	* CHAR (1)	Nur für bestimmte Character-Daten mit Sub-Typ: B Die Spalte enthält Bit-Daten. Andere Inhalte sind abhängig von der MIXED DATA-Installationsoption: - Wenn diese Option auf YES gesetzt ist, zeigt der Inhalt 'S', dass die Spalte SBCS-Daten enthält. Jeder andere Wert zeigt 'Mixed Data'. - Wenn diese Option auf NO gesetzt ist, zeigt jeder andere Wert 'Mixed Data'.
FLDPROC	CHAR (1)	Kennzeichen, ob die Spalte eine Feldprozedur (FIELDPROC) hat: N Nein, es ist keine Feldprozedur aktiv. Y Ja, es ist eine Feldprozedur aktiv. Blank bei Views.
LABEL	VARCHAR (30)	Alternativname aus einem LABEL ON-Statement, ansonsten String mit Länge 0.
STATSTIME	S* TIMESTAMP	Timestamp des letzten RUNSTATS-Laufes. Wenn dort '0001-01.02.00.00.00.000000' gespeichert ist, wurde mittels ALTER TABLE die Länge einer VARCHAR-Spalte verändert.
DEFAULTVALUE	VARCHAR (512)	Default-Konstante aufgrund der DEFAULT-Kennzeichnung. Die Spalte hat nur Aussagekraft bei einer Base Table bzw. einer Global Temporary Table.
COLCARDF	S* FLOAT	Streuung unterschiedlicher inhaltlicher Werte der Spalte. Für eine LOB-Indikator-Spalte die Anzahl von LOB-Werten mit einer Länge größer 0 und ungleich NULL-Wert. Inhalt -1 = es wurden keine Statistiken mit RUNSTATS produziert. Inhalt -2 = es handelt sich um die erste Spalte des Auxiliary Indexes.
COLSTATUS	CHAR (1)	Status der Spalten-Definition: I Die Definition ist nicht vollständig weil ein LOB-Tablespace, eine Auxiliary Table oder ein Auxiliary Index noch nicht angelegt wurde. Blank Die Definition ist vollständig.
LENGTH2	INTEGER	Maximale Länge der Daten, die als Feldinhalt übergeben werden können: 0 Keine LOB- oder ROWID-Spalte 40 Länge des max. Wertes einer ROWID-Spalte 1 - 2147483647 Länge einer LOB-Spalte.
DATATYPEID	INTEGER	Interne Identifikation der Spalte.
SOURCETYPEID	INTEGER	Interne Identifikation des Source Data-Types der Spalte. 0 für Builtin-Data-Types.
TYPESCHEMA	CHAR (8)	Wenn COLTYPE = 'DISTINCT' das Schema des Distinct Data-Types.
TYPENAME	VARCHAR (18)	Wenn COLTYPE = 'DISTINCT' der Name des Distinct Data-Types, ansonsten identisch mit COLTYPE-Spalteninhalt.
CREATEDTS	TIMESTAMP	Timestamp der Definition der Spalte. Der Wert '0001-01-01.00.00.00.000000' zeigt auf, dass die Spalte vor der Version 6 definiert wurde.

SYSIBM.SYSCONSTDEP

Diese Tabelle enthält eine Zeile für jede Spalte einer Tabelle mit einem Check Constraint oder einer User-defined Default-Konstante. Die Tabelle wird bei Einsatz von User-defined Functions genutzt.

Spalten-Name	Datentyp	Beschreibung
BNAME	VARCHAR (18)	Name des Objekts, auf dem die Abhängigkeit besteht.
BSCHEMA	CHAR (8)	Schema des Objekts, auf dem die Abhängigkeit besteht.
BTYPE	CHAR (1)	Typ des Objekts, auf dem die Abhängigkeit besteht: F = Funktion.
DTBNAME	VARCHAR (18)	Name der Tabelle, zu der die Abhängigkeit besteht.
DTBCREATOR	CHAR (8)	Autorisierungs-Id des Eigentümers (Owner) der Table, zu der die Abhängigkeit besteht.

DCONSTNAME	VARCHAR (128)	In Abhängigkeit zur Spalte DTYPE:
		  wenn 'C' der unqualifizierte Name des Check Constraints,
		  wenn 'D' der Spalten-Name.

DTYPE	CHAR (1)	Typ des Objekts: C Check Constraint D User-defined Default-Konstante
IBMREQD	CHAR (1)	IBM-interne Identifikation.

SYSIBM.SYSCOPY

Diese Tabelle enthält Recovery-Informationen für DB2-Utilities.

Spalten-Name	Datentyp	Beschreibung
DBNAME	CHAR (8)	Name der Database.
TSNAME	CHAR (8)	Name des Tablespaces oder Indexspaces.
DSNUM	INTEGER	Dataset-Nr. innerhalb des Tablespaces bzw. korrespondierende Partition-Nr. bei einem partitioned Tablespace. Bei einer Kopie des gesamten partitioned Tablespaces oder einem Indexspace enthält das Feld den Wert 0.
ICTYPE	CHAR (1)	Operation/Verarbeitungs-Typ des Utilities: A ALTER B REBUILD INDEX D CHECK DATA LOG (NO) - für das RECOVER-Utility gibt es keine verfügbaren Log-Sätze. F Full Image Copy (COPY FULL YES). I Incremental Image Copy (COPY FULL NO). P Partieller Recovery-Punkt (RECOVER TOCOPY oder TORBA) = point-in-timerecovery. Q QUIESCE. R LOAD-Utility: REPLACE LOG (YES). S LOAD-Utility: REPLACE LOG (NO). T TERM UTILITY-Command führte zum Abbruch eines Utilities. W REORG-Utility: LOG (NO). X REORG-Utility: LOG (YES). Y LOAD-Utility: LOG (NO). Z LOAD-Utility: LOG (YES).
ICDATE	CHAR (6)	Datum des Katalog-Eintrages im Format: yymmdd.

START_RBA	CHAR (6) FOR BIT DATA	Position im Log-File (positiver 48-Bit-Wert). Es wird unterschieden:
		- In einer <u>Data-Sharing Umgebung (DS)</u>:
		  Log Record Sequence (**LRSN**) als einheitlicher Konsistenzpunkt für alle Member einer DB2-Group.
		- In einer <u>Non-Data-Sharing Umgebung</u>:
		  Relative Byte-Position (**RBA**) abhängig vom ICTYPE:
		  F, I Start-Punkt aller Updates nach erfolgreichem Image-Copy
		  P Punkt nach Abschluss der Phase "LOGAPPLY" eines point-in-time-Recovery-Utility-Laufes.
		  Q Punkt nach dem alle Datasets erfolgreich synchronisiert wurden (QUIESCE).
		  R, S Ende des Logs vor dem Start des LOAD-Utilities und bevor Daten verändert wurden.
		  T Ende des Logs, wenn das Utility beendet wurde.
		  andere Ende des Logs vor dem Start der Reload-Phase des LOAD- oder REORG-Utilities.

FILESEQNO	INTEGER	Lfd. Band-Nr. der Sicherungs-Kopie.
DEVTYPE	CHAR (8)	Device-Typ, der die Kopie enthält.
IBMREQD	CHAR (1)	IBM-interne Identifikation.
DSNAME	CHAR (44)	In Abhängigkeit zur Spalte ICTYPE: Name des Datasets bei ICTYPE P (nur RECOVER TOCOPY), I, F database.spacename ansonsten Tablespace- bzw. Indexspace-Name
ICTIME	CHAR (6)	Uhrzeit des Katalog-Eintrages im Format: hhmmss nach der Operations-Vollendung, die protokolliert wird.

Spalten-Name	Datentyp	Beschreibung
SHRLEVEL	CHAR (1)	SHRLEVEL-Parameter des COPY-Utilities: C Change, R Reference, Blank es wird keine Image Copy dokumentiert.
DSVOLSER	VARCHAR (1784)	VOLUME-SERIAL-NR. der Datasets, 6-stellig und mit Komma abgegrenzt, sofern der Dataset nicht katalogisiert wird.
TIMESTAMP	TIMESTAMP	Ersatz für ICDATE + ICTIME.
ICBACKUP	CHAR (2)	Image-Copy-Typ, der im Dataset enthalten ist: LB Local Backup Daten RP Recovery System Main Daten RB Recovery System Backup Daten Blank Local System Main Daten oder keine Kopie bzw. ICTYPE ist weder I noch F.
ICUNIT	CHAR (1)	Image-Copy-Einheiten-Typ: D DASD T Tape Blank es liegt keiner der genannten Einheiten-Typen vor bzw. ICTYPE ist weder I noch F.

STYPE	CHAR (1)	Kennzeichnung in Verbindung mit ICTYPE:
		- bei ICTYPE = A
		   die Länge einer VARCHAR-Spalte wurde verändert
		- bei ICTYPE = T
		   wenn das Utility mit dem TERM UTILITY-Command oder durch START DATABASE ACCESS(FORCE) gestoppt wurde:
		     F Full Image Copy (COPY FULL YES)
		     I Incremental Image Copy (COPY FULL NO)
		- bei ICTYPE = F:
		     C DFSMS Concurrent Copy.
		     BLANK DB2 Image Copy.
		     R Inline Copy bei LOAD REPLACE (YES).
		     S Inline Copy bei LOAD REPLACE (NO).
		     W Inline Copy bei REORG LOG(NO).
		     X Inline Copy bei REORG LOG(YES).
		- bei ICTYPE = P
		   wenn ein point-in-time-recover durchgeführt wurde:
		     L RECOVER TORBA LOGONLY.
		- bei ICTYPE = Q:
		     W WRITE (YES).
		- bei ICTYPE = R, S, W oder X
		     A der "Reorg Pending Status" wurde zurückgesetzt.

PIT_RBA	CHAR (6) FOR BIT DATA	Relative Byte-Position im Log-File (positiver 48-Bit-Wert), wenn ICTYPE = P ist (point-in-time-recovery) in einer non-data-sharing Umgebung. Eine gefüllte Byte-Position identifiziert die Endposition eines point-in-time-recovery. Der Inhalt ist X'000000000000' unter folgenden Bedingungen: - ICTYPE ungleich P oder - Eintrag stammt noch von einem alten DB2-Release (vor Version 3), - ein point-in-time-recovery-Stand musste durch einen Fallback-Recovery-Mechanismus hergestellt werden und der Tablespace befindet sich im "Copy Pending Status".
GROUP_MEMBER	CHAR (8)	DB2 Data Sharing Group Member-Name, von dem die Operation gestartet wurde. Blank bei einer non-data-sharing Umgebung.
OTYPE	CHAR (1)	Typ des Objekts, für das die Recovery-Information geführt wird: I Indexspace T Tablespace.
LOWDSNUM	INTEGER	Partition-Nr. der niedrigsten Partition, für die SYSCOPY-Sätze erzeugt wurden für REORG und LOAD REPLACE zum Zurücksetzen eines "Reorg Pending Status". Version-Nr. eines Indexes für den SYSCOPY-Sätze erzeugt wurden für COPY (ICTYPE = F) eines Indexspaces (OTYPE = I), wenn eine VARCHAR-Index-Spalte erweitert wurde.
HIGHDSNUM	INTEGER	Partition-Nr. der höchsten Partition, für die SYSCOPY-Sätze erzeugt wurden für REORG und LOAD REPLACE zum Zurücksetzen eines "Reorg Pending Status".

SYSIBM.SYSDATABASE

Diese Tabelle enthält eine Zeile für jede Database (nicht aber für DSNDB01).

Spalten-Name	Datentyp	Beschreibung
NAME	CHAR (8)	Name der Database.
CREATOR	CHAR (8)	Autorisierungs-Id des Database-Eigentümers.
STGROUP	CHAR (8)	Name der Default-Storage Group, Blank bei einer System-Database.
BPOOL	CHAR (8)	Name des Default-Bufferpools für Tablespaces, Blank bei einer System-Database.

A3 Anhang - Definition der DB2-Katalog-Tabellen

Spalten-Name	Datentyp	Beschreibung
DBID	SMALLINT	Interne Identifikationsnummer für die Database. Existieren mehr als 32510 Databases im System, wird die DBID als negative Zahl geführt.
IBMREQD	CHAR (1)	IBM-interne Identifikation.
CREATEDBY	CHAR (8)	Primär-Autorisierungs-Id des Erstellers der Database
(ROSHARE)	CHAR (1)	Kennzeichnung, ob diese Database als shared read only database mit anderen DB2-Subsystemen verwendet wird (nicht mehr aktiv ab Version 6).
TIMESTAMP	TIMESTAMP	Zeitstempel: '0001-01-01-00.00.00.000000'.
TYPE	CHAR (1)	Typ der Database. W Workfile Database (DSNDB07) oder eine Arbeitsdatei, die von einem Member in einer Sharing Group angelegt wurde. Blank keine Workfile Database.
GROUP_MEMBER	CHAR (8)	DB2 Data Sharing Group Member-Name, das die Workfile Database benutzt. Blank bei einer non-data-sharing Umgebung oder wenn die Database keine Workfile Database ist (siehe TYPE).
CREATEDTS	TIMESTAMP	Timestamp des CREATE DATABASE. Bei DSNDB04 und DSNDB06: '1985-04-01.00.00.00.000000'.
ALTEREDTS	TIMESTAMP	Timestamp des letzten ALTER DATABASE. Ist gleich CREATEDTS, solange kein ALTER durchgeführt worden ist.
ENCODING_SCHEME	CHAR (1)	Default-Kodierschema in der Database. E EBCDIC A ASCII. Blank bei Workfile Database und DSNDB04.
SBCS_CCSID	INTEGER	Default Single Byte Character Set Kodierschema in der Database.
DBCS_CCSID	INTEGER	Default Double Byte Character Set Kodierschema in der Database.
MIXED_CCSID	INTEGER	Default Mixed Kodierschema in der Database.
INDEXBP	CHAR (8)	Name des Default-Bufferpools für Indexspaces. Default BP0.

SYSIBM.SYSDATATYPES

Diese Tabelle enthält eine Zeile für jeden Distinct Type.

Spalten-Name	Datentyp	Beschreibung
SCHEMA	CHAR (8)	Schema des Distinct Types.
OWNER	CHAR (8)	Eigentümer des Distinct Typse.
NAME	CHAR (18)	Name des Distinct Types.
CREATEDBY	CHAR (8)	Autorisierungs-Id, unter dem der Distinct Type erzeugt wurde.
SOURCESCHEMA	CHAR (8)	Schema des Source Data-Types.
SOURCETYPE	CHAR (18)	Name des Source Data-Types.
METATYPE	CHAR (1)	Klasse des Data-Types: T = Distinct Type.
DATATYPEID	INTEGER	Interner Identifikator des Distinct Types.
SOURCETYPEID	INTEGER	Interner Identifikator des Source Types.
LENGTH	INTEGER	Max. Länge oder Genauigkeit des Distinct Types, der auf dem Builtin Data Type DECIMAL basiert, ansonsten 0.
SCALE	SMALLINT	Nachkommastellen des Distinct Types, der auf dem Builtin Data Type DECIMAL basiert, ansonsten 0.
SUBTYPE	CHAR (1)	Sub-Typ des Distinct Types (basiert auf dem Sub-Typ des Source-Types): B FOR BIT DATA S FOR SBCS DATA M FOR MIXED DATA Blank Der Source Type ist kein Character-Type.
CREATEDTS	TIMESTAMP	Erstellungszeitpunkt des Distinct Types.
ENCODING_SCHEME	CHAR (1)	Kodierschema des Distinct Types: E EBCDIC A ASCII
IBMREQD	CHAR (1)	IBM-interne Identifikation.
REMARKS	VARCHAR (254)	Beschreibung des Distinct Types, sofern mit COMMENT ON vom Benutzer vorgegeben.

SYSIBM.SYSDBAUTH

Diese Tabelle enthält Privilegien über DB2-Databases, die mit GRANT DATABASE -Privilegien explizit vergeben wurden, sowie alle impliziten eigenen Rechte (GRANTOR und GRANTEE sind dann identisch).

Spalten-Name	Datentyp	Beschreibung
GRANTOR	CHAR (8)	Autorisierungs-Id des Benutzers, der das Privileg weitergegeben hat. Siehe auch SYSCOLAUTH-Tabelle.
GRANTEE	CHAR (8)	Autorisierungs-Id des Benutzers, der das Privileg empfangen hat. Siehe auch SYSCOLAUTH-Tabelle.
NAME	CHAR (8)	Name der Database.
TIMESTAMP	CHAR (12)	IBM-interne Verwendung.

Spalten-Name	Datentyp	Beschreibung
DATEGRANTED	CHAR (6)	Datum des GRANTs im Format: yymmdd.
TIMEGRANTED	CHAR (8)	Uhrzeit des GRANTs im Format: hhmmssth.
GRANTEETYPE	CHAR (1)	unbenutzt.
AUTHHOWGOT	CHAR (1)	Autorisierungs-Level des Benutzers, von dem Privilegien empfangen wurden (Autorisierungs-Level von DB2, nicht zwingend der höchste Level des Grantors): C DBCTL D DBADM L SYSCTRL M DBMAINT S SYSADM BLANK Nicht verfügbar.

Die folgenden Spalten haben einen einheitlichen Aufbau. Sie steuern die Benutzer-Privilegien für die einzelnen bestehenden GRANT DATABASE-Privilegien. Bedeutung der Feldinhalte:

    BLANK   Das Privileg ist nicht verfügbar.
    G   Das Privileg ist mit expliziter GRANT-Option (die Weitergabe des Privilegs ist möglich) vorhanden.
    Y   Das Privileg ist ohne explizite GRANT-Option vorhanden.

Spalten-Name	Datentyp	Beschreibung
CREATETABAUTH	CHAR (1)	Der GRANTEE kann neue Tables in der Database anlegen.
CREATETSAUTH	CHAR (1)	Der GRANTEE kann neue Tablespaces in der Database anlegen.
DBADMAUTH	CHAR (1)	Der GRANTEE hat das DBADM-Privileg in dieser Database.
DBCTRLAUTH	CHAR (1)	Der GRANTEE hat das DBCTRL-Privileg in dieser Database.
DBMAINTAUTH	CHAR (1)	Der GRANTEE hat das DBMAINT-Privileg in dieser Database.
DISPLAYDBAUTH	CHAR (1)	Der GRANTEE kann den -DISPLAY-Command für diese Database absenden.
DROPAUTH	CHAR (1)	Der GRANTEE kann ALTER und DROP DATABASE ausführen.
IMAGCOPYAUTH	CHAR (1)	Der GRANTEE kann COPY-, MERGECOPY-, MODIFY und QUIESCE-Utilities ausführen.
LOADAUTH	CHAR (1)	Der GRANTEE kann das LOAD-Utility nutzen, um Daten in die Database zu laden.
REORGAUTH	CHAR (1)	Der GRANTEE kann das REORG-Utility nutzen, um Tablespaces und Indizes in der Database zu reorganisieren.
RECOVERDBAUTH	CHAR (1)	Der GRANTEE kann das RECOVER- und das REPORT-Utility für Objekte in der Database nutzen.
REPAIRAUTH	CHAR (1)	Der GRANTEE kann das DIAGNOSE- und REPAIR-Utility für Objekte in der Database nutzen.
STARTDBAUTH	CHAR (1)	Der GRANTEE kann den -START-Command zum Starten der Database absenden.
STATSAUTH	CHAR (1)	Der GRANTEE kann das CHECK- und RUNSTATS-Utility nutzen.
STOPAUTH	CHAR (1)	Der GRANTEE kann den -STOP-Command zum Stoppen der Database absenden.
IBMREQD	CHAR (1)	IBM-interne Identifikation.
GRANTEDTS	TIMESTAMP	Timestamp des GRANTs.

SYSIBM.SYSDBRM

Diese Tabelle enthält eine Zeile für jedes Data Base Request-Modul (DBRM) jedes Plans.

Spalten-Name	Datentyp	Beschreibung
NAME	CHAR (8)	Name des DBRMs.
TIMESTAMP	CHAR (8) FOR BIT DATA	Precompile-Datum in internem Format.
PDSNAME	CHAR (44)	Name des PDS-Datasets, in dem das DBRM als Member gespeichert ist.
PLNAME	CHAR (8)	Name des Plans, in dem das DBRM Bestandteil ist.
PLCREATOR	CHAR (8)	Autorisierungs-Id des Plan-Eigentümers.
PRECOMPTIME	CHAR (8)	Precompile-Zeit im Format: hhmmssth (nur wenn die Precompiler-Option LEVEL nicht genutzt wird).
PRECOMPDATE	CHAR (6)	Precompile-Datum im Format: yymmdd (nur wenn die Precompiler-Option LEVEL nicht genutzt wird).
QUOTE	CHAR (1)	String-Trennzeichen der SQL-Statements im DBRM: N Apostroph ('). Y Anführungszeichen (").
COMMA	CHAR (1)	Kennzeichnung des Dezimal-Punktes für SQL-Statements im DBRM: N Punkt (.). Y Komma (,).
HOSTLANG	CHAR (1)	Programmiersprache, in der SQL eingebettet ist: B ASSEMBLER C COBOL D C F FORTRAN P PL/I 2 VS COBOL II und COBOL/370 3 IBM COBOL (ab Rel.2) 4 C++
IBMREQD	CHAR (1)	IBM-interne Identifikation.
CHARSET	CHAR (1)	Charakter-Set: K Katakana. A Alphanumerisch.

Spalten-Name	Datentyp	Beschreibung
MIXED	CHAR (1)	Mixed-Data-Option des Precompilers für Double-Byte-Character-Verarbeitung: N Keine Mixed Daten. Y Mixed Daten.
DEC31	CHAR (1)	DEC31-Option des Precompilers für Genauigkeit von Dezimal-Zahlen bis 31 Stellen anstelle 15 Stellen. Blank 15 Stellen. Y 31 Stellen.
VERSION	VARCHAR (64)	Versions-Identifikator des DBRMs.
PRECOMPTS	TIMESTAMP	Zeitstempel des Precompile-Laufs.

SYSIBM.SYSDUMMY1

Diese Tabelle enthält nur eine Zeile mit einer Spalte. Sie kann in SQL-Statements verwendet werden, bei denen eine Tabellen-Referenz zwar notwendig, der Inhalt der Tabelle aber irrelevant ist (z.B. bei DATE- und TIME-Arithmetik).

Spalten-Name	Datentyp	Beschreibung
IBMREQD	CHAR (1)	IBM-interne Identifikation.

SYSIBM.SYSFIELDS

Diese Tabelle enthält eine Zeile für jede Spalte einer Table, die eine Feldprozedur (FIELDPROC) enthält (in DB2-Releases vor V4 können auch hier Statistikdaten geführt werden).

Spalten-Name	Datentyp	Beschreibung
TBCREATOR	CHAR (8)	Autorisierungs-Id des Table-Eigentümers.
TBNAME	VARCHAR (18)	Name der Table.
COLNO	SMALLINT	Spaltenposition in der Table (1-750).
NAME	VARCHAR (18)	Name der Spalte.
FLDTYPE	CHAR (8)	Format der Spalte (siehe auch SYSIBM.SYSCOLUMNS): INTEGER, SMALLINT, FLOAT, CHAR, VARCHAR, DECIMAL, GRAPHIC, VARG.
LENGTH	SMALLINT	Spaltenlänge in Abhängigkeit vom Format.
SCALE	SMALLINT	Nachkommastellen bei numerischen Daten (nur DECIMAL), sonst 0.
FLDPROC	CHAR (8)	Name der Feldprozedur (FIELDPROC).
WORKAREA	SMALLINT	Größe des erforderlichen Workbereiches in Bytes für die Umschlüsselungs-Funktionen der Feldprozedur.
IBMREQD	CHAR (1)	IBM-interne Identifikation.
EXITPARML	SMALLINT	Länge des Parameter-Blocks für die Feldprozedur.
PARMLIST	VARCHAR (254)	Parameterliste, bei Aufruf der Feldprozedur zu übergeben.
EXITPARM	VARCHAR (1530) FOR BIT DATA	Parameter-Kontrollblock, dessen Adresse der Feldprozedur übergeben wird.

SYSIBM.SYSFOREIGNKEYS

Diese Tabelle enthält eine Zeile für jede Spalte jedes Foreign-Keys.

Spalten-Name	Datentyp	Beschreibung
CREATOR	CHAR (8)	Autorisierungs-Id des Table-Eigentümers.
TBNAME	VARCHAR (18)	Name der Table.
RELNAME	CHAR (8)	Name der referenziellen Verbindung (referential constraint).
COLNAME	VARCHAR (18)	Name der Spalte.
COLNO	SMALLINT	Relative Spaltenposition in der Table.
COLSEQ	SMALLINT	Relative Spaltenposition innerhalb des Foreign-Keys.
IBMREQD	CHAR (1)	IBM-interne Identifikation.

SYSIBM.SYSINDEXES

Diese Tabelle enthält eine Zeile für jeden Index (auch für Indizes der Katalogtabellen).

Spalten-Name	Datentyp	Beschreibung
NAME	VARCHAR (18)	Name des Index.
CREATOR	CHAR (8)	Autorisierungs-Id des Index-Eigentümers.
TBNAME	VARCHAR (18)	Name der Table, auf der dieser Index basiert.
TBCREATOR	CHAR (8)	Autorisierungs-Id des Table-Eigentümers.
UNIQUERULE	CHAR (1)	Kennzeichen, ob der Index eindeutig (UNIQUE) ist: C Ja, der Index wird zur Gewährleistung eines unique constraints benutzt (siehe auch UNIQUE-Option beim CREATE TABLE). D Nein, Duplikate sind erlaubt.

A3 Anhang - Definition der DB2-Katalog-Tabellen

Spalten-Name	Datentyp	Beschreibung
		G Ja, der Index gewährleistet die Eindeutigkeit für eine ROWID GENERATED BY DEFAULT.
		U Ja.
		N Ja, der Index ist mit UNIQUE WHERE NOT NULL definiert worden.
		P Ja, in der Rolle des Primary Index (PI).
		R Ja, in der Rolle eines Non Primary Parent Index innerhalb eines Referential Constraints.
COLCOUNT	SMALLINT	Anzahl der Spalten im Key.
CLUSTERING	CHAR (1)	Kennzeichen, ob der Index mit CLUSTER angelegt wurde:
		N Nein, kein clustering Index.
		Y Ja, dies ist der einzige clustering Index der Table.
CLUSTERED	S* CHAR (1)	Kennzeichen, ob die Table im Verhältnis zu diesem Index zum RUNSTATS-Zeitpunkt im Zustand 'clustered' war.
		Eine Table ist in diesem Zustand, wenn die physische Speicherung der Daten in gleicher Folge vorliegt, wie die Sequenz der RIDs eines Index (muss nicht zwingend ein clustering Index sein).
		Bei einem clustering Index ist nach einem REORG der clustered-Zustand optimal gegeben.
		N Signifikante Anzahl von Zeilen liegt nicht in clustering Folge oder bisher wurde noch kein RUNSTATS-Lauf durchgeführt.
		Y Die überwiegenden Zeilen sind in clustering Folge.
		Blank Nicht genutzt.
DBID	SMALLINT	Interne Identifikation der Database.
OBID	SMALLINT	Interne Identifikation des Index.
ISOBID	SMALLINT	Interne Identifikation des Indexspaces.
DBNAME	CHAR (8)	Name der Database, die den Index enthält.
INDEXSPACE	CHAR (8)	Name des Indexspaces.
(FIRSTKEYCARD)	INTEGER	wird seit V5 nicht mehr benutzt. Ersatz: FIRSTKEYCARDF.
(FULLKEYCARD)	INTEGER	wird seit V5 nicht mehr benutzt. Ersatz: FULLKEYCARDF.
NLEAF	S* INTEGER	Anzahl aktiver Leaf-Pages (unterste Index-Stufe mit Referenz auf die Daten-Pages).
NLEVELS	S* SMALLINT	Anzahl der Index-Stufen im B-Tree. Bei einem partitioned Index wird hier die maximale Anzahl Level aller Partitions geführt.
BPOOL	CHAR (8)	Name des Bufferpools für den Index.
PGSIZE	SMALLINT	Größe der Index-Subpages: 256, 512, 1024, 2048 oder 4096 Bytes.
ERASERULE	CHAR (1)	Kennzeichen, ob die Datasets mit X'00' formatiert werden sollen, wenn der Index gelöscht wird (VSAM ERASE):
		N Nein, die Daten bleiben auf der physischen Einheit erhalten, sind aber nicht mehr mit logischen Mitteln adressierbar.
		Y Ja, die Daten werden mit X'00' gelöscht.
(DSETPASS)	CHAR (8)	VSAM-Passwort für die Index-Datasets. Ab Version 6 nicht mehr genutzt.
CLOSERULE	CHAR (1)	Kennzeichen, ob die Datasets als Kandidaten zum Schließen (Close) gelten sollen, wenn das System-Limit der offenen Datasets erreicht wird (Y/N):
		N Nein, die Datasets sollen permanent geöffnet bleiben.
		Y Ja, die Datasets können nach Abschluss einer Verarbeitung in die Liste der vorerst nicht mehr benötigten Datasets eingereiht werden.
SPACE	INTEGER	Größe der DASD-Platzanforderung in K-Bytes:
		0 Der Index ist keiner Storage Group zugeordnet oder das STOSPACE-Utility ist noch nicht gelaufen.
		> 0 Insgesamt zugeordneter Platz (bei partitioned Tablespace aller Partitions), ermittelt durch das STOSPACE-Utility.
IBMREQD	CHAR (1)	IBM-interne Identifikation.
CLUSTERRATIO	S* SMALLINT	Prozentsatz der Zeilen, die in clustered Folge sind. Bei einem partitioned Index werden sämtliche Partitions in Abhängigkeit von der Datenmenge innerhalb der Partitions gewichtet. Folgende Besonderheiten gelten:
		0 es wurden keine Statistiken mit RUNSTATS produziert.
		-2 es handelt sich um einen Auxiliary Index.
CREATEDBY	CHAR (8)	Primär-Autorisierungs-Id des Index-Erstellers.
(IOFACTOR)	SMALLINT	Unbenutzt.
(PREFETCHFACTOR)	SMALLINT	Unbenutzt.
STATSTIME	S* TIMESTAMP	Timestamp des letzten RUNSTATS-Laufes.
INDEXTYPE	CHAR (1)	Index-Typ:
		2 Typ 2.
FIRSTKEYCARDF	S* FLOAT	Anzahl unterschiedlicher Werte der ersten Spalte des Index-Keys. Dieser Wert ist eine Schätzung, wenn mit RUNSTATS nur eine einzelne Partition eines partitioned Indexes analysiert wird.
FULLKEYCARDF	S* FLOAT	Anzahl unterschiedlicher Werte aller Key-Spalten.
CREATEDTS	TIMESTAMP	Timestamp des CREATE INDEX.
ALTEREDTS	TIMESTAMP	Timestamp des letzten ALTER INDEX. Ist gleich CREATEDTS, solange kein ALTER durchgeführt worden ist.

Spalten-Name	Datentyp	Beschreibung
PIECESIZE	INTEGER	Wurde der Index vor Version 5 angelegt, enthält er den Wert: '0001-01-01.00.00.00.000000'. Maximale Speichergröße für Non-Partitioned Indizes in KB. Default: 2 GB für Non-Large Tablespaces und 4 GB für Large Tablespaces. Der Wert 0 identifiziert einen Partioned Index oder einen Index, der vor Version 5 erzeugt wurde.
COPY	CHAR (1)	Kennzeichen, ob COPY YES definiert wurde: Y Ja N Nein.
COPYLRSN	CHAR (6)	RBA oder LRSN (nur bei Data Sharing) des Zeitpunkts, an dem der Index mit COPY YES definiert oder geändert wurde, ansonsten x'000000000000'.
CLUSTERRATIOF	FLOAT	Der Wert multipliziert mit 100 ergibt den Prozentsatz der Zeilen, die in clustered Folge sind (z.B. .9678 = 96,78 %). Bei einem partitioned Index werden sämtliche Partitions in Abhängigkeit von der Datenmenge innerhalb der Partitions gewichtet. Folgende Besonderheiten gelten: 0 es wurden keine Statistiken mit RUNSTATS produziert. -2 es handelt sich um einen Auxiliary Index.

SYSIBM.SYSINDEXPART

Diese Tabelle enthält eine Zeile für jeden unpartitioned Index und eine Zeile für jede Partition eines partitioned Index.

Spalten-Name		Datentyp	Beschreibung
PARTITION		SMALLINT	Partition-Nummer, 0 wenn der Index unpartitioned ist.
IXNAME		VARCHAR (18)	Name des Index.
IXCREATOR		CHAR (8)	Autorisierungs-Id des Index-Eigentümers.
PQTY		INTEGER	Primär-Platzanforderung in 4-K-Blöcken, 0 wenn keine Storage Group benutzt wurde.
SQTY		SMALLINT	Sekundär-Platzanforderung in 4-K-Blöcken. Passt der Wert nicht in diese Spalte, wird hier 32767 geführt und der Wert ist in SECQTYI enthalten. 0 wenn keine Storage Group benutzt wurde.
STORTYPE		CHAR (1)	Typ der Speicherzuordnung: E Explizit, STORNAME zeigt auf einen VSAM-Katalog (ICF-Katalog). I Implizit, STORNAME zeigt auf eine Storage Group.
STORNAME		CHAR (8)	Name der Storage Group bzw. des ICF-Katalogs.
VCATNAME		CHAR (8)	Name des ICF-Katalogs.
(CARD)		INTEGER	wird seit V5 nicht mehr benutzt. Ersatz: CARDF.
(FAROFFPOS)		INTEGER	wird seit V5 nicht mehr benutzt. Ersatz: FAROFFPOSF.
LEAFDIST	S	INTEGER	100-fache Anzahl Pages zwischen aufeinanderfolgenden Leaf-Pages des Index, d.h. es wurden Splits vorgenommen, wenn der Wert größer 0 ist. Je kleiner dieser Wert, desto effizienter ist ein Index-Scan.
(NEAROFFPOS)		INTEGER	wird seit V5 nicht mehr benutzt. Ersatz: NEAROFFPOSF.
IBMREQD		CHAR (1)	IBM-interne Identifikation.
LIMITKEY		VARCHAR (512) FOR BIT DATA	Key-Höchstwert der Partition in internem Format oder 0 wenn unpartitioned.
FREEPAGE		SMALLINT	Anzahl Daten-Pages, die geladen werden, bevor eine Frei-Page eingerichtet wird.
PCTFREE		SMALLINT	Prozentualer Freiplatz pro Page.
SPACE		INTEGER	Größe der DASD-Platzanforderung in K-Bytes: 0 Der Index ist keiner Storage Group zugeordnet oder das STOSPACE-Utility ist noch nicht gelaufen. > 0 Insgesamt zugeordneter Platz (bei partitioned Tablespace dieser einzelnen Partition), ermittelt durch das STOSPACE-Utility.
STATSTIME	S	TIMESTAMP	Timestamp des letzten RUNSTATS-Laufes.
INDEXTYPE		CHAR (1)	Unbenutzt.
GBPCACHE		CHAR (1)	Group Bufferpool-Cache-Option, die definiert wurde: A Geänderte und unveränderte Pages werden geführt. N Es werden keine Pages im Group Buffer Pool geführt. Blank Nur geänderte Pages werden geführt.
FAROFFPOSF	S	FLOAT	Anzahl Zeilen, die außerhalb der optimalen Page-Position liegen (wg. Einfügungen in eine volle Page). Dieser Wert ist relevant bei einem Index-Scan, der immer zu einem erhöhten IO-Aufwand führt. Siehe auch Details unter NEAROFFPOSF. Für einen Auxiliary Index ist diese Spalte nicht relevant.
NEAROFFPOSF	S	FLOAT	Anzahl Zeilen, die nahe, aber nicht in der optimalen Page-Position liegen (wg. Einfügungen in eine volle Page). Dieser Wert ist relevant bei einem Index-Scan, der möglicherweise zu einem erhöhten IO-Aufwand führt. Near sind alle Zeilen, die sich in den 16 benachbarten Pages (bei einem segmented Tablespace SEGSIZE / 2) hinsichtlich der aufgrund der Index-Folge optimalen Page-Position liegen. Für einen Auxiliary Index ist diese Spalte nicht relevant.

Spalten-Name	Datentyp		Beschreibung
CARDF	S	FLOAT	Anzahl Zeilen oder LOBs, die vom Index bzw. von der Index-Partition adressiert werden.
SECQTYI		INTEGER	Sekundär-Platzanforderung in 4-K-Blöcken. Siehe auch SQTY. 0 wenn keine Storage Group benutzt wurde.
IPREFIX		CHAR (1)	Reserviert.
ALTEREDTS		TIMESTAMP	Letzter Änderungszeitpunkt durch ALTER INDEX. Wurde kein ALTER INDEX durchgeführt, wird '0001-01-01.00.00.00.000000' geführt.

SYSIBM.SYSINDEXSTATS

Diese Tabelle enthält eine Zeile für jede Partition eines partitioned Index.
SYSINDEXSTATS enthält die korrespondierenden Spalten von SYSINDEXES, aber bezogen auf eine einzelne Partition (Partition-Level-Statistiken).
Zeilen dieser Tabelle können manuell eingefügt, geändert und gelöscht werden.

Spalten-Name	Datentyp		Beschreibung
FIRSTKEYCARD	S*	INTEGER	Anzahl unterschiedlicher Werte der ersten Spalte des Index-Keys.
FULLKEYCARD	S*	INTEGER	Anzahl unterschiedlicher Werte aller Key-Spalten.
NLEAF	S*	INTEGER	Anzahl aktiver Leaf-Pages (unterste Index-Stufe mit Referenz auf die Daten-Pages).
NLEVELS	S*	SMALLINT	Anzahl der Index-Stufen im B-Tree.
IOFACTOR		SMALLINT	Unbenutzt.
PREFETCHFACTOR		SMALLINT	Unbenutzt.
CLUSTERRATIO	S*	SMALLINT	Prozentsatz der Zeilen, die in clustered Folge sind.
STATSTIME	S*	TIMESTAMP	Timestamp des letzten RUNSTATS-Laufes.
IBMREQD		CHAR (1)	IBM-interne Identifikation.
PARTITION		SMALLINT	Partition-Nr. des Index.
OWNER		CHAR (8)	Autorisierungs-Id des Index-Eigentümers.
NAME		VARCHAR (18)	Name des Index.
KEYCOUNT	S*	INTEGER	Gesamtanzahl Zeilen in der Partition.
FIRSTKEYCARDF	S*	FLOAT	Anzahl unterschiedlicher Werte der ersten Spalte des Index-Keys.
FULLKEYCARDF	S*	FLOAT	Anzahl unterschiedlicher Werte aller Key-Spalten.
KEYCOUNTF	S*	FLOAT	Gesamtanzahl Zeilen in der Partition.
CLUSTERRATIOF	S*	FLOAT	Prozentsatz der Zeilen, die in clustered Folge sind. Der Wert multipliziert mit 100 zeigt den Wert, z.B. .9425 = 94,25%.

SYSIBM.SYSKEYS

Diese Tabelle enthält eine Zeile für jede Spalte eines Index-Keys.

Spalten-Name	Datentyp	Beschreibung
IXNAME	VARCHAR (18)	Name des Index.
IXCREATOR	CHAR (8)	Autorisierungs-Id des Index-Eigentümers.
COLNAME	VARCHAR (18)	Name der Key-Spalte.
COLNO	SMALLINT	Relative Spaltenposition in der Table.
COLSEQ	SMALLINT	Relative Spaltenposition im Key.
ORDERING	CHAR (1)	Sortierfolge der Spalte im Key: A Aufsteigend. D Absteigend.
IBMREQD	CHAR (1)	IBM-interne Identifikation.

SYSIBM.SYSLOBSTATS

Diese Tabelle enthält eine Zeile für jeden LOB-Tablespace.

Spalten-Name	Datentyp	Beschreibung
STATSTIME	TIMESTAMP	Timestamp des letzten RUNSTATS-Laufes.
AVGSIZE	INTEGER	Durchschnittliche Größe eines LOBs im LOB-Tablespace.
FREESPACE	INTEGER	Anzahl freier Pages im LOB-Tablespace.
ORGRATIO	DECIMAL (5,2)	Organisationszustand des LOB-Tablespaces. Ein Wert von 1 zeigt den optimalen Organisationszustand auf. Je höher der Wert ist, desto schlechter ist der Organisationszustand.
DBNAME	CHAR (8)	Name der Database, in der der LOB-Tablespace zugeordnet ist.
NAME	CHAR (8)	Name des LOB-Tablespaces.
IBMREQD	CHAR (1)	IBM-interne Identifikation.

Spalten-Name	Datentyp	Beschreibung

SYSIBM.SYSPACKAGE

Diese Tabelle enthält eine Zeile für jede Package, die an diesem lokalen Server gebunden wurde, unabhängig von der Lokation des Bind-Anstoßes.

Spalten-Name	Datentyp	Beschreibung
LOCATION	CHAR (16)	Enthält derzeit generell Blanks.
COLLID	CHAR (18)	Name der Package Collection. Bei einer Trigger Package wird hier der Schema-Name des Triggers geführt.
NAME	CHAR (8)	Name der Package.
CONTOKEN	CHAR (8)	Konsistenz-Id. (interne Versions-Id.) der Package, entweder: - durch die LEVEL-Option des Precompilers aktiviert oder - der Precompile-Timestamp in internem Format.
OWNER	CHAR (8)	Autorisierungs-Id des Package-Eigentümers. Bei einer Trigger Package wird hier der Autorisierungs-Id des Eigentümers des Triggers geführt.
CREATOR	CHAR (8)	Autorisierungs-Id des Package-Erstellers. Bei einer Trigger Package wird hier: - Bei statischem SQL der Autorisierungs-Id des Eigentümers des Plans bzw. der Package geführt. - Bei dynamischem SQL der Autorisierungs-Id des Benutzers, der das CREATE TRIGGER Statement abgesetzt hat.
TIMESTAMP	TIMESTAMP	Zeitstempel, zu dem die Package erzeugt wurde.
BINDTIME	TIMESTAMP	Zeitstempel, zu dem die Package letztmals gebunden wurde.
QUALIFIER	CHAR (8)	Impliziter Präfix für die unqualifizierten Tables, Views, Synonyme oder Aliase der statischen SQL-Statements in dieser Package.
PKSIZE	INTEGER	Größe der Basis-Sektion der Package, die bei der Ausführung permanent im EDM-Pool verfügbar sein muss. Weitere Sektionen werden bei Bedarf nachgeladen. Wird von DB2 zur Anforderung des Speicherbereiches verwendet (Wert in Anzahl Bytes).
AVGSIZE	INTEGER	Durchschnittsgröße der Sektionen, die SQL-Statements enthalten (Wert in Anzahl Bytes).
SYSENTRIES	SMALLINT	Anzahl der verfügbaren (enabled) oder nicht verfügbaren (disabled) Einträge in der Katalog-Tabelle SYSPKSYSTEM. Wert 0 = alle Verbindungs-Typen (Connections) sind verfügbar.
VALID	CHAR (1)	Kennzeichen, ob die Package gültig ist und ohne REBIND ausgeführt werden kann: A Die Definition einer Table oder eines Views wurde geändert - aber ohne REBIND-Erfordernis. H Die Definition einer Table oder eines Views wurde geändert. ab V5: ohne REBIND-Erfordernis, für DB2 vor V5: Es muss eine REBIND bzw. ein Automatic Rebind erfolgen. N Die Package ist ungültig. Es muss ein REBIND bzw. ein Automatic Rebind erfolgen. Y Die Package ist gültig.
OPERATIVE	CHAR (1)	Kennzeichen, ob die Package ohne expliziten BIND oder REBIND benutzt werden kann: N Die Package ist nicht ausführbar. Es muss zuvor ein REBIND bzw. ein BIND angestoßen werden. Y Die Package ist ausführbar.
VALIDATE	CHAR (1)	Zeitpunkt der Gültigkeits-Prüfungen: B alle Prüfungen müssen während des BIND-Prozesses erfolgen, R die Prüfungen werden zurückgestellt bis zur Ausführungszeit, wenn Tables, Views oder Privilegien zur BIND-Zeit nicht existieren.
ISOLATION	CHAR (1)	Isolation Level der Package (wirkt auf die LOCK-Dauer): R Repeatable Read (Halten der Pages bis zum COMMIT). T Read Stability S Cursor Stability (Lese-Lock nur auf der aktuellen Page). U Uncommitted Read (UR); dirty read. Blank Nicht definiert, Wert wird vom Plan bestimmt.
RELEASE	CHAR (1)	Kennzeichen, wann die Ressourcen freigegeben werden: C zum Zeitpunkt des COMMITs, D zum Zeitpunkt des Thread-DEALLOCATEs. Blank Nicht definiert, Wert wird vom Plan bestimmt.
EXPLAIN	CHAR (1)	Kennzeichen, ob der BIND-Package mit EXPLAIN YES vorgenommen wurde: N Nein. Y Die mittels EXPLAIN analysierten Statements werden in die PLAN_TABLE des Package-Eigentümers eingestellt.
QUOTE	CHAR (1)	String-Trennzeichen der SQL-Statements in der Package: N Apostroph ('). Y Anführungszeichen (").
COMMA	CHAR (1)	Kennzeichnung des Dezimal-Punktes für SQL-Statements in der Package: N Punkt (.). Y Komma (,).

A3 Anhang - Definition der DB2-Katalog-Tabellen

Spalten-Name	Datentyp	Beschreibung
HOSTLANG	CHAR (1)	Programmiersprache, in der SQL eingebettet ist: B ASSEMBLER C COBOL D C F FORTRAN P PL/I 2 VS COBOL II und COBOL/370 3 IBM COBOL (ab Rel.2) 4 C++. Blank Remote gebundene Package oder Trigger Package (TYPE = 'T').
CHARSET	CHAR (1)	Character-Set: K Katakana. A Alphanumerisch.
MIXED	CHAR (1)	Mixed-Data-Option des Precompilers für Double-Byte-Character-Verarbeitung: N Keine Mixed Daten. Y Mixed Daten.
DEC31	CHAR (1)	DEC31-Option des Precompilers für Genauigkeit von Dezimal-Zahlen bis 31 Stellen anstelle 15 Stellen: N 15 Stellen. Y 31 Stellen.
DEFERPREP	CHAR (1)	CURRENTDATA-Option des BIND/REBIND PACKAGE: A Daten-Aktualität ist für alle Cursor gefordert (Block-Modus wird verhindert). B Daten-Aktualität ist nicht für ambiguous cursor gefordert. C Daten-Aktualität ist für ambiguous cursor gefordert. Blank Die Package wurde vor Verfügbarkeit der CURRENTDATA-Option gebunden.
SQLERROR	CHAR (1)	SQLERROR-Option des BIND PACKAGE: C Option = CONTINUE. N Option = NOPACKAGE.
REMOTE	CHAR (1)	Source-Herkunft der Package: C Die Package wurde aus einer anderen Package kopiert (BIND COPY). D Die Package wurde aus einer anderen Package mit der BIND COPY OPTIONS (COMMAND) -Option kopiert. K Die Package wurde aus einer Package kopiert (BIND COPY), die ursprünglich von einer Remote Lokation gebunden worden war. L Die Package wurde aus einer Package mit der BIND COPY OPTIONS(COMMAND) -Option kopiert, die ursprünglich von einer Remote Lokation gebunden worden war. N Die Package wurde lokal aus einem DBRM erzeugt. Y Die Package wurde von einer Remote Lokation gebunden.
PCTIMESTAMP	TIMESTAMP	Datum und Uhrzeit des Precompile-Datums vom Anwendungs-Programm (nur wenn die Precompile-Option LEVEL nicht verwendet wurde).
IBMREQD	CHAR (1)	IBM-interne Identifikation.
VERSION	VARCHAR (64)	Versions-Identifikator der Package. Blank bei einer Trigger Package (TYPE = 'T').
PDSNAME	VARCHAR (44)	Bei einer lokal gebundenen Package, der Name der PDS-Bibliothek, in dem das DBRM der Package gespeichert ist. Bei einer lokal kopierten Package, der PDSNAME aus der Herkunfts-Package. Bei einer remote gebundenen Package: - bei einem DB2-System der Lokations-Name, - ansonsten der LUNAME des Anforderers, eingeschlossen in spitze Klammern (z.B. "<BONNSQL3>").
DEGREE	CHAR (3)	Grad der Parallel-Verarbeitungsmöglichkeit einer Query: ANY DEGREE (ANY) = eine Parallel-Verarbeitung ist möglich. 1 oder Blank DEGREE (1) = es ist keine Parallel-Verarbeitung möglich.
GROUP_MEMBER	CHAR (8)	DB2 Data Sharing Group Member-Name, von dem der Bind aktiviert wurde. Blank bei einer non-data-sharing Umgebung.
DYNAMICRULES	CHAR (1)	Autorisierungsprüfungsregeln für dynamische SQL-Statements gemäß des BIND DYNAMICRULES-Parameters (Details siehe dort): B BIND D DEFINEBIND E DEFINERUN H INVOKEBIND I INVOKERUN R RUN Blank DYNAMICRULES wurde für die Package nicht definiert. Es werden die Regeln des Plans benutzt.
REOPTVAR	CHAR (1)	Kennzeichnung, ob zur Ausführungszeit eine wiederholte Zugriffspfadermittlung mit den aktuellen Inhalten von Host-Variablen und Spezialregistern durchgeführt wird: N Nein, nur zum BIND-Zeitpunkt oder bei dynamischem SQL mit Default-Werten für Host-Variablen (Option NOREOPT(VARS)). Y Ja, (Option REOPT(VARS)).
DEFERPREPARE	CHAR (1)	Kennzeichnung, ob die PREPARE-Ausführung bei dynamischem SQL-Zugriff auf Remote Objekte bis zum OPEN verzögert werden soll: N Nein, PREPARE wird unmittelbar ausgeführt (Option NODEFER (PREPARE)). Y Ja, PREPARE wird erst beim OPEN durchgeführt (Option DEFER(PREPARE)). Blank Option nicht vorhanden, es wird die Definition beim BIND PLAN vererbt.
KEEPDYNAMIC	CHAR (1)	Kennzeichnung, ob dynamisch aufbereitete SQL-Statements beim COMMIT zur Wiederverwendung bestehen bleiben sollen: N Nein. Y Ja.

Spalten-Name	Datentyp	Beschreibung
PATHSCHEMAS	VARCHAR (254)	SQL-Pfad, der beim BIND oder REBIND definiert wurde. Wurde der Parameter nicht vorgegeben, wird ein String mit der Länge 0 geführt. In diesem Fall wird der Default-Pfad benutzt: SYSIBM , SYSFUN , SYSPROC , package qualifier
TYPE	CHAR (1)	Typ der Package: Blank Package T Trigger Package
DBPROTOCOL	CHAR (1)	Remote-Zugriffe werden für dreiteilige Objektnamen vorgenommen mit: D DRDA-Protokoll P DB2-Private-Protokoll.
FUNCTIONTS	TIMESTAMP	Timestamp der letzten BIND oder REBIND-Command-Ausführung.
OPTHINT	CHAR (8)	Wert des OPTHINT-Bind-Parameters. Damit wird eine Referenz zu Zeilen in der autorid.PLAN_TABLE gelegt. Blank, wenn der Parameter nicht vorgegeben wurde.

SYSIBM.SYSPACKAUTH

Diese Tabelle enthält GRANT-PACKAGE-Privilegien für Benutzer, die Rechte an lokal gebundenen Packages haben.

Spalten-Name	Datentyp	Beschreibung
GRANTOR	CHAR (8)	Autorisierungs-Id des Benutzers, der das Privileg weitergegeben hat. Siehe auch SYSCOLAUTH-Tabelle.
GRANTEE	CHAR (8)	Autorisierungs-Id des Benutzers, der das Privileg empfangen hat bzw. Name des Plans, der das Privileg benutzt. Siehe auch SYSCOLAUTH-Tabelle.
LOCATION	CHAR (16)	Enthält immer Blanks (Hinweis: aus Performancegesichtspunkten aber bei SQL-Abfragen immer mit einbeziehen - siehe Index-Struktur vorab in diesem Kapitel).
COLLID	CHAR (18)	Collection Name der Package bzw. mehrerer Packages.
NAME	CHAR (8)	Name der Package (* = alle Packages einer Collection).
CONTOKEN	CHAR (8)	Unbenutzt.
TIMESTAMP	TIMESTAMP	Interner Zeitstempel mit Datum des GRANTs.
GRANTEETYPE	CHAR (1)	Typ des Privilegien-Empfängers: BLANK der GRANTEE ist ein Autorisierungs-Id, P der GRANTEE ist ein Application Plan.
AUTHHOWGOT	CHAR (1)	Autorisierungs-Level des Benutzers, von dem Privilegien empfangen wurden (Autorisierungs-Level von DB2, nicht zwingend der höchste Level des Grantors): A PACKADM (auf Collection *) C DBCTL D DBADM L SYSCTRL M DBMAINT P PACKADM (auf spezifische Collection *) S SYSADM BLANK Nicht verfügbar.

Die folgenden Spalten haben einen einheitlichen Aufbau. Sie steuern die Benutzer-Privilegien für die einzelnen bestehenden GRANT PACKAGE-Privilegien. Bedeutung der Feldinhalte:

- BLANK   Das Privileg ist nicht verfügbar.
- G   Das Privileg ist mit expliziter GRANT-Option (die Weitergabe des Privilegs ist möglich) vorhanden.
- Y   Das Privileg ist ohne explizite GRANT-Option vorhanden.

Spalten-Name	Datentyp	Beschreibung
BINDAUTH	CHAR (1)	Der GRANTEE kann für die Package BIND und REBIND ausführen.
COPYAUTH	CHAR (1)	Der GRANTEE kann die Package kopieren (COPY).
EXECUTEAUTH	CHAR (1)	Der GRANTEE kann Anwendungen ausführen, die die Package benutzen.
IBMREQD	CHAR (1)	IBM-interne Identifikation.

SYSIBM.SYSPACKDEP

Diese Tabelle enthält für jedes lokal gebundene Package jeweils eine Zeile für abhängige Objekte: siehe unter BTYPE.

Spalten-Name	Datentyp	Beschreibung
BNAME	VARCHAR (18)	Name des lokalen Objektes, zu dem die Package abhängig ist
BQUALIFIER	CHAR (8)	Präfix (Qualifier) des lokalen Objektes: Autorisierungs-Id bei Tabelle, View, Synonym, Alias, Index. Database-Name bei einem Tablespace.
BTYPE	CHAR (1)	Objekt-Typ: A Alias F User-defined Function I Index O Stored Procedure P Partitioned Tablespace R Tablespace S Synonym T Table V View.
DLOCATION	CHAR (16)	Enthält immer Blanks (Hinweis: aus Performancegesichtspunkten aber bei SQL-Abfragen immer mit einbeziehen - siehe Index-Struktur vorab in diesem Kapitel).
DCOLLID	CHAR (18)	Name der Package Collection.

Spalten-Name	Datentyp	Beschreibung
DNAME	CHAR (8)	Name der Package.
DCONTOKEN	CHAR (8)	Konsistenz-Stand (interne Versions-Id.) der Package (consistency token):
		- Timestamp des Precompiles im internen Format oder
		- Level aufgrund der Precompiler-LEVEL-Option.
IBMREQD	CHAR (1)	IBM-interne Identifikation.
DOWNER	CHAR (8)	Eigentümer der Package.
DTYPE	CHAR (1)	Typ der Package:
		Blank Package
		T Trigger Package.

SYSIBM.SYSPACKLIST

Diese Tabelle enthält für jeden lokal gebundenen Plan, der mit einer Package-Listen-Auswahl (PKLIST) erzeugt wurde, jeweils eine Zeile für jeden Eintrag der Package Liste (eine individuelle Package oder alle Packages innerhalb einer Collection).

Spalten-Name	Datentyp	Beschreibung
PLANNAME	CHAR (8)	Name des Plans.
SEQNO	SMALLINT	Lfd. Positions-Nr. des Eintrags innerhalb der Package Liste.
LOCATION	CHAR (16)	Lokation der Package (Hinweis: aus Performancegesichtspunkten bei SQL-Abfragen immer mit einbeziehen - siehe Index-Struktur vorab in diesem Kapitel):
		Blank Lokaler Server.
		* Die Lokation wird erst zur Ausführungszeit bestimmt.
COLLID	CHAR (18)	Name der Package Collection.
		* Die Collection wird erst zur Ausführungszeit bestimmt.
NAME	CHAR (8)	Name der Package.
		* Komplette Collection mit allen zugeordneten Packages.
TIMESTAMP	TIMESTAMP	Timestamp des Einfügedatums dieser Zeile.
IBMREQD	CHAR (1)	IBM-interne Identifikation.

SYSIBM.SYSPACKSTMT

Diese Tabelle enthält eine oder mehrere Zeilen für jedes SQL-Statement in einer Package.

Spalten-Name	Datentyp	Beschreibung
LOCATION	CHAR (16)	Enthält immer Blanks (Hinweis: aus Performancegesichtspunkten bei SQL-Abfragen immer mit einbeziehen - siehe Index-Struktur vorab in diesem Kapitel):
COLLID	CHAR (18)	Name der Package Collection.
NAME	CHAR (8)	Name der Package.
CONTOKEN	CHAR (8)	Konsistenz-Stand der Package (consistency token):
		- Timestamp des Precompiles im internen Format oder
		- Level aufgrund der Precompiler-LEVEL-Option.
SEQNO	SMALLINT	Lfd. Positions-Nr. des SQL-Statements innerhalb LOCATION, COLLID, PACKAGE, CONTOKEN.
STMTNO	SMALLINT	Statement-Nr. des SQL-Statements im Anwendungs-Programm . Ein Wert größer 32767 wird als 0 oder als negative Zahl ausgewiesen. Bei einer negativen Zahl kann 65536 zur negativen Zahl addiert werden. Dies führt wieder zur Statement-Nr. im Programm. Siehe auch STMTNOI.
SECTNO	SMALLINT	Zugehörige Sektions-Nr (DB2 lädt Package-Sektionen bei Bedarf). Bei einer hohen Anzahl von Sektionen steht der Wert in SECTNOI.
BINDERROR	CHAR (1)	Kennzeichen, ob ein SQL-Fehler zur Bind-Zeit entdeckt wurde:
		N Nein.
		Y Ja.
IBMREQD	CHAR (1)	IBM-interne Identifikation.
VERSION	VARCHAR (64)	Versions-Identifikator der Package.
STMT	VARCHAR (254)	Gesamtes SQL-Statement oder ein Teil davon mit Folgezeile(n).
ISOLATION	CHAR (1)	Isolation Level des SQL-Statements (wirkt auf die LOCK-Dauer):
		R Repeatable Read (Halten der Pages bis zum COMMIT).
		T Read Stability.
		S Cursor Stability (Lese-Lock nur auf der aktuellen Page).
		U Uncommitted Read (UR); dirty read.
		L KEEP UPDATE LOCKS bei Read Stability.
		X KEEP UPDATE LOCKS bei Repeatable Read.
		Blank Nicht definiert, Wert wird von Package oder Plan bestimmt.
STATUS	CHAR (1)	Bind-Status bzw. Art des SQL-Statements mit der Kennzeichnung, ob bei der Zugriffspfadermittlung Default-Werte (D) oder tatsächliche Inhalte (I) für Host-Variable verwendet werden.
		A Systemgesteuerter Zugriff auf andere Lokation D
		B Systemgesteuerter Zugriff auf andere Lokation I
		C Statement erfolgreich gebunden ohne REOPT(VARS) D
		E Nur SQL-Explain Statement. D

Spalten-Name	Datentyp	Beschreibung	
		F Statement nicht erfolgreich gebunden, aber VALIDATE(RUN), d.h. Statement wird bei Ausführung nochmal gebunden.	I
		G Statement erfolgreich gebunden mit REOPT(VARS)	I
		H Entweder ist Statement vom Typ DDL (CREATE, DROP, ALTER) oder aber: kein erfolgreicher Bind mit Vorgabe von VALIDATE(RUN), d.h. Statement wird bei Ausführung nochmal gebunden.	D
		I Dynamisches SQL	D
		J Dynamisches SQL	I
		K Aufruf einer Stored Procedure (CALL)	-
		L Statement ist nur leicht fehlerhaft (Allowable Error), dennoch nicht ausführbar.	-
		Blank Statement ist nicht ausführbar oder vor V5 gebunden.	-
ACCESSPATH	CHAR (1)	Kennzeichen, ob für das Statement die benutzerdefinierbaren Optimization-Hints genutzt werden: Blank Keine Nutzung der Optimization-Hints oder ein dynamisches SQL-Statement. H Die vorgegebenen Optimization-Hints werden benutzt.	
STMTNOI	INTEGER	Statement-Nr. des SQL-Statements im Anwendungs-Programm. Siehe auch STMTNO.	
SECTNOI	INTEGER	Zugehörige Sektions-Nr (DB2 lädt Package-Sektionen bei Bedarf). Siehe auch SECTNO.	

SYSIBM.SYSPARMS

Diese Tabelle enthält eine Zeile für jeden Parameter einer Routine (Funktion oder Stored Procedure) oder mehrere Zeilen für eine Table Function. In diesem Fall wird pro Tabellen-Spalte eine Zeile geführt.

Spalten-Name	Datentyp	Beschreibung
SCHEMA	CHAR (8)	Schema der Routine.
OWNER	CHAR (8)	Eigentümer der Routine.
NAME	CHAR (18)	Name der Routine.
SPECIFICNAME	CHAR (18)	Spezifischer Name (Alternativname) der Routine.
ROUTINETYPE	CHAR (1)	Typ der Routine: F User-defined Function oder Cast-Function P Stored Procedure.
CAST_FUNCTION	CHAR (1)	Kennzeichen, ob die Routine eine Cast-Funktion ist: Y Ja N Nein.
PARMNAME	CHAR (18)	Name des Parameters.
ROUTINEID	INTEGER	Interner Identifikator der Routine.
ROWTYPE	CHAR (1)	Typ des Parameters: B Eingabe- und Ausgabe-Parameter (both) - nicht verfügbar für Funktionen C Resultat nach einer Cast-Funktion - nicht verfügbar für Stored Procedures O Ausgabe-Parameter - nicht verfügbar für Funktionen P Eingabe-Parameter R Resultat vor einer Cast-Funktion - nicht verfügbar für Stored Procedures S Für jeden Eingabe-Parameter (P) einer User-defined Function, die auf einer Builtin-Function basiert, wird eine Zeile mit diesem Inhalt erzeugt. Sie beschreibt den Daten-Typ des korrespondierenden Builtin-Daten-Typs.
ORDINAL	SMALLINT	Rangfolge des Parameters in der Signatur der Routine (nur bei ROWTYPE B, O, P oder S), ansonsten 0.
TYPESCHEMA	CHAR (8)	Schema des Parameter-Daten-Typs.
TYPENAME	CHAR (18)	Name des Parameter-Daten-Typs.
DATATYPEID	INTEGER	Interner Identifikator des Parameter-Daten-Typs.
SOURCETYPEID	INTEGER	Interner Identifikator des Source-Daten-Typs. Bei Builtin-Daten-Typen ist der Wert 0.
LOCATOR	CHAR (1)	Kennzeichen, dass anstelle eines LOB-Wertes ein LOB-Locator als Eingabe-Parameter übermittelt wird. Y Ja N Nein.
TABLE	CHAR (1)	Daten-Typ der Spalte einer Table-Function: Y Ja, es handelt sich um einen Table-Parameter N Nein, es handelt sich nicht um einen Table-Parameter
TABLE_COLNO	SMALLINT	Bei Table-Parameter, die Spalten-Nr. der Table, ansonsten Wert = 0.
LENGTH	INTEGER	Länge des Parameters bzw. bei Dezimal-Parametern die Genauigkeit.
SCALE	SMALLINT	Nachkommastellen des Parameters.
SUBTYPE	CHAR (1)	Sub-Typ des Distinct Types (basiert auf dem Sub-Typ des Source-Types): B FOR BIT DATA S FOR SBCS DATA M FOR MIXED DATA Blank Der Source Type ist kein Character-Type.
CCSID	INTEGER	CCSID des Daten-Typs für Character-, Graphic, Date-, Time- oder Timestamp-Parameter.

Spalten-Name	Datentyp	Beschreibung
CAST_FUNCTION_ID	INTEGER	Interner Funktions-Id der Cast-Funktion, mit der das Argument umgewandelt wird, wenn die Funktion auf einer anderen Funktion oder einem anderen Ergebnis basiert. Ansonsten ist der Wert 0.
ENCODING_SCHEME	CHAR (1)	Kodierschema des Parameters: E EBCDIC A ASCII. Blank Der Source Type ist kein Character-Type.
IBMREQD	CHAR (1)	IBM-interne Identifikation.

SYSIBM.SYSPKSYSTEM

Diese Tabelle enthält keine, eine oder mehrere Zeilen für jede Package. Jede Zeile definiert eine oder mehrere Verbindungen zu einem bestimmten Trägersystem, in dem die Package ausgeführt (enabled) oder nicht ausgeführt (disabled) werden darf.

Spalten-Name	Datentyp	Beschreibung
LOCATION	CHAR (16)	Enthält immer Blanks(Hinweis: aus Performancegesichtspunkten aber bei SQL-Abfragen immer mit einbeziehen - siehe Index-Struktur vorab in diesem Kapitel).
COLLID	CHAR (18)	Name der Package Collection.
NAME	CHAR (8)	Name der Package.
CONTOKEN	CHAR (8)	Konsistenz-Stand der Package (consistency token): - Timestamp des Precompiles im internen Format oder - Level aufgrund Precompiler-LEVEL-Option.
SYSTEM	CHAR (8)	Trägersystem (Environment): BATCH TSO Batch CICS TP-Monitor CICS DB2CALL Batch-Call Attachment Facility (CAF) DLIBATCH DLI Batch IMSBMP TP-Monitor IMS BMP (Batch-Message Processing) IMSMPP TP-Monitor IMS MPP- und IFP-Region REMOTE Remote Application Server.
ENABLE	CHAR (1)	Kennzeichnung, ob Verbindungen erlaubt oder unzulässig sind: Y erlaubt (enabled), N unzulässig (disabled).
CNAME	CHAR (20)	Kennzeichnung der Connections in Abhängigkeit vom SYSTEM-Wert: Blank SYSTEM = BATCH oder DB2CALL. Weist SYSTEM einen anderen Wert aus, gilt die Zeile für alle Server oder Connections. LU-Name SYSTEM=REMOTE. Einzelne Connection bei anderen SYSTEM-Werten.
IBMREQD	CHAR (1)	IBM-interne Identifikation.

SYSIBM.SYSPLAN

Diese Tabelle enthält eine Zeile für jeden Plan.

Spalten-Name	Datentyp	Beschreibung
NAME	CHAR (8)	Name des Plans.
CREATOR	CHAR (8)	Autorisierungs-Id des Plan-Eigentümers.
BINDDATE	CHAR (6)	Letztes BIND-Datum im Format: yymmdd.
VALIDATE	CHAR (1)	Zeitpunkt der Gültigkeits-Prüfungen: B alle Prüfungen müssen während des BIND-Prozesses erfolgen, R die Prüfungen werden zurückgestellt bis zur Ausführungszeit, wenn Tables, Views oder Privilegien zur BIND-Zeit nicht existieren.
ISOLATION	CHAR (1)	Isolation Level des Plans (wirkt auf die LOCK-Dauer): R Repeatable Read (Halten der Pages bis zum COMMIT). S Cursor Stability (Lese-Lock nur auf der aktuellen Page). T Read Stability (Halten der Pages bis zum COMMIT). U Uncommitted Read (UR); dirty read.

VALID	CHAR (1)	Kennzeichen, ob der Plan gültig ist und ohne REBIND ausgeführt werden kann:
		A Die Definition einer Table oder eines Views wurde geändert - aber ohne REBIND-Erfordernis.
		H Die Definition einer Table oder eines Views wurde geändert.
		   ab V5: ohne REBIND-Erfordernis,
		   für DB2 vor V5: Es muss ein REBIND bzw. ein Automatic Rebind erfolgen.
		N Der Plan ist ungültig. Es muss ein REBIND bzw. ein Automatic Rebind erfolgen.
		Y Der Plan ist gültig.

OPERATIVE	CHAR (1)	Kennzeichen, ob der Plan ohne expliziten BIND oder REBIND benutzt werden kann: N Der Plan ist nicht ausführbar. Es muss zuvor ein REBIND bzw. ein BIND angestoßen werden. Y Der Plan ist ausführbar.

A3 Anhang - Definition der DB2-Katalog-Tabellen

Spalten-Name	Datentyp	Beschreibung
BINDTIME	CHAR (8)	Letzte BIND-Uhrzeit im Format: hhmmssth.
PLSIZE	INTEGER	Größe der Basis-Sektion des Plans, die bei der Ausführung permanent im EDM-Pool verfügbar sein muss, andere Sektionen werden bei Bedarf nachgeladen. Wird von DB2 zur Anforderung des Speicherbereiches verwendet (Wert in Anzahl Bytes).
IBMREQD	CHAR (1)	IBM-interne Identifikation.
AVGSIZE	INTEGER	Durchschnittsgröße der Sektionen, die SQL-Statements enthalten (Wert in Anzahl Bytes).
ACQUIRE	CHAR (1)	Kennzeichen, wann Ressourcen angefordert werden: A zum Zeitpunkt der Thread-Allocation, U zum Zeitpunkt der ersten Benutzung.
RELEASE	CHAR (1)	Kennzeichen, wann die Ressourcen freigegeben werden: C zum Zeitpunkt des COMMITs, D zum Zeitpunkt des Thread-DEALLOCATEs.
(EXREFERENCE)	CHAR (1)	Unbenutzt.
(EXSTRUCTURE)	CHAR (1)	Unbenutzt.
(EXCOST)	CHAR (1)	Unbenutzt.
EXPLAN	CHAR (1)	Kennzeichen, ob der BIND-Plan mit EXPLAIN YES vorgenommen wurde: N Nein. Y Die mittels EXPLAIN analysierten Statements werden in die PLAN_TABLE des Plan-Eigentümers eingestellt.
EXPREDICATE	CHAR (1)	CURRENTDATA-Option des BIND/REBIND PLANs: B Daten-Aktualität ist nicht gefordert. Blöcke können anstelle von Zeilen im Remote-Betrieb übertragen werden. C Daten-Aktualität ist gefordert. Der Block-Modus wird nicht unterstützt. N Der Block-Modus wird nicht unterstützt. Der Plan wurde vor Verfügbarkeit der CURRENTDATA-Option gebunden.
BOUNDBY	CHAR (8)	Primär-Autorisierungs-Id des Bind-Ausführenden.
QUALIFIER	CHAR (8)	Impliziter Präfix für die unqualifizierten Tables, Views, Synonyme oder Aliase der statischen SQL-Statements in diesem Plan.
CACHESIZE	SMALLINT	Größe des zu benutzenden Autorisierungs-Speichers im EDM-Pool. Wert 0 = es wird kein Cache benutzt.
PLENTRIES	SMALLINT	Anzahl der Package List-Einträge.
DEFERPREP	CHAR (1)	Kennzeichen, ob der Plan mit DEFER (PREPARE) gebunden wurde: N Nein. Y Ja.
CURRENTSERVER	CHAR (16)	Blank = Lokaler Server, ansonsten remote Lokations-Name.
SYSENTRIES	SMALLINT	Anzahl Zeilen in SYSPLSYSTEM.
DEGREE	CHAR (3)	0 oder negativer Wert = alle Verbindungen sind zulässig. Grad der Parallel-Verarbeitungsmöglichkeit einer Query: ANY DEGREE (ANY) = eine Parallel-Verarbeitung ist möglich. 1 oder Blank DEGREE (1) = es ist keine Parallel-Verarbeitung möglich.
SQLRULES	CHAR (1)	Kennzeichen, wie CONNECT-Statements zu behandeln sind: D oder Blank SQLRULES (DB2) = nach DB2-Regeln. S SQLRULES (STD) = nach Standard-Regeln.
DISCONNECT	CHAR (1)	Kennzeichen, wie die Freigabe von Connections nach einem COMMIT zu behandeln ist (Details siehe unter BIND PLAN): E oder Blank DISCONNECT (EXPLICIT) nur released Connections. A DISCONNECT (AUTOMATIC) sämtliche remote Connections. C DISCONNECT (CONDITIONAL) wie A, aber nicht, wenn ein offener Cursor WITH HOLD existiert.
GROUP_MEMBER	CHAR (8)	DB2 Data Sharing Group Member-Name, von dem der Bind aktiviert wurde. Blank bei einer non-data-sharing Umgebung.
DYNAMICRULES	CHAR (1)	Autorisierungsprüfungsregeln für dynamische SQL-Statements: B Behandlung wie statische SQL-Statements zur Ausführungszeit. Blank Behandlung wie dynamische SQL-Statements zur Ausführungszeit.
BOUNDTS	TIMESTAMP	Timestamp des letzten BINDs.
REOPTVAR	CHAR (1)	Kennzeichnung, ob zur Ausführungszeit eine wiederholte Zugriffspfadermittlung mit den aktuellen Inhalten von Host-Variablen und Spezialregistern durchgeführt wird: N Nein, nur zum BIND-Zeitpunkt oder bei dynamischem SQL mit Default-Werten für Host-Variablen (Option NOREOPT(VARS)). Y Ja, (Option REOPT(VARS)).
KEEPDYNAMIC	CHAR (1)	Kennzeichnung, ob dynamisch aufbereitete SQL-Statements beim COMMIT zur Wiederverwendung bestehen bleiben sollen: N Nein. Y Ja.
PATHSCHEMAS	VARCHAR (254)	SQL-Pfad, der beim BIND oder REBIND definiert wurde. Wurde der Parameter nicht vorgegeben, wird ein String mit der Länge 0 geführt. In diesem Fall wird der Default-Pfad benutzt: SYSIBM , SYSFUN , SYSPROC , plan qualifier
DBPROTOCOL	CHAR (1)	Remote-Zugriffe werden für dreiteilige Objektnamen vorgenommen mit: D DRDA-Protokoll P DB2-Private-Protokoll.

Spalten-Name	Datentyp	Beschreibung
FUNCTIONTS	TIMESTAMP	Timestamp der letzten BIND oder REBIND-Command-Ausführung.
OPTHINT	CHAR (8)	Wert des OPTHINT-Bind-Parameters. Damit wird eine Referenz zu Zeilen in der autorid.PLAN_TABLE gelegt. Blank, wenn der Parameter nicht vorgegeben wurde.

SYSIBM.SYSPLANAUTH

Diese Tabelle enthält alle expliziten GRANT-PLAN-Privilegien sowie alle impliziten eigenen Privilegien (GRANTOR und GRANTEE sind identisch).

Spalten-Name	Datentyp	Beschreibung
GRANTOR	CHAR (8)	Autorisierungs-Id des Benutzers, der das Privileg weitergegeben hat. Siehe auch SYSCOLAUTH-Tabelle.
GRANTEE	CHAR (8)	Autorisierungs-Id des Benutzers, der das Privileg empfangen hat. Siehe auch SYSCOLAUTH-Tabelle.
NAME	CHAR (8)	Name des Plans.
TIMESTAMP	CHAR (12)	Interner Zeitstempel mit Datum des GRANTs.
DATEGRANTED	CHAR (6)	Datum des GRANTs im Format: yymmdd.
TIMEGRANTED	CHAR (8)	Uhrzeit des GRANTs im Format: hhmmssth.
GRANTEETYPE	CHAR (1)	Unbenutzt.
AUTHHOWGOT	CHAR (1)	Autorisierungs-Level des Benutzers, von dem Privilegien empfangen wurden (Autorisierungs-Level von DB2, nicht zwingend der höchste Level des Grantors): C DBCTL D DBADM L SYSCTRL M DBMAINT S SYSADM BLANK Nicht verfügbar.

Die folgenden Spalten haben einen einheitlichen Aufbau. Sie steuern die Benutzer-Privilegien für die einzelnen bestehenden GRANT PLAN-Privilegien. Bedeutung der Feldinhalte:

    BLANK   Das Privileg ist nicht verfügbar.
    G   Das Privileg ist mit expliziter GRANT-Option (die Weitergabe des Privilegs ist möglich) vorhanden.
    Y   Das Privileg ist ohne explizite GRANT-Option vorhanden.

Spalten-Name	Datentyp	Beschreibung
BINDAUTH	CHAR (1)	Der GRANTEE kann für den Plan BIND, REBIND und FREE ausführen.
EXECUTEAUTH	CHAR (1)	Der GRANTEE kann Anwendungen ausführen, die den Plan benutzen.
IBMREQD	CHAR (1)	IBM-interne Identifikation.
GRANTEDTS	TIMESTAMP	Timestamp des GRANTs.

SYSIBM.SYSPLANDEP

Diese Tabelle enthält die Abhängigkeiten zwischen Plänen und anderen Objekten: siehe unter BTYPE.

Spalten-Name	Datentyp	Beschreibung
BNAME	VARCHAR (18)	Name des Objektes, zu dem die Abhängigkeit des Plans besteht.
BCREATOR	CHAR (8)	Autorisierungs-Id des Objekt-Eigentümers von BNAME. Wenn BNAME einen Tablespace identifiziert, dann enthält BCREATOR den Database-Name.
BTYPE	CHAR (1)	Objekt-Typ von BNAME: A Alias F User-defined Function oder Cast-Function I Index O Stored Procedure P Partitioned Tablespace R Tablespace S Synonym T Table V View.
DNAME	CHAR (8)	Name des Plans.
IBMREQD	CHAR (1)	IBM-interne Identifikation.

SYSIBM.SYSPLSYSTEM

Diese Tabelle enthält keine, eine oder mehrere Zeilen für jeden Plan. Jede Zeile definiert eine oder mehrere Verbindungen zu einem bestimmten Trägersystem, in dem der Plan ausgeführt (enabled) oder nicht ausgeführt (disabled) werden darf.

Spalten-Name	Datentyp	Beschreibung
NAME	CHAR (8)	Name des Plans.
SYSTEM	CHAR (8)	Trägersystem (Environment): BATCH TSO Batch CICS TP-Monitor CICS DB2CALL Batch-Call Attachment Facility (CAF) DLIBATCH DLI Batch IMSBMP TP-Monitor IMS BMP (Batch-Message Processing) IMSMPP TP-Monitor IMS MPP- und IFP-Region.
ENABLE	CHAR (1)	Kennzeichnung, ob Verbindungen erlaubt oder unzulässig sind: Y erlaubt (enabled), N unzulässig (disabled).

A3 - 1420 A3 Anhang - Definition der DB2-Katalog-Tabellen

Spalten-Name	Datentyp	Beschreibung
CNAME	CHAR (8)	Kennzeichnung der Connections in Abhängigkeit vom SYSTEM-Wert: Blank — SYSTEM = BATCH oder DB2CALL. Weist SYSTEM einen anderen Wert aus, gilt die Zeile für alle Server oder Connections. LU-Name — SYSTEM=REMOTE. Einzelne Connection — bei anderen SYSTEM-Werten.
IBMREQD	CHAR (1)	IBM-interne Identifikation.

SYSIBM.SYSPROCEDURES

Diese Tabelle enthält die Informationen einer Stored Procedure vor der Version 6. Ab der Version 6 werden diese Informationen in der Katalog-Tabelle SYSROUTINES geführt.
Bei der Installation der Version 6 werden sämtliche Einträge dieser SYSPROCEDURES-Table in die SYSROUTINES-Table konvertiert, wenn die Spalten AUTHID und LUNAME Werte ungleich Blank enthalten.

Spalten-Name		Datentyp	Beschreibung
PROCEDURE	*	CHAR (18)	Name der Stored Procedure, der beim SQL CALL spezifiziert wird.
AUTHID	*	CHAR (8)	Autorisierungs-Id des Benutzers, der die Anwendung mit dem SQL CALL ausführt. Bei Blank werden alle Ids akzeptiert.
LUNAME	*	CHAR (8)	LU-Name, des Systems, das den SQL CALL ausführt. Bei Blank werden alle LU-Namen akzeptiert.
LOADMOD	*	CHAR (8)	Name des Lade-Moduls (Membername der LOADLIB).
LINKAGE	*	CHAR (1)	Linkage-Konventionen der Parameterübergabe: Blank SIMPLE-Konvention, Eingabeparameter ohne NULL-Werte. N SIMPLE WITH NULL-Konvention, Eingabeparameter mit NULL-Werten.
COLLID	*	CHAR (18)	Name der bei der Ausführung der Stored Procedure zu nutzenden Collection. Bei Blank wird die Collection des aufrufenden Programms genutzt. In der Stored Procedure kann dann eine Ausnahme davon mit SET CURRENT PACKAGESET bestimmt werden.
LANGUAGE	*	CHAR (8)	Programmiersprache der Stored Procedure. Gültige Werte: 'ASSEMBLE', 'PLI', COBOL', oder 'C'.
ASUTIME	*	INTEGER	Anzahl der Service-Units. Bei Überschreitung wird die Stored Procedure abgebrochen. 0 Kein Limit und kein Abbruch.
STAYRESIDENT	*	CHAR (1)	Kennzeichen, ob die geladene Stored Procedure nach Verarbeitung im Speicher gehalten werden soll: Y Ja, die Prozedur bleibt im Speicher (speicherresident). Blank Nein, die Prozedur wird aus dem Speicher entfernt.
IBMREQD	*	CHAR (1)	IBM-interne Identifikation.
RUNOPTS	*	VARCHAR (254)	LE/370-Run-time-Optionen, bei Blank wirken Defaults.
PARMLIST	*	VARCHAR (3000)	Definition der Parameterliste, die als Eingabeparameter von der Stored Procedure erwartet wird (Struktur siehe Anhang 2: CALL).
RESULT_SETS	*	SMALLINT	Maximale Anzahl an Result-Sets, die von der Stored Procedure geliefert werden kann. 0 = es sind keine Result Sets erlaubt.
WLM_ENV	*	CHAR (18)	Name des Workload Manager Environments, wenn mehrere WLM-Adressräume genutzt werden sollen.
PGM_TYPE	*	CHAR (1)	Kennzeichen, ob die Stored Procedure unter Workload Manager Bedingungen als Haupt- oder Unterprogramm ausgeführt wird: M Ausführung als Hauptprogramm (oder keine WLM-Umgebung). S Ausführung als Unterprogramm.
EXTERNAL_SECURITY	*	CHAR (1)	Kennzeichen, ob für Nicht-SQL-Ressourcen ein RACF-Zugriffsschutz erforderlich ist: N Nein, nicht erforderlich (ausreichend, wenn nur auf SQL-Objekte zugegriffen wird). Y Ja, RACF-Zugriffsschutz für Nicht-SQL-Ressourcen soll von DB2 bei jeder Ausführung der Stored Procedure automatisch aufgebaut werden.
COMMIT_ON_RETURN	*	CHAR (1)	Kennzeichen, ob ein COMMIT bei jedem erfolgreichen Verlassen der Stored Procedure durchgeführt werden soll: N oder NULL Nein, die UOW wird nicht beendet (kein COMMIT). Y Ja, die UOW wird beendet (COMMIT).

SYSIBM.SYSRELS

Diese Tabelle enthält eine Zeile für jede referenzielle Verbindung (referential constraint) zwischen Tables.

Spalten-Name	Datentyp	Beschreibung
CREATOR	CHAR (8)	Autorisierungs-Id des Eigentümers der Dependent-Table des referential constraints.
TBNAME	VARCHAR (18)	Name der Dependent-Table des referential constraints.
RELNAME	CHAR (8)	Name der referenziellen Beziehung (constraint-name).
REFTBNAME	VARCHAR (18)	Name der Parent-Table des referential constraints.
REFTBCREATOR	CHAR (8)	Autorisierungs-Id des Eigentümers der Parent-Table.

Spalten-Name	Datentyp	Beschreibung
COLCOUNT	SMALLINT	Anzahl Spalten im Foreign-Key.
DELETERULE	CHAR (1)	Löschregel des referential constraints: C CASCADES (abhängige Zeilen löschen), R RESTRICTED (wenn abhängige Zeilen vorhanden sind, Anforderung abweisen, Default bei SQLRULES(DB2)). N SET NULL (Foreign Keys aller abhängigen Zeilen auf NULL setzen). A NO ACTION (wenn abhängige Zeilen vorhanden sind, Anforderung abweisen, Default bei SQLRULES(STD)).
IBMREQD	CHAR (1)	IBM-interne Identifikation.
RELOBID1	SMALLINT	Interne Identifikation des constraints innerhalb der Database, die die Parent-Table enthält.
RELOBID2	SMALLINT	Interne Identifikation des constraints innerhalb der Database, die die Dependent-Table enthält.
TIMESTAMP	TIMESTAMP	Zeitpunkt der Definition der referential constraints. Bei Beziehungen zwischen Katalogtabellen vor der DB2-Version 2.3 ist der Inhalt '1985-04-01-00.00.00.000000'.
IXOWNER	CHAR (8)	Falls der diesen Constraint überwachende Index ein Unique Non-Primary Index ist, Owner dieses Indexes. Inhalt '99999999', wenn der Index gelöscht worden ist, blank, wenn der Index ein Primary Index ist.
IXNAME	VARCHAR (18)	Falls der diesen Constraint überwachende Index ein Unique Non-Primary Index ist, Name dieses Indexes. Inhalt '99999999', wenn der Index gelöscht worden ist, blank, wenn der Index ein Primary Index ist.

SYSIBM.SYSRESAUTH

Diese Tabelle enthält folgende Privilegien:
- GRANT COLLECTION-Privilegien (CREATE IN und PACKADM ON)
- GRANT DISTINCT-Privilegien (USAGE)
- GRANT-USE-Privilegien für Bufferpools, Storage Groups und Tablespaces.

Bei einer Storage Group werden auch die impliziten eigenen Rechte geführt (GRANTOR und GRANTEE sind identisch).

Spalten-Name	Datentyp	Beschreibung
GRANTOR	CHAR (8)	Autorisierungs-Id des Benutzers, der das Privileg weitergegeben hat. Siehe auch SYSCOLAUTH-Tabelle.
GRANTEE	CHAR (8)	Autorisierungs-Id des Benutzers, der das Privileg empfangen hat. Siehe auch SYSCOLAUTH-Tabelle.
QUALIFIER	CHAR (8)	Objekt-Identifikation: Database-Name bei einem Tablespace. PACKADM bei PACKADM-Collection-Privilegien, siehe auch USEAUTH in gleicher Tabelle. Schema-Name bei einem Distinct Type Blank für Storage Group oder Bufferpool oder CREATE IN.
NAME	CHAR (18)	Objekt-Name: Individueller Name einer einzelnen Collection, Storage Group, eines Tablespaces, Bufferpools oder Distinct Types. ALL bei Vorgabe von USE OF ALL BUFFERPOOLS.
(GRANTEETYPE)	CHAR (1)	Unbenutzt.
AUTHHOWGOT	CHAR (1)	Autorisierungs-Level des Benutzers, von dem Privilegien empfangen wurden (Autorisierungs-Level von DB2, nicht zwingend der höchste Level des Grantors): A PACKADM (ON COLLECTION *) P PACKADM (ON bestimmter collection) C DBCTL D DBADM L SYSCTRL M DBMAINT S SYSADM BLANK Nicht verfügbar.
OBTYPE	CHAR (1)	Objekt-Typ: B Bufferpool C Collection D Distinct Type R Tablespace S Storage Group.
TIMESTAMP	CHAR (12)	Interner Zeitstempel mit Datum des GRANTs.
DATEGRANTED	CHAR (6)	Datum des GRANTs im Format: yymmdd.
TIMEGRANTED	CHAR (8)	Uhrzeit des GRANTs im Format: hhmmssth.
USEAUTH	CHAR (1)	Kennzeichen, Herkunft des Privilegs: G Das Privileg ist vorhanden mit der expliziten GRANT-Option (Weitergabe des Privilegs ist möglich). Y Das Privileg ist vorhanden ohne explizite GRANT-Option. Das empfangene Privileg ist: - PACKADM bei OBTYPE = C und QUALIFIER = PACKADM. - CREATE IN bei OBTYPE = C und QUALIFIER = Blank.
IBMREQD	CHAR (1)	IBM-interne Identifikation.
GRANTEDTS	TIMESTAMP	Timestamp des GRANTs.

SYSIBM.SYSROUTINEAUTH

Diese Tabelle enthält Privilegien für Routinen (User-defined- oder Cast-Funktionen) oder Stored Procedures.

Spalten-Name	Datentyp	Beschreibung
GRANTOR	CHAR (8)	Autorisierungs-Id des Benutzers, der das Privileg weitergegeben hat. Siehe auch SYSCOLAUTH-Tabelle.
GRANTEE	CHAR (8)	Autorisierungs-Id des Benutzers, der das Privileg empfangen hat. Siehe auch SYSCOLAUTH-Tabelle.
SCHEMA	CHAR (8)	Schema der Routine.
SPECIFICNAME	CHAR (18)	Spezifischer Name der Routine. * wenn für alle Routinen im Schema die Berechtigung besteht.
GRANTEDTS	TIMESTAMP	Timestamp des GRANTs.
ROUTINETYPE	CHAR (1)	Typ der Routine: F User-defined Function oder Cast-Function P Stored Procedure.
GRANTEETYPE	CHAR (1)	Typ des Privilegien-Empfängers (Inhalt der Spalte GRANTEE): Blank Autorisierungs-Id P Plan- oder Package-Name (bei einer Package ist COLLID ungleich Blank) R Interne Benutzung.
AUTHHOWGOT	CHAR (1)	Autorisierungs-Level des Benutzers, von dem Privilegien empfangen wurden (zum Zeitpunkt des GRANTs; nicht zwingend der höchste Level des Grantors): 1 der GRANTOR hat Rechte für alle Schemas (ON SCHEMA *) L SYSCTRL S SYSADM BLANK Nicht verfügbar.
EXECUTEAUTH	CHAR (1)	Merkmal, ob der GRANTEE Ausführungs-Privilegien für die Routine hat: G Das Privileg ist vorhanden mit der expliziten GRANT-Option (Weitergabe des Privilegs ist möglich). Y Das Privileg ist vorhanden ohne explizite GRANT-Option.
COLLID	CHAR (18)	Wenn der GRANTEE eine Package ist, der Collection-Id., sonst Blank.
CONTOKEN	CHAR (8)	Wenn der GRANTEE eine Package ist, der Konsistenz-Id. der Package, sonst Blank.
IBMREQD	CHAR (1)	IBM-interne Identifikation.

SYSIBM.SYSROUTINES

Diese Tabelle enthält eine Zeile für jede Routine (User-defined- oder Cast-Funktion) oder Stored Procedure.

Spalten-Name	Datentyp	Beschreibung
SCHEMA	CHAR (8)	Schema der Routine.
OWNER	CHAR (8)	Eigentümer der Routine.
NAME	CHAR (18)	Name der Routine.
ROUTINETYPE	CHAR (1)	Typ der Routine: F User-defined Function oder Cast-Function P Stored Procedure.
CREATEDBY	CHAR (8)	Autorisierungs-Id. unter dem die Routine angelegt wurde.
SPECIFICNAME	CHAR (18)	Spezifischer Name der Routine (Alternativname).
ROUTINEID	INTEGER	Interner Identifikator der Routine.
RETURN_TYPE	INTEGER	Ergebnis-Daten-Typ der Routine. Wert: -2 bei einer Table-Funktion.
ORIGIN	CHAR (1)	Ursprung der Routine: E External User-defined Function oder Stored Procedure U Basierend auf einer User-defined Function oder einer Builtin-Function S Systemgenerierte Funktion.
FUNCTION_TYPE	CHAR (1)	Typ der Funktion: Blank bei einer Stored Procedure - ROUTINETYPE = 'P' C Column Function S Scalar Function T Table Function.
PARM_COUNT	SMALLINT	Anzahl der Parameter der Routine.
LANGUAGE	CHAR (8)	Programmiersprache der Routine: Blank ORIGIN ist nicht = 'E' ASSEMBLE C COBOL PLI.
COLLID	CHAR (18)	Collection-Id., die benutzt wird, wenn die Routine ausgeführt wird. Bei Blank wird die Collection des aufrufenden Programms verwendet.
SOURCESCHEMA	CHAR (8)	Basiert die Funktion auf einer anderen (ORIGIN = 'U' und ROUTINETYPE = 'F'), wird hier der Schema-Name der referenzierten Funktion geführt, sonst Blank. Bei einer Source Builtin-Funktion wird hier 'SYSIBM' geführt.

A3 Anhang - Definition der DB2-Katalog-Tabellen

Spalten-Name	Datentyp	Beschreibung
SOURCESPECIFIC	CHAR (18)	Basiert die Funktion auf einer anderen (ORIGIN = 'U' und ROUTINETYPE = 'F'), wird hier der spezifische Funktions-Name der referenzierten Funktion geführt, sonst Blank.
DETERMINISTIC	CHAR (1)	Bei einer externen Funktion (ORIGIN = 'E' und ROUTINETYPE = 'F'): Y DETERMINISTIC; die Ergebnisse sind konsistent. N Nicht DETERMINISTIC; die Ergebnisse können bei konstanten Eingabe-Parametern differieren. Blank Keine externe Funktion.
EXTERNAL_ACTION	CHAR (1)	Bei einer externen Funktion (ORIGIN = 'E' und ROUTINETYPE = 'F'): E Die Funktion führt externe Aktivitäten durch. Die Anzahl der Aufrufe ist relevant. N Die Funktion führt keine externen Aktivitäten durch. Blank Keine externe Funktion.
NULL_CALL	CHAR (1)	Bei einer externen Funktion (ORIGIN = 'E' und ROUTINETYPE = 'F'): Y Die Funktion kann aufgerufen werden, auch wenn NULL-Werte übergeben werden (Parameter CALLED ON NULL INPUT). N Die Funktion kann nicht aufgerufen werden, wenn NULL-Werte übergeben werden. Blank Keine externe Funktion.
CAST_FUNCTION	CHAR (1)	Bei einer externen Funktion (ORIGIN = 'E' und ROUTINETYPE = 'F'): Y Die Funktion ist eine Cast-Funktion. N Die Funktion ist keine Cast-Funktion. Blank Keine externe Funktion.
SCRATCHPAD	CHAR (1)	Bei einer externen Funktion (ORIGIN = 'E' und ROUTINETYPE = 'F'): Y Die Funktion hat einen Zwischenbereich (SCRATCHPAD). N Die Funktion hat keinen Zwischenbereich. Blank Keine externe Funktion.
SCRATCHPAD_LENGTH	INTEGER	Länge des Zwischenbereichs (bei SCRATCHPAD = 'Y'), ansonsten 0.
FINAL_CALL	CHAR (1)	Bei einer externen Funktion (ORIGIN = 'E' und ROUTINETYPE = 'F'): Y Die Funktion verfügt über einen eigenständigen letzten Aufruf. N Die Funktion verfügt nicht über einen eigenständigen letzten Aufruf. Blank Keine externe Funktion.
PARALLEL	CHAR (1)	Bei einer externen Funktion (ORIGIN = 'E' und ROUTINETYPE = 'F'): A Die Funktion kann parallel aktiviert werden. D Die Funktion kann nicht parallel aktiviert werden. Blank Keine externe Funktion.
PARAMETER_STYLE	CHAR (1)	Bei einer externen Funktion oder einer Prozedur (ORIGIN = 'E'): D DB2SQL. G GENERAL. (Standard-Konvention). N GENERAL CALL WITH NULLS.
FENCED	CHAR (1)	Bei einer externen Funktion oder einer Prozedur (ORIGIN = 'E'): Y Die Routine wird in einem Adressraum außerhalb von DB2 aktiviert. N Die Routine wird im DB2-Adressraum aktiviert. Blank Keine externe Funktion oder Stored Procedure.
SQL_DATA_ACCESS	CHAR (1)	Bei einer externen Funktion oder einer Prozedur (ORIGIN = 'E'): N NO SQL. Es sind keine SQL-Statements erlaubt. C CONTAINS SQL. Es sind nur SQL-Statements erlaubt, die weder lesend noch schreibend auf Daten zugreifen. R READS SQL DATA Es sind nur SQL-Statements erlaubt, die lesend auf Daten zugreifen. M MODIFIES SQL DATA Es sind alle SQL-Statements erlaubt. Blank Nicht verfügbar.
DBINFO	CHAR (1)	Bei einer externen Funktion oder einer Prozedur (ORIGIN = 'E'): Y Die Routine erhält DBINFO-Parameter. N Die Routine erhält keine DBINFO-Parameter.
STAYRESIDENT	CHAR (1)	Bei einer externen Funktion oder einer Prozedur (ORIGIN = 'E'): Y Die Routine bleibt nach Ausführungsende im Speicher. N Die Routine bleibt nach Ausführungsende nicht im Speicher. Blank Keine externe Funktion oder Stored Procedure.
ASUTIME	INTEGER	Max. Anzahl zulässiger CPU-Service-Units pro Aufruf.
WLM_ENVIRONMENT	CHAR (18)	Name des WLM-Environments. Bei Prozeduren (ROUTINETYPE= 'P') kann hier Blank auftreten und bedeutet Ausführung im SPAS.
WLM_ENV_FOR_NESTED	CHAR (1)	Bei verschachtelten Routine-Aufrufen (nested) Merkmal, ob die aufgerufene Routine im eigenen Adressraum oder im Adressraum der aufrufenden Routine ausgeführt wird. Y Die Routine wird im Adressraum der aufrufenden Routine ausgeführt. WLM ENVIRONMENT (name,*) wurde definiert. N Die Routine wird dann im eigenen Adressraum ausgeführt, wenn sich die Namen unterscheiden. WLM ENVIRONMENT (name) wurde definiert. Blank WLM ENVIRONMENT ist Blank.
PROGRAM_TYPE	CHAR (1)	Bei einer externen Funktion oder einer Prozedur (ORIGIN = 'E'): M Die Routine läuft als Language-Environment Hauptprogramm. S Die Routine läuft als Unterprogramm. Blank Keine externe Funktion oder Stored Procedure.
EXTERNAL_SECURITY	CHAR (1)	Bei einer externen Funktion oder einer Prozedur (ORIGIN = 'E'): D DB2. Der Autorisierungs-Id des WLM-Environments wird benutzt. U USER. Der Autorisierungs-Id des Aufrufers der Routine wird benutzt. C DEFINER. Der Autorisierungs-Id des Eigentümers der Routine wird benutzt. Blank Keine externe Funktion oder Stored Procedure.

Spalten-Name	Datentyp	Beschreibung
COMMIT_ON_RETURN	CHAR (1)	Bei einer Prozedur (ROUTINETYPE= 'P'): Y Bei Rückgabe der Steuerung wird ein COMMIT ausgeführt. N Bei Rückgabe der Steuerung wird kein COMMIT ausgeführt Blank Keine Stored Procedure.
RESULT_SETS	SMALLINT	Bei einer Prozedur (ROUTINETYPE= 'P') die maximale Anzahl von Query Result Sets, die von dieser Routine zurückgegeben werden kann.
LOBCOLUMNS	SMALLINT	Bei einer externen Funktion oder einer Prozedur (ORIGIN = 'E') die Anzahl von Parametern dieser Routine mit LOB-Daten-Typen.
CREATEDTS	TIMESTAMP	Zeitpunkt der Erstellung dieser Routine.
ALTEREDTS	TIMESTAMP	Zeitpunkt der Ausführung des letzten ALTER-Statements für diese Routine.
IBMREQD	CHAR (1)	IBM-interne Identifikation.
PARM1	SMALLINT	Interne Benutzung.
PARM2	SMALLINT	Interne Benutzung.
......		Insgesamt 30 Parameter.
PARM30	SMALLINT	Interne Benutzung.
IOS_PER_INVOC *	FLOAT	Geschätzte Anzahl von I/Os für die Ausführung der Routine. Bei Defaultwert '-1' wird vom Optimizer der Wert 0 kalkuliert. Diese Spalte wird vom Optimizer für die Kostenanalyse der Routine genutzt. Informationen können nur durch manuellen Update eingestellt werden.
INSTS_PER_INVOC *	FLOAT	Geschätzte Anzahl von Instruktionen für die Ausführung der Routine. Bei Defaultwert '-1' wird vom Optimizer der Wert 4000 kalkuliert. Diese Spalte wird vom Optimizer für die Kostenanalyse der Routine genutzt. Informationen können nur durch manuellen Update eingestellt werden.
INITIAL_IOS *	FLOAT	Geschätzte Anzahl von I/Os für die Ausführung des ersten oder letzten Aufrufs der Routine. Bei Defaultwert '-1' wird vom Optimizer der Wert 0 kalkuliert. Diese Spalte wird vom Optimizer für die Kostenanalyse der Routine genutzt. Informationen können nur durch manuellen Update eingestellt werden.
INITIAL_INSTS *	FLOAT	Geschätzte Anzahl von Instruktionen für die Ausführung des ersten oder letzten Aufrufs der Routine. Bei Defaultwert '-1' wird vom Optimizer der Wert 40000 kalkuliert. Diese Spalte wird vom Optimizer für die Kostenanalyse der Routine genutzt. Informationen können nur durch manuellen Update eingestellt werden.
CARDINALITY *	FLOAT	Geschätzte Anzahl zu verarbeitender Zeilen für die Ausführung der Routine. Bei Defaultwert '-1' wird vom Optimizer der Wert 10000 kalkuliert. Diese Spalte wird vom Optimizer für die Kostenanalyse der Routine genutzt. Informationen können durch manuellen Update aktualisiert werden.
RESULT_COLS	SMALLINT	Bei einer Table Function (FUNCTION_TYPE = 'T') die Anzahl der Result Table Spalten. Defaultwert ist 1.
EXTERNAL_NAME	CHAR (254)	Bei einer externen Funktion oder einer Prozedur (ORIGIN = 'E') der Name zum Laden der Funktion: path/module/function. Default ist Blank.
PARM_SIGNATURE	VARCHAR (150)	Interne Nutzung.
RUNOPTS	VARCHAR (254)	LE/370-Run-time-Optionen, bei Blank wirken Defaults.
REMARKS	VARCHAR (254)	Kommentar aus dem COMMENT ON-Statement.

SYSIBM.SYSSCHEMAAUTH

Diese Tabelle enthält Privilegien für Routinen (User-defined- oder Cast-Funktionen) oder Stored Procedures.

Spalten-Name	Datentyp	Beschreibung
GRANTOR	CHAR (8)	Autorisierungs-Id des Benutzers, der das Privileg weitergegeben hat oder SYSADM. Siehe auch SYSCOLAUTH-Tabelle.
GRANTEE	CHAR (8)	Autorisierungs-Id des Benutzers, der das Privileg empfangen hat. Siehe auch SYSCOLAUTH-Tabelle.
SCHEMANAME	CHAR (8)	Name des Schemas. * = Recht gilt für alle Schemas.
AUTHHOWGOT	CHAR (1)	Autorisierungs-Level des Benutzers, von dem Privilegien empfangen wurden (zum Zeitpunkt des GRANTs; nicht zwingend der höchste Level des Grantors): 1 der GRANTOR hat Rechte für alle Schemas (ON SCHEMA *) L SYSCTRL S SYSADM
CREATEINAUTH	CHAR (1)	Merkmal, ob der GRANTEE CREATEIN-Privilegien für das Schema hat: G Das Privileg ist vorhanden mit der expliziten GRANT-Option (Weitergabe des Privilegs ist möglich). Y Das Privileg ist vorhanden ohne explizite GRANT-Option. Blank Privileg ist nicht vorhanden.
ALTERINAUTH	CHAR (1)	Merkmal, ob der GRANTEE ALTERIN-Privilegien für das Schema hat: G Das Privileg ist vorhanden mit der expliziten GRANT-Option (Weitergabe des Privilegs ist möglich). Y Das Privileg ist vorhanden ohne explizite GRANT-Option. Blank Privileg ist nicht vorhanden.

Spalten-Name	Datentyp	Beschreibung
DROPINAUTH	CHAR (1)	Merkmal, ob der GRANTEE DROPIN-Privilegien für das Schema hat:
		G Das Privileg ist vorhanden mit der expliziten GRANT-Option (Weitergabe des Privilegs ist möglich).
		Y Das Privileg ist vorhanden ohne explizite GRANT-Option.
		Blank Privileg ist nicht vorhanden.
GRANTEDTS	TIMESTAMP	Timestamp des GRANTs.
IBMREQD	CHAR (1)	IBM-interne Identifikation.

SYSIBM.SYSSTMT

Diese Tabelle enthält in einer oder mehreren Zeilen den SQL-Statement-Text für jedes SQL-Statement eines direkt in einen Plan eingebundenen DBRMs.

Spalten-Name	Datentyp	Beschreibung
NAME	CHAR (8)	Name des DBRMs.
PLNAME	CHAR (8)	Name des Plans.
PLCREATOR	CHAR (8)	Autorisierungs-Id des Plan-Eigentümers.
SEQNO	SMALLINT	Lfd. Positions-Nr. des SQL-Statements innerhalb PLNAME, NAME.
STMTNO	SMALLINT	Statement-Nr. des SQL-Statements im Anwendungs-Programm. Ein Wert größer 32767 wird als 0 oder als negative Zahl ausgewiesen. Bei einer negativen Zahl kann 65536 zur negativen Zahl addiert werden. Dies führt wieder zur Statement-Nr. im Programm. Siehe auch STMTNOI.
SECTNO	SMALLINT	Zugehörige Sektions-Nr (DB2 lädt Package-Sektionen bei Bedarf). Bei einer hohen Anzahl von Sektionen steht der Wert in SECTNOI.
IBMREQD	CHAR (1)	IBM-interne Identifikation.
TEXT	VARCHAR (254)	Gesamtes SQL-Statement oder ein Teil davon mit Folgezeile(n).
ISOLATION	CHAR (1)	Isolation Level des SQL-Statements (wirkt auf die LOCK-Dauer):
		R Repeatable Read (Halten der Pages bis zum COMMIT).
		T Read Stability.
		S Cursor Stability (Lese-Lock nur auf der aktuellen Page).
		U Uncommitted Read (UR); dirty read.
		L KEEP UPDATE LOCKS bei Read Stability.
		X KEEP UPDATE LOCKS bei Repeatable Read.
		Blank Nicht definiert, Wert wird von Package oder Plan bestimmt.
STATUS	CHAR (1)	Bind-Status bzw. Art des SQL-Statements mit der Kennzeichnung, ob bei der Zugriffspfadermittlung Default-Werte (D) oder tatsächliche Inhalte (I) für Host-Variable verwendet werden.
		A Systemgesteuerter Zugriff auf andere Lokation D
		B Systemgesteuerter Zugriff auf andere Lokation I
		C Statement erfolgreich gebunden ohne REOPT(VARS) D
		E Nur SQL-Explain Statement. D
		F Statement nicht erfolgreich gebunden, aber VALIDATE(RUN), d.h. Statement wird bei Ausführung nochmal gebunden. I
		G Statement erfolgreich gebunden mit REOPT(VARS) I
		H Entweder ist Statement vom Typ DDL (CREATE, DROP, ALTER) oder aber: kein erfolgreicher Bind mit Vorgabe von VALIDATE(RUN), d.h. Statement wird bei Ausführung nochmal gebunden. D
		I Dynamisches SQL D
		J Dynamisches SQL I
		K Aufruf einer Stored Procedure (CALL) -
		L Statement ist nur leicht fehlerhaft (Allowable Error), dennoch nicht ausführbar. -
		Blank Statement ist nicht ausführbar oder vor V5 gebunden.
ACCESSPATH	CHAR (1)	Kennzeichen, ob für das Statement die benutzerdefinierbaren Optimization-Hints genutzt werden:
		Blank Keine Nutzung der Optimization-Hints oder ein dynamisches SQL-Statement.
		H Die vorgegebenen Optimization-Hints werden benutzt.
STMTNOI	INTEGER	Statement-Nr. des SQL-Statements im Anwendungs-Programm. Siehe auch STMTNO.
SECTNOI	INTEGER	Zugehörige Sektions-Nr (DB2 lädt Package-Sektionen bei Bedarf). Siehe auch SECTNO.

SYSIBM.SYSSTOGROUP

Diese Tabelle enthält eine Zeile pro Storage Group.

Spalten-Name	Datentyp	Beschreibung
NAME	CHAR (8)	Name der Storage Group.
CREATOR	CHAR (8)	Autorisierungs-Id des Eigentümers der Storage Group.
VCATNAME	CHAR (8)	Name des VSAM-Kataloges (ICF-Katalog).
(VPASSWORD)	CHAR (8)	unbenutzt.
SPACE	INTEGER	Größe der DASD-Platzanforderung in K-Bytes. Wird durch das STOSPACE-Utility gesetzt.

Spalten-Name	Datentyp	Beschreibung
SPCDATE	CHAR (5)	Datum des letzten Updates der SPACE-Spalte im Format: yyddd.
IBMREQD	CHAR (1)	IBM-interne Identifikation.
CREATEDBY	CHAR (8)	Primär-Autorisierungs-Id des Erstellers der Storage-Group.
STATSTIME	TIMESTAMP	Timestamp des letzten STOSPACE-Utility-Laufes.
CREATEDTS	TIMESTAMP	Timestamp des CREATE STOGROUP.
ALTEREDTS	TIMESTAMP	Timestamp des letzten ALTER STOGROUP. Ist gleich CREATEDTS, solange kein ALTER durchgeführt worden ist.

SYSIBM.SYSSTRINGS

Diese Tabelle enthält Character-Konvertierungs-Informationen für verteilte Daten. Jede Zeile beschreibt Konvertierungs-Regeln von einem bestimmten Character-Set auf einen anderen Character-Set.
Von IBM werden bestimmte Konvertierungs-Regeln geliefert (IBMREQD = Y). Individuelle Konvertierungs-Regeln können mit normalen SQL-Mitteln verwaltet werden (IBMREQD = N).
INCCSID, OUTCCSID und IBMREQID sind PK-Bestandteile und müssen eindeutig sein.

Spalten-Name		Datentyp	Beschreibung
INCCSID	*	INTEGER	Coded Character Set Identifier der Eingabedaten (Source CCSID). Beispiele: 273 Deutschland 500 Schweiz 285 Groß-Britannien 37 USA.
OUTCCSID	*	INTEGER	Coded Character Set Identifier der Ausgabedaten (Target CCSID). Beispiele siehe INCCSID.
TRANSTYPE	*	CHAR (2)	Konvertierungs-Typ: GG GRAPHIC auf GRAPHIC MM EBCDIC MIXED auf EBCDIC MIXED MS EBCDIC MIXED auf EBCDIC SBCS PM ASCII MIXED auf EBCDIC MIXED PS ASCII MIXED auf EBCDIC SBCS SM SBCS auf EBCDIC MIXED SS SBCS auf EBCDIC SBCS MP EBCDIC MIXED auf ASCII MIXED PP ASCII MIXED auf ASCII MIXED SP SBCS auf ASCII MIXED.
ERRORBYTE	*	CHAR (1) FOR BIT DATA	Fehlerbyte der Konvertierungs-Tabelle (TRANSTAB). Beispiel: X'3E' in TRANSTAB wird als Fehlerbyte definiert und identifiziert keinen umzusetzenden Inhalt. NULL = es wurde kein Fehlerbyte definiert.
SUBBYTE	*	CHAR (1) FOR BIT DATA	Austauschbyte (Substitution Character) der Konvertierungs-Tabelle (TRANSTAB). Beispiel: X'3F' in TRANSTAB wird als Austauschbyte definiert und identifiziert den umzusetzenden Inhalt. NULL = es wurde kein Austauschbyte definiert.
TRANSPROC	*	CHAR (8)	Name eines Konvertierungs-Modules oder Blank. Wenn IBMREQD = N, dann Benutzer-individuelles Modul, wenn IBMREQD = Y, dann Blank oder DB2-Konvertierungs-Tabelle.
IBMREQD		CHAR (1)	IBM-interne Identifikation. Y = IBM-Konvertierungs-Routine.
TRANSTAB	*	VARCHAR (256) FOR BIT DATA	Entweder eine Konvertierungs-Tabelle oder leerer String.

SYSIBM.SYSSYNONYMS

Diese Tabelle enthält eine Zeile für jedes Synonym einer Table bzw. eines Views.

Spalten-Name	Datentyp	Beschreibung
NAME	VARCHAR (18)	Name des Synonyms.
CREATOR	CHAR (8)	Autorisierungs-Id des Synonym-Eigentümers.
TBNAME	VARCHAR (18)	Name der Table bzw. des Views.
TBCREATOR	CHAR (8)	Autorisierungs-Id des Table- bzw. View-Eigentümers.
IBMREQD	CHAR (1)	IBM-interne Identifikation.
CREATEDBY	CHAR (8)	Primär-Autorisierungs-Id des Synonym-Erstellers.
CREATEDTS	TIMESTAMP	Timestamp des CREATE SYNONYM.

A3 Anhang - Definition der DB2-Katalog-Tabellen

Spalten-Name	Datentyp	Beschreibung

SYSIBM.SYSTABAUTH

Diese Tabelle enthält GRANT-TABLE-Privilegien (Privilegien auf Tables oder Views).
Hier werden geführt:
- Alle explizit mittels GRANT ausgesprochenen Privilegien.
- Alle impliziten Privilegien für eine Table bzw. einen View.
  Es werden auch implizite Privilegien der Eigentümer geführt, wenn Objekte aufgrund eines expliziten Privileges angelegt werden (GRANTOR und GRANTEE = USER).
- Alle impliziten Plan-Privilegien, soweit sie auf einem Sekundär-Id basieren.

Spalten-Name	Datentyp	Beschreibung
GRANTOR	CHAR (8)	Autorisierungs-Id des Benutzers, der das Privileg weitergegeben hat. Siehe auch SYSCOLAUTH-Tabelle.
GRANTEE	CHAR (8)	Autorisierungs-Id des Benutzers, der das Privileg empfangen hat bzw. der Name des Plans, der das Privileg benutzt (der Privilegierte kann ein Benutzer oder ein Plan sein). Siehe auch SYSCOLAUTH-Tabelle.
GRANTEETYPE	CHAR (1)	Typ des Privilegien-Empfängers: BLANK - der GRANTEE ist ein Autorisierungs-Id. P - der GRANTEE ist ein Plan oder eine Package (wenn COLLID ungleich Blank).
DBNAME	CHAR (8)	Name der Database wenn der GRANTOR folgende Privilegien hat: DBADM, DBMAINT oder DBCTRL, sonst Blank.
SCREATOR	CHAR (8)	Autorisierungs-Id des Table- bzw. View-Eigentümers, auf den beim CREATE VIEW verwiesen wird. Wenn die Zeile keinen View beschreibt, ist der Inhalt identisch mit TCREATOR.
STNAME	VARCHAR (18)	Name von Table bzw. View, auf den beim CREATE VIEW verwiesen wird. Wenn die Zeile keinen View beschreibt, identisch mit TTNAME.
TCREATOR	CHAR (8)	Autorisierungs-Id des Table- bzw. View-Eigentümers.
TTNAME	VARCHAR (18)	Name der Table bzw. des Views.
AUTHHOWGOT	CHAR (1)	Autorisierungs-Level des Benutzers, von dem Privilegien empfangen wurden (Autorisierungs-Level von DB2, nicht zwingend der höchste Level des Grantors): C DBCTL D DBADM L SYSCTRL M DBMAINT S SYSADM BLANK Nicht verfügbar.
TIMESTAMP	CHAR (12)	Interner Zeitstempel mit Datum des GRANTs.
DATEGRANTED	CHAR (6)	Datum des GRANTs im Format: yymmdd.
TIMEGRANTED	CHAR (8)	Uhrzeit des GRANTs im Format: hhmmssth.
UPDATECOLS	CHAR (1)	Kennzeichen, ob ein einzelnes UPDATE-Privileg vorhanden ist (in Verbindung mit UPDATEAUTH). BLANK - für alle Spalten gilt das UPDATE-Privileg. * - einzelne, aber nicht alle Spalten haben ein UPDATE-Privileg. In diesem Falle stehen entsprechende Zeilen in der Katalogtabelle SYSCOLAUTH mit gleichem TIMESTAMP und PRIVILEGE = blank.

Die folgenden Spalten haben einen einheitlichen Aufbau. Sie steuern die Benutzer-Privilegien für die einzelnen bestehenden GRANT TABLE-Privilegien. Bedeutung der Feldinhalte:
- BLANK   Das Privileg ist nicht verfügbar.
- G   Das Privileg ist mit expliziter GRANT-Option (die Weitergabe des Privilegs ist möglich) vorhanden.
- Y   Das Privileg ist ohne explizite GRANT-Option vorhanden.

Spalten-Name	Datentyp	Beschreibung
ALTERAUTH	CHAR (1)	Der GRANTEE kann die Table mit ALTER verarbeiten.
DELETEAUTH	CHAR (1)	Der GRANTEE kann Zeilen aus der Table bzw. über den View löschen.
INDEXAUTH	CHAR (1)	Der GRANTEE kann Indizes auf die Table anlegen.
INSERTAUTH	CHAR (1)	Der GRANTEE kann Zeilen in der Table bzw. über den View einfügen.
SELECTAUTH	CHAR (1)	Der GRANTEE kann Zeilen aus der Table bzw. über den View selektieren.
UPDATEAUTH	CHAR (1)	Der GRANTEE kann Zeilen in der Table bzw. über den View verändern.
IBMREQD	CHAR (1)	IBM-interne Identifikation.
GRANTEELOCATION	CHAR (16)	Unbenutzt.
LOCATION	CHAR (16)	Unbenutzt.
COLLID	CHAR (18)	Wenn der GRANTEE eine Package ist, dann wird hier der Collection Name geführt, sonst Blank.
CONTOKEN	CHAR (8)	Wenn der GRANTEE eine Package ist, dann wird hier der Konsistenz-Stand der Package geführt, sonst Blank.
CAPTUREAUTH	CHAR (1)	Unbenutzt.
REFERENCESAUTH	CHAR (1)	Der GRANTEE kann referenzielle Konstrukte anlegen und löschen.
REFCOLS	CHAR (1)	Kennzeichen, ob ein einzelnes REFERENCE-Privileg vorhanden ist (in Verbindung mit REFERENCESAUTH). BLANK - für alle Spalten gilt das REFERENCE-Privileg. * - einzelne, aber nicht alle Spalten haben ein REFERENCE-Privileg. In diesem Falle stehen entsprechende Zeilen in der Katalogtabelle SYSCOLAUTH mit gleichem TIMESTAMP und PRIVILEGE = R.
GRANTEDTS	TIMESTAMP	Timestamp des GRANTs.
TRIGGERAUTH	CHAR (1)	Der GRANTEE kann Trigger definieren, in denen diese Tabelle als Triggered Table zugeordnet wird.

Spalten-Name	Datentyp	Beschreibung

A3 - 1428   A3 Anhang - Definition der DB2-Katalog-Tabellen

SYSIBM.SYSTABLEPART

Diese Tabelle enthält eine Zeile für jeden unpartitioned Tablespace und eine Zeile für jede Partition eines partitioned Tablespace.

Spalten-Name	Datentyp	Beschreibung
PARTITION	SMALLINT	Partition-Nummer, 0 bei einem unpartitioned Tablespace.
TSNAME	CHAR (8)	Name des Tablespaces.
DBNAME	CHAR (8)	Name der Database, die den Tablespace enthält.
IXNAME	VARCHAR (18)	Name des partitioned Index bzw. Blank bei einem unpartitioned Tablespace.
IXCREATOR	CHAR (8)	Autorisierungs-Id des partitioned-Index-Eigentümers bzw. Blank bei einem unpartitioned Tablespace.
PQTY	INTEGER	Primär-Platzanforderung in 4-K-Blöcken, 0 wenn keine Storage Group benutzt wird.
SQTY	SMALLINT	Sekundär-Platzanforderung in 4-K-Blöcken. Passt der Wert nicht in diese Spalte, wird hier 32767 geführt und der Wert ist in SECQTYI enthalten. 0 wenn keine Storage Group benutzt wird.
STORTYPE	CHAR (1)	Typ der Speicherzuordnung: E Explizit (Storage Group wird nicht benutzt). I Implizit (Storage Group wird benutzt).
STORNAME	CHAR (8)	Name der Storage Group bzw. Blank.
VCATNAME	CHAR (8)	Name des VSAM-Katalogs (ICF-Katalog).
CARD	S INTEGER	Anzahl Zeilen innerhalb des Tablespaces bzw. der Partition, vor Statistiken: -1. Bei LOB-Tablespaces wird hier die Anzahl der LOB-Werte geführt. Der maximale Wert ist 2147483647.
FARINDREF	S INTEGER	Anzahl Zeilen, die außerhalb der optimalen Page-Position liegen (wg. Verlängerung variabler Zeilen), vor Statistiken: -1. Nicht für LOB-Tablespaces. Bei Direkt-Zugriff dieser Zeile entsteht ein erhöhter IO-Aufwand . Far sind alle Zeilen, die sich außerhalb der 16 benachbarten Pages befinden.
NEARINDREF	S INTEGER	Anzahl Zeilen, die nahe, aber nicht in der optimalen Page-Position liegen (wg. Verlängerung variabler Zeilen), vor Statistiken: -1. Nicht für LOB-Tablespaces.
PERCACTIVE	S SMALLINT	Prozentsatz des Tablespaces bzw. der Partition mit aktiven Tabellenzeilen, vor Statistiken: -1. Bei einem LOB-Tablespaces wird hier -2 geführt.
PERCDROP	S SMALLINT	Bei non-segmented Tablespaces der Prozentsatz an Zeilen von gelöschten Tabellen. Nach einem Reorganisationslauf bzw. bei einem segmented Tablespace ist der Wert immer 0, vor Statistiken: -1. Nicht für Auxiliary Tables.
IBMREQD	CHAR (1)	IBM-interne Identifikation.
LIMITKEY	VARCHAR (512)	Key-Höchstwert der Partition in externem Format oder 0 bei einem unpartitioned Tablespace.
FREEPAGE	SMALLINT	Anzahl Daten-Pages vor einer Frei-Page (nach n Pages wird eine komplette Page für spätere Einfügungen freigehalten).
PCTFREE	SMALLINT	Freiplatz in Prozent pro Page (Reserve innerhalb der Page).
CHECKFLAG	CHAR (1)	Kennzeichnung, ob ein "Check Pending Status" vorliegt: C = der Tablespace befindet sich im "Check-Pending Status". Es können Verstöße gegen referenzielle Integritätsbedingungen und/oder Check Constraints vorliegen. Blank = keine Integritätsverstöße bzw. der Tablespace ist unpartitioned.
(CHECKRID)	CHAR (4)	wird seit V5 nicht mehr benutzt. Ersatz CHECKRID5B.
SPACE	INTEGER	Größe der DASD-Platzanforderung in K-Bytes für die Partition. Wird durch das STOSPACE-Utility gesetzt.
COMPRESS	CHAR (1)	Kennzeichen, ob bei einem nonpartitioned Tablespace die Daten des gesamten Tablespaces oder bei einem partitioned Tablespace die Daten der einzelnen Partition komprimiert gespeichert werden: Y es wird komprimiert (COMPRESS YES). Blank es wird nicht komprimiert (COMPRESS NO).
PAGESAVE	S SMALLINT	Kalkulierter Prozentsatz der Platzeinsparung aufgrund einer Kompression der Daten. Eine hier ausgewiesene Einsparung (z.B. 30 für 30 Prozent) berücksichtigt den Platzbedarf für interne Zwecke, das Kompressions-Directory und den aktuellen Freiplatz. Die Kalkulationsbasis bezieht sich auf eine durchschnittliche Zeilenlänge und kann im Einzelfall aufgrund der realen Zeilenlängen abweichen. Ein Wert von 0 zeigt entweder keine Platzeinsparung auf oder das RUNSTATS-Utility wurde noch nicht aktiviert. Im Ausnahmefall kann ein negativer Wert auftreten, wenn durch die Kompression mehr Pages als ohne Kompression ermittelt werden (bei sehr kleinen Beständen oder wenn keine Kompression möglich ist).
STATSTIME	S TIMESTAMP	Timestamp des letzten RUNSTATS-Laufes.
GBPCACHE	CHAR (1)	Group Bufferpool-Cache-Option, die definiert wurde: A Geänderte und unveränderte Pages werden geführt. N Es werden dort keine Pages geführt. S Nur geänderte System-Pages werden geführt. Blank Nur geänderte Pages werden geführt.

Spalten-Name	Datentyp	Beschreibung
CHECKRID5B	CHAR (5)	Verweis auf die erste Zeile, die einen Verstoß gegen Constraint-Bedingungen (CHECK PENDING) enthält: Blank — wenn CHECKFLAG = BLANK. X'0000000000' — Ein Integritäts-Verstoß ist generell möglich. Sonstiger Inhalt — RID der ersten Zeile, die gegen Integritätsbedingungen verstoßen kann.
TRACKMOD	CHAR (1)	Merkmal, ob Page-Modifikationen in den Space Map Pages geführt werden Blank — Ja N — Nein.
EPOCH	INTEGER	Ein Zähler, der immer dann erhöht wird, wenn sich Zuordnungen von Zeilen in der Tabelle ändern.
SECQTYI	INTEGER	Sekundär-Platzanforderung in 4-K-Blöcken. Siehe auch SQTY. 0 wenn keine Storage Group benutzt wurde.
CARDF	S FLOAT	Anzahl Zeilen oder LOBs, die in der Partition geführt werden.
IPREFIX	CHAR (1)	Reserviert.
ALTEREDTS	TIMESTAMP	Letzter Änderungszeitpunkt durch ALTER TABLESPACE. Wurde kein ALTER TABLESPACE durchgeführt, wird '0001-01-01.00.00.00.000000' geführt.

SYSIBM.SYSTABLES

Diese Tabelle enthält eine Zeile für jede Table, View oder Alias.

Spalten-Name	Datentyp	Beschreibung
NAME	VARCHAR (18)	Name von Table, View oder Alias.
CREATOR	CHAR (8)	Autorisierungs-Id des Table-, View,- bzw. Alias-Eigentümers.
TYPE	CHAR (1)	Kennzeichen, welcher Objekt-Typ beschrieben wird: A Alias G Temporäre Table T Table V View X Auxiliary Table.
DBNAME	CHAR (8)	Name der Database: - für eine Table oder einen View auf Tables, den Namen der Database, die den in TSNAME abgelegten Tablespace enthält. - für einen Alias, eine temporäre Table oder einen View auf einen anderen View, Name der Katalog-Database = DSNDB06.
TSNAME	CHAR (8)	Name des Tablespaces: - für eine Table oder einen View auf eine einzige Table, der Name des Tablespaces, der die Table enthält. - für einen View auf mehrere Tables, den Name eines Tablespaces, der eine der Tables enthält. - für einen temporäre Table = SYSPKAGE. - für einen View auf einen anderen View = SYSDVIEWS. - für einen Alias = SYSDBAUT.
DBID	SMALLINT	Interne Identifikation der Database, 0 bei View, Alias oder temporärer Table.
OBID	SMALLINT	Interne Identifikation der Table, 0 bei View, Alias oder temporärer Table.
COLCOUNT	SMALLINT	Anzahl Spalten in der Table bzw. im View, 0 bei einem Alias.
EDPROC	CHAR (8)	Name der EDITPROC oder BLANK.
VALPROC	CHAR (8)	Name der VALIDPROC oder BLANK.
CLUSTERTYPE	CHAR (1)	Kennzeichen, ob die Tabelle gelöscht werden kann, d.h. mit RESTRICT ON DROP definiert wurde: blank = Die Tabelle kann gelöscht werden. Y = Die Tabelle ist mit RESTRICT ON DROP definiert und kann nicht gelöscht werden.
(CLUSTERRID)	INTEGER	Unbenutzt.
(CARD)	INTEGER	wird seit V5 nicht mehr benutzt. Ersatz: CARDF.
NPAGES	S* INTEGER	Anzahl Pages, in denen Tabellenzeilen auftreten. Vor Statistiken und bei View, Alias , temporärer Table oder Auxiliary Table: -1.
PCTPAGES	S* SMALLINT	Prozentsatz der aktiven Pages innerhalb des Tablespaces, in denen Zeilen geführt werden. Eine Page wird als aktiv eingestuft, wenn sie formatiert ist, unabhängig davon, ob sie wirklich Zeilen enthält. Bei einem segmented Tablespace basiert der Prozentsatz auf der Anzahl der aktiven Pages in den angeforderten Segmenten. Vor Statistiken und bei View, Alias , temporärer Table oder Auxiliary Table: -1.
IBMREQD	CHAR (1)	IBM-interne Identifikation.
REMARKS	VARCHAR (254)	Kommentar aus dem COMMENT ON-Statement.
PARENTS	SMALLINT	Anzahl Relationships, in denen die Table in der Rolle des Dependents auftritt, 0 bei View, Alias oder temporärer Table.
CHILDREN	SMALLINT	Anzahl Relationships, in denen die Table in der Rolle des Parents auftritt, 0 bei View, Alias oder temporärer Table.
KEYCOLUMNS	SMALLINT	Anzahl Spalten im Table-Primary-Key, 0 bei View, Alias oder temporärer Table.
RECLENGTH	SMALLINT	Länge des größten Satzes in der Table inkl. DB2-Kontrollfelder, 0 bei einem View oder Alias.
STATUS	CHAR (1)	Tabellenstatus: I = incomplete, weitere Erklärung in der Spalte TABLESTATUS. X = die Table hat einen Parent Index und die Tabellen-Beschreibung ist komplett. Blank = die Table hat keinen Parent Index oder ist eine Katalog-Table oder bei einem View oder Alias.

A3 Anhang - Definition der DB2-Katalog-Tabellen

Spalten-Name	Datentyp	Beschreibung
KEYOBID	SMALLINT	Interne DB2-Identifikation des Index, der die Eindeutigkeit des PKs gewährleistet, 0 wenn nicht verfügbar.
LABEL	VARCHAR (30)	Alternativbezeichnung aus dem LABEL ON-Statement.
CHECKFLAG	CHAR (1)	Kennzeichnung, ob ein "Check Pending Status" vorliegt: C = der Tablespace, dem die Table zugeordnet ist, ist im "Check-Pending Status" und Zeilen dieser Table können gegen Integritäts-Regeln verstoßen. Blank = kein Verstoß gegen Integritäts-Regeln in dieser Table bzw. es liegt ein View, Alias oder eine temporäre Table vor.
(CHECKRID)	CHAR (4)	wird seit V5 nicht mehr benutzt. Ersatz: CHECKRID5B.
AUDITING	CHAR (1)	Kennzeichnung, ob die Audit-Option für diese Table aktiv ist: A - AUDIT ALL. C - AUDIT CHANGE. Blank - Nicht aktiv bzw. es liegt ein View, Alias oder eine temporäre Table vor.
CREATEDBY	CHAR (8)	Primär-Autorisierungs-Id des Benutzers, der die Table, den View oder den Alias erstellt hat.
LOCATION	CHAR (16)	Lokations-Name des Alias-Objektes: Lokations-Name = der Alias zeigt auf ein remote Objekt. Blank = bei einer Table oder einem View oder einem Alias, der auf ein lokales Objekt zeigt.
TBCREATOR	CHAR (8)	Bei einem Alias: der Eigentümer des referenzierten Objektes.
TBNAME	VARCHAR (18)	Bei einem Alias: der Name des referenzierten Objektes.
CREATEDTS	TIMESTAMP	Zeitstempel des CREATE TABLE, VIEW oder ALIAS.
ALTEREDTS	TIMESTAMP	Zeitstempel des letzten ALTER TABLE. Wenn noch kein ALTER erfolgt ist oder bei einem View oder Alias ist der Inhalt identisch mit CREATEDTS.
DATACAPTURE	CHAR (1)	Manipulationen werden in expandiertem Format auf die Log-Datei geschrieben: Y = Ja. Blank = Nein. Bei temporärer Table immer blank.
RBA1	CHAR (6) FOR BIT DATA	Log-RBA zum Zeitpunkt der Erstellung der Table. X'000000000000' Die Log-RBA ist unbekannt oder bei View, Alias oder temporärer Table.
RBA2	CHAR (6) FOR BIT DATA	Log-RBA zum Zeitpunkt der letzten Änderung der Table (ALTER). X'000000000000' Die Log-RBA ist unbekannt oder bei View, Alias oder temporärer Table. Wenn noch kein ALTER erfolgt ist, ist der Inhalt identisch mit RBA1.
PCTROWCOMP	S* SMALLINT	Prozentsatz der komprimierten Zeilen innerhalb der Gesamtanzahl der in der Table aktiven Zeilen. Es wird jede Zeile berücksichtigt, die von einer EDITPROC-Routine oder COMPRESS im Vergleich zu ihrer realen Länge verkürzt wird. Ein Wert von -1 zeigt entweder View, Alias, temporäre Table oder eine Auxiliary Table an oder das RUNSTATS-Utility wurde noch nicht aktiviert.
STATSTIME	S* TIMESTAMP	Timestamp des letzten RUNSTATS-Laufes. Bei einer temporären Table immer '0001-01-01.00.00.00.000000'.
CHECKS	SMALLINT	Anzahl Check-Constraints der Table, 0 bei View, Alias oder temporärer Table bzw. bei einer Table ohne Check-Constraints.
CARDF	S* FLOAT	Anzahl Zeilen in der Table bzw. Anzahl LOB-Werte einer Auxiliary Table. Vor Statistiken und bei View, Alias, temporäre Table: -1.
CHECKRID5B	CHAR (5)	Verweis auf die erste Zeile, die einen Verstoß gegen Constraint-Bedingungen enthält: Blank wenn CHECKFLAG = BLANK. X'0000000000' Ein Integritäts-Verstoß ist generell möglich. Sonstiger Inhalt RID der ersten Zeile, die gegen Integritätsbedingungen verstoßen kann.
ENCODING_SCHEME	CHAR (1)	Default-Kodierschema für Tables, Views und lokale Aliase. E EBCDIC A ASCII blank bei remote Aliasen, Workfile Database Tables vor V5 und bei Tables in DSNDB04.
TABLESTATUS	VARCHAR (10)	Grund bei einer nicht vollständigen Tabellen-Beschreibung: L = incomplete, da für eine LOB-Spalte die Auxiliary Table bzw. der Auxiliary Index fehlt. P = incomplete, da der Parent Index fehlt. R = incomplete, da der Index für eine ROWID-Spalte fehlt. Blank = die Table-Beschreibung ist vollständig.

SYSIBM.SYSTABLESPACE

Diese Tabelle enthält eine Zeile für jeden Tablespace.

Spalten-Name	Datentyp	Beschreibung
NAME	CHAR (8)	Name des Tablespaces.
CREATOR	CHAR (8)	Autorisierungs-Id des Tablespace-Eigentümers.
DBNAME	CHAR (8)	Name der Database, die den Tablespace enthält.
DBID	SMALLINT	Interne Identifikation der Database.
OBID	SMALLINT	Interne Identifikation des Tablespaces (File-Deskriptor).
PSID	SMALLINT	Interne Identifikation des Tablespaces (Page Set Deskriptor).
BPOOL	CHAR (8)	Name des Bufferpools, der für den Tablespace benutzt wird.
PARTITIONS	SMALLINT	Anzahl Partitions bzw. 0 bei einem unpartitioned Tablespace.
LOCKRULE	CHAR (1)	Lock-Niveau des Tablespaces: A - Any L - LOB P - Page R - Row S - Tablespace T - Table.
PGSIZE	SMALLINT	Größe der Pages in K-Bytes.
ERASERULE	CHAR (1)	Kennzeichen, ob die Datasets mit X'00' formatiert werden sollen, wenn der Tablespace gelöscht wird (VSAM ERASE): N Nein, die Daten bleiben auf der physischen Einheit erhalten, sind aber nicht mehr mit logischen Mitteln adressierbar. Y Ja, die Daten werden mit X'00' gelöscht.
STATUS	CHAR (1)	Verfügbarkeitsstatus des Tablespaces: A - Verfügbar. C - Die Definition ist unvollständig, da noch kein partitioned Index angelegt wurde, aber ein partitioned Tablespace definiert ist. P - Der Tablespace befindet sich im "Check-Pending-Status". S - Teile des Tablespaces befinden sich im "Check-Pending-Status". T - Die Definition ist unvollständig, da noch keine Table angelegt ist.
IMPLICIT	CHAR (1)	Kennzeichen, ob der Tablespace implizit angelegt wurde: Y - Ja. Ein solcher Tablespace kann nur eine Tabelle aufnehmen und wird automatisch gelöscht, wenn die Table gelöscht wird. N - Nein.
NTABLES	SMALLINT	Anzahl Tabellen im Tablespace.
NACTIVE	S* INTEGER	Anzahl aktiver Pages im Tablespace, vor Statistiken: 0. Eine Page wird als aktiv eingestuft, wenn sie formatiert ist, unabhängig davon, ob sie wirklich Zeilen enthält.
(DSETPASS)	CHAR (8)	Unbenutzt.
CLOSERULE	CHAR (1)	Kennzeichen, ob die Datasets als Kandidaten zum Schließen (Close) gelten sollen, wenn das System-Limit der offenen Datasets erreicht wird: N Nein, die Datasets sollen permanent geöffnet bleiben. Y Ja, die Datasets können nach Abschluss einer Verarbeitung in die Liste der vorerst nicht mehr benötigten Datasets eingereiht werden.
SPACE	INTEGER	Größe der DASD-Platzanforderung in K-Bytes : 0 Der Tablespace ist keiner Storage Group zugeordnet oder das STOSPACE-Utility ist noch nicht gelaufen. >0 Insgesamt zugeordneter Platz (bei partitioned Tablespace aller Partitions), ermittelt durch das STOSPACE-Utility.
IBMREQD	CHAR (1)	IBM-interne Identifikation.
(ROOTNAME)	VARCHAR (18)	IBM-interne Benutzung.
(ROOTCREATOR)	CHAR (8)	IBM-interne Benutzung.
SEGSIZE	SMALLINT	Anzahl Pages in jedem Segment eines segmented Tablespaces, 0 bei nicht segmentiertem Tablespace.
CREATEDBY	CHAR (8)	Primär-Autorisierungs-Id des Tablespace-Erstellers.
STATSTIME	S* TIMESTAMP	Timestamp des letzten RUNSTATS-Laufes.
LOCKMAX	INTEGER	Maximale Anzahl Locks pro User für diesen Tablespace, bevor auf ein höheres Sperrniveau umgeschaltet wird (Lock Escalation): 0 Unbegrenzt viele Locks, keine Eskalation. n Anzahl Row- oder Page-Locks bzw. LOB-Locks als Limit. -1 Installations- und generierungsabhängiges Limit.
TYPE	CHAR (1)	Tablespace-Typ: I der Tablespace wurde mit MEMBER CLUSTER definiert und kann nicht größer als 64 GB sein K der Tablespace wurde mit MEMBER CLUSTER definiert und kann größer als 64 GB sein L der Tablespace kann größer als 64 GB sein O es liegt ein LOB-Tablespace vor blank der Tablespace wurde ohne die Optionen DSSIZE, LARGE, LOB und MEMBER CLUSTER angelegt.
CREATEDTS	TIMESTAMP	Timestamp des CREATE TABLESPACE. Bei Tablespace, die vor V5 erstellt wurden: '0001-01-01.00.00.00.000000'.
ALTEREDTS	TIMESTAMP	Timestamp des letzten ALTER TABLESPACE. Ist gleich CREATEDTS, solange kein ALTER durchgeführt worden ist.

Spalten-Name	Datentyp	Beschreibung
ENCODING_SCHEME	CHAR (1)	Default-Kodierschema im Tablespace. E EBCDIC A ASCII blank bei Tablespaces in Workfile Databases und DSNDB04.
SBCS_CCSID	INTEGER	Default Single Byte Character Set Kodierweise im Tablespace.
DBCS_CCSID	INTEGER	Default Double Byte Character Set Kodierweise im Tablespace.
MIXED_CCSID	INTEGER	Default Mixed Kodierweise im Tablespace.
MAXROWS	SMALLINT	Maximale Anzahl Zeilen in einer Datenpage, Default: 255. Nicht für LOB-Tablespaces.
LOCKPART	CHAR (1)	Kennzeichen, ob die Einrichtung des Selective Partition Locking definert wurde: Y Ja, LOCKPART(YES). blank bei LOCKPART(NO), vor V5 oder wenn kein Partitioned Tablespace.
LOG	CHAR (1)	Kennzeichen, ob Änderungen des Tablespaces gelogged werden: Y Ja, Defaultwert. N Nein, nur bei einem LOB-Tablespace möglich.
NACTIVEF	S* FLOAT	Anzahl aktiver Pages im Tablespace, vor Statistiken: 0. Eine Page wird als aktiv eingestuft, wenn sie formatiert ist, unabhängig davon, ob sie wirklich Zeilen enthält.
DSSIZE	INTEGER	Maximale Dataset-Größe in KB.

SYSIBM.SYSTABSTATS

Diese Tabelle enthält eine Zeile für jede Partition einer Tabelle, die einem partitioned Tablespace zugeordnet ist. Zeilen dieser Tabelle können manuell eingefügt, geändert und gelöscht werden.
SYSTABSTATS enthält die korrespondierenden Spalten von SYSTABLES, aber bezogen auf eine einzelne Partition (Partition-Level-Statistiken).

Spalten-Name	Datentyp	Beschreibung
CARD	S* INTEGER	Anzahl Zeilen in der Partition, vor Statistiken: -1.
NPAGES	S* INTEGER	Anzahl Pages, in denen Tabellenzeilen auftreten. Vor Statistiken: -1.
PCTPAGES	S* SMALLINT	Prozentsatz der aktiven Pages innerhalb der Partition, in denen Zeilen geführt werden. Eine Page wird als aktiv eingestuft, wenn sie formatiert ist, unabhängig davon, ob sie wirklich Zeilen enthält.
NACTIVE	S* INTEGER	Anzahl aktiver Pages in der Partition, vor Statistiken: 0. Eine Page wird als aktiv eingestuft, wenn sie formatiert ist, unabhängig davon, ob sie wirklich Zeilen enthält.
PCTROWCOMP	S* SMALLINT	Prozentsatz der komprimierten Zeilen innerhalb der Gesamtanzahl der in der Partition aktiven Zeilen. Es wird jede Zeile berücksichtigt, die von einer EDITPROC-Routine oder COMPRESS im Vergleich zu ihrer realen Länge verkürzt wird. Ein Wert von -1 zeigt auf, dass das RUNSTATS-Utility noch nicht aktiviert wurde.
STATSTIME	S* TIMESTAMP	Timestamp des letzten RUNSTATS-Laufes.
IBMREQD	CHAR (1)	IBM-interne Identifikation.
DBNAME	CHAR (8)	Name der Database, die den in TSNAME abgelegten Tablespace enthält.
TSNAME	CHAR (8)	Name des Tablespaces, der die Table enthält.
PARTITION	SMALLINT	Partition-Nr. des Tablespaces, in dem die Tabelle geführt wird.
OWNER	CHAR (8)	Autorisierungs-Id des Table-Eigentümers.
NAME	VARCHAR (18)	Name der Table.
CARDF	S* FLOAT	Anzahl Zeilen in der Partition, vor Statistiken: -1.

SYSIBM.SYSTRIGGERS

Diese Tabelle enthält eine Zeile für jeden Trigger.

Spalten-Name	Datentyp	Beschreibung
NAME	CHAR (8)	Name des Triggers.
SCHEMA	CHAR (8)	Schema des Triggers.
SEQNO	SMALLINT	Sequenz-Nr. 1 = erste Zeile eines Triggers, dann lfd. Nr.
DBID	SMALLINT	Interne Identifikation der Datenbank des Triggers (der Triggering Table).
OBID	SMALLINT	Interne Identifikation des Triggers.
OWNER	CHAR (8)	Eigentümer des Triggers.
CREATEDBY	CHAR (8)	Autorisierungs-Id. unter dem der Trigger angelegt wurde.
TBNAME	VARCHAR (18)	Name der Triggering Table.
TBOWNER	CHAR (8)	Triggering Table-Eigentümer.
TRIGTIME	CHAR (1)	Trigger Aktivierungszeitpunkt: B Before - vor dem Ereignis A After - nach dem Ereignis.
TRIGEVENT	CHAR (1)	Trigger Ereignistyp: I Insert D Delete U Update

Spalten-Name	Datentyp	Beschreibung
GRANULARITY	CHAR (1)	Trigger Auslösungstyp: S Statement R Row
CREATEDTS	TIMESTAMP	Zeitpunkt der Erstellung dieses Triggers.
IBMREQD	CHAR (1)	IBM-interne Identifikation.
TEXT	VARCHAR (3460)	Kompletter Text des CREATE TRIGGER-Statements.
REMARKS	VARCHAR (254)	Kommentar aus dem COMMENT ON-Statement.

SYSIBM.SYSUSERAUTH

Diese Tabelle enthält GRANT-SYSTEM-Privilegien.

Spalten-Name	Datentyp	Beschreibung
GRANTOR	CHAR (8)	Autorisierungs-Id des Benutzers, der das Privileg weitergegeben hat. Siehe auch SYSCOLAUTH-Tabelle.
GRANTEE	CHAR (8)	Autorisierungs-Id des Benutzers, der das Privileg empfangen hat. Siehe auch SYSCOLAUTH-Tabelle.
TIMESTAMP	CHAR (12)	IBM-interne Benutzung.
DATEGRANTED	CHAR (6)	Datum des GRANTs im Format: yymmdd.
TIMEGRANTED	CHAR (8)	Uhrzeit des GRANTs im Format: hhmmssth.
GRANTEETYPE	CHAR (1)	Unbenutzt.
AUTHHOWGOT	CHAR (1)	Autorisierungs-Level des Benutzers, von dem Privilegien empfangen wurden (Autorisierungs-Level von DB2, nicht zwingend der höchste Level des Grantors): C DBCTL D DBADM L SYSCTRL M DBMAINT S SYSADM BLANK Nicht verfügbar.
ALTERBPAUTH	CHAR (1)	Unbenutzt.

Die folgenden Spalten haben einen einheitlichen Aufbau. Sie steuern die Benutzer-Privilegien für die einzelnen bestehenden GRANT SYSTEM-Privilegien. Bedeutung der Feldinhalte:

- BLANK Das Privileg ist nicht verfügbar.
- G Das Privileg ist mit expliziter GRANT-Option (die Weitergabe des Privilegs ist möglich) vorhanden.
- Y Das Privileg ist ohne explizite GRANT-Option vorhanden.

Spalten-Name	Datentyp	Beschreibung
BINDADDAUTH	CHAR (1)	Der GRANTEE kann den BIND-Command mit der ADD-Option nutzen.
BSDSAUTH	CHAR (1)	Der GRANTEE kann den -RECOVER BSDS-Command absenden.
CREATEDBAAUTH	CHAR (1)	Der GRANTEE kann Databases anlegen und erhält für diese neue Database automatisch das DBADM-Privileg.
CREATEDBCAUTH	CHAR (1)	Der GRANTEE kann Databases anlegen und erhält für diese neue Database automatisch das DBCTRL-Privileg.
CREATESGAUTH	CHAR (1)	Der GRANTEE kann neue Storage Groups anlegen.
DISPLAYAUTH	CHAR (1)	Der GRANTEE kann den -DISPLAY-Command absenden.
RECOVERAUTH	CHAR (1)	Der GRANTEE kann den -RECOVER INDOUBT-Command absenden.
STOPALLAUTH	CHAR (1)	Der GRANTEE kann den -STOP DB2-Command absenden.
STOSPACEAUTH	CHAR (1)	Der GRANTEE kann das STOSPACE-Utility einsetzen.
SYSADMAUTH	CHAR (1)	Der GRANTEE besitzt das SYSADM-Privileg (er hat automatisch die GRANT-Option, auch wenn diese nicht vorgegeben wurde).
SYSOPRAUTH	CHAR (1)	Der GRANTEE besitzt das SYSOPR-Privileg.
TRACEAUTH	CHAR (1)	Der GRANTEE kann -START und -STOP TRACE-Commands absenden.
IBMREQD	CHAR (1)	IBM-interne Identifikation.
MON1AUTH	CHAR (1)	IFC-Daten-Privileg
MON2AUTH	CHAR (1)	IFC-Daten-Privileg
CREATEALIASAUTH	CHAR (1)	Der GRANTEE kann neue ALIASe anlegen.
SYSCTRLAUTH	CHAR (1)	Der GRANTEE besitzt das SYSCTRL-Privileg (er hat automatisch die GRANT-Option, auch wenn diese nicht vorgegeben wurde).
BINDAGENTAUTH	CHAR (1)	Der GRANTEE besitzt das BINDAGENT-Privileg.
ARCHIVEAUTH	CHAR (1)	Der GRANTEE kann den ARCHIVE LOG-Command absenden.
CAPTURE1AUTH	CHAR (1)	Unbenutzt.
CAPTURE2AUTH	CHAR (1)	Unbenutzt.
GRANTEDTS	TIMESTAMP	Timestamp des GRANTs.
CREATETMTABAUTH	CHAR (1)	Der GRANTEE kann neue temporäre Tables anlegen.

Spalten-Name	Datentyp	Beschreibung

SYSIBM.SYSVIEWDEP

Diese Tabelle enthält Informationen über die Abhängigkeiten von Views auf Tables, Funktionen oder auf andere Views.

Spalten-Name	Datentyp	Beschreibung
BNAME	VARCHAR (18)	Name des Objekts analog BTYPE, zu dem die Abhängigkeit besteht. Bei BTYPE = 'F', der Specific Function Name.
BCREATOR	CHAR (8)	Autorisierungs-Id des Eigentümers von BNAME.
BTYPE	CHAR (1)	Objekt-Typ von BNAME: F Function T Table. V View.
DNAME	VARCHAR (18)	Name des Views.
DCREATOR	CHAR (8)	Autorisierungs-Id des View-Eigentümers (von DNAME).
IBMREQD	CHAR (1)	IBM-interne Identifikation.
BSCHEMA	CHAR (8)	Schema-Name von BNAME.

SYSIBM.SYSVIEWS

Diese Tabelle enthält eine oder mehrere Zeilen für jeden View.
In einer oder mehreren Zeilen wird der SQL-Statement-Text für jedes SQL-CREATE VIEW-Statement abgelegt.

Spalten-Name	Datentyp	Beschreibung
NAME	VARCHAR (18)	Name des Views.
CREATOR	CHAR (8)	Autorisierungs-Id des View-Eigentümers.
SEQNO	SMALLINT	Sequenzielle Folgenummer des SQL-Textes.
CHECK	CHAR (1)	Kennzeichen, ob die WITH CHECK OPTION vorgegeben wurde: N Nein, wird auch dann gesetzt, wenn der View ohne WHERE-Bedingung definiert ist. C Ja mit Vererbung (CASCADE) der CHECK-Klausel auf alle WHERE-Bedingungen von hierarchisch untergeordneten Views, selbst wenn diese ohne die CHECK-Option definiert wurden (Default-Wert). Y Ja, aber mit eingeschränkter Vererbung (LOCAL) der CHECK-Klausel nur auf die WHERE-Bedingungen von hierarchisch untergeordneten Views, bei denen die CHECK-Option auch explizit angegeben wurde (WITH CHECK OPTION vor V5).
IBMREQD	CHAR (1)	IBM-interne Identifikation.
TEXT	VARCHAR (254)	Text bzw. Textteile des SQL-Statements.
PATHSCHEMAS	VARCHAR (254)	SQL-Pfad zum Definitionszeitpunkt des Views. Er wird genutzt zur Bestimmung fehlender Namensbestandteile bei Verwendung unqualifizierter Daten-Typ-Namen oder Funktions-Namen im View.

SYSIBM.SYSVOLUMES

Diese Tabelle enthält eine Zeile für jede Volume einer Storage Group.

Spalten-Name	Datentyp	Beschreibung
SGNAME	CHAR (8)	Name der Storage Group.
SGCREATOR	CHAR (8)	Autorisierungs-Id des Storage-Group-Eigentümers.
VOLID	CHAR (6)	Volume Serial-Nr. oder ' * ', wenn von SMS verwaltet.
IBMREQD	CHAR (1)	IBM-interne Identifikation.

A4 - Anhang - Definition der CDB - Communications Database
Gesamt-Überblick und referenzielle Beziehungen

Der Anhang 4 enthält die Definitionen der Communications Database (CDB).

Die CDB-Tabellen definieren die kommunikationsfähigen Netzwerke und die Lokations-Namen sämtlicher zugriffsfähigen Systeme für VTAM (Virtual Telecommunication Access Method).
Ein zugriffsfähiges System kann als Server, als Anforderer (Requestor) oder in beiden Rollen auftreten.
Ein Server wickelt remote SQL-Anforderungen der lokalen Anwendung ab. Der Server muss nicht zwingend ein DB2-System sein.
Ein Requestor kann von remote Anwendungen SQL-Anforderungen an das lokale System senden.
Der Requestor muss nicht zwingend ein Datenbanksystem sein, wenn die Anwendung die definierten DRDA-Protokoll-Verfahren nutzt.

Die CDB ist Bestandteil des DB2-Katalogs, kann aber im Gegensatz zu den sonstigen Katalog-Tabellen mit den normalen SQL-DDL und DCL-Mitteln verwaltet werden.
Dem DB2-System-Administrator bieten sich damit folgende Möglichkeiten zum Erstaufbau der CDB-Tabellen:

- Generierung mittels DB2-Installations-Job,
- Anlegen der Objekte mit CREATE TABLE und CREATE INDEX.
  Dabei sind die referenziellen Beziehungen einzurichten.

Die Tabellen des Katalogs haben den Präfix SYSIBM (entspricht dem Autorisierungs-Id des Eigentümers). Siehe hierzu auch die einleitenden Ausführungen im Anhang 3.
Ab der Version 5 wurde der weitere Tabellen-Präfix 'SYS' abgebaut (z.B. wurde aus SYSLUNAMES LUNAMES).

Übersicht der referenziellen Beziehungen der CDB-Tabellen

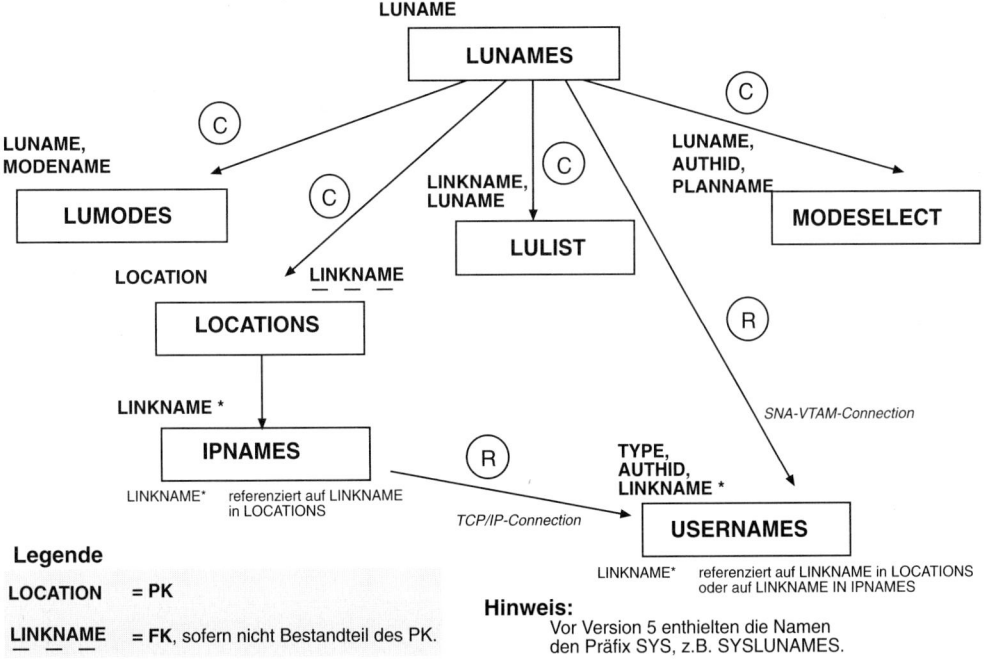

Spalten-Name	Datentyp	Beschreibung

CDB-Tabellen-Strukturen
SYSIBM.IPNAMES

Diese Tabelle enthält eine Zeile für jeden remote DRDA Server, der über TCP/IP zugreifen kann.

LINKNAME	CHAR (8)	Eindeutiger Name des Servers. Der Wert muss identisch sein mit der korrespondierenden LINKNAME-Spalte der LOCATIONS-Tabelle.
SECURITY_OUT	CHAR (1)	DRDA-Security-Option, die benutzt wird, wenn eine lokale SQL-Applikation mit dem Server verbunden wird:

    A Bereits geprüft   Outbound Connection enthält nur einen Autorisierungs-Id. und kein Password.
    R RACF Pass Ticket   Outbound Connection enthält einen Autorisierungs-Id. und ein RACF-Pass-Ticket.
    P Password   Outbound Connection enthält einen Autorisierungs-Id. und ein Password. USERNAMES muss 'O' enthalten.

USERNAMES	CHAR (1)	Kennzeichen. ob der Autorisierungs-Id umgesetzt werden soll, wenn eine lokale SQL-Applikation mit dem remote Server verbunden wird (in Abhängigkeit mit der Tabelle USERNAMES):

    O   Eine Umsetzung ist erforderlich. In diesem Fall enthält die korrespondierende Zeile in USERNAMES die Autorisierungs-Ids.
    Blank   Es erfolgt keine Umsetzung.

IBMREQD	CHAR (1)	IBM-interne Identifikation.
IPADDR	VARCHAR (254)	IP-Adresse oder Domain Name des remote TCP/IP-Systems: - eine IP-Adresse wird angenommen, wenn eine linksbündige Vorgabe von vier numerischen Werten (dotted decimal format) erfolgt. Beispiel: 111.111.111.111. - ein Domain-Name wird in allen anderen Fällen angenommen.

SYSIBM.LOCATIONS

Diese Tabelle enthält eine Zeile für jeden aufrufbaren Server. Anfordernde Server (Requestors) müssen nicht definiert werden.
Jede Zeile ist verknüpft:
- mit einem Eintrag in der Tabelle LUNAMES für eine SNA-VTAM-Connection und deren LUNAME und einem Transaction Program Name (TPN) oder,
- mit einem Eintrag in der Tabelle IPNAMES für eine TCP/IP-Connection und deren TCP/IP-Port-Nr. oder einem TCP/IP-Service-Namen.

LOCATION	CHAR (16)	Eindeutiger Lokations-Name (RDB_Name). Mit diesem Namen ist der remote Server in diesem lokalen System bekannt.
LINKNAME	CHAR (8)	VTAM LUNAME oder TCP/IP-IPNAME für das zugriffsfähige System.
IBMREQD	CHAR (1)	IBM-interne Identifikation.
PORT	CHAR (32)	Wird benutzt für eine TCP/IP-Konversation: - bei Blank wird der Default TCP/IP-Port (446) benutzt, - wenn der Wert linksbündig 1-5-stellig Zahlen enthält, wird dies als TCP/IP-Port-Nr. interpretiert. - andere Werte werden als TCP/IP-Service-Name interpretiert.
TPN	VARCHAR (64)	Wird nur benutzt, wenn eine SNA-Konversation begonnen wird. Hier wird der Name des Programms eingetragen, das beim Aufbau einer Konversation mit einem remote Server aktiviert wird. Eine Länge von 0 definiert das Default-SNA-LU 6.2-Transaction-Programm (nur für anwendungsgesteuerten Zugriff).

SYSIBM.LULIST

Diese Tabelle erlaubt die Definition verschiedener LU-Namen unter einer bestimmten Lokation. Die hier eingetragenen LU-Namen dürfen nicht in der LUNAMES-Tabelle auftreten.

LINKNAME	CHAR (8)	Name mit dem Wert der korrespondierenden LINKNAME-Spalte der LOCATIONS-Tabelle. Der Wert ist auch identisch mit der LUNAME-Spalte der LUNAMES-Tabelle.
LUNAME	CHAR (8)	VTAM LUNAME für das zugriffsfähige System. Dieser LU-Name darf nicht in der SYSLUNAMES-Tabelle geführt werden.
IBMREQD	CHAR (1)	IBM-interne Identifikation.

Spalten-Name	Datentyp	Beschreibung

SYSIBM.LUMODES

Diese Tabelle enthält VTAM-Session-Limit-Informationen für eine spezifische Kombination von LUNAME und MODENAME (CNOS = Change-Number of Sessions).

LUNAME	CHAR (8)	LU-Name des Servers.
MODENAME	CHAR (8)	Name einer Logon Mode-Beschreibung in der VTAM Logon Mode Table (korrespondiert zum VTAM MODEENT-Makro LOGMODE-Parameter).
CONVLIMIT	SMALLINT	Max. Anzahl der aktiven Parallel-Sessions zwischen dieser Lokation und dem remote Server (überschreibt den DSESLIM-Parameter in der VTAM APPL-Definition).
IBMREQD	CHAR (1)	IBM-interne Identifikation.

SYSIBM.LUNAMES

Diese Tabelle enthält jeweils eine Zeile für jeden remote SNA Client oder Server.

LUNAME   CHAR (8)   LUNAME (Logical Unit) bei Remote-Zugriffen auf verteilte Daten.
                                                               BLANK   Dieses System kann von anderen Lokationen als Server genutzt werden.
                                                               VTAM-LU-Name   VTAM-Applikation-Name des remote Servers.

SYSMODENAME   CHAR (8)   Modus der Intersystem-Konversation (nur für DUW):
                                                               BLANK   auf allen Lokationen allgemein verfügbar mit IBM-Default-Mode IBMDB2LM (VTAM MODEENT-Makro).

SECURITY_IN   CHAR (1)   Sicherheits-Anforderungen dieser Lokation, wenn ein remote Client angekoppelt wird:
                                                               V   Zu prüfen (verify)   Inbound Connection muss enthalten:
                                                               - einen Autorisierungs-Id und ein Password oder,
                                                               - einen Autorisierungs-Id und ein RACF-Pass-Ticket oder,
                                                               - ein DCE Security-Ticket.
                                                               A   Bereits geprüft   Inbound Connection braucht kein Password (wenn ein Password vorgegeben wird, wird es aber geprüft).

SECURITY_OUT   CHAR (1)   Sicherheits-Anforderungen dieser Lokation, wenn eine lokale SQL-Applikation mit einem remote Server angekoppelt wird:
                                                               A   Bereits geprüft   Outbound Connection enthält nur einen Autorisierungs-Id. und kein Password.
                                                               R   RACF Pass Ticket   Outbound Connection enthält einen Autorisierungs-Id. und ein RACF-Pass-Ticket.
                                                               P   Password   Outbound Connection enthält einen Autorisierungs-Id. und ein Password. USERNAMES muss 'B' oder 'O' enthalten.

ENCRYPTPSWDS   CHAR (1)   Kennzeichen, ob Passworte durch RACF chiffriert werden:
                                                               Y   Ja (nur bei Kommunikation zwischen OS/390-DB2-Systemen).
                                                               N   Nein.
                                                               Sonstige   Behandlung wie N.

MODESELECT   CHAR (1)   Kennzeichen, ob ein individueller Mode für die System-Konversation genutzt werden soll:
                                                               Y   SQL-Requests an den Remote Server werden mit dem in der MODESELECT-Tabelle definierten Mode behandelt.
                                                               N   Der Default-Mode wird benutzt:
                                                                          - IBMDB2LM   bei systemgesteuertem Zugriff.
                                                                          - IBMRDB   bei anwendungsgesteuertem Zugriff.
                                                               BLANK   Behandlung wie N.

USERNAMES   CHAR (1)   Kennzeichen, ob Autorisierungs-Ids mittels der USERNAMES-Tabelle umgesetzt werden sollen:
                                                               BLANK   Keine Umsetzung.
                                                               I   Inbound (eintreffende) Ids werden umgesetzt (come from-checking).
                                                               O   Outbound (abgehende) Ids werden umgesetzt.
                                                               B   Beide Anforderungen (entspricht I und O).

GENERIC   CHAR (1)   Kennzeichen, welcher VTAM-LU-Name genutzt werden soll:
                                                               Blank, N   Der echte VTAM-Name wird genutzt.
                                                               Y   Der generische LU-Name wird benutzt.

IBMREQD   CHAR (1)   IBM-interne Identifikation.

Spalten-Name	Datentyp	Beschreibung

SYSIBM.MODESELECT

Diese Tabelle verknüpft einen VTAM-Mode-Namen mit Konversationen, die für eine abgehende SQL-Anforderung aufgebaut werden. Jede Zeile repräsentiert eine oder mehrere Kombinationen von LUNAME, Autorisierungs-Id und Plan-Namen.

AUTHID	CHAR (8)	Autorisierungs-Id der SQL-Anforderung.
		BLANK Der MODENAME bezieht sich auf alle Autorisierungs-Ids.
PLANNAME	CHAR (8)	Plan-Name mit der SQL-Anforderung.
		BLANK Der MODENAME bezieht sich auf alle Plan-Namen.
LUNAME	CHAR (8)	LU-Name des Servers.
MODENAME	CHAR (8)	Name einer Logon Mode-Beschreibung in der VTAM Logon Mode Table (korrespondiert zum VTAM MODEENT-Makro LOGMODE-Parameter).
		BLANK Default-Mode IBMDB2LM oder IBMRDB wird benutzt.
IBMREQD	CHAR (1)	IBM-interne Identifikation.

SYSIBM.USERNAMES

Diese Tabelle enthält Autorisierungs-Ids zur Prüfung ausgehender Nachrichten (outbound) und eingehender Nachrichten (inbound bzw. 'come from checking') und die Umsetzungs-Regeln von Autorisierungs-Ids (von einem remote Autorisierungs-Id auf den lokalen Autorisierungs-Id und umgekehrt).

TYPE	CHAR (1)	Nutzung der Zeile:
		I Inbound (eintreffende) Ids werden umgesetzt (come from-checking).
		O Outbound (abgehende) Ids werden umgesetzt.
AUTHID	CHAR (8)	Umzusetzender Autorisierungs-Id, Blank = beliebiger Id.
LINKNAME	CHAR (8)	LU-Name bzw. TCP/IP-Name des Servers (outbound) bzw. Requestors (inbound).
		Blank beliebiges System
		Nicht-Blank - wenn dieser LINKNAME mit LUNAME der Table LUNAMES korrespondiert handelt es sich um einen SNA-Partner,
		- wenn dieser LINKNAME mit LUNAME der Table IPNAMES korrespondiert handelt es sich um einen TCP/IP-Partner.
NEWAUTHID	CHAR (8)	Neuer umgesetzter Autorisierungs-Id, Blank = keine Umsetzung.
PASSWORD	CHAR (8)	Passwort, soweit nicht chiffriert (nur für outbound).
IBMREQD	CHAR (1)	IBM-interne Identifikation.

A5 - Anhang - Definition allgemeiner Strukturen

Der Anhang 5 enthält die Definition allgemeiner Strukturen und Schnittstellen, wobei folgende Typen aufgenommen sind:

- Allgemeine **Definitionsstrukturen**, die für die Anwendungsentwicklung relevant sind.

    Diese Strukturen werden i.d.R. vom Anwendungsentwickler mit EXEC SQL INCLUDE-Statements im Anwendungsprogramm angefordert und vom DB2-Precompiler eingestellt.
    Ausnahmen und Details sind der nachfolgenden Beschreibung zu entnehmen.

- Allgemeine **Parameterstrukturen**, die für die Anwendungsentwicklung relevant sind.

    Diese Strukturen werden für den Aufruf von Stored Procedures und User-defined Functions benötigt.

- Allgemeine **Tabellenstrukturen**, die unter einem bestimmten Autorisierungs-Id zu führen sind.

    Diese Tabellen sind nicht als Bestandteil des DB2-Kataloges zu sehen, sondern gelten als benutzerindividuelle Ressourcen (deren Struktur-Beschreibungen natürlich im Katalog geführt werden).
    Die Tabellen müssen aufgebaut werden mit normalen SQL-Mitteln, wobei sinnvollerweise eine zentrale Struktur einmalig hinterlegt werden sollte, die dann kopiert werden kann.

    So wird beispielsweise eine PLAN_TABLE einmalig aufgebaut, z.B. unter dem Autorisierungs-Id TEST.
    Für diese Tabelle ist ein Lese-Privileg mit GRANT zu vergeben, z.B:

    ```
    GRANT    SELECT    ON TABLE   TEST.PLAN_TABLE  TO PUBLIC;
    ```

    Jeder Benutzer kann dann eine eigene (und aktuelle) Kopie der Tabelle aufbauen mit dem SQL-DDL-Statement:

    ```
    CREATE    TABLE    PLAN_TABLE
                 LIKE   TEST.PLAN_TABLE;
    ```

- Allgemeine **Funktionen bzw. Macros**.

    - die Funktionen des **CALL-Attachment**-Facilities (CALL DSNALI).

    - die Funktionen des **RRSAF-Recoverable Resource Manager Services Attachment**-Facilities (CALL DSNRLI).

Definitions-Strukturen
SQLCA - SQL Communication Area

Diese Struktur ist der generelle und statische Kommunikationsbereich zwischen einem Anwendungsprogramm und DB2. Bestimmte Inhalte der Strukturdefinitionen werden von DB2 nach jeder SQL-Statementausführung aktualisiert.

Grundsätzlich muss jedes Programm eine einzige SQLCA beinhalten (Ausnahmen können bei der hier nicht näher behandelten FORTRAN-Sprache vorkommen).

Normalerweise wird die SQLCA über ein vorgegebenes EXEC SQL INCLUDE-Statement vom DB2-Precompiler in das Source-Programm generiert.

Ausnahme:
    Bei Einsatz von Standard-SQL (STDSQL) wird die SQLCA in das Programm generiert, wenn ein SQLCODE definiert wird.

Es gelten folgende sprachspezifischen Besonderheiten:

- **Assembler**   Der Name des Speicherbereichs muss SQLCA sein.
- **C**   Der Name der Struktur muss SQLCA sein. Die Definition muss im gleichen Gültigkeitsbereich erfolgen, in dem auch die SQL-Statement-Abwicklung stattfindet.
- **COBOL**   Der Name des Speicherbereichs muss SQLCA sein.
- **PL/I**   Der Name der Struktur muss SQLCA sein. Die Definition muss im gleichen Gültigkeitsbereich erfolgen, in dem auch die SQL-Statement-Abwicklung stattfindet.

Die Struktur hat folgenden Aufbau:

Assembler-, COBOL- oder PL/I-Feldname	C-Feldname	Daten-Typ	Beschreibung
SQLCAID	sqlcaid	CHAR(8)	Konstanter Wert 'SQLCA'
SQLCABC	sqlcabc	INTEGER	Länge der SQLCA in Bytes: 136.
(SQLCODE)	(SQLCODE)	INTEGER	SQL-Return-Code bei Non-Standard-SQL (Alternativ zu SQLCADE).
(SQLCADE)	(SQLCADE)	INTEGER	SQL-Return-Code bei Standard-SQL (Alternativ zu SQLCODE). Der Return-Code hat folgende Bedeutung: 0 OK, aber eine Warnung kann erzeugt worden sein. Positiv Erfolgreiche SQL-Statement-Ausführung, aber eine Ausnahme-Bedingung ist aufgetreten. Negativ Das SQL-Statement wurde nicht erfolgreich ausgeführt, ein Fehler ist aufgetreten.
SQLERRM	-	(Struktur)	Fehlermeldung mit folgender Struktur:
SQLERRML	sqlerrml	SMALLINT	Länge von SQLERRMC (0 - 70), wenn 0 = steht keine Info in SQLERRMC zur Verfügung.
SQLERRMC	sqlerrmc	VARCHAR(70)	Name fehlerhafter DB2-Objekte (Token), die durch X'FF' separiert werden.
SQLERRP	sqlerrp	CHAR(8)	Name des Moduls, das den Fehler entdeckte, mit DSN beginnend. Bei Remote-Betrieb: Produkt, Version, Release + Mod. Stand: - ARI - SQL/DS - DSN-DB2 (DSN03010) = Rel 3.1
SQLERRD	-	(Struktur)	Ergebniswerte von DB2:
SQLERRD (1)	sqlerrd[0]	INTEGER	Fehler-Code der DB2 Relational Data Services (RDS).
SQLERRD (2)	sqlerrd[1]	INTEGER	Fehler-Code des DB2 Data Managers (DM).
SQLERRD (3)	sqlerrd[2]	INTEGER	Anzahl der Zeilen, die von einem expliziten INSERT, UPDATE oder DELETE betroffen wurden. Steht der Wert auf 0, sind keine Zeilen betroffen oder die Änderungen wurden aufgrund eines Fehlers wieder komplett zurückgerollt. Nicht erkennbar sind: - CASCADE-Deletes aus einem referenziellen Konstrukt. - Die exakte Anzahl von Löschungen eines Massen-Deletes aller Zeilen in einem segmented Tablespace. In diesem Fall wird der Wert = -1 zurückgeliefert.
SQLERRD (4)	sqlerrd[3]	INTEGER	TIMERON bei dynamischem SQL mit relativen Kosten der geplanten Ausführung (Achtung: Short Floating Point-Inhalt in einem INTEGER-Format; muss ggf. bei einer gewünschten Interpretation vorab in ein entsprechendes Feld mit kompatiblem Datentyp übertragen werden. Beispiel im PL/I: BIN FIXED (31)).

A5 Anhang - Definition allgemeiner Strukturen
SQLCA - SQL Communication Area - 2

SQLERRD (5)	sqlerrd[4]	INTEGER	Position der fehlerhaften Spalte bei einem PREPARE- oder einem EXECUTE IMMEDIATE-Statement.
SQLERRD (6)	sqlerrd[5]	INTEGER	Fehler-Code des DB2 Buffer Managers (BM).
SQLWARN	-	(Struktur)	Schalterleiste der einzelnen Warnungen:
SQLWARN0	SQLWARN0	CHAR(1)	Blank wenn keine Warnung in SQLWARN1 - A.
			W Mindestens ein Warnungs-Schalter ist aktiv.
SQLWARN1	SQLWARN1	CHAR(1)	W Ein String wurde bei der Übertragung der DB2-Daten in die Host-Variablen des Programmes abgeschnitten.
SQLWARN2	SQLWARN2	CHAR(1)	W NULL-Werte traten auf bei der Ausführung einer SQL-Builtin-Funktion und diese wurden ignoriert.
SQLWARN3	SQLWARN3	CHAR(1)	W Die Anzahl der Result-Table-Spalten ist größer als die Anzahl der übergebenen Host-Variablen.
SQLWARN4	SQLWARN4	CHAR(1)	W Ein dynamisch prepariertes UPDATE- oder DELETE-Statement wurde ohne WHERE-Bedingung vorgegeben.
SQLWARN5	SQLWARN5	CHAR(1)	W Das Statement wurde nicht ausgeführt, da es kein gültiges DB2-Statement ist und nicht mit DB2 kompatibel ist.
SQLWARN6	SQLWARN6	CHAR(1)	W In Folge einer Addition eines DateTime-Feldes trat bei einem DATE oder TIMESTAMP-Wert eine Überschreitung des gültigen Inhalts auf und wurde korrigiert (z.B. 30.1. + 1 MONTH = Reduzierung auf den 28.2.).
SQLWARN7	SQLWARN7	CHAR(1)	W Bei einem Operanden einer Multiplikation oder Division wurden Nachkommastellen mit einem Wert ungleich Null abgeschnitten.
SQLEXT	-	(Struktur)	Strukturname - eigentlich veraltet, historisch gewachsen.
SQLWARN8	SQLWARN8	CHAR(1)	W Eine Konvertierung verlief fehlerhaft, es wurde ein Ersatz-Zeichen eingesetzt.
SQLWARN9	SQLWARN9	CHAR(1)	W Ein COUNT DISTINCT hat eine arithmetische Ausnahmebedingung erzeugt und diese ignoriert (z.B. Division durch 0).
SQLWARNA	SQLWARNA	CHAR(1)	W Ein Konvertierungsfehler trat auf beim Einstellen eines Namens in die SQLCA oder SQLDA-Struktur.
SQLSTATE	sqlstate	CHAR(5)	SAA und ISO kompatibler Return-Code.

Assembler-Include-Struktur:

```
SQLCA     DS   0F
SQLCAID   DS   CL8       ID
SQLCABC   DS   F         Byte Count
SQLCODE   DS   F         Return-Code
SQLERRM   DS   H,CL70    ERR Msg Parms
SQLERRP   DS   CL8       Impl-Dependent
SQLERRD   DS   6F
SQLWARN   DS   0C        Warning Flags
SQLWARN0  DS   C'W'      If any
SQLWARN1  DS   C'W'      = Warning
SQLWARN2  DS   C'W'      = Warning
SQLWARN3  DS   C'W'      = Warning
SQLWARN4  DS   C'W'      = Warning
SQLWARN5  DS   C'W'      = Warning
SQLWARN6  DS   C'W'      = Warning
SQLWARN7  DS   C'W'      = Warning
SQLEXT    DS   0CL8
SQLWARN8  DS   C
SQLWARN9  DS   C
SQLWARNA  DS   C
SQLSTATE  DS   CL5
```

COBOL-Include-Struktur:

```
01 SQLCA.
   05 SQLCAID      PIC X(8).
   05 SQLCABC      PIC S9(9) COMP-4.
   05 SQLCODE      PIC S9(9) COMP-4.
   05 SQLERRM.
      49 SQLERRML  PIC S9(4) COMP-4.
      49 SQLERRMC  PIC X(70).
   05 SQLERRP      PIC X(8).
   05 SQLERRD      OCCURS 6 TIMES
                   PIC S9(9) COMP-4.
   05 SQLWARN.
      10 SQLWARN0  PIC X(1).
      10 SQLWARN1  PIC X(1).
      10 SQLWARN2  PIC X(1).
      10 SQLWARN3  PIC X(1).
      10 SQLWARN4  PIC X(1).
      10 SQLWARN5  PIC X(1).
      10 SQLWARN6  PIC X(1).
      10 SQLWARN7  PIC X(1).
   05 SQLEXT.
      10 SQLWARN8  PIC X(1).
      10 SQLWARN9  PIC X(1).
      10 SQLWARNA  PIC X(1).
      10 SQLSTATE  PIC X(5).
```

A5 Anhang - Definition allgemeiner Strukturen
SQLCA - SQL Communication Area - 3

C-Include-Struktur:

```
#ifndef SQLCODE
struct sqlca
{
            unsigned char   sqlcaid[8];
            long            sqlcabc;
            long            sqlcode;
            short           sqlerrml;
            unsigned char   sqlerrmc[70];
            unsigned char   sqlerrp[8];
            long            sqlerrd[6];
            unsigned char   sqlwarn[11];
            unsigned char   sqlstate[5];
};
#define    SQLCODE    sqlca.sqlcode
#define    SQLWARN0   sqlca.sqlwarn[0]
#define    SQLWARN1   sqlca.sqlwarn[1]
#define    SQLWARN2   sqlca.sqlwarn[2]
#define    SQLWARN3   sqlca.sqlwarn[3]
#define    SQLWARN4   sqlca.sqlwarn[4]
#define    SQLWARN5   sqlca.sqlwarn[5]
#define    SQLWARN6   sqlca.sqlwarn[6]
#define    SQLWARN7   sqlca.sqlwarn[7]
#define    SQLWARN8   sqlca.sqlwarn[8]
#define    SQLWARN9   sqlca.sqlwarn[9]
#define    SQLWARNA   sqlca.sqlwarn[10]
#define    SQLSTATE   sqlca.sqlstate
#endif
struct sqlca sqlca;
```

PL/I-Include-Struktur:

```
DECLARE
   1  SQLCA,
      2  SQLCAID       CHAR (8),
      2  SQLCABC       FIXED (31) BINARY,
      2  SQLCODE       FIXED (31) BINARY,
      2  SQLERRM       CHAR (70) VAR,
      2  SQLERRP       CHAR (8),
      2  SQLERRD (6)   FIXED (31) BINARY,
      2  SQLWARN,
         3  SQLWARN0   CHAR (1),
         3  SQLWARN1   CHAR (1),
         3  SQLWARN2   CHAR (1),
         3  SQLWARN3   CHAR (1),
         3  SQLWARN4   CHAR (1),
         3  SQLWARN5   CHAR (1),
         3  SQLWARN6   CHAR (1),
         3  SQLWARN7   CHAR (1),
      2  SQLEXT,
         3  SQLWARN8   CHAR (1),
         3  SQLWARN9   CHAR (1),
         3  SQLWARNA   CHAR (1),
         3  SQLSTATE   CHAR (5);
```

SQLDA - SQL Descriptor Area
Aufgabenstellung der SQLDA

Diese Struktur ist der dynamische Kommunikationsbereich zwischen einem Anwendungsprogramm und DB2, sofern eine dynamische SQL-Statementausführung (Dynamic SQL) gefordert ist.
Die SQLDA hat zwei unterschiedliche Funktionalitäten:

1. Sie beschreibt die Result Table einer SQL-Query (SELECT-Statement).

2. Sie nimmt die variablen Parameter für Queries oder Manipulations-Statements auf.
   Damit werden die in dynamischem Einsatz nicht direkt vorgebbaren Host-Variablen adressiert (Parameter Markers werden durch diese Parameter ersetzt).

Welche SQL-Statements nutzen die SQLDA?

Die Verwendung der SQLDA unterscheidet sich in Abhängigkeit von den eingesetzten SQL-Statements:

- **DESCRIBE** statement-name Dieses Statement fordert eine SQLDA (INTO descriptor-name).
  Damit beschreibt DB2 die Result Table-Struktur einer Query.
- **DESCRIBE** TABLE Dieses Statement fordert eine SQLDA (INTO descriptor-name).
  Damit beschreibt DB2 eine gewünschte Table oder View-Struktur.
- **DESCRIBE CURSOR** Dieses Statement fordert eine SQLDA (INTO descriptor-name).
  Damit beschreibt DB2 die Result Table-Struktur eines Cursors einer Query Result Table.
- **DESCRIBE INPUT** Dieses Statement fordert eine SQLDA (INTO descriptor-name).
  Damit beschreibt DB2 die Eingabe-Parameter (Parameter Markers) eines vorab dynamisch präparierten Statements.
- **DESCRIBE PROCEDURE** Dieses Statement fordert eine SQLDA (INTO descriptor-name).
  Damit beschreibt DB2 die von einer Stored Procedure bereitgestellten Query Result Tables.
- **EXECUTE** Beim EXECUTE kann wahlweise eine SQLDA übergeben werden (USING DESCRIPTOR descriptor-name), in der die Adressen von Host-Variablen vorab vom Anwendungsprogramm eingestellt wurden (Parameter Markers werden damit ersetzt).
- **PREPARE** Beim PREPARE kann die Beschreibung der Result Table angefordert werden (INTO descriptor-name). Damit wird implizit ein DESCRIBE ausgelöst.
- **CALL** Beim CALL kann wahlweise eine SQLDA übergeben werden (USING DESCRIPTOR descriptor-name), in der die Adressen von Host-Variablen vorab vom Anwendungs-programm eingestellt wurden, die mit den in SYSPROCEDURES definierten Parame-tern korrespondieren.
- **OPEN** Beim OPEN kann wahlweise eine SQLDA übergeben werden (USING DESCRIPTOR descriptor-name), in der die Adressen von Host-Variablen vorab vom Anwendungs-programm eingestellt wurden (Parameter Markers werden damit ersetzt).
- **FETCH** Beim FETCH kann wahlweise eine SQLDA übergeben werden (USING DESCRIPTOR descriptor-name). Aufgrund der dort geführten Adressen der Host-Variablen des Anwendungsprogrammes werden die Daten aus der DB2-Result Table in die Host-Variablen eingestellt.

A5 Anhang - Definition allgemeiner Strukturen
SQLDA - SQL Descriptor Area - 2

Struktur der SQLDA

Die Struktur der SQLDA besteht aus folgenden Komponenten:

Genereller Vorspann SQLDA-Header — Minimum-SQLDA. Diese kann z.B. bei einem DESCRIBE vorgegeben werden, um die Anzahl der erforderlichen variablen Elemente im Feld SQLN zu erfragen und dann die erforderlichen Speicheranforderungen stellen.
Im Feld SQLDAID wird der Ergebnistyp dargestellt:
- 'SQLDAID'   Normale Identifikation der SQLDA
- 'SQLRS'   DESCRIBE CURSOR - SQLDA beschreibt eine Result Set-Struktur
- 'SQLPR'   DESCRIBE PROCEDURE - SQLDA beschreibt alle Result Sets

Variables Element SQLVAR-Entries — Die variablen Elemente sind für die unterschiedlichen Anforderungen sehr differenziert belegt. Grundsätzlich werden zwei Typen unterschieden:
- **SQLVAR Basis-Entry**
  dieser Typ existiert immer und wird unterschiedlich genutzt (siehe nachfolgende tabellarische Übersicht).
- **SQLVAR Extended-Entry**
  dieser Typ existiert dann, wenn
  - das Ergebnis einen Distinct Daten-Typ oder LOB-Wert enthält (der Bereich ist nicht erforderlich, wenn nur ein LOB-Locator und nicht der LOB-Wert bereitzustellen ist)
  - USING BOTH vorgegeben wurde (nur bei DESCRIBE Statement bzw. DESCRIBE TABLE und PREPARE INTO).

Variable Definitionen außerhalb von DB2 — Pro Spalte einer Result Table bzw. pro Parameter Marker muss entsprechender Speicherbereich für den Dateninhalt verfügbar sein. Ist eine Spalte NULL-fähig, muss auch ein NULL-Indikator verfügbar sein.

Genereller Struktur-Aufbau der SQLDA mit Basis SQLVAR-Entries

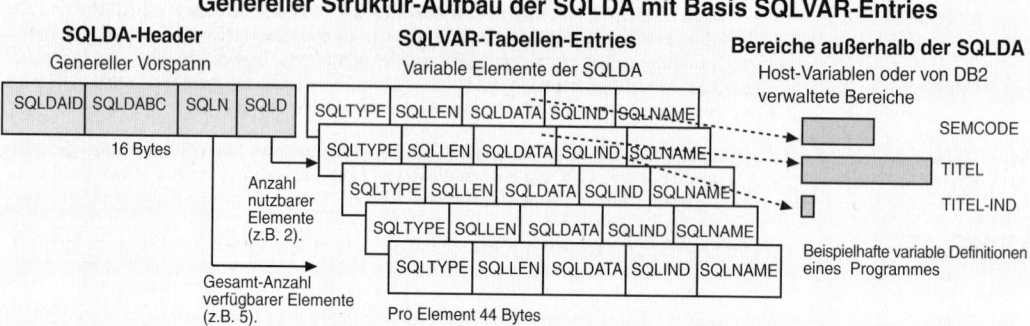

Genereller Struktur-Aufbau der SQLDA mit Extended SQLVAR-Entries

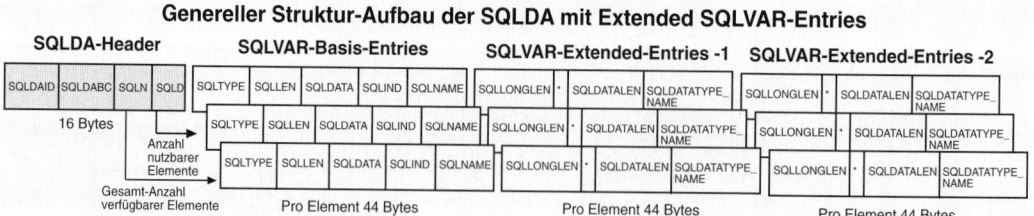

A5 Anhang - Definition allgemeiner Strukturen
SQLDA - SQL Descriptor Area - 3

SQLDA-Header

Die Struktur des SQLDA-Headers besteht aus folgenden Komponenten:

Statement-Typ	Input/ Output	SQLDAID * CHAR (8)	SQLDABC INTEGER	SQLN ** SMALLINT	SQLD *** SMALLINT
DESCRIBE statement	O	SQLDA Byte 6 und 7 siehe unten	SQLDA-Länge (SQLN x 44 +16)	Anzahl SQLVAR-Elemente (Basis-Elemente) oder bei Extended x 2 oder x 3	Anzahl SQLVAR-Basis-Elemente für Result-Table-Spalten des Statements
DESCRIBE TABLE	O	SQLDA Byte 6 und 7 siehe unten	SQLDA-Länge (SQLN x 44 +16)	wie DESCRIBE statement	Anzahl SQLVAR-Basis-Elemente für Table-/View Spalten
DESCRIBE CURSOR	O	SQLRS Byte 6 bis 8 siehe unten	SQLDA-Länge (SQLN x 44 +16)	wie DESCRIBE statement	Anzahl SQLVAR-Basis-Elemente für Result-Table-Spalten des Cursors (Result Set)
DESCRIBE INPUT	O	SQLDA Byte 6 und 7 siehe unten	SQLDA-Länge (SQLN x 44 +16)	wie DESCRIBE statement	Anzahl SQLVAR-Basis-Elemente für Input-Parameter-Markers
DESCRIBE PROCEDURE	O	SQLPR	SQLDA-Länge (SQLN x 44 +16)	wie DESCRIBE statement	Anzahl SQLVAR-Basis-Elemente (eins pro Result Set). 0, wenn kein Result Set übergeben wurde.
PREPARE INTO	O	SQLDA Byte 6 und 7 siehe unten	SQLDA-Länge (SQLN x 44 +16)	wie DESCRIBE statement	Anzahl SQLVAR-Basis-Elemente für Result-Table-Spalten des Statements
OPEN USING	I				Anzahl SQLVAR-Basis-Elemente für Host-Variablen (Parameter-Markers)
FETCH USING	I				Anzahl SQLVAR-Basis-Elemente für Host-Variablen
EXECUTE USING	I				Anzahl SQLVAR-Basis-Elemente für Host-Variablen (Parameter-Markers)
CALL USING	I		SQLDA-Länge (SQLN x 44 +16)		Anzahl SQLVAR-Basis-Elemente für Parameter

SQLDAID * Dieses Feld enthält folgende Informationen:
```
         12345678
         XXXXXXXX
         xxxxx       ------   Stelle 1 - 5
                              SQLxx Inhalt je nach Statement-Typ
             x       ------   Stelle 6
                              '+' = SQLNAME enthält ein überschreibendes CCSID
              x      ------   Stelle 7 Merkmal über Anzahl SQLVAR-Element-Typen
                              '2' = Neben dem SQLVAR-Basis-Elementen ist jeweils ein SQLVAR-Extended-
                                    Element vorhanden (doppelte Anzahl)
                              '3' = Neben dem SQLVAR-Basis-Elementen sind jeweils zwei SQLVAR-
                                    Extended-Elemente vorhanden (dreifache Anzahl)
               x     ------   Stelle 8 Merkmal CURSOR WITH HOLD
                              x'10000000' High-Order-Bit ist aktiv.
```

SQLN ** dieses Feld muss durch das Programm gesetzt werden, Es wird von DB2 nur lesend genutzt. Maximaler Wert = 750. Ist SQLD > SQLN reicht der Speicher nicht aus --> Fehler.

SQLD *** enthält den Wert 0, wenn der Statement-Typ keine Query ist bzw. bei DESCRIBE PROCEDURE ist kein Result Set verfügbar. Ist SQLD > SQLN reicht der Speicher nicht aus --> Fehler.

A5 Anhang - Definition allgemeiner Strukturen
SQLDA - SQL Descriptor Area - 3

SQLVAR-Basis-Entry

Die Struktur der SQLDA-Basis-Entries besteht aus folgenden Komponenten:

Assembler-, COBOL,PL/I, C-Feldname	Daten-Typ	Verwendung im DESCRIBE ..... bzw. PREPARE INTO Diese Werte werden von DB2 gesetzt:	Verwendung im CALL, EXECUTE, OPEN oder FETCH Diese Werte müssen vor der SQL-Statement-Ausführung vom Anwendungsprogramm eingestellt sein:
SQLTYPE * sqltype	SMALLINT	Datentyp der Spalte und Kennzeichnung, ob NULL-Werte erlaubt sind. Siehe folgende Übersicht der SQLTYPEs. Bei einem Distinct Data Type wird hier der Basis-Daten-Typ ausgewiesen (im SQLVAR-Basis-Entry ist ein Distinct Data Type nicht direkt erkennbar).	Datentyp der Host-Variablen und Kennzeichnung, ob ein NULL-Indikator adressierbar ist. Siehe folgende Übersicht der SQLTYPEs.
SQLLEN * sqllen	SMALLINT	Länge der Spalte oder Länge des Parameters; bei DateTime-Datentypen die Länge der String-Repräsentation. Bei LOB-Daten-Typen wird hier immer der Wert 0 geführt, die LOB-Länge wird im SQLVAR-Extended-Entry im Feld SQLLONGLEN geführt.	Länge der Host-Variablen. Ansonsten analog DESCRIBE.
SQLDATA sqldata	Pointer	Bei Character und Graphic-Spalten wird der CCSID ausgewiesen: (X'0000xxxx' - xxxx = CCSID, bei Bit-Daten ist xxxx = X'FFFF'). Bei DESCRIBE PROCEDURE: Wert des Result Set Locators, der mit dem Query Result Set verknüpft ist.	Adresse der Host-Variablen.
SQLIND sqlind	Pointer	Reserviert. Bei DESCRIBE PROCEDURE: Wert -1.	Adresse des Host-Indikators (bei ungeradem SQLTYPE-Wert).
SQLNAME sqlname	VARCHAR (30)	Name oder Label der Spalte oder eine Länge von 0, wenn Name oder Label nicht existieren. Enthält das präparierte Statement eine UNION-Klausel, wird der Name des ersten Operanden des UNION geliefert. Bei DESCRIBE INPUT wird dieses Feld nicht benutzt. Bei DESCRIBE PROCEDURE: Name des Cursors, der von der Stored Procedure benutzt wurde und mit dem Query Result Set verknüpft ist.	Kann einen CCSID enthalten. DB2 interpretiert das dritte und vierte Byte des Namens als CCSID der Host-Variablen, wenn folgende Bedingungen vorliegen: - Das 6. Byte von SQLDAID ist '+'. - SQLTYPE identifiziert einen String. - Die Länge von SQLNAME ist 8. - Die ersten beiden Bytes von SQLNAME sind X'0000'.

* Siehe folgende Beschreibung der SQLTYPES

A5 Anhang - Definition allgemeiner Strukturen
SQLDA - SQL Descriptor Area - 4

SQLVAR-Extended Entry

Im Gegensatz zu den SQLVAR-Basis-Entries werden Extended Entries nur dann benutzt, wenn:
- ein LOB Data Type und/oder Distinct Data Type in der Struktur vorliegt. Wurde der Parameter BOTH beim DESCRIBE oder PREPARE nicht vorgegeben, wird ein Set von Extended Entries erzeugt,
- ein Distinct Data Type in der Struktur vorliegt. Wurde der Parameter BOTH beim DESCRIBE oder PREPARE vorgegeben, werden zwei Sets von Extended Entries erzeugt (im ersten befindet sich die Beschreibung des Distinct Types, im zweiten die Label-Inhalte).

Die Struktur der SQLDA-Extended-Entries besteht aus folgenden Komponenten (die Extended Struktur ist genauso lang wie die Base-Struktur):

Assembler-, COBOL,PL/I- C-Feldname	Daten-Typ	Verwendung im DESCRIBE ..... bzw. PREPARE INTO Diese Werte werden von DB2 gesetzt:	Verwendung im CALL, EXECUTE, OPEN oder FETCH Diese Werte müssen vor der SQL-Statement-Ausführung vom Anwendungsprogramm eingestellt sein:
SQLLONGL SQLLONGLEN len.sqllonglen	INTEGER	Länge einer LOB-Spalte.	Länge der LOB-Host-Variablen. Bei BLOB und CLOB Länge in Bytes. Bei DBCLOB Anzahl der Zeichen.
*	INTEGER	Reserviert.	Reserviert.
SQLDATAL SQLDATALEN sqldatalen	Pointer	Nicht benutzt.	Wird nur bei LOB-Host-Variablen benutzt. Wenn der Wert dieses Feldes Null ist, befindet sich die aktuelle Länge des LOB-Wertes unmittelbar in einem 4-Byte-Längenfeld vor den Daten. Auf dieses Längenfeld zeigt der SQLDATA-Inhalt. Als Länge wird ausgewiesen: - bei BLOB und CLOB Länge in Bytes. - bei DBCLOB Anzahl der Zeichen. Wenn der Wert dieses Feldes nicht Null ist, muss dieser Pointer auf ein 4-Byte-Längenfeld zeigen, in dem immer die aktuelle Länge in Bytes steht (auch für DBCLOB-Werte). Die Adresse in SQLDATA zeigt dann auf die LOB-Daten. Unabhängig von der Benutzung dieses Feldes muss das Feld SQLLONGLEN immer gesetzt werden.
SQLTNAME SQLDATATYPE-NAME sqldatatype_name	VARCHAR (30)	Bei Distinct-Data-Types: - Bytes 1-8: Schema-Name, - Byte 9: Punkt (.) - Bytes 10 bis 27: Distinct-Type-Name. Bei Labels: - Inhalt des Labels. Bei DESCRIBE INPUT wird dieses Feld nicht benutzt.	Nicht benutzt.

A5 Anhang - Definition allgemeiner Strukturen
SQLDA - SQL Descriptor Area - 5

SQLTYPE und SQLLEN

Die folgende Tabelle zeigt die möglichen Inhalte von SQLTYPE und SQLLEN.
Die unterschiedlichen SQLTYPE-Werte pro Daten-Typ haben folgende Bedeutung:

Zahlenwert:	Beim DESCRIBE und PREPARE INTO	Beim CALL, EXECUTE, OPEN oder FETCH
Gerade Zahl	Spalte erlaubt keine NULL-Werte.	Es ist kein Host-Indikator adressierbar.
Ungerade Zahl	Spalte erlaubt NULL-Werte.	Es ist ein Host-Indikator adressierbar.

SQLTYPE	Für DESCRIBE und PREPARE INTO Spalten-/Param. Daten-Typ	SQLLEN	Für CALL, EXECUTE, OPEN oder FETCH Host-Variable Daten-Typ	SQLLEN
384/385	DATE	10.	Character-String mit fester Länge	Längen-Attribut der Host Variablen.
388/389	TIME	8.	Character-String mit fester Länge	Längen-Attribut der Host Variablen.
392/393	TIMESTAMP	26.	Character-String mit fester Länge	Längen-Attribut der Host Variablen.
400/401	-	-	Graphic-String mit NUL-Begrenzung.	Längen-Attribut der Host Variablen.
404/405	BLOB	0 *	BLOB.	Nicht benutzt. *
408/409	CLOB	0 *	CLOB.	Nicht benutzt. *
412/413	DBCLOB	0 *	DBCLOB.	Nicht benutzt. *
448/449	VARCHAR	Länge gemäß Spalte.	Character-String mit variabler Länge.	Längen-Attribut der Host Variablen.
452/453	CHAR	Länge gemäß Spalte.	Character-String mit fester Länge.	Längen-Attribut der Host Variablen.
456/457	LONGVARCHAR	Länge gemäß Spalte.	Long-Character-String mit variabler Länge.	Längen-Attribut der Host Variablen.
460/461	-	-	Character-String mit NUL-Begrenzung.	Längen-Attribut der Host Variablen.
464/465	VARGRAPHIC	Länge gemäß Spalte.	Graphic-String mit variabler Länge.	Längen-Attribut der Host Variablen.
468/469	GRAPHIC	Länge gemäß Spalte.	Graphic-String mit fester Länge.	Längen-Attribut der Host Variablen.
472/473	LONGVARGRAPH	Länge gemäß Spalte.	Long-Graphic-String mit variabler Länge.	Längen-Attribut der Host Variablen.
480/481	FLOAT	4 - single precision, 8 - double precision.	Floating Point.	4 - single precision, 8 - double precision.
484/485	DECIMAL	1. Byte: Gesamtlänge 2. Byte: Nachkommastellen	Decimal packed.	1. Byte: Gesamtlänge 2. Byte: Nachkommastellen
496/497	INTEGER	4	Large Integer	4
500/501	SMALLINT	2	Small Integer	2
504/505	-	-	DISPLAY SIGN LEADING SEPARATE	1. Byte: Gesamtlänge 2. Byte: Nachkommastellen.
904/905	-	-	ROWID **	40
960/961	-	-	BLOB Locator **	4
964/965	-	-	CLOB Locator **	4
968/969	-	-	DBCLOB Locator **	4
972/973	Result Set Locator	4	Result Set Locator **	4
976/977	Table Locator	4	Table Locator **	4

* Die Länge wird im SQLVAR-Extended-Feld SQLLONGLEN geführt.
** Beispiel-Definitionen im Cobol:
```
          01    ROW-IDENT USAGE    SQL TYPE IS    ROWID.
          01    LOCATOR1  USAGE    SQL TYPE IS    BLOB-LOCATOR.
          01    LOCATOR2  USAGE    SQL TYPE IS    CLOB-LOCATOR.
          01    LOCATOR3  USAGE    SQL TYPE IS    DBCLOB-LOCATOR.
          01    LOCATOR4  USAGE    SQL TYPE IS    RESULT-SET-LOCATOR        VARYING.
          01    LOCATOR5  USAGE    SQL TYPE IS    TABLE LIKE SEMINAR AS LOCATOR.
```

A5 Anhang - Definition allgemeiner Strukturen
SQLDA - SQL Descriptor Area - 6

Sprachspezifische Strukturen für die SQLDA

Es gelten folgende sprachspezifischen Besonderheiten:

Assembler-Include-Struktur:

```
SQLTRIPL   EQU   C'3'
SQLDOUBL   EQU   C'2'
SQLSINGL   EQU   C' '
*
           SQLSECT SAVE
*
SQLDA      DSECT
SQLDAID    DS    CL8      ID
SQLDABC    DS    F        BYTE COUNT
SQLN       DS    H        COUNT SQLVAR/SQLVAR2 ENTRIES
SQLD       DS    H        COUNT VARS (TWICE IF USING BOTH)
*
SQLVAR     DS    0F       BEGIN VARS
SQLVARN    DSECT ,        NTH VARIABLE
SQLTYPE    DS    H        DATA TYPE CODE
SQLLEN     DS    0H       LENGTH
SQLPRCSN   DS    X        DEC PRECISION
SQLSCALE   DS    X        DEC SCALE
SQLDATA    DS    A        ADDR OF VAR
SQLIND     DS    A        ADDR OF IND
SQLNAME    DS    H,CL30   DESCRIBE NAME
SQLVSIZ    DS    *-SQLDATA
SQLSIZV    DS    *-SQLVARN
*
SQLDA      DSECT
SQLVAR2    DS    0F       BEGIN EXTENDED FIELDS OF VARS
SQLVAR2N   DSECT ,        EXTENDED FIELDS OF NTH VARIABLE
SQLLONGL   DS    F        LENGTH
SQLRSVDL   DS    F        RESERVED
SQLDATAL   DS    A        ADDR OF LENGTH IN BYTES
SQLTNAME   DS    H,CL30   DESCRIBE NAME
*
           SQLSECT RESTORE
```

PL/I-Include-Struktur:

```
DECLARE
  1 SQLDA BASED (SQLDAPTR),
    2 SQLDAID       CHAR (8),
    2 SQLDABC       FIXED (31) BINARY,
    2 SQLN          FIXED (15) BINARY,
    2 SQLD          FIXED (15) BINARY,
    2 SQLVAR (SQLSIZE REFER (SQLN)),
      3 SQLTYPE     FIXED (15) BINARY,
      3 SQLLEN      FIXED (15) BINARY,
      3 SQLDATA     POINTER,
      3 SQLIND      POINTER,
      3 SQLNAME     CHAR (30) VAR;
DECLARE
  1 SQLDA2 BASED (SQLDAPTR),
    2 SQLDAID2      CHAR (8),
    2 SQLDABC2      FIXED (31) BINARY,
    2 SQLN2         FIXED (15) BINARY,
    2 SQLD2         FIXED (15) BINARY,
    2 SQLVAR2 (SQLSIZE REFER (SQLN2)),
      3 SQLBIGLEN,
        4 SQLLONGL  FIXED (15) BINARY,
        4 SQLRSVDL  FIXED (15) BINARY,
      3 SQLDATAL    POINTER,
      3 SQLTNAME    CHAR (30) VAR;
DECLARE SQLSIZE      FIXED (15) BINARY;
DECLARE SQLDAPTR     POINTER;
DECLARE SQLTRIPLED   CHAR (1) INITIAL ('3');
DECLARE SQLDOUBLED   CHAR (1) INITIAL ('2');
DECLARE SQLSINGLED   CHAR (1) INITIAL (' ');
```

COBOL-Struktur (IBM-COBOL und VS COBOL II):

```
01 SQLDA.
   05 SQLDAID  PIC X(8).
   05 SQLDABC  PIC S9(9) BINARY.
   05 SQLN     PIC S9(4) BINARY.
   05 SQLD     PIC S9(4) BINARY.
   05 SQLVAR   OCCURS 0 TO 750 TIMES DEPENDING ON SQLN.
      10 SQLVAR1.
         15 SQLTYPE    PIC S9(4) BINARY.
         15 SQLLEN     PIC S9(4) BINARY.
         15 FILLER     REDEFINES SQLLEN.
            20 SQLPRECISION   PIC X.
            20 SQLSCALE       PIC X.
         15 SQLDATA    POINTER.
         15 SQLIND     POINTER.
         15 SQLNAME.
            49 SQLNAMEL  PIC S9(4) BINARY.
            49 SQLNAMEC  PIC X(30).
      10 SQLVAR2 REDEFINES SQLVAR1.
         15 SQLVAR2-RESERVED-1  PIC S9(9) BINARY.
         15 SQLLONGLEN  REDEFINES SQLVAR2-RESERVED-1
                        PIC S9(9) BINARY.
         15 SQLVAR2-RESERVED-2  PIC S9(9) BINARY.
         15 SQLDATALEN  POINTER.
         15 SQLDATATYPE-NAME.
            20 SQLDATATYPE-NAMEL  PIC S9(4) BINARY.
            20 SQLDATATYPE-NAMEC  PIC X(30).
```

Hinweise zur COBOL-Struktur:
- Ab Version 6 wird INCLUDE SQLDA auch für COBOL-Programme unterstützt.
- Die Struktur kann der Working Storage Section oder der Linkage Section zugeordnet werden.

C-/C++-Include-Struktur (Auszug ohne Macros):

```c
#ifndef SQLDASIZE     /* Permit duplicate Includes   */

struct sqlvar
            {  short   sqltype;
               short   sqllen;
               char    *sqldata;
               short   *sqlind;
               struct  sqlname
                     {  short  length;
                        char   data[30];
                     } sqlname;
            };
struct sqlvar2
            {  struct
                     {  long    sqllonglen;
                        unsigned long  reserved;
                     } len;
               struct sqldistinct_type
                     {  short  length;
                        char   data[30];
                     } sqldatatype_name;
            };
struct sqlda
            {  char   sqldaid[8];
               long   sqldabc;
               short  sqln;
               short  sqld;
               struct sqlvar[1];
            };

                        char    data[30];

#define      SQLDOUBLED  '2'
#define      SQLTRIPLED  '3'
#define      SQLSINGLED  ' '

#define      SQLDASIZE(n) \
      (sizeof(struct sqlda) + ((n-1) * sizeof(struct sqlvar))
#endif /* SQLDASIZE */
```

Hinweise zur C-Struktur:
- Ein Descriptor-Name kann benutzt werden in den SQL-Statements:
  - CALL
  - DESCRIBE
  - EXECUTE
  - FETCH
  - OPEN.

- Die Struktur kann z.B. definiert werden mit:
  sqlda *sqlda1;

- Die Struktur kann dann z.B. angesprochen werden mit:
  EXEC SQL DESCRIBE STMT1
           INTO DESCRIPTOR :*sqlda1;

Parameter-Struktur: Stored Procedures

Diese Struktur ist der Kommunikationsbereich zwischen einem aufrufenden Programm und einer Stored Procedure. Die Parameter müssen vorab definiert sein (mit CREATE PROCEDURE bzw. ALTER PROCEDURE) und in der Katalog-Tabelle SYSROUTINES eingetragen sein.

GENERELL

```
*********************************************************************************
*    Kommunikations-Parameter und Indikatoren
*       Diese Parameter müssen im aufrufenden Programm i.d.R. im virtuellen
*       Speicher definiert werden und im aufgerufenen Programm  nur referenziert
*       werden (mit DSECT, LINKAGE SECTION, BASE STRUCTURE u.ä.)
*********************************************************************************
PARM1         n  Bytes         1. Parameter
PARM2         n  Bytes         2. Parameter
PARMnnn       ....             je nach Bedarf
PARM1I        2  Bytes         Indikator 1.Parameter
PARM2I        2  Bytes         Indikator 2.Parameter
PARMnnnI      ....             je nach Bedarf
*********************************************************************************
*          Erweiterte DB2SQL-Parameter (nur wenn bei der Definition der
*          Prozedur der DB2SQL-Parameter vorgegeben wurde).
*          Diese Parameter werden der Stored Procedure übergeben.
*          Das aufrufende Programm kennt sie nicht direkt.
*          SQLSTATE steht dem aufrufenden Programm in der SQLCA zur Verfügung.
*********************************************************************************
SQLSTATE      5     Bytes SQLSTATE kann durch die Stored Procedure modifiziert werden
PROCEDUR      27+2  Bytes Name der Stored Procedure mit Qualifikation (Schema)
SPECPROC      18+2  Bytes Spezifischer Name der Stored Procedure
DIAGNOST      70+2  Bytes SQLERRM - SQL Diagnostik Bereich
*********************************************************************************
*          Erweiterte DBINFO-Parameter (nur wenn bei der Definition der
*          Prozedur der DBINFO-Parameter vorgegeben wurde).
*********************************************************************************
DBLOKAT       128+2 Bytes Datenbank-Lokation: Länge und Name
AUTID         128+2 Bytes Autorisierungs-Id des aufrufenden Prozesses: Länge und Name
CCSID         28    Bytes CCSIDs, z.B. ESBCS = EBCDIC SBCS, ASBCS = ASCII SBCS
RESERV1       20    Bytes Reserviert
SCHEMA        128+2 Bytes Schema Schema bzw. Table Qualifier: Länge und Name
TABLE         128+2 Bytes Table: Länge und Name (nur wenn in einer User Defined Function
*                         die Funktion in einer SET-Klausel eines Update Statements oder
*                         in der VALUES-Klausel eines INSERT-Statements aufgerufen wird).
SPALTE        128+2 Bytes Spalte: Länge und Name (nur bei UDF - siehe TABLE)
DB2VERS       8     Bytes DB2-Version/Release (PPP=Produkt, VV=Version, RR=Release, M=Modif.)
*                         PPPVVRRM    PPP: DSN = DB2,ARI = VM&VSE,QSQ = AS/400,SQL = UDB
BETRIEBS      4     Bytes Betriebssystem der Datenbank-Plattform
*                         0=unbekannt 1=OS/2 3=Windows 4=AIX 5=Windows NT 6=HP-UX 7=Solaris
*                         8=OS/390 13=Siemens Nixdorf 15=Windows 95 16 SCO Unix
ANZCOLTF      2     Bytes Anzahl Entries in Table Function Column List
RESERV2       24    Bytes Reserviert
TFCOLLST      4     Bytes Pointer auf Table Function Column List
APPLID        4     Bytes Pointer auf Connection-Id der Anwendung mit dem Inhalt der LUWID
RESERV3       20    Bytes Reserviert
```

Assembler

```
*********************************************************************************
*    Kommunikations-Parameter und Indikatoren (beispielhaft für 2 Parameter)
*********************************************************************************
PARM1         DS F              Lokale Kopie von 1. Parameter
PARM2         DS CL20           Lokale Kopie von 2. Parameter
PARM1I        DS H              Lokale Kopie von Indikator 1.Parameter
PARM2I        DS H              Lokale Kopie von Indikator 2.Parameter
*********************************************************************************
*          Erweiterte DB2SQL-Parameter (siehe generelle Beschreibung vorab)
*********************************************************************************
SQLSTATE      DS    CL5         Lokale Kopie von SQLSTATE
PROCEDUR      DS    H,CL27      Lokale Kopie des Namens der Stored Procedure
SPECPROC      DS    H,CL18      Lokale Kopie des Spezifischen Namens der Stored Procedure
DIAGNOST      DS    H,CL70      Lokale Kopie der SQLERRM - SQL Diagnostik Bereich
```

```
*********************************************************************************
*       Erweiterte DBINFO-Parameter (siehe generelle Beschreibung vorab)
*********************************************************************************
DBINFO      DS    0H            Lokale Kopie der DBINFO-Daten
DBLOKAT     DS    H,CL128       Datenbank-Lokation: Länge und Name
AUTID       DS    H,CL128       Autorisierungs-Id des aufrufenden Prozesses: Länge und Name
CCSID       DS    7F            CCSIDs, z.B. ESBCS = EBCDIC SBCS, ASBCS = ASCII SBCS
RESERV1     DS    CL20          Reserviert
SCHEMA      DS    H,CL128       Schema Schema bzw. Table Qualifier: Länge und Name
TABLE       DS    H,CL128       Table: Länge und Name (siehe generelle Beschreibung vorab)
SPALTE      DS    H,CL128       Spalte: Länge und Name (nur bei UDF - siehe TABLE)
DB2VERS     DS    CL8           DB2-Version/Release (PPP=Produkt, VV=Version, RR=Release, M=Modif.
BETRIEBS    DS    F             Betriebssystem der Datenbank-Plattform
ANZCOLTF    DS    H             Anzahl Entries in Table Function Column List
RESERV2     DS    CL24          Reserviert
TFCOLLST    DS    A             Pointer auf Table Function Column List
APPLID      DS    A             Pointer auf Connection-Id der Anwendung mit dem Inhalt der LUWID
RESERV3     DS    CL20          Reserviert

                                COBOL

LINKAGE SECTION.
*********************************************************************************
*   Kommunikations-Parameter und Indikatoren (beispielhaft für 2 Parameter)
*********************************************************************************
      01  PARM1              PIC S9(9) COMP.
      01  PARM2              PIX X(20).
      01  PARM1-I            PIC S9(4) COMP.
      01  PARM2-I            PIC S9(4) COMP.
*********************************************************************************
*       Erweiterte DB2SQL-Parameter (siehe generelle Beschreibung vorab)
*********************************************************************************
*           SQLSTATE, kann durch die Stored Procedure modifiziert werden
      01 PARM-SQLSTATE                         PIC X(5).
*           Name der Stored Procedure mit Qualifikation (Schema)
      01 PARM-PROCEDUR.
          49 PARM-PROCEDUR-LAENGE              PIC 9(4) USAGE BINARY.
          49 PARM-PROCEDUR-TEXT                PIC X(27).
*           Spezifischer Name der Stored Procedure
      01 PARM-SPECPROC.
          49 PARM-SPECPROC-LAENGE              PIC 9(4) USAGE BINARY.
          49 PARM-SPECPROC-TEXT                PIC X(18).
*           SQLERRM - SQL Diagnostik Bereich
      01 PARM-DIAGNOST.
          49 PARM-DIAGNOST-LAENGE              PIC 9(4) USAGE BINARY.
          49 PARM-DIAGNOST-TEXT                PIC X(70).
*********************************************************************************
*       Erweiterte DBINFO-Parameter (siehe generelle Beschreibung vorab)
*********************************************************************************
      01 PARM-DBINFO.
*              Datenbank-Lokation: Länge und Name
         02 DBINFO-DBLOKAT.
            49 DBINFO-DBLOKAT-LAENGE           PIC 9(4) USAGE BINARY.
            49 DBINFO-DBLOKAT-TEXT             PIC X(128).
*              Autorisierungs-Id des aufrufenden Prozesses: Länge und Name
         02 DBINFO-AUTID.
            49 DBINFO-AUTID-LAENGE             PIC 9(4) USAGE BINARY.
            49 DBINFO-AUTID-TEXT               PIC X(128).
*              CCSIDs, z.B. ESBCS = EBCDIC SBCS, ASBCS = ASCII SBCS
         02 DBINFO-CCSID PIC X(48).
         02 DBINFO-CCSID-REDEFINE REDEFINES DBINFO-CCSID.
            03 DBINFO-ESBCS                    PIC 9(9) USAGE BINARY.
            03 DBINFO-EMIXED                   PIC 9(9) USAGE BINARY.
            03 DBINFO-EDBCS                    PIC 9(9) USAGE BINARY.
            03 DBINFO-ASBCS                    PIC 9(9) USAGE BINARY.
            03 DBINFO-AMIXED                   PIC 9(9) USAGE BINARY.
            03 DBINFO-ADBCS                    PIC 9(9) USAGE BINARY.
            03 DBINFO-ENCODE                   PIC 9(9) USAGE BINARY.
            03 DBINFO-RESERVE                  PIC X(20).
*              Schema bzw. Table Qualifier: Länge und Name (bei Stored Procedures unbenutzt)
         02 DBINFO-SCHEMA.
            49 DBINFO-SCHEMA-LAENGE            PIC 9(4) USAGE BINARY.
            49 DBINFO-SCHEMA-TEXT              PIC X(128).
*              Table: Länge und Name (bei Stored Procedures unbenutzt)
```

```
                02 DBINFO-TABLE.
                    49 DBINFO-TABLE-LAENGE          PIC 9(4) USAGE BINARY.
                    49 DBINFO-TABLE-TEXT            PIC X(128).
*                   Spalte: Länge und Name (bei Stored Procedures unbenutzt)
                02 DBINFO-SPALTE.
                    49 DBINFO-SPALTE-LAENGE         PIC 9(4) USAGE BINARY.
                    49 DBINFO-SPALTE-TEXT           PIC X(128).
*                   DB2-Version/Release (siehe generelle Beschreibung vorab)
                02 DBINFO-DB2VERS                   PIC X (8).
*                   Betriebssystem der Datenbank-Plattform (siehe generelle Beschreibung vorab)
                02 DBINFO-BETRIEBS                  PIC 9(9) USAGE BINARY.
*                   Anzahl Entries in Table Function Column List (bei Stored Procedures unbenutzt)
                02 DBINFO-ANZCOLTF                  PIC 9(4) USAGE BINARY.
*                   Reserviert
                02 FILLER                           PIC X (24).
*                   Pointer auf Table Function Column List (bei Stored Procedures unbenutzt)
                02 DBINFO-TFCOLLST                  PIC 9(9) USAGE BINARY.
*                   Pointer auf Connection-Id der Anwendung mit dem Inhalt der LUWID
                02 DBINFO-APPLID                    PIC 9(9) USAGE BINARY.
*                   Reserviert
                02 FILLER                           PIC X (20).
```

PL/I

```
/***************************************************************************/
/*   Kommunikations-Parameter und Indikatoren (beispielhaft für 2 Parameter)  */
/***************************************************************************/
     DCL   PARM1              BIN FIXED   (31);
     DCL   PARM2              CHAR        (20);
     DCL   PARM1_I            BIN FIXED   (15);
     DCL   PARM2_I            BIN FIXED   (15);
/***************************************************************************/
/*      Erweiterte DB2SQL-Parameter (siehe generelle Beschreibung vorab)     */
/***************************************************************************/
     DCL   SQLSTATE   CHAR (5);         /* Lokale Kopie von SQLSTATE              */
     DCL   PROCEDUR   CHAR (27) VAR;    /* Lokale Kopie Namen der Stored Procedure */
     DCL   SPECPROC   CHAR (18) VAR;    /* Lokale Kopie des Spezifischen Name      */
     DCL   DIAGNOST   CHAR (70) VAR;    /* Lokale Kopie der SQLERRM - SQL Diagnostik */
/***************************************************************************/
/*      Erweiterte DBINFO-Parameter (siehe generelle Beschreibung vorab)     */
/***************************************************************************/
     DCL   PDBINFO       PTR;               /* Pointer für DBINFO-Daten            */
     DCL 01 DBINFO BASED (PDBINFO),         /* Lokale Kopie der DBINFO-Daten       */
         05 DBLOKAT_LAENGE BIN FIXED (15),  /* Datenbank-Lokation: Länge           */
         05 DBLOKAT_TEXT   CHAR      (128), /* Datenbank-Lokation: Name            */
         05 AUTID_LAENGE   BIN FIXED (15),  /* Autorisierungs-Id: Länge            */
         05 AUTID_TEXT     CHAR      (128), /* Autorisierungs-Id: Name             */
         05 CCSID,                          /* CCSIDs (rechtsbündig)               */
            10 ESBCS       BIN FIXED (31),  /* EBCDIC SBCS                         */
            10 EMIXED      BIN FIXED (31),  /* EBCDIC MIXED                        */
            10 EDBCS       BIN FIXED (31),  /* EBCDIC DBCS                         */
            10 ASBCS       BIN FIXED (31),  /* ASCII SBCS                          */
            10 AMIXED      BIN FIXED (31),  /* ASCII MIXED                         */
            10 ADBCS       BIN FIXED (31),  /* ASCII DBCS                          */
            10 ENCODE      BIN FIXED (31),  /* ENCODING Schema                     */
            10 RESERV1     CHAR      (20),  /* Reserve                             */
         05 SCHEMA_LAENGE  BIN FIXED (15),  /* Schema Schema/Table Qualifier: Länge */
         05 SCHEMA_TEXT    CHAR      (128), /* Schema Schema/Table Qualifier: Name  */
         05 TABLE_LAENGE   BIN FIXED (15),  /* Table: Länge                        */
         05 TABLE_TEXT     CHAR      (128), /* Table: Name                         */
         05 SPALTE_LAENGE  BIN FIXED (15),  /* Spalte: Länge                       */
         05 SPALTE_TEXT    CHAR      (128), /* Spalte: Name                        */
         05 DB2VERS        CHAR      (8),   /* DB2-Version/Release                 */
         05 BETRIEBS       BIN FIXED (31),  /* Betriebssystem                      */
         05 ANZCOLTF       BIN FIXED (15),  /* Anzahl Entries Table Function Column */
         05 RESERV2        CHAR      (20),  /* Reserve                             */
         05 TFCOLLST       PTR,             /* Pointer auf Table Function Column List */
         05 APPLID         PTR,             /* Pointer auf Connection-Id der Anwend. */
         05 RESERV3        CHAR      (20);  /* Reserve                             */
```

A5 Anhang - Definition allgemeiner Strukturen
Parameter-Struktur: User-defined Functions

Parameter-Struktur: User-defined Functions

Diese Struktur ist der Kommunikationsbereich zwischen einem aufrufenden Programm und einer User-defined Function. Die Parameter müssen vorab definiert sein (mit CREATE FUNCTION bzw. ALTER FUNCTION) und in der Katalog-Tabelle SYSROUTINES eingetragen sein.

<u>GENERELL</u>

```
***********************************************************************
*    Kommunikations-Parameter und Indikatoren
*       Diese Parameter müssen im aufrufenden SQL-Statement vorgegeben werden.
***********************************************************************
PARM1E       n  Bytes     1. Parameter Eingabe
PARM2E       n  Bytes     2. Parameter Eingabe
PARMnnnE     ....         je nach Bedarf Eingabe-Parameter
PARM1A       n  Bytes     1. Parameter Ausgabe
PARM2A       n  Bytes     2. Parameter Ausgabe(nur bei Table Functions möglich)
PARMnnnA     ....         je nach Bedarf Ausgabe-Parameter (nur Table Functions)
PARM1EI      2  Bytes     Indikator 1.Parameter Eingabe
PARM2EI      2  Bytes     Indikator 2.Parameter Eingabe
PARMnnnEI    ....         je nach Bedarf Indikatoren für Eingabe-Parameter
PARM1AI      2  Bytes     Indikator 1.Parameter Ausgabe
PARM2AI      2  Bytes     Indikator 2.Parameter Ausgabe (nur bei Table Functions möglich)
PARMnnnAI    ....         je nach Bedarf Indikatoren für Ausgabe-Parameter (nur Table Functions)
***********************************************************************
*            Erweiterte DB2SQL-Parameter (nur wenn bei der Definition der
*            Funktion der DB2SQL-Parameter vorgegeben wurde).
*            Diese Parameter werden der Funktion übergeben.
***********************************************************************
SQLSTATE     5   Bytes SQLSTATE kann durch die Funktion modifiziert werden
*                      00000 = OK
*                      01Hxx = Warnung
*                      02000 = Es sind keine Daten (mehr) verfügbar
*                      38zxx = Fehlerbedingung (in Klammern SQLCODE):
*                           38001 (-487)  SQL-Zugriff in UDF, aber NO SQL definiert
*                           38002 (-577)  SQL-Zugriff in UDF, aber kein MODIFIES SQL DATA definiert
*                           38003 (-751)  COMMIT oder ROLLBACK in UDF(Must-Rollback-State)
*                           38004 (-579)  SQL-Zugriff in UDF, aber keine entsprechende Definition
FUNKNAM     137+2 Bytes Name der Funktion mit Qualifikation (Schema 8 B.)+'.' + Funkt.Name (128 B.)
SPECFUNC    128+2 Bytes Spezifischer Name der Funktion
DIAGNOST     70+2 Bytes SQLERRM - SQL Diagnostik Bereich
SCRATCHP     n+4  Bytes Scratchpad-Bereich lt. Parameter SCRATCHPAD
CALLTYPE      4   Bytes Aufruf-Typ der Funktion. Bedeutung bei einer Scalar Function:
*                       -1 = First Call. Alle Eingabe-Parameter sind verfügbar, ein SCRATCHPAD wird
*                            wird ggf. initialisiert.
*                        0 = Normaler Call. Alle Eingabe-Parameter und ggf. SCRATCHPAD sind verfügbar
*                        1 = Final Call (normal). Es sind keine Eingabe-Parameter verfügbar (evtl.
*                            Scratchpad steht zur Verfügung).
*                            Die Funktion kann Abschlussarbeiten erledigen (z.B. Cursor schliessen).
*                            Alle zulässigen SQL-Aktivitäten sind noch möglich.
*                      255 = Final Call (aufgrund eines COMMITs oder ROLLBACKs des aktivierenden
*                            Prozesses). Es sind keine Eingabe-Parameter verfügbar.
*                            Die Funktion kann Cursor schliessen, aber ansonsten keine SQL-Statements
*                            mehr absetzen (SQLCODE -501 tolerieren, da aufgrund eines Fehlers ein
*                            Cursor automatisch geschlossen werden kann).
*
*                            Bedeutung bei einer Table Function:
*                       -2 = First Call. Alle Eingabe-Parameter sind verfügbar, ein SCRATCHPAD wird
*                            wird ggf. initialisiert.
*                       -1 = Open Call. Alle Eingabe-Parameter sind verfügbar, ein SCRATCHPAD wird
*                            wird dann initialisiert, wenn FINAL CALL definiert wurde, ansonsten
*                            bleibt dieser Bereich unberührt.
*                        0 = Fetch Call. Alle Eingabe-Parameter und ggf. SCRATCHPAD sind verfügbar.
*                            Es sollte eine Ergebniszeile zurückgegeben werden (oder SQLSTATE 02000).
*                        1 = Close Call. Es sind keine Eingabe-Parameter verfügbar (evtl. Scratchpad
*                            steht zur Verfügung).
*                        2 = Final Call (normal). Es sind keine Eingabe-Parameter verfügbar.
*                            Diese Funktion wird aktiviert, wenn der aufrufende Prozess einen Cursor
*                            schließt. Alle zulässigen SQL-Aktivitäten sind noch möglich.
*                      255 = Final Call (aufgrund eines COMMITs oder ROLLBACKs des aktivierenden
*                            Prozesses). Es sind keine Eingabe-Parameter verfügbar.
*                            Die Funktion kann Cursor schliessen, aber ansonsten keine SQL-Statements
*                            mehr absetzen (SQLCODE -501 tolerieren, da aufgrund eines Fehlers ein
*                            Cursor automatisch geschlossen werden kann).
*
```

A5 Anhang - Definition allgemeiner Strukturen
Parameter-Struktur: User-defined Functions - 2

```
*********************************************************************************
*         Erweiterte DBINFO-Parameter (nur wenn bei der Definition der
*         Funktion der DBINFO-Parameter vorgegeben wurde.
*********************************************************************************
DBLOKAT    128+2 Bytes Datenbank-Lokation: Länge und Name
AUTID      128+2 Bytes Autorisierungs-Id des aufrufenden Prozesses: Länge und Name
CCSID      28    Bytes CCSIDs, z.B. ESBCS = EBCDIC SBCS, ASBCS = ASCII SBCS
RESERV1    20    Bytes Reserviert
SCHEMA     128+2 Bytes Schema Schema bzw. Table Qualifier: Länge und Name
TABLE      128+2 Bytes Table: Länge und Name (nur wenn in einer User Defined Function
*                      die Funktion in einer SET-Klausel eines Update Statements oder
*                      in der VALUES-Klausel eines INSERT-Statements aufgerufen wird).
SPALTE     128+2 Bytes Spalte: Länge und Name (nur bei UDF - siehe TABLE)
DB2VERS    8     Bytes DB2-Version/Release (PPP=Produkt, VV=Version, RR=Release, M=Modif.)
*                      PPPVVRRM    PPP: DSN = DB2,ARI = VM&VSE,QSQ = AS/400,SQL = UDB
BETRIEBS   4     Bytes Betriebssystem der Datenbank-Plattform
*                      0=unbekannt 1=OS/2 3=Windows 4=AIX 5=Windows NT 6=HP-UX 7=Solaris
*                      8=OS/390 13=Siemens Nixdorf 15=Windows 95 16 SCO Unix
ANZCOLTF   2     Bytes Anzahl Entries in Table Function Column List.
*                      In diesem Fall wird von DB2 eine Liste von 1000 SMALLINT-Werte bereitgestellt.
*                      Das Feld enthält die Anzahl und TFCOLLST den Pointer auf diesen Bereich.
*                      Die Felder sind nur relevant, wenn die Funktion mit RETURNS TABLE definiert
*                      ist. Die Entries korrespondieren dann mit den Spalten der Tabelle.
RESERV2    24    Bytes Reserviert
TFCOLLST   4     Bytes Pointer auf Table Function Column List. Siehe auch ANZCOLTF vorab.
APPLID     4     Bytes Pointer auf Connection-Id der Anwendung mit dem Inhalt der LUWID
RESERV3    20    Bytes Reserviert
```

Assembler

```
*********************************************************************************
*    Kommunikations-Parameter und Indikatoren (beispielhaft für zwei Eingabe- und einen
*    Ausgabe-Parameter)
*********************************************************************************
PARM1E     DS  F              Lokale Kopie von 1. Parameter Eingabe
PARM2E     DS  CL20           Lokale Kopie von 2. Parameter Eingabe
PARM1A     DS  CL30           1. Parameter Ausgabe
PARM1EI    DS  H              Lokale Kopie von Indikator 1.Parameter Eingabe
PARM2EI    DS  H              Lokale Kopie von Indikator 2.Parameter Eingabe
PARM1AI    DS  H              Indikator 1.Parameter Ausgabe
*********************************************************************************
*         Erweiterte DB2SQL-Parameter (siehe generelle Beschreibung vorab)
*********************************************************************************
SQLSTATE   DS  CL5            Lokale Kopie von SQLSTATE
FUNKNAM    DS  H,CL137        Lokale Kopie des Namens der Funktion
SPECFUNC   DS  H,CL137        Lokale Kopie des Spezifischen Namens der Funktion
DIAGNOST   DS  H,CL70         Lokale Kopie der SQLERRM - SQL Diagnostik Bereich
SCRATCHP   DS  F,CL100        Scratchpad-Bereich lt. Parameter SCRATCHPAD
CALLTYPE   DS  F              Aufruf-Typ der Funktion(siehe generelle Beschreibung vorab)
*********************************************************************************
*         Erweiterte DBINFO-Parameter (siehe generelle Beschreibung vorab)
*********************************************************************************
DBINFO     DS  0H             Lokale Kopie der DBINFO-Daten
DBLOKAT    DS  H,CL128        Datenbank-Lokation: Länge und Name
AUTID      DS  H,CL128        Autorisierungs-Id des aufrufenden Prozesses: Länge und Name
CCSID      DS  7F             CCSIDs, z.B. ESBCS = EBCDIC SBCS, ASBCS = ASCII SBCS
RESERV1    DS  CL20           Reserviert
SCHEMA     DS  H,CL128        Schema Schema bzw. Table Qualifier: Länge und Name
TABLE      DS  H,CL128        Table: Länge und Name (siehe generelle Beschreibung vorab)
SPALTE     DS  H,CL128        Spalte: Länge und Name (nur bei UDF - siehe TABLE)
DB2VERS    DS  CL8            DB2-Version/Release (PPP=Produkt, VV=Version, RR=Release, M=Modif.)
BETRIEBS   DS  F              Betriebssystem der Datenbank-Plattform
ANZCOLTF   DS  H              Anzahl Entries in Table Function Column List
RESERV2    DS  CL24           Reserviert
TFCOLLST   DS  A              Pointer auf Table Function Column List
APPLID     DS  A              Pointer auf Connection-Id der Anwendung mit dem Inhalt der LUWID
RESERV3    DS  CL20           Reserviert
```

A5 Anhang - Definition allgemeiner Strukturen
Parameter-Struktur: User-defined Functions - 3

COBOL

```
LINKAGE SECTION.
****************************************************************************
*     Kommunikations-Parameter und Indikatoren (beispielhaft für zwei Eingabe- und einen
*     Ausgabe-Parameter)
****************************************************************************
      01     PARM1E            PIC S9(9) COMP.
      01     PARM2E            PIX X(20).
      01     PARM1A            PIX X(30).
      01     PARM1E-I          PIC S9(4) COMP.
      01     PARM2E-I          PIC S9(4) COMP.
      01     PARM1A-I          PIC S9(4) COMP.
****************************************************************************
*     Erweiterte DB2SQL-Parameter (siehe generelle Beschreibung vorab)
****************************************************************************
*              SQLSTATE, kann durch die Stored Procedure modifiziert werden
      01 PARM-SQLSTATE                           PIC X(5).
*              Name der Funktion mit Qualifikation (Schema)
      01 PARM-FUNKNAM.
         49 PARM-FUNKNAM-LAENGE                  PIC 9(4) USAGE BINARY.
         49 PARM-FUNKNAM-TEXT                    PIC X(137).
*              Spezifischer Name der Funktion
      01 PARM-SPECFUNC.
         49 PARM-SPECFUNC-LAENGE                 PIC 9(4) USAGE BINARY.
         49 PARM-SPECFUNC-TEXT                   PIC X(128).
*              SQLERRM - SQL Diagnostik Bereich
      01 PARM-DIAGNOST.
         49 PARM-DIAGNOST-LAENGE                 PIC 9(4) USAGE BINARY.
         49 PARM-DIAGNOST-TEXT                   PIC X(70).
*              SCRATCHPAD-Area, sofern definiert
      01 PARM-SCRATCHP.
         49 PARM-SCRATCHP-LAENGE                 PIC 9(9) USAGE BINARY.
         49 PARM-SCRATCHP-TEXT                   PIC X(100).
*              Aufruf-Typ der Funktion(siehe generelle Beschreibung vorab)
      01 PARM-CALLTYPE                           PIC 9(9) USAGE BINARY.
****************************************************************************
*     Erweiterte DBINFO-Parameter (siehe generelle Beschreibung vorab)
****************************************************************************
      01 PARM-DBINFO.
*              Datenbank-Lokation: Länge und Name
         02 DBINFO-DBLOKAT.
            49 DBINFO-DBLOKAT-LAENGE             PIC 9(4) USAGE BINARY.
            49 DBINFO-DBLOKAT-TEXT               PIC X(128).
*              Autorisierungs-Id des aufrufenden Prozesses: Länge und Name
         02 DBINFO-AUTID.
            49 DBINFO-AUTID-LAENGE               PIC 9(4) USAGE BINARY.
            49 DBINFO-AUTID-TEXT                 PIC X(128).
*              CCSIDs, z.B. ESBCS = EBCDIC SBCS, ASBCS = ASCII SBCS
         02 DBINFO-CCSID PIC X(48).
         02 DBINFO-CCSID-REDEFINE REDEFINES DBINFO-CCSID.
            03 DBINFO-ESBCS                      PIC 9(9) USAGE BINARY.
            03 DBINFO-EMIXED                     PIC 9(9) USAGE BINARY.
            03 DBINFO-EDBCS                      PIC 9(9) USAGE BINARY.
            03 DBINFO-ASBCS                      PIC 9(9) USAGE BINARY.
            03 DBINFO-AMIXED                     PIC 9(9) USAGE BINARY.
            03 DBINFO-ADBCS                      PIC 9(9) USAGE BINARY.
            03 DBINFO-ENCODE                     PIC 9(9) USAGE BINARY.
            03 DBINFO-RESERVE                    PIC X(20).
*              Schema bzw. Table Qualifier: Länge und Name (bei Stored Procedures unbenutzt)
         02 DBINFO-SCHEMA.
            49 DBINFO-SCHEMA-LAENGE              PIC 9(4) USAGE BINARY.
            49 DBINFO-SCHEMA-TEXT                PIC X(128).
*              Table: Länge und Name (bei Stored Procedures unbenutzt)
         02 DBINFO-TABLE.
            49 DBINFO-TABLE-LAENGE               PIC 9(4) USAGE BINARY.
            49 DBINFO-TABLE-TEXT                 PIC X(128).
*              Spalte: Länge und Name (bei Stored Procedures unbenutzt)
         02 DBINFO-SPALTE.
            49 DBINFO-SPALTE-LAENGE              PIC 9(4) USAGE BINARY.
            49 DBINFO-SPALTE-TEXT                PIC X(128).
*              DB2-Version/Release (siehe generelle Beschreibung vorab)
         02 DBINFO-DB2VERS                       PIC X (8).
*              Betriebssystem der Datenbank-Plattform (siehe generelle Beschreibung vorab)
         02 DBINFO-BETRIEBS                      PIC 9(9) USAGE BINARY.
*              Anzahl Entries in Table Function Column List (bei Stored Procedures unbenutzt)
```

```
            02 DBINFO-ANZCOLTF                 PIC 9(4) USAGE BINARY.
*              Reserviert
            02 FILLER                          PIC X (24).
*              Pointer auf Table Function Column List (bei Stored Procedures unbenutzt)
            02 DBINFO-TFCOLLST                 PIC 9(9) USAGE BINARY.
*              Pointer auf Connection-Id der Anwendung mit dem Inhalt der LUWID
            02 DBINFO-APPLID                   PIC 9(9) USAGE BINARY.
*              Reserviert
            02 FILLER                          PIC X (20).
```

PL/I

```
/*******************************************************************************/
/* Kommunikations-Parameter und Indikatoren (beispielhaft für zwei Eingabe- und einen */
/* Ausgabe-Parameter)                                                            */
/*******************************************************************************/
     DCL  PARM1E          BIN FIXED  (31);
     DCL  PARM2E          CHAR       (20);
     DCL  PARM1A          CHAR       (30);
     DCL  PARM1E_I        BIN FIXED  (15);
     DCL  PARM2E_I        BIN FIXED  (15);
     DCL  PARM1A_I        BIN FIXED  (15);
/*******************************************************************************/
/*       Erweiterte DB2SQL-Parameter (siehe generelle Beschreibung vorab)        */
/*******************************************************************************/
     DCL  SQLSTATE   CHAR (5);        /* Lokale Kopie von SQLSTATE              */
     DCL  FUNKNAM    CHAR (137) VAR;  /* Lokale Kopie Namen der Funktion        */
     DCL  SPECFUNC   CHAR (128) VAR;  /* Lokale Kopie des Spezifischen Name     */
     DCL  DIAGNOST   CHAR (70) VAR;   /* Lokale Kopie der SQLERRM - SQL Diagnostik */
     DCL 01 SCRATCHP,                 /* Lokale Kopie der SCRATCHPAD-Area       */
          05 SCRATCHP_LAENGE  BIN FIXED (31),    /* Länge SCRATCHPAD-Area        */
          05 SCRATCHP_TEXT    CHAR      (100);   /* Inhalt SCRATCHPAD-Area       */
     DCL  CALLTYPE  BIN FIXED (31);   /* Aufruf-Typ der Funktion(siehe generelle */
                                      /* Beschreibung vorab)                    */
/*******************************************************************************/
/*       Erweiterte DBINFO-Parameter (siehe generelle Beschreibung vorab)        */
/*******************************************************************************/
     DCL  PDBINFO    PTR;             /* Pointer für DBINFO-Daten               */
     DCL 01 DBINFO BASED (PDBINFO),   /* Lokale Kopie der DBINFO-Daten          */
          05 DBLOKAT_LAENGE BIN FIXED (15),  /* Datenbank-Lokation: Länge       */
          05 DBLOKAT_TEXT   CHAR      (128), /* Datenbank-Lokation: Name        */
          05 AUTID_LAENGE   BIN FIXED (15),  /* Autorisierungs-Id: Länge        */
          05 AUTID_TEXT     CHAR      (128), /* Autorisierungs-Id: Name         */
          05 CCSID,                          /* CCSIDs (rechtsbündig)           */
            10 ESBCS    BIN FIXED (31),  /* EBCDIC SBCS                         */
            10 EMIXED   BIN FIXED (31),  /* EBCDIC MIXED                        */
            10 EDBCS    BIN FIXED (31),  /* EBCDIC DBCS                         */
            10 ASBCS    BIN FIXED (31),  /* ASCII SBCS                          */
            10 AMIXED   BIN FIXED (31),  /* ASCII MIXED                         */
            10 ADBCS    BIN FIXED (31),  /* ASCII DBCS                          */
            10 ENCODE   BIN FIXED (31),  /* ENCODING Schema                     */
            10 RESERV1  CHAR      (20),  /* Reserve                             */
          05 SCHEMA_LAENGE  BIN FIXED (15),  /* Schema Schema/Table Qualifier: Länge */
          05 SCHEMA_TEXT    CHAR      (128), /* Schema Schema/Table Qualifier: Name  */
          05 TABLE_LAENGE   BIN FIXED (15),  /* Table: Länge                    */
          05 TABLE_TEXT     CHAR      (128), /* Table: Name                     */
          05 SPALTE_LAENGE  BIN FIXED (15),  /* Spalte: Länge                   */
          05 SPALTE_TEXT    CHAR      (128), /* Spalte: Name                    */
          05 DB2VERS        CHAR      (8),   /* DB2-Version/Release             */
          05 BETRIEBS       BIN FIXED (31),  /* Betriebssystem                  */
          05 ANZCOLTF       BIN FIXED (15),  /* Anzahl Entries Table Function Column */
          05 RESERV2        CHAR      (20),  /* Reserve                         */
          05 TFCOLLST       PTR,             /* Pointer auf Table Function Column List */
          05 APPLID         PTR,             /* Pointer auf Connection-Id der Anwend. */
          05 RESERV3        CHAR      (20);  /* Reserve                         */
```

Tabellen-Strukturen
PLAN_TABLE

Diese Tabelle enthält Informationen über die Optimizer-Zugriffspfad-Entscheidung einzelner SQL-Statements.
Die Informationen werden in diese Tabelle eingestellt:
- bei expliziter Vorgabe eines EXPLAIN-Statements,
- beim BIND/REBIND mit der EXPLAIN-YES-Option.

Der Aufbau der PLAN_TABLE Tabelle muss nach folgender Beschreibung durchgeführt werden (Beispiel-Struktur in der DB2-Beispiel-Bibliothek, Member Name DSNTESC):

```
CREATE TABLE  PLAN_TABLE
     (   QUERYNO              INTEGER         NOT NULL,          <- zu indizieren für OPTHINT
         QBLOCKNO             SMALLINT        NOT NULL,
         APPLNAME             CHAR (8)        NOT NULL,          <- zu indizieren für OPTHINT
         PROGNAME             CHAR (8)        NOT NULL,          <- zu indizieren für OPTHINT
         PLANNO               SMALLINT        NOT NULL,
         METHOD               SMALLINT        NOT NULL,
         CREATOR              CHAR (8)        NOT NULL,
         TNAME                CHAR (18)       NOT NULL,
         TABNO                SMALLINT        NOT NULL,
         ACCESSTYPE           CHAR (2)        NOT NULL,
         MATCHCOLS            SMALLINT        NOT NULL,
         ACCESSCREATOR        CHAR (8)        NOT NULL,
         ACCESSNAME           CHAR (18)       NOT NULL,
         INDEXONLY            CHAR (1)        NOT NULL,
         SORTN_UNIQ           CHAR (1)        NOT NULL,
         SORTN_JOIN           CHAR (1)        NOT NULL,
         SORTN_ORDERBY        CHAR (1)        NOT NULL,
         SORTN_GROUPBY        CHAR (1)        NOT NULL,
         SORTC_UNIQ           CHAR (1)        NOT NULL,
         SORTC_JOIN           CHAR (1)        NOT NULL,
         SORTC_ORDERBY        CHAR (1)        NOT NULL,
         SORTC_GROUPBY        CHAR (1)        NOT NULL,
         TSLOCKMODE           CHAR (3)        NOT NULL,
         TIMESTAMP            CHAR (16)       NOT NULL,
         REMARKS              VARCHAR (254)   NOT NULL,             ------ 25 Spalten-Format -----
         PREFETCH             CHAR (1)        NOT NULL WITH DEFAULT,
         COLUMN_FN_EVAL       CHAR (1)        NOT NULL WITH DEFAULT,
         MIXOPSEQ             SMALLINT        NOT NULL WITH DEFAULT, ------ 28 Spalten-Format -----
         VERSION              VARCHAR (64)    NOT NULL WITH DEFAULT, <- zu indizieren für OPTHINT
         COLLID               CHAR (18)       NOT NULL WITH DEFAULT, <- zu indizieren für OPTHINT
                                                                    ------ 30 Spalten-Format -----
         ACCESS_DEGREE        SMALLINT                ,
         ACCESS_PGROUP_ID     SMALLINT                ,
         JOIN_DEGREE          SMALLINT                ,
         JOIN_PGROUP_ID       SMALLINT                ,             ------ 34 Spalten-Format -----
         SORTC_PGROUP_ID      SMALLINT                ,
         SORTN_PGROUP_ID      SMALLINT                ,
         PARALLELISM_MODE     CHAR (1)                ,
         MERGE_JOIN_COLS      SMALLINT                ,
         CORRELATION_NAME     CHAR (18)               ,
         PAGE_RANGE           CHAR (1)        NOT NULL WITH DEFAULT,
         JOIN_TYPE            CHAR (1)        NOT NULL WITH DEFAULT,
         GROUP_MEMBER         CHAR (8)        NOT NULL WITH DEFAULT,
         IBM_SERVICE_DATA     VARCHAR(254)    NOT NULL WITH DEFAULT, ------ 43 Spalten-Format -----
         WHEN_OPTIMIZE        CHAR (1)        NOT NULL WITH DEFAULT,
         QBLOCK_TYPE          CHAR (6)        NOT NULL WITH DEFAULT,
         BIND_TIME            TIMESTAMP       NOT NULL WITH DEFAULT, ------ 46 Spalten-Format -----
         OPTHINT              CHAR (8)        NOT NULL WITH DEFAULT,
         HINT_USED            CHAR (8)        NOT NULL WITH DEFAULT,
         PRIMARY_ACCCESSTYPE  CHAR (1)        NOT NULL WITH DEFAULT  )  ------ 49 Spalten-Format -----
IN        dbname.tsname;
```

Die verschiedenen Spalten-Formate sind unterstützt; sie resultieren aus der erweiterten Funktionalität der DB2-Release-Stände. Bei 34-Spalten-Format können alle Spalten auch mit NOT NULL WITH DEFAULT angelegt werden.

Das Anlegen von Indizes auf die PLAN_TABLE kann evtl. sehr sinnvoll sein!

A5 Anhang - Definition allgemeiner Strukturen
PLAN_TABLE - 2

Spalten-Name	Datentyp	Beschreibung
QUERYNO	INTEGER	Identifikations-Nr. des SQL-Statements: EXPLAIN-Statement — Nr. aus der SET QUERYNO-Klausel. Wird dort keine Nummer vorgegeben, weist DB2 einen Wert zu. BIND/REBIND — Entweder explizite Vorgabe durch die QUERYNO-Klausel des entsprechenden SQL-Statements (z.B. SELECT); ansonsten Precompiler-Statement-Nr. innerhalb des DBRMs. Wenn die Statement-Nr. > 32767 wäre, wird hier der Wert 0 geführt. Dann ist die Spalte TIMESTAMP eindeutig.
QBLOCKNO	SMALLINT	Lfd. Query-Positions-Nummer innerhalb der QUERYNO. Äußerster Level = 1, der nächste 2 usw. Werte größer 1 werden z.B. gesetzt bei Subqueries, UNIONs, Outer Joins und Nested Table Expressions. Grundsätzlich gilt: - Die höchste QBLOCKNO wird als erste ausgeführt. Ausnahme: - Bei einer Correlated Subquery wird die niedrigste QBLOCKNO als erste ausgeführt.
APPLNAME	CHAR (8)	Name des Application Plans. Wenn EXPLAIN dynamisch vorgegeben wird, ist der Inhalt Blank.
PROGNAME	CHAR (8)	Name des Anwendungs-Programms bzw. der Package, in der das EXPLAIN-Statement eingebettet ist bzw. deren Statements als Ergebnis eines BINDs analysiert werden.
PLANNO	SMALLINT	Lfd. Stepnummer innerhalb von QBLOCKNO. Zeigt die Aktions-Reihenfolge im Plan auf. Werte größer 1 werden bei Joins gesetzt.
METHOD	SMALLINT	Kennzeichnung der Join-Methode innerhalb des Steps: 0 - Zugriff auf die erste Table (PLANNO = 1), Fortsetzung der Bearbeitung der vorher bearbeiteten Table oder unbenutzt. 1 - 'Nested Loop Join'. Jede Zeile der aktuellen Composite Table wird mit jeder übereinstimmenden Zeile einer neuen Table verknüpft. 2 - 'Merge Scan Join'. Die aktuelle Composite Table und die neue Table werden aufgrund der JOIN-Prädikat-Spalten-Folge durchsucht und übereinstimmende Zeilen verknüpft. 3 - Zusätzliche Sortiervorgänge sind erforderlich (bei ORDER BY, GROUP BY oder SELECT DISTINCT oder UNION sowie bei Quantifizierten Prädikaten oder IN-Prädikaten). Es wird keine neue Table angesprochen. 4 - 'Hybrid Join'. Die aktuelle Composite Table wird in der JOIN-Prädikat-Spalten-Folge der neuen Table durchsucht. Auf die neue Tabelle wird mit List Prefetch zugegriffen.
CREATOR	CHAR (8)	Eigentümer der neuen Table, auf die zugegriffen wird. Blank bei METHOD = 3.
TNAME	CHAR (18)	Name der neuen Table, auf die zugegriffen wird. Hier wird auch der Name eines materialized Views gezeigt. Bei Outer Joins kann hier der Name eines Workfiles gezeigt werden. Format: DSNWFQB(xx) xx = QBLOCKNO, die das Workfile erzeugt hat. Blank bei METHOD = 3.
TABNO	SMALLINT	Positions-Nr. der Tabelle innerhalb der FROM-Klausel des SQL-Statements. 0 bei METHOD = 3.

A5 Anhang - Definition allgemeiner Strukturen
PLAN_TABLE - 3

Spalten-Name	Datentyp	Beschreibung

ACCESSTYPE	CHAR (2)	Zugriffsmethode auf die neue Table:
		I - Über den Index, der in ACCESSCREATOR und ACCESSNAME identifiziert wird.
		I1 - Über einen Direktzugriff im Index-Pfad (One-Fetch Index Scan).
		N - Über einen Index Scan, wenn im SQL-Prädikat das IN-Schlüsselwort auftritt.
		R - Über einen sequenziellen Tablespace Scan (File Pageset Scan).
		M - Über einen Multiple Index Scan, gefolgt durch: MX, MI oder MU.
		MX - Über einen Multiple Index Scan des in ACCESSNAME spezifizierten Index für späteres Zusammenmischen (MI bzw. MU).
		MI - Übereinstimmende Werte werden in RID-Folge (mit AND bzw. Intersection) im Rahmen einer Multiple Index-Verarbeitung zusammengemischt.
		MU - Übereinstimmende Werte werden in RID-Folge (mit OR bzw. Union) im Rahmen einer Multiple Index-Verarbeitung zusammengemischt.
		Blank - entweder nicht relevant oder
		  - QBLOCKNO 1 eines INSERT-Statements. Zugriff über den ersten Index, der für die Table definiert wurde.
		  - Positioned UPDATE und DELETE-Statements (die innerhalb eines Cursors mit WHERE CURRENT OF positioniert werden).

MATCHCOLS	SMALLINT	Für ACCESSTYPE I, I1, N oder MX die Anzahl der Indexspalten, die zur Suche benutzt werden (nur die hierarchisch höchsten Spalten für einen Index Scan), ansonsten 0 = kompletter Index Scan über Leaf-Pages oder Tablespace Scan ohne Index-Nutzung.
ACCESSCREATOR	CHAR (8)	Für ACCESSTYPE I, I1, N oder MX der Eigentümer des Index, ansonsten Blank.
ACCESSNAME	CHAR (18)	Für ACCESSTYPE I, I1, N oder MX der Name des Index, ansonsten Blank.
INDEXONLY	CHAR (1)	Kennzeichnung, ob ein Zugriff auf den Index alleine ausreicht oder ob auch auf die Daten-Pages zugegriffen werden muss: Y Es erfolgt nur ein Index-Zugriff. N Es muss auch auf Daten-Pages zugegriffen werden.

Die folgenden Felder enthalten jeweils die Zustände 'Y' = YES oder 'N' = NO.
Dabei kennzeichnen die Spalten SORTN_ die Verarbeitung für die neue Table, d.h. eine in der FROM-Klausel aufgeführte Table, die bisher noch nicht verarbeitet wurde, die Spalte SORTC_ die Verarbeitung der Composite Table, d.h. das Zwischenergebnis (Interims Table) aller vorherigen Schritte. Die neue Table wird zur Composite Table hinzugemischt.
Die neue Table kann nur eine einzige Table sein, während die Composite Table sich auf eine oder mehrere Tables beziehen kann. Die Composite Table kann in Form einer eigenen Tabelle geführt werden (bei einer Materialisierung) oder aber durch Positionierung auf den Base Tables gehalten werden.

Spalten-Name	Datentyp	Beschreibung
SORTN_UNIQ	CHAR (1)	Sort zur Eliminierung doppelter Zeilen erforderlich?
SORTN_JOIN	CHAR (1)	Sort für einen Join der METHOD 2 oder 4 erforderlich?
SORTN_ORDERBY	CHAR (1)	Sort wegen ORDER BY erforderlich?
SORTN_GROUPBY	CHAR (1)	Sort wegen GROUP BY erforderlich?
SORTC_UNIQ	CHAR (1)	Sort zur Eliminierung doppelter Zeilen erforderlich?
SORTC_JOIN	CHAR (1)	Sort für Join der METHOD 1, 2 oder 4 erforderlich?
SORTC_ORDERBY	CHAR (1)	Sort wegen ORDER BY erforderlich?
SORTC_GROUPBY	CHAR (1)	Sort wegen GROUP BY erforderlich?
TSLOCKMODE	CHAR (3)	LOCK-Modus der Table, des Tablespaces oder der Partition für die neue Tabelle (rechtsbündig eingetragen): IS Intent Share, IX Intent Exclusive, S Share, U Update, X Exclusive, SIX Share with Intent Exclusive, N No Lock, da UR-Isolation (uncommitted read), NS Isolation-Level zur Bind-Zeit nicht ermittelbar. Ist er zur Ausführungszeit 'UR', wird keine Sperre etabliert, ansonsten 'S'. NIS Isolation-Level zur Bind-Zeit nicht ermittelbar. Ist er zur Ausführungszeit 'UR', wird keine Sperre etabliert, ansonsten 'IS'.

A5 Anhang - Definition allgemeiner Strukturen
PLAN_TABLE - 4

Spalten-Name	Datentyp	Beschreibung
		NSS Isolation-Level zur Bind-Zeit nicht ermittelbar. Ist er zur Ausführungszeit 'UR', wird keine Sperre etabliert, ist er 'RR' wird 'S', ansonsten 'IS' eingetragen.
		SS Isolation-Level zur Bind-Zeit nicht ermittelbar. Ist er zur Ausführungszeit 'UR' oder 'CS', wird 'IS' etabliert, ist er 'RR' wird 'S' eingetragen.
TIMESTAMP	CHAR (16)	Zeitstempel der EXPLAIN-Ausführung (dynamisch oder statisch) bis zur hundertstel Sekunde: yyyymmddhhmmssth. Bei Bedarf addiert DB2 0,01 Sekunde, damit die Eindeutigkeit eines Statements bewahrt wird.
REMARKS	VARCHAR (254)	Keine Eintragung durch DB2. Kann vom Benutzer später für Kommentare genutzt werden.
PREFETCH	CHAR (1)	Daten-Pages werden durch Prefetch asynchron eingelesen: S = Normaler sequenzieller Prefetch. L = List Prefetch über eine Page-Liste (z.B. über einen Index). Blank = Entscheidung wird zur Ausführungszeit getroffen.
COLUMN_FN_EVAL	CHAR (1)	Zeitpunkt der Ausführung einer SQL-Column-Function: R = zum Einlesezeitpunkt der Daten (Stage 1 DM). S = zur Sort-Zeit (Stage 2 RDS). Blank = Entscheidung wird zur Ausführungszeit (d.h. nach dem Einlesen und nach dem Sort) getroffen.
MIXOPSEQ	SMALLINT	Reihenfolge der Schritte in einer Multiple Index-Operation. (1-n) für ACCESSTYPE = MX, MI oder MU, ansonsten 0.
VERSION	VARCHAR (64)	Versions-Id der Package oder Blank, wenn unbekannt.
COLLID	CHAR (18)	Collection-Id der Package oder Blank, wenn unbekannt.
ACCESS_DEGREE	SMALLINT	Anzahl der durch eine Query aktivierbarer paralleler Aktivitäten: Wert Parallel-Verarbeitung ist möglich und wird aufgrund der zum Zeitpunkt des BINDS verfügbaren Informationen hinsichtlich der Anzahl ermittelt. Bei der Ausführung kann ein unterschiedlicher Parallelisierungsgrad ermittelt werden. NULL Es ist keine Parallel-Verarbeitung zulässig.
ACCESS_PGROUP_ID	SMALLINT	Identifikator der Parallel-Verarbeitungs-Gruppe. DB2 weist den unterschiedlichen Parallel-Verarbeitungs-Varianten eine eigene Identifikation zu (z.B. ACCESS_DEGREE = 3: ID = 1). Wert Der Gruppen-Id wird aufgrund der zum Zeitpunkt des BINDS verfügbaren Informationen hinsichtlich der Anzahl der einsetzbaren Rechner ermittelt. Bei gleicher Anzahl wird die gleiche Gruppe zugeordnet. Bei der Ausführung kann ein unterschiedlicher Parallelisierungsgrad und damit auch eine andere Gruppen-Id ermittelt werden. NULL Es ist keine Parallel-Verarbeitung zulässig.
JOIN_DEGREE	SMALLINT	Anzahl der für einen Join aktivierbaren Parallel-Operationen zur Verknüpfung der Composite Table mit der neuen Table analog der Beschreibung von ACCESS_DEGREE.
JOIN_PGROUP_ID	SMALLINT	Identifikator der Parallel-Verarbeitungs-Gruppe für den Join analog der Beschreibung von ACCESS_PGROUP_ID.
SORTC_PGROUP_ID	SMALLINT	Identifikator der Parallel-Verarbeitungs-Gruppe für den parallelen Sort der Composite Table.
SORTN_PGROUP_ID	SMALLINT	Identifikator der Parallel-Verarbeitungs-Gruppe für den parallelen Sort der neuen Table.

A5 Anhang - Definition allgemeiner Strukturen
PLAN_TABLE - 5

Spalten-Name	Datentyp	Beschreibung
PARALLELISM_MODE	CHAR (1)	Art der genutzten Parallel-Verarbeitung, die zur Bind-Zeit ermittelt wird: I Query I/O-Parallelverarbeitung (Single-Tasking). C Query CPU-Parallelverarbeitung (Multi-Tasking). X Sysplex Query CPU-Parallelverarbeitung (Multi-Tasking). NULL Keine Parallelverarbeitung.
MERGE_JOIN_COLS	SMALLINT	Anzahl der Spalten, die bei einem Merge Scan Join verknüpft werden (nur bei METHOD 2). NULL Kein Merge Scan Join oder vor DB2 Version 4.
CORRELATION_NAME	CHAR (18)	Korrelationsname für eine Table oder einen View, sofern im SQL-Statement ein solcher vorgegeben wurde.
PAGE_RANGE	CHAR (1)	Kennzeichen, ob 'Page Range Screening' eingesetzt wird, bei dem nur die erforderlichen Partitions durchsucht werden: Y Ja. Blank Nein.
JOIN_TYPE	CHAR (1)	Kennzeichen, ob und ggf. welcher Outer Join-Typ vorliegt: F Full Outer Join. L Left Outer Join oder Right Outer Join. Blank Inner Join oder kein Join. Jeder Right Outer Join wird automatisch in einen Left Outer Join konvertiert.
GROUP_MEMBER	CHAR (8)	Name des Members einer DB2 Data Sharing Group, von dem das EXPLAIN-Statement abgesetzt wurde. Blank Non-Data-Sharing-Umgebung.
IBM_SERVICE_DATA	VARCHAR (254)	IBM-interne Benutzung.
WHEN_OPTIMIZE	CHAR (1)	Kennzeichen, wann der Zugriffspfad ermittelt wird: B Zur Bind-Zeit mit einem Default-Filter-Faktor für die Host-Variablen, Parameter Markers oder Spezialregister. Zur Ausführungszeit wird der Zugriffspfad aber reoptimiert. Beim Bind muss der Parameter REOPT (VARS) vorgegeben sein. R Zur Ausführungszeit wird der Zugriffspfad ermittelt. Beim Bind muss der Parameter REOPT (VARS) vorgegeben sein. Blank Zur Bind-Zeit mit einem Default-Filter-Faktor für die Host-Variablen, Parameter Markers oder Spezialregister.
QBLOCK_TYPE	CHAR (6)	Kennzeichen, welcher Statement-Typ für den äußersten Query-Block vorliegt: Inhalt: Bedeutung: SELECT SELECT DELETE DELETE INSERT INSERT UPDATE UPDATE SELUPD SELECT mit FOR UPDATE OF DELCUR DELETE WHERE CURRENT OF CURSOR UPDCUR UPDATE WHERE CURRENT OF CURSOR CORSUB Correlated Subquery NCOSUB Noncorrelated Subquery
BIND_TIME	TIMESTAMP	Zeitpunkt, zu dem dieses Statement gebunden wurde. Bei einem statischen Statement wird hier der korrekte Timestamp geführt. Bei einem dynamischen Statement entspricht der Wert dem Inhalt der Spalte TIMESTAMP in dieser PLAN_TABLE, ergänzt mit 4 Nullen.

Spalten-Name	Datentyp	Beschreibung
OPTHINT	CHAR (8)	Identifikator für einen Zugriffspfad-Variante, die vom Optimizer berücksichtigt werden soll (z.B. TOLLTIP). Diese Information wird vom BIND als Eingabeinformation herangezogen. Diese Zeichenkette wird wiederum identifiziert durch: - COLLID Collection-Id - APPLNAME Plan-Name - PROGNAME Programm- bzw. Packagename - VERSION Package-Version - QUERYNO Query-Nr.
HINT_USED	CHAR (8)	Zugriffspfad-Variante, die vom Optimizer berücksichtigt wurde (z.B. TOLLTIP). Der Wert entspricht dann dem OPTHINT-Inhalt.
PRIMARY_ACCESSTYPE	CHAR (1)	Merkmal, ob DB2 einen direkten Zugriff auf die Zeile über einen ROWID versucht. Ist dies nicht möglich, z.B. wg. einer zwischenzeitlichen Reorganisation, wird der unter ACCESSTYPE definierte Zugriffspfad genutzt: D Direkt-Zeilen-Zugriff über ROWID wird benutzt. Blank Kein Direkt-Zeilen-Zugriff über ROWID.

DSN_STATEMNT_TABLE

Diese Tabelle enthält Informationen über die geschätzten CPU-Zeiten und Service Units der Optimizer-Zugriffspfad-Entscheidung einzelner in der PLAN-TABLE analysierten SQL-Statements.
Die Informationen werden in diese Tabelle synchron zu den Eintragungen in der PLAN_TABLE eingestellt.
Wesentliche Informationen sind identisch mit der PLAN_TABLE und können für die Herstellung einer Beziehung zwischen diesen beiden Objekten genutzt werden.

Der Aufbau der DSN_STATEMNT_TABLE Tabelle muss nach folgender Beschreibung durchgeführt werden (Beispiel-Struktur in der DB2-Beispiel-Bibliothek, Member Name DSNTESC):

```
CREATE  TABLE   DSN_STATEMNT_TABLE
        (   QUERYNO         INTEGER         NOT NULL WITH DEFAULT,    <-- identisch mit PLAN_TABLE
            APPLNAME        CHAR (8)        NOT NULL WITH DEFAULT,    <-- identisch mit PLAN_TABLE
            PROGNAME        CHAR (8)        NOT NULL WITH DEFAULT,    <-- identisch mit PLAN_TABLE
            COLLID          CHAR (18)       NOT NULL WITH DEFAULT,    <-- identisch mit PLAN_TABLE
            GROUP_MEMBER    CHAR (8)        NOT NULL WITH DEFAULT,    <-- identisch mit PLAN_TABLE
            EXPLAIN_TIME    TIMESTAMP       NOT NULL WITH DEFAULT,    <-- BIND_TIME in PLAN_TABLE
            STMT_TYPE       CHAR (6)        NOT NULL WITH DEFAULT,    <-- QBLOCK_TYPE in PLAN_TABLE
            COST_CATEGORY   CHAR (1)        NOT NULL WITH DEFAULT,
            PROCMS          INTEGER         NOT NULL WITH DEFAULT,
            PROCSU          INTEGER         NOT NULL WITH DEFAULT,
            REASON          VARCHAR (254)   NOT NULL WITH DEFAULT
    IN      dbname.tsname;
```

Die Inhalte dieser Tabelle können mit SELECT angezeigt werden
Beispiel:

```
        SELECT      *
        FROM        DSN_STATEMNT_TABLE
            WHERE   QUERYNO     =   100
```

Diese Tabelle kann auch mit der PLAN_TABLE mittels Join verbunden werden. Dann wird natürlich die in der DSN_STATEMNT_TABLE geführte Zeit pro QUERYNO bei mehreren Zeilen in der PLAN_TABLE auch mehrfach redundant dargestellt.
Beispiel:

```
        SELECT      PL.QUERYNO , PL.QBLOCKNO , PL.PLANNO , PL.ACCESSTYPE, PL.MATCHCOLS ,
                    PL.MIXOPSEQ , CO.COST_CATEGORY , CO.PROCMS , CO.PROCSU

        FROM        PLAN_TABLE              PL
                  , DSN_STATEMNT_TABLE      CO
        WHERE       PL.COLLID       =       CO.COLLID
            AND     PL.APPLNAME     =       CO.APPLNAME
            AND     PL.PROGNAME     =       CO.PROGNAME
            AND     PL.QUERYNO      =       CO.QUERYNO
            AND     PL.BIND_TIME    =       CO.EXPLAIN.TIME
            AND     PL.PROGNAME     =       'SV0101'
        ORDER BY    QUERYNO , QBLOCKNO , PLANNO, MIXOPSEQ
```

Das Anlegen von Indizes auf die DSN_STATEMNT_TABLE kann evtl. sehr sinnvoll sein!

A5 Anhang - Definition allgemeiner Strukturen
DSN_STATEMNT_TABLE - 2

Spalten-Name	Datentyp	Beschreibung
QUERYNO	INTEGER	Identifikations-Nr. des SQL-Statements analog PLAN_TABLE.
APPLNAME	CHAR (8)	Name des Application Plans analog PLAN_TABLE.
PROGNAME	CHAR (8)	Name des Anwendungs-Programms bzw. der Package analog PLAN_TABLE.
COLLID	CHAR (18)	Collection-Id der Package analog PLAN_TABLE.
GROUP_MEMBER	CHAR (8)	Name des Members einer DB2 Data Sharing Group, von dem das EXPLAIN-Statement abgesetzt wurde analog PLAN_TABLE.
EXPLAIN_TIME	TIMESTAMP	Zeitpunkt, zu dem dieses Statement gebunden wurde analog PLAN_TABLE Spalte BIND_TIME.
STMT_TYPE	CHAR (6)	Merkmal des Statement-Typs analog PLAN_TABLE Spalte QBLOCK_TYPE.
COST_CATEGORY	CHAR (1)	Merkmal, unter welchen Bedingungen die Kostenschätzung vorgenommen wurde: **A** DB2 verfügt über genügend Informationen zur Kostenschätzung und braucht keine Default-Werte zu nutzen. **B** DB2 verfügt nicht über genügend Informationen zur Kostenschätzung und muss Default-Werte nutzen. In diesem Falle wird die Begründung in der Spalte REASON geführt.
PROCMS	INTEGER	Geschätzte Processor-Kosten in Millisekunden für dieses Statement. Der Wert kann maximal 2.147.483.647 Millisekunden - entsprechend 24,8 Tage aufnehmen. Empfehlung des Autors, wenn der Höchstwert erreicht wird (oder dessen Nähe): - Entweder stimmt diese Angabe - dann werfen Sie das Statement weg und versuchen Sie ein neues,... - Wenn diese Angabe nicht stimmt, rufen Sie Ihren zuständigen IBM-Vertreter an!
PROCSU	INTEGER	Geschätzte Processor-Kosten in Service Units für dieses Statement. Der Wert kann maximal 2.147.483.647 Service Units aufnehmen.
REASON	VARCHAR (254)	Begründung, warum das Statement nicht in die Kosten-Kategorie A, sondern in die Kosten-Kategorie B (COST_CATEGORY) eingeordnet wurde: HOST VARIABLES — Das Statement benutzt Host-Variablen oder Parameter Markers oder Spezialregister in Verbindung mit Range-Operatoren (z.B. BETWEEN, >, LIKE). TABLE CARDINALITY — Für eine oder mehrere Tabellen werden keine Statistik-Daten geführt. UDF — Das Statement benutzt User-defined Funktionen. TRIGGERS — Auf einer Zieltabelle eines INSERT-, UPDATE- oder DELETE-Statements sind Trigger definiert. REFERENTIAL CONSTRAINTS — Auf einer Zieltabelle eines DELETE-Statements ist ein referenzielles Konstrukt mit der Maßnahmen CASCADE oder SET NULL definiert.

A5 Anhang - Definition allgemeiner Strukturen
DSN_FUNCTION_TABLE

Diese Tabelle enthält Informationen über User-defined Functions, die in einem Statement benutzt werden. Die Informationen werden in diese Tabelle synchron zu den Eintragungen in der PLAN_TABLE eingestellt. Wesentliche Informationen sind identisch mit der PLAN_TABLE und können für die Herstellung einer Beziehung zwischen diesen beiden Objekten genutzt werden.

Der Aufbau der DSN_FUNCTION_TABLE Tabelle muss nach folgender Beschreibung durchgeführt werden (Beispiel-Struktur in der DB2-Beispiel-Bibliothek, Member Name DSNTESC):

```
CREATE TABLE  DSN_FUNCTION_TABLE
    (  QUERYNO          INTEGER        NOT NULL WITH DEFAULT,    <-- identisch mit PLAN_TABLE
       QBLOCKNO         INTEGER        NOT NULL WITH DEFAULT,    <-- identisch mit PLAN_TABLE
       APPLNAME         CHAR (8)       NOT NULL WITH DEFAULT,    <-- identisch mit PLAN_TABLE
       PROGNAME         CHAR (8)       NOT NULL WITH DEFAULT,    <-- identisch mit PLAN_TABLE
       COLLID           CHAR (18)      NOT NULL WITH DEFAULT,    <-- identisch mit PLAN_TABLE
       GROUP_MEMBER     CHAR (8)       NOT NULL WITH DEFAULT,    <-- identisch mit PLAN_TABLE
       EXPLAIN_TIME     TIMESTAMP      NOT NULL WITH DEFAULT,    <-- BIND_TIME in PLAN_TABLE
       SCHEMA_NAME      CHAR (8)       NOT NULL WITH DEFAULT,
       FUNCTION_NAME    CHAR (18)      NOT NULL WITH DEFAULT,
       SPEC_FUNC_ID     CHAR (18)      NOT NULL WITH DEFAULT,
       FUNCTION_TYPE    CHAR (2)       NOT NULL WITH DEFAULT,
       VIEW_CREATOR     CHAR (8)       NOT NULL WITH DEFAULT,
       VIEW_NAME        CHAR(18)       NOT NULL WITH DEFAULT,
       PATH             VARCHAR (254)  NOT NULL WITH DEFAULT,
       FUNCTION_TEXT    VARCHAR (254)  NOT NULL WITH DEFAULT
IN    dbname.tsname;
```

Die Inhalte dieser Tabelle können mit SELECT angezeigt werden
Beispiel:

```
SELECT      *
   FROM     DSN_FUNCTION_TABLE
      WHERE QUERYNO     =     100
```

Diese Tabelle kann auch mit der PLAN_TABLE mittels Join verbunden werden. Dann wird natürlich die in der DSN_FUNCTION_TABLE geführten Einträge pro QUERYNO bei mehreren Zeilen in der PLAN_TABLE auch mehrfach redundant dargestellt.
Beispiel:

```
SELECT      PL.QUERYNO , PL.QBLOCKNO ,  PL.PLANNO , PL.ACCESSTYPE, PL.MATCHCOLS ,
            PL.MIXOPSEQ , FU.SCHEMA_NAME , FU.FUNCTION_NAME , FU.SPEC_FUNC_NAME,
            FU.PATH
   FROM     PLAN_TABLE             PL
          , DSN_FUNCTION_TABLE     FU
      WHERE PL.COLLID      =    FU.COLLID
      AND   PL.APPLNAME    =    FU.APPLNAME
      AND   PL.PROGNAME    =    FU.PROGNAME
      AND   PL.QUERYNO     =    FU.QUERYNO
      AND   PL.BIND_TIME   =    FU.EXPLAIN.TIME
      AND   PL.PROGNAME    =    'SV0101'
   ORDER BY QUERYNO , QBLOCKNO , PLANNO, MIXOPSEQ
```

Das Anlegen von Indizes auf die DSN_FUNCTION_TABLE kann evtl. sehr sinnvoll sein!

A5 Anhang - Definition allgemeiner Strukturen
DSN_FUNCTION_TABLE-2

Spalten-Name	Datentyp	Beschreibung
QUERYNO	INTEGER	Identifikations-Nr. des SQL-Statements analog PLAN_TABLE.
APPLNAME	CHAR (8)	Name des Application Plans analog PLAN_TABLE.
PROGNAME	CHAR (8)	Name des Anwendungs-Programms bzw. der Package analog PLAN_TABLE.
COLLID	CHAR (18)	Collection-Id der Package analog PLAN_TABLE.
GROUP_MEMBER	CHAR (8)	Name des Members einer DB2 Data Sharing Group, von dem das EXPLAIN-Statement abgesetzt wurde analog PLAN_TABLE.
EXPLAIN_TIME	TIMESTAMP	Zeitpunkt, zu dem dieses Statement gebunden wurde analog PLAN_TABLE Spalte BIND_TIME.
SCHEMA_NAME	CHAR (8)	Name des Schemas der aufgerufenen Funktion.
FUNCTION_NAME	CHAR (18)	Name der aufgerufenen Funktion.
SPEC_FUNC_ID	CHAR (18)	Spezifischer Name der aufgerufenen Funktion.
FUNCTION_TYPE	CHAR (2)	Funktions-Typ: S Scalar Function T Table Function
VIEW_CREATOR	CHAR (8)	Wenn die Funktion in einem View genutzt wird, der Eigentümer des Views.
VIEW_NAME	CHAR (18)	Wenn die Funktion in einem View genutzt wird, der Name des Views.
PATH	VARCHAR(254)	Inhalt des SQL-Pfads, der zur Ermittlung des Funktions-Namens herangezogen wurde.
FUNCTION_TEXT	VARCHAR(254)	Die ersten 100 Stellen der Funktions-Signatur (Funktions-Name und Parameter). Funktionen, die Infix-Namen tragen (z.B. +), werden bei Funktionsaufruf A + B nur mit dem Infix-Namen + gezeigt.

RLF - Resource Limit Specification Table

Diese Tabelle enthält Informationen für das Resource Limit Facility (Governor) zur Kontrolle dynamischer SQL-Statements bzw. von BIND-Prozessen hinsichtlich ihres Ressource-Verbrauchs.
Einer DB2-Lokation wird über den Suffix xx beim Start die jeweils zu aktivierende RLF-Tabelle zugewiesen. Es können zwar mehrere solcher Tabellen existieren, aber nur eine einzige kann in einem Subsystem aktiviert werden.
Der Aufbau der RLF- Tabelle muss nach folgender Beschreibung durchgeführt werden:

```
CREATE   TABLE    autorid.DSNRLSTxx
      (  AUTHID          CHAR (8)    NOT NULL  WITH DEFAULT,
         PLANNAME        CHAR (8)    NOT NULL  WITH DEFAULT,
         ASUTIME         INTEGER,                                  -- 3-Spalten-Format
         LUNAME          CHAR (8)    NOT NULL  WITH DEFAULT,
         RLFFUNC         CHAR (1)    NOT NULL  WITH DEFAULT,
         RLFBIND         CHAR (1)    NOT NULL  WITH DEFAULT,
         RLFCOLLN        CHAR (18)   NOT NULL  WITH DEFAULT,
         RLFPKG          CHAR (8)    NOT NULL  WITH DEFAULT,       -- 8-Spalten-Format
         RLFASUERR       INTEGER,
         RLFASUWARN      INTEGER,
         RLF_CATEGORY_B  CHAR (1)    NOT NULL  WITH DEFAULT )      -- 11-Spalten-Format
   IN    DSNRLST.DSNRLSTxx;                     Empfohlener Database.Tablespace-Name
```

Zur Gewährleistung der Entity-Integrity ist ein Index zu definieren:

```
CREATE   UNIQUE  INDEX   autorid.DSNARLxx
                 ON      autorid.DSNRLSTxx
         ( RLFFUNC, AUTHID DESC, PLANNAME DESC, RLFCOLLN DESC, RLFPKG DESC, LUNAME DESC)
         CLUSTER CLOSE  NO;
```

Spalten-Name	Datentyp	Beschreibung
AUTHID	CHAR (8)	Limit für einen bestimmten Primär-Autorisierungs-Id. BLANK = alle Autorisierungs-Ids der entsprechenden Lokation.
PLANNAME	CHAR (8)	Limit für einen bestimmten Plan. BLANK = alle Pläne der entsprechenden Lokation. Der Inhalt muss Blank sein, wenn RLFFUNC = 1, 2 oder 7 ist. wert = RLFFUNC muss BLANK oder 6 sein, ansonsten wird die Zeile ignoriert.
ASUTIME	INTEGER	Service Units für ein einzelnes dynamisches SQL-Statement. Nur für Reactive Governing (nachträgliche Überwachung). 0 = Keine dynamischen SQL-Statements zugelassen, negativ = Keine dynamischen SQL-Statements zugelassen, NULL = Kein Limit vorgegeben.
LUNAME	CHAR (8)	LUNAME des Remote Servers. BLANK = lokaler Server. PUBLIC = alle Server.
RLFFUNC	CHAR (1)	Funktion dieser Zeile: BLANK = Kontrolle dynamischer SQL-Statements mit vorgegebenem Plan-Namen (Ausführungs-Überwachung = reactive). 1 = Kontrolle von BIND-Operationen. 2 = Kontrolle von dynamischen SQL-Statements über einen Package- oder Collection-Name (Ausführungs-Überwachung = reactive). 3 = De-Aktivierung der Query I/O-Parallelität. 4 = De-Aktivierung der Query CP-Parallelität. 5 = De-Aktivierung der Sysplex Query-Parallelität. 6 = Kontrolle dynamischer SQL-Statements mit vorgegebenem Plan-Namen (PREPARE-Überwachung = predictive). 7 = Kontrolle von dynamischen SQL-Statements über einen Package- oder Collection-Name (PREPARE-Überwachung = predictive).

Spalten-Name	Datentyp	Beschreibung
RLFBIND	CHAR (1)	In Verbindung mit RLFFUNC = 1: N = BIND-Operationen sind nicht erlaubt. ≠ N = BIND-Operationen sind erlaubt.
RLFCOLLN	CHAR (18)	Limit für bestimmte Collection (analog PLANNAME).
RLFPKG	CHAR (8)	Limit für bestimmte Package (analog PLANNAME).
RLFASUERR	INTEGER	Service Units für ein einzelnes dynamisches SQL-Statement, das der Kosten-Kategorie A (siehe DSN_STATEMNT_TABLE) zugewiesen wurde. Nur für Predictive Governing (PREPARE-Überwachung). 0 = Alle dynamischen SQL-Statements erhalten SQLCODE -495, negativ = Alle dynamischen SQL-Statements erhalten SQLCODE -495, NULL = Kein Limit vorgegeben.
RLFASUWARN	INTEGER	Service Units für ein einzelnes dynamisches SQL-Statement, das der Kosten-Kategorie A (siehe DSN_STATEMNT_TABLE) zugewiesen wurde. Der Wert sollte kleiner als RLFASUERR sein, sonst zeigt er keinerlei Wirkung. Nur für Predictive Governing (PREPARE-Überwachung). 0 = Alle dynamischen SQL-Statements erhalten SQLCODE +495, negativ = Alle dynamischen SQL-Statements erhalten SQLCODE +495, NULL = Kein Limit vorgegeben.
RLF_CATEGORY_B	CHAR (1)	Default-Aktion für ein einzelnes dynamisches SQL-Statement, das der Kosten-Kategorie B (siehe DSN_STATEMNT_TABLE) zugewiesen wurde. Nur für Predictive Governing (PREPARE-Überwachung). Blank = SQL-Statements der Kategorie B werden präpariert und ausgeführt. Y = SQL-Statements der Kategorie B werden präpariert und ausgeführt. N = SQL-Statements der Kategorie B erhalten SQLCODE -495 und werden nicht präpariert und ausgeführt. W = SQL-Statements der Kategorie B erhalten SQLCODE +495 und werden präpariert, aber nicht ausgeführt.

A5 Anhang - Definition allgemeiner Strukturen
Exception Table für das CHECK Utility

Exception Table für das CHECK-Utility

Diese Tabelle führt fehlerhafte Zeilen von fehlerhaften RI-Konstrukten oder fehlerhaften Check-Konstrukten. Die Zeilen werden durch das CHECK-DATA-Utility bei entsprechender Parameter-Vorgabe gefüllt (for exception in checked-table use exception-table).
Die Exception-Table kann vor jeder CHECK-Utility-Ausführung aufgebaut werden oder aber einmalig definiert werden.

Der Aufbau der Exception-Table entspricht grundsätzlich der Struktur der zu prüfenden Tabelle mit einigen Erweiterungen.

```
CREATE   TABLE     PROD.SEMINAR_EX
         LIKE      PROD.SEMINAR
      IN DB0001.TS0002;

ALTER    TABLE     PROD.SEMINAR_EX
         ADD       RID         CHAR (5) ;

ALTER    TABLE     PROD.SEMINAR_EX
         ADD       TS          TIMESTAMP    NOT NULL WITH DEFAULT ;
```

Die oben genannten Spalten müssen nicht zwingend angelegt werden. Aber wenn vorgegeben, sind die Formate und ihre Reihenfolge zwingend (die Spalten-Namen sind wahlfrei).
Anschließend können weitere individuelle Spalten eingefügt werden und nach der Ausführung des CHECK-Utilities mit SQL-DML-Mitteln verändert werden.

Für die Exception Table sollte kein unique Index und kein referenzielles Konstrukt aufgebaut werden, da dadurch die Einfügung fehlerhafter Daten verhindert werden könnte.

Spalten-Position	Spalten-Name	Datentyp	Beschreibung
1 bis n	analog der zu prüfenden Tabelle	analog der zu prüfenden Tabelle	Spalten analog der zu prüfenden Tabelle.
n + 1	RID	CHAR (4) CHAR (5)	Spalten-Name beliebig, aber Format zwingend. Enthält die RID der fehlerhaften Zeile der checked Table. Alternativ bei Large Tablespaces. Der Einsatz dieses Formats wird generell empfohlen.
n+2	TS	TIMESTAMP	Spalten-Name beliebig, aber Format zwingend. Enthält den Zeitstempel des Startzeitpunktes des CHECK-Utilities. Kann später verwendet werden zur Selektion der fehlerhaften Daten eines bestimmten CHECK-Laufes (z.B. können ältere Daten ignoriert werden).
> n+2	beliebig	beliebig	Wird vom CHECK-Utility nicht benutzt.

Bei RI-Verstößen kann ggf. nach Überprüfung und evtl. Korrekturen innerhalb der Parent Table oder Dependent Table können Daten aus der Exception Table z.B. wieder zurückgeladen werden mit:

```
INSERT INTO     TABLE   PROD.SEMINAR
      SELECT            C1, C2, C3 ....
      FROM              PROD.SEMINAR_EX
      WHERE             TS  >  CURRENT TIMESTAMP - 1 DAY;
```

Achtung, dieses Beispiel funktioniert natürlich nur, wenn an diesem Tag nur ein einziger CHECK-Lauf stattfand.

A5 Anhang - Definition allgemeiner Strukturen
Mapping Table für das REORG Utility

Mapping Table für das REORG Utility

Wenn das REORG Utility mit SHRLEVEL CHANGE aktiviert wird, muss vorab zumindest eine Mapping Table definiert sein.

Wenn konkurrierende REORG-Läufe auf mehreren Tablespaces oder Partitions geplant sind, sollten auch mehrere Mapping Tables angelegt werden, da bei Existenz einer einzigen Mapping Table die Reorganisationsläufe serialisiert werden (exklusive Nutzung durch einen REORG).

Mehrere Mapping Tables können einem gemeinsamen Tablespace zugeordnet werden. Der Tablespace muss sich aber von dem zu reorganisierenden Objekt unterscheiden.

Jede Mapping Table benötigt einen Unique Index.

Beispiel-DDL (relevanter Auszug):

```
CREATE     TABLESPACE TSMAP01
              IN DATABASE DB0001
              USING STOGROUP SG0001
                 PRIQTY   1000             -- die Anzahl der Zeilen sollte nicht größer sein als 110 % der zu
                                           -- reorganisierenden Daten
              SEGSIZE 32 ;

CREATE     TABLE      PROD.TBMAP01
      (    TYPE              CHAR   (1)    NOT NULL,
           SOURCE_RID        CHAR   (5)    NOT NULL,
           TARGET_XRID       CHAR   (9)    NOT NULL,
           LRSN              CHAR   (6)    NOT NULL)
      IN DB0001.TSMAP01;

CREATE     UNIQUE INDEX    IXMAP01       ON   TABLE   PROD.TBMAP01
      (    SOURCE_RID, TYPE, TARGET_XRID, LRSN)
           CLUSTER   CLOSE NO;
```

Spalten-Name	Datentyp	Beschreibung
TYPE	CHAR (1)	Log-Mapping-Typ.
SOURCE_RID	CHAR (5)	Row Identifikation des Source-Datenbestandes (Originalbestand).
TARGET_XRID	CHAR (9)	Row Identifikation des Target-Datenbestandes (Schattenbestand). Der RID wird derzeit nur mit 5 Bytes geführt.
LRSN	CHAR (6)	Log Record Sequence Nr. Format: 12 hexadezimale Stellen.

ART - Application Registration Table (DDCS)

Diese Tabelle enthält Informationen für Pläne oder Package Collections, für die im Rahmen von DDCS (Data Definition Control Support) die Erlaubnis zur Ausführung von DDL-Statements gegeben wurde.

Der Aufbau der ART- Tabelle muss nach folgender Beschreibung durchgeführt werden:

```
CREATE   TABLE    DSNRGCOL.DSN_REGISTER_APPL        Default Autor-Id und Table-Name, konfigurierbar
    (    APPLIDENT               CHAR (18)          NOT NULL  WITH DEFAULT,
         APPLIDENTTYPE           CHAR (1)           NOT NULL  WITH DEFAULT,
         APPLICATIONDESC         VARCHAR (30)       NOT NULL WITH DEFAULT,
         DEFAULTAPPL             CHAR (1)           NOT NULL  WITH DEFAULT,
         QUALIFIEROK             CHAR (1)           NOT NULL  WITH DEFAULT,
         CREATOR                 CHAR (26)          NOT NULL  WITH DEFAULT,
         CREATETIMESTAMP         TIMESTAMP          NOT NULL  WITH DEFAULT,
         CHANGER                 CHAR (26)          NOT NULL  WITH DEFAULT,
         CHANGETIMESTAMP         TIMESTAMP          NOT NULL  WITH DEFAULT )

IN       DSNRGFB.DSNRGFTS;                          Empfohlener Database.Tablespace-Name
```

Zur Gewährleistung der Entity-Integrity ist ein Index zu definieren:

```
CREATE   UNIQUE  INDEX     DSNRGCOL.DSN_REGISTER_APPLI
                  ON       DSNRGCOL.DSN_REGISTER_APPL
                  ( APPLIDENT, APPLIDENTTYPE, DEFAULTAPPL  DESC, QUALIFIEROK  DESC)
         CLUSTER  CLOSE NO;
```

Spalten-Name	Datentyp	Beschreibung
APPLIDENT	CHAR (18)	Anwendung: Collection Id der Package oder Name des Plans, der DDL-Statements ausführt.
APPLIDENTTYPE	CHAR (1)	APPLIDENT-Typ: C = Collection Name. P = Plan-Name.
APPLICATIONDESC	VARCHAR (30)	Wahlfreie Beschreibung der Anwendung.
DEFAULTAPPL	CHAR (1)	Werden alle DDL-Statement akzeptiert? Y = Ja. N = Nein (Default).
QUALIFIEROK	CHAR (1)	Müssen alle DDL-Statement voll qualifiziert werden (Objekt-Namen)? Y = Ja. N = Nein.
CREATOR	CHAR (26)	Empfohlene Nutzung: Autorisierungs-Id des Erstellers dieser Zeile.
CREATETIMESTAMP	TIMESTAMP	Empfohlene Nutzung: Zeitstempel bei Erstellen dieser Zeile.
CHANGER	CHAR (26)	Empfohlene Nutzung: Autorisierungs-Id letzte Änderung dieser Zeile.
CHANGETIMESTAMP	TIMESTAMP	Empfohlene Nutzung: Zeitstempel letzte Änderung dieser Zeile.

ORT - Object Registration Table (DDCS)

Diese Tabelle enthält Informationen für Objekte, für die im Rahmen von DDCS (Data Definition Control Support) die Erlaubnis zur Ausführung von DDL-Statements gegeben wurde.
Der Aufbau der ORT- Tabelle muss nach folgender Beschreibung durchgeführt werden:

```
CREATE  TABLE      DSNRGCOL.DSN_REGISTER_OBJT    Default Autor-Id und Table-Name, konfigurierbar
     (  QUALIFIER           CHAR (8)             NOT NULL WITH DEFAULT,
        NAME                CHAR (18)            NOT NULL WITH DEFAULT,
        TYPE                CHAR (1)             NOT NULL WITH DEFAULT,
        APPLMATCHREQ        CHAR (1)             NOT NULL WITH DEFAULT,
        APPLIDENT           CHAR (18)            NOT NULL WITH DEFAULT,
        APPLIDENTTYPE       CHAR (1)             NOT NULL WITH DEFAULT,
        APPLICATIONDESC     VARCHAR (30)         NOT NULL WITH DEFAULT,
        CREATOR             CHAR (26)            NOT NULL WITH DEFAULT,
        CREATETIMESTAMP     TIMESTAMP            NOT NULL WITH DEFAULT,
        CHANGER             CHAR (26)            NOT NULL WITH DEFAULT,
        CHANGETIMESTAMP     TIMESTAMP            NOT NULL WITH DEFAULT )

     IN      DSNRGFB.DSNRGFTS;                   Empfohlener Database.Tablespace-Name
```

Zur Gewährleistung der Entity-Integrity ist ein Index zu definieren:

```
CREATE   UNIQUE  INDEX     DSNRGCOL.DSN_REGISTER_OBJTI
                    ON     DSNRGCOL.DSN_REGISTER_OBJT
              ( QUALIFIER, NAME, TYPE)
         CLUSTER  CLOSE  NO;
```

Spalten-Name	Datentyp	Beschreibung
QUALIFIER	CHAR (8)	Präfix des Objekt-Namens oder Blank, wenn nicht explizit definiert.
NAME	CHAR (18)	Unqualifizierter Objekt-Name.
TYPE	CHAR (1)	Objekt-Typ von NAME: C Collection qualifizierter Name (Table, View, Synonym, Alias oder Index). D Database. T Tablespace. S Storage Group.
APPLMATCHREQ	CHAR (1)	Muss Anwendung in APPLIDENT-Name definiert sein? Y Ja. N Nein.
APPLIDENT	CHAR (18)	Anwendung: Collection Id der Package oder Name des Plans, der DDL-Statements ausführt.
APPLIDENTTYPE	CHAR (1)	Type von APPLIDENT: C = Collection Name P = Plan-Name.
APPLICATIONDESC	VARCHAR (30)	Wahlfreie Beschreibung der Anwendung.
CREATOR	CHAR (26)	Empfohlene Nutzung: Autorisierungs-Id des Erstellers dieser Zeile.
CREATETIMESTAMP	TIMESTAMP	Empfohlene Nutzung: Zeitstempel bei Erstellen dieser Zeile.
CHANGER	CHAR (26)	Empfohlene Nutzung: Autorisierungs-Id letzte Änderung dieser Zeile.
CHANGETIMESTAMP	TIMESTAMP	Empfohlene Nutzung: Zeitstempel letzte Änderung dieser Zeile.

CAF-Funktionen
CALL DSNALI - CONNECT

Aufgabe der Funktion

Die CONNECT-Funktion initialisiert eine Verbindung von einem OS/390-Adressraum zu einem DB2-System. Dieses Statement hat keinerlei Beziehung zu einem SQL CONNECT-Statement.

Erforderliche Privilegien

Der USER des JOB-Statements muss im externen Security Manager berechtigt sein, auf das angeforderte DB2-System zuzugreifen.

Anwendungs-Beispiel

COBOL:
    CALL 'DSNALI' USING FCONN SSID TERMECB STARTECB RIBPTR RETCODE REASCODE.
PL/I:
    CALL DSNALI (FCONN , SSID, TERMECB, STARTECB, RIBPTR, RETCODE, REASCODE);

Syntax-Diagramm

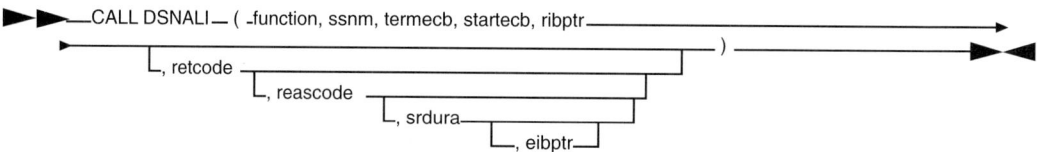

Parameter-Beschreibung

function   12 Bytes großer Bereich mit dem konstanten Inhalt: CONNECT, gefolgt von fünf Blanks.

ssnm   4 Bytes großer Bereich mit dem Namen des DB2-Subsystems oder Group Attachment Name, zu dem die Verbindung aufgebaut werden soll (ggf. rechtsbündig mit Blanks aufgefüllt).

termecb   4 Bytes großer Bereich für die Adresse des ECBs (Event Control Blocks), in dem die Kennzeichnung einer DB2-Terminierung geführt wird. DB2 aktiviert den ECB (post), wenn -STOP DB2 vorgegeben wurde oder wenn DB2 abnormal beendet wird.
Die Post-Codes und die Terminierungs-Typen sind:
- 8 QUIESCE   - 12 FORCE   - 16 ABTERM.

startecb   4 Bytes großer Bereich für die Adresse des ECBs (Event Control Blocks), in dem die Kennzeichnung eines DB2-Starts geführt wird. DB2 aktiviert den ECB (post), wenn DB2 gestartet ist.
Die Post-Codes und die Start-Typen sind:
- > 0 DB2 ist gestartet. Ansonsten kann ein WAIT im Programm abgesetzt werden.
Ist ssnm ein Group Attachment Name, wird startecb ignoriert.

ribptr   4 Bytes großer Bereich, in dem die Adresse des Release Informations Blocks (RIB) nach dem CALL verfügbar ist. Das Macro DSNDRIB enthält die Struktur des Blocks.

retcode   4 Bytes großer Bereich, in dem der CAF-Returncode nach dem CALL verfügbar ist.
Wird der Parameter nicht vorgegeben, enthält das Register 15 den Returncode.

reascode   4 Bytes großer Bereich, in dem der CAF-Reasoncode nach dem CALL verfügbar ist.
Wird der Parameter nicht vorgegeben, enthält das Register 0 den Reasoncode.

srdura   Wirkungsdauer des CURRENT DEGREE-Spezial-Registers.
10 Bytes großer Bereich, in dem optional vorgegeben werden kann:
- Konstante 'SRDURA(CD)'.
  In diesem Fall wird das Spezial-Register CURRENT DEGREE von CONNECT bis DISCONNECT gehalten.
- Ansonsten wird das Spezial-Register CURRENT DEGREE von OPEN bis CLOSE gehalten.

eibptr   4 Bytes großer Bereich, in dem die Adresse des Environment Informations Blocks (EIB) nach dem CALL verfügbar ist. Das Macro DSNDEIB enthält die Struktur des Blocks.

Aufgabe der Funktion

Die OPEN-Funktion ordnet die Ressourcen zur Ausführung des spezifizierten Plans zu.

Erforderliche Privilegien

EXECUTE-Privileg des Plans.

Anwendungs-Beispiel

COBOL:
CALL 'DSNALI' USING FOPEN SSID PLANNAME RETCODE REASCODE.

PL/I:
CALL DSNALI (FOPEN , SSID, PLANNAME , RETCODE, REASCODE);

Syntax-Diagramm

Parameter-Beschreibung

function   12 Bytes großer Bereich mit dem konstanten Inhalt:
OPEN, gefolgt von acht Blanks.

ssnm   4 Bytes großer Bereich mit dem Namen des DB2-Subsystems oder Group Attachment Name, zu dem die Verbindung aufgebaut werden soll (ggf. rechtsbündig mit Blanks aufgefüllt).
Der Name des Subsystems muss mit dem Namen des CONNECTs übereinstimmen.

plan   8 Bytes großer Bereich mit dem Namen des Plans.

retcode   4 Bytes großer Bereich, in dem der CAF-Returncode nach dem CALL verfügbar ist.
Wird der Parameter nicht vorgegeben, enthält das Register 15 den Returncode.

reascode   4 Bytes großer Bereich, in dem der CAF-Reasoncode nach dem CALL verfügbar ist.
Wird der Parameter nicht vorgegeben, enthält das Register 0 den Reasoncode.

A5 Anhang - Definition allgemeiner Strukturen
CALL DSNALI - TRANSLATE

Aufgabe der Funktion

Die TRANSLATE-Funktion übersetzt den hexadezimalen DB2-Reason-Code in einen SQLCODE und eine SQLERRM innerhalb der SQLCA.
TRANSLATE ist nur sinnvoll nach einem expliziten CONNECT, wenn der OPEN fehlerhaft verläuft. Ansonsten wird TRANSLATE automatisch aktiviert.
TRANSLATE kann unter FORTRAN nicht eingesetzt werden.

Erforderliche Privilegien

-

Anwendungs-Beispiel

COBOL:
    CALL 'DSNALI' USING FTRANS SQLCA RETCODE REASCODE.

PL/I:
    CALL DSNALI (FTRANS , SQLCA , RETCODE, REASCODE);

Syntax-Diagramm

Parameter-Beschreibung

function   12 Bytes großer Bereich mit dem konstanten Inhalt:
TRANSLATE, gefolgt von drei Blanks.

sqlca   SQLCA des aufrufenden Programms.

retcode   4 Bytes großer Bereich, in dem der CAF-Returncode nach dem CALL verfügbar ist.
Wird der Parameter nicht vorgegeben, enthält das Register 15 den Returncode.

reascode   4 Bytes großer Bereich, in dem der CAF-Reasoncode nach dem CALL verfügbar ist.
Wird der Parameter nicht vorgegeben, enthält das Register 0 den Reasoncode.

Aufgabe der Funktion

Die CLOSE-Funktion gibt die Ressourcen des aktuellen Plans frei.

Erforderliche Privilegien

-

Anwendungs-Beispiel

COBOL:
CALL 'DSNALI' USING FCLOSE TERMTYP RETCODE REASCODE.

PL/I:
CALL DSNALI (FCLOSE , TERMTYP , RETCODE, REASCODE);

Syntax-Diagramm

Parameter-Beschreibung

function 12 Bytes großer Bereich mit dem konstanten Inhalt:
CLOSE, gefolgt von sieben Blanks.

termop 4 Bytes großer Bereich mit einem dieser Werte:
SYNC COMMIT der modifizierten Daten.
ABRT ROLLBACK der modifizierten Daten zum letzten COMMIT-Punkt.

retcode 4 Bytes großer Bereich, in dem der CAF-Returncode nach dem CALL verfügbar ist.
Wird der Parameter nicht vorgegeben, enthält das Register 15 den Returncode.

reascode 4 Bytes großer Bereich, in dem der CAF-Reasoncode nach dem CALL verfügbar ist.
Wird der Parameter nicht vorgegeben, enthält das Register 0 den Reasoncode.

A5 Anhang - Definition allgemeiner Strukturen
CALL DSNALI - DISCONNECT

Aufgabe der Funktion

Die DISCONNECT-Funktion gibt die Ressourcen einer Connection zwischen einem OS/390-Adressraum und dem verbundenen DB2-System frei.

Erforderliche Privilegien

-

Anwendungs-Beispiel

COBOL:
   CALL 'DSNALI' USING FDISCONN TERMTYP RETCODE REASCODE.

PL/I:
   CALL DSNALI (FDISCONN , TERMTYP , RETCODE, REASCODE);

Syntax-Diagramm

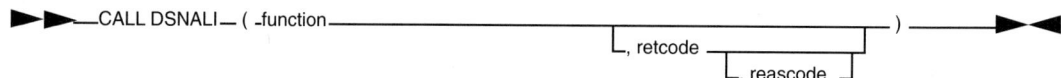

```
▶▶──CALL DSNALI─ ( ─function──────────────────────────────)─────▶◀
                              └─, retcode ──┐
                                            └─, reascode ─┘
```

Parameter-Beschreibung

function   12 Bytes großer Bereich mit dem konstanten Inhalt:
              DISCONNECT, gefolgt von zwei Blanks.

retcode   4 Bytes großer Bereich, in dem der CAF-Returncode nach dem CALL verfügbar ist.
              Wird der Parameter nicht vorgegeben, enthält das Register 15 den Returncode.

reascode   4 Bytes großer Bereich, in dem der CAF-Reasoncode nach dem CALL verfügbar ist.
              Wird der Parameter nicht vorgegeben, enthält das Register 0 den Reasoncode.

A5 Anhang - Definition allgemeiner Strukturen
CAF-Returncodes und Reason-Codes

Die CAF-Return-Codes und Reason-Codes haben folgende Bedeutung:

Return Code	Reason Code	Fehlerursache
0	X'00000000'	Die Ausführung war ordnungsgemäß.
4	X'00C10823'	DB2 und das Call Attachment Facility stimmen in ihren Release-Ständen nicht überein.
4	X'00C10824'	CAF-DISCONNECT war OK, eine neue Verbindung kann aufgebaut werden.
200	X'00C10201'	Ein zweiter CONNECT wurde abgesetzt, obwohl bereits vorher ein expliziter oder impliziter CONNECT getätigt wurde.
	X'00C10202'	Ein zweiter OPEN wurde abgesetzt, obwohl bereits vorher ein expliziter oder impliziter OPEN getätigt wurde.
	X'00C10203'	Ein CLOSE wurde abgesetzt, obwohl vorher kein OPEN getätigt wurde.
	X'00C10204'	Ein DISCONNECT wurde abgesetzt, obwohl vorher kein CONNECT getätigt wurde.
	X'00C10205'	Ein TRANSLATE wurde abgesetzt, obwohl keine Verbindung zu DB2 besteht.
	X'00C10206'	Falsche Anzahl von Parametern wurde vorgegeben (oder das End-of-List-Bit ist ausgeschaltet).
	X'00C10207'	Nicht identifizierter Funktions-Parameter.
	X'00C10208'	Zwei verschiedene DB2-Systeme sollen vom selben TCB angesprochen werden.
204		CAF-Systemfehler. Abend.

RRSAF-Funktionen
CALL DSNRLI - IDENTIFY

Aufgabe der Funktion

Die IDENTIFY-Funktion initialisiert eine Verbindung von einem OS/390-Adressraum zu einem DB2-System. Dieses Statement hat keinerlei Beziehung zu einem SQL CONNECT-Statement.

Erforderliche Privilegien

Der USER des JOB-Statements muss im externen Security Manager berechtigt sein, auf das angeforderte DB2-System zuzugreifen.

Anwendungs-Beispiel

COBOL:
    CALL 'DSNRLI' USING FIDENT SSNM RIBTPR EIBPTR TERMECB STARTECB RETCODE REASCODE.

PL/I:
    CALL DSNRLI (FIDENT, SSNM, RIBTPR, EIBPTR, TERMECB, STARTECB, RETCODE, REASCODE);

Syntax-Diagramm

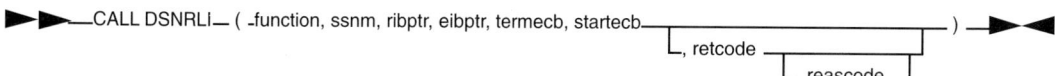

Parameter-Beschreibung

function 18 Bytes großer Bereich mit dem konstanten Inhalt:
IDENTIFY, gefolgt von zehn Blanks.

ssnm 4 Bytes großer Bereich mit dem Namen des DB2-Subsystems bzw. der DB2-Gruppe, zu dem die Verbindung aufgebaut werden soll (ggf. rechtsbündig mit Blanks aufgefüllt).

ribptr 4 Bytes großer Bereich, in dem die Adresse des Release Informations Blocks (RIB) nach dem CALL verfügbar ist. Das Macro DSNDRIB enthält die Struktur des Blocks.

eibptr 4 Bytes großen Bereich, in dem die Adresse des Environment Informations Blocks (EIB) nach dem CALL verfügbar ist. Das Macro DSNDEIB enthält die Struktur des Blocks.

termecb 4 Bytes großer Bereich für die Adresse des ECBs (Event Control Blocks), in dem die Kennzeichnung einer DB2-Terminierung geführt wird. DB2 aktiviert den ECB (post), wenn -STOP DB2 vorgegeben wurde oder wenn DB2 abnormal beendet wird.
Die Post-Codes und die Terminierungs-Typen sind:
- 8   QUIESCE
- 12 FORCE
- 16 ABTERM.

startecb 4 Bytes großer Bereich für die Adresse des ECBs (Event Control Blocks), in dem die Kennzeichnung eines DB2-Starts geführt wird. DB2 aktiviert den ECB (post), wenn DB2 gestartet ist.
Die Post-Codes und die Start-Typen sind:
- > 0 DB2 ist gestartet. Ansonsten kann ein WAIT im Programm abgesetzt werden.

Ist ssnm ein Group Attachment Name, wird startecb ignoriert.

retcode 4 Bytes großer Bereich, in dem der RRSAF-Returncode nach dem CALL verfügbar ist.
Wird der Parameter nicht vorgegeben, enthält das Register 15 den Returncode.

reascode 4 Bytes großer Bereich, in dem der RRSAF-Reasoncode nach dem CALL verfügbar ist.
Wird der Parameter nicht vorgegeben, enthält das Register 0 den Reasoncode.

A5 Anhang - Definition allgemeiner Strukturen
CALL DSNRLI - SWITCH TO

Aufgabe der Funktion

Die SWITCH TO-Funktion stellt Verbindungen zu verschiedenen DB2-Subsystemen her.
Beispiel-Szenario:
RRSAF-Calls für Subsystem DB21:
IDENTIFY
SIGNON
CREATE THREAD
Ausführung von SQL-Statements
SWITCH TO DB22
    RRSAF-Calls für Subsystem DB22:
    IDENTIFY
    SIGNON
    CREATE THREAD
    Ausführung von SQL-Statements
    usw.
    SWITCH TO DB21
Ausführung von SQL-Statements

Erforderliche Privilegien

Der Anforderer muss sich in dem jeweiligen System mit IDENTIFY anmelden. Siehe Beispiel-Szenario.

Anwendungs-Beispiel

COBOL:
    CALL 'DSNRLI' USING SWIFUNK SSNM RETCODE REASCODE.

PL/I:
    CALL DSNRLI (SWIFUNK , SSNM ,   RETCODE, REASCODE);

Syntax-Diagramm

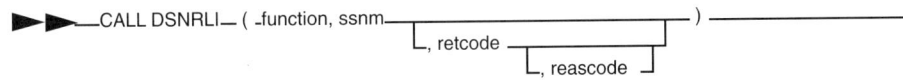

Parameter-Beschreibung

function   18 Bytes großer Bereich mit dem konstanten Inhalt:
SWITCH TO, gefolgt von neun Blanks.

ssnm   4 Bytes großer Bereich mit dem Namen des DB2-Subsystems bzw. der DB2-Gruppe, zu dem die Verbindung aufgebaut werden soll (ggf. rechtsbündig mit Blanks aufgefüllt).

retcode   4 Bytes großer Bereich, in dem der RRSAF-Returncode nach dem CALL verfügbar ist.
Wird der Parameter nicht vorgegeben, enthält das Register 15 den Returncode.

reascode   4 Bytes großer Bereich, in dem der RRSAF-Reasoncode nach dem CALL verfügbar ist.
Wird der Parameter nicht vorgegeben, enthält das Register 0 den Reasoncode.

A5 Anhang - Definition allgemeiner Strukturen
CALL DSNRLI - SIGNON

Aufgabe der Funktion

Die SIGNON-Funktion stellt dem DB2-System einen Primär-Autorisierungs-Id sowie evtl. Sekundär-Autorisierungs-Ids zur Verfügung.

Erforderliche Privilegien

Der Anforderer muss kein autorisiertes Programm sein. Der Task muss ein ACEE zugeordnet werden.
Vor dem SIGNON ist daher durchzuführen:
- RACROUTE REQUEST=VERIFY

Anwendungs-Beispiel

COBOL:
**CALL 'DSNRLI' USING SGONFUNK CORRID ACCTOK ACCTINT RETCODE REASCODE
USERID APPLNAME WSNAME XID.**

PL/I:
**CALL DSNRLI (SGONFUNK, CORRID, ACCTOK, ACCTINT, RETCODE, REASCODE
USERID, APPLNAME, WSNAME, XID);**

Syntax-Diagramm

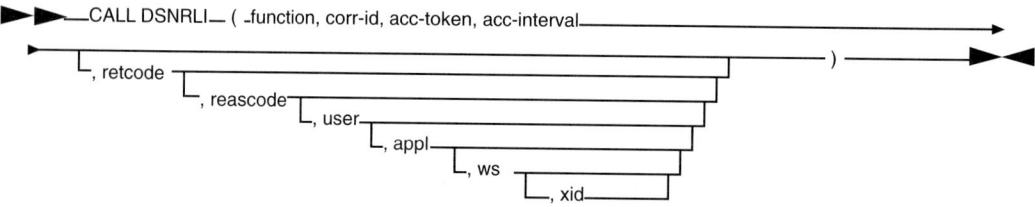

Parameter-Beschreibung

function   18 Bytes großer Bereich mit dem konstanten Inhalt:
SIGNON, gefolgt von zwölf Blanks.

corr-id   12 Bytes großer Bereich mit dem Namen des Correlation-Ids (oder Blanks) zur UOW-Identifikation.
Wird in Accounting und Statistic Trace Records und auch bei -DISPLAY THREAD ausgegeben.

acc-token   22 Bytes großer Bereich mit dem Namen des Accounting Token (oder Blanks).
Dieser Name wird in Accounting und Statistic Trace Records geführt.

acc-interval   6 Bytes großer Bereich zur Kontrolle, wann ein Accounting Record geschrieben werden soll.
- Inhalt 'COMMIT'   wenn die Anwendung einen SRRCMIT absetzt.
- sonstiger Inhalt   wenn die Anwendung endet oder bei einem SIGNON.

retcode   4 Bytes großer Bereich, in dem der RRSAF-Returncode nach dem CALL verfügbar ist.
Wird der Parameter nicht vorgegeben, enthält das Register 15 den Returncode.

reascode   4 Bytes großer Bereich, in dem der RRSAF-Reasoncode nach dem CALL verfügbar ist.
Wird der Parameter nicht vorgegeben, enthält das Register 0 den Reasoncode.

user   16 Bytes großer Bereich mit dem Namen des User-Ids zur Identifikation des Client Endbenutzers.
Wird in Accounting und Statistic Trace Records und auch bei -DISPLAY THREAD ausgegeben.

appl   32 Bytes großer Bereich mit dem Namen der Applikation bzw. des Transaktionsnamens.
Wird in Accounting und Statistic Trace Records und auch bei -DISPLAY THREAD ausgegeben.

ws   18 Bytes großer Bereich mit dem Namen der Workstation des Client Endbenutzers.
Wird in Accounting und Statistic Trace Records und auch bei -DISPLAY THREAD ausgegeben.

xid   4 Bytes großer Bereich mit dem Verweis auf einen globalen Transaktions-Id:
0   - der Thread ist nicht Teil einer globalen Transaktion.
1   - der Thread ist Teil einer globalen Transaktion. Der ID wird von RRS vergeben.
adresse - Adresse eines 4-Bytes-Bereiches, in dem die globale Transaktions-ID eingestellt ist.

A5 Anhang - Definition allgemeiner Strukturen
CALL DSNRLI - AUTH SIGNON

Aufgabe der Funktion

Die AUTH SIGNON-Funktion stellt über ein APF-autorisiertes Programm dem DB2-System einen Primär-Autorisierungs-Id sowie evtl. Sekundär-Autorisierungs-Ids zur Verfügung.
Außerdem wird der Task ein ACEE zugeordnet.

Erforderliche Privilegien

Der Anforderer muss ein autorisiertes Programm sein.

Anwendungs-Beispiel

COBOL:
CALL 'DSNRLI' USING ASGONFUNK CORRID ACCTOK ACCTINT PRIMID ACEE SECID RETCODE REASCODE USERID APPLNAME WSNAME XID.

PL/I:
CALL DSNRLI (ASGONFUNK, CORRID, ACCTOK, ACCTINT, PRIMID, ACEE, SECID, RETCODE, REASCODE, USERID, APPLNAME, WSNAME, XID);

Syntax-Diagramm

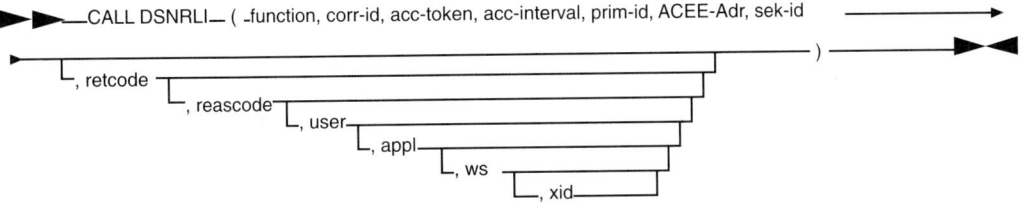

Parameter-Beschreibung

function   18 Bytes großer Bereich mit dem konstanten Inhalt:
AUTH SIGNON, gefolgt von sieben Blanks.

corr-id   12 Bytes großer Bereich mit dem Namen des Correlation-Ids (oder Blanks) zur UOW-Identifikation. Wird in Accounting und Statistic Trace Records und auch bei -DISPLAY THREAD ausgegeben.

acc-token   22 Bytes großer Bereich mit dem Accounting Token (oder Blanks).
Dieser Name wird in Accounting und Statistic Trace Records geführt.

acc-interval   6 Bytes großer Bereich zur Kontrolle, wann ein Accounting Record geschrieben werden soll.
- Inhalt 'COMMIT' wenn die Anwendung einen SRRCMIT absetzt.
- sonstiger Inhalt wenn die Anwendung endet oder bei einem SIGNON.

prim-id   8 Bytes großer Bereich, in der ein Primär-Autorisierungs-Id eingestellt werden kann (oder X'00' bzw. Blank in der ersten Stelle).

ACEE-Adr   4 Bytes großer Bereich, in dem eine ACEE-Adresse an DB2 übergeben wird (oder 0).

sek-id   8 Bytes großer Bereich, in der ein Sekundär-Autorisierungs-Id eingestellt werden kann (oder X'00' bzw. Blank in der ersten Stelle). Wird dieser Parameter mit einem Inhalt versehen, muss auch prim-id gefüllt werden.

retcode   Analog SIGNON. Siehe dort.
reascode   Analog SIGNON. Siehe dort.
user   Analog SIGNON. Siehe dort.
appl   Analog SIGNON. Siehe dort.
ws   Analog SIGNON. Siehe dort.
xid   Analog SIGNON. Siehe dort.

Aufgabe der Funktion

Die CONTEXT SIGNON-Funktion stellt über den RRS-Kontext-Key dem DB2-System einen Primär-Autorisierungs-Id sowie evtl. Sekundär-Autorisierungs-Ids zur Verfügung.
Unterscheidet sich der Primary-Id von dem aktuellen Id, wird der neue Id etabliert.

Erforderliche Privilegien

Der Anforderer muss ein autorisiertes Programm sein.

Anwendungs-Beispiel

COBOL:
    CALL 'DSNRLI' USING ACONTFUNK CORRID ACCTOK ACCTINT KONTKEY RETCODE
    REASCODE USERID APPLNAME WSNAME XID.

PL/I:
    CALL DSNRLI (ACONTFUNK , CORRID , ACCTOK, ACCTINT, KONTKEY , RETCODE,
    REASCODE, USERID, APPLNAME, WSNAME, XID);

Syntax-Diagramm

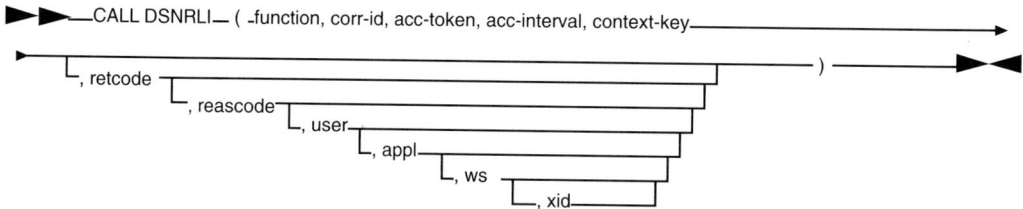

Parameter-Beschreibung

function   18 Bytes großer Bereich mit dem konstanten Inhalt:
CONTEXT SIGNON, gefolgt von vier Blanks.

corr-id   12 Bytes großer Bereich mit dem Namen des Correlation-Ids (oder Blanks) zur UOW-Identifikation.
Wird in Accounting und Statistic Trace Records und auch bei -DISPLAY THREAD ausgegeben.

acc-token   22 Bytes großer Bereich mit dem Accounting Token (oder Blanks).
Dieser Name wird in Accounting und Statistic Trace Records geführt.

acc-interval   6 Bytes großer Bereich zur Kontrolle, wann ein Accounting Record geschrieben werden soll.
- Inhalt 'COMMIT'   wenn die Anwendung einen SRRCMIT absetzt.
- sonstiger Inhalt   wenn die Anwendung endet oder bei einem SIGNON.

context-key   32 Bytes großer Bereich zur Aufnahme des Kontext-Keys, der bei Aufruf des RRS Set Context Data Services (CTXSDTA) bereitgestellt wird.
Die Kontext-Daten haben folgendes Format:
- Versions-Nr.   4 Bytes
- Server Produkt Name   8 Bytes
- ALET   4 Bytes
- ACEE-Adresse   4 Bytes   (über ACEEGRPN werden evtl. Sekundär-Ids bereitgestellt)
- Primary Autorisierungs-Id   8 Bytes

retcode   Analog SIGNON. Siehe dort.
reascode   Analog SIGNON. Siehe dort.
user   Analog SIGNON. Siehe dort.
appl   Analog SIGNON. Siehe dort.
ws   Analog SIGNON. Siehe dort.
xid   Analog SIGNON. Siehe dort.

Aufgabe der Funktion

Die CREATE THREAD-Funktion ordnet DB2-Ressourcen der Anwendung zu.

Erforderliche Privilegien

EXECUTE-Privileg für den Plan.

Anwendungs-Beispiel

COBOL:
CALL 'DSNRLI' USING THREADFUNK PLAN COLLID REUSE RETCODE REASCODE.

PL/I:
CALL DSNRLI (THREADFUNK, PLAN, COLLID, REUSE, RETCODE, REASCODE);

Syntax-Diagramm

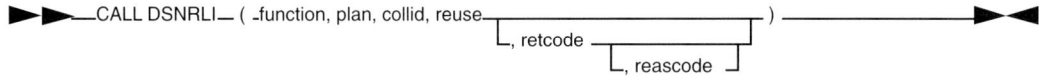

Parameter-Beschreibung

function 18 Bytes großer Bereich mit dem konstanten Inhalt:
CREATE THREAD, gefolgt von fünf Blanks.

plan 8 Bytes großer Bereich mit dem Namen des Plans.
Wenn anstelle eines Plan-Namens ein Collection-Name benutzt werden soll, muss in die erste Stelle ein Fragezeichen '?' gesetzt werden. Dann ordnet DB2 den Plan mit dem Namen '?RRSAF' zu und benutzt den collid-Parameter.
Entweder muss ein gültiger Plan-Name in plan oder ein gültiger Collection-Name in collid vorgegeben werden.

collid 18 Bytes großer Bereich mit dem Collection Name. Wird nur benutzt, wenn in plan ein Fragezeichen in der ersten Stelle vorgegeben wird.

reuse 8 Bytes großer Bereich zur Kontrolle, welche Maßnahme von DB2 ergriffen werden soll, wenn nach einem CREATE THREAD ein SIGNON-Call abgesetzt wird.
- Inhalt 'RESET'   Freigabe aller Cursor und Re-Initialisierung der Spezialregister.
- Inhalt '<u>INITIAL</u>'   SIGNON ist unzulässig (Default-Wert).

retcode 4 Bytes großer Bereich, in dem der RRSAF-Returncode nach dem CALL verfügbar ist.
Wird der Parameter nicht vorgegeben, enthält das Register 15 den Returncode.

reascode 4 Bytes großer Bereich, in dem der RRSAF-Reasoncode nach dem CALL verfügbar ist.
Wird der Parameter nicht vorgegeben, enthält das Register 0 den Reasoncode.

Aufgabe der Funktion

Die TERMINATE THREAD-Funktion gibt die DB2-Ressourcen für die Anwendung frei.

Erforderliche Privilegien

Anwendungs-Beispiel

COBOL:
   CALL 'DSNRLI' USING TERMTHRDFUNK RETCODE REASCODE.

PL/I:
   CALL DSNRLI (TERMTHRDFUNK, RETCODE, REASCODE);

Syntax-Diagramm

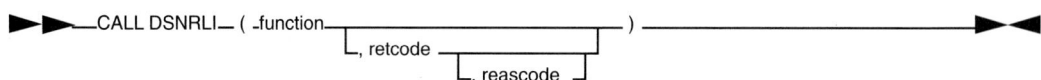

Parameter-Beschreibung

function   18 Bytes großer Bereich mit dem konstanten Inhalt:
TERMINATE THREAD, gefolgt von zwei Blanks.

retcode   4 Bytes großer Bereich, in dem der RRSAF-Returncode nach dem CALL verfügbar ist.
Wird der Parameter nicht vorgegeben, enthält das Register 15 den Returncode.

reascode   4 Bytes großer Bereich, in dem der RRSAF-Reasoncode nach dem CALL verfügbar ist.
Wird der Parameter nicht vorgegeben, enthält das Register 0 den Reasoncode.

A5 Anhang - Definition allgemeiner Strukturen
CALL DSNRLI - TERMINATE IDENTIFY

Aufgabe der Funktion

Die TERMINATE IDENTIFY-Funktion gibt die Connection frei.

Erforderliche Privilegien

-

Anwendungs-Beispiel

COBOL:
CALL 'DSNRLI' USING TERMIDFUNK RETCODE REASCODE.

PL/I:
CALL DSNRLI (TERMIDFUNK, RETCODE, REASCODE);

Syntax-Diagramm

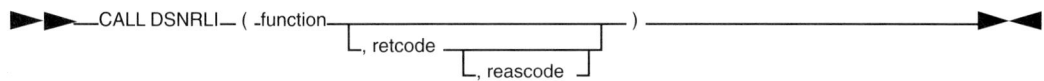

Parameter-Beschreibung

function 18 Bytes großer Bereich mit dem konstanten Inhalt:
TERMINATE IDENTIFY.

retcode 4 Bytes großer Bereich, in dem der RRSAF-Returncode nach dem CALL verfügbar ist.
Wird der Parameter nicht vorgegeben, enthält das Register 15 den Returncode.

reascode 4 Bytes großer Bereich, in dem der RRSAF-Reasoncode nach dem CALL verfügbar ist.
Wird der Parameter nicht vorgegeben, enthält das Register 0 den Reasoncode.

A5 Anhang - Definition allgemeiner Strukturen
CALL DSNRLI - TRANSLATE

Aufgabe der Funktion

Die TRANSLATE-Funktion übersetzt den hexadezimalen DB2-Reason-Code in einen SQLCODE und eine SQLERRM innerhalb der SQLCA.
TRANSLATE ist nur sinnvoll nach einem IDENTIFY, wenn dieser fehlerhaft verläuft. Ansonsten wird TRANSLATE automatisch aktiviert.
TRANSLATE kann unter FORTRAN nicht eingesetzt werden.

Erforderliche Privilegien

-

Anwendungs-Beispiel

COBOL:
   CALL 'DSNRLI' USING FTRANS SQLCA RETCODE REASCODE.

PL/I:
   CALL DSNRLI (FTRANS , SQLCA , RETCODE, REASCODE);

Syntax-Diagramm

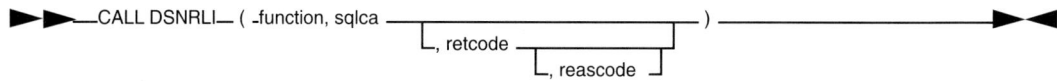

Parameter-Beschreibung

function   18 Bytes großer Bereich mit dem konstanten Inhalt:
              TRANSLATE, gefolgt von neun Blanks.

sqlca   SQLCA des aufrufenden Programms.

retcode   4 Bytes großen Bereich, in dem der RRSAF-Returncode nach dem CALL verfügbar ist.
              Wird der Parameter nicht vorgegeben, enthält das Register 15 den Returncode.

reascode   4 Bytes großer Bereich, in dem der RRSAF-Reasoncode nach dem CALL verfügbar ist.
              Wird der Parameter nicht vorgegeben, enthält das Register 0 den Reasoncode.

A5 Anhang - Definition allgemeiner Strukturen
RRSAF-Returncodes und Reason-Codes

Es folgt eine Auswahl von RRSAF-Return-Codes und Reason-Codes:

Return Code	Reason Code	Fehlerursache
0	X'00000000'	Die Ausführung war ordnungsgemäß.
8	X'00C12823'	DB2 und das RRSAF-Attachment Facility stimmen in ihren Release-Ständen nicht überein.
4	X'00C12824'	RRSAF-TERMINATE THREAD war OK, eine neue Verbindung kann aufgebaut werden.
200	X'00C12201'	Ein zweiter IDENTIFY wurde abgesetzt, obwohl bereits vorher ein IDENTIFY getätigt wurde.
	X'00C12202'	Ein zweiter CREATE THREAD wurde abgesetzt, obwohl bereits vorher ein CREATE THREAD getätigt wurde.
	X'00C12203'	Ein TERMINATE THREAD wurde abgesetzt, obwohl kein Thread aktiv ist.
	X'00C12204'	Eine andere Funktion als IDENTIFY wurde abgesetzt, obwohl vorher kein IDENTIFY getätigt wurde.
	X'00C12206'	Falsche Anzahl von Parametern wurde vorgegeben (oder das End-of-List-Bit ist ausgeschaltet).
	X'00C12207'	Nicht identifizierter Funktions-Parameter.

Weitere Return-Codes und Reason-Codes bitte bei Bedarf aus dem Manual 'Messages and Codes' der IBM entnehmen.

A6 - Anhang - DB2-Warnungen und Fehlermeldungen
SQLCODE und SQLSTATE

Bei Ausführung von SQL-Statements werden in der SQLCA (SQL- Communication Area) Warnungs- und Fehlerschalter von DB2 an das Anwendungsprogramm zurückgegeben.
Für die SQLCA-Felder gelten folgende Besonderheiten:

- **SQLCODE** Inhalt positiv = Warnung, erfolgreiche Statement-Ausführung
  Inhalt negativ = Fehlermeldung, Statement nicht ausgeführt
  Inhalt 0 = Erfolgreiche Ausführung, aber in SQLWARNx können Warnungen gemeldet sein (Prüfung SQLWARN0 auf 'W' erforderlich).

- **SQLWARN0** 'W' = Einer der Warnungs-Schalter ist gesetzt.
- **SQLWARNx** 'W' = Individuelle Warnung (siehe Aufbau der SQLCA).

DB2 unterstützt ab seiner Version 2.3 die Grundlagen der verteilten relationalen Datenbanken (DRDA). Da jedes Datenbanksystem seine eigenen Fehlercodes führt (auch in der IBM-Produkt-Familie unterscheidet sich z.B. DB2 von SQL/DS hinsichtlich der Fehler-Handhabung), war eine Orientierung hin zu einem gemeinsamen Fehlercode zwingend.

Daher wurde der neue Fehlercode **SQLSTATE** (ebenfalls Bestandteil der SQLCA) eingeführt, der aus dem ISO-SQL-Standard abgeleitet ist (natürlich existieren aber viele DB2-Individualismen und Restriktionen, die jedoch gemeinsamen Klassen zugeordnet werden).

Leider wurde der mit der DB2-Version 2.3 eingeführte SQLSTATE mit der Version 4 inhaltlich total umgestaltet.

Grundsätzlich sollten alle Anwendungen den vereinheitlichten SQLSTATE anstelle des SQLCODEs prüfen, bei dem auch endlich Warnungen und Fehlermeldungen komplett vereint sind.

- **SQLSTATE** Inhalt 00000 = Erfolgreiche Statement-Ausführung
  Inhalt 01xxx = Warnungen,
  Inhalt > 21xxx = Fehler.

A6 Anhang - DB2-Warnungen und Fehlermeldungen
SQLCODE-Inhalte

	SQLCODE	SQLSTATE	Bedeutung, Hinweis
	000	00000	Fehlerfreie Ausführung des SQL-Statements. Bei Abfrage SQLCODE Warnungs-Schalter ebenfalls abprüfen. Nur wenn auch keine Warnung vorliegt, war Ausführung wirklich OK. Bei SQLSTATE sind die Warnungs-Schalter mit integriert, wie z.B:
		01501	- Wert eines Strings wurde abgeschnitten (entspricht SQLWARN1)
		01502	- NULL-Wert durch Funktion eliminiert (entspricht SQLWARN2)
+	012	01545	Spalten-Name wurde nicht in der FROM-Klausel des Subselects innerhalb einer Table bzw. eines Views gefunden, existiert aber an höherer Stelle im Statement.
+	098	01568	Ein dynamisches SQL-Statement wurde mit Semikolon (' ; ') vorgeben und der Text danach wird ignoriert.
+	100	02000	Zeile nicht gefunden oder Ende der Daten erreicht. Folgende Möglichkeiten bestehen: - WHERE-Bedingung bei SELECT, UPDATE oder DELETE nicht erfüllt. - FETCH findet keine Daten mehr in Result Table. - INSERT mit Subquery hat keine Daten gefunden.
+	110	01561	DPROP aktualisiert eine Tabelle, Für die DATA CAPTURE CHANGE gilt. Das Statement wird ausgeführt, aber der DPROP-Exit wird nicht benachrichtigt (Gefahr einer Endlosschleife).
+	111	01590	Subpages sind für einen Index Typ 2 nicht zulässig und werden ignoriert.
+	117	01525	Anzahl Spalten-Werte des INSERT-Statements ist ungleich der Anzahl der Objekt-Spalten. Package oder Plan wird trotzdem angelegt und bei jeder Ausführung dynamisch gebunden.
+	162	01514	Tablespace ist im Check Pending Status wegen ALTER TABLE mit Definition eines referenziellen Konstrukts oder Check Konstrukts bei vorhandenen Daten. CHECK DATA Utility sollte ausgeführt werden.
+	203	01552	Ein qualifizierter Spalten-Name wurde aus nicht eindeutigen Namen abgeleitet.
+	204	01532	Der Objekt-Name ist im DB2-System nicht bekannt. Package oder Plan wird trotzdem angelegt und bei jeder Ausführung dynamisch gebunden.
+	206	01533	Der Spalten-Name ist keine Spalte der Tabelle bzw. View einer FROM-Klausel oder eines mit INSERT oder UPADTE angesprochenen Objektes. Package oder Plan wird trotzdem angelegt und bei jeder Ausführung dynamisch gebunden.
+	218	01537	BIND mit EXPLAIN (YES) für ein Remote-Objekt wird nicht unterstützt.
+	219	01532	BIND mit EXPLAIN (YES) definiert, aber keine PLAN_TABLE vorhanden. Package oder Plan wird trotzdem angelegt und bei jeder Ausführung dynamisch gebunden.
+	220	01546	BIND mit EXPLAIN (YES) definiert, aber PLAN_TABLE ist nicht korrekt definiert. Package oder Plan wird trotzdem angelegt und bei jeder Ausführung dynamisch gebunden.
+	236	01005	Es ist keine ausreichend große SQLDA verfügbar.
+	237	01594	Es ist kein ausreichend großer SQLDA Extended Bereich verfügbar, obwohl zumindest eine Spalte als Distinct Data-Type definiert ist.
+	238	01005	Es ist kein ausreichend großer SQLDA Extended Bereich verfügbar, obwohl zumindest eine Spalte als LOB Daten-Typ definiert ist.
+	239	01005	Es ist kein ausreichend großer SQLDA Extended Bereich verfügbar, obwohl zumindest eine Spalte als Distinct Data-Type definiert ist.
+	304	01515	Daten-Typen stimmen nicht überein. NULL-Indikatoren werden - sofern vorhanden - auf den Wert -2 gesetzt.
+	331	01520	Fehler bei der Umsetzung eines Strings. NULL-Indikatoren werden - sofern vorhanden - auf den Wert -2 gesetzt.
+	339	01569	Zwischen verbundenen Systemen mit unterschiedlichem Release-Stand gibt es Konvertierungs-Probleme (EBCDIC, CCSID).

A6 Anhang - DB2-Warnungen und Fehlermeldungen
SQLCODE-Inhalte

SQLCODE		SQLSTATE	Bedeutung, Hinweis
+	394	01629	Die Optimizer-Empfehlungen (OPTHINT) wurden vom Optimizer genutzt.
+	395	01628	Die Optimizer-Empfehlungen (OPTHINT) wurden vom Optimizer nicht genutzt. Begründung siehe im detaillierten Reason-Code der Fehlermeldung. Häufig liegt eine falsche inhaltliche Belegung einer Spalte oder eine falsche Spaltenkombination vor. Evtl. ist auch ein vorgegebenes Objekt oder ein gewählter Zugriffspfad nicht nutzbar.
+	402	01521	Lokation ist unbekannt, weil entweder falscher Name vorgegeben wurde oder ein Eintrag in SYSLOCATIONS fehlt.
+	403	01522	Lokales Objekt beim CREATE ALIAS existiert nicht.
+	434	01608	Das vorgegebene Schlüsselwert stammt aus früheren Versionen und wird ab der nächsten Version nicht mehr unterstützt.
+	445	01004	Der Wert wurde durch eine Cast-Funktion abgeschnitten.
+	462	01Hxx	Die externe Funktion oder Stored Procedure hat einen SQLSTATE mit Warnung zurückgegeben.
+	464	0100E	Die von einer Stored Procedure zurückgegebene Anzahl von Query Result Tables überschreitet ein definiertes Limit. In diesem Fall wird in der SQLCA das Feld SQLWARN9 auf 'Z' gesetzt'.
+	466	0100D	Die aufgerufene Stored Procedure wurde ordnungsgemäß beendet und hat die in der Message spezifizierte Anzahl von Query Result Tables bereitgestellt. In diesem Fall wird in der SQLCA das Feld SQLWARN9 auf 'Z' gesetzt'.
+	494	01614	Die aufgerufene Stored Procedure hat Query Result Tables bereitgestellt, deren Anzahl aber nicht mit den im ASSOCIATE LOCATORS Statement übergebenen Result Set Locators übereinstimmt. In diesem Fall wird in der SQLCA das Feld SQLWARN3 auf 'Z' gesetzt'.
+	495	01616	Die Anzahl der geschätzten Prozessor-Ausführungszeit oder der Service Units übersteigt ein RLF-Limit. Ggf. ist die Warnung abhängig von der Zuordnung zur Kosten-Kategorie B.
+	535	01591	Das Ergebnis eines positioned Updates oder -Deletes ist abhängig von der Sortierfolge der Result Table (Manipulation auf einen oder mehrere PKs in einer selbst referenzierenden Tabelle).
+	541	01543	Doppeltes referenzielles Konstrukt (FOREIGN KEY zeigt mehrfach auf gleiche Parent Table) oder doppelte UNIQUE-Klausel.
+	551	01548	Autor-Id hat nicht das Privileg für die Verarbeitung eines bestimmten Objektes. Weitere Ursachen: - Objekt ist nicht existent, - UPDATE, INSERT über read-only View, - Autor-Id = Fremd-Id, aber kein SYSADM, DBADM oder DBCTRL-Privileg. Package oder Plan wird trotzdem angelegt und bei jeder Ausführung dynamisch gebunden.
+	552	01542	Autor-Id hat nicht das Privileg für eine bestimmte Verarbeitung. Package oder Plan wird trotzdem angelegt und bei jeder Ausführung dynamisch gebunden.
+	558	01516	WITH GRANT OPTION wurde ignoriert, da GRANT OPTION nicht gesetzt werden kann. Mögliche Gründe: - PUBLIC als GRANTEE, - BINDAGENT-Privileg, - ANY Package-Privileg. Privileg wird ohne GRANT Option angenommen.
+	561	01523	ALTER, INDEX, REFERENCES oder TRIGGER-Privileg (über ALL-Table Privileg) TO PUBLIC AT ALL LOCATIONS wurde ignoriert, da dies nicht für Remote Benutzer möglich ist.
+	562	01560	Ein GRANT-Privileg wurde ignoriert, da der GRANTEE bereits über das Privileg vom GRANTOR verfügt.
+	585	01625	Ein Schema-Name tritt mehrfach in einem SQL-Pfad auf.
+	599	01596	Für einen Long-String-Daten-Typ wurden keine Comparison-Funktionen automatisch generiert.

A6 Anhang - DB2-Warnungen und Fehlermeldungen
SQLCODE-Inhalte

A6 - 1493

SQLCODE	SQLSTATE	Bedeutung, Hinweis
+ 610	01566	Ein Index wurde in einen 'Rebuild Pending Status' gesetzt, da sich Daten in der Tabelle befinden und der Index mit DEFER YES definiert wurde oder ein Tablespace wurde in einen 'Reorg Pending Status' gesetzt, da der Limit Key des Partitioned Index verändert wurde.
+ 625	01518	Definition der Tabelle ist auf incomplete gesetzt worden, da Primary Index gelöscht wurde (Folgefehler bei SQL-Manipulation: -540, bei Run Plan: -904, -923).
+ 626	01529	Der Index, der Uniqueness gewährleisten soll, wurde gelöscht.
+ 645	01528	WHERE NOT NULL wird beim CREATE INDEX ignoriert, da der Index keine NULL-Werte aufweisen kann.
+ 650	01538	Die mit 750 Spalten angelegte Table kann nicht als Dependent Table auftreten, da hierfür ein Limit von 749 Spalten besteht.
+ 653	01551	Table ist für SQL-Statements oder CREATE VIEW nicht verfügbar, da sie einem partitioned Tablespace zugeordnet ist, aber noch kein partitioned Index definiert ist. Package / Plan wird trotzdem angelegt und bei jeder Ausführung dynamisch gebunden.
+ 655	01597	Einer Storagegroup wurden spezifische (Volume-Namen) und nicht-spezifische Volumes (*) zugeordnet. Dies wird in künftigen Versionen nicht mehr unterstützt.
+ 658	01600	Für einen Katalog-Index ist nur Subpage 1 erlaubt. Der vorgegebene Wert wird ignoriert.
+ 664	01540	Die interne Länge für einen partitioned Index wurde überschritten.
+ 738	01530	Für ein Objekt einer shared read only database wurde Änderung durchgeführt, die auch innerhalb der Definitionen der shared database vollzogen werden muss.
+ 799	01527	Ein SET-Statement referenziert ein nicht unterstütztes Spezial-Register.
+ 802	01519	Data Exception Fehler während einer arithmetischen Operation ist aufgetreten. NULL-Indikatoren werden - sofern vorhanden - auf den Wert -2 gesetzt.
+ 806	01553	Der BIND Isolation Level RR kollidiert mit TABLESPACE LOCKSIZE PAGE bzw. LOCKSIZE ROW und LOCKMAX 0 einer Package oder eines Plans. Tablespace-Locking wird benutzt.
+ 807	01554	Das Resultat einer Multiplikation von Dezimal-Feldern kann bei der Statement-Ausführung einen Überlauf erzeugen. Die Package wird trotzdem angelegt.
+ 863	01539	Die Verbindung zu einem Server war erfolgreich, es wird aber nur ein SBCS-Datenstrom unterstützt.
+ 2000	56094	Für einen Index des Typs 1 wurden mehr als eine Subpage vorgegeben. Dieser Index kann in einer Shared Database Umgebung nicht im Group Bufferpool gehalten werden.
+ 20002	01624	CREATE oder ALTER TABLESPACE mit GBPCACHE-Option referenziert auf einen Group Bufferpool, der mit GBPCACHE NO definiert ist.
+ 20007	01602	Die Optimizer-Empfehlungen (OPTHINT) sind nicht zulässig, da der System-Installations-Parameter OPTIMIZATION HINT mit NO definiert wurde.
+ 30100	01558	COMMIT oder ROLLBACK der Anwendung erfolgreich, aber Mitteilungen und SQLCODE des remote Servers sind nicht konsistent.
- 007	42601	James Bond-Fehler. Statement enthält falsche Zeichen.
- 010	42603	String wurde nicht abgeschlossen (') oder (").
- 029	42601	INTO-Klausel eines embedded SELECT-Statements fehlt.
- 060	42815	Falsche Länge oder Kommastellen vorgegeben.
- 084	42612	Falsches SQL-Statement.
- 097	42601	Die Nutzung einer Long-String-Spalte ist in diesem Kontext unzulässig.

A6 Anhang - DB2-Warnungen und Fehlermeldungen
SQLCODE-Inhalte

SQLCODE	SQLSTATE	Bedeutung, Hinweis
- 101	54001	Das Statement ist zu lang oder zu komplex. Aufteilen wird empfohlen.
- 102	54002	String überschreitet maximal mögliche Gesamtlänge.
- 103	42604	Falsches numerisches Literal.
- 104	42601	Falsche Parameter im SQL-Statement.
- 105	42604	Falscher String.
- 107	42622	Name zu lang. Siehe Namenskonventionen.
- 108	42601	Der in einem RENAME-Statement vorgegebene Name enthält einen unzulässigen Qualifier.
- 109	42601	Die vorgegebene Klausel ist nicht unterstützt (z.B. INTO im View).
- 110	42606	Falscher hexadezimaler String.
- 111	42901	Column Function enthält keinen Spalten-Namen.
- 112	42607	Operand einer Column Function ist eine andere Column-Function (nur DISTINCT OK).
- 113	42602	Falsches Zeichen in Namen. Siehe Namenskonventionen.
- 114	42961	Der Lokations-Name einer Stored Procedure stimmt nicht mit dem CURRENT SERVER-Spezialregister überein. SQL CONNECT einsetzen bzw. Reihenfolge der Statements ändern.
- 115	42601	Einem Vergleichs-Operator (z.B. =, >) folgt eine Liste von Argumenten oder einem ANY bzw. ALL folgt keine Subquery.
- 117	42802	Anzahl der INSERT-Werte ist nicht identisch mit der Spaltenliste des INSERTS.
| - 118	42902	Für UPDATE, DELETE wird in einem SUB-SELECT die gleiche Tabelle angesprochen. Dies ist nicht zulässig.
- 119	42803	Eine Spalte der HAVING-Klausel ist nicht in GROUP BY enthalten.
- 120	42903	Eine WHERE-Klausel enthält eine Column Function oder bezieht sich auf einen Wert, der aus Column Function oder Expression ermittelt wurde.
- 121	42701	Eine Spalte tritt mehrfach in einem INSERT- oder UPDATE-Statement auf.
- 122	42803	Spalte mit Column Function wurde ohne GROUP BY-Klausel verwendet.
| - 123	42601	Ein Parameter an einer bestimmten (angezeigten) Position muß eine Konstante sein, ist es aber nicht.
- 125	42805	Ein Direktwert in der ORDER BY-Klausel ist entweder < 1 oder größer als die Anzahl der Spalten in der Result-Table.
- 126	42829	Ein SELECT-Statement eines DECLARE CURSOR enthält sowohl eine ORDER BY als auch eine FOR UPDATE OF-Klausel.
- 127	42905	DISTINCT wurde mehrfach in Statement oder in SUB-SELECT verwendet.
- 128	42601	Unzulässiger Gebrauch der NULL-Option in der Suchbedingung.
| - 129	54004	Ein SUB-SELECT hat zu viele Tabellen-Namen (max. 225 erlaubt).
- 130	22019 22025	ESCAPE-Klausel des LIKE-Prädikats enthält mehr als 1 Zeichen oder nicht die Inhalte: '%' oder '_'.
- 131	42818	LIKE-Prädikat und vorgegebener Wert sind nicht kompatibel (LIKE nur für Character-Datentypen).
| - 132	42824	Falscher Einsatz eines Operanten beim LIKE-Prädikat oder den Funktionen LOCATE oder POSSTR.
- 133	42906	Einsatz der Column Function einer HAVING-Klausel in einer Subquery fehlerhaft, da eine arithmetische Operation auf eine correlated reference nicht möglich ist.

A6 Anhang - DB2-Warnungen und Fehlermeldungen
SQLCODE-Inhalte

SQLCODE	SQLSTATE	Bedeutung, Hinweis
- 134	42907	Ungültiger Einsatz einer Long-String-Spalte (siehe Anhang 2 CREATE TABLE).
- 136	54005	Sort kann nicht ausgeführt werden, da Sort-Key länger als 4000 Bytes ist.
- 137	54006	Resultat einer Verkettung (Concatenation) zu lang (> 32 K bei Character).
- 138	22011	Zweiter oder dritter Parameter der SUBSTR-Funktion ist außerhalb des möglichen Bereichs.
- 142	42612	Ein Statement ist von DB2 nicht unterstützt oder im Kontext falsch (z.B. VALUES kann nur in Triggern vorgegeben werden).
- 144	58003	Die vom Precompiler generierte CALL-Parameterliste an das Attach Facility wurde modifiziert und die Sektions-Nr. ist falsch.
- 147	42809	ALTER FUNCTION ist für eine Sourced Function nicht möglich.
- 148	42809	Das in einem RENAME- oder ALTER-Statement vorgegebene Objekt ist unzulässig.
- 150	42807	INSERT-, UPDATE- oder DELETE-Versuch auf einen nicht-updateable View.
- 151	42808	UPDATE-Statement ist fehlerhaft, weil auf eine Spalte referiert wird, die lt. Katalogbeschreibung nicht änderbar ist (non-updateable View, Key eines Partitioned Tablespaces, Katalog-Tabellen-Spalte, über eine Funktion abgeleitete Spalte).
- 152	42809	Mit DROP FOREIGNKEY wird versucht, ein check constraint zu löschen oder mit DROP CHECK wird versucht, ein referential constraint zu löschen.
- 153	42908	Ein CREATE VIEW benötigt eine Spaltenliste, da eine Column Function, eine Expression oder doppelte Spaltennamen auftreten.
- 154	42909	CREATE VIEW fehlerhaft wegen unzulässigem UNION oder UNION ALL bzw. Verweis auf ein Remote Objekt.
- 156	42809	Statement identifiziert keine Tabelle.
- 157	42810	FOREIGN KEY identifiziert keine Tabelle.
- 158	42811	Anzahl der Spaltenlisten-Elemente in View weicht von der Anzahl der im AS SELECT-Statement definierten Spalten ab oder die Anzahl der Spalten einer Korrelations-Klausel weicht von der Anzahl der Spalten im zugrundeliegenden Objekt ab.
- 159	42809	DROP oder COMMENT zeigt auf falsches Objekt.
- 160	42813	WITH CHECK OPTION ist für diesen View nicht zulässig (non-updateable View).
- 161	44000	Verstoß gegen Bedingungen der WITH CHECK OPTION beim INSERT oder UPDATE über View.
- 164	42502	Benutzer hat kein Privileg zum Anlegen eines Views unter Fremd-Autorisierungs-Id.
- 170	42605	Anzahl der Argumente für SCALAR Function ungültig.
- 171	42815	Daten-Typ, Länge oder Wert für SCALAR Function ungültig.
- 173	42801	Isolation Level UR ist für einen Cursor nicht zulässig, da dieser nicht read-only ist.
- 180	22007	DATE-, TIME- oder TIMESTAMP-Wert weist ein ungültiges Format auf.
- 181	22007	DATE oder TIME-Wert hat einen ungültigen Inhalt (z.B. 30.02.1998).
- 182	42816	Arithmetischer Ausdruck für DATE oder TIME-Feld unzulässig.
- 183	22008	Arithmetische Operation für DATE oder TIMESTAMP führte zu ungültigem Wertebereich.
- 184	42610	Ein arithmetischer Ausdruck für DATE oder TIME enthält einen ungültigen Parameter-Marker.
- 185	57008	DATE oder TIME wurde mit LOCAL-Format angesprochen, es existiert aber kein User-Exit für ein lokales Format.

A6 Anhang - DB2-Warnungen und Fehlermeldungen
SQLCODE-Inhalte

SQLCODE	SQLSTATE	Bedeutung, Hinweis
- 186	22505	DATE oder TIME wurde mit LOCAL-Format abgespeichert und inzwischen hat sich das Format aufgrund User-Exit verändert.
- 187	22506	Fehler der OS/390-Zeiteinrichtung (z.B. falsche TOD-CLOCK).
- 188	22503	Die Host-Variable eines DESCRIBE TABLE Statements enthält unzulässigen String.
- 189	22522	Host-Variable oder Result Table Spalte enthält nicht definierten Wert, der umgesetzt worden soll, aber nicht in SYSSTRINGS gefunden wird (oder falscher CCSID).
- 190	42837	Die Attribute der in einem ALTER-Statement angesprochenen Spalte ist nicht mit der existierenden Spalte kompatibel.
- 191	22504	String enthält fehlerhafte Mixed Daten, die nicht umgesetzt werden können.
- 197	42877	Bei UNION oder UNION ALL ist in der ORDER BY-Klausel kein qualifizierter Spaltenname zulässig.
- 198	42617	Operand eines PREPARE- oder EXECUTE IMMEDIATE-Statements ist Blank oder leer.
- 199	42601	Ungültiges Schlüsselwort (weitere Infos in SQLERRM).
- 203	42702	Eine Referenz auf eine Spalte ist mehrfach gegeben, da die in der FROM-Klausel eines SELECT-Statements aufgeführten Tabellen jeweils eine Spalte mit gleichem Namen führen. Eine Qualifizierung mit Tabellenname oder Korrelations-Name ist erforderlich (auch bei Transition-Variablen von Triggern).
- 204	42704	Unbekanntes Objekt im DB2-System (auch bei inkorrekter Statement-Folge bei CREATE SCHEMA).
- 205	42703	Spalten-Name ist in Tabelle nicht bekannt.
- 206	42703	Spalten-Name innerhalb der Subquery eines INSERT- UPDATE- oder DELETE-Statements ist in der Tabelle nicht bekannt (in der FROM-Klausel des SELECTs fehlt evtl. der korrekte Objektname).
- 208	42707	ORDER BY ist unzulässig, da Spalte nicht in Result-Table enthalten ist.
- 212	42712	In der REFERENCING-Klausel eines Triggers wurde ein Name mehrfach vorgegeben.
- 214	42822	Ein Ausdruck in einer Klausel ist nicht zulässig.
- 219	42704	EXPLAIN wurde eingesetzt, aber PLAN_TABLE existiert nicht unter Autorisierungs-Id.
- 220	55002	In PLAN_TABLE wurde ungültige oder fehlende Spalte entdeckt (Tabelle löschen und mit CREATE TABLE LIKE korrekte Tabelle neu anlegen).
- 221	55002	In PLAN_TABLE wurde fehlende Spalte entdeckt (Tabelle löschen und mit CREATE TABLE LIKE korrekte Tabelle neu anlegen).
- 229	42708	Der Wert einer CURRENT_LOCALE-Variablen ist falsch.
- 240	428B4	Die PART-Klausel eines LOCK TABLE-Statements ist falsch (falsche Partition-Nr.) oder nicht vorgebbar (es liegt kein partitioned Tablespace vor).
- 250	42718	Ein dreiteiliger Objekt-Name zeigt auf eine nicht bekannte Lokation.
- 251	42602	Lokations-Name enthält unzulässige Zeichen.
- 300	22024	Der String einer Host-Variablen wird nicht mit einem NUL-Terminator abgeschlossen.
- 301	42895	Die mit Positions-Nr. ausgewiesene Host-Variable kann nicht benutzt werden, da Daten-Typ inkompatibel zur gewünschten Verarbeitungsfunktion ist.
- 302	22001 22003	Host-Variable enthält für die Spalte des Objekts ein falsches Format oder einen falschen Wert bzw. ist zu kurz zur Aufnahme des Wertes.
- 303	42806	Eine bei DYNAMIC SQL in SQLDA referenzierte Host-Variable kann wegen inkompatibler Daten-Typen keine Werte erhalten.

A6 Anhang - DB2-Warnungen und Fehlermeldungen
SQLCODE-Inhalte

SQLCODE	SQLSTATE	Bedeutung, Hinweis
- 304	22003	FETCH oder SELECT wurde nicht ausgeführt, da Empfangsfeld nicht groß genug zur Aufnahme des Wertes.
- 305	22002	FETCH oder SELECT wurde nicht ausgeführt, da ein NULL-Wert auftrat, aber kein Indikator zur Verfügung gestellt wurde.
- 309	22512	Unzulässiger Vergleich einer Spalte mit NULL-Indikator. NULL-Werte müssen mit IS NULL oder IS NOT NULL abgefragt werden.
- 310	22023	Eine Dezimal-Host-Variable enthält keinen Dezimalwert.
- 311	22501	Die Länge einer Host-Variablen in der SQLDA ist negativ oder größer als maximal definiert.
- 312	42618	Undefinierte oder unzulässige Host-Variable.
- 313	07001	Die Anzahl der Host-Variablen bei DYNAMIC SQL ist nicht identisch mit der Anzahl der Parameter-Marker.
- 314	42714	Eine Host-Variable wird mehrfach referenziert, ein eindeutiger Bezug ist erforderlich.
- 327	22525	Der vorgegebene partitioned Key liegt außerhalb der Range der letzten Partition.
- 330	22021	String kann nicht benutzt werden, da bei der Umsetzung eines Strings auf einen anderen Charakter-Set ein Fehler aufgetreten ist.
- 331	22021	String kann Host-Variable nicht zugewiesen werden, da bei der Umsetzung eines Strings auf einen anderen Charakter-Set ein Fehler aufgetreten ist.
- 332	57017	Ein über CCSID definierter Charakter Set ist nicht in SYSSTRINGS enthalten.
- 333	56010	Der Laufzeit-CCSID ist nicht identisch mit dem CCSID zur BIND-Zeit.
- 338	42972	Bei einem Join ist die ON-Klausel fehlerhaft.
- 339	56082	Ein SQL-Statement, das einen systemgesteuerte Zugriff auf eine remote Lokation vornimmt, kann nicht ausgeführt werden, da es Konvertierungsprobleme zwischen den Systemen gibt.
- 350	42962	Es wurde eine LOB-Spalte vorgegeben für ein Objekt, für das eine solche Spalte nicht zulässig ist.
- 351	56084	Ein von DB2 in der aktuellen Version nicht unterstützter Datentyp wurde in einem PREPARE oder DESCRIBE vorgegeben.
- 352	56084	In der Eingabe-SQLDA wurde ein nicht unterstützter SQLTYPE übergeben.
- 355	42993	Eine LOB-Spalte ist so groß, dass kein Logging mehr unterstützt ist, aber der Tablespace wurde mit LOG YES definiert.
- 372	428C1	Es ist nur eine ROWID-Spalte in einer Tabelle zulässig.
- 390	42887	Der Funktions-Name ist in diesem Kontext ungültig (z.B. Aufruf einer Scalar Function aus einer FROM-Klausel heraus).
- 392	42855	Bei einem OPEN und FETCH müssen mit DB2-Rules dieselben LOB-Daten-Anforderungen gestellt werden (entweder LOB-Werte oder LOB-Locator an beiden Stellen).
- 396	38505	Während eines FINAL CALLS wurde in einer Funktion versucht, ein SQL-Statement abzusetzen.
- 397	428D3	Die Option GENERATED wurde bei einem nicht unterstützten Spalten-Typ vorgegeben.
- 398	428D2	Es wurde ein LOB-Locator auf einen Nicht-LOB-Spalten-Typ referenziert.
- 399	22511	Ein ungültiger Wert soll in eine ROWID-Spalte eingefügt werden.
- 400	54027	Es sind max. 100 benutzerdefinierte Indizes auf Katalog-Tabellen zulässig.
- 401	42818	Arithmetische Operation oder Vergleichs-Operation kann nicht ausgeführt werden, da Operanden inkompatibel sind.

SQLCODE	SQLSTATE	Bedeutung, Hinweis
- 402	42819	Unzulässige arithmetische Operation auf Character- oder DATETIME-Daten.
- 404	22001	Es wurde versucht, einen zu langen Wert in eine Spalte einzustellen.
- 405	42820	Wert eines numerischen Literals ist zu hoch.
- 406	22003	Ein ermittelter Wert ist außerhalb des gültigen Wertebereiches.
- 407	23502	Der Wert einer Operation ist NULL, aber die Spalte ist nicht NULL-fähig.
- 408	42821	Der Wert einer Operation ist inkompatibel zur Spalten-Deklaration.
- 409	42607	Ungültiger Operand in COUNT-Funktion (z.B. Spalten-Name ohne DISTINCT).
- 410	42820	Floating Point Literal enthält mehr als 30 Zeichen.
- 411	56040	CURRENT-SQLID für Remote Objekt ungültig.
- 412	42823	Subquery enthält mehr als eine Spalte innerhalb der SELECT-Klausel.
- 413	22003	Während einer numerischen Datenkonvertierung trat ein Überlauf auf.
- 414	42824	LIKE nur in Verbindung mit einem Character-Format zulässig.
- 415	42825	Korrespondierende Spalten eines UNIONS sind nicht kompatibel.
- 416	42907	Operand eines UNION ist ein LONG-String-Wert.
- 417	42609	Ungültiger Einsatz von Parameter-Markers bei DYNAMIC SQL (z.B. ? > ?).
- 418	42610	Ungültiger Einsatz von Parameter-Markers bei DYNAMIC SQL (EXECUTE IMMEDIATE oder PREPARE).
- 419	42911	Die Division ist ungültig, da das Ergebnis (nach der Konvertierung) eine negative Scale (Nachkommastellen) hätte.
- 420	22018	Der Wert eines Character-Strings ist mit der Funktion nicht kompatibel.
- 421	42826	Die Anzahl der Spalten muss bei UNION bzw. UNION ALL identisch sein.
- 423	0F001	Der Wert in einem Result Set Locator ist falsch (z.B. wurde kein DESCRIBE PROCEDURE bzw. ASSOCIATE LOCATORS abgesetzt oder der korrespondierende Cursor ist nicht offen). Der Wert in einem LOB-Locator ist falsch. Entweder ist kein gültiger LOB-Wert zugewiesen oder der Locator ist infolge eines COMMIT, ROLLBACK oder FREE LOCATOR freigegeben.
- 426	2D528	Ein dynamischer COMMIT ist auf eine Lokation unzulässig, auf der keine Updates erlaubt sind.
- 427	2D529	Ein dynamischer ROLLBACK ist auf eine Lokation unzulässig, auf der keine Updates erlaubt sind.
- 430	38503	Abbruch einer aktiven Routine außerhalb von DB2. Die Ursache ist vor einem erneuten Aufruf zu eruieren.
- 433	22001	Ein vorgegebener Wert ist zu lang und ein Abschneiden ist nicht erlaubt.
- 435	428B3	Ein ungültiger SQLSTATE wurde in einem RAISE_ERROR oder einem SIGNAL SQLSTATE vorgegeben. Siehe unter SQLSTATE die zulässigen freien Bereiche.
- 438	.....	Eine Routine hat einen SQLSTATE mittels RAISE_ERROR oder einem SIGNAL SQLSTATE erzeugt.
- 440	42884	Es wurde keine Routine mit dem vorgegebenen Namen gefunden, bei der kompatible Argumente übereinstimmen. Evtl. ist der Pfad nicht korrekt oder es liegt keine Autorisierung vor.
- 441	42601	Die Schlüsselworte DISTINCT oder ALL wurden in einer Referenz auf eine Scalar Function benutzt.
- 443	42601	Eine Routine hat einen SQLSTATE 385xx mit einem Fehlertext erzeugt. Solche Fehler werden von IBM benutzt und der SQLSTATE wird anschließend auf 42601 gesetzt.

SQLCODE	SQLSTATE	Bedeutung, Hinweis
- 444	42724	Der Name einer aktivierten Routine konnte auf der Loadlib nicht gefunden werden.
- 449	42878	Die EXTERNAL NAME-Klausel ist falsch.
- 450	39501	Es wurde eine Speicher-Überlagerung eines Parameters entdeckt.
- 451	42815	Es wurde ein ungültiger Daten-Typ für eine Routine vorgegeben (evtl. von der Programmiersprache nicht unterstützt).
- 453	42880	Ein Casting-Problem wurde bei einer RETURNS-Klausel einer Funktion entdeckt.
- 454	42723	Die Funktions-Signatur ist nicht eindeutig. Die Signatur existiert bereits im Schema.
- 455	42882	Der Schema Name des Spezifischen Namens weicht vom Schema-Namen des Funktions-Namens ab.
- 456	42710	Der gewählte Funktions-Name kann nicht gewählt werden, da er vom System reserviert ist.
- 457	42939	Der gewählte Spezifische Name kann nicht gewählt werden, da er im Schema bereits existiert.
- 458	42883	Die vorgegebene Funktions-Signatur wurde nicht gefunden.
- 461	42846	Ein Daten-Typ kann nicht in einen anderen Daten-Typ umgewandelt werden (Casting).
- 463	39001	Eine externe Routine hat einen unzulässigen SQLSTATE zurückgegeben.
- 469	42886	Ein SQL CALL muss eine Output Host-Variable übergeben.
- 470	39004	Beim SQL CALL werden NULL-Werte übergeben, obwohl solche nicht in der Definition der Routine erlaubt sind.
- 471	55023	Ein Aufruf einer Routine kann nicht ausgeführt werden. Mögliche Ursachen: - Definitionen sind fehlerhaft, - der Name ist falsch oder die Routine ist gestoppt.
- 472	24517	Eine Routine wurde mit einem offenen Cursor verlassen.
- 473	42918	Der gewählte Name des User-defined Data-Types kann nicht gewählt werden, da er vom System reserviert ist.
- 475	42866	Der Ergebnis-Typ der Source Funktion ist nicht umwandelbar auf den RETURNS-Type der User-defined Function.
- 476	42725	Es wurde eine Referenz auf eine Funktion ohne Signatur vorgenommen, aber die Funktion ist im Schema nicht eindeutig.
- 478	42893	Ein Objekt kann nicht gelöscht werden oder ein Privileg kann nicht widerrufen werden, weil noch Abhängigkeiten existieren.
- 480	51030	Vor einem DESCRIBE PROCEDURES bzw. ASSOCIATE LOCATORS wurde keine Stored Procedure aufgerufen oder deren UOW wurde zwischenzeitlich abgeschlossen (durch COMMIT).
- 482	51030	ASSOCIATE LOCATORS wurde abgesetzt, aber die Stored Procedure hat keine Query Result Set Locators zurückgegeben (evlt. Abstimmungsproblem mit DESCRIBE PROCEDURES).
- 483	42885	Bei der Definition einer Funktion, die auf einer anderen Funktion basiert, weichen die Parameter der beiden Funktionen ab.
- 487	38001	Die Definition der Routine läßt keinen SQL-Statement-Einsatz zu, in der Routine wurde aber versucht, SQL-Statements abzusetzen.
- 491	42601	Beim CREATE FUNCTION wurde eine erforderliche Klausel nicht spezifiziert.
- 492	42879	Der Parameter einer Routine ist fehlerhaft und kann nicht umgewandelt werden.
- 495	57051	Die Anzahl der geschätzten Prozessor-Ausführungszeit oder der Service Units übersteigt ein RLF-Limit. Ggf. ist die Meldung abhängig von der Zuordnung zur Kosten-Kategorie B.

A6 Anhang - DB2-Warnungen und Fehlermeldungen
SQLCODE-Inhalte

SQLCODE	SQLSTATE	Bedeutung, Hinweis
-496	51033	Das Query Result Set wurde nicht vom aktuellen Server gebildet. Sämtliche korrespondierenden Statements müssen auf demselben CURRENT SERVER wirken.
-497	54041	Das Limit von 32767 OBIDs wurde für die Database überschritten. Mögliche Maßnahmen: - DROP nicht mehr benötigter Objekte und COMMIT, - andere Database vorgeben, - bereits gelöschte Objekte mit MODIFY physisch aus der DBD entfernen.
-499	24516	Der in einem ALLOCATE CURSOR vorgegebene Cursor-Name wurde bereits einem Result Set Locator zugeordnet oder der Result Set Locator wurde vorab einem Cursor zugeordnet.
-500	24501	Der Cursor ist geschlossen worden als die Connection abgebaut wurde (die Connection wurde released oder der BIND wurde mit DISCONNECT (AUTOMATIC) vorgenommen) und es wird mit CLOSE oder FETCH bzw. einem positioned UPDATE bzw. DELETE auf diesen Cursor referenziert.
-501	24501	Der Cursor ist nicht eröffnet worden und es wird mit CLOSE oder FETCH auf diesen Cursor referenziert (evtl. lag vorab bereits ein Return Code vor, auf den nicht reagiert wurde oder DB2 hat den Cursor automatisch geschlossen).
-502	24502	Der Cursor ist bereits eröffnet worden.
-503	42912	Spalte eines UPDATE WHERE CURRENT OF kann nicht verändert werden, da FOR UPDATE OF des Cursors diese Spalte nicht enthält.
-504	34000	Der Cursor ist nicht deklariert worden (DECLARE CURSOR bzw. ALLOCATE CURSOR fehlt oder liegt nicht vor dem Statement, das der Cursor anspricht) oder der angesprochene Cursor ist nicht mehr verfügbar (z.B. durch ein vorangegangenes CLOSE oder einen ROLLBACK).
-507	24501	Der Cursor ist nicht eröffnet worden und es wird mit UPDATE WHERE CURRENT OF oder DELETE WHERE CURRENT OF auf diesen Cursor referenziert (evtl. lag vorab bereits ein Return Code vor, auf den nicht reagiert wurde).
-508	24504	UPDATE WHERE CURRENT OF oder DELETE WHERE CURRENT OF auf einen Cursor ist nicht möglich, da Cursor nicht positioniert ist (z.B. wurde bereits DELETE ausgeführt oder innerhalb des gleichen Programms wurde über einen anderen Cursor die gleiche Zeile bereits verändert, z.B. durch Änderung einer Index-Spalte).
-509	42827	UPDATE WHERE CURRENT OF oder DELETE WHERE CURRENT OF zeigt auf eine Tabelle, die nicht im Cursor definiert wurde.
-510	42828	UPDATE WHERE CURRENT OF oder DELETE WHERE CURRENT OF auf einen Cursor ist nicht möglich, da die Result-Table nicht updateable ist.
-511	42829	FOR UPDATE OF bei der Deklaration eines Cursors ist nicht möglich, da die Result-Table nicht updateable ist.
-512	56023	Statement referenziert auf ungültiges Remote Objekt oder enthält Referenzen auf mehrere Lokationen.
-513	42924	ALIAS darf nicht auf einen anderen ALIAS zeigen.
-514	26501	Cursor ist nicht im Prepared Status (DYNAMIC SQL).
-516	26501	DESCRIBE Statement wurde nicht mit PREPARE aufbereitet (DYNAMIC SQL).
-517	07005	Cursor kann nicht benutzt werden, da das SELECT Statement sich nicht im Prepared Status befindet (DYNAMIC SQL).
-518	07003	EXECUTE Statement enthält ein nicht korrekt präpariertes Statement (DYNAMIC SQL).
-519	24506	PREPARE Statement enthält einen Bezug zu einem SELECT-Statement eines bereits geöffneten Cursors (DYNAMIC SQL).
-525	51015	Fehlerhaftes Statement führte aufgrund SQLERROR (CONTINUE) Parameter beim BIND zur Erstellung einer Package. Bei der Ausführung des Statements ist die Fehlerursache noch nicht behoben.

A6 Anhang - DB2-Warnungen und Fehlermeldungen
SQLCODE-Inhalte

SQLCODE	SQLSTATE	Bedeutung, Hinweis
- 526	42995	Die vorgegebene Funktion ist für eine Globale Temporäre Tabelle unzulässig.
- 530	23503	INSERT- oder UPDATE-Wert eines Foreign Keys ist ungültig, da gegen referenzielle Regeln verstoßen wird (Parent Key wurde nicht gefunden).
- 531	23504	Ein Parent Key kann nicht verändert werden, da abhängige Zeilen existieren.
- 532	23504	Ein DELETE kann nicht ausgeführt werden, da RESTRICT oder NO ACTION definiert ist und abhängige Zeilen existieren.
- 533	21501	INSERT mehrerer Zeilen in eine selbst-referenzierende Tabelle mittels einer Subquery ist nicht möglich. Nur eine Zeile kann eingefügt werden.
- 534	21502	UPDATE eines Primary Keys bezieht sich auf mehrere Zeilen. Maßnahme des Programmierers: Überprüfung der WHERE-Bedingungen zur Gewährleistung, dass nur eine Zeile adressiert wird. Diese Meldung wird ab Version 5 nicht mehr produziert.
- 536	42914	DELETE-Operation unzulässig, da Delete-Abhängigkeit besteht.
- 537	42709	Mehrfache Verwendung von Spalten in einem Primary Key, Foreign Key oder in Unique Klausel.
- 538	42830	Definition des Foreign Keys weicht von der Definition eines Parent Keys ab.
- 539	42888	Im Foreign Key referenzierte Tabelle verfügt über keinen Primary Key.
- 540	57001	Definition der Tabelle ist incomplete, da kein Primary Index bzw. erforderlicher Unique Index existiert.
- 542	42831	Spalte kann kein Primary Key-Bestandteil sein, da NULL-Werte zulässig sind.
- 543	23511	Eine Zeile einer Parent Table kann nicht gelöscht werden, da eine Delete Rule SET NULL definiert ist und ein Check Constraint keinen NULL-Wert zuläßt.
- 544	23512	Ein Check Constraint kann nicht angelegt werden, da existierende Zeilen gegen die Regeln des Konstrukts verstoßen.
- 545	23513	INSERT oder UPDATE nicht erlaubt, da gegen die Regeln eines Check Constraints verstoßen wird.
- 546	42621	Ein Check Constraint kann nicht angelegt werden, da es falsche Definitionen enthält.
- 548	42621	Ein Check Constraint kann nicht angelegt werden, da es falsche Definitionen enthält.
- 549	42509	Der Einsatz des Statements ist nicht erlaubt, da DYNAMICRULES (BIND) aktiv ist.
- 551	42501	Es existiert kein Privileg für diese Operation auf ein DB2-Objekt (z.B auch Autorisierungs-Id falsch) oder - dieses Objekt existiert nicht (ab V5 nur noch, wenn CURRENT RULES = 'STD'), - Objekt ist ein read-only-View, - Autorisierungs-Id = Fremd-Id, aber kein SYSADM, DBADM oder DBCTRL-Privileg vorhanden.
- 552	42502	Es existiert kein Privileg für diese Operation.
- 553	42503	SET CURRENT SQLID nur für Primär- und Sekundär-Autorisierungs-Id unterstützt, der im RACF-User-Exit definiert ist (außer bei SYSADM-Privileg).
- 554	42502	Ein Privileg kann man sich nicht selbst zuordnen.
- 555	42502	Ein Privileg kann nicht von sich selbst zurückgenommen werden.
- 556	42504	Das Privileg kann nicht widerrufen werden (z.B. impizite Privilegien oder Benutzer hat kein Recht auf REVOKE).
- 557	42852	Ungültiges Schlüsselwort beim GRANT oder REVOKE.
- 558	56025	Lokations-Name im GRANT oder REVOKE-Statement ungültig.

A6 Anhang - DB2-Warnungen und Fehlermeldungen
SQLCODE-Inhalte

SQLCODE	SQLSTATE	Bedeutung, Hinweis
- 559	57002	Im DB2-System wurde die gesamte Autorisierungs-Unterstützung inaktiviert (systemgenerierungsabhängig). GRANTS und REVOKES werden ignoriert.
- 567	42501	Package kann nicht bearbeitet werden, da dem Autorisierungs-Id eines der Rechte fehlt: BINDADD, BIND, COPY oder CREATE IN.
- 571	25000	Statement versucht Updates entweder an mehreren Lokationen durchzuführen oder unter IMS, CICS an einer Remote Lokation.
- 573	42890	Bei der Anlage eines referenziellen Konstrukts ist die Parent Table unzulässig, da dort kein Parent Key definiert wurde.
- 574	42894	Der spezifizierte Default-Wert steht in Konflikt mit der Spaltendefinition.
- 577	38002	Die Definition der Routine läßt keinen SQL-Statement-Einsatz für manipulierende Statements zu, in der Routine wurde aber versucht, solche SQL-Statements abzusetzen.
- 579	38004	Die Definition der Routine läßt keinen SQL-Statement-Einsatz für lesende oder manipulierende Statements zu, in der Routine wurde aber versucht, solche SQL-Statements abzusetzen.
- 580	42625	Bei einer CASE-Expression dürfen nicht alle THEN- und ELSE-Bedingungen NULL-Werte erzeugen.
- 581	42804	Bei einer CASE-Expression sind die in THEN- bzw. ELSE-Bedingungen vorgegebenen Ausdrücke nicht untereinander kompatibel.
- 582	42625	Bei einer CASE-Expression wurden in einer Suchbedingung unzulässige Prädikate vorgegeben.
- 583	42845	Die Funktions-Nutzung ist fehlerhaft, da sie mit NOT DETERMINISTIC oder EXTERNAL ACTION definiert wurde. Eine Nutzung ist z.B. innerhalb eines Views mit WITH CHECK OPTION unzulässig.
- 585	42732	Der Schema-Name darf nicht mehrfach im Pfad vorgegeben werden.
- 586	42907	Die maximale Länge des CURRENT PATH-Spezialregisters wurde überschritten.
- 587	428C6	In einem SET-Assignment müssen sämtliche Ausdrücke zu einer Familie gehören (entweder Host-Variablen oder Transition-Variablen).
- 590	42734	Der Parameter-Name ist nicht eindeutig.
- 592	42510	Es liegt keine Autorisierung vor, Routinen dem WLM-Environment zuzuordnen.
- 601	42710	Der Objekt-Name existiert bereits.
- 602	54008	CREATE INDEX hat zu viele Spalten (max. 64).
- 603	23515	UNIQUE Index kann nicht angelegt werden, da doppelte Werte festgestellt wurden.
- 604	42611	Spalte enthält ungültige Länge, Genauigkeit oder Kommastellen.
- 607	42832	Die Operation ist auf dem Objekt nicht zulässig.
- 611	53088	Bei LOCKSIZE TABLE oder TABLESPACE ist nur LOCKMAX 0 zulässig.
- 612	42711	Spaltenname wurde mehrfach definiert.
- 613	54008	Primary Key oder Unique Key Constraint ist zu lang oder enthält zu viele Spalten (siehe unter Anhang 2 CREATE INDEX).
- 614	54008	Index-Spalten zu lang (siehe unter Anhang 2 CREATE INDEX).
- 615	55006	Operations-Typ auf Package nicht möglich, da die gleiche Anwendung die Package benutzt.
- 616	42893	Objekt kann nicht gelöscht werden, solange noch weitere Objekte zugeordnet sind (z.B. Löschen Storage Group mit zugeordneten Tablespaces).
- 617	56089	Ein Index Typ 1 kann nicht bei einem Tablespace mit LOCKSIZE ROW oder bei einem Large Tablespace definiert werden.

A6 Anhang - DB2-Warnungen und Fehlermeldungen
SQLCODE-Inhalte

SQLCODE	SQLSTATE	Bedeutung, Hinweis
- 618	42832	Operation ist auf der System-Database nicht möglich.
- 619	55011	Operation auf Workfile Database ist nicht zulässig, da die Database nicht gestoppt ist.
- 620	53001	Schlüsselwort darf sich nicht auf einen Tablespace innerhalb der Workfile Database beziehen.
- 621	58001	Der interne DBID ist bereits vorhanden (Inkonsistenz zwischen Katalog und Directory).
- 622	56031	MIXED DATA-Option unzulässig, da durch System-Generierung kein Mixed Data unterstützt wird.
- 623	55012	Die Tabelle verfügt bereits über einen Clustering Index.
- 624	42889	Die Tabelle verfügt bereits über einen Primary Key.
- 625	55014	ALTER TABLE unzulässig, da kein Parent Index angelegt wurde.
- 626	55015	ALTER Statement unzulässig, solange Pageset aktiv ist (muss gestoppt werden).
- 627	55016	ALTER Statement unzulässig, da keine Storage Group zugeordnet ist, sondern User defined Datasets vorliegen (Änderungen müssen mit VSAM-Mitteln vorgenommen werden).
- 628	42613	Klauseln sind gegenseitig exklusiv (z.B. SEGSIZE und NUMPARTS).
- 629	42834	SET NULL in referenzieller Beziehung ungültig, da Foreign Key Spalten beinhaltet, die mit NOT NULL definiert sind.
- 630	56089	Bei einem Index Typ 1 ist WHERE NOT NULL nicht zulässig.
- 631	54008	Foreign Key ist zu lang (max. 254 Bytes und 64 Spalten).
- 632	42915	Ungültiger Cycle in referenziellem Konstrukt.
- 633	42915	DELETE-Rule muss bestimmten Zustand haben (z.B. selbst-referenzierende Tabelle muss mit CASCADE bzw. NO ACTION definiert werden).
- 634	42915	DELETE-Rule darf nicht CASCADE sein.
- 635	42915	DELETE-Rule muss für verschiedene Pfade identisch sein oder nicht SET NULL sein.
- 636	56016	Die Keys für die einzelnen Partitions eines Partitioned Tablespace müssen in aufsteigender bzw. absteigender Folge vorgegeben werden.
- 637	42614	Statement enthält doppeltes Schlüsselwort.
- 638	42601	CREATE TABLE ohne Spaltendefinition unzulässig.
- 639	56027	Eine NULL-fähige Spalte des Foreign Key mit einer DELETE-Rule SET NULL kann nicht Bestandteil eines Partitioned Index-Keys sein, da dieser nicht änderbar ist.
- 640	56089	LOCKSIZE ROW ist nicht vorgebbar, da ein Index des Typs 1 existiert.
- 642	54021	Beim CREATE TABLE wurden zuviele Spalten für die Definition eines UNIQUE-Konstruktes vorgegeben.
- 643	54024	Eine Check-Constraint-Definition überschreitet 3.800 Bytes.
- 644	42615	Ungültiger Wert für Schlüsselwort vorgegeben.
- 646	55017	Tabelle kann nicht angelegt werden, da die Zuordnung zu einem Partitioned- oder DefaultTablespace vorgenommen wurde, in dem bereits eine Tabelle vorhanden ist.
- 647	57003	Bufferpool ist nicht eingerichtet bzw. nicht aktiv.
- 650	56090	ALTER INDEX ist nicht möglich, da Parameter vorgegeben wurden, die bei diesem Index Typ nicht unterstützt sind.
- 651	54025	CREATE TABLE oder ALTER TABLE kann max. 32 KB Objektdefinitionen umfassen.

A6 Anhang - DB2-Warnungen und Fehlermeldungen
SQLCODE-Inhalte

SQLCODE	SQLSTATE	Bedeutung, Hinweis
- 652	23506	Ungültiger Wert von EDITPROC oder VALIDPROC erkannt.
- 653	57004	Tabelle im Partitioned Tablespace nicht verfügbar, da noch kein Partitioned Index angelegt wurde.
- 655	56036	Für eine Storagegroup wurden spezifische und nicht-spezifische (*) Volume-Ids vorgegeben.
- 658	42917	Das Objekt kann nicht explizit gelöscht werden (z.B. eine Trigger Package).
- 660	53035	Index für einen Partitioned Tablespace konnte nicht angelegt werden, da die Key-Ranges fehlen.
- 661	53036	Index für einen Partitioned Tablespace konnte nicht angelegt werden, da die Partition-Anzahl von der Tablespace-Definition abweicht.
- 662	53037	Partitioned Index kann nicht für Non-Partitioned Tablespace angelegt werden.
- 663	53038	Index für Partitioned Tablespace konnte nicht angelegt werden, da die Anzahl der Key-Ranges entweder 0 ist oder größer ist als die Anzahl der indizierten Spalten.
- 665	53039	PART-Klausel eines ALTER-Statements ist unzulässig (z.B. kein Partitioned Index oder Partition Nr. nicht identisch mit Tablespace-Deklaration) oder fehlt.
- 666	57005	Statement kann nicht ausgeführt werden, da bereits Parallel-Funktion aktiv ist.
- 667	42917	Der Clustering Index eines Partitioned Tablespace kann nicht separat gelöscht werden (nur implizit mit DROP TABLESPACE).
- 668	56018	Da die Tabelle über eine EDITPROC verfügt, kann keine neue Spalte eingefügt werden.
- 669	42917	Die Tabelle eines Partitioned Tablespace kann nicht separat gelöscht werden (nur implizit mit DROP TABLESPACE).
- 670	54010	Zeilenlänge der Tabelle übersteigt die Page-Kapazität.
- 671	53040	Die Page-Größe eines Bufferpools kann nicht geändert werden.
- 672	55035	DROP ist nicht erlaubt, da eine Tabelle RESTRICT ON DROP aufweist.
- 676	53041	Ein Index kann nur einem 4K-Bufferpool zugeordnet werden.
- 677	57011	Bufferpool-Erweiterung kann nicht durchgeführt werden, wegen unzureichendem virtuellem Speicher.
- 678	53045	Die Key-Ranges eines Partitioned Index sind inkompatibel zu den definierten Index-Spalten.
- 679	57006	Objekt kann nicht angelegt werden, da DROP innerhalb der gleichen UOR noch nicht vollzogen (evtl. COMMIT zwischen DROP und CREATE, sofern keine Integritätsprobleme dadurch entstehen).
- 680	54011	Zu viele Tabellenspalten definiert (max. 750).
- 681	23507	Wert aufgrund einer FIELDPROC abgewiesen.
- 682	57010	FIELDPROC kann nicht geladen werden.
- 683	42842	Es wurde ein inkompatibler Daten-Typ vorgegeben.
- 684	54012	Länge eines Literals zu groß (> 255 Zeichen).
- 685	58002	Falscher Feld-Typ, durch FIELDPROC ermittelt.
- 686	53043	Spalte mit FIELDPROC kann nur mit Spalte verglichen werden, die gleiche FIELDPROC zugeordnet hat.
- 687	53044	Feld-Typen sind nicht vergleichbar.
- 688	58002	Falsche Daten durch FIELDPROC zurückgegeben.
- 689	54011	Zu viele Spalten (max 749) für Dependent Table definiert.

A6 Anhang - DB2-Warnungen und Fehlermeldungen
SQLCODE-Inhalte

SQLCODE	SQLSTATE	Bedeutung, Hinweis
- 690	23508	Statement wegen Data Definition Control Support (DDCS) zurückgewiesen.
- 691	57018	Erforderliche Registration Table fehlt bei DDCS (ART oder ORT).
- 692	57018	Erforderlicher Index auf RegistrationTable fehlt bei DDCS (ART oder ORT).
- 693	55003	Erforderliche Registration Table bei DDCS hat fehlerhafte Spalten (ART oder ORT).
- 694	57023	DDL-Statement auf RegistrationTable bei DDCS (ART oder ORT) kann nicht ausgeführt werden, da DROP hängt (COMMIT erforderlich).
- 696	42898	Bei der Definition eines Triggers wurde eine falsche Nutzung von Korrelations-Namen bzw. Transition-Variablen vorgegeben.
- 697	42899	OLD oder NEW-Korrelations-Namen sind bei diesem Trigger-Typ nicht erlaubt.
- 713	42815	Der Zuweisungswert eines Spezialregisters ist falsch.
- 715	56064	Beim BIND wird Funktion entdeckt, die durch dieses DB2-Release nicht unterstützt ist.
- 716	56065	DB2-Release-Änderung zwischen Precompile und BIND.
- 717	56066	DB2-Release-Änderung zwischen REBIND PLAN oder PACKAGE.
- 718	56067	REBIND fehlerhaft, da SYSPACKAGE-Tabelle einen falschen Wert in IBMREQD-Spalte aufweist. BIND ACTION (REPLACE) erforderlich.
- 719	42710	Package 'Location.collection.package.version' existiert bereits in der SYSPACKAGE Tabelle.
- 720	42710	Die Version der Package 'Location.collection.package.version' existiert bereits in der SYSPACKAGE Tabelle. Achtung: Version wird durch Precompiler bestimmt, REPLVER-Option bezieht sich auf existierende und auszutauschende Version.
- 721	42710	Der Konsistenzstand der Package 'Location.collection.package.consistency-token' existiert bereits in der SYSPACKAGE Tabelle.
- 722	42704	Die Version der Package 'Location.collection.package.version' existiert nicht in der SYSPACKAGE Tabelle.
- 723	09000	Während einer Trigger-Verarbeitung fand ein Fehler bei der Abwicklung eines SQL-Statements statt.
- 724	54038	Implizite SQL-Statement-Ausführungen (Kaskadierende Funktions-Aufrufe) haben die maximale Anzahl der verfügbaren Level überschritten. Derzeit werden max. 16 Level unterstützt.
- 725	42721	Ein Spezialregister weist einen falschen Inhalt auf.
- 726	55030	BIND fehlerhaft, da Package über enable oder disable Entries in der SYSPKSYSTEM-Tabelle verfügt. FREE und erneuter BIND wird empfohlen.
- 728	56080	Bei einem DB2-Privat-Protokoll-Zugriff wurde ein unzulässiger Daten-Typ entdeckt (z.B. LOB).
- 729	429B1	Eine Stored Procedure, bei der COMMIT ON RETURN definiert ist, kann nicht aus einer anderen Routine aktiviert werden.
- 730	56053	Referenzielle Beziehung ist unzulässig, wenn Parent Table einer shared read only database zugeordnet ist, die Dependent Table aber nicht.
- 731	56054	User defined Datasets in shared read only database müssen mit SHAREOPTIONS (1,3) definiert werden.
- 732	56055	Shared read only database wurde mit ROSHARE READ definiert, aber Tablespace und Index sind nicht im 'Owning System' definiert.
- 733	56056	Die Definitionen von Objekten einer shared read only database müssen mit den Definitionen des 'Owning Systems' übereinstimmen.
- 734	56057	ROSHARE-Attribut einer Database kann nicht von READ auf anderen Inhalt geändert werden (Evtl. DROP und re-CREATE erforderlich).

A6 Anhang - DB2-Warnungen und Fehlermeldungen
SQLCODE-Inhalte

SQLCODE	SQLSTATE	Bedeutung, Hinweis
- 735	55004	Auf eine shared read only database, die mit ROSHARE READ definiert ist wurde zugegriffen, aber die entsprechende Database des 'Owning Systems' ist nicht mehr definiert.
- 736	53014	Der OBID eines Objektes einer shared read only database ist falsch.
- 737	56056	Ein CREATE TABLE innerhalb einer shared read only database darf nicht auf einen impliziten Tablespace vorgenommen werden.
- 739	56088	Funktionen sind nicht parallel ausführbar, wenn sie Daten-Modifikationen vornehmen. ALLOW PARALLEL und MODIFIES SQL DATA schließen sich aus.
- 740	51034	Die Funktion kann Daten-Modifikationen vornehmen. Die Verwendung ist in diesem Kontext nicht zulässig (nur in INSERT, UPDATE, VALUES, SET und CALL).
- 741	55020	Das Member hat bereits eine Workfile Database.
- 742	53004	WORKFILE kann nicht benutzt werden, da DSNDB07 die implizite Workfile Database ist.
- 746	57053	Eine modifizierte Tabelle darf nicht von einem SQL-Statement aus einer tieferen Ebene angesprochen werden. Eine lesend verarbeitete Tabelle darf nicht von einem SQL-Statement aus einer tieferen Ebene modifiziert werden.
- 747	57054	Die Table-Beschreibung ist nicht vollständig, da Auxiliary Tables und Auxiliary Indizes fehlen.
- 748	54042	Auf einer Auxiliary Table existiert bereits ein Auxiliary Index.
- 750	42986	Ein RENAME für die Table ist nicht möglich, da sie von einem Objekt referenziert wird.
- 751	38003	Eine Routine wurde in MUST-ROLLBACK-STATUS gesetzt. Folgende Statements führen zu diesem Zustand: COMMIT, ROLLBACK.
- 752	0A001	CONNECT-Statement nicht möglich (vorher COMMIT oder ROLLBACK erforderlich).
- 763	560A1	Unzulässiger Tablespace-Name.
- 764	560A2	Ein Base-Tablespace und ein zugehöriger LOB-Tablespace müssen derselben Database zugeordnet werden.
- 765	560A3	Die Tabelle ist nicht kompatibel mit der Database.
- 766	560A4	Die angeforderte Operation ist unzulässig, weil sie sich auf eine Auxiliary Table bezieht.
- 767	42626	Fehlende oder falsche Spalten-Spezifikation für einen Index.
- 768	560A5	Für die Spalte oder Partition existiert bereits eine Auxiliary Table.
- 769	53096	Die Spezifikation der Auxiliary Table widerspricht den Charakteristiken der Base Table.
- 770	530A6	Solange keine ROWID-Spalte definiert ist, kann die Tabelle keine LOB-Spalte aufnehmen.
- 771	428C7	Falsche Spezifikation einer ROWID-Spalte.
- 797	42987	Beim CREATE TRIGGER wurde ein unzulässiges SQL-Statement vorgegeben.
- 798	428C9	Versuch der Einfügung eines Wertes in eine ROWID-Spalte mit GENERATED ALWAYS.
- 802		Exception Error, z.B. durch Überlauf.
	22012	Bei Division durch 0.
	22003	Bei anderen Fehlern.
- 803	23505	Verstoß beim Einfügen oder Ändern gegen UNIQUE Index-Anforderung (auch DB2-intern durch RI-RULE SET NULL möglich).
- 804	07002	Parameter-Liste oder SQLDA falsch (DYNAMIC SQL).

A6 Anhang - DB2-Warnungen und Fehlermeldungen
SQLCODE-Inhalte

SQLCODE	SQLSTATE	Bedeutung, Hinweis

- 805	51002	DBRM- oder Package--Name nicht im Application Plan enthalten. Es wird das Objekt mit folgender Identifikation gesucht :
		 'Lokationsname.Collection-Id.DBRM-Name.Konsistenz-Id'.
		 Bei diesem Fehler wird ein Reason-Code mitgegeben:
		 01 - Es wurde keine Package Liste vorgegeben und daher wurde die Package nicht gefunden oder das DBRM ist im Plan nicht enthalten.
		 02 - Es wurde zwar eine Package Liste vorgegeben, aber die Package wurde nicht in der Liste vorgegeben. Mögliche Ursachen:
		    - Der Verweis in der Package-Liste zeigt auf eine falsche Lokation oder Collection.
		    - Das Spezialregister CURRENT SERVER war beim BIND nicht korrekt oder das Spezialregister CURRENT PACKAGESET enthält bei der Ausführung einen falschen Wert.
		    - Die Anwendung ist nicht korrekt mit einem Server verbunden.
		 03 - Es wurde eine Package Liste vorgegeben und die Package wurde auch in der Liste vorgegeben, aber die angeforderte Version wurde nicht gefunden.
		 Mögliche Ursachen:
		    - Analog Reason-Code 2 bzw. SQLCODE -818 oder
		      - die Package wurde nicht gebunden.
		      - die Version ist ungültig.
		 04 - Die Package existiert nicht auf dem remote Server.

- 807	23509	Zugriff auf Package nicht zulässig, da Connection-Typ nicht für Verarbeitung zugelassen (wg. Definition in SYSPKSYSTEM).
- 808	08001	Das CONNECT-Statement ist nicht verträglich mit dem ersten CONNECT-Statement, da CONNECT-Statements des Typs 1 oder des Typs 2 nicht gemischt werden dürfen.
- 811	21000	Embedded SELECT führt zu Result-Table mit mehr als einer Zeile (Cursor-Konzept erforderlich, sofern mit Daten gearbeitet werden muss und nicht nur Status ausreicht).
- 812	22508	SQL-Statement kann nicht ausgeführt werden, da letzte oder einzige Collection Id in Plan-Package-List mit '*' definiert ist, aber CURRENT PACKAGESET Blank enthält und es liegt keine gültige Version vor. Die Meldung entspricht sonst -805. Siehe dort.
- 815	42920	GROUP BY bzw. HAVING-Klausel im Embedded SELECT nicht zulässig (max. eine Ergebniszeile). Maßnahme durch den Programmierer: Statement abändern oder Cursor verwenden.
- 817	25000	SQL-Manipulation nicht zulässig, da IMS-Transaction INQUIRY ONLY oder das Remote System unterstützt keinen 2-Phase-Commit oder ein BEFORE Trigger mit einem Manipulations-Statement wurde vorgegeben.
- 818	51003	Der vom Precompiler generierte TIMESTAMP des Load-Moduls differiert mit TIMESTAMP des DBRM (nach BIND wurde Precompile ausgeführt, neuer BIND erforderlich oder aber Lademodul ist nicht aktuell --> z.B. CICS CEMT SET PROGRAM NEWCOPY erforderlich).
- 819	58004	View kann nicht re-created werden (bei DB2-Release-Umstellung).
- 820	58004	SQL-Statement kann nicht ausgeführt werden, weil Katalog nicht dem Release-Stand entspricht.
- 822	51004	SQLDA enthält falsche Adresse.
- 840	54004	Zu viele Result-Table Spalten (max. 750).
- 842	08002	Eine Connection auf die Lokation xxx besteht bereits. Mögliche Ursachen: - Ein CONNECT wurde auf eine bestehende Connection abgesetzt, aber beim BIND wurde SQLRULES (STD) vorgegeben. - Es besteht bereits eine Verbindung durch einen systemgesteuerten Zugriff und es wird noch einmal versucht, eine anwendungsgesteuerte Verbindung aufzubauen. - Es besteht bereits eine Verbindung durch einen anwendungsgesteuerten Zugriff und es wird noch einmal versucht, eine systemgesteuerte Verbindung aufzubauen.
- 843	08003	Ein SET CONNECTION oder RELEASE-Statement muss sich auf eine existierende Connection beziehen.
- 870	58026	Die Anzahl der Host-Variablen ist nicht gleich der Anzahl der Host-Variablen-Parameter. Evtl. wurde bei einer Host-Variablen die Kennzeichnung mit Doppelpunkt (' : ') vergessen.

A6 Anhang - DB2-Warnungen und Fehlermeldungen
SQLCODE-Inhalte

SQLCODE	SQLSTATE	Bedeutung, Hinweis
- 872	51032	Für dieses OS/390-System wurde kein gültiger CCSID definiert.
- 873	53090	In demselben SQL-Statement dürfen keine unterschiedlichen CCSIDs referenziert werden.
- 874	53091	Tablespace und zugeordnete Tables dürfen keine unterschiedlichen CCSIDs definieren.
- 875	42988	Die vorgegebene LIKE- oder VARGRAPHIC-Funktion unterstützt kein ASCII-Format.
- 876	53092	Der CREATE für einen Index kann nicht durchgeführt werden, da fehlerhafte Parameter vorgegeben wurden.
- 877	53093	Die vorgegebene Database bzw. der Tablespace unterstützt kein ASCII-Format.
- 878	53094	Für die PLAN_TABLE eines EXPLAINS wird kein ASCII-Format unterstützt.
- 879	53095	Die Spalten-Definition der definierten Tabelle widerspricht dem Encoding Schema.
- 900	08003	Die Anwendung ist nicht korrekt an einen Server gekoppelt (CONNECT erforderlich).
- 901	58004	System-Fehler mit X'04E'-Abend.
- 902	58005	Interne Pointer falsch. REBIND erforderlich.
- 904	57011	Ressource nicht verfügbar (z.B. gestoppt).Wird auch gemeldet, wenn LOCKS PER USER-Limit überschritten wird oder ein LOB-Speicher-Engpaß auftritt.
- 905	57014	Zeitlimit überschritten (RLF-Limit-Werte). Bei einer Routine muss das Programm einen ROLLBACK absetzen.
- 906	51005	Statement nicht ausführbar wegen vorherigem Fehler (z.B. ON ERROR-Bedingung).
- 908	23510	Der Autorisierungs-Id ist nicht berechtigt BIND-Operationen auf Package oder Plan auszuführen, da dies durch Definitionen der RLST-Tabelle eingeschränkt wurde.
- 909	57007	Das Objekt wurde im gleichen Prozess gelöscht. Danach wird versucht, darauf zuzugreifen.
- 910	57007	Das Objekt wurde in der gleichen UOR geändert oder gelöscht. Danach wird versucht, darauf zuzugreifen.
- 911	40001	DEADLOCK oder TIMEOUT mit automatischem ROLLBACK.
- 913	57033	DEADLOCK oder TIMEOUT ohne automatischen ROLLBACK (Anwendung muss Entscheidung selbst treffen).
- 917	42969	BIND PACKAGE fehlerhaft.
- 918	51021	SQL-Statement kann nicht ausgeführt werden, da Verbindung zu anderer Lokation verlorenging.
- 919	56045	Eine ROLLBACK-Operation wird vom Application Server gefordert. Es werden keine anderen SQL-Statements mehr akzeptiert. Mögliche Ursache: - Es wird ein Update auf ein remote System angefordert, das keinen 2-Phasen-Commit unterstützt. - Eine Routine verursacht einen Abbruch.
- 922	42505	Autorisierungs-Fehler der Connection. Mögliche Ursachen: - Autorisierungs-Id fehlerhaft oder unbekannt, - Plan-Name falsch oder unbekannt oder keine Autorisierung auf Plan, - Lokation nicht verfügbar (nicht gestartet oder connected).
- 923	57015	Connection- oder Allocation-Fehler eines DB2-Systems. Mögliche Ursachen eines Connection-Fehlers: - DB2 nicht gestartet oder nicht operational verfügbar, - DB2-shutdown läuft. - DB2 ist in einem restriktiven Zugriffsmodus gestartet. Mögliche Ursachen eines Allocation-Fehlers: - Der Plan-Name ist nicht verfügbar (existiert nicht oder ist nicht operativ). - Eine im Plan enthaltene Ressource ist nicht verfügbar oder Release-abhängig. - Aufgrund der SYSPLSYSTEM-Eintragungen ist die Plan-Nutzung nicht zulässig. - DB2-CICS-Attachment-Facility ist nicht aktiv.

A6 Anhang - DB2-Warnungen und Fehlermeldungen
SQLCODE-Inhalte

SQLCODE	SQLSTATE	Bedeutung, Hinweis
- 924	58006	Interner Connection-Fehler.
- 925	2D521	Ein SQL COMMIT ist im IMS oder CICS nicht zulässig.
- 926	2D521	Ein SQL ROLLBACK ist im IMS oder CICS nicht zulässig.
- 927	51006	Ausführung eines Programms ohne korrektes Attach-Facility: - TSO DSNELI, - IMS DFSLI000, - CICS DSNCLI, - CAF DSNALI.
- 929	58002	Fehler in einem DPROP-Data Capture Exit.
- 939	51021	Eine ROLLBACK-Operation wird von einem Remote Server innerhalb eines 2-Phasen-Commits gefordert. Es werden keine anderen SQL-Statements mehr akzeptiert. Mögliche Ursache: - Dynamischer COMMIT wurde auf einem System akzeptiert, auf zumindest einem anderen remote System aber abgewiesen.
- 947	56038	SQL-Statement versucht Daten in einer Tabelle zu ändern, die durch DPROP automatisch synchronisiert wird.
- 948	56062	Durch einen DRDA-Fehler wird eine ROLLBACK-Operation gefordert. Es werden keine anderen SQL-Statements mehr akzeptiert. Mögliche Ursache: - DDF war zu Beginn der UOW noch nicht aktiv.
- 950	42705	Location Name falsch oder nicht in CDB definiert.
- 981	57015	Das SQL-Statement kann nicht ausgeführt werden, da die RRSAF-Verbindung keinen gültigen Status aufweist.
- 991	57015	Es kann keine implizite oder explizite CAF-Verbindung zum DB2 eröffnet werden.
- 2001	53089	Die Anzahl der übergebenen Host-Variablen beim CALL entspricht nicht der definierten und damit erwarteten Anzahl.
- 20003	560A7	GBPCACHE kann nicht spezifiziert werden für ein Objekt, das sich in Group Bufferpool Recover Pending Status befindet.
- 20004	560A8	Für eine Workfile ist eine Page-Größe von 8K oder 16K unzulässig.
- 20005	54035	Ein internes Objekt-Limit für die maximale Anzahl eines Objekt-Typs wurde überschritten.
- 20006	53097	LOBs können nicht spezifiziert werden, wenn kein WLM-Environment definiert ist.
- 20008	560A9	Die Option stammt aus früheren Versionen und wird nicht mehr unterstützt.
- 20070	53098	Die Auxiliary Table bezieht sich auf eine Nicht-LOB-Spalte.
- 20071	53099	Ein WLM-Environment muß spezifiziert werden.
- 20072	56052	Für eine Trigger Package sind BIND PACKAGE, REBIND PACKAGE oder FREE PACKAGE unzulässig.
- 20073	42927	Die Funktion kann nicht geändert werden, da sie von einem View referenziert wird.
- 20074	42939	Die ersten drei Buchstaben des Namens sind vom System reserviert (SYS).
- 20100	56059	Beim Bind einer Trigger Package trat ein Fehler bei einem SQL-Statement auf. Der SQLCODE ist Bestandteil der Fehlermeldung.
- 20101	56059	Der Aufruf einer Funktion schlug fehl.
- 20102	42849	Die Option ist bei dem definierten Funktions-Typ unzulässig.
- 20104	42856	Der Versuch der Änderung eines CCSIDs scheiterte.

A6 Anhang - DB2-Warnungen und Fehlermeldungen
SQLCODE-Inhalte

SQLCODE	SQLSTATE	Bedeutung, Hinweis
- 20106	42945	Der Versuch der Änderung eines CCSIDs scheiterte, weil auf eine Table bereits Referenzen bestehen.
- 30000	58008	DRDA-Protokoll-Fehler: Das Statement wird nicht ausgeführt. Auch weitere SQL-Statements können davon betroffen sein.
- 30002	57057	Ein SQL-Statement erzeugte wegen Überschreitung eines Limits die Warnung +495 und das Statement befindet sich in einer PREPARE-Kette. Das Statement muß erneut präpariert werden.
- 30020	58009	DRDA-Protokoll-Fehler: Der Server hat die UOW mit ROLLBACK zurückgesetzt und die Verbindung wurde unterbrochen. Evtl. war ein COMMIT nicht erfolgreich.
- 30021	58010	DRDA-Protokoll-Fehler: Manager-Level-Konflikt (EXCSAT-Command-Ausführung).
- 30030	58013	DRDA-Protokoll-Fehler: COMMIT-Anforderung war fehlerhaft. Der Server hat die UOW mit ROLLBACK zurückgesetzt und die Verbindung wurde unterbrochen.
- 30040	57012	Das Statement ist nicht ausführbar, da eine remote Ressource nicht verfügbar ist. Weitere SQL-Statements sind davon nicht betroffen. Das lokale DB2 wurde vom remote System abgekoppelt.
- 30041	57013	Das Statement ist nicht ausführbar, da eine remote Ressource nicht verfügbar ist. Weitere SQL-Statements sind davon ebenfalls betroffen. Das lokale DB2 wurde vom remote System abgekoppelt.
- 30050	58011	Während der Ausführung eines remote Bind-Prozesses wurden nicht zulässige SQL-Anforderungen gestellt (zulässig sind nur: BIND, END BIND, COMMIT und ROLLBACK).
- 30051	58012	Eine Anforderung wurde während eines laufenden Bind-Prozesses gestellt und die Package mit dem geforderten Konsistenz-Id. wurde noch nicht erzeugt. Evtl. wurde der BIND-Prozess auch abgebrochen.
- 30052	42932	Die Erstellung einer Package wurde abgebrochen, da die zu Beginn des BIND-Prozesses definierten Optionen fehlerhaft sind.
- 30053	42506	RDB-Autorisierungs-Fehler: keine Zugriffs-Berechtigung für den Package-Eigentümer.
- 30060	08004	RDB-Autorisierungs-Fehler: der Benutzer hat keine Zugriffs-Berechtigung für das RDB.
- 30061	08004	Der Name des remote Systems (Lokation) ist unbekannt.
- 30070	58014	Das vorgegebene Kommando ist nicht unterstützt.
- 30071	58015	Das Objekt ist nicht unterstützt.
- 30072	58016	Der Parameter ist nicht unterstützt.
- 30073	58017	Der Parameter-Wert ist nicht unterstützt.
- 30074	58018	Message ist nicht unterstützt.
- 30080	08001	SNA-Kommunikations-Fehler.
- 30081	08001	Kommunikations-Fehler (derzeit nur bei TCP/IP).
- 30082	08001	Der Versuch, eine remote Lokation anzukoppeln, scheiterte wegen Autorisierungs-Fehler.
- 30090	25000	Update oder dynamischer COMMIT bzw. ROLLBACK wird vom read-only Server nicht unterstützt.
- 30104	56095	Die BIND- oder REBIND-Anforderung wurde aufgrund unzulässiger Parameter abgewiesen.
- 30105	56096	Die BIND- oder REBIND-Anforderung wurde aufgrund widersprüchlicher Parameter abgewiesen.

A6 Anhang - DB2-Warnungen und Fehlermeldungen
SQLSTATE

SQLSTATE-Klassen

SQLSTATE ist in sprechende Klassen-Codes unterteilt:

SQLSTATE-Aufbau:
Klasse
Unter-Klasse.

Die Klassen-Codes umfassen:

- 00 Unqualified successful completion   Erfolgreiche Ausführung
- 01 Warning   Warnung
- 02 No data   Keine Daten bzw. Ende erreicht
- 07 Dynamic SQL Error   Fehler bei der Ausführung von Dynamic SQL
- 08 Connection Exception   Fehler der Systemverbindungen
- 09 Triggered Action Exception   Fehler bei der Trigger-Verarbeitung
- 0A Feature not Supported   Nicht unterstützte Funktion
- 0F Invalid Token   Fehlerhafte Zeichen oder Inhalte
- 21 Cardinality Violation   Fehlerhafte Mengenverarbeitung
- 22 Data Exception   Dateninhalt fehlerhaft
- 23 Constraint Violation   Integritäts-Verletzung
- 24 Invalid Cursor State   Fehler bei Cursor-Verarbeitung
- 25 Invalid Transaction State   Unzulässige Funktion in einer TP-Monitor-Umgebung
- 26 Invalid SQL Statement Identifier   Unzulässiger Statement Identifikator
- 2D Invalid Transaction Termination   Unzulässiger Einsatz von COMMIT oder ROLLBACK
- 34 Invalid Cursor Name   Unzulässiger Cursor-Name
- 39 External Function Call Exception   Fehler beim Aufruf einer externen Funktion
- 40 Transaction Rollback   Deadlock-, Timeout-Fehler
- 42 Syntax Error oder Access Rule Violation   Syntax-Fehler oder fehlendes Privileg
- 44 WITH CHECK OPTION Violation   Verstoß gegen View-Regeln
- 51 Invalid Application State   Connection oder Programm-Fehler
- 53 Invalid Operand or Inconsistent Specification   Diverse Restriktionen wurden nicht beachtet
- 54 SQL or Product Limit Exceeded   Überschreitung von Limit-Werten
- 55 Object not in Prerequisite State   Ressource-Definitionen fehlerhaft
- 56 Miscellaneous SQL or Product Restriction   Produktspezifische Restriktionen
- 57 Resource not available or Operator Intervention Ressource nicht verfügbar, Operator-Eingriff
- 58 System Error   Schwere System-Fehler.

Folgende Wertebereiche sind grundsätzlich für Anwendungen reserviert:
- Klassen   von 7 bis 9 und von I bis Z.
- Unter-Klassen   von I bis Z

Im Detail sind folgende Festlegungen zu beachten:

Klassen	Unter-Klassen	Bemerkung
00 - 02		unzulässig
1. Stelle 0 - 6 oder 1. Stelle A - H	1. Stelle I - Z	gültige Zeichen sind 0 - 9 und A - Z
1. Stelle 7 - 9 oder 1. Stelle I - Z	beliebig	gültige Zeichen sind 0 - 9 und A - Z

A6 Anhang - DB2-Warnungen und Fehlermeldungen
SQLSTATE-Inhalte (Zuordnung zu SQLCODEs)

Es folgt die Zuordnung der SQLSTATEs zu SQLCODEs (Sortierung nach SQLSTATE):

SQLSTATE	SQLCODE	SQLSTATE	SQLCODE	SQLSTATE	SQLCODE	SQLSTATE	SQLCODE	SQLSTATE	SQLCODE
.....	- 438	07005	- 517	24504	- 508	42612	- 142	42821	- 408
00000	000	08001	- 808	24506	- 519	42613	- 628	42822	- 214
01004	+ 445	08001	- 30080	24516	- 499	42614	- 637	42823	- 412
01005	+ 236	08001	- 30081	24517	- 472	42615	- 644	42824	- 132
01005	+ 238	08001	- 30082	25000	- 571	42617	- 198	42824	- 414
01005	+ 239	08002	- 842	25000	- 817	42618	- 312	42825	- 415
0100D	+ 466	08003	- 843	25000	- 30090	42621	- 546	42826	- 421
0100E	+ 464	08003	- 900	26501	- 514	42621	- 548	42827	- 509
01501	0	08004	- 30060	26501	- 516	42622	- 107	42828	- 510
01502	0	08004	- 30061	2D521	- 925	42625	- 580	42829	- 126
01514	+ 162	09000	- 723	2D521	- 926	42625	- 582	42829	- 511
01515	+ 304	0A001	- 752	2D528	- 426	42626	- 767	42830	- 538
01516	+ 558	0F001	- 423	2D529	- 427	42701	- 121	42831	- 542
01518	+ 625	21000	- 811	34000	- 504	42702	- 203	42832	- 607
01519	+ 802	21501	- 533	38001	- 487	42703	- 205	42832	- 618
01520	+ 331	21502	- 534	38002	- 577	42703	- 206	42834	- 629
01521	+ 402	22001	- 302	38003	- 751	42704	- 204	42837	- 190
01522	+ 403	22001	- 404	38004	- 579	42704	- 219	42842	- 683
01523	+ 561	22001	- 433	38503	- 430	42704	- 722	42845	- 583
01525	+ 117	22002	- 305	38505	- 396	42705	- 950	42846	- 461
01527	+ 799	22003	- 302	39001	- 463	42707	- 208	42849	- 20102
01528	+ 645	22003	- 304	39004	- 470	42708	- 229	42852	- 557
01529	+ 626	22003	- 406	39501	- 450	42709	- 537	42855	- 392
01530	+ 738	22003	- 413	40001	- 911	42710	- 456	42856	- 20104
01532	+ 204	22003	- 802	42501	- 551	42710	- 601	42866	- 475
01532	+ 219	22007	- 180	42501	- 567	42710	- 719	42877	- 197
01533	+ 206	22007	- 181	42502	- 164	42710	- 720	42878	- 449
01537	+ 218	22008	- 183	42502	- 552	42710	- 721	42879	- 492
01538	+ 650	22011	- 138	42502	- 554	42711	- 612	42880	- 453
01539	+ 863	22012	- 802	42502	- 555	42712	- 212	42882	- 455
01540	+ 664	22018	- 420	42503	- 553	42714	- 314	42883	- 458
01542	+ 552	22019	- 130	42504	- 556	42718	- 250	42884	- 440
01543	+ 541	22021	- 330	42505	- 922	42721	- 725	42885	- 483
01545	+ 012	22021	- 331	42506	- 30053	42723	- 454	42886	- 469
01546	+ 220	22023	- 310	42509	- 549	42724	- 444	42887	- 390
01548	+ 551	22024	- 300	42510	- 592	42725	- 476	42888	- 539
01551	+ 653	22025	- 130	42601	- 007	42732	- 585	42889	- 624
01552	+ 203	22501	- 311	42601	- 029	42734	- 590	42890	- 573
01553	+ 806	22503	- 188	42601	- 097	42801	- 173	42893	- 478
01554	+ 807	22504	- 191	42601	- 104	42802	- 117	42893	- 616
01558	+ 30100	22505	- 186	42601	- 108	42803	- 119	42894	- 574
01560	+ 562	22506	- 187	42601	- 109	42803	- 122	42895	- 301
01561	+ 110	22508	- 812	42601	- 115	42804	- 581	42898	- 696
01566	+ 610	22511	- 399	42601	- 123	42805	- 125	42899	- 697
01568	+ 098	22512	- 309	42601	- 128	42806	- 303	428B3	- 435
01569	+ 339	22522	- 189	42601	- 199	42807	- 150	428B4	- 240
01590	+ 111	22525	- 327	42601	- 441	42808	- 151	428C1	- 372
01591	+ 535	23502	- 407	42601	- 443	42809	- 147	428C6	- 587
01594	+ 237	23503	- 530	42601	- 491	42809	- 148	428C7	- 771
01596	+ 599	23504	- 531	42601	- 638	42809	- 152	428C9	- 798
01597	+ 655	23504	- 532	42602	- 113	42809	- 156	428D2	- 398
01600	+ 658	23505	- 803	42602	- 251	42809	- 159	428D3	- 397
01602	+ 20007	23506	- 652	42603	- 010	42810	- 157	42901	- 111
01608	+ 434	23507	- 681	42604	- 103	42811	- 158	42902	- 118
01614	+ 494	23508	- 690	42604	- 105	42813	- 160	42903	- 120
01616	+ 495	23509	- 807	42605	- 170	42815	- 060	42905	- 127
01624	+ 20002	23510	- 908	42606	- 110	42815	- 171	42906	- 133
01625	+ 585	23511	- 543	42607	- 112	42815	- 451	42907	- 134
01628	+ 395	23512	- 544	42607	- 409	42815	- 713	42907	- 416
01629	+ 394	23513	- 545	42609	- 417	42816	- 182	42907	- 586
01Hxx	+ 462	23515	- 603	42610	- 184	42818	- 131	42908	- 153
02000	+ 100	24501	- 500	42610	- 418	42818	- 401	42909	- 154
07001	- 313	24501	- 501	42611	- 604	42819	- 402	42911	- 419
07002	- 804	24501	- 507	42612	- 084	42820	- 405	42912	- 503
07003	- 518	24502	- 502			42820	- 410	42914	- 536

A6 Anhang - DB2-Warnungen und Fehlermeldungen
SQLSTATE-Inhalte

SQLSTATE	SQLCODE	SQLSTATE	SQLCODE	SQLSTATE	SQLCODE
42915	- 632	54004	- 129	56089	- 640
42915	- 633	54004	- 840	56090	- 650
42915	- 634	54005	- 136	56094	+ 2000
42915	- 635	54006	- 137	56095	- 30104
42917	- 658	54008	- 602	56096	- 30105
42917	- 667	54008	- 613	560A1	- 763
42917	- 669	54008	- 614	560A2	- 764
42918	- 473	54008	- 631	560A3	- 765
42920	- 815	54010	- 670	560A4	- 766
42924	- 513	54011	- 680	560A5	- 768
42927	- 20073	54011	- 689	560A7	- 20003
42932	- 30052	54012	- 684	560A8	- 20004
42939	- 457	54021	- 642	560A9	- 20008
42939	- 20074	54024	- 643	57001	- 540
42945	- 20106	54025	- 651	57002	- 559
42961	- 114	54027	- 400	57003	- 647
42962	- 350	54035	- 20005	57004	- 653
42969	- 917	54038	- 724	57005	- 666
42972	- 338	54041	- 497	57006	- 679
42986	- 750	54042	- 748	57007	- 909
42987	- 797	55002	- 220	57007	- 910
42988	- 875	55002	- 221	57008	- 185
42993	- 355	55003	- 693	57010	- 682
42995	- 526	55004	- 735	57011	- 677
429B1	- 729	55006	- 615	57011	- 904
44000	- 161	55011	- 619	57012	- 30040
51002	- 805	55012	- 623	57013	- 30041
51003	- 818	55014	- 625	57014	- 905
51004	- 822	55015	- 626	57015	- 923
51005	- 906	55016	- 627	57015	- 981
51006	- 927	55017	- 646	57015	- 991
51015	- 525	55020	- 741	57017	- 332
51021	- 918	55023	- 471	57018	- 691
51021	- 939	55030	- 726	57018	- 692
51030	- 480	55035	- 672	57023	- 694
51030	- 482	56010	- 333	57033	- 913
51032	- 872	56016	- 636	57051	- 495
51033	- 496	56018	- 668	57053	- 746
51034	- 740	56023	- 512	57054	- 747
53001	- 620	56025	- 558	57057	- 30002
53004	- 742	56027	- 639	58001	- 621
53014	- 736	56031	- 622	58002	- 685
53035	- 660	56036	- 655	58002	- 688
53036	- 661	56038	- 947	58002	- 929
53037	- 662	56040	- 411	58003	- 144
53038	- 663	56045	- 919	58004	- 819
53039	- 665	56052	- 20072	58004	- 820
53040	- 671	56053	- 730	58004	- 901
53041	- 676	56054	- 731	58005	- 902
53043	- 686	56055	- 732	58006	- 924
53044	- 687	56056	- 733	58008	- 30000
53045	- 678	56056	- 737	58009	- 30020
53088	- 611	56057	- 734	58010	- 30021
53089	- 2001	56059	- 20100	58011	- 30050
53090	- 873	56059	- 20101	58012	- 30051
53091	- 874	56062	- 948	58013	- 30030
53092	- 876	56064	- 715	58014	- 30070
53093	- 877	56065	- 716	58015	- 30071
53094	- 878	56066	- 717	58016	- 30072
53095	- 879	56067	- 718	58017	- 30073
53096	- 769	56080	- 728	58018	- 30074
53097	- 20006	56082	- 339	58026	- 870
53098	- 20070	56084	- 351		
53099	- 20071	56084	- 352		
530A6	- 770	56088	- 739		
54001	- 101	56089	- 617		
54002	- 102	56089	- 630		

A6 Anhang - DB2-Warnungen und Fehlermeldungen
DB2-Messages

DB2-Message-Aufbau

DB2-Meldungen haben folgenden Aufbau:

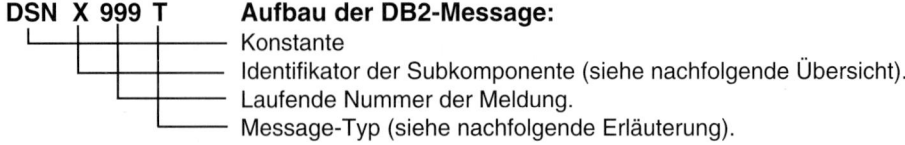

DSN X 999 T   **Aufbau der DB2-Message:**
- Konstante
- Identifikator der Subkomponente (siehe nachfolgende Übersicht).
- Laufende Nummer der Meldung.
- Message-Typ (siehe nachfolgende Erläuterung).

Beispiel (Auszug der OS/390-Konsolnachrichten):

```
DSNT376I - PLAN=SE210 WITH
              CORRELATION-ID=PT01S210
              CONNECTION-ID=CICSP1
              LUW-ID=*
              IS TIMED OUT. ONE HOLDER OF THE RESOURCE IS PLAN=SE210 WITH
              CORRELATION-ID=PT00S210
              CONNECTION-ID=CICSP1
              LUW-ID=*
DSNT501I - DSNILMCL RESOURCE UNAVAILABLE
              CORRELATION-ID=PT00S210
              CONNECTION-ID=CICSP1
              LUW-ID=*
              REASON 00C9008E
              TYPE 00000D01
              NAME 00000260.00000113
```

Erläuterung:

Diese Meldungen zeigen einen Ressource-Konflikt auf (zwei Benutzer haben dieselbe Transaktion aufgerufen, die in zwei Threads aktiviert wird):

DSNT376I - **PLAN=SE210** WITH	Planname = SE210 (erster Benutzer)
CORRELATION-ID=PT01**S210**	CICS-Transaktion = S210, Thread = PT01
CONNECTION-ID=CICSP1	CICS-System = CICSP1
LUW-ID=*	
IS TIMED OUT. ONE HOLDER OF THE RESOURCE	Der Konkurrent hat folgende Charakteristiken:
IS PLAN=SE210 WITH	Planname = SE210 (zweiter Benutzer)
CORRELATION-ID=PT00**S210**	CICS-Transakt. = S210, Thread = PT00
CONNECTION-ID=CICSP1	CICS-System = CICSP1
LUW-ID=*	
DSNT501I - DSNILMCL RESOURCE UNAVAILABLE	Die nachfolgend definierte Ressource ist nicht verfügbar und daher
CORRELATION-ID=PT00**S210**	wird die CICS-Transakt. = S210, Thread = PT00 abnormal beendet.
CONNECTION-ID=CICSP1	
LUW-ID=*	Die folgenden Komponenten werden nachfolgend beschrieben:
REASON 00C9008E	DB2-Abend Reason Code (auch DB2 Code genannt).
	Hier: Eine LOCK-Anforderung konnte nicht abgesetzt werden, da die Ressource gesperrt ist.
TYPE 00000D01	Ressource-Typ. Hier: DBID/OBID.
NAME 00000260.00000113	Ressource-Name: hier 'Datenbank-Id.Tablespace-Id'.

A6 Anhang - DB2-Warnungen und Fehlermeldungen
DB2-Subkomponenten

Die folgende Übersicht zeigt die DB2-Subkomponenten auf. Dabei bedeuten die einzelnen Spalten:
- Ident.   Identifikation der Subkomponente (Teil der DB2-Message).
- Hexa-Id. Subkomp.   Hexadezimale Identikation der Subkomponente (Teil des DB2-Abend Reason Codes).
- Hexa-Id. RMID   Hexadezimale Identikation des Resource Managers (in Dumps ausgewiesen).
- Langbezeichnung   Bezeichnung der Subkomponente.
- Adressraum   Adressraum, in der die Subkomponente etabliert ist (Erläuterungen siehe am Ende der Übersicht).

Ident.	Hexa-Id. Subkomp.	Hexa-Id. RMID	Kurz-bezeichnung	Langbezeichnung	Adressraum *
A	C1	07	CAF	Call-Attachment-Facility	Allied
		08	SSS	Subsystem Support Subcomponent: OS/390 SSI-Function	Allied
		07	RRSAF	Recoverable Resource Manager Services Attachment	Allied
B	C2	10	BM	Buffer Manager	DBS
C	C3	07	CA	CICS Attachment	Allied
E	C5	07	TA	TSO Attachment	Allied
F	C6	24	MG	Message Generator	SS, Allied
G	C7	14	DM	Data Manager: data and environmental descriptor manag.	DBS
H	C8	-	PRE	Precompiler	-
I	C9	14	DM	Data Manager, manipulative function	DBS
J	D1	04	RLM	Recovery Log Manager	SS
K	D2	14	DM	Data Manager, index management function	DBS
L	D3	27	DCRM	Data Communications Resource Manager	DDF
		29	DDIS	Distributed Data Interchange Services	DDF
		25	DRDS	Distributed Relational Data System	DDF
		28,30	DTM	Distributed Transaction Manager	DDF
M	D4	07	IA	IMS Attachment	Allied
O	D6	17	LOBM	LOB Manager	DBS
P	D7	18	DSM	Data Space Manager	DBS
R	D9	03	RM	Recovery Manager	SS
S	E2	06	SM	Storage Manager	SS
T	E3	20	SC	Service Controller	DBS
U	E4	21	UT	Utilities	DBS und Allied
V	E5	02	ASM	Agent Services Manager	SS
W	E6	16	IF	Instrumentation Facilities: Trace	SS
		26	IF	Instrumentation Facilities: Accounting, Statistics	SS
X	E7	22	RDS	Relational Data Systems	DBS
Y	E8	01	IP	Initialization Procedures	SS
Z	E9	12	SPM	System Parameter Manager	SS
1	F1	-	SU	Stand Alone Utiltities	-
3	F3	07	SSS	Subsystem Support Subcomponent: Allied Address Space	SS und Allied
7	F7	31	GM	Group Manager	SS
9	F9	23	GCP	General Command Processor	SS

Adressraum *
- **Allied** Allied Address Space
- **DBS**   Database Services Address Space
- **DDF**   Distributed Data Facility
- **SS**   System Services Address Space

A6 Anhang - DB2-Warnungen und Fehlermeldungen
Message-Typ

Es werden folgende Message-Typen dargestellt:

A	Unverzügliche Aktion	Eine unverzügliche Aktion ist erforderlich. Die Task wartet, bis die geforderte Aktion erfolgt.
D	Unverzügliche Entscheidung	Eine unverzügliche Entscheidung ist erforderlich. Die Task wartet, bis eine der geforderten Aktionen eintritt.
E	Eventuelle Aktion	Eine unverzügliche Entscheidung ist evtl. erforderlich. Die Task setzt ihre Arbeit fort.
I	Information	Es ist keine Aktion erforderlich bzw. möglich.

Message Severity Codes

Bestimmte Subkomponenten - wie z.B. der Precompiler - weisen weitere Messages aus, die Hinweise über die Schwere der Fehlersituation geben und auch als Return Codes zur Job-Steuerung nutzbar sind:

Code	Return Code	Bedeutung
I	0	Information
W	4	Warnung
E	8	Fehler
S	12	Schwerer Fehler
U	16	Sehr schwerer Fehler, der nicht mehr behebbar ist.

DB2-Abend Reason Codes (DB2 Codes)

DB2-Abend Reason Codes haben folgenden Aufbau:

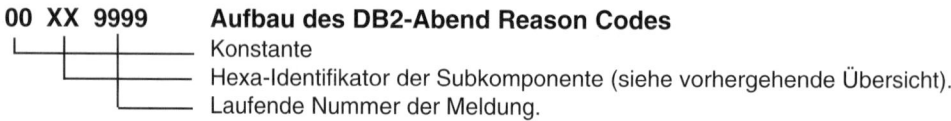

00 XX 9999   Aufbau des DB2-Abend Reason Codes
- Konstante
- Hexa-Identifikator der Subkomponente (siehe vorhergehende Übersicht).
- Laufende Nummer der Meldung.

Mit einem Abend Reason Code werden folgende Ressource-Typen dargestellt:

Ressource-Typ	Bezeichnung der Ressource	Objektdarstellungsformat
00000100	Database	Database-Name
00000200	Tablespace	Database-Name.Space-Name
00000201	Indexspace	Database-Name.Space-Name
00000202	Tablespace	DB2-Release-Marker.Database-Name.Space-Name
00000205	Compression Dictionary	Database-Name.Space-Name
00000210	Partition	Database-Name.Space-Name.Partition-Nummer (dezimal)
00000220	Dataset	Dataset-Name
00000230	Temporary File	Temporary-File-Page-Size
00000240	Database Procedure	Prozedur-Name
00000300	Page	Database-Name.Space-Name.Page-Nummer (hexa)
00000301	Index Mini-Page	Database-Name.Space-Name.Page-Nummer (hexa).Mini-Page-Nummer (hexa)
00000302	Tablespace Page	Database-Name.Space-Name.Page-Nummer (hexa)
00000303	Indexspace Page	Database-Name.Space-Name.Page-Nummer (hexa)
00000304	Tablespace RID	Database-Name.Space-Name.Record-Identifier
00000305	Index Access Tablespace RID	Database-Name.Space-Name.Record-Identifier
00000306	Index Access Tablespace Page	Database-Name.Space-Name.Page-Nummer (hexa)
00000307	Indexspace EOF	Database-Name.Space-Name.01
00000400	ICF-Katalog	ICF-Katalog-Alias-Name
00000500	Storagegroup	Storagegroup-Name
00000600	EDM Pool Space	

A6 Anhang - DB2-Warnungen und Fehlermeldungen
Ressource-Typ

Ressource-Typ	Bezeichnung der Ressource	Objektdarstellungsformat
00000601	EDM Data Space	
00000700	Bufferpool Space	Bufferpool-Identifikator
00000701	Group Bufferpool	Group-Bufferpool-Name
00000800	Plan	Plan-Name
00000801	Package	Collection-Id.Package-Name.Konsistenz-Id
00000802	BINDLOCK	BINDLOCK
00000900	32-KB Data Area	
00000901	Sort Storage	
00000903	Hash Anchor	Database-Name.Space-Name.Page-Nummer (hexa).Hash-Anchor-Id
00000904	RIDLIST Storage	
00000905	IRLM Storage	
00000906	DB2	Member-Name
00000907	Data Space	Member-Name
00000A00	Table	DB2-Release-Marker.Owner.Table-Name
00000A10	Alias	DB2-Release-Marker.Owner.Alias-Name
00000B00	View	DB2-Release-Marker.Owner.View-Name
00000C00	Index	DB2-Release-Marker.Owner.Index-Name
00000C01	Index	Owner.Index-Name
00000D00	DBID/OBID	DB2-Release-Marker.Database-Id(dezimal).Objekt-Id(dezimal)
00000D01	DBID/OBID	Database-Id(dezimal).Objekt-Id(dezimal)
00000D02	OBID	Objekt-Id(dezimal)
00000E00	SU Limit exceeded	Column-Name
00000F00	Auxiliary Column	Database-Id(dezimal)
00000F01	LOB Lock	Database-Id(hexa), PIX, ROWID, VRSN
00001000	DDF	Lokations-Name (in dem das Objekt nicht verfügbar ist)
00001001	System Conversation	Logical-Unit.Locigal-Unit-Mode.VTAM-Primary-Return-Code.VTAM-Secondary-Return-Code.APPC-Primary-Return-Code.APPC-Secondary-Return-Code.SNA-Sense-Code
00001002	Agent Conversation	Logical-Unit.Locigal-Unit-Mode.VTAM-Primary-Return-Code.VTAM-Secondary-Return-Code.APPC-Primary-Return-Code.APPC-Secondary-Return-Code.SNA-Sense-Code
00001003	CNOS Processing	Logical-Unit.Locigal-Unit-Mode.VTAM-Primary-Return-Code.VTAM-Secondary-Return-Code.APPC-Primary-Return-Code.APPC-Secondary-Return-Code.SNA-Sense-Code
00001004	CDB (Communication Database)	Lokations-Name.DB2-Autorisierungs-Id.Plan-Identifikator
00001005	DB Access Agent	Lokations-Name
00001007	TCP/IP Domain Name	Link-Name.Domain-Name.Fehler-Nr
00001008	TCP/IP Service Name	Link-Name.Service-Name.Fehler-Nr
00001102	BSDS (Bootstrap Data Set)	Member-Name
00002000	Tablespace CS-Claim-Klasse	Database-Name.Space-Name
00002001	Tablespace RR-Claim-Klasse	Database-Name.Space-Name
00002002	Tablespace Write-Claim-Klasse	Database-Name.Space-Name
00002003	Indexspace CS-Claim-Klasse	Database-Name.Space-Name
00002004	Indexspace RR-Claim-Klasse	Database-Name.Space-Name
00002005	Indexspace Write-Claim-Klasse	Database-Name.Space-Name
00002006	Tablespace Partition CS-Claim-Klasse	Database-Name.Space-Name.Partition-Nummer (dezimal)
00002007	Tablespace Partition RR-Claim-Klasse	Database-Name.Space-Name.Partition-Nummer (dezimal)
00002008	Tablespace Partition Write-Claim-Klasse	Database-Name.Space-Name.Partition-Nummer (dezimal)
00002009	Indexspace Partition CS-Claim-Klasse	Database-Name.Space-Name.Partition-Nummer (dezimal)
00002010	Indexspace Partition RR-Claim-Klasse	Database-Name.Space-Name.Partition-Nummer (dezimal)
00002011	Indexspace Partition Write-Claim-Klasse	Database-Name.Space-Name.Partition-Nummer (dezimal)
00002100	Tablespace DBET Entry	Database-Name.Space-Name
00002101	Indexspace DBET Entry	Database-Name.Space-Name
00002102	Tablespace Partition DBET Entry	Database-Name.Space-Name.Partition-Nummer (dezimal)
00002103	Indexspace Partition DBET Entry	Database-Name.Space-Name.Partition-Nummer (dezimal)
00002104	Logical Partition DBET Entry	Database-Name.Space-Name.Partition-Nummer (dezimal)
00002200	Routine Parameter Storage	Database-Name.Space-Name.Partition-Nummer (dezimal)
A10X	Alias	DB2-Release-Marker.Owner.Alias-Name

A7 - Anhang 7 - Installations-System-Parameter
Installations-Panels

Panel	Feldbezeichnung	änderbar in:	Feldname	Bedeutung	Inhalte	Default-Wert
DSNTIPA2				**Data Parameters**		
	CATALOG ALIAS	DSN6SPRM	CATALOG	ICF-Katalog-Alias (VSAM-Namenskonventionen)	x (8)	DSNCAT
	TEMPORARY UNIT NAME	-	-	Device-Typ oder Unit-Name für Workfiles	x (8)	SYSDA
DSNTIPC				**Install DB2 - CLIST Calculations Panel 1**		
	DSMAX	DSN6SPRM	DSMAX	Max. offene Datasets	1 - 32767	wird berechnet
	EDMPOOL STORAGE SIZE	DSN6SPRM	EDMPOOL	Größe des Environment Descriptor Manager Pools	1 - 2097152	wird berechnet
	EDMPOOL DATA SPACE SIZE	DSN6SPRM	EDMDSPAC	Größe EDM in Data Space	1 - 2097152	wird berechnet
	BUFFER POOL STORAGE SIZE	-ALTER BUFFERPOOL	-	Größe der Buffer Pools (siehe DSNTIP1,2)	-	1 MB
	SORT POOL SIZE	DSN6SPRM	SRTPOOL	Größe des Sort Pools	240K - 64000K	4 MB
	RID POOL SIZE	DSN6SPRM	MAXRBLK	Größe des RID Pools	0, 16K - 1000000K	
DSNTIPE				**Thread Management Panel**		
	DATABASES	-	-	Max. offene Databases	1 - 800	100
	MAX USERS	DSN6SYSP	CTHREAD	Max. allied Threads	1 - 2000	70
	MAX REMOTE ACTIVE	DSN6SYSP	MAXDBAT	Max. aktive remote Database Access Threads	1 - 1999	64
	MAX REMOTE CONNECTED	DSN6SYSP	CONDBAT	Max. verbundene remote Database Access Threads	0 - 150000	64
	MAX TSO CONNECT	DSN6SYSP	IDFORE	Max. verbundene TSO Connections	1 - 2000	40
	MAX BATCH CONNECT	DSN6SYSP	IDBACK	Max. verbundene Batch-Connections	1 - 2000	40
	SEQUENTIAL CACHE	DSN6SPRM	SEQCACH	Sequenzieller Modus beim Lesen von 3990-Cache	BYPASS, SEQ	BYPASS
	UTILITY CACHE OPTION	DSN6SPRM	SEQPRES	Nutzung von 3990-Cache-Daten für Utilities	YES, NO	NO
	MAX KEPT DYN STMTS	DSN6SPRM	MAXKEEPD	Max. Statements für Cache Prepared Dyn. SQL	0 - 65535	5000
	CONTRACT THREAD STG	DSN6SPRM	CONTSTOR	Automat. Storage-Freigabe von Threads n.COMMIT	YES, NO	NO
DSNTIPF				**Application Programming Defaults Panel 1 (Teil 2 siehe DSNTIP4)**		
	LANGUAGE DEFAULT	DSNHDECP	DEFLANG	Default Programmiersprache	SDM, V, CPP, COBOL, COB2, IBMCOB, FORTRAN, PLI	IBMCOB
	DECIMAL POINT IS	DSNHDECP	DECIMAL	Default für Dezimalpunkt: Komma oder Punkt	, oder .	. (Punkt)
	MINIMUM DIVIDE SCALE	DSNHDECP	DECDIV3	Mindestens 3 Nachkommastellen nach einer Division	YES, NO	NO
	STRING DELIMITER	DSNHDECP	DELIM	Default für COBOL-String-Begrenzung	' oder " oder DEFAULT	DEFAULT (")
	SQL STRING DELIMITER	DSNHDECP	SQLDELI	Default für SQL-String-Begrenzung	' oder " oder DEFAULT	DEFAULT (')
	DIST SQL STR DELIMTR	DSNHDECP	DSQLDELI	Default für SQL-String-Begrenzung (Bind von remote)	' oder " oder '	
	MIXED DATE	DSNHDECP	MIXED	Shift-in und Shift-out mit besonderer Bedeutung	YES, NO	NO
	EBCDIC CODED CHAR SET	DSNHDECP	xCCSID	EBCDIC Character Set für Konvertierung	0 - 65533	0 (ohne CCSID)
	ASCII CODED CHAR SET	DSNHDECP	AxCCSID	ASCII Character Set für Konvertierung	0 - 65533	0 (ohne CCSID)
	DECIMAL ARITHMETIC	DSNHDECP	DECARTH	Genauigkeit bei dezimalen Operationen	DEC15, DEC31, 15 , 31	DEC15
	USE FOR DYNAMICRULES	DSNHDECP	DYNRULES	DYNAMICRULES für dynamische SQL-Statements	YES, NO	YES
	DESCRIBE FOR STATIC	DSNHDECP	DESCSTAT	DESCRIBE SQLDA für statische SQL-Statements	YES, NO	NO
	LOCALE LC_CTYPE	DSNHDECP	LC_TYPE	CURRENT LOCALE LC_CTYPE-System-Default	x(0-50)	Blank
DSNTIPH				**System Resource Data Set Names**		
	COPY 1 NAME	-	-	Name des ersten Bootstrap Datasets	x (33)	DSNCAT.DSN1.BSDS01
	COPY 2 NAME	-	-	Name des zweiten Bootstrap Datasets	x (33)	DSNCAT.DSN1.BSDS02
	NUMBER OF COPIES	DSN6LOGP	TWOACTV	Anzahl aktive Log Datasets	1, 2	2 (dual)
	COPY 1 PREFIX	-	-	Präfix der aktiven Log Datasets 1	x (30)	DSNCAT.DSN1.LOGCOPY1
	COPY 2 PREFIX	-	-	Präfix der aktiven Log Datasets 2	x (30)	DSNCAT.DSN1.LOGCOPY2
	NUMBER OF COPIES	DSN6LOGP	TWOARCH	Anzahl Archiv-Log Datasets	1, 2	2 (dual)
	COPY 1 PREFIX	DSN6ARVP	ARCPFX1	Präfix der Archiv-Log Datasets 1	x (30)	DSNCAT.DSN1.ARCLG1
	COPY 2 PREFIX	DSN6ARVP	ARCPFX2	Präfix der Archiv-Log Datasets 2	x (30)	DSNCAT.DSN1.ARCLG2
	TIMESTAMP ARCHIVES	DSN6ARVP	TSTAMP	Timestamp als Präfix der Archiv-Log Datasets	YES, NO	NO

A7 Anhang - Definition der wichtigsten DB2-Installations-Parameter

Panel	Feldbezeichnung	änderbar in:	Feldname	Bedeutung	Inhalte	Default-Wert
DSNTIPI				**IRLM Panel 1**		
	INSTALL IRLM	-	-	Installation IRLM	YES, NO	YES
	SUBSYSTEM NAME	DSN6SPRM	IRLMSID	Subsystem-Name des IRLM-Subsystems	x (4)	IRLM
	RESOURCE TIMEOUT	DSN6SPRM	IRLMRWT	Anzahl Sekunden bis Timeout-Detection	1 - 3600	60
	UTILITY TIMEOUT	DSN6SPRM	UTIMOUT	Anzahl TIMEOUT-Werte bis Utility-Timeout-Detection	1 - 254	6
	U LOCK FOR RR/RS	DSN6SPRM	RRULOCK	Sperr-Niveau 'U' anstelle 'S' bei RR oder RS Isolation	YES, NO	NO
	X LOCK FOR SEARCHED U/D	DSN6SPRM	XLKUPDLT	Sperr-Niveau 'X' anstelle 'U' bei DELETE/UPDATE	YES, NO	NO
	IMS BMP TIMEOUT	DSN6SPRM	BMPTOUT	Faktor Timeout-Detection für BMP-Waits	1 - 254	4
	DL/I BATCH TIMEOUT	DSN6SPRM	DLITOUT	Faktor Timeout-Detection für DL/I-Batch-Waits	1 - 254	6
	RETAINED LOCK TIMEOUT	DSN6SPRM	RETLWAIT	Faktor Timeout-Detection für Data Sharing Waits	1 - 254	0
DSNTIPJ				**IRLM Panel 2**		
	CROSS MEMORY	IRLMPROC	PC	IRLM-Lock-Strukturen in ECSA oder Privat Space	YES, NO	NO (ECSA)
	MAXIMUM ECSA	IRLMPROC	MAXCSA	Max. ECSA-Größe	1M - 99M	5M
	LOCKS PER TABLE(SPACE)	DSN6SPRM	NUMLKTS	LOCKMAX-SYSTEM-Wert (CREATE TABLESPACE)	0 - 50000	1000
	LOCKS PER USER	DSN6SPRM	NUMLKUS	Max. Page oder Row-Locks pro User	0 - 100000	10000
	DEADLOCK TIME	IRLMPROC	-	Anzahl Sekunden bis Deadlock-Detection	1 - 99	5
	DEADLOCK CYCLE	IRLMPROC	DEADLOK	Anzahl Sekunden bis Deadlock-Detection (DSI	1 - 99	1
	MEMBER IDENTIFIER	IRLMPROC	IRLMID	IRLM-Identifikator innerhalb einer IRLM-Group	1 - 247	1
DSNTIPK				**Define Group or Member Panel**		
	GROUP NAME	DSN6GRP	GRPNAME	Name der Data Sharing Group	x (8)	DSNCAT
	MEMBER NAME	DSN6GRP	MEMBNAME	Name des Data Sharing Members	x (8)	DSN1
	WORK FILE DB	-	-	Name der Workfile Database	x (8)	DSN1
	COORDINATOR	DSN6GRP	COORDNTR	Member kann Parallelabwicklung weiterleiten	YES, NO	NO
	ASSISTANT	DSN6GRP	ASSIST	Member kann Parallelabwicklung annehmen	YES, NO	NO
DSNTIPL				**Active Log Dataset Parameters Panel**		
	NUMBER OF LOGS	-	-	Anzahl Log Datasets für jedes aktive Log	2 - 31	3
	OUTPUT BUFFER	DSN6LOGP	OUTBUFF	Anzahl Log-Schreib-Buffer	40K - 400000K	4000K
	WRITE THRESHOLD	DSN6LOGP	WRTHRSH	Start Write nach Anzahl Log-Buffer	1 - 256	20
	ARCHIVE LOG FREQ	-	-	Intervall für Offload Archiv-Log in Stunden	1 - 200	24
	UPDATE RATE	-	-	Geschätzte Manipulationsanzahl pro Stunde	1 - 16M	3600
	LOG APPLY STORAGE	DSN6SYSP	LOGAPSTG	Max. ssnmDBM1-Speicher für Fast Log Apply Proc.	0 - 100M	0M
DSNTIPM				**OS/390 PARMLIB Updates Panel**		
	SUBSYSTEM NAME	-	-	Name des DB2-Subsystems	x (4)	DSN1
	COMMAND PREFIX	-	-	Präfix für DB2-Commands	x (8)	-DSN1
	SUBSYSTEM MEMBER	-	-	Suffix des DB2-Subsystems (Member IEFSSNxx)	x (2)	00
DSNTIPN				**Tracing Panel**		
	AUDIT TRACE	DSN6SYSP	AUDITST	Soll Audit Trace automatisch gestartet werden?	YES, NO, Liste der Klassen, *	NO
	TRACE AUTO START	DSN6SYSP	TRACSTR	Soll Global Trace automatisch gestartet werden?	YES, NO, Liste der Klassen, *	NO
	TRACE SIZE	DSN6SYSP	TRACTBL	Größe in Bytes der Trace Table	4K - 396K	64K
	SMF ACCOUNTING	DSN6SYSP	SMFACCT	Sollen Accounting Daten an SMF gesendet werden?	YES, NO, Liste der Klassen, *	1
	SMF STATISTICS	DSN6SYSP	SMFSTAT	Sollen Statistik Daten an SMF gesendet werden?	YES, NO, Liste der Klassen, *	YES
	STATISTICS TIME	DSN6SYSP	STATIME	Zeitintervall zum Sammeln von Statistik Daten	1 - 1440	30
	DATASET STATS TIME	DSN6SYSP	DSSTIME	Zeitintervall zum Zurücksetzen von Dataset Statistiken	1 - 1440	5
	MONITOR TRACE	DSN6SYSP	MON	Soll Monitor Trace automatisch gestartet werden?	YES, NO, Liste der Klassen, *	NO
	MONITOR SIZE	DSN6SYSP	MONSIZE	Größe in Bytes der Monitor Trace Table	8K - 1M	8K

A7 Anhang - Definition der wichtigsten DB2-Installations-Parameter

Panel	Feldbezeichnung	änderbar in:	Feldname	Bedeutung	Inhalte	Default-Wert
DSNTIPO	CHECKPOINT FREQ	DSN6SYSP	LOGLOAD	Starten Checkpoint-Schreibung nach Anz. Logsätzen	200 - 16000000	50000
	UR CHECK FREQ	DSN6SYSP	URCHKTH	Checkpoint-Zyklen vor Uncommitted UOR-Message	0 - 255	0
	LIMIT BACKOUT	DSN6SYSP	LBACKOUT	DB2-Restart Backward Log-Processing (postponed)	AUTO, YES, NO	AUTO
	BACKOUT DURATION	DSN6SYSP	BACKODUR	Anzahl Log-Sätze für Backward Log-Processing	0-255	5
	RO SWITCH CHKPTS	DSN6SYSP	PCLOSEN	Anzahl Checkpoints für Konvert. von R/W auf RO	1-32767	5
	RO SWITCH TIME	DSN6SYSP	PCLOSET	Zeit nach letzt. Update für Konvert. von R/W auf RO	1-32767	10
	LEVELID UPDATE FREQ	DSN6SYSP	DLDFREQ	Anzahl Checkpoints für Update Level-Id von Pagesets	0-32767	5
	Operator Functions Panel					
	RECALL DATABASE	DSN6SYSP	RECALL	DFSMS HSM Automatic Recall-Unterstützung	YES, NO	YES
	PARAMETER MODULE	DSN6SPRM		Generierungs-Parameter Member-Name	x (8)	DSNZPARM
	AUTO BIND	DSN6SPRM	ABIND	Automatic Rebind	YES, NO, COEXIST	YES
	EXPLAIN PROCESSING	DSN6SPRM	ABEXP	EXPLAIN während Automatic Rebind	YES, NO	YES
	SITE TYPE	DSN6SPRM	SITETYP	Lokations-Typ für Image Copies	LOCALSITE, RECOVERYSITE	LOCALSITE
DSNTIPP	**Protection Panel**					
	USE PROTECTION	DSN6SPRM	AUTH	Aktivierung DB2-Autorisierungs-Unterstützung	YES, NO	YES
	SYSTEM ADMIN 1	DSN6SPRM	SYSADM	Autorisierungs-Id 1 des Installations-SYSADMs	x (8)	SYSADM
	SYSTEM OPERATOR 1	DSN6SPRM	SYSOPR1	Autorisierungs-Id 1 des Installations-SYSOPRs	x (8)	SYSOPR
	UNKNOWN ID	DSN6SPRM	DEFLTID	Autorisierungs-Id bei unbekanntem User	x (8)	IBMUSER
	BIND NEW PACKAGE	DSN6SPRM	BINDNV	Erforderliches Privileg für BIND neue PACKAGE	BINDADD, BIND	BINDADD
	PLAN AUTH CACHE	DSN6SPRM	AUTHCACH	Default-Größe Autorisierungs-Cache für Plan	0 - 4096	1024
	PACKAGE AUTH CACHE	DSN6SPRM	CACHEPAC	Default-Größe Autorisierungs-Cache für Package	0 - 2M	32K
	ROUTINE AUTH CACHE	DSN6SPRM	CACHERAC	Default-Größe Autorisierungs-Cache für Routine	0 - 2M	32K
DSNTIPR	**Distributed Data Facility Panel (TCP/IP-Panel siehe DSNTIP5)**					
	DDF STARTUP OPTION	DSN6FAC	DDF	Aktivierung DDF automatisch oder manuell	NO, AUTO, COMMAND	NO
	DB2 LOCATION NAME	-	-	Name des lokalen DB2 aus remote Sicht	x (16)	LOC1
	DB2 NETWORK LUNAME	-	-	LU-Name des lokalen DB2 aus remote Sicht	x (8)	LU1
	DB2 GENERIC LUNAME	DSN6FAC	-	Generischer LU-Name des lokalen DB2	x (8)	-
	RESYNC INTERVAL	DSN6FAC	RESYNC	Intervall-Zeit in Minuten für Resynchr. indoubt UOWs	1 - 99	2
	DDF THREADS	DSN6FAC	CMTSTAT	Behandlung von Threads nach COMMIT/ROLLBACK	ACTIVE, INACTIVE	ACTIVE
	MAX TYPE 1 INACTIVE	DSN6FAC	MAXTYPE1	Max. Anzahl Typ-1-Inaktive Threads	0 - MAX REMOTE CONNECTED	0
	IDLE THREAD TIMEOUT	DSN6FAC	IDTHTOIN	Zeit in Sek. zum Löschen aktiver Threads (idle)	0 - 9999	0 (System Default: 3 Minuten)
	EXTENDED SECURITY	DSN6FAC	EXTSEC	Erweiterte Fehlermeldungen bei Security Fehler	YES, NO	NO
DSNTIPV	**CICS Release Panel**					
	CICS RELEASE	-	-	CICS-Version und Release	0, 5, 6 (CICS V4), 7 (CICS TS)	0 (kein CICS)
DSNTIPX	**Stored Procedures Parameters Panel**					
	WLM PROC NAME	DSN6SYSP	STORPROC	Name JCL-Prozedur für WLM-Adressraum	x (8)	ssnWLM
	DB2 PROC NAME	-	-	Name JCL-Prozedur für SPAS-Adressraum	x (8)	ssnSPAS
	NUMBER OF TCBS	DSN6SYSP	STORMXAB	Anzahl paralleler CALL-Aufrufe in einem Adressraum	1 - 100	8
	MAX ABEND COUNT	DSN6SYSP	STORTIME	Max. Abends vor Prozedur-Aufruf zurückweisen	0 - 225	0
	TIMEOUT VALUE	DSN6SYSP	WLMENV	Zeit in Sekunden für Wartezeit Allocate CALL-Anford.	5 - 1800	180
	WLM ENVIRONMENT	DSN6SYSP		Name Default WLM-Environment	x (18)	-

A7 Anhang - Definition der wichtigsten DB2-Installations-Parameter

Panel	Feldbezeichnung	änderbar in:	Feldname	Bedeutung	Inhalte	Default-Wert
DSNTIP1, DSNTIP2, DSNTIP6				**Buffer Pool Sizes Panels**		
	BUFFERPOOL	-ALTER BUFFERPOOL		Größe des virtuellen Bufferpools	0 - 400000 (BP0)	2000 (BP0)
	HIPERPOOL	-ALTER BUFFERPOOL		Größe des Hiperpools	0 - 2097152	0
	CASTOUT	-ALTER BUFFERPOOL		Darf OS/390 von DB2 expanded Storage 'stehlen'?	Y, N	Y
DSNTIP4				**Application Programming Defaults Panel 2 (Teil 1 siehe DSNTIPF)**		
	DATE FORMAT		DSNHDECP	DATE	Default-Ausgabe-Format für Datum	EUR, ISO, JIS, LOCAL, USA	ISO
	TIME FORMAT		DSNHDECP	TIME	Default-Ausgabe-Format für Time	EUR, ISO, JIS, LOCAL, USA	ISO
	STD SQL LANGUAGE		DSNHDECP	STDSQL	SQL-Standard-Nutzung	YES, NO	NO
	CURRENT DEGREE		DSN6SPRM	CDSSRDEF	Default für CURRENT DEGREE-Spezialregister	1, ANY	1
	CACHE DYNAMIC SQL		DSN6SPRM	CACHEDYN	Speicherung von prepared Dynamic SQL	YES, NO	NO
	OPTIMIZATION HINTS		DSN6SPRM	OPTHINTS	Vorgabemöglichkeit von Optimizer-Empfehlungen	YES, NO	NO
	VARCHAR FROM INDEX		DSN6SPRM	RETVLCFK	Index-only-Bereitstellung VARCHAR in max.Länge	YES, NO	NO
	RELEASE LOCKS		DSN6SPRM	RELCURHL	Freigabe Locks von Cursor WITH HOLD bei COMMIT	YES, NO	YES
DSNTIP5				**Distributed Data Facility Panel (TCP/IP) DDF-Panel siehe DSNTIPR)**		
	DRDA PORT				TCP/IP-Port-Nr. für Connection Requests	1 - 65534	-
	RESYNC PORT				TCP/IP-Port-Nr. für 2-Phase-Commit Resynchronisat.	1 - 65534	-
	TCP/IP ALREADY VERIFIED		DSN6FAC	TCPALVER	Wird Connection Request mit User-Id akzeptiert?	YES, NO	NO
	EXTRA BLOCKS REQ		DSN6SYSP	EXTRAREQ	Max. Anzahl extra DRDA-Query-Blöcke von Server	0 - 100	100
	EXTRA BLOCKS SRV		DSN6SYSP	EXTRASRV	Max. Anzahl extra DRDA-Query-Blöcke an Client	0 - 100	100
	DATABASE PROTOCOL		DSN6SYSP	DBPROTCL	Default Protokoll für remote Anforderungen	DRDA, PRIVATE	DRDA
	AUTH AT HOP SITE		DSN6SPRM	HOPAUTH	Autorisierungs-Checks von remote Non-DB2-Anford.	BOTH, RUNNER	BOTH
	TCP/IP KEEP ALIVE		DSN6FAC	TCPKPALV	TCP/IP KeepAlive-Wert	ENABLE, DISABLE, 1 - 65534	ENABLE
	POOL THREAD TIMEOUT		DSN6FAC	POOLINAC	Wartezeit in Sekunden für DBAT-Threads bis Abbruch	0 - 9999	120
DSNTIP7				**Limits für LOB-Values**		
	USER LOB VALUE STORAGE		DSN6SYSP	LOBVALA	Max. LOB-Storage pro User in KB	1 - 2097152	2048
	SYSTEM LOB VALUE STORAGE		DSN6SYSP	LOBVALS	Max. LOB-Storage pro System in MB	1 - 51200	2048
	MAXIMUM LE TOKENS		DSN6SPRM	LEMAX	Max. Anzahl aktive LE-Tokens (für math. Funktionen)	0 - 50	20

A8 - Anhang 8 - Literaturverzeichnis

- **IBM-Literatur:**

IBM DB2 Universal Database for OS/390 - Manuals

Gruppe Manual	Bestell-Nummer Version 5	Bestell-Nummer Version 6
Grundlagen, Einführung, Allgemeine Manuals		
Release Guide	SC26-8965	SC26-9013
What's new	GC26-8971	GC26-9017
SQL Reference	SC26-8966	SC26-9014
Administration		
Installation Guide	GC26-8970	GC26-9008
Administration Guide	SC26-8957	SC26-9003
Command Reference	SC26-8960	SC26-9006
Utility Guide and Reference	SC26-8967	SC26-9015
Data Sharing: Planning and Administration	SC26-8961	SC26-9007
DB2 Image, Audio and Video Extenders Admininstr. and Progr.	-	SC26-9650
DB2 Text Extenders Admininstration and Programming	-	SC26-9651
Anwendungsentwicklung		
Application Programming and SQL Guide	SC26-8958	SC26-9004
ODBC Guide and Reference (V5: Call Level Interface Guide...)	SC26-8959	SC26-9005
Application Programming and SQL Guide and Reference for Java	-	SC26-9018
Fehleranalyse		
Messages and Codes	GC26-8979	GC26-9011
Diagnosis Guide and Reference (*restricted Literatur*)	LY27-9659	LY36-3736

IBM DB2 - einige ausgewählte Redbooks

Gruppe Manual	Bestell-Nummer ältere Version	Version 6
Relational basierte Konzepte		
Concepts and Facilities Guide	GG24-1582	
Referential Integrity Usage Guide	GG24-3312	
Performance		
Design Guidelines for High Performance	SG24-2233	
DB2 for OS/390 Performance Topics	SG24-2213	SG24-5351
DB2 V4 Non-Data-Sharing Performance Topics	SG24-4562	
DB2 V4 Data-Sharing Performance Topics	SG24-4611	
Sonstige Manuals		
DB2 for OS/390 Terabyte Database: Design and Build Experiences		SG24-2072
DB2 V4 Data-Sharing Implementation	SG24-4791	
FRED-Formal Register of Existing Differences in SQL	SC24-3316	
Capacity Planning for DB2-Applications	SG24-2244	

- **Literatur-Verweise auf die Basis des Relationen-Modells:**

DATE	A Guide to DB2	ISBN 0-201-11317-1
DATE	A Guide to THE SQL STANDARD	ISBN 0-201-05777-8
E.F.CODD	THE RELATIONAL MODEL for DATABASE MANAGEMENT VERSION 2	ISBN 0-201-14192-2

--> **Verfügbarkeit einer Fülle von IBM-Manuals im Internet:**
      http://www.ibm.com/software/data/db2/os390/library

I Index -Stichwortverzeichnis

Index

Symbole

#SET ROWS_FETCH 648
#SET ROWS_OUT 648
#SET TERMINATOR 648
#SET-Kontroll-Statements 648
#sql {sql-statement} 658
(*)
   Parameter -TERM UTILITY A2-1384
(start : end)
   Parameter LOAD A2-1253
(utility-id)
   Parameter -ALTER UTILITY A2-1007
*
   Parameter Sub-Select A2-1339
+394 839
+395 839
-
   SRC 169
-ALTER BUFFERPOOL A7-1521
   Beschreibung 169
   Definition und Syntax A2-976
-ALTER GROUPBUFFERPOOL
   Beschreibung 169
   Definition und Syntax A2-987
-ALTER UTILITY
   Beschreibung 169
   Definition und Syntax A2-1007
-ARC
   Kurzform für -ARCHIVE LOG A2-1007, A2-1009
-ARCHIVE LOG
   Beschreibung 169
   Definition und Syntax A2-1007, A2-1009
-CAN THREAD
   Kurzform für -CANCEL THREAD A2-1032
-CANCEL THREAD
   Beschreibung 169
   Definition und Syntax A2-1032
-DIS ARC
   Kurzform für -DISPLAY ARCHIVE A2-1162
-DIS BPOOL
   Kurzform für -DISPLAY BUFFERPOOL A2-1163
-DIS DB
   Kurzform für -DISPLAY DATABASE A2-1169
-DIS GBPOOL
   Kurzform für -DISPLAY GROUPBUFFERPOOL A2-1178
-DIS GROUP
   Kurzform für -DISPLAY GROUP A2-1176, A2-1177, A2-1182
-DIS RLIM
   Kurzform für -DISPLAY RLIMIT A2-1184
-DIS THD
   Kurzform für -DISPLAY THREAD A2-1185
-DIS TRACE
   Kurzform für -DISPLAY TRACE A2-1190
-DIS UTIL
   Kurzform für -DISPLAY UTILITY A2-1193
-DISPLAY ARCHIVE
   Beschreibung 170
   Definition und Syntax A2-1162
-DISPLAY BUFFERPOOL
   Beschreibung 169
   Definition und Syntax A2-1163
-DISPLAY DATABASE 545
   Beschreibung 169
   Definition und Syntax A2-1169
-DISPLAY FUNCTION SPECIFIC
   Beschreibung 170
   Definition und Syntax A2-1176, A2-1365
-DISPLAY GROUP
   Beschreibung 170
   Definition und Syntax A2-1177
-DISPLAY GROUPBUFFERPOOL
   Beschreibung 170
   Definition und Syntax A2-1178
-DISPLAY LOCATION
   Beschreibung 170
   Definition und Syntax A2-1180

-DISPLAY LOG
   Beschreibung 170
-DISPLAY PROCEDURE
   Beschreibung 170
   Definition und Syntax A2-1183
-DISPLAY RLIMIT
   Beschreibung 170
   Definition und Syntax A2-1184
-DISPLAY THREAD 545
   Beschreibung 170
   Definition und Syntax A2-1185
-DISPLAY TRACE
   Beschreibung 170
   Definition und Syntax A2-1190
-DISPLAY UTILITY
   Beschreibung 170
   Definition und Syntax A2-1193
-MOD TRA
   Kurzform für -MODIFY TRACE A2-1261
-MODIFY TRACE
   Beschreibung 170
   Definition und Syntax A2-1261
-REC BSDS
   Kurzform für -RECOVER BSDS A2-1281
-REC IND
   Kurzform für -RECOVER INDOUBT A2-1282
   Kurzform für -RECOVER POSTPONED A2-1284
-RECOVER BSDS 585
   Beschreibung 170
   Definition und Syntax A2-1281
-RECOVER INDOUBT A2-1032
   ACTION (COMMIT) 604
   Beschreibung 170
   Definition und Syntax A2-1282
-RECOVER POSTPONED
   Beschreibung 170
   Definition und Syntax A2-1284
-RESET GENERIC
   Kurzform für -RESET GENERICLU A2-1309
-RESET GENERICLU
   Beschreibung 170
   Definition und Syntax A2-1309
-RESET IND
   Kurzform für -RESET INDOUBT A2-1310
-RESET INDOUBT
   Beschreibung 170
   Definition und Syntax A2-1310
-SET ARC
   Kurzform für -SET ARCHIVE A2-1347
-SET ARCHIVE
   Beschreibung 170
   Definition und Syntax A2-1347
-SET LOG
   Beschreibung 170
-STA DB
   Kurzform für -START DATABASE A2-1361
-STA DB2
   Kurzform für -START DB2 A2-1363
-STA FUNC SPEC
   Kurzform für -START FUNCTION SPECIFIC A2-1365
-STA RLIM
   Kurzform für -START RLIMIT A2-1367
-STA TRACE
   Kurzform für -START TRACE A2-1368
-START DATABASE
   Beschreibung 170
   Definition und Syntax A2-1361
-START DB2
   Beschreibung 171
   Definition und Syntax A2-1363
-START DDF
   Beschreibung 171
   Definition und Syntax A2-1364
-START FUNCTION SPECIFIC 740
   Beschreibung 171
-START PROCEDURE 740
   Beschreibung 171
   Definition und Syntax A2-1366
-START RLIMIT
   Beschreibung 171
   Definition und Syntax A2-1367
-START TRACE
   Beschreibung 171
   Definition und Syntax A2-1368

-STO FUNC SPEC
   Kurzform für -STOP FUNCTION SPECIFIC A2-1377
-STO PROC
   Kurzform für -STOP PROCEDURE A2-1378
-STO RLIM
   Kurzform für -STOP RLIMIT A2-1379
-STOP 603
-STOP DATABASE
   Beschreibung 171
   Definition und Syntax A2-1373
-STOP DB2 592
   Beschreibung 171
   Definition und Syntax A2-1375
-STOP DDF
   Beschreibung 171
   Definition und Syntax A2-1376
-STOP FUNCTION SPECIFIC 740
   Beschreibung 171
   Definition und Syntax A2-1377
-STOP PROCEDURE 740
   Beschreibung 171
   Definition und Syntax A2-1378
-STOP RLIMIT
   Beschreibung 171
   Definition und Syntax A2-1379
-STOP TRACE
   Beschreibung 171
   Definition und Syntax A2-1380
-TERM UTIL
   Kurzform für -TERM UTILITY A2-1384
-TERM UTILITY
   Beschreibung 171
   Definition und Syntax A2-1384
/CHA
   Kurzform für /CHANGE A2-1033
/CHANGE
   Beschreibung 175
   Definition und Syntax A2-1033
/DISPLAY
   Beschreibung 175
   Definition und Syntax A2-1161
/SSR
   Beschreibung 175
   Definition und Syntax A2-1359
/START
   Beschreibung 175
   Definition und Syntax A2-1360
/STOP
   Beschreibung 175
   Definition und Syntax A2-1372
/TRACE
   Beschreibung 175
;. *Synonym für:* Trennzeichen
   Besonderheiten Trigger A2-1140
?. *Synonym für:* Parameter Markers
   EXPLAIN Host Variablen 797
000
   SQLCODE 678
1 : 1 - Beziehung 437, 448
1 : N - Beziehung 437, 449
16 KB
   Page-Größe 17
1NF 363
   Detail-Beschreibung 396
   Programmsicht 365
2 Phasen 629
2-Phasen-Commit 24, 80, 170, 586, 592, A2-1282, A2-1310
   Abbruch A2-1032
   bei remote Zugriffen 710
   bei Verteilung 710
   Beschreibung 544
   hängender Thread A2-1185
   V3 7
24-Stunden-Betrieb 93, 205
   Begriffs-Erläuterung 617
2NF 363
   Detail-Beschreibung 398
   Programmsicht 366
3-Ebenen-Ansatz
   ANSI/SPARC 341
3-er-Beziehung 390
3-Schema-Architektur 41
3-Schemata-Modell 34, 379

I Index -Stichwortverzeichnis

32K
  Parameter DSN1COMP   A2-1206
  Parameter DSN1COPY   A2-1209
  Parameter DSN1PRNT   A2-1211
3990-Cache   A7-1518
3NF   363
  Detail-Beschreibung   400, 401
  Programmsicht   366
4NF
  Detail-Beschreibung   403
5NF
  Detail-Beschreibung   406
8 KB
  Page-Größe   17

A

A-Marker   41
Abbruch UOW   540
Abend AID   69
Abend Reason Code   A6-1516
ABEXP
  Installations-Parameter   A7-1520
Abgeleitete Daten   441
Abhängigkeit   418
  mehrwertige   403
  zwischen Katalog und Programm   345
Abhängigkeitsverhältnis   31
ABIND
  Installations-Parameter   A7-1520
Abkapselung   359
Abkopplung der Daten-Zugriffe
  Design-Entscheidung   618
Ablaufsteuerung
  von Routinen   370
Ableitbare Daten   392
Ableitbare Distinct-Typen   A2-1066
Ableitbarer Distinct-Typ   97
Abnormale Beendigung   592
ABORT
  Parameter -RECOVER INDOUBT   A2-1282
ABS.   *Synonym für:* ABSVAR
  Definition und Syntax   A1-930
Abschlusskennzeichen   183
Abschneiden eines Wertes   A1-966
absoluter Wert   A1-930
Abstrakter Daten-Typ
  Objektorientierung   58
  SQL-Standard   66
Abweichung   A1-929
ACCESS   476, 598, 600
  (FORCE)   601, A2-1361
  Parameter -START DATABASE   A2-1362
  Parameter -START DB2   A2-1363
ACCESS_DEGREE   835, 840
  Spalte in der PLAN_TABLE   A5-1458
ACCESS_PGROUP_ID   835
  Spalte in der PLAN_TABLE   A5-1458
ACCESSCREATOR   840
  Spalte in der PLAN_TABLE   A5-1458
ACCESSNAME   840
  Spalte in der PLAN_TABLE   A5-1458
ACCESSPATH
  Inhalt 'H'   839
  Spalte in Table SYSPACKSTMT   A3-1416
  Spalte in Table SYSSTMT   A3-1425
ACCESSTYPE   840, 860
  = 'I'   803, 806, 807, 808, 811
  = 'I1'   803, 810
  = 'M'   814
  = 'N'   809
  = 'N'   803
  = 'R'   803, 805, 860
  Spalte in der PLAN_TABLE   A5-1458
ACCOUNTING   A7-1519
Accounting   75, 854
  Accounting Report   772
  Accounting-Zeiten
    Detail-Beschreibung   774
  Anzeige Accounting-Daten   A2-1190
Accounting-Sätze   A2-1368
ACCTG
  Parameter -DISPLAY TRACE   A2-1191
  Parameter -MODIFY TRACE   A2-1261
  Parameter -START TRACE   A2-1368
  Parameter -STOP TRACE   A2-1380
ACEE   285.   *Kurzname von:* Access Control Authorization Exit
ACF   284
ACF2   4, 283
ACHKP   A2-1036.   *Kurzname von:* Auxiliary Check Pending Restrictive Status
  Detailbeschreibung   600
ACOS
  Definition und Syntax   A1-930
ACQUIRE   543, 556, 582
  (ALLOCATE)   562
  (USE)   562
  beim LOB   570
  Spalte in Table SYSPLAN   A3-1418
  Wirkung   562
ACTION
  (ADD)   635
  (REPLACE)   635
  Parameter -RECOVER INDOUBT   A2-1282
  Parameter -STOP FUNCTION SPECIFIC   A2-1377
  Parameter -STOP PROCEDURE   A2-1378
  Parameter BIND/REBIND PACKAGE   A2-1016
  Parameter BIND/REBIND PLAN   A2-1024
  Parameter DCLGEN   A2-1145
ACTIVE
  Parameter -DISPLAY BUFFERPOOL   A2-1167
  Parameter -DISPLAY DATABASE   A2-1175
  Thread-Status   A2-1185
Active Log Dataset Parameters Panel   A7-1519
ACTIVITY MONITOR for DB2   70
AD/Cycle.   *Kurzname von:* Application Development für Entwicklungs-Zyklen
Ada   68, 623
  Anforderung Version 5   140
ADABAS   54
  Kopplung mit DB2   93
ADASQL   38
ADD check-constraint
  Parameter ALTER TABLE   A2-999
ADD column-definition
  Parameter ALTER TABLE   A2-999
ADD referential constraint
  Parameter ALTER TABLE   A2-999
ADD RESTRICT ON DROP
  Parameter ALTER TABLE   A2-999
ADD VOLUMES
  Parameter ALTER STOGROUP   A2-997
ADF II.   *Kurzname von:* Application Development Facility II (IMS)
Administration Tool   68
Administrations-Gruppe
  Privilegien   299
ADPS.   *Kurzname von:* Application Development Project Support
Adressierung
  Daten-Zeilen   495
  der Daten über Index   509
  direkt   495
  Index Pages   509
Adressraum
  Extern   A2-1075, A2-1085
  Konzept   74
  Zuordnung der Subkomponenten   A6-1515
Adressraum-Konzept
  Stored Procedure   741
  User-defined Function   741
Adressraum-Zuordnung
  Routine   738
ADT.   *Kurzname von:* Abstrakter Datentyp
ADVISORY
  Parameter -DISPLAY DATABASE   A2-1175
Advisory Restart Pending Status   A2-1175
Advisory Status
  STATUS des Spaces   A2-1170, A2-1175
AES   60
AFTER
  Parameter -DISPLAY DATABASE   A2-1175
  Parameter CREATE TRIGGER   A2-1139
After-Trigger   131, 422
  Beispiel   735
Cascading Effekte   134
  Detail-Beschreibung   133
Aggregation   385, 441
  Katalog-Tabellen   A2-1323
  Statistiken   A2-1326
Aggressive Predicate Evaluation   828
AIX   23
aktive Daten   131
aktive Datenbank
  Argumente für und wider   359
  Komponenten   358
Aktive Log-Datei   120
Aktivierungs-Ereignis   422
Aktivierungszeit
  Trigger   A2-1139
Aktualität
  der Daten   152, A2-1017
  von Datenmengen
    Aspekte für PAEs   153
Aktualitäts-Anforderungen   A2-1016
Aktualitätsgrad   595
Aktuelles Log-Dataset
  archivieren   A2-1009
ALIAS   86
  Beispiel CREATE   212
  Beispiel DROP   223
  Parameter COMMENT ON   A2-1045
  Parameter DROP   A2-1195
  Parameter LABEL ON   A2-1241
Alias   765
  definieren   A2-1062
  Detail-Beschreibung   109
  Einsatz   477
  Qualifizierung   A1-868
  Vorteile und Restriktionen   714
alias-name
  Namens-Konventionen   A1-866
  Parameter COMMENT ON   A2-1045
  Parameter CREATE ALIAS   A2-1062
  Parameter CREATE SYNONYM   A2-1114
  Parameter DROP   A2-1195
  Parameter LABEL ON   A2-1241
ALIGN   648
ALL
  Parameter /START   A2-1360
  Parameter /STOP   A2-1372
  Parameter ALTER INDEX
    Option GBPCACHE   A2-992
  Parameter EXPLAIN   A2-1217
  Parameter GRANT PACKAGE PRIVILEGES   A2-1228
  Parameter GRANT TABLE PRIVILEGES   A2-1233
  Parameter REBUILD INDEX   A2-1274
  Parameter Sub-Select-Statement   A2-1339
  Sub-Query
    Beispiele   273
ALL BUFFERPOOLS
  Parameter GRANT USE PRIVILEGES   A2-1235
ALL PRIVATE
  Parameter RELEASE   A2-1285
ALL SQL
  Parameter RELEASE   A2-1285
ALL31(ON)   741
Allgemeine Strukturen   A5-1439
Allgemeine Tabellen-Strukturen   A5-1439
Allied Agent   71, 74, 78
  Konsistenz   593
Allied Thread   A2-1185
ALLOCATE   556
ALLOCATE CURSOR   14
  Beschreibung   163
  Definition und Syntax   A2-975
Allocated Space   331
ALLOW PARALLEL   728
  Parameter ALTER FUNCTION   A2-984
  Parameter CREATE FUNCTION (External Scalar)   A2-1078
ALTER
  Beschreibung   215
  Parameter GRANT TABLE PRIVILEGES   A2-1233
ALTER COLUMN
  Parameter ALTER TABLE   A2-1002
ALTER column-alteration
  Parameter ALTER TABLE   A2-999

I Index -Stichwortverzeichnis

ALTER DATABASE
  Beschreibung 163
  Definition und Syntax A2-980
ALTER FUNCTION
  Beschreibung 163
  Definition und Syntax A2-981
ALTER INDEX
  Beschreibung 163
  Definition und Syntax A2-989
ALTER PROCEDURE 17
  Beschreibung 163
  Definition und Syntax A2-993
ALTER STOGROUP
  Beschreibung 163
  Definition und Syntax A2-997
ALTER TABLE
  Beschreibung 163
  Definition und Syntax A2-998
ALTER TABLESPACE
  Beschreibung 163
  Definition und Syntax A2-1003
ALTER® for DB2 70, 222
ALTERAUTH
  Spalte in Table SYSTABAUTH A3-1427
ALTERBPAUTH
  Spalte in Table SYSUSERAUTH A3-1433
ALTEREDTS
  Spalte in Table SYSDATABASE A3-1406
  Spalte in Table SYSINDEXES A3-1409
  Spalte in Table SYSINDEXPART A3-1411
  Spalte in Table SYSROUTINES A3-1424
  Spalte in Table SYSSTOGROUP A3-1426
  Spalte in Table SYSTABLEPART A3-1429
  Spalte in Table SYSTABLES A3-1430
  Spalte in Table SYSTABLESPACE A3-1431
ALTERIN
  Parameter GRANT SCHEMA PRIVILEGES A2-1230
ALTERINAUTH
  Spalte in Table SYSSCHEMAAUTH A3-1424, A3-1425
Alternativ-Name
  Definition A2-1062, A2-1114
  einfügen A2-1241
ALWAYS
  Parameter ALTER TABLE Option GENERATED A2-1001
Ambiguous Cursor A2-1016, A2-1025
American National Standards Institute 60, 61
AMODE (31) 741
AMS 529
AND
  Definition und Syntax A1-917
  SQL-Beispiele Verknüpfung 237
  Verarbeitungslogik mit OR, NOT A1-918
Änderungsanforderungen
  langlaufender Programme 616
Anlegen
  neue Objekte
    SQL-Beispiele 463
  RI-Beziehung
    SQL-Beispiele 463
Anomalie 396
ANSI 38, 60, 61, 63. *Kurzname von:* American National Standards Institute
ANSI X3.135 61, 63
  -1986 63
ANSI/ISO SQL Standard A1-892
ANSI/SPARC 3-Schemata 62
Antwortzeit
  aus der Sicht des Benutzers
    Begriffs-Erläuterung 774
Anwendungs-Design
  Auswirkungen 362
  Performance-Aspekte 857
Anwendungs-Entwicklung
  Wichtige Aspekte 153
Anwendungs-Generatoren 69
Anwendungsentwickler
  erforderliche Privilegien 304
Anwendungsentwicklungs-Tools
  Anforderung Version 5 141
Anwendungsgesteuerter Zugriff
  Begriffs-Erläuterung 87
  V3 7

Anwendungsportabilität 348
Anwendungsprogramm
  aktivieren A2-1322
  Sichten 362
Anwendungsprogrammierung
  Detail-Beschreibung 605
ANY
  Option LOCKSIZE
    Parameter ALTER TABLESPACE A2-1005
    Parameter CREATE TABLESPACE A2-1131
  Option USING
    Parameter DESCRIBE A2-1155
    Parameter PREPARE A2-1265
  Sub-Query
    Beispiele 273
AnyNet 12
Anzahl Argumente A1-920
APAR. *Kurzname von:* Authorized Program Analysis Report
APF. *Kurzname von:* Authorized Program Facility
API. *Kurzname von:* Application Programming Interface
APL2 68, 623
  Anforderung Version 5 140
APOST
  Parameter DCLGEN A2-1146
  Precompiler-Option 628
APOSTSQL
  Precompiler-Option 628
Application Elapsed Time
  Begriffs-Erläuterung 774
Application Programming Defaults A7-1518, A7-1521
Application Server
  Begriffs-Erläuterung 83
Application System 68
APPLICATIONDESC
  Spalte in der ART A5-1472
  Spalte in der ORT A5-1473
APPLIDENT
  Spalte in der ART A5-1472
  Spalte in der ORT A5-1473
APPLIDENTTYPE
  Spalte in der ART A5-1472
  Spalte in der ORT A5-1473
APPLMATCHREQ
  Spalte in der ORT A5-1473
APPLNAME 840
  Spalte in der PLAN_TABLE A5-1458, A5-1464, A5-1466
AR. *Kurzname von:* Application Requestor
Architekturen 60
Archiv-Log-Datei 120, 585, 589
Archiv-Logbestand
  Eingabebänder A2-1347
  Status A2-1162
ARCHIVE
  Parameter GRANT SYSTEM PRIVILEGES A2-1231
Archive Log Dataset
  protokollieren A2-1306
ARCHIVE LOG FREQ
  Installations-Parameter A7-1519
ARCHIVEAUTH
  Spalte in Table SYSUSERAUTH A3-1433
Archivieren
  aktuelles Log-Dataset A2-1009
ARCPFX1
  Installations-Parameter A7-1518
ARCPFX2
  Installations-Parameter A7-1518
AREST
  Parameter -DISPLAY DATABASE A2-1175
Argumente
  Anzahl A1-920
  Funktion A1-921
  in Funktion suchen A1-921
Arkus-Cosinus A1-930
Arkus-Sinus A1-931
Arkus-Tangens A1-931, A1-932
ART 5, 284. *Kurzname von:* Application Registration Table
  Application Registration Table

Tabellen-Struktur A5-1472
Table 205
AS 68, 69. *Kurzname von:* Application Server; Application System
  Anforderung Version 5 141
  Beispiel 235
  Beispiel ORDER BY 243
  Parameter CREATE VIEW A2-1142
  Parameter Sub-Select-Statement A2-1339, A2-1341
  V4R1 9
  Verarbeitungsfolge 228
AS LOCATOR
  Parameter ALTER FUNCTION A2-986
  Parameter CREATE FUNCTION (External Scalar) A2-1071
  Parameter CREATE FUNCTION (External Table) A2-1081
  Parameter CREATE FUNCTION (Sourced) A2-1091
  Parameter CREATE PROCEDURE A2-1106
AS/400 1, 23
ASC 111
  Parameter CREATE INDEX A2-1100
  Parameter Select-Statement A2-1334
ASCII 14. *Kurzname von:* American Standard Code
  Option CCSID
    Parameter ALTER TABLESPACE A2-1004
    Parameter CREATE DATABASE A2-1065
    Parameter CREATE GLOBAL TEMPORARY TABLE A2-1097
    Parameter CREATE TABLE A2-1118
    Parameter CREATE TABLESPACE A2-1131
  Parameter LOAD A2-1247
ASCII CODED CHAR SET
  Installations-Parameter A7-1518
ASIN
  Definition und Syntax A1-931
ASSEMBLE
  Option LANGUAGE
    Parameter ALTER FUNCTION A2-983
    Parameter ALTER PROCEDURE A2-994
    Parameter CREATE FUNCTION (External Scalar) A2-1075
    Parameter CREATE FUNCTION (External Table) A2-1085
    Parameter CREATE PROCEDURE A2-1109
  Spalte in Table SYSROUTINES A3-1422
Assembler 68, 623, 738
  Anforderung Version 5 140
  SQL-Besonderheiten 662
Assembly 625
Assertion 420
  SQL-Standard 65
ASSIST
  Installations-Parameter A7-1519
ASSISTANT
  Installations-Parameter A7-1519
ASSOCIATE 14
ASSOCIATE LOCATORS
  Beschreibung 163
  Definition und Syntax A2-1011
Association
  Begriffs-Erläuterung 388
ASUTIME
  Parameter ALTER FUNCTION A2-985
  Parameter ALTER PROCEDURE A2-995
  Parameter CREATE FUNCTION (External Scalar) A2-1079
  Parameter CREATE FUNCTION (External Table) A2-1089
  Parameter CREATE PROCEDURE A2-1110
  Spalte in RLF A5-1468
  Spalte in Table SYSPROCEDURES A3-1420
  Spalte in Table SYSROUTINES A3-1423
Asynchronous Data Mover Facility A2-1166
Asynchronous Propagation 94
Asynchronous Write 24
AT
  (COMMIT)
    Parameter -STOP DATABASE A2-1374
  Parameter DCLGEN A2-1145
ATAN
  Definition und Syntax A1-931

I Index -Stichwortverzeichnis

ATAN2
  Definition und Syntax A1-932
ATANH
  Definition und Syntax A1-931
Atomic 384, 396
  Begriffs-Erläuterung 29
Attach-Facility 75, 78. *Kurzname von:*
  Attachment-Facility
Attachment-Facility 224, 623, 752.
  Synonym für: Trägersystem
  CICS A2-1198, A2-1200, A2-1202
  Linkage Editor-Includes 191
  Routine 738
  Schnittstellen 645
  starten A2-1204
  stoppen A2-1203
Attribut
  Begriffs-Erläuterung 28, 384
  Definition 384
AUDIT
  Parameter -DISPLAY TRACE A2-1191
  Parameter -MODIFY TRACE A2-1261
  Parameter -START TRACE A2-1368
  Parameter -STOP TRACE A2-1380
  Parameter ALTER TABLE A2-999
  Parameter CREATE TABLE A2-1118
Audit 602, 772
AUDIT TRACE
  Installations-Parameter A7-1519
Audit Trace
  Detail-Beschreibung 602
  V2R1 4
Audit-Daten A2-1190, A2-1368
AUDITING
  Spalte in Table SYSTABLES A3-1430
Auditing 284
AUDITST
  Installations-Parameter A7-1519
Aufgerundeter Ganzzahlenwert A1-932
Aufruf
  einer Funktion
    Codier-Beispiel 730
  einer Stored Procedure 740
  einer User-defined Function 740
  Table Function
    Codier-Beispiel 732
  von Stored Procedures, Functions und Triggern 370
Aufsetzen
  Regeln 698
Aufwands-Kalkulation
  SQL-Statement 792
Ausbildung 155
Ausführungs-Umgebung
  Routine 738
Ausnahme-Tabelle A2-1260
Ausschalten
  eines bestimmten Indexes 842, 845
Ausschreiben
  der Buffer A2-978
Austausch von String-Teilen A1-946
Auswahlbedingungen A2-1343
Auswirkung auf die Anwendungs-Entwicklung
  DB2-Einführung 137
AUTH
  Installations-Parameter A7-1520
AUTH AT HOP SITE
  Installations-Parameter A7-1521
AUTH SIGNON (RRSAF)
  Definitionen und Syntax A5-1483
AUTHCACH
  Installations-Parameter A7-1520
AUTHHOWGOT
  Spalte in Table SYSDBAUTH A3-1407
  Spalte in Table SYSPACKAUTH A3-1414
  Spalte in Table SYSPLANAUTH A3-1419
  Spalte in Table SYSRESAUTH A3-1421
  Spalte in Table SYSROUTINEAUTH A3-1422
  Spalte in Table SYSSCHEMAAUTH A3-1424
  Spalte in Table SYSTABAUTH A3-1427
  Spalte in Table SYSUSERAUTH A3-1433
AUTHID
  Parameter -DISPLAY TRACE A2-1192
  Parameter -START TRACE A2-1369
  Parameter -STOP TRACE A2-1381

Spalte in RLF A5-1468
Spalte in Table MODESELECT A4-1438
Spalte in Table SYSPROCEDURES A3-1420
Spalte in Table USERNAMES A4-1438
authorization-id
  Namens-Konventionen A1-866
authorization-name
  Namens-Konventionen A1-866
  Parameter CREATE SYNONYM A2-1114
  Parameter GRANT COLLECTION PRIVILEGES A2-1223
  Parameter GRANT DATABASE PRIVILEGES A2-1225
  Parameter GRANT DISTINCT TYPE PRIVILEGES A2-1226
  Parameter GRANT FUNCTION PRIVILEGES A2-1227
  Parameter GRANT PACKAGE PRIVILEGES A2-1228
  Parameter GRANT PLAN PRIVILEGES A2-1229
  Parameter GRANT SCHEMA PRIVILEGES A2-1230
  Parameter GRANT SYSTEM PRIVILEGES A2-1232
  Parameter GRANT TABLE PRIVILEGES A2-1234
  Parameter GRANT USE PRIVILEGES A2-1235
AUTO
  Spalte in Table LUMODES A4-1437
AUTO BIND
  Installations-Parameter A7-1520
AUTOCOMMIT 182
Automatic Rebind 290, A2-1021, A7-1520
  Detail-Beschreibung 636
  Probleme 773
Automatisch generierte Cast-Funktionen 100
Automatische Archivierung 49
Automatisches Recovery 49
AUTOREC
  Parameter -ALTER GROUPBUFFERPOOL A2-988
Autorisierung 48
  Konzept- V4R1 11
Autorisierungs-Fehler 602
Autorisierungs-Id 4, A1-893, A2-1356
  Entstehung 144
  Rolle bei Dynamic SQL A2-1018
  Übergabe an DB2 287
Autorisierungs-Konzept 144
  Überblick 287
Autorisierungsprüfung
  beim BIND 634
  Package-Ausführung 291
  von SQL-Statements 635
  Zeitpunkt 289
  zur Ausführungs-Zeit 290
  zur BIND-Zeit 289
Autorisierungsregeln
  dynamisches SQL A2-1017
aux-table-name
  Namens-Konventionen A1-866
  Parameter CREATE AUXILIARY TABLE A2-1063
  Parameter CREATE INDEX A2-1100
AUXERROR
  Parameter CHECK DATA A2-1036
Auxiliary Check Pending Restrictive Status
  STATUS des Spaces A2-1169
AUXILIARY INDEX
  Beispiel CREATE 211
Auxiliary Index 717
  Beispiel-Definition A2-1116
  Detail-Beschreibung 116
  Löschen 220
  Namenskonvention A2-1115
AUXILIARY TABLE
  Beispiel CREATE 212
Auxiliary Table 717, A2-1100
  Beispiel-Definition A2-1116
  Definition A2-1063
  Detail-Beschreibung 116
  Katalog-Tabelle A3-1399
  Löschen 220
  Namenskonvention A2-1115

Auxiliary Warning Advisory Status
  STATUS des Spaces A2-1169
AUXONLY
  Option SCOPE
    Parameter CHECK DATA A2-1036
AUXRELOBID
  Spalte in Table SYSAUXRELS A3-1399
AUXTBNAME
  Spalte in Table SYSAUXRELS A3-1399
AUXTBOWNER
  Spalte in Table SYSAUXRELS A3-1399
AUXW A2-1034, A2-1036, A2-1040. *Kurzname von:* Auxiliary Warning Status
  Detailbeschreibung 600
AVG
  Beispiele 244
  Definition und Syntax A1-923
AVGSIZE
  Spalte in Table SYSLOBSTATS A3-1411
  Spalte in Table SYSPACKAGE A3-1412
  Spalte in Table SYSPLAN A3-1418
Avoidance 559

B

B-Tree 111
BACKODUR
  Installations-Parameter A7-1520
BACKOUT 540, 592
  Abbruch einer UOW 540
BACKOUT DURATION
  Installations-Parameter A7-1520
Base Table 717
  Detail-Beschreibung 101
Base Tablespace 717
BASIC 623
Basis-Codier-Regeln
  für SQL-Statements 661
Basis-Distinct-Typen 97, A2-1066
Basis-Prädikat
  Definition und Syntax A1-910
Basis-Sprach-Elemente
  Detail-Beschreibung A1-899
  Grafische Übersicht A1-899
Basis-View 353
Batch 71
  Abgrenzung zu Online 610
  Attachment-Facility 75, 79, 80
  Ausführungs-Job
    JCL-Beispiel 199
  langlaufendes Programm 614
  Langläufer
    Design-Empfehlungen 708
  Plan-Zuordnung 643
  Programm 538
    Rollback und Restart 707
    Synchronisation mit DB2 544
  Restart-Einrichtungen 707
  Übergabe Autorisierungs-Id 287
  Verfahrensunterschied zu Multi-User 609
Batch-Verarbeitung
  Abgrenzung 606
  brauchen wir sie noch? 607
  Detail-Beschreibung 614
  Probleme 607
  UOW und UOR 614
BCNF. *Kurzname von:* Boyce-Codd-Normalform
  Detail-Beschreibung 402
BCREATOR
  Spalte in Table SYSPLANDEP A3-1419
  Spalte in Table SYSVIEWDEP A3-1434
BDAM
  Konsistenz 538
Beeinflussung
  der Join-Methode 846, 847
  der Outer-Table-Auswahl 846, 847
Before Image 540
Before-Trigger 131, 422
  Beispiel 735
  Detail-Beschreibung 132
BEGIN ATOMIC
  Parameter CREATE TRIGGER A2-1140
BEGIN DECLARE SECTION
  Beschreibung 163
  Definition und Syntax A2-1013

I Index -Stichwortverzeichnis

Begrenzung
  von Ausgabezeilen 648
Behavior 749, A1-868
  Detail-Übersicht A2-1018
Beispiel-Tabellen 31
  Tabelleninhalte 233
BELOWHEAP(4K,,) 741
Benutzerdaten
  Begriffs-Erläuterung 481
Benutzerdefinierte Funktion
  SQL-Standard 66
Benutzerdefinierter Daten-Typ
  Privilegien A2-1226, A2-1227, A2-1314, A2-1317
  SQL-Standard 66
Benutzergruppe 157
Benutzerorientierter Objekt-Typ 95
Benutzersicht
  Begriffs-Erläuterung 339
  Hierarchie 431
Benutzter Space 331
Benutzung physischer Objekte
  Privilegien widerrufen A2-1320
best fit A1-921
Betriebsformen
  Detail-Beschreibung 615
Betriebssystem
  Anforderung Version 5 140
  Komponenten
    Detail-Beschreibung 71
BETWEEN
  Beispiel 238
  Definition und Syntax A1-912
Beziehung
  Beziehungs-Eigenschaft 384
  Beziehungs-Grad
    Begriffs-Erläuterung 385
  Beziehungs-Typen
    RM/T 388
Beziehungs-Konstrukt 32
Bill of material 449
BINARY LARGE OBJECT
  Daten-Typ A2-1121
Binary Search 508
Binary Strings
  Definition A1-873
Binärzahlen
  Definition A1-874
BIND 625, 772
  ACQUIRE (USE) 763
  BIND-Prozess
    Detail-Beschreibung 634
  DEGREE A2-1349
  eines Plans
    erforderliche Privilegien 304
  ISOLATION (CS) 763
  ISOLATION (RR) 763
  neue Package 304
  Option DYNAMICRULES
    Parameter BIND PACKAGE A2-1017
  Parameter GRANT PACKAGE
    PRIVILEGES A2-1228
  Parameter GRANT PLAN PRIVILEGES A2-1229
  Privileg A7-1520
  RELEASE (COMMIT) 763
  remote BIND 711
  Übersicht 193
  wann erforderlich? 642
BIND NEW PACKAGE
  Installations-Parameter A7-1520
BIND PACKAGE
  Beschreibung 160
  DB2I
    Detail-Beschreibung 193
  Definition und Syntax A2-1014
BIND PLAN
  Beschreibung 160
  DB2I
    Detail-Beschreibung 196
  Definition und Syntax A2-1022
Bind-Behavior 291, 305, A2-1017
Bind-Time-Rules 289, A2-1017, A2-1026
BIND_TIME
  Spalte in der PLAN_TABLE A5-1462

BINDADD
  Parameter GRANT SYSTEM PRIVILEGES A2-1231
BINDADDAUTH
  Spalte in Table SYSUSERAUTH A3-1433
BINDAGENT A2-1228
  Implizite Rechte 301
  Parameter GRANT SYSTEM PRIVILEGES A2-1231
BINDAGENTAUTH
  Spalte in Table SYSUSERAUTH A3-1433
BINDAUTH
  Spalte in Table SYSPACKAUTH A3-1414
  Spalte in Table SYSPLANAUTH A3-1419
BINDDATE
  Spalte in Table SYSPLAN A3-1417
BINDERROR
  Spalte in Table SYSPACKSTMT A3-1415
BINDNV
  Installations-Parameter A7-1520
BINDTIME
  Spalte in Table SYSPACKAGE A3-1412
  Spalte in Table SYSPLAN A3-1418
BIT A1-873
  Parameter CREATE TABLE A2-1122
Bitmap Index ANDing 24
Black Box 360
Blank-String erzeugen A1-961
Blasendiagramm
  Beispielgrafik 410
Blättern
  im Online 702
BLOB 18, 29, 104, 717. Kurzname von: Binary Large Object
  Behandlung in Programmen 718
  Definition und Syntax A1-932
  im Programm 673
  Objektorientierung 58
  Parameter LOAD A2-1255
BLOB-Locator
  Behandlung in Programmen 719
Block Fetch 14, A2-1017, A2-1025
  Beispiel 716
BM 76. Kurzname von: Buffer Manager
  Begriffs-Erläuterung 770
  Einordnung 769
BMC 69
BMP 75, 79. Kurzname von: Batch Message Program (IMS)
BMPTOUT
  Installations-Parameter A7-1519
BNAME
  Spalte in Table SYSPACKDEP A3-1414
  Spalte in Table SYSPLANDEP A3-1419
  Spalte in Table SYSVIEWDEP A3-1434
BOM 449. Kurzname von: Bill of Material
Boole & Babbage 70
Boolean Term 828
  Prädikat 782
Boolsche Verknüpfung
  SQL-Beispiele 237
Bootstrap Dataset A7-1518
  Grobe Beschreibung 120
  verfügbar machen A2-1281
Borland 61
BOTH
  Option USING
    Parameter DESCRIBE A2-1155
    Parameter PREPARE A2-1265
Bottom Up 337
  Begriffs-Erläuterung 381
BOUNDBY
  Spalte in Table SYSPLAN A3-1418
BOUNDTS
  Spalte in Table SYSPLAN A3-1418
Boyce 402
BP. Kurzname von: Bufferpool
BP32K 860
bpname
  Namens-Konventionen A1-866
  Parameter -ALTER BUFFERPOOL A2-976
  Parameter -DISPLAY BUFFERPOOL A2-1167
  Parameter ALTER DATABASE
    Option Bufferpool A2-980
    Option INDEXBP A2-980

Parameter ALTER TABLESPACE
  Option BUFFERPOOL A2-1004
Parameter CREATE DATABASE A2-1064
Parameter CREATE INDEX A2-1101
Parameter CREATE TABLESPACE A2-1130
Parameter GRANT USE PRIVILEGES A2-1235
BPOOL. Kurzname von: Bufferpool
  Spalte in Table SYSDATABASE A3-1405
  Spalte in Table SYSINDEXES A3-1409
  Spalte in Table SYSTABLESPACE A3-1431
  Spalten-Bedeutung 328
BQUALIFIER
  Spalte in Table SYSPACKDEP A3-1414
Browsing
  im Online 702
BSAM. Kurzname von: Basic Sequential Access Method
BSAM-Striping 16
BSCHEMA
  Spalte in Table SYSVIEWDEP A3-1434
BSDS 174, 585, 604. Kurzname von: Bootstrap Dataset
  Parameter GRANT SYSTEM PRIVILEGES A2-1231
BSDSAUTH
  Spalte in Table SYSUSERAUTH A3-1433
BT. Kurzname von: Boolean Term
  Prädikat 782
BTYPE
  Spalte in Table SYSPACKDEP A3-1414
  Spalte in Table SYSPLANDEP A3-1419
  Spalte in Table SYSVIEWDEP A3-1434
Bubbles
  Beispielgrafik 410
Buffer
  Ausschreibverfahren 545
Buffer Pool
  Größe A7-1518
Buffer Pool Sizes Panels A7-1521
BUFFER POOL STORAGE SIZE
  Installations-Parameter A7-1518
Buffer Pool Tool 68, 772
buffer pools deferred write threshold A2-978
buffer pools vertical deferred write threshold A2-978
Buffer-Page
  verfügbar 523
BUFFERPOOL
  Installations-Parameter A7-1521
  Parameter ALTER DATABASE A2-980
  Parameter ALTER INDEX A2-990
  Parameter ALTER TABLESPACE A2-1004
  Parameter CREATE DATABASE A2-1064
  Parameter CREATE INDEX A2-1101
  Parameter CREATE TABLESPACE A2-1130
  Parameter GRANT USE PRIVILEGES A2-1235
Bufferpool 17, 113
  Adressraum A2-976
  Änderung von Charakteristiken A2-976
  Begriffs-Erläuterung 482
  Buffer-Pages ausschreiben A2-978, A2-1019, A2-1026
  Bufferpool-Größe 771
  Dataspace A2-976
  Einrichtungs-Strategien 525
  für Indexspaces A2-980, A2-1065
  Größe definieren A2-976
  Hit Ratio 771
  Statistiken A2-1164
  Status-Anzeige A2-1163
  Threshold
    Detail-Beschreibung 524
  Typen
    Begriffs-Erläuterung 516
  Übersicht Konzept 516
  V3 7
  Zuordnung
    Detail-Beschreibung 475
BUFSIZE
  Parameter -START TRACE A2-1370
BUILD
  Utility-Phase LOAD A2-1244, A2-1287
  Utility-Phase RECOVER INDEX A2-1273

I Index -Stichwortverzeichnis

Utility-Phase REORG TABLESPACE A2-1294
BUILD2
   Utility-Phase REORG TABLESPACE A2-1294
Builtin Daten-Typ
   Begriffs-Erläuterung 96
   Detail-Tabelle Typ-Änderungen A1-880
   Detailbeschreibung A1-872
   Format-Änderungen A1-880
   Namens-Konventionen A1-866
   Überblick A1-871
builtin-data-type
   Parameter ALTER FUNCTION A2-986
   Parameter CREATE FUNCTION (External Scalar) A2-1074
   Parameter CREATE FUNCTION (External Table) A2-1083
   Parameter CREATE FUNCTION (Sourced) A2-1094
   Parameter CREATE GLOBAL TEMPORARY TABLE A2-1097
   Parameter CREATE PROCEDURE A2-1107
   Parameter DECLARE TABLE A2-1151
Builtin-Function 48
   automatische Generierung A1-876
   Beispiel 244
   Definition A1-920
   Detail-Beschreibung A1-922
Business Modell 59
Business-Logic 23, 24
Business-Rules 23, 24, 359, 424
   Detaillierte Darstellung 420
   Übersicht 421
BY DEFAULT
   Parameter ALTER TABLE
      Option GENERATED A2-1001

C

C 68, 224, 623, 738
   Anforderung Version 5 140
   Codier-Beispiel 737
   OPTION LANGUAGE
      Parameter CREATE FUNCTION (External Table) A2-1085
   Option LANGUAGE
      Parameter ALTER FUNCTION A2-983
      Parameter ALTER PROCEDURE A2-994
      Parameter CREATE FUNCTION (External Scalar) A2-1075
      Parameter CREATE PROCEDURE A2-1109
      Parameter DCLGEN A2-1145
      Spalte in Table SYSROUTINES A3-1422
   SQL-Besonderheiten 662
C++ 12, 68, 224, 623
   Anforderung Version 5 140
C-Typ 45
C/S 82. *Kurzname von:* Client-Server; Client/Server
CA. *Kurzname von:* Computer Associates
Cache A7-1518, A7-1520
CACHE DYNAMIC
   YES 518
CACHE DYNAMIC SQL 15, 760
   Installations-Parameter A7-1521
CACHEDYN
   Installations-Parameter A7-1521
CACHEPAC
   Installations-Parameter A7-1520
CACHERAC
   Installations-Parameter A7-1520
CACHESIZE
   Parameter BIND/REBIND PLAN A2-1024
   Spalte in Table SYSPLAN A3-1418
Caching 15
CAE 60
CAF 75, 77, 645. *Kurzname von:* Call Attachment-Facility
   Detail-Beschreibung 743
   Fehlerbehandlung 680
   Funktionen
      Definitionen und Syntax A5-1474
      Plan-Zuordnung 643
      Reason-Code A5-1479
      Return-Code A5-1479

Stored Procedure 741
   Überblick 79
   Übergabe Autorisierungs-Id 287
CALL 10, 123, 357, 361, 740
   Beschreibung 163
   Definition und Syntax A2-1029
   SQLDA-Nutzung A5-1443
Call Attachment-Facility. *Siehe auch* CAF
   Beispiel 633
CALL DSNALI 79, 643
   Definitionen und Syntax A5-1474, A5-1480
CALL DSNHLI
   Beispiel 633
CALL DSNRLI A5-1480
CallableStatement 656
CALLED ON NULL INPUT
   Parameter ALTER FUNCTION A2-984
   Parameter CREATE FUNCTION (External Scalar) A2-1075
   Parameter CREATE FUNCTION (External Table) A2-1085
   Parameter CREATE PROCEDURE A2-1109
CALLTYPE 729
CANCEL OFFLOAD
   Parameter -ARCHIVE LOG A2-1010
Candidate Key 402
   Begriffs-Erläuterung 386
Candle 69, 70
CAPTURE1AUTH
   Spalte in Table SYSUSERAUTH A3-1433
CAPTURE2AUTH
   Spalte in Table SYSUSERAUTH A3-1433
CAPTUREAUTH
   Spalte in Table SYSTABAUTH A3-1427
CARD
   Spalte in Table SYSINDEXPART A3-1410
   Spalte in Table SYSTABLEPART A3-1428
   Spalte in Table SYSTABLES A3-1429
   Spalte in Table SYSTABSTATS A3-1432
CARDF
   palte in Table SYSTABLEPART A3-1429
   RUNSTATS-Statistiken A2-1325, A2-1326
   Spalte in Table SYSCOLDIST A3-1400
   Spalte in Table SYSCOLDISTSTATS A3-1401
   Spalte in Table SYSINDEXPART A3-1411
   Spalte in Table SYSTABLES A3-1430
   Spalte in Table SYSTABSTATS A3-1432
   Spalten-Bedeutung 328
CARDINALITY
   Parameter ALTER FUNCTION A2-985
   Parameter CREATE FUNCTION (External Table) A2-1088
   Spalte in Table SYSROUTINES A3-1424
Cardinality 533, 772, A2-1325, A2-1331
   Detail-Beschreibung 783
   Statistiken A2-1331
CASCADE 220
   Delete-Abhängigkeit 452
   Detail-Beschreibung 416
   Parameter ALTER TABLE
      Option REFERENCES A2-1002
   Parameter CREATE TABLE
      Option REFERENCES A2-1125
   Überblick 103
CASCADED
   Option WITH
      Parameter CREATE VIEW A2-1143
Cascading
   Rule
      in der Praxis 451
Cascading Effekt
   bei Privilegien 314
   Trigger 134
Cascading Markierung
   Markierung und Update 42
CASE
   Definition und Syntax A1-905
   Kompatibilitäts-Regeln A1-888
Case 13
   Beispiel 236
   SQL-Standard 65
CAST 98, A1-872, A1-878, A1-879
   Definition und Syntax A1-907
Cast 245
CAST FROM
   Parameter CREATE FUNCTION (External Scalar) A2-1071

CAST-function
   Parameter Sub-Select-Statement A2-1342
cast-function-name
   Parameter ALTER TABLE A2-1001
   Parameter CREATE TABLE A2-1120
Cast-Funktion 98, 751, A2-1090
   Detail-Beschreibung 100
   Privilegien A2-1227, A2-1314, A2-1317
CAST_FUNCTION
   Spalte in Table SYSPARMS A3-1416
   Spalte in Table SYSROUTINES A3-1423
CAST_FUNCTION_ID
   Spalte in Table SYSPARMS A3-1417
Casting
   Definition A1-879
CASTOUT 517, A2-1163, A2-1166
   Fehler A2-1177
   Installations-Parameter A7-1521
   Parameter -ALTER BUFFERPOOL A2-979
CATALOG ALIAS
   Installations-Parameter A7-1518
Catalog Facility 70
CATALOG MANAGER for DB2 70
Catalog Visibility 6
catalog-name
   Namens-Konventionen A1-866
   Parameter ALTER TABLESPACE A2-1006
   Parameter CREATE STOGROUP A2-1113
   Parameter CREATE TABLESPACE A2-1132
CATALOGMANAGER 222
CCSID 85, A1-882. *Kurzname von:* Coded Character Set Identifier
   Parameter ALTER DATABASE A2-980
   Parameter ALTER TABLESPACE A2-1004
   Parameter CREATE DATABASE A2-1065
   Parameter CREATE GLOBAL TEMPORARY TABLE A2-1097
   Parameter CREATE TABLE A2-1118
   Parameter LOAD A2-1247
   Spalte in Table SYSPARMS A3-1416
CDB 4, 76, 85. *Kurzname von:* Communications Databases
   Manipulationsmöglichkeit 336
   referenzielle Beziehungen A4-1435
   Überblick A4-1435
   Verwaltung 324
CDB Software Inc. 70
CDB-Tabellen-Strukturen
   Tabellen und Spalten A4-1436
CDB/SuperCopy 70
CDB/SuperLoad 70
CDB/SuperReorg 70
CDB/SuperRestore 70
CDB/SuperUnload 70
CDSSRDEF
   Installations-Parameter A7-1521
CEC. *Kurzname von:* Central Electronic Complex
CEDF
   V2R3 6
CEENTRY 739
CEIL. *Synonym für:* CEILING
   Definition und Syntax A1-932
CF. *Kurzname von:* Coupling Facility
CGI 68
CHANGE 598
CHANGE LOG INVENTORY-Utility 593, 603
CHANGE MANAGER 70
CHANGED
   Option GBPCACHE
      Parameter ALTER TABLESPACE A2-1004
   Parameter ALTER INDEX
      Option GBPCACHE A2-992
CHANGELIMIT 16
   Parameter COPY A2-1060
CHANGER
   Spalte in der ART A5-1472
   Spalte in der ORT A5-1473
CHANGETIMESTAMP
   Spalte in der ART A5-1472
   Spalte in der ORT A5-1473
CHAR A5-1448
   Beispiele 246
   Definition und Syntax A1-933

I Index -Stichwortverzeichnis

im Programm 673
Limit A1-873
Parameter CREATE TABLE A2-1122
Parameter LOAD A2-1255
SQLTYPE-Inhalt A5-1448
CHAR LARGE OBJECT
Parameter CREATE TABLE A2-1122
CHAR VARYING
Parameter CREATE TABLE A2-1122
CHARACTER
im Programm 673
Limit A1-873
Parameter CREATE TABLE A2-1122
Character
Formate
mögliche Werte A1-877
Klassen
Detail-Beschreibung A1-864
String 44
Strings
mögliche Werte A1-877
CHARACTER LARGE OBJECT
Parameter CREATE TABLE A2-1122
Character Strings
Definition A1-873
CHARACTER VARYING
Parameter CREATE TABLE A2-1122
Characteristic
Begriffs-Erläuterung 388
CHARSET
Spalte in Table SYSDBRM A3-1407
Spalte in Table SYSPACKAGE A3-1413
CHECK
Beispiel 103
Beispiel CREATE 211
Parameter ALTER TABLE A2-1000
Parameter CREATE TABLE A2-1125
Parameter DSN1COPY A2-1209
Spalte in Table SYSVIEWS A3-1434
SQL-Standard 64
Check Consistency Utility 94
Check Constraint 143, 344, 358, 420, A1-892, A3-1399
Aspekte für PAEs 154
Beispiel CREATE 211
mit CHECK DATA prüfen A2-1034
Restriktionen A2-1125
Syntax A2-1125
V4R1 9
CHECK DATA
Beschreibung 172
Definition und Syntax A2-1034
Grobe Utility-Beschreibung 596
CHECK INDEX
Beschreibung 172
Definition und Syntax A2-1038
Grobe Utility-Beschreibung 596
Check Integrity 341
Check Klausel
Design-Entscheidung 618
CHECK LOB
Beschreibung 172
Definition und Syntax A2-1040
Check Pending Status 9, 456, 462, A1-892, A2-1036, A2-1057, A2-1115, A2-1385
Anzeige des Status A2-1169
ausschalten A2-1246
Beschreibung 600
löschen A2-1034
wird ausgesetzt A2-1278
wird gesetzt A2-1248, A2-1278
check-condition
Parameter CREATE TABLE A2-1125
Check-Constraint
CURRENT RULES 632
check-constraint
Parameter ALTER TABLE A2-1001
Option ADD A2-999
Check-Konstrukt 96, 618
Beispiel: Löschung 218
in der PLAN_TABLE 796
Löschen 222
Überblick 103
Check-Regel
prüfen A2-1034, A2-1248

CHECK-Utility. *Siehe auch* Exception Table
Exception Table A5-1470
CHECKCONDITION
Spalte in Table SYSCHECKS A3-1399
CHECKDAT
Utility-Phase CHECK DATA A2-1034
CHECKFLAG
RI-relevante Spalte 462
Spalte in Table SYSTABLEPART A3-1428
Spalte in Table SYSTABLES A3-1430
CHECKIDX
Utility-Phase CHECK INDEX A2-1038
Checkliste
Lock-Mechanismen 583
logisches Daten-Design 425
physisches Design 479
CHECKNAME
Spalte in Table SYSCHECKDEP A3-1399
Spalte in Table SYSCHECKS A3-1399
CHECKP
Detailbeschreibung 600
CHECKPOINT 75, 153, 581, 585, A2-1046
Abschluss einer UOW 540
aus Group Bufferpools A2-988
Wirkung im Programm 693
CHECKPOINT FREQ A2-1357
Installations-Parameter A7-1520
Checkpoint-Frequenz A2-1182, A2-1357
CHECKRID
RI-relevante Spalte 462
Spalte in Table SYSTABLEPART A3-1428
Spalte in Table SYSTABLES A3-1430
CHECKRID5B
Spalte in Table SYSTABLEPART A3-1429
Spalte in Table SYSTABLES A3-1430
CHECKS
Spalte in Table SYSTABLES A3-1430
Chiffrierung 284, A2-1118
CHILDREN
Spalte in Table SYSTABLES A3-1429
CHKP 705, A2-1034, A2-1040. *Kurzname von:* Check Pending Restrictive Status
Detailbeschreibung 600
STATUS des Spaces A2-1169
CI 530. *Kurzname von:* Control Interval (VSAM)
CICS 536, 593, 605, 699. *Kurzname von:* Customer Information Control System
Anforderung Version 5 141
Anzeigen Transaktionen A2-1200
Attachment-Facility 75, 79, 176, A2-1198, A2-1200, A2-1202
Attachment-Facility starten A2-1204
Attachment-Facility stoppen A2-1203
Batch
Rollback und Restart 707
CEDF 6
DB2-Commands A2-1198
Dynamische Plan-Zuordnung 644, A2-1200
Fehlerbehandlung 680
Grober Vergleich zu IMS 612
Konsistenz mit DB2 538
Plan-Zuordnung 643
Restart-Einrichtungen 707
Synchronisation mit DB2 544
Task 79
Threads Limite ändern A2-1202
Übergabe Autorisierungs-Id 287
CICS RELEASE
Installations-Parameter A7-1520
CICS-Command
Überblick 159
Übersicht 176
Claim
Detail-Beschreibung 572
Klasse 572
V3 7
CLAIMERS
Parameter -DISPLAY DATABASE A2-1174
CLASS
Parameter -DISPLAY TRACE A2-1192
Parameter -MODIFY TRACE A2-1261
Parameter -START TRACE A2-1369
Parameter -STOP TRACE A2-1382

Class 1
Begriffs-Erläuterung 774
Class 2
Begriffs-Erläuterung 774
Class 3
Begriffs-Erläuterung 774
Class Castout Threshold A2-988
Class Libraries 22
CLASST
Parameter -ALTER GROUPBUFFERPOOL A2-988
CLI 12, 61, 64, 624. *Kurzname von:* Call Level Interface
Begriffs-Erläuterung 224
Funktionskonzept 653
relevante Kriterien 654
Sprachmittel 649
Sprachschnittstelle für Programme 623
Standard-Effekt 348
Client 618, 709
Begriffs-Erläuterung 83
Client Application Enablers 26
Client Programm 360
Client-Server 124
Architektur 82
Aspekte für PAEs 154
Konzeptionelle Konsequenzen 373
Tools 69
CLIST Calculations Panel A7-1518
CLOB 18, 104, 717. *Kurzname von:* Character Large Object
Behandlung in Programmen 718
im Programm 673
Parameter CREATE TABLE A2-1122
Parameter LOAD A2-1255
CLOB-Locator
Behandlung in Programmen 719
CLOB_LOCATOR
Beispiel A2-1219
CLOSE
Begriffs-Erläuterung 682
Beschreibung 163
Definition und Syntax A2-1042
Detail-Beschreibung 474, 687
Parameter ALTER INDEX A2-990
Parameter ALTER TABLESPACE A2-1004
Parameter CREATE INDEX A2-1101
Parameter CREATE TABLESPACE A2-1131
CLOSE (CAF) 744
Definitionen und Syntax A5-1477
CLOSE CURSOR
Dynamic SQL 750
CLOSERULE
Spalte in Table SYSINDEXES A3-1409
Spalte in Table SYSTABLESPACE A3-1431
Spalten-Bedeutung 328
CLUSTER A2-1293
Parameter CREATE INDEX A2-1100
Cluster Index 112, 475, 532, 855
Index-Insert-Strategie 496
CLUSTERED
Spalte in Table SYSINDEXES A3-1409
Spalten-Bedeutung 328
und CLUSTERING 510
Clustered Index 805, 819
in clustered Folge 332
Index-Scan 793
CLUSTERING
RUNSTATS-Statistiken A2-1325
Spalte in Table SYSINDEXES A3-1409
Spalten-Bedeutung 328
und CLUSTERED 510
CLUSTERRATIO 522, 793, 801, 856
Spalte in Table SYSINDEXES A3-1409
Spalte in Table SYSINDEXSTATS A3-1411
Spalten-Bedeutung 328
Wirkung 510, 521, 522
CLUSTERRATIOF
RUNSTATS-Statistiken A2-1325
Spalte in Table SYSINDEXES A3-1410
Spalte in Table SYSINDEXSTATS A3-1411
CLUSTERRID
Spalte in Table SYSTABLES A3-1429
CLUSTERTYPE
Spalte in Table SYSTABLES A3-1429

I Index -Stichwortverzeichnis

CNAME
  Spalte in Table SYSPKSYSTEM A3-1417
  Spalte in Table SYSPLSYSTEM A3-1420
COALESCE 259, 266
  Beispiele 248, 261, 262, 266, 267
  Definition und Syntax A1-937
  Kompatibilitäts-Regeln A1-888
  Parameter Sub-Select-Statement A2-1342
COB2
  Option LANGUAGE
    Parameter DCLGEN A2-1145
COBOL 68, 623, 738, 752
  Anforderung Version 5 140
  Codier-Beispiel 726, 730, 732
  DB2I-Defaults 180
  DCLGEN-Struktur 188
  OPTION LANGUAGE
    Parameter CREATE FUNCTION (External Table) A2-1085
  Option LANGUAGE
    Parameter ALTER FUNCTION A2-983
    Parameter ALTER PROCEDURE A2-994
    Parameter CREATE FUNCTION (External Scalar) A2-1075
    Parameter CREATE PROCEDURE A2-1109
    Parameter DCLGEN A2-1145
  Spalte in Table SYSROUTINES A3-1422
  SQL-Besonderheiten 663
  STRING DELIMITER 180
COBOL3 12
CODASYL 53, 60, 62, 383. *Kurzname von:* Conference on Data Systems Languages
CODD 357
Codd 1, 41, 396
Code Generierung
  Begriffs-Erläuterung 780
COLCARD 786
  = -1 783
  Spalte in Table SYSCOLSTATS A3-1401
  Spalte in Table SYSCOLUMNS A3-1402
COLCARDDATA
  Spalte in Table SYSCOLSTATS A3-1402
COLCARDF
  RUNSTATS-Statistiken A2-1325
  Spalte in Table SYSCOLUMNS A3-1403
COLCOUNT
  Spalte in Table SYSINDEXES A3-1409
  Spalte in Table SYSRELS A3-1421
  Spalte in Table SYSTABLES A3-1429
COLGROUPCOLNO
  RUNSTATS-Statistiken A2-1325
  Spalte in Table SYSCOLDIST A3-1400
  Spalte in Table SYSCOLDISTSTATS A3-1401
Collated Keymap 508
COLLECTION
  Parameter GRANT COLLECTION PRIVILEGES A2-1223
Collection
  Detail-Beschreibung 638
  Privilegien vergeben A2-1223
  Privilegien widerrufen A2-1311
Collection-Id
  Info in PLAN_TABLE A5-1461, A5-1465, A5-1467
  Package 638
collection-id
  Namens-Konventionen A1-866
  Parameter BIND/REBIND PACKAGE A2-1016
  Parameter CREATE FUNCTION (External Scalar) A2-1079
  Parameter CREATE PROCEDURE A2-1110
  Parameter DROP A2-1196
  Parameter FREE PACKAGE A2-1220
  Parameter GRANT COLLECTION PRIVILEGES A2-1223
  Parameter GRANT PACKAGE PRIVILEGES A2-1228
  Parameter REBIND TRIGGER PACKAGE A2-1272
Collection-Konzept 742
collection-name A1-891
COLLECTION-Privilegien 294
COLLID 742, 840
  Parameter ALTER FUNCTION A2-985

Parameter ALTER PROCEDURE A2-995
Parameter CREATE FUNCTION (External Scalar) A2-1079
Parameter CREATE PROCEDURE A2-1110
Spalte in der PLAN_TABLE A5-1458, A5-1464, A5-1466
Spalte in Table SYSCOLAUTH A3-1400
Spalte in Table SYSPACKAGE A3-1412
Spalte in Table SYSPACKAUTH A3-1414
Spalte in Table SYSPACKLIST A3-1415
Spalte in Table SYSPACKSTMT A3-1415
Spalte in Table SYSPKSYSTEM A3-1417
Spalte in Table SYSPROCEDURES A3-1420
Spalte in Table SYSROUTINEAUTH A3-1422
Spalte in Table SYSROUTINES A3-1422
Spalte in Table SYSTABAUTH A3-1427
COLNAME
  Spalte in Table SYSAUXRELS A3-1399
  Spalte in Table SYSCHECKDEP A3-1399
  Spalte in Table SYSCOLAUTH A3-1400
  Spalte in Table SYSFOREIGNKEYS A3-1408
  Spalte in Table SYSKEYS A3-1411
COLNO
  Spalte in Table SYSCOLUMNS A3-1402
  Spalte in Table SYSFIELDS A3-1408
  Spalte in Table SYSFOREIGNKEYS A3-1408
  Spalte in Table SYSKEYS A3-1411
COLSEQ
  Spalte in Table SYSFOREIGNKEYS A3-1408
  Spalte in Table SYSKEYS A3-1411
COLSTATUS
  Spalte in Table SYSCOLUMNS A3-1403
COLSUFFIX
  Parameter DCLGEN A2-1146
  V4R1 10
COLTYPE
  Spalte in Table SYSCOLUMNS A3-1402
COLUMN
  Parameter COMMENT ON A2-1045
  Parameter LABEL ON A2-1242
  Parameter RUNSTATS TABLESPACE A2-1331
Column Function 21, 130, A1-922, A1-1090
  Beispiele 244
  Detail-Beschreibung A1-923
  Info in PLAN_TABLE A5-1461
Column Type 22
column-alteration
  Parameter ALTER TABLE
    Option ALTER A2-999
column-definition
  Parameter ALTER TABLE
    Option ADD A2-999
Column-Integrity 45
  Begriffs-Erläuterung 423
column-name
  Namens-Konventionen A1-866
  Parameter COMMENT ON A2-1045
  Parameter CREATE AUXILIARY TABLE A2-1063
  Parameter CREATE FUNCTION (External Table) A2-1081
  Parameter CREATE GLOBAL TEMPORARY TABLE A2-1097
  Parameter CREATE INDEX A2-1100
  Parameter CREATE TABLE A2-1119, A2-1124
  Parameter CREATE TRIGGER A2-1139
  Parameter CREATE VIEW A2-1142
  Parameter DECLARE TABLE A2-1151
  Parameter GRANT TABLE PRIVILEGES A2-1234
  Parameter INSERT A2-1240
  Parameter LABEL ON A2-1242
  Parameter RUNSTATS TABLESPACE A2-1331
  Parameter Select-Statement A2-1334, A2-1335
  Parameter SET A2-1346
  Parameter Sub-Select A2-1339
  Parameter UPDATE A2-1386, A2-1387
COLUMN_FN_EVAL
  Spalte in der PLAN_TABLE A5-1458
COLVALUE
  RUNSTATS-Statistiken A2-1325
  Spalte in Table SYSCOLDIST A3-1400
  Spalte in Table SYSCOLDISTSTATS A3-1401

COMMA
  Precompiler-Option 628
  Spalte in Table SYSDBRM A3-1407
  Spalte in Table SYSPACKAGE A3-1412
COMMAND (CAF) 744
COMMAND PREFIX
  Installations-Parameter A7-1519
Command Prefix 158, 160, 169
  V4R1 11
COMMENT
  Parameter -DISPLAY TRACE A2-1191
  Parameter -MODIFY TRACE A2-1261
  Parameter -START TRACE A2-1369
COMMENT ON
  Beispiel CREATE 213
  Beispiel DROP 223
  Beschreibung 163
  Definition und Syntax A2-1044
COMMIT 44, 75, 592, 738
  Auswirkung auf WHERE und ORDER BY 696
  automatisch 545
  Bedeutung 153
  bei verteilten Daten 715
  Beschreibung 163
  Definition und Syntax A2-1046
  Einsatz-Konsequenzen 704
  im 2-Phasen-Commit 544
  im Multi-User-Betrieb 609
  Option RELEASE
    Parameter BIND/REBIND PACKAGE A2-1020, A2-1028
  Parameter -RECOVER INDOUBT A2-1282
  Parameter -STOP DATABASE A2-1374
  Wirkung im Programm 693
COMMIT ON RETURN
  Parameter ALTER PROCEDURE A2-996
  Parameter CREATE PROCEDURE A2-1111
COMMIT_ON_RETURN 126
  Spalte in Table SYSPROCEDURES A3-1420
  Spalte in Table SYSROUTINES A3-1424
Common Applications Environment 60
Common Gateway Interface 68
Common Object Request Broker Architecture 56
Common Server 23
Compile 625
Composite Index 111, 443
Composite Key
  Aufsetzen 697
  Nachteile 387
Composite Privilegien 305
Composite Table
  Detailbeschreibung 815
  Info in PLAN_TABLE 816, A5-1459
  Nested Loop Join 818
Compound Prädikat 781, 790
COMPRESS 113, 503
  Detail-Beschreibung 474
  Parameter ALTER TABLESPACE A2-1004
  Parameter CREATE TABLESPACE A2-1130, A2-1131
  Spalte in Table SYSTABLEPART A3-1428
Compression Dictionary 503
Computer Associates 69
Compuware 69
CONCAT
  Beispiele 246
  Definition und Syntax A1-902, A1-938
  Probleme 697
CONCURRENT
  Parameter COPY A2-1060
Concurrent Copy A2-1060
  V4R1 11
CONCURRENT REORG 70
CONDBAT
  Installations-Parameter A7-1518
CONDITIONAL RESTART 585, 603
Conference on Data Systems Languages 60
CONNECT 82, 87, 125, 712
  Abgrenzung zu dreiteiligen Namen 714
  Beispiel A2-1148
  Beschreibung 163
  Gegenüberstellung der beiden Typen A2-1047

I Index -Stichwortverzeichnis

im SPUFI 182
Precompiler-Option 628
Typ 1 oder Typ 2
 Entscheidung 628
Typ 2 636
Typen
 V3 7
 Übersicht der Typen A2-1047
CONNECT (CAF) 744
 Definitionen und Syntax A5-1474
Connect Enterprise Edition 26
Connect Personal Edition 26
CONNECT TO A1-893
 Beispiel A2-1054
CONNECT Typ 1
 Definition und Syntax A2-1049
 implizite Zuordnung A2-1025
CONNECT Typ 2 A2-1285
 Definition und Syntax A2-1051
Connectable A2-1049
Connected A2-1049, A2-1052, A2-1285
Connection 175, 712, 854
 aktivieren A2-1348
 CAF 745
 Grobe Beschreibung 78
 IMS-DB2 aktivieren A2-1360
 IMS-DB2 deaktivieren A2-1372
 Status released setzen A2-1285
 V4R1 11
 V6 17
connection-name
 Parameter -DISPLAY THREAD A2-1188
 Parameter -RECOVER INDOUBT A2-1282
Connection-Typ
 Package-Nutzung A2-1018
 Plan-Nutzung A2-1026
CONNLIST
 Parameter -DISPLAY GROUPBUFFERPOOL A2-1179
Consistency-Token. *Synonym für:* Versions-Id
constant
 Parameter CREATE TABLE A2-1120
CONSTRAINT
 Beispiel 103
 Parameter ALTER TABLE A2-1000
 Option DROP A2-999
 Parameter CREATE TABLE A2-1125
Constraint. *Synonym für:* Check-Constraint; RI-Constraint
 Beispiel ALTER DROP 218
 Beispiel CREATE 211
constraint block
 Parameter -START TRACE A2-1369
constraint-name 451
 Namens-Konventionen A1-866
 Parameter ALTER TABLE A2-999
  Option DROP CONSTRAINT KEY A2-999
  Option DROP FOREIGN KEY A2-999
 Parameter CREATE TABLE A2-1124, A2-1125
CONSTRAINTS
 Parameter LOAD A2-1248
CONTAINS SQL 738
 Parameter ALTER FUNCTION A2-984
 Parameter ALTER PROCEDURE A2-995
 Parameter CREATE FUNCTION (External Scalar) A2-1076
 Parameter CREATE FUNCTION (External Table) A2-1086
 Parameter CREATE PROCEDURE A2-1109
CONTINUE
 Parameter REORG INDEX A2-1289
 Parameter REORG TABLESPACE A2-1298
 Parameter WHENEVER A2-1390
CONTINUEIF
 Parameter LOAD A2-1248
Continuous Block Fetch 715, 716
CONTOKEN
 Spalte in Table SYSCOLAUTH A3-1400
 Spalte in Table SYSPACKAGE A3-1412
 Spalte in Table SYSPACKAUTH A3-1414
 Spalte in Table SYSPACKSTMT A3-1415
 Spalte in Table SYSPKSYSTEM A3-1417
 Spalte in Table SYSROUTINEAUTH A3-1422
 Spalte in Table SYSTABAUTH A3-1427

CONTRACT THREAD STG
 Installations-Parameter A7-1518
Control Center 68
Control Character A1-864
CONTSTOR
 Installations-Parameter A7-1518
CONVLIMIT
 Spalte in Table LUMODES A4-1437
COORDINATOR
 Installations-Parameter A7-1519
COORDNTR
 Installations-Parameter A7-1519
COPY 150. *Kurzname von:* Copy Pending Restrictive Status
 Beschreibung 172
 Definition und Syntax A2-1057
 Detailbeschreibung 600
 Grobe Utility-Beschreibung 596
 Parameter ALTER INDEX A2-990
 Parameter BIND/REBIND PACKAGE A2-1016
 Parameter CREATE INDEX A2-1102
 Parameter GRANT PACKAGE PRIVILEGES A2-1228
 Spalte in Table SYSINDEXES A3-1410
 STATUS des Spaces A2-1170
 Tools 70
 Utility-Phase COPY A2-1057
COPY 1 NAME
 Installations-Parameter A7-1518
COPY 1 PREFIX
 Installations-Parameter A7-1518
COPY 2 NAME
 Installations-Parameter A7-1518
COPY 2 PREFIX
 Installations-Parameter A7-1518
Copy Pending Status 603, A2-1037, A2-1259, A2-1296
 wird gesetzt A2-1247
COPY PLUS for DB2 70
COPYAUTH
 Spalte in Table SYSPACKAUTH A3-1414
COPYDDN
 Parameter COPY A2-1060
 Parameter LOAD A2-1249
 Parameter MERGECOPY A2-1258
 Parameter REORG TABLESPACE A2-1300
COPYLRSN
 Spalte in Table SYSINDEXES A3-1410
COPYVER
 Parameter BIND/REBIND PACKAGE A2-1016
CORBA 56, 60. *Kurzname von:* Common Object Request Broker Architecture
Correlated Subquery 829, 859
 Begriffs-Erläuterung 814
 Detail-Beschreibung 832
 Detailbeschreibung 832
correlation-clause
 Parameter Sub-Select-Statement A2-1340, A2-1341
correlation-id
 Parameter -RECOVER INDOUBT A2-1282
correlation-name
 Namens-Konventionen A1-866
 Parameter CREATE TRIGGER A2-1140
 Parameter DELETE A2-1153
 Parameter SET A2-1346
 Parameter Sub-Select-Statement A2-1341
 Parameter UPDATE A2-1386
correlation-name.*
 Parameter Sub-Select A2-1339
CORRELATION_NAME 840
 Spalte in der PLAN_TABLE A5-1458
COS
 Definition und Syntax A1-938
COSH
 Definition und Syntax A1-938
Cosinus A1-938
COST_CATEGORY 798
COUNT
 Definition und Syntax A1-924
 Parameter -SET ARCHIVE A2-1347
COUNT_BIG
 Definition und Syntax A1-925

Coupling Facility 73, 92, 519
 Control Program 519
 Speicherstruktur A2-987
 und IRLM 577
 VTAM-Infos löschen A2-1309
CP
 Parameter RUN A2-1322
CPC 92. *Kurzname von:* Central Processor Complex
CPP
 Option LANGUAGE
 Parameter DCLGEN A2-1145
CPU bound
 Begriffs-Erläuterung 776
CPU-Parallel-Verarbeitung
 Info in PLAN_TABLE 835, A5-1462
CPU-Parallelverarbeitung
 V4R1 10
CPU-Time 860
CRC. *Kurzname von:* Command Recognition Character
CREATE
 Defaultzuordnungen 207
CREATE ALIAS
 Beispiel 109
 Beschreibung 163
 Definition und Syntax A2-1062, A2-1095
CREATE AUXILIARY TABLE
 Beschreibung 163
 Definition und Syntax A2-1063
CREATE DATABASE
 Beschreibung 163
 Definition und Syntax A2-1064
CREATE DISTINCT TYPE
 Beispiel A1-886
 Beschreibung 163
 Definition und Syntax A2-1066
CREATE FUNCTION 738, 740
 Beschreibung 163
 Übersicht A2-1069
CREATE FUNCTION (External Scalar)
 Definition und Syntax A2-1070
CREATE FUNCTION (External Table)
 Definition und Syntax A2-1080
CREATE FUNCTION (Sourced)
 Definition und Syntax A2-1090
CREATE GLOBAL TEMPORARY TABLE
 Beschreibung 163
 Definition und Syntax A2-1095
CREATE IN
 Parameter GRANT COLLECTION PRIVILEGES A2-1223
CREATE INDEX 529
 Beschreibung 163
 Definition und Syntax A2-1098
 Überblick 102
CREATE ON
 Parameter GRANT COLLECTION PRIVILEGES A2-1223
CREATE PROCEDURE 17, 738, 740
 Beschreibung 164
 Definition und Syntax A2-1105
CREATE ROW TYPE 67
CREATE SCHEMA
 Definition und Syntax A2-1112
CREATE STOGROUP
 Beschreibung 164
 Definition und Syntax A2-1113
CREATE SYNONYM
 Beispiel 108
 Beschreibung 164
 Definition und Syntax A2-1114
CREATE TABLE
 Beschreibung 164
 Definition und Syntax A2-1115
 Überblick 102
CREATE TABLESPACE 529
 Beschreibung 164
 Definition und Syntax A2-1126
CREATE THREAD (RRSAF)
 Definitionen und Syntax A5-1485
CREATE TRIGGER
 Beschreibung 164
 Definition und Syntax A2-1135
CREATE VIEW
 Beschreibung 164

I Index -Stichwortverzeichnis

Definition und Syntax A2-1141
Spaltenliste 351
CREATEALIAS
  Parameter GRANT SYSTEM
    PRIVILEGES A2-1231
CREATEALIASAUTH
  Spalte in Table SYSUSERAUTH A3-1433
CREATEDBA
  Parameter GRANT SYSTEM
    PRIVILEGES A2-1231
CREATEDBAAUTH
  Spalte in Table SYSUSERAUTH A3-1433
CREATEDBC
  Parameter GRANT SYSTEM
    PRIVILEGES A2-1231
CREATEDBCAUTH
  Spalte in Table SYSUSERAUTH A3-1433
CREATEDBY 293
  Spalte in Table SYSDATABASE A3-1406
  Spalte in Table SYSDATATYPES A3-1406
  Spalte in Table SYSINDEXES A3-1409
  Spalte in Table SYSROUTINES A3-1422
  Spalte in Table SYSSTOGROUP A3-1426
  Spalte in Table SYSSYNONYMS A3-1426
  Spalte in Table SYSTABLES A3-1430
  Spalte in Table SYSTABLESPACE A3-1431
  Spalte in Table SYSTRIGGERS A3-1432
CREATEDTS
  Spalte in Table SYSDATABASE A3-1406
  Spalte in Table SYSDATATYPES A3-1406
  Spalte in Table SYSINDEXES A3-1409
  Spalte in Table SYSROUTINES A3-1424
  Spalte in Table SYSSTOGROUP A3-1426
  Spalte in Table SYSSYNONYMS A3-1426
  Spalte in Table SYSTABLES A3-1430
  Spalte in Table SYSTABLESPACE A3-1431
  Spalte in Table SYSTRIGGERS A3-1433
CREATEIN
  Parameter GRANT SCHEMA
    PRIVILEGES A2-1230
CREATEINAUTH
  Spalte in Table SYSSCHEMAAUTH A3-1424
CREATESG
  Parameter GRANT SYSTEM
    PRIVILEGES A2-1231
CREATESGAUTH
  Spalte in Table SYSUSERAUTH A3-1433
CREATETAB
  Parameter GRANT DATABASE
    PRIVILEGES A2-1224
CREATETABAUTH
  Spalte in Table SYSDBAUTH A3-1407
CREATETIMESTAMP
  Spalte in der ART A5-1472
  Spalte in der ORT A5-1473
CREATETMTAB
  Parameter GRANT SYSTEM
    PRIVILEGES A2-1231
CREATETMTABAUTH
  Spalte in Table SYSUSERAUTH A3-1433
CREATETS
  Parameter GRANT DATABASE
    PRIVILEGES A2-1224
CREATETSAUTH
  Spalte in Table SYSDBAUTH A3-1407
CREATIN 740
CREATOR 293, 840
  Spalte in der ART A5-1472
  Spalte in der ORT A5-1473
  Spalte in der PLAN_TABLE A5-1458
  Spalte in Table SYSCHECKS A3-1399
  Spalte in Table SYSCOLAUTH A3-1400
  Spalte in Table SYSDATABASE A3-1405
  Spalte in Table SYSFOREIGNKEYS A3-1408
  Spalte in Table SYSINDEXES A3-1408
  Spalte in Table SYSPACKAGE A3-1412
  Spalte in Table SYSPLAN A3-1417
  Spalte in Table SYSRELS A3-1420
  Spalte in Table SYSSTOGROUP A3-1425
  Spalte in Table SYSSYNONYMS A3-1426
  Spalte in Table SYSTABLES A3-1429
  Spalte in Table SYSTABLESPACE A3-1431
  Spalte in Table SYSVIEWS A3-1434
Creator
  Begriffs-Erläuterung 293
CRESTART 593

Cross Entity Integrity
  Begriffs-Erläuterung 423
CROSS MEMORY
  Installations-Parameter A7-1519
Cross-Attribut Integrity
  Begriffs-Erläuterung 423
Cross-Invalidation A2-987, A2-992
CS. *Kurzname von:* Cursor Stability
  (ISOLATION: Cursor Stability) 557
  Konsequenzen 378
  Option ISOLATION
    Parameter BIND/REBIND PACKAGE A2-1019
    Parameter BIND/REBIND PLAN A2-1027
  Option WITH
    Parameter DELETE A2-1153
    Parameter INSERT A2-1240
    Parameter SELECT A2-1337
    Parameter UPDATE A2-1386
  strategische Zieldefinitionen 373
  Varianten 376
  Verteilungsaspekte 377
CSA. *Kurzname von:* Common Service
  Area (OS/390)
CSP. *Kurzname von:* Cross System
  Product
CT. *Kurzname von:* Cursor Table
  Precompiler-Option 628
CTHREAD
  Installations-Parameter A7-1518
Cube 23, 25
CURRENT
  Parameter RELEASE A2-1285
  Parameter REPORT A2-1308
Current
  Connection-Status A2-1052
CURRENT DATE
  Behandlung bei INSERT 277
  Definition und Syntax A1-889
CURRENT DEGREE A2-1349
  Definition und Syntax A1-889
  Installations-Parameter A7-1521
  V3 7
  Wirkung 777
CURRENT FUNCTION PATH
  Definition und Syntax A1-891
CURRENT LC_CTYPE
  Definition und Syntax A1-890
CURRENT LOCALE LC_CTYPE A2-1350
  Definition und Syntax A1-890
CURRENT OPTIMIZATION HINT 21, A2-1351
  Definition und Syntax A1-890
CURRENT PACKAGESET A2-1028, A2-1352
  Definition und Syntax A1-891
  ein Modul und viele Objekte 319
  Package-Suche im Plan 640
CURRENT PATH 21, A2-1353
  Parameter SET CURRENT PATH A2-1353
CURRENT PRECISION A2-1354
  Definition und Syntax A1-892
CURRENT RULES 104, 116, A2-1355
  (DB2) 714
  DB2 A2-1225
  Definition und Syntax A1-892
  STD A2-1063, A2-1115
  V4R1 9
  Wirkung 632
CURRENT SCHEMA 25
CURRENT SERVER A2-1051
  Definition und Syntax A1-893
  Package-Suche im Plan 640
CURRENT SQLID 207, 302, 305, A2-1356
  als DEFAULT 277
  Begriffs-Erläuterung 288
  Parameter ALTER TABLE A2-1001
  Parameter CREATE TABLE A2-1120
  Übergabe 286
Current SQLID 305
CURRENT TIME
  Behandlung bei INSERT 277
  beim OPEN 686
CURRENT TIMESTAMP
  Behandlung bei INSERT 277

CURRENT TIMEZONE
  Definition und Syntax A1-894
CURRENT_LC_CTYPE
  Definition und Syntax A1-890
CURRENT_PATH 122
  Definition und Syntax A1-891
CURRENT_TIME
  Definition und Syntax A1-894
CURRENT_TIMESTAMP
  Definition und Syntax A1-894
CURRENTDATA 582
  (NO) A2-1218
  (YES) 715
  bei remote Anwendungen 711, 715
  bei unterschiedlichen Package 565
  Katalog-Spalte A3-1413
  Parameter BIND/REBIND PACKAGE A2-1016
  Parameter BIND/REBIND PLAN A2-1024
  Spalte in Table SYSPACKAGE A3-1413
  Spalte in Table SYSPLAN A3-1418
  Zusammenspiel der Parameter A2-1338
CURRENTSERVER 87, 641, A1-893, A2-1049
  bei remote Anwendungen 711
  Spalte in Table SYSPLAN A3-1418
CURSOR
  Parameter DESCRIBE CURSOR A2-1157
Cursor
  ambiguous A2-1016, A2-1025
  auf nächste Zeile positionieren A2-1218
  Daten-Aktualität A2-1017, A2-1025
  Dynamic SQL 758
  eröffnen A2-1262
  implizites Close A2-1149
  Konzept 224, 620
    Batch-Verarbeitung 614
    Detail-Beschreibung 681
  schließen A2-1042
  Scrollable 27
  Sperre einer Zeile A2-1218
  und Parallelverarbeitung 778
  UOW-Einfluss 693
  Update Intent 579
  Vorwärts- und Rückwärts-Rollen
    SQL-Standard 65
Cursor Stability
  INSERT-Statement A2-1240
  Isolation des Plans A2-1027
  Isolation für Package A2-1019
  Statement-Isolation-Level A2-1337, A2-1386
  Wirkung 563
CURSOR WITH HOLD A2-1321
cursor-name
  Namens-Konventionen A1-866
  Parameter ALLOCATE CURSOR A2-975
  Parameter CLOSE A2-1043
  Parameter DECLARE CURSOR A2-1148
  Parameter DELETE A2-1153
  Parameter DESCRIBE CURSOR A2-1157
  Parameter FETCH A2-1218
  Parameter OPEN A2-1263
Customize
  Java-Entwicklungsstep 658
Cycle 453

D

D-Typ 45
DA. *Kurzname von:* Daten-Administrator
Darstellung
  hierarchisch 419
DASD. *Kurzname von:* Direct Access
  Storage Device
  Zugriff verhindern 771
DASD MANAGER PLUS for DB2 70
DATA
  Parameter LOAD A2-1246
DATA (31) 741
DATA CAPTURE
  Parameter ALTER TABLE A2-999
  Parameter CREATE TABLE A2-1118
DATA CAPTURE CHANGES A2-1002
Data Capture Exit 5, 93
Data Compression
  V3 8
Data Links Manager 23, 27

I Index -Stichwortverzeichnis

Data Manager Threshold 524
Data of Inter-DB2 R/W Interest 517
DATA PACKER for DB2 70
Data Parameters A7-1518
Data Replication Manager
   Anforderung Version 5 140
Data Sharing 73, 90
   Anforderungen 92
   Argumente für DS 91
   Command-Wirkungskreis 169
   Environment 91
   Konsistenz 575, 594
Data Sharing Group 73, 90, 91, A7-1519
   Anzeige Status A2-1177
   Membername
      Info in PLAN_TABLE A5-1462, A5-1465, A5-1467
      V4R1 10
Data Sharing Member A7-1519
Data Space 17, 517, 518, 720
   Bufferpool-Nutzung A2-976
Data Warehouse 2, 25
Data-Dictionary-System 222
data-set-name
   Parameter RECOVER TABLESPACE A2-1280
data-type
   Parameter ALTER FUNCTION A2-986
   Parameter ALTER TABLE A2-1000
   Parameter CREATE FUNCTION (External Scalar) A2-1071
   Parameter CREATE FUNCTION (External Table) A2-1081
   Parameter CREATE FUNCTION (Sourced) A2-1091
   Parameter CREATE PROCEDURE A2-1106
Data/Refresher 68
DATABASE 772
   Beispiel ALTER 217
   Beispiel CREATE 210
   Beispiel DROP 222
   Parameter -DISPLAY DATABASE A2-1174, A2-1362
   Parameter CREATE TABLE A2-1117
   Parameter DROP A2-1195
Database
   Änderung von Charakteristiken A2-980, A2-981, A2-993
   einrichten A2-1064
   max. offene A7-1518
   Name im VSAM Dataset-Name 530
   Privilegien vergeben A2-1224
   Privilegien widerrufen A2-1312
   starten A2-1361
   stoppen A2-1373
Database Access Thread A2-1185
Database Descriptor
   Sperren 571
Database Descriptoren 518
Database Manager 23
DATABASE PROTOCOL
   Installations-Parameter A7-1521
Database Services 74, 76
database-name
   Namens-Konventionen A1-866
   Parameter -DISPLAY BUFFERPOOL A2-1168
   Parameter -DISPLAY DATABASE A2-1174, A2-1362
   Parameter -STOP DATABASE A2-1374
   Parameter ALTER DATABASE A2-980
   Parameter ALTER TABLESPACE A2-1004
   Parameter CHECK DATA A2-1036
   Parameter CHECK INDEX A2-1039
   Parameter CHECK LOB A2-1041
   Parameter COPY A2-1059
   Parameter CREATE AUXILIARY TABLE A2-1063
   Parameter CREATE DATABASE A2-1064
   Parameter CREATE TABLE A2-1117
   Parameter CREATE TABLESPACE A2-1129
   Parameter DROP A2-1195
   Parameter GRANT DATABASE PRIVILEGES A2-1225
   Parameter GRANT USE PRIVILEGES A2-1235
   Parameter MERGECOPY A2-1258
   Parameter MODIFY A2-1260

   Parameter QUIESCE A2-1267
   Parameter REBUILD INDEX A2-1274
   Parameter RECOVER TABLESPACE A2-1279, A2-1308
   Parameter REORG TABLESPACE A2-1296
   Parameter REPORT A2-1307
   Parameter RUNSTATS INDEX A2-1329
   Parameter RUNSTATS TABLESPACE A2-1330
DATABASE-Privilegien 294
DATABASES
   Installations-Parameter A7-1518
DATACAPTURE
   Spalte in Table SYSTABLES A3-1430
DATACOM 54
DATACOMPRESSOR 70
DataHub 69
Datajoiner 24
DATALINK 23, 25
DataMove 70
DataRefresher
   Anforderung Version 5 140
Dataset
   Ausdrucken A2-1211
   kopieren A2-1207
DATASET STATS TIME
   Installations-Parameter A7-1519
Datasets
   Maximal Anzahl A7-1518
DATASPACE
   Option VPTYPE
      Parameter -ALTER BUFFERPOOL A2-976
DATATYPEID
   Spalte in Table SYSDATATYPES A3-1406
   Spalte in Table SYSPARMS A3-1416
DATE
   Auswirkung bei ALTER 216
   Definition und Syntax A1-939
   im Programm 673
   Installations-Parameter A7-1521
   mögliche Inhalte A1-875
   Parameter CREATE TABLE A2-1122
   Precompiler-Option 628
Date Duration
   Definition und Syntax A1-903
DATE EXTERNAL
   Parameter LOAD A2-1255
DATE FORMAT
   Installations-Parameter A7-1521
DATEGRANTED
   Spalte in Table SYSCOLAUTH A3-1400
   Spalte in Table SYSDBAUTH A3-1407
   Spalte in Table SYSPLANAUTH A3-1419
   Spalte in Table SYSRESAUTH A3-1421
   Spalte in Table SYSTABAUTH A3-1427
   Spalte in Table SYSUSERAUTH A3-1433
Daten
   Administration
      Grobe Funktionsbeschreibung 136
   Aktualität für Cursor festlegen A2-1025
   Kompression
      V2R3 6
   laden A2-1243
   Manipulation
      Übersicht Befehle 37
   physische Datenunabhängigkeit 48
   rekonstruieren A2-1276
   reorganisieren A2-1292
   unterstützte Typen A1-871
Daten Pages
   Begriffs-Erläuterung 483
   Detail-Beschreibung 493
Daten-Beschaffung
   Separierung vom Programm 367
Daten-Design
   Checkliste 425
Daten-Manipulation
   Separierung vom Programm 367
Daten-Modell 860
   ableitbare Funktionen 392
   Begriffs-Erläuterung 339
   des Fachbereichs
      Begriffs-Erläuterung 392
   Entwicklungsgeschichte 383
Daten-Modellierung
   Auswirkung auf Programme 363

Daten-Typ 104
   Begriffs-Erläuterung 96
   DB2-internes Format A1-885
   Definition A2-1066, A2-1121
   Detail-Beschreibung 673
   Detailbeschreibung A1-871
   hierarchische Umwandlung A1-878
   Java 659
   Kompatibilität A1-881
   Konvertierbarkeit 98
   Promotion A1-878
   Qualifizierung A1-868
   Regeln für Ergebnis-Daten-Typen A1-888
   unterstützte 673
   Vergleichbarkeit 98
Daten-Typ-Gruppe
   Detailbeschreibung A1-871
Daten-Vergleich
   DateTime A1-885
   Detail-Beschreibung A1-881
   numerische Daten A1-885
   Strings A1-885
Daten-Verwaltung
   über zuständige Funktion 372
Daten-Zusammenführung
   Detail-Beschreibung 437
Daten-Zuweisung
   Detail-Beschreibung A1-881
Datenbank
   Administration 150
      Grobe Funktionsbeschreibung 136
   Administrator 43, 157
   Hierarchie 151
   Nutzungsmöglichkeit verschiedener 612
   Standards 61
   Statistik 49
Datenbank-Dienste 74
Datenbank-Schnittstelle 367
Datenbeschaffung
   Aufwand 432
   Komponenten 769
Datenentwurf
   Detail-Beschreibung 379
Datenmengen 620
   in Programmen 652
Datenorientierte Vorgehensweise 381
Datenpool
   Übersicht Konzept 516
Datenschutz
   Katalog-Query-Beispiele 335
Datensicherheitseinrichtungen
   Detail-Beschreibung 534
   Problemzonen 603
Datensicherheitsmaßnahmen
   Design-Entscheidung 619
Datensicherungs- und Wiederherstellfunktionen 586
Datensicht
   Begriffs-Erläuterung 339
   Trennung 362
Datenspeicherung
   Beschreibung 481
   Tools 70
   Utilities 532
Datensperre
   einrichten 551
Datenverwaltung
   Übersicht 481
Datenwert
   Begriffs-Erläuterung 29
DateTime
   Definition A1-875
   Funktionen - Beispiele 246
   Vergleich A1-885
   Zuweisungen A1-882
DateTime-Spezial-Register
   Besonderheiten A1-895
Dauer
   Sperre 555
      Begriffs-Erläuterung 550
DAY
   Beispiele 247
   Definition und Syntax A1-939
DAYOFMONTH
   Definition und Syntax A1-939
DAYOFWEEK
   Definition und Syntax A1-940

I Index -Stichwortverzeichnis

DAYOFYEAR
   Definition und Syntax   A1-940
DAYS
   Beispiele   247
   Definition und Syntax   A1-941
DB-Delivery   70
DB/IQ   69
DB/IQ-MA   70
DB®/DASD for DB2   70
DB®/EXPLAIN   69
DB®/QUICKCHANGE for DB2   70
DB®/QUICKCOMPARE for DB2   70
DB®/SMU for DB2   70
DB®/WORKBENCH for DB2   70
DB2
   Data Sharing
      Grobe Beschreibung   91
   Einführung   135
   Entwicklungsgeschichte   3, 23
   Extender   23
   for OS/390   3
   Limite
      V2R3   6
      MVS   3
      Non-MVS   23
   Parameter SET CURRENT RULES   A2-1355
   Performance-Tools   772
   Produkt-Kompatibilität   2
   RI   89
   Sysplex   91
   System-Aufbau
      Detail-Beschreibung   68
   System-Komponenten   68
   System-Ressourcen
      Überblick   118
DB2 Code   A6-1516
DB2 Data Sharing
   Sicherheitskonzept   535
DB2 Data Sharing Group   73
DB2 Everywhere   26
DB2 GENERIC LUNAME
   Installations-Parameter   A7-1520
DB2 LOCATION NAME
   Installations-Parameter   A7-1520
DB2 NETWORK LUNAME
   Installations-Parameter   A7-1520
DB2 PROC NAME
   Installations-Parameter   A7-1520
DB2 Stored Procedure
   Detail-Beschreibung   123
DB2-Abend Reason Code   A6-1516
DB2-Bibliotheken
   Überblick   120
DB2-Call-Attachment
   Restart-Einrichtungen   707
DB2-CHECKPOINT   590
DB2-Command   75, 160
   DB2I   200
   Überblick   159
   Übersicht   169
   unter CICS   A2-1198
   unter IMS   A2-1359
db2-command
   Parameter DSNC   A2-1198
DB2-Database
   Detail-Beschreibung   114
DB2-Directory
   Logging   586
DB2-established   738
DB2-IFI   743
DB2-Katalog
   Detail-Beschreibung   320
   Grobe Beschreibung   119
DB2-Limite   A1-970
DB2-Message
   Aufbau und Beispiel   A6-1514
DB2-Objekte
   3-Schemata-Ansatz   380
   Cascading Effekte   219
   Default-Zuordnung   207
   Hierarchie   206
   Kontrolle DDL   205
   Namenskonventionen   209
   Objekt-Hierarchie   207
   Übersicht   95

DB2-Privat-Protokoll-Zugriff   A2-1017
   Begriffs-Erläuterung   85, 88
   Detail-Beschreibung   709
DB2-Private-Connection   A2-1051
DB2-Programm
   Fehlerbehandlung   680
DB2-Regeln   A1-892
DB2-RI
   Argumente für   465
   Argumente gegen   465
DB2-Rules
   Konsequenzen   A2-1355
DB2-Spalte
   Konvertierungsregeln   674
DB2-Spalten-Typen
   und Host Variablen   673
DB2-Sprachschnittstellen
   Beschreibung   158
DB2-Subsystem   72
   starten   A2-1363
   stoppen   A2-1375
DB2-Systemdaten
   Begriffs-Erläuterung   481
DB2-Systemressourcen
   Sperren   571
DB2-Utility   586
   Datenablage   532
   DB2I   201
   für Datensicherheit   595
   Überblick   159
   Übersicht   172
DB2-Zugriffspfade   433
DB2/2   82
   V3   7
DB2/400   1
DB2/6000
   V3   7
DB2/VM   1
DB2/VSE   1
DB2I   68, 158, 224.   *Kurzname von:* DB2-Interactive
   Detail-Beschreibung   179
   für Programmentwicklung   625
DB2I-Defaults
   Defaults (D)   180
DB2PM   68, 69, 772, 860.   *Kurzname von:* DB2 Performance Monitor
   Anforderung Version 5   140
DB2SQL   729
   Parameter ALTER PROCEDURE
      Option PARAMETER STYLE   A2-994
   Parameter CREATE PROCEDURE   A2-1109
   Parameter Stored Procedure   723
DBA   35, 157.   *Kurzname von:* Datenbank-Administrator
DBADM.   *Kurzname von:* Datenbank-Administrator
   Implizite Rechte   301
   Parameter GRANT DATABASE PRIVILEGES   A2-1224
   Verwaltungswerkzeuge   70
DBADM-Privileg
   vergeben   A2-1231
DBADMAUTH
   Spalte in Table SYSDBAUTH   A3-1407
DBCLOB   18, 717.   *Kurzname von:* Double-Byte Character Large Object
   Behandlung in Programmen   718
   Definition und Syntax   A1-941
   im Programm   673
   Parameter CREATE TABLE   A2-1123
   Parameter LOAD   A2-1255
DBCLOB-Locator
   Behandlung in Programmen   719
DBCS   A1-873.   *Kurzname von:* Double-Byte-Character-Set
DBCS_CCSID
   Spalte in Table SYSDATABASE   A3-1406
   Spalte in Table SYSTABLESPACE   A3-1432
DBCSDELIM
   Parameter DCLGEN   A2-1146
DBCSSYMBOL
   Parameter DCLGEN   A2-1146
DBCTL   538

DBCTRL
   Implizite Rechte   301
   Parameter GRANT DATABASE PRIVILEGES   A2-1224
DBCTRL-Privileg
   vergeben   A2-1231
DBCTRLAUTH
   Spalte in Table SYSDBAUTH   A3-1407
DBD   93, 118, 518.   *Kurzname von:* Database Descriptor
DBD01   118
DBID.   *Kurzname von:* Database Identifier
   Spalte in Table SYSCHECKS   A3-1399
   Spalte in Table SYSDATABASE   A3-1406
   Spalte in Table SYSINDEXES   A3-1409
   Spalte in Table SYSTABLES   A3-1429
   Spalte in Table SYSTABLESPACE   A3-1431
   Spalte in Table SYSTRIGGERS   A3-1432
DBINFO   723, 729
   Parameter ALTER FUNCTION   A2-985
   Parameter ALTER PROCEDURE   A2-995
   Parameter CREATE FUNCTION (External Scalar)   A2-1078
   Parameter CREATE FUNCTION (External Table)   A2-1089
   Parameter CREATE PROCEDURE   A2-1109
   Spalte in Table SYSROUTINES   A3-1423
DBLOB   104
DBM1
   Parameter -START DB2   A2-1363
DBMAINT
   Implizite Rechte   301
   Parameter GRANT DATABASE PRIVILEGES   A2-1224
DBMAINTAUTH
   Spalte in Table SYSDBAUTH   A3-1407
DBMAUI.   *Kurzname von:* Database-Maintenance-Utility
DBMS.   *Kurzname von:* Database Management System
DBNAME
   Parameter -DISPLAY BUFFERPOOL   A2-1168
   Spalte in Table SYSCOPY   A3-1404
   Spalte in Table SYSINDEXES   A3-1409
   Spalte in Table SYSLOBSTATS   A3-1411
   Spalte in Table SYSTABAUTH   A3-1427
   Spalte in Table SYSTABLEPART   A3-1428
   Spalte in Table SYSTABLES   A3-1429
   Spalte in Table SYSTABLESPACE   A3-1431
   Spalte in Table SYSTABSTATS   A3-1432
DBPROTCL
   Installations-Parameter   A7-1521
DBPROTOCOL   85, 88
   (DRDA)   709
   (PRIVATE)   709
   Parameter BIND/REBIND PACKAGE   A2-1017
   Parameter BIND/REBIND PLAN   A2-1025
   Spalte in Table SYSPACKAGE   A3-1414
DBRAD.   *Kurzname von:* Data Base Relational Application Directory
DBRM   627, 634, A2-1020.   *Kurzname von:* Database Request Modul
   bei Java   658
   Detail-Beschreibung   637
   direkt im Plan   642
DCE   60.   *Kurzname von:* Distributed Computing Environment
   Anmeldedaten   284
DCL.   *Kurzname von:* Data Control Language
   implizite Katalog-Manipulation   336
   Übersicht   161
DCLGEN   625, 666.   *Kurzname von:* Declarations Generator
   Beschreibung   160
   Definition und Syntax   A2-1144
   Detail-Beschreibung   186
   Generierung von Host Strukturen   626
   V4R1   10
DCOLLID
   Spalte in Table SYSPACKDEP   A3-1414
DCONSTNAME
   Spalte in Table SYSCOLUMNS   A3-1404

I Index -Stichwortverzeichnis

DCONTOKEN
  Spalte in Table SYSPACKDEP A3-1415
DCREATOR
  Spalte in Table SYSVIEWDEP A3-1434
DD 62, 320, 382. *Kurzname von:* Data Dictionary
DDCS 205, 284. *Kurzname von:* Data Definition Control Support
  V2R3 5
DDF 74, 81, 151. *Kurzname von:* Distributed Data Facility
  Grobe Beschreibung 76
  Installations-Parameter A7-1520
  starten A2-1364
  stoppen A2-1376
  V2R1 4
DDF STARTUP OPTION
  Installations-Parameter A7-1520
DDF THREADS
  Installations-Parameter A7-1520
DDITV02 643
DDL. *Kurzname von:* Data Definition Language
  implizite Katalog-Manipulation 336
  Übersicht 161
DDL-Objekt-Restriktionen
  Limite A1-970
ddname
  Parameter CHECK DATA A2-1037
  Parameter LOAD A2-1246
  Parameter MERGECOPY A2-1258
DDP. *Kurzname von:* Distributed Database Processing
De Facto Standards 61
De Jure Standards 61
De-Normalisierung 363, 699
  Aspekte für PAEs 153
  Detail-Beschreibung 437
  Konsequenzen 442
De-Normalisierungs-Maßnahmen 420, A2-1137
De-Normalisierungsentscheidungen
  Funktionale Konsequenzen 469
DEADLINE
  Parameter -ALTER UTILITY A2-1007
  Parameter REORG INDEX A2-1289
  Parameter REORG TABLESPACE A2-1301
Deadlock 76
  Begriffs-Erläuterung 546
  Design-Entscheidung 618
  Detail-Beschreibung 552
  Erkennung durch IRLM 574
  wie kann er verhindert werden? 553
  Wirkung im Programm 574
DEADLOCK CYCLE
  Installations-Parameter A7-1519
DEADLOCK TIME 582
  Installations-Parameter A7-1519
DEADLOK
  Installations-Parameter A7-1519
DEALLC PERIOD TIME A2-1162, A2-1347
DEALLOCATE 556
  Option RELEASE
    Parameter BIND/REBIND PACKAGE A2-1021, A2-1028
DEC. *Synonym für:* DECIMAL
  im Programm 673
  Limit A1-874
  Parameter CREATE TABLE A2-1122
  Precompiler-Option 628
DEC31
  Spalte in Table SYSDBRM A3-1408
  Spalte in Table SYSPACKAGE A3-1413
DECARTH
  Installations-Parameter A7-1518
DECDIV3
  Installations-Parameter A7-1518
DECIMAL
  Beispiele 245
  Definition und Syntax A1-942
  im Programm 673
  Installations-Parameter A7-1518
  Parameter CREATE TABLE A2-1122
  SQLTYPE-Inhalt A5-1448

Decimal
  mögliche Werte A1-877
  nach Decimal A1-883
  nach Floating-Point A1-883
  nach Integer A1-883
DECIMAL ARITHMETIC A1-892, A2-1354
  Installations-Parameter A7-1518
DECIMAL EXTERNAL
  Parameter LOAD A2-1255
DECIMAL PACKED
  Parameter LOAD A2-1255
DECIMAL POINT 180
DECIMAL POINT IS A2-1100
  Installations-Parameter A7-1518
DECIMAL POINT IS COMMA 211
DECIMAL ZONED
  Parameter LOAD A2-1255
Declarations Generator 27
DECLARE CURSOR
  Begriffs-Erläuterung 682
  Beispiel mit COMMIT 693
  Beschreibung 164
  Definition und Syntax A2-1147
  Detail-Beschreibung 684
  Dynamic SQL 750
  wichtige Bedingungen 695
DECLARE STATEMENT
  Beschreibung 164
  Definition und Syntax A2-1150
DECLARE TABLE 666
  Beschreibung 164
  Definition und Syntax A2-1151
DEDB 93. *Kurzname von:* Data Entry Databases
DEFAULT
  Behandlung bei INSERT 276
  Parameter -SET ARCHIVE A2-1347
  Parameter ALTER TABLE
    Option data-type A2-1001
  Parameter CREATE TABLE A2-1119, A2-1120
  Spalte in Table SYSCOLUMNS A3-1403
  SQL-Standard 64
Default-Filter-Faktoren 786, 849
Default-Parameter
  DB2I 180
  SPUFI 183
Default-Statistikwerte 784
Default-Wert
  abweichend bei ALTER TABLE A2-1001
Default-Zuordnung
  DB2-Objekte 207
DEFAULTAPPL
  Spalte in der ART A5-1472
DEFAULTIF
  Parameter LOAD A2-1255
DEFAULTVALUE
  Spalte in Table SYSCOLUMNS A3-1403
DEFER 443, 834
  (PREPARE) 715, A3-1413
  Parameter BIND PACKAGE A2-1017
  Parameter BIND/REBIND PLAN A2-1025
  Parameter CREATE INDEX A2-1101
DEFERPREP
  Spalte in Table SYSPACKAGE A3-1413
  Spalte in Table SYSPLAN A3-1418
DEFERPREPARE
  Spalte in Table SYSPACKAGE A3-1413
Deferred Write Threshold 524
Deferred Write-Einrichtung A2-978
Define Group or Member Panel A7-1519
Define-Behavior 291, 305, A2-1017
DEFINEBIND A1-868
  Option DYNAMICRULES
    Parameter BIND PACKAGE A2-1017
DEFINERUN A1-868
  Option DYNAMICRULES
    Parameter BIND PACKAGE A2-1017
DEFLANG
  Installations-Parameter A7-1518
DEFLTID
  Installations-Parameter A7-1520
DEGREE 527, 776
  Parameter BIND PACKAGE A2-1017
  Parameter BIND/REBIND PLAN A2-1025
  Spalte in Table SYSPACKAGE A3-1413

  Spalte in Table SYSPLAN A3-1418
  Wirkung 777
DEGREES
  Definition und Syntax A1-942
Deklarationen
  Tabel, View 666
DELAY
  Parameter -ALTER UTILITY A2-1007
  Parameter REORG TABLESPACE A2-1290, A2-1302
DELETE
  Beispiele 281
  Beschreibung 164, 281
  Definition und Syntax A2-1152
  Massen-Daten 282
  Null-Werte 671
  Parameter CHECK DATA A2-1036
  Parameter CREATE TRIGGER A2-1139
  Parameter GRANT TABLE PRIVILEGES A2-1233
  Parameter MODIFY A2-1260
DELETE WHERE CURRENT OF
  Begriffs-Erläuterung 682
delete-abhängig 452
Delete-Pseudo
  Index Typ 2 511
Delete-Strategie
  in der Daten-Page 497
  in der Index-Page 511
DELETEAUTH
  Spalte in Table SYSTABAUTH A3-1427
DELETERULE
  RI-relevante Spalte 462
  Spalte in Table SYSRELS A3-1421
DELIM
  Installations-Parameter A7-1518
delimited A1-864
  Identifikator A1-865
Dependent Row 32, A2-1036
Dependent Table 102
  anlegen 463
  Begriffs-Erläuterung 446
  Katalog-Query-Beispiele 333
Dependent Tablespace
  Begriffs-Erläuterung 446
DESC 111, 810
  Parameter CREATE INDEX A2-1100
  Parameter Select-Statement A2-1334
Descendent Row A2-1036
DESCRIBE 752
  Beschreibung 164
  Definition und Syntax A2-1154
  Detail-Beschreibung 758
  SQLDA-Nutzung A5-1443
DESCRIBE CURSOR 14
  Beschreibung 164
  Definition und Syntax A2-1156
  SQLDA-Nutzung A5-1443
DESCRIBE FOR STATIC
  Installations-Parameter A7-1518
DESCRIBE INPUT 752
  Beschreibung 164
  Definition und Syntax A2-1158
DESCRIBE PROCEDURE 14
  Beschreibung 164
  Definition und Syntax A2-1159
  SQLDA-Nutzung A5-1443
DESCRIBE TABLE
  SQLDA-Nutzung A5-1443
DESCRIPTOR
  Parameter EXECUTE A2-1214
descriptor-name
  Namens-Konventionen A1-866
  Parameter DESCRIBE A2-1155
  Parameter DESCRIBE CURSOR A2-1157
  Parameter DESCRIBE INPUT A2-1158
  Parameter DESCRIBE PROCEDURE A2-1160
  Parameter EXECUTE A2-1214
  Parameter FETCH A2-1218
  Parameter OPEN A2-1263
  Parameter PREPARE A2-1265
DESCSTAT
  Installations-Parameter A7-1518
Design
  Batch-Langläufer
    Empfehlungen 708

I Index -Stichwortverzeichnis

Designation
  Begriffs-Erläuterung 388
DEST
  Parameter -DISPLAY TRACE A2-1191
  Parameter -START TRACE A2-1369
  Parameter -STOP TRACE A2-1381
DESTINATION
  Parameter DSNC MODIFY A2-1202
destination
  Parameter DSNC A2-1198
  Parameter DSNC DISPLAY A2-1201
destination block
  Parameter -START TRACE A2-1369
DETAIL
  Parameter -DISPLAY BUFFERPOOL A2-1167
  Parameter -DISPLAY LOCATION A2-1181
  Parameter -DISPLAY THREAD A2-1189
  Parameter -DISPLAY TRACE A2-1191
DETERMINISTIC
  Parameter ALTER FUNCTION A2-983
  Parameter ALTER PROCEDURE A2-994
  Parameter CREATE FUNCTION (External Scalar) A2-1075
  Parameter CREATE FUNCTION (External Table) A2-1085
  Parameter CREATE PROCEDURE A2-1109
  Spalte in Table SYSROUTINES A3-1423
Deutsches Institut für Normung 60
DEVTYPE
  Spalte in Table SYSCOPY A3-1404
Dezentrale Organisationsform
  Argumente für 375
Dezentralisierung 373
Dezimal Punkt 628
Dezimalzahlen
  Definition A1-874
DFDSS 531
DFHSM. *Synonym für:* HSM (mit Vorspann Data Facility)
DFP 531. *Kurzname von:* Data Facility Product
DFSLI000 79, 645
DFSMS 75. *Synonym für:* SMS
  V4R1 11
DFSMShsm 531
DIAGNOSE
  Beschreibung 172
diagnostic-string-constant
  Parameter SIGNAL SQLSTATE A2-1358
Dialog-Manager 71
Dialog-Trägersystem
  Wahl des geeigneten 612
Dialog-Verarbeitung
  Abgrenzung 606
  Detail-Beschreibung 612
Dialogorientiert 536
Dialogschritt 536
Dice and Slice 52
Difference 42
DIGITS
  Definition und Syntax A1-943
DIN 38, 60. *Kurzname von:* Deutsches Institut für Normung
Directory
  Logging 586
  Reorganisation A3-1398
Directory-Ressourcen
  Sperren 571
Direkt-Zugriff 21, 495, 803
  Aufwand 434
  Begriffs-Erläuterung 803
  Direkte Zugriffsform 799
direkte Adressierung 495
Direkte Datenbeschaffung 432
Direkte Suche 495
Direkter Zeilen-Zugriff
  Detail-Beschreibung 813
Direkter Zugriff
  Detail-Beschreibung 813
dirty read 11
DIS. *Kurzname von:* IBM Data Interpretation System

DISABLE 284
  Parameter BIND/REBIND PACKAGE A2-1018
  Parameter BIND/REBIND PLAN A2-1026
DISALLOW PARALLEL
  Parameter ALTER FUNCTION A2-984
  Parameter CREATE FUNCTION (External Scalar) A2-1078
  Parameter CREATE FUNCTION (External Table) A2-1088
DISCARD
  Parameter REORG TABLESPACE A2-1299
  Utility-Phase LOAD A2-1244
DISCARDDN A2-1248
  Parameter REORG TABLESPACE A2-1299
DISCARDS
  Parameter LOAD A2-1248
DISCONNECT 711, A2-1051
  (AUTOMATIC) 706, A2-1046
  (CONDITIONAL) 706, A2-1046
  (EXPLICIT) A2-1054
  bei remote Anwendungen 711
  Parameter BIND/REBIND PLAN A2-1025
  Spalte in Table SYSPLAN A3-1418
DISCONNECT (CAF) 744
  Definitionen und Syntax A5-1478
DISPLAY 772
  Parameter GRANT SYSTEM PRIVILEGES A2-1232
DISPLAY LOG
  Definition und Syntax A2-1182
DISPLAYAUTH
  Spalte in Table SYSUSERAUTH A3-1433
DISPLAYDB
  Parameter GRANT DATABASE PRIVILEGES A2-1224
DISPLAYDBAUTH
  Spalte in Table SYSDBAUTH A3-1407
DIST
  Parameter -START DB2 A2-1363
DIST SQL STR DELIMTR
  Installations-Parameter A7-1518
Distanz
  Leaf Pages A2-1325
DISTINCT 229
  Beispiele 244
  Info in PLAN_TABLE 816, A5-1459
  Parameter DROP A2-1195
  Parameter Sub-Select-Statement A2-1339
  Sortiererfordernis 834
Distinct Daten-Typ 344, A1-879, A1-920, A2-1066
  Begriffs-Erläuterung 97
  Beispiel CREATE 211
  Definition A1-876
  Format-Änderungen A1-879
  Kompatibilität A1-888
  Löschen 220
  Nutzungsmöglichkeiten 100
  Privilegien 294, A2-1226, A2-1230, A2-1313
  Überblick A1-871
  Vergleich A1-886
  Zulässige Varianten A1-886
  Zuweisungen A1-884
DISTINCT TYPE
  Beispiel DROP 223
  Parameter COMMENT ON A2-1045
  Parameter GRANT DISTINCT TYPE PRIVILEGES A2-1226
Distinct Type. *Synonym für:* Benutzerdefinierter Daten-Typ; Distinct Data-Type; User-defined Data-Type
distinct-type-name
  Namens-Konventionen A1-866
  Parameter ALTER FUNCTION A2-986
  Parameter COMMENT ON A2-1045
  Parameter CREATE FUNCTION (External Scalar) A2-1074
  Parameter CREATE FUNCTION (External Table) A2-1083
  Parameter CREATE FUNCTION (Sourced) A2-1094
  Parameter CREATE GLOBAL TEMPORARY TABLE A2-1097
  Parameter CREATE PROCEDURE A2-1107
  Parameter DECLARE TABLE A2-1151
  Parameter DISTINCT TYPE A2-1068

Parameter DROP A2-1195
Parameter GRANT DISTINCT TYPE PRIVILEGES A2-1226
Distributed Computing Environment 60
Distributed Computing Services 60
Distributed Data
  Grobe Beschreibung 81
Distributed Data Facility
  starten A2-1364
Distributed Data Facility Panel A7-1520
Distributed Database 73
Distributed Program Link 740
Distributed Thread 125
Division 42
  Rest ermitteln A1-952
DL/I. *Kurzname von:* Data Language/I (IMS)
  Batch-Support
    V2R1 4
  CHKP 705
  TERM 705
DLDFREQ
  Installations-Parameter A7-1520
DLITOUT
  Installations-Parameter A7-1519
DLOCATION
  Spalte in Table SYSPACKDEP A3-1414, A3-1419
DM 76, A5-1461. *Kurzname von:* Data Manager
  Einordnung 769
DME 60. *Kurzname von:* Distributed Management Environment
DML. *Kurzname von:* Data Manipulation Language
  Überblick 224
  Übersicht 161
DML-Sprach-Restriktionen
  Limite A1-971
DMTH 524
DNAME
  Spalte in Table SYSPACKDEP A3-1415
  Spalte in Table SYSVIEWDEP A3-1434
DNHLI
  Beispiel 633
Dokumentation
  Modellergebnisse 410
Domain 41, 43, 48, 344, 392
  Begriffs-Erläuterung 385
  SQL-Standard 64
Domain-Integrity 45
  Begriffs-Erläuterung 423
Domain-Konzept
  Begriffs-Erläuterung 96
Dormant A2-1052
DOS/VSE 23
DOUBLE. *Synonym für:* DOUBLE_PRECISION
  Definition und Syntax A1-943
  im Programm 673
  Parameter CREATE TABLE A2-1122
DOUBLE PRECISION
  Parameter CREATE TABLE A2-1122
DOWNER
  Spalte in Table SYSPACKDEP A3-1415
DPL 740. *Kurzname von:* Distributed Program Link (CICS)
DPROP 68, A2-999. *Kurzname von:* Data Propagator
  Anforderung Version 5 140
  Grobe Beschreibung 93
  V2R3 5
  V3 8
DRAIN
  Parameter REORG INDEX A2-1290
  Parameter REORG TABLESPACE A2-1302
Drain
  Detail-Beschreibung 572
  V3 7
Drain Lock
  Begriffs-Erläuterung 554
  Detail-Beschreibung 572
DRDA 17, 24, 61, 73, 76, 709, A2-1017, A2-1025, A4-1435, A7-1521. *Kurzname von:* Distributed Relational Database Architecture

I Index -Stichwortverzeichnis

Anwendungen 14
　Detail-Beschreibung 83
　Protokoll 83
　V2R3 6
　V3 7
DRDA PORT
　Installations-Parameter A7-1521
DRDA-Protokoll A2-1017
DRDA-Zugriff 709
　Begriffs-Erläuterung 85, 88
dreiteilige Objektnamen
　Vorteile und Restriktionen 714
Drill-Down 23, 52
Drill-Up 52
Driver Manager 656
DROP
　Auswirkung auf Package 636
　Beschreibung 164, 219
　Definition und Syntax A2-1194
　Parameter ALTER TABLE A2-999
　Parameter GRANT DATABASE
　　PRIVILEGES A2-1224
　Wirkungen der DB2-OBjekte 221
　WITH RESTRICT 221
DROP CHECK
　Parameter ALTER TABLE A2-999
DROP CONSTRAINT
　Parameter ALTER TABLE A2-999
DROP PRIMARY KEY
　Parameter ALTER TABLE A2-999
DROP PROCEDURE 17
DROP RESTRICT ON DROP
　Parameter ALTER TABLE A2-999
DROP TABLE 603
DROPAUTH
　Spalte in Table SYSDBAUTH A3-1407
DROPIN
　Parameter GRANT SCHEMA
　　PRIVILEGES A2-1230
DROPINAUTH
　Spalte in Table SYSSCHEMAAUTH A3-1424
DS. *Kurzname von:* Data Sharing / DB2
　Data Sharing
DSETPASS
　Spalte in Table SYSINDEXES A3-1409
DSMAX A2-990
　Installations-Parameter A7-1518
DSN
　Beschreibung 160
DSN_FUNCTION_TABLE 122, A2-
　1018, A2-1026, A2-1139, A2-1216
DSN_STATEMNT_TABLE 19, 772, A2-
　1018, A2-1026, A2-1139, A2-1216
　Beispiel-Ausdruck 648
　Detail-Beschreibung 798
DSN1CHKR
　Beschreibung 174
DSN1COMP 503
　Beschreibung 174
　Definition und Syntax A2-1205
　Grobe Utility-Beschreibung 532
　V3 8
DSN1COPY 604
　Beschreibung 174
　Definition und Syntax A2-1207
　Grobe Utility-Beschreibung 599
DSN1LOGP
　Beschreibung 174
DSN1PRNT
　Beschreibung 174
　Definition und Syntax A2-1211
DSN1SDMP
　Beschreibung 174
DSN6ARVP
　Macro A7-1518
DSN6FAC
　Macro A7-1520
DSN6GRP
　Macro A7-1519
DSN6LOGP
　Macro A7-1518
DSN6SPRM
　Macro A7-1518
DSN6SYSP
　Macro A7-1518, A7-1519

DSN8BC3 679
DSN8BD3 679
DSN8BP3 679
DSN8CA 743
DSN8CC 743
DSN8SCM 743
DSN8SPM 743
DSNALI 79, 645
　CAF 744
DSNAME
　Spalte in Table SYSCOPY A3-1404
DSNC 79
　Definition und Syntax A2-1198
DSNC DISC
　Kurzform für DSNC DISCONNECT A2-1199
DSNC DISCONNECT
　Beschreibung 176
　Definition und Syntax A2-1199
DSNC DISP
　Kurzform für DSNC DISPLAY A2-1200
DSNC DISPLAY
　Beschreibung 176
　Definition und Syntax A2-1200
DSNC MODI
　Kurzform für DSNC MODIFY A2-1202
DSNC MODIFY
　Beschreibung 176
　Definition und Syntax A2-1202
DSNC STOP
　Beschreibung 176
　Definition und Syntax A2-1203
DSNC STRT
　Beschreibung 176
　Definition und Syntax A2-1204
DSNCLI 79, 645
DSNDB04 A2-1004
DSNDB06 321
　Struktur A3-1395
DSNDB07 834
DSNELI 78, 645
DSNH
　Beschreibung 178
DSNHDECP
　Macro A7-1518
DSNHFT 645
DSNHLI 645
　CAF 744
DSNJLOGF
　Beschreibung 174
DSNJU003
　Beschreibung 174
DSNJU004
　Beschreibung 174
DSNRLI 12, 80, 645, 747
DSNRLST 761
DSNRLSTxx 761
DSNTEP2
　Beispiel 648
　Trennzeichen A2-1140
DSNTIAC
　Grobe Beschreibung 679
DSNTIAD 646
DSNTIAR
　Grobe Beschreibung 679
DSNTIAUL 603, A2-1298
　Beispiel 647
DSNTIP1
　Installations-Panel A7-1521
DSNTIP2
　Installations-Panel A7-1521
DSNTIP4
　Installations-Panel A7-1521
DSNTIP5
　Installations-Panel A7-1521
DSNTIP6
　Installations-Panel A7-1521
DSNTIP7
　Installations-Panel A7-1521
DSNTIPA2
　Installations-Panel A7-1518
DSNTIPC
　Installations-Panel A7-1518
DSNTIPE
　Installations-Panel A7-1518

DSNTIPF
　Installations-Panel A7-1518
DSNTIPH
　Installations-Panel A7-1518
DSNTIPI
　Installations-Panel A7-1519
DSNTIPJ
　Installations-Panel A7-1519
DSNTIPK
　Installations-Panel A7-1519
DSNTIPL
　Installations-Panel A7-1519
DSNTIPM
　Installations-Panel A7-1519
DSNTIPN
　Installations-Panel A7-1519
DSNTIPO
　Installations-Panel A7-1520
DSNTIPP
　Installations-Panel A7-1520
DSNTIPR
　Installations-Panel A7-1520
DSNTIPV
　Installations-Panel A7-1520
DSNTIPX
　Installations-Panel A7-1520
DSNTPSMP 128
DSNU 178
DSNUM
　Parameter COPY A2-1060
　Parameter MERGECOPY A2-1258
　Parameter MODIFY A2-1260
　Parameter RECOVER TABLESPACE A2-1278
　Parameter REPORT A2-1308
　Spalte in Table SYSCOPY A3-1404
DSNWLI
　CAF 744
DSNX@XAC 285
DSNZPARM
　Parameter -START DB2 A2-1363
DSQLDELI
　Installations-Parameter A7-1518
DSSIZE 486, 487, 531, A2-1126
　Parameter CREATE TABLESPACE A2-1129
　Parameter DSN1COMP A2-1206
　Parameter DSN1COPY A2-1209
　Parameter DSN1PRNT A2-1211
　Spalte in Table SYSTABLESPACE A3-1432
DSSTIME
　Installations-Parameter A7-1519
DSVOLSER
　Spalte in Table SYSCOPY A3-1405
DT
　Begriffs-Erläuterung 97
DTBCREATOR
　Spalte in Table SYSCOLUMNS A3-1404
DTBNAME
　Spalte in Table SYSCOLUMNS A3-1404
DTYPE
　Spalte in Table SYSCOLUMNS A3-1404
　Spalte in Table SYSPACKDEP A3-1415
Dual-Log-Dateien 120, 535, 585
DUMP 604
　Parameter -CANCEL THREAD A2-1032
Duplexing 92
Duration A1-903
Durchsatz-Optimierung 429
Durchschnitt A1-923
DUW 709. *Kurzname von:* Distributed Unit
　of Work
　Begriffs-Erläuterung 83
　V2R3 6
DWQT 524, A2-1164
　Parameter -ALTER BUFFERPOOL A2-978
DXT 94, 156, 532. *Kurzname von:* Data
　Extract
DXTA. *Kurzname von:* Data Extract Assist
　Tool
Dynamic Bind 290, 748, 780
　Detail-Beschreibung 636
Dynamic SQL 15, 156, 765, 772, 858,
　A2-1154, A2-1158, A7-1521
　Autorisierungsprüfung 289, 635

I Index -Stichwortverzeichnis

Batch-Ausführung 648
Begriffs-Erläuterung 224
bei CLI 623
bei wechselnden Objekt-Namen 319
Beschreibung 748
Detail-Beschreibung 748
erforderliche Privilegien 305
Halten Prepare-Ergebnisse A2-1019, A2-1027
in Standard-Programmen 349
Laufzeitkontrolle 761
PREPARE 86
SELECT-Beispiel 757
Statement aufbereiten A2-1264
Statement-Behavior A2-1017
V4R1 11
Verarbeitungsregeln A2-1017
Vor- und Nachteile 762
Dynamic SQL-Statements
Autorisierungsprüfungen 290
DYNAMICRULES 749, A1-868, A7-1518
(BIND) 289, 291, 635
(DEFINEBIND) 291, 635
(DEFINERUN) 291, 635
(INVOKEBIND) 291, 635
(INVOKERUN) 291, 635
(RUN) 290, 291, 635
Parameter BIND/REBIND PACKAGE A2-1017
Parameter BIND/REBIND PLAN A2-1026
Spalte in Table SYSPACKAGE A3-1413
Spalte in Table SYSPLAN A3-1418
V4R1 11
dynamisch ausführbar
Liste der Statements A2-1215
Dynamische DB2-Objektverwaltung 205
Dynamische Plan-Zuordnung 644, A2-1200
DYNRULS A2-1017
Installations-Parameter A7-1518

E

E-Typ 45
E/A 17
E/A-enabled 531
EA. *Kurzname von:* Extended Addressability
EA-enabled
Definition Tablespace A2-1126
EBCDIC A2-980. *Kurzname von:*
Extended Binary Coded Decimal Interchange Code
Option CCSID
Parameter ALTER TABLESPACE A2-1004
Parameter CREATE DATABASE A2-1065
Parameter CREATE GLOBAL TEMPORARY TABLE A2-1097
Parameter CREATE TABLE A2-1118
Parameter CREATE TABLESPACE A2-1131
EBCDIC CODED CHAR SET
Installations-Parameter A7-1518
Editierung 625
EDITPROC
Parameter CREATE TABLE A2-1118
EDM Pages
Sperren 577
EDM-Pool 760
Begriffs-Erläuterung 518
EDMDSPAC
Installations-Parameter A7-1518
EDMPOOL
Größe A7-1518
Installations-Parameter A7-1518
EDMPOOL DATA SPACE SIZE
Installations-Parameter A7-1518
EDMPOOL STORAGE SIZE
Installations-Parameter A7-1518
EDPROC
Spalte in Table SYSTABLES A3-1429
EERM 59. *Kurzname von:* Extended Entity-Relationship-Modell
Eigentümer
eines Objektes 293

Package A2-1020
Plan A2-1027
Eigentümerschaft
Detail-Beschreibung 297
Einfache Vergleichsoperatoren
WHERE-Klausel 231
Einfache Zugriffspfade
Begriffs-Erläuterung 803
Einführung
von DB2 135
Einsparungseffekt
Speicher
bei Kompression 503
Einzel-Privilegien 307
Zuordnung zu Ressource-Typen 296
Einzel-Struktur-Beziehungen
DB2-RI 448
Einzelfunktionen
Begriffs-Erläuterung 339
Elapsed Time
Begriffs-Erläuterung 774
Embedded SELECT
Begriffs-Erläuterung 225
Embedded SQL
Begriffs-Erläuterung 224
Empfehlungen
bei verteilten Daten 715
BIND ACQUIRE (USE) 763
COMMIT-Auslösung 764
COMMIT-Schreibung 704
DB2-Objektnamen 765
Design von Batch-Langläufern 708
Dynamic SQL 765
FK 461
Index-Einsatz 445
INSERT 350
Integrität 372, 764
Katalog-Indizes A3-1397
kein SQLERROR (CONTINUE) 765
Konsistenz 764
längerlaufendes Programm 764
LOCKSIZE 763
Mengen-Manipulation 701
NULL-Werte 670, 765
OPTIMIZE FOR n ROWS 685
Packages 765
Parallel-Update 764
Performanceaspekte 765
PK 460
Primary-Key beim View bedenken 356
Programmierung 763
RELEASE (COMMIT) 763
ROLLBACK 764
SELECT * 763
SELECT * 347, 668
Sperr-Niveau 764
SQL-Einsatz im Programm 622
SQL-Queries 859
Strukturen generieren lassen 350
transaktionsorientierte Verarbeitung 763
Update und relevante Datensicht 701
VALIDATE (BIND) 765
View 763
View-Einsatz 351
WHENEVER 764
zentrale Fehlerroutine 764
Empty String A1-885
ENABLE 284
Parameter BIND/REBIND PACKAGE A2-1018
Parameter BIND/REBIND PLAN A2-1026
Spalte in Table SYSPKSYSTEM A3-1417
Spalte in Table SYSPLSYSTEM A3-1419
Encapsulation
Objektorientierung 58
ENCODING_SCHEME
Spalte in Table SYSDATABASE A3-1406
Spalte in Table SYSPARMS A3-1417
Spalte in Table SYSTABLES A3-1430
Spalte in Table SYSTABLESPACE A3-1432
ENCRYPTPSWDS
Spalte in Table LUNAMES A4-1437
END
Beschreibung 160
Parameter CREATE TRIGGER A2-1140
END DECLARE SECTION
Beschreibung 164
Definition und Syntax A2-1213

End Users Response Time
Begriffs-Erläuterung 774
Endbenutzer 157
ENDEVOR 70
ENDRBA 593
ENFORCE
(CONSTRAINTS) A2-1248
Parameter LOAD A2-1248
Utility-Phase LOAD A2-1244
Enterprise Edition 23, 24
Enterprise Extended Edition 23, 24
Entfernen
linksbündige Blanks A1-950
rechtsbündige Blanks A1-959
Zeichen links- bzw. rechtsbündig A1-962
Entire SQL/DB 1
Entity. *Synonym für:* Informationsobjekt
Begriffs-Erläuterung 384
Entity-Typen
RM 388
RM/T 388
Entity Integrity 30, 45, 111, 143, 341
Begriffs-Erläuterung 423
Design-Entscheidung 618
Entity-Integrity 386
Entity-Relationship-Modell
Beschreibung 384
Entladen
Daten für externe Systeme A2-1298
von DB2-Daten
DSNTIAUL 647
Entry-SQL2
SQL-Standard 64
Entschlüsselung 49
Entwicklungsgeschichte
Daten-Modelle 383
Entwicklungsschritte
eines Programmes 625
Environment Descriptor Manager Pool 518
EPOCH
palte in Table SYSTABLEPART A3-1429
Equal Unique Index Access
Begriffs-Erläuterung 803
Detailbeschreibung 808
Equal-Prädikat 781, 791
Equi-Join 42
Beispiele 256
ERASE
Detail-Beschreibung 474
Parameter ALTER INDEX A2-992
Parameter ALTER TABLESPACE A2-1004
Parameter CREATE INDEX A2-1103
Parameter CREATE TABLESPACE A2-1133
ERASERULE
Spalte in Table SYSINDEXES A3-1409
Spalte in Table SYSTABLESPACE A3-1431
Ereignis
Trigger 422
Ereignistyp
Trigger A2-1139
Ergebnis-Daten-Typen
Regeln A1-888
Ergebnis-Typen
Join 258
ERM. *Kurzname von:* Entity-Relationship-Modell
Detail-Beschreibung 384
Vergleich mit RM 388
ERRDDN A2-1248
Parameter CHECK DATA A2-1037
ERROR RANGE
Parameter RECOVER TABLESPACE A2-1280
Error Destination A2-1202
ERRORBYTE
Spalte in Table SYSSTRINGS A3-1426
Ersteller
eines Objektes 293
Erweiterte Betriebszeit
Begriffs-Erläuterung 615
Erweiterte Verfügbarkeit
Begriffs-Erläuterung 615
ESA Compression
Detail-Beschreibung 503

I Index - Stichwortverzeichnis

Escalation 559
ESCAPE
  Parameter LIKE A1-914
Escape Character 628, A1-865
ESDS. *Kurzname von:* Entry Sequence Dataset (VSAM)
ESE. *Kurzname von:* Expert System Environment
ESM 4, 140, 144, 283. *Kurzname von:* External Security Manager
  Konsequenzen bei Auslagerung des Zugriffschutzes 285
Estimator 68, 139, 772, 845
Euro-Symbol 23, 25
Everywhere 26
Exception Table A2-1034
  Tabellen-Struktur für CHECK-Utility A5-1470
EXCEPTIONS
  Parameter CHECK DATA A2-1037
  Parameter CHECK LOB A2-1041
EXCI 741. *Kurzname von:* External CICS Interface
Exclusion-Methode
  Aufsetzen 697
Exclusive Integrity 550
EXCLUSIVE MODE
  Parameter LOCK TABLE A2-1256
EXCOST
  Spalte in Table SYSPLAN A3-1418
EXEC SQL 660
EXEC SQL CALL 10
EXEC-Level
  Begriffs-Erläuterung 623
EXEC-SQL-Sprachschnittstelle
  Begriffs-Erläuterung 623
EXECUTE 291
  Begriffs-Erläuterung 750
  Beschreibung 164
  Definition und Syntax A2-1214
  Detail-Beschreibung 754
  Parameter GRANT PACKAGE PRIVILEGES A2-1228
  Parameter GRANT PLAN PRIVILEGES A2-1229
  Parameter Markers 751
  SQLDA-Nutzung A5-1443
EXECUTE IMMEDIATE 761, 762
  Begriffs-Erläuterung 750
  Beispiel 319
  Beschreibung 165, 754
  Definition und Syntax A2-1215
  Detail-Beschreibung 754
EXECUTE ON 740
  Parameter GRANT FUNCTION PRIVILEGES A2-1227
EXECUTEAUTH
  Spalte in Table SYSPACKAUTH A3-1414
  Spalte in Table SYSPLANAUTH A3-1419
  Spalte in Table SYSROUTINEAUTH A3-1422
Existenzabhängigkeit 31
EXISTS
  Definition und Syntax A1-915
  Sub-Query
    Beispiele 272, 275
Exit-Programm 644
EXITPARM
  Spalte in Table SYSFIELDS A3-1408
EXITPARML
  Spalte in Table SYSFIELDS A3-1408
Exklusiver Schutz
  Begriffs-Erläuterung 550
EXP
  Definition und Syntax A1-944
Expanded Storage 517
EXPLAIN 433, 772, 860, A5-1458
  Beschreibung 165
  Definition und Syntax A2-1216
  Detail-Beschreibung 796
  Index-Nutzung 695
  Parameter BIND/REBIND PACKAGE A2-1018
  Parameter BIND/REBIND PLAN A2-1026
  Spalte in Table SYSPACKAGE A3-1412
EXPLAIN PROCESSING
  Installations-Parameter A7-1520

EXPLAN
  Spalte in Table SYSPLAN A3-1418
Explizite Connection
  CAF 745
Explizite Privilegien
  Detail-Beschreibung 294
Exponentialfunktion A1-944
EXPORT 530
EXPREDICATE
  Spalte in Table SYSPLAN A3-1418
Expression
  Definition und Syntax A1-900
  Grafische Übersicht A1-899
expression
  Parameter SET A2-1345
  Parameter Sub-Select-Statement A2-1339
  Parameter UPDATE A2-1386, A2-1387
  Parameter VALUES A2-1388
  Parameter VALUES INTO A2-1389
EXREFERENCE
  Spalte in Table SYSPLAN A3-1418
EXSTRUCTURE
  Spalte in Table SYSPLAN A3-1418
Extended Addressability 17, 486, A2-1126
EXTENDED SECURITY
  Installations-Parameter A7-1520
Extenders 23, 24, 68
EXTERNAL
  Parameter ALTER FUNCTION A2-983
  Parameter ALTER PROCEDURE A2-994
  Parameter CREATE FUNCTION (External Scalar) A2-1075
  Parameter CREATE FUNCTION (External Table) A2-1084
  Parameter CREATE PROCEDURE A2-1108
  Parameter REORG TABLESPACE A2-1298
EXTERNAL ACTION
  Parameter ALTER FUNCTION A2-984
  Parameter CREATE FUNCTION (External Scalar) A2-1076
  Parameter CREATE FUNCTION (External Table) A2-1086
External Function
  Begriffs-Erläuterung 129
  Definition A1-920
External Name
  Detail-Beschreibung 122
External Scalar Function A2-981
  Begriffs-Erläuterung 129
  Codier-Beispiel 730
  Definition A1-920, A2-1070
  Detail-Beschreibung 130
  Übersicht A2-1069
External Table Function A2-981, A2-1341
  Begriffs-Erläuterung 129
  Codier-Beispiel 732
  Definition A1-920, A2-1080
  Detail-Beschreibung 130
  Übersicht A2-1069
External User-defined Function 18
  starten A2-1365
EXTERNAL_ACTION
  Spalte in Table SYSROUTINES A3-1423
EXTERNAL_NAME
  Spalte in Table SYSROUTINES A3-1424
EXTERNAL_SECURITY
  Spalte in Table SYSPROCEDURES A3-1420
  Spalte in Table SYSROUTINES A3-1423
Externe Ebene
  Begriffs-Erläuterung 339, 341
  unter DB2 379
Externe physische Speicher
  Begriffs-Erläuterung 482
externe Routine 738
Externe Sicht 362
Externer Security Manager A2-985, A2-996, A2-1079, A2-1089, A2-1111
Externes Daten-Modell
  Begriffs-Erläuterung 392
Externes Schema 34, 62
EXTRA BLOCKS REQ 714
  Installations-Parameter A7-1521
EXTRA BLOCKS SRV 714
  Installations-Parameter A7-1521
EXTRACT 43

Extrahieren
  Exponentialfunktion A1-944
  Jahr aus Datum A1-969
  Jahrestag A1-940
  julianischen Tag A1-947
  Millisekunden aus Timestamp A1-950
  Minuten aus Zeit A1-951
  Monat aus Datum A1-952
  Quartal aus Datum A1-954
  Sekunden aus Zeit oder Timestamp A1-960
  Sekunden seit Mitternacht A1-951
  Stunden aus Datum A1-946
  Tag A1-939
  Tag des Monats A1-939
  Teil-String A1-948
  Vorzeichen-Indikator A1-960
  Woche des Jahres A1-969
  Wochentag A1-940
EXTRAREQ
  Installations-Parameter A7-1521
EXTRASRV
  Installations-Parameter A7-1521
EXTSEC
  Installations-Parameter A7-1520

F

Fachliches Daten-Modell
  Checkliste 425
Fact 384
Fagin 403
Fallback-Recovery A2-1276
FARINDREF 856, A2-1298
  RUNSTATS-Statistiken A2-1326
  Spalte in Table SYSTABLEPART A3-1428
  Spalten-Bedeutung 328
FAROFFPOS
  Spalte in Table SYSINDEXPART A3-1410
FAROFFPOSF A2-1298
  RUNSTATS-Statistiken A2-1325
  Spalte in Table SYSINDEXPART A3-1410
  Spalten-Bedeutung 328
Fast-Path 854
FCP 538
Fehler
  schwere Online und Batch 680
Fehlerbehandlung
  Detail-Beschreibung 676
  Grobe Beschreibung 535
Fehlercodes
  erzeugen mit RAISE_ERROR A1-955
Fehlermeldung
  ausgeben A2-1358
FENCED
  Parameter CREATE FUNCTION (External Scalar) A2-1075
  Parameter CREATE FUNCTION (External Table) A2-1085
  Parameter CREATE PROCEDURE A2-1109
  Spalte in Table SYSROUTINES A3-1423
FETCH
  Begriffs-Erläuterung 682
  Beschreibung 165
  Definition und Syntax A2-1218
  Detail-Beschreibung 686
  Dynamic SQL 750
  Parameter Markers 751
  SQLDA-Nutzung A5-1443
  USING DESCRIPTOR 752
FF. *Kurzname von:* Filter-Faktor
field selection criterion
  Parameter LOAD A2-1255
FIELD SELECTION-Statement A2-1253
FIELD SPECIFICATION-Statement A2-1253
field-name
  Parameter LOAD A2-1253, A2-1254
FIELDPROC
  Parameter ALTER TABLE A2-1001
  Parameter CREATE TABLE A2-1120
FIFO. *Kurzname von:* First-In-First-Out
  Option PGSTEAL
    Parameter -ALTER BUFFERPOOL A2-979
File Page Set
  Begriffs-Erläuterung 483

I Index -Stichwortverzeichnis

Detail-Beschreibung 486
Page-Typen 489
File Page Set Scan 793
   Begriffs-Erläuterung 803
   Detailbeschreibung 805
   Info in PLAN_TABLE A5-1460
File-AID for DB2 69
File-Control 538
FILESEQNO
   Spalte in Table SYSCOPY A3-1404
Filter-Faktor 793
   Detail-Beschreibung 783
Filter-Wirkung 860
FILTERDDN
   Parameter COPY A2-1060
Filtermöglichkeit 860
Filterung 769
FINAL CALL 729
   Parameter ALTER FUNCTION A2-984
   Parameter CREATE FUNCTION (External Scalar) A2-1078
   Parameter CREATE FUNCTION (External Table) A2-1088
FINAL_CALL
   Spalte in Table SYSROUTINES A3-1423
FIPS 60. *Kurzname von:* Federal Information Processing Standards
FIPS 127 61, 63
FIPS 193 63
First-Level-Qualifier A2-1132
FIRSTKEYCARD 786
   RUNSTATS-Statistiken A2-1331
   Spalte in Table SYSINDEXES A3-1409
   Spalte in Table SYSINDEXSTATS A3-1411
FIRSTKEYCARDF 327
   RUNSTATS-Statistiken A2-1325
   Spalte in Table SYSINDEXES A3-1409
   Spalte in Table SYSINDEXSTATS A3-1411
Fixed-List-SELECT 756
   Begriffs-Erläuterung 750
   Detail-Beschreibung 756
FK. *Kurzname von:* Foreign Key
   Anforderungen 461
   Bestandteile
      Katalog-Query-Beispiele 334
   PK-Beziehung 31
FLAG
   Parameter BIND/REBIND PACKAGE A2-1019
   Parameter BIND/REBIND PLAN A2-1026
   Parameter FREE PACKAGE A2-1221
   Parameter FREE PLAN A2-1222
   Precompiler-Option 628
FLDPROC
   Spalte in Table SYSCOLUMNS A3-1403
   Spalte in Table SYSFIELDS A3-1408
FLDTYPE
   Spalte in Table SYSFIELDS A3-1408
FLOAT
   Beispiele 245
   Definition und Syntax A1-944
   im Programm 673
   Limit A1-874
   Parameter CREATE TABLE A2-1122
   Parameter LOAD A2-1255
   Precompiler-Option 628
   SQLTYPE-Inhalt A5-1448
FLOAT EXTERNAL
   Parameter LOAD A2-1255
FLOAT(S390)
   Parameter LOAD A2-1247
Floating-Point
   mögliche Werte A1-877
   nach Decimal A1-883
   nach Floating-Point A1-883
   nach Integer A1-883
Folgeaktivitäten 424
FOR
   Parameter ALIAS A2-1062
   Parameter CREATE SYNONYM A2-1114
   Parameter EXPLAIN A2-1217
FOR EACH ROW
   Parameter CREATE TRIGGER A2-1140
   SQL-Standard 66
FOR EACH STATEMENT
   Parameter CREATE TRIGGER A2-1140

FOR EXCEPTION
   Parameter CHECK DATA A2-1036
FOR FETCH ONLY
   in DECLARE CURSOR 685
   Parameter Select-Statement A2-1335
FOR READ ONLY
   in DECLARE CURSOR 685
   Parameter Select-Statement A2-1335
FOR SELECT
   in DECLARE CURSOR 684
FOR subtype DATA
   Parameter CREATE TABLE A2-1122
FOR UPDATE OF 631, A2-1387
   beim DECLARE CURSOR 628
   in DECLARE CURSOR 685
   Parameter Select-Statement A2-1335
   Update Intent 700
FORCE 592, 600, 603, A2-1375, A2-1376
   Parameter -RESET INDOUBT A2-1310
   Parameter -START DATABASE A2-1362
   Parameter DSNC STOP A2-1203
Foreign Index
   anlegen 463
FOREIGN KEY
   Parameter ALTER TABLE
      Option DROP A2-999
   Parameter CREATE TABLE A2-1124
Foreign Key 41
   Anforderungen 461
   Begriffs-Erläuterung 30, 386
   Beispiel 102
   Index A2-1100
   Manipulation 417
   Null-fähig 388
FOREIGNKEY
   Spalte in Table SYSCOLUMNS A3-1403
FORMAT
   Parameter DSN1PRNT A2-1212
   Parameter LOAD A2-1247
Format-Änderung
   Builtin Daten-Typen A1-880
   Distinct Daten-Typen A1-879
   unterschiedliche Daten-Typen A1-879
Formelwerk
   Index Pages 515
   Space-Berechnung 502
FORTRAN 623, 752
   Anforderung Version 5 140
FORWARD RECOVERY 592
FP 75, 79. *Kurzname von:* Fast-Path
Frame 42
FREE 625
   Detail-Beschreibung 636
   Übersicht 193
FREE LOCATOR
   Beschreibung 165
   Definition und Syntax A2-1219
FREE PACKAGE
   Beschreibung 160
   Definition und Syntax A2-1220
FREE PLAN
   Beschreibung 160
   Definition und Syntax A2-1222
free-block
   Parameter ALTER INDEX A2-991
FREEPAGE
   beachten A2-1292
   Parameter ALTER INDEX A2-992
   Parameter ALTER TABLESPACE A2-1004
   Parameter CREATE INDEX A2-1104
   Parameter CREATE TABLESPACE A2-1133
   Parameter DSN1COMP A2-1206
   Spalte in Table SYSINDEXPART A3-1410
   Spalte in Table SYSTABLEPART A3-1428
   Wirkung 498, 512
FREESPACE
   RUNSTATS-Statistiken A2-1326
   Spalte in Table SYSLOBSTATS A3-1411
Freespace 493, 532, 860
   Definitionen
      Detail-Beschreibung 475
   Verwaltung
      in der Daten-Page 498
      in der Index Page 512
      Space Map Page 492

Space Map Pages 505
Vor- und Nachteile 498
Freigabe
   von Sperren A2-1021, A2-1028
Freiplatz A2-992, A2-1006, A2-1104, A2-1129
   Definition A2-1133
   LOB A2-1326
FREQUENCY
   Spalte in Table SYSCOLDIST A3-1400
   Spalte in Table SYSCOLDISTSTATS A3-1401
Frequency A2-1331
FREQUENCYF
   RUNSTATS-Statistiken A2-1325
   Spalte in Table SYSCOLDIST A3-1400
   Spalte in Table SYSCOLDISTSTATS A3-1401
FREQVAL
   Parameter RUNSTATS A2-1331
   Parameter RUNSTATS TABLESPACE A2-1331
FROM
   Parameter FETCH A2-1218
   Parameter PREPARE A2-1265
   Parameter Sub-Select-Statement A2-1340
from-clause
   Parameter Sub-Select-Statement A2-1340
FROM-Klausel
   Begriffs-Erläuterung 227
   Detail-Beschreibung 230
FULL
   Parameter COPY A2-1060
   Parameter Sub-Select A2-1342
Full Image Copy 596, 603, A2-1257, A2-1276
   erzeugen A2-1057
   Index A2-1102
   nach REORG 532
Full Outer Join A2-1342
   Beispiel: INSERT .. SELECT .. 278
   Beispiele 262
   Beschreibung 259
   Info in PLAN_TABLE 817, A5-1462
   V4R1 9
Full Select
   Begriffs-Erläuterung 225
   Definition und Syntax A2-1332
Full SQL2
   SQL-Standard 65
full-join-expression
   Parameter Sub-Select-Statement A2-1342
FULLCOPY
   Parameter DSN1COMP A2-1206
   Parameter DSN1COPY A2-1209
   Parameter DSN1PRNT A2-1212
FULLKEYCARD 786
   RUNSTATS-Statistiken A2-1331
   Spalte in Table SYSINDEXES A3-1409
   Spalte in Table SYSINDEXSTATS A3-1411
FULLKEYCARDF
   RUNSTATS-Statistiken A2-1325
   Spalte in Table SYSINDEXES A3-1409
   Spalte in Table SYSINDEXSTATS A3-1411
fullselect
   Parameter Select-Statement A2-1334
FUNCTION
   Beispiel ALTER 218
   Beispiel CREATE 213
   Beispiel DROP 223
   Parameter ALTER FUNCTION A2-983
   Parameter COMMENT ON A2-1045
   Parameter DROP A2-1195
   Parameter GRANT FUNCTION PRIVILEGES A2-1227
Function. *Synonym für:* Funktion
Function Overloading 122
Function Resolution 122
Function Signature
   Definition A1-920
   Detail-Beschreibung 122
function-name
   Namens-Konventionen A1-866
   Option FUNCTION
      Parameter ALTER FUNCTION A2-983
      Parameter COMMENT ON A2-1045

I Index - Stichwortverzeichnis

Parameter CREATE FUNCTION (External Scalar) A2-1071
Parameter CREATE FUNCTION (External Table) A2-1081
Parameter CREATE FUNCTION (Sourced) A2-1091
Parameter DROP A2-1195
Parameter GRANT FUNCTION PRIVILEGES A2-1227
Parameter Sub-Select-Statement A2-1341
Function-Resolution
   Definition A1-921
FUNCTION_TYPE
   Spalte in Table SYSROUTINES A3-1422
FUNCTIONTS
   Spalte in Table SYSPACKAGE A3-1414
   Spalte in Table SYSPLAN A3-1419
Funktion 21
   Adressraum-Konzept 741
   Anzeige A2-1176, A2-1365, A2-1366
   Aufruf-Varianten 727
   Beispiele 244
   Builtin Function A1-920
   Column Function A1-920
   Detail-Beschreibung A1-919
   External Function A1-920
   External Scalar Function A1-920
   External Table Function A1-920
   Identifikation 122
   Namensfindung A1-921
   Privilegien A2-1227, A2-1230, A2-1314, A2-1317
   Qualifizierung A1-868
   Scalar Function A1-920
   Stoppen A2-1377
   suchen A1-921, A1-930
Funktionale Abhängigkeit 46
Funktions-Auflösung A2-1018
   Definition A1-921
Funktions-Generierungen A1-879
Funktions-Modell
   Begriffs-Erläuterung 339
Funktions-Name A1-920, A2-1074, A2-1081, A2-1091
   Definition A2-1084, A2-1091
Funktions-Typ
   Übersicht A1-919
Funktionsorientierte Vorgehensweise 381
Funktionsstruktur
   Begriffs-Erläuterung 338

G

G-Base 56
Ganzzahlenwert
   aufgerundet A1-932
GB. *Kurzname von:* Gigabyte (1.073.741.824 Bytes)
GBCHKPT
   Parameter -ALTER GROUPBUFFERPOOL A2-988
GBP. *Kurzname von:* Group Bufferpool
GBP-abhängig A2-1170
GBP-Recovery A2-1170
GBPCACHE A2-1019, A2-1026
   ALL 575
   Parameter -ALTER GROUPBUFFERPOOL A2-987
   Parameter ALTER INDEX A2-992
   Parameter ALTER TABLESPACE A2-1004
   Parameter CREATE INDEX A2-1104
   Parameter CREATE TABLESPACE A2-1134
   Spalte in Table SYSINDEXPART A3-1410
   Spalte in Table SYSTABLEPART A3-1428
gbpcache-block
   Parameter ALTER INDEX A2-991
gbpname
   Parameter -ALTER GROUPBUFFERPOOL A2-987
   Parameter -DISPLAY GROUPBUFFERPOOL A2-1179
GBPOOL
   Parameter -ALTER GROUPBUFFERPOOL A2-988
GCLSN 704
GDETAIL
   Parameter -DISPLAY GROUPBUFFERPOOL A2-1179

GEMSTONE 56
Genauigkeit A2-1354
   arithmetischer Operationen 628
   dezimale Operationen A7-1518
GENERAL
   Parameter ALTER PROCEDURE Option PARAMETER STYLE A2-994
   Parameter CREATE PROCEDURE A2-1109
   Parameter Stored Procedure 723
GENERAL WITH NULLS
   Parameter ALTER PROCEDURE Option PARAMETER STYLE A2-994
   Parameter CREATE PROCEDURE A2-1109
   Parameter Stored Procedure 723
Generalisierte Hierarchie 385
Generalisierter View 353
Generalisierung
   Objekt-Hierarchie - SQL-Standard 66
GENERATED
   Parameter ALTER TABLE A2-1001
GENERATED BY DEFAULT A2-1115
GENERIC
   Spalte in Table LUNAMES A4-1437
Generierung 59
   bei Outer Joins 828
   Package, Plan 634
Generierungsmaßnahmen 468
Geschäfts-Regeln
   Detaillierte Darstellung 420
   Unterstützung durch DB2 466
Geschäftsvorfall
   Begriffs-Erläuterung 339
   Konsistenz 536
Geschützte Tabelle 602
GET PAGE 522, 770, 860
Gleitkommazahlen
   Definition A1-874
GLOBAL TEMPORARY TABLE
   Beispiel CREATE 212
Global Temporary Table
   Detail-Beschreibung 105
Global-Trace 854
Globale Datenbank 50
Globale Sperre 575
Globaler Katalog 50
GMT A1-894, A1-895
GOBACK 739
GOTO
   Parameter WHENEVER A2-1390
Governor 171, 772, 853, A5-1468
   Detail-Beschreibung 761
Grad
   konvertieren A1-942
GRANT 48
   Begriffs-Erläuterung 292
   Beispiele 307
   Beschreibung 165
   und VIEW 317
GRANT .. TO PUBLIC
   schnell, aber 302
GRANT ALL
   Beispiel 311
GRANT BIND ON PACKAGE
   Beispiel 312
GRANT BIND ON PLAN
   Beispiel 312
GRANT BINDADD
   Beispiel 312
GRANT COLLECTION PRIVILEGES
   Definition und Syntax A2-1223
GRANT CREATE IN
   Beispiel 312
GRANT CREATEDBA
   Beispiel 310
GRANT CREATETS
   Beispiel 312
GRANT DATABASE PRIVILEGES
   Definition und Syntax A2-1224
GRANT DBADM
   Beispiel 310
GRANT DISTINCT TYPE PRIVILEGES
   Definition und Syntax A2-1226
GRANT EXECUTE ON PLAN
   Beispiel 312

GRANT FUNCTION/PROCEDURE PRIVILEGES
   Definition und Syntax A2-1227
GRANT PACKAGE PRIVILEGES
   Definition und Syntax A2-1228
GRANT PLAN PRIVILEGES
   Definition und Syntax A2-1229
GRANT SCHEMA PRIVILEGES
   Definition und Syntax A2-1230
GRANT SELECT
   Beispiel 312
GRANT SYSADM
   Beispiel 310
GRANT SYSTEM PRIVILEGES
   Definition und Syntax A2-1231
GRANT TABLE/VIEW PRIVILEGES
   Definition und Syntax A2-1233
GRANT UPDATE (..)
   Beispiel 311
GRANT USE PRIVILEGES
   Definition und Syntax A2-1235
Grant-Typen
   Detail-Beschreibung 295
GRANTEDTS
   Spalte in Table SYSCOLAUTH A3-1400
   Spalte in Table SYSDBAUTH A3-1407
   Spalte in Table SYSPLANAUTH A3-1419
   Spalte in Table SYSRESAUT A3-1421
   Spalte in Table SYSSCHEMAAUTH A3-1425
   Spalte in Table SYSTABAUTH A3-1427
   Spalte in Table SYSUSERAUTH A3-1433
GRANTEE 313
   Begriffs-Erläuterung 292
   Beispiele 310
   Spalte in Table SYSCOLAUTH A3-1400
   Spalte in Table SYSDBAUTH A3-1406
   Spalte in Table SYSPACKAUTH A3-1414
   Spalte in Table SYSPLANAUTH A3-1419
   Spalte in Table SYSRESAUTH A3-1421
   Spalte in Table SYSROUTINEAUTH A3-1422
   Spalte in Table SYSSCHEMAAUTH A3-1424
   Spalte in Table SYSTABAUTH A3-1427
   Spalte in Table SYSUSERAUTH A3-1433
GRANTEELOCATION
   Spalte in Table SYSTABAUTH A3-1427
GRANTEETYPE
   Spalte in Table SYSCOLAUTH A3-1400
   Spalte in Table SYSDBAUTH A3-1407
   Spalte in Table SYSPACKAUTH A3-1414
   Spalte in Table SYSPLANAUTH A3-1419
   Spalte in Table SYSRESAUTH A3-1421
   Spalte in Table SYSROUTINEAUTH A3-1422
   Spalte in Table SYSTABAUTH A3-1427
   Spalte in Table SYSUSERAUTH A3-1433
   SSpalte in Table SYSROUTINEAUTH A3-1422
GRANTOR 313
   Begriffs-Erläuterung 292
   Beispiele 310
   Spalte in Table SYSCOLAUTH A3-1400
   Spalte in Table SYSDBAUTH A3-1406
   Spalte in Table SYSPACKAUTH A3-1414
   Spalte in Table SYSPLANAUTH A3-1419
   Spalte in Table SYSRESAUTH A3-1421
   Spalte in Table SYSROUTINEAUTH A3-1422
   Spalte in Table SYSSCHEMAAUTH A3-1424
   Spalte in Table SYSTABAUTH A3-1427
   Spalte in Table SYSUSERAUTH A3-1433
GRANULARITY
   Spalte in Table SYSTRIGGERS A3-1433
GRAPHIC
   Definition und Syntax A1-945
   im Programm 673
   Limit A1-873
   Parameter CREATE TABLE A2-1122
   Parameter LOAD A2-1255
   Precompiler-Option 628
   SQLTYPE-Inhalt A5-1448
GRAPHIC EXTERNAL
   Parameter LOAD A2-1255
Graphic Strings
   Definition A1-873
GRECP. *Kurzname von:* Group Bufferpool Recover Pending Status
   Detailbeschreibung 600
   STATUS des Spaces A2-1170

I Index -Stichwortverzeichnis

Greenwich Mean Time   A1-894
Gregorianisches Kalendarium   A1-875
Groß-Kleinschreibung   A1-864, A1-890, A2-1350
Großschrift   A1-966
Group Bufferpool   92, A2-987, A2-992, A2-1019, A2-1026
  Änderung von Charakteristiken   A2-987
  Anzeige Status   A2-1178
  Begriffs-Erläuterung   517
  Castout Threshold   A2-988
  Daten-Pages   A2-1134
  Datenanforderung   575
  Detail-Beschreibung   519
  Duplexing   92
  Index Pages   A2-1104
  Pages ausschreiben   A2-988
  Suche einer Page   575
GROUP BY
  Beispiele   250
  Detail-Beschreibung   232
  in DECLARE CURSOR   685
  Info in PLAN_TABLE   816, A5-1459
  Parameter Sub-Select-Statement   A2-1343
  Sortiererfordernis   834
  Verarbeitungsfolge   228
GROUP NAME
  Installations-Parameter   A7-1519
group-by-clause
  Parameter Sub-Select-Statement   A2-1343
GROUP_MEMBER
  Spalte in der PLAN_TABLE   A5-1458, A5-1464, A5-1466
  Spalte in Table SYSCOPY   A3-1405
  Spalte in Table SYSDATABASE   A3-1406
  Spalte in Table SYSPACKAGE   A3-1413
  Spalte in Table SYSPLAN   A3-1418
GRPNAME
  Installations-Parameter   A7-1519
Gruppierung   A2-1343
  Beispiele   250
GTF   602, A2-1190, A2-1369. *Kurzname von:* General Trace Facility
GUARANTEED SPACE   A2-1113
Gupta   1

H

Halbierungsmethode   508
Hängender Thread   545, 603
  Anzeige   A2-1185
Hardcopy   604
Hardware   767
Hauptprogramm   A2-1079, A2-1089, A2-1110
  Funktion   A2-985
  Routine   739
  Stored Procedure   A2-996
HAVING
  Beispiele   252
  Parameter Sub-Select-Statement   A2-1343
  Verarbeitungsfolge   228
having-clause
  Parameter Sub-Select-Statement   A2-1343
HDAM   93. *Kurzname von:* Hierarchical Direct Access Method
Header Page
  Detail-Beschreibung   490, 505
HEAP(,,ANY)   741
Held   A2-1052
HEX
  Definition und Syntax   A1-945
Hexadezimale Repräsentation   A1-945
Hexadezimales Format
  mögliche Werte   A1-877
HIDAM   93. *Kurzname von:* Hierarchical Indexed Direct Access Method
Hierarchie   55
  DB2-Objekte   206
hierarchische Darstellung   419
Hierarchische Daten-Modelle   383
Hierarchisches GRANT-Konzept
  Beschreibung   308
High-Volume-Transaktionen   854

HIGH2KEY   786
  RUNSTATS-Statistiken   A2-1325
  Spalte in Table SYSCOLSTATS   A3-1401
  Spalte in Table SYSCOLUMNS   A3-1402
HIGHDSNUM
  Spalte in Table SYSCOPY   A3-1405
HIGHKEY
  RUNSTATS-Statistiken   A2-1325
  Spalte in Table SYSCOLSTATS   A3-1401
HIPERPOOL
  Installations-Parameter   A7-1521
Hiperpool
  Begriffs-Erläuterung   517
  Größe   A2-1163
  Größe definieren   A2-977
  Limit   7
  Nutzung   A2-1164
  V3   7
Hiperpool Sequential Steal Threshold   524, A2-978
HISAM   93. *Kurzname von:* Hierarchical Indexed Sequential Access Method
Hit Ratio   504
  Detail-Beschreibung   771
Höchstwert   A1-925
Hochziehen
  eines untergeordneten Objekts   437
Höhere Normalform
  Programmsicht   366
HOLD LOCATOR   A2-1321
  Beschreibung   165
  Definition und Syntax   A2-1236
HOPAUTH
  Installations-Parameter   A7-1521
Hopping   713, 714
Horizontale Trennung
  einer Struktur   439
HOST
  Precompiler-Option   628
Host-Identifikator   A1-865
Host-Indikator
  Übersicht Einsatzspektrum   672
Host-Struktur
  Detail-Beschreibung   667
  im COBOL   664
Host-Variable
  bei dynamischem SQL   754
  beim BIND   849
  Definition und Syntax   A1-896, A1-898
  Detail-Beschreibung   667
  Dynamic SQL   751
  EXPLAIN-Beispiel   797, 849
  für LOBs
    Definition und Syntax   A1-897
  im View   318
  Konvertierungsregeln   674
  Optimierung   15
  Übersicht Einsatzspektrum   672
  und DB2-Spalten-Typen   673
  Zuweisungen   A1-884
host-variable
  Namens-Konventionen   A1-866
  Parameter ASSOCIATE LOCATORS   A2-1012, A2-1030
  Parameter CONNECT Typ 1   A2-1050
  Parameter CONNECT Typ 2   A2-1056
  Parameter DESCRIBE   A2-1155
  Parameter DESCRIBE CURSOR   A2-1157
  Parameter DESCRIBE PROCEDURE   A2-1160
  Parameter EXECUTE   A2-1214
  Parameter EXECUTE IMMEDIATE   A2-1215
  Parameter FETCH   A2-1218
  Parameter FREE LOCATOR   A2-1219
  Parameter HOLD LOCATOR   A2-1236
  Parameter INSERT   A2-1240
  Parameter PREPARE   A2-1265
  Parameter RELEASE   A2-1285
  Parameter SELECT INTO   A2-1344
  Parameter SET   A2-1346
  Parameter SET CONNECTION   A2-1348
  Parameter SET CURRENT DEGREE   A2-1349
  Parameter SET CURRENT LOCALE LC_CTYPE   A2-1350
  Parameter SET CURRENT OPTIMIZATION HIN   A2-1351

Parameter SET CURRENT PACKAGESET   A2-1352
Parameter SET CURRENT PATH   A2-1353
Parameter SET CURRENT PRECISION   A2-1354
Parameter SET CURRENT RULES   A2-1355
Parameter SET CURRENT SQLID   A2-1356
Parameter VALUES INTO   A2-1389
HOSTLANG
  Spalte in Table SYSDBRM   A3-1407
  Spalte in Table SYSPACKAGE   A3-1413
HOUR
  Definition und Syntax   A1-946
HP-UX   23
HPSEQT   524, A2-1164
  Parameter -ALTER BUFFERPOOL   A2-978
HPSIZE
  Parameter -ALTER BUFFERPOOL   A2-977
HSM. *Kurzname von:* Hierarchical Storage Manager
Hybrid Join
  Begriffs-Erläuterung   814
  Detail-Beschreibung   823
  Detailbeschreibung   823
  Info in PLAN_TABLE   816, A5-1459
Hyperbolischer Arkus-Tangens   A1-931
Hyperbolischer Cosinus   A1-938
Hyperbolischer Sinus   A1-961
Hyperbolischer Tangens   A1-963

I

I-Marker   41
I/O
  I/O-Fehler   A2-1170
  Statistiken   A2-1167
I/O bound
  Begriffs-Erläuterung   776
I/O-Parallel-Verarbeitung
  Info in PLAN_TABLE   835, A5-1462
I/O-Parallelität
  V3   7
I/O-Zugriffs-Typ
  Detailbeschreibung   799
IBM_SERVICE_DATA
  Spalte in der PLAN_TABLE   A5-1458
IBMCOB
  Option LANGUAGE
  Parameter DCLGEN   A2-1145
IC/1. *Kurzname von:* Information Center/1
ICBACKUP
  Spalte in Table SYSCOPY   A3-1405
ICDATE
  Spalte in Table SYSCOPY   A3-1404
ICF. *Kurzname von:* Integrated Catalog Facility
ICF-Katalog   A2-1132, A7-1518
ICOPY. *Kurzname von:* Informational Copy Pending Advisory Status
  Detailbeschreibung   600
  STATUS des Spaces   A2-1170
ICSF   284. *Kurzname von:* Integrated Cryptographic Service Facility
ICTIME
  Spalte in Table SYSCOPY   A3-1404
ICTYPE
  Spalte in Table SYSCOPY   A3-1404
ICUNIT
  Spalte in Table SYSCOPY   A3-1405
ID
  Parameter -RECOVER INDOUBT   A2-1282
  Parameter -START RLIMIT   A2-1367
IDAPI   61
IDBACK
  Installations-Parameter   A7-1518
Idealzugriffspfad   431
Identifikator
  Begriffs-Erläuterung   384
  SQL   A1-865
IDENTIFY (RRSAF)
  Definitionen und Syntax   A5-1480
IDFORE
  Installations-Parameter   A7-1518
IDLE THREAD TIMEOUT
  Installations-Parameter   A7-1520

I Index -Stichwortverzeichnis

IDMS
  Kopplung mit DB2 93
IDTHTOIN
  Installations-Parameter A7-1520
IEEE 60, 628. *Kurzname von:* Institute of Electronical and Electronics Engineer
IFCID A2-1369. *Kurzname von:* Instrumentation Facility Component Identifier
  Parameter -MODIFY TRACE A2-1261
  Parameter -START TRACE A2-1370
  Übersicht A2-1371
IFI 772. *Kurzname von:* Instrumentation Facility Interface
  Funktionen 744
IFP. *Kurzname von:* IMS-Fast-Path
IMAGCOPY
  Parameter GRANT DATABASE PRIVILEGES A2-1224
IMAGCOPYAUTH
  Spalte in Table SYSDBAUTH A3-1407
Image Copy 492
  Datasets protokollieren A2-1306
  erzeugen A2-1057
  zusammenmischen A2-1257
Immediate Write Threshold 524
IMMEDWRITE
  Parameter BIND/REBIND PACKAGE A2-1019
  Parameter BIND/REBIND PLAN A2-1026
IMPLICIT
  Spalte in Table SYSTABLESPACE A3-1431
Implizite Connection
  CAF 745
Implizite Privilegien
  Detail-Beschreibung 297
Impliziter CONNECT A2-1049
IMPORT 530
IMS 53, 536, 593. *Kurzname von:* Information Management System
  Attachment-Facility 75, 79
  Batch
    Fehlerbehandlung 680
    Plan-Zuordnung 643
    Rollback und Restart 707
  Batch-Programm 79
  BMP
    Rollback und Restart 707
  Connection-Status A2-1161
  Control-Region 79
  Datenbank
    Konsistenz 538
  Datenbanken 532
  Grober Vergleich zu CICS 612
  IMS-PROCLIB 175, A2-1161
  IMS-Recovery Elements A2-1033
  IMS-TM 605
    Anforderung Version 5 141
  IMSCTRL 175
  Konsistenz mit DB2 539
  Kopplung mit DB2 93
  Plan-Zuordnung 643
  Restart-Einrichtungen 707
  Shared Resources 79
  Synchronisation mit DB2 68, 544
  TM
    Fehlerbehandlung 680
    Übergabe Autorisierungs-Id 287
    Vorgabe DB2-Commands A2-1359
IMS BMP TIMEOUT
  Installations-Parameter A7-1519
IMS-Command
  Überblick 159
  Übersicht 175
IMS-DB. *Kurzname von:* IMS - Database Manager
IMS-TM. *Kurzname von:* IMS - Transaction Manager
IN
  Definition und Syntax A1-916
  Parameter CHECK DATA A2-1036
  Parameter CREATE AUXILIARY TABLE A2-1063
  Parameter CREATE PROCEDURE A2-1106
  Parameter CREATE TABLE A2-1117
  Parameter CREATE TABLESPACE A2-1129
  Parameter LOCK TABLE A2-1256

Parameter-Typ 723
Sub-Query
  Beispiele 271
In-Commit 545
IN-List
  Prädikat 781
IN-List Index Scan
  Begriffs-Erläuterung 803
  Detailbeschreibung 809
In-Memory-Table
  Correlated Subquery 832
IN-Prädikat
  Beispiel 239
IN-Prädikat-Liste
  Kompatibilitäts-Regeln A1-888
INACTIVE
  Parameter -DISPLAY THREAD A2-1189
  Thread-Status A2-1185
INCCSID
  Spalte in Table SYSSTRINGS A3-1426
INCLUDE 186, 626
  Beschreibung 165
  Definition und Syntax A2-1237
INCLUDE SQLCA 666
INCLUDE SQLDA 752
  im COBOL 663
Inclusion Abhängigkeit 47
Inclusion-Methode
  Aufsetzen 697
INCRCOPY
  Parameter DSN1COPY A2-1209
  Parameter DSN1PRNT A2-1212
Incremental Bind A2-1021
Incremental Image
  Copy 475, 492, 596, A2-1006, A2-1257
  erzeugen A2-1057
INDDN
  Parameter LOAD A2-1246
Independent Table
  Begriffs-Erläuterung 446
INDEX
  Beispiel ALTER 217
  Beispiel CREATE 211
  Beispiel DROP 222
  Parameter COPY A2-1059
  Parameter DROP A2-1196
  Parameter GRANT TABLE PRIVILEGES A2-1233
  Parameter RUNSTATS INDEX A2-1329
Index
  Änderung von Charakteristiken A2-989
  Aspekte für PAEs 154
  Begriffs-Erläuterung 33
  Cluster-Option 112
  clustered/non-clustered 510
  Detail-Beschreibung 110, 443
  einrichten A2-1098
  Entry-Aufbau 506
  Index Page Set
    Detail-Beschreibung 505
  Index-Key 506
  Katalog 11
  Löschen 220
  Organisation 856
  Page
    Begriffs-Erläuterung 483
    Detail-Beschreibung 506
  Page Set
    Begriffs-Erläuterung 483
    Qualifizierung A1-868
  rekonstruieren A2-1273
  reorganisieren A2-1287
  Space
    Formelwerk 515
  Split 111
  Statistiken ermitteln A2-1329
  Typ 2- V4R1 10
  Typen 110
  Vor- und Nachteile 444
  Zugriff 432
    Detailbeschreibung 806
Index Leaf Pages
  Sperren 577
Index Scan 822, 860
  Begriffs-Erläuterung 803
  Info in PLAN_TABLE A5-1460

Index Screening 806
  Begriffs-Erläuterung 787
Index Typ
  festlegen A2-1099
Index Wizard 23, 27
index-name
  Namens-Konventionen A1-866
  Parameter ALTER INDEX A2-990
  Parameter CHECK INDEX A2-1039
  Parameter COPY A2-1059
  Parameter CREATE INDEX A2-1100
  Parameter DROP A2-1196
  Parameter REBUILD INDEX A2-1274
  Parameter RECOVER TABLESPACE A2-1279
  Parameter REORG INDEX A2-1288
  Parameter RUNSTATS INDEX A2-1329
  Parameter RUNSTATS TABLESPACE A2-1331
Index-Only Access
  Begriffs-Erläuterung 803
  Detailbeschreibung 811
index-space-name
  Parameter RECOVER TABLESPACE A2-1279
Indexable
  Begriffs-Erläuterung 787
  Prädikat 782
  Detail-Beschreibung 789
INDEXAUTH
  Spalte in Table SYSTABAUTH A3-1427
INDEXBP
  Parameter ALTER DATABASE A2-980
  Parameter CREATE DATABASE A2-1065
  Spalte in Table SYSDATABASE A3-1406
INDEXONLY
  = 'Y' 803, 811
  Spalte in der PLAN_TABLE A5-1458
INDEXSPACE
  Parameter COPY A2-1059
  Spalte in Table SYSINDEXES A3-1409
Indexspace
  Detail-Beschreibung 114, 505
  Speicheranforderung 529
  Speicherstruktur 485
indexspace-name
  Parameter COPY A2-1059
INDEXTYPE
  Spalte in Table SYSINDEXES A3-1409
  Spalte in Table SYSINDEXPART A3-1410
  Spalten-Bedeutung 328
INDEXVAL
  Utility-Phase LOAD A2-1244
Indikator-Byte 494
Indikator-Variable
  Definition und Syntax A1-896
Individueller View 353
Indoubt 170, 175, 176, 545, 592, 603
  Anzeige Indoubt Threads A2-1187
  IMS-UOR löschen A2-1033
  Indoubt Units of Recovery A2-1177
  löschen Indoubt Thread A2-1310
  Recovery Indoubt Thread A2-1282
  Thread-Status A2-1185
Indoubt Thread 604
Indoubt Unit of Work A2-1362
INDREFLIMIT
  Parameter REORG TABLESPACE A2-1298
INDVAR
  Parameter DCLGEN A2-1146
  V4R1 10
Inflight 545
Information
  Aktualität 152
Information Hiding
  Objektorientierung 58
Informational Copy Pending Advisory Status
  STATUS des Spaces A2-1170
Informationsstruktur
  Begriffs-Erläuterung 339
Informix 1
INGRES 1, 39, 54
Inhalte
  Beispieltabellen 233
Inheritance
  Objektorientierung 58

I Index -Stichwortverzeichnis

INITIAL_INSTS
   Spalte in Table SYSROUTINES   A3-1424
INITIAL_IOS
   Spalte in Table SYSROUTINES   A3-1424
Inkonsistente Datenobjekte   592
INLCOPY
   Parameter DSN1COPY   A2-1209
   Parameter DSN1PRNT   A2-1212
Inline-Kopie   16, A2-1293, A2-1300
Inline-Statistik   20, A2-1243, A2-1275, A2-1291, A2-1293, A2-1303
INNER
   Parameter Sub-Select   A2-1342
Inner Equi-Join   A2-1342
Inner Join
   Beispiele   260
   Beschreibung   258
Inner Query
   Begriffs-Erläuterung   268, 274
   Correlated Subquery   832
   Non-correlated Subquery   830
Inner Table
   Begriffs-Erläuterung   274
   Detailbeschreibung   815
   Nested Loop Join   818
Inner und Outer Join   230
inoperative   A2-1194
INOUT
   Parameter CREATE PROCEDURE   A2-1106
   Parameter-Typ   723
INSERT   532
   Beispiele   276
   Beschreibung   166, 276
   Definition und Syntax   A1-946, A2-1238
   Null-Werte   671
   Parameter CREATE TRIGGER   A2-1139
   Parameter GRANT TABLE PRIVILEGES   A2-1233
   Strategie
      bei Data Sharing   496
      in der Daten-Page   496
      in der Index-Page   511
INSERTAUTH
   Spalte in Table SYSTABAUTH   A3-1427
Insight for DB2   70
INSOFT   69
INSTALL IRLM
   Installations-Parameter   A7-1519
Installations-Optionen
   Übersicht   853
Installations-Panels   A7-1518
Installations-SYSADM
   Implizite Rechte   299
Installations-SYSOPR
   Implizite Rechte   299
Installations-System-Parameter
   Aufstellung   A7-1518
Installer   68, 139
Instant of Commit   544
Institute of Electrical and Electronics Engineers   60
INSTS_PER_INVOC
   Spalte in Table SYSROUTINES   A3-1424
INT. *Synonym für:* INTEGER
   im Programm   673
   Limit   A1-874
   Parameter CREATE TABLE   A2-1123
INTEGER
   Beispiele   245
   Definition und Syntax   A1-947
   im Programm   673
   Limit   A1-874
   Parameter CREATE TABLE   A2-1122, A2-1123
   Parameter LOAD   A2-1255
   SQLTYPE-Inhalt   A5-1448
Integer
   mögliche Werte   A1-877
   nach Decimal   A1-883
   nach Floating-Point   A1-883
INTEGER EXTERNAL
   Parameter LOAD   A2-1255
Integrität   32, 151
   Anforderungen   372
   Aspekte bei verteilten Daten   715

Bedingungen   416
Bedingungen für Trigger   132
Begriffs-Erläuterung   29
bei Verteilung   73
Design-Entscheidung   618
Gewährleistung   358
Konstrukt-Verstoß   45
Maßnahme   56
Maßnahmen
   Detail-Beschreibung   423
Objektorientierung   371
Probleme   156, 692
   beim Trigger-Einsatz   131
Regeln
   Detail-Beschreibung   423
   Detaillierte Darstellung   420
   Regeln - Aspekte für PAEs   154
   Sicherung bei DB2-Einführung   143
   Test   45
   Unabhängigkeit   48
Intent-Lock   568
Inter-DB2-Interest   A2-992
Interactive Interface   224
Interactive SQL
   Begriffs-Erläuterung   224
Interaktive DB2-Oberfläche   179
Interims Table
   Info in PLAN_TABLE   A5-1460
Intermediate Result Table   A2-1342
Intermediate SQL2
   SQL-Standard   64
Intermediate Table   823
International Standards Organization   60, 61
Interne Ebene
   Begriffs-Erläuterung   339, 341
   unter DB2   379
Interne Sicht   362
internes Format
   numerische Daten-Typen   A1-885
Internes Schema   34, 62
interpretativ   623
Intersection   42, 812
INTO
   Parameter DESCRIBE   A2-1155
   Parameter DESCRIBE CURSOR   A2-1157
   Parameter FETCH   A2-1218
   Parameter PREPARE   A2-1265
   Parameter SELECT INTO   A2-1344
   Parameter VALUES INTO   A2-1389
into table spec   A2-1275
INTO TABLE-Statement
   Parameter LOAD   A2-1251, A2-1275
InTune   70
Invalidated
   Merkmal Plan bzw. Package   220
invalidated   A2-1021, A2-1194
Invalidated Package
   VALID   636
Invalidated Plan
   VALID   636
Inverse-Funktion   48
Inverted-File   54
Invoke-Behavior   291, 305, A2-1017
INVOKEBIND   A1-868
   Option DYNAMICRULES
      Parameter BIND PACKAGE   A2-1018
INVOKERUN   A1-868
   Option DYNAMICRULES
      Parameter BIND PACKAGE   A2-1018
IO
   IO-Kostenermittlung
      Detail-Beschreibung   793
IOFACTOR
   Spalte in Table SYSINDEXES   A3-1409
   Spalte in Table SYSINDEXSTATS   A3-1411
IOS_PER_INVOC   845
   Spalte in Table SYSROUTINES   A3-1424
IPADDR
   Parameter RESET INDOUBT   A2-1310
   Spalte in Table IPNAMES   A4-1436
ipaddr
   Parameter -START TRACE   A2-1370
   Parameter -STOP TRACE   A2-1382
IPNAMES
   CDB-Tabellenstruktur   A4-1436

IPREFIX
   palte in Table SYSTABLEPART   A3-1429
   Spalte in Table SYSINDEXPART   A3-1411
IRDS   61. *Kurzname von:* Information Resource Dictionary Systems
IRLM   74, 177. *Kurzname von:* Internal-Resource-Lock-Manager
   Detail-Beschreibung   574
   Grobe Beschreibung   76
   Installatations-Panel   A7-1519
   und Coupling Facility   577
IRLM Panel   A7-1519
IRLMID
   Installations-Parameter   A7-1519
IRLMPROC
   Macro   A7-1519
IRLMRWT
   Installations-Parameter   A7-1519
IRLMSID
   Installations-Parameter   A7-1519
IS
   Lock-Modus   A5-1460
IS NULL
   Beispiele   260, 262
ISO   38, 60, 61, 63. *Kurzname von:* International Standards Organization
ISO 9075   61, 63
ISOBID
   Spalte in Table SYSINDEXES   A3-1409
ISOLATION   76, 582
   bei unterschiedlichen Package   565
   'CS'   A2-1218
   CS   685
   CS - Cursor Stability
      Wirkung   563
   im SQL-Statement   9
   Level
      Detail-Beschreibung   563
      Festlegung   557
      in Programmen   578
      SPUFI   183
      V4R1   9
      V5   15
   nicht konsistenter Daten   536
   Parameter
      im SQL-Statement   564
      Plan und Package   564
      Vorgabemöglichkeiten   564
   Parameter BIND/REBIND PACKAGE   A2-1019
   Parameter BIND/REBIND PLAN   A2-1026
   'RR'
      Update-Intent   700
   RR - Repeatable Read
      Wirkung   563
   RS - Read Stability
      Wirkung   563
   Spalte in Table SYSPACKAGE   A3-1412
   Spalte in Table SYSPACKSTMT   A3-1415
   Spalte in Table SYSPLAN   A3-1417
   Spalte in Table SYSSTMT   A3-1425
   Spalten-Bedeutung   328
   UR- Uncommitted Read
      Wirkung   564
Isolation-Level   A2-1334, A2-1337
   Wirkung im Programm   A2-1338
ISPF. *Kurzname von:* Interactive System Productive Facility
Item-reference
   Parameter SET   A2-1346
Iterator Declaration Clause   658
IWTH   524
IX
   Lock-Modus   A5-1460
IXCREATOR
   Spalte in Table SYSINDEXPART   A3-1410
   Spalte in Table SYSKEYS   A3-1411
   Spalte in Table SYSTABLEPART   A3-1428
IXNAME
   Spalte in Table SYSINDEXPART   A3-1410
   Spalte in Table SYSKEYS   A3-1411
   Spalte in Table SYSRELS   A3-1421
   Spalte in Table SYSTABLEPART   A3-1428
IXOWNER
   Spalte in Table SYSRELS   A3-1421

I Index -Stichwortverzeichnis

J

Jahr
  aus Datum extrahieren A1-969
Jahrestag
  aus Datum extrahieren A1-940
Java 12, 17, 24, 25, 68, 224, 623
  Detail-Beschreibung 655
  Sprachschnittstelle für Programme 624
Java Stored Procedure Builder 23, 27
Java-Programm 624
  Codier-Beispiel 657, 659
JavaSoft 224
JCL. *Kurzname von:* Job Control Language
JDBC 17, 24, 25, 224, 655. *Kurzname von:* Java Database Connectivity
  Anforderung Version 5 141
  Beschreibung 624
  Codier-Beispiel 657
  Detail-Beschreibung 656
JDBC Driver für DB2 656
JDBC-API 656
JES. *Kurzname von:* Job Entry Subsystem (OS/390)
Job
  Modell-Zuordnung 339
JOIN
  Parameter Sub-Select A2-1342
Join 276, 279, 281
  Abhängigkeit 46
  Begriffs-Erläuterung 36, 814
  Beispiele 255
  Detail-Beschreibung 815
  Natural Join 42
  Outer Join 42
  Parallelverarbeitung
    Info in PLAN_TABLE 835, A5-1461
  PLAN_TABLE-Ausweis 816
  SELECT FROM 229
  Sortiererfordernis 834
  Tabelle mit sich selbst
    Beispiele 257
  Tuning 859
  Typ - SQL-Standard 66
  und Parallelverarbeitung 778
  USING FOREIGN KEY
    SQL-Standard 66
  USING PRIMARY KEY
    SQL-Standard 66
  verschachtelt
    Beispiele 265
  wie wird er definiert? A2-1342
join-condition
  Parameter Sub-Select-Statement A2-1342
Join-Methode 846, 847
  Info in PLAN_TABLE 816, A5-1459
Join-Prädikat 837
JOIN_DEGREE 816, 835, 840
  Spalte in der PLAN_TABLE A5-1458
JOIN_PGROUP_ID 835
  Spalte in der PLAN_TABLE A5-1458
JOIN_TYPE 817
  Spalte in der PLAN_TABLE A5-1458
joined-table
  Parameter Sub-Select-Statement A2-1340, A2-1342
JULIAN_DAY
  Definition und Syntax A1-947
JVM 624. *Kurzname von:* Java Virtual Machine

K

Kaltstart 545, 593, 603
Kapazitätsberechnung
  Beispiel 500
Kapselung 58
  SQL-Standard 66
Kartesischer Join 19, 818, 838
Kartesisches Produkt 42, 49
  Beispiele 255
kaskadierende Wirkungen 424
Katalog
  Abfrage-Beispiele 324
  Globaler Katalog 50
Indizes- V4R1 11
Katalogdaten
  Begriffs-Erläuterung 481
Konzept
  Unterstützung von Ebenen 341
Logging 586
Lokaler Katalog 50
RECOVER 603
Reorganisation 16, A3-1398
Reorganisation- V4R1 11
Speicheroptimierung: Spaltenübersicht 328
Sperren 571
Tabellen
  Gesamt-Überblick A3-1391
  Referenzielle Beziehungen 323
  referenzielle Beziehungen A3-1392
  Spalten-Definitionen A3-1399
  zulässige SQL-Statements A3-1398
  Zuordnung der Objekte 322
Tablespaces und Indizes A3-1395, A3-1398
Verwaltung: Überblick 336
Katalog-name
  Parameter ALTER INDEX
    Option VCAT A2-991
KB. *Kurzname von:* Kilobyte (1.024 Bytes)
KEEP UPDATE LOCKS 15, 580, 582
  Option WITH
    Parameter SELECT A2-1337
    Zusammenspiel der Parameter A2-1338
KEEPDICTIONARY 504, A2-1293
  Parameter LOAD A2-1246
  Parameter REORG TABLESPACE A2-1299
KEEPDYNAMIC 15
  (YES) 760
  Parameter BIND PLAN A2-1027
  Parameter BIND/REBIND PACKAGE A2-1019
  Spalte in Table SYSPACKAGE A3-1413
  Spalte in Table SYSPLAN A3-1418
Kernel
  Begriffs-Erläuterung 388
KEYCARD
  Parameter RUNSTATS A2-1331
  Parameter RUNSTATS TABLESPACE A2-1331
KEYCOLUMNS
  Spalte in Table SYSTABLES A3-1429
KEYCOUNT
  Spalte in Table SYSINDEXSTATS A3-1411
KEYCOUNTF
  RUNSTATS-Statistiken A2-1326
  Spalte in Table SYSINDEXSTATS A3-1411
KEYOBID
  Spalte in Table SYSTABLES A3-1430
KEYSEQ
  RI-relevante Spalte 462
  Spalte in Table SYSCOLUMNS A3-1403
Klammer-Logik
  Reihenfolge A2-1340
Klammerung
  Beispiele 241
  Verarbeitungslogik A1-918
Klasse 57
Kleinschrift A1-947
Knoten 72
Kommentar
  für Tables, Views, Aliase, Spalten A2-1044
Kommunikationsstruktur
  Begriffs-Erläuterung 339
Kompatibilität 2
  Detail-Tabelle A1-888
  Distinct Daten-Typ A1-888
  von Daten-Typen A1-881
Kompilierung 49
Komplexe Beziehung 388
komplexe Datentypen 22
Komplexe Prädikate 790
Komplexer Zugriffspfad
  Begriffs-Erläuterung 814
Komplexes DBMS 53, 56
Komplexes Objekt 57, 67
Kompression 113, A2-1246
  aktivieren A2-1246
  Daten A2-1130, A2-1131
  Detail-Beschreibung 503
  Einsparungseffekt anzeigen A2-1205
Komprimierte Zeilen 856
  Tools 70
  V2R3 6
  V3 8
  Vorteile und Nachteile 504
Komprimierung
  Tools 70
Konkurrenz
  Betrieb
    Übersicht 535
  Probleme
    Abbau 550
  Verarbeitung
    Problem und Lösungen 546
    Übersicht der Möglichkeiten 567
Konsistenz 536
  bei Data Sharing 594
  Design-Entscheidung 618
  Index zu Daten prüfen A2-1038, A2-1040
  Konsistenzbewahrung bei Data Sharing 575
  Koordination mehrerer Systeme 538, 544
  mit Allied Agents 593
  Probleme 170, 174, 176, 545, 599, 603, 688, 692, 699
  bei Mengenverarbeitung 562
  DSN1COPY A2-1207
  Inline Kopie A2-1300
  point-in-time-recovery A2-1249
  Recovery A2-1276
  Prüfung 59
  RI 456
Konstante
  Definition A1-877
  Result Table 234
Konvertieren 770
  Binary A1-943, A1-947, A1-961
  Binary Large Object (BLOB) A1-932
  Character A1-933, A1-943
  Character Large Object (CLOB) A1-936
  Daten-Typen
    Detail-Tabelle A1-880
  DateTime A1-933, A1-967
  Datum A1-939
  DB2-Spalte - Host Variablen 674
  Decimal A1-934, A1-942, A1-943, A1-967
  Double Byte Character Large Object (DBCLOB) A1-941
  Floating Point A1-935, A1-943, A1-944, A1-956, A1-967
  Funktion
    Beispiele 245
  Gleitkommawert A1-967
  Gleitkommazahl A1-943, A1-944, A1-956
  Grad A1-942, A1-955
  Graphic A1-945
  Integer A1-935, A1-968
  Radiant A1-942, A1-955
  ROWID A1-936, A1-959, A1-968
  String in Großschrift A1-966
  String in Kleinschrift A1-947
  Timestamp A1-964
  variable Character A1-967
  variable Graphic-String A1-968
  Zeit A1-964
Konzeptionelle Ebene
  Begriffs-Erläuterung 339, 341
  unter DB2 379
Konzeptionelle Sicht 362
Konzeptionelles Daten-Design 382
Konzeptionelles Daten-Modell
  Begriffs-Erläuterung 392
  Checkliste 426
Konzeptionelles Schema 34, 62
Koordinator 538, 544, 592
  2-Phasen-Commit A2-1187
Korrelations-Name
  Begriffs-Erläuterung 274
  Info in PLAN_TABLE A5-1462
  Trigger A2-1140
Kosten-Ermittlung 783
Kosten-Kategorie 798
Kostenanalyse
  Vorgaben für Optimizer A3-1424
Kostenschätzungen A2-1018
Kritische Werte
  Statistikfelder 328
KSDS. *Kurzname von:* Key Sequential Dataset (VSAM)

L

L-Locks 575, 577
LABEL
 Parameter DCLGEN A2-1146
 Spalte in Table SYSCOLUMNS A3-1403
 Spalte in Table SYSTABLES A3-1430
LABEL ON
 Beispiel CREATE 213
 Beispiel DROP 223
 Beschreibung 166
 Definition und Syntax A2-1241
Labeled Duration
 Definition und Syntax A1-903
LABELS
 Option USING
  Parameter DESCRIBE A2-1155
  Parameter PREPARE A2-1265
Lademodul A2-994, A2-1075, A2-1084, A2-1108
Laden von Daten A2-1243
 DSNTIAUL 647
 Tools 70
Länge
 ändern Spalten-Länge A2-1002
 Länge eines Arguments A1-948
Langlaufend
 Batch-Programm 614
 Embedded SQL-Statement 703
 Programm
  mit Änderungsanforderungen 616
 SQL-Statement
  was tun? 860
LANGUAGE
 Parameter ALTER FUNCTION A2-983
 Parameter ALTER PROCEDURE A2-994
 Parameter CREATE FUNCTION (External Scalar) A2-1075
 Parameter CREATE FUNCTION (External Table) A2-1085
 Parameter CREATE PROCEDURE A2-1109
 Parameter DCLGEN A2-1145
 Spalte in Table SYSPROCEDURES A3-1420
 Spalte in Table SYSROUTINES A3-1422
LANGUAGE DEFAULT
 Installations-Parameter A7-1518
Language Environment 738, 741, A2-1079, A2-1089, A2-1111
Langzeit-Sperre 49
LARGE A2-1126
 Parameter CREATE TABLESPACE A2-1128
 Parameter DSN1COMP A2-1206
 Parameter DSN1COPY A2-1210
 Parameter DSN1PRNT A2-1212
Large Object
 Begriffs-Erläuterung 96
Large Objects 18
Large Partitioned Tablespace. *Synonym für:* Large Tablespace
Large Table 12. *Synonym für:* Large Tablespace
Large Tablespace 12, 113, 114, 486, A2-1324
 Definition A2-1126
Latch 534
 Begriffs-Erläuterung 554
Laufzeitüberwachung
 Dynamic SQL 761
Layer-Konzept 60
LBACKOUT
 Installations-Parameter A7-1520
LC
 Precompiler-Option 628
LC_CTYPE-Lokale A1-890, A2-1350
LC_TYPE
 Installations-Parameter A7-1518
LCASE A1-890, A2-1350
 Definition und Syntax A1-947
LDAP 23, 27. *Kurzname von:* Light Directory Access Protocol
LDS. *Kurzname von:* Linear Dataset (VSAM)
 Dataset 530

Leaf Page 111, 331, 806
 Begriffs-Erläuterung 483
 Detail-Beschreibung 506
 Insert-Strategie 511
LEAFDIST 860, A2-1289
 RUNSTATS-Statistiken A2-1325
 Spalte in Table SYSINDEXPART A3-1410
 Spalten-Bedeutung 328
LEAFDISTLIMIT
 Parameter REORG INDEX A2-1289
Least-Recently-Used 521
Leere Result Table 44
Leerzeichen A1-864
LEFT
 Definition und Syntax A1-948
 Parameter Sub-Select A2-1342
Left Outer Join A2-1342
 Beispiele 260
 Beschreibung 259
 Info in PLAN_TABLE 817, A5-1462
 V4R1 9
LEGENT 70
Leistungsdurchsatz
 Faktoren 766
LEMAX
 Installations-Parameter A7-1521
Lempel 503
LENGTH
 Beispiele 248
 Definition und Syntax A1-948
 Spalte in Table SYSCOLUMNS A3-1402
 Spalte in Table SYSDATATYPES A3-1406
 Spalte in Table SYSFIELDS A3-1408
 Spalte in Table SYSPARMS A3-1416
Lese-Anforderungen
 Detail-Beschreibung 521
Lese-Schutz
 Begriffs-Erläuterung 550
LEVEL
 Precompiler-Option 628
LEVELID UPDATE FREQ
 Installations-Parameter A7-1520
LIBRARY
 Parameter DCLGEN A2-1145
 Parameter RUN A2-1322
library-name
 Parameter DCLGEN A2-1145
 Parameter RUN A2-1322
LIBSTACK(4K,,) 741
LIFO. *Kurzname von:* Last-In-First-Out
LIKE
 Beispiel 239
 Definition und Syntax A1-914
 Parameter CREATE GLOBAL TEMPORARY TABLE A2-1097
 Parameter CREATE TABLE A2-1117
 Parameter Sub-Select-Statement A2-1341
LIMIT
 Option ASUTIME
  Parameter ALTER FUNCTION A2-985
  Parameter -DISPLAY DATABASE A2-1175
Limit
 Anzahl Tabellen in SQL-Statement 21
 Bufferpool 7
 Bufferpools 516
 Connections
  V3 7
  V4R1 11
  V6 17
 Dataset A2-1006, A2-1133
 DDL-Objekt-Restriktionen A1-970
 DML-Sprach-Restriktionen A1-971
 Hiperpool 7
 Laufzeit Dynamic SQL 761
 Log-Datasets 588
 Numerische Höchstwerte A1-971
 Objekt-Namenskonventionen A1-970
 Speicherkapazität pro Partition A2-1130
 System-Restriktionen A1-972
 V2R3 6
 Zeichenketten (Strings) A1-971
 Zeilen pro Daten Page 483
 Zeit 761
LIMIT BACKOUT A2-1284
 Installations-Parameter A7-1520
Limit Key A2-1100

Limited Block Fetch 715, 716
Limitierung 853
LIMITKEY
 Spalte in Table SYSINDEXPART A3-1410
 Spalte in Table SYSTABLEPART A3-1428
LINEAR 530
Linear Page Set 486
Lineares DBMS 53
LINECOUNT
 Precompiler-Option 628
LINKAGE
 Spalte in Table SYSPROCEDURES A3-1420
Linkage Editor 625, 645
LINKNAME
 Spalte in Table IPNAMES A4-1436
 Spalte in Table LOCATIONS A4-1436
Linux 23, 27
LIST
 Parameter -DISPLAY BUFFERPOOL A2-1168
List Prefetch 24, 803, 812, 857
 Detail-Beschreibung 522
 Detailbeschreibung 801
 Info in PLAN_TABLE A5-1461
 Statistik A2-1164
List Sequential Prefetch. *Synonym für:* List Prefetch
Liste
 Modell-Zuordnung 339
LN
 Definition und Syntax A1-948, A1-949
LOAD 43
 bei Kompression 503
 Beschreibung 172
 Definition und Syntax A2-1243
 DSNTIAUL 647
 Eingabebestand
  Beispiel 203
 Grobe Utility-Beschreibung 532
 ohne Daten 282
 Parameter GRANT DATABASE PRIVILEGES A2-1224
 Tools 70
 Utility-Steuerkarten
  Beispiel 203
LOADAUTH
 Spalte in Table SYSDBAUTH A3-1407
LOADMOD
 Spalte in Table SYSPROCEDURES A3-1420
LOADPLUS for DB2 70
LOB 23, 24
 Behandlung in Programmen 717
 Besonderheiten 97
 CURRENT RULES 632
 Daten laden 717
 Daten-Typen 718
 Host-Strukturen A1-897
 Locator 719
 LOCK-Besonderheiten 570
 Logging A2-1005
 Materialisierung 720
 Option LOCKSIZE
  Parameter ALTER TABLESPACE A2-1005
  Parameter CREATE TABLESPACE A2-1131
 Parameter CREATE TABLESPACE A2-1128
 Parameter DSN1COPY A2-1210
 Parameter DSN1PRNT A2-1212
 Referenzierung 720
 remote Zugriff 714
LOB-Data-Type 104
 User-defined 100
LOB-High-Level Space Map 491
LOB-Locator 719, 720, A2-1071, A2-1219
 Behandlung in Programmen 719
LOB-Locator-Variable A1-897
LOB-Low-Level Space Map 491
LOB-Manager 720
LOB-Materialisierung 717
 Detail-Beschreibung 720
LOB-Objekte
 Detail-Beschreibung 116
LOB-Referenzierung 717
 Detail-Beschreibung 720

I Index -Stichwortverzeichnis

LOB-Spalte A2-1115, A3-1399
  Beispiel CREATE 212
  Definition Auxiliary Table A2-1063
  Prüfung A2-1036
LOB-Speicheranforderungen 502
LOB-Storage A7-1521
LOB-TABLESPACE
  Beispiel CREATE 210
LOB-Tablespace 113, 717, A2-1041, A2-1128, A2-1326, A3-1411
  Beispiel-Definition A2-1127
  Detail-Beschreibung 116
  Namenskonvention A2-1115
  Speicherstruktur 485
lob-tablespace-name
  Parameter CHECK LOB A2-1041
LOB-Values
  Installations-Parameter A7-1521
LOB-Variable
  Definition und Syntax A1-897
LOBCOLUMNS
  Spalte in Table SYSROUTINES A3-1424
LOBVALA
  Installations-Parameter A7-1521
LOCAL
  Option WITH
    Parameter CREATE VIEW A2-1143
Local
  Prädikat 781
LOCALE LC_CTYPE
  Installations-Parameter A7-1518
LOCALE LC_TYPE A1-890
LOCALSITE
  Parameter RECOVER TABLESPACE A2-1279
  Parameter REPORT A2-1308
LOCATE
  Definition und Syntax A1-949
LOCATION 772
  Parameter -DISPLAY THREAD A2-1189
  Parameter -DISPLAY TRACE A2-1192
  Parameter -RESET INDOUBT A2-1310
  Parameter -START TRACE A2-1370
  Parameter -STOP TRACE A2-1382
  Spalte in Table LOCATIONS A4-1436
  Spalte in Table SYSCOLAUTH A3-1400
  Spalte in Table SYSPACKAGE A3-1412
  Spalte in Table SYSPACKAUTH A3-1414
  Spalte in Table SYSPACKLIST A3-1415
  Spalte in Table SYSPACKSTMT A3-1415
  Spalte in Table SYSPKSYSTEM A3-1417
  Spalte in Table SYSTABAUTH A3-1427
  Spalte in Table SYSTABLES A3-1430
location-name
  Namens-Konventionen A1-867
  Parameter -DISPLAY LOCATION A2-1181
  Parameter -DISPLAY TRACE A2-1192
  Parameter -RESET INDOUBT A2-1310
  Parameter -START TRACE A2-1370
  Parameter -STOP TRACE A2-1382
  Parameter BIND/REBIND PACKAGE A2-1016
  Parameter CONNECT Typ 1 A2-1050
  Parameter CONNECT Typ 2 A2-1056
  Parameter DCLGEN A2-1145
  Parameter FREE PACKAGE A2-1220
  Parameter REBIND TRIGGER PACKAGE A2-1272
  Parameter RELEASE A2-1285
  Parameter SET CONNECTION A2-1348
LOCATIONS
  CDB-Tabellenstruktur A4-1436
LOCATOR
  Spalte in Table SYSPARMS A3-1416
Locator 719
  im Programm 673
  LOB 720
Lock 534, 545, 591
  Begriffs-Erläuterung 554
  Charakteristiken 555
    Detail-Beschreibung 555
  Einrichtungen
    Beschreibung 554
  implizite Auswirkungen 571
  Lock Escalation 476, A2-1005, A2-1131
  Lock-Avoidance 704
    Begriffs-Erläuterung 559

Lock-Dauer
  Begriffs-Erläuterung 555
  Detail-Beschreibung 562
  Festlegung 556
  in Programmen 578
Lock-Escalation 563, 580, 583
  Definition 559
  Erläuterung 559
Lock-Maßnahmen
  Grobe Beschreibung 476
  LOB-Objekte 570
  Utility 598
Lock-Mechanismen
  Zusammenfassung der Parameter 583
Lock-Modus
  Begriffs-Erläuterung 555
  Detail-Beschreibung 566
  Entscheidungsmatrix 569
  in Programmen 578
  Info in PLAN_TABLE A5-1460
Lock-Niveau
  Begriffs-Erläuterung 555
  Detail-Beschreibung 558
  Festlegung 556
  PARTITION 558
  TABLE 567
  TABLESPACE 567
Lock-Objekt
  Begriffs-Erläuterung 555
  Detail-Beschreibung 557
Lock-Promotion 569
  Erläuterung 559
Mechanismen 75
LOCK TABLE 556, 567, 581
  Beschreibung 166
  Definition und Syntax A2-1256
  LOB-Daten 570
  Wirkung 560
LOCKMAX 559, 582
  Grobe Beschreibung 476
  Parameter ALTER TABLESPACE A2-1005
  Parameter CREATE TABLESPACE A2-1131
  Spalte in Table SYSTABLESPACE A3-1431
LOCKPART 13, 556, 582
  Parameter ALTER TABLESPACE A2-1005
  Parameter CREATE TABLESPACE A2-1131
  Spalte in Table SYSTABLESPACE A3-1432
LOCKRULE
  Spalte in Table SYSTABLESPACE A3-1431
  Spalten-Bedeutung 329
LOCKS
  Parameter -DISPLAY DATABASE A2-1174
LOCKS PER TABLE 559
LOCKS PER TABLE(SPACE) 582, A2-1005, A2-1131
  Installations-Parameter A7-1519
LOCKS PER USER 559, 582
  Installations-Parameter A7-1519
LOCKSIZE 558, 582, 857, A2-1131
  ANY
    Grobe Beschreibung 476
  Begriffs-Erläuterung 556
  LOB
    Grobe Beschreibung 476
  PAGE
    Grobe Beschreibung 476
  Parameter ALTER TABLESPACE A2-1005
  Parameter CREATE TABLESPACE A2-1131
  PARTITION
    Grobe Beschreibung 476
  ROW
    Grobe Beschreibung 476
  TABLE
    Grobe Beschreibung 476
  TABLESPACE
    Grobe Beschreibung 476
  Wirkung 558
LOCKSIZE ROW
  Sperren 577
LOCTYPE
  Spalte in Table LOCATIONS A4-1436
LOG
  Definition und Syntax A1-948, A1-949
  NO 475, 587, 603
  Parameter ALTER TABLESPACE A2-1005
  Parameter CHECK DATA A2-1037
  Parameter CREATE TABLESPACE A2-1129
  Parameter LOAD A2-1247, A2-1252
  Parameter REORG TABLESPACE A2-1296

  Spalte in Table SYSTABLESPACE A3-1432
  Utility-Phase REORG TABLESPACE A2-1294
Log
  Batch-Verarbeitung 614
  Log range directory 119
  LOG-Buffer
    Aktive 586
    Archiv 586
    Intern 586
  Log-Dataset 540, 544, 597, A7-1519
    Grobe Beschreibung 120
  Log-RBAs protokollieren A2-1306
  LOGGING 75, 534, 540, 857
    Einrichtungen 539
    Einrichtungen: Beschreibung 585
    Hierarchie 588
  Logging A2-1129
  Logging-Aktivitäten ausschließen 475
LOG APPLY STORAGE
  Installations-Parameter A7-1519
LOG-Sätze
  ausschreiben A2-1357
LOG-Status A2-1182
LOG10
  Definition und Syntax A1-950
LOGAPPLY
  Utility-Phase RECOVER TABLESPACE A2-1277
LOGAPSTG
  Installations-Parameter A7-1519
Logarithmus A1-948, A1-949, A1-950
Logical Page List
  Anzeige A2-1172
Logische Datenunabhängigkeit 48
Logische 'ODER'-Verknüpfung A1-917
Logische Partition 112
  V4R1 10
Logische referenzielle Struktur 450
Logische Sperren 575
Logische Transaktion
  Konsistenz 536
Logische und physische Aspekte 337
Logische 'UND'-Verknüpfung A1-917
Logisches Design
  Detail-Beschreibung 392
  Grobe Beschreibung 337
LOGLOAD
  Installations-Parameter A7-1520
  Parameter SET LOG A2-1357
LOGON 287
LOGONLY
  Parameter RECOVER TABLESPACE A2-1279
Lokale Autonomie 73, 544
Lokale Zuordnung 377
Lokaler Server
  Begriffs-Erläuterung 83
Lokales Prädikat 837
Lokation
  Detail-Beschreibung 72
  Lokations-Name 73, 86
  Probleme Produktion-Test 149
  wieviele sind einzurichten 149
Lokations-Identifikator A1-865
Lokations-Name
  Package 638
LONG CHAR VARYING
  Parameter CREATE TABLE A2-1123
LONG CHARACTER VARYING
  Parameter CREATE TABLE A2-1123
LONG VARCHAR
  im Programm 673
  Parameter CREATE TABLE A2-1123
LONG VARGRAPHIC
  Parameter CREATE TABLE A2-1123
Long-String
  Besonderheiten A2-1123
LONGLOG
  Parameter -ALTER UTILITY A2-1007
  Parameter REORG INDEX A2-1290
  Parameter REORG TABLESPACE A2-1302
LONGVARCHAR
  SQLTYPE-Inhalt A5-1448
LONGVARGRAPH
  SQLTYPE-Inhalt A5-1448

I Index -Stichwortverzeichnis

Löschen
  bestehende Beziehung
    SQL-Beispiele 464
  bestehendes Check Konstrukt 218
  eines Sets
    Beispiel 282
  Sicherheitsschalter A2-1118
  unbeabsichtigtes 11
  von Objekten A2-1194
Löschung Objekte
  Wirkungen der DB2-Objekte 221
Low-Level Space Map 491
LOW2KEY 786
  RUNSTATS-Statistiken A2-1325
  Spalte in Table SYSCOLSTATS A3-1401
  Spalte in Table SYSCOLUMNS A3-1402
LOWDSNUM
  Spalte in Table SYSCOPY A3-1405
LOWER
  Definition und Syntax A1-947
  SQL-Standard 65
LOWKEY
  RUNSTATS-Statistiken A2-1325
  Spalte in Table SYSCOLSTATS A3-1401
LPL
  Parameter -DISPLAY DATABASE A2-1174
  STATUS des Spaces A2-1170
LRECL. *Kurzname von:* Logical Recovery Pending
LRH. *Kurzname von:* Log Record Header
LRSN A2-1278
  Spalte Mapping Table A5-1471
LRU. *Kurzname von:* Least-Recently-Used
  Option PGSTEAL
    Parameter -ALTER BUFFERPOOL A2-979
LSTATS
  Parameter -DISPLAY BUFFERPOOL A2-1168
LSTOP
  STATUS des Spaces A2-1170
LTRIM
  Definition und Syntax A1-950
LULIST
  CDB-Tabellenstruktur A4-1436
LUMODES
  CDB-Tabellenstruktur A4-1437
LUNAME
  Parameter -RESET INDOUBT A2-1310
  Spalte in RLF A5-1468
  Spalte in Table LULIST A4-1436
  Spalte in Table LUMODES A4-1437
  Spalte in Table LUNAMES A4-1437
  Spalte in Table MODESELECT A4-1438
  Spalte in Table SYSPROCEDURES A3-1420
  Spalte in Table USERNAMES A4-1438
luname
  Parameter -RESET GENERICLU A2-1309
  Parameter -START TRACE A2-1370
  Parameter -STOP TRACE A2-1382
LUNAMES
  CDB-Tabellenstruktur A4-1437
LUW. *Kurzname von:* Logical Unit of Work
LUW, UOW- und UOR-Konzept
  Beschreibung 540
LUWID. *Kurzname von:* Logical Unit of Work Identifier
  Parameter -DISPLAY THREAD A2-1189
  Parameter -RECOVER INDOUBT A2-1283
  Parameter -RESET INDOUBT A2-1310
luwid
  Parameter -CANCEL THREAD A2-1032
LWF 518
LZW-Methode 503

M

M : N - Beziehung 449
MAIN
  Option PROGRAM TYPE
    Parameter ALTER FUNCTION A2-985
    Parameter ALTER PROCEDURE A2-996
Main View 70
Manipulation
  Einzeldaten 701

Massendaten 701
  NULL-Werte 671
MAPDDN A2-1248
Mapping Table
  für REORG A5-1471
MAPPINGTABLE
  Parameter REORG TABLESPACE A2-1301
MAR
  Precompiler-Option 628
MARGINS
  Precompiler-Option 628
Marker. *Synonym für:* NULL-Wert
Maske
  Modell-Zuordnung 339
Massen
  Insert
    V4R1 10
Massen-Delete 855
MATCHCOLS 840, 857
  = 0 803, 807, 860
  = n 808
  > 0 803, 806
  Spalte in der PLAN_TABLE A5-1458
Matching Index Scan 789
  Begriffs-Erläuterung 803
  Detailbeschreibung 806
Materialisierung
  bei Outer Joins 828
  der Result Table 691
  Detailbeschreibung 836
  View A2-1141
Materialized View 107
  Info in PLAN_TABLE A5-1459
MAX
  Beispiele 244
  Definition und Syntax A1-925
MAX ABEND COUNT
  Installations-Parameter A7-1520
MAX BATCH CONNECT
  Installations-Parameter A7-1518
MAX KEPT DYN STMTS 15
  Installations-Parameter A7-1518
MAX REMOTE ACTIVE
  Installations-Parameter A7-1518
MAX REMOTE CONNECTED
  Installations-Parameter A7-1518
MAX RTU A2-1162, A2-1347
MAX TSO CONNECT
  Installations-Parameter A7-1518
MAX TYPE 1 INACTIVE
  Installations-Parameter A7-1520
MAX USERS
  Installations-Parameter A7-1518
MAXDBAT
  Installations-Parameter A7-1518
MAXIMUM ECSA
  Installations-Parameter A7-1519
MAXIMUM LE TOKENS
  Installations-Parameter A7-1521
MAXKEEPD
  Installations-Parameter A7-1518
MAXRBLK
  Installations-Parameter A7-1518
MAXRO
  Parameter -ALTER UTILITY A2-1008
  Parameter REORG TABLESPACE A2-1290, A2-1302
MAXROWS 475, 582
  Effekt auf Sperren 559
  Nutzen 499
  Parameter ALTER TABLESPACE A2-1005
  Parameter CREATE TABLESPACE A2-1132
  Parameter DSN1COMP A2-1206
  Spalte in Table SYSTABLESPACE A3-1432
MAXTYPE1
  Installations-Parameter A7-1520
MAYBE 43
MB. *Kurzname von:* Megabyte (1.048.576 Bytes)
MDETAIL
  Parameter -DISPLAY GROUPBUFFERPOOL A2-1179
Mehrfach-Vererbung
  Objektorientierung 58
Mehrwertige Abhängigkeit 46, 403

MEMBER
  Parameter -DISPLAY UTILITY A2-1193
  Parameter BIND/REBIND PACKAGE A2-1020
  Parameter BIND/REBIND PLAN A2-1027
Member 90
  einer Group 73
MEMBER CLUSTER 475, 496
  Parameter CREATE TABLESPACE A2-1129, A2-1130
MEMBER IDENTIFIER
  Installations-Parameter A7-1519
MEMBER NAME
  Installations-Parameter A7-1519
member-name
  Parameter -DISPLAY UTILITY A2-1193
  Parameter CREATE DATABASE A2-1064
  Parameter DCLGEN A2-1145
  Parameter INCLUDE A2-1237
MEMBNAME
  Installations-Parameter A7-1519
Mengen-Verarbeitung 620
  auf Realtime-Daten 688
  im Online 702
Mengengerüst 432
Merge Scan Join 859
  Begriffs-Erläuterung 814
  Detail-Beschreibung 821
  Detailbeschreibung 821
  Info in PLAN_TABLE 816, A5-1459
  Join-Spalten
    Info in PLAN_TABLE 816, A5-1462
MERGE_JOIN_COLS 816
  Spalte in der PLAN_TABLE A5-1458
MERGECOPY
  Beschreibung 172
  Definition und Syntax A2-1257
  Grobe Utility-Beschreibung 596
  Utility-Phase MERGECOPY A2-1257
Message
  Objektorientierung 58
Message Severity Code A6-1516
Message-Region 79
Message-Typ A6-1516
Meta-Daten 27, 62, 119, 205, 320
Meta-Datenbank 468
Meta-Ebene 481
METATYPE
  Spalte in Table SYSDATATYPES A3-1406
METHOD 816, 840
  = 1 814
    EXPLAIN-Beispiel 819
  = 2 814
  = 3 814
  = 4 814
  Spalte in der PLAN_TABLE A5-1458
MICROSECOND
  Definition und Syntax A1-950
Microsoft 61
Middleware 60
MIDI 27
MIDNIGHT_SECONDS
  Definition und Syntax A1-951
Migration 155
Mikrosekunden
  aus Timestamp extrahieren A1-950
MIN 810
  Beispiele 244
  Definition und Syntax A1-926
MINIMUM DIVIDE SCALE
  Installations-Parameter A7-1518
MINUTE
  Definition und Syntax A1-951
Minuten
  aus Zeit extrahieren A1-951
Missing Value 46. *Synonym für:* NULL-Wert
  Begriffs-Erläuterung 28
Mitternacht A1-951
Mix von Prädikaten
  Beispiele 241
MIXED A1-873
  Installations-Parameter A7-1518
  Parameter CREATE TABLE A2-1122
  Parameter LOAD A2-1255

I Index - Stichwortverzeichnis

Spalte in Table SYSDBRM A3-1408
Spalte in Table SYSPACKAGE A3-1413
mixed data 628
MIXED DATE
 Installations-Parameter A7-1518
MIXED_CCSID
 Spalte in Table SYSDATABASE A3-1406
 Spalte in Table SYSTABLESPACE A3-1432
MIXOPSEQ 840
 Spalte in der PLAN_TABLE A5-1458
mobile Clients 27
MOD
 Definition und Syntax A1-952
MODE
 (FORCE)
  Parameter -STOP DB2 A2-1375
  Parameter -STOP DDF A2-1376
 (QUIESCE)
  Parameter -STOP DB2 A2-1375
  Parameter -STOP DDF A2-1376
 Parameter -ARCHIVE LOG A2-1009
MODE DB2SQL
 Parameter CREATE TRIGGER A2-1140
MODENAME
 Spalte in Table LUMODES A4-1437
 Spalte in Table MODESELECT A4-1438
MODESELECT
 CDB-Tabellenstruktur A4-1438
 Spalte in Table LUNAMES A4-1437
MODIFIES SQL DATA 738
 Parameter ALTER FUNCTION A2-984
 Parameter ALTER PROCEDURE A2-995
 Parameter CREATE FUNCTION (External Scalar) A2-1076
 Parameter CREATE PROCEDURE A2-1109
Modifizierte Page
 Space Map Page 492
MODIFY
 Beschreibung 172
 Definition und Syntax A2-1259
 Grobe Utility-Beschreibung 533, 596
 Utility-Phase MODIFY A2-1259
MODIFY irlmproc, DIAG,DELAY
 Beschreibung 177
MODIFY irlmproc, PURGE
 Beschreibung 177
MODIFY irlmproc, STATUS
 Beschreibung 177
MODIFY IRLM
 Beschreibung 177
MON
 Installations-Parameter A7-1519
MON1AUTH
 Spalte in Table SYSUSERAUTH A3-1433
MON2AUTH
 Spalte in Table SYSUSERAUTH A3-1433
Monat
 aus Datum extrahieren A1-952
MONITOR
 Parameter -DISPLAY TRACE A2-1191
 Parameter -MODIFY TRACE A2-1261
 Parameter -START TRACE A2-1368
 Parameter -STOP TRACE A2-1381
Monitor 772, 860
 Daten sammeln A2-1190
MONITOR SIZE
 Installations-Parameter A7-1519
MONITOR TRACE
 Installations-Parameter A7-1519
Monitor-Daten A2-1368
MONITOR1
 Parameter GRANT SYSTEM PRIVILEGES A2-1232
MONITOR2
 Parameter GRANT SYSTEM PRIVILEGES A2-1232
MONSIZE
 Installations-Parameter A7-1519
MONTH
 Beispiele 247
 Definition und Syntax A1-952
MOVE ZERO TO SQL-INIT-FLAG 664
MPP 75, 79. *Kurzname von:* Message Processing Program (IMS)
MQI. *Kurzname von:* Message Queue Interface

MQS. *Kurzname von:* Message Queue Services
MQSeries 12, 741
 Message 80
 Messages 539, 746
MS-DOS 61
MSS 529, 604. *Kurzname von:* Mass Storage Subsystem
MSTR
 Parameter -START DB2 A2-1363
MTO. *Kurzname von:* Master Terminal Operator
MTS 23, 25. *Kurzname von:* Microsoft Transaction Server
Multi-Site-Update
 Detail-Beschreibung 713
 V3 7
Multi-Tasking
 Begriffs-Erläuterung 527, 776
 Info in PLAN_TABLE 835, A5-1462
Multi-User
 Anwendung
  Detail-Beschreibung 703
 Aspekte für PAEs 153
 Betrieb 534
  Anforderungsprofil 616
  Verfahrensunterschied zu Batch 609
  Zielsetzungen 617
 Konzept 205
 Übersicht 605
 System
  Anforderungsprofil 616
Multidimensionale Cubes 25
Multidimensionale Struktur 52
Multiple Felder 394
Multiple Index Access
 Detailbeschreibung 812
 Info in PLAN_TABLE A5-1461
 V2R2 4
Multiple Index Scan
 Begriffs-Erläuterung 814
 Info in PLAN_TABLE A5-1460
Multiple-Record-at-a-Time 36, 44, 620, 652
 Aspekte für PAEs 153
MUPA
 Detail-Beschreibung 771
Must-Abort-Status A2-1111
Must-Rollback-Status 738, A2-1105
MVS. *Kurzname von:* Multiple Virtual Storage

N

N A5-1460
 Lock-Modus A5-1460
Nachlesen Daten in UOW
 Begriffs-Erläuterung 546
 Detail-Beschreibung 549
Nachricht
 Objektorientierung 58
NACTIVE
 Spalte in Table SYSTABLESPACE A3-1431
 Spalte in Table SYSTABSTATS A3-1432
 Spalten-Bedeutung 329
NACTIVEF
 RUNSTATS-Statistiken A2-1326
 Spalte in Table SYSTABLESPACE A3-1432
NAME
 Spalte in der ORT A5-1473
 Spalte in Table SYSCOLDIST A3-1400
 Spalte in Table SYSCOLDISTSTATS A3-1401
 Spalte in Table SYSCOLSTATS A3-1402
 Spalte in Table SYSCOLUMNS A3-1402
 Spalte in Table SYSDATABASE A3-1405
 Spalte in Table SYSDATATYPES A3-1406
 Spalte in Table SYSDBAUTH A3-1406
 Spalte in Table SYSDBRM A3-1407
 Spalte in Table SYSFIELDS A3-1408
 Spalte in Table SYSINDEXES A3-1408
 Spalte in Table SYSINDEXSTATS A3-1411
 Spalte in Table SYSLOBSTATS A3-1411
 Spalte in Table SYSPACKAGE A3-1412
 Spalte in Table SYSPACKAUTH A3-1414
 Spalte in Table SYSPACKLIST A3-1415

Spalte in Table SYSPACKSTMT A3-1415
Spalte in Table SYSPARMS A3-1416
Spalte in Table SYSPKSYSTEM A3-1417
Spalte in Table SYSPLAN A3-1417
Spalte in Table SYSPLANAUTH A3-1419
Spalte in Table SYSPLSYSTEM A3-1419
Spalte in Table SYSRESAUTH A3-1421
Spalte in Table SYSROUTINES A3-1422
Spalte in Table SYSSTMT A3-1425
Spalte in Table SYSSTOGROUP A3-1425
Spalte in Table SYSSYNONYMS A3-1426
Spalte in Table SYSTABLES A3-1429
Spalte in Table SYSTABLESPACE A3-1431
Spalte in Table SYSTABSTATS A3-1432
Spalte in Table SYSTRIGGERS A3-1432
Spalte in Table SYSVIEWS A3-1434
Name
 einer Funktion finden A1-921
Named Iterator 658
Namenskonventionen
 aller DB2-Objekte A1-866
 DB2-Einführung 144
 im COBOL 663
 lokale Objekte 145
 remote Objekte 146
 sprechende Namen 147
 VSAM Dataset 530
NAMES
 Option USING
  Parameter DESCRIBE A2-1155
  Parameter PREPARE A2-1265
 Parameter DCLGEN A2-1146
NC
 Option ISOLATION
  Parameter BIND/REBIND PACKAGE A2-1019
NEARINDREF 856, A2-1298
 RUNSTATS-Statistiken A2-1326
 Spalte in Table SYSTABLEPART A3-1428
 Spalten-Bedeutung 329
NEAROFFPOS
 Spalte in Table SYSINDEXPART A3-1410
 Spalten-Bedeutung 329
NEAROFFPOSF A2-1298
 RUNSTATS-Statistiken A2-1326
 Spalte in Table SYSINDEXPART A3-1410
Nested Loop Join 859, 860
 Begriffs-Erläuterung 814
 Detail-Beschreibung 815, 818
 Detailbeschreibung 818
 Info in PLAN_TABLE 816, A5-1459
Nested Table Expression 230, A2-1341
 Beispiele 263
 Definition 226
 EXPLAIN-Beispiel 826
 und Parallelverarbeitung 778
 V4R1 9
 Verarbeitungsfolge 228
 wann sinnvoll? 259
Net.Data 24, 68
netid.luname
 Parameter -RESET GERNERICLU A2-1309
network-id
 Parameter -RECOVER INDOUBT A2-1283
Netzwerk 55, 767
 Daten-Modelle 383
Netzwerk Diagramm
 Beispielgrafik 413
Neue Table
 Info in PLAN_TABLE A5-1459
NEW AS
 Parameter CREATE TRIGGER A2-1140
New Table
 Detailbeschreibung 815
NEW_TABLE AS
 Parameter CREATE TRIGGER A2-1140
NEWAUTHID
 Spalte in Table USERNAMES A4-1438
NEWCOPY
 Parameter MERGECOPY A2-1258
NF2 54
Nicht-OS/390-Plattformen 23
Nicht-Prozedural 35
NID. *Kurzname von:* Network Identifier
 Parameter -RECOVER INDOUBT A2-1283
NIS A5-1460

I Index -Stichwortverzeichnis

NIST. *Kurzname von:* National Institute of Standards and Technologie
Niveau der Sperrmaßnahmen
   Begriffs-Erläuterung 550
NLEAF 860
   RUNSTATS-Statistiken A2-1325
   Spalte in Table SYSINDEXES A3-1409
   Spalte in Table SYSINDEXSTATS A3-1411
NLEVELS 793
   RUNSTATS-Statistiken A2-1325
   Spalte in Table SYSINDEXES A3-1409
   Spalte in Table SYSINDEXSTATS A3-1411
   Spalten-Bedeutung 329
NO ACTION
   Beispiel 464
   Parameter ALTER TABLE
      Option REFERENCES A2-1002
   PArameter CREATE TABLE
      Option REFERENCES A2-1125
   Überblick 103
NO CASCADE BEFORE
   Parameter CREATE TRIGGER A2-1139
NO COLLID
   Parameter ALTER FUNCTION A2-985
   Parameter ALTER PROCEDURE A2-995
   Parameter CREATE FUNCTION (External Scalar) A2-1079
   Parameter CREATE PROCEDURE A2-1110
No Commit
   Isolation für Package A2-1019
NO DBINFO
   Parameter ALTER FUNCTION A2-985
   Parameter ALTER PROCEDURE A2-995
   Parameter CREATE FUNCTION (External Scalar) A2-1078
   Parameter CREATE FUNCTION (External Table) A2-1089
   Parameter CREATE PROCEDURE A2-1109
NO EXTERNAL ACTION
   Parameter ALTER FUNCTION A2-984
   Parameter CREATE FUNCTION (External Table) A2-1086
NO FINAL CALL
   Parameter ALTER FUNCTION A2-984
   Parameter CREATE FUNCTION (External Scalar) A2-1078
   Parameter CREATE FUNCTION (External Table) A2-1088
NO LIMIT
   Option ASUTIME
      Parameter ALTER FUNCTION A2-985
NO SCRATCHPAD
   Parameter CREATE FUNCTION (External Scalar) A2-1077
   Parameter CREATE FUNCTION (External Table) A2-1087
NO SQL 738
   Parameter ALTER FUNCTION A2-984
   Parameter ALTER PROCEDURE A2-995
   Parameter CREATE FUNCTION (External Scalar) A2-1076
   Parameter CREATE FUNCTION (External Table) A2-1086
   Parameter CREATE PROCEDURE A2-1109
NO WLM ENVIRONMENT
   Parameter ALTER PROCEDURE A2-995
   Parameter CREATE PROCEDURE A2-1110
NOCOPYPEND
   Parameter LOAD A2-1247
NODEFER
   (PREPARE) A3-1413
   Parameter BIND PACKAGE A2-1017
   Parameter BIND/REBIND PLAN A2-1025
NOFOR 631, 685
   Precompiler-Option 628
NOGRAPHIC
   Precompiler-Option 629
Non subversion 46
Non-Clustered-Index-Scan 793
Non-Correlated Subquery 859
   Begriffs-Erläuterung 814
   Beispiele 270
   Detail-Beschreibung 830
   Detailbeschreibung 829, 830
Non-Data Sharing Environment 91
Non-Indexable-Prädikat 782

Non-Large Tablespace 113
Non-Leaf Page
   Begriffs-Erläuterung 483
   Detail-Beschreibung 506
   Insert-Strategie 511
Non-Matching Index Scan
   Begriffs-Erläuterung 803
   Detailbeschreibung 807
Non-Partitioned Index 112
Non-Public Non-Shared Database 151
Non-Public Shared Database 151
Non-Segmented Tablespace
   Speicherstruktur 485
Non-SELECT
   Dynamic SQL 750
   Detail-Beschreibung 753
Non-Shared Database
   Sicherheitskonzept 535
Non-Shared Ressouren
   Konsistenz 594
Non-Uniform-Distribution 849
Non-Uniform-Statistiken A2-1331
NONE
   Option GBPCACHE
      Parameter ALTER TABLESPACE A2-1004
   Parameter ALTER INDEX
      Option GBPCACHE A2-992
NonStop SQL 1
Nonunique
   Index 111
Nooperative
   Merkmal Plan bzw. Package 220
NOOPTIONS
   Precompiler-Option 629
NOOPTN
   Precompiler-Option 629
NOPAD
   Parameter REORG TABLESPACE A2-1298, A2-1299
NOREOPT
   (VARS) 715, A3-1413, A3-1418
   Parameter BIND PACKAGE A2-1021
   Parameter BIND PLAN A2-1028
Normale Betriebszeiten
   Begriffs-Erläuterung 615
Normaler Read
   Detail-Beschreibung 521
Normalformen
   Übersicht 393
Normalisierung
   Aspekte für PAEs 153
   Detail-Beschreibung 393
   wie weit? 409
   Zielsetzungen 393
Normalisierung-Regeln 96
NOS
   Precompiler-Option 629
NOSOURCE
   Precompiler-Option 629
NOSUBS
   Parameter LOAD A2-1247
NOSYSREC
   Parameter REORG TABLESPACE A2-1297
NOT 781
   SQL-Beispiele Verknüpfung 238
   Verarbeitungslogik mit AND, OR A1-918
NOT DETERMINISTIC 728
   Parameter ALTER FUNCTION A2-983
   Parameter ALTER PROCEDURE A2-994
   Parameter CREATE FUNCTION (External Scalar) A2-1075
   Parameter CREATE FUNCTION (External Table) A2-1085
   Parameter CREATE PROCEDURE A2-1109
NOT EXISTS
   Beispiele 261
NOT FOUND
   Parameter WHENEVER A2-1390
NOT NULL
   Parameter CREATE GLOBAL TEMPORARY TABLE A2-1097
   Parameter CREATE TABLE A2-1119
   Parameter DECLARE TABLE A2-1151
NOT NULL WITH DEFAULT
   Auswirkung bei ALTER 216

   Behandlung bei INSERT 277
   beim INSERT A2-1238
   Parameter DECLARE TABLE A2-1151
NOX
   Precompiler-Option 629
NOXREF
   Precompiler-Option 629
NPAGES 793, 860
   RUNSTATS-Statistiken A2-1326
   Spalte in Table SYSTABLES A3-1429
   Spalte in Table SYSTABSTATS A3-1432
NRE. *Kurzname von:* Network Recovery Element
NS A5-1460
NSS A5-1461
NTABLES
   Spalte in Table SYSTABLESPACE A3-1431
NULL
   als DEFAULT 277
   Beispiel 277
   Beispielquery 241
   COALESCE A1-937
   Definition und Syntax A1-913
   erzeugen mit NULLIF A1-953
   Generieren Indikatorenstruktur A2-1146
   Parameter ALTER TABLE A2-1001
   Parameter CALL A2-1030
   Parameter CREATE TABLE A2-1120
   Parameter INSERT A2-1240
   Parameter SET A2-1345
   Parameter UPDATE A2-1386, A2-1387
   Parameter VALUES INTO A2-1389
NULL-Indikator
   DCLGEN-Strukturgenerierung 188
   Detail-Beschreibung 669
   Detail-Beschreibung der Struktur 669
   Fehler-Analyse 677
   Parameter Stored Procedure 723
   Struktur im COBOL 664
   Übersicht Einsatzspektrum 672
   V4R1 10
NULL-Indikatorenstruktur
   Generierung A2-1146
NULL-liefernde Tabelle 828
NULL-Markierung
   Detail-Beschreibung 669
NULL-Wert 41, 279
   Begriffs-Erläuterung 28
   Behandlung bei Funktionen A2-984
   bei den Daten-Typen A1-871
   bei INSERT 276
   bei Outer Joins 828
   Definition und Syntax A1-896
   ersetzen 249
   Funktionsaufruf A2-1075, A2-1085
   im PK 30
   Manipulationen 671
   Parameter Prozedur A2-1109
   Prüfung A1-913
   Speicherung 494
   SQL-Behandlung 241
   SQL-Einsatzspektrum 672
NULL_CALL
   Spalte in Table SYSROUTINES A3-1423
NULLIF 13
   Definition und Syntax A1-953
   Parameter LOAD A2-1255
NULLS
   Spalte in Table SYSCOLUMNS A3-1402
NUMBER OF COPIES
   Installations-Parameter A7-1518
NUMBER OF LOGS
   Installations-Parameter A7-1519
NUMBER OF TCBS
   Installations-Parameter A7-1520
NUMCOLUMNS
   RUNSTATS-Statistiken A2-1325
   Spalte in Table SYSCOLDIST A3-1400
   Spalte in Table SYSCOLDISTSTATS A3-1401
NUMERIC
   Parameter CREATE TABLE A2-1122
Numeric
   mögliche Werte A1-877
Numerische Höchstwerte
   Limite A1-971

I Index -Stichwortverzeichnis 1551

NUMLKTS
   Installations-Parameter A7-1519
NUMLKUS
   Installations-Parameter A7-1519
NUMPARTS A2-1126
   Parameter CREATE TABLESPACE A2-1130
   Parameter DSN1COMP A2-1206
   Parameter DSN1COPY A2-1210
   Parameter DSN1PRNT A2-1212
NUMTCB 741
Nutzung
   Tabellen, die von keinem Programm benutzt werden 332
   von Objekten 304

O

OASN. *Kurzname von:* Origin Application Schedule Number (IMS)
OASN SUBSYS
   Parameter /DISPLAY A2-1161
OBID. *Kurzname von:* Object Identificator
   Parameter CREATE TABLE A2-1118
   Spalte in Table SYSCHECKS A3-1399
   Spalte in Table SYSINDEXES A3-1409
   Spalte in Table SYSTABLES A3-1429
   Spalte in Table SYSTABLESPACE A3-1431
   Spalte in Table SYSTRIGGERS A3-1432
OBIDXLAT
   Parameter DSN1COPY A2-1210
object
   Parameter RECOVER TABLESPACE A2-1278
Object Database Management Group 56, 60
Object Management Group 56, 60
Object Registration Table. *Siehe* ORT
Object Request Broker 56, 60
Objekt
   Identität 57
   Orientierung 54, 56, 128
   Datenbank 56
   Vergleich mit RM 59
Objekt-Administrator 359
Objekt-Definitionen
   Performance-Aspekte 855
Objekt-Hierarchie 419
Objekt-Klasse
   Begriffs-Erläuterung 385
Objekt-Namen
   Qualifizierung A1-868
Objekt-Namenskonventionen
   Limite A1-970
Objektabhängigkeiten 595
Objekte
   DROP-Wirkungen 221
Objektorientierte Daten-Modelle 383
Objektorientierte Features 22
Objektorientierung 553
   Datenschnittstellen 371
   Sprache 12
   Spracherweiterungen 25
   Standards 61
   State Transition Diagram
      Beispielgrafik 414
OBTYPE
   Spalte in Table SYSRESAUTH A3-1421
ODAPI 61
ODBC 12, 14, 61, 224, 348, 656. *Kurzname von:* Open Database Connectivity
ODL 61
ODMG 56, 60
ODMG-2 61
Offload A2-1182
OFFPOSLIMIT
   Parameter REORG TABLESPACE A2-1298
OLAP 24, 25. *Kurzname von:* Online Analytic Processing
   Wichtigste Funktionen 52
OLAP Server 2
OLAP-Techniken 23
OLD AS
   Parameter CREATE TRIGGER A2-1140

OLD_TABLE AS
   Parameter CREATE TRIGGER A2-1140
OLE 23, 27
OMEGAMON II® for DB2 70
OMG 56, 60. *Kurzname von:* Object Management Group
ON 781
   Outer Join 259
   Parameter CREATE INDEX A2-1100
   Parameter GRANT TABLE PRIVILEGES A2-1234
   Parameter Sub-Select-Statement A2-1342
   Precompiler-Option 629
   V6-Erweiterungen 827
   Verarbeitungsfolge 228
ON DATABASE
   Parameter GRANT DATABASE PRIVILEGES A2-1225
ON DELETE
   Parameter ALTER TABLE A2-1002
   Parameter CREATE TABLE A2-1125
ON PACKAGE
   Parameter GRANT PACKAGE PRIVILEGES A2-1228
ON PLAN
   Parameter GRANT PLAN PRIVILEGES A2-1229
ON SCHEMA
   Parameter GRANT SCHEMA PRIVILEGES A2-1230
ON-Prädikat 837
On-the-fly 46
ONCE 43
One-Fetch Access
   Detailbeschreibung 810
One-Fetch-Index Scan
   Begriffs-Erläuterung 803
   Info in PLAN_TABLE A5-1460
One-Record-at-a-Time 36, 620, 701
   beim Update 701
ONEPASS
   Precompiler-Option 629
Online
   Abgrenzung zu Batch 610
   Anwendung
      bei verteilten Datenbanken 710
      spezielle Probleme 699
   Blättern 702
   Parallel-Update
      Probleme und Lösungen 699
   Reorg 12
Online-Reorg A2-1301
Online-System 606
Online-Verarbeitung
   Abgrenzung 606
ONLY
   Parameter REORG INDEX A2-1289
   Parameter REORG TABLESPACE A2-1298
OO. *Kurzname von:* Objekt-Orientierung
OODBMS 53, 56
OPEN
   Begriffs-Erläuterung 682
   Beispiel mit COMMIT 693
   Beschreibung 166
   Definition und Syntax A2-1262
   Detail-Beschreibung 686
   OPEN CURSOR - Dynamic SQL 750
   Parameter Markers 751
   SQLDA-Nutzung A5-1443
OPEN (CAF) 744
   Definitionen und Syntax A5-1475
Open Blueprint 60
Open Database 61
Open Database Connectivity 14
Open Software Foundation 60
OpenEdition Environment, 655
Operand
   Definition A1-901
OPERATIVE 636, A2-1270
   Spalte in Table SYSPACKAGE A3-1412
   Spalte in Table SYSPLAN A3-1417
Operator 130
   Definition A1-901
   Definition und Syntax A1-902
Operator Functions Panel A7-1520

OPn A2-1369
OPTHINT 840, A1-890, A2-1351
   Detail-Beschreibung 839
   Grobbeschreibung 797
   Parameter BIND/REBIND PACKAGE A2-1020
   Parameter BIND/REBIND PLAN A2-1027
   Spalte in Table SYSPACKAGE A3-1414
   Spalte in Table SYSPLAN A3-1419
OPTHINTS
   Installations-Parameter A7-1521
Optimale Speicherorganisation
   SQL-Query-Beispiele 327
Optimale Speicherung 429
Optimaler Zugriff 429
Optimierung
   Hinweise für Optimizer A2-1020, A2-1027
   Optimierungs-Möglichkeiten 767
Optimization
   Begriffs-Erläuterung 780
   Detail-Beschreibung 781
OPTIMIZATION HINT 19
OPTIMIZATION HINTS 839, A2-1020, A2-1027
   Installations-Parameter A7-1521
Optimization-Hints A2-1153, A2-1240, A2-1336, A2-1386, A3-1416, A3-1425
Optimization-Hinweise 19
OPTIMIZE FOR
   Parameter Select-Statement A2-1336
OPTIMIZE FOR 1 ROW A2-1336
OPTIMIZE FOR n ROWS 14, 17, 807, 820
   bei remote Anwendungen 715
   Detailbeschreibung 848
   Einsatz-Empfehlung 685
   remote Zugriff 714
   V2R3 6
   Zugriffspfadunterstützung 695
optimize-for-clause
   Parameter Select-Statement A2-1334, A2-1336
Optimizer 51, 433, 533, 848, 860
   Aspekte für PAEs 154
   beeinflussen 797
   Detail-Beschreibung 779
   Empfehlungen vorgeben 839
   Informationen vorgeben A2-1336
   Statistiken 336
OPTIONS
   (COMMAND) 710
   bei remote Anwendungen 711
   Parameter BIND/REBIND PACKAGE A2-1020
   Precompiler-Option 629
Optische Speicherinheit
   V3 8
OPTN
   Precompiler-Option 629
OPX A2-1369
OQL 61
OR
   Definition und Syntax A1-917
   SQL-Beispiele Verknüpfung 237
   Verarbeitungslogik mit AND, NO A1-918
OR 0 < > 0 846
OR 0 = 1 846
ORACLE 1, 54
ORB 56
ORDER BY 43
   bei Aufsetzerfordernissen 695
   Beispiele 242
   Detail-Beschreibung 232
   in DECLARE CURSOR 685
   Info in PLAN_TABLE 816, A5-1459
   Online-Blättern 702
   Parameter Select-Statement A2-1334
   Regeln beim Aufsetzen 698
   relevante Komponenten 696
   Sortiererfordernis 834
   Verarbeitungsfolge 228
order-by-clause
   Parameter Select-Statement A2-1334
ORDERING
   Spalte in Table SYSKEYS A3-1411

I Index -Stichwortverzeichnis

ORDINAL
  Spalte in Table SYSPARMS A3-1416
ordinary
  Identifikator A1-865
Organisatorische Voraussetzungen
  DB2-Einführung 135
ORGRATIO
  RUNSTATS-Statistiken A2-1326
  Spalte in Table SYSLOBSTATS A3-1411
ORIGIN
  Spalte in Table SYSROUTINES A3-1422
ORT 5, 284. *Kurzname von:* Object Registration Table
  Object Registration Table
    Tabellen-Struktur A5-1473
    Table 205
OS-Datasets 538
OS-Files
  Konsistenz 538
OS/2 23, 24
OS/390
  Attachment 12
  Batch
    CAF 743
  Commands Überblick 159
  Commands Übersicht 177
  Coupling Facility 73
  Language Environment 738
  Release
    Anforderung Version 5 140
  RRS 80, 539
  SYSPLEX
    V4R1 10
  Sysplex 92
  System-Schichten 71
OS/390 PARMLIB Updates Panel A7-1519
OS/390-Lademodul A2-994, A2-1075, A2-1084, A2-1108
OS/390-TCB 126
OS/390-time-of-day-clock A1-895
OS/VS-COBOL 750
OSF 60. *Kurzname von:* Open Software Foundation
OSF/1 60
OSI
  Referenz-Modell 60
OTYPE
  Spalte in Table SYSCOPY A3-1405
OUT
  Parameter CREATE PROCEDURE A2-1106
  Parameter-Typ 723
Out of clustering Sequence 330
OUTBUFF
  Installations-Parameter A7-1519
OUTCCSID
  Spalte in Table SYSSTRINGS A3-1426
Outer Join 19, 439
  Beschreibung 258
  Detail-Beschreibung 827
  Problematik 431
  V4R1 9
Outer Join Prädikate 827
Outer Join Table 838
Outer Join Typ
  Info in PLAN_TABLE 817, A5-1462
Outer Query
  Begriffs-Erläuterung 268, 274
  Correlated Subquery 832
  non-correlated Subquery 830
Outer Row
  Non-correlated Subquery 830
Outer Table 820, 846, 847
  Begriffs-Erläuterung 274
  Detailbeschreibung 815
  Merge Scan Join 821
  Nested Loop Join 818
OUTPUT BUFFER
  Installations-Parameter A7-1519
Overflow-Record 330, 493, 497
Overhead 854
OVERRIDING USER VALUES
  Parameter INSERT A2-1240
OWNER 765
  beim BIND 638

Package 638
Parameter BIND/REBIND PACKAGE A2-1020
Parameter BIND/REBIND PLAN A2-1024, A2-1027
Parameter DCLGEN A2-1145
Plan 638
Spalte in Table SYSDATATYPES A3-1406
Spalte in Table SYSINDEXSTATS A3-1411
Spalte in Table SYSPACKAGE A3-1412
Spalte in Table SYSPARMS A3-1416
Spalte in Table SYSROUTINES A3-1422
Owner 207, 292, 305
  Begriffs-Erläuterung 293
  Default-Zuordnung 207
  Owner-Konzept
    Beschreibung 293
  Owner-Rechte
    Detail-Beschreibung 297
owner-name
  Parameter DCLGEN A2-1145
  Parameter RECOVER TABLESPACE A2-1279

P

P-Locks 575, 577
Paarweise Mehrwertige Abhängigkeiten 403
PACKADM
  Implizite Rechte 301
  Parameter GRANT COLLECTION PRIVILEGES A2-1223
PACKAGE
  Beispiel DROP 223
  Parameter DROP A2-1196
Package
  ändern A2-1268
  Aspekte für PAEs 154
  bei verteilten Systemen 711
  erforderliche Privilegien für BIND 304
  erzeugen A2-1014
  Generierung 634
  invalidate 636
  löschen A2-1220
  Namenskonvention 638
  Nutzung
    Connection-Typen A2-1018
  owner 638
  Privilegien vergeben A2-1228
  Privilegien widerrufen A2-1315
  Stand-alone-Ausführung 749
  Stored Procedure 742
  Suche A1-891
  Trigger A2-1272
  User-defined Function 742
  V2R3 5
  Verwaltung 625, 638
  Zuordnung aus Programm 640
  Zuordnung eines DBRMs 637
PACKAGE AUTH CACHE
  Installations-Parameter A7-1520
package-id
  Namens-Konventionen A1-867
  Parameter DROP A2-1196
  Parameter FREE PACKAGE A2-1220
  Parameter GRANT PACKAGE PRIVILEGES A2-1228
Package-Owner 305
Package-Privilegien 294
PAE 35, 157. *Kurzname von:* Professionelle Anwendungsentwicklung
  Entwicklungswerkzeuge 69
  erforderliche Privilegien 304
PAGE
  Option LOCKSIZE
    Parameter ALTER TABLESPACE A2-1005
    Parameter CREATE TABLESPACE A2-1131
  Parameter RECOVER TABLESPACE A2-1278
Page
  Ausschreiben A2-1019, A2-1026
  Detail-Beschreibung 489
  Page Header 493
  Page Tail Area 493
Page P-Locks 575, 577

Page Range Scan 805, 849
Page Range Screening
  Info in PLAN_TABLE A5-1462
Page Set
  Begriffs-Erläuterung 483
  Page Typen
    File Page Set 489
Page Set Rebuild Pending Status A2-990
Page Set Scan 432
Page-Identifikation 495
Page-Modifikations-Status 596
page-number
  Parameter RECOVER TABLESPACE A2-1278
PAGE_RANGE 840
  Spalte in der PLAN_TABLE A5-1458
PAGESAVE
  RUNSTATS-Statistiken A2-1326
  Spalte in Table SYSTABLEPART A3-1428
  Spalten-Bedeutung 329
Pageset P-Locks 575, 577
PAGESIZE
  Parameter DSN1COMP A2-1206
  Parameter DSN1COPY A2-1209
  Parameter DSN1PRNT A2-1211
Palm OS 26
PARALLEL
  Parameter COPY A2-1061
  Parameter RECOVER TABLESPACE A2-1279
  Spalte in Table SYSROUTINES A3-1423
parallel sequential threshold A2-977
Parallel Sysplex 12, 15
Parallel-Tabellen 441
Parallel-Tasks 741
Parallel-Update
  im Online 699
  verhindern 579
Parallel-Verarbeitung 23, 708, 803, A2-977
  Backup 24
  definieren A2-1017, A2-1025
  Detail-Beschreibung 527, 776
  EXPLAIN-Beispiel 835
  Index Create 24
  Info in PLAN_TABLE A5-1461
  Load 24
  Online-Batch 581
  PIECESIZE A2-990
  Query 24
  Reorg 24
  Restore 24
  Restriktionen 778
  Transaction 24
  von Funktionen A2-984
  Voraussetzungen 777
Parallel-Verarbeitungs-Gruppe
  Info in PLAN_TABLE 835, A5-1461
Parallelabwicklungen
  Design-Entscheidung 618
Parallele CPU- und I/O-Verarbeitung
  Begriffs-Erläuterung 527, 776
Parallele I/O-Verarbeitung
  Begriffs-Erläuterung 527, 776
PARALLELISM_MODE 835, 840
  Spalte in der PLAN_TABLE A5-1458
Parallelität 728
  V3 7
Parallellauf 728
Parallelrechner
  Architektur - V4R1 10
Parameter
  Definition Stored Procedure A2-1106
  des CALLs A2-1030
  Funktionsaufruf A2-1085
  in Syntax-Diagrammen A1-863
  Prozedur A2-1109
  Stored Procedure 723
  Trigger 737
  User-defined Function 730
  User-defined Functions 729
  Varianten einer Stored Procedure 722
Parameter Markers A2-1214, A5-1443
  Beispiele 754
  Detail-Beschreibung 751
  Dynamic SQL 750

I Index -Stichwortverzeichnis

feste oder variable 756
PARAMETER MODULE
   Installations-Parameter A7-1520
PARAMETER STYLE
   Parameter ALTER PROCEDURE A2-994
   Parameter CREATE PROCEDURE A2-1109
PARAMETER STYLE DB2SQL
   Parameter CREATE FUNCTION (External Scalar) A2-1075
   Parameter CREATE FUNCTION (External Table) A2-1085
parameter-name
   Parameter CREATE PROCEDURE A2-1106
parameter-type
   Option FUNCTION
      Parameter ALTER FUNCTION A2-983
      Parameter DROP A2-1195
      Parameter GRANT FUNCTION PRIVILEGES A2-1227
PARAMETER_STYLE
   Spalte in Table SYSROUTINES A3-1423
Parent Index
   Anforderung 101
   Anforderungen 461
Parent Key 30
   Anforderung 101
   Anforderungen 460
Parent Table 102
   anlegen 463
   Begriffs-Erläuterung 446
   Katalog-Query-Beispiele 334
Parent Tablespace
   Begriffs-Erläuterung 446
PARENTS
   Spalte in Table SYSTABLES A3-1429
PARM
   Parameter -START DB2 A2-1363
PARM ('SQL') 647
PARM_COUNT
   Spalte in Table SYSROUTINES A3-1422
PARM_SIGNATURE
   Spalte in Table SYSROUTINES A3-1424
PARM1
   Spalte in Table SYSROUTINES A3-1424
PARMLIST
   Spalte in Table SYSFIELDS A3-1408
   Spalte in Table SYSPROCEDURES A3-1420
PARMNAME
   Spalte in Table SYSPARMS A3-1416
PARMS
   Parameter RUN A2-1322
Parse Tree 780
Parsing
   Begriffs-Erläuterung 780
   Detail-Beschreibung 780
PART
   Index 114
   Parameter -DISPLAY DATABASE A2-1174, A2-1362
   Parameter -STOP DATABASE A2-1374
   Parameter ALTER INDEX A2-991
   Parameter ALTER TABLESPACE A2-1006
   Parameter CHECK INDEX A2-1036, A2-1039
   Parameter CREATE AUXILIARY TABLE A2-1063
   Parameter CREATE INDEX A2-1100
   Parameter CREATE TABLESPACE A2-1130
   Parameter LOAD A2-1251
   Parameter LOCK TABLE A2-1256
   Parameter QUIESCE A2-1267
   Parameter REBUILD INDEX A2-1274
   Parameter REORG TABLESPACE A2-1296
   Parameter RUNSTATS INDEX A2-1329
   Parameter RUNSTATS TABLESPACE A2-1330, A2-1331
Partial Recovery 599
Partielle Rollback-Maßnahme
   SQL-Standard 66
PARTITION
   Spalte in Table SYSAUXRELS A3-1399
   Spalte in Table SYSCOLDISTSTATS A3-1401
   Spalte in Table SYSCOLSTATS A3-1402
   Spalte in Table SYSINDEXPART A3-1410
   Spalte in Table SYSINDEXSTATS A3-1411
   Spalte in Table SYSTABLEPART A3-1428
   Spalte in Table SYSTABSTATS A3-1432

Partition 42
   Anzahl max. A2-1130
   Partition-Level-Katalog-Tabellen A2-1323
   Partition-Nr
      im VSAM Dataset-Name 530
   Speicherkapazität pro Partition A2-1130
   Utility-Behandlung 595
Partition-Level-Statistiken A2-1326
PARTITIONED TABLESPACE
   Beispiel CREATE 210
Partitioned Index 112
   Beispiel CREATE 211
   Partition-Speicheranforderung 530
Partitioned Page Set 487
Partitioned
   Tablespace 113, 114, 439, 805
   Begriffs-Erläuterung 472
   Definition A2-1130
   Detail-Beschreibung 473
   Einsatz 708
   Speicheranforderung 530
   Speicherstruktur 485
   Speichervolumen pro Partition 530
   starten A2-1362
   V3 7
   VSAM Datasets 530
PARTITIONS
   Spalte in Table SYSTABLESPACE A3-1431
Partizipant 538, 544
Partner LU A2-1309
PassTickets 284
PASSWORD
   Spalte in Table USERNAMES A4-1438
PATH
   Parameter BIND/REBIND PACKAGE A2-1020
   Parameter BIND/REBIND PLAN A2-1027
PATHSCHEMAS
   Spalte in Table SYSPACKAGE A3-1414
   Spalte in Table SYSPLAN A3-1418
   Spalte in Table SYSVIEWS A3-1434
PATROL 70
PATROL®SQL-ExplorerTM 69
PAUSE
   Parameter REORG INDEX A2-1289
   Parameter REORG TABLESPACE A2-1298
PB. Kurzname von: Petabyte (1.125.899.906.842.624 Bytes)
PCLOSEN
   Installations-Parameter A7-1520
PCLOSET
   Installations-Parameter A7-1520
PCTFREE
   beachten A2-1292
   Parameter ALTER INDEX A2-992
   Parameter ALTER TABLESPACE A2-1006
   Parameter CREATE INDEX A2-1104
   Parameter CREATE TABLESPACE A2-1133
   Parameter DSN1COMP A2-1206
   Spalte in Table SYSINDEXPART A3-1410
   Spalte in Table SYSTABLEPART A3-1428
   Wirkung 498, 512
PCTIMESTAMP
   Spalte in Table SYSPACKAGE A3-1413
PCTPAGES
   Spalte in Table SYSTABLES A3-1429
   Spalte in Table SYSTABSTATS A3-1432
PCTROWCOMP
   RUNSTATS-Statistiken A2-1326
   Spalte in Table SYSTABLES A3-1430
   Spalte in Table SYSTABSTATS A3-1432
PDS. Kurzname von: Partitioned Dataset
PDSNAME
   Spalte in Table SYSDBRM A3-1407
   Spalte in Table SYSPACKAGE A3-1413
PENDANT
   SQL-Standard 66
PENDING
   Option SCOPE
      Parameter CHECK DATA A2-1036
Pending Status
   Beschreibung 600
   zurücksetzen A2-1362
PERCACTIVE
   RUNSTATS-Statistiken A2-1326
   Spalte in Table SYSTABLEPART A3-1428
   Spalten-Bedeutung 329

PERCDROP
   RUNSTATS-Statistiken A2-1326
   Spalte in Table SYSTABLEPART A3-1428
   Spalten-Bedeutung 329
PERFM
   Parameter -DISPLAY TRACE A2-1191
   Parameter -MODIFY TRACE A2-1261
   Parameter -START TRACE A2-1368
   Parameter -STOP TRACE A2-1380
Performance 19
   Aspekte bei verteilten Daten 715
   Auswirkung 848
   Beschreibung 766
   der SQL-Statements 796
   Design-Entscheidung 619
   Detail-Beschreibung 766
   Dynamic SQL 762
   Monitor 774
   Performance-Daten A2-1190
   Performance-Relevanz 435
   Probleme 692
   Problemzone A2-977
   Tools 70, 767, 772
   Trace 854
   Überlegungen 363
Performance-Analyse A2-1368
PERIOD
   Precompiler-Option 629
Periodenfelder 29
Perl 23, 25
Permanente Verfügbarkeit
   Begriffs-Erläuterung 616
Permanenz
   heißt das immer? 617
Personal Developer Edition 26
Personal Edition 23, 24
Personelle Voraussetzungen
   DB2-Einführung 135
PGM_TYPE
   Spalte in Table SYSPROCEDURES A3-1420
PGSIZE
   Spalte in Table SYSINDEXES A3-1409
   Spalte in Table SYSTABLESPACE A3-1431
PGSTEAL
   Parameter -ALTER BUFFERPOOL A2-979
Phoenix 24
Physische referenzielle Struktur
   Begriffs-Erläuterung 456
Physische Speicherstruktur
   Begriffs-Erläuterung 481
Physische Sperren 575
Physische Transaktion
   Konsistenz 536
physische Zuordnungen
   Privilegien vergeben A2-1235
Physisches Daten-Modell
   Zielsetzungen 429
Physisches Design
   Aufgaben 428
   Detail-Beschreibung 428
   Grobe Beschreibung 337
PI. Kurzname von: Primary Index
PIECESIZ
   Parameter DSN1COPY A2-1210
   Parameter DSN1PRNT A2-1212
PIECESIZE 13
   Parameter ALTER INDEX A2-990
   Parameter CREATE INDEX A2-1102
   Spalte in Table SYSINDEXES A3-1410
PIT_RBA
   Spalte in Table SYSCOPY A3-1405
PJ/NF 406
PK 101. Kurzname von: Parent Key; Primary Key
   Anforderungen 460
   FK-Beziehungen
      der Katalog-Tabellen 323
   PK-FK-Schlüssel
      SQL-Standard 66
PKLIST 711
   Package-Zuordnung 640
   Parameter BIND/REBIND PLAN A2-1028
PKSIZE
   Spalte in Table SYSPACKAGE A3-1412
PL/I 68, 623, 738
   Anforderung Version 5 140

I Index -Stichwortverzeichnis

Codier-Beispiel 725, 731, 733
DCLGEN-Strukturgenerierung 188
SQL-Besonderheiten 665
PLAN
　Parameter -DISPLAY TRACE A2-1192
　Parameter -START TRACE A2-1369
　Parameter -STOP TRACE A2-1381
　Parameter DSNC DISPLAY A2-1201
　Parameter EXPLAIN A2-1217
　Parameter RUN A2-1322
Plan
　Aspekte für PAEs 154
　bei verteilten Systemen 711
　erzeugen A2-1022
　Generierung 634
　IMS 175
　invalidate 636
　löschen A2-1222
　Nutzung Connection-Typen A2-1026
　owner 638
　Privilegien vergeben A2-1229
　Privilegien widerrufen A2-1316
　Stored Procedure 742
　verändern A2-1270
　Verwaltung 625, 641
　Zuordnung Programm 643
　Zuordnung von DBRMs 637
PLAN ANALYZER 69
PLAN AUTH CACHE A2-1024
　Installations-Parameter A7-1520
plan-id
　Namens-Konventionen A1-867
plan-name
　Parameter -DISPLAY TRACE A2-1192
　Parameter -START TRACE A2-1369
　Parameter -STOP TRACE A2-1381
　Parameter BIND/REBIND PLAN A2-1024
　Parameter DSNC DISCONNECT A2-1199
　Parameter DSNC DISPLAY A2-1201
　Parameter FREE PLAN A2-1222
　Parameter GRANT PLAN PRIVILEGES A2-1229
　Parameter RUN A2-1322
Plan-Privilegien 294
Plan-Zuordnung
　dynamisch 644
PLAN_TABLE 19, 695, 772, 857, 860, A2-1018, A2-1026, A2-1139, A2-1216
　Detail-Beschreibung 840
　relevante Inhalte 803
　Struktur und Inhalte A5-1458
　Tabellen-Struktur A5-1440, A5-1458
PLANNAME
　Spalte in RLF A5-1468
　Spalte in Table MODESELECT A4-1438
　Spalte in Table SYSPACKLIST A3-1415
PLANNO 816, 840
　Spalte in der PLAN_TABLE A5-1458
Platinum 69
Plattenfehler 585
Plattenplatz 533
　Bedarfsermittlung
　　Daten 500
　　Index 513
　Belegung 772
　ermitteln A2-1383
Platzanforderung A2-991, A2-1006
　Daten A2-1133
Plausibilitätsprüfungen 344
PLCREATOR
　Spalte in Table SYSDBRM A3-1407
　Spalte in Table SYSSTMT A3-1425
PLENTRIES
　Spalte in Table SYSPLAN A3-1418
PLI
　OPTION LANGUAGE
　　Parameter CREATE FUNCTION (External Table) A2-1085
　Option LANGUAGE
　　Parameter ALTER FUNCTION A2-983
　　Parameter ALTER PROCEDURE A2-994
　　Parameter CREATE FUNCTION (External Scalar) A2-1075
　　Parameter CREATE PROCEDURE A2-1109
　　Parameter DCLGEN A2-1145
　　Spalte in Table SYSROUTINES A3-1422

PLNAME
　Spalte in Table SYSDBRM A3-1407
　Spalte in Table SYSSTMT A3-1425
PLSIZE
　Spalte in Table SYSPLAN A3-1418
PLT-Table 79
point-in-time-recovery A2-1276
Pointer 53
Pointer-Record 497
Polymorphismus
　Objektorientierung 58
POOL THREAD TIMEOUT
　Installations-Parameter A7-1521
POOLINAC
　Installations-Parameter A7-1521
PORT
　Spalte in Table LOCATIONS A4-1436
Portable Operating System Interface 60
Portierung 156
POSITION
　Parameter LOAD A2-1255
Positioned Delete
　Begriffs-Erläuterung 281
Positioned Iterator 658
Positioned Update A2-1335
　Begriffs-Erläuterung 279
　Definition und Syntax A2-1387
POSIX 60
POSSTR
　Definition und Syntax A1-953
Post-Conditions 424
POSTPONED
　Parameter -DISPLAY THREAD A2-1189
POSTPONED ABORT A2-1284
Postponed Abort A2-1362
Postscript 61
Potenz A1-954
POWER
　Definition und Syntax A1-954
PowerBuilder 14
PQTY
　Spalte in Table SYSINDEXPART A3-1410
　Spalte in Table SYSTABLEPART A3-1428
Prädikat
　Definition und Syntax A1-910
　Detail-Beschreibung 781
　Grafische Übersicht A1-899
　Kategorie
　　Detail-Beschreibung 781
　Modifikation 837
　Reihenfolge der Abwicklung 791
Pre-Conditions 424
PRECOMPDATE
　Spalte in Table SYSDBRM A3-1407
Precompile 625
　Detail-Beschreibung 192
Precompiler 224, 623, 625
　Detail-Beschreibung 627
　Includes A2-1237
PRECOMPTIME
　Spalte in Table SYSDBRM A3-1407
PRECOMPTS
　Spalte in Table SYSDBRM A3-1408
predictive governing 761
PREFETCH 840, 860
　= 'L' 801
　= 'S' 800, 801
　Spalte in der PLAN_TABLE A5-1458
PREFETCHFACTOR
　Spalte in Table SYSINDEXES A3-1409
　Spalte in Table SYSINDEXSTATS A3-1411
PREFORMAT
　Parameter LOAD A2-1246, A2-1251
　Parameter REORG INDEX A2-1289
　Parameter REORG TABLESPACE A2-1305
PREPARE 86, 761
　Begriffs-Erläuterung 750
　Beschreibung 166, 754
　Definition und Syntax A2-1264
　Detail-Beschreibung 754
　mit und ohne CACHE 760
　Parameter BIND/REBIND PLAN A2-1025
　Parameter Markers 751
　SQLDA-Nutzung A5-1443
　statement FROM
　　Begriffs-Erläuterung 750

Prepared Statement 656
Prepared Statement Cache A2-1019, A2-1027
　Detailbeschreibung 760
Primär-Autorisierungs-Id 4
　Begriffs-Erläuterung 288
　Übergabe 286
Primär-Id A1-895
Primär-Schlüssel. Synonym für: Primary Key
Primärspace
　Detail-Beschreibung 474
PRIMARY
　Option VPTYPE
　　Parameter -ALTER BUFFERPOOL A2-976
Primary Index 110, 111
　anlegen 463
　Begriffs-Erläuterung 30
　fehlender 333
　Key-Spalten: Beispiel-Query 333
PRIMARY KEY
　Parameter ALTER TABLE A2-999
　　Option ADD A2-999
　　Option DROP A2-999
　Parameter CREATE TABLE A2-1119, A2-1124
Primary Key 29, 41
　Anforderungen 460
　Begriffs-Erläuterung 30, 386
　beim View 356
　Beispiel 102
　Composite Key 387
　Löschen A2-999
　Manipulation 416
Primary Option Menu
　DB2I 179
Primary Virtual Pools 516
PRIMARY_ACCESSTYPE 840
　= 'D' 803
PRINT 530
　Parameter DSN1COPY A2-1210
　Parameter DSN1PRINT A2-1212
PRINT LOG MAP. Siehe DSNJU004
Prioritätensteuerung 853
PRIQTY 529, 856
　Detail-Beschreibung 474
　einhalten A2-1292
　Parameter ALTER INDEX A2-991
　Parameter ALTER TABLESPACE A2-1006
　Parameter CREATE INDEX A2-1103
　Parameter CREATE TABLESPACE A2-1133
　VSAM-Wirkung 529
　Wirkung auf Daten-Pages 501
PRIVATE A2-1017, A2-1025
PRIVILEGE
　Spalte in Table SYSCOLAUTH A3-1400
Privilegien
　Beschreibung Konzept 292
　Beschreibung Struktur 292
　Collection A2-1223
　CURRENT RULES 632
　Database A2-1224
　Detail-Beschreibung 295
　Kategorien 307
　Package A2-1228
　physische Zuordnungen A2-1235
　Plan A2-1229
　System-Funktionen A2-1231
　Table A2-1233
　überlappende 314
　View A2-1233
　wer braucht wann was? 302
Privilegien widerrufen
　Benutzung physischer Objekte A2-1320
　Databases A2-1312
　Packages A2-1315
　Plan A2-1316
　System-Privilegien A2-1318
　Tables A2-1319
　Views A2-1319
Problembereiche
　Konsistenz 688
　Konsistenzstand 456
　NULL-Wert-Einsatz 670
Probleme
　CONCAT 697

der Batch-Verarbeitung 607
Integrität und Konsistenz 692
Konsistenz 699
Multi-User-Betrieb 616
Online-Parallel-Update 699
Performance 692, A2-977
PROCEDURE
  Beispiel ALTER 218
  Beispiel CREATE 214
  Beispiel DROP 223
  Parameter COMMENT ON A2-1045
  Parameter DROP A2-1196
  Parameter GRANT FUNCTION PRIVILEGES A2-1227
  Spalte in Table SYSPROCEDURES A3-1420
PROCEDURE DIVISION
  SQL-Besonderheiten 663
procedure-name
  Namens-Konventionen A1-867
  Parameter -DISPLAY PROCEDURE A2-1183
  Parameter -START PROCEDURE A2-1366
  Parameter -STOP PROCEDURE A2-1378
  Parameter ALTER PROCEDURE A2-994
  Parameter ASSOCIATE LOCATORS A2-1012
  Parameter CALL A2-1030
  Parameter COMMENT ON A2-1045
  Parameter CREATE PROCEDURE A2-1106
  Parameter DESCRIBE PROCEDURE A2-1160
  Parameter DROP A2-1196
  Parameter GRANT FUNCTION PRIVILEGES A2-1227
PROCLIB A2-1360
PROCLIM 854
PROCMS 798
PROCSU 798
Produktionssystem 149
ProEdit 69
PROGNAME 840
  Spalte in der PLAN_TABLE A5-1458, A5-1464, A5-1466
PROGRAM
  Parameter GRANT PACKAGE PRIVILEGES A2-1228
  Parameter RUN A2-1322
Program Preparation
  Detail-Beschreibung
    DB2I 189
Program Run 625
PROGRAM TYPE
  Parameter ALTER FUNCTION A2-985
  Parameter ALTER PROCEDURE A2-996
  Parameter CREATE FUNCTION (External Scalar) A2-1079
  Parameter CREATE FUNCTION (External Table) A2-1089
  Parameter CREATE PROCEDURE A2-1110
program-name A2-1120
  Namens-Konventionen A1-867
  Parameter ALTER TABLE A2-1001
    Option VALIDPROC A2-999
  Parameter CREATE TABLE A2-1118
  Parameter RUN A2-1322
PROGRAM_TYPE
  Spalte in Table SYSROUTINES A3-1423
Programm
  Editierung 625
  Grundstruktur 660
  Logik bei COMMIT und Restart 705
  Modell-Zuordnung 339
  Program Preparation 625
  Programm-Source
    Modifikation durch Precompiler 633
  Programmaufbau
    Detail-Beschreibung 660
  Programmier-Techniken
    Besonderheiten 695
  Zuordnung Package 640
  Zuordnung Plan 643
Programm-Design
  Detail-Beschreibung 618
  Programm-Typen
    Übersicht 606
Programm-Versionen 742
Programmier-Empfehlungen
  Zusammenfassung 763

Programmiersprache
  Anforderung Version 5 140
  CAF 743
  für Routinen 738
  Installations-Parameter A7-1518
  Prozedur A2-1109
  unterstützte
    Übersicht 623
Programmierung
  Performance-Aspekte 857
  Programm-Ausführung 625
  Programm-Fehler 535
  Programmentwicklung
    Detail-Beschreibung 623
  Programmier-Empfehlungen 763
  Programmier-Technik
    Abhängigkeiten 622
  Programmlogik
    in Katalog verlagern 344
Project 42, 234
  Begriffs-Erläuterung 36
Project-Join-Normalform 406
PROLOG 68, 623
  Anforderung Version 5 140
  V3 7
Promotion 559
  Definition A1-878
ProOptimize 69
Property 384
Protected Thread A2-1199
Protection Panel A7-1520
Protokoll A2-1025
  Typen 711, 712
Prozedur-Name
  Definition A2-1106
Prozess-Kostenschätzung
  Begriffs-Erläuterung 792
Prozess-Modell
  Begriffs-Erläuterung 339
Prozessor-Kosten 798
Prozessor-Typ
  Anforderung Version 5 139
Prüfregeln
  wer übernimmt sie? 618
PSB A2-1161
Pseudo Deletion
  Index Typ 2 511
PSID
  Spalte in Table SYSTABLESPACE A3-1431
PSM 64, 123. *Kurzname von:* Persistent Stored Modules
PSRBD. *Kurzname von:* Page Set Rebuild Pending Status
  Detailbeschreibung 601
  STATUS des Spaces A2-1170
PTF. *Kurzname von:* Program Temporary Fix
PUBLIC 294, 308
  Parameter GRANT COLLECTION PRIVILEGES A2-1223
  Parameter GRANT DATABASE PRIVILEGES A2-1225
  Parameter GRANT DISTINCT TYPE PRIVILEGES A2-1226
  Parameter GRANT FUNCTION PRIVILEGES A2-1227
  Parameter GRANT PACKAGE PRIVILEGES A2-1228
  Parameter GRANT PLAN PRIVILEGES A2-1229
  Parameter GRANT SYSTEM PRIVILEGES A2-1232
  Parameter GRANT TABLE PRIVILEGES A2-1234
  Parameter GRANT USE PRIVILEGES A2-1235
PUBLIC AT ALL LOCATIONS 294
  Parameter GRANT TABLE PRIVILEGES A2-1234
Public Shared Database 151
PUNCHDDN
  Parameter REORG TABLESPACE A2-1299
PWF 518

Q

Q
  Precompiler-Option 629
QBE 37. *Kurzname von:* Query by Example
  Begriffs-Erläuterung 39
QBLOCK_TYPE
  Spalte in der PLAN_TABLE A5-1462
QBLOCKNO 816, 840
  > 1 814
  Spalte in der PLAN_TABLE A5-1458
QMF 38, 39, 68, 69, 762. *Kurzname von:* Query-Management Facility
  Anforderung Version 5 141
Quadratwurzel A1-962
QUALIFIER 765
  Package, Plan 639
  Parameter BIND/REBIND PACKAGE A2-1020
  Parameter BIND/REBIND PLAN A2-1028
  Qualifizierung von Objekten A1-868
  Rolle bei Dynamic SQL A2-1018
  Spalte in der ORT A5-1473
  Spalte in Table SYSPACKAGE A3-1412
  Spalte in Table SYSPLAN A3-1418
  Spalte in Table SYSRESAUTH A3-1421
Qualifier 207
QUALIFIEROK
  Spalte in der ART A5-1472
Qualifizierung
  unqualifizierter Objekt-Namen A1-868
  von Objekten A2-1020
Quantifiziertes Prädikat
  Definition und Syntax A1-911
Quartal
  aus Datum extrahieren A1-954
QUARTER
  Definition und Syntax A1-954
QUEL 2, 37
  Begriffs-Erläuterung 39
Query Block 780
Query Patroller 23, 27
Query Result Set A2-1218
  Rückgabe von Stored Procedure 127
Query-Manager
  Anforderung Version 5 141
Query-Parallel-Verarbeitung 12, 15
QUERYNO 816, 840
  Detail-Beschreibung 839
  Parameter DELETE A2-1153
  Parameter EXPLAIN A2-1217
  Parameter INSERT A2-1240
  Parameter Select-Statement A2-1336
  Parameter UPDATE A2-1386
  Spalte in der PLAN_TABLE A5-1458, A5-1464, A5-1466
queryno-clause
  Parameter Select-Statement A2-1336
QUEUE
  Parameter -STOP FUNCTION SPECIFIC A2-1377
  Parameter -STOP PROCEDURE A2-1378
QUIESCE 457, 592, 604, 708, A2-1375, A2-1376
  Beschreibung 596
  Definition und Syntax A2-1266
  Grobe Utility-Beschreibung 596
  Parameter DSNC STOP A2-1203
  Utility-Phase QUIESCE A2-1266
Quiesce Period A2-1009
QUIESCE-Punkt 597, A2-1276
  einrichten A2-1266
QUOTE
  Parameter DCLGEN A2-1146
  Precompiler-Option 629
  Spalte in Table SYSDBRM A3-1407
  Spalte in Table SYSPACKAGE A3-1412
QUOTESQL
  Precompiler-Option 629

R

R-Typ 45
RACF 4, 75, 140, 283, 284. *Kurzname von:* Resource Access Control Facility
   Anforderung Version 5 140
RACF-Benutzer 288
RADIANS
   Definition und Syntax A1-955
Radiant A1-942
RAISE_ERROR
   Definition und Syntax A1-955
RAND
   Definition und Syntax A1-956
Range-Prädikat 781, 791
Rangfolge
   Daten-Typen 98, A1-878
Ranking 25
RATIO
   Parameter -ALTER GROUPBUFFERPOOL A2-988
RBA. *Kurzname von:* Relative Byte Address
   Spalte in Table SYSCHECKS A3-1399
RBA1
   Spalte in Table SYSTABLES A3-1430
RBA2
   Spalte in Table SYSTABLES A3-1430
RBDP. *Kurzname von:* Rebuild Pending Restrictive Status
   Detailbeschreibung 601
RBDP*
   Detailbeschreibung 601
   STATUS des Spaces A2-1170
RC/QUERY 69
RCT 79, 176, 643, 644. *Kurzname von:* Resource-Control-Table (CICS)
   Connection zu DB2 A2-1204
   Einträge anzeigen A2-1200
   V4R1 11
rct-suffix
   Parameter DSNC STRT A2-1204
RDA 61
RDB. *Kurzname von:* Relational Database
RDBMS 1, 28, 40, 76. *Kurzname von:* Relational Database Management System
RDS 76, A5-1461. *Kurzname von:* Relational Database Services
   Einordnung 769
Re-Kompilierung 49
REACTIVATE 43
reactive governing 761
Read I/Os 860
Read Integrity 550
Read Stability 15
   Isolation für Package A2-1019
   Isolation für Plan A2-1026
   Wirkung im Parallelbetrieb 549
Read-Only 689, 695
   bei verteilten Daten 715
   Result Table A2-1335
read-only-clause
   Parameter Select-Statement A2-1334, A2-1335
READA
   CAF 744
READS
   CAF 744
READS SQL DATA 738
   Parameter ALTER FUNCTION A2-984
   Parameter ALTER PROCEDURE A2-995
   Parameter CREATE FUNCTION (External Scalar) A2-1076
   Parameter CREATE FUNCTION (External Table) A2-1086
   Parameter CREATE PROCEDURE A2-1109
REAL
   Definition und Syntax A1-956
   im Programm 673
   Parameter CREATE TABLE A2-1122
Realspeicher
   Anforderung Version 5 139
Realtime-Daten
   Online-Blättern 702

REASON 798
Reason-Code
   CAF A5-1479
   RRSAF A5-1489
Rebind 625
   Detail-Beschreibung 636
   Erfordernis 220
   Übersicht 193
   zur Ausführungszeit A2-1021
REBIND PACKAGE
   Beschreibung 160
   DB2I 198
   Definition und Syntax A2-1268
REBIND PLAN
   Beschreibung 160
   DB2I 198
   Definition und Syntax A2-1270
REBIND TRIGGER PACKAGE
   Beschreibung 160
   DB2I
      Detail-Beschreibung 198
   Definition und Syntax A2-1272
REBUILD INDEX 20, A2-990, A2-1101
   Beschreibung 172
   Definition und Syntax A2-1273
Rebuild Pending Status A2-1273, A2-1293, A2-1384
   STATUS des Spaces A2-1170
RECALL DATABASE
   Installations-Parameter A7-1520
Rechten Teil-String aus String A1-958
RECLENGTH
   Spalte in Table SYSTABLES A3-1429
Record-Id 495
RECOVER 604
   Beschreibung 173
   Grobe Utility-Beschreibung 597
   Indoubt Thread A2-1282
   Maßnahmen 603
   nach REORG 532
   Parameter GRANT SYSTEM PRIVILEGES A2-1232
   Parameter MODIFY A2-1260
   TORBA 603
   von Daten A2-1276
RECOVER PLUS for DB2 70
RECOVER TABLESPACE
   Definition und Syntax A2-1276
Recoverable Dataset 80
Recoverable Resource Manager Services 12
RECOVERAUTH
   Spalte in Table SYSUSERAUTH A3-1433
RECOVERDB
   Parameter GRANT DATABASE PRIVILEGES A2-1224
RECOVERDBAUTH
   Spalte in Table SYSDBAUTH A3-1407
Recovery 75, 150, 595
   Historie protokollieren A2-1306
   Tools 70
RECOVERY MANAGER for DB2 70
Recovery Pending Status A2-1057, A2-1287, A2-1293, A2-1384
   aussetzen A2-1273
   Beschreibung 600
   Index A2-1101
   setzen A2-1384
   STATUS des Spaces A2-1170
RECOVERYDDN
   Parameter COPY A2-1061
   Parameter LOAD A2-1249
   Parameter MERGECOPY A2-1258
   Parameter REORG TABLESPACE A2-1300
RECOVERYSITE
   Parameter RECOVER TABLESPACE A2-1279
   Parameter REPORT A2-1308
RECP A2-1040. *Kurzname von:* Recover Pending Restrictive Status
   Detailbeschreibung 601
   STATUS des Spaces A2-1170
Recursive SQL 22
RECURSIVE UNION
   SQL-Standard 66

REDO 545, 586, 591
   Begriffs-Erläuterung 536
Redundanz 68, 151, 422
   automatisierte Verwaltung 371
   Begriffs-Erläuterung 32
   bilden
      Detail-Beschreibung 440
   eliminieren 392
   Redundante Daten
      Begriffs-Erläuterung 440
reentrant 740
REFCOLS
   Spalte in Table SYSTABAUTH A3-1427
REFERENCE 596, 598
Reference Types 23, 25
REFERENCE-TYP 67
REFERENCES
   Parameter ALTER TABLE A2-1002
   Parameter CREATE TABLE A2-1125
   Parameter GRANT TABLE PRIVILEGES A2-1233
references-clause
   Parameter ALTER TABLE A2-1001
REFERENCESAUTH
   Spalte in Table SYSTABAUTH A3-1427
REFERENCING
   Parameter CREATE TRIGGER A2-1140
REFERENCING NEW A2-1346
Referential-Constraint 344, 358
   Aspekte für PAEs 154
   Begriffs-Erläuterung 446
   Löschen A2-999
   mit CHECK DATA prüfen A2-1034
   Parameter ALTER TABLE
      Option ADD A2-999
Referential-Integrity 23, 24, 30, 45, 143, 281, 341, 386, 430
   Design-Entscheidung 618
   Grafische Darstellung 418
   Referenzielle Regeln
      SQL-Standard 66
   Referenzielle Struktur 456
      Begriffs-Erläuterung 450
   Referenzielles Konstrukt 860
   Regeln für DB2-Objekte 220
   V2R1 4
   Verarbeitungs-Regeln 416
Referenzielle Beziehung
   CDB A4-1435
   Katalog-Query-Beispiele 333
   Katalog-Tabellen A3-1392
   mit ALTER definieren 218
   protokollieren A2-1306
   prüfen A2-1034, A2-1248
referenzielle Konstrukte
   Löschen 222
Referenztabelle A2-1301
REFONLY
   Option SCOPE
      Parameter CHECK DATA A2-1036
REFTBCREATOR
   Spalte in Table SYSRELS A3-1420
REFTBNAME
   RI-relevante Spalte 462
   Spalte in Table SYSRELS A3-1420
Regeln
   für Ergebnis-Daten-Typen A1-888
Regelwerk
   Detaillierte Darstellung 420
   mehrfache Pfade 455
Reihenfolge
   beeinflussen 837
   der Prädikat-Bewertung 791
   der SELECT-Parameter 228
   der Verarbeitung
      zur Deadlock-Vermeidung 553
REJECT
   Parameter -STOP FUNCTION SPECIFIC A2-1377
   Parameter -STOP PROCEDURE A2-1378
Rekursive Beziehung 30, 55, 384
Rekursiver Join 43
Relation
   Abgrenzung zur Tabelle 28
   Begriffs-Erläuterung 28, 386
Relationale Notation
   Beispiel 411

I Index - Stichwortverzeichnis

Relationale Sprachschnittstelle
  Begriffs-Erläuterung 35
Relationales DBMS
  Anforderungen 41
Relationales Modell 1
Relationen-Modell 383
  Beschreibung 386
Relationship
  Begriffs-Erläuterung 384
RELCURHL 582, A2-1374
  Installations-Parameter A7-1521
RELEASE 556, 582
  (COMMIT) 562, A2-1256
  (DEALLOCATE) 15, 562, 703, A2-1256
  Beschreibung 166
  Definition und Syntax A2-1285, A2-1286
  Parameter BIND/REBIND PACKAGE A2-1020
  Parameter BIND/REBIND PLAN A2-1028
  Spalte in Table SYSPACKAGE A3-1412
  Spalte in Table SYSPLAN A3-1418
  Wirkung 562
RELEASE LOCKS
  Installations-Parameter A7-1521
Release-Entwicklungen
  Detail-Beschreibung 4
Released A2-1052
  Status Connection A2-1285
  Status setzen A2-1285
Released Connection A2-1149
RELNAME
  Spalte in Table SYSFOREIGNKEYS A3-1408
  Spalte in Table SYSRELS A3-1420
RELOAD
  Utility-Phase LOAD A2-1244
  Utility-Phase REORG TABLESPACE A2-1287, A2-1294
RELOBID1
  Spalte in Table SYSRELS A3-1421
RELOBID2
  Spalte in Table SYSRELS A3-1421
REMARKS
  Spalte in der PLAN_TABLE A5-1458
  Spalte in Table SYSCOLUMNS A3-1403
  Spalte in Table SYSDATATYPES A3-1406
  Spalte in Table SYSROUTINES A3-1424
  Spalte in Table SYSTABLES A3-1429
  Spalte in Table SYSTRIGGERS A3-1433
REMOTE
  Spalte in Table SYSPACKAGE A3-1413
Remote
  Remote-Anforderung
    Übergabe Autorisierungs-Id 287
Remote Procedure Call 740
Remote Server
  Begriffs-Erläuterung 83
Remote System 72
REMOVE VOLUMES
  Parameter ALTER STOGROUP A2-997
RENAME
  Beispiel 218
  Beschreibung 166, 215
  Definition und Syntax A2-1286
REOPT
  (VARS) 15, 715, 760, 849, A3-1413, A3-1418
  Parameter BIND PACKAGE A2-1021
  Parameter BIND PLAN A2-1028
Reoptimization 15
REOPTVAR
  Spalte in Table SYSPACKAGE A3-1413
  Spalte in Table SYSPLAN A3-1418
REORG
  bei Kompression 503
  Beschreibung 173
  Erfordernis 856
  Grobe Utility-Beschreibung 532
  Parameter DSN1COMP A2-1206
  Parameter GRANT DATABASE PRIVILEGES A2-1224
  Struktur der Mapping Table A5-1471
  und ROWID 813
  UNLOAD (ONLY) A2-1247
REORG INDEX A2-1101
  Definition und Syntax A2-1287
Reorg Pending Status
  STATUS des Spaces A2-1170

REORG PLUS for DB2 70
REORG TABLESPACE A2-990, A2-1101
  Definition und Syntax A2-1292
Reorganisation 532
  Daten A2-1292
  Directory A3-1398
  Erfordernis
    Katalog-Query-Beispiele 330
  Index A2-1287
  Katalog 11, A3-1398
REORGAUTH
  Spalte in Table SYSDBAUTH A3-1407
REORGLOB
  Utility-Phase REORG TABLESPACE A2-1294
REORP. *Kurzname von:* Reorg Pending Restrictive Status
  Detailbeschreibung 601
REPAIR 603
  Beschreibung 173
  Grobe Utility-Beschreibung 599
  Parameter GRANT DATABASE PRIVILEGES A2-1224
REPAIR SET 601
REPAIRAUTH
  Spalte in Table SYSDBAUTH A3-1407
REPEAT
  Definition und Syntax A1-957
Repeatable Read
  INSERT-Statement A2-1240
  Isolation des Plans A2-1026
  Isolation für Package A2-1019
  Statement-Isolation-Level A2-1337, A2-1386
  Wirkung 563
  Wirkung im Parallelbetrieb 549
REPLACE
  Definition und Syntax A1-957
  Parameter LOAD A2-1246
Replicas 51
Replikat 68
replizierte
  Tabelle 25
REPLVER
  Package 638
  Parameter BIND/REBIND PACKAGE A2-1016
REPORT
  Beschreibung 173
  Definition und Syntax A2-1306
  Grobe Utility-Beschreibung 596
  Parameter RUNSTATS INDEX A2-1329
  Parameter RUNSTATS TABLESPACE A2-1331
  Utility-Phase LOAD A2-1244
  Utility-Phase REPORT A2-1306
REPORTCK
  Utility-Phase CHECK DATA A2-1034
Repository 59, 382
REPRO 530
Request 72, 76
  Begriffs-Erläuterung 83
Reservierte Worte 64, 661, A1-870
RESET
  Parameter CONNECT Typ 1 A2-1050
  Parameter CONNECT Typ 2 A2-1056
  Parameter DSN1COPY A2-1210
Resource Data Set Names A7-1518
Resource Specification Table A2-1367
RESOURCE TIMEOUT 582
  Installations-Parameter A7-1519
Ressource-Gruppen-Privilegien 307
Ressource-Typen A6-1516
REST
  STATUS des Spaces A2-1170
Rest
  einer Division A1-952
Restart 535, 592, 603
  Restart-Einrichtungen
    Überblick 707
  Restart-fähig 581
  Unterstützung der Trägersysteme 707
Restart Pending A2-1284
  STATUS des Spaces A2-1170
Restart-Zeit A2-1357
RESTORE
  Utility-Phase RECOVER TABLESPACE A2-1277

RESTP A2-1362. *Kurzname von:* Restart Pending Status
  Detailbeschreibung 601
RESTRICT 220
  Delete-Abhängigkeit 452
  Detail-Beschreibung 417
  Parameter -DISPLAY DATABASE A2-1175
  Parameter ALTER TABLE
    Option REFERENCES A2-1002
  Parameter CREATE TABLE
    Option REFERENCES A2-1125
  Parameter DROP A2-1195
  Überblick 103
Restriktionen
  bei verteilten Datenbanken 712
  Check Constraint A2-1125
  DB2-RI 89
  der Verteilung 89
  DRDA 84
  referenzielle Struktur 450
  RI mehrfache Pfade 454
  RI-Cycle 453
  Speichervolumen pro Partition 530
  SQL in Programmen 620
  Standard SQL 348
  View 355
  View-Konzept 318
  VSAM Datasets 529
  VSAM-Namenskonventionen 530
RESULT SET
  Parameter ALTER PROCEDURE A2-994
  Parameter CREATE PROCEDURE A2-1108
Result Set 14, A2-1111
  WITH HOLD A2-996
Result Set Iterator 658
Result Set Locator 14
  Definition im Programm 675
RESULT SETS
  Parameter ALTER PROCEDURE A2-994
  Parameter CREATE PROCEDURE A2-1108
Result Table 34, 224
  Arithmetisch ermittelte Werte 234
  Aspekte für PAEs 154
  bei verteilten Daten 715
  Bereitstellungs-Varianten 689
  direkte Positionierung 691
  effiziente Bereitstellung 695
  Konstante 234
  Materialisierung 691
  Positionierung oder temporär? 690
  read-only oder updateable? 690
  Spalten-Namen (AS) 235
  SQLDA 752
  temporäre Tabelle 691
  View A2-1141
RESULT_COLS
  Spalte in Table SYSROUTINES A3-1424
RESULT_SETS 127
  Spalte in Table SYSPROCEDURES A3-1420
  Spalte in Table SYSROUTINES A3-1424
RESUME 574
  Parameter LOAD A2-1246, A2-1252
RESYNC
  Installations-Parameter A7-1520
RESYNC INTERVAL
  Installations-Parameter A7-1520
RESYNC PORT
  Installations-Parameter A7-1521
RETAINED LOCK TIMEOUT
  Installations-Parameter A7-1519
RETLWAIT
  Installations-Parameter A7-1519
RETURN_TYPE
  Spalte in Table SYSROUTINES A3-1422
Returncode 661
  Analyse 676
  CAF A5-1479
  RRSAF A5-1489
RETURNS 729
  Parameter CREATE FUNCTION (External Scalar) A2-1071
  Parameter CREATE FUNCTION (External Table) A2-1081
  Parameter CREATE FUNCTION (Sourced) A2-1091
RETURNS NULL ON NULL INPUT
  Parameter ALTER FUNCTION A2-984
  Parameter CREATE FUNCTION (External Scalar) A2-1075

I Index - Stichwortverzeichnis

Parameter CREATE FUNCTION (External Table)   A2-1085
RETVLCFK
   Installations-Parameter   A7-1521
reusable   740
REUSE
   Parameter LOAD   A2-1247
   Parameter REBUILD INDEX   A2-1274
   Parameter RECOVER TABLESPACE   A2-1279, A2-1280
   Parameter REORG INDEX   A2-1288
   Parameter REORG TABLESPACE   A2-1296
REVOKE
   Begriffs-Erläuterung   292
   Beispiele   309, 316
   Beschreibung   166, 313
REVOKE COLLECTION PRIVILEGES
   Definition und Syntax   A2-1311
REVOKE DATABASE PRIVILEGES
   Definition und Syntax   A2-1312
REVOKE DISTINCT TYPE PRIVILEGES
   Definition und Syntax   A2-1313
REVOKE FUNCTION/PROCEDURE PRIVILEGES
   Definition und Syntax   A2-1314
REVOKE PACKAGE PRIVILEGES
   Definition und Syntax   A2-1315
REVOKE PLAN PRIVILEGES
   Definition und Syntax   A2-1316
REVOKE SCHEMA PRIVILEGES
   Definition und Syntax   A2-1317
REVOKE SYSTEM PRIVILEGES
   Definition und Syntax   A2-1318
REVOKE TABLE/VIEW PRIVILEGES
   Definition und Syntax   A2-1319
REVOKE USE PRIVILEGES
   Definition und Syntax   A2-1320
REVOKEE   A2-1313, A2-1314
REXX   68, 78, 128, 623
RI   103. *Kurzname von:* Referential Integrity
   Aussetzen Prüfungen
      SQL-Standard   65
   Darstellung im logischen Modell   418
   DDL-Beispiele   463
   Definitionen im Katalog   462
   Detail-Beschreibung   446
   explizite Auswirkungen   458
   fehlerhaftes RI-Konstrukt   A5-1470
   Gesamtüberblick: Unterstützung   458
   implizite Auswirkungen   458
   Konsequenzen der Nicht-Nutzung   468
   RI-Constraint   A1-892
      CURRENT RULES   632
      in der PLAN_TABLE   796
   RI-Restriktion
      V4R1   10
   RI-Scans   860
   und Trigger   134
   Unterstützung durch DB2   447
RID   522, 801. *Kurzname von:* Record-Identifikation
   Begriffs-Erläuterung   495
   Info in PLAN_TABLE   A5-1460
   RID-Liste   517, 823
   RID-Pool   812
      Begriffs-Erläuterung   517
RID Pool
   Größe   A7-1518
RID POOL SIZE
   Installations-Parameter   A7-1518
RIGHT
   Definition und Syntax   A1-958
   Parameter Sub-Select   A2-1342
Right Outer Join   A2-1342
   Beispiele   261, 266
   Beschreibung   259
   Info in PLAN_TABLE   817, A5-1462
   V4R1   9
RLF   4, 19, 171, 772, 853. *Kurzname von:* Resource Limit Facility
   Anzeige Status   A2-1184
   Auswirkungen beim Löschen von Objekten   220
   Detail-Beschreibung   761
   starten   A2-1367

   stoppen   A2-1379
   Tabellen-Struktur der Resource Limit Specification   A5-1468
RLFAUTH   A2-1367
RLFBIND
   Spalte in RLF   A5-1469
RLFCOLLN
   Spalte in RLF   A5-1469
RLFFUNC   761
   Spalte in RLF   A5-1468
RLFPKG
   Spalte in RLF   A5-1469
RLIMIT   772
RLST   761. *Kurzname von:* Resource Limit Specification Table
RM. *Kurzname von:* Relationen-Modell
   Detail-Beschreibung   386
   Vergleich mit ERM   388
   Vergleich mit Objekt-Orientierung   59
RM und ERM
   Gemeinsamkeiten   388
RM/T   388
RM/T-Modell
   Beschreibung   388
RM/V2
   Definition   41
RMID
   Identifikation   A6-1515
RMODE (ANY)   741
RO   476, 598. *Kurzname von:* Read Only Access
   Parameter -START DATABASE   A2-1362
   STATUS des Spaces   A2-1170
RO SWITCH CHKPTS
   Installations-Parameter   A7-1520
RO SWITCH TIME
   Installations-Parameter   A7-1520
RO-Zugriff   A2-1170
ROLB   705
ROLLBACK   44, 589, 603, 661, 705, 738, 857, A2-1284
   Abbruch einer UOW   540
   automatisch   545
   Beschreibung   167
   Definition und Syntax   A2-1321
   im 2-Phasen-Commit   544
   im Fehlerfalle   677
   SQL-Standard   66
   TO savepoint
      SQL-Standard   66
   Unterstützung der Trägersysteme   707
ROLLUP   23
Root Page   111
   Begriffs-Erläuterung   483
   Detail-Beschreibung   506
   Insert-Strategie   511
ROOTCREATOR
   Spalte in Table SYSTABLESPACE   A3-1431
ROOTNAME
   Spalte in Table SYSTABLESPACE   A3-1431
ROSHARE
   Spalte in Table SYSDATABASE   A3-1406
Rotation   52
ROUND
   Definition und Syntax   A1-958
Routine. *Synonym für:* Stored Procedure oder Funktion
   Einsatzbedingungen   738
   Privilegien   294
   Programm-Konzept   741
   Stoppen und aktivieren   740
ROUTINE AUTH CACHE
   Installations-Parameter   A7-1520
ROUTINEID
   Spalte in Table SYSPARMS   A3-1416
   Spalte in Table SYSROUTINES   A3-1422
ROUTINETYPE
   Spalte in Table SYSPARMS   A3-1416
   Spalte in Table SYSROUTINEAUTH   A3-1422
   Spalte in Table SYSROUTINES   A3-1422
ROW
   Option LOCKSIZE
      Parameter ALTER TABLESPACE   A2-1005
      Parameter CREATE TABLESPACE   A2-1131

Row Types   22
Row-Level
   V4R1   11
Row-Trigger   A2-1135, A2-1140
   Beispiel   735
ROWID   21, 104, 116, A2-1115, A2-1120. *Kurzname von:* Row Identifier
   Behandlung in Programmen   719
   CURRENT RULES   632
   Definition   A1-874
   Definition und Syntax   A1-959
   Detail-Beschreibung   813
   im Programm   673
   Inhalte vergeben   A2-1001
   Internes Format   495
   Parameter CREATE TABLE   A2-1123
   Parameter LOAD   A2-1255
   Vergleich   A1-885
   Zuweisungen   A1-882
ROWLIMIT
   Parameter DSN1COMP   A2-1206
ROWTYPE
   Spalte in Table SYSPARMS   A3-1416
RPC   740
RR. *Kurzname von:* Repeatable Read (ISOLATION: Repeatable Read))   557
   Option ISOLATION
      Parameter BIND/REBIND PACKAGE   A2-1019
      Parameter BIND/REBIND PLAN   A2-1026
   Option WITH
      Parameter DELETE   A2-1153
      Parameter INSERT   A2-1240
      Parameter SELECT   A2-1337
      Parameter UPDATE   A2-1386
   Wirkung im Parallelbetrieb   549
RRDF   A2-999. *Kurzname von:* Remote Recovery Data Facility
RRS   A2-1076, A2-1086. *Kurzname von:* Recoverable Resource Services
RRSAF   12, 14, 75, 77, 124, 535, 605, 645, 738. *Kurzname von:* Recoverable Resource Services Attachment-Facility
   Attachment Facility
      Detail-Beschreibung   746
   Funktionen
      Definitionen und Syntax   A5-1480
   Reason-Code   A5-1489
   Returncode   A5-1489
   Stored Procedure   127, 741
   Überblick   80
   Übergabe Autorisierungs-Id   287
   User-defined Function   741
RRULOCK   A2-1337
   Installations-Parameter   A7-1519
   Zusammenspiel der Parameter   A2-1338
RS   15. *Kurzname von:* Read Stability (ISOLATION: Read Stability)   557
   Option ISOLATION
      Parameter BIND/REBIND PACKAGE   A2-1019
      Parameter BIND/REBIND PLAN   A2-1026
   Option WITH
      Parameter INSERT   A2-1240
      Parameter SELECT   A2-1337
      Parameter UPDATE   A2-1386
   Optiuon WITH
      Parameter DELETE   A2-1153
   Wirkung im Parallelbetrieb   549
rs-locator-variable
   Parameter ALLOCATE CURSOR   A2-975
   Parameter ASSOCIATE LOCATORS   A2-1011
RTRIM
   Definition und Syntax   A1-959
RTT   175, 643. *Kurzname von:* Resource Translation Table (IMS)
RU. *Kurzname von:* Request Unit
RUN   625
   Beschreibung   160
   DB2I   199
   Definition und Syntax   A2-1322
   Option DYNAMICRULES
      Parameter BIND PACKAGE   A2-1017
      Parameter GRANT PACKAGE PRIVILEGES   A2-1228

I Index -Stichwortverzeichnis

RUN OPTIONS
  Parameter ALTER FUNCTION   A2-985
  Parameter ALTER PROCEDURE   A2-996
  Parameter CREATE FUNCTION (External Scalar)   A2-1079
  Parameter CREATE FUNCTION (External Table)   A2-1089
  Parameter CREATE PROCEDURE   A2-1111
Run-Behavior   291, 305, A2-1017
run-time-options   A2-1089
  Parameter CREATE FUNCTION (External Scalar)   A2-1079
  Parameter CREATE PROCEDURE   A2-1111
Run-Time-Rules   290, A2-1017, A2-1026
Rundung   A1-958
RUNOPTS
  Spalte in Table SYSPROCEDURES   A3-1420
  Spalte in Table SYSROUTINES   A3-1424
RUNSTATS   20, 327, 433, 772, 773, 783, 860
  Beschreibung   173
  Grobe Utility-Beschreibung-Beschreibung   533
  Statistiken   A3-1399
  Übersicht   A2-1323
  Utility-Phase RUNSTATS   A2-1327
  welche Spalten werden gefüllt?   328
RUNSTATS INDEX
  Definition und Syntax   A2-1329
RUNSTATS TABLESPACE
  Definition und Syntax   A2-1330
Runterziehen
  übergeordnetes Objekt   438
RUW   709, 857.   *Kurzname von:* Remote Unit of Work
  Begriffs-Erläuterung   83
  V2R3   6
RW   476, 598
  Parameter -START DATABASE   A2-1362
  STATUS des Spaces   A2-1170

S

S
  Lock-Modus   A5-1460
'S'-Lock   549, 568, 580, A2-1337
  auf Tablespace-Ebene   A2-1061
  Share-Lock
    Wirkung   567
S/390
  Parallel Sysplex   12, 15
S390
  Precompile-Option   628
SAA.   *Kurzname von:* System-Anwendungsarchitektur
  Empfehlungen   367
SAG.   *Kurzname von:* SQL Access Group
SAM   532.   *Kurzname von:* Sequential Access Method
SAMPLE
  Parameter RUNSTATS   A2-1331
  Parameter RUNSTATS TABLESPACE   A2-1330
  RUNSTATS   16
Satellite Edition   26
Sau
  keine blickt mehr durch   A2-1338
SAUGUT   841
Savepoint
  SQL-Standard   66
SBCS   A1-873.   *Kurzname von:* Single-Byte-Character-Set
  Parameter CREATE TABLE   A2-1122
SBCS_CCSID
  Spalte in Table SYSDATABASE   A3-1406
  Spalte in Table SYSTABLESPACE   A3-1432
SBtoolkit™   70
SCA   92, 519.   *Kurzname von:* Shared Communication Area
Scalar Function   21, 48, 130, 727, A1-922, A2-1090
  Beispiele   245
  Detailbeschreibung   A1-930
SCALE
  Spalte in Table SYSCOLUMNS   A3-1402
  Spalte in Table SYSDATATYPES   A3-1406
  Spalte in Table SYSFIELDS   A3-1408
  Spalte in Table SYSPARMS   A3-1416

SCANTAB
  Utility-Phase CHECK DATA   A2-1034
Schatten-Dataset
  VSAM-Dataset-Definition   530
Schattenbestände   A2-1301
SCHEMA   297
  Spalte in Table SYSDATATYPES   A3-1406
  Spalte in Table SYSPARMS   A3-1416
  Spalte in Table SYSROUTINEAUTH   A3-1422
  Spalte in Table SYSROUTINES   A3-1422
  Spalte in Table SYSTRIGGERS   A3-1432
Schema   62, 205
  Default-Zuordnung   207
  Detail-Beschreibung   122
  Detailbeschreibung   A1-869
  einrichten   A2-1112
  Privilegien   294, A2-1230
  SQL-Pfad   A1-869
  SYSIBM   A1-920
schema
  Parameter -START FUNCTION SPECIFIC   A2-1365
  Parameter -START PROCEDURE   A2-1366
  Parameter -STOP FUNCTION SPECIFIC   A2-1377
  Parameter -STOP PROCEDURE   A2-1378
  Parameter CAST   A1-907
Schema-Konzept   742
Schema-Name   A1-920, A2-1068, A2-1071, A2-1106
schema-name
  Namens-Konventionen   A1-867
  Option PATH
    Parameter BIND/REBIND PACKAGE   A2-1020, A2-1027
  Parameter GRANT SCHEMA PRIVILEGES   A2-1230
  Parameter SET CURRENT PATH   A2-1353
SCHEMANAME
  Spalte in Table SYSSCHEMAAUTH   A3-1424
Schlüssel
  Redundanzen   32
Schnappschuss
  Online-Blättern   702
Schreib-Anforderungen
  Detail-Beschreibung   523
Schreib-Schutz
  Begriffs-Erläuterung   550
Schwere Fehler
  Online und Batch   680
SCO   23, 25
SCOPE   169, 175, 176, 177, 178
  Parameter -ARCHIVE LOG   A2-1009
  Parameter CHECK DATA   A2-1036
Scoping   52
SCRATCHPAD
  Parameter ALTER FUNCTION   A2-984
  Parameter CREATE FUNCTION (External Scalar)   A2-1077
  Parameter CREATE FUNCTION (External Table)   A2-1087
  Spalte in Table SYSROUTINES   A3-1423
Scratchpad
  Detailbeschreibung   728
SCRATCHPAD_LENGTH
  Spalte in Table SYSROUTINES   A3-1423
SCREATOR
  Spalte in Table SYSTABAUTH   A3-1427
Scrollable Cursor   22
SCT02   118
Search Condition
  Definition und Syntax   A1-917
  Grafische Übersicht   A1-899
search-condition
  Parameter CREATE TRIGGER   A2-1140
  Parameter DELETE   A2-1153
  Parameter Sub-Select   A2-1343
  Parameter Sub-Select-Statement   A2-1342, A2-1343
  Parameter UPDATE   A2-1386
Searched Delete
  Begriffs-Erläuterung   281
Searched Update
  Begriffs-Erläuterung   279
  Definition und Syntax   A2-1386
SECOND
  Definition und Syntax   A1-960

SECQTY   529, 856
  Detail-Beschreibung   474
  einhalten   A2-1292
  Parameter ALTER TABLESPACE   A2-1006
  Parameter CREATE INDEX   A2-992, A2-1103
  Parameter CREATE TABLESPACE   A2-1133
  V4R1   11
  VSAM-Wirkung   529
  Wirkung auf Daten-Pages   501
SECQTYI
  palte in Table SYSTABLEPART   A3-1429
  Spalte in Table SYSINDEXPART   A3-1411
SECTNO
  Spalte in Table SYSPACKSTMT   A3-1415, A3-1425
SECTNOI
  Spalte in Table SYSPACKSTMT   A3-1416
  Spalte in Table SYSSTMT   A3-1425
SECURITY
  Parameter ALTER FUNCTION   A2-985
  Parameter ALTER PROCEDURE   A2-996
  Parameter CREATE FUNCTION (External Scalar)   A2-1079
  Parameter CREATE FUNCTION (External Table)   A2-1089
  Parameter CREATE PROCEDURE   A2-1111
Security Server   75
Security-Manager   A2-1079, A2-1089, A2-1111
  Anschluss eines externen   283
SECURITY_IN
  Spalte in Table LUNAMES   A4-1437
SECURITY_OUT
  Spalte in Table IPNAMES   A4-1436
  Spalte in Table LUNAMES   A4-1437
SEGMENT
  Parameter DSN1COPY   A2-1209
Segmented Tablespace   113, 805
  Begriffs-Erläuterung   471
  definieren   A2-1130
  Detail-Beschreibung   472
  Speicheranforderung   529
  Speicherstruktur   485
  VSAM-Datasets   529
SEGSIZE   492, 805
  Detail-Beschreibung   475
  Parameter CREATE TABLESPACE   A2-1130
  Spalte in Table SYSTABLESPACE   A3-1431
Sekundär-Autorisierungs-Id   4
  Begriffs-Erläuterung   288
  Übergang   286
sekundäre Speicherebene   517
Sekundärspace
  Detail-Beschreibung   474
Sekunden
  aus Zeit oder Timestamp extrahieren   A1-960
  relative seit Mitternacht   A1-951
Selbst referenzierende Tabelle   103, 449
  SQL-Beispiele   464
Selbst-referenzierende Tabellenzeile
  V4R1   10
SELECT   42
  Begriffs-Erläuterung   36
  Begriffs-Erläuterung SELECT-Klausel   227
  Begriffs-Erläuterung SELECT-Statement   225
  Beschreibung   167
  Definition und Syntax   A2-1332
  Detail-Beschreibung SELECT-Klausel   229
  Dynamic SQL   750
    Beispiel   757
    Detail-Beschreibung   756
  Einfache Beispiele   234
  Fixed List   756
  Full-Select
    Definition und Syntax   A2-1332
  Grobe Syntax SELECT-Statement   227
  Parameter GRANT TABLE PRIVILEGES   A2-1234
  Parameter-Abarbeitungsfolge   228
  SELECT *   857
    im Programm   668
    Probleme   345
  SELECT INTO   620
    Definition und Syntax   A2-1344
  SELECT*
    im Programm   763
  Select-Statement

Definition und Syntax A2-1333
Sub-Select
  Definition und Syntax A2-1339
  Typen - Grobe Beschreibung 225
  Varying List 756
  WITH RR
    Update Intent 580
select-clause
  Parameter Sub-Select-Statement A2-1339
select-statement
  Parameter DECLARE CURSOR A2-1149
SELECTAUTH
  Spalte in Table SYSTABAUTH A3-1427
Selective Partition Locking A2-1131
Semantic-Integrity
  Begriffs-Erläuterung 423
Semantisches Daten-Modell 383
Semantisches Konzept 59
Semikolon 183
SEMPREIS
  Beispiel-Daten 233
SEMTYP
  Beispiel-Daten 233
Separierung
  Daten und Indizes 708
  Datenzugriffe 367
SEQCACH
  Installations-Parameter A7-1518
SEQNO
  Spalte in Table SYSPACKLIST A3-1415
  Spalte in Table SYSPACKSTMT A3-1415
  Spalte in Table SYSSTMT A3-1425
  Spalte in Table SYSTRIGGERS A3-1432
  Spalte in Table SYSVIEWS A3-1434
SEQPRES
  Installations-Parameter A7-1518
Sequent 26
SEQUENTIAL CACHE
  Installations-Parameter A7-1518
Sequential Detection 521, 800
Sequential Prefetch 24, 510, 770, 801, 803, 860, A2-1336
  Detail-Beschreibung 521
  Detailbeschreibung 800
  Info in PLAN_TABLE A5-1461
  Prefetch-Einrichtung A2-977
  Statistik A2-1164
  Threshold 524
sequential steal threshold A2-977
Sequenzielle Verarbeitung
  Begriffs-Erläuterung 527, 776
Sequenzielle Zugriffe
  Aufwand 434
  Sequenziell orientierte Datenbeschaffung 432
  Sequenzielle Zugriffsform 799
Serialisierung 553
Server 50, 541, 709
  Begriffs-Erläuterung 83
  Detail-Beschreibung 72
Server-Plattformen 128
Service Aid 599
Service Units 761, 772, 798
SESAM 54
SET
  Beschreibung 167
  Definition und Syntax A2-1345
  Host-Variable
    Beispiel = USER 318
  Parameter SET A2-1345
  Parameter UPDATE A2-1386, A2-1387
SET
  CONNECTION 87, 632, 636, 712, A2-1028
    Beispiel A2-1054
    Beschreibung 167
    Definition und Syntax A2-1348
SET CONNECTION :LOKATION1 A1-893
SET CURRENT DEGREE
  = 'ANY' 777
  Beschreibung 167
  Definition und Syntax A2-1349
SET CURRENT LC_CTYPE
  Beschreibung 167
SET CURRENT LOCALE LC_CTYPE A1-890
  Definition und Syntax A2-1350
SET CURRENT OPTIMIZATION HINT A1-890
  Beschreibung 167
  Definition und Syntax A2-1351
SET CURRENT OPTIMIZATION_HINT
  Detail-Beschreibung 839
SET CURRENT PACKAGESET 289, 640
  = USER
    Beispiel 319
  Beschreibung 167
  Definition und Syntax A2-1352
  Stored Procedure 742
  User-defined Function 742
SET CURRENT PATH A1-869
  Beschreibung 167
  Definition und Syntax A2-1353
SET CURRENT PRECISION
  Beschreibung 167
  Definition und Syntax A2-1354
SET CURRENT RULES 632, A1-892
  Beschreibung 167
  Definition und Syntax A2-1355
SET CURRENT SQLID 288, A1-893, A2-1018
  Beschreibung 167
  Definition und Syntax A2-1356
SET DATA TYPE VARCHAR
  Parameter ALTER TABLE A2-1002
SET LOG
  Definition und Syntax A2-1357
SET NULL
  Delete-Abhängigkeit 452
  Detail-Beschreibung 417
  Parameter ALTER TABLE
    Option REFERENCES A2-1002
  Parameter CREATE TABLE
    Option REFERENCES A2-1125
  Überblick 103
SET QUERYNO
  Parameter EXPLAIN A2-1217
Set-Verarbeitung 36
SGCREATOR
  Spalte in Table SYSVOLUMES A3-1434
SGNAME
  Spalte in Table SYSVOLUMES A3-1434
SHARE MODE
  Parameter LOCK TABLE A2-1256
Shared Communication Area 519
Shared DASD 90, 92
Shared Data
  Grobe Beschreibung 90
Shared Database
  Konzept 151
Shared read only data 90
Shared read only databases
  V2R3 5
Shared Ressourcen
  Konsistenz 594
SHAREOPTIONS 530
Sharing-Database-Umgebung A2-987
Shift-In A1-865
Shift-Out A1-865
SHISAM 93. *Kurzname von:* Simple Hierarchical Indexed Sequential Access Meth
SHRLEVEL 596, 598
  Parameter COPY A2-1061
  Parameter REORG INDEX A2-1289
  Parameter REORG TABLESPACE A2-1297
  Parameter RUNSTATS INDEX A2-1329
  Parameter RUNSTATS TABLESPACE A2-1331
  Spalte in Table SYSCOPY A3-1405
Shutdown 75
Sicherheitsinstrumentarium 534
Sicherheitsschalter
  unbeabsichtigtes Löschen A2-1118
Sicht
  des Anwendungs-Programmes auf die Daten 362
SIGN
  Definition und Syntax A1-960
SIGNAL 467, 470, 735
SIGNAL SQLSTATE
  Beschreibung 167
  Definition und Syntax A2-1358
SIGNON 287
SIGNON (RRSAF)
  Definitionen und Syntax A5-1482
Simple Tablespace 113, 805
  Begriffs-Erläuterung 471
  Detail-Beschreibung 472
  Speicheranforderung 529
  Speicherstruktur 485
  VSAM-Datasets 529
Simple-Prädikat 781
SIN
  Definition und Syntax A1-960
Single-Tasking 776
  Begriffs-Erläuterung 527, 776
  Info in PLAN_TABLE 835, A5-1462
Single-Value Subquery 830
SINH
  Definition und Syntax A1-961
SINIX 23
Sinus A1-960
Site 50
SITE TYPE
  Installations-Parameter A7-1520
SIX
  Lock-Modus A5-1460
SKCT 118, 518. *Kurzname von:* Skeleton Cursor Table
Skeleton Cursor Table 118, 518
Skeleton Package Table 118, 518
Skip Sequential Prefetch. *Synonym für:* List Prefetch
SKPT 518. *Kurzname von:* Skeleton Package Table
Slice and Dice 52
SMALLINT
  Definition und Syntax A1-961
  im Programm 673
  Limit A1-874
  Parameter CREATE TABLE A2-1123
  Parameter LOAD A2-1255
  SQLTYPE-Inhalt A5-1448
SMALLTALK 68, 623
Smart Guide 23, 27
SMF 602, A2-1190, A2-1369. *Kurzname von:* System Management Facility
SMF ACCOUNTING
  Installations-Parameter A7-1519
SMF STATISTICS
  Installations-Parameter A7-1519
SMFACCT
  Installations-Parameter A7-1519
SMFSTAT
  Installations-Parameter A7-1519
SMP/E. *Kurzname von:* System Modification Program/Extended
SMS 115, A2-997. *Kurzname von:* Storage Management Subsystem
  und DB2 531
SNA. *Kurzname von:* System Network Architecture
Snapshot 51, 441
Software AG 1
Software-Emulation
  Kompression 503
SOFTWORKS 70
SOME
  Sub-Query
    Beispiele 273
SORT
  Utility-Phase CHECK DATA A2-1034
  Utility-Phase CHECK INDEX A2-1038
  Utility-Phase LOAD A2-1244
  Utility-Phase RECOVER INDEX A2-1273
  Utility-Phase REORG TABLESPACE A2-1294
Sort
  Info in PLAN_TABLE A5-1460
  Parallel-Verarbeitung
    Info in PLAN_TABLE 835, A5-1461
  vermeidbare 860
  Vermeiden 857

I Index -Stichwortverzeichnis

wann wird er aktiviert? 857
Sort Pool
   Begriffs-Erläuterung 517
   Größe A7-1518
SORT POOL SIZE
   Installations-Parameter A7-1518
SORTBLD
   Utility-Phase LOAD A2-1244, A2-1273
   Utility-Phase REORG TABLESPACE A2-1294
SORTC_GROUPBY 834
   Spalte in der PLAN_TABLE A5-1458
SORTC_JOIN 817, 840
   Spalte in der PLAN_TABLE A5-1458
SORTC_ORDERBY 834
   Spalte in der PLAN_TABLE A5-1458
SORTC_PGROUP_ID 835
   Spalte in der PLAN_TABLE A5-1458
SORTC_UNIQ 834
   Spalte in der PLAN_TABLE A5-1458
SORTDATA 856
   Parameter REORG TABLESPACE A2-1297
SORTDEVT A2-1248
   Parameter CHECK DATA A2-1037
   Parameter CHECK INDEX A2-1039
   Parameter CHECK LOB A2-1041
   Parameter REBUILD INDEX A2-1274
   Parameter REORG TABLESPACE A2-1305
Sortierfolge
   Index 111, 510
Sortierung
   Begriffs-Erläuterung 814
   Beispiele 242
   der Result Table A2-1334
   Detailbeschreibung 834
   Sortiervorgänge
      Info in PLAN_TABLE 816, A5-1459
SORTKEYS 16
   Parameter LOAD A2-1247
   Parameter REBUILD INDEX A2-1274
   Parameter REORG TABLESPACE A2-1297
SORTN_GROUPBY
   Spalte in der PLAN_TABLE A5-1458
SORTN_JOIN 817, 834, 840
   Spalte in der PLAN_TABLE A5-1458
SORTN_ORDERBY
   Spalte in der PLAN_TABLE A5-1458
SORTN_PGROUP_ID 835
   Spalte in der PLAN_TABLE A5-1458
SORTN_UNIQ
   Spalte in der PLAN_TABLE A5-1458
SORTNUM
   Parameter CHECK DATA A2-1037
   Parameter CHECK INDEX A2-1039
   Parameter CHECK LOB A2-1041
   Parameter LOAD A2-1248
   Parameter REBUILD INDEX A2-1274
   Parameter REORG TABLESPACE A2-1305
SORTxx
   = 'Y' 814
SOURCE
   Parameter CREATE FUNCTION (Sourced) A2-1092
   Precompiler-Option 629
Source
   Modifikation durch Precompiler 633
   Spalten-Begrenzung 628
Source Builtin Daten-Typ A1-879
Source Type A1-876
source-data-type
   Parameter DISTINCT TYPE A2-1068
source-table-name
   Parameter RENAME A2-1286
SOURCE_RID
   Spalte Mapping Table A5-1471
Sourced Function
   Begriffs-Erläuterung 129
   Definition A1-920, A2-1090
   Detail-Beschreibung 130
   Übersicht A2-1069
Sourced User-defined Function 18
SOURCESCHEMA
   Spalte in Table SYSDATATYPES A3-1406
   Spalte in Table SYSROUTINES A3-1422
SOURCESPECIFIC
   Spalte in Table SYSROUTINES A3-1423

SOURCETYPE
   Spalte in Table SYSDATATYPES A3-1406
SOURCETYPEID
   Spalte in Table SYSDATATYPES A3-1406
   Spalte in Table SYSPARMS A3-1416
SPACE
   Definition und Syntax A1-961
   Spalte in Table SYSINDEXES A3-1409
   Spalte in Table SYSINDEXPART A3-1410
   Spalte in Table SYSSTOGROUP A3-1425
   Spalte in Table SYSTABLEPART A3-1428
   Spalte in Table SYSTABLESPACE A3-1431
   Spalten-Bedeutung 329
Space
   Berechnung
      Formeln 502
      Index 515
   Kapazität
      Index 514
   starten A2-1361
   stoppen A2-1373
Space Map Page 475, A2-1006, A2-1134
   Detail-Beschreibung 491, 505
   Sperren 577
   Struktur 492
Space-Management
   Begriffs-Erläuterung 483
space-name
   Parameter -DISPLAY BUFFERPOOL A2-1168
   Parameter -DISPLAY DATABASE A2-1174, A2-1362
   Parameter -STOP DATABASE A2-1374
SPACENAM
   Parameter -DISPLAY BUFFERPOOL A2-1168
   Parameter -DISPLAY DATABASE A2-1174, A2-1362
   Parameter -STOP DATABASE A2-1374
Spaghetti-Programm 156
Spalte
   Begriffs-Erläuterung 28
   Definitionen A2-1121
   Länge ändern A2-1002
Spalten-Gruppe 41, 65
SPARC 62. Kurzname von: Standard Planning and Requirements Committee
Sparse Index 518
SPAS 14, 77, 124, 738, 741, A2-1366. Siehe Stored Procedure Adreßraum. Kurzname von: Stored Procedure Address Space; Stored Procedure Addressraum
   Unterschied zum WLM 77
SPAS-Adressraum A7-1520
SPCDATE A2-1383
   Spalte in Table SYSSTOGROUP A3-1426
SPECIFIC
   Parameter CREATE FUNCTION (External Scalar) A2-1074
   Parameter CREATE FUNCTION (External Table) A2-1084
   Parameter CREATE FUNCTION (Sourced) A2-1091
SPECIFIC FUNCTION
   Beispiel DROP 223
   Parameter ALTER FUNCTION A2-983
   Parameter COMMENT ON A2-1045
   Parameter DROP A2-1196
   Parameter GRANT FUNCTION PRIVILEGES A2-1227
Specific Name
   Detail-Beschreibung 122
specific-function-name
   Parameter -DISPLAY FUNCTION SPECIFIC A2-1176
   Parameter -START FUNCTION SPECIFIC A2-1365
   Parameter -STOP FUNCTION SPECIFIC A2-1377
specific-name
   Namens-Konventionen A1-867
   Option SPECIFIC
      Parameter ALTER FUNCTION A2-983
      Parameter COMMENT ON A2-1045
      Parameter CREATE FUNCTION (External Scalar) A2-1074

Parameter CREATE FUNCTION (External Table) A2-1084
Parameter CREATE FUNCTION (Sourced) A2-1091
Parameter DROP A2-1196
Parameter GRANT FUNCTION PRIVILEGES A2-1227
SPECIFICNAME
   Spalte in Table SYSPARMS A3-1416
   Spalte in Table SYSROUTINEAUTH A3-1422
   Spalte in Table SYSROUTINES A3-1422
Speicher
   Anforderung
      durch VSAM 529
      LOB 502
   Anforderung Version 5 139
   Belegung A2-1326
   Belegungs-Statistiken A2-1323, A2-1329
   Charakteristiken
      Detail-Beschreibung 474
   Hierarchie 481
   Speicherkapazität
      Dataset A2-1006, A2-1133
Sperr-Information A2-1337
Sperrdauer
   von Ressourcen A2-1020, A2-1028
Sperre
   Anzeige
      in einer Shared-Database-Umgebung A2-1172
      innerhalb der Database A2-1171
   bei LOBs 570
   DB2-Systemressourcen 571
   einer Cursor-Zeile A2-1218
   Einrichten A2-1335, A2-1337
   einrichten A2-1256
   Gesamtübersicht der Parameter A2-1338
   Schlagartiges Sperren 553, 558
   Sperr-Maßnahme
      Begriffs-Erläuterung 550
   Sperr-Maßnahmen
      Auswirkungen 436
   Sperr-Niveau
      Batch-Verarbeitung 614
      Grobe Beschreibung 476
      V4R1 11
   Sperr-Verfahren 703
   Sperrmaßnahme
      Design-Entscheidung 618
   Sperrverfahren
      Detail-Beschreibung 554
Spezial-Register 21, A2-1345
   Behandlung in Routinen 739
   Detail-Beschreibung A1-889
Spiegel-Tabellen 441
SPL 476, 556, A2-1131. Kurzname von: Selective Partition Locking
Split 856
   Index 111
   V4R1 10
Sprachmittel
   Detail-Beschreibung A1-864
Sprachverarbeitung 339
Sprechende Objektnamen 147
SPT01 118
SPTH 524, 800
SPUFI 625, 762. Kurzname von: SQL Processor Using File Input
   Beschreibung 160
   Detail-Beschreibung 181
   Trennzeichen A2-1140
   Vergleich zu DSNTEP2 646
   Vergleich zu DSNTIAD 646
SQL 37. Kurzname von: Structured Query Language
   (ALL) 348, 710
   Begriffs-Erläuterung 38
   Einsatz in Programmen 620
   Entwicklungsgeschichte 1
   Precompiler-Option 629
SQL 86 64
SQL 87 64
SQL 89 64
SQL 92 64
   Entry Level 13
SQL EASE 69
SQL Procedure
   Detail-Beschreibung 123

I Index -Stichwortverzeichnis

SQL STRING DELIMITER 180, A1-865
   Installations-Parameter A7-1518
SQL TERMINATOR 183
SQL-Anforderung
   Aufwandskalkulation 792
SQL-Connection A2-1051
SQL-DCL
   Detail-Beschreibung 283
   Überblick 159
SQL-DDL
   Beschreibung 205
   Überblick 159
SQL-DML
   Überblick 159
SQL-Identifikator
   Detail-Beschreibung A1-865
SQL-Performance
   Detail-Beschreibung 766
SQL-Pfad A1-921, A2-1020, A2-1027, A3-1414, A3-1418
   Detail-Beschreibung 122
   Detailbeschreibung A1-869
   Qualifizierung A1-869
SQL-Regeln A1-892
SQL-Schlüsselworte
   in Syntax-Diagrammen A1-863
SQL-Spracheinsatz
   in Programmen 649
SQL-Standard 123, 205, 661, A1-892, A2-1028, A2-1112
SQL-Statement 772, 857
   Abgrenzung 661
   Basis-Codier-Regeln 661
   Begrenzungszeichen 648
   dynamisch ausführbar A2-1215
   in Package A3-1415
   Nutzung in Funktion A2-984, A2-1076, A2-1086
   Nutzung in Stored Procedure A2-995, A2-1109
   Nutzungsmöglichkeit in Programmen 650
   Parameter CREATE TRIGGER A2-1140
   Test 796
   Vorgabemöglichkeit in Routinen 738
sql-statement
   Parameter EXPLAIN A2-1217
SQL/400 23
SQL/CL 64
SQL/DS 1, 23, 54, 532
   Option FORMAT
     Parameter LOAD A2-1247
     Parameter LOAD A2-1251
SQL/MED 64
SQL/PSM 64, 123
SQL/Temporal 64
SQL_DATA_ACCESS
   Spalte in Table SYSROUTINES A3-1423
SQL2 63
SQL3 63, 64, 66, 67
SQL86 63
SQL89 63
SQLBase 1
SQLCA. Kurzname von: SQL Communication Area
   Assembler-Struktur A5-1441
   Cobol-Struktur A5-1441
   Definition im Programm 666
   Parameter INCLUDE A2-1237
   PL/I-Struktur A5-1442
   Struktur und Inhalte A5-1440
sqlca
   C-Struktur A5-1442
SQLCABC
   Spalte in der PLAN_TABLE A5-1440
SQLCADE
   Feld in der SQLCA A5-1440
SQLCAID
   Feld in der SQLCA A5-1440
SQLCODE
   +100 278, 676, 678
   -438 A2-1358
   -905 761
   495 761
   Abfragen A2-1390
   Analyse 676
   bei SQL-Standard 631

Feld in der SQLCA A5-1440
   Inhalte und Bedeutung A6-1491
   Relevante Inhalte 678
   Übersicht A6-1490
   Zuordnung zu SQLSTATE A6-1512
SQLD 755, 759
SQLDA 754, 755, 757, A2-1031, A2-1154, A2-1158, A2-1214, A2-1218, A2-1263, A2-1265. Kurzname von: SQL-Descriptor Area
   Assembler-Struktur A5-1449
   Aufbau und Inhalte 758, 759
   Beispiele-Inhalte 759
   C-Struktur A5-1449
   Cobol-Struktur A5-1449
   Detail-Beschreibung 752
   die verschiedenen Rollen 752
   Parameter INCLUDE A2-1237
   PL/I-Struktur A5-1449
   Struktur und Inhalte A5-1443
SQLDABC 755, 759
SQLDAID 755, 759
SQLDATA 755, 759
   Feld in der SQLDA A5-1446, A5-1447
SQLDELI
   Installations-Parameter A7-1518
SQLERRD
   (3)
     Analyse 677
   Feld in der SQLCA A5-1440
   Felder in der SQLCA A5-1440
SQLERRM 723, A2-1358
   Analyse 677
   Feld in der SQLCA A5-1440
SQLERRMC
   Feld in der SQLCA A5-1440
SQLERRML
   Feld in der SQLCA A5-1440
SQLERROR
   (CONTINUE) 710, 711
   bei remote Anwendungen 711
   Parameter BIND/REBIND PACKAGE A2-1021
   Parameter WHENEVER A2-1390
   Spalte in Table SYSPACKAGE A3-1413
SQLERRP A2-1054
   Analyse 677
   Feld in der SQLCA A5-1440
SQLFLAG
   Precompiler-Option 629
SQLID A2-1356
SQLIND 755, 759
   Feld in der SQLDA A5-1446
SQLJ 17, 25, 224, 655
   Beschreibung 624
   Codier-Beispiel 659
   Detail-Beschreibung 658
SQLJ-Translator 658
SQLLEN 755, 759
   Feld in der SQLDA A5-1446
   Inhalte und ihre Bedeutung A5-1448
SQLN 755, 759
SQLNAME 755, 759, A2-1155
   Feld in der SQLDA A5-1446
SQLRULES 632, 711, A1-892
   (DB2) 636
   (STD) 636, A2-1051, A2-1348
   bei remote Anwendungen 711
   Parameter BIND PLAN A2-1028
   Spalte in Table SYSPLAN A3-1418
   Wirkung 631
SQLSTATE 64
   Analyse 677
   bei SQL-Standard 631
   erzeugen mit RAISE_ERROR A1-955
   Klasse A2-1358
   Klassen A6-1511
   nach SQLCODE sortiert A6-1491
   Relevante Inhalte 678
   Übersicht A6-1490
   Zuordnung zu SQLCODE A6-1512
sqlstate-string-constant
   Parameter SIGNAL SQLSTATE A2-1358
SQLSTD
   (YES) 661
SQLTERM
   Begrenzer von SQL-Statements 648

SQLTYPE 755, 759
   Detail-Beschreibung 673
   Feld in der SQLDA A5-1446, A5-1447
   Inhalte und ihre Bedeutung A5-1448
SQLVAR 755, 759, A2-1155, A2-1157, A2-1160, A2-1265
SQLWARN
   Analyse 676
   Feld in der SQLCA A5-1441
SQLWARN0 677
SQLWARN1 346, 676, 677
SQLWARN2 677
SQLWARN3 346, 677, A2-1218
SQLWARN5 677
SQLWARN6 677
SQLWARN7 677
SQLWARNING
   Parameter WHENEVER A2-1390
SQLWARNn
   Felder in der SQLCA A5-1441
SQRT
   Definition und Syntax A1-962
SQTY
   Spalte in Table SYSINDEXPART A3-1410
   Spalte in Table SYSTABLEPART A3-1428
SRC 158, 169, 603, A2-1363. Kurzname von: Subsystem Recognition Character
   V4R1 11
SRTPOOL
   Installations-Parameter A7-1518
SRV A2-1369
SS A5-1461
SSI. Kurzname von: Subsystem Interface
ssid
   Parameter DSNC STRT A2-1204
SSM 79, 175, A2-1161, A2-1360. Kurzname von: Subsystem Member
STACK(,,ANY,) 741
Stage
   Reihenfolge 791
   Zuordnungs-Tabelle 788
Stage 1 860, A5-1461
   Prädikat 791
     Begriffs-Erläuterung 787
     Prädikat-Abwicklung 782
Stage 2 860, A5-1461
   Prädikat 791
     Begriffs-Erläuterung 787
     Prädikat-Abwicklung 782
Stand-alone-Ausführung 749
Standalone Utility
   Überblick 159
   Übersicht 174
Standard 61
   SQL 38, 63, 348, 631, A2-1387
     Detail-Beschreibung 631
   Standard-Organisationen 60
   Standard-Routine
     unter DB2 349
   Standardisierung
     Bemühungen 56
   Standardroutinen
     Design-Entscheidung 619
Standard-Abweichung A1-927
Standard-Rules
   Konsequenzen A2-1355
Standard-SQL-Regeln A2-1115
Star Join 19, 24, 27, 818, 838
Star-Schema 23
Starburst 24
Start 603
   DB2 A2-1363
START IRLM
   Beschreibung 177
Start-Position A1-949, A1-953
START_RBA
   Spalte in Table SYSCOPY A3-1404
STARTDB
   Parameter GRANT DATABASE PRIVILEGES A2-1224
STARTDBAUTH
   Spalte in Table SYSDBAUTH A3-1407

I Index -Stichwortverzeichnis

Starten
  DB2-Spaces A2-1361
  External User-defined Function A2-1365
  Sub-Systeme 545
STARTRBA 593
Startup 75
STAT
  Parameter -DISPLAY TRACE A2-1191
  Parameter -MODIFY TRACE A2-1261
  Parameter -START TRACE A2-1368
  Parameter -STOP TRACE A2-1380
State Transition Diagram
  Beispielgrafik 414
Statement Behavior 305
  Detail-Beschreibung 749
Statement Caching
  Detailbeschreibung 760
Statement-Behavior A2-1017
statement-name
  Namens-Konventionen A1-867
  Parameter DECLARE CURSOR A2-1149
  Parameter DECLARE STATEMENT A2-1150
  Parameter DESCRIBE A2-1155
  Parameter DESCRIBE INPUT A2-1158
  Parameter EXECUTE A2-1214
  Parameter PREPARE A2-1265
Statement-Nr. A3-1416, A3-1425
Statement-Trigger A2-1135, A2-1140
STATIC BIND 748, 780
  Detail-Beschreibung 635
Static SQL
  Abgrenzung zu Dynamic SQL 748
  Autorisierungsprüfungen 289
Static SQL-Statements
  Autorisierungsprüfungen 290
STATIME
  Installations-Parameter A7-1519
STATISTICS
  Parameter DSNC DISPLAY A2-1201
  Parameter LOAD A2-1250
  Parameter REBUILD INDEX A2-1275
  Parameter REORG INDEX A2-1291
  Parameter REORG TABLESPACE A2-1303
Statistics Report 772
STATISTICS TIME
  Installations-Parameter A7-1519
Statistik-Daten A2-1368
Statistiken 51, 75, 786, A2-1190
  Basis für den Optimizer 773
  ermitteln A2-1329, A2-1330
  ermitteln und speichern A2-1323
  Funktionen 48
  Katalog-Spalten 324, 327
  Katalog-Tabellen 327
  Manipulation: Beispiele 845
  manuell manipulierbar A3-1399
  Statistik-Spalten 860
  Statistikdaten
    Detail-Beschreibung 773
  Update 336
  Zusammenfassende Übersicht A2-1325
Statistikfunktionen 25
STATS
  Parameter GRANT DATABASE PRIVILEGES A2-1224
STATSAUTH
  Spalte in Table SYSDBAUTH A3-1407
STATSTIME
  RUNSTATS-Statistiken A2-1325
  Spalte in Table SYSCOLDIST A3-1400
  Spalte in Table SYSCOLDISTSTATS A3-1401
  Spalte in Table SYSCOLSTATS A3-1401
  Spalte in Table SYSCOLUMNS A3-1403
  Spalte in Table SYSINDEXES A3-1409
  Spalte in Table SYSINDEXPART A3-1410
  Spalte in Table SYSINDEXSTATS A3-1411
  Spalte in Table SYSLOBSTATS A3-1411
  Spalte in Table SYSSTOGROUP A3-1426
  Spalte in Table SYSTABLEPART A3-1428
  Spalte in Table SYSTABLES A3-1430
  Spalte in Table SYSTABLESPACE A3-1431
  Spalte in Table SYSTABSTATS A3-1432
STATUS
  Spalte in Table SYSPACKSTMT A3-1415
  Spalte in Table SYSSTMT A3-1425
  Spalte in Table SYSTABLES A3-1429

Spalte in Table SYSTABLESPACE A3-1431
Tablespace, Indexspace A2-1169
Status
  Connect Typ 2 A2-1053
  zurücksetzen A2-1362
STAY RESIDENT
  Parameter ALTER FUNCTION A2-985
  Parameter ALTER PROCEDURE A2-995
  Parameter CREATE FUNCTION (External Scalar) A2-1079
  Parameter CREATE FUNCTION (External Table) A2-1089
  Parameter CREATE PROCEDURE A2-1110
STAYRESIDENT
  Spalte in Table SYSPROCEDURES A3-1420
  Spalte in Table SYSROUTINES A3-1423
STD
  Parameter SET CURRENT RULES A2-1355
STD SQL LANGUAGE
  Installations-Parameter A7-1521
STDDEV
  Definition und Syntax A1-927
STDSQL A2-1335, A2-1387
  (YES) 685, A2-1013
  Installations-Parameter A7-1521
  Precompiler-Option 629
Stehlen 855
Steuerzeichen A1-864
STGROUP
  Spalte in Table SYSDATABASE A3-1405
STMT
  Spalte in Table SYSPACKSTMT A3-1415
STMTNO
  Spalte in Table SYSPACKSTMT A3-1415
  Spalte in Table SYSSTMT A3-1425
STMTNOI
  Spalte in Table SYSPACKSTMT A3-1416
  Spalte in Table SYSSTMT A3-1425
STNAME
  Spalte in Table SYSTABAUTH A3-1427
STOGROUP
  Beispiel ALTER 217
  Beispiel CREATE 210
  Beispiel DROP 222
  Parameter ALTER DATABASE A2-980
  Parameter ALTER INDEX A2-991
  Parameter ALTER TABLESPACE A2-1006
  Parameter CREATE DATABASE A2-1065
  Parameter CREATE INDEX A2-1103
  Parameter CREATE TABLESPACE A2-1132
  Parameter DROP A2-1196
  Parameter GRANT USE PRIVILEGES A2-1235
stogroup-name
  Namens-Konventionen A1-867
  Parameter ALTER INDEX Option STOGROUP A2-991
  Parameter ALTER STOGROUP A2-997
  Parameter ALTER TABLESPACE A2-1006
  Parameter CREATE STOGROUP A2-1113
  Parameter CREATE TABLESPACE A2-1132
  Parameter DROP A2-1196
  Parameter GRANT USE PRIVILEGES A2-1235
  Parameter STOSPACE A2-1383
Stonebraker 2
STOP
  STATUS des Spaces A2-1170
STOP IRLM
  Beschreibung 177
STOPABN A2-1176, A2-1183
STOPALL
  Parameter GRANT SYSTEM PRIVILEGES A2-1232
STOPALLAUTH
  Spalte in Table SYSUSERAUTH A3-1433
STOPAUTH
  Spalte in Table SYSDBAUTH A3-1407
STOPDB
  Parameter GRANT DATABASE PRIVILEGES A2-1224
STOPE
  STATUS des Spaces A2-1170
STOPP
  STATUS des Spaces A2-1170
Stoppen
  DB2-Subsystem A2-1375

Spaces A2-1373
STOPQUE A2-1176, A2-1183
STOPREJ A2-1176, A2-1183
Storage
  Storage Structure
    Begriffs-Erläuterung 481
Storage Group 529, 533, A2-1383
  Änderung von Charakteristiken A2-997
  Detail-Beschreibung 115
  einrichten A2-1113
Storage Management Subsystem
  Detail-Beschreibung 531
STORAGE(,,,4K) 741
Stored Procedure 14, 17, 162, 344
  Address Space 74
  Adressraum 77, A2-995
  Adressraum-Konzept 741
  Anforderung Version 5 141
  Anzeige Status A2-1183
  Aufruf aus Trigger
    Beispiel 736
  Aufruf-Varianten 722
  aufrufen A2-1029
  Aufrufmöglichkeit 370
  Begriffs-Erläuterung 121
  Codier-Beispiel 725
  Definition A2-1105
  Design-Entscheidung 618
  Detail-Beschreibung 123, 722
  Einsatzmöglichkeit 360
  Grobe Beschreibung 357, 360
  Identifikation 122
  Parameter 723
  Privilegien A2-1227, A2-1314, A2-1317
  Qualifizierung A1-868
  Remote Aufruf 125
  Spezial-Register 739
  starten A2-1366
  Stoppen A2-1378
  stoppen A2-1378
  V4R1 10
  Varianten 369
  Vor- und Nachteile 128
  Vorteil gegnüber Upro 361
  Zuordnung Plan, Package 742
Stored Procedures Builder 68
  Begriffs-Erläuterung 128
Stored Procedures Parameters Panel A7-1520
STORES
  Parameter CREATE AUXILIARY TABLE A2-1063
STORMXAB
  Installations-Parameter A7-1520
STORNAME
  Spalte in Table SYSINDEXPART A3-1410
  Spalte in Table SYSTABLEPART A3-1428
STORPROC
  Installations-Parameter A7-1520
STORTIME
  Installations-Parameter A7-1520
STORTYPE
  Spalte in Table SYSINDEXPART A3-1410
  Spalte in Table SYSTABLEPART A3-1428
STOSPACE 327, 772
  Beschreibung 173
  Definition und Syntax A2-1383
  Grobe Utility-Beschreibung 533
  Parameter GRANT SYSTEM PRIVILEGES A2-1232
  Utility-Phase STOSPACE A2-1383
STOSPACEAUTH
  Spalte in Table SYSUSERAUTH A3-1433
Strategie 59
Streuung
  Statistiken A2-1325, A2-1331
String
  Begrenzung 628
  Definition A1-873
  Long String A2-1123
  string delimiter 628
  Vergleich A1-885
  Verkettung A1-938
  Zuweisungen
    Detail-Beschreibung A1-882
STRING DELIMITER
  Installations-Parameter A7-1518

I Index -Stichwortverzeichnis

string-constant
  Parameter SET CURRENT DEGREE   A2-1349
  Parameter SET CURRENT LOCALE LC_CTYPE   A2-1350
  Parameter SET CURRENT OPTIMIZATION HINT   A2-1351
  Parameter SET CURRENT PACKAGESET   A2-1352
  Parameter SET CURRENT PATH   A2-1353
  Parameter SET CURRENT PRECISION   A2-1354
  Parameter SET CURRENT SQLID   A2-1356
string-expression
  Parameter EXECUTE IMMEDIATE   A2-1215
  Parameter PREPARE   A2-1265
STRIP   13
  Definition und Syntax   A1-962
Strong Typing   130, A1-876, A1-886
  Begriffs-Erläuterung   97
STRUCTURE
  Parameter DCLGEN   A2-1146
structure-name
  Parameter -ALTER GROUPBUFFERPOOL   A2-987
  Parameter -DISPLAY GROUPBUFFERPOOL   A2-1179
  Parameter DCLGEN   A2-1146
Structured Types   22
Struktur
  Allgemeine Tabellen   A5-1439
  Sicht auf - Aspekte für PAEs   153
Strukturierte Programmierung   59
Strukturiertes DBMS   53
Stücklisten-Auflösung   449
  SQL-Standard   66
STYPE
  Spalte in Table SYSCOPY   A3-1405
SUB
  Option PROGRAM TYPE
    Parameter ALTER FUNCTION   A2-985
    Parameter ALTER PROCEDURE   A2-996
Sub-Select
  Definition und Syntax   A2-1339
sub-select
  Parameter Sub-Select-Statement   A2-1340
SUBBYTE
  Spalte in Table SYSSTRINGS   A3-1426
Subkomponenten
  Identifikation   A6-1515
Subquery   276, 279, 281
  Begriffs-Erläuterung   814
  Beschreibung   268
  Detail-Beschreibung   268
  Einsatzformen   269
  EXPLAIN-Beispiel   829
  non-correlated
    Beispiele   270
  Prädikat   781
  Sortiererfordernis   834
  Transformation   829, 838
  Tuning   859
  und Parallelverarbeitung   778
  Verarbeitungsfolge   228
  WHERE-Klausel   231
Subselect   230
  Begriffs-Erläuterung   225
  Nested Table Expression   263
subselect
  Parameter CREATE VIEW   A2-1142
  Parameter Full Select   A2-1332
  Parameter INSERT   A2-1240
Subset Hierarchie   385
SUBSTR
  Beispiele   246
  Definition und Syntax   A1-963
SUBSYS
  Parameter /CHANGE   A2-1033
  Parameter /DISPLAY   A2-1161
  Parameter /START   A2-1360
  Parameter /STOP   A2-1372
Subsystem
  Detail-Beschreibung   71, 72
  starten   A2-1363
SUBSYSTEM MEMBER
  Installations-Parameter   A7-1519

SUBSYSTEM NAME
  Installations-Parameter   A7-1519
Subsystem Recognition Character   A2-1359
subsystem-command
  Parameter /SSR   A2-1359
subsystem-name
  Parameter /DISPLAY   A2-1161
  Parameter /START   A2-1360
  Parameter /STOP   A2-1372
SUBTYPE
  Spalte in Table SYSDATATYPES   A3-1406
  Spalte in Table SYSPARMS   A3-1416
Suchbedingung
  Grafische Übersicht   A1-899
Suche einer Page   575
Suchfolge
  am lokalen Server
    Package-Suche im Plan   640
  am remote Server
    Package-Suche im Plan   640
Suchstring   A1-949, A1-953
suffix -character
  Parameter DSNC STRT   A2-1204
Suffix Truncation
  Beispiel   507
  V4R1   10
SUM
  Beispiele   244
  Definition und Syntax   A1-928
SUMMARY
  Parameter REPORT   A2-1308
Summary Tables   25
Summierung   A1-928
SUN Solaris   23
Super- und Sub-Tabelle
  SQL-Standard   66
SUPRA   1, 54
SUSPEND   574
Suspend   76
SWITCH
  Utility-Phase REORG TABLESPACE   A2-1294
Switch-Phase   530
Sybase   1
SYNC-Call   705
Synchronisation   149, 542
  Maßnahmen   151
  Synchronisations-Punkt
    einrichten   A2-1266
  Syncpoint   581
Synchronous Data Compression Hardware   503
Synchronous Propagation   94
SYNCPOINT   153, 705, A2-1046
  Abschluss einer UOW   540
  Wirkung im Programm   693
SYNONYM
  Beispiel CREATE   212
  Beispiel DROP   223
  Parameter DROP   A2-1197
Synonym   765
  Detail-Beschreibung   108
  einrichten   A2-1114
  Einsatz   477
  Löschen   302
synonym
  Parameter CREATE SYNONYM   A2-1114
  Parameter DROP   A2-1197
synonym-name
  Namens-Konventionen   A1-867
Syntax
  Anforderung
    bei verteilten Systemen   710
  DB2 oder auch andere Systeme   629
  DB2 oder SQL-Standard   629
  Prüfung
    SQL-Statements   634
  Syntax-Diagramm
    Bedeutung   A1-863
SYSADM. Kurzname von: System-Administrator
  Beispiel GRANT   299
  Implizite Rechte   299
  Installations-Parameter   A7-1520

Parameter GRANT SYSTEM PRIVILEGES   A2-1232
SYSADM-Privileg
  vergeben   A2-1232
SYSADMAUTH
  Spalte in Table SYSUSERAUTH   A3-1433
SYSAUXRELS
  Katalog-Tabellen-Struktur   A3-1399
SYSCHECKDEP   9
  Katalog-Tabellen-Struktur   A3-1399
SYSCHECKS   9
  Katalog-Tabellen-Struktur   A3-1399
SYSCOLAUTH
  Katalog-Tabellen-Struktur   A3-1400
SYSCOLDIST   784, 793
  Katalog-Tabellen-Struktur   A3-1400
  RUNSTATS   A2-1325
  Sammeln von Statistiken   A2-1331
SYSCOLDISTSTATS   A2-1331
  Katalog-Tabellen-Struktur   A3-1401
  RUNSTATS   A2-1325
SYSCOLSTATS
  Katalog-Tabellen-Struktur   A3-1401
  RUNSTATS   A2-1325
SYSCOLUMNS   A2-1045
  Katalog-Tabellen-Struktur   A3-1402
  RI-relevante Tabelle   462
  RUNSTATS   A2-1325
  SQL-Query-Beispiel   325
SYSCONSTDEP
  Katalog-Tabellen-Struktur   A3-1404
SYSCOPY   595, 596, A2-1257, A2-1276, A2-1306, A2-1384
  Katalog-Tabellen-Struktur   A3-1404
  Sätze löschen   A2-1259
SYSCTRL
  Implizite Rechte   301
  Parameter GRANT SYSTEM PRIVILEGES   A2-1232
  SYSCTRL-Privileg
    vergeben   A2-1232
SYSCTRLAUTH
  Spalte in Table SYSUSERAUTH   A3-1433
SYSDATABASE
  Katalog-Tabellen-Struktur   A3-1405
SYSDATATYPES   A2-1045
  Katalog-Tabellen-Struktur   A3-1406
SYSDBAUTH
  Katalog-Tabellen-Struktur   A3-1406
SYSDBRM
  Katalog-Tabellen-Struktur   A3-1407
SYSDISC
  Parameter LOAD   A2-1248
SYSDUMMY1
  Katalog-Tabellen-Struktur   A3-1408
SYSENTRIES
  Spalte in Table SYSPACKAGE   A3-1412
  Spalte in Table SYSPLAN   A3-1418
SYSERR
  Parameter LOAD   A2-1248
SYSFIELDS
  Katalog-Tabellen-Struktur   A3-1408
SYSFOREIGNKEYS
  Katalog-Tabellen-Struktur   A3-1408
  RI-relevante Tabelle   462
SYSFUN   122, A1-891, A2-1353
SYSIBM   122, A1-891, A2-1353
SYSINDEXES
  Katalog-Tabellen-Struktur   A3-1408
  RI-relevante Tabelle   462
  RUNSTATS   A2-1325
  SQL-Query-Beispiel   326
SYSINDEXPART
  Katalog-Tabellen-Struktur   A3-1410
  RUNSTATS   A2-1325
SYSINDEXSTATS
  Katalog-Tabellen-Struktur   A3-1411
  RUNSTATS   A2-1326
SYSKEYS
  Katalog-Tabellen-Struktur   A3-1411
SYSLGRNG   119, 595, 596
SYSLOBSTATS
  Katalog-Tabellen-Struktur   A3-1411
  RUNSTATS   A2-1326
SYSMAP
  Parameter LOAD   A2-1248

I Index -Stichwortverzeichnis

SYSOPR 603
  Implizite Rechte 301
  Parameter GRANT SYSTEM PRIVILEGES A2-1232
  SYSOPR-Privileg vergeben A2-1232
SYSOPR1
  Installations-Parameter A7-1520
SYSOPRAUTH
  Spalte in Table SYSUSERAUTH A3-1433
SYSPACKAGE A2-1268
  Katalog-Tabellen-Struktur A3-1412
SYSPACKAUTH
  Katalog-Tabellen-Struktur A3-1414
SYSPACKDEP
  Katalog-Tabellen-Struktur A3-1414
SYSPACKLIST
  Katalog-Tabellen-Struktur A3-1415
SYSPACKSTMT
  Katalog-Tabellen-Struktur A3-1415
SYSPARMS
  Katalog-Tabellen-Struktur A3-1416
SYSPKSYSTEM
  Katalog-Tabellen-Struktur A3-1417
SYSPLAN
  Katalog-Tabellen-Struktur A3-1417
SYSPLANAUTH
  Katalog-Tabellen-Struktur A3-1419
SYSPLANDEP
  Katalog-Tabellen-Struktur A3-1419
  SQL-Query-Beispiel 326
SYSPLEX
  V4R1 10
Sysplex Timer 92
SYSPLSYSTEM
  Katalog-Tabellen-Struktur A3-1419
SYSPROC 122, A1-891, A2-1353
SYSPROCEDURES 360
  Katalog-Tabellen-Struktur A3-1420
  Verwaltung 336
SYSRELS
  Katalog-Tabellen-Struktur A3-1420
  RI-relevante Tabelle 462
SYSRESAUTH
  Katalog-Tabellen-Struktur A3-1421
SYSROUTINEAUTH
  Katalog-Tabellen-Struktur A3-1422
SYSROUTINES 126, 695, 738, 845, A1-921, A2-1045
  Katalog-Tabellen-Struktur A3-1422
  Parameter 723, 729
SYSSCHEMAAUTH
  Katalog-Tabellen-Struktur A3-1424
SYSSTMT
  Katalog-Tabellen-Struktur A3-1425
SYSSTOGROUP
  Katalog-Tabellen-Struktur A3-1425
SYSSTRINGS 85, A1-882
  Katalog-Tabellen-Struktur A3-1426
  Verwaltung 336
SYSSYNONYMS
  Katalog-Tabellen-Struktur A3-1426
SYSTABAUTH
  Katalog-Tabellen-Struktur A3-1427
SYSTABLEPART
  Katalog-Tabellen-Struktur A3-1428
  RUNSTATS A2-1326
SYSTABLES A2-1045
  Katalog-Tabellen-Struktur A3-1429
  RUNSTATS A2-1326
  SQL-Query-Beispiel 325
SYSTABLESPACE
  Katalog-Tabellen-Struktur A3-1431
  RUNSTATS A2-1326
  SQL-Query-Beispiel 327
SYSTABSTATS
  Katalog-Tabellen-Struktur A3-1432
  RUNSTATS A2-1326
SYSTEM
  Option GBPCACHE
    Parameter ALTER TABLESPACE A2-1004
  Spalte in Table SYSPKSYSTEM A3-1417
  Spalte in Table SYSPLSYSTEM A3-1419

System
  Administrator 157
  Bediener 157
SYSTEM ADMIN 1
  Installations-Parameter A7-1520
System Hopping 713
SYSTEM LOB VALUE STORAGE
  Installations-Parameter A7-1521
System Logger 80, 539
SYSTEM OPERATOR 1
  Installations-Parameter A7-1520
SYSTEM PATH
  Parameter SET CURRENT PATH A2-1353
System R 1
System Resource Data Set Names A7-1518
System Services 74, 75
System-Dienste 74
System-Komponenten 68
System-Pfad A2-1353
System-Privilegien 294
  Privilegien widerrufen A2-1318
  vergeben A2-1231
System-Restriktionen
  Limite A1-972
systemgenerierte Funktionen A1-920
Systemgesteuerter Zugriff
  Begriffs-Erläuterung 86
  V3 7
Systemmeldungen 75
Systemorientierte Objekt-Typen 95, 110
SYSTRIGGERS A2-1045
  Katalog-Tabellen-Struktur A3-1432
SYSUSERAUTH
  Katalog-Tabellen-Struktur A3-1433
SYSUT1
  Parameter REORG INDEX A2-1289
SYSUTIL 119, 595, A2-1384
  Utility-Status A2-1193
SYSUTILX 119
SYSVIEWDEP
  Katalog-Tabellen-Struktur A3-1434
SYSVIEWS
  Katalog-Tabellen-Struktur A3-1434
SYSVOLUMES
  Katalog-Tabellen-Struktur A3-1434
SYSXLAT
  Konsistenzprobleme A2-1208

T

Tabelle
  Abgrenzung zur Relation 28
  Begriffs-Erläuterung 28
  Detail-Beschreibung 101
  zu Tablespace zuordnen 471
TABLE
  Beispiel ALTER 218
  Beispiel CREATE 211
  Beispiel DROP 223
  Option LOCKSIZE
    Parameter ALTER TABLESPACE A2-1005
    Parameter CREATE TABLESPACE A2-1131
  Parameter CALL A2-1030
  Parameter COMMENT ON A2-1045
  Parameter DECLARE TABLE A2-1151
  Parameter DESCRIBE A2-1155
  Parameter DESCRIBE INPUT A2-1158
  Parameter DESCRIBE PROCEDURE A2-1160
  Parameter DROP A2-1197
  Parameter GRANT TABLE PRIVILEGES A2-1234
  Parameter LABEL ON A2-1241
  Parameter RUNSTATS TABLESPACE A2-1330
  Parameter Sub-Select-Statement A2-1340, A2-1341
  Spalte in Table SYSPARMS A3-1416
Table 43. Synonym für: Tabelle
  Änderung von Charakteristiken A2-998
  Begriffs-Erläuterung 28
  Beispiel CREATE 212
  Definition A2-1115

Detail-Beschreibung 101
Privilegien 294
Privilegien vergeben A2-1233
Privilegien widerrufen A2-1319
Qualifizierung A1-868
Tabellen-Deklaration
  Definition im Programm 666
Table Function 727, A2-1341
  Codier-Beispiel 732
Table Hierarchien 22
TABLE LIKE
  Parameter ALTER FUNCTION A2-986
  Parameter CREATE FUNCTION (External Scalar) A2-1072
  Parameter CREATE FUNCTION (External Table) A2-1082
  Parameter CREATE FUNCTION (Sourced) A2-1093
  Parameter CREATE PROCEDURE A2-1106
Table mit LOB-Spalte
  Beispiel CREATE 212
table-function-reference
  Parameter Sub-Select-Statement A2-1340, A2-1341
table-locator-reference
  Parameter Sub-Select-Statement A2-1340, A2-1341
Table-Locator-Type A2-1341
table-locator-variable
  Parameter Sub-Select-Statement A2-1341
table-name
  Namens-Konventionen A1-867
  Parameter ALTER FUNCTION
    Option TABLE LIKE A2-986
  Parameter ALTER TABLE A2-998
  Parameter CHECK DATA A2-1036
  Parameter COMMENT ON A2-1045
  Parameter CREATE ALIAS A2-1062
  Parameter CREATE AUXILIARY TABLE A2-1063
  Parameter CREATE FUNCTION (External Scalar) A2-1072
  Parameter CREATE FUNCTION (External Table) A2-1082
  Parameter CREATE FUNCTION (Sourced) A2-1093
  Parameter CREATE GLOBAL TEMPORARY TABLE A2-1097
  Parameter CREATE INDEX A2-1100
  Parameter CREATE PROCEDURE A2-1106
  Parameter CREATE SYNONYM A2-1114
  Parameter CREATE TABLE A2-1117, A2-1125
  Parameter CREATE TRIGGER A2-1140
  Parameter DCLGEN A2-1145
  Parameter DECLARE TABLE A2-1151
  Parameter DELETE A2-1153
  Parameter DROP A2-1197
  Parameter GRANT TABLE PRIVILEGES A2-1234
  Parameter INSERT A2-1239
  Parameter LABEL ON A2-1241
  Parameter LOAD A2-1251
  Parameter LOCK TABLE A2-1256
  Parameter REORG TABLESPACE A2-1304
  Parameter RUNSTATS TABLESPACE A2-1331
  Parameter Sub-Select-Statement A2-1340
  Parameter UPDATE A2-1386, A2-1387
table-name.*
  Parameter Sub-Select A2-1339
table-spec
  Parameter Sub-Select-Statement A2-1340
TABLE_COLNO
  Spalte in Table SYSPARMS A3-1416
TABLE_LOCATOR
  im Programm 673
TABLESPACE
  Beispiel ALTER 217
  Beispiel CREATE 210
  Beispiel DROP 222
  Option LOCKSIZE
    Parameter ALTER TABLESPACE A2-1005
    Parameter CREATE TABLESPACE A2-1131
  Parameter CHECK DATA A2-1036
  Parameter CHECK INDEX A2-1039
  Parameter CHECK LOB A2-1041

I Index -Stichwortverzeichnis

Parameter COPY A2-1059
Parameter DROP A2-1197
Parameter GRANT USE PRIVILEGES A2-1235
Parameter MERGECOPY A2-1258
Parameter MODIFY A2-1260
Parameter QUIESCE A2-1267
Parameter REBUILD INDEX A2-1274
Parameter REORG TABLESPACE A2-1296
Parameter RUNSTATS TABLESPACE A2-1330

Tablespace
Änderung von Charakteristiken A2-1003
Definition A2-1126
Detail-Beschreibung 113
Name im VSAM Dataset-Name 530
Organisation 855
Statistiken A2-1330
Status-Anzeige A2-1169
Zuordnung zu Database 477

Tablespace Scan 818, 822, 860
Begriffs-Erläuterung 803
Detailbeschreibung 805
Info in PLAN_TABLE A5-1460

tablespace-name
Namens-Konventionen A1-867
Parameter ALTER TABLESPACE A2-1004
Parameter CHECK DATA A2-1036
Parameter CHECK INDEX A2-1039
Parameter COPY A2-1059
Parameter CREATE AUXILIARY TABLE A2-1063
Parameter CREATE TABLE A2-1117
Parameter CREATE TABLESPACE A2-1129
Parameter DROP A2-1197
Parameter GRANT USE PRIVILEGES A2-1235
Parameter MERGECOPY A2-1258
Parameter MODIFY A2-1260
Parameter QUIESCE A2-1267
Parameter REBUILD INDEX A2-1274
Parameter RECOVER TABLESPACE A2-1279, A2-1308
Parameter REORG TABLESPACE A2-1296
Parameter RUNSTATS INDEX A2-1329
Parameter RUNSTATS TABLESPACE A2-1330

Tablespace-Set 595, 596, A2-1266
Begriffs-Erläuterung 456
protokollieren A2-1306

TABLESPACESET
Parameter QUIESCE A2-1267
Parameter REPORT A2-1307

TABLESTATUS
Spalte in Table SYSTABLES A3-1430

TABNO 816, 840
Spalte in der PLAN_TABLE A5-1458

Tag
aus Datum extrahieren A1-939
relativ auf 01.01.0001 extrahieren A1-941
relativen Tag des jul.Datums A1-947

Tageszeit A1-875
Takeover 24
TAN
Definition und Syntax A1-963
Tandem 1
Tangens A1-963
TANH
Definition und Syntax A1-963
target-identifier
Parameter RENAME A2-1286
TARGET_XRID
Spalte Mapping Table A5-1471
Task 536
Konsistenz 536
TB. *Kurzname von:* Terabyte (1.099.511.627.776 Bytes)

TBCREATOR
Spalte in Table SYSCOLUMNS A3-1402
Spalte in Table SYSFIELDS A3-1408
Spalte in Table SYSINDEXES A3-1408
Spalte in Table SYSSYNONYMS A3-1426
Spalte in Table SYSTABLES A3-1430

TBNAME
Spalte in Table SYSAUXRELS A3-1399
Spalte in Table SYSCHECKDEPSpalten A3-1399

Spalte in Table SYSCHECKS A3-1399
Spalte in Table SYSCOLDIST A3-1400
Spalte in Table SYSCOLDISTSTATS A3-1401
Spalte in Table SYSCOLSTATS A3-1402
Spalte in Table SYSCOLUMNS A3-1402
Spalte in Table SYSFIELDS A3-1408
Spalte in Table SYSFOREIGNKEYS A3-1408
Spalte in Table SYSINDEXES A3-1408
Spalte in Table SYSRELS A3-1420
Spalte in Table SYSSYNONYMS A3-1426
Spalte in Table SYSTABLES A3-1430
Spalte in Table SYSTRIGGERS A3-1432

TBOWNER
Spalte in Table SYSAUXRELS A3-1399
Spalte in Table SYSCHECKDEP A3-1399
Spalte in Table SYSCHECKS A3-1399
Spalte in Table SYSCOLDIST A3-1400
Spalte in Table SYSCOLDISTSTATS A3-1401
Spalte in Table SYSCOLSTATS A3-1402
Spalte in Table SYSTRIGGERS A3-1432

TC 45
TCB 126, 741. *Kurzname von:* Task Control Block
TCP/IP 12, 25, 60, 71, 82. *Kurzname von:* Transmission Control Protocol/Internet Protocol
TCP/IP ALREADY VERIFIED
Installations-Parameter A7-1521
TCP/IP KEEP ALIVE
Installations-Parameter A7-1521
TCP/IP-Adresse A2-1370, A2-1382
TCP/IP-Panel A7-1520
TCPALVER
Installations-Parameter A7-1521
TCPKPALV
Installations-Parameter A7-1521
TCREATOR
Spalte in Table SYSTABAUTH A3-1427
TDATA
Parameter -START TRACE A2-1370
Technische Voraussetzungen
für Version 5 139
Technologie-Einsatz 767
Technologische Grenzen
der Verteilung 89
Teil-String A1-948, A1-958, A1-963
Teil-String in String ersetzen A1-957
Teilhabersysteme 606
Teilnehmersystem 606
Temporäre Tabelle 13, A2-1095
Detail-Beschreibung 105
Non-correlated Subquery 830
TEMPORARY UNIT NAME
Installations-Parameter A7-1518
TERM 705
TERMINATE IDENTIFY (RRSAF)
Definitionen und Syntax A5-1487
TERMINATE THREAD (RRSAF)
Definitionen und Syntax A5-1486
Terminator 183
Terminierung 603
Terminologievergleich
DBMS-Systeme 40
Test
der SQL-Statements 796
Testsystem 149
TEXT
Spalte in Table SYSSTMT A3-1425
Spalte in Table SYSTRIGGERS A3-1433
Spalte in Table SYSVIEWS A3-1434
Thread 772, 854, A2-1021, A2-1028
abbrechen A2-1032
Anzeige Status A2-1180, A2-1185
Beendigung CICS-Threads A2-1199
Grobe Beschreibung 78
hängend 545
indoubt löschen A2-1310
Indoubt Recovery A2-1282
Limite ändern A2-1202
Status 545
Status-Anzeige A2-1186
Status-Informationen A2-1185
Storage Freigabe A7-1518

Thread Management Panel A7-1518
Threads
maximale Anzahl A7-1518
Threshold
Bufferpool 524
Index Typ 2 511
Statistik A2-1166
Tiefstwert A1-926
TIME
Auswirkung bei ALTER 216
Definition und Syntax A1-964
im Programm 673
Installations-Parameter A7-1521
mögliche Inhalte A1-875
Parameter -ARCHIVE LOG A2-1009
Parameter -SET ARCHIVE A2-1347, A2-1357
Parameter CREATE TABLE A2-1122
Precompiler-Option 629
Time Arithmetik
Definition und Syntax A1-904
Time Duration
Definition und Syntax A1-903
Time Duration
Definition und Syntax A1-903
TIME EXTERNAL
Parameter LOAD A2-1255
TIME FORMAT
Installations-Parameter A7-1521
time-of-day-clock A1-894, A1-895
TIMEGRANTED
Spalte in Table SYSCOLAUTH A3-1400
Spalte in Table SYSDBAUTH A3-1407
Spalte in Table SYSPLANAUTH A3-1419
Spalte in Table SYSRESAUTH A3-1421
Spalte in Table SYSTABAUTH A3-1427
Spalte in Table SYSUSERAUTH A3-1433
TIMEOUT A7-1519, A7-1521
Erkennung 574
Parameter REORG INDEX A2-1290
Parameter REORG TABLESPACE A2-1302
TIMEOUT VALUE
Installations-Parameter A7-1520
Timeron
Detail-Beschreibung 794
Timesharing 606
TIMESTAMP
als PK-Bestandteil 387
Auswirkung bei ALTER 216
Definition und Syntax A1-964
im Programm 673
mögliche Inhalte A1-875
Parameter CREATE TABLE A2-1122
Spalte in der PLAN_TABLE A5-1458
Spalte in Table SYSCHECKS A3-1399
Spalte in Table SYSCOLAUTH A3-1400
Spalte in Table SYSCOPY A3-1405
Spalte in Table SYSDATABASE A3-1406
Spalte in Table SYSDBAUTH A3-1406
Spalte in Table SYSDBRM A3-1407
Spalte in Table SYSPACKAGE A3-1412
Spalte in Table SYSPACKAUTH A3-1414
Spalte in Table SYSPACKLIST A3-1415
Spalte in Table SYSPLANAUTH A3-1419
Spalte in Table SYSRELS A3-1421
Spalte in Table SYSRESAUTH A3-1421
Spalte in Table SYSTABAUTH A3-1427
Spalte in Table SYSUSERAUTH A3-1433
Timestamp Arithmetik
Definition und Syntax A1-904
Timestamp Duration
Definition und Syntax A1-903
TIMESTAMP ARCHIVES
Installations-Parameter A7-1518
Timestamp Duration
Definition und Syntax A1-903
TIMESTAMP EXTERNAL
Parameter LOAD A2-1255
TIMEZONE A1-894
Timezone A1-895
TMP. *Kurzname von:* Terminal Monitor Program
TNAME 840
Spalte in der PLAN_TABLE A5-1458
Spalte in Table SYSCOLAUTH A3-1400
TNO
Parameter -DISPLAY TRACE A2-1192

I Index -Stichwortverzeichnis

Parameter -MODIFY TRACE A2-1261
Parameter -STOP TRACE A2-1382
TO
   Parameter CONNECT Typ 1 A2-1050
   Parameter CONNECT Typ 2 A2-1056
TOCOPY 599, 603
   Parameter RECOVER TABLESPACE A2-1280, A2-1290
Token
   Detail-Beschreibung A1-864
token
   Parameter -CANCEL THREAD A2-1032
   Parameter -DISPLAY THREAD A2-1189
   Parameter -RECOVER INDOUBT A2-1283
   Parameter -RESET INDOUBT A2-1310
TOLOGPOINT
   Parameter RECOVER TABLESPACE A2-1278
Tools 69
   Design-Tools 382, 415
   für physisches Design 478
Top Down 337
   Begriffs-Erläuterung 381
TOP SECRET 4, 284
TORBA 599, 603
   Parameter RECOVER TABLESPACE A2-1278
TOSEQNO
   Parameter RECOVER TABLESPACE A2-1280
Total Transit Time
   Begriffs-Erläuterung 774
TOVOLUME CATALOG A2-1280
TP-Monitor 71, 536, 540
   Anforderung Version 5 141
   Synchronisation mit DB2 544
TPN
   Spalte in Table LOCATIONS A4-1436
TRACE
   Parameter -MODIFY TRACE A2-1261
   Parameter -START TRACE A2-1368
   Parameter GRANT SYSTEM PRIVILEGES A2-1232
Trace 75, 602, 744, 772, 854, 860, A7-1519
   aktivieren A2-1368
   Änderung A2-1261
   Anzeige A2-1190
   Beschreibung 177
   stoppen A2-1380
   Typen und Klassen
   Übersicht A2-1371
TRACE AUTO START
   Installations-Parameter A7-1519
TRACE SIZE
   Installations-Parameter A7-1519
Trace-Typ A2-1369
TRACEAUTH
   Spalte in Table SYSUSERAUTH A3-1433
Tracing Panel A7-1519
TRACKMOD 483, 492, A2-1060, A2-1129
   NO 475
   palte in Table SYSTABLEPART A3-1429
   Parameter ALTER TABLESPACE A2-1006
   Parameter CREATE TABLESPACE A2-1134
TRACSTR
   Installations-Parameter A7-1519
Trägersystem 71
   Detail-Beschreibung 75
   Einsatzspektrum 605
TRANSACTION
   Parameter DSNC DISPLAY A2-1201
   Parameter DSNC MODIFY A2-1202
Transaction Lock
   Detail-Beschreibung 555
transaction-id
   Parameter DSNC DISPLAY A2-1201
   Parameter DSNC MODIFY A2-1202
Transaktion
   Begriffs-Erläuterung 536
   Definition 536
   Logische 536
   Modell-Zuordnung 339
   Physische 536

Transaktionsabwicklung
   Detail-Beschreibung 536
transaktionsorientiert 536
transisiton-table-name
   Parameter CALL A2-1030
Transition-Table A2-1388
   Codier-Beispiel 737
transition-table_name
   Parameter Sub-Select-Statement A2-1341
Transition-Variable A2-1140, A2-1388
   Parameter SET A2-1346
Transitive Abhängigkeit 400
Transitive Closure 837
TRANSLATE A1-890, A2-1350
   Definition und Syntax A1-965
TRANSLATE (CAF) 744
   Definitionen und Syntax A5-1476, A5-1488
TRANSLATE (RRSAF)
   Definitionen und Syntax A5-1488
Translator
   für Java 658
Transmission Control Protocol/Internet Protocol 60
TRANSPROC
   Spalte in Table SYSSTRINGS A3-1426
TRANSTAB
   Spalte in Table SYSSTRINGS A3-1426
TRANSTYPE
   Spalte in Table SYSSTRINGS A3-1426
Trennung der Daten
   Detail-Beschreibung 439
Trennzeichen
   Besonderheiten Trigger A2-1140
Tricks
   Zugriffspfad-Veränderungen 837
TRIGEVENT
   Spalte in Table SYSTRIGGERS A3-1432
TRIGGER
   Beispiel CREATE 214
   Beispiel DROP 223
   Parameter COMMENT ON A2-1045
   Parameter DROP A2-1197
Trigger 18, 23, 24, 46, 104, 344, 420, A2-1030, A3-1432
   Aufrufmöglichkeit 370
   Begriffs-Erläuterung 121
   Beispiele 735
   Cascading Effekte 134
   Codier-Beispiel 737
   Definition
   Design-Entscheidung 618
   Detail-Beschreibung 121, 735
   Festlegung logischer Trigger 422
   Grafische Darstellung 467
   Grobe Beschreibung 357
   Identifikation 122
   im logischen Modell 467
   im physischen Modell 469
   in der PLAN_TABLE 796
   Package A2-1272
   Parameter 737
   Qualifizierung A1-868
   Rebind Trigger Package 198
   SQL-Standard 66
   Syntax-Beispiele 470
Trigger Activation Time A2-1135
Trigger-Name
   Definition A2-1139
trigger-name
   Namens-Konventionen A1-867
   Parameter COMMENT ON A2-1045
   Parameter CREATE TRIGGER A2-1139
   Parameter DROP A2-1197
Trigger-Package A2-1135, A2-1195
TRIGGERAUTH
   Spalte in Table SYSTABAUTH A3-1427
Triggered Aktion A2-1388
   Fehlermeldung A2-1358
triggered SQL-Statement
   Parameter CREATE TRIGGER A2-1140
Triggering Table 131, 422, A2-1195
TRIGTIME
   Spalte in Table SYSTRIGGERS A3-1432
TRUNC. Synonym für: TRUNCATE
TRUNCATE
   Definition und Syntax A1-966

TS
   Spalte der Exception Table A5-1470
TSLOCKMODE
   Spalte in der PLAN_TABLE A5-1458
TSNAME
   Spalte in Table SYSCOPY A3-1404
   Spalte in Table SYSTABLEPART A3-1428
   Spalte in Table SYSTABLES A3-1429
   Spalte in Table SYSTABSTATS A3-1432
TSO 538, 605. Kurzname von: Time Sharing Option
   Attachment Facility 75
   Attachment-Facility 78
   CLISTs Überblick 159
   CLISTs Übersicht 178
   DSN Überblick 159
   Fehlerbehandlung 680
   Plan-Zuordnung 643
   Restart-Einrichtungen 707
   Rollback und Restart 707
   Synchronisation mit DB2 544
   Übergabe Autorisierungs-Id 287
   und DB2
   Konsistenz 539
TSTAMP
   Installations-Parameter A7-1518
TT 45
TTNAME
   Spalte in Table SYSTABAUTH A3-1427
Tuning
   von Statements 859
Tuning-Faktoren 768
Tupel
   Begriffs-Erläuterung 29
Two-Phase-Commit 25
TWOACTV
   Installations-Parameter A7-1518
TWOARCH
   Installations-Parameter A7-1518
TWOPASS
   Precompiler-Option 629
Typ 1
   Index 110
Typ 2
   Index 110
TYPE
   Parameter -DISPLAY GROUPBUFFERPOOL A2-1179
   Parameter -DISPLAY THREAD A2-1189
   Parameter CREATE INDEX A2-1099
   Spalte in der ORT A5-1473
   Spalte in Table SYSCOLDIST A3-1400
   Spalte in Table SYSCOLDISTSTATS A3-1401
   Spalte in Table SYSDATABASE A3-1406
   Spalte in Table SYSPACKAGE A3-1414
   Spalte in Table SYSPLAN A3-1418
   Spalte in Table SYSTABLES A3-1429
   Spalte in Table SYSTABLESPACE A3-1431
   Spalte in Table USERNAMEST A4-1438
   Spalte Mapping Table A5-1471
Typed Markers 751
Typed Tables 23, 25
Typed Views 23, 25
Typen
   Konzept OO 57
TYPENAME
   Spalte in Table SYSPARMS A3-1416
TYPESCHEMA
   Spalte in Table SYSPARMS A3-1416

U

U
   Lock-Modus A5-1460
U LOCK FOR RR/RS 582
   Installations-Parameter A7-1519
'U'-Lock 549, 568, 580, A2-1337
   Update-Lock
   Wirkung 567
U-Typ 45
Über- und Unterordnung 31
   Begriffs-Erläuterung 416
Übergabekonventionen A2-994, A2-1085
Übersetzen eines oder mehrerer Zeichen A1-965

I Index -Stichwortverzeichnis

UCASE A1-890, A2-1350
   Definition und Syntax A1-966
UCS-2 23, 27. *Kurzname von:* Universal Multiple-Octet-Coded Character Set
UDB 1. *Kurzname von:* Universal Database
UDF 18, 23, 24, 96. *Kurzname von:* User-defined Function
   Begriffs-Erläuterung 121
   Definition A2-1069
   Detail-Beschreibung 129
UDT 18, 23, 24, 96, A2-1090. *Kurzname von:* User-defined Data-Type
   Begriffs-Erläuterung 97
   Detail-Beschreibung 99
   Privilegien A2-1226
Ultimative Normal Form 406
UML 60
Umwandlung
   Umwandlungs-Prozedur
      Beispiel 191
   von Daten-Typen A1-878
Unabhängigkeit
   Programm und Daten 128, 337, 342, 618
unbeabsichtigtes Löschen 11
Uncommitted Read
   Isolation für Package A2-1019
   Isolation für Plan A2-1027
   Statement-Isolation-Level A2-1337
   Wirkung 564
   Wirkung im Parallelbetrieb 548
Unconnectable A2-1049
Unconnected A2-1052
UNDO 545, 591
   Begriffs-Erläuterung 536
Ungleichmäßige Verteilung 784
Unified Modeling Language 60
Uniform Distribution 784
UNION 42, 812
   Beispiele 253, 261, 262
   EXPLAIN-Beispiel 825
   Info in PLAN_TABLE 816, A5-1459
   Kompatibilitäts-Regeln A1-888
   Parameter Full Select A2-1332
   Sortiererfordernis 834
UNION ALL
   Beispiele 253
   Kompatibilitäts-Regeln A1-888
   Parameter Full Select A2-1332
UNIQUE
   Index 111
   Parameter CREATE INDEX A2-1099
   Parameter CREATE TABLE A2-1119, A2-1124
   PK 30
Unique Index 111, 386
   Speicherstruktur 506
Unique-Index-Zugriff 793
Uniqueness 344
UNIQUERULE
   RI-relevante Spalte 462
   Spalte in Table SYSINDEXES A3-1408
Unit of Recovery
   abschließen A2-1046
Unit of Work
   Detail-Beschreibung 540
Universal Data 23, 24
Universal Database (UDB) Server 1
UNIX 60
Unix System Laboratories 60
UNKNOWN ID
   Installations-Parameter A7-1520
UNLDDN
   Parameter REORG TABLESPACE A2-1305
UNLOAD 532
   Option FORMAT
      Parameter LOAD A2-1247
   Parameter LOAD A2-1247
   Parameter REORG INDEX A2-1288, A2-1289
   Parameter REORG TABLESPACE A2-1298
   Utility-Phase CHECK INDEX A2-1038
   Utility-Phase RECOVER INDEX A2-1273
   Utility-Phase REORG TABLESPACE A2-1287, A2-1294

UNLOAD EXTERNAL A2-1293
UNLOAD PLUS® for DB2 70
Unnormalisiert 363
   Unnormalisierte Daten
      Detail-Beschreibung 394
      Programmsicht 364
   Unnormalisierte Struktur 156
Unternehmens-Modell
   Begriffs-Erläuterung 339
Unterprogramm A2-1079, A2-1089, A2-1110
   Design-Entscheidung 618
   Funktion A2-985
   Routine 739
   Stored Procedure A2-996
   Varianten 369
Unterstützungstools
   beim logischen Design 415
Untyped Markers 751
UOR 591, 602. *Kurzname von:* Unit of Recovery
   bei Batch-Programmen 614
   Definition 541
   Detail-Beschreibung 540
   Lebensdauer 541
UOW 94, 754, 857. *Kurzname von:* Unit of Work
   Abbruch A2-1321
   aufteilen 703
   Begriffs-Erläuterung 83
   bei Stored Procedures 126
   Definition 540
   Detail-Beschreibung 540
   Konzept
      Cursor-Verarbeitung 693
   Lebensdauer 541
   Stored Procedure A2-1111
   wann wird sie beendet? 705
UPDATE
   Beispiel mit COMMIT 693
   Beispiele 279
   Beschreibung 168, 279
   Definition und Syntax A2-1385
   eines Sets 280
   NULL-Werte 671
   Parameter CREATE TRIGGER A2-1139
   Parameter RUNSTATS INDEX A2-1329
   Parameter RUNSTATS TABLESPACE A2-1331
   Strategie
      in der Daten-Page 497
      in der Index-Page 511
UPDATE RATE
   Installations-Parameter A7-1519
UPDATE WHERE CURRENT OF
   Begriffs-Erläuterung 682
update-clause
   Parameter Select-Statement A2-1334, A2-1335
Update-Intent 547, 549
Update-Zähler 700
Updateable 689
   bei verteilten Daten 715
   View 355
UPDATEAUTH
   Spalte in Table SYSTABAUTH A3-1427
UPDATECOLS
   Spalte in Table SYSTABAUTH A3-1427
UPDATES
   Spalte in Table SYSCOLUMNS A3-1403
UPPER
   Definition und Syntax A1-966
   SQL-Standard 65
UR. *Kurzname von:* Uncommitted Read / Dirty Read
   (ISOLATION: Uncommitted Read) 557
   ISOLATION-LEVEL
      V4R1 9
   Option ISOLATION
      Parameter BIND/REBIND PACKAGE A2-1019
      Parameter BIND/REBIND PLAN A2-1027
   Option WITH
      Parameter SELECT A2-1337
UR CHECK FREQ
   Installations-Parameter A7-1520

URCHKTH
   Installations-Parameter A7-1520
URE. *Kurzname von:* Unit-of-Recovery-Element
USAGE ON
   Parameter GRANT DISTINCT TYPE PRIVILEGES A2-1226
USE
   Parameter -DISPLAY DATABASE A2-1174
   Parameter CHECK DATA A2-1036
USE FOR DYNAMICRULES
   Installations-Parameter A7-1518
USE PROTECTION 284, 285
   Installations-Parameter A7-1520
USE-Privilegien 294
USEAUTH
   Spalte in Table SYSRESAUTH A3-1421
USER 318
   als DEFAULT 277
   Definition und Syntax A1-895
   Option PATH
      Parameter BIND/REBIND PACKAGE A2-1020, A2-1027
   Parameter ALTER TABLE A2-1001
   Parameter CREATE TABLE A2-1120
   Parameter SET CURRENT PACKAGESET A2-1352
   Parameter SET CURRENT PATH A2-1353
   Parameter SET CURRENT SQLID A2-1356
User Defined Dataset 529
User Integrity 143
USER LOB VALUE STORAGE
   Installations-Parameter A7-1521
User-defined Data Type
   Design-Entscheidung 618
   LOB-Daten-Typen 100
USER-DEFINED DATA-TYPE
   Beispiel CREATE 211
User-defined Data-Type 104
   Objektorientierung 58
User-defined Dataset 115
User-defined Function 344. *Synonym für:* Funktion
   Anzeige A2-1176, A2-1365, A2-1377
   Aufruf aus Trigger
      Beispiel 736
   Aufruf-Varianten 727
   Aufrufmöglichkeit 370
   aus Trigger aufrufen A2-1388
   Begriffs-Erläuterung 121
   Definition A1-920
   Design-Entscheidung 618
   Detail-Beschreibung 727
   Grobe Beschreibung 357
   mit Transition Table
      Codier-Beispiel 737
   Package 742
   Parameter 729, 730
   Spezial-Register 739
User-defined Scalar Function 18
User-defined Table Function 18
User-defined-Integrity 45
User-Integrity
   Design-Entscheidung 618
USERNAMES
   CDB-Tabellenstruktur A4-1438
   Spalte in Table IPNAMES A4-1436
   Spalte in Table LUNAMES A4-1437
USING
   Parameter ALTER INDEW,y† A2-991
   Parameter ALTER TABLESPACE A2-1006
   Parameter CREATE INDEX A2-1103
   Parameter CREATE TABLESPACE A2-1132
   Parameter DESCRIBE A2-1155
   Parameter EXECUTE A2-1214
   Parameter PREPARE A2-1265
USING DESCRIPTOR 755, 756
   Parameter CALL A2-1031
   Parameter FETCH A2-1218
   Parameter OPEN A2-1263
USING host-variable
   Parameter OPEN A2-1263
using-block
   Parameter ALTER INDEX A2-991
UT 598. *Kurzname von:* Utility-only-Access
   Parameter -START DATABASE A2-1362

I Index -Stichwortverzeichnis

STATUS des Spaces A2-1170
UTF-8 23, 27. *Kurzname von:* UCS Transformation Format
UTILITY 772
Utility 625
  Arbeitsdateien
    Grobe Beschreibung 120
  Ausführung beenden A2-1384
  Datenablage-Unterstützung 532
  Kompatibilitäten
    Detail-Beschreibung 573
  Lock-Maßnahmen 598
  Protokollierung Start 602
  Utility-Job
    Status-Anzeige A2-1193
UTILITY CACHE OPTION
  Installations-Parameter A7-1518
UTILITY TIMEOUT
  Installations-Parameter A7-1519
utility-id
  Parameter -DISPLAY UTILITY A2-1193
  Parameter -TERM UTILITY A2-1384
UTILTERM
  Utility-Phase CHECK DATA A2-1034
UTIMOUT
  Installations-Parameter A7-1519
UTRO
  STATUS des Spaces A2-1170
UTRW
  STATUS des Spaces A2-1170
UTUT
  STATUS des Spaces A2-1170

V

V-Base 56
VALID A2-1270
  invalidated Package oder Plan 636
  Spalte in Table SYSPACKAGE A3-1412
  Spalte in Table SYSPLAN A3-1417
VALIDATE
  (BIND) 289, 635, 765
  (RUN) 290, 635
  Parameter BIND/REBIND PACKAGE A2-1021
  Parameter BIND/REBIND PLAN A2-1028
  Spalte in Table SYSPACKAGE A3-1412
  Spalte in Table SYSPLAN A3-1417
VALIDPROC
  Parameter ALTER TABLE A2-999
  Parameter CREATE TABLE A2-1118
VALPROC
  Spalte in Table SYSTABLES A3-1429
VALUE 259, 266, 728
  Begriffs-Erläuterung 29
  Beispiele 248
  Definition und Syntax A1-966
  Parameter DSN1COPY A2-1210
  Parameter DSN1PRNT A2-1212
  Parameter Sub-Select-Statement A2-1342
VALUES 357, 735
  Beispiel 736
  Beschreibung 168
  Definition und Syntax A1-1388
  Parameter ALTER INDEX
    Option PART A2-991
  Parameter CREATE INDEX A2-1100
  Parameter INSERT A2-1240
  Parameter SET A2-1345
  Parameter VALUES INTO A2-1389
VALUES INTO
  Beschreibung 168
  Definition und Syntax A1-1389
VARCHAR A7-1521
  Definition und Syntax A1-967
  im Programm 673
  Limit A1-873
  Parameter CREATE TABLE A2-1122
  Parameter LOAD A2-1255
  SQLTYPE-Inhalt A5-1448
VARCHAR FROM INDEX
  Installations-Parameter A7-1521
VARGRAPHIC
  Definition und Syntax A1-968
  Limit A1-873
  Parameter CREATE TABLE A2-1122
  Parameter LOAD A2-1255
  SQLTYPE-Inhalt A5-1448

Variable Parameter
  in der SQLDA 755
  SQLDA 752
Variable Zeilen 497
VARIANCE
  Definition und Syntax A1-929
Varying-List-SELECT 756
  Begriffs-Erläuterung 750
  Detail-Beschreibung 756
VCAT
  Parameter ALTER INDEX A2-991
  Parameter ALTER TABLESPACE A2-1006
  Parameter CREATE INDEX A2-1103
  Parameter CREATE STOGROUP A2-1113
  Parameter CREATE TABLESPACE A2-1132
VCATNAME
  Spalte in Table SYSINDEXPART A3-1410
  Spalte in Table SYSSTOGROUP A3-1425
  Spalte in Table SYSTABLEPART A3-1428
VDWQT 524, A2-1164
  Parameter -ALTER BUFFERPOOL A2-978
Verarbeitungs-Typen
  Batch 607
Verarbeitungsfolge
  SELECT-Parameter 228
Verarbeitungsformen
  Detail-Beschreibung 605
Verbindungs-Protokolle 712
Vererbung
  Objektorientierung 58
Verfügbare Buffer-Pages 523
Verfügbarkeit 24, 91, 377
  erweiterte 615
  permanente 616
Vergleichsoperatoren
  automatisch generierte 99
Verkettung
  von Strings A1-938
Verlagerung
  aller datennahen Dienste ins DB2 370
Verlorener Update 699
  Begriffs-Erläuterung 546
  Detail-Beschreibung 547
Verschlüsselung 49
VERSION 840
  Parameter DROP A2-1196
  Precompiler-Option 630
  Spalte in der PLAN_TABLE A5-1458
  Spalte in Table SYSDBRM A3-1408
  Spalte in Table SYSPACKAGE A3-1413
  Spalte in Table SYSPACKSTMT A3-1415
Version 742
  Identifikation
    Parallel-Update 700
  Überblick über DB2-Versionen 3, 23
  Unterstützung 59
Version 2 - Release 1
  Release-Erweiterungen 4
Version 2 - Release 2
  Release-Erweiterungen 4
Version 2 - Release 3
  Release-Erweiterungen 5
Version 3
  Release-Erweiterungen 7
Version 4 - Release 1
  Release-Erweiterungen 9, 22
Version 5
  Release-Erweiterungen 12
Version 5.1
  Non-MVS 24
Version 5.2
  Non-MVS 25
Version 6
  Release-Erweiterungen 17
Version 6.1
  Non-MVS 26
version-id
  Namens-Konventionen A1-867
  Parameter DROP A2-1196
  Parameter -FREE PACKAGE A2-1221
Versions-Id 643
  Info in PLAN_TABLE A5-1461
  Package 638
  Vergabe beim Precompile 630
  von DBRM und Package 637

Versionsstand 635
Verteilte Datenbank 49, 50, 61, 439, 854.
  Synonym für: Distributed Database
  Namenskonventionen 50
  Programme 709
Verteilung
  Argumente für 375
  der Daten 73
    2-Phasen-Commit 544
    Design-Entscheidung 618
  der DB2-Daten
    Grobe Beschreibung 81
  Detail-Beschreibung 439
  Konsequenzen 378
  Verteilungsaspekte 377
  Verteilungsneutrales Design 374
  Verteilungsunabhängigkeit 48
Vertical Deferred Write Threshold 524
Vertikale Trennung
  einer Struktur 439
Verwaltung der Daten
  Objektorientierung 371
Verwaltung der DB2-Objekte
  erforderliche Privilegien 302
Verweilzeit
  Begriffs-Erläuterung 774
VIEW
  Beispiel CREATE 212
  Beispiel DROP 223
  Parameter DROP A2-1197
View 341, 392
  auf mehrere Server 51
  Begriffs-Erläuterung 339
  Beispiel DROP 223
  Definition 47
  Definition not-updateable A2-1141
  Deklaration
    Definition im Programm 666
  Detail-Beschreibung 106
  Einsatz 477
  erforderliche Privilegien für CREATE 304
  erzeugen A2-1141
  implizit löschen A2-1319
  individuelle Ressourcen 318
  Info in PLAN_TABLE A5-1459
  inhaltsbezogener Datenschutz 317
  Kapselung der Daten 367
  Konzept 59
    Design-Entscheidung 618
    Grenzen 355
    Vorteile 352
  Manipulation 47
  Materialization A2-1141
  Materialized 107
  PK 41
  Privilegien vergeben A2-1233
  Privilegien widerrufen A2-1319
  Qualifizierung A1-868
  Restriktionen in Programmen 318
  Typen
    Basis-View 353
    generalisiert 353
    individuell 353
    read-only 355
    updateable 355
  View-Konzept in Programmen 318
  View-Modell
    Begriffs-Erläuterung 339
  Zugriff 47
  Zugriffsschutz 317
View Hierarchien 22
view-name
  Namens-Konventionen A1-867
  Parameter ALTER FUNCTION
    Option TABLE LIKE A2-986
  Parameter COMMENT ON A2-1045
  Parameter CREATE ALIAS A2-1062
  Parameter CREATE FUNCTION (External Scalar) A2-1072
  Parameter CREATE FUNCTION (External Table) A2-1082
  Parameter CREATE FUNCTION (Sourced) A2-1093
  Parameter CREATE GLOBAL TEMPORARY TABLE A2-1097
  Parameter CREATE PROCEDURE A2-1107
  Parameter CREATE SYNONYM A2-1114

Parameter CREATE TABLE A2-1117
Parameter CREATE VIEW A2-1142
Parameter DCLGEN A2-1145
Parameter DECLARE TABLE A2-1151
Parameter DELETE A2-1153
Parameter DROP A2-1197
Parameter GRANT TABLE PRIVILEGES A2-1234
Parameter INSERT A2-1239
Parameter LABEL ON A2-1241
Parameter Sub-Select-Statement A2-1340
Parameter UPDATE A2-1386, A2-1387
view-name.*
Parameter Sub-Select A2-1339
Virtual Buffer Pool Parallel Sequential Steal Thre 524
Virtual Bufferpool Sequential Steal Threshold 524
Virtuelle Tabelle 691
Virtueller Bufferpool
　Begriffs-Erläuterung 516
　Bufferkonzept
　Detail-Beschreibung 520
Virtueller Speicher
　Anforderung Version 5 139
Visibility 6
Visual Builders 22
Visual Estimator 68
Visual Explain 68, 139, 772
VisualAge 14, 68, 69
　Anforderung Version 5 141
VisualBasic 14
VM 23
vol-ser
　Parameter RECOVER TABLESPACE A2-1280
VOLID
　Spalte in Table SYSVOLUMES A3-1434
volume-id
　Parameter ALTER STOGROUP A2-997
　Parameter CREATE STOGROUP A2-1113
VOLUMES
　Parameter ALTER STOGROUP A2-997
　Parameter CREATE STOGROUP A2-1113
Volumes 772
Voraussetzungen
　für eine DB2-Einführung 135
　für Version 5 139
Vorfall
　Begriffs-Erläuterung 339
Vorgang
　Begriffs-Erläuterung 339
　Konsistenz 536
Vorgehens-Modell
　Daten-Modellierung 381
Vorzeichen
　erfragen A1-960
VP 516
VP Sequential A2-1164
VPPSEQT 524, 777, A2-1164
　Parameter -ALTER BUFFERPOOL A2-977
VPSEQT 524, A2-1164
　Parameter -ALTER BUFFERPOOL A2-977
VPSIZE
　Parameter -ALTER BUFFERPOOL A2-976
VPTYPE
　Parameter -ALTER BUFFERPOOL A2-976
VPXPSEQT 524, 777
　Parameter -ALTER BUFFERPOOL A2-977
VSAM 53, 71, 156, 532. *Kurzname von:* Virtual Storage Access Method
　Datasets Detail-Beschreibung 529
　Datasets: Beschreibung 529
　ESDS 529, 590
　Gründe für user defined datasets 529
　Konsistenz 538
　kopieren A2-1207
　LDS 529
　Media-Manager 76
　Namenskonventionen Dataset 530
　Optionen 530
　VSAM - I/O-Media-Manager
　　Begriffs-Erläuterung 770
VSAM-E/A 17

VTAM 71. *Kurzname von:* Virtual Telecommunication Access Method
　DDF-Grundlagen A4-1435
　Infos löschen A2-1309
　Netzwerk 89
　Verbindung
　　beenden A2-1376

W

WAIT
　Parameter -ARCHIVE LOG A2-1010
Wait Time
　Begriffs-Erläuterung 774
Warmstart 593
Wartebedingungen 774
Wartezeiten 860
Was ist neu im DB2? 153
Web 68
Web Browser 24
WEEK
　Definition und Syntax A1-969
Welch 503
WEPR
　Parameter -DISPLAY DATABASE A2-1175
Werte
　verändern A2-1385
WFI 854
WHEN
　Parameter CREATE TRIGGER A2-1140
　Parameter LOAD A2-1251
　Parameter REORG TABLESPACE A2-1304
WHEN_OPTIMIZE
　Spalte in der PLAN_TABLE A5-1462
WHENEVER
　Beschreibung 168
　Definition und Syntax A2-1390
　Detail-Beschreibung 679
WHERE
　Beispiele 235, 236
　Detail-Beschreibung 231
　Parameter DELETE A2-1153
　Parameter Sub-Select-Statement A2-1343
　Parameter UPDATE A2-1386
　Regeln beim Aufsetzen 698
　relevante Komponenten 696
　Verarbeitungsfolge 228
WHERE CURRENT OF 279, 281
　Detail-Beschreibung 687
　Parameter DELETE A2-1153
　Parameter UPDATE A2-1387
WHERE NOT NULL
　Parameter CREATE INDEX A2-1099
where-clause
　Parameter Sub-Select-Statement A2-1343
Wiederanlaufverfahren 705
Wiederherstellung 597
　nicht synchronisierbarer Zustand 599
Wiederhol-Struktur 54
Wiederholen String A1-957
Wiederholgruppe 29
Wiederverwendbarkeit 359
Windows 95 24
Windows/NT 24, 26
WITH
　Klausel im SELECT 564
　Parameter DELETE A2-1153
　Parameter INSERT A2-1240
　Parameter Select-Statement A2-1337
　Parameter UPDATE A2-1386
WITH GRANT OPTION
　Beispiel 311
WITH CHECK OPTION 107, 352
　Beispiel 317
　Parameter CREATE VIEW A2-1143
WITH COMPARISONS 99
　Parameter DISTINCT TYPE A2-1068
WITH CS
　in DECLARE CURSOR 685
WITH GRANT OPTION 308
　Parameter GRANT COLLECTION PRIVILEGES A2-1223
　Parameter GRANT DATABASE PRIVILEGES A2-1225
　Parameter GRANT DISTINCT TYPE PRIVILEGES A2-1226

Parameter GRANT FUNCTION PRIVILEGES A2-1227
Parameter GRANT PACKAGE PRIVILEGES A2-1228
Parameter GRANT PLAN PRIVILEGES A2-1229
Parameter GRANT SCHEMA PRIVILEGES A2-1230
Parameter GRANT SYSTEM PRIVILEGES A2-1232
Parameter GRANT TABLE PRIVILEGES A2-1234
Parameter GRANT USE PRIVILEGES A2-1235
REVOKE-Auswirkung 313
WITH HOLD 127, 581, 704, 706, 857, A2-1046, A2-1049, A2-1051, A7-1521
　bei Result Sets A2-996
　Beispiel mit COMMIT 693
　in DECLARE CURSOR 685
　LOBs 570
　Parameter DECLARE CURSOR A2-1149
　V2R3 5
WITH RESTRICT ON DROP 221
　Parameter CREATE TABLE A2-1118
　V4R1 11
WITH RETURN 14, 127, 685, 695
　Parameter DECLARE CURSOR A2-1149
WITH RR
　in DECLARE CURSOR 685
WITH UR
　in DECLARE CURSOR 685
with-clause
　Parameter Select-Statement A2-1334, A2-1337
WLM 14, 124, 738, A2-1366. *Kurzname von:* Workload Manager
　Unterschied zum SPAS 77
WLM ENVIRONMENT
　Installations-Parameter A7-1520
　Parameter ALTER FUNCTION A2-985
　Parameter ALTER PROCEDURE A2-995
　Parameter CREATE FUNCTION (External Scalar) A2-1079
　Parameter CREATE FUNCTION (External Table) A2-1089
　Parameter CREATE PROCEDURE A2-1110
WLM PROC NAME
　Installations-Parameter A7-1520
WLM-established 74, 77, 738
　Parametrisierung 741
WLM_ENV
　Spalte in Table SYSPROCEDURES A3-1420
WLM_ENV_FOR_NESTED
　Spalte in Table SYSROUTINES A3-1423
WLM_ENVIRONMENT
　Spalte in Table SYSROUTINES A3-1423
WLMENV
　Installations-Parameter A7-1520
Woche
　des Jahres extrahieren A1-969
Wochentag
　aus Datum extrahieren A1-940
Wolfpack 24
WORK
　Parameter COMMIT A2-1046
　Parameter ROLLBACK A2-1321
WORK FILE DB
　Installations-Parameter A7-1519
WORKAREA
　Spalte in Table SYSFIELDS A3-1408
WORKBENCH 70
WORKDDN
　Parameter CHECK DATA A2-1037
　Parameter CHECK INDEX A2-1039
　Parameter CHECK LOB A2-1041
　Parameter LOAD A2-1247
　Parameter MERGECOPY A2-1258
　Parameter REBUILD INDEX A2-1274
　Parameter REORG INDEX A2-1289
　Parameter REORG TABLESPACE A2-1305
WORKFILE A2-1064
　Parameter CREATE DATABASE A2-1064
Workfile 115
　Aufgabenstellung 518

I Index -Stichwortverzeichnis

Grobe Beschreibung 119
und Parallelverarbeitung 778
Workgroup Edition 23, 24
WORKING-STORAGE
SQL-Besonderheiten 663
Workload Manager 11, A2-985, A2-995, A2-1079, A2-1089, A2-1110
Workload Manager etablierte Address Spaces 74
Workstation 618
Anforderung Version 5 139
Plattform 69
WRITE
CAF 744
Parameter QUIESCE A2-1267
Write ahead 540, 588
Write Integrity 550
WRITE PENDING 522
WRITE THRESHOLD
Installations-Parameter A7-1519
WRTHRSH
Installations-Parameter A7-1519
WTO. *Kurzname von:* Write to operator
WTOR. *Kurzname von:* Write to operator with reply

X

X
Lock-Modus A5-1460
X LOCK FOR SEARCHED U/D
Installations-Parameter A7-1519
'X'-Lock 568, 580, A2-1337
auf der Database A2-1115
Exclusive-Lock
Wirkung 567
X/OPEN 14, 60
X/OPEN Company Ltd 60
X/Open SQL Call Level Interface 624
X25 61
XDCS 60
XES 575
XLKUPDLT
Installations-Parameter A7-1519
XPEDITER 69
XREF
Precompiler-Option 630
XRF. *Kurzname von:* Extended Recovery Facility

Y

YEAR
Beispiele 247
Definition und Syntax A1-969

Z

Zähler A1-924
Zehner-Logarithmus A1-950
Zeichenkette
Detail-Beschreibung A1-864
String-Limite A1-971
Zeile
Begriffs-Erläuterung 29
einfügen A2-1238
Identifikation 495
mit fester Länge 493
mit variabler Länge 494
Verlängerung 332
Zeit
Accounting-Zeit
Begriffs-Erläuterung 774
Elapsed Time
Begriffs-Erläuterung 774
Limit 761
Total Transit Time
Begriffs-Erläuterung 774
Verweilzeit
Begriffs-Erläuterung 774
Zeit-Typen
Detail-Beschreibung 774
Zeitraum
Informationen 152
Zeitstempel A1-875

Zeitzone
SQL-Standard 65
Zentrale Datenhaltung 73
Zentrale Organisationsform
Argumente für 375
Zentralisierung 373
Ziv 503
Zufallszahl A1-956
Zug um Zug sperren 558
Zugriff zu Fremd-Daten in UOW
Begriffs-Erläuterung 546
Detail-Beschreibung 548
Zugriffs-Modul 319
Zugriffsform 799
Zugriffskosten
Correlated Subquery 832
Merge Scan Join 830, 832
Nested Loop Join 819
Non-correlated Subquery 830
Zugriffsmethode
Info in PLAN_TABLE A5-1460
Zugriffspfad 50, 697
Auswahl
Detail-Beschreibung 792
Auswahl des optimalen 634
Auswirkungen 430
Detail-Beschreibung 795
Effizienz-Faktoren 851
Empfehlungen vorgeben 839
Entscheidung A2-1336
Beeinflussung 837
zur Ausführungszeit A2-1021
Informationen A2-1216
Infos 840, A2-1326
logisch 430
Optimierung A2-1351
Optimizer 569
Statistiken A2-1323, A2-1329
Übersicht aller 852
Zugriffspfad-Analyse 773
Zugriffspfadanalyse
Detail-Beschreibung 779
Zugriffsschutz
Konzept
Überblick 283
Kriterien
Design-Entscheidung 618
Zukunftsdaten 152
Zulässige Zeichen und Strings A1-864
Zuordnung
der Ressourcen 377
Zurücksetzen Daten 595
Zurücksetzen Manipulationen 542
Zusatz-Produkte 68
Zuweisung
von Werten A2-1345
Zwischenbereich A2-1077, A2-1087
für Funktionen A2-984

proclient-it consulting GmbH
Nymphenburger Str. 21c
80335 München
Mobil: 0179 39 58 136
Tel: 089 / 12 77 96 38
email: admin@proclient-it.de